Professor Dr. Jens Hacker

Der Ostblock

Entstehung, Entwicklung und Struktur
1939-1980

Nomos Verlagsgesellschaft
Baden-Baden

Gedruckt mit Unterstützung der Deutschen Forschungsgemeinschaft.

CIP-Kurztitelaufnahme der Deutschen Bibliothek

Hacker, Jens:
Der Ostblock: Entstehung, Entwicklung u. Struktur 1939–1980 / Jens Hacker. – 1. Aufl. – Baden-Baden: Nomos Verlagsgesellschaft, 1983.
  ISBN 3-7890-0872-9

1. Auflage 1983
© Nomos Verlagsgesellschaft, Baden-Baden 1983. Printed in Germany. Alle Rechte, auch die des Nachdrucks von Auszügen, der photomechanischen Wiedergabe und der Übersetzung vorbehalten.

Inhaltsverzeichnis

Vorwort — XV

Abkürzungsverzeichnis — XVII

Einleitung — XXI

Kap. I. Die Voraussetzungen für die Entstehung der kommunistischen Staatenverbindung: Von der »Abgrenzung« der deutsch-sowjetischen »Interessensphären« über die Bindung Polens und der Tschechoslowakei an die UdSSR bis zur Einbeziehung Rumäniens, Bulgariens und Ungarns in den sowjetischen Machtbereich (1939–1945) — 1

1. Der Ausgangspunkt: der Hitler-Stalin-Pakt (1939) — 4
   a) Die Abmachungen vom 23. August 1939 — 8
   b) Die Vereinbarungen vom 28. September 1939 — 14
   c) Die deutsch-sowjetischen Verhandlungen im November 1940: Stalins weitgesteckte »Interessen« in Europa — 24
   d) Die »imperialistische Partnerschaft« in der Retrospektive — 30
2. Die Pläne für die Bildung einer polnisch-tschechoslowakischen Konföderation und die Interessen der Sowjetunion (1940–1942) — 41
   a) Die polnisch-tschechoslowakische Deklaration vom 11. November 1940 — 43
   b) Der Abschluß des sowjetisch-polnischen Abkommens nach dem deutschen Angriff auf die UdSSR vom 30. Juli 1941 — 45
   c) Stalins Pläne für Ostmitteleuropa (Dezember 1941) — 50
   d) Das polnisch-tschechoslowakische Konföderations-Abkommen vom 23. Januar 1942 — 53
   e) Das sowjetische Veto gegen jegliche Konföderations-Pläne in Ostmitteleuropa (Sommer 1942) — 57

3. Der Beginn der sowjetischen Bündnispolitik in Ostmitteleuropa (1943)   62
   a) Der Abbruch der diplomatischen Beziehungen der UdSSR zur polnischen Exilregierung in London (April 1943)   62
   b) Sowjetische Schachzüge auf den Konferenzen von Moskau und Teheran (Herbst 1943)   65
   c) Der Abschluß des sowjetisch-tschechoslowakischen Bündnispakts vom 12. Dezember 1943   74
4. Die Durchsetzung des sowjetischen Polen-Konzepts (1944/45)   85
   a) Die Schlußphase der Auseinandersetzungen mit der polnischen Exilregierung und den Westmächten   86
   b) Die Gleichschaltung der polnischen Kommunisten   93
   c) Das Geheimabkommen über die Festlegung der Grenzen Polens vom 27. Juli 1944   96
   d) Die »polnische Frage« auf der Moskauer Konferenz (Oktober 1944)   99
   e) Die Konferenz von Jalta: Polen als Teil des sowjetischen Machtbereichs (Februar 1945)   103
   f) Der sowjetisch-polnische Bündnispakt vom 21. April 1945   105
   g) Die Konferenz von Potsdam: die Besiegelung des Schicksals Polens (Juli/August 1945)   107
5. Die Befreiung der Tschechoslowakei (1944/45)   110
6. Die Ausdehnung der sowjetischen »Interessensphäre« auf Rumänien, Bulgarien und Ungarn (1944/45)   125
   a) Die britisch-sowjetische Abrede vom Juni 1944: Rumänien als sowjetische »Operationszone«   128
   b) Das Abkommen über den Waffenstillstand mit Rumänien vom 12. September 1944: Italien als folgenschwerer Präzedenzfall   135
   c) Die britisch-sowjetischen Absprachen vom Oktober 1944: Rumänien, Bulgarien und Ungarn als »Einflußzone« der UdSSR   142
   d) Churchills »Prozent-Handel« im Urteil der zeithistorischen Forschung   151
   e) Die Abkommen über den Waffenstillstand mit Bulgarien vom 28. Oktober 1944 und Ungarn vom 20. Januar 1945   155

7. Die Sonderstellung Jugoslawiens und Albaniens (1941–1945)   162
    a) Jugoslawien: Tito durchkreuzt Churchills »Einflußzonen«-Abrede mit Stalin   162
    b) Albanien: Stalins totales Desinteresse   177
8. Stalins Taktieren in der »deutschen Frage« (1941–1945)   185
9. Zwischenbilanz: Stalin dachte frühzeitig über den militärischen Sieg der »Anti-Hitler-Koalition« hinaus   194

Kap. II. Die Phase des Übergangs: Die allmähliche Gleichschaltung der von der UdSSR kontrollierten Länder und Gebiete (1945–1947)   205

1. Die Ausgangssituation   205
2. Die zahlenmäßige Stärke der einzelnen kommunistischen Parteien   214
3. Die Konsolidierung der Macht durch die Kommunisten   220
    a) in Polen   221
    b) in der Tschechoslowakei   225
    c) in den Staaten Südosteuropas   230
       aa) Bulgarien   234
       bb) Rumänien   239
       cc) Ungarn   248
    d) in der sowjetisch-besetzten Zone Deutschlands (SBZ)   258
4. Die ökonomische Ausbeutung durch die UdSSR   270
    a) Die Reparations-Verpflichtungen Rumäniens, Ungarns und Bulgariens   273
    b) Die sowjetischen Eingriffe in die Wirtschaft Polens und der Tschechoslowakei   276
    c) Die weitreichenden Eingriffe in die Wirtschaft der SBZ   279
    d) Die Ausbeutung mittels der »gemischten Gesellschaften«   280
5. Die Sondersituation Jugoslawiens und Albaniens   284
    a) Jugoslawien   284
    b) Albanien   290
6. Zwischenbilanz: Stalins Rechnung ging auf – mit Ausnahme in Jugoslawien (und Albanien)   294

Kap. III. Die Phase der totalen Konformität
(1947–1953) ... 303

1. Die Ausgangslage ... 303
2. Die Neueinschätzung der sowjetischen Europa-Politik durch die USA (1947) ... 309
   a) Die Truman-Doktrin ... 310
      aa) Stalins Forderungen gegenüber der Türkei ... 310
      bb) Die Situation Griechenlands ... 317
      cc) Die Verkündung der Doktrin ... 322
   b) Der Marshall-Plan ... 326
      aa) Außenminister Molotovs »Nein« ... 329
      bb) Die unterschiedliche Haltung der von der UdSSR kontrollierten Länder ... 332
   c) Die weitreichenden Auswirkungen ... 342
3. Die Anfänge der multilateralen Kooperation (1947/48) ... 349
   a) Stalins Überlegungen über die Errichtung eines Koordinierungsorgans auf der interparteilichen Ebene ... 349
   b) Die Gründung des Kommunistischen Informationsbüros (Kominform) ... 351
   c) Innenpolitische Auswirkungen: die fortschreitende Gleichschaltung ... 359
      aa) in Polen ... 360
      bb) in der Tschechoslowakei: der Prager »Coup« ... 362
      cc) in Bulgarien ... 376
      dd) in Rumänien ... 378
      ee) in Ungarn ... 382
      ff) in der sowjetisch besetzten Zone Deutschlands (SBZ) ... 386
      gg) in Jugoslawien und Albanien ... 390
4. Der sowjetisch-jugoslawische Konflikt (1948/49) ... 392
   a) Der Ausschluß der Kommunistischen Partei Jugoslawiens aus dem Kominform ... 392
   b) Die Folgen: der totale Bruch Jugoslawiens mit dem »Sowjetblock« und die Hinwendung Albaniens zur UdSSR ... 402
5. Die totale Gleichschaltung der von der UdSSR kontrollierten Länder und Gebiete (ab 1948) ... 413
   a) Die weitreichenden personellen Säuberungen ... 414
   b) Die Nachahmung des sowjetischen Vorbilds im innerstaatlichen Bereich ... 422

c) Die Umstrukturierung der materiellen Verhältnisse 425
d) Die Ausrichtung des Außenhandels auf die UdSSR 429
   aa) Die Vertiefung der bilateralen Handelsbeziehungen 429
   bb) Die Errichtung des Rats für Gegenseitige Wirtschaftshilfe (RGW) 433
6. Der Ausbau des bilateralen Vertragssystems (1947-1949) 439
7. Fazit: Der Stalinismus als System zwischenstaatlicher und interparteilicher Beziehungen 445
   a) Die formellen Bindungen 447
   b) Die informellen Kontrollinstanzen 448
      aa) Die Autorität Stalins und das Prestige der KPdSU und der UdSSR 449
      bb) Die direkten Konsultationen auf der zwischenstaatlichen und interparteilichen Ebene 451
      cc) Die Kontrollfunktion der sowjetischen Botschafter 454
      dd) Die Kontakte zwischen den Parteiapparaten 457
      ee) Die sowjetische Hilfestellung beim Aufbau der Geheimpolizei in den Volksdemokratien 458
      ff) Die Kontrollfunktion der sowjetischen »Militärberater« 460
8. Exkurs: Die stalinistische Erbschaft 464

Kap. IV. Stalins Nachfolger auf der Suche nach neuen Wegen der »Kooperation« (1953-1956) 471

1. Die Etablierung der »kollektiven Führung« im Kreml (1953) 471
2. Malenkovs Politik des »Neuen Kurses« und dessen unterschiedliche Imitation in den Volksdemokratien (1953-1955) 477
   a) Neue Akzente in der sowjetischen Innen- und Außenpolitik 477
   b) Der »Neue Kurs« in der SBZ und der 17. Juni 1953 479
   c) Imre Nagys weitreichender »Neuer Kurs« in Ungarn 484
   d) »Kurs«-Korrekturen in den übrigen Volksdemokratien 487
3. Veränderungen im Bereich der ökonomischen »Zusammenarbeit« (1953-1955) 495
   a) Der Abbau der »gemischten Gesellschaften« 496
   b) Die Aktivierung des Rats für Gegenseitige Wirtschaftshilfe (RGW) 502

4. Der Beginn der multilateralen politisch-militärischen Kooperation (1955/56)	505
a) Vorüberlegungen im Kreml	505
b) Die Errichtung des Warschauer Pakts	508
5. Der sowjetisch-jugoslawische Ausgleich (1955)	517
6. 1956 – ein Jahr tiefgreifender Einschnitte: Vom XX. Kongreß der KPdSU bis zur Niederschlagung der Volkserhebung in Ungarn	525
a) Der XX. Parteikongreß der KPdSU	530
b) Die Auflösung des Kominform	533
c) Die sowjetisch-jugoslawische »Aussöhnung«	535
d) Die Auswirkungen der Entstalinisierung und der sowjetisch-jugoslawischen Annäherung auf die Volksdemokratien	539
aa) in Albanien, Bulgarien und Rumänien	541
bb) in der Tschechoslowakei	542
cc) in der DDR	543
dd) in Polen und Ungarn	547
e) Die revolutionären Vorgänge im Herbst 1956 in Polen und Ungarn	551
aa) Der »polnische Oktober«	551
bb) Die Volkserhebung in Ungarn	557
7. Schlußfolgerung: Chruščevs gescheitertes Konzept	568

Kap. V. Das Ringen der UdSSR um die Durchsetzung ihres Führungsanspruchs und die Einheit des »sozialistischen Lagers« (1956/57–1960)   573

1. Chruščevs Erfolge bei der Konsolidierung des sowjetischen Machtbereichs (1956–1957)	573
a) Die Ausgangslage: die sowjetische Erklärung vom 30. Oktober 1956	576
b) Ökonomische Konzessionen der Sowjetunion	582
c) Der Abschluß der Verträge über die Stationierung sowjetischer Truppen in Polen, Rumänien, der DDR und Ungarn	587
d) Das Moskauer Dokument der zwölf regierenden kommunistischen Parteien vom 16. November 1957	590

2. Die differenzierte Behandlung der Volksdemokratien durch die UdSSR (1957/58-1960) 599
   a) Der neue Konflikt mit Jugoslawien 601
   b) Die Politik des Kreml gegenüber der DDR, Polen, der Tschechoslowakei, Ungarn und Bulgarien 606
   c) Die Sonderrolle Rumäniens: der Abzug der sowjetischen Truppen 611
   d) Die sowjetisch-albanischen Beziehungen: Wann begannen die ersten ernsthaften Differenzen? 617
   e) Chruščevs Bilanz auf dem XXI. Kongreß der KPdSU vom 27. Januar 1959 621
   f) Die Entwicklung des Rats für Gegenseitige Wirtschaftshilfe 625
   g) Die begrenzte militärische Kooperation 632
   h) Die Kooperation auf anderen Gebieten 635
3. Der Kreml vor neuen Herausforderungen (1960) 637
   a) Die Anfänge und ersten Auswirkungen der sowjetisch-chinesischen Differenzen 638
   b) Das kommunistische »Weltkonzil« im November 1960 in Moskau 645

Kap. VI. Der fortschreitende Abbau der politischen Autorität und die begrenzten Integrations-Erfolge der UdSSR (1960/61-1964) 649

1. Die Verschärfung des sowjetisch-chinesischen Konflikts 653
2. Das Ausscheren Albaniens aus dem »sozialistischen Lager« 659
3. Rumäniens nationale Abweichung 667
   a) Bukarests Veto gegen die Aufwertung des Rats für Gegenseitige Wirtschaftshilfe 669
   b) Die Grundsatzerklärung vom 22. April 1964 674
4. Die Beziehungen der UdSSR zu Polen, der Tschechoslowakei, der DDR, Ungarn und Bulgarien 678
5. Die Aufwertung des Warschauer Pakts 687
   a) Die Position Albaniens in der Allianz 688
   b) Die verstärkte militärische Kooperation 692
6. Das Ende der Ära Nikita S. Chruščev 701
7. Die Bilanz: das kommunistische Schisma 705

Kap. VII. »Block«-Politik unter L. Brežnev und A. Kosygin (1964–1968) 721

1. Die Ausgangslage 721
2. Die unterschiedlichen Interessenlagen der Volksdemokratien 726
   a) Polen: Wissen um die Abhängigkeit von Moskau 726
   b) Tschechoslowakei: A. Novotnýs vergeblicher Kampf um das politische Überleben 728
   c) DDR: wachsende Diskrepanz zwischen ökonomischer Stärke und Anlehnungsbedürfnis an den Kreml 729
   d) Ungarn: J. Kádárs neuer »Neue Kurs« 735
   e) Bulgarien: totale Servilität gegenüber dem »großen Bruder« 737
   f) Rumänien: die unschätzbaren Vorteile der Geographie 739
   g) Albanien: »Unverbrüchliche Freundschaft« mit der Volksrepublik China 745
   h) Jugoslawien: zwischen ökonomischer Kooperation und politischer Abgrenzung 748
3. Der Warschauer Pakt: politische und militärische Stärkung gegen den Widerstand Rumäniens 750
4. Der Rat für Gegenseitige Wirtschaftshilfe: auf der Suche nach einem neuen Modell der Kooperation 768

Kap. VIII. Die militärische Intervention in der Tschechoslowakei und ihre weitreichenden Auswirkungen auf das »Block«-Gefüge (ab 1968) 773

1. Die Problematik einer sinnvollen Periodisierung 773
2. Der »Prager Frühling« 775
   a) Die Konfrontation mit dem Kreml 776
   b) Die Invasion 788
   c) Die Folgen 798
3. Die Entwicklung des Warschauer Pakts 806
   a) Der weitere Ausbau der Allianz zum außenpolitischen Koordinierungsorgan 806
   b) Die weitere militärische Stärkung 809
   c) Die Sonderrolle Rumäniens 811
4. Die Intensivierung der ökonomischen Kooperation im Rahmen des Rats für Gegenseitige Wirtschaftshilfe 816

Kap. IX. Die UdSSR als »Ordnungsmacht« der engeren »sozialistischen Gemeinschaft« 823

1. Vorbemerkung 823
2. Die Bezeichnung der kommunistischen Staatenverbindung 825
3. Die politisch-ideologischen Grundprinzipien der interparteilichen und zwischenstaatlichen Beziehungen: der proletarische und der sozialistische Internationalismus 833
    a) Die beiden Internationalismus-Formeln in den kommunistischen Grundsatzerklärungen von 1957, 1960 und 1969 836
    b) Außenpolitische Leitsätze in den Verfassungen der Warschauer Pakt-Staaten 842
    c) Die Prinzipien des sozialistischen Internationalismus in den bilateralen Bündnispakten 856
4. Die institutionellen Formen der Zusammenarbeit 868
    a) Die Struktur des Warschauer Pakts 871
        aa) die politischen Führungsorgane 872
        bb) die militärischen Führungsorgane 875
    b) Der Rat für Gegenseitige Wirtschaftshilfe 882
5. Konsultations-Mechanismen und die Problematik der Koordinierung der Außenpolitik 888
    a) auf der interparteilichen Ebene 888
    b) auf der zwischenstaatlichen Ebene 894
6. Die engere »sozialistische Gemeinschaft« – ein »Bündnis neuen Typs« 904
    a) Methodologische und begriffliche Vorfragen 904
    b) Westliche Klassifikationen 908
        aa) das Bündnis (die Allianz) und der Block 910
        bb) die Interessensphäre und die Hegemonie 914
    c) Der sowjetische Interventionsanspruch 919
7. Fazit 926

Literaturverzeichnis 937

Sachregister 1019

Personenregister

Vorwort

Die Frage nach der Entstehung und Entwicklung des Ostblocks gehört zu den zentralen Themen der westlichen Ostforschung. Während das Schrifttum über Teilaspekte des Themas kaum noch zu überschauen ist, liegen nur wenige Versuche einer »Gesamtschau« vor. Angesichts der vielschichtigen Aspekte und der Tatsache, daß eine realistische Gesamtdarstellung des Ostblocks notwendigerweise nur von mehreren wissenschaftlichen Disziplinen her möglich ist, ist es erforderlich, sachliche Schwerpunkte zu setzen. Die Arbeit folgt insoweit dem Selbstverständnis der engeren »sozialistischen Gemeinschaft«, als sie vor allem die politischen und ideologischen, militärischen, ökonomischen sowie völkerrechtlichen Aspekte herauszuarbeiten bestrebt ist.
Im Gegensatz zu den bisher vorliegenden Studien, die sich nicht auf die Erarbeitung von Teilaspekten beschränken und den strukturellen Fragen nur eine untergeordnete Funktion zuweisen, versucht diese Untersuchung auch, die institutionellen Formen der Kooperation, die Konsultations-Mechanismen und die Problematik der Koordinierung der »Block«- und Außenpolitik im Ostblock zu erfassen.
Die Darstellung erstreckt sich bis Anfang 1980, so daß die im Sommer 1980 in Polen ausgelösten Entwicklungen nicht mehr berücksichtigt werden konnten. Der Verfasser war jedoch bemüht, soweit wie möglich das bis Ende 1982 vorliegende relevante Schrifttum über die Entwicklung und Struktur der engeren »sozialistischen Gemeinschaft« bis 1980 in das Manuskript hineinzuarbeiten.
Herrn Prof. Dr. Hans-Peter Schwarz, Direktor des Forschungsinstituts für Politische Wissenschaft und Europäische Fragen der Universität zu Köln, dankt der Verfasser aufrichtig für die Bereitschaft, die Arbeit als Habilitationsschrift im Fach Politische Wissenschaft zu betreuen.
Die Wirtschafts- und Sozialwissenschaftliche Fakultät der Universität zu Köln hat die Arbeit 1980 als Habilitationsschrift angenommen.
Der Verfasser hatte die Möglichkeit, das Manuskript während seiner langjährigen Tätigkeit am Institut für Ostrecht der Universität zu Köln anzufertigen. Dem Direktor des Instituts, Herrn Prof. Dr. Boris Meissner, sei dafür herzlich gedankt. Die Frage »Was ist der Ostblock?« wird im Kölner Institut seit Jahren intensiv und leidenschaftlich diskutiert. Aus dem Institut sind maßgebliche Studien über die Integration und

Struktur des Ostblocks hervorgegangen. Die Ergebnisse zahlreicher Diskussionen und wertvolle Anregungen meiner früheren Kollegen haben Eingang in dieses Manuskript gefunden. Besonderer Dank gebührt Herrn Dr. Dietrich Frenzke und Herrn Dr. Alexander Uschakow, die beide mit wegweisenden Untersuchungen über die engere »sozialistische Gemeinschaft« hervorgetreten sind. Herr Dr. Uschakow hat mir außerdem wichtige polnische Quellen erschlossen. Um die Niederschrift der ersten Entwürfe des Manuskripts haben sich Frau Barbara Altschwager und Frau Marlies Bertenrath vom Kölner Institut für Ostrecht verdient gemacht. Auch den stets hilfsbereiten Damen und Herren der Kölner Universitäts- und Stadtbibliothek dankt der Verfasser.
Die Endfassung des Manuskripts hat Frau Ingrid Jung geschrieben. Ohne Frau Jungs Einsatzfreude, Zuverlässigkeit und Bereitschaft, Änderungen und Ergänzungen zu berücksichtigen, hätte die Untersuchung nicht abgeschlossen werden können. Darüber hinaus sei Frau Jung auch für die große Hilfe beim mühsamen Lesen der Korrekturen und dafür Dank gesagt, daß sie das Personenregister erstellt hat.
Es erübrigt sich zu betonen, daß sich der Verfasser für alle eventuellen Mängel der Arbeit allein verantwortlich fühlt.

Köln/Regensburg, im Mai 1983   *Jens Hacker*

Abkürzungsverzeichnis

a.a.O.	am angegebenen Ort
ADAP	Akten zur Deutschen Auswärtigen Politik
AdG	Keesing's Archiv der Gegenwart
am.	amerikanisch
Anm.	Anmerkung
Art.	Artikel
Aufl.	Auflage
Bd.	Band
BKP	Bulgarische Kommunistische Partei
BPA	Bundespresseamt
BRD	Bundesrepublik Deutschland
CDU	Christlich-Demokratische Union
CMEA	Council for Mutual Economic Aid
Comecon	Council for Mutual Economic Assistance/Aid (Rat für Gegenseitige Wirtschaftshilfe)
CP	Communist Party
ČSR	Tschechoslowakische Republik
ČSSR	Tschechoslowakische Sozialistische Republik
DDR	Deutsche Demokratische Republik
ders.	derselbe
DFG	Demokratischer Frauenbund Deutschlands
dies.	dieselbe
Diss.	Dissertation
Doc.	Document
Dok.	Dokument
dt.	deutsch
EAC	European Advisory Commission
ECE	Economic Commission for Europe (UNO)
ECOSOC	Economic and Social Council (UNO)
Ed.	Editor
Eds.	Editors
EEC	European Economy Community
EG	Europäische Gemeinschaft
EKKI	Exekutivkomitee der Kommunistischen Internationale (Komintern)
engl.	englisch
erg.	ergänzt
Euratom	Europäische Atomgemeinschaft
EWG	Europäische Wirtschaftsgemeinschaft
FAZ	Frankfurter Allgemeine Zeitung
FDGB	Freier Deutscher Gewerkschaftsbund
FDJ	Freie Deutsche Jugend
FRUS	Foreign Relations of the United States
frz.	französisch
FVRJ	Föderative Volksrepublik Jugoslawien
GBl.	Gesetzblatt
GSSD	Gruppe der sowjetischen Streitkräfte in Deutschland
H.	Heft

Halbb.	Halbband
hrsg.	herausgegeben
IRuD	Internationales Recht und Diplomatie
jur.	juristisch
Kap.	Kapitel
Kominform	Kommunistisches Informationsbüro
Komintern	Kommunistische Internationale
KP	Kommunistische Partei
KPČ	Kommunistische Partei der Tschechoslowakei
KPD	Kommunistische Partei Deutschlands
KPdSU	Kommunistische Partei der Sowjetunion
KPJ	Kommunistische Partei Jugoslawiens
KPR	Kommunistische Partei Rumäniens
KPTsch	Kommunistische Partei der Tschechoslowakei
KSZE	Konferenz über Sicherheit und Zusammenarbeit in Europa
LDPD	Liberal-Demokratische Partei Deutschlands
MC	Military Council (Militärrat der Warschauer Pakt-Organisation)
MLF	Multilaterale Atomstreitmacht
NATO	North Atlantic Treaty Organization
NKWD	Narodnyj Komissariat Vnutrennich Del
No.	Numero
NÖS	Neues Ökonomisches System
Nr.	Nummer
NSDAP	Nationalsozialistische Deutsche Arbeiterpartei
NZZ	Neue Zürcher Zeitung
poln.	polnisch
PPR	Vereinigte Polnische Arbeiter-Partei
RGW	Rat für Gegenseitige Wirtschaftshilfe
RKP	Rumänische Kommunistische Partei
RPR	Rumanian People's Republic
RSFSR	Russische Sozialistische Föderative Sowjetrepublik
russ.	russisch
S.	Seite
SAG	Sowjetische Aktien-Gesellschaft
SBZ	Sowjetisch besetzte Zone Deutschlands
SED	Sozialistische Einheitspartei Deutschlands
SMAD	Sowjetische Militär-Administration in Deutschland
Sp.	Spalte
SPD	Sozialdemokratische Partei Deutschlands
UdSSR	Union der Sozialistischen Sowjetrepubliken
UNO	United Nations Organization
USA	United States of America
USAP	Ungarische Sozialistische Arbeiterpartei
verbr.	verbreitert
Verf.	Verfasser
Veröff.	Veröffentlichung
vgl.	vergleiche
Vol.	Volume
VR	Volksrepublik
VRB	Volksrepublik Bulgarien
VRP	Volksrepublik Polen
vs.	versus
VVN	Vereinigung der Verfolgten des Naziregimes
WPO	Warschauer Pakt-Organisation

WTO	Warsaw Treaty Organization
ZaöRV	Zeitschrift für ausländisches öffentliches Recht und Völkerrecht
Ziff.	Ziffer
zit	zitiert
ZK	Zentralkomitee

Einleitung

Angesichts der umfangreichen und vielschichtigen Thematik ist es nicht verwunderlich, daß bisher nur wenige Versuche gemacht worden sind, die Entwicklung und Struktur der kommunistischen Staatenverbindung zu analysieren und dabei die politischen und ideologischen sowie die militärischen und ökonomischen Aspekte einzubeziehen. Es bleibt das große Verdienst Zbigniew K. Brzezinskis, in seiner 1960 in den USA erschienenen Studie »Der Sowjetblock« dargelegt zu haben, daß der sowjetische Machtbereich in Europa wegen homogen noch monolithisch noch unveränderlich ist und daß sich hinter der »Fassade der Einheit« ein »unaufhörlicher Wandlungsprozeß«[1] vollzieht. Brzezinskis Buch besteht aus zwei Teilen: Während der erste Teil »Die Entstehung des Sowjetblocks« die Zeit des Stalinismus von 1945 bis 1953 erfaßt, ist der zweite »Die Beziehungen zwischen den kommunistischen Staaten« dem Zeitraum von 1953 bis 1959/60 gewidmet.

Im deutschsprachigen Raum hat bisher nur Jörg K. Hoensch, der osteuropäische Geschichte an der Universität des Saarlandes in Saarbrücken lehrt, den Versuch unternommen, die sowjetische Osteuropa-Politik von 1945 bis 1975 darzustellen. Für die zeithistorischen und politikwissenschaftlichen Arbeiten über die sowjetische Außenpolitik, in denen der »Sowjetblock« einen Teilaspekt bildet, gilt das Jahr 1945 gleichfalls als die entscheidende Zäsur.

Auch wenn westliche Autoren mit Recht davon ausgehen, daß der »Ostblock« eine »Folgeerscheinung jener weltweiten Veränderungen der internationalen Machtverhältnisse« ist, »die durch den Zweiten Weltkrieg ausgelöst worden sind«,[2] wird die Zeit des Zweiten Weltkriegs in Darstellungen der sowjetischen Außenpolitik isoliert und vor allem in deutschsprachigen Analysen vornehmlich unter militärischen Aspekten betrachtet. Hier stellt sich jedoch die Frage, ob es nicht nur angebracht, sondern auch not-

---

1 Vgl. das Vorwort in der deutschen Ausgabe des Buches, S. 15. In den USA ist 1967 eine überarbeitete und erweiterte Auflage des »Sowjetblocks« erschienen, die die Jahre von 1960 bis 1965 erfaßt, ohne jedoch die durch die Ablösung N. S. Chruščevs im Oktober 1964 ausgelösten und nicht sofort sichtbaren Veränderungen berücksichtigen zu können und daher zu optimistisch abschließt.
2 So B. Meissner: Hegemonie, S. 285.

wendig ist, die Untersuchung zeitlich früher anzusetzen. In dieser Arbeit soll der Nachweis geführt werden, daß die UdSSR den »Grundstein« für die spätere Errichtung der östlichen Staatenverbindung schon während des Zweiten Weltkriegs gelegt hat. Bereits während der kriegerischen Auseinandersetzungen mit dem Deutschen Reich und im Bündnis mit den beiden angelsächsischen Mächten schuf Stalin die Voraussetzungen, um den sowjetischen Herrschaftsbereich in Europa beträchtlich auszuweiten.

Führt man die Kausalkette weiter, dann erscheint es richtig, Stalins weitreichende Abmachungen mit Hitler aus dem Jahre 1939 als Ausgangspunkt zu nehmen: Die zwischen der UdSSR und Deutschland festgelegten »Interessensphären« erlaubten es dem sowjetischen Diktator, den Herrschaftsbereich der UdSSR auf die drei baltischen Staaten, Ostpolen und Teile Rumäniens auszudehnen. Stalin ließ nach dem deutschen Angriff auf die UdSSR keinen Zweifel daran, daß die Sowjetunion das entscheidende Wort über die Nachkriegs-Entwicklung Polens und auch der Tschechoslowakei sprechen wird.[3]

Die deutsche zeithistorische Forschung hat auch – im Gegensatz zur angelsächsischen Literatur – die Balkan-Politik Stalins zu sehr lediglich unter militärischen Aspekten behandelt und zu wenig beachtet, daß es der britische Premierminister Winston S. Churchill war, der im Oktober 1944 der UdSSR in Rumänien, Bulgarien und Ungarn den entscheidenden Einfluß einräumte. Die Entwicklung der sowjetisch-jugoslawischen Beziehungen in der Nachkriegszeit ist ebenfalls nur verständlich, wenn man die Einstellung Stalins gegenüber diesem Land während des Zweiten Weltkriegs berücksichtigt. Das gilt gleichfalls für Albanien.

Darüber hinaus gilt es, Stalins Taktieren in der »deutschen Frage« in den Jahren von 1941 bis 1945 insoweit kurz zu beleuchten, als später auch die SBZ/DDR in den sowjetischen Machtbereich einbezogen worden ist.

Es ist nicht die Aufgabe dieser Arbeit, eine weitere Geschichte des Zweiten Weltkriegs und der Teilung Europas zu verfassen. Der Verlauf des Zweiten Weltkriegs wird ausschließlich unter dem Aspekt gesehen, ob und inwieweit Stalin über den militärischen Sieg hinaus gedacht und eine Politik betrieben hat, die nach der militärischen Besetzung des ostmittel-

---

3 Es ist das große Verdienst Vojtech Mastnys, in seiner materialreichen, 1979 erschienenen Studie »Russia's Road to the Cold War« aufgezeigt zu haben, daß eine Darstellung des Ostblocks mit dem Jahr 1939 beginnen sollte. Auch die zeitgeschichtliche und politikwissenschaftliche Forschung in Deutschland vermag Mastnys grundlegende Untersuchung »Moskaus Weg zum Kalten Krieg – Von der Kriegsallianz zur sowjetischen Vormachtstellung in Osteuropa« wesentlich zu ergänzen.

und südosteuropäischen Staatengürtels auch dessen politische Einbeziehung in den sowjetischen Machtbereich im Auge hatte. Gerade weil Stalin gegenüber diesen Staaten so differenziert vorgegangen ist, empfiehlt sich auch eine differenzierte Untersuchung der sowjetischen Politik gegenüber Polen und der Tschechoslowakei sowie den südosteuropäischen Staaten und in der deutschen Frage.

Wichtige Aufschlüsse über die sowjetischen Absichten und Ziele gegenüber Polen vermitteln vor allem die vom »General Sikorski Historical Institute« in London publizierten »Documents on Polish-Soviet Relations«,[4] die einen tiefen Einblick in die sowjetisch-polnische Beziehungen der Jahre 1939 bis 1945 – eingebettet in das diplomatische Spiel mit den USA und Großbritannien – geben. Seit Anfang der siebziger Jahre liegen auch wichtige Dokumente über die Beziehungen der UdSSR zur tschechoslowakischen Exilregierung in London vor.[5]

Höchst reizvoll ist es auch, die Protokolle der Konferenzen der drei Hauptalliierten aus der Kriegszeit[6] unter dem Aspekt zu prüfen, mit welcher Einstellung die Sowjets ihre Politik gegenüber Polen und der Tschechoslowakei begründet haben. Alle diese Dokumente machen deutlich, daß Stalin zumindest gegenüber diesen beiden Ländern von Anfang an Ziele verfolgt hat, die nur den einen Schluß zulassen, beide Staaten so früh und so eng wie möglich an die UdSSR zu binden. Auch über die britisch-sowjetischen Absprachen vom Oktober 1944 über die Aufteilung des Balkans in »Einflußzonen« liegen neuere, in den USA erschienene und aufschlußreiche Analysen vor.[7]

Es ist kein leichtes Unterfangen, die Entwicklung der östlichen Staatenverbindung ab 1945 sinnvoll zu periodisieren. Wenig Hilfestellung vermag dabei zumindest für die Zeit bis 1958 die Diskussion zu vermitteln, die sowjetische Wissenschaftler 1958 in der Moskauer Zeitschrift »International Affairs« über eine Periodisierung der Geschichte der sowjetischen Außenpolitik geführt haben. Dabei wurden mehrere Auffassungen vertreten: Die eine differenzierte zwischen den Perioden 1945–1949 und 1949–1958; eine andere teilte die Periode ab 1949 in zwei Unterphasen ein, von denen die erste bis 1953, dem Tod Stalins, und die zweite von

---

4 Vol. I: 1939–1943; Vol. II: 1943–1945.
5 Vgl. dazu vor allem die beiden instruktiven Beiträge von V. Mastny: Conversations und Stalin.
6 Das gilt vornehmlich für die Konferenzen der Außenminister in Moskau vom 18. Oktober bis zum 1. November 1943, der »Großen Drei« vom 28. November bis zum 1. Dezember 1943 in Teheran und vom 4. bis zum 11. Februar 1945 in Jalta.
7 Vgl. vor allem die Studien von D. Yergin: Shattered Peace und J. L. Gaddis: Origins.

1953–1958 dauerte. Eine dritte Richtung faßte die Zeit von 1945 bis 1953 als eine Periode, die Jahre von 1953 bis 1956, dem Jahr, in dem Nikita S. Chruščev auf dem XX. Parteitag der KPdSU seine berühmte »Anti-Stalin-Rede« hielt, als weitere Phase auf, der sich ab 1956 eine neue Periode anschloß. In der Diskussion ist aber auch bereits als erster Einschnitt der Spätsommer 1947 angegeben worden, als sich Stalin zur Gründung des Kommunistischen Informationsbüros (Kominform) entschloß.[8] Auch spätere Veröffentlichungen folgen diesem Schema und behandeln die Zeit bis Ende 1949 als zweite Periode.[9] Wenig hilfreich ist in dieser zentralen Frage auch die offizielle »Geschichte der sowjetischen Außenpolitik 1945 bis 1970«.

Soweit sich westliche Autoren mit der Entstehung und Entwicklung der östlichen Staatenverbindung befaßt und das Jahr 1945 zum Ausgangspunkt genommen haben, werten sie überwiegend die Jahre von 1945 bis 1947 als die erste Phase. Zbigniew K. Brzezinski kennzeichnet diese Periode so: »Die Volksdemokratie – institutionelle und ideologische Vielfalt.«[10] Zwar ist es richtig, daß Stalin in dieser Phase nicht nach einem

---

8   Vgl. dazu I. Ivashin: The Periodization of the History of Soviet Foreign Policy; S. Jeshin: Periodization Should be Soundly based; V. Khvostov: A Summing up of the Discussion Concerning the Periodization of the History of Soviet Foreign Policy.
9   Die 1981 von einem Autoren-Kollektiv unter Leitung von Ernstgert Kalbe in Ost-Berlin veröffentlichte, über 500 Seiten umfassende »Geschichte der sozialistischen Gemeinschaft – Herausbildung und Entwicklung des realen Sozialismus von 1917 bis zur Gegenwart« trägt zu einer sinnvollen Periodisierung gleichfalls nicht bei. Die drei Hauptabschnitte des »Lehrbuches für die Ausbildung an Universitäten und Hochschulen der DDR« sind überschrieben: 1. Grundlagen und Wesen der Entwicklung des Sozialismus als internationales System (1917–1944/45); 2. Die Formierung des Sozialismus als internationales System (1944/45–1960/61) und 3. Die Entwicklung und Festigung der sozialistischen Gemeinschaft auf ihren eigenen gesellschaftlichen Grundlagen (1960/61 bis zur Gegenwart). Im 2. Hauptabschnitt werden zwei Phasen voneinander unterschieden: Die volksdemokratischen Revolutionen in Mittel- und Südosteuropa in ihrer ersten Etappe 1944–1948/49 und Die Entstehung der internationalen Beziehungen neuen Typs 1944/45–1949 sowie Die zweite Etappe der volksdemokratischen Revolutionen in den Ländern Mittel- und Südosteuropas 1949–1958/62 und die Entwicklung der internationalen Beziehungen zwischen den sozialistischen Ländern 1949/50–1960/61. Sieht man von der Ausrufung der DDR am 7. Oktober 1949 ab, dann bildet das Jahr 1949 keinesfalls einen entscheidenden Einschnitt in der Geschichte der »sozialistischen Gemeinschaft«. Die Jahre 1960/61 markieren in der Tat ein wichtiges Entwicklungsstadium des »sozialistischen Lagers« – allerdings in einem anderen Sinne, als die DDR-Autoren es nachzuweisen suchen. Weitere Nachweise über früher veröffentlichte Arbeiten bei J. K. Hoensch: Osteuropa-Politik, S. 4–6 mit der Anm. 1. Sehr instruktiv dazu auch M. D. Shulman: Stalin's Foreign Policy Reappraised, S. 255–271; ders.: Some Implications of Changes in Soviet Policy toward the West, S. 636–640.
10 J. K. Hoensch überschreibt sein 1. Kapitel: Einbeziehung Osteuropas in die Hegemonialsphäre der UdSSR, 1945–1947. Hoensch hat nur dann, wenn es unumgänglich war,

Einheitsschema vorging, um die von der Roten Armee besetzten Länder sofort und total gleichzuschalten, sondern nationale Besonderheiten berücksichtigte und den kommunistischen Führungen durchaus Spielraum für eigenes Handeln ließ.

Die sowjetische Führung konnte sich dies deshalb vor allem erlauben, weil sie in den Jahren zuvor in diesen Ländern die Voraussetzungen dafür geschaffen hatte, daß dort in Zukunft »sowjetfreundliche« Regimes den entscheidenden Einfluß ausübten. Dennoch erscheint Brzezinskis Formel ein wenig mißverständlich im Hinblick auf die Tatsache, daß der »institutionellen und ideologischen Vielfalt« Grenzen gesetzt waren und die UdSSR vor allem ihre Politik der ökonomischen Ausbeutung einleitete.

Dieser Periode der allmählichen Gleichschaltung folgte ab Sommer 1947 die Phase der totalen Konformität, die bis zum Tode Stalins im März 1953 dauert und die Zbigniew K. Brzezinski als »Stalinismus – institutionelle und ideologische Einförmigkeit« apostrophiert.[11] Während beispielsweise Brzezinski und Jörg K. Hoensch den internationalen Aspekt – die sowjetisch-amerikanische Konfrontation – nur sehr knapp darstellen, erscheint es sinnvoller, als das wichtigste Datum des Jahres 1947 den 2. Juli zu wählen – jenen Tag, an dem der sowjetische Außenminister Molotov in Paris dem Marshall-Plan eine schroffe Absage erteilte, die auch den Ausschluß der von der UdSSR kontrollierten Länder vom amerikanischen Wirtschaftsprogramm implizierte. Damit kapselte Stalin den sowjetischen Machtbereich in entscheidender Weise vom übrigen Europa ab.

Außerdem ist diese Phase durch die Gründung des Kommunistischen Informationsbüros im September 1947, die politische Gleichschaltung der Tschechoslowakei im Februar 1948, über die in der kurzen Phase des »Prager Frühlings« 1968 neue und instruktive Dokumente bekanntgeworden sind, und den Ausschluß Jugoslawiens aus dem Kominform im Juni 1948 gekennzeichnet. Von nun an stand endgültig fest, daß das »Bündnis der ungleichen Partner« von zunächst sieben und ab 1949, als die UdSSR die Errichtung der DDR vollzog, von acht Staaten gebildet wurde: Albanien, Bulgarien, der SBZ/DDR, Polen, Rumänien, der Sowjetunion, der Tschechoslowakei und Ungarn.

---

die SBZ/DDR in seine Studie einbezogen. Der Autor dieser Arbeit sieht seine Aufgabe auch darin zu zeigen, welch eine wichtige Rolle die DDR im »Block«-Gefüge spielt; das gilt auch und gerade aus der Sicht des Kreml.

11 J. K. Hoensch differenziert – im Gegensatz zu Z. K. Brzezinski – zwischen der Phase von 1947–1949 (»Etablierung des volksdemokratischen Regimes«) und der Phase 1950–1953 (»Herrschaftspraxis«).

Die letzten Jahre der Herrschaftspraxis Stalins bis zu seinem Tode am 5. März 1953 haben keine gravierenden Neuerungen im Sowjetblock gebracht, da der im Januar 1949 gegründete Rat für Gegenseitige Wirtschaftshilfe, die erste multilaterale Organisation im sowjetischen Machtbereich, zunächst keine Bedeutung erlangt hat. Die Jahre ab 1950 kann man als Phase der Stagnation bezeichnen, die es aber nicht rechtfertigt, sie als selbständige Periode zu behandeln.

In eine Periode des »Übergangs«[12] und der »Neuorientierung«[13] trat die kommunistische Staatenverbindung nach dem Tode Stalins. Diese wiederum von »institutioneller und ideologischer Vielfalt« geprägte Phase wurde durch Georgij Malenkovs »Neuen Kurs«, Nikita S. Chruščevs Konzept vom »sozialistischen Lager«, den Ausgleich zwischen der UdSSR und Jugoslawien und den XX. Kongreß der KPdSU bestimmt. Brzezinski apostrophiert diese Periode als »Vom Tauwetter zur Sintflut« und bezieht damit die sowjetische Intervention im Herbst 1956 in Ungarn und den »polnischen Oktober« mit ein. Jörg K. Hoensch differenziert zwischen der Phase der »Neuorientierung« von 1953 bis 1955 und behandelt die Jahre 1955 bis 1957 als nächste Periode: Krise und Stabilisierung.[14]

Die einschneidenden Auswirkungen der sowjetischen Intervention in Ungarn, über die neuere Quellen interessante Aufschlüsse vermitteln, markieren das gescheiterte Konzept Chruščevs.

Daher ist es ratsam, mit dem Herbst 1956 eine neue Periode anzusetzen, in der Chruščev bemüht war, die Beziehungen der UdSSR zu den Bündnispartnern auf eine neue Grundlage zu stellen und den sowjetischen Herrschaftsbereich soweit wie möglich wieder zu konsolidieren. Diese Periode, die durch eine differenzierte Behandlung der Volksdemokratien durch Moskau bestimmt ist, reicht bis Ende 1960, als sich die Anfänge und ersten Auswirkungen der sowjetisch-chinesischen Differenzen deutlich zeigten. Das kommunistische »Weltkonzil« im November 1960 in Moskau bildete zugleich den Endpunkt als auch den Auftakt zur 6. Phase, die durch den fortschreitenden Abbau der politischen Autorität und die be-

---

12 Aufschlußreich ist, daß Adam B. Ulam in seiner Studie über die Geschichte der sowjetischen Außenpolitik die Phase von 1953–1956 »The Transition« überschreibt. Vgl. A. B. Ulam: Expansion, S. 539–571.
13 So die Überschrift J. K. Hoenschs zu Kap. 4.
14 Z. K. Brzezinski behandelt als 4. Phase die Jahre 1957–1959: Das kommunistische »Commonwealth« – institutionelle Vielfalt und ideologische Einförmigkeit. J. K. Hoensch faßt als 6. Phase die Jahre 1957–1961 auf: Osteuropapolitik im Spannungsfeld zwischen »Revisionismus« und »Dogmatismus«.

grenzten Integrations-Erfolge der UdSSR geprägt ist und bis zum Sturz Nikita S. Chruščevs am 14. Oktober 1964 dauert. Chruščev sollte es nicht gelingen, den sowjetisch-chinesischen Konflikt zu beenden oder wenigstens einzudämmen, das Ausscheren Albaniens aus dem »sozialistischen Lager« zu verhindern und Rumänien davon abzuhalten, seine Politik der nationalen Positionsaufwertung konsequent weiter zu verfolgen, ohne dem Kreml einen Vorwand für eine Intervention zu geben.

Nach der Ablösung Chruščevs trat die östliche Staatenverbindung im Oktober 1964 in eine neue Phase ein, die bis zum Sommer 1968 dauert. Unter der Führung von Leonid Brežnev und Alexej Kosygin war die UdSSR bestrebt, die Integration und Kooperation vor allem im militärischen und ökonomischen Bereich kräftig voranzutreiben. Der neuen Führung im Kreml gelang es, den Warschauer Pakt immer mehr auch zu einem außenpolitischen Koordinierungsorgan auszubauen.

Den bisher wichtigsten Einschnitt in der Entwicklung der kommunistischen Staatenverbindung bildet die militärische Intervention von fünf Warschauer Pakt-Staaten in der Tschechoslowakei im August 1968, die weitreichende Folgen für das »Block«-Gefüge hatte und bis in die Gegenwart fortwirkt. Wenn Jörg K. Hoensch die Jahre von 1968 bis 1971 als »Prag und die Folgen« überschreibt und davon die Jahre 1972 bis 1975 als selbständige Phase »Osteuropa im Zeichen der ›Politik der friedlichen Koexistenz‹« abhebt, dann entsteht zwangsläufig der falsche Eindruck, als seien die schwerwiegenden Folgen der gewaltsamen Beendigung des »Prager Frühlings« seit Anfang der siebziger Jahre überwunden. Das Gegenteil ist jedoch der Fall: Auch vor dem 21. August 1968 wußten die Führungen der Warschauer Pakt-Staaten, daß die UdSSR das Ausscheren eines Pakt-Mitglieds – mit Ausnahme Albaniens – nicht zulassen würde. Nicht klar umrissen war bis zu diesem Zeitpunkt, welchen innenpolitischen Spielraum der Kreml seinen Allianz-Partnern zu konzedieren bereit war.

Seit dem Ende des »Prager Frühlings« besteht auch darüber Klarheit: Die UdSSR empfindet sich als »Ordnungsmacht« der engeren »sozialistischen Gemeinschaft«, die darüber befindet, was unter »historischen und sozialistischen Errungenschaften« zu verstehen ist und wie diese zu schützen und zu verteidigen sind. An dieser Situation hat sich bis heute nichts geändert, so daß es sehr problematisch ist, in der Entwicklung der engeren »sozialistischen Gemeinschaft« in den siebziger Jahren einzelne Phasen voneinander zu unterscheiden.

In Kap. IX dieser Arbeit wird im einzelnen untersucht, wie die UdSSR die engere »sozialistische Gemeinschaft« als ein »Bündnis neuen Typs«

begreift und ihren Anspruch als »Ordnungsmacht« durchzusetzen bestrebt ist. Dabei zeigt sich, daß die zwischenstaatlichen und interparteilichen Beziehungen und das Verhältnis der Warschauer Pakt-Staaten gegenüber der UdSSR nur realistisch eingeschätzt werden können, wenn man politikwissenschaftliche und völkerrechtliche Maßstäbe anlegt. Dabei ist eine saubere methodologische und begriffliche Klärung erforderlich, um einen Methoden-Synkretismus zu vermeiden. Ein übertriebener begrifflicher Purismus – sei es unter politikwissenschaftlichem oder völkerrechtlichem Aspekt – ist andererseits unangebracht, da die herkömmlichen Klassifikationen für Abhängigkeitsverhältnisse von beiden wissenschaftlichen Disziplinen beansprucht werden.[15]
Es ist weder die Aufgabe des Zeithistorikers noch des Völkerrechtlers, Prognosen zu erteilen und »Kreml-Astrologie« zu treiben. Daß auch der politische Wissenschaftler nur mit äußerster Vorsicht als Prognostiker tätig werden sollte, ließe sich an zahlreichen Beispielen veranschaulichen. Obwohl selbst Zbigniew K. Brzezinski vor allem 1961 davor gewarnt hat, aus dem sowjetisch-chinesischen Konflikt übertriebene Schlußfolgerungen zu ziehen, ist die Entwicklung des »sozialistischen Lagers« und der späteren »sozialistischen Gemeinschaft« anders verlaufen, als Brzezinski sie vorgezeichnet hat. Er meinte 1961, in der Geschichte der Ideen sei die »Relativierung einer absoluten Doktrin die erste Etappe des Verfalls ihrer Lebenskraft«: »Deshalb ist es so bedrohlich für die kommunistische Welt, wenn die chinesisch-sowjetische divergierende Einheit noch lange anhält.«[16]
Man darf der sowjetischen Führung bescheinigen, daß es ihr auch nach dem Schisma im Weltkommunismus, also dem totalen Bruch zwischen Moskau und Peking, gelungen ist, ihren angemaßten Anspruch als »Ordnungsmacht« der engeren »sozialistischen Gemeinschaft« weitgehend durchzusetzen. Dies ist die Realität, die die Anwendung äußerst fragwürdiger Methoden und Mittel in den Hintergrund treten läßt.
Eines der interessantesten Phänomene ist es, daß in den Ländern der engeren »sozialistischen Gemeinschaft« bisher nur sehr wenige Versuche unternommen worden sind, Gesamtdarstellungen der Geschichte der kommunistischen Staatenverbindung zu verfassen. So gehört die 1981 in der

---

15 Vgl. zu dieser Problematik die wegweisenden Ausführungen bei H. Rumpf: Die Theorie der Internationalen Beziehungen, wo er in überzeugender Weise verdeutlicht, worin sich die politische Wissenschaft als Wirklichkeitswissenschaft und das Völkerrecht als Normwissenschaft voneinander unterscheiden und auf welche Weise beide fruchtbringend angewandt werden können.
16 Z. K. Brzezinski: Sowjetblock, S. 465.

DDR erschienene »Geschichte der sozialistischen Gemeinschaft« in der Tat, wie es im Vorwort heißt, »in der marxistisch-leninistischen Historiographie zu den ersten Arbeiten dieser Art«.[17] Auch wenn das »Lehrbuch« sich »auf die Ergebnisse der marxistisch-leninistischen Gesellschaftswissenschaften, insbesondere der Geschichtswissenschaft, in der UdSSR, der DDR und anderen sozialistischen Bruderländern«[18] stützt, ist die Art der Darstellung nicht geeignet, in wichtigen »Bruderstaaten« – vor allem in Polen und Rumänien – ungeteilten Beifall auszulösen. Die Fixiertheit auf den »großen Bruder« in Moskau ist in dem Ende 1978 abgeschlossenen Band kaum zu überbieten; nationale Komponenten bleiben weitgehend unberücksichtigt, und das »Wesen des Annäherungsprozesses in der sozialistischen Gemeinschaft« wird zwar behauptet, aber – verständlicherweise – nicht bewiesen. Auch wenn gerade von wissenschaftlicher Seite in der DDR keine differenzierte und differenzierende Untersuchung über die »sozialistische Gemeinschaft« zu erwarten ist, hätte man sich bei der Darstellung der »Herausbildung und Entwicklung des realen Sozialismus« doch ein wenig mehr Realitätssinn und weniger ideologische Einseitigkeit gewünscht. Auf die Diskrepanz zwischen Anspruch und Wirklichkeit dürfte es nicht zuletzt zurückzuführen sein, daß die »marxistisch-leninistische Historiographie« in den Staaten des Ostblocks so wenig Neigung verspürt, die Geschichte der engeren »sozialistischen Gemeinschaft« in einer Gesamtschau zu erfassen. Über diesen Mangel können gleichfalls die allgemeinen Analysen der sowjetischen Außenpolitik nicht hinweghelfen, in denen auch die Stellung der Führungsmacht innerhalb der engeren »sozialistischen Gemeinschaft« behandelt wird.

Jeder Versuch einer »Gesamtschau« impliziert die Frage nach den verwandten Quellen. Um die Entstehung, Entwicklung und Struktur des Ostblocks aufzuzeigen, werden als wichtigste Quelle die offiziellen Reden und Erklärungen der kommunistischen Partei- und Staatsführer herangezogen und ausgewertet. Die zweite Kategorie bilden die Stellungnahmen, die als offizielle Erläuterungen vornehmlich in den Partei-Zeitungen und außenpolitischen Fragen gewidmeten Zeitschriften veröffentlicht werden. Es versteht sich von selbst, daß dabei den Positionen der »Führungsmacht« Sowjetunion besonderes Gewicht beigemessen wird. Darüber hinaus werden zahlreiche zwei- und mehrseitige Dokumente auf der zwischenstaatlichen und interparteilichen Ebene verwertet, die wichtige Auf-

---

17 So das Vorwort zur »Geschichte der sozialistischen Gemeinschaft«, a.a.O. (Anm. 9 oben), S. 11.
18 Vgl. ebenda, S. 12.

schlüsse über das offizielle »Selbstverständnis« der engeren »sozialistischen Gemeinschaft« zu vermitteln vermögen.
Was die »sozialistischen« Selbstdarstellungen angeht, so ist eine weitere Beobachtung bemerkenswert: Über Vorgänge im Ostblock ist auch die nicht-kommunistische Welt wesentlich besser informiert, wenn die sowjetische Führung Konflikte mit »Bruderstaaten« provoziert und auszufechten hatte. Das ist vornehmlich dann der Fall, wenn hohe kommunistische Funktionäre als »Insider« nicht mehr dem sowjetischen Zugriff ausgesetzt sind und bei ihrer Berichterstattung keine Rücksicht mehr auf die offizielle Linie zu nehmen brauchen. Der hohe Quellenwert solcher Informationen hat sich vor allem 1948 beim Konflikt zwischen Stalin und Tito sowie 1968 bei der gewaltsamen Beendigung des »Prager Frühlings« gezeigt. Doch wäre auch die nicht-kommunistische Welt über andere wichtige Vorgänge in der »sozialistischen Gemeinschaft« – beispielsweise über die Anfänge und den Verlauf des sowjetisch-chinesischen Disputs, die anhaltenden sowjetisch-rumänischen Differenzen und das Ausscheren Albaniens aus dem »sozialistischen Lager« – wesentlich schlechter unterrichtet, wenn die Führungen der betroffenen Staaten nicht immer wieder vor die Öffentlichkeit getreten wären, um die eigene Position zu begründen und zu rechtfertigen.
In der folgenden Darstellung sind zahlreiche Sekundärquellen aus westlichen Ländern herangezogen worden. Der Autor sieht nicht zuletzt seine Aufgabe darin, die wissenschaftlich fundierten und weiterführenden Untersuchungen der amerikanischen Forschung, die im deutschsprachigen Raum bisher gar nicht oder nur unzureichend berücksichtigt worden sind, in die Arbeit einzubeziehen. In der amerikanischen Geschichtswissenschaft spielt vor allem die Frage nach den Ursachen des Kalten Krieges eine zentrale Rolle.[19]
Dem mit massiver Hilfe der Roten Armee geschaffenen Ostblock, dem »Bündnis ungleicher Partner«, mangelt es nach wie vor an Kohärenz und Homogenität. Nicht die kommunistische Ideologie, die – auch wenn das sich scharfsinnig dünkende westliche Sowjetologen nicht immer rechtzeitig wahrzunehmen wußten – spätestens seit 1948 mit dem Bruch zwischen

---

19 Leider konnte in die Darstellung nicht mehr folgende die Diskussion weiterführende Untersuchung eingearbeitet werden: William Taubman: Stalin's American Policy – From Entente to Détente to Cold War. New York, London 1982. Taubman vermittelt einen instruktiven Überblick über die von den »Revisionisten«, »Traditionalisten« und den »post-revisionist«-Historikern vorgetragenen Argumente und setzt sich auch kritisch mit einigen Kernthesen Vojtech Mastnys auseinander, die dieser in seiner wegweisenden Studie »Moskaus Weg zum Kalten Krieg« vorgetragen hat (vgl. oben Anm. 3).

Stalin und Tito und dem sich in der zweiten Hälfte der fünfziger Jahre herausbildenden Polyzentrismus ihre einigende Kraft verloren hat, sondern allein die stets präsente Drohung der Führungsmacht UdSSR mit einer einseitigen oder kollektiven Intervention halten den Sowjetblock zusammen. Weder unter völkerrechtlichen und politikwissenschaftlichen noch unter politischen Aspekten lassen sich die Mittel und Methoden rechtfertigen, mit denen die UdSSR ihren Führungsanspruch durchsetzt. Daher wendet sich der Verfasser entschieden gegen die Thesen einiger westdeutscher Völkerrechtler und Ostrechtler, die mit zweifelhaften juristischen »Konstruktionen« oder unter Außerachtlassung der selbst im Sowjetblock gegenüber der »Moskauer Doktrin« oder »Brežnev-Doktrin« erhobenen Bedenken jedenfalls faktisch dazu beitragen, den angemaßten Interventionsanspruch der Sowjetunion zu legitimieren und vom Makel der Völkerrechtswidrigkeit zu befreien.

Kapitel I

Die Voraussetzungen für die Entstehung der kommunistischen Staatenverbindung: Von der »Abgrenzung« der deutsch-sowjetischen »Interessensphären« über die Bindung Polens und der Tschechoslowakei an die UdSSR bis zur Einbeziehung Rumäniens, Bulgariens und Ungarns in den sowjetischen Machtbereich (1939–1945)

> »Wir wollen keinen Fußbreit fremden Bodens. Aber auch von unserem eigenen Boden werden wir niemand auch nur einen Zollbreit überlassen. Das ist unsere Außenpolitik.«
>
> J. V. Stalin[1]

In der zeitgeschichtlichen Forschung ist über die Frage, ob die Ausdehnung des sowjetischen Machtbereichs auf Ostmittel- und Südosteuropa und die Etablierung sowjetfreundlicher Regimes in diesen Staaten ab 1944/45 auf einem bereits in der Zeit vor dem Zweiten Weltkrieg oder in der ersten Kriegsphase festumrissenen Konzept basierte, viel diskutiert und spekuliert worden. Die Befürworter dieser These können eine Reihe von Indizien anführen. Zunächst beruft man sich dabei auf eine Äußerung Stalins vom April 1945, die Milovan Djilas in seinen »Gesprächen mit Stalin« wiedergegeben hat: »Stalin legte dar, wie er über die besondere Art des Krieges dachte, den wir zur Zeit führen: ›Dieser Krieg ist nicht wie in der Vergangenheit, wer immer ein Gebiet besetzt, erlegt ihm auch sein eigenes gesellschaftliches System auf. Jeder führt sein eigenes System ein, so weit seine Armee vordringen kann. Es kann gar nicht anders sein.‹«[2]

Djilas hat eine weitere aufschlußreiche Bemerkung aus dem gleichen Gespräch überliefert, in der Stalin seine Politik mit einer panslawistischen Perspektive begründete: »Wenn die Slawen zusammenbleiben und Solidarität wahren, wird in Zukunft niemand mehr einen Finger rühren können. Nicht einen Finger.« Zweifellos sind die Aussagen Stalins höchst in-

---

1 So J. V. Stalin in seinem Rechenschaftsbericht des Zentralkomitees an den XVI. Parteitag der KPdSU (B) vom 27. Juni 1930. Text in: J. W. Stalin: Werke, Bd. 12, S. 207–325 (229).
2 M. Djilas: Gespräche, S. 146.

teressant. Doch sollte man dabei nicht übersehen, daß er sie im Frühjahr 1945 gemacht hat, als er sich im sicheren Besitz jener Staaten wußte, die den Kern des späteren »sozialistischen Lagers« bilden sollten. So hat ein anderer prominenter, mit Stalins Ambitionen und politischen Praktiken gleichfalls vertrauter jugoslawischer Politiker, Vladimir Dedijer, nach dem Bruch des sowjetischen Diktators mit Tito sarkastisch darauf hingewiesen, daß Stalin das Konzept der »Brüderschaft der Slawen« nur solange benutzt hat, »bis die brüderlichen Slawen versklavt worden waren«.[3]

Zu den Indizien, die auf einen im Kreml frühzeitig konzipierten Plan über die Zukunft Ostmittel- und Südosteuropas hindeuten, wird auch die Tatsache gezählt, »daß die kommunistischen Exilpolitiker aus den osteuropäischen Ländern während des Krieges ihre Vorstellungen über die Nachkriegsentwicklung im Detail zu erarbeiten, von Moskau aus in Propagandakampagnen zu vertreten und von langer Hand Vorbereitungen für eine Usurpation der Staatsgewalt zu treffen vermochten«.[4] Schließlich beruft man sich auf die »Präzision und Koordination«,[5] mit der die Volksdemokratien geschaffen, abgesichert und auf vielfältige Weise an die UdSSR gebunden wurden.

So lange die sowjetischen Archive geschlossen bleiben, ist es müßig, darüber zu spekulieren, wann Stalin zuerst an die Etablierung einer sowjetischen Einflußsphäre in Ostmittel- und Südosteuropa gedacht hat und dafür mögliche Konzepte ausarbeiten ließ. Auf jeden Fall scheint Vorsicht geboten, wenn man retrospektiv den Ablauf der Geschehnisse Revue passieren läßt. Man schreibt – wie Zbigniew Brzezinski zutreffend betont – »den Handelnden leicht ein Zielbewußtsein und eine Voraussicht zu, die sie in dieser Klarheit gar nicht besitzen konnten; das Geschehen nimmt eine Logik an, die ihm zu seiner Zeit nicht zukam«.[6]

Voraussetzung für die Errichtung der kommunistischen Staatenverbindung war die sowjetische Expansion, die sich in zwei Phasen vollzog und von denen die erste leicht in Vergessenheit gerät, da sie sich in dem skrupellosen Zusammenspiel Stalins mit Hitler vollzog: aufgrund der Abmachungen vom 23. August und 28. September 1939. Daß sich jedoch Stalin nicht mit den weitreichenden territorialen Konzessionen Hitlers zufriedengab, geht aus den Verhandlungen des sowjetischen Außenministers

---

3 V. Dedijer: Albania, S. 103 mit Anm. 1.
4 So J. K. Hoensch: Osteuropa-Politik, S. 11.
5 So J. K. Hoensch, ebenda.
6 Z. K. Brzezinski: Sowjetblock, S. 67 f.

Molotov mit der Führung des Dritten Reiches im November 1940 hervor, als die UdSSR den späteren abenteuerlichen Angriff der deutschen Wehrmacht noch nicht ins Kalkül einbeziehen konnte.
Hitlers militärischer Überfall auf die Sowjetunion veränderte die Situation total. Als sich das Kriegsglück Ende 1942/Anfang 1943 zugunsten der Sowjetunion wendete, eröffnete sich für Stalin – im militärischen Bündnis mit den beiden angelsächsischen Mächten – die große Chance, den sowjetischen Machtbereich noch über die Gebiete nach Westen und Südwesten hinaus auszudehnen, die ihm Hitler 1939 konzediert hatte. In dieser Phase des Zweiten Weltkriegs ging es ihm nun darum, den Einfluß des Deutschen Reiches in Ostmittel- und Südosteuropa soweit wie möglich zurückzudrängen, jenes Staates in Mitteleuropa, der die Sicherheit dieser Region in der Vergangenheit so oft bedroht hatte.[7]
Diesem Konzept entsprach einerseits die Vorstellung, daß dies am besten zu erreichen sei, wenn in diesen Staaten nach der militärischen Besetzung durch die Rote Armee Regimes an die Macht gelangten, die die Gewähr für eine »sowjetfreundliche« Einstellung boten. Der erfolgreiche weitere Verlauf des Zweiten Weltkriegs versetzte Stalin in die Lage, zunächst die beiden Staaten an sich zu binden, die aus verschiedenen Gründen für ihn so wichtig waren: Polen und die Tschechoslowakei.
Die sowjetische Politik gegenüber Polen, von dem Stalin nicht nur weitreichende Gebietsabtretungen verlangte, sondern auch im Innern frühzeitig die Etablierung eines »sowjetfreundlichen« Regimes durchsetzte, und gegenüber der Tschechoslowakei, die bereits im Dezember 1943 zu einer engen vertraglichen Bindung führte, zeigt, daß Stalin gar nicht erst die militärische Niederringung Deutschlands abwartete, um dann gemeinsam mit seinen militärischen Hauptverbündeten über das weitere Schicksal der beiden ostmitteleuropäischen Staaten zu beraten.
Nicht nur Stalins Vorgehen in Ostmitteleuropa, sondern auch in Südosteuropa offenbart, wie differenziert er politisch vorgegangen ist. Er dürfte selbst überrascht gewesen sein, daß ihm die Ausdehnung der sowjetischen »Interessensphäre« auf Rumänien, Bulgarien und Ungarn im Sommer und Herbst 1944 von Premierminister Winston S. Churchill angeboten worden ist. Die Abreden Stalins mit Churchill, die von amerikanischer Seite nie ausdrücklich gutgeheißen worden sind, haben in der deutschen zeitgeschichtlichen Forschung bisher in keiner Weise jenen Platz erhalten, der ihnen zukommt und der ihnen auch in der angelsächsischen Literatur zugesprochen wird.

---

7 Vgl. dazu auch J. K. Hoensch: Osteuropa-Politik, S. 11 f.

Die mit Abstand interessanteste Komponente in der sowjetischen Politik gegenüber den Staaten Südosteuropas bildete die Einschätzung Jugoslawiens durch Stalin. Auch heute läßt sich nicht mit Sicherheit sagen, ob Stalin in irgendeiner Phase des Zweiten Weltkriegs zumindest gehofft hat, auch Jugoslawien, das nach seiner frühzeitigen militärischen Kapitulation zwischen Deutschland, Italien, Ungarn und Bulgarien aufgeteilt worden war und in dem ein jahrelanger vielschichtiger Krieg tobte, in den sowjetischen Machtbereich einzubeziehen. Auf jeden Fall war das Verhältnis Stalins gegenüber der kommunistischen Partisanen-Bewegung mit Tito an der Spitze von Anfang an höchst problematisch.

Gegenüber Albanien zeigte Stalin immer ein totales Desinteresse; er sah es bei Tito in guten Händen. Die Entwicklung Albaniens wird auch deshalb in die folgende Darstellung einbezogen, da es in den Jahren ab 1945 im sowjetisch-jugoslawischen Kräftespiel eine Rolle eingenommen hat, die weit über die Bedeutung des kleinen Landes hinausging.

Um die spätere Einbeziehung der sowjetisch besetzten Zone Deutschlands (SBZ) in den sowjetischen Machtbereich zu verdeutlichen, ist es notwendig, Stalins Schachzüge in der deutschen Frage von dem Zeitpunkt an zu skizzieren, in dem sich die militärische Niederlage der deutschen Wehrmacht im Osten abzeichnete.

1. *Der Ausgangspunkt: Der Hitler-Stalin-Pakt (1939)*

Die deutsch-sowjetische Annäherung, die in den weitreichenden Vereinbarungen vom 23. August und 28. September 1939 gipfelte, geht auf Initiativen aus dem Frühjahr 1939 zurück. Mit Hilfe Großbritanniens und Frankreichs war es Hitler gelungen, die »tschechoslowakische Frage« nach dem Abschluß des Münchener Abkommens vom 29. September 1938 mit der Besetzung der Rest-Tschechoslowakei am 15. März 1939 und der Errichtung des Reichsprotektorats Böhmen und Mähren, die Hitler vom Hradschin aus am 16. März verkündete, in seinem Sinne zu lösen.[8] In der Zeit zwischen München und Prag versuchte Hitler, Polen, das

---

8 Vgl. über die Entwicklung der Tschechoslowakei bis 1939 im einzelnen D. Brandes: Die Politik des Dritten Reiches gegenüber der Tschechoslowakei; G. Rhode: Die Tschechoslowakei von 1918 bis 1939; ders.: Protektorat; V. Clementis: The Slovac »State«; G. Stökl: Russische Geschichte, S. 746–748; ders.: Osteuropa, S. 167–173; H. Pächter: Weltmacht Rußland, S. 166–168; H. Booms: Ursprung, S. 335–344; J. Hanč: Czechs and Slovacs Since Munich; A. Müller: Tschechoslowakei, S. 45–56.

nach der völligen Auslöschung der Tschechoslowakei in eine äußerst prekäre Situation geraten war, als Partner für die künftige Auseinandersetzung mit der Sowjetunion zu gewinnen. Hitler verlangte nur die Rückkehr der Freien Stadt Danzig in das Reich und die polnische Zustimmung zu einer exterritorialen Staaten- und Eisenbahn-Verbindung durch den Korridor. Als Gegenleistung bot Hitler an, die Westgrenze Polens zu garantieren; Hitler war bereit, die Ansprüche auf Westpreußen und Oberschlesien aufzugeben – eine Konzession, die den Polen noch keine deutsche Regierung zuvor gemacht hatte. Außerdem sollte der Nichtangriffspakt auf eine Frist von 25 Jahren verlängert werden.[9]

Der entscheidende Wendepunkt zur deutsch-sowjetischen Allianz liegt im März 1939, als Polen endgültig den Werbungen Hitlers eine Absage erteilte und aus einem potentiellen Partner in der von Hitler angestrebten Mehr-Mächte-Kombination »zu einem starken Hemmnis für die große deutsche Ostexpansion«[10] wurde. Ende März stützten die Westmächte den polnischen Widerstand durch eine Garantie-Erklärung, und am 28. April kündigte Hitler als Antwort darauf den Nichtangriffspakt mit Polen, da dessen Voraussetzungen entfallen seien.[11] Nun war sich Hitler bewußt, daß er die »polnische Frage« nicht »nach dem Muster von München, sondern nur mit dem Risiko eines Krieges gegen die Westmächte«[12] lösen konnte. Die einzige Möglichkeit, dieses Risiko zu vermindern, bestand für ihn darin, ein Einvernehmen mit der Sowjetunion zu suchen und sich mit Stalin auf Kosten Polens zu einigen.

Die Interessenlage der UdSSR gebot es Stalin, auf die Gesprächsbereitschaft Hitlers positiv zu reagieren. Nach dem Abschluß des Münchener Abkommens war Stalin zu der Ansicht gelangt, daß die Appeasement-Politik Frankreichs und Englands, Hitler durch Konzessionen entgegenzukommen, augenscheinlich unbegrenzt sei. Das Ergebnis war, daß sich

---

9 Vgl. dazu im einzelnen: H. Roos: Polen und Rußland, S. 376–397; H. Booms, ebenda, S. 344–353; G. Stökl: Osteuropa, S. 173–175; K. D. Erdmann: Die Zeit der Weltkriege, S. 484 f.; G. Wollstein: Politik, S. 795–810. Vgl. dazu aus der damaligen »deutschen Sicht« A. v. Wegerer: The Origins of this War: A German View, S. 704–708.
10 So A. Hillgruber: Die »Hitler-Koalition«, S. 472, der zutreffend von der »Wendung von der ›großen‹ Lösung (mit Polen gegen die Sowjetunion) zur vorerst ›kleinen‹ (mit der Sowjetunion gegen Polen)« spricht. Vgl. zur Gesamtproblematik vor allem H. Booms, ebenda; W. Cornides: Westmächte, S. 17; H. Roos: Geschichte der polnischen Nation 1916–1960, S. 158–165; B.-J. Wendt: Danzig, S. 791–794.
11 Vgl. dazu im einzelnen H. Roos: Polen zwischen den Weltkriegen, S. 66–68; ders.: Polen in der Besatzungszeit, S. 167–169; G. Stökl: Osteuropa, S. 174 f.; sehr instruktiv zur Gesamtproblematik auch M. Broszat: Nationalsozialistische Polenpolitik 1939–1945, S. 9–13; W. W. Kulski: Opportunity, S. 671 f.
12 G. Stökl: Sowjetrußland, S. 54; I. Deutscher: Stalin, S. 457–459.

die Sowjetunion – wie Walter Laqueur festgestellt hat[13] – auf den Beratungen über die »Neuordnung« in Europa ausgeschlossen sah: »Es bestand zwar keine unmittelbare Gefahr, daß England und Frankreich sich mit Hitler gegen Rußland zusammenschließen würden (obgleich Sowjetsprecher von Zeit zu Zeit behaupteten, an solche Intrigen zu glauben), aber die Möglichkeit, daß die Westmächte unter gewissen Bedingungen Hitler freie Hand in Osteuropa lassen könnten, war nicht ganz auszuschließen.«[14]

Um mögliche Zweifel der deutschen Führung an der Verhandlungsbereitschaft Moskaus auszuschließen, machte Stalin auf dem XVIII. Kongreß der KPdSU (B) am 10. März 1939 Hitler in einer sehr geschickten, wenn auch verschleierten Form Avancen. In scharfen und sarkastischen Wendungen verurteilte er die »Appeasement-Politik« Großbritanniens und Frankreichs und sparte dabei auch die USA nicht aus. Stalin warf den Staatsmännern dieser Länder vor, sie hätten vergeblich versucht, Deutschland in den Krieg »gegen die Bolschewiki« zu treiben. Der »Lärm, den die englische, französische und nordamerikanische Presse um die Sowjetukraine« erhoben habe, hätte den Zweck gehabt, »bei der Sowjetunion Wut gegen Deutschland zu erregen, die Atmosphäre zu vergiften und einen Konflikt mit Deutschland zu provozieren, ohne daß dazu sichtbare Gründe vorliegen«.[15] Ausdrücklich schloß Stalin nicht aus, daß es in Deutschland »Verrückte gäbe, man sich aber den ›normalen Menschen‹ dort zuwenden sollte«.

Am 3. Mai 1939 entließ Stalin Maxim Litvinov, den bewährten Außenminister und Exponenten der Westorientierung im Kreml, und ersetzte ihn zwei Tage später durch V. M. Molotov – »ein Bolschewist rein russischer Zucht, ein ›Arier‹, der für die kommenden Verhandlungen mit den Nazis besser geeignet war und dem auch Stalin persönlich mehr Vertrauen schenkte als seinem Vorgänger W. W. Litvinov«.[16] Winston Churchill

---

13 W. Laqueur: Deutschland und Rußland, S. 316.
14 W. Laqueur, ebenda, S. 316 f.; vgl. dazu auch G. Hilger: Stalin, S. 67-72, wo er auf knappem Raum die Gründe darlegt, die Stalin zur »Annäherung« an Hitler veranlaßt haben.
15 Text des Rechenschaftsberichts bei J. W. Stalin: Fragen des Leninismus, S. 760-816 (769 f.). Vgl. dazu I. Deutscher: Stalin, S. 454-457; G. Stökl: Russische Geschichte, S. 746 f.; K. D. Erdmann: Die Zeit der Weltkriege, S. 485; H. Pächter: Weltmacht Rußland, S. 167 f.; W. Wagner: Teilung, S. 36-39; G. Hilger: Stalin, S. 69. Vgl. über Stalins Deutschland-»Bild« bis zu diesem Zeitpunkt die instruktive Darstellung bei A. Kuhn: Deutschland.
16 So I. Deutscher, ebenda, S. 459; K. D. Erdmann, ebenda: »Stalin hielt seit München das von Litwinow vertretene Konzept der ›kollektiven Sicherheit‹ in Zusammenarbeit mit

hat auf besonders eindrucksvolle Weise analysiert, wie sehr dem personellen Wechsel in der Leitung des sowjetischen Außenministeriums ein Wandel in der Stalinschen Europa-Konzeption zugrunde lag:
»Der hervorragende Jude, die Zielscheibe fortgesetzter deutscher Angriffe, wurde wie ein zerbrochenes Werkzeug fallen gelassen und ohne Gelegenheit zu einer erklärenden Äußerung von der Weltbühne in die Dunkelheit abgeschoben, auf einen kleinen Posten unter Polizeiaufsicht... Molotov... war mit keinerlei früheren Erklärungen belastet, war frei von der Atmosphäre des Völkerbundes und hatte die Möglichkeit, jene Richtung einzuschlagen, die für die Selbsterhaltung Rußlands nötig erscheinen mochte. Tatsächlich gab es wohl nur einen Weg, den er einzuschlagen gedachte. Er hatte von jeher eine Verständigung mit Hitler befürwortet... Litwinows Entlassung bedeutete das Ende einer Epoche. Der Kreml verriet damit, daß er jeden Glauben an einen Sicherheitspakt mit den Westmächten und eine Möglichkeit einer Ostfront gegen Deutschland aufgab.«[17]
Hitlers Befürchtungen, die Sowjetunion könnte ein böses Doppelspiel mit ihm treiben, wurden auf diese Weise wesentlich abgebaut; hinzu kamen auf sowjetischer Seite die diplomatischen Bemühungen in Berlin. Hitler suchte die Rückendeckung Stalins, »um Polen so rasch niederzuwerfen, daß den Westmächten für eine Intervention entweder keine Zeit oder, falls sie dennoch eingriffen, keine Aussicht auf Erfolg verblieb«.[18] Aus der sich nun abzeichnenden deutsch-sowjetischen Annäherung entwickelte sich in »parallelen Verhandlungen ein Wettrennen zwischen den West-

---

den westlichen Demokratien für gescheitert. Er glaubte, daß England ein Arrangement mit Deutschland auf Kosten Rußlands anstrebe. Deshalb suchte er durch ein besseres Verhältnis zu Deutschland Bewegungsfreiheit zu gewinnen.« Vgl. dazu auch A. Hillgruber: Der Zweite Weltkrieg, S. 275 f.; H. Pächter, ebenda, S. 168; G. Hilger: Stalin, S. 69 f. Vgl. über das Wirken Litvinovs die detaillierte und instruktive Studie von H. R. Roberts: Maxim Litvinov; W. W. Kulski: Opportunity, S. 671 f. Sehr instruktiv dazu auch V. Mastny: The Cassandra in the Foreign Commissariat; ders.: Weg, S. 26, 28, 30 f., 34.

17 W. S. Churchill: Der Zweite Weltkrieg. I. Bd., 1. Buch, S. 444 f. Vgl. dazu auch H. von Herwarth: Zwischen Stalin und Hitler, S. 162 f.: »Litwinow hat nie zum inneren Kreis des Kremls gehört, und im Gegensatz zu seinem Nachfolger Molotow war er auch nicht Mitglied des Politbüros... Stalin hielt Molotow für geeigneter, mit den Deutschen zu verhandeln, und war offensichtlich bereit, alles zu tun, um nicht in einen Krieg mit Deutschland hineingezogen zu werden. Die Wendung, die sich hier abzeichnete, war eine Folge der Enttäuschung Stalins über die Westmächte. In München war die Sowjetunion trotz des sowjetisch-tschechischen Beistandspaktes nicht zugezogen worden. Die Besetzung der Tschechoslowakei hatte Stalin überzeugt, daß die Westmächte keine zuverlässigen Partner gegen Deutschland waren.«

18 So W. Cornides: Weltmächte, S. 18 f. (19). Vgl. dazu auch K. D. Erdmann: Die Zeit der Weltkriege, S. 484 f.

mächten und Deutschland um die Gunst der Sowjetunion. Hitler gewann, weil er ohne zu zögern und ohne Bedingungen der Sowjetunion die geforderten ›Einflußsphären‹ zugestand.«[19]

a) *Die Abmachungen vom 23. August 1939*

Am 23. August 1939 unterzeichneten die Außenminister der Sowjetunion und Deutschlands, Molotov und Ribbentrop, in Moskau einen Nichtangriffspakt. Wesentlich wichtiger als dieser auf die Dauer von zehn Jahren geschlossene Pakt war das geheime Zusatzprotokoll, das die UdSSR bis heute nicht amtlich bestätigt hat und dessen Existenz die sowjetischen Historiker immer noch leugnen müssen. Das Geheimprotokoll sah die Abgrenzung der beiderseitigen »Interessensphären« in drei geographischen Bereichen vor:

»1. Für den Fall einer territorial-politischen Umgestaltung in den zu den baltischen Staaten (Finnland, Estland, Lettland und Litauen) gehörenden Gebieten bildet die nördliche Grenze Litauens zugleich die Grenze der Interessensphären Deutschlands und der UdSSR. Hierbei wird das Interesse Litauens am Wilnaer Gebiet beiderseits anerkannt.

2. Für den Fall einer territorial-politischen Umgestaltung der zum polnischen Staate gehörenden Gebiete werden die Interessensphären Deutschlands und der UdSSR ungefähr durch die Linie der Flüsse Narew, Weichsel und San abgegrenzt.

Die Frage, ob die beiderseitigen Interessen die Erhaltung eines unabhängigen polnischen Staates erwünscht erscheinen lassen und wie dieser Staat abzugrenzen wäre, kann endgültig erst im Laufe der weiteren politischen Entwicklung geklärt werden . . .

3. Hinsichtlich des Südostens Europas wird von sowjetischer Seite das Interesse an Bessarabien betont. Von deutscher Seite wird das völlige politische Desinteressement an diesem Gebiet erklärt.

4. Dieses Protokoll wird von beiden Seiten streng geheim behandelt werden.«[20]

---

19 So G. Stökl: Sowjetrußland, S. 54.
20 Der Text der deutsch-sowjetischen Abmachungen vom 23. August 1939 ist in zahlreichen Dokumentationen wiedergegeben. Vgl. ADAP 1918–1945, Serie D, Bd. VII, S. 205–207; I. v. Münch: Ostverträge I, S. 48–51; E. M. Carroll und F. Th. Epstein: Deutschland, geben ebenso – wie die Akten zur Deutschen Auswärtigen Politik – eine umfassende Dokumentation über die Vorgeschichte und den Abschluß des Hitler-Stalin-

Hier soll nicht darüber spekuliert werden, was Hitler damals bewogen haben mag, bei der Abgrenzung der deutsch-sowjetischen Interesssensphären in Europa der UdSSR soweit entgegenzukommen. So viel steht fest: »Hitler bot Stalin mehr, als die Westmächte im Respekt vor der Freiheit und Souveränität der betroffenen Staaten je erörtern konnten, und er erhielt dafür freie Hand für den Angriff auf Polen . . . Die Tür zum Zweiten Weltkrieg und zur deutschen Expansion war aufgestoßen, aber zugleich war auch der Sowjetunion der Weg nach Westen geöffnet.«[21]
Das Geheimprotokoll zum Nichtangriffspakt vom 23. August 1939, von dessen Inhalt die nahezu gesamte übrige Welt damals nichts ahnen konnte[22] und aus dem die Sowjetunion den Anspruch auf die ostpolnischen Ge-

    Pakts. Auf den Akten des Auswärtigen Amtes basiert auch die Dokumentation bei A. Seidl (Hrsg.): Beziehungen. Über die Vorgeschichte, den Abschluß und die Auswirkungen der deutsch-sowjetischen Vereinbarungen vom 23. August 1939 liegt eine umfangreiche Literatur vor, die hier nicht im einzelnen aufgeführt werden kann. Vgl. dazu vor allem Ph. W. Fabry: Sowjetunion; G. L. Weinberg: Deutsch-Sowjetischer Nichtangriffspakt; A. Hillgruber: Der Zweite Weltkrieg, S. 275–285; G. Stökl: Russische Geschichte, S. 747–749; I. Deutscher: Stalin, S. 462–465; G. v. Rauch: Geschichte des bolschewistischen Rußland, S. 366–378; ders.: Die Geschichte der Sowjetunion, S. 165–167; G. Hilger: Wir und der Kreml, S. 274–296; ders.: Stalin, S. 67–77; B. Meissner: Sowjetunion, S. 49–56; W. Laqueur: Deutschland und Rußland, S. 315–324. Alle Autoren geben zahlreiche weitere Literatur-Hinweise. Sehr instruktiv zur rechtlichen Problematik D. A. Loeber: Diktierte Option, Einführung, S. 16–19, 27.
21 So K. D. Bracher: Die Krise Europas, S. 186 f.: »Dieses außerordentliche Ereignis hatte gar nicht zu überschätzende Konsequenzen. Es war das Interessenbündnis zweier Todfeinde, garniert von Trinksprüchen Stalins auf Hitler, begleitet von einer völligen Umkehrung der Propaganda und getragen von der Überzeugung, daß die totalitären Mächte eben anders als Demokratien ›auf schwankende öffentliche Meinung keine Rücksicht zu nehmen‹ brauchten, wie es Ribbentrop in einem Schreiben an seinen Moskauer Botschafter formuliert hat . . . Es war totalitäre Diplomatie reinen Stils, wie man hier im Frieden geheim, aber verbindlich Kriegsbeute verteilte, extreme Schwankungen vollzog, in Stundenschnelle Verträge zerriß und neue schloß.« Vgl. dazu auch G. Stökl: Osteuropa, S. 176 f.; A. Hillgruber: Hitler, S. 55–63. Sehr instruktiv zur Gesamtproblematik mit zahlreichen Nachweisen V. Petrov: The Nazi-Soviet-Pact.
22 Die Diskussion darüber, inwieweit die amerikanische Führung bereits Ende August 1939 über den Inhalt des deutsch-sowjetischen Geheimprotokolls informiert worden ist, hat Alfred Schickel mit seinem Beitrag »Roosevelt wußte schon 1939 Bescheid« in: Frankfurter Allgemeine Zeitung vom 10. November 1982 neu belebt. Schickel beruft sich auf ein angeblich »bislang vertrauliches Dokument des amerikanischen Nationalarchivs«, das zeige, daß Washington schon am 24. August 1939 über das »Geheime Zusatzprotokoll« zu dem am Vorabend unterzeichneten Nichtangriffspakt informiert worden sei. Schickel bezieht sich dabei auf einen damals in der deutschen Botschaft in Moskau wirkenden Informanten der dortigen amerikanischen Botschaft, ohne den Namen dieses Mannes zu nennen. In fundierten Leserbriefen haben einige Sachkenner die Darstellung Schickels in der »Frankfurter Allgemeinen Zeitung« zurechtgerückt. Vgl. Fritz Peter Habel: Wußte Roosevelt 1939 tatsächlich Bescheid?, in: FAZ vom 25. November 1982; Rainer A. Blasius: Roosevelt und der Hitler-Stalin-Pakt, ebenda, Ausgabe vom 27. November 1982; Johann Wolfgang Brügel: Das »bislang vertrauliche Dokument« längst

biete ungefähr entlang der Curzon-Linie ableitete, ist in der zeitgeschichtlichen Forschung zutreffend als die »Vierte Teilung Polens« apostrophiert worden.[23] Das von Karl Dietrich Bracher als »Interessenbündnis zweier Todesfeinde« bezeichnete Geheimprotokoll bedeutete nicht nur das »Todesurteil für Polen«[24], sondern besiegelte auch das Schicksal der balti-

veröffentlicht, ebenda, Ausgabe vom 26. November 1982. R. A. Blasius und J. W. Brügel weisen mit Recht darauf hin, daß Schickels »bislang vertrauliches Dokument« schon 1956 veröffentlicht worden ist. Es handelt sich um das Telegramm des amerikanischen Botschafters in Moskau, Steinhardt, an Staatssekretär Hull vom 24. August 1939. Text in: FRUS 1939, Vol. I: General, S. 342 f. Darin ist – entgegen der Behauptung Schickels – jedoch nicht von einem »Geheimen Zusatzprotokoll« die Rede. Dazu bemerkt J. W. Brügel, ebenda: »In dem Telegramm wird aufgrund streng vertraulicher Informationen über eine Einigung zwischen Berlin und Moskau über die Zukunft Osteuropas gesprochen und damit der Inhalt des Zusatzprotokolls (das Schickel übrigens ungenau zitiert) verhältnismäßig richtig wiedergegeben – aber es hätte bloß eine mündliche Einigung vorliegen müssen.« Mit Recht bemängeln Brügel und Blasius auch, daß es Schickel unterlassen hat, die »undichte Stelle« in der deutschen Botschaft in Moskau beim Namen zu nennen. Dazu schreibt R. A. Blasius, ebenda: »Ein Blick in die Memoiren Bohlens (1973) hätte genügt, um die Identität des Informanten festmachen zu können. Unverständlich bleibt allerdings, warum Schickel es bei ›deutschem Legationssekretär‹ und ›Johnnie‹ beläßt, ohne auch nur an einer Stelle den Namen Hans-Heinrich von Herwarths zu nennen und einige Worte über dessen Motive zu verlieren. Herwarth wollte durch gezielte Weitergabe von Dienstgeheimnissen an ausländische Kollegen-Freunde der Außenpolitik Hitlers entgegensteuern. Im Sommer 1939 hieß das konkret: die Westmächte zu einem Abschluß mit der Sowjetunion anzutreiben und nicht Hitler das Feld zu einer Einigung mit Stalin zu überlassen.« In seinem Leserbrief »Roosevelt und Hitler« in: Frankfurter Allgemeine Zeitung vom 21. Dezember 1982 hat Alfred Schickel zu den in der FAZ vom 25., 26. und 27. November 1982 veröffentlichten Einsendungen Stellung bezogen. Darin stellt er fest: »1. Name und Person des deutschen Informanten waren selbstverständlich dem Autor bekannt; doch ging es ihm nicht um dessen Bekanntgabe oder Denunziation, sondern um die ungleich wichtigere Frage, warum die Amerikaner keinerlei Gebrauch von ihrem brisanten Wissen gemacht haben.« Diese Aussage vermag insoweit nicht zu überzeugen, als Hans von Herwarth in seinen Erinnerungen »Zwischen Hitler und Stalin« ausführlich schildert, inwieweit er damals jüngere Kollegen der amerikanischen und britischen Botschaft über die deutsch-sowjetischen Abmachungen vom 23. August 1939 informiert hat (vgl. S. 159-189). Darin bescheinigt der Autor dem damaligen Botschaftssekretär der USA, Charles Bohlen, daß dessen Schilderung in seinen Memoiren zutreffend sei. Vgl. dazu auch die Rezension, die Ernst-Otto Maetzke über die Studie Hans von Herwarths verfaßt hat: Der Mann, der die Amerikaner über den Hitler-Stalin-Pakt informierte, in: Frankfurter Allgemeine Zeitung vom 8. September 1982. Schickels Behauptung, Roosevelt sei vom Inhalt des Telegramms des amerikanischen Botschafters in Moskau vom 24. August 1939 informiert gewesen, bleibt solange fragwürdig, wie nicht geklärt ist, ob Außenminister Hull seine Informationen dem amerikanischen Präsidenten überhaupt vorgelegt hat.

23 So beispielsweise W. W. Rostow: United States, S. 103; M. Freund: Die Oder-Neiße-Linie, S. 396; B. B. Budurowycz: Polish-Soviet Relations – 1932-1939 gibt eine detaillierte Darstellung der Beziehungen bis zu dieser neuen Teilung Polens (vgl. S. 145-169); I. Deutscher: Stalin, S. 465.
24 So K.-D. Erdmann: Die Zeit der Weltkriege, S. 487. Vgl. dazu auch K. D. Bracher: Die Krise Europas, S. 186; W. Wagner: Teilung, S. 39-41; M. Freund: Der Teufelspakt;

schen Staaten. Die Zukunft der südosteuropäischen Staaten brauchte wegen des politischen Desinteresses Deutschlands an dieser Region nicht im einzelnen erörtert zu werden[25]; davon nahm man nur das russisch sprechende Bessarabien aus, dessen Annexion durch Rumänien zur Zeit der Oktober-Revolution in Rußland 1917 von sowjetischer Seite niemals anerkannt worden war.

Auch wenn im deutsch-sowjetischen Geheimprotokoll vom 23. August 1939 die Formel »Einflußsphären« nicht definiert worden war, waren sich beide Seiten darüber einig, daß darunter »irgendeine Form der Beherrschung, sogar die glatte Annexion verstanden werden konnte«[26]. Bis zu diesem Zeitpunkt hatte sich die Sowjetunion an das von Stalin auf dem XVI. Parteikongreß der KPdSU (B) am 27. Juni 1930 verkündete Leitmotiv gehalten, daß sie keinen Fußbreit fremden Territoriums wolle.[27] Nun trat Sowjetrußland in die Ära der territorialen Expansion ein.

Durch den Blitzsieg der deutschen Wehrmacht über Polen in den ersten September-Tagen wurde die sowjetische Regierung »völlig überrumpelt«[28]. Nun erwachten in Stalin Bedenken, das ihm von deutscher Seite konzedierte Ostpolen zu besetzen, da es sich dabei auch um rein polnische Gebiete handelte. Stalin wollte nicht jenen Grundsätzen diametral entgegenhandeln, die die Bolschewisten seit 1917 immer wieder verkündet hatten. Am 10. September 1939 erklärte Außenminister Molotov dem deutschen Botschafter in Moskau, Friedrich Werner Graf von der Schulenburg, die Sowjetregierung hätte beabsichtigt, »das weitere Vordringen deutscher Truppen zum Anlaß zu nehmen, um zu erklären, daß Polen auseinanderfalle und die Sowjetunion infolgedessen genötigt sei, den von

---

ders. (Hrsg.): Geschichte des Zweiten Weltkrieges in Dokumenten, S. 172–175; K.-H. Ruffmann: Sowjetrußland, S. 225.
25 Vgl. dazu I. Deutscher: Stalin, S. 465: »Damals hätte Stalin seinen Willen auch im Balkan durchsetzen können, denn Hitler, nur darauf bedacht, freie Hand zu erhalten, war damals gleich bereit, fremde Länder wegzuschenken. Stalin dagegen handelte nur aus seinem augenblicklichen Sicherheitsbedürfnis heraus, ohne weitergehende expansive Ziele zu verfolgen, und da Deutschland nicht in den Balkan vordrang, machte er auch keine Anstalten, dasselbe zu tun.« Vgl. speziell zu Hitlers Politik gegenüber Ungarn und Rumänien die detaillierte Darstellung bei M. Broszat: Deutschland.
26 So I. Deutscher, ebenda. Sehr aufschlußreich zur rechtlichen und politischen Problematik mit weiteren Nachweisen D. A. Loeber: Politik, S. 677 f.
27 Vgl. den Nachweis oben in Anm. 1.
28 So telegraphierte der deutsche Botschafter in Moskau von der Schulenburg am 10. September 1939 an das Auswärtige Amt, Molotow habe ihm erklärt, die Sowjetregierung sei durch die unerwartet schnellen deutschen militärischen Erfolge »völlig überrumpelt« worden. Text bei E. M. Carroll und F. Th. Epstein: Deutschland, Nr. 69, S. 100; A. Seidl (Hrsg.): Beziehungen, Nr. 70, S. 107. Vgl. zur Entstehung des Zweiten Weltkriegs die detaillierte Analyse bei A. Hillgruber: Entstehung.

Deutschland ›bedrohten‹ Ukrainern und Weißrussen zur Hilfe zu kommen«.[29] Mit dieser Begründung, teilte der deutsche Botschafter in Moskau Reichsaußenminister von Ribbentrop mit, »sollte den Massen das Eingreifen der Sowjetunion plausibel gemacht und gleichzeitig vermieden werden, daß die Sowjetunion als Angreifer erscheint«.

Daß Stalin in jenen Tagen des September 1939 immerhin Skrupel hatte, dem Geheimprotokoll mit Hitler vom 23. August 1939 gemäß zu handeln, sollte festgehalten werden. Die militärische Besetzung jener Gebiete mit überwiegend ukrainischer und weißrussischer Bevölkerung konnte Stalin politisch motivieren. Wenn »die Rote Armee die polnische Grenze überschritt, so kam sie jetzt nicht als Eroberer Polens, sondern als Befreier der Ukrainer und Weißrussen, der ›Blutsbrüder‹, wie er sie jetzt nannte. Er hatte sich wohl von der nazistischen Rassenlehre seiner deutschen Verbündeten anstecken lassen.«[30]

Als Stalin weiterhin zögerte, im Sinne der abgesprochenen »Einflußsphäre« zu handeln, schreckte die deutsche Reichsregierung nicht davor zurück, einen erpresserischen Druck auf ihn auszuüben. Am 14. September 1939 konnte Botschafter von der Schulenburg der Reichsregierung berichten, daß die Sowjetregierung nunmehr bereit sei, militärisch einzugreifen und im Begriff sei, ihre Aktion jetzt einzuleiten. Die Reichsregierung teilte darauf am 16. September dem sowjetischen Außenminister mit: ». . . erledigen sich so die Fragen, die mangels eines russischen Eingreifens dadurch aufgeworfen worden wären, daß in östlich der deutschen Einflußzone gelegenen Gebieten ein politisch leerer Raum entstanden wäre. Da wir unsererseits in diesen Gebieten, abgesehen von den durch die militärischen Operationen bedingten Maßnahmen, keinerlei politische oder verwaltungsmäßige Aufgaben zu übernehmen beabsichtigen, hätte dort ohne ein Eingreifen der Sowjetregierung die Möglichkeit der Bildung neuer Staaten bestanden.«[31]

Nachdem die deutsche Wehrmacht ihre Operationen bereits auf Ostpolen

---

29 Text, ebenda. Vgl. dazu H. Pächter: Weltmacht Rußland, S. 172: »Ironischerweise war das genau die Rechtfertigung, die einen Monat vorher Admiral Drax Woroschilow vorgeschlagen und die hundertfünfzig Jahre zuvor Katharina bei der Zerstückelung Polens gebraucht hatte.«
30 So I. Deutscher: Stalin, S. 468 mit Anm. 36. Vgl. dazu auch W. Wagner: Teilung, S. 41: »Um den Eindruck einer kommunistischen Expansion zu vermeiden, wählte man also ›völkische‹ Argumente, die eher zum Wortschatz der Nationalisten paßten.« Wagner meint hier wohl die Terminologie der Nationalsozialisten.
31 Texte der Telegramme bei E. M. Carroll und F. Th. Epstein: Deutschland, Nr. 71 f. S. 102-104 (103). Vgl. dazu auch M. Broszat: Nationalsozialistische Polenpolitik 1939-1945, S. 12-14.

ausgedehnt hatte, teilte die sowjetische Regierung in einer Note an die polnische Botschaft in Moskau vom 17. September 1939 mit, daß der polnische Staat und die polnische Regierung faktisch aufgehört hätten zu existieren: »Damit haben die zwischen der UdSSR und Polen abgeschlossenen Verträge ihre Wirksamkeit verloren ... Die Sowjetunion kann ... nicht länger gleichgültig zusehen, daß ihre polnisches Gebiet bewohnenden ukrainischen und weißruthenischen Blutsbrüder ihrem Schicksal überlassen und ohne Schutz bleiben.« Sie habe daher ihre Truppen angewiesen, die sowjetisch-polnische Grenze zu überschreiten und »Leben und Besitz der westukrainischen und weiß-ruthenischen Bevölkerung unter ihren Schutz zu nehmen«.

Die polnische Regierung protestierte am selben Tag in scharfer Form gegen die flagrante einseitige Verletzung des Nichtangriffspakts durch die UdSSR, die militärische Besetzung Polens und gegen die von sowjetischer Seite vorgebrachte Begründung.[32] Am 17. September 1939 rückte die Rote Armee in Polen ein und okkupierte ein Gebiet von 76 500 Quadratmeilen mit einer Bevölkerung von 12 Millionen Menschen. Wie sehr die sowjetische Führung nun alle Skrupel überwunden hatte, um das ihr konzedierte Gebiet Polens zu okkupieren, zeigt ein in Moskau am 21. September 1939 vom sowjetischen Verteidigungsminister, Marschall Vorožilov, und dem Chef des Generalstabs der Roten Armee mit Vertretern des deutschen Oberkommandos unterzeichnetes Protokoll, das bisher in der zeithistorischen Forschung viel zu wenig beachtet worden ist. Das Protokoll verdeutlicht auch, wie sehr der Kreml inzwischen den rüden Ton der deutschen Führung übernommen hat. So lautet § 5 des Protokolls: »Falls deutsche Vertreter beim Kommando der Roten Armee Hilfeleistung anfordern zwecks Vernichtung polnischer Truppenteile oder Banden, die sich auf dem Marschwege kleiner deutscher Truppenteile befinden, wird das Kommando der Roten Armee (die Führer der Kolonne) erforderlichenfalls die zur Vernichtung der auf dem Marschwege befindlichen Widerstände nötigen Kräfte zur Verfügung stellen.«[33]

32 Frz. Text der sowjetischen Note vom 17. September 1939 in: Documents on Polish-Soviet Relations. Vol. I, Nr. 43, S. 46. Vgl. dazu auch P. Scheibert: Weißrussen und Ukrainer, S. 265 f. Engl. Text der polnischen Note vom gleichen Tage, ebenda, No. 45, S. 47. Vgl. dazu auch G. v. Rauch: Geschichte des bolschewistischen Rußland, S. 378–381; H. Roos: Polen in der Besatzungszeit, S. 169 f.; ders.: Geschichte der Polnischen Nation 1916–1960, S. 168–176. Es versteht sich von selbst, daß in polnischen Darstellungen dieses Dokument ebenso unerwähnt bleiben muß wie das Protokoll vom 21. September 1939 (vgl. die folgende Anm.). Vgl. die »offizielle« polnische Sicht bei Z. Stanicki: Einige Probleme des Feldzuges 1939 in Polen.
33 Das Protokoll vom 21. September trägt den Vermerk »Nicht zu veröffentlichen«. Dt. Text bei J. W. Brügel (Hrsg.): Stalin und Hitler, S. 127 f.

Nachdem am 27. September 1939 der Widerstand Warschaus unter den deutschen Luftangriffen zusammengebrochen war, konstituierte sich eine expolnische Regierung unter dem Staatspräsidenten Ladislaus Raskiewisz und dem Ministerpräsidenten General Wladislaw Sikorski in Paris.[34]

b) *Die Vereinbarungen vom 28. September 1939*

Am 25. September 1939 schlug Stalin dem deutschen Botschafter in Moskau, Graf von der Schulenburg, vor, das Geheime Zusatzprotokoll vom 23. August abzuändern und außer Lettland und Estland auch Litauen in die sowjetische »Einflußsphäre« einzubeziehen. Darüber hinaus bezeichnete Stalin die »Belassung eines selbständigen Restpolens« als »abwegig«[35]. Zwei Tage später begannen in Moskau Verhandlungen zwischen Ribbentrop, Stalin und Molotov über einen deutsch-sowjetischen Grenz- und Freundschaftsvertrag, der am 28. September unterzeichnet wurde und den Nichtangriffspakt vom 23. August ergänzte. Gemäß der Präambel zu dem Grenz- und Freundschaftsvertrag betrachteten die Regierungen beider Staaten es »nach dem Auseinanderfallen des bisherigen Polnischen Staates ausschließlich als ihre Aufgabe, in diesen Gebieten die Ruhe und Ordnung wiederherzustellen...«
In Art. 1 legten beide als »Grenze der beiderseitigen Reichsinteressen im Gebiete des bisherigen Polnischen Staates die Linie fest, die in der anliegenden Karte eingezeichnet ist und in einem ergänzenden Protokoll näher beschrieben werden soll«. In Art. 2 erkannten beide Teile die »festgelegte

---

34 Vgl. K. D. Erdmann: Die Zeit der Weltkriege, S. 503 f.; H. Roos: Polen in der Besatzungszeit, S. 172; D. B. Budurowycz: Polish-Soviet Relations – 1932–1939, S. 170–187; G. Stökl: Russische Geschichte, S. 748 f.; W. Sukiennicki: The Establishment of the Soviet Regime in Eastern Poland in 1939; Kommunistische Geschichtsschreiber, Teil I, S. 4–6; Die Besetzung der ostpolnischen Gebiete, S. 7 f.
Festzuhalten gilt, daß Eduard Beneš dem sowjetischen Verhalten gegenüber Polen viel Verständnis entgegengebracht hat. Die Besetzung Ostpolens (und die spätere Errichtung militärischer und strategischer Basen der UdSSR in den baltischen Staaten) erschien ihm »logisch vom sowjetischen Standpunkt aus«: »For me this was not merely a question of an occupatio of territory claimed by the Soviet Union. Above all, it was the question of occupying advantageous positions which would as far as possible render the Soviet Union secure in the event of its later participation in the world struggle« (vgl. Memoirs of Dr. Eduard Beneš, S. 139).
35 Vgl. das Telegramm des Deutschen Botschafters in Moskau an das Auswärtige Amt vom 25. September 1939. Text bei E. M. Carroll und F. Th. Epstein: Deutschland, Nr. 82, S. 113; A. Seidl (Hrsg.): Beziehungen, Nr. 83, S. 120 f. Vgl. dazu auch A. Hillgruber: Der Zweite Weltkrieg, S. 285; K. D. Erdmann: Die Zeit der Weltkriege, S. 503 f.; G. Hilger: Stalin, S. 74.

Grenze der beiderseitigen Reichsinteressen als endgültig« an und lehnten »jegliche Einmischung dritter Mächte in diese Regelung« ab. Aufgrund des Geheimprotokolls vom 28. September 1939 wurde das Geheime Zusatzprotokoll vom 23. August 1939 dahingehend geändert, »daß das Gebiet des litauischen Staates in die Interessensphäre der UdSSR fällt, während andererseits die Woiwodschaft Lublin und Teile der Woiwodschaft Warschau in die Interessensphären Deutschlands fallen«[36].

Die »kühle Reserve Stalins war, wie man sieht, zu Ende. Er übernahm jetzt vor der ganzen Welt die Mitverantwortung für die Schrecken der Naziherrschaft in Polen. Jetzt war er nicht mehr nur der Geschäftspartner Hitlers, jetzt wurde er auch sein Spießgeselle«[37]. Die Revision der Grenzen war – wie Günther Stökl zutreffend bemerkt – allein für die Sowjetunion vorteilhaft, »denn abgesehen davon, daß Stalin nun im gesamten Baltikum nach eigenem Ermessen vorgehen konnte, deckte sich die neue Linie mit der sogenannten Curzon-Linie, die 1919 von einer Kommission der Pariser Friedenskonferenz als Ostgrenze des geschlossenen polnischen Siedlungsgebietes bezeichnet worden war. Die Gebiete östlich dieser Linie, mehrheitlich von Weißrussen und Ukrainern bewohnt, nach Kriegsende auch mit dem Einverständnis der Westmächte behalten zu dürfen, dafür bestand einige Aussicht; mit dem eigentlichen polnischen Problem blieb ausschließlich Deutschland belastet«.[38]

---

36 Texte des Deutsch-Sowjetischen Grenz- und Freundschaftsvertrags und des Geheimen Zusatzprotokolls bei I. v. Münch: Ostverträge I, S. 51–54; E. M. Carroll und F. Th. Epstein, ebenda, Nrn. 87 und 89, S. 116–118; A. Seidl (Hrsg.), ebenda, Nrn. 88 und 89, S. 124 f. In einem weiteren Geheimen Zusatzprotokoll kamen beide Seiten überein, »auf ihren Gebieten keine polnische Agitation« zu »dulden«, die auf die Gebiete des anderen Teiles hinüberwirkt. Damit war es den Polen untersagt, Propaganda für die Wiederherstellung eines unabhängigen polnischen Staates zu treiben. Text dieses zweiten Geheimen Zusatzprotokolls bei E. M. Carroll und F. Th. Epstein, ebenda, Nr. 90, S. 190 und A. Seidl (Hrsg.), ebenda, Nr. 91, S. 126. Vgl. dazu auch I. Deutscher: Stalin, S. 469. Vgl. speziell zur Position Litauens bis 1941 F. Golczewski: Deutschland und Litauen; G. Rhode: Litauen, S. 1077.
37 So I. Deutscher: Stalin, S. 469.
38 G. Stökl: Sowjetrußland, S. 55; ders., Russische Geschichte, S. 749; W. Cornides: Weltmächte, S. 19–21 (20): Deutschland übernahm in dieser vierten Teilung Polens die rein polnischen Gebiete, die am schwersten zu assimilieren waren. Vgl. dazu auch A. Hillgruber: Der Zweite Weltkrieg, S. 284–286; G. v. Rauch: Geschichte des bolschewistischen Rußland, S. 381–384 (382): »Auffällig war, daß Stalins neue Grenzziehung der sogenannten Curzonlinie entsprach ... Man konnte dahinter schon damals weitreichende Überlegungen vermuten, die Stalin an eine zukünftige Zustimmung auch der Westmächte zu dieser Grenzziehung knüpfte.« Vgl. zur Frage der Curzon-Linie G. Rhode: Die Entstehung der Curzon-Linie. Vgl. zu den Abmachungen vom 28. September 1939 auch M. Broszat: Nationalsozialistische Polenpolitik 1939–1945, S. 15 f.

So lag die Tragik Polens vor allem darin, daß seine Nachbarn im Osten und Westen keinen selbständigen polnischen Staat, selbst in einer territorial verkleinerten Form zu dulden bereit waren. Damit war die vierte Teilung Polens endgültig vollzogen: Das »deutsch-sowjetische Interessenbündnis« hatte sich »auf der Basis gemeinsamer Beutepolitik« – wie Karl Dietrich Bracher sarkastisch festgestellt hat – »erstmals bewährt«.[39] Mit einem nicht mehr zu überbietenden Zynismus stellten die Reichsregierung und die sowjetische Regierung in einer gemeinsamen Erklärung vom 28. September 1939 fest, daß sie »die sich aus dem Zerfall des polnischen Staates ergebenen Fagen endgültig geregelt und damit ein sicheres Fundament für einen dauerhaften Frieden in Osteuropa geschaffen haben«[40]. Nun machte sich Stalin ohne Zögern und energisch daran, die ihm von Hitler in Nordost- und Südosteuropa konzedierten Interessensphären dem eigenen Macht- und Herrschaftsbereich zuzuschlagen.

Zunächst ging es Stalin um die »Klärung« des sowjetischen Verhältnisses zu den drei baltischen Staaten, die bis dahin nicht wußten, »wen sie mehr fürchten sollten: Hitler, der sie vor Stalin, oder Stalin, der sie vor Hitler schützen sollte«.[41] Unmittelbar nach der militärischen Okkupation Ostpolens gab der sowjetische Außenminister Molotov gegenüber den diplomatischen Vertretern Estlands, Lettlands und Litauens die feierliche Erklärung ab, durch die sowjetische Aktion in Polen würden die friedlichen Beziehungen zu den drei Staaten nicht berührt.[42]

Dennoch wurden Estland, Lettland und Litauen unter massiven Druck gesetzt und innerhalb weniger Tage gezwungen, mit der Sowjetunion bilaterale Beistandspakte abzuschließen: Am 28. September schloß die UdSSR mit Estland, am 5. Oktober mit Lettland und am 10. Oktober mit Litauen jeweils einen Beistandspakt ab.[43] Neben der gegenseitigen

---

39 K. D. Bracher: Die Krise Europas, S. 189.
40 Text der Gemeinsamen Regierungserklärung vom 28. September 1939 bei I. v. Münch: Ostverträge I, S. 53 f. (53); E. M. Carroll und F. Th. Epstein: Deutschland, Nr. 91, S. 119 (119); A. Seidl (Hrsg.): Beziehungen, Nr. 92, S. 127. Carroll und Epstein dokumentieren auch die Vorgeschichte der Abmachungen vom 28. September 1939.
41 So H. Pächter: Weltmacht Rußland, S. 168.
42 Vgl. dazu B. Meissner: Sowjetunion, S. 57.
43 Texte des Pakts über gegenseitige Hilfeleistung zwischen der UdSSR und der Estnischen Republik vom 28. September, des Pakts über gegenseitige Hilfeleistung der UdSSR und der Lettischen Republik vom 5. Oktober und des Vertrags vom 10. Oktober 1939 über die Übergabe der Stadt Wilna und des Wilna-Gebietes an die Republik Litauen, sowie über gegenseitige Hilfeleistungen zwischen der Sowjetunion und Litauen bei Bruns-Gretschaninow: Politische Verträge, S. 1113–1116, 1130–1134, 1135–1139 und in: Zeitschrift für ausländisches öffentliches Recht und Völkerrecht, Bd. IX, 1939/40, S. 925 f., 930–932, 923–925. Vgl. zu diesen Verträgen mit weiteren Nachweisen B. Meissner,

Beistands-Verpflichtung sahen die Verträge jeweils die Überlassung von militärischen Stützpunkten an die Sowjetunion vor; auf eine baldige Sowjetisierung dieser Staaten ließen die Verträge nicht schließen. In seiner Rede vor dem Obersten Sowjet der UdSSR begründete Molotov am 31. Oktober 1939 diese Pakte mit der äußeren Sicherheit der Sowjetunion. Er erklärte, daß »das Geschwätz über die Sowjetisierung der baltischen Länder nur unseren gemeinsamen Feinden und allen möglichen antisowjetischen Provokateuren von Nutzen ist«[44].

Die weitere Entwicklung sollte eindringlich zeigen, wie berechtigt die Vermutungen waren, die UdSSR plane die Sowjetisierung der baltischen Staaten. Die Tragik dieser drei Länder bestand darin, daß sie ohne jede Unterstützung der westlichen Welt den sowjetischen Intentionen keinen Widerstand entgegenstellen konnten: »Sie waren weder imstande, die Politik der bestimmenden Großmächte zu beeinflussen, denn dazu war ihr politisches Gewicht zu gering, noch konnten sie aus eigener Kraft ihre Unabhängigkeit verteidigen. Sie hatten sich dem Völkerbund angeschlossen, dessen Mitglieder zu gegenseitigem Beistand verpflichtet waren, und vertrauten auf die Möglichkeit eines organisierten Friedens. Aber der Völkerbund zerfiel, und Europa bot bald das Bild einander befehdender Staaten und Staatengruppen. So sahen die Baltischen Staaten nach dem Abschluß der deutsch-sowjetischen Verträge vom August und September 1939 sich schutzlos der Willkür ihrer beiden großen Nachbarn ausgesetzt.«[45]

---

ebenda, S. 57–67; A. N. Makarov: Die Eingliederung der Baltischen Staaten in die Sowjetunion, S. 695–698; vgl. auch die Darstellung bei H. Rothfels: The Baltic Provinces – Some Historic Aspects and Perspectives, S. 142–146; M. Čakste: Latvia and the Soviet Union (I), S. 32–41; »Chronik der Staatsverträge: 1. Politische Verträge«, in: Zeitschr. f. ausländ. öffentliches Recht und Völkerrecht, Bd. X, 1940/41, S. 367–391 (369 f.); vgl. dazu auch L. Schultz: Die Entwicklung des Verfassungsrechts in den baltischen Staaten; W. Wagner: Teilung, S. 41 f.; G. v. Rauch: Die baltischen Staaten und Sowjetrußland, S. 7087–7094.

44 Dt. Text (Auszug) der Rede bei B. Meissner, ebenda, S. 67; A. N. Makarov, ebenda, S. 697 f. Molotov betonte, daß die Verträge keine Einmischung der Sowjetunion in die inneren Angelegenheiten Estlands, Lettlands und Litauens bedeuteten, da sie die Unversehrtheit der Souveränität der Vertragspartner und den Grundsatz der Nichteinmischung in die inneren Angelegenheiten hervorhöben. Vgl. dazu auch I. Deutscher: Stalin, S. 470: »Stalin tat so, als habe er keine weiteren Absichten, als sich strategische Basen zu schaffen.« W. Wagner, ebenda, S. 41: »Als die Sowjetregierung daran ging, in den übrigen Ländern ihrer ›Interessensphären‹ vollendete Tatsachen zu schaffen, legte sie ... zunächst Wert auf äußerliche Korrektheit.« Vgl. zur Entwicklung der baltischen Staaten auch D. Kirby: The Baltic States 1940–1950.

45 So G. Vigrabs: Die Stellungnahme der Westmächte und Deutschlands zu den baltischen Staaten im Frühling und Sommer 1939, S. 279.

Hingegen gelang es Stalin nicht, Finnland in gleicher Weise gefügig zu machen. Die finnische Führung war nicht bereit, den Sowjets strategische Basen zu überlassen, und lehnte es überhaupt ab, in die sowjetische Einflußsphäre einbezogen zu werden. Stalin schreckte nicht davor zurück, seine brutale Erpressungspolitik mit Waffengewalt durchzusetzen. Die Finnen nahmen jedoch eine militärische Auseinandersetzung mit der weit überlegenen UdSSR auf sich. Am 30. November 1939 begann der finnisch-sowjetische Winterkrieg. Es war einer jener – wie Isaac Deutscher betont hat – »maliziösen Streiche, die manchmal die Geschichte ihren Helden zu spielen pflegt, daß ausgerechnet Stalin, der Mann, der in der ersten Woche der Oktober-Revolution die Unabhängigkeit Finnlands proklamiert hatte, jetzt aus militärischen Gründen gegen Finnland einen Krieg vom Zaun brechen mußte«[46]. Das Ergebnis war ein »erbitterter Widerstand der Finnen, der die Fassade der sowjetischen Annexionspolitik peinlich zerstörte«[47]; am 14. Dezember 1939 wurde die Sowjetunion als Aggressor aus dem Völkerbund ausgeschlossen. Erst im März 1940 gaben sich die Finnen geschlagen. Am 12. März 1940 schlossen die Sowjetunion und Finnland in Moskau einen Friedensvertrag.[48] Da sich die Finnen in diesem ungleichen Kampf in der Weltöffentlichkeit viele Sympathien erworben hatten, begnügte sich Stalin mit einigen Gebietsabtretungen und verzichtete darauf, die Sowjetisierung Finnlands zu erzwingen. Trotz der militärischen Niederlage legten die Finnen – wie Günter Stökl ausführt – durch ihren Widerstand den Grund für die Erhaltung ihrer Selbständigkeit.[49]

46 I. Deutscher: Stalin, S. 471.
47 So G. Stökl: Russische Geschichte, S. 750; ders.: Sowjetrußland, S. 55; G. v. Rauch: Geschichte des bolschewistischen Rußland, S. 387–392. Sehr instruktiv dazu auch W. Wagner: Teilung, S. 42–45.
48 Text des Friedensvertrags in: Zeitschrift für ausländisches öffentliches Recht und Völkerrecht, Bd. X, 1940/41, S. 331–334. Der Friedensvertrag bestimmte, daß die Finnische Republik die Karelische Landenge, Teile Ostkareliens und einzelne Inseln abtreten mußte. Die UdSSR verpflichtete sich, ihre Truppen aus dem Gebiet von Petsamo zurückzuziehen, das an Finnland seitens des Sowjetstaates gemäß dem Friedensvertrag von 1920 freiwillig abgetreten worden ist; Finnland mußte sich verpflichten, der UdSSR Transitrechte über das Gebiet von Petsamo nach Norwegen und umgekehrt einzuräumen. Vgl. dazu auch A. N. Makarov: Der sowjetrussisch-finnische Konflikt, S. 294–331. Makarov schildert auch die verfassungsrechtlichen Nachwirkungen, die die territorialen Änderungen im Friedensvertrag in der Sowjetunion gehabt haben. Mit dem Gesetz vom 31. März 1940 wurde die Karelische Republik die 12. Bundesrepublik der UdSSR. Nicht unerwähnt bleiben sollte, daß das Ost-Berliner »Handbuch der Verträge 1871–1964« diese Vorgänge völlig einseitig zugunsten der UdSSR schildert. Die Bestimmungen des Friedensvertrags vom 12. März 1940 »dienten allein dem besseren Schutz der Nordwestgrenze der UdSSR«. Vgl. ebenda, S. 311.
49 So G. Stökl: Sowjetrußland, S. 55; vgl. dazu auch die ausführliche Darstellung bei A. Hillgruber: Der Zweite Weltkrieg, S. 287 f.; I. Deutscher: Stalin, S. 470–472; sehr in-

Entgegen allen früheren Beteuerungen ließ Stalin im Frühjahr 1940 keinen Zweifel daran, daß er sich nun nicht mehr damit begnügte, die drei baltischen Staaten als zur Interessensphäre der UdSSR gehörig zu betrachten. In ultimativer und rigoroser Weise erzwang er im Juni 1940 ihm genehme Regierungswechsel, das heißt die Bildung volksdemokratischer Regierungen in diesen Ländern. Stalin ließ nun durch hohe sowjetische Funktionäre – an der Spitze A. A. Ždanow und der erste stellvertretende Außenminister der UdSSR, A. J. Vyšinskij – »staatsrechtliche Komödien«[50] inszenieren, die damit endeten, daß im August 1940 Estland, Lettland und Litauen auf ihre eigene Bitte hin als Sowjetrepubliken in die UdSSR aufgenommen wurden.

Diese Entwicklung zeigt eindringlich, wie sehr Stalin bestrebt war, in der ihm von Hitler konzedierten Interessensphäre vollendete Tatsachen zu schaffen. Es ist müßig, darüber zu spekulieren, ob die großen militärischen Erfolge der deutschen Wehrmacht auf den Kriegsschauplätzen in Nord- und Westeuropa dazu beigetragen und Stalin veranlaßt haben, die Umwandlung Lettlands, Litauens und Estlands in Sozialistische Sowjetrepubliken in einem so frühen Zeitpunkt zu vollziehen.

Soviel steht fest: Die Begründung, die der sowjetische Außenminister Molotov dazu am 1. August 1940 vor dem Obersten Sowjet gegeben hat, war nicht nur nicht stichhaltig, sondern auch äußerst fadenscheinig. Er warf den in den drei Ländern regierenden »bourgeoisen Gruppen« vor, die mit der UdSSR geschlossenen Beistandspakte grob verletzt zu haben.[51] Nachdem jeweils eine Abordnung Litauens am 3. August, Lettlands am 5. August und Estlands am 6. August 1940 den Antrag auf Beitritt zur UdSSR vor dem Obersten Sowjet der UdSSR begründet hatte, verabschiedete anschließend das sowjetische Bundesparlament das jeweilige Gesetz über die Eingliederung der entsprechenden Republik in die Sowjetunion.[52] So wurden die Litauische Sozialistische Sowjetrepublik als 14., die Lettische So-

---

struktiv dazu auch Th. T. Hammond: Takeovers, S. 30–32. Vgl. dazu außerdem die beiden materialreiche Monographien von P. H. Krosby: Finland, Germany, and the Soviet Union, 1940–1941; Friede für Europas Norden. In beiden Studien hat Krosby zahlreiche bisher nicht ausgewertete Dokumente herangezogen; E. Jutikkala: Finnland, S. 1097–1101; S. Myllyniemi: Die baltische Krise 1938–1941, S. 153–157.
50 So G. Stökl, ebenda, S. 54; ders.: Geschichte Rußlands S. 750. Besonders eindrucksvoll schildert S. Myllyniemi das Schicksal der baltischen Staaten. Vgl. außerdem A. v. Taube: Estland und Lettland, S. 1124–1130; G. Rhode: Litauen, S. 1076–1079; B. Meissner: Sowjetunion, S. 67–112; W. Wagner: Teilung, S. 45–48.
51 Text bei A. N. Makarov: Die Eingliederung der baltischen Staaten in die Sowjetunion, S. 702 f.; B. Meissner, ebenda, S. 91 f.; D. Kirby: The Baltic States 1940–50, S. 22–32.
52 Vgl. dazu B. Meissner, ebenda, S. 92 f.

zialistische Sowjetrepublik als 15. und die Estnische Sozialistische Sowjetrepublik als 16. Bundesrepublik in die Sowjetunion aufgenommen.
Die neuen und bedeutsamen Richtungswechsel in der Außenpolitik Stalins hat Isaac Deutscher so umschrieben: »Seine ersten Maßnahmen im Baltikum waren auf die Gewinnung strategischer Stützpunkte beschränkt gewesen, und hierfür mochten in der Tat allein strategische Erwägungen maßgebend gewesen sein. Er hatte zunächst offenbar nicht die Absicht, sich in die inneren Verhältnisse dieser Länder einzumischen. Die Furcht vor kommenden Gefahren, die durch den Zusammenbruch Frankreichs aufs höchste gesteigert war, veranlaßte ihn jetzt, in den drei kleinen Ländern Revolutionen in Szene zu setzen. Jetzt wich er zum ersten Mal von der ihm so teuren Theorie vom ›Sozialismus in *einem* Lande‹ ab, von der Lehre also, die er unentwegt einer ganzen Generation russischer Menschen eingeimpft hatte. Er gab diese Theorie genauso unvermutet und aus reinen Zweckmäßigkeitsgründen wieder auf, wie er sie einst erfunden hatte. Aber was er jetzt tat, war doch himmelweit von dem verschieden, was die alten Bolschewisten sich unter der Ausbreitung der Revolution vorgestellt hatten. Er trug die Revolution ins Ausland auf den Spitzen russischer Bajonette, richtiger gesagt, er schleppte sie mit den Raupenketten seiner Panzer ins Land. Wahrscheinlich unterstützten die Arbeiter im Baltikum die Sozialisierung der Industrie, die Stalin angeordnet hatte; aber das entscheidende Moment war nicht etwa der Wille des Volkes, sondern die bewaffnete Macht Rußlands. Die alten Bolschewisten hatten sich unter Revolution immer eine von breiten Volksmassen getragene Bewegung vorgestellt, das Werk der arbeitenden Massen, die durch eine kommunistische Partei organisiert und geführt werden. Jetzt übernahm die Rote Armee die Aufgabe einer solchen Partei. Die Revolution im Baltikum war ein rein mechanisches Nebenprodukt der großen Politik der europäischen Mächte.«[53]
Wie ernst es Stalin nun auch mit der von ihm am 23. August 1939 mit Hitler vereinbarten Interessensphäre in Südosteuropa nahm, offenbarte seine Politik gegenüber Rumänien, das – ebenso wie die anderen Opfer der deutsch-sowjetischen imperialistischen Partnerschaft – nichts von dem geheimen Zusatzprotokoll wußte. Stalin begnügte sich nicht – wie mit Hitler abgesprochen – mit dem »Interesse an Bessarabien«, das Rußland 1812 annektiert hatte und 1918 an Rumänien abtreten mußte. Am 23. Juni 1940 teilte der sowjetische Außenminister Molotov dem deut-

---

53 I. Deutscher: Stalin, S. 472 f. Hervorhebung im Text.

schen Botschafter in Moskau, Graf von der Schulenburg, mit, daß die Lösung der Bessarabien-Frage »nunmehr keinen weiteren Aufschub« gestatte. Die sowjetische Regierung strebe nach wie vor eine Lösung auf friedlichem Wege an, sei aber entschlossen, Gewalt anzuwenden, falls die rumänische Regierung eine friedliche Einigung ablehne. Zur großen Überraschung des deutschen Botschafters teilte Molotov außerdem mit, daß sich der sowjetische Anspruch auch auf die Bukowina erstrecke, »die ukrainische Bevölkerung habe«[54].
In jenen Tagen deutete sich ein erster deutsch-sowjetischer Konflikt insofern an, als Botschafter von der Schulenburg Molotov darauf hinwies, daß er bei dem angekündigten Vorgehen Moskaus außenpolitische Schwierigkeiten Rumäniens befürchte, »das uns zur Zeit kriegs- und lebenswichtige Rohstoffe in sehr großer Menge liefere«[55]. Schulenburg ersuchte das Auswärtige Amt um eine unverzügliche Nachricht: »Ich darf an die zahlreichen, in Bessarabien und der Bukowina ansässigen Volksdeutschen erinnern, für die in irgendeiner Weise Vorsorge getroffen werden müßte.«
Die Reichsregierung suchte in den folgenden Tagen der sowjetischen Seite klar zu machen, daß zwar in dem geheimen Zusatzprotokoll vom 23. August 1939 ausdrücklich von dem »völligen politischen Desinteressement« der deutschen Seite am Südosten Europas die Rede ist. Das wirtschaftliche Interesse Deutschlands an diesen Gebieten sei jedoch seinerzeit betont zum Ausdruck gebracht worden.[56]
Am 25. Juni 1940 telegraphierte Außenminister von Ribbentrop nach Moskau, Deutschland stehe auf dem Boden der Moskauer Abmachungen und sei daher an der bessarabischen Frage desinteressiert; selbstverständlich sei Deutschland an dem Schicksal der etwa 100 000 Volksdeutschen interessiert und erwarte, daß die Zukunft dieser Menschen sichergestellt werde.
Der Anspruch der Sowjetregierung auf die Bukowina, hieß es in dem Telegramm, sei ein »Novum: Die Bukowina war früher österreichisches Kronland und ist stark von Deutschen besiedelt. Deutschland ist daher, wie wir der Sowjetregierung wiederholt mitgeteilt haben, in hervorragendem Maße daran interessiert, daß die Gebiete nicht zum Kriegsschauplatz werden.«[56]

---

54 Text des Telegramms bei E. M. Carroll und F. Th. Epstein: Deutschland, Nr. 146, S. 174 f. (174).
55 Text, ebenda.
56 Vgl. die Aufzeichnung des Reichsaußenministers. Text, ebenda, Nr. 149, S. 177.

In der Tat war von der Forderung der UdSSR auf die Bukowina, die nie zu Rußland gehört hatte, in den deutsch-sowjetischen Abmachungen von 1939 mit keinem Wort die Rede. Festzuhalten gilt, wie hartnäckig die Sowjetunion auf die Abtretung der Bukowina insistierte. Am 26. Juni 1940 wies Botschafter von der Schulenburg Molotov noch einmal darauf hin, ein sowjetischer Verzicht auf die Bukowina, die auch dem zaristischen Rußland niemals gehört habe, würde eine friedliche Lösung wesentlich erleichtern: »Molotov hielt dem entgegen, daß (die) Bukowina der letzte noch fehlende Rest der zusammengehörenden Ukraine sei und die Sowjetregierung daher Wert darauf legen müßte, diese Frage gleichzeitig mit (der) Bessarabien-Frage zu lösen.« Trotzdem hatte der deutsche Botschafter den Eindruck, daß Molotov die Möglichkeit eines Verzichts der Sowjetunion auf die Bukowina »im Laufe der Verhandlungen mit Rumänien nicht ganz von der Hand wies«[57].

Am 26. Juni 1940 teilte Außenminister Molotov Botschafter von der Schulenburg mit, daß die Sowjetunion ihre Forderung auf den nördlichen Teil der Bukowina mit der Stadt Czernowitz beschränkt habe. Nun begründete er diesen Anspruch damit, die UdSSR müßte eine direkte Eisenbahn-Verbindung von Bessarabien über Czernowitz nach Lemberg erhalten.[58]

Mit diesem Teilverzicht meinte Stalin, auch von der deutschen Reichsregierung grünes Licht bekommen zu haben, um die sowjetischen Ansprüche auf Bessarabien und die Nord-Bukowina durchzusetzen. Bereits am 26. Juni 1940 nötigte ein auf 24 Stunden begrenztes Ultimatum Rumänien, neben Bessarabien auch die Nord-Bukowina an die UdSSR abzutreten und ihr einzugliedern. Die Abtretung der Nord-Bukowina begründete die UdSSR in ihrer Erklärung so:

»Ein solcher Akt wäre um so gerechter, als die Übergabe des nördlichen Teils der Bukowina an die Sowjet-Union ein – allerdings nur bescheidenes – Mittel der Wiedergutmachung des ungeheuren Schadens darstellen konnte, der der Sowjet-Union und der Bevölkerung Bessarabiens durch

---

57 Text, ebenda, Nr. 150, S. 178 f. (178).
58 Text, ebenda, Nr. 151, S. 179 f. (179). M. Broszat: Deutschland, S. 555: »Im Falle Rumäniens trug die Sowjetunion durch ihr Ultimatum vom Juni 1940 selbst dazu bei, die Führungsschicht Hitler in die Arme zu treiben, wie umgekehrt dieser vorher Stalin den Weg nach Bessarabien und der Nord-Bukowina geebnet hatte.«
59 Vgl. das Telegramm des Deutschen Botschafters in Moskau, an den Reichsaußenminister. Text, ebenda, Nr. 153, S. 182 f. (182). Vgl. zur Gesamtproblematik vor allem R. L. Wolff: Balkans, S. 191–195 (191 f.).

die 22jährige Herrschaft Rumäniens in Bessarabien zugefügt worden ist.«[60]

Höchst aufschlußreich ist, wie unterschiedlich Stalin gegenüber der deutschen Reichsregierung einerseits und der rumänischen Regierung andererseits die sowjetischen Ansprüche auf die Nord-Bukowina begründet hat. Bereits zwei Tage später, am 28. Juni 1940, überschritt die Rote Armee die rumänische Grenze und besetzte innerhalb von vier Tagen Bessarabien und die Nord-Bukowina. Am 7. Oktober 1940 verabschiedete der Oberste Sowjet der UdSSR ein verfassungsänderndes Gesetz, das in Verbindung mit der Aufnahme der drei baltischen Staaten und der rumänischen Gebiete in die UdSSR entsprechende Änderungen und Ergänzungen der sowjetischen Bundesverfassung vorsah. Mit der Eingliederung der rumänischen Territorien entstand die 13. Sozialistische Sowjetrepublik.[61]

Mit der Annexion der Nord-Bukowina – von nun an hatte die UdSSR eine gemeinsame Grenze mit der Tschechoslowakei – hat sich Stalin über die mit Hitler am 23. August 1939 getroffene Abgrenzung der deutsch-sowjetischen Interessensphären hinweggesetzt. Daß die Gebietsverluste die antisowjetischen Ressentiments in Rumänien außerordentlich steigern

---

60 Text des sowjetischen Ultimatums bei A. N. Makarov: Die Eingliederung Bessarabiens und der Nord-Bukowina in die Sowjetunion, S. 356 f. Makarov gibt den anschließenden sowjetisch-rumänischen Notenwechsel wieder, der zeigt, wie sehr die Sowjetregierung die rumänische Seite auch zeitlich unter Druck gesetzt hat, obwohl sich Bukarest sogleich mit den sowjetischen Vorschlägen einverstanden erklärt hatte. Vgl. dazu auch A. Cretzianu: Ultimatum, S. 396 f. mit Anm. 1; G. v. Rauch: Geschichte des bolschewistischen Rußland, S. 395 f.; G. Stökl: Geschichte Rußlands, S. 750 f.; T. Valeanu: The Question of Bukowina – Then and Now, S. 372–399. Einen guten Überblick über die Geschichte Bessarabiens vermittelt Ph. E. Mosely: Is Bessarabia next? Vgl. dazu auch W. Wagner: Teilung, S. 48 f.; A. Hillgruber: Hitler, S. 70–79; St. Fischer-Galati: Foreign Policy, S. 199–202; M. Broszat: Deutschland, S. 84 f. Sehr materialreich auch die Darstellung bei J. W. Brügel: Ultimatum; K. Olshausen: Die deutsche Balkan-Politik, S. 707–711.
61 Vgl. dazu mit weiteren Nachweisen A. N. Makarov, ebenda, S. 358 f. mit den Anm. 1–5. Bemerkenswert ist Makarovs Kommentar zur Grenzfrage: »Eine vertragliche Regelung der neuen Grenze wurde nicht vorgenommen. In bezug auf Bessarabien war das Ausbleiben einer solchen Regelung vom Standpunkt der Sowjetregierung nur konsequent: sie hat die Verschiebung der Grenze infolge der Eingliederung Bessarabiens in das Rumänische Königreich nie anerkannt und konnte daher die Rückgabe Bessarabiens als eine Wiederherstellung der durch Rumänien zeitweise verletzten, durch den Berliner Vertrag von 1878 festgesetzten Grenze betrachten. Für die Nord-Bukowina kann indessen diese Begründung des Ausbleibens einer vertraglichen Regelung nicht in Anspruch genommen werden« (vgl. S. 358). Vgl. über die völkerrechtliche Problematik die grundlegende Analyse H. Webers: Die Bukowina im Zweiten Weltkrieg; B. Meissner: Sowjetunion, S. 93; M. Čakste: Latvia and the Soviet Union, S. 39–41; A. Hillgruber, ebenda, S. 292 f.

sollten, kümmerte Stalin nicht. Die deutsche Regierung gab, obwohl sie offensichtlich überrumpelt worden war, dennoch ihre Zustimmung. Lange jedoch konnte – wie Günter Stökl bemerkt hat – »das abwechselnde Beutemachen der beiden totalitären Mächte nicht gut gehen«[62].

c) *Die deutsch-sowjetischen Verhandlungen im November 1940: Stalins weitgesteckte »Interessen« in Europa*

Der weitere Verlauf des Krieges mußte zwangsläufig dazu führen, daß die Interessen Hitlers und Stalins auf dem Balkan, den man am 23. August 1939 – mit Ausnahme Bessarabiens – ausdrücklich nicht »aufgeteilt« hatte, kollidierten. Die Art, wie Stalin die sowjetische Position dort skrupellos ausnutzte, konnte auf die Einstellung Hitlers nicht ohne Folgen bleiben. Stalin wiederum war höchst erbost darüber, daß Hitler in dem 2. Wiener Schiedsspruch vom 30. August 1940 Rumänien veranlaßt hatte, an Ungarn die durch den Frieden von Trianon 1920 verlorenen Gebiete in Siebenbürgen abzutreten. Darüber hinaus garantierte Deutschland Rumänien die Integrität und Unverletzlichkeit seines Staatsgebietes.[63] Dem Wiener Schiedsspruch folgte am 7. September 1940 der Vertrag von Crajowa, durch den Rumänien die Süddobrudscha an Bulgarien, das sie 1913 an Rumänien hatte abtreten müssen, übergab.[64] Durch die innerhalb weniger Monate vollzogenen Gebietsabtretungen an die UdSSR, Ungarn und Bulgarien hat Rumänien mehr als ein Drittel seines Territoriums und ungefähr ein Drittel seiner Bevölkerung verloren.

---

62 G. Stökl: Russische Geschichte, S. 751; vgl. dazu auch K. D. Erdmann: Die Zeit der Weltkriege, S. 513 f.
63 Text des 2. Wiener Schiedsspruchs der Achsenmächte vom 30. August 1940 bei Bruns-Gretschaninow: Politische Verträge, S. 1250–1254; Vertrags-Ploetz, S. 190–192; Zeitschrift für ausländisches öffentliches Recht und Völkerrecht, Jg. X, 1940/41, S. 745–750. Außer Deutschland, Ungarn und Rumänien war auch Italien Signatarstaat des Wiener Schiedsspruches. Text des Notenwechsels über die Garantie der Integrität und Unverletzlichkeit des rumänischen Staatsgebietes bei Bruns-Gretschaninow, ebenda, S. 1248 f. Vgl. dazu die ausführliche Darstellung bei A. Hillgruber: Hitler, S. 89–107, 233 f. und bei Ph. E. Mosely: Transylvania Partitioned; F. Korkisch: Die rumänischen Gebietsabtretungen an Ungarn und Bulgarien und die Regelung damit zusammenhängender Volkstumsfragen.
64 Text des Vertrags zwischen Bulgarien und Rumänien über die Übergabe der Süddobrudscha an Bulgarien vom 7. September 1940, in: Bruns-Gretschaninow, ebenda, S. 1257–1259. Vgl. dazu auch R. L. Wolff: Balkans, S. 192 f. Vgl. auch die instruktive Analyse der deutsch-bulgarischen Beziehungen bei H.-J. Hoppe: Deutschland, S. 604–608 (608).

Die sowjetische Regierung warf der Reichsregierung vor, Art. III des Nichtangriffspakts vom 23. August 1939 verletzt zu haben. Darin hatten sie vereinbart, künftig fortlaufend mit Konsultationen in Fühlung miteinander zu bleiben, »um sich gegenseitig über Fragen zu informieren, die ihre gemeinsamen Interessen berühren«. So teilte das sowjetische Außenministerium am 21. September 1940 dem deutschen Botschafter in Moskau mit, die Sowjetregierung sei erst nach dem Wiener Schiedsspruch informiert worden, so daß sie vor eine vollendete Tatsache gestellt worden sei.[65] In dem Memorandum wurde auch auf Behauptungen Bezug genommen, nach denen die von Deutschland übernommene Garantie der Grenze Rumäniens »gegen die UdSSR« gerichtet sei.

Am 26. September informierte die Reichsregierung die sowjetische Regierung über den bevorstehenden Abschluß des Drei-Mächte-Pakts zwischen Deutschland, Italien und Japan. Art. 5 des bereits am 27. September 1940 unterzeichneten Vertrags lautete: »Deutschland, Italien und Japan erklären, daß die vorstehenden Abmachungen in keiner Weise den politischen Status berühren, der gegenwärtig zwischen jedem der drei Vertragschließenden Teile und Sowjetrußland besteht.«[66]

Die sowjetische Regierung begehrte dennoch zu wissen, ob diese Bestimmung möglicherweise im Widerspruch zu Art. IV des deutsch-sowjetischen Nichtangriffspakts vom 23. August 1939 stehe. Darin hatte man vereinbart, daß sich keine der beiden Seiten an irgendeiner Mächtegruppierung beteiligen werde, die sich mittelbar oder unmittelbar gegen den anderen Teil richtet. Am 2. Oktober 1940 ließ Außenminister Ribbentrop

---

65 Text des sowjetischen Memorandums bei E. M. Caroll und F. Th. Epstein: Deutschland, Nr. 181, S. 214-218 (214 f.); A. Seidl (Hrsg.): Beziehungen, Nr. 163, S. 214-218 (214 f.). Vgl. dazu auch R. L. Wolff, ebenda, S. 193 f.
66 Text des Drei-Mächte-Pakts vom 27. September 1940 bei Bruns-Gretschaninow: Politische Verträge, S. 1347-1350. Während gemäß Art. 1 Japan »die Führung Deutschlands und Italiens bei der Schaffung einer neuen Ordnung in Europa« anerkennt und respektiert, haben Deutschland und Italien in Art. 2 diese Verpflichtung gegenüber der Führung Japans »bei der Schaffung einer Neuordnung im großostasiatischen Raum« übernommen. Vgl. dazu vor allem Th. Sommer: Deutschland und Japan, S. 462-465. Sehr instruktiv umreißt auch A. Hillgruber die Position, die Hitler Japan »bei der Ausschaltung der Sowjetunion« zugedacht hatte, in: Der Zenit des Zweiten Weltkriegs, S. 14-25 mit zahlreichen Nachweisen. Sehr materialreich ist auch die neue Analyse B. Martins über die deutsch-japanischen Beziehungen in der Zeit vor 1939 und während des Zweiten Weltkriegs. Vgl. B. Martin: Beziehungen; ders.: Deutschland und Japan im Zweiten Weltkrieg, S. 17-25, wo er die Voraussetzungen für das deutsch-japanische Kriegsbündnis analysiert; vgl. zum Forschungsstand in Japan den Aufsatz von M. Miyake: Japans Beweggrund für den Abschluß des Dreimächtepakts Berlin-Rom-Tokio.

seinem sowjetischen Kollegen ausrichten, die in Art. 5 des Pakts vom 27. September 1940 gewählte »denkbar umfassende Formel« stelle klar, »daß nicht nur die mit der Sowjet-Union abgeschlossenen Verträge, sondern überhaupt das gesamte politische Verhältnis zur Sowjet-Union durch den Pakt nicht geändert würde«; daher berühre der Pakt nicht gemeinsame deutsch-sowjetische Interessen und falle damit nicht unter die Konsultations-Bestimmung des Art. III des deutsch-sowjetischen Nichtangriffspakts.[67]
Diese diplomatischen Auseinandersetzungen verrieten bereits, daß das deutsch-sowjetische Verhältnis nicht geringen Belastungen ausgesetzt war. Ein weiterer Streitpunkt bildete die deutsch-finnische Abrede, die die Gewährung des Transits für deutsche Truppen durch Finnland nach Norwegen vorsah.[68] Immer deutlicher sollte sich zeigen, wie sehr die deutsch-sowjetischen Reibungsflächen zunahmen.[69]
Als Hitler im Herbst 1940 einsehen mußte, daß Großbritannien militärisch nicht zu besiegen war, suchte er Stalin für ein noch engeres Bündnis zu gewinnen. Am 13. Oktober 1940 schrieb Reichsaußenminister von Ribbentrop einen ausführlichen Brief an Stalin und lud Außenminister Molotov zu Besprechungen nach Berlin ein. In dem Brief hieß es:
»Zusammenfassend möchte ich sagen, daß es auch nach der Auffassung des Führers die historische Aufgabe der vier Mächte, der Sowjetunion, Italiens, Japans und Deutschlands zu sein scheint, ihre Politik auf längste Sicht zu ordnen und durch Abgrenzung ihrer Interessen nach säkularen Maßstäben die zukünftige Entwicklung ihrer Völker in die richtigen Bahnen zu lenken.«[70]
Auf die »lange und bombastische Botschaft« Ribbentrops antwortete Stalin »kurz, trocken und erst nach einer Woche des Überlegens«.[71] Stalin teilte am 21. Oktober 1940 mit, was die gemeinsame Beratung einiger Fragen unter Beteiligung Japans und Italiens betreffe, so sei er, »ohne dieser Idee grundsätzlich abgeneigt zu sein, der Meinung, daß diese Frage

---

67 Text bei E. M. Carroll und F. Th. Epstein: Deutschland, Nr. 186, S. 226–228 (227 f.); A. Seidl (Hrsg.): Beziehungen, Nr. 166, S. 222–224 (223 f.).
68 Vgl. dazu die Dokumente bei E. M. Carroll und F. Th. Epstein, ebenda, Nr. 178 f., 184 f., 186 f., S. 212 f., 222 f., 226–229.
69 Vgl. dazu A. Hillgruber: Der Zweite Weltkrieg, S. 293–295; K. D. Erdmann: Die Zeit der Weltkriege, S. 513 f.; I. Deutscher: Stalin, S. 474–476.
70 E. M. Carroll und F. Th. Epstein: Deutschland, Nr. 191, S. 233–240 (239); A. Seidl (Hrsg.): Beziehungen, Nr. 171, S. 229–236 (236).
71 So I. Deutscher: Stalin, S. 476; Th. Sommer: Deutschland und Japan, S. 465–467.

einer vorherigen Prüfung unterworfen werden müßte«.[72] Dies war nicht nur eine geschickte, sondern auch eine ausweichende Antwort, mit der Stalin nochmals seine überlegene Position unterstrich. Das Dokument »deutete schon darauf hin, daß der Kreml zunächst die zwischen Deutschland und Rußland schwebenden Probleme klären wollte, bevor er sich auf eine Mitwirkung an der Aufteilung der britischen ›Weltkonkursmasse‹ einließ«.[73]

Die Gespräche, die Molotov am 12. und 13. November 1940 in Berlin geführt hat, sind für die weitere Entwicklung von großer Bedeutung, da sie auf eindringliche Weise die weitgesteckten Ziele Stalins offenbarten und die »Wendung zum Konflikt«[74] ausgelöst zu haben scheinen.

In seinen Besprechungen mit Außenminister Molotov entwickelte Hitler eine weitausgreifende Lebensraum-Vision. Um die Sowjetunion für einen Beitritt zum Drei-Mächte-Pakt vom 27. September 1940 zu gewinnen, teilte Hitler weitere Gebiete der Welt auf und verwies die UdSSR auf ihre Interessen in Südwestasien in Richtung auf den Persischen Golf und das Rote Meer.[75] Molotov, der aufmerksam zuhörte, ließ sich durch das Angebot, einen beachtlichen Teil »Großasiens« für die Sowjetunion zu erhalten, nicht irritieren. Zwar lehnte er einen Beitritt der UdSSR zum Drei-Mächte-Pakt zwischen Deutschland, Italien und Japan nicht grundsätzlich ab, verlangte jedoch zuvor eine Klärung darüber, wie der »großasiatische Raum« abgegrenzt werden sollte. Unmißverständlich machte der sowjetische Außenminister deutlich, daß auf der Prioritätenliste Moskaus die Regelung der noch ungelösten Fragen in Europa stand. Molotov sprach von den »Fragen bezüglich der russischen Balkan- und Schwarzmeer-Interessen hinsichtlich Bulgariens, Rumäniens und der Türkei«; die zwischen Deutschland und der Sowjetunion im August 1939 getroffene Regelung über die Zukunft Finnlands bezeichnete er als eine »Teillösung«. Molotov wiederholte, daß die von seiten Deutschlands und Italiens gegenüber Rumänien ausgesprochene Grenz-Garantie vom 30. August 1940 »gegen die Interessen Sowjetrußlands« gerichtet sei, und fragte Hit-

---

72 Text bei E. M. Carroll und F. Th. Epstein: Deutschland, Nr. 195, S. 242 f. (243); A. Seidl (Hrsg.): Beziehungen, Nr. 178, S. 241 f. (242).
73 So Th. Sommer: Deutschland und Japan, S. 466.
74 So G. Stökl: Russische Geschichte, S. 751; A. Hillgruber: Der Zweite Weltkrieg, S. 295 f.; K. D. Erdmann: Die Zeit der Weltkriege, S. 523 f. Sehr instruktiv dazu auch die Darstellung bei P. Sethe: Als Hitler mit Stalin brach.
75 Vgl. die ausführliche Aufzeichnung des Gesandten Paul Schmidt über die Unterredung zwischen Hitler und Molotow am 12. November 1940. Text bei E. M. Carroll und F. Th. Epstein: Deutschland, Nr. 199, S. 256-265; A. Seidl (Hrsg.): Beziehungen, Nr. 184, S. 244-263.

ler, was Deutschland dazu sagen würde, wenn Rußland Bulgarien eine Garantie »unter genau den gleichen Bedingungen gäbe, wie sie Deutschland und Italien Rumänien gegeben hätten«. Er versicherte, daß sich die UdSSR keinesfalls in die innere Ordnung Bulgariens einmischen wolle. Hitler fragte Molotov, ob Bulgarien um eine solche Garantie gebeten habe; ihm sei von einem Ersuchen Bulgariens nichts bekannt.[76]

In seinem Gespräch mit Ribbentrop vom 13. November 1940 wurde Molotov noch sehr viel deutlicher, nachdem ihm der deutsche Außenminister nochmals den Entwurf zu einem Abkommen zwischen den Staaten des Drei-Mächte-Pakts Deutschland, Italien und Japan einerseits und der Sowjetunion andererseits vorgelegt hatte.[77] Wiederum verdeutlichte der sowjetische Außenminister, der Sowjetunion ginge es weniger um die von Hitler vorgesehene Aufteilung der Welt in Asien als um die weitere Konsolidierung der sowjetischen Annexionen in Europa. Er führte aus, daß sich die UdSSR nicht nur für die Türkei und Bulgarien, sondern auch für »das Schicksal Rumäniens und Ungarns« interessiere, das ihr keinesfalls gleichgültig sein könne. Molotov machte noch eine weitere höchst aufschlußreiche Bemerkung:

»Des weiteren würde es die Sowjetregierung interessieren zu erfahren, was die Achse über Jugoslawien, Griechenland denke, desgleichen was Deutschland mit Polen beabsichtige... Auch an der Frage der schwedischen Neutralität sei die Sowjetregierung interessiert... Es existiere außerdem die Frage bezüglich der Durchfahrten in der Ostsee... Was die finnische Frage betreffe, so sei sie in seinen vorhergegangenen Unterredungen mit dem Führer ausreichend klargestellt worden.«[78]

Theo Sommer, der die Bemühungen Hitlers, die Sowjetunion in das Dreierbündnis einzubeziehen, zutreffend als »totgeborenes Projekt: Der Viermächteblock« apostrophiert, hat die unterschiedlichen Zielsetzungen Berlins und Moskaus so umrissen:

---

76 Text, ebenda. Vgl. dazu auch die ebenfalls ausführliche Aufzeichnung des Gesandten Schmidt über die Unterredung zwischen Hitler und Molotow am 13. November 1940. Text bei E. M. Carroll und F. Th. Epstein, ebenda, Nr. 200, S. 265–279; A. Seidl (Hrsg.), ebenda, Nr. 185, S. 264–278. Vgl. dazu auch R. L. Wolff: Balkans, S. 197 f.
77 Vgl. die Aufzeichnung des Botschaftsrats Gustav Hilger über die Unterredung zwischen Ribbentrop und Molotow am 13. November 1940. Text bei E. M. Carroll und F. Th. Epstein, ebenda, Nr. 201, S. 279–287; A. Seidl (Hrsg.), ebenda, Nr. 186, S. 278–286. Der Entwurf zu einem Abkommen zwischen den Staaten des Drei-Mächte-Pakts Deutschland, Italien, Japan einerseits und der Sowjetunion andererseits, dem die Geheimen Protokolle Nr. 1 und Nr. 2 beigefügt waren, war bereits mit Datum vom 9. November 1940 formuliert worden. Text bei E. M. Carroll und F. Th. Epstein, ebenda, Nr. 197, S. 244–247; A. Seidl (Hrsg.), ebenda, Nr. 187, S. 287 f.
78 Text bei E. M. Carroll und F. Th. Epstein, ebenda, Nr. 201, S. 284 f.; A. Seidl (Hrsg.), ebenda, Nr. 186, S. 284.

»Es war klar: das russische Pferd sollte in dem projektierten Vierergespann eingezwängt in der Mitte laufen und sich mit den ihm gnädigst überlassenen – und nicht ungefährlichen – Futterabfällen der übrigen begnügen. Nicht als gleichberechtigter Partner, sondern als politisches Objekt wurde Sowjetrußland an den Berliner Verhandlungstisch geladen. Molotov wäre nicht der scharfsinnige, nüchtern kalkulierende Techniker der Diplomatie gewesen, als der er in die Geschichte der beiden folgenden Jahrzehnte eingehen sollte, hätte er diese Absicht nicht durchschaut. So begegnete er den Siegesfanfaren der deutschen Führer mit skeptischer Ironie und entzog sich geschickt der Aufforderung zum weltpolitischen Vierer-Tanz ins Blaue... Die Weigerung der Sowjets, sich aus der Balkan-Politik ausschließen zu lassen, und ihr Bestehen auf freie Hand in Finnland machten das großangelegte Ablenkungsmanöver Hitlers und Ribbentrops zunichte.«[79]

Paul Schmidt, der den Besprechungen Molotovs in Berlin beigewohnt und höchst instruktiv darüber berichtet hat, ist zu dem Schluß gelangt, daß nach seiner Überzeugung in jenen Tagen die Entscheidungen gefallen sind, »die Hitler zu seinem Angriff auf die Sowjetunion veranlaßt haben«.[80] Unter ausdrücklicher Berufung auf die Darlegungen Paul Schmidts hat James Byrnes die gleiche Schlußfolgerung gezogen. Auch für ihn bedeuteten die Gespräche des sowjetischen Außenministers mit Hitler am 12. und 13. November 1940 den »Wendepunkt des Krieges... ich bin der Meinung – soweit solche Dinge überhaupt zu berechnen sind –, daß diese Besuche einen entscheidenden Punkt in der Geschichte überhaupt darstellen. Denn Molotov trumpfte viel zu sehr auf. Vor allem seine Unterredung mit Hitler steht als ein schwerer diplomatischer Fehler da.«[81]

---

79 Th. Sommer: Deutschland und Japan, S. 469 mit den Nachweisen in Anm. 30 und S. 472; sehr lesenswert ist auch Sommers weitere Analyse (vgl. S. 469–476). Vgl. dazu auch J. E. McSherry: Stalin, S. 164–175; Ph. W. Fabry: Die Sowjetunion und das Dritte Reich, S. 264 f.
80 P. Schmidt: Statist auf diplomatischer Bühne, S. 525.
81 J. F. Byrnes: Speaking Frankly, S. 288; dt. Ausgabe: In aller Offenheit, S. 382. Höchst aufschlußreich, instruktiv und plastisch hat auch W. S. Churchill die Verhandlungen Molotows in Berlin geschildert. Vgl. W. S. Churchill: Der Zweite Weltkrieg, Bd. III, 2. Buch, S. 307–322 (310), wo er Stalins Position so umreißt: »Nichtsdestoweniger ist es... bemerkenswert, welche Vorteile er opferte, welche Gefahren er auf sich nahm, um die freundlichen Beziehungen zu Nazi-Deutschland aufrechtzuerhalten. Noch erstaunlicher waren seine Fehlrechnungen und die Ahnungslosigkeit angesichts der Ereignisse, die über ihn hereinbrechen sollten. Tatsächlich verhielt er sich vom September 1940 bis zu dem Tag von Hitlers Angriff im Juni 1941 wie ein gefühlloser, verschlagener und zugleich schlecht informierter Riese.«

Am 26. November teilte der sowjetische Außenminister dem deutschen Botschafter in Moskau, Graf von der Schulenburg, mit, unter welchen Bedingungen die Sowjetunion bereit sei, dem Drei-Mächte-Pakt zwischen Deutschland, Italien und Japan beizutreten.[82] Die weitere Entwicklung führte zwar zum Beitritt Ungarns[83], Rumäniens[84], der Slowakei[85], Bulgariens[86], Jugoslawiens[87] und Kroatiens[88] – nicht jedoch der UdSSR. Hitler hielt es gar nicht mehr für opportun, Stalins Schreiben vom 26. November 1940 zu beantworten. Er wußte, daß es nun keinen Sinn mehr haben konnte, sich um einen Ausgleich der Gegensätze mit Stalin zu bemühen.

d) *Die »imperialistische Partnerschaft« in der Retrospektive*

Hier soll nicht noch einmal das umfangreiche Schrifttum, das sich mit der Entwicklung der deutsch-sowjetischen Beziehungen bis zu dem Abschluß der weitreichenden Abmachungen vom August und September 1939 be-

---

82 Text bei E. M. Carroll und F. Th. Epstein: Deutschland, Nr. 203, S. 288–290; A. Seidl (Hrsg.): Beziehungen, Nr. 192, S. 296 f. Vgl. dazu auch J. E. McSherry: Stalin, S. 173–175; Ph. W. Fabry: Die Sowjetunion und das Dritte Reich, S. 265; V. Petrov: The Nazi-Soviet Pact, S. 45 f. (46).
83 Am 20. November 1940. Text des Protokolls dazu in: Bruns-Gretschaninow: Politische Verträge, Nr. 124, S. 1368–1370. Vgl. dazu und über die weitere Entwicklung Ungarns vor allem die detaillierte Darstellung bei M. Broszat: Deutschland, S. 552–564; K. Olshausen: Die deutsche Balkan-Politik, S. 707–713. Vgl. dazu aus der späteren offiziellen ungarischen Sicht G. Ránki: Eintritt.
84 Am 23. November 1940. Text, ebenda, Nr. 125, S. 1370–1372. Vgl. dazu und über die weitere Entwicklung Rumäniens vor allem M. Broszat, ebenda; K. Olshausen, ebenda.
85 Am 24. November 1940. Text, ebenda, Nr. 126, S. 1373–1375.
86 Am 1. März 1941. Text des Protokolls in: Monatshefte für Auswärtige Politik 1941, S. 233 f. Über das »Zusammenspiel« Hitlers mit Bulgarien war Stalin besonders erbost. Vgl. dazu vor allem J. E. McSherry: Stalin, S. 172–175; M. L. Miller: Bulgaria, S. 45–51; L. A. D. Dellin: Politics, S. 114–116; Ph. W. Fabry: Die Sowjetunion und das Dritte Reich, S. 260–287; H.-J. Hoppe: Deutschland, S. 608–611 mit zahlreichen Nachweisen auch aus dem bulgarischen Schrifttum. Vgl. über die weitere Entwicklung der sowjetisch-bulgarischen Beziehungen während des Zweiten Weltkriegs unten S. 155–162.
87 Am 25. März 1941. Text in: Monatshefte für Auswärtige Politik, ebenda, S. 340 f. Vgl. aus der umfangreichen Literatur dazu vor allem W. R. Roberts: Tito, S. 11–14 mit weiteren Nachweisen; K. Olshausen: Die deutsche Balkan-Politik, S. 707–716.
88 Am 15. Juni 1941. Vgl. dazu Vertrags-Ploetz, S. 194. Vgl. dazu mit zahlreichen Nachweisen K. Olshausen, ebenda, S. 712–724. Vgl. dazu auch H. von Herwarth: Zwischen Hitler und Stalin, S. 210 f.: »Für Hitler war das Zusammentreffen mit Molotow nur eine Episode und kein Vorspiel für ein Treffen mit Stalin. Nach Molotows Besuch wurde von deutscher Seite kein Versuch mehr gemacht, den politischen Dialog mit der Sowjetunion fortzusetzen. Als die Sowjets schließlich ihre politischen Vorstellungen schriftlich übermittelten, würdigte sie Hitler nicht einmal einer Antwort. Dies hätte Stalin stutzig machen müssen. Kurze Zeit später, am 18. Dezember 1940, gab Hitler den Befehl, die Vorbereitungen für einen Angriff auf die Sowjetunion wiederaufzunehmen.«

faßt hat, rekapituliert werden. Da jedoch die von Stalin und Hitler getroffenen territorialen Festlegungen die Entstehung der späteren kommunistischen Staatenverbindung unter Führung der UdSSR wesentlich erleichtert haben, erscheint es notwendig, wenigstens kurz die Einstellung der sowjetischen Zeitgeschichtsforschung gegenüber der »imperialistischen Partnerschaft« mit Hitler zu skizzieren. Nach der offiziellen sowjetischen Darstellung, an der bis heute festgehalten wird, war der Abschluß des Nichtangriffspakts zwischen der UdSSR und Deutschland im August 1939 nicht nur richtig, sondern auch unausweichlich. Dabei verweist man auf die für die Sowjetunion ungünstige internationale Lage, da sie im Osten in eine bewaffnete Auseinandersetzung mit Japan verwickelt war und in Europa auf die Unterstützung Frankreichs und Englands oder gar der Vereinigten Staaten kaum hoffen konnte. Durch die Unterzeichnung des Vertrags mit Hitler gewann Stalin – wie Walter Laqueur die sowjetische Interpretation wiedergegeben hat – »nicht nur strategisch wichtiges Gelände, sondern darüber hinaus Zeit zum Aufrüsten und schließlich auch die Sicherheit, daß Rußland nicht ohne Alliierte sein würde, falls es zu einer Invasion kommen sollte«[89].

So hat Nikita S. Chruščev zwar in seiner berühmten Geheimrede auf dem XX. Parteikongreß der KPdSU im Februar 1956 die Tatsache kritisiert, daß die sowjetische Führung die Zeit vom August 1939 bis Juni 1941 nicht zur Vorbereitung der unausweichlichen kriegerischen Auseinandersetzung mit dem Deutschland Hitlers genutzt habe, ohne jedoch den Vertrag selbst zu kritisieren.[90] Auch die Chruščev zugeschriebenen »Memoiren« enthalten die zuvor und später immer wieder vorgetragenen kommunistischen Argumente, um die Politik der UdSSR gegenüber Deutschland im Jahre 1939 zu rechtfertigen; irgendein kritisches Wort zu dem »Bündnis« Stalins mit Hitler sucht man vergebens.[91] Die sowjetischen

---

89 W. Laqueur: Deutschland und Rußland, S. 319 f.: »Trotzdem ist Stalins Position in dieser Frage stärker, als im Westen allgemein angenommen wird, und das nicht nur, weil er den Krieg gewann und Hitler ihn verlor, ... die Zusammenarbeit mit dem NS-Regime schadete wohl der kommunistischen Bewegung in der Welt, verursachte aber in machtpolitischer Hinsicht keinen dauernden Nachteil.« Vgl. dazu auch I. Deutscher: Stalin, S. 469 f.
90 Dt. Text in: Ost-Probleme 1956, S. 881–883.
91 Vgl. »Chruschtschow erinnert sich«, S. 139–144 (141 f.): »Ich glaube, daß der Hitler-Stalin-Pakt von 1939, historisch gesehen, in Anbetracht der Umstände unvermeidlich und letzten Endes für die Sowjetunion vorteilhaft war.« Sehr instruktiv zur Gesamtproblematik mit zahlreichen wichtigen Nachweisen J. W. Brügels Einführung zu »Stalin und Hitler«, S. 7–27, wo er die einzelnen von sowjetischer Seite immer vorgebrachten Argumente analysiert hat. Vgl. aus dem umfangreichen Schrifttum außerdem A. Hillgruber: Hitler-Stalin-Pakt; ders./K. Hildebrand: Kalkül; K. D. Erdmann: Fragen an die

Darstellungen aus der Retrospektive sind nicht nur höchst unvollständig, sondern geradezu verfälschend, da sie immer die Existenz des Geheimprotokolls zum Nichtangriffspakt vom 23. August 1939 über die Abgrenzung der deutsch-sowjetischen »Interessensphären« ebenso verschweigen wie die ergänzenden Vereinbarungen vom 28. September 1939, die viel wichtiger sind als der Nichtangriffspakt selbst.
Dies ist vor allem deshalb so verwunderlich, da das Zusatzprotokoll zum deutsch-sowjetischen Nichtangriffspakt erstmals während des Nürnberger Prozesses gegen die deutschen Hauptkriegsverbrecher 1945–46 im Wortlaut bekannt und in der Folgezeit in zahlreichen westlichen Veröffentlichungen publiziert worden ist. Daß die sowjetischen Historiker ebenfalls von der Nichtexistenz der deutsch-sowjetischen Abmachungen vom 28. September 1939 ausgehen müssen, zeigt, wie wenig die UdSSR bis heute bereit ist, die eigene neueste Geschichte zu verarbeiten. Die Außerachtlassung zentraler Vorgänge unmittelbar vor Ausbruch und am Anfang des Zweiten Weltkriegs erscheint auch deshalb geradezu paradox, da sowohl der Verlauf der kriegerischen Auseinandersetzung als auch die Folgen nur richtig eingeschätzt werden können, wenn man die Absprachen Stalins mit Hitler vor allem über das Schicksal Polens in die Betrachtung einbezieht. Dieser Tatsache scheinen sich die Autoren der 1966 herausgegebenen offiziösen »Geschichte der sowjetischen Außenpolitik 1917 bis 1945« bewußt zu sein, da sie wenigstens den Grenz- und Freundschaftsvertrag vom 28. September 1939 erwähnen, ohne jedoch die Tragweite der darin getroffenen Vereinbarungen über Polen richtig wiederzugeben.
Prüft man die von sowjetischer Seite bis heute vorgetragenen Argumente, um den deutsch-sowjetischen Nichtangriffspakt zu rechtfertigen, dann gilt noch immer das, was Stalin dazu am 3. Juli 1941, wenige Tage nach dem deutschen Angriff auf die Sowjetunion, ausgeführt hat, wenn man von dem Vorwurf absieht, Stalin habe sein Land nur unzureichend auf die unausweichliche kriegerische Auseinandersetzung in den knapp zwei Jahren vom August 1939 bis Juni 1941 vorbereitet. Damals sagte Stalin: »Was haben wir durch den Abschluß des Nichtangriffspakts mit Deutschland gewonnen? Wir haben unserem Lande anderthalb Jahre den Frieden gesichert sowie die Möglichkeit, unsere Kräfte zur Abwehr vorzubereiten,

---

sowjetische Geschichtswissenschaft; G. v. Rauch: Nichtangriffspakt; ders.: Sowjetrußland, S. 508–510. Sehr instruktiv zur Einschätzung der Ursprünge des Zweiten Weltkriegs und deren Argumentation über das »diplomatische Spiel« in den Monaten vor Abschluß der deutsch-sowjetischen Vereinbarung O. Pick: Who Pulled the Trigger?

falls das faschistische Deutschland es riskieren sollte, unser Land trotz des Paktes zu überfallen. Das ist ein unbestreitbarer Gewinn für uns und ein Verlust für das faschistische Deutschland.«[92]

Indem Stalin sowohl das Geheimprotokoll zum Nichtangriffspakt vom 23. August 1939 als auch die Abmachungen vom 28. September 1939 unerwähnt ließ, unterschlug er den außerordentlichen territorialen und machtmäßigen Gewinn, den die UdSSR aus der Allianz mit dem nationalsozialistischen Deutschland gezogen hat. Als Pikanterie gilt es festzuhalten, daß die »Izvestija« in ihrer Ausgabe vom 29. September 1939 den Text des Grenz- und Freundschaftsvertrags vom 28. September veröffentlicht hat, in dessen Art. I – wie bereits ausgeführt – von einem »ergänzenden Protokoll« die Rede ist, in dem die deutsch-sowjetische Grenze nach der Zerschlagung des bisherigen polnischen Staates »näher beschrieben werden soll«.

Aufgrund dieser Veröffentlichung kann auch in der UdSSR zumindest die Existenz eines Protokolls nicht bestritten werden, auch wenn dessen Inhalt bis heute nicht offiziell bekannt geworden ist. Ein Vergleich des deutschen und des russischen Textes der Art. I und II des Grenz- und Freundschaftsvertrags vom 28. September 1939 führt zu einem aufschlußreichen Ergebnis: Während in der deutschen Version von den »beiderseitigen Reichsinteressen« die Rede ist, spricht die offizielle russische Übersetzung von »Staatsinteressen«. Auffällig ist eine weitere Text-Differenz hinsichtlich des Art. I: Gemäß dem deutschen Text legen die Regierungen beider Staaten als Grenze der beiderseitigen Reichsinteressen im Gebiete des bisherigen Polnischen Staates die Linie fest, »die in der anliegenden Karte eingezeichnet ist und in einem ergänzenden Protokoll näher

---

92 Text (Auszug) der Rede Stalins vom 3. Juli 1941 in: Der Sowjetkommunismus. Dokumente. Bd. 2, S. 591. Vgl. dazu beispielsweise K.-H. Ruffmann: Das Gewicht Deutschlands in der sowjetischen Außenpolitik bis zum Ende des Zweiten Weltkrieges, S. 15; M. Freund (Hrsg.): Geschichte des Zweiten Weltkrieges in Dokumenten, S. 174 f. Vgl. zur sowjetischen Argumentation auch A. Hillgrubers und H.-A. Jacobsens Einführung zu B. S. Telpuchowski: Geschichte, S. 64 E–66 E mit weiteren Nachweisen. Höchst aufschlußreich ist der detaillierte Bericht, den Hans von Herwarth, damals Sekretär an der deutschen Botschaft in Moskau, in seinem Buch »Zwischen Hitler und Stalin« über die geheimen Vorbereitungen und den Verlauf der deutsch-sowjetischen Verhandlungen bis zum 23. August 1939 vorgelegt hat. Zu den Motiven, die Stalin zum Abschluß der Abmachungen mit Hitler bewogen haben mag, stellt er fest: »Zu der in der Forschung eingehend erörterten Frage, was Stalin bewogen hat, den Pakt mit Hitler zu schließen, kann ich nur berichten, welchen Eindruck ich damals hatte. Im Gegensatz zu anderen Auffassungen glaube ich nicht, daß Stalin den Pakt nur abgeschlossen hat, um Zeit zu gewinnen. Sicher war er ein gelehriger Schüler Machiavellis und glaubte, daß der Zweck die Mittel heiligt, aber wir waren uns auch alle einig, daß Stalin eine bessere Meinung von Deutschland, als von den Westmächten besaß und daß er den Deutschen vertraute.«

beschrieben werden *soll*«. In der russischen Version heißt es hier nicht »soll«, sondern »*wird*«. Das ist insofern logischer, als die erwähnte Karte nur die Linie wiedergeben kann, die im Protokoll vereinbart worden ist. Da die sowjetischen Historiker der offiziösen Darstellung folgen müssen, bereitet es ihnen große Schwierigkeiten, die Haltung der UdSSR gegenüber Polen im September 1939 zu interpretieren. Sie sind vor allem deshalb um ihre Aufgabe nicht zu beneiden, da sie nicht einmal von der Existenz des am 28. September 1939 in der »Izvestija« veröffentlichten deutsch-sowjetischen Grenz- und Freundschaftsvertrags ausgehen dürfen. In der wichtigsten Publikation mit offiziösem Charakter, der »Geschichte der sowjetischen Außenpolitik 1917 bis 1945« heißt es dazu, »im Verlaufe der ersten Hälfte des September 1939 zerschlug Deutschland das bürgerlich-feudale Polen. Dessen Regierung überließ gemeinsam mit dem Oberkommando das Volk und die Armee ihrem Schicksal und flüchtete ins Ausland«.[93]

In der ebenfalls von einem Autoren-Kollektiv 1960 herausgegebenen »Geschichte des Großen Vaterländischen Krieges der Sowjetunion« wird behauptet, die Sowjetregierung habe durchgesetzt, »daß sich Deutschland verpflichtete, die Linie der Flüsse Pissa, Narew, Bug, Weichsel und San nicht zu überschreiten«.[94] Diese Aussage ist insoweit bemerkenswert, als sie die im Geheimprotokoll vom 23. August 1939 zwischen Deutschland und der UdSSR verabredete Grenzziehung wenigstens verkürzt wiedergibt, ohne die Quelle ausdrücklich zu nennen. Die verkürzte Wiedergabe der Ziffer 2 der offiziell nicht veröffentlichten Abmachung vom 23. August 1939 ist deshalb so raffiniert, weil sie den Eindruck zu erwecken sucht, Stalin habe Hitlers »Drang nach Osten« wenigstens teilweise zu stoppen vermocht. Den Lesern in der Sowjetunion möchte die offiziöse Historiographie jedoch die Tatsache vorenthalten, daß die vollständige Zerschlagung und Aufteilung Polens zwischen Hitler und Stalin Gegenstand des Geheimprotokolls vom 23. August 1939 ist. So ist es nicht erstaunlich, daß die sowjetische Geschichtsschreibung den Eindruck hervorrufen möchte, als sei der Einmarsch der Roten Armee in Ostpolen am 17. September 1939 keine Folge der Abmachungen mit Hitler gewesen.[95] Daher ist auch die rechtfertigende Begründung verfehlt, es sei darum ge-

---

93 Vgl. Geschichte, 1. Teil, S. 430–434 (434).
94 Vgl. »Geschichte des Großen Vaterländischen Krieges der Sowjetunion«, Bd. 1, S. 210.
95 Vgl. ebenda, S. 293; Geschichte, 1. Teil, S. 435; W. G. Truchanowski (Hrsg.): Geschichte, S. 14–16 (16); B. S. Telpuchowski: Geschichte, S. 13–16 (15).

gangen, »die von der faschistischen Sklaverei bedrohten Ukrainer und Weißrussen zu retten, nicht zuzulassen, daß die historische weißrussische und ukrainische Erde geraubt würde«.[96] Zwar ist es richtig, daß – wie bereits dargestellt[97] – Stalin zunächst Skrupel hatte, die Rote Armee in Ostpolen einmarschieren zu lassen. Das ändert aber nichts an dem Faktum, daß die mit Hitler vereinbarte Zerschlagung und Teilung Polens die Voraussetzung für den Einmarsch deutscher Truppen in Polen bildeten.
Der Grad der Lückenhaftigkeit in der sowjetischen Geschichtsschreibung läßt sich auch daran ablesen, daß sie bis heute die militärische Abmachung vom 21. September 1939 verschweigen muß, in der sich die Rote Armee verpflichtete, polnische Truppenteile oder Banden zu vernichten, »die sich auf dem Marschwege kleiner deutscher Truppenteile befinden«.[98]
Die »Geschichte des Großen Vaterländischen Krieges der Sowjetunion« behauptet nicht nur, die Sowjetunion habe Polen nicht unterstützen können, »weil dessen Regierung eine Hilfe kategorisch ablehnte: Das einzige, was zu tun blieb, war, die Westukraine, Westbelorußland und das Baltikum vor einem deutschen Einfall zu retten.«[99] Was die »Rettung« des Baltikums angeht, so wird auch hier verschwiegen, daß sich Stalin in der geheimen Absprache vom 23. August 1939 die baltischen Staaten – mit Ausnahme Litauens – von Hitler als sowjetische Interessensphäre ausdrücklich zuweisen ließ.
Bei dieser verfälschenden Geschichtsschreibung kann es nicht überraschen, daß eine weitere wichtige Darstellung in der Kette der Ereignisse Ende September 1939 immer unterschlagen wird: Es war Stalin, der am 25. September 1939 der deutschen Reichsregierung den Vorschlag gemacht hat, das geheime Zusatzprotokoll vom 23. August abzuändern und außer Lettland und Estland auch Litauen in die sowjetische »Einflußsphäre« einzubeziehen. Daß Stalin die »Belassung eines selbständigen Restpolens« als »abwegig« bezeichnet hat, darf ebenfalls nicht vergessen werden, auch wenn davon in den sowjetischen Geschichtsbüchern nichts berichtet wird. Soweit der deutsch-sowjetische Grenz- und Freundschaftsvertrag vom 28. September 1939 erwähnt wird, beschränkt man sich auf die Feststellung, daß darin »als Westgrenze der Sowjetunion ungefähr die seiner-

---

96 So anstelle vieler B. S. Telpuchowski, ebenda, S. 15.
97 Vgl. dazu oben S. 11–13.
98 Vgl. dazu oben S. 13.
99 Vgl. »Geschichte des Großen Vaterländischen Krieges der Sowjetunion«, Bd. 1, S. 210.

zeit von England, Frankreich, den USA und Polen anerkannte sogenannte Curzon-Linie«[100] festgelegt worden sei.
Unerwähnt bleibt in allen sowjetischen Analysen das Geheimprotokoll vom 28. September 1939, mit dem das geheime Zusatzprotokoll vom 23. August 1939 dahingehend abgeändert worden ist, »daß das Gebiet des litauischen Staates in die Interessensphären der UdSSR fällt, während andererseits die Woiwodschaft Lublin und Teile der Woiwodschaft Warschau in die Interessensphären Deutschlands fallen«.
Ebenso hat man bis heute die gemeinsame Regierungserklärung vom 28. September 1939 unterschlagen, in der festgestellt wurde, daß die sich aus »dem Zerfall des polnischen Staates ergebenen Fragen endgültig geregelt und damit ein sicheres Fundament für einen dauerhaften Frieden in Osteuropa geschaffen« worden seien.
Als Pikanterie gilt festzuhalten, daß in der »Geschichte des Großen Vaterländischen Krieges der Sowjetunion« die Rede Außenminister Molotovs vom 31. Oktober 1939 vor dem Obersten Sowjet zitiert wird, in der er den Untergang des polnischen Staates aus der damaligen Sicht zutreffend kommentiert hat und von der sich die heutige sowjetische Geschichtsschreibung distanziert. Molotov wird dahingehend wiedergegeben, daß er den »Befreiungsfeldzug der Roten Armee als einen ›Schlag‹ « apostrophiert hat, »der zusammen mit dem Stoß der deutschen Truppen zum Zerfall des polnischen Staates – dieser ›Mißgeburt des Versailler Vertrages‹ – geführt habe«[101].
Daran knüpft die »Geschichte des Großen Vaterländischen Krieges der Sowjetunion« die Feststellung, diese Einschätzung habe »im Widerspruch zur historischen Wahrheit und zu den Zielen des Befreiungsfeldzuges« gestanden: »Das bürgerlich-gutsherrliche Polen war schon den ersten Tagen des deutsch-polnischen Krieges zerfallen. Mit ihrem Befreiungsfeldzug er-

---

100 Vgl. beispielsweise »Geschichte des Großen Vaterländischen Krieges der Sowjetunion«. Bd. 1, S. 295; Geschichte, 1. Teil, S. 435; W. G. Truchanowski (Hrsg.): Geschichte, S. 17. B. S. Telpuchowski läßt in: Geschichte, S. 15 f. die Abmachungen vom 28. September 1939 völlig unerwähnt. Noch »rigoroser« verfährt V. Issraelian in seiner Einleitung zu: Die Antihitler-Koalition, wo er zwar die Entwicklung der deutsch-sowjetischen Beziehungen seit Anfang der zwanziger Jahre kurz skizziert und das Jahr 1939 erwähnt, ohne jedoch die Problematik des Nichtangriffspakts vom 23. August 1939 mit einem Wort zu behandeln.
101 Vgl. »Geschichte des Großen Vaterländischen Krieges der Sowjetunion«. Bd. 1, S. 295. Der sowjetische Historiker Lew Besymenski hatte selbst 1980 keine Skrupel, in seiner umfangreichen Analyse »Am Vorabend des Zweiten Weltkrieges: Geheimes und Erkanntes« bei seinem Hinweis auf den Hitler-Stalin-Pakt vom 23. August 1939 weder das Zusatzprotokoll noch die Abmachungen vom 28. September 1939 auch nur mit einem Wort zu erwähnen. Vgl. »Neue Zeit« (Moskau), 1980, Nr. 33, S. 25.

füllte die Rote Armee ihre internationale Pflicht; sie leistete ihrem Nachbarvolk die unter den gegebenen Umständen einzig mögliche Hilfe. Dieser Feldzug sollte verhindern, daß die ukrainischen und belorussischen Westgebiete durch die faschistischen Truppen besetzt wurden.«
Darauf, daß dies eine Geschichtsklitterung ist, ist bereits hingewiesen worden. Die historische Wahrheit gebietet es jedoch, Molotovs Aussagen in diesem Zusammenhang vollständig zu zitieren. Am 31. Oktober 1939 erklärte der sowjetische Außenminister:
»Die herrschenden Kreise Polens pflegten viel Aufhebens von der ›Stabilität‹ ihres Staates und von der ›Schlagkraft‹ ihrer Armee zu machen. Und doch war nur ein schneller Schlag gegen Polen erforderlich, erst von der deutschen Armee und dann von der Roten Armee, und von diesem scheußlichen Geschöpf des Versailler Vertrags, das von der Unterdrückung nichtpolnischer Nationalitäten gelebt hatte, war nichts übriggeblieben.«[102]
Diese Aussage entsprach haargenau der damaligen sowjetischen Einschätzung der polnischen Situation. Sie beweist, mit welcher Verachtung die sowjetische Führung 1939 den Staat Polen betrachtet und dessen Zerschlagung befürwortet hat. Immerhin kann der aufmerksame russische Leser der »Geschichte des Großen Vaterländischen Krieges der Sowjetunion« aus der verkürzten Wiedergabe der Rede Molotovs vom 31. Oktober 1939 ein wenig über die Vorstellungen und »Einsichten« erfahren, die die sowjetische Führung damals über den westlichen Nachbarn, die »Mißgeburt des Versailler Vertrages«, gehabt hat. Stalin und Molotov wollten Polen als souveränen und unabhängigen Staat vernichten und gingen die »widernatürliche Allianz« mit Hitler ein, um im Zuge der gemeinsamen »Beutepolitik« ein gutes Stück Polens dazuzugewinnen. Das in sowjetischen Geschichtsdarstellungen immer wieder vorgetragene Motiv des »Befreiungsfeldzugs« ist eine Geschichtsklitterung, die deshalb verschrieben und »geglaubt« werden muß, da andernfalls die Zeit vom 23. August 1939 bis zum 22. Juni 1941 überhaupt nicht zu »erfassen« wäre.
Es versteht sich von selbst, daß man in der sowjetischen Historiographie jeden Hinweis darauf vermißt, daß die UdSSR mit Polen seit dem 25. Juli 1932 durch einen Nichtangriffspakt verbunden war, den sie mit dem militärischen Überfall auf Polen am 17. September 1939 flagrant verletzt hat. Den sowjetischen Geschichtsklitterungen sei noch einmal

---

102 Text in: Pravda vom 1. November 1939; dt. Übersetzung in: Kommunistische Geschichtsschreiber, Teil I, S. 6.

entgegengehalten, daß die polnische Regierung am Tage des Einmarsches der Roten Armee gegen die flagrante einseitige Verletzung des Nichtangriffspakts durch die Sowjetunion massiv protestiert hat.[103]
Der tragische Verlauf der Geschichte Polens, der nach der vierten Teilung des Landes im Jahre 1939 zur völligen militärischen Besetzung durch die Rote Armee und zur politischen Abhängigkeit von der UdSSR führte, hat auch zur Folge, daß die offizielle Politik und Geschichtswissenschaft Polens die einschneidenden Vorgänge im Sommer 1939 nicht der historischen Wahrheit gemäß darstellen können und dürfen. Soweit die deutschsowjetische »Allianz« in Polen überhaupt behandelt wird, beschränkt man sich auf eine Erwähnung des Nichtangriffspakts und läßt das viel wichtigere Geheime Zusatzprotokoll vom 23. August 1939, in dem der polnische Staat zwischen der UdSSR und Deutschland aufgeteilt worden ist, unerwähnt. Bis heute haben die polnischen Kommunisten niemals öffentlich diese Abrede Stalins mit Hitler diskutiert. Polnische Autoren müssen sich mit der These begnügen, daß der Nichtangriffspakt Hitler freie Bahn für seinen Angriff auf Polen gegeben hat.
Die im polnischen Schrifttum gelegentlich vertretene These, Hitler hätte Polen auch ohne den Nichtangriffspakt mit Stalin angegriffen, soll nur dazu dienen, die Mitschuld Stalins am Schicksal Polens 1939 zu relativieren. Daß die endgültige Teilungslinie am 28. September 1939 zwischen der UdSSR und Deutschland festgelegt worden ist, darf ebenfalls in Polen nicht ausgesprochen werden. Man muß sich auf die Wiedergabe der sowjetischen Version beschränken, die sowjetische Besetzung Ostpolens sei notwendig gewesen, um die dort lebenden Ukrainer und Weißrussen zu schützen. Ohne die rechtliche Grundlage der Annexion der polnischen Ostgebiete durch die UdSSR zu erwähnen, mußten sich die polnischen Parteiführer dazu überwinden, diesen unrechtmäßigen Akt der Moskauer »Genossen« auch noch öffentlich zu billigen.[104]
Wie prekär und brisant die Problematik der sowjetisch-polnischen Grenze für Politik und Wissenschaft in Polen ist, zeigt allein die Tatsache, daß der bekannte Warschauer Völkerrechtler Ludwik Gelberg in seiner 1970

---

103 Vgl. dazu oben S. 13.
104 Vgl. beispielsweise die Rede W. Gomulkas anläßlich der 50jährigen Wiederkehr der kommunistischen Machtergreifung in Polen am 22. Juli 1959. Text in: Gomulka: Reden, S. 415 (poln.). Vgl. dazu vor allem A. Osadczuk-Korab: Jahrestag der kommunistischen Machtergreifung in Polen. In seiner Rede griff Gomulka die früheren Regierungen Großbritanniens und Frankreichs heftig an, die »Polen angeblich im Stiche gelassen hätten, um Deutschland in einen Konflikt mit der Sowjetunion zu stürzen«.

erschienenen Monographie »Die Entstehung der Volksrepublik Polen« zwar ausführlich »Die neuen Grenzen Polens« analysiert, dabei aber sogar hinter dem Stand der sowjetischen Geschichtsforschung zurückbleibt. Gelberg stellt dort fest:
»Die polnisch-sowjetische Staatsgrenze, festgelegt im Rigaer Vertrag von 1921, bestand bis zum Zweiten Weltkrieg, genauer gesagt bis zum 17. September 1939 ... Die Sowjetunion stand in der zweiten Septemberhälfte 1939 vor dem Dilemma: entweder passiv den siegreichen Marsch der Wehrmacht in Richtung ihrer Grenze zuzusehen und zuzulassen, daß das ganze Territorium Polens unter die Herrschaft Hitler-Deutschlands fiel oder Schritte zu unternehmen, damit wenigstens ein Teil der in Polen wohnenden Bevölkerung, die sich in diesem konkreten Fall größtenteils aus Ukrainern und Weißrussen zusammensetzte, nicht nur der faschistischen Knechtschaft entkam, sondern die nationale und gesellschaftliche Freiheit erlangte.«[105]
Daß Gelberg die geheimen Zusatzprotokolle vom 23. August 1939 zum deutsch-sowjetischen Nichtangriffspakt und vom 28. September 1939 zum deutsch-sowjetischen Grenz- und Freundschaftsvertrag nicht heranziehen durfte, ist nicht erstaunlich. Überraschend ist vielmehr, daß sich Gelberg – entgegen den bereits zitierten sowjetischen Geschichtsquellen – nicht einmal auf den Text des deutsch-sowjetischen Vertrags vom 28. September 1939 berufen hat. Daran kann auch Gelbergs Eingeständnis nichts ändern, daß die Eingliederung der ostpolnischen Gebiete in die sowjetischen Republiken Ukraine und Weißrußland auf der Grundlage der Beschlüsse des Präsidiums des Obersten Sowjets der UdSSR vom 1. und 2. November 1939 »vom Rechtsstandpunkt einige Vorbehalte wecken« konnte, »wenn man das fehlende Einverständnis der polnischen Seite berücksichtigt«. An anderer Stelle spricht er von »formalen Ungenauigkeiten 1939«[106].
Abschließend bleibt noch darauf hinzuweisen, daß auch die Geschichtswissenschaft in der DDR keine Skrupel hat, hinter dem sowjetischen Forschungsstand zurückzubleiben. Vor allem legen dafür zwei dokumentarisch angelegte Werke Zeugnis ab. In dem umfangreichen »Handbuch der Verträge 1871-1964« wird nur der deutsch-sowjetische Nichtangriffspakt vom 23. August 1939 wiedergegeben. Das Zusatzprotokoll sucht man

---

105 L. Gelberg: Die Entstehung der Volksrepublik Polen, S. 74, 78.
106 L. Gelberg, ebenda, S. 84 f. Vgl. dazu mit weiteren Hinweisen auf polnische Stellungnahmen auch »Kommunistische Geschichtsschreiber«. Teil I, S. 5-8.

dort ebenso vergebens wie alle deutsch-sowjetischen Abmachungen vom 28. September 1939. Die Vorbemerkung folgt der sowjetischen Argumentation, nach der der Sowjetregierung kein anderer Ausweg geblieben sei, »als auf wiederholte Angebote der Hitlerregierung über den Abschluß eines Nichtangriffspaktes einzugehen«[107].

Die 1977 in Ost-Berlin veröffentlichten »Dokumente zur deutschen Geschichte 1936–1939« beschränken sich – unter Hinweis auf das »Handbuch der Verträge 1871–1964« – auf die Wiedergabe der wichtigsten Artikel des deutsch-sowjetischen Pakts vom 23. August 1939.[108] Die sich daran zeitlich anschließende, mit dem 31. August 1939 beginnende Sammlung »Dokumente zur deutschen Geschichte 1939–1942« läßt – ebenso wie das »Handbuch der Verträge 1871–1964« – die deutsch-sowjetischen Abmachungen vom 28. September 1939 unerwähnt.

Auch wenn sich das »Sachwörterbuch der Geschichte Deutschlands und der deutschen Arbeiterbewegung« in einer etwas ausführlicheren Form der gleichen Argumente bedient und den Eindruck zu erwecken sucht, für Stalin sei der Abschluß des Nichtangriffspakts vom 23. August 1939 unumgänglich gewesen, so weicht diese Darstellung in einem zentralen Punkt von den anderen Studien insofern ab, als sie der sowjetischen Regierung unterstellt, sie habe »über die Vertragstreue des Hitlerregimes keinerlei Illusionen«[109] gehegt.

---

107 Vgl. Handbuch der Verträge 1871–1964, S. 306 f. (307).
108 Vgl. Dokumente zur deutschen Geschichte 1936–1939, S. 124. Vgl. auch W. Bleyer/R. Czollek: Die Vereitelung der Aggressionspläne des faschistischen deutschen Imperialismus gegenüber den baltischen Staaten durch die Sowjetunion im Sommer/Herbst 1939, wo sie unter Hinweis auf das »Handbuch der Verträge 1871–1964« wiederum nur den Nichtangriffspakt vom 23. August 1939 erwähnen, die Grenzabsprachen aber völlig außer acht lassen (vgl. S. 429). Was den russischen Kollegen verwehrt ist, dürfen die Historiker in der DDR erst recht nicht beanspruchen. Vgl. beispielsweise M. Hellmann: Stellungnahme, S. 351, Anm. 10: In dem 1978 in Moskau erschienenen Werk über die »Sozialistische Revolution in Litauen, Lettland und Estland von 1940« bleiben die deutsch-sowjetischen Abmachungen vom 23. August und 28. September 1939 gleichfalls unerwähnt. Wenn sich die Studenten der Geschichte in der DDR auf sowjetische Quellen nicht berufen können, die »BRD«-Archive nicht benutzen dürfen, möchte man ihnen wünschen, daß sie aus dem neutralen Finnland über den Ablauf der deutschen Geschichte in den Jahren 1939/40 informiert werden. Vgl. dazu die wissenschaftlich mustergültige Arbeit des finnischen Historikers S. Myllyniemi: Die baltische Krise 1938–1941.
109 Vgl. Sachwörterbuch der Geschichte Deutschlands und der deutschen Arbeiterbewegung. Bd. 1, S. 475–477 (476 f.): »Der Vertrag verhinderte das Zustandekommen einer antisowjetischen Front der mächtigsten imperialistischen Staaten. Die Sowjetunion gewann weitere Jahre für den sozialistischen Aufbau.« Vgl. auch H. Stoecker: Zur Politik der Westmächte zu Beginn des Zweiten Weltkrieges, S. 10–12, wo er die Reaktionen der Regierungen Großbritanniens und Frankreichs auf den Abschluß des

2. Die Pläne für die Bildung einer polnisch-tschechoslowakischen Konföderation und die Interessen der Sowjetunion (1940–1942)

Stalins Zusammenspiel mit Hitler und die Art, wie er in den ihm von der deutschen Reichsregierung konzedierten »Interessensphären« vollendete Tatsachen schuf, verdeutlichten seine Entschlossenheit, soweit wie möglich Vorteile aus der nationalsozialistischen Außenpolitik zu ziehen. Die Aufnahme der drei baltischen Staaten, Litauen, Lettland und Estland als Sozialistische Sowjetrepubliken in die UdSSR und die von Rumänien erzwungene Abtretung Bessarabiens und der Nord-Bukowina erfolgten knapp ein Jahr vor dem Beginn des Zweiten Weltkriegs. Daß sich Stalin nach dem Angriff der deutschen Wehrmacht auf Polen am 1. September 1939 maßgeblich und aktiv an der Zerschlagung des polnischen Staates beteiligt hat, irritierte und schockierte nicht nur die polnischen Kommunisten. Nach der Besetzung Polens durch die deutsche Wehrmacht und die Rote Armee bildete der polnische General Wladislaw Sikorski eine polnische Exilregierung in Paris, die Frankreich und Großbritannien sogleich als rechtmäßige polnische Regierung anerkannt haben.

Zu dieser Zeit hielt sich auch eine große Anzahl bekannter tschechoslowakischer Politiker in Paris und London auf, die ihr Land nach dem Abschluß des Münchener Abkommens vom 29. September 1938 und vor der Besetzung der Rest-Tschechoslowakei durch die deutsche Wehrmacht am 15. März 1939 sowie vor der Verkündung der Errichtung des Reichsprotektorats Böhmen und Mähren einen Tag später verlassen hatten. Prominentester Politiker der tschechoslowakischen Führung im Exil war der frühere Präsident der Republik, Eduard Beneš, der am 5. Oktober 1938 zurückgetreten war und der in den folgenden Jahren noch eine zentrale Rolle in dem Ringen um Ostmitteleuropa spielen sollte. Als Frankreich im Sommer 1940 aufgrund des deutschen Angriffs militärisch zusammenbrach, verlegten die polnische Exilregierung und die politische Führung der Tschechoslowakei, die die britische Regierung bereits am 21. Juli 1940 als Provisorische Regierung der Tschechoslowakei anerkannt hatte, ihr Exil nach London.

---

deutsch-sowjetischen Nichtangriffspakts darstellt, ohne jedoch mit einem Wort die übrigen zwischen Stalin und Hitler am 23. August und 28. September getroffenen Vereinbarungen zu erwähnen. Vgl. dazu auch die ausführliche Analyse bei E. Wurl: Zur Geschichte des deutsch-sowjetischen Nichtangriffspaktes vom 23. August 1939, der zwar den Einmarsch der Roten Armee in Ostpolen am 17. September 1939 erwähnt, ohne jedoch das Geheimabkommen vom 23. August 1939 heranzuziehen.

Von der britischen Hauptstadt aus entwickelten die prominenten Politiker beider Staaten eine rege diplomatische Aktivität. Im Vordergrund ihrer Bemühungen standen die bereits seit Herbst 1940 verfolgten Pläne, zwischen der Tschechoslowakei und Polen eine Konföderation zu bilden. Es ist das große Verdienst vor allem von Piotr S. Wandycz, in mehreren, bisher nur in englischer Sprache vorliegenden profunden Analysen die einzelnen Phasen dieser Bestrebungen der beiden Exilregierungen in allen Einzelheiten dargelegt zu haben.[110] Wandycz, der Geschichte an der Yale University lehrt, hat nicht nur die umfangreichen polnischen und tschechoslowakischen Quellen ausgewertet, sondern auch alle einschlägigen Dokumente herangezogen, aus denen hervorgeht, inwieweit vor allem die Führungen der UdSSR und Großbritanniens die Pläne der polnischen und tschechoslowakischen Exilregierungen verfolgt haben. Wichtige Aufschlüsse über den Verlauf der polnisch-tschechoslowakischen Verhandlungen hat auch Eduard Táborský, der frühere Sekretär Eduard Beneš', vermittelt.[111] Eduard Beneš hat nicht nur die Errichtung einer polnisch-tschechoslowakischen Konföderation befürwortet, sondern während des Zweiten Weltkriegs auch gehofft, daß im Europa der Nachkriegszeit mehrere Konföderationen nebeneinander geschaffen werden könnten.[112]

Daß seine Hoffnungen trügerisch waren, hat Beneš frühzeitig erkannt. Auch wenn die politische Rolle des prominentesten tschechoslowakischen Exilpolitikers vor allem in den Jahren ab 1943 noch heute in der zeithistorischen Forschung sehr unterschiedlich beurteilt wird, gebührt ihm zumindest das Verdienst, daß er sehr frühzeitig die Schlüsselrolle erkannt und in sein politisches Kalkül einbezogen hat, die die Sowjetunion nach der militärischen Niederringung Deutschlands in Europa spielen sollte.

Die in London von seiten der polnischen und tschechoslowakischen Exilregierungen verfolgten Pläne, eine Konföderation aus Polen und der Tschechoslowakei zu bilden, tangieren unmittelbar die Frage nach der Entstehung der späteren kommunistischen Staatenverbindung unter sowjetischer Führung. Im Sommer 1942 intervenierte die UdSSR gegen jede forcierte polnisch-tschechoslowakische Kooperation. Stalin hat also zu einem Zeitpunkt, als der weitere Verlauf der militärischen Auseinandersetzung mit Deutschland noch nicht voraussehbar war, seinen Anspruch dokumentiert, auf die weitere Politik Polens und der Tschechoslowakei entscheidenden Einfluß auszuüben. Die etwaige Errichtung einer

---

110 Vgl. P. S. Wandycz: Confederation; ders.: Traditions.
111 Vgl. E. Táborský: Confederation.
112 Vgl. vor allem E. Beneš: Organization.

polnisch-tschechoslowakischen Konföderation und die damit geplante enge Kooperation beider Länder auf wichtigen Gebieten akzeptierte Stalin deshalb nicht, da sie seine späteren Pläne hätten durchkreuzen können, auch wenn er zunächst den Verlauf der militärischen Auseinandersetzungen mit Deutschland abwarten mußte.

a) *Die polnisch-tschechoslowakische Deklaration vom 11. November 1940*

Nachdem Eduard Beneš bereits im März 1940 zum ersten Mal in einem Memorandum an den Unterstaatssekretär im amerikanischen Außenministerium, Sumner Welles, den Gedanken einer »föderalen Organisation in Zentraleuropa«[113] vorgetragen hatte, konkretisierte er seine Vorstellungen in einem Memorandum an Sikorski vom 1. November 1940. Darin führte er aus, daß weder Polen noch die Tschechoslowakei imstande seien, wie in der Zeit nach dem Ersten Weltkrieg getrennt voneinander zu leben. Auch nach der militärischen Niederlage Deutschlands im Zweiten Weltkrieg würden Polen und die Tschechoslowakei ziemlich geschwächt sein. Zwischen Deutschland und Rußland gelegen sei es ihre unerläßliche Aufgabe, wenigstens zu versuchen, in Zentraleuropa einen »Block« zu schaffen, dem zunächst beide Länder angehören müßten, um ihren Völkern ein Minimum vom Sicherheit zu geben. Er sprach die Hoffnung aus, daß ein modus vivendi mit Rußland erreicht werden könnte und fügte die Bemerkung hinzu: »Wir dürfen die Russen nicht gegen uns haben.«[114] Beneš hatte in seinem Schreiben schon einige Grundsätze für die Bildung einer Konföderation zwischen den beiden Staaten entwickelt. Bevor Sikorski diese Anregungen im einzelnen in seinem Brief vom 3. Dezember 1940 beantwortete, unterzeichneten er als Chef der polnischen Exilregierung in London und Eduard Beneš als Präsident des tschechoslowakischen Nationalkomitees in London am 11. November 1940 eine gemeinsame Erklärung über die künftige Zusammenarbeit. Darin hieß es, beide Regierungen hätten beschlossen, nach Beendigung des Krieges als unabhängige, souveräne Staaten eine engere politische und wirtschaftliche Assoziation einzugehen, die die Grundlage einer neuen Ordnung in Zentraleuropa und eine Garantie seiner Stabilität werden könnte. Die Deklara-

---

113 Vgl. dazu im einzelnen E. Táborský: Confederation, S. 382 mit Anm. 10.
114 Vgl. dazu E. Táborský, ebenda, S. 382–385.

tion, die nur von einer »Assoziation« und nicht von einer »Konföderation« sprach, war allgemein gehalten und spezifizierte noch nicht in detaillierter Form die Bereiche der geplanten künftigen engen Kooperation.[115]
Die britische Diplomatie beobachtete und förderte die Bestrebungen der polnischen und tschechoslowakischen Exilregierungen in London mit dem Ziel, zwischen Deutschland und der Sowjetunion eine Union beider Staaten mit Rückhalt an Frankreich und England zu schaffen und auf diese Weise die prekäre und labile Situation in Ostmitteleuropa zu stabilisieren. Trotz des verheißungsvollen Starts am 11. November 1940 konnte kein Zweifel darüber bestehen, daß beide Seiten unterschiedliche Ziele mit der geplanten verstärkten Kooperation verbanden. Während für die Polen die Annäherung ihres Landes an die Tschechoslowakei auch einen gegen die Sowjetunion gerichteten Aspekt hatte, da sie sich nicht mit den Gebietsverlusten aufgrund der deutsch-sowjetischen Abmachungen von 1939 abfinden wollten, suchten die tschechoslowakischen Exilpolitiker von Anfang an jeden Eindruck zu vermeiden, als richte sich die künftige Zusammenarbeit mit Polen gegen die UdSSR.
Das Hauptziel der Politik Beneš' lag verständlicherweise darin, das Münchener Abkommen vom 29. September 1938, an dessen Abschluß sich die Sowjetunion nicht beteiligt hatte, rückgängig zu machen.[116]
Die polnisch-tschechoslowakische Deklaration vom 11. November 1940 konnte die bestehenden Meinungsdifferenzen nicht aus dem Wege räumen. Ihre Bedeutung lag vornehmlich darin, daß die politischen Führungen beider Länder zum ersten Mal die übrige Welt von ihren Plänen einer künftigen engeren Kooperation informiert haben. In der Folgezeit zeigte sich, daß vor allem der Gebietsstreit um das Olsa-Gebiet das Verhältnis

---

115 Engl. Text der Vereinbarung vom 11. November 1940 in: Journal of Central European Affairs, Vol. 1, 1941/42, S. 97-98 und bei F. Gross: Crossroads of Two Kontinents, S. 102-104; Text auch bei L. S. Stavrianos: Balkan Federation, S. 307 f. und bei P. S. Wandycz: Confederation, S. 128 f. Vgl. zum Inhalt der gemeinsamen Erklärung vor allem E. Táborský, ebenda, S. 385-387; P. S. Wandycz, ebenda, S. 38-42; ders.: Traditions, S. 37-46; F. Gross, ebenda, S. 17-20; L. S. Stavrianos, ebenda, S. 261 f.; R. Schlesinger: Federalism, S. 477 f.; A. Müller: Sicherheit, S. 67-69.
116 Vgl. dazu vor allem P. S. Wandycz: Confederation, S. 45 f.; ders.: Traditions, S. 46-49; A. Uschakow: Erbe, S. 13. Vgl. dazu auch den Bericht, den Beneš über sein ausführliches Gespräch mit Sikorski am 26. Januar 1941 in seinen »Memoirs« (S. 147 f.) gegeben hat. Gegenüber Sikorski hat er geltend gemacht, daß es darum gehe, eine gemeinsame Linie beider Regierungen gegenüber der UdSSR zu finden, da mit deren baldigem Eintritt in den Krieg gerechnet werden müsse. Darauf hat ihm Sikorski geantwortet: »What you are saying would be a catastrophe for us all.« Vgl. zur Haltung der UdSSR gegenüber der Tschechoslowakei zur Zeit des Abschlusses des Münchener Abkommens B. M. Cohen: Moscow at Munich.

zwischen beiden Staaten belasten sollte. In seinem Schreiben vom 10. Februar 1941 an Beneš sprach sich Sikorski mit einem Hinweis auf die britische Grenzgarantie für Polen gegen die Rückgabe des Olsa-Gebiets an die Tschechoslowakei aus. Beneš erklärte in seiner Antwort vom 25. Februar 1941 kategorisch, die tschechoslowakische Regierung beharre auf der Wiederherstellung der Grenzen vor Abschluß des Münchener Abkommens vom 29. September 1938. Er hatte aber hinzugefügt, über die endgültige Grenze beider Länder sollte erst nach der Schaffung eines neuen internationalen politischen Organismus in Zentraleuropa beraten werden.[117] Am 22. März 1941 wurde die Liste der Mitglieder der gemischten Kommission veröffentlicht, die den Rahmen für die geplante verstärkte Kooperation auf den einzelnen Gebieten abstecken sollten.[118]

b) *Der Abschluß des sowjetisch-polnischen Abkommens nach dem deutschen Angriff auf die UdSSR vom 30. Juli 1941*

Eine neue Situation ergab sich für die polnisch-tschechoslowakischen Verhandlungen über die forcierte künftige Zusammenarbeit am 22. Juni 1941, als Hitler deutsche Truppen in die Sowjetunion einmarschieren ließ. Der von Hitler provozierte Eintritt der UdSSR in den Zweiten Weltkrieg und die damit verbundene Bildung der »Anti-Hitler-Koalition« zwischen den Vereinigten Staaten von Amerika, Großbritannien und der UdSSR verschoben die Gewichte in Europa insofern, als nun die Bedeutung der kleineren Alliierten auf der Seite der beiden angelsächsischen Mächte notwendigerweise wesentlich abnehmen mußte. Die amerikanische und englische Diplomatie mußte sich mit dem Gedanken vertraut machen, daß von jetzt an die Sowjetunion nicht nur während des Zweiten Weltkriegs, sondern auch nach der militärischen Niederringung des nationalsozialistischen Deutschlands eine zentrale Rolle in Europa spielen würde. Der Eintritt Rußlands in den Krieg mußte auch die polnisch-tschechoslowakischen Beziehungen ebenso tangieren wie das Verhältnis der Exilre-

---

117 Vgl. dazu vor allem P. S. Wandycz: Confederation, S. 45–47; A. Uschakow: Münchener Abkommen, S. 522.
118 Vgl. dazu vor allem P. S. Wandycz, ebenda, S. 47 f.; auf S. 130 führt er die Namen der Mitglieder der Kommissionen auf. Ende März 1941 reiste Sikorski in die Vereinigten Staaten, wo er vor allem Sumner Welles seine Konföderations-Vorstellungen, in die er neben Polen und der Tschechoslowakei auch Ungarn einbezog, vortrug. Vgl. dazu P. S. Wandycz, ebenda, S. 49; ders.: Traditions, S. 49 f. mit weiteren Nachweisen in Anm. 1; J. Ciechanowski: Vergeblicher Sieg, S. 26–33.

gierungen beider Länder gegenüber der UdSSR. Ebenso wie die USA und Großbritannien hatten von nun an auch Beneš und Sikorski bei ihren künftigen Plänen über eine intensivierte Zusammenarbeit die möglichen Auswirkungen auf die sowjetischen Interessen und künftigen Intentionen in Ostmitteleuropa in Betracht zu ziehen. Für Eduard Beneš war die »deutsch-sowjetische Annäherung« nur von begrenzter Dauer, da er von Anfang an die Möglichkeit einer »ehrlichen und dauerhaften Übereinkunft« ausschloß.[119] Die polnische Exilregierung knüpfte an den Ausbruch des deutsch-sowjetischen Krieges sofort bestimmte Erwartungen hinsichtlich der Aufhebung der Vereinbarungen Stalins mit Hitler vom 23. August und 28. September 1939. So erklärte sie: »Polen sei logischerweise berechtigt anzunehmen, daß Rußland den Nazi-Sowjet-Pakt von 1939 aufheben und zu dem alten, im Rigaer Vertrag von 1921 geregelten polnisch-russischen Verhältnis zurückkehren werde.«[120]

Bereits am 5. Juli 1941 trafen in London Sikorski und der dort amtierende sowjetische Botschafter, Ivan Maiskij, zusammen, um den Abschluß eines sowjetisch-polnischen Bündnisvertrags und die Frage der künftigen Ostgrenze Polens zu erörtern. Sikorski bestand darauf, daß die sowjetische Regierung die Abmachungen mit Deutschland vom 23. August und 28. September 1939 ausdrücklich annulliere und damit die frühere Ostgrenze Polens anerkenne. Maiskij hingegen trat dafür ein, die Frage offenzuhalten; es bestehe kein Grund, in diesem Augenblick die »ethnographischen Grenzen Polens« streng festzulegen.[121]

Nach reger diplomatischer Tätigkeit und schwierigen Verhandlungen, in die sich auch die britische Diplomatie einschaltete,[122] schlossen die UdSSR und Polen am 30. Juli 1941 in London ein Abkommen, dessen Ziffer 1 lautete: »Die Regierung der UdSSR anerkennt, daß die sowjetisch-deutschen Verträge des Jahres 1939 bezüglich der territorialen Veränderungen in Polen ihre Geltung verloren haben.«[123] Damit annullierte die Sowjetunion zwar Stalins Vereinbarung mit Hitler über die Abgren-

---

119 Vgl. E. Beneš: Memoirs, S. 152 f.
120 Dt. Text bei G. Rhode/W. Wagner: Quellen, S. 25 (Auszug). Vollständiger engl. Text der Rundfunk-Ansprache Sikorskis vom 23. Juni 1941 in: Documents. Bd. I, Doc. No. 186, S. 108–112.
121 Vgl. den sehr aufschlußreichen Bericht über das Gespräch Sikorskis mit J. M. Maiskij in: Documents, ebenda, Doc. No. 91, S. 117–119 (118). Vgl. dazu auch A. Uschakow: Erbe, S. 10.
122 Vgl. dazu vor allem die instruktiven Nachweise bei P. S. Wandycz: Traditions, S. 51 f.
123 Engl. Text in: Documents, Doc. No. 106, S. 141 f. (141); dt. Text der wichtigsten Bestimmungen des sowjetisch-polnischen Abkommens bei G. Rhode/W. Wagner: Quellen, S. 27. Vgl. dazu G. Rhode: Polen, S. 1029 f.

zung der beiderseitigen Einflußsphären. An dem für die Polen entscheidenden Punkt zeigte sich Stalin jedoch unnachgiebig. George F. Kennan hat die Haltung Stalins zutreffend umrissen:
»Selbst in der Zeit seiner ärgsten militärischen Bedrängnis weigerte Stalin sich, den Polen nach Kriegsende die Gebiete zurückzugeben, in die die Sowjets 1939 auf Grund des Abkommens mit den Nazis eingerückt waren, und das obwohl er bereit war, einzuräumen, daß das Abkommen hinfällig geworden war. Und die Briten, die sich damals von allen Westmächten am intensivsten um die Interessen der Exilregierung kümmerten, bestanden nicht darauf, weil ihnen der Widerstand der russischen Armee als die einzige Chance für einen Sieg über Hitler erschien.«[124]

Zur großen Enttäuschung der polnischen Exilregierung war die sowjetische Regierung nicht bereit, die Beute aus den deutsch-sowjetischen Abmachungen vom 23. August und 28. September 1939 herauszugeben und den territorialen Status quo ante ausdrücklich anzuerkennen.[125] Der britische Außenminister Anthony Eden beeilte sich, noch am 30. Juli 1941 vor dem Unterhaus die sowjetisch-polnische Übereinkunft nicht nur gutzuheißen, sondern auch ausdrücklich darauf hinzuweisen, Großbritannien hätte in dem Beistandspakt mit Polen vom 25. August 1939 keine Garantie für die polnisch-sowjetische Grenze übernommen.[126]

So war es nicht verwunderlich, daß ein großer Teil der polnischen öffentlichen Meinung den Vertrag mit der UdSSR vom 30. Juli 1941 heftig kritisiert hat, da er spätere sowjetische Forderungen nicht ausschloß. Der Versuch Sikorskis und anderer Mitglieder seiner Exilregierung, den Vertrag mit der Sowjetunion vom 30. Juli 1941 so zu interpretieren, daß er den territorialen Status quo ante 1939 wiederhergestellt habe, wurde mit dem Hinweis auf die sowjetische Auslegung zurückgewiesen.[127]

Die Ereignisse zwischen dem 22. Juni und 30. Juli 1941 zeigten an, wie sehr sich die internationale Position Polens innerhalb weniger Wochen

---

124 G. F. Kennan: Memoiren eines Diplomaten, S. 206. Vgl. zur militärischen Bedeutung der Schlacht um Moskau K. Assmann: The Battle for Moscow – Turning Point of the War.
125 Vgl. dazu P. S. Wandycz: Confederation, S. 58; ders.: Traditions, S. 52; A. Uschakow: Erbe, S. 10; ders.: Bündnisvertrag, S. 282 f.; M. Freund: Die Oder-Neiße-Linie, S. 396; G. Rhode: Entwicklung Polens, S. 196 f.; A. Hillgruber: Der Zweite Weltkrieg, S. 304.
126 Engl. Text der Erklärung Edens in: Documents, Doc. No. 108, S. 143 f. (143). Engl. und dt. Text des britisch-polnischen Beistandspakts vom 25. August 1939 bei G. Rhode/W. Wagner: Quellen, S. 1–4. Vgl. dazu A. Uschakow: Erbe, S. 10.
127 Vgl. dazu vor allem P. S. Wandycz: Confederation, S. 58; G. Rhode: Entwicklung Polens, S. 197.

verschlechtert hatte: Der Eintritt der UdSSR in den Zweiten Weltkrieg und die daraus resultierende Bildung der »Anti-Hitler-Koalition« führten dazu, daß sich nunmehr die polnische Exilregierung in London nicht mehr des starken Rückhalts seitens der britischen Diplomatie sicher sein konnte. Die britische Regierung war nämlich daran interessiert, daß die UdSSR und Polen den Kriegszustand beendeten: Dies sollte nicht an der Forderung Polens nach Wiederherstellung des territorialen Status quo ante 1939 scheitern. Hingegen konnte sich die tschechoslowakische Führung im Londoner Exil zumindest zunächst gestärkt fühlen, da sie sich noch keiner Forderung von sowjetischer Seite ausgesetzt sah. So erkannte die UdSSR am 18. Juli 1941 die Provisorische Tschechoslowakische Regierung an.[128]

Die tschechoslowakische Exilregierung ging davon aus, daß mit dem Abschluß des sowjetisch-polnischen Abkommens vom 30. Juli 1941 alle möglichen Einwände der UdSSR gegen die geplante verstärkte Kooperation zwischen der ČSR und Polen eliminiert worden seien.[129] Der tschechoslowakischen Führung schien die internationale Situation im August 1941 besonders günstig, um die Sowjets über die geplante Errichtung einer polnisch-tschechoslowakischen Konföderation zu unterrichten.

Am 14. August 1941 wurde die Atlantik-Charta proklamiert, in der der Präsident der Vereinigten Staaten von Amerika, Franklin D. Roosevelt, und der britische Premierminister Winston S. Churchill ihre Friedensziele formuliert hatten.[130] Der Botschafter der ČSR in Moskau, Zdeněk Fierlinger, berichtete Beneš am 25. August 1941, die Sowjets hätten keine Einwände gegen die geplante verstärkte Zusammenarbeit und die Errichtung einer polnisch-tschechoslawakischen Konföderation.[131] Am 24. September 1941 gaben auf der interalliierten Konferenz in London die Regierungen weiterer zehn Staaten – u. a. der Sowjetunion, Polens und der Tschechoslowakei – ihre Zustimmung zu den allgemeinen politischen Grundsätzen der Atlantik-Charta.[132] Die UdSSR und Polen machten jedoch ihren Beitritt von der Bedingung abhängig, die Prinzipien der Char-

---

128 Vgl. dazu A. Hillgruber: Der Zweite Weltkrieg, S. 312.
129 Vgl. dazu P. S. Wandycz: Confederation, S. 58 f.; E. Táborský: Confederation, S. 386.
130 Text bei F. Berber (Hrsg.): Völkerrecht. Dokumentensammlung. Bd. II, S. 2262 f.
131 Vgl. dazu P. S. Wandycz: Confederation, S. 59 f.; ders.: Traditions, S. 52 f.; E. Táborský: Confederation, S. 387 f.
132 Vgl. den Text der Entschließung bei F. Berber (Hrsg.): Völkerrecht. Dokumentensammlung. Bd. II, S. 2263. Vgl. dazu aus der umfangreichen Literatur mit weiteren Nachweisen A. Uschakow: Entstehung, S. 11–13.

ta sollten »den Umständen, Notwendigkeiten und historischen Besonderheiten ihrer Länder« angepaßt werden. Diese Einschränkung der universellen Geltung der Atlantik-Charta bezog sich nicht auf das prekäre sowjetisch-polnische Verhältnis, sondern auf die spätere Regelung der »deutschen Frage«.[133]
Die interalliierte Konferenz in London bot den Exilregierungen Polens und der Tschechoslowakei Gelegenheit, am gleichen Tag eine polnisch-tschechoslowakische Deklaration zu verkünden, in der erstmals von der Notwendigkeit die Rede war, nach der Beendigung des Zweiten Weltkriegs eine Konföderation zwischen beiden Ländern zu schaffen; das Dokument knüpfte ausdrücklich an die Atlantik-Charta vom 14. August 1941 an.[134]
Am 6. Oktober 1941 teilte Beneš in einem Schreiben Sikorski mit, die UdSSR habe keine Bedenken gegen die geplante Bildung der polnisch-tschechoslowakischen Konföderation. Eingedenk der Tatsache, daß sich die Position seines Landes gegenüber der Polens in der Zwischenzeit noch gebessert hatte, schnitt Beneš wiederum die Frage der tschechoslowakisch-polnischen Grenze an und erklärte kategorisch, Polen müßte das Olsa-Gebiet der Tschechoslowakei zurückgeben. Sikorski war über den Brief Beneš' sehr verbittert, da er aufgrund des Schreibens Beneš' vom 10. Februar 1941 gemeint hatte, davon ausgehen zu können, daß der Gebietsstreit zwischen den beiden Nachbarn erst nach der Schaffung einer Konföderation diskutiert werden sollte.[135] Trotz der Belastung des polnisch-tschechoslowakischen Verhältnisses wegen der ungeregelten Grenzfrage kamen beide Seiten in ihrer gemeinsamen Erklärung vom 11. November 1941 überein, nunmehr die Prinzipien der geplanten Konföderation in detaillierter Form auszuarbeiten.[136]

---

133 Vgl. dazu A. Uschakow, ebenda, S. 13 mit dem Nachweis in Anm. 9.
134 Engl. Text der Deklaration bei P. S. Wandycz: Confederation, S. 131. Vgl. dazu den Kommentar, ebenda, S. 59; ders.: Traditions, S. 52 f.
135 Vgl. dazu im einzelnen P. S. Wandycz: Confederation, ebenda, S. 60 f.
136 Engl. Text bei P. S. Wandycz, ebenda, S. 132; eine instruktive Analyse des Autors, ebenda, S. 61–66; ders.: Traditions, S. 53 f., wo er darauf hinweist, daß am 2. November 1941 das tschechoslowakisch-polnische Koordinations-Komitee den polnischen Entwurf einer »Verfassung für die polnisch-tschechoslowakische Union« diskutiert hat.

c) *Stalins Pläne für Ostmitteleuropa (Dezember 1941)*

Die sowjetische Politik bis zum Herbst 1941 ließ bereits erkennen, daß in Stalins Vorstellungen und Überlegungen die Staaten Ostmitteleuropas einen besonderen Stellenwert einnahmen. Im Vordergrund der Kriegszielpolitik Stalins stand – verständlicherweise –, gemeinsam mit den beiden angelsächsischen Hauptalliierten das nationalsozialistische Deutschland und dessen Verbündete militärisch zu besiegen. Es ist müßig, darüber zu spekulieren, wann Stalin die ersten konkreten Erwägungen und Pläne für jenen Raum entwickelt hat, von dem er im Laufe des Zweiten Weltkriegs anzunehmen meinte, daß er von der Roten Armee besetzt und damit von der UdSSR beherrscht werden würde. Frühzeitig wurde deutlich, daß in der sowjetischen Europa-Politik Polen bereits einen zentralen Platz innehatte, als der Verlauf der militärischen Auseinandersetzung mit Deutschland noch gar nicht abzusehen war; die »polnische Frage« war es auch, die in der diplomatischen Auseinandersetzung zwischen der UdSSR und ihren westlichen Alliierten zu einer großen Belastung werden sollte.[137]

Kenner der sowjetischen Außenpolitik vertreten die Ansicht, Stalin hätte zwar erst mit der erfolgreichen militärischen Gegenoffensive bei Stalingrad im November 1942 genauere und detailliertere Vorstellungen und Pläne für Ostmitteleuropa zu entwickeln begonnen; im Verhältnis zu seinem westlichen Nachbarn Polen sei er jedoch mit dem Beginn des deutsch-sowjetischen Krieges darauf bedacht gewesen, dieses Land zu kontrollieren.[138]

Bis zu dem militärischen Überfall der deutschen Wehrmacht auf die UdSSR am 22. Juni 1941 mußte das zentrale Interesse Polens darauf gerichtet sein, eine deutsch-sowjetische Verständigung auf Kosten Polens zu verhindern; die Abmachungen Stalins mit Hitler vom 23. August und 28. September 1939 mußten die Polen nicht nur irritieren, sondern auch schockieren, obwohl sie die viel weiterreichenden geheimen Absprachen der beiden Diktatoren überhaupt nicht kannten. Doch selbst nach dem Einmarsch deutscher Truppen in die Sowjetunion ging es den Polen dar-

---

137 Vgl. aus der umfangreichen Literatur dazu vor allem A. Werth: Rußland im Krieg 1941–1945, S. 431–451; A. Uschakow: Erbe, S. 9 f. Das umfangreiche Schrifttum, das sich mit der Politik Stalins gegenüber Polen während des Zweiten Weltkriegs befaßt, kann hier nicht rekapituliert werden. Inzwischen ist eine Reihe neuerer höchst verdienstvoller Studien zu verzeichnen. Vgl. vor allem V. Mastny: Weg; G. Rhode: Polen, S. 1029–1040; I. Takayuki: The Genesis of the Cold War.
138 Vgl. dazu A. Werth, ebenda; B. Meissner: Rußland, S. 11 f.; A. Uschakow, ebenda, S. 9 f.

um, ein mögliches sowjetisch-deutsches Engagement unter Außerachtlassung der Interessen Polens soweit wie möglich auszuschließen. Die polnische Exilregierung in London unter Ministerpräsident Sikorski war daher bestrebt, auch nach dem Abschluß des sowjetisch-polnischen Vertrags vom 30. Juli 1941 die Sowjetunion soweit wie möglich auf eine gemeinsame Politik gegenüber Deutschland festzulegen.

Wenige Tage vor dem Besuch des britischen Außenministers Anthony Eden in Moskau vom 16. bis zum 18. Dezember 1941 weilte Sikorski zu politischen Besprechungen in der sowjetischen Hauptstadt. In der von Stalin und ihm am 4. Dezember 1941 unterzeichneten gemeinsamen Erklärung führten sie aus, der »deutsche Hitler-Imperialismus« sei der »schlimmste Feind der Menschheit« – »mit ihm ist kein Kompromiß möglich«[139].

In der Erklärung, die sich auf das Abkommen vom 30. Juli 1941 bezog, versprachen sich beide Regierungen für die Dauer des Krieges volle militärische Unterstützung: »In Friedenszeiten werden ihre Beziehungen auf gutnachbarliche Zusammenarbeit, Freundschaft und gegenseitiger ehrlicher Einhaltung der übernommenen Verpflichtungen beruhen.« Hier zeigte sich deutlich, wie sehr Stalin bei der Gestaltung der Beziehungen seines Landes zu Polen bereits an die Zeit nach der Beendigung des Zweiten Weltkriegs dachte.

Für Stalin war es nicht unwichtig, diese auf die Zukunft gerichtete gemeinsame sowjetisch-polnische Deklaration in Händen zu haben, als er Mitte Dezember 1941 den britischen Außenminister Anthony Eden zu politischen Gesprächen in Moskau empfing. Stalins Äußerungen gegenüber Eden, die er in einem Augenblick machte, als die deutschen Armeen den weiteren Stadtrand Moskaus erreicht hatten – »zum größeren Teil des Glaubens, noch vor der dritten Kriegsweihnacht die Hauptstadt der Sowjetunion stürmischer Hand zu nehmen«[140] – sind deshalb so bemerkenswert, da sie einmal mehr dokumentieren, wie sehr sich der sowjetische Diktator bereits in einer Zeit mit der Neugestaltung Europas in der Nachkriegszeit befaßte, als die militärische Situation der UdSSR am prekärsten war. Stalin ließ sich erstmals gegenüber einem hohen westlichen Politiker und Repräsentanten der im Sommer 1941 gebildeten »Anti-Hitler-Koalition« nicht nur über die Behandlung Deutschlands nach dessen

---

139 Poln. und dt. Text der Vereinbarung bei G. Rhode/ W. Wagner: Quellen, S. 30 f. (30). Vgl. dazu vor allem A. Uschakow, ebenda, S. 11; G. Rhode: Entwicklung Polens, S. 197 f.; P. S. Wandycz: Traditions, S. 54 f. mit dem wertvollen Nachweis in Anm. 1.
140 So E. Deuerlein: Einheit, S. 23.

militärischer Niederlage, sondern auch über die Nachkriegsgrenzen in Europa sowie über die polnisch-tschechoslowakischen Pläne aus, eine Konföderation zwischen beiden Ländern zu bilden. Gegenüber Eden brachte Stalin unmißverständlich zum Ausdruck, daß bei einer territorialen Neuregelung in Europa die von der UdSSR 1939/40 in Zusammenarbeit mit Hitler zu ihren Gunsten erfolgten Veränderungen hinsichtlich der baltischen Staaten, Finnlands und Bessarabiens nicht in Frage gestellt werden dürften. Die Curzon-Linie bezeichnete Stalin als eine »geeignete Grundlage für die künftige russisch-polnische Grenze«. In der zweiten Unterredung vom 17. Dezember verlangte Stalin von Eden, die Regierung Seiner Majestät sollte unverzüglich »die künftigen Grenzen der UdSSR – insbesondere den Einschluß der Baltischen Länder in den sowjetischen Staatenverband und die Wiederherstellung der finnisch-sowjetischen Grenze von 1941 – anerkennen«[141].

Der britische Außenminister ließ sich auf das weitreichende Ansinnen Stalins nicht ein und erklärte, im gegenwärtigen Moment sei es der britischen Regierung unmöglich, »sich auf irgendwelche Nachkriegsgrenzen in Europa festzulegen, da wir diesbezüglich bereits Verpflichtungen gegen die Regierung der Vereinigten Staaten eingegangen seien«[142]. Eden versprach, nach seiner Rückkehr die Regierungen in Washington und London darüber zu informieren. Er konnte schon deshalb die – wie Churchill in seinen »Memoiren« vermerkt hat – »russische imperialistische Expansion«[143] nicht gutheißen, da jegliche territoriale Veränderungen ohne oder gegen den Willen der ansässigen Bevölkerung gegen die von Roosevelt und Churchill am 14. August 1941 vereinbarte Atlantik-Charta[144] verstoßen hätten, zu deren Grundsätzen – um es noch einmal zu wiederholen – sich auch die Regierung der UdSSR am 24. September 1941 ausdrücklich bekannt hatte.

Churchill war vor allem über Stalins Anspruch konsterniert, daß die Westmächte die rechtswidrige Einverleibung der baltischen Staaten in die UdSSR, die 1940 aufgrund der Absprachen Stalins mit Hitler erfolgt war, auch noch sanktionieren sollten. Churchill legte großen Wert auf die Feststellung, er habe heftig »gegen eine solche Absorption der baltischen

---

141 Zit. bei W. S. Churchill: Der Zweite Weltkrieg. Bd. III/2. Buch, S. 294 f. Vgl. über die Reaktionen Churchills, ebenda. Vgl. dazu auch P. S. Wandycz: Traditions, S. 54 f.; M. Freund: Die Oder-Neiße-Linie, S. 396; A. Uschakow: Entstehung, S. 13; V. Mastny: Stalin, S. 1368.
142 Zit. bei W. S. Churchill, ebenda, S. 295.
143 So W. S. Churchill, ebenda.
144 Vgl. dazu oben 48 f.

Staaten«[145] reagiert. Auch mit der von Stalin gewünschten frühen Festlegung der russisch-polnischen Grenze war der britische Premierminister nicht einverstanden. Am 20. Dezember 1941 telegraphierte er Eden, die »strategische Sicherung der russischen Westgrenze« werde ein Thema der Friedenskonferenz bilden.[146] Aus Stalins Unterredungen mit Eden ging klar hervor, daß die Sowjetunion auch jetzt nicht bereit war, die polnischen Gebiete wieder freizugeben, die – wie Michael Freund zutreffend bemerkt hat – sie durch ein »schamloses Komplott mit Hitler erlangt«[147] hatte.

Stalins Besprechungen mit Eden verdienen noch unter einem anderen Aspekt Beachtung: In Moskau betonte der britische Außenminister das Interesse seiner Regierung daran, daß die kleineren europäischen Staaten Föderationen errichten sollten. Eden verband diesen Gedanken mit den Grundsätzen der Atlantik-Charta und ersuchte die sowjetische Führung um eine Stellungnahme. Eden hat darüber berichtet, die UdSSR hätte keinen Einwand erhoben, wenn einige europäische Länder zu »föderieren« wünschten.[148] Nach einer anderen Version ist die sowjetische Führung einer Diskussion darüber mit dem Hinweis ausgewichen, eine solche Föderation würde sich nicht gegen Deutschland, sondern gegen die UdSSR richten.[149]

d) *Das polnisch-tschechoslowakische Konföderations-Abkommen vom 23. Januar 1942*

Trotz der inzwischen stark veränderten Situation in Europa, die immer klarer zeigte, daß die UdSSR als Partner der »Anti-Hitler-Koalition« bei der späteren Regelung der europäischen Fragen ein gehöriges Wort mitsprechen wird, hatten Polen und die Tschechoslowakai ihre Konföderations-Pläne weiter vorangetrieben. Die tschechoslowakische Exilregierung sah sich dazu aufgrund der von Stalin und Sikorski am 4. Dezember 1941 unterzeichneten gemeinsamen sowjetisch-polnischen Erklärung ermuntert, da sie sie als einen Erfolg der Polen wertete, wenn auch teilweise

---

145 W. S. Churchill: Der Zweite Weltkrieg. Bd. III/2. Buch, S. 295.
146 Vgl. W. S. Churchill, ebenda, S. 296.
147 M. Freund: Die Oder-Neiße-Linie, S. 396.
148 Vgl. dazu A. Eden: Memoirs, S. 327.
149 Vgl. dazu den Bericht der amerikanischen Botschaft in London an den amerikanischen Außenminister. Text in: FRUS, 1942, Vol. III, S. 334 f. (335). Vgl. dazu auch P. S. Wandycz: Traditions, S. 55.

Sikorski der Vorwurf gemacht worden ist, daß er auf eine Regelung der strittigen Grenzfrage hätte drängen sollen.[150]

In ihrem am 23. Januar 1942 veröffentlichten Abkommen brachten die Regierungen Polens und der Tschechoslowakei ihren Wunsch zum Ausdruck, eine Konföderation zu schaffen, die auch andere europäische Staaten, mit denen die Lebensinteressen Polens und der ČSR verknüpft seien, umfassen sollte.[151] Als Zweck der Konföderation bezeichneten sie die Zusammenarbeit auf den Gebieten der Außenpolitik, der Verteidigung, der Wirtschaft und Finanzen. Obwohl in der Vereinbarung kaum ein Bereich ausgelassen worden ist, der von der Konföderation erfaßt werden sollte, war die Übereinkunft nur von begrenzter Bedeutung und Wirkung. Man hatte bewußt davon abgesehen, den Plan einer Konföderation in einem völkerrechtlichen Vertrag zu formulieren, der beide Seiten gebunden hätte. Die tschechoslowakische Seite ging davon aus, ein völkerrechtlich verbindlicher Vertrag könne nicht im Exil unterzeichnet werden.[152]

Selbst wenn die Exilregierungen Polens und der Tschechoslowakei die Konföderation im Wege eines völkerrechtlich verbindlichen Vertrags geschlossen und die Formen der Kooperation konkretisiert und spezifiziert hätten, wären die Chancen, die Errichtung eines Staatenbundes in die Wege zu leiten, äußerst gering gewesen. Die wohlwollende Zustimmung der britischen Diplomatie zu dem Abkommen vom 23. Januar 1942 war wenig wert, da für die Regierung in London die militärische Zusammenarbeit mit der Sowjetunion und damit die Rücksichtnahme auf die Interessen Stalins absolute Priorität hatten. In dem sowjetisch-polnischen Streit über die gemeinsame Grenze hatten sich Churchill und Eden frühzeitig auf die Seite des Kreml gestellt; sie wären nun gar nicht in der Lage gewesen, gegen den Willen der UdSSR den Plan einer polnisch-tschechoslowakischen Konföderation durchzusetzen, wenn dies die Absicht der polnischen und tschechoslowakischen Führungen im Londoner Exil gewesen wäre.

---

150 Vgl. dazu P. S. Wandycz, ebenda, S. 55 mit dem Nachweis in Anm. 3.
151 Text des Abkommens bei P. S. Wandycz: Confederation, S. 133–135; Journal of Central European Affairs, Vol. II, 1942/43, S. 90–92, F. Gross: Crossroads of Two Continents, S. 102–106; L. S. Stavrianos: Balkan Federation, S. 309 f.
152 Vgl. dazu und zu den anderen Aspekten des Abkommens P. S. Wandycz, ebenda, S. 67–70 (68); ders.: Traditions, S. 56; E. Táborský: Confederation, S. 386 f.; L. S. Stavrianos, ebenda, S. 262–264, wo er auch das griechisch-jugoslawische Abkommen vom 15. Januar 1942 analysiert, in dem beide Seiten die Schaffung einer »Balkan-Union« vereinbart und den Beitritt anderer Staaten dieser Region ausdrücklich vorgesehen haben. Vgl. dazu auch R. Schlesinger: Federalism, S. 478 f.

Es versteht sich von selbst, daß die amerikanische Administration zwar die Konföderations-Pläne befürwortete, ohne in dieser Frage jedoch ein ernsthaftes Engagement zu zeigen. Schließlich sollte sich in der Folgezeit auch erweisen, wie sehr der polnisch-tschechoslowakische Gebietsstreit um das Olsa-Gebiet die Beziehungen zwischen beiden Ländern belastete. Eduard Beneš legte größten Wert darauf, nicht nur die britische und die amerikanische Führung, sondern auch die sowjetische Regierung in allen Einzelheiten über den Fortschritt der polnisch-tschechoslowakischen Verhandlungen zu informieren. Nach der Veröffentlichung der polnisch-tschechoslowakischen Vereinbarungen am 23. Januar 1942 mußte Beneš besonders daran interessiert sein, über die Einstellung des Kreml dazu genaueres zu erfahren. Er vermutete, die Sowjets würden aufgrund ihrer Erinnerungen an den »Cordon sanitaire« auf irgendeine Art engerer Unionen (Zusammenschlüsse) von Staaten entlang ihrer Westgrenze mißtrauisch reagieren. Eduard Táborský hat – unter Heranziehung des »Dr. Beneš' archives« – im einzelnen dargelegt, daß Beneš zumindest bis Ende August 1941 aufgrund der Berichte des tschechoslowakischen Botschafters in Moskau, Fierlinger, und der Besprechungen, die Beneš mit dem sowjetischen Botschafter in London, Maiskij, geführt hat, äußerst optimistisch war. Noch vier Tage nach der Veröffentlichung des polnisch-tschechoslowakischen Abkommens vom 23. Januar 1942 meinte Beneš bei einem Essen zu Ehren Maiskijs, Moskau hätte »keine Einwände« gegen die Übereinkunft.[153]

Beneš' Optimismus sollte sich als trügerisch erweisen. Anfang Februar 1942 explodierte – wie Piotr S. Wandycz zutreffend festgestellt hat – eine »diplomatische Bombe«[154], als der tschechoslowakische Botschafter in Moskau, Fierlinger, Beneš darüber informierte, die Sowjetunion betrachte die polnisch-tschechoslowakischen Pläne nicht mit Wohlwollen. Gleichzeitig startete der sowjetische Botschafter in London, Bogomolov, eine merkwürdige »Untergrund-Kampagne«.[155] In einem Gespräch mit dem polnischen Minister Kajetan Morawski hatte Bogomolov Anfang März 1942 die polnisch-tschechoslowakischen Pläne scharf kritisiert. Unter den gegenwärtigen Umständen seien für die UdSSR nicht Pakte, sondern Tanks entscheidend. Auf keinen Fall dürften irgendwelche Arrange-

---

153 E. Táborský, ebenda, S. 387 f. Vgl. dazu auch P. S. Wandycz: Confederation, S. 69 f., 73–76.
154 P. S. Wandycz: Traditions, ebenda, S. 56. Vgl. dazu auch mit weiteren Nachweisen E. Táborský, ebenda, S. 388.
155 So E. Táborský, ebenda.

ments in Europa, vor allem nicht in Osteuropa, getroffen werden, von denen die Sowjetunion ausgeschlossen werden soll: Es werde eine Zeit kommen, sagte Bogomolov zu seinen polnischen Gesprächspartnern, in der Polen vor der Wahl zwischen »Rußland und Luxemburg«[156] stehen werde. Mit dieser ironischen Bemerkung wollte Bogomolov verdeutlichen, daß sich Polen eines Tages für den Westen oder den Osten werde entscheiden müssen. Zur gleichen Zeit begann auch die tschechoslowakische kommunistische Presse in London, die Konföderations-Pläne heftig zu attackieren.

Im Frühjahr 1942 nahmen die sowjetischen Einwände gegen die Pläne der polnischen und der tschechoslowakischen Exilregierung in London immer klarere Konturen an. Gleichzeitig vermochte Sikorski nicht zu erkennen, daß die Position Polens nicht nur gegenüber der UdSSR, sondern auch gegenüber den beiden anderen Partnern der »Anti-Hitler-Koalition« immer schwächer wurde, wenn sich auch Churchill noch Ende April 1942 in einem Gespräch mit Sikorski positiv über die Pläne, eine zentraleuropäische Föderation zu bilden, geäußert hat.[157]

Am 18. Mai 1942 nahm der tschechoslowakische Staatsrat einstimmig eine Resolution an, die davon ausging, daß der Einfluß der UdSSR in Zentral- und Osteuropa, »der unzweifelhaft vorteilhaft ist und die Existenz der kleinen demokratischen Staaten und Nationen garantieren wird«[158], sehr stark sein werde. Außerdem legte die Entschließung auf die Feststellung Wert, die Tschechoslowakei werde keine Annexionen anerkennen, die nach »München« vollzogen worden sind. Zu den sowjetisch-polnischen Problemen führte die Resolution aus, die Tschechoslowakische Republik, die die vitalen Interessen der polnischen Nation verstehe, respektiere zur gleichen Zeit die vitalen Interessen der UdSSR und müsse sich daher um die Realitäten kümmern, die die Sowjetunion als Grundlage ihrer Politik und Sicherheit betrachte.[159]

Auf polnischer Seite wurde diese harte und kompromißlose Stellungnahme als Anzeichen dafür gewertet, daß sich die Führung der ČSR den Standpunkt Moskaus in der Frage der sowjetisch-polnischen Beziehungen zu eigen und die Lösung des Streits um das Olsa-Gebiet als Bedingung für

---

156 Vgl. den Bericht über diese Unterhaltung vom 2. März 1942 in: Documents. Vol. I, Doc. No. 187, S. 285 f. (284). Vgl. dazu auch P. S. Wandycz: Traditions, S. 56.
157 Vgl. dazu den Bericht über die Unterhaltung vom 26. April 1942, in: Documents, ebenda, Doc. No. 211, S. 336-340 (339). Vgl. die weiteren Nachweise bei P. S. Wandycz, ebenda, S. 57 f.; ders.: Confederation, S. 77 f.
158 Zit. bei P. S. Wandycz: Confederation, ebenda, S. 78.
159 Vgl. dazu P. S. Wandycz, ebenda, S. 78 f.

jede weitere Diskussion über die künftigen Beziehungen zu Polen gemacht hätte. Trotz dieser unterschiedlichen Positionen bezeichneten beide Seiten in ihrer gemeinsamen Resolution vom 3. Juni 1942 die polnisch-tschechoslowakische Konföderation als das Hauptziel der Politik beider Regierungen; die Konföderation soll der »Kern einer Regionalorganisation« in Ostmitteleuropa werden.[160]

e) *Das sowjetische Veto gegen jegliche Konföderations-Pläne in Ostmitteleuropa (Sommer 1942)*

Angesichts des sich verschärfenden Drucks der UdSSR auf die tschechoslowakische Exilregierung und der kompromißlosen Haltung Beneš' in dem Grenzstreit mit Polen rückte die Bildung einer Konföderation zwischen Polen und der ČSR in immer weitere Ferne. Am 4. Juni 1942 traf der sowjetische Außenminister Molotov, der zuvor am 26. Mai den sowjetisch-britischen Bündnisvertrag unterzeichnet hatte, in London mit Beneš zusammen. Es war Molotov nicht gelungen, die britische Regierung dazu zu bewegen, in den bilateralen Vertrag auch Gebietsklauseln aufzunehmen; in diesem Zeitpunkt war die britische Führung nicht bereit, die Grenzen Rußlands von 1941 verbindlich anzuerkennen.[161]

In seinem Gespräch mit Beneš betonte der sowjetische Außenminister, die UdSSR habe keine Differenzen mit der Tschechoslowakei, wohl aber mit Polen. Er begehrte zu wissen, ob sich die tschechoslowakischen Exilpolitiker vergegenwärtigt hätten, daß mit dem Eintritt der ČSR in die Konföderation mit Polen der Eindruck entstehen könnte, sie hätten den polnischen Standpunkt akzeptiert und könnten damit zu »Feinden« der UdSSR werden. Beneš' Antwort fiel höchst überraschend aus. Er sagte, »daß alle von uns dieser Meinung seien und wir sie ganz frei auch den Polen gegenüber zum Ausdruck gebracht haben und bringen«. Die Polen, folgerte Beneš weiter, müßten sich zwischen Deutschland und Rußland entscheiden; sie könnten nicht beider Feinde bleiben. Er fügte hinzu, daß sich die Führung seines Landes nicht in die sowjetischen Differenzen mit Polen einmische, »wenn wir auch annehmen, daß wir aller Wahrschein-

---

160 Vgl. dazu P. S. Wandycz, ebenda, S. 79.
161 Dt. Text des Vertrags in: Europa-Archiv 1947, S. 1044 f. Die Präambel des Bündnispakts nahm auf die Atlantik-Charta vom 14. August 1941 Bezug. Vgl. dazu vor allem A. Uschakow: Erbe, S. 12 f.; I. Deutscher: Stalin, S. 504 f.; The Memoirs of Cordell Hull. Bd. II, S. 1165–1175; A. Hillgruber: Der Zweite Weltkrieg, S. 312; J. Ciechanowski: Vergeblicher Sieg, S. 112–115.

lichkeit nach Nachbarn der UdSSR werden«[162]. Eduard Táborský hat die Position Eduard Beneš' so umrissen: »Beneš felt that to buy Polish cooperation at the price of Russian enmity would be a very bad deal.«[163] Damit hatte sich der Chef der tschechoslowakischen Exilregierung klar auf die Seite der Sowjets gestellt und die polnischen Argumente verworfen, eine osteuropäische Föderation unabhängig von Deutschland und der UdSSR zu schaffen. Beneš' Hinweis auf die künftige Nachbarschaft seines Landes mit der UdSSR bedeutete, daß er die Annexion der ostpolnischen Gebiete durch die Sowjetunion anerkannt und sich damit in diametralem Gegensatz zu seiner Versicherung gegenüber Sikorski vom 5. Juni 1941 insofern gestellt hatte, als er keinesfalls die polnischen Aktionen oder Absichten irgendwo beeinträchtigen wolle.[164]

Am 16. Juli 1942 informierte der sowjetische Botschafter bei den alliierten Regierungen in London, Bogomolov, den Außenminister der tschechoslowakischen Exilregierung in London, Masaryk, dahingehend, die UdSSR erhebe endgültig gegen die polnisch-tschechoslowakischen Verhandlungen Einspruch. Diesen Standpunkt wiederholte Bogomolov wenige Tage später auch gegenüber Beneš, der schockiert und höchst überrascht war und nun endgültig einsehen mußte, daß seine Versuche, die UdSSR umzustimmen, erfolglos geblieben waren. Gegenüber den Äußerungen Molotovs vom 4. Juni 1942 bedeutete die kompromißlose Position der UdSSR einen – wie Eduard Táborský betont hat – »plötzlichen Meinungsumschwung«[165]; Piotr S. Wandycz spricht von einem »brutalen Veto«[166]. Molotov machte nun geltend, die Sicherheit der Tschechoslowakei hänge nicht von einer Union mit Polen ab. Deutschland werde geschlagen, so daß es sich nicht wieder erheben könne: »Sollte Deutschland dies doch tun, dann kann auch eine Allianz mit Polen die ČSR nicht retten. Die UdSSR, die Ihr Nachbar sein wird, wird Ihnen alle Hilfe geben, die Sie benötigen.«

Táborský und Wandycz haben beide über die möglichen Motive der sowjetischen Intervention gegenüber jeder polnisch-tschechoslowakischen Kooperation spekuliert, ohne zu klaren und eindeutigen Ergebnissen gelangt zu sein. Soviel steht fest: Auch wenn die sowjetische Führung im

---

162 Vgl. dazu im einzelnen und mit Nachweisen P. S. Wandycz: Confederation, S. 80 f.; ders.: Traditions, S. 58 f.; E. Táborský: Confederation, S. 388–391.
163 E. Táborský, ebenda, S. 392.
164 Vgl. dazu P. S. Wandycz: Confederation, S. 81; ders.: Traditions, S. 58 f. (59); E. Táborský, ebenda. S. 390.
165 E. Táborský, ebenda, S. 391.
166 P. S. Wandycz: Confederation, S. 81 f. (82); ders.: Traditions, S. 58 f.

Sommer 1942 noch kein klar umrissenes Konzept für die Neugestaltung Europas nach der militärischen Niederringung Deutschlands besaß, unterband sie jegliche Form einer forcierten Zusammenarbeit zwischen Polen und der Tschechoslowakei. Stalin ging es darum, von vornherein Entwicklungen im polnisch-tschechoslowakischen Verhältnis auszuschließen, die seinen späteren Plänen und Absichten hätten zuwiderlaufen können.
Um ein totales Scheitern der gemeinsamen Pläne zu vermeiden, trafen sich Sikorski und Beneš noch einmal am 17. August 1942. Während Beneš vorschlug, die geplante Zusammenarbeit beider Länder mit den Regierungen Großbritanniens, der USA und der UdSSR zu diskutieren, setzte sich Sikorski dafür ein, die Großmächte mit einem fait accompli zu konfrontieren: Er schlug vor, die Tschechoslowakei und Polen sollten sofort den Akt der Konföderation vollziehen. Ein solcher Schritt würde die beiden Westmächte in die Lage versetzen, die Sowjetunion davon zu überzeugen, der Errichtung einer Konföderation zuzustimmen. Am 24. September 1942 übersandte das polnische Außenministerium ein Memorandum an den Außenminister der Tschechoslowakei, Jan Masaryk, in dem es den Vorschlag Sikorskis wiederholte. Beneš lehnte das Ansinnen aus mehreren Gründen ab. Einmal fürchtete er das erneute Veto der UdSSR. Zum anderen hatte sich die internationale Position der Tschechoslowakei im Laufe des Sommers 1942 wesentlich verbessert. So hatte der sowjetische Außenminister Molotov Beneš inzwischen versichert, die Sowjetunion anerkenne die Grenzen der Tschechoslowakei, wie sie vor dem Abschluß des Münchener Abkommens vom 29. September 1938 bestanden haben. Außenminister Eden erklärte zur gleichen Zeit vor dem britischen Unterhaus, daß seine Regierung das Münchener Abkommen als nichtexistent betrachte.[167]
Obwohl sich Beneš der Bedeutung der geplanten Kooperation seines Landes mit Polen im klaren war, gewann er nun zunehmend das Gefühl, die Tschechoslowakei könne eine wichtige internationale Rolle auch in Zukunft allein spielen. Schließlich konnte er davon ausgehen, daß Polen auch jetzt aufgrund seiner immer schwächer werdenden internationalen Position nicht bereit gewesen wäre, das Olsa-Gebiet der Tschechoslowakei zu übergeben. Unter diesen Umständen hatten die polnischen Vorschläge keine Chance, von der tschechoslowakischen Seite akzeptiert zu werden: Beneš und Sikorski waren nun – wie Piotr S. Wandycz mit Recht ausführt – Meilen voneinander entfernt.[168]

---

167 Vgl. dazu im einzelnen P. S. Wandycz: Confederation, S. 82–85.
168 P. S. Wandycz, ebenda, S. 85.

In seiner Rede vor dem Tschechoslowakischen Staatsrat vom 12. November 1942 begrub Eduard Beneš endgültig die Konföderations-Pläne mit Polen. Die Konföderations-Idee sei zu Beginn des Zweiten Weltkriegs entwickelt worden, als die Sowjetunion noch nicht in die Pläne einbezogen werden mußte. Inzwischen sei die Schaffung einer Konföderation nicht allein ein Problem der beiden betroffenen Staaten, da es Europa als solches und vor allem bestimmte Großmächte angehe: »Insoweit sie unsere Alliierten im gegenwärtigen Krieg sind, wäre es weder möglich noch freundlich von uns, diese wichtigen Fragen unter uns zu regeln und sie als eine Art fait accompli den Alliierten zu präsentieren.«[169]
Um die polnische Seite nicht völlig vor den Kopf zu stoßen, schlug Masaryk am 20. November 1942 den Abschluß einer auf 20 Jahre gerichteten Allianz der Tschechoslowakei und Polen vor. Die polnische Exilregierung akzeptierte den Vorschlag, auch wenn er weit weniger als das ursprüngliche Konföderations-Konzept bedeutete. Während Masaryk auf die Unterzeichnung des Pakts drängte, zögerte Beneš und erlaubte es damit den Sowjets, das Vorhaben zu Fall zu bringen. Zuvor jedoch machte der Chef der polnischen Exilregierung, Sikorski, Anfang Dezember 1942 seinen dritten und letzten Besuch bei Präsident Franklin D. Roosevelt in Washington. Die Reise stand im Zeichen der sich zunehmend verschlechternden Beziehungen Polens zur Sowjetunion und in der Hoffnung, die USA von einer föderalistischen Lösung in Ostmitteleuropa zu überzeugen. Da die amerikanische Administration höchsten Respekt vor den Kriegsanstrengungen der UdSSR hatte und geradezu von einer »pro-russischen Psychose«[170] befallen war, war Sikorskis Versuch, der amerikanischen Führung den engen Zusammenhang zwischen der »polnischen Frage« und der Zukunft Ostmitteleuropas darzulegen, von vornherein zum Scheitern verurteilt.
In seinem Memorandum, das Sikorski am 7. Dezember 1942 dem Unterstaatssekretär im Außenministerium der USA, Sumner Welles, überreicht hatte, führte er aus, die Ersetzung der deutschen Vorherrschaft durch eine sowjetische bedeute keine Lösung. Wenn man der UdSSR die Führung in diesem Teil Europas überlasse, wäre das mit einer Verletzung der Unabhängigkeit dieser Staaten verbunden. Die einzige reale Lösung läge darin, in Osteuropa eine »föderale Union« oder zwei miteinander zusammenar-

---

169 Zit. bei P. S. Wandycz, ebenda, S. 85. Vgl. dazu auch E. Beneš: Memoirs, S. 239–243.
170 So J. Ciechanowski, der damals sein Land als Botschafter in den USA vertrat, in: Vergeblicher Sieg, S. 129–137 (136). Vgl. dazu auch P. S. Wandycz, ebenda, S. 86.

beitende Unionen zu schaffen. Sikorski nannte die Tschechoslowakei, Polen, Litauen, Ungarn und Rumänien als mögliche Mitglieder der einen, Jugoslawien, Griechenland, Bulgarien, Albanien und möglicherweise die Türkei als Partner der anderen Union. Dieser »Block«, der keineswegs gegen die Sowjetunion gerichtet wäre, würde ihr gerade als natürlicher Schild gegen eine mögliche Wiederkehr einer deutschen Aggression dienen.[171]

Das Memorandum Sikorskis löste in Washington keinerlei Reaktionen aus. Die amerikanische Diplomatie war so sehr auf die militärische Kooperation mit der UdSSR fixiert, daß ihr die Vorstellungen der polnischen Exilregierung nicht ins Konzept paßten. Für Sikorski war es darüber hinaus besonders bitter, daß auch die politische Führung der ČSR im Londoner Exil inzwischen ganz andere Vorstellungen entwickelt hatte. Beneš war inzwischen zu der Überzeugung gelangt, eine tschechoslowakisch-polnische Kooperation sei nur in der direkten Annäherung an die UdSSR in die Wege zu leiten.

Damit zog Beneš die Schlußfolgerung aus dem Gespräch, in dem ihm Bogomolov am 28. Januar 1943 unmißerständlich erklärt hatte, eine »tschechoslowakisch-polnische Allianz« sei für die UdSSR »völlig unannehmbar«. Bereits zwei Tage vorher, am 26. Januar 1943, hatte Beneš die polnische Seite darüber informiert, daß die Sowjetunion keinen Unterschied zwischen einer Konföderation und Allianz sehe und gegen beide Formen der Kooperation sei.[172] Damit waren die polnisch-tschechoslowakischen Verhandlungen in eine ausweglose Situation geraten.

Um die Bedenken der UdSSR, eine Konföderation oder Allianz zwischen Polen und der Tschechoslowakei könnte gegen sie gerichtet sein, zu zerstreuen, zog Beneš nun ein Bündnis beider Staaten mit der UdSSR in Erwägung und meinte, beide Länder seien dann besser in der Lage, ihre Unabhängigkeit zu bewahren. Nachdem Beneš den Abschluß eines Allianzvertrags zwischen der UdSSR, der Tschechoslowakei und Polen vorgeschlagen hatte, war endgültig klargestellt, daß er keine Möglichkeit mehr sah, eine ostmitteleuropäische Konföderation zu schaffen. Mit dem ursprünglichen Konföderations-Konzept war Beneš' Vorschlag des Dreierbundes unter Einbeziehung der Sowjetunion völlig unvereinbar. Angesichts dieser

---

171 Vgl. dazu P. S. Wandycz: Confederation, S. 87; ders.: Traditions, S. 61 f. Vgl. dazu S. Welles' Memorandum über die Besprechungen mit Sikorski und dem polnischen Botschafter in Washington, J. Ciechanowski, in: FRUS 1943. Vol. III, S. 314–318.
172 Vgl. dazu im einzelnen P. S. Wandycz: Confederation, S. 86; ders.: Traditions, S. 61–63; E. Táborský: Confederation, S. 393.

unüberbrückbaren Differenzen sandte die polnische Regierung der Führung der ČSR am 20. März 1943 eine Note, in der sie in detaillierter Form nachzuweisen suchte, die tschechoslowakische Exilregierung trage allein die Schuld am Scheitern der Konföderations-Pläne.[173] Gut einen Monat später, am 25. April 1943, brach die UdSSR die diplomatischen Beziehungen zur polnischen Exilregierung in London ab.[174]

3. *Der Beginn der sowjetischen Bündnispolitik in Ostmitteleuropa (1943)*

a) *Der Abbruch der diplomatischen Beziehungen der UdSSR zur polnischen Exilregierung in London (April 1943)*

Als der sowjetische Botschafter bei den alliierten Regierungen in London, Alexandr Bogomolov, am 28. Januar 1943 gegenüber Beneš erklärte, eine Allianz zwischen Polen und der ČSR sei für die UdSSR völlig unannehmbar, hatte die sowjetische Regierung bereits die Politik eingeleitet, die im April 1943 zum Abbruch der diplomatischen Beziehungen zur polnischen Exilregierung in London führte. In westlichen Darstellungen der sowjetisch-polnischen Beziehungen in der Zeit von Januar bis April 1943 ist zu wenig beachtet worden, daß im Mittelpunkt einer heftigen diplomatischen Auseinandersetzung der Status der ostpolnischen Gebiete stand, die Stalin aufgrund der Abmachungen mit Hitler vom 23. August und 28. September 1939 der UdSSR einverleibt hatte. In einer äußerst scharf formulierten Note an die polnische Botschaft in Moskau vom 16. Januar 1943 teilte das sowjetische Außenministerium mit, die UdSSR behandle nunmehr die Einwohner der im November 1939 der Sowjetunion eingegliederten Gebiete Ostpolens als sowjetische Staatsbürger; der polnischen Regierung wurde vorgeworfen, sie habe sich geweigert, die souveränen Rechte der UdSSR über diese Gebiete anzuerkennen.[175] In ihrer Antwortnote vom 26. Januar 1943 protestierte die polnische Regierung in scharfer

---

173 Vgl. dazu P. S. Wandycz: Confederation, S. 90–92; ders.: Traditions, S. 64 f.
174 Vgl. dazu unten S. 64.
175 Engl. Text der Note in: Documents. Vol. I, Doc. No. 285, S. 473 f. Vgl. zur Gesamtproblematik der Ostgrenze Polens vor allem A. Uschakow: Gebietsveränderungen, S. 113–122 (116 f.).

Form gegen die Maßnahmen der UdSSR und teilte mit, sie könne diesen ungesetzlichen Beschluß unter keinen Umständen anerkennen; sie verlangte, daß die Sowjetunion ihren einseitigen Beschluß rückgängig mache.[176] Darauf antwortete die UdSSR am 17. Februar 1943, die von ihr eingeleiteten Maßnahmen lägen allein in ihrer Souveränität über diese Gebiete.[177] In ihrer Erklärung vom 25. Februar 1943, in der die polnische Regierung an den sowjetisch-polnischen Vertrag vom 30. Juli 1941 erinnerte, betonte sie, sie repräsentiere Polen in den Grenzen, wie sie vor dem 1. September 1939 – also vor dem Einmarsch der deutschen Wehrmacht – bestanden haben. Außerdem machte die polnische Regierung geltend, sie befinde sich in Übereinstimmung mit der Atlantik-Charta vom 14. August 1941.[178]

Daß Stalin nicht bereit war, seine aus der »imperialistischen Partnerschaft« mit Hitler erlangte Beute der polnischen Regierung wieder herauszugeben, verdeutlichte die sowjetische Regierung in der Erklärung der Nachrichtenagentur TASS vom 1. März 1943. Darin wies sie die polnische Argumentation brüsk mit dem Hinweis zurück, die polnische Regierung weigere sich, die historischen Rechte der Ukrainer und der Weißrussen anzuerkennen, in Nationalstaaten vereinigt zu leben. Die Berufung der polnischen Regierung auf die Atlantik-Charta sei ohne jede Begründung.[179]

Die harte und kompromißlose Haltung der sowjetischen Führung gegenüber der polnischen Exilregierung in London offenbarte, wie sehr Stalin entschlossen war, seine Vorstellungen von einer territorialen Neuordnung in Ostmitteleuropa durchzusetzen. Auch jetzt hatte er keine Skrupel, die durch das schamlose Komplott mit Hitler vollzogene »vierte Teilung Polens« rückgängig zu machen. Doch beschränkte er sich nicht darauf, »die große Gelegenheit, die ihm Hitler zuerst als Verbündeter und dann als Angreifer gab, nach Kräften zur Vergrößerung seines Sowjetimperiums auszunutzen«[180]: Stalins Pläne und Absichten gingen sehr viel weiter.

Da Stalin wußte, daß sich die polnische Exilregierung mit der Annexion Ostpolens durch die UdSSR niemals abfinden würde, ging sein Interesse dahin, die Rückkehr dieser Regierung nach Polen zu verhindern. Hinzu kommt, daß auch die sonstigen politischen Vorstellungen der polnischen

---

176 Engl. Text, ebenda, Doc. No. 286, S. 474–476.
177 Engl. Text, ebenda, Doc. No. 290, S. 482 f.
178 Engl. Text, ebenda, Doc. No. 294, S. 488 f.
179 Engl. Text, ebenda, Doc. No. 296, S. 501 f.
180 So G. Stökl: Sowjetrußland, S. 60.

Exilpolitiker in London bei Stalin, der sich nun auch immer stärker mit den künftigen inneren Verhältnissen Polens befaßte, auf wenig Gegenliebe stießen. Die ohnehin gespannten Beziehungen zwischen der sowjetischen Führung und der polnischen Exilregierung wurden wesentlich verschärft, als der deutsche Rundfunk am 13. April 1943 meldete, daß man bei Katyn, in der Nähe von Smolensk, ein Massengrab polnischer Offiziere entdeckt habe, die vom sowjetischen Geheimdienst im Frühjahr 1940 ermordet worden seien. Als daraufhin die polnische Exilregierung eine Untersuchung durch das Internationale Rote Kreuz forderte, nahm dies Stalin zum Anlaß, am 25. April 1943 die diplomatischen Beziehungen zu ihr in London abzubrechen.[181] Von nun an hatte Stalin freie Hand, das künftige Polen nach seinen Vorstellungen zu gestalten, da er jetzt nur noch mit den polnischen Kommunisten zusammenzuarbeiten bereit war.[182]

Wie sehr Stalin entschlossen war, in Zukunft nicht mehr mit der polnischen Exilregierung zu kooperieren, zeigt die Tatsache, daß er die in einem konzilianten Ton gehaltene Note der polnischen Exilregierung vom 28. April 1943 gar nicht mehr beantworten ließ.[183] Die Sowjetunion hatte längst einen anderen Weg eingeschlagen und dafür Sorge getragen, daß ihre politischen Vorstellungen von adäquaten polnischen Politikern in Zukunft verwirklicht werden. Am 8. Mai 1943 wurde offiziell die Gründung eines »Verbandes Polnischer Patrioten« bekanntgegeben, der bereits am 9./10. Juni in Moskau seinen ersten Kongreß abhielt.[184] Die weitere Entwicklung sollte schnell zeigen, daß der »Verband Polnischer Patrioten« den Kern einer kommunistischen polnischen Regierung bilden sollte. Die

---

181 Engl. Text der Note der sowjetischen Regierung vom 25. April 1943 in: Documents. Vol. I, Doc. No. 313, S. 533 f.
182 Über diese Vorgänge, die nie ganz aufgeklärt worden sind, und die weitreichenden diplomatischen Folgen liegt eine umfangreiche Literatur vor. Vgl. dazu aus polnischer Sicht vor allem St. Mikolajczik: The Rape of Poland, S. 28–43; J. Ciechanowski: Vergeblicher Sieg, S. 162–165; E. J. Rozek: Diplomacy, S. 115–128. Vgl. außerdem A. Toynbee und V. M. Toynbee (Ed.): Survey 1939–1946, S. 138–144; G. Rhode: Entwicklung Polens, S. 200; ders.: Polen, S. 1030 f.; I. Deutscher: Stalin, S. 526 f.; A. Hillgruber: Der Zweite Weltkrieg, S. 286, 311; A. Luczak-Wild: Vierzig Jahre nach den Morden von Katyn. In: Neue Zürcher Zeitung, Fernausgabe Nr. 82 vom 10. April 1980. Sehr instruktiv dazu auch V. Mastny: Weg, S. 38 f., 95–97 (95): »Das Thema Katyn ist in der Sowjetunion und in den von ihr abhängigen Ländern heute noch tabu«; ders.: Stalin, S. 1374 f.; G. Stökl: Sowjetrußland, S. 61 f.; P. Raina: Gomulka, S. 32 f.; A. Uschakow: Bündnisvertrag, S. 284 f.
183 Engl. Text in: Documents. Vol. I, Doc. No. 318, S. 537 f.
184 Vgl. dazu die detaillierte und instruktive Analyse P. Rainas: Gomulka, S. 19–33; G. Rhode: Entwicklung Polens, S. 196–202.

nach dem tödlichen Flugzeugabsturz Sikorskis (4. Juli 1943) neugebildete Exilregierung unter Stanislav Mikolajczyk bemühte sich – ebenso wie Sikorski zuvor – mit Hilfe der britischen und amerikanischen Regierung vergeblich, die Kontakte zur Sowjetunion wieder anzuknüpfen.[185]

b) *Sowjetische Schachzüge auf den Konferenzen von Moskau und Teheran (Herbst 1943)*

Mit der Umzingelung der deutschen Armee in Stalingrad Anfang November 1942 und dem für die Deutschen vernichtenden Ausgang der Schlacht war der militärische Umschwung zu Gunsten der UdSSR endgültig entschieden.[186] Nun stand es auch für die USA und Großbritannien endgültig außer Zweifel, daß die UdSSR nach der militärischen Niederringung Deutschlands ein gehöriges Wort in Europa mitsprechen werde. Auf diese Situation stellten sich die beiden Partner der »Anti-Hitler-Koalition« im Laufe des Jahres 1943 immer stärker ein. Als Roosevelt und Churchill vom 14. bis zum 24. August 1943 in Quebec zusammentrafen, um die weitere militärische Planung gegen Deutschland und Japan zu erörtern, legte der engste Berater des amerikanischen Präsidenten, Harry Hopkins, ein Gutachten mit dem Titel »Rußlands Lage« vor. Darin hieß es:
»Da Rußland im Kriege den entscheidenden Faktor darstellt, muß es jeglichen Beistand erhalten, und alles muß aufgeboten werden, es zum Freunde zu gewinnen. Da es nach der Niederlage der Achse ohne Frage die Vorherrschaft in Europa haben wird, ist die Entwicklung und Aufrechterhaltung der freundschaftlichen Beziehungen zu Rußland um so wichtiger.«[187]
Aufgrund dieser nur allzu berechtigten Annahme wuchs bei den beiden angelsächsischen Mächten die Überzeugung, der UdSSR gegenüber Konzessionen zu machen, die bis zur Einräumung einer sowjetischen Einflußsphäre in Nachkriegseuropa reichten. Aufschlußreiche Erläuterungen über die sowjetische Europa-Politik gab der frühere sowjetische Botschafter in London, Ivan M. Maiskij, der Mitte August 1943 zum stellvertre-

---

185 Vgl. dazu G. Rhode, ebenda, S. 202 f.; P. Raina, ebenda, S. 33–36.
186 Vgl. dazu vor allem H.-A. Jacobsen: Zur Schlacht von Stalingrad; K.-H. Ruffmann: Gewicht, S. 17.
187 Text bei R. E. Sherwood: Roosevelt und Hopkins, S. 612. Vgl. dazu auch V. Mastny: Stalin, S. 1386.

tenden sowjetischen Außenminister ernannt worden war[188], gegenüber dem britischen Außenminister Eden. Maiskij verdeutlichte darin, welche Erwartungen die sowjetische Führung an die Moskauer Konferenz der Außenminister der USA, Großbritanniens und der UdSSR im Oktober 1943 knüpfte.

Maiskij signalisierte die sowjetische Bereitschaft, »auf der Moskauer Konferenz auch gewisse prinzipielle Fragen der europäischen Nachkriegsordnung zu diskutieren oder gar zu regeln. Maiskij lüftete nämlich mit überraschender Offenheit und unter ausdrücklichem Hinweis auf die Bedeutung der Entscheidungen des bevorstehenden Ministertreffens gerade für die Probleme der Nachkriegszeit den Schleier, der über den Zielvorstellungen der sowjetischen Politik lag.«[189]

Maiskijs Darlegungen hat Anthony Eden in seinen »Memoiren« festgehalten: »Nach dem Kriege könnte jeder von uns eine Einflußsphäre in Europa haben – die UdSSR im Osten, Großbritannien und die USA im Westen. Er, Maiskij, glaube zwar nicht, daß dies ein guter Plan sei, denn mit seiner Hilfe könnten die beiden angelsächsischen Mächte die Russen aus französischen Angelegenheiten und aus dem Mittelmeerraum heraushalten, und die Sowjetunion werde die gleiche Freiheit im Osten fordern. Wenn jedoch – was die sowjetische Regierung vorziehen würde – wir alle Europa als Ganzes akzeptieren, dann müssen wir ›das Recht eines jeden auf Interessen in allen Teilen des Kontinents hinnehmen‹.«[190]

Über Maiskijs Angebot wurde nicht diskutiert. Der britische Außenminister legte lediglich Wert auf die Feststellung – wie aus seinen »Memoiren« hervorgeht –, daß seine Regierung unzweifelhaft die zweite Möglichkeit vorziehen würde: also keine Aufteilung Europas in Interessensphären, sondern das Recht jeder der drei Großmächte auf Interessen in allen Teilen des europäischen Kontinents. Im übrigen verwies Eden auf die bevorstehende Konferenz der Außenminister, die diese Ansicht mit den entsprechenden Worten formulieren sollte.[191] Alexander Fischer deutet diese Vorgänge so:

»So läßt sich nicht sagen, ob Maiskijs Angebot ein letzter Versuch der Moskauer Diplomatie gewesen ist, dem nach einem absehbaren siegreichen Ende des Krieges einzigen europäischen Partner von Rang vor dem Beginn einer Reihe von interalliierten Verhandlungsrunden rasch noch für

---

188 Vgl. dazu I. M. Maiski: Memoiren eines sowjetischen Botschafters, S. 825–830.
189 So A. Fischer: Deutschlandpolitik, S. 62 f.
190 Vgl. Eden: Memoirs, S. 404 f.; zit. auch bei A. Fischer, ebenda, S. 63 mit Anm. 29.
191 Vgl. Eden: Memoirs, ebenda.

eine Absprache über die Prinzipien der europäischen Nachkriegsordnung zu gewinnen, die der Sowjetunion entweder eine osteuropäische Einflußsphäre sicherten oder ihr gar die Wahrnehmung eigener Interessen in ganz Europa zugestanden. Es ist auch nicht bekannt, ob Edens ablehnende Haltung gegenüber sogenannten Einflußsphären in Moskau als Mißachtung berechtigter sowjetischer Sicherheitsinteressen interpretiert wurde.«[192]
Die Moskauer Konferenz der Außenminister der »Anti-Hitler-Koalition« vom 18. Oktober bis zum 1. November 1943 brachte wichtige Vorentscheidungen für das künftige Schicksal der Tschechoslowakei[193] und der später in den sowjetischen Machtbereich einbezogenen Staaten Südosteuropas[194]; ausführlich wurde auf der Moskauer Konferenz auch die »deutsche Frage« diskutiert.[195] Im Hinblick auf Polen verdeutlichte Molotov seinen beiden westlichen Kollegen unmißverständlich, wie sehr die UdSSR ihre Beziehungen zu ihrem westlichen Nachbarn vornehmlich als eine bilaterale Angelegenheit betrachtete. Der sowjetische Außenminister ließ keinen Zweifel daran, daß seine Regierung für die »Unabhängigkeit Polens« eintrete: Jedoch müßte sichergestellt werden, daß die polnische Regierung »freundliche Gefühle« gegenüber der Sowjetunion empfinde; dies sei genau das Element, an dem es die derzeitige Regierung fehlen lasse.[196] Molotovs Darlegungen bedeuteten das, was die sowjetische Führung später mit dem Attribut »sowjet-freundlich« apostrophiert hat.
Noch unter einem weiteren Aspekt verdient die Moskauer Konferenz der drei Außenminister Beachtung: Vergleicht man die Aussagen Molotovs mit jenen, die Maiskij kurz zuvor gegenüber Eden gemacht hatte, dann suchte auch der sowjetische Außenminister zumindest herauszufinden, wie die beiden angelsächsischen Mächte über die Möglichkeit dachten, in Europa Einflußsphären zu schaffen. Auf ihrer Sitzung vom 26. Oktober 1943 diskutierten Anthony Eden, Cordell Hull und Molotov nur sehr kurz diese Problematik. Der amerikanische Außenminister legte großen Wert auf die Feststellung, seine Regierung hoffe, daß die Konferenz keine Entscheidung treffe, die die Schaffung »separater Zonen der Verantwortlich-

---

192 A. Fischer: Deutschlandpolitik, S. 63.
193 Vgl. dazu ausführlicher unten S. 77–79.
194 Vgl. dazu unten S. 125 f.
195 Vgl. dazu unten S. 189.
196 Text der Erklärung Molotows in: FRUS: Diplomatic Papers 1943. Vol. I, S. 667. Vgl. dazu auch G. Rhode: Entwicklung Polens, S. 203; A. Hillgruber: Der Zweite Weltkrieg, S. 313 f.; I. Deutscher: Stalin, S. 527 f.

keit« begünstigen könnte. Molotov führte dazu aus, es bestehe kein Grund zu meinen, die sowjetische Regierung sei an getrennten Zonen oder Einflußsphären interessiert; er könne garantieren, daß seine Regierung keine Neigung habe, »Europa in solche separate Zonen« einzuteilen. Auch Außenminister Eden äußerte sich in gleicher Weise.[197]
Anschließend verdeutlichte Molotov in sehr geschickter Weise, warum die sowjetische Regierung die Errichtung von Föderationen in Ostmittel- und Südosteuropa ablehne. Er meinte, daß es auch nicht im Interesse der kleinen Länder läge, zu diesem Zeitpunkt bereits darüber endgültige Entscheidungen zu fällen. Es komme darauf an, die Problematik später im Lichte der Nachkriegs-Erfahrungen und unter den dann herrschenden Bedingungen zu prüfen. In einem zusätzlichen gesonderten Papier wies Molotov darauf hin, daß manche Föderations-Pläne die sowjetischen Menschen an die Politik des »Cordon sanitaire« erinnerten, die – bekanntlich – gegen die UdSSR gerichtet gewesen seien und daher abgelehnt werden müßten.[198]
Anthony Eden sagte, es sei nicht notwendig festzustellen, daß die britische Regierung nicht daran interessiert ist, einen »Cordon sanitaire« gegen die UdSSR zu schaffen; seine Regierung sei aber sehr daran interessiert, einen »Cordon sanitaire« gegen Deutschland zu errichten.[199]
Aus den »Memoiren« des amerikanischen Außenministers Cordell Hull geht hervor, daß die amerikanische Regierung auch jegliche Konföderations-Pläne abgelehnt hat. Die amerikanische Regierung befürchtete, die Schaffung von Einflußsphären und Konföderationen in Europa könnte die gemeinsame Verantwortung der »Anti-Hitler-Koalition« beeinträchtigen.[200] Hull berief sich ausdrücklich auf die Sitzung der Außenminister in Moskau vom 26. Oktober 1943 und betonte, Anthony Eden habe die Frage der Konföderation der kleineren europäischen Nationen unter besonderer Berücksichtigung der Donau-Ära aufgeworfen. Cordell Hulls »Memoiren« verdeutlichen, daß die amerikanische Regierung – im Gegensatz zur britischen – die Problematik von »Einflußzonen«, »separater Zonen der Verantwortung« und der Konföderation viel zu wenig differenziert behandelt hat. Dem sowjetischen Außenminister darf man bescheinigen, daß die UdSSR auch in diesen Fragen zu diesem Zeitpunkt geschickt und flexibel vorgegangen ist. Stalin durfte mit dem Verlauf der Moskauer

---

197 Vgl. FRUS, ebenda, S. 638 f. Vgl. dazu auch »The Memoirs of Cordell Hull«. Vol. II, S. 1298; I. Deutscher: Stalin, S. 527.
198 Vgl. FRUS, ebenda, S. 639, 762 f.
199 Vgl. FRUS, ebenda, S. 639.
200 Vgl. »The Memoirs of Cordell Hull«, S. 1298.

Konferenz auch deshalb zufrieden sein, da sie seine Politik gegenüber der tschechoslowakischen Führung weitgehend sanktioniert hat[201]; auch die in Moskau gefaßten Beschlüsse in der »deutschen Frage« entsprachen weitgehend den sowjetischen Vorstellungen.[202]
So hat Außenminister Molotov das Terrain für Stalin auf der wenige Wochen später beginnenden ersten Konferenz der »Großen Drei« gut vorbereitet. Stalin durfte die Konferenz in Teheran vom 28. November bis zum 1. Dezember 1943 als einen großen Erfolg verbuchen, da ihm Roosevelt und Churchill den klaren Eindruck – »klarer, als er es wahrscheinlich erwartet hatte«[203] – vermittelten, daß sie die sowjetische Handlungsfreiheit im ostmitteleuropäischen Raum nicht einschränken würden.
In Teheran kam es Stalin vor allem darauf an, in der »polnischen Frage« die beiden angelsächsischen Staatsmänner für seine Ansicht zu gewinnen, daß Polen für die Gebietsverluste aufgrund der »Westausdehnung« der UdSSR mit einem Gebietszuwachs im Westen entschädigt werden sollte. Über die »polnische Frage« wurde in Teheran zweimal ausführlich diskutiert, ohne eine Vertretung Polens hinzuzuziehen: im Rahmen des Abendessens am 28. November und während des zweiten Teils der Vierten Vollsitzung am 1. Dezember 1943.
Trotz der amerikanischen und sowjetischen Akten-Publikationen ist es äußerst mühsam, sich ein möglichst umfassendes und vollständiges Bild über den Verlauf der ersten Konferenz der »Großen Drei« zu machen: Während die sowjetische Edition über das »Dinner Meeting« vom 28. November gar nichts berichtet, da sie sich auf die Wiedergabe von Protokollen der Vollsitzungen beschränkt, ist die amerikanische Dokumentation hier sehr unvollständig. Ein besonderes Lob gebührt der Schilderung Winston Churchills, der wichtige und für das Verständnis der Stalinschen Polen-Politik besonders wertvolle Zitate wörtlich »überliefert« hat. Warum die amerikanischen Teheran-Papers gerade in diesem wichtigen Punkt so verkürzt berichten, bleibt unerklärlich.
Nach der amerikanischen Dokumentation und der Schilderung Churchills bezeichnete der britische Premierminister eine gesicherte sowjetische Westgrenze als einen entscheidenden Faktor; doch sei er bezüglich der sowjetisch-polnischen Grenze keine Verpflichtungen eingegangen.[204]

---

201 Vgl. dazu unten S. 77–79.
202 Vgl. dazu unten S. 189.
203 So zutreffend V. Mastny: Stalin, S. 1388.
204 Vgl. FRUS: Diplomatic Papers: Cairo and Tehran, S. 512; W. S. Churchill: Der Zweite Weltkrieg. Bd. V/2, S. 49. Vgl. dazu vor allem E. J. Rozek: Diplomacy, S. 159–163.

In der amerikanischen Publikation heißt es dazu, Churchill habe sich für die Wiederherstellung eines »unabhängigen und starken Polens« eingesetzt; Churchill beschränkte sich in seiner eigenen Darstellung auf die Feststellung, Polen müsse auf alle Fälle stark sein. Beide Versionen geben übereinstimmend Churchills Formulierung wieder, Polen bilde eine im europäischen Konzert nötige Stimme.[205]
Nur bei Churchill findet sich Stalins Antwort, die Polen seien »ein Volk mit eigener Sprache und Kultur, das nicht ausgerottet werden könne. Es müsse bestehen bleiben«[206]. Sodann wies Churchill – wenn man seiner eigenen Darstellung folgt, von der die amerikanische Edition nichts berichtet – darauf hin, er habe keine Vollmacht vom Parlament – »und meines Wissens hat auch Präsident Roosevelt keine« – irgendwelche Grenzlinien zu vereinbaren: »Doch könnten hier in Teheran die drei Regierungschefs im gegenseitigen Einvernehmen versuchen, eine Grundlage zu finden, die wir dann den Polen vorlegen und zur Annahme empfehlen können.«
In der Sitzung vom 28. November 1943 meinte Stalin, Polen bis zur Oder auszudehnen; er fügte hinzu, die Sowjets würden den Polen helfen, eine Grenze an der Oder zu erhalten.[207] Eden fragte Stalin, ob er ihn zuvor richtig verstanden habe, die UdSSR trete für die polnische Westgrenze an der Oder ein.[208] Nur in Churchills Darlegungen wird dem britischen Außenminister noch die Bemerkung zugeschrieben, »dieser Gedanke scheine ihm aussichtsreich und habe ihn sehr ermutigt[209]«. Was sodann Churchill über Stalins Antwort berichtet hat – die amerikanische Akten-Edition schweigt sich hier wiederum fast vollständig aus –, ist höchst bemerkenswert:
»Stalin fragte, ob wir gedacht hätten, daß er Polen schlucken wolle. Eden erwiderte, wir wüßten nicht, was Rußland alles zu verspeisen gedenke. Wieviel würde es unverspeist lassen? Stalin erklärte, die Russen wollten nichts, was anderen Völkern gehöre, nur aus Deutschland würden sie sich vielleicht auch einen Brocken herausschneiden. Eden meinte, was Polen im Osten verliere, könnte es im Westen gewinnen. Stalin erwiderte, das sei möglich; er wisse es aber nicht. Ich demonstrierte dann mit Hilfe drei-

---

205 Vgl. ebenda.
206 Vgl. W. S. Churchill, ebenda.
207 Text in FRUS: Cairo and Tehran, S. 510.
208 Text, ebenda, S. 512. Diese Aussage bestätigt R. E. Sherwood in: Roosevelt and Hopkins, S. 638. Vgl. dazu auch B. Meissner: Stalin und die Oder-Neiße-Linie, S. 4; A. Uschakow: Erbe, S. 25.
209 Vgl. W. S. Churchill: Der Zweite Weltkrieg. Bd. V/2. Buch, S. 50.

er Streichhölzer meine Gedanken über eine Westverlagerung Polens. Das gefiel Stalin . . .«[210]
Es sollte nicht übersehen werden, daß sich die amerikanische Delegation an dieser wichtigen Diskussion nicht beteiligt hat. Auf ihrer Vierten Vollsitzung am 1. Dezember 1943 haben dann die »Großen Drei« nochmals die »polnische Frage« erörtert. Eine Prüfung der einschlägigen Quellen ergibt, daß darüber die sowjetische Edition am ausführlichsten berichtet hat. Die amerikanische Dokumentation und Churchill haben sich auf die Feststellung beschränkt, der britische Premierminister habe noch einmal zu der »Demonstration mit den drei Streichhölzern Zuflucht« genommen, die Deutschland, Polen und die Sowjetunion darstellen sollten: »Eines der Hauptziele der Verbündeten bilde die Sicherung der russischen Westgrenze zur Verhütung eines künftigen deutschen Angriffs.«[211]
Folgt man den sowjetischen Protokollen, dann antwortete Stalin, die Sowjetunion sei für eine Wiederherstellung, für eine Stärkung Polens.[212] Im Gegensatz dazu zitiert die amerikanische Dokumentation Stalin dahingehend, die Russen seien für die Wiederherstellung und Ausdehnung Polens auf Kosten Deutschlands eingetreten.[213]
In diesem Zusammenhang gilt es, eine weitere Text-Differenz hinsichtlich der künftigen Westgrenze der UdSSR festzuhalten. Stalin betonte – wie es in den sowjetischen Protokollen heißt –, »daß die ukrainischen Gebiete zur Ukraine kommen müssen und die weißrussischen zu Weißrußland, das heißt, zwischen uns und Polen muß die Grenze von 1939 gelten, die von der sowjetischen Verfassung festgelegt ist. Die Sowjetunion besteht auf dieser Grenze und hält diesen Standpunkt für richtig.«[214]
Ganz anders liest sich diese Aussage in der amerikanischen Teheran-Edition: »Marschall Stalin sagte, ›das sei wünschenswert, aber es sei ungerecht, von den Polen das zu versuchen und die Ukraine und Weißrußland zurückzubekommen; die Grenze von 1939 habe ukrainisches Land der Ukraine und weißrussisches Land Weißrußland zurückgegeben. Die so-

---

210 W. S. Churchill, ebenda. Die amerikanische Teheran-Dokumentation hat sich bei der Erwähnung der Ausführungen Churchills weitgehend auf die Wiedergabe der »Demonstration« mit den drei Streichhölzern beschränkt. Vgl. FRUS: Cairo and Tehran, S. 512.
211 Vgl. W. S. Churchill, ebenda; FRUS, ebenda, S. 598.
212 Vgl. A. Fischer: Teheran, S. 83.
213 Vgl. FRUS: Cairo and Tehran, S. 598.
214 Wiedergegeben bei A. Fischer: Teheran, S. 83 f.

wjetische Regierung betrachtet die Grenze von 1939 als gerecht und richtig.‹ «[215]

Eine wiederum andere und damit dritte Version hat Churchill überliefert: Folgt man ihr, dann hat Stalin erklärt, »die Polen dürften weder weißrussisches noch ukrainisches Gebiet an sich reißen. Das wäre eine Ungerechtigkeit. Bei der Grenzziehung im Jahre 1939 seien die weißrussischen und unkrainischen Gebiete Weißrußland und der Ukraine zurückgegeben worden. Sowjetrußland halte an den ethnographisch richtigen Grenzen von 1939 fest«.[216]

Dazu bemerkte der britische Außenminister Eden – und das verschweigen die sowjetischen Protokolle vollständig[217] –, das sei die Linie – »bekannt als Ribbentrop-Molotow-Linie«. Darauf erwiderte Stalin: »Nennen Sie sie, wie Sie wollen. Wir betrachten sie noch immer als gerecht und richtig.« Molotov fügte hinzu, die Grenze von 1939 sei die Curzon-Linie. Eden wies darauf hin, es gebe Unterschiede, worauf Molotov antwortete, »nicht in wesentlichen Punkten«[218].

Nach einer Erörterung der »deutschen Frage« äußerte Churchill den Wunsch, noch einmal auf »Polen« zurückzukommen. Er erklärte, es sei ihm nicht um eine feste Vereinbarung zu tun; er hätte aber gern eine schriftliche Unterlage. Churchills Anregung wird in der sowjetischen Teheran-Version richtig wiedergegeben, während sie die amerikanischen Protokolle nur mit dem Hinweis erwähnen: »Der Text der Darlegung konnte nicht gefunden werden.«[219] Aufgrund der Schilderung Churchills waren die »Großen Drei« der Ansicht, daß sich »das Territorium des polnischen Staates und des polnischen Volkes im Prinzip ungefähr zwischen der sogenannten Curzon-Linie und der Oder[220] erstrecken soll, und zwar unter Einschluß Ostpreußens und Oppelns; die eigentliche Grenzziehung

---

215 Vgl. FRUS: Cairo and Tehran, S. 599; dt. Übersetzung dieses Zitats bei A. Fischer, ebenda, S. 83, Anm. 9.
216 W. S. Churchill: Der Zweite Weltkrieg. Bd. II/2. Buch, S. 89. Vgl. dazu auch E. J. Rozek: Diplomacy, S. 160 f.
217 Vgl. dazu A. Fischer: Teheran, S. 84.
218 Vgl. FRUS: Cairo and Tehran, S. 599 f.; A. Fischer, ebenda, S. 84 mit den Angaben in Anm. 10; E. J. Rozek: Diplomacy, S. 161. Vgl. zur Entstehung und Entwicklung der Curzon-Linie die ausführliche Darstellung bei G. Rhode, die mit einer umfangreichen Bibliographie versehen ist: Die Entstehung der Curzon-Linie.
219 Vgl. FRUS, ebenda, S. 603, Anm. 12. Ergänzend wird zutreffend hinzugefügt, daß es sich um die »Formulierung« handeln könnte, die Churchill in »Der Zweite Weltkrieg« zitiert habe.
220 Vgl. W. S. Churchill: Der Zweite Weltkrieg, Bd. V/2. Buch, S. 98, Anm. 1: »Die Frage der östlichen oder der westlichen Neiße war bis dahin gar nicht aufgetaucht.«

erfordert jedoch weiteres eingehendes Studium und möglicherweise an einigen Punkten Bevölkerungsumsiedlungen«[221].
Erinnert sei hier schließlich daran, daß Stalin daraufhin in Teheran erstmals die Abtretung des nördlichen Ostpreußens mit Königsberg an die Sowjetunion und nicht an Polen gefordert hat. Wenn die westlichen Alliierten damit einverstanden seien, betonte er, sei er bereit, »die Curzon-Linie als Grenze zwischen der Sowjetunion und Polen anzuerkennen«[222].
Das vergleichende Studium der amerikanischen und sowjetischen Teheran-Protokolle führt zu dem Ergebnis, daß sich die Repräsentanten Großbritanniens, Churchill und Eden, zur »polnischen Frage« sehr viel häufiger und dezidierter geäußert haben als die Mitglieder der amerikanischen Delegation. Einen der Gründe hat Präsident Roosevelt in einer gesonderten Unterredung mit Stalin am 1. Dezember 1943 genannt. Man sollte der amerikanischen Teheran-Edition dankbar sein, daß sie diese mit »Geheim« versehene Notiz Charles E. Bohlens über die Unterredung Roosevelts mit Stalin überliefert hat. Darin benutzte der amerikanische Präsident eine Formulierung, die den sowjetischen Diktator in höchstem Maße erfreuen mußte. Roosevelt versicherte, er stimme persönlich mit Stalins Beurteilung der »polnischen Frage« überein. Er bat aber Stalin um Verständnis, daß er an keiner Entscheidung in Teheran mitwirken könne – mit Rücksicht auf die sechs bis sieben Millionen Amerikaner polnischer Abstammung, deren Stimmen er nicht verlieren möchte.[223]
Wie wenig der amerikanische Präsident über die Geschichte Europas wußte, zeigt die Tatsache, daß er sich auch im Hinblick auf die Annexion der drei baltischen Staaten durch die UdSSR im Jahre 1940 höchst fragwürdig geäußert hat. Nachdem Stalin für die Haltung Roosevelts in der »polnischen Frage« Verständnis gezeigt hatte, wies der amerikanische Präsident auf die in Amerika lebenden Litauer, Letten und Esten hin. Dazu bemerkte er, er wisse, die drei baltischen Republiken seien in der Geschichte und in jüngerer Zeit ein Teil Rußlands gewesen; er fügte scherzend hinzu, daß, wenn die sowjetischen Armeen diese Gebiete zurückerobern sollten, er nicht beabsichtige, deshalb einen Krieg mit der Sowjetunion zu beginnen.[224]

---

221 So W. S. Churchill, ebenda. Sachlich stimmt damit die sowjetische Version überein. Vgl. die dt. Übersetzung bei A. Fischer: Teheran, S. 86 mit Anm. 22.
222 Vgl. FRUS: Cairo and Tehran, S. 604; A. Fischer, ebenda, S. 87 mit den Angaben in den Anm. 23 f.
223 Text in: FRUS, ebenda, S. 594.
224 Text, ebenda.

Angesichts dieser kaum verständlichen Äußerungen Roosevelts erscheint es beinahe wie ein Wunder, daß die Vereinigten Staaten bis heute die rechtswidrige Eingliederung der drei baltischen Staaten in die UdSSR nicht anerkannt haben.

Josef Stalin durfte mit den Ergebnissen der ersten Konferenz der »Großen Drei« in Teheran sehr zufrieden sein, da seine beiden westlichen Hauptverbündeten ihm ihren Willen demonstriert hatten, ihm mehr als auf dem halben Wege entgegenzukommen.[225] Als Churchill in Teheran vorschlug, Polen für die an die UdSSR im Osten abzutretenden Gebiete durch deutsches Territorium im Westen zu entschädigen, hoffte er wohl – wie Günther Stökl zutreffend bemerkt hat –, »dem nach Westen verschobenen polnischen Staat eine demokratische Zukunft zu sichern, aber Stalin, der auf den Vorschlag sofort einging, erkannte besser, daß ein solches Polen sich in einer ausweglosen Abhängigkeit von der Sowjetunion befinden würde«[226].

c) *Der Abschluß des sowjetisch-tschechoslowakischen Bündnispakts vom 12. Dezember 1943*

Auch wenn das Wirken Eduard Beneš' vor allem in den Jahren ab 1943 immer noch in der zeithistorischen Forschung teilweise recht kontrovers betrachtet wird, darf man dem prominentesten tschechoslowakischen Exilpolitiker bescheinigen, daß er aus dem Kriegsverlauf frühzeitig den wichtigsten Schluß gezogen hat: Die Sowjetunion wird nach der militärischen Niederringung Deutschlands ein entscheidendes Wort gerade in den Fragen mitsprechen, die Ostmitteleuropa betreffen. Die sowjetisch-tschechoslowakischen Beziehungen waren während des Zweiten Weltkriegs – verglichen mit den Beziehungen der UdSSR zu anderen Exilregierungen – nicht nur verhältnismäßig korrekt, sondern auch sehr intensiv. Unter Heranziehung der 1966 in Prag erschienenen »Dokumente aus der Geschichte der tschechoslowakischen Politik 1939–1943« und wichtiger Materialien aus den Archiven des Prager Außenministeriums hat Adolf Mül-

---

225 So V. Mastny: Stalin, S. 1388. Über die Konferenz von Teheran liegt eine umfangreiche Literatur vor. Vgl. vor allem I. Deutscher: Stalin, S. 532–538; A. Hillgruber: Der Zweite Weltkrieg, S. 315–317.
226 G. Stökl: Sowjetrußland, S. 62. E. J. Rozek spricht in: Diplomacy, S. 159, von der »politischen ›Legalisierung‹ der Vierten Teilung Polens« und bezeichnet Churchill als den »Hauptarchitekten« (vgl. S. 163). Vgl. dazu auch G. Rhode: Entwicklung Polens, S. 203 f.

ler in seiner materialreichen und instruktiven Studie »Die Tschechoslowakei auf der Suche nach Sicherheit« dargelegt, daß die sowjetisch-tschechoslowakischen Kontakte ohne Unterbrechung, einerseits durch die sowjetische Botschaft in London, andererseits durch den tschechoslowakischen Botschafter in Moskau, Zdeněk K. Fierlinger, der sowohl das Vertrauen Beneš' als auch der tschechoslowakischen kommunistischen Emigration unter Klement Gottwald genoß, aufrechterhalten wurden. Hinzu kommt, daß sich die Sowjetunion der zentralen Rolle Beneš' bewußt war, die er nicht nur innerhalb der tschechoslowakischen Auslandsvertretung, sondern auch in der internationalen Politik, vor allem in den USA und Großbritannien, spielte. Daher hat die sowjetische Führung auf die Londoner Exilregierung unter Eduard Beneš in keiner Weise einen nennenswerten Druck ausgeübt: Sie gab Beneš sogar – wie Adolf Müller nachgewiesen hat – den Vorrang vor der Gruppe um Gottwald. Aus den in Prag 1966 pulizierten Dokumenten geht hervor, daß die Kooperation der tschechoslowakischen Regierung in London mit der UdSSR weiterreichend war, als man es bis dahin immer angenommen hatte.[227]

Aus dieser Erkenntnis und der weiteren Einsicht heraus, auf lange Zeit werde der Einfluß Frankreichs und auch Großbritanniens in Ostmitteleuropa wesentlich geringer sein als in der Vorkriegszeit, sowie aus der Unsicherheit über den künftigen Kurs der USA folgerte Beneš, daß für sein Land nur eine Politik der engen Kooperation mit der UdSSR in Frage komme. Beneš hatte ursprünglich gehofft, das Verhältnis der Tschechoslowakei zu Polen auf eine vertragliche Ebene zu stellen, die auch die Zustimmung der UdSSR finden würde. Als die gemeinsamen polnisch-tschechoslowakischen Pläne, zwischen beiden Ländern eine Konföderation zu bilden, endgültig am sowjetischen Veto im Frühjahr 1943 gescheitert waren, suchte Beneš wenigstens einen dreiseitigen sowjetisch-tschechoslowakisch-polnischen Pakt zu erreichen, »der die Zusammenarbeit gegen Deutschland während des Krieges modifizieren, eine gegenseitige Unterstützung gegen eine deutsche Aggression nach dem Krieg sichern

---

227 Vgl. dazu im einzelnen A. Müller: Sicherheit, S. 57–96 (90 f. mit den Angaben zur Person Fierlingers in Anm. 54): Fierlinger, linksorientierter Sozialdemokrat, langjähriger tschechoslowakischer Diplomat, Premierminister der ersten und zweiten tschechoslowakischen Nachkriegsregierung (1945–1946) und langjähriges Mitglied weiterer Regierungen (1946–1954), spielte bei der Entwicklung der Beziehungen zwischen der tschechoslowakischen Vertretung in London und Moskau eine außerordentliche Rolle. Er genoß volles Vertrauen der Kommunisten, deren Sprecher er später beim Zusammenschluß der Sozialdemokratie mit der Kommunistischen Partei der Tschechoslowakei wurde; er war offenbar ein Intimus der sowjetischen Politiker.

sollte und eine Grundlage für eine mögliche spätere Zusammenarbeit schaffen würde, an die die künftigen Regierungen Polens anknüpfen könnten«[228].

Beneš konsultierte wegen dieses von ihm angestrebten dreiseitigen Vertrags mehrmals den sowjetischen Botschafter Bogomolov in London. Nach langem Zögern äußerte sich die sowjetische Führung zu diesem Vorschlag am 23. April 1943 zwar nicht negativ, bat jedoch, das Vorhaben, mit Rücksicht auf die gespannten sowjetisch-polnischen Beziehungen, bis zu einem späteren Zeitpunkt zurückzustellen. Es sei notwendig, Zeit zu gewinnen.[229] Diese Antwort war deshalb verständlich, weil die UdSSR zwei Tage später, am 25. April 1943, nach der Aufdeckung der Massengräber von Katyn die diplomatischen Beziehungen zur polnischen Exilregierung in London abbrach. Damit fiel Polen mangels einer Regierung zumindest vorläufig als Partner eines möglichen Dreierbundes mit der UdSSR und der ČSR aus, und Eduard Beneš stand vor einer ganz neuen Situation.

Auch wenn die tschechoslowakische Exilregierung die Hoffnung nicht aufgab, daß man eines Tages auch Polen in den geplanten Vertrag mit der UdSSR einbeziehen könnte, rückte nun der Gedanke, zunächst einen bilateralen Pakt mit der Sowjetunion zu schließen, immer stärker in Beneš' außenpolitische Überlegungen. Dabei legte er großen Wert darauf, für den Abschluß eines solchen Vertrags die Zustimmung der beiden angelsächsischen Mächte zu erlangen. Beneš gelang es, bei seinem Besuch im Mai 1943 in den USA die amerikanische Führung für seinen Plan zu gewinnen, während Großbritannien starke Bedenken anmeldete. Im Frühjahr und Sommer 1943 hatten Premierminister Churchill und Außenminister Eden aufgrund des Verlaufs der Kriegshandlungen noch nicht die Hoffnung aufgegeben, den Einfluß der UdSSR auf die Entwicklung in Mitteleuropa soweit wie möglich zu begrenzen. Diesem Zweck sollte auch die Bildung einer Föderation oder Konföderation in Ostmitteleuropa und möglicherweise auch im Donauraum dienen, in der man Polen eine Hauptrolle zuwies. London sah in der frühzeitigen Bindung eines kleinen Alliierten an eine der drei Großmächte die Gefahr, die Erarbeitung eines gesamteuropäischen Konzepts durch die »Anti-Hitler-Koalition« zu erschweren. So suchte Außenminister Eden Beneš vom Abschluß einer bila-

---

228 So A. Müller, ebenda, S. 87–95 (89). Interessant ist auch Müllers Hinweis, daß die erste Initiative für den Abschluß eines weitreichenden tschechoslowakisch-sowjetischen Vertrags offenbar von Moskau im Februar 1943 ausging (vgl. ebenda, S. 94 f.).
229 Vgl. dazu auch E. Táborský: Confederation, S. 393.

teralen Allianz mit der UdSSR – unter Hinweis auf den britisch-sowjetischen Bündnispakt vom 26. Mai 1942[230] – abzuhalten. Als das britische Außenministerium einsehen mußte, daß es seine ablehnende Haltung auf die Dauer nicht durchzuhalten vermochte, besann es sich auf den alten Plan eines Ostpakts aus den Jahren 1933/34[231], um eine zu enge Bindung zwischen der ČSR und der UdSSR soweit wie möglich zu verhindern.
Der britische Rückgriff auf das »Ost-Locarno« setzte die Zustimmung der Polen voraus, die nicht ohne weiteres bereit waren, dem britischen Plan ohne ausdrückliche Garantien zuzustimmen. Auf polnischer Seite machte man vor allem geltend, daß Polen einen Bündnispakt mit Großbritannien vom 25. August 1939, nicht jedoch mit der UdSSR habe, während umgekehrt die Tschechoslowakei mit der Sowjetunion, nicht hingegen mit Großbritannien vertraglich verbunden sei. Wenn Polen einem neuen »Ost-Locarno« beitrete, so würde es seine Sicherheit bis zur Verwirklichung eines Systems der kollektiven Sicherheit in Europa im britisch-polnischen Pakt vom 25. August 1939 suchen.[232] Die polnische Regierung wies Eden darüber hinaus auf die sowjetischen Gebietsforderungen gegenüber Polen hin, »die bis zu ihrer Klärung nicht geeignet seien, das Vertrauen der künftigen Kontrahenten eines Ostpaktes zu stärken«[233].
Wegen des britischen Vetos verschob Beneš seine Reise nach Moskau, um den geplanten bilateralen Vertrag mit der UdSSR zu unterzeichnen. Stalin durfte dennoch die Entwicklung als beachtlichen diplomatischen Erfolg insofern verbuchen, als es ihm gelungen war, bis zur Moskauer Außenminister-Konferenz der USA, Großbritanniens und der Sowjetunion im Herbst 1943 die Frage der Beteiligung Polens offenzuhalten.
Auf der Moskauer Konferenz vom 18. Oktober bis zum 1. November 1943, die bereits in anderem Zusammenhang gewürdigt worden ist, wurden einige aufschlußreiche Details über das diplomatische Vorspiel zwischen Moskau und London über die Möglichkeiten von Allianzen der Kriegsgegner Deutschlands bekannt und die in den vorliegenden amerikanischen und sowjetischen Protokollen sehr unterschiedlich wiedergegeben worden sind. Folgt man der Akten-Publikation des amerikanischen Au-

---

230 Text in: Europa-Archiv 1947, S. 1044 f.
231 Vgl. dazu vor allem W. W. Hartlieb: Das politische Vertragssystem der Sowjetunion, S. 174–176.
232 Engl., poln. und dt. Text des Vertrags bei G. Rhode und W. Wagner: Quellen, S. 1–4. Vgl. zur Gesamtproblematik vor allem A. Uschakow: Erbe, S. 14 f.
233 So A. Uschakow, ebenda, S. 14.

ßenministeriums, dann warf Außenminister Eden in der Sitzung vom 23. Oktober 1943 die Frage von Vereinbarungen zwischen großen und kleinen Alliierten über Nachkriegsprobleme auf. Er wies darauf hin, er habe sich mit seinem sowjetischen Kollegen während dessen Besuch im Mai/Juni 1942 in London und später mit dem sowjetischen Botschafter in London, Maiskij, über diese Problematik unterhalten. Er, Eden, habe dabei den Eindruck gewonnen, die Regierungen der UdSSR und Großbritanniens hätten darin übereingestimmt, daß der Abschluß irgendwelcher Abmachungen mit kleinen Staaten während des Krieges, die die Nachkriegszeit betreffen, »unerwünscht« und jeder »Wettlauf« um spezielle Beziehungen mit den kleinen Mächten zu vermeiden seien. Eden schränkte seine Aussage insoweit ein, als es natürlich einige Ausnahmen von dieser Regel gäbe und die sowjetische Regierung ihn im Fall des sowjetisch-tschechoslowakischen Vertrags bereits informiert habe. Als zentralen Punkt bezeichnete der britische Außenminister die Versicherung, die sowjetische und britische Regierung werden beraten und übereinkommen, bevor irgendeiner solcher Verträge in der Zukunft geschlossen werde.[234]

Der sowjetische Außenminister Molotov erwiderte, die Regierungen der UdSSR und Großbritanniens hätten diese Frage seit ungefähr anderthalb Jahren diskutiert, er aber nicht wisse, ob die amerikanische Regierung über diese Frage umfassend unterrichtet worden sei. Der amerikanische Außenminister Cordell Hull bestätigte, nicht mit allen Einzelheiten vertraut zu sein. Nachdem Molotov und Eden ihre Bereitschaft erklärt hatten, ihren amerikanischen Kollegen vollständig zu informieren, referierte Molotov über die Geschichte der sowjetisch-tschechoslowakischen Verhandlungen. Er betonte, Beneš habe als erster der sowjetischen Regierung den Gedanken vorgetragen, einen Bündnispakt abzuschließen, der sich gegen jeden Rückfall nach dem Aggressionskrieg Deutschlands richten sollte; die sowjetische Regierung habe diesen Vorschlag positiv beschieden. Weder die sowjetische und tschechoslowakische Regierung noch die öffentliche Meinung in beiden Ländern könnten verstehen, warum die Briten irgendwelche Einwände gegen einen Vertrag dieser Art haben könnten, der von zwei Staaten mit einer gemeinsamen Grenze für ihre gegenseitige Sicherheit geschlossen werden soll.[235]

Der britische Außenminister wies noch einmal darauf hin, der Abschluß von Verträgen während des Krieges zwischen großen und kleinen Alliier-

---

234 Vgl. FRUS: Diplomatic Papers 1943. Vol. I, S. 624 f. (625). Vgl. dazu auch A. Uschakow, ebenda, S. 14 f.; The Memoirs of Cordell Hull. Vol. 2, S. 1298, 1314 f.
235 Vgl. FRUS, ebenda, S. 625.

ten sei unerwünscht, die die Nachkriegszeit betreffen. Eden fügte hinzu, seine Regierung dächte mehr auf der Linie eines »Systems der kollektiven Sicherheit«. Nach einer Prüfung des Vertragsentwurfs sei er zu der Auffassung gelangt, vom Standpunkt seiner Regierung sei nichts gegen die Unterzeichnung des Vertrags einzuwenden. Molotov, höchst befriedigt über diese Aussage, führte aus, er würde sofort der tschechoslowakischen Exilregierung in London telegraphieren, um Eduard Beneš zu einem Besuch nach Moskau einzuladen.[236]

Eine nicht nur in Nuancen, sondern auch in wesentlichen Punkten von der Darstellung der amerikanischen Protokolle abweichende Version über den Verlauf dieser Besprechungen vermitteln die Protokolle aus sowjetischen Archiven. Folgt man der Moskauer Darstellung, dann beschuldigte Molotov in der Sitzung am 24. Oktover 1943 seinen britischen Kollegen, »das Foreign Office montiert offenbar einen neuen Cordon sanitaire gegen die Sowjetunion«.[237] Die sowjetische Dokumentation bringt noch klarer als die amerikanische zum Ausdruck, daß Eden von amerikanischer Seite in seinem Streit mit Molotov nicht unterstützt worden ist: ». . . Cordell Hull lag sehr daran, die Konferenz zu einem Erfolg werden zu lassen, um den amerikanischen Senat zu einer positiven Resolution über eine neue Weltorganisation zu veranlassen.« Übereinstimmend heißt es in beiden Editionen, Eden habe schließlich sein Veto gegen den geplanten sowjetisch-tschechoslowakischen Pakt fallengelassen und sogar dessen Inhalt gelobt. Im Gegensatz zur amerikanischen Dokumentation fügt die sowjetische hinzu, der britische Außenminister habe nur bedauert, daß das Dokument »hinter dem Rücken der britischen Regierung ausgearbeitet worden ist«[238].

Damit war die »tschechoslowakische Frage« im Sinne der sowjetischen Intentionen so frühzeitig entschieden, daß sie keinen Verhandlungsgegenstand auf der ersten Konferenz der »Großen Drei« in Teheran vom 28. November bis zum 1. Dezember 1943 zu bilden brauchte.

Nur wenige Tage nach der Konferenz von Teheran reiste Eduard Beneš nach Moskau, wo am 12. Dezember 1943 der »Vertrag über Freundschaft, gegenseitige Hilfe und Zusammenarbeit zwischen der Tschechoslowakischen Republik und der Union der Sozialistischen Sowjetrepubli-

---

236 Vgl. FRUS, ebenda, S. 626.
237 Vgl. Sowjetisch-tschechoslowakische Beziehungen während des Großen Vaterländischen Krieges 1941-1945. Zit. bei A. Uschakow: Erbe, S. 15.
238 Zit. bei A. Uschakow, ebenda mit dem Nachweis in Anm. 18; A. Müller: Sicherheit, S. 95 f.; E. Táborský: Beneš and Stalin, S. 154-159 (158).

ken« unterzeichnet wurde.²³⁹ Mit dem Abschluß dieses Pakts setzte die UdSSR ihre bereits im Frühjahr 1939 eingeleitete »Politik der Abgrenzung von Einflußsphären« fort: Der Vertrag »widersprach dem Gedanken der kollektiven Sicherheit und begünstigte die Blockbildung unter sowjetischer Führung«²⁴⁰, auch wenn er äußerlich an den alten Bündnispakt vom 16. Mai 1935 anknüpfte. Nach Ziffer 2 des Unterzeichnungs-Protokolls wurde der Pakt zwischen der UdSSR und der ČSR vom 16. Mai 1935²⁴¹ in dem Bestreben geschlossen, die mit dem französisch-sowjetrussischen Vertrag vom 2. Mai 1935 begonnene »Schaffung eines regionalen Sicherheitssystems in Europa zu fördern«.²⁴²

Während für die Außenpolitik der Sowjetunion zwischen dem Ersten und dem Zweiten Weltkrieg die Formel »Sicherheit durch Nichtangriff und Neutralität«²⁴³ kennzeichnend war, bildete der bilaterale Pakt mit der ČSR vom 12. Dezember 1943 den Beginn einer Bündnispolitik der UdSSR, »die defensiv ihr Schutzbedürfnis befriedigen und offensiv den Ausbau ihrer Machtstellung in dem sie Europa umgebenen Staatengürtel gestatten sollte«.²⁴⁴ Der Bündnispakt mit der ČSR richtete sich gegen

---

239 Als Bevollmächtigter des Präsidenten der ČSR: Zdeněk Fierlinger, Botschafter der ČSR in der UdSSR; für die UdSSR unterzeichnete Außenminister V. M. Molotov. Dt. Text des Vertrags bei B. Meissner: Ostpakt-System, S. 24 f. und A. Müller, Sicherheit, S. 97-99, der die Übersetzung von B. Meissner mit einer Ausnahme übernommen hat: A. Müller hat Art. 3 in einer eigenen Übersetzung wiedergegeben; dt. Text auch in: Handbuch der Verträge 1871-1964, S. 332 f. und in: Freundschaft, S. 47-50.
240 So A. Uschakow: Erbe, S. 15. Vgl. vor allem die Präambel und Art. 3 des Vertrags.
241 Dt. Text des Beistandspakts vom 2. Mai 1935 in: Handbuch der Verträge 1871-1964, S. 274 f.; frz. Texte des Vertrags und des Protokolls in: Bruns-Gretschaninow: Politische Verträge, S. 436-438. Vgl. dazu die ausführliche und instruktive Darstellung von W. W. Hartlieb: Das politische Vertragssystem der Sowjetunion 1920-1935, S. 193-242. In der amtlichen Verlautbarung, die nach Abschluß der Besprechungen des französischen Außenministers Laval in Moskau vom 13.-15. Mai 1935 erschien, bekundeten beide Seiten das Bestreben, einen umfassenden Ostpakt zu schaffen: »Es wird insbesondere anerkannt, daß der Abschluß des gegenseitigen Beistandspaktes zwischen der UdSSR und Frankreich in keiner Weise das Interesse an einer unverzüglichen Verfolgung eines *Regionalpaktes in Osteuropa* schmälert.« Text in: Le Temps, No. 96 920 vom 17. Mai 1935; zit. bei W. W. Hartlieb, ebenda, S. 208. Hervorhebung vom Verf. Vgl. dazu auch A. Freytagh-Loringhoven: Die Regionalverträge, S. 59-62.
242 Dt. Texte des Vertrages und des Unterzeichnungs-Protokolls vom 16. Mai 1935 bei Bruns–Gretschaninow, ebenda, S. 438-441 (441). Vgl. dazu auch W. W. Hartlieb, ebenda, S. 209-212 (211).
243 So H. Fiedler, der eine ausführliche Darstellung des sowjetischen Systems der Nichtangriffs- und Neutralitätsverträge von Mitte der zwanziger bis Ende der dreißiger Jahre gibt. Vgl. H. Fiedler: Neutralitätsbegriff, S. 129-171 mit zahlreichen weiterführenden Literatur-Angaben.
244 So H. Fiedler: Paktsystem, S. 139-162 (140).

Deutschland und gegen alle jene Staaten, »die mit ihm in Aggressionshandlungen in Europa verbunden sind«; im Unterschied zum Beistandspakt vom 16. Mai 1935 war der Bündnisfall nicht mehr vom Beistand einer dritten Macht – Frankreich – abhängig. In dem auf 20 Jahre geschlossenen Vertrag verpflichteten sich beide Seiten, keinerlei Bündnis zu schließen und sich an keiner Koalition zu beteiligen, die gegen die andere hohe vertragschließende Partei gerichtet ist. Festzuhalten gilt, daß sich der Pakt vom 12. Dezember 1943 nicht auf die Verpflichtung der UdSSR und der ČSR auf die gegenseitige Beistandsleistung beschränkt, sondern darüber hinaus postuliert, »in möglichst weitem Ausmaße ihre wirtschaftlichen Beziehungen zu entwickeln und einander nach dem Kriege gegenseitig alle mögliche wirtschaftliche Hilfe zu gewähren«.

Bedauerlicherweise haben sich alle genannten Dokumente-Sammlungen auf die Wiedergabe des Bündnisvertrags vom 12. Dezember 1943 beschränkt und das wichtige Zusatzprotokoll zu dem Vertrag nicht zitiert. Über die mögliche Erweiterung des »Zweierbundes« der UdSSR und der Tschechoslowakei heißt es in dem Protokoll:

». . . daß, falls irgendein drittes Land, das an die Tschechoslowakische Republik oder an die Union der Sozialistischen Sowjetrepubliken angrenzt und in diesem Kriege Objekt deutscher Aggression gewesen ist, den Wunsch äußert, diesem Vertrag beizutreten, ihm nach gegenseitigen Übereinkommen der Regierungen der Tschechoslowakischen Republik und der Union der Sozialistischen Sowjetrepubliken die Möglichkeit gegeben wird, diesen Vertrag zu unterzeichnen, der auf diese Weise den Charakter eines *dreiseitigen Vertrags* annehmen würde«.[245]

In mehreren Darstellungen des Ostpakt-Systems ist behauptet worden, daß der Bündnispakt der UdSSR mit der ČSR vom 12. Dezember 1943 »ursprünglich als mehrseitiger Vertrag«[246] konzipiert gewesen sei, da er den Beitritt weiterer Nachbarstaaten, die Opfer einer Aggression Deutschlands waren, ausdrücklich zugelassen habe. Diese Version geht auf eine falsche Übersetzung zurück, indem sie das Wort »dreiseitig« mit »mehrseitig« wiedergibt.[247] Sie ist deshalb mißverständlich, da sie den

---

245 Urtext des Vertrags und des Protokolls vom 12. Dezember 1943 in: Tschechoslowakisches Amtsblatt, Jg. 5, Nr. 1 vom 11. Mai 1944; dt. Text des Protokolls in: Friedenswarte 1945, S. 74. Hervorhebung vom Verf.
246 So beispielsweise B. Meissner: Ostpakt-System, S. 16. Er stützt sich dabei auf F. J. Koževnikov: Hilfslehrbuch des Völkerrechts. Moskau 1947, S. 110 (russ.). Koževnikov hat jedoch – dem Text des Protokolls entsprechend – das entscheidende Wort mit »dreiseitig« richtig wiedergegeben.
247 Dies gilt auch für H. Fiedler: Paktsystem, S. 140.

Eindruck erweckt, als habe Stalin über den anvisierten »Dreierbund« hinausgehende Ziele verfolgt. Schließlich berücksichtigt sie auch nicht die wertvollen Quellen, die über die Verhandlungen vorliegen, die Beneš im Dezember 1943 in Moskau mit Stalin und Molotov geführt hat.

Die über die Gespräche Beneš' vorliegenden instruktiven Materialien verdeutlichen eindringlich, daß er, der zu den politischen Führungen aller drei Großmächte ein ausgezeichnetes Verhältnis hatte, »der am wenigsten lästige aller osteuropäischen Alliierten«[248] gewesen ist. Mit den meisten anderen Staatsmännern jener Zeit hat der damalige Präsident der Tschechoslowakischen Republik die »Tugend« gemeinsam, in seinen »Erinnerungen« nur das »enthüllt« zu haben, das er für »richtig« und opportun gehalten hat. Der Wert seiner »Memoiren« wird auch insofern geschmälert, als Beneš dazu neigte, eine Sache »wegen seines angeblich unfehlbaren Urteils und seiner tiefen Einsicht« vorzutragen: »Kein zeitgenössischer Staatsmann sprach mit den Russen in der gleichen Mischung von Nachlässigkeit und Unterwürfigkeit . . ., und keinen behandelten die sowjetischen Führer mit dem gleichen herablassenden Wohlwollen.«[249]

Die wichtigste Quelle über die Moskauer Gespräche Beneš' bilden die stenographischen Aufzeichnungen seines Kanzleichefs Jaromír Smutný, die Vojtech Mastny erstmals zusammengestellt und ausgewertet hat.[250] Aus ihnen geht klar hervor, daß sich Beneš der Tragweite seines Handelns voll bewußt war, als er am 12. Dezember 1943 sein Land so eng an die UdSSR band. Für ihn waren verschiedene Motive maßgebend, um um die Protektion der UdSSR nachzusuchen: sein starkes Mißtrauen gegenüber den beiden angelsächsischen Mächten aufgrund der Erfahrungen mit und nach »München«, seine Sorge vor der »ewigen deutschen Gefahr« und die Tatsache, daß die Sowjetunion nach der militärischen Niederringung Deutschlands eine, wenn nicht die führende Position in Europa einnehmen wird. Die Ergebnisse der vertraglichen Abmachungen und die weiteren Verhandlungen im Dezember 1943 in Moskau hat Adolf Müller so analysiert: 1. wurde der grundlegende außen- und innenpolitische Kurs der Tschechoslowakei für die Zeit unmittelbar nach dem Krieg festgelegt; 2. Mittel- und Osteuropa wurden als sowjetischer Einflußbereich präjudi-

---

248 So V. Mastny: Conversations, S. 367. Vgl. vor allem das sehr positive Urteil W. S. Churchills über Beneš in: Der Zweite Weltkrieg. Bd. V/2. Buch, S. 154-156.
249 So V. Mastny, ebenda, S. 367, 371.
250 Mastny verwandte die auf Mikrofilmen aufgenommenen und im Archiv der New Yorker Columbia-Universität lagernden Protokolle Smutnýs. Vgl. V. Mastny, ebenda, S. 368, Anm. 9. Vgl. dazu auch E. Táborský: Beneš and the Soviets; ders.: Triumph; A. Müller: Sicherheit, S. 99-103.

ziert, und zwar bevor es die Abkommen der Großmächte 1944 und 1945 taten, und 3. wurde damit die international-politische Position der UdSSR aufgewertet, vor allem im Hinblick auf die künftige Regelung der Beziehungen zwischen den kleinen europäischen Staaten und der UdSSR.[251]
Beneš' Unterredungen mit der sowjetischen Führung geben auch wichtige Aufschlüsse über die Haltung Stalins nicht nur gegenüber der Tschechoslowakei, sondern auch und gerade gegenüber Polen – eine Problematik, die Beneš ebenfalls verständlicherweise außerordentlich beschäftigte. Aus den über Beneš' Besprechungen im Kreml vorliegenden Quellen geht klar hervor, daß Stalin nur an die Möglichkeit dachte, das bilaterale Bündnis zu einem »Dreierbund« zwischen der UdSSR, der Tschechoslowakei und Polen zu ergänzen. So gilt es festzuhalten, daß Wilhelm Grewe bereits 1944 im »Jahrbuch der Weltpolitik« das Zusatzprotokoll zum Vertrag vom 12. Dezember 1943 richtig interpretiert hat. Damals sprach er von der »in der Presse als ›Polen-Klausel‹ bezeichneten Nebenabmachung«[252].
Bestätigt wird diese Interpretation auch durch die Antwort, die Beneš auf die Frage Stalins gegeben hat, wie die Polen in London über den Vertrag vom 12. Dezember 1943 dächten. Beneš betonte, er habe den Chef der polnischen Exilregierung in London über alles unterrichtet, und fügte hinzu, Mikolajczyk sei verblüfft gewesen, als er ihn auf die »Klausel über Polen«[253] im Protokoll zum Pakt hingewiesen habe. Damit wurde aus erster Hand bestätigt, daß Stalin nur an den möglichen Beitritt Polens zu dem Pakt zwischen der UdSSR und der ČSR, nicht jedoch weiterer Staaten, die Opfer eines militärischen Angriffs Deutschlands waren, gedacht hat. Doch das Protokoll blieb – wie Eduard Táborský zutreffend bemerkt hat – »nur ein Stück Papier«[254]. Die weitere Entwicklung ließ es Stalin nicht opportun erscheinen, darauf zu beharren, das Zweierbündnis zu einem Dreierbündnis zu erweitern.
Noch unter einem weiteren Aspekt verdienen die bisher in der zeitgeschichtlichen Forschung zu wenig herangezogenen Aufzeichnungen Jaromír Smutnýs Beachtung: Stalin schien sich im Dezember 1943 bewußt

---

251 A. Müller, ebenda, S. 101.
252 W. G. Grewe: Die völkerrechtspolitische Entwicklung im Jahre 1943, S. 108. Vgl. dazu auch A. Müller, ebenda, S. 99; A. Uschakow: Münchner Abkommen, S. 522.
253 So die Smutný-Aufzeichnung; Text bei V. Mastny, Conversations, S. 378.
254 E. Táborský: Confederation, S. 394. Vgl. dazu auch A. Uschakow: Münchner Abkommen, S. 522 f.

zu sein, daß die von ihm schon vor dem Abbruch der diplomatischen Beziehungen zur polnischen Exilregierung in London in der UdSSR ins Leben gerufene »Union polnischer Patrioten« kein adäquater Gesprächspartner für die künftigen Verhandlungen mit Polen sein würde. So informierte er sich ausführlich bei Beneš über zahlreiche polnische Politiker, da er verzweifelt nach einem »potentiellen Beneš«[255] unter ihnen fahndete. Als sich Beneš eingehend über Mikolajczyk, mit dem er noch vor seiner Reise nach Moskau in London gesprochen hatte, äußerte, stellte Stalin ihm die rhetorische Frage: »Where can one find any Poles one could talk to?«[256] Die Unterredung blieb in diesem Punkt ohne Ergebnis.
Nicht nur Eduard Beneš, sondern auch andere namhafte tschechoslowakische Exilpolitiker haben an die Abmachungen mit der UdSSR vom 12. Dezember 1943 große Erwartungen geknüpft.[257] Eduard Beneš stützte seine Hoffnungen vor allem darauf, daß sich beide Seiten verpflichtet haben, »... in Übereinstimmung mit den Grundsätzen gegenseitiger Achtung ihrer Unabhängigkeit und Souveränität sowie der Nichteinmischung in die inneren Angelegenheiten des anderen Staates zu handeln«. Eduard Táborský weist ausdrücklich darauf hin, daß Beneš den Vertrag mit der UdSSR geschlossen hat, um einerseits einen Alliierten gegen eine mögliche erneuerte Aggression seitens Deutschlands zu gewinnen und um andererseits die UdSSR in völkerrechtlich verbindlicher Form an den Grundsatz der Nichteinmischung zu binden. Beneš muß bereits im Dezember 1943 eine gehörige Portion Mißtrauen gegenüber Stalin gehabt haben: Er ging von der Überlegung aus, es würde der sowjetischen Führung schwerer fallen, einen völkerrechtlichen Vertrag zu verletzen als eine unverbindliche bilaterale Deklaration.[258]
Daher ist es nicht ganz korrekt, wenn Adolf Müller aus der Retrospektive feststellt, der Vertrag vom 12. Dezember 1943 habe – trotz der Verankerung des Prinzips der Nichteinmischung – keinerlei Garantien für die Tschechoslowakei und keinen Schutz gegen eine massive, indirekte sowjetische Einflußnahme geboten. Im herkömmlichen völkerrechtlichen Verständnis hätten das Verbot der Intervention in die inneren Angelegenheiten der Tschechoslowakei und die ausdrückliche Verpflichtung zur Ach-

---

255 So zutreffend V. Mastny: Conversations, S. 371.
256 Wiedergegeben bei V. Mastny, ebenda, S. 379.
257 Vgl. beispielsweise H. Ripka: Czechoslovakia Enslaved, S. 23 f. Sehr instruktiv zur Gesamtproblematik auch E. Táborský: Beneš and the Soviets, S. 313 f.; ders.: Beneš and Stalin; ders.: Triumph.
258 Vgl. E. Táborský: Beneš and the Soviets, S. 313.

tung ihrer Unabhängigkeit und Souveränität einen ausreichenden Schutz gegen die spätere massive Einmischung der UdSSR bieten müssen.[259] Die Kritiker der Politik Beneš' gegenüber der UdSSR haben ihm auch vorgeworfen, er hätte den Pakt mit Stalin nur schließen dürfen, wenn er gleichzeitig ein anderes Dokument in Händen gehabt hätte, das »die Tschechoslowakei mit einer der Westmächte hätte abschließen können. Die Mehrzahl der kritischen Stimmen schwieg sich jedoch taktvoll darüber aus, daß weder die USA noch Großbritannien irgendwelche vertraglich bestätigten Garantien für einen der in der künftigen sowjetischen Einflußsphäre liegenden Staaten zu übernehmen bereit war.«[260] Die weitere Entwicklung sollte drastisch zeigen, wie sehr Stalin Beneš getäuscht hat. Daher ist der abschließenden Bewertung des tschechoslowakischen Autors Adolf Müller nur zuzustimmen, die damalige Entscheidung Beneš' könne mit Rücksicht auf die von ihm zu tragende Verantwortung nur schwerlich gerecht beurteilt werden: »Viele seiner politischen Prognosen haben sich erfüllt und viele seiner politischen Entscheidungen als einzig möglich erwiesen. Trotzdem kann man bei diesem sonst so pragmatischen Politiker die eingeschränkte Kritik gegenüber der sowjetischen Politik und seine mit der Entscheidung des sowjetischen Regimes verbundenen Illusionen nicht übersehen.«[261]

4. *Die Durchsetzung des sowjetischen Polen-Konzepts (1944/45)*

Nachdem es Stalin gelungen war, mit dem Abschluß des Bündnispakts die Tschechoslowakei eng an die Sowjetunion zu binden, war er nun bestrebt, die sehr viel kompliziertere »polnische Frage« in seinem Sinne zu »lösen«. Zunächst mußte es ihm darauf ankommen, jene polnischen Politiker zu finden, die bereit waren, nicht nur mit ihm zu sprechen, sondern auch mit ihm über die Zukunft Polens zu verhandeln. Im Falle Polens ging es Stalin einmal darum, die »Westverschiebung« der Grenzen Polens durchzusetzen und den westlichen Nachbarstaat in die außenpolitische Abhängigkeit der UdSSR zu bringen. Zum anderen war Stalin frühzeitig daran interessiert, in Polen innenpolitische Bedingungen zu schaffen, un-

---

259 A. Müller: Sicherheit, S. 101 f.
260 So A. Müller, ebenda, S. 102.
261 A. Müller, ebenda, S. 102 f. (102).

ter denen die Sowjetunion einen beherrschenden Einfluß auf die Politik des Landes auch nach der Beendigung des Zweiten Weltkriegs ausüben konnte.

a) *Die Schlußphase der Auseinandersetzung mit der polnischen Exilregierung und den Westmächten*

Die polnische Exilregierung in London war auch nach der Konferenz von Teheran bemüht, ihre Politik gegenüber der UdSSR soweit wie möglich mit der britischen Regierung abzustimmen. Nach dem Abschluß des Bündnispakts der Sowjetunion mit der Tschechoslowakei wollte die polnische Führung zunächst die Frage geklärt wissen, wie die britische Regierung die »polnische Klausel« im Protokoll zum Vertrag vom 12. Dezember 1943 interpretierte. So wandte sich der polnische Botschafter und Außenminister der Exilregierung in London, Edvard Raczyński, an die britische Regierung mit der Frage, wie diese zu einem möglichen Beitritt Polens zu dem bilateralen Pakt stehe und ob nach ihrer Ansicht ein solcher Schritt nicht dem britisch-polnischen Allianzvertrag vom 25. August 1939 widerspreche.[262]

Alexander Cadogan, Unterstaatssekretär im britischen Außenministerium, antwortete, ein Beitritt Polens zu dem Pakt würde ein wesentlicher Beitrag zu einem »allgemeinen System der europäischen Sicherheit« bedeuten; nach seiner Auffassung tangiere eine solche Entscheidung nicht den Fortbestand der polnisch-britischen Allianz.[263]

Wie sehr die britische Regierung entschlossen war, die polnische Exilregierung zu bewegen, Stalins Vorstellungen von den künftigen Grenzen Polens kompromißlos zu akzeptieren, verdeutlichte Premierminister Churchill in seinem Telegramm, das er Außenminister Eden am 20. Dezember 1943 aus Nordafrika sandte, wo er sich von den Folgen einer Lungenentzündung erholte. Er empfahl Eden, mit den Polen deren künftige Grenzen zu erörtern: »Zeigen Sie ihnen die Formeln und auf einer Landkarte die ungefähre Grenzlinie im Osten und im Westen die Oderlinie einschließlich des Regierungsbezirks Oppeln ... Führen Sie ihnen vor Augen, daß sie mit der Übernahme und dauernden Behauptung der derzeitig deutschen Gebiete bis zur Oder die Basis für ein freundschaftliches

---

262 Dt. Text des Vertrags in: Handbuch der Verträge 1871–1964, S. 308 f.
263 Vgl. die Wiedergabe der Unterhaltung Raczynskis mit A. Cadogan vom 14. Dezember 1943 in: Documents. Vol. II, Doc. No. 63, S. 104 f. (104).

Einvernehmen mit Rußland und für eine enge Verbindung mit der Tschechoslowakei schaffen und damit ganz Europa einen Dienst leisten.«[264]
Zwei Tage später, am 22. Dezember 1943, berichtete Eden Mikolajczyk über die Ergebnisse der Teheraner Konferenz der »Großen Drei«. Der Chef der polnischen Exilregierung fragte den britischen Außenminister, ob in Teheran die Teilung des europäischen Kontinents in »Einflußsphären« diskutiert oder ob dieser Gedanke zu den Akten gelegt worden sei. Eden sagte, über diese Frage habe zwar ein Gedankenaustausch stattgefunden; es sei aber darüber keine förmliche Erklärung ausgearbeitet worden. Sodann versuchte der britische Außenminister, den Polen die »Westverschiebung« ihres Landes im Sinne der Vorstellungen Stalins schmackhaft zu machen. Mikolajczyk lehnte dieses Ansinnen mit dem Hinweis ab, dies würde ein großes Unrecht gegenüber der polnischen Nation bedeuten.[265]
Am 4. Januar 1944 überschritt die Rote Armee die Ostgrenze Vorkriegspolens. Einen Tag darauf gab die polnische Exilregierung in London eine mit Eden abgesprochene Verlautbarung heraus, in der sie sich als die »einzige und legale Sprecherin der polnischen Nation« apostrophierte – »anerkannt von den Polen im In- und Ausland und den alliierten und freien Regierungen ... sowie verantwortlich für das Schicksal der Nation«[266]. Sie brachte ihre Erwartung zum Ausdruck, daß die UdSSR die Rechte und Interessen der Republik Polen und deren Bürger respektieren werde.
Die sowjetische Regierung antwortete am 11. Januar 1944 mit einer teilweise scharf und kompromißlos formulierten Erklärung, in der sie zunächst darauf hinwies, die in der sowjetischen Verfassung festgelegte sowjetisch-polnische Grenze – die Curzon-Linie – sei im Wege eines Plebiszits 1939 auf »breiter demokratischer Basis« bestätigt worden. Die sowjetische Regierung habe wiederholt erklärt, sie trete für die Wiedererrichtung eines starken und unabhängigen polnischen Staates und für die Freundschaft zwischen der UdSSR und Polen ein. Wenn auch das polnische Volk dies wünsche, könnten gutnachbarliche Beziehungen auf der

---

264 Text bei W. S. Churchill: Der Zweite Weltkrieg. Bd. V/2. Buch, S. 153 f.
265 Vgl. die Wiedergabe des Gesprächs in: Documents. Vol. II, Doc. No. 67, S. 116–121 (117, 120). Vgl. dazu vor allem A. Uschakow: Erbe, S. 17 f.; A. Toynbee und V. M. Toynbee: Survey 1939–1946, S. 151–159; I. Deutscher: Stalin, S. 535–537.
266 Text der Erklärung in: Documents, ebenda, Doc. No. 70, S. 123 f. (124). Vgl. dazu auch E. J. Rozek: Diplomacy, S. 183–185; Eden: Memoirs, S. 435 f. Vgl. zum kriegerischen Geschehen A. Hillgruber: Der Zweite Weltkrieg, S. 317; I. Deutscher, ebenda, S. 538–540; A. Toynbee und V. M. Toynbee, ebenda, S. 153–155.

Grundlage eines Bündnispakts gegen Deutschland als den Hauptfeind beider Staaten aufgenommen werden. Die Sowjetregierung forderte Polen auf, dem sowjetisch-tschechoslowakischen Bündnispakt vom 12. Dezember 1943 beizutreten. Freundliche Worte widmete die Erklärung der »Union polnischer Patrioten« in der UdSSR und den von ihr dort gebildeten polnischen Streitkräften.[267]

Die sowjetischen Vorstellungen über die Ost- und Westgrenze Polens umriß der Kreml so: Er betrachte die Grenzen von 1939 nicht als »unveränderlich«. Diese Grenze könnte zugunsten Polens geändert werden; Gebiete, in denen die polnische Bevölkerung die Mehrheit bilde, könnten Polen zurückgegeben werden. In diesem Fall könnte die sowjetisch-polnische Grenze ungefähr entlang der sogenannten Curzon-Linie verlaufen, wie sie die alliierten Mächte 1919 beschlossen haben und die die Einbeziehung der westlichen Ukraine und des westlichen Weißrußland in die UdSSR vorgesehen hat. Die Westgrenze Polens müsse durch die Einverleibung der polnischen Gebiete verschoben werden, die Deutschland Polen weggenommen habe.[268]

Die Antwort der polnischen Regierung vom 14. Januar 1944 auf die sowjetische Erklärung fiel kurz aus. Sie unterstrich darin nochmals den aufrichtigen Wunsch, mit der UdSSR zu einem Übereinkommen zu gelangen, das für beide Seiten gerecht und akzeptabel sei. Außerdem bat sie die Regierungen Großbritanniens und der USA, mit dazu beizutragen, daß die zwischen der Sowjetunion und Polen noch ungeklärten Fragen gelöst werden.[269] Trotz des aggressiven Tons der Moskauer Deklaration war die polnische Exilregierung bestrebt, den Weg zu einer einvernehmlichen Regelung der Ostgrenze Polens nicht gänzlich zu verbauen. Die Kompromißbereitschaft der polnischen Seite war vornehmlich darauf zurückzuführen, daß die UdSSR nicht mehr – wie zuvor – uneingeschränkt auf der 1939 vereinbarten Molotov-Ribbentrop-Linie beharrt und diese nicht als »unveränderlich« bezeichnet hatte. Hoffnungen schien die polnische Exilregierung darüber hinaus auch aus der Feststellung des Kreml zu schöpfen, die polnische Ostgrenze könne zugunsten Polens korrigiert werden.

---

267 Text in: Documents, ebenda, Doc. No. 74, S. 132–134 (132 f.). Vgl. dazu vor allem A. Uschakow: Erbe, S. 17 f.
268 Text in: Documents, ebenda, S. 133. Vgl. dazu auch E. J. Rozek: Diplomacy, S. 185–187.
269 Text der polnischen Deklaration in: Documents, ebenda, Doc. No. 77, S. 138 f. Vgl. dazu auch die instruktive Analyse bei E. J. Rozek, ebenda, S. 187–193; A. Uschakow: Erbe, S. 17 f.

Aus diesen Motiven heraus schien es der polnischen Führung opportun, die Fragen der Grenzen Polens nicht direkt anzusprechen. Wie sehr sich die polnische Exilregierung jedoch Illusionen hingegeben hatte, sollte sich bereits zwei Tage später zeigen. In ihrer äußerst knappen Antwort vom 16. Januar 1944 bemängelte die Sowjetregierung zunächst, daß die polnische Regierung in ihrer Erklärung vom 14. Januar die zentrale Frage, die Curzon-Linie als die sowjetisch-polnische Grenze anzuerkennen, völlig übergangen und ignoriert habe. Das könne nur als eine Zurückweisung der Curzon-Linie interpretiert werden. Den Vorschlag der polnischen Exilregierung, offizielle Verhandlungen zwischen ihr und der sowjetischen Regierung aufzunehmen, wies letztere mit dem Hinweis zurück, sie könne nicht mit einer Regierung offiziell verhandeln, zu der sie die diplomatischen Beziehungen abgebrochen habe.[270]

Aus der sowjetischen Erklärung – Anthony Eden apostrophierte sie als einen »Schlag ins Gesicht«[271] – waren zwei wichtige Schlüsse zu ziehen: Trotz seines scheinbaren Entgegenkommens in seiner Verlautbarung vom 11. Januar 1944 war der Kreml nicht bereit, die Curzon-Linie als sowjetisch-polnische Grenze zur Diskussion zu stellen. Die strikte Ablehnung, mit der polnischen Exilregierung in offizielle Verhandlungen einzutreten, war insofern konsequent, als die Sowjets bereits ab April 1943 die in Moskau mit ihrer Hilfe gebildete »Union der polnischen Patrioten« als die einzige Repräsentation des polnischen Volkes anerkannt hatten. Jetzt ging es der sowjetischen Führung aber auch darum, die britische und amerikanische Regierung davon zu überzeugen, daß nicht die polnische Exilregierung in London, sondern die »Union der polnischen Patrioten« das polnische Volk allein vertrete.

Nach seiner Rückkehr in die britische Hauptstadt unternahm Premierminister Churchill sofort intensive Versuche, Mikolajczyk für die Hinnahme der Curzon-Linie als der polnischen Ostgrenze und der Oder-Linie als der polnischen Westgrenze zu gewinnen. Der polnische Ministerpräsident erwiderte, die territorialen Fragen müßten der Entscheidung des polnischen

---

270 Text der sowjetischen Deklaration in: Documents, ebenda, Doc. No. 80, S. 142 f. (142). Vgl. dazu auch E. J. Rozek, ebenda, S. 193 f.
271 Vgl. Eden: Memoirs, S. 436.
272 Frz. Text des Friedensvertrags von Riga zwischen Sowjetrußland (RSFSR) und der Ukrainischen Sowjetrepublik einerseits und Polen andererseits vom 18. März 1921 in: Th. Niemeyer (Hrsg.): Jahrbuch des Völkerrechts. IX. Band (Sonderband), S. 140-166; Wiedergabe der Art. I, II, V, VIII und XIII der insgesamt 26 Artikel in: Handbuch der Verträge 1871-1964, S. 217 f. Vgl. dazu auch G. Rhode: Die Entstehung der Curzon-Linie.

Volkes überlassen bleiben. Er erklärte sich nur bereit, das Problem der Grenzen auf der Basis des Rigaer Vertrags mit Rußland von 1921[272] zu diskutieren; außerdem wies er auf den mit der »Westverschiebung« Polens verbundenen »Transfer enormer Bevölkerungsmassen« hin.[273]
Nachdem die polnische Regierung in ihrer Note vom 23. Januar 1944 den britischen Außenminister Eden gefragt hatte, ob und inwieweit die britische Regierung bereit sei, die Unabhängigkeit und den territorialen Status quo Polens anzuerkennen,[274] informierte Churchill in seinem Brief vom 1. Februar 1944 Stalin über seine Bemühungen, die polnische Regierung zu einer Anerkennung der Curzon-Linie zu bewegen.[275] In seiner Antwort vom 4. Februar betonte Stalin nochmals, die polnische Exilregierung sei dem sowjetischen Vorschlag über die Curzon-Linie bisher ausgewichen. Nach Stalins Ansicht sollte die polnische Regierung offiziell in einer Erklärung feststellen, daß die im Rigaer Vertrag festgelegte Grenze geändert werden und die Curzon-Linie die neue Grenze zwischen der UdSSR und Polen bilden sollte. Stalin verwies darüber hinaus auf die Darlegungen der beiden westlichen Staatsmänner in Teheran.[276] Schließlich bat er Churchill um Verständnis dafür, daß die UdSSR zur gegenwärtigen polnischen Regierung die Beziehungen nicht wieder aufnehmen könne. Stalin forderte unverblümt eine Umbildung der polnischen Exilregierung – »unter Einschluß demokratisch gesinnter Männer«.
Trotz dieser entmutigenden Verlautbarungen aus dem Kreml ließ die polnische Exilregierung in London nicht locker, die britische Regierung um Vermittlung zu bitten. Außenminister Eden umriß die Möglichkeiten der britischen Diplomatie so: »Wir wußten, daß wir mit unseren Bemühungen fortfahren mußten – aber das Ergebnis lag außerhalb unseres Entscheidungsbereichs.«[277] Eden begründete seine resignierende Feststellung nicht: Er dürfte nicht nur an die intransigente Haltung Stalins, dem der Verlauf des Zweiten Weltkriegs im Rahmen der »Anti-Hitler-Koalition« eine immer stärkere Position zuwies, gedacht haben. Selbst der Versuch, die UdSSR in der »polnischen Frage« zu einer flexibleren Einstellung zu bewegen, wäre von vornherein auch aus einem weiteren Grund zum Schei-

---

273 Vgl. die ausführliche Wiedergabe der Gespräche Churchills mit Mikolajczyk vom 20. Januar 1944 in London in: Documents. Vol. II, Doc. No. 83, S. 144–149. Vgl. dazu auch J. Ciechanowski: Vergeblicher Sieg, S. 269–274; A. Uschakow: Erbe, S. 18.
274 Vgl. Documents, ebenda, Doc. No. 85, S. 150 f. Vgl. dazu auch E. J. Rozek: Diplomacy, S. 197–199; A. Uschakow, ebenda.
275 Text in: Documents, ebenda, Doc. No. 93, S. 160–162.
276 Text, ebenda, Doc. No. 95, S. 163 f. Vgl. dazu auch A. Uschakow: Erbe, S. 18.
277 Vgl. Eden: Memoirs, S. 436.

tern verurteilt gewesen: Dazu hätte es an der Rückendeckung der amerikanischen Administration gefehlt, die in der »polnischen Frage« vorbehaltlos dem sowjetischen Standpunkt folgte. Am 7. Februar 1944 sandte Präsident Roosevelt Stalin eine Note, in der er sein volles Verständnis dafür zum Ausdruck brachte, daß die UdSSR nicht bereit sei, mit der polnischen Exilregierung in London Verhandlungen aufzunehmen: »Ich verstehe sehr gut Ihren Wunsch, nur mit einer polnischen Regierung zu verhandeln, der Sie Vertrauen entgegenbringen und auf die Sie sich verlassen können und die bereit ist, dauernde gute Beziehungen zur UdSSR aufzunehmen.«[278] Über die Problematik der sowjetisch-polnischen Grenze verlor der amerikanische Präsident kein Wort.

Nach weiteren Gesprächen mit Premierminister Churchill[279] verdeutlichte die polnische Exilregierung in zwei Resolutionen vom 15. Februar 1944 noch einmal ihren Standpunkt in den Fragen der sowjetisch-polnischen Grenze und der Zusammensetzung der polnischen Regierung. Unmißverständlich hieß es darin, sie sei nicht imstande, die Curzon-Linie als künftige polnisch-sowjetische Grenze anzuerkennen; Grenzfragen könnten erst nach Beendigung des Krieges diskutiert werden. Das sowjetische Ansinnen, die polnische Exilregierung umzubilden, wurde gleichfalls strikt zurückgewiesen: »Personelle Veränderungen in der Zusammensetzung der polnischen Regierung . . . können nicht von den Forderungen auswärtiger Staaten abhängig gemacht werden.«[280]

Die polnische Exilregierung stand jedoch auf verlorenem Posten. Dafür legten die Note Stalins an den amerikanischen Präsidenten vom 16. Februar und die Rede Churchills vor dem britischen Unterhaus vom 22. Februar 1944 eindringlich Zeugnis ab. In seinem Schreiben an Roosevelt suchte Stalin zunächst wiederum den Eindruck zu erwecken, wie großzügig sich die UdSSR in der Grenzfrage verhalte: »Die Sowjetunion betrachtet die Grenzen von 1939 nicht als ›endgültig‹ und sei mit der Curzon-Linie einverstanden: ›Damit haben wir ganz entscheidende Konzessionen gegenüber den Polen in der Grenzfrage gemacht.‹ Die polnische Regierung sollte offiziell erklären, forderte Stalin, daß sie die Curzon-Linie als sowjetisch-polnische Grenze anerkenne, wie dies die sowjetische Regierung getan habe. In der polnischen Exilregierung seien – meinte Stalin – ›kaum demokratische Elemente‹; in ihr spielten die profaschisti-

---

278 Text in: Documents. Vol. II, Doc. No. 97, S. 171 f.
279 Vgl. beispielsweise den ausführlichen Bericht über die Unterhaltung vom 6. Februar 1944, ebenda, Doc. No. 96, S. 165–171.
280 Vgl. Doc. No. 100, ebenda, S. 176.

schen, imperialistischen, gegenüber der UdSSR feindlich gesonnenen Elemente die Hauptrolle. Die Exilregierung könne daher keine Basis in Polen haben und sei ungeeignet, freundschaftliche Beziehungen zur UdSSR zu etablieren.«[281]

Nachdem Churchill in einer Note vom 20. Februar 1944 Stalin noch einmal den Standpunkt der polnischen Regierung in den beiden zentralen Fragen vorgetragen hatte,[282] erinnerte er in seiner Rede vor dem Unterhaus am 22. Februar zunächst daran, daß die britische Regierung niemals irgendeine bestimmte polnische Grenzlinie »garantiert« habe. Festzuhalten gilt vor allem Churchills Feststellung: »Ich habe immer die Meinung vertreten, daß alle Fragen über territoriale Regelungen und Neuordnungen bis zum Ende des Krieges zurückgestellt werden und daß die siegreichen Mächte dann zu einer formalen und endgültigen Einigung für Europa als Ganzes kommen sollten.« Er fügte jedoch hinzu, der Kriegsverlauf mache es notwendig, zu einer Art freundschaftlich ausgearbeiteter Übereinkunft zu gelangen. Der britische Premierminister bekundete großes Verständnis für die Haltung der UdSSR in der Grenzfrage. Stalin und er seien sich darüber einig, daß Polen als Kompensation für den Verlust seiner Ostgebiete auf Kosten Deutschlands im Norden und Westen entschädigt werden müsse[283]: Damit hatte Churchill die Curzon-Linie als sowjetisch-polnische Grenze für die britische Regierung anerkannt.

Die britische Regierung wies gleichzeitig jeglichen Verdacht zurück, sie habe sich auf den Konferenzen in Moskau oder Teheran auf die eine oder andere Weise festgelegt, die britischen Interessen auf gewisse Teile Europas zu begrenzen. So versicherte Außenminister Eden am 23. Februar 1944 vor dem Unterhaus, daß diese Annahme völlig unbegründet sei: »Wir haben keiner Einflußsphäre zugestimmt. Wir sind nicht gefragt worden, irgendeiner Einflußsphäre unsere Zustimmung zu geben, wir sind absolut frei, uns für die europäischen Angelegenheiten und Nationen zu interessieren, und keine Einflußsphären sind durch irgendjemanden vereinbart worden.«[284]

---

281 Vgl. Doc. No. 104, ebenda, S. 188.
282 Text, ebenda, Doc. No. 107, S. 191–193.
283 Text, ebenda, Doc. No. 109, S. 194–196 (195). Vgl. dazu auch E. J. Rozek: Diplomacy, S. 205–209; A. Uschakow: Erbe, S. 18.
284 Vgl. Doc. No. 110, ebenda, S. 196. Vgl. dazu auch A. Toynbee und V. M. Toynbee: Survey 1939–1946, S. 155–159.

b) *Die Gleichschaltung der polnischen Kommunisten*

In den Monaten, in denen Stalin hartnäckig und mit diplomatischem Geschick die britische und amerikanische Regierung nicht nur für seine Vorstellungen von den künftigen Grenzen Polens gewann, sondern sie auch davon überzeugte, daß für ihn die polnische Exilregierung in London keinen adäquaten Verhandlungspartner bildete, stellte er die entscheidenden Weichen für die spätere Etablierung eines sowjet-freundlichen Regimes in Polen. Eine weitreichende Einflußnahme auf die künftige politische Entwicklung des westlichen Nachbarlandes hatte sich die Sowjetregierung frühzeitig insofern gesichert, als sie am 25. April 1943 – wie bereits dargelegt – die diplomatischen Beziehungen zur polnischen Führung in London abgebrochen hatte. Vorausgegangen war die Gründung der »Union der Polnischen Patrioten« in Moskau mit Alfred Lampe und Wanda Wasilewska an der Spitze, in der Stalin die einzige Vertretung des polnischen Volkes sah. Er beschränkte sich also nicht darauf, mit Hilfe seiner beiden westlichen Hauptalliierten die polnische Exilregierung für eine Hinnahme der »Westverschiebung Polens« zu gewinnen; er schmiedete darüber hinaus bereits 1943 Pläne für eine ihm genehme künftige Regierung in Polen.

Die planmäßigen und zielstrebigen Aktionen Stalins widerlegen – wie neuere zeithistorische Studien beweisen[285] – die immer wieder vorgetragene östliche Propaganda-Behauptung, die UdSSR habe die diplomatischen Beziehungen zur polnischen Exilregierung in Londen am 25. April 1943 nur deshalb abgebrochen, da letztere das Rote Kreuz ersucht hatte, die von deutscher Seite bekanntgegebene Entdeckung von Massengräbern polnischer Offiziere bei Katyn zu prüfen. Die Katyn-Affäre brachte Stalin zwar in Verlegenheit, aber er machte – wie Peter Raina zutreffend festgestellt hat – das beste aus der Situation, indem er sie als Vorwand benutzte, die Beziehungen zur polnischen Exilregierung in London abzubrechen; damit schuf Stalin eine wichtige Voraussetzung, um die künftige Entwicklung Polens in seinem Sinne sicherzustellen.

Wie sehr Stalin bestrebt war, jegliche Risiken von vornherein auszuschließen, zeigt auch die Tatsache, daß er den in Polen verbliebenen Kommunisten und der Führung der Polnischen Arbeiterpartei[286] nicht allein das

---

285 Vgl. dazu vor allem die detaillierte, auf zahlreichen wertvollen polnischen Quellen basierende Analyse von P. Raina: Gomulka, S. 31–43; A. Uschakow: Erbe, S. 18–25; G. Rhode: Entwicklung Polens, S. 199–201.
286 = Name der Kommunistischen Partei Polens.

künftige Schicksal des Landes anvertrauen wollte. In Stalins Vorstellungen und Aktionen genoß der »Verband Polnischer Patrioten« in Moskau, der von Anfang an die umstrittene These Stalins von der »Westverschiebung« Polens übernehmen mußte, die Priorität. Da er aber seine weiteren Pläne nur mit Hilfe der Polnischen Arbeiterpartei verwirklichen konnte, legte er so großen Wert darauf, daß sie von ihm genehmen und möglichst ergebenen Funktionären verwirklicht wurden.

Im Frühsommer 1943 sandte Stalin den polnischen Altkommunisten Boleslaw Bierut, Agent des sowjetischen Geheimdienstes in der Vorkriegszeit, nach Warschau, um die Führung der Polnischen Arbeiterpartei zu übernehmen und die weitere politische Entwicklung des Landes im sowjetischen Sinne zu gestalten. Bierut sollte Generalsekretär der Partei und damit Nachfolger Pawel Finders werden, der am 14. November 1943 in die Hände der Gestapo gefallen war. Ohne Stalin und die »Union der Polnischen Patrioten« zu konsultieren, wurde jedoch am 23. November 1943 Wladyslaw Gomulka in dieses Amt gewählt. Als Entschuldigung erklärte man den Sowjets, es habe zwischen Warschau und Moskau keine Funkverbindung bestanden; Bierut fühlte sich brüskiert.[287]

Zwischen den beiden rivalisierenden kommunistischen Gruppen, der Führung der Polnischen Arbeiterpartei in Warschau und des Verbandes der Polnischen Patrioten in Moskau, begann nun ein »Wettlauf um die Macht in Polen«[288]: Während Gomulka am 15. Dezember 1943 in einem Manifest die baldige Konstituierung eines Polnischen Nationalrats proklamierte, der zu gegebener Zeit eine Provisorische Regierung berufen sollte, rief Bierut am 1. Januar 1944 mehrere engere Mitarbeiter zusammen. Er erklärte, er werde nunmehr förmlich den Polnischen Nationalrat gründen und ernannte sich selbst zum Präsidenten der jetzt sogenannten offiziellen Vertretung des polnischen Volkes: »Es war eine Art Staatsstreich von seiten Bieruts, und Gomulka stand einer vollendeten Tatsache gegenüber. Was die Sowjets durch die Wahl Gomulkas zum Generalsekretär der PPR[289] an Boden verloren hatten, gewannen sie wieder, indem sie ihren Gefolgsmann Bierut in die mächtigste Stellung schoben. Bierut konnte jetzt mit der Rückendeckung durch die Sowjets seine Autorität ausspie-

---

287 Vgl. dazu vor allem P. Raina: Gomulka, S. 36 f.; G. Rhode: Entwicklung Polens, S. 206–209; A. Uschakow: Erbe, S. 20 f.; O. Halecki: Politics, S. 104–109. Sehr instruktiv dazu auch S. S. Lotarski: Poland, S. 345–350; N. Davies: Poland, S. 39–45.
288 So A. Uschakow, ebenda, S. 21.
289 = Abkürzung für Polnische Arbeiter-Partei.

len, und Gomulka war gezwungen, seine Tätigkeit auf die inneren Bereiche der PPR zu beschränken.«[290]
Doch selbst die Tatsache, daß Bierut nun Chef des Polnischen Nationalrats war, reichte dem mißtrauischen Stalin noch immer nicht aus, die weitere Entwicklung in Polen über den ihm ergebenen Bierut zu »steuern«. Auch jetzt blieb er bei seiner zweispurigen Politik: Um jegliches Risiko zu vermeiden, erteilte er Mitte Januar 1944 die Weisung, in Moskau eine neue politische Vertretung Polens, das Zentralbüro Polnischer Kommunisten mit Aleksander Zawadzki an der Spitze zu bilden. Für Stalin war es völlig unerheblich, daß sowohl Bierut als auch Gomulka die Gründung einer weiteren kommunistischen Vertretung in Moskau als überflüssig und peinlich empfanden. In der Folgezeit gelang es der sowjetischen Führung sicherzustellen, daß das am 22. Juli 1944 gebildete Lubliner Komitee – auch Lubliner Regierung genannt –, das als »Polnisches Komitee der Nationalen Befreiung« in dem von der Roten Armee besetzten polnischen Ort Chelm ausgerufen worden war, vornehmlich mit Mitgliedern der Union der Polnischen Patrioten und des Zentralbüros Polnischer Kommunisten, nicht jedoch mit Mitgliedern des Polnischen Nationalrats besetzt wurde. Chef der am 25. Juli 1944 nach Lublin übergesiedelten Lubliner Regierung wurde Edvard Osóbka-Morawski.[291]
Seit dem 22. Juli 1944 gab es somit zwei polnische Regierungen, von der jede den Anspruch erhob, Polen zu vertreten: die Exilregierung in London, die sich vergeblich in die innerpolitische Entwicklung einzuschalten versucht hatte[292], und die Lubliner Regierung, die zu einem Zeitpunkt gebildet worden war, als die Rote Armee den Bug überschritten hatte und zur Weichsel vorstieß. Das »Schicksal der beiden Kontrahenten wurde auf dem Schlachtfeld entschieden. Das Lubliner Komitee setzte seine Hoffnungen auf die Rote Armee und ihren siegreichen Vormarsch, während die Londoner Regierung von Churchill und Roosevelt in eine hoffnungslose Lage manövriert worden war.«[293]

290 So P. Raina: Gomulka, S. 39.
291 Vgl. dazu im einzelnen G. Rhode: Entwicklung Polens, S. 210–212; P. Raina, ebenda, S. 38–41; A. Hillgruber: Der Zweite Weltkrieg, S. 320; A. Toynbee und V. M. Toynbee: Survey 1939–1946, S. 164–166, 191–194; B. A. Osadczuk-Korab: Jahrestag der kommunistischen Machtergreifung in Polen; E. J. Rozek: Diplomacy, S. 229 f.
292 Vgl. dazu vor allem P. Raina, ebenda, S. 40; Deklaration des am 8. Januar 1944 gegründeten »Council of National Unity« vom 15. März 1944. Text in: Documents. Vol. II, Doc. No. 115, S. 203–205. Vgl. auch den Protest der polnischen Exilregierung gegen die Etablierung des Polnischen Komitees der Nationalen Befreiung vom 24. Juli 1944. Text, ebenda, No. 165, S. 296. Vgl. zur Gesamtproblematik auch G. Rhode, ebenda, S. 210–212.
293 So P. Raina: Gomulka, S. 41.

c) *Das Geheimabkommen über die Festlegung der Grenzen Polens vom 27. Juli 1944*

Nach der Einsetzung der Lubliner Regierung kam es Stalin darauf an, so schnell wie möglich in der Frage der Festlegung der neuen polnischen Grenzen vollendete Tatsachen zu schaffen: Mit der angestrebten vertraglichen Grenzfestlegung verfolgte er das Ziel, seine beiden Hauptalliierten, die USA und Großbritannien, von jeder weiteren Mitsprache bei der endgültigen Regelung der »polnischen Frage« auszuschließen. Dabei legte die sowjetische Führung ein atemberaubendes Tempo an den Tag.
Schon vor der Proklamierung der Lubliner Regierung nahm der sowjetische Außenminister Andrej Vyšinskij Gespräche über die Verwaltung der polnischen Gebiete auf. Da die Sowjets Polen nicht als okkupiertes Land behandeln wollten, mußte zunächst die Frage der Verwaltung jener Gebiete geklärt werden, die Polen auf Kosten Deutschlands erhalten sollte. Voraussetzung für eine Regelung war die Festlegung der Westgrenze Polens; gleichzeitig ging es der UdSSR darum, die ihr sogar von ihren westlichen Alliierten konzedierte Curzon-Linie als sowjetisch-polnische Grenze von der polnischen Regierung offiziell bestätigen zu lassen. Die Verhandlungen in Moskau erwiesen sich als schwierig, da die polnische Delegation zu einer vorbehaltlosen Anerkennung der Curzon-Linie als der polnischen Ostgrenze zunächst nicht bereit war und auch den Sowjets den von ihnen geforderten großen Teil Ostpreußens mit Königsberg und Elbing bis zur Weichselmündung nicht zugestehen wollte.[294] Die Verhandlungen mündeten in dem Abschluß zweier Abkommen vom 26. und 27. Juli 1944.
In dem ersten Abkommen über die Beziehungen zwischen dem Sowjetischen Oberkommando und den polnischen Behörden nach dem Einmarsch der Roten Armee in das polnische Gebiet vom 26. Juli 1944 wurde der Lubliner Regierung die Verwaltung der polnischen Gebiete westlich des Bugs übertragen. Außerdem verpflichtete sich die polnische Führung, dafür Sorge zu tragen, daß der sowjetische Oberkommandierende »von seiten der polnischen Verwaltungsbehörden bei der Ausführung militärischer Operationen durch die Rote Armee und zur Befriedigung der Bedürfnisse dieser Armee während ihres Aufenthalts auf polnischem Gebiet«[295] aktiv unterstützt wird.

---

294 Vgl. dazu die ausführliche, auf polnischen Quellen basierende Schilderung bei A. Uschakow: Erbe, S. 23 f.; V. Vierheller: Polen, S. 74–78.
295 Dt. Text des Abkommens bei B. Meissner: Ostpakt-System, S. 24.

Stalin konnte sich mit dieser indirekten Kontrolle begnügen, um den westlichen Nachbarstaat der UdSSR fest an seiner Seite zu wissen; die direkte Beherrschung des Landes, die den Sowjets aus psychologischen, politischen und optischen Gründen nicht opportun erschien, war für sie nicht mehr vonnöten.[296]
Das zweite, wesentlich wichtigere Abkommen vom gleichen Tage[297] bestimmte die Staatsgrenzen Polens im Osten und im Westen. Mit der ersten Vereinbarung bildete es insofern eine logische Einheit, als es den territorialen Umfang der polnischen Verwaltung festlegte. Mit Rücksicht auf die beiden westlichen Hauptalliierten wurde das Grenzabkommen weder von sowjetischer noch von polnischer Seite offiziell bekanntgegeben; zu diesem Zeitpunkt hatte Stalin – wie Alexander Uschakow betont – kein Interesse daran, sein Verhältnis zu Churchill und Roosevelt noch mehr zu komplizieren.[298]
Art. 1 des Abkommens vom 27. Juli bestimmte, daß »bei der Festlegung der Staatsgrenze zwischen der Republik Polen und der Union der Sozialistischen Sowjetrepubliken ... die sogenannte Curzon-Linie zugrundegelegt« werde. Art. 2 legte fest, daß »der nördliche Teil Ostpreußens mit der Stadt und dem Hafen Königsberg an die UdSSR, der ganze übrige Teil Ostpreußens sowie der Danziger Bezirk mit der Stadt und dem Hafen Danzig dagegen an Polen« übergehen sollen. Damit hatte Stalin bezüglich Ostpreußens und Königsbergs ohne Konsultation und Zustimmung Großbritanniens und der USA verfügt; hinsichtlich der polnischen Westgrenze war er vorsichtiger. In Art. 4 erkannte die sowjetische Regierung an, »daß die Grenze zwischen Polen und Deutschland entlang einer westlich von Swinemünde bis zum Fluß Oder verlaufenden Linie, wobei die Stadt Stettin auf polnischer Seite verbleibt, weiter aufwärts des Flusses Oder bis

---

296 Vgl. dazu A. Uschakow: Erbe, S. 24.
297 Erstmals wurde das Geheimabkommen – das Datum vom 27. Juli 1944 bezeichnet die Schlußakte der feierlichen Unterzeichnung in der Nacht vom 26. zum 27. Juli 1944 – von Alexander Uschakow in einer westlichen Publikation veröffentlicht. Vgl. A. Uschakow, ebenda, S. 73 f. In seiner Analyse, ebenda, S. 24 Anm. 45 weist er darauf hin, daß die Existenz dieses Abkommens zwar aus Äußerungen polnischer Politiker bekannt gewesen sei, über das Datum, den Inhalt und Gegenstand habe jedoch weitgehend Unklarheit geherrscht. In westlichen Darstellungen ist das Grenz-Abkommen bisher viel zu wenig beachtet worden. Zu den wenigen Ausnahmen gehört S. S. Lotarski: Poland, S. 350.
298 A. Uschakow, ebenda. Vgl. dazu auch V. Vierheller: Polen, S. 76, die – im Anschluß an A. Uschakow – auch feststellt, daß sich die Polen auf das Abkommen nicht berufen durften. Als Bevollmächtigter der UdSSR unterzeichnete Außenminister Molotov, als Beauftragter des Polnischen Komitees der Nationalen Befreiung E. Obsóbka-Morawski.

zur Neiße und von hier entlang des Flusses Neiße bis zur tschechoslowakischen Grenze festgelegt werden soll: Die sowjetische Regierung verpflichtet sich, bei der Festlegung der Staatsgrenzen zwischen Polen und Deutschland die Forderung auf die Festlegung der Grenze entlang der genannten Linie zu unterstützen.«[299]

In der Retrospektive bildeten die beiden Abkommen ein wichtiges Mittel Stalins, Polen unter sowjetischer Kontrolle zu wissen. Es war ihm gelungen, »die Gomulka-Gruppe auszumanövrieren, die Lubliner Kommunisten an die Sowjetunion zu ketten und die strategischen Grenzen seines Imperiums weit nach Deutschland vorzuschieben«[300].

Wie hartnäckig und zäh die sowjetische Führung auf eine frühzeitige »Lösung« der »polnischen Frage« in ihrem Sinne drängte, verdeutlicht auch ihr Verhalten gegenüber den diplomatischen Bemühungen Mikolajczyks, von Stalin zu einer Unterredung empfangen zu werden. Am 17. Juni 1944 hatte sich Präsident Roosevelt mit der Bitte an Stalin gewandt, den Chef der polnischen Exilregierung nach Moskau einzuladen.[301] Unter Hinweis auf Mikolajczyks Einstellung zur Grenzfrage und die Notwendigkeit einer Umbildung der polnischen Exilregierung beantwortete Stalin das Ansinnen Roosevelts negativ.[302] Erst die Vorstöße Churchills vom 25. und 27. Juli 1944 bei Stalin hatten Erfolg.[303] In seinem zweiten Schreiben hatte es Churchill als ein großes Unglück bezeichnet, wenn die westlichen Demokratien die eine Vertretung der Polen, die UdSSR die andere anerkennten. Am 28. Juli 1944 antwortete Stalin positiv[304], und am 30. Juli traf Mikolajczyk in Moskau ein.

Über seine Besprechungen mit Stalin hat Mikolajczyk ausführlich in seinen Memoiren »The Rape of Poland – Pattern of Soviet Aggression« berichtet. Stalin kam schnell, wie der Chef der polnischen Exilregierung festgestellt hat, auf das »heikle Problem« der Grenzen zu sprechen. »Sie müssen einsehen«, sagte Stalin zu Mikolajczyk, »daß nichts für Polen getan werden kann, wenn Sie nicht die Curzon-Linie anerkennen. Für den

---

299 Text bei A. Uschakow, ebenda, S. 73. Vgl. dazu A. Uschakow mit weiteren Nachweisen, ebenda, S. 25–27; V. Vierheller, ebenda, S. 75 f.
300 So A. Uschakow, ebenda, S. 25. Daß Stalin die Veröffentlichung des Grenz-Abkommens unterband, führt A. Uschakow noch auf einen weiteren Grund zurück: »Da völkerrechtliche Grenzvereinbarungen nur legitime Regierungen abschließen können, hätte eine solche Bekanntgabe eine Aufwertung des Lubliner Komitees bedeutet.«
301 Text in: Documents. Vol. II, Doc. No. 146, S. 268 f.
302 Text des Schreibens vom 24. Juni 1944, ebenda, No. 149, S. 271.
303 Texte, ebenda, Doc. No. 168 und 171, S. 299, 301 f.
304 Text, ebenda, Doc. No. 175, S. 305.

Verlust Ostpolens werden Sie die Oder-Linie im Westen, einschließlich Wroclaw[305], Stettin und Ostpreußen erhalten. Königsberg ... wird bei der Sowjetunion verbleiben – ebenso wie das umliegende Gebiet.«[306] Die sowjetisch-polnischen Grenz-Vereinbarungen vom 27. Juli 1944, von deren Existenz Mikolajczyk bis dahin nichts wußte, erwähnte Stalin mit keinem Wort.

Mikolajczyk begegnete Stalins Auslassungen über die künftigen Grenzen Polens mit dem Einwand, diese Regelung sei eine indirekte Verletzung der Atlantik-Charta vom 14. August 1941, deren Prinzipien die UdSSR akzeptiert habe, und der bestehenden polnisch-sowjetischen Verträge. Daraufhin meinte Stalin: »Vielleicht können wir an der Curzon-Linie einige Änderungen zugunsten Polens vornehmen. Aber zuerst müssen Sie ein Übereinkommen mit den Lubliner Polen erreichen. Danach beabsichtige ich, nur mit einer polnischen Regierung, nicht mit zweien, zu verhandeln.«[307]

Stalins unmißverständliche Äußerungen verdeutlichten eindringlich, wie kompromißlos er seine Vorstellungen über die künftigen Grenzen Polens verfolgte. Wie wenig ernst er die polnische Exilregierung nahm, erhellt die Tatsache, daß er gegenüber Mikolajczyk die geheimen Grenz-Abmachungen mit dem »Polnischen Komitee der Nationalen Befreiung« zwar inhaltlich wiedergab, ohne jedoch Mikolajczyk über die vertragliche Natur dieser Abmachungen zu unterrichten. Schließlich ging aus Stalins Verhalten deutlich hervor, daß er es gar nicht mehr für opportun oder gar nötig hielt, bei der »Lösung« der »polnischen Frage« auf seine beiden Hauptalliierten, die USA und Großbritannien, Rücksicht zu nehmen.

d) *Die »polnische Frage« auf der Moskauer Konferenz (Oktober 1944)*

Vom 9. bis zum 18. Oktober 1944 hielten sich der britische Premierminister Winston S. Churchill und Außenminister Anthony Eden zu Besprechungen mit der sowjetischen Führung in Moskau auf. Wegen der Präsidentschafts-Wahlen am 7. November 1944 in den USA ließ sich Präsident Roosevelt durch den amerikanischen Botschafter Averell Harriman vertreten. Die Moskauer Konferenz hat in der zeitgeschichtlichen For-

---

305 = Breslau.
306 St. Mikolajczyk: The Rape of Poland, S. 74. Vgl. dazu auch A. Toynbee und V. M. Toynbee: Survey 1939–1946, S. 171–174; I. Deutscher: Stalin, S. 549.
307 Vgl. St. Mikolajczyk, ebenda.

schung vor allem der angelsächsischen Welt deshalb einen festen Platz, da Churchill dort einen Plan über die Abgrenzung von Einflußsphären in Südosteuropa vorgelegt hat.[308] Beachtung verdient aber auch und gerade die Behandlung der »polnischen Frage« auf dieser Konferenz. Polen war dort durch die Chefs des Lubliner Komitees, Bierut, und der Londoner Exilregierung, Mikolajczyk, vertreten. Churchill hat in seinen Memoiren berichtet, er habe »stärksten Druck« auf Mikolajczyk ausgeübt, damit er die Curzon-Linie de facto anerkenne und eine freundliche Aussprache mit dem Lubliner Komitee mit dem Ziel führe, eine einheitliche polnische Regierung zu bilden: »Er müsse unbedingt mit dem polnischen Komitee in Verbindung treten und die Curzon-Linie als Arbeitsgrundlage, vorbehaltlich weiterer Diskussion bei der Friedenskonferenz, akzeptieren.«[309]

Daß Stalin und Molotov von Mikolajczyk die bedingungslose Anerkennung der Curzon-Linie als künftiger Ostgrenze Polens forderten, versteht sich von selbst. Dies lehnte Mikolajczyk ebenso wie die Forderung Bieruts ab, eine neue polnische Regierung zu bilden, in der die Vertreter des Lubliner Komitees die Mehrheit haben sollten.[310] Churchills Feststellung über das Lubliner Komitee gehört zu den wichtigsten Dokumenten seiner »Memoiren«. Über die Gespräche mit dem »sogenannten Polnischen Nationalkomitee« hat er festgehalten:

»Es zeigte sich schnell, daß die Lubliner bloße Werkzeuge Rußlands waren. Sie hatten ihre Rollen so gut gelernt und geprobt, daß anscheinend sogar ihre Herren das Gefühl hatten, sie schössen über das Ziel hinaus. Beispielsweise gebrauchte ihr Führer, Bierut, folgende Wendungen: ›Wir sind hier, um im Namen Polens zu verlangen, daß Lemberg zu Rußland gehören soll. Das ist der Wille des polnischen Volkes.‹ Nachdem aus dem Polnischen ins Englische und Russische übersetzt worden war, blickte ich Stalin an und sah in seinen ausdrucksvollen Augen ein verständnisinniges Zwinkern, als wolle er sagen: ›Nun, was sagen Sie zu unserer sowjetischen Dressur?‹«[311]

Churchill fügte noch lakonisch hinzu, die drei Lubliner Polen hätten auf Eden »einen sehr schlechten Eindruck« gemacht. Aus der Beobachtung des britischen Premierministers sind zwei wichtige Schlüsse zu ziehen: Er

---

308 Vgl. dazu unten S. 199–203.
309 W. S. Churchill: Der Zweite Weltkrieg. Bd. VI/1. Buch, S. 278. Vgl. dazu auch G. Rhode: Entwicklung Polens, S. 205; A. Toynbee und V. M. Toynbee: Survey 1939–1946, S. 182–187; A. Hillgruber: Der Zweite Weltkrieg, S. 326.
310 Vgl. auch die aufschlußreiche Dokumentation über die Moskauer Konferenz in: Documents. Vol. II. Doc. No. 237–246, S. 405–433.
311 Vgl. W. S. Churchill: Der Zweite Weltkrieg. Bd. VI/1. Buch, S. 278.

schien sich bereits jetzt mit der Erkenntnis abgefunden zu haben, daß für das künftige Schicksal Polens Stalin die allein dominierende Rolle spielen wird und er diesen Anspruch mit dem von sowjetischer Seite eingesetzten und von ihr abhängigen Lubliner Komitee durchzusetzen gewillt ist. Auf jeden Fall hatte Churchill, dem die »polnische Frage« sehr viel mehr am Herzen gelegen hatte als den USA, spätestens im Herbst 1944 endgültig resigniert. Das aus dieser Einstellung resultierende Desinteresse Großbritanniens und auch der USA an der Entwicklung Polens mag man im nachhinein als erschreckend empfinden. Der Verlauf des Zweiten Weltkriegs gab nun einmal Stalin die Möglichkeit, die »polnischen Dinge« in seinem Sinne zu regeln. Daher erscheint es wenig nützlich, darüber zu spekulieren, ob bei einer anderen Einstellung der amerikanischen Administration gegenüber Ostmitteleuropa eine andere Entwicklung Polens möglich gewesen wäre.
Wenn daher Andreas Hillgruber meint, die Ablehnung der beiden Forderungen Bieruts durch Mikolajczyk auf der Moskauer Konferenz habe dazu geführt, »daß die polnische Frage und vor allem ihr entscheidender Aspekt, die künftige soziale und politische Ordnung des Landes, zwischen den alliierten Hauptmächten weiter in der Schwebe blieb«,[312] dann bagatellisiert er den festen Willen Stalins, seinen Standpunkt in der Grenzfrage und der künftigen inneren Gestaltung Polens durchzusetzen, beträchtlich.
Nach der Moskauer Konferenz unternahm Mikolajczyk einen weiteren Versuch, die britische Regierung für seine Ansicht in der Grenzfrage zu gewinnen. Im »Cadogan-Brief« vom 2. November 1944[313] sicherte das britische Außenministerium Mikolajczyk zu, für die »Vorverlegung der polnischen Grenze bis zur Oder-Neiße-Linie einschließlich des Hafens Stettin« einzutreten. Die Frage der polnischen Exilregierung, ob die britische Regierung bereit sei, die »Unabhängigkeit und Integrität des neuen Polen« zu »garantieren«, beantwortete die britische Regierung mit dem Hinweis, eine solche Garantie könne sie nur zusammen mit der Sowjetunion geben. Bitter enttäuscht wurde Mikolajczyk ein weiteres Mal von

---

312   A. Hillgruber: Der Zweite Weltkrieg, S. 326. Vgl. dazu auch W. W. Rostow: United States, S. 102–105; G. Rhode: Entwicklung Polens, S. 205.
313   Sir Alexander Cadogan war Staatssekretär im britischen Außenministerium. Engl. Text und dt. Übersetzung des Briefes bei G. Rhode/W. Wagner: Quellen, S. 151–153. Der »Cadogan-Brief« ist erst im Juni 1947 offiziell bekanntgegeben worden. Vgl. die Erklärung des britischen Außenministers E. Bevin vom 4. Juni 1947, Text, ebenda, S. 153. Vgl. dazu auch A. Uschakow: Erbe, S. 25 f.; St. Mikolajczyk: The Rape of Poland, S. 102–104; H. Batowski: Neue Grenzen, S. 3.

Roosevelt, dem er in einem Schreiben vom 26. Oktober 1944 präzise Fragen über die Einstellung der amerikanischen Regierung zur Curzon-Linie gestellt hatte. Roosevelt, dessen Votum für die polnische Exilregierung wichtiger war als das der britischen Regierung, wartete zunächst seine Wiederwahl am 7. November 1944 ab und antwortete am 17. November, die amerikanische Regierung könne »in Übereinstimmung mit ihrer traditionellen Politik« keine Garantie für irgendeine bestimmte Grenze geben.[314]

Roosevelt ließ seine Antwort Mikolajczyk durch den amerikanischen Botschafter in Moskau, Harriman, am 22. November 1944 persönlich überreichen. Nach weiteren Unterredungen mit Harriman zog der Chef der polnischen Exilregierung die Konsequenzen und trat am 24. November 1944 zurück. Die »von Sikorski eingeleitete Politik der Verständigungsbereitschaft war damit endgültig gescheitert«[315]. Nachfolger Mikolajczyks wurde Tomasz Arciszewski, dessen Regierung in der internationalen Politik keine Rolle mehr zu spielen vermochte. Am 31. Dezember 1944/1. Januar 1945 ließ die sowjetische Regierung das Lubliner Komitee zur Provisorischen Polnischen Regierung umbilden, die unmittelbar nach der Einnahme Warschaus durch die Rote Armee am 17. Januar 1945 in die fast völlig zerstörte polnische Hauptstadt übersiedelte. Am 5. Januar 1945, kurz vor der Konferenz der »Großen Drei« in Jalta, erkannte die UdSSR die Provisorische Regierung in Warschau – trotz des Protestes der Westmächte – an.[316]

---

314 Texte der Schreiben vom 26. Oktober und 17. November 1944 in: Documents. Vol. II, No. 250 und 268, S. 439–441, 468 f.
315 So G. Rhode: Entwicklung Polens, S. 205. Vgl. dazu auch O. Halecki: Politics, S. 110; A. Toynbee und V. M. Toynbee: Survey 1939–1946, S. 182–191 (189). Eine ausführliche Darstellung der Entwicklung der »polnischen Frage« in den Monaten Oktober und November 1944 gibt auch der frühere polnische Botschafter in den USA, Jan Ciechanowski, in seinem Buch: Vergeblicher Sieg, S. 326–343.
316 Vgl. dazu G. Rhode, ebenda, S. 205, 211, 213 f.; A. Hillgruber: Der Zweite Weltkrieg, S. 326, 329 f. Eine ausführliche Darstellung der Einsetzung der »Provisorischen Regierung« durch die Sowjets gibt E. J. Rozek in: Diplomacy, S. 326–338. Vgl. dazu auch V. Vierheller: Polen, S. 94. Sehr instruktiv dazu auch S. S. Lotarski: Poland, S. 347–350: »There were now two governments claiming the right to rule Poland. The arbiter between them was the Soviet Union.« N. Davies: Poland, S. 41–45.

e) *Die Konferenz von Jalta: Polen als Teil des sowjetischen Machtbereichs (Februar 1945)*

Auch wenn zur Jahreswende 1944/45 die »polnische Frage« noch nicht vollständig im Sinne der Stalinschen Konzeption gelöst war, konnte die sowjetische Führung aufgrund des bisherigen Verhaltens der USA und Großbritanniens davon ausgehen, daß sie auf der Konferenz der »Großen Drei« in Jalta vom 4. bis zum 11. Februar 1945 keinen entscheidenden Widerstand gegen Stalins Vorstellungen von einem »demokratischen« Polen leisten würden. Von vornherein stand fest, daß die beiden angelsächsischen Mächte in Jalta nicht die harten Positionen der polnischen Exilregierung gegenüber der UdSSR verfechten würden, auch wenn sie diese weiterhin als die einzige Repräsentantin Polens ansahen. Für Stalin war die in Warschau residierende Regierung die legitme Vertreterin des Landes.

Da über den territorialen Status Polens weitgehend zuvor entschieden worden war, konnte die Konferenz von Jalta hier keine neuen Fakten setzen. Auch in Jalta hielt es Stalin nicht für angebracht, seine westlichen Gesprächspartner über die sowjetisch-polnischen Grenz-Vereinbarungen vom 27. Juli 1944 zu unterrichten, in denen als Ostgrenze Polens die Curzon-Linie vereinbart worden war. Es ist nicht korrekt, wenn Henryk A. Batowski von der Jagelonen-Universität in Krakau in einem 1977 erschienenen Beitrag gemeint hat, in dem Abkommen vom 27. Juli 1944 seien »für die Westgrenze« Polens »nur ganz allgemeine Richtlinien festgesetzt«[317] worden. In Art. 4 des Abkommens hat sich – um es noch einmal zu wiederholen – die sowjetische Regierung verpflichtet, bei den Westmächten für die Oder-Neiße-Linie als Grenze zwischen Polen und Deutschland einzutreten. Unklarheit bestand anfangs nur darüber, ob die sowjetische Seite mit der Vertrags-Formulierung, wie es der polnische Partner gern gesehen hätte, die westliche Neiße gemeint hat. Der Vertrag selbst nennt nicht die Lausitzer Neiße, sondern spricht nur von der »Neiße«.[318]

In Jalta erkannten die beiden angelsächsischen Mächte nun endgültig die Curzon-Linie als künftige Ostgrenze Polens mit geringen Abweichungen zugunsten Polens an. In der Frage der künftigen Westgrenze Polens

---

317 H. Batowski: Grenzen, S. 3.
318 Vgl. dazu A. Uschakow: Erbe, S. 25 f. mit den wichtigen Hinweisen in der Anm. 49; St. Mikolajczyk: The Rape of Poland, S. 71-74.

konnte Stalin gegenüber seinen Partnern in der »Anti-Hitler-Koalition« seine Forderung noch nicht endgültig durchsetzen, die Oder-Neiße-Linie anzuerkennen. Roosevelt und Churchill waren in Jalta nur bereit zu erklären, »daß Polen im Norden und Westen einen beachtlichen territorialen Zuwachs erhalten« müsse. Die endgültige Festlegung der Westgrenze Polens wurde ausdrücklich der Friedenskonferenz vorbehalten.[319]
Für das weitere Schicksal Polens war nicht die Frage der Festlegung der Grenzen, sondern der Bildung einer »demokratischen« Regierung und der baldigen Abhaltung freier Wahlen von wesentlich größerer Bedeutung. Sie bildete den Kernpunkt der Verhandlungen der »Großen Drei« auf der Konferenz von Jalta. Das wichtigste und folgenschwerste Zugeständnis der beiden Westmächte lag darin, daß sie ihre Forderung im Hinblick auf die neuzubildende polnische Regierung auf die »Aufnahme demokratischer Führer in Polen selbst und von Polen im Ausland« in die in Warschau residierende, kommunistisch beherrschte Provisorische Regierung beschränkt haben: »Diese wurde demnach als Kern der neuen ›Regierung der Nationalen Einheit‹ von den Westmächten faktisch bereits anerkannt, während die völkerrechtliche Anerkennung durch die USA und Großbritannien nach vollzogener Umbildung folgen sollte. Damit war die polnische Exilregierung von den Westmächten fallengelassen worden.«[320]
In Jalta sollte sich einmal mehr zeigen, daß Stalin noch vor der militärischen Niederringung Deutschlands in Polen vollendete innenpolitische Verhältnisse schaffen wollte, die eine enge Anlehnung des westlichen Nachbarlandes an die UdSSR garantierten. Die Formel von der »Abhaltung freier und unbeeinflußter Wahlen ... auf der Grundlage allgemeinen Wahlrechts und geheimer Abstimmung« im Jalta-Protokoll konnte Stalin vorbehaltlos unterschreiben, da er das westliche Verlangen nach internationaler Kontrolle der Wahlen mit dem Hinweis abbog, dies werde erst einige Zeit nach der Beendigung des Krieges in Europa möglich sein.[321]
So konnte Stalin mit dem Verlauf und den Ergebnissen der Konferenz von Jalta höchst zufrieden sein. Daß eine endgültige Festlegung der West-

---

319 Vgl. das Protokoll der Verhandlungen der Konferenz von Jalta (Krim-Konferenz) vom 11. Februar 1945, veröffentlicht durch das Department of State am 24. März 1947. Dt. Übersetzung bei E. Deuerlein: Einheit, S. 327–331 (330). Vgl. dazu im einzelnen G. Rhode: Entwicklung Polens, S. 213–216; A. Hillgruber: Der Zweite Weltkrieg, S. 329 f.; A. Fischer: Teheran, S. 193, wo er darauf hinweist, daß der Passus »Polen« in den sowjetischen Text der Konferenz-Protokolle nicht aufgenommen worden ist. Vgl. dazu auch H. Batowski: Grenzen, S. 3 f.
320 So A. Hillgruber, ebenda, S. 330; G. Rhode, ebenda, S. 215; O. Halecki: Politics, S. 111 f.
321 Vgl. dazu im einzelnen G. Rhode, ebenda, S. 214–216; A. Hillgruber, ebenda.

grenze Polens in Jalta nicht vereinbart wurde, brauchte ihn nicht zu stören. Entscheidend ist, daß mit »Jalta« die Einbeziehung Polens in den sowjetischen Machtbereich außer Frage stand. Der aus Außenminister Molotov und den Botschaftern der beiden Westmächte in Moskau seit Ende Februar 1945 bestehende und mit der Vorbereitung der Regierungsbildung für Polen beauftragte Dreier-Ausschuß hätte selbst bei einer harten und kompromißlosen Haltung der westlichen Vertreter nichts entscheidendes mehr ändern können. So war die Entwicklung von 1945 bis zur vollständigen Durchsetzung des Kommunismus in Polen – wie Gotthold Rhode bemerkt hat – bereits in Jalta präjudiziert.[322]

f) *Der sowjetisch-polnische Bündnispakt vom 21. April 1945*

Nach Auffassung der britischen und der amerikanischen Regierung sollte die polnische »Regierung der nationalen Einheit« – gemäß den Beschlüssen der Konferenz von Jalta – aufgrund von Verhandlungen des Dreier-Ausschusses so schnell wie möglich gebildet werden. Die neue Regierung, in die Mitglieder der Provisorischen Regierung sowie Politiker aus Polen und dem Ausland berufen werden sollten, sollte Polen auf der ersten Konferenz der Vereinten Nationen in San Francisco am 25. April 1945 vertreten. Die beiden angelsächsischen Mächte hofften, daß etwa zur gleichen Zeit freie Wahlen in Polen abgehalten werden konnten. Um das Übergewicht der prosowjetischen Kräfte auch in der neuen polnischen Regierung nicht in Frage zu stellen, blockierte die UdSSR die Umbildung der Regierung in der von den beiden Westmächten gewünschten Weise. Vor allem wandte sich der Kreml scharf gegen eine mögliche Aufnahme Mikolajczyks in die »Regierung der nationalen Einheit«.[323]
Der Tod Präsident Roosevelts am 12. April 1945 ließ in der sowjetischen Führung die Befürchtung aufkommen, unter seinem Nachfolger Harry S. Truman könnten sehr rasch jene politischen Kräfte Einfluß gewinnen, die eine härtere, weniger kompromißbereite Politik gegenüber der Sowjetunion befürworteten. Diese mögliche Entwicklung dürfte die Sowjetregierung bewogen haben, im Frühjahr 1945 in Polen weitere vollendete Tatsachen zu schaffen.[324] Nachdem die UdSSR am 11. April 1945 mit Jugosla-

---

322 G. Rhode, ebenda, S. 216. Er gibt eine weitere detaillierte Darstellung über die innere Entwicklung Polens, ebenda, S. 216–220.
323 Vgl. dazu im einzelnen G. Rhode, ebenda, S. 213–218; V. Vierheller: Polen, S. 95.
324 Vgl. dazu A. Hillgruber: Der Zweite Weltkrieg, S. 333–336 mit weiteren Nachweisen.

wien einen Bündnispakt geschlossen hatte,[325] schloß sie am 21. April einen »Vertrag über Freundschaft, Zusammenarbeit und gegenseitigen Beistand in der Nachkriegszeit« mit der Provisorischen Polnischen Regierung, die noch immer nicht zur »Regierung der nationalen Einheit« unter Einschluß »demokratischer Führer« aus Polen und dem Ausland umgebildet worden war.

So ergab sich die »paradoxe Situation, daß das Land, um dessentwillen der Krieg ausgebrochen war, auf der ersten großen Konferenz nach Kriegsende nicht in San Francisco vertreten war, da die nicht anerkannte Provisorische Regierung nicht eingeladen werden konnte und die Exilregierung aus Rücksicht auf die Sowjetunion nicht eingeladen wurde, obwohl sie den Vereinten Nationen seit dem 1. Januar 1942 angehörte«[326].

Das Angebot, einen bilateralen Bündnisvertrag zu schließen, hatte die sowjetische Regierung Polen zum ersten Mal in ihrer Erklärung vom 11. Januar 1944 unterbreitet; sie verwies dabei auf die »polnische Klausel« im Protokoll zum Bündnispakt der UdSSR mit der Tschechoslowakei vom 12. Dezember 1943 und forderte Polen auf, dem Pakt beizutreten.[327] Am 31. Dezember 1944 schlug Gomulka bei der Bildung der Provisorischen Regierung erstmals amtlich vor, einen völkerrechtlichen Bündnisvertrag mit der UdSSR zu schließen.[328] Ebenso wie der Pakt vom 12. Dezember 1943 mit der Tschechoslowakei, den Alexander Uschakow zutreffend als »Keimzelle des späteren sowjetischen Ostpaktsystems«[329] apostrophiert hat, basiert der sowjetisch-polnische Vertrag vom 21. April 1945 auf den Grundsätzen der gegenseitigen Achtung der Unabhängigkeit und Souveränität sowie der Nichteinmischung in die inneren Angelegenheiten des anderen Staates. Beide Seiten versprachen sich jegliche Hilfe gegen eine mögliche Erneuerung der Aggressionspolitik Deutschlands oder dessen Verbündeter. Darüber hinaus postulierte der Vertrag für die Zeit nach der Beendigung des Zweiten Weltkrieges die Zusammenarbeit an der weiteren Entwicklung und Festigung der wirtschaftlichen und kulturellen Beziehungen.[330] Die »polnische Klausel« im Protokoll zum Bündnisvertrag der UdSSR mit der ČSR vom 12. Dezember 1943 wurde nicht in Anspruch genommen.

325 Vgl. dazu unten S. 176.
326 So G. Rhode: Entwicklung Polens, S. 218.
327 Vgl. dazu im einzelnen oben S. 88.
328 Vgl. dazu im einzelnen mit Nachweisen A. Uschakow: Bündnisvertrag, S. 286 f.
329 A. Uschakow: Münchner Abkommen, S. 523.
330 Dt. Text des Vertrags bei B. Meissner: Ostpakt-System, S. 25 f. Vgl. dazu auch A. Toynbee und V. M. Toynbee: Survey 1939–1946, S. 216–218; G. Rhode: Entwicklung Polens, S. 218 f.

Anläßlich der Unterzeichnung des sowjetisch-polnischen Bündnisvertrags hielt Stalin eine Rede, in der er die weiteren Ziele seiner Polen-Politik nach der militärischen Niederringung Deutschlands klar und unmißverständlich umrissen hat. Eindringlich verdeutlichte er, wie sehr er die Geschichte der deutsch-polnischen und -russischen Beziehungen zur Begründung des sowjetisch-polnischen Bündnisses in der Zukunft benutzte. Stalins Darlegungen verdienen auch deshalb festgehalten zu werden, da sie wesentlich zum Verständnis seiner Bündnis- und »Block«-Politik beitragen. Am 21. April 1946 führte Stalin aus:

»Im Verlauf der letzten 25–30 Jahre, also während der letzten beiden Weltkriege, gelang es den Deutschen, das Territorium Polens als Korridor für die Invasion nach dem Osten und als Sprungbrett für einen Überfall auf unser Land zu benutzen. Das konnte geschehen, weil zwischen unseren Ländern damals keine freundschaftlichen, keine *Bündnisbeziehungen* bestanden. Die alten Beherrscher Polens wollten keine Bünsnisbeziehungen zu der Sowjetunion haben. Sie zogen es vor, eine Politik des Ränkespiels zwischen Deutschland und der Sowjetunion zu betreiben ... Der gegenwärtige Vertrag ist ... von großer internationaler Bedeutung. Solange es zwischen unseren Ländern kein *Bündnis* gab, hatte Deutschland die Möglichkeit, sich das Fehlen einer Einheitsfront zwischen uns zunutze zu machen ... Es unterliegt keinem Zweifel: wenn diese Barriere im Osten durch eine Barriere im Westen, also durch ein *Bündnis* unserer Länder mit unseren Verbündeten im Westen vervollständigt wird, dann kann man bestimmt sagen, daß die deutsche Aggression gezügelt ist und es nicht mehr leicht haben wird, sich auszutoben.«[331]

Als Stalin das sowjetisch-polnische Bündnis »historisch« begründete, war den Polen das Geheimprotokoll zum deutsch-sowjetischen Nichtangriffspakt vom 23. August 1939, mit dem die »Vierte Teilung Polens« besiegelt worden war, noch nicht bekannt.

g) *Die Konferenz von Potsdam: die Besiegelung des Schicksals Polens (Juli/August 1945)*

Daß der Beschluß der Konferenz von Jalta, keine neue polnische Regierung zu bilden, sondern die kommunistisch beherrschte Provisorische Regierung lediglich zu »reorganisieren«, folgenschwere Wirkungen hatte,

---

331 Text der Rede in: J. Stalin: Krieg. 3. Ausgabe, S. 205–108 (206 f.). Hervorhebungen vom Verf.

sollte sich spätestens im Mai 1945 deutlich zeigen. Gegenüber den beiden Westmächten setzte Stalin seinen Standpunkt durch, nur solche polnischen Politiker zu den Verhandlungen über die Umbildung der Provisorischen Regierung einzuladen, die der UdSSR gegenüber »freundlich« gesinnt waren. Nachdem sich der Dreier-Ausschuß auf eine Liste der einzuladenden polnischen Politiker geeignet hatte, wurde am 28. Juni 1945 in Warschau die »Regierung der nationalen Einheit« gebildet. Außer Stanislav Mikolajczyk nahmen nur noch zwei Vertreter der Exil-Polen an der Bildung dieser Regierung teil; die Kommunisten und Linkssozialisten waren in der Mehrheit und nahmen die entscheidenden Schlüsselpositionen ein. Ministerpräsident der neuen Regierung wurde Edward Osóbka-Morawski; mit dem Amt des 2. stellvertretenden Ministerpräsidenten wurde Stanislav Mikolajczyk betraut, während Parteisekretär Gomulka das Amt des 1. stellvertretenden Ministerpräsidenten übernahm.[332]

Nachdem Frankreich bereits am 29. Juni 1945 die neue Regierung anerkannt hatte, vollzogen die Vereinigten Staaten und Großbritannien am 5. Juli diesen Schritt und entsandten alsbald Botschafter nach Warschau. Durch ihre auf der Konferenz von Jalta gegenüber der UdSSR gemachten Konzessionen hatten sich die beiden angelsächsischen Mächte jegliche Möglichkeit verbaut, das Schicksal Polens, dessen Weg zu einer »Volksdemokratie« als Teil des sowjetischen Herrschaftsbereichs nun besiegelt war, noch zu wenden. Die in Jalta vorgezeichnete zwangsläufige Entwicklung des Landes war den beiden Westmächten keinesfalls verborgen geblieben.[333]

So stand von vornherein fest, daß auch das Treffen der »Großen Drei« in Potsdam vom 17. Juli bis zum 2. August 1945 keine Wende mehr in der »polnischen Frage« bewirken konnte. Die Position der UdSSR wurde auf der Konferenz noch insofern verstärkt, als man die neue polnische Regierung zu den Verhandlungen hinzuzog. So entsprach das Ergebnis der Potsdamer Konferenz weitgehend den Wünschen und Intentionen der sowjetischen Regierung und der ihr ergebenen polnischen Spitzenpolitiker. Nachdem es Stalin gelungen war, bei der »Reorganisierung« der Provisorischen Polnischen Regierung jegliches Risiko für einen politischen Kurs-

---

332 Vgl. dazu die detaillierte Darstellung bei G. Rhode: Entwicklung Polens, S. 216–220, 225, 231; V. Vierheller: Polen, S. 94 f.; O. Halecki: Politics, S. 112 f. A. Toynbee und V. M. Toynbee: Survey 1939–1946, S. 225–227; B. A. Osadczuk-Korab: Jahrestag der kommunistischen Machtergreifung in Polen. Vgl. dazu auch unten S. 221–225.
333 Vgl. beispielsweise das Schreiben W. S. Churchills an J. Stalin vom 28. April 1945. Text in: Documents. Vol. II, Doc. No. 347, S. 547–580; Stalins Antwort, ebenda, Doc. No. 350, S. 584 f.

wechsel Warschaus auszuschalten und die in Jalta vereinbarte »Abhaltung freier und unbeeinflußter Wahlen . . . auf der Grundlage allgemeinen Wahlrechts und geheimer Abstimmung« hinauszuschieben, konnte er den »Polen«-Passus der Potsdamer Beschlüsse vom 2. August 1945 unterzeichnen, dem die »Polnische Regierung der Nationalen Front« ausdrücklich zugestimmt hat.[334]
Der zweite in Stalins Polen-Konzept wichtige Aspekt bildete – wie auf der Konferenz der »Großen Drei« zuvor in Jalta – die Frage der endgültigen Festlegung der Westgrenze Polens; die Curzon-Linie als Ostgrenze Polens hatten die beiden angelsächsischen Mächte bereits in Jalta endgültig anerkannt, so daß sie in Potsdam keinen Verhandlungsgegenstand mehr zu bilden brauchte. Auch auf der Konferenz von Potsdam erwähnte Stalin das sowjetisch-polnische Geheimabkommen über die Grenzen Polens vom 27. Juli 1944 mit keinem Wort.
Über die Frage der Festlegung der Westgrenze Polens entspann sich in der Sitzung vom 21. Juli 1945 in Potsdam ein bemerkenswerter Dialog zwischen Harry S. Truman und Marschall Stalin, den der amerikanische Präsident in seinen »Memoiren« in voller Übereinstimmung mit den amerikanischen Konferenz-Protokollen wiedergegeben hat. Ohne von den Abmachungen der UdSSR mit Polen vom 27. Juli 1944 etwas zu wissen, stellte Truman geradezu hellseherisch Stalin eine Frage, die letzterer wider besseres Wissen beantwortete. Darüber hat Truman berichtet:
»In Jalta, sagte Stalin, sei lediglich bestimmt worden, daß Polen deutsche Gebiete erhalten solle. Die Ziehung der Westgrenze sei aber offen und die Sowjetregierung nicht gebunden. Ich wandte mich Stalin zu. ›Sie sind nicht gebunden?‹, fragte ich. ›Nein‹, antwortete er.«[335]
Dieser Dialog ist – bezeichnenderweise – in die sowjetischen Protokolle der Potsdamer Konferenz nicht aufgenommen worden.[336] Es blieb dem sowjetischen Außenminister Molotov überlassen, in der Sitzung der drei Außenminister in Potsdam am 24. Juli 1945 Stalin zu korrigieren. Molotov sprach von »besonderen Verpflichtungen« der UdSSR gegenüber Po-

---

334 Text der »Mitteilung über die Drei-Mächte-Konferenz von Berlin« in: Amtsblatt des Kontrollrats in Deutschland. Ergänzungsblatt Nr. 1, S. 13–20; wiedergegeben in: D. Rauschning: Gesamtverfassung, S. 95–105 (102 f. mit weiteren Quellen-Nachweisen in Anm. 1) und bei E. Deuerlein: Einheit, S. 347–355 (353).
335 H. S. Truman: Memoiren. Bd. I, S. 365; FRUS: Diplomatic Papers: The Conference of Berlin 1945. Vol. II, S. 209.
336 Vgl. dazu A. Fischer: Teheran, S. 261 mit Anm. 29, wo er die unvollständige Wiedergabe durch die Version der amerikanischen Protokolle ergänzt hat.

len.³³⁷ Die westlichen Gesprächspartner konnten damals noch nicht ahnen, um welche »Verpflichtungen« es sich dabei handelte.³³⁸ Bemerkenswert ist, daß der in Potsdam festgelegte Verlauf der Westgrenze Polens fast wörtlich der Regelung des Art. 4 des sowjetisch-polnischen Abkommens vom 27. Juli 1944 entspricht.³³⁹
Sein Ziel, in »Potsdam« die beiden angelsächsischen Mächte für die endgültige Anerkennung der Westgrenze Polens an der Oder und Neiße zu gewinnen, konnte Stalin noch immer nicht voll durchsetzen. Es wurde vereinbart, die endgültige Festlegung der Westgrenze Polens bis zu einer Friedenskonferenz zurückzustellen.³⁴⁰ Wie die weitere Entwicklung zeigen sollte, setzte Stalin auch hier – nach bewährtem Muster – auf die »Macht des Faktischen«.

5. Die Befreiung der Tschechoslowakei (1944/45)

Nach seinen Verhandlungen mit der sowjetischen Führung, die in dem Abschluß des sowjetisch-tschechoslowakischen Bündnispakts vom 12. Dezember 1943 gipfelten, war Eduard Beneš höchst befriedigt nach London zurückgekehrt. »Wir gelangten zu einer vollständigen Einigung über alle Fragen«, erklärte der Chef der tschechoslowakischen Exilregierung. Dies gelte nicht nur für die volle Anerkennung der Republik, wie sie vor dem Abschluß des Münchener Abkommens vom 29. September 1938 bestanden hatte, sondern auch für den »vollen Respekt« vor der Souveränität des Staates und dem Prinzip der Nichteinmischung in die inneren

---

337 Text in: FRUS: Diplomatic Papers: The Conference of Berlin 1945. Vol. II, S. 332. Da sich die sowjetische Dokumentation auf die Wiedergabe von »Sitzungsberichten« der »Großen Drei« beschränkt, ist hier ein Vergleich mit der amerikanischen Version nicht möglich. Vgl. dazu auch H. Feis: Krieg, S. 216, wo er die Aussage Molotovs nicht korrekt zitiert, wenn er schreibt: »Die Sowjetunion sei verpflichtet, die polnischen Ansprüche zu unterstützen.«
338 Vgl. zur Gesamtproblematik die instruktive Darstellung bei A. Uschakow: Erbe, S. 26 f., wo er darauf hinweist, daß Stalin auf der Potsdamer Konferenz das Geheimabkommen vom 27. Juli 1944 den Beschlüssen der Konferenz insoweit angepaßt hat, als er sich vorab in Potsdam den sowjetischen Anspruch auf Königsberg von den Westmächten bestätigen ließ, über den auf einer Friedenskonferenz endgültig entschieden werden sollte.
339 Vgl. dazu im einzelnen oben S. 97 f.
340 Vgl. Abschnitt IX. »Polen« der Potsdamer Mitteilung. Text bei D. Rauschning: Gesamtverfassung, S. 108.

Angelegenheiten. Beneš' triumphierender Enthusiasmus sollte jedoch nur acht Monate dauern. Dies waren – wie Eduard Táborský bemerkt hat – die acht glücklichsten Monate in seinem Leben, seit sich der Vorhang 1938 zu senken begann: Für Beneš schien seine konsequente Politik der Zusammenarbeit zwischen Ost und West durch die Ereignisse gerechtfertigt, die Zukunft seines Landes voll gesichert.[341]
In der weiteren Entwicklung der Tschechoslowakei markieren der 8. April und der 8. Mai 1944 historische Daten. Am 8. April erreichte die Rote Armee die Grenzen des Landes, die sie sechs Monate später, am 18. Oktober 1944, überschritt. Der tschechoslowakischen Exilregierung mußte es jetzt darauf ankommen, mit der UdSSR zu einer Vereinbarung zu gelangen, um die Beziehungen zwischen der Roten Armee und der tschechoslowakischen Verwaltung in den »befreiten Territorien« zu regeln. Während darüber in London im April 1944 verhandelt wurde, schlug Beneš auch den beiden angelsächsischen Mächten vor, ein solches Abkommen mit ihnen zu schließen. Großbritannien und die USA lehnten dies aus strategischen Erwägungen ab: Sie gingen davon aus, daß ihre Streitkräfte nicht auf tschechoslowakisches Gebiet vordringen werden; London und Washington hatten weder militärische Pläne noch ein politisches Konzept für die weitere Behandlung der Tschechoslowakei.[342]
Damit legten die Westmächte im April 1944 das künftige Schicksal der Tschechoslowakei zunächst allein in die Hände der UdSSR. Am 8. Mai 1944 unterzeichneten die tschechoslowakische Exilregierung und die sowjetische Regierung in London ein Abkommen über die Verwaltung der durch die Rote Armee »befreiten Gebiete«. Darin erklärte sich die tschechoslowakische Exilregierung mit einer »Befreiung« des Landes durch sowjetische Streitkräfte einverstanden. Diese gesonderte Abmachung mit der UdSSR war für die Zeit der militärischen Operationen bestimmt und sah vor, daß die tschechoslowakischen Behörden so schnell wie möglich die Zivilverwaltung in diesen Gebieten wieder übernehmen.[343] Die Vereinbarung sollte sich für das Land als sehr folgenschwer erweisen. Indem die

---

341 E. Táborský: Beneš and Stalin, S. 169. Táborský gibt dort eine höchst aufschlußreiche und detaillierte Darstellung der sowjetisch-tschechoslowakischen Beziehungen in den Jahren 1943–1945 unter Heranziehung der nicht veröffentlichten »Dr. Beneš papers«. Vgl. auch ders.: Beneš and the Soviets, S. 309–311. Sehr instruktiv und materialreich auch die Darstellung von J. Korbel: Subversion, S. 84–93.
342 Vgl. dazu I. Duchacek: Czechoslovakia, S. 198 f.; J. Korbel, ebenda, S. 95–98.
343 Text des Abkommens vom 8. Mai 1944 in: Journal of Central European Affairs 1944/45 (Jg. IV), S. 203 f. Vgl. dazu E. Táborský: Beneš and the Soviets, S. 311 f.; W. Diepenthal: Volksdemokratien, S. 24 f.; J. K. Hoensch: Geschichte, S. 126 f.

beiden westlichen Alliierten die separate Abmachung im Mai 1944 zuließen und selbst damit auf eine Beteiligung an der militärischen Besetzung der ČSR verzichteten, akzeptierten sie die Tatsache, daß die Tschechoslowakei ausschließlich eine militärische Operationszone der Roten Armee bildete. Damit haben die beiden Westmächte nicht nur die militärische, sondern auch, ohne es zu wollen, die politische Vorherrschaft der UdSSR über die Tschechoslowakei weitgehend anerkannt.[344]
Die erste große Enttäuschung bereitete Stalin den tschechoslowakischen Exilpolitikern aufgrund seiner Einstellung gegenüber dem slowakischen Nationalaufstand.[345] Unter der gemeinsamen Leitung kommunistischer und nicht-kommunistischer Widerstands- und Partisanen-Kämpfer sowie Teilen der slowakischen Armee hatte sich in der Zentral-Slowakei am 29. August 1944 eine Bewegung gegen die deutsche Besetzung erhoben und in wenigen Tagen einen großen Teil der Slowakei in ihre Gewalt gebracht. Als das deutsche Oberkommando militärische Verstärkungen sandte, wandte sich die tschechoslowakische Exilregierung in London an die Alliierten mit der Bitte um militärische Hilfe. Die Sowjets lehnten dies anfänglich unter Vorwänden ab; später gewährten sie eine völlig unzulängliche Unterstützung. Ebenso gravierend war, daß die sowjetische Regierung die USA davon abhalten konnte, Waffen zu schicken; sie wollte von Anfang an die westlichen Verbündeten von ihrer militärischen Operationszone in der Tschechoslowakei ausgeschlossen wissen. Erst kurz vor der endgültigen Niederschlagung des Aufstands durch deutsche Streitkräfte in der Mittelslowakei marschierte die Rote Armee am 18. Oktober 1944 in die Karpatho-Ukraine ein und besetzte am 27. Oktober die Hauptstadt Chust, um nun erstmals das Abkommen vom 8. Mai 1944 vehement zu verletzen: Zwar gestatteten die Sowjets, der nach Chust entsandten offiziellen Delegation unter Minister F. Nemetz die Zivilverwaltung über die »befreiten Gebiete« zu übernehmen und ein lokales »Nationalkomitee« zu bilden.
Ohne mit der Londoner Exilregierung Kontakt aufzunehmen, löste jedoch der sowjetische Militärkommandant das »Nationalkomitee« auf und ersetzte es durch ein anderes prosowjetisches, das sich selbst zur Regierung erklärte. Dieses Gremium nahm anschließend eine Resolution an, in der es um den Anschluß der Karpatho-Ukraine an die Ukrainische So-

---

344 Vgl. dazu auch I. Duchacek: Czechoslovakia, S. 199; J. Korbel: Subversion, S. 97 f.
345 Vgl. zum slowakischen Nationalaufstand im einzelnen E. Táborský: Beneš and Stalin, S. 169 f.; I. Duchacek, ebenda, S. 199 f.; J. Korbel, ebenda, S. 70–72, 98; A. Hillgruber: Der Zweite Weltkrieg, S. 324 f.

zialistische Sowjetrepublik bat. Darüber hinaus wurde eine Propaganda-Kampagne mit dem gleichen Ziel inszeniert. Am 19. November 1944 trug die kommunistische Partei in der Karpatho-Ukraine, die plötzlich aus der Taufe gehoben worden war, die gleiche Bitte vor. Nachdem Beneš seinen Botschafter in Moskau, Fierlinger, am gleichen Tag im sowjetischen Außenministerium seinen Protest gegen die sowjetischen Maßnahmen erfolglos hatte vortragen lassen, wurde wenige Tage später Nemetz selbst bei Molotov vorstellig. Der sowjetische Außenminister sagte ihm kurz und bündig: »Man kann nicht erwarten, daß sich die Sowjetunion dem spontanen Ausdruck des freien Willens eines Volkes entgegenstellt, das sich mit der ukrainischen Nation tief verbunden fühlt.«[346]
Eduard Táborský spricht in diesem Zusammenhang von den »zynischen Verfälschungen der Tatsachen«. Noch einen Schritt weiter ging Stalin in seinem Schreiben an Beneš vom 23. Januar 1945, in dem er ebenfalls den »nationalen Willen« der Bevölkerung der Karpatho-Ukraine beschwor und behauptete, Beneš habe ihm bei seinem Besuch im Dezember 1943 gesagt, er sei auf eine Abtretung der Karpatho-Ukraine an die UdSSR vorbereitet gewesen. Diese Unterstellung wies Beneš in seinem Brief vom 28. Januar 1945 zurück.[347] Dies war der erste flagrante Bruch des mehrfachen sowjetischen Versprechens, die Tschechoslowakei in ihren Grenzen anzuerkennen, wie sie vor dem Abschluß des Münchener Abkommens bestanden hatten, und sich nicht – wie im Bündnispakt vom 12. Dezember 1943 vereinbart – in die inneren Angelegenheiten des Landes einzumischen.

Für den Chef der tschechoslowakischen Exilregierung sollte dies nicht die einzige Enttäuschung durch Stalin bleiben. Immer deutlicher zeigte sich Anfang 1945, daß die sowjetische Führung auch in der Tschechoslowakei nicht nur militärische, sondern auch politische Ziele verfolgte: Es ging Stalin um eine feste Bindung der ČSR an die UdSSR. Während Stalin auf der Konferenz von Jalta im Februar 1945 den beiden angelsächsischen Mächten wenigstens konzediert hatte, daß in die neuzubildenden Regierungen in Polen (und Jugoslawien) auch einige nicht prosowjetische Exilpolitiker aufgenommen werden sollten, beharrte er in den am 17. März 1945 in Moskau begonnenen Verhandlungen mit Beneš darauf, daß nicht nur einzelne Kommunisten in die Exilregierung eintreten, sondern eine

---

346 Zit. bei E. Táborský, ebenda, S. 172. Táborský gibt eine ausführliche und wiederum mit den »Dr. Beneš' papers« gut dokumentierte Darstellung; ders.: Beneš and the Soviets, S. 311–313; J. Korbel, ebenda, S. 98–103.
347 Text beider Briefe bei E. Táborský: Beneš and Stalin, S. 173–175; dt. Übersetzung bei J. W. Brügel: Der Fall Karpathorußland, S. 6026 f.

völlig neue Regierung gebildet wird, in der die Kommunisten die Schlüsselpositionen übernehmen. Schon bei seinem ersten Besuch in Moskau im Dezember 1943, der in dem Abschluß des bilateralen Bündnispakts gipfelte,[348] hatte Beneš mit den dort im Exil lebenden prominenten Kommunisten-Führern – unter ihnen Klement Gottwald und Rudolf Slansky – über die spätere Bildung einer Regierung für die Tschechoslowakei verhandelt. Beneš lud die Kommunisten ein, zunächst in die Exilregierung einzutreten, was sie jedoch in höflicher Form ablehnten. Sie sprachen sich gegen die Rückkehr der Exilregierung nach Prag aus und verlangten, daß vorher eine neue Regierung gebildet werden sollte. In seinen Besprechungen wies Gottwald Beneš darauf hin, nach aller Wahrscheinlichkeit würden die Kommunisten die stärkste Partei nach dem Kriege in der Tschechoslowakei sein; damit besäßen sie das Recht, den Ministerpräsidenten zu stellen. Beneš äußerte sich damals höchst befriedigt auch über seine Besprechungen mit den Kommunisten in Moskau.[349]

Sir Robert Bruce Lockhart, britischer Diplomat und ein enger Freund der Tschechoslowakei sowie mit Beneš und auch Masaryk eng verbunden, hat berichtet, Präsident Beneš sei nach seinem Besuch in Moskau im Dezember 1943 in dem »Glauben« zurückgekehrt, daß die tschechoslowakischen Kommunisten »were not as other communists and his belief was widely shared in the United States and Britain«[350]. Daß Beneš hier einer seiner größten Illusionen erlegen ist, sollte sich spätestens im Frühjahr 1945 erweisen. Auch wenn er vornehmlich im März 1945 nach Moskau fuhr, um mit den führenden Kommunisten seines Landes dort eine Regierungsliste »auszuhandeln«, sollte nicht übersehen werden, daß Stalin in seinen Gesprächen mit Beneš ausführlich sein Konzept eines »Neo-slavism« begründet hat. Mit Nachdruck betonte Stalin, die Sowjetunion wolle sich nicht in die inneren Angelegenheiten ihrer Alliierten einmischen. Er fügte hinzu, auf seiten der Prager Delegation bestünden darüber gewisse Zweifel: »Ich versichere Ihnen jedoch, daß wir uns niemals in die inneren Angelegenheiten unserer Alliierten einmischen werden. Dies ist Lenins ›Neo-

---

348 Vgl. dazu oben S. 79–85.
349 Vgl. die ausführliche Darstellung über die Besprechungen, die Beneš im Dezember 1943 in Moskau geführt hat, vor allem bei E. Táborský: Beneš and Stalin; ders.: Beneš and the Soviets, S. 309–313; J. Korbel: Subversion, S. 84–93; P. E. Zinner: Marxism, S. 645–647; V. Mastny: Conversations.
350 R. B. Lockhart: Revolution, S. 634; J. Korbel, ebenda, S. 90–93; E. Táborský: Beneš and Stalin, S. 176–178; ders.: Beneš and the Soviets, S. 309–311.

slavism‹, dem wir bolschevistischen Kommunisten folgen. Da kann keine Rede von einer ›Hegemonie der Sowjetunion‹ sein.«[351]
Aufschlußreich und erstaunlich bleibt zugleich, daß Stalin selbst im März 1945 keine Skrupel hatte, seine wahren Absichten dem Chef der tschechoslowakischen Exilregierung auch nur anzudeuten. Nachdem bei seinem Besuch in Moskau im Dezember 1943 Gottwald und Slansky Beneš verdeutlicht hatten, an der Spitze der ersten Regierung der »befreiten« Tschechoslowakei habe ein »Mann der Linken« zu stehen, war nun, im Frühjahr 1945, der Zeitpunkt gekommen. Beneš mußte schnell einsehen, daß die Verhandlungen in Moskau, die sich bis zum 31. März hinzogen, von Gottwald und seinen Mitarbeitern allein bestimmt wurden.
In Moskau präsentierte Gottwald dem noch in London residierenden Chef der Exilregierung die Liste des neuen Kabinetts, dem Mitglieder der fünf führenden Parteien der Tschechoslowakei angehören sollten. Alle anderen Parteien der Vorkriegszeit sollten nicht mehr zugelassen werden.
Bereits in Moskau hatte sich die Kommunistische Partei der Tschechoslowakei die Schlüsselressorts in der neuen Regierung gesichert. Ministerpräsident wurde der Sozialdemokrat Zdeněk Fierlinger, von Ende 1937 bis August 1939 und ab Juni 1941 Botschafter in der UdSSR, auf dessen prosowjetische Linie sich Stalin verlassen konnte. Die beiden Spitzenpolitiker der tschechischen und slowakischen kommunistischen Parteien, Klement Gottwald und Viliam Široký, wurden stellvertretende Ministerpräsidenten. Wichtig war vor allem, daß die Ministerien des Innern, für Information sowie für Landwirtschaft und Erziehung mit Kommunisten besetzt wurden. Einer der »fellow-traveller« in Moskau, General Ludvik Svoboda, wurde mit dem Amt des Verteidigungsministers betraut.[352] Ivan Pfaff verdanken wir den interessanten Hinweis, daß der »parteilose« General Svoboda im Herbst 1969 öffentlich gestanden hat, »schon seit 1944 nach Vereinbarung mit Gottwald ein Geheim-Kommunist gewesen zu sein, ohne der Partei beizutreten«[353].

---

351 Zit. aus den »Dr. Beneš papers«, bei E. Táborský: Beneš and Stalin, S. 179 f.; J. Korbel, ebenda, S. 112 f.
352 Vgl. über die Regierungsliste die ausführliche Darstellung bei J. Korbel, ebenda, S. 115-117; H. Kuhn: Kommunismus, S. 50; E. Táborský: Beneš and Stalin, S. 180 f.; C. Beck: Politics, S. 65 f.; A. Hillgruber: Der Zweite Weltkrieg, S. 333; E. Wiskeman: Czechoslovakia, S. 376-378. Die Autoren führen auch die wieder zugelassenen und in der Regierung vertretenen Parteien auf. Vgl. dazu auch P. E. Zinner: Marxism, S. 647-650.
353 I. Pfaff: Demokraten.

Der bekannte slowakische Kommunist Vlado Clementis wurde stellvertretender Außenminister, um den neuen Außenminister Jan Masaryk zu »bewachen«. Josef Korbel, der eine der subtilsten Studien über die Entwicklung der Tschechoslowakei in den Jahren von 1938 bis 1948 verfaßt hat, charakterisiert den neuen Außenminister so:
»Jan Masaryk was the great son of a greater father, a Westener in heart and mind. He was strictly non-partisan; he belonged to no party but to his country. As Beneš had faithfully served T. G. Masaryk, now Jan Masaryk wished to serve with equal devotion Edvard Beneš.«[354]
Für die weitere Entwicklung gilt es festzuhalten, daß zwar zahlenmäßig die Nicht-Kommunisten eine Majorität von 70 % hatten; entscheidend ist jedoch, daß die Kommunisten die Schlüsselpositionen in der Provisorischen Regierung der »Nationalen Front« eingenommen haben. Hinzu kommt, außer den in der Koalition vertretenen Parteien wurden alle anderen Parteien der Vorkriegszeit nicht zugelassen, so daß die Nichtexistenz einer parlamentarischen Opposition von Anfang an institutionalisiert worden ist. Beide Fakten sollten sich für die Kommunisten sehr positiv auswirken. Daran konnte auch die Tatsache nichts ändern, daß die Kommunistische Partei der Tschechoslowakei im Frühjahr 1945 im gesamten Staatsgebiet nur über 25 000 Mitglieder verfügte.[355]

Bereits am 4. April 1945 übernahm die Regierung der »Nationalen Front« von Kaschau aus die Regierungsgewalt über die von der Roten Armee befreiten Teile der Tschechoslowakei mit Ausnahme der Karpatho-Ukraine. Am selben Tag wurde das Regierungsprogramm verkündet, dessen Grundzüge Beneš und Gottwald Ende März 1945 in Moskau ausgehandelt hatten und das als »Kaschauer Programm« in die Geschichte eingegangen ist.[356]

Inzwischen waren die sowjetischen Streitkräfte tief in das Land vorgestoßen, und mit ihrer Hilfe hatten die Kommunisten damit begonnen, ihre demokratischen Opponenten auf erbarmungslose Weise zu liquidieren und auf lokaler Ebene die Führungsposition zu übernehmen. Es gelang

---

354 J. Korbel: Subversion, S. 117.
355 Vgl. den Nachweis bei H. Kuhn: Kommunismus, S. 50 mit Anm. 1.
356 Das »Kaschauer Programm« sah als wichtigste innenpolitische Aufgabe die Zusammenarbeit der fünf in der Regierung der »Nationalen Front« vertretenen Parteien vor. Vgl. dazu mit Nachweis H. Kuhn, ebenda, S. 50 mit Anm. 3; E. Wiskemann: Czechoslovakia, S. 379 f.; J. Korbel: Subversion, S. 123–126. Vgl. dazu auch »Die Kommunistische Partei der Tschechoslowakei«, S. 6–8. Vgl. über die innere Entwicklung der Tschechoslowakei auch die materialreiche Studie von K. Kaplan: Marsch, die alle wichtigen Aspekte erfaßt und sich bis Ende Februar 1948 erstreckt; G. Rhode: Tschechoslowakei, S. 961–964.

den Kommunisten, durch eine zielbewußte Propaganda in den folgenden Monaten zahlreiche neue Mitglieder und Sympathisanten zu gewinnen. Die diplomatischen Proteste der beiden angelsächsischen Mächte, die sich vor allem auf die von sowjetischer Seite in Jalta am 11. Februar 1945 in der »Erklärung über das befreite Europa« gegebene Versprechen beriefen[357], blieben ohne Erfolg. Wieder einmal war es Stalin gelungen, erfolgreich auf die »Macht des Faktischen« zu setzen.

Unter diesen Umständen konnte – wie Eduard Táborský bemerkt hat – es sich Beneš einfach nicht leisten, eine Regierung ohne kommunistische Beteiligung zu bilden: Er hätte fürchten müssen, ein solcher Schritt hätte einen Bürgerkrieg heraufbeschworen, der mit sowjetischer Hilfe nur zugunsten der Kommunisten verlaufen wäre. Dies wußten Gottwald und seine Gesinnungsgenossen.[358] Unter politischen und auch psychologischen Aspekten war es von den Sowjets und ihren tschechoslowakischen Gesinnungsfreunden außerordentlich geschickt, Beneš an der Spitze des Staates zu belassen: eine Persönlichkeit, die – wie kein anderer tschechoslowakischer Politiker – über nationale Popularität und weltweites Prestige verfügte.[359]

Als Präsident Beneš am 4. April 1945 die Nominierung der neuen Regierung unter Ministerpräsident Zdeněk Fierlinger bekanntgab, war das Schicksal der Tschechoslowakischen Republik noch nicht besiegelt. Die Hoffnung, das Land vor einer Einbeziehung in den sowjetischen Machtbereich und vor dem Verlust von Unabhängigkeit und Freiheit zu bewahren, konnten die nicht-kommunistischen Kräfte hegen, als am 8. April 1945 die amerikanische Dritte Armee die Westgrenze der Tschechoslowakei überschritt. Ein konsequenter Vormarsch der amerikanischen Truppen hätte zu einer Besetzung Prags führen können, bevor die Rote Armee die Hauptstadt des Landes zu erreichen vermochte. Es war der britische Premierminister Winston S. Churchill, der, über das Verhalten Stalins

---

357 Während im Protokoll von Jalta vom 11. Februar 1945 Polen und Jugoslawien spezielle Abschnitte gewidmet wurden, die auch die Zusammensetzung der neuen Regierungen und im Fall Polens die Frage der »Abhaltung freier und unbeeinflußter Wahlen« behandelten, war dies bei der Tschechoslowakei nicht der Fall. Für die politische Entwicklung der Tschechoslowakei war nur die »Erklärung über das befreite Europa« relevant.
358 E. Táborský: Beneš and Stalin, S. 181: »Sie wußten, daß Beneš sie in das Kabinett nehmen mußte – um jeden Preis. Er hatte keine andere Wahl als die zwischen zwei Übeln. Er wählte die, die er für die weniger schlechte von beiden hielt – in der Hoffnung, daß er in der Lage sein werde, später die Balance wiederherzustellen.«
359 Bis heute ist auch Beneš' Verhalten während des Prager »Coup« im Februar 1948 in der zeithistorischen Forschung umstritten. Vgl. dazu unten S. 362–376.

und die sowjetische Politik in den Wochen nach der Konferenz von Jalta tief enttäuscht, die Chance sah, wenigstens auf die künftige Entwicklung der Tschechoslowakei in einer Weise einzuwirken, die im Fall Polens und – wie noch darzulegen sein wird – der Länder Südosteuropas nicht mehr gegeben war. Churchill ging davon aus, daß der militärischen Besetzung Prags keine Abmachungen der beiden angelsächsischen Mächte und der UdSSR entgegengestanden haben; das von der tschechoslowakischen Exilregierung und der sowjetischen Regierung am 8. Mai 1944 unterzeichnete Abkommen über die Verwaltung der durch die Rote Armee »befreiten Gebiete« ließ er unerwähnt.[360]

Nachdem der britische Außenminister Anthony Eden am 23. April 1945 gegenüber Washington die Befreiung Prags durch amerikanische Streitkräfte empfohlen hatte, wandte sich am 30. April Churchill persönlich an den amerikanischen Präsidenten Truman. Man darf dem britischen Premierminister bescheinigen, daß er nicht nur die militärische, sondern auch die politische Situation der Tschechoslowakei richtig eingeschätzt hat:

»Es besteht kaum ein Zweifel, daß die Befreiung eines möglichst großen Teils der westlichen Tschechoslowakei einschließlich Prags durch die amerikanischen Streitkräfte dort eine sehr veränderte Nachkriegssituation schaffen und auch die Lage in den benachbarten Ländern stark beeinflussen würde. Sollten hingegen die westlichen Verbündeten nur eine unbedeutende Rolle bei der Befreiung der Tschechoslowakei spielen, wird das Land den gleichen Weg wie Jugoslawien gehen.«[361]

Aufschlußreich ist, daß das amerikanische Außenministerium – wie Truman in seinen »Memoiren« berichtet hat – den gleichen Standpunkt wie Churchill und Eden eingenommen und in einem Memorandum dem amerikanischen Präsidenten mitgeteilt hat, »daß wir ein Faustpfand für unsere Verhandlungen mit den Russen gewinnen würden, wenn unsere Armeen bis an die Moldau nach Prag vorstießen«[362]. In dem Memorandum hieß es jedoch weiter, man sei sich bewußt, daß die Entscheidung in erster Linie von militärischen Erwägungen abhänge. Truman leitete diesen Situationsbericht und auch Churchills Anregung, Prag und einen möglichst großen Teil der Tschechoslowakei zu besetzen, an den Oberbefehlshaber

---

360 W. S. Churchill: Der Zweite Weltkrieg. Bd. VI/2. Buch, S. 186. Vgl. dazu die detaillierte und mit aufschlußreichen Quellen-Hinweisen versehene Analyse von F. C. Pogue: Eisenhower.
361 W. S. Churchill, ebenda, S. 186 f.
362 H. S. Truman: Memoiren. Bd. I, S. 175.

der amerikanischen Truppen in Europa, General Dwight D. Eisenhower, und dessen Stab weiter. Eisenhower sprach sich jedoch gegen so weitreichende militärische Operationen in der Tschechoslowakei aus, um überflüssige Verluste zu vermeiden. Präsident Truman war sich sowohl der militärischen als auch der politischen Problematik bewußt: »Churchill drängte uns unaufhörlich, die größtmögliche Militärmacht in Europa zu belassen, um den ungeheuren russischen Armeen ein Gegengewicht zu bieten. Wir hingegen mußten daran denken, daß nach der Bezwingung Deutschlands immer noch Japan niederzuringen war, zu welchem Zweck zahlreiche Truppen aus Europa nach dem Stillen Ozean verlegt werden mußten. Sicherlich stimmte ich Churchill zu, daß es wünschenswert wäre, die großen Städte Berlin, Prag und Wien in der Hand zu haben, doch der Tatbestand war der, daß sie – wie die Länder Osteuropas auch – schon unter russischer Kontrolle standen oder doch bald unter sie fallen würden. Die Russen befanden sich in einer starken Stellung und wußten es.«[363]
Eisenhowers Plan ging dahin, den Vormarsch der amerikanischen Streitkräfte ganz generell westlich der Elbe und längs der tschechischen Grenze von 1937 anzuhalten »und letztere nur unter besonderen Umständen bis zur ungefähren Linie Karlsbad–Pilsen–Budweis zu überschreiten, was er dann im Einverständnis mit den Russen auch tat. Aber am 4. Mai lehnten die Russen einen neuen Vorschlag, den Vormarsch der amerikanischen Dritten Armee bis zur Moldau und Prag fortzusetzen, energisch ab, hätte sich das doch schlecht mit ihren Plänen vertragen.«[364]
So stoppten die Amerikaner den militärischen Vormarsch, und am 9. Mai 1945 rückten sowjetische Panzer in die Hauptstadt der Tschechoslowakei ein. In der Geschichte wird es nun immer heißen – wie Josef Kor-

---

363 H. S. Truman, ebenda, S. 176 f.; vgl. dazu auch F. C. Pogue: Eisenhower, S. 365 f. mit dem wichtigen Hinweis, daß auch General G. Marshall aus logistischen, taktischen, strategischen und vor allem politischen Erwägungen gegen einen amerikanischen Vormarsch auf Prag gewesen ist.
364 W. S. Churchill: Der Zweite Weltkrieg. Bd. VI/2. Buch, S. 187 f. Vgl. dazu auch die Nachweise bei F. C. Pogue, ebenda, S. 366 f. Die umfassendste und mit zahlreichen Dokumenten belegte Darstellung gibt L. E. Davis in: The Cold War Begins, S. 358–364, wo er auch die verfehlte These G. Kolkos in: Politics, S. 410–414, zurückweist, Eisenhower sei vor einer Befreiung Prags zurückgeschreckt, da sich dort in der ersten Mai-Woche 1945 ein von den Kommunisten unterstützter Aufstand erhoben hat. Vgl. dazu auch St. E. Ambrose: Eisenhower und Berlin, 1945, S. 83–86 (84), wo er – unter Berufung auf Pogue – ebenfalls darauf hinweist, daß General Marshall Churchills Vorschlag am 28. April 1945 an Eisenhower weitergeleitet und das Ansinnen des britischen Premierministers negativ beschieden hat. Vgl. dazu auch J. A. Armitage: View, S. 216. Sehr instruktiv dazu auch J. E. Smith: The Defense of Berlin, S. 52 f.

bel zutreffend festgestellt hat –, daß die UdSSR die Befreierin Prags gewesen ist: »Wieder einmal haben militärische Entscheidungen politische Geschichte gemacht.«[365]
Zweifellos ist Trumans Feststellung richtig, daß sich die Sowjets ihrer starken Position bewußt waren. Dies gilt vor allem für die in diesem Zeitpunkt bereits vollständig von der Roten Armee okkupierten Länder Polen, Bulgarien, Ungarn und Rumänien. Es bestand auf angelsächsischer Seite aber kein Grund, die militärische Besetzung Prags den Sowjets allein zu überlassen. Trumans Einstellung erscheint auch deshalb undifferenziert, da sich Churchill durchaus eine andere militärische Lösung im Fall der Tschechoslowakei vorgestellt hat.
Einen Tag nach der »Befreiung« Prags kehrte Präsident Eduard Beneš, als nationaler Held triumphal gefeiert, in die tschechoslowakische Hauptstadt aus seinem Londoner Exil zurück. Er sah sich nicht nur mit schwierigen innenpolitischen Fragen konfrontiert, sondern auch hartnäckig vorgetragenen territorialen Forderungen der UdSSR ausgesetzt. Trotz der im Bündnisvertrag vom 12. Dezember 1943 verankerten Gebietsgarantie der ČSR hatte die Sowjetunion bereits Ende 1944 – wie schon dargelegt – Ansprüche auf die Karpatho-Ukraine angemeldet. Daß es Stalin mit diesem Anspruch ernst war, verdeutlichte er in seinem Schreiben vom 23. Januar 1945 an Beneš, das von einem massiven Ton geprägt und an Zynismus nicht zu überbieten war. Darin betonte er, die sowjetische Regierung habe der Bevölkerung der Karpatho-Ukraine nicht verboten, »ihren na-

---

365 J. Korbel: Subversion, S. 1; F. C. Pogue, ebenda, S. 367 f. (368): Auch in seiner Schlußfolgerung weist Pogue nochmals darauf hin, daß unter den amerikanischen Militärs eine traditionelle Antipathie gegenüber einer politischen Lösung von Fragen bestanden habe, die auf militärischer Basis geregelt werden konnten. Auch wäre in der amerikanischen Öffentlichkeit, Presse und im Kongreß ein militärischer Vormarsch auf Prag (und Berlin) auf wenig Verständnis gestoßen – »General Eisenhower war gewöhnlich über solche Trends in den USA informiert ...« Schließlich sei es darum gegangen, den Krieg in Europa so schnell wie möglich mit den geringsten Verlusten zu beenden. Ebenso wie Präsident Truman betont auch Pogue (vgl. S. 358), daß die USA den Krieg in Europa möglichst schnell beenden wollten, um Soldaten und militärische Ausrüstung von Europa General MacArthur zum Pazifik zu senden. Während Eisenhower für einen Rückzug der amerikanischen Streitkräfte von dem tschechoslowakischen Territorium aussprach, befürwortete Präsident Truman die Ansicht Beneš', der für einen gleichzeitigen Abzug der sowjetischen und amerikanischen Truppen eintrat. Vgl. dazu J. A. Armitage, ebenda, S. 216 f.: Truman »had written Stalin on November 2, 1945, saying: ›I should ... like to propose to you that the Red Army be withdrawn simultaneously with our forces‹. Stalin had replied promptly that Truman's proposal ›can only be welcomed‹ and agreed that the withdrawal would ›be completed by the first of December‹« (zit. aus FRUS 1945, Vol. 4, S. 507 f.). Vgl. dazu auch mit Nachweisen L. E. Davis, ebenda, S. 365–368.

tionalen Willen zu äußern, und konnte das auch nicht verbieten. Das ist um so verständlicher, als sie selbst mir in Moskau Ihre Bereitschaft bekanntgaben, die Ukraine jenseits der Karpaten der Sowjetunion zu übergeben, wobei ich, wie Sie sich sicher erinnern werden, meine Zustimmung nicht erteilt habe.«[366]
Es ist höchst unwahrscheinlich, daß Beneš im Dezember 1943 von sich aus seine Bereitschaft erklärt haben sollte, das Land der Sowjetunion zu »übergeben«: Stalin »vertraute offenkundig darauf, daß niemand es wagen würde, ihn als Lügner zu brandmarken, und er hatte sich da nicht getäuscht, denn Beneš glitt in seiner Antwort darüber hinweg. Noch merkwürdiger ist Stalins Behauptung, er hätte ein solches Angebot zurückgewiesen; das würde doch bedeuten, daß er sich über den Volkswillen hinwegzusetzen bereit war, ehe dieser sich überhaupt äußern konnte!«[367]
In seiner Botschaft an Stalin vom 29. Januar 1945, in der sich Beneš auf das Münchener Abkommen bezog, schlug er vor, die Frage der sowjetischen Gebietsansprüche so lange ruhen zu lassen, »bis unsere Grenzen mit Deutschland und Polen wiederhergestellt sind«[368]. In der zeithistorischen Forschung ist Eduard Beneš' Haltung in dieser Frage teilweise heftig kritisiert worden. Es ist das Verdienst Johann W. Brügels, anhand der bisher zugänglichen Quellen wohl die abgewogenste Darstellung über den »Fall Karpathorußland« verfaßt zu haben. Darin ist er zu folgendem Ergebnis gelangt:
»Beneš hat sich lange und entschieden gewehrt, bis er sich die Wegnahme der Provinz gefallen ließ. Ihm ging es offenbar weniger um Karpathorußland als um die Frage, ob eine ähnliche Taktik nicht auch für die Slowakei vorgesehen war. Er hat es sehr klar ausgesprochen, daß die ganze Partie verloren wäre, wenn man in einer einzigen Sache vom Pfad der Verträge abweicht. Trotzdem hat er auch im Augenblick der unvermeidlichen Kapitulation nicht erfaßt, daß hier mehr vorlag als der Drang nach einem Stützpunkt jenseits der Karpaten, daß es sich hier um ein Abtasten der Grenzen dessen handelte, was man sich ungestraft einem Verbündeten ge-

---

366 Vgl. den Nachweis in diesem Kap., Anm. 347.
367 So J. W. Brügel: Der Fall Karpathorußland, S. 1627. Nach Auffassung E. Táborskýs war Beneš' Politik auch in dieser Frage von der Prämisse bestimmt, nichts zu tun, was die Sowjets »entfremden« könnte: »Thus, if the price of those good relations with the Kremlin had to be Ruthenea, he was prepared to sacrifice it.« Vgl. Beneš and Stalin, S. 146–167 (164). Heftige Kritik an dem Verhalten Beneš' hat V. Stedry in: Die Tschechoslowakei, S. 353 f. geübt. Vgl. zu diesem Streit auch J. W. Brügel: Streit, S. 734 f.
368 Vgl. den Nachweis in diesem Kap., Anm. 347; zit. auch bei A. Uschakow: Münchner Abkommen, S. 523.

genüber erlauben durfte. Beneš hat das als einen Hausstreit betrachtet und den westlichen Alliierten die ersten konkreten Erfahrungen einer Zusammenarbeit mit der Sowjetunion vorenthalten. Vielleicht wäre eine solche Warnung in der damaligen Lage geflissentlich überhört worden – exkulpiert das den, der als Warner berufen war? Es war für Moskau bestimmt ein großer Triumph und eine Ermunterung, daß man sich in Jalta an den Beratungstisch setzte, ohne daß Churchill und Roosevelt das Wort ›Karpathorußland‹ aussprachen.«[369]

Der Tragödie folgte – wie J. W. Brügel betont hat – »das Satyrspiel«: Am 29. Juni 1945 unterzeichneten in Moskau Ministerpräsident Fierlinger und Vladimir Clementis für die ČSR und Außenminister Molotov für die UdSSR den Vertrag über die Abtretung der Karpatho-Ukraine.[370] Stalin hatte es nicht einmal für nötig erachtet, einen Vertreter des betroffenen Landes heranzuziehen. Fierlinger bezeichnete das Abkommen, das J. W. Brügel als ein »Dokument der Gewalt und Verlogenheit« apostrophiert hat, als einen »Ausdruck slawischer Brüderlichkeit«.[371] Mit dem »Vertrag« vom 29. Juni 1945 hatte die Sowjetunion »nicht nur das Problem eines ukrainischen ›Piemont‹ in ihrem Sinne gelöst, sondern – über den Karpatenkamm hinausgreifend – auch eine gemeinsame Grenze mit Ungarn gewonnen«[372].

Eduard Beneš, der sich auf das Wort Stalins meinte verlassen zu können, mußte nun im Frühsommer 1945 feststellen, daß er mit seiner Politik gescheitert war. Daß er bereits im Dezember 1943 die enge Bindung seines Landes an die Sowjetunion vertraglich festgelgt hatte, mag ein großer Fehler gewesen sein. Dennoch haben es sich manche Analytiker der Politik Beneš' während des Zweiten Weltkriegs zu leicht gemacht, wenn sie

369 J. W. Brügel: Streit, ebenda, S. 734 f.
370 Text des Vertrags bei B. Meissner: Ostpakt-System, S. 51 f. Vgl. dazu auch H. Batowski: Neue Grenzen, S. 5, der diesen Vorgang mit folgendem Kommentar versehen hat: »Als neue sowjetisch-tschechoslowakische Grenze wurde im großen und ganzen die vor 1938 bestehende Provinzgrenze zwischen der Slowakei und der damaligen Podkarpatská Rus gewählt, jedoch mit geringen Abweichungen zugunsten der Sowjetunion, die aus wirtschaftlichen und geographischen Gründen notwendig schienen.« Vgl. dazu auch die ausführliche Darstellung bei J. W. Brügel: Der Fall Karpathorußland, S. 6027 f.
371 Zit. nach J. W. Brügel, ebenda, S. 6027: »Die (aus indirekten Wahlen hervorgegangene) Provisorische Nationalversammlung, die in Prag zum ersten Mal am 28. Oktober 1945 zusammengetreten war, ratifizierte den ›Vertrag‹ am 22. November 1945 einstimmig und ohne Debatte.«
372 So A. Hillgruber: Der Zweite Weltkrieg, S. 333 f.: »Unmittelbar zuvor hatte der Kreml – gewissermaßen als Kompensation dafür – in dem erneuerten Streit zwischen Polen und der Tschechoslowakei um das Gebiet von Teschen zugunsten der letzteren entschieden.«

ihm von Anfang an eine »prosowjetische« Einstellung zu unterstellen meinten. Beneš handelte damals aus der tiefen Enttäuschung über das Verhalten der beiden angelsächsischen Mächte und aus der Einsicht heraus, daß die Sowjetunion im künftigen Europa ein entscheidendes Wort mitsprechen wird. Mit Recht hat J. W. Brügel das von Beneš mit Stalin am 12. Dezember 1943 geschlossene »Bündnis« als einen »Notbehelf in einer von Hitler herbeigeführten außerordentlichen Situation«[373] umschrieben und die im westlichen Schrifttum anzutreffende These, die »Allianz« mit der UdSSR sei Ausfluß einer angeblichen prosowjetischen Einstellung von Beneš, zurückgewiesen.

Beneš' Politik, nach dem Scheitern einer engen Kooperation zwischen der Tschechoslowakei, Polen und der UdSSR um eine enge Bindung mit der Sowjetunion nachzusuchen, ist nur verständlich, wenn man sie in den größeren Rahmen der Europa-Politik der »Anti-Hitler-Koalition« stellt. Erinnert sei noch einmal daran, daß sich der britische Außenminister Eden »zunächst aus genau dem Grund gegen den Paktabschluß ausgesprochen« hat, »aus dem Beneš darauf besonderen Wert gelegt haben dürfte. Eden wollte das Monopol der Großmächte zur Bestimmung der Friedensordnung aufrechterhalten, Beneš, ein Präsident ohne Land und daher doppelt auf Prestigemomente bedacht, wollte den Anschein des Bloß-mitgenommenwerdens‹ vermeiden. Sein Ehrgeiz verlangte nach einer selbständigen Aktion, der die britische Außenpolitik dann zustimmte. Entscheidend war aber wohl die Befürchtung, Moskau würde, im Falle daß Beneš sich zu keinem Pakt bereitfände, eine Gegenregierung einsetzen und mit ihr im Lande einmarschieren, wogegen sowohl London als auch Washington machtlos gewesen wären. Beneš wollte offenkundig die Tragödie vermeiden, deren Opfer die polnische Exilregierung wurde. Das Experiment ist mißlungen, aber keiner seiner Kritiker konnte noch sagen, durch welche Politik sie in dieser Situation hätte vermieden werden können. Auf wen hätte sie sich stützen sollen und können?«[374]

Den Kritikern Beneš' hat Brügel vorgehalten, es sei natürlich einfacher, die Weltgeschichte als Ergebnis der Kurzsichtigkeit und Verblendung von Einzelpersonen hinzustellen, als den Dingen auf den Grund zu gehen.

---

373 J. W. Brügel: Die Tschechoslowakei gestern und heute (II), S. 395. In seiner Rezension wendet er sich scharf gegen die Interpretation, die J. K. Hoensch in: Geschichte, S. 126–128 gegeben hat.
374 So J. W. Brügel: Streit, S. 734. Zu undifferenziert und auch zu ungerecht erscheint vor allem die massive Kritik, die V. Štedry in: Die Tschechoslowakei – eine verschenkte Republik an Beneš geübt hat.

Dann käme ans Tageslicht, was der amerikanische Staatsmann Sumner Welles dazu gesagt hat:
»Beneš hat realistisch, wie er mir sagte, erkannt, daß die zukünftige Unabhängigkeit und Sicherheit der Tschechoslowakei nur in ihrer Fähigkeit liegt, auf dem Seil über dem Abgrund zwischen Ost und West das Gleichgewicht zu halten. Aus diesem Grunde hat er seine Reise nach Moskau in der Kriegszeit unternommen, in der Annahme, daß es nur durch eine direkt mit Stalin erzielte Verständigung eine Hoffnung gibt, daß sein Land von der russischen Hegemonie in den kommenden Jahren gerettet wird.«[375]
Die historische Wahrheit gebietet es festzustellen, daß sich das Schicksal der Tschechoslowakei vielleicht hätte wenden können, wenn Großbritannien und die USA das Land nicht so frühzeitig allein der UdSSR zunächst als militärische Operations- und später als politische Einflußzone überlassen hätten. Schließlich war es Eduard Beneš, der im April 1944, sechs Monate vor dem Einmarsch sowjetischer Truppen in die Karpatho-Ukraine, nicht nur die UdSSR, sondern auch Großbritannien und die USA ersucht hatte, Verträge über die Verwaltung der »befreiten Gebiete« zu schließen. Die von den beiden westlichen Alliierten vorgebrachten strategischen Überlegungen, mit denen sie den Vorschlag Beneš' ablehnten, waren nicht überzeugend. Sie hatten sich bereits im Frühjahr 1944 damit abgefunden, der UdSSR die Vorherrschaft über die Tschechoslowakei zu überlassen. Ein zumindest begrenztes Mitspracherecht hätten sich die beiden angelsächsischen Mächte noch verschaffen können, wenn sie der Bitte der tschechoslowakischen Exilregierung im September 1944 entsprochen hätten, den slowakischen Nationalaufstand gegen die deutsche Besatzungsmacht aktiv militärisch zu unterstützen. Der UdSSR war es jedoch lieber, daß diese nationale Erhebung von deutschen Streitkräften niedergeschlagen wurde. Die beiden westlichen Alliierten, die von Anfang an weder ein militärisches noch ein politisches Konzept für die Behandlung der Tschechoslowakei hatten, handelten im Sinne der UdSSR und verweigerten jegliche Hilfe. Damit taten sie im Spätsommer 1944 endgültig kund, daß allein die Sowjetunion die Tschechoslowakei »befreien« sollte.
Churchills geradezu verzweifelter Versuch, im Frühjahr 1945 die USA

---

375 S. Welles: Two Roosevelt Decisions, S. 187; zit. bei J. W. Brügel, in: Die Tschechoslowakei gestern und heute (II), S. 396. Zweifellos erscheint Hoensch' Beurteilung der Persönlichkeit Beneš' zu undifferenziert und auch zu einseitig.

dazu zu bewegen, sich an der militärischen Besetzung der Tschechoslowakei zu beteiligen, war zwar ehrenhaft und ließ wiederum erkennen, wie sehr der britische Premierminister die Situation militärisch und politisch richtig einzuschätzen vermochte. Das spricht aber weder ihn noch seinen Außenminister Eden von der Mitschuld frei, bereits im Laufe des Jahres 1944 entscheidend dazu beigetragen zu haben, daß die Rote Armee die »Befreierin Prags« war.

6. Die Ausdehnung der sowjetischen »Interessensphäre« auf Rumänien, Bulgarien und Ungarn (1944/45)

Die großen und raschen militärischen Erfolge der Roten Armee im Frühjahr und Sommer 1944 hatten nicht nur weitreichende politische Folgen für Polen und die Tschechoslowakei, sondern auch für Rumänien, Bulgarien und Ungarn. Stalin nutzte zielstrebig und konsequent die Chance, politische Veränderungen in allen Ländern herbeizuführen, die Opfer der am 4. März 1944 eingeleiteten sowjetischen Offensive am Südteil der Front oder, wie es in der Moskauer Terminologie hieß, »befreit« wurden.[376] Der schnelle Vormarsch der sowjetischen Streitkräfte in Südosteuropa machte es für die beiden angelsächsischen Mächte immer dringlicher, mit der UdSSR zu einem Einvernehmen zu gelangen. Winston Churchill analysierte die Situation Anfang Mai 1944 realistisch und vorausschauend: »Nachkriegseuropa schien bereits Gestalt anzunehmen.«[377]
Stalin war jedoch frühzeitig bestrebt, das Schicksal der mit Deutschland verbündeten Staaten dieses Raumes in seinem Sinne auch auf der diplomatischen Bühne zu entscheiden. So kamen die Außenminister der UdSSR, Großbritanniens und der USA auf ihrer Moskauer Konferenz (18. Oktober bis zum 1. November 1943), die bereits im Zusammenhang mit Polen und der Tschechoslowakei behandelt worden ist, überein, Friedensangebote von Feindstaaten nur gemeinsam anzunehmen und zu be-

---

376 Vgl. zum Kriegsverlauf die detaillierte, mit zahlreichen weiterführenden Hinweisen versehene Darstellung bei A. Hillgruber: Der Zweite Weltkrieg, S. 318-327; W. S. Churchill: Der Zweite Weltkrieg. Bd. VI/1. Buch, S. 106: »Der russische Sommerfeldzug bildete ein Epos rauschenden Erfolges.«
377 W. S. Churchill, ebenda, S. 95.

antworten.[378] Dadurch war sichergestellt, daß keiner dieser Staaten in separate Friedensverhandlungen mit den beiden Westmächten treten und die Sowjetunion dabei übergehen konnte. So waren Bemühungen der rumänischen Regierung, Anfang November 1943 Friedensfühler nur nach Großbritannien auszustrecken, von vornherein zum Scheitern verurteilt.[379]

Auch die erste Konferenz der »Großen Drei« in Teheran vom 28. November bis zum 1. Dezember 1943 brachte eine wichtige Vorentscheidung über das weitere Schicksal Ungarns, Rumäniens und Bulgariens. In Teheran entwickelte Churchill seine Pläne über die Zerstückelung Deutschlands und die Bildung eines »Donau-Bundes«. Er schlug vor, die südlichen Provinzen von Preußen abzutrennen und in einen »Donau-Bund« zusammenzufassen. Stalin erteilte dem britischen Premierminister eine schroffe Antwort: »Mir mißfällt der Plan neuer Staatenbünde. Wenn beschlossen wird, Deutschland aufzuteilen, dann braucht man auch keine neuen Bünde zu gründen . . . Ungarn und Österreich müssen unabhängig voneinander existieren . . .«[380]

Churchill fragte sodann Stalin, ob er »ein aus kleinen Staaten bestehendes Europa – zerstückelt, geteilt und schwach – plane«[381]. Stalin erwiderte, er spreche nicht von Europa, sondern von Deutschland: »Er nehme zum Beispiel an, daß Polen ein starkes Land sein werde und Frankreich und Italien ebenfalls; Rumänien und Bulgarien würden bleiben, was sie immer

---

378 Dieser Vorschlag ging auf Anregung Außenminister Edens zurück. Vgl. FRUS 1943. Vol. I: General, S. 633. Text der gemeinsamen Resolution der Moskauer Konferenz: Conference Document No. 33, ebenda, S. 737. Vgl. dazu auch W. S. Churchill, ebenda, Bd. V/1. Buch, S. 344. Die UdSSR und Großbritannien hatten sich bereits in der Moskauer Übereinkunft vom 12. Juli 1941 dazu verpflichtet, »daß sie während dieses Krieges, außer im gegenseitigen Einverständnis, über keinen Waffenstillstand oder Friedensvertrag verhandeln, noch einen solchen abschließen werden«. Text bei H. v. Mangoldt (Hrsg.): Kriegsdokumente, Nr. 10, S. 49; Vertrags-Ploetz, S. 198. Vgl. dazu auch A. Hillgruber: Der Zenit des Zweiten Weltkrieges, S. 35 f.
379 Vgl. dazu die ausführliche Darstellung bei A. Hillgruber: Hitler, S. 173-183; A. Cretzianu: Negotiations, S. 244-250; W. Wagner: Teilung, S. 98.
380 So die Version des sowjetischen Protokolls der Teheraner Konferenz. Dt. Übersetzung bei A. Fischer: Teheran, S. 85. Die amerikanische Version weicht hier insoweit ab, als sie Stalin unterstellt, außer Ungarn und Rumänien auch Bulgarien in diesem Zusammenhang genannt zu haben. Text in: FRUS: The Conferences at Cairo and Tehran, S. 602.
381 So das amerikanische Protokoll. Text, ebenda, S. 603. Vgl. dazu auch W. S. Churchill: Der Zweite Weltkrieg. Bd. V/1. Buch, S. 98: »Ich fragte Stalin, ob er ein Europa von lauter isolierten kleinen Ländern im Auge habe und keine größeren Staatsgebilde.« Die sowjetische Version des Protokolls unterstellt Churchill nur die Frage: »Zieht Marschall Stalin ein zerstückeltes Europa vor?« Text bei A. Fischer, ebenda, S. 86.

gewesen seien, kleine Staaten.«[382] Aufschlußreich ist, daß diese Bemerkung Stalins über Rumänien und Bulgarien in die sowjetischen Teheran-Protokolle ebensowenig aufgenommen worden ist wie seine Aussage, »es sei ein großer Fehler, Ungarn mit den Deutschen zu vereinigen, denn die Deutschen würden die Ungarn nur kontrollieren, und die Schaffung großer Systeme, innerhalb deren die Deutschen wirken könnten, würde sehr gefährlich sein«[383].

Da der amerikanische Präsident Franklin D. Roosevelt Stalins Einwendungen eifrig unterstützte, konnte Churchill sein Projekt einer »Donau-Föderation« zu den Akten legen. Stalin dürfte erkannt haben, daß Churchills Plan die Gefahr in sich barg, ein föderales Gebilde in Mittel- und Südosteuropa zu errichten, dem auch Staaten angehören sollten, in denen die UdSSR nicht den entscheidenden Einfluß ausüben konnte. Ob Churchill am 1. Dezember 1943 mit seinem Projekt des »Donau-Bundes« die Absicht verfolgt hat, soweit wie möglich auch Einfluß auf das künftige Schicksal der betroffenen südosteuropäischen Staaten zu nehmen, geht aus seinen »Memoiren« nicht klar hervor. Daher ist es nicht verständlich, wenn Wolfgang Wagner – unter Berufung auf Churchills »Memoiren« – meint: Anscheinend hatte Stalin sogleich verstanden, »daß Churchill an eine Art Sperriegel an der Donau dachte, der sich nur gegen die Sowjetunion richten konnte . . .«[384]

Als eines der für die Zukunft Europas folgenschwersten Ereignisse sollte sich der von der britischen Regierung unterbreitete und von der sowjetischen Führung dankbar aufgenommene Plan erweisen, zunächst einen Teil Südosteuropas in militärische »Operationszonen« und später den gesamten Raum – mit Ausnahme Albaniens – in »Einflußsphären« aufzuteilen. Die Vorgänge, die später zur politischen Gleichschaltung Rumäniens, Bulgariens und Ungarns nach der militärischen Besetzung durch die UdSSR geführt haben, lassen sich in zwei Phasen gliedern, deren Kulminationspunkte im Juni/Juli und im Oktober 1944 lagen. Die gegensätzlichen politischen, sozialen und ökonomischen Anschauungen der beiden angelsächsischen Mächte einerseits und der Sowjetunion andererseits, die

---

382 So das amerikanische Protokoll. Text, ebenda, S. 603; A. Fischer, ebenda, S. 36, Anm. 20.
383 So die amerikanische Version. Text, ebenda, S. 603; A. Fischer, ebenda, S. 86 mit Anm. 18. Vgl. dazu auch W. S. Churchill: Der Zweite Weltkrieg. Bd. V/1. Buch, S. 98, der hinsichtlich Rumäniens und Bulgariens dem amerikanischen Protokoll folgt.
384 W. Wagner: Teilung, S. 108.

während des Krieges angesichts des gemeinsamen Kampfes um den militärischen Sieg über Deutschland und dessen Alliierte verdrängt wurden, traten jetzt immer stärker hervor und verlangten nach einem Arrangement der »Anti-Hitler-Koalition«.[385]
Großbritannien und die USA mußten im Frühjahr 1944 mit der Sowjetunion vor allem ein Einvernehmen über das künftige Schicksal Rumäniens insofern anstreben, als die am 4. März 1944 begonnene sowjetische Offensive am Südteil der Front über Bessarabien und die Nord-Bukowina hinaus bis auf altrumänisches Gebiet in der Moldau vorstieß. Nachdem am 17. März 1944 in Kairo geheime Verhandlungen rumänischer Emissäre mit Vertretern der drei Hauptalliierten aufgenommen worden waren, leugnete der sowjetische Außenminister Molotov auf einer Pressekonferenz am 2. April 1944 sowohl jegliche territoriale Ambitionen als auch die Absicht seines Landes, die Sozialstruktur Rumäniens zu verändern.[386] Sowjetische Bemühungen, die rumänische Seite zu einem Abkommen über einen Waffenstillstand zu bewegen, blieben erfolglos. Das weitere militärische Hinübergreifen der UdSSR in den Mittelmeerraum veranlaßte nun Premierminister Churchill zu einem weitreichenden Angebot.

a) *Die britisch-sowjetische Abrede vom Juni 1944: Rumänien als sowjetische »Operationszone«*

Am 4. Mai 1944 wies Premierminister Churchill Außenminister Eden an, ein kurzes Exposé auszuarbeiten, »das... die brutalen Gegensätze aufzählt, die sich zwischen uns und der Sowjetregierung in Italien, Rumänien, Bulgarien, Jugoslawien und vor allem in Griechenland entwik-

---

385 Vgl. dazu auch I. Deutscher: Stalin, S. 538–542 (539), wo er plastisch die militärischen Erfolge Stalins schildert: »Jeder neue Erfolg der russischen Armee warf neue politische Probleme auf. Ihnen widmete sich Stalin in erster Linie und überließ vertrauensvoll die Führung der militärischen Operationen seinen Marschällen und Generälen.« Vgl. auch H. Hecker: Aufteilung, S. 251.
386 Vgl. dazu die detaillierte Darstellung bei A. Cretzianu: Negotiations, S. 243–258 (250), wo er Molotows weitere Ausführungen zitiert: »Die sowjetische Regierung erklärt, daß der Einmarsch sowjetischer Truppen in Rumänien nur die Folge militärischer Notwendigkeiten und des fortdauernden Widerstands der feindlichen Streitkräfte sei.« Vgl. dazu auch A. Hillgruber: Der Zweite Weltkrieg, S. 317 f.; G. Kolko: Politics, S. 128 f. Vgl. über die bereits zuvor eingeleiteten sowjetisch-rumänischen Verhandlungen in Stockholm ausführlich F. C. Nano: The First Soviet Double Cross, S. 236–258; W. Wagner: Teilung, S. 98. Sehr instruktiv dazu auch E. Barker: Policy, S. 228–230; V. Mastny: Weg, S. 188–190.

keln«[387]. Die »entscheidende realpolitische Frage«[388] formulierte Churchill so: »Wollen wir die Kommunisierung des Balkans... hinnehmen?«[389] Er sprach sich dafür aus, die westliche Position endgültig festzulegen, »und wenn es unser Standpunkt ist, uns gegen die kommunistische Infiltration und Invasion zu wehren, sollten wir es den Russen unverblümt sagen, so wie die militärischen Ereignisse uns eine günstige Gelegenheit bieten«[390].

Bereits einen Tag später unterbreitete Anthony Eden dem sowjetischen Botschafter in London, Gusev, den Vorschlag für ein britisch-sowjetisches Abkommen, einen Teil des Balkans in eine britische und eine sowjetische »Operationszone« aufzuteilen: Griechenland sollte britische, Rumänien sowjetische »Operationszone« werden.[391] Andreas Hillgruber hat die Brisanz und die Vorteile dieses Plans für die UdSSR so umrissen: »Obwohl mit diesem militärischen Begriff eine Assoziation zu dem durch die Verwendung im deutsch-sowjetischen Grenz- und Freundschaftsvertrag belasteten Terminus ›Interessensphäre‹ vermieden wurde, war doch für Stalin offenkundig, daß damit die beherrschende Stellung der Sowjetunion in Rumänien von Großbritannien anerkannt worden war. Die Annahme des britischen Vorschlags durch die Sowjetregierung lag nahe, zumal Churchill das Abkommen auf Bulgarien, das zur sowjetischen, und Jugoslawien, das zur britischen Operationszone werden sollte, ausdehnte.«[392]

Am 18. Mai 1944 erklärte die sowjetische Regierung, sie sei bereit, auf das britische Angebot unter der Voraussetzung einzugehen, daß die USA damit einverstanden seien.[393] Am 30. Mai suchte daraufhin der britische

---

387 W. S. Churchill: Der Zweite Weltkrieg. Bd. VI/1. Buch, S. 96. Vgl. dazu auch A. Hillgruber: Hitler, S. 199; L. Woodward: Policy, Vol. III, S. 115–123; S. Barker: Policy, S. 140–142.
388 So zutreffend H. Hecker: Aufteilung, S. 251.
389 W. S. Churchill: Der Zweite Weltkrieg. Bd. VI/1. Buch, S. 296. Vgl. dazu C. Wilmot: Kampf um Europa, S. 472–474; W. R. Roberts: Tito, S. 240–243.
390 W. S. Churchill, ebenda.
391 Vgl. dazu St. G. Xydis: Anglo-Soviet Agreement, S. 248 f., der eine umfassende Übersicht gegeben und alle einschlägigen Äußerungen bis zum Jahr 1955 ausgewertet hat. Wichtig darüber hinaus: The Memoirs of Cordell Hull, S. 1451–1459; H. Hecker: Aufteilung, S. 251 f.; G. Kolko: Politics, S. 140–142; L. Woodward: British Foreign Policy, S. 291–294.
392 A. Hillgruber: Der Zweite Weltkrieg, S. 319. Die Ausdehnung der Abmachung auf Bulgarien und Jugoslawien hat Churchill zwar vorgeschlagen, ohne daß sie jedoch Gegenstand der Absprache geworden ist. Vgl. dazu hier die folgenden Anm. 396–401. Auch I. Deutscher unterliegt diesem Irrtum: Stalin, S. 542 insoweit, als er Bulgarien, nicht jedoch Jugoslawien in den »Tauschhandel« einbezogen hat.
393 Vgl. dazu The Memoirs of Cordell Hull, S. 1453.

Botschafter in den USA, Lord Halifax, den amerikanischen Außenminister Cordell Hull mit der Bitte auf, die amerikanische Regierung möge dem Vorschlag zustimmen. Die erste Reaktion des amerikanischen Außenministeriums war kühl: »Hull machte jede Anregung nervös, die ›den Anschein erweckt, als wolle man sich mit Interessensphären abfinden oder gar solche errichten‹.«[394]

Nun sandte Churchill am 31. Mai Präsident Roosevelt ein persönliches Telegramm, in dem er den Vorschlag erläuterte, »daß die Sowjetregierung in praxi die Führung in den rumänischen Angelegenheiten übernehmen solle, während wir die Führung in den griechischen übernehmen. . . .«[395] Der britische Premierminister bat Roosevelt, den Plan zu genehmigen, und betonte noch einmal:

»Natürlich wollen wir den Balkan nicht in Interessensphären aufteilen, und falls wir die Abmachung gutheißen, müssen wir unbedingt klarmachen, daß sie nur für die Kriegsdauer gilt und weder die Rechte noch die Verantwortung prädujiziert, die jeder der drei Großen Mächte bei der Friedensregelung und späterhin in bezug auf ganz Europa zufallen werden.«

Angesichts der sehr reservierten Haltung der amerikanischen Regierung schrieb Churchill am 8. Juni 1944 noch einmal an Lord Halifax. Nochmals wies er die Version von den »Interessensphären« zurück. Gravierender ist jedoch, daß der britische Premierminister nun zwei weitere Balkan-Staaten in sein Konzept einbezog: Außer Rumänien sollte auch Bulgarien zur sowjetischen »Operationszone« gehören; für die britische »Operationszone« beanspruchte Churchill nicht nur – wie bereits zuvor – Griechenland, sondern nun auch Jugoslawien.[396]

Doch auch jetzt konnte er die Bedenken des amerikanischen Präsidenten nicht zerstreuen, wie aus Roosevelts Telegramm vom 11. Juni 1944 hervorging. Nach Ansicht der amerikanischen Regierung ergäbe sich als »sicheres Resultat« nur die »Fortdauer der Differenzen zwischen Ihnen und den Sowjets und die Aufteilung des Balkanraumes in Interessensphären trotz der proklamierten Absicht, die Abmachung auf militärische Angele-

---

394 So W. S. Churchill: Der Zweite Weltkrieg. Bd. VI/1. Buch, S. 97. Vgl. dazu auch »The Memoirs of Cordell Hull«, S. 1451–1459.
395 Text bei W. S. Churchill, ebenda, S. 97. Vgl. dazu auch A. Hillgruber: Hitler, S. 199 mit den Nachweisen in den Anm. 175–177.
396 Vgl. W. S. Churchill, ebenda, S. 98; The Memoirs of Cordell Hull, S. 1453 f. Sehr instruktiv zur amerikanischen Position L. E. Davis: The Cold War Begins, S. 140–151 mit weiteren Nachweisen.

genheiten zu beschränken«[397]. Roosevelt setzte sich dafür ein, statt der geplanten Aufteilung des Balkans eine »beratende Körperschaft« für diesen Raum zu schaffen.
Churchill ließ nicht locker und suchte in seinem Schreiben vom 11. Juni, mit dem er das Telegramm Roosevelts vom gleichen Tage beantwortete, den amerikanischen Präsidenten doch noch für seinen Plan zu gewinnen: Er schlug vor, die Abmachung für eine Probezeit von drei Monaten wirksam werden zu lassen; danach sollte sie von den drei Mächten erneut geprüft werden. Ein beratendes Organ bezeichnete Churchill als »direkten Hemmschuh«, da jedes Handeln gelähmt würde, wenn jeder erst jeden fragen müsse.[398] Diesem Vorschlag stimmte der amerikanische Präsident am 12. Juni 1944 unter einer Voraussetzung zu: »Wir dürfen nicht übersehen, klarzumachen, daß wir keine Nachkriegsinteressensphären errichten.«[399] Am 19. Juni teilte die britische Regierung der Sowjetregierung mit, sie akzeptiere die »generelle Teilung der Verantwortung für die begrenzte Zeit von drei Monaten«[400].
Die Abrede, die nun wirksam werden konnte, hatte folgenden Inhalt: Rumänien wurde der sowjetischen, Griechenland der britischen »Operationszone« zugeteilt. Die von Churchill vorgeschlagene Einbeziehung Bulgariens und Jugoslawiens ist nicht ausdrücklich erfolgt. Die jeweilige »Operationszone« sollte sich nur auf den Bereich militärischer Operationen und der damit verbundenen Entscheidungen erstrecken. Die Dauer der Regelung wurde auf drei Monate begrenzt. Diese drei Monate waren – wie Alexander Cretzianu zutreffend bemerkt hat – »die längsten, die die Geschichte je zu Protokoll gegeben hat«[401].
Diese in ihren Wirkungen so weitreichenden Vorgänge wurden durch einen Briefwechsel zwischen Churchill und Stalin vom 11./15. Juli und eine Note der amerikanischen Regierung an die Sowjetregierung vom 15. Juli 1944 abgeschlossen. In seinem Schreiben an Stalin legte Churchill nochmals Wert auf die Feststellung, niemand könne behaupten, der Plan präjudiziere die Zukunft Europas oder teile es in »Interessensphären«.[402] Der britische Premierminister war überrascht, als er von Stalin eine »zu nichts

---

397 Text bei W. S. Churchill, ebenda, S. 98. In zahlreichen Darstellungen wird Roosevelts Schreiben mit dem 10. Juni 1944 datiert – beispielsweise von C. Hull, ebenda, S. 1454.
398 W. S. Churchill, ebenda, S. 99; The Memoirs of Cordell Hull, ebenda.
399 W. S. Churchill, ebenda, S. 100; The Memoirs of Cordell Hull, ebenda, S. 1455.
400 Vgl. dazu W. S. Churchill, ebenda, S. 101.
401 A. Cretzianu: Negotiations, S. 254 f. (255); H. Hecker: Aufteilung, S. 252.
402 Text des Schreibens vom 11. Juli 1944 bei W. S. Churchill: Der Zweite Weltkrieg. Bd. VI/1. Buch, S. 103 f. (103).

verpflichtende Antwort«[403] erhielt. Die amerikanische Regierung bestätigte in ihrer Note an den Kreml, daß sie dem Plan zustimme; sie fügte jedoch hinzu, die Vereinbarung habe keine Gültigkeit hinsichtlich der Interessen der USA oder anderer Alliierten.[404]
Obwohl Churchill in seinen »Memoiren« ausführlich und genau über seinen Plan und seine erfolgreichen Bemühungen berichtet hat, die Bedenken der amerikanischen Regierung soweit wie möglich zu zerstreuen, hat er seine Motive nur unzureichend erläutert. Da er die Ziele und Absichten der sowjetischen Balkan-Politik klarer und realistischer als die amerikanische Diplomatie einschätzte, hätte er sich bewußt sein müssen, daß sein Angebot nur die Vorstufe für die von Stalin verfolgte Ausdehnung des sowjetischen Machtbereichs auf den südosteuropäischen Raum sein konnte. Möglicherweise hat der britische Premierminister angesichts des »rauschenden Erfolges« der sowjetischen Sommer-Offensive und der amerikanischen Konzeptionslosigkeit die Tatsache in sein Kalkül einbezogen, Rumänien und Bulgarien sowie möglicherweise Ungarn würden ohnehin unter sowjetischen Einfluß geraten. Dieser Entwicklung hatte die britische Regierung im Einvernehmen mit der amerikanischen bereits insofern Vorschub geleistet, als sich beide nicht entschließen konnten, militärisch in diesen Raum einzudringen, um ihn der UdSSR nicht allein zu überlassen. Nun scheint es Churchill nur noch darum gegangen zu sein, wenigstens Griechenland und, soweit wie möglich, Jugoslawien vor einer Einbeziehung in die sowjetische Einflußzone zu retten. Auf jeden Fall hat Churchills Angebot es Stalin wesentlich erleichtert, nach der militärischen Besetzung Rumäniens, Bulgariens und Ungarns diese Länder später auch politisch gleichzuschalten.
Die sowjetische Führung konnte sich nicht nur auf frühere Abmachungen mit Großbritannien über Einflußzonen, sondern auch auf ein Gespräch mit dem britischen Botschafter in der UdSSR, Sir Stafford Cripps, von Anfang Juli 1940 berufen. Der damals neu in die Sowjetunion gesandte

---

403 So W. S. Churchill, ebenda, S. 104; Text des Schreibens Stalins vom 15. Juli 1944, ebenda, S. 105. Texte beider Schreiben auch bei M. Rexin: Die unheilige Allianz, S. 285–288.
404 Vgl. dazu ausführlich »The Memoirs of Cordell Hull«, S. 1457 f. Festzuhalten gilt, daß die amerikanische Regierung nochmals betonte, es wäre verhängnisvoll, wenn das zeitlich befristete Arrangement dahin verstanden werden könnte, als hätten sich die drei Regierungen von ihrem auf der Moskauer Konferenz (Oktober 1943) endgültig verworfenen Grundsatz der Idee von Einflußsphären abgekehrt. Vgl. dazu auch H. Hecker: Aufteilung, S. 252; A. Cretzianu: Anglo-Soviet Agreement, S. 255 f.; G. Kolko: Politics, S. 142. Sehr instruktiv zur negativen Einstellung der USA gegenüber Interessensphären L. E. Davis: The Cold War Begins, S. 140–156.

Botschafter beschränkte sich nicht auf die Mitteilung, Churchill wünsche nach wie vor gute Beziehungen mit der Sowjetunion. Stalin wird mehr »aufgehorcht« haben, »als ihm Sir Stafford Cripps sagte, daß nach britischer Ansicht Rußland allein und ausschließlich berufen sei, den Status quo auf dem Balkan zu verbürgen, und daß keine Macht Rußland Vorwürfe machen könne, wenn es für die Gewährleistung seiner Interesse an den Meerengen und im Schwarzen Meer selber sorge. Trotzdem legte Stalin die Karten nicht auf den Tisch. Er... überging die Andeutung, daß Rußland ausschließlich Rechte im Balkan habe.«[405] Stalin schien damals realistisch genug, erst einmal den Verlauf des Zweiten Weltkriegs abzuwarten.

Die anfänglich äußerst reservierte Haltung der amerikanischen Regierung gegenüber Churchills Konzept, den Balkan in »Operationszonen« aufzuteilen, darf nicht zu einem Fehlschluß verleiten: Für die Haltung Washingtons war nicht die Einsicht bestimmend, aus der militärischen Operationszone könnte sich eine politische und ökonomische Einflußsphäre der UdSSR entwickeln. Der amerikanischen Politik lag hingegen das Motiv zugrunde, man könne mit der UdSSR auch nach der Beendigung des Krieges im Rahmen der Vereinten Nationen freundschaftlich kooperieren. Nach amerikanischer Ansicht hätte eine Politik der Abgrenzung von Interessensphären diese Politik später erschwert. Um nicht den Unwillen des sowjetischen Alliierten hervorzurufen, hatte man sich auch gegen eine westalliierte Landung auf dem Balkan ausgesprochen:

»Aus der allgemeinen Tendenz dieser Politik, einseitige Aktionen und zweiseitige Verständigungen über solche Aktionen abzulehnen und statt dessen alle Fragen gemeinsam zu behandeln, ist der amerikanische Vorschlag zu verstehen, die Balkanfrage durch eine Alliierte Kommission zu lösen.«[406]

---

405 So I. Deutscher: Stalin, S. 475. Vgl. zu den Besprechungen Cripps' in Moskau auch L. Woodward: British Foreign Policy, S. 140–144; A. Hillgruber: Der Zweite Weltkrieg, S. 294. Vgl. auch I. Deutscher, ebenda, S. 541, wo er auf die zwischen Rußland und Großbritannien 1907 geschlossenen Verträge über »Einflußsphären« hinweist; A. Cretzianu, ebenda, S. 263. Sehr instruktiv und mit Nachweisen dazu E. Barker: Policy, S. 25. Vgl. dazu unter Berufung auf E. Barker die Ausführungen V. Mastnys in: Weg, S. 40: »Sir Stafford Cripps' Verhalten gestattete es ... dem Sowjetführer, so zu tun, als hätte Großbritannien die Anerkennung der sowjetischen Hegemonie auf dem Balkan angeboten. Der Diktator stellte eine vorsichtige Abneigung zur Schau, sich in einem Gebiet festzulegen, wo eine ›ganze Befriedungsarmee‹ vonnöten sein könnte. Er zeigte sich aber an britischer Vermittlung bei einer Revision des Montreux-Abkommens von 1936 interessiert, das sowjetische Militärbewegungen durch die Meerengen am Schwarzen Meer einschränkte.«
406 So zutreffend H. Hecker: Aufteilung, S. 252.

Daß sich diese Motive der amerikanischen Politik als höchst illusionär erweisen sollten, bestätigte die Politik der UdSSR in der Folgezeit klar und unmißverständlich.

Der sowjetischen Führung kam es nun darauf an, in der vereinbarten Frist von drei Monaten Rumänien, das der UdSSR gleichzeitig mit Deutschland den Krieg erklärt hatte und dessen Truppen am 22. Juni 1941 die sowjetische Grenze überschritten hatten, und, soweit wie möglich auch Bulgarien militärisch zu besetzen. In Südosteuropa leitete die sowjetische Führung mit der erfolgreichen Offensive am 20. August 1944 die »entscheidende Wende«[407] ein. König Michael I. erklärte am 23. August Marschall Antonescu für abgesetzt, sprach die Kapitulation Rumäniens aus und gab die Bildung einer neuen Regierung unter General Konstantin Sanatescu bekannt. In das neue Kabinett wurde auch ein Kommunist – der Vorsitzende der Kommunistischen Partei Rumäniens, Lucretiu Patrascanu – aufgenommen: »Mit diesem Akt begann die Nachkriegsgeschichte Rumäniens, obwohl die rumänischen Streitkräfte nun die Seiten wechselten und gegen die Deutschen kämpften.«[408]

Nachdem zuvor die Bemühungen der sowjetischen Seite, einen Waffenstillstand mit Rumänien zu schließen, an Marschall Antonescu gescheitert waren, erklärte sich die neue Regierung unter General Sanatescu zu einem sofortigen Waffenstillstand bereit. Den Abschluß eines solchen Vertrags zögerte Stalin jedoch so lange hinaus, bis nicht nur Bukarest am 30. August 1944 eingenommen, sondern auch der größte Teil des Landes von der Roten Armee besetzt war.

---

407 So A. Hillgruber in seiner informativen Darstellung »Der Zweite Weltkrieg«, S. 322. Vgl. auch über die Stellung Rumäniens im Zweiten Weltkrieg ausführlicher R. L. Wolff: Balkans, S. 234–240.
408 So R. L. Wolff: Rumania, S. 252. Wolff skizziert in: Balkans, S. 240 f., die führenden Kommunisten Rumäniens und bezeichnet Patrascanu als den »wohl bedeutendsten Kommunisten in Rumänien«. Vgl. dazu auch die ausführliche Darstellung bei G. Ionescu: Communism, S. 94–103; St. Fischer-Galati: Rumania, S. 12 f., 64 f.; ders.; Takeover, S. 310–313; ders.: Foreign Policy, S. 203; G. Kolko: Politics, S. 128 f.; A. Hillgruber: Hitler, S. 209–217; R. O. Ließ: Rumänische Bauernparteien, S. 458–460. Sehr instruktiv dazu auch mit weiteren Nachweisen E. Barker: Policy, S. 237–243; V. Mastny: Weg, S. 238–242.

b) *Das Abkommen über den Waffenstillstand mit Rumänien vom 12. September 1944: Italien als folgenschwerer Präzedenzfall*

Am 12. September 1944 wurde in Moskau zwischen der UdSSR, Großbritannien und den USA – vertreten durch Marschall R. J. Malinovskij einerseits – und Rumänien andererseits der Vertrag über den Waffenstillstand unterzeichnet[409], dessen Bestimmungen die Sowjets »diktiert«[410] hatten. Er sah die Bildung einer Alliierten Kontrollkommission vor, »die im Einvernehmen mit dem russischen Oberkommando handelt«. Sie hatte die Aufgabe, über die Bedingungen des Waffenstillstands zu wachen. Außerdem sicherte Rumänien den sowjetischen, britischen und amerikanischen Truppen Bewegungsfreiheit auf rumänischem Boden »in allen Richtungen zu«.

Mit der Konstruktion und Funktion der Alliierten Kontrollkommission, in der der UdSSR die Entscheidungsbefugnis zufiel, waren die Regierungen Großbritanniens und der USA zunächst nicht einverstanden. Nachdem sie bereits zuvor der Sowjetunion Rumänien als militärische »Operationszone« konzediert hatten, versuchten sie nun, sich über die Konstruktion der gemeinsamen Kontrollkommission nachträglich ein Mitspracherecht zu verschaffen. Darüber hinaus wußten die beiden angelsächsischen Mächte, daß die für Rumänien gewählte Konstruktion der Kontrolle später auch für Bulgarien und Ungarn verbindlich sein würde. Am 6. September 1944 trug der amerikanische Botschafter in Moskau, Averell Harriman, dem sowjetischen Außenminister den Wunsch seiner Regierung vor, in Rumänien eine politische Vertretung zu etablieren. Molotov wies ihn unmißverständlich darauf hin, alle politischen Beziehungen zur rumänischen Regierung seien über die Kontrollkommission abzuwickeln. Außerdem verdeutlichte Molotov, daß die Kontrollkommission in der gleichen Weise wie die 1943 für Italien errichtete Kommission der Alliierten arbeiten sollte. Als Harriman diesen Sachverhalt seinem Außenminister mitteilte, fügte er hinzu: »Es scheint klar, daß die sowjetische Regie-

---

409 Dt. Text des Vertrags in: Auswärtige Politik 1944, S. 550–552; Archiv der Gegenwart 1945, S. 42 f.; Vertrags-Ploetz, S. 227–229. Engl. Text in: International Legislation 1950, Nr. 636, S. 139–142 und in: A Decade of American Foreign Policy, S. 487–490. Vgl. über den Verlauf der in den Monaten zuvor geführten sowjetisch-rumänischen Verhandlungen über einen Waffenstillstand und über die Moskauer Verzögerungstaktik im einzelnen A. Cretzianu: Negotiations, S. 255 f.
410 So St. Fischer-Galati: Foreign Policy, S. 203; vgl. dazu R. L. Wolff: Balkans, S. 242.

rung beabsichtigt, die rumänischen Angelegenheiten während der Periode des Waffenstillstands fest in der Hand zu haben.«[411]
In der Tat hatten Großbritannien und die USA bezüglich Italiens einen folgenschweren Präzedenzfall geschaffen. Nachdem Marschall Pietro Badoglio, Chef der italienischen Regierung, nach der Landung der alliierten Streitkräfte am 3. September 1943 den Bedingungen eines Waffenstillstands zugestimmt hatte[412], unterzeichneten er und General Dwight D. Eisenhower, der Oberkommandierende der alliierten Streitkräfte, am 29. September 1943 die Urkunde über die bedingungslose Kapitulation Italiens.[413]
Da Stalin die militärische Niederringung Italiens den beiden angelsächsischen Mächten allein überlassen hatte, hielten sie es auch nicht für angebracht, die Sowjetunion an der Kontrolle Italiens zu beteiligen. Mit dieser Regelung war Stalin nicht einverstanden. Es ist vornehmlich das Verdienst einiger angelsächsischer Autoren, anhand aller einschlägigen Dokumente das »diplomatische Spiel« zwischen den Führungen der UdSSR einer- und Großbritanniens und der USA anderseits dargelegt zu haben. In einer »im Ton und Stil alles andere als herzlich«[414] gehaltenen Botschaft hatte sich Stalin am 22. August 1943 in die Verhandlungen einzuschalten versucht, die einige Tage später zum Waffenstillstand Italiens führten. Darin machte Stalin geltend, er könne nicht länger eine Situation dulden, in der die UdSSR – »als ein passiver dritter Beobachter« – kaum Informationen über die Ergebnisse der Vereinbarungen zwischen Großbritannien und den Vereinigten Staaten erhalte. Stalin verlangte, eine »militärisch-politische Kommission« der »Großen Drei« zu etablieren, die die Fragen mit den Regierungen jener Länder behandeln sollte, »die sich von Deutschland lossagen«[415].

411 Text in: FRUS: Diplomatic Papers 1944, Vol. IV, S. 223 f. (223).
412 Text der »Conditions of an Armistice with Italy«, in: International Legislation 1950, No. 625, S. 51 f. und in: A Decade of American Foreign Policy, S. 455 f. Vgl. dazu auch die Darstellung in: The Memoirs of Cordell Hull, S. 1548–1551. Ausführlich und mit zahlreichen Quellenangaben schildert K. Duff in: Liberated Italy, S. 409–420 die Entwicklung der Besetzung Italiens bis zum Frühjahr 1945. Sehr instruktiv dazu auch C. R. S. Harris: Italy, S. 105–115 und L. Woodward: Policy, Vol. II, S. 481–500.
413 Text in: International Legislation, No. 625a, S. 53–59 Vgl. dazu auch W. II. McNeill: America, S. 306–309.
414 So L. Woodward: Policy, Vol. II, S. 577 mit Anm. 1. Vgl. dazu auch die instruktive Darstellung bei E. Barker: Policy, S. 201 f.
415 Dt. Text des Schreibens bei M. Rexin: Die unheilige Allianz, S. 191 f. (191); dort ist auch das Schreiben Churchills und Roosevelts wiedergegeben, in dem sie Stalin am 19. August darüber informierten, daß die neue italienische Regierung von Marschall Badoglio die Kapitulation angeboten habe und sie den Chef des alliierten Oberkom-

Churchill, der die Situation sofort erkannte, informierte das Kriegskabinett über Stalins Ansinnen. Das Kriegskabinett entschied, daß Stalins Vorschlag, eine gemeinsame Kommission einzusetzen, angenommen werden sollte, da er den Grundsatz der Gegenseitigkeit in den Angelegenheiten des Mittelmeerraumes implizierte. Wies man ihn zurück, dann hätten die Sowjets einen Vorwand, »to deal independently with Germany and Eastern Europe«[416]. Am 26. August sandten die beiden angelsächsischen Mächte Stalin die Urkunde über die Kapitulation Italiens. Bereits einen Tag später erklärte sich Außenminister Molotov mit ihr einverstanden und ermächtigte General Eisenhower, sie zu unterzeichnen.[417]
Nachdem sich Stalin in einem Schreiben vom 8. September 1943 noch einmal darüber beklagt hatte, daß die von ihm vorgeschlagene »militärisch-politische Kommission« für Italien immer noch nicht eingesetzt worden war, antwortete ihm Churchill zwei Tage später, auch nach seiner Ansicht sollte die Kommission sofort gebildet werden. Er fügte hinzu, die Kommission sollte die drei Regierungen beraten, ohne ihr exekutive Vollmachten zu übertragen. Churchill erinnerte Stalin daran, daß in Großbritannien das Parlament die höchste Macht sei.[418] Dennoch geschah bis zur Konferenz der Außenminister der »Großen Drei« in Moskau nichts.[419]

---

mandos, General Dwight D. Eisenhower, Instruktionen für die Kapitulations-Bedingungen Italiens überreicht hätten. Vgl. ebenda, S. 187–190. Vgl. dazu auch L. Woodward, ebenda; sehr instruktiv dazu auch V. Mastny: Weg, S. 130–132, wo er darauf hinweist, daß Stalin in seinem Schreiben vom 12. September 1943 vorschlug, aufgrund der ersten Erfahrungen die Funktionen der militärisch-politischen Kommission »im Hinblick auf Italien und andere Länder . . . entsprechend« zu »präzisieren«. Text bei M. Rexin, ebenda, S. 204 f. (205). Vgl. dazu auch C. E. Black: View, S. 65 f.
416 Vgl. L. Woodward, ebenda.
417 Vgl. L. Woodward, ebenda, S. 578.
418 Dt. Text der Schreiben Stalins vom 8. und Churchills vom 10. September 1943 bei M. Rexin: Die unheilige Allianz, S. 199 f., 202 f. Churchill wandte sich vehement gegen Stalins Vorschlag, diese militärisch-politische Kommission der drei Hauptalliierten mit Exekutivvollmachten auszustatten. Er sprach von der »unabdingbaren Verantwortlichkeit der drei betreffenden Regierungen. Es steht außer Frage, daß die Kommission nicht irgendetwas entscheiden oder exekutive Handlungen unternehmen kann.« Vgl. dazu auch V. Mastny: Weg, S. 132 f., wo er zutreffend Stalins Motiv analysiert. Die Sowjets suchten »Positionen zu besetzen, die ihnen eine größtmögliche Einwirkung während des entscheidenden Zeitpunktes der Befreiung Europas geben würde. Deshalb wollten sie den Kommandeuren am Ort soviel Macht wie nur möglich entziehen und sie dafür der Kommission geben, wo Moskau starken Einfluß besitzen würde. Auf dem Weg über die Kommission, die zu solchen entscheidenden Maßnahmen wie die Einsetzung der lokalen Selbstverwaltung ermächtigt war, würden sie dann in der Lage sein, die Innenpolitik verschiedener Länder zu beeinflussen, wobei sie auf die Unterstützung der ihnen ergebenen kommunistischen Parteien zählen konnten.« Vgl. dazu auch L. Woodward, ebenda, S. 580 f.
419 Vgl. dazu auch E. Barker: Policy, S. 202.

Als die Moskauer Konferenz der Außenminister am 18. Oktober 1943 begann, war die anglo-amerikanische Militärverwaltung in Italien, die später durch die Alliierte Kontrollkommission ergänzt wurde, bereits etabliert. Nachdem Außenminister Molotov auf der Moskauer Konferenz auf der Beteiligung der UdSSR an der Verwaltung Italiens beharrt hatte, erklärten sich die Außenminister Großbritanniens und der USA damit einverstanden, einen Beratungsausschuß – den Allied Advisory Council – für Italien einzusetzen, der die Tätigkeit der Kontrollorgane beobachten und den (britischen) Oberkommandierenden in den »allgemeinen Fragen der Politik« beraten und schließlich die Alliierte Kontrollkommission überwachen sollte, wenn eine direkte militärische Kontrolle der italienischen Verwaltung nicht mehr notwendig war.[420]

Damit hatten die beiden angelsächsischen Mächte dafür gesorgt, daß die Funktionen des »Allied Advisory Council« sehr eng begrenzt waren. So war es kein Zufall, daß der »Rat«, der von geringer Bedeutung war, auch selten zusammentrat. Die Sowjets erkannten dies von Anfang an. Einen ersten Teilerfolg erzielte Stalin mit seiner Hartnäckigkeit, als am 9. November 1943 die Kapitulationsurkunde Italiens dahingehend geändert wurde, daß nun in der Präambel neben Großbritannien und den Vereinigten Staaten auch die Sowjetunion genannt wurde.[421] Doch war dies für Stalin vor allem nur deshalb ein schwacher Trost, da einen Tag später, am 10. November 1943, General Eisenhower in seiner Eigenschaft als Oberbefehlshaber der Alliierten die Errichtung der Alliierten Kontrollkommission für Italien bekanntgab und ihre Funktion noch einmal dahingehend umschrieb, daß sie über die Ausführung der Waffenstillstands-Bedingungen zu wachen hätte. In dem Dokument wurden die politischen und administrativen sowie ökonomischen Aufgaben der Kommission im einzelnen umrissen und mitgeteilt, daß ihr Personal von den USA und Großbritannien jeweils zu 50 % gestellt würde; die einzigen Ausnahmen lägen darin, daß jeweils ein sowjetischer und ein französischer Vertreter der Kommission beigeordnet würde.[422]

---

420 Vgl. von den Moskauer Konferenz-Dokumenten: Annex 3: Advisory Council for Italy. Text in: FRUS: Diplomatic Papers 1943, Vol. II, S. 578 f. Vgl. dazu auch die ausführliche Darstellung bei L. Woodward: Policy, Vol. II, S. 588 f.; C. R. S. Harris: Administration, S. 114–117; K. Duff: Liberated Italy, S. 418–420; W. H. McNeill: America, S. 308 f.; E. Barker: Policy, S. 202. Ausschließlich für den militärischen Bereich etablierten die beiden angelsächsischen Mächte ein eigenes Organ: Allied Military Government.
421 Text in: International Legislation 1950, No. 625b, S. 60 f.
422 Vgl. dazu die detaillierte Darstellung in: A Decade of American Foreign Policy, S. 457–459 (458).

Es verstand sich von selbst, daß die sowjetische Führung mit dieser »diskriminierenden« Regelung nicht einverstanden war. Hinzu kommt, daß der Beratungsausschuß für Italien, der seinen Sitz in Algier hatte, von Anfang an nur sehr geringe Bedeutung hatte, da er an den wichtigen Entscheidungen nicht beteiligt wurde. Daher mußte es Stalin jetzt darauf ankommen, den Status der sowjetischen Vertretung in der Alliierten Kontrollkommission zu klären. Bei der ersten Zusammenkunft des »Council« am 30. November 1943 begehrte daher der sowjetische Vertreter Andrej Vyšinskij, seinen Status in der Kontrollkommission zu klären. Nach einer eingehenden Prüfung, bei der die britische Seite wiederum federführend war, akzeptierten die Vereinigten Staaten die in London ausgearbeitete »britische Formel«: Die UdSSR erhielt in der Alliierten Kontrollkommission für Italien den Status einer nominellen Vertretung, ohne jedoch an den operativen Entscheidungen beteiligt zu werden.[423] In einem Memorandum an Präsident Roosevelt vom 30. Dezember 1943 sprach Außenminister Cordell Hull von »a kind of superior ›liasion officer‹«[424].

Die Sowjets akzeptierten – wie Gabriel Kolko festgestellt hat – die »britische Formel« wenig begeistert, vermerkten aber sorgfältig das Arrangement als eine künftige Empfehlung und einen Präzedenzfall.[425] Dennoch gelang es den beiden angelsächsischen Mächten, die von ihnen nur ungern und von den Sowjets als unzureichend empfundene »Regelung« bis zum Februar 1944 hinauszuzögern. Den Vorwand bot dabei auch Frankreich, das ebenso wie die UdSSR gefordert hatte, an der Kontrolle Italiens beteiligt zu werden. Die Regierungen Großbritanniens und der USA suchten dies zu vermeiden, da sie befürchteten, auch andere Regierungen der Vereinten Nationen könnten ähnliche Forderungen erheben; London und Washington waren nicht daran interessiert, in dieser wichtigen Frage einen Präzedenzfall zu schaffen.[426] Nachdem die beiden angelsächsischen Mächte Anfang Februar 1944 davon überzeugt waren, daß Frankreich seine Streitkräfte verstärkt »in die Schlacht wirft«[427], wurde auch ein französischer Vertreter in die Alliierte Kontrollkommission für Italien aufgenommen.

---

423 Vgl. dazu das Memorandum Cordell Hulls vom 30. Dezember 1943, in dem der Status der Sowjetunion und Frankreichs mit »token representation« apostrophiert worden ist. Text in: FRUS: Diplomatic Papers 1943, Vol. II, S. 444.
424 Text, ebenda. Vgl. zur Gesamtproblematik vor allem G. Kolko: Politics, S. 49–51 (50) mit Anm. 12; W. H. McNeill: America, S. 309 f.; H. Macmillan: The Blast of War, S. 467–470.
425 G. Kolko, ebenda, S. 50 f.
426 Vgl. dazu vor allem C. R. S. Harris: Administration, S. 116 f.
427 Zit. bei C. R. S. Harris, ebenda, S. 117.

Der neue Status der Vertreter der UdSSR und auch Frankreichs in der Kontrollkommission änderte nichts daran, daß die USA und Großbritannien auch in den folgenden Monaten in Italien bestimmten, ohne auf die Sowjets viel Rücksicht zu nehmen. Dies dürfte auch der entscheidende Grund dafür gewesen sein, daß die sowjetische Regierung zur großen Überraschung der beiden angelsächsischen Mächte am 13. März 1944 »in einer überraschenden Schwenkung ihrer Italien-Politik« die in Bari residierende königliche Regierung Badoglio anerkannte, »die sie bisher in Auseinandersetzungen mit der britischen und amerikanischen Besatzungspolitik unter Hinweis auf die Deklaration der Moskauer Konferenz als faschistisch kritisiert hatte«[428].

Die Art, in der die UdSSR an der Kontrolle Italiens beteiligt wurde, hatte weitreichende Folgen für die Waffenstillstands-Vereinbarungen mit den später von der Roten Armee besetzten Ländern Südosteuropas. Indem die beiden angelsächsischen Mächte die UdSSR nur nominell in die Kontrolle Italiens einbezogen, schufen sie die Grundlage dafür, sich selbst von der gleichberechtigten Kontrolle in Rumänien, Bulgarien und Ungarn auszuschließen.[429]

Daher brachten die Sowjets ihre Unzufriedenheit auch in der Folgezeit über die nach ihrer Meinung unzureichende Beteiligung an der Kontrolle Italiens zum Ausdruck. So beklagte sich der sowjetische Außenminister Molotov mehrfach darüber, sein Land würde nur ungenügend über die Aktionen der Alliierten in Italien informiert. Wie sehr die UdSSR auf eine stärkere Mitsprache an der Kontrolle über Italien drängte, hat Cordell Hull in seinen Memoiren anschaulich geschildert. Am 24. März 1944 instruierte er den amerikanischen Botschafter in Moskau, Averell Harriman, den sowjetischen Außenminister Molotov über die Haltung der politischen Führungen in Washington und London zu unterrichten. Präsident Roosevelt und Premierminister Churchill stimmten darin überein, der Mittelmeerraum sei »in general a British theater of operations«: »Britain should have the material degree of control in Italy.«[430]

Diese Begründung gilt es vor allem deshalb festzuhalten, da sich gerade

---

428 So A. Hillgruber: Der Zweite Weltkrieg, S. 319. Vgl. dazu auch die amerikanischen Analysen vom 10., 14. und 16. März 1944. Texte in: FRUS: Diplomatic Papers 1944, Vol. III, S. 1039–1041 (1040), 1048–1058. Vgl. dazu auch G. Kolko: Politics, S. 50 f.; S. Barker: Policy, S. 202; H. Macmillan: The Blast of War, S. 482–488.
429 Vgl. dazu die instruktive Analyse bei W. H. McNeill: America, S. 309 f.; The Memoirs of Cordell Hull, S. 1556 f. (1557).
430 Vgl. »The Memoirs of Cordell Hull«, S. 1556 f. (1557).

die Vereinigten Staaten zuvor und später gegen alle Vorstellungen von »Einflußzonen« in Europa gewehrt haben. So konnten die USA und Großbritannien keine stichhaltigen Gründe vorbringen, um bei der Kontrolle Rumäniens ein größeres Mitspracherecht zu haben, als sie es zuvor der UdSSR bezüglich Italiens eingeräumt hatten. Kompromißlos äußerte sich dazu Molotov auch am 10. September 1944, also zwei Tage vor dem Abschluß des Abkommens über den Waffenstillstand mit Rumänien, gegenüber Averell Harriman. Unmißverständlich betonte er, die exekutiven Funktionen der Kontrollkommission für Rumänien lägen in den Händen der sowjetischen Vertreter, da sie über die erforderliche Exekutivgewalt verfügten. Molotov konnte sich auf Art. 18 des Abkommens über den Waffenstillstand mit Rumänien vom 12. September 1944 berufen, in dem – um es noch einmal zu wiederholen – festgelegt war, daß die Alliierte Kontrollkommission »in Übereinstimmung mit dem sowjetischen Oberkommando handelt«. Molotov wiederholte nochmals, die Aufgabe der anderen Vertreter in der Kontrollkommission sei analog zu der Position des sowjetischen Vertreters in der Alliierten Kontrollkommission für Italien und bestünde darin, die Verbindung (»liaison«) zwischen den betreffenden Regierungen und der Alliierten Kontrollkommission aufrechtzuerhalten.[431]
Zweifellos hatte die für die militärische Besetzung Rumäniens gewählte Konstruktion der Alliierten Kontrollkommission verhängnisvolle Folgen. Damit haben die beiden angelsächsischen Mächte die – wie Stephen Fischer-Galati in seiner instruktiven Darstellung »Twentieth Century Rumania« bemerkt hat – unwiderrufliche Anwesenheit sowjetischer Streitkräfte und die Zugehörigkeit Rumäniens zur sowjetischen Sphäre in Europa de facto anerkannt.[432] Doch hätte Fischer-Galati zumindest darauf hinweisen müssen, wie schwierig es gewesen wäre, für Rumänien eine

---

431 Text in: FRUS: Diplomatic Papers 1944, Vol. IV, S. 230. Vgl. dazu auch das Telegramm A. Harrimans an den amerikanischen Außenminister vom 6. September 1944; Text, ebenda, S. 223 f. (223): In dem Gespräch mit Außenminister Molotow hatte der amerikanische Botschafter den Wunsch Großbritanniens und der USA geäußert, eine politische Vertretung in Rumänien zu errichten. Molotow wies darauf hin, daß es nicht beabsichtigt gewesen sei, diplomatische Beziehungen mit Rumänien in diesem Zeitpunkt aufzunehmen; er betonte, daß die politischen Beziehungen mit der rumänischen Regierung über die dortige Kontrollkommission laufen müßten. Außerdem sagte Molotow, die Kontrollkommission in Rumänien würde in der gleichen Weise operieren wie die Kontrollkommission in Italien. Vgl. dazu auch G. Kolko: Politics, S. 128–131 (130). Vgl. dazu auch C. V. R. Schuyler: View, S. 126 f.; C. E. Black: View, S. 65 f.
432 St. Fischer-Galati: Twentieth Century Rumania, S. 80. Den Hinweis auf den Präzedenzfall mit Italien vermißt man auch bei R. L. Wolff: Rumania, S. 252 f.; A. Cretzianu: Negotiations, S. 256 f.; G. Ionescu: Communism, S. 90 f.

Kontrollkommission zu etablieren, in der Großbritannien und die USA einen größeren Einfluß gehabt hätten als die UdSSR in der Kontrollkommission für Italien.

Neben den militärischen Bestimmungen enthielt das Waffenstillstandsabkommen mit Rumänien vom 12. September 1944 politische, wirtschaftliche und finanzielle Klauseln. Die territorialen Bestimmungen sahen vor, daß die rumänisch-sowjetische Grenze – entsprechend der Abmachung vom 28. Juni 1940[433] – wiederhergestellt wird: Die Bukowina und Bessarabien fielen wieder an die UdSSR. Außerdem annullierten die drei Alliierten den 2. Wiener Schiedsspruch vom 30. August 1940, in dem Deutschland, Italien, Ungarn und Rumänien vereinbart hatten, daß Rumänien Nord-Siebenbürgen (Transsylvanien) an Ungarn abtrat.[434] Diese territorialen Regelungen wurden im Friedensvertrag mit Rumänien vom 10. Februar 1947 bestätigt.[435]

c) *Die britisch-sowjetischen Absprachen vom Oktober 1944: Rumänien, Bulgarien und Ungarn als »Einflußzone« der UdSSR*

Die britisch-sowjetische Abrede vom Juni 1944 gestattete es der UdSSR, Rumänien für drei Monate als militärische »Operationszone« zu behandeln. Die Frist lief in der zweiten September-Hälfte aus, also einige Tage nach dem Abschluß des Waffenstillstands-Vertrags mit Rumänien vom 12. September 1944, der der Sowjetunion die Stationierung eigener Streitkräfte auf rumänischem Territorium bis zu einer friedensvertraglichen Regelung erlaubte. Neben der militärischen Anwesenheit der Roten Armee sorgte die neue rumänische Regierung dafür, daß die UdSSR auch auf die innenpolitische Entwicklung des Landes Einfluß nehmen konnte und bereits einen Hebel für die spätere Gleichschaltung des Landes in der Hand hatte.

433 Vgl. dazu oben S. 21–24.
434 Text des 2. Wiener Schiedspruchs in: Vertrags-Ploetz, S. 190–192 und in: Zeitschrift für ausländisches öffentliches Recht und Völkerrecht, Jg. X, 1940/41, S. 745–750. Vgl. dazu P. Pavel: Certain Aspects of the Armistice with Rumania, S. 367–372; St. Fischer-Galati: Foreign Policy, S. 203 f. Sehr instruktiv dazu und über die weitere Entwicklung ders.: The Moldavian Soviet Republic in Soviet Domestic and Foreign Policy.
435 Vgl. dazu die Art. 1 und 2 des Friedensvertrags mit Rumänien. Text bei E. Menzel: Friedensverträge, S. 180. Vgl. auch Art. 1 des Friedensvertrags mit Ungarn; Text ebenda, S. 147. Vgl. dazu die Analyse von E. Menzel, ebenda, S. 32–34; E. C. Ciurea: Traité, S. 61–88, wo ausführlich alle Aspekte der territorialen Veränderungen behandelt werden.

Auch wenn Bulgarien – entgegen Churchills Absicht – nicht ausdrücklich in die Absprache über die Abgrenzung von »Operationszonen« vom Juni 1944 aufgenommen worden ist, konnte Stalin mit Recht davon ausgehen, daß die Westmächte weder der militärischen Okkupation des Landes noch der beabsichtigten politischen Gleichschaltung ernsthaften Widerstand entgegensetzen würden. Die Voraussetzungen für eine volle Einbeziehung Bulgariens in den sowjetischen Machtbereich waren zumindest unter völkerrechtlichen Aspekten komplizierter als im Fall Rumäniens.[436] Zwar hatte sich auch Bulgarien, das bis Anfang 1941 de jure und de facto die Neutralität gewahrt hatte, unter dem Druck Hitlers am 1. März 1941 dem Drei-Mächte-Pakt zwischen Deutschland, Italien und Japan vom 27. September 1940 angeschlossen – ein Vorgang, in dem die sowjetische Führung eine Verletzung der sowjetischen Interessensphäre in Südosteuropa erblickte.[437] Bulgarien befand sich jedoch nicht mit der UdSSR im Kriegszustand, wohl aber seit dem 11. Dezember 1941 mit den Vereinigten Staaten und Großbritannien.

So war es nur natürlich, daß die bulgarische Regierung zunächst versuchte, mit Großbritannien und den USA zu einem Waffenstillstand zu gelangen. Sie hoffte auch, mit der am 30. August 1944 proklamierten »vollständigen Neutralität« die Sowjetunion davon abzuhalten, Bulgarien militärisch zu besetzen. Stalin weigerte sich jedoch, die bulgarische Neutralitäts-Erklärung anzuerkennen. Die beiden angelsächsischen Mächte, die die UdSSR über das bulgarische Ansinnen informiert hatten, waren aber zum Abschluß eines Vertrags über den Waffenstillstand nicht bereit. Auch die Übernahme der Regierung durch Ministerpräsident Konstantin

---

436 Vgl. dazu die ausführliche Darstellung bei A. Hillgruber: Der Zweite Weltkrieg, S. 322 f.; Archiv der Gegenwart 1945, S. 34–36; R. L. Wolff: Bulgaria, S. 277–279; L. A. D. Dellin: Politics, S. 114–117; N. Oren: Revolution. S. 321–325; E. Barker: Policy, S. 212–221. Vgl. dazu auch die höchst instruktiven Augenzeugenberichte zweier amerikanischer Autoren: C. E. Black, der 1944/45 zur Politischen Mission der USA in Sofia gehörte, und C. V. R. Schuyler, der im Herbst 1944 die USA in der Alliierten Kontrollkommission für Rumänien vertrat, in: View.
437 Vgl. dazu den Bericht des deutschen Botschafters in Moskau, Graf von der Schulenburg, an das Auswärtige Amt vom 1. März 1941. Text bei: E. M. Carroll und F. Th. Epstein: Deutschland, Nr. 219 f., S. 311–313 und bei A. Seidl (Hrsg.): Beziehungen, Nr. 208 f., S. 320–322. Vgl. die instruktive Darstellung über die sowjetische Einschätzung der deutsch-bulgarischen Beziehungen vom Herbst 1940 bis zum Frühjahr 1941: J. E. McSherry: Stalin, S. 172–175; R. L. Wolff: Balkans, S. 243; M. L. Miller: Bulgaria, S. 45–51, 204–216; J. F. Brown: Bulgaria, S. 9–15; I. Rankoff: Bauerndemokratie in Bulgarien, S. 490 f. Vgl. über die deutsch-bulgarischen Beziehungen während des Zweiten Weltkriegs auch H.-J. Hoppe: Deutschland. Vgl. dazu auch oben S. 30, Anm. 86. Vgl. aus der späteren offiziellen bulgarischen Sicht W. Bozinow: Kampf.

Muraviev am 2. September 1944, der am Morgen des 5. September die diplomatischen Beziehungen zu Deutschland abgebrochen und Deutschland den Krieg erklärt hatte, hielt die sowjetische Führung nicht davon ab, Bulgarien am 5. September 1944 den Krieg zu erklären. Stalin wollte den Abschluß eines Abkommens über den Waffenstillstand mit Bulgarien nicht allein den beiden angelsächsischen Mächten überlassen. Obwohl Bulgarien keinen Widerstand leistete und am 6. September die Sowjetunion um einen Waffenstillstand ersuchte, rückten sowjetische Truppen am 8. September 1944 in Bulgarien ein.[438]

Ein kommunistisch gelenkter Putsch vertrieb am 9. September 1944 die Regierung unter Ministerpräsident Muraviev aus dem Amt, um einer Regierung der »Vaterländischen Front« unter Ministerpräsident Kimon Georgiev Platz zu machen, die einen neuen Regentschaftsrat einsetzte. Die »Vaterländische Front« war ein Zusammenschluß mehrerer Parteien, zu dem auch die Kommunisten gehörten. In der neuen Regierung erhielten die Kommunisten vier Posten, darunter die Schlüsselministerien des Innern und der Justiz. Unter den drei Mitgliedern des neuen Regentschaftsrats befand sich ein Kommunist. So nahmen die Sowjets auf die Zusammensetzung der neuen Regierung, die sofort den Achsen-Mächten den Krieg erklärte, entscheidenden Einfluß. Mit dem 9. September 1944 »begann die Nachkriegsgeschichte Bulgariens«[439].

Man darf Stalin bescheinigen, daß er die dreimonatige Frist seiner Juni-Abrede mit Churchill im südosteuropäischen Raum gut genutzt hat. Aufgrund des bisherigen Verhaltens der beiden angelsächsischen Mächte konnte die sowjetische Führung davon ausgehen, daß sie auch in Zukunft der bereits eingeleiteten Politik der Gleichschaltung in Rumänien und

---

438 Vgl. dazu die ausführliche Darstellung bei R. L. Wolff: Balkans, S. 242–248; ders.: Bulgaria, S. 278 f.; L. A. D. Dellin: Politics, S. 117–119; A. Hillgruber: Der Zweite Weltkrieg, S. 323; G. Kolko: Politics, S. 158–160.
439 So zutreffend R. L. Wolff: Bulgaria, S. 280; G. Kolko, ebenda, S. 159; L. A. D. Dellin, ebenda, S. 120 f.; J. F. Brown: Bulgaria, S. 9–11; I. Rankoff: Bauerndemokratie in Bulgarien, S. 492 f.; N. Oren: Revolution, S. 325–338; E. Barker: Policy, S. 221 f.; S. Lowery: Bulgaria, S. 301–309. Vgl. dazu auch mit weiteren Nachweisen C. E. Black: View, S. 64 f.; M. L. Miller: Bulgaria, S. 174–216; V. Mastny: Weg, S. 242–247 (246): »Wie auch in Rumänien haben die Russen vielleicht nicht gewünscht, daß die Regierung von innen her gestürzt werde; denn am 8. September gewährten sie überraschend ausgerechnet dem Régime einen Waffenstillstand, das die Kommunisten am nächsten Tag stürzen wollten. Es ist durchaus möglich, daß Stalin daran zweifelte, die Kommunisten würden der Aufgabe gewachsen sein. Während jedenfalls Moskau im letzten Moment zu zögern schien, stellten die Verschwörer ihre Kompetenz unter Beweis und inszenierten am 9. September eine klassische Palastrevolution, wenn nicht gar einen Volksaufstand.«

Bulgarien keinen entscheidenden Widerstand entgegensetzen würden; das gleiche galt, wenn auch aufgrund der militärischen Entwicklung etwas später, für Ungarn.[440] Stalins Politik der vollendeten Tatsachen hat die sowjetische Position gegenüber den USA und Großbritannien erheblich verbessert.

Hinzu kommt, daß Stalin im Spätsommer 1944 auch in der Vereinbarung über die Errichtung einer Organisation der Vereinigten Nationen (UNO) weitgehend seine Vorstellungen durchsetzen konnte. Stalin kam es vor allem darauf an, das Vetorecht der Großmächte im Weltsicherheitsrat, dem wichtigsten Exekutivorgan der Weltorganisation, so zu formulieren, daß von vornherein jede Möglichkeit ausgeschlossen wurde, es zu umgehen oder zu relativieren. Die sowjetische Führung »wollte jeden gegen die Interessen der Sowjetunion gerichteten Beschluß des Weltsicherheitsrats vereiteln und ihn als Werkzeug einer gegen die UdSSR gerichteten Einheitsfront unbrauchbar machen«[441].

Die militärische Entwicklung am Südteil der Front veranlaßte Churchill, nach dem Ablauf der dreimonatigen Frist der britisch-sowjetischen Abrede vom 9. Oktober 1944 mit Außenminister Eden zu Besprechungen mit Stalin und Außenminister Molotov nach Moskau zu kommen. Die USA waren nur durch ihren Botschafter Averell Harriman vertreten, da die Präsidentschaftswahlen eine Teilnahme Roosevelts an der Konferenz nicht zuließen. Die amerikanische Regierung war sich aufgrund der militärischen Erfolge der UdSSR bewußt, daß das Problem der Kontrolle über Südosteuropa dringend von den »Großen Drei« behandelt werden mußte: »Selbstverständlich war es für Roosevelt schwierig, sich mitten aus einer politischen Kampagne auf eine lange Reise zu begeben, aber Churchill nahm den unangreifbaren Standpunkt ein, daß der russische Vormarsch nicht auf die letzten Wahlresultate in Amerika warten werde.«[442] Die amerikanische Regierung legte aber größten Wert auf die Feststellung, daß sie keinen Beschluß Stalins und Churchills für sich als verbindlich anerkennen würde, »solange nicht diese Angelegenheiten von den drei Nationen in einer gemeinsamen Konferenz besprochen und gere-

---

440 Die von sowjetischer Seite auch in Ungarn erwünschte Entwicklung konnte erst ab Dezember 1944 eingeleitet werden. Vgl. dazu unten S. 156–198.
441 So A. Hillgruber: Der Zweite Weltkrieg, S. 325 mit den Nachweisen in Anm. 11. Zur Frage des Vetos der Großmächte ausführlich L. Woodward: British Foreign Policy, S. 455–462, wo er den Verlauf der Dumbarton Oaks-Konferenz (22. August bis 28. September 1944) schildert.
442 So R. E. Sherwood: Roosevelt und Hopkins, S. 678–680 (678).

gelt werden konnten«[443]. Über den Verlauf der Moskauer Konferenz wurde Präsident Roosevelt durch den amerikanischen Botschafter in Moskau, Harriman, unterrichtet.[444]
Bezeichnend ist wiederum, wie realistisch und illusionslos der britische Premierminister das Geschehen im südosteuropäischen Raum bewertete. Von einer zeitlichen Verlängerung oder territorialen Ausweitung der Juni-Abrede über die Zuweisung Rumäniens als sowjetische »Operationszone« ist nun überhaupt keine Rede mehr gewesen. Daß Churchill in seinen »Memoiren« ausführlich, wenn auch nicht vollständig, über seine Verhandlungen mit der sowjetischen Führung berichtet hat, ist anerkennenswert. Unbeantwortet muß – bedauerlicherweise – die Frage bleiben, ob er ernsthaft an das geglaubt hat, was er Stalin in seinem Brief vom 11. Juli 1944 nach der Zustimmung Roosevelts zu der Juni-Abrede über Rumänien geschrieben hat: Niemand könne behaupten, sie präjudiziere die Zukunft Europas oder teile es in Interessensphären.[445] Die Haltung der beiden angelsächsischen Mächte verriet ein nahezu totales Desinteresse an Südosteuropa, das nur zu einem Teil mit der sich verstärkenden Kriegsmüdigkeit zu entschuldigen ist.[446] Zweifellos ging es Churchill auch und gerade darum, das von inneren Unruhen geschüttelte und von einem Bürgerkrieg bedrohte Griechenland, das weitgehend von kommunistischen Partisanen beherrscht wurde, vor einer Einbeziehung in den sowjetischen Machtbereich zu bewahren. Doch auch dieses höchst erstrebens-

---

443 So R. E. Sherwood, ebenda, S. 679. Eine Instruktion diesen Inhalts ließ Roosevelt Stalin am 4. Oktober 1944 übermitteln. Text, ebenda, S. 679 f. Roosevelt informierte Harriman so: »Es ist für mich wesentlich, nach dieser Konferenz völlige Handlungsfreiheit zu behalten.« Text, ebenda, S. 680.
444 Vgl. FRUS: Diplomatic Papers 1944, Vol. IV, S. 1003–1015. Allerdings ist bis heute nicht restlos geklärt, in welchem Ausmaß der amerikanische Präsident informiert worden ist. Vgl. dazu Harrimans eigene Darstellung in W. A. Harriman/E. Abel: In geheimer Mission, S. 281–285 (283): Bevor Churchill »Stalin . . . aufsuchte, gab er gegenüber Harriman seiner Enttäuschung darüber Ausdruck, daß Roosevelt sich geweigert hatte, eine amerikanische Teilnahme zu autorisieren. Churchill versprach aber, Harriman vollständig zu informieren und dafür zu sorgen, daß er zu den größeren Begegnungen eingeladen wurde. Harriman nahm also an dem ersten Treffen zwischen Churchill und Stalin nicht teil. Dabei legte der Premierminister . . . seinen berüchtigten Vorschlag zur Einteilung verschiedener Gebiete in Einflußsphären auf den Tisch. Es dauerte mehrere Tage, bevor Churchill Harriman den ganzen Vorgang erzählte.« In einer Fußnote wird vermerkt: »In seinem eigenen Bericht von dem Treffen zählt Churchill Harriman irrtümlich zu den Teilnehmern. Harrimans Kalender und seine Nachrichten an Roosevelt lassen keinen Zweifel daran, daß der Botschafter anderweitig beschäftigt war.« Vgl. dazu auch G. Kolko: Politics, S. 144–166.
445 Vgl. dazu oben S. 131.
446 Vgl. dazu auch J. K. Hoensch: Osteuropa-Politik, S. 12 mit Anm. 3.

werte Ziel rechtfertigte nicht den – wie Isaac Deutscher in seiner Stalin-Biographie bemerkt hat – »zynischen Tauschhandel«[447].

Über die vertraulichen Verhandlungen Churchills und Edens mit Stalin und Molotov in Moskau vom 9. bis zum 18. Oktober 1944 wurde ein Kommuniqué veröffentlicht, in dem es knapp und lapidar hieß: »Die Entwicklung der Geschehnisse in Südosteuropa wurde sorgfältig behandelt.«[448] Dieser Feststellung war nicht zu entnehmen, daß die Moskauer Konferenz nicht nur einen entscheidenden Einschnitt in der Entwicklung Europas, sondern auch eine wichtige Vorstufe für die spätere Schaffung der kommunistischen Staatenverbindung unter Moskauer Dominanz bedeutete.

Bereits in der ersten Sitzung in der Nacht vom 9. auf den 10. Oktober schlug Churchill vor, »die Angelegenheiten im Balkan zu regeln. Ihre Armeen sind in Rumänien und Bulgarien. Wir haben dort Interessen, Missionen und Agenten. Lassen Sie uns dort nicht in kleinlicher Weise gegeneinander arbeiten.«[449]

Dann schlug der britische Premierminister, in Prozenten ausgedrückt, folgende Bemessung des jeweiligen Einflusses vor:

Rumänien: UdSSR:	90 Prozent,
Großbritannien (und USA):	10 Prozent,
Bulgarien: UdSSR:	75 Prozent,
Großbritannien (und USA):	25 Prozent,

---

447 I. Deutscher: Stalin, S. 543. Vgl. über die Entwicklung in Griechenland vor allem G. Kolko: Politics, S. 172–193; St. G. Xydis: Anglo-Soviet Agreement, S. 256–258; L. Woodward: British Foreign Policy, S. 350–363; ders.: Policy, Vol. III, S. 383–439; W. H. McNeill: Greece.

448 Text in: Archiv der Gegenwart 1944, S. 6571. Vgl. dazu auch H. Hecker: Aufteilung, S. 252.

449 W. S. Churchill: Der Zweite Weltkrieg, Bd. VI/1. Buch, S. 269–273 (269). Auffällig ist, daß sich zahlreiche amerikanische Autoren bis in die jüngste Zeit immer wieder mit dem »zynischen Tauschhandel« vom 9. Oktober 1944 befaßt haben. Vgl. beispielsweise die detaillierte Darstellung bei L. E. Davis: The Cold War Begins, S. 151–159, wo er auch darauf hinweist, daß Washington vornehmlich wegen der Verpflichtungen aus der Atlantik-Charta vom 14. August 1941 Bedenken gegen die Errichtung von »Einflußzonen« gehabt habe; J. Lukacs: The Night Stalin and Churchill Divided Europe; A. Resis: The Churchill-Stalin Secret »Percentages« Agreement on the Balkans; C. E. Black: View, S. 66 f. Besonders instruktiv ist dazu die Analyse von V. Mastny in: Weg, S. 252–256 (252): »Ob man Churchills Prozentzahlen »nun als einen raffinierten Schritt zur Rettung einigen westlichen Einflusses beurteilt, oder als zynischen Plan der Entscheidung des Schicksals über dem Kopf der betroffenen Völker, auf jeden Fall ist Churchills Vorstoß wegen seiner Verwegenheit und Einfachheit doch zumeist einer Stalin kongenialen Grundhaltung zugeschrieben worden«. Wichtig ist auch Mastnys Hinweis, daß die offiziellen britischen Unterlagen den »Handel« ganz verschweigen, obwohl in London die einschlägigen Dokumente archiviert sind.

Ungarn: jeweils 50 Prozent,
Jugoslawien: jeweils 50 Prozent,
Griechenland: Großbritannien
(und USA): 90 Prozent,
UdSSR: 10 Prozent.

Stalin erklärte sich mit diesen Zahlen, die Churchill auf ein Blatt Papier geschrieben hatte, sofort einverstanden, indem er darauf - wie Churchill es plastisch geschildert hat - einen »großen Haken« machte. Stalin dürfte vor allem deshalb der »Berechnung« Churchills so enthusiastisch zugestimmt haben, da sich Churchills »Spiel« mit den Prozenten dieses Mal territorial nicht auf Rumänien und Griechenland und inhaltlich nicht auf den militärischen Bereich beschränkt hat.

Nun scheinen dem britischen Premierminister doch Bedenken gekommen zu sein. In seinen »Memoiren« hat er dazu vermerkt: »Könnte man es nicht für ziemlich frivol halten, wenn wir diese Fragen, die das Schicksal von Millionen Menschen berühren, in so nebensächlicher Form behandeln? Wir wollen den Zettel verbrennen. - ›Nein, behalten Sie ihn‹, sagte Stalin.«

Während die westliche Geschichtsforschung aufgrund des farbigen Berichts, den Churchill überliefert hat, und der in London zugänglichen Archive keine Zweifel an Stalins Zustimmung gegenüber Churchills zynischem Plan zu hegen braucht, wurde in der Sowjetunion - soweit ersichtlich - bis 1958 der auch für den Kreml so peinliche Vorgang vom 9. Oktober 1944 total ignoriert. Daß Churchills Absprache mit Stalin für die sowjetische Seite so peinlich ist, hat vor allem zwei Gründe: Angesichts der nach wie vor delikaten Beziehungen zwischen Moskau und Belgrad möchte der Kreml den Eindruck zerstreuen, Stalin habe Churchills Vorschlag akzeptiert, die Relation zwischen westlichem und sowjetischem Einfluß in Jugoslawien auf 50:50 festzulegen.

So ist es kein Zufall, daß der erste in der UdSSR 1958 erschienene Kommentar über das sowjetisch-britische Gipfeltreffen im Oktober 1944 die Überschrift trägt: »The ›Partition‹ of Yugoslavia Into ›Spheres of Influence‹«. Der Autor, I. Zemskov, beruft sich dabei auf Dokumente des sowjetischen Außenministeriums und einen stenographischen Bericht über die damaligen Besprechungen, in dem festgehalten worden sei, Churchill hätte am 9. Oktober 1944 in Moskau Stalin ein »ziemlich schmutziges und plumpes Dokument« über die Aufteilung des sowjetischen und britischen Einflusses in Rumänien, Griechenland, Jugoslawien und Bulgarien unterbreitet. Churchills Darstellung aus den »Memoiren« wird wörtlich wiedergegeben; darin wird auch die vom britischen Premiermini-

ster für Ungarn vorgeschlagene Regelung erwähnt. Zemskov bemerkt dazu:
»The table was drawn up by him to show what the British think on this question ... The idea of partitioning was an idée fixe of Churchill and of the British Government. But Churchill's assertion that Stalin agreed to partition Yugoslavia into spheres of influence is pure invention. The above-mentioned table that Churchill drew up is not, moreover, included in the Soviet record of the talks.«[450]
Bemerkenswert ist zunächst das Eingeständnis I. Zemskovs und V. Truchanovskijs, Churchills Behauptung, Stalin habe der Teilung Jugoslawiens in Einflußzonen zugestimmt, sei eine »fixe Idee« und ein »Phantasieprodukt«. Damit geben sie unumwunden zu, daß Stalin zumindest Churchills Vorschläge bezüglich der anderen Länder nicht ausdrücklich abgelehnt hat.
Da beide Autoren behaupten, andere Schlußfolgerungen lasse der in den Zentralarchiven des sowjetischen Außenministeriums lagernde Bericht über die Besprechungen am 9. Oktober 1944 in Moskau nicht zu, sollten die sowjetischen Dokumente durch die in London aufbewahrten Unterlagen ergänzt werden. Es ist das große Verdienst Vojtech Mastnys, die Akten des britischen Premierministers ausgewertet zu haben. Daß die Vorgänge in Moskau für den Kreml so peinlich sind, hat noch einen weiteren Grund: Am 10. und 11. Oktober 1944 feilschte Molotov mit seinem britischen Kollegen um noch bessere Prozentsätze für die Sowjetunion. Während die für Rumänien und Griechenland von Churchill vorgeschlagenen Zahlen nicht mehr diskutiert wurden, suchte der sowjetische Außenminister für Jugoslawien, Ungarn und Bulgarien Churchills Prozent-Vorschläge zugunsten der Sowjetunion zu korrigieren.
Nachdem es Molotov gelungen war, Eden, der den »Prozent-Handel« nicht noch einmal erörtern wollte, in eine neue Diskussion zu verwickeln, kam der sowjetische Außenminister zur Sache. Nun schlug er 75:25 für Bulgarien, Ungarn und Jugoslawien vor. Als »Eden ablehnte, bot er als

---

450 I. Zemskov: The »Partition« of Yugoslavia Into »Spheres of Influence«, S. 57. Auf diese Darstellung beruft sich der sowjetische Historiker V. Truchanovskij in seinem Buch: British Foreign Policy during World War II - 1939-1945, S. 408: »Churchill's assertion that Stalin had agreed to divide Yugoslavia into spheres of influence is thus a piece of fantasy. Churchill's invention was not the result of a poor memory. It was made deliberately, to cast doubts on the Soviet Union's attitude to the liberation struggle of the Yugoslave people.« In seiner »Politischen Biographie« über Churchill hielt es der Autor nicht für angebracht, auch nur ein Wort über die Abreden Stalins mit dem britischen Premierminister im Oktober 1944 zu verlieren. Sehr instruktiv dazu mit weiteren Nachweisen A. Resis: Agreement, S. 368-370.

Alternative 90:10 in Bulgarien, 50:50 in Jugoslawien und ließ Ungarn offen. Oder vielleicht 75:25, 60:40 und 75:25. Stalins Gehilfe war bereit, für Jugoslawien 50:50 zu akzeptieren, aber nur, falls es in Bulgarien 90:10 wären; andernfalls müßten es 60:40 und 75:25 sein. An dieser Stelle erreichten die Verhandlungen den toten Punkt und wurden vertagt. Am nächsten Tag offerierte Molotov sein endgültiges Angebot: 80:20 in Ungarn und Bulgarien, 50:50 in Jugoslawien. Eden hatte sich inzwischen mit Churchill beraten und weigerte sich, weiter mitzubieten. So blieben die Verhältnisse in der Schwebe. Was diese Prozentsätze eigentlich bedeuten sollten, darüber wurde keine Übereinstimmung erzielt. In der Tat begann Churchill, der das Zahlenspiel eingeführt hatte, zu zaudern, sobald die Russen eine Tendenz zeigten, es ernst zu nehmen.«[451]

Am 11. Oktober 1944 sandte Churchill Präsident Roosevelt einen persönlichen Bericht, in dem er die Prozent-Formel schmackhaft zu machen suchte. Es ginge darum zu versuchen, einen gemeinsamen Nenner für den Balkan zu finden, damit in mehreren Ländern der Ausbruch von Bürgerkriegen verhindert werde. Am gleichen Tag entwarf der britische Premierminister einen Brief und ein Memorandum an Stalin über die Interpretation der Prozent-Berechnung. Nun – folgt man den »Memoiren« – verstärkten sich bei Churchill die Zweifel: »Am Ende sandte ich den Brief nicht ab, weil ich es für klüger hielt, nicht mehr daran zu rühren.« Lediglich als einen »Behelf« apostrophierte er nun die Prozent-Formel. In seinem Bericht an das britische Kabinett suchte Churchill die Prozent-Berechnung noch weiter herunterzuspielen, indem er sie als einen »Leitfaden« bezeichnete. Sie verpflichte natürlich in keiner Weise die Vereinigten Staaten.

Diese Darstellung, die plötzlich ein starkes Schuldbewußtsein des britischen Premierministers verriet, ist insoweit unvollständig, als es erst der Intervention Harrimans bedurfte, um Churchill von dem zweifelhaften Vorhaben abzubringen. Harriman berichtet, daß ihn Churchill »nur bruchstückhaft und über mehrere Tage hinweg von diesem seltsamen Handel mit Stalin« am 10. Oktober 1944 unterrichtet habe. Erst am Morgen des 12. Oktober erfuhr Harriman, »daß Prozentzahlen zu Papier gebracht worden waren«. Darauf hin suchte er den britischen Premierminister auf, der ihm den Entwurf eines Briefes an Stalin vorgelesen habe: »Ich sagte, ich sei davon überzeugt, daß sowohl Roosevelt wie Hull sich von dem Brief distanzieren würden, wenn er ihn abschickte.« Churchill

---

451 So V. Mastny: Weg, S. 253 f. unter Berufung auf die britischen Akten; A. Resis: Agreement, S. 375–378.

wandte sich nun an seinen Außenminister: »Anthony, Averell meint, daß wir diesen Brief nicht an Stalin abschicken sollten.« Harriman folgert weiter: »Der Brief wurde nie abgesandt; ich bin der Meinung, daß meine Warnung an Churchill ihn davon abbrachte.«[452]
Zur Entlastung der Vereinigten Staaten gilt – wie dargelegt – festzuhalten, daß der amerikanische Präsident am 4. Oktober 1944 Stalin eine Botschaft übersandt hatte, die keinen Zweifel daran ließ, daß Churchill nicht ermächtigt war, für Washington zu sprechen, und daß Harriman für seine Regierung keine verbindlichen Aussagen machen könnte. In seinen gemeinsam mit Elie Abel 1975 in den USA herausgebrachten »Erinnerungen« stellt Harriman in der Retrospektive fest:
»Ich verstehe heute nicht, und ich habe damals nicht verstanden, was Churchill mit diesen Prozentzahlen bezweckte. Mir war klar, daß er mit Hilfe der Vereinigten Staaten freie Hand in Griechenland wünschte und die Zusammensetzung der neuen jugoslawischen Regierung beeinflussen wollte, indem er die Exilregierung in England mit Tito und dessen Gruppe kombinierte. Churchill wußte mit Sicherheit, daß Präsident Roosevelt darauf bestanden hatte, sich nicht festzulegen, und jegliche Entscheidung aufschieben wollte, bis sich die drei treffen konnten. Interessant ist, daß die Frage der Prozentzahlen nie wieder angeschnitten wurde, als sie sich dann tatsächlich in Jalta trafen.«

d) *Churchills »Prozent-Handel« im Urteil der zeithistorischen Forschung*

Es ist auch hier wiederum das Verdienst vornehmlich angelsächsischer Autoren, Churchills »zynischen Tauschhandel« mit Stalin, der für die weitere Entwicklung der südosteuropäischen Staaten so folgenschwer war, ausführlich interpretiert zu haben. Deutschsprachige Darstellungen der militärischen und politischen Geschichte des Zweiten Weltkriegs begnügen sich zumeist damit, Churchills Prozent-Formel als eine Marginalie zu behandeln. Es ist besonders reizvoll, Churchills Absprache mit Stalin nicht nur im Urteil der zeithistorischen Forschung zu beleuchten, sondern auch Stellungnahmen namhafter westlicher Politiker, soweit sie sich dazu geäußert haben, heranzuziehen.
In mehreren westlichen Darstellungen wird großer Wert auf die Festlegung gelegt, die USA hätten der Abrede Churchills mit Stalin nie aus-

---

452 W. A. Harriman/E. Abel: In geheimer Mission, S. 283–285 (284 f.). Sehr instruktiv dazu auch V. Mastny, ebenda, S. 254–256 (254).

drücklich zugestimmt. So schreibt beispielsweise Gabriel Kolko, Roosevelt habe sich mit nichts einverstanden erklärt, da die USA nicht bereit gewesen seien, irgendetwas zu sanktionieren.[453] James F. Byrnes hat sich auf den wortkargen Kommentar beschränkt, daß kein »offizielles Abkommen« (formal agreement) geschlossen worden sei.[454] Und Dean Acheson hat sich auf den lakonischen Kommentar beschränkt: »We did not much like this, but we had not been asked about it.«[455]

Alle diese Aussagen und Schlußfolgerungen sind zu undifferenziert, da seit der von Averell Harriman gegebenen authentischen Darstellung die Position der amerikanischen Führung klarer zu umreißen ist. Dazu hat Albert Resis festgestellt:

»Thus, the ›percentages‹ agreement concluded between the British and the Soviets on the Balkans was not left in abeyance peding approval by the United States. Indeed, the United States was not even completely informed of the terms. And the Department of State was left to shift for itself in running down the details. Roosevelt and Hull showed a puzzling lack of curiosity in not directly asking the British or the Soviets for details of the ›percentages‹ agreement. Perhaps the president and the secretary of state deliberately chose to ignore the arrangement so long as Churchill and Stalin clearly understood that no agreement on their part was binding on the United States.«[456]

Namhafte angelsächsische Autoren haben Churchills Absprache mit Stalin über die Aufteilung Südosteuropas in »Interessensphären« heftig kritisiert. So schreibt z. B. Adam B. Ulam:

»Churchill's ›plan‹ was not so much cynical as childish: what could it mean that Bulgaria was to be one-quarter in the British sphere of interest and three quarters in the Russian?... Yet the dominant fact in the case of

---

453 G. Kolko: Politics, S. 146; R. L. Wolff: Balkans, S. 253 f. Er folgert aus der Zustimmung Roosevelts zu der zeitlich befristeten Juni-Abrede fälschlicherweise, daß Churchill legitimiert gewesen sei, am 9. Oktober 1944 die sehr viel weiterreichende Absprache mit Stalin zu treffen.
454 J. F. Byrnes: Speaking Frankly, S. 53; dt. Ausgabe: In aller Offenheit, S. 78.
455 D. Acheson: Present, S. 198. Sehr viel differenzierter beleuchtet L. E. Davis in: The Cold War Begins, S. 160–171, die amerikanische Position gegenüber »Einflußsphären«. Davis' wichtigste Schlußfolgerung liegt darin, daß die Politik der USA gegenüber den einzelnen Staaten Ostmittel- und Südosteuropas während des Jahres 1944 – trotz der Ablehnung der »Einflußzonen« – »vage« und »unbestimmt« gewesen sei. Gut herausgearbeitet wird die amerikanische Position auch von J. M. Siracusa: The Night Stalin and Churchill Divided Europe.
456 A. Resis: Agreement, S. 384 f. Er verweist mit Recht auch auf Roosevelts Schreiben an Stalin vom 4. Oktober 1944: »Roosevelt had forcefully put that reservation to Stalin on October 4.«

Bulgaria or Hungary was the presence of the Soviet Army, and that meant that the Western Allies were to be left eventually with not so much as 1 percent!«[457]

Robert D. Warth nennt die Abgrenzungsformel eine »ziemlich akademische Übung, da sie nicht als ein Leitfaden für die proportionale Vertretung in den künftigen Regierungen vorgesehen war«[458]. Robert Lee Wolff, der eine der subtilsten Studien über die Entwicklung des Balkans in der Kriegs- und Nachkriegszeit verfaßt hat, apostrophiert Churchills Rechtfertigungsversuch als eine »masterly interpretation of the ›cynical‹ and ›crude‹ percentage figures . . .«[459]

Zweifellos müssen die Argumente, die Churchill in seinen »Memoiren« vorgebracht hat, ernsthaft geprüft werden. Er meinte, es habe sich bei seiner Absprache mit Stalin nicht um einen Versuch gehandelt, »ein starres System von Interessensphären zu schaffen«[460]. Auch betonte er, die UdSSR habe in Rumänien und Bulgarien »lebenswichtige Interessen«, während zwischen Großbritannien und Griechenland eine »lange traditionelle Freundschaft« bestehe. Das »Zahlensymbol« 50 zu 50 für Jugoslawien bezeichnete der britische Premierminister als »Grundlage für das gemeinsame Handeln der beiden«.

Während Churchills Prozent-Formel für Ungarn ursprünglich ebenfalls 50 zu 50 lautete, meinte er nun, es sei selbstverständlich, daß die Sowjetunion auch in Ungarn »den größeren Einfluß« ausübe. Diese Darstellung spricht für die von Churchills Zahlen abweichende Version Cordell Hulls, der sich nur äußerst knapp über die Moskauer Konferenz geäußert und für Ungarn die sowjetische Vormachtstellung mit 75 oder 80 Prozent angegeben hat.[461] Hulls geradezu dürftige Darstellung legt dafür Zeugnis ab, wie gering das Interesse der amerikanischen Führung an Churchills weit-

---

457 A. B. Ulam: Expansion, S. 364 f. Vgl. auch die detaillierte und abgewogene Analyse der einzelnen Stellungnahmen bei St. G. Xydis: Anglo-Soviet Agreement, S. 248-256, der noch weitere Äußerungen zusammengetragen hat.
458 R. D. Warth: Soviet Russia in World Politics, S. 288.
459 R. L. Wolff: Balkans, S. 263.
460 W. S. Churchill: Der Zweite Weltkrieg. Bd. VI/1. Buch, S. 276.
461 Vgl. »The Memoirs of Cordell Hull«, S. 1458. Vgl. dazu auch H. Hecker: Aufteilung, S. 253; A. Hillgruber: Der Zweite Weltkrieg, S. 325; W. W. Rostow: United States, S. 101-103, wo er die Konferenzen von Moskau im Oktober 1944, in Jalta im Februar und in Potsdam im Juli/August 1945 behandelt. Aufschlußreich ist sein Urteil, daß Churchills Treffen mit Stalin im Oktober 1944 die »wichtigste« Konferenz gewesen sei: »It exposed the heart of the issue of postwar organization of Europe and, given the subsequent course of American policy, it went far toward determining the outcome« (vgl. S. 101).

reichenden Abreden mit Stalin und damit am weiteren Schicksal Südosteuropas gewesen ist. Schließlich hat Churchill in seinem Schreiben an das britische Kabinett mit Nachdruck darauf hingewiesen, der »zeitweilige Leitfaden« sei nur für die »nächste Kriegszeit« gedacht und bedürfe einer »Überprüfung seitens der Großmächte«, »wenn sie sich am Waffenstillstands- oder Friedenstisch treffen, um die allgemeine Regelung für Europa auszuarbeiten«[462]. Dieser Interpretation sind – verständlicherweise – auch mehrere angelsächsische Autoren gefolgt.

Churchills Versuch, seine Prozent-Formel zu rechtfertigen, läßt sich jedoch nicht mehr aufrechterhalten, seit die Aufzeichnungen bekanntgeworden sind, die Lord Hastings Ismay, Churchills Chief of Staff, über die Gespräche des Premierministers mit Stalin gemacht hat. Aus den von Daniel Yergin in seiner materialreichen Analyse »Shattered Peace« ausgewerteten »Hastings Ismay Papers« geht klar hervor, daß Churchill mit Stalin ein »permanent understanding« gesucht hat. Nur um die Zustimmung des amerikanischen Präsidenten zu gewinnen, hat der britische Premierminister den Eindruck zu erwecken gesucht, endgültige Entscheidungen über die Zukunft der betroffenen südosteuropäischen Länder würden erst später gefällt werden. Churchill wußte, daß die amerikanische Administration der Einteilung Europas in »Interessensphären« ablehnend gegenüberstand. Gegenüber Stalin brachte Churchill jedoch zum Ausdruck, daß der »Prozent-Handel« auch für die Zeit nach der Beendigung des Zweiten Weltkriegs gelten sollte.[463]

Daß Stalin die Abrede mit Churchill, die der UdSSR die Vorherrschaft in Rumänien, Bulgarien und Ungarn gegen mögliche diplomatische Störaktionen seitens Großbritanniens und der USA absicherte, wärmstens begrüßt hat, ist nicht erstaunlich. In seiner Rede anläßlich des 27. Jahrestags der Oktober-Revolution sprach er am 6. November 1944 von den

---

462 W. S. Churchill: Der Zweite Weltkrieg, Bd. VI/1. Buch, S. 277. Vgl. dazu auch G. Ionescu: Communism, S. 92 f.; A. Cretzianu: Anglo-Soviet Agreement, S. 262–267; W. W. Rostow; ebenda, S. 101–108. Vgl. dazu auch die offizielle britische Sicht bei L. Woodward: Policy, Vol. III, S. 146–153 mit zahlreichen wertvollen Nachweisen; E. Barker: Policy, S. 144 f. Was speziell die »Interessen« an Bulgarien anging, so weist N. Oren in: Revolution, S. 323, darauf hin, daß Bulgarien in den Monaten zuvor in den britischen Vorstellungen nur eine untergeordnete Rolle gespielt hat. Vgl. zum Stellenwert Griechenlands in Churchills »Konzeption« W. H. McNeill: Greece, S. 389 f. Vgl. zur Position der USA gegenüber den Verhandlungen Churchills in Moskau im Oktober 1944 auch R. E. Sherwood: Roosevelt und Hopkins, S. 678 f.

463 Daniel Yergin gibt eine ausführliche und höchst aufschlußreiche Schilderung in: Shattered Peace, S. 58–61.

Verhandlungen mit Churchill und Eden, »die in freundschaftlicher Atmosphäre und im Geiste völliger Einmütigkeit verliefen«[464].

Wenn in angelsächsischen Analysen festgestellt wird, Churchills Prozent-Formel mit Stalin habe akademischen Charakter, da sich im Oktober 1944 Rumänien und Bulgarien ohnehin bereits »im sowjetischen Griff«[465] befunden hätten, so kann diese Aussage über ein Faktum nicht hinwegtäuschen: Stalin konnte sich auf das Wort Churchills berufen, um den sowjetischen Einflußbereich auf Rumänien, Bulgarien und auch Ungarn auszudehnen. Zwar hätte auch ein entschiedenes Veto der USA gegen die Abrede Churchills mit Stalin an den militärischen Fakten in den betroffenen Staaten nichts geändert, da sie nicht bereit waren, dort militärisch einzugreifen. Daß die amerikanische Führung den Prozent-Handel zwischen Churchill und Stalin jedoch hingenommen hat, bleibt schlimm genug. Schließlich konnte Stalin mit Genugtuung vermerken, daß seine Politik gegenüber Rumänien, Ungarn und Bulgarien aufgrund der Absprache mit Premierminister Churchill zumindest weitgehend sanktioniert und von amerikanischer Seite nicht ausdrücklich abgelehnt worden ist.

e) *Die Abkommen über den Waffenstillstand mit Bulgarien vom 28. Oktober 1944 und mit Ungarn vom 20. Januar 1945*

Während – wie bereits dargelegt – mit Rumänien schon am 12. September 1944 ein Abkommen über den Waffenstillstand unterzeichnet worden ist, folgte der Vertrag der drei Hauptalliierten mit Bulgarien erst am 28. Oktober 1944, da er den Rückzug der bulgarischen Truppen aus den besetzten Gebieten Jugoslawiens und Griechenlands voraussetzte, der am 25. Oktober beendet war. Das Abkommen mit Bulgarien bestimmte – ebenso wie jenes mit Rumänien –, eine Alliierte Kontrollkommission einzusetzen, der Vertreter der UdSSR, Großbritanniens und der USA angehörten; auch hier führte der sowjetische Vertreter den Vorsitz. Die Alliierte Kontrollkommission hatte auch in Bulgarien die Aufgabe, darüber zu wachen, daß die Bedingungen über den Waffenstillstand eingehalten wurden.[466] Darüber hinaus mußte – verständlicherweise – Bulgarien auf sämt-

---

464 Text in: J. Stalin: Krieg, 1. Ausgabe, S. 130. Sehr instruktiv dazu McNeill: America, S. 493–497 (496).
465 So L. A. D. Dellin: Bulgaria, S. 119.
466 Dt. Text des Vertrags in: Archiv der Gegenwart 1945, S. 34–36. Engl. Text in: International Legislation. Vol. IX: 1942–1945. Nr. 638, S. 152–156 und in: A Decade of American Foreign Policy, S. 482–485. Vgl. zur Gesamtproblematik vor allem R. L.

liche mit deutscher Unterstützung im Jahre 1941 auf Kosten Jugoslawiens und Griechenlands erworbene Gebiete verzichten. Obwohl die UdSSR »nur« 75 Prozent des Einflusses in Bulgarien erhalten sollte, während ihr Anteil in Rumänien 90 Prozent ausmachte, lief die Entwicklung in der Praxis auf das gleiche hinaus: die militärische Okkupation durch die Sowjetunion, die nicht einmal Stalins Prozent-Abrede mit Churchill abwartete, um die prosowjetische Orientierung Bulgariens sicherzustellen. Aufgrund ihres starken Gewichts in der Regierung konnten sich die bulgarischen Kommunisten schneller und härter als ihre Gesinnungsfreunde in Rumänien daran machen, den entscheidenden Einfluß im Lande zu erlangen. Bereits im Dezember 1944 starteten sie eine blutige Säuberung; ihr fielen nicht nur im Krieg verantwortliche Politiker, sondern auch Hunderte unschuldiger Menschen zum Opfer, deren einziger Fehler es war, gegen den Kommunismus opponiert zu haben. Bis zum März 1945 wurden – nach offiziellen Angaben – 2138 Todesurteile vollstreckt.[467]

Unabhängig davon, ob und inwieweit auf der Moskauer Konferenz Churchills ursprüngliche 50:50-Prozent-Formel für Ungarn zugunsten der Sowjetunion modifiziert worden ist, bestand für die sowjetische Führung kein Zweifel darüber, daß auch Ungarn zu ihrer »Einflußzone« gehört. In Ungarn vollzog sich – im Gegensatz zu Rumänien und Bulgarien – der von sowjetischer Seite erstrebte militärische Frontwechsel erst einige Wochen später. Als Stalin Anfang September 1944 die Rote Armee in Ungarn einmarschieren ließ, war es noch von deutschen Truppen besetzt, die in der Nacht vom 18. zum 19. März 1944 in das Land eingedrungen waren, da Hitler die Bündnistreue dieses Alliierten wegen seiner Kontakte zu den Staaten der »Anti-Hitler-Koalition« bezweifelt hatte. Reichsverweser Nikolaus von Horthy sandte am 28. September 1944 eine Delegation nach Moskau, die dort am 11. Oktober ein Abkommen über einen vorläufigen sowjetisch-ungarischen Waffenstillstand unterzeichnete. Am 15. Oktober 1944 verkündete Horthy in einer Rundfunk-Ansprache, er habe die UdSSR um einen Waffenstillstand gebeten. Hitler war auf diesen Versuch Horthys, sich von Deutschland loszusagen, vorbereitet: Nun

---

Wolff: Bulgaria, S. 279; A. Hillgruber: Der Zweite Weltkrieg, S. 323; W. Strang: Home and Abroad, S. 225; L. A. D. Dellin: Bulgaria, S. 119 f., wo er ausführt, daß das Waffenstillstands-Abkommen mit Bulgarien »the Soviet representative to the Allied Control Commission ›general direction‹, which he used to the benefit of Soviet interests« gab. Einen detaillierten Überblick über die Arbeitsweise der Alliierten Kontrollkommission vermittelt als Augenzeuge C. E. Black in: View, S. 60-97.
467 Vgl. dazu R. L. Wolff, ebenda, S. 279; A. Hillgruber, ebenda, S. 332.

ließ er Budapest besetzen und den Reichsverweser internieren. An die Stelle Horthys setzte Hitler eine Regierung des Führers der »Pfeilkreuzler«, Franz Szálasi.
Kurz nach der Proklamation Horthys ließ die deutsche Besatzungsmacht am 16. Oktober 1944 die Verkündigung des Waffenstillstands widerrufen. Die ungarische Armee setzte – mit Ausnahme weniger Überläufer – den Kampf auf deutscher Seite fort. Während Budapest und Westungarn vorläufig noch in deutscher Hand verblieben, besetzten sowjetische Truppen große Teile Ostungarns. Dort setzten die Sowjets am 7. Dezember 1944 in Debrecen unter dem früheren Oberbefehlshaber der ungarischen Armee, Generaloberst Bela Miklos von Dalnok, eine provisorische Regierung ein, die Deutschland am 31. Dezember 1944 den Krieg erkärte. Mit dieser neuen Regierung schlossen die Sowjetunion und die beiden angelsächsischen Mächte am 20. Januar 1945 in Moskau einen Waffenstillstand. Erst am 13. Februar 1945 konnte die Rote Armee nach einer über sechswöchigen Belagerung Budapest vollständig in Besitz nehmen.[468]

Das Abkommen über den Waffenstillstand vom 20. Januar 1945 enthielt – ebenso wie die Verträge mit Rumänien und Bulgarien – militärische, politische, ökonomische und finanzielle Verpflichtungen und reduzierte die Souveränität Ungarns auf ein »Minimum«[469]. Auch dieses Abkommen sah die Schaffung einer Alliierten Kontrollkommission unter sowjetischer Leitung vor; mit diesem Amt wurde zunächst Sowjetmarschall Kliment E. Vorošilov betraut. Die ungarische Regierung verpflichtete sich, den sowjetischen und westalliierten Streitkräften alle Bewegungs-Erleichterungen auf ungarischem Gebiet zu gewähren. Damit war auch in Ungarn der UdSSR das Recht eingeräumt worden, dort bis zu einer friedensvertraglichen Regelung Streitkräfte zu stationieren.

Da – ebenso wie in Rumänien und Bulgarien – die Sowjetunion die effektive Besetzung des Landes ausübte, waren die Möglichkeiten für die britischen und amerikanischen Delegierten in der Alliierten Kontrollkommis-

---

468 Vgl. dazu A. Hillgruber, ebenda, S. 323; St. D. Kertesz: Diplomacy, S. 77–85; ders.: Hungary, S. 220 f.; ders.: Hungary in International Affairs Since 1945, S. 17–20. Eine sehr detaillierte Darstellung der Vorgänge vor und nach dem »15. Oktober 1944« gibt C. A. Macartney in: October Fifteenth, S. 385–443; ders.: Ungarns Weg aus dem Zweiten Weltkrieg, S. 79–103 mit zahlreichen wichtigen Dokumenten; M. D. Fenyo: Hitler, S. 207–239.
469 So St. D. Kertesz: Hungary, S. 221. Dt. Text des Waffenstillstands-Abkommens mit Ungarn in: Archiv der Gegenwart 1945, S. 52 f. Engl. Text in: A Decade of American Foreign Policy, S. 494–497 und in: International Legislation. Vol. IX: 1942–1945, Nr. 645, S. 276–280. Vgl. dazu auch den instruktiven Augenzeugenbericht von L. Mark, Jr.: View, S. 186–209.

sion, auf diese Entwicklung Einfluß zu nehmen, von vornherein sehr enge Grenzen gesetzt. Die UdSSR benutzte die Alliierte Kontrollkommission, um sich fortwährend in die inneren und äußeren Angelegenheiten Ungarns einzumischen. Zum Stil der sowjetischen Besatzungsmacht gehörte es, daß sie während der gesamten Waffenstillstands-Periode im Namen der drei Hauptalliierten zu handeln suchte, während sie die beiden angelsächsischen Mächte von jeder effektiven Aktion ausschloß.
Stephen D. Kertesz, einer der besten Kenner der ungarischen Geschichte, hat die tragische Entwicklung des Landes so zusammengefaßt: »Zuerst wurde das Land von den Deutschen verwüstet, dann von den Russen systematisch geplündert. Wegen aller dieser Umstände waren die psychische Zerstörung und das Vakuum an politischer Macht und administrativer Autorität in keinem anderen Staat der ›Achse‹ so beträchtlich wie in Ungarn.«[470]
So schufen die Sowjets schon während der letzten Phase des Zweiten Weltkriegs in den Ländern, die sie militärisch beherrschen konnten, die Voraussetzungen, um dort »sowjetfreundliche« Regimes an die Macht zu bringen und weitreichende politische, ökonomische und soziale Veränderungen auszulösen. Es erübrigt sich festzustellen, daß sich die von den »Großen Drei« auf der Konferenz in Jalta vom 4. bis zum 11. Februar 1945 proklamierte »Erklärung über das befreite Europa« im Fall Rumäniens, Bulgariens und Ungarns als ebenso wirkungslos erwiesen hat wie bezüglich Polens und der Tschechoslowakei. Darin wurde vereinbart, daß die drei Regierungen »die Völker der befreiten europäischen Staaten oder der früheren europäischen Vasallenstaaten der Achse gemeinsam in folgendem unterstützen:
c) Bei der Schaffung vorläufiger Regierungsgewalten, die eine umfassende Vertretung aller demokratischen Elemente der Bevölkerung darstellen und die zur baldesmöglichen Errichtung von dem Volkswillen entsprechenden Regierungen auf dem Wege freier Wahlen verpflichtet sind«[471].

Als Churchill und Roosevelt das Kommuniqué über die Konferenz von Jalta am 11. Februar 1945 unterzeichneten, wußten sie, daß die »Erklärung über das befreite Europa« keinerlei Wirksamkeit entfalten konnte. Stalin konnte davon ausgehen, daß die beiden angelsächsischen Mächte nicht bereit waren, ihn auf die Verwirklichung der »Erklärung über das

---

470 St. D. Kertesz, ebenda; ders.: Methods, wo er eine ausführliche Darstellung der »Eroberung Ungarns« durch die Kommunisten in den Jahren ab 1944 gibt.
471 Text bei E. Deuerlein: Einheit, S. 326 f.; A. Fischer: Teheran, S. 171–191.

befreite Europa« zu verpflichten. Er hatte in den von der Roten Armee »befreiten« Ländern inzwischen Fakten geschaffen, die die Voraussetzungen für die Einbeziehung in den eigenen Machtbereich sehr erleichterten. Mit seiner Politik in den nun zur sowjetischen »Interessensphäre« gehörenden Staaten verletzte Stalin von jetzt an allerdings die Prinzipien der »Erklärung über das befreite Europa«. Wie sehr Stalin das Dokument von Jalta vom Augenblick seiner Unterzeichnung an ignorierte, offenbarte die sowjetische Politik in ihrer südosteuropäischen »Einflußzone«. Während der 23. August 1944 die Präsenz der UdSSR als einer entscheidenden Kraft in Rumänien offenbarte, »dokumentierte der 6. März 1945 die Präsenz des Kommunismus als einer »unerschütterlichen Kraft im Rumänien der Nachkriegszeit«[472]. Am 26. Februar 1945 sandte Stalin seinen späteren Außenminister Vyšinskij ohne Vorankündigung nach Bukarest. Er verlangte von König Michael I. ultimativ die Entlassung der aus allen Parteien gebildeten Koalitionsregierung, die seit dem königlichen Staatsstreich im August 1944 im Amt war. Als der König sich weigerte, der Forderung Vyšinskijs zu entsprechen, erschienen sowjetische Truppen und Panzer in den Straßen der rumänischen Hauptstadt. Am 6. März 1945 trat Petru Groza, ein prokommunistischer Politiker, an die Stelle von Radesku.

Die Mehrheit des Kabinetts bestand aus Mitgliedern der Kommunistischen Partei, in deren Hand auch die Schlüsselministerien des Innern und der Justiz gelegt wurden; der Regierung gehörte kein einziges Mitglied der traditionellen Nationalen Bauernpartei oder der Nationalliberalen Partei an. Mit der Etablierung des »Volksdemokratischen Regimes« in Rumänien mit Petru Groza an der Spitze, das dann in der Folgezeit dem Diktat Moskaus strikt folgte, wurde die Entwicklung eingeleitet, die Stephen Fi-

---

472 So St. Fischer-Galati: Twentieth Century Rumania, S. 91. Vgl. zur Entwicklung in Rumänien im einzelnen ders., ebenda, S. 70–90; ders.: Party, S. 64–66; ders.: Takeover, S. 310–320 (315), wo er sich auf G. Ionescu: Communism, S. 81–110 (107–110) beruft und feststellt: »Ghita Ionescu's characterization of the Groza regime as one element in a ›duality of power‹ is an accurate assessment of the extent of the takeover. The choice of Groza by the Kremlin indicates the Soviet Union's inability (or unwillingness) to force a showdown with the Western powers and with the Rumanian population, since the preferable Soviet solution would have been the installation of a ›Moscovite‹-dominated regime. The exclusion of Ana Pauker, Vasile Luca, and other non-Rumanian Communists from visible positions of power, and the inclusion in the Groza regime of native Communists such as Gheorghiu-Dej, Lucretiu Patrascanu, and Teohari Gheorgescu points to the continuing need for identification with Rumanian democratic interests«. Vgl. dazu auch R. L. Wolff: Rumania, S. 254–260; S. Lowery: Rumania, S. 285–291; I. Deutscher: Stalin, S. 560 f.; G. Bundy: The Test of Yalta, S. 621 f.; B. Brannen: The Soviet Conquest of Rumania.

scher-Galati, Verfasser einer Reihe profunder Studien über die Außen- und Innenpolitik Rumäniens, veranlaßt hat, vom »de facto Satelliten der UdSSR«[473] zu sprechen, und die mit dem Friedensvertrag mit Rumänien vom 10. Februar 1947 endgültig sanktioniert worden ist.

In Bulgarien hatte sich Stalin eine gute Ausgangsposition insofern geschaffen, als bereits in der am 9. September 1944 gebildeten Regierung unter Kimon Georgiev die Schlüsselministerien des Innern und der Justiz mit Kommunisten besetzt waren. Dort sahen die Kommunisten innerhalb der Regierung der »Vaterländischen Front« ihre Aufgabe vor allem darin, in der Folgezeit die anderen Parteien zu neutralisieren und dann zu spalten. Darüber hinaus vollzogen die Kommunisten in Bulgarien in der Zeit vom Dezember 1944 bis zum Frühjahr 1945 die – wie bereits ausgeführt – blutigste Säuberung in ganz Europa. Die vom kommunistischen Innenminister geschaffene, von der Roten Armee unterstützte »Volksmiliz« terrorisierte das Land mit Massenverhaftungen; die »Volksgerichtshöfe« verurteilten Tausende zu langen Gefängnisstrafen.[474]

Nicht unerwähnt bleiben sollte, wie Winston S. Churchill die Vorgänge in Rumänien und Bulgarien – eklatante Verletzungen der Beschlüsse der Konferenz von Jalta – kommentiert hat. Seine Darlegungen verdeutlichen noch einmal, wie sehr es ihm in seinen folgenschweren Abreden mit Stalin über die Abgrenzung der »Einflußzonen« in Südosteuropa im Juni und Oktober 1944 darauf angekommen ist, Griechenland vor einer Einbeziehung in den sowjetischen Machtbereich zu bewahren. Dazu hat Churchill bemerkt:

»Die Russen hatten mit Gewalt und Verdrehungen eine kommunistische Minderheit an die Macht gebracht. Großbritannien war zu keinem scharfen Protest in der Lage, hatten doch Eden und ich anläßlich unseres Oktoberbesuches in Moskau den Russen in Rumänien und Bulgarien die dominierende Rolle zugestanden. Dafür hatten sie uns die Führung in Griechenland überlassen, und in den sechswöchigen Athener Kämpfen gegen die Kommunisten und die Elas hatte sich Stalin, obwohl das nicht nur für ihn, sondern auch für seine Umgebung höchst peinlich sein mußte, genau an diese Vereinbarung gehalten. In Griechenland herrschte jetzt wieder Frieden ... In Rumänien und Bulgarien hingegen verfolgte jetzt Stalin

---

473 St. Fischer-Galati: Foreign Policy, S. 203. Vgl. dazu auch die Darstellung bei R. L. Wolff: Balkans, S. 278–289.
474 Vgl. dazu im einzelnen R. L. Wolff, ebenda, S. 292–295; ders.: Bulgaria, S. 278–280; J. F. Brown: Bulgaria, S. 9–11; L. A. D. Dellin: Politics, S. 120 f.; C. E. Black: Bulgaria, S. 21–23; M. L. Miller: Bulgaria, S. 217 f.; N. Oren: Revolution; C. Katzarov: Bulgarien, S. 287.

den direkt entgegengesetzten Kurs, einen Kurs, der allen demokratischen Idealen diametral widersprach. In Jalta hatte er das Prinzip auf dem Papier anerkannt, aber in Rumänien trat er es mit Füßen. Wenn ich ihm aber zu scharf entgegentrat, konnte er mir antworten: ›Ich habe mich in Griechenland auch nicht eingemischt; warum geben Sie mir also nicht die gleiche Handlungsfreiheit in Rumänien?‹ «[475]

Auch hier frappiert zunächst die Ehrlichkeit, mit der sich Winston S. Churchill noch einmal zu seinem »Tauschhandel« mit Stalin vom Oktober 1944 bekannt hat. Dennoch hat Churchill zentrale Fragen offengelassen, die die zeithistorische Forschung bis heute nicht beantworten konnte. Daß dem britischen Premierminister das Schicksal Griechenlands sehr am Herzen gelegen und er mit Erfolg eine Einbeziehung des Landes in den sowjetischen Machtbereich unterbunden hat, ist unbestreitbar. Ebenso ist Churchills Feststellung richtig, Stalin habe sich an die Moskauer Abrede über Griechenland gehalten. Eine ganz andere Frage ist es, ob Stalin während des Zweiten Weltkriegs irgendwann überhaupt die Vorstellung gehabt hat, auch Griechenland in den sowjetischen Machtbereich einzubeziehen, da er die Unterstützung der griechischen Kommunisten weitgehend den »Genossen« der benachbarten Länder Griechenlands überlassen hatte.

Immerhin hat Churchill für die Rettung Griechenlands drei andere Länder Südosteuropas – Rumänien, Ungarn und Bulgarien – ohne jede weitere Diskussion im Oktober 1944 »geopfert«. Darüber kann auch die Tatsache nicht hinwegtäuschen, daß Churchill Stalin zunächst vorgeschlagen hatte, den Einfluß der UdSSR einer- und Großbritanniens (und der USA) andererseits in Ungarn mit jeweils 50 Prozent zu bemessen. Stalin reichte diese prozentuale »Beteiligung« des sowjetischen Einflusses in Ungarn aus, um auch dort seine Vorstellungen durchzusetzen. Die gleiche prozentuale »Regelung« hatte Churchill für Jugoslawien vorgeschlagen, dessen komplizierte innere Entwicklung – wahrscheinlich – ihn ebenso wie Stalin in eine Abwartehaltung versetzt hat. So muß sich Churchill doch die Frage gefallen lassen, warum er Stalin im Oktober 1944 soweit entgegengekommen ist. Zweifellos konnte er sich auf die für die UdSSR an der Südfront des Kriegsschauplatzes so günstige militärische Entwicklung beru-

---

[475] W. S. Churchill: Der Zweite Weltkrieg, Bd. VI/2. Buch, S. 92 f. Vgl. dazu auch N. Oren, ebenda, S. 322 f. (323): »To salvage Greece, Churchill was prepared to pay a high price to the Soviet ally. Stalin's designs for Bulgaria were quiently but forcefully presented, and were accepted without retort.« Vgl. zur Position Griechenlands auch G. Kousoulas: Greek Communists.

fen. Auf der anderen Seite dürfte auch das Desinteresse der USA an Südosteuropa eine zentrale Rolle in Churchills Vorstellungen gespielt haben. Noch einmal sei festgehalten, daß die amerikanische Führung über den Verlauf der Besprechungen Churchills mit Stalin im Oktober 1944 erst verspätet und nicht umfassend unterrichtet worden ist. Auch wenn die USA den »zynischen Tauschhandel« Churchills mit Stalin nie ausdrücklich sanktioniert haben, tragen sie ein großes Stück der Mitverantwortung für diese Entscheidungen. Folgt man der Darstellung Churchills, dann bestand wegen des militärischen Verlaufs des Krieges in Südosteuropa überhaupt keine Alternative zu der von ihm eingeschlagenen und von den USA sanktionierten Politik.

7. *Die Sonderstellung Jugoslawiens und Albaniens (1941–1945)*

a) *Jugoslawien: Tito durchkreuzt Churchills »Interessensphären«-Abrede mit Stalin*

Die Frage, ob Stalin in irgendeiner Phase des Zweiten Weltkriegs gemeint hat, auch Jugoslawien unter seine Kontrolle bringen zu können, läßt sich immer noch nicht klar beantworten. Soviel steht fest: Die Entwicklung Jugoslawiens in den Jahren 1941 bis 1945 hätte Stalin manche Möglichkeit geboten, sie stärker in seinem Sinne zu beeinflussen. Doch von Anfang an ließ er es an dem notwendigen Einfühlungsvermögen und politischem Geschick fehlen, um die komplizierten inneren Verhältnisse des Vielvölkerstaats Jugoslawien vorausschauend zu beurteilen.
Den Befehl, »Jugoslawien militärisch und als Staatsgebilde zu zerschlagen«, erteilte Hitler am 27. März 1941, nur zwei Tage nach dem auf deutschen Druck hin erfolgten Beitritt Jugoslawiens zum Drei-Mächte-Pakt zwischen Deutschland, Italien und Japan vom 27. September 1940[476] und knapp drei Monate vor dem deutschen Angriff auf die UdSSR. An dem militärischen Unternehmen beteiligten sich außerdem Italien, Bulgarien und Ungarn. Die UdSSR hatte in der Nacht vom 5. auf den 6. April 1941, zwei Stunden vor dem militärischen Überfall, einen Freundschafts- und Nichtangriffspakt mit Jugoslawien geschlossen. Darin hatten sich

---

476 Vgl. dazu oben S. 30 mit Anm. 87.

beide Seiten verpflichtet, gegenseitig die nationale Unabhängigkeit und den territorialen Bestand zu achten; im Fall des Angriffs auf einen der beiden Staaten sollten die freundschaftlichen Beziehungen zwischen ihnen gewahrt bleiben. Der Pakt blieb ohne praktische Bedeutung.[477]
Der schnelle und erfolgreiche Angriff der deutschen Armeen führte bereits am 17. April 1941 zur Kapitulation der jugoslawischen Heeresleitung. Der wegen seiner nationalen Zusammensetzung so labile jugoslawische Staat hörte zu existieren auf und wurde zwischen Deutschland und dessen Satelliten Italien, Ungarn und Bulgarien aufgeteilt.[478] Nun begann ein »seltsamer, vielschichtiger Krieg: Befreiungskrieg gegen die Besatzungsmächte, serbo-kroatischer Bruderkrieg und revolutionärer Bürgerkrieg zugleich ... Das Seltsamste an diesem seltsamen Krieg der jugoslawischen Kommunisten aber war, daß er fast von Anfang an gegen den ausdrücklichen Wunsch Moskaus geführt wurde.«[479]
Von Anbeginn der Besatzungszeit traten die tiefen Gegensätze, die in dem Königreich Jugoslawien mit seinen ungelösten nationalen Problemen bestanden hatten, deutlich hervor. Hitler und Mussolini suchten von Anfang an, sich diese Situation im nun zerstückelten Vielvölkerstaat zunutze zu machen und die politischen Kräfte für eine »Kollaboration« zu gewinnen, die mit der Schaffung des Staates Jugoslawien nie einverstanden gewesen waren.
Die Kommunistische Partei Jugoslawiens, die die Aufteilung des Landes nicht anerkannt hatte, traf bereits im April/Mai 1941 unter der Leitung Titos militärische Vorbereitungen, um das Land von den Okkupanten und deren Kollaborateuren zu »befreien«. Der Kommunistischen Partei kam zugute, daß sie ihre organisatorische Einheit weitgehend zu bewahren vermochte. Günstig wirkte sich für sie auch aus, daß der junge König Peter II. nach dem Sieg der Deutschen über die jugoslawische Armee im April 1941 mit seiner Regierung und einer Gruppe von Politikern außer

---

477 Vgl. dazu Archiv der Gegenwart 1941, S. 4963; R. L. Wolff: Balkans, S. 200 f.; J. Matl: Jugoslawien, S. 100; W. R. Roberts: Tito, S. 11–20.
478 Vgl. dazu die Übersicht bei M. Djilas: Krieg, S. 576; R. L. Wolff, ebenda, S. 201–203; J. Matl, ebenda, S. 101–105; S. Vukmanović-Tempo: Tito, S. 81; W. R. Roberts, ebenda, S. 18 f., 32 f. Sehr materialreich auch die Darstellung bei K. Olshausen: Die deutsche Balkan-Politik, S. 712–724.
479 So E. Halperin: Ketzer, S. 28, 30. Das Schrifttum über die innere Entwicklung Jugoslawiens ist unübersehbar und braucht hier nicht rekapituliert zu werden. Vgl. dazu beispielsweise R. L. Wolff, ebenda, S. 201–206, 222–232; G. W. Hoffmann/F. W. Neal: Yugoslavia, S. 69–80; P. Shoup: Revolution mit zahlreichen weiterführenden Nachweisen; S. Vukmanović-Tempo: Tito, S. 81–156; J. Matl, ebenda, S. 99–115; A. B. Ulam: Titoism, S. 24–26; H. Seton-Watson: Revolution, S. 72–77; M. B. Petrovich: View; G. Rhode: Staaten, S. 1211–1226 mit wertvollen Literatur-Nachweisen.

Landes gegangen war und die konservativen politischen Parteien in einem desolaten Zustand zurückgelassen hatte.
Als Hitler am 22. Juni 1941 deutsche Truppen in die UdSSR einmarschieren ließ, betrachtete die Kommunistische Partei Jugoslawiens den »Eintritt in den bewaffneten Kampf als eine Verpflichtung gegenüber dem ersten Land des Sozialismus«[480]; am selben Tag richtete das Zentralkomitee der Partei an die Völker Jugoslawiens eine Proklamation, in der es sie zum bewaffneten Kampf gegen die Okkupanten und deren Mitarbeiter im Lande aufforderte. Der nun einsetzende und gut drei Jahre später erfolgreich abgeschlossene Partisanen-Kampf ist Gegenstand zahlreicher Darstellungen, von denen die meisten – wie Viktor Meier bemerkt – »unkritische Verherrlichungen der kommunistischen Leistungen ohne großen dokumentarischen Wert und ohne Anspruch auf Objektivität« sind: »Die unterlegene Gegenseite kommt auch im Ausland je länger, desto weniger zu Wort.«[481]
Erst im Laufe der siebziger Jahre ist eine Reihe fundierter Darstellungen selbst aus kommunistischer Sicht erschienen, die »interessante Einblicke vermitteln und der Objektivität die Ehre geben. Meist sind sie geschrieben von Persönlichkeiten, die eine genügend hohe Position innehatten, um mit Autorität zu sprechen, oder dann von solchen, denen es gelang, mit der Zeit genügend Abstand von den Ereignissen und ihrem eigenen Anteil daran zu gewinnen.«[482]
Den Anfang machte Svetozar Vukmanović-Tempo mit seinem Buch »Mein Weg mit Tito – Ein Revolutionär erinnert sich«; er war ein führender Kommunist aus Montenegro, Mitglied des Zentralkomitees der Kommunistischen Partei und während des Krieges als Mitglied des Obersten Stabes mit Spezialmissionen in Bulgarien, Griechenland und Albanien betraut. Einen tiefen Einblick in die Geschichte des Partisanen-Kriegs und die komplizierten nationalen und politischen Verhältnisse Jugoslawiens vermittelt Milovan Djilas in seinem den Jahren 1941 bis 1945 gewidmeten umfangreichen Memoiren-Band »Der Krieg der Partisanen«. Djilas gehörte während des Zweiten Weltkriegs zu den engsten Mitarbeitern Titos und bekleidete hohe politische und militärische Funktionen; mit seinen »Gesprächen mit Stalin« hatte er bereits wichtige Aufschlüsse über Stalins Einstellung gegenüber Jugoslawien und vor allem Tito gegeben. Wie sehr Djilas um Objektivität bemüht ist, zeigt der Umstand, daß

---

480 So P. Morača: Bund, S. 32.
481 V. Meier: Der Krieg der Jugoslawen.
482 So V. Meier, ebenda.

er sich mehrfach auf die 1973 von dem Amerikaner Walter R. Roberts verfaßte Analyse »Tito, Mihailović and the Allies« berufen hat, dessen Darstellung sich dadurch auszeichnet, daß sie weder einseitig noch unkritisch die Politik der jugoslawischen Kommunisten behandelt.[483]
Charakteristisch für den Partisanen-Kampf war, daß er sich sowohl gegen die ausländischen Besatzungstruppen als auch gegen die politischen Kräfte im Lande richtete, deren nationale Interessen denen der Kommunisten entgegengesetzt waren. Nachdem König Peter II. in London eine Exilregierung gebildet hatte, erneuerte die UdSSR im Juli 1941 zu ihr die diplomatischen Beziehungen. Stalin betrachtete – ebenso wie die westlichen Alliierten die von Draža Mihailović organisierten Einheiten der Četniks, die von der königlichen Exilregierung in ihrem Kampf gegen die Deutschen unterstützt wurden, als die entscheidende Widerstandsbewegung im Lande. So vertraten damals die Regierungen der »Anti-Hitler-Koalition« die Ansicht, alle patriotischen Kräfte in Jugoslawien sollten sich unter dem Kommando Draža Mihailović' vereinigen.
Die einzige Verbindung, die damals Titos Partisanen-Bewegung mit dem Ausland besaß, war die Radio-Verbindung des Zentralkomitees seiner Partei mit der Kommunistischen Internationale in Moskau. Die Führung der Kommunistischen Partei Jugoslawiens wurde erstmals im Frühjahr 1942 bitter enttäuscht, als sie die Komintern über die inneren politischen Verhältnisse des Landes informierte, die Zielsetzungen des Partisanen-Kampfes umriß und Stalin nicht in ihrem Sinne zu beeinflussen vermochte. In seiner Antwort machte das Vollzugskomitee der Komintern die jugoslawischen Kommunisten darauf aufmerksam, die Richtigkeit ihrer Politik zu überprüfen und dabei zu berücksichtigen, »daß es sich um einen Befreiungskampf und nicht um eine Revolution handele«.[484]
In diesem Vorgang ist der Beginn des Konflikts zwischen Stalin und Tito zu erblicken. Stalin schien nicht davon überzeugt, daß es der kommunistischen Partisanen-Bewegung gelingen werde, im Verlauf des Zweiten

---

483 Vgl. dazu auch V. Meier, ebenda: »Wenn jemand, wie der Amerikaner Walter Roberts ... solche Gegenpositionen aufnimmt, ergießt sich sofort eine intolerante Polemik seitens offizieller jugoslawischer Stellen über Verfasser und Verlag.« In der Tat dürfte W. Roberts' Buch: Tito, mit der nötigen Distanz zum komplizierten und national so aufgeladenen Thema verfaßt, auch wegen des ungeheuren materialreichen wissenschaftlichen Apparats die bisher beste und fundierteste Studie der innen- und außenpolitischen Zusammenhänge bilden. Vgl. speziell zum »nationalen« Aspekt auch die ebenfalls sehr materialreiche Analyse von P. Shoup: Communism. Vgl. zur innerjugoslawischen Problematik auch St. Clissold: Whirlwind; W. S. Vucinich: Nationalism and Communism; J. Tomasevich: Yugoslavia During the Second World War.
484 Vgl. dazu vor allem P. Morača: Bund, S. 42.

Weltkriegs zur bestimmenden politischen Kraft in Jugoslawien zu werden, so daß er es nicht für opportun hielt, die beiden angelsächsischen Mächte und die jugoslawische Exilregierung in London so frühzeitig durch eine auch nur moralische und politische Unterstützung für Tito vor den Kopf zu stoßen. Auch wenn Stalin im Frühjahr 1942 von der militärischen Niederlage Deutschlands überzeugt gewesen sein sollte, war für ihn nicht nur die weitere militärische Kooperation mit den USA und Großbritannien von großer Wichtigkeit; die Entwicklung in Jugoslawien schien ihm auch noch zu unübersichtlich, um in jenem Zeitpunkt schon die revolutionären Ziele des Kommunisten und »Genossen« Tito zu unterstützen.

Aus der Sicht der jugoslawischen Kommunisten war Stalins Haltung äußerst zwiespältig. Auf der einen Seite lehnte er die von Tito seit Februar 1942 wiederholt vorgetragene Bitte um die Zusendung sowjetischen Kriegsmaterials nicht ausdrücklich ab; aus »technischen Schwierigkeiten« könnte er jedoch dem Wunsch Titos nicht nachkommen. Tito war besonders erbost darüber, daß die Sowjets die kommunistische Partisanen-Bewegung selbst dann noch nicht unterstützten, als zwischen ihr und den Četniks Kämpfe ausbrachen und Mihailović, inzwischen zum Kriegsminister der königlichen Exilregierung in London ernannt, mit den Italienern und später mit den Deutschen zusammenarbeitete. Vladimir Dedijer hat anhand aufschlußreichen Archiv-Materials der königlichen Regierung berichtet, Stalin sei sogar noch Ende 1942 bemüht gewesen, höhere Offiziere in das Hauptquartier von Draža Mihailović zu senden.[485]

Wie sehr Stalin die weitere Entwicklung abwartete, zeigt ein anderer bemerkenswerter Vorgang Ende 1942: Am 27. November 1942 wurde in der alten bosnischen Hauptstadt Bihać der »Antifaschistische Rat der Volksbefreiung Jugoslawiens« als höchste politische Volksvertretung im Krieg auch mit der Absicht gegründet, bereits eine provisorische Regierung zu wählen. Da Stalin damit jedoch unter keinen Umständen einverstanden war, fand Tito eine Formel, gegen die der Kreml nichts einwenden konnte: Man bildete einen Exekutivausschuß, der zwar keine Regierung darstellte, aber alle Fragen des Landes behandeln sollte.[486]

---

485 V. Dedijer: Tito, S. 169–175. Vgl. dazu auch J. Matl: Jugoslawien, S. 115; O. N. Haberl: Emanzipation, S. 38–40. Besonders materialreich und detailliert ist die Darstellung bei M. Pijade, in: Märchen, S. 17–49, die die Zeit bis Anfang 1944 erfaßt und die zwischen Belgrad und Moskau ausgetauschten Telegramme zumeist im Wortlaut wiedergibt.
486 Vgl. dazu vor allem V. Dedijer, ebenda, S. 181; M. Djilas: Krieg, S. 271–274; P. Morača: Bund, S. 41; I. J. Lederer: Russia, S. 447; P. Shoup: Revolution, S. 256.

Im Verlauf des Jahres 1943 gelang es Tito, seine Partisanen-Bewegung zur ausschlaggebenden bewaffneten Macht in Jugoslawien zu machen und Mihailović' »jugoslawische Heimatarmee« immer mehr zu schwächen. Für die weitere Entwicklung des Landes und der Beziehungen zur UdSSR war es nicht unwichtig, daß Stalin Mitte Mai 1943 die Kommunistische Internationale auflöste. Zuvor hatte der Kreml die kommunistischen Parteien um eine Stellungnahme gebeten. Milovan Djilas berichtet, daß sich alle Mitglieder des Zentralkomitees der Kommunistischen Partei Jugoslawiens für eine Auflösung der Komintern ausgesprochen hätten. Tito sei dadurch auch persönlich ein Stein vom Herzen gefallen:
»Auch ich sah die Auflösung der Komintern als Erleichterung an, die uns größere Möglichkeiten versprach: Über uns hing nicht mehr die Disziplin eines abstrakten Weltforums, wir traten in eine direkte, offene Beziehung zur sowjetischen Regierung und erlangten schon dadurch Respekt und eigene Rechte im Umgang mit ihr. Laut zog ich den Schluß: ›Die Kommunisten eint die gleiche Ideologie, in Moskau aber bedeutet jeder nur so viel, wie stark er in seinem eigenen Lande ist‹.«[487]
Als Milovan Djilas 1944 in Moskau war, berichtete man ihm, daß sich keine Mitgliedspartei der Komintern so vorbehaltlos und kategorisch für die Auflösung der Organisation ausgesprochen habe wie die Kommunistische Partei Jugoslawiens. Die Repräsentanten der anderen Parteien – beispielsweise die Tschechen (Klement Gottwald) – seien über die Auflösung ungehalten gewesen, vermutlich aus Furcht, dadurch unter die unmittelbare Herrschaft Moskaus zu geraten: »Unserer Partei dagegen – aufgrund ihrer eigenen Stärke und der besonderen Lage – entsprach sehr wohl eine direkte Verbindung zur sowjetischen Regierung.«[488] Auffällig ist, daß Vladimir Dedijer diesen Vorgang zwar registriert, sich aber dazu eines eigenen Kommentars enthalten hat.[489]
Am 29. November 1943 kam der Antifaschistische Volksbefreiungsrat Jugoslawiens zu seiner zweiten Sitzung in Jajce zusammen, um weitreichende Beschlüsse zu fassen und die Fundamente für den neuen Staat zu legen. Das ein Jahr zuvor geschaffene Exekutivkomitee wurde nun mit den Funktionen einer vorläufigen Regierung betraut. Der königlichen Exilregierung in London erkannte man das Recht ab, die legale Regierung Jugoslawiens zu sein; König Peter II. wurde verboten, nach Jugoslawien zurückzukehren. Tito, der auch das Amt des Oberkommandierenden der

---

487 So M. Djilas, ebenda, S. 332 f. (333).
488 So M. Djilas, ebenda, S. 333.
489 Vgl. V. Dedijer: Tito, S. 190 f.

Befreiungsarmee innehatte, wurde der Titel eines Marschalls verliehen. Außerdem wurde Tito auch zum Präsidenten des Nationalkomitees der Befreiung Jugoslawiens – der ersten Regierung des neuen Jugoslawien – ernannt.

Als besonders weitreichend und auch vorausschauend mußte der Beschluß vom 29. November 1943 gewertet werden, das 1941 zerstückelte Jugoslawien auf föderativer Grundlage neu zu bilden. Mit den Beschlüssen vom 29. November 1943 wurde die Basis für den später föderal strukturierten kommunistischen Staat Jugoslawien gelegt; er sollte aus sechs Bundesstaaten und einigen autonomen Gebieten bestehen. Die mögliche spätere Einbeziehung Bulgariens und Albaniens in eine größere Balkan-Föderation ließ man offen.[490]

Die zweite Tagung des »Antifaschistischen Rats der Volksbefreiung Jugoslawiens« traf zufällig mit der Konferenz der »Großen Drei« in Teheran vom 28. November bis zum 1. Dezember 1943 zusammen. Tito durfte es als einen großen Erfolg werten, daß die in Teheran vereinbarte militärische Übereinkunft sogleich in Punkt 1 der Partisanen-Bewegung in Jugoslawien Waffenhilfe im »höchstmöglichen Ausmaß«[491] versprach. Diese Entscheidung Roosevelts, Churchills und Stalins implizierte das Ende der westlichen Unterstützung für Draža Mihailović.

Tito durfte bereits den ausführlichen und detaillierten Bericht als großen Erfolg werten, den der amerikanische Offizier Linn M. Farish im Auftrag der amerikanischen Administration nach einem mehrwöchigen Aufenthalt in Jugoslawien der Konferenz von Teheran vorgelegt hat und der von einem hohen Respekt für Tito und dessen Wirken geprägt war. Der Bericht schilderte auch detailliert die Entwicklung der einzelnen Wider-

---

490 Vgl. dazu im einzelnen P. Shoup: Revolution, S. 253–256, 262 (262): Die Föderation basierte auf der Anerkennung der vollen nationalen Rechte für die fünf wichtigsten Nationalitäten der Serben, Kroaten, Slowenen, Mazedonier und Montenegriner sowie auf dem Grundsatz der Gleichheit und des Schutzes der Rechte für alle Minoritäten. Vgl. dazu auch die ausführliche Darstellung bei M. Djilas: Krieg, S. 457–474; I. J. Lederer: Russia, S. 447, wo er darauf hinweist, daß das sowjetische Modell des Bundesstaates bei den Beschlüssen vom 29. November 1943 Pate gestanden hat; P. Morača: Bund, S. 45; P. Shoup: Communism, S. 71–100, wo er ausführlich die Entwicklung der Partisanen-Bewegung in den einzelnen Gebieten des Landes nach der Gründung des »Antifaschistischen Volksbefreiungsrats Jugoslawiens« schildert.

491 Text in FRUS: The Conferences at Cairo and Tehran 1943, S. 652. Vgl. dazu vor allem M. Djilas, ebenda, S. 474 f. (475), wo er betont, daß die »Großen Drei« mit ihrer Entscheidung in Teheran den König und die Exilregierung schrittweise ihrem eigenen Schicksal überlassen wollten: »Was sind eine Regierung und ein König ohne Streitkräfte, zumal in einem Bürgerkrieg?« Vgl. dazu auch V. Dedijer: Tito, S. 198; W. R. Roberts: Tito, S. 162–175.

standsgruppen in Jugoslawien und sprach von dem »fatalen Fehler« Mihailović', daß er den Četniks den Befehl erteilt hatte, Titos Partisanen-Bewegung anzugreifen: »Er fürchtete den Kommunismus mehr als den gemeinsamen Feind.«[492]
Als Pikanterie gilt es festzuhalten, daß Stalin vor allem über den Beschluß vom 29. November 1943 verärgert gewesen ist, dem König die Rückkehr ins Land zu verbieten. So durfte der jugoslawische Rundfunksender in Moskau, »Freies Jugoslawien«, diese Nachricht nicht bekannt geben. Stalin betrachtete diese Entscheidung – wie Milovan Djilas in seinen »Memoiren 1941-45« feststellt – als »Dolchstoß gegen die UdSSR und die Konferenz von Teheran«. Nach den Beschlüssen von Teheran, die sich zwar nicht ausdrücklich, aber in ihren Auswirkungen auch gegen König Peter II. und die jugoslawische Exilregierung in London richteten, gelang es Tito, die Verstimmung mit Stalin schnell aus der Welt zu schaffen: Mitte Dezember stellte sich die sowjetische Regierung hinter die Erklärung vom 29. November 1943 und kündigte die Entsendung einer sowjetischen Militärmission nach Jugoslawien an.[493]
Darüber, daß Stalin bis Ende 1943 die jugoslawischen Kommunisten mit ihrem Führer Tito so reserviert behandelt hat, ist viel spekuliert worden. Es ist das große Verdienst Robert Lee Wolffs, in seiner instruktiven und fundierten Studie »The Balkans in Our Time« die Gründe für das Verhalten der sowjetischen Führung dargelegt zu haben. In seine differenzierte Betrachtung hat Wolff auch die Interpretation einbezogen, die die jugoslawischen Kommunisten nach dem Ausschluß der Kommunistischen Partei Jugoslawiens aus dem Kominform 1948 gegeben haben. Einmal sei es Stalin während der kriegerischen Auseinandersetzungen mit Deutschland darum gegangen, das Anwachsen keiner kommunistischen Bewegung zu dulden, die über eigene Regeln und Einrichtungen verfügte und nicht total von der UdSSR abhängig war. Daraus erklärt sich, daß Stalin in seiner gesamten Propaganda die Partisanen-Bewegung in Jugoslawien heruntergespielt hat, obwohl er täglich über einen in Zagreb stationierten Geheimsender voll informiert worden war.[494]
Darüber hinaus schien Stalin zu fürchten, durch ein stärkeres Engagement bei seinen beiden angelsächsischen Verbündeten den Eindruck hervorzurufen, er beabsichtige, nach dem Krieg Jugoslawien zu »kommunisieren«: »Vielleicht fürchtete er sogar, daß die westlichen Alliierten ihre

---

492 Text in: FRUS, ebenda, S. 606–615 (608).
493 Vgl. dazu vor allem M. Djilas: Krieg, S. 474.
494 Vgl. dazu vor allem R. L. Wolff: Balkans, S. 223.

Hilfe für die UdSSR stoppen, sich auf einen Handel mit Hitler einlassen und damit die Seiten wechseln könnten.«[495]

Als einen »Gipfel der Ironie« bezeichnet es Robert Lee Wolff, daß die Briten – und in ihrem Gefolge die Amerikaner – Tito effektiver und enthusiastischer unterstützt haben als die UdSSR, deren einzige Hilfe in den Radio-Sendungen des sogenannten Radio Freies Jugoslawien im sowjetischen Georgien bestand. So befanden sich bis Ende 1943 keine offiziellen sowjetischen Vertreter in Jugoslawien. Seinen Kampf in Jugoslawien gewann Tito Ende 1943 allein.

Diese historischen Fakten gilt es vor allem deshalb festzuhalten, da Stalin in seiner Auseinandersetzung mit Tito 1948 und später immer wieder die Behauptung verbreiten ließ, »die Befreiung Jugoslawiens« sei ein »Werk der Roten Armee« gewesen. Moša Pijade hat in seiner dokumentarisch belegten Studie »Das Märchen von der sowjetischen Hilfe für den Volksaufstand in Jugoslawien«[496] überzeugend nachgewiesen, wie sehr die zeithistorische Forschung unter Stalin mit Geschichtsklitterungen und -verfälschungen arbeiten mußte.

Allmählich sah Stalin jedoch ein, daß die beiden Westmächte Tito akzeptiert hatten. Anfang 1944 änderte er, nun vom Bestand seiner Allianz mit den beiden angelsächsischen Mächten und von dem gemeinsamen späteren Sieg über Deutschland endgültig überzeugt, seine Haltung gegenüber Tito. Die Beziehungen zwischen der UdSSR und Jugoslawien wurden intensiviert, als die sowjetische Regierung am 23. Februar 1944 endlich eine Militärmission nach Jugoslawien sandte, um die »zunächst mehr symbolischen Hilfssendungen von Waffen und Munition an die Verbände Titos«[497] zu vereinbaren.

Im April 1944 schickte Tito eine von Milovan Djilas angeführte Militärmission nach Moskau, die sich dort bis Ende Mai aufhielt. Über seine Besprechungen mit Stalin, Molotov und Georgi Dimitrov, der seit der Auflösung der Komintern 1943 gemeinsam mit Dimitrij Manuilski die Abteilung für ausländische kommunistische Parteien beim Zentralkomitee der KPdSU leitete, hat Djilas in seinen »Gesprächen mit Stalin« ausführlich und höchst informativ berichtet. Schon damals versuchte die sowjetische Führung – völlig entgegen den Tatsachen – darzulegen, welch eine entscheidende Rolle die Sowjetunion im Kampf Jugoslawiens gegen

---

495 So R. L. Wolff, ebenda.
496 Die Studie liegt auch in deutscher Übersetzung vor. Belgrad 1950.
497 So J. Matl: Jugoslawien, S. 118. Vgl. dazu auch V. Dedijer: Tito, S. 202–205; M. Djilas: Krieg, S. 481–483; O. N. Haberl: Emanzipation, S. 60–63; W. R. Roberts: Tito, S. 203–205.

Deutschland gespielt habe. Djilas hat darin die Fakten bestätigt, die Mosă Pijade im einzelnen zusammengetragen hat:
»Natürlich hätte mir nichts ferner liegen können als der Gedanke, die entscheidende Rolle der sowjetischen Partei im Weltkommunismus oder die der Roten Armee im Kampf gegen Hitler abzustreiten. Aber auf dem Boden meines Heimatlandes und unter den dort gegebenen besonderen Bedingungen führten die jugoslawischen Kommunisten einen Krieg, der unabhängig war von den augenblicklichen Erfolgen oder Niederlagen der Roten Armee, einen Krieg, der außerdem zur gleichen Zeit die politische und soziale Struktur des Landes verwandelte.«[498]
Aufschlußreich ist auch Djilas' Hinweis, daß Georgi Dimitrov die Situation Jugoslawiens während des Krieges differenzierter als Stalin beurteilt hat: »Dimitrow bemerkte, fast entschuldigend, die Sowjetregierung sei nicht in der Lage gewesen, den jugoslawischen Partisanen in der Stunde ihrer größten Not zu helfen. Er persönlich habe Stalin für die Sache interessiert.«[499]
Djilas hat einen weiteren Vorgang überliefert, der das Urteil Robert Lee Wolffs und anderer Beobachter bestätigt, warum sich Stalin gegenüber Tito auch dann noch reserviert verhielt, als dessen »Sieg« in Jugoslawien feststand. In Moskau erhielt Milovan Djilas den Auftrag, für die »Pravda« und die Zeitschrift »Neue Zeit« Artikel über Tito zu schreiben; in beiden Fällen hatte er Schwierigkeiten mit der Veröffentlichung. Während die »Pravda« fast alles strich, »was mit dem Charakter und den politischen Folgen des Kampfes zu tun hatte«, verwässerte oder unterdrückte die »Neue Zeit« praktisch »alles, was mit der Darstellung der Originalität und außerordentlichen Bedeutung der Persönlichkeit Titos zu tun hatte ... Für mich und für andere jugoslawische Kommunisten stand Stalins Führerrolle außer Frage. Aber es verwirrte mich dennoch, daß andere kommunistische Führer – in diesem Falle Tito – nicht gepriesen werden konnten, wenn sie es vom kommunistischen Standpunkt aus verdienten.«[500]
Djilas verließ Moskau vor allem deshalb so enttäuscht, da sich Stalin zu keiner Zusage für eine Anerkennung des »Nationalkomitees zur Befreiung Jugoslawiens« als der legalen Regierung des Landes durchringen konnte. Stalin war zu diesem Zeitpunkt nicht bereit, seine Verbindungen

---

498 M. Djilas: Gespräche, S. 41.
499 M. Djilas, ebenda, S. 47.
500 M. Djilas, ebenda, S. 61 f.; ders.: Krieg, S. 496: »In der UdSSR durfte niemand anderer als Stalin glorifiziert werden, insbesondere durfte kein anderer Kommunist mit Lob überhäuft werden.«

zu der königlich-jugoslawischen Regierung unter Ivan Šubašić in London aufzugeben.[501] Djilas' Darstellung seiner Besprechungen mit der sowjetischen Führung zeigt eindringlich, daß der spätere Konflikt zwischen Stalin und Tito »vorprogrammiert« war. Schließlich gilt es festzuhalten, daß für Georgi Dimitrov, der nach dem Zweiten Weltkrieg eine so wichtige Rolle in Bulgarien spielte, bereits in seinen Unterhaltungen mit Djilas im Frühjahr 1944 als die »wichtigste Angelegenheit« die Frage einer »bulgarisch-jugoslawischen Annäherung«[502] betrachtet hat.

In mehreren fundierten zeithistorischen Analysen ist immer wieder behauptet worden, Churchill habe im Mai 1944 in seiner ersten Abrede mit Stalin, der Präsident Roosevelt am 12. Juni zugestimmt hat, auch eine Vereinbarung über eine »Operationszone« Jugoslawien getroffen.[503] Dies war zwar der Wunsch Churchills; Jugoslawien wurde aber ebensowenig wie Bulgarien ausdrücklich in diese Absprache einbezogen – dies geschah erst auf der Moskauer Konferenz Churchills mit Stalin im Oktober 1944.[504]

Die beiden angelsächsischen Mächte konnten davon ausgehen, daß Tito nicht bereit war, sich der Balkan-Politik der UdSSR unterzuordnen. Um so erstaunter waren sie, als Tito am 21. September 1944 heimlich nach Moskau fuhr, um vor allem die Frage gemeinsamer Operationen beider Armeen zu besprechen. Tito hatte die Sowjets um eine Panzer-Division gebeten, die seinen Truppen bei der Befreiung Serbiens und Belgrads beistehen sollte. Von seinem Selbstbewußtsein und seinem Willen, Stalin keinen Schritt zu weit entgegenzukommen, zeugt das gemeinsame Kommuniqué, das am 28. September 1944 über die Verhandlungen herausgegeben worden ist:

»Im Hinblick auf die Weiterentwicklung der Operationen gegen die deutschen und ungarischen Truppen in Ungarn erbat das sowjetische Oberkommando vor einigen Tagen von dem nationalen Befreiungskomitee von

---

501 Vgl. dazu auch V. Dedijer: Tito, S. 203–205; W. R. Roberts: Tito, S. 214–216.
502 M. Djilas: Gespräche, S. 49–52 (51).
503 So beispielsweise A. Hillgruber: Der Zweite Weltkrieg, S. 324; J. Matl: Jugoslawien, S. 118. Richtige Darstellungen bei St. G. Xydis: Anglo-Soviet Agreement, S. 248 f.; O. N. Haberl: Emanzipation, S. 67–69; G. Kolko: Politics, S. 140–142. Vgl. dazu auch V. Dedijer, S. 211 f., der dort aus seinem »Partisanen-Tagebuch« zitiert, sich auf eine Aussage Randolph Churchills im Sommer 1944 bezieht und nicht unerwähnt läßt, daß nach dem Kriege verschiedene Dokumente veröffentlicht worden seien, »die das Abkommen zwischen der Sowjetunion und Großbritannien bestätigten . . . Moskau hat diesen Handel mit Winston Churchill nie dementiert.« Zutreffend auch die Darstellung bei W. R. Roberts: Tito, S. 240–243.
504 Vgl. dazu im einzelnen oben S. 128–134.

Jugoslawien und dem Obersten Hauptquartier der nationalen Befreiungsarmee und der Partisanenverbände von Jugoslawien die Zustimmung dafür, daß die Sowjettruppen vorübergehend jugoslawisches Gebiet an der Grenze von Ungarn betreten dürfen. Das sowjetische Oberkommando erklärte bei dieser Gelegenheit, daß die Sowjettruppen nach Erfüllung ihrer Aufgabe aus Jugoslawien zurückgezogen würden.«[505]
Folgt man dem ausführlichen Bericht Vladimir Dedijers in seiner »Autorisierten Biographie« über Tito, dann erscheint die in der zeithistorischen Forschung anzutreffende These, Tito sei nach Moskau gefahren, »um dort neue Direktiven für die außen- und innenpolitische Taktik zur völligen Ausschaltung der Monarchie und der Exilregierung einzuholen«[506], als verfehlt. Dedijer spricht nicht nur von der kühlen, sondern sogar von der gespannten Atmosphäre, die bei der ersten Begegnung Titos mit Stalin geherrscht habe.[507] Gabriel Kolko meint, das Treffen habe in einer »Katastrophe«[508] geendet, da Stalin Tito geraten habe, König Peter II. wieder in seine Rechte einzusetzen: »Mir schoß vor Empörung das Blut zu Kopf, daß er uns dazu raten konnte.«[509] Aufschlußreich ist noch ein weiterer Vorfall, den Vladimir Dedijer ebenfalls Tito selbst schildern läßt: Stalin fragte Tito, was er tun würde, wenn die Briten eine Landung in Jugoslawien erzwingen würden: »Wir würden entschlossen Widerstand leisten.« Tito folgerte: »Wieder schwieg Stalin. Offensichtlich paßte ihm diese Antwort nicht. Mußte er in diesem Augenblick an die Abmachungen denken, die er wegen einer Teilung Jugoslawiens in Interessensphären getroffen hatte?«
Die letzte Aussage Dedijers ist insoweit zu korrigieren, als Stalin Ende September 1944 noch nicht ahnen konnte, daß Churchill ihm einige Tage später auf der Konferenz in Moskau den »zynischen Tauschhandel« anbieten würde, in den auch Jugoslawien einbezogen wurde. Festzuhalten gilt zunächst, daß Tito der Roten Armee nur eine begrenzte Rolle bei der »Befreiung« seines Landes zuzugestehen bereit war; außerdem wurde neben dem Einmarsch sowjetischer Truppen in Jugoslawien der spätere Abzug, der im März 1945 erfolgte, festgelegt.
Churchill mußte es nun darauf ankommen zu verhindern, daß Stalin auch Jugoslawien als politische »Operationszone« oder gar »Interessensphäre«

---

505 Text bei V. Dedijer: Tito, S. 220. Vgl. dazu auch O. N. Haberl: Emanzipation, S. 71–74.
506 So J. Matl: Jugoslawien im Zweiten Weltkrieg, S. 118.
507 V. Dedijer: Tito, S. 220 f.
508 G. Kolko: Politics, S. 137. Sehr instruktiv dazu auch W. R. Roberts: Tito, S. 263–266.
509 Wiedergegeben bei V. Dedijer: Tito, S. 222.

der UdSSR betrachten konnte. Als der britische Premierminister am 9. Oktober 1944 bei seinem Besuch in Moskau Stalin das Angebot über die Aufteilung Südosteuropas unterbreitete, schlug er für Jugoslawien die 50:50-Prozent-Formel vor. In seinem Schreiben vom 11. Oktober 1944, in dem er Präsident Roosevelt diese Formel schmackhaft zu machen suchte, sprach Churchill davon, daß zwischen den beiden angelsächsischen Mächten und den Königen von Griechenland und Jugoslawien ein »gewisses Treueverhältnis«[510] bestehe. Als sich Churchill von Moskau aus am 12. Oktober 1944 an seine Minister-Kollegen in London wandte, wurde er deutlicher: »Was Jugoslawien anbetrifft, ist das Zahlensymbol 50:50 als die Grundlage für das gemeinsame Handeln der beiden, jetzt so eng liierten Mächte zu betrachten, womit sie – nachdem alle jugoslawischen Kräfte zusammengewirkt haben, um die Nazi-Eindringlinge zu vertreiben – die Schaffung eines geeinten Staates fördern wollen.«[511]

Churchill hat sein »Zahlen-Symbol« hinsichtlich Jugoslawiens ebensowenig konkretisiert wie seine Prozent-Berechnungen über den Einfluß der UdSSR einer- und Großbritanniens (und der USA) anderseits in Rumänien, Bulgarien, Ungarn und Griechenland. Stalin konnte mit dem Vorschlag Churchills deshalb höchst zufrieden sein, garantierte er doch der UdSSR in Jugoslawien wenigstens den gleichen Einfluß – »eine Konzession, die ironischerweise auch den gleichen Ausschluß von einer Einflußnahme hätte bedeuten können«.[512] Anderseits läßt sich aus Stalins Zustimmung auch der Schluß ziehen, daß er die Position und Stärke Marschall Titos immer noch nicht richtig und realistisch einzuordnen vermochte. Churchill wiederum schien höchst zufrieden darüber, daß Stalin die britischen »Interessen« an Jugoslawien ausdrücklich anerkannt hat.

510 W. S. Churchill: Der Zweite Weltkrieg. Bd. VI/1. Buch, S. 274.
511 W. S. Churchill, ebenda, S. 277. Vgl. dazu auch O. N. Haberl: Emanzipation, S. 67-69 mit den Nachweisen in Anm. 282, wo er darauf hinweist, daß sich Churchill vor und während der Konferenz von Potsdam im Juli/August 1945 bei Stalin über die »Ungleichheit der Einflußnahmen« beschwert hat. Vgl. dazu auch W. S. Churchill: Der Zweite Weltkrieg. Bd. VI/2, S. 248-331.
512 So G. Kolko: Politics, S. 152; I. J. Lederer: Russia, S. 448. Sehr instruktiv dazu auch W. R. Roberts: Tito, S. 266-270. Vgl. zum »Prozent-Handel« auch M. Pijade, in: Märchen, S. 15, der sich im Oktober 1944 gerade in Moskau aufgehalten und von dem Empfang berichtet hat, den Molotov für seinen britischen Kollegen Eden gab: »Ich erinnere mich, wie mir Molotov mit fröhlichem Gesicht entgegentrat, mir auf die Schulter klopfte und sagte, die Sache Jugoslawiens stünde ausgezeichnet. Aber er sagte nicht, daß dies auch ausgezeichnet für die Teilung unserer Haut sei. Aber weil die Frage der Teilung der Interessensphären eher in den moralischen Bereich als in den der materiellen Hilfe fällt, wollen wir uns hier nicht weiter dabei aufhalten, denn die Frage der moralischen Hilfe ist ein Kapitel für sich . . .«

Nach der Besetzung Belgrads durch die Rote Armee am 20. Oktober 1944 siedelte das »Nationalkomitee zur Befreiung Jugoslawiens« dorthin über, während die Regierung unter Ministerpräsident Ivan Šubašić noch in London verblieb. So kehrte Tito als »Eroberer in die Hauptstadt zurück, die er als Verschwörer für gut drei stürmische Jahre verlassen hatte«[513]. Am 1. November 1944 schloß Tito mit Šubašić, den König Peter nach der Entlassung der Regierung Purič am 17. Mai 1944 zum Ministerpräsidenten ernannt und mit dem Tito am 16. Juni 1944 ein vorläufiges Arrangement getroffen hatte[514], ein Abkommen über die vorläufige Zusammenarbeit bis zur Abhaltung der für die Zeit nach der völligen Säuberung des Landes von feindlichen Truppen in Aussicht genommenen Wahlen.[515]

Auf der Konferenz von Jalta empfahlen die »Großen Drei« im Februar 1945, Tito und Šubašić das von ihnen zuvor geschlossene Abkommen unverzüglich in Kraft zu setzen und eine neue Regierung auf der Grundlage des Übereinkommens zu bilden.[516] Außerdem regten Stalin, Churchill und Roosevelt an, die kommunistisch beherrschte »Antifaschistische Sammlung der Nationalen Befreiung Jugoslawiens« durch Mitglieder des letzten jugoslawischen Parlaments, die sich während des Krieges nicht »durch Zusammenarbeit mit dem Feind kompromittiert« hatten, zu erweitern. Am 8. März 1945 wurde die in dem Abkommen Titos mit Šubašić vorgesehene Provisorische Regierung der »Demokratischen Föderation Jugoslawien« ernannt: Tito wurde Ministerpräsident, Šubašić Außenminister. Mit der Bildung dieser Regierung trug Jugoslawien der im Abkommen von Jalta vom 11. Februar 1945 niedergelegten Empfehlung Rechnung.[517]

---

513 So R. L. Wolff: Balkans, S. 232.
514 Text der Vereinbarung zwischen Marschall Tito und dem Chef der Emigranten-Regierung I. Šubašić vom 16. Juni 1944 in: Auswärtige Politik, 11. Jg./1944, S. 549. Vgl. dazu vor allem R. L. Wolff, ebenda, S. 228 f.; M. Djilas: Krieg, S. 507–511; P. Morača: Bund, S. 47 f.; V. Dedijer: Tito, S. 210–213; J. Matl: Jugoslawien, S. 118; W. R. Roberts: Tito, S. 230–234.
515 Vgl. dazu E. Zellweger: Staatsaufbau, S. 122 f.; R. L. Wolff, ebenda, S. 267; M. Djilas, ebenda, S. 526–527; W. R. Roberts, ebenda, S. 270–274. Ein weiteres Abkommen, das die Wahlen zur Verfassunggebenden Versammlung und die Organisation der öffentlichen Macht betraf, schlossen Tito und Subašić am 7. Dezember 1944. Vgl. dazu W. R. Roberts, ebenda, S. 286–289.
516 Text des Jalta-Protokolls bei E. Deuerlein: Einheit, S. 327–331 (330 f.). Vgl. dazu auch A. Fischer: Teheran, S. 188; A. Hillgruber: Der Zweite Weltkrieg, S. 330 f.; V. Dedijer: Tito, S. 223–225. Vgl. dazu die ausführliche Darstellung auch für die Zeit bis »Teheran« bei W. R. Roberts, ebenda, S. 289–316.
517 Vgl. dazu vor allem E. Zellweger: Staatsaufbau, S. 123; P. Shoup: Revolution, S. 265; R. L. Wolff: Balkans, S. 267–269; W. R. Roberts, ebenda, S. 316–319.

Aufgrund der weiteren Entwicklung in Jugoslawien konnten die Beziehungen zur UdSSR nicht so bleiben, wie Militärmissionen und Armeen sie fixiert hatten: »Die Bindungen mehrten sich, die Beziehungen wuchsen sich aus und nahmen immer deutlicher eine internationale Form an.«[518]
Im März 1945 zog die UdSSR – verabredungsgemäß – ihre Truppen aus Jugoslawien ab: Tito war der einzige aller osteuropäischen Kommunisten-Führer, der eine militärische Besetzung des gesamten Landes durch die Rote Armee verhindert und den sowjetischen Truppen nur einen zeitlich befristeten Auftrag zugewiesen hatte. Anfang April 1945 reiste Tito mit Šubašić nach Moskau, um dort am 11. April den Vertrag über Freundschaft, Zusammenarbeit und gegenseitigen Beistand in der Nachkriegszeit mit der UdSSR zu unterzeichnen.[519]
Die Verpflichtung zum Beistand richtete sich – ebenso wie in den Bündnisverträgen der Sowjetunion mit der Tschechoslowakei vom 12. Dezember 1943 und mit Polen vom 21. April 1945 – gegen Deutschland, falls es in der Nachkriegszeit seine »Aggressionspolitik wieder aufnehmen sollte, und gegen mit Deutschland verbündete Staaten«. Auch versprachen sich die UdSSR und Jugoslawien für die Zeit nach der Beendigung des Zweiten Weltkriegs eine Kooperation, die zur weiteren Entwicklung und Festigung der ökonomischen und kulturellen Beziehungen führen sollte.
Zwar dokumentierte der Bündnispakt einerseits die Solidarität Stalins mit Tito und andererseits die verstärkte Ostorientierung der seit dem 8. März 1945 amtierenden neuen Regierung unter Ministerpräsident Tito.[520] Dennoch hatte Stalin allen Grund, die Entwicklung in Jugoslawien auch weiterhin mit Argwohn zu beobachten. Einmal mißfiel ihm, daß Tito, von Anfang an ein Verfechter der nationalen Unabhängigkeit, die überwältigende Mehrheit der Bevölkerung seines Landes hinter sich wußte, da er den einzelnen Nationalitäten in der Zukunft die Gleichberechtigung und den sozialen Fortschritt in einem föderal gegliederten Staat versprach. Titos politisches Programm schien nicht nur für Jugoslawien, sondern auch für andere Teile des Balkans geeignet:
»Diesen potentiellen Expansionismus, vielleicht sogar Imperialismus im

---

518 M. Djilas: Gespräche, S. 125 f.
519 Text des Vertrages bei B. Meissner: Ostpakt-System, S. 24 f. Über den Verlauf der Verhandlungen berichtet M. Djilas ausführlich in seinen »Gesprächen mit Stalin«, ohne jedoch den bilateralen Bündnispakt im einzelnen zu analysieren. Vgl. dazu auch A. Hillgruber: Der Zweite Weltkrieg, S. 330 f.
520 Vgl. dazu J. Matl: Jugoslawien, S. 119; A. Hillgruber, ebenda, S. 333. Sehr instruktiv dazu auch F. Maclean: Tito, S. 244–246; H. Seton-Watson: Yugoslavia, S. 354 f.; M. Djilas, ebenda, S. 131–150.

Titoismus empfanden die Sowjets als eine Herausforderung gegenüber der Position, die sie für sich in dieser Region in Anspruch nahmen. Im Jahre 1943 und Anfang 1944 wurden sich die Sowjets immer mehr bewußt, daß Tito ihre mögliche Hegemonie in diesem Raum mehr bedrohte als begünstigte. Bereits im April 1944 begannen die jugoslawischen Kommunisten, von einer Balkan-Föderation zu sprechen, der zunächst neben Jugoslawien Bulgarien und Albanien angehören sollten.«[521]
Dies dürften vor allem die Gründe dafür gewesen sein, daß sich Stalin in seiner zweiten Abrede mit Churchill vom Oktober 1944 mit einer 50prozentigen Beteiligung an der Vormachtstellung in Jugoslawien zufriedengegeben und nicht auf eine stärkere Einflußnahme gedrängt hat. Schließlich wußte er, daß es Tito mit der militärisch begrenzten Hilfe der Roten Armee ernst gewesen ist. Jeglicher Versuch, Jugoslawien durch eine vollständige militärische Besetzung unter sowjetische Kontrolle zu bringen, wäre auf den erbitterten Widerstand der »Genossen« in diesem Land gestoßen.

Im Mai 1945 war Tito an seinem Ziel: Mit dem Waffenstillstand vom 8. Mai endete auch die Besetzung ganz Jugoslawiens[522]; Tito hatte alle politischen Gegner während des »Befreiungskrieges« im Lande ausgeschaltet, und, gestützt auf die alten und neuen Kader der Kommunistischen Partei mit 141 000 Mitgliedern, mit einem klar umrissenen politischen Konzept die Alleinherrschaft gewonnen.

b) *Albanien: Stalins totales Desinteresse*

Für Albanien, das seine Entstehung 1912 nur dem Umstand verdankte, daß Österreich die Ambitionen Serbiens auf dieses strategisch so wertvolle Gebiet abzubremsen wünschte, ging bereits Anfang April 1939 die 19jährige Periode der Unabhängigkeit zu Ende. Das kleine Land, dessen Entwicklung durch ständige Einflußnahme oder Beherrschung von außen,

---

521 So G. Kolko: Politics, S. 136.
522 Die Frage, welchen Anteil die Rote Armee bei der Befreiung Jugoslawiens im Herbst 1944 gehabt hat, wird in jugoslawischen Darstellungen unterschiedlich beantwortet. Vgl. dazu beispielsweise P. Morača in: Bund, S. 46: »An den Kämpfen um die Befreiung Serbiens und Mazedoniens beteiligten sich auch Einheiten der Sowjetarmee, der Armee der Volksfront Bulgariens und der Volksbefreiungsarmee Albaniens.« M. Pijade spricht in: Märchen, S. 15, von der Hilfe, die die Rote Armee im Oktober 1944 bei der »Befreiung Belgrads, des Banats und der Batschka« geleistet habe. Hingegen meint M. B. Petrovich in: View, S. 56: »Whatever outside aid the Partisans received during the war came from the Western Allies and not from the Soviet Union.«

nicht festgelegte Grenzen und innere Zerrissenheit gekennzeichnet war, wurde am 17. Dezember 1920 als souveräner und unabhängiger Staat in seinen heutigen Grenzen in den Völkerbund aufgenommen. Albanien, von 1921 bis 1928 Republik und bis 1939 Königreich, war stets auf wirtschaftliche und militärische Hilfe anderer Länder angewiesen. Im Laufe der dreißiger Jahre gelang es Italien, sich gegenüber seinem Hauptkonkurrenten Jugoslawien durchzusetzen. Als Hitler im März 1939 das Münchener Abkommen brach und in Prag einmarschierte, sah Mussolini, der sich auch gegenüber dem »Führer« profilieren wollte, die Gelegenheit, dem Königreich Albanien unter König Achmed Zogu ein Ende zu bereiten und es als militärische Aufmarschbasis für die Invasion Griechenlands zu benutzen. Als Vorwand diente ihm die nochmalige Weigerung König Zogus, von Italien, das das ökonomische Leben Albaniens inzwischen bestimmte, große Geldsummen im Austausch für eine Besetzung und Kolonisierung des Landes durch Italien entgegenzunehmen.[523]

Am 6. April 1939 verließ König Zogu Albanien und ging ins Exil. Einen Tag später ließ Mussolini italienische Truppen in Albanien einmarschieren. Graf Galeazzo Ciano kündigte an, daß die Invasionsarmee gekommen sei, »um Ordnung, Ruhe und Sicherheit im Lande wiederherzustellen«.[524] Bis zu diesem Zeitpunkt spielten die Kommunisten in Albanien, das König Zogu ohne organisierte politische Parteien regiert hatte, eine völlig untergeordnete Rolle; die wenigen albanischen Kommunisten, deren Gesamtzahl damals auf 150 geschätzt wurde, waren in Grüppchen verstreut und ohne jede ideologische Orientierung. Die Invasion durch italienische Streitkräfte sowie die Tatsache, daß König Zogu unangekündigt das Land ohne Führung und wehrlos seinem Schicksal überlassen hatte, schufen einen günstigen Nährboden für die Entstehung einer Wi-

---

523 Vgl. über die Entwicklung Albaniens bis 1939 St. Skendi: Albania, S. 1–17; ders.: Evolution, S. 1–5; ders.: Albania, in: St. D. Kertesz (Ed.): The Fate of East Central Europe, S. 297–301; J. F. Brown: The Balkans, S. 85–88; A. Logoreci: Albaniens, S. 22–65; R. L. Wolff: Balkans, S. 136–143; W. E. Griffith: Albania, S. 1–13; ders.: Strukturwandlung, S. 8–10; St. Peters: Albania, S. 273 f.; Die albanische Außenpolitik (I), S. 27–31; H.-D. Topp: Die albanische Außenpolitik, S. 75; P. Lendvai: Balkan, S. 191–199. Vgl. zur Entwicklung des völkerrechtlichen Status Albaniens W. Schükking und H. Wehberg: Die Satzung des Völkerbundes, S. 215 f., 478–480; F. Berber: Lehrbuch des Völkerrechts. Bd. I, S. 153. Einen instruktiven, mit zahlreichen Nachweisen versehenen Überblick über die Geschichte (und völkerrechtliche Problematik) vermittelt auch N. C. Pano in: Albania, S. 3–43 (bis zum Jahre 1941). Vgl. dazu auch die instruktive Analyse V. Dedijers: Albania, S. 103–106. Eine vorzügliche Übersicht über die Entwicklung Albaniens von 1918 bis 1968 gibt G. Rhode in: Staaten, Kap. IV: Albanien, S. 1269–1296.
524 Zit. nach St. Skendi: Albania, S. 17.

derstands-Bewegung. Hinzu kommt, daß ein Teil der schmalen Oberschicht des Landes, mit der Zogu eng zusammengearbeitet und die Grundlagen für einen modernen Staat gelegt hatte, mit den italienischen Invasoren sich zu engagieren begann.

Es erscheint fraglich, ob die wenigen und dazu noch zersplitterten sowie isolierten Kommunisten in Albanien in der Lage gewesen wären, ab 1939 ohne ausländische Hilfe sich zu einer politischen Kraft zu entwickeln. So ergriff bereits 1939 die Komintern die Initiative, indem sie die Führung der jugoslawischen Kommunisten beauftragte, die wenigen Kommunisten in Albanien allmählich zu einer Partei zusammenzufassen. Als Titos Emissäre 1941 in Albanien eintrafen, um dort eine kleine kommunistische Partei zu organisieren, fanden sie eine »ideologische Konfusion und ein totales Chaos«[525] vor. Da die jugoslawischen Sendboten die Hoffnung auf ein befreites Albanien und auf Anerkennung seitens der UdSSR zu nähren verstanden, gelang es ihnen, einen großen Teil derjenigen zusammenzuschließen, die sich als Kommunisten verstanden. So wurde am 8. November 1941 die Kommunistische Partei Albaniens in Tirana gegründet. Als Generalsekretär fungierte von Anfang an Enver Hoxha, obwohl die jugoslawischen Kommunisten lieber Koci Xoxe als Chef der Partei gesehen hätten, da er – im Gegensatz zum »Bourgeois« Hoxha – mehr ihren Vorstellungen entsprach. Die unmittelbaren Aufgaben der Partei wurden in einem Acht-Punkte-Programm formuliert, das von den »Genossen« in Belgrad entworfen worden war und dessen Punkt 3 lautete: »Wir müssen die Liebe zur UdSSR fördern, indem wir zeigen, was alles die Sowjetmenschen geschaffen haben. Die Rolle der UdSSR als Avantgarde im Kampf um die Befreiung vom Faschismus müssen wir verdeutlichen.«[526]

---

525 So W. E. Griffith: Albania, S. 13. Vgl. dazu auch St. Peters: Albania, S. 275 mit zahlreichen Hinweisen auf jugoslawische und albanische sowie westliche Veröffentlichungen in Anm. 3. Vgl. über die Entwicklung Albaniens während des Zweiten Weltkriegs auch A. Logoreci: Albaniens, S. 66–83; P. Lendvai: Balkan, S. 199–204; J. F. Brown; The Balkans, S. 86 f.; N. C. Pano: Albania, S. 45–58.

526 Zit. nach »Die Kommunistische Partei Albaniens (I)«, S. 33. Vgl. zur Person Hoxhas vor allem J. F. Brown: Balkans, S. 87: »Enver Hoxha, the young man who was to become their leader, spent the six years from 1930 to 1936 as a singularly unsuccessful wandering scholar in France and Belgium. He himself was a Tosk from Djinokaster and the Tosk majority in the upper echelos of his regime after liberation has been striking... The... Yugoslav emissaries agreed to Hoxha's leadership, but never really trusted this cosmopolitan dandy who had picked up too much education and too many bourgeois habits during his years in Western Europe. Their man was Koce Xoxe, a worker like most of them were. Xoxe became Yugoslavs' principal agent within the Albanian Party and as Minister of the Interior after the war he was probably the most powerful man in the regime.«

So stand von vornherein fest, daß die Kommunistische Partei Albaniens von der Jugoslawiens abhängig war: »Titos Emissäre, die während des Krieges in Albanien verblieben, waren die wirklichen Führer der Kommunistischen Partei Albaniens.«[527]
Daher ist die Geschichte der Eroberung Albaniens durch die Kommunisten – wie Franz Borkenau vermerkt hat – »nicht mehr als ein Anhang zu Titos Eroberung Jugoslawiens«.[528] Ebenso wie Tito in Jugoslawien gelang es dem Führer der albanischen Kommunisten, Enver Hoxha, im Laufe des Krieges ein ausschließlich kommunistisches Regime für das ganze Land zu errichten.

An der Widerstandsbewegung gegen die italienische Besetzung, die zunächst ausschließlich nationalistischen und patriotischen Charakter trug, beteiligten sich die Kommunisten als organisierte Gruppe erst nach der Errichtung der Kommunistischen Partei im November 1941, als die Zahl ihrer Mitglieder noch nicht 200 betrug. Bereits im September 1942 rief die Partei die »Nationale Befreiungsbewegung« ins Leben, für die auch eine Reihe national und antifaschistisch ausgerichteter Persönlichkeiten außerhalb der Kommunistischen Partei gewonnen werden konnte. Im März 1943 sah sich die »Nationale Befreiungsfront« in der Lage, eine »Befreiungsarmee« zu formieren.

Nach der militärischen Kapitulation Italiens am 29. September 1943 und der darauf folgenden Räumung Albaniens marschierten deutsche Truppen in das Land ein. Hitler verfolgte ausschließlich strategische Interessen und war an einer vollständigen Besetzung des Landes nicht interessiert; so blieben große Gebiete der kommunistischen Partisanen-Bewegung überlassen. Hitler wollte den deutschen Truppen keine neuen Lasten aufbürden und versuchte es mit einer Politik der Versöhnung, versprach dem Land die Unabhängigkeit und ließ aus einigen gefügigen Persönlichkeiten einen Regentschaftsrat bilden, der die »Neutralität« des Landes ausrief. Die albanischen Kommunisten, für die eine »Kollaboration« mit

---

527 So St. Skendi: Albania, S. 19. Dabei darf ein anderes Faktum nicht übersehen werden, auf das vor allem P. Lendvai in Balkan, S. 202, hinweist: »Die Geschichte des Weges zur kommunistischen Macht ist gleichzeitig eine Chronik der unglaublichen Kurzsichtigkeit, politischen Naivität und schieren Stupidität des britischen Oberkommandos auf dem Balkan.« Nach Auffassung Lendvais und anderer Beobachter der albanischen Szene hätte das Schicksal des Landes einen anderen Lauf nehmen können, wenn das Kommando der Alliierten von vornherein die zunächst stärkste Widerstandsbewegung, die »Nationale Front«, unterstützt hätte.
528 F. Borkenau: Der europäische Kommunismus, S. 371. Sehr instruktiv dazu auch R. L. Wolff: Balkans, S. 216-223; St. Peters: Albania, S. 275-280 mit zahlreichen Nachweisen; H. Seton-Watson: Albania, S. 371-376; P. Lendvai, ebenda, S. 201-205.

Deutschland außer Frage stand, nutzten die Gelegenheit, ihren Einfluß in den von deutschen Truppen nicht besetzten Gebieten zu verstärken und einen »Bruderkrieg« gegen die Anhänger der konkurrierenden und stark nationalistisch ausgerichteten Widerstandsbewegung der »Balli Kombetar« (»Nationale Front«) einzuleiten.

Die »Nationale Befreiungsbewegung« verstand es, mit einer breitangelegten Propaganda-Kampagne immer mehr Anhänger zu gewinnen. Dies gelang ihr vor allem deshalb, weil sie den Eindruck zu erwecken vermochte, daß sie auf dem Boden der Demokratie stehe und sie nicht von Kommunisten beherrscht werde.[529] Ende 1943 und Anfang 1944 wurden immer mehr deutsche Besatzungstruppen aus Albanien abgezogen. Da die »Befreiung« des Landes nur noch eine Frage der Zeit war, berief die »Nationale Befreiungsbewegung« für den 24. Mai 1944 einen Kongreß nach Permet in Südalbanien ein, dessen 200 Delegierte, ausnahmslos Kommunisten und kommunistische Mitläufer, einen »Antifaschistischen Nationalen Befreiungsrat« als »Oberstes gesetzgebendes und exekutives Organ« der Nation wählten und es ermächtigten, ein Komitee zu benennen, das dann die Funktionen einer provisorischen Regierung übernehmen sollte. Das Amt des Vorsitzenden des Komitees, also des Regierungschefs, übernahm Enver Hoxha. Den Kommunisten kam es darauf an, allmählich einen Regierungsapparat in die Hand zu bekommen, mit dem sie nach dem vollständigen Abzug der deutschen Wehrmacht das Land zu regieren beabsichtigten und auch um eine Rückkehr König Zogus zu verhindern. Noch am 20. Oktober 1944, als der »Antifaschistische Nationale Befreiungsrat« zusammentrat, legte Hoxha größten Wert darauf, noch einmal die »überparteiliche« Fassade dieses Gremiums aufrechtzuerhalten. Nachdem alle deutschen Truppen Albanien verlassen hatten, konstituierte sich am 29. November 1944 in Tirana die »Demokratische Regierung« mit Enver Hoxha als Ministerpräsident. So waren die albanischen Kommunisten allein aufgrund der Unterstützung Titos zu den Beherrschern Albaniens geworden.[530]

Für die weitere Entwicklung Albaniens in der kommunistischen Weltbewegung ist die Frage von größtem Interesse, wie Stalin die allmähliche

---

529 Vgl. über die Entwicklung des Bürgerkriegs in Albanien im einzelnen St. Peters, ebenda, S. 280–286 (286): Im Spätsommer 1943 verfügte die kommunistische Partisanen-Armee über mehr als 50 000 Mann. Vgl. dazu auch R. L. Wolff, ebenda, S. 201–206, 216–222.
530 Vgl. dazu ausführlicher St. Skendi: Albania, S. 22–24; ders.: Albania, in: St. D. Kertesz (Ed.): The Fate of East Central Europe, S. 304–306; »Die Kommunistische Partei Albaniens (II)«, S. 20–24; R. L. Wolff, ebenda, S. 222; St. Peters, ebenda, S. 288.

»Machtergreifung« der »Genossen« in Tirana beurteilt hat. Gelegentlich ist behauptet worden, die UdSSR habe direkt beim Aufbau der kommunistischen Bewegung in Albanien eingegriffen. Diese These ist nicht richtig. Stalin hat sich auf den Auftrag der Komintern an die Führung der jugoslawischen Kommunisten beschränkt, in Albanien die Kommunistische Partei zu errichten. Die UdSSR hat die Widerstands-Bewegung der Kommunisten in Albanien in keiner Weise direkt unterstützt; Moskau hat weder materiell geholfen noch Verbindungsoffiziere nach Albanien gesandt. Deshalb ist die Bemerkung Robert Lee Wolffs richtig, wenn er betont:

»Spätestens 1946 bekannte Stalin selbst, völlig uninformiert über die Persönlichkeiten der albanischen Führer zu sein, bat Tito um Informationen über deren interne Meinungsverschiedenheiten und war damit einverstanden, daß sich Tito auch weiterhin um die Schwierigkeiten innerhalb der albanischen Partei kümmern sollte.«[531]

Dieser Version entspricht auch Stalins Verhalten auf den Konferenzen der »Großen Drei« in Teheran (Ende November/Anfang Dezember 1943) und in Jalta (Februar 1945). Eine Prüfung der über die Konferenzen vorliegenden Protokolle ergibt, daß Albanien auf keiner dieser Konferenzen speziell angesprochen worden ist.[532] Bestätigt wird die Einstellung Stalins gegenüber Albanien auch aufgrund seiner Besprechungen mit Churchill im Oktober 1944 in Moskau, als beide – wie bereits dargelegt – weitreichende Entscheidungen über das künftige Schicksal Südosteuropas getroffen haben. Während Rumänien und Bulgarien überwiegend in den Machtbereich der UdSSR fallen sollten und sich die Sowjetunion und Großbritannien (mit den USA) ihren Einfluß in Ungarn und Jugoslawien nach der 50:50-Prozent-Formel aufteilten und Stalin mit dem Vorschlag Churchills einverstanden war, daß Griechenland in den angelsächsischen Bereich einbezogen werden sollte, wurde Albanien in diese Abrede nicht mit einbezogen.[533] Churchill ließ Albanien nicht wegen dessen geringer Bedeutung außen vor, sondern deshalb, weil er um die griechischen territorialen Forderungen auf den Nord-Epirus wußte. Stalin zeigte sich an Albanien uninteressiert, da es ihm zu unbedeutend war und die kommunistische Szene zu unübersichtlich schien; außerdem betrachtete und behandelte er es als ein Anhängsel Jugoslawiens.

Für Stalin lag Albanien innerhalb der jugoslawischen »Einflußsphäre«.

---

531 So R. L. Wolff, ebenda.
532 Vgl. dazu auch St. Peters: Albania, S. 288.
533 Vgl. dazu im einzelnen oben S. 142–151.

Die Moskauer Anweisungen an das Politbüro der Kommunistischen Partei Albaniens liefen über Tito, »und die internationalen Vertreter, die die Politik der albanischen Kommunisten überwachten, waren von Tito ernannte Jugoslawen«.[534] So hatten weder Churchill noch Stalin ein Interesse daran, Albanien – im Gegensatz zu Jugoslawien – ausdrücklich in ihre »Einflußzonen«-Aufteilung einzubeziehen.

Es ist daher müßig, darüber zu spekulieren, wie Stalin auf einen etwaigen Versuch Churchills reagiert hätte, Albanien – ebenso wie Griechenland – unter einen 90prozentigen britischen Einfluß zu stellen. Dabei darf auch nicht übersehen werden, daß im Zeitpunkt der Verhandlungen Churchills mit Stalin die albanischen Kommunisten bereits die innere Opposition weitgehend ausgeschaltet hatten. Auch wenn Stalin über die führenden Persönlichkeiten der albanischen Kommunisten wenig wußte, dürfte er über die bevorstehende Machtergreifung der Kommunisten in Albanien im Oktober 1944 ebenso wie über die Tatsache informiert gewesen sein, daß in Griechenland die von den Kommunisten beherrschte »Nationale Befreiungsarmee (ELAS)« Teile des Landes in ihrer Hand hatte. Trotzdem gab Stalin Churchill freie Hand in Griechenland.

Daher bleibt es zwar eine interessante, aber auch theoretische Frage, wie sich Stalin verhalten hätte, wenn Churchill gleichzeitig mit Griechenland auch in Albanien Truppen gelandet hätte. Enver Hoxha hat berichtet, daß die albanischen Kommunisten in der Zeit nach der Kapitulation Italiens Ende September 1943 bis Ende 1944 in der Furcht vor einer anglo-amerikanischen Landung gelebt hätten. Auch Tito schien um das Schicksal Albaniens gefürchtet zu haben: Mitte Oktober 1944 sandte er eine dringende Botschaft an die Führung der Kommunistischen Partei Albaniens, so schnell wie möglich eine »Provisorische Demokratische Regierung« zu bilden. Tito verfolgte damit das Ziel, Großbritannien und die USA mit einer vollendeten Tatsache in dem Zeitpunkt zu konfrontieren, wenn alle deutschen Truppen Albanien verlassen hatten. Die Führung der albani-

---

534 So F. Borkenau: Der europäische Kommunismus, S. 371. Dennoch fürchtete Hoxha noch bis in das Jahr 1945 hinein, also mehrere Monate nach der Übernahme der Macht durch die Kommunisten, Stalin könnte Großbritannien im Fall Albaniens ebenso freie Hand geben, wie er es zuvor im Fall Griechenlands getan hatte. So berichtet Stephen Peters, der damals der American Military Mission in Tirana angehörte, Hoxha habe wärend der Jalta-Konferenz Anfang Februar 1945 »zum ersten und letzten Male« die amerikanische Militär-Mission aufgesucht und besorgt die Frage gestellt, ob die Albanien-Frage auf der Konferenz der »Großen Drei« in Jalta behandelt worden sei. Erst nachdem die Beschlüsse der Konferenz bekanntgegeben worden waren, fühlten sich Hoxha und seine Mitarbeiter sicher – »and soon after launched their program für communizing the country« (so St. Peters: Albania, S. 289 f.).

schen Kommunisten reagierte umgehend, als sie – wie bereits dargestellt – den »Antifaschistischen Nationalen Befreiungsrat« zum 20. Oktober 1944 einberief und kurze Zeit später die Bildung der »Provisorischen Demokratischen Regierung Albaniens« verkündete.[535] Stavro Skendi, einer der angesehensten Albanien-Experten, hat Stalins Haltung gegenüber Albanien so gedeutet: »Es paßte in die sowjetischen Pläne, Albanien, dessen Position als Vorposten im Mittelmeer und als Basis für eine Expansion von großer Bedeutung war, unter der Kontrolle eines Satelliten zu wissen.«[536] In der Tat durfte Stalin im Herbst 1944 noch davon ausgehen, daß Jugoslawien unter Führung Titos seine Zukunft an der Seite der UdSSR gestalten werde. Sonst wäre es auch gar nicht zu verstehen, mit welchem Grad von Verachtung Stalin das Wirken der führenden Persönlichkeiten der Kommunistischen Partei Albaniens verfolgt hat. Daß Stalin den kommunistischen Anhang der »Genossen« in Albanien ganz der Vormundschaft Titos auch noch in den ersten Jahren nach Beendigung des Zweiten Weltkriegs überließ, sollte sich später noch bitter rächen.[537]

So stellt sich die Machtübernahme durch die Kommunisten in Albanien als ein einzigartiger Fall dar und hat keine Parallele in den anderen zum sowjetischen Machtbereich gehörenden Ländern und in Jugoslawien, wo Tito zur »Befreiung Belgrads« und einiger weiterer Gebiete ein, wenn auch kleines sowjetisches Truppen-Kontingent in Anspruch genommen hat. So wurde Albanien weder durch die Rote Armee direkt oder durch Titos Partisanen-Bewegung »befreit«. Weder Stalin noch Tito versorgten die von den Kommunisten geführte albanische »Befreiungsbewegung« mit Kriegsmaterial. Titos Emissäre beschränkten sich darauf, den »Genossen« in Albanien die nötigen ideologischen und technischen Ratschläge zu geben. Da im Fall Albaniens keine Exilregierung existierte und es den Kommunisten während des Krieges gelungen war, jede organisierte innere Opposition bereits vor der Machtübernahme auszuschalten, blieb es Hoxha und seinen engsten Mitarbeitern erspart, erst über die einzelnen Stadien von Koalitionsregierungen allmählich zur beherrschenden Kraft im Staat zu werden. Die Kommunistische Partei Albaniens brauchte ihre

---

535 Vgl. dazu St. Peters: Albania, S. 288 f. mit dem Nachweis in Anm. 31: Enver Hoxha hat selbst über die Furcht vor einer angelsächsischen Landung in Albanien berichtet. Vgl. über die weitere innere Entwicklung Albaniens A. Logoreci: Albanians, S. 84–103.
536 St. Skendi: Albania in: St. D. Kertesz (Ed.): The Fate of East Central Europe, S. 305.
537 Vgl. dazu unten Kap. III, Ziffer 4.

Macht mit keiner anderen politischen Partei oder Gruppe zu teilen, da diese nicht existierten.[538]
Eine andere Entwicklung Albaniens wäre nur möglich gewesen, wenn Churchill die britischen Truppen-Landungen in Griechenland auf Albanien ausgedehnt hätte. Unter diesen Umständen – meint Stephen Peters – wäre Stalin nichts anderes übrig geblieben, als in einer diplomatischen Note zu protestieren: »Churchill hätte in der Tat eine sehr viel stärkere Opposition von Washington als von Moskau erwarten dürfen.«[539]

8. Stalins Taktieren in der »deutschen Frage« (1942–1945)

Die Mitte November 1942 begonnene Einkesselung der 6. deutschen Armee unter Generaloberst Friedrich Paulus bei Stalingrad bedeutete die entscheidende Wende des Zweiten Weltkriegs in Europa. Mit der Vernichtungsschlacht von Stalingrad, die am 31. Januar 1943 abgeschlossen wurde, stand für die sowjetische Führung fest, daß die UdSSR zur militärisch stärksten Landmacht in Europa geworden war. Für Stalin war damit außerdem die Gewißheit verbunden, daß »die Sowjetunion nicht mehr besiegt werden könne«[540]: Nachdem der Wendepunkt der kriegerischen Auseinandersetzung erreicht war, gewann die »deutsche Frage« nicht nur für den Kreml, sondern auch für die beiden angelsächsischen Mächte eine zusätzliche politische Dimension. Die »Anti-Hitler-Koalition« mußte sich von nun an – notwendigerweise – intensiver der Frage zuwenden, auf welche Weise Deutschland am schnellsten militärisch besiegt und wie es nach

---

538 Vgl. dazu ausführlicher St. Peters: Albania, S. 291 f.
539 St. Peters, ebenda, S. 291.
540 So zutreffend A. Fischer: Deutschlandpolitik, S. 42. Vgl. dazu auch W. Cornides: Westmächte, S. 13–16 (15), wo er drei Daten als die entscheidenden Wendepunkte des Zweiten Weltkriegs nennt: den Abschluß der deutsch-sowjetischen Vereinbarungen vom 23. August 1939, den Überfall der deutschen Wehrmacht auf die Sowjetunion am 22. Juni 1941 und den 30. Januar 1943. Vgl. dazu auch H.-A. Jacobsen: Zur Schlacht von Stalingrad, S. 174 f.: »Stalingrad bleibt auf der einen Seite das Symbol der Maßlosigkeit hitlerscher Kriegsführung, zugleich einer der entscheidenden militärischen Wendepunkte im 2. Weltkrieg; darüber hinaus auch ein besonderer Kristallisationspunkt für den Mißbrauch deutschen Soldatentums. Auf der anderen Seite ist Stalingrad einer der bedeutendsten Marksteine in der Geschichte der Sowjetunion auf dem Wege zur Weltmacht. Ohne Stalingrad kein 1945, kein Prag (1948) und kein Ostblock. Stalingrad ... ist nicht zuletzt das Symbol für den Triumph eines sozialistischen Systems, das unser Schicksal von heute und morgen mitbestimmt.«

der militärischen Niederlage zu behandeln sei. Neben der militärischen Kooperation rückten im Verlauf der erfolgreichen militärischen Operationen nun immer mehr politische Aspekte in den Vordergrund – vor allem die Frage nach der Behandlung Deutschlands nach dessen militärischer Niederlage.

Die beiden Hauptverbündeten der UdSSR, die USA und Großbritannien, hatten sich mit ihrer am 24. Januar 1943 in Casablanca verkündeten Formel von der »bedingungslosen Kapitulation« frühzeitig auf eine bestimmte Form der Kriegsbeendigung festgelegt und damit jede Möglichkeit eliminiert, mit Hitler, einer anderen deutschen Regierung oder der deutschen Widerstandsbewegung in separate Waffenstillstands- oder Friedens-Verhandlungen einzutreten. Die Doktrin von der »bedingungslosen Kapitulation« wurde verkündet, teils – wie Conrad F. Latour betont – »als vorbeugende Maßnahme, um in Zukunft nicht noch einmal, wie nach dem Ersten Weltkrieg, in Deutschland eine Dolchstoßlegende aufkommen zu lassen, teils um die Beziehungen zu den mißtrauischen Sowjets zu festigen, denn Stalin war aufs höchste ergrimmt, weil die Westmächte damals, 1943, noch keine zweite Front am Kanal errichten konnten«.[541]

So verbanden Roosevelt und Churchill mit ihrer kompromißlosen »Unconditional Surrender«-Forderung drei Ziele: Einmal wollten sie bei Stalin jeglichen Verdacht und jegliches Mißtrauen zerstreuen, sie könnten hinter seinem Rücken zu einem Kompromiß mit Deutschland bereit sein. Andererseits zielte dieses Konzept auch darauf ab, Stalin davon abzuhalten, mit dem Deutschen Reich eine separate Regelung über einen Waffenstillstand zu treffen. Schließlich verfolgten Roosevelt und Churchill das Ziel, das deutsche Volk von der »Neu- und Umgestaltung seines gesamten öffentlichen Lebens im Augenblick seiner Niederlage auszuschalten«; die »dadurch hervorgerufene Notidentifizierung zwischen Volk und Regime in Deutschland blieb dabei unberücksichtigt«.[542]

Dabei darf nicht übersehen werden, wie sehr die Wende des Kriegsgeschehens das Selbstbewußtsein der sowjetischen Führung gestärkt hat: »Parallel damit wuchs die Achtung, die ihr von den Westmächten entgegengebracht wurde.«[543]

Stalins zwiespältige Einstellung zur Casablanca-Formel ist in der zeitge-

---

541 C. F. Latour: Amerikas Weg nach Potsdam.
542 So E. Deuerlein: Behandlung Deutschlands, S. 29. Vgl. dazu auch A. Fischer: Deutschlandpolitik, S. 60 f.; H. Krausnick/H. Graml: Der deutsche Widerstand und die Alliierten, S. 505–516.
543 So G. Moltmann: Partnerschaft, S. 174.

schichtlichen Forschung umstritten und braucht hier nicht im einzelnen analysiert zu werden.[544] Prüft man Stalins Äußerungen zu Roosevelts und Churchills »Unconditional Surrender«-Formel, so gelangt man zu folgendem Ergebnis: Auch wenn Stalin in seinem Tagesbefehl vom 1. Mai 1943 die Formel der »bedingungslosen Kapitulation« übernahm[545], verfolgte er weiterhin eine »taktisch-bewegliche Politik«[546], indem er sich alle Möglichkeiten offenhielt: Dies galt sowohl für die Möglichkeit einer Kontaktaufnahme mit Hitler als auch für die Förderung einer nationalen deutschen Opposition, die für die sowjetische Nachkriegspolitik wertvoll werden konnte.[547]
Zwar signalisierten Stalins Berufung auf die Casablanca-Formel, sein prononciert vorgebrachter Wunsch nach verstärkter militärischer Kooperation mit den beiden angelsächsischen Mächten, »damit die Katastrophe Hitler-Deutschlands zur Tatsache wird«[548], und die am 15. Mai 1943 verfügte Auflösung der Kommunistischen Internationale (Komintern)[549] eine »auffällige Wendung im offiziellen Verhalten Moskaus gegenüber London und Washington«.[550]
Die weitere Politik Moskaus sollte aber bald offenbaren, daß Stalin be-

---

544 Vgl. dazu mit jeweils weiteren Nachweisen R. Hansen: Ende, S. 23 f.; B. Meissner: Rußland, S. 12-14; A. Uschakow: Entstehung, S. 14-17; A. Armstrong: Bedingungslose Kapitulation; U. Meister: Zur deutschen Kapitulation; A. Vagts: Unconditional Surrender; G. Moltmann: Amerikas Deutschlandpolitik im Zweiten Weltkrieg, S. 70-77.
545 Text bei J. Stalin: Krieg, S. 78.
546 So zutreffend R. Hansen: Ende, S. 23.
547 So A. Hillgruber: Der Zweite Weltkrieg, S. 307 f. Vgl. dazu auch J. L. Chase: Unconditional Surrender Reconsidered; J. Wheeler-Bennett/A. Nicholls: The Semblance of Peace, S. 51-64; V. Mastny: Weg, S. 94-98, 177-190 (177): »Die ambivalente sowjetische Haltung gegenüber der westlichen Auffassung der ›bedingungslosen Kapitulation‹ ist ein merkwürdig unerforschter Aspekt der sowjetischen Kriegspolitik geblieben.«
548 So Stalin in seinem Tagesbefehl vom 1. Mai 1943. Text bei J. Stalin: Krieg, S. 79.
549 Text des Auflösungsbeschlusses bei H. Weber: Die kommunistische Internationale, S. 344-348. Vgl. zur Gesamtproblematik vor allem D. Geyer: Kommunistische Internationale; G. Nollau: Die Internationale, S. 221-229; A. Hillgruber: Der Zweite Weltkrieg, S. 309 f. mit den Nachweisen in Anm. 6; Th. Pirker: Utopie und Mythos der Weltrevolution, S. 49: »Die endgültige formale Auflösung der Komintern im Jahre 1943 war nur noch ein reiner Propagandaakt. In diesem Jahre wurde sozusagen die Leiche der Komintern offiziell beerdigt und die Stalinisten Osteuropas und Deutschlands wurden endgültig in den Troß der Roten Armee, in die Propaganda- und Abwehrabteilungen des NKWD eingereiht.« Vgl. dazu auch G. Moltmann: Partnerschaft, S. 169 mit Anm. 13. Einen guten Überblick über die Geschichte der Komintern vermittelt Kermit E. McKenzie in: Comintern and World Revolution, 1928-1943 (vgl. zur Auflösung der Komintern, ebenda, S. 190 f.).
550 So A. Fischer: Deutschlandpolitik, S. 43 mit weiteren Nachweisen. Vgl. dazu auch St. T. Possony: Jahrhundert des Aufruhrs, S. 290-293.

strebt war, seine Deutschland-Politik zweigleisig fortzuführen: Seine freundlichen Worte gegenüber den beiden Hauptalliierten hinderten ihn nicht daran, hinter deren Rücken Kontakte und möglicherweise sogar ein Arrangement mit Hitler zu suchen.[551]
Nachdem Stalins Bemühungen, mit der Führung des Dritten Reiches Gespräche über einen Sonderfrieden zu führen, im Sommer 1943 endgültig gescheitert waren, begann er, eine weitere deutschlandpolitische Karte auszuspielen: »Ohne sich im geringsten um die damalige Deutschlandpolitik der Westmächte zu kümmern, hißte er die deutschnationale Fahne und die Flagge deutsch-russischer Freundschaft.«[552] »Spektakulärer Ausdruck dieser patriotischen Variante sowjetischer Deutschlandpolitik«[553] war die Gründung des »Nationalkomitees Freies Deutschland« am 12./13. Juli 1943, bestehend aus deutschen kommunistischen Emigranten und einigen bei Stalingrad in sowjetische Kriegsgefangenschaft geratenen deutschen Offizieren; am 11. und 12. September 1943 wurde der »Bund Deutscher Offiziere« ins Leben gerufen.[554] Die Frage, ob Stalin die »deutschnationale« Karte ausspielte, um die angelsächsischen Mächte für ein stärkeres militärisches Engagement in Europa zu gewinnen oder ob er sich die Möglichkeit offenhalten wollte, notfalls eine eigene separate Politik gegenüber Deutschland zu führen, braucht hier nicht endgültig entschieden zu werden.[555]
Im Laufe des Jahres 1943 setzte sich auf westlicher Seite immer stärker die Erkenntnis durch, daß die UdSSR »nach der Niederlage der Achse

---

551 Vgl. dazu im einzelnen A. Fischer, ebenda, S. 38-45; A. Hillgruber: Der Zweite Weltkrieg, S. 307 f.; B. Meissner: Beziehungen, S. 18 f. Mehrere westliche Autoren betonen, daß Stalin die Komintern nicht nur aufgelöst hat, um einen propagandistischen Effekt zu erzielen und gegenüber den USA und Großbritannien eine Konzession zu machen, sondern auch deshalb, um einen neuen institutionellen Rahmen für die Kooperation zwischen der »Zentrale« in Moskau und den nationalen kommunistischen Parteien zu schaffen. Dazu bemerkt V. Mastny in: Spheres, S. 92: »Consistent with the principle ›divide and rule‹, Moscow dealt from now in with each of the ›fraternal‹ parties directly and separately.« Er beruft sich dabei vor allem auf das Buch von Jesús Hernández: La grande trahison. Paris 1953, S. 249. Auch R. Löwenthal vertritt die Ansicht, daß die Auflösung der Komintern vornehmlich als Wechsel im Typ der Arbeitsteilung zwischen der UdSSR und den nationalen kommunistischen Parteien zu werten sei. Vgl. R. Löwenthals Diskussionsbeitrag zu V. Mastnys Analyse in: S. Sinanian/I. Deak/P. C. Ludz (Eds.): Eastern Europe in the 1970s, S. 116.
552 So H. Krausnick/H. Graml: Der deutsche Widerstand und die Alliierten, S. 513.
553 So zutreffend A. Fischer: Deutschlandpolitik, S. 53.
554 Vgl. dazu im einzelnen B. Scheurig: Freies Deutschland; ders.: Verrat hinter Stalingrad?
555 Vgl. dazu auch A. Fischer: Deutschlandpolitik, S. 53-59; A. Hillgruber: Der Zweite Weltkrieg, S. 308-310; B. Meissner: Rußland, S. 12-14; V. Mastny: Weg, S. 100-104, 198-202.

ohne Frage die Vorherrschaft in Europa haben wird«.[556] Nun mußten London und Washington in immer stärkerem Maße und »in völliger Umkehrung der bisherigen Situation«[557] daran interessiert sein, mit der UdSSR zu Absprachen zu gelangen, um von der Neugestaltung Europas nach der militärischen Niederringung Deutschlands nicht ausgeschlossen zu werden. Diese Perspektive bezog sich nicht nur auf das künftige Schicksal der von der deutschen Wehrmacht besetzten Länder Ostmittel- und Südosteuropas, sondern auch und gerade auf Deutschland selbst.[558]
Die ersten offiziellen und gemeinsamen Verlautbarungen über die Behandlung Deutschland verkündeten die Außenminister der drei Großmächte auf ihrer Moskauer Konferenz vom 18. Oktober bis zum 1. November 1943. Hull, Eden und Molotov einigten sich darauf, eine »Europäische Beratende Kommission« – die European Advisory Commission (EAC) mit Sitz in London zu errichten. Die Kommission, der John G. Winant für die USA, Sir William Strang für Großbritannien und Fedor Gusev für die UdSSR angehörten und in der Frankreich nach seinem Beitritt am 27. November 1944 durch René Massigli repräsentiert wurde, sollte den drei Regierungen Vorschläge über die Probleme ausarbeiten, die mit der Beendigung des Krieges in Europa in Zusammenhang stehen. Dazu gehörte vor allem die Behandlung Deutschlands nach dessen militärischer Besiegung. Die Europäische Beratende Kommission, die nur technische Vorfragen behandeln und den drei Regierungen entsprechende Empfehlungen vorlegen sollte, war »das entscheidende – und auch einzige – Instrument zur Vorbereitung und Festlegung der alliierten Nachkriegspolitik in Deutschland«.[559]
Auch auf der ersten Konferenz der »Großen Drei« in Teheran vom 28. November bis zum 1. Dezember 1943 wurde die Deutschland-Frage

556 So das »Gutachten eines hohen Militärs der Vereinigten Staaten« mit dem Titel »Rußlands Lage« vom 10. August 1943; wiedergegeben bei R. E. Sherwood: Roosevelt und Hopkins, S. 612. Vgl. dazu auch G. Moltmann: Partnerschaft, S. 174; A. Fischer, ebenda, S. 61. Vgl. zu der amerikanischen Studie auch oben S. 65.
557 So zutreffend A. Fischer, ebenda, S. 61; G. Moltmann, ebenda, S. 174.
558 Vgl. zur Behandlung Polens, der Tschechoslowakei und der Staaten Südosteuropas oben Kap. I, Ziffer 3–6.
559 So E. Deuerlein: Einheit, S. 36; ders.: Ursprünge der alliierten Deutschlandpolitik, S. 25–28; ders.: Deklamation oder Ersatzfrieden, S. 50–68. Über die Entstehung und Arbeit der EAC liegen zahlreiche Untersuchungen vor. Am ausführlichsten ist die Darstellung von T. Sharp: Wartime Alliance, der klar die britische Urheberschaft bei der Einteilung Deutschlands in Besatzungszonen herausgearbeitet hat. Vgl. außerdem B. Kuklick: Genesis; H. G. Kowalski: European Advisory Commission; Ph. E. Mosely: Friedenspläne, S. 3032–3035; B. Meissner: Vereinbarungen; A. Hillgruber: Der Zweite Weltkrieg, S. 313 f. mit weiteren Nachweisen in Anm. 17; R. M. Slusser: Phase.

zwar erörtert, aber noch keine Entscheidung getroffen: »Es wurde Einmütigkeit über die Absicht festgestellt, Deutschland aufzuteilen. Es bildete sich auch eine gemeinsame Auffassung, die Heimstätte des polnischen Volkes nach dem Westen zu verlagern, um die Westgrenze der Sowjetunion zu verschieben. Über Form und Umfang der Aufteilung Deutschlands bestanden unklare und uneinheitliche Vorstellungen.«[560] Der Verlauf der Konferenz von Teheran zeigte deutlich, wie sehr die Erörterung über die künftige Westgrenze Polens mit dem Deutschland-Problem verklammert war; im Gegensatz zu den beiden angelsächsischen Mächten handelte es sich dabei für Stalin – wie bereits dargelegt – um eine »fundamentale Frage seiner weit vorausschauenden Europapolitik«.[561]
Obwohl die »Großen Drei« in Teheran die Teilung Deutschlands ernsthaft diskutiert hatten, einigte sich die Europäische Beratende Kommission, die am 14. Januar 1944 ihre Arbeit in London aufgenommen hatte, frühzeitig auf ein Konzept, das die Aufteilung Deutschlands in Besatzungszonen und nicht die Teilung des Landes in Einzelstaaten oder in staatsähnliche Gebilde vorsah. Festzuhalten gilt dabei vor allem, daß der Plan, Deutschland in Besatzungszonen einzuteilen, zuerst – wie Tony Sharp in seiner materialreichen und fundierten Studie »The Wartime Alliance and the Zonal Division of Germany« überzeugend nachgewiesen hat[562] – bereits Anfang 1943 auf britischer Seite entworfen worden ist. Am 15. Januar 1944 trug die britische Delegation der Europäischen Beratenden Kommission ihre Vorstellungen vor, die denen der Sowjets so sehr entsprachen, daß sie sich ihnen in ihrem Entwurf eines Abkommens zwischen den drei Hauptalliierten vom 18. Februar 1944 fast vorbehaltlos anschlossen. Der britische Entwurf sah die Einteilung des Deutschen Reiches in militärische Besatzungsräume, in Besatzungszonen, vor.[563]
Die Europäische Beratende Kommission legte am 25. Juli 1944 einen Urkunden-Entwurf über »Die bedingungslose Kapitulation Deutschlands« vor, der ausschließlich militärischen Charakter hatte und sich daher nicht zu einer Aufteilung Deutschlands äußerte.[564] Die Beratungen über die

---

560 So E. Deuerlein: Einheit, S. 44.
561 So zutreffend A. Hillgruber: Der Zweite Weltkrieg, S. 316. Vgl. zur Teheraner Konferenz auch ausführlich E. Deuerlein, ebenda, S. 36–45; B. Meissner: Rußland, S. 27–35.
562 T. Sharp: Wartime Alliance, S. 36–55 mit zahlreichen Nachweisen.
563 Vgl. dazu und über den weiteren Verlauf der Verhandlungen T. Sharp, ebenda, S. 56–89; B. Meissner: Vereinbarungen, S. 5 f.; E. Deuerlein: Einheit, S. 60–63.
564 Dt. Text bei E. Deuerlein, ebenda, S. 311–314. Vgl. dazu im einzelnen E. Deuerlein, ebenda, S. 60–62; B. Meissner: Vereinbarungen, S. 4 f.

Aufteilung Deutschlands in Besatzungszonen schloß die Europäische Beratende Kommission am 12. September 1944 mit der Unterzeichnung des Protokolls zwischen den drei Großmächten über die Besatzungszonen in Deutschland und über die Verwaltung von Groß-Berlin ab. Darin wurde die Einteilung Deutschlands in seinen Grenzen vom 31. Dezember 1937 in Besatzungszonen festgelegt. Die drei Alliierten änderten das Londoner Protokoll vom 12. September 1944 am 26. Juli 1945 dahingehend, daß Frankreich eine eigene Besatzungszone in Deutschland und einen eigenen Sektor in Berlin ausschließlich auf Kosten der für die beiden angelsächsischen Mächte vorgesehenen Besatzungsräume erhielt.[565]

Das Protokoll vom 12. September 1944 ergänzten die drei Großmächte am 14. November 1944 durch das Londoner Abkommen über Kontrolleinrichtungen in Deutschland, dem Frankreich am 1. Mai 1945 wiederum ohne Vorbehalte beigetreten ist. Darin vereinbarten die Alliierten, daß die oberste Gewalt in Deutschland von den vier Zonen-Befehlshabern je einzeln in den entsprechenden Zonen und gemeinsam in den Deutschland als Ganzes betreffenden Fragen ausgeübt wird. Die vier Oberbefehlshaber bildeten, als einheitliches Organ handelnd, das oberste Kontrollorgan, den Kontrollrat.[566]

Auf der Konferenz von Jalta im Februar 1945 genehmigten Churchill, Roosevelt und Stalin die von der Europäischen Beratenden Kommission getroffenen Vereinbarungen.[567] Die Provisorische Regierung der Französischen Republik war aufgrund der Übereinkunft der Krim-Konferenz zur Beteiligung an dem Besatzungs- und Kontrollsystem in Deutschland eingeladen worden. Stalin stimmte der Hinzuziehung Frankreichs als vierter Besatzungsmacht mit Sitz und Stimme im Alliierten Kontrollrat für Deutschland erst zu, nachdem sichergestellt war, daß die französische Besatzungszone aus Gebieten der britischen und amerikanischen Zone und nicht im Wege einer neuen Festlegung des gesamten Besatzungsbereichs gebildet werden sollte, die auch die für die UdSSR bestimmte Zone betroffen hätte. Stalin, der in Jalta die Frage der Zerstückelung Deutschlands verbindlich zu klären verlangte, stimmte der Forderung Roosevelts

---

565 Dt. Texte der Abkommen vom 12. September 1944 und 26. Juli 1945 in: D. Rauschning: Gesamtverfassung, S. 75-77, 80-82. Vgl. über den Verlauf der Verhandlungen im einzelnen E. Deuerlein, ebenda, S. 60-67.
566 Text des Abkommens vom 14. November 1944 in: D. Rauschning, ebenda, S. 83-85. Vgl. dazu E. Deuerlein, ebenda, S. 67-69; W. Strang: Germany between East and West, S. 391 f.
567 Vgl. Die amtliche Verlautbarung über die Konferenz von Jalta vom 4. bis 11. Februar 1945. Dt. Text bei E. Deuerlein, ebenda, S. 325-327 (326).

zu, in den Entwurf der deutschen Kapitulationsurkunde den Begriff »Zerstückelung« aufzunehmen. Das »Studium des Vorganges für die Zerstückelung Deutschlands« wurde einem Ausschuß übertragen, den Anthony Eden, John W. Winant und Fedor T. Gusev angehörten.[568]
Auch wenn die drei Hauptalliierten in Jalta im Prinzip die »Zerstückelung« Deutschlands bejaht haben, haben sie in ihren Beschlüssen die Konkretisierung dieser Absicht offen gelassen. Für diese These spricht auch, daß man mit dem »Studium des Vorgangs für die Zerstückelung Deutschlands« ein spezielles »Dismemberment-Committee« und nicht die Europäische Beratende Kommission beauftragt hat, die aufgrund ihrer Vorarbeiten in der Lage gewesen wäre, schnell einen konkreten Plan über die Zerstückelung Deutschlands auszuarbeiten. So regte der amerikanische Außenminister Stettinius in der Sitzung der Außenminister am 6. Februar 1945 an, »die Frage der Aufstückelung Deutschlands der EAC zum Studium zu übertragen«. Außenminister Molotov schlug vor, diese Frage zu einer späteren Zeit aufzugreifen: »Da sie eine besondere Angelegenheit sei, wäre es besser, eine Sonderkommission zum Studium dieser Frage zusammenzustellen.«[569]
Berücksichtigt man den Umstand, daß sich Fedor Gusev, der Vertreter der UdSSR in der EAC, im Frühjahr 1945 neun Wochen lang nicht in der Lage gesehen hat, zu einer Sitzung zu erscheinen[570], gewinnt – wie Ernst Deuerlein zutreffend bemerkt hat – »die Vermutung an hinreichend begründeter Wahrscheinlichkeit, Stalin habe in Jalta zwar eindeutig von der Teilung Deutschlands gesprochen, jedoch danach ein anderes Ziel verfolgt«.[571]
Nach der Konferenz von Jalta sollte sich bald zeigen, warum sich Stalin im Februar 1945 nicht mehr auf eine klare und eindeutige Position in der Frage der Zerstückelung Deutschlands festlegen wollte. Der in Jalta beschlossene Ausschuß für die Teilungsfrage nahm am 7. März 1945 in London seine Arbeit auf. Am 25. März teilte die sowjetische Regierung den Vertretern der Westmächte mit, sie verstehe die in Jalta getroffene

---

568 So das »Protokoll der Verhandlungen der Konferenz von Jalta«. Text bei E. Deuerlein, ebenda, S. 327–331 (329). Vgl. dazu im einzelnen E. Deuerlein, ebenda, S. 69–71; Ph. E. Mosely: Friedenspläne, S. 3036–3038; A. Fischer: Deutschlandpolitik, S. 120–125.
569 Dt. Text in: Die Konferenzen von Malta und Jalta, S. 615. Vgl. dazu vor allem die detaillierte Darstellung bei Ph. E. Mosely, ebenda, S. 3038 f.
570 Vgl. dazu die detaillierte Darstellung bei Lord Strang: Home and Abroad, S. 199–225 (206).
571 So E. Deuerlein: Einheit, S. 93. Hervorhebung im Text.

Abmachung über die Zerstückelung Deutschlands »nicht als obligatorischen Plan für eine Teilung, sondern als eine Möglichkeit, Deutschland unter Druck zu setzen, um es unschädlich zu machen, falls andere Mittel versagten«.[572]
Am 7. Mai 1945 war die Kapitulation der deutschen Wehrmacht im Hauptquartier der Alliierten in Reims vollzogen worden. Um die ausschlaggebende Rolle der UdSSR bei der militärischen Niederwerfung Deutschlands zu demonstrieren, hatte Stalin gefordert, diesen Akt am 8. Mai im sowjetischen Hauptquartier in Berlin-Karlshorst zu wiederholen. Die kurzgefaßte Kapitulationsurkunde enthielt keinerlei Hinweise auf eine »Zerstückelung Deutschlands«.[573] Daß Stalin inzwischen jeglichen Gedanken an eine Zerstückelung Deutschlands aufgegeben hatte, geht eindeutig aus seiner Sieges-Proklamation vom 9. Mai 1945 hervor. Die Rede ist auch deshalb interessant und wegweisend, da darin Stalin noch einmal eine Einheitsfront der slawischen Völker proklamiert hat:
»Der jahrhundertelange Kampf der slawischen Völker um ihre Existenz und Unabhängigkeit hat mit dem Sieg über die deutschen Okkupanten und die deutsche Tyrannei geendet. Von nun an wird das große Banner der Völkerfreiheit und des Völkerfriedens über Europa wehen. Vor drei Jahren verkündete Hitler vor aller Welt, daß die Zerstückelung der Sowjetunion, die Losreißung des Kaukasus, der Ukraine, Bjelorußlands, der baltischen Länder und anderer Sowjetgebiete zu seiner Aufgabe gehört. Er erklärte unumwunden: ›Wir werden Rußland vernichten, daß es sich niemals mehr erheben kann.‹ Das war vor drei Jahren. Die wahnwitzigen Ideen Hitlers sollten jedoch nicht in Erfüllung gehen – im Verlaufe des Krieges sind sie wie Spreu im Winde verweht. Was in Wirklichkeit herauskam, ist das gerade Gegenteil dessen, wovon die Hitlerleute faselten. Deutschland ist aufs Haupt geschlagen. Die deutschen Truppen kapitulieren. Die Sowjetunion feiert den Sieg, wenn sie sich auch nicht anschickt, Deutschland zu zerstückeln oder zu vernichten.«[574]
Am 5. Juni 1945 setzten die Oberbefehlshaber mit ihren Berliner Vier-Mächte-Erklärungen die Abmachungen über die Einteilung Deutschlands in Besatzungszonen und die Kontrolleinrichtungen in Deutschland in Kraft. Es verstand sich nun von selbst, daß weder diese Dokumente noch die Berliner Erklärung in Anbetracht der Niederlage Deutschlands und

---

572 Zit. bei Ph. E. Mosely: Friedenspläne, S. 3039.
573 Dt. Text bei E. Deuerlein: Einheit, S. 337.
574 Dt. Text bei J. Stalin: Krieg, S. 218 f.

der Übernahme der obersten Regierungsgewalt hinsichtlich Deutschlands vom 5. Juni 1945 Hinweise auf die »Zerstückelung« Deutschlands erhielten.[575]
Mit den Abmachungen der Alliierten über Deutschland konnte Stalin aus mehreren Gründen zufrieden sein. Das gilt nicht nur für die Festlegung der sowjetischen Besatzungszone, sondern auch und gerade für das vereinbarte Kontrollverfahren. Der Kontrollrat, der von den vier Oberbefehlshabern gebildet wurde und über alle »Deutschland als Ganzes« betreffenden wesentlichen Fragen entscheiden sollte, mußte dies einstimmig tun. Durch die Verankerung des Vetorechts war für die UdSSR sichergestellt, daß sie alle ihr nicht genehmen Vorschläge und Maßnahmen der drei Westmächte hinsichtlich Deutschlands als Ganzes nicht hinzunehmen brauchte; damit eng verbunden war von vornherein die Möglichkeit, die Politik in der eigenen Besatzungszone nach Vorstellungen zu entwickeln, die nicht mit denen der übrigen Mitglieder des Kontrollrats übereinzustimmen brauchten. Andererseits erlaubten die Konstruktion und die Kompetenz des Kontrollrats Stalin, Einfluß auf die gesamtdeutsche Entwicklung zu nehmen, soweit die drei Westmächte ihm dies zu konzedieren bereit waren.
Diese Perspektiven wurden Stalin auch nicht auf der Konferenz der »Großen Drei« in Potsdam vom 17. Juli bis zum 2. August 1945 verbaut. Die politischen Grundsätze der Potsdamer Beschlüsse bezogen sich ausdrücklich auf das zuvor festgelegte Kontrollsystem in Deutschland.

9. Zwischenbilanz: Stalin dachte frühzeitig über den militärischen Sieg der »Anti-Hitler-Koalition« hinaus

Daß Stalin im Zweiten Weltkrieg eine außerordentlich vorausschauende Politik betrieben hat, steht außer Zweifel. Über die Motive, die dieser Politik zugrunde gelegen haben, ist in der zeithistorischen Forschung viel diskutiert und spekuliert worden. Im folgenden kann es nur darum gehen, anhand einiger repräsentativer Aussagen Stalins zur Außenpolitik der Sowjetunion und der politischen Praxis in den Jahren von 1939 bis 1945 eine vorläufige Bilanz zu ziehen. Stalin hat die Möglichkeit eines Krieges in Europa frühzeitig ins Auge gefaßt, da er dem nach der Beendigung des

---

575 Dt. Texte bei D. Rauschning: Gesamtverfassung, S. 86–93.

Ersten Weltkriegs in Versailles errichteten System nicht traute. Als im Oktober 1925 Deutschland und die ehemaligen Feindmächte im Vertrag von Locarno[576] einen politischen Ausgleich anstrebten, meinte Stalin: »Anzunehmen, das wachsende und vorwärtsschreitende Deutschland werde sich mit dieser Lage abfinden, hieße an Wunder glauben . . . trägt Locarno den Keim eines neuen Krieges in Europa in sich.«[577]
Damit wies Stalin bereits 1925 auf die »Wetterwinkel hin, aus denen der Zweite Weltkrieg hervorbrechen sollte«.[578] Er machte in jener Zeit kein Hehl daraus, welche Position er in einer kriegerischen Auseinandersetzung zwischen den »kapitalistischen Staaten« der Sowjetunion zuwies. Erst 1947 ließ Stalin in seine »Werke« jene Rede aufnehmen, die er am 19. Januar 1925 auf der Plenartagung des Zentralkomitees der Kommunistischen Partei Rußlands (B) gehalten hat. Darin meinte er, daß die Voraussetzungen für einen Krieg heranreiften; der Krieg müsse die revolutionäre Krise sowohl im Osten als auch im Westen verschärfen. Die Kräfte der revolutionären Bewegung im Westen seien groß: »Bei Verwicklungen in den uns umgebenden Ländern wird sich vor uns unbedingt die Frage unserer Armee, ihrer Macht, ihrer Bereitschaft als lebenswichtige Frage erheben.«[579]
Stalin traf damals noch eine weitere lehrreiche Feststellung: »Das bedeutet nicht, daß wir bei einer solchen Situation unbedingt aktiv gegen irgendjemand auftreten müssen . . . Sollte aber der Krieg beginnen, so werden wir nicht untätig zusehen können – wir werden auftreten müssen, aber wir werden als letzter auftreten. Und wir werden auftreten, um das entscheidende Gewicht in die Waagschale zu werfen, ein *Gewicht,* das ausschlaggebend sein dürfte.«[580]

576 Frz. Text des Vertrags über gegenseitige Garantie zwischen Deutschland, Belgien, Frankreich, Großbritannien und Italien (Westpakt) vom 16. Oktober 1925 bei: Bruns-Gretschaninow: Politische Verträge, Nr. 55, S. 158–163; Dt. Text in Vertrags-Ploetz, S. 96–98. Vgl. über »Das System der Locarno-Verträge vom 16. Oktober 1925« W. Wache: System der Pakte, S. 78–83; P. Barandon: Locarno-Verträge von 1925; ders.: Das System der politischen Staatsverträge seit 1908, S. 145–148; W. W. Hartlieb: Das politische Vertragssystem der Sowjetunion 1920–1935, S. 38–43.
577 Text bei J. W. Stalin: Werke, Bd. 12, S. 237.
578 So I. Deutscher: Stalin, S. 435. Vgl. dazu auch P. E. Zinner: Bases, S. 493–495.
579 Text bei J. W. Stalin: Werke, Bd. 7, S. 11. Vgl. dazu auch I. Deutscher, ebenda, S. 436 f.; P. E. Zinner, ebenda, S. 495 f.
580 Text, ebenda; Hervorhebung im Text. Vgl. dazu auch W. Wagner: Teilung, S. 33–35; W. Strang: Germany between East and West, S. 392 f. (393): ». . . and because it (the Soviet Union, J. H.) expected that, after Germany and the Western Powers had exhausted each other, it would be the tertius gaudens, sated and secure.« Vgl. dazu auch R. L. Garthoff: Influences, S. 258.

Aus diesen Darlegungen geht hervor, daß Stalins Vertrauen in die »revolutionären Kräfte« des Auslands nicht grenzenlos war. Zwar ließ er die Frage offen, ob die Rote Armee bei revolutionären Entwicklungen den »progressiven Kräften« helfen sollte. Stalin war daran interessiert, die UdSSR möglichst lange als unbeteiligten Betrachter in Wartestellung zu halten, ihr also die Position des »lachenden Dritten« zuzuweisen und ihr »entscheidendes Gewicht« erst dann einzusetzen, wenn die kriegerischen Auseinandersetzungen dies erforderlich machten. Ohne Zweifel waren dies die Prinzipien, auf denen seine Politik bis zum 22. Juni 1941 basierte.

In einem zentralen Punkt hat sich Stalin in den Jahren ab 1939 nicht an die Vorstellungen gehalten, die er in einer weiteren Rede 1925 entwickelt hatte. Am 9. Juni 1925 setzte er sich vor der Sverdlov-Universität mit den Kritikern seiner im Herbst 1924 verkündeten Politik vom »Sozialismus in *einem* Lande« auseinander. So habe man ihm – Stalin nannte seine Kritiker nicht beim Namen – beispielsweise vorgeschlagen, in China zusammen mit den anderen »fortgeschrittenen« Mächten »Einflußsphären« festzulegen: »Wäre es nicht besser, zusammen mit dieser oder jener der Großmächte die ›Einflußsphären‹ wiederherzustellen?« Mit ungewöhnlicher Schärfe wies Stalin diese Vorschläge zurück: »Das ist eine nationalistische ›Geistesverfassung‹ neuer Art, die versucht, die Außenpolitik der Oktoberrevolution zu liquidieren, und Elemente der Entartung kultiviert.«[581]

Die Kritiker der Außenpolitik Stalins übersahen, daß die Sowjetunion in jener Zeit nichts zu bieten hatte, »was die britische oder französische Regierung hätte veranlassen können, in irgendeinem Gebiet der Erde mit der Sowjetunion Einflußsphären abzustecken. Dies erklärt vielleicht auch die unmißverständliche Schärfe, mit der Stalin diesen Gedanken damals beiseite schob. Er brauchte damals die ideologische Sauberkeit in seiner Außenpolitik nicht für nichts und wieder nichts kompromittieren zu lassen. Und noch viele Jahre lang beschränkte er sich in seinen außenpolitischen Bestrebungen auf die Erhaltung des status quo, soweit dieser Zustand Rußland betraf«.[582]

Bis 1939 handelte Stalin nach der Devise, die er auf dem XVI. Parteitag der KPdSU (B) am 27. Juni 1930 ausgegeben hatte, nach der die UdSSR

---

581 Text bei J. W. Stalin: Werke, Bd. 7, S. 145. Vgl. zur Entstehung und Entwicklung der These vom »Sozialismus in *einem* Lande« W. Wagner: Teilung, S. 28–33; M. Mackintosh: Policies, S. 229–231.
582 So I. Deutscher: Stalin, S. 439.

keinen Fußbreit fremden Bodens wolle, aber auch vom eigenen Boden niemand auch nur einen Zollbreit überlassen werde.[583]
Mit der Machtergreifung Hitlers am 30. Januar 1933 in Deutschland verstärkte sich in Stalin der Eindruck, daß die »Parteien des kriegslüsternen Imperialismus, Kriegs- und Revancheparteien« in den »Vordergrund« rückten. Auf dem XVII. Parteitag der KPdSU (B) meinte Stalin am 26. Januar 1934: »Es geht offensichtlich einem neuen Krieg entgegen.« An anderer Stelle führte er aus: »Kein Wunder, daß der Faschismus jetzt zum dankbarsten Modeartikel unter den kriegslüsternen bürgerlichen Politikern geworden ist . . . Natürlich besteht kein Grund zu der Annahme, daß der Krieg einen wirklichen Ausweg bringen kann. Im Gegenteil, er muß die Lage noch mehr verwirren. Mehr noch, er wird bestimmt die Revolution auslösen und die Existenz des Kapitalismus in einer Reihe von Ländern in Frage stellen, wie das im Verlauf der ersten imperialistischen Krieges der Fall war.«[584]
Damit hatte Stalin nochmals zum Ausdruck gebracht, was er sich von kriegerischen Auseinandersetzungen zwischen »kapitalistischen Staaten« Mitte der dreißiger Jahre versprach. Als Pikanterie gilt festzuhalten, daß er 1939 zunächst im Bündnis mit Hitler, dann mit Churchill und Roosevelt eine Politik betrieben hat, in der die Abgrenzung von »Interessensphären« eine zentrale Rolle gespielt hat – eine Politik also, die er 1925 als »nationalistische ›Geistesverfassung‹ neuer Art« apostrophiert hatte.
Die so widernatürlich erscheinende »imperialistische Partnerschaft« mit Hitler läßt sich durchaus in das außenpolitische Konzept Stalins einordnen. Stalins Vorstellungen von den sich zwischen den »imperialistischen Mächten« verschärfenden Gegensätzen stellte die UdSSR vor die Alternative, sich entweder außerhalb der Konflikte zu halten oder an der Seite einer »kapitalistischen« Mächtegruppe gegen die andere zu kämpfen. Die Entscheidung hing – wie Raymond Aron in seiner Studie »Der permanente Krieg« bemerkt hat – von zwei Überlegungen ab: »Die russische Bastion des Sozialismus darf nicht gefährdet werden, und der Krieg muß zu

---

583 Text bei J. W. Stalin: Werke. Bd. 12, S. 229. In dieser Rede sprach er nochmals von dem bevorstehenden »neuen imperialistischen Krieg: Das bedeutet . . ., daß das Proletariat im Kampf gegen die kapitalistische Ausbeutung und die Kriegsgefahr den Ausweg in der Revolution suchen wird.« Text, ebenda, S. 223. Vgl. dazu auch G. v. Rauch: Stalin und die Machtergreifung Hitlers, S. 23; St. T. Possony: Jahrhundert des Aufruhrs, S. 227; I. Deutscher, ebenda.
584 Text bei J. W. Stalin: Fragen des Leninismus, S. 591–593. Vgl. zur sowjetischen Deutschland-Politik in den Jahren 1933–1939 G. v. Rauch, ebenda, S. 22–25; W. Wagner: Teilung, S. 36 f.; W. Laqueur: Deutschland und Rußland, S. 187–314; K.-H. Ruffmann: Gewicht, S. 10–12; I. Deutscher, ebenda, S. 440–444.

einer Ausdehnung der sozialistischen Sphäre führen. Der Stalin-Hitler-Pakt ist ein Beispiel für die Anwendung dieses Grundsatzes. Mit seiner Hilfe gelang es Stalin, aus einem Weltbrand, der sich an den imperialistischen Widersprüchen entzündet und zu dessen Ausbruch Stalin selbst den entscheidenden Beitrag geliefert hatte, mit den geringsten Kosten den größten Nutzen zu ziehen.«[585]

Aufgrund der Abmachungen mit Deutschland vom 23. August und 28. September 1939 erlangte die Sowjetunion die Kontrolle über Ostpolen, die drei baltischen Staaten Estland, Lettland und Litauen sowie über Teile Finnlands und schließlich über Bessarabien und die nördliche Bukowina. Diese »erste Phase der sowjetischen Expansion gerät leicht in Vergessenheit, weil Hitler kurz darauf durch seinen abenteuerlichen Angriff auf die Sowjetunion die Situation von Grund auf veränderte«.[586]

Die immer wieder gestellte Frage, ob sich Stalin bei dieser Expansionspolitik von weltrevolutionären Zielen oder den nationalen Interessen der Sowjetunion leiten ließ, läßt sich leicht beantworten: Stalin war, als die UdSSR die Gebiete okkupierte und annektierte, die ihr Hitler am 23. August und 28. September 1939 konzediert hatte, nicht vom kommunistischen Messianismus inspiriert. In allen genannten Fällen handelte es sich um eine militärische Okkupation. Stalin hielt es gar nicht für nötig, wie in der später einsetzenden zweiten Phase der sowjetischen Expansion die Machtübernahme durch die Kommunisten in abgestuften Verfahren zu vollziehen. Thomas T. Hammond hat in seiner instruktiven »History of Communist Takeovers« nachgewiesen, daß Stalin bei keiner der 1939/40 vollzogenen Annexionen das Argument verwandt hat, es ginge um die Ausdehnung der Weltrevolution. Stalin handelte wie ein »russischer Nationalist«, indem er seinem Land Territorien einverleibte, auf die es nach seiner Ansicht »historische Ansprüche« hatte.[587] Daran kann auch die Tatsache nicht hinwegtäuschen, daß er vor der Einverleibung der drei baltischen Staaten in die UdSSR dort sogenannte Wahlen veranstalten ließ. Im Fall der Annexion Ostpolens sowie Bessarabiens und der Nord-Bukowina ließ sich Stalin auch »völkische« Argumente einfallen, um dem weitreichenden Vorgang zumindest den Anschein der Rechtmäßigkeit zu verleihen. Erst an zweiter Stelle standen bei Stalins Expansionspolitik in den

---

585 R. Aron: Der permanente Krieg, S. 277.
586 So W. Wagner: Die Spaltung Deutschlands war anders, S. 17.
587 Vgl. Th. T. Hammond: History, S. 18–20; Hammonds Schlußfolgerungen basieren auf den Ergebnissen der Einzelstudien, die er in dem Band »The Anatomy of Communist Takeovers« herausgegeben hat. Vgl. dazu auch M. Mackintosh: Policies.

Jahren 1939/40 Aspekte der Sicherheit der UdSSR, vor allem der militärischen Sicherung der Grenze im Westen sowie strategische Erwägungen.
Die düstere Zukunft der Staaten Ostmittel- und Südosteuropas im Jahre 1939 hat Walter Laqueur in seiner anregenden Studie »Deutschland und Rußland« so skizziert:
»Viele Leute erkannten 1939, daß es für die osteuropäischen Staaten in Zukunft keine Unabhängigkeit mehr zwischen dem deutschen Hammer und dem russischen Amboß geben würde und daß die osteuropäischen Regierungen daran nicht ganz unschuldig waren. Statt zusammenzustehen, verfolgte jedes Land, ohne Rücksicht auf die anderen, nur seine eigenen Interessen, weshalb sie uneins blieben und eine leichte Beute ihrer stärkeren Nachbarn wurden.«[588]
Walter Laqueurs weitreichende Feststellung trifft hinsichtlich Polens und der Tschechoslowakei bis Anfang 1942 nicht zu. Die Exilregierungen beider Länder waren von 1940 an bestrebt, enger zusammenzuarbeiten und eine Konföderation zu bilden. Dafür legen die gemeinsamen Deklarationen vom 11. November 1940 und 23. Januar 1942 Zeugnis ab. Die Pläne der polnischen und tschechoslowakischen Exilregierung konnten nicht verwirklicht werden, da ihnen die sowjetische Regierung spätestens im Frühjahr 1942 ihr Veto entgegensetzte und damit unmißverständlich demonstrierte, wie sehr sie in der Zukunft einen bestimmenden Einfluß auf die Politik beider Länder auszuüben gedachte.
An dem Schicksal beider Staaten hätte sich nichts geändert, wenn sie sich zu einem Zeitpunkt zu einer Konföderation zusammengeschlossen hätten, in dem sich das Kriegsglück noch nicht zugunsten der UdSSR gewendet hatte. Auf jeden Fall ergibt ein genaues Studium der vorliegenden Quellen, daß auch Eduard Beneš zumindest bis Anfang 1942 ernsthaft den Gedanken verfolgt hat, zwischen Polen und der Tschechoslowakei eine Konföderation zu bilden. Wenn gelegentlich behauptet wird, der Chef der tschechoslowakischen Exilregierung habe den Plan »lediglich als ein taktisches Mittel benützt«,[589] so ist das nicht richtig. Beneš war nur realistisch genug, die Interessen der UdSSR vor allem in dem Zeitpunkt in sein Kalkül einzubeziehen, als er davon ausgehen konnte, daß die Sowjetunion nach der militärischen Niederringung Deutschlands eine entscheidende, wenn nicht gar die ausschlaggebende Rolle in Europa spielen werde. Daß

---

588 W. Laqueur: Deutschland und Rußland, S. 318.
589 So beispielsweise J. Kühl: Föderationspläne im Donauraum und in Ostmitteleuropa, S. 106–117 (108).

er den Gedanken einer polnisch-tschechoslowakischen Konföderation ernsthaft ins Auge gefaßt hat, geht vor allem aus seinem instruktiven Beitrag hervor, den er Anfang 1942 in der Zeitschrift »Foreign Affairs« veröffentlichte. Darin betonte er, Voraussetzung für eine neue und dauernde Ordnung in Zentraleuropa sei eine Konföderation zwischen der Tschechoslowakei und Polen, für die die Grundlage in London gelegt worden sei. Für Beneš war es selbstverständlich, daß sich andere interessierte Staaten der Verbindung anschließen könnten; so schloß er eine spätere Ausdehnung dieser Konföderation in Zentraleuropa auf den Balkan nicht aus. Für Beneš war es ebenso selbstverständlich, daß die »Konföderation zweier zentraleuropäischer slawischer Staaten« mit Sowjetrußland »Freundschaft« pflegen müsse.[590]
Es ist vor allem das Verdienst einiger Autoren im angelsächsischen Raum, anhand aller Quellen die polnisch-tschechoslowakischen Verhandlungen über eine enge Kooperation im einzelnen dargelegt zu haben. In der deutschen zeithistorischen Forschung ist bisher viel zu wenig beachtet worden, daß Stalins Veto gegen jegliche Konföderations-Pläne einen wichtigen Einschnitt in den Beziehungen zwischen der UdSSR und diesen beiden Ländern bildet. Von nun an stand fest, daß die beiden Exilregierungen nicht mehr allein über die Außenpolitik ihrer Länder bestimmen konnten. Inzwischen hatte Hitler durch den abenteuerlichen Überfall der deutschen Wehrmacht auf die UdSSR der fast zweijährigen imperialistischen Partnerschaft mit Stalin ein jähes Ende bereitet und nun die UdSSR in die Lage versetzt, ihre Politik der Annexionen mit dem Stichwort der »Befreiung« apostrophieren zu können. Frappierend ist dabei, daß Stalin in einem Zeitpunkt die Pläne Sikorskis und Beneš' torpediert hat, als sich der weitere Verlauf der militärischen Auseinandersetzung noch gar nicht abschätzen ließ. Kein Zufall war es dann, daß die sowjetische Führung im Januar 1943 auch den Gedanken einer polnisch-tschechoslowakischen Allianz als völlig unannehmbar bezeichnet hatte. Nun, als sich der entscheidende und endgültige militärische Umschwung zugunsten der UdSSR in der Schlacht von Stalingrad zur Jahreswende 1942/43 abzeichnete, wurden die Konturen, Ziele und Absichten der Moskauer Politik in Europa immer deutlicher. Nachdem Hitler zunächst auf friedliche Weise der UdSSR zu einer wesentlichen Ausdehnung ihres Machtbereichs in Europa verholfen hatte, versetzte er nun Stalin in die Lage, die zweite Phase der sowjetischen Expansion ins Auge zu fassen.

---

590 E. Beneš: Organization, S. 229–231, 234 f. Vgl. dazu auch O. Halecki: Federalism as an Answer; J. S. Roucek: One World Versus an Iron Curtain World.

Stalins Politik gegenüber Polen und der Tschechoslowakei ab 1942/43 veranschaulichte eindringlich, wie sehr er nun daran interessiert war, die weitere politische Zukunft dieser beiden Staaten entscheidend mitzubestimmen. Die Haltung der beiden angelsächsischen Alliierten erlaubte es ihm, bereits 1943 gegenüber Polen und der ČSR eine Politik zu verfolgen, die die spätere Einbeziehung beider Staaten in den sowjetischen Machtbereich außerordentlich erleichtern sollte.
Nicht nur die Entwicklung in Ostmittel-, sondern auch in Südosteuropa zeigt eindringlich, wie sehr sich für Stalin zuerst die Allianz mit Hitler und später mit den beiden angelsächsischen Mächten gelohnt hat. Großbritannien und die USA haben auch entscheidenden Anteil daran, daß die Sowjetunion ihre »Interessensphäre« auf die mit Deutschland im Krieg verbündeten Staaten – Rumänien, Bulgarien und Ungarn – ausdehnen konnte. Die zeitgeschichtliche Forschung in der Bundesrepublik Deutschland war und ist zu sehr auf die Konferenzen der »Großen Drei« von Teheran, Jalta und Potsdam fixiert und hat zu wenig beachtet, daß wichtige und folgenschwere Entscheidungen hinsichtlich des künftigen Schicksals der südosteuropäischen Länder im Sommer und Herbst 1944 gefallen sind, als Churchill das entscheidende Wort für die westlichen Partner in der »Anti-Hitler-Koalition« sprach. Da die amerikanische Führung nahezu ausschließlich auf die gemeinsame militärische Niederringung Deutschlands und dessen Verbündeten fixiert war, hat sich auch Churchill, der die Entwicklung frühzeitig realistisch einzuschätzen wußte, spätestens im Herbst 1944 damit abgefunden, daß Rumänien, Bulgarien und auch Ungarn Teile der »Einflußzone« der UdSSR werden.
Die zeithistorische Wahrheit gebietet es festzuhalten, daß Churchill im Oktober 1944 Stalin die Abgrenzung der »Einflußsphären« in Südosteuropa vor allem deshalb vorgeschlagen hat, um Griechenland vor einer Einverleibung in den sowjetischen Machtbereich zu retten. Eine andere Frage ist es, ob Stalin in irgendeiner Phase des Zweiten Weltkriegs überhaupt daran interessiert gewesen ist, auch Griechenland der UdSSR einzuverleiben. Schließlich war es Churchill, der im Frühjahr 1945 die Amerikaner zu bewegen suchte, noch rechtzeitig das Schicksal der Tschechoslowakei zu wenden und Truppen nach Prag marschieren zu lassen, bevor dort die Rote Armee eintreffen konnte.
So versetzte der weitere Verlauf des Zweiten Weltkriegs Stalin in die Lage, nicht nur jene Annexionen in den endgültigen Besitz zu nehmen, die ihm Hitler unter ganz anderen Vorzeichen im Sommer 1939 bereits konzediert hatte. Nun kamen neben Restpolen und der Tschechoslowakei Rumänien und Ungarn hinzu. Auch Bulgarien blieb dieses Schicksal

nicht erspart, obwohl es sich im Zweiten Weltkrieg nicht auf die Seite Deutschlands gegen die UdSSR gestellt, sondern größten Wert auf eine neutrale Position gelegt hatte.

So bleibt abschließend als Zwischenergebnis festzuhalten, daß zum sowjetischen Machtbereich und dem späteren »Ostblock« jene Länder gehören, die Stalin am Ende des Zweiten Weltkriegs und danach durch die Rote Armee besetzen ließ. Die jugoslawische Führung war gut beraten, daß sie die sehr begrenzte militärische Hilfe seitens der UdSSR mit dem Versprechen verbunden hatte, die Einheiten der Sowjetarmee bereits im März 1945 wieder zurückzuziehen. Albanien bildete das einzige Land in Europa, in dem die Kommunisten ohne die Hilfe auch nur eines fremden Soldaten an die Macht gelangt sind.

Man darf Stalin bescheinigen, daß er auch in der »deutschen Frage« außerordentlich geschickt taktiert und rechtzeitig die auch von seinen westlichen Bündnispartnern verfolgten Pläne, Deutschland zu zerstückeln, aufgegeben hat. Mit der Aufteilung Deutschlands in Besatzungszonen gewann die UdSSR einen beachtlichen Teil des Landes, der später den westlichen Vorposten des »Ostblocks« und der »sozialistischen Gemeinschaft« bilden sollte.

Überblickt man abschließend die Jahre von 1939 bis 1945, dann gelangt man zu dem Schluß, daß die »imperialistische Partnerschaft« zwischen Deutschland und der Sowjetunion zum Zweiten Weltkrieg führte, dessen Verlauf wiederum dem Kommunismus unter sowjetischer Führung zur größten Expansion in seiner Geschichte verhalf. Nach Auffassung Malcolm Mackintosh' hätte sich Stalin die von der UdSSR 1939/40 annektierten und die weiteren ab 1944/45 militärisch okkupierten Gebiete auch dann dem sowjetischen Machtbereich einverleibt, wenn die USA und Großbritannien nicht zu dieser Grenzziehung in Europa bereit gewesen wären. Mackintosh geht sogar noch einen Schritt weiter, wenn er feststellt, daß Churchills »Prozent-Angebot« in Südosteuropa für Stalin kaum etwas mehr bedeutet hat als den »dramatischen Ausdruck des Unvermeidlichen«.[591]

Die damit eng verbundene, in der zeithistorischen Forschung immer wieder diskutierte und lange Zeit umstrittene Frage, welche Motive der sowjetischen Expansionspolitik in der zweiten Phase ab 1944/45 zugrunde gelegen haben, läßt sich besser behandeln, wenn man sie in den Zusammenhang der Politik Stalins in den ersten Jahren nach der Beendigung des Zweiten Weltkriegs stellt. Zweifellos gewannen für die sowjetische Füh-

---

591 M. Mackintosh: Policies, S. 242.

rung nach dem deutschen Überfall auf die UdSSR die Probleme der Sicherheit, vor allem der Sicherung der Grenzen im Westen eine immer entscheidendere Rolle. Stalin durfte sich nach 1945 auf zahlreiche, auch namhafte westliche Autoren berufen, die seiner Expansionspolitik so viel Verständnis entgegengebracht haben. Nach ihrer Ansicht sei es Stalin vornehmlich darum gegangen, westlichen Versuchen zuvorzukommen, die während des Zweiten Weltkriegs errungenen territorialen Gewinne rückgängig zu machen.[592] Inzwischen hat sich jedoch in der kaum noch überschaubaren Literatur über die Entstehung und die Entwicklung des »Kalten Kriegs« die realistische »Schule« gegenüber der »revisionistischen« durchgesetzt.

---

592 Vgl. dazu mit zahlreichen Nachweisen für jede Richtung in der westlichen Forschung vor allem Th. Wolfe: Soviet Power, S. 12-14; Z. K. Brzezinski: Sowjetblock, S. 26-30; W. Knapp: Cold War Origins, S. 153-155; A. Bregman: The Polish Question, S. 163-167; P. E. Zinner: Bases; A. Schlesinger: Origins of the Cold War; D. Geyer: Kriegskoalition; H. P. Schwarz: Spannungen, S. 465-468.

Kapitel II

Die Phase des Übergangs: Die allmähliche Gleichschaltung der von der UdSSR kontrollierten Länder und Gebiete (1945-1947)

> »Alle Nationen werden zum Sozialismus gelangen, das ist unausbleiblich, aber keine auf genau die gleiche Art und Weise, jede wird zu dieser oder jener Form der Demokratie, zu dieser oder jener Abart der Diktatur des Proletariats, zu diesem oder jenem Tempo der sozialistischen Umgestaltung der verschiedenen Seiten des gesellschaftlichen Lebens etwas Eigenes beitragen. Nichts wäre theoretisch jämmerlicher und in der Praxis lächerlicher, als sich ›im Namen des historischen Materialismus‹ in *dieser* Hinsicht die Zukunft Grau in Grau vorzustellen.«
>
> W. I. Lenin[1]

1. Die Ausgangssituation

Nachdem die Rote Armee ganz Ostmitteleuropa sowie Teile Deutschlands und Österreichs und – mit Ausnahme Griechenlands und der Türkei, Jugoslawiens und Albaniens – auch die Staaten Südosteuropas »befreit« und weiterhin militärisch besetzt gehalten hatte, konnte es sich Stalin erlauben, nach der Devise Lenins zu handeln und die innenpolitische Gleichschaltung dieser Staaten und Gebiete in einem abgestuften Verfahren einzuleiten. Dabei kam es der sowjetischen Führung zugute, daß sie bereits vor der Beendigung des Zweiten Weltkriegs gute »Vorarbeit« geleistet und in den einzelnen Ländern Regimes eingesetzt hatte, in denen die Kommunisten einen ausschlaggebenden oder zumindest maßgebenden Einfluß ausübten. Erinnert sei noch einmal an die im Schutz der sowjetischen Armee erfolgte Etablierung des von den Kommunisten beherrschten polnischen »Komitees der Nationalen Befreiung« am 21. Juli 1944 in Chelm, der Regierung der »Vaterländischen Front« am 9. September 1944 in Bulgarien und der im wesentlichen aus Linksliberalen bestehen-

---

1 W. I. Lenin: Über die Karrikatur auf den Marxismus und über den »imperialistischen Ökonomismus«, in: Werke, Bd. 23, S. 64. Hervorhebung im Text. Die Aussage Lenins hat später in der Auseinandersetzung zwischen der KPdSU und der Kommunistischen Partei Jugoslawiens eine zentrale Rolle gespielt. Vgl. dazu M. Djilas: Lenin, S. 44-51 (48); E. Halperin: Ketzer, S. 130 f.

den Ungarischen Provisorischen Nationalregierung am 7. Dezember 1945 in Debrecen.
Die Nachkriegsgeschichte Rumäniens begann bereits mit dem 23. August 1944, als eine neue Regierung gebildet wurde, in der auch der Vorsitzende der Kommunistischen Partei, Lucretiu Patrascanu, ein Ministeramt übernahm. Zur Konsolidierung der innenpolitischen Verhältnisse im Sinne Moskaus in diesen Ländern trugen ebenfalls die Verträge über den Waffenstillstand mit Rumänien vom 12. September 1944, Bulgarien vom 28. Oktober 1944 und Ungarn vom 20. Januar 1945 entscheidend bei, da in den für diese Länder errichteten Kontrollkommissionen der UdSSR, der USA und Großbritanniens der Kreml den entscheidenden Einfluß ausübte. Die Entwicklung in der Tschechoslowakei hat Stalin in die von ihm gewünschte Richtung vor allem durch die im März 1945 in Moskau getroffenen Vereinbarungen über die Bildung einer neuen Regierung gleichfalls in seinem Sinne zu steuern gewußt.
So konnte es sich Stalin erlauben, ein differenziertes Verfahren anzuwenden und auf die nationalen Gegebenheiten gewisse Rücksichten zu nehmen. Wenn auch zwischen den in den einzelnen Ländern maßgeblichen Kommunisten und der sowjetischen Führung ein weitreichendes Einvernehmen über die weitere innenpolitische Entwicklung bestand und diese Interessen-Identität die Durchsetzung der für eine endgültige kommunistische Machtergreifung erforderlichen Maßnahmen garantierte, »so machten die nationalen Besonderheiten und die unterschiedliche Stellung der Länder als Verbündete (Jugoslawien, Albanien, Polen, ČSR) oder ehemalige Gegner (Rumänien, Bulgarien, Ungarn) doch Abwandlungen vom Grundschema kommunistischer Machtübernahme notwendig«.[2]
Dabei erscheint es jedoch notwendig, die Gruppe der Verbündeten der UdSSR und Kriegsgegner Deutschlands in zwei Untergruppen zu unterteilen: Die Situation Jugoslawiens und Albaniens unterschied sich von der Polens und der Tschechoslowakei in einem zentralen Punkt insofern wesentlich, als in Jugoslawien die Kommunisten unter Führung Titos nur einer sehr geringen militärischen Hilfe der Sowjetunion bedurften, um bei Kriegsende die allein entscheidende politische Macht im Lande zu sein. Albanien, in dem die Kommunisten unter Anleitung der jugoslawischen »Genossen« ebenfalls im Laufe des Zweiten Weltkriegs zur politisch alleinbestimmenden Kraft wurden, benötigte dazu keines fremden Soldaten. Gesondert wird auch im folgenden die SBZ behandelt, deren innere

---

2 So J. K. Hoensch: Osteuropa-Politik, S. 13.

Entwicklung ab 1945 sowohl Parallelen als auch Unterschiede gegenüber der der anderen von der UdSSR kontrollierten Länder aufweist.[3]
Ein differenziertes Vorgehen war für die sowjetische Führung aus mehreren Gründen geboten. Einmal mußte sie sich auf längere Sicht fragen, welchen Status die von der UdSSR militärisch besetzten Länder und Gebiete auf längere Sicht erhalten sollten. Stalin war sich frühzeitig dieser Problematik bewußt, zumal er nicht nur hinsichtlich der Entstehung der Sowjetunion, sondern auch aufgrund der Einverleibung der drei baltischen Republiken über reichliche Erfahrungen verfügte. Darüber hinaus mußte er auch daran denken, welche Entwicklungen für die Interessen und Ziele des Weltkommunismus am nützlichsten sein könnten. Schließlich schienen die unterschiedlichen ökonomischen und sozialen Voraussetzungen in den militärisch besetzten Gebieten gegen eine schematische Übernahme des sowjetischen Experiments ebenso zu sprechen wie der Zwang zu außenpolitischer Rücksichtnahme auf die Westmächte, der eine zumindest gewisse Zurückhaltung angebracht scheinen ließ.[4]
Um die Priorität Moskaus im Weltkommunismus nicht zu gefährden, unterstützte Stalin Revolutionen nur bis zu dem Grad – wie Milovan Djilas bemerkt hat –, der es ihm erlaubte, sie unter Kontrolle zu halten. Das Vorgehen Stalins hat Djilas so umschrieben: »Als ein Mensch, der im eigenen Lande alles Tun und Treiben seinen eigenen Anschauungen und seiner Persönlichkeit unterworfen hatte, konnte Stalin außerhalb der Sowjetunion nicht anders auftreten. Da er Fortschritt und Freiheit im eigenen Lande mit den Interessen und Privilegien einer politischen Partei identifizierte, konnte er in auswärtigen Angelegenheiten nur als Hegemonist handeln.«[5]

3 Die Entwicklung Österreichs, das bereits während des Zweiten Weltkriegs aus der »deutschen Frage« von den drei Hauptsiegermächten ausgeklammert worden ist, wird in die folgende Darstellung nicht mit einbezogen. Obwohl die UdSSR erst mit dem Abschluß des österreichischen Staatsvertrags vom 15. Mai 1955 – ebenso wie die westlichen Alliierten – ihre Besatzungszone und ihren Sektor Wiens aufgab, gibt es keinerlei Hinweise darauf, daß Stalin ab 1945 an die Einverleibung der von der UdSSR kontrollierten Gebiete Österreichs gedacht hat. Vgl. zur Entwicklung Österreichs im einzelnen F. Ermacora: Österreichs Staatsvertrag und Neutralität; J. K. Hoensch: Österreich; H. W. Schoenberg: Partition; Th. Eschenburg: Problem; K. v. Schuschnigg: The Austrian Peace; A. Wandruszka: Österreich, S. 872–880. Einen hervorragenden Überblick über die Etablierung der Vier-Mächte-Verwaltung über Österreich und speziell über die Entwicklung im sowjetisch besetzten Teil des Landes vermittelt D. W. Houston: Karl Renner and Austria in 1945; vgl. dazu auch V. Mastny: Weg, S. 337 f.; K. R. Stadler: Österreich 1945, S. 88–110, hat die Politik Stalins gegenüber Österreich gut herausgearbeitet und zahlreiche Dokumente der Alliierten erstmals ausgewertet.
4 Vgl. dazu auch J. K. Hoensch: Osteuropa-Politik, S. 13 f.; Z. K. Brzezinski: Sowjetblock, S. 26–30.
5 M. Djials: Gespräche, S. 170.

Stalin trieb mit großem Geschick die Entwicklung in den von der Roten Armee besetzten Ländern und Gebieten voran, ohne den Eindruck zu erwecken, als setze er sich rücksichtslos über die außenpolitischen Interessen der USA und Großbritanniens hinweg. Doch schien Stalin nie bereit zu sein, die in Jalta im Februar 1945 von den »Großen Drei« proklamierte »Erklärung über das befreite Europa« in die Tat umzusetzen. So ist es kein Zufall, daß Philip E. Mosely, Mitglied der amerikanischen Delegation auf der Potsdamer Konferenz, eine Äußerung Stalins überliefert hat, eine »freigewählte Regierung in jedem dieser Länder wäre anti-sowjetisch, und das können wir nicht zulassen«.[6] In der Potsdamer Mitteilung vom 2. August 1945 hatten sich die »Großen Drei« darauf geeinigt, dem dort beschlossenen Rat der Außenminister auch die Aufgabe zu übertragen, Friedensverträge für Bulgarien, Finnland, Ungarn und Rumänien vorzubereiten:

»Der Abschluß von Friedensverträgen mit anerkannten demokratischen Regierungen in diesen Staaten würde ... die drei Regierungen befähigen, deren Anträge auf Mitgliedschaft in den Vereinten Nationen zu unterstützen.«[7]

In die Potsdamer Mitteilung wurde nicht mehr ausdrücklich die in Jalta verwandte Formel aufgenommen, daß in den betroffenen Ländern »dem Volkswillen« entsprechende »Regierungen auf dem Wege freier Wahlen« gebildet werden. In dieser einschneidenden Weglassung lag ein großer diplomatischer Erfolg Stalins, der seine von Philip E. Mosely überlieferte Bemerkung in Potsdam ins rechte Licht zu rücken vermag.

Es ist daher kaum verständlich, wie Präsident Harry S. Truman nach seiner Rückkehr von der Potsdamer Konferenz am 9. August 1945 in einer Radio-Ansprache die Beschlüsse vom 2. August kommentiert hat. Truman bezog sich auf die Erklärung von Jalta über das »befreite Europa« und sprach von der gemeinsamen Verantwortung der »Großen Drei« für »die Errichtung repräsentativer, auf demokratischen Parteien beruhender Regierungen in den befreiten Ländern und den Satellitenstaaten Europas«. Truman folgerte weiter:

---

6 Zit. bei R. D. Warth: Soviet Russia in World Politics, S. 321 und bei St. D. Kertesz: Hungary, S. 24, Anm. 11 mit dem jeweiligen Hinweis auf die Studie von Ph. Mosely; wiedergegeben auch bei J. K. Hoensch: Osteuropa-Politik, S. 22 mit Anm. 14.
7 Text bei D. Rauschning: Gesamtverfassung, S. 103 f. Stalin war der einzige Staatsmann, der auf allen Konferenzen der »Großen Drei« sein Land vertrat. Die USA waren durch Präsident Harry S. Truman, dem Nachfolger Roosevelts, vertreten, während Premierminister Churchill während der Konferenz nach den zwischenzeitlich durchgeführten Wahlen zum britischen Unterhaus von Premierminister Clement Attlee abgelöst worden ist.

»Die Erklärungen über Rumänien, Bulgarien und Ungarn wurden in Berlin bekräftigt. Diese Nationen werden nicht Einflußsphären irgendeiner Macht bilden ... Sie werden jetzt von alliierten Kontrollkommissionen, die aus Vertretern der drei Regierungen bestehen, regiert. In Berlin wurden verbesserte Kontrollmaßnahmen angenommen. Diese Staaten werden gemeinsam kontrolliert, bis sie als Mitglieder der internationalen Familie vollständig rehabilitiert sind.«[8]

Truman entnahm seinen Optimismus aus dem Abschnitt XII der Potsdamer Mitteilung: Verfahrensrevision bei der alliierten Kontrollkommission in Rumänien, Bulgarien und Ungarn. Darin hieß es:

»Die drei Regierungen nahmen zur Kenntnis, daß die Sowjetvertreter bei den alliierten Kontrollkommissionen in Rumänien, Bulgarien und Ungarn ihren britischen und amerikanischen Kollegen Vorschläge zur Verbesserung der Arbeit der Kontrollkommissionen übermittelt haben, nachdem die Feindseligkeiten in Europa aufgehört haben.

Die drei Regierungen kamen überein, daß die Revision des Verfahrens der alliierten Kontrollkommissionen in diesen Ländern jetzt durchgeführt werden könne, wobei die Interessen und Verantwortlichkeiten der drei Regierungen berücksichtigt sind, die gemeinsam die Waffenstillstandsbedingungen den jeweiligen Ländern vorgelegt haben, und wobei die vereinbarten Vorschläge als Grundlage dienen sollen.«

Diese Vereinbarung bedeutete vor allem zweierlei: Einmal war sie Ausdruck der Unzufriedenheit der beiden westlichen Alliierten mit der Arbeitsweise der von der UdSSR beherrschten Kontrollkommissionen in Rumänien, Bulgarien und Ungarn. Zum anderen war sie aber so vage gefaßt und gab der Interpretation einen so breiten Spielraum, daß Stalin sie gut unterzeichnen konnte, ohne auf der Potsdamer Konferenz das Risiko eingegangen zu sein, seinen beiden westlichen Alliierten entscheidenden Einfluß auf die Kontrolle der inneren Verhältnisse der drei ehemaligen Feindstaaten eingeräumt zu haben. Es ist bezeichnend, daß die revidierten Statuten der Alliierten Kontrollkommissionen nun den beiden angelsächsischen Mächten lediglich das Recht einräumten, »to receive copies of all communications, reports and other documents which may interest the Governments of the United States and United Kingdom«.[9]

---

8 Dt. Text in: Archiv der Gegenwart 1945, S. 361.
9 Sehr instruktiv zu dieser Problematik und speziell über die Arbeitsweise der Alliierten-Kontrollkommission in Ungarn St. D. Kertesz: Diplomacy, S. 101–125 (105). Vgl. dazu auch G. Ionescu: Communism, S. 115 f.; C. V. R. Schuyler: Romania, S. 142–144. Er gibt einen genauen Bericht über die Arbeitsweise der Kontrollkommission der Alliierten.

Hier soll nicht darüber spekuliert werden, ob der amerikanische Präsident wirklich so naiv war und die Augen vor der Entwicklung im sowjetischen Machtbereich völlig verschlossen hat, um die amerikanische Öffentlichkeit zu beruhigen. Auf jeden Fall konnte Trumans Interpretation der Potsdamer Beschlüsse hinsichtlich der inneren Struktur der früheren Feindstaaten Rumänien, Bulgarien und Ungarn Stalin in der Gewißheit wiegen, daß die beiden westlichen Hauptverbündeten nichts Entscheidendes gegen eine weitere Gleichschaltung dieser Staaten unternehmen würden. So ist es auch kein Zufall, daß Truman seine optimistische Interpretation vom 9. August 1945 nicht in seine später erschienenen »Memoiren« aufgenommen hat.

Trumans Ansicht, die drei südosteuropäischen Staaten würden keine Einflußsphäre irgendeiner Macht bilden, war ein Trugschluß. Sein Hinweis, sie würden jetzt von Kontrollkommissionen der drei Alliierten regiert werden, war zwar richtig, ließ jedoch die entscheidende Tatsache außer acht, daß in allen drei Kommissionen die UdSSR federführend war. Das war vor allem – wie bereits dargelegt[10] – darauf zurückzuführen, daß Premierminister Churchill bereits im Herbst 1944 die betroffenen Staaten in seinem vielgescholtenen »Prozent-Handel« mit Stalin als sowjetische »Einflußzone« anerkannt hatte. Auch wenn die Vereinigten Staaten Churchills Abrede mit Stalin niemals ausdrücklich gebilligt haben, ändert das nichts daran, daß sie bittere Wahrheit geworden ist. Falsch war schließlich Trumans Bemerkung, in Potsdam hätten die »Großen Drei« verbesserte Kontrollmaßnahmen beschlossen.

Stalins differenziertes Vorgehen war nicht nur auf eine begrenzte Rücksichtnahme auf die beiden angelsächsischen Mächte, sondern auch auf die Erkenntnis zurückzuführen, daß die kommunistischen Parteien in den von der Roten Armee besetzten Ländern in den Jahren 1944/45 nur geringen Rückhalt hatten. Auch wenn Stalin in den folgenden Jahren wenig Skrupel zeigte, die von der UdSSR kontrollierten Länder gleichzuschalten, so dürfte er zumindest 1945 kein Interesse daran gehabt haben, bei

---

10 Vgl. dazu ausführlich oben S. 147 f. Erinnert sei hier auch daran, wie sehr der für die Kontrolle Italiens geschaffene Präzedenzfall die Konstruktion und Arbeit der Alliierten Kommissionen für Rumänien, Bulgarien und Ungarn bestimmt hat. Trumans optimistische Analyse vom 9. August 1945 hat in der amerikanischen zeitgeschichtlichen Forschung nicht nur Beifall erhalten. Vgl. dazu beispielsweise die realistische Einschätzung der Situation der drei Länder Südosteuropas zur Zeit der Potsdamer Konferenz bei A. B. Ulam: Expansion, S. 388: »The function of the British and American members of the control commissions in former enemy countries, or of diplomatic missions in the Allied ones in Eastern Europe, was reduced to that of submitting fruitless protests to their Soviet colleagues or to the governments.«

den Kommunisten dieser Länder den Eindruck hervorzurufen, daß er die Absicht verfolgen könnte, diese Länder und Gebiete der UdSSR einzugliedern. Dies war keine nur theoretische Frage, da das Schicksal der baltischen Staaten, Ostpolens, Bessarabiens und der Nord-Bukowina den Kommunisten der militärisch okkupierten Länder und Gebiete vor Augen stand. So war es kein Zufall, daß Stalin zumindest den Eindruck zu erwecken suchte, die Souveränität dieser Staaten nicht anzutasten und die Beziehungen auf den Prinzipien der Unabhängigkeit und Nichteinmischung in die inneren Angelegenheiten zu gestalten. Schließlich ging es ihm auch darum, keine anti-sowjetisch eingestellten Regimes in diesen Ländern zuzulassen, ohne gleichzeitig und sofort die innere Umgestaltung nach sowjetischem Muster zu verlangen. Die von der UdSSR bereits während des Zweiten Weltkriegs geschlossenen bilateralen Bündnispakte mit der Tschechoslowakei[11], Polen[12] und Jugoslawien[13] brachten diese Politik, die noch mit den Attributen »Freundschaft« und »Zusammenarbeit« etikettiert wurde, klar zum Ausdruck.

Dabei darf nicht übersehen werden, daß die Anwesenheit der Roten Armee in den besetzten Staaten Ostmittel- und Südosteuropas sowie in der SBZ die Arbeit der nationalen Kommunisten nicht immer erleichterte. Ausschreitungen und Übergriffe russischer Soldaten gegenüber der Zivilbevölkerung, wie sie vornehmlich in Rumänien und Ungarn, aber auch im verbündeten Jugoslawien, in der Tschechoslowakei und in Polen zu verzeichnen waren, haben – wie Jörg K. Hoensch betont – die Glaubwürdigkeit der kommunistischen Propaganda über die »brüderliche Hilfe« der UdSSR beeinträchtigt.[14] Ghita Ionescu, der selbst die Okkupation Rumäniens und Bulgariens durch sowjetische Truppen miterlebt hatte, hat auf das interessante Faktum hingewiesen, daß die Besetzung Bulgariens – im Gegensatz zur »Befreiung« Rumäniens – wenig Anlaß zu Beschwerden gegeben habe: »In Rumania... the Malinovsky Army behaved like hordes of invaders.«[15] Was Jugoslawien angeht, so spielten Klagen über das Auftreten sowjetischer Soldaten, die – wie bereits dargelegt – schon im März 1945 in die UdSSR zurückgekehrt sind, in den Gesprächen mit der sowjetischen Führung anläßlich der Unterzeichnung des Bündnispakts im April 1945 eine beachtliche Rolle[16]; auch in dem 1948 zwischen Stalin

---

11 Vgl. dazu oben S. 81-85.
12 Vgl. oben S. 105-107.
13 Vgl. dazu oben S. 176.
14 Vgl. dazu J. K. Hoensch: Osteuropa-Politik, S. 16 mit Anm. 7.
15 G. Ionescu: Communism, S. 88 f.; vgl. dazu auch D. Floyd: Rumania, S. 22 f.
16 Vgl. M. Djilas: Gespräche mit Stalin, S. 141-144.

und Tito geführten Briefwechsel nahm diese Frage einen zentralen Platz ein.[17]

Wie sehr Stalin die von der Roten Armee besetzten Länder Südosteuropas als zum sowjetischen Machtbereich gehörend betrachtete und als »Hegemonist« handelte, zeigt ein weiterer bemerkenswerter Vorgang. Obwohl Stalin in Bulgarien und Rumänien bereits 1944 die Voraussetzungen für eine spätere kommunistische Herrschaft geschaffen hatte, erlaubte er prominenten, im Moskauer Exil weilenden nationalen Kommunisten dieser Staaten nicht, in dem Augenblick in ihre Heimatländer zurückzukehren, als sich die »Genossen« an die Arbeit machten. So durfte der profilierteste und unbestrittene Führer der bulgarischen kommunistischen Bewegung und langjährige Generalsekretär der Komintern, Georgi Dimitrov, erst im November 1945 nach Bulgarien zurückkehren, wo inzwischen die »Genossen« alles geregelt hatten. Milovan Djilas hat auch über diesen Vorgang, über den in den sowjetisch-jugoslawischen Verhandlungen im Frühjahr 1945 gesprochen worden ist, berichtet:

»Obwohl Bulgarien befreit war, erlaubte Stalin nicht, daß Dimitrow zurückkehrte, mit der Begründung, daß die Zeit dafür noch nicht gekommen sei, da die westlichen Staaten seine Rückkehr als offenes Anzeichen für die Einführung des Kommunismus in Bulgarien auslegen würden – als ob die bereits vorhandenen Anzeichen nicht deutlich genug gewesen wären... Unverbindlich zwinkernd hatte Stalin gesagt: ›Die Zeit für Dimitrows Rückkehr nach Bulgarien ist noch nicht reif: er ist ganz gut dort aufgehoben, wo er jetzt ist.‹ «[18]

Milovan Djilas' gebührt Dank dafür, daß er diese aufschlußreiche Begebenheit überliefert hat, da über Stalins Vorstellungen aus der Zeit, in der die »Anti-Hitler-Koalition« noch nicht auseinandergebrochen war, wenig verläßliche Quellen vorliegen. Djilas' Bericht ist noch aus einem weiteren Grund so interessant, da er beweist, wie sehr Stalin damals noch Rücksicht auf die beiden angelsächsischen Mächte nahm.

Die ebenfalls im Moskauer Exil weilenden prominenten rumänischen Kommunisten – wie Ana Pauker, Vasil Luca, Emil Bodnaras und Teohri Georgescu – durften zwar bereits im September 1944 nach Rumänien zurückkehren, wurden jedoch von Stalin daran gehindert, die Monarchie zu

---

17 Vgl. die Dokumentation »Tito contra Stalin«. Sehr instruktiv zum Verhalten der sowjetischen Soldaten auch in den Nachkriegsjahren der Aufsatz »Militärisches aus dem Ostblock (II)«, S. 16–18.
18 M. Djilas: Gespräche mit Stalin, S. 149 f.; vgl. dazu auch J. F. Brown: Bulgaria, S. 11.

stürzen und sogleich ein kommunistisches Ein-Partei-Regime zu errichten.[19]
Wie sehr sich Stalin das weitere Vorgehen in den von den sowjetischen Streitkräften besetzten Ländern genau überlegt und die Ansichten und Stimmungen der dort wirkenden Kommunisten in sein Kalkül einbezogen hat, verdeutlicht ein weiteres Faktum. Stalin wußte sehr genau zwischen den in ihrem Moskauer Exil geschulten, auch als »Moskowiter« apostrophierten Kommunisten und den in den einzelnen Ländern verbliebenen »Genossen«, die auch als »nationale« und »lokale« Kommunisten bezeichnet werden, zu differenzieren. Da er jedoch wegen seiner Politik des widernatürlichen Bündnisses mit Hitler in den Jahren 1939 bis Anfang 1941 und der damit verbundenen territorialen Expansion der UdSSR viele Kommunisten aus den betroffenen Ländern vor den Kopf gestoßen hatte, mußte er sich überlegen, wie er den Aspekt des Nationalismus nun in sein Konzept und seine Strategie sinnvoll einbeziehen konnte. Stalin wußte, daß es mit der militärischen Beherrschung der Länder Ostmittel- und Südosteuropas sowie der SBZ allein nicht getan war. Für die weitere Entwicklung dieser nun zur sowjetischen »Interessensphäre« in Europa gehörenden Staaten war es entscheidend, inwieweit es Stalin gelang, für die Mitarbeit möglichst viele Menschen zu gewinnen, die nicht von vornherein unbedingt Kommunisten sein mußten. Voraussetzung für eine »Kollaboration« mit der sowjetischen Besatzungsmacht war, daß möglichst auch viele zumindest nicht anti-sowjetisch eingestellte Kräfte gewonnen wurden.
Für die sowjetische Führung ergab sich eine Rangfolge der Ziele, die Zbigniew K. Brzezinski so umschrieben hat:
1. Schaffung einer wirksamen politischen Organisation, bestehend aus einem Kern disziplinierter Anhänger und einem Gürtel verbündeter Gruppen, welche die meisten Nahziele, wenn auch nicht die Endziele teilten – von denen damals gar nicht die Rede war;
2. Unterhöhlung der legalen Opposition, die gewöhnlich von den Bauernparteien geführt und in Polen stillschweigend von den Überresten der antifaschistischen Untergrundbewegung unterstützt wurde;
3. wirtschaftlicher Wiederaufbau in einer Weise, daß dabei das politische Ziel der Machtkonsolidierung gefördert wurde;
4. populäre soziale Reformen, die die antikommunistischen Elemente schwächten;

---

19 Vgl. dazu G. Ionescu: Communism, S. 102 f.; D. Floyd: Rumania, S. 18–20; J. K. Hoensch: Osteuropa-Politik, S. 13 f.

5. Identifizierung von Kommunismus und Nationalismus durch Betonung populärer nationaler Fragen, insbesondere territorialer.

Diese Maßnahmen mußten »zusammengenommen – so rechnete offenbar die kommunistische Führung – die Gesellschaft so tiefgreifend umformen, daß ihr Charakter und auch ihr Verhältnis zur UdSSR eine neue Qualität annehmen mußten«.[20]

2. Die zahlenmäßige Stärke der einzelnen kommunistischen Parteien

Eine Betrachtung der Ausgangslage und der Voraussetzungen für die Etablierung kommunistischer Regimes in den von sowjetischen Truppen besetzten Ländern muß sich auch vergegenwärtigen, auf welchen Anhang die Kommunisten jeweils zurückgreifen konnten. Stalin wußte, daß sich die kommunistischen Parteien in allen von der Roten Armee »befreiten« Ländern vor und während des Zweiten Weltkriegs keiner großen Popularität erfreuen konnten. Die Gewinnung neuer Anhänger hing nun nicht zuletzt auch von der Einstellung gegenüber der neuen Besatzungsmacht, der UdSSR, entscheidend ab; unter diesem Aspekt durfte sich Stalin die besten Chancen in Bulgarien und der Tschechoslowakei ausrechnen.
Als ein erstaunliches Phänomen gilt es festzuhalten, daß die mit den verschiedenen Mitteln eingeleiteten Rekrutierungs-Kampagnen trotz der zumeist schwachen Ausgangsposition durchaus erfolgreich waren und in den meisten Ländern zu einem rapiden Anwachsen der Mitgliederzahl der kommunistischen Parteien führten. Die Mitglieder-Lawinen sind auf verschiedene Ursachen zurückzuführen: Einmal vermied man es, die sonst an die Aufnahme neuer Mitglieder angelegten strengen Auswahlkriterien anzuwenden. Die politisch unsichere Zukunft und die Versprechen der kommunistischen Führungen, tiefgreifende und notwendige, teilweise längst überfällige Reformen einzuführen, veranlaßten nicht nur Idealisten und Sympathisanten, sondern auch und gerade Opportunisten und Mitläufer, sich frühzeitig mit den Kommunisten zu arrangieren. Eine nicht geringe Rolle spielte dabei auch die Hoffnung auf erhebliche materielle Vorteile. Schließlich suchten viele, die während der deutschen Besatzungsherrschaft mit den Nationalsozialisten zusammengearbeitet oder auch nur

---

20 Z. K. Brzezinski: Sowjetblock, S. 39 f.

sympathisiert hatten, durch einen frühen Anschluß an die neuaufgebauten kommunistischen Bewegungen der drohenden Verfolgung und Bestrafung zu entgehen.

Da die Programme der einzelnen kommunistischen Parteien neben den ökonomischen und sozialen Reformen auch die Schaffung einer »neuen Demokratie« versprachen und auf die Wiederherstellung und Bewahrung der staatlichen Unabhängigkeit gerichtet waren, konnten diese Zielsetzungen nicht ohne Attraktivität auf viele Bürger bleiben. Der rasche Anstieg der Mitgliederzahlen der kommunistischen Parteien wurde auch dadurch bewirkt, daß diese politischen Gruppen zunächst jeweils die linken Flügel der sozialdemokratischen Parteien aufsaugten; Stalin hat – mit Ausnahme der SBZ – die zwangsweise Verschmelzung der kommunistischen mit den nun bereits geschwächten sozialistischen Parteien bewußt hinausgezögert. Von Anfang an wurde die Wirkungsmöglichkeit der sozialistischen Parteien durch ein breitgefächertes System von Druckmitteln, zu denen Terror, Verhaftungen und weniger einschneidende Maßnahmen gehörten, wesentlich beschränkt.

Hier interessieren vor allem die Mitglieder-Bewegungen der kommunistischen Parteien in den Jahren ab 1944/45 bis 1947/48, als in allen betroffenen Staaten des sowjetischen Machtbereichs die Kommunisten in den Regierungs-Koalitionen entweder den ausschlaggebenden Einfluß ausübten oder bereits Ein-Parteien-Regimes errichtet hatten und damit zur allein entscheidenden politischen Kraft geworden waren. Auch wenn die offiziellen Angaben in den einzelnen Ländern zumindest teilweise zu hoch gegriffen sein mögen, muß man sie zugrunde legen, da keine Möglichkeit besteht, sie nachzuprüfen.[21]

Auf eine breite Basis in der Bevölkerung konnten sich die Kommunisten nur in jenem Land stützen, das sich weitgehend aus eigener Kraft befreien konnte und nur sehr geringer militärischer Hilfe der UdSSR bedurfte: Jugoslawien. Die Kommunistische Partei Jugoslawiens war, obwohl im Kriege ungefähr 50 000 Mitglieder gefallen waren, unter Führung Titos

---

21 Die detaillierteste Übersicht über die Entwicklung der Mitglieder-Zahlen der kommunistischen Parteien von Ende 1945 bis 1954, die sich auf offizielle Angaben stützt, vermittelt Z. K. Brzezinski, ebenda, S. 107. Eine vergleichende Übersicht gibt auch H. G. Skilling: Governments, S. 108 mit genauen Quellen-Nachweisen. Auf Skilling stützt sich J. K. Hoensch: Osteuropa-Politik, S. 15 mit Anm. 6. Sehr instruktiv dazu auch die Angaben bei C. Beck u. a.: Leadership, für Bulgarien, Polen, Ungarn und die Tschechoslowakei. Vgl. die »Angaben zur Schaffung der geeigneten Arbeiterparteien« in Rumänien, Bulgarien, Ungarn, Polen und der Tschechoslowakei bei W. Morgenstern/M. Pomp: Kraft, und M. Hegemann/S. Schröder: Einheitsfront.

durch den Aufbau neuer Kader aus dem Kriege mit 141 000 Mitgliedern hervorgegangen. Bis zum Juli 1948 war die Partei bereits auf knapp 470 000 Mitglieder angewachsen; im März 1948 betrug die Gesamtbevölkerung Jugoslawiens knapp 15,8 Millionen.[22] Im November 1952 beschloß der VI. Kongreß der Kommunistischen Partei Jugoslawiens, den Namen der Partei in »Bund der Kommunisten Jugoslawiens« umzuändern.

Die Kommunistische Partei Albaniens, die – wie ausgeführt – ihre Gründung im November 1941 allein den jugoslawischen »Genossen« verdankte, zählte 1941 ca. 200 und 1943 nur 700 Mitglieder; ein Jahr später hatte die Partei bereits 2800 und Ende 1948 knapp 30 000 Mitglieder.[23] Im Jahre 1946 betrug die Gesamtbevölkerung des Landes 1,1 Millionen. Im Jahre 1948 legte sich die Kommunistische Partei Albaniens den Namen »Albanische Partei der Arbeit« zu.

Was Rumänien angeht, so meinte die prominente, im Oktober 1944 aus dem Moskauer Exil nach Bukarest zurückgekehrte Ana Pauker, im Zeitpunkt vor dem Einmarsch der Roten Armee habe die Kommunistische Partei des Landes über 1000 Mitglieder verfügt.[24] Im September 1945 wies die Partei bereits einen Bestand von 217 000 Mitgliedern auf. Bis zur Zwangsfusion mit der Sozialdemokratischen Partei Rumäniens zur Rumänischen Arbeiterpartei war die Mitgliederzahl der Kommunistischen Partei auf 806 000 angeschnellt, während in diesem Zeitpunkt die Sozialdemokratische Partei noch über 132 000 verfügte. So wies die Rumänische Arbeiterpartei, die im Juli 1945 den Namen Rumänische Kommunistische Partei angenommen hat, Ende Februar 1948, als das Land von knapp 16 Millionen Menschen bewohnt wurde, einen Gesamtbestand von knapp 940 000 Mitgliedern auf.[25]

Ebenso wie in Rumänien gelang es auch den Kommunisten in Ungarn, aus kleinen Anfängen innerhalb weniger Jahre die Mitgliederzahl der Partei beträchtlich zu steigern. So wuchs die Kommunistische Partei Ungarns von 30 000 Mitgliedern Anfang 1945 bis Mai des gleichen Jahres

---

22 Vgl. dazu auch die Übersicht bei R. F. Staar: Regierungssysteme, S. 134; I. Avakumovic: History of the Communist Party of Yugoslavia, S. 185; A. Rudzinski: Politics, S. 125. Vgl. dazu auch P. Morača: Der Bund der Kommunisten Jugoslawiens, S. 48.
23 Z. K Brzezinski hat in seine Übersicht Albanien nicht aufgenommen. Vgl. über das Wachstum der Kommunistischen Partei Albaniens R. F. Staar, ebenda, S. 16, der sich auf offizielle Quellen stützt; St. Skendi: Albania, S. 84; Die Kommunistische Partei Albaniens (III), S. 45.
24 Vgl. dazu E. Ciurea: The Background, S. 21 f.
25 Vgl. dazu St. Fischer-Galati: Party, S. 69–71; D. Floyd: Rumania, S. 47 f.; Die Rumänische KP und ihr Kongreß, S. 6 f.

auf 150 000 und bis zum Frühjahr 1947 bereits auf über 700 000. Als die Partei am 12. Juni 1948 mit den Resten der Sozialdemokratischen Partei, die in diesem Zeitpunkt noch über 241 000 verfügte, zur Partei der Ungarischen Werktätigen zwangsvereinigt wurde, hatte sie 887 000 Mitglieder; die Partei der Ungarischen Werktätigen, die im November 1956 in Ungarische Sozialistische Arbeiterpartei umbenannt worden ist, startete somit mit 1,128 Millionen Mitgliedern.[26] Im Jahre 1949 lebten in Ungarn 9,2 Millionen Menschen.

Die Zahl der Mitglieder der Kommunistischen Partei Bulgariens, die damals den Namen Bulgarische Arbeiterpartei trug, wurde im Herbst 1944 auf 20 000 bis 25 000 Mitglieder geschätzt. Es gelang der Partei, innerhalb eines knappen halben Jahres den Mitgliederbestand zu verzehnfachen; so weisen die offiziellen Quellen für Februar 1945 einen Mitgliederbestand von 254 000 aus. Diese Zahl steigerte sich bis zum 11. August 1948, als die Bulgarische Arbeiterpartei mit der Sozialistischen Partei zwangsfusioniert wurde, auf 460 000 Mitglieder; mit den 30 000 Mitgliedern der Sozialistischen Partei Bulgariens verfügte die Bulgarische Arbeiterpartei, die im Dezember 1948 in Bulgarische Kommunistische Partei umbenannt worden ist, folglich über knapp 500 000 Mitglieder.[27] Im Jahre 1946 lebten in Bulgarien ca. 7 Millionen Menschen.

Die im Januar 1942 neu gegründete Polnische Arbeiterpartei zählte im Juli 1944 nur 20 000 und im Januar 1945 ca. 30 000 Mitglieder. Die Mitgliederstärke der Partei wuchs bis Ende 1945 auf 235 200, bis Dezember 1946 auf 555 888 und bis Dezember 1948 auf 1 Million Mitglieder an. Als der Partei am 21. Dezember 1948 die Polnische Sozialistische Partei mit 531 000 Mitgliedern »eingegliedert« wurde, wies die Polnische Vereinigte Arbeiterpartei 1,538 Millionen Mitglieder auf.[28] Im Jahre 1946 betrug die Einwohnerzahl Polens ca. 24 Millionen.

In erstaunlich kurzer Zeit gelang es auch der Kommunistischen Partei der Tschechoslowakei, ihren Mitgliederbestand erheblich zu erhöhen. Nach

---

26 Vgl. dazu E. C. Helmreich (Ed.): Hungary, S. 125 f.; R. F. Staar: Regierungssysteme, S. 270–272.
27 Vgl. dazu die Übersicht bei J. F. Brown: Bulgaria, S. 318. Interessant ist Browns Hinweis (vgl. ebenda, S. 5 mit Anm. 3), daß die Partei im Zeitpunkt des deutschen Angriffs auf die UdSSR im Juni 1941 nur 10 600 organisierte Mitglieder und darüber hinaus eine Jugend-Organisation gehabt hat. Vgl. dazu auch L. A. D. Dellin: Politics, S. 130; C. Beck u. a.: Leadership, S. 92 mit Anm. 39.
28 Vgl. über das Wachstum der Kommunistischen Partei Polens die detaillierte Übersicht bei R. F. Staar: Regierungssysteme, S. 161; O. Halecki: Poland, S. 123 f.; Aus der Geschichte der KP Polens, S. 18 f.; P. Calvocoressi: Survey 1947/48, S. 185 f.; Z. K. Brzezinski: Sowjetblock, S. 32; S. S. Lotarski: Poland, S. 346 f.

offiziellen Quellen stieg die Mitgliederzahl von etwa 20 000 bis 25 000 im Frühjahr 1945 auf mehr als eine halbe Million im Herbst des gleichen Jahres an. Auf ihrem Parteikongreß im März 1946 wurde die Mitgliederzahl mit knapp 1,1 und im Juni 1948 mit 2,15 Millionen Mitgliedern angegeben. Nachdem die Sozialdemokratische Partei der Tschechoslowakei am 27. Juni 1948 ihrer 70jährigen Geschichte ein Ende bereitet und beschlossen hatte, sich mit ihren 363 000 Mitgliedern der Kommunistischen Partei einzugliedern, stieg die Mitgliederzahl der Kommunistischen Partei auf 2,513 Millionen an.[29] Damit war die Kommunistische Partei der Tschechoslowakei, die sich als einzige der kommunistischen Parteien keinen neuen Namen zulegte, in diesem Zeitpunkt die stärkste aller kommunistischen Gruppierungen in den Ländern Ostmittel- und Südosteuropas. Die Einwohnerzahl des Landes belief sich 1947 auf 12,16 Millionen.

Die parteioffizielle Darstellung der Mitglieder-Bewegung der SED in der SBZ lautet so: Die im Juni 1945 als erste Partei von der sowjetischen Besatzungsmacht wieder zugelassene Kommunistische Partei Deutschlands verfügte Ende Februar 1946 über 511 000 Mitglieder. Diese Zahl wuchs bis zum 20. April 1946 auf 619 256. Zu diesem Zeitpunkt hatte die Sozialdemokratische Partei Deutschlands (SPD) in der SBZ 679 159 Mitglieder, so daß die auf der Fusion beider Parteien am 21. April 1946 hervorgegangene Sozialistische Einheitspartei Deutschlands (SED) mit knapp 1,3 Millionen Mitgliedern startete; zu dieser Zeit wurde die SBZ von knapp 18,5 Millionen Menschen bewohnt. Bis zum Juni 1948 gelang es der Führung, die Mitgliederzahl der SED auf rund 2 Millionen zu erhöhen.[30]

Dieser Überblick über die Mitglieder-Bewegungen der einzelnen kommunistischen Parteien führt zu dem Ergebnis, daß nur im Fall der SBZ die Zahl der Mitglieder der Sozialdemokratischen Partei im Zeitpunkt der »Vereinigung« den Mitglieder-Bestand der KPD übertraf; die Differenz betrug knapp 60 000. Die Erklärung für dieses »Phänomen« ist äußerst einfach: Da Stalin – wie noch auszuführen sein wird – in der SBZ keine Risiken eingehen wollte, entschied er sehr viel früher als in den Ländern

---

29 Vgl. dazu R. F. Staar, ebenda, S. 240 f.; C. Beck: Politics, S. 69 f.; H. Kuhn: Kommunismus, S. 50–56; E. Táborský: Communism, S. 26; »Die Kommunistische Partei der Tschechoslowakei«, S. 7.
30 Vgl. über die Entwicklung des Mitgliederbestandes der SED die detaillierten Angaben in: Bericht des Parteivorstandes der SED an den 2. Parteitag, S. 29–38; C. Stern: Porträt, S. 51 f., 82 mit den Anm. 22–32; K. W. Freiberg: Die permanente Krise der SED, S. 6 f.

Ostmittel- und Südosteuropas, die Selbständigkeit einer rivalisierenden sozialistischen Partei zu unterbinden.
So waren es mehrere Faktoren, die Stalin bewogen haben, gegenüber den von der UdSSR militärisch okkupierten Ländern und Gebieten differenziert vorzugehen. Neben der Geographie, der Geschichte und des damit zusammenhängenden Verhältnisses zur Sowjetunion darf auch der in den einzelnen Ländern unterschiedliche ökonomische Entwicklungsstand nicht übersehen werden. Je größer der Grad an materieller und kultureller Rückständigkeit desto höher durften die Kommunisten ihre Chancen ansetzen, mit den von ihnen angekündigten Reformen zumindest auch Sympathisanten zu gewinnen. Völlig verfehlt erscheint es jedoch, hier zu generalisieren und die Unterschiede in den einzelnen Ländern außer acht zu lassen. Bedauerlicherweise hat Isaac Deutscher in seiner, in vielen Punkten verdienstvollen Stalin-Biographie den Fehler gemacht, sehr undifferenziert über die Vorkriegs-Verhältnisse in diesen Ländern zu urteilen.[31] Doch nicht genug damit: Deutscher meint, Stalin habe den Völkern Osteuropas einen Dienst erwiesen, von dem man nicht wisse, ob seine moralische Schlechtigkeit oder seine praktische Nützlichkeit größer sei. Als Beispiele führt Deutscher die Agrarreformen, die Nationalisierung der wichtigsten Industriezweige durch die Kommunisten sowie den Abbau der Gegensätze zwischen den einzelnen Nationalitäten an.[32]
Die von Stalin angewandten Methoden des Terrors und der Gewalt suchte Deutscher mit dem Hinweis zu rechtfertigen, daß in keinem einzigen Land innerhalb der russischen Einflußsphäre ein wirklicher Bürgerkrieg ausgebrochen sei – etwa von der Art, wie er Griechenland verwüstet habe. Es ist bedauerlich, daß gerade Isaac Deutscher es für nötig befunden hat, am Schluß seiner Biographie über Stalin dessen Politik gegegenüber den späteren »Satelliten« auf diese zweifelhafte Weise zu rechtfertigen. Deutscher scheint es geradezu zu bedauern, daß nicht auch Griechenland in die »Interessensphäre« der UdSSR geraten ist. Hinzu kommt, daß er die ökonomische Situation der von der Roten Armee okkupierten Länder viel zu pauschal beurteilt und gar nicht erst die Frage gestellt hat, ob die von Stalin angewandten Methoden und Mittel den »Erfolgen« adäquat waren.[33]

---

31 I. Deutscher: Stalin, S. 562.
32 I. Deutscher, ebenda, S. 563.
33 Vgl. dazu auch die sehr kritische Besprechung der Stalin-Biographie Deutschers von Franz Borkenau unter dem bezeichnenden Titel »Stalin im Schafspelz«.

Der Prozeß der allmählichen Gleichschaltung der von der UdSSR besetzten Länder Ostmittel- und Südosteuropas sowie der SBZ und deren Weg zur »Volksdemokratie« mit den weitreichenden politischen, ökonomischen und sozialen Auswirkungen sind Gegenstand einer kaum noch überschaubaren Literatur. Der folgende Abriß kann sich daher auf die zentralen Punkte beschränken und diese Entwicklungslinien vornehmlich unter dem Aspekt der späteren »Block«-Bildung betrachten. Aufgrund der unterschiedlichen Ausgangslage erscheint es angebracht, zunächst die Entwicklung in Polen und der Tschechoslowakei, dann in den drei südosteuropäischen Staaten Bulgarien, Rumänien und Ungarn, anschließend in der SBZ und zum Schluß in Jugoslawien und Albanien zu skizzieren. Angesichts der weitreichenden ökonomischen Eingriffe, die für die UdSSR neben der politischen Gleichschaltung den wichtigsten Hebel bildeten, um die kontrollierten Länder und Gebiete auf Moskau »auszurichten«, wird Stalins Politik der wirtschaftlichen Ausbeutung gesondert behandelt.

3. *Die Konsolidierung der Macht durch die Kommunisten*

Auch wenn die Ausgangssituation und die Voraussetzungen in den einzelnen Ländern für die Kommunisten unterschiedlich waren, hatten sie ein Fernziel im Auge: die von ihnen bereits ab Sommer 1944 bis zum Frühjahr 1945, also noch vor der Beendigung des Zweiten Weltkriegs, mit Hilfe der Sowjets errungenen Machtpositionen soweit und so schnell wie möglich auszubauen. Daß in dieser vergleichenden Darstellung Polen der Vorrang gebührt, ist auf mehrere Gründe zurückzuführen: Aus der Geschichte und der Geographie Polens hatte Stalin frühzeitig den Schluß gezogen, daß nach der militärischen Niederlage Deutschlands die UdSSR das entscheidende Wort in den polnischen Angelegenheiten zu sprechen hat. Während er bei der Gleichschaltung der anderen ostmittel- und südosteuropäischen Staaten eine gewisse Rücksichtnahme auf seine beiden westlichen Hauptalliierten walten ließ, war Stalin in der polnischen Frage zu keinerlei Konzessionen bereit. So hatte er frühzeitig die entscheidenden Weichen in Polen gestellt und den beiden westlichen Verbündeten überhaupt keine Chance gegeben, auf die Entwicklung dieses Landes Einfluß zu nehmen. Vergleicht man die Haltung Großbritanniens und der USA gegenüber der sowjetischen Politik, dann gelangt man zu einem paradoxen Ergebnis: Obwohl sich vor allem Premierminister Churchill für das Schicksal keines Landes des später zum sowjetischen Machtbereich gehörenden Staatengürtels so interessiert hat wie für das Polens, fand er sich frühzeitig aufgrund der Machtverhältnisse mit der Einbeziehung dieses Landes in die sowjetische »Interessensphäre« ab. Daß Stalin gerade bei der Regelung der »polnischen Frage« nach seinem »Gutdünken« und nach seiner »Fasson« zu handeln gedachte, mußte auch Charles de Gaulle erfahren, als er Anfang Dezember 1944 zu Besprechungen im Kreml weilte.[34]

a) *in Polen*

Man darf Stalin bescheinigen, daß er mit einer geschickten »Doppelstrategie« die Entwicklung Polens in allen entscheidenden Phasen in seinem Sinne gesteuert hat: Das gilt einmal für die internationale Ebene, d. h. für die Behandlung der »polnischen Frage« im Rahmen der »Anti-Hitler-Koalition«. Zum anderen verstand es Stalin, durch das frühzeitige Ausmanövrieren der polnischen Exilregierung in London die innenpolitischen Voraussetzungen in Polen dafür zu schaffen, daß im entscheidenden Zeitpunkt eine »sowjet-freundliche« Regierung an die Spitze des westlichen Nachbarlandes der UdSSR trat.[35]
Es ist müßig, die sich frühzeitig abzeichnende Entwicklung Polens mit einem Datum zu belegen. Nachdem die beiden angelsächsischen Mächte endgültig auf der Konferenz in Jalta anerkannt hatten, daß die Kommunisten in der Regierung, die zur »Regierung der Nationalen Einheit« umgebildet werden sollte, das Übergewicht behalten sollten, waren endgültig die Würfel gefallen. Es war kein Zufall, daß Stalin – um daran noch einmal zu erinnern – den Abschluß des bilateralen Bündnispakts vom 21. April 1945 auch »historisch« begründete. Als am 28. Juni 1945 die Regierung der Nationalen Einheit gebildet wurde, besetzten von den insgesamt 21 Kabinettsposten die »Lubliner« 16, während die Londoner Exilregierung sich mit 3 Ministerien begnügen mußte. Der Block des Lubliner Komitees bestand aus Kommunisten, mit ihnen zusammen arbeitenden

---

34 Ch. de Gaulle: Memoiren 1942–1946, S. 359–361 (361): »Aus dieser Besprechung ging eindeutig hervor, daß die Sowjets entschlossen waren, die von ihren Truppen besetzten und noch zu besetzenden Staaten und Gebiete nach ihrem Gutdünken und ihrer Fasson zu behandeln. Es war also mit einer schrecklichen politischen Unterdrückung in Mitteleuropa und auf dem Balkan zu rechnen. Offenbar erwartete Moskau in dieser Hinsicht kaum einen entscheidenden Widerstand von seiten Washingtons und Londons.«
35 Vgl. dazu ausführlich oben Kap. I, Ziffer 4.

Angehörigen des linken Flügels der Sozialistischen Partei sowie zweier kleinerer Gruppen »obskurer Kollaborateure«.[36] Mit Ausnahme der Ministerien für das Innere und Landwirtschaft waren alle Schlüsselministerien in der Hand von »Lublinern«. Stanislav Mikolajczyk, der in dem Kabinett unter Ministerpräsident Edward Osóbka-Morawski die Funktionen des zweiten stellvertretenden Ministerpräsidenten und des Landwirtschaftsministers übernahm, war der einzige Repräsentant der Londoner Exilregierung, der sich dem Versuch der Kommunisten, die alleinige Kontrolle über das Land zu erringen, schärfstens widersetzte. Doch stand Mikolajczyk auf verlorenem Posten, zumal die beiden anderen Vertreter der traditionellen Bauernpartei in der Regierung später Kompromisse mit dem kommunistisch beherrschten Block suchten und sich von Mikolajczyk trennten.

Während Mikolajczyk in den folgenden Monaten seine Bauernpartei wieder aufbaute, neu organisierte und sie auf die geplanten Parlamentswahlen vorbereitete, machten sich die Kommunisten systematisch daran, ihre Anhänger und Mitläufer in die entscheidenden Positionen auf den verschiedenen Ebenen zu bringen. Daß sie dabei nachhaltig von sowjetischer Seite unterstützt worden sind, versteht sich von selbst. Die Kommunisten verfolgten mehrere Ziele: einmal Mikolajczyks Bauernpartei, die bis zum Januar 1946 einen Mitgliederbestand von 600 000 aufwies und die die Mehrheit der anti-kommunistisch eingestellten Polen verkörperte, soweit wie möglich zu isolieren und die Sozialistische Partei zu infiltrieren sowie deren linken Flügel zu sich hinüberzuziehen. Nachdem die Kommunistische Partei eine Kampagne für eine Einheitsliste eingeleitet hatte, forderte sie Anfang Dezember 1945 die Bildung eines »Demokratischen Blocks«. Außerdem schlug sie einen Volksentscheid für den 30. Juni 1946 vor. Mikolajczyk hatte sich als Chef der Bauernpartei erfolgreich gewehrt, in den »Demokratischen Block« einzutreten. Wegen offenkundiger Wahlbehinderung, Wahlbeeinflussung und gesetzwidriger Auszählung in den Wahlkreisen hatte er gegen das für die Regierung so vernichtende Referendum Einspruch erhoben, der jedoch zurückgewiesen wurde.[37]

---

36 So O. Halecki: Politics, S. 113. Vgl. dazu und zur weiteren Entwicklung auch S. Lowery: Poland, S. 235-245; S. Lotarski: Poland, S. 347-367.
37 Vgl. dazu die ausführliche Darstellung bei G. Rhode: Polen als »Volksdemokratie«, S. 233-235; O. Halecki, ebenda, S. 115. St. Mikolajczyk hat diese Vorgänge selbst ausführlich beschrieben in: The Pattern of Soviet Domination, S. 161-202. Die Geschichte der Bauernbewegung Polens als selbständige politische Größe schildert höchst detailliert St. Leblang in: Polnische Bauernparteien.

Die mehrfach hinausgeschobenen Wahlen zum »Verfassunggebenden Sejm« fanden am 19. Januar 1947 statt. Mikolajczyks Bauernpartei kandidierte als einzige Oppositionspartei, der alle übrigen Parteien im »Demokratischen Block« gegenüberstanden. Von freien und demokratischen Wahlen konnte überhaupt keine Rede sein. Die Regierung behinderte den Wahlkampf der Bauernpartei erheblich, ließ zahlreiche Funktionäre und Mitglieder verhaften, aberkannte großen Wählergruppen das Wahlrecht, manipulierte die Wahlkomitees und ließ nicht einmal alle von der Bauernpartei aufgestellten Listen zu. Mikolajczyks Demarchen an die Unterzeichner der Beschlüsse von Jalta führen dazu, daß sich wenigstens die USA und Großbritannien Anfang Januar 1947 sowohl an die UdSSR als auch an die polnische Regierung mit dem Hinweis wandten, daß die Vorbereitung der Wahlen nicht in der in Jalta vereinbarten Form getroffen würde. Diese Proteste blieben erfolglos.
Bei den Wahlen am 19. Januar 1947 erhielt der Regierungsblock, der sich vornehmlich aus Kommunisten, Sozialisten und abgespaltenen Angehörigen der Bauernpartei zusammensetzte, 80 % der Stimmen und 394 der insgesamt 444 Sitze, während sich die Bauernpartei mit nur 10 % der Stimmen und 28 Sitzen begnügen mußte; der Rest verteilte sich auf einige pseudo-unabhängige Parteien. Mikolajczyk und seine Anhänger waren in der neuen Regierung unter Ministerpräsident Józef Cyrankiewicz nicht mehr vertreten.[38]
Wegen der von Stalin frühzeitig geschaffenen vollendeten Tatsachen war die Position der Londoner Exilregierung unter Stanislav Mikolajczyk von Anfang an äußerst schwach. Zu einer wirksamen Opposition hätte sich Mikolajczyks Bauernpartei nur in enger Kooperation mit der Polnischen Sozialistischen Partei entwickeln können. Dieser Gefahr waren sich die Kommunisten von vornherein insofern bewußt, als sie auf den linken Flügel der Sozialistischen Partei Druck ausübten, um sie zu einem Wahlbündnis gegen Mikolajczyk und später zum Zusammenschluß mit der Arbeiterpartei zu bewegen. Die Sozialistische Partei, die 1945 zahlenmäßig noch etwa gleichstark wie die Kommunisten war, besaß keine fähige Führung, da ihre prominenten Führer, die in der internationalen Arbeiterbewegung Rang und Namen hatten, im Krieg umgekommen waren, sich im

---

38 Vgl. G. Rhode, ebenda; O. Halecki, ebenda, S. 115 f.; St. Mikolajczyk, ebenda. Vgl. auch die ausführliche Darstellung bei H. Seton-Watson: Revolution, S. 161–168; J. Rothschild: Communist Eastern Europe, S. 10–16; Z. K. Brzezinski: Sowjetblock, S. 31–33; P. Calvocoressi: Survey 1947/48, S. 185 f.; N. Davies: Poland, S. 45–53.

Exil befanden oder im Gefängnis saßen: »Unter diesen Umständen und mit Terror, Verhaftungen und Druckmitteln brachte die linke Splittergruppe, geführt von Männern wie Jósef Cyrankiewicz und Oskar Lange, die Partei nach und nach unter ihre Kontrolle und hinderte sie von Anfang an, die demokratischen Kräfte unter Mikolajczyk zu unterstützen.«[39]

Zbigniew K. Brzezinski hat auf das weitere wichtige Faktum hingewiesen, daß die Liquidierung der Opposition Mikolajczyks eng mit der internationalen Lage zusammenhing. Brzezinski hält Mikolajczyks Stellung von Anbeginn für aussichtslos, so daß es nur eine Frage der Zeit gewesen sei, daß zugleich mit dem völligen Desinteressement des Westens an Europa seine ganze Schwäche offenbar geworden sei: »Freilich genoß er unter den Bauern große Popularität, und die meisten demokratischen, ja sogar konservativen Kräfte sahen in ihm die einzige Rettung vor der sowjetischkommunistischen Herrschaft. In einer freien Wahl hätte er wahrscheinlich auf der ganzen Linie gesiegt, wobei vielleicht die Mehrheit der kommunistischen Parteimitglieder für ihn gestimmt hätten. Aber mit freien Wahlen war nicht zu rechnen. Im Polen des Jahres 1945 (und später erst recht) waren alle Machtinstrumente in kommunistischen Händen, die Rote Armee stand im Land, und das NKWD war am Werk. Unter diesen Umständen war Mikolajczyks Popularität politisch bedeutungslos, und je offenkundiger es wurde, daß der Westen ihn nicht aktiv unterstützte, desto kräftigere Dosen von Terror konnte man gegen die Polnische Bauernpartei anwenden.«[40]

Anfang 1947, nachdem die manipulierten Wahlen die Liquidierung der Bauernpartei besiegelt hatten, war es nur noch eine Frage der Zeit, daß Mikolajczyk völlig ausgeschaltet sein würde. Vom Standpunkt der Kommunisten endete damit – wie Zbigniew K. Brzezinski zutreffend bemerkt – »ein weiteres Kapitel im Prozeß der Austilgung aller Überreste der abgelaufenen historischen Epoche, der Epoche der bürgerlichen Gesellschaft«.

Nicht übersehen werden darf, daß die Kommunisten frühzeitig weitreichende ökonomische und soziale Maßnahmen eingeleitet haben, die ihre Wirkung über den engen Kreis der Kommunisten hinaus nicht verfehlen sollten. Am spürbarsten waren die Folgen der Reformen in der Landwirtschaft, in der ein großes Bedürfnis nach einer Bodenreform bestand, sowie in der Industrie, die schwer gelitten hatte und infolge des Wiederauf-

---

39 So Z. K. Brzezinski, ebenda, S. 33.
40 Z. K. Brzezinski, ebenda, S. 33.

baus des schlesischen Industriegebiets durch Polen noch erhöhte Bedeutung gewann. Einschneidende Folgen hatte auch die Nationalisierung der Industrie, die faktisch schon 1944 begann, als ehemals deutsche Betriebe beschlagnahmt und herrenlose Betriebe in den polnischen Vorkriegsgebieten in Gang gesetzt wurden.[41]
Abschließend läßt sich feststellen, daß, obwohl die deutsche Ausrottungspolitik die polnische Intelligenz dezimiert und die Widerstandskraft der Nation wesentlich geschwächt hatte, sich die Mehrheit der polnischen Bevölkerung lange weigerte, die Besetzung durch die Rote Armee und die Einbeziehung ihres Landes in das Vorfeld der sowjetischen Macht hinzunehmen.[42]

b) *in der Tschechoslowakei*

Während die Geschichte der russisch-polnischen Beziehungen gegen jedes natürliche Bündnis beider Staaten sprach und allein schon die geographische Lage das starke Interesse Stalins an der Beherrschung Polens bedingte, wußte er um die wesentlich besseren Voraussetzungen für die Kommunisten in der Tschechoslowakei. Die im Mai 1921 gegründete Kommunistische Partei der Tschechoslowakei konnte bereits vor dem Ersten Weltkrieg auf eine relativ große Anhängerschaft zurückgreifen; die Tschechoslowakei war das einzige Land Ostmittel- und Südosteuropas, in dem es der Kommunistischen Partei gestattet war, legal während der gesamten Periode bis Ende 1938, als sie in die Illegalität gehen mußte, zu operieren.[43]
Noch weitere Faktoren erleichterten es den Kommunisten, mit sowjetischer Rückendeckung ab 1944 die eigenen Machtpositionen systematisch aufzubauen. Die Republik hatte als westlicher Typ mit dem Abschluß des Münchener Abkommens im März 1938 eine verheerende Prestige-Einbuße erlitten; viele aus dem Exil zurückgekehrte Politiker wurden dafür verantwortlich gemacht, daß »das Land Hitler in die Hände gefallen war. Zahlreiche andere hatten mit den Deutschen kollaboriert. Das Land war

---

41 Vgl. dazu im einzelnen und mit Nachweisen Z. K. Brzezinski, ebenda, S. 34–36.
42 Vgl. dazu auch J. K. Hoensch: Osteurpa-Politik, S. 21 f.
43 Vgl. dazu die ausführliche Darstellung bei C. Beck: Politics, S. 62–70; H. Kuhn: Kommunismus, S. 24–47. Sehr informativ dazu auch der ungezeichnete Aufsatz »Die Kommunistische Partei der Tschechoslowakei«; J. Korbel: Subversion, S. 17–46; E. Táborský: Communism, S. 3–15.

tief gespalten durch den starken slowakischen Nationalismus, dem die Existenz eines separaten slowakischen Staates während des Krieges Nahrung gegeben hatte. Die UdSSR stand in hohem Ansehen. Sie trug keine Schuld an München, und ihre Kriegsleistungen waren eindrucksvoll. Ein sehr maßvolles Vorgehen nach 1945 verschaffte der Kommunistischen Partei weitere Anhänger«.[44]

Hinzu kommt, daß Präsident Eduard Beneš aufgrund seiner tiefen Enttäuschung über den Verrat Frankreichs, Großbritanniens und der USA in »München« und aus seiner frühen Erkenntnis heraus, daß die UdSSR in Europa nach der militärischen Ausschaltung Deutschlands die entscheidende Position einnehmen wird, keinen anderen Weg sah, als sich rechtzeitig mit Stalin zu arrangieren. Als Eduard Beneš im Dezember 1943 in Moskau weilte und den – wie bereits dargelegt – bilateralen Bündnispakt mit der UdSSR unterzeichnete, ließen ihn die dort lebenden prominenten Führer der tschechoslowakischen Kommunisten – unter ihnen Klement Gottwald und Rudolf Slánský – nicht im Zweifel darüber, daß nur ein Mann aus ihren Reihen an der Spitze zu stehen habe. Als dann Beneš im März 1945 zu neuen Verhandlungen nach Moskau fuhr, wurde ihm bereits eine Regierungsliste präsentiert. Aus optischen und psychologischen Gründen – nicht zuletzt aus Rücksichtnahme auf die beiden angelsächsischen Alliierten – war es nicht ungeschickt, einen Sozialdemokraten zum neuen Ministerpräsidenten zu küren: Zdeněk Fierlinger, der bis dahin sein Land als Botschafter in der sowjetischen Hauptstadt vertreten hatte und auf den sich Stalin verlassen konnte. Zwar besaßen die Nichtkommunisten in der Regierung eine Mehrheit von 70 %, entscheidend war jedoch, daß die Kommunisten die Schlüsselministerien des Innern, für Information, Landwirtschaft und Erziehung sowie soziale Fürsorge besetzten.[45]

In der zeithistorischen Forschung ist Präsident Beneš massiv vorgeworfen worden, er habe im März 1945 in Moskau »praktisch ohne Druck, allein aus dem Wunsch, dem Sieger und Befreier zu gefallen und mögliche Forderungen vorwegzunehmen«[46], ein Drittel der Sitze in der ersten Nachkriegsregierung der Tschechoslowakei den Vertretern der Kommunistischen Partei reserviert und der Aufnahme kommunistischer Staatssekretäre in die anderen Schlüsselministerien zugestimmt. Dieser Vorwurf ist

---

44 So Z. K. Brzezinski: Sowjetblock, S. 40.
45 Vgl. dazu oben S. 113–116.
46 So J. K. Hoensch: Osteuropa-Politik, S. 21. Vgl. dazu auch V. V. Kusin: Czechoslovakia, S. 73–76.

zu hart und zu undifferenziert, da sich Beneš bei seinen Verhandlungen im März 1945 in Moskau den Forderungen der dort lebenden, von den Sowjets massiv unterstützten namhaften Kommunisten gegenübersah. Beneš konnte – ebenso wie Stalin – davon ausgehen, daß die »Macht des Faktischen« eindeutig für die UdSSR arbeitete. Es ist bereits darauf hingewiesen worden, daß nur die Vereinigten Staaten, deren Streitkräfte am 18. April 1945 die Westgrenze der Tschechoslowakei überschritten hatten, das Schicksal des Landes hätten wenden können, wenn sie die Chance genutzt hätten, direkt auf Prag vorzustoßen. Strategische und auch politische Überlegungen haben jedoch die amerikanische Führung bewogen, davon abzusehen.

Ungeklärt muß vorläufig die Frage bleiben, ob es notwendig war, daß Beneš im März 1945 in Moskau den prosowjetischen Kräften seines Landes einen so weitreichenden Einfluß in der ersten Nachkriegsregierung einräumte. Zweifellos ist der These Eduard Táborskýs beizupflichten, daß es sich Beneš in dieser Situation einfach nicht hätte leisten können, die Kommunisten von einer Beteiligung an der Regierung auszuschließen.[47] Streiten läßt sich nur darüber, ob Beneš gut beraten war, den Kommunisten so früh einen so starken Einfluß in der Regierung der »Nationalen Front« zu konzedieren.

Die Schaffung der aus den Kommunisten und den vier demokratischen Parteien gebildeten »Nationalen Front« und die Tatsache, daß die anderen traditionellen Parteien aus der Vorkriegszeit nicht zugelassen wurden, begrenzten den politischen Spielraum der nicht-kommunistischen Gruppen von vornherein zugunsten der Kommunistischen Partei. Daher liegt der größte Fehler Beneš' darin, daß er bereits Ende März 1945 in seinen Gesprächen mit Gottwald in Moskau die Abwesenheit jeglicher parlamentarischer Opposition in der Tschechoslowakei vereinbart hatte. Ebenso war es eine Fehlkalkulation der in der »Nationalen Front« vereinten nicht-kommunistischen Parteien zu meinen, mit der Eliminierung der Rechtsparteien aus dem politischen Leben Stimmen zu gewinnen.

Wie sehr die Kommunisten bestrebt waren, allmählich das Übergewicht auch auf lokaler Ebene zu erlangen, geht daraus hervor, daß sie die nach der Niederlage Deutschlands verwaisten Positionen einnahmen, bevor sich die anderen Parteien organisieren konnten. Mit der Unterstützung der Roten Armee und dank ihres Einflusses aufgrund ihres Widerstands in der Kriegszeit waren die Kommunisten und ihre Helfer in der Lage, die

---

47 Vgl. dazu oben S. 113–116.

Mehrheit in den neuen »Nationalausschüssen« zu gewinnen, die die traditionelle Verwaltung ersetzten. Bereits 1947 waren unter den Vorsitzenden der Organisationsausschüsse 60 % Kommunisten, unter den Vorsitzenden der Bezirksnational-Ausschüsse sogar knapp 80 %; in den Ausschüssen auf Provinzebene gelang es ihnen sogar, alle Positionen der Vorsitzenden zu gewinnen.[48]

Diese für die Kommunisten so günstige Entwicklung und das rapide Anwachsen ihrer Mitgliederzahl – auf ihrem ersten Nachkriegskongreß Ende März 1946 zählte die Kommunistische Partei bereits knapp 1,1 Millionen Mitglieder – machten sie bald zur führenden Partei im Lande. Daß sie diese Position zu Recht beanspruchen konnten, erwiesen die freien Wahlen zur Verfassunggebenden Nationalversammlung am 26. Mai 1946, die ihnen einen großen Erfolg bescherten. Die Kommunistische Partei der Tschechoslowakei erzielte knapp 38 % der Stimmen; von den 300 Abgeordneten der Nationalversammlung gehörten 113 der Kommunistischen Partei an. Mit Hilfe der Sozialdemokraten, die von dem Prokommunisten Zdeněk Fierlinger geführt wurden und die 13 % der parlamentarischen Sitze innehatten, waren die Kommunisten in der Lage, das Parlament zu kontrollieren. Präsident Beneš ernannte daraufhin den Führer der Kommunistischen Partei, Klement Gottwald, als Nachfolger Zdeněk Fierlingers, der sich mit dem Amt des stellvertretenden Ministerpräsidenten zufriedengeben mußte, zum Ministerpräsidenten. In der Regierung der »Nationalen Front« standen 9 Kommunisten, die zu den bisher innegehabten Ministerien noch das der Finanzen erhielten, den 17 Nichtkommunisten gegenüber, darunter 2 Parteilosen. Die Nichtkommunisten erhielten immerhin zwei wichtige Ministerien – die des Auswärtigen und der Justiz, während das Innenministerium weiterhin mit einem Kommunisten und das Verteidigungsministerium wiederum mit dem »parteilosen« General Svoboda besetzt wurden.[49]

Ivan Pfaff hat in einer sehr instruktiven Analyse dargelegt, wie notwendig es ist, gerade die Ereignisse in der Tschechoslowakei in den Jahren von

---

48 Vgl. dazu im einzelnen C. Beck: Politics, S. 66; »Die Kommunistische Partei der Tschechoslowakei«, S. 6–8. Dabei gilt es zu beachten, daß die UdSSR bereits im Dezember 1945 ihre Streitkräfte aus der ČSR zurückgezogen hat. Vgl. dazu J. Korbel: Subversion, S. 133; I. Duchacek: Czechoslovakia, S. 204. Vgl. oben S. 120, Anm. 365.
49 Vgl. dazu vor allem H. Kuhn: Kommunismus, S. 54; C. Beck, ebenda; Z. K. Brzezinski: Sowjetblock, S. 40. Ausführlich schildert auch H. Seton-Watson die Entwicklung der Tschechoslowakei in: Revolution, S. 169–172; E. Wiskeman: Czechoslovakia, S. 382 f.; J. Korbel, ebenda, S. 150–156; R. B. Lockhart: Revolution, S. 634 f.; P. E. Zinner: Marxism, S. 652 f.; V. V. Kusin: Czechoslovakia, S. 76–80.

1945 bis 1948 differenziert zu betrachten. Eindringlich weist er darauf hin, wie sehr das Verbot der konservativen Vorkriegsparteien, das auch von den in der ersten Regierung vertretenen Nichtkommunisten akzeptiert worden war, ein Vakuum geschaffen habe – vor allem auf dem Lande –, »das dann nach der Ausschaltung der Agrarpartei die Kommunistische Partei ausfüllte mit Hilfe ihrer Landwirtschaftspolitik, die ihr als Lockmittel beim Stimmenfang der bäuerlichen Bevölkerung diente«.[50] Ivan Pfaff erinnert auch daran, wie fatal sich die Besetzung des Innenminister-Postens von Anfang an durch einen Kommunisten ausgewirkt habe, der den Polizeiapparat schrittweise in ein Machtinstrument der Partei umzuwandeln gewußt habe. Daneben habe die Kommunistische Partei die von ihr gesteuerte Gewerkschaftsunion zu ihrer zweitstärksten Machtreserve ausgebaut.
Daß die Kommunisten auch im ökonomischen Bereich geschickt operierten, verdeutlicht Pfaff mit dem Hinweis, das Wahlresultat vom 26. Mai 1946 hätte nur diejenigen überrascht, die die Auswirkungen der von den Kommunisten propagierten Bodenreform unterschätzt hätten. Die Kommunisten erhielten die Hälfte ihrer knapp 38 % der Stimmen allein aus dem Gebiet, wo das von einem Kommunisten geleitete Landwirtschafts-Ministerium konfiszierten deutschen Grundbesitz den Kleinbauern und dem Agrar-Proletariat zugeteilt hatte. Hingegen wurde die Partei in Prag und Brünn, besonders aber in der ganzen Slowakei, in eine klare Minderheit verwiesen.[51]
Der große Wahlerfolg hatte einerseits einen weiteren Zustrom neuer Mitglieder in die Kommunistische Partei der Tschechoslowakei zur Folge, die in den folgenden Monaten ihren Einfluß in zahlreichen Institutionen – wie der Polizei, der Armee, der Arbeitermiliz und den »Nationalausschüssen« – wesentlich ausbauen konnte. Begünstigt wurde diese Entwicklung auch durch die Enttäuschung vieler Bürger über die Zusammenarbeit der nicht-kommunistischen Gruppen in der Regierung der »Nationalen Front« unter kommunistischer Führung.
Auch wenn die Kommunisten mit Hilfe der prokommunistisch eingestellten Sozialisten in der Regierung der »Nationalen Front« die Legislative kontrollierten, ließen es die Sowjets und ihre »Genossen« in Prag bis Anfang 1948 zu, daß das Land einige demokratische Merkmale westlicher Observanz behielt: So durfte die Regierung kritisiert werden, die nicht-

---

50 I. Pfaff: Demokraten; E. Wiskemann, ebenda, S. 383.
51 Vgl. dazu ausführlicher I. Pfaff, ebenda. Eine detaillierte Darstellung gibt auch J. Korbel, in: Subversion, S. 150–156; E. Wiskeman, ebenda, S. 379–388.

kommunistische Presse konnte weiter erscheinen, und die Gerichte, die immer noch größtenteils in der Hand von Nicht-Kommunisten waren, schützten die Bürger gegen den Machtmißbrauch durch die Kommunisten. Die nicht-kommunistischen Parteien rechneten damit, aufgrund der nächsten Parlamentswahl das Machtgewicht der Kommunisten zu reduzieren. Trotz ihrer guten Ausgangsposition hielten es die Kommunisten und die Sowjets aus verschiedenen Gründen – wie noch darzulegen sein wird – für opportun, mit der endgültigen und vollständigen Machtübernahme noch zu warten. Die zwölf Monate nach der Parlamentswahl vom 26. Mai 1946 waren die erfreulichsten der wiederhergestellten Republik: Es schien, daß die Kommunistische Partei mit ihrer führenden Position in der Regierung zufrieden und darauf vorbereitet war, die Spielregeln einer parlamentarischen Demokratie herkömmlicher westlicher Provenienz einzuhalten. Erfreulich entwickelte sich auch die ökonomische Situation; beachtlich wuchs auch der Außenhandel speziell mit westlichen Ländern.[52]

c) *in den Staaten Südosteuropas*

Trotz der durch Geschichte und Geographie bedingten Unterschiede der Entwicklung Bulgariens, Rumäniens und Ungarns erscheint es aus mehreren Gründen angebracht, deren Einbeziehung in die sowjetische Machtsphäre gemeinsam zu behandeln. Bulgarien, Rumänien und Ungarn waren Verbündete der Achsenmächte, was – wie dargelegt – durch deren frühzeitigen Beitritt zum Drei-Mächte-Pakt zwischen Deutschland, Italien und Japan vom 27. September 1940 dokumentiert wurde. Dies bedingte, daß die »Anti-Hitler-Koalition« sie nach der militärischen Wende des Zweiten Weltkriegs als Feindstaaten behandelte. Auch war es das gemeinsame Schicksal dieser drei Staaten, daß mit ihnen die drei Hauptalliierten noch während des Zweiten Weltkriegs Verträge über den Waffenstillstand geschlossen haben. Da die beiden angelsächsischen Mächte frühzeitig entschieden hatten, sich an der militärischen Okkupation der drei Länder nicht zu beteiligen und sich an der Südfront auf ein militärisches Engagement in Italien und Griechenland zu beschränken, konnte

---

[52] Die Durchdringung und Infiltration der Massenorganisationen durch die Kommunisten schildert sehr plastisch J. Korbel, ebenda, S. 156–175. Vgl. vor allem über die ökonomische Entwicklung E. Wiskeman: Czechoslovakia, S. 385–388. Alle wichtigen Bereiche analysiert auch K. Kaplan in: Marsch.

Stalin frühzeitig davon ausgehen, einen entscheidenden Einfluß in Bulgarien, Rumänien und Ungarn auszuüben. Die letzten Zweifel räumte Churchill selbst aus, als er – wie bereits ausführlich dargelegt – im Oktober 1944 Stalin den »Prozent-Handel« anbot und Bulgarien, Rumänien und auch Ungarn der »Einflußzone« der UdSSR zuschrieb. Stalin sorgte dann nach der militärischen Besetzung dieser Länder dafür, daß die Kommunisten schon vor Kriegsende entscheidende Machtpositionen einzunehmen vermochten. Dies gilt in noch stärkerem Maße für Bulgarien und Rumänien als für Ungarn.

Bulgarien nahm unter den drei Staaten insofern eine Sonderstellung ein, da dort Stalin um die aus historischen Gründen bedingte prorussische und -sowjetische Einstellung wußte. Unter den Großmächten war es vornehmlich Rußland, das dafür gesorgt hatte, daß Bulgarien im Frieden von San Stefano 1878 von der 500jährigen Herrschaft der Türken befreit wurde. So unterschieden sich die bulgarisch-russischen Beziehungen von denen Rußlands zu Rumänien und Ungarn sowie zu Polen dadurch, daß sie nicht durch nationalistische anti-russische Ressentiments belastet waren. Die Kommunistische Partei Bulgariens war die älteste in den Balkan-Staaten und immer am engsten mit der Kommunistischen Partei der Sowjetunion verbunden; prominente bulgarische Kommunisten – wie Georgi Dimitrov – nahmen Schlüsselpositionen in der Komintern und anderen internationalen Gremien des Kommunismus ein. Da die ökonomischen Bedingungen für die Kommunisten in Bulgarien, das in der Zwischenkriegszeit über wenig Industrie verfügte, ungünstig waren, hatte die Partei in jener Zeit nie mehr als 30 000 Mitglieder.[53] Zwar war Bulgarien während des Zweiten Weltkriegs ein Alliierter der »Achse«, hatte sich aber nicht an der militärischen Auseinandersetzung gegen die UdSSR mit eigenen Truppen beteiligt.

In Rumänien hatten es die Kommunisten insofern sehr viel schwerer, als die 1921 gegründete Kommunistische Partei bereits im Dezember 1944 verboten worden war und von da an im Untergrund wirken mußte. Als im Verlauf des Zweiten Weltkriegs sichtbar wurde, daß die Sowjetunion auf der Siegerseite stehen würde, ergriff das Antonescu-Regime scharfe Maß-

---

53 Vgl. dazu ausführlicher L. A. D. Dellin: Politics, S. 112–114; C. E. Black: Bulgaria, S. 16–22; J. F. Brown: Bulgaria, S. 3–5; L. Schultz: Die Verfassung der Volksrepublik Bulgarien vom 18. Mai 1971, S. 203–205 (205): »Auch die gemeinsame Schrift und Ähnlichkeit der Sprache spielen dabei eine Rolle.« Vgl. zur Entwicklung der russisch-bulgarischen Beziehungen auch G. Stadtmüller: Bulgariens außenpolitische Entwicklung nach dem Weltkriege. Einen sehr guten Überblick über die sowjetisch-bulgarischen Beziehungen bis zum Frühjahr 1945 vermittelt auch N. Oren in: Bulgarian Communism.

nahmen gegen die Kommunisten und verhinderte deren Zusammenarbeit mit den Sozialdemokraten. Marschall Antonescu wollte von den Kommunisten inspirierte prosowjetische Aktivitäten unterbinden und die Kontrolle über die Arbeiter behalten. Gegenüber den Kommunisten war seine Politik erfolgreich, nicht jedoch gegenüber den Sozialdemokraten. Als der Sieg der UdSSR und die drohende militärische Besetzung des Landes durch die Rote Armee Ende 1943 näher rückten, schlossen sich viele Industriearbeiter, linksgerichtete Intellektuelle und Opportunisten den Sozialdemokraten an. Aus der Einsicht heraus, daß die Sowjets eine starke Arbeiterpartei eher als die traditionellen Parteien unterstützen würden, stimmten die Sozialdemokraten bereits im Mai 1944 der Gründung einer »Vereinigten Arbeiterfront« zu. Über die Motive dieser frühen Allianz ist viel spekuliert worden. Wahrscheinlich ist, daß die Führer der Sozialdemokraten dem späteren sowjetischen Drängen auf eine Kooperation mit den Kommunisten zuvorkommen wollten. Eigentümlich bleibt das Verhalten der Sozialdemokraten dennoch, da zu jener Zeit die Kommunisten nur über eine führerlose Organisation mit etwa 1000 Mitgliedern verfügten.[54] Doch waren die Weichen zunächst einmal gestellt.

Von der Situation Bulgariens und Rumäniens unterschied sich die Ungarns dadurch, daß es als einziges Land des sowjetischen Machtbereichs Erfahrungen mit einer kommunistischen Diktatur aufzuweisen hatte. Von November 1918 bis August 1919 diente Ungarn als Bewährungsprobe der Weltrevolution, als Bela Kun, der die Machtübernahme der Bolschewisten in Rußland miterlebt hatte, mit der von ihm geführten und im November 1918 gegründeten »Partei der Kommunisten in Ungarn« versuchte, das sowjetische Beispiel in Ungarn nachzuahmen. Doch waren dafür dort die Verhältnisse in keiner Weise geschaffen, und das Experiment der Diktatur Bela Kuns mußte scheitern. Seit August 1919 waren die Kommunisten in Ungarn auf den Untergrund angewiesen. Die Erfahrungen mit dieser vom Terrorismus geprägten kurzen Zeit der Diktatur haben das Ansehen der Kommunisten in Ungarn nicht erhöht, dessen historische Traditionen ohnehin dem Kommunismus entgegengesetzt waren. In der Zeit zwischen dem Abschluß des Hitler-Stalin-Pakts vom 23. August 1939 bis zum Angriff Deutschlands auf die Sowjetunion am 22. Juni 1941 verhielten sich die ungarischen Kommunisten neutral. Als sich die militä-

---

54 Vgl. dazu vor allem ausführlicher St. Fischer-Galati: Party, S. 67–70. Eine ausführliche Darstellung über die Entwicklung der Kommunistischen Partei Rumäniens und der politischen Entwicklung des Landes gibt G. Ionescu in: Communism, S. 1–68.

rische Wende des Zweiten Weltkriegs abzeichnete, beteiligten sie sich unter dem Namen »Ungarische Friedenspartei« aktiv am Widerstand in der »Ungarischen Front«, zu der sich fünf illegal arbeitende antifaschistische Parteien zusammengeschlossen hatten und in der die Kommunisten den diszipliniertesten Kern mit Laszlo Rajk und Gyula Kállai stellten. Seit September 1944 nannte sich die Partei »Ungarische Kommunistische Partei«.[55]

Die Situation Ungarns unterschied sich auch dadurch von der Bulgariens und Rumäniens, als es an Österreich und die Tschechoslowakei grenzte, was Stalin und die lokalen Kommunisten veranlaßte, die Machtübernahme vorsichtiger als in Bulgarien und Rumänien einzuleiten. Die beiden angelsächsischen Mächte konnten die politische Entwicklung in den südosteuropäischen Staaten genau verfolgen, da sie aufgrund der Verträge über den Waffenstillstand mit Rumänien vom 12. September 1944, Bulgarien vom 28. Oktober 1944 und Ungarn vom 20. Januar 1945 als Mitglieder der jeweiligen Alliierten Kontrollkommission mitwirkten. Daran ändert auch die Tatsache nichts, daß die UdSSR – wie bereits ausgeführt – in diesen Kommissionen das entscheidende Wort hatte.[56]

Trotz zahlreicher Gemeinsamkeiten in der Entwicklung der drei Länder, in denen bereits in der zweiten Hälfte des Jahres 1944 die entscheidenden Voraussetzungen für die Übernahme der Macht durch die Kommunisten geschaffen worden sind[57], empfiehlt sich eine differenzierte Betrachtungsweise aus zwei Gründen: In allen drei Ländern erlaubte es Stalin nicht, daß die Kommunisten sofort und mit Hilfe der Roten Armee alle relevanten oppositionellen Kräfte ausschalteten und Ein-Partei-Regimes errichteten. Dieser Prozeß vollzog sich in mehreren Etappen und wies in den drei Ländern Unterschiede auf, die allerdings am gleichen Ergebnis nichts änderten. Zum anderen gilt es darzulegen, inwiefern Stalin bestrebt war, seine beiden Partner aus der »Anti-Hitler-Koalition« nicht völlig zu verprellen.

---

55 Vgl. dazu E. C. Helmreich (Ed.): Party, S. 112–114; P. Ignotus: Takeovers, S. 385–391; St. Kertesz: Methods, S. 22–26; M. Molnár: History, S. 1–42. Die umfassendste Analyse der Entwicklung der Kommunistischen Partei Bulgariens von ihren Anfängen bis 1936 bei J. Rothschild: The Communist Party of Bulgaria.
56 Vgl. dazu ausführlicher oben Kap. I, Ziffer 6.
57 Vgl. dazu ausführlicher ebenda.

aa) *Bulgarien*

In Bulgarien, wo am 9. September 1944 ein kommunistisch gelenkter Putsch die »Vaterländische Front« an die Macht gebracht hatte[58], vollzog sich der Prozeß der Konsolidierung der Macht durch die Kommunisten in mehreren Phasen, die L. A. D. Dellin so skizziert hat: Totale Liquidierung der Anti-Kommunisten und Gegner der »Vaterländischen Front« (1944/45); Eliminierung der Nicht-Kommunisten und mit der »Vaterländischen Front« nicht übereinstimmender Verbündeter, die einen wachsenden Einfluß der Kommunisten in der »Vaterländischen Front« zur Folge hatte (1945/46); Liquidierung der tolerierten Opposition und die Gleichschaltung des Landes (1947/48).[59]
Da die Kommunisten in der Regierung der »Vaterländischen Front« die Schlüsselministerien des Innern und der Justiz innehatten und sich auf die Präsenz der sowjetischen Truppen stützen und verlassen konnten, waren für sie die besten Voraussetzungen geschaffen, die Macht in Bulgarien an sich zu reißen. Entscheidend war nicht, daß sie in der Regierung in der Minderheit waren, sondern daß sie die Polizei und die Gerichte sofort unter ihre Kontrolle nehmen und – wie bereits ausgeführt – das blutigste Massaker aller neuen kommunistischen Regimes in Europa einleiten konnten. Darüber hinaus säuberten sie auch die bulgarische Armee von »unzuverlässigen Elementen«.
In der zweiten Phase der Macht-Konsolidierung folgte die Eliminierung der »Verbündeten« in der »Vaterländischen Front«, die nur organisierte politische Aktivitäten jener Parteien erlaubte, die in ihr repräsentiert waren. Damit waren wichtige traditionelle Parteien, vor allem die vier stärksten Gruppierungen bei den letzten freien Wahlen im Jahre 1931 – die Agrarunion, die Demokratische, die Nationale und die Liberale Partei – von der politischen Mitwirkung ausgeschlossen. Das gleiche Schicksal erlebten jene Sozialdemokraten, die zu einer Mitarbeit in der »Vaterländischen Front« nicht bereit waren.[60]
Nochmals sei betont, daß die beiden angelsächsischen Mächte diese Entwicklung Anfang 1945 durchaus realisiert haben, als sie auf der Konferenz in Jalta im Februar gemeinsam mit Stalin die »Erklärung über das

---

58 Vgl. dazu ausführlicher oben S. 143 f.
59 L. A. D. Dellin: Party, S. 120: Als vierte Phase bezeichnet er die Zeit 1949/50, in der es den Kommunisten um die »Selbstreinigung« der Partei gegangen sei.
60 Vgl. dazu L. A. D. Dellin, ebenda, S. 121 f.; H. Seton-Watson: Revolution, S. 198–204; S. Lovery: Bulgaria, S. 306–313; N. Oren: Revolution, S. 330–336.

befreite Europa« unterzeichneten und in der Mitteilung über die Potsdamer Konferenz vom 2. August 1945 noch einmal den Abschluß von Friedensverträgen mit »anerkannten demokratischen Regierungen« ins Auge faßten.[61] Die in Bulgarien für den 28. August 1945 geplanten Wahlen wurden wegen der westlichen Proteste auf den 18. November 1945 verschoben; L. A. D. Dellin spricht von dem »einzigen erfolgreichen westlichen Protest«.[62] Das Verhältnis der USA und Großbritanniens zur Sowjetunion hatte sich inzwischen weiter verschlechtert, da sich der sowjetische Außenminister Molotov auf der Londoner Außenminister-Konferenz vom 11. September bis zum 2. Oktober 1945 gerade hinsichtlich der Friedensverträge mit Bulgarien und Rumänien äußerst instransigent gezeigt hatte und nicht bereit war, in diesen Ländern gemäß den Abmachungen von Jalta und Potsdam die innenpolitischen Voraussetzungen für freie und demokratische Wahlen zu schaffen.[63]
Bei den Wahlen am 18. November 1945 durften die Oppositionsparteien keine eigenen Listen aufstellen, so daß die »Vaterländische Front« 90 % der abgegebenen Stimmen auf sich vereinigen konnte. Als Georgi Dimitrov am 7. November aus seinem Moskauer Exil zurückgekehrt war und am 16. November 1945 auf seine sowjetische Staatsangehörigkeit verzichtet hatte, fand er die »innere Situation« seines Landes »in guten Händen«[64] vor. Die beiden angelsächsischen Mächte waren über die Art, in der diese Wahlen durchgeführt wurden und die den Abmachungen von Jalta diametral widersprach, so erbost, daß sie auf der Moskauer Außenminister-Konferenz im Dezember 1945 dem sowjetischen Außenminister Molotov folgendes Zugeständnis abrangen:
»Es wurde zwischen den drei Regierungen festgelegt, daß die Sowjetregierung die Mission übernimmt, der bulgarischen Regierung den freundschaftlichen Rat zu geben, wonach es wünschenswert ist, daß in die bulgarische Regierung der Vaterlandsfront, die gegenwärtig gebildet wird, zu-

---

61 Vgl. dazu oben S. 158 f., 208 f.
62 L. A. D. Dellin: Politics, S. 122; S. Lovery: Bulgaria, S. 306–313. Auf der Potsdamer Konferenz bemängelte vor allem der britische Außenminister Eden, daß die UdSSR ihre in Jalta übernommenen Verpflichtungen gegenüber Rumänien, Ungarn und Bulgarien nicht nachgekommen sei. Vgl. dazu unten S. 329–331. Sehr detailliert berichtet C. E. Black als Augenzeuge über die innere Entwicklung und die Arbeitsweise der Alliierten Kontrollkommission in Bulgarien in: View.
63 Die Londoner Konferenz der Außenminister fand vom 11. September bis zum 2. Oktober 1945 statt. Vgl. das Protokoll in: FRUS: Diplomatic Papers 1945. Vol. II, S. 194–201, 487–489. Vgl. dazu auch J. K. Hoensch: Osteuropa-Politik, S. 24 f.
64 So J. F. Brown: Bulgaria, S. 11; M. L. Miller: Bulgaria During the Second World War, S. 219 f.

sätzlich zwei Vertreter anderer demokratischer Gruppen aufgenommen werden, die a) tatsächlich Parteigruppen vertreten, die an der Regierung nicht teilnehmen, und b) tatsächlich geeignet sind, mit der Regierung loyal zusammenzuarbeiten.«[65]
Mit diesem »freundschaftlichen Rat« konnte Molotov ohne Bedenken im Januar 1946 nach Sofia reisen, wo er mit zwei führenden Politikern der Opposition, Nikola Petkov von den radikalen Agrariern und Kosta Lulšev von den Sozialisten, zusammentraf. Beide waren jedoch nicht bereit, in die Regierung der »Vaterländischen Front« einzutreten, ohne irgendwelche Bedingungen stellen zu dürfen. Im März 1946 verhandelten die Oppositionsführer ein weiteres Mal mit Ministerpräsident Kimon Georgiev; dabei forderten sie vor allem eine Einflußnahme auf das Innen- und Justiz-Ministerium. Es schien sich sogar eine Einigung anzubahnen, die aber dann aufgrund des sowjetischen Vetos unterbleiben mußte.[66]
Am 2. Juli 1946 wurde die »Führung und Kontrolle über die Armee«, die immer einen wichtigen Kern des Widerstands in Bulgarien gebildet hatte, der Autorität des gesamten Kabinetts übertragen. Im September 1946 wurde Georgi P. Damjanov, ein früherer sowjetischer Staatsbürger, Kriegsminister.[67]
Am 8. September 1946 entschieden sich in einem Plebiszit rund 92 % für die Abschaffung des Bulgarischen Königreiches, und eine Woche später wurde die »Volksrepublik Bulgarien« proklamiert. Am 27. Oktober 1946 wurden Wahlen für die Große Nationalversammlung abgehalten, an denen sich auch die Opposition allerdings unter sehr erschwerten Bedingungen beteiligen konnte. Trotzdem erhielt sie unter Nikola Petkov fast 30 % der Stimmen. Neuer Ministerpräsident und Nachfolger Kimov Georgievs wurde Georgi Dimitrov, der von Anfang an die Opposition als einen störenden Faktor betrachtete. Als die Nationalversammlung eröffnet wurde, warnte Dimitrov Petkov, daß er bald »seinen Kopf verlieren würde«. Dimitrov »hielt sein Versprechen«.[68]
So waren im Herbst 1946 alle Oppositionellen aus der Regierung und dem Regierungsapparat eliminiert, der Machtkampf in der »Vaterländi-

---

65 Die Konferenz fand vom 16. bis zum 26. Dezember 1945 statt. Text des Protokolls in: FRUS: Diplomatic Papers 1945. Vol. II. Dt. Text des amtlichen Kommuniqués über den Verlauf der Moskauer Konferenz in: Europa-Archiv 1946, S. 50–52 (51).
66 Vgl. dazu im einzelnen L. A. D. Dellin: Politics, S. 122; H. Seton-Watson: Revolution, S. 201 f.; H. Rothschild: Communist Eastern Europe, S. 52 f.
67 Vgl. dazu L. A. D. Dellin, ebenda, S. 122 f.; J. F. Brown: Bulgaria, S. 11.
68 So L. A. D. Dellin, ebenda, S. 124. Vgl. zu dem Wahlergebnis auch H. Seton-Watson: Revolution, S. 202 f.; J. F. Brown: Bulgaria, S. 11 f.; S. Lowery: Bulgaria, S. 313–317.

schen Front« war beendet, und die Kommunisten konnten nun - wie L. A. D. Dellin betont - ihre Aufmerksamkeit der Liquidierung der legalen Opposition zuwenden.[69] Weder die Opposition in Bulgarien noch die beiden angelsächsischen Mächte haben das Wahlergebnis vom 27. Oktober 1946, das der »Vaterländischen Front« 366 und der Opposition 99 von den insgesamt 465 Sitzen bescherte, und die neue Regierung, in der die Kommunisten mit 10, die Agrarier mit 5, die Sozialistische und die Zveno-Partei mit jeweils 2 Kabinettsposten vertreten waren, anerkannt.

In diesem Zusammenhang erscheint es angebracht, an die Reden zu erinnern, die Josef Stalin am 9. Februar und Andrej A. Ždanov am 7. November 1946 in Moskau gehalten und in denen sie die weitreichenden Ziele der UdSSR in den von ihr kontrollierten Ländern verdeutlicht haben. Stalin sagte damals, daß - im Gegensatz zum Ersten Weltkrieg - der Zweite Weltkrieg gegen die Achsenmächte »gleich bei Beginn den Charakter eines antifaschistischen, eines Befreiungskrieges« angenommen habe: »Unser Sieg bedeutet vor allem, daß unsere sowjetische Gesellschaftsordnung gesiegt hat ...« Stalin sprach von einem »historischen Sieg«.[70]

Mit dieser Rede hat Stalin in unmißverständlicher Form dem Zweiten Weltkrieg eine ideologische Begründung gegeben, die dann der Sekretär des Zentralkomitees der KPdSU, Ždanov, in seinem Referat anläßlich des 29. Jahrestags der Oktober-Revolution noch erweiterte. Darin bezeichnete er die UdSSR als »Vorhut der demokratischen Völker ... und des Befreiungskampfes gegen den Faschismus ... Es war natürlich zu erwarten, daß der gerechte antifaschistische Krieg von einem gerechten demokratischen Frieden gekrönt wird.«[71]

Ždanov ließ über das Schicksal der ehemals mit Deutschland Verbündeten keinen Zweifel: Es gehe um die Sicherung eines Friedens, »der auf die Ausrottung der Überreste des Faschismus und auf die Stärkung der demokratischen Grundsätze in den ehemaligen Feindstaaten abzielt ... Ein solcher Frieden entspricht den Befreiungszielen der Alliierten und wird gleichzeitig den Interessen aller Völker gerecht, die das Joch des Faschismus abwarfen und den Weg der demokratischen Entwicklung einschlugen.«[72]

---

69 L. A. D. Dellin, ebenda, S. 123.
70 Text der Rede J. W. Stalins in: Neue Welt 1946, H. 1, S. 3-12 (3-5, 7). Vgl. dazu auch J. K. Hoensch: Osteuropa-Politik, S. 25 f.; J. L. Gaddis: Origins, S. 299-304.
71 Text der Rede A. A. Shdanows in: Neue Welt 1946, Nr. 13, S. 3-18 (12). Vgl. dazu Z. K. Brzezinski: Sowjetblock, S. 65 f.
72 Text, ebenda.

Stalins und Ždanovs Analysen lag bereits das später ausgearbeitete Konzept vom Auseinanderfall der Welt in zwei »feindliche Lager« zugrunde – mit dem Anspruch der UdSSR, das eine – sprich: »demokratische« – zu führen. So übte Ždanov harte Kritik an dem Verhalten Großbritanniens und der USA auf den Konferenzen des Rats der Außenminister im April/ Mai und Juni/Juli 1946 in Paris.[73] Der aufgrund der Potsdamer Beschlüsse vom 2. August 1945 errichtete Rat der Außenminister hatte u. a. die Aufgabe, Friedensverträge mit den ehemaligen Verbündeten Deutschlands auszuarbeiten. Da man sich auf der 1. Session der Pariser Außenministerkonferenz vom 25. April bis zum 16. Mai 1946 auch über Kernfragen der Friedensregelung mit Bulgarien, Rumänien und Ungarn nicht einigen konnte, brach man die Konferenz ab und bestimmte den 15. Juni für den Wiederzusammentritt. Auf der 2. Session der Konferenz in Paris vom 15. Juni bis zum 12. Juli 1946 wurden ein weiteres Mal die Gegensätze in den Auffassungen der beiden Westmächte und der Sowjetunion sichtbar; das Klima der Pariser Konferenzen litt auch immer mehr unter dem sich ständig verschärfenden Ost-West-Gegensatz. Darüber hinaus wurden die Ergebnisse insofern in Frage gestellt, als die ehemaligen und betroffenen Feindstaaten gegen zahlreiche geplante Vertragsbestimmungen protestiert hatten. Der Abschluß der Friedensverträge war auch deshalb noch nicht in greifbare Nähe gerückt, da die Pariser Konferenz die Friedensverträge nicht festzulegen, sondern nur entsprechende Empfehlungen für den Rat der Außenminister auszuarbeiten hatte.[74]
Nicht nur für die Beteiligten, sondern auch für viele Beobachter war es äußerst überraschend, daß sich der Rat der Außenminister auf seiner Konferenz in New York vom 4. November bis zum 12. Dezember 1946 in allen Kernfragen der Friedensregelung mit Bulgarien, Rumänien und Ungarn zu einigen vermochte: »Bestimmend hierfür war wohl letztlich die Einsicht, daß ein völliges Zerwürfnis der alliierten Mächte sich über diese Fragen nicht lohne und die Folgen eines ernstlichen Konfliktes für beide Seiten unabsehbar und gefährlich sind.«[75]
Am 10. Februar 1947 wurden die Friedensverträge mit Bulgarien, Rumä-

---

73 2. Sitzung des Rats der Außenminister in Paris: Erster Teil: 25. April bis 16. Mai 1946; 2. Teil: 15. Juni bis 12. Juli 1946. Text des Protokolls in: FRUS: 1946. Vol. II.
74 Vgl. dazu die ausführliche Einführung von E. Menzel zu: Friedensverträge, in der er auch kurz den Verlauf der ersten vier Konferenzen des Rats der Außenminister darstellt. Vgl. dazu auch H. Volle: Friedensverträge.
75 So E. Menzel, ebenda, S. 19.

nien und Ungarn⁷⁶ in Paris unterzeichnet. Bulgarien ratifizierte den Friedensvertrag, auf den später im Zusammenhang mit den makabren innenpolitischen Ereignissen noch eingegangen wird, am 23. August 1947.⁷⁷ Erst mit dem Abschluß des Friedensvertrags wurden in Bulgarien die Reste der noch existenten Opposition liquidiert.⁷⁸

bb) *Rumänien*

In Rumänien hatte sich frühzeitig die Situation sehr günstig für die Kommunisten insofern entwickelt, als sie – wie bereits dargelegt – am 6. März 1945 die Macht mit friedlichen Mitteln übernommen hatten. Noch einmal sei betont, daß es sich zunächst nur – wie Stephen Fischer-Galati bemerkt hat – um einen Teilsieg gehandelt hat und die »Machtübernahme noch keinesfalls vollständig war«.⁷⁹ Emile Ciurea hat den Vorgang dennoch als einen »Meilenstein in der rumänischen Geschichte«⁸⁰ bezeichnet. An jenem Tag wurde König Michael aufgrund des von Andrej Vyšinskij aus Moskau überbrachten Ultimatums gezwungen, den Kommunisten Petru Groza an die Spitze eines Kabinetts der »Demokratischen Front« zu berufen, in dem die Schlüsselministerien des Innern und der Justiz von Anfang an in kommunistischer Hand lagen.

Nach Auffassung Stephen Fischer-Galatis reflektiert die weitverbreitete Annahme, König Michael habe sich dem Ultimatum gebeugt und Groza eingesetzt, da die Alternative eine militärische Intervention der in Rumänien stationierten Roten Armee gewesen wäre, nur die Naivität von Forschern (»students«) kommunistischer Machtübernahmen in Osteuropa. Er weist dabei auf die Beschlüsse der Konferenz von Jalta hin, die zwar die sowjetischen Pläne für eine »Demokratisierung« begünstigt hätten, aber in keinem Fall eine Basis für eine direkte Intervention in die inneren Angelegenheiten Rumäniens gegeben hätten.⁸¹ Dennoch erscheint es

---

76 sowie mit Italien und Finnland. Texte aller Verträge in englischer und deutscher Sprache bei E. Menzel, ebenda.
77 Vgl. zur Ratifizierung der Verträge E. Menzel, ebenda, S. 21 f. (22).
78 L. A. D. Dellin: Politics, S. 124. Vgl. dazu auch J. F. Brown: Bulgaria, S. 12 f.; H. Seton-Watson: Revolution, S. 203 f.; J. Rothschild: Communist Eastern Europe, S. 53 f.
79 St. Fischer-Galati: Takeover, S. 313–316 (315); ders.: Party, S. 68. Vgl. dazu ausführlicher auch oben S. 159 f.
80 E. Ciurea: The Background, S. 33.
81 St. Fischer-Galati: Takeover, S. 314 f.; ders.: Party, S. 64–67; ders.: Rumania, S. 91–108; ders.: The New Rumania, S. 17–35; G. Ionescu: Communism, S. 107–110; H. Seton-Watson: Revolution, S. 190–195; R. L. Wolff: Balkans, S. 278–289; S. Lowery: Rumania, S. 287–291; B. Vago: Romania, S. 111–121; E. Ciurea, ebenda, S. 22–25.

kaum vorstellbar, daß sich König Michael dem Ultimatum Vyšinskijs hätte entgegenstellen können. Die weitere Entwicklung Rumäniens sollte schnell zeigen, daß die von den Kommunisten bis zum März 1945 eroberten Positionen ausreichten, mit Unterstützung der sowjetischen Besatzungsmacht auf eine Umgestaltung des politischen, ökonomischen und gesellschaftlichen Systems erfolgreich hinzuarbeiten.

Angesichts des ungesunden Zustands der rumänischen Landwirtschaft, des Scheiterns der Bodenreform in den Jahren 1918 bis 1921 und der damit verbundenen Proletarisierung der verarmten Bauernschaft gelang es den Kommunisten, mit ihrer am 23. März 1945 verkündeten umfassenden Bodenreform neue Anhänger zu gewinnen.[82]

Auch war es für die Kommunisten nützlich, daß die Sowjets die Ansprüche Rumäniens auf Siebenbürgen unterstützten. Stephen Fischer-Galati spricht vom Zynismus der sowjetischen Aktion, die um so evidenter gewesen sei, als die mögliche Rückkehr Bessarabiens und der Nord-Bukowina, die die UdSSR im Juni 1940 annektiert hatte, völlig unerwähnt blieb. Der Hinweis, im Waffenstillstands-Abkommen vom 12. September 1944 sei diese Frage nicht erörtert worden, erscheint nicht als überzeugende Begründung. Der Sowjetunion ging es vornehmlich darum, mit der Rückkehr Siebenbürgens, das Rumänien aufgrund des Wiener Schiedsspruchs vom 30. August 1940 an Ungarn abgetreten hatte,[83] rumänische Nationalisten für die kommunistische Sache zu gewinnen – vor allem deshalb, da die Annexion Bessarabiens und der Nord-Bukowina für die Sowjets unwiderruflich war.

Stephen Fischer-Galati hat darauf hingewiesen, daß Stalin Petru Groza auch deshalb zum rumänischen Ministerpräsidenten auserwählt hat, da er und seine Partei beachtliche Unterstützung in der Bauernschaft Siebenbürgens seit den 30er Jahren hatte. Grozas Widerstand gegen das »Wiener Diktat« und sein militanter Antifaschismus waren auch in Siebenbürgen bekannt.[84] Hier zeigt sich wieder einmal – ähnlich wie im Fall Bulgariens –, wie sorgfältig Stalin bei der Auswahl der »nationalen« und lokalen Kommunisten vorgegangen ist.

Die rumänische Regierung begann – ebenso wie jene in Bulgarien – sofort

---

82 Vgl. dazu vor allem G. Ionescu, ebenda, S. 110–112; E. Ciurea, ebenda, S. 23, 26; S. Lowery, ebenda, S. 290 f.
83 Vgl. dazu St. Fischer-Galati: Rumania, S. 93. Vgl. dazu auch Z. K. Brzezinski: Sowjetblock, S. 38. Vgl. über die Annexion Bessarabiens und der Nord-Bukowina im Juni 1940 durch die UdSSR oben S. 20–24.
84 St. Fischer-Galati, ebenda, S. 93 f.

damit, alle dem neuen Regime gegenüber »feindlich« eingestellten Kräfte zu liquidieren und eine Herrschaft des Terrors zu etablieren. Diese Aufgabe wurde ihr dadurch insofern erleichtert, als die Kommunistische Partei die dafür verantwortlichen Minister des Innern und der Justiz einsetzen konnte. Die »Kriegsverbrecher«-Prozesse gegen die Politiker, die für Rumäniens Beitritt zur Achse verantwortlich waren, paralysierten – wie Zbigniew K. Brzezinski betont – den rechten Flügel und das Offizierskorps und verhinderten eine antikommunistische Koalition mit den liberalen Bauerngruppen: »Diese waren 1946/1947 entmachtet.«[85]

Aufgrund ihrer Mitarbeit in der Alliierten Kontrollkommission für Rumänien waren die beiden angelsächsischen Mächte auch über die dort von den Sowjets eingesetzte und weitgehend kommunistisch beherrschte Regierung informiert. Festzuhalten gilt, daß der amerikanische Botschafter in Moskau am 5. März 1945, einen Tag vor der »friedlichen« Machtübernahme in Bukarest, Molotov einen Brief überreichte, in dem er feststellte, daß die Ungewißheit der Regierung Radescus eine unmittelbare Beratung und Einigung aller drei Mächte erfordere. Mit welcher Rücksichtslosigkeit und welchem Zynismus sich Stalin über die in Jalta am 11. Februar 1945 proklamierte »Erklärung über das befreite Europa« hinwegsetzte, geht daraus hervor, daß Molotov am 7. März 1945, also einen Tag nach dem Amtsantritt der Regierung unter Ministerpräsident Groza, dem amerikanischen Botschafter in Moskau mitteilte, »die in seinem Brief vom 5. März aufgeworfenen Fragen seien gegenstandslos; die Krise in Rumänien sei durch die Bildung einer neuen Regierung überwunden.«[86]

Für die nicht-kommunistischen Kräfte in Rumänien war es ein schwacher Trost, daß Winston S. Churchill die Vorgänge in Rumänien zutiefst beunruhigt hatten. Immerhin meinte er in seinen »Memoiren«, daß die Sowjets mit Gewalt und Verdrehungen eine kommunistische Minderheit an die Macht gebracht hätten. Großbritannien sei zu keinem scharfen Protest in der Lage gewesen, da er und Außenminister Eden im Oktober 1944 den Sowjets in Rumänien und Bulgarien die »dominierende Rolle«[87] überlassen hätten. Churchills Hinweis darauf, daß sich Stalin sowohl gegenüber Bulgarien als auch Rumänien über die in Jalta getroffenen Vereinbarungen hinweggesetzt hat, war zwar richtig, konnte aber an den

---

85 Z. K. Brzezinski: Sowjetblock, S. 38.
86 J. F. Byrnes: In aller Offenheit, S. 74–77 (77). Vgl. dazu auch R. L. Wolff: Balkans, S. 283 f.
87 W. S. Churchill: Der Zweite Weltkrieg, Bd. VI/2. Buch, S. 92.

Machtverhältnissen nichts mehr ändern.[88] Churchill scheint im nachhinein über seine »Prozent-Abrede« mit Stalin recht unglücklich gewesen zu sein, auch wenn er mit Recht betont hat, auf diese Weise wenigstens Griechenland gerettet zu haben.[89]
Da die rumänische Regierung – dabei aktiv unterstützt von der UdSSR – an einer Anerkennung durch die beiden angelsächsischen Mächte so sehr interessiert war, konnten sie die höchst bedenkliche Entwicklung in Rumänien nicht sich allein überlassen. Daß die beiden Westmächte über die dortigen politischen Verhältnisse gut informiert waren, zeigte sich auf der Potsdamer Konferenz vom 17. Juli bis zum 2. August 1945. In einem zur Vorbereitung der Konferenz von offizieller amerikanischer Seite verfaßten Papier vom 5. Juli 1945 wurden höchst aufschlußreiche Angaben über die Arbeitsweise der Alliierten Kontrollkommission in Rumänien gemacht und sich darüber beklagt, daß die sowjetischen Mitglieder darin die alleinige Autorität ausübten, obwohl auch die USA und Großbritannien in der Kommission repräsentiert seien. Höchst realistisch schilderte das Papier auch den Übergang von der Regierung Radescu zum Groza-Regime und betonte, daß es auf sowjetischen Druck hin eingesetzt worden sei, von den Kommunisten beherrscht würde, den sowjetischen Wünschen entsprechend handle und die politische Opposition unterdrücke, die vor allem durch die Nationale Bauernpartei und die Nationalliberale Partei repräsentiert werde: »Solange die Regierung nicht durch die Aufnahme von Repräsentanten dieser Parteien umgebildet wird, oder so lange Wahlen nicht von den Vertretern der Alliierten Regierungen überwacht werden, ist es klar, daß dem rumänischen Volk nicht die Gelegenheit gegeben wird, frei seine Institutionen zu wählen, unter denen es leben möchte.«[90]
Auf der Konferenz der »Großen Drei« in Potsdam berieten Truman, Stalin und Churchill auf der 5. Vollsitzung am 21. Juli 1945 kurz über die Erfüllung der Absprache von Jalta über das befreite Europa und die Satellitenstaaten, ohne jedoch zu einer Einigung zu gelangen.[91] Sehr viel mehr über die unnachgiebige Haltung der UdSSR in ihrer Politik gegenüber Rumänien, Bulgarien und Ungarn verriet der sowjetische Außenminister

---

88 W. S. Churchill, ebenda, S. 93.
89 Vgl. über Churchills Absprachen mit Stalin im Oktober 1944 im einzelnen oben S. 142–151.
90 Text des als »top secret« bezeichneten »Briefing Paper« in: FRUS: The Conference of Berlin 1945. Vol. I, S. 370–374 (374). Vgl. zur Konstruktion der Alliierten Kontrollkommissionen oben Kap. I, Ziffer 6.
91 Text, ebenda, Vol. II, S. 207; A. Fischer: Teheran, Jalta, Potsdam, S. 257 f. Vgl. dazu auch R. L. Wolff: Balkans, S. 284 f.

in der 7. Sitzung der drei Außenminister am 24. Juli 1945. Da die sowjetischen Potsdam-Protokolle nur die Vollsitzungen der Konferenz, nicht aber die gesonderten Beratungen der Außenminister wiedergeben, entfällt hier ein Vergleich mit der amerikanischen Dokumentation. Der britische Außenminister Eden wies Molotov darauf hin, daß die in den drei südosteuropäischen Staaten etablierten Regierungen von den beiden Westmächten nicht als repräsentativ angesehen würden und sie deshalb auch nicht anerkannt werden könnten. Darauf fragte Molotov, warum diese Regierungen weniger repräsentativ als die italienische seien. Eden erwiderte ihm, daß die italienische Regierung aus Vertretern aller Parteien gebildet sei, während in Rumänien und Bulgarien Minderheits-Regierungen amtierten, die sich hauptsächlich aus Kommunisten zusammensetzten. Molotov antwortete, daß in allen diesen Regierungen die Kommunisten jeweils nur eine schmale Minderheit bildeten.

Der dann folgende kurze Dialog zwischen Eden und Molotov, in den sich auch der stellvertretende sowjetische Außenminister Vyšinskij einschaltete, verdient wörtlich wiedergegeben zu werden, da er bisher viel zu wenig beachtet worden ist:

»Mr. Molotov stated that in all these governments the Communist Party formed a small minority.
Mr. Eden stated that there is another story behind this one.
Mr. Molotov replied that it was not a communist story. He pointed out that the King had appointed the government in Rumania.
Mr. Eden interjected, ›with a little help from Vyshinski, perhaps‹.
Mr. Vyshinski entered the conversation to state that he had helped many to enter the government who were not communists.«[92]

Der amerikanische Außenminister Byrnes wiederholte noch einmal den Standpunkt seiner Administration, daß die Vereinigten Staaten diese Regierungen nicht anerkennen könnten, weil sie »sie nicht als Regierung betrachten, die sich auf eine breite Vertretung aller demokratischen Parteien stützt«.[93] Angesichts der intransigenten Haltung der Sowjetunion vermochten die beiden angelsächsischen Mächte in der Potsdamer »Mitteilung« vom 2. August 1945 nur den Hinweis durchzusetzen, daß man den Abschluß von Friedensverträgen mit »anerkannten demokratischen Regierungen« ins Auge fasse. Noch einmal sei betont, daß diese Aussage die Ansprüche, die man noch in Jalta an die Bildung neuer Regierungen

---

92 Text in FRUS, ebenda, S. 326 f.
93 Text, ebenda, S. 327.

in den früheren Feindstaaten gestellt hatte, nun wesentlich reduziert hat.[94]

Angesichts dieser Situation kann man nur den Mut des jungen Königs Michael bewundern, der am 21. August 1945 erklärte, daß die Potsdamer »Mitteilung« die Regierung Groza verpflichte zurückzutreten, da sie keine »anerkannt demokratische Regierung« sei. König Michael bat um amerikanische, britische und sowjetische Hilfe, um ein neues Kabinett zu bilden, das auch für den Westen akzeptabel sei, was hinsichtlich der Regierung Grozas nicht der Fall gewesen sei. Das mutige Verhalten des rumänischen Königs bestätigt die Richtigkeit der These Stephen Fischer-Galatis, daß die rumänischen Kommunisten und die UdSSR am 6. März 1945 zunächst nur einen »Teilerfolg« erzielt hatten. Erstaunlich ist nämlich, daß nicht nur die rumänische Linke, sondern auch die Sowjets annahmen, der König würde amerikanische und britische Unterstützung für seine Aktion finden, obwohl dies nicht der Fall war.

Groza »weigerte sich zurückzutreten, besuchte Moskau, erhielt volle sowjetische Rückendeckung und kehrte nach Bukarest zurück. König Michael zog sich auf den königlichen Sommerpalast nach Sinaia zurück und weigerte sich, irgendein Dekret noch zu unterzeichnen. Groza bemühte sich vorzugeben, daß der Vorgang kein ernsthaftes Zerwürfnis nach sich gezogen habe.«[95]

So sehr auch das Verhalten der beiden Westmächte in Potsdam verständlich und die Aktion König Michaels als mutig erscheinen, so stand ihr Mißerfolg von vornherein fest. Vor allem ist die Argumentation Churchills insoweit widersprüchlich, als er im Oktober 1944 – wie er selbst zugegeben hat – Rumänien der »Einflußzone« der UdSSR zugesprochen hat. Stalin konnte davon ausgehen, daß Churchill diese Absprache über die Zeit nach der Beendigung des Zweiten Weltkriegs hinaus gelten lassen wollte.[96] Damit war notwendigerweise die Einsicht verbunden, daß allein die Sowjets die Formel von der »Einflußzone« verbindlich interpretieren würden.

Die Vereinigten Staaten waren zwar in einer besseren Position insofern, als sie Churchills »Prozent-Handel« mit Stalin nie anerkannt haben und sich an ihn auch nicht gebunden fühlen mußten. Als Churchill und Stalin am Abend des 18. Juli 1945 in Potsdam zusammensaßen, offenbarte ihm

---

94 Vgl. dazu oben S. 208 f.
95 So R. L. Wolff: Balkans, S. 285. Vgl. dazu G. Ionescu: Communism, S. 116; E. Ciurea: The Background, S. 27 f.
96 Vgl. dazu oben S. 147–151.

Stalin, wie bestürzt er darüber gewesen sei, daß seine Absprache mit Churchill im Oktober 1944 nicht die USA gebunden hätte.[97]
Dieses Eingeständnis Stalins ist deshalb so aufschlußreich, da er frühzeitig erkennen konnte, daß die Vereinigten Staaten noch weniger als Großbritannien unter Führung Churchills geneigt und bereit waren, sich der Ausdehnung des sowjetischen Machtbereichs auf den Balkan entgegenzustellen. Daß gerade Stalin, der immer den Faktor der Macht in der Politik richtig einzusetzen wußte, von der negativen Einstellung Washingtons gegenüber »Einflußzonen« so betroffen war, ist noch unter einem weiteren Aspekt bemerkenswert: Stalin scheint die Absprache mit Churchill als eine Art »Rechtstitel« auf die Beherrschung der ihm zugesprochenen Staaten Südosteuropas betrachtet zu haben, dessen Wert er durch eine Unterschrift des amerikanischen Präsidenten noch gern erhöht gesehen hätte.
Als Ergebnis gilt es festzuhalten, daß – wie Stephen Fischer-Galati zutreffend bemerkt hat – die westlichen Forderungen nach »Demokratisierung« der rumänischen Regierung durch den Einschluß von Repräsentanten der oppositionellen Parteien und nach der Garantie freier Wahlen weder überzeugend noch erzwingbar waren.[98] Daher waren auch die Bemühungen des amerikanischen Außenministers Byrnes auf der Außenminister-Konferenz in London vom 11. September bis zum 2. Oktober 1945, auf die Bildung einer demokratischen Regierung in Rumänien zu drängen, zum Scheitern verurteilt. In der Sitzung vom 21. September 1945 verstieg sich Molotov zu der Behauptung, die Groza-Regierung erfreue sich der Unterstützung der überwältigenden Mehrheit der rumänischen Bevölkerung, was niemand bestreiten könne.[99] Byrnes berief sich noch einmal auf die Beschlüsse von Jalta und Potsdam und betonte, die USA könnten mit der rumänischen Regierung unter Ministerpräsident Groza keinen Friedensvertrag schließen.
Darauf beschloß Byrnes, den unabhängigen amerikanischen Journalisten Mark Ethridge nach Rumänien und Bulgarien zu schicken, um die dortige politische Situation zu analysieren. Sein Bericht bildete die Grundlage für das Vorgehen der amerikanischen Delegation auf der Moskauer

---

97 Vgl. dazu W. S. Churchill: The Second World War. Vol. VI: Triumph and Tragedy, S. 636. Zit. nach R. L. Wolff: Balkans, S. 284 f.
98 Vgl. dazu vor allem St. Fischer-Galati: Twentieth Century Rumania, S. 98 f.; ders.: Takeover, S. 316 f.; G. Ionescu: Communism, S. 113–116; B. Vago: Romania, S. 117–122; S. Lowery: Rumania, S. 291–294; E. Ciurea: The Background, S. 24–28.
99 Text in FRUS: Diplomatic Papers 1945. Vol. II, S. 292.

Außenminister-Konferenz vom 16. bis zum 26. Dezember 1945. In Moskau forderte die amerikanische Delegation nicht nur die Aufnahme von Oppositions-Politikern in die Regierung unter Groza, sondern auch die Respektierung der fundamentalen Freiheiten und der Abhaltung freier Wahlen so früh wie möglich in Rumänien. Ähnlich wie im Fall Bulgariens[100] war Stalin auch bereit, hinsichtlich Rumäniens eine Konzession zu machen, die die Regierung unter Groza nicht erschüttern sollte. In ihrem gemeinsamen Kommuniqué über die Konferenz von Moskau vom 26. Dezember 1945 empfahlen die Regierungen der USA, Großbritanniens und der UdSSR König Michael, die rumänische Regierung zu erweitern. Sie erteilten ihm den Rat, je ein Mitglied der Nationalen Bauernpartei und der Liberalen Partei in die Regierung aufzunehmen:
»Die drei Regierungen ziehen in Betracht, daß die auf diese Weise umgebildete rumänische Regierung erklären muß, daß freie und ungehinderte Wahlen auf Grund einer allgemeinen und geheimen Abstimmung baldmöglichst durchgeführt werden. Sämtliche demokratischen und antifaschistischen Parteien müssen das Recht haben, an diesen Wahlen teilzunehmen und ihre Kandidaten aufzustellen. Die umgebildete Regierung muß die Zusicherung geben, daß sie die Freiheit der Presse, des Wortes und der Religion, sowie der Kundgebungen gewährt.«[101]
Die drei Alliierten beschlossen, eine Kommission aus Vyšinskij, Averell Harriman und Sir Archibald Clark-Kerr zu bilden, die am 31. Dezember 1945 in Bukarest eintraf, um sich mit König Michael und Mitgliedern der gegenwärtigen Regierung über die getroffene Absprache zu konsultieren. Die Kommission trat mit Vertretern der Opposition zusammen, die gewisse Garantien verlangten, ehe sie in die Regierung Groza einzutreten bereit waren; vor allem wollten sie vermeiden, auf unwichtige Kabinettsposten berufen zu werden. Die Groza-Regierung widersetzte sich jedoch der Nominierung der beiden Oppositionspolitiker Ionel C. Bratianu und Ion Mihalace; statt dessen wurden Emil Hatieganu und Mihai Romniceanu von der Nationalen Bauernpartei und den Liberalen in das Kabinett aufgenommen.
Dazu hat Ghita Ionescu bemerkt, daß die Moskauer Übereinkunft einen sowjetischen Sieg bedeutet habe, da die beiden Vertreter der Opposition ohne Geschäftsbereich im Kabinett nichts auszurichten hatten. Darüber

---

100 Vgl. dazu oben S. 235 f. Über die Ethridge-Mission in Bulgarien und Rumänien berichten im einzelnen C. E. Black in: View, S. 81–89 und C. V. R. Schuyler in: View, S. 146 f.
101 Text in: Europa-Archiv 1946, S. 51.

hinaus hatte man in Moskau vereinbart, daß die Anerkennung der rumänischen Regierung durch die beiden Westmächte vor den geplanten Wahlen ausgesprochen werden sollte, so daß sie kein Druckmittel mehr in der Hand hatten, für wirklich freie Wahlen zu sorgen.[102] Während die UdSSR die rumänische Regierung bereits am 6. August 1945 anerkannt hatte, vollzogen die Regierungen der USA und Großbritanniens diesen Schritt unter den in Moskau getroffenen Bedingungen Anfang Februar 1946. Im Frühjahr 1946 stand fest, daß die Sowjets Groza nicht erlauben würden, ihre in Moskau über die Abhaltung freier Wahlen gegebene Versicherung zu realisieren. Statt dessen verschärfte das Groza-Regime seine Maßnahmen gegen oppositionelle Parteien – vor allem gegen die Nationale Bauernpartei und die Sozialdemokratische Partei. Ebenso wie in den anderen Ländern hatten die Kommunisten bereits seit dem Frühjahr 1944 ihre Zusammenarbeit mit dem linken Flügel der Sozialdemokraten wesentlich ausgebaut und eine lockere Organisation unter dem Namen »Vereinigte Arbeiterfront« geschaffen. Immer mehr stellte sich heraus, daß Groza seine innenpolitischen Maßnahmen aufgrund sowjetischer Direktiven traf.

Es gelang dem Groza-Regime, die Parlamentswahlen bis zum 19. November 1946 hinauszuschieben. Völlig im Widerspruch zu den von den drei Alliierten in Moskau getroffenen Vereinbarungen sorgte die Kommunistische Partei dafür, daß die Wahlen den erwünschten Ausgang nahmen. Es gelang ihr, die noch selbständig verbliebene Sozialistische Partei zunächst zu infiltrieren, sie dann zu spalten und mit dem kooperationswilligen Teil gemeinsame Listen aufzustellen. Die noch selbständig verbliebene Bauernpartei und die Liberale Partei wurden im Wahlkampf stark benachteiligt. Da die beiden westlichen Alliierten die Groza-Regierung zuvor anerkannt hatten, sah diese keine Veranlassung, die Proteste der beiden angelsächsischen Mächte gegen die Praktiken bei der Vorbereitung der Wahlen zu beachten. Nun sprach die Regierung von einer unzulässigen Einmischung in die inneren Angelegenheiten Rumäniens. Unter diesen Umständen konnte es nicht überraschen, daß der »Block der Demokratischen Parteien« am 19. November 1946 knapp 90 % der Stimmen und 347 der 414 Sitze im Parlament, die Nationale Bauernpartei 33 und die Liberalen 3 Sitze erhielten. Nun verzichteten Hatieganu und Romni-

---

102 G. Ionescu: Communism, S. 115–122 (121); St. Fischer-Galati: Twentieth Century Rumania, S. 98–101; ders.: Takeover, S. 317 f.; E. Ciurea: The Background, S. 27–29; S. Lowery: Rumania, S. 294–297; B. Vago: Romania, S. 121 f.

ceanu auf ihre Ministerämter, so daß die neue Regierung nur aus Mitgliedern des »Demokratischen Blocks« bestand.[103]
Damit hatten – wie Robert Lee Wolff zutreffend festgestellt hat – die westlichen Alliierten den Kampf für Rumänien verloren. In der Rückschau sei es klar, daß die USA und Großbritannien ihn nur mit einer Gewaltdrohung hätten gewinnen können. Im Jahre 1946, als der gemeinsame Krieg gegen die Achse noch in frischer Erinnerung war und die Hoffnung auf einen Weltfrieden in Zusammenarbeit mit der UdSSR die Gemüter beherrschte, hätte weder die amerikanische noch die britische Öffentlichkeit irgendwelche härtere Maßnahmen unterstützt als die uneffektiven, die man mehrfach ergriffen habe: »Der Friedensvertrag mit Rumänien, im Februar 1947 unterzeichnet, bedeutete nur die rechtliche Sanktionierung der tatsächlichen Verhältnisse.«[104]
Ebenso wie in den anderen von der UdSSR kontrollierten Ländern begann nun auch für Rumänien die Phase der totalen Konformität.

cc) *Ungarn*

Die Geschichte und Geographie Ungarns verlangten von Stalin, die Übernahme der Macht durch die Kommunisten und die Einbeziehung des Landes in den sowjetischen Machtbereich vorsichtiger und behutsamer als im Fall Bulgariens und Rumäniens einzuleiten. Zwar war die Kommunistische Partei Ungarns die einzige organisierte und höchst disziplinierte politische Gruppe im sowjetisch-besetzten Teil des Landes mit kaum 3000 Mitgliedern, als die Rote Armee im September 1944 dort einmarschierte. Auch wenn es den Kommunisten gelang, innerhalb weniger Jahre die Mitgliederzahl der Partei beträchtlich zu steigern, wußten sie, daß sie es mit größeren Schwierigkeiten zu tun hatten als ihre »Genossen« in Bulgarien und Rumänien. In Ungarn waren immer starke antirussische Ressentiments verbreitet. Darüber hinaus veranlaßte die Nachbarschaft Österreichs und der Tschechoslowakei die ungarischen Kommunisten zu einer gewissen Zurückhaltung, da beide von jeher die Entwicklung in Ungarn

---

103 Vgl. dazu im einzelnen St. Fischer-Galati: Communism, ebenda; ders.: Takeover, S. 336–338; E. Ciurea, ebenda, S. 29–32, wo er auch sehr detailliert das Verhalten der beiden angelsächsischen Mächte dargestellt hat. Vgl. außerdem S. Lowery, ebenda, S. 297–301; B. Vago, ebenda, S. 122–124; G. Ionescu, ebenda, S. 121–125.
104 R. L. Wolff: Balkans, S. 286. Vgl. dazu auch G. Ionescu, ebenda, S. 126–131; St. Fischer-Galati: Takeover, S. 317–320; ders.: Twentieth Century Rumania, S. 104–106; E. Ciurea, ebenda, S. 31–33; B. Vago, ebenda, S. 122–124.

genau verfolgten und auf unliebsame Vorgänge empfindlich reagierten. Schließlich war bei vielen Ungarn noch die Erinnerung an das Scheitern der Räte-Republik Bela Kuns 1918/19 lebendig, »das zum Teil auf revolutionären Übereifer zurückzuführen war«.[105] Zbigniew K. Brzezinski weist noch auf ein anderes wichtiges Faktum hin: Zwar war in Ungarn der Bruch mit der Vergangenheit entschiedener als in Rumänien und Bulgarien, indem das Horthy-Regime völlig beseitigt und die Republik ausgerufen wurde. Ähnlich jedoch wie in Rumänien und Bulgarien fanden die Kommunisten auch in Ungarn Institutionen – wie die Armee und Bürokratie – vor, die den Krieg einigermaßen überstanden hatten: »Diese institutionellen Faktoren bedrohten zwar nicht die kommunistische Herrschaft, bildeten aber ein Hemmnis...«
Gemeinsam mit Bulgarien und Rumänien teilte Ungarn als Verbündeter Deutschlands und Feindstaat der »Anti-Hitler-Koalition« das Schicksal, in der Zeit zwischen dem Abschluß des Vertrags über den Waffenstillstand vom 20. Januar 1945 bis zur Unterzeichnung des Friedensvertrags vom 10. Februar 1947 von der Alliierten Kontrollkommission beaufsichtigt zu werden, in der der UdSSR von Anfang an das entscheidende Gewicht zufiel. Aufgrund der in Moskau im Oktober 1944 zwischen Stalin und Churchill getroffenen Absprachen stand von vornherein fest, daß die Sowjetunion – ebenso wie Bulgarien und Rumänien – auch Ungarn als zum eigenen »Einflußbereich« gehörig betrachten durfte.
Nachdem die Rote Armee im Oktober 1944 in Ungarn einmarschiert war, setzten die Sowjets bereits am 7. Dezember 1944 in dem von ihnen besetzten Teil Ungarns eine Regierung unter Generaloberst Bela Miklos ein, in der die Kommunistische Partei, die Kleinlandwirte-Partei und die Sozialdemokratische Partei mit je zwei Ministern vertreten waren; die übrigen Minister gehörten anderen politischen Gruppen an. Die Kommunistische Partei, die Kleinlandwirte-Partei und die Sozialdemokratische Partei waren die einzigen politischen Gruppierungen, die nicht mit dem Horthy-Regime zusammengearbeitet hatten.

---

105 So Z. K. Brzezinski: Sowjetblock, S. 38 f. (39). Vgl. dazu auch E. C. Helmreich: Party, S. 112–115; St. D. Kertesz: Hungary, S. 228, wo er auch darauf hingewiesen hat, daß eine Reihe der im Moskauer Exil »geschulten« Kommunisten Mitglieder des Regimes Bela Kuns aus den Jahren 1918/19 gewesen sind; ders.: Methods, S. 20–27 mit zahlreichen weiteren Nachweisen; I. J. Lederer: Russia, S. 443 f. mit dem Hinweis, daß die sowjetische Führung zumindest für kurze Zeit hoffte, daß das Regime Bela Kuns auf dem Balkan Schule machen werde; Lenins Interesse am Balkan ist erst – wie Lederer betont – ziemlich spät erwacht. Vgl. dazu auch P. Ignotus: Hungary, S. 385–391; G. Schöpflin: Hungary, S. 95–97; S. Lowery: Hungary, S. 317–320.

Die »Moskoviter«-Gruppe der Kommunisten unter Führung von Mátyás Rákosi blieb in jenen Monaten in der sowjetischen Hauptstadt, um auf die spätere Machtübernahme in ihrem Heimatland vorbereitet zu werden. Eingedenk des Schicksals Bela Kuns im Jahre 1919 wurden die ungarischen Kommunisten in Moskau darauf »gedrillt«, die Fehler Kuns nach 1945 zu vermeiden.

Im Gegensatz zu allen anderen dem sowjetischen Machtbereich einverleibten Staaten und Gebieten gibt es ein höchst instruktives Dokument, in dem mit seltener Offenheit und in allen Einzelheiten geschildert worden ist, nach welchem Konzept die Kommunisten in Ungarn vorgegangen sind, um zur allein entscheidenden Macht im Staat zu werden. Es war Mátyás Rákosi selbst, der am 29. Februar 1952 vor der Obersten Parteischule der Partei der Ungarischen Werktätigen einen Vortrag über das Thema »Der Weg unserer Volksdemokratie« gehalten hat, der im Februar-März-Heft 1952 der Zeitschrift »Társadalmi Szemle« veröffentlicht worden ist, ohne die genügende Aufmerksamkeit in der westlichen zeithistorischen Forschung erlangt zu haben. Rákosi hat darin verdeutlicht, mit welcher Strategie und Taktik sich seine Partei von einer Minderheitspartei zur führenden Kraft in Ungarn entwickelt hat. Rákosis Darlegungen haben auch Bedeutung für die »Machtübernahmen« der kommunistischen Parteien in den anderen von der UdSSR kontrollierten Ländern.

Auch in Ungarn ging es den Kommunisten zunächst darum, in der ersten Nachkriegsphase mit anderen, auch »bürgerlichen« politischen Gruppierungen zusammenzuarbeiten, die nicht mit dem früheren Regime »kollaboriert« hatten. So stellte die Kommunistische Partei in der im Dezember 1944 in Debrecen etablierten »Provisorischen Nationalen Regierung« nur die Minister für Landwirtschaft und Handel – nicht jedoch des Innern und der Justiz. Die Position der Kommunisten wurde aber von Anfang an insofern wesentlich gestärkt, als sie die Positionen der Stellvertreter der wichtigsten Minister besetzten und in der Lage waren, die Polizei und Sicherheitsstreitkräfte neu zu organisieren, obwohl der dafür zuständige Innenminister unter der nominellen Autorität der Nationalen Bauernpartei stand. Positiv wirkte sich für die Kommunisten auch aus, daß Ostungarn unter direkter sowjetischer Besetzung stand; die Provisorische Regierung war daher von der »Gnade« des Oberkommandos der Roten Armee abhängig. Aufgrund der Anwesenheit der sowjetischen Streitkräfte und des beherrschenden Einflusses der UdSSR in der Alliierten Kontrollkommission sollte es sich bald zeigen, daß die Kommunistische Partei gar nicht die Position des Innenministers benötigte, um allmählich ihren Einfluß in Ungarn immer stärker auszuweiten. Von Anfang an ließen die sowjetischen Besatzungsbehörden keinen Zweifel daran, daß sie die ungarischen Kommunisten soweit wie möglich unterstützen würden. Kommunisten wurden bei der Vergabe von Aufgaben bevorzugt berücksichtigt und fielen unter eine politische Amnestie, wenn sie früher nazistischen Organisationen angehört und sich jetzt der Kommunistischen Partei angeschlossen hatten. Auch waren die Sowjets den ungarischen Kommunisten dabei behilflich, ihre Partei-Organisation aufzubauen und zu erweitern. Das hinderte sie nicht daran, mit den anderen Koalitionspartnern einige notwendige innere Reformen in Angriff zu nehmen und eine Politik gemäß den im Abkommen über den Waffenstillstand vom 20. Januar 1945 festgelegten Auflagen zu treiben. Entscheidend blieb jedoch, daß sich die ungarischen Kommunisten auf die volle Rückendeckung der sowjetischen Besatzungsmacht verlassen konnten. Aufschlußreich ist Mátyás Rákosis Eingeständnis, das die Spitze seiner Partei die Situation im Frühjahr 1945 gar nicht so günstig beurteilt hat: »Als im Frühjahr 1945 Ungarn frei wurde, und die Kommunistische Partei nach 25jähriger Untergrundarbeit sich legal und öffentlich in die politische Arena begeben konnte, stellten wir alsbald fest, daß ein großer Teil unserer Kommunisten die Strategie und Taktik der Partei nicht begriff... Die Voraussetzung, daß für die Diktatur des Proletariats die Billigung und Unterstützung seitens des überwiegenden Teiles der werktätigen Bevölkerung notwendig ist, konnte auch die Befreiung durch die Sowjetarmee nicht ersetzen.«[106]

Geradezu entwaffnend ist, daß Mátyás Rákosi von den »unverjährbaren Verdiensten« und der »entscheidenden Unterstützung seitens der UdSSR« gesprochen hat, »durch die unsere Befreier die Errichtung der Volksdemokratie erleichterten, sie förderten und ermöglichten«. Rákosi hat geprüft, welche Rolle die Sowjetunion bei der Errichtung der ungarischen Volksdemokratie gespielt hatte. Auch hat er sich mit der »imperialistischen Behauptung« auseinandergesetzt, »die ›gewaltsame Einmischung‹ der Sowjetunion sei die Garantie für die führende Rolle der Kommunistischen Partei gewesen und habe das Zustandekommen der Diktatur des Proletariats ermöglicht«. Nach Auffassung Rákosis hat die UdSSR von vornherein »alle konterrevolutionären bewaffneten Versuche der ungarischen Reaktion« unmöglich gemacht: »Die Sowjetunion be-

---

106 Dt. Text (Auszug) der Rede Rákosis vom 29. Februar 1952 in: Ost-Probleme 1952, S. 584–591 (585) und in: Die Technik der Macht, S. 428–432.

wahrte uns ferner vor einer imperialistischen Intervention. Sie bewahrte uns vor einer diplomatischen Einmischung seitens der Westmächte, half uns beim Abschluß des Friedensvertrages und beim Ausbau unserer außenpolitischen Beziehungen.«

Festzuhalten gilt schließlich Mátyás Rákosis Bemerkung, daß »die ›Einmischungen‹ der Sowjetunion in unsere Angelegenheiten« in »verschiedener Weise in Erscheinung« getreten seien und der Partei zum Vorteil gereicht hätten, »wenn auch nicht, wie es die Imperialisten gerne hinstellen möchten«.

So unternahmen die Kommunisten, vom Vorsitzenden der Alliierten Kontrollkommission, dem sowjetischen Marschall Kliment E. Vorošilov, dabei tatkräftig unterstützt, große Anstrengungen, die populäre Kleinlandwirte-Partei für die Aufstellung einer gemeinsamen Wahlliste für alle Parteien in der Koalition bei der geplanten ersten Parlamentswahl zu gewinnen. Auch bemühten sie sich um einen Zusammenschluß mit den Sozialdemokraten. Beide politischen Gruppen wiesen das Anerbieten der Kommunisten jedoch schroff zurück. Die von dem »Moskoviter« Mátyás Rákosi geführten Kommunisten gaben sich nun dem Irrglauben hin, bei einer Wahl mit getrennten Listen eine Mehrheit zu erlangen, da sie ihrer Organisation, der Disziplin ihrer Anhänger und der Unterstützung durch die sowjetische Armee vertrauten. Wie sehr die ungarischen Kommunisten einer Fehleinschätzung zum Opfer gefallen waren, sollte sich spätestens am 4. November 1945 erweisen.

In den wohl demokratischsten und freiesten Wahlen in der Geschichte Ungarns erlebten die Kommunisten eine bittere Enttäuschung: An Stelle eines Sieges errangen sie nur 17 Prozent der Stimmen, während die Partei der Kleinen Landwirte knapp 57 Prozent auf sich vereinigen konnte. Den Sozialdemokraten gelang es, mit 17 Prozent der Stimmen ungefähr den Anteil der Kommunisten zu erreichen. Im Parlament waren nun die Kleinlandwirte-Partei mit 245, die Kommunisten mit 70 und die Sozialdemokraten mit 69 Sitzen vertreten; 23 Abgeordnete gehörten der Nationalen Bauernpartei und 2 der Bürgerlich-Demokratischen Partei an. Nicht nur die beiden angelsächsischen Mächte, sondern auch die UdSSR waren bereit, das Wahlergebnis und damit die starke Position der Partei der Kleinen Landwirte anzuerkennen. Für Marschall Vorošilov war das allerdings kein Grund, den »Glauben« an eine Machtübernahme der Kommunisten auf lange Sicht aufzugeben.

Obwohl die Kleinlandwirte-Partei über mehr als 60 Prozent der Parlamentssitze und damit über die absolute Mehrheit verfügte, konnte sie aufgrund einer zuvor getroffenen Abmachung mit den anderen Parteien die

Regierung nicht allein bilden. Die vier in der Regierung vertretenen Parteien einigten sich darauf, daß die Partei der Kleinen Landwirte 9, die Kommunisten und die Sozialdemokraten je 4 und die Nationale Bauernpartei einen Ministerposten erhielten. Nicht zufällig kam es zu einem Streit über das wichtige Innenministerium, das – unverständlicherweise – die Kleinlandwirte-Partei bereit war, den Kommunisten zu überlassen, als diese drohten, andernfalls der Regierung fernzubleiben. Außerdem kam es den Kommunisten darauf an, den Posten des stellvertretenden Ministerpräsidenten zu stellen.
Trotz ihres wesentlich höheren Anteils an Parlamentssitzen erhielt die Kleinlandwirte-Partei in der neuen Regierung genau 50 Prozent der Kabinettsposten. Marschall Vorošilov wußte, daß mit der Übernahme des Innenministeriums durch einen Kommunisten eine wichtige Voraussetzung für die künftige Entwicklung des Landes im sowjetischen Sinne erfüllt worden war. Auch wenn die Kleinlandwirte-Partei die Ressorts für Landwirtschaft, Auswärtige Angelegenheiten, Finanzen, Verteidigung und Wiederaufbau übernahm und auch mit Zoltan Tildy den Ministerpräsidenten stellte, war der Verzicht auf das Innenministerium angesichts der Machtverhältnisse im Lande für die Zukunft entscheidend. Innenminister wurde Imre Nagy.
Die Kommunisten wußten, daß das aus der Zwischenkriegs- und Kriegszeit antiquierte ökonomische System und die längst überfällige Agrarreform keine radikalen Veränderungen vertrugen und nur mittels durchdachter und abgestufter Maßnahmen zu verbessern waren. Diese Situation veranlaßte die ungarischen Kommunisten in erster Linie, mit jenen Bevölkerungsgruppen zusammenzuarbeiten, die an einer Überwindung des überholten Systems interessiert waren. So erließ die Provisorische Regierung in Debrecen schon Mitte März 1945 ein Dekret über eine Agrarreform.
Dabei hofften die Kommunisten, daß sie aufgrund der führenden Rolle, die der kommunistische Landwirtschaftsminister Imre Nagy bei der Durchsetzung der Landreform spielte, viele Stimmen aus der größten Bevölkerungsgruppe des Landes, der Bauernschaft, zu gewinnen. Das Agrarsystem in Ungarn der Vorkriegszeit war das rückständigste in ganz Europa. Zbigniew K. Brzezinski meint, daß die Bodenreform geradezu gegen die Kommunisten gearbeitet habe, »da sie einen wirklichen Mißstand schnell beseitigte«.[107]

---

107 So Z. K. Brzezinski: Sowjetblock, S. 39. Vgl. dazu auch die sehr detaillierte und materialreiche Übersicht bei L. Stowe: Hungary's Agrarian Revolution; E. C. Helm-

Ganz anders hat Mátyás Rákosi die Situation und die Chancen der Kommunisten bewertet. Da nach ihrem großen Wahlerfolg die Partei der Kleinen Landwirte, die er als »Reaktion« apostrophiert, einen neuen und bedeutenden Auftrieb erhalten habe, sei man gegen die Bodenreform Sturm gelaufen. So gab es Bezirke, in denen Anfang 1946 bereits 18 Prozent des aufgeteilten Bodens den ursprünglichen Besitzern zurückerstattet worden seien; in anderen Bezirken seien Anträge auf Rückerstattung von 75 Prozent des Bodens gestellt worden. Nun mußten viele Neusiedler befürchten, ihr Land wieder zu verlieren. Diese »bedrängten« Neusiedler suchten Beistand bei den Kommunisten.

Ihre Basis vermochten die Kommunisten auch dadurch zu erweitern, daß sie nun – wie Mátyás Rákosi dargelegt hat – die Massen in den Dörfern mobilisierten; durch Volksurteile und Volksbewegungen seien »allmählich alle reaktionären Elemente aus der Verwaltung von Stadt und Land« entfernt worden.

Besondere Schwierigkeiten bereitete es den Kommunisten, die im Abkommen über den Waffenstillstand vom 20. Januar 1945 ausgesprochenen Gebietsverluste des Landes zugunsten der Tschechoslowakei und Rumäniens, die Ungarn wieder auf seine Grenzen der Zwischenkriegszeit reduzierten, verständlich zu machen. So wurde ihnen die Möglichkeit genommen, die nationale Karte auszuspielen, wie es die »Genossen« in den Staaten tun konnten, die Nutznießer der territorialen Veränderungen waren. Daher war es nur natürlich, daß weite Teile der Bevölkerung die UdSSR für die territorialen Einbußen verantwortlich machten.

Es war vorauszusehen, daß es Marschall Vorošilov und den Kommunisten in Zukunft um zweierlei gehen mußte: auf eine Spaltung der starken Partei der Kleinen Landwirte und der Sozialdemokratischen Partei hinzuarbeiten. Diese Situation trat bereits ein, als die Regierung die Frage der Vertreibung der deutschen Minderheit aus Ungarn behandeln mußte. Während die Kommunisten und Sozialdemokraten im Sinne der von

---

reich: Party, S. 116. Vgl. zum Ausgang der Parlamentswahl vom 4. November 1945 Ost-Probleme 1952, S. 587 f.; S. Lowery: Hungary, S. 321–323; St. D. Kertesz: Hungary, S. 228 f.; ders.: Methods, S. 40–43; G. Schöpflin: Hungary, S. 98–103; P. Ignotus: Takeovers, S. 392–396. Zuvor fanden auf die Initiative der Kommunisten hin Kommunalwahlen am 7. Oktober in Budapest statt, die sie als Test betrachteten und zu gewinnen hofften: Das Ergebnis war für die Kommunistische Partei niederschmetternd, da die Kleinlandwirte-Partei die absolute Mehrheit errang. Kertesz nennt den 7. Oktober und 4. November 1945 den »Zenit der Demokratie in der Nachkriegszeit Ungarns«. Vgl. dazu auch B. K. Király: Democratic Peasant Movements in Hungary in the Twentieth Century, S. 429–431. Vgl. dazu auch die Interpretation des Wahlergebnisses durch M. Rákosi in: Ost-Probleme 1952, S. 587–589.

Vorošilov erlassenen Direktive handelten und eine sofortige Vertreibung der gesamten Minorität empfahlen, war die Kleinlandwirte-Partei in einer schwierigen Lage, da zahlreiche Angehörige der deutschen Minderheit, vor allem die Donau-Schwaben, zu ihren Anhängern gehörten und viele sogar ungarische Patrioten waren. Eine Reihe von Mitgliedern der Kleinlandwirte-Partei stimmte dennoch für die von Vorošilov angestrebte »Lösung«. Von diesem Zeitpunkt an war die stärkste politische Gruppe in Ungarn gespalten, und diejenigen Mitglieder der Partei der Kleinen Landwirte, die gegen die rabiate Lösung der Minderheitsfrage votiert hatten, sahen sich nun von seiten der Linken zahlreichen Vorwürfen ausgesetzt. Der Streit über diese wichtige Frage führte zu zahlreichen ernsthaften Verstimmungen zwischen der Führung der Kleinlandwirte-Partei und dem von Kommunisten und Sozialdemokraten gebildeten Linksblock in der Regierung.

In einer anderen, ebenfalls komplizierten Frage vermochte die Regierung die Differenzen zu überbrücken: in der Frage, das 945 Jahre alte Königreich Ungarn abzuschaffen. Am 31. Januar 1946 erklärte die neue Nationalversammlung Ungarn zur Republik, deren erster Präsident Zoltan Tildy wurde. Die Regierung einigte sich darauf, daß Tildys Nachfolger wieder ein Repräsentant der Partei der Kleinen Landwirte sein sollte: Neuer Ministerpräsident wurde Ferenc Nagy, der bis dahin das Amt des Präsidenten der Nationalversammlung innegehabt hatte.

In den folgenden Monaten sollte es sich zeigen, welch verheerende Auswirkungen der Verzicht der Kleinlandwirte-Partei auf die Übernahme des Innenministeriums nach der Parlamentswahl vom 4. November 1945 haben sollte. Auch wurde es Ministerpräsident Ferenc Nagy und seinen Anhängern immer klarer, daß die Kommunisten dank der tatkräftigen Unterstützung durch die sowjetische Besatzungsmacht ein viel größeres Gewicht hatten, als es ihrer Stärke im Parlament entsprach. Um den Zusammenhalt der Regierung, in der sich inzwischen der Linksblock aus Kommunisten und Sozialdemokraten immer stärker entwickelte, nicht in Frage zu stellen, machte Ferenc Nagy Konzessionen, mit denen er zahlreiche Anhänger vor den Kopf stieß. Die Kommunisten warteten nur auf Spaltungstendenzen in der Partei der Kleinen Landwirte. Mátyás Rákosi hat in allen Einzelheiten die von den Kommunisten angewandte »Salamitaktik« geschildert – »die Art von Kleinarbeit, durch die wir von der in der Kleinlandwirte-Partei verborgenen Reaktion Tag um Tag eine Scheibe abschnitten«. Die Kleinen Landwirte hätten sich unablässig gezwungen gesehen, bald einzelne, bald ganze Gruppen kompromittierter Mitglieder auszuschließen.

Darüber hinaus gelang es den Kommunisten, neben den Sozialdemokraten auch die Nationale Bauernpartei und die Gewerkschaften allmählich auf ihre Seite zu ziehen. Weitere Differenzen ergaben sich in der Partei der Kleinen Landwirte auch daraus, daß Marschall Vorošilov streng darüber wachte, ob vor allem die ökonomischen Bestimmungen des Waffenstillstands-Abkommens vom 20. Januar 1945 verwirklicht wurden. So gewannen die Kommunisten immer mehr Einfluß in der Regierung.
Ab Frühjahr 1946 verschärften die Kommunisten ihren Terror nicht nur gegen alle »Kriegsverbrecher«, sondern auch gegen alle oppositionellen Parteien und Kräfte, die in ihren Augen »reaktionär« waren. Den Kommunisten wurde das Vorgehen insofern erleichtert, als nun der gemäßigte Kommunist und Innenminister Imre Nagy von dem schärferen »Untergund«-Kommunist László Rajk abgelöst wurde. Bis Mitte 1946 hatte sich die Situation der Partei der Kleinen Landwirte unter Ministerpräsident Ferenc Nagy unter dem Druck der Kommunisten so verschlechtert, daß er zum Rücktritt bereit war. Da die Kommunisten jedoch um die Popularität Nagys wußten, wollten sie ihn jetzt noch nicht fallen lassen. Für Ferenc Nagy war es schwer, einsehen zu müssen, daß die Hoffnung, mit dem Abschluß des Friedensvertrags mit Ungarn vom 10. Februar 1947 werde die Rote Armee das Land verlassen, trügerisch war.
Höchst aufschlußreich ist auch hier, wie Mátyás Rákosi in seiner Rede vom 29. Februar 1952 gerade diese Frage behandelt hat. Die »Reaktion« habe in Erwartung der Verhandlungen über einen Friedensvertrag neuen Mut geschöpft und damit gerechnet, daß die sowjetischen Truppen einige Monate nach Abschluß des Friedensvertrags aus Ungarn zurückgezogen würden. Rákosi hat allerdings nicht begründet, warum selbst nach dem Abschluß des Friedensvertrags vom 10. Februar 1947 die weitere Anwesenheit der Roten Armee in Ungarn notwendig war.
Im Dezember 1946 konnten es sich die von den Kommunisten beherrschten Ministerien des Innern und der Verteidigung erlauben, zahlreiche Verhaftungen auch von Anhängern der Kleinlandwirte-Partei vorzunehmen, ohne Ministerpräsident Ferenc Nagy darüber zu informieren. Inzwischen war die Partei der Kleinen Landwirte machtlos geworden, das Eindringen der Kommunisten in wichtige Staatsstellen auf der unteren und mittleren Ebene zu verhindern; das galt auch für die administrativen Positionen in den ländlichen »Kooperativen«. Wieder einmal mußte Ministerpräsident Nagy erkennen, wie sehr die Kommunisten mit der sowjetischen Besatzungsmacht »kollaborierten«. Einen vorläufigen Höhepunkt erreichte der Kampf der Kommunisten gegen die Partei der Kleinen Landwirte am 26. Februar 1947, als Béla Kovács, Generalsekretär der

Kleinlandwirte-Partei und Mitglied des ungarischen Parlaments, unter dem Vorwand der Spionage gegen die UdSSR verhaftet wurde. Geradezu genüßlich hat Mátyás Rákosi beschrieben, wie sich nun die Kleinen Landwirte abermals gezwungen gesehen hätten, eine Reihe von Mitgliedern aus ihrer Partei auszuschließen, »von denen viele als Verschwörer ins Gefängnis wanderten«.[108] Béla Kovács wurde seitdem nicht mehr gesehen.

Dies alles geschah vor den Augen der beiden westlichen Alliierten, die – ebenso wie im Falle Bulgariens und Rumäniens – zwar gegen die Machenschaften und Praktiken der sowjetischen Besatzungsmacht und der ungarischen Kommunisten wiederholt protestiert hatten. Doch auch hier fehlte es ihnen an den Machtmitteln, dafür zu sorgen, daß Ungarn dieses Schicksal erspart blieb. Ferenc Nagy hat 1948 in seinem Buch »Der Kampf hinter dem Eisernen Vorhang« die Entwicklung seines Landes nachgezeichnet und ist bei der Analyse der Arbeit der Alliierten Kontrollkommission zu folgendem Ergebnis gelangt:

»The armistice was one of the greatest mistakes of world politics, leading to the Soviet political action which was to line up the countries of southeastern Europe on its side, hermetically sealed off from contact with the west and from resumption of normal international relations. The armistice enabled them to exploit the countries of southeastern Europe both politically and economically, and used them as a spearhead for the further political penetration of the world.«[109]

Ebenso wie im Fall Bulgariens und Rumäniens bildete der Friedensvertrag mit Ungarn vom 10. Februar 1947 insoweit den Abschluß einer Entwicklung, als nun die beiden westlichen Alliierten kundtaten, daß sie sich auch mit der Entwicklung in Ungarn abgefunden hatten.

---

108 Vgl. dazu vor allem P. Calvocoressi: Survey 1947/48, S. 190 f.; S. Lowery, ebenda, S. 326-332; St. D. Kertesz: Methods, S. 42-46; G. Schöpflin, ebenda, S. 99-101. Vgl. dazu auch M. Rákosi, ebenda, S. 589 f. Zur Person Rákosis gibt P. Ignatus in: Takeovers, S. 392-396 gute Hinweise mit weiterführender Literatur.
109 F. Nagy: Struggle, S. 100-103 (102). Die beste und materialreichste Darstellung über die Arbeitsweise der Alliierten Kontrollkommission in Ungarn hat St. D. Kertesz mit zahlreichen wertvollen Nachweisen in: Diplomacy, S. 101-125 gegeben. Sehr instruktiv über die innere Entwicklung Ungarns auch S. Lowery, ebenda, S. 323-332. Vgl. zur Arbeitsweise der Alliierten Kontrollkommission auch L. Mark, Jr.: View.

d) *in der sowjetisch besetzten Zone Deutschlands (SBZ)*

Die Stellung der SBZ unterschied sich von Anfang an von jenen Staaten Ostmittel- und Südosteuropas, die die UdSSR nach der militärischen Okkupation als ihren »Einflußbereich« betrachtete. Auch wenn Polen und die Tschechoslowakei das gleiche Schicksal wie Ungarn, Rumänien und Bulgarien erlitten, gilt es immer wieder daran zu erinnern, daß sie Verbündete der »Anti-Hitler-Koalition« waren, die drei südosteuropäischen Staaten dagegen als Alliierte Deutschlands Feindstaaten der UdSSR, der USA und Großbritanniens bildeten. Die SBZ war kein von der Roten Armee »befreiter« Staat, sondern jenes Territorium, das aufgrund des mit den beiden westlichen Hauptalliierten am 12. September 1944 unterzeichneten Londoner Protokolls der UdSSR als Besatzungszone in Deutschland zugewiesen worden ist. Am territorialen Umfang der SBZ änderte sich nichts, als Frankreich am Besetzungs- und Kontrollsystem in Deutschland beteiligt wurde. Nach der militärischen Kapitulation der deutschen Wehrmacht am 7./8. Mai 1945 setzten die Alliierten – wie bereits dargelegt – am 5. Juni 1945 ihre Abmachungen vom 12. September und das Londoner Abkommen über Kontrolleinrichtungen in Deutschland vom 14. November 1944 in Kraft.[110]

Obwohl die Europäische Beratende Kommission (EAC) in ihren Londoner Vereinbarungen vom 12. September und 14. November eine klare Entscheidung für die Aufteilung Deutschlands in Besatzungszonen und nicht für eine Teilung Deutschlands in Einzelstaaten oder andere politische Einheiten getroffen hatte, haben die »Großen Drei« zuletzt auf ihrer Konferenz in Jalta im Februar 1945 die Möglichkeit diskutiert, Deutschland zu zerstückeln. Für die weitere Entwicklung und spätere Einbeziehung der SBZ/DDR in den sowjetischen Machtbereich gilt es festzuhalten, daß es Stalin war, der im Frühjahr 1945 einen jähen Gesinnungswandel vollzog und alle zuvor erörterten Pläne, Deutschland zu zerstückeln, in dem Augenblick kompromißlos verwarf, als die militärische Situation die Realisierung des »Dismemberment«-Konzepts möglich machte. Auch wenn die Konstruktion des Kontrollmechanismus für Deutschland mit der Verankerung des Vetorechts im Kontrollrat Stalin ermöglichte, nach eigenem Ermessen und ohne Rücksicht auf die anderen drei Besatzungsmächte in der SBZ zu agieren, darf nicht übersehen werden, daß die oberste Gewalt in Deutschland von den vier Zonen-Befehlshabern gemeinsam

---

110 Vgl. dazu oben S. 193 f.

in den »Deutschland als Ganzes« betreffenden Fragen ausgeübt werden sollte. Die Kooperation der für Deutschland verantwortlichen vier Mächte beschränkte sich nicht auf den Kontrollrat, sondern wurde auf der Potsdamer Konferenz vom Juli/August 1945 um eine zweite Ebene erweitert und institutionalisiert: durch den aufgrund der Beschlüsse von Potsdam errichteten Rat der Außenminister, der eine Friedensregelung für ganz Deutschland vorbereiten sollte.[111]

Die Politik der UdSSR gegenüber und in der SBZ ist Gegenstand zahlreicher Untersuchungen, deren Ergebnisse hier nicht rekapituliert zu werden brauchen.[112] Hier interessiert ausschließlich die Frage, welche Akte die sowjetische Führung gesetzt hat, um die SBZ dem sowjetischen Machtbereich einzuverleiben. Dabei wird besonderer Wert darauf gelegt, neuere Forschungsergebnisse einzubeziehen, soweit sie dazu nötigen, das herkömmliche Bild der sowjetischen Deutschland-Politik zu korrigieren. Nicht übersehen werden sollte auch, daß das dazu in der SBZ/DDR vorliegende Schrifttum dank einiger grundlegender, in der Bundesrepublik Deutschland erschienener Analysen weitgehend aufgearbeitet worden ist. Ebenso ist der zeithistorischen Forschung der DDR zu bescheinigen, daß sie in den letzten Jahren wesentliche Arbeiten hervorgebracht hat, in denen die sowjetische Politik gegenüber der SBZ in dem Sinne dargestellt worden ist, wie es Mátyás Rákosi in seiner offenen und »wegweisenden« Rede vom 29. Februar 1952 hinsichtlich der sowjetisch-ungarischen Beziehungen in der Zeit ab 1944/45 getan hat.

Dabei ergeben sich interessante Parallelen zwischen der sowjetischen Politik gegenüber den Staaten Ostmittel- und Südosteuropas und der SBZ. Wer damals gemeint hat, Stalin würde wegen der besonderen Situation in Deutschland, der gemeinsamen alliierten Abmachungen über Deutschland und aus Rücksichtnahme auf die Westmächte gegenüber und in der SBZ eine vorsichtige, abgewogene und behutsame Politik treiben, sah

---

111 Der Rat der Außenminister hat sich in den Jahren 1945 bis 1949 immer wieder mit der vielschichtigen Problematik der Deutschland-Frage befaßt. Hier interessieren nur die Punkte, soweit sie für die innere Umgestaltung und Einbeziehung der SBZ in den sowjetischen Machtbereich relevant sind. Das gilt vor allem für die ökonomischen Eingriffe der sowjetischen Besatzungsmacht, die eng mit der Frage der von der SBZ zu zahlenden Reparationen zusammenhängen. Davon wird noch im folgenden Kapitel die Rede sein. Vgl. über die Arbeitsweise des Rats der Außenminister vor allem E. Deuerlein: Einheit, S. 136–179; B. Meissner: Deutschlandpolitik, S. 452–473 mit zahlreichen weiteren Nachweisen.
112 Vgl. dazu mit zahlreichen Nachweisen B. Meissner, ebenda. Sehr nützlich und instruktiv sind auch E. Deuerleins einleitende Ausführungen zu seiner Dokumentation in: DDR, S. 7–42. Vgl. dazu auch die ausführliche Darstellung der »Grundzüge der sowjetischen Nachkriegspolitik« bei H.-P. Schwarz: Reich, S. 201–269.

sich frühzeitig getäuscht. Stalin scheint noch vor der militärischen Kapitulation der deutschen Wehrmacht an eine sofortige Übertragung des Sowjetsystems auf die SBZ gedacht zu haben. Milovan Djilas hat aus den Verhandlungen der jugoslawischen Delegation im Frühjahr 1945 in Moskau eine höchst aufschlußreiche Aussage Stalins überliefert, die durchaus glaubwürdig erscheint. Stalin habe dargelegt, »wie er über die besondere Art des Krieges dachte, den wir zur Zeit führen: ›Dieser Krieg ist nicht wie in der Vergangenheit; wer immer ein Gebiet besetzt, erlegt ihm auch sein eigenes gesellschaftliches System auf. Jeder führt sein eigenes System ein, so weit seine Armee vordringen kann. Es kann gar nicht anders sein.‹ «[113]

Nichts spricht für die Vermutung, daß Stalin hier nur die von der Roten Armee besetzten Staaten Ostmittel- und Südosteuropas und nicht auch Deutschland gemeint hat. Bestätigt wird dieser Eindruck nicht nur durch die sowjetische Interpretation des »Großen Vaterländischen Krieges«, sondern auch und gerade durch die Maßnahmen, die Stalin bereits während des Zweiten Weltkriegs traf, um auch auf die militärische Besetzung wenigstens eines Teils Deutschlands vorbereitet zu sein.

Ein Informationsbesuch Anastas Mikojans im Mai 1945 in der SBZ und der von ihm der sowjetischen Führung zugeleitete Lagebericht dürften Stalin dann veranlaßt haben, die geplante »antifaschistisch-demokratische Ordnung« auf ein Mehrparteiensystem zu gründen und von der Schaffung einer allgemeinen antifaschistischen Bewegung in Gestalt eines »Blocks der kämpferischen Demokratie« abzusehen.[114] Auf diese Wendung waren die deutschen Kommunisten, die im Gefolge der Roten Armee aus dem Exil in der UdSSR Ende April/Anfang Mai 1945 zurückgekehrt waren, nicht vorbereitet.[115]

---

113 M. Djilas: Gespräche, S. 146. Vgl. dazu auch B. Meissner, ebenda, S. 450.
114 Vgl. zum Besuch Mikojans C. Stern: Porträt, S. 12 f.; B. Meissner, ebenda. Seltsamerweise lassen W. Leonhard: Revolution, und H. Laschitza: Demokratie, in ihren sonst so detaillierten Darlegungen der Reise Mikojans unerwähnt. Richtige Deutung bei M. McCauley: East Germany, S. 60–62.
115 Vgl. dazu mit weiteren Nachweisen die besonders instruktive Darstellung bei A. Fischer: Antifaschismus, S. 26 f. mit Anm. 114. Anhand der umfangreichen in der SBZ/DDR erschienenen Literatur zeigt A. Fischer im einzelnen auf, daß die deutschen, im Moskauer Exil weilenden Kommunisten bis zum Spätsommer 1944 im Hinblick auf die kommende Neugestaltung Deutschlands alle wichtigen politischen und ökonomischen Grundprobleme in intensiver Arbeit beraten haben. Über die Entstehung und Entwicklung des Aktionsprogramms des »Blocks der kämpferischen Demokratie« vom Oktober 1944 berichtet höchst aufschlußreich H. Laschitza in: Demokratie, S. 98–130. Über die gute Vorbereitung »für erste Maßnahmen zum Aufbau einer kämpferischen Demokratie in Deutschland« zeugen auch H. Laschitzas weitere Darle-

Es ist das große Verdienst Alexander Fischers, im einzelnen aufgezeigt zu haben, wie ab 1943/44 die in Moskau weilenden deutschen Kommunisten in die sowjetische Deutschland-Planung einbezogen und auf ihre spätere Tätigkeit vorbereitet worden sind. Fischers Studien bilden eine wesentliche und wertvolle Ergänzung zu Wolfgang Leonhards immer noch gültigen Bericht »Die Revolution entläßt ihre Kinder«, da er sowohl das sowjetische Schrifttum als auch die in der SBZ/DDR publizierten zahlreichen Untersuchungen ausgewertet hat. Die Sowjets hatten die in Moskau geschulten deutschen Kommunisten in drei Gruppen eingeteilt, von denen sie je eine unter der Leitung von Walter Ulbricht, Anton Ackermann und Gustav Sobottka den nach Deutschland vordringenden sowjetischen Fronten zuteilten, um dann ihre »instruierende und kontrollierende Tätigkeit beim Aufbau einer neuen Art von Demokratie im sowjetisch besetzten Teil Deutschlands auszuüben«[116] begannen.

Obwohl erst auf der Potsdamer Konferenz vom 17. Juli bis zum 2. August 1945 über die Zulassung politischer Parteien in den Besatzungszonen entschieden worden ist, erließ die am 9. Juni 1945 errichtete »Sowjetische Militäradministration in Deutschland« (SMAD) bereits einen Tag später den Befehl Nr. 2, der die Bildung und die Tätigkeit von antifaschistisch-demokratischen Parteien, »freien« Gewerkschaften und anderen Massenorganisationen der Werktätigen gestattete.[117] Am Tage darauf, am 11. Juni 1945, konstituierte sich die KPD offiziell als erste Partei und wandte sich mit einem Manifest, »das die Gruppe Pieck, bis zum letzten Komma formuliert, aus Moskau mitgebracht hatte«[118], an das deutsche Volk. In dem »Aufruf der Kommunistischen Partei Deutschlands« hieß es:

»Wir sind der Auffassung, daß der Weg, Deutschland das Sowjetsystem aufzuzwingen, falsch wäre, denn dieser Weg entspricht nicht den gegen-

---

gungen (ebenda, S. 131–183). Vgl. dazu auch G. Glondajewski/G. Rossmann: Ein bedeutendes politisches Dokument des illegalen antifaschistischen Kampfes der Kommunistischen Partei Deutschlands; L. Berthold: Kampf.

116 So A. Fischer, ebenda, S. 27. Über die Vorbereitung der deutschen Kommunisten auf ihre Aufgaben in Deutschland nach dessen militärischer Besiegung unterrichten in ihren instruktiven und materialreichen Studien F. Moraw: Parole und A. Sywottek: Deutsche Volksdemokratie. Während Sywottek den Zeitraum von 1935–1946 erfaßt, behandelt Moraw die Jahre 1938–1948.
117 Text in: Geschichte der deutschen Arbeiterbewegung. Bd. 6, S. 349 f.; Auszug bei E. Deuerlein: DDR, S. 47 f.
118 So C. Stern: Porträt, S. 13. Vgl. dazu aus der Sicht der DDR vor allem L. Berthold: Für ein neues Deutschland, S. 390, wo er betont, daß der Aufruf der KPD vom 11. Juni 1945 »Zur Grundlage für Aktionseinheit zwischen der KPD und der SPD« geworden sei; ders.: Kampf, S. 1021.

wärtigen Entwicklungsbedingungen in Deutschland. Wir sind vielmehr der Auffassung, daß die entscheidenden Interessen des deutschen Volkes in der gegenwärtigen Lage für Deutschland einen anderen Weg vorschreiben, und zwar den Weg der Aufrichtung eines antifaschistischen, demokratischen Regimes, einer parlamentarisch-demokratischen Republik mit allen demokratischen Rechten und Freiheiten für das deutsche Volk.«[119]
So wurde in der SBZ und in Berlin zunächst die Sorge derer zerstreut, »die eine Übertragung sowjetischer Verhältnisse auf den von den russischen Truppen besetzten Teil Deutschlands befürchtet hatten«.[120] Zwischen der Gründung der SPD am 15. Juni und der CDU am 26. Juni 1945 erläuterte Walter Ulbricht, der gemeinsam mit Wilhelm Pieck den Vorsitz der KPD übernommen hatte, in einer Rede vor der ersten Funktionärs-Konferenz der KPD Groß-Berlins am 25. Juni den Aufruf seiner Partei und machte bereits wegweisende Ausführungen über das künftige Schicksal der SPD in der SBZ. Ulbricht plädierte für die Zusammenarbeit beider Parteien als Voraussetzung für eine spätere Vereinigung, sprach von einer »einheitlichen Partei neuen Typus« und forderte darüber hinaus die Schaffung eines »Blocks der antifaschistischen Parteien«.[121]
Nach der Konstituierung der CDU am 26. Juni 1945 wurde als vorläufig letzte und vierte Partei am 5. Juli die LDPD gegründet. Nachdem die beiden Arbeiterparteien, KPD und SPD, schon am 19. Juni einen »gemeinsamen Arbeitsausschuß« gebildet hatten, schlossen sich am 14. Juli 1945 die vier Parteien zu einer Einheitsfront der antifaschistisch-demokratischen Parteien zusammen.[122] Der Gründung der vier Parteien folgte die Errichtung einer Reihe von Massenorganisationen, in denen sich von vornherein der Einfluß der Kommunisten bemerkbar machte. Zu ihnen gehörten der Freie Deutsche Gewerkschaftsbund (FDGB), der Demokratische Frauenbund Deutschlands (DFG), die Freie Deutsche Jugend (FDJ), die Vereinigung der Verfolgten des Nazi-Regimes (VVN), der Kultur-

---

119 Text (Auszug) bei E. Deuerlein: DDR, S. 48 f. Vgl. dazu auch B. Meissner: Deutschlandpolitik, S. 451 mit den Nachweisen in den Anm. 17 f.
120 So E. Deuerlein, ebenda, S. 35.
121 Text der Rede W. Ulbrichts »Das Programm der antifaschistischen demokratischen Ordnung« in: W. Ulbricht: Zur Geschichte der deutschen Arbeiterbewegung, S. 422–443 (434–436). Vgl. dazu auch E. Deuerlein, ebenda, S. 35 f.
122 Vgl. dazu E. Deuerlein, ebenda, S. 36; Text (Auszug) des Kommuniqués vom 14. Juli 1945, ebenda, S. 49 f.

bund der Demokratischen Erneuerung Deutschlands und die Vereinigung der gegenseitigen Bauernhilfe.[123]
Schon während der Potsdamer Konferenz leitete die sowjetische Besatzungsmacht eine ökonomische Umgestaltung ihrer Zone ein, indem sie am 23. Juli 1945 entschädigungslos alle Banken und Sparkassen enteignete und die Verwaltung der Kreise und Städte ermächtigte, neue Sparkassen zu errichten. Unmittelbar nach der Beendigung der Konferenz von Potsdam führte die sowjetische Militäradministration, ohne die gemeinsamen Beratungen und Entscheidungen des Kontrollrats für Deutschland über entsprechende Empfehlungen des Potsdamer Abkommens abzuwarten, die »Strukturveränderung der Volkswirtschaft ihrer Besatzungszone fort. Sie überließ die Propagierung der Maßnahmen entweder den Parteien, vor allem der KPD, oder dem ›antifaschistisch-demokratischen Block‹ und beauftragte die Landesverwaltung mit deren Durchführung«.[124]
Am 3. September 1945 erging bereits die erste Verordnung über eine umfassende Bodenreform in der Provinz Sachsen.[125] Es folgten entsprechende Maßnahmen im industriellen Bereich: Mit dem am 30. Oktober 1945 verkündeten Befehl Nr. 124 der SMAD wurde die entschädigungslose Enteignung des Besitzes des Reiches und des Staates Preußen, der NSDAP, der großen und wichtigen Industrie-, Bergbau- und Handelsfirmen ausgesprochen.[126]
Diese radikalen Maßnahmen gipfelten in der Bildung »Sowjetischer Aktiengesellschaften« (SAG), die - ebenso wie in den anderen Volksdemokratien - bis 1953/54 einen beherrschenden Einfluß auf die Wirtschaft der SBZ ausübten.[127] So hatte die sowjetische Besatzungsmacht mit ihrem Befehl Nr. 124 vom 30. Oktober 1945 bereits die Weichen für eine Verstaatlichung fast des gesamten Industriepotentials der SBZ gestellt.
Wie sehr die sowjetische Besatzungsmacht jegliche politische Risiken in der SBZ von Anfang an auszuschalten bemüht war, zeigt eindringlich die Vorgeschichte der am 21./22. April 1946 vollzogenen Fusion von KPD und SPD zur SED. In älteren Untersuchungen wird gern übersehen, daß

---

123 Vgl. dazu B. Meissner: Deutschlandpolitik, S. 452.
124 So E. Deuerlein: DDR, S. 36 f. (37).
125 Text (Auszug) der Verordnung bei E. Deuerlein, ebenda, S. 51–53.
126 Text (Auszug) des Befehls Nr. 124 bei E. Deuerlein, ebenda, S. 56–58. Vgl. dazu die detaillierte Darstellung bei U. Drobnig: Corporations, S. 150–154 mit zahlreichen Nachweisen. Sehr instruktiv zur Gesamtproblematik auch »Die Industriestruktur in der sowjetischen Besatzungszone Deutschlands«, S. 1421–1428.
127 Vgl. dazu E. Deuerlein, ebenda, S. 37 f. und unten S. 280–284.

Wilhelm Pieck, der Vorsitzender der KPD, bereits am 19. September 1945 das »Signal für eine Verschmelzungskampagne«[128] gegeben hat.[129] Neuere zeitgeschichtliche Untersuchungen haben zu dem klaren Nachweis geführt, welch eine entscheidende Rolle die Sowjetische Militäradministration in Deutschland für den Zeitpunkt und den Ablauf des Fusionsprozesses gespielt hat.[130]
Die »Verschmelzung« von KPD und SPD zur SED auf dem »Vereinigungsparteitag« am 21./22. April 1946 war eine der für die weitere Entwicklung der SBZ folgenschwersten Entscheidungen.[131] Mit der Fusion der beiden deutschen Arbeiterparteien – manifestiert durch den »historischen Händedruck« Wilhelm Piecks und Otto Grotewohls – und der kras-

---

128 So zutreffend F. Moraw: Parole, S. 121.
129 Text der Berliner Rede W. Piecks vom 19. September 1945 in: W. Pieck: Reden und Aufsätze. Bd. II, S. 11-27 (17-19).
130 Vgl. dazu vor allem die instruktive Rezension »Vorgeschichte der SED« von Ch. Kleßmann der Studie von H. Krisch: German Politics under Soviet Occupation, S. 113 f.
131 Über die Entwicklung, die zur Fusion beider Parteien geführt hat, liegen zahlreiche Analysen vor. Eine sehr ausführliche und authentische Darstellung gibt E. W. Gniffke in seinem Buch: Jahre mit Ulbricht; W. Leonhard: Revolution, S. 423-442; C. Stern: Porträt, S. 22-45; K.-P. Schulz: Auftakt zum Kalten Krieg. Vgl. dazu auch mit weiteren Nachweisen E. Deuerlein: DDR, S. 39 f.; B. Meissner: Deutschlandpolitik, S. 453 mit Anm. 35. Vgl. aus kommunistischer Sicht vor allem W. Ulbricht: Wie kam es zur Vereinigung von KPD und SPD? »Der Vereinigungsparteitag«, in: Neues Deutschland vom 12. März 1966; Geschichte der SED, S. 107-125; Die Vereinigung. Vgl. dazu auch G. Nollau: Die Internationale, S. 233 f. mit Anm. 13: »In Deutschland haben die Russen und die deutschen Kommunisten nicht sogleich nach dem Mai 1945 die ›Vereinigung‹ angestrebt. In der für sie typischen Fehleinschätzung der Lage in Deutschland nahmen sie an, die KPD werde eine weit größere Anhängerschaft gewinnen als die SPD ...« Diese Feststellung ist zwar richtig, bedarf aber der Präzisierung insoweit, als mit der Rede Piecks vom 19. September 1945 endgültig die bevorstehende Verschmelzung von SPD und KPD zur SED feststand. Der zeitliche Vorsprung zu den Fusionen der Arbeiterparteien in den anderen Ländern bleibt beachtlich: In Rumänien erfolgte die »Verschmelzung« im Februar 1948, in der Tschechoslowakei am 27. Juni, in Ungarn am 12. Juni, in Bulgarien am 11. August und in Polen am 21. Dezember 1948. Vgl. die Nachweise bei W. Morgenstern/M. Pomp: Kraft. Vgl. zur Entstehung der SED auch die materialreiche Studie von U. Hauth: Politik, S. 39-117; McCauley: East Germany, S. 63-66. Vgl. dazu auch G. Gruner/M. Wilke (Hrsg.): Sozialdemokraten, die erstmals die stenographische Niederschrift der Sechziger-Konferenz am 20./21. Dezember 1945 veröffentlichen. Für die SED bildet die Konferenz, an der je 30 Sozialdemokraten und Kommunisten teilnahmen der Beginn einer »neuen Etappe im Kampf um die Einheit der Arbeiterklasse«, »die Etappe der politisch-ideologischen und organisatorischen Vorbereitung der SED« (vgl. »Geschichte der SED«, S. 109). Die Konferenz war andererseits auch – wie G. Gruner und M. Wilke (ebenda, S. 21) bemerken – »eine neue Etappe im Kampf um die Selbstbehauptung der SPD in Berlin«. Vgl. dazu auch die Rezension des Buches von Ernst Thape: Eine Partei am Scheideweg – im Dezember 1945 berieten SPD und KPD über ihre Vereinigung, in: Die Zeit vom 7. August 1981. Thape gehörte als Mitglied der SPD zu den Teilnehmern der Konferenz.

sen Bevorzugung der SED durch die Besatzungsmacht, dem ständigen Druck der Sowjets auf die beiden bürgerlichen Parteien CDU und LDPD sowie den weitreichenden und einschneidenden ökonomischen Maßnahmen hatte sich die Situation in der SBZ im Laufe eines knappen Jahres so verändert, daß sie einen Vergleich mit den von der Roten Armee ebenfalls besetzten Staaten Ostmittel- und Südosteuropas nicht zu scheuen brauchte.

Festzuhalten gilt vor allem, daß in einem entscheidenden Punkt Stalin wesentlich radikaler vorging als in den anderen Ländern, die er als zum sowjetischen »Einflußbereich« gehörig betrachtete. Während er dort die Kommunisten veranlaßte, zunächst die linken Flügel der sozialistischen Parteien aufzusaugen und mit der Zwangsfusion zu warten, schien ihm dieses Risiko im Falle der SBZ zu groß. Stalin wußte – ebenso wie die in Moskau geschulten und auf die Machtübernahme vorbereiteten deutschen Kommunisten –, daß sich die SPD in weiten Teilen der SBZ einer beachtlichen Tradition und Anhängerschaft erfreuen konnte. Da die Führungspositionen der SED paritätisch von Mitgliedern der KPD und SPD besetzt wurden, erlangten die Kommunisten von Anfang an einen Einfluß, der ihre wirkliche Stärke weit übertraf. Für die Kommunisten, die sich des vollen Rückhalts bei der sowjetischen Besatzungsmacht sicher waren, bedeutete die paritätische Besetzung aller Führungsgremien der SED in der Praxis das Übergewicht. Die Hoffnung vieler Sozialdemokraten, mit dem Paritätsprinzip ein Übergewicht der Kommunisten in der Führung verhindern zu können, erwies sich als trügerisch.[132]

Erinnert sei noch einmal daran, daß aufgrund der parteioffiziellen Darstellung der Mitglieder-Bewegung der SED die SPD im Zeitpunkt der »Verschmelzung« mit der KPD über knapp 60 000 mehr Mitglieder verfügte als die KPD. Dabei ist es noch nicht einmal ausgeschlossen, daß die offiziellen Angaben für die KPD zu hoch und für die SPD zu niedrig angesetzt worden sind.

Das Datum der Rede Wilhelm Piecks vom 19. September 1945 ist deshalb so wichtig, da es beweist, daß die in manchen Studien anzutreffende These, die Verschmelzungs-Kampagne sei als eine Reaktion auf die für die Kommunisten so katastrophal ausgegangenen Wahlen in Ungarn vom 4. November und in Österreich vom 25. November 1945 zu verstehen[133], nicht tragfähig ist.

---

132 Vgl. dazu vor allem C. Stern, ebenda, S. 53–60.
133 Vgl. dazu auch Ch. Kleßmann: Vorgeschichte der SED, S. 114. Vgl. dazu auch W. Leonhards Referat auf dem Kolloquium des Instituts für Zeitgeschichte in München am 23. November 1979. Text in: Der Weg nach Pankow, S. 32–42 (35 f.).

Hinzu kommt ein weiterer wichtiger Aspekt: Während in den von der UdSSR militärisch okkupierten Ländern Ostmittel- und Südeuropas – mit Ausnahme der Tschechoslowakei – die Bauernparteien in der Vergangenheit einen wichtigen und oft entscheidenden Einfluß ausgeübt hatten und mit dem alten politischen und ökonomischen System identifiziert werden konnten, um dessen Abschaffung jetzt die Kommunisten bemüht waren, konnten sie im Fall der SBZ die SPD als traditionelle und starke Arbeiterpartei nicht als Sündenbock hinstellen. Aus der scharfen Gegnerschaft der deutschen Sozialdemokratie gegenüber dem nationalsozialistischen Regime folgte zwangsläufig, daß die Sowjets in Zusammenarbeit mit den deutschen Kommunisten eine in der SBZ zugelassene SPD auch nicht mit dem Vorwurf der »Kollaboration« mit den Nationalsozialisten hätten ausschalten können. Mit der »Verschmelzung« am 20./21. April 1946 verhinderte man, daß sich die Kommunisten in der SBZ überhaupt mit einer konkurrierenden sozialdemokratischen Partei auseinandersetzen mußten.

Daß für dieses historische Datum der 20./21. April 1946 gewählt worden ist, hat noch einen weiteren Grund: Am 25. April begann die 1. Session der 2. Tagung des Rats der Außenminister in Paris. Um vorher vollendete Tatsachen zu schaffen und jede Diskussion auf der Vier-Mächte-Ebene auszuschließen, hielt es die sowjetische Besatzungsmacht für opportun, die Fusion vorher zu vollziehen.[134] Dieser Vorgang verdeutlicht eindringlich, wie zielbewußt und konsequent Stalin auch in seiner Politik in der SBZ vorgegangen ist und wie wenig er geneigt war, auf die drei westlichen Alliierten Rücksicht zu nehmen.

Allerdings ist die vornehmlich von Henry Krisch vorgetragene These, die »Verschmelzung« von KPD und SPD zur SED habe »Modellcharakter« für die anderen von der UdSSR kontrollierten Staaten gehabt, wenig tragfähig. Krisch meint, daß die SBZ aus der Sicht Stalins das »Experimentier- und Testfeld« für die spätere Fusion von sozialistischen und kommunistischen Parteien in den anderen Staaten des sowjetischen Machtbereichs abgegeben habe: »Hier konnte die sowjetische Politik am unmittelbarsten agieren und überdies am direktesten die amerikanische und britische Reaktion testen. Diese Konstruktion versucht zwar, eine plausible Erklärung für die – nach wie vor schwer verständliche – sowjetische Politik zu liefern, übersieht dabei aber . . . doch die Sondersituation Deutschlands gegenüber den osteuropäischen Ländern.«[135]

134 Vgl. dazu B. Meissner: Deutschlandpolitik, S. 453.
135 So zutreffend Ch. Kleßmann: Vorgeschichte der SED, S. 113 f.; H. Krisch: German Politics under Soviet Occupation, S. 201–207.

Die UdSSR behauptete in ihrer Politik gegenüber und in der SBZ, daß sie im Sinne der Potsdamer Beschlüsse vom 2. August 1945 gehandelt habe, als sie daran ging, in ihrer Besatzungszone »demokratische« Verhältnisse zu schaffen. In diesem Zusammenhang ist es nicht ohne Reiz, einen hohen Repräsentanten der Sowjetischen Militäradministration zu zitieren, da er sich so offen über die Absichten und Ziele seiner Regierung geäußert hat. Oberst Sergej Tulpanov, Leiter der politischen Verwaltung der SMAD, hat 1967 einen höchst bemerkenswerten Aufsatz über »Die Rolle der SMAD bei der Demokratisierung Deutschlands« verfaßt. Er geht davon aus, daß der Sowjetstaat 1945 »zum erstenmal seit seinem Bestehen die Funktion einer Besatzungsmacht«[136] ausgeübt habe. Seine Bemerkung, die SMAD sei »für die Einhaltung der Potsdamer Beschlüsse auf dem Territorium *ganz* Deutschlands« verantwortlich gewesen, ist nicht neu. Aufschlußreich ist hingegen Tulpanovs Eingeständnis:
»Die Sowjetregierung hatte keine ausgearbeitete ›Theorie der Besatzungsadministration‹, aber sie ließ sich in ihrer von der SMAD ausgeübten Tätigkeit von den allgemeinen Grundsätzen der marxistisch-leninistischen Theorie leiten, vom Charakter des zweiten Weltkrieges, der ein antifaschistischer Befreiungskrieg auch gegenüber dem deutschen Volk war.«[137]
Tulpanov stellt fest, daß die Vereinigung von Kommunisten und Sozialdemokraten zu einer Einheitspartei und damit die Stärkung der führenden Rolle der Arbeiterklasse allein von den Kommunisten und Sozialdemokraten bewältigt werden mußten: »Die sowjetischen Besatzungsorgane erfüllten ihre internationale Pflicht, indem sie die Überwindung der Spaltung der deutschen Arbeiterbewegung dadurch unterstützten, daß sie die Ausrottung der antikommunistischen Ideologie sowie das Streben nach Einheit förderten, die Ideen von Marx, Engels und Lenin verbreiteten. [138]
Tulpanov hat außerdem in sehr knapper und unmißverständlicher Weise dargelegt, welche Ziele die Sowjets im Hinblick auf die totale Umwälzung der inneren Verhältnisse der SBZ von Anfang an verfolgt haben: »Eine grundlegende Demokratisierung des ganzen Lebens in Deutschland bedeutete umfassende sozial-ökonomische Umgestaltungen, die Beseitigung der ökonomischen Grundlagen des deutschen Imperialismus und Militarismus, die Vernichtung seiner politischen Positionen, die

---

136 S. I. Tulpanov: Rolle, S. 243.
137 S. I. Tulpanov, ebenda.
138 S. I. Tulpanov, ebenda, S. 249.

Überwindung der Hinterlassenschaft der faschistischen Ideologie . . . Die in den Potsdamer Beschlüssen fixierten demokratischen Prinzipien waren jederzeit die völkerrechtliche Grundlage der Tätigkeit der SMAD und später der sowjetischen Außenpolitik in der deutschen Frage.«[139]
Die klare Sprache Tulpanovs, der seine Betrachtung mit dem Hinweis geschlossen hat, daß die »unverbrüchliche Freundschaft« zwischen der UdSSR und der DDR bereits in der Periode von 1945 bis 1949 begründet worden sei, macht die Lektüre vieler in der UdSSR und der SBZ/DDR verfaßten, vielfach langatmigen und teilweise Rechtfertigungscharakter tragenden Analysen überflüssig. Ebenso hat Tulpanov mit seiner klaren Sprache viele Legenden aus dem Wege geräumt, die in der zeithistorischen Forschung mit Stalins Deutschland-Politik ab 1945 verbunden worden sind.
Angesichts dieser Entwicklung war es nicht erstaunlich, daß sich der Rat der Außenminister auf seinen Tagungen vom Herbst 1945 bis zum Frühjahr 1947 über die gemeinsame Behandlung Deutschlands nicht zu einigen vermochte.[140] Daß das gleiche für die Arbeit des Kontrollrats gilt, erscheint mehr als selbstverständlich.[141] Stalin war es in jeder Hinsicht gelungen, bis Mitte 1947 auch in der SBZ die Voraussetzungen zu schaffen, um dann auch dort den Prozeß der totalen Gleichschaltung zu vollenden.
Daran konnte auch Anton Ackermann, ein aus Moskau zurückgekehrter KPD-Funktionär, nichts ändern, als er zum Jahreswechsel 1945/46 die Frage »Gibt es einen besonderen deutschen Weg zum Sozialismus?« in der theoretischen Zeitschrift der SED, »Einheit«, dahingehend beantwortete, daß »in diesem oder jenem Falle die Entwicklung in Deutschland zweifellos einen weitgehend spezifischen Charakter tragen« werde: »Oder mit anderen Worten: im Einzelnen werden sich die starken Besonderheiten der historischen Entwicklung unseres Volkes, seine politischen und nationalen Eigenheiten, die besonderen Züge seiner Wirtschaft und seiner Kultur außerordentlich stark ausprägen.«[142]
Unter Berufung auf den oft zitierten Artikel »Eine Karikatur auf den Marxismus«, in dem Lenin die These von den verschiedenen Wegen zum Sozialismus proklamiert hatte[143], gelangte Ackermann zu dem Schluß:

---

139 S. I. Tulpanov, ebenda, S. 244 f.
140 Vgl. dazu B. Meissner: Deutschlandpolitik, S. 452–459 mit weiteren Nachweisen.
141 Vgl. über die Arbeit des Kontrollrats von 1945–1948 E. Deuerlein: Einheit, S. 152–170; M. Balfour: Kontrolle, S. 144–165.
142 A. Ackermann: Weg, S. 31.
143 Siehe das Zitat am Anfang dieses Kapitels mit dem Nachweis in Anm. 1.

»In diesem Sinne müssen wir einen besonderen deutschen Weg zum Sozialismus unbedingt bejahen.«[144] Ackermann hat seinen Beitrag verfaßt, als die »Verschmelzung der beiden Arbeiterparteien zu einer einheitlichen und geschlossenen Partei der sozialistischen Bewegung«[145] feststand. Gerade deshalb war es aus politischen und psychologischen Erwägungen nicht ungeschickt, der nun in einer Partei »vereinigten« deutschen Arbeiterklasse einen eigenen Weg zum Sozialismus zuzuweisen.

Wolfgang Leonhard hat sehr plastisch den »Siegeszug« der Ackermannschen These »durch die Partei«[146] geschildert. Zweifellos hätten die programmatischen Erklärungen Anton Ackermanns dann bedeutungsvoll werden können, wenn die sowjetische Besatzungsmacht bereit gewesen wäre, der SED in der SBZ den nötigen Spielraum zu überlassen. Daß der Kreml dazu nicht bereit war, hat Carola Stern in ihrem »Porträt einer bolschewistischen Partei« anschaulich dargestellt:

»Wenn auch zunächst die alleinige Befehlsgewalt bei der Besatzungsmacht lag und alle Parteien nur mehr oder weniger Ausführungs- und Hilfsorgane der SMAD waren, hätte die SED bei der sich allmählich vollziehenden Rückführung der Entscheidungsbefugnisse in deutsche Hände sehr wohl vielfältige Beweise einer den deutschen Verhältnissen angepaßten Aktivität erbringen können. Voraussetzung hierfür wären allerdings sehr energische und ernstgemeinte Bestrebungen seitens der SED-Führung und die Bereitschaft des Kreml gewesen, den kommunistischen Parteien der Satellitenstaaten wenigstens eine gewisse politische und wirtschaftliche Bewegungsfreiheit zuzugestehen und unter verständnisvoller Berücksichtigung der jeweiligen Gegebenheiten auf eine glatte Kopie des eigenen Staatsgefüges zu verzichten. Diese Voraussetzungen waren jedoch nicht gegeben.«[147]

Nachdem die mit der sowjetischen Besatzungsmacht in der SBZ aufs engste zusammenarbeitenden politischen Kräfte bereits bis zum Herbst 1945 weitreichende Strukturveränderungen in agrarischen und industriellen Bereichen und die »Verschmelzung« von SPD und KPD zur SED im April 1946 durchgesetzt hatten, verschoben sich die politischen Gewichte in der Zone immer stärker zugunsten der SED. Die zwar zugelassenen, im »Block der antifaschistisch-demokratischen Parteien« mit der SED ver-

---

144 A. Ackermann: Weg, S. 31.
145 A. Ackermann, ebenda, S. 22.
146 W. Leonhard: Revolution, S. 422. Vgl. dazu neuerdings die materialreiche Darstellung bei D. Staritz: Ein »besonderer deutscher Weg« zum Sozialismus?
147 C. Stern, Porträt, S. 50. Eine sehr instruktive Darstellung der Entwicklung der SBZ gab bereits 1955 H. Duhnke in seinem Buch »Stalinismus in Deutschland«.

einten beiden bürgerlichen Parteien CDU und LDPD wurden in ihrer Arbeit derart behindert, daß sie kein Gegengewicht gegen die SED zu bilden vermochten. Die SED, von der sowjetischen Besatzungsmacht in jeder Hinsicht aktiv unterstützt, wurde immer mehr zur bestimmenden und beherrschenden politischen Kraft in der SBZ.

Im Laufe des Jahres 1946 schuf die Einheitspartei die Voraussetzungen, um bei Wahlen die absolute Mehrheit zu erhalten. Dank der weitreichenden Behinderungen der anderen Parteien gelang es der SED, bei den Gemeindewahlen am 15. September 1946 57,1 Prozent der Stimmen zu erhalten; die LDPD gewann 21,1 und die CDU 18,8 der Stimmen, während die Bauernhilfe und Frauenausschüsse zusammen 3,0 Prozent der Stimmen auf sich vereinigten. Bei den wenige Wochen später, am 20. Oktober 1946, durchgeführten Wahlen zu den Land- und Kreistagen sank der Anteil der SED-Stimmen sogar auf 47,5 Prozent.[148] Diese Ergebnisse reichten aus, um die bereits 1945 eingeleitete Umstrukturierung des Staates, der Wirtschaft und der Gesellschaft konsequent fortzuführen. Nun meinte die SED auch die Legitimation dafür zu besitzen, den von ihr ohnehin bereits beherrschten »Block der antifaschistisch-demokratischen Parteien« noch stärker für ihre Ziele einzusetzen.

4. *Die ökonomische Ausbeutung durch die UdSSR*

Stalin hat frühzeitig auch dafür Sorge getragen, aus den von der Sowjetunion kontrollierten Staaten und Gebieten ein Höchstmaß wirtschaftlicher Vorteile herauszuholen. Für ihn waren die weitreichenden ökonomischen Eingriffe in die innere Struktur dieser Länder und Gebiete ein wichtiger Hebel, die Vorherrschaft über Ostmittel- und Südosteuropa sowie über die SBZ zu gewinnen. Dabei sollte nicht übersehen werden, daß die beiden angelsächsischen Mächte die sowjetische Politik der wirtschaftlichen Ausbeutung vor allem im Hinblick auf die hohen Reparations-Verpflichtungen der ehemaligen Feindstaaten und Verbündeten Deutschlands in wichtigen Abmachungen mit der UdSSR ausdrücklich gutgeheißen haben. In Stalins Sicht war es nur selbstverständlich, daß die von der Sowjet-

---

148 Vgl. dazu »SBZ von 1945 bis 1954«, S. 43 f.; Das politische Gesicht Deutschlands in: Europa-Archiv 1947, S. 1023–1026 (1024 f.) mit einer Übersicht über die Wahlergebnisse in den Ländern der SBZ.

union eingeleiteten ökonomischen Maßnahmen auch und gerade politischen Zielen dienten. Zbigniew K. Brzezinski hat mit Recht darauf hingewiesen, daß Stalin – ebenso wie in den politischen Beziehungen – auch im wirtschaftlichen Bereich frühzeitig das Prinzip des Bilateralismus praktizierte. Ebenso hat er herausgearbeitet, daß für Stalin die ökonomischen Interessen der UdSSR Priorität vor der »Integration« genossen. Brzezinski hat dazu bemerkt:
»So wie der politische Bilateralismus praktisch Sowjetherrschaft bedeutete, lief der wirtschaftliche Bilateralismus weitgehend auf Ausbeutung des Gebiets durch die Sowjetunion im Namen der höheren Interessen des kommunistischen Blocks hinaus. Ein Ziel war freilich auch die wirtschaftliche Integration des ganzen ›sozialistischen Blocks‹ zu einer festgefügten Einheit, aber in der Stalin-Ära wurde es offenbar nicht sehr aktiv verfolgt, sondern rangierte erst hinter den unmittelbaren sowjetischen Wirtschaftsinteressen und den autarken Zügen der Fünfjahrespläne. Integration hätte bedeutet, daß der UdSSR gewisse Profite entgangen wären, und nach der geltenden Rangordnung der Interessen war das ökonomische Wohlergehen der Sowjetunion am wichtigsten.«[149]
Die sowjetische Politik der ökonomischen Eingriffe und Ausbeutung in den betroffenen Ländern und Gebieten war neben den politischen und militärischen Maßnahmen eine wesentliche Voraussetzung für deren Einbeziehung in den sowjetischen Machtbereich. Während des Zweiten Weltkriegs gelang es Stalin, mit Hilfe seiner beiden westlichen Hauptalliierten die völkerrechtlichen Grundlagen für seine Politik der ökonomischen Eingriffe, die eine sehr einseitige Form der wirtschaftlichen Kooperation bedeutete, zu schaffen. Es war selbstverständlich, daß Deutschland, das am 1. September 1939 den Krieg begonnen hatte, wirtschaftliche und finanzielle Belastungen auferlegt wurden. Das gleiche gilt für die anderen ehemaligen Feindstaaten – Rumänien, Ungarn und Bulgarien. Eine differenziertere Behandlung Bulgariens erschien deshalb geboten, da es sich – im Gegensatz zu Rumänien und Ungarn – mit der UdSSR nicht im Kriegszustand befunden hat.
Obwohl Polen und die Tschechoslowakei im Zweiten Weltkrieg auf der Seite der UdSSR gestanden haben, hatte Stalin keine Skrupel, ihnen gegenüber eine ökonomische Politik zu treiben, die zumindest bis dahin unter Kriegs-Verbündeten nicht üblich war. Hinsichtlich Rumäniens, Ungarns und Bulgariens trafen die drei Alliierten bereits wichtige Vorentscheidungen über die zu zahlenden Reparationen in den Waffenstill-

---

149 Z. K. Brzezinski: Sowjetblock, S. 145 f.

stands-Abkommen mit diesen Ländern. Während sich die Dokumente der Konferenz der »Großen Drei« von Jalta vom 11. Februar 1945 darauf beschränkten, Deutschland zur Wiedergutmachung zu verpflichten[150], konkretisierten und spezifizierten die Beschlüsse der Potsdamer Konferenz vom 2. August 1945 die Deutschland auferlegten Reparations-Leistungen.

Für die sowjetische Politik gegenüber Rumänien, Ungarn und Bulgarien sollte sich der Beschluß von Potsdam als folgenschwer erweisen, in dem die Regierungen der USA und Großbritanniens auf jegliche Ansprüche hinsichtlich der deutschen Auslandsguthaben in diesen drei Ländern verzichtet hatten.[151] Die endgültige Regelung der Reparations-Leistungen Bulgariens, Rumäniens und Ungarns erfolgte aufgrund der Pariser Friedensverträge vom 10. Februar 1947.

Stalins Politik der ökonomischen Eingriffe und Ausbeutung der von der UdSSR kontrollierten Länder und Gebiete ist Gegenstand zahlreicher westlicher Untersuchungen.[152] Dennoch ist es selbst heute nicht möglich, eine umfassende und gründliche Analyse der sowjetischen Wirtschaftsbeziehungen zu diesen Ländern in den Jahren ab 1945 zu geben, da der Inhalt der bilateralen Wirtschaftsabkommen großenteils nicht veröffentlicht worden ist. Auf dieses Faktum ist es zurückzuführen, daß renommierte westliche Autoren und ausgewiesene Wirtschaftsspezialisten zu unterschiedlichen Ergebnissen über das Ausmaß der Ausbeutung durch

---

150 Vgl. dazu die Amtliche Verlautbarung und das Protokoll der Verhandlungen der Konferenz von Jalta. Texte bei E. Deuerlein: Einheit, S. 326–329 f.
151 Text bei D. Rauschning: Gesamtverfassung, S. 101 f. (102). Vgl. zur Gesamtproblematik der Deutschland auferlegten Verpflichtungen H. Rumpf: Die deutsche Frage und die Reparationen; F. Faust: Potsdamer Abkommen, S. 123–131; J. Hacker: Rechtsstatus, S. 339–341.
152 Die umfangreiche Spezialliteratur zu dieser Thematik kann hier nicht im einzelnen aufgeführt werden. Besonders materialreich und instruktiv N. Spulber: Economics; E. Klinkmüller/M. E. Ruban: Zusammenarbeit. Zahlreiche aufschlußreiche Angaben macht auch B. Kiesewetter in: Ostblock, ohne sie jedoch im einzelnen zu belegen. Über die ökonomische Entwicklung der Tschechoslowakei, Polens, Bulgariens, Ungarns, Rumäniens und Jugoslawiens informiert für die Jahre von 1945 bis 1949 in knapper, aber sehr instruktiver Weise M. Dewar in: Trade. Die wirtschaftliche Entwicklung Bulgariens, Rumäniens, Jugoslawiens und Albaniens analysiert für den gleichen Zeitraum ausführlich R. L. Wolff in: Balkans, S. 323–352, auch wenn man sich an zahlreichen Stellen Belege gewünscht hätte. Vgl. dazu auch F. D. Holzman: Trade, S. 66–70. Vgl. zur Gesamtproblematik auch die fundierte Darstellung von A. Gerschenkron: Trade. Vgl. speziell über die Entwicklung der UdSSR A. Nove: History, S. 287–321. Vgl. über das Ausmaß der Kriegsschäden und den beginnenden Wiederaufbau die instruktiven Angaben bei F. Fejtö, in: Volksdemokratien (I), S. 144–178, 192–200; J. H. Wszelaki: Strategy.

die UdSSR gelangen. Dennoch vermögen vorliegende Angaben und Statistiken über die Wirtschaftsbeziehungen der UdSSR zu den betroffenen Staaten und Gebieten wichtige Aufschlüsse zu vermitteln. Dabei beschränkt sich die Analyse auf den Aspekt, inwieweit die sowjetische Führung den »ökonomischen Hebel« angesetzt hat, um die Staaten Südost- und Ostmitteleuropas sowie die SBZ auch wirtschaftlich auf Moskau auszurichten.

a) *Die Reparations-Verpflichtungen Rumäniens, Ungarns und Bulgariens*

Hinsichtlich der Behandlung Rumäniens, Ungarns und Bulgariens waren die drei Hauptalliierten bereits in den jeweiligen Waffenstillstands-Abkommen übereingekommen, diese Länder bezüglich der Reparationen und Restitutionen unterschiedlich zu behandeln. Da Bulgarien während des Zweiten Weltkriegs die diplomatischen Beziehungen zur UdSSR aufrechterhalten und sich nicht am militärischen Überfall Deutschlands auf die Sowjetunion beteiligt hatte[153], einigten sich die USA, Großbritannien und die UdSSR, Bulgarien im Vertrag über den Waffenstillstand vom 28. Oktober 1944 zu verpflichten, Reparationen an jene Länder, vor allem an Griechenland und Jugoslawien, für die Schäden zu leisten, die ihnen Bulgarien während der Kriegshandlungen zugefügt hat; die genaue Höhe dieser Reparationen sollte später festgesetzt werden. Gegenüber der Sowjetunion mußte sich Bulgarien verpflichten, die Ausgaben für den Unterhalt der sowjetischen Truppen, die sich auf seinem Territorium befanden, zu übernehmen.[154]
Sehr viel schärfer ging die »Anti-Hitler-Koalition« gegen Rumänien vor. In Art. 11 des Waffenstillstands-Abkommens vom 12. September 1944 hatte sie festgelegt, daß Rumänien die aufgrund seiner Beteiligung am Zweiten Weltkrieg verursachten Schäden zu ersetzen habe: »In Anbetracht dessen, daß Rumänien nicht aus dem Kriege ausgetreten ist, sondern daß es an der Seite den Krieg gegen Deutschland und Ungarn weiterführt, ist man übereingekommen, daß Rumänien diese Schäden nicht

---

153 Die UdSSR hatte Bulgarien am 5. September 1944 dennoch den Krieg erklärt, um es nachträglich zu einem »Feindstaat« mit allen daraus resultierenden nachteiligen Folgen zu stempeln. Vgl. dazu oben S. 143 f.
154 Vgl. dazu die Ziffern 9, 11 und 15 des Waffenstillstands-Abkommens vom 28. Oktober 1944 sowie das Zusatzprotokoll. Dt. Text in: Archiv der Gegenwart 1945, S. 36.

voll, sondern nur teilweise trägt. Die durch Rumänien zu zahlende Summe wird sich auf 300 Millionen amerikanischer Dollar belaufen...[155]
Diese Leistungen hatte Rumänien allein gegenüber der UdSSR innerhalb eines Zeitraums von sechs Jahren in Form von Warenlieferungen zu erbringen. Darüber hinaus verpflichtete sich Rumänien, für alle Schäden aufzukommen, die es der Sowjetunion während des Zweiten Weltkriegs zugefügt hat.[156]
Einschneidende Auswirkungen auf die rumänische Wirtschaft hatte das am 8. Mai 1945 mit der UdSSR geschlossene Abkommen über die wirtschaftliche Zusammenarbeit. Aufgrund dieser Vereinbarungen wurden die sowjetisch-rumänischen Gemischten Gesellschaften ins Leben gerufen, um, wie es im offiziellen Kommuniqué dazu hieß, »die Entwicklung der rumänischen Landwirtschaft, Industrie, des Transport- und Bauwesens zu ermöglichen«.[157] Während die rumänische Regierung in diesem Abkommen die Interessen der UdSSR an der Forstwirtschaft, den Bodenschätzen, dem Handel-, der Donau- und Seeschiffahrt sowie der Luftfahrt Rumäniens anerkannte, verpflichtete sich die Sowjetunion ihrerseits, der rumänischen Wirtschaft durch Lieferungen von Betriebsausrüstungen behilflich zu sein.[158]
Obwohl auf der Konferenz von Potsdam die beiden westlichen Hauptalliierten auf die deutschen Auslandsguthaben auch in Rumänien verzichtet und sie damit der UdSSR zugesprochen hatten, nahm die Sowjetunion darüber hinaus auch die italienischen Industrie- und Finanzwerte in Rumänien in Anspruch, die ihr erst im Friedensvertrag mit Italien vom

---

155 Vgl. dazu vor allem R. L. Wolff: Balkans, S. 341-344.
156 So Art. 12 des Waffenstillstands-Abkommens. Text in: AdG 1945, S. 43. Vgl. dazu E. C. Ciurea: Traité, S. 18 f. Vgl. über die sowjetisch-rumänischen Wirtschaftsbeziehungen und die ökonomische Entwicklung Rumäniens im einzelnen R. L. Wolff: Balkans, S. 344-352; N. Spulber: Economics, S. 172-176.
157 Zit. bei L. M. von Taubinger: Gesellschaften, S. 146. Zuvor hatten die Regierungen der UdSSR und Rumäniens am 16. Januar 1945 ein Abkommen über die Ausführung der Bestimmungen des Art. 11 des Waffenstillstands-Abkommens vom 12. September 1944 in Moskau geschlossen und die von Rumänien im Zeitraum bis zum 12. September 1950 zu liefernden Waren im Werte von 300 Millionen amerikanischer Dollar im einzelnen spezifiziert. Vgl. dazu Archiv der Gegenwart 1945, S. 42.
158 Vgl. dazu L. M. von Taubinger, ebenda, S. 146. Der Autor schildert sehr plastisch die im Abkommen vom 8. Mai 1945 vereinbarte Gründung sowjetisch-rumänischer Gemischter Gesellschaften, durch deren Sonderstellung die UdSSR die gesamte rumänische Volkswirtschaft »rücksichtslos ausbeuten« konnte. Vgl. L. M. von Taubinger, ebenda, S. 146-149. Sehr instruktiv zur Gesamtproblematik auch der Aufsatz »Sovroms« in: »News from behind the Iron Curtain«, September 1954; dt. Übersetzung in: Ost-Probleme 1954, S. 1771-1778; Reparationspolitik in den Satellitenstaaten, in: Politika, Belgrad, vom 17. Juni 1951, dt. Text in: Ost-Probleme 1951, S. 1006 f.

10. Februar 1947 zugesprochen worden waren.[159] Nach westlichen Berechnungen fielen ungefähr 35 Prozent der gesamten rumänischen Industrie- und Finanzwerte in Höhe von rund 300 Millionen Dollar in sowjetische Hände. In den Jahren 1946/47 umfaßten die Reparations-Leistungen 37,5 Prozent des rumänischen Staatshaushalts, im Jahre darauf sogar 46,6 Prozent.[160]

Auch im Fall Ungarns haben die drei Hauptsiegermächte bereits im Abkommen über den Waffenstillstand vom 20. Januar 1945 die Höhe der Reparations-Leistungen festgelegt. Ungarn wurde verpflichtet, der UdSSR, der Tschechoslowakei und Jugoslawien Reparationen für die Schäden zu leisten, die in diesen Ländern durch militärische Operationen und die Besetzung eines Teils ihrer Territorien durch ungarische Streitkräfte entstanden waren: »In Anerkennung der Tatsache, daß sich Ungarn nicht nur aus dem Krieg gegen die Vereinten Nationen zurückgezogen, sondern daß es Deutschland den Krieg erklärt hat, kommen die vertragschließenden Parteien überein, daß Ungarn nicht alle von ihm verursachten Verluste, sondern nur einen Teil davon vergüten muß.«[161]

Die Alliierten legten fest, daß Ungarn insgesamt Reparationen in der Gesamthöhe von 300 Millionen amerikanischer Dollar, in sechs Jahresraten in der Form von Warenlieferungen zu zahlen hat. Die an die UdSSR zu zahlende Summe belief sich auf 200 Millionen, während die Entschädigung an die Tschechoslowakei und Jugoslawien je 50 Millionen amerikanischer Dollar betrug.[162]

Das Ausmaß dieser Belastungen zeigt sich daran, daß im Fall Ungarns im Jahre 1946 die Reparationen einen Anteil von ungefähr 71 Prozent am

---

159 Vgl. Art. 74, Ziffer 2b) des Friedensvertrags mit Italien. Text bei E. Menzel: Friedensverträge, S. 86: Die UdSSR durfte auch die italienischen Guthaben in Bulgarien und Ungarn als Reparationen in Anspruch nehmen.
160 Diese Zahlen, auf die sich zahlreiche westliche Autoren berufen, gehen auf die Berechnungen N. Spulbers in: Economics, S. 181, zurück. Vgl. dazu auch V. Winston: The Soviet Satellites; Z. K. Brzezinski: Sowjetblock, S. 146; E. Klinkmüller/M. E. Ruban: Zusammenarbeit, S. 6-15; R. C. Ribi: Das Comecon, S. 29; B. Kiesewetter: Ostblock, S. 26-29.
161 So Ziffer 9 des Waffenstillstands-Vertrags vom 20. Januar 1945. Dt. Text in: Archiv der Gegenwart 1945, S. 53.
162 Vgl. ebenda. Mit Ungarn schloß die Sowjetunion am 15. Juni 1945 ein Abkommen über die ungarischen Reparations-Leistungen an die UdSSR gemäß die Waffenstillstands-Bedingungen vom 20. Januar 1945. Es sah Warenlieferungen aus Ungarn im Wert von 200 Millionen Dollar vor, die bis Januar 1951 geleistet werden sollten. Vgl. dazu Archiv der Gegenwart 1945, S. 272. Am 27. August 1945 schloß die UdSSR mit Ungarn ein längerfristiges Abkommen über wirtschaftliche Zusammenarbeit und gegenseitige Warenlieferungen. Vgl. dazu Archiv der Gegenwart, ebenda, S. 399.

Gesamtexport hatten; von Mitte 1946 bis Mitte 1947 beliefen sie sich im Gesamtdurchschnitt auf ungefähr 59 Prozent.[163] Während die Reparations-Zahlungen 1946/47 46,4 Prozent des ungarischen Staatshaushalts ausmachten, betrugen sie im Haushaltsjahr 1947/48 noch 17,8 Prozent.[164] Ebenso wie gegenüber Rumänien wurden auch im Fall Ungarns für diese Leistungen die Weltmarktpreise aus dem Jahre 1938 zugrunde gelegt. Nachdem es der UdSSR auf der Potsdamer Konferenz gestattet worden war, die deutschen Auslandsguthaben auch in Ungarn zu beschlagnahmen, schloß sie am 27. August 1945 ein Abkommen über wirtschaftliche Zusammenarbeit und gegenseitige Warenlieferungen, in dem der sowjetisch-ungarische Warenaustausch spezifiziert worden ist.[165]

b) *Die Eingriffe in die Wirtschaft Polens und der Tschechoslowakei*

Die ökonomischen Interessen der UdSSR standen bei Stalin so sehr im Vordergrund, daß er nicht davor zurückschreckte, auch die beiden Alliierten der »Anti-Hitler-Koalition« im Zweiten Weltkrieg, Polen und die Tschechoslowakei, zu Sonderleistungen heranzuziehen. Skrupellos nützte die sowjetische Führung die auf der Konferenz von Potsdam getroffene Reparations-Regelung dazu aus, Polen um den vollen Genuß der ihm zugesprochenen Leistungen seitens Deutschlands zu bringen. Bevor die »Großen Drei« in Potsdam festgelegt hatten, daß die UdSSR die Reparations-Ansprüche Polens aus ihrem eigenen Anteil an den Reparationen befriedigen wird, hatten die Sowjets bereits zehn große Industriewerke aus den deutschen Ostgebieten im Gesamtwert von 500 Millionen Dollar demontiert.[166]

Genau zwei Wochen nach dem Abschluß der Potsdamer Konferenz unterzeichneten die UdSSR und Polen am 16. August 1945 ein Abkommen über die Ersatzleistung von Schäden, die durch die deutsche Besetzung verursacht worden waren. Darin gestand die Sowjetunion Polen 15 Prozent aller Reparations-Lieferungen aus der SBZ für die Zeit nach »Potsdam« sowie 50 Prozent derjenigen industriellen Großanlagen zu, die die

---

163 Diese Angaben macht E. Kiesewetter in: Ostblock, S. 27.
164 Diese Angaben macht N. Spulber in: Economics, S. 180. Vgl. dazu auch Z. K. Brezezinski: Sowjetblock, S. 156; V. Winston: The Soviet Satellites; E. Klinkmüller/M. E. Ruban: Zusammenarbeit, S. 13 f.; R. C. Ribi: Das Comecon, S. 29.
165 Vgl. dazu die Angaben in: Archiv der Gegenwart 1945, S. 399.
166 Vgl. dazu B. Kiesewetter: Ostblock, S. 28.

UdSSR – gemäß den Potsdamer Beschlüssen – aus den westlichen Besatzungszonen Deutschlands erhalten soll, »wobei die Lieferung dieser Anlagen an Polen im Austausch gegen andere Waren aus Polen erfolgen soll«. Außerdem konzedierte die Sowjetunion Polen 15 Prozent der industriellen Großanlagen, die – wie in Potsdam vereinbart – an die UdSSR aus den Westzonen ohne jede Bezahlung oder sonstige Leistung geliefert werden sollten.[167]

Polen mußte sich verpflichten, vom Jahre 1946 an jährlich während der gesamten Periode der Besetzung Deutschlands an die UdSSR Kohle zu einem »besonders vereinbarten Preis« zu liefern. Das bedeutete: Die Sowjetunion hatte keine Hemmungen, Polen, das im Zweiten Weltkrieg besonders unter der deutschen Besetzung zu leiden hatte, um einen guten Teil seiner berechtigten Ansprüche zu bringen. Der Anteil Polens an den von Deutschland zu zahlenden Reparationen entsprach in keiner Weise den Intentionen der westlichen Staatschefs auf der Konferenz von Potsdam und erreichte auch nicht den im sowjetisch-polnischen Abkommen vom 16. August 1945 festgelegten Wert. Unzulässig erschien es auch, daß die UdSSR ihre Verpflichtungen aus dem Potsdamer Abkommen gegenüber Polen mit hohen polnischen Gegenlieferungen an Kohle unter dem Weltmarktpreis verband.

Schließlich sollte nicht übersehen werden, daß Polen den Transport sowjetischer Truppen und Güter nach der SBZ und von Gütern der SBZ nach der UdSSR ohne jede Gegenleistung für die Benutzung der Eisenbahnen, Straßen und des Bedienungspersonals der Sowjetunion und der SBZ zur Verfügung stellen mußte. Erst nach dem Posener Aufstand war die Sowjetunion in den Verhandlungen mit Polen vom 15. bis zum 18. November 1956 in Moskau bereit, »die Schulden Polens an den verwendeten Summen aus den Krediten, die die Sowjetunion Polen gewährte, mit dem Stand vom 1. November 1956 als Bezahlung der vollen Kosten der Kohle, die in den Jahren 1946–1953 aufgrund des Abkommens vom 16. August 1945 aus Polen in die Sowjetunion geliefert wurde, für getilgt anzusehen«.[168] Damals erreichten die Führungen beider Länder auch eine Regelung der finanziellen Verrechnungen für Eisenbahntransporte, ohne daß die Gemeinsame Erklärung vom 18. November 1956 darüber im einzelnen Aufschluß gab.

---

167 Dt. Text bei B. Meissner: Das Ostpakt-System, S. 55. Vgl. dazu N. Spulber: Economics, S. 176–178.
168 Dt. Text des Abkommens in: Archiv der Gegenwart 1956, S. 6113 f. (6114). Vgl. dazu N. Spulber, ebenda, S. 177 f.

Stalin war auch nicht bereit, die Haltung der Tschechoslowakei während des Zweiten Weltkriegs zu honorieren und das Land als gleichberechtigten Wirtschaftspartner zu behandeln. Die UdSSR ließ es sich nicht nehmen, auch die Tschechoslowakei zu Sonderleistungen heranzuziehen und zu übervorteilen. Über die ökonomischen Beziehungen zwischen beiden Ländern wurden Ende Juni und Anfang Juli 1945 in Moskau schwierige Verhandlungen geführt. Eine entgegenkommende Haltung der UdSSR durfte die tschechoslowakische Delegation insofern erwarten, als sie in dem Vertrag vom 29. Juni 1945 auf die Karpathen-Ukraine verzichtet und deren »Vereinigung« mit der Ukraine zugestimmt hatte.[169]
Am 5. Juli 1945 gab der tschechoslowakische Industrieminister Bohumil Lausman in einer Rundfunkansprache zu, daß noch immer beträchtliche Meinungsdifferenzen mit der UdSSR darüber bestünden, welche Fabriken in der Tschechoslowakei als Kriegsbeute der Roten Armee anzusehen und daher in die Sowjetunion abzutransportieren seien. Stalin habe den Befehl erteilt, daß alle in der Tschechoslowakei liegenden Fabrikbetriebe und Lager den tschechoslowakischen Behörden übergeben werden sollten und daß der Abtransport von Materialien nach der UdSSR nur mit ausdrücklicher Zustimmung der tschechoslowakischen Regierung erfolgen dürfe.[170]
Am 8. Mai 1945 erzielten beide Länder eine Übereinkunft darüber, welche Industrie-Unternehmungen, die von den Deutschen während des Krieges in der Tschechoslowakei errichtet worden waren, nun von den Sowjets abmontiert und nach der UdSSR gebracht werden sollten.[171] Der Wert der als deutsches Vermögen deklarierten industriellen Anlagen, Kapitalien und Gütervorräte wurde mit 390 Millionen Vorkriegs-Dollar berechnet.[172] Erst nach weiteren Verhandlungen vom 20. bis zum 25. Juli 1946 war Stalin zu gewissen Konzessionen bereit: Die bis dahin noch nicht in die UdSSR transportierten und von Deutschen während des Zweiten Weltkriegs errichteten Fabriken und Maschinen wurden nun unentgeltliches Eigentum der Tschechoslowakei.[173]

---

169 Dt. Text bei B. Meissner: Das Ostpakt-System, S. 51 f. Vgl. dazu auch E. Menzel: Friedensverträge, S. 32 f. hinsichtlich der Territorialklauseln im Friedensvertrag mit Ungarn vom 10. Februar 1947. Vgl. auch oben S. 120–122.
170 Vgl. dazu Archiv der Gegenwart 1945, S. 308; J. K. Hoensch: Osteuropa-Politik, S. 17 mit Anm. 11.
171 Vgl. dazu Archiv der Gegenwart, ebenda, S. 313.
172 Vgl. dazu B. Kiesewetter: Ostblock, S. 29.
173 Dt. Text des gemeinsamen sowjetisch-tschechoslowakischen Kommuniqués in: Archiv der Gegenwart 1946, S. 826. Vgl. dazu auch B. Kiesewetter, ebenda, S. 29.

c) *Die weitreichenden Eingriffe in die Wirtschaft der SBZ*

Auch in der SBZ stand die Wirtschaftspolitik der sowjetischen Besatzungsmacht in der ersten Nachkriegsperiode bis Mitte 1947 fast ausschließlich im Zeichen der Entnahme von Reparationen, die der UdSSR auf den Konferenzen der »Großen Drei« in Jalta und Potsdam zugestanden worden waren. Doch weder in Jalta noch in Potsdam hatte man die genaue Höhe der an die Sowjetunion seitens Deutschlands zu zahlenden Reparationen festgelegt. Auf der Konferenz von Jalta im Februar 1945 hatte sich jedoch Präsident Roosevelt damit einverstanden erklärt, daß der Kommission der Alliierten, die die genauen Reparations-Leistungen bestimmen sollte, die Höhe der sowjetischen Reparations-Forderungen von 10 Milliarden Dollar als Diskussionsgrundlage dienen sollte.[174] Zwar legte man in Potsdam im Juli/August 1945 die Prinzipien über die von deutscher Seite zu leistenden Reparationen nieder, ohne jedoch die Höhe zu präzisieren. Auch auf der Potsdamer Konferenz hielt die UdSSR an ihrem bisherigen Anspruch auf Sachleistungen in Höhe von 10 Milliarden Dollar fest. Er wurde ihr aber auch hier nicht konzediert.[175]

Das Potsdamer Abkommen hat im Abschnitt IV festgelegt, wie die Ansprüche der UdSSR auf Reparationen befriedigt werden sollten.[176] Die genaue Regelung erfolgte erst durch den ersten, vom Alliierten Kontrollrat am 26. März 1946 fertiggestellten »Plan für die Reparationen und das Niveau der deutschen Nachkriegswirtschaft in Übereinstimmung mit dem Berliner Protokoll (Potsdamer Abkommen)«.[177] Die von den Sowjets abermals geforderten 10 Milliarden Dollar wurden ihnen auch in dieser Übereinkunft nicht zugestanden.

Bei der einseitigen Ausnutzung des ökonomischen Potentials der SBZ wandte die Sowjetunion vornehmlich die folgenden Methoden an: Demontagen, Enteignung von Industriebetrieben und anderen Vermögenswerten, Kriegsbeute- und Trophäen-Aktionen, Schaffung eines Netzes sowjetischer Handelsgesellschaften, Warenlieferungen für die sowjetischen Besatzungstruppen in der SBZ, Entnahme von Reparationen aus der lau-

---

174 Vgl. das Protokoll der Konferenz von Jalta vom 11. Februar 1945. Text bei E. Deuerlein: Einheit, S. 330. Vgl. dazu mit weiteren Nachweisen F. Faust: Potsdamer Abkommen, S. 32 f.
175 Vgl. dazu mit weiteren Nachweisen F. Faust, ebenda, S. 124 f.
176 Text bei D. Rauschning: Gesamtverfassung, S. 101 f.
177 Text bei W. Cornides und H. Volle: Um den Frieden mit Deutschland, S. 90–94. Vgl. zum Gesamtkomplex die fundierte Darstellung A. Glasers: Die Reparationen der Sowjetzone, S. 66; F. Faust: Potsdamer Abkommen, S. 124 f.

fenden Produktion und Zwangsarbeit von Kriegsgefangenen und Zivilinternierten in der UdSSR.[178]

Für die gesamte Nachkriegsperiode im Zeichen Stalins, also bis zum Jahre 1953, bildete die Reparationspolitik das mit Abstand wichtigste Element der sowjetischen Wirtschaftspolitik in der SBZ. Ebenso wie in den drei südosteuropäischen Staaten führten auch die Reparations-Leistungen in der SBZ – bedingt durch ihren Umfang – zu Veränderungen in der industriellen Struktur des Besatzungsraumes: Nach und nach entwickelten sich aus den anfänglich einseitigen Wertübertragungen zweiseitige Formen ökonomischer Zusammenarbeit zwischen der UdSSR und der SBZ.[179]

Erst die Nachfolger Stalins waren bereit, ab 1. Januar 1954 auf die weitere Erhebung von Reparations-Zahlungen der DDR zu verzichten. Westliche Untersuchungen – auf die noch zurückzukommen sein wird – über den genauen Umfang der von der SBZ/DDR an die UdSSR gezahlten Reparationen weichen voneinander ab. Bis heute erscheint es nicht möglich, die genauen Zahlen zu errechnen.[180]

d) *Die Ausbeutung mittels der »gemischten Gesellschaften«*

Dieser knappe Überblick über die Hauptzüge der sowjetischen Wirtschaftspolitik gegenüber den Staaten Ostmittel- und Südosteuropas sowie der SBZ verdeutlicht, wie zielstrebig und konsequent Stalin den ökonomischen Faktor für die allmähliche Gleichschaltung dieses unter sowjetische Herrschaft geratenen Raumes Europas in den Jahren ab 1945 einzusetzen wußte. Auch wenn die sowjetische Führung deutlich zwischen den Alliierten Deutschlands und der UdSSR im Zweiten Weltkrieg unterschied und sie auch im ökonomischen Bereich unterschiedlich behandelte, so war es für Stalin selbstverständlich, daß sich auch die ehemaligen Kriegsgegner Deutschlands nach den wirtschaftlichen Interessen der UdSSR zu richten hatten.

So brachte die Sowjetunion Polen um den vollen Genuß der ihm in Potsdam zugesprochenen Reparationen seitens Deutschlands, indem es sich zu langfristigen Kohle-Lieferungen zu einem »Sonderpreis« verpflichten mußte. Festzuhalten gilt auch, daß sich die Führung der Tschechoslowa-

---

178 Vgl. dazu mit weiteren Nachweisen K. Pritzel: Wirtschaftsintegration, S. 20 f.
179 So K. Pritzel, ebenda, S. 21.
180 Vgl. dazu im einzelnen unten S. 496 f.

kei zunächst dem Anspruch der UdSSR widersetzt hatte, die während des Krieges im Lande errichteten deutschen Industriebetriebe in die Sowjetunion zu transportieren. Polen war das einzige von der Sowjetunion militärisch okkupierte Land, das die Gründung gemischter sowjet-polnischer Gesellschaften erfolgreich abzuwehren vermochte. Hingegen gelang es der Tschechoslowakei nicht, sich der sowjetischen Forderung nach Errichtung gemischter sowjetisch-tschechoslowakischer Gesellschaften über die Ausnutzung des Uran-Bergbaus zu widersetzen. Man darf der sowjetischen Führung bescheinigen, daß sie außerordentlich raffiniert vorging, um die ökonomische Vormachtstellung der UdSSR in jenen Ländern durchzusetzen, in denen gemischt-wirtschaftliche Gesellschaften gegründet worden sind. So brachte die Sowjetunion einen Teil des beschlagnahmten umfangreichen deutschen und italienischen Eigentums als »Einlage« in die neugegründeten gemischt-wirtschaftlichen Gesellschaften in Bulgarien, Rumänien und Ungarn ein. Während in Rumänien 14 dieser Gesellschaften errichtet wurden, genügten den Sowjets in Bulgarien 5 und in Ungarn 6 solcher Gesellschaften, um auch im ökonomischen Bereich ihre Vormachtstellung von vornherein sicherzustellen. Bruno Kiesewetter hat das sowjetische Vorgehen so umschrieben:
»Vermöge dieser ›Einlage‹ und ihrer wirtschaftlichen und politischen Machtstellung kontrollierten die Sowjets über die Gesellschaften, die die größten und einflußreichsten waren, nicht nur die Produktion dieser Länder, sondern auch ihre Entwicklungsrichtung. Die Gesellschaften waren nicht nur exterritorial und von Steuern und Zöllen befreit, ihre Ein- und Ausfuhren wurden auch direkt von der UdSSR über ihren maßgebenden Direktor gelenkt. Die UdSSR trieb mit den Erzeugnissen dieser Gesellschaften einen schwungvollen Zwischenhandel und verkaufte sie als sowjetische Waren. Die Hälfte des Gewinns dieser Gesellschaften floß in die Tasche der UdSSR.«[181]
Die gemischt-wirtschaftlichen Gesellschaften erfaßten in Bulgarien, Rumänien und Ungarn die wichtigsten Zweige der jeweiligen Volkswirtschaft und bildeten neben der direkten Demontage industrieller Anlagen ein weiteres Mittel, um die gesamte Wirtschaft dieser Länder zu »steuern«. Nur im Fall der Tschechoslowakei begnügte sich die UdSSR

---

181 B. Kiesewetter: Ostblock, S. 25. Kiesewetter gibt eine sehr informative Übersicht über die Stellung des Deutschen Reiches in der Wirtschaft dieser Länder während der Zeit bis 1944/45 (vgl. S. 22-25). Vgl. dazu auch J. M. van Brabant: Origins, S. 190, wo er darauf hinweist, wie sehr die UdSSR bestrebt war, das vom Deutschen Reich und anderen westlichen Staaten hinterlassene »ökonomische Vakuum« auszufüllen. Vgl. auch E. A. Radice: Developments.

damit, sich lediglich an der Ausnutzung des Uran-Bergbaus direkt zu »beteiligen«. Die in der SBZ errichteten Sowjetischen Aktiengesellschaften (SAG) waren sogar direkt der Sowjetischen Militäradministration (SMAD) unterstellt. Erst in den Jahren von 1954 bis 1956 wurden diese Gesellschaften aufgelöst; dabei ließ sich die Sowjetunion ihre »Einlage« entgelten.[182]
Wie sehr es Stalin darum ging, nicht nur diese Länder und die SBZ soweit wie möglich ökonomisch auszubeuten, sondern auch sicherzustellen, daß sich deren Außenhandel in Zukunft vornehmlich nach den Interessen der UdSSR zu richten hat, zeigen auch andere Maßnahmen. Dazu zählen neben der Demontage von Anlagen, Maschinen und Ausrüstungen und deren Abtransport in die UdSSR die Enteignung von Industrie-Betrieben und sonstiger Vermögenswerte und die Entnahme aus der laufenden Produktion zugunsten der Sowjetunion. Eine wichtige Einnahmequelle bildeten auch die Unterhaltskosten, die diese Länder für die Stationierung sowjetischer Truppen zu entrichten hatten. Dabei sollte beachtet werden, daß die UdSSR bereits im Dezember 1945 ihre Streitkräfte aus der Tschechoslowakei und Ende 1947 aus Bulgarien abgezogen hat.[183] Die »Legalisierung« der Stationierung sowjetischer Truppen in Polen, der DDR, Rumänien und Ungarn erfolgte erst, als die UdSSR nach den

---

182 Vgl. dazu B. Kiesewetter, ebenda, S. 26 f. Vgl. speziell zur Auflösung der gemischten Gesellschaften 1954 in Rumänien L. M. v. Taubinger: Gesellschaften, S. 149: »Bei der Auflösung der gemischten Gesellschaften haben die Sowjets sehr wohl ihren Nutzen zu wahren gewußt, denn das Abkommen vom 18. September 1954 enthält finanzielle Übergabebestimmungen, nach welchen Rumänien das von den Sowjets nach dem Krieg beschlagnahmte Eigentum heute für schwere Milliarden zurückkaufen muß. Es war also keine Rede von einer großzügigen Übergabe des sowjetischen Anteils der gemischten Gesellschaften.« Gegenüber Polen zeigte die UdSSR erst nach den Unruhen in Posen ein gewisses Entgegenkommen. Vgl. dazu die Gemeinsame Erklärung über das Ergebnis der Verhandlungen Gomulkas in Moskau vom 18. November 1956. Text in: Archiv der Gegenwart 1956, S. 6113 f.; vgl. dazu B. Kiesewetter, ebenda, S. 29. Über die Errichtung und Arbeitsweise der gemischten Gesellschaften informiert ausführlich N. Spulber: Economics, S. 166–223. Vgl. dazu auch Z. K. Brzezinski: Sowjetblock, S. 146 mit den Nachweisen in den Anm. 37–39. Vgl. auch die detaillierte Darstellung bei U. Drobnig: Corporations; Die wirtschaftliche Entwicklung in der sowjetischen Zone Deutschlands seit Potsdam, S. 1030–1033.
183 Die Rechtsgrundlage für den Abzug der sowjetischen Truppen aus Bulgarien bildete Art. 20 des Friedensvertrags vom 10. Februar 1947: »Alle bewaffneten Streitkräfte der Alliierten und Assoziierten Mächte werden so schnell wie möglich und in keinem Fall später als binnen 90 Tagen nach dem Inkrafttreten des vorliegenden Vertrages aus Bulgarien zurückgezogen.« Text bei E. Menzel: Friedensverträge, S. 168. Da der Friedensvertrag mit Bulgarien am 15. September 1947 wirksam wurde, verließ die Rote Armee das Land mit dem 15. Dezember 1947.

Ereignissen in Polen und Ungarn im Herbst 1956 ihren Machtbereich zu konsolidieren suchte. Schließlich sollte nicht übersehen werden, daß die UdSSR deutsche Kriegsgefangene und Zivilinternierte nicht nur aus Deutschland, sondern auch aus den früheren Feindstaaten teilweise bis über die Zeit nach dem Abschluß der Friedensverträge vom 10. Februar 1947 zur Zwangsarbeit herangezogen hat.

Bei ihrer skrupellosen und hemmungslosen Ausbeutungspolitik gegenüber den ehemaligen Feindstaaten und der SBZ konnte sich die UdSSR – wie bereits ausgeführt – auf vertragliche Abmachungen mit den beiden westlichen Hauptalliierten stützen. In den langwierigen und schwierigen Verhandlungen über den Abschluß der Friedensverträge mit Ungarn und Rumänien versuchte die sowjetische Führung durchzusetzen, daß es bei der in den Waffenstillstands-Abkommen jeweils festgelegten Reparations-Summe von 300 Millionen Dollar blieb. Die einzige Konzession, zu der sich Moskau bereit fand, lag darin, daß der Zeitraum für die Leistungen dieser Reparationen von 6 auf 8 Jahre ausgedehnt worden ist. Angesichts der Haltung der beiden angelsächsischen Mächte war es nur selbstverständlich, daß Rumänien und Ungarn – wie ebenfalls zuvor beschlossen – die Reparationen nur an die UdSSR zu leisten hatten.[184] Nachdem die drei Hauptalliierten im Waffenstillstands-Abkommen mit Bulgarien vom 28. Oktober 1944 die Höhe der zu leistenden Reparationen offen gehalten hatten, wurde Bulgarien im Friedensvertrag vom 10. Februar 1947 verpflichtet, insgesamt 70 Millionen Dollar, davon 45 an Griechenland und 25 an Jugoslawien zu leisten.[185]

Die sowjetische Politik der ökonomischen Eingriffe und Ausbeutung führte in den militärisch besetzten oder zumindest kontrollierten Staaten und Gebieten zu weitreichenden Verschiebungen in der Wirtschaftsstruktur der betroffenen Volkswirtschaften. Die Reparationen bildeten in der

---

184 Die Frage der Reparationen hat bei der Vorbereitung der Friedensverträge vom 10. Februar 1947 eine zentrale Rolle gespielt. Vgl. dazu die detaillierte Darstellung bei E. Menzel: Friedensverträge, S. 8 f., 15 f., 47. Endgültig geregelt wurde die Festlegung der Reparationsverpflichtungen in Art. 23 des Friedensvertrags mit Ungarn, Art. 21 des Friedensvertrags mit Bulgarien und Art. 22 des Friedensvertrags mit Rumänien. Vgl. die Texte bei E. Menzel, ebenda, S. 152, 169, 184. Vgl. speziell zur Regelung mit Rumänien E. C. Ciurea: Traité, S. 122–130. Vgl. dazu auch H. Volle: Die Friedensverträge mit den ehemaligen europäischen Verbündeten Deutschlands, S. 487–490.
185 Im Gegensatz zu Rumänien und Ungarn waren im Waffenstillstands-Vertrag mit Bulgarien vom 28. Oktober 1944 die an Griechenland und Jugoslawien zu leistenden Reparationen nicht in ihrer Höhe bestimmt worden. Vgl. dazu auch E. Menzel, ebenda, S. 46 f.

Folgezeit einen wichtigen Ansatzpunkt für die Entwicklung zweiseitiger Formen der wirtschaftlichen Kooperation: »Angesichts der Größenordnung und der strukturellen Folgen der Reparationsleistungen ist es gerechtfertigt, sie nicht nur als die früheste, sondern zugleich auch als die bis Ende 1953 wichtigste Form der Zusammenarbeit innerhalb des Ostblocks anzusehen.«[186] So führten ökonomische und politische Motive zu einer wesentlichen Veränderung in den Handelsbeziehungen dieser Staaten: »weg vom Westen, hin zur Sowjetunion und zueinander«.[187]
Je weiter diese Entwicklung fortschritt und je mehr die UdSSR in der zweiten Hälfte der vierziger Jahre die Industrialisierung dieser Staaten vorantrieb, desto größer wurde deren ökonomische Bedeutung für die Sowjetunion.

5. *Die Sondersituation Jugoslawiens und Albaniens*

a) *Jugoslawien*

Auch wenn Jugoslawien bereits am 11. April 1945 mit der UdSSR einen bilateralen Bündnispakt geschlossen hatte, wußte Stalin nur allzu gut, daß das entscheidende Wort über die Nachkriegsentwicklung Jugoslawiens ausschließlich Marschall Tito haben werde. Die Tatsache, daß es dem Führer der Partisanen-Bewegung gelungen war, sein Land – im Gegensatz zu den »Genossen« in den anderen Staaten des sowjetischen Machtbereichs – nur mit sehr geringer militärischer Unterstützung der Roten Armee zu »befreien«, kann gar nicht hoch genug eingeschätzt werden. Die Perspektive war für Stalin auch insofern nicht günstig, als er seine nach Jugoslawien gesandten Streitkräfte bereits im März 1945 wieder abziehen mußte.
Stalin konnte den selbstbewußten Kommunisten Tito keineswegs so behandeln wie die im Moskauer Exil »geschulten« und die lokalen »Genossen«, die zumeist den Zweiten Weltkrieg zu Hause im Untergrund überstanden hatten und um ihre Abhängigkeit von den Anweisungen Moskaus wußten. Schließlich saßen im Moskauer Exil keine von Stalin »trainier-

---

186 So E. Klinkmüller/M. E. Ruban: Zusammenarbeit, S. 5 f. Zu dem gleichen Ergebnis gelangt K. Pritzel hinsichtlich der SBZ in: Wirtschaftsintegration, S. 21.
187 So Z. K. Brzezinski: Sowjetblock, S. 148.

ten« und auf den Tag der »Befreiung« vorbereiteten jugoslawischen Politiker, die – wie viele andere prominente »Moskoviter« – nur darauf warteten, die Machtübernahme durch die Kommunisten einzuleiten oder bereits errungene Machtpositionen auszubauen.

Tito hatte frühzeitig dafür gesorgt, daß die Machtstellung der Kommunistischen Partei Jugoslawiens bereits im Zeitpunkt der Beendigung des Zweiten Weltkriegs unangefochten war. Am 10. August 1945 beschloß der zuvor um 121 neue Mitglieder – davon 39 aus dem letzten Vorkriegs-Parlament – erweiterte »Antifaschistische Rat der Volksbefreiung Jugoslawiens«, sich fortan als »Provisorisches Parlament des demokratischen föderativen Jugoslawiens« zu nennen, dem vor allem die Wahl der Verfassunggebenden Versammlung oblag.[188] Titos Partei dominierte in Regierung und Parlament, in denen Kommunisten oder zuverlässige Anhänger vertreten waren, die auch maßgeblichen Einfluß auf den während des Befreiungskrieges geschaffenen Verwaltungsapparat (Volksausschüsse) ausübten, und »endlich waren die zur regulären Armee gewordenen, ideologisch von politischen Kommissaren geformten Partisanenverbände ihre Schöpfung«.[189] Anfang August 1945 wurde bereits die »Volksfront« ins Leben gerufen, die die Kommunisten beherrschten, auch wenn ihr nichtkommunistische Parteien angehörten, und am 11. November 1945 wurde die erste Verfassunggebende Versammlung gewählt. Mit Wahlvorschlägen beteiligte sich nur die »Volksfront«, da die oppositionellen Parteien keine eigenen Kandidaten aufgestellt hatten; ihnen stand nur die Möglichkeit offen, die Wahllisten der »Volksfront« dadurch abzulehnen, daß sie ihre Wahlkugel in besondere Wahlurnen werfen konnten. Rund 90 Prozent aller Wähler entschieden sich für die »Volksfront«.

Die Konstituante trat am 29. November 1945, als sich die Gründung des »Antifaschistischen Rats der Volksbefreiung Jugoslawiens« zum zweiten Mal jährte, zu ihrer ersten Sitzung zusammen, erklärte Jugoslawien zur Republik und warf König Peter vor, die »Kollaborateure« unterstützt zu haben. Bereits am 31. Januar 1946 wurde die Verfassung der Föderativen Volksrepublik Jugoslawien angenommen.[190] Obwohl die »Volksfront« in

---

188 Mit der Erweiterung des Antifaschistischen Rats der Volksbefreiung Jugoslawiens wurden sowohl das Abkommen Titos mit Šubašić vom 1. November 1944 und die Erklärung von Jalta vom 11. Februar 1945 zumindest formal erfüllt. Vgl. dazu R. L. Wolff: Balkans, S. 267 f. (268); E. Zellweger: Staatsaufbau, S. 122 f. (123); P. Morača: Bund, S. 50.
189 E. Zellweger, ebenda, S. 123. Vgl. dazu auch R. L. Wolff, ebenda, S. 268 f.
190 Dt. Text in: Jahrbuch des öffentlichen Rechts, N. F. Bd. 7, 1958, S. 321–324, und in: Die Verfassungen der Erde in deutscher Sprache nach dem jeweils neuesten Stand. Engl. Text bei J. F. Triska (Ed.): Constitutions, S. 453–476 und bei A. J. Peaslee:

der Theorie aus mehreren Parteien bestand, kontrollierte die Kommunistische Partei Jugoslawiens – nach dem sowjetischen Beispiel – vollständig alle Verfassungsorgane; mit Ausnahme der Kommunistischen Partei verfügte keine andere politische Gruppe über eine eigene Organisation.

Tito war darüber hinaus auch insofern in einer besseren Position als seine »Genossen« in den sowjetisch beherrschten Ländern, als er es gar nicht nötig hatte, andere politische Parteien, vor allem die sozialistischen, zu spalten und den linken Flügel zu den Kommunisten hinüberzuziehen. Da in Jugoslawien die Kommunisten den Widerstand und dessen politische Organe beherrscht hatten, blieb ihnen genügend Zeit, die »Volksfront« zu bilden und sie von Anfang an in der Hand zu haben.[191]

Festzuhalten gilt, daß sich in der jugoslawischen Verfassung vom 31. Januar 1946 weitgehend die Stalinsche Verfassung aus dem Jahre 1936 widerspiegelte. Nun ging das Regime energisch daran, in tausenden von Verfahren »Kollaborateure« und politische Opponenten zu verurteilen. Wie sehr Tito entschlossen war, eine radikale Innenpolitik zu betreiben, zeigt sich vor allem darin, daß zwischen November 1944 und Dezember 1946 die gesamte Industrie, die Banken und andere Unternehmungen verstaatlicht wurden und bereits im Herbst 1945 eine Bodenreform eingeleitet wurde.[192]

Entscheidend für das sowjetisch-jugoslawische Verhältnis ist jedoch, daß Tito trotz der dem sowjetischen Vorbild nachgebildeten Verfassung und der radikalen sozial-ökonomischen Reformen nicht bereit war, eine Außenpolitik zu treiben, die Jugoslawien vollständig der UdSSR untergeordnet hätte. Wie sehr Stalin darauf erpicht war, Jugoslawien soweit wie möglich in den sowjetischen Machtbereich einzubeziehen, verdeutlichten die sowjetischen Bestrebungen, das Land wenigstens ökonomisch von der UdSSR abhängig zu machen. Vladimir Dedijer hat in seiner autorisierten »Tito«-Biographie sehr anschaulich und instruktiv darüber berichtet, wie

---

Constitutions of Nations. Vgl. zu der Verfassung im einzelnen E. Zellweger, ebenda, S. 123–128; L. Schultz: Die Verfassungsentwicklung der Föderativen Volksrepublik Jugoslawien seit 1945, S. 289–305; R. L. Wolff, ebenda, S. 269–277; H. Seton-Watson: Revolution, S. 208 f.; ders.: Yugoslavia, S. 355–361. Vgl. über den Anteil der einzelnen Nationalitäten an der Gesamtbevölkerung Jugoslawiens die instruktiven Übersichten bei P. Shoup: Communism, S. 266–268.

191 Vgl. dazu vor allem H. Seton-Watson: Revolution, S. 205–207; R. L. Wolff, ebenda, S. 269 f.

192 Vgl. dazu im einzelnen G. J. Conrad: Die Wirtschaft Jugoslawiens; Z. K. Brzezinski: Sowjetblock, S. 41; E. Zellweger: Staatsaufbau, S. 128–133; P. Morača: Bund, S. 50–52; R. L. Wolff, ebenda, S. 323–335.

Stalin in den Jahren 1946/47 bemüht war, Jugoslawien in die ökonomische Abhängigkeit der UdSSR zu bringen.[193]
Dedijers Ausführungen gewinnen auch deshalb eine so eminente Bedeutung, da sie ökonomische Fragen betreffen, die in den Beziehungen der UdSSR zu den von ihr okkupierten und kontrollierten Staaten und Gebieten Europas ebenfalls eine zentrale Rolle gespielt haben. Gerade weil über die Art, wie Stalin seine Politik der wirtschaftlichen Eingriffe und Ausbeutung in den Staaten Ostmittel- und Südosteuropas sowie in der SBZ durchgesetzt hat, nur wenig verläßliches »Inside«-Material vorliegt, reicht Dedijers detaillierter Bericht weit über den Bereich der sowjetisch-jugoslawischen Beziehungen hinaus.
Auch gegenüber Jugoslawien versuchte Stalin zunächst, sein Konzept von »gemischten Gesellschaften« zu verwirklichen. Als Marschall Tito im Frühjahr 1946 mit Stalin und Molotov in Moskau ausführliche Besprechungen über Wirtschaftsfragen führte, stimmten die Jugoslawen der Errichtung sowjetisch-jugoslawischer Aktiengesellschaften deshalb zu, da sie sie für die angestrebte Industrialisierung des Landes für nützlich hielten. Stalin meinte zunächst, Tito hätte gegen die Gründung solcher Gesellschaften Einwände: »Wir haben nichts dagegen, wenn Sie es nicht wollen. Ebensowenig waren beispielsweise die Polen willens, solche Gesellschaften zu gründen . . .«[194]
Tito verneinte dies zwar, wies aber darauf hin, daß er die Bildung solcher gemischten Gesellschaften vor allem unter dem Aspekt der Industrialisierung seines Landes sehe. Im weiteren Verlauf der Verhandlungen, die auch nach Titos Rückkehr fortgeführt wurden, wurde den Jugoslawen immer klarer, welche Absichten die sowjetische Führung verfolgte. Einmal ging es ihr darum, der UdSSR in Jugoslawien ein Monopol in gewissen Wirtschaftszweigen, wenn nicht sogar in dessen Gesamtwirtschaft überhaupt zu verschaffen. So fragten die Sowjets, wozu Jugoslawien überhaupt eine Schwerindustrie benötige: »Im Ural haben wir doch alles, was Sie brauchen.«[195]
Darüber hinaus verlangten die Sowjets, sämtliches in Jugoslawien für den Export bestimmtes Öl müsse an die Sowjetunion geliefert werden, »und zwar in den ersten fünf Jahren frei von allen Abgaben und Zöllen . . . Da die Ölproduktion in Jugoslawien erst anlief, hätte diese Regelung den

---

193 V. Dedijer: Tito, S. 261–281 (276). Vgl. dazu auch R. L. Wolff: Balkans, S. 335–338.
194 V. Dedijer, ebenda, S. 261–263 (263).
195 V. Dedijer, ebenda, S. 269.

Russen eine absolute Monopolstellung eingeräumt.«[196] Die Sowjets scheuten nicht davor zurück, auch die gesamte Ölverwertung – wie den Vertrieb von Treibstoff und anderen Ölderivaten – völlig in die Hände der angestrebten gemischten Aktiengesellschaften zu legen.

Vladimir Dedijer hat eindringlich geschildert, daß auf der gleichen Grundlage die Verhandlungen für alle übrigen Aktiengesellschaften basierten, deren Errichtung die Sowjets auf jugoslawischem Gebiet beabsichtigten. Besonders erbost waren die Jugoslawen auch über den sowjetischen Anspruch auf ein Monopol in Jugoslawien und das Recht auf Exterritorialität oder die vertragliche Zusicherung, daß die jeweiligen Gesellschaften nicht der Jurisdiktion des Landes unterliegen sollten. Den Sowjets ging es schließlich auch darum zu verhindern, daß jene Wirtschaftszweige, die in die gemischten Aktiengesellschaften eingebracht werden sollten, in den jugoslawischen Wirtschaftsplan einbezogen wurden.

Obwohl die Sowjets ihre Absichten nicht verhehlten, die Industrialisierung Jugoslawiens so weit wie möglich zu verhindern und das Land zum Rohstoff-Lieferanten der UdSSR zu degradieren, verhandelten die Jugoslawen bis in das Jahr 1947 geduldig weiter. Ihr Mißtrauen wurde jedoch besonders geschärft, als die Sowjets den Vorschlag unterbreiteten, eine sowjetisch-jugoslawische Bank zu gründen, die gar keine Aktiengesellschaft mehr, sondern ein ausschließlich sowjetisches Handelsunternehmen werden sollte; auf diese Weise hoffte Stalin, das Finanzierungs- und Kreditsystem Jugoslawiens in die Hand zu bekommen. Durch diese Bank hätten die Sowjets »die jugoslawische Wirtschaft von einem zentralen Punkt aus kontrolliert und nach eigenem Gutdünken ihren Forderungen unterworfen«.[197]

Als Titos Wirtschaftsexperten auch diesen allzu durchsichtigen Plan Stalins abgelehnt hatten und in Moskau dies als ein feindseliger Akt bewertet worden war, stimmten die Jugoslawen schließlich der Gründung zweier sowjetisch-jugoslawischer Gesellschaften zu, um Stalin nicht völlig zu verprellen.

Im Februar 1947 wurden die »Justa«-Luftverkehrsgesellschaft und die »Juspad«-Flußschiffahrtsgesellschaft errichtet. Den Sowjets gelang es, sich von Anfang an an der Fluggesellschaft eine Monopolstellung zu sichern und der eigenen jugoslawischen Fluggesellschaft eine völlig untergeordnete Rolle zuzuweisen; durch die Bildung der »Juspad« beraubte die

---

196 V. Dedijer, ebenda, S. 270, wo er die einschlägigen Art. 8 und 10 des sowjetischen Vertragsentwurfs zitiert.
197 V. Dedijer, ebenda, S. 272 f. (272).

UdSSR der jugoslawischen Schiffahrt ihre Stellung und Bedeutung, die sie bis dahin mit der höchsten Tonnage von allen Donau-Staaten innegehabt hatte. Vladimir Dedijer hat die Entwicklung der beiden gemischten Gesellschaften so umrissen:
»Anstatt also die wirtschaftliche Entwicklung in Jugoslawien zu fördern, erwies sich in der Folge die Existenz der ›Justa‹ und der ›Juspad‹ als ein reines Verlustgeschäft. Die Sowjetunion suchte auf diese Weise eine Monopolstellung in Jugoslawien zu erringen und uns unsere wirtschaftliche Unabhängigkeit und Souveränität zu rauben.«[198]
Vladimir Dedijer hat eine Äußerung Stalins überliefert, die dieser im März 1947 gegenüber Edvard Kardelj in Moskau gemacht hat und aus der klar und eindeutig hervorgeht, welchen Status der sowjetische Diktator den von der UdSSR kontrollierten Ländern und Gebieten zugewiesen hat. Es ging dabei um die Frage, ob es opportun sei, weitere sowjetisch-jugoslawische Aktiengesellschaften zu gründen. Dazu hat Stalin bemerkt: »Natürlich ist es keine sehr glückliche Form der Zusammenarbeit, wenn man in einem alliierten und befreundeten Lande wie Jugoslawien Aktiengesellschaften errichtet. Es wird immer zu Mißverständnissen und Differenzen führen; in gewisser Weise würde auch tatsächlich die Unabhängigkeit Ihres Landes darunter leiden und unsere freundschaftlichen Beziehungen gestört werden. Solche Gesellschaften eignen sich nur für Satellitenländer.«[199]
Offener und auch schonungsloser hätte Stalin die sowjetische Macht- und Expansionspolitik in Europa gar nicht kennzeichnen können. Die Verwendung des Wortes »Satellit« zeigt, daß es Stalin mit den gern benutzten Termini »Souveränität«, »Unabhängigkeit« und »Einmischungsverbot« nicht ernst gemeint haben kann. Das wirft auch ein Schlaglicht auf die zwischen der UdSSR bereits im Dezember 1943 mit der Tschechoslowakei und im April 1945 mit Polen und Jugoslawien geschlossenen bilateralen Verträge, die die klassischen Formeln des Völkerrechts enthalten.
Als sich Stalin mit seinem Konzept der gemischten Gesellschaften auch für andere Bereiche als den der Flugfahrt und Schiffahrt gegenüber den Jugoslawen nicht durchzusetzen vermochte, suchte er Tito mit Kredit-Versprechen zu gewinnen. Doch auch hier wollte er den Jugoslawen Bedingungen diktieren, die diese nicht akzeptieren konnten. Nun wurde es Tito und seinen »Genossen« vollends klar, daß es Stalin einzig und allein

---

198 V. Dedijer, ebenda, S. 273–276 (276). Vgl. dazu mit wertvollen Nachweisen auch N. Spulber: Economics, S. 194–197.
199 V. Dedijer, ebenda, S. 278 f.

darum ging, Jugoslawien ökonomisch »zu unterjochen, es zu einem rohstoffliefernden Anhängsel der sowjetischen Wirtschaft zu machen, die Industrialisierung Jugoslawiens zu verhindern und die sozialistische Weiterentwicklung unseres Landes zu verzögern. Die jugoslawische Regierung unter Tito war fest entschlossen, eine solche Wendung nicht zuzulassen«.[200]

Nur wenn man sich die sowjetisch-jugoslawischen Beziehungen von 1945 bis zum Frühjahr 1947 vergegenwärtigt, wird verständlich, wie wenig die Entwicklung dieses wichtigen Balkan-Staates im Sinne der sowjetischen Führung verlief. So ist es auch kein Zufall, daß Jugoslawien am 18. März mit Polen und am 9. Mai 1946 mit der Tschechoslowakei bilaterale Bündnisverträge schloß, die Stalin unter den »Satelliten« erst ab Frühjahr 1947 zuließ. Man darf Tito uneingeschränkt Einsicht und Weitblick bescheinigen, daß er in den entscheidenden ersten Nachkriegsjahren verhindert hat, sein Land zu einem »Satelliten« Moskaus zu degradieren. Im Laufe des Jahres 1948 sollte sich dann zeigen, daß Stalin nicht mehr willens war, Titos »eigenen Weg zum Sozialismus« hinzunehmen.

b) *Albanien*

In Albanien hatte – wie bereits dargelegt – Tito dafür gesorgt, daß die Kommunisten während des Zweiten Weltkriegs die entscheidenden Machtpositionen erringen konnten. Nach der Beendigung des Krieges übernahm Jugoslawien die Rolle, die Italien in Albanien zuvor gespielt hatte: »Arm und unfähig, genügend Nahrung für die Bevölkerung zu produzieren, benötigte Albanien immer einen reicheren Patron.«[201] Nun imitierten Titos Schüler ihren Meister so genau und »sorgfältig, wie es die Verhältnisse erlaubten«.[202] Obwohl Enver Hoxha 1945, als in Albanien ca. 1 Million Menschen lebten, über weniger als 5000 Parteigänger verfügte, war er bestrebt, alle politisch relevanten Positionen mit politisch »zuverlässigen« Kräften zu besetzen. Ebenso wie in Jugoslawien fanden auch in Albanien zahlreiche Prozesse gegen »Kollaborateure« statt. Die Angst, aus berechtigten oder weniger berechtigten Gründen gerichtlich verfolgt zu werden, veranlaßte zahlreiche Albaner, sich der Partei Hoxhas anzuschließen.

200 V. Dedijer, ebenda, S. 280 f. (281).
201 So R. L. Wolff: Balkans, S. 339. Vgl. über die Entwicklung Albaniens in den Jahren 1945 bis 1948 auch N. C. Pano: Albania, S. 58–87.
202 So R. L. Wolff, ebenda, S. 274. Vgl. dazu auch St. Skendi: Albania, S. 22 f.

Am 2. Dezember 1945 wählte Albanien – getreu dem jugoslawischen Vorbild – eine »Verfassunggebende Versammlung«. Nur die »Demokratische Front« hatte Wahllisten aufgestellt, während politisch Andersdenkende ihre Mißbilligung lediglich in der Weise zum Ausdruck bringen konnten, wie dies bei der Wahl in Jugoslawien am 11. November 1945 der Fall war; auch in Albanien waren organisierte Oppositionsgruppen zur Wahl nicht zugelassen. Der einzige Unterschied zwischen dem 11. November 1945 in Jugoslawien und dem 2. Dezember 1945 in Albanien lag darin, daß Hoxhas »Demokratische Front« mit 93 Prozent aller Stimmen den Grad der Zustimmung zu Titos Einheitsliste noch übertraf.[203]
Am 10. Januar 1946 schaffte die »Verfassunggebende Versammlung« die Monarchie ab, um einen Tag später die »Volksrepublik Albanien« zu proklamieren. Die dann ausgearbeitete Verfassung vom 14. März 1946 lehnte sich an die der UdSSR und Jugoslawiens an – mit einer Ausnahme: da Albanien keine Nationalitäten-Kammer benötigte, schuf man ein Ein-Kammer-System.[204] Der Grad der Bindung Albaniens an Jugoslawien läßt sich daran ablesen, daß Art. 44 der Verfassung Jugoslawiens vom 31. Januar 1946 bestimmte, daß die Aufnahme neuer Republiken in die Zuständigkeit der Föderativen Volksrepublik Jugoslawien falle: Damit konnte nur Albanien gemeint gewesen sein. Angesichts der weiteren Entwicklung, die 1948 zum totalen Bruch zwischen Tirana und Belgrad geführt hat, konnte es nicht überraschen, daß in der neuen jugoslawischen Verfassung aus dem Jahre 1953 die Bestimmung über die Aufnahme neuer Republiken ersatzlos gestrichen worden ist.
Albaniens enge Anlehnung an Jugoslawien beschränkte sich jedoch nicht auf den gleichen Wahlmodus bei der Wahl zur »Verfassunggebenden Versammlung« und die weitgehende Übernahme des Verfassungssystems. Seit der Beendigung des Zweiten Weltkriegs hatte Tito Berater für die Ministerien und Experten für die Armee nach Tirana gesandt. So wurde Jugoslawien »außenpolitischer Repräsentant und ökonomische Stütze«[205] der Volksrepublik Albanien. Am 9. Juli 1946 schlossen beide Länder einen Vertrag über Freundschaft und gegenseitigen Beistand.[206]

---

203 Vgl. dazu R. L. Wolff, ebenda, S. 274 f.; St. Skendi, ebenda, S. 23 f.; H. Seton-Watson: Revolution, S. 211 f.; »Die kommunistische Partei Albaniens (III)«, S. 43 f.
204 Engl. Text der albanischen Verfassung bei J. F. Triska: Constitutions, S. 124–149 und A. J. Peaslee: Constitutions of Nations, S. 6–19.
205 So H.-D. Topp: Außenpolitik, S. 75.
206 Text bei B. Meissner: Das Ostpakt-System, S. 28 f. Vgl. dazu auch St. Skendi: Albania, S. 24.

Wenn gelegentlich in westlichen Publikationen behauptet wird, in diesem Pakt hätten beide Staaten die Errichtung gemischter jugoslawisch-albanischer Gesellschaften vorgesehen[207], so ist das nicht richtig. In der Präambel des Vertrags ist nur von dem »Wunsch auf Zusammenarbeit auf kulturellem und wirtschaftlichem Gebiet« die Rede; und in Art. 5 hieß es ausdrücklich, daß die ökonomischen, kulturellen usw. Beziehungen in besonderen Verträgen geregelt werden.

Am 27. November 1946 unterzeichneten Jugoslawien und Albanien einen Vertrag über die Angleichung der Wirtschaftspläne und Währungen sowie über eine Zollunion.[208] Der Titel dieser Abmachung beschrieb haargenau Titos weitreichende Zielsetzungen: Mit diesem Vertrag wurde die Wirtschaft Albaniens weitgehend in die Jugoslawiens integriert. Dennoch sollte nicht übersehen werden, daß sich Belgrad nicht der ausbeuterischen Methoden bediente, wie sie die Sowjets gegenüber den von ihnen kontrollierten Ländern und Gebieten für angebracht hielten. Das gilt sowohl für die Festlegung der Preise albanischer Produkte als auch für die Arbeitsweise der gemischten jugoslawisch-albanischen Aktiengesellschaften.[209]

Es erscheint nicht übertrieben, wenn Stavro Skendi den Status Albaniens in den ersten Nachkriegsjahren als »Satelliten Jugoslawiens« umschrieben hat.[210] Noch einmal sei jedoch betont, daß sich die Stellung Albaniens von der der »Satelliten« der UdSSR in einem Punkt grundlegend unterschied: Es erschien schwer vorstellbar, wie Albanien in den ersten Jahren nach der Beendigung des Zweiten Weltkriegs ohne einen ökonomisch potenteren ausländischen »Patron« hätte auskommen können, der auch früher immer die Geschicke des kleinen Balkan-Staates mitbestimmt hat. Hinzu kommt, daß eine etwaige Anlehnung Enver Hoxhas an die UdSSR bei Stalin auf wenig oder gar keine Gegenliebe gestoßen wäre. Vladimir Dedijer und Milovan Djilas haben zwar berichtet, wie sehr sich Stalin während seiner Begegnungen mit führenden jugoslawischen Kommunisten im Frühjahr 1946, im Februar 1947 und im Januar 1948 über die innere Entwicklung und die führenden Politiker Albaniens zu informieren

---

207 So beispielsweise R. L. Wolff: Balkans, S. 339.
208 Text bei B. Meissner: Das Ostpakt-System, S. 56 f.
209 Vgl. dazu V. Dedijer: Tito, S. 292–295; R. L. Wolff: Balkans, S. 339–341; G. J. Conrad: Die Wirtschaft Jugoslawiens, S. 135 f. Vgl. dazu auch M. Djilas: Gespräche, S. 171: »Die Bedingungen, die die jugoslawische Regierung den Albanern unterbreitete, waren bedeutend günstiger und gerechter für die Albaner als vergleichsweise die, welche die Sowjetregierung den Jugoslawen bot.« Vgl. auch H. Seton-Watson: Albania, S. 374 f.
210 St. Skendi: Albania, S. 24.

suchte. Aus Stalins Aussagen sprach ein hoher Grad von Verachtung für das kleine albanische Volk.
Im Januar 1948 reiste Milovan Djilas mit einer Delegation nach Moskau, um die sowjetische Führung über jugoslawisch-albanische Pläne zu unterrichten, die eine Eingliederung des Landes als föderale Republik Jugoslawiens vorsahen. Dazu meinte Stalin: »Wir haben kein besonderes Interesse an Albanien. Wir sind damit einverstanden, daß Jugoslawien Albanien schluckt.« Darauf antwortete ihm Milovan Djilas: »Es handelt sich nicht um Schlucken, sondern um Vereinigung.« Molotov machte darauf den Einwurf: »Aber das ist doch Schlucken.« Stalin ließ es sich nicht nehmen hinzuzufügen: »Aber wir gehen ja doch mit Euch einig: Ihr sollt Albanien schlucken – je früher, desto besser.«[211]
Im Februar 1948 wurden die Pläne, Albanien möglicherweise mit Jugoslawien zu vereinigen, auch im Zentralkomitee der Kommunistischen Partei Albaniens diskutiert.[212] Sie konnten jedoch wegen des schweren Konflikts zwischen Stalin und Tito, der im Juni 1948 zum Ausschluß der Kommunistischen Partei Jugoslawiens aus dem Kominform führte, nicht mehr realisiert werden – ein Konflikt, der Albanien von der inzwischen von offizieller Seite als drückend apostrophierten Vormundschaft Belgrads befreite und an die Seite der UdSSR trieb. Damit wechselte Albanien seinen »Patron«. Ob Enver Hoxha, einer der größten Stalinisten, in diesem Zeitpunkt gewußt hat, daß Stalin wenige Monate vorher der jugoslawischen Führung mit Nachdruck empfohlen hatte, Albanien zu »schlucken«, ist bisher nicht bekannt geworden. Auf jeden Fall hat sich Enver Hoxha für die Mißachtung, die Stalin ihm und den anderen albanischen »Genossen« während des Zweiten Weltkriegs und in den ersten Jahren danach entgegengebracht hat, erst rächen können, als ihm der sowjetisch-chinesische Konflikt ab 1960 dazu Gelegenheit bot. Nicht jedoch Stalin, sondern Nikita S. Chruščev und dessen Nachfolger waren nun die Kontrahenten. Und wieder machte es Enver Hoxha nichts aus, den einen »Patron« mit einem anderen zu wechseln.

---

211 Dieses wichtige Zitat findet sich nahezu gleichlautend sowohl bei M. Djilas: Gespräche, S. 183, und bei V. Dedijer: Tito, S. 303. Vgl. dazu auch R. L. Wolff: Balkans, S. 340.
212 Vgl. dazu St. Skendi: Albania, S. 24; M. Djilas, ebenda, S. 171, weist auf das wichtige Faktum hin, daß mit der Vereinigung Albaniens mit Jugoslawien »die Frage der albanischen Minderheit in Jugoslawien gelöst worden wäre«.

6. Zwischenbilanz: Stalins Rechnung ging auf – mit Ausnahme in Jugoslawien (und Albanien)

Man darf Stalin bescheinigen, daß er die in der Zeit des Zweiten Weltkriegs geschaffenen Möglichkeiten, die von der Roten Armee besetzten Länder und Gebiete in den sowjetischen Machtbereich einzubeziehen, hervorragend genutzt hat. Die Zwischenbilanz der sowjetischen Politik in den zwei Jahren von der Beendigung des Zweiten Weltkriegs bis Mitte 1947 ergibt, daß – mit Ausnahme der Tschechoslowakei – in allen diesen Staaten und Gebieten die Kommunisten die entscheidenden Machtpositionen einnahmen; das gilt für Polen, Rumänien, Ungarn, Bulgarien und die SBZ. Die Übersicht über die zahlenmäßige Stärke der kommunistischen Parteien in diesen Staaten führt zu dem aufschlußreichen Ergebnis, daß diese politischen Gruppierungen in den meisten Fällen eine sehr schwache Ausgangsposition hatten. Auch wenn die offiziell veröffentlichten Zahlen nicht nachprüfbar sind, ist kaum anzunehmen, daß sie niedriger als »nötig« angesetzt sind. Wenn in den meisten Fällen präzise Zahlen über die Stärke der kommunistischen Parteien im Zeitpunkt der »Befreiung« fehlen, so ist das vor allem darauf zurückzuführen, daß sie zuvor verboten waren und während des Krieges im Untergrund arbeiten mußten.

So sehr sich auch die Ergebnisse der einzelnen Entwicklungsprozesse ähnelten, darf nicht übersehen werden, daß in jedem Land und in der SBZ die Voraussetzungen unterschiedlich waren. So ist es unstatthaft, die Voraussetzungen und Entwicklungslinien der kommunistischen »Machtergreifung« in den einzelnen Ländern und der SBZ pauschal und nicht getrennt zu behandeln. Dabei ist es auch unangebracht, die Entwicklung der Donau- und Balkan-Staaten – Jugoslawien, Ungarn, Rumänien, Bulgarien und Albanien – nicht getrennt zu analysieren. Mit Recht hat Eduard Táborský kritisiert, daß in der 1959 erschienenen Studie »Die Sowjetisierung Ost-Mitteleuropas« der Ablauf der Sowjetisierung in den fünf Donau- und Balkan-Staaten zu einem Kapitel zusammengefaßt worden ist, während den baltischen Staaten, Polen, der Tschechoslowakei und der SBZ separate Abschnitte gewidmet worden sind.[213]

So ist es nicht nur unangebracht, die Entwicklung Jugoslawiens (und Al-

---

213 Vgl. E. Táborskýs Rezension des von Ernst Birke und Rudolf Neumann herausgegebenen Buches: Die Sowjetisierung Ost-Mitteleuropas.

baniens) mit jener Ungarns, Rumäniens und Bulgariens zu »koppeln«, da sie bereits während des Zweiten Weltkriegs sehr unterschiedlich verlaufen ist. Doch selbst der Ablauf der Geschehnisse in Ungarn, Rumänien und Bulgarien gebietet eine getrennte Analyse. Der Politik der UdSSR kann man nur gerecht werden, wenn man sie so differenziert betrachtet, wie sie in jenem Zeitraum betrieben worden ist.
Es erscheint nicht vorstellbar, wie die während des Zweiten Weltkriegs in Polen eingeleitete Entwicklung einen anderen Verlauf hätte nehmen sollen. Die frühzeitige Einsetzung der Kommunisten in die führenden Positionen ließ erkennen, daß Stalin gerade in der »polnischen Frage« keinerlei Risiken eingehen wollte. Die oppositionellen Kräfte standen von Anfang an auf verlorenem Posten. Hinzu kommt, daß Stalin die beiden angelsächsischen Mächte frühzeitig zu überzeugen wußte, daß nicht nur die Festlegung der Grenzen Polens den »Interessen« der UdSSR entsprechen müsse; ebenso war klar, daß Stalin gerade im Fall Polens größten Wert darauf legte, dort ein prosowjetisches Regime zu errichten.
Auch hinsichtlich der SBZ läßt sich feststellen, daß die Entwicklung weitgehend zwangsläufig war. Im Unterschied zu Polen, wo Stalin die im Moskauer Exil geschulten Kommunisten auf eine nicht gerade vornehme Weise gegen die in Polen verbliebenen, im Untergrund kämpfenden »Genossen« auszuspielen wußte, rekrutierte sich die Führung der SBZ nahezu ausschließlich aus »Moskovitern«. Es bleibt ein erstaunliches Phänomen, wie gerade die deutschen Kommunisten in Moskau auf ihre neuen Aufgaben vorbereitet und »trainiert« worden sind. Die weitere Frage, ob Stalin die während des Zweiten Weltkriegs in Moskau weilenden deutschen Kommunisten auf eine »gesamtdeutsche« Aufgabe vorzubereiten hoffte, bleibt theoretischer Natur, da sich die »Anti-Hitler-Koalition« im Laufe des Jahres 1944 auf das Konzept geeinigt hatte, Deutschland in Besatzungszonen einzuteilen. Das gerade von Stalin bis zur Konferenz von Jalta im Februar 1945 konsequent und vehement verfolgte »Dismemberment«-Konzept hätte ihm die Möglichkeit verbaut oder zumindest sehr erschwert, Einfluß auf ganz Deutschland, das dann in mehrere Staaten oder andere politische Einheiten zerstückelt worden wäre, zu nehmen. Der von den Hauptalliierten gewählte Weg, Deutschland in mehrere Besatzungszonen einzuteilen, barg für Stalin größere Chancen, auch auf die künftige Entwicklung jener Teile des Landes Einfluß auszuüben, die nicht der direkten sowjetischen Kontrolle unterstanden.
Stalins expansive und gegenüber den beiden Westmächten rücksichtslose Politik in Europa hat ihn um diese Chance gebracht, da sich in den Jahren nach der Beendigung des Zweiten Weltkriegs bald herausstellen sollte,

daß der Ost-West-Gegensatz und der »Kalte Krieg« nicht nur Folgen für die Spaltung Deutschlands, sondern auch Europas hatten. Auch wenn die Vier-Mächte-Verwaltung für Deutschland erst endgültig im März 1948 scheiterte, als die UdSSR die Arbeit des obersten Kontrollorgans für Deutschland, des Kontrollrats, lahmlegte, war längst deutlich geworden, daß die für Deutschland verantwortlichen vier Mächte über die »Ziele der Besetzung Deutschlands« so unterschiedliche Vorstellungen hatten, daß eine einheitliche Behandlung des Landes nicht mehr möglich war.

Diese Erkenntnis resultierte nicht nur aus der Arbeit des Kontrollrats, sondern auch des Rats der Außenminister, der eine »friedliche Regelung für Deutschland« vorbereiten sollte. Mit ihrer Politik der Gleichschaltung, der totalen politischen, ökonomischen und gesellschaftlichen Umstrukturierung und der wirtschaftlichen Ausbeutung der SBZ ab 1945 hat die sowjetische Führung deutlich gemacht, daß sie die Einbeziehung der SBZ in den eigenen Machtbereich einer wie auch immer gearteten »gesamtdeutschen Lösung« den Vorzug gab.

Es ist das Verdienst einiger neuerer Studien über die Entstehung der SED, entgegen einer weitverbreiteten Auffassung nachgewiesen zu haben, daß nicht erst das katastrophale Wahlergebnis für die Kommunisten in Österreich vom 25. November 1945 das Signal für die geplante Fusion von KPD und SPD in der SBZ gegeben hat. Mit der Rede Wilhelm Piecks vom 19. September 1945 stand fest, daß die sowjetische Besatzungsmacht und die Führung der KPD eine selbständig operierende SPD nicht mehr lange zu tolerieren gedachten. Auch wenn die »Verschmelzung« beider Parteien erst am 20./21. April 1946 vollzogen wurde, zeigt dieser folgenschwere Vorgang, wie frühzeitig die UdSSR mögliche politische Risiken auch in der SBZ ausschließen wollte. Noch einmal sei daran erinnert, wie sehr sich die Entwicklung der SBZ in diesem zentralen Punkt von der der anderen von der UdSSR kontrollierten Länder unterscheidet, in denen die kommunistischen Parteien zunächst jeweils die linken Flügel der sozialistischen oder sozialdemokratischen Parteien aufsogen und erst im Laufe des Jahres 1948 jeweils die Zwangsfusion erfolgte.

Vergleicht man die Entwicklung der von der UdSSR kontrollierten Länder und Gebiete, dann nimmt die Tschechoslowakei eine Sonderstellung ein. Das Schicksal der Tschechoslowakei, aus der die UdSSR ihre Streitkräfte bereits im Dezember 1945 zurückgezogen hatte und in der die Kommunisten erst im Februar 1948 endgültig die Macht total übernahmen, wird in der zeithistorischen Forschung nach wie vor kontrovers bewertet. Daran dürfte sich nichts ändern, solange die Archive nicht zugänglich sind, die über zentrale Vorgänge Auskunft zu geben vermögen.

Im Mittelpunkt der Auseinandersetzungen steht nach wie vor Eduard Beneš. Die Kritik konzentriert sich vor allem auf die Frage, ob der frühere und spätere Präsident der Tschechoslowakei und Chef der Exilregierung schon im März 1945 sein Land auf längere Sicht den Kommunisten überantwortet hat. Bei den Verhandlungen in Moskau akzeptierte Beneš die ihm von den Kommunisten präsentierte Regierungsliste insoweit, als er ihnen die Übernahme einiger Schlüsselministerien in der ersten Nachkriegsregierung versprach. So meint beispielsweise Josef Korbel, der eine der subtilsten Analysen über »Die kommunistische Subversion der Tschechoslowakei von 1938 bis 1948« verfaßt hat, in Moskau sei es im März 1945 um die »Entscheidung zwischen Freiheit und Totalitarismus« gegangen: »The cause of Czechoslovak democracy suffered an irreparable loss at this fateful hour of its history.«[214]
An anderer Stelle apostrophiert Korbel das Ergebnis der Moskauer Verhandlungen als das »Totenbett der tschechoslowakischen Demokratie«. Er konzediert wenigstens, daß für die Tragödie des Landes vor allem die UdSSR und die Kommunisten verantwortlich seien; es sei aber auch eine schmerzliche Wahrheit, daß alle Demokraten für die Entwicklung mitverantwortlich seien.[215] Es spricht für die differenzierte Betrachtungsweise Josef Korbels, daß er weitere Gründe nennt, warum die demokratischen Kräfte bereits im März 1945 und später wichtige Positionen aufgegeben haben. Wichtig ist vor allem Korbels Nachweis, daß die Londoner Exilregierung nicht vorbereitet war, im März 1945 der »soliden Front der Moskauer Kommunisten« zu begegnen, da sie über keinen Plan für eine gemeinsame Strategie verfügt habe; ebenso habe eine adäquate Führung gefehlt. Schließlich hat Korbel darauf hingewiesen, daß die demokratischen Kräfte mit viel zuviel Vertrauen, gutem Willen und Glauben den Kommunisten begegnet seien und sich viel zu sehr auf die verfassungsmäßigen Institutionen verlassen hätten, um revolutionäre Situationen zu meistern.[216]

---

214 J. Korbel: Subversion, S. 114.
215 J. Korbel, ebenda, S. 120.
216 Vgl. dazu auch die instruktiven Rezensionen H. Gordon Skillings und Vačlav Beneš' der Studie J. Korbels. Vgl. dazu auch H. Gordon Skilling: Revolution; P. E. Zinner: Strategy, S. 90–96. Sehr instruktiv dazu auch W. E. Griffith: Eduard Beneš im Urteil der Geschichte, S. 357–359, wo er sich mit dem teilweise sehr ungerechten Urteil V. Štědrýs über Eduard Beneš in: Die Tschechoslowakei – eine verschenkte Republik auseinandergesetzt hat. Vgl. zu den Beiträgen W. E. Griffith' und V. Štědrýs auch J. W. Brügel: Zum Streit um Eduard Beneš.

So muß die Frage offen bleiben, ob Eduard Beneš im März 1945 in Moskau gezwungen war, den Kommunisten die entscheidenden Ministerien zu überlassen. Zweifellos war es ein großer Fehler Eduard Beneš' – und darin stimmen alle Kritiker überein –, daß er in Moskau der von den Kommunisten und vier demokratischen Parteien gebildeten »Nationalen Front« zustimmte und damit einverstanden war, daß die anderen traditionellen Vorkriegsparteien nicht mehr zugelassen werden; bisher gibt es keine Hinweise darauf, daß Beneš damals gezwungen worden ist, die Abwesenheit jeglicher parlamentarischer Opposition in seinem Land in Moskau zu vereinbaren.

Auch wenn die Kommunisten bis zum Februar 1948 warteten, bis ihnen die »bürgerlichen« Mitglieder in der Koalitionsregierung eine Möglichkeit boten, die Alleinherrschaft in der Tschechoslowakei zu übernehmen, erscheint es undenkbar, daß Stalin bis zu diesem Zeitpunkt bereit gewesen wäre, das Land aus dem sowjetischen Einflußbereich zu »entlassen«. Die Vorgänge im Februar 1948, auf die noch zurückzukommen sein wird, sind deshalb so bemerkenswert, da die Kommunisten nicht einmal mehr den »Schutz« sowjetischer Truppen bedurften, um die Tschechoslowakei auf die Linie zu bringen, auf der sich die anderen von der UdSSR kontrollierten Länder längst befanden. Gerade deshalb erscheint es schwer vorstellbar, wie die »bürgerlichen« Kräfte in der Tschechoslowakei diese Entwicklung hätten aufhalten sollen.

Wenn auch die Entwicklung in Ungarn, Rumänien und Bulgarien unterschiedlich verlief, war es jeweils ein zwangsläufiger Prozeß. In allen drei Ländern vollzogen sich die Übernahme und Konsolidierung der Macht durch die Kommunisten in mehreren Etappen. Noch einmal sei daran erinnert, daß die sowjetische Führung hier in einer besonders starken Position insofern war, als Stalin diesen Teil Europas als sowjetische »Einflußzone« betrachten durfte, nachdem ihm dies Churchchill bereits im Oktober 1944 vorgeschlagen hatte. Daß die Vereinigten Staaten diesen »Prozent-Handel« – entgegen einer gelegentlich anzutreffenden Ansicht[217] – niemals ausdrücklich bestätigt haben, vermag an den Fakten nichts zu ändern.

Da in wichtigen, in der Bundesrepublik Deutschland verfaßten zeithistorischen Studien die Bedeutung und Tragweite der Absprache Churchills mit Stalin vom 9. Oktober 1944 zu gering erachtet wird, ist es geboten, daran

---

217 So beispielsweise S. Braga in seiner instruktiven Skizze der politischen und verfassungsrechtlichen Entwicklung: Rumänien 1944–1954, S. 101, Anm. 5.

zu erinnern, wie der einflußreiche amerikanische Diplomat Sumner Welles 1946 den »zynischen Tauschhandel« interpretiert hat. Churchills Vereinbarung mit Stalin »schaffte einen Präzedenzfall für eine Aufteilung der Welt, die sich auf ein System kontinentaler Einflußsphären stützen und von jeweils einer Großmacht beherrscht werden würde. Sie trat an die Stelle einer Neuordnung des Rechts und der Gerechtigkeit und des Grundsatzes der gleichen Souveränität aller Staaten.«[218]

Diese Aussage ist vor allem deshalb so entwaffnend, da Präsident Roosevelt vor und nach der Moskauer Konferenz Stalins und Churchills im Oktober 1944 so großen Wert auf die Feststellung legte, daß sich die USA niemals auf die Einteilung Europas in Einflußzonen einlassen würden. Sumner Wells' Deutung der Absprache Churchills mit Stalin ist ein eindrucksvolles Zeugnis für den Zynismus, mit dem auch die Vereinigten Staaten an die »Neuordnung« Europas herangegangen sind. Sumner Wells' Aussage verdient auch deshalb Beachtung, weil Churchill und Stalin im Oktober 1944 keinen Versuch gemacht haben, die Formel »Einflußsphäre« zu definieren.

So verstand es sich beinahe von selbst, daß in den für Rumänien, Bulgarien und Ungarn errichteten Alliierten Kontrollkommissionen die UdSSR den entscheidenden Einfluß ausübte, zumal alle drei Länder von der Roten Armee okkupiert worden waren. Es ist ein Verdienst vornehmlich angelsächsischer Autoren, klar herausgearbeitet zu haben, wie sehr die Konstruktion der Alliierten Kontrollkommission für Italien einen Präzedenzfall insofern geschaffen hat, als dort die UdSSR weitgehend auf eine Statistenrolle verwiesen worden ist.

Obwohl von den drei Ländern Bulgarien als einziges sich nicht an der kriegerischen Auseinandersetzung an der Seite Deutschlands gegen die UdSSR beteiligt hatte, wußte Stalin es Anfang September 1944 zum »Feindstaat« umzufunktionieren. Die Entwicklung in Bulgarien lief planmäßig im Sinne der sowjetischen Intentionen, da dort bereits aufgrund eines kommunistisch gelenkten Putsches am 9. September 1944 die »Vaterländische Front« an die Spitze des Staates trat. Selbst wenn die beiden

---

218 S. Welles: Where are We Heading, S. 152; zit. auch bei R. Yakemtchouk: Sowjetunion, S. 191 mit Anm. 7. Sehr instruktiv zur Gesamtproblematik und speziell zur amerikanischen Haltung gegenüber »Einflußsphären« auch L. E. Davis: The Cold War Begins, S. 140-171. Unter Hinweis darauf, daß Churchill und Stalin für Ungarn und Jugoslawien eine 50:50 Teilung des Einflusses vereinbart hatten, bemerkt Ch. Gati in: Origins, S. 6: »The future of Poland, Czechoslovakia and Germany was not reduced to such mathematical formulars, but it would be fair to assume that Western interest there at least matched Western interest in Yugoslavia and Hungary.«

westlichen Alliierten unter Hinweis auf die in Jalta gemeinsam mit Stalin unterzeichnete »Erklärung über das befreite Europa« und die in Potsdam vereinbarte Formel von den »anerkannt demokratischen Regierungen« auf eine stärkere Beteiligung nicht-kommunistischer Kräfte in der Führungsspitze des Landes gedrungen hätten, wäre eine Umkehrung der zwangsläufigen Entwicklung nicht denkbar gewesen.

Auch in Rumänien, dessen Nachkriegsgeschichte bereits am 23. August 1944 begann und wo am 6. März 1945 die Sowjets in ultimativer Form eine weitreichende Regierungsumbildung erzwangen, verlief die Konsolidierung der Macht durch die Kommunisten insofern zwangsläufig, als sich die Schlüsselpositionen des Staates nunmehr in ihrer Hand befanden. Entscheidend war auch hier, daß den USA und Großbritannien die Machtmittel fehlten, eine andere Zusammensetzung der Regierung und freie Wahlen zu erzwingen. Auf jeden Fall war es ein außerordentlich mutiger Akt König Michaels, daß er unter Hinweis auf die Potsdamer Beschlüsse meinte, die Regierung Groza sei verpflichtet zurückzutreten. Obwohl die beiden angelsächsischen Mächte im Fall Rumäniens noch das stärkste Engagement zeigten und Ende 1945 in Moskau durchsetzten, eine Kommission mit dem Auftrag nach Bukarest zu entsenden, um dort untersuchen zu lassen, ob freie und ungehinderte Wahlen möglich seien, dürften sie gewußt haben, daß dies nur »kosmetische« Korrekturen waren, die das Schicksal des Landes nicht mehr hätten wenden können. Auf jeden Fall war es ein großer Fehler beider Mächte, daß sie die Groza-Regierung in einem Augenblick anerkannten, als noch gar nicht feststand, wann und unter welchen Bedingungen Parlamentswahlen stattfinden werden. Diese bis zum November 1946 verschobenen Wahlen erbrachten das für die Kommunisten und die sowjetische Besatzungsmacht gewünschte Ergebnis.

Von der Entwicklung Bulgariens und auch Rumäniens unterscheidet sich die Ungarns vor allem dadurch, daß die UdSSR und die ungarischen Kommunisten die Situation insoweit völlig falsch eingeschätzt hatten, als sie am 4. November 1945 die wohl demokratischsten und freiesten Wahlen in der Geschichte Ungarns erlaubten, bei denen die Kommunisten nur knapp 17 Prozent der Stimmen erhielten, während die Partei der Kleinen Landwirte 57 Prozent auf sich vereinigen konnte. Man darf es als ein politisches Meisterstück werten, daß es den Kommunisten in den folgenden Monaten dennoch gelang, sich aus ihrer Minderheitsposition heraus zur wichtigsten politischen Potenz in Ungarn zu entwickeln. Auch wenn sie dabei von der sowjetischen Besatzungsmacht in jeder Hinsicht tatkräftig unterstützt worden sind, kann man den bürgerlichen politischen Kräften

nicht den Vorwurf ersparen, daß sie für diese Auseinandersetzung nur unzureichend gewappnet waren. Es ist das »Verdienst« Mátyás Rákosis, diesen, auch von ihm benannten Prozeß der »Salami-Taktik« plastisch dargestellt zu haben: den Prozeß, in dem die Kommunisten vor allem die Kleinlandwirte-Partei Stück für Stück zu schwächen und zu diskreditieren wußten. Man darf den Kommunisten, auch wenn man die sowjetische Rückendeckung hoch veranschlagen muß, bescheinigen, daß sie mit Phantasie und auch großem Geschick die vernichtende Wahlniederlage vom 4. November 1945 bis Ende 1946/Anfang 1947 auszuwetzen wußten. Der Kardinalfehler der »bürgerlichen« Kräfte lag darin, daß sie nach der Wahl vom 4. November 1945 der Drohung der Kommunisten nachgegeben haben, sie würden nur in die Regierung eintreten, wenn man ihnen das Innenministerium überläßt. Damit waren die Weichen gestellt.
Wenn in westlichen Analysen gelegentlich darauf hingewiesen wird, man müsse auch berücksichtigen, daß die nun zum sowjetischen Einflußbereich gehörenden Staaten – mit Ausnahme der Tschechoslowakei – über keine demokratische Tradition verfügt haben, so ist das zwar richtig, vermag jedoch an der zwangsläufigen Entwicklung dieser Länder nichts zu ändern. Die Tschechoslowakei bildet nicht nur aus diesem Grund eine Ausnahme, sondern vor allem deshalb, da dort die Sowjets in einem Zeitpunkt ihre Streitkräfte zurückzogen, als die weitere Entwicklung des Landes noch gar nicht abzusehen war. Ebenso erübrigt es sich, darüber zu spekulieren, ob Stalin die Politik der Gleichschaltung auch deshalb so frühzeitig eingeleitet hat, da er möglicherweise das Gewicht der nicht-kommunistischen Kräfte in diesen Staaten und den Grad der westlichen Unterstützung höher eingeschätzt hat, als dies in der Wirklichkeit der Fall war.
So bleibt als Ergebnis festzuhalten, daß die Expansion der UdSSR überall dort gelang, wo die Rote Armee als »Befreierin« aufgetreten ist. Daher ist es auch kein Zufall, daß die Entwicklung Jugoslawiens, wo die Kommunisten nur eine ganz geringe militärische Hilfe der UdSSR in Anspruch genommen haben, um das Land von der deutschen Besetzung zu befreien, ganz anders verlief. Gerade weil von sowjetischer Seite inzwischen immer wieder der eigene Beitrag zur Befreiung des Landes maßlos überbewertet worden ist, gebietet die historische Wahrheit festzuhalten, daß Tito mit seiner Partisanen-Bewegung und starken Kommunistischen Partei Jugoslawien auch ohne jede sowjetische Hilfe hätte befreien können. Im Unterschied zu den von der UdSSR völlig kontrollierten Ländern und Gebieten waren im Moskauer Exil während des Zweiten Weltkriegs keine jugoslawischen Kommunisten, die Stalin nach Belgrad hätte entsen-

den können, um den Kurs des Landes von Anfang an uneingeschränkt zu bestimmen.
Albanien war für Stalin von Anfang an so unbedeutend, daß er sich um die Sympathien der dort mittels jugoslawischer Hilfe eingesetzten kommunistischen Führung gar nicht ernsthaft bemüht hat. Stalin sah das kleine Land in der Obhut Jugoslawiens gut aufgehoben.
Abschließend sei noch bemerkt, wie gut es Stalin verstanden hat, sich im Prozeß der allmählichen Gleichschaltung nicht nur politischer und militärischer Mittel, sondern auch ökonomischer »Hebel« zu bedienen. Stalins Politik der Eingriffe in die Wirtschaft dieser Länder und der SBZ zeigen, daß die UdSSR, wenn man sie an dem Grad der ökonomischen Ausbeutung mißt, in die Reihe der schlimmsten kapitalistischen Länder einzuordnen ist. Dabei gilt es zu beachten, daß die Rumänien, Ungarn und Bulgarien auferlegten Reparations-Verpflichtungen auf Absprache der »Anti-Hitler-Koalition« zurückgehen. Daß Stalin darüber hinaus phantasievolle Berater auf ökonomischem Gebiet hatte, zeigten die vor allem in den südosteuropäischen Ländern und der SBZ geschaffenen »gemischten Gesellschaften«. Sie waren so konstruiert, daß sie der UdSSR ein Höchstmaß an Ausbeutung garantierten. Dank authentischer jugoslawischer Quellen ist überliefert, mit welcher Skrupellosigkeit Moskau dabei ans Werk gegangen ist. Sieht man von den wenigen wirtschaftlichen Erleichterungen ab, die Stalin in den Jahren 1950 und 1952 der SBZ gewährte, dann überließ er es seinen Nachfolgern, die Politik der ökonomischen Ausbeutung zu liquidieren.[219]

219 Vgl. dazu unten S. 496–501.

Kapitel III

Die Phase der totalen Konformität (1947–1953)

> »Die Geschichte im allgemeinen, die Geschichte der Revolutionen im besonderen ist stets inhaltsreicher, mannigfaltiger, vielseitiger, lebendiger, ›schlauer‹, als die besten Parteien, die klassenbewußtesten Avantgarden der fortgeschrittensten Klassen es sich vorstellen.«
>
> W. I. Lenin[1]

1. Die Ausgangslage

Das Jahr 1947 bildet einen der wichtigsten Einschnitte in der Entwicklung des sowjetischen Machtbereichs: Nachdem die USA und Großbritannien die von ihnen nicht gewünschte und von Stalin erzwungene Entwicklung in den früheren mit Deutschland verbündeten Staaten – Rumänien, Ungarn und Bulgarien – mit dem Abschluß der Friedensverträge vom 10. Februar 1947 weitgehend sanktioniert hatten und auch dem sowjetischen Vorgehen in Polen und der Tschechoslowakei, den Kriegsgegnern Deutschlands, mit wirksamen Mitteln nicht entgegengetreten waren, leitete die UdSSR im Laufe des Jahres 1947 die Periode der totalen Konformität der von ihr kontrollierten Länder und Gebiete ein. In jenen Staaten, in denen noch Schein-Koalitionen mit starkem kommunistischen Einfluß regierten, gelang es den Kommunisten, »monolithische« Regimes zu etablieren und die bis dahin mit unterschiedlicher Intensität geduldete parlamentarische Opposition allmählich gänzlich auszuschalten.
In der Tschechoslowakei wurde ab Februar 1948 der in den anderen Ländern bereits erreichte Grad der Gleichschaltung und Anpassung nachvollzogen. Unter dem Stichwort »Volksdemokratie« wurde die innenpolitische Umgestaltung dieser Staaten und Gebiete im politischen, ökonomischen und sozialen Bereich im Sinne der Vorstellungen Stalins vorangetrieben.

---

1 So W. I. Lenin in: Der »linke Radikalismus«, die Kinderkrankheit des Kommunismus. Text in: W. I. Lenin: Ausgewählte Werke. Bd. II, S. 739. Als Pikanterie gilt festzuhalten, daß sich Anton Ackermann in seinem Anfang 1946 erschienenen Aufsatz »Gibt es einen besonderen deutschen Weg zum Sozialismus?«, S. 32, auf dieses Zitat Lenins berufen hat.

Auch zeichnen sich 1947 die Anfänge der multilateralen »Kooperation« im sowjetischen Machtbereich ab, die vor allem in der Errichtung des Kommunistischen Informationsbüros (Kominform) im September 1947 ihren Ausdruck fanden. Nach der 1943 erfolgten Auflösung der Kommunistischen Internationale (Komintern)[2] war die kommunistische Bewegung ohne ein organisatorisches Zentrum. Aufgrund der politischen Machtverhältnisse sowie aus politischen und psychologischen Erwägungen hielt es Stalin für sinnvoller, sein politisches Programm für die Nachkriegszeit im Wege der bilateralen Beziehungen zu verwirklichen.

Im Laufe des Jahres 1947 schien es, daß die von Jugoslawien und Bulgarien seit Ende 1944 erwogenen Pläne, eine Balkan-Föderation zu errichten, nicht am Widerspruch Stalins scheitern würden. Auf Argwohn stießen die Erwägungen Titos und Dimitrovs bei Stalin erst, als sie die Gefahr in sich bargen, ein regionales Sonderbündnis im sowjetischen Machtbereich zu errichten, zumal sich die geplante Föderation nicht auf Jugoslawien und Bulgarien beschränken sollte und andere kommunistisch regierte Länder diese Vorstellungen aufmerksam verfolgten. Stalin war jedoch nicht gewillt, in seinem Machtbereich partikularistische Bestrebungen zuzulassen.

Bilaterale Beziehungen zwischen den Bündnispartnern wollte die sowjetische Führung nur gestatten, wenn sie ihren Interessen nicht zuwiderliefen. Als Tito Ende 1947 zweiseitige Bündnispakte mit Bulgarien, Ungarn und Rumänien schloß, ging dies Stalin bereits zu weit. So zeichnete sich zur Jahreswende 1947/48 schon der spätere offene Konflikt zwischen Stalin und Tito ab, der im Juni 1948 mit dem Ausschluß der Kommunistischen Partei Jugoslawiens aus dem Kominform seinen Höhepunkt erreichte und weitreichende Folgen für alle auf die UdSSR fixierten Länder hatte.

Schließlich verdeutlicht das Jahr 1947 eine stetige Verschärfung des Ost-West-Konflikts, der sich vornehmlich in einer zunehmenden Verschlechterung der sowjetisch-amerikanischen Beziehungen manifestierte und in der zeithistorischen Forschung überwiegend als der eigentliche Beginn des »Kalten Krieges« bezeichnet wird. Die von A. A. Ždanov in seiner Rede im November 1946 angedeutete und auf Konfrontation gerichtete Außenpolitik der UdSSR nahm nun immer klarere Konturen an. Mit dem Jahr 1947 war es endgültig klar, daß Churchills vielzitiertes Wort vom Niederfallen des »Eisernen Vorhangs« von der Ostsee bis zur Adria, das er in seiner Rede vom 5. März 1946 in Fulton (Missouri) erstmals öffentlich ge-

---

2   Vgl. dazu oben S. 187 mit Anm. 549.

braucht hatte³, inzwischen bittere Wahrheit geworden ist. Seit Anfang 1947 stand fest, daß sich vor allem die amerikanische Administration nun sehr ernsthaft Gedanken darüber machte, wie einer weiteren Expansion der UdSSR in Südosteuropa zu begegnen war; auch wurde in Washington die Möglichkeit geprüft, inwieweit der von Stalin forcierten Abkapselung des sowjetischen Machtbereichs in Europa noch zu begegnen war.

In der westlichen Literatur über die Entwicklung des sowjetischen Machtbereichs besteht Übereinstimmung darüber, daß die von Stalin 1947 eingeleiteten Entwicklungen es geboten erscheinen lassen, von einer neuen Phase zu sprechen, die man wiederum in mehrere Unterphasen einteilen kann. Zbigniew Brzezinski unterscheidet dabei folgende Perioden:
1. Von der Errichtung des Kominform im September 1947 bis zum Ausschluß Jugoslawiens im Juni 1948 – »Aufstellung bestimmter, für alle Volksdemokratien gültiger Grundsätze«;
2. Vom Ausschluß Jugoslawiens bis Ende 1948 – »Verneinung der bisher behaupteten Sonderart der Volksdemokratie in ihren extremen Aspekten, Festlegung gemeinsamer Aktionsprogramme«;

---

3 Dt. Text (Auszug) in: Archiv der Gegenwart 1946/47, S. 669 f. (669): »Von Stettin an der Ostsee bis hinunter nach Triest an der Adria ist ein ›Eiserner Vorhang‹ über den Kontinent gezogen. Hinter jener Linie liegen alle Hauptstädte der alten Staaten Zentral- und Osteuropas . . .« Das »Schlagwort vom ›Eisernen Vorhang‹ « hat Churchill bereits in seinem Schreiben an Präsident Truman vom 12. Mai 1945 geprägt. Vgl. W. S. Churchill: Der Zweite Weltkrieg. Bd. VI/2. Buch, S. 261 f. Damals bezeichnete er die Linie Lübeck-Triest-Korfu als die Grenze der »russischen Machtsphäre«. Ein weiteres Mal bediente sich Churchill in einem Schreiben vom 4. Juni 1945 an Präsident Truman dieser Formel. Vgl. den Nachweis bei H. S. Truman: Memoiren. Bd. I, S. 285. Auf der 8. Vollsitzung der Potsdamer Konferenz benutzte Churchill am 24. Juli 1945 ein weiteres Mal diese Formel, als er darauf hinwies, daß die britische Mission in Bukarest einer Isolierung unterworfen worden sei, »die einer Internierung gleichkommt«. Ergänzend fügte Churchill hinzu: »Ein eiserner Vorhang (iron fence) sei rund um sie niedergegangen.« Aufschlußreich ist, daß diese Formulierung keinen Eingang in die sowjetischen Potsdam-Protokolle gefunden hat. Nachweis in: FRUS: The Conference of Berlin 1945. Vol. II, S. 362; A. Fischer: Teheran, S. 309 mit Anm. 29. Auch H. S. Truman zitiert Churchills Aussage in: Memoiren, ebenda, S. 386. Als Churchill vom »Eisernen Vorhang« in Potsdam sprach, rief Stalin: »All fairy tales«; die sowjetische Potsdam-Ausgabe gibt Stalin mit »Märchen« wieder. »Churchill's Iron Curtain speach« vom 5. März 1946 fand ein weites Echo über die beiden angelsächsischen Länder hinaus. Vgl. dazu vor allem D. Yergin: Shattered Peace, S. 174–178; auf S. 248 schreibt Yergin, daß Churchills Rede die » ›right attitude‹ in the minds of most American policy-makers« signalisiert habe. Vgl. dazu auch H. S. Truman: Memoiren. Bd. II, S. 104. Sehr instruktiv schildert auch E. Nolte in: Deutschland, S. 218–230 den »Beginn der öffentlichen Polemik zwischen Ost und West«; er weist darauf hin, daß Churchills Rede vom 5. März 1946 selten als eine Antwort auf Stalins Wahlrede vom 9. Februar 1946 gesehen worden sei – »obwohl sie das in der Sache nach war« (vgl. ebenda, S. 223). Die Auswirkungen der Stalin-Rede auf die »Neuorientierung« der amerikanischen Außenpolitik analysiert J. L. Gaddis in: Origins, S. 282–285.

3. Von Ende 1948 bis Anfang 1949 – »Ausarbeitung einer verbindlichen Begriffsbestimmung der Volksdemokratie, ihrer ›verfassungsmäßigen‹ Formen und ihres weiteren Entwicklungsganges«.[4]

Brzezinski überschreibt diese Phase, die bis zum Jahre 1953, also dem Ende der Stalin-Herrschaft, verläuft, zutreffend mit der Formel »Institutionelle und ideologische Einförmigkeit«.[5] Jörg K. Hoensch, der sich an diese Periodisierung Brzezinskis bis zum Jahre 1949 anlehnt, wertet die Jahre von 1950 bis 1953 als eine dritte Phase, die er etwas farblos mit »Herrschaftspraxis« apostrophiert.[6] Es ist kein Zufall, daß Brzezinski die Jahre von 1949 bis zu Stalins Tod am 5. März 1953 weder zeitlich noch sachlich untergliedert hat.

Überschaut man die Zeit von 1947 bis zum Frühjahr 1953, dann gelangt man zu dem Schluß, daß bis Anfang 1949 endgültig die Grundlagen für die totale innen- und außenpolitische Konformität der zum sowjetischen Machtbereich gehörenden Staaten und Gebiete in Europa gelegt worden sind. Das bedeutet: In den letzten vier Jahren der Herrschaft Stalins wurden keine grundlegenden neuen formellen und informellen Bindungen für das »Block«-Gefüge geschaffen. Man könnte diese Zeit als die Phase der Stagnation umreißen. Dieser Sachverhalt rechtfertigt es aber nicht, die Jahre von 1949 bis zu Stalins Tod als gesonderte Periode zu behandeln.

Mit diesen Erwägungen ist jedoch noch keine Entscheidung darüber gefallen, wie man diese so wichtige Phase am zweckmäßigsten sachlich untergliedert. Dabei bieten sich mehrere Möglichkeiten an: Entweder stellt man die innenpolitische Entwicklung der Staaten und Gebiete an die Spitze, in denen die jeweilige kommunistische Partei ihre Führungsposition so ausbauen konnte, daß sie alle wichtigen Schaltstellen der Macht in ihren Händen hatte; eng verknüpft ist damit die Frage nach dem sowjetischen Vorbild. Der zweite Aspekt betrifft die Beziehungen der UdSSR zu diesen Ländern und Gebieten; sie sind durch das erfolgreiche Streben Stalins geprägt, den Führungsanspruch der UdSSR durchzusetzen und jegliche partikularistische Ansätze und regionale Sonderbündnisse zu unterbinden. Schließlich bedarf der internationale Aspekt – der sich verschärfende Ost-West-Gegensatz, der in der sowjetischen These von den »zwei feindlichen Lagern« seinen Ausdruck fand – der Beachtung. Dabei darf nicht übersehen werden, daß diese drei zentralen Punkte eng zusammenhängen

---

4 Z. K. Brzezinski: Sowjetblock, S. 91. Auch H. G. Skilling apostrophiert in: Governments, S. 39, die fünf Jahre bis 1953 als eine »zweite und spezifische Phase«.
5 Z. K. Brzezinski, ebenda, S. 87.
6 J. K. Hoensch: Osteuropapolitik.

und nicht klar voneinander abzugrenzen sind. Dennoch erscheint es möglich und auch sinnvoll, die drei Problemkreise getrennt zu analysieren. Im westlichen Schrifttum wird der internationale Aspekt – die sowjetisch-amerikanische Konfrontation – zumeist nur kurz und nicht gesondert im Rahmen der Analyse über die »institutionelle und ideologische Einförmigkeit« behandelt.[7] Hier stellt sich jedoch die Frage, ob es nicht sinnvoller ist, als das wichtigste Datum des Jahres 1947 den 2. Juli zu wählen – jenen Tag, an dem der sowjetische Außenminister Molotov auf der Pariser Beratung mit seinen englischen und französischen Kollegen Ernest Bevin und George Bidault der vom amerikanischen Außenminister George Marshall angebotenen Wirtschaftshilfe für Europa eine schroffe Absage erteilte, die auch den Ausschluß der von der UdSSR kontrollierten Länder vom amerikanischen Wirtschaftsprogramm implizierte.
Arthur Schlesinger wertet in seiner instruktiven Analyse »Origins of the Cold War« den 2. Juli 1947 als ein zentrales Datum der Entwicklung des Kalten Krieges.[8] In der Tat hatte der 2. Juli 1947 weitreichende Folgen für die Entwicklung in Europa und des sowjetischen Machtbereichs: Nicht nur die Spaltung des Kontinents war nun endgültig für alle sichtbar zu einem Faktum geworden; mit seinem Veto gegen jede Beteiligung der von der UdSSR kontrollierten Staaten am Marshall-Plan kapselte Stalin den sowjetischen Machtbereich in entscheidender Weise vom übrigen Europa ab. Diese in ihren Auswirkungen so einschneidenden Vorgänge in der Mitte des Jahres 1947 markieren eine wichtige Vorstufe zur »Block«-Bildung in West und Ost. Die Begründung, mit der die UdSSR das großzügige ökonomische Hilfsprogramm der USA zurückwies und es auch noch zum Vorwand nahm, um die These von den zwei »feindlichen Lagern« zu untermauern, sollte auch noch in der Folgezeit eine wichtige Rolle in der »Block«-Politik Stalins spielen.
In östlichen Publikationen wird nicht verhehlt, daß die Initiative der

---

7 Das gilt beispielsweise für Z. K. Brzezinski: Sowjetblock, S. 75 und 79; J. K. Hoensch, ebenda, S. 33 f., 44.
8 A. Schlesinger, Jr.: Origins, S. 25. Auch P. Calvocoressi beginnt seine tiefschürfende Analyse »Survey of International Affairs 1947–1948« mit einer ausführlichen Darstellung »The U.S.A. and the U.S.S.R.«; darin behandelt er zunächst die Truman-Doktrin und den Marshall-Plan. Die Literatur über die Entstehung und Entwicklung des Kalten Kriegs ist kaum noch überschaubar und beschäftigt vor allem die amerikanische Forschung, die immer wieder die Frage nach der »Schuld« der USA am Ausbruch des Kalten Kriegs stellt. Vgl. dazu vor allem die »kritische« Rezension einiger amerikanischer Standardwerke der »so-called Cold-War revisionists« (G. Kolko, Gar Alperovitz and David Horowitz) von J. L. Richardson: Cold-War Revisionism; Ch. Gati: Origins; D. Geyer: Kriegskoalition.

USA, auch die Staaten Ostmittel- und Südosteuropas in das ökonomische Hilfsprogramm einzubeziehen, den Prozeß forciert hat, die von Stalin bis dahin gepflegte bilaterale »Kooperation« durch eine multilaterale zu ergänzen. Der Abschluß der Friedensverträge mit Rumänien, Ungarn und Bulgarien am 10. Februar 1947 eröffnete der UdSSR bereits die Möglichkeit, nun auch mit diesen drei Staaten bilaterale Bündnispakte abzuschließen.
Nicht nur aufgrund der Tatsache, daß die sowjetische Führung die amerikanischen Initiativen zum Vorwand nahm, die formellen Bindungen im eigenen Machtbereich wesentlich auszubauen, erscheint es erforderlich, zunächst die Neueinschätzung der sowjetischen Europa-Politik durch die USA zu skizzieren. Im Laufe des Jahres 1947 sollte sich schnell erweisen, daß der Wechsel im amerikanischen Außenministerium von James F. Byrnes zu George Marshall im Januar auch eine wesentliche Wandlung in der amerikanischen Politik bedeutete. Damit ging endgültig die Periode der amerikanischen Außenpolitik zu Ende, die William Hardy McNeill in seiner Studie »America, Britain, and Russia«, die immer noch zu den subtilsten Untersuchungen der Jahre 1941 bis 1946 zählt, so umrissen hat:
»Byrnes's mind was profoundly parochial, as intensitive to Russian modes of thought as Stalin and Molotov were incapable of understanding the characteristic mixture of idealism and self-interest with which Americans approached international negotiation. It was surely a misfortune that the effort at world pacification in 1945–6 should have been entrusted to men so firmly rooted in their respective national backyards as Byrnes, Bevin, and Molotov were... It does not appear that the Americans or British ever fully and frankly faced the contradiction between the two parts of their programme for Eastern Europe. Friendliness for Russia and ›democratic‹ government were incompatible in most of the countries in question; but Byrnes and Bevin either did not know of preferred not to admit the fact.«[9]
In der Tat kann man die Unvereinbarkeit der Positionen der beiden angelsächsischen Mächte und der UdSSR auf diese Formel, einerseits prosowjetisch eingestellte und andererseits demokratische Regierungen in den von der UdSSR kontrollierten Staaten einzusetzen, reduzieren. Es ist müßig, darüber zu spekulieren, ob die westlichen Außenminister das er-

---

9 W. H. McNeill: America, S. 698, 700. Sehr instruktiv dazu auch J. L. Richardson, ebenda, S. 583–589 (585).

kannt haben oder nicht. Selbst eine frühzeitige Kenntnis der wahren Sachlage hätte an den von Stalin geschaffenen Fakten nichts Wesentliches mehr zu ändern vermocht.

2. Die Neueinschätzung der sowjetischen Europa-Politik durch die USA (1947)

Stalin hat die beiden angelsächsischen Mächte nicht nur mit seiner rigorosen und eigenmächtigen Politik der Gleichschaltung im eigenen Machtbereich, sondern auch durch seine intensiven Versuche herausgefordert, im östlichen Mittelmeer sowjetische Machtpositionen aufzubauen. Diese expansive Politik entsprach zwar der Tradition des zaristischen Rußland, war aber in keiner Weise mit den Abmachungen der »Anti-Hitler-Koalition« aus der Kriegs- und Nachkriegszeit zu vereinbaren. Das Verhalten der UdSSR gegenüber Griechenland und der massive diplomatische Versuch Moskaus, die Türkei einzuschüchtern und zur Überlassung sowjetischer Stützpunkte in den Dardanellen zu bewegen, verstärkte vor allem auf seiten der amerikanischen Administration den Willen, eine weitere Verschiebung des »Eisernen Vorhangs« zuungunsten des Westens in Südosteuropa zu verhindern. Diesem Ziel diente die Truman-Doktrin, mit der die Vereinigten Staaten wesentlich dazu beigetragen haben, daß Griechenland nicht in den kommunistischen Machtbereich geriet und die Türkei nach wie vor für die Verteidigung ihrer Meerengen verantwortlich blieb.

Auch wenn die Mittelmeer-Politik Stalins der Tradition des zaristischen Rußland entsprach und auch unter dem Aspekt der maritimen Geltung und des politisch wesentlich erhöhten Gewichts der UdSSR seit 1945 gesehen werden muß, so reicht das für eine Erklärung der Absichten und Ziele Stalins gegenüber der Türkei nicht aus. Eine Beteiligung an der Kontrolle der Seeverbindung zwischen dem Schwarzen Meer und dem Mittelmeer wäre für die UdSSR sowohl aus politischen als auch geopolitischen Überlegungen heraus von großem Vorteil gewesen. Ganz anders lag die Situation in Griechenland, das von inneren Wirren heimgesucht wurde, bei denen die Kommunisten eine zentrale Rolle spielten.[10]

10 Vgl. dazu mit zahlreichen Nachweisen P. Lange: Konfrontation, S. 512 f.

a) *Die Truman-Doktrin*

aa) *Stalins Forderungen gegenüber der Türkei*

Stalin hatte keine Skrupel zu versuchen, sich von seinen beiden Hauptalliierten jene Forderungen hinsichtlich der Türkei verbriefen zu lassen, die selbst Hitler ihm weder 1939 noch in den Verhandlungen im November 1940 zu konzedieren bereit war.[11] Nachdem es Molotov in seinen Besprechungen vom 12. und 13. November 1940 in Berlin nicht gelungen war, Hitler zu einer Regelung zu bewegen, die den »Balkan- und Schwarzmeer-Interessen hinsichtlich . . . der Türkei« entsprochen hätte, suchte Stalin auf den Konferenzen der »Großen Drei« in Teheran (28. November bis 1. Dezember 1943) und Jalta (4. bis zum 11. Februar 1945) Roosevelt und Churchill für eine spätere Regelung zu gewinnen, mit der der UdSSR eine eigene Position an den Meerengen des Bosporus eingeräumt worden wäre.[12] In Jalta hatte man sich darauf geeinigt, die drei Außenminister mit den sowjetischen Vorschlägen hinsichtlich einer Revision der Konvention von Montreux über die Rechtsstellung der Meerengen vom 20. Juli 1936 zu befassen.[13] Im Abkommen von Montreux hatte die Türkei im wesentlichen die Verfügungsgewalt über die Meerengen zurückerhalten; darüber hinaus war ihr auch das Recht zu erneuter Militarisierung der Engen übertragen worden.[14]

Stalin war jedoch fest entschlossen, noch während des Zweiten Weltkriegs eine umfassende Regelung der Meerengen-Frage zu erreichen: Am

---

11 Vgl. dazu oben S. 27–30.
12 Vgl. dazu mit weiteren Nachweisen P. Lange: Konfrontation, S. 512–514. Auch in den Besprechungen, die Churchill im Oktober 1944 in Moskau geführt und in denen sie die Prozent-Aufteilung des Balkans vereinbart haben, betonte Stalin nachdrücklich das sowjetische Interesse an den türkischen Meerengen. Vgl. dazu mit Nachweisen D. Yergin: Shattered Peace, S. 233 f. mit Anm. 28.
13 Dieser Passus wurde nicht in das »Protokoll«, sondern nur in die »Amtliche Mitteilung« der Konferenz von Jalta aufgenommen. Dt. Text bei E. Deuerlein: Einheit, S. 331. Vgl. dazu auch G. Kolko: Politics, S. 366 f.
14 Text der Konvention über das Meerengen-Statut von Montreux vom 20. Juli 1936 in: Europa-Archiv 1947, S. 981–985. Vgl. zur Gesamtproblematik die fundierte Darstellung von F. Steppat: Dardanellenstatut, S. 961–974 mit weiteren Literatur-Hinweisen. Eine hervorragende Übersicht über die Entwicklung des Dardarnellen-Statuts in: Europa-Archiv, ebenda, S. 991 f.; Vertrags-Ploetz, S. 142–145. Vgl. dazu auch H. Feis: Krieg, S. 271 f. Sehr instruktiv zur Gesamtproblematik auch A. Sükrü Esmer: The Straits: Crux of World Politics, da er die Politik Rußlands und später der UdSSR in der Dardanellen-Frage sehr überzeugend herausgearbeitet hat. Sehr aufschlußreich auch die Analyse K. Grzybowskis: Mare Clausum, da sie auch völkerrechtliche Positionen der UdSSR berücksichtigt hat.

19. März 1945 kündigte die UdSSR unter Hinweis auf »die grundlegenden Änderungen, die insbesondere während des Zweiten Weltkrieges eingetreten sind«, das sowjetisch-türkische Freundschafts- und Neutralitätsabkommen vom 17. Dezember 1925, da es nicht mehr der »gegenwärtigen Lage« entspreche und einer »grundlegenden Verbesserung«[15] bedürfe. Dieser Schritt erschien vor allem auch deshalb als ein provokatorischer Akt, da die Türkei mit ihrer Kriegserklärung gegen Deutschland und Japan am 23. Februar 1945 ihre Neutralität aufgegeben und zu einem Alliierten der »Anti-Hitler-Koalition« geworden war.
Am 7. April 1945 teilte die türkische Regierung der sowjetischen Regierung mit, daß sie zu einer Prüfung der angesprochenen Fragen bereit sei.[16] Daß Stalin jedoch weiter gesteckte Ziele verfolgte, zeigen die am 22. Juni 1945 von seiten der UdSSR unterbreiteten Vorschläge für den Abschluß eines neuen Vertrags mit der Türkei: Die Sowjetunion verlangte nicht nur eine Revision der Konvention von Montreux und die Einräumung von Stützpunkten an den Meerengen, sondern auch die Abtretung der ostanatolischen Gebiete von Kars und Ardahan, die an die Sowjetrepubliken Georgien und Armenien angrenzen und in denen damals 300 000 Einwohner lebten.[17] Für die Türkei waren die sowjetischen Forderungen völlig unannehmbar. So teilte der türkische Außenminister Hassan Saka, der sich zuvor auf der Rückkehr von der Konferenz der Vereinten Nationen mit dem britischen Außenminister Eden in London abgesprochen hatte[18], am 12. Juli 1945 mit, für die Türkei kämen eine Grenzrevision oder territoriale Konzessionen nicht in Betracht. Eine Überprüfung der Meerengen-Konvention von Montreux sei nur statthaft, wenn sie von den Signatarmächten aufgrund eines neuen internationalen Vertrags vorgenommen werden würde: Dies sei keine Angelegenheit, die durch Abmachungen zwischen zwei Mächten geregelt werden könnte.[19]
Auf der Konferenz in Potsdam hatte Stalin noch einmal Gelegenheit, sei-

---

15 Text der Erklärung Außenminister Molotovs in: Archiv der Gegenwart 1945, S. 147. Frz. Text des Neutralitäts- und gegenseitigen Nichtangriffsvertrags vom 17. Dezember 1925 bei: Bruns-Gretschaninow: Politische Verträge, S. 168 f. Vgl. dazu A. Sükrü Esmer, ebenda, S. 297.
16 Text der Erklärung, ebenda, S. 166.
17 Vgl. dazu Archiv der Gegenwart, ebenda, S. 299; F. Steppat: Dardanellenstatut, S. 971; H. Seton-Watson: Revolution, S. 327 f.; P. Lange: Konfrontation, S. 513 f.
18 Am 11. Juli. Vgl. Archiv der Gegenwart, ebenda, S. 317.
19 Vgl. ebenda, S. 318. Die türkische Regierung wies auch mit Recht darauf hin, daß die Zukunft der Meerengen und der türkisch-russische Freundschaftspakt zwei grundverschiedene Fragen seien, »die voneinander getrennt behandelt werden müßten«. Vgl. dazu auch D. Acheson: Present, S. 199 f.; P. Lange: Konfrontation, S. 513 f.

ne Vorstellungen über eine Revision des Abkommens von Montreux Truman und Churchill vorzutragen. Aufschlußreich ist, daß die über die Konferenz von Potsdam veröffentlichten sowjetischen Protokolle das kurze und heftige Wortgefecht zwischen Churchill und Molotov auf der 6. Vollsitzung am 22. Juli 1945 und die Erörterungen der drei Staatsmänner in der 7. Vollsitzung am folgenden Tag in Potsdam unterschlagen haben. Molotov und Stalin beschränkten sich nicht darauf, eine Änderung der Konvention von Montreux und die Überlassung von Stützpunkten zu fordern; beide suchten auch die territorialen Forderungen gegenüber der Türkei zu begründen.

Aus dem amerikanischen Protokoll der Konferenz von Potsdam geht hervor, wie gut Churchill über die Haltung der türkischen Regierung informiert war. Gegenüber Molotov machte er geltend, die Türkei sei über die starke Konzentration bulgarischer und sowjetischer Truppen in Bulgarien, die ständigen Angriffe in der sowjetischen Presse und im Rundfunk sowie über die sowjetischen Wünsche hinsichtlich einer Änderung der Ostgrenze der Türkei und der Einräumung eines sowjetischen Stützpunkts an den Meerengen sehr beunruhigt. Am 23. Juli 1945 gab sich dann Stalin »wirklich alle Mühe, seine Hörer von der Friedfertigkeit der sowjetischen Absichten und der Vernünftigkeit ihrer Wünsche zu überzeugen«.[20]

Es war jedoch völlig klar, daß sich weder Churchill noch Truman auf eine Regelung in Potsdam einlassen würden, die den Interessen der Türkei widersprochen hätte. So konnte Stalin in Potsdam lediglich einen Teilerfolg erzielen. Nur in das Protokoll, nicht in die »Amtliche Mitteilung« wurde die Formel aufgenommen, nach der die drei Regierungen darin übereinstimmten, daß die Konvention von Montreux den gegenwärtigen Bedürfnissen angepaßt werden sollte. Darüber sollte jede der drei Regierungen getrennt mit der türkischen Regierung beraten.[21] In zwei wichtigen Punkten vermochte sich die sowjetische Delegation nicht durchzusetzen: in der Frage der Überlassung sowjetischer Stützpunkte und der Abtretung türkischer Gebiete an die UdSSR.

---

20 So H. Feis: Krieg, S. 277. Er gibt eine sehr instruktive Darstellung über die Behandlung der türkischen Frage auf der Potsdamer Konferenz (vgl. ebenda, S. 274-281). Die Ausführungen Stalins, Churchills und Trumans zur türkischen Frage auf der 6. und 7. Vollsitzung in Potsdam sind wiedergegeben in: FRUS: Diplomatic Papers: The Conference of Berlin 1945. Vol. II, S. 256-258 und 301-305; dt. Text bei A. Fischer: Teheran, S. 284 f., 290 f.
21 Engl. Text bei D. Rauschning: Gesamtverfassung, S. 112. Vgl. dazu auch H. Feis, ebenda, S. 278-281; G. Kolko: Politics, S. 586-588.

Während die USA am 2. November 1945 ihre Vorstellungen über eine Revision der Konvention von Montreux unterbreiteten und sich die britische Regierung am 21. November diesen Vorschlägen anschloß[22], ließ sich Stalin bis Mitte 1946 Zeit, um seine weitreichenden Forderungen gegenüber der Türkei zu formulieren. Hinsichtlich der Durchfahrt von Handelsschiffen und Kriegsschiffen schloß sich die Sowjetunion in ihrer Note vom 7. August 1946 weitgehend den Vorschlägen der beiden angelsächsischen Mächte an, während davon die sowjetischen Vorstellungen über die Verteidigung der Dardanellen völlig abwichen. Dazu hieß es in der sowjetischen Note:

»Die Festlegung des Regimes für die Schiffahrt in den Dardanellen, die den einzigen Wasserweg und die einzige Verbindung zwischen dem Schwarzen Meer und dem Mittelmeer darstellen, fällt in die Kompetenz der Türkei und der übrigen Uferstaaten. Die Türkei und die Sowjetunion sollen als Staaten, die für die Sicherung der freien Handelsschiffahrt und für die Sicherheit der Dardanellen am geeignetsten erscheinen und an dieser Frage am meisten interessiert sind, mit gemeinsamen Mitteln die Verteidigung der Dardanellen organisieren, um zu verhindern, daß andere Staaten die Dardanellen für ihre feindseligen Absichten gegen die Uferstaaten des Schwarzen Meeres ausnutzen.«[23]

Es ist schwer zu glauben, daß Stalin meinen konnte, die Türkei für diese Vorschläge zu gewinnen. Auch wenn die UdSSR es vermied, in ihrer Note ausdrücklich die Einräumung sowjetischer Stützpunkte seitens der Türkei zu verlangen, wäre eine Beteiligung der Sowjetunion an der Verteidigung der Dardanellen auf andere Weise gar nicht vorstellbar gewesen. Den Hinweis auf die »Kompetenz ... der übrigen Uferstaaten«, mit denen außer der UdSSR nur Bulgarien und Rumänien gemeint sein konnten, konnte sich Stalin deshalb erlauben, da er aufgrund der Machtverhältnisse ohnehin deren Politik auch in der Meerengen-Frage bestimmte.

---

22 Vgl. dazu Archiv der Gegenwart 1945, S. 515, 540; P. Lange: Konfrontation, S. 514; H. Seton-Watson: Revolution, S. 328.
23 Dt. Text der sowjetischen Note vom 7. August in: Europa-Archiv 1947, S. 986 f.; Archiv der Gegenwart 1946/47, S. 839 f. Vgl. dazu vor allem D. Acheson: Present, S. 195 f. (195). Unmißverständlich meint er, daß die UdSSR mit der Forderung, an der Verteidigung der Dardanellen beteiligt zu werden, die »Besetzung der Türkei« im Auge gehabt habe. Nicht uninteressant ist, daß der amerikanische Präsident H. S. Truman im Januar 1946 ausgeführt hat: »Ich zweifle keinen Augenblick, daß Rußland in die Türkei einmarschieren will, um sich der Meerengen zum Mittelmeer zu bemächtigen.« Vgl. Memoiren, Bd. I, S. 601; P. Lange: Konfrontation, S. 514; A. B. Ulam: Expansion, S. 430 f.

Ein wenig rätselhaft bleibt, welchen Mächten Stalin »feindselige Absichten gegen die Uferstaaten des Schwarzen Meeres« unterstellt hat. Auf jeden Fall hat Stalin die »nationale« Komponente in der türkischen Außenpolitik total falsch eingeschätzt. So konnte es nicht überraschen, daß die türkische Regierung am 22. August 1945 die sowjetischen Vorschläge strikt abgelehnt hat. Die Art der Argumentation muß Stalin besonders getroffen haben, da er es in jener Zeit nur gewohnt war, aus dem europäischen Vorfeld Ergebenheitsadressen kommunistischer »Genossen« zu erhalten, die jeglichen nationalen Stolz vermissen ließen. Die türkische Regierung konnte sich auf eine bilaterale Neuregelung der Meerengen-Frage mit der Sowjetunion nicht einlassen, da dies »mit der nationalen Würde der Türkei sowie mit dem bestehenden internationalen Übereinkommen, das den Schutz der Meerengen der Türkei anvertraue, nicht vereinbar«[24] sei.

Besonders scharf wies die türkische Regierung den sowjetischen Vorschlag zurück, eine gemeinsame türkisch-sowjetische Verteidigung zu errichten: »Diese Vorschläge sind unvereinbar mit der nationalen Souveränität der Türkei sowie mit ihrer Sicherheit. Außerdem rufen sie auf internationalem Gebiet noch ernstere Einwendungen hervor. Sie würden die Rolle eines Faktors des Gleichgewichts und der Verbindung, die die Türkei an den Meerengen gespielt hat, wieder unterdrücken. Die türkische Regierung ist der Ansicht, daß ihr Interesse daran besteht, mit allen Kräften das Land gegen jede Aggression zu verteidigen, von welcher Seite sie komme... Die beste Sicherheitsgarantie für die Sowjet-Union am Schwarzen Meer liegt nicht in dem Streben nach einer bevorzugten Stellung an den Dardanellen, sondern in der Herstellung freundschaftlicher Beziehungen zu einer starken Türkei.«[25]

Am 19. August 1946 beantwortete der amerikanische Außenminister Byrnes die Note vom 7. August, die die UdSSR auch den USA und Großbritannien zugesandt hatte. Doch auch hier holte sich Stalin eine Abfuhr. Die USA wiesen mit Recht darauf hin, daß das Meerengen-Regime nicht nur die Schwarzmeer-Mächte, sondern auch andere Staaten, darunter die Vereinigten Staaten[26], angehe. Daß sich die türkische Regie-

---

24 Dt. Text in: Archiv der Gegenwart 1946, S. 850 f.; Europa-Archiv 1947, S. 988. Vgl. die Analyse der sowjetischen und türkischen Vorschläge bei A. Sükrü Esmer: The Straits, S. 297–302 (302): »Die Überlassung militärischer Basen an die UdSSR würde die Aushändigung der Meerengen an die Sowjetunion bedeuten.«
25 Text, ebenda.
26 Text der amerikanischen Note vom 19. August 1946 in: Europa-Archiv 1947, S. 987. Der besondere Hinweis auf die USA erklärt sich daraus, daß die Vereinigten Staaten

rung auf die amerikanische Administration verlassen konnte, geht aus der Argumentation hervor, mit der der amerikanische Außenminister das sowjetische Ansinnen hinsichtlich der Verteidigung der Dardanellen zurückwies: »Es ist die feste Meinung der Regierung der USA, daß die Türkei an erster Stelle für die Verteidigung der Engen verantwortlich bleiben soll.« Geschickt nahmen die Vereinigten Staaten den sowjetischen Hinweis auf die möglichen »feindseligen Absichten« anderer Staaten auf:
»Sollten die Engen das Ziel eines Angriffs oder einer Angriffsdrohung durch einen Aggressor werden, würde die Situation eine Bedrohung der internationalen Sicherheit darstellen und offensichtlich Gegenstand einer Aktion seitens des Sicherheitsrates der Vereinten Nationen sein.«[27]
Es war nicht nur gut, sondern auch sehr geschickt, daß die amerikanische Administration an die Funktion der auch von der UdSSR mitgeschaffenen Vereinten Nationen (UNO) erinnert hat. Doch selbst die so klaren und unmißverständlichen Stellungnahmen der Türkei und der USA hielten Stalin nicht davon ab, wenige Wochen später noch einmal den Versuch zu unternehmen, die Türkei für den Gedanken zu gewinnen, gemeinsam mit der UdSSR Maßnahmen zur Verteidigung der Meerengen zu ergreifen. Dadurch würde die Souveränität der Türkei in keiner Weise beeinträchtigt.[28] Da dieses Mal Moskau seine Note nur der Türkei zugeleitet hatte, teilte diese sie den Regierungen in Washington und London mit. Die amerikanische Note vom 8. Oktober 1946 ist insofern vor allem deshalb von Interesse, als sie auf die in Potsdam vereinbarte Formel hinwies. Sie habe nur besagen sollen, daß bilaterale Verhandlungen der beteiligten drei Regierungen mit der türkischen Regierung über eine mögliche Revision der Konvention von Montreux nur »als ein nützliches Präliminar für

---

nicht zu den Signatarmächten des Meerengen-Abkommens von Montreux gehören. Unterzeichnerstaaten waren neben der Türkei die UdSSR, Frankreich, Großbritannien, Japan, Bulgarien, Rumänien, Jugoslawien und Italien, das das Abkommen am 2. Mai 1938 unterzeichnet hat. Vgl. dazu auch die Übersicht über die Entwicklung des Dardanellen-Statuts in: Europa-Archiv 1947, S. 991 f. (992), in der sehr anschaulich auch die Abänderungsvorschläge der beiden angelsächsischen Mächte und der UdSSR miteinander verglichen werden. Vgl. über die Auswirkungen der aggressiven sowjetischen Politik gegenüber der Türkei in den USA D. Yergin: Shattered Peace, S. 233–237.

27 Vgl. dazu auch D. Acheson: Present, S. 196, wo er auf eine eigene Presseerklärung vom 17. August 1946 hinweist, auf der er sehr entschieden jede militärische Intervention von außen zur »Verteidigung der Meerengen« zurückgewiesen hat.
28 Text der sowjetischen Note vom 24. September 1946 in: Neues Deutschland vom 29. September 1946 und Europa-Archiv 1947, S. 988–990 (990); vgl. auch Archiv der Gegenwart 1946, S. 877.

eine Konferenz aller interessierten Mächte, eingeschlossen die Vereinigten Staaten«, gedacht gewesen seien.[29]

Höchst aufschlußreich ist auch die ausführliche Antwort, mit der die Türkei am 18. Oktober 1946 die sowjetischen Vorstellungen vom 24. September zurückwies. Ankara ließ es sich nicht nehmen, die sowohl unter politischem als auch völkerrechtlichem Aspekt fragwürdigen sowjetischen »Thesen« zu widerlegen. Mit Recht betonte die türkische Regierung, die sowjetische These, nach der die Frage des Schwarzen Meeres und der Meerengen nur die Uferstaaten dieses Meeres angehe, sei mit dem Völkerrecht unvereinbar:

»Die Türkei ist sowohl eine Mittelmeer- als auch eine Schwarzmeer-Macht. Der Vertrag von Moskau vom 16. März 1921, der von den Sowjetrussen zur Stützung ihrer These angerufen wird und wonach die Sowjetunion in den Meerengen eine Vorzugsbehandlung genießen soll, wird dadurch hinfällig, daß diese sowjetrussischen Forderungen bei den Beratungen über den Vertrag von Lausanne abgelehnt und von Litwinow im Jahre 1936 in Montreux zurückgezogen wurden. Die türkische Regierung stellt fest, daß das Schwarze Meer keinesfalls als ein geschlossenes Meer betrachtet werden kann.«[30]

Noch einmal lehnte die türkische Regierung auch den sowjetischen Vorschlag ab, eine gemeinsame Verteidigung der Meerengen durch die Türkei und die UdSSR zu vereinbaren, da dies mit der Souveränität und der Sicherheit der Türkei unvereinbar sei »und nichts weniger als die Teilung der Souveränität mit einer fremden Macht bedeuten würde«. Auch von seiten der Türkei war es sehr geschickt, Stalin daran zu erinnern, daß sich die UdSSR auf die bestmögliche Lösung verlassen könne, »nämlich auf die gemeinsame Verteidigung durch die nationalen Streitkräfte und die Streitkräfte der Vereinten Nationen, die den Auftrag haben, jegliche Aggression, von wo sie auch kommen möge, zu unterdrücken«.[31]

Die Türkei argumentierte auch deshalb von einer gesicherten Position aus, da sie sich nochmals grundsätzlich mit einer Revision der Konvention von Montreux einverstanden erklärt hat. Mit diesen klaren und un-

---

29 Text in: Europa-Archiv, ebenda, S. 990 f. (991) und Archiv der Gegenwart, ebenda, S. 892. Vgl. dazu vor allem F. Steppat: Dardanellenstatut, S. 972.
30 Text (Auszug) der türkischen Note vom 18. Oktober 1946 in: Archiv der Gegenwart, ebenda, S. 901 f. (902). Frz. Text (Auszug) des »Freundschafts- und Verbrüderungsvertrags« vom 16. März 1921 bei: Bruns-Gretschaninow: Politische Verträge, S. 41 f. Vgl. dazu vor allem F. Steppat, ebenda, S. 972 f.
31 Vgl. über weitere »diplomatische Schritte« der UdSSR in der Meerengenfrage F. Steppat, ebenda, S. 973.

mißverständlichen Stellungnahmen der USA und der Türkei war endgültig klargestellt, daß es keine Änderung des Status der Dardanellen im Sinne Stalins geben würde. Hätte sich die türkische Regierung auf das Ansinnen der UdSSR eingelassen und dazu die Signatarmächte der Konvention von Montreux sowie die USA gewonnen, dann wäre der langgehegte Wunsch Moskaus, die Kontrolle über die Meerengen zwischen dem Schwarzen Meer und dem Mittelmeer in die Hand zu bekommen, endlich erfüllt worden.

Doch mußte Stalin auch damit rechnen, daß es den Türken nicht entgangen war, welchen Stellenwert die »Stützpunkt«-Politik in der sowjetischen Führung bereits 1940 eingenommen hatte. Mit Recht bemerkt dazu Hugh Seton-Watson: »Mit dem Beispiel der Baltischen Staaten vor Augen, fanden die Türken an dem Gedanken gemeinsamer türkisch-sowjetischer Stützpunkte auf türkischem Gebiet natürlich keinen Gefallen.«[32]

So mußte sich Stalin mit dem Gedanken abfinden, gegenüber der Türkei seine unbegründeten Forderungen nicht durchsetzen zu können. Dies hielt die UdSSR jedoch nicht davon ab, in den folgenden Monaten einen permanenten Nervenkrieg gegen die Türkei zu führen. Die türkische Regierung brachte jedoch unmißverständlich zum Ausdruck, daß sie jedem Versuch, die Souveränität und territoriale Integrität der Türkei zu verletzen, entgegentreten würde. Endgültig mußte wohl auch Stalin mit der von dem amerikanischen Präsidenten am 12. März 1947 proklamierten »Truman-Doktrin« einsehen, daß die sowjetische Meerengen-Politik gescheitert war; das gilt gleichfalls für die Ansprüche der UdSSR auf ostanatolische Gebiete, die die Türkei als historisch und auch volkstumsmäßig ungerechtfertigt zurückgewiesen hat.[33]

bb) *Die Situation Griechenlands*

Die Situation Griechenlands unterschied sich grundlegend von der der Türkei. Die Türkei hatte sich unter ihrem neutralen Status aus dem Zweiten Weltkrieg erfolgreich herausgehalten. Zu keiner Zeit hat Stalin ausdrücklich die Einbeziehung der Türkei in die sowjetische »Interessensphäre« verlangt; die sowjetischen Forderungen beschränkten sich auf eine

---

32 H. Seton-Watson: Revolution, S. 329.
33 Vgl. dazu F. Steppat: Dardanellenstatut, S. 973. Territoriale Fragen hat die Türkei in dem Vertrag mit Armenien, Azerbeidschan und Georgien vom 13. Oktober 1921 – dem Vertrag von Kars – geregelt. Frz. Text in: Th. Niemeyer (Hrsg.): Jahrbuch des Völkerrechts, Bd. IX (Sonderband), S. 220–226.

Neuregelung der Meerengen-Frage mit dem Anspruch, die UdSSR an der »Verteidigung« der Engen zu beteiligen, und die Abtretung einiger ostanatolischer Gebiete. So stand der Nachkriegsstatus der Türkei niemals zur Dispositon der Großmächte. Die bedrohliche Lage des Landes hatte einzig und allein in dem permanenten diplomatischen Druck der UdSSR in der Nachkriegszeit ihre Ursache.

Die Entwicklung Griechenlands verlief vor allem deshalb völlig anders, da das Land frühzeitig zu den Opfern des von Hitler am 6. April 1941 begonnenen Balkan-Feldzugs gehörte und von deutschen Truppen besetzt wurde. Nach dem Rückzug der deutschen Streitkräfte marschierten im Oktober 1944 britische Truppen in das Land ein. Festzuhalten gilt zunächst, daß Stalin in keiner Phase des Zweiten Weltkriegs im diplomatischen Spiel mit den beiden angelsächsischen Alliierten Ambitionen auf Griechenland angemeldet hat. Als Churchill im Juni 1944 mit Stalin die erste Abrede über die beiderseitigen »Operationszonen« auf dem Balkan traf, wurde Griechenland ausdrücklich der britischen Zone zugeteilt.[34]

Der weitere Verlauf des Zweiten Weltkriegs auf dem Balkan, durch das rasche Vordringen der sowjetischen Streitkräfte gekennzeichnet, veranlaßte Churchill – wie bereits dargelegt[35] –, Anfang Oktober 1944 mit Außenminister Eden nach Moskau zu fahren. Als der britische Premierminister am 9. Oktober 1944 Stalin den Prozent-Handel vorschlug, der sich auf Rumänien, Bulgarien, Ungarn, Jugoslawien und Griechenland bezog, ging es Churchill auch und vor allem darum, daß von inneren Unruhen erschütterte und von einem Bürgerkrieg bedrohte Griechenland vor einer Einbeziehung in den sowjetischen »Einflußbereich« zu bewahren. Stalin war bereit, Churchills Wünsche hinsichtlich Griechenlands zu respektieren: Beide Staatsmänner kamen überein, daß Großbritannien (und die USA) in Griechenland 90 Prozent und die UdSSR 10 Prozent des Einflusses erhalten sollten.[36]

Es ist müßig, darüber zu spekulieren, ob Stalin angesichts der inneren Situation Griechenlands und der dort von den kommunistischen Partisanen verursachten Unruhen geglaubt hatte, das Land ohnehin in seinen Machtbereich hinüberziehen zu können. Zweifellos schreckte er nicht davor zurück, den kommunistischen Partei- und Militär-Organisationen der griechischen Widerstandsbewegung so weit wie möglich zu helfen. Kompliziert wurde die Lage allerdings dadurch, daß sich an diesen Aktionen

---

34 Vgl. dazu oben S. 128–132.
35 Vgl. dazu oben S. 145–151.
36 Vgl. dazu ebenda.

auch Jugoslawien, Bulgarien und Albanien beteiligten, da sie hofften, möglicherweise ihre territorialen Aspirationen durchsetzen zu können. Es verstand sich von selbst, daß die UdSSR die Forderungen Jugoslawiens und Bulgariens gegenüber Griechenland in jener Zeit unterstützte.[37]
Die über die sowjetische Griechenland-Politik während der Endphase des Zweiten Weltkrieges vorliegenden Quellen lassen nicht den Schluß zu, daß nach Auffassung Stalins die innere Situation des Landes und die Aktivitäten Jugoslawiens und Bulgariens an den griechischen Grenzen dafür gesorgt hätten, das Land in den sowjetischen Machtbereich hinüberzuziehen; dann hätten 10 Prozent des sowjetischen Einflusses ausgereicht. Stalins knappe Darlegungen über Griechenland auf der Konferenz von Jalta im Februar 1945 vermögen wenig Aufschluß über die sowjetischen Ziele und Absichten zu vermitteln. Seltsamerweise sind die kurzen Dialoge, die Stalin und Churchill auf der 5. und der 6. Vollsitzung in Jalta am 8. und 9. Februar 1945 geführt haben, nicht in die sowjetischen Protokolle der Konferenz aufgenommen worden. Während Stalin am 8. Februar Churchill fragte, »was in Griechenland vor sich gehe«, meinte er einen Tag später auf Churchills Anregung hin, »er würde einen sowjetischen Beobachter in Griechenland begrüßen«, er habe »volles Vertrauen zur britischen Politik in Griechenland«.[38]
Auch auf der Konferenz in Potsdam haben die politischen Verhältnisse in Griechenland nur eine untergeordnete Rolle gespielt. Churchill hat in seinen Memoiren berichtet, daß ihn Stalin in seiner privaten Unterhaltung am 18. Juli 1945 auf »griechische Übergriffe an der albanischen und bulgarischen Grenze« angesprochen habe. Churchill entgegnete Stalin, die dortige Grenzlage sei allerdings unübersichtlich; nach seinen Informationen befänden sich jedoch die Griechen wegen ihrer jugoslawischen und bulgarischen Nachbarn in großer Sorge.[39]
Im Laufe des Jahres 1945 verschärfte sich die innenpolitische Situation in Griechenland, und im März 1946 begann der blutige Bürgerkrieg, den

---

37 Vgl. dazu die ausführliche Darstellung bei W. H. McNeill: Greece, S. 389–408; P. Calvocoressi: Survey 1947/48, S. 177; P. Lange: Konfrontation, S. 514 f. mit den Nachweisen in Anm. 16; H. Seton-Watson: Yugoslavia, S. 367 f.; ders.: Albania, S. 375 f. Besonders gut belegt und abgewogen ist die Analyse von J. O. Iatrides; das gilt gleichfalls für E. Barker: South-East. Beide Darstellungen erstrecken sich bis 1945. Vgl. dazu auch A. Grosser: Das Bündnis, S. 71 f.
38 Vgl. A. Fischer: Teheran, S. 158, 168 (168). Vgl. zur Situation Griechenlands ab Herbst 1944 und zur Behandlung der griechischen Frage in Jalta auch R. L. Wolff: Balkans, S. 264–267; J. O. Iatrides, ebenda (zu Stalins Verhalten in Jalta, S. 221–223).
39 Text in: W. S. Churchill: Der Zweite Weltkrieg, Bd. VI/2. Buch, S. 330 f. Vgl. dazu auch A. Fischer, ebenda, S. 221 f. mit den Anm. 1–4; H. Feis: Krieg, S. 270 f.

kommunistisch gelenkte Partisanen-Aktionen im Norden des Landes ausgelöst hatten. Die griechischen Kommunisten wurden von Moskau aus beraten und von Jugoslawien aus aktiv militärisch unterstützt; inwieweit auch Bulgarien und Albanien militärische Hilfe gewährt haben, läßt sich nicht feststellen. In keiner Phase des Bürgerkriegs leistete die UdSSR den Rebellen militärische Hilfe. Die sowjetische Presse brachte »ihre Sympathien offen zum Ausdruck und würdigte den Aufstand als ›demokratische Befreiungsbewegung‹. Angesichts der kommunistischen Balkan-Politik, des sowjetischen Drucks auf die Türkei und der gleichzeitigen Separationsbewegung in Nordpersien hat diese Entwicklung auf westlicher Seite beträchtliche Befürchtung erregt«.[40]

Die amerikanische Administration wurde auch deshalb aufgeschreckt, weil der amerikanische Botschafter in Griechenland, Lincoln MacVeagh, aus Athen telegraphierte, daß die UdSSR die vollständige Kontrolle Griechenlands anstrebte.[41]

Als die griechische Frage im Sicherheitsrat der UNO im Januar und Februar 1946 behandelt wurde, machte die UdSSR kein Hehl aus ihren Absichten. Sie forderte den Abzug der britischen Truppen aus Griechenland, da das die »Arbeit« der kommunistisch beherrschten Partisanen-Aktionen wesentlich erleichtert hätte. Die Regierungen in Washington und London erkannten rechtzeitig die prekäre Situation des Landes. Als Großbritannien keinerlei Bereitschaft erkennen ließ, seine Truppen abzuziehen, mußte Stalin einsehen, daß er Griechenland nicht im Wege des Bürgerkriegs in seine Hand bekommen konnte.[42] Im Laufe des Jahres 1946 und Anfang 1947 verschlechterte sich die Lage in Griechenland rapide. Mitte Januar 1947 reiste eine amerikanische Wirtschaftskommission

---

40 So P. Lange: Konfrontation, S. 515 mit den Angaben in Anm. 18; W. H. McNeill gibt in seiner Studie »Greece« eine detaillierte Darstellung der innenpolitischen Entwicklung Griechenlands. Vgl. dazu auch A. C. Sedgwick: The Plot Against Greece, S. 486–496.
41 Vgl. dazu vor allem D. Acheson: Present, S. 198 f. (199). Daß die amerikanische Administration die Situation Griechenlands als äußerst bedrohlich betrachtete, geht auch aus H. S. Trumans Memoiren hervor. Vgl. Bd. II, S. 107–109 (107 f.): »Die kommunistische Propaganda zog aus dem wirtschaftlichen Ruin, dem Hunger und dem Elend natürlich den größten Nutzen; gleichzeitig wurden die kommunistischen Insurgenten jenseits der griechischen Grenze ausgebildet, bewaffnet und ideologisch gedrillt. Griechenlands nördliche Nachbarn Albanien, Jugoslawien und Bulgarien schickten sich unter Moskauer Oberleitung an, Griechenland zu einem kommunistischen Staat zu machen. Soweit überhaupt noch Hoffnung und Stabilität im Lande herrschten, waren sie dem 40 000 Mann starken britischen Truppenkontingent und den britischen Beratern der griechischen Regierung zuzuschreiben.«
42 Vgl. dazu vor allem D. Acheson, ebenda, S. 220 f.; P. Calvocoressi: Survey 1947/48, S. 177 f.; P. Lange: Konfrontation, S. 515 mit den Angaben in Anm. 19.

dort hin, die über die wachsende Aktivität der vornehmlich von Jugoslawien unterstützten und gelenkten Aufständischen, das ökonomische Chaos und die Unfähigkeit der griechischen Regierung alarmiert war, die Krise zu bewältigen. Im Februar 1947 verzichtete Großbritannien, das sich selbst in einer schweren Wirtschaftskrise befand, offiziell auf seine Schutzherrschaft über Griechenland.[43]

43 Vgl. dazu vor allem D. Acheson, ebenda, S. 217; H. S. Truman: Memoiren. Bd. II, S. 108-114; D. Yergin: Shattered Peace, S. 279-284. Vgl. zur Frage, warum sich Großbritannien nicht mehr in der Lage sah, die Last der Hilfe für Griechenland zu tragen, auch E. Nolte: Deutschland, S. 231: »Großbritannien gab nunmehr auch den letzten Rest seiner einstigen Welthegemonie auf, und die Vereinigten Staaten mußten entweder an seine Stelle treten oder der Sowjetunion das Feld überlassen.« Im Januar und Februar 1946 wurde die griechische Frage auch im Sicherheitsrat der UNO behandelt. Als die UdSSR einsehen mußte, daß die beiden angelsächsischen Mächte Griechenland nicht preisgeben würden, stimmte die sowjetische Delegation nach endlosen Debatten und Verzögerungsversuchen am 19. Dezember 1946 einem amerikanischen Vorschlag zu, die Frage der ausländischen Einmischung in Griechenland durch eine besondere Kommission prüfen zu lassen. Vgl. dazu P. Lange, ebenda, S. 515 f. Aufgrund der massiven Unterstützung der griechischen Aufständischen seitens Jugoslawiens hatte sich das Verhältnis Belgrads zu den beiden angelsächsischen Mächten ständig verschlechtert, was wiederum Stalin mit Genugtuung vermerkte. Über die wenig »kollegiale« Haltung Moskaus gegenüber Tito in dieser Frage schreibt M. Djilas in: Gespräche, S. 168 f., wo er sich auch auf seine und Kardeljs Begegnung mit Molotov in Paris Ende Juni/Anfang Juli 1947 bezieht: »Wenn ich zurückdenke, scheint mir, daß die Sowjetregierung dieser Verschärfung der jugoslawisch-westlichen Beziehungen nicht nur befriedigt zusah, sondern die Entwicklung noch förderte, wobei sie natürlich darauf achtete, daß sie nicht die Grenzen ihrer eigenen Interessen und Möglichkeiten überschritt. Molotov umarmte Kardelj fast in Paris nach dem Abschuß von zwei amerikanischen Flugzeugen über jugoslawischem Boden, obwohl er ihn auch davor warnte, noch ein drittes abzuschießen. Die Sowjetregierung enthielt sich einer direkten Aktion bezüglich des Aufstands in Griechenland und überließ praktisch Jugoslawien allein die Aufgabe, sich die Kakophonie vor dem Forum der Vereinten Nationen anzuhören. Auch unternahm sie nichts Entscheidendes, um einen Waffenstillstand herbeizuführen – das tat sie erst, als Stalin in seine Pläne paßte.«
Als im Februar 1948 die jugoslawische Delegation mit Kardelj, Djilas und Bakarić zum Rapport in Moskau weilte und Stalin das Sündenregister Titos »ausbreitete«, empfahl er in einem scharfen Ton, Jugoslawien sollte »dem griechischen Aufstand sofort ein Ende machen«. Dazu bemerkt M. Djilas, ebenda, S. 231: »Nicht einmal heute bin ich mit über die Motive im klaren, die Stalin dazu veranlaßten, sich gegen den Aufstand in Griechenland zu wenden.« Djilas meint, daß Stalin damals kein Interesse an der Schaffung eines weiteren kommunistischen Staates auf dem Balkan gehabt habe, da ihm nicht einmal die anderen verläßlich und botmäßig waren; nach Ansicht Djilas' dürfte Stalin auch mögliche internationale Verwicklungen, die immer drohendere Formen annahmen, befürchtet haben. Im Sommer 1949 stellte sich endgültig heraus, daß allein Jugoslawien den kommunistischen Aufstand in Griechenland ermöglicht und am Leben erhalten hatte. Als Tito am 27. Juli 1949 die jugoslawisch-griechische Grenze schließen ließ, brach der bewaffnete Widerstand der griechischen Rebellen zusammen. In jener Zeit verhandelte Marschall Tito mit den USA über eine finanzielle Hilfe; hinzu kommt, daß die griechischen Aufständischen und die griechischen Kommunisten überhaupt »treue Kominformisten waren. Sehr instruktiv dazu E. Halperin: Ketzer, S. 172 f. Vgl. dazu auch

cc) *Die Verkündung der Doktrin*

In der außerordentlich bedrohlichen Situation wandte sich die griechische Regierung am 3. März 1947 an die amerikanische Administration, ihr wirtschaftlich und militärisch zu helfen. Die Vereinigten Staaten handelten schnell. Am 12. März 1947 verkündete Präsident Harry S. Truman vor dem amerikanischen Kongreß die nach ihm benannte »Truman-Doktrin«. Dean Acheson hat in seinen Memoiren berichtet, daß die von Truman für Griechenland und die Türkei verkündete Hilfe in der amerikanischen Regierung umstritten gewesen sei. So habe George F. Kennan, Chef des Politischen Planungsstabs im Außenministerium unter dem seit dem 21. Januar 1947 wirkenden Außenminister George Marshall, die amerikanische Initiative für zu drastisch gehalten und befürchtet, sie könne die UdSSR zu aggressiven Aktionen provozieren.[44]

Truman bat den Kongreß, eine Unterstützung an Griechenland und die Türkei in Höhe von 400 Millionen Dollar für die Zeit bis zum 30. Juni 1948 zu gewähren. Er wies darauf hin, daß in Griechenland »eine kampflustige bewaffnete Minderheit ein politisches Chaos zu schaffen imstande war, das bis jetzt die wirtschaftliche Gesundung des Landes unmöglich gemacht hat . . . Inzwischen ist die griechische Regierung unfähig, der Lage Herr zu werden. Die griechische Armee ist klein und schlecht ausgerüstet. Sie braucht Nachschub und Aufrüstung, wenn sie die Autori-

---

F. Fejtö: Volksdemokratien (I), S. 190 f. Sehr instruktiv dazu auch M. B. Petrovich: View, S. 48 f., der ebenfalls auf die damals weit verbreitete Annahme hinweist, Moskau habe Titos Verhalten im griechischen Bürgerkrieg voll unterstützt – »eine Vermutung, die damals ganz logisch gewesen« sei: »Only later, after the Tito-Stalin break, did we learn that the Yugoslavs were acting independently in Greece, pursuing their own national interests, while Stalin had grave doubts about the Greek civil war.«

44 So D. Acheson, ebenda, S. 221. In seinen »Memoiren eines Diplomaten« hat G. F. Kennan ausführlich die Entstehung und seine Einstellung gegenüber der Truman-Doktrin analysiert. Auch er ging von den sehr unterschiedlichen Ausgangslagen Griechenlands und der Türkei aus und äußerte den Verdacht, »daß damit in erster Linie militärische Unterstützung gemeint war und daß das Pentagon die Gelegenheit beim Schopf gepackt und ein im wesentlichen politisch und wirtschaftlich ausgerichtetes Hilfsprogramm für Griechenland mit einem militärischen Hilfsprogramm für die Türkei unterwandert hatte« (vgl. S. 319 f.). So ist es auch verständlich, daß G. F. Kennan später den Marshall-Plan ausdrücklich begrüßt hat. Vgl. G. F. Kennan, ebenda, S. 328–356; ders.: Außenpolitik, S. 515. Sehr instruktiv dazu auch D. Yergin, ebenda, S. 283–285, wo er darauf hinweist, daß Trumans Rede den »antikommunistischen Konsens in der amerikanischen Exekutive« widergespiegelt hätte: »In der Tat wurde im Frühjahr 1947 der Antikommunismus eine mächtige Kraft in der amerikanischen Politik . . . Für Truman und viele seiner Berater bedeutete Antikommunismus in erster Linie ›anti-Sovietism‹.« Vgl. dazu auch E. Nolte, ebenda, S. 232–234.

tät der Regierung auf dem gesamten griechischen Staatsgebiet wiederherstellen soll.«[45]

In seiner Botschaft betonte Truman, daß die Situation der Türkei völlig anders liege, da ihr die Katastrophe erspart geblieben sei, die Griechenland während des Krieges heimgesucht hätte. Daß die amerikanische Administration auch dem Ersuchen der türkischen Regierung um finanzielle Unterstützung entsprochen hat, zeigt, wie ernst sie den permanenten diplomatischen Druck der UdSSR auf die Türkei genommen hat. So war es kein Zufall, daß Truman die Hilfe für die Türkei mit dem Hinweis begründete, sie sei notwendig, um die nationale Integrität der Türkei aufrechtzuerhalten und die notwendige Modernisierung des Landes einleiten zu können.[46]

Trumans Rede vom 12. März 1947, in der er die UdSSR nicht ausdrücklich erwähnt hat, bildet insofern einen wichtigen Einschnitt in den amerikanisch-sowjetischen Beziehungen, als sie zum Ausdruck brachte, daß sich Washington keinesfalls mit den in den von der Sowjetunion kontrollierten Ländern und Gebieten geschaffenen Verhältnissen abgefunden hat. Aus Trumans Darlegungen sprach die große Enttäuschung über das einseitige Vorgehen des früheren Alliierten der »Anti-Hitler-Koalition«:

»In einer Anzahl von Ländern waren den Völkern kürzlich gegen ihren Willen totalitäre Regimes aufgezwungen worden. Die Regierung der Vereinigten Staaten hat mehrfach gegen Zwang und Einschüchterung bei der Verletzung des Jalta-Abkommens in Polen, Rumänien und Bulgarien protestiert. Und weiter muß ich feststellen, daß in einer Anzahl anderer Staaten ähnliche Entwicklungen stattgefunden haben.«

Truman ging aber noch einen Schritt weiter: »Die Welt steht nicht still, und der Status quo ist nicht heilig. Aber wir können keine Veränderungen

---

45 Dt. Text in: Europa-Archiv 1947, S. 819 f. (819). Zuvor hatte die britische Labour-Regierung eine »Verringerung der imperialen Verpflichtungen« Großbritanniens verlangt und die Hilfe für die griechischen und türkischen Antikommunisten eingestellt. Vgl. dazu R. Murphy: Diplomat, S. 374.
46 Text, ebenda, S. 820. Vgl. dazu auch J. M. Jones: Weeks, S. 17-23, 89-125, 148-170. Vgl. auch die ausführliche Darstellung bei J. L. Gaddis: Origins, S. 316-352. Vgl. zur Entstehung der Truman-Doktrin auch die materialreiche Studie von R. M. Freeland: The Truman Doctrine and the Origins of McCarthyism. Mit Recht betont W. Loth in: Teilung, S. 157, Anm. 8, Freelands weitergehende These, die Truman-Administration habe die antikommunistische Hysterie bewußt entfacht, um ihr außenpolitisches Programm durchzubringen (S. 10), wird jedoch durch das von ihm selbst beigebrachte Material widerlegt. Tatsächlich stützte sich die Regierung auf eine bereits vorhandene antikommunistische Bewegung, suchte sie sogar mit innerpolitischen Mitteln unter Kontrolle zu bringen, konnte allerdings nicht verhindern, daß sie nun durch ihre außenpolitische Rhetorik weiter verstärkt wurde.«

im Status quo zulassen, die eine Verletzung der Charta der Vereinten Nationen durch Zwangsmethoden und durch vorsichtigere Maßnahmen wie eine politische Durchdringung bedeuten ... Sollten wir der Türkei und Griechenland in dieser entscheidenden Stunde unsere Hilfe versagen, so werden sich die Auswirkungen ebenso weit nach dem Westen wie nach dem Osten erstrecken.«[47]

Trumans Ausführungen über die Entwicklung des sowjetischen Machtbereichs und die Zustimmung, die sein Hilfsprogramm im amerikanischen Kongreß fand, verdeutlichten unmißverständlich, daß es mit der traditionellen amerikanischen Politik, Europa die kalte Schulter zu zeigen, nun endgültig vorbei war: »Die Truman-Doktrin signalisierte eine Veränderung im politischen Denken Amerikas. Sie bedeutete, daß in der offiziellen amerikanischen Haltung die Sowjets gestoppt werden müssen.«[48]

Dieser in seinen Konsequenzen so weitreichende Wandel der amerikanischen Europa-Politik war einmal von Stalin deshalb provoziert worden, da sein Vorgehen in den »befreiten« Staaten Ostmittel- und Südosteuropas keinesfalls den Vorstellungen entsprach, die die beiden angelsächsischen Mächte mit ihrer Unterschrift unter die »Deklaration über die befreiten Völker in Europa« in Jalta zum Ausdruck gebracht hatten. Voraussetzung für eine Neuformulierung der amerikanischen Politik war auch ein personeller Wechsel in der Führung des amerikanischen Außenministeriums. Im Januar 1947 löste General George Marshall Außenminister James F. Byrnes ab, da aufgrund der Zwischenwahlen im November 1946 die Demokraten erstmals nach 60 Jahren ihre Mehrheit im Kongreß verloren hatten. Die führenden Positionen in jenen Gremien, die für die amerikanische Außenpolitik verantwortlich sind, wurden nun mit Angehörigen der Republikanischen Partei besetzt.[49]

---

47 Text, ebenda.
48 So P. Calvocoressi: Survey 1947/48, S. 15. Vgl. dazu vor allem H. S. Truman: Memoiren. Bd. II, S. 113–119. Am 22. Mai 1947 konnte Präsident Truman das vom Senat am 22. April und Repräsentantenhaus am 9. Mai angenommene Hilfsgesetz unterzeichnen. Diesen Akt kommentierte er so: »Amerikas Entschlossenheit, der kommunistischen Expansion Halt zu gebieten, war kundgetan« (vgl. ebenda, S. 117). Einen Tag später, am 23. Mai 1947, bestätigte dem Sicherheitsrat der UNO vorgelegte Bericht der Balkan-Kommission offiziell, daß Jugoslawien, Bulgarien und Albanien den Aufstand in Griechenland militärisch unterstützten. Vgl. dazu auch P. Lange: Konfrontation, S. 516. Vgl. zur Gesamtproblematik auch D. Yergin: Shattered Peace, S. 286–296; W. W. Rostow: United States, S. 207–209 (208): ». . . Truman's words marked a major turning point in American and world history.« P. W. Bidwell and W. Diebold, Jr.: New Aid for New Europe, S. 173. Vgl. zur Reaktion Marschall Titos auf die Truman-Doktrin J. Korbel: Tito's Communism, S. 279 f.
49 Vgl. dazu vor allem P. Calvocoressi, ebenda, S. 11; D. Acheson: Present, S. 200–213 f.; D. Yergin, ebenda, S. 257–264. Vorsitzender des Außenpolitischen Ausschusses des Se-

Es erscheint auch schwer vorstellbar, wie der Positionswechsel in der amerikanischen Politik gegenüber der UdSSR unter Außenminister Byrnes hätte vorgenommen werden können, da gerade er die bis dahin verfolgte »Appeasement«-Politik zu verantworten hatte. Trumans Kongreß-Botschaft vom 12. März 1947 ließ nur einen Schluß zu: Nun war es nur noch eine Frage der Zeit, daß die amerikanische Administration aus der Neuformulierung ihrer Außenpolitik Konsequenzen auch hinsichtlich Europas ziehen würde, die nicht nur Griechenland und die Türkei betrafen. Die Truman-Doktrin markiert einen Wendepunkt in der amerikanischen Nachkriegspolitik – wie Daniel Yergin zutreffend bemerkt –, den auch Stalin in sein Kalkül einbeziehen mußte: »With it, policy began to catch up with ideology.«[50]

Josef Stalin mußte im Frühjahr 1947 endgültig einsehen, daß die Vereinigten Staaten nicht mehr bereit waren, tatenlos dem Geschehen in den von der UdSSR kontrollierten Ländern und Gebieten zuzusehen. So war es kein Zufall, daß die »New York Times« am 13. März 1947, einen Tag nach der Verkündung der Truman-Doktrin, mit der Schlagzeile erschien: »Truman acts to save nation from Red rule.«[51] In der Tat waren die Vor-

---

nats wurde Senator Arthur Vandenberg. Festzuhalten gilt, daß sich Präsident Truman in seinen »Memoiren«, Bd. I, S. 593–601, über Außenminister James F. Byrnes bitter beklagt hat. Truman warf ihm vor, über wichtige politische Vorgänge nicht ausreichend informiert und gegenüber der UdSSR nicht hart genug gewesen zu sein. Vgl. dazu auch D. Yergin, ebenda, S. 259, wo er darauf hinweist, daß Außenminister Byrnes' letzter offizieller Akt in der Unterschrift der Friedensverträge für Italien, Rumänien, Bulgarien, Ungarn und Finnland am 10. Januar 1947 bestand: »Es muß ein enttäuschender Augenblick für Byrnes gewesen sein. Seine großen Hoffnungen hatten sich nicht erfüllt. Nicht nur der Präsident, sondern auch er scheiterte daran, der große Friedensstifter zu werden.« Sehr instruktiv dazu auch R. Murphy: Diplomat, S. 372 f.; E. Nolte: Deutschland, S. 230 f. Sehr instruktiv zur Position J. F. Byrnes' auch J. L. Gaddis: Origins, S. 285–296, 346–352.
50 So D. Acheson am 11. Februar 1947 vor dem Außenpolitischen Ausschuß des amerikanischen Senats. Zit. bei D. Yergin: Shattered Peace, S. 275 mit Anm. 1. Daß die UdSSR die Truman-Doktrin als »Einmischung in die Angelegenheiten Griechenlands und der Türkei« scharf verurteilt hat, versteht sich von selbst. In der offiziellen Geschichte der sowjetischen Außenpolitik (vgl. Geschichte, 2. Teil, S. 178–181) wird »antisowjetischen und antisozialistischen« und »imperialistischen Charakter« der Truman-Doktrin die Rede. Von amerikanischen Kommentatoren wird nur W. Lippmann zitiert.
51 Vgl. die Nachweise bei P. Calvocoressi: Survey 1947/48, S. 15 mit Anm. 1. Aufschlußreich ist auch sein Hinweis auf die Kritik, die Walter Lippmann in der »New York Herald Tribune« vom 11. März 1947 geübt hat. Lippmann befürwortete zwar eine militärische Garantie für die Türkei, lehnte sie aber für Griechenland ab, da das Land vom strategischen Standpunkt her sehr an der Peripherie läge. Ein Blick auf die Landkarte zeigt, daß Lippmann eine eigenartige Auffassung von Geographie und Strategie gehabt haben muß.

gänge vor allem in Polen, Ungarn und Bulgarien alarmierend. Die manipulierten Wahlen zum polnischen Parlament vom 19. Januar 1947 hatten zu einer fast totalen Ausschaltung der Bauernpartei geführt.[52] In Ungarn war am 26. Februar 1947 nach der »Entdeckung eines Komplotts« der Generalsekretär der Partei der Kleinen Landwirte, Kovacs, verhaftet und nie wieder gesehen worden, und im Mai entschied sich Ministerpräsident Ferenc Nagy, nicht mehr aus seinen Ferien in der Schweiz nach Ungarn zurückzukehren.[53] Auch in den anderen Ländern hatten die Kommunisten bis zum Frühjahr 1947 gute Erfolge zu verzeichnen, die jeweilige parlamentarische Opposition allmählich mit höchst unwürdigen Methoden politisch auszuschalten.[54]

b) *Der Marshall-Plan*

Am 26. April 1947 war George Marshall von der Moskauer Konferenz der Außenminister der vier Großmächte, die am 10. März 1947 begonnen und die tiefen Gegensätze der Großmächte in der »deutschen Frage« noch einmal offenbart hatte, mit der Einsicht nach Washington zurückgekehrt, daß es mit der »Kooperation« der »Anti-Hitler-Koalition« vorbei sei; einen vollständigen politischen und ökonomischen Zusammenbruch Europas schloß der amerikanische Außenminister nicht aus. Aus Marshalls Aussagen und den Zeugnissen namhafter amerikanischer Politiker ergibt sich eindeutig, daß der amerikanische Außenminister in seinen Überlegungen nach der so deprimierend verlaufenden Moskauer Konferenz keinesfalls nur oder überwiegend auf die ökonomische Sanierung Westdeutschlands und darauf fixiert war, wie Frankreich für eine gemeinsame Politik in den drei westlichen Besatzungszonen gewonnen werden konnte.[55]

---

52 Vgl. dazu oben S. 223 f.
53 Vgl. dazu unten S. 383 f.
54 Vgl. dazu oben Kap. II, Tiffer 3. In der zeitgeschichtlichen Forschung ist bisher zu wenig beachtet worden, daß die Verkündung der Truman-Doktrin zu einem – wie W. Leonhard bemerkt – »vorübergehenden Zick-Zack-Kurs« in der sowjetischen Deutschland-Politik geführt hat. Nach dem 12. März 1947 »kam es von sowjetischer Seite aus zunächst . . . vorübergehend zum Versuch eines erneuten, teilweise sogar weitergehenden Einlenkens. In der Sowjetzone Deutschlands wurde dies u. a. durch den Vorschlag Tulpanows sichtbar, erneut eine SPD in der sowjetischen Besatzungszone wieder zuzulassen, wobei bereits die entsprechenden Funktionäre ausgesucht wurden.« W. Leonhard in: Der Weg nach Pankow, S. 37 mit weiteren Nachweisen.
55 Vgl. dazu vor allem P. Calvocoressi: Survey 1947/48, S. 19 f.; H. S. Truman: Memoiren. Bd. II, S. 121, wo er betont, daß Marshall »in sehr gedrückter Stimmung« von

Außenminister Marshall unterbreitete am 5. Juni 1947 seine unter dem Namen Marshall-Plan bekannten Vorschläge zur amerikanischen Hilfeleistung für die europäischen Länder. Selten hat eine so kurze programmatische Rede so starke Auswirkungen gehabt. Marshall bot jeder Regierung, die bereit war, beim Wiederaufbau zu helfen, die volle Unterstützung der Regierung der USA an. Dieses Angebot unterbreitete er unter der Bedingung, daß die Länder Europas untereinander zu einer Einigung darüber kommen müßten, »was die gegenwärtige Lage am dringendsten erfordert und inwieweit die Länder Europas selbst dazu beitragen können...«
Marshall wandte sich an alle Länder Europas, auch die des sowjetischen Machtbereichs und die UdSSR selbst. Um jeden Zweifel darüber auszuschließen, erklärte er auf einer Pressekonferenz am 12. Juni 1947, daß er »everything west of Asia«[56] gemeint habe.

---

der Moskauer Außenminister-Konferenz nach Hause zurückgekehrt sei: »Seine Hoffnung, die Russen doch noch von unserer Friedensliebe zu überzeugen, hatte sich nicht erfüllt. Die Expansion des Kommunismus in dem hilflosen Europa zu betreiben, schien das ABC ihrer Außenpolitik.« Zur Persönlichkeit seines Außenministers hat Truman bemerkt: »General Marshall ist einer der scharfsinnigsten und weitestblickenden Männer, die mir je begegnet sind. So gut wie für jedes Problem fand er auf Anhieb die grundsätzlich beste Lösung...« Vgl. dazu auch D. Yergin: Shattered Peace, S. 257–264. Sehr instruktiv dazu auch W. W. Rostow: United States, S. 208 f., wo er darauf hinweist, daß die amerikanische Delegation von der Moskauer Konferenz mit der Einsicht zurückgekehrt ist, daß es sinnlos sei, mit Stalin von der »Basis der Schwäche« aus weiterzuverhandeln. Außerdem sei der Marshall-Plan durch die sich rapide verschlechternde ökonomische Situation Westeuropas ausgelöst worden. Vgl. dazu auch R. Murphy: Diplomat, S. 374–376 (374 f.): »Die ungeten Gefühle Trumans gegenüber den Russen hatten sich in der Stalinschen Verhandlungsführung bestätigt, und so war der Präsident nicht mehr willens, in irgendeinem Punkte nachzugeben... meiner Meinung war es die Moskauer Konferenz des Jahres 1947, auf der der Eiserne Vorhang erst wirklich niederging.« E. Nolte: Deutschland, S. 234: »Es scheint, daß George C. Marshall Ende April auf dem Rückflug von Moskau jenen Plan konzipierte, der unter seinem Namen weltbekannt geworden ist.« Vgl. dazu auch J. M. Jones: Weeks, S. 214–224. Über den Verlauf der Moskauer Konferenz informiert ausführlich H. Volle: Die Moskauer Außenministerkonferenz der vier Großmächte, 10. 3.–24. 4. 1947. Vgl. zur ökonomischen Situation Westeuropas im Jahre 1947 auch A. Grosser: Das Bündnis, S. 94 f. (95): »...Großbritannien, Frankreich und Italien waren dem Staatsbankrott nahe. Das Jahr 1947 kündigte sich als das Jahr der finanziellen Zusammenbrüche an, als das Jahr des totalen Bankrotts nach einer zehnjährigen Depression, gefolgt vom schlimmsten aller bisherigen Kriege.« Vgl. dazu auch H.-P. Schwarz: Reich, S. 119–121; J. Gimbel: Origins, S. 179–206; M. Knapp: Marshallplan, S. 22–27 (25); J. L. Richardson: Cold-War Revisionism, S. 600–603.

56 Text der Rede G. Marshalls vom 5. Juni 1947 in: Europa-Archiv 1947, S. 821. Vgl. zu Marshalls Pressekonferenz vom 12. Juni 1947 Archiv der Gegenwart 1947, S. 1115: »Marshall betonte ausdrücklich, daß der Plan alle Länder westlich von Asien einschließe, somit auch die Sowjetunion und Großbritannien.« Vgl. dazu auch P. Calvocoressi, ebenda, S. 32. Calvocoressi hat in knapper Form die wichtigsten und alarmierendsten

Peter Calvocoressi hat die entscheidenden Merkmale, die den Marshall-Plan von der Truman-Doktrin unterscheiden, in drei Punkten klar herausgearbeitet: 1. Während die Truman-Doktrin speziell Griechenland und die Türkei betraf, wandte sich der Marshall-Plan an alle interessierten Staaten Europas; 2. Im Gegensatz zur Truman-Doktrin, die eine Kombination aus ökonomischer und militärischer Hilfe bildete, beschränkte sich der Marshall-Plan auf den wirtschaftlichen Aspekt, welch weitere Motive oder Erwartungen seine Urheber ihm auch beigemessen haben mögen; 3. Schließlich war der Marshall-Plan auf mehrere Jahre konzipiert, während das Hilfsprogramm für Griechenland und die Türkei zeitlich sehr viel begrenzter angelegt war.[57]

Die sowjetische Regierung mußte sich schnell entscheiden, wie sie auf die amerikanische »Herausforderung« reagieren sollte. Sie mußte sich jetzt, da die Vereinigten Staaten erstmals nach langer Zeit die Initiative in der Europa-Politik an sich gerissen hatten, sehr viel mehr einfallen lassen, als dies bei der polemischen Reaktion auf die Truman-Doktrin der Fall war.[58] Mit der Verkündung des Marshall-Plans hat die amerikanische Regierung den Kreml insofern in eine unangenehme Situation gebracht, als die ökonomischen Verhältnisse nicht nur der UdSSR selbst, sondern auch in den von ihr kontrollierten Staaten eine weitreichende amerikanische Hilfe gut vertragen hätten. So war es auch nicht erstaunlich, daß die amerikanische Initiative in mehreren Staaten des sowjetischen Machtbereichs ein positives Echo ausgelöst hat.

François Fejtö hat in eindrucksvoller Weise die wirtschaftliche Problematik der unter sowjetischem Einfluß stehenden Staaten verdeutlicht: »Die verwundbarste Stelle am Kommunismus der Oststaaten war 1947 die Ungewißheit in der Wirtschaftspolitik und zwar vor allem in den Beziehungen mit dem Ausland. Die kurzfristigen Pläne hatten die Frage der

---

Vorgänge in den Ländern Ostmittel- und Südosteuropas in der ersten Hälfte des Jahres 1947 markiert (vgl. ebenda, S. 20, 30 f.). Sehr instruktiv zur Gesamtproblematik auch F. Fejtö: Volksdemokratien. Bd. I, S. 192-200 (195): »Theoretisch erging die Einladung Marshalls an alle.« Vgl. dazu auch die ausführliche Darstellung bei J. M. Jones, ebenda, S. 31-36, 199-266. Vgl. zur Vorgeschichte des Marshall-Plans auch die materialreiche Studie von R. M. Freeland: The Truman-Doctrine and the Origins of McCarthyism, S. 151-187.

57 P. Calvocoressi, ebenda, S. 20. Vgl. dazu auch P. W. Bidwell and W. Diebold, Jr.: New Aide for New Europe, S. 173-175.
58 Vgl. dazu vor allem P. Calvocoressi, ebenda, S. 23-33, wo er sehr anschaulich die amerikanisch-sowjetischen Beziehungen in der ersten Hälfte des Jahres 1947 und die Einschätzung Moskaus schildert. Vgl. dazu auch P. Lange: Konfrontation, S. 523 mit den Nachweisen in Anm. 1; A. B. Ulam: Expansion, S. 432-434; G. F. Kennan: Memoiren eines Diplomaten, S. 328-356.

endgültigen Orientierung der Ostwirtschaften offen gelassen. Alle diese Länder waren in der Versorgung mit Rohstoffen, Ausrüstungen und Kapital weitgehend vom Westen abhängig, hatten sie doch schon vor dem Zweiten Weltkrieg zum deutschen Wirtschaftssystem gehört. 1946 tritt die UdSSR an die Stelle Deutschlands... Im Prinzip schließt der Osthandel den Westhandel nicht aus. Im Gegenteil. Es liegt im wirtschaftlichen Interesse der Oststaaten, beide Wege zu verfolgen. Aber dieses Interesse ist politischen Erwägungen untergeordnet. Der Marshallplan hat einen Prozeß ausgelöst, der die Wahl zur Qual macht.«[59]

aa) *Außenminister Molotovs »Nein«*

In zahlreichen zeithistorischen Untersuchungen vor allem der »revisionistischen Richtung« wird gar nicht oder viel zu wenig beachtet, in welcher Form der Kreml auf das amerikanische »Angebot« reagiert hat. Eine genaue Analyse der sowjetischen Reaktion und der Antworten der Regierungen der ostmittel- und südosteuropäischen Staaten erscheint daher besonders geboten. Da Außenminister Marshall in seiner Rede vom 5. Juni 1947 das Hilfsprogramm an die Bedingung geknüpft hatte, daß sich die Länder Europas untereinander darüber einigen müßten, wo die Hilfe angesetzt werden soll, übernahmen die Außenminister Großbritanniens und Frankreichs, Ernest Bevin und George Bidault, die Initiative. Nach Vorbesprechungen schlugen die britische und die französische Regierung am 19. Juni 1947 der sowjetischen Regierung vor, um den 25. Juni herum ein Treffen der drei Außenminister einzuberufen. Am 22. Juni 1947 teilte Außenminister Molotov seine Bereitschaft mit, zu dieser Konferenz nach Paris zu kommen, die am 27. Juni beginnen sollte. Die drei Außenminister trafen sich insgesamt fünfmal – und zwar am 27., 28. und 29. Juni sowie am 1. und 2. Juli 1947.

In seiner ersten Rede vom 28. Juni sprach sich Molotov zunächst positiv über die angebotene amerikanische Wirtschaftshilfe aus. Er machte aber geltend, daß er gegen Bidaults Vorschlag Bedenken habe, ein allgemeines Wirtschaftsprogramm für die europäischen Staaten auszuarbeiten und das Ausmaß der von ihnen gewünschten Hilfe festzustellen. Jedes Land sollte selbst darüber entscheiden, in welcher Höhe es Kredite oder andere Hilfe wünsche, wobei der jeweilige interne Wirtschaftsplan als Grundlage dienen sollte. Diese internen Wirtschaftsfragen gehörten in die Souveräni-

---

59 F. Fejtö: Volksdemokratien (I), S. 192, 194. Sehr instruktiv beleuchtet die ökonomische Situation mit wertvollen Nachweisen J. M. van Brabant: Origins, S. 184–188.

tät eines jeden Staates, in die sich andere Staaten nicht einmischen sollten.
Auf der gleichen Linie lag auch der am 30. Juni von Molotov der Pariser Beratung unterbreitete Antrag, der die Bildung eines »Beistandsausschusses« aus Vertretern Frankreichs, Großbritanniens und der UdSSR vorsah, der im weiteren durch Vertreter gewisser anderer europäischer Staaten ergänzt werden sollte. Diesem Ausschuß sollten drei Unterausschüsse für die Bereiche Verpflegung, Brennstoff und Betriebseinrichtungen beigeordnet werden. Im Gegensatz zu den westlichen Vorschlägen unterschied der sowjetische Antrag zwischen den mit Deutschland im Zweiten Weltkrieg verbündeten Alliierten, also den früheren »Feindstaaten«, und jenen Mächten, »die von der deutschen Okkupation betroffen waren und zum gemeinsamen Sieg der Verbündeten über den Feind beigetragen haben.«[60] Großbritannien und Frankreich sahen sich – verständlicherweise – nicht in der Lage, dem sowjetischen Vorschlag zuzustimmen, da es den Vereinigten Staaten nicht zugemutet werden könnte, von vornherein über die Verwendung ihrer Mittel nicht mitbestimmen zu dürfen.
In seiner Erklärung auf der letzten Sitzung der Pariser Konferenz vom 2. Juli 1947 beharrte Molotov auf dem Antrag vom 30. Juni und behauptete noch einmal, »daß der englisch-französische Plan der Gründung einer besonderen Organisation zu dem Zweck, die Wirtschaft der europäischen Staaten zu koordinieren, zu einer Einmischung in die inneren Angelegenheiten der europäischen Staaten führt ...« Der westliche Plan würde »dahin führen, daß England, Frankreich und eine Gruppe Länder, die ihnen Gefolgschaft leisten, sich von den übrigen europäischen Staaten absondern, was Europa in zwei Gruppen von Staaten spalten und neue Schwierigkeiten in ihren gegenseitigen Beziehungen hervorrufen wird. In diesem Falle werden die amerikanischen Kredite nicht dem wirtschaftlichen Wiederaufbau Europas dienen, sondern der Ausspielung der einen europäischen Länder gegen die anderen europäischen Länder, je nachdem, wie es einigen starken Mächten, die nach der Herrschaft streben, zweckdienlich erscheinen mag«.[61]

---

60 Dt. Text der Rede Molotovs vom 28. Juni 1947 in: W. M. Molotow: Fragen der Außenpolitik, S. 499–504; dt. Text des sowjetischen Antrags vom 30. Juni 1947, ebenda, S. 657–659; dt. Text der sowjetischen Note vom 22. Juni 1947 in: Archiv der Gegenwart 1946/47, S. 1125. Vgl. dazu im einzelnen P. Calvocoressi: Survey 1947/48, S. 32–37, wo er anhand der vom französischen Außenministerium herausgegebenen Dokumentation über die Pariser Drei-Minister-Beratung die Reden und Gegenreden der drei Außenminister analysiert.
61 Dt. Text: Erklärung Molotovs vom 2. Juli 1947, ebenda, S. 505–510 (508, 510). Vgl. dazu auch H. S. Truman: Memoiren. Bd. II, S. 124 f.

Ein genauer Vergleich der Rede Molotovs vom 28. Juni und seiner Erklärung vom 2. Juli 1947 führt zu aufschlußreichen Ergebnissen. Adam B. Ulam meint, daß es im Kreml zunächst durchaus Kräfte gegeben habe, die an einer Teilnahme der UdSSR am amerikanischen Hilfsprogramm für Europa interessiert gewesen seien. Er schließt das einmal aus der Teilnahme Molotovs an den Vorbesprechungen mit Bevin und Bidault in Paris und zum anderen aus der Tatsache, daß der sowjetischen Wirtschaft eine amerikanische Unterstützung gut getan hätte. Schließlich verweist Ulam auf Molotovs Aussage vom 28. Juni, nach der die Wiederherstellung und Weiterentwicklung der Volkswirtschaft der europäischen Länder erleichtert werden könnten, »wenn die Vereinigten Staaten von Amerika, deren Produktionsmöglichkeiten in der Kriegszeit keineswegs zurückgingen, sondern sogar beträchtlich zunahmen, die von diesen Ländern benötigte Wirtschaftshilfe gewähren würde«. Ulam übersieht aber auch Molotovs Zusatz nicht, daß die USA ihrerseits ebenfalls daran interessiert seien, »ihre Kreditmöglichkeiten zur Erweiterung ihrer Außenmärkte auszunutzen, besonders angesichts der heraufziehenden Krise«.[62] Aus dieser Beurteilung der amerikanischen Wirtschaftsinteressen sprach die ideologisch bedingte Einschätzung der Entwicklung des »kapitalistischen Systems« durch die Sowjetunion. Dennoch besteht kein Zweifel, daß Molotov am 28. Juni 1947 der amerikanischen Initiative noch keine eindeutige Absage erteilt hat. Mit Recht meint Adam B. Ulam, daß die Ausführungen für einen Mann vom Habitus eines Molotov überraschend konstruktiv gewesen seien. Ob allerdings Ulams weitere Schlußfolgerung, Molotovs Ausführungen seien »ein Beweis für dessen persönlichen Glauben in das Verlangen der sowjetischen Teilnahme« (am Marshall-Plan),[63] richtig ist, läßt sich nicht nachweisen. Mit seiner Erklärung vom 2. Juli 1947 in Paris hat der sowjetische Außenminister dann alle Hoffnungen endgültig begraben, die UdSSR könnte am Marshall-Plan aktiv teilhaben. Nicht übersehen werden sollte, daß Molotov dabei Argumente verwandt hat, die in seiner Rede vom 28. Juni noch keine Rolle gespielt hat-

---

62 A. B. Ulam: Expansion, S. 432–434 (433).
63 A. B. Ulam, ebenda, S. 434. Dieser Interpretation steht allerdings der wichtige Hinweis H. S. Trumans in: Memoiren. Bd. II, S. 124 f. entgegen. Dort schreibt er, daß bereits vor der Vorkonferenz der amerikanische Botschafter W. Bedell Smith aus Moskau berichtet habe, »daß Molotow weniger an einer konstruktiven Mitarbeit als an einer Unterminierung des Planes gelegen sei. In der Tat versuchte er Bevin und Bidault zu bereden, die Vereinigten Staaten zur Nennung einer exakten Summe für das Hilfsprogramm aufzufordern. Molotow rechnete damit, daß sich das State Department niemals auf eine solche Fixierung von vornherein einlassen und er dadurch Gelegenheit bekommen würde, die Ernsthaftigkeit des amerikanischen Vorschlags anzuzweifeln.«

ten. Ulam bemerkt, die Verwirrung Molotovs sei so groß gewesen, daß er vergessen habe, das Argument aus seiner Rede vom 28. Juni zu wiederholen, daß der Marshall-Plan ein Versuch seitens der USA sei, ausländische Märkte auszubeuten und eine neue wirtschaftliche Krise zu verhindern. Nach Auffassung Ulams sei die Absage der Sowjetunion, am Marshall-Plan zu partizipieren, von Stalin persönlich getroffen worden.[64]

Nach dem kategorischen Nein Molotovs vom 2. Juli 1947 luden die Regierungen Großbritanniens und Frankreichs am 4. Juli 22 europäische Staaten zu einer Konferenz nach Paris ein, die am 12. Juli beginnen sollte. Am gleichen Tag sandte Außenminister Bidault auch dem sowjetischen Botschafter eine Einladung mit einem Schreiben zu, in dem er die Hoffnung zum Ausdruck brachte, daß die von Molotov zuvor formulierte Absage nicht endgültig sei. Als die Konferenz am 12. Juli begann, nahmen acht der eingeladenen Staaten nicht teil: Finnland, Polen, die Tschechoslowakei, Ungarn, Jugoslawien, Rumänien, Bulgarien und Albanien.[65]

bb) *Die unterschiedliche Haltung der von der UdSSR kontrollierten Länder*

Es stand von vornherein fest, daß mit der Absage der UdSSR auch die der anderen zum sowjetischen Machtbereich gehörenden Staaten impliziert war. Milovan Djilas betont in seinen „Gesprächen mit Stalin", daß Jugoslawien und die Sowjetunion die beiden einzigen osteuropäischen Staaten gewesen seien, die sich entschieden gegen den Marshall-Plan gewandt hätten – „Jugoslawien hauptsächlich aus revolutionärem Dogmatismus und die Sowjetunion, weil sie befürchtete, die amerikanische Wirtschafts-

---

64 A. B. Ulam, ebenda, S. 434. Der damalige britische Außenminister Ernest Bevin hat berichtet, daß Molotov am 1. Juli ein Telegramm von Stalin erhalten habe: »After that, his attitude changed and he became much more harsh ... I suspect that Molotow must have thought the instruction sent him was stupid; in any case, the withdrawal of the Russians made operations much more simple.« Zit. nach D. Acheson: Present, S. 234 f. Molotows Reaktion auf das Telegramm Stalins laut Bevin wird auch bei W. Bedell Smith: My three Years at Moscow, S. 198, zitiert; wiedergegeben bei W. Loth: Teilung, S. 173–175 (175, Anm. 3).
65 Vgl. dazu im einzelnen P. Calvocoressi: Survey 1947/48, S. 37. Vgl. die Liste der 22 eingeladenen Staaten in: Archiv der Gegenwart 1946/47, S. 1133. Das in Besatzungszonen aufgeteilte »Deutschland« konnte nicht Adressat des Marshall-Plans sein. Das hielt die SED jedoch nicht davon ab, wenn auch sehr verspätet, in einer offiziellen Entschließung ablehnend zum amerikanischen Hilfsprogramm Stellung zu beziehen. Sehr instruktiv dazu E. W. Gniffke: Ulbricht, S. 248 f.; B. Meissner: Deutschlandpolitik, S. 462 f. Vgl. dazu im einzelnen mit Nachweisen dieses Kap., Anm. 76.

hilfe könnte das Reich erschüttern, das sie gerade erst militärisch errungen hatte«.[66] Djilas berichtet, daß er sich zur Zeit der Konferenz gerade in Paris aufgehalten habe, als Molotov mit seinen beiden westlichen Kollegen die Gespräche über den Marshall-Plan geführt hat.
So habe der sowjetische Außenminister Djilas gefragt, ob nicht eine Konferenz einberufen werden sollte, an der auch die östlichen Länder teilnehmen würden, »aber nur zu Propagandazwecken mit dem Ziel, das Interesse der Öffentlichkeit auszunutzen und dann in einem günstigen Augenblick den Konferenzsaal zu verlassen. Ich war... von dieser Variation nicht begeistert, obwohl ich mich nicht widersetzt hätte, hätten die Russen darauf bestanden«. Höchst aufschlußreich ist Djilas' weiterer Kommentar: »Molotov erhielt jedoch vom Politbüro in Moskau die Anweisung, sich nicht einmal damit einverstanden zu erklären.« Diese Darstellung könnte die These Ulams stützen, nach der der sowjetische Außenminister zumindest nicht von vornherein den Marshall-Plan verdammt hat.
Von dieser Version weicht in einem zentralen Punkt die detaillierte Darstellung ab, die Josef Korbel, der damals die Tschechoslowakei als Botschafter in Belgrad vertrat, in seinem Buch »Tito's Communism« gegeben hat. Darin hat er geschildert, daß Tito gemeinsam mit dem stellvertretenden Ministerpräsidenten Edvard Kardelj und dem stellvertretenden Außenminister Aleš Bebler Anfang Juli 1947 in seiner Sommer-Residenz auf Bled die Einladung der Botschafter Frankreichs und Großbritanniens entgegengenommen hat. Als Korbel, der der Zusammenkunft beigewohnt hat, wenige Tage später von seiner Regierung aus Prag die Nachricht erhielt, daß sie sich einmütig für eine Teilnahme ihres Landes an der Pariser Konferenz ausgesprochen habe, leitete er diese Botschaft an Bebler wei-

---

66 M. Djilas: Gespräche, S. 163. Jugoslawien hat in einer Note vom 28. Juni 1947 seine Enttäuschung darüber zum Ausdruck gebracht, daß es nicht zu den Vorbesprechungen nach Paris eingeladen worden war. Vgl. Archiv der Gegenwart 1946/47, S. 1128; Text der ablehnenden Noten Jugoslawiens vom 9. Juli und Albaniens vom 11. Juli, ebenda, S. 1139, 1141. Mißverständlich über die Haltung Belgrads J. K. Hoensch: Osteuropa-Politik, S. 33 f. Djilas' Version über die ablehnende Haltung Titos zum Marshall-Plan wird durch die Tatsache bestätigt, daß das amerikanische Hilfsprogramm noch mehr als zwei Jahre nach dem Bruch Belgrads mit dem Kominform von der jugoslawischen Presse und den Theoretikern und Propagandisten der Partei als »heimtückisches Instrument« bezeichnet wurde, »mit dem die ›marshallisierten‹ Länder wirtschaftlich ruiniert und in amerikanische Kolonien verwandelt würden«. So E. Halperin: Ketzer, S. 173: »Erst im Herbst 1950 erklärte Tito – übrigens zum Entsetzen der Parteikader –, daß Jugoslawien es zwar ablehnen müsse, Marshall-Hilfe zu bekommen, die Auswirkungen dieser Hilfe auf Frankreich und Italien aber doch nicht gar so schlecht seien, wie oft behauptet werde.«

ter, der sehr befriedigt darüber schien und ihm mitteilte, Tito und Kardelj würden schnell eine Antwort überlegen. Bebler habe von der Möglichkeit gesprochen, daß auch Jugoslawien die Einladung annehmen werde. Nachdem die jugoslawische Regierung zwei Tage später eine Teilnahme an der Pariser Konferenz abgelehnt hatte, teilte Bebler Korbel mit, daß zuvor nicht nur eine positive Entscheidung getroffen, sondern auch die jugoslawische Delegation mit Edvard Kardelj an der Spitze für Paris benannt worden sei. Einen Tag zuvor habe sich jedoch Milovan Djilas strikt gegen eine Teilnahme Jugoslawiens an der Pariser Marshall-Plan-Konferenz ausgesprochen; diesem Veto habe sich der jugoslawische Außenminister Stanoje Simić in noch schärferer Weise angeschlossen. Dazu hat Josef Korbel bemerkt: »Es war klar, daß Djilas Tito und Kardelj nur die Anweisung Moskaus weitergegeben hat, die Einladung abzulehnen – wie es schließlich auch die Tschechoslowakei und Polen getan haben.«[67]
Korbels Analyse ist insofern aufschlußreich, als Tito – entgegen seiner ursprünglichen Entscheidung – erst aufgrund des ihm von Djilas übermittelten Vetos Stalins mit der UdSSR und den anderen kommunistischen Ländern das amerikanische Angebot abgelehnt hat. Tito konzedierte wenigstens, daß er die Hilfe gern für den Wiederaufbau des zerstörten Landes entgegengenommen hätte. Doch die bisherige Erfahrung mit westlichen Ländern, vor allem mit den USA und deren Regierung, bewiesen, daß man keine selbstlose und aufrichtige Hilfe für Jugoslawien hätte erwarten können. Diese Position vermochte Tito nicht durchzuhalten, als ihm nach dem Bruch mit Stalin 1948 gar nichts anderes übrig blieb, als »kapitalistische« Staaten des Westens um ökonomische Hilfe zu ersuchen.
Die Art, wie die sowjetische Führung jene Staaten davon abhielt, an der Pariser Konferenz teilzunehmen, wirft ein bezeichnendes Schlaglicht auf das Verhältnis Moskaus zu den Staaten Ostmittel- und Südosteuropas in der Mitte des Jahres 1947. Man darf davon ausgehen, daß alle diese Länder an einer Beteiligung am Programm zur wirtschaftlichen »Wiederherstellung Europas« interessiert gewesen sind, da sie alle unter den Kriegsfolgen zu leiden hatten und ihre ökonomische Situation außerordentlich schlecht war. Hinzu kommt, daß – wie bereits dargestellt – die Sowjet-

---

67 J. Korbel: Tito's Communism, S. 280–282 (281). Vgl. M. Djilas' Version, ebenda, S. 164. Vgl. dazu auch D. Yergin: Shattered Peace, S. 315. E. Kardelj hat auf dem V. Parteikongreß der Kommunistischen Partei Jugoslawiens im Juli 1948 die Truman-Doktrin als eine amerikanische Version der »Heiligen Allianz« apostrophiert. Nachweis bei P. J. Wandycz: Traditions, S. 80 mit Anm. 1.

union schon bis zu diesem Zeitpunkt weitgehende ökonomische Eingriffe in die Volkswirtschaften dieser Länder vorgenommen hatte. Selbst in östlichen Publikationen wird zugegeben, daß nicht alle Regierungen der volksdemokratischen Länder gewußt hätten, welche Bedingungen mit dem Marshall-Plan verbunden gewesen seien: »Einige dieser Regierungen ... gerieten nun in eine schwierige Lage, denn in jenen volksdemokratischen Staaten, in denen noch bürgerliche Parteien existierten und an der Regierung beteiligt waren, begannen diese Kräfte sofort eine Propagandakampagne für den Marshall-Plan.«[68]

Als Pikanterie gilt festzuhalten, daß in einer 1972 in der DDR erschienenen Analyse über »Die Anfänge der multilateralen Zusammenarbeit der europäischen sozialistischen Staaten (1948–1954)« immerhin noch die rumänische Zeitung »Dreptatea« vom 10. Juni 1947 zitiert worden ist, in der es hieß, die USA gäben mit dem Marshall-Plan alles und forderten nichts; sie »geben Geld und erstreben die Sicherung der Ruhe, der Ordnung, des Gedeihens der Völker, denen sie helfen... Herr Marshall ruft im Namen des amerikanischen Volkes das ganze unglückliche Europa auf, an der Freigebigkeit seines Landes teilzunehmen«.[69]

In dem Aufsatz wurde sogar bemerkt, daß die Entscheidung über die Ablehnung des Marshall-Plans nur gemeinsam mit der Sowjetunion getroffen werden konnte, »weil sie den größten Beitrag zum Bestehen der vorauszusehenden Kraftprobe würde leisten müssen; außerdem besaß die sowjetische Führung auch den besten Überblick über das internationale Kräfteverhältnis und konnte am besten einschätzen, welche Gefahren der Marshallplan für die Positionen der sozialistischen Kräfte in der Welt heraufbeschwor«. Daraus spricht das Eingeständnis, daß die kommunistischen Parteien der zum sowjetischen Machtbereich gehörenden Länder alleine nicht in der Lage gewesen sind, die »verhängnisvollen Illusionen durch eine nüchterne, klare Argumentation zu zerstören«. In solchen Analysen wird nur übersehen, daß der Marshall-Plan nicht nur Befürworter bei den nicht-kommunistischen Parteien dieser Länder hatte. Aus der Reaktion mehrerer Regierungen mit starker kommunistischer Beteili-

---

68 So M. Hegemann: Anfänge, S. 92.
69 Dt. Übersetzung bei M. Hegemann, ebenda, S. 92 f. Bemerkenswert ist, daß die Präsidenten der drei rumänischen Oppositionsparteien, Constantin Bratianu (Nationalliberale Partei), Juliu Maniu (Nationale Bauernpartei) und Constantin Petrescu (Unabhängige Sozialdemokratische Partei Rumäniens) am 9. Juli 1947 in getrennten Erklärungen die Teilnahme Rumäniens an der Pariser Konferenz befürwortet haben. Texte in: Archiv der Gegenwart 1946/47, S. 1139. Vgl. dazu G. Ionescu: Communism, S. 139.

gung läßt sich schließen, daß auch führende Kommunisten ausreichende ökonomische Kenntnisse besaßen, um die großen Vorteile des Marshall-Plans richtig einzuschätzen. Da Mitte 1947 kein organisatorisches Zentrum im sowjetischen Machtbereich bestand, von dem aus Stalin seine Entscheidungen hätte diktieren können, erfolgten die Beratungen mit der Führung der KPdSU über die Haltung der kontrollierten Länder gegenüber dem Marshall-Plan auf der bilateralen Ebene. Offensichtlich gelang es Stalin, ohne großen Druck die politischen Führungen Ungarns, Rumäniens und Bulgariens rasch dazu zu bewegen, die Einladung zu der für den 12. Juli 1947 in Paris angesetzten europäischen Wirtschaftskonferenz abzulehnen.[70] Schwieriger war es für die sowjetische Führung, die Regierungen Polens und der Tschechoslowakei davon zu überzeugen, daß auch sie nichts in Paris zu suchen hätten.

Hubert Ripka, neben Eduard Beneš und Jan Masaryk die wichtigste politische Persönlichkeit in der tschechoslowakischen Exilregierung in London während des Krieges und Chef der Tschechoslowakischen Nationalsozialistischen Partei sowie Minister für Außenhandel im ersten Nachkriegs-Kabinett unter Ministerpräsident Klement Gottwald, hat sehr ausführlich und instruktiv über die Haltung der »Nationalen Front« gegenüber dem Marshall-Plan und der Intervention Stalins berichtet. Einen weiteren, ebenfalls wesentlichen und kenntnisreichen Beitrag hat Ivan Pfaff anläßlich der 30jährigen Wiederkehr der Ereignisse im Februar 1948 geliefert.

Am 4. Juli 1947 schlug Außenminister Masaryk der Regierung vor, die Einladung zu der Pariser Konferenz zu akzeptieren; die Entscheidung wurde einstimmig – also auch mit Zustimmung der kommunistischen Minister – gefällt. Ministerpräsident Gottwald wollte nur von seinem Außenminister wissen, ob er die Meinung der sowjetischen Regierung zu dieser Frage kenne. Masaryk antwortete, daß er den Vertreter des abwesenden sowjetischen Botschafters in Prag, Bodrov, informiert und dieser keine Einwände erhoben habe. Die Tschechoslowakei war das einzige Land des sowjetischen Machtbereichs, die die weitreichende Entscheidung, an der Pariser Konferenz teilzunehmen, getroffen hatte, ehe vorher Stalin konsultiert worden war.

In jenen Tagen weilte eine polnische Delegation unter Ministerpräsident

---

70 Auf jeden Fall liegen keine gegenteiligen Beweise vor. Die ablehnende Haltung Jugoslawiens war von vornherein klar; damit war auch die Nichtteilnahme Albaniens impliziert. Vgl. dazu die Angaben in diesem Kap., Anm. 66.

Jósef Cyrankiewicz zu einem offiziellen Besuch in Prag, die bereits vor der Entscheidung des tschechoslowakischen Kabinetts die Hoffnung ausgedrückt hatte, daß Moskau die ökonomischen Schwierigkeiten Polens und der Tschechoslowakei in Rechnung stellen und deren Teilnahme an der Pariser Konferenz gutheißen werde. Über den Beschluß des Prager Kabinetts zeigte sich Cyrankiewicz sehr erfreut; er betonte, daß die polnische Regierung sofort nach seiner Rückkehr nach Warschau, wahrscheinlich am 7. Juli 1947, die gleiche Entscheidung fällen werde.[71]
Die Prager Führung mußte schnell einsehen, daß Stalin ihren Beschluß ebensowenig wie die etwaige polnische Zusage hinzunehmen bereit war. Am 9. Juli flogen Ministerpräsident Gottwald, Außenminister Masaryk und Justizminister Prokop Drtina nach Moskau, um über die Interpretation des sowjetisch-tschechoslowakischen Bündnisvertrags vom 12. Dezember 1943 und die beiderseitigen Handelsbeziehungen zu verhandeln; eine Diskussion über den Marshall-Plan stand in diesem Augenblick noch nicht auf der Tagesordnung. Bereits am Nachmittag des 9. Juli empfing Stalin zunächst nur Ministerpräsident Gottwald, um dann abends der gesamten Prager Delegation seinen Standpunkt zu verdeutlichen. Stalin betonte, daß für ihn der Marshall-Plan kein anderes Ziel habe, als die UdSSR zu isolieren. Eine etwaige Teilnahme der Tschechoslowakei wertete er als einen gegen die UdSSR gerichteten »feindlichen Akt«.
Stalin meinte, es ginge um eine Grundsatzfrage, von deren Entscheidung die Freundschaft der UdSSR gegenüber der Tschechoslowakei abhinge. Er ging sogar so weit, daß er die Annahme amerikanischer Hilfe durch die Prager Regierung als einen Bruch des bilateralen Bündnisvertrags vom 12. Dezember 1943 bezeichnete. Er lehnte eine Teilnahme der Prager Regierung an der Konferenz über den Marshall-Plan strikt ab und verlangte eine Revision der zuvor getroffenen Entscheidung. Von dem Memorandum, das Präsident Beneš Stalin zugesandt und in dem er die große Bedeutung einer Teilnahme der Tschechoslowakei am amerikanischen Hilfsprogramm dargelegt hatte, zeigte sich Stalin in keiner Weise beein-

---

71 H. Ripka: Czechoslovakia Enslaved, S. 51–71 (54 f.). Am 7. Juli 1947 ermächtigte die Prager Regierung den Botschafter des Landes in Paris, Nosek, an der Konferenz teilzunehmen. Vgl. Archiv der Gegenwart 1946/47, S. 1136. Nach Auffassung P. E. Zinners hatte Gottwald versäumt, die vorherige Zustimmung Stalins für die Teilnahme der ČSR an den Pariser Vorverhandlungen einzuholen. Es erscheint aber sehr fraglich, ob Stalin selbst dazu die Einwilligung erteilt hätte. Vgl. P. E. Zinner: Problems, S. 126 f.; I. Duchacek: Coup, S. 515–517. Sehr instruktiv dazu mit wichtigen Nachweisen auch P. Tigrid: Coup, S. 402–406 mit dem Hinweis, daß die Gründe für Gottwalds positives Votum für den Marshall-Plan bisher nicht restlos geklärt werden konnten.

druckt. Hubert Ripka hat Stalins Veto als ein »Ultimatum«[72] apostrophiert.

Noch in der Nacht vom 9. zum 10. Juli 1947 sah sich Ministerpräsident Gottwald gezwungen, von Moskau aus telefonisch den in Prag verbliebenen stellvertretenden Außenminister Vladimir Clementis darüber zu informieren, daß die Regierung ihre Zusage rückgängig machen müsse. Clementis unterrichtete auch Präsident Beneš über das Nein Stalins. Noch am 10. Juli revidierte die Prager Regierung ihre ursprüngliche Entscheidung – bei Abwesenheit von fünf nicht-kommunistischen Ministern und mit zwei sozialdemokratischen Gegenstimmen.

Am 10. Juli 1947 verlor die Tschechoslowakei – wie Josef Korbel bemerkt hat – ihre Unabhängigkeit. Als Außenminister Jan Masaryk am 12. Juli 1947 von Moskau nach Prag zurückkehrte, äußerte er gegenüber Freunden: »Wir haben ein neues München. Ich fuhr nach Moskau als der Außenminister eines unabhängigen und souveränen Staates; ich kehrte als Lakai Stalins zurück.«[73]

Mit Recht haben Hubert Ripka und Josef Korbel darauf hingewiesen, daß nicht die etwaige Teilnahme der Tschechoslowakei an den Beratungen in Paris, sondern Stalins »Ultimatum« eine flagrante Verletzung des Bündnispakts vom 12. Dezember 1943 insofern bedeutet hat, als sich bei-

---

72 H. Ripka, ebenda, S. 57. Vgl. dazu auch die Nachweise bei P. Calvocoressi: Survey 1947/48, S. 38. Er beruft sich dabei auch auf H. Ripka: Le Coup de Prague. Vgl. dazu auch J. Korbel: Subversion, S. 181–183 (181): »Der Juli 1947 war ein schwarzer Monat in der Geschichte der Nachkriegs-Tschechoslowakei.« Korbel berichtet, die Delegation habe unmittelbar vor ihrer Reise nach Moskau erfahren, daß die polnische Regierung – ebenso wie die Regierungen Rumäniens und Jugoslawiens – die Einladung nach Paris abgelehnt habe. Am Sachverhalt ändert das nichts.

73 Zit, bei J. Korbel, ebenda, S. 183; R. B. Lockhart: My Europe, S. 125. Vgl. dazu auch D. Yergin: Shattered Peace, S. 316. Sehr instruktiv dazu I. Pfaff: Demokraten. Er berichtet von einer Initiative der Katholischen Volkspartei der ČSR vom 26. Juli 1946 an den französichen Außenminister Bidault, in der sie Paris beschwor, ein Vertrag zwischen Frankreich und der ČSR sei nötiger denn je zuvor. Bidault habe jedoch abgewinkt. Vgl. dazu auch John A. Armitage: View, S. 218: »The American Embassy in Prague reported that people regarded Stalin's actions as an ultimatum and muttered, ›It's just like Munich‹.« Selbst die finnische Regierung sah sich nicht in der Lage, die amerikanische Hilfe anzunehmen. Sehr instruktiv dazu mit weiteren Nachweisen H. P. Krosby: Frieden für Europas Norden, S. 86 f., 155 f., 212, 292 f. (292 f.): »Zu jenen Staaten, die aus Sorge über mögliche sowjetische Repressalien die angebotene amerikanische Wirtschaftshilfe ablehnen mußten, zählte damals auch Finnland. Dazu schreibt Max Jacobson, Finnland habe sich damit ›ohne Zweifel den schmerzhaftesten Akt der Selbstverleugnung‹ seit dem Kriege auferlegt, ein Umstand, der nach Jacobsons Ansicht ›die wirtschaftliche Entwicklung Finnlands um etwa zehn Jahre zurückgeworfen hat‹.« Vgl. M. Jacobson: Finnish Neutrality. A Study of Finnish Foreign Policy Since the Second World War, S. 59.

de Signatare darin verpflichtet hatten, sich nicht in die inneren Angelegenheiten des Partners einzumischen. Der Prager Regierung blieb gar nichts anderes übrig, als den Beschluß zu widerrufen, eine Delegation zu der europäischen Wirtschaftskonferenz nach Paris zu entsenden.[74]
Stalins Veto gegen die Teilnahme der ostmittel- und südosteuropäischen Länder an der Pariser Konferenz offenbarte, wie sehr sich die UdSSR bereits als lenkende Führungsmacht in ihrem Herrschaftsbereich empfand. So ist es auch kein Zufall, daß fast alle Absagen dieser Länder zunächst vom Moskauer Rundfunk am 8. und 10. Juli 1947 verbreitet worden sind; bis zum 9. Juli hatte das französische Außenministerium noch keine Absage auf dem üblichen diplomatischen Weg erhalten.[75]
Die von Molotov in Paris vorgetragenen Argumente, die auch in die offizielle sowjetische Geschichtsschreibung Eingang gefunden haben, waren vor allem deshalb keineswegs überzeugend, da eine Teilnahme am Marshall-Plan in keiner Weise als Intervention oder Verletzung der Souveränität der betroffenen Länder zu werten gewesen wäre. So heißt es in der offiziellen, 1971 in Moskau erschienenen »Geschichte der sowjetischen Außenpolitik 1945 bis 1970« dazu:
»So half die Haltung der UdSSR den Völkern, die tatsächlichen Ziele des Marshallplanes zu erkennen. Die Sowjetunion hatte sich erneut als konse-

---

74 J. Korbel spricht in: Communism, S. 20, davon, daß die Prager Regierung nach der Verdammung des Marshall-Plans durch den Kreml »über Nacht« zu einer »180-Grad-Wendung« gezwungen worden sei.
75 Vgl. dazu die Nachweise bei P. Calvocoressi: Survey 1947/48, S. 38. Vgl. dazu auch H. S. Truman: Memoiren, Bd. II, S. 125, wo er Außenminister Bidault so wiedergibt: »Molotow wünscht ganz offensichtlich das Scheitern des Planes; aber die hungrigen Satelliten lecken sich die Lippen in Erwartung der amerikanischen Gelder. Er befindet sich offensichtlich in großer Verlegenheit.« Weiter schreibt Truman: »Sowohl von Polen als auch von der Tschechoslowakei war die Einladung ursprünglich akzeptiert worden, doch dann pfiff sie der Kreml zurück, und Molotow verließ Paris mit lauten Verwünschungen der Vereinigten Staaten und des Kapitalismus.« Vgl. zu den Absagen Bulgariens, Polens, Rumäniens, der Tschechoslowakei und Ungarns: Archiv der Gegenwart, 1946/47, S. 1136, 1139. Stalins »Arm« reichte bis nach Paris. Vgl. dazu G. Nollau: Die Internationale, S. 234: »Selbst die französische Kommunistische Partei hatte in der Kammer für die Annahme des amerikanischen Angebots sprechen lassen. Sie mußte ... ihre Meinung ändern.« Vgl. dazu auch E. Táborský: Communism, S. 19 f. mit aufschlußreichen Zitaten. Vgl. dazu auch die Nachweise in diesem Kap., Anm. 66. Vgl. dazu auch W. Loth: Teilung, S. 173 mit Anm. 2: »Die ›Prawda‹ veröffentlichte am 23. Juni die positive sowjetische Antwortnote an Bevin und Bidault, und für die französische kommunistische Partei, die noch am 25. Juni den Marshall-Plan als ›Falle des Westens‹ attackierte, dementierte Generalsekretär Maurice Thorez am 27. Juni diese Wertung als Fehlinformation der Presseabteilung der Partei.« Vgl. ausführlicher zur Widerspiegelung der sowjetischen Unsicherheit bei den französischen Kommunisten W. Loth: Frankreichs Kommunisten und der Beginn des Kalten Krieges.

quenter und standhafter Verteidiger der souveränen Rechte aller Staaten, ihrer Unabhängigkeit und Nichteinmischung in ihre Angelegenheiten erwiesen.«[76] An anderer Stelle heißt es dazu: »Bei der Überwindung der ökonomischen Zerrüttung mit Hilfe der Sowjetunion wehrten die Völker Ost- und Südosteuropas die ökonomische Expansion des amerikanischen Imperialismus erfolgreich ab. Sie wiesen den berüchtigten Marshallplan zurück...«[77] Immerhin wird wenigstens zugegeben, daß dabei die Werktätigen in einigen volksdemokratischen Ländern den Widerstand bourgeoiser Elemente hätten überwinden müssen, »die die Annahme des Marshallplanes betrieben hatten«.

76 Geschichte, 2. Teil, S. 186. Es versteht sich von selbst, daß man darin keine differenzierte Analyse der Reden und Erklärungen Molotows vom 28. Juni und 2. Juli 1947 findet. Höchst aufschlußreich ist, wie die SED in der SBZ auf den Marshall-Plan reagiert hat. Das Zentralsekretariat der SED äußerte sich erst am 23. Juli 1947 in einer Entschließung: »Eine Verspätung« – wie E. W. Gniffke in: Ulbricht, S. 249 bemerkt –, »die von aufmerksamen Beobachtern sicher bemerkt worden war«. Die Verzögerung der Antwort der SED auf Marshalls Rede vom 5. Juni 1947 war kein Zufall, da zuvor eine Abordnung führender Funktionäre, der W. Pieck, W. Ulbricht, O. Grotewohl und M. Fechner angehörten, zu Besprechungen in Moskau weilte. Vgl. dazu E. W. Gniffke, ebenda, S. 249-251. Zuvor hatte die SMAD versucht, mit Hilfe der SED auch die CDU und LDPD in der SBZ zu einer ablehnenden Stellungnahme gegenüber dem Marshall-Plan zu bewegen. Im Gegensatz zu Wilhelm Külz, dem Vorsitzenden der LDPD, war Jakob Kaiser, Vorsitzender der CDU, nicht bereit, dem Druck nachzugeben. Positiv gegenüber dem Marshall-Plan hatte sich bereits die »Neue Zeit«, die überregionale Tageszeitung der CDU in der SBZ, in ihren Leitartikeln »Europapläne« und »Eine europäische Chance« in den Ausgaben vom 18. und 24. Juni 1947 geäußert. Selbst nach Molotows »Nein« in Paris sprach die »Neue Zeit« in ihrem Leitartikel »Einladung an Europa« vom 5. Juli 1947 noch die Hoffnung aus, »daß die Sowjetunion, deren Mitwirkung an einer europäischen Hilfsaktion als unentbehrlich anerkannt ist, schließlich ihre Bedenken überwinden werde... Für die weitere Gesamtentwicklung wird es darauf ankommen, dem sogenannten Marshall-Plan in der Praxis eine Gestalt zu verleihen, die keinen Anlaß zu Besorgnissen und Bedenken biete.« Sehr instruktiv dazu die ausführliche Darstellung bei W. Conze: Jakob Kaiser, S. 153-170; B. Meissner: Deutschlandpolitik, S. 462 f. Weder über die verspätete Reaktion der SED noch über die abweichende Auffassung Jakob Kaisers und der »Neuen Zeit« findet man in der 1949 in der SBZ erschienenen Monographie von Henri Claude mit Wort: Der Marshallplan; Claude vermittelt eine höchst einseitige, unsachliche und wissenschaftlich unbrauchbare Analyse, die sich schon wegen ihres polemischen Tons selbst um jede Wirkung bringt. Vgl. dazu auch A. Grosser: Das Bündnis, S. 112 mit Anm. 33, der sich auf die französische Ausgabe des Buches von Claude bezieht und ihm wenigstens attestiert, »die Argumente gegen den Marshallplan systematisch zusammengefaßt« zu haben.
77 Vgl. Geschichte, ebenda, S. 81. Als besonders scharfer Kritiker des Marshall-Plans hat sich der bekannte sowjetische Nationalökonom und »Krisen«-Experte Eugen Varga hervorgetan. Vgl. E. Varga: Der Marshallplan und die bevorstehende Wirtschaftskrise in den USA; ders.: Der Marshallplan und die Wirtschaftskrise in England; ders.: Die von den Amerikanern geplante Knechtung Europas; Wiederherstellung oder Dawesierung Europas, in: Neue Zeit (Moskau), 1947, Nr. 28, S. 1-3. Eine verbale und polemische Steigerung scheint kaum denkbar. Vgl. dazu auch P. Lange: Konfrontation, S. 525.

Diese Interpretation ist aus mehreren Gründen an Zynismus nicht zu überbieten. So war es die Sowjetunion, die sich in den Jahren bis zur Erörterung des Marshall-Plans ständig in die inneren Angelegenheiten der von ihr kontrollierten Länder und Gebiete Europas eingemischt hat. Gerade im ökonomischen Bereich hat die UdSSR – wie dargelegt – eine Politik betrieben, die eine weitreichende Einmischung und Verletzung der Souveränität dieser Länder bedeutet hat. Gerade unter den Aspekten der Nichteinmischung und Souveränität hat Jugoslawien erfolgreich den massiven sowjetischen Versuchen widerstanden, im Wege der ökonomischen Beziehungen in den sowjetischen Machtbereich eingegliedert und gleichgeschaltet zu werden.[78]

Schließlich sucht die offizielle sowjetische Zeitgeschichtsschreibung den Eindruck zu erwecken, als ob alle kommunistischen Mitglieder der Regierungen dieser Länder den Marshall-Plan von Anfang an abgelehnt hätten. Die historische Wahrheit gebietet es festzuhalten, daß immerhin die der jeweiligen kommunistischen Partei angehörenden Ministerpräsidenten der Tschechoslowakei und Polens, Klement Gottwald und Jósef Cyrankiewicz, mit ihren Kabinetten fest entschlossen waren, die Einladung nach Paris anzunehmen. Es muß der sowjetischen Historiographie überlassen bleiben, die bewährten Führer der rumänischen Oppositionsparteien – Bratianu, Maniu und Petrescu –, die sich ebenfalls für eine Teilnahme ihres Landes an der Pariser Konferenz ausgesprochen hatten, als »bourgeoise Elemente« zu apostrophieren. Die Art, wie die sowjetische Geschichtsschreibung die Vorgänge um den Marshall-Plan darzustellen pflegt, zeigt nur, mit welcher Selbstverständlichkeit sie – ebenso wie die offizielle Politik – die von der UdSSR kontrollierten Länder Ostmittel- und Südosteuropas bereits im Frühjahr 1947 als Teil des sowjetischen Machtbereichs betrachtet und behandelt hat.

---

78 Nicht die USA, sondern die UdSSR hat sich der Intervention schuldig gemacht, als sie die Regierungen jener Länder, die am Marshall-Plan partizipieren wollten, kategorisch davon abgehalten hat. Sehr instruktiv dazu S. Welles: Intervention and Interventions, S. 130 f. Vgl. dazu auch Th. A. Bailey: The Marshall Plan Summer, S. 46. Er weist darauf hin, daß die UdSSR am häufigsten das Argument vorbrachte, mit dem Marshall-Plan verletzten die USA die Souveränität und Unabhängigkeit jener Staaten, indem sie über deren ökonomischen Status Informationen einholen wollten. Bailey spricht von dem seltsamen Vorgehen eines Regimes, »das seit 1940 die souveränen Staaten Lettland, Litauen und Estland ausgelöscht und das die Unabhängigkeit eines halben Dutzends souveräner oder fast souveräner Staaten verletzt oder zerstört hat«. Dem Vorwurf der sowjetischen Seite, der Marshall-Plan sei Ausdruck der von amerikanischen Imperialisten erfundenen Doktrin, um die europäischen Völker zu versklaven, begegnet Bailey trocken und sarkastisch mit dem Satz: »In amerikanischen Augen waren die Russen die Unterdrücker.«

c) *Die weitreichenden Auswirkungen*

Die Truman-Doktrin und der Marshall-Plan dokumentieren nicht nur die Neueinschätzung der sowjetischen Politik durch die USA im Frühjahr 1947, sondern markieren auch den wichtigsten Einschnitt im West-Ost-Verhältnis nach dem Zweiten Weltkrieg. Dabei ist es unerheblich, ob man bereits die Verkündung der Truman-Doktrin am 12. März oder erst die welthistorische Rede George Marshalls vom 5. Juni 1947 mit der jeweiligen Reaktion der UdSSR als das entscheidendere Faktum wertet. Ernst Nolte apostrophiert die Truman-Doktrin als »ein epochales Ereignis, das den Beginn des eigentlichen Kalten Krieges markierte. Ernste machtpolitische Differenzen hatte es schon vorher gegeben, aber sie schlossen Verhandlungen und Kompromisse nicht aus – erst als der sowjetischen Überzeugung von der radikalen Feindschaft zwischen der sozialistischen und der kapitalistischen Welt vom Präsidenten der USA feierlich und verpflichtend die These vom unaufhebbaren Gegensatz der ›freien‹ und der ›totalitären‹ Welt entgegengestellt wurde, war der Konflikt für unabsehbare Zeit ein ideologischer und durch Kompromisse nicht mehr lösbarer geworden«.[79]

---

79 E. Nolte: Deutschland, S. 234. Vgl. zur Entstehung und Entwicklung der Formel vom »Kalten Krieg« auch die ausführliche Darstellung in: Sowjetsystem und Demokratische Gesellschaft. Eine vergleichende Enzyklopädie. Bd. III, Sp. 465–506. Es sollte nicht übersehen werden, daß sich Präsident Truman noch im Vorwort zum I. Band seiner »Memoiren« (S. 10) gegen die Formel vom »Kalten Krieg« gewandt hat: »Eines der Ereignisse, das über unser und das Dasein aller Völker seinen Schatten geworfen hat, ist unrichtigerweise der ›Kalte Krieg‹ genannt worden. Was wir in Wahrheit erlebten, das war eine Periode nationalistischer, sozialer und ökonomischer Spannungen. Einerseits rührten diese Spannungen von Ländern her, die sich von den Folgen des Krieges zu erholen trachteten und andererseits von Völkern, die in manchen Weltgegenden zu ihren Freiheitsrechten erwachten ... Es war das ein ganz natürlicher Ablauf der Dinge, und die Vereinigten Staaten taten alles, was in ihrer Macht lag, um den Staaten und Völkern bei ihrem Streben nach Überwindung der Kriegsfolgen und nach Unabhängigkeit beizustehen. Unglücklicherweise versuchte ein imperialistischer Staat, Sowjetrußland, aus dieser Weltsituation Vorteil zu ziehen.« Trumans Bemerkungen ändern nichts am Sachverhalt des Einschnitts im Jahre 1947; dabei kommt es nicht darauf an, ob man die Formel vom »Kalten Krieg« verwenden will oder nicht. Vgl. zur Gesamtproblematik E. Noltes instruktive Einleitung »Der Kalte Krieg – ein problematischer Begriff« zu seinem Buch, ebenda, S. 31–46, und die ausführliche Rezension H.-P. Schwarz': Der Kalte Krieg als Epochenproblem und Weltanschauungskonflikt. Gegenüber Noltes Werk, das »nicht nur durch Kenntnisreichtum, durch die Kraft zur kompositorischen Bewältigung großer Stoffmassen besticht, sondern ebenso durch die Originalität der Perspektiven« (so H.-P. Schwarz, ebenda), sind auch Einwände erhoben worden. Unstatthaft und völlig unbegründet ist die Kritik von A. Grosser in: Das Bündnis, S. 464, Anm. 34, der von einem »beeindruckenden, freilich mehr anmaßenden als tiefschürfenden Buch von Ernst Nolte« spricht. Wie sehr gerade aus amerikanischer Sicht das Frühjahr 1947 einen tiefgrei-

In der zeithistorischen Forschung besteht Übereinstimmung darüber, daß der Marshall-Plan in der Sache – wie Ernst Nolte zutreffend bemerkt – den entscheidenden Schritt zur Realisierung der Truman-Doktrin bedeutete – »dem Scheine nach war sie ein Resultat des Geistes der Kriegskoalition, da sie eine Einladung an die Sowjetunion zur Teilnahme enthielt«. Wegen der machtpolitischen Interessenlage und der Tatsache, daß sich die Truman-Doktrin nur auf Griechenland und die Türkei bezog, erscheint es doch angebracht und auch sinnvoller, den 2. Juli 1947, jenen Tag, an dem der sowjetische Außenminister Molotov auf der Pariser Drei-Minister-Beratung den Marshall-Plan als Ausdruck des »Imperialismus« der USA gebrandmarkt, eine Teilnahme der UdSSR am Wiederaufbau-Programm für Europa vehement und kompromißlos abgelehnt und damit auch das negative Votum der von der Sowjetunion kontrollierten Länder Europas ausgesprochen hat, als das entscheidende Datum für den eigentlichen Anfang des »Kalten Kriegs« anzusetzen. Mit dem Nein Molotovs in Paris hat die UdSSR wesentlich zur Besiegelung der Spaltung Europas beigetragen. Noch einmal sei festgehalten: Molotovs erste Erklärung auf der Pariser Konferenz vom 28. Juni 1947 war so abgefaßt, daß sie zumindest eine ernsthafte Prüfung der amerikanischen Absichten und Pläne nicht ausschloß. Nach weiteren Weisungen aus Moskau hat der sowjetische Außenminister dann am 2. Juli 1947 endgültig eine mögliche Beteiligung der UdSSR am amerikanischen Wiederaufbau-Programm für Europa verneint.

Mit der undifferenzierten, nicht von ökonomischen Einsichten diktierten Verurteilung des amerikanischen Programms war auch das Nein für eine mögliche Beteiligung aller oder wenigstens einiger Staaten des sowjetischen Machtbereichs verbunden, von denen mehrere gern in den Genuß der amerikanischen Hilfe gelangt wären. Wäre wenigstens Tito wirtschaftlichen Einsichten zugänglich gewesen, hätte es Stalin vielleicht sehr viel schwerer gehabt, zumindest die Regierungen der Tschechoslowakei und Polens auf seine Linie zu bringen. Tito hätte als einziger Kommunisten-Führer entgegen dem Veto Stalins die amerikanische Initiative wenigstens prüfen können. Folgt man der Version Milovan Djilas', dann hat

---

fenden politischen Einschnitt bedeutete, verdeutlicht auch J. M. Jones in: Weeks; J. L. Gaddis: Origins, S. 353–361. Vgl. zu den Auswirkungen des Marshall-Plans auch R. M. Freeland: The Truman Doctrine and the Origins of McCarthyism; der Titel verrät die einseitige Sicht des Autors; Th. Paterson: Soviet-American Confrontation, S. 174–234. Die Literatur über die Entstehung des »Kalten Kriegs« ist nicht mehr übersehbar. Vgl. dazu den nützlichen Literatur-Bericht von H.-J. Schröder: Zur Genesis des Kalten Krieges.

Tito eine mögliche Beteiligung Jugoslawiens am Marshall-Plan von vornherein überhaupt nicht in Erwägung gezogen. Sollte hingegen der Augenzeugenbericht Josef Korbels richtig sein, dann hat die jugoslawische Führung zwar eine mögliche Beteiligung des Landes am Marshall-Plan geprüft, um sich dann jedoch sehr schnell negativ zu entscheiden.
Für die hier entscheidende Frage, welche Auswirkungen Molotovs Nein vom 2. Juli 1947 auf die Entwicklung des sowjetischen Machtbereichs hatte, ist ein anderer Aspekt von zentraler Bedeutung: Den Makel, die Teilung Europas wesentlich vertieft zu haben, hat Stalin, nicht Präsident Truman mit seinem Außenminister Marshall, auf sich genommen. Robert Murphy, einer der einflußreichsten Diplomaten der USA in der Zeit des Zweiten Weltkriegs und in den Jahren danach, hat Stalins Haltung so skizziert:
»Es ist meine feste Überzeugung, daß die Russen auf jener Konferenz in Paris einen schweren politischen Fehler begangen haben. Stalin und Molotow hätten mit der Bereitschaft, sich wenigstens in begrenztem Umfang am Marshall-Plan zu beteiligen, großen Scharfsinn bewiesen: So hätten sie amerikanische Hilfe für den Sowjetblock erhalten oder wenigstens die amerikanische Begeisterung für ein Hilfsprogramm dämpfen können, das auch Rußland mit einschloß.«[80]
Daniel Yergin nennt Marshalls ausdrücklichen Hinweis, daß in das Wiederaufbau-Programm auch die UdSSR einbezogen werden sollte, eine »List«. Die Aussicht, die Sowjetunion könnte wirklich die Einladung akzeptieren, hätte die Amerikaner alarmiert. Doch hätten sie nicht die Verantwortung übernehmen wollen, die Sowjetunion aus dem vorgeschlagenen Programm auszuschließen. Die Amerikaner hatten jedoch – wie Yergin betont – gehofft, daß zumindest einige der zum sowjetischen Herrschaftsbereich gehörenden Länder am Marshall-Plan partizipieren würden.[81]

---

80 R. Murphy: Diplomat, S. 376 f.
81 D. Yergin: Shattered Peace, S. 314 f.; R. Murphy, ebenda, S. 376: Hätte Molotow »auch nur ein höfliches Interesse an dem Plan bekundet, dann wäre Washington in arge Verlegenheit geraten: Denn der Kongreß hätte sich vermutlich gesträubt, Gelder für kommunistische Länder zu bewilligen«. Dies erscheint auch deshalb nicht ausgeschlossen, da der Kongreß aufgrund der Wahlen von 1946 von den antikommunistisch eingestellten Republikanern beherrscht wurde. Vgl. dazu auch L. Marcou: Le Cominform, S. 33 mit Anm. 35. Sehr instruktiv dazu auch A. Fontaine: Histoire de la Guerre Froide. Vol. I, S. 381–396 (385 f.). Zu wenig differenziert E. Nolte zu dieser Frage in: Deutschland, S. 234: »Doch wie hätte sich die Sowjetunion jetzt, nach einer so großen Verschärfung der Lage, den Bedingungen der Vereinigten Staaten beugen können, die eine ganz erhebliche Einflußnahme auf die Wirtschaft der unterstützten Staaten implizierten?«

Diese Aussagen und Spekulationen ändern nichts an der Tatsache, daß Außenminister Marshall auf seiner Pressekonferenz am 12. Juni 1947 ausdrücklich festgestellt hat, daß auch die UdSSR am Wiederaufbau-Programm für Europa teilnehmen könnte. Mit Recht räumt Daniel Yergin daher ein, daß Stalin das Angebot aus einem ganz anderen Grund zurückgewiesen hat: aus der Furcht heraus, daß es die sowjetische »Sphäre« spalten könnte.[82]
Wenn vor allem namhafte Repräsentanten der amerikanischen »Revisionismus«-Schule in diesem Zusammenhang gern darauf hinweisen, daß sich das Fehlen enger ökonomischer Bande zwischen West und Ost in den ersten beiden Nachkriegsjahren ebenso negativ ausgewirkt habe wie die unausgesprochene Hoffnung auf offizieller amerikanischer Seite, die UdSSR möge Marshalls Angebot ablehnen, vermögen beide Fakten nicht darüber hinwegzutäuschen, daß die sowjetische Führung mit ihrem kompromißlosen Nein vom 2. Juli 1947 die Verantwortung für die endgültige Block-Bildung in Europa übernommen hat. Daher ist es auch zu undifferenziert, wenn Dietrich Geyer, der sich weitgehend den Argumenten der amerikanischen »Revisionisten« angeschlossen hat, meint, das State Department habe zwar eine Beteiligung der UdSSR am europäischen Wiederaufbau-Programm formal angeboten, sie jedoch nicht ernsthaft erwartet; auch sei die sowjetische Reaktion voraussehbar gewesen.[83] Wer so – verkürzt – argumentiert, muß sich fragen lassen, unter welchen Umständen Stalin möglicherweise bereit gewesen wäre, eine ökonomische Hilfe seitens der USA in Erwägung zu ziehen.
Stalin hätte zumindest die amerikanische Administration in arge Verlegenheit bringen können, wenn er die Absichten und Ziele Washingtons einer ernsthaften Prüfung unterzogen hätte. Überspitzt erscheint auch Daniel Yergins Feststellung, mit dem Marshall-Plan hätten die USA den

---

82 D. Yergin, ebenda, S. 317. Den zweiten Grund für die Zurückweisung des Marshall-Plans durch die UdSSR sieht Yergin darin, daß sie ihn als eine Alternative zu den Reparationen betrachtete – aber als eine Alternative, in der sie keinen Nutzen zu sehen vermochte. Vgl. dazu auch F. Fejtö: Volksdemokratien (I), S. 196: »Die UdSSR fürchtete zweifellos, daß ihr im Fall einer wirtschaftlichen Zusammenarbeit mit dem Ziel, Europa unter amerikanischer Patronanz zu vereinen, die Oststaaten ohne Gegenleistung entgleiten würden.« Th. A. Bailey: The Marshall Plan Summer, S. 46.
83 D. Geyer: Kriegskoalition, S. 369–371 (370). Sehr instruktiv dazu mit weiteren Nachweisen J. L. Richardson: Cold War Revisionism, S. 589–603; M. Knapp: Marshallplan, S. 22–27. Zu den bekanntesten Vertretern der »revisionistischen Schule« in der zeithistorischen Forschung der USA gehört vor allem David Horowitz. Vgl. seine 1969 in deutscher Übersetzung erschienene Studie »Kalter Krieg«.

letzten großen Versuch unternommen, die Macht und Attraktivität ihrer Wirtschaft dazu zu benutzen, die Länder Ostmittel- und Südosteuropas aus dem sowjetischen Herrschaftsbereich herauszulösen. Überzeugender erscheinen dazu die Darlegungen Dean Achesons. Unmißverständlich hat er auf die Haltung führender Repräsentanten der amerikanischen Außenpolitik hingewiesen; Will L. Clayton, Benjamin V. Cohen, George F. Kennan, Charles E. Bohlen und er selbst hätten darin völlig übereingestimmt, daß die Vereinigten Staaten nicht die Verantwortung für ein geteiltes Europa hätten übernehmen dürfen.[84]

Aus dieser klaren Aussage Achesons folgt, daß der amerikanische Außenminister Marshall sein Wiederaufbau-Programm für Europa nicht in der Weise konzipiert hatte, daß von vornherein eine Ablehnung durch Stalin impliziert war. Daher verdient Walt W. Rostows Schlußfolgerung Zustimmung, daß die Art des Rückzugs Molotovs von der Pariser Vorkonferenz klar dokumentiert hätte, daß ein »ehrlicher Versuch« gemacht und zurückgewiesen worden sei.[85] Angesichts dieser Sachlage kann man auch John Gimbel, in dessen Buch über die Ursprünge des Marshall-Plans die UdSSR nur am Rande auftaucht, den Vorwurf nicht ersparen, den Kontext des amerikanisch-sowjetischen Gegensatzes viel zu gering bewertet zu haben.

Für die weitere Entwicklung des sowjetischen Machtbereichs ist der 2. Juli 1947 nicht nur deshalb von zentraler Bedeutung, da er die Spaltung Europas in zwei Blöcke unmißverständlich dokumentiert. Darüber hinaus hat dieser Tag offenbart, welchen Grad von Disziplinierung und Kontrolle das Verhältnis Moskaus zu den Regimes in den von der UdSSR kontrollierten Ländern inzwischen angenommen hatte. Stalin war höchst verärgert darüber, daß die Führungen Polens und der Tschechoslowakei zunächst den Mut hatten, den ökonomischen Interessen und Erfordernissen ihrer Länder die Priorität einzuräumen und das »übergeordnete« Interesse des Kreml dabei zu unterschätzen. Da Stalin in jener Zeit über kein organisatorisches Zentrum verfügte, in dem er mit einem Machtspruch alle Länder seines Herrschaftsbereichs hätte auf Vordermann bringen und von vornherein jede »Abweichung« unterbinden können, mußte er sich der bis dahin von ihm so geschätzten und erfolgreichen bilateralen »Diplomatie« bedienen.

Für die politischen Führungen in Prag und Warschau, deren Eintreten für

---

84 D. Acheson: Present, S. 232; D. Yergin: Shattered Peace, S. 315.
85 W. W. Rostow: United States, S. 212 f.

eine Beteiligung am Marshall-Plan von den »Genossen« in den anderen Ländern aufmerksam verfolgt wurde, war der Rückpfiff Stalins eine bittere Erkenntnis. Ebenso wie die »nationalen« Kommunisten der anderen Staaten waren auch jene in Warschau und Prag vornehmlich darauf bedacht, ihre Macht im eigenen Land zu festigen, wobei sie allerdings »die höheren internationalen Rücksichten aus dem Auge« verloren hatten: »Auch das sollte nicht unbedingt heißen, daß sie eine unabhängige ›nationale‹ Linie verfolgten; eher war es eine Folge der Weisungen, die sie erhalten hatten: die Situation im Lande auszunutzen und sie so zu gestalten, daß sich unter dem äußeren Schutz der UdSSR ihre Macht konsolidieren konnte. Die polnischen und die tschechischen Kommunisten deuteten diese Instruktion in dem Sinne, daß sie jede Gelegenheit wahrnehmen müßten, die dem Aufbau des Sozialismus zu nutzen versprach.«[86] Aus dieser Interessenlage heraus hielten sie es für opportun, die Einladung nach Paris anzunehmen.

Zbigniew K. Brzezinski bemerkt zutreffend, daß die »nationalen« Kommunisten in Warschau und Prag offensichtlich die Rede nicht sorgfältig genug gelesen haben, die A. A. Ždanov im November 1946 gehalten und in der er bereits »eine ›tiefere‹ Interpretation der amerikanischen Motive«[87] geliefert hatte. In der Tat bildete Ždanovs Rede eine Vorstufe zu der im Laufe des Jahres 1947 dann entwickelten These von der Aufspaltung der Welt in »zwei feindliche Lager«.

Die westeuropäischen Länder, denen später die Marshall-Plan-Hilfe zuteil geworden ist, haben diese weder, wie der sowjetische Krisen-Spezialist Eugen Varga meinte, als neue Variante einer »Dawesierung« noch als einen Akt ökonomischer Ausbeutung durch die USA empfunden. Auch sollte die weitere Entwicklung zeigen, daß mit der amerikanischen Hilfe weder das Prinzip der Souveränität noch der Nichteinmischung in die inneren Angelegenheiten der betroffenen Staaten verletzt worden ist. Daß die amerikanische Regierung ihre großzügige Hilfe nicht aus ausschließlich altruistischen Motiven angeboten und gewährt hat, stand von vornherein fest. Der Verlauf des Zweiten Weltkriegs, Stalins Politik der Expansion und schließlich die schlechte ökonomische Situation der europäischen Länder waren die Gründe, die die amerikanische Administration veranlaßt haben, Europa nicht im Stich zu lassen. Dieser Zielsetzung diente das nicht zufällig von George F. Kennan in seinem berühmten und

---

86 Z. K. Brzezinski: Sowjetblock, S. 75.
87 Z. K. Brzezinski, ebenda. Vgl. zur Rede Ždanovs oben S. 237 f.

vielzitierten, Mitte 1947 in »Foreign Affairs« umrissene »Containment«-Konzept, die Politik der Eindämmung des expansiven Sowjetkommunismus.[88]

88 Der Aufsatz G. F. Kennans erschien unter dem Pseudonym »X«: The Sources of Soviet Conduct. Vgl. dazu Kennans eigene Interpretation in: Memoiren eines Diplomaten, S. 357-370, wo er auch die Entstehung der Formel »Eindämmung« dargestellt hat. In der amerikanischen zeithistorischen und politikwissenschaftlichen Literatur ist die »Containment«-Diskussion bis heute nicht zur Ruhe gekommen. Im Juli 1977 nahm »Foreign Affairs« die Diskussion wieder auf, an der sich auch G. F. Kennan beteiligte. Vgl. J. L. Gaddis: Containment: A Reassessment; E. Mark: The Question of Containment; George Kennan on Containment Reconsidered. Auf Kennans Leserbrief hat dann E. Mark noch einmal geantwortet. - Vgl. zu den ökonomischen Aspekten des Marshall-Plans vor allem P. W. Bidwell und W. Diebold, Jr.: New Aid for New Europe, S. 182; F. Fejtö: Volksdemokratien (I), S. 194: »Die Amerikaner dachten bei ihrem Hilfsangebot ebenso an ihre eigenen Interessen wie an die der europäischen Staaten, deren wirtschaftliche Sanierung und Erstarkung ihnen am Herzen lag«; M. Knapp: Marshall-Plan. In der westlichen Literatur ist auch in starkem Maße die Frage diskutiert worden, »welche Rolle das Deutschlandproblem bereits bei der Genesis des Marshallplans gespielt hat« (so M. Knapp, ebenda, S. 22, 25 f., der mit Recht darauf hinweist, daß Marshall in seiner Harvard-Rede die deutschlandpolitische Absicht nicht ausdrücklich angesprochen hat). Vgl. speziell zum deutschen Aspekt auch W. Abelshauser: Rekonstruktion. Die Diskussion um den deutschlandpolitischen Aspekt ist vor allem durch J. Gimbel in: Origins, belebt worden, da er seine Untersuchung weitgehend auf den Stellenwert Westdeutschlands in dem amerikanischen Wiederaufbau-Programm reduziert hat - eine These, die in der zeithistorischen Forschung mit Recht scharf kritisiert worden ist. Die drei westlichen Besatzungszonen Deutschlands wurden im Herbst 1947 in den Empfängerkreis der Marshall-Plan-Hilfe aufgenommen. Die ökonomische Entwicklung der Bundesrepublik Deutschland, die im Inland und Ausland als »Wirtschaftswunder« bezeichnet wird, wäre ohne das großzügige amerikanische Wiederaufbau-Programm gar nicht möglich gewesen wäre, hat nicht zu einer »Knechtung« des freien Teils Deutschlands durch den amerikanischen »Imperialismus« geführt und war auch nicht mit einer »Dawesierung« verbunden. Das gilt auch für die anderen 15 (von 22) Staaten, die in den Genuß der Vorteile des »European Recovery Program« gelangt sind. Die kommunistische Prognose hat sich als völlig falsch erwiesen. Vgl. speziell über die Auswirkungen der Marshall-Plan-Hilfe auf die Entwicklung Westdeutschlands die Beiträge bei C. Scharf und H.-J. Schröder (Hrsg.): Politische und ökonomische Stabilisierung Westdeutschlands 1945-1949; E. Ott: Die Bedeutung des Marshall-Plans für die Nachkriegsentwicklung in Westdeutschland; W. Benz: Wirtschaftspolitik zwischen Demontage und Währungsreform mit jeweils weiterführenden Hinweisen.

3. *Die Anfänge der multilateralen Kooperation (1947/1948)*

a) *Stalins Überlegungen über die Errichtung eines Koordinierungsorgans auf der interparteilichen Ebene*

Als die UdSSR am 15. Mai 1943 die Selbstauflösung der Kommunistischen Internationale (Komintern) verfügte, war es bereits klar, daß sich die Kooperation der kommunistischen Parteien in der Nachkriegszeit in anderen organisatorischen Formen abspielen werde. Die Auflösung der Komintern war nicht nur ein »berechneter Schachzug Stalins, der die Alliierten in dem Eindruck bestärken sollte, daß sich die Sowjetunion und der Kommunismus auf dem Wege der Demokratie befänden, vielmehr konnte jetzt die Rote Armee die Geschäfte der Revolution besorgen«.[89] Stalin hatte bereits – wie dargelegt[90] – während des Zweiten Weltkriegs dafür Vorsorge getroffen, daß er seine Ziele und Absichten auch ohne eine kommunistische Zentrale und ein multilaterales Koordinierungsorgan im Wege des Bilateralismus zu erreichen vermochte. Die Kontrolle über die nationalen kommunistischen Parteien in den von der UdSSR kontrollierten Ländern und der SBZ übte das Zentralkomitee der KPdSU aus; innerhalb dieses Gremiums oblag die Aufgabe der Abteilung für »Internationale Verbindungen«, über deren personelle Führung keine eindeutigen Aussagen gemacht werden können.[91]

---

89 So D. Geyer: Kommunistische Internationale, Sp. 781. Er gibt dort eine vorzügliche Darstellung über die Entstehung und Entwicklung der Komintern. Vgl. dazu auch oben S. 187.
90 Vgl. dazu oben Kap. I, Ziffer 3–9.
91 Vgl. dazu G. Nollau: Die Internationale, S. 232; ders.: Kominform, Sp. 710. Nach Auffassung Nollaus dürfte der für diese Abteilung verantwortliche Sekretär im Zentralkomitee der KPdSU ab 1943 A. Ždanov gewesen sein, der im Mai 1943 für die KPdSU den Beschluß unterzeichnet hatte, die Komintern aufzulösen. Ob Ždanov diese Funktion ausgeübt hat, ist bis heute unklar. Vgl. dazu auch M. Djilas: Krieg, S. 494, wo er über seinen Besuch in Moskau im März 1944 berichtet: »Die Komintern war bereits aufgelöst worden, jedoch bedeutete dies keineswegs auch das Ende für die Abteilung ›Äußere Angelegenheiten‹ des sowjetischen Zentralkomitees: Unter strengster Geheimhaltung führte Dimitrov eine Abteilung des Zentralkomitees des ZK für Kontakte mit den ausländischen kommunistischen Parteien, die Informationen sammelte und Empfehlungen an die sowjetische Führung gab.« Vgl. auch ders.: Gespräche, S. 47 f., wo er ebenfalls über seinen damaligen Besuch in Moskau berichtet und Dimitrovs Aussagen darüber wiedergegeben hat, warum die Komintern im Mai 1943 aufgelöst worden ist. Auch B. Meissner sah sich in seiner 1952 erschienenen Ždanov-Skizze nicht in der Lage, Angaben über Ždanovs Tätigkeit in jenen Jahren zu machen. Vgl. B. Meissner: Revolution, S. 56 f. Eine gute Charakterisierung Ždanovs bei E. Halperin: Ketzer, S. 70–77.

Gerade weil es Stalin auch nach der Auflösung der Komintern verstand, seine Befehle gegenüber den »nationalen« Kommunisten, von denen viele Prominente – wie dargelegt[92] – während des Zweiten Weltkriegs in ihrem Moskauer Exil gut auf ihre späteren Aufgaben vorbereitet worden sind, durchzusetzen, erscheint der Gedanke an eine neue kommunistische Zentrale unter diesem Aspekt nicht zwingend. Die Kontrolle der UdSSR über diese Länder wurde nicht allein durch die Anwesenheit der Roten Armee, die sich nur aus der Tschechoslowakei bereits im Dezember 1945 zurückgezogen hatte, sichergestellt; eine wichtige Kontrollfunktion übte auch der sowjetische Staatssicherheitsdienst aus.[93] Schließlich gelang es Stalin, frühzeitig mit skrupellosen und ausbeuterischen Methoden die besetzten Länder so weit wie möglich von der UdSSR auch wirtschaftlich abhängig zu machen.[94]

Glaubwürdigen Schilderungen aus erster Hand – wie aus den Berichten Milovan Djilas', Vladimir Dedijers und Hubert Ripkas – ist zu entnehmen, in welcher Form Stalin schon in der ersten Nachkriegsphase, in der ein organisatorisches Zentrum fehlte,[95] mit den »nationalen« Kommunisten-Führern herumgesprungen ist. Sieht man einmal von der »unbotmäßigen« Einstellung der Regierungen der Tschechoslowakei und Polens gegenüber dem amerikanischen Wiederaufbau-Programm für Europa ab, so zeigt sich, daß die Kontrolle der UdSSR über diese Länder und der KPdSU über die »nationalen« kommunistischen Parteien auch nach der Auflösung der Komintern weder beendet noch gar in Frage gestellt worden war. Zweifellos entsprachen die in mehreren Ländern fungierenden Koalitionen – wie in Polen und der Tschechoslowakei –, in denen noch »bourgeoise« Kräfte vertreten waren, nicht den Vorstellungen und Wünschen Stalins. Die dort amtierenden »Schein-Koalitionen« stellten andererseits aber auch keine ernsthafte Gefahr für den »Gleichschritt« dieser Länder dar. Verfehlt erscheint es daher, die Zeit nach der Auflösung der Komintern als »Interregnum«[96] zu bezeichnen.

Trotz dieser für die UdSSR so günstigen Entwicklung hat Stalin bereits im Juni 1946 ernsthaft den Gedanken erwogen, eine Institution zu schaf-

---

92 Vgl. dazu oben Kap. II, Ziffer 3.
93 Vgl. dazu unten S. 458 f.
94 Vgl. dazu oben Kap. II, Ziffer 4.
95 Franz Borkenau war wohl der einzige bekannte westliche Kommunismus-Forscher, der die Ansicht vertreten hat, daß die Komintern 1943 gar nicht aufgelöst worden ist, sondern fortbestanden hat. Vgl. F. Borkenau: Der europäische Kommunismus, S. 488–490.
96 So F. Borkenau, ebenda, S. 491. Kritisch zu Borkenaus These auch G. Nollau: Die Internationale, S. 232 f. Vgl. dazu auch E. Wollenberg: Der europäische Kommunismus.

fen, »die die Koordinierung und den Meinungsaustausch zwischen den kommunistischen Parteien erleichtern konnte«.[97] Stalin griff damals in Besprechungen mit Tito und Dimitrov den Vorschlag Titos auf, den dieser ihm bereits 1945 unterbreitet hatte.
In seinen Besprechungen mit einer jugoslawischen und bulgarischen Delegation legte Stalin größten Wert auf die Feststellung, daß ein Wiederaufleben der Dritten Internationale in irgendeiner Form überhaupt nicht in Frage käme: »Aber etwas anderes müsse geschaffen werden ... Natürlich, sagte Stalin, würden die Beschlüsse dieser Körperschaft nicht bindend für irgendeine Partei sein, die ihnen etwa nicht zustimmen sollte.«[98]
Dennoch hielt Stalin den Zeitpunkt noch nicht für gekommen, eine neue Internationale kommunistischer Parteien in einem neuen Gewand zu errichten.
Erst im Laufe des Sommers 1947 reifte bei Stalin der Zeitpunkt heran, die bisher nur bilateral verlaufende »Kooperation« der KPdSU mit den anderen kommunistischen Parteien durch eine multilaterale Ebene zu ergänzen. Im September 1947 begann eine neue Phase der doktrinären Einförmigkeit im sowjetischen Machtbereich.

b) *Die Gründung des Kommunistischen Informationsbüros (Kominform)*

Im September 1947 trafen sich nach mehrmonatigen Beratungen und unter großer Geheimhaltung führende Repräsentanten wichtiger kommunistischer Parteien Europas im schlesischen Kurort Schreiberhau, um das »Informationsbüro der Kommunistischen und Arbeiterparteien« (Kominform) zu errichten. Der bescheidene Name der neuen Organisation und die beschränkte Teilnehmerzahl lassen darauf schließen – wie Ernst Halperin bemerkt hat –, daß das Projekt selbst im Kreml nicht unumstritten war und nur in der Form eines Kompromisses realisiert werden konnte. Aus zuverlässigen Belgrader Quellen ist auch bekannt geworden, daß Tito eine weitaus größere Organisation, eine Wiedererweckung der Kommunistischen Internationale (Komintern), im Auge gehabt hatte.
Im Kominform waren neben der KPdSU die kommunistischen Parteien Bulgariens, Polens, Rumäniens, der Tschechoslowakei, Ungarns und Ju-

---

97 So M. Djilas: Gespräche, S. 165.
98 So V. Dedijer: Tito, S. 284, wo er auch Titos Gespräch mit Stalin im Juni 1946 geschildert hat.

goslawiens sowie Italiens und Frankreichs vertreten. Von den regierenden kommunistischen Parteien in Europa war die Albaniens nicht eingeladen worden, da Stalin sie nach wie vor als ein Anhängsel der jugoslawischen Kommunisten betrachtete; am 28. Oktober 1947 teilte die Kommunistische Partei Albaniens mit, daß sie um die Aufnahme in das Kominform nachsuche, ohne daß dem Wunsch entsprochen worden ist. Ebenso fällt auf, daß es Stalin sorgsam vermied, mit Ausnahme Frankreichs und Italiens auch Repräsentanten kommunistischer Parteien aus Ländern einzuladen, denen er – wie beispielsweise in Griechenland und Finnland – offensichtlich keine große Zukunft prophezeite. Schließlich bleibt es bemerkenswert, daß auch die deutschen Kommunisten – das gilt ebenso für die SED der SBZ wie für die KPD in den westlichen Besatzungszonen – nicht nach Schreiberhau eingeladen worden waren. Etwaige Pläne, das Kominform später durch neue Mitglieder zu vergrößern, sind nicht bekannt geworden.

Über die Gründung, Organisation und Entwicklung des Kominform mit seinem Sitz in Belgrad liegen zahlreiche fundierte Analysen vor; besonderes Gewicht haben auch hier die Augenzeugen-Berichte führender jugoslawischer Kommunisten.[99] Das Informationsbüro wurde mit der Aufgabe betraut, »den Austausch von Erfahrungen unter den Parteien und – im Falle der Notwendigkeit – die Koordinierung ihrer Aktivität auf der Grundlage gegenseitigen Übereinkommens zu organisieren«.[100] Außerdem beschloß man, daß das Büro eine Zeitschrift unter dem von Stalin gewählten Namen »Für dauerhaften Frieden, für Volksdemokratie« mit

---

99 Vgl. zur Entstehung und Entwicklung des Kominform vor allem die beiden Monographien von A. B. Ulam: Titoism und L. Marcou: Le Kominform mit jeweils zahlreichen Literaturangaben. Vgl. außerdem G. Nollau: Die Internationale; ders.: Kominform; E. Halperin: Ketzer, S. 71–77; V. Dedijer, ebenda, S. 284–291; M. Djilas: Gespräche, S. 165 f.; Z. K. Brzezinski: Sowjetblock, S. 79–85; F. Fejtö: Volksdemokratien (I), S. 201–209. Sehr instruktiv dazu auch der Aufsatz »The Evolution of the Cominform 1947–1950« (dt. Übersetzung: Die Entwicklung des Kominform von 1947–1950). Eine hervorragende Darstellung der Entwicklung des Kominform vermittelt B. S. Morris in: The Cominform. Vgl. dazu auch A. Grosser: Das Bündnis, S. 102–107. E. W. Gniffke hat in: Ulbricht, S. 264 f. (264) überliefert, daß erst am 5. Oktober 1947 die Führung der SED über die Gründung des Kominform informiert worden ist und die Nachricht sie »genauso überraschend wie die westliche Welt« getroffen habe: »Kein Hinweis, keine Andeutung hatte selbst uns, die SED-Führer, auf dieses Ereignis vorbereitet.« Vgl. über den Antrag der Kommunistischen Partei Albaniens, in das Kominform aufgenommen zu werden, Archiv der Gegenwart 1946/47, S. 1232.
100 So das Kommuniqué über die Gründungskonferenz. Dt. Text bei B. Meissner: Ostpakt-System, S. 87.

dem Chefredakteur der sowjetischen Gewerkschaftszeitung »Trud«, Pavel F. Judin an der Spitze, herausgibt.[101]
So geht aus dem Kommuniqué über die Gründungskonferenz klar hervor, daß es sich bei dem Kominform lediglich um eine beratende Körperschaft handeln und – wie Vladimir Dedijer zutreffend betont hat – die Gleichschaltung der kommunistischen Parteien nur aufgrund gegenseitiger Übereinkunft erfolgen sollte: »Die Kominform sollte etwas völlig anderes sein als die alte Komintern, die im wesentlichen ein Instrument in Stalins Hand gewesen war. Jedoch war es vom ersten Tag an offenbar, daß Stalin unter dem Deckmantel dieser Neugründung etwas viel Schlimmeres als die Komintern schaffen wollte.«[102]
Mehrere Motive haben bei dem Entschluß Stalins eine Rolle gespielt, ein neues Koordinierungsorgan nach seinen Vorstellungen zu errichten. Einmal ging es ihm darum, in Zukunft Vorgänge, wie sie sich bei der Reaktion Prags und Warschaus auf den Marshall-Plan abgespielt haben, von vornherein zu unterbinden. Daß die Entscheidung der Prager Regierung, an der Pariser Vorbereitungs-Konferenz teilzunehmen, in Stalin den Beschluß beschleunigt hat, ein kollektives Organ kommunistischer Parteien zu bilden, verdeutlicht ein bisher wenig beachteter Vorgang: Milovan Djilas berichtet in seinen »Gesprächen mit Stalin«, daß er nach seiner Rückkehr aus Paris Anfang Juli 1947 als Vertreter seines Landes nach Moskau reisen sollte, wo Stalin eine Konferenz osteuropäischer Staaten abhalten wollte, um eine gemeinsame Stellungnahme zum Marshall-Plan zu formulieren und um auf die Regierung der Tschechoslowakei einen »kollektiven Druck« auszuüben. Djilas' Reise wurde überflüssig, da es Stalin gelang, auf der bilateralen Ebene die Prager Regierung zur Revision ihrer Entscheidung, die Einladung nach Paris anzunehmen, zu bewegen.[103]
Im Gegensatz zu Vladimir Dedijer, der interessanterweise in diesem Zusammenhang den Marshall-Plan mit keinem Wort erwähnt hat, bezeichnet Djilas die Zusammenhänge um das amerikanische Wiederaufbau-Programm für Europa als erstes Motiv Stalins, das Kominform zu grün-

---

101 Vgl. zur Person P. F. Judins die Angaben in: Die Entwicklung der Kominform von 1947–1950, S. 828 f. mit Anm. 4.
102 So V. Dedijer: Tito, S. 287. Vgl. aus der umfangreichen Literatur dazu auch F. Fejtö: Volksdemokratien (I), S. 203: »Das Kominform war also dazu bestimmt, die Koordination der kommunistischen Parteien sicherzustellen. War diese Koordination aber nicht zwangsläufig eine Subordination?« Vgl. dazu im einzelnen A. B. Ulam: Titoism; ders.: Expansion, S. 458–461, wo er eine knappe, aber sehr instruktive Übersicht vermittelt. Vgl. dazu auch E. Wollenberg: Der europäische Kommunismus.
103 M. Djilas: Gespräche, S. 164.

den.[104] Diese Version wird auch durch das Grundsatzreferat bestätigt, das A. A. Ždanov auf der Gründungskonferenz gehalten hat. Darin begründete er ausführlich die These vom »Entstehen von zwei Lagern, des imperialistischen und antidemokratischen Lagers einerseits und des antiimperialistischen und demokratischen andererseits«; außerdem verurteilte er in scharfen Wendungen nicht nur die Truman-Doktrin, sondern auch den Marshall-Plan, den »amerikanischen Plan zur Unterjochung Europas«.[105]

Stalin wollte in Zukunft mögliche Alleingänge der politischen Führungen in den Volksdemokratien nicht durch seine alleinige, sondern durch eine kollektive Entscheidung im Kominform von vornherein verhindern. Dieses Ansinnen konnte nur auf eine weitere Konsolidierung des sowjetischen Machtbereichs in Ostmittel- und Südosteuropa hinauslaufen. Aus optischen und psychologischen Gründen suchte Stalin den Eindruck zu erwecken, als handelte es sich um die freiwillige Kooperation und Koordinierung gleichberechtigter kommunistischer Parteien. Aufgrund der veränderten politischen Machtverhältnisse in Europa sollte das Kominform keine Nachfolgeorganisation der Komintern sein; dafür legte bereits der beschränkte Mitgliederkreis Zeugnis ab. Das Kominform war vielmehr – im Gegensatz zur Komintern – eine vor allem »demonstrative Institution mit der Aufgabe, die Gleichgesinntheit und formelle Gleichstellung der kommunistischen Parteien nach außen hin hervorzuheben«.[106]

Die Vorgeschichte und die Gründung des Kominform verdeutlichen jedoch ein weiteres, nicht unwichtiges Ziel Stalins: So ist es kein Zufall, daß die Kommunistische Partei Jugoslawiens sowohl im Gründungskomitee als auch in den späteren Verlautbarungen des Kominform stets an erster Stelle genannt wurde. Ebenso war es nicht zufällig, daß Stalin als Sitz der Organisation Belgrad bestimmt und nicht jenem Vorschlag gefolgt ist, der Prag dafür vorgesehen hat. Stalins Absichten waren allzu durchsichtig.

Einerseits wollte er Tito, der die Einverleibung Jugoslawiens in den sowjetischen Machtbereich erfolgreich abgewehrt hatte, hofieren. Nachdem es

---

104 M. Djilas, ebenda, S. 165. Auch wichtige, in den Monaten des »Prager Frühlings« 1968 publizierte Dokumente bestätigen, welch zentrale Rolle der Marshall-Plan bei der Gründung des Kominform gespielt hat. Vgl. dazu die instruktiven Nachweise bei P. Tigrid: Coup, S. 402–406.
105 Dt. Text bei B. Meissner: Ostpakt-System, S. 89–97 (91 f.). Vgl. dazu aus der umfangreichen Literatur vor allem L. Marcou: Le Kominform, S. 39–42; P. Calvocoressi: Survey 1947/48, S. 51 f.; B. Meissner: Deutschlandpolitik, S. 463 f.
106 So G. Nollau: Kominform, Sp. 713.

Stalin nicht gelungen war, Jugoslawien zunächst politisch und dann ökonomisch in die sowjetische »Einflußsphäre« einzubeziehen, dürfte sich der Kreml einige Chancen ausgerechnet haben, durch die sowjetische Vertretung im Büro des Kominform in Belgrad auch stärkeren Einfluß auf die dort herrschende Kommunistische Partei zu gewinnen.
Hinzu kommt: Stalin hat zunächst mit großem Interesse und auch Wohlwollen die Gedanken und Pläne Titos verfolgt, als dieser sich nach der Befreiung der föderativen Neugliederung seines Landes widmete und Lösungen ins Auge faßte, die auch die ständigen territorialen Auseinandersetzungen mit Bulgarien um Mazedonien aus der Welt schaffen sollten. Seit 1944 befaßte sich Tito intensiv mit der Idee einer Balkan- und Donau-Föderation, die bereits in den zwanziger und dreißiger Jahren eine große Rolle gespielt und sich nicht allein auf den Balkan beschränken sollte. Auch in Ostmitteleuropa wurden in den dreißiger Jahren solche Pläne verfolgt, die dann von polnischer und tschechoslowakischer Seite in den ersten Kriegsjahren wiederaufgenommen und Anfang 1943 von Stalin endgültig durchkreuzt worden sind.[107]
Tito hatte in dem auch in Moskau hochgeschätzten Führer der bulgarischen Kommunisten und langjährigen Generalsekretär der Komintern, Georgi Dimitrov, einen Gesprächspartner, der dem Gedanken einer Balkan-Föderation ebenfalls sehr zugetan war. Bereits unmittelbar nach der Beendigung der Kriegshandlungen auf dem Balkan hatten im November 1944 Besprechungen über eine mögliche Föderation zwischen Jugoslawien und Bulgarien begonnen, die auf Initiative Belgrads zurückgingen. Es besteht kein Grund, den jugoslawischen Quellen nicht zu vertrauen und nicht davon auszugehen, daß die sowjetische Führung von Anfang an über die jugoslawisch-bulgarischen Verhandlungen informiert worden war; die sowjetische Seite hat später nämlich behauptet, Tito habe ihr seine Pläne vorenthalten.[108]

---

107 Vgl. über die Entwicklung der Föderations-Pläne in der Zwischenkriegszeit M. Hodža: Federation in Central Europe; I. J. Lederer: Russia, S. 445 f.; L. S. Stavrianos: Balkan Federation, S. 205–223; P. S. Wandycz: Traditions, S. 67–69; J. Kühl: Föderationspläne; R. Schlesinger: Federalism in Central and Eastern Europe; speziell dazu die kritischen Anmerkungen O. Haleckis in: Federalism as an Answer, S. 67. Vgl. über die von kommunistischer, vor allem bulgarischer Seite auf dem Balkan seit Ende 1920 verfolgten Föderations-Pläne die ausführliche und materialreiche Darstellung von J. Rothschild: The Communist Party of Bulgaria, S. 223–258. Ebenso aufschlußreich ist seine detaillierte Darstellung über »Socialism and Balkan Federation« in der Zeit zuvor (vgl. ebenda, S. 205–222). Vgl. über die polnisch-tschechoslowakischen Föderations-Pläne in den Jahren 1940 bis 1943 oben S. 41–65.
108 Vgl. dazu »Die Entwicklung der Kominform von 1947–1950«, S. 829; F. Fejtö: Volksdemokratien (I), S. 211–215.

Allerdings wichen die Vorstellungen Belgrads von denen Sofias in einem zentralen Punkt voneinander ab: Während Tito an die Bildung eines Bundesstaates dachte, dem neben den sechs jugoslawischen Gliedstaaten Bulgarien als siebenter südslawischer Staat angehören sollte, befürwortete Dimitrov die Schaffung eines starken Bundes, der aus Jugoslawien und Bulgarien bestehen und in dem jeder seine staatliche Selbständigkeit wahren sollte.[109]

Daß Stalin das bulgarische Konzept bevorzugte, versteht sich aus seiner Interessenlage heraus: Bulgarien, das mit seiner kommunistischen Führung fest im sowjetischen Griff war, hätte innerhalb eines Staatenbundes mit Jugoslawien eine sehr viel stärkere Position gehabt, als wenn es als siebenter Gliedstaat dem Bundesstaat Jugoslawien beigetreten wäre. Stalin konnte sich aufgrund des bulgarischen Vorschlags Chancen ausrechnen, über Sofia auch Einfluß auf die Entwicklung in Jugoslawien zu gewinnen. So berichtet Vladimir Dedijer, daß die sowjetische Führung die Kluft zwischen den gegensätzlichen Positionen Belgrads und Sofias noch zu erweitern trachtete. Zwar habe Stalin den Jugoslawen »nach außen hin« Recht gegeben, doch wegen »neuer Schwierigkeiten« darauf gedrängt, eine endgültige Entscheidung zu vertagen.[110] Stalin war nicht daran interessiert, die Position Jugoslawiens auf dem Balkan noch zu stärken. Bei ihrer Tagung in Bled im Juli/August 1947 haben dann Tito und Dimitrov die Frage einer Föderation erneut diskutiert. Das Protokoll von Bled sah die Kooperation auf verschiedenen Gebieten vor und enthielt in der Anlage u. a. den Text eines bilateralen Bündnispakts, den beide Staaten am 27. November 1947 unterzeichnet haben. In der Präambel des Protokolls war nur von den »Wünschen ihrer Völker nach Gemeinsamkeit des Handelns« und der »Verteidigung der Interessen der beiden Länder sowie der Regelung schwebender Fragen« die Rede.

Da die Frage nach einem möglichen Zusammenschluß beider Länder nicht direkt angesprochen worden ist, konnte Stalin keine Einwände gegen diese jugoslawisch-bulgarische Abrede erheben. Stalin hatte auch noch nichts gegen die Verabredung einzuwenden, nach der beide Länder die Vorbereitungsarbeiten fortführen wollen, um eine Zollunion zu verwirklichen und ihre ökonomischen Planungen ständig gegenseitig abzustimmen.

Wenn Vladimir Dedijer meint, bei der Tagung in Bled im Sommer 1947

---

109 Vgl. dazu vor allem die Darstellung bei V. Dedijer: Tito, S. 296 f.; B. Meissner: Föderation, S. 64 f.
110 So V. Dedijer, ebenda, S. 297; F. Fejtö: Volksdemokratien (I), S. 212 f.

sei die Frage einer jugoslawisch-bulgarischen Föderation mit Dimitrov diskutiert und beschlossen worden, sie schrittweise durchzuführen,[111] so läßt sich diese weitreichende Feststellung dem Protokoll von Bled nicht entnehmen. Sie scheint auch deshalb nicht richtig, da man den Grunddissens, einen Bundesstaat Jugoslawien unter Einschluß Bulgariens oder einen Staatenbund zwischen Jugoslawien und Bulgarien zu bilden, nicht hätte ausklammern können. Dennoch ist nicht auszuschließen, daß man darüber im Sinne Dedijers möglicherweise eine geheime Absprache getroffen hat.

Mit sehr viel stärkerem Mißtrauen beobachtete Stalin jedoch Titos diplomatische Aktivitäten, die weit über den Balkan hinausreichten und vor allem in Polen und der Tschechoslowakei auf starkes Interesse stießen. Mit Polen hatte Jugoslawien bereits am 18. März 1946 einen Bündnispakt geschlossen. Knapp zwei Monate später weilte Tito zu einem Besuch in der Tschechoslowakei, wo er am 9. Mai 1946 einen Bündnisvertrag unterzeichnete.[112] Als Pikanterie gilt festzuhalten, daß beide Verträge in Aufbau und Inhalt denen entsprachen, die die UdSSR 1943 mit der Tschechoslowakei und 1945 mit Polen und Jugoslawien geschlossen hat. Darüber hinaus intensivierte Tito seine Kontakte auch zu den anderen Staaten des sowjetischen Machtbereichs. So schloß Jugoslawien bilaterale Bündnispakte am 8. Dezember mit Ungarn und am 19. Dezember 1947 mit Rumänien.[113]

---

111 Dt. Text des Protokolls über die bulgarisch-jugoslawischen Beschlüsse auf der Konferenz von Bled vom 1. August 1947 bei B. Meissner: Ostpakt-System, S. 30 f. Vgl. dazu V. Dedijer, ebenda, S. 297. Im Anschluß an die Aussage V. Dedijers meint auch B. Meissner: Föderation, S. 65 mit Anm. 41, in Bled sei beschlossen worden, die Föderation schrittweise zu realisieren. Mit Recht vorsichtig in dieser Frage J. K. Hoensch: Osteuropa-Politik, S. 37; F. Fejtö, ebenda, S. 213: »Aber die seit den ersten Verhandlungen verflossenen drei Jahre hatten die jugoslawisch-bulgarischen Divergenzen bezüglich eines sehr wichtigen Punktes nicht beseitigt: die Divergenzen über die Verteilung der Macht in einer etwaigen Föderation.« Vgl. dazu auch W. Hildebrandt: Beziehungen, S. 162–165; P. Calvocoressi: Survey 1947/48, S. 173–176; J. Korbel: Tito's Communism, S. 275–278.

112 Texte der Verträge Jugoslawiens mit Polen und der Tschechoslowakei bei B. Meissner: Ostpakt-System, S. 27 f. Vgl. dazu auch V. Dedijer: Tito, S. 297. Vgl. dazu und über die Beziehungen Jugoslawiens zu den einzelnen Ländern des sowjetischen Machtbereichs bis zum Frühjahr 1947 vor allem H. Seton-Watson: Yugoslavia, S. 361–371. Was die Beziehungen Jugoslawiens zur Tschechoslowakei angeht, so gilt es festzuhalten, daß Präsident Beneš zu jenem Zeitpunkt noch nicht darauf erpicht war, einen bilateralen Bündnispakt mit Jugoslawien abzuschließen. Dazu H. Seton-Watson, ebenda, S. 362 mit den Nachweisen in Anm. 1. Besonders instruktiv dazu die Analyse, die Josef Korbel, damals Botschafter der ČSR in Belgrad, in seinem Buch »Tito's Communism«, S. 269–274, gegeben hat.

113 Texte der Verträge Jugoslawiens mit Ungarn und Rumänien bei B. Meissner, ebenda, S. 32–35. Vgl. dazu auch P. Calvocoressi: Survey 1947/88, S. 174.

Es ist eine Ironie der Geschichte – wie Zbigniew K. Brzezinski feststellt –, »daß Tito in seiner Orthodoxie selbst am meisten zur Gründung des Kominform gedrängt hatte. Er hatte nicht bedacht, daß Nachahmung innerhalb der Vielfalt politisch nicht das gleiche ist wie Nachahmung innerhalb der Gleichförmigkeit. Im ersten Fall war Nachahmung ein selbständiger Akt auf Grund der eigenen spezifischen Lage; im zweiten führte sie zur Unterordnung unter das Zentrum, und dazu war Tito nicht bereit«.[114] So bedeutete bereits die Schaffung des Kominform das »Ende der Phase der Vielfalt und dem Beginn dessen, was man am treffendsten als Stalinismus bezeichnet – einer Periode totaler Konformität in den Beziehungen zwischen den kommunistischen Staaten. Natürlich wurde die völlige Einheitlichkeit nicht mit einem Schlag erreicht ... Solange die Phase der Vielfalt andauerte, konnte der Titoismus – damals eine Art verfrühter Stalinismus – geduldet werden. Er war nicht mehr zu dulden, nachdem die Konformität hergestellt war; denn das Wesen dieser Konformität war eine eindeutige institutionelle und ideologische Hierarchie. Ohne diese Hierarchie konnte es keine Unterordnung, Disziplin und Willenseinheit geben«.[115]

Wie sehr sich Stalin der neuen Situation bewußt war, verdeutlichte er in einem Interview mit dem britischen Labour-Abgeordneten Zilliacus im Oktober 1947, als er die Frage nach dem Sinn des Kominform so beantwortete: »Die ›Komintern‹ wurde nach dem ersten Weltkrieg gebildet, als die Kommunisten eben erst auf dem Plan erschienen waren. Sie trug in ihrem Rahmen zur Festigung der Verbindung der Arbeiter der verschiedenen Länder bei und half, unter den Arbeitern selber Führer auszubilden. Heute aber ist die Lage eine andere. In einer Anzahl Länder haben die kommunistischen Parteien weite Kreise der Bevölkerung hinter sich. Sie haben große Verantwortung, sind tief in ihren eigenen Reihen verwurzelt und werden von starken und fähigen Persönlichkeiten angeführt. Es wäre unsinnig und utopisch zu versuchen, solche Parteien von einem gemeinsamen Zentrum aus zu dirigieren.«[116]

---

114 Z. K. Brzeszinski: Sowjetblock, S. 84.
115 So Z. K. Brzeszinski, ebenda, S. 83.
116 Vgl. Zilliacus' Bericht in The Times vom 24. Oktober 1947; dt. Zusammenfassung in: Archiv der Gegenwart 1946/47, S. 1229. Vgl. dazu vor allem P. Calvocoressi: Survey 1947/48, S. 50. Vgl. dazu auch die Rede, die Außenminister W. M. Molotov anläßlich des 30. Jahrestags der Oktober-Revolution am 6. November 1947 in Moskau gehalten hat. Text in: W. M. Molotov: Fragen der Außenpolitik, S. 511–541 (539): »Die Erfahrung hat gezeigt, daß die kommunistische Bewegung heute in vielen Ländern dermaßen gewachsen und erstarkt ist, daß es bereits unmöglich ist, die Leitung dieser Bewegung von einem Zentrum aus zu verwirklichen.« Vgl. dazu vor allem R. Ahlberg: Dezentralisation, S. 450–452.

Aufgrund der realen politischen Machtverhältnisse in den von der UdSSR kontrollierten Ländern und Gebieten konnte es sich Stalin erlauben festzustellen, daß kein Grund bestehe, eine neue Internationale im Sinne der 1943 aufgelösten Komintern zu errichten. Er wußte, daß er seine Vorstellung von der »Verteidigung der Unabhängigkeit und der Souveränität dieser Länder« durchzusetzen imstande war. Stalin bedurfte keiner interparteilichen Institution mit Weisungsbefugnis. Die einzige Illusion Stalins dürfte in der Vorstellung bestanden haben, mit Hilfe des Kominform auch die jugoslawischen »Genossen« möglicherweise völlig auf die sowjetische Linie zu bringen.

c) *Innenpolitische Auswirkungen: die fortschreitende Gleichschaltung*

Die Entwicklung im sowjetischen Machtbereich vom Herbst 1947 bis zum Sommer 1948 verdeutlicht, daß es Stalin nicht allein darum ging, eine gemeinsame Abwehrfront gegen das »imperialistische und antidemokratische Lager« des Westens zu bilden und mögliche außenpolitische Alleingänge einzelner Staaten von vornherein auszuschließen. Dem Kreml kam es nun auch darauf an, daß in den von der UdSSR kontrollierten Ländern und Gebieten jene Phase abgeschlossen wird, in der die jeweiligen kommunistischen Parteien die organisierte Opposition noch nicht restlos ausgeschaltet hatten. Darüber hinaus war Stalin bestrebt, die politischen Führungen dieser Länder auf verbindliche Grundsätze zu verpflichten und somit auch mögliche innere Sonderentwicklungen zu eliminieren.
Aufschlußreich ist, daß A. A. Ždanov und G. M. Malenkov in ihren Referaten auf der Gründungskonferenz des Kominform im September 1947[117] diese Fragen nur sehr vage angesprochen haben. Zweifellos sind die auf der Konferenz gefaßten Beschlüsse nicht in allen Einzelheiten veröffentlicht worden. Für Stalin war die Feststellung des Kommuniqués ausreichend, daß die dem Kominform angehörenden kommunistischen Parteien die »Koordinierung ihrer Aktivität auf der Grundlage gegenseitigen Übereinkommens ... organisieren«. Mit dieser Aussage wurde auch die Funktion des Kominform erfaßt, gemeinsame und verbindliche innenpolitische Prinzipien für die einzelnen Staaten aufzustellen.
Entscheidend ist, daß aus den allgemeinen Richtlinien und der späteren Handlungsweise der Mitgliedsparteien des Kominform vornehmlich fol-

---

117 Texte der Reden G. M. Malenkovs und A. A. Ždanovs bei B. Meissner: Ostpakt-System, S. 87–99. Vgl. auch den Nachweis in diesem Kapitel, Anm. 100.

gende Maßnahmen ins Auge gefaßt wurden: die Straffung der Parteidisziplin; die Auflösung der Oppositionsparteien; der Kampf gegen die sogenannte Reaktion; die intensivierte Säuberung der Regierungsparteien.[118] Die politischen Führungen in den betroffenen Ländern haben die auf dem Gründungskongreß des Kominform gegebenen Anstöße bereitwillig aufgenommen. Die Erfüllung dieser Aufgaben fiel ihnen um so leichter, da sie bereits zuvor die innenpolitischen Voraussetzungen geschaffen hatten, um die monolithischen Regimes der einzelnen kommunistischen Parteien endgültig zu etablieren: vor allem durch die Zurückdrängung oder Ausschaltung der traditionellen Bauern-Parteien und sozialistischen und sozialdemokratischen Gruppierungen.[119]

aa) *in Polen*

In Polen waren die Würfel schon endgültig – wie dargelegt[120] – mit den manipulierten Wahlen zum Verfassunggebenden Sejm am 19. Januar 1947 gefallen, bei denen der »Demokratische Block« 394 der insgesamt 444 Mandate zugesprochen erhielt; der traditionellen Bauernpartei, der mit Abstand stärksten politischen Kraft in Polen, wurden 10 Prozent der Stimmen und 27 Sitze zugeteilt. Nach Auffassung Stanislav Mikolajczyks, des Führers der Bauernpartei, hatte seine Partei in Wirklichkeit trotz der gravierenden Wahlbehinderung rund 74 Prozent der Stimmen auf sich vereinigt. Das von den Kommunisten total manipulierte Wahlergebnis nahm Mikolajczyk zum Anlaß, nicht mehr in die neue Regierung unter Ministerpräsident Jósef Cyrankiewicz einzutreten. Präsident der Republik wurde Boleslaw Bierut, ein Veteran unter den polnischen Kommunisten und zeitweise in den Diensten der Komintern. Damit war in Polen bereits Anfang 1947 der parlamentarischen Opposition, zu der auch noch Teile der nicht vollständig von den Kommunisten aufgesaugten Sozialistischen Partei gehörten, endgültig der Boden entzogen worden. Daß die beiden angelsächsischen Mächte unter Hinweis auf die in Jalta im Februar 1945 getroffene Regelung das Wahlergebnis nicht anerkannt und dagegen protestiert haben, kümmerte Stalin nicht.

In den folgenden Monaten verschärften die polnischen Kommunisten ihre Angriffe auf die in Polen noch vorhandenen oppositionellen Kräfte, zu de-

---

118 Vgl. dazu vor allem F. Fejtö: Volksdemokratien (I), S. 201–209 (208); P. Calvocoressi: Survey 1947/48, S. 183–185.
119 Vgl. über die Entwicklung bis Mitte 1947 oben Kap. II, Ziffer 3.
120 Vgl. dazu mit zahlreichen Nachweisen oben S. 222–225.

nen auch die Anhänger der nunmehr nicht mehr in der Regierung vertretenen Bauernpartei gehörten. Die zu einer »Kollaboration« mit den Kommunisten nicht bereiten oppositionellen Kräfte wurden unter dem Vorwand des Verrats und der Spionage verhaftet und eingesperrt. Nachdem Mikolajczyk im Oktober 1947 erfahren hatte, daß er vor Gericht gestellt und verurteilt werden sollte, blieb ihm nichts anderes übrig, als in den Westen zu fliehen. Im Februar 1948 wurde die polnische Bauernpartei, die inzwischen von allen Anhängern Mikolajczyks gereinigt worden war, in den »Demokratischen Regierungsblock« aufgenommen.

Obwohl die Liquidierung der Bauernpartei das Ende der Opposition bedeutete, konnten die Kommunisten das Land noch nicht total kontrollieren. Dazu bedurfte es noch der restlosen Ausschaltung der zu einer Zusammenarbeit mit den Kommunisten nicht bereiten Resten der Sozialistischen Partei; in ihr waren immer noch starke sozialdemokratische Elemente, die traditionsgemäß streng antikommunistisch eingestellt waren. Im Mai 1947 begann die Kommunistische Partei mit ihrem Generalsekretär Gomulka an der Spitze eine Kampagne, um die »organische Vereinigung« der Sozialdemokratischen Partei mit der Kommunistischen Partei herbeizuführen. Die Kommunisten operierten mit dem Argument, die Existenz beider nebeneinander wirkenden politischen Gruppen sei unnötig, da beide auf dem Boden des Marxismus stünden und in Anspruch nähmen, Parteien der Arbeiterklasse zu sein. Nach der Verhaftung zahlreicher zur Zusammenarbeit mit den Kommunisten nicht bereiter Sozialdemokraten begannen im November 1947 Besprechungen über eine Fusion der beiden Parteien. Auf einem gemeinsamen Kongreß wurde Mitte Dezember 1948 die Schaffung der Vereinigten Polnischen Arbeiterpartei beschlossen. Die Sozialdemokratische Partei bestand – wie Peter Calvocoressi zutreffend bemerkt hat – so lange, wie die Kommunisten die nach außen hin eigenständige Vertretung dieser Partei im »Demokratischen Block« für opportun hielten.[121] Diese Funktion hatte sie nun – zumindest

---

121 P. Calvocoressi: Survey 1947/48, S. 187–189 (187). Vgl. über die Entwicklung Polens zuvor S. Lowery: Poland, S. 240–245; sehr instruktiv auch O. Halecki: Politics, S. 115–117. Bereits zwei Tage nach den Parlaments-Wahlen wurde am 19. Januar 1947 die sogenannte Kleine Verfassung erlassen, die sich eng an das sowjetische Räte-System angelehnt hat. Vgl. dazu die instruktive Darstellung von A. Uschakow: Das System der Volksräte in Polen. Eine neue Verfassung wurde in Polen am 22. Juli 1952 eingeführt, in deren Präambel von dem »historischen Sieg der UdSSR über den Faschismus« und den »historischen Erfahrungen des siegreichen Aufbaus in der UdSSR« die Rede war. Text in: Die Verfassung der europäischen Länder der Volksdemokratie, S. 95.

nach Auffassung der Führung der Kommunistischen Partei und der sowjetischen Besatzungsmacht – erfüllt. An dieser Situation änderte auch die Tatsache nichts, daß der »Erz-Kollaborateur« Józef Cyrankiewicz polnischer Ministerpräsident bleiben durfte und einige wenige frühere Sozialisten in hohen Positionen aus symbolischen Erwägungen heraus gehalten wurden – nicht zuletzt auch deshalb, um andere, bis dahin noch nicht zur Zusammenarbeit mit den Kommunisten bereite Sozialdemokraten zu einer positiven Einstellung gegenüber dem Regime und zu der Einsicht zu bewegen, das »Bündnis der Arbeiterklasse« ergebe sich aus der Logik und Konsequenz der Nachkriegsentwicklung Polens.

bb) *in der Tschechoslowakei: der Prager »Coup«*

Von allen aufgrund der Kriegs- und Nachkriegsereignisse in den sowjetischen Machtbereich einbezogenen Ländern Ostmittel- und Südosteuropas ist zweifellos die Entwicklung der Tschechoslowakei mit Abstand am interessantesten verlaufen. Daß auch dieser Staat, der seiner Tradition nach mit seiner politischen Struktur zum Westen gehört und nach der »Brücken-Konzeption« Präsident Eduard Beneš' »eine Art Bindeglied zwischen Ost und West«[122] werden sollte, dieses Schicksal erleiden mußte, ist immer wieder Gegenstand der zeithistorischen Forschung. Anläßlich der 30jährigen Wiederkehr des »Putsches« im Februar 1948 wurde erneut die Frage gestellt, ob die Entwicklung bis zu diesem Zeitpunkt mit der totalen Machteroberung des Staates durch die Kommunisten eine zwangsläufige gewesen ist. Während der Zeit des »Prager Frühlings« in der ersten Hälfte des Jahres 1968 sind in der Tschechoslowakei einige aufschlußreiche Studien erschienen, die zum Teil wichtige neue Aufschlüsse über den Ablauf der Ereignisse im Februar 1948 zu geben vermögen.

Die Tschechoslowakei darf für sich in Anspruch nehmen, der einzige Staat dieser »Sphäre« zu sein, dessen Entwicklung die zeitgeschichtliche Forschung immer wieder zu unterschiedlichen Schlußfolgerungen veranlaßt hat. Weder die Entwicklung Polens noch Bulgariens, Rumäniens, Ungarns sowie der SBZ geben der ernsthaften Forschung Anlaß, darüber zu diskutieren, ob deren Einbeziehung in den sowjetischen Machtbereich zu vermeiden gewesen wäre. Die Besetzung dieser Länder und Gebiete durch die Rote Armee und deren dortiger weiterer Verbleib sowie die Einsetzung sowjetfreundlicher Regimes waren für Stalin die sichersten Garanten der Zugehörigkeit Polens, Bulgariens, Ungarns und Rumäniens

---

122 So I. Pfaff: Demokraten.

sowie der SBZ zum sowjetischen Machtbereich. Eine gewisse Ausnahme macht dabei nur Ungarn insoweit, als dort am 4. November 1945 freie und demokratische Wahlen stattgefunden und die Kommunisten nur 17 Prozent der Stimmen erhalten haben. Trotz des großen Übergewichts der »bürgerlichen« Kräfte in der Regierung gelang es den Kommunisten – wie im einzelnen bereits dargelegt –, mit Hilfe der sowjetischen Besatzungsmacht und des von ihnen übernommenen Innenministeriums, im Wege der »Salami-Taktik« allmählich zur ausschlaggebenden politischen Kraft im Lande zu werden. Selbst wenn die traditionelle und starke Partei der Kleinen Landwirte der Zermürbungstaktik der Kommunisten nicht so schnell erlegen wäre, hätten die Sowjets und ihre »Statthalter« in Ungarn Mittel und Wege gefunden, um ihr zentrales Ziel zu erreichen.
Die Situation der Tschechoslowakei unterscheidet sich von der Entwicklung dieser Staaten und Gebiete auch und gerade dadurch, daß die Sowjets ihre Streitkräfte bereits am 1. Dezember 1945 aus der ČSR zurückgezogen haben – ein wichtiges Faktum, das in zeithistorischen Analysen oft zu wenig beachtet wird. Noch einmal sei daran erinnert, daß Stalin auf Vorschlag des amerikanischen Präsidenten Harry S. Truman vom 2. November 1945 die sowjetischen Truppen gleichzeitig mit den amerikanischen vom Territorium der Tschechoslowakei abgezogen hat – zu einem Zeitpunkt also, als das weitere Schicksal der ČSR noch nicht abzusehen war.[123]
In den Monaten nach den Parlamentswahlen vom 26. Mai 1946 deutete nichts darauf hin, daß es die Kommunisten, die in der Regierung der »Nationalen Front« die Schlüsselministerien innehatten, auf eine totale Machtübernahme abgesehen hatten. Sie schienen mit ihrer starken Position in der Regierung zufrieden zu sein. Einen wichtigen Einschnitt in der weiteren Entwicklung der ČSR bildete der von Stalin in ultimativer Form erzwungene Verzicht der Regierung vom 9. Mai 1947, ihre Zusage, an der Pariser Vorbereitungskonferenz über den Marshall-Plan teilzunehmen, zurückzuziehen. Noch einmal sei wiederholt, daß sich auch alle der Kommunistischen Partei angehörenden Minister der Regierung für eine Teilnahme an der Pariser Konferenz ausgesprochen hatten. Stalins Ultimatum und die damit verbundene schwerwiegende Einmischung in die inneren Angelegenheiten der ČSR konnten auf die Haltung der nicht-kommu-

---

123 Vgl. dazu im einzelnen oben S. 119 f. Vgl. dazu auch J. Korbel: Subversion, S. 133; I. Duchacek: Czechoslowakia, S. 204, die jedoch das von L. E. Davis in: The Cold War Begins so eindrucksvoll geschilderte amerikanisch-sowjetische »Zusammenspiel« unerwähnt lassen.

nistischen Minister, die in der Regierung der »Nationalen Front« die nominelle Mehrheit besaßen, nicht ohne Folgen bleiben. So war die Tschechoslowakei – wie Ivan Pfaff feststellt – im Herbst 1947 »der einzige Staat Mitteleuropas mit nichtkommunistischer Mehrheit; er war zwar bereits von sowjetisierten Staaten umzingelt, verfügte aber über eine starke demokratische Tradition aus der Zwischenkriegszeit, die kein Staat der Sowjetsphäre aufweisen konnte«. Folgt man der Darstellung Pfaffs, so waren es diese für die Gleichschaltung der Tschechoslowakei ungünstigen Faktoren, die entscheidend zu Stalins Entschluß beigetragen haben, im September 1947 das Kommunistische Informationsbüro zu errichten. Pfaff berichtet, daß die »Lösung der Machtfrage in der Tschechoslowakei« das Zentralthema auf der Gründungssitzung des Kominform gewesen sei. Dabei bezieht er sich auf das Referat, das der Chef der Kommunistischen Partei der ČSR, Klement Gottwald, im November 1947 über die Kominform-Gespräche vor dem Plenum seiner Partei gehalten und in dem er erklärt hat, »zur Machtübernahme durch die Partei, mit welchen Mitteln auch immer, müßte es im Spätsommer, allerspätestens im Frühherbst 1948 kommen«.[124]

Im Herbst 1947 sahen sich die Kommunisten in der Tschechoslowakei immer stärker in die Defensive gedrängt. In der Regierung mußten sie es am 8. September 1947 erstmals hinnehmen, von den nicht-kommunistischen Mitgliedern überstimmt zu werden. Eine bittere Niederlage bedeutete für sie auch der Parteitag der Sozialdemokratischen Partei Mitte November 1947, auf dem sich der rechte Flügel durchsetzte und beschloß, den prokommunistischen Vorsitzenden Zdeněk Fierlinger durch Bohumil Lausman abzulösen. Lausman hatte zwar mit den Kommunisten zusammengearbeitet, aber mehrfach auch mit den anderen in der »Nationalen Front« vertretenen Parteien gestimmt. Die Kommunisten reagierten mit geheimen terroristischen Provokationen und einer immer stärkeren Einschaltung der von ihnen weitgehend beherrschten Staatspolizei. Diese Entwicklung führte dazu, daß sie zahlreiche Anhänger verloren.

---

124 Zit. bei I. Pfaff: Demokraten. Daß die innere Entwicklung der Tschechoslowakei das zentrale Thema auf der Gründungskonferenz des Kominform gewesen sein soll, ist in allen bisherigen Darstellungen der Zusammenkunft von Vertretern von neun kommunistischen Parteien Ende September 1947 in Polen nicht behauptet worden. Hingegen steht es fest, daß die innere Situation der Tschechoslowakei auf dem zweiten Treffen des Kominform Ende Januar 1948 in Mailand behandelt worden ist. Vgl. dazu J. Korbel: Subversion, S. 202. Das über die Konferenz am 1. Februar 1948 veröffentlichte Kommuniqué gab darüber keinen Aufschluß. Vgl. dazu »Die Entwicklung der Kominform von 1947–1950«, S. 828. Vgl. dazu auch P. Tigrid: Coup, S. 404–410.

Wie sehr die Kommunisten in die Defensive geraten waren, offenbarte auch eine Meinungsumfrage, die der der Kommunistischen Partei angehörende Minister für Informationswesen Mitte Januar 1948 in Auftrag gegeben hatte. Sie ergab, daß die Partei bei den für Mai 1948 geplanten Parlamentswahlen nur noch mit knapp 30 Prozent der Stimmen rechnen konnte. In die totale Isolation gerieten die Kommunisten, als sie am 10. und 12. Februar 1948 weitere Niederlagen im Parlament und in der Regierung einstecken mußten.[125]

Die nun einsetzende dramatische Entwicklung, die am 13. Februar 1947 ihren Ausgang nahm, ist in zahlreichen Analysen immer wieder dargestellt worden. Es ist vor allem das Verdienst Ivan Pfaffs, aufgrund bis dahin nicht zugänglicher Prager Quellen einige neue Aspekte des Prager »Coup« offengelegt zu haben. Einen wichtigen Beitrag hat auch Pavel Tigrid mit seinem Artikel geliefert, der den bezeichnenden Titel »The Prague Coup of 1948: The Elegant Takeover« trägt und in dem ebenfalls wichtige Dokumente ausgewertet sind, die erst während des »Prager Frühlings« veröffentlicht wurden und in einigen zentralen Punkten Korrekturen an der herkömmlichen Darstellungsweise der Vorgänge im Februar 1948 bedeuten.

Am 13. Februar 1947 hatte die nicht-kommunistische Mehrheit – unter Einschluß der sozialdemokratischen Mitglieder – in der Prager Regierung verlangt, daß der kommunistische Innenminister Václav Nosek die Versetzung von acht nicht-kommunistischen und die Beförderung von acht hohen kommunistischen Polizeioffizieren zurücknimmt; dazu waren die Kommunistische Partei und der Innenminister nicht bereit. Nachdem Gottwald angekündigt hatte, auf der Kabinettssitzung am 20. Februar werde eine von der Staatspolizei erfundene »Spionage-Affäre«, nicht aber die personelle Frage behandelt, traten die »bürgerlichen« Mitglieder der Regierung zurück, ohne den parteilosen Außenminister Jan Masaryk und die sozialdemokratischen Kollegen zu informieren sowie zwei weitere nicht-kommunistische Minister zum Rücktritt zu bewegen, was das Restkabinett in die Minorität versetzt hätte.

---

125 So I. Pfaff: Demokraten. Vgl. dazu auch F. Fejtö: Volksdemokratien, S. 220–228; P. Calvocoressi: Survey 1947/48, S. 153–155. Vgl. dazu auch P. E. Zinner: Marxism, S. 652–657; Die Kommunistische Partei der Tschechoslowakei, S. 8 f.: Die Neuwahlen im Frühjahr 1948 waren erforderlich, da die Verfassunggebende Versammlung am 26. Mai 1946 für zwei Jahre gewählt worden war. Vgl. dazu und die weitere Entwicklung auch die detaillierte Darstellung bei K. Kaplan: Marsch, S. 120–153, 201–242.

So blieb die Regierung beschlußfähig. Die Aktion verfehlte vor allem deshalb ihren Zweck, da die Sozialdemokraten zu einer Demission nicht bereit waren und hofften, die Krise durch Verhandlungen des Präsidenten mit dem Ministerpräsidenten und zwischen den Partei-Vorsitzenden zu lösen. Dies verschaffte der Kommunistischen Partei genügend Zeit, um am 22. Februar – wie Ivan Pfaff feststellt – »ihr Heil in verfassungswidrigen Methoden bis zur Waffengewalt« zu suchen: Auch wenn die Kommunisten »nicht die Mehrheit der Bevölkerung hinter sich wußten, so konnten sie doch auf die Mehrheit der organisierten Menschen zählen, die bereit waren, für die kommunistische Sache zu kämpfen. Auf jeden Fall hatten sie den kampffreudigsten Teil der Arbeiterklasse hinter sich«.

Nachdem es den Kommunisten gelungen war, innerhalb von drei Tagen mit der Aufstellung von »Aktionskomitees« und der »Volksmiliz« zumindest Teile der Arbeiterschaft zu mobilisieren und Gottwald am 24. Februar den Präsidenten mit einem allgemeinen Generalstreik und dem Masseneinsatz der Polizei und Volksmiliz gedroht hatte, kapitulierte Beneš »am Nachmittag des 25. Februar vor dem Risiko des Bürgerkrieges und vor der Möglichkeit einer sowjetischen Militärintervention, nahm die Demission der zwölf an und unterschrieb die neue Regierungsliste Gottwalds mit 15 Kommunisten und 11 Mitläufern. Die Tschechoslowakei war ein totalitärer Staat geworden«.[126]

Für die zeithistorische Forschung sind vor allem folgende Aspekte des dramatischen Geschehens in der Tschechoslowakei im Februar 1948 relevant: die Rolle, die der stellvertretende sowjetische Außenminister Valerian A. Zorin »hinter den Kulissen« gespielt hat; die Frage, inwieweit die Kommunisten die »Machtübernahme« außerhalb des verfassungsmäßigen Rahmens vollzogen haben und schließlich die Position, die Präsident Eduard Beneš in der so folgenreichen Auseinandersetzung eingenommen hat. Alle diese Faktoren sind von zentraler Bedeutung, wenn man die Frage zu beantworten sucht, ob es sich um einen zwangsläufigen »Prozeß« gehandelt hat.

In früheren Darstellungen des Prager »Coup« ist fast ausnahmslos die These vertreten worden, daß der stellvertretende sowjetische Außenminister, Zorin, der zuvor sein Land als Botschafter in Prag vertreten hatte, bereits am 19. Februar, also am Vorabend der Auslösung der Krise, in der

---

126 So I. Pfaff, ebenda; F. Fejtö, ebenda, S. 228–230; P. Calvocoressi, ebenda, S. 155 f. Vgl. dazu auch die ausführliche Darstellung bei J. Korbel: Subversion, S. 204–235. Besonders informativ und instruktiv ist auch der Augenzeugenbericht R. B. Lockharts: Revolution; P. Tigrid: Coup, S, 422–428.

tschechoslowakischen Hauptstadt eingetroffen ist. Ivan Pfaff gelangt unter Berufung erst 1966/68 veröffentlichter Materialien zu dem Ergebnis, daß Zorin erst am Abend des 21. Februar nach Prag gekommen ist. Wenn das der Fall gewesen ist, dann wird damit die Neuinterpretation tschechischer marxistischer Historiker bestätigt, daß die Kommunistische Partei die Regierungskrise nicht inszeniert hat, sondern von ihr überrascht worden ist. Spätestens seit der Gründungskonferenz des Kominform im September 1947 war es klar, daß die Kommunisten in Prag die »Machtübernahme« ernsthaft ins Auge gefaßt hatten. Dennoch sprechen die bisher zugänglichen Quellen dafür, daß die Kommunisten nicht nach einem vorgefaßten Plan im Februar 1948 vorgegangen sind.

Wie sehr die Vorgänge in der zweiten Hälfte des Februar 1948 vorsichtig, abgewogen und differenziert beurteilt werden müssen, geht aus den 1966 und 1968 publizierten Prager Materialien hervor: So ist und bleibt – darin dürfte Pavel Tigrids und Ivan Pfaffs wichtigste Schlußfolgerung liegen – die These vom direkten Eingriff der Sowjets in die Krise, ohne den der »Coup« angeblich unmöglich gewesen wäre, unbeweisbar. Als Pikanterie gilt es festzuhalten, daß damit die Ansicht bestätigt wird, die Sir Robert Bruce Lockhart aufgrund eigener Anschauung bereits in seiner Mitte 1948 in »Foreign Affairs« erschienenen Analyse »The Czechoslovakia Revolution« vertreten hat: Im Gegensatz zu der bis in die Mitte der sechziger Jahr vorherrschenden Meinung hat Lockhart schon damals festgestellt, daß im Zusammenhang mit dem Prager »Coup« der Anwesenheit Zorins in Prag zu viel Bedeutung beigemessen worden sei:

»Obwohl jeder tschechische Kommunist wußte, daß er sich der sowjetischen Rückendeckung im Fall eines innenpolitischen Eklats sicher war, war der kommunistische Coup ein spontaner und schnell organisierter Gegenschlag gegen eine legitime, aber höchst ungeschickte Aktion der antikommunistischen Minister.«

Als Gründe für Gottwalds erfolgreichen »Putsch« führte Lockhart bereits damals an: Die kommunistische Propaganda gegen »München«, den Marshall-Plan und den der USA unterstellten Versuch, ein starkes Deutschland gegen die UdSSR aufzubauen, hätten Gottwald befähigt, sowohl an den Klassenhaß als auch an nationale Gefühle zu appellieren: »Die Schwäche der Sozialdemokraten gab ihm die volle Unterstützung der Arbeiter. Die Kontrolle über die Polizei und die bewaffneten Streitkräfte verwandelten den Coup in eine erfolgreiche Revolution.«[127]

---

127 R. B. Lockhart, ebenda, S. 641. Im Gegensatz zu Ivan Pfaff ist nach Auffassung folgender Autoren V. Zorin bereits am 19. Februar 1948 in Prag eingetroffen: P. Tigrid:

Lockhart hat bereits damals von den »drei Rätseln« gesprochen, die schwer zu lösen seien: die totale Abwesenheit eines antikommunistischen Widerstand, das tagelange Schweigen Präsident Beneš', und das Verhalten Außenminister Jan Masaryks. Auch diese Aussagen werden durch die 1966/68 publizierten Materialien bestätigt. So ist Pavel Tigrid in seiner 1975 publizierten Studie zu einem für die »bürgerlichen« politischen Kräfte in Prag wenig schmeichelhaften Ergebnis gelangt, dem Ivan Pfaff uneingeschränkt zugestimmt hat: »Der Glaube der Demokraten an die konstitutionelle Lösung der Krise war vielleicht rührend, ihr politischer Amateurismus jedoch strafwürdig.« Pfaff hat diesen Schluß gezogen: »Die Demokraten haben den Kommunisten die Macht preisgegeben«.

Nicht nur in der zeithistorischen und politischen Literatur der Stalin-Zeit, sondern auch in einem beachtlichen Teil des westlichen Schrifttums ist immer wieder behauptet worden, daß die Kommunisten im Februar 1948 auf gewaltlose und verfassungsmäßige Weise das Machtmonopol im Staat erobert haben. Aufgrund neuerer Untersuchungen – auch hier sind vor allem Pavel Tigrid, François Fejtö und Ivan Pfaff zu nennen – steht einwandfrei fest, daß diese These falsch ist. Das wird selbst von der neueren tschechoslowakischen zeitgeschichtlichen Forschung zugegeben. Daß lange Zeit der Eindruck vorherrschte, die Kommunisten hätten sich im Rahmen der Verfassung verhalten und auf verfassungswidrige Mittel verzichtet, ist auf einen einfachen Grund zurückzuführen: Die Umstände erlaubten es ihnen, die alleinige Macht zu erobern, ohne das Mittel eines bewaffneten Putsches einzusetzen.

Die jedoch von den Kommunisten am 22. Februar schnellstens aus der Taufe gehobenen »Aktionskomitees« in den Fabriken und die »Volksmi-

Coup, S. 429; F. Fejtö: Coup, S. 153-156; P. E. Zinner: Strategy, S. 217 f.; I. Duchacek: Coup, S. 528; V. Štědrý: Die Tschechoslowakei, S. 356; H. G. Skilling: The Prague Overturn in 1948, S. 93; J. Korbel: Subversion, S. 212 f. mit dem Hinweis, daß die tschechoslowakischen Zeitungen am 20. Februar die Ankunft Zorins am Vortag gemeldet hätten. I. Pfaff stützt seine These, daß Zorin erst am späten Abend des 21. Februar in Prag eingetroffen ist, mit dem Hinweis auf Dokumente von vier Prager Archiven. Skilling hat in seiner 1959 erschienenen Analyse (vgl. ebenda, S. 93, Anm. 12) Lockhart vorgeworfen, er habe die Anwesenheit Zorins in Prag zu gering eingeschätzt; diese Kritik hält einer Prüfung der 1966/68 publizierten Materialien nicht stand. Hingegen gelangt K. Kaplan in seiner 1981 erschienenen Studie »Der kurze Marsch« zu dem Ergebnis, daß Zorin bereits am 19. Februar 1948 in Prag eingetroffen ist. Unter Berufung auf eine Mitteilung des damaligen Vorsitzenden der Kommunistischen Partei der Skowakei, V. Štroký bemerkt Kaplan: »Zorin teilte Gottwald den Standpunkt Moskaus mit, daß die Zeit zum entscheidenden Zusammenstoß gekommen sei, sowie die Anweisung Stalins, er möchte die sowjetische Regierung um militärische Hilfe ersuchen. Gottwald lehnte dies mit der Begründung ab, daß die Kommunisten die Situation voll unter Kontrolle hätten und daß kein Zweifel über ihren Sieg bestehe« (vgl. ebenda, S. 223 f.).

liz« waren die beiden Hauptstützen, die sich außerhalb der Verfassung bewegten und vor offenem Terror nicht zurückschreckten. Es bleibt ein erstaunliches Phänomen, wie es der Kommunistischen Partei gelungen ist, in der kurzen Zeit vom 22. bis zum 24. Februar die bewaffnete »Volksmiliz« mit über 19 000 Mann außerhalb der Staatsgewalt aufzustellen.

Zieht man ein Resümee aus den differenzierten Studien über das Zusammen- und Gegenspiel der Kommunisten und nicht-kommunistischen Kräfte in der ČSR im Februar 1948, dann bleibt die entscheidende Frage, ob das Schicksal der dritten Tschechoslowakischen Republik, das mit der Machtübernahme durch die Kommunisten am 25. Februar endgültig besiegelt war, ein zwangsläufiges war. Die Kernfrage lautet daher, »von welchem Zeitpunkt an ... der Gang der Dinge nicht mehr aufzuhalten«[128] war?

Ebenso wie Ivan Pfaff ist auch François Fejtö, der geradezu minutiös den zwangsläufigen Ablauf der Ereignisse in den Nachkriegsjahren geschildert hat, der Ansicht, daß der 25. Februar 1948 kein unabwendbares Ereignis gewesen ist. Auch für ihn tragen Präsident Beneš und die nichtkommunistischen Politiker die Schuld, da sie mit ihrer Zwietracht, Mittelmäßigkeit und ihrem Mangel an Phantasie und Courage den Kommunisten die totale Machtübernahme ermöglicht haben.[129] Pavel Tigrids Urteil fällt in diesem zentralen Punkt sehr viel reservierter aus.

128 So zutreffend C. Goehrke: Prag vor dreißig Jahren. Vgl. dazu die Analysen der in der vorhergehenden Anmerkung genannten Autoren. Vgl. dazu außerdem H. G. Skilling: Break-Up; ders.: Revolution; H. Ripka: Le Coup de Prague; ders.: Czechoslovakia Enslaved; J. W. Brügel: Zum Streit um Eduard Beneš.
129 F. Fejtö: Le Coup, S. 227. Vgl. dazu auch den aufschlußreichen Leserbrief »Von Benesch falsch abgeschätzt« in der Frankfurter Allgemeinen Zeitung vom 23. März 1978, in dem Ludek Pachmann zu den Ausführungen »Die Demokraten haben den Kommunisten die Macht preisgegeben« Iwan Pfaffs Stellung bezogen hat. Pachmann, ein guter Kenner der Ereignisse im Februar 1948, korrigiert wichtige Aussagen Pfaffs, nicht jedoch jene zentralen Punkte, die in diesem Zusammenhang eine Rolle spielen. Auch Pachmann übt heftige Kritik an Präsident Beneš. Im Gegensatz zu Pfaff schreibt er, daß der frühe Zeitpunkt des »Putsches« nicht erst Anfang 1948 festgelegt worden ist: »Ende Oktober (1947) existierte schon eine geheime Anweisung der KP-Führung, laut der ›der entscheidende Kampf gegen die Reaktion noch vor den nächsten Wahlen (das heißt vor Mai 1948) eingeleitet werden sollte‹.« Interessant ist Pachmanns Hinweis, daß Pfaff eine wichtige Quelle des damaligen kommunistischen Sieges unerwähnt gelassen habe: »Die Sozialdemokratische Partei hat zwischen 1945 und 1948 eine Art Volksfrontbündnis praktiziert – auch noch in den entscheidenden Tagen der Februar-Krise – und dadurch die kommunistische Machtübernahme ermöglicht. Die Rolle der Sozialdemokratischen Partei wird von Dr. Pfaff beschönigt, obwohl gerade ihr damaliges Versagen und ihre damalige Illusion die wichtigste Lehre des Jahres 1948 für die Gegenwart bedeuten.« Vgl. zu der schwierigen Situation, in der sich Beneš befunden hat, das differenzierte Urteil in den Untersuchungen von H. G. Skilling; besonders instruktiv und materialreich ist seine Analyse: The Prague Overturn in 1948.

Einmal stellt sich die Frage, ob Stalin bereit gewesen wäre, noch lange zuzusehen und zuzulassen, daß zumindest die innere Entwicklung der Tschechoslowakei anders als die der anderen, von der UdSSR kontrollierten Länder verlief. Zweifellos ist es verfehlt, die Ereignisse im Februar 1948 isoliert zu betrachten und dabei zu wenig zu berücksichtigen, von welchem Zeitpunkt an die beiden angelsächsischen Mächte die Zukunft der Tschechoslowakei an der Seite der UdSSR gesehen haben.
Noch einmal sei daran erinnert, daß die USA und Großbritannien bereits eine wichtige Vorentscheidung Anfang Mai 1944 getroffen haben, als sie sich an der militärischen Besetzung der Tschechoslowakei uninteressiert gezeigt und es der Sowjetunion allein überlassen haben, am 8. Mai 1944 mit der tschechoslowakischen Exilregierung eine Vereinbarung über die Verwaltung der durch die Rote Armee »befreiten Gebiete« zu treffen. Das schloß – wie es später auch geschehen ist – einen Einmarsch amerikanischer Streitkräfte in die Tschechoslowakei zwar nicht aus. Die Chance jedoch, auch auf die künftige Entwicklung der Tschechoslowakei Einfluß zu nehmen, hat dann der amerikanische Präsident Truman vertan, als er der Strategie General Eisenhowers gefolgt ist und am 9. Mai 1945 eine mögliche Einnahme Prags durch amerikanische Truppen vor dem Anrücken sowjetischer Truppen abgelehnt hat.
So bilden der 8. Mai 1944 und der 9. Mai 1945 zwei der wichtigsten Daten in der Geschichte der Tschechoslowakei: Die an diesen Tagen getroffenen Beschlüsse auf westlicher Seite konnte Stalin nur in der Weise interpretieren, daß die beiden angelsächsischen Mächte mit einer späteren Einbeziehung der Tschechoslowakei in den sowjetischen Machtbereich gerechnet haben. Geradezu mit entwaffnender Offenheit hat dies Truman in seinen »Memoiren« selbst ausgesprochen. Die historische Wahrheit gebietet es festzuhalten: Premierminister Churchill hat die Fehlentscheidung der USA und Großbritanniens, auf eine zumindest militärische Teilokkupation und Verwaltung der Tschechoslowakei im Frühjahr 1944 zu verzichten, wenigstens im April/Mai 1945 zu korrigieren versucht, indem er sehr entschieden auf Präsident Truman eingewirkt hat, amerikanische Truppen bis Prag vorrücken zu lassen.[130]
So dürfte doch der Schluß naheliegen, daß eine »durch das Ergebnis des Zweiten Weltkriegs bereits präfigurierte Machtkonstellation auch die Tschechoslowakei offen und unausweichlich zu dem Zeitpunkt erfassen mußte, da die Polarisierung der Welt in ein östliches und ein westliches

---

130 Vgl. dazu die ausführliche Darstellung oben S. 117–120.

Lager die Sowjets dazu drängte, sich des geopolitischen und strategischen Herzens Europas völlig zu versichern«.[131]
Stalin durfte sich glücklich schätzen, daß es seinen »Genossen« in der ČSR im Februar 1948 gelungen ist, ohne Hilfe auch nur eines russischen Soldaten die Macht im Staat total zu erlangen. Nach Ansicht Ivan Pfaffs hat nun Präsident Beneš die Gefahr einer militärischen Intervention der UdSSR – »ohne Zweifel die Triebkraft seiner Kapitulation« – erheblich überschätzt. Stalin wäre 1948 davor zurückgeschreckt, mittels einer militärischen Einmischung – wie später 1956 in Ungarn und 1968 in der ČSSR – die von ihm dort erwünschte Entwicklung einzuleiten. Während der ganzen Krise sei nicht die geringste Spur einer Truppen-Konzentration oder nur Teilverschiebung der sowjetischen Armee zur tschechoslowakischen Grenze hin zu verzeichnen gewesen, wie es 1968 schon drei Monate vor dem Einmarsch der Fall gewesen sei.
Pfaff vertritt darüber hinaus die Auffassung, daß ein Einsatz der regulären tschechoslowakischen Armee gegen die illegalen Formationen der Kommunisten durchaus möglich gewesen wäre, »da die kommunistische Position in der Armee wesentlich schwächer war als bisher angenommen«. Pavel Tigrid hingegen meint, daß der Kreml, durch Valerian Zorin aus Prag über den Ablauf der Geschehnisse informiert, Streitkräfte der in den Nachbarländern der Tschechoslowakei stationierten Roten Armee hätte intervenieren lassen, wenn sich die Dinge für die Prager Kommunisten negativ entwickelt hätten.
Beide unterschiedlichen Schlußfolgerungen vermögen nichts an der »Grundkonstellation« zu ändern: Wenn die »bürgerlichen« Mitglieder der Prager Koalitionsregierung nicht im Februar 1948 aus ihrem vermeintlichen Machtbewußtsein heraus die Kommunistische Partei unnötigerweise in eine »Zwangssituation« versetzt hätten, wäre Klement Gottwald und seinen »Genossen« später etwas eingefallen, um mit Hilfe der Sowjets die entscheidenden Machtpositionen im Staat zu übernehmen, die ihnen bis dahin noch versagt gewesen waren.
So bleibt es das Verdienst des scharfsinnigen britischen Diplomaten Sir Robert Bruce Lockhart, bereits Mitte 1948 aufgrund seiner eigenen Beobachtungen ein weitgehend richtiges Bild über den Ablauf der Ereignisse

---

131 So C. Goehrke: Prag vor dreißig Jahren. Vgl. dazu auch P. E. Zinner: Marxism, S. 657 f. (657): Er meint, daß die Kommunisten zwar schon 1945 die Macht hätten erobern können. Daß sie bis zum Prager »Coup« gewartet haben, führt Zinner auf ihren Glauben zurück, daß sie in der ČSR die Bedingungen für eine »friedliche Eroberung des Landes« als günstig betrachtet haben.

vermittelt zu haben. Lockhart war damals zu dem klaren Ergebnis gelangt, daß die UdSSR die Februar-Krise weder provoziert noch den Zeitpunkt ihrer Auslösung bestimmt hat. Ebenso hatte er schon festgestellt, daß die anfängliche Unentschlossenheit Beneš' und seines Außenministers Jan Masaryk »bis zu einem gewissen Grade das Versäumnis des großen antikommunistischen Teils der tschechoslowakischen Bevölkerung erklären, nicht einmal gegenüber dem Coup der Kommunisten passiven Widerstand geleistet zu haben«.[132]

So wurde der antikommunistisch eingestellte Teil der Bevölkerung, der der politischen Führung entbehrte, von dem Tempo der Ereignisse überwältigt. Die von Lockhart bereits 1948 vorgebrachten Argumente sind auch durch die 1966/68 publizierten Prager Materialien nicht erschüttert worden. Mehrere Faktoren haben dabei eine wichtige Rolle gespielt: Die langen Jahre der Besetzung haben die Moral weiter Teile der Bevölkerung unterminiert; hinzu kamen die Erinnerungen an »München«, die die kommunistische Propaganda ständig neu belebt hat, und die Furcht vor Deutschland und der unmittelbaren Nähe der UdSSR sowie die Einsicht, keine Alternative zu besitzen. So behält auch in der Retrospektive Gültigkeit, was Sir Robert Bruce Lockhart so umschrieben hat:

»Die Kommunisten wußten, was sie wollten; die anderen Parteien hatten kein politisches Konzept und waren entzweit. Die Schlacht um die Macht war bereits am ersten Tag der zweiten Befreiung verloren. Sie hätte nur durch eine resolute anglo-amerikanische Politik gewonnen werden können, und für ihre Versäumnisse tragen die Regierungen der USA und Großbritanniens einen Teil der Verantwortung für das, was die Geschichte als Februar-Revolution apostrophieren wird.«[133]

---

132 R. B. Lockhart: Revolution, S. 643. Vgl. dazu auch H. G. Skilling: The Prague Overturn in 1948, S. 99, 112: Nur einige Studenten haben Widerstand geleistet; Beneš selbst hat kaum etwas unternommen, um die öffentliche Meinung zu gewinnen oder wenigstens die Möglichkeiten eines Widerstands auszuloten. Daß Th. Schweisfurth in seiner 1979 erschienenen Arbeit: Sozialistisches Völkerrecht?, S. 93, von dem »von Stalin angeordneten Prager Staatsstreich im Februar 1948« spricht, ist angesichts der wahren Sachlage mehr als grotesk.

133 So R. B. Lockhart, ebenda. Es lohnt sich nicht, sich mit der absurden kommunistischen These auseinanderzusetzen, Gottwald habe wegen eines geplanten Komplotts der Westmächte so gehandelt. Vgl. dazu R. B. Lockhart, ebenda, S. 640; P. Calvocoressi: Survey 1947/48, S. 155 mit Anm. 5. Vgl. dazu auch A. B. Ulam: Expansion, S. 422, der den 25. Februar 1948 so deutet: »There were the usual obituaries of the Czech democracy in the Western press but little recognition of the fact of how much the death had been preordained by Western policies since Teheran.« B. Kovrig: Myth, S. 81–83.

Bemerkenswert ist hier vor allem, daß ein angesehener und kenntnisreicher britischer Diplomat nicht davor zurückgeschreckt ist, auch die Mitverantwortung der beiden angelsächsischen Mächte für das Schicksal der Tschechoslowakei beim Namen zu nennen, ohne dabei die großen Fehler der nicht-kommunistischen Kräfte in der Tschechoslowakei zu übersehen. In der zeithistorischen Forschung ist auch das Verhalten von Präsident Beneš vor allem deshalb scharf kritisiert worden, da er aus seiner These, die Regierungskrise dürfe nicht in einer »Staatskrise« münden, nicht die Schlußfolgerung gezogen hat, die von der Verfassung gegebenen Möglichkeiten zu nutzen und die Polizei und die Armee einzusetzen.

Daß Beneš den verfassungsmäßigen Rahmen nicht ausgeschöpft hat, mag ein grober Fehler gewesen sein. Möglicherweise hat bei den schwierigen Entscheidungen Beneš' bereits seine ernste Krankheit eine wichtige Rolle gespielt. Ob allerdings die vor allem von William E. Griffith vertretene und sehr weitreichende These richtig ist, erscheint zumindest zweifelhaft: Nach Griffith' Ansicht wäre es zumindest alles andere als gewiß gewesen, daß der Kreml und die tschechoslowakischen Kommunisten ihren Kurs auf die Machtübernahme beibehalten hätten, wenn sich Beneš zum Kampf entschlossen hätte: »Die Tschechoslowakei wäre wahrscheinlich kein ›sozialistisches‹ Land und nicht Mitunterzeichner des Warschauer Militärpaktes geworden. Das Prestige der Sowjets stand damals noch nicht so stark auf dem Spiele wie 1956 in Ungarn.«[134]

Ohne Zweifel läßt sich darüber streiten, ob die dramatischen Ereignisse im Februar 1948 einen zwangsläufigen Charakter hatten. Nochmals sei jedoch betont, daß diese These nicht einwandfrei belegt werden kann. Schließlich muß man sich immer fragen, wie lange Stalin noch bereit gewesen wäre, die Entwicklung der Tschechoslowakei hinzunehmen. Auf jeden Fall erscheint es verfehlt, sich eine Entwicklung der Tschechoslowakei außerhalb des sowjetischen Machtbereichs und des 1955 errichteten Warschauer Pakts vorzustellen.

Am 25. Februar 1948 wurden – im Nachvollzug – in der Tschechoslowakei die Voraussetzungen geschaffen, um das Land vollständig den sowjetischen Interessen unterzuordnen. Nun konnte die kommunistische Füh-

---

[134] W. E. Griffith: Eduard Beneš im Urteil der Geschichte, S. 360. Vgl. dazu auch die Nachweise in diesem Kapitel, Anm. 127-129. In seiner viel zu knappen, zu wenig differenzierten Analyse der Februar-Ereignisse in der ČSR hat J. K. Hoensch in: Osteuropa-Politik, S. 50, die wichtigen 1966/68 publizierten Prager Materialien unberücksichtigt gelassen. Hoensch spricht von einem » ›legalen‹ Coup«: Zutreffend ist nur, von einem »legalen Coup« zu sprechen, bei dem auch verfassungswidrige Mittel eingesetzt worden sind.

rung darangehen, die Gleichschaltung im Innern in einem Ausmaß einzuleiten, das die anderen Volksdemokratien bereits erreicht hatten. Man darf der Kommunistischen Partei des Landes bescheinigen, daß sie diese Aufgabe mit Entschlossenheit, Schnelligkeit und beachtlicher Effizienz in Angriff genommen hat. Die von Ministerpräsident Gottwald am 25. Februar vorgeschlagene und von Präsident Beneš akzeptierte neue Regierung bot den Kommunisten die Gewähr dafür, daß sie nicht mehr in die Minderheit geraten konnten; die nicht der Kommunistischen Partei angehörenden Regierungsmitglieder waren größtenteils Sympathisanten der Kommunisten. Eine Ausnahme bildete Jan Masaryk, der das Amt des Außenministers behielt. Die Kommunistische Partei, die nun alle entscheidenden Machtpositionen in der Regierung in der Hand hatte, begann sofort mit der Säuberung der politischen Parteien und der Armee, setzte auf unterer und mittlerer Ebene neue Verwaltungsorgane ein und verstärkte ihren ohnehin beachtlichen Einfluß in den Gewerkschaften. Die Kommunistische Partei erfreute sich eines starken Zustroms neuer Mitglieder.

Nachdem der von den Kommunisten besonders gehaßte Justizminister Prokop Drtina am 27. Februar einen Selbstmordversuch unternommen und sich aus dem Fenster seiner im dritten Stock gelegenen Wohnung gestürzt hatte, wurde am 10. März die Leiche Jan Masaryks im Hof des Außenministeriums gefunden: Der Selbstmord Jan Masaryks »offenbarte der ganzen Welt die tschechoslowakische Tragödie«.[135]

Am 9. Mai 1948 nahm das »gesäuberte« Parlament die vor dem »Coup« vorbereitete Verfassung, die sich stark an die sowjetische Verfassung aus dem Jahre 1936 anlehnte, an, deren Art. 1 verkündete: »Der Tschechoslowakische Staat ist eine volksdemokratische Republik.« In der Präambel der Verfassung danken die beiden »Bruder-Nationen« der Tschechen und Slowaken für »die Hilfe der Verbündeten, vor allem der slawischen Großmacht, der UdSSR, beim Befreiungskampf«.

Wie sehr Stalins These von der notwendigen Kooperation der slawischen Völker bei der kommunistischen Führung der ČSR auf fruchtbaren Bo-

---

135 So F. Fejtö: Volksdemokratien (I), S. 229–231 (231); I. Pfaff: Demokraten. Die beiden prominentesten Sozialdemokraten in der neuen Regierung waren Z. Fierlinger und B. Lausman. Vgl. dazu auch P. Calvocoressi: Survey 1947/48, S. 155, wo er darauf hinweist, daß die Ansichten darüber, ob sich Masaryk selbst getötet hat oder ob er ermordet worden ist, in Prag lange Zeit unterschiedlich waren. Vgl. zur Zusammensetzung der neuen Regierung H. G. Skilling: The Prague Overturn in 1948, S. 105–110; H. Kuhn; Kommunismus, S. 54 f.; H. G. Skilling, ebenda, S. 109 f., gibt einige aufschlußreiche Äußerungen J. Masaryks über dessen Einstellung über die »Machtübernahme« der Kommunisten wieder.

den gestoßen ist, geht auch aus der Präambel der Verfassung insofern hervor, als dort vom »befreiten . . . Nationalstaat« gesprochen wurde, »der, ledig aller feindlichen Elemente, in enger Verbundenheit mit der Familie der slawischen Staaten . . . leben wird«.[136]
Präsident Eduard Beneš, der sich geweigert hatte, die Verfassung zu unterzeichnen, wurde noch Zeuge der Parlamentswahlen vom 30. Mai 1948: Während bei den vorhergehenden Wahlen vom 26. Mai 1946 die Parteien der »Nationalen Front« mit verschiedenen Listen um die Stimmen warben, konnte der Wähler nun nur zwischen der Einheitsliste der erneuerten »Nationalen Front« und einem weißen Stimmzettel wählen. Nach dem in anderen kommunistischen Ländern bereits bewährten Muster hatte die Kommunistische Partei zuvor den prozentualen Anteil der in der »Nationalen Front« zusammengeschlossenen Parteien und deren Kandidaten bestimmt. Immerhin erzielte die »Nationale Front« mit ihrer Einheitsliste noch kein »Traumergebnis«, da sie »nur« 86,6 Prozent der Stimmen auf sich vereinigen konnte.[137]
Am 7. Juni 1948 trat Präsident Beneš zurück. Das Motiv seiner Entscheidung lag in seiner Weigerung, die neue Verfassung zu unterzeichnen. Beneš starb am 3. September 1948. Bereits am 14. Juni wählte die Nationalversammlung, die seit dem »Coup« zum folgsamen Instrument der von der Kommunistischen Partei beherrschten Regierung geworden war, Klement Gottwald zum neuen Präsidenten der Tschechoslowakischen Republik. Nachfolger Gottwalds als Ministerpräsident wurde Antonín Zápotocký, der zweite Mann in der Hierarchie der Kommunistischen Partei. Nachdem das Exekutivkomitee der Sozialdemokratischen Partei am 10. April 1948 einstimmig beschlossen hatte, nach den Wahlen mit der Kommunistischen Partei auch die organisatorische Einheit einzugehen, wurde am 27. Juni 1948 die »Fusion« vollzogen.[138]

---

136 Dt. Text der Verfassung vom 9. Mai 1948 in: Die Verfassungen der europäischen Länder der Volksdemokratie, S. 187-191; Die Verfassungen der Erde in deutscher Sprache nach dem jeweils neuesten Stande. Engl. Text bei J. F. Triska (Ed.): Constitutions, S. 397. Vgl. dazu Z. K. Brzezinski: Sowjetblock, S. 99; L. Feierabend: Era, S. 246 f. Eine detaillierte und vergleichende Analyse der Verfassungen der Tschechoslowakei der Jahre 1948 und 1960 gibt E. Táborský in: Communism, S. 165-346.
137 Vgl. dazu F. Fejtö: Volksdemokratie (I), S. 232; C. Beck: Politics, S. 68 f.; Die Kommunistische Partei der Tschechoslowakei, S. 9; D. Kubat: Use, S. 697 f.
138 Vgl. dazu C. Beck, ebenda, S. 69; P. Calvocoressi: Survey 1947/48, S. 190; D. Kubat, ebenda; H. Kuhn: Kommunismus, S. 55 f. Vgl. über das Wirken E. Beneš' bis zu seinem Rücktritt vor allem H. G. Skilling: The Prague Overturn 1948, S. 110-114, wo er auch darauf hinweist, wie Beneš am 25. Februar 1948 »total isoliert« und aller »Quellen des Widerstands« beraubt gewesen sei. Wichtig ist auch Skillings Feststellung, daß

Die weitere Entwicklung der Tschechoslowakei war determiniert. Die Kommunisten banden das Schicksal des Landes an das der UdSSR und trieben die Umgestaltung von Staat, Gesellschaft und Wirtschaft voran. Nach der Vereinigung der bereits zuvor durch Säuberungen dezimierten Sozialdemokratischen Partei erhoben die Kommunisten – wie in den anderen Volksdemokratien – den Anspruch, den Kontrollapparat auf die gesamte Arbeiterbewegung auszudehnen. Stalin konnte sich in den folgenden Jahren darauf verlassen, daß seine »Genossen« in der Tschechoslowakei der vom Kreml geforderten Einförmigkeit gerecht wurden.[139]

cc) *in Bulgarien*

In Bulgarien war es den Kommunisten – wie dargelegt[140] – schon im Herbst 1946 gelungen, alle oppositionellen Kräfte aus der Regierung und dem Regierungsapparat zu eliminieren, den Machtkampf in der »Vaterländischen Front« zu ihren Gunsten zu beenden und ihre Aufmerksamkeit der Liquidierung der legalen Opposition zuzuwenden, die aufgrund der Parlamentswahlen vom 27. Oktober 1946 noch über 99 von den insgesamt 465 Sitzen verfügte. Die »tolerierte Opposition« wurde vornehmlich durch die von Nikola Petkov geführte Agrar-Partei repräsentiert. Der Verlauf des Jahres 1947 sollte zeigen, daß die »Vaterländische Front« mit Ministerpräsident Georgi Dimitrov nur aus taktischen Gründen die legale Opposition zu dulden bereit war. Petkovs Bauernpartei war das letzte Hindernis für die Kommunisten, die totale Macht im Staate zu erobern. Daß Dimitrov seine Prophezeiung, Petkov werde bald »seinen Kopf verlieren«[141], erst im Sommer 1947 wahrgemacht hat, hatte nur einen Grund: Die »Vaterländische Front« tolerierte nach außen lediglich deshalb die Opposition mit Petkov an der Spitze, um die beiden westlichen Alliierten, die ebenso wie Petkov das Wahlergebnis vom 27. Oktober 1946 nicht anerkannt hatten, nicht noch mehr vor den Kopf zu stoßen; Dimitrov ging es darum, die Zweifel der beiden angelsächsischen Mächte am »demokrati-

---

Beneš aufgrund der geltenden Verfassung keine Möglichkeit hatte, auch Gottwald vor dem 25. Februar zum Rücktritt zu zwingen, das Parlament aufzulösen und Neuwahlen anzusetzen. Hinzu kommt, daß Beneš auch keine Hilfe von außen, vor allem nicht seitens der angelsächsischen Mächte erwarten konnte.

139 Über die Entwicklung der Tschechoslowakei ab 1948 (bis 1960) berichtet E. Táborský in seiner umfangreichen und materialreichen Darstellung »Communism«; F. Fejtö: Volksdemokratien (I und II); Die Kommunistische Partei der Tschechoslowakei, S. 9-11.
140 Vgl. dazu im einzelnen oben S. 234-239.
141 Vgl. dazu oben S. 236 f.

schen Charakter« seines Regimes nicht noch zu verstärken und die so sehr ersehnte völkerrechtliche Anerkennung Bulgariens durch die USA und Großbritannien nach dem Abschluß des Friedensvertrags nicht in Frage zu stellen. Im Sommer 1947 ging Dimitrovs Rechnung auf. Nachdem der amerikanische Senat die Ratifikation des auch mit Bulgarien am 10. Februar 1947 geschlossenen Friedensvertrags am 6. Juni beschlossen hatte, wurde Petkov einen Tag später verhaftet, vor einen Volksgerichtshof gestellt und der Spionage und des Hochverrats bezichtigt, wozu er sich nicht bekannt hatte. Am 23. September 1947 – wenige Tage nach dem Inkrafttreten des Friedensvertrags mit Bulgarien am 15. September – wurde Petkov hingerichtet. Dazu hat L. A. D. Dellin festgestellt:

»Der Justizmord an dieser nationalen Figur schockierte die Nation und die freie Welt. Die Westmächte legten harten Protest ein – aber vergeblich. Aufgrund des Pariser Friedensvertrags war Bulgarien ein ›souveräner Staat‹ geworden, und die Regierung wies die ›ausländische Einmischung‹ zurück. Es ist bittere Ironie, daß die amerikanische Regierung die bulgarische Regierung eine Woche nach der Erhängung Petkovs mit der Begründung anerkannt hat, daß der Friedensvertrag in Kraft getreten sei.«[142]

Die Hinrichtung Petkovs markierte das Ende jeder wirksamen Opposition in Bulgarien. Nun begann die Phase der totalen Gleichschaltung auch in diesem Land, und es war kein Zufall, daß die der sowjetischen Verfassung von 1936 nachgebildete bulgarische Verfassung vom 4. Dezember 1947 Bulgarien als »Volksrepublik« proklamiert hat. Die »Dimitrov-Verfassung«, die die sehr liberale »Tirnovo«-Verfassung aus dem Jahre 1879 ersetzte, erwähnte die UdSSR mit keinem Wort.[143]

142 L. A. D. Dellin: Politics, S. 124. Vgl. dazu auch J. F. Brown: Bulgaria, S. 12 f.; H. Seton-Watson: Revolution, S. 203 f.; J. Rothschild: Communist Eastern Europe, S. 53 f.; P. Calvocoressi: Survey 1947/48, S. 195 f.; R. L. Wolff: Balkans, S. 300–303; N. Oren: Revolution, S. 337 f.
143 Engl. Text der bulgarischen Verfassung von 1879 bei C. E. Black: The Establishment of Constitutional Government in Bulgaria, S. 291–309. Vgl. die Würdigung dieser Verfassung durch Black, ebenda, S. 101–110. Dt. Text der Verfassung vom 4. Dezember 1947 in: Die Verfassungen der europäischen Länder der Volksdemokratie, S. 48–91 (51): Art. 1: »Bulgarien ist eine Volksrepublik mit repräsentativer Regierung. Diese Republik wurde im Ergebnis des heroischen Kampfes des bulgarischen Volkes gegen die monarcho-faschistische Diktatur und des siegreichen Volksaufstandes vom 9. September 1944 gebildet und gefestigt.« Engl. Text der bulgarischen Verfassung bei J. F. Triska (Ed.): Constitutions, S. 151–179 (152); A. J. Peaslee: Constitutions of Nations, S. 96–110. Vgl. zur »Dimitrov-Verfassung« J. F. Brown: Bulgaria, S. 13–16; R. L. Wolff: Balkans, S. 304; C. Katzarov: Die Entwicklung des öffentlichen Rechtes in Bulgarien seit dem 2. Weltkrieg; Z. K. Brzezinski: Sowjetblock, S. 99.

Dimitrov nahm die Verkündung der neuen Verfassung zum Anlaß, um das Gewicht der Kommunisten in der »Vaterländischen Front« zahlenmäßig noch zu erhöhen. Im Februar 1948 wurde die »Koalition« der »Vaterländischen Front« in eine monolithisch strukturierte politische Organisation der Kommunistischen Partei umgewandelt, und am 11. August 1948 »fusionierte« die Sozialistische Partei mit der Kommunistischen Partei zur Bulgarischen Arbeiterpartei, die sich im Dezember 1948 den Namen Bulgarische Kommunistische Partei zugelegt hat.
Die noch verbliebenen Splitterparteien wurden aufgelöst; nur Petkovs Agrarpartei blieb eine selbständige Gruppe – jedoch unter kommunistischer Kontrolle. In seiner programmatischen Rede auf dem V. Kongreß der Kommunistischen Partei Bulgariens verkündete Georgi Dimitrov am 10. Dezember 1948 die Errichtung der »Diktatur des Proletariats« und betonte, daß Bulgarien auf dem Wege des Sozialismus sei: »Das Monopol der vom Kreml gesteuerten politischen Partei öffnete den Weg in die Sowjetisierung. Die offizielle Geschichte Bulgariens nach 1948 ist mit der der Bulgarischen Kommunistischen Partei identisch.«[144]

dd) *in Rumänien*

Auch mit der Entwicklung in Rumänien durften der Kreml und die »Genossen« in Bukarest zufrieden sein. Ebenso wie im Fall Bulgariens und Ungarns konnten die beiden angelsächsischen Mächte als Mitglieder der Alliierten Kontrollkommission die allmähliche Gleichschaltung des Landes beobachten, ohne jedoch unter Hinweis auf die Potsdamer »Mitteilung« vom 2. August 1945 ihren Standpunkt durchsetzen zu können, daß auch der Abschluß eines Friedensvertrags mit Rumänien nur mit einer »anerkannt demokratischen Regierung« ins Auge zu fassen sei. Diese ohnehin sehr vage Aussage wurde noch dadurch abgewertet, daß Churchill im Oktober 1944 der UdSSR den dominierenden Einfluß in Rumänien angeboten und sich die USA mit dieser seltsamen Regelung abgefunden hatten. Es war geradezu rührend, wie die beiden Westmächte bemüht waren, in der zweiten Hälfte des Jahres 1945 auf die Bildung einer demokratischen Regierung in Rumänien zu drängen und darüber in Moskau sogar eine Vereinbarung zu treffen. Für eine völlig unzureichende Gegenlei-

---

144 So L. A. D. Dellin: Bulgaria, S. 125; R. L. Wolff, ebenda, S. 304. Text der Rede G. Dimitrovs in: G. Dimitroff: Ausgewählte Schriften. Bd. 3, S. 525–651 (649 f.). Darin wies er darauf hin, daß das »Gemeinsame zwischen der volksdemokratischen und der Sowjetmacht im Hauptsächlichen, im Entscheidenden liegt . . .«

stung haben sie dann die rumänische Regierung anerkannt, so daß diese die verschobenen Parlamentswahlen genügend »vorbereiten« und ein manipuliertes Ergebnis am 19. November 1946 erzielen konnte, das dem Block der Demokratischen Parteien knapp 90 Prozent der Stimmen und 347 der 414 Sitze im Parlament brachte.[145]
Es stand von vornherein fest und entsprach sogar den Vorstellungen Großbritanniens und der USA, daß Rumänien nach Beendigung des Zweiten Weltkriegs zum sowjetischen Machtbereich gehören werde. Im Gegensatz zu Bulgarien haben die beiden angelsächsischen Mächte das Faustpfand, das sie mit dem Friedensvertrag mit Rumänien in der Hand hielten, gar nicht mehr eingesetzt.[146]
Nun konnte das Groza-Regime in enger Anlehnung an die UdSSR die Phase der totalen Konformität einleiten. Es verstand sich von selbst, daß in diesem Konzept für das Königreich Rumänien kein Platz mehr war, so daß die Abdankung König Michaels nur noch eine Frage der Zeit war. Nachdem im Mai 1947 Massenverhaftungen von Oppositionellen bekannt geworden waren und die Regierung unter Ministerpräsident Petru Groza mit sowjetischer Hilfe begonnen hatte, die Opposition auszumerzen, begannen im Juni die Attacken auf die Bauernpartei, die am 15. Juli in der Verhaftung ihrer Führer Juliu Maniu und Ion Mihalache gipfelten. Das gleiche Schicksal ereilte zahlreiche Parteigänger, die gleichfalls festgenommen und in Konzentrationslager deportiert wurden. Im August 1947 wurden die Nationale Bauernpartei, die von Dinu Bratianu geführt wurde, und die Nationalliberale Partei, der C. Titel Petrescu vorstand, aufgelöst, ihre Zentralen besetzt und das Erscheinen ihrer Zeitungen verboten.[147]
Am 30. Oktober 1947 wurden Maniu, Mihalache und weitere 17 Oppositionelle vor Gericht gestellt und zu lebenslanger Haft verurteilt; Maniu war damals 74 Jahre alt, und, als er das Gericht verließ, war es das letzte Mal, daß er in der Öffentlichkeit gesehen worden ist.[148]
Am 7. November wurden die der Nationalliberalen Partei angehörenden Mitglieder der Regierung ihrer Posten enthoben und durch »Moskoviter« Kommunisten ersetzt: Ana Pauker löste Außenminister G. Tatarescu ab,

---

145 Vgl. dazu oben S. 242–248.
146 Vgl. dazu oben S. 247 f.
147 Vgl. dazu die detaillierte Darstellung bei G. Ionescu: Communism, S. 126–133; R. L. Wolff: Balkans, S. 289–291; P. Calvocoressi: Survey 1947/48, S. 193 f.; B. Vago: Romania, S. 123 f.
148 Vgl. dazu P. Calvocoressi, ebenda, S. 194 mit Anm. 1; G. Ionescu, ebenda, S. 133–136.

Vasile Luca wurde Finanzminister und Emil Bodnaras Kriegsminister. Es war kein Zufall, daß Ana Pauker und Gheorghe Gheorghiu-Dej zu der rumänischen Delegation gehörten, die im September 1947 das Kominform mitgegründet haben.[149]
So sehr die inneren Vorgänge in Rumänien jenen in den anderen Ländern des sowjetischen Machtbereichs glichen, so konnte das Land bis Ende 1947 in Anspruch nehmen, sich in einem Punkt von ihnen grundlegend zu unterscheiden. Der Fortbestand des rumänischen Königreiches im Herzen der sowjetischen Machtsphäre war – wie Ghita Ionescu zutreffend ausführt – schon 1945 eine »Anomalie«[150]. Im Dezember 1947 hatte das Groza-Regime gehofft, König Michael werde nun von sich aus endlich auf den Thron verzichten. Groza und Gheorghiu-Dej hatten damit gedroht, andernfalls das Land in »ein Blutbad zu verwandeln«. Als sich der König weigerte, die ihm vorgelegte Abdankungs-Urkunde zu unterzeichnen, gab man ihm eine halbe Stunde Zeit, darüber nachzudenken. Inzwischen waren die Telefonleitungen zu dem königlichen Palast zerschnitten und dieser selbst von kommunistischen Truppen umgeben. König Michael blieb nun gar nichts anderes übrig, als am 30. Dezember 1947 abzudanken. Am selben Tag rief die Regierung die Schaffung der Rumänischen Volksrepublik aus und bereitete den Entwurf für eine neue Verfassung vor.[151]
Vier Tage nach der Gründungskonferenz des Kominform im September 1947 waren die Führungen der Sozialdemokratischen Partei mit L. Radaceanu an der Spitze und der Kommunistischen Partei Rumäniens übereingekommen, in Zukunft in einer Rumänischen Arbeiterpartei zusammenzuarbeiten. Nachdem die von C. Titel Petrescu geleitete Unabhängige Sozialdemokratische Partei diese »Kollaboration« abgelehnt hatte, wurde sie aufgelöst. Vom 21. bis zum 27. Februar 1948 hielt die neue Rumänische Arbeiterpartei ihren ersten Kongreß ab. Damit war auch Rumänien zu einem Ein-Partei-Staat geworden.[152]
Am 28. März 1948 wurde die Nationalversammlung neu »gewählt« – die erste Wahl in Rumänien, bei der die Wähler nicht zwischen Alternativen

---

149 Vgl. dazu G. Ionescu, ebenda, S. 141 f.
150 G. Ionescu, ebenda, S. 141–143 (142); E. Ciurea: The Background, S. 34; P. Calvocoressi: Survey 1947/48, S. 194; R. L. Wolff: Balkans, S. 290 f. König Michael hat einige Monate später im Exil erklärt, seine Abdankung sei nicht rechtmäßig erfolgt, da er sie unter Drohungen habe aussprechen müssen.
151 An die Spitze des Staates wurde Prof. I. T. Parhon berufen. Vgl. zur Person Parhons G. Ionescu, ebenda, S. 147.
152 Vgl. dazu G. Ionescu, ebenda, S. 149–151; P. Calvocoressi: Survey 1947/48, S. 196; St. Fischer-Galati: Rumania, S. 119; B. Vago: Romania, S. 123 f.

entscheiden konnten. Die neue Nationalversammlung, in der der Regierungsblock über 405 der insgesamt 414 Sitze verfügte, nahm am 13. April 1948 einstimmig den Entwurf einer neuen Verfassung an, deren Art. 1 Rumänien als Volksrepublik bezeichnete.[153] Damit waren die verfassungsmäßigen Voraussetzungen geschaffen, auch in Rumänien die innere Umgestaltung von Staat, Gesellschaft und Wirtschaft aktiv und konsequent voranzutreiben. So sehr sich auch die Verfassung Rumäniens an das sowjetische Vorbild anlehnte, so unterschied sie sich – ebenso wie jene der anderen zum sowjetischen Machtbereich gehörenden Länder – von ihr vornehmlich dadurch, daß sie die führende Rolle der Kommunistischen Partei noch nicht ausdrücklich anerkannt hat.[154]

Als Pikanterie gilt festzuhalten, daß die UdSSR in der ersten Nachkriegsverfassung Rumäniens vom 13. April 1948 mit keinem Wort erwähnt worden ist. Während nach dieser Verfassung die Volksrepublik Rumänien aus dem »Kampf des rumänischen Volkes, geführt von der Arbeiterklasse, gegen Faschismus, Reaktion und Imperialismus« – also aus eigener Kraft – entstanden ist, überlegte man es sich bei der zweiten Verfassung vom 24. September 1952 anders: Gemäß ihrer Einleitung entstand die Rumänische Volksrepublik »im Ergebnis des historischen Sieges der Sowjetunion über den deutschen Faschismus und der Befreiung Rumäniens durch die ruhmreiche Sowjetarmee«. Diese Feststellung in der Einleitung wurde dann sogar noch einmal in Art. 3 wiederholt.[155]

Festzuhalten gilt, daß sich bei der Verfolgung eines radikalen innenpolitischen Kurses nach sowjetischem Muster die nationalkommunistische Fraktion des Generalsekretärs Gheorghe Gheorghiu-Dej »bei der entgegen den historischen Traditionen mit unerwarteter Intensität und Gewalt durchgeführten sozialistischen Revolution als ebenso orthodox wie die Moskau-Anhänger«[156] erwiesen hat.

---

153 Vgl. über die Wahlen die Darstellung bei G. Ionescu, S. 156; P. Calvocoressi, ebenda, S. 194 mit den Angaben in Anm. 9; R. L. Wolff: Balkans, S. 291.
154 Engl. Text der Verfassung vom 13. April 1948 bei J. F. Triska (Ed.): Constitutions, S. 350–361. Vgl. dazu R. L. Braham: Constitution, S. 159 f.; S. Braga: Rumänien 1944–1954, S. 104 f. mit weiteren Nachweisen in Anm. 21; D. Frenzke: Doktrin, S. 130 f.; L. Schultz: Entwicklung, S. 419–428.
155 Dt. Text der rumänischen Verfassung vom 24. September 1952 in: Die Verfassungen der europäischen Länder der Volksdemokratie, S. 136–181 (139, 141). Vgl. dazu: The R. P. R. Constitution, in: A. Cretzianu (Ed.): Captive Rumania, S. 285–300 (288 f.); R. L. Braham, ebenda, S. 161 f. mit zahlreichen weiteren Nachweisen; S. Braga, ebenda, S. 106 f.; D. Frenzke, ebenda, S. 131 f.; L. Schultz, ebenda, S. 428–441 (430 f.).
156 So J. K. Hoensch: Osteuropa-Politik, S. 50. Vgl. dazu auch P. Calvocoressi: Survey 1947/48, S. 194 f.

Obwohl die führende Position der Kommunisten in Rumänien faktisch sichergestellt worden war, gab es bis zum Frühjahr 1948 immer noch Auseinandersetzungen über die Frage, in welchem Grade sich das Land an die UdSSR anlehnen sollte. Schon seit dem Herbst 1947 kursierten in Rumänien Gerüchte, die Sowjetunion plane, das Land als eine Sowjetrepublik dem eigenen Staat einzugliedern. Ihren Höhepunkt erreichten die Auseinandersetzungen in der Spitze der Parteiführung, als im Februar 1948 der Altkommunist Lucretiu Patrascanu, der bis dahin das Amt des Justizministers innehatte, verhaftet wurde; mit der Verurteilung und Hinrichtung zum Tode wartete das Regime bis zum April 1954. Patrascanu wurden zahlreiche »Verfehlungen« vorgeworfen; einer der Hauptanklagepunkte bildete der Vorwurf des »Nationalismus«, die Rolle, die Patrascanu in den von Georgi Dimitrov und Tito verfolgten Föderations-Plänen für den Balkan gespielt hat.[157]

Gerade unter dem Aspekt der Auseinandersetzungen in Bukarest um den Grad der Bindungen des Landes an die UdSSR erscheint die Tatsache, daß die Sowjetunion in der Verfassung vom 13. April 1948 unerwähnt geblieben ist, höchst aufschlußreich. Mit Hilfe sowjetischer Berater und dank der Anwesenheit sowjetischer Truppen gelang es der nun vollständig von der »Moskowiter« Richtung bestimmten Parteiführung, in den folgenden Monaten des Jahres 1948 die Reste der Opposition zu vernichten, so daß es Stalin für opportun hielt, nach dem Ausschluß Jugoslawiens aus dem Kominform im Juni 1948 die Zentrale des Büros von Belgrad nach Bukarest zu verlegen.

ee) *in Ungarn*

Obwohl die Kommunisten in der ersten, wohl demokratischsten und freiesten Wahl in der Geschichte Ungarns vom 4. November 1945 eine empfindliche Niederlage hatten einstecken müssen, gelang es ihnen, bereits im Laufe des Jahres 1946 immer mehr Einfluß im Lande zu gewinnen. Daß die Partei der Kleinen Landwirte, die bei der Parlamentswahl mit knapp 60 Prozent der Stimmen die absolute Mehrheit erreichte, den Kommunisten das Innenministerium überließ, sollte sich als ein folgenschwerer Fehler erweisen. Dabei kann bis heute die Frage nicht beantwortet werden, ob der damalige Chef der Alliierten Kontrollkommission in Ungarn,

---

157 Vgl. dazu die ausführliche Darstellung bei G. Ionescu: Communism, S. 151–156; P. Calvocoressi, ebenda; R. L. Wolff: Balkans, S. 291 f.

der sowjetische Marschall K. E. Vorošilov, es hingenommen hätte, den Kommunisten das Innenministerium nicht zu überlassen. Die innere Entwicklung Ungarns ist ein gutes Lehrstück dafür, daß die Kommunisten gerade das Innenministerium benötigen, um die ihnen gewünschte Entwicklung einzuleiten, wenn sie auf die aktive Unterstützung der sowjetischen Besatzungsmacht voll vertrauen können. Die permanente Einflußnahme Vorošilovs nicht nur auf die politischen Entscheidungen der »Genossen« in Budapest, sondern auch auf die der Regierung und des Parlaments insgesamt verdeutlichte, wie sehr sich der Kreml der schwachen Ausgangsposition der Kommunisten in Ungarn von Anfang an bewußt gewesen ist. Ebenso wie in den anderen von der UdSSR kontrollierten Ländern entschied sich das Schicksal Ungarns nach dem Zweiten Weltkrieg nicht im Parlament des Landes. Noch einmal sei betont, daß Mátyás Rákosi in seiner Rede vom 29. Februar 1952 in allen Einzelheiten und großer Offenheit dargelegt hat, wie die Kommunisten die alleinige Macht in Ungarn »erobert« haben.[158]
Als Ende Februar 1947 sogar Béla Kovács, der Generalsekretär der Partei der Kleinen Landwirte und Mitglied des Parlaments, unter dem Vorwand, gegen die UdSSR Spionage getrieben zu haben, verhaftet wurde, konnte es nur noch eine Frage weniger Wochen sein, daß auch Ministerpräsident Ferenc Nagy zurücktreten wird. Ernst C. Helmreich spricht von einem »coup de grace« – einem Gnadenstoß, den die Kommunisten im Mai 1947 Ministerpräsident Nagy versetzten, als sie ihn, der in der Schweiz zu einem Ferienurlaub weilte, der »Verschwörung« bezichtigten: »So endete die letzte Spur von Unabhängigkeit der Partei der Kleinen Landwirte, und viele ihrer prominenten Mitglieder mußten das Land verlassen. Nagy selbst blieb im Exil.«[159]
Der erbarmungslose Kampf der Kommunisten gegen die Partei der Kleinen Landwirte, die in der Verhaftung des Generalsekretärs Kovács und dem Rücktritt von Ministerpräsident Ferenc Nagy gipfelte, führte dazu, daß sich die nach 1945 mit Abstand stärkste politische Kraft in Ungarn im Zustand der Desintegration befand. Mit welchem Zynismus die sowjetische Besatzungsmacht und ihre »Genossen« nach der weitgehenden Zer-

---

158 Vgl. über die innere Entwicklung Ungarns bis Anfang 1947 oben S. 248–257. Vgl. speziell über die sowjetischen Einmischungen in die inneren Angelegenheiten Ungarns auch G. Schöpflin: Hungary, S. 108 f.
159 E. C. Helmreich: Party, S. 119. Vgl. dazu auch J. K. Hoensch: Osteuropa-Politik, S. 27 f.; P. Calvocoressi: Survey 1947/48, S. 191. Vgl. F. Nagys eigene und sehr aufschlußreiche Analyse seiner Auseinandersetzungen mit den Kommunisten in: Struggle; P. Ignotus: Takeover, S. 394–396.

schlagung der Partei der Kleinen Landwirte und der Liquidierung ihrer Führung vorgingen, zeigt die Tatsache, daß man nun den Zeitpunkt für Neuwahlen zum Parlament für gekommen hielt. Diese Wahlen, bei denen die Kommunisten ihre Taktik wesentlich geändert hatten, fanden am 31. August 1947 statt. Neben den vier in der Koalition vertretenen Parteien durften sechs Oppositionsparteien Kandidaten aufstellen. Durch eine Änderung des Wahlsystems hatten die Kommunisten jedoch zuvor dafür gesorgt, daß sie dieses Mal nicht mehr den Risiken wie bei der Wahl vom 4. November 1945 ausgesetzt waren. Nun erhielten die vier Parteien der Regierungs-Koalition 271 und die Opposition 140 der insgesamt 411 Parlamentssitze. Die Kommunisten, die rund 22 Prozent der Stimmen auf sich vereinigen konnten, wurden mit 100 Abgeordneten die stärkste Partei in der ungarischen Nationalversammlung, während die zuvor so starke Partei der Kleinen Landwirte nur 15,4 Prozent der Stimmen erhielt. Als eine »große Überraschung« hat Stephen D. Kertesz bezeichnet, daß die Demokratische Volkspartei nach den Kommunisten mit 16,41 Prozent der Stimmen die stärkste politische Gruppe im Parlament geworden ist.[160]

Der Ausgang der Wahl veranlaßte nicht nur die Partei der Kleinen Landwirte, sondern sogar auch die Sozialdemokratische Partei zu scharfen Angriffen auf die Kommunisten und den für die Durchführung der Wahlen verantwortlichen Innenminister Lásló Rajk. Die Sozialdemokraten konnten nur überredet werden, in der Regierung zu verbleiben, nachdem ein sowjetisches Mitglied der Alliierten Kontrollkommission mit ihnen konferiert hatte.[161] Trotz des Terrors der Kommunisten während des Wahlkampfes und der Machenschaften des Innenministers bei der Auszählung der Stimmen konnten die Kommunisten auch dieses Mal mit dem Ergebnis keinesfalls zufrieden sein. Nun mußten sie noch ein wesentliches Ziel ansteuern: die Fusion mit der Sozialdemokratischen Partei.

Schon während des Wahlkampfes hatten die Kommunisten mit der Parole der »Einheit der Arbeiterklasse« argumentiert – einer These, die innerhalb der Sozialdemokratischen Partei zu heftigen Debatten geführt hatte.

---

160 Vgl. dazu E. C. Helmreich, ebenda, S. 119; P. Calvocoressi, ebenda, S. 191 f., wo auch die massiven Einmischungen der sowjetischen Besatzungsmacht in die inneren Angelegenheiten Ungarns und die Reaktion der beiden angelsächsischen Mächte, die als Mitglieder der Alliierten Kontrollkommission die Entwicklung sehr genau verfolgen konnten, schildert. Vgl. dazu auch St. D. Kertesz: Hungary, S. 230–232; ders.: Methods, S. 45–49; G. Schöpflin: Hungary, S. 100–103.
161 Vgl. dazu den Nachweis bei P. Calvocoressi, ebenda, S. 192.

Viele Sozialdemokraten verzichteten freiwillig oder unfreiwillig auf ihre Positionen in der Regierung und Partei, andere flohen ins Ausland, und wieder andere wurden in die Kommunistische Partei aufgenommen. Am 6. März 1948 beschloß der Parteitag der Sozialdemokratischen Partei, Verhandlungen mit der Kommunistischen Partei über die Fusion beider aufzunehmen und sich damit selbst aufzugeben. Am 12. Juni wurde die Partei der Ungarischen Werktätigen aus der Taufe gehoben. Arpád Szakasits, der prokommunistische Führer der Sozialisten, wurde für sein frühzeitiges Eintreten für die Kooperation mit den Kommunisten mehr als belohnt: Nach dem erzwungenen Rücktritt Zoltan Tildys wurde Szakasits am 30. Juli 1948 Präsident der Ungarischen Republik.[162]
Am 1. Februar 1949 wurde die »Nationale Unabhängigkeitsfront«, die Regierungskoalition der vier Parteien, durch die »Unabhängige Volksfront« ersetzt; dieser Wechsel signalisierte das offizielle Verschwinden jeder Opposition. Präsident der »Unabhängigen Volksfront« wurde Mátyás Rákosi, während Lásló Rajk das Amt des Generalsekretärs übernahm.
In einem wichtigen Punkt unterschied sich die Entwicklung Ungarns von der der anderen von der UdSSR kontrollierten Staaten: Die ungarischen Kommunisten ließen sich mit der Schaffung einer neuen Verfassung sehr viel mehr Zeit als die »Genossen« in Belgrad, Tirana, Warschau, Sofia, Bukarest und Prag. Erst am 15. Mai 1949 fanden in Ungarn »Wahlen« zu einer »Verfassunggebenden Versammlung« statt, bei denen 95,6 Prozent der Stimmen auf die Liste der »Unabhängigen Volksfront« entfielen. Am 20. August 1949 erhielt Ungarn eine Verfassung, die die inzwischen eingetretenen weitreichenden politischen Ereignisse berücksichtigen konnte. Nachdem Mátyás Rákosi in einer Rede im Januar 1949 eine »Volksdemokratie« als Diktatur des Proletariats »without the Soviet form« definiert hatte, durfte man gespannt sein, in welchem Maße die Sowjetunion in der Verfassung erwähnt werden würde.
Wie in keiner anderen Volksdemokratie wurde die UdSSR in der ungarischen Verfassung vom 20. August 1949 gewürdigt. Die Präambel begann mit dem Satz: »Die Streitkräfte der großen Sowjetunion haben unser Land von dem deutsch-faschistischen Joch . . . befreit.« An anderer Stelle war von der »selbstlosen Unterstützung durch die Sowjetunion« beim Wiederaufbau nach dem Zweiten Weltkrieg die Rede; schließlich wurde

---

162 Vgl. dazu E. C. Helmreich: Politics, S. 121; P. Calvocoressi, ebenda, S. 194 f.; St. D. Kertesz: Hungary, S. 231 f.; ders.: Methods, S. 48 f.; P. Ignotus: Takeovers, S. 396.

auf die Hilfe der Sowjetunion verwiesen, mit der das ungarische Volk begonnen habe, »die Grundlagen des Sozialismus zu schaffen«[163].

ff) *in der sowjetisch besetzten Zone Deutschlands (SBZ)*

Da Stalin bereits in den Monaten vom Frühjahr 1945 bis zum Frühjahr 1946 dafür gesorgt hatte, daß in der SBZ die auf Moskau fixierten und von der Besatzungsmacht voll unterstützten politischen Kräfte das entscheidende Wort führten, brauchte der Kreml die in der SBZ zum Jahreswechsel 1945/46 ausgegebene These vom »besonderen deutschen Weg zum Sozialismus« nicht zu fürchten. Mit der Ausschaltung der SPD als einer eigenständigen politischen Kraft mittels der Zwangsfusion mit der KPD am 20./21. April 1946, der Degradierung der in der SBZ zugelassenen Parteien zu Hilfsorganen der Sowjetischen Militär-Administration (SMAD) und dem Verzicht der SED, die um ihre Abhängigkeit von der Besatzungsmacht wußte, auf eine auch nur in Ansätzen eigenständige Politik und mittels der manipulierten Gemeinde-, Land- und Kreistagswahlen vom 15. September und 20. Oktober 1946 hatte die sowjetische Führung dafür gesorgt, daß die Entwicklung in der SBZ auch weiterhin ihren Vorstellungen gemäß verlaufen wird.[164]

Gerade im Fall der SBZ hat der Kreml von Anfang an dafür Sorge getragen, daß sich die dort politisch maßgebenden Kräfte ihrer Funktion als Exekutiv- und Hilfsorgane der SMAD voll bewußt waren. Daher konnte es sich Stalin erlauben, eine Deutschland-Politik zu treiben, die bis weit in die zweite Hälfte der vierziger Jahre weder einheitlich noch frei von Widersprüchen war.[165]

Auch bei der Betrachtung des Jahres 1947 mit seinen einschneidenden und folgenreichen Entscheidungen gilt es, sich die besondere Situation der SBZ insoweit zu vergegenwärtigen, als sie sich von der übrigen zum sowjetischen Machtbereich gehörenden Länder in einem zentralen Punkt unterscheidet: Die »deutsche Frage« hatte in sehr viel stärkerem Maße als

---

163 Dt. Text der Verfassung vom 20. August 1949 in: Die Verfassungen der europäischen Länder der Volksdemokratie, S. 281 (Präambel); engl. Text bei J. F. Triska (Ed.): Constitutions, S. 182 und bei A. J. Peaslee: Constitutions of Nations, S. 432–445. Z. K. Brzezinski: Sowjetblock, S. 99, apostrophiert die ungarische Verfassung zutreffend als »Produkt des reifen Stalinismus«. Vgl. dazu auch P. Calvocoressi, ebenda, S. 197–199; St. D. Kertesz: Methods, S. 51–54; P. Ignotus, ebenda, S. 396–398.
164 Vgl. dazu oben S. 258–270.
165 Vgl. dazu vor allem H.-P. Schwarz: Reich, S. 201–269; B. Meissner: Deutschlandpolitik, S. 448–473 mit jeweils zahlreichen Nachweisen.

in den Fällen der Staaten Ostmittel- und Südosteuropas eine internationale Dimension. Die Einverleibung Ungarns, Rumäniens und Bulgariens, der früheren Verbündeten Deutschlands, hatten die beiden angelsächsischen Mächte frühzeitig hingenommen und mit dem Abschluß der Friedensverträge vom 10. Februar 1947 weitgehend sanktioniert. Ebenso hatten die USA und Großbritannien aus der europäischen Machtkonstellation seit 1945 den Schluß gezogen, daß eine Herauslösung Polens und der Tschechoslowakei aus der sowjetischen »Sphäre« nicht mehr möglich erschien. Daran änderte auch im Fall der Tschechoslowakei die Tatsache nichts, daß dort die Kommunisten erst im Februar 1948 die totale Machtübernahme vollzogen haben.[166] Endgültig scheiterte dann – wie dargelegt[167] – der letzte großangelegte Versuch der Vereinigten Staaten, die Teilung Europas doch noch zu verhindern, im Sommer 1947, als die UdSSR für sich und die anderen Länder ihres Machtbereichs eine Beteiligung am Marshall-Plan strikt und kompromißlos abgelehnt hat.

Wie sehr sich von dieser Entwicklung die deutsche Situation unterschied, zeigt die Tatsache, daß zwei Tage vor der Verkündigung der Truman-Doktrin, mit der die USA den grundlegenden Positionswechsel ihrer Europa-Politik eingeleitet hatten, der Rat der Außenminister am 10. März 1947 zu seiner 4. Tagung in Moskau zusammentrat, auf der das Deutschland-Problem erstmals zum Hauptthema avanciert war. Die Konferenz brachte keine Einigung über die Wiederherstellung der staatlichen Einheit Deutschlands: Der amerikanische Außenminister George Marshall kehrte aus der sowjetischen Hauptstadt mit dem Eindruck zurück, den er in seiner Rundfunkansprache vom 28. April 1947 hinsichtlich der künftigen Entwicklung Europas dahingehend formulierte, daß der Patient schwächer werde, während die Ärzte berieten. In Moskau war Marshall endgültig zu dem Schluß gelangt, daß der Kreml auf einen – wie er es formulierte – »Erschöpfungs-Kompromiß«[168] hin arbeitete. Dieser Eindruck Marshalls ist insofern so wichtig, als er damit die »deutsche Frage« bereits in einen europäischen Zusammenhang gestellt hat. Noch einmal sei daran erinnert, daß die SED erst nach eingehenden Konsultationen mit dem Kreml am 23. Juli 1947 erstmals zum Marshall-Plan verbindlich Stellung

---

166 Vgl. dazu oben S. 362–376.
167 Vgl. dazu oben S. 329–341.
168 Text der Rundfunkrede Marshalls in: Europa-Archiv 1947, S. 748–751 (751). Vgl. dazu auch E. Nolte: Deutschland, S. 233 f. mit Anm. 8. Vgl. speziell zur Moskauer Konferenz der Außenminister auch B. Meissner: Deutschlandpolitik, S. 459–462. Th. A. Bailey hat diesen Ausspruch Marshalls dem 1. Kapitel seines Buches: The Marshall Plan Summer, S. 1 als Motto vorangestellt.

bezogen hat. Die angebotenen Anleihen »führen – erfahrungsgemäß – zur Einmischung in die Souveränität der die Anleihe nehmenden Länder und zu einer Unterordnung ihrer Wirtschaft und Politik unter die Interessen amerikanischer Monopole«.[169]
Den aufschlußreichen Ausführungen Erich Gniffkes ist nicht zu entnehmen, ob die verspätete erste Reaktion der SED auf das amerikanische Hilfsangebot darauf zurückzuführen ist, daß führende Funktionäre der Partei zumindest vorübergehend ökonomischen Einsichten gefolgt sind, von denen sie dann Stalin in Moskau abgebracht hat. Immerhin hatte – um daran noch einmal zu erinnern – die von Jakob Kaiser damals in der Zone geführte CDU den Mut, den Marshall-Plan zu befürworten und darauf zu hoffen, daß sich nicht nur die UdSSR daran beteilige, sondern daß ganz Deutschland »einheitlich der Vorteile der Wirtschaftshilfe teilhaftig«[170] werde.
Obwohl die SED an der Gründungskonferenz des Kommunistischen Informationsbüros im September nicht beteiligt war und von diesem – wie Erich Gniffke eindrucksvoll berichtet hat – Vorgang völlig überrascht wurde, konnten die dort gefaßten und nur zum kleinen Teil veröffentlichten Beschlüsse nicht ohne Auswirkungen auch auf die Entwicklung der Politik in der SBZ sein. Nachdem Oberst Tulpanov, der politische Berater der SMAD, erstmals im Herbst 1947 vor SED-Spitzenfunktionären Bedenken gegen die von Anton Ackermann zur Jahreswende 1945/46 entwickelte These vom »eigenen deutschen Weg zum Sozialismus« geäußert hatte[171], verschärfte er seine Kritik im April 1948 vor der Parteihochschule der SED.
In seiner Entschließung »Die theoretische und praktische Bedeutung der Entschließung des Informationsbüros über die Lage in der KP Jugoslawiens und die Lehren für die SED« vom 16. September 1948 stellte der Parteivorstand der Einheitspartei fest, »daß auch in der SED falsche ›Theorien‹ über einen ›besonderen deutschen Weg‹ zum Sozialismus vorhanden sind . . .« In einer weiteren Entschließung »Die November-Revolution und ihre Lehren für die deutsche Arbeiterbewegung« vom gleichen Tage stellte der Parteivorstand der SED fest, daß in den Jahren ab 1945

---

169 Text der Stellungnahme »Der Marshallplan und Deutschland« in: Dokumente der SED. Bd. I, S. 207–209 (207). Vgl. dazu vor allem E. W. Gniffke: Ulbricht, S. 248–251. Siehe dazu ausführlicher oben S. 340, Anm. 76.
170 So die »Neue Zeit«, das Organ der CDU der SBZ, vom 18. Juni 1947; zit. auch bei W. Conze: Jakob Kaiser, S. 153–157 (154) mit den Nachweisen in den Anm. 1 und 2.
171 Vgl. dazu H.-P. Schwarz: Reich, S. 251 f.; B. Meissner: Deutschlandpolitik, S. 462 f. Siehe dazu ausführlicher oben S. 268–270.

der Klasseninhalt der staatlichen Ordnung in der SBZ grundlegend verändert worden sei:
»Der damit beschrittene Weg ist kein besonderer deutscher Weg zum Sozialismus, der ein friedliches Hinweinwachsen in den Sozialismus möglich machen könnte. Der Versuch, einen solchen besonderen deutschen Weg zum Sozialismus zu gehen, würde dazu führen, das große historische Beispiel der Sowjetunion zu mißachten, die Grundlagen des Marxismus-Leninismus über die Fragen des Sieges des Sozialismus aufzugeben.«[172] Wenige Tage später erschien im Zentralorgan der SED Anton Ackermanns Selbstkritik unter der bezeichnenden Überschrift »Über den einzig möglichen Weg zum Sozialismus«. Unter Bezugnahme auf seinen Aufsatz »Gibt es einen besonderen deutschen Weg zum Sozialismus?« gelangte er nun zu dem klaren Ergebnis, daß sich diese Theorie als »unbedingt falsch und gefährlich erwiesen«[173] habe. Der nun von Anton Ackermann propagierte »einzige Weg« konnte nur – wie Hans-Peter Schwarz betont – »der sowjetische sein«[174].
So ist es auch kein Zufall, daß Stalin im Januar 1948 gegenüber einer bulgarischen und jugoslawischen Delegation feststellte, daß Deutschland geteilt bleiben werde: »Der Westen wird sich Westdeutschland zu eigen machen, und wir werden aus Ostdeutschland unseren Staat machen.«[175] Stalin konnte sich darauf verlassen, daß die Vorbereitungen für die separate Staatsbildung in der SBZ nach seinen Vorstellungen verliefen.[176] Schließlich waren im Frühjahr 1948 die drei Westmächte und die UdSSR endgültig zu der Einsicht gelangt, daß die Spaltung Deutschlands auf längere Zeit nicht zu überwinden war. Der 20. März 1948 – an jenem Tag verließ die sowjetische Delegation den Alliierten Kontrollrat in Berlin – markiert das Ende der Vier-Mächte-Verwaltung für Deutschland. Stalin wußte das Verhältnis zu den drei Westmächten auch noch dadurch erheblich zu belasten, daß er im Juni 1948 die vollständige Blockade der drei Westsektoren Berlins anordnete – mit dem Ziel, die drei westlichen Alliierten aus der Stadt zu vertreiben. Stalin hat die entschiedene Haltung der drei

---

172 Texte der beiden Entschließungen der SED vom 16. September 1948 in: Dokumente der SED. Bd. II, S. 100–106, 107–124 (101, 122). Vgl. dazu und zu der Rede Tulpanovs W. Leonhard: Revolution, S. 482–484.
173 Vgl. »Neues Deutschland« vom 24. September 1948. Vgl. dazu auch D. Staritz: Ein »besonderer deutscher Weg« zum Sozialismus?, S. 30 f. mit weiteren Nachweisen.
174 H.-P. Schwarz: Reich, S. 251.
175 M. Djilas: Gespräche, S. 195.
176 Vgl. dazu vor allem H. Duhnke: Stalinismus in Deutschland; E. Nolte: Deutschland, S. 236–240; E. W. Gniffke: Ulbricht, S. 253–341; B. Meissner: Deutschlandpolitik, S. 466–473; J. Hacker: Rechtsstatus, S. 211–216, 221–223.

Westmächte, vor allem der USA, und den Selbstbehauptungswillen der Berliner Bevölkerung falsch eingeschätzt, so daß er im Mai 1949 die Blockade aufhob.

Ebensowenig ist es ein Zufall, daß der 24. Juni 1948 nach offizieller östlicher Darstellung den Beginn der multilateralen Kooperation auf der zwischenstaatlichen Ebene markiert, als erstmals die Außenminister der UdSSR, Albaniens, Bulgariens, der Tschechoslowakei, Polens, Rumäniens und Ungarns sowie Jugoslawiens in Warschau zusammentrafen, um einerseits dem Westen die Kraft eines »sozialistischen Staatenkollektivs«[177] zu demonstrieren und andererseits die »einzelnen Ostblockstaaten mit der deutschen Gefahr zu schrecken und sie noch enger als bisher um Moskau zusammenzuschließen«.[178]

Zwar konnte die SBZ an der Konferenz der Außenminister in der polnischen Hauptstadt nicht teilnehmen; der Verlauf und das Ergebnis des Treffens offenbarten jedoch, wie sehr nun die »deutsche Frage« und damit auch die SBZ zu einem wichtigen Faktor in den zwischenstaatlichen Beziehungen des sowjetischen Machtbereichs geworden sind. Zur gleichen Zeit fand in Bukarest jene bedeutsame Konferenz statt, die am 28. Juni 1948 die Kommunistische Partei Jugoslawiens aus dem Kominform ausschloß – ein Vorgang, der auch in der SBZ nicht ohne Folgen bleiben konnte.

gg) *in Jugoslawien und Albanien*

Vergleicht man die Entwicklung Jugoslawiens und Albaniens mit jener der von der Sowjetunion kontrollierten Länder und Gebiete, so zeigt sich, daß es Marschall Tito und Enver Hoxha sehr viel einfacher gehabt haben.

---

177 So M. Hegemann: Anfänge, S. 91.
178 So B. Meissner: Deutschlandpolitik, S. 469. Sehr instruktiv zur sowjetischen Deutschland-Politik im Jahre 1948 auch W. Leonhard in: Der Weg nach Pankow, S. 39 f.: »Die Verschärfung des Kurses wirkte sich besonders deutlich in der Deutschland-Politik aus. Dafür zeugte die Sprengung des Alliierten Kontrollrates durch das Ausscheiden Marschall Sokolowskis im März 1948 und die gleichzeitig erfolgte Übergabe weiterer Vollmachten an die ›Deutsche Wirtschaftskommission‹ der Sowjetzone, die damit als Kern einer möglichen zukünftigen sowjetzonalen Regierung in Erscheinung trat.« Mit den Wandlungen bis zum Spätherbst 1948 – Leonhard verweist auch auf den Ausschluß Jugoslawiens aus dem Sowjetblock Ende Juni 1948 – »entfiel auch jegliche Notwendigkeit, die ursprünglich verkündete Parität in der SED fortzusetzen. Im Oktober 1948 erfolgte die von W. Gniffke erwähnte Direktive, wonach die Parität in der SED zwischen Sozialdemokraten und Kommunisten abzuschaffen und zu ersetzen sei durch die Formel 7:2 zugunsten der Kommunisten.« Vgl. die Nachweise bei E. Gniffke: Ulbricht, S. 328 f.

Auch wenn in der Regierung der Volksfront der Föderativen Volksrepublik Jugoslawien in der Theorie mehrere Parteien vertreten waren, kontrollierte die Kommunistische Partei des Landes von Anfang an den Staat. Während in den anderen Ländern die Kommunisten nach und nach die oppositionellen Kräfte – vor allem die Bauernparteien und die sozialistischen Parteien – allmählich aus dem Staat verdrängten und liquidierten, um die Macht selbst total zu erobern, hatte Tito schon 1945 dafür gesorgt, daß seinem Land diese Übergangsphase erspart blieb. Das gleiche gilt für Albanien, wo Enver Hoxha mit der Unterstützung Titos ebenfalls von vornherein keine organisierte Opposition in seinem Land zugelassen hat.[179]

Auch in Jugoslawien und Albanien ging man mit jenen politischen Kräften, die die jeweilige Staats- und Parteiführung als oppositionell betrachtete, nicht zimperlich um. Nachdem Marschall Tito bis Mitte 1946 mit äußerster Strenge gegen jene Landsleute vorgegangen war, die während des Zweiten Weltkriegs mit den ins Land eingedrungenen italienischen und deutschen Truppen zusammengearbeitet und sich nicht auf die Seite der Partisanen-Bewegung gestellt hatten, mußte er feststellen, daß sogar in seiner eigenen Volksfront noch gewisse oppositionelle Kräfte agierten. Besondere Beachtung fand 1947 das Gerichtsverfahren gegen D. Javanović, den linkseingestellten serbischen Bauernführer, der als Mitglied der Volksfront einen Sitz im Parlament und im Juli 1946 die Politik Titos kritisiert hatte. Im September 1947 wurde Javanović unter der Anklage der subversiven Tätigkeit im Dienst des britischen Geheimdienstes zu neun Jahren Gefängnis verurteilt.

Weil Tito auch in zahlreichen anderen Verfahren Landsleute wegen angeblicher »Kollaboration« mit westlichen Mächten aburteilen ließ, belastete er vor allem das Verhältnis Jugoslawiens zu Amerika und Großbritannien. Einer schweren Belastungsprobe setzte Tito auch die Beziehungen seines Landes zum Vatikan aus, weil in vielen Prozessen auch die Haltung der katholischen Kirche Kroatiens während des Zweiten Weltkriegs eine zentrale Rolle spielte. Die jugoslawischen Kommunisten waren scharfe Gegner des Katholizismus: nicht nur aus allgemeinen ideologischen Gründen, sondern auch deshalb, da nach ihrer Auffassung der Vatikan mit dem italienischen Staat assoziiert war.[180] Hinzu kommt, daß Italien 1941 Jugoslawien überfallen hat und mit ihm mehrere territoriale

---

179 Vgl. dazu im einzelnen oben S. 290–293.
180 Vgl. dazu im einzelnen H. Seton-Watson: Yugoslavia, S. 359–361; P. Calvocoressi: Survey 1947/48, S. 196 f., 209 f.

Streitigkeiten bestanden. Die geschichtliche Entwicklung des von mehreren Nationalitäten gebildeten jugoslawischen Staates und deren gegensätzliches Verhalten während des Zweiten Weltkriegs waren in erster Linie die Ursachen für die vielen Verfahren gegen politische Gegner Titos. Es konnte nicht ausbleiben, daß auch Enver Hoxha ebenfalls Bürger seines Landes mit der Behauptung vor Gericht stellte, sie hätten Kontakte mit amerikanischen und britischen Diplomaten gehabt und seien gegen die Regierung eingestellt.[181]

4. *Der sowjetisch-jugoslawische Konflikt (1948/49)*

a) *Der Ausschluß der Kommunistischen Partei Jugoslawiens aus dem Kominform*

Die Vorgeschichte des Konflikts Titos mit Stalin und der am 28. Juni 1948 mit dem Ausschluß Jugoslawiens aus der kommunistischen Staatenverbindung vollzogene totale Bruch sind dank authentischer jugoslawischer Quellen seit langem weitgehend aufgehellt und geklärt.[182] So besteht in der zeitgeschichtlichen Forschung Übereinstimmung darüber, daß der 28. Juni 1948 den Beginn des Schismas der kommunistischen Weltbewegung markiert. Der einzige Gebrauch, der je von dem Kominform gemacht wurde, war – ironischerweise – die Verurteilung Titos, jenes Kommunisten-Führers, der sich pikanterweise am intensivsten für die Gründung einer solchen Organisation ausgesprochen hatte.[183]

Bei der am 20. Juni 1948 in Bukarest begonnenen Zusammenkunft waren die Vertreter jener kommunistischen Parteien anwesend, die im September 1947 das Kommunistische Informationsbüro gegründet hatten: die UdSSR, Bulgarien, Polen, Rumänien, die Tschechoslowakei, Ungarn

---

181 Vgl. dazu P. Calvocoressi, ebenda, S. 197.
182 Vgl. vor allem V. Dedijer: Tito; M. Djilas: Gespräche. Auch von nicht-kommunistischer westlicher Seite liegen zahlreiche Monographien zu diesem Thema vor. Vgl. dazu vor allem A. B. Ulam: Titoism; ders.: Expansion, S. 456–470; L. Marcou: Le Kominform; E. Halperin: Ketzer, S. 71–85; G. W. Hoffmann/F. Warner Neal: Yugoslavia, S. 105–138. Vgl. außerdem vor allem M. Bartos: Struggle; R. Macridis: Stalinism; B. S. Morris: The Cominform.
183 Vgl. dazu auch H. Pächter: Weltmacht Rußland, S. 216–224 (220). Vgl. dazu aus der neueren Literatur auch M. Hatschikjan: Die wechselvolle Kontinuität, S. 3–6.

und Jugoslawien sowie Frankreich und Italien. Es gehört zu den »makabren Realitäten kommunistischer Geschichte, daß die meisten der an diesem Verurteilungs-Schauspiel beteiligten KP-Repräsentanten später selber in Ungnade fielen oder gar auf Stalins Geheiß als angebliche ›Titoisten‹ hingerichtet wurden – so der Bulgare Kostow und die Tschechen Slansky und Geminder«.[184]

Das vor allem von A. A. Ždanov auf der Gründungskonferenz des Kominform im Juni 1947 entwickelte Programm[185] hätte Tito bereits sagen müssen, daß seine Auffassung von Außenpolitik und seine Einstellung gegenüber der UdSSR damit nicht in Einklang zu bringen waren. Ždanovs These von der Spaltung der Welt in zwei Lager und die im Gründungskommuniqué zur Pflicht erhobene Koordinierung der Aktivität der einzelnen Parteien auf der Grundlage gegenseitigen Übereinkommens implizierten die Solidarität der beteiligten Parteien. Auch wenn Stalin in seinem Interview vom 24. Oktober 1947 den Versuch als unsinnig und utopisch apostrophiert hat, »solche Parteien von einem gemeinsamen Zentrum aus zu dirigieren«[186], wußte man, daß für Stalin die Solidarität der Parteien die widerspruchslose Anerkennung des Führungsanspruchs der KPdSU bedeutete.

Der Bruch zwischen Tito und Stalin, Gegenstand zahlreicher Untersuchungen, ist auf mehrere Gründe zurückzuführen, die sich alle auf ein Problem reduzieren lassen, das Milovan Djilas auf diese knappe Formel gebracht hat:

»Ideologie, Methodik, persönliche Erfahrung und historischer Instinkt ließen ihn (Stalin) nur das als gesichert ansehen, was er in der Faust hielt, und jeder, der außerhalb der Kontrolle seiner Polizei stand, war ein potentieller Feind. Wegen der besonderen Kriegsumstände war die jugoslawische Revolution seiner Kontrolle entglitten, und die Macht, die hinter ihr anwuchs, wurde sich allmählich ihres Potentials zu sehr bewußt, als daß er ihr einfach Befehle hätte erteilen können.«[187]

Nur wenige Phasen der sowjetischen Außenpolitik sind so gut dokumentiert wie der Verlauf des Konflikts zwischen Stalin und Tito im Frühjahr 1948. Liest man die in der Zeit vom 20. März bis zum 20. Juni 1948 zwischen den Zentralkomitees der KPdSU und der Kommunistischen Partei

---

184 So O. Ihlau: Bruch.
185 Vgl. dazu die Nachweise oben S. 359 f.
186 Vgl. den Nachweis in diesem Kapitel, Anm. 116.
187 M. Djilas: Gespräche, S. 108.

Jugoslawiens ausgetauschten Dokumente, dann stellt sich die Frage, warum Tito aus der Art, wie Stalin Jugoslawien und dessen Führung schon in den Jahren zuvor zu behandeln pflegte, nicht wesentlich früher die Konsequenzen gezogen hat. Titos Treue zur sowjetischen Führung hätte eigentlich schon während des Zweiten Weltkriegs zumindest erschüttert werden müssen, da Stalin gegenüber der von Tito geführten Partisanen-Bewegung wenig Solidarität gezeigt hatte. Die maßlose Überbewertung der geringen militärischen Hilfe durch die UdSSR bedeutete eine permanente Verletzung des berechtigten Selbstbewußtseins und Selbstvertrauens der Jugoslawen.
Nach der Beendigung des Krieges mußten die Spannungen zwischen Stalin und Tito auch noch insofern wachsen, da der Kremlchef den Versuch machte, das größte Balkanland im Wege der ökonomischen Kontrolle gleichzuschalten, als eine vollständige politische Gleichschaltung des Landes dank des Widerstands der Belgrader Führung nicht möglich war. Von Stalins mangelndem Einfühlungsvermögen zeugen vor allem seine Versuche, mit Hilfe »gemischter Gesellschaften« Jugoslawien zum völligen Einschwenken auf die Moskauer Linie zu bewegen. Stalin hätte vielleicht noch einiges retten können, wenn er beim Aufbau der Industrie in Jugoslawien tatkräftig und soweit wie möglich auch uneigennützig geholfen hätte. Pures Machtdenken versperrte dem sowjetischen Diktator jedoch den Weg für eine den Jugoslawen angemessene Behandlung.
Die zwischen Stalin und Tito im Frühjahr 1948 geführte Korrespondenz macht darüber hinaus deutlich, daß Tito den Konflikt mit dem Kreml nicht gesucht hat, sondern wider Willen in diese Auseinandersetzung, die nur in dem Bruch enden konnte, hineingetrieben worden ist. Titos Verhalten ist nur verständlich, wenn man sich vergegenwärtigt, was »Moskau« für die »nationalen Kommunisten« bedeutet hat. Ernst Halperin hat die Position des später geächteten Tito sehr plastisch umrissen: »Keine größere Katastrophe konnte es für den gläubigen Kommunisten geben, als daß ihm Moskau das Vertrauen entzog. Denn die kommunistische Weltbewegung war ja keine bloße Partei und Moskau kein bloßes Parteihauptquartier. Moskau war zugleich das Zentrum eines Glaubens, sichtbare Verkörperung der Idee, Modell der kommenden Gesellschaftsordnung, Fleisch und Blut gewordene Zukunft. Zerwürfnis mit Moskau stellte den Kommunisten vor die Alternative, sich blind und bedingungslos zu unterwerfen, oder den Glauben zu verlieren, den Halt, an den er sich klammerte, den Lebenszweck. Es ist begreiflich, daß die meisten Kommunisten da die Unterwerfung um jeden Preis vorzogen, selbst wenn sie schlimmste Demütigung und den Verrat an Freunden und Verwandten

bedeutete. Kommunisten sind Fanatiker, und bei Fanatikern ist das Glaubensbedürfnis stärker als aller Stolz und alle persönlichen Bindungen und Loyalitäten.«[188]
Obwohl die jugoslawischen Kommunisten ihre eigene Revolution gemacht und damit »ihr Mekka im eigenen Lande«[189] hatten, sahen sie in Belgrad noch nicht von vornherein diejenige Autorität, der man bedingungslos glaubte und gehorchte: »Die Parteikader waren im Geiste strengster stalinistischer Orthodoxie erzogen, mit Stalin und dem Namen der Sowjetunion war stets ein regelrechter Kult getrieben worden.«[190]
Kein Zweifel besteht darüber, daß die jugoslawischen Führer bis zum Ausbruch des Konflikts mit dem Kreml einerseits Stalin zwar treu ergeben waren, andererseits aber um ihre einzigartige Position im kommunistischen Osteuropa wußten. Für die jugoslawische Führung war es nur natürlich, daß die Aufgabe, die kommunistischen Länder des Balkans zu organisieren, ihnen zufiel. Sie sahen auch keinen Grund, warum die UdSSR nicht ihren Segen zu der Verwirklichung des alten Traums einer Balkan-Einheit geben sollte, »die ein wichtiges Element der kommunistischen Ideologie auf dem Balkan gewesen war«[191].
Auslösendes Moment des Konflikts zwischen Stalin und Tito war ein Interview, das Georgi Dimitrov am 21. Januar 1948, fünf Tage nach dem Abschluß des bulgarisch-rumänischen Bündnispakts, in Bukarest gegeben und in dem er die Frage nach einer Föderation oder Konföderation Bulgariens mit Jugoslawien zwar als verfrüht bezeichnet, ihre Errichtung für einen späteren Zeitpunkt jedoch nicht ausgeschlossen hat. Dimitrov vertrat die Ansicht, daß daran Rumänien, Bulgarien, Jugoslawien, Albanien, die Tschechoslowakei, Polen, Ungarn und sogar Griechenland teilneh-

---

188 E. Halperin: Ketzer, S. 97. Vgl. dazu auch P. Calvocoressi: Survey 1947/48, S. 164.
189 So E. Halperin, ebenda, S. 98. Einen höchst aufschlußreichen Vorgang berichtet M. B. Petrovich, der vom November 1944 bis Februar 1946 Mitglied der »Independent American Military Mission to Marshall Tito« in Belgrad war, in: View, S. 43. In einer Unterhaltung erklärte ihm 1945 E. Kardelj, der die zweite Position nach Tito in der jugoslawischen Führungs-Hierarchie innehatte: »It is our greatest ambition to become the seventeenth republic of the Soviet Union.« Petrovich fügt hinzu: »I learned later that this was not the only occasion on which Kardelj made such a statement.«
190 So E. Halperin, ebenda. Sehr aufschlußreich dazu auch M. Bartos: Struggle, S. 438: Die sowjetischen Führer mit Stalin an der Spitze erfreuten sich zuvor einer gewaltigen Autorität bei den Massen in Jugoslawien – »stärker als in irgendeinem anderen Land Osteuropas und nicht weniger als in der UdSSR selbst«.
191 So P. S. Wandycz in seiner instruktiven Analyse: Traditions, S. 70 f. (71). Über die treue Ergebenheit der jugoslawischen Kommunisten gegenüber Stalin und ihren Stolz auf die eigenen Leistungen berichtet auch J. Korbel in: Tito's Communism, S. 282 f.

men könnten. Als eine Vorstufe hatte er die Einrichtung von Zollunionen ins Auge gefaßt.[192]
Dimitrov prellte als Verbündeter der Jugoslawen in ihren ehrgeizigen Föderations-Plänen zu weit vor »und bot so den Moskauer Gegnern des Kominform eine Blöße, auf die sie wahrscheinlich lange sehnsüchtig gewartet hatten«[193]. In der Tat gingen Dimitrovs Vorstellungen, die in der »Pravda« vollständig wiedergegeben wurden, weit über die Pläne hinaus, die er mit Tito in den Jahren zuvor über die mögliche Schaffung einer Balkan-Union entwickelt hatte und die vom Kreml noch hingenommen worden waren. Zwölf Tage später antwortete die sowjetische Führung in ungewöhnlich scharfer Form. In einer Erklärung der »Pravda« vom 28. Januar 1948 hieß es, daß die von Dimitrov ins Auge gefaßten Länder keine »derart fragwürdige und künstlich erzeugte Föderation oder Konföderation oder etwa eine Zollunion nötig haben; was sie brauchen, ist die Konsolidierung und Verteidigung ihrer Unabhängigkeit und Staatshoheit durch die Mobilisierung und Organisierung der demokratischen Kräfte ihrer Völker im eigenen Innern, wie dies in der bekannten Deklaration der neun Kommunistischen Parteien unmißverständlich festgestellt wurde«.[194]
Dimitrov blieb gar nichts anderes übrig, als bereits am 30. Januar 1948 seine Ausführungen zu widerrufen.[195] Damit gab sich jedoch Stalin nicht zufrieden, und er bestellte die Führungsspitzen der kommunistischen Parteien Jugoslawiens und Bulgariens zum Rapport nach Moskau. Während Dimitrov der ultimativen Aufforderung entsprach, ließ sich Tito von seinem damaligen Außenminister Edvard Kardelj und den beiden Spitzenfunktionären Milovan Djilas und Vladimir Bakarić vertreten. Djilas und Vladimir Dedijer haben sehr plastisch die Besprechungen mit Stalin und Molotov am 10. Februar 1948 geschildert, deren Quintessenz Djilas so zusammengefaßt hat:

---

192 Die detaillierteste Darstellung dazu gibt V. Dedijer: Tito, S. 305 f. Auf diese Analyse stützen sich alle westlichen Autoren. Vgl. dazu aus jugoslawischer Sicht auch S. Vukmanović-Tempo: Tito, S. 174–185. Eine ausführliche und materialreiche Darstellung über den Verlauf der jugoslawisch-bulgarischen Verhandlungen über die Errichtung einer Föderation oder Konföderation gibt P. S. Wandycz, ebenda, S. 66–90.
193 So zutreffend E. Halperin: Ketzer, S. 78. Sehr instruktiv dazu auch P. Calvocoressi: Survey 1947/48, S. 175 f.
194 Vgl. die Wiedergabe bei V. Dedijer: Tito, S. 306 f.; A. B. Ulam: Titoism, S. 89–95; M. Djilas: Gespräche, S. 217 f.; E. Halperin, ebenda, S. 78–80; B. Meissner: Föderation, S. 66 f.
195 Vgl. dazu E. Halperin, ebenda, S. 79 f.

»Beziehungen zwischen ›Volksdemokratien‹, die über die Interessen der Sowjetregierung hinausgingen und nicht deren Billigung hatten, waren unstatthaft. Es wurde offenbar, daß die Sowjetführer in ihrer Großmacht-Mentalität . . . und angesichts ihrer Auffassung, daß die Rote Armee Rumänien und Bulgarien befreit hätte, Dimitrows Erklärungen, Jugoslawiens mangelhafte Disziplin und Eigenmächtigkeit nicht nur für Ketzereien hielten, sondern auch der Ansicht waren, hier würden die ›heiligen Rechte der Sowjetunion‹ mißachtet.«[196]
Besonders erbost war Stalin darüber, daß Dimitrovs Pläne auch eine Einbeziehung Rumäniens vorsahen; der Kreml war nur bereit, eine Föderation zwischen Bulgarien und Jugoslawien, in die später Albanien einbezogen werden konnte, zu konzedieren. Auch schloß Stalin eine Föderation zwischen Rumänien und Ungarn sowie eine zwischen Polen und der Tschechoslowakei nicht aus. Tito war an der kleinen Balkan-Föderation unter Ausschluß des industriell weiter entwickelten Rumäniens nicht interessiert. Gegenüber der jugoslawischen Delegation verlangte Stalin außerdem, die Unterstützung für die Aufständischen im griechischen Bürgerkrieg vollständig einzustellen. Auch darauf ging Tito nicht ein.
Bei seinen Gesprächen im Kreml mußte Titos Außenminister Kardelj einsehen, daß für Stalin die Unterschrift unter das Gründungsdokument des Kominform die absolute Unterordnung der betroffenen Länder unter den sowjetischen Führungsanspruch bedeutete. Kardelj unterzeichnete in

---

196 M. Djilas: Gespräche, S. 217–236 (221 f.); V. Dedijer: Tito, S. 307–316; E. Halperin, ebenda, S. 79–82. Dedijer berichtet in seinem Buch »Stalins verlorene Schlacht«, im Februar 1948 sei in Stalin der Gedanke herangereift, die osteuropäischen Länder – unter Einschluß Jugoslawiens – als Unionsrepublik in die UdSSR einzuverleiben. Dies sollte – im Wege der Bildung von Konförderationen – etappenweise geschehen (vgl. ebenda, S. 92). Und Wolfgang Leonhard kennzeichnet die sowjetische Politik 1948/49 dahingehend, daß sie u. a. durch folgende Entwicklungen bestimmt worden sei: »Organisierte Flüsterkampagnen seit Sommer 1948, die in höheren Parteikreisen verbreitet wurden, wonach die osteuropäischen Länder – einschließlich der Sowjetzone Deutschlands – in Zukunft als Unionsrepubliken der UdSSR angegliedert werden sollen. (Diese Zielsetzung ist inzwischen in den Memoiren des jugoslawischen Historikers Vladimir Dedijer bestätigt worden.)« W. Leonhard: Referat in: Der Weg nach Pankow, S. 41. Vgl. dazu neuerdings auch W. Seiffert: Rechtssystem, S. 28 f. im Hinblick auf die Gründung des RGW im Januar 1949: Die kommunistisch regierten Staaten Osteuropas formell als souveräne, gleichberechtigte Völkerrechtssubjekte agieren zu lassen, hätte der UdSSR zugleich innenpolitisch den Vorteil eingebracht, »nicht mit der Eingliederung solcher Staaten wie Polen, Rumänien, Ungarn, der Tschechoslowakei in die UdSSR die eigenen inneren nationalen, ökonomischen und sozialen Probleme zu potenzieren«. Wichtig ist auch Seifferts Hinweis auf östliche Autoren, die – wie M. V. Senin in: Sozialistische ökonomische Integration, S. 38–40 – meinen, eine »rasche Vereinigung« hätte große Probleme mit sich gebracht und unter Umständen das »Risiko des Verlusts sozialistischer Errungenschaften« bedeutet.

Moskau zusammen mit dem sowjetischen Außenminister Molotov einen Konsultationsvertrag[197], der deshalb theoretischer Natur blieb, da bereits wenige Wochen später der Konflikt zwischen Moskau und Belgrad offen zutage trat. Stalin drohte damit, für das Jahr 1948 keinen Handelsvertrag mit Jugoslawien zu schließen, und am 18. März 1948 veranlaßte er, die sowjetischen militärischen Experten und am 19. März auch die zivilen Experten aus Jugoslawien abzuberufen.

Am 27. März 1948 wandte sich das Zentralkomitee der KPdSU mit einem Schreiben an das Zentralkomitee der Kommunistischen Partei Jugoslawiens, das im Stil und Ton so abgefaßt war, daß der endgültige Bruch zwischen Stalin und Tito nur noch eine Frage der Zeit sein konnte. Auch die weiteren rüden und brutal formulierten Schreiben Stalins ließen nur den Schluß zu, daß er nicht mehr die Absicht hatte, auf eine gütliche Regelung des Konflikts hinzuarbeiten. Auf eine wirkliche Diskussion und den Austausch von Argumenten ließ sich Stalin gar nicht mehr ein; er überschüttete hingegen die jugoslawische Führung mit einem »Wust erfundener oder an den Haaren herbeigezogener, einander zum großen Teil widersprechender Vorwürfe«.[198]

Es lohnt sich nicht, auf die meisten der vom Kreml gegen die jugoslawische Führung erhobenen absurden Vorwürfe und Anklagen einzugehen. Ein Aspekt allerdings war in seiner Tragweite zuvor nicht bekannt: der permanente Versuch der UdSSR, in Jugoslawien ein breit angelegtes Bespitzelungs- und Kontrollsystem zu errichten, dem sich Belgrad erfolgreich zu widersetzen vermocht hatte. Den Stolz und das Selbstbewußtsein der jugoslawischen Führung verletzte Stalin dadurch, daß er die Leistungen der jugoslawischen Partisanen-Bewegung und der Kommunisten im Zweiten Weltkrieg bewußt heruntergespielt hat. Nikita S. Chruščev hat in seiner historischen Geheimrede, in der er auf dem XX. Parteitag der KPdSU am 25. Februar 1956 das Scherbengericht über Stalin hielt, einen Ausspruch des Diktators aus der Anfangsphase der Auseinandersetzungen überliefert, die Stalins Einstellung gegenüber Tito drastisch doku-

---

197 Vgl. dazu M. Djilas, ebenda, S. 233; V. Dedijer: Tito, S. 316. Stalin wollte mit dem Vertrag erreichen, daß in Zukunft außenpolitische Fragen mit Belgrad gemeinsam besprochen und festgelegt werden.
198 So zutreffend E. Halperin: Ketzer, S. 83. Vgl. zum Rückzug der sowjetischen Berater auch V. Dedijer, ebenda, S. 321 f. Vgl. zur Gesamtproblematik auch M. Bartos: Struggle, S. 438: »Tatsache ist, daß die jugoslawischen Massen sich selbst von der Absurdität der sowjetischen Anklagen überzeugt haben ... Niemand in Jugoslawien glaubte solchen Unsinn.« Sehr instruktiv dazu auch J. Korbel in: Tito's Communism, S. 286-308.

mentiert: »Ich brauche nur meinen kleinen Finger zu rühren – und schon wird es keinen Tito mehr geben. Er wird fallen.«[199]
Stalins Schreiben vom 27. März 1948 ist jedoch auch deshalb aufschlußreich, da er selbst nicht einmal vor einer physischen Vernichtung Titos zurückgeschreckt ist. Er erinnerte süffisant an das Schicksal Leo Trotzkijs, der der »Entartung« und des »Chauvinismus« beschuldigt wurde: ». . . bekanntlich ging er nach seiner Entlarvung sogleich in das Lager der erklärten Feinde der KPdSU und der Sowjetunion über. Seine politische Laufbahn kann, so glauben wir, als Lehre dienen.«
Die Erinnerung an das Schicksal Trotzkijs, der 1940 in seinem mexikanischen Exil ermordet worden ist, und die übrigen von Stalin vorgetragenen Beschuldigungen waren für Tito noch immer kein Grund, von sich aus den unausweichlichen Bruch zu vollziehen. In der sich anschließenden Korrespondenz wußte Stalin seinen impertinenten Ton noch zu steigern und immer neue fadenscheinige Beschuldigungen gegen Tito und dessen Partei vorzubringen, während der jugoslawische Staats- und Parteichef »unter Wahrung der Dignität und unter Betonung seiner unverbrüchlichen Treue gegenüber der Sache des Weltkommunismus«[200] den drohenden Bruch zu vermeiden suchte.
Am 20. Juni 1948 begann in Bukarest auf der Kominform-Konferenz das Tribunal, das am 28. Juni mit dem Ausschluß Jugoslawiens aus dem Kominform und der Verlegung des Kominform-Sitzes nach Bukarest endete und mit dem die große Kampagne zur Umgestaltung von Programmen und Kadern der kommunistischen Parteien in den von der UdSSR kontrollierten Ländern eingeleitet wurde.[201]

---

199 Dt. Text in: Ost-Probleme 1956, S. 888. Vgl. dazu E. Halperin: Ketzer, S. 332 f.; I. J. Lederer: Russia, S. 417.
200 So J. K. Hoensch: Osteuropa-Politik, S. 53 f. (54). Ramon Mercader, der Mörder Trotzkis, ist im Oktober 1978 gestorben. Vgl. dazu »Trotzki-Mörder Mercader gestorben«, in: Frankfurter Allgemeine Zeitung vom 21. Oktober 1978: »Westliche Historiker stimmen weitgehend darin überein, daß die Ermordung Trotzkis im Zusammenspiel mit der sowjetischen Geheimpolizei NKWD vonstatten ging, die im persönlichen Auftrag Stalins handelte.«
201 Text der »Resolution des Informationsbüros über die Lage in der Kommunistischen Partei Jugoslawiens«, in: Tito contra Stalin, S. 71–80. Der Hauptvorwurf gipfelte in der Behauptung: Das Informationsbüro konstatiert, »daß . . . das Zentralkomitee der Kommunistischen Partei Jugoslawiens sich selbst und die Kommunistische Partei außerhalb der Familie der kommunistischen Bruderparteien, außerhalb der kommunistischen Einheitsfront und infolgedessen außerhalb der Reihen des Informations-Büros gestellt hat« (vgl. ebenda, S. 78). Vgl. zu den Vorwürfen im einzelnen V. Dedijer: Tito, S. 352, 361; A. B. Ulam: Titoism, S. 130–134; E. Halperin: Ketzer, S. 90–96; »Die Entwicklung der Kominform von 1947–1950«, S. 831. Auffällig ist, daß in der

In Belgrad war man im Frühjahr 1948 auf das äußerste gefaßt. So bekannte Tito ein Vierteljahrhundert später in einem Interview des jugoslawischen Fernsehens: »Ich wußte, was diese Reise nach Bukarest bedeutet hätte. Gut, ich hatte mein Leben schon längst erfüllt, ich hätte gehen können, um dort umzukommen, wenn das nützlich gewesen wäre. Aber ich wußte, daß es keinen Nutzen haben und die Tragödie danach erst richtig beginnen würde.«[202]
Es verstand sich von selbst, daß die Kommunistische Partei Jugoslawiens unter diesen Voraussetzungen in Bukarest nicht anwesend war, um sich gegen die fadenscheinigen Beschuldigungen und angeblichen Häresien zu verteidigen. Tito dürfte nicht überrascht gewesen sein, daß ihm keiner seiner kommunistischen Freunde zur Hilfe geeilt ist und die jugoslawischen Kommunisten nun völlig auf sich gestellt waren. Der Bruch Stalins mit Tito hatte weitreichende Auswirkungen nicht nur auf die künftige Entwicklung des sowjetischen Machtbereichs, sondern auch auf die kommunistische Weltbewegung in den folgenden Jahrzehnten, in denen es immer wieder um die Frage nach dem »eigenen Weg zum Sozialismus« ging. Die zentrale Frage nach dem Verhältnis der kommunistischen Parteien zur KPdSU hat das Zentralkomitee der Kommunistischen Partei Jugoslawiens bereits in seinem Schreiben vom 13. April 1948 angesprochen, mit dem es Stalins Brief vom 27. März 1948 beantwortete: »So sehr man auch das Land des Sozialismus, die Sowjetunion, lieben kann, so kann man doch auf keinen Fall sein eigenes Land weniger lieben, das ebenfalls im Begriff ist, den Sozialismus zu verwirklichen . . .«[203]
Festzuhalten gilt, daß in der Auseinandersetzung zwischen Stalin und Tito Georgi Dimitrov von Anfang an auf der Seite der UdSSR gestanden hat. So stellte sich die geplante Föderation mit Bulgarien als – wie Milo-

---

polnischen Delegation Gomulka und in der bulgarischen Dimitrov fehlten. Vgl. dazu V. Dedijer, ebenda, S. 354. Vgl. auch die ausführliche Darstellung der Gesamtproblematik bei P. Calvocoressi: Survey 1947/48, S. 160–167; G. W. Hoffmann/F. Warner Neal: Yugoslavia, S. 128–138; R. Ahlberg: Dezentralisation, S. 452 f.; R. Löwenthal: Chruschtschow, S. 12–14; F. Oldenburg: Konsens, S. 82–85.
202 Zit. bei O. Ihlau: Bruch.
203 Text in: Tito contra Stalin, S. 33 f. Vgl. dazu auch O. Ihlau, ebenda, V. Dedijer hat in: Tito, S. 354 f. in scharfen Wendungen das Verhalten Stalins kritisiert: » . . . hat sich Stalin jedoch zweifellos noch nie zuvor in der Situation befunden, daß ein Land, das für sein natürliches Jagdrevier hielt, für seine ureigene Interessensphäre, die ihm im Kriege zugesprochen war, sich ihm in einem solchen Ausmaß widersetzte. Daher seine Wut, seine Unbarmherzigkeit, seine Mißachtung internationaler Bräuche und Verpflichtungen.« Diese Aussage ist insoweit zu korrigieren, als Churchill in seiner berühmten Absprache mit Stalin im Oktober 1944 der UdSSR nur 50 Prozent des Einflusses in Jugoslawien zugesprochen hat. Vgl. dazu oben S. 174.

van Djilas bemerkt – »eine Schlinge heraus, die die Einheit der jugoslawischen Kommunisten zerstören sollte und in die kein Idealist länger mehr seinen Kopf stecken wollte«.[204]
Da es Stalin um die totale Unterordnung der im Kominform zusammengeschlossenen Parteien unter den Moskauer Führungsanspruch ging und er nicht bereit war, die »Genossen« in Belgrad als gleichberechtigte Revolutionäre und Parteiführer zu behandeln und Tito andererseits nicht willens war, »Jugoslawien zu einem Marionettenstaat, zu einer besseren sowjetischen Kolonie degradieren zu lassen«[205], war der Bruch unvermeidlich.
Aus der Haltung Stalins und aus Andeutungen sowjetischer Diplomaten haben jugoslawische Beobachter im Frühjahr 1948 den Schluß gezogen, daß der Kreml »mit dem Gedanken einer Reorganisation der Sowjetunion durch Angliederung der ›Volksdemokratien‹ gespielt« hat – »die Ukraine sollte mit Ungarn und Rumänien, Weißrußland mit Polen und der Tschechoslowakei und die Balkanstaaten mit Rußland vereinigt werden! Wie verschwommen und hypothetisch alle diese Pläne auch gewesen sein mögen, eines steht fest: »Stalin suchte nach Lösungen und Formen für die osteuropäischen Länder, die Moskaus Oberhoheit und Hegemonie auf lange Zeit hinaus sichern und festigen sollten.«[206]
René Ahlberg hat das Scheitern des Kominform-Konzepts Stalins eindrucksvoll umrissen: »Es erwies sich sehr rasch, daß das Kominform als kollektives Leitungsorgan nur ein äußerliches Zugeständnis an das Unabhängigkeitsstreben der außersowjetischen Parteien war ... Der Grundsatz der Gleichberechtigung bei der Entscheidung aller schwebenden Probleme verlieh den Beschlüssen des Kominform-Büros gegen Jugoslawien die Autorität eines kollektiven Urteils ... Es ist dem beharrlichen Widerstand der jugoslawischen Kommunisten zu verdanken, daß sich die nach außen künstlich aufrechterhaltene Einigkeit des Kominform-Büros innerlich gründlich aufgezehrt hat. Der Konflikt mit Jugoslawien ist der einzige Fall, in dem das Kominform-Büro entscheidend in die Geschichte des

---

204 M. Djilas: Gespräche, S. 234. Vgl. über die Rolle führender Spitzenfunktionäre der anderen Parteien auch E. Halperin: Ketzer, S. 94–96.
205 So O. Ihlau: Bruch. Vgl. dazu auch H. Pächter: Weltmacht Rußland, S. 222: »Der Konflikt zwischen Tito und dem Kreml war ... ein Streit über die Organisationsdisziplin.« Wie wenig Stalin von seinen Argumenten überzeugt gewesen sein muß, zeigt die Tatsache, daß weder in der UdSSR noch in Osteuropa oder mittels des Kominform-Organs im Westen die Korrespondenz mit Tito veröffentlicht worden ist. Hingegen hat Tito von Anfang an alle Briefe Stalins und später auch die Kominform-Resolution publiziert. Vgl. dazu M. Bartos: Struggle, S. 438 f.
206 So M. Djilas: Gespräche, S. 225.

Ostblocks eingegriffen hat. Das politische Fiasko, mit dem dieser Vorstoß endete, war gleichzeitig der Zusammenbruch der Shdanowschen Leitungsidee. Das Kominform-Konzept stand unter dem gleichen historischen Verdikt wie die Komintern . . . In der kommunistischen Bewegung waren zwei Zentren entstanden, die sich mit qualitativ gleichen Missionsansprüchen gegenüberstanden.«[207]

b) *Die Folgen: der totale Bruch Jugoslawiens mit dem »Sowjetblock« und die Hinwendung Albaniens zur UdSSR*

Der 28. Juni 1948 bedeutet einen der wichtigsten Einschnitte in der Geschichte des europäischen Kommunismus und des sowjetischen Machtbereichs. Der Ausschluß aus dem Kominform ist mit Recht als »Exkommunizierung« der Kommunistischen Partei Jugoslawiens apostrophiert worden. Mit der Weigerung Belgrads, sich dem sowjetischen Führungsanspruch unterzuordnen, erhielt sich Jugoslawien einerseits seine Selbständigkeit und Unabhängigkeit, sah sich andererseits aber in der totalen Isolierung. Gerade weil es in dem Konflikt zwischen Stalin und Tito nicht um gravierende ideologische Meinungsdifferenzen, sondern um Machtfragen ging, war Tito nicht daran interessiert, in der Folgezeit noch zu einer Vertiefung des Meinungsstreits beizutragen. Die jugoslawische Führung war bestrebt, die Möglichkeit zumindest nicht zu verbauen, den Konflikt später beizulegen. Davon legt eine Reihe für den Außenstehenden nur schwerverständlicher »Anbiederungsversuche«[208] Belgrads Zeugnis ab. Zur großen Überraschung vieler Beobachter nutzte Tito den V. Kongreß seiner Partei vom 21. bis zum 28. Juli 1948 nicht zu einer Generalabrechnung mit Stalin; der Rechenschaftsbericht, den Tito in seiner Eigenschaft als Generalsekretär seiner Partei vortrug, »atmete den Geist strengster kommunistischer Orthodoxie«[209], und die von Stalin in den Briefen zuvor angesprochenen grundlosen Anschuldigungen und offenen Morddrohungen waren für Titos Partei kein Anlaß, nun eine scharfe Grenze gegenüber

---

207 R. Ahlberg: Dezentralisation, S. 453 f.
208 Vgl. dazu im einzelnen I. Reuter-Hendrichs: Grundsätze, S. 95 f. mit den Nachweisen in Anm. 298.
209 So E. Halperin: Ketzer, S. 100. Es blieb M. Djilas überlassen, auf dem Parteitag den sowjetischen »Imperialismus« anzugreifen, während E. Kardelj eine prosowjetische Außenpolitik befürwortete und die Hoffnung zum Ausdruck brachte, alle »Mißverständnisse« mit Moskau zu beseitigen. Vgl. dazu P. Calvocoressi: Survey 1947/48, S. 166 f.

dem Kreml zu ziehen. In der Resolution des Parteitags wurden die Verdienste Stalins um die Befreiung Europas und seine internationalistische Gesinnung gewürdigt.[210]

Mit Befriedigung durfte Stalin im Sommer 1948 konstatieren, daß Tito ihm in zentralen außenpolitischen Fragen uneingeschränkt folgte, soweit das sowjetisch-jugoslawische Verhältnis und die aktive Unterstützung Belgrads im griechischen Bürgerkrieg nicht betroffen waren. So beteiligte sich Jugoslawien beispielsweise an der ersten Konferenz der Außenminister der UdSSR und der Volksdemokratien vom 23. bis zum 24. Juni 1948 in Warschau – jener Konferenz, die als Beginn der multilateralen politischen Zusammenarbeit auf der zwischenstaatlichen Ebene apostrophiert wird.[211] Auf der Konferenz in Warschau wurde vor allem die Deutschland-Politik der drei Westmächte heftig attackiert.[212]

Daß Tito in der Deutschland-Frage vorbehaltlos dem harten Kurs des Kreml folgte, war nicht erstaunlich. Sehr viel mehr Verwunderung rief hervor, als sich Jugoslawien auf der zum 30. Juli 1948 einberufenen Donau-Konferenz völlig auf die Seite der UdSSR stellte. Die Konferenz, die am 18. August mit der Unterzeichnung der neuen Donau-Konvention abgeschlossen wurde, hatte die Aufgabe, die alte internationale Donau-Kommission, der auch Nichtanliegerstaaten angehört hatten und die die freie Donau-Schiffahrt in der Vorkriegszeit geregelt hatte, wieder ins Leben zu rufen. Auf der Belgrader Konferenz stimmte Jugoslawien der sowjetischen Donau-Konvention zu, die – in völliger Abwendung vom Donau-Statut vom 23. Juli 1921 – das Recht der Kontrolle der Schiffahrt auf die Anliegerstaaten beschränkt hat und mit der die Westmächte aus der neuen Donau-Kommission ausgeschlossen worden sind.

210 Vgl. dazu I. Reuter-Hendrichs: Grundsätze, S. 94–96; E. Halperin, ebenda, S. 100–107 (104 f.): »Titos erster Stellvertreter Eduard Kardelj, der Cheftheoretiker und führende Außenpolitiker der Partei, hielt sich in seinem Exposé streng an das von Moskau vorgezeichnete Schema: die Amerikaner als Kriegstreiber, der Marshall-Plan ein zum Scheitern verurteilter Versuch, Europa zur amerikanischen Kolonie hinabzudrücken, die Welt in zwei Lager aufgeteilt, wobei sich Jugoslawien nach wie vor im sozialistischen Lager befinde, da seine außenpolitischen Grundprinzipien ›enge Zusammenarbeit mit der Sowjetunion und den Ländern der Volksdemokratie und allseitige Unterstützung ihrer friedliebenden, demokratischen, antiimperialistischen Politik‹ seien.« Vgl. dazu auch W. Hildebrandt: Abwendung, S. 137, der zutreffend darauf hinweist, daß der V. Parteikongreß Tito dazu diente, »die strukturelle Solidarität mit Stalin und der Moskauer Lehre zu demonstrieren. Nur die Bemerkung Titos . . ., daß schon Engels gesagt habe, die Parteilehre sei kein Dogma, sondern nur eine Anleitung für die Aktion, machte deutlich, daß man sich grundsätzlich auch innenpolitische Abweichungen vorbehielt.«
211 Vgl. dazu dieses Kapitel mit den Nachweisen in Anm. 177 f.
212 Vgl. dazu vor allem B. Meissner: Deutschlandpolitik, S. 469.

Jugoslawien handelte gegen seine eigenen Interessen, da es in der Folgezeit allein der geschlossenen Front der moskauhörigen Länder gegenüberstand; der Ausschluß der westlichen Staaten aus der Donau-Kommission sicherte der UdSSR, die auch den Generalsekretär stellte, von Anfang an eine Vormachtstellung.[213] Die Entscheidung Belgrads gegen die eigenen Interessen ist nur zu verstehen, wenn man sich vergegenwärtigt, daß Tito Stalin nicht den geringsten Vorwand geben wollte, die jugoslawische Führung verhalte sich im Sinne der in der Kominform-Resolution vom 28. Juni 1948 formulierten Vorwürfe.

Jugoslawien hat damit wesentlich dazu beigetragen, daß die UdSSR ihre bereits bei der Vorbereitung der Friedensverträge mit Ungarn, Bulgarien und Rumänien geäußerte Ansicht, die Regelung der Donau-Probleme sei eine Angelegenheit der eigentlichen Balkan-Mächte und der UdSSR, auf der Belgrader Konferenz durchzusetzen vermochte. Bei der Vorbereitung der Friedensverträge ging es den USA und Großbritannien um eine Formel, die eine spätere großzügige und allgemeine Neuordnung des Schiffahrts- und Handelsverkehrs auf den großen Binnenwasserstraßen erleichtern sollte. Die in den drei Friedensverträgen vom 10. Januar 1947 aufgenommene »Freie Schiffahrts-Klausel« konnte die Sowjetunion unterzeichnen, da die Beschlüsse der Belgrader Donau-Konferenz 1948 mit einfacher Mehrheit gefaßt wurden. So war es für die UdSSR leicht, ihren Standpunkt durchzusetzen.[214] Damit hatte Stalin erfolgreich verhindert, daß der Verkehr auf der Donau internationalen Charakter trug. Schließlich war es ihm nun gelungen, auch die letzten Überreste westlichen Einflusses in Südosteuropa zu beseitigen.[215]

Diese Vorgänge verdeutlichen, wie sehr sich die jugoslawische Führung im Sommer 1948 nicht mit der Exkommunizierung der Partei abfinden

---

213 Eine detaillierte, historisch fundierte Übersicht über die Entwicklung des Donau-Status bei H. Volle: Die Belgrader Donaukonferenz; A. Z. Rubinstein: Die Sowjetunion als ein Donauuferstaat; E. Halperin: Ketzer, S. 98 f.; I. Reuter-Hendrichs: Grundsätze, S. 95; J. K. Hoensch: Osteuropa-Politik, S. 56, Anm. 18. Dt. Text des Donau-Abkommens bei W. Wegener: Die internationale Donau, S. 58–80. Wegener untersucht auch die Praxis des Belgrader Abkommens bis Mitte 1951; vgl. dazu auch I. Seidl-Hohenveldern: Donau mit vielen Nachweisen.

214 Vgl. die Bestimmungen in den Friedensverträgen mit Ungarn (Art. 38), Bulgarien (Art. 34) und Rumänien (Art. 36). Texte bei E. Menzel: Friedensverträge, S. 161, 176, 192. Vgl. dazu E. Menzel, ebenda, S. 54 f. Vgl. zur Gesamtproblematik auch den mit wichtigen Dokumenten versehenen Beitrag von G. Martius: Die Entwicklung des zwischenstaatlichen Donauschiffahrtsrechts.

215 Vgl. dazu A. Z. Rubinstein: Die Sowjetunion als ein Donauuferstaat, S. 393; E. Halperin: Ketzer, S. 98 f.; R. L. Wolff: Balkans, S. 366 f.; P. Calvocoressi: Survey 1947/48, S. 172 f.

wollte und zunächst die Hoffnung nicht aufgab, Stalin werde möglicherweise die Unabhängigkeit, Selbständigkeit und Gleichberechtigung Jugoslawiens eines Tages doch noch anerkennen. Doch waren diese Erwartungen trügerisch.

Da es Stalin nicht gelungen ist, mit dem Ausschluß der Kommunistischen Partei Jugoslawiens aus dem Kominform Tito zu stürzen oder ihn gar physisch zu vernichten, mußte er nun überlegen, wie er das seit dem 28. Juni 1948 außerhalb der kommunistischen Bewegung stehende größte Land des Balkans behandeln sollte. In der Wahl der Methoden und Mittel war Stalin nicht zimperlich. Noch im weiteren Verlauf des Jahres 1948, aber verstärkt erst 1949 verschärfte die sowjetische Führung unverhüllt den Kampf gegen Jugoslawien, an dem sich die anderen von der UdSSR kontrollierten Länder und auch Albanien tatkräftig beteiligten.[216] Dabei beschränkten sie sich nicht darauf, die verbalen Angriffe und Polemiken gegen Jugoslawien noch zu steigern. In die totale Isolierung geriet Jugoslawien, als Stalin im Laufe des Jahres 1949 an die Führungen der Länder seines Machtbereichs die Weisung gab, alle vertraglichen Bindungen zu Jugoslawien zu lösen.

Schon in der zweiten Hälfte des Jahres 1948 hatten die UdSSR, Rumänien, Polen und Albanien ihre Handelsbeziehungen zu Jugoslawien wesentlich eingeschränkt. Am rigorosesten verfuhr Enver Hoxha, der ohne Titos Hilfe kaum an die Spitze seines Landes gelangt wäre und der schon am 1. Juli 1948 alle ökonomischen Verträge mit Jugoslawien gekündigt und alle jugoslawischen Spezialisten, Berater und Experten aufgefordert hatte, innerhalb von 48 Stunden das Land zu verlassen, obwohl sie sich auf die ausdrückliche Bitte der albanischen Regierung dort aufhielten, um dem Land beim Aufbau zu helfen. Schließlich verbot Tirana sogar die Verbreitung jugoslawischer Literatur.

Eine böse Überraschung für die jugoslawische Führung bot am 31. Dezember 1948 eine Notiz in der Moskauer »Pravda«: Darin teilte der Kreml der jugoslawischen Regierung mit, daß wegen ihrer »feindlichen Politik« gegenüber der UdSSR es unmöglich sei, zwischen beiden Ländern den Handel in dem bisher umfangreichen Rahmen aufrechtzuerhalten; im Jahre 1949 werde der Handel der Sowjetunion mit Jugoslawien nur noch 1/8 vom Warenaustausch im Jahre 1948 betragen.

---

216 Vgl. die detaillierten Nachweise bei I. Reuter-Hendrichs: Grundsätz, S. 96–100 mit den Angaben in Anm. 301; G. W. Hoffmann/F. Warner Neal: Yugoslavia, S. 139–151, wo sie auch ausführlich die Belgrader Reaktionen auf Stalins Blockade-Politik schildern. Über die jugoslawisch-albanischen Beziehungen in den Jahren 1947–48 informiert mit zahlreichen Nachweisen N. C. Pano: Albania, S. 72–87.

Aufgrund dieser Sachlage war es ebensowenig erstaunlich, daß Jugoslawien nicht zur Gründungskonferenz des Rats für Gegenseitige Wirtschaftshilfe im Januar 1949 nach Moskau eingeladen worden ist und Stalin im Frühjahr 1949 die Mitgliedsländer des RGW angewiesen hat, den Handel mit Jugoslawien gänzlich einzustellen. Die Folge dieser Wirtschaftsblockade waren die Kündigung von Handelsverträgen sowie der Abbruch von Verhandlungen über Handelsabmachungen. Im März 1949 ergriffen die Jugoslawen die Initiative und erklärten, daß die beiden gemischten sowjetisch-jugoslawischen Gesellschaften »Juspad« und »Justa«, die Anfang Februar 1947 für die Bereiche der Schiffahrt und Luftfahrt errichtet worden waren, ihre Aufgabe nicht erfüllt hätten und daher liquidiert werden sollten. Die Sowjets stimmten dem Vorschlag zu, ohne jedoch die Begründung Belgrads anzuerkennen. Als eine gemischte Kommission im Juni 1949 die Bedingungen für die Auflösung der beiden Gesellschaften aushandelte, erreichten es die Sowjets, daß Jugoslawien alle damit verbundenen Kosten übernehmen mußte.

Der Wirtschaftsboykott der Moskau treu ergebenen Länder hatte gravierende Auswirkungen, da sich in den ersten Nachkriegsjahren mehr als die Hälfte des jugoslawischen Außenhandels mit diesen Staaten abgewickelt hatte.[217]

Stalin beschränkte sich jedoch nicht auf die Wirtschaftsblockade Jugoslawiens. Ab Spätsommer 1949 ließ er nichts unversucht, um Jugoslawien auch politisch soweit wie möglich zu isolieren. Das 1951 vom jugoslawischen Außenministerium herausgegebene »Weißbuch«, das wohl alle Formen der »aggressiven Aktivitäten« der UdSSR und ihrer Verbündeten umfassend dokumentiert, ist eine erregende und zugleich erschreckende Lektüre. Darin sind neben den politischen und ökonomischen Maßnahmen auch die terroristischen Aktivitäten sowie die militärische Gewaltanwendung an der jugoslawischen Grenze erfaßt.[218]

---

217 Vgl. dazu vor allem die detaillierten Angaben bei K. Günzel: Planwirtschaft und Außenhandelspolitik der FVRJ, S. 236–243; G. J. Conrad: Die Wirtschaft Jugoslawiens; W. Hildebrandt: Beziehungen, S. 165; I. Reuter-Hendrichs, ebenda, S. 99 f.; R. L. Wolff: Balkans, S. 367–375; P. Calvocoressi: Survey 1947/48, S. 165–172; ders.: Survey 1949/50, S. 260 f.; M. Bartos: Struggle, S. 434–437, 440 (434 f.), der mit Recht betont, daß Stalin mit der Kündigung der Wirtschaftsverträge die wichtigste Regel des Völkerrechts – pacta sunt servanda – eklatant verletzt hat. Vgl. über die »ökonomische Aggression gegen Jugoslawien« die aufschlußreiche Dokumentation in: White Book, S. 283–348.
218 Vgl. dazu mit Nachweisen I. Reuter-Hendrichs, ebenda, S. 98 f.; M. Bartos, ebenda, S. 436 f.

Nachdem der frühere ungarische Außenminister Lásló Rajk mit seinen »Komplizen« in einem spektakulären Schauprozeß, der ein »weitverzweigtes Spionagenetz« offenbart habe, dessen Fäden zu dem Verräter Tito und seinem Gestapo-Chef Rankowitsch ... führten«[219], am 24. September 1949 zum Tode verurteilt worden war, kündigte die UdSSR am 28. September ihren Bündnispakt mit Jugoslawien vom 11. April 1945. Nacheinander vollzogen die von der UdSSR kontrollierten Länder in nahezu identisch abgefaßten diplomatischen Noten den gleichen Schritt: Während Polen den Pakt vom 18. März 1946, Bulgarien den Pakt vom 27. November 1947 und Ungarn den Pakt vom 8. Dezember 1947 am 1. Oktober kündigten, kündigten Rumänien den Bündnispakt vom 19. Dezember 1947 am 2. Oktober und die Tschechoslowakei ihren Pakt vom 9. Mai 1946 am 4. Oktober 1949.[220] Alle Verträge waren auf 20 Jahre geschlossen worden.

Eine Folge des Bruchs zwischen Moskau und Belgrad war auch die, daß sich Albanien, das kein Mitglied des Kominform war, von Anfang an auf die Seite der UdSSR gestellt hat. Plötzlich waren die jugoslawischen Experten und Berater in Tirana ebenso unpopulär wie die sowjetischen in Belgrad. Als Albanien am 1. Juli 1948 seine Verträge mit Jugoslawien kündigte, sparte es nur den bilateralen Bündnispakt vom 9. Juli 1946 aus. Der Pakt verpflichtete beide Seiten zur Hilfeleistung, wenn eine von beiden seitens eines dritten Staates angegriffen würde. Tiranas Interesse am Fortbestand des Bündnisvertrags lag in seinen Grenz-Streitigkeiten mit Griechenland begründet. Die albanische Führung hielt es nach der Beendigung des Bürgerkriegs in Griechenland für nicht ausgeschlossen, daß die siegreichen griechischen Streitkräfte die militärisch günstige Situation nützten und Albanien angriffen, um den als griechisches Territorium beanspruchten Nord-Epirus einzunehmen.

---

219 So Kurt Hager in seinem Vorwort zu: László Rajk und Komplicen vor dem Volksgericht, S. 3: »Der Budapester Prozeß hat zugleich gewaltige internationale Bedeutung als ein erfolgreicher Schlag gegen die Feinde des Friedens in Washington und die ihnen dienende faschistische Bande Titos. Alle Welt kennt nunmehr das wirkliche Gesicht der verbrecherischen Tito-Clique ...«
220 Vgl. die Angaben bei B. Meissner: Ostpakt-System, S. 24, Anm. 5; 27, Anm. 8; 28, Anm. 9; 31, Anm. 2; 32, Anm. 3 und 34, Anm. 5. Vgl. dazu auch H. Fiedler: Bündnissystem, S. 140 f.; I. Reuter-Hendrichs: Grundsätze, S. 99; R. L. Wolff: Balkans, S. 381 f. Die jugoslawische Regierung hat in Antwortnoten jeweils ihre Position verdeutlicht. Es ist geradezu rührend zu lesen, welche Mühe sie aufgewendet hat, um Stalins rechtlich nicht zulässiges Vorgehen zurückzuweisen. Vgl. die Antworten Belgrads an die UdSSR, die Tschechoslowakei und Bulgarien in: White Book, S. 140–161.

Die unbestreitbare Tatsache, daß Albanien jahrelang die Aufständischen in Griechenland aktiv unterstützt hat, hätte der griechischen Regierung eine willkommene Begründung für einen militärischen Angriff liefern können. Bei einem militärischen Angriff Griechenlands auf Albanien wäre Tito – wie R. L. Wolff zutreffend bemerkt – verpflichtet gewesen, seinem alten Freund und gegenwärtigen Feind Enver Hoxha zu helfen. Würde Tito in diesem Fall Truppen ins nördliche Albanien schicken, hätten die zum Kominform gehörenden Staaten ihn anklagen können, daß er die Souveränität eines friedliebenden Staates verletzt hätte, um in einem »Komplott« mit den griechischen »Faschisten« Albanien mit Griechenland zu teilen.

Würde sich Tito hingegen aus einem militärischen Konflikt Griechenlands mit Albanien heraushalten und keine Truppen schicken, hätten ihn die mit der UdSSR verbündeten Staaten anklagen können, Jugoslawien habe seinen Bündnispakt mit Albanien verletzt. Unabhängig von der Entscheidung Titos, im Fall eines militärischen Überfalls Griechenlands auf Albanien hätte er der UdSSR und ihren Alliierten einen Vorwand geliefert, Jugoslawien anzugreifen und den Balkan in eine kriegerische Auseinandersetzung mit all ihren unvorhersehbaren Folgen zu verwickeln.

Die Situation war insofern äußerst gefährlich, als Albanien Anfang August 1949 Griechenland beschuldigte, die Südgrenze Albaniens verletzt zu haben. Tito wandte sich an die Botschaften der USA und Großbritanniens, um sie über die möglichen Gefahren der griechischen Truppen-Bewegungen aufmerksam zu machen. Beide diplomatischen Vertretungen ließen die griechische Regierung wissen, daß sie sich einer griechischen Invasion Albaniens schärfstens entgegenstellen würden; die griechische Regierung teilte mit, daß sie einen solchen Schritt nicht beabsichtige.

Am 2. November 1949 lud die jugoslawische Regierung die Albaner ein, »wahrhaft freundschaftliche Beziehungen« aufzunehmen, wie sie in dem Bündnispakt vom 9. Juli 1946 verankert worden waren. In der Note wiederholte Belgrad die bereits früher gegenüber Tirana vorgebrachten Vorwürfe und verband sie mit weiteren Beschwerden. Die Jugoslawen erwarteten und hofften, daß Albanien nicht im Sinne der Note antworten würde; dann hätte der Bündnispakt gebrochen werden können, und Albanien hätte die Schuld an dem Vertragsbruch auf sich nehmen müssen.

Nachdem Albanien bereits im Oktober 1948 Jugoslawien beschuldigt hatte, Angriffspläne ausgearbeitet zu haben, die darauf abgezielt hätten, »Albanien dem trotzkistischen Jugoslawien anzuschließen«, teilte die jugoslawische Regierung, die die albanische Antwort auf die Note vom 2. No-

vember 1949 nicht veröffentlicht hat, am 12. November mit[221], daß sich Jugoslawien nicht länger an den Bündnisvertrag gebunden fühle.[222]
Es besteht überhaupt kein Zweifel an der Richtigkeit der Aussage Titos, die dieser am 27. April 1950 vor der jugoslawischen Nationalversammlung gemacht und in der er betont hat, daß Stalin den Abbruch der ökonomischen Beziehungen zwischen den zum Kominform gehörenden Ländern sowie Albanien auf der einen und Jugoslawien auf der anderen Seite diktiert hat.[223]
Ohne Bedenken ist Tito dahingehend zu ergänzen, daß dies auch für die Kündigung der bilateralen Bündnispakte gilt.
Daß es Jugoslawien gelungen ist, die katastrophale ökonomische Situation nach dem totalen Bruch mit der Sowjetunion und deren Verbündeten ab 1949 erfolgreich durchzustehen und sich seine Unabhängigkeit und Selbständigkeit zu erhalten, ist auf die unumgängliche Hinwendung des Landes zum Westen zurückzuführen. Die westliche wirtschaftliche und später auch militärische Hilfe sicherte nicht nur die Fortexistenz des sozialistischen Jugoslawien: »Der wirtschaftliche Zusammenbruch des Staates und damit aller Wahrscheinlichkeit nach auch das Ende des souveränen sozialistischen Jugoslawien wurden verhindert. Die militärische Hilfe und das westliche Interesse, Jugoslawien dem Westen anzugliedern oder aber zumindest durch seine Unabhängigkeit vom Ostblock die Schließung der 1948 in die Südwestflanke des sowjetischen Machtbereiches gerissenen Lücke zu verhindern[224], bieten Jugoslawien einen gewissen Schutz vor dem sowjetischen Zugriff.«[225]
Es erscheint zunächst paradox, daß ausgerechnet Marschall Tito, der sehr frühzeitig eine Beteiligung seines Landes an der Marshall-Plan-Hilfe Mitte 1947 strikt abgelehnt hatte und dessen Theoretiker und Propagandisten noch zwei Jahre nach dem Bruch mit dem Kominform das amerikanische

---

221 R. L. Wolff: Balkans, S. 381–384 (383), wo er eine detaillierte und instruktive Übersicht über die Entstehung und Entwicklung des jugoslawisch-albanischen Konflikts gibt. Texte der jugoslawischen Noten vom 2. und 12. November 1949 in: White Book, S. 161–173.
222 Vgl. dazu auch B. Meissner: Ostpakt-System, S. 28. Vgl. zur Gesamtproblematik auch P. Calvocoressi: Survey 1949/50, S. 266 f.
223 Vgl. den Nachweis bei P. Calvocoressi, ebenda, S. 260 f.
224 Vgl. dazu die detaillierte Übersicht bei I. Reuter-Hendrichs: Grundsätze, S. 96 mit den Angaben in den Anm. 299 f. Aufschlußreich ist, daß das erste amerikanisch-jugoslawische Abkommen über eine Militärhilfe bereits am 19. Juli 1948 geschlossen worden ist. Genaue Zahlenangaben über den Umfang der amerikanischen Hilfe an Jugoslawien ab 1950 macht J. C. Campbell in: Tito's Separate Road, S. 171.
225 So I. Reuter-Hendrichs, ebenda, S. 96 f.

Hilfsprogramm schärfstens verurteilt hatten, nun um amerikanische ökonomische und militärische Unterstützung nachsuchen mußte.
Stalins Fehlkalkulation, mit dem Ausschluß der Kommunistischen Partei Jugoslawiens aus dem Kominform und dem dann vollzogenen totalen Bruch auf der politischen und ökonomischen Ebene die jugoslawische Führung in die Knie zu zwingen, hatte nun die unumgängliche Hinwendung Belgrads zum Westen zur Folge.
Die jugoslawisch-amerikanischen Verhandlungen, die zu mehreren Abkommen über militärische Hilfe im Juli 1948 und von 1950 bis 1955 führten und sogar Garantie-Erklärungen der USA gegenüber Jugoslawien im Dezember 1949, im Februar und im Juli 1951 einschlossen, bilden ein diplomatisches Meisterstück Titos insofern, als es ihm gelang, seine Streitkräfte von einer fremden Macht unentgeltlich ausrüsten zu lassen, »ohne ihr Stützpunkte einzuräumen, ohne auch nur eine Militärmission ins Land hereinzulassen und ohne sich vertraglich an die betreffende Macht zu binden. Derartiges dürfte in der ganzen Weltgeschichte noch nie vorgekommen sein. Es war tollkühn, es zu versuchen, und unfaßbar, daß es gelang«.[226]
So konnte die jugoslawische Führung ihr zentrales Ziel, als sozialistisches Land die Unabhängigkeit und Selbständigkeit in den Beziehungen zum Westen zu wahren, ohne Abstriche realisieren. Daß die USA ihre Hilfe von der Einstellung der jugoslawischen Unterstützung für die griechischen Partisanen abhängig machten, bedeutete für Belgrad kein großes Opfer, da die Entwicklung in Griechenland ohnehin nicht im Sinne der Aufständischen verlief.[227] Selbst in den NATO-Staaten waren die Meinungen über eine engere militärische Bindung Jugoslawiens an das Bündnis geteilt. Für Marschall Tito bedeutete die sich anbahnende Zusammenarbeit seines Landes mit Griechenland und der Türkei einen beachtlichen Prestigegewinn, da Jugoslawien nun in der Kooperation mit den beiden seit dem 25. Februar 1952 der NATO angehörenden Staaten einen gleichwertigen und gleichberechtigten Partner bildete und Tito das Argument in

---

226 So E. Halperin: Ketzer, S. 178 f. Halperin gibt eine ausgezeichnete und ausführliche Darstellung der amerikanisch-jugoslawischen Beziehungen (vgl. ebenda, S. 170–184). Die genauen Nachweise über die Abkommen über militärische Hilfe und die Garantie-Erklärungen der USA bei I. Reuter-Hendrichs, ebenda, S. 96 f., 100–102. Sehr instruktiv dazu auch R. L. Wolff: Balkans, S. 410–415.
227 Vgl. dazu E. Halperin, ebenda, S. 172 f.; I. Reuter-Hendrichs, ebenda, S. 101 f.; P. Calvocoressi: Survey 1949/50, S. 270–272. Am 27. Juli 1949 wurde die jugoslawisch-griechische Grenze geschlossen. Vgl. zur Haltung anderer NATO-Staaten E. Halperin, ebenda, S. 181–183.

die Hand spielte, Jugoslawien sei bereit, auch zu Staaten außerhalb der sowjetischen »Sphäre« Beziehungen aufzunehmen. Mit der Errichtung des Balkan-Pakts zwischen Jugoslawien, Griechenland und der Türkei am 28. Februar 1953, der am 7. November 1953 ergänzt und am 9. August 1954 zu einer militärischen Allianz ausgeweitet wurde, sah der Westen die Südostflanke seines Verteidigungsbündnisses geschlossen.[228] So hatte der Westen die Existenz Jugoslawiens als eines sozialistischen und unabhängigen Staates gerettet und die Kalkulation oder zumindest Spekulation der UdSSR auf einen ökonomischen Zusammenbruch und einen Umsturz mit dem Ziel eines erneuten Anschlusses Jugoslawiens an den sowjetischen Machtbereich zunichte gemacht, ohne Jugoslawien an das westliche Verteidigungsbündnis vertraglich zu binden: »Die USA konnten in der Tat nicht vom jugoslawisch-sowjetischen Konflikt profitieren – Jugoslawien profitierte statt dessen vom Ost-West-Konflikt.«[229]

228 Text des Vertrags über Freundschaft und Zusammenarbeit zwischen der Föderativen Volksrepublik Jugoslawien, dem Königreich Griechenland und der Türkischen Republik vom 28. Februar 1953 in: Europa-Archiv 1953, S. 5563 f. Gemäß Art. 1 versprachen sich die drei Vertragspartner, sich über alle Probleme von gemeinsamem Interesse zu konsultieren. Einer gemeinsamen militärischen Kooperation stand Belgrad sehr reserviert gegenüber. So heißt es in Art. 2 des Pakts lediglich, die Vertragspartner beabsichtigten, »auch weiterhin gemeinsame Anstrengungen zu machen, um den Frieden und die Sicherheit in ihrem Gebiet zu wahren und gemeinsam die Überprüfung der Probleme ihrer Sicherheit einschließlich gemeinsamer Verteidigungsmaßnahmen, die im Falle eines nichtprovozierten Angriffes gegen sie notwendig werden könnten, fortzusetzen«.
Da Griechenland und die Türkei seit dem 25. Februar 1952 der NATO angehörten und Tito nicht bereits war, sein Land unter den Schutz des westlichen Verteidigungsbündnisses zu stellen, wurde mit dem Balkan-Pakt jede »Verzahnung« mit der NATO vermieden.
Am 7. November 1953 ergänzten Jugoslawien, Griechenland und die Türkei aufgrund eines Zusatzabkommens den Balkan-Pakt vom 28. Februar 1953 insofern, als sie die Errichtung eines Ständigen Sekretariats beschlossen. Text der Ergänzung in: Europa-Archiv 1953, S. 6180 f.
Text des Vertrags über Bündnis, politische Zusammenarbeit und gegenseitige Hilfe zwischen Griechenland, der Türkei und Jugoslawien vom 9. August 1954 in: Europa-Archiv 1954, S. 6904–6906. Art. X enthielt die ausdrückliche Klausel, daß die Verpflichtungen Griechenlands und der Türkei gegenüber dem Nord-Atlantik-Pakt vom 4. April 1949 nicht berührt würden. Vgl. dazu auch M. Pundeff: The Balkan Entente Treaties, S. 639 f.; E. Halperin, ebenda, S. 182–184. Sehr instruktiv zur rechtlichen Problematik des Balkan-Pakts D. S. Constantopoulos: Die Balkan-Allianz und das internationale Recht. Den politischen Hintergrund und die diplomatische Vorgeschichte des Balkan-Pakts beleuchtet R. L. Wolff: Balkans, S. 415–423.
229 So I. Reuter-Hendrichs: Grundsätze, S. 100–102 (102); C. Bell: Survey 1954, S. 161 f., 171; E. Halperin, ebenda, S. 184: »Die allmähliche Annäherung Jugoslawiens an den Westen in den Jahren 1952/53 war kein bloßer Bluff; sie war eine Realität. Freilich war es gerade auf die Politik der Hilfe ohne Bindungen zurückzuführen,

Die Erweiterung des Balkan-Pakts zu einer militärischen Allianz Anfang August 1954 erschien als ein spektakulärer Vorgang insofern, als sie auf eine weitere wesentliche Hinwendung Jugoslawiens zum Westen schließen ließ. Das Bündnis sollte jedoch keine Bedeutung erlangen, da sich die Beziehungen Jugoslawiens zur neuen sowjetischen Führung nach Stalins Tod am 5. März 1953 im Laufe des Jahres 1954 bereits zu entspannen und zu normalisieren begannen.

Was die Position Albaniens auf dem Balkan anging, so nahm Tirana mit großem Interesse das Kommuniqué zur Kenntnis, mit dem die Außenminister Griechenlands, Jugoslawiens und der Türkei am 11. Juli 1953 eine dreitägige Konferenz in Athen abgeschlossen hatten. Darin brachten sie ihre übereinstimmende Auffassung zum Ausdruck, »daß die Unabhängigkeit Albaniens das wichtigste Element für Frieden und Stabilität im Balkan darstelle. Albanien – der am meisten isolierte Satellit Rußlands – sei für eine allfällige Rückkehr zu einem demokratischen Regime reifer geworden.«

Mit Aufmerksamkeit registrierte man in Tirana, daß die Signatare des Balkan-Pakts nur die Unabhängigkeit, nicht jedoch die territoriale Integrität Albaniens anerkannt hatten. Angesichts der Ansprüche Griechenlands auf Teile Südalbaniens bezeichnete Albanien die Deklaration der Mitglieder des Balkan-Pakts als ein Instrument der Aggression und unterstellte ihnen, die Teilung und Unterordnung Albaniens unter die benachbarten Balkan-Staaten anzustreben.[230]

---

daß Jugoslawien dann wieder von diesem Wege abweichen konnte: es waren eben ganz einfach keine Bindungen an den Westen da.« Daran schließt Halperin eine interessante Spekulation an, die allerdings einer kritischen Prüfung nicht standhalten muß: »Den Preis dafür, daß die amerikanische Diplomatie es versäumte, Jugoslawien an den Westen zu binden, als dies noch möglich war, hat heute schon das ungarische Volk bezahlen müssen. Sein Schicksal hätte sich wesentlich besser gestalten können, wenn sich an seiner langen Südgrenze ein mit der freien Welt verbundener Staat befunden hätte.«
230 Text des Kommuniqués vom 11. Juli 1953 in: Archiv der Gegenwart 1953, S. 4069. Vgl. dazu St. Skendi: Albania, S. 29 f.

5. Die totale Gleichschaltung der von der UdSSR kontrollierten Länder und Gebiete (ab 1948)

Über die Frage, ob man die Entwicklung der von der UdSSR kontrollierten Länder und Gebiete ab Mitte 1948 als eine selbständige Phase oder ausschließlich unter dem Aspekt der Auswirkungen des Bruchs zwischen Stalin und Tito werten soll, läßt sich vortrefflich streiten. Bis heute ist in der zeitgeschichtlichen Forschung die Frage nicht restlos geklärt, ob Stalin nur aus Sorge vor den Auswirkungen des »Titoismus« in den meisten Ländern Säuberungen mit verheerenden Folgen inszeniert oder ob er den »Titoismus« lediglich als Vorwand genommen hat, um den Prozeß der politischen Gleichschaltung zu vollenden. Soviel steht fest: Verfehlt wäre es, Stalins Politik in seinem Machtbereich von Mitte 1948 bis Ende 1949 ausschließlich unter dem Gesichtspunkt »Auswirkungen des Titoismus« zu sehen und zu bewerten. Gegen eine solche Betrachtungsweise spricht auch die Tatsache, daß unabhängig von den personellen Säuberungen in den Führungsspitzen mehrerer kommunistischer Parteien die »Volksdemokratien« gemäß dem sowjetischen Vorbild weiterentwickelt worden sind – Vorgänge, die bereits aufgrund der Entwicklung vor dem Ausschluß der Kommunistischen Partei Jugoslawiens aus dem Kominform Ende Juni 1948 vorgegeben waren und die auch ohne das Zerwürfnis zwischen Stalin und Tito eingeleitet worden wären.

Die innenpolitische und ökonomische Entwicklung der Länder und Gebiete der sowjetischen »Sphäre« ab Mitte 1948 ist nur verständlich, wenn man sich noch einmal vergegenwärtigt, daß bis zu diesem Zeitpunkt überall die außerhalb der kommunistischen Parteien noch anzutreffenden oppositionellen Kräfte ausgeschaltet waren und die jeweilige kommunistische Partei zur alleinigen führenden Macht im Staat geworden war. Dies geschah – wie dargestellt[231] – einmal durch die Auslöschung der traditionellen Bauernparteien und die Spaltung der sozialistischen Parteien in mehrere Gruppen, von denen die jeweils stärkste mit den kommunistischen Parteien fusioniert wurde. So zeigte sich spätestens Ende 1948 in allen von der Sowjetunion kontrollierten Ländern und Gebieten insofern die gleiche Situation, als in keinem eine effektive politische Opposition zur jeweiligen Regierung existierte. Diese Entwicklungsphase spiegelte sich auch in den Verfassungen dieser Staaten wider.

---

231 Vgl. dazu ausführlicher oben Kap. II und S. 359–390.

Nachdem also die kommunistischen Parteien jeweils zur führenden Macht im Staat geworden waren und – von ganz wenigen Ausnahmen abgesehen[232] – von »eigenen Wegen zum Sozialismus« nicht mehr die Rede war, waren für Stalin die Voraussetzungen gegeben, die innere Entwicklung dieser Länder und Gebiete nun total auf das sowjetische Vorbild auszurichten. Stalin wußte, daß die kommunistischen Parteien in diesen Staaten und der SBZ noch längst nicht so monolithisch wie die KPdSU waren. Das ist einmal darauf zurückzuführen, daß diese Parteien erst eine kurze Zeit an der Macht waren; hinzu kommt, daß sie sehr verschiedenartige Mitgliedsgruppen in sich vereinigten und nach der Fusion mit den sozialistischen Parteien zwar sehr hohe Mitgliederzahlen aufwiesen, was aber für die Bildung zuverlässiger und politisch effektiver Kader auch nachteilige Folgen hatte.

Stalins Politik der totalen Gleichschaltung und Unterordnung lagen daher mehrere Motive zugrunde, und es ist müßig, darüber zu spekulieren, welchen Stellenwert sie im Verhältnis zueinander hatten. Auf jeden Fall wäre es ein zu enger Blickwinkel, die vielfältigen Aspekte der Stalinschen Politik gegenüber und in den von der UdSSR kontrollierten Ländern und Gebieten ausschließlich unter dem Blickwinkel der realen oder nur vorgeschobenen Furcht Stalins vor den Auswirkungen des »Titoismus« zu betrachten.[233]

a) *Die weitreichenden personellen Säuberungen*

Ein Vergleich der in den einzelnen Ländern eingeleiteten Säuberungen führt zu dem Ergebnis, daß sie mit sehr unterschiedlicher Intensität betrieben worden sind. Mit besonderer Härte und Schärfe ging man in Bulgarien, Ungarn und in der Tschechoslowakei vor; es folgten Rumänien und Albanien, das sich nach dem Bruch mit Jugoslawien und dem Übertritt in das von Stalin geführte »Lager« den neuen Verhältnissen schnell

---

232 Vgl. dazu die Nachweise bei Z. K. Brzezinski: Sowjetblock, S. 92 f. mit Anm. 5.
233 Vgl. dazu Z. K. Brzezinski, ebenda, S. 112 f.; P. Calvocoressi: Survey 1949/50, S. 196 f.; J. K. Hoensch: Osteuropa-Politik, S. 58. Tito selbst hat die Formel »Titoismus« nicht gern gehört. Sehr aufschlußreich dazu aus eigener Anschauung I. Birnbaum: Achtzig Jahre dabeigewesen, S. 230–241 (232): »Über den Begriff des ›Titoismus‹ spottete er und wollte nichts davon wissen, daß es so etwas überhaupt gäbe. Er erklärte sich für einen treuen Marxisten und Leninisten, der nur die Entartungen der reinen kommunistischen Lehren nicht mitmachen wollte, zu denen es anderswo gekommen sei.«

anpaßte. Am wenigsten radikal und blutig waren die Säuberungen in Polen und der SBZ. Die Frage, nach welchen sachlichen Motiven die Prozesse ausgelöst wurden, ist nicht leicht zu beantworten und entzieht sich einer schematischen Einteilung.

In erster Linie ging es Stalin darum, in den einzelnen Ländern die in seiner Sicht »nationalkommunistisch« ausgerichteten Parteiflügel zu zerschlagen. Das gilt einmal für den rumänischen Altkommunisten Lucretiu Patrascanu, der bereits im Februar 1948 als »nationalistischer Abweichler« verhaftet und ohne ein Gerichtsverfahren ins Gefängnis gesteckt worden war.[234] In Polen mußte bereits im Sommer 1948 Wladyslaw Gomulka das Amt des Generalsekretärs der Partei abgeben und gut ein Jahr später, im November 1949, verloren er, General Marian Spychalski, politischer Hauptleiter der polnischen Armee, und der ehemalige Kaderchef und Minister der Justiz, Zenon Kliszko, »wegen rechtsnationalistischer Abweichung« ihre Ämter im Zentralkomitee der Partei und wurden im Dezember 1951 verhaftet, ohne daß ihnen ein spektakulärer Prozeß gemacht worden ist. In seinem Machtkampf mit Boleslaw Bierut stand Gomulka von Anfang an auf verlorenem Posten, da seine innenpolitischen Vorstellungen – langsame Kollektivierung und größere Eigenständigkeit – von Stalin nicht geteilt wurden. Festzuhalten gilt, daß es in Polen keine Schauprozesse gegen Kommunisten gegeben hat.[235]

Auch in Albanien wurde frühzeitig mit weitreichenden Säuberungen begonnen. Nachdem sich Staats- und Parteichef Enver Hoxha nach dem Bruch Stalins mit Tito sogleich auf die Seite der UdSSR gestellt hatte, übernahm die Sowjetunion Anfang September 1948 mit dem Abschluß eines Handels- und Kreditabkommens bereits die Schutzmacht-Funktion, die bis zum Ausschluß der Kommunstischen Partei Jugoslawiens aus dem Kominform Belgrad innegehabt hatte. Am 3. Oktober 1948 ließ Hoxha, den Stalin gegenüber Milovan Djilas als »kleinen Bourgeois, der zum Na-

---

234 Vgl. dazu P. Calvocoressi: Survey 1947/48, S. 163 mit Anm. 3, 185, 194 f., 197; E. Halperin: Ketzer, S. 301; G. Ionescu: Communism, S. 151-156; R. L. Wolff: Balkans, S. 291 f.; St. Fischer-Galati: Rumania, S. 117-120.
235 Vgl. dazu die ausführliche Darstellung bei A. B. Ulam: Titoism, S. 173-193; R. L. Wolff, ebenda, S. 378; Z. K. Brzezinski: Sowjetblock, S. 116 f.; P. Calvocoressi: Survey 1949/50, S. 205 f.; ders.: Survey 1951, S. 190-192; ders.: Survey 1952, S. 167 f. Wie sehr im Herbst 1949 der Machtkampf zwischen Bierut und Gomulka von vornherein für den ersteren entschieden war, zeigte Bieruts Referat auf dem III. Plenum des Zentralkomitees seiner Partei vom 11.-13. November 1949. Vgl. Bierut: Aufgaben. Vgl. dazu L. Marcou: Le Kominform, S. 248-253.

tionalismus neigt«[236], apostrophiert hatte, seinen bis dahin auch für die Geheimpolizei verantwortlichen Innenminister und Vizepremier Koci Xoxe unter dem Vorwurf, »trotzkistische« und »titoistische« Aktivitäten entwickelt zu haben, verhaften und vor Gericht stellen. Am 11. Juni 1949 wurde Xoxe, zuvor immer noch ein »Vertrauter« Belgrads in der albanischen Führung, nach einem Schauprozeß hingerichtet. Damit war es Enver Hoxha gelungen, seinen schärfsten Rivalen auszuschalten und seinen alleinigen Führungsanspruch zu untermauern. Bereits am 31. Oktober 1948 hatte der engste Vertraute Hoxhas, Mehmet Shehu, das Amt des Innenministers übernommen.[237]

Weltweites Aufsehen erregten die aufgrund von Schauprozessen erfolgten Säuberungen in Bulgarien, Ungarn und in der Tschechoslowakei. In diesen Ländern wurden führende und um den Aufbau des Kommunismus höchst verdiente Persönlichkeiten unter dem Vorwurf »ideologischer Abweichungen« und des »Verrats« vor Gericht gestellt und hingerichtet. Man darf Stalin bescheinigen, daß er bei der Suche nach Vorwänden, wichtige und ihm untertänige Kommunisten auch physisch auszuschalten, einige Phantasie bewiesen hat. Alte Kommunisten sahen sich jetzt angeklagt, »Gestapo-Agenten« gewesen zu sein. Nun war es für einen Kommunisten – wie Ernst Halperin bemerkt hat – »keine Ehre mehr, sondern ein lebensgefährlicher Makel, daß er einst bereit gewesen war, in Spanien sein Leben für die große Sache herzugeben«. Spanien-Kämpfer wurden unter dem Vorwurf »kosmopolitischer Verräter« vor Gericht gestellt. Wieder andere waren Juden und wurden angeklagt, »Söldlinge des Zionismus« zu sein. Stalin schreckte nicht einmal davor zurück, im Moskauer Exil geschulte Kommunisten nun als »Verräter an der Bewegung« zu brandmarken und hinzurichten. Wenn der Lebenslauf dieser namhaften Funktionäre für die Zeit bis 1945 Stalin keinen Vorwand für eine Anklage-Erhebung bot, blieb ihm immer noch übrig, das Argument »titoistischer Abweichungen« vorzubringen.[238]

---

236 Vgl. M. Djilas: Gespräche, S. 186; J. K. Hoensch: Osteuropa-Politik, S. 59; W. E. Griffith: Albania, S. 19–22.
237 Vgl. dazu R. L. Wolff: Balkans, S. 379 f.; P. Calvocoressi: Survey 1949/50, S. 210. Sehr instruktiv dazu P. Lendvai: Balkan, S. 205–207 (206), wo er darauf hinweist, daß Xoxe seit Mitte 1947 auf eine beschleunigte Vereinigung Albaniens mit Jugoslawien gedrängt hätte. Vgl. dazu auch J. F. Brown: Balkan, S. 87; N. C. Pano: Albania, S. 84–87, 91 f.; St. Skendi: Albania, S. 348.
238 Die in den einzelnen Ländern mit unterschiedlicher Intensität und verschiedenen Begründungen veranstalteten Prozesse sind Gegenstand zahlreicher Arbeiten, auf die hier nur verwiesen werden kann. Vgl. dazu Z. K. Brzezinski: Sowjetblock, S. 112–118;

Der Reigen der weitreichenden Säuberungen und Schauprozesse wurde in Ungarn eröffnet, wo am 16. September 1949 Lásló Rajk, Mitglied des Politbüros und Innenminister, der als überzeugter Kommunist der Partei viele Jahre hindurch hingebungsvoll gedient hatte, mit mehreren hohen Partei- und Armee-Funktionären vor einen Volksgerichtshof gestellt und am 24. September zum Tode verurteilt. Bis dahin hatte Stalin großen Wert darauf gelegt, daß in Ungarn – ebenso wie in den anderen von der UdSSR kontrollierten Ländern – in der Parteiführung ein Gleichgewicht zwischen der jeweiligen Moskauer Exilgruppe und jenen »Genossen« herrschte, die in der Kriegs- und Vorkriegszeit unter Führung Rajks in der Illegalität gearbeitet hatten. Mit dem Prozeß gegen Rajk gestattete Stalin Mátyás Rákosi, seinen Rivalen im innerparteilichen Machtkampf zu liquidieren und die unumschränkte Herrschaft über den Parteiapparat zu übernehmen. Stalins Vertraute in Budapest – wie Rákosi, Gerö und Farkas – machten »die sklavische Nachahmung der sowjetischen forcierten Industrialisierung und Kollektivierung zu einer Sache, über die es keine Diskussion mehr gab. Natürlich war man dadurch noch mehr als bisher auf sowjetische Hilfe angewiesen, und es war kein Gedanke mehr an irgendeine titoistische Alternative (ob Rajk eine solche überhaupt je ins Auge gefaßt hatte, ist zweifelhaft)«[239].

Der spektakuläre Rajk-Prozeß bildete ein zentrales Thema der 4. Tagung des Kominform im November 1949 in Ungarn. Dort hielt der rumänische Parteichef Gheorghe Gheorghiu-Dej ein Referat über »Die jugoslawische Partei in den Händen von Mördern und Spionen«, das als Grundlage für die Kominform-Resolution diente. Darin hieß es, daß die Kommunistische Partei Jugoslawiens das Recht verwirkt habe, sich »Kommunistische Partei« zu nennen und daß »der Kampf gegen die Tito-Clique – diese besoldeten Mörder und Spione – die internationale Pflicht aller kommunistischen und Arbeiterparteien ist«[240].

A. B. Ulam: Titoism, S. 189–218; R. L. Wolff, ebenda, S. 377–390; P. Calvocoressi: Survey 1949/50, S. 196–214; ders.: Survey 1951, S. 177–197; E. Halperin: Ketzer, S. 223–235, 301–304.
239 So Z. K. Brzezinski, ebenda, S. 114; E. Halperin, ebenda, S. 223–228; R. L. Wolff, ebenda, S. 380 f. Da Stalin das spektakuläre Verfahren gegen Rajk und dessen »Komplizen« als Musterprozeß aufgezogen hat, wurde das umfangreiche Protokoll des Prozesses noch 1949 mehrsprachig publiziert. Vgl. die deutsche Ausgabe: Laszlo Rajk und Komplizen vor dem Volksgericht. Vgl. zum Rajk-Prozeß auch L. Marcou: Le Kominform, S. 261–272.
240 Zit. bei E. Halperin, ebenda, S. 228 f. Vgl. dazu auch »Die Entwicklung der Kominform von 1947–1950«, S. 833.

Noch stärker als im Rajk-Prozeß mußte die »Clique Tito-Kardelj-Ranković-Djilas« als Vorwand für die blutige Säuberung der Kommunistischen Partei Bulgariens dienen. Bereits im März 1949 wurde Traičo Kostov, Mitglied des Politbüros und einer der stellvertretenden Ministerpräsidenten, aus dem Zentralkomitee der Kommunistischen Partei Bulgariens ausgeschlossen. Der Vorwurf, Kostov habe im Sinne amerikanisch-titoistischer Verschwörer auf eine Loslösung Bulgariens aus dem sowjetischen Machtbereich hingearbeitet, war deshalb völlig aus der Luft gegriffen, da er, der führende Repräsentant der »Einheimischen«, der illegalen Kämpfer aus der Kriegs- und Vorkriegszeit, den Föderations-Plänen des »Moskoviters« Dimitrov und Titos immer äußerst ablehnend gegenübergestanden hatte.

Der Prozeß gegen Kostov war – wie das Verfahren gegen Rajk in Budapest – Ausdruck der Rivalität zwischen den Moskauer Emigranten, die sich um den kränkelnden Dimitrov und dessen Schwager Vulko Červenkov gruppierten, und den »Einheimischen« um Kostov, der großen Anteil an der rapiden ökonomischen Umwälzung Bulgariens nach dem Zweiten Weltkrieg und den die Partei noch 1947 als einen der »meist geliebten und respektierten Führer, als großen Staatsmann und Erbauer des neuen Bulgarien«[241] apostrophiert hatte. Kostov sprach sich selbst im Prozeß der »nationalistischen Abweichung im Verhältnis zur UdSSR« und der Opposition zu Dimitrov für schuldig, um dann sein Geständnis zu widerrufen. Kostov wurde zum Tode verurteilt, und seine Mitangeklagten erhielten hohe Gefängnisstrafen; die Parteispitze wurde gründlich gesäubert, und von den 40 Mitgliedern des Zentralkomitees wurden 17 ausgeschlossen.[242]

Am längsten zog sich die Säuberung in der tschechoslowakischen Parteiführung hin. Von der ersten Säuberung, die Ende 1948 eingeleitet und im Februar 1949 abgeschlossen worden war, war bereits ein Viertel der Partei-Mitglieder betroffen; eine weitere Säuberung mit dem Ausschluß zahlreicher Mitglieder schloß sich nach dem Rajk-Prozeß in Ungarn an und klärte die Situation für den 9. Kongreß der Kommunistischen Partei

---

241 Zit. bei R. L. Wolff: Balkans, S. 384 mit Anm. 40. Wolff gibt eine eingehende und instruktive Darstellung des Prozesses gegen Kostov (vgl. ebenda, S. 384–389); E. Halperin, ebenda, S. 229 f.; A. B. Ulam: Titoism, S. 199–217; Z. K. Brzezinski: Sowjetblock, S. 114 f.
242 Vgl. dazu die Angaben bei R. L. Wolff, ebenda; Z. K. Brzezinski, ebenda; E. Halperin, ebenda, S. 228–230; P. Calvocoressi: Survey 1949/50, S. 206–210; J. K. Hoensch: Osteuropa-Politik, S. 59; L. Marcou: Le Kominform, S. 272–277.

Ende Mai 1949, auf dem auch Georgij Malenkov, der nach dem plötzlichen Tode Ždanovs am 31. August 1948 dessen Funktionen übernommen hatte, seinen ersten Auftritt im Ausland hatte. Obwohl die Prager Führung mit dem »Coup« im Februar 1948 die »Reaktionäre« in der Partei besiegt hatte, meinte sie – ebenso wie die sowjetische Führung –, daß die Partei noch immer nicht von allen subversiven Elementen befreit worden war. Darüber hinaus hegte Stalin ein besonderes Mißtrauen gegenüber der Prager Führung hinsichtlich des Bruchs mit Belgrad.
Nach dem Rajk-Prozeß in Budapest begann in der Tschechoslowakei eine neue Säuberung, die sich in ständiger Steigerung bis 1952 hinzog und mit dem Stichwort »rechtsnationalistische Abweichung« geführt wurde. Nachdem 1949 zunächst einige namhafte slowakische »Genossen«, zu denen auch der Landespolitiker Gustav Husak zählte, ihre Posten verloren hatten, wurde im März 1950 Außenminister Vladimir Clementis, ebenfalls ein gebürtiger Slowake, seiner Funktionen enthoben.
Ihren Höhepunkt erreichten die Säuberungen Ende 1950 und 1951, als sie auf die kommunistische Führung des Landes selbst übergriffen. Die Situation in der Führungsspitze der Kommunistischen Partei der Tschechoslowakei unterschied sich von der der anderen von der UdSSR kontrollierten Länder dadurch, daß in Prag die »Moskoviter« Gruppe in zwei Flügel gespalten war: Die eine wurde von Staatspräsident Clement Gottwald, die andere von Rudolf Slánský, dem Generalsekretär der Kommunistischen Partei, repräsentiert. In diesem Richtungskampf vermochte sich Gottwald durchzusetzen: Am 6. September 1951 verlor Slánský, der sich zuvor als einer der verbissensten »Säuberer« geriert und zu seinem 50. Geburtstag am 31. Juli 1951 noch die höchste Auszeichnung des Regimes, den »Orden des Sozialismus« erhalten hatte, seinen Posten als Generalsekretär der Partei.
Slánský wurde als Nachfolger General Svobodas einer der stellvertretenden Ministerpräsidenten. Am 27. November 1951 wurde Slánský mit zahlreichen seiner politischen Freunde und Mitarbeiter unter dem Vorwurf verhaftet, er habe mit subversiven Gruppen zusammengearbeitet; bemerkenswerterweise hatte er, der neben allen Parteiämtern auch die Mitgliedschaft in der Partei verlor, in kommunistischen Kreisen als Ždanov nahestehend gegolten. Präsident Gottwald wußte, durch die Säuberungen, die nicht nur die Parteispitze, sondern auch die gesamte Bürokratie und Armee erfaßten, seine Position wesentlich auszubauen. Obwohl Slánský und Clementis unter sehr unterschiedlichen Vorwürfen verhaftet worden waren, wurden die beiden Verfahren zusammengezogen.

Der Schauprozeß, der ausdrücklich in Parallele zu den sowjetischen Säuberungsprozessen der späteren dreißiger Jahre gesetzt wurde, endete am 3. Dezember 1952 mit den Todesurteilen über Slánský und Clementis. Der Prozeß unterschied sich von den Verfahren in den anderen Ländern dadurch, daß er einen offenen antisemitischen Charakter trug; die Angeklagten wurden wegen »Zionismus und Trotzkismus« unverzüglich hingerichtet. Da 11 der 14 Angeklagten – wie Slánský selbst – Juden waren, hielt ihnen der Staatsanwalt auch eine »kosmopolitische« Gesinnung und angebliche Verbindungen mit Israel vor. Gleichzeitig wurden 1500 vermeintliche Anhänger Slánskýs, fast ausnahmslos jüdische Intellektuelle aus dem Bürgertum, zu Zuchthaus-Strafen von mehr als 10 Jahren verurteilt. Die gegen Parteifeinde und slowakische bürgerliche Nationalisten gerichteten Prozesse kamen endgültig erst 1954 zum Abschluß.[243]

Sehr viel weniger blutig und mit einiger Verzögerung erfolgten die Säuberungen in Rumänien. Im Mai 1952 wurden der stellvertretende Ministerpräsident Vasile Luca und Innenminister Teohari Georgescu ihres Postens enthoben und Ana Pauker aus dem Sekretariat und Politbüro der Partei ausgeschlossen; im Juli mußte sie das Außenministerium aufgeben. Damit war es dem »Nationalkommunisten« Gheorghiu-Dej gelungen, die wichtigsten Repräsentanten des »Moskoviter«-Flügels auszuschalten. Luca, Georgescu und Ana Pauker, die alle jüdischer Herkunft waren, ver-

---

243 Vgl. dazu die ausführliche Darstellung bei P. Calvocoressi, ebenda, S. 200–205; ders.: Survey 1951, S. 178–190; ders.: Survey 1952, S. 165–167; Z. K. Brzezinski, ebenda, S. 115. Über die »Verfehlungen« der »Verräter und Verschwörer« informierte K. Gottwald am 22. Februar 1951 das Zentralkomitee seiner Partei. Vgl. K. Gottwald: Bericht, S. 32–39. Vgl. dazu auch L. Marcou, ebenda, S. 277–283; E. Halperin, ebenda, S. 230–235, 243–246, 299–301. Halperin hat mit Akribie die rassistischen Argumente im Slánský-Prozeß, in dessen Protokollen nicht nur die Wörter »Kosmopolit« und »Zionist«, sondern erstmals auch das Wort »Jude« aufgetaucht sind, analysiert. Nur in einem Punkt ist der Darstellung Halperins nicht zu folgen: Da die Ankläger im Slánský-Prozeß auch die angebliche im »Morgenthau-Plan« zutage getretene »amerikanisch-jüdische Verschwörung« bemüht haben, meint Halperin, daß es sich um einen »bewußten Appell an die antisemitischen, nationalsozialistischen Kräfte in Deutschland« gehandelt habe (vgl. ebenda, S. 245). Selbst wenn Stalin Anfang der fünfziger Jahre über die politischen Verhältnisse in der Bundesrepublik Deutschland auch nicht ausreichend informiert gewesen sein sollte, wußte er, daß er mit antisemitischen oder gar nationalsozialistischen Parolen keine Stimmung für den Kommunismus machen konnte. Sehr instruktiv dazu auch »Die Kommunistische Partei der Tschechoslowakei«, S. 10 f. Vgl. zur Gesamtproblematik der Prozesse auch die sehr instruktive und differenzierte Analyse »Der Mechanismus der osteuropäischen Säuberungen«, S. 828 f.: »In einem kommunistischen Staat, der auf einer bestimmten Anzahl von Doktrinen und Dogmen beruht, von deren Vervollkommnung und Verbreitung seine Daseinsberechtigung abhängt, ist die Ketzer-Bekämpfung eine ganze normale und natürliche Erscheinung. Orthodoxie ist ohne ihr Gegenteil undenkbar, und sie müßte sich ihre Ketzer erfinden, falls diese nicht von Anfang an vorhanden wären.«

schwanden in der Versenkung. Die 1954 von Gheorghiu-Dej eingeleitete weitere Säuberungswelle erreichte mit der Exekution Lucretiu Patrascanus, der in der Vorkriegszeit als der bedeutendste kommunistische Theoretiker der Balkan-Länder gegolten hatte und bereits im Februar 1948 verhaftet worden war, ihren tragischen Höhepunkt. Jetzt – ein Jahr nach dem Tode Stalins – war es jedoch nicht mehr opportun, einen spektakulären Schauprozeß wie gegen Rajk, Kostov und Slánský zuvor zu inszenieren.[244]

Ohne offene Gewalttätigkeit wurde die Führung der SED in der DDR erstmals 1950 gesäubert. Die SED benutzte ihren III. Parteitag vom 20. bis zum 24. Juli 1950 auch dazu, den »trotzkistischen und titoistischen Elementen« den Kampf anzusagen. In der vom Parteitag angenommenen Entschließung »Die gegenwärtige Lage und die Aufgabe der SED« hieß es:

»Die Prozesse gegen Rajk in Ungarn und Kostoff in Bulgarien haben den einwandfreien Beweis erbracht, daß die Tito-Clique im Auftrag und im Solde des anglo-amerikanischen Imperialismus in allen demokratischen und friedliebenden Ländern ein verzweigtes Netz von Agenten unterhält, die das schmutzige Handwerk der Kriegstreiber besorgen sollen ... Diese trotzkistischen Gruppen sind für die Arbeiterklasse infolge ihrer raffinierten Methoden des Kampfes, bei denen sie alle Erfahrungen der angloamerikanischen Agenturen anwenden, besonders gefährlich.«[245]

---

244 Vgl. dazu R. L. Wolff: Balkans, S. 377 f., 470 f.; St. Fischer-Galati: Rumania, S. 231 f. (232). Fischer-Galati schreibt, daß Patrascanu am 14. April 1954 hingerichtet worden sei. Nach der offiziellen Version geschah dies erst am 17. Mai 1954. Vgl. dazu St. Fischer-Galati, ebenda, S. 354, wo er eine kurze Biographie Patrascanus gibt. Vgl. dazu auch E. Halperin, ebenda, S. 301 f.; J. K. Hoensch: Osteuropa-Politik, S. 59 f. Vgl. zu G. Malenkovs »Neuem Kurs« Z. K. Brzezinski, ebenda, S. 179: »In Polen und Rumänien, die in bezug auf stalinistischen Terror im Rückstand waren, nahmen die Polizeimethoden in dieser Periode an Härte noch zu.« In Polen wurde im September 1953 Kardinal Wyszynski verhaftet. Vgl. zu den Säuberungen in Rumänien auch L. Marcou, ebenda, S. 257–261, 283–286.
245 Text in: Protokoll der Verhandlungen des III. Parteitages der SED. Bd. 2, S. 225–275 (251). Vgl. dazu auch Z. K. Brzezinski, ebenda, S. 116–118; E. Halperin, ebenda; P. Calvocoressi: Survey 1949/50, S. 210–214 (212 f). Neben Paul Merker wurden von der Säuberungsaktion der SED vom 24. August 1950 mehrere Spitzenfunktionäre erfaßt und aus der SED ausgeschlossen: Leo Bauer, Chefredakteur des »Deutschlandsenders«; Bruno Goldhammer, Chefredakteur des »Senders Berlin«, Willi Kreikemeyer, Generaldirektor der Reichsbahn; Lex Ende, Chefredakteur des SED-Zentralorgans »Neues Deutschland«; Maria Weiterer, Sekretärin des Demokratischen Frauenbundes Deutschlands. Wenige Zeit später wurden auch sie verhaftet. Auch hier wurde als Begründung angeführt, daß sie sich seit 1939 durch Vermittlung des amerikanischen Geheimagenten Field für die Zersetzung der Emigrationsgruppen im Westen der kommunistischen Partei zugunsten der USA hergegeben hätten. Vgl. dazu »SBZ von 1945 bis 1954«, S. 136.

Am 24. August 1950 wurde Paul Merker, Mitglied des Politbüros der SED, als »Werkzeug des Klassenfeindes« und wegen Verbindung zu dem »amerikanischen Agenten Noel H. Field« aus der SED ausgeschlossen und am 20. Dezember als »feindlicher Agent« und »Subjekt der USA-Finanz-Oligarchie« verhaftet; auch eine Reihe weiterer Spitzenfunktionäre wurde aus der Partei ausgeschlossen. Merker, der 1956 aus der Haft entlassen, jedoch nicht rehabilitiert wurde, hatte – im Gegensatz zu Walter Ulbricht und anderen – die Kriegsjahre im Westen verlebt, so daß sich die Vorwürfe gegen ihn leicht konstruieren ließen. Weiterreichende Säuberungen erfolgten in der DDR erst im Mai 1953 und dann verstärkt nach dem Volksaufstand im Juni 1953.[246]

Die Säuberungen der kommunistischen Parteien in den von der UdSSR kontrollierten Ländern und Gebieten beschränkte sich nicht auf die jeweilige Führung. Die Zahlen der damals ausgeschlossenen Kommunisten vermitteln einen Eindruck von den Ausmaßen der Aktionen: Polen 370 000, Tschechoslowakei 550 000, Rumänien 200 000, Ungarn 200 000, SBZ 300 000 und Bulgarien 90 000. Im Durchschnitt wurde – wie Zbigniew K. Brzezinski feststellt – etwa jedes vierte Mitglied der osteuropäischen Parteien ausgeschlossen[247].

b) *Die Nachahmung des sowjetischen Vorbilds im innerstaatlichen Bereich*

Ende 1948 und verstärkt 1949 drängte Stalin immer mehr darauf, daß die Länder der sowjetischen »Sphäre« auch ihre inneren Ordnungen immer mehr auf das sowjetische Vorbild ausrichteten. Stalin hatte sich nicht damit begnügt, daß sich diese Staaten 1947/48 und Ungarn 1949 Verfassungen gaben, die ausgiebige Anleihen bei der sowjetischen Verfassung von

---

246 Vgl. zur Person P. Merkers »SBZ-Biographie«, S. 236 f. Am 14. Mai 1969 teilte das »Neue Deutschland« den Tod Merkers mit und publizierte einen »Nachruf des Zentralkomitees«, der insofern äußerst lückenhaft war, als er mit keinem Wort den Ausschluß Merkers aus der SED und dessen mehrjährige Haft erwähnt hat. Vgl. dazu »Lücken im Nachruf für Paul Merker«, in: Frankfurter Allgemeine Zeitung vom 15.-16. Mai 1969: Merker hat nach der Entlassung aus der Haft 1967 »nur als Bahnhofs-Restaurateur arbeiten dürfen. Daß die Partei seine zuletzt von ihm noch loyal geleistete gesellschaftspolitische Tätigkeit im Kreisvorstand der Gesellschaft für Deutsch-Sowjetische Freundschaft in Königs-Wusterhausen lobend erwähnte, entbehrte nicht des Zynismus.« Vgl. über die Säuberungen im Jahre 1953 Z. K. Brzezinski, ebenda, S. 116–118; SBZ von 1945 bis 1954, S. 247.
247 Vgl. dazu die Angaben bei Z. K. Brzezinski, ebenda, S. 118 mit Anm. 19.

1936 gemacht haben.²⁴⁸ Neue Anstöße erhielt der Prozeß der totalen Gleichschaltung auch nach dem Zerwürfnis Moskaus mit Belgrad. Der Konflikt zwischen Stalin und Tito hatte ideologische Verwirrung gestiftet, da Titos Positionen in vielerlei Hinsicht den herrschenden sowjetischen Auffassungen sehr nahe waren; daher erschien eine offizielle Richtlinie dringend notwendig, die in zweifacher Gestalt erging: einem »programmatischen« Aufsatz Pavel F. Judins in der Kominform-Zeitschrift im Oktober 1948 und in einer »wegweisenden Rede« Georgi Dimitrovs auf dem V. Parteitag der Kommunistischen Partei Bulgariens vom 19. Dezember 1948.²⁴⁹

Bis zu diesem Zeitpunkt fehlte eine verbindliche Definition des Begriffs »Volksdemokratie«. Das war darauf zurückzuführen, daß bis zum Sommer 1948 in den einzelnen Ländern des sowjetischen Machtbereichs und in der SBZ unterschiedliche Ansichten über den richtigen Weg zum Sozialismus und die dabei zu berücksichtigenden Besonderheiten bestanden haben; damit war eng die Frage verbunden, wie sehr die innere Ordnung der UdSSR als Vorbild für diese Staaten und Gebiete zu dienen hatte. Wie unterschiedlich die Sowjets die Entwicklungsstadien noch im Frühjahr 1948 bewertet haben, verdeutlichte Oberst Tulpanov in seinem Referat über das Thema »Volksdemokratie« vor der Partei-Hochschule der SED im April 1948. Den unterschiedlichen Entwicklungsstand der »sozialistischen Umgestaltung« in den einzelnen Ländern der sowjetischen »Sphäre« kennzeichnete er sehr plastisch so:

»Wenn wir uns einen großen Fluß vorstellen und als ein Ufer die bürgerliche, kapitalistische Demokratie, als anderes Ufer aber die sozialistische Staatsform annehmen, dann können wir heute sagen, Jugoslawien hat das andere Ufer bereits erreicht, Bulgarien macht gerade noch die letzten Schwimmzüge, um es zu erreichen, Polen und die Tschechoslowakei sind etwa in der Mitte des Flusses, gefolgt von Rumänien und Ungarn, die erst ein Drittel der Strecke zurückgelegt haben, während die Sowjetzone Deutschlands sich gerade erst mit einigen Schwimmzügen von dem bürgerlichen Ufer entfernt hat.«²⁵⁰

Pikant ist an Tulpanovs Einteilung vor allem die positive Beurteilung der Entwicklung Jugoslawiens, das – wie dargelegt – nur wenige Monate später mit dem Bannfluch Stalins belegt worden ist. In seinem Artikel in der

---

248 Vgl. dazu oben S. 285 f., 291, 361, 374 f., 377 f., 381, 385 f.
249 Vgl. dazu die ausführliche Darstellung bei Z. K. Brzezinski: Sowjetblock, S. 92–99.
250 Zit bei W. Leonhard: Revolution, S. 483 f.; Z. K. Brzezinski, ebenda, S. 100 f. Vgl. dazu auch H.-P. Schwarz: Reich, S. 251 f.

Kominform-Zeitschrift vom 15. Oktober 1948 betonte Judin mehrfach die Allgemeingültigkeit der sowjetischen Erfahrungen, tadelte Kommunisten-Führer wie Gomulka, die einen »schweren Fehler« begangen hätten, indem sie »die Erfahrungen der UdSSR nicht beachteten«, und ließ keinen Zweifel daran, wie gefährlich es sei, eigene Wege zum Sozialismus zu beschreiten.[251]

Georgi Dimitrovs Rede vom 19. Dezember 1948 ist als ein »klassisches« Dokument in die Geschichte der Volksdemokratien eingegangen und wurde später immer wieder auch von den führenden Partei-Funktionären in den einzelnen Ländern zitiert. Dimitrov führte darin aus, daß nach der marxistisch-leninistischen These das sowjetische Regime und das volksdemokratische Regime »zwei Formen ein- und derselben Macht, der Macht der Arbeiterklasse, die im Bündnis mit den Werktätigen aus Stadt und Land und an ihrer Spitze steht, seien: »Das sind zwei Formen der proletarischen Diktatur.«

Es sei notwendig, folgerte Dimitrov weiter, die große Erfahrung des sozialistischen Aufbaus in der Sowjetunion allseitig zu studieren und weitestgehend auszunutzen: »Und diese Erfahrung..., unseren Verhältnissen angepaßt, ist das einzige, das beste Vorbild für den Aufbau des Sozialismus bei uns wie auch in den anderen Ländern der Volksdemokratie.«[252]

Ab Ende 1948 wurden in den Volksdemokratien immer stärker die führende Position der UdSSR und die Bedeutung der sowjetischen Erfahrungen hervorgehoben und daraus die Schlußfolgerung gezogen, daß die Sowjetunion den Volksdemokratien in allen zentralen Fragen ein Vorbild sei. Nachdem die Einförmigkeit in den Verfassungen der von der UdSSR kontrollierten Länder Eingang gefunden hatte, fand sie in der Folgezeit auch im staatsrechtlichen Denken dieser Länder ihren Ausdruck.

Die einzige Ausnahme bildete die sowjetisch besetzte Zone Deutschlands, die am 7. Oktober 1949 nicht als Volksdemokratie, sondern als »Deutsche Demokratische Republik« proklamiert wurde. Die erste Verfassung der DDR lehnte sich noch stark an die Weimarer Reichsverfassung von 1919 an und enthielt ein Bekenntnis zur parlamentarisch-demokratischen Republik. Die DDR wurde als »demokratischer Staat« bezeichnet, der von den verbündeten Arbeitern und Bauern regiert werde; sie sei kein »bürgerlicher Staat« mehr, aber auch noch keine »Volksdemokratie«, da

---

251 Vgl. dazu Z. K. Brzezinski, ebenda, S. 94.
252 Text der Rede in: G. Dimitroff: Ausgewählte Schriften. Bd. 3, S. 649 f. Sehr instruktiv über die »Neue politische Struktur der Volksrepubliken« auch F. Fejtö: Volksdemokratien. Bd. I, S. 302–311; Z. K. Brzezinski, ebenda, S. 95 f.

die Macht mit anderen sozialen Gruppen geteilt werde. Die DDR wurde nicht zu den Volksdemokratien gerechnet, auch wenn sie 1952 ihren Staatsaufbau stark dem sowjetischen Vorbild angeglichen hat.[253]
Daß sich die DDR offiziell nicht als »Volksdemokratie« apostrophiert hat, ist auch und gerade auf die besondere Lage in Deutschland zurückzuführen: Die erste Verfassung der DDR beanspruchte gesamtdeutsche Geltung. Sowohl die innere Situation der SBZ als auch die Rücksichtnahme auf die drei westlichen Besatzungszonen Deutschlands und die ungeklärte Zukunft des Landes veranlaßten die sowjetische Besatzungsmacht und die SED, 1949 ideologische Zurückhaltung zu üben. Hinzu kommt, daß die Entwicklung und Veränderungen in der SBZ es 1949 gar nicht erlaubt hätten, die DDR als »Volksdemokratie« zu kennzeichnen. Nachdem die 2. Parteikonferenz der SED im Juli 1952 die »Schaffung der Grundlagen des Sozialismus« proklamiert hatte[254], wurde auch in der DDR der Ausdruck »Volksdemokratie« zur Kennzeichnung der eigenen Entwicklungsetappe gebraucht. Wichtigstes Merkmal einer Volksdemokratie sei die führende Rolle der kommunistischen Partei. Das zweite entscheidende Kriterium einer Volksdemokratie sei die »Diktatur der Proletariats«, eine Formel – auch darin unterschied sich die DDR von den anderen Volksdemokratien –, die die SED erst Ende der fünfziger Jahre verwandt hat.[255]

c) *Die Umstrukturierung der materiellen Verhältnisse*

Nachdem die UdSSR bereits in der Zeit von 1945 bis Mitte 1947 in die ökonomischen Verhältnisse der von ihr kontrollierten Länder und Gebiete in starkem Maße eingegriffen und den von ihr verurteilten Marshall-Plan mit dem Abschluß einer Reihe bilateraler Wirtschafts- und Kreditabkommen beantwortet hatte[256], drängte Stalin die politischen Führungen, auch die materiellen Verhältnisse nach sowjetischem Vorbild umzugestalten. Die Führungen dieser Länder waren sich über die Notwendig-

---

253 Vgl. dazu DDR-Handbuch, S. 827 f.; Z. K. Brzezinski, ebenda, S. 100–102.
254 Vgl. den Beschluß der II. Parteikonferenz der SED (9. bis 12. Juli 1952): Zur gegenwärtigen Lage und zu den Aufgaben im Kampf für Frieden, Einheit, Demokratie und Sozialismus, in: Dokumente der SED. Bd. IV, S. 70–78 (73). Vgl. dazu auch die Entschließung der 15. Tagung des Zentralkomitees der SED vom 26. Juli 1953. Text, ebenda, S. 449–478 (467).
255 Vgl. die ausführliche Darstellung zum Begriff »Volksdemokratie« bei Z. K. Brzezinski: Sowjetblock, S. 91–112; F. Fejtö: Volksdemokratien (I), S. 302–311; DDR-Handbuch, S. 828.
256 Vgl. dazu ausführlicher oben Kap. II, Ziffer 4.

keit einig, beschleunigt eine Industrialisierung einzuleiten; Meinungsdifferenzen bestanden nur über die Wahl der Mittel und das Tempo der Industrialisierung. Dabei darf nicht übersehen werden, daß der industrielle Entwicklungsstand dieser Länder sehr unterschiedlich war.
Die oberste Bedingung aller Pläne, die eine beschleunigte Industrialisierung nach stalinistischem Muster einschlossen, war die Verstaatlichung der Industrie. Nach der Gründung des Kominform im September 1947 haben die einzelnen von der UdSSR kontrollierten Länder die bereits zuvor eingeleitete Verstaatlichung forciert fortgesetzt. Obwohl die Führungen in den einzelnen Ländern in begrenztem Maße die einzelnen Etappen der Verstaatlichung selbst bestimmen konnten, lief die Entwicklung auf das gleiche Ziel hinaus: 1948/49 durfte sich der Staat jeweils als Eigentümer von mehr als 90 Prozent aller Produktionskapazitäten rühmen. Mit Hilfe der Industrialisierung und Nationalisierung sollten die Überreste alter Traditionen und Eigenheiten der »vorsozialistischen« Zeit als Voraussetzung für eine wirksame Indoktrinierung der Bevölkerung ein für allemal ausgeschaltet werden.[257]
Bei der Durchsetzung dieser weitreichenden Pläne wurden die politischen Führungen dieser Länder tatkräftig von sowjetischen Experten unterstützt. Die häufigen Änderungen in der Zusammensetzung der nationalen Plan-Ausschüsse und der verschiedenen Industrie-Ministerien erklären sich aus der Tatsache, daß zwischen den sowjetischen Beratern und den mit den nationalen Verhältnissen vertrauten Kommunisten unterschiedliche Ansichten über Durchführungstempo und Investitionsquoten bestanden haben. Hinzu kommt, daß neben der beschleunigten Industrialisierung und der Verstaatlichung der Industrie vor allem in den Jahren 1947 bis 1949 alle von der UdSSR kontrollierten Länder das Ziel anstrebten, die letzten Kriegsschäden zu beseitigen und die Produktion im Vergleich zur Vorkriegszeit so weit wie möglich zu erhöhen.
Diese tiefgreifenden ökonomischen Veränderungen gestalteten sich schließlich auch deshalb als komplizierte Prozesse, da die UdSSR großen Wert darauf legte, die Entwicklung der Schwerindustrie unter Vernachlässigung der anderen Wirtschaftszweige auch in den Ländern zu forcie-

---

257 Vgl. dazu N. Spulbers detaillierte Analyse »Planning and Development« in: Economics, S. 271–466; Z. K. Brzezinski: Sowjetblock, S. 118–125; J. K. Hoensch: Osteuropa-Politik, S. 61–64. Sehr aufschlußreich ist dazu auch der Bericht der Forschungs- und Planungsabteilung der Wirtschaftskommission der UNO für Europa: Probleme der wirtschaftlichen Integration in Ost- und Westeuropa, in: Europa-Archiv 1953, S. 5567–5578 (5567–5571); F. Fejtö: Volksdemokratien (I), S. 315–326.

ren, in denen sie in der Vorkriegszeit keine große Rolle gespielt hatte. Man darf den Volksdemokratien bescheinigen, daß sie unter fast übermenschlichen Anstrengungen und ungeheuren Opfern im Verlauf weniger Jahre in Teilbereichen der Industrie bedeutsame Erfolge zu erzielen vermochten.[258]
Die forcierte Industrialisierung auch in den zuvor weniger industrialisierten Staaten hatte einen wichtigen politischen und sozialen Nebeneffekt: »Die Übernahme sowjetischer Vorbilder zur Aufrechterhaltung der Arbeitsdisziplin, die Reglementierung aller Bereiche durch Arbeitsgesetze, die Staatsaufsicht über die Arbeitsvermittlung sowie die Unterordnung der Gewerkschaften unter die Kontrollen der Partei führten dazu, daß die Volksdemokratien auf dem ökonomischen Sektor Kopien des Sowjetsystems wurden – freilich weniger fortgeschrittene. Als eine der wichtigsten Begleiterscheinungen der wirtschaftlichen Umgestaltung muß der beschleunigte Übergang der Gesellschaft in den staatlichen Bereich, ein für die totalitäre Entwicklung charakteristischer Prozeß, betont werden.«[259]
Nicolas Spulber, der die gründlichste Studie über die Entwicklung der Wirtschaft der Oststaaten bis 1955 verfaßt hat, ist zu dem Ergebnis gelangt, daß die Nettozunahme der nicht-landwirtschaftlichen Arbeitskräfte zwischen 1948 und 1953 in Bulgarien etwa 400 000, in Jugoslawien 465 000, in der Tschechoslowakei fast 600 000, in Ungarn 750 000, in Rumänien 825 000 und in Polen über 1,9 Millionen betragen hat.[260]
Die beträchtliche Zunahme der Arbeitskräfte in der Industrie war ermöglicht worden, da auf dem landwirtschaftlichen Sektor im Zuge der Kollektivierung viele Arbeitskräfte freigesetzt worden waren. Die Kollektivierung der Landwirtschaft war die zweite Vorbedingung der Wirtschafts-

---

258 Vgl. J. K. Hoensch, ebenda, S. 61 f. mit den Nachweisen in Anm. 27; Z. K. Brzezinski, ebenda, S. 120–123, wo er auch die einzelnen Entwicklungsstadien der Nationalisierung in den einzelnen Ländern unter Hinweis auf N. Spulber: Economics, S. 45–156 schildert. Vgl. speziell zu Entwicklung in der Tschechoslowakei: Die Verstaatlichungen in der Tschechoslowakei 1945–1948, in Rumänien: Verstaatlichung und Wirtschaftslenkung in Rumänien, ebenda, S. 2040, und in der SBZ: Der Außenhandel der sowjetischen Zone Deutschlands auf dem Wege zur vollen Verstaatlichung. Hinsichtlich Rumäniens gibt G. Ionescu in: The Economic Field, S. 57–93 eine ausführliche Analyse. Vgl. zur Entwicklung der Industrialisierung auch die instruktive Analyse von J. Wszelaki: The Rise of Industrial Middle Europe.
259 So J. K. Hoensch, ebenda, S. 62, in Anlehnung an Z. K. Brzezinski, ebenda, S. 124.
260 Vgl. dazu die detaillierten Angaben bei N. Spulber: Economics, S. 384 f.; Z. K. Brzezinski, ebenda, S. 122 f.: »Das bedeutete eine Zunahme der Industriearbeiterschaft um ungefähr 33 Prozent in der bemerkenswert kurzen Zeit von fünf Jahren.«

planung nach stalinistischem Vorbild.²⁶¹ Nachdem einige der früher bestehenden sozialen Ungerechtigkeiten nach 1945 im Wege der Bodenreform und der damit verbundenen Umverteilung des Großgrundbesitzes an die Bauern beseitigt worden waren, wurde 1948/49 die Kollektivierung beschlossen und 1950 eingeleitet. Diese Politik war – wie Zbigniew K. Brzezinski zutreffend bemerkt – eines der schlagendsten Beispiele dogmatischer Anwendung fremder Erfahrungen und basierte auf Stalins »Entwicklungsgesetz«, das kategorisch erklärte, mit der »sozialistischen Industrialisierung« müsse die »sozialistische Umgestaltung des Dorfes« einhergehen. Auch in diesem Bereich sollte sich Georgi Dimitrovs Rede auf dem V. Parteitag der Kommunistischen Partei Bulgariens vom 19. Dezember 1948 als wegweisend erweisen.²⁶² Bereits 1949 überwogen – wie Nicolas Spulber anhand einschlägiger Quellen nachgewiesen hat – die kleinen und mittleren Landwirtschaftsbetriebe; Großgrundbesitzer gab es so gut wie keine mehr.²⁶³

Die ökonomische Umgestaltung durch die Industrialisierung und Verstaatlichung sowie durch die Kollektivierung der Landwirtschaft hatte weitreichende Folgen und lockerte das Gesellschaftsgefüge der betroffenen Länder so sehr, »daß die Kommunistische Partei – stalinistisch und von der Sowjetunion abhängig – die einzige Quelle des sozialen Zusammenhalts wurde, die einzige Organisation, an die sich insbesondere die der Führung bedürftige Jugend halten konnte. Die Anwendung der revidierten Theorie schuf die materiellen Grundlagen für einen festgefügten sozialistischen Block; sie diente als solides Fundament für den Stalinismus als Staatensystem.«²⁶⁴

---

261 Vgl. dazu die ausführliche Darstellung bei N. Spulber, ebenda, S. 224–269; Z. K. Brzezinski, ebenda, S. 118–120; J. K. Hoensch, ebenda, S. 62–64 mit den Angaben in Anm. 29–31; F. Fejtö: Volksdemokratien (I), S. 360–382. Sehr instruktiv über den Wandel der Agrarstruktur in diesen Ländern in den Jahren 1945 bis 1947 auch W. Cornides/S. v. Ungern/G. Ziegler: Die osteuropäische Wirtschaftsrevolution, S. 1603–1618.
262 Vgl. dazu Z. K. Brzezinski, ebenda, S. 118 f. mit den Nachweisen in den Anm. 20 f.
263 N. Spulber: Economics, S. 224–269 (245, 254, 261), wo er sehr instruktive Vergleichstabellen bringt. Vgl. dazu auch Z. K. Brzezinski, ebenda, S. 118–120; J. K. Hoensch, ebenda, S. 63 mit Anm. 31; B. Kiesewetter: Ostblock, S. 36; F. Fejtö: Volksdemokratien (I), S. 360–382; H. Seton-Watson: Revolution, S. 352 f. Vgl. über die Entwicklung Rumäniens die ausführliche Darstellung bei G. Ionescu: The Economic Field, S. 57–93.
264 So Z. K. Brzezinski, ebenda, S. 124 f.

d) *Die Ausrichtung des Außenhandels auf die UdSSR*

aa) *Die Vertiefung der bilateralen Handelsbeziehungen*

Stalin wußte – wie dargelegt[265] – in den Jahren von 1945 bis Mitte 1947 den ökonomischen Faktor zielstrebig und konsequent einzusetzen, um die von der UdSSR kontrollierten Länder und Gebiete allmählich gleichzuschalten. Von Anfang an ging es dem Kreml nicht allein um die wirtschaftliche Ausbeutung, sondern auch darum sicherzustellen, daß der Außenhandel dieser Länder, die in der Vorkriegszeit praktisch zum westeuropäischen Handelssystem gehört hatten, auf die Interessen der UdSSR ausgerichtet wurde. Während die südosteuropäischen Staaten ein Teil des deutschen Marktes gewesen waren, pflegten Polen und in einem geringeren Grade auch die Tschechoslowakei ihre Handelsbeziehungen auch mit anderen westlichen Ländern.

Stalin verstand es, das ökonomische Vakuum, das durch den Wegfall der wichtigsten Handelspartner dieser Länder ab 1944/45 entstanden war, soweit wie möglich auszufüllen und der UdSSR die dominierende Stellung im Außenhandel dieser Länder zuzuweisen. Den politischen Führungen der von der UdSSR nun kontrollierten Länder bot sich gar keine Alternative zu dem »Angebot« Stalins an: Sie hatten – wie Margaret Dewar festgestellt hat – zwischen dem Handel unter den von der Sowjetunion angebotenen Bedingungen oder der Möglichkeit zu wählen, überhaupt keinen Handel zu treiben.[266]

Kennzeichnend war außerdem für Stalins Wirtschaftspolitik in den beiden ersten Nachkriegsjahren, daß er von Anfang an – ebenso wie im politischen Bereich – das Prinzip des Bilateralismus praktiziert hat. Daran änderte sich auch nichts, als die UdSSR im Juli 1947 das großzügige Angebot ablehnte, das der amerikanische Außenminister George Marshall ihr und den anderen zu ihrem Machtbereich gehörenden Staaten gemacht hat. Vor 1947 beschränkten sich – wie es in einer DDR-Publikation heißt – die ökonomischen Verbindungen zwischen der UdSSR und den von ihr kontrollierten Ländern »auf kurzfristige Handelsverträge, auf die aus den Waffenstillstands- und Friedensverträgen resultierenden Wirtschaftsoperationen und auf im wesentlichen von der UdSSR bestrittene ökonomi-

---

265 Vgl. dazu ausführlich oben Kap. II, Ziffer 4.
266 M. Dewar: Trade, S. 2; vgl. dazu auch J. M. v. Brabant: Origins, S. 190 mit Anm. 26. Die ökonomische Entwicklung dieser Länder in der Zeit der »deutschen Hegemonie« schildert sehr eindrucksvoll E. A. Radice in: Developments.

sche Hilfsmaßnahmen«²⁶⁷. Es gehört schon eine gute Portion Zynismus dazu, Stalins Politik der ökonomischen Ausbeutung mit dem Stichwort »Hilfsmaßnahme« zu etikettieren.

Dem vom Kreml verordneten Ausschluß der zur sowjetischen »Sphäre« gehörenden Länder vom amerikanischen Hilfsprogramm veranlaßte die sowjetische Führung, darüber nachzudenken, ob sie in der bisherigen Weise ihre ökonomische Politik gegenüber ihnen fortführen sollte. Der Kreml konnte nicht umhin, wenigstens mit einigen Gesten die Länder zu besänftigen suchen, die nicht in den Genuß der von ihnen gewünschten amerikanischen Hilfe kommen konnten. Außerdem machte der Verlauf des Jahres 1947 immer deutlicher, daß diese Länder wegen der in ihnen eingeleiteten weitreichenden ökonomischen Umwälzungen zahlreiche Schwierigkeiten zu überwinden hatten.

Im Laufe des Jahres 1947 entschloß sich die UdSSR, nicht nur erstmals langfristige Handelsabkommen mit einer Laufzeit von vier bis fünf Jahren zu schließen, sondern auch über Kredit-Vereinbarungen zu verhandeln; auch die von der Sowjetunion kontrollierten Länder durften von nun an ihre bilateralen Handelsverträge auf längere Fristen abstellen.²⁶⁸

Zu einer besonderen Geste sah sich die UdSSR Mitte 1948 gegenüber Rumänien, Ungarn und Bulgarien, den früheren Feindstaaten und Verbündeten Deutschlands, veranlaßt. Am 8. Juni 1948 teilte die sowjetische Regierung mit, daß sie auf Ersuchen der ungarischen und der rumänischen Regierung die von diesen beiden Staaten noch zu leistenden Reparations-Zahlungen ab 1. Juli 1948 um 50 Prozent ermäßige.²⁶⁹ In gleicher Weise entsprach die Sowjetregierung am 23. Juli 1948 der Bitte der bulgarischen Regierung, die Reparations-Forderungen zu ermäßigen; der von Bulgarien noch geschuldete Betrag von 9 Millionen Dollar wurde auf 4,5 Millionen Dollar herabgesetzt.²⁷⁰

Gegenüber der SBZ vermochte Stalin diesen Grad von »Großzügigkeit« 1948/49 nicht aufzubringen. Als Walter Ulbricht auf der 1. Parteikonferenz der SED in Ost-Berlin Ende Januar 1949 den Zweijahresplan be-

---

267 So M. Hegemann: Anfänge, S. 95.
268 Vgl. dazu J. M. v. Brabant: Origins, S. 190 f. mit Anm. 28; J. K. Hoensch: Osteuropa-Politik, S. 34 mit Anm. 31; M. Hegemann, ebenda, S. 95 mit den Nachweisen in Anm. 15. W. Hänisch/G. Herder: Internationalismus, S. 148 mit den Nachweisen in Anm. 81; Geschichte, 2. Teil, S. 80–86.
269 Vgl. den Nachweis in: Archiv der Gegenwart 1948/49, S. 1525. Die UdSSR erließ mit Wirkung vom 1. Juni 1948 auch Finnland die restlichen Reparations-Zahlungen um 50 Prozent. Vgl. Archiv der Gegenwart, ebenda, S. 1518 f.
270 Vgl. den Nachweis in: Archiv der Gegenwart, ebenda, S. 1578.

gründete, wies er darauf hin, daß die Ziffern für die Reparationen endgültig festgelegt seien und in der SBZ eine einheitliche Wirtschaftsplanung einschließlich der Reparations-Verpflichtungen bestehe. Ulbricht konnte dazu nur eine sehr vage Aussage machen: »Auch der prozentuale Anteil der Reparationsleistungen und Lieferungen an die Besatzungsmacht am Gesamtwert der Produktion wird 1949 niedriger sein als 1948.«[271]
Die SED-Führung mußte sich jedoch noch ein gutes Jahr gedulden, bis Stalin sie ebenso behandelte wie die früher mit Deutschland verbündeten Staaten. Erst am 15. Mai 1950 hat die sowjetische Regierung nach Vereinbarung mit der polnischen Regierung den Beschluß gefaßt, die restliche noch zu zahlende Summe an Reparations-Zahlungen um 50 Prozent herabzusetzen.[272]
Stalin war zwei Jahre später gegenüber der Führung der DDR zu einer weiteren Geste bereit: Am 29. April 1952 beschloß die Regierung der UdSSR, 66 deutsche Betriebe, die die UdSSR bei Kriegsende in Form sowjetischer Aktiengesellschaften übernommen hatte, in das Eigentum der DDR zu überführen.[273] Zur Rückgabe der restlichen 33 SAG-Betriebe und zum Erlaß der restlichen Reparations-Forderungen hat sich Stalin nicht mehr durchringen können.[274]
So ist es kein Zufall, daß die Umstellung des Außenhandels dieser Länder von West nach Ost nach der Proklamierung des Marshall-Plans im alleinigen Interesse der UdSSR lag: Das beweist die auffallende Parallelität des Steigerungstrends. Fast die gesamte Zuwachsrate der Länder Ostmittel- und Südosteuropas im Osthandel nahm die UdSSR auf, während die anderen Partner so gut wie gar nicht an dieser Steigerung teilnahmen.[275]

---

271 Text der Rede bei W. Ulbricht: Lehrbuch, S. 61 f. Dort wies er auch darauf hin, daß der Umfang der Reparations-Leistungen aus der laufenden Produktion und die Lieferungen für die Besatzungsmacht im Jahr 1949 »etwas unter dem Niveau von 1948 liegen werde«.
272 Text des Schreibens J. W. Stalins an Ministerpräsident Otto Grotewohl vom 15. Mai 1950 in: Dokumente zur Deutschlandpolitik der Sowjetunion. Bd. I, S. 242 f. Vgl. zur Reduzierung der sowjetischen Reparations-Forderungen auch A. Gerschenkron: Trade, S. 89–93.
273 Vgl. den Nachweis in: Dokumente . . ., ebenda, S. 530.
274 Vgl. dazu unten S. 496 f.
275 Vgl. dazu die detaillierte Analyse und statistischen Übersichten bei N. Spulber: Economics, S. 409–466; Z. K. Brzezinski: Sowjetblock, S. 147 f.; B. Kiesewetter: Ostblock, S. 36; F. Fejtö: Volksdemokratien (I), S. 383–391; H. Seton-Watson: Revolution, S. 239–247; F. D. Holzman: Trade, S. 66–79; J. H. Wszelaki: Policies, S. 150–162; I. J. Lederer: Russia, S. 425–428. Vgl. speziell über den Außenhandel der Tschechoslowakei: Die osteuropäische Wirtschaftsrevolution, S. 2064 f., zur Entwick-

Dieser Trend mußte 1948 im Zuge der Verschärfung des »Kalten Krieges« zwischen Ost und West noch zunehmen. Nach der Ablehnung des Marshall-Plans durch die UdSSR haben die Errichtung des Kominform im September 1947 und dann die von der UdSSR vom Zaun gebrochene Blockade Berlins im Juni 1948 die westlichen Staaten, vor allem die USA, veranlaßt, wirtschaftliche Boykott-Maßnahmen nicht nur gegenüber der UdSSR, sondern auch gegenüber den von ihr kontrollierten Ländern einzuleiten, die das Vorgehen Stalins in Berlin ausdrücklich gutgeheißen hatten. Die weitreichenden westlichen Maßnahmen hinsichtlich der Export-Beschränkungen haben die Volkswirtschaften der Länder der sowjetischen »Sphäre« empfindlich getroffen und sie veranlaßt, noch stärker als bisher ihre Außenhandels-Beziehungen auf die UdSSR auszurichten.[276]

Auf der anderen Seite muß man die amerikanische Führung verstehen, daß sie die von Stalin provozierte und höchst gefährliche Krise um Berlin, in der Stalin sein Ziel dank der von amerikanischer Seite errichteten Luftbrücke nicht erreichen konnte, auch mit weitreichenden ökonomischen Maßnahmen beantwortet und damit auch jene Länder getroffen hat, die aufgrund der forcierten Industrialisierung und Kollektivierung der Landwirtschaft besonders zu leiden hatten.

Bereits seit 1947 wurde in der Sowjetunion intensiv darüber diskutiert, ob die bis dahin praktizierte Wirtschaftspolitik ohne große Veränderungen beibehalten werden könnte, wenn auf westlicher Seite die Marshall-Plan-Hilfe effektiv werden sollte. In der Diskussion über die zentrale Frage, wie die Volkswirtschaften der kontrollierten Länder am besten in das sowjetische Plansystem eingeordnet werden könnten, war Übereinstimmung darüber erzielt worden, daß die ab 1948 geschlossenen Außenhandels-Abkommen die langfristige Planung der einzelnen Staaten berücksichtigen und damit zum allgemeinen Umgestaltungs- und Integrationsprozeß beitragen sollten, obwohl die Pläne selbst zu diesem Zeitpunkt noch nicht aufeinander abgestimmt waren. Das konnte nur zur Folge ha-

---

lung des Außenhandels Bulgariens, Rumäniens und Jugoslawiens R. L. Wolff: Balkans, S. 343 f., 350–352, 446–448. Über die Entwicklung des jugoslawischen Außenhandels in der Vor- und Nachkriegszeit informiert mit umfangreichen statistischen Angaben für die Jahre 1935/39 und 1945 G. J. Conrad in: Die Wirtschaft Jugoslawiens, S. 89–142, 154–156; I. Reuter-Hendrichs: Grundsätze, S. 99 f. Vgl. zur Situation des Außenhandels der SBZ den Beitrag: Der Außenhandel der sowjetischen Besatzungszone Deutschlands 1945 bis zur Gegenwart, S. 2235–2240. Sehr instruktiv zur Gesamtproblematik auch S. Skrzypek: Handel, S. 3.

276 Vgl. dazu vor allem J. M. v. Brabant: Origins, S. 191; J. K. Hoensch: Osteuropa-Politik, S. 415.

ben, daß die Handelsbeziehungen dieser Länder zu nicht-kommunistischen Staaten immer mehr an Bedeutung verloren.[277] Die Entwicklung der Handelsbeziehungen zwischen der UdSSR einerseits und den Volksdemokratien andererseits verdeutlicht folgende Übersicht für die Jahre 1937, 1948 und 1952, die der gründlichen und materialreichen Untersuchung »The Economics of Communist Eastern Europe« Nicolas Spulbers entnommen ist. Die Ziffern bedeuten den jeweiligen prozentualen Anteil[278] (vgl. S. 434).

Was die SBZ angeht, so betrug der Anteil der UdSSR an ihrem Gesamthandel im Jahre 1950 39,7 und 1954 sogar 44 Prozent.[279]

bb) *Die Errichtung des Rats für Gegenseitige Wirtschaftshilfe (RGW)*

Nachdem es Stalin ab 1945 für opportun gehalten hatte, auch im Bereich der ökonomischen Beziehungen nach dem Prinzip des strikten Bilateralismus zu handeln, reifte in der zweiten Jahreshälfte 1948 der Entschluß heran, als wirtschaftliches Pendant zum Kominform im Januar 1949 den Rat für Gegenseitige Wirtschaftshilfe ins Leben zu rufen. Während die Gründungskonferenz vom 5. bis zum 8. Januar 1949 in Moskau stattfand, wurde das Kommuniqué erst am 25. Januar veröffentlicht.[280] Die Ziele, die Stalin mit diesem multilateralen Organ zunächst verband, waren außer-

---

277 Vgl. dazu mit weiteren Angaben Z. K. Brzezinski: Sowjetblock, S. 148; A. Gerschenkron: Trade, S. 87-89, 93-100.
278 Die folgende Tabelle ist mit genauen Quellen-Angaben wiedergegeben bei N. Spulber: Economics, S. 410. Vgl. dazu auch die Übersicht bei Z. K. Brzezinski, ebenda, der auch die Jahre 1949-1951 erfaßt hat; J. H. Wszelaki: Policies, S. 162; M. Dewar: Trade, S. 95-99 (97). S. Skrzypek vergleicht in: Handel, S. 3, die Jahre 1937, 1948 und 1954 miteinander. Vgl. dazu auch M. V. Condoide: Implications, S. 1061 f.; P. Suslin: Die Konsolidierung des demokratischen Weltmarktes, S. 295 f.; F. L. Pryor: Trade, S. 23-32 und 271-276 mit aufschlußreichen Statistiken, die den Außenhandel in den Jahren 1948 bis 1959 betreffen. Sehr instruktiv zur Gesamtpolitik auch D. T. Cattell: Co-Operation, S. 64-66.
279 Vgl. dazu die Angaben in: DDR-Handbuch, S. 81; K. Pritzel: Wirtschaftsintegration, S. 41-43; S. Skrzypek, ebenda. Die Zahlen für Albanien lauten so: Im Jahre 1937 wikkelte das Land nur 5 Prozent seines Außenhandels mit der UdSSR und den Ländern der Volksdemokratien ab; 1948 betrug dieser Anteil bereits 38, ab 1950 100 Prozent. Vgl. die gleichlautenden Angaben bei M. V. Condoide, ebenda, S. 1062; P. Suslin, ebenda, S. 296.
280 Vgl. dazu im einzelnen A. Uschakow: Comecon, S. 9 f.; ders.: RGW, S. 182 mit weiteren Nachweisen in den Anm. 1-3; J. M. v. Brabant: Origins, S. 192-194; M. Kaser: Comecon, S. 9-26; P. J. D. Wiles: Economics, S. 311-315; W. Seiffert: RGW, S. 149 f.; F. L. Pryor: Trade, S. 207-211; J. F. Triska/D. D. Finley: Policy, S. 205-212. Text des Gründungskommuniqués bei A. Uschakow: Comecon, ebenda, S. 86.

Country	Soviet Union			People's Democracies			Combined Share			Rest of World		
	1937	1948	1952	1937	1948	1952	1937	1948	1952	1937	1948	1952
	1	2	3	4	5	6	7	8	9	10	11	12
Czecho-slovakia	1	16	35	10	14	36	11	30	71	89	70	29
Poland	1	22	32	6	12	35	7	34	67	93	66	33
Hungary	a	11	29	13	23	42	13	34	71	87	66	29
Romania	1	25	58	17	46	27	18	71	85	82	29	15
Bulgaria	a	54	57	12	20	32	12	74	89	88	26	11

[a]Nil.

ordentlich bescheiden. Aus dem dürftigen Kommuniqué geht hervor, daß sich die Schöpfer des RGW – wie Alexander Uschakow zutreffend bemerkt – Anfang 1949 weder über die Ziele noch über die Struktur der Wirtschaftsorganisation im klaren waren.[281]
Gründungsmitglieder des RGW waren Bulgarien, Polen, Rumänien, die UdSSR, die Tschechoslowakei und Ungarn. Während Albanien bereits am 23. Februar 1949 als Vollmitglied aufgenommen wurde, mußte sich die DDR noch gedulden: Erst die 3. Ratstagung im November 1950 bestätigte die Aufnahme der DDR als Vollmitglied des RGW mit Wirkung vom 28. September 1950. Dies war insofern ein bemerkenswerter Vorgang, als die SBZ zu diesem Zeitpunkt nicht einmal im formellen Sinne souverän war, sondern aufgrund der Vorbehaltsrechte ein Besatzungsgebiet der UdSSR bildete. Der Abbau des Besetzungs- und Kontrollsystems erfolgte erst mit Beschlüssen und Erklärungen der sowjetischen Regierung vom 29. Mai 1953, 25. März und 6. August 1954 sowie vom 20. September 1955.[282]
Die sechs Signatarstaaten verbanden mit dem Rat für Gegenseitige Wirtschaftshilfe das Ziel, »den Wiederaufbau und die Entwicklung ihrer nationalen Wirtschaften zu beschleunigen«. Dem Kommuniqué vom 25. Januar 1949 war außerdem zu entnehmen, daß sich der RGW auch als Antwort auf die Herausforderung des »wirtschaftlichen Boykotts« der USA und Großbritanniens gegen die UdSSR und die volksdemokratischen Länder aufgrund des Marshall-Plans verstanden hat. Wie sehr sich Stalin der Schwierigkeiten bewußt war, angesichts des in den betroffenen Staaten praktizierten Planungssystems in der Wirtschaft eine effektive mehrseitige ökonomische Kooperation einzuleiten, zeigt die Tatsache, daß man es bei der Errichtung des RGW Anfang 1949 vermied, den Umfang der Kompetenzen, die Art der Befugnisse und die Organisationsform im einzelnen näher zu definieren.
In manchen westlichen Darstellungen wird die Entwicklung des RGW in den Jahren bis zu Stalins Tod am 5. März 1953 zu positiv bewertet. So ist

---

281 A. Uschakow: RGW, S. 183. Vgl. dazu auch J. M. v. Brabant, ebenda, S. 184 f., 194–205 mit zahlreichen instruktiven Nachweisen; R. C. Ribi: Das Comecon, S. 47–52; J. Pinder: Comecon, S. 196 f. Vgl. dazu neuerdings die sehr dezidierte Analyse von W. Seiffert: Rechtssystem S. 25–29.
282 Vgl. zur Aufnahme der DDR in den RGW A. Uschakow: Comecon, S. 9 mit den Angaben in Anm. 2; K. Pritzel: Wirtschaftsintegration, S. 37–41. Vgl. zur Entwicklung und zum Abbau des sowjetischen Besetzungs- und Kontrollsystems in der DDR J. Hacker: Rechtsstatus, S. 228–238, 241–249; ders.: Potsdamer Abkommen, S. 46–49.

es beispielsweise unerklärlich, wenn Jörg K. Hoensch unterstellt, der RGW sei mit dem Ziel proklamiert worden, daß die Mitgliedstaaten »ihre Wirtschaftspläne koordinieren, gemeinsame Investitionsprogramme aufstellen und gemeinsame Produktionsprogramme in Angriff nehmen werden . . .«[283] Ebensowenig gerechtfertigt ist es, in der Anfangsphase des RGW bis Mitte 1954 von dessen »supranationalen Führungsorganen«[284] zu sprechen.

Stalin war realistisch genug, um solche hochtrabenden Pläne, die nicht einmal bis heute im Rahmen des RGW realisiert werden konnten, überhaupt ins Auge zu fassen. Neben dem in den kontrollierten Ländern von der UdSSR übernommenen Planungssystem sollten sich weitere wichtige Fakten für eine verstärkte multilaterale ökonomische Kooperation als sehr hemmend erweisen. Zwar folgte in diesen Ländern ab 1945 die Entwicklung der Wirtschaft weitgehend nach gleichen Maßstäben, zu denen die Verstaatlichung der Industrien, die Einführung einer zentralen Wirtschaftsplanung und die Ausrichtung des zuvor überwiegend westlich orientierten Außenhandels auf die UdSSR gehörten.

Neben der unterschiedlichen Größe und Tradition zeichneten sich diese Länder jedoch auch nach 1945 durch einen unterschiedlichen Entwicklungsstand ihrer Wirtschaften aus. Disproportionen ergaben sich nicht nur aufgrund der sehr unterschiedlichen Rohstoffbasis; einige Länder des sowjetischen Machtbereichs waren wegen fehlender Rohstoffe völlig von Lieferungen aus der UdSSR abhängig. Negativ wirkte sich auch aus, daß die Industrialisierung oft nicht nach ökonomischen Einsichten forciert wurde.

Imre Nagy, kommunistischer Ministerpräsident Ungarns in den Jahren von 1953 bis 1955, hat in seinem »Politischen Testament« sehr anschaulich die ökonomischen Probleme der RWG-Länder Anfang der fünfziger Jahre geschildert. Als besonders negative Faktoren nannte er die »Parallel-Produktion«, die nicht nur den Außenhandelsumsatz der befreundeten Länder beeinträchtigt, sondern auch zu einer »ungesunden Konkurrenz zwischen ihnen auch auf den kapitalistischen Märkten« geführt habe. Ne-

---

283 Diese Fehlinterpretation ist sowohl in J. K. Hoensch' Beitrag »Sowjetische Osteuropa-Politik 1945–1955«, S. 422, als auch in seinem Buch »Osteuropa-Politik«, S. 64 enthalten.
284 So beispielsweise B. Meissner: Ostpakt-System, S. 20. Vgl. dazu auch P. J. D. Wiles: Economics, S. 313 f., wo er betont, daß man bis 1954 weder von Versuchen einer »internationalen Planung« noch von einem »supranationalen Organ« sprechen könne. Vgl. dazu auch W. Seiffert: Rechtssystem, S. 31–33.

gativ habe sich darüber hinaus auch das »übertriebene Streben nach Autarkie«[285] ausgewirkt.
Die Koordinierung wurde auch dadurch erschwert, daß die UdSSR die Preise der Waren, die die Volksdemokratien im Rahmen der vom RGW eingeführten langfristigen (zumeist fünfjährigen) einseitigen Handelsabkommen an die UdSSR lieferten, systematisch niedriger angesetzt hat. Diese Entwicklung ließ es gar nicht zu, einen umfassenden Plan für eine Arbeitsteilung aufzustellen oder gar die nationalen Wirtschaftspläne auf einzelnen Gebieten der Produktion oder der Investitionen zu koordinieren.
Die einzige beachtliche Leistung auf ökonomischem Gebiet vollbrachte der RGW zu Lebzeiten Stalins im Februar 1950 mit der Einführung des Rubel als Standardwährung für internationale Transaktionen im RGW-Bereich: Damit wurde die UdSSR aber auch – wie Nicolas Spulber betont – zum unbestrittenen Richter über den Wechselkurs im »Block« als ganzem.[286] So spielte der Rat für Gegenseitige Wirtschaftshilfe zu Stalins Lebzeiten weder in der direkten Leitung noch in der gemeinsamen Planung des von ihm betroffenen Wirtschaftslebens eine Rolle:
»Wie das Kominform zu einem bloßen antititoistischen Organ herabsank, so entfaltete der Rat Aktivität im Wirtschaftsboykott gegen Jugoslawien. Wie auf politischem, gab es auch auf wirtschaftlichem Gebiet keine allumfassenden formellen Bindungen, sondern nur direkte Beziehungen, die gewöhnlich die Sowjetunion begünstigten. Diese einseitigen Arrangements standen vielfach im Gegensatz zu den gesellschaftlich-wirtschaftlichen Umgestaltungsplänen der einzelnen Länder und machten sie sehr viel kostspieliger. Doch in dieser Lage, angesichts der angeblichen äußeren Gefahr, kam es zuerst einmal darauf an, die Sowjetunion zu stärken – und der Stalinismus gab stets ohne Zögern politischen Gewinnen den Vorzug vor rein wirtschaftlichen.«[287]
In der Tat war die Arbeit des RGW zu Lebzeiten Stalins wenig effektiv. So ist über die Tätigkeit des auf der 1. Tagung Ende April 1949 in Moskau errichteten ersten ständigen Organs, des Büros des RGW, in jenen Jahren wenig bekannt geworden. Die 2. Tagung im August 1949 nahm die

---

285 I. Nagy: Politisches Testament, S. 270 f. (271). Vgl. zu dieser Problematik auch Z. K. Brzezinski: Sowjetblock, S. 149; N. Spulber: Economics, S. 426–430; P. J. D. Wiles, ebenda, S. 312 f.; A. Uschakow: RGW, S. 182 f.
286 N. Spulber, ebenda, S. 429–432 (430), S. 437–442 mit zahlreichen Nachweisen; M. Kaser: Comecon, S. 33–36; Z. K. Brzezinski, ebenda.
287 So Z. K. Brzezinski, ebenda, S. 150.

»Sofioter Empfehlung« über die wissenschaftlich-technische Kooperation an, die bis heute ihre Bedeutung mit kleineren Änderungen behalten hat. Die 3. Ratstagung im November 1950 behandelte vornehmlich Fragen, die durch den Korea-Krieg ausgelöst worden waren. Die Verteuerung der Rohstoffe auf dem Weltmarkt zwang die RGW-Länder, ihr bis dahin unverändertes System der internationalen Preise aufzugeben und ihren Warenverkehr auf künstlich fixierten Festpreisen aufzubauen.[288]
Die Tatsache, daß die 4. Tagung, mit der ein neuer Abschnitt der Entwicklung der ökonomischen Kooperation in Osteuropa eingeleitet wurde, erst nach dem Tod Stalins im März 1954 stattfand, zeigt, wie wenig Stalin geneigt war, das von ihm zuvor immer bevorzugte Prinzip des Bilateralismus zugunsten einer effektiveren multilateralen Kooperation zu modifizieren und den RGW zu einem effektiven Instrument auszubauen.
So läßt sich in der Tat das Fazit der Entwicklung des RGW in der Zeit von Anfang 1949 bis zu Stalins Tod am 5. März 1953 dahingehend kennzeichnen, daß seine größte Effektivität im Wirtschaftsboykott gegen Jugoslawien bestanden hat. Die jugoslawische Regierung brachte in einer Note vom 1. Februar 1949 an die sowjetische Regierung ihr Erstaunen darüber zum Ausdruck, daß Jugoslawien über die Wirtschaftkonferenz Anfang Januar 1949 weder informiert noch dazu eingeladen worden war. Belgrad betonte, daß dieser »Akt der Diskriminierung« den bestehenden Verträgen »widersprochen« habe, die Jugoslawien mit der UdSSR und den anderen Teilnehmerländern der Moskauer Konferenz zuvor abgeschlossen hatte.
Die sowjetische Regierung sprach in ihrer Antwort vom 11. Februar 1949 von einer »feindseligen Haltung« der jugoslawischen Regierung gegenüber der UdSSR und den Ländern der Volksdemokratien, die »in vollem Widerspruch zu dem sowjetisch-jugoslawischen Vertrag über Freundschaft und gegenseitigen Beistand sowie zu den Verpflichtungen« stehe, die »Jugoslawien nach diesem Vertrag übernommen hat«[289].
Aus dem scharfen Ton und der kompromißlosen Haltung der sowjetischen Erklärung konnte nur ein Schluß gezogen werden: Nun war es nur

---

288 Vgl. dazu A. Uschakow: RGW, S. 183.
289 Text der Antwort der Sowjetregierung, der die Zitate aus der jugoslawischen Note entnommen sind, in: Tägliche Rundschau vom 13. Februar 1949 und bei B. Meissner: Ostpakt-System, S. 109. Vgl. dazu die ausführliche Darstellung mit weiteren Nachweisen bei R. L. Wolff: Balkans, S. 371–375; P. Calvocoressi: Survey 1949/50, S. 260 f. Eine Fülle »ökonomischer Aggressionen« der RGW-Länder und vor allem der UdSSR gegen Jugoslawien bringt das vom Belgrader Außenministerium 1951 veröffentlichte »White Book«, S. 283–348.

noch eine Frage der Zeit, daß die UdSSR und die zum RGW gehörenden Länder die ökonomischen Beziehungen zu Jugoslawien – wie es dann auch geschehen ist – völlig abbrechen werden. Es sollte allerdings nicht übersehen werden, daß aufgrund der Abhängigkeit dieser Länder von der UdSSR Stalin die gleiche Wirkung gegenüber Jugoslawien auch im bilateralen Wege hätte erzielen können. Wenn daher in einer 1977 erschienenen Analyse behauptet wird, mit der Gründung des RGW hätte Stalin vor allem verhindern wollen, »daß sich die ČSR, Polen und Ungarn am Marshall-Plan beteiligten«[290], dann hat der Autor völlig übersehen, daß die Entscheidung über den Ausschluß dieser Länder vom amerikanischen Hilfsprogramm bereits endgültig im Juli 1948 gefallen war.[291]

Der RGW wurde gerade als Gegenstück zum amerikanischen Wiederaufbau-Programm für Europa errichtet. In Wirklichkeit blieb das Konzept ökonomischer Hilfe – wie Adam B. Ulam sarkastisch bemerkt hat – Stalins Rußland so fremd wie die Vorstellung eines Zwei-Parteien-Systems: »Until 1953, Comecon was simply a new piece of machinery for milking the satellites.«[292]

6. Der Ausbau des bilateralen Vertragssystems (1947–1949)

Mit der Errichtung des bilateralen Pakt-Systems hatte Stalin – wie dargelegt – noch während des Zweiten Weltkriegs begonnen. Das Grundgefüge dieses Systems bildeten die Verträge über Freundschaft, Zusammenarbeit und gegenseitigen Beistand. Von den insgesamt 23 Verträgen über Freundschaft, Zusammenarbeit und gegenseitigen Beistand, die von 1943 bis 1949 jeweils auf 20 Jahre geschlossen worden sind, haben 16 nach dem Ausscheiden Jugoslawiens aus dem Ostpakt-System ihre Gültigkeit behalten. Mit der Schaffung des zweiseitigen Pakt-Systems begann die UdSSR am 12. Dezember 1943, als sie und die Tschechoslowakei den ersten Vertrag dieser Art schlossen.[293] Es folgte dann der Abschluß der Pak-

---

290 So J. Bethkenhagen: RGW, S. 267.
291 Vgl. dazu ausführlicher oben S. 329–332.
292 A. B. Ulam: Expansion, S. 437.
293 Vgl. dazu ausführlicher oben S. 74–85.

te mit Jugoslawien am 11. April 1945[294] und mit Polen am 21. April 1945.[295]

Rumänien, Ungarn und Bulgarien, die Verbündeten Deutschlands im Zweiten Weltkrieg und ehemaligen Feindstaaten der »Anti-Hitler-Koalition«, konnten in das zweiseitige Vertragsnetz erst eingefügt werden, nachdem am 10. Februar 1947 mit ihnen die Friedensverträge geschlossen worden waren. Doch auch dann ließ sich Stalin noch gut ein Jahr Zeit, um am 4. Februar 1948 mit Rumänien, am 18. Februar 1948 mit Ungarn und am 18. März 1948 mit Bulgarien jeweils einen Vertrag über Freundschaft, Zusammenarbeit und gegenseitigen Beistand zu unterzeichnen; in der Zeit zwischen dem 10. März 1947 und 16. April 1949 schlossen die zum sowjetischen Machtbereich gehörenden Länder untereinander solche Verträge.[296]

Am längsten mußte sich die DDR gedulden, in das bilaterale Pakt-System einbezogen zu werden. Nachdem ihr die UdSSR in einem zweiseitigen Vertrag am 20. September 1955 wenigstens formal die Souveränität bescheinigt hatte, zögerten die Nachfolger Stalins noch bis zum 12. Juni 1964 mit dem Abschluß eines Bündnispakts mit der DDR. Wahrscheinlich hätte Nikita S. Chruščev diesen Schritt früher vollzogen, doch hinderte ihn daran ab November 1958 seine Drohung, mit der DDR einen separaten Friedensvertrag zu schließen, wenn die drei Westmächte zum Abschluß eines Friedensvertrags auf der Basis des geteilten Deutschland nicht bereit sein sollten. Chruščev war gut beraten, daß er seine wiederholt in ultimativer Form vorgebrachte Drohung, mit der DDR eine bilaterale Friedensregelung zu treffen, nicht wahrgemacht hat.[297]

---

294 Vgl. dazu ausführlicher oben S. 176.
295 Vgl. dazu ausführlicher oben S. 105–107.
296 Vgl. dazu H. Fiedler: Paktsystem, S. 140 f.; B. Meissner: Bündnisverträge, S. 581–583; A. Uschakow: Paktsystem, S. 70–78; C. Gasteyger (Hrsg.): Einigung, S. 57–59. Dt. Texte der zweiseitigen Bündnisverträge bei B. Meissner: Ostpakt-System.
297 Vgl. dazu J. Hacker: Potsdamer Abkommen, S. 88–97; ders: Rechtsstatus, S. 380–393. Mißverständlich in dieser Frage Z. K. Brzezinski: Sowjetblock, S. 129: »Die Sowjetunion, die noch immer hoffte, auf Westdeutschland Einfluß gewinnen zu können, schloß erst nach Westdeutschlands Eintritt in die NATO solch einen Vertrag (mit der DDR) ab.« Er meint offensichtlich den am 20. September 1955 geschlossenen »Vertrag über die Beziehungen zwischen der Deutschen Demokratischen Republik und der Union der Sowjetrepubliken«. Nachdem die UdSSR in ihrer einseitigen Erklärung vom 25. März 1954 die DDR für »souverän« erklärt hatte, wurde der DDR dies in dem Vertrag vom 20. September 1955 »bestätigt«. Der Vertrag enthielt keinerlei militärische Bestimmungen und damit auch keine Beistandsklausel. Vgl. zu dem Vertrag vom 20. September 1955 J. Hacker: Rechtsstatus, ebenda, S. 230–237, 245–252, 264 f., 269–274. Vgl. dazu unten S. 606, 682–684.

Eine Ausnahme bildete von Anfang an Albanien. Stalins Einstellung gegenüber der dortigen Führung mußte sich zwangsläufig auch auf die Stellung des Landes im bilateralen Vertragsnetz auswirken. Albanien war die einzige Volksdemokratie, »mit der Stalin nie einen Vertrag eingehen wollte und die von ihm unverhüllt stiefmütterlich behandelt wurde... Der sowjetische Diktator überließ das kleine Bergland ganz der jugoslawischen Vormundschaft, die allerdings mit Titos ›Exkommunizierung‹ ein unerwartet rasches Ende fand. Albanien rächte sich damals prompt für die jahrelange Bevormundung durch den nördlichen Nachbarn, indem es dessen erbittertster Feind wurde. Die Gelegenheit zu einer Abrechnung mit Moskau sollte Jahre später kommen: der sowjetisch-albanische Konflikt findet zu einem guten Teil seine Erklärung in dem aufgestauten Ressentiment, das die von Stalin gedemütigten Albaner gegen die Sowjetunion hegten und das sich nun stellvertretend gegen Chruschtschow entlud«.[298]

Albanien, mit dem Jugoslawien bereits am 9. Juli 1946 einen bilateralen Bündnispakt geschlossen hatte[299], war außerdem nur mit Bulgarien seit Ende 1947 durch einen solchen Vertrag verbunden.[300]

Stalin legte größten Wert darauf, daß sich die von den Volksdemokratien untereinander geschlossenen bilateralen Verträge über Freundschaft, Zusammenarbeit und gegenseitigen Beistand in dem vom Kreml gesteckten Rahmen hielten und nicht zu regionalen Sonderbündnissen führten. Als Tito und Georgi Dimitrov die Schaffung eines Balkan-Bundes ernsthaft ins Auge faßten, pfiff sie Stalin scharf zurück.[301]

Polen und die Tschechoslowakei befanden sich bereits fest im sowjetischen Griff, daß sie ihre ab 1941 zunächst von Stalin wohlwollend betrachteten, Anfang 1943 dann endgültig mit einem Veto torpedierten Pläne, möglicherweise eine Konföderation zu bilden, nach 1945 selbst nicht einmal mehr theoretisch in Erwägung ziehen konnten.[302]

So ließ Stalin von Anfang an vertragliche Bindungen zwischen den von der UdSSR kontrollierten Ländern nur insoweit zu, als sie keine Eigendynamik zu entwickeln und damit den sowjetischen Einfluß zu schwächen oder gar in Frage zu stellen vermochten. Auch wenn sich die bilateralen Pakte inhaltlich sehr ähnelten, waren die Bindungen der Volksdemokra-

---

298 So C. Gasteyger (Hrsg.): Einigung, S. 166 f.
299 Vgl. dazu oben S. 291 f.
300 Dt. Text des Paktes vom 16. Dezember 1947 bei B. Meissner: Ostpakt-System, S. 33 f.
301 Vgl. dazu ausführlicher oben S. 395–397.
302 Vgl. dazu ausführlicher oben Kap. I, Ziffer 2.

tien untereinander – wie Zbigniew K. Brzezinski bemerkt – niemals so eng wie die zwischen jeder Volksdemokratie und der UdSSR.[303] Stalin bevorzugte so sehr die Politik des Bilateralismus, daß er auch den Abschluß multilateraler politischer und militärischer Abkommen zwischen den Volksdemokratien von Anfang an nicht zugelassen hat.

Die zwischen dem 12. Dezember 1943 und 16. April 1949 geschlossenen bilateralen Verträge über Freundschaft, Zusammenarbeit und gegenseitigen Beistand folgten weitgehend dem gleichen Schema: Einmal sahen sie jeweils die Errichtung eines Verteidigungsbündnisses vor, um sie vor Angriffen dritter Staaten zu schützen; in allen Verträgen – von einer Ausnahme abgesehen – wurde jeweils Deutschland als möglicher Angreifer genannt. Die ausdrückliche Bezeichnung Deutschlands als eines möglichen Aggressors wurde auch in die Bündnispakte Jugoslawiens mit der UdSSR vom 11. April 1945, mit Polen vom 18. März 1946, der Tschechoslowakei vom 9. Mai 1946, Albanien vom 9. Juli 1946, Ungarn vom 8. Dezember 1947 und mit Rumänien vom 19. Dezember 1947 aufgenommen.

Eine besondere Pikanterie wird in den meisten westlichen Darstellungen des östlichen bilateralen Pakt-Systems übersehen: Nur in einem der in jenen Jahren geschlossenen bilateralen Bündnispakte wurde in der Beistandsklausel Deutschland nicht ausdrücklich erwähnt – in dem am 27. November 1947 geschlossenen Bündnispakt zwischen Jugoslawien und Bulgarien.[304] Da dies in den zuvor von Jugoslawien mit der UdSSR, Polen, der Tschechoslowakei und Albanien geschlossenen Verträgen nicht der Fall war, dürfte ein redaktionelles Versehen ausscheiden. Auch wenn es wenig sinnvoll erscheint, hierüber Spekulationen anzustellen, bleibt es bemerkenswert, daß ausgerechnet der Vertrag zwischen den beiden Ländern von allen anderen Pakten abweicht, deren Führungen sich den Zorn Stalins zuzogen, als sie die Bildung eines Staatenbundes in Erwägung gezogen haben.

Die »antideutsche Orientierung der Beistandspakte spekulierte erfolgreich darauf, daß die deutsche Besetzung den meisten Mittel- und Osteuropäern noch in lebhafter Erinnerung war; dies war einer der wenigen po-

---

303 Vgl. dazu Z. K. Brzezinski: Sowjetblock, S. 128–130.
304 Vgl. Art. 3. Dt. Text bei B. Meissner: Ostpakt-System, S. 31 f. (32). Während B. Meissner (vgl. Bündnisverträge) und H. Fiedler (Paktsystem) diese Ausnahme unerwähnt lassen, meint Z. K. Brzezinski, ebenda, S. 129 mit Nachweis in Anm. 6, daß sich der bulgarisch-rumänische Bündnisvertrag vom 16. Januar 1948 (dt. Text bei B. Meissner: Ostpakt-System, S. 36) gegen jeden Angreifer richtet. Der Vertrag zwischen Rumänien und Bulgarien hält sich jedoch an die übliche Formel, indem er ausdrücklich Deutschland als möglichen Aggressor nennt.

pulären Aspekte der Verträge... Von der anhaltenden Sorge der osteuropäischen Staaten um die deutsche Frage abgesehen, konnte man die Verträge schwerlich als politisch bedeutsame Abmachungen zwischen gleichberechtigten, souveränen Partnern betrachten, die deren besondere nationale Interessen berücksichtigten. Sie dienten jedoch als symbolischer Ausdruck des marxistischen Grundsatzes, daß Staaten, die den Sozialismus aufbauen, gegeneinander keine aggressiven Absichten hegen können und per definitionem freundlich zueinander stehen«.[305]

Auch die anderen Bestimmungen der Verträge folgten weitgehend einem feststehenden Schema: So enthielten sie neben der Beistandsklausel die Verpflichtung, keinen Koalitionen beizutreten, die gegen die Interessen eines der Signatarstaaten gerichtet waren, und die Verpflichtung, sich an allen Bemühungen zum Schutz des Friedens zu beteiligen. Außerdem versprachen sie sich die gegenseitige Achtung der Souveränität, Nichteinmischung in die inneren Angelegenheiten und die Gleichberechtigung. Darüber hinaus sahen die Verträge entweder die künftige ökonomische Kooperation vor oder bestätigten sie, soweit sie schon existierte.

Wenn in westlichen Analysen gelegentlich festgestellt wird, daß nur die Volksdemokratien untereinander, nicht aber die UdSSR Abmachungen über die kulturelle Zusammenarbeit vereinbart haben[306], so ist diese Aussage mißverständlich. Prüft man die von der Sowjetunion geschlossenen Verträge, so fällt in der Tat auf, daß sie bezüglich der kulturellen Kooperation voneinander abwichen. Während sich der erste von der Sowjetunion am 12. Dezember 1943 geschlossene Bündnisvertrag mit der Tschechoslowakei über die mögliche spätere kulturelle Zusammenarbeit mit keinem Wort geäußert hat, sprachen die Pakte der UdSSR mit Jugoslawien vom 11. April und Polen vom 21. April 1945 ausdrücklich von der »weiteren Entwicklung und Festigung der wirtschaftlichen und kulturellen Beziehungen«.

Die gleiche Formel wurde in die Verträge der UdSSR mit Rumänien vom 4. Februar, mit Ungarn vom 18. Februar und Bulgarien vom 18. März 1948 aufgenommen.[307] Somit bleibt als Ergebnis festzuhalten, daß die einzige Ausnahme der sowjetisch-tschechoslowakische Vertrag vom 12. Dezember 1943 bildete, der zu einem Zeitpunkt geschlossen wurde, als sich Josef Stalin und Eduard Beneš zwar »gegenseitigen Beistand und militäri-

---

305 So Z. K. Brzezinski, ebenda, S. 129 f.
306 So Z. K. Brzezinski, ebenda, S. 129.
307 Vgl. dazu die Übersicht »Zweiseitige politische und kulturelle Verträge« bei Z. K. Brzezinski, ebenda, S. 131.

sche und sonstige Hilfe sowie Unterstützung jeder Art im gegenwärtigen Krieg gegen Deutschland« und mit ihm verbündete Länder und auch wirtschaftliche Hilfe versprochen haben, ohne damals auch schon an die späteren kulturellen Beziehungen zu denken.[308] Die anderen von der UdSSR geschlossenen Verträge folgten dem feststehenden Schema. Im Gegensatz zu den Volksdemokratien untereinander traf die UdSSR in jenen Jahren keine gesonderten Verträge über kulturelle Zusammenarbeit.
Zbigniew K. Brzezinski ist erstaunt darüber, daß in diesen bilateralen Verträgen die sowjetische Führerstellung oder die direkte sowjetische Einmischung in die inneren Angelegenheiten der verbündeten Staaten mit keinem Wort erwähnt wurden: »Die ideologisch so wichtige führende Rolle der Sowjetunion erhielt keine formelle Grundlage und konnte sich in der Zukunft nicht auf formelle Abmachungen berufen.«[309]
Die Erklärung für diese keinesfalls überraschende Tatsache gibt Brzezinski selbst, wenn er feststellt, daß die Verträge auch den Zweck hatten, schon früher hergestellte Beziehungen in juristische Form zu bringen; noch wichtiger ist seine Bemerkung, daß diese Verträge auf internationaler Ebene die formale Gleichheit der kommunistischen Staaten symbolisieren sollten.
Eine Verankerung des sowjetischen Führungsanspruchs in diesen Verträgen hätte die Formeln von der Achtung der Souveränität, der Gleichberechtigung und Nichteinmischung – zumindest unter dem völkerrechtlichen Aspekt – in ein Zwielicht gebracht. Ebenso ist es verständlich, daß die permanente sowjetische Einmischung in die inneren Angelegenheiten dieser Länder schon deshalb nicht Gegenstand der bilateralen Verträge wurde, da die Politik Stalins aus seiner und seiner »Genossen« Sicht in den von der UdSSR kontrollierten Ländern keinesfalls als Intervention betrachtet worden ist.
Beachtung verdient, daß die von der UdSSR mit Rumänien, Ungarn und Bulgarien geschlossenen Verträge erstmals eine Konsultationsklausel enthielten; sie verpflichtete die jeweiligen Signatare, sich in allen wichtigen internationalen Fragen, die die Interessen der beiden Länder berührten, zu beraten. Damit hatte Stalin einen weiteren Hebel in der Hand, seinen Einfluß auf die Außenpolitik dieser drei Länder geltend zu machen. Aufgrund der Machtverhältnisse war ihm dies auch im Fall der Tschechoslowakei und Polens möglich, ohne daß er sich dabei auf Konsultationsklauseln in den jeweiligen Verträgen berufen konnte.

---

308 Vgl. dazu ausführlicher oben S. 79–85.
309 Z. K. Brzezinski, ebenda, S. 131 f.

Überblickt man die Entwicklung der von Stalin geschaffenen formellen Beziehungen mit den von der UdSSR kontrollierten Ländern, so fällt auf, daß er nach dem Abschluß der bilateralen Bündnispakte mit Rumänien, Ungarn und Bulgarien im Februar/März 1948 keinen politisch bedeutungsvollen Vertrag mit diesen Staaten mehr geschlossen hat. Für Stalin war das von ihm zuvor aufgebaute zweiseitige Vertragsnetz mit seinen politischen, militärischen, ökonomischen und kulturellen Klauseln ausreichend. Er wußte auch in seinen letzten fünf Lebensjahren, daß die Kontrolle über den territorial so angewachsenen sowjetischen Machtbereich im wesentlichen auf informellen Instanzen beruhte.

7. Fazit: Der Stalinismus als System zwischenstaatlicher und interparteilicher Beziehungen

Überblickt man die Entwicklung des sowjetischen Machtbereichs in Europa bis zum Tode Stalins am 5. März 1953, so fällt zunächst auf, daß die Grundstruktur der sowjetischen »Sphäre« bis zum Frühsommer 1948 geschaffen worden ist. Das gilt sowohl für die institutionellen und informellen Kontrollinstanzen als auch für die »ideologische« Untermauerung des Systems. Zbigniew K. Brzezinski hat die Stalin-Ära abschließend unter dem Aspekt »Der Stalinismus als System kommunistischer Staatenbeziehungen« analysiert. Da Stalin jedoch die formellen und institutionellen Vorkehrungen bewußt vernachlässigt und statt dessen besonderes Gewicht auf die informellen, vor allem auf die bilateralen Beziehungen zwischen der KPdSU und den kommunistischen Parteien der Volksdemokratien gelegt hat, sollte man vielleicht besser vom »Stalinismus als System zwischenstaatlicher und interparteilicher Beziehungen« sprechen.
Mit Recht hat Brzezinski darauf hingewiesen, daß der Stalinismus auf der Priorität des Politischen und der Sowjetinteressen beruht hat: Beides ergab sich folgerichtig aus Stalins Auffassung vom Verhältnis des Materiellen zum Politischen, der Basis zum Überbau. Mit dieser Problematik hat sich Stalin in seiner 1950 erschienenen und stark beachteten Schrift »Der Marxismus und die Fragen der Sprachwissenschaft«[310] befaßt. Für Stalin

---

310 J. Stalin: Der Marxismus und die Fragen der Sprachwissenschaft, S. 5 f.: »Die Basis ist die ökonomische Struktur der Gesellschaft in der gegebenen Etappe ihrer Entwicklung. Der Überbau – das sind die politischen, juristischen, religiösen, künstlerischen,

war der Aufbau der von Moskau geschaffenen Staatenverbindung nur sinnvoll, wenn er die UdSSR stärkte, die ihrerseits wieder den Volksdemokratien »Hilfe beim Aufbau des Sozialismus« leistete. Das bedeutete: »Ein Interessenkonflikt war unmöglich, solange die Interessen des Sowjetstaats konsequent Vorrang genossen.«[311]
Während sich Stalin in seinen letzten Lebensjahren nur sehr selten und sehr knapp über das »Sowjetimperium« geäußert hat[312], überließ er es weitgehend Georgij Malenkov, der auf dem XIX. Parteitag der KPdSU im Oktober 1952 den Rechenschaftsbericht des Zentralkomitees der Partei vorgetragen und den Stalin damit zum Nachfolger designiert hatte, das Verhältnis der UdSSR zu den von ihr kontrollierten Ländern zu umreißen. Dabei bediente sich Malenkov einer bemerkenswerten Formel: »Bei der Durchführung ihrer Friedenspolitik findet die Sowjetunion die einmütige Unterstützung der anderen demokratischen, friedliebenden Staaten, der Chinesischen Volksrepublik, Polens, Rumäniens, der Tschechoslowakei, Ungarns, Bulgariens, Albaniens, der Deutschen Demokratischen Republik, der Koreanischen Volksdemokratischen Republik, der Mongolischen Volksrepublik. Die Beziehungen der UdSSR zu diesen Ländern sind ein *Beispiel für gänzlich neuartige Beziehungen zwischen den Staaten, wie sie in der Geschichte noch nie bestanden haben.* Sie beruhen auf den Prinzipien der Gleichberechtigung, der wirtschaftlichen Zusammenarbeit und der Achtung der nationalen Unabhängigkeit. Getreu den Verträgen über gegenseitige Hilfe gewährt die UdSSR diesen Ländern bei ihrer weiteren Festigung und Entwicklung Hilfe und Unterstützung und wird ihnen diese auch weiterhin gewähren.«[313]
In der Tat hat die Sowjetunion in den Jahren ab 1945 zu den von ihr kontrollierten Ländern Beziehungen hergestellt, wie sie bis dahin die Geschichte noch nicht gekannt hatte. Auffällig ist jedoch, daß Malenkov in seinem ausführlichen Rechenschaftsbericht auf dem XIX. Parteitag der KPdSU jede politische oder gar völkerrechtliche Qualifizierung des Ver-

---

philosophischen Anschauungen der Gesellschaft und die ihnen entsprechenden politischen, juristischen und anderen Institutionen. Jede Basis hat ihren eigenen, ihr entsprechenden Überbau ... Ändert sich die Basis und wird sie beseitigt, so ändert sich anschließend ihr Überbau und wird beseitigt; entsteht eine neue Basis, so entsteht anschließend auch ein ihr entsprechender Überbau.« Text auch bei H. P. Gente (Hrsg.): J. Stalin: Marxismus und Fragen der Sprachwissenschaft, S. 23.
311 So Z. K. Brzezinski: Sowjetblock, S. 126–128 (128). Vgl. dazu auch P. Calvocoressi: Survey 1952, S. 174 f.
312 Vgl. dazu unten S. 464 f.
313 Text bei G. M. Malenkov: Rechenschaftsbericht, S. 34. Hervorhebung vom Verf.

hältnisses zwischen der UdSSR und den Ländern ihres Machtbereichs peinlichst vermied.
Zieht man ein Fazit aus der von Malenkov als »gänzlich neuartig« apostrophierten, bis dahin noch nicht gekannten »Beziehungen«, so ist zwischen den formellen, d. h. also institutionellen Bindungen und den informellen Kontrollinstanzen zu unterscheiden. Dabei sollte die zwischenstaatliche Ebene soweit wie möglich von der interparteilichen getrennt betrachtet werden. Schließlich ist der Stalinismus als zwischenstaatliches und interparteiliches System nur einzuordnen, wenn man klar zwischen der bilateralen und der multilateralen Ebene differenziert.

a) *Die formellen Bindungen*

Die bilateralen formellen Bindungen der UdSSR mit den von ihr kontrollierten Ländern beschränkten sich auf der zwischenstaatlichen Ebene auf die zwischen Ende 1943 und 1948 geschlossenen Verträge über Freundschaft, Zusammenarbeit und gegenseitigen Beistand, von denen die am 12. Dezember 1943 mit der Tschechoslowakei und am 21. April 1945 mit Polen unterzeichneten Pakte wesentlich bedeutsamer waren als die, die die UdSSR 1948 mit Rumänien, Ungarn und Bulgarien schloß, da dies zu einem Zeitpunkt geschah, als die politische Gleichschaltung der betroffenen Länder bereits abgeschlossen war. Da die dort mit Hilfe des Kreml eingesetzten kommunistischen »Genossen« um ihre Abhängigkeit von Moskau wußten, erschien ihnen Stalins Praxis der zwischenstaatlichen Beziehungen keinesfalls als eine direkte sowjetische Einmischung in die inneren Angelegenheiten ihrer Staaten.[314]
Auf wirtschaftlichem Gebiet bevorzugte Stalin das Prinzip des Bilateralismus auch dann noch, als im Januar 1949 der Rat für Gegenseitige Wirtschaftshilfe aus der Taufe gehoben wurde.[315] Die ökonomischen Realitäten in den zum RGW gehörenden Ländern und Stalins Abneigung, weitreichende multilaterale zwischenstaatliche Vereinbarungen zu treffen, haben dafür gesorgt, daß der RGW in den ersten vier Jahren seiner Existenz keine bedeutsame Wirkung entfalten konnte. Seine wichtigste und folgenschwerste »Leistung« bestand in dem Wirtschaftsboykott gegen Jugoslawien, der das größte Land des Balkans in eine außerordentlich schwierige

---

314 Vgl. dazu ausführlicher oben Kap. II.
315 Vgl. dazu ausführlicher oben S. 429–439.

Situation gestürzt hat; dank westlicher Hilfe gelang es Tito jedoch – entgegen Stalins Erwartung – die Lage zu meistern.[316]
Daß Stalin nicht nur auf der zwischenstaatlichen, sondern auch auf der interparteilichen Ebene das Prinzip des Bilateralismus praktizierte, zeigt auch die Entwicklung des im September 1947 gegründeten Kommunistischen Informationsbüros (Kominform).[317] Es sollte zum »Austausch von Erfahrungen« unter den beteiligten Parteien und zur »Koordinierung ihrer Aktivitäten auf der Grundlage gegenseitigen Übereinkommens« dienen. Von Anfang an ließ Stalin überhaupt keinen Zweifel daran aufkommen, »wer hier allein informierte und koordinierte«[318].
Stalin mißbrauchte das Kominform, als er es mit seinem Konflikt mit Tito belastete und die Kommunistische Partei Jugoslawiens Ende Juni 1948 aus dem Kominform ausschloß. Die in der Resolution gegen die Führung der jugoslawischen Kommunisten erhobenen Vorwürfe waren nicht nur absurd und unsinnig, sondern verfehlten auch deshalb ihre Wirkung, da Jugoslawien auch ohne diese von Stalin beherrschte Instanz zu leben vermochte. Wie wenig Bedeutung Stalin dem Kominform beimaß, geht aus der Tatsache hervor, daß die formellen Zusammenkünfte immer seltener wurden; die vierte und letzte Konferenz fand Ende November 1949 in Ungarn statt.[319] Auch der Niedergang des Kominform als eines politischen Instruments des Kreml verdeutlichte, wie sehr sich Stalin vornehmlich auf die informellen und indirekten Mittel verließ, um den sowjetischen Machtbereich zusammenzuhalten.

b) *Die informellen Kontrollinstanzen*

Wenn Josef Stalin in seinem Schlußwort auf dem XIX. Kongreß der KPdSU am 14. Oktober 1952 davon sprach, seine Partei und sein Land benötigten »das Vertrauen, die Sympathie und die Unterstützung der Brudervölker«[320], dann ging er mit Recht davon aus, daß er sich auf die vom Kreml abhängigen politischen Führungen der »Bruderländer« absolut verlassen konnte. Stalin hat, als der Verlauf und der Ausgang des

---

316 Vgl. dazu ausführlicher oben Kap. II, Ziffer 4.
317 Vgl. dazu ausführlicher oben Kap. III, Ziffer 3.
318 G. Stökl: Russische Geschichte, S. 759.
319 Vgl. dazu die detaillierte Darstellung in: Die Entwicklung des Kominform von 1947–1950; B. S. Morris: The Cominform; L. Marcou: Le Kominform, S. 97–119.
320 Vgl. dazu unten S. 464 f.

Zweiten Weltkriegs der UdSSR zu einer gewaltigen territorialen Expansion verhalfen, frühzeitig zahlreiche weitreichende informelle Vorkehrungen getroffen, um den eigenen Machtbereich beherrschen und wirksam kontrollieren zu können. Dazu zählen vor allem folgende Faktoren: die Autorität Stalins sowie das Prestige der UdSSR und der KPdSU mit ihrem absoluten Führungsanspruch als revolutionärer Mutterpartei, die von Stalin bevorzugten bilateralen direkten Konsultationen zwischen der sowjetischen Führung und den Führungen der einzelnen Länder und Parteien, die sowjetischen Botschafter, die engen Kontakte zwischen dem Apparat des Zentralkomitees der KPdSU und den Parteiapparaten in den Volksdemokratien und die »Hilfestellung« beim Aufbau der jeweiligen Geheimpolizei und Armee in den kontrollierten Ländern und Gebieten.

aa) *Die Autorität Stalins und das Prestige der KPdSU und der UdSSR*

Kennzeichnend für den Stalinismus als System zwischenstaatlicher und interparteilicher Beziehungen ist, daß sein Schöpfer weder die eigene Autorität noch die führende Rolle der KPdSU und der UdSSR auf eine formelle Basis gestellt hat. Stalin hatte es aufgrund seiner unangefochtenen Autorität nicht nötig, sich diese von den von ihm abhängigen »Genossen« in zwischenstaatlichen oder interparteilichen Abmachungen ausdrücklich bestätigen zu lassen. Kein anderer Vorgang verdeutlicht das stärker als der Ausschluß der Kommunistischen Partei Jugoslawiens aus dem Kominform: Keiner der Staats- und Parteiführer der von der UdSSR kontrollierten und im Kominform vereinten Länder hat auch nur den leisesten Versuch unternommen, für Marschall Tito und Jugoslawien eine Lanze zu brechen. Selbst Georgi Dimitrov, der im Januar 1948 Stalin endlich den Vorwand bot, den Bruch mit Jugoslawien einzuleiten, blieb nichts anderes übrig, als sich in der von Stalin geforderten Weise von Tito zu distanzieren.

Aus der unbestrittenen Autorität Stalins folgte, daß er selbst – wie Zbigniew K. Brzezinski feststellt – die wichtigste informelle Kontrollinstanz des von ihm geschaffenen Staatensystems bildete: »In einer Situation, in der sozialökonomische Prozesse eine so wichtige Rolle spielten, mag es seltsam scheinen, daß ein einzelner ganzen Gesellschaftsordnungen und politischen Systemen so stark seinen Stempel aufdrücken konnte ... Stalin als Symbol, Stalin als siegreicher Führer, Stalin als Erbauer des Sozialismus in der Sowjetunion brachte in diese Beziehungen ein schwer greifbares, aber entscheidendes psychologisches Element hinein: Ergebenheit,

449

Furcht und Haß spielten bei den politischen Entscheidungen mit, und Stalins Gestalt war in jeder wichtigen Diskussion gegenwärtig. Für den kommunistischen Fanatiker waren Liebe und Treue zu Stalin unabdingbare Bestandteile seines Glaubens. Den Praktiker ließ Furcht, auch wenn sie Haß erzeugte, genauso handeln wie den Fanatiker. Und bei den meisten Kommunisten bildeten alle diese Elemente zusammen ein ambivalentes Gefühlsgemisch, wenn es schon keine vollkommene charismatische Hingabe war.«[321]

Stalins persönliches Prestige war – notwendigerweise – mit dem Prestige der KPdSU verbunden, die die revolutionäre »Mutterpartei« verkörperte und als »einziger maßgebender und korrekter Interpret für den Marxismus-Leninismus, Träger der Weltanschauung des Leninismus, die von ihr ausgearbeitet und weiter vertieft wird«, fungierte: »der einzige und endgültige Schiedsrichter«[322].

Neben die Autorität Stalins und der KPdSU trat das Prestige der Sowjetunion, die eine weitere wichtige informelle Kontrollinstanz bildete. Sreten Žujović, ehemaliger jugoslawischer Finanzminister und Mitglied des Zentralkomitees der Kommunistischen Partei Jugoslawiens, der sich im Konflikt zwischen Stalin und Tito auf die Seite des sowjetischen Diktators gestellt hatte, hat das System des Stalinismus aus der Sicht seiner Anhänger auch außerhalb der UdSSR dahingehend skizziert, daß es gegenüber der Sowjetunion, dem »Land des sozialistischen Fortschritts« und dem »Heimatland aller Proletarier der ganzen Welt«, »weder Kommentar noch Erklärung geben« konnte – »nur Schweigen«[323].

Stalins Position in den zwischenstaatlichen und interparteilichen Beziehungen war nicht nur wegen seiner eigenen Autorität so stark, sondern auch deshalb, da er seit 1941 die beiden wichtigsten Ämter des Ersten Sekretärs des Zentralkomitees der KPdSU und des Ministerpräsidenten der UdSSR in sich vereinigte. Die kritiklose Hinnahme seiner Anweisungen hatte er frühzeitig auch dadurch gesichert, daß die kommunistischen Regimes in den von der UdSSR kontrollierten Ländern von ihm persönlich eingesetzt worden waren. Da Stalin nur in den Kategorien der Macht dachte und ihnen alle menschlichen Erwägungen unterordnete, nutzte er auch noch die Rivalitäten zwischen den im Moskauer Exil auf ihre spätere Tätigkeit geschulten »Genossen« und den während des Zweiten Weltkriegs entweder im Untergrund oder im westlichen Ausland lebenden

---

321 Z. K. Brzezinski: Sowjetblock, S. 133.
322 So S. Žujović; zit. bei V. Dedijer: Tito, S. 394.
323 Text, ebenda.

Kommunisten dazu aus, sie gegeneinander auszuspielen und jeweils die Machtkämpfe im Sinne des sowjetischen Interesses zu entscheiden. Alle diese Faktoren trugen dazu bei, daß Stalins System der absoluten Subordination der zur sowjetischen »Sphäre« gehörenden Länder unter die Interessen der Sowjetunion hervorragend funktionierte.[324]
Stalin begnügte sich jedoch keinesfalls damit, die absolute Kontrolle über den sowjetischen Machtbereich allein auf die Autorität der drei »Säulen« – des sowjetischen Diktators, der KPdSU und der UdSSR – zu stützen. Frühzeitig schuf der Kreml ein breitgefächertes System informeller politischer Kontrollen, die sich alle als außerordentlich effektiv erweisen sollten.

bb) *Die direkten Konsultationen auf der zwischenstaatlichen und interparteilichen Ebene*

Auch wenn die UdSSR auf der zwischenstaatlichen Ebene erst in den im Februar/März 1948 mit Rumänien, Ungarn und Bulgarien geschlossenen Verträgen erstmals eine Konsultationsklausel verankert hat[325], so bedeutete das die formelle Bestätigung einer bereits zuvor gepflegten Übung; das gilt gleichfalls für die Beziehungen der Sowjetunion zu Polen und der Tschechoslowakei. Prüft man das Ausmaß der direkten Konsultationen zwischen Moskau und den Staats- und Parteispitzen der von der UdSSR kontrollierten Länder, dann fällt auf, daß Stalin fast nur zweiseitige Beratungen sowohl auf der zwischenstaatlichen als auch auf der interparteilichen Ebene gepflogen hat. Von 1949 bis zum XIX. Parteitag der KPdSU im Oktober 1952 fanden keine mehrseitigen Konsultationen der kommunistischen Spitzen statt.
Stalin, von Augenzeugen und Biographen als außerordentlich mißtrauisch und unnahbar charakterisiert und gewohnt, Befehle zu erteilen, verfolgte mit dieser Art der »Konsultation« einen bestimmten Zweck: Da ihm jeweils immer nur eine Parteiführung in Moskau allein gegenüberstand, konnte er dieser versichern, die Führungen der anderen Parteien hätten die von ihm vorgeschlagene Politik bereits gebilligt und unterstützten sie enthusiastisch. In der Regel bestellte der Kreml zu solchen »Beratungen« den jeweiligen Parteichef – seinen Vertrauensmann – und einige seiner Mitarbeiter, die für die zur Debatte stehenden Fragen zuständig

---

324 Vgl. dazu vor allem Z. K. Brzezinski: Sowjetblock, S. 133–136 mit weiteren Nachweisen.
325 Vgl. dazu oben S. 444.

waren. Für die Auserwählten, die nach Moskau zu »Konsultationen« mit Stalin geladen wurden, bedeutete dies eine wichtige Privilegierung auch gegenüber den »daheimgebliebenen Rivalen im Kampf um die Macht«[326]. Die Kenntnisse darüber, wie sich solche »Konsultationen« mit Stalin abgespielt haben, sind außerordentlich gering. Es fehlen nach wie vor fundierte Darstellungen beteiligter Politiker – wie wir sie beispielsweise Milovan Djilas und Vladimir Dedijer verdanken –, die mit der nötigen »Inside«-Kenntnis die zeithistorische Forschung wesentlich bereichert haben. Dies konnten sie jedoch nur tun, da sich die Jugoslawen nach dem Bruch Stalins mit Tito auch eine eigenständige Geschichtsschreibung erlauben konnten. Einen wichtigen und instruktiven Beitrag hat auch Imre Nagy, der am 4. Juli 1953 als Nachfolger Mátyás Rákosis zum ungarischen Ministerpräsidenten gewählt und nach der Niederschlagung der Volkserhebung in Ungarn im Herbst 1956 hingerichtet worden ist, in seinem »Politischen Testament« geliefert; Nagys »Politisches Testament« enthält wichtige Hinweise nicht nur auf die Art zweiseitiger »Konsultationen« mit dem Kreml, sondern auch auf das Ausmaß der sowjetischen Eingriffe in zentrale Personalfragen. Nagy hat plastisch beschrieben, daß auch die Nachfolger Stalins für sich in Anspruch nahmen, darüber zu entscheiden, welcher ungarische Politiker als Ministerpräsident zu fungieren und welche Politik er zu treiben hat.

Nachdem sich nach dem Tod Stalins am 5. März 1953 in der UdSSR die »kollektive Führung« etabliert hatte, reiste Ministerpräsident Rákosi im Mai 1953 nach Moskau, wo Malenkov – wie Imre Nagy berichtet hat – darauf hinwies, daß die sowjetischen Führer mit Rákosi »im Hinblick auf die Trennung der Führung von Partei und Staat auch über personelle Fragen« diskutiert hätten:

»Wir fragten ihn, wen er als Nachfolger empfehlen könnte. Er konnte uns niemanden nennen. Wer immer auch in Frage kam, gegen jeden hatte er etwas einzuwenden, gegen jeden wußte er etwas vorzubringen. Jeder war verdächtig, nur er allein nicht. Wir waren sehr bestürzt.«[327]

In der Beratung, an der auch Nikita S. Chruščev und V. M. Molotov teilnahmen, erklärte Rákosi, daß er nicht Ministerpräsident bleiben wolle. Dazu hat Imre Nagy festgestellt: »Wir regelten das Verhältnis von Partei und Staat auf der Grundlage der auf der Moskauer Beratung ausgearbeiteten und im Beschluß des Zentralkomitees vom Juni 1953 festgelegten

---

326 So Z. K. Brzezinski: Sowjetblock, S. 137 f. (138).
327 I. Nagy: Politisches Testament, S. 327 f. (327).

Prinzipien.« Dem ist nichts hinzuzufügen: Am 2. Juli 1953 trat die Regierung unter Ministerpräsident Mátyás Rákosi zurück.
Dieser bezeichnende Dialog zwischen Rákosi und Malenkov dürfte sich wenig von »Personal-Diskussionen« mit Stalin unterschieden haben. Vielleicht hätte Rákosi Stalin nicht gefragt, »wen er als Nachfolger empfehlen könnte«, sondern danach, wer für ihn der neue ungarische Ministerpräsident sei.
So ist es auch kein Zufall, daß die Verfassung, die sich die Volksrepublik Polen am 22. Juli und die Volksrepublik Rumänien am 24. September 1952 gegeben haben, der UdSSR hohen Tribut zollen. Die rumänische Verfassung übertrifft die polnische noch insofern, daß sie sich nicht auf eine mehrfache Erwähnung der UdSSR in der Präambel beschränkt hat; in Art. 3 wurde darüber hinaus betont, daß die Rumänische Volksrepublik »im Ergebnis der Befreiung des Landes vom faschistischen Joch und von der imperialistischen Herrschaft durch die Streitkräfte der UdSSR« entstanden sei und sich gefestigt habe.
Noch einmal sei daran erinnert, daß die Sowjetunion in der rumänischen Verfassung von 1948 mit keinem Wort erwähnt und die Errichtung der Volksdemokratie als Ergebnis der eigenen Leistung gefeiert worden war. So lautete Art. 2 der am 13. April 1948 in Kraft getretenen Verfassung der Rumänischen Volksrepublik: »Die Rumänische Volksrepublik entstand im Kampfe des Volkes und der Führung der Arbeiterklasse gegen den Faschismus, die Reaktion und den Imperialismus.« Die Entstehungsgeschichte der rumänischen Verfassung vom 24. September 1952 dürfte sich – wie Dietrich Frenzke betont hat – »daher im Grunde ähnlich abgespielt haben wie die jener Konstitution, die den rumänischen Fürstentümern 1829 vom Zarenreich als ›Organisches Reglement‹ (›Regulamentul Organic‹) aufoktroyiert wurde und von der Karl Marx schrieb, sie ›wurde nicht auf Grund der in Bukarest und Jassy geführten Debatten, sondern entsprechend den St. Petersburger Instruktionen redigiert ... Jeder einzelne Artikel mußte in St. Petersburg vorgelegt werden, beschnitten, korrigiert, geändert, in den meisten Fällen in direktem Widerspruch zu den Grundgesetzen des Landes und zu den Verträgen. Die Verfassung wurde (somit) durch Kuriere angefertigt ...‹ «[328]

---

328 D. Frenzke: Doktrin, S. 130–132. Das Zitat von Karl Marx hat er dem ungezeichneten Beitrag »Marx und die Rumänen«, S. 18 entnommen. Dieser Artikel fußt auf dem Ende 1964 in Bukarest vom Verlag der Akademie der Volksrepublik Rumänien herausgegebenen Buch »K. Marx. Aufzeichnungen über Rumänien. Unveröffentlichte Manuskripte«, in denen die beiden rumänischen Historiker Andrei Otetea und G.

Es besteht kein Zweifel anzunehmen, daß die Verfassungen der Tschechoslowakischen Republik vom 9. Mai 1948, der Ungarischen Volksrepublik vom 20. August 1949 und der Volksrepublik Polen vom 22. Juli 1952 auf ähnliche Weise entstanden sind. Festzuhalten gilt, daß nicht nur die erste Nachkriegsverfassung Rumäniens vom 13. April 1948, sondern auch die der Volksrepublik Bulgarien vom 4. Dezember 1947 die UdSSR mit keinem Wort erwähnt hat.

cc) *Die Kontrollfunktion der sowjetischen Botschafter*

Nicht ohne Ironie ist Georgij Malenkovs Aussage auf dem XIX. Parteitag der KPdSU im Oktober 1952 insofern, als er von den »gänzlich neuartigen«, bis dahin noch nicht bekannten Beziehungen zwischen den Staaten der sowjetischen »Sphäre« sprach, wenn man sie auf das Wirken der sowjetischen Botschaften in den Hauptstädten der Volksdemokratien bezieht. Daß der Kreml besondere Vorstellungen mit der Rolle und Funktion sowjetischer Botschafter in kommunistisch regierten Ländern verbindet, offenbarte auf geradezu entwaffnende Weise die Korrespondenz, die dem Bruch zwischen Stalin und Tito vorausging. In seinem Schreiben vom 13. April 1948 fragte das Zentralkomitee der Kommunistischen Partei Jugoslawiens, ob das Zentralkomitee der KPdSU seine Behauptung, in Jugoslawien gäbe es keine Demokratie, möglicherweise auf Informationen des sowjetischen Botschafters in Belgrad, Lavrentev, gestützt habe. Dazu wurde in dem Schreiben festgestellt: »Wir sind der Ansicht, daß er als Botschafter der UdSSR kein Recht hat, von wem es auch sei, Informationen über die Tätigkeit unserer Partei zu sammeln. Das ist nicht seine Aufgabe. Das ZK der KPdSU kann solche Informationen direkt beim ZK der KPJ erhalten.«[329]

Zane über die Entdeckung von vier bis dahin unbekannten Marxschen Handschriften in Amsterdam berichtet haben. Darauf, daß dieser »aufsehenerregende Handschriftenfund« Ende 1964 in Rumänien publiziert worden ist, wird später noch eingegangen. Die obige Übersetzung des Art. 2 der rumänischen Verfassung von 1948 ist bei D. Frenzke, ebenda, S. 131 mit Anm. 26, entnommen. Dt. Texte der Verfassungen Polens vom 22. Juli 1952, Rumäniens vom 24. September 1952, Bulgariens vom 4. Dezember 1947, der Tschechoslowakei vom 9. Mai 1948 und Ungarns vom 20. August 1949 in: Die Verfassungen der europäischen Länder der Volksdemokratie. Der Aufsatz »Marx und die Rumänen« enthält noch weitere höchst aufschlußreiche Aufzeichnungen Karl Marx' über die »Ausbeutung« und »Unterdrückung« der Völker Rumäniens und Polens durch Rußland und die Einstellung Rußlands gegenüber Bessarabien.
329 Text in: Tito contra Stalin, S. 39.

In seiner Antwort vom 4. Mai 1948 bezeichnete das Zentralkomitee der KPdSU diese Erklärung Titos und Kardeljs als »befremdend und antisowjetisch. Sie stellen einen Gesandten, der Vertreter der kommunistischen Regierung der UdSSR bei der kommunistischen Regierung Jugoslawiens ist, auf die gleiche Stufe wie irgendeinen bürgerlichen Gesandten, einen gewöhnlichen Beamten eines bürgerlichen Staates, der den Auftrag hat, die Grundlagen des jugoslawischen Staates zu unterhöhlen. Es ist unfaßbar, daß die Genossen Tito und Kardelj derart tief sinken konnten . . . Begreifen sie denn nicht, daß der Sowjetgesandte, verantwortlicher Kommunist und Vertreter eines befreundeten Staates, welcher Jugoslawien von der deutschen Besetzung befreit hat, nicht nur das Recht, sondern auch die Pflicht hat, sich von Zeit zu Zeit mit den jugoslawischen Kommunisten über verschiedene Angelegenheiten zu unterhalten?«[330]
In dem Schreiben wurden – großzügigerweise – diese »Rechte« und »Pflichten« auch dem jugoslawischen Botschafter in der UdSSR konzediert, da er dort nicht als »gewöhnlicher Beamter« betrachtet und einem »bürgerlichen Gesandten« gleichgestellt werde: »Daß er Gesandter geworden ist, bedeutet nicht, daß er aufgehört hat, Kommunist zu sein.« Damit hat der Kreml zugegeben, daß es zu den Aufgaben der sowjetischen Botschafter gehört, in den Volksdemokratien Informationen über alle ihn interessierenden Angelegenheiten einzuziehen – unabhängig davon, welche Quellen und Informationen dafür benutzt werden. Während man den Vertretern der Volksdemokratien in der UdSSR derartige Rechte nicht zusprach, »beanspruchte man die privilegierte Stellung des Sowjetbotschafters mit der Begründung, ein echtes Vertrauensverhältnis unter Kommunisten erfordere das. So hielt sich der Sowjetbotschafter in Jugoslawien für berechtigt, mit Titos Gegnern im Politbüro zu intrigieren«.[331]
Damit bewies Stalin auch im diplomatischen Verkehr, wie wenig er geneigt war, wenigstens dort das Prinzip der Gleichheit zu praktizieren. Ein besonders eklatantes Beispiel hat auch der ehemalige polnische Kommunist S. Bialer, der Zugang zu den Protokollen der Plenartagungen der Polnischen Vereinigten Arbeiterpartei vom Juli 1955 hatte, berichtet: Danach wurde auf diesem Plenum den früheren sowjetischen Botschaftern in Warschau, V. Z. Lebedev (1946–1953) und G. M. Popov (1953/54), vorgeworfen, daß sie nicht nur innerparteiliche Intrigen geschürt, sondern

---

330 Text, ebenda, S. 48 f.
331 So Z. K. Brzezinski: Sowjetblock, S. 139–141 (140).

auch gelegentlich die polnischen Parteiführer wie Untergebene behandelt hätten, die sie nach Gutdünken in die Botschaft zitieren konnten. Lebedevs Benehmen war der polnischen Führung offenbar so unerträglich, daß das polnische Politbüro nach Stalins Tod bei der sowjetischen Führung seine Abberufung durchgesetzt hat.[332]
Die außerordentlich starke Position der sowjetischen Botschafter in den Hauptstädten der Volksdemokratien ergab sich noch aus einem weiteren Grund, der auch auf das spezifische Verhältnis der politischen Führungen dieser Länder zum Kreml zurückzuführen ist. Da die politischen Führungsleute in den Volksdemokratien um ihre Abhängigkeit von Stalin wußten, ohne daß sie sich ihrer Position völlig sicher sein konnten, mußte es ihnen darauf ankommen, bei Stalin immer in einem möglichst guten Licht zu erscheinen. Dies erschien den jeweils etablierten Führungsspitzen auch deshalb erforderlich, da Stalin bewußt Rivalitäten unter den »Genossen« in den von der UdSSR kontrollierten Ländern in sein Kalkül einbezog. So mußten die jeweils Regierenden daran interessiert sein, daß ihre Berichte nach Moskau soweit wie möglich mit denen der sowjetischen Botschafter identisch waren. Weil Stalins Botschafter die lokalen Führer über ihre Berichte nicht informierten, konnte das das Gefühl der Sicherheit nicht gerade stärken. Daß man diesen Aspekt nicht unterschätzen sollte, hat auch Imre Nagy mit seiner Bemerkung über die »irreführende Unterrichtung der Mitglieder des Präsidiums des Zentralkomitees der KPdSU über die Lage der Partei und Ungarns durch Rákosi...«[333] verdeutlicht.
Stalins politischem Stil entsprach es, daß die traditionellen Formen außenpolitischer Beziehungen in seinem Machtbereich nur eine untergeordnete Rolle spielten: die diplomatische Tätigkeit. Sieht man von der wichtigen Funktion der sowjetischen Botschafter einmal ab, die sich vornehmlich auf das »Kontrollieren« konzentrierte, so waren die Kontakte zwischen dem Außenministerium in Moskau und den Außenministerien in den Volksdemokratien außerordentlich gering. Eine Folge davon war, daß das Amt des Außenministers in diesen Ländern mit Politikern der zweiten Garnitur besetzt wurde. Eine Zusammenkunft der Außenminister hielt Stalin nur zweimal für erforderlich: im Juni 1948 kamen die Außenminister der UdSSR, Albaniens, Bulgariens, Jugoslawiens, Polens, Ru-

---

332 Vgl. die Nachweise bei Z. K. Brzezinski, ebenda, S. 140.
333 I. Nagy: Politisches Testament, S. 140. Dort spricht er auch von der »fehlerhaften Einschätzung der internationalen Lage, die eine weitere Verschärfung signalisierte...«

mäniens, der Tschechoslowakei und Ungarns zum ersten Mal kollektiv in Warschau zusammen, um vornehmlich über Fragen der Sicherheit und des Friedens in Europa sowie die »deutsche Frage« zu beraten. Daß solche multilateralen Treffen nicht zuvor stattgefunden hatten, wurde darauf zurückgeführt, daß »die objektive Voraussetzung dafür, nämlich die Ausübung der Macht durch die Arbeiterklasse in allen europäischen Volksdemokratien, erst seit dem Frühjahr 1948 gegeben war«[334]. Das zweite Treffen fand im Oktober 1950 in Prag statt: Dort war – verständlicherweise – Jugoslawien nicht vertreten; zu den Teilnehmern zählte nun die DDR. In Prag beschäftigte man sich ebenfalls mit Fragen der Sicherheit in Europa und der im Westen diskutierten Möglichkeit, die Bundesrepublik Deutschland in das westliche Verteidigungssystem einzubeziehen.

dd) *Die Kontakte zwischen den Parteiapparaten*

Eine besonders wichtige Funktion hatten im System des Stalinismus die engen Kontakte zwischen dem Zentralkomitee der KPdSU und den Parteiapparaten in den Volksdemokratien. Als sich die Kommunistische Internationale (Komintern) am 15. Mai 1943 auf Geheiß Stalins selbst auflöste, bedeutete das nicht das Ende für die Abteilung »Äußere Angelegenheiten« des Zentralkomitees der KPdSU, auf die nun die bisher vom Exekutivapparat der Komintern ausgeübten Funktionen übergingen. Im Rahmen dieser von A. A. Ždanov geleiteten Abteilung übernahmen Georgi Dimitrov, langjähriger Generalsekretär der Komintern, und Dimitri Z. Manuilskij, zuvor zweiter Sekretär der Komintern, die Sektion für Kontakte mit den ausländischen kommunistischen Parteien, die Informationen sammelte und Empfehlungen an die sowjetische Parteiführung gab.
Somit übte die KPdSU auch weiterhin gegenüber den kommunistischen Parteien vor allem in den später zum sowjetischen Machtbereich gehörenden Ländern ein unumschränktes Weisungsrecht aus. Während bis zum 15. Mai 1943 Stalin die kommunistischen Parteien vornehmlich über das Exekutivkomitee der Komintern (EKKI) steuerte, gingen nun die Ent-

---

334 So M. Hegemann: Anfänge, S. 99: »Außerdem spielte eine Rolle, daß der Imperialismus seine aggressive Politik Anfang 1948 verschärfte.« Vgl. zur Konferenz in Prag, ebenda, S. 105 f. Vgl. zu beiden Konferenzen auch B. Meissner: Deutschlandpolitik, S. 468–470, 476 f.; Z. K. Brzezinski: Sowjetblock, S. 132.

scheidungen des Zentralkomitees der KPdSU ohne Zwischenstation der Komintern direkt den nationalen kommunistischen Parteien zu.[335] Um sicherzustellen, daß in den seit 1944/45 von der UdSSR kontrollierten Ländern und Gebieten die jeweiligen Führungen der kommunistischen Parteien den Anweisungen aus Moskau folgten, übernahmen solche Kommunisten die Leitung der verschiedenen Abteilungen der Zentralkomitees, die lange in der Sowjetunion oder der Komintern gearbeitet hatten und häufig auch über Erfahrungen im sowjetischen Geheimdienst verfügten. Auch im Bereich der internationalen Beziehungen bevorzugte Stalin die bilateralen Kontakte.[336] An dieser Situation änderte sich auch nur wenig, als Ende September 1947 das Kommunistische Informationsbüro (Kominform) ins Leben gerufen wurde. Noch einmal sei betont, daß die einzige bedeutende »Leistung« des Kominform darin bestanden hat, auf Befehl Stalins die Kommunistische Partei Jugoslawiens am 28. Juni 1948 auszuschließen.[337]

ee) *Die sowjetische Hilfestellung beim Aufbau der Geheimpolizei in den Volksdemokratien*

Man darf Stalin bescheinigen, daß er kaum einen Bereich ausgelassen hat, um ein umfassendes System der informellen und direkten Kontrollen über die Volksdemokratien zu entwickeln. Stalin begnügte sich nicht damit, »Genossen« seines Vertrauens in den Spitzenpositionen von Staat und Partei in den Volksdemokratien zu wissen. So scheuten die Sowjets nicht davor zurück, direkt in jene staatlichen Institutionen dieser Länder einzudringen, deren Kontrolle auch den Herrschaftsstil Stalins in der UdSSR auszeichnete. Stalins persönliche Autokratie beruhte auf dem Gleichgewicht verschiedener Machtsäulen, unter denen neben der Geheimpolizei der Armee eine privilegierte Stellung zufiel.
Für den Kreml war es nur selbstverständlich, diese erfolgreichen Herrschaftsmethoden auch auf die kontrollierten Länder zu übertragen. Dabei

---

335 Vgl. dazu aus der umfangreichen Literatur vor allem G. Nollau: Die Internationale, wo er im 4. Kapitel ausführlich die »Organisation und Arbeitsweise der Komintern« analysiert (vgl. über die wichtigsten Funktionäre der Komintern, ebenda, S. 144 f.). Das »Ende der Komintern« schildert Nollau, ebenda, S. 207–229; M. Djilas: Gespräche, S. 36–54, wo er auch sehr eindrucksvoll G. Dimitrov und D. Z. Manuilskij charakterisiert; ders.: Krieg, S. 494 f. Vgl. dazu auch oben S. 349 f.
336 Vgl. dazu vor allem Z. K. Brzezinski: Sowjetblock, S. 140 f. mit aufschlußreichen polnischen und bulgarischen Quellen.
337 Vgl. dazu ausführlich oben Kap. III, Ziffer 4.

ging es Stalin vor allem um zwei Ziele: Einmal um die absolute Loyalität gegenüber der UdSSR und KPdSU sicherzustellen und mögliche Versuche der lokalen Kommunistenführer, nicht im Sinne der sowjetischen Führung zu handeln, von vornherein auszuschließen. Der Kreml sorgte von Anfang an dafür, engste Verbindungen zwischen der eigenen Staatspolizei unter Lavrentij P. Berija und den entsprechenden Apparaten in Osteuropa herzustellen.[338]

So leistete die UdSSR beim Aufbau der Geheimpolizei in den von ihr kontrollierten Ländern von Anfang an beachtliche Hilfe, indem sie sowjetische »Berater« in die Innen- und Staatssicherheits-Ministerien der einzelnen Länder schickte. Auch sorgte die Sowjetunion schon während des Krieges dafür, Emigranten, Überläufer und »konvertierte« Gefangene aus Osteuropa nach den Richtlinien des sowjetischen Geheimdienstes für ihre spätere Tätigkeit auszubilden. Die sowjetische Geheimpolizei übte nicht nur entscheidenden Einfluß auf diese Organe aus, sondern unterhielt darüber hinaus ihren eigenen, unabhängigen Apparat in diesen Ländern. Darüber, wie die UdSSR nach diesem Grundschema gegenüber Polen vorging, hat Jozef Swiatlo, Leiter der Abteilung für parteipolitische Abwehraufgaben im polnischen Ministerium für Sicherheit, der im Dezember 1953 in den Westen geflohen ist, ausführlich und detailliert berichtet.[339] Auch wenn das Quellenmaterial über die Situation in den anderen Ländern nicht so umfassend ist, reichen die vorliegenden Angaben aus, um festzustellen, daß der Kreml, wenn auch mit unterschiedlicher Intensität, auch ihnen gegenüber so verfuhr. Besonders rigoros ging die UdSSR in der SBZ vor. Als die Rote Armee in Deutschland einrückte, »folgte ihr das NKWD auf dem Fuße. Es spannte ein Polizeinetz über das gesamte Besatzungsgebiet. Keinem Deutschen, auch nicht den deutschen Kommunisten, wurde mitgeteilt, nach welchen Grundsätzen die Polizeiorganisation vorzugehen beabsichtigt«.[340]

Nach den bisher vorliegenden Unterlagen dürfte sich die UdSSR bei der personellen Durchdringung der wichtigsten Machtorgane lediglich in der Tschechoslowakei eine gewisse Zurückhaltung auferlegt haben.[341]

---

338 Vgl. dazu Z. K. Brzezinski: Sowjetblock, S. 141 f. mit weiteren Nachweisen; B. Meissner: Hegemonie, S. 295 f.
339 J. Swiatlo: Kulissen.
340 So E. W. Gniffke: Ulbricht, S. 260.
341 Vgl. dazu ausführlicher Z. K. Brzezinski: Sowjetblock, S. 141 f.; J. K. Hoensch: Osteuropa-Politik, S. 79–81; V. Dedijer: Tito, S. 321, wo er A. Ranković zitiert: »In Bulgarien haben die Russen ihre Finger überall. Das Innenministerium ist völlig in ihren Händen.«

ff) *Die Kontrollfunktion der sowjetischen »Militärberater«*

Untersucht man Stalins Militärpolitik in den von der UdSSR kontrollierten Ländern und der SBZ, dann muß man sich die unterschiedlichen Ausgangspositionen vergegenwärtigen und drei Kategorien voneinander unterscheiden. Zur ersten Gruppe gehörten Ungarn, Bulgarien und Rumänien, die ehemaligen Verbündeten Deutschlands, für die bis zum Abschluß der Friedensverträge vom 10. Februar 1947 die Abkommen über den Waffenstillstand von 1944/45 galten.[342] In den Friedensverträgen wurden diesen Ländern zahlenmäßige Beschränkungen der Streitkräfte auferlegt: Ungarn durfte ein Heer mit einer Stärke von 65 000 und eine Luftwaffe mit 5000 Mann aufstellen. Großzügiger verfuhr man gegenüber Rumänien, dem man ein Heer von 125 000, eine Luftwaffe mit 8000 und eine Kriegsmarine mit 5000 Mann konzedierte, während sich Bulgarien mit einem Heer von 56 800, einer Luftwaffe mit 5200 und einer Kriegsmarine mit 3500 Mann begnügen mußte.[343]
Die zweite Gruppe bildeten Polen und die Tschechoslowakei, denen als Kriegsgegnern Deutschlands keinerlei Beschränkungen beim Aufbau ihrer Streitkräfte auferlegt worden waren. Die dritte Kategorie wurde einzig und allein von der SBZ gebildet, die – ebenso wie die drei westlichen Besatzungszonen Deutschlands – unter dem Gebot des Potsdamer Abkommens vom 2. August 1945 stand, in dem die drei Hauptsiegermächte die totale Abrüstung und Entmilitarisierung Deutschlands vereinbart hatten.[344]
Der Sonderfall Jugoslawien kann hier außer Betracht bleiben: Während von den anderen von der UdSSR kontrollierten Ländern bei Kriegsende nur Polen über nennenswerte Streitkräfte verfügte, konnte Marschall Tito in jenem Zeitpunkt nicht nur mit Stolz auf die hohe Mitgliederzahl der Kommunistischen Partei Jugoslawiens, sondern auch auf seine beachtlichen Streitkräfte verweisen. Jugoslawien fiel auch deshalb aus dem Rahmen, da Stalin bereits im Frühjahr 1945 seine wenigen Soldaten aus Jugoslawien zurückziehen mußte.[345] In den anderen Ländern und der

---

342 Vgl. dazu oben S. 135–142, 155–162.
343 Vgl. die Friedensverträge mit Ungarn (Art. 12), mit Rumänien (Art. 11) und mit Bulgarien (Art. 9); Texte bei E. Menzel: Friedensverträge, S. 150, 182, 166 und die vergleichende Übersicht, ebenda, S. 44 f.; P. Calvocoressi: Survey 1949/50, S. 235; J. K. Hoensch: Osteurpa-Politik, S. 82–84.
344 Vgl. dazu G. Wettig: Entmilitarisierung, S. 95–99; J. Hacker: Postdamer Abkommen, S. 109–111.
345 Vgl. dazu oben S. 173 f., 176.

SBZ verblieben die sowjetischen Truppen auch in der Folgezeit – mit zwei Ausnahmen: Bereits im Dezember 1945 zog Stalin seine Truppen aus der Tschechoslowakei zurück, den gleichen Schritt vollzog er gegenüber Bulgarien im Dezember 1947.[346]
Von einer forcierten Militärpolitik der UdSSR kann man erst seit 1948 sprechen, als sie sich – nicht zuletzt wegen der wachsenden internationalen Spannungen – entschloß, größere militärische Verbände in den Volksdemokratien aufzustellen. Eine gewisse Ausnahme bildete nur Polen, das 1945 über jene Verbände verfügte, die an der Seite der Roten Armee den Kampf im Osten geführt hatten. Stalin erlaubte Polen jedoch nur, kleinere militärische Einheiten zu bilden, die sogar noch schlecht ausgerüstet und unzureichend versorgt wurden.[347]
Erst als die UdSSR ab 1948 mit der Aufstellung nationaler militärischer Streitkräfte in den Volksdemokratien begann, stellte sich für sie die Frage, auf welche Weise am besten die Loyalität dieser Armeen gegenüber den eigenen Regimen und auch gegenüber der UdSSR sichergestellt werden konnte. Um die totale Kontrolle auch über die von Stalin neben der Geheimpolizei als so wichtig betrachtete Machtsäule der Armee von Anfang an zu erreichen, leitete er vor allem zwei weitreichende Maßnahmen ein: Einmal traten an die Spitze der nationalen Streitkräfte bewährte und in Stalins Augen verläßliche Kommunisten; hinzu kamen die sowjetischen »Militärberater«.
Die spektakulärste Entwicklung vollzog sich in Polen, als am 7. November 1949 der Sowjetmarschall Konstantin K. Rokosovskij zum Verteidigungsminister und Oberbefehlshaber der polnischen Streitkräfte ernannt wurde; Rokosovskij wurde sogar Mitglied der Vereinigten Polnischen Arbeiterpartei und wohl zum mächtigsten Mann in Polen, da er in militärischen Fragen faktisch von der Parteikontrolle unabhängig war und seine Anweisungen direkt aus Moskau erhielt. Dies war das schlagendste Beispiel direkter sowjetischer Kontrolle in den Volksdemokratien.[348] Um wichtige militärische Positionen mit zuverlässigen Leuten zu besetzen, wurden in den Jahren von 1943 bis 1945 polnische, bulgarische, rumänische und tschechoslowakische Militärkader auf den Militärschulen der UdSSR ausgebildet.

346 Vgl. dazu oben S. 120, Anm. 365, 228, Anm. 48, 282, 363.
347 Vgl. dazu P. Calvocoressi: Survey 1949/50, S. 235 f.; Z. K. Brzezinski: Sowjetblock, S. 142 f.
348 Vgl. dazu Z. K. Brzezinski, ebenda; J. K. Hoensch: Osteuropa-Politik, S. 83 f.; P. Calvocoressi, ebenda, S. 237–239; ders.: Survey 1952, S. 150–155; I. Birnbaum: Polen unter Rokossowski.

Die einzige Ausnahme bildete Ungarn, dessen Führung 1948 nicht auf in der UdSSR geschulte Kader zurückgreifen konnte. Dies hatte zur Folge, daß die in Ungarn eingesetzten sowjetischen »Militärberater« Funktionen ausübten, die in den anderen Volksdemokratien von den verläßlichen Kadern übernommen wurden. Die sowjetischen »Berater« wurden in Ungarn nicht nur mit kontrollierenden, sondern auch mit Führungsaufgaben betraut.[349]

Das von Stalin praktizierte vielschichtige, komplizierte und verzweigte System, in dem die »Kontrolleure wieder von anderen Kontrolleuren kontrolliert«[350] wurden, ist Gegenstand fundierter Untersuchungen kompetenter Autoren und braucht hier nicht im einzelnen rekapituliert zu werden.[351] Festzuhalten gilt, daß es dem Kreml vor allem darauf ankam, sowjetische und treu ergebene »nationale« Vertrauensleute in die Streitkräfte der Volksdemokratien einzuschleusen; sowjetische Offiziere waren sowohl als Kommandeure als auch als Berater tätig. Es erübrigt sich festzustellen, daß alle Armeen der Volksdemokratien ein getreues Abbild der sowjetischen bildeten; das gilt für die Ausbildung, Ausrüstung, Gliederung und sogar für die Rangordnung.[352]

Die abschließende Frage nach dem zahlenmäßigen Umfang der ab 1948, verstärkt ab 1949 aufgestellten Streitkräfte in den Volksdemokratien läßt sich nicht beantworten, da westliche Schätzungen darüber weit auseinanderklaffen. Folgt man amerikanischen und britischen Stellen, dann verfügten die Armeen dieser Länder – mit Ausnahme der SBZ – im September 1949 bereits über 1 Million Soldaten.[353]

Überschaut man abschließend den Stalinismus als System zwischenstaatlicher und interparteilicher Beziehungen, so sollte man annehmen, daß die von Georgij Malenkov im Oktober 1952 beschworenen »gänzlich neuartigen«, bis dahin noch nicht gekannten Beziehungen auch zu einer fruchtbaren Kommunikation zwischen den Volksdemokratien geführt haben. Das Gegenteil war jedoch der Fall: Der Stalinismus zeichnete sich

---

349 Vgl. dazu die instruktive vergleichende Übersicht bei T. Paschta: System, S. 496–500 (498); P. Calvocoressi: Survey 1949/50, S. 235–237, 239 f.; ders.: Survey 1952, ebenda.
350 So T. Paschta, ebenda, S. 498.
351 Vgl. dazu neben den bereits genannten Titeln auch die sehr instruktive Analyse über die Verhältnisse in Ungarn von B. Király: Honveds unter Sowjetbefehl.
352 Vgl. dazu Z. K. Brzezinski: Sowjetblock, S. 143 f. Vgl. zur sowjetischen Militärpolitik in den Jahren 1944–1953 auch A. R. Johnson: Europe, S. 38–40; Th. W. Wolfe: Soviet Power, S. 9–69.
353 Vgl. dazu P. Calvocoressi: Survey 1949/50, S. 235 f. Vgl. speziell zur Militarisierung der SBZ G. Wettig: Entmilitarisierung, S. 221–225.

nicht zuletzt dadurch aus, daß er soweit wie möglich die Volksdemokratien voneinander isolierte. Imre Nagy hat in seinem »Politischen Testament« das »Verhältnis« der Volksdemokratien zueinander plastisch umschrieben:

»In dem Bestreben, zwischen der ungarischen Volksdemokratie und den übrigen Ländern des demokratischen und sozialistischen Lagers, also nicht einmal mehr nur zwischen den westlichen kapitalistischen Ländern und unserer Heimat eine richtiggehende chinesische Mauer aufzurichten, kommt ein spezifischer volksdemokratischer Provinzialismus, ein hochgradiges Selbstisolierungsbedürfnis zum Ausdruck. Heute sind wir bereits so weit, daß Parteimitglieder, ja sogar die Mitglieder des Zentralkomitees, die Presse der Bruderparteien, die Erklärungen von Partei- und Staatsführern der Volksdemokratien, die Reden und Artikel der Genossen Bierut oder Široký, und die Beschlüsse der Bruderparteien nicht bekommen können. Dasselbe gilt vielfach auch für die Kultur, die Kunst und die Literatur, für die Diskussionen und den Meinungsaustausch in volksdemokratischen Ländern. Ja, wir sind sogar so weit, daß bestimmte Publikationen der KPdSU nicht einmal mehr Mitgliedern des Zentralkomitees zugänglich sind. Genauso ist in Ungarn zum Beispiel auch der Landwirtschaftsbeschluß des Zentralkomitees der Polnischen Kommunistischen Partei oder der Kommentar von ›Trybuna Ludu‹, dem polnischen Zentralorgan, über diesen Beschluß oder sein Artikel über die Verbindung zwischen der polnischen und der westlichen Literatur und Kunst verboten.

Die fast hermetische Absperrung des ungarischen wirtschaftlichen, politischen und kulturellen Lebens von den Problemen der befreundeten Länder auf den gleichen Gebieten spiegelt die Furcht vor der Kritik wider, begünstigt gleichzeitig aber auch, und das fällt viel schwerer ins Gewicht, das Aufleben des Nationalismus und steht in diametralem Gegensatz zu den Leninschen Lehren über den proletarischen Internationalismus.«[354]

---

354 I. Nagy: Politisches Testament, S. 316 f.; zit. auch bei Z. K. Brzezinski: Sowjetblock, S. 144 f., wo er auch darauf hinweist, daß sich die Führer der Volksdemokratien nur einige Male bei festlichen Anlässen in Moskau, beispielsweise am 1. Mai oder zu Stalins 70. Geburtstag, getroffen haben: »So war Moskau das Kommunikationszentrum des Sowjetblocks; im übrigen waren die Kontakte streng eingeschränkt. Geduldet wurden sie gewöhnlich nur bei propagandistisch wichtigen Aktionen ... Ganz allgemein wurden strikte Reisebeschränkungen eingeführt; die Genehmigung zur Reise in eine andere Volksdemokratie war genau so schwer zu erlangen wie die zum Besuch eines ›feindlichen kapitalistischen‹ Landes.«

Imre Nagy hat ebenso wie andere Beobachter verdeutlicht, daß nicht einmal zwischen den Zentralkomitees der kommunistischen Parteien und deren Abteilungen ein Meinungs- und Erfahrungsaustausch bestand. An dieser Situation sollte sich sogar noch Jahre nach dem 5. März 1953 nichts ändern, als Stalin starb und damit ein Leben endete, »dem die diabolische Geschichtsmächtigkeit nicht abgesprochen werden kann. Sofern die Vermehrung der russischen Macht als Maßstab gilt, war der Ruheplatz an Lenins Seite im Mausoleum auf dem Roten Platz verdient«.[355]

8. *Exkurs: Die stalinistische Erbschaft*

Die so reizvolle Frage, wie wohl Stalin selbst in seinen letzten Lebensjahren das sowjetische »Imperium« betrachtet und bewertet hat, läßt sich schwer beantworten. Die beiden von ihm verfaßten letzten Zeugnisse vermögen darüber nur wenig Aufschluß zu vermitteln. In seiner unmittelbar vor dem XIX. Kongreß der KPdSU, den er noch als großen Triumph genießen konnte, im Oktober 1952 erschienenen Schrift »Ökonomische Probleme des Sozialismus in der UdSSR« hat sich Stalin zur »Block«-Struktur seines Herrschaftsbereichs nicht geäußert. Darin hatte er noch einmal gegen den Marshall-Plan gewettert und den USA, Großbritannien und Frankreich unterstellt, sie hätten die am amerikanischen Hilfsprogramm nicht beteiligten Staaten »erdrosseln« wollen: »In der Tat aber ergab sich keine Erdrosselung, sondern eine Festigung des Weltmarktes.«[356]

Außerdem hatte Stalin in der Schrift, die als sein »politisches Testament« apostrophiert worden ist, noch einmal viel Mühe darauf verwandt, Lenins Thesen zu untermauern, daß die kapitalistische Welt von inneren Widersprüchen zerrissen sei, der Imperialismus unvermeidlich Kriege hervorbringe und er daher nach wie vor für den Sozialismus eine Bedrohung darstelle: »Um die Unvermeidlichkeit der Kriege zu beseitigen, muß der Imperialismus vernichtet werden.«[357]

In seinem kurzen Schlußwort auf dem XIX. Parteitag der KPdSU am 14. Oktober 1952 hat Stalin das Verhältnis der UdSSR zu ihren »Bruder-

---

355 So G. Stökl: Russische Geschichte, S. 760 f.
356 J. Stalin: Ökonomische Probleme des Sozialismus in der UdSSR, S. 133.
357 J. Stalin, ebenda, S. 37. Vgl. dazu auch Z. K. Brzezinski: Sowjetblock, S. 167–170.

staaten« nur kurz berührt. Immerhin sah er sich veranlaßt, die eigene Partei ein wenig zu ermahnen: »Es wäre ein Irrtum zu glauben, daß unsere Partei, die zu einer mächtigen Kraft geworden ist, keiner Unterstützung mehr bedarf. Das wäre falsch. Unsere Partei und unser Land brauchen stets das Vertrauen, die Sympathien und die Unterstützung der Brudervölker jenseits der Grenzen unseres Landes und werden sie immer brauchen ... Was die Sowjetunion betrifft, so sind ihre Interessen von der Sache des Friedens in der ganzen Welt überhaupt nicht zu trennen.«[358] Es erscheint wenig sinnvoll, darüber zu spekulieren, ob Stalin den sowjetischen Machtbereich in Europa als konsolidiert betrachtet hat. Dank der vom Kreml rigoros und systematisch betriebenen »Sowjetisierung« der ostmittel- und südosteuropäischen Länder sowie der SBZ war es ihm gelungen, diese Länder weitgehend gleichzuschalten. Doch dürfte sich auch Stalin bewußt gewesen sein, daß nicht nur die unterschiedlichen historischen, geographischen, politischen, nationalen, ökonomischen und psychologischen Voraussetzungen ein großes Hemmnis bildeten, um einen homogenen, von Widersprüchen freien »Sowjetblock« zu schaffen. Stalins Politik der permanenten Einmischung, der weitreichenden und teilweise totalen Umstrukturierungen der politischen, gesellschaftlichen, ökonomischen und agrarischen Verhältnisse waren nicht dazu angetan, den Kommunismus sowjetischer Prägung populär zu machen.

Daran vermag auch die Tatsache nichts zu ändern, daß in den meisten der betroffenen Länder sinnvolle Reformen insofern notwendig gewesen wären, als die dortigen Verhältnisse aus der Vorkriegszeit mehr als überholt waren. Um eine positive Wirkung brachte sich der Kreml jedoch wegen der ungeheuren Radikalität, mit der er zu Werke ging. Die selbst von prominenten westlichen Sowjetologen – wie Richard Löwenthal und Boris Meissner – dafür verwandte Formel »Revolution von oben« erscheint mehr als unglücklich, da sie den Begriff der Revolution ad absurdum führt.

Schließlich vermochte der »Mechanismus«, der die weitreichenden personellen Säuberungen mit ihren zahlreichen Opfern prägte, bei Nichtkommunisten kaum Verständnis für den Kommunismus zu wecken. Dazu trug auch entscheidend bei, daß die Begründungen, mit denen angesehene und verdiente Kommunisten in höchst fragwürdigen Verfahren zum Tode oder zu hohen Freiheitsstrafen verurteilt wurden, zumeist der Logik entbehrten. Daran vermag auch nicht das wichtige Argument etwas zu än-

---

358 Text in: Archiv der Gegenwart 1952, S. 3694.

dern, das die Londoner »Times« vom 3./4. Juni 1952 in ihrem Beitrag »Der Mechanismus der osteuropäischen Säuberungen« vorgebracht hat: »Was immer Stalin bezwecken mag, und welche zynischen persönlichen Motive das Politbüro leiten mögen: infolge der Eigenart der kommunistischen Herrschaft erscheint das Säuberungssystem dem Durchschnittskommunisten nicht als Äußerung eines tyrannischen Willens, sondern als eine furchtbare Notwendigkeit. Die persönlichen Motive derjenigen, die die Säuberung befehlen, sind für das Verständnis des Systems ebenso belanglos, wie es Tugenden oder Laster eines mittelalterlichen Papstes für das Verständnis der Inquisition sind.«

Da Stalin nicht geneigt war, auf nationale Besonderheiten Rücksicht zu nehmen und eigenständige »dritte Wege zum Sozialismus« selbst dann nicht zu konzedieren, wenn sie sich innerhalb des sowjetischen Machtbereichs entwickelten, verbaute er sich von vornherein die Möglichkeit, ein »Imperium« zu schaffen, dessen einzelne Glieder sich auf eine größere Unterstützung im jeweiligen Volk hätten berufen können. Stalins Politik war seltsam starr und folgte zumeist vorgegebenen Schemen, innerhalb derer er nur gewisse Phasenverschiebungen in den einzelnen Ländern erlaubte. Stalin vertraute ganz und gar auf die eigenen Erfahrungen in der UdSSR, verabscheute jegliche Experimente und suchte auf diese Weise von vornherein jegliche Risiken auszuschließen.

Es gibt keinerlei Hinweise darauf, ob Stalin seine Fehlkalkulation hinsichtlich des Bruchs mit Tito eingesehen hat und möglicherweise zu der Erkenntnis gelangt ist, daß es für die kommunistische Bewegung besser gewesen wäre, wenn Jugoslawien unter der Führung Titos ein wichtiger Teil des sowjetischen Machtbereichs geblieben wäre, ohne sich dem sowjetischen Führungsanspruch vorbehaltlos unterordnen zu müssen. Noch einmal sei daran erinnert, daß Tito den Bruch mit Stalin nicht gesucht und fast bis zur Selbstverleugnung darum gekämpft hat, Mitglied der kommunistischen »Familie« zu bleiben. Stalin bewies ein Höchstmaß an Sturheit und mangelndem Einfühlungsvermögen, als er Titos Verhalten zu einer Herausforderung hochstilisierte, ohne die Staats- und Parteiführung in Belgrad in die Knie zwingen zu können.

So markiert der Bruch Stalins mit Tito im Jahre 1948 vor allem deshalb einen so entscheidenden Einschnitt in der Entwicklung der kommunistischen Bewegung, da von nun an die Autorität des einzigen Zentrums in Moskau in Frage gestellt wurde. In einem anderen zentralen Punkt blieb dem Kreml bis zum Tode des Diktators das Glück hold: Der Stalinismus als »zwischenstaatliches und interparteiliches System brauchte es noch nicht mit dem Gespenst eines mächtigen kommunistischen Regimes in

China aufzunehmen. Das Problem, das Verhältnis der Kommunistischen Partei Chinas zum Stalinismus zu klären, war zu Stalins Glück nicht dringend, solange er lebte«.[359]

In China war es den Kommunisten nach einem langen, harten und aufopferungsvollen Bürgerkrieg gelungen, im Herbst 1949 die Macht im Staat zu übernehmen. Nach der Besetzung des gesamten chinesischen Festlandes durch die kommunistische Volksarmee ging die neue kommunistische Führung Chinas außenpolitische Bindungen vornehmlich nur mit der UdSSR ein, die in dem Abschluß eines bilateralen Vertrags über Freundschaft, Zusammenarbeit und gegenseitigen Beistand vom 14. Februar 1950 einen ersten Höhepunkt erreichten. Mit den europäischen Volksdemokratien schloß die Volksrepublik China jedoch keine formellen Bündnispakte, sondern mit einigen von ihnen lediglich Verträge über Freundschaft und Zusammenarbeit sowie kulturelle Abkommen.[360]

Die Beziehungen zwischen Peking und Moskau wurden auch aufgrund der internationalen Lage gefördert; dazu gehörten neben dem Konflikt um Formosa wenig später auch die kriegerische Auseinandersetzung in Korea, die am 25. Juni 1950 mit dem Überfall nord-koreanischer Streitkräfte auf den Süden des Landes begann und in deren Verlauf auch die Volksrepublik China auf seiten Nord-Koreas in das Geschehen eingriff. Die am 10. Juli 1951 unter Einschluß der UNO begonnenen Verhandlungen über einen Waffenstillstand zogen sich über zwei Jahre hin und konnten erst am 27. Juli 1953 abgeschlossen werden, als die Nachfolger Josef Stalins um eine zumindest partielle weltpolitische Entspannung bemüht waren.[361]

Auch wenn die internationalen Verwicklungen der Volksrepublik China eine enge Kooperation mit der UdSSR geboten, die auch in einer langfri-

---

359 So Z. K. Brzezinski: Sowjetblock, S. 150. Vgl. über die Entwicklung des sowjetisch-chinesischen Verhältnisses ausführlicher unten S. 638–644.
360 Vgl. das Verzeichnis der zweiseitigen Abkommen der Volksrepublik China mit der UdSSR und den von ihr kontrollierten Ländern in: Die Verträge der Volksrepublik China mit anderen Staaten. Bearbeitet im Institut für Asienkunde Hamburg. Bd. I, S. 9–29; die Übersicht erfaßt die Jahre von 1950 bis 1956. Vgl. auch die Übersicht über die mehrseitigen Abkommen der Volksrepublik China, ebenda, S. 30 f. Text des sowjetisch-chinesischen Vertrags über Freundschaft, Bündnis und gegenseitigen Beistand vom 14. Februar 1950 ebenda, S. 57–59. Vgl. auch Verträge der Volksrepublik China mit anderen Staaten. Teil 5: Verträge mit kommunistischen Staaten. Bearbeitet von O. Weggel und W. Mohr. Sehr instruktiv zu den sowjetisch-chinesischen Abmachungen K. Bünger: Abmachungen.
361 Vgl. aus der umfangreichen Literatur über die Entwicklung der Korea-Frage und den Verlauf der kriegerischen Auseinandersetzungen vor allem G. Henderson: Korea, mit zahlreichen Nachweisen.

stigen Anleihe ihren Ausdruck fand, war bereits zu Lebzeiten Stalins nicht zu übersehen, daß das Konzept der chinesischen Kommunisten, die Macht zu erobern, und die weitere innere Entwicklung Chinas bereits den Keim für Differenzen mit der UdSSR in sich trugen. Auch war die Art, mit der Stalin den »langen Marsch« der chinesischen »Genossen« zur Macht betrachtet hat, wenig dazu angetan, ab Herbst 1949 ein »herzliches« Verhältnis zu entwickeln.
Zbigniew K. Brzezinski und andere scharfsinnige Analytiker haben eindringlich verdeutlicht, daß das Verhältnis zwischen der neuen Führung mit Mao Tse-tung an der Spitze Chinas und Stalin von Anfang an ambivalente Züge trug. So ist es kein Zufall, daß Stalin die Kommunistische Partei Chinas nicht in das Kominform aufgenommen hat. Auch dürften für Stalin die Erfahrungen mit Jugoslawien nach dem Bruch mit Tito eine Rolle gespielt haben; auch im Fall Chinas handelte es sich um eine kommunistische Bewegung, die aus sich heraus – ohne Hilfe von außen – an die Macht gelangt ist. So dürfte in dem Verhältnis zwischen Moskau und Peking seit Herbst 1949 die in diesem zentralen Punkt anzutreffende Parallele in der Entwicklung Jugoslawiens eine nicht geringe Rolle gespielt haben.
Neben der schwierigen inneren, vor allem ökonomischen Situation sorgten außenpolitische Probleme – wie der Korea-Krieg und die Formosa-Frage – dafür, daß die chinesischen »Genossen« den sowjetischen Führungsanspruch anerkannt, die Nachahmung der UdSSR mit gewissen Vorbehalten proklamiert und bereitwillig die aggressive Politik Stalins überall in der Welt unterstützt haben. China, das nach außen Krieg führte und im Innern gewaltige Wandlungen durchmachte, konnte es sich – wie Zbigniew K. Brzezinski bemerkt – nicht leisten und hatte es auch gar nicht nötig, »ein Jugoslawien zu werden. Seine Beziehungen zur Sowjetunion (und das Fehlen solcher Beziehungen zu den Volksdemokratien) waren diktiert von gemeinsamen ideologischen Anschauungen und einem überwältigenden äußeren Druck, der Einheit verlangte ... Den Sowjets blieb auch zu Stalins Lebzeiten nichts anderes übrig, als zu dulden, was sie bei Tito nicht geduldet hatten: ein von Grund auf stalinistisches Regime, das im Rahmen des internationalen Stalinismus selbständig funktionierte«.[362]
Auch wenn seit dem Prager »Coup« im Februar 1948 in allen von der UdSSR kontrollierten Ländern politische Führungen an der Spitze standen, auf die sich der Kreml verlassen konnte, so hinterließ Stalin ein

---

362 Z. K. Brzezinski: Sowjetblock, S. 154.

schwieriges Erbe. Trotz der forciert vorangetriebenen »Sowjetisierung« bildete die sowjetische »Sphäre« im Zeitpunkt des Todes Stalins keinesfalls eine homogen strukturierte Staatenverbindung. Zu sehr hat der Kreml den Mitteln des Drucks, des Zwanges und der Gewalt vertraut. Schließlich führte das Zerwürfnis zwischen Stalin und Tito dazu, daß Moskau den Nimbus des einzigen und unbestrittenen Zentrums der kommunistischen Weltbewegung eingebüßt hat.
Zwar hatte Stalin den territorial so sehr erweiterten Herrschaftsbereich der UdSSR fest im Griff und auch die früheren westlichen Alliierten davon überzeugt, daß es ein sinnloses Unterfangen war, die sowjetische »Interessenzone« in Europa in Frage zu stellen. Andererseits hat Stalins rigorose und expansive Politik bereits ab dem Frühjahr 1947 zu einer weitreichenden Neuorientierung der amerikanischen Europa-Politik geführt. Die Reaktion der USA basierte auf der richtigen Erkenntnis, daß Stalins Politik der Expansion und Gleichschaltung weit über das hinausging, was das Sicherheitsinteresse und strategische Erwägungen der UdSSR erforderlich gemacht haben. Auf die Politik Stalins, nicht auf die verständliche Reaktion der USA ist es zurückzuführen, daß sich die politischen Fronten in Europa und anderswo Ende der vierziger und Anfang der fünfziger Jahre immer mehr versteift und den Spielraum der sowjetischen Außenpolitik verengt haben.
So hinterließ Stalin seinen Nachfolgern in Europa eine sowjetisch kontrollierte »Interessensphäre«, in der – wie Vernon V. Aspaturian zutreffend bemerkt hat – die vom Kreml kontrollierten Länder und Gebiete »miniature alter egos« der UdSSR bildeten.[363] Auch wenn diese Staaten und die SBZ ihre Außenpolitik und ihre inneren Verhältnisse den sowjetischen Interessen unterzuordnen hatten, sollte sich nach dem Tod Stalins bald zeigen, daß nicht ein fundiertes, allgemein anerkanntes Konzept Moskaus, sondern die Autorität Josef Stalins den »Sowjetblock« zusammenhielt.

---

363 V. V. Aspaturian: Europe, S. 23–25 (25). Vgl. zu der immer wieder diskutierten Frage, welche Rolle der »Nationalismus« in den Staaten Ostmittel- und Südosteuropas gespielt hat, vor allem die instruktive Analyse G. Ionescus: Le Nationalisme en Europe de l'Est. Über Stalin und den Stalinismus sind in den vergangenen Jahren in der westlichen Welt zahlreiche Studien erschienen, die verdeutlichen, wie unterschiedlich zentrale Aspekte der Innen- und Außenpolitik Stalins immer noch bewertet werden. Es hätte den Rahmen dieser Arbeit gesprengt, wenn der unvollkommene Versuch gemacht worden wäre, das gesamte Schrifttum heranzuziehen. Einen vorzüglichen Überblick über Positionen, Tendenzen und Interpretationen in der neueren westlichen Stalin- und Stalinismus-Forschung vermittelt Hans Hecker in: Stalin, Stalinismus.

Kapitel IV

Stalins Nachfolger auf der Suche nach neuen Wegen der »Kooperation« (1953–1956)

> »Die KPdSU und der Bund der Kommunisten Jugoslawiens... stehen auf dem Standpunkt, daß die Wege der sozialistischen Entwicklung in den verschiedenen Ländern und Verhältnissen verschieden sind... und daß sowohl der einen als auch der anderen Seite alle Tendenzen zum Aufzwingen ihrer Meinung und bei der Bestimmung der Wege und Formen der sozialistischen Entwicklung fremd sind.«[1]

1. Die Etablierung der »kollektiven Führung« im Kreml (1953)

Die Nachfolger Josef Stalins hatten wenig Anlaß, das außenpolitische Erbe des fast drei jahrzehntelangen Alleinherrschers mit großer Freude anzutreten. Zwar dürfte jede sowjetische Führung die ungeheure territoriale Erweiterung des sowjetischen Einfluß- und Machtbereichs mit Genugtuung registriert haben. Stalin besaß nicht nur eine unangefochtene Autorität, sondern – was noch viel wichtiger war – auch die Macht, das in der UdSSR praktizierte politische, ökonomische und gesellschaftliche System nahezu total auf die nun von der UdSSR kontrollierten Länder und Gebiete zu übertragen.

Dennoch sollte die Entwicklung nach Stalins Tod bald erweisen, wie sehr gerade von westlichen Beobachtern die Stabilität des durch institutionelle und ideologische Uniformität gekennzeichneten Systems des Stalinismus überschätzt worden ist. Die beiden wichtigen Prämissen, auf denen Stalins Politik beruht hat und die sich nach dem 5. März 1953 als wesentlich weniger kohärent herausstellen sollten, als es westliche Analytiker erwartet hatten, lassen sich auf zwei kurze Formeln bringen: die einheitliche Fixierung dieser Staaten und Gebiete auf den gemeinsamen Bezugspunkt, die UdSSR, und die damit implizierte Abhängigkeit vom »großen Bruder« in Moskau sowie die kritiklose Nachahmung im Kreml verkündeter ideologisch-programmatischer Leitsätze und die daraus abgeleitete

---

1 So die sowjetisch-jugoslawische Erklärung vom 20. Juni 1956. Text in: Archiv der Gegenwart 1956, S. 5834.

Gleichschaltung der inneren Entwicklungen dieser Länder, die Stalin – aus wohlüberlegten Erwägungen heraus – nicht zu Sowjetrepubliken degradiert hat.
Das System der totalen Kontrolle funktionierte solange, wie sein Schöpfer und Vollstrecker die Fäden in der Hand hielt. Schneller als erwartet sollte sich nach Stalins Tod zeigen, daß das »System des Stalinismus« von zahlreichen Unzulänglichkeiten geprägt war und der »natürlichen« Kohärenz entbehrt hat. Daß die Schwächen des stalinistischen Systems so rasch zutage treten sollten, ist auf mehrere Faktoren zurückzuführen: Mit Stalins Tod verlor das sowjetische »Imperium der ungleichen Partner« seine wichtigste »Integrations«-Figur, die ihre Macht vornehmlich aus der Furcht schöpfte, die das »Verhältnis« der von der UdSSR mit äußerstem Zwang und Druck unterworfenen Völker Europas bestimmt hat.
Die vom Kreml als verbindlich proklamierten und nahezu alle Lebensbereiche erfassenden Leitlinien mußten zwar von den von Stalin eingesetzten und von ihm abhängigen »Genossen« in den von der UdSSR kontrollierten Ländern und Gebieten akzeptiert werden. Sie waren aber nicht geeignet, tiefere Wurzeln zu schlagen. Stalins Rigorismus und die bitteren Erfahrungen, die die Völker der sowjetischen »Sphäre« mit dem ihnen aufoktroyierten System des Stalinismus machen mußten, führten zu großer Unzufriedenheit und auch Unsicherheit. Die Rücksichtslosigkeit, mit der sich Stalin über die historischen und nationalen, politischen, ökonomischen und sozialen Unterschiede in seinem Machtbereich hinweggesetzt und mit der er auch nur jeden Ansatz nationaler Sonderentwicklungen unterdrückt hat, verbaute von Anfang an den Weg, das sowjetische »Imperium« allmählich auf eine Basis zu stellen, die auch von jenen hätte anerkannt werden können, die nicht nur um ihre Abhängigkeit von Moskau wußten und Nutznießer des »Systems« waren.
Für Stalin, der nur in den Kategorien der Macht, d. h. der Über- und Unterordnung dachte, konnte sich überhaupt nicht die Frage stellen, ob es nicht besser sei, das lückenlose Befehls- und Kontrollsystem durch neue, weniger rigorose Mechanismen und Formen der Kooperation zu ersetzen. Stalin konnte es sich dank seiner Autorität und seines Prestiges sowie seiner Machtfülle leisten, das sowjetische »Imperium« vornehmlich auf informelle Bindungen, also direkte und indirekte sowjetische Kontrollen aufzubauen und die formellen Bindungen zu vernachlässigen.
Die Entwicklung nach dem 5. März 1953 verdeutlichte nicht nur diese Schwächen des stalinistischen Systems, sondern offenbarte auch, wie sehr Stalin mit seiner rigorosen Politik der Expansion den Bewegungsspielraum der sowjetischen Außenpolitik verengt hatte. Stalins »Theorie« von

den zwei sich »feindlich« gegenüberstehenden »Welten« war für die allgemeine Verschärfung der ost-westlichen Fronten verantwortlich und nicht die 1947 eingeleitete Neueinschätzung der sowjetischen Europa-Politik durch die USA. Es scheint, daß sich die Nachfolger Stalins dieser Situation von Anfang an bewußt waren, ohne dabei die von Stalin markierten außenpolitischen Ziele und Absichten Moskaus aus dem Auge zu verlieren oder gar aufzugeben.
So ging es der neuen Führung im Kreml von Anfang an darum, mit neuen Methoden den außenpolitischen Spielraum der UdSSR zu erweitern und nach Mitteln und Wegen zu suchen, um das von Zwang, Furcht und Terror geprägte »Verhältnis« der UdSSR zu den von ihr kontrollierten Ländern und Gebieten Europas allmählich auf eine neue Basis zu stellen. Daß dies kein einfaches Unterfangen war, verstand sich von selbst. Für die Erben Stalins wurde die Situation noch insofern wesentlich komplizierter, als sie frühzeitig daran gingen, das von Stalin zunächst in der UdSSR errichtete und dann später auf die Länder und Gebiete der sowjetischen »Sphäre« ausgedehnte, auf mehreren Machtsäulen beruhende System, in dem die Staatspolizei eine privilegierte Stellung genoß, aus den Angeln zu heben.
Während es Stalin vor dem Zweiten Weltkrieg nur mit nicht-kommunistischen Partnern in der Außenpolitik – wenn man einmal von der Mongolei absieht – zu tun hatte und die KPdSU auf der Parteiebene in der Komintern über alle nichtregierenden kommunistischen Parteien dominierte, unterschied sich die Situation nach dem Zweiten Weltkrieg davon insoweit grundlegend, als nun in mehreren Staaten vom Kreml abhängige kommunistische Parteien über das Machtmonopol verfügten. Für Stalin war das – wie Günther Stökl zutreffend bemerkt – »wohl kaum mehr als ein formaler Unterschied«[2], aber die Nachfolger des sowjetischen Diktators mußten die Konsequenzen aus der neuen Lage ziehen, wenn sie es mit ihren Zielen ernst meinten, die UdSSR aus der außenpolitischen Isolierung herauszuführen und die Polarität und totale Konfrontation zwischen den beiden »Lagern« abzubauen sowie nach neuen Möglichkeiten der »Kooperation« im eigenen Machtbereich zu suchen.
Die ersten Schritte und Maßnahmen der neuen sowjetischen Führung waren durch ein vorsichtiges und behutsames Tasten und von dem Wunsch bestimmt, zwar innen- und außenpolitische Änderungen einzuleiten, ohne jedoch dabei die Kontinuität mit der Vergangenheit in Frage zu stellen:

---

2 So G. Stökl: Russische Geschichte, S. 777.

»An die Stelle des chirurgischen Eingriffs, den Stalin wohl in den letzten Tagen seines Lebens plante, trat eine ausgedehnte Kur.«[3]
Die Nachfolger Stalins sahen sich nicht nur vor zahlreiche außen-, sondern auch innenpolitische, vor allem ökonomische Schwierigkeiten gestellt, die zwar schon zuvor bestanden hatten, aber im System des Stalinismus verdeckt werden konnten. Alle Staaten, einschließlich der UdSSR, machten eine tiefgreifende ökonomische Krise durch, die vornehmlich aus Stalins hemmungsloser Politik der Ausbeutung und der rigorosen Industrialisierungs- und Agrarpolitik resultierte. Da sich folglich die Nachfolger Stalins in starkem Maße mit den Problemen im eigenen Land befassen mußten, änderte sich zunächst die Politik gegenüber den europäischen Nachbarländern kaum.
Hinzu kommt: Alle Überlegungen über innen- und außenpolitische Fragen setzten zunächst Klarheit über die politischen Machtverhältnisse an der Spitze von Staat und Partei in Moskau voraus. Die harten Machtkämpfe um das Erbe Stalins verdeutlichten, daß er seine personelle Nachfolge nur unzureichend geregelt hatte. Die Art, wie sich der Übergang der Macht in der UdSSR im März 1953 vollzog, zeigte anschaulich, daß es von vornherein unmöglich war, einen einzigen Nachfolger von der Autorität und Machtfülle Stalins zu finden, zumal unter seiner Herrschaft der politische Aufstieg selbständig Denkender ausgeschlossen war und er sich selbst darauf beschränkt hatte, Malenkov zum Ersten Sekretär des Zentralkomitees der Partei zu bestellen. So war es Georgij Malenkov nur wenige Tage vergönnt, die beiden Spitzenpositionen in Staat und Partei einzunehmen.
Bereits am 7. März 1953 beschlossen das Zentralkomitee der KPdSU, der Ministerrat und das Präsidium des Obersten Sowjets der UdSSR, Malenkov zum Vorsitzenden des Ministerrats und L. P. Berija, W. M. Molotov, N. A. Bulganin und L. M. Kaganovič zu Ersten Stellvertretern des Ministerpräsidenten zu ernennen. Während Berija das Innenministerium und Molotov das Ministerium für Auswärtige Angelegenheiten übernahmen, wurde Bulganin Verteidigungsminister. Wie wenig die neue Führung Stalins »letzten Willen« zu respektieren bereit war, zeigt sich daran, daß Malenkov bereits am 14. März 1953 das Amt des Ersten Sekretärs des Zentralkomitees der KPdSU aufgeben und sich mit der Funktion des Ministerpräsidenten begnügen mußte.
Damit war das Prinzip der »kollektiven Führung« und der personellen

---

3 So Z. K. Brzezinski: Sowjetblock, S. 175.

Trennung der beiden wichtigsten Staats- und Parteiämter vollzogen worden. Für die weitere Entwicklung und den steten Aufstieg Nikita S. Chruščevs sollte sich der Beschluß vom 7. März 1953 »Über das Präsidium des Zentralkomitees der KPdSU und die Sekretäre des Zentralkomitees der KPdSU« als besonders folgenschwer erweisen. Darin wurde es als »notwendig erkannt«, daß sich N. S. Chruščev »auf die Arbeit im Zentralkomitee der KPdSU konzentriert«[4]. Damit war Chruščev, der im September 1953 das Amt des 1. Sekretärs des Zentralkomitees der KPdSU übernahm, von Anfang an eine Schlüsselposition zugewiesen, »die ihm bei geschicktem Manipulieren reale Möglichkeiten für eine zunehmende Erweiterung seines Einflusses gab. Theoretisch hatte er damit eine Funktion inne, der Stalin seine schließliche Alleinherrschaft verdankt«.[5]

Obwohl die Nachfolger Stalins die Machtkonzentration in den Händen eines Mannes vermieden und die Personalunion von Partei- und Regierungsspitze aufgehoben hatten, gelang es Chruščev, bereits wenige Tage nach dem Tod Stalins, in dem wichtigsten Entscheidungsorgan die Schlüsselposition zu übernehmen.

So wurde in den ersten Monaten nach Stalins Tod die sowjetische Politik von einer Troika bestimmt, zu der neben N. S. Chruščev Ministerpräsident Malenkov und Innenminister Berija, der damit auch Chef der Geheimpolizei war, gehörten. Daher sollte sich nach Stalins Tod schnell erweisen, daß keiner seiner Erben in der Lage war, allein das von Stalin geschaffene System der Machtausübung sofort und in vollem Umfang auszufüllen. Wie sich dieser Machtkampf um die Nachfolge Stalins im einzelnen abgespielt hat, ist bis heute unklar. Auch unter Stalin bestand in der UdSSR ein Nebeneinander von Partei- und Staatsapparat. Während Stalin jedoch seit 1941 die beiden Schlüsselpositionen an der Spitze von Staat und Partei innehatte, sollte es nur neun Tage nach seinem Tod dauern, bis diese Personalunion von Partei- und Regierungsspitze aufgehoben wurde.

---

4 Dt. Text der Beschlüsse vom 7. März 1953 über die Umgruppierungen in der sowjetischen Hierarchie in: Ost-Probleme 1953, S. 544 f. (545). Der Übergang von Stalin auf die »kollektive Führung« ist Gegenstand zahlreicher westlicher Analysen, die hier nicht aufgeführt zu werden brauchen. Nach wie vor ist J. M. Mackintosh' Feststellung aus dem Jahre 1962 richtig: »Die Bereitwilligkeit, mit der Malenkow die Schlüsselstellung des Ersten Parteisekretärs abtrat, ist einer der rätselhaftesten Punkte in seiner kurzen Laufbahn als Ministerpräsident.« Vgl. J. M. Mackintosh: Strategie, S. 73 mit Anm. 2. Vgl. dazu auch den instruktiven redaktionellen Beitrag »Nikitas Weg zur Macht« in: Ost-Probleme 1955, S. 303–307; A. B. Ulam: Expansion, S. 537–544.
5 So »Nikitas Weg zur Macht«, ebenda, S. 303.

Die »kollektive Führung« sah sich vor zahlreiche innen- und außenpolitische Probleme gestellt, die einer Lösung harrten. Daß es dabei zahlreiche Meinungsdifferenzen gegeben hat und es nicht leicht war, die neue Führung zu stabilisieren, zeigte sich bereits wenige Monate nach Stalins Tod, als die »Pravda« am 10. Juli 1953 den Beschluß der höchsten Partei- und Staatsorgane mitteilte, Berija seiner Ämter des Ersten Stellvertreters des Vorsitzenden des Ministerrats und des Innenministers zu entheben und ihn wegen »verbrecherischer Handlungen« vor den Obersten Gerichtshof zu stellen. Berija wurde als »Volksfeind« apostrophiert. Er habe versucht, das Innenministerium über die Partei und die Regierung zu stellen: »Die Kollektivität der Führung ist das höchste Führungsprinzip in unserer Partei.«[6]

Die Ablösung Berijas, der am Weihnachtsabend 1953 mit sechs seiner engsten Mitarbeiter erschossen wurde, zeigte nicht nur, daß die übrigen Konkurrenten um die Macht nicht gewillt waren, einem der traditionellen Machtinstrumente Stalins, der Geheimpolizei, eine über die anderen Machtsäulen dominierende Rolle zuzuweisen. Die Entmachtung des Chefs der Geheimpolizei hatte nicht nur Folgen für die Bürger in der UdSSR, sondern auch auf die Entwicklung der Volksdemokratien, da für Stalin und seine dortigen »Genossen« die Geheimpolizei eine der wichtigsten informellen Kontrollinstanzen bildete.[7]

Nachdem Chruščev im September 1953 das höchste Parteiamt übernommen hatte, währte die Ära des Duumvirats Chruščev und Malenkov bis Anfang 1955. Am 8. Februar 1955 löste Marschall N. A. Bulganin Malenkov als Vorsitzenden des Ministerrats ab, und Chruščev benötigte nun nur noch gut drei Jahre, ehe er sich nach der Ausschaltung der »Anti-Partei-Gruppe« im Juni 1957 und dem Sturz Marschall Georgij K. Žukovs im Oktober 1957 den Weg freigekämpft hatte, um mit der Übernahme des Amts des Ministerpräsidenten am 27. März 1958 die Phase des Duumvirats zu beenden und seine Ein-Mann-Führung zu etablieren, die dann sechseinhalb Jahre bis zum 14. Oktober 1964 dauern sollte.[8]

6 Vgl. die in der »Pravda« vom 10. Juli 1953 veröffentlichte Begründung für den Sturz Berijas; dt. Text (Auszug) in: Ost-Probleme 1953, S. 1262–1264 (1263). Über die Gründe, die zum Sturz Berijas geführt haben, ist in der westlichen »Sowjetologie« viel spekuliert worden. Vgl. dazu z. B. W. Leonhard: Kreml ohne Stalin, S. 106–116; J. M. Mackintosh: Strategie, S. 73 mit Anm. 3: »Die Krise, die Berijas Verhaftung umgab, gehört zu den verwirrendsten Rätseln der jüngsten Sowjetgeschichte.«
7 Vgl. dazu Z. K. Brzezinski: Sowjetblock, S. 177: »Wenn auch die danach einsetzende Betonung der ›sozialistischen Gesetzlichkeit‹ zunächst nicht viel mehr als ein Lippenbekenntnis war, setzte sie doch dem unkontrollierten Eingreifen der Polizei in Parteiangelegenheiten potentielle Schranken.«
8 Vgl. dazu unten S. 705 f.

2. Malenkovs Politik des »Neuen Kurses« und dessen unterschiedliche Imitation in den Volksdemokratien (1953-1955)

a) *Neue Akzente in der sowjetischen Innen- und Außenpolitik*

Die Ära des Duumvirats mit Georgij Malenkov als Ministerpräsidenten und Nikita S. Chruščev als Erstem Parteisekretär war außenpolitisch durch eine Verminderung der weltpolitischen Spannungen gekennzeichnet und hatte sowohl Auswirkungen auf die innere Entwicklung der Volksdemokratien als auch auf deren Verhältnis zur UdSSR. Zwar hielt die neue Führung im Kreml an der alten These von der »kapitalistischen Umkreisung«[9] der UdSSR, die endgültig erst im Frühjahr 1958 aufgegeben worden ist, fest, doch waren die neuen Akzente gegenüber den »kapitalistischen« Staaten unüberhörbar.

Nach übereinstimmender Auffassung westlicher Analytiker ging es den Nachfolgern Stalins vor allem aus innenpolitischen Erfordernissen heraus um eine außenpolitische Ruhepause, ohne die von Stalin permanent verkündeten weltweiten Ziele aus dem Auge zu verlieren.[10] So erklärte die sowjetische Regierung am 30. Mai 1953, daß die UdSSR keinerlei territoriale Ansprüche gegenüber der Türkei habe.[11] Damit verzichtete der Kreml endlich auf die von Stalin mehrfach vorgetragenen Ansprüche, die der UdSSR jedoch nie zugestanden haben. Von dem Wunsch der Sowjetführung, die weltpolitische Konfrontation abzubauen, zeugte auch und gerade der Waffenstillstand in Korea vom 27. Juli 1953.[12] Die »kollektive

---

9 Vgl. dazu den Aufsatz »Über die kapitalistische Umkreisung« in: Pravda vom 18. Juli 1953; dt. Text (Auszug) in: Ost-Probleme 1953, S. 1282. Vgl. über die Abkehr von der Einkreisungsthese den Beitrag »Gibt es eine kapitalistische Einkreisung?«, in: Roter Stern, Moskau, vom 5. April 1958; dt. Übersetzung in: Ost-Probleme 1958, S. 357-359. Darin wird aus einem Interview Chruščevs mit »Le Figaro« zitiert: »Es kann also von einer kapitalistischen Einkreisung in dem früher üblichen Verständnis gegenwärtig keine Rede mehr sein.«
10 Aus der umfangreichen Literatur dazu beispielsweise J. M. Mackintosh: Strategie, S. 73-88.
11 Dt. Text der Note in: Ost-Probleme 1953, S. 1366 und Archiv der Gegenwart 1953, S. 4084, wo auch die Antwortnote der Türkei vom 18. Juli, die Sowjetnote vom 20. Juli und die türkische Antwort vom 24. Juli 1953 wiedergegeben sind. Am 31. Juli 1953 richtete die Sowjetregierung eine weitere Note an die Türkei; Text in: Ost-Probleme, ebenda, S. 1367. Vgl. dazu vor allem den instruktiven Beitrag von K. Grzybowski: Mare Clausum, S. 339-347, 350-353. Vgl. über Stalins Ambitionen gegenüber der Türkei oben S. 310-317.
12 Vgl. dazu vor allem F. C. Jones: The Far East, S. 188-230; G. Henderson: Korea; L. Gruchmann: Das Korea-Problem. Sehr instruktiv ist auch die Darstellung über die Mos-

Führung« war bestrebt, die Unbeweglichkeit und Stagnation, in die Stalin die sowjetische Außenpolitik geführt hatte, möglichst schnell zu überwinden.
Einen umfassenden Überblick über das außenpolitische Programm der neuen Führung vermittelte Ministerpräsident Malenkov in seiner Rede vom 8. August 1953, in der er die Politik des »Neuen Kurses« im einzelnen begründete. Er betonte, daß zu »den Erfolgen der Sowjetunion im Kampf für eine Entspannung der internationalen Lage« auch die »Verbesserung der Beziehungen zu den Nachbarstaaten«[13] gehöre. So habe die sowjetische Regierung die Initiative ergriffen, nach längerer Unterbrechung Botschafter mit Jugoslawien und Griechenland auszutauschen. Mit Nachdruck sagte Malenkov, daß die USA schon längst keine Monopolisten der Atombomben-Produktion mehr seien. Schließlich setzte er sich für ein »friedliches Nebeneinanderbestehen der beiden Systeme« ein.
Auffällig war, daß Malenkov ganz im Stil Stalins das Verhältnis der UdSSR zu den von ihr kontrollierten Ländern mit einem Satz abtat: »Die allseitige Zusammenarbeit der Sowjetunion mit Polen, der Tschechoslowakei, Rumänien, Ungarn, Bulgarien, Albanien, mit der Mongolischen Volksrepublik, mit der Koreanischen Volksdemokratischen Republik wird ausgebaut und gefestigt.«[14] Die Sonderrolle der SBZ in Deutschland hob Malenkov insofern hervor, als er feststellte, daß die UdSSR ihre freundschaftlichen Beziehungen zur DDR unablässig festige. Aus Malenkovs Ausführungen ließ sich nur der eine Schluß ziehen, daß die neue Führung im Kreml den Bestand des sowjetischen Machtbereichs für gesichert hielt, auch wenn sie schon wenige Wochen vor Malenkovs Rechenschaftsbericht zumindest in der DDR auf die erste Probe gestellt worden war.
Malenkov vermied es, am 8. August 1953 eine Änderung der sowjetischen Politik gegenüber den Volksdemokratien auch nur anzudeuten. Es konnte aber nicht ausbleiben, daß nicht nur die Entmachtung Berijas, sondern auch Malenkovs am 8. August 1953 verkündete Programm »Über die unaufschiebbaren Aufgaben in Industrie und Landwirtschaft und über die Maßnahmen zur weiteren Steigerung des materiellen Wohlstandes des

---

kauer Ostasien-Politik und speziell gegenüber Korea bei A. B. Ulam: Expansion, S. 514–534, 546; D. Geyer: Kriegskoalition, S. 378 f. mit weiteren Nachweisen in den Anm. 81–84.
13 Text der Rede Malenkovs in: Pravda vom 9. August 1953; dt. Text (Auszug) in: Ost-Probleme 1953, S. 1420–1431 (1426). Vgl. dazu auch P. Calvocoressi: Survey 1953, S. 29; A. B. Ulam: Expansion, S. 546–548; J. M. Mackintosh: Strategie, S. 76 f.
14 Text in: Ost-Probleme, ebenda, S. 1427.

Volkes«[15] Auswirkungen auf die innere Entwicklung der Länder Ostmittel- und Südosteuropas sowie der SBZ haben mußten, da deren Führungen es gewohnt waren, der sowjetischen Leitlinie zu folgen und deren Bevölkerungen – ebenso wie die der UdSSR – nach dem Tod Stalins auf ökonomische Reformen und Konzessionen zugunsten der Konsumgüter-Industrie hofften.

b)   Der »Neue Kurs« in der SBZ und der 17. Juni 1953

Der erste Staat, der eine Politik des »Neuen Kurses« einschlug, war die SBZ, die mit ständig wachsenden inneren Schwierigkeiten zu kämpfen hatte. Nach der Auflösung der Sowjetischen Kontrollkommission am 28. Mai 1953 wurde ihr früherer politischer Berater, Botschafter Vladimir S. Semenov, der am 21. April nach Moskau zurückgerufen worden war, zum Hohen Kommissar der UdSSR in Deutschland ernannt. Armeegeneral Žuikov wurde gleichzeitig seiner Pflichten als Vorsitzender der Sowjetischen Kontrollkommission entbunden und blieb lediglich noch wenige Tage Oberbefehlshaber der sowjetischen Streitkräfte in Deutschland, ein Posten, den er am 5. Juni 1953 an Generaloberst Andrej A. Grečko abgab; am 6. Juni wurde Pavel Judin, der am 22. April Nachfolger des politischen Beraters beim Vorsitzenden der Sowjetischen Kontrollkommission, Vladimir Semenov, geworden war, zum Stellvertreter des Hohen Kommissars der UdSSR in Deutschland ernannt.[16]

Am 11. Juni 1953 wurden in der SBZ die Beschlüsse veröffentlicht, die das Politbüro des Zentralkomitees der SED am 9. Juni gefaßt hatte und mit denen der »Neue Kurs« proklamiert worden war. Darin wurde zugegeben, daß »seitens der SED und der Regierung der DDR in der Vergangenheit eine Reihe von Fehlern begangen wurde«; gleichzeitig kündigte man an, daß in nächster Zeit im Zusammenhang mit »Korrekturen des Plans der Schwerindustrie eine Reihe von Maßnahmen durchgeführt werden,

---

15 Text, ebenda, S. 1420–1426. Vgl. auch N. S. Chruščevs Bericht »Über Maßnahmen zur weiteren Entwicklung der Landwirtschaft der UdSSR« vom 3. September und den dazu vom Zentralkomitee der KPdSU am 7. September 1953 gefaßten Beschluß. Texte in: Iswestija vom 15. September und Pravda vom 13. September 1953; dt. Texte in: Ost-Probleme, ebenda, S. 1646–1668, 1788–1808. Vgl. über die weitreichenden ökonomischen Auswirkungen des »Neuen Kurses« in den Volksdemokratien die instruktive und detaillierte Analyse E. Táborskýs: Economy.
16 Vgl. dazu die Nachweise in: SBZ von 1945 bis 1954, S. 241, 249–251. Vgl. über die Entwicklung der SBZ ab Anfang Juni 1953 vor allem A. Baring: Der 17. Juni 1953, S. 19–42.

die die begangenen Fehler korrigieren und die Lebenshaltung der Arbeiter, Bauern, der Intelligenz, der Handwerker und der übrigen Schichten des Mittelstands verbessern«.[17]

Wenige Tage vor diesen weitreichenden Beschlüssen war Semenov von einer Reise in die sowjetische Hauptstadt zurückgekehrt, wo zur gleichen Zeit das Präsidium der KPdSU Besprechungen mit einer ungarischen Delegation unter Leitung Mátyás Rákosis zur Vorbereitung des »Neuen Kurses« in Ungarn führte. Dieses zeitliche Zusammentreffen spricht für die These, daß der Kreml seine Politik des »Neuen Kurses« nicht nur als Aktionsprogramm für die UdSSR, sondern auch für die Volksdemokratien vorgesehen hat. Festzuhalten gilt gleichfalls, daß sich die »Tägliche Rundschau«, das Organ der sowjetischen Besatzungsmacht in der SBZ, am 13. Juni 1953 genötigt sah festzustellen, daß die ehemalige Sowjetische Kontrollkommission »in gewissem Grade« – ebenso wie die Partei- und Staatsführung in Ost-Berlin – »für die begangenen Fehler verantwortlich«[18] sei.

Die Proklamierung des »Neuen Kurses« kam für die Bevölkerung in der SBZ insofern völlig überraschend, als sie in diametralem Widerspruch zu der Anordnung der Regierung vom 28. Mai 1953 stand, »eine Erhöhung der für die Produktion entscheidenden Arbeitsnormen im Durchschnitt um mindestens 10 Prozent bis zum 30. Juni 1953 sicherzustellen«[19]. Die verständliche Empörung über die verstärkte Ausbeutung aufgrund der nicht zurückgenommenen Maßnahmen vom 28. Mai löste am 16. Juni eine Demonstration der Bauarbeiter in Ost-Berlin aus, die am 17. Juni in den allgemeinen Aufstand gegen das SED-Regime mündete, der nur mit Hilfe sowjetischer Truppen niedergeschlagen werden konnte.[20] Die Londoner »Times« meinte dazu in ihrem Kommentar »Der Siedepunkt« vom 18. Juni 1953: »Die Berliner haben eine große revolutionäre Tradition, und möglicherweise hat nur die Rote Armee verhindert, daß das Jahr 1953 geschichtlich gleichbedeutend neben die Jahre 1848 und 1918 tritt.«[21]

---

17 Text in: Tägliche Rundschau vom 11. Juni 1953 und Ost-Probleme 1953, S. 1052 f. Vgl. dazu auch A. Baring, ebenda, S. 42–50; B. Meissner: Deutsche Frage, S. 484.
18 Vgl. »Wichtige Beschlüsse« in: Tägliche Rundschau vom 13. Juni 1953; Auszüge in: Ost-Probleme 1953, S. 1067.
19 Zit. aus SBZ von 1945 bis 1954, S. 249.
20 Vgl. dazu vor allem A. Baring: Der 17. Juni 1953, S. 41–46.
21 Dt. Übersetzung in: Ost-Probleme 1953, S. 1106. Vgl. zur zeitgeschichtlichen »Einordnung« des 17. Juni 1953 in der DDR den materialreichen Aufsatz von H. Mohr: Der 17. Juni als Thema der Literatur in der DDR.

Obwohl über die Vorgänge, die zur Volkserhebung am 17. Juni 1953 geführt haben, eine umfangreiche Literatur – darunter auch sehr aufschlußreiche »Insider«-Berichte – vorliegt, ist bis heute nicht restlos geklärt, ob im Kreml Anfang Juni 1953 eine bestimmte Richtung mit Berija an der Spitze zu einer Aufgabe der SBZ bereit gewesen ist. Folgt man einer weitverbreiteten Ansicht, dann ist Berija, der sich vor allem auf die Gruppe Zaisser-Herrnstadt im Politbüro der SED gestützt haben soll, bereit gewesen, das Ulbricht-Regime aufzugeben, das durch das Eingreifen der sowjetischen Besatzungsmacht am 17. Juni gerettet worden ist.[22]
Die Verfechter dieser These berufen sich dabei auch auf die Interpretation, die Chruščev in seiner Rede vom 8. März 1963 gegeben und in der er Berija vorgeworfen hat, er habe gemeinsam mit Malenkov den »provokatorischen Vorschlag« gemacht, »die DDR als sozialistischen Staat zu li-

---

22 Vgl. dazu B. Meissner: Deutsche Frage, S. 484 f. mit den Nachweisen in den Anm. 64–67; H. Brandt: Ein Traum der nicht entführbar ist, S. 207–247; ders.: Deutschlandpolitik; W. Leonhard: Kreml ohne Stalin, S. 109–112; W. Osten: Deutschlandpolitik; W. Besson: Außenpolitik, S. 144–146. Höchst aufschlußreich ist zumindest, wie der DDR-Historiker Werner Hänisch in seiner 1972 verfaßten Studie »Außenpolitik und internationale Beziehungen der DDR« den Beschluß des Ministerrats der UdSSR vom 28. Mai 1953, die Sowjetische Kontrollkommission in Deutschland (nicht, wie Hänisch schreibt, in der DDR) aufzulösen und das Amt des Hohen Kommissars der UdSSR in Deutschland zu schaffen, kommentiert hat: »Gleichzeitig hatte die Regierung der Sowjetunion die imperialistischen Spekulationen, sich mit der UdSSR auf Kosten der DDR zu verständigen, durch neue Schritte zum weiteren Abbau der sowjetischen Besatzungsfunktionen in der DDR ad absurdum geführt ... Die Schutzfunktion der sowjetischen Truppen gegenüber der DDR blieb voll aufrechterhalten ... Die Sowjetunion machte auch damit den illusionären Charakter der zum Beispiel von Churchill ausgedrückten imperialistischen Spekulation auf eine ›Preisgabe‹ der DDR offensichtlich« (vgl. W. Hänisch, ebenda, S. 184). Vgl. dazu auch A. Fischer: Außenpolitische Aktivität bei ungewisser sowjetischer Deutschland-Politik, S. 57 f.: »Inwieweit diese Veränderungen in Zusammenhang mit der kurzfristigen Möglichkeit standen, daß eine Fraktion der sowjetischen Führung mit Berija und Malenkov an der Spitze – in Berlin vertreten durch den neuen Hochkommissar Semjonow und unterstützt von wichtigen Mitgliedern der SED-Führung wie dem Staatssicherheitsminister Zaisser und dem Chefredakteur des ›Neuen Deutschland‹, Herrnstadt – bereit war, das Tempo des ›sozialistischen Aufbaus‹ in der DDR erheblich zu verlangsamen, Ulbricht als Repräsentanten der stalinistischen Fraktion in der SED zu entmachten und eine Wiedervereinigung Deutschlands ins Auge zu fassen, die den westlichen Vorstellungen weit, wenngleich gewiß nicht vollständig entgegengekommen wäre, ist eine Frage, die bis heute nicht beantwortet werden kann.« Diese Aussage erscheint sehr viel realistischer als die Spekulation, die Ernst Nolte in: Deutschland, S. 347, anstellt, wo er meint, der 17. Juni 1953 sei »mit einem hohen Grade von Wahrscheinlichkeit zum Schlußstrich unter die einzige Chance für eine Wiedervereinigung nach westlichen Vorstellungen« geworden, »die jemals existiert hat«. Vgl. dazu auch M. Croan: Entwicklung der politischen Beziehungen zur Sowjetunion seit 1955, S. 351 f.; J. Hacker, Die politischen Beziehungen zwischen der DDR und der UdSSR, S. 151, 159–165.

quidieren und der SED zu empfehlen, auf die Losung des Kampfes für den Aufbau des Sozialismus zu verzichten«[23].

Es erscheint höchste Vorsicht geboten, dieser Deutung der Vorgänge im Juni 1953 vorbehaltlos und kritiklos zu folgen. Da der Aufstand in der SBZ am 17. Juni Berijas Sturz unmittelbar vorausgegangen war, lag es nahe, »diesen Prestigeverlust einer verfehlten Politik des Gestürzten zuzuschreiben«[24]. Bis heute reichen die vorliegenden Quellen keinesfalls aus, Berija zu unterstellen, daß er über die Etablierung des »Neuen Kurses« in der SBZ hinaus deren Liquidierung ins Auge gefaßt hat. Es erscheint nicht ausgeschlossen, daß er möglicherweise die Verwirklichung der Politik des »Neuen Kurses« Walter Ulbricht nicht zugetraut und deshalb dafür Spitzenfunktionäre wie Zaisser und Herrnstadt vorgesehen hat.

Auf jeden Fall ist es recht spekulativ, wenn Richard Löwenthal meint, der 17. Juni 1953 habe nicht nur eine »Krise der sowjetischen, sondern eine verpaßte Chance der westlichen Politik«[25] bezeichnet. Die nach dem Tod Stalins höchst unübersichtlichen Machtverhältnisse im Kreml waren nicht dazu angetan, die Westmächte zu einer diplomatischen Initiative mit dem Vorschlag zu veranlassen, die UdSSR möge ihre Besatzungszone in Deutschland aufgeben und die Wiederherstellung der staatlichen Einheit des Landes unter westlichem Vorzeichen zulassen. Nach wie vor ist über die Rolle, die Berija in der kurzen Zeit nach dem Tod Stalins bis zum Frühsommer 1953 bei der Formulierung der sowjetischen Außenpolitik gespielt hat, nichts Verläßliches bekannt.

Gegen die These, Berija, Malenkov und eine weitere Gruppe im Kreml hätten Anfang Juni 1953 ernsthaft die »Liquidierung« der SBZ ins Auge gefaßt, spricht auch die Tatsache, daß in der detaillierten Anklage gegen Berija vom 9. Juli 1953 diese Problematik mit keinem Wort erwähnt worden ist.[26] Chruščevs Feststellung vom 8. März 1963, daß Berija die DDR

---

23 Text der Rede in: Pravda vom 10. März 1963; dt. Übersetzung (Auszug) in: Ost-Probleme 1963, S. 290–301 (294): »Das Zentralkomitee der Partei wies diese verräterischen Vorschläge sofort zurück und erteilte den Provokateuren eine vernichtende Abfuhr«.
24 So G. Stökl: Russische Geschichte, S. 762 f. Auch A. B. Ulam warnt davor, Chruščevs Auslegung unkritisch zu folgen. Vgl. Expansion, S. 543: ». . . like many of Khrushchev's tales this one must be taken with more than a grain of salt.« Viel zu weit geht außer R. Löwenthal vor allem B. Meissner in: Deutsche Frage, S. 485, wo er auf S. Bialer: Wahrheit, S. 20, verweist; Bialers »Enthüllungen« sagen dazu jedoch nichts aus.
25 R. Löwenthal in seinem Vorwort zu Arnulf Baring: Der 17. Juni 1953, S. 16.
26 Vgl. »Die unerschütterliche Einheit der Partei, der Regierung und des Sowjetvolkes«, in: Pravda vom 10. Juli 1953; dt. Auszug in: Ost-Probleme 1953, S. 1262–1265. Vgl. auch M. Jänicke: Der Dritte Weg, S. 32–39 (33): »Der vom SED-Chef behauptete Zusammenhang zwischen Berija und der Zaisser-Herrnstadt-Fraktion ist bisher nicht völ-

aufzugeben bereit gewesen sei, ist mit größter Vorsicht zu bewerten, da es ihm damals darum ging, die »Verfehlungen« Berijas in einem möglichst grellen Licht erscheinen zu lassen. Obwohl sich Chruščev in seinen »Erinnerungen« ausführlich mit »Berijas Entmachtung« befaßt hat, sucht man dort jeden Hinweis auf Berijas Haltung gegenüber Deutschland vergebens. Doch selbst wenn Berija und möglicherweise auch Malenkov aufgrund der ökonomischen Verhältnisse in der SBZ zu einem grundlegenden politischen Kurswechsel bereit gewesen sein sollten, stellt sich die Frage, inwiefern diese weitreichende Entscheidung in dem knappen Zeitraum realisiert werden sollte. Selbst wenn es nicht zu den Ereignissen am 17. Juni 1953 gekommen und Berija nicht schon am 10. Juli seiner Ämter enthoben worden wäre, stand fest, daß zumindest Chruščev eine solche Entwicklung nicht zugelassen hätte; das gleiche galt für Außenminister Molotov.

SED-Chef Walter Ulbricht gelang es, mit Hilfe des Kreml nach der Ausschaltung Berijas seine moralisch-politische Niederlage zu überwinden und mit ökonomischen Konzessionen die innenpolitischen Spannungen ein wenig zu lockern. Auf seiner 15. Tagung vom 24. bis zum 26. Juli 1953 nahm das Zentralkomitee der SED einstimmig das Dokument »Der Neue Kurs und die Aufgabe der Partei« an, in dem sowohl den Arbeitern als auch den Bauern wirtschaftliche Konzessionen gemacht worden sind. Zugleich beschloß man, Wilhelm Zaisser, Minister für Staatssicherheit, Max Fechner, Minister der Justiz, und Rudolf Herrnstadt, Chefredakteur des »Neuen Deutschland«, ihrer Posten zu entheben und aus dem Zentralkomitee der Partei auszuschließen.[27]

---

lig geklärt.« Bis 1961 war auch über die Position Malenkovs nichts Genaueres bekannt. Nach seiner endgültigen Verdammung auf dem XXII. Parteitag der KPdSU (1961) wurde er zusammen mit Berija in dem Beschluß der 14. Tagung des Zentralkomitees der SED »Über den XXII. Parteitag der KPdSU und die Aufgaben in der DDR« verurteilt. Text des Beschlusses in: Neues Deutschland vom 28. November 1961 und in SBZ-Archiv 1961, S. 384 f.: »Nachdem das Zentralkomitee mit dem Genossen Walter Ulbricht an der Spitze 1953 die von Berija und Malenkow und der Fraktion Zaisser-Herrnstadt vertretene Kapitulationspolitik gegenüber dem Imperialismus und der Preisgabe des Sozialismus in der DDR überwunden hatte . . .« Vgl. dazu auch M. Jänicke, ebenda, S. 33 f. Vorsichtig bewertet auch F. Fejtö in: Volksdemokratien. Bd. II, S. 48 f. die Vorgänge. Das gilt auch für J. M. Mackintosh: Strategie, S. 73 f., 78 f. Vgl. dazu auch »Berijas Entmachtung« in: Chruschtschow erinnert sich, S. 326–346.
27 Text in: Neues Deutschland vom 28. Juli 1953 und Ost-Probleme 1953, S. 1336. Vgl. dazu auch den grundsätzlichen Beitrag »Der neue Kurs und die Aufgaben der Partei. Entschließung der 15. Tagung des Zentralkomitees der SED vom 24. bis 26. Juli 1953«, in: Neues Deutschland vom 28. Juli 1953; gekürzte Fassung in: Ost-Probleme 1953,

Da die Ämter des Regierungs- und Parteichefs seit der Errichtung der DDR am 7. Oktober 1949 getrennt verwaltet wurden und in der SBZ die Position des Staatschefs in der Verfassung nicht vorgesehen war, hatte Ulbricht keine Probleme mit der Etablierung einer »kollektiven Führung«.

c) *Imre Nagys weitreichender »Neuer Kurs« in Ungarn*

Die weitreichendsten Folgen hatte die Einführung des »Neuen Kurses« in Ungarn, wo Mátyás Rákosi als Ministerpräsident und Generalsekretär der Partei in der Stalin-Ära eine besonders radikale Politik verfolgt hatte. Die neue Führung im Kreml war durch die ökonomisch besonders angespannte Situation in Ungarn beunruhigt und beorderte eine Delegation des ungarischen Politbüros unter Leitung Rákosis nach den Parlamentswahlen vom 17. Mai im Juni 1953 nach Moskau, um ihr nahezulegen, einen neuen politischen und wirtschaftlichen Kurs einzuleiten.
Nachdem Rákosi nach der am 30. Juni verkündeten Neubesetzung der Parteispitze als Ministerpräsident zugunsten Imre Nagys demissioniert hatte, proklamierte Nagy am 4. Juli 1953 die Politik des »Neuen Kurses« für Ungarn. Nagys Rede wirkte vor allem deshalb sensationell, da er nicht nur die Revision des Fünfjahresplans, den Verzicht auf die übertriebene Industrialisierung und die sofortige Priorität für die Entwicklung der Leicht- und Nahrungsmittel-Industrie, sondern auch die Steigerung der Investitionen für die Landwirtschaft, eine Verlangsamung der Kollektivierung sowie die Möglichkeit des Austritts aus den Kollektiv-Wirtschaften angekündigt hatte. Darüber hinaus versprach Nagy »die Stärkung der Gesetzlichkeit«, die Auflösung der Internierungslager, die Trennung der Justiz von der Geheimpolizei und eine Teilamnestie.[28]
Die Rede Imre Nagys, die auf eine tiefgreifende Abkehr von der Orthodoxie der Stalin-Ära hinauslief, war mit Abstand das interessanteste kom-

---

S. 1336–1345. Text der Rede Otto Grotewohls auf der 15. Tagung des Zentralkomitees der SED in: Neues Deutschland vom 29. Juli 1953; Auszug in: Ost-Probleme 1953, S. 1345–1351. Vgl. zur Gesamtproblematik auch C. Stern: Ulbricht, S. 170–185.

28 Gekürzte dt. Fassung der Rede Nagys vom 4. Juli 1953 in: Ost-Probleme 1953, S. 1219–1225. Sehr instruktiv dazu I. Nagy in: Politisches Testament, S. 130–152; P. Calvocoressi: Survey 1953, S. 40–43; Z. K. Brzezinski: Sowjetblock, S. 180–183; F. Fejtö: Volksdemokratien. Bd. II, S. 49–52. Vgl. speziell zu den wirtschaftlichen Auswirkungen die alle Volksdemokratien erfassende und vergleichende Darstellung bei E. Táborský: Economy. Vgl. über den »Neuen Kurs« in Ungarn auch R. C. Gripp, Eastern Europe, S. 942–947.

munistische Dokument aus der Zeit des Duumvirats Malenkov-Chruščev, da die darin umrissenen Maßnahmen eine schonungslose Kritik am stalinistischen System bedeuteten und der neue ungarische Ministerpräsident sie ankündigen konnte, nachdem er mit der ungarischen Delegation im Juni im Kreml geweilt hatte. So konnte es nicht ausbleiben, daß Nagys Regierungsprogramm Aufsehen und Überraschung nicht nur in der ungarischen Bevölkerung, sondern auch im Parteiapparat auslöste. Die Parteiführung unter Rákosi mußte befürchten, daß ihr die Zügel aus der Hand gleiten könnten.

Der Parteichef nahm die Situation so ernst, daß er bereits am 11. Juli 1953 vor das Budapester Parteiaktiv trat, auf Nagys Vorschläge hinwies und betonte, daß man bei der Verkündung der neuen Maßnahmen von der alten Regel abgewichen sei, die Vorschläge zuerst im Namen der Partei bekanntzugeben. Immerhin konzedierte Rákosi, daß den von Nagy dem Parlament unterbreiteten Vorschlägen Beschlüsse zugrunde lägen, die das Zentralkomitee der Partei in seiner Plenarsitzung vom 27. und 28. Juni 1953 gefaßt habe.[29]

Imre Nagy hat in seinem »Politischen Testament« sowohl über die Verhandlungen in Moskau als auch über die Tragweite der Juni-Beschlüsse der Partei höchst instruktiv berichtet und sich über Rákosi bitter beklagt. Die Mitglieder des Präsidiums des Zentralkomitees der KPdSU hätten die bestürzende Situation in Ungarn dahingehend eingeschätzt, »daß die schweren Fehler und Verbrechen der damaligen Parteiführung, des ›Quartetts‹ mit Rákosi an der Spitze, Ungarn an den Rand der Katastrophe gebracht und das volksdemokratische System in seinen Grundfesten erschüttert haben und daß sich die Bevölkerung Ungarns gegen sie aufgelehnt hätte, wenn die Lage nicht durch radikale und sofortige Maßnahmen geändert worden wäre«[30].

In den Verhandlungen in Moskau im Juni 1953 haben vor allem Chruščev und Anastas Mikojan, der seit März 1953 als Minister für Innen- und Außenhandel der UdSSR fungierte, die Wirtschaftsplanung und Industrialisierungs-Politik der ungarischen Regierung heftig kritisiert.[31] Leider erfährt man von Nagy nichts darüber, wie sich in den Moskauer Besprechungen Berija verhalten hat.

Scharf ging Imre Nagy mit den Kritikern seines in Moskau besprochenen und dort akzeptierten Regierungsprogramms ins Gericht. Nagy bezeichne-

---

29 Gekürzte dt. Fassung der Rede Rákosis in: Ost-Probleme 1953, S. 1252–1256 (1252).
30 I. Nagy: Politisches Testament, S. 130.
31 Vgl. dazu I. Nagy, ebenda.

te die Interpretation Rákosis vom 11. Juli 1953 als »doppelzüngig«: »Er hatte von Anfang an zwei Eisen im Feuer. Während er sich in Worten zu den Beschlüssen bekannte, versuchte er mit allen Mitteln, die Wirkung der auf die Korrektur der Fehler gerichteten Maßnahmen abzuschwächen...«[32] Nagy warf Rákosi sogar vor, er habe die Juni-Beschlüsse der Partei verfälscht und versucht, das Ausmaß des Kurswechsels zu verringern und zur alten Politik zurückzukehren.[33]
So sah sich Ungarn in den folgenden knapp zwei Jahren vor eine eigenartige Situation gestellt, in der sich auch die unübersichtlichen Machtverhältnisse im Kreml widerspiegelten. Die sowjetische Führung wußte, daß Nagy und Rákosi völlig entgegengesetzte politische Richtungen vertraten, deren Nebeneinander nur zu Unsicherheit und Unbehagen in der Bevölkerung führen konnte. Dennoch konnte sich der Kreml nicht entscheiden, Rákosi fallenzulassen. Rákosi, der als Parteichef das wichtigste Amt innehatte, verstand es sogar, in den folgenden Monaten seinen Einfluß auszubauen, da Nagy mit seiner Reformpolitik die Mehrheit der nach wie vor stalinistisch eingestellten Führung der Partei nicht zu überzeugen vermochte.
Hinzu kommt, daß Ministerpräsident Nagy im Laufe des Jahres 1954 außenpolitische Vorstellungen entwickelt hat, die keiner Richtung im Kreml genehm sein konnten. Nachdrücklich sprach er sich gegen die Bildung von Machtblöcken und für die Grundsätze der nationalen Unabhängigkeit und Souveränität sowie der friedlichen Koexistenz aus. Die Liquidierung der Machtblöcke sei – »über die nationalen Interessen und die Interessen des sozialistischen Lagers hinaus – auch im Interesse der ganzen fortschrittlichen Menschheit«. Nagy ging noch einen Schritt weiter: Für Ungarn sei es kraft seiner geographischen Lage leichter, diesen Weg zu beschreiten, da es mit dem neutralen Österreich, Ländern, die den Sozialismus aufbauen, unter ihnen die UdSSR, sowie mit Jugoslawien benachbart sei, das auf der Grundlage der aktiven Koexistenz stehe:
»Es ist das souveräne Recht des ungarischen Volkes zu bestimmen, welche Form seines internationalen Status für die Gewährleistung seiner nationalen Unabhängigkeit, seiner Souveränität, seiner Gleichberechtigung und seiner friedlichen Entwicklung am günstigsten ist.«[34]

---

32 I. Nagy, ebenda, S. 132.
33 I. Nagy, ebenda, S. 132-139. Vgl. dazu auch den Beitrag »Fragen der Kollektivität der Leitung in der Partei der Ungarischen Werktätigen«, in: Für dauerhaften Frieden, für Volksdemokratie, 4. bis 10. September 1953; Auszug in: Ost-Probleme 1953, S. 1630-1633.
34 Vgl. über die außenpolitischen Vorstellungen I. Nagys, ebenda, S. 75-103 (93).

Mit solchen Gedankengängen arbeitete Imre Nagy Mátyás Rákosi insofern in die Hände, als er nun dem Kreml als besserer Garant für die politische Zuverlässigkeit Ungarns gelten mußte. Dennoch mußte sich Rákosi gedulden, bis Nagys Mentor Malenkov am 8. Februar 1955 seiner Funktion als sowjetischer Ministerpräsident enthoben wurde: Am 18. April 1955 wurde Imre Nagy aus dem Politbüro und dem Zentralkomitee seiner Partei ausgeschlossen und trat als Regierungschef zurück. Trotz seines Opportunismus und seiner Flexibilität gelang es Rákosi nur, ein gutes Jahr seine Position zu behaupten, die er am 18. Juli 1956 endgültig aufgeben mußte, da er nun nach der sowjetisch-jugoslawischen Annäherung für die sowjetische Führung nicht mehr tragbar war.[35]

d) *»Kurs«-Korrekturen in den übrigen Volksdemokratien*

Die politischen Gegebenheiten in den übrigen Volksdemokratien deuteten von Anfang an darauf hin, daß sie den Führungswechsel im Kreml und dessen Politik des »Neuen Kurses« besser verkraften würden als die SBZ und Ungarn. Weder in Rumänien und Bulgarien noch in der Tschechoslowakei und Polen sowie in Albanien entstanden nennenswerte innen- oder außenpolitische Spannungen, als deren Führungen im Sommer 1953 auf Anweisung Moskaus die Politik des »Neuen Kurses« einleiteten und auch das Prinzip der »kollektiven Führung« einführten. Zwar hatten auch diese Länder unter der raschen Industrialisierung und dem rapiden Rückgang der Agrarproduktion sowie der Konsumgüter-Industrie zu leiden gehabt – nicht jedoch in dem gleichen Maße wie die Ungarn.

Die Tschechoslowakei zählte neben der SBZ von Anfang an zu den industriell fortgeschrittensten Ländern des sowjetischen Machtbereichs; Rumänien, das mit Ungarn ähnliche antirussische Traditionen verband, war mit der Sowjetisierung des Wirtschaftslebens gegenüber den anderen Staaten im Rückstand. Hinzu kommt, daß in Bulgarien und der Tschechoslowakei, die nicht von einem heftigen Nationalhaß gegen Rußland geprägt waren, die kommunistischen Parteien viel fester im Sattel saßen als in Ungarn und daher die entstehenden Spannungen besser abzufangen vermochten.[36]

35 Vgl. dazu Z. K. Brzezinski: Sowjetblock, S. 180–182, 229–240; F. Fejtö: Volksdemokratien. Bd. II, S. 49–54; J. K. Hoensch: Osteuropa-Politik, S. 114 f., 123–125 mit den Angaben in Anm. 46. Vgl. auch die Dokumentation bei P. E. Zinner: Communism, S. 338–380.
36 Vgl. dazu vor allem Z. K. Brzezinski, ebenda, S. 183; P. Calvocoressi: Survey 1953, S. 44 f.; F. Fejtö, ebenda, S. 58–61.

Die politischen Führungen dieser Länder konnten bereits die Erfahrungen verwerten, die der Kreml mit der Etablierung des »Neuen Kurses« in der SBZ gemacht hatte. Ebenso gilt es festzuhalten, daß der »Neue Kurs« in Polen, Rumänien, der Tschechoslowakei und Bulgarien sowie in Albanien erst eingeführt wurde, nachdem der ungarische Ministerpräsident Nagy sein auf eine weitreichende Liberalisierung gerichtetes Programm vom 4. Juli verkündet und sein politischer Gegenpart Mátyás Rákosi am 11. Juli seine Kritik vorgebracht hatten. So proklamierten Boleslaw Bierut am 21. Juli in Polen, Gheorghe Gheorghiu-Dej am 22. August in Rumänien, Vulko Červenkov am 9. September 1953 in Bulgarien und Viliam Široký am 15. September 1953 in der Tschechoslowakei jeweils die Politik des »Neuen Kurses«.

Alle Reden verdeutlichten, wie sehr Malenkovs Programm vom 8. August und Chruščevs Agrar-Direktive vom 7. September 1953 auch für die Volksdemokratien maßgeblich sein sollten. Ein Vergleich der einzelnen Verlautbarungen mit der Regierungserklärung Nagys vom 4. Juli 1953 offenbarte, daß er hinsichtlich der Liberalisierung der innenpolitischen Verhältnisse in Ungarn am weitesten gegangen war.

Imre Nagys Regierungsprogramm vom 4. Juli 1953 unterschied sich von den »Neuen Kurs«-Proklamationen in den übrigen Volksdemokratien vor allem dadurch, daß er nicht nur weitreichende Änderungen in der Wirtschafts- und Agrarpolitik angekündigt, sondern auch besonderes Gewicht auf die »Stärkung der Gesetzlichkeit« gelegt hatte. So beschränkte sich beispielsweise Gheorghiu-Dej in seiner programmatischen Erklärung vom 22. August 1953 vor dem Zentralkomitee seiner Partei darauf, die bisherige Politik zu verurteilen, die der Schwerindustrie auf Kosten der Landwirtschaft und der Konsumgüter-Industrie eine absolute Vormachtstellung eingeräumt hatte. Er versprach, das Tempo der Industrialisierung und Kollektivierung zu verlangsamen, den Bauern die Bewilligung höherer Kredite, agrartechnische Hilfe und andere Maßnahmen sowie ein Anwachsen des Lebensstandards aller Werktätigen. Gheorghiu-Dej vermied es aber sorgfältig, auch Maßnahmen anzukündigen, die auf eine Entspannung der innenpolitischen Lage hinausgelaufen wären.[37]

---

37 Eine gekürzte Fassung der Rede Gheorghiu-Dej' in: Ost-Probleme 1953, S. 1593–1597. Vgl. dazu vor allem G. Ionescu: Communism, S. 219–229; R. L. Wolff: Balkans, S. 469–472, 504–508; F. Fejtö: Volksdemokratien. Bd. II, S. 58 f. Vgl. speziell über die ökonomischen Auswirkungen die detaillierte Analyse bei J. M. Montias: Development, S. 38–53. Vgl. zur Gesamtproblematik auch »Die Rumänische KP und ihr Kongreß«, S. 7–16.

Trotz seiner starken Position als Ministerpräsident und Generalsekretär der Partei hatte Gheorghiu-Dej Schwierigkeiten, seine Linie gegenüber den »Alt-Stalinisten« in der Parteiführung durchzusetzen. In den folgenden Monaten sah er sich auch vor das Problem gestellt, der Anweisung Moskaus zu folgen, auch in Rumänien das Prinzip der »kollektiven Führung« zu etablieren. Bis heute ist nicht restlos geklärt, warum sich Gheorghiu-Dej am 19. April 1954 entschied, das Amt des Ministerpräsidenten zu behalten und jenes des Generalsekretärs aufzugeben. Er überließ die Führung der Partei Gheorghe Apostol, einem seiner vertrautesten Mitarbeiter. Am 19. April 1954 wurde Nicolae Ceaușescu Mitglied des Sekretariats und im Dezember 1955 Mitglied des Politbüros der Partei.[38] Für das innenpolitische Klima Rumäniens war kennzeichnend, daß fünf Tage vor diesen personellen Entscheidungen, am 14. April, Lucretiu Patrascanu zum Tode verurteilt worden war.[39]

Trotz seiner politischen Herabstufung gab Gheorghiu-Dej nicht auf. Mit Geduld, einem großen Maß an Flexibilität und einem gut entwickelten politischen Instinkt gelang es ihm, bis zum Herbst 1955 mit seinen Gegnern und Rivalen innenpolitisch abzurechnen und am 5. Oktober 1955 das Amt des Ersten Parteisekretärs zurückzuerobern. Neuer Ministerpräsident wurde Chivu Stoica, der ebenfalls zu Gheorghiu-Dej' engsten Verbündeten aus der Gruppe der bewährten »nationalen« Gefolgsleute gehörte. Gheorghiu-Dej verstand es, die neue außenpolitische Linie des Kreml, die 1955 zu einer Wiederannäherung Jugoslawiens an die UdSSR geführt hatte, für Rumänien nutzbar zu machen.[40]

Als Pikanterie gilt festzuhalten, daß sich Vulko Červenkov, Ministerpräsident und Parteichef, in seiner Rede, in der er am 9. September 1953 den »Neuen Kurs« für Bulgarien verkündete, im Gegensatz zu seinem Kollegen Gheorghiu-Dej in Rumänien nicht damit begnügt hat, auf dem Agrarsektor Zugeständnisse zu machen, eine bessere Versorgung mit Verbrauchsgütern und eine spürbare Senkung der Preise zu versprechen. Die bulgarische Führung ergriff auch gewisse Maßnahmen, um die innenpolitische Lage ein wenig zu entspannen, indem sie jene politischen Häft-

---

38 Über die wichtigsten Lebensdaten der rumänischen Partei- und Staatsführer unterrichtet der Beitrag »Die Rumänische KP und ihr Kongreß«, ebenda, S. 17-19; J. K. Hoensch: Osteuropa-Politik, S. 91 f.
39 Vgl. dazu oben S. 382 mit Anm. 157.
40 Über die innenpolitische Entwicklung Rumäniens bis Ende 1955 informiert im einzelnen G. Ionescu in: Communism, S. 219-252; J. K. Hoensch: Osteuropa-Politik, S. 113 f.

linge entließ, deren Haftstrafen fünf Jahre nicht überschritten und die bereits die Hälfte oder ein Drittel verbüßt hatten.[41]

Ebenso wie seinen Kollegen in den anderen Volksdemokratien blieb auch Červenkov, »dem bulgarischen Stalin«, nichts anderes übrig, sich im Rahmen der Etablierung der »kollektiven Führung« mit einer der beiden Spitzenpositionen in Partei und Staat zu begnügen. Auf dem sorgfältig vorbereiteten VI. Parteitag der Kommunistischen Partei Bulgariens vom 25. Februar bis zum 4. März 1954 durfte Červenkov zwar über die innere Entwicklung seiner Partei berichten, das in die Zukunft weisende Referat hielt jedoch Todor Živkov, der – dem sowjetischen Beispiel folgend – scharf jeglichen Personenkult verurteilte und die Einführung einer »kollektiven Führung« ankündigte.

Über Živkovs Karriere war bis dahin nur wenig bekannt; seit Januar 1950 gehörte er als Sekretär dem Zentralkomitee an. Červenkov beging nun – ebenso wie sein Kollege Gheorghiu-Dej in Rumänien – den großen Fehler, sich für das Amt des Ministerpräsidenten zu entscheiden und seinem Rivalen und Schützling Chruščevs, Todor Živkov, das Amt des Ersten Sekretärs zu überlassen; damit entsprach seine Rolle der Gheorghe Apostols in Rumänien. Im Gegensatz jedoch zu Gheorghiu-Dej hatte sich Červenkov insofern verkalkuliert, als es ihm, auf dessen absolute Zuverlässigkeit und ideologische Wendigkeit der Kreml sich verlassen konnte und der sich große Verdienste um den kommunistischen Aufbau in diesem traditionell prorussischen Land erworben hatte, nicht gelang, Živkov in die Grenzen zu weisen. Während Gheorghiu-Dej bereits Anfang Oktober 1955 die Schlüsselposition in der Parteiführung wieder an sich reißen konnte, sah sich Červenkov so heftigen Angriffen ausgesetzt, daß er aus der Parteiführung ausgebootet und am 17. April 1956 dem früheren Innenminister Anton Jugov den Platz als Regierungschef einräumen mußte.[42]

Auf besonderes Interesse waren die von Imre Nagy angekündigten Maßnahmen, die – wie François Fejtö bemerkt – »den Ideen des aufgeklärten Kommunismus entsprachen«[43], in der Tschechoslowakei gestoßen. Der überraschende Tod Klement Gottwalds am 14. März 1953, neun Tage

---

41 Vgl. dazu vor allem R. L. Wolff: Balkans, S. 480–486; J. K. Hoensch, ebenda, S. 91, 112; Z. K. Brzezinski: Sowjetblock, S. 183; F. Fejtö: Volksdemokratien. Bd. II, S. 59 f. Vgl. auch die ausführliche Darstellung bei J. F. Brown: Bulgaria, S. 39–52.
42 Vgl. dazu J. K. Hoensch, ebenda, S. 123; Z. K. Brzezinski, ebenda, S. 219–222. Vgl. über den Lebensweg Živkovs H.-J. Hoppe: Todor Živkov. Sehr instruktiv dazu auch J. F. Brown, ebenda, S. 53–71.
43 F. Fetjö: Volksdemokratien. Bd. II, S. 52.

nach dem Ableben Stalins, bot die Möglichkeit, die »kollektive Führung« zu etablieren, bevor die sachlichen Konsequenzen aus dem Übergang der Macht in Moskau auf ein Kollektiv gezogen werden mußten. Am 21. März 1953 übernahm Antonîn Zápotocký, der für seine guten Verbindungen zu Malenkov bekannt war, das Amt des Staatspräsidenten, während Viliam Široký Ministerpräsident wurde. Die Schlüsselposition in der Partei, die Leitung des Sekretariats des Zentralkomitees, übernahm Antonîn Novotný, der – wie sein Protektor Chruščev – offiziell im September 1953 zum Ersten Sekretär ernannt wurde.[44]
Die Voraussetzungen für weitreichende ökonomische Maßnahmen waren in der Tschechoslowakei, insofern günstig, als das von Kriegsschäden und Reparationen verschonte Land die in den Jahren ab 1945 eingeleitete Umstrukturierung besser als die anderen Volksdemokratien zu verkraften vermochte. Daher erschien 1953 eine Schwenkung der Wirtschaftspolitik, verbunden mit einer von der Bevölkerung gewünschten Lockerung des Drucks und Zwangs, ohne ernste politische Folgen möglich. Da auch die Tschechoslowakei aufgrund der forcierten Industrialisierung, des Rückgangs der Konsumgüter-Industrie und der agrarischen Produktion unter einer ständigen Inflation litt, verkündete das neue Regime am 30. Mai 1953 eine Währungsreform, die zu den Pilsener Unruhen führte. Diese Vorgänge zeigten der Führung rechtzeitig die Gefahren an, wenn sie nun den rigorosen ökonomischen Stalinismus ohne Abstriche fortsetzen würde. Weil die Presse in der Tschechoslowakei ausführlich über Nagys Programm des »aufgeklärten Kommunismus« berichtet hatte, was nur mit ausdrücklicher Billigung der Führung geschehen konnte, durfte die Bevölkerung einige Erwartungen in die unerläßliche Politik des »Neuen Kurses« setzen.[45]
Trotz der großen Hoffnungen enttäuschte Ministerpräsident Široký alle, als er am 15. September 1953 vor der Nationalversammlung die Politik des »Neuen Kurses« proklamierte. Er beschränkte sich im wesentlichen auf eine Darstellung der Probleme der Industrialisierung und Agrarwirtschaft. Široký versprach neben den üblichen Steuersenkungen Lohnerhöhungen und Ermäßigungen des Liefersolls und in beinahe verschlüsselter Form die künftige Möglichkeit, in begrenztem Umfang aus den ländli-

---

44 Vgl. dazu Z. K. Brzezinski: Sowjetblock, S. 183 f.; F. Fetjö, ebenda, S. 54–58; J. K. Hoensch: Osteuropa-Politik, S. 90. Über die im September 1953 vollzogenen personellen Veränderungen in der Prager Führung informiert die detaillierte Übersicht in: Ost-Probleme 1953, S. 1752 f.
45 Vgl. dazu vor allem Z. K. Brzezinski, ebenda; F. Fetjö, ebenda.

chen Kollektivwirtschaften auszutreten.[46] Bereits Staatspräsident Zápotocký hatte am 1. August 1953 auf einer »Friedenskundgebung« jenen, die die Kolchosen verlassen wollten, erklärt, daß die Führung ihnen dabei keine Hindernisse in den Weg legen werde. Er vergaß jedoch nicht hinzuzufügen: »In ein paar Jahren werdet ihr die Genossenschaften, aus denen ihr jetzt davonlauft, wieder neu aufbauen müssen.«[47]
Als die Bauern in der Tschechoslowakei von dieser Möglichkeit Gebrauch machten und dem ungarischen Beispiel folgten, um mit der Wiederaufteilung des Bodens zu beginnen, reagierte die Führung, die bis dahin dazu die Erlaubnis nicht ausdrücklich erteilt hatte, sehr heftig. Novotný wies den Parteiapparat an, sich jeder vorzeitigen Auflösung der Kolchosen zu widersetzen. Da in dieser wichtigen Frage Meinungsdifferenzen zwischen Zápotocký und Novotný bestanden, mußte sogar Chruščev eingreifen, der sich auf die Seite seines Protegés Novotný stellte.[48]
Damals begann der Aufstieg Antonín Novotnýs im Rahmen der »kollektiven Führung« in der Tschechoslowakei. Dank seiner außergewöhnlichen Geschicklichkeit und seines sicheren Machtinstinkts gelang es ihm, die Herrschaft seines Mentors Chrusćev zu überleben, bis er Anfang 1968 das Amt des Ersten Sekretärs aufgab und wenig später auch vom Posten des Staatschefs abgelöst wurde, den er als Nachfolger Antonín Zápotockýs 1957 übernommen hatte. Damit war der Weg frei für den »Prager Frühling«, mit dem in der Tschechoslowakei der »Sozialismus mit menschlichem Antlitz« (Alexander Dubček) eingeführt werden sollte und der am 21. August 1968 so tragisch endete.
Am vorsichtigsten gerierte sich – aus verständlichen Gründen – die Führung Polens. Erst einmal wollte sie abwarten, wie sich das schwierige Verhältnis zur UdSSR unter den Nachfolgern Stalins gestalten würde. Der Diktator des Landes, Boleslaw Bierut, verhielt sich zunächst abwartend und setzte seine Einschüchterungspolitik auch deshalb fort, da er bei einem zu abrupten politischen Wechsel befürchten mußte, »das schlummernde Problem der ›rechten nationalistischen Abweichung‹ Gomulkas«[49] anzurühren.
Formell wurde der »Neue Kurs« von Parteichef Bierut am 29. Oktober

---

46 Dt. Text (Auszüge) der Rede Širokýs vom 15. September 1953 in: Ost-Probleme 1953, S. 1751–1756.
47 Dt. Text in: Ost-Probleme 1953, S. 1597.
48 Vgl. dazu vor allem F. Fejtö: Volksdemokratien. Bd. II, S. 57 f.
49 So J. K. Hoensch: Osteuropa-Politik, S. 92. Vgl. zur Gesamtproblematik vor allem Z. K. Brzezinski: Sowjetblock, S. 184 f.; F. Fejtö, ebenda, S. 60 f.

1953 vor dem Zentralkomitee der Vereinigten Polnischen Arbeiterpartei eingeführt. Bierut, der damals auf dem Zenit seiner Macht stand, sprach zwar von der Notwendigkeit, den Lebensstandard zu heben, vermied es aber, irgendwelche politischen Zugeständnisse zu machen. Die ökonomischen Konzessionen beschränkten sich – wie in den anderen Ländern – auf einige Preissenkungen und Erleichterungen im Steuerwesen und in der Pflichtablieferung. Immerhin gestand der Chef der polnischen Wirtschaftsplanung damals selbst ein, diese Veränderungen seien viel bescheidener als anderswo – besonders im Vergleich zur Tschechoslowakei und DDR.

Erst der II. Parteitag der Vereinigten Polnischen Arbeiterpartei bestätigte im März 1954 auch in Polen die Teilung der Macht. Gewisse Umstellungen in der polnischen Führungsspitze ergaben sich jedoch als Folge der Flucht Jozef Swiatlos im Dezember 1953 in den Westen, wo er, einer der brutalsten Geheimpolizisten, mit seinen Enthüllungen großes Aufsehen erregte. Während Boleslaw Bierut das Amt des Ersten Sekretärs behielt, wurde der ehemalige Sozialist Józef Cyrankiewicz Ministerpräsident – ein Posten, auf dem er sich bereits in den Jahren 1947 bis 1952 bewährt hatte. Aleksander Zawadzki wurde Vorsitzender des Staatsrats, also nominelles Staatsoberhaupt.[50]

Auch in der Folgezeit erschienen Vorsicht und Behutsamkeit bei der Abkehr vom ökonomischen und politischen Radikalismus der polnischen Führung als ein unumgängliches Gebot der Klugheit. Dabei darf nicht übersehen werden, daß es in Polen in den Jahren zuvor weniger Gewaltmaßnahmen in der Partei selbst gegeben hatte, die Kollektivierung sowie die Ablieferungspflicht der Bauern milder waren und die Führung »in der blinden Nachahmung und Anbetung alles Sowjetischen« etwas »behutsamer zu Werke«[51] gegangen war. Schließlich konnte sich die Führung das Eingeständnis grundlegender Fehler nicht leisten, da sie dann indirekt Wladyslaw Gomulka recht gegeben hätte – »und er lebte noch und war unvergessen«[52].

Der Vollständigkeit halber sei noch erwähnt, daß auch der Herrscher über das kleine Albanien, Enver Hoxha, es sich nicht nehmen ließ, im Sinne der neuen Führung im Kreml sowohl eine Politik des »Neuen Kurses« einzuleiten, als auch der Forderung nach Einführung einer »kollekti-

---

50 Vgl. dazu Z. K. Brzezinski, ebenda.
51 So Z. K. Brzezinski, ebenda, S. 185; G. Rhode: Polen, S. 1050 f.
52 So Z. K. Brzezinski, ebenda. Vgl. dazu auch J. K. Hoensch: Osteuropa-Politik, S. 92.

ven Führung« nachzukommen. Die personellen Veränderungen vollzogen sich in zwei Etappen. Am 23. Juli 1953 gab Enver Hoxha den Posten des Außen- und Verteidigungsministers ab, blieb jedoch sowohl Generalsekretär der Partei als auch Ministerpräsident. Im Gegensatz zu Gheorghiu-Dej in Rumänien und Vulko Červenkov in Bulgarien zeigte Enver Hoxha mehr Schlauheit und das richtige Gefühl für die Macht, indem er sich auch in der zweiten Etappe der Einführung der »kollektiven Führung« die Leitung der Partei vorbehielt. Hoxha ging keinerlei Risiken insofern ein, als er am 20. Juli 1954 Mehmet Shehu, einem ihm völlig ergebenen »Genossen«, das Amt des Ministerpräsidenten anvertraute. Shehu hatte sich in seiner Eigenschaft als Innenminister große »Verdienste« bei der Säuberung der Kommunistischen Partei Albaniens nach dem Bruch Stalins und Hoxhas mit Tito erworben. Der »Neue Kurs« in Albanien brachte vor allem für die Bauern Erleichterungen.[53]

Zusammenfassend läßt sich feststellen, daß die Nachfolger Stalins keine Schwierigkeiten hatten, ihre Vorstellungen von der »kollektiven Führung« und von der Politik des »Neuen Kurses« in den von der UdSSR kontrollierten Ländern durchzusetzen. Da die Führungen dieser Staaten von den neuen Kräften im Kreml ebenso abhängig waren wie zuvor von Stalin, war auch kaum zu erwarten, daß sie nun das politische Steuer radikal herumwerfen würden, was möglicherweise ihre eigene Position hätte gefährden können. Die Spitzenfunktionäre in diesen Ländern und in der SBZ waren darin geübt, auf weitreichende Wünsche der eigenen Bevölkerung nicht eingehen zu müssen. Immerhin gilt es festzuhalten, daß in den meisten dieser Staaten von nun an, wenn auch mit unterschiedlicher Intensität, größerer Wert auf die »Stärkung der Gesetzlichkeit« gelegt wurde.

Allein die Tatsache, daß der »Neue Kurs« die besonderen Bedingungen jedes Landes berücksichtigt hat, zeigt – wie Zbigniew K. Brzezinski feststellt –, daß sich seit Stalins Tod die Beziehungen in der Sowjetwelt geändert hatten: »Stalins Tod, die Vernichtung Berijas, der koreanische Waffenstillstand, die Beilegung des Indochina-Konflikts, die Erklärung der Sowjets, daß die Berliner Konferenz der Außenminister der Großmächte im Februar 1954 zu einem ›besseren Verständnis‹ der internationalen Si-

---

53 Über die Entwicklung Albaniens informiert sehr detailliert R. L. Wolff in: Balkans, S. 489–495 (493 f.), 542–549. Sehr instruktiv ist dazu auch die Analyse N. C. Panos in: Albania, S. 111–117. Vgl. dazu auch die instruktiven bibliographischen Angaben über alle führenden albanischen Politiker bei St. Skendi: Albania, S. 323–345 (326 f., 341–343).

tuation geführt habe – all das trug dazu bei, die bestehenden Verhältnisse fast unmerklich, aber bedeutsam zu verändern. Die übermäßige Verpersönlichung der Beziehungen zwischen den kommunistischen Staaten, zu Stalins Lebzeiten ein Quell der Stärke, wurde nach seinem Tod ein Quell der Schwäche, je mehr der Druck von außen nachließ.«[54]

3. Veränderungen im Bereich der ökonomischen »Zusammenarbeit« (1953–1955)

Die von den Nachfolgern Stalins proklamierte Politik des »Neuen Kurses« hatte einmal Auswirkungen auf die ökonomische Entwicklung der UdSSR und der von ihr kontrollierten Länder insofern, als sie die Mißstände zu beheben suchte, die Stalins Politik der forcierten Industrialisierung und Kollektivierung der Landwirtschaft sowie der weitgehenden Vernachlässigung der Konsumgüter-Industrie ausgelöst hatte. Die mit dem »Neuen Kurs« in allen Ländern verbundenen erhöhten Investitionen zum Ausbau des Leicht- und Konsumgüter-Sektors hatten ebenso günstige Auswirkungen wie die Veränderungen auf dem Agrarsektor, für den Chruščev selbst die Verantwortung trug und auf dem er im Februar 1954 weitgehende Reformen einleitete.

Mit diesen Maßnahmen, die vor allem auf eine Verlangsamung des Wachstums der Schwerindustrie hinausliefen, war man bestrebt, Disproportionen abzubauen, Planungsfehler zu korrigieren und Engpässe in der Versorgung zu überwinden. Nicht übersehen werden darf freilich, daß mit dem »Neuen Kurs« keine Maßnahmen eingeleitet wurden, die die Fundamente des »Sozialismus« und den »sozialistischen Aufbau« hätten in Frage stellen können. So blieb der Konflikt zwischen Industriealisierung, Agrarwirtschaft und Konsumgüter-Industrie auch weiterhin »systemimmanent«[55].

---

54 Z. K. Brzezinski: Sowjetblock, S. 186.
55 So zutreffend J. K. Hoensch: Osteuropa-Politik, S. 93.

a) *Der Abbau der »gemischten Gesellschaften«*

Es konnte nicht ausbleiben, daß die von der neuen Führung im Kreml eingeleitete Politik des »Neuen Kurses« auch Auswirkungen auf die Außenhandels-Beziehungen der UdSSR zu den Mitgliedsländern des Rats für Gegenseitige Wirtschaftshilfe haben mußte. Stalins Politik der ökonomischen Ausbeutung der im Zweiten Weltkrieg mit Deutschland verbündeten Staaten – Ungarn, Rumänien und Bulgarien – und die Art, wie er selbst die beiden Gegner Deutschlands – Polen und die Tschechoslowakei – auf wirtschaftlichem Gebiet behandelt hat, paßten nicht mehr in die politische Landschaft. Während Stalins Reparations-Politik aufgrund der Abmachungen mit den beiden angelsächsischen Mächten hinsichtlich Rumäniens, Bulgariens und Ungarns rechtlich abgesichert war, ging er hinsichtlich der SBZ weit über die Summe hinaus, die die Vereinigten Staaten und Großbritannien der UdSSR zuvor konzediert hatten.[56] Um die früheren Alliierten Deutschlands und die SBZ soweit wie möglich ökonomisch auszubeuten, schuf die UdSSR – wie dargelegt – die »gemischten Gesellschaften«, deren sich Stalin sogar gegenüber Jugoslawien und auch China bedient hat.[57]

Die Nachfolger Stalins begannen – pikanterweise – zunächst gegenüber der SBZ diese Politik der Ausbeutung zu liquidieren. Stalin war aufgrund der sowjetisch-polnischen Abmachung vom 15. Mai 1950 nur bereit gewesen, die Reparations-Zahlungen der SBZ um 50 Prozent herabzusetzen; am 29. April 1952 wurden aufgrund eines Beschlusses der sowjetischen Regierung 66 deutsche Betriebe in das Eigentum der SBZ überführt. Nachdem sich Stalin zur Rückgabe der restlichen 33 SAG-Betriebe und zum Erlaß der restlichen Reparations-Forderungen nicht mehr hatte durchringen können, blieb dies seinen Nachfolgern überlassen.

Nach Verhandlungen mit der Regierung der DDR erklärte sich die Sowjetregierung am 23. August 1953 im Einvernehmen mit der polnischen Regierung bereit, ab 1. Januar 1954 die Erhebung der Reparations-Zahlungen der DDR »sowohl in Form von Warenlieferungen als auch in jeder anderen Form«[58] völlig einzustellen. Doch selbst jetzt rang sich die sowje-

---

56 Vgl. dazu im einzelnen oben S. 280–284.
57 Vgl. dazu oben S. 287–290, und unten S. 501 f.
58 Text des Kommuniqués und des Protokolls der Verhandlungen vom 23. August 1953 in: Dokumente zur Deutschlandpolitik der Sowjetunion. Bd. I, S. 345–350 (347, 349) und Dokumente zur Außenpolitik der Regierung der DDR. Bd. I, S. 283–288. Zugleich erließ die Sowjetregierung der DDR die Schulden in Höhe von 430 Millionen Mark, »die

tische Führung nicht dazu durch, die größte Sowjetische Aktiengesellschaft, die Wismuth-Aktiengesellschaft (Uran-Bergbau), die damals rund 210 000 Arbeitskräfte beschäftigte, zu übergeben.
Ministerpräsident Otto Grotewohl sagte dazu am 25. August 1953 vor der Volkskammer, »daß eine gemeinsame Vereinbarung über die Bildung einer gemischten Deutsch-Sowjetischen Gesellschaft Wismuth auf paritätischer Grundlage« getroffen worden sei. Nach westlichen Berechnungen dürfte der Produktionswert der Sowjet-Aktiengesellschaften bis zur Übergabe im Januar 1954 etwa 30 Milliarden DM (Ost) betragen haben, die dem Reparations-Konto der DDR nicht gutgeschrieben worden sind.[59]

Die politischen Führungen Ungarns, Rumäniens und Bulgariens mußten sich hinsichtlich des Abbaus der »gemischten Gesellschaften« noch bis in die zweite Hälfte des Jahres 1954 gedulden. Das »klassische Land der gemischten Gesellschaften«[60] war von Anfang an Rumänien, das zeitweise 14 dieser »Syndikate« beherbergte; darüber hinaus verfügte die UdSSR in Rumänien über eine Reihe ausschließlich sowjetischer Aktiengesellschaften, die überwiegend aus ehemaligem deutschen Eigentum hervorgegangen waren. Am 31. März 1954 wurde in Moskau ein sowjetisch-rumänischer Vertrag unterzeichnet, der die vorbereitenden Maßnahmen für die Liquidierung der meisten »gemischten Gesellschaften« festlegte. Am 18. September 1954 ergänzten die Regierungen der UdSSR und Rumäniens diesen Vertrag durch ein Abkommen, mit dem man den Verkauf und die Übergabe von 12 der 14 »gemischten Gesellschaften« an Rumänien regelte. Ausgespart wurde aus dieser Vereinbarung die »Sovrom-Petrol«, der die Ausbeutung der Petroleum-Vorkommen unterstellt war, und die »Sovrom-Quartz« (Uran-Bergbau), so daß die Sowjetunion die

---

1952 im Zusammenhang damit entstanden sind, daß die Sowjetregierung der DDR 66 sowjetische Industriebetriebe in Deutschland überließ«. Vgl. dazu aus der Sicht der DDR: Geschichte der deutschen Arbeiterbewegung. Bd. 7, S. 239 f.; Stichwort »SAG-Betriebe« in: Sachwörterbuch. Bd. 2, S. 440 f. (441): »Durch die SAG-Betriebe vermittelten sowjetische Wirtschaftsexperten den deutschen Wirtschaftsorganen wertvolle Erfahrungen für die Planung und Leitung volkseigener Betriebe und der gesamten Wirtschaft.« Weitere Nachweise bei J. Hacker: Potsdamer Abkommen, S. 118 f.
59 Text der Rede Grotewohls in: Tägliche Rundschau vom 26. August 1953; zit. in: Die Reparationsleistungen der sowjetischen Besatzungszone Deutschlands, in: Europa-Archiv 1954, S. 6481 f. (6482). Vgl. dazu auch den instruktiven Aufsatz von U. Drobnig: Corporations, S. 161–165. Vgl. über die westlichen Berechnungen »Der Nachlaß der SAGs« in: Osteuropa 1954, S. 1779 f.
60 So J. Schaerf: Im Hintergrund, S. 1770. Eine Übersicht über die 14 sowjetisch-rumänischen (»Sowrom«-) Gesellschaften vermittelt mit dem jeweiligen Gründungsdatum der Bericht »Die Sowromgesellschaften« in: Wissenschaftlicher Dienst Südosteuropa 1952, H. 2, S. 11 f.; S. Braga: Rumänien 1944–1954, S. 105 mit den Angaben in Anm. 25. Vgl. dazu auch oben S. 280–284.

direkte Kontrolle über die rumänische Erdöl- und Uranerz-Produktion weiterhin ausüben konnte.
In der rumänischen Presse sind – bezeichnenderweise – die in dem Moskauer Abkommen vom 18. September 1954 getroffenen genauen Zahlungsbedingungen und die Höhe der Ablösungssummen nicht angegeben worden. Man beschränkte sich auf die Feststellung, daß der Wert des sowjetischen Beteiligungsanteils an den 12 »gemischten Gesellschaften«, der nun auf Rumänien überging, von der rumänischen Seite »unter günstigen Bedingungen in Raten, die auf eine Reihe von Jahren aufgeteilt wurden, bezahlt wird«[61].
Die UdSSR »eignete sich dadurch mühe- und risikolos mindestens 50 Prozent des ›Mehrwerts‹ an – um mit Marx zu sprechen –, der in den Betrieben, an denen die Sowjets ›beteiligt‹ waren, aus den Arbeitern herausgepreßt wurde«[62]. Während die »Sovrom-Petrol« im Dezember 1955 aufgelöst wurde, waren die Sowjets erst im November 1956 bereit, auch die »Sovrom-Quartz« zu liquidieren.
Zur gleichen Zeit weilten auch bulgarische und ungarische Delegationen in Moskau, um ebenfalls über den Abbau der »gemischten Gesellschaften« zu verhandeln. Mit Bulgarien schloß die UdSSR am 9. Oktober 1954 ein Abkommen über den Verkauf und die Übergabe des sowjetischen Beteiligungsanteils an 3 der 5 »gemischten Gesellschaften«. Auch Bulgarien »durfte« den Wert der sowjetischen Beteiligung »unter günstigen Bedingungen in Raten, die auf eine Reihe von Jahren aufgeteilt wurden«[63], bezahlen. Aufschlußreich ist auch hier, daß sich die Nachfolger Stalins nicht bereitgefunden haben, den sowjetischen Anteil auch an der Bulgarisch-

---

61 Text des sowjetisch-rumänischen Kommuniqués vom 18. September 1954 bezüglich der Übergabe des sowjetischen Anteils an den gemischten sowjetisch-rumänischen Gesellschaften in: Neuer Weg vom 25. September 1954 und Ost-Probleme 1954, S. 1768 f.; dt. Text des russischen Urtextes aus der »Pravda« vom 25. September 1954 bei B. Meissner: Ostpakt-System, S. 64. Sehr instruktiv dazu auch J. M. Montias: Development, S. 19 f., 50.

62 So J. Schaerf: Im Hintergrund, S. 1769. Vgl. zur Gesamtproblematik auch die detaillierte und mit zahlreichen Tabellen versehene Darstellung von N. Spulber: Undertakings, S. 160–164. Am 15. Dezember 1955 teilte Radio Bukarest mit, daß die UdSSR und Rumänien übereingekommen seien, die »Sovrompetrol« an Rumänien zu übertragen. Dabei sollen Rumänien »sehr günstige Bedingungen« und mehrjährige Zahlungsfristen eingeräumt worden sein. Auch hier wurden die genauen Bedingungen nicht mitgeteilt. Vgl. dazu »Gemischte Ölgesellschaft aufgelöst«, in: Hinter dem Eisernen Vorhang 1956, H. 1, S. 49.

63 Dt. Texte des sowjetisch-bulgarischen Kommuniqués in: Ost-Probleme 1954, S. 1769 und bei B. Meissner: Ostpakt-System, S. 65. Vgl. dazu die detaillierten Angaben bei N. Spulber: Undertakings, S. 164 f. Am 1. Dezember 1955 konnte Radio Sofia mitteilen,

Sowjetischen Bergbau-Gesellschaft (Uran) und an der Gesellschaft »Gorubso« (Erdöl-, Blei-, Zink- und Silbergewinnung) zurückzugeben. Die Regelung vom 9. Oktober 1954 betraf die gemischten sowjetisch-bulgarischen Gesellschaften für Schiffbau, Bauwesen und die Herstellung von Baumaterial sowie für zivile Luftfahrt.
Wenige Wochen später, am 8. Nobember 1954, unterzeichneten die Sowjetunion und Ungarn ein Abkommen über die Übergabe der sowjetischen Anteile an den »gemischten Gesellschaften«, die sich auf die Ausbeutung von Bauxit und Aluminium, die zivile Luftfahrt, die Ölgewinnung und die Binnenschiffahrt bezogen haben. Die »Aufgabe« ihrer Anteile an den Gesellschaften zur Ausbeutung der ungarischen Erdölvorkommen durfte der UdSSR insofern leicht gefallen sein, als sie in den Jahren zuvor mit beträchtlichem Defizit gearbeitet hatten. Hingegen hat die Gesellschaft für die Ausbeutung von Bauxit und Aluminium hohe Gewinne abgeworfen. Dennoch hat die Sowjetunion ihre Anteile auch an dieser Gesellschaft aufgegeben. Ferner wurde auch die sowjetische Handels- und Industriebank, die vollständig der UdSSR gehörte, Anfang 1954 an Ungarn zurückgegeben. Ungarn mußte sich – ebenso wie Rumänien und Bulgarien – verpflichten, den Wert der übernommenen sowjetischen Anteile in einer Reihe von Jahren in Abschlagszahlungen zu vergüten.[64]
Als besondere Pikanterie gilt festzuhalten, daß die sowjetische Regierung die ehemaligen Verbündeten Deutschlands und »Feindstaaten« der »Anti-Hitler-Koalition« hinsichtlich des Abbaus der »gemischten Gesellschaften« insofern schlechter behandelt hat, als sie diese Transaktion mit der DDR im Januar 1954, also rund zehn Monate vor den Abmachungen mit Rumänien, Bulgarien und Ungarn, getroffen hat.[65]
Daß hinsichtlich der SBZ die Rückgabe des sowjetischen Anteils an den »gemischten Gesellschaften« mit dem Verzicht der UdSSR (und Polens) auf die Erhebung weiterer Reparations-Zahlungen Ost-Berlins zeitlich zusammenfiel, während dies im Fall Rumäniens, Bulgariens und Ungarns nicht zutraf, hat seine Ursache in den Bestimmungen, die in den Friedensverträgen vom 10. Februar 1947 mit diesen drei Staaten vereinbart wor-

---

daß die UdSSR und Bulgarien übereingekommen seien, die gemischte Gesellschaft »Gorubso« aufzulösen. Auch hier war in dem Kommuniqué von »günstigen Bedingungen« und einer »Abdeckung des Kaufpreises durch Ratenzahlung« die Rede. Vgl. dazu »Gemischte Gesellschaft wird bulgarisch«, in: Hinter dem Eisernen Vorhang 1956, H. 1, S. 52.
64 Dt. Text des Kommuniqués vom 8. November 1954 bei B. Meissner, ebenda. Vgl. dazu die detaillierten Angaben bei N. Spulber, ebenda, S. 156–161.
65 Vgl. dazu oben S. 496 f.

den sind. Ungarn, Bulgarien und Rumänien mußten jeweils acht Jahre lang Reparationen zahlen. Im Fall Ungarns und Rumäniens begann die jeweilige Frist mit dem Tag des Abschlusses des Vertrags über den Waffenstillstand: Für Ungarn handelte es sich also um die Zeit vom 20. Januar 1945 bis zum 20. Januar 1953 und für Rumänien vom 12. September 1944 bis zum 12. September 1952. Die für Bulgarien getroffene Regelung wich insoweit davon ab, als der Ausgangspunkt der Zahlungen das Inkrafttreten des Friedensvertrags am 15. September 1947 bildete, so daß es bis zum 15. September 1953 Reparationen zahlen mußte.[66]

Der gravierendste und folgenreichste Unterschied in den von der UdSSR mit Rumänien, Ungarn und Bulgarien auf der einen und der SBZ auf der anderen Seite getroffenen Regelungen ergibt sich jedoch daraus, daß der Kreml die 33 SAG-Betriebe ab 1. Januar 1954 – zumindest offiziell – »entschädigungslos«[67] zurückgegeben hat, während die Alliierten Deutschlands während des Zweiten Weltkriegs in den im Oktober und November 1954 getroffenen Regelungen die sowjetischen Anteile zu einem vom Kreml festgesetzten Preis zurückkaufen mußten. Ob die »Sowjetischen Aktiengesellschaften« der SBZ wirklich zum Geschenk gemacht oder ob sie in einer nicht veröffentlichten Vereinbarung zu ähnlichen Bedingungen zurückgegeben worden sind, wie sie die Sowjets mit Rumänien, Bulgarien und Ungarn getroffen haben, läßt sich nicht mit Sicherheit sagen.

Daß selbst die Nachfolger Stalins 1954 nicht bereit waren, bei der »Rückgabe« der sowjetischen Anteile an den »gemischten Gesellschaften« auf ausbeuterische Motive zu verzichten, erscheint noch unter einem anderen Aspekt höchst aufschlußreich. David J. Dallin hat darauf aufmerksam gemacht, daß die »sowjetischen Aktiengesellschaften«, bei denen die UdSSR mindestens über 50 Prozent des Gesamtbesitzes verfügte, auf eine lange Tradition zurückblicken konnten. Diese Form der »Aktiengesellschaft« war zwischen 1924 und 1935 bei der »Ostchinesischen Eisenbahn« in der Mandschurei erprobt und dann »als Billigkeitsabkommen

---

66 Vgl. die Art. 23 des Friedensvertrages mit Ungarn, 21 des Friedensvertrags mit Bulgarien und 22 des Friedensvertrags mit Rumänien. Texte bei E. Menzel: Friedensverträge, S. 152, 169 und 184. Vgl. zur Gesamtproblematik auch den instruktiven Aufsatz »Geschichte der Sovroms« in: Ost-Probleme 1954, S. 1771–1778 (Übersetzung aus: News from behind the Iron Curtain, September 1954).
67 Vgl. das Protokoll vom 23. August 1953. Nachweis in diesem Kapitel, Anm. 58. Vgl. dazu die instruktive Übersicht mit zahlreichen weiteren Nachweisen bei U. Drobnig: Corporations, S. 161–165.

zwischen den Sowjetbehörden und den Chinesen vorgeschlagen worden. Beide Partner hatten die gleichen Rechte, mit einem einzigen, geringfügigen Unterschied: der Generaldirektor der Eisenbahn sollte Sowjetbürger sein. Dieses geringe Abweichen von der Gleichberechtigung genügte jedoch, die Chinesen jeglichen Einflusses zu berauben«.[68]
In zahlreichen Darstellungen ist bisher viel zu wenig beachtet worden, welche Regelung die sowjetische Regierung gleichfalls im Oktober 1954 mit der Regierung der Volksrepublik China getroffen hat, als Parteichef Chruščev mit einer großen Delegation in Peking weilte. In den Jahren 1950 und 1951, also noch in der Stalin-Ära, waren aufgrund eines Abkommens zwischen beiden Regierungen vier »Gemischte Sowjetisch-Chinesische Gesellschaften auf paritätischer Grundlage« gebildet worden – zu einer Zeit, »da die junge Volksrepublik China vor der Aufgabe stand, ihre Volkswirtschaft wiederaufzubauen«[69].
Am 12. Oktober 1954 vereinbarten beide Seiten, den sowjetischen Anteil an den »gemischten Gesellschaften« ab 1. Januar 1955 an die Volksrepublik China »restlos abzutreten«.
Festzuhalten gilt vor allem, auf welche Weise diese Abtretung am 12. Oktober 1954 geregelt worden ist: »Der Wert dieses Anteils wird im Verlauf einiger Jahre durch Lieferungen üblicher Exportartikel der Volksrepublik China an die Sowjetunion beglichen werden.«
Erst 1965 wurde bekannt, daß Mao Tse-tung anläßlich der Pekinger Verhandlungen die »gemischten Gesellschaften« heftig kritisiert und sie als eine »Form der russischen Einmischung in das Wirtschaftsleben Chinas« apostrophiert hat.[70]

---

68 D. J. Dallin: Rußlands neuer Imperialismus, S. 1504.
69 So das Sowjetisch-Chinesische Kommuniqué über die Übergabe des sowjetischen Anteils an den gemischten Gesellschaften an die Volksrepublik China, in: Tägliche Rundschau vom 13. Oktober 1954 und Archiv der Gegenwart 1954, S. 4792. In beiden Dokumentationen sind auch die anderen sechs sowjetisch-chinesischen Abmachungen wiedergegeben. Vgl. über die sowjetisch-chinesischen Handelsbeziehungen bis 1954 den instruktiven Beitrag von A. Eckstein: Moscow-Peking Axis, der zahlreiche aufschlußreiche Tabellen enthält; R. F. Dernberger: Trade. Vgl. über die weitreichende politische Tragweite der sowjetisch-chinesischen Verhandlungen vor allem A. B. Ulam: Expansion, S. 554 f.; J. F. Triska/D. D. Finley: Policy, S. 213 f. mit dem wichtigen Nachweis in Anm. 23.
70 Vgl. dazu mit Nachweis F. Fejtö: Volksdemokratien. Bd. II, S. 65 f. mit Anm. 3.

b) *Die Aktivierung des Rats für Gegenseitige Wirtschaftshilfe (RGW)*

Daß die Verhandlungen über den Abbau der »gemischten Gesellschaften« zwischen der UdSSR auf der einen und Rumänien, Ungarn und Bulgarien auf der anderen Seite im Frühjahr 1954 begonnen haben, hat noch einen weiteren Grund. Die Arbeitsweise dieser »Gesellschaften« mit ihrer einseitigen Gewinnverteilung zugunsten der Sowjetunion paßte auch deshalb nicht mehr in die politische Landschaft, da die neue sowjetische Führung im Laufe des Jahres 1953 auch überlegte, wie sie den Rat für Gegenseitige Wirtschaftshilfe aktivieren könnte. Stalin sah im RGW – wie ausgeführt – in erster Linie ein propagandistisches und ein machtpolitisches Instrument, um dem Marshall-Plan etwas entgegenzusetzen, ohne damit auch irgendwann den Gedanken einer »ökonomischen Hilfe« im Auge zu haben.

Darüber hinaus sah Stalin im RGW ein Instrument, um nach dem Ausschluß Jugoslawiens aus der kommunistischen Bewegung die anderen Länder im Sinne der sowjetischen Ziele und Strategie zu disziplinieren und auf eine einheitliche Linie gegenüber Jugoslawien festzulegen. Noch einmal sei betont, daß bis heute die Motive, die den Kreml Anfang 1949 veranlaßt haben, den Rat für Gegenseitige Wirtschaftshilfe ins Leben zu rufen, immer noch nicht restlos geklärt sind. Was auch immer Stalins Motive gewesen sein mögen, so verharrte der RGW von Anfang an in einem »Zustand des Schlafes«[71].

In Stalins Politik genossen die bilateralen Beziehungen mit Moskau als Bezugspunkt die absolute Priorität – ein Konzept, mit dem sich eine wie auch immer geartete multilaterale ökonomische Kooperation nur schlecht vertragen konnte. Es gibt keinerlei Hinweise darauf, daß Anfang der fünfziger Jahre die alten oder die revidierten Wirtschaftspläne in den Volksdemokratien im RGW aufeinander abgestimmt worden sind oder etwa der Versuch gemacht worden ist, eine internationale Planung oder gar ein supranationales Organ im RGW in Erwägung zu ziehen. Stalins Politik der Ausbeutung, die sich vor allem in der Zahlung hoher Reparationen und den »gemischten Gesellschaften« manifestierte, begünstigte vor allem den zweiseitigen Handel der Volksdemokratien mit der UdSSR sehr viel mehr als Handelsbeziehungen unter ihnen. So war es auch kein

---

71 So J. M. Montias: Obstacles, S. 192–194 (194). Sehr instruktiv dazu auch P. J. D. Wiles: Economics, S. 306–317 (311 f.); J. M. v. Brabant: Origins, S. 194–205; M. Kaser: COMECON, S. 9–26; H. Köhler: Integration, S. 79–88. Vgl. über die Entwicklung des RGW von 1949 bis Anfang 1953 oben S. 433–439.

Zufall, daß zu Lebzeiten Stalins der RGW nach der 3. Tagung am 24./25. November 1950 nicht mehr einberufen worden ist.
Mit der 4. Tagung des Rats für Gegenseitige Wirtschaftshilfe am 26./27. März 1954 leiteten die Nachfolger Stalins einen neuen, wichtigen Abschnitt in der Entwicklung der multilateralen Wirtschaftsorganisation ein. Vielfach wird sogar angenommen, daß 1954 überhaupt erst der Gedanke einer »Integrationspolitik im Comecon«[72] aufgekommen ist. Auf dieser Tagung wurden erstmals seit April 1949 strukturelle Änderungen des RGW beschlossen. An die Stelle des «Ratsbüros« trat die »Konferenz der Stellvertreter der Ländervertreter« als ständiges Organ des RGW, deren Aufgabe es war, Entscheidungen in Organisationsfragen zu treffen und sie auch zu vollziehen.
Außerdem wurden als weiteres Organ das Sekretariat des RGW errichtet und der Beschluß gefaßt, künftig die Ratstagung zweimal im Jahr einzuberufen. Schließlich wurde Ende März 1954 in Moskau entschieden, den RGW als eine »offene Organisation« zu deklarieren, dem weitere europäische Länder beitreten könnten. In den Mittelpunkt der künftigen Aufgaben stellte der Kreml nun die Abstimmung der Produktion und die Schaffung neuer Kapazitäten. So erkannte man auf der 4. Ratstagung grundsätzlich an, den bis dahin praktizierten einseitigen Warenverkehr mit der UdSSR zu beenden; zuerst sollten nur die Volksdemokratien ihre Wirtschaften untereinander und dann erst in der zweiten Stufe mit dem Volkswirtschaftsplan der Sowjetunion abstimmen.
Östliche Planungsexperten sahen auch einen der Gründe für die Inaktivität und auch Ineffektivität des RGW seit seiner Errichtung darin, daß die einzelnen Nationalwirtschaften nach außen zu sehr abgekapselt waren und man 1949 bewußt keine institutionellen Vorkehrungen getroffen hatte, um zumindest eine andere Entwicklung einleiten zu können.[73]
Während auf der 5. Tagung des RGW am 24./25. Juni 1954 in Moskau bereits über die Abstimmung der Investitionen verhandelt und eine Prioritätsskala für die Koordinierung der Produktion vornehmlich in den Bereichen der Schwer- und Leichtindustrie sowie der Chemie und des Energiewesens aufgestellt worden ist, beriet die 6. Tagung vom 7. bis zum 11. Dezember 1955 in Budapest über den Abschluß langfristiger Warenabkommen für die Zeit bis 1960. Nach der Ablösung Malenkovs durch

---

72 So A. Uschakow: Ostmarkt, S. 17. Vgl. dazu auch F. Triska/D. D. Finley: Policy, S. 211–215; Komekon, S. 4–8. Vgl. dazu auch W. Seiffert: Rechtssystem S. 33.
73 Vgl. dazu A. Uschakow: RGW, S. 182–184; P. J. D. Wiles: Economics, S. 315–317; Z. K. Brzezinski: Sowjetblock, S. 191; N. Spulber: Economics, S. 426–432.

Bulganin an der Spitze des Ministerrats der UdSSR am 8. Februar 1955 hat der Kreml wieder der Schwerindustrie den Vorrang eingeräumt und die Mitgliedstaaten des RGW veranlaßt, zur Politik des vorrangigen Aufbaus der Schwerindustrie zurückzukehren. Auch wenn man sich überall verbal zur Priorität der Schwerindustrie bekannte, erreichte kein Land die hohen Zuwachsraten in der Industrialisierung aus der Stalin-Ära. In Budapest unternahm der RGW im Dezember 1955 zum ersten Mal den Versuch, die nationalen Volkswirtschaftspläne für die zweite Hälfte der fünziger Jahre zu synchronisieren und zu koordinieren.[74]

Zweifellos lief die von Chruščev und Malenkov 1953 eingeleitete Wirtschaftspolitik zumindest auf wichtigen Teilbereichen auf eine Änderung des stalinistischen Schemas hinaus. Während bei Stalin die Priorität der UdSSR und die Ausbeutung die zentrale Rolle in seinen ökonomischen Überlegungen spielten, schien die neue Führung im Kreml bereit, zumindest in einem begrenzten Maße die Einzelwünsche der Mitgliedstaaten des RGW und wirtschaftliche Gemeinsamkeiten stärker zu berücksichtigen. Auch wenn in den Volksdemokratien die Auswirkungen der Politik des »Neuen Kurses« sehr unterschiedlich waren, darf nicht übersehen werden, daß die Sowjetführung sehr darauf achtete, in den ersten Jahren der nachstalinistischen Ära das entscheidende Wort auch in Wirtschaftsfragen zu behalten. Die Problematik der ökonomischen »Kooperation« im RGW-Bereich in der Stalin- und Chruščev-Ära hat Peter J. D. Wiles auf folgende Formel gebracht:

»Now the paradox of the CMEA is that under Stalin the USSR had the power, but not the will, to impose any degree of economic unity short of outright annexation; while under Khrushchev it had the will but not the power.«[75]

---

74 Vgl. dazu vor allem die detaillierten und instruktiven Nachweise und Angaben bei E. Táborský: Economy. Auf den S. 383 f. informiert er über die Entwicklung der schwerindustriellen Produktion in den zum RGW gehörenden Ländern in den Jahren 1951–1955; Z. K. Brzezinski, ebenda, S. 191–195. Sehr instruktiv über die Entwicklung der RGW bis 1955 auch A. Zaubermann: Economic Integration, S. 23–27, der das in Budapest Ende 1955 vereinbarte Experiment als »verfehlt« apostrophiert.
75 P. J. D. Wiles: Economics, S. 311. Vgl. dazu auch A. Nove: Economics, S. 322–342.

4. Der Beginn der multilateralen politisch-militärischen Kooperation (1955/56)

a) Vorüberlegungen im Kreml

Man darf den Nachfolgern Stalins, vor allem Malenkov und Chruščev, bescheinigen, daß es ihnen gelungen ist, die Entwicklung in den Volksdemokratien in einer Weise zu steuern, die einige ökonomische Erleichterungen brachte und dabei den sowjetischen Machtanspruch nicht in Frage gestellt hat. Das gilt sowohl für die von Malenkov eingeleitete und mit unterschiedlicher Intensität in den von der UdSSR kontrollierten Ländern nachgeahmte Politik des »Neuen Kurses« als auch für die im Februar 1955 von Chruščev vollzogene Rückkehr zur Priorität der Schwerindustrie. Damit waren die Führungsprobleme für den Kreml jedoch keinesfalls gelöst.

Dank seiner Autorität und unbestrittenen Machtstellung konnte sich Stalin eines Führungsstils bedienen, den seine Nachfolger nicht ohne weiteres imitieren konnten. Das von Stalin nur höchst unzureichend gelöste Problem seiner Nachfolge, die Etablierung der »kollektiven Führung« und die damit verbundenen Machtkämpfe sowie die Einsicht, daß der Stalinismus als System zwischenstaatlicher und interparteilicher Beziehungen in den letzten Lebensjahren seines Schöpfers in einer tiefgreifenden Stagnation verharrt hatte, mußten die neue Führung in Moskau zu der Überlegung verleiten, ob und inwieweit das Verhältnis zu den Volksdemokratien neu gestaltet werden müßte. Hinzu kommt, daß die sowjetische »Sphäre« in Europa nicht auf natürliche Weise entstanden war, sondern nur mit der massiven Hilfe der Roten Armee errichtet werden konnte. Da Stalin die formellen Bindungen zu den Volksdemokratien bewußt vernachlässigt und den informellen Kontrollinstanzen immer den Vorrang eingeräumt hatte, mußte mit seinem Tod ein Vakuum entstehen. Alle diese Faktoren begünstigten auseinanderstrebende Tendenzen.

Darüber konnte auch die Tatsache nicht hinwegtäuschen, daß es die neue Führung im Kreml mit einigem politischen und auch psychologischen Geschick verstanden hat, bis in das Jahr 1955 hinein die Vorrangstellung der UdSSR ohne große Substanzverluste oder gar unter Aufgabe von Positionen aufrechtzuerhalten. Chruščev, der nach der Entlassung Malenkovs als Vorsitzender des Ministerrats am 8. Februar 1955 seine Position immer stärker ausbauen konnte, schien entschlossen, das starre System des Stalinismus aufzulockern und an die Stelle von Druck und Zwang eine neue Form der »Kooperation« mit den Volksdemokratien zu setzen, ohne den Zusammenhalt des »Blocks« und damit den Führungsanspruch der KPdSU und der UdSSR in Frage zu stellen. Durch die »Abkehr von der starren Uniformität« wollte Chruščev »das ›sozialistische Lager‹ innerlich gefestigter und äußerlich attraktiver, aber auch insgesamt widerstandsfähiger und dynamischer im internationalen politischen Kräftespiel machen, als es unter Stalin gewesen war«[76].

Auch wenn Chruščev im Februar 1955 die Politik des »Neuen Kurses« mit der These von der Priorität der Schwerindustrie revidierte, war er nach wie vor bestrebt, die Produktivität der Landwirtschaft zu steigern, die Wirtschaft insgesamt zu modernisieren und den Lebensstandard zu verbessern. Die zwei Jahre des »Neuen Kurses« hatten jedoch immerhin so weit auflockernd gewirkt, »daß diese wirtschaftliche Umorientierung mit einer Fortführung des politischen Stalinismus nicht vereinbar war. Deshalb suchte Chruschtschow Einheit und Zusammenhalt mit neuen Methoden zu sichern«.[77]

Dank der in den Volksdemokratien aufgrund der auch dort eingeleiteten Politik des »Neuen Kurses« sichtbaren Auswirkungen wußte Chruščev, daß der Zusammenhalt des sowjetischen Machtbereichs nicht allein durch Appelle an Gemeinsamkeiten und die ideologische Einheit gesichert werden konnte. Dem Kreml blieb gar nichts anderes übrig, als die bereits sichtbaren zentrifugalen Tendenzen durch neue formelle Bindungen aufzufangen, die dem System des Stalinismus weitgehend fremd waren.

Der Verlauf des Jahres 1955 verdeutlicht, daß Chruščev nicht nur entschlossen war, die von Stalin praktizierten und immer bevorzugten Beziehungen des Bilateralismus auf der multilateralen Ebene nicht nur im ökonomischen Bereich zu ergänzen, sondern daß er durch die forcierte Wiederannäherung der UdSSR an Jugoslawien größere Risiken einzugehen bereit war. Darüber hinaus schien Chruščev bereits 1954 entschlossen, auch die Kontakte zu den Führungsspitzen der herrschenden kommunistischen Parteien wesentlich zu intensivieren und deren Positionen aufzuwerten sowie sie aus ihrer zur Zeit Stalins gewohnten Position der Befehlsempfänger zu befreien.

Nach seinen Besuchen in Polen und der Tschechoslowakei dokumentierte Chruščev mit seiner Reise nach China (29. September bis zum 12. Oktober 1954) die Bereitschaft des Kreml, China als einen von der UdSSR unabhängigen Staat anzuerkennen und stärker als bisher als gleichberech-

---

76 So M. Croan: Sozialistisches Lager, Sp. 1048.
77 So Z. K. Brzezinski: Sowjetblock, S. 190. Vgl. dazu auch M. Croan, ebenda, Sp. 1048 f.

tigten Partner zu behandeln. Stalin hatte zu den »Genossen« in Peking ein gestörtes Verhältnis, da er – ebenso wie im Fall Jugoslawiens – keine Einstellung zu Staaten finden konnte, in denen die Kommunisten aus eigener Kraft die Macht zu erobern vermocht hatten. Chruščev kam dabei auch zugute, daß es nach dem Tode des sowjetischen Diktators den chinesischen Kommunisten sehr viel leichter fiel, sich nun ohne Vorbehalte zum sowjetischen Vorbild zu bekennen, zumal sie nun nicht mehr die Sorge zu haben brauchten, sich dem sowjetischen Vormachtanspruch unterordnen zu müssen. Im Gegensatz zu Stalin begriff Chruščev von Anfang an, »daß sich die chinesischen Kommunisten nie als ›Satelliten‹, sondern stets als Partner und ›junger Bruder‹ Moskaus betrachtet haben«[78].

Die Art, wie die sowjetische Führung bei dem Besuch Chruščevs in Peking die Auflösung der »gemischten Gesellschaften« unter Verzicht auf ausbeuterische Motive, den Abzug sowjetischer Truppen aus Port Arthur und dessen Übergabe an China konzediert hatte, war für die Pekinger Führung unter Mao Tse-tung ein gutes Omen.[79]

Die Tatsache, daß die kommunistischen Führungen in den von der UdSSR in Europa kontrollierten Ländern ihre eigenen Schlüsse aus Stalins Tod gezogen und mit unterschiedlicher Intensität vor allem im ökonomischen Bereich nach dem sowjetischen Vorbild teilweise weitreichende Maßnahmen eingeleitet hatten, ohne ihre Positionen in Frage zu stellen, zeigt, daß das »System des Stalinismus« der neuen politischen Situation nicht mehr angemessen war. Günther Stökl hat die Veränderungen anschaulich umrissen:

»War aber nun die Ausübung der Herrschaft im Satellitenbereich auf die Beziehungen der Parteien beschränkt – ohne die Möglichkeit, zusätzliche Machtkommunikationen von physischer Qualität unmittelbar einzusetzen –, so mochten Autorität und Potential der Sowjetunion zwar immer noch genügen, das Sowjetimperium zusammenzuhalten, aber die Methoden mußten sich ändern, an die Stelle des nicht weiter erläuterten Befehls mußte das Verfahren der Überzeugung und des guten Zuredens treten. Dies entsprach zudem der Verschiedenheit im Charakter der leitenden Personen: Was der mißtrauische und unnahbare Drahtzieher Stalin durchaus verabscheut hatte, machte dem kontakt- und reisefreudigen

---

78 So E. Kux: Analysen. Vgl. dazu auch Z. K. Brzezinski, ebenda, S. 190 f.; J. K. Hoensch: Osteuropa-Politik, S. 95 f. Vgl. aus der umfangreichen Literatur über Stalins Einstellung gegenüber China Hu Shih: China; D. S. Zagoria: Konflikt, S. 21–32.
79 Vgl. dazu oben S. 501.

Chruschtschow offenbar geradezu Vergnügen, auch wenn der Zwang einer veränderten Situation dahinterstand.«[80]
So mußte es der neuen Führung im Kreml darauf ankommen, politische Formeln zu entwickeln, die die Fortexistenz der »Einheit« des sowjetischen Machtbereichs soweit wie möglich sicherstellten, ohne am stalinischen Konzept festzuhalten, das auf eine völlige Aufhebung der Selbständigkeit der von der UdSSR kontrollierten Länder hinausgelaufen war. Dies war insofern kein einfaches Unterfangen, da den Volksdemokratien bereits ab Mitte 1953 mit der Einleitung des »Neuen Kurses« eine gewisse, wenn auch begrenzte innenpolitische Autonomie konzediert worden war.
Angesichts der Machtkämpfe im Kreml und der großen inneren Probleme, vor deren Bewältigung die Erben Stalins nach dessen Tod standen, sowie angesichts der Tatsache, daß die Nachfolger Stalins erst nach neuen Konzepten suchen mußten, konnte es nicht ausbleiben, daß die neue Führung nicht in der Lage schien, die Politik der Volksdemokratien bis ins letzte Detail zu formulieren und zu diktieren. Bei seinen Überlegungen, die von Stalin so vernachlässigten formellen Bande und Bindungen zu intensivieren, kam dem Kreml die internationale Politik zur Hilfe.

b) *Die Errichtung des Warschauer Pakts*

Da in Stalins Vorstellungen über die Politik Moskaus gegenüber den Volksdemokratien das Prinzip des Bilateralismus – wie dargelegt[81] – absolute Priorität genoß, hatte er sich damit begnügt, den von der UdSSR kontrollierten Teil Europas mit einem Netz bilateraler Verträge über Freundschaft, Zusammenarbeit und gegenseitigen Beistand zu überziehen. Als Motiv für den Abschluß dieser zweiseitigen Bündnisverträge diente Stalin vor allem die mögliche »Gefahr«, daß seitens Deutschlands eine neue Aggression ausgehen könnte. Nachdem es Stalin nicht gelungen war, mit seinen »Angeboten« aus dem Jahre 1952 die drei westlichen Alliierten zu bewegen, in Verhandlungen über die »deutsche Frage« einzutreten und die Pläne zur Einbeziehung der Bundesrepublik Deutschland in das westliche Verteidigungssystem zumindest aufzuschieben, bediente sich auch die neue sowjetische Führung der in ihrem westlichen Vorfeld immer noch lebendigen Deutschen-Furcht, um die politisch-militärischen

80 So G. Stökl: Russische Geschichte, S. 777 f.
81 Vgl. dazu oben Kap. II und III.

Bindungen der Volksdemokratien an die Sowjetunion stärker zu institutionalisieren.
Nach der Unterzeichnung der Pariser Verträge zwischen den drei Westmächten und der Bundesrepublik Deutschland am 23. Oktober 1954 unterbreitete die Sowjetregierung am 13. November 1954 allen in Moskau diplomatisch vertretenen Staaten den Vorschlag, eine europäische Sicherheitskonferenz zum 29. November 1954 einzuberufen. Gleichzeitig hatte die sowjetische Regierung in ihrer Note mit militärischen Gegenmaßnahmen für den Fall gedroht, daß die »vorbereiteten Pläne zur Wiederherstellung des deutschen Militarismus und zur Einbeziehung eines remilitarisierten Westdeutschlands in militärische Gruppierungen«[82] verwirklicht würden.
Da die sowjetische Regierung auf die in der Antwortnote der drei Westmächte vom 29. November 1954 genannten Bedingungen hinsichtlich der Abhaltung freier gesamtdeutscher Wahlen und der Unterzeichnung des österreichischen Staatsvertrags nicht einzugehen bereit war[83], erwies sich die vorgeschlagene »Europäische Sicherheitskonferenz« insoweit als ein Fehlschlag, als an ihr nur die europäischen Gefolgsstaaten der UdSSR unter Einschluß der DDR teilgenommen haben. Die Volksrepublik China entsandte einen Beobachter.
So entpuppte sich die Moskauer Konferenz vom 29. November bis zum 2. Dezember 1954, die für einen wesentlich größeren Teilnehmerkreis geplant war, als die dritte »Ostblock«-Konferenz nach den Konferenzen von Warschau im Juni 1948 und Prag vom Oktober 1950. In der Deklaration vom 2. Dezember 1954 gaben die Signatare ihren Entschluß bekannt, »im Falle der Ratifizierung der Pariser Abkommen gemeinsame Maßnahmen im Bereich der Organisierung der Streitkräfte und ihres Kommandos zu ergreifen, wie auch andere Maßnahmen, deren es zur Festigung ihrer Wehrfähigkeit bedarf...«[84]
In den folgenden Monaten ließ die sowjetische Führung keinen Zweifel an ihrer Entschlossenheit, unter dem Vorwand der geplanten Aufrüstung der Bundesrepublik Deutschland sowohl ihr eigenes als auch das Militärpotential ihrer sieben Gefolgsstaaten auszubauen. Nachdem es Chruščev ge-

---

82 Text der Note in: Bemühungen. II. Teil, S. 165-169 (168) und in Europa-Archiv 1955, S. 7209-7211 (7210).
83 Text in: Bemühungen, ebenda, S. 169-171 und Europa-Archiv, ebenda, S. 7211 f.
84 Text in: Bemühungen, ebenda, S. 172-178 (177) und Europa-Archiv, ebenda, S. 7212-7218 (7218). Vgl. dazu B. Meissner: Deutsche Frage, S. 490-494; ders. (Hrsg.): Warschauer Pakt, S. 9-11; J. F. Triska/D. D. Finley: Policy, S. 233-235.

lungen war, am 8. Februar 1955 seinen Rivalen Malenkov auszubooten und den Vorsitz des Ministerrats Marschall Bulganin und das Verteidigungsressort Marschall Žukov zu übertragen, wurde der zunehmende Einfluß des Militärs im Kreml immer deutlicher. Diese Politik fand nicht nur in der Erhöhung der Verteidigungsausgaben um 12 Prozent, sondern auch in Außenminister Molotovs außenpolitischen Rechenschaftsbericht vor dem Obersten Sowjet am 8. Februar 1955 ihren Ausdruck. Darin hatte Molotov erstmals unmißverständlich mit dem »Abschluß eines Vertrages über Freundschaft, Zusammenarbeit und gegenseitigen Beistand zwischen den acht Teilnehmern der Moskauer Konferenz« vom 29. November bis zum 2. Dezember 1954 gedroht, falls die Pariser Verträge ratifiziert würden.[85]

Da die drei Westmächte und die Bundesregierung die Vorbereitungen für den Beitritt der Bundesrepublik Deutschland in die NATO weiter vorantrieben, gab die sowjetische Nachrichtenagentur TASS am 21. März 1955 bekannt, daß sich die Regierungen der auf der Moskauer Konferenz vertretenen acht Länder über die Prinzipien eines multilateralen Vertrags über Freundschaft, Zusammenarbeit und gegenseitigen Beistand und die Bildung eines Vereinigten Kommandos der am Vertrag beteiligten Staaten voll einig seien, das »im Falle der Ratifizierung der Pariser Verträge zum Zwecke der Gewährleistung der Sicherheit dieser Staaten und im Interesse der Erhaltung des Friedens in Europa geschaffen werden wird«[86]. Die sowjetische Nachrichtenagentur meldete außerdem, daß an den Beratungen der Regierungen der acht Länder auch die Regierung der Volksrepublik China teilgenommen und ihr volles Einverständnis mit den vorgesehenen Maßnahmen zum Ausdruck gebracht hätte. Nachdem die Bundesrepublik Deutschland am 5. Mai 1955 in die NATO aufgenommen worden war, begann zwei Tage später in Warschau die Konferenz, die zur Unterzeichnung des Acht-Mächte-Vertrags über Freundschaft, Zusammenarbeit und gegenseitigen Beistand am 14. Mai 1955 geführt hat.[87] Über 13 Jahre lang gehörten ihm acht Staaten an: Albanien, Bulga-

---

85 Text der Rede Molotovs in: Pravda vom 9. Februar 1955; dt. Übersetzung (Auszug) in: Ost-Probleme 1955, S. 316–324 (320) und Archiv der Gegenwart 1955, S. 5004–5007 (5006). Vgl. über »Das Ende der Malenkow-Ära« die Dokumentation in: Ost-Probleme, ebenda, S. 294–307. Vgl. dazu auch J. K. Hoensch: Osteuropa-Politik, S. 96–100; J. M. Mackintosh: Strategie, S. 85–101.
86 Text in: Archiv der Gegenwart, ebenda, S. 5083 f.
87 Deutscher, russischer, polnischer und tschechischer Text des Warschauer Vertrags vom 14. Mai 1955 in: Gesetzblatt der DDR 1955. Teil I, S. 382; dt. Text bei B. Meissner (Hrsg.): Warschauer Pakt, S. 97–101.

rien, die DDR, Polen, Rumänien, die UdSSR, die Tschechoslowakei und Ungarn. Seit dem 13. September 1968 ist die östliche Militärallianz nur noch ein Sieben-Mächte-Pakt; an jenem Tag kündigte Albanien unter Protest gegen die militärische Intervention von fünf Warschauer Pakt-Staaten in der ČSSR seine Mitgliedschaft.[88]
So konnte der Abschluß des Warschauer Vertrags am 14. Mai 1955 nicht überraschen. Auch im Westen ist teilweise der Eindruck entstanden, die Allianz habe als Demonstration gegen den Ausbau der NATO mehr deklamatorischen Charakter, zumal die UdSSR auch ohne den neuen Militärpakt schon zuvor starken Einfluß auf die Militärpolitik der zu ihrem Machtbereich gehörenden Länder genommen hatte. Es gelang damals der kommunistischen Propaganda mit ihrer Polemik gegen das westliche Verteidigungsbündnis weitgehend, den Eindruck aufrechtzuerhalten, daß die Errichtung des Warschauer Paktes durch die Aufnahme der Bundesrepublik Deutschland in die NATO förmlich erzwungen worden sei und daß er ausschließlich als Tauschobjekt diene. Nicht zuletzt enthält der Vertrag in seiner Präambel und in Art. 11 entsprechende Hinweise.
Dennoch hatte der Warschauer Pakt von Anfang an nicht nur eine deklamatorische, sondern auch eine wichtige politische und auch rechtliche Bedeutung; die militärische Funktion des Bündnisses erlangte erst um die Jahreswende 1960 größeres Gewicht. Gleichzeitig mit der Unterzeichnung des Warschauer Vertrags wurde am 14. Mai 1955 von den acht Signatarmächten ein »Beschluß« über die Bildung eines »Vereinigten Kommandos der Streitkräfte«[89] gefaßt.
Wenn die Signatare des Warschauer Vertrags die Gründung der Allianz in erster Linie als eine Antwort auf den Ausbau der NATO (und der Westeuropäischen Union) darstellen, so entspricht diese Interpretation nicht der Wirklichkeit – vor allem nicht den Intentionen der sowjetischen Führung. Die UdSSR verband mit der Schaffung des Acht-Mächte-Pakts mehrere Ziele:

1. die militärische Kooperation und Verteidigungsbereitschaft innerhalb des eigenen Machtbereichs zu verbessern und zu straffen sowie die schon bestehenden bilateralen Bündnisse durch eine multilaterale Pakt-Organisation zu erweitern;

---

88 Vgl. dazu unten S. 800 mit Anm. 81.
89 Text bei B. Meissner (Hrsg.), ebenda, S. 102. Vgl. über die Entstehung des Warschauer Pakts mit weiteren Nachweisen, ebenda, S. 9–13; R. A. Remington: Warsaw Pact, S. 10–27. Vgl. dazu aus der Sicht der DDR A. Latzo: Vertragsorganisation, S. 19–28.

2. eine neue Rechtsgrundlage für die weitere Stationierung sowjetischer Truppen in einzelnen Ländern zu schaffen und
3. der durch die Aufnahme der Bundesrepublik Deutschland in die NATO (und Westeuropäische Union) verstärkten westlichen Verteidigungsallianz ein multilaterales Bündnis entgegenzusetzen.

Für die Sowjetunion war im Frühjahr 1955 ein neuer Militärvertrag dringlich geworden. Einen Tag nach der Beendigung der Ostblock-Konferenz in Warschau wurde am 15. Mai 1955 in Wien der Staatsvertrag mit Österreich unterzeichnet. Er hätte die bisherige rechtliche Basis für die Stationierung sowjetischer Truppen in Ungarn und Rumänien aufgrund der Friedensverträge vom 10. Februar 1947 beseitigt und damit die Balkan-Flanke des sowjetischen Machtbereichs entblößt. In den Friedensverträgen mit Ungarn und Rumänien wurde der UdSSR das Recht vorbehalten, so viel bewaffnete Streitkräfte auf dem Territorium beider Staaten zu belassen, »wie sie für die Aufrechterhaltung der Verbindungen der Sowjet-Armee mit der Sowjet-Besatzungszone in Österreich benötigt«[90].

Mit dem Abschluß des österreichischen Staatsvertrags wurde diese Klausel hinfällig. Der Staatsvertrag verpflichtete die Alliierten, ihre Streitkräfte innerhalb von 90 Tagen, angefangen vom Inkrafttreten des Vertrags, aus Österreich zurückzuziehen.[91] So ist es kein Zufall, daß der Warschauer Vertrag einen Tag vor der Unterzeichnung des Staatsvertrags mit Österreich abgeschlossen worden ist.

Mit dem Warschauer Pakt verfolgte die Sowjetunion nicht nur ausschließlich militärische, sondern auch und gerade politische Ziele. Art. 3 des Warschauer Vertrags ermöglichte es ihr, das Bündnis auch zur Koordinierung der Außenpolitik der Mitgliedsländer zu benutzen. Aufgrund dieser Bestimmung werden sich die Signatare »in allen wichtigen internationalen Fragen, die ihre gemeinsamen Interessen berühren, beraten und sich dabei von den Interessen der Festigung des Weltfriedens und der Si-

---

90 Vgl. die Art. 22 des Friedensvertrags mit Ungarn und 21 des Friedensvertrags mit Rumänien. Texte bei E. Menzel: Friedensverträge, S. 152, 183. Vgl. dazu auch G. Barraclough and R. F. Wall: Survey 1955–1956, S. 48 f., 124–126; J. F. Triska/D. D. Finley: Policy, S. 234; R. Kolkovicz: The Warsaw Pact, S. 89 f.; B. Meissner (Hrsg.), ebenda, S. 11 f. Vgl. zur Entstehung des Warschauer Pakts auch ausführlicher R. A. Remington: Warsaw Pact, S. 10–26; C. Gasteyger: Sowjetunion, S. 407–409; ders.: Konsolidierung des Ostblocks, S. 409–416.
91 Text in: Europa-Archiv 1956, S. 8749: Art. 20 Abs. 3: ». . . soweit irgend möglich, spätestens bis zum 31. Dezember 1955 . . .«

cherheit leiten lassen«. Da die Sowjetunion seit 1954 wiederholt mit Vorschlägen über die europäische Sicherheit hervorgetreten war, besaß sie nun in der Warschauer Allianz erstmals ein multilaterales Instrument, um mit der bereits seit 1949 bestehenden NATO auf einer »gleichberechtigten« Grundlage zu verhandeln.

Ob der Kreml mit der Errichtung des Warschauer Pakts auch eine gewisse Gegenwirkung gegenüber dem Balkan-Pakt, der am 9. August 1954 in Bled zu einer militärischen Allianz zwischen Jugoslawien, Griechenland und der Türkei ausgeweitet worden war[92], erzielen wollte, läßt sich schwer feststellen. Im Zeitpunkt der Bildung der multilateralen Militärallianz hatten sich die Beziehungen zwischen Moskau und Belgrad schon so weit normalisiert, daß Chruščev und Bulganin knapp zwei Wochen später, am 27. Mai 1955, zu einem Besuch in der jugoslawischen Hauptstadt eintrafen, um den Ausgleich Jugoslawiens mit der UdSSR und ihren Gefolgsstaaten mit dem Abschluß eines Abkommens soweit wie möglich zu besiegeln.[93]

Mit dem Abschluß des Warschauer Pakts wurde Albanien, das nach dem Ausscheiden Jugoslawiens aus dem sowjetischen Machtbereich nur über einen Bündnispakt mit Bulgarien verfügte, in das multilaterale sowjetische Bündnissystem einbezogen. Stalin hatte es seit 1948 sorgfältig vermieden, die sowjetischen Streitkräfte auf die Verteidigung dieses isolierten Staates zu verpflichten, der durch Jugoslawien vom übrigen sowjetischen Machtbereich getrennt war.[94]

Als politisch höchstes Organ im Warschauer Pakt fungiert der Politische Beratende Ausschuß, der auf seiner 1. Tagung Ende Januar 1956 in Prag von der in Art. 6 des Warschauer Vertrags enthaltenen Ermächtigung Gebrauch machte und zwei Hilfsorgane mit dem Sitz in Moskau bildete: die Ständige Kommission und das Vereinte Sekretariat. Auf der gleichen Sit-

---

92 Vgl. über die Entstehung und Entwicklung des Balkan-Pakts oben S. 411 f. Mit Recht betont H. Hartl in: Balkan, S. 64 f., daß der Balkan-Pakt bis heute nicht gekündigt worden ist, obwohl im Juni 1960 die jugoslawische und die griechische und Anfang Januar 1962 auch die türkische Regierung jeweils erklärte, daß das Bündnis praktisch zu bestehen aufgehört habe. Hartls Spekulation, Belgrad habe seit dem 21. August 1968 ein Interesse am Fortbestand der Allianz mit zwei NATO-Mitgliedstaaten, läßt sich nicht klar belegen. Vgl. dazu auch W. Lipgens: Jugoslawien, Griechenland und der Balkanpakt, S. 269–273.
93 Vgl. dazu im einzelnen unten S. 523–529.
94 Vgl. dazu auch G. W. Strobel: Die Warschauer Pakt-Organisation, S. 35 f.; J. M. Mackintosh: Strategie, S. 102; N. C. Pano: Albania, S. 115 f.

zung beschloß der Politische Konsultativausschuß, je nach Notwendigkeit, jedoch nicht weniger als zweimal im Jahr zusammenzutreten.[95]
Daß der Kreml von Anfang an größten Wert darauf gelegt hat, dem Politischen Beratenden Ausschuß auch militärische Funktionen zuzuweisen, geht aus dem Beschluß der Warschauer Pakt-Mächte über die Errichtung eines gemeinsamen Kommandos vom 14. Mai 1955 hervor. Darin ist festgelegt, »daß allgemeine Fragen, die die Stärkung der Verteidigungsfähigkeit und die Organisation der Vereinten Streitkräfte der Teilnehmerstaaten betreffen, im Politischen Beratenden Ausschuß erörtert werden« und er »entsprechende Beschlüsse fassen wird«.
Von Anfang an sorgte die UdSSR dafür, daß ihr Führungsanspruch auch im ausschließlich militärischen Bereich sichergestellt wurde. Gemäß Art. 5 kamen die Signatarstaaten des Warschauer Vertrags überein, ein Vereintes Kommando derjenigen ihrer Streitkräfte zu schaffen, »die nach Vereinbarung zwischen den Parteien diesem aufgrund gemeinsam festgelegter Grundsätze handelnden Kommando zur Verfügung gestellt werden«. Bereits am 14. Mai 1955 einigten sich die Pakt-Staaten darauf, daß der Oberkommandierende der aus nationalen Einheiten gebildeten Vereinten Streitkräfte stets ein sowjetischer Offizier sein soll, der zugleich die Funktion als ein Erster Stellvertretender Verteidigungsminister der UdSSR ausübt.
Mit diesem Amt wurde am 14. Mai 1955 Marschall I. S. Konev, einer der bekanntesten Heerführer aus dem Zweiten Weltkrieg, betraut. Aufgrund des gleichen Beschlusses vom 14. Mai 1955 wurde beim Oberkommandierenden der Vereinten Streitkräfte ein Stab der Vereinten Streitkräfte der Pakt-Staaten ernannt, der nach der Errichtung des Vereinten Sekretariats beim Politischen Beratenden Ausschuß Ende Januar 1956 auch dessen Leitung übernahm. Erster Chef des Stabes wurde der sowjetische Armeegeneral A. I. Antonov.[96]
In der Warschauer Allianz nahm die DDR von Anfang an insofern eine Sonderposition ein, als sie erst einmal die verfassungsmäßigen Voraussetzungen für die Aufstellung einer regulären Streitmacht schaffen mußte. Am 28. Januar 1956 nahm der Politische Beratende Ausschuß den Vorschlag der Delegation der DDR an, daß nach der Schaffung der Nationa-

---

95 Text des Schlußkommuniqués der Prager Tagung vom 28. Januar 1956 bei B. Meissner (Hrsg.): Warschauer Pakt, S. 104; Organisation, S. 29 f. Vgl. über die Struktur des Warschauer Pakts im einzelnen unten S. 872–875.
96 Vgl. dazu J. Hacker: Zwanzig Jahre Warschauer Pakt, S. 303; R. A. Remington: Warsaw Pact, S. 20 mit den Angaben in Anm. 25.

len Volksarmee der DDR ihre bewaffneten Kontingente in die Vereinten Streitkräfte einbezogen werden. Es wurde ebenfalls beschlossen, daß der Minister für Nationale Verteidigung der DDR entsprechend der am 14. Mai 1955 festgelegten Ordnung ein Stellvertreter des Oberkommandierenden der Vereinten Streitkräfte der Teilnehmerstaaten des Warschauer Vertrags sein wird.[97]

Obwohl die UdSSR verpflichtet gewesen wäre, 90 Tage nach dem Abschluß des Staatsvertrags mit Österreich am 15. Mai 1955 die Stationierung ihrer Truppen in Ungarn und Rumänien zu »legalisieren«, mußten sich beide Länder noch bis zum Herbst 1956 gedulden, bis sich die sowjetische Regierung bereitfand, die Stationierung ihrer Streitkräfte mit ihnen sowie mit Polen und der DDR vertraglich zu regeln.[98]

Als Pikanterie gilt festzuhalten, daß der rumänische Ministerpräsident Gheorghe Gheorghiu-Dej kurz vor dem Ablauf der 90-Tage-Frist am 11. August 1955 zu dieser Frage Stellung bezogen hat, da der weitere Verbleib sowjetischer Streitkräfte in Rumänien und Ungarn und den anderen Ländern nun der Rechtsbasis entbehrte. Gheorghiu-Dej begründete den weiteren Aufenthalt sowjetischer Truppen in Rumänien mit dem Hinweis auf die »in letzter Zeit wichtigen Änderungen in der europäischen Lage«, die Errichtung militärischer Gruppierungen und ausländischer Militärstützpunkte des Westens und die Ratifizierung der Pariser Verträge. Er fügte hinzu, daß nach dem Abzug der »westlichen Fremdtruppen aus den westeuropäischen Ländern in den Bereich ihrer heimatlichen Grenzen« und der Auflösung des im Westen errichteten Militärblocks auch die »Notwendigkeit der Anwesenheit russischer Truppen in Rumänien aufgehoben würde und diese Streitkräfte zurückgezogen werden könnten«[99].

Der rumänischen Führung ist es gelungen, ohne die Erfüllung dieser Bedingungen auf westlicher Seite abzuwarten, den Politischen Beratenden Ausschuß der Warschauer Allianz am 24. Mai 1958 den Abzug sowjetischer Truppen von dem Territorium Rumäniens beschließen zu lassen – ein für die weitere Entwicklung des Verhältnisses Rumäniens zur UdSSR damals weit unterschätzter Vorgang.[100]

---

97 Vgl. ausführlicher zur Aufnahme der DDR in die Warschauer Pakt-Organisation J. Hacker: Die Stellung der DDR im Warschauer Pakt, S. 187–196.
98 Vgl. dazu im einzelnen unten S. 587–590.
99 Text des Interviews Gheorghiu-Dej' in: Archiv der Gegenwart 1955, S. 5305. Vgl. dazu auch »Hinter dem Eisernen Vorhang« 1955, H. 8, S. 1 f.; J. K. Hoensch: Osteuropa-Politik, S. 99 f.
100 Vgl. dazu unten S. 611–616.

In der ersten Entwicklungsphase, die bis zum Jahre 1960 reicht, ist sowohl das politische als auch das militärische Gewicht des Warschauer Pakts als gering zu veranschlagen. Obwohl das politische Führungsorgan der Allianz, der Politische Beratende Ausschuß, am 28. Januar 1956 in Prag beschlossen hatte, nicht weniger als zweimal im Jahr zusammenzutreten, fanden bis zum Frühjahr 1961 lediglich vier Treffen statt. Auf dem Gebiet der militärischen »Integration« beschränkte sich das Bündnis auf die Standardisierung der Waffen und der Waffenproduktion nach sowjetischem Muster und die Übernahme sowjetischer Organisationsformen und praktischer Lehren; die UdSSR hat seit 1955 den Ländern des Warschauer Pakts erhebliche Militärhilfe geleistet.[101]

Der Einschätzung des militärischen Gewichts der Volksdemokratien entsprach es, daß die UdSSR bis zum Januar 1955 wartete, um anzukündigen, daß sie Versuchszentren für die friedliche Nutzung der Kernenergie außerhalb der UdSSR zu errichten gedenke. Die Erklärung der sowjetischen Regierung richtete sich an die Regierungen Chinas, der DDR, Polens, Rumäniens und der Tschechoslowakei, ohne jedoch andere kommunistische Länder ausdrücklich auszuschließen. Bereits im Verlauf des Jahres 1955 schloß die UdSSR bilaterale Abkommen über die Kooperation auf dem Gebiet der friedlichen Kernforschung mit Rumänien, der Tschechoslowakei, Polen, China, Ungarn und der DDR; im Januar 1956 folgte eine Abmachung mit Jugoslawien.

Im März 1956 wurde das Vereinigte Institut für Kernforschung mit dem Sitz in Dubna gegründet. Dies entsprach vor allem dem Wunsch der zur Lieferung ihrer Uran-Produktion an die UdSSR verpflichteten Volksdemokratien, die nunmehr im multilateralen Rahmen an der sowjetischen Kernforschung zu friedlichen Zwecken beteiligt wurden; das Institut diente darüber hinaus der Ausbildung eigener Kader der Volksdemokratien sowie der gemeinsamen Erschließung neuer Energiequellen.[102] Bei der Er-

---

101 Vgl. über die militärische Entwicklung des Warschauer Pakts bis Anfang der sechziger Jahre R. L. Garthoff: Armeen; Th. Wolfe: Entwicklungen; St. Tiedtke: Warschauer Vertragsorganisation, S. 19–48 mit einer detaillierten Darstellung der militärischen Ausrüstung und Bedeutung der Nationalen Volksarmee der DDR; St. G. Lukats: Die Organisation der Streitkräfte des Warschauer Paktes. Sehr instruktiv dazu auch mit weiteren Nachweisen R. A. Remington: Warsaw Pact, S. 19–23 mit den Angaben in Anm. 27.
102 Vgl. dazu die instruktive und detaillierte Übersicht bei G. A. Modelski: Atomic Energy in the Communist Bloc, S. 124–220, wo die Entwicklung bis Ende 1958 dargestellt wird. Nachweise der bilateralen Vereinbarungen bei R. M. Slusser/J. F. Triska: Calendar, S. 326 f., 330. Vgl. zur Gesamtproblematik auch K. Grzybowski: Commonwealth, S. 143–150; J. F. Triska/D. D. Finley: Policy, S. 244–248. Mit China traf die

richtung des Vereinigten Instituts für Kernforschung spielte für die sowjetische Führung auch ein politischer und psychologischer Aspekt eine Rolle: Mit der Beteiligung der Volksdemokratien an diesem multilateralen Projekt sollten deren Bedeutung und das Prestige der Staatsführer dieser Länder aufgewertet werden.

5. Der sowjetisch-jugoslawische Ausgleich (1955)

Wenn man bedenkt, mit welcher Rigorosität und Skrupellosigkeit Stalin 1948 Jugoslawien aus dem kommunistischen Staatenverband »exkommuniziert« hatte, dann erscheint das Tempo, mit dem die politische Führung in Moskau und Belgrad die Wiederannäherung betrieben haben, geradezu atemberaubend. Nachdem sich Marschall Tito in einer Rede vom 21. Mai 1953 für eine Verbesserung der Beziehungen zur Sowjetunion ausgesprochen hatte[103], teilte die jugoslawische Regierung bereits am 16. Juni mit, daß sie dem sowjetischen Vorschlag vom 6. Juni zugestimmt habe, Botschafter zwischen beiden Ländern auszutauschen; die Volksdemokratien folgten dem sowjetischen Beispiel.[104]
Bis zum Oktober 1954 normalisierten sich die Beziehungen zwischen der UdSSR und Jugoslawien weitgehend. Die Sowjetunion verzichtete ebenso wie ihre Gefolgsstaaten darauf, Jugoslawien weiter zu beschimpfen; ebenso ließen die Zwischenfälle an den Grenzen Jugoslawiens allmählich nach, und Anfang September 1953 schloß Jugoslawien mit Ungarn und Mitte Dezember 1953 mit Albanien jeweils ein Abkommen, um in Zukunft Grenzzwischenfälle auszuschließen.[105]
Mitte Dezember 1953 fand eine Tagung der Donau-Kommission statt, in

---

UdSSR eine entsprechende Vereinbarung am 27. April 1955, mit Jugoslawien am 28. Januar 1956. Nachweise bei R. M. Slusser/J. F. Triska, ebenda, S. 326 f., 348. Alle Nachweise auch in: Osteuropa-Handbuch: Sowjetunion: Verträge und Abkommen. Vgl. zur Gesamtproblematik auch J. Nötzold: Nutzung, S. 775–777; J. K. Hoensch: Osteuropa-Politik, S. 189. Text des Abkommens über die Errichtung eines Vereinigten Instituts für Kernforschung vom 26. März 1956 bei A. Uschakow: Comecon, S. 147–151.
103 Vgl. Archiv der Gegenwart 1953, S. 4005.
104 Vgl. ebenda, S. 4037 f. Dazu D. J. Dallin: Außenpolitik, S. 402–404. Vgl. dazu und den Verlauf der jugoslawisch-sowjetischen Beziehungen bis 1962 F. Oldenburg: Konsens, S. 87–94.
105 Vgl. dazu die Angaben in: Archiv der Gegenwart 1955, S. 4144, 4294.

der Jugoslawien seit Unterzeichnung der Donau-Konvention von 1948 immer in schärfster Opposition gegenüber den Verfahrens- und Leitungs-Bestimmungen gestanden hatte; das Entgegenkommen der UdSSR bestand vor allem darin, daß von nun an Jugoslawien bei der Leitung der Kommission stärker berücksichtigt wurde.[106] Es verstand sich von selbst, daß im Zuge dieser Entwicklung Jugoslawien nicht nur mit der Sowjetunion, sondern auch mit jenen Ländern im Sommer 1953 wieder Handelsbeziehungen anknüpfte, die sie 1948/49 auf Befehl Stalins hatten abbrechen müssen.[107]

Der Verlauf des Jahres 1954 zeigte, daß der sowjetisch-jugoslawische Konflikt weitgehend seinen Sinn verloren hatte und er nicht mehr in die sowjetische Politik der »Entspannung« paßte. Während die sowjetische Führung bereit schien, den Ausgleich mit Jugoslawien zu suchen, ohne Tito völlig auf die Moskauer Linie zurückzubringen, wußte Belgrad um seine starke Position dank des Rückhalts, den es nach dem Bruch mit Stalin im Westen gefunden hatte. Der Abschluß des Balkan-Pakts vom 9. August 1954 trug auch dazu bei, die Position Belgrads zu stärken.

Nachdem sich Tito am 19. September 1954 sehr negativ über die NATO wegen ihres politischen und ideologischen Charakters geäußert und nochmals die Möglichkeit einer Normalisierung der Beziehungen zur UdSSR betont hatte, war es nur noch eine Frage der Zeit, daß der Ausgleich angebahnt werden konnte.[108] Am 14. Oktober 1954 nahm die Sowjetunion, wenn wohl auch zähneknirschend, die am 5. Oktober in London verkündete italienisch-jugoslawische Einigung über Triest hin, die vor allem das diplomatische Werk Großbritanniens und der USA unter Ausschluß einer sowjetischen Beteiligung war.[109]

Bis zu diesem Zeitpunkt hat weder die jugoslawische noch die sowjetische Seite ein Wort darüber verloren, auf welcher gemeinsamen ideologischen Basis möglicherweise ein Ausgleich vollzogen werden könnte. Im Oktober 1954 zeigte sich der Kreml mit einigen bemerkenswerten Gesten ver-

---

106 Vgl. dazu ebenda, S. 4299. Vgl. über den sich anbahnenden Wandel in den sowjetisch-jugoslawischen Beziehungen D. J. Dallin: Außenpolitik, S. 402–405; Z. K. Brzezinski: Sowjetblock, S. 482; J. K. Hoensch: Osteuropa-Politik, S. 100 f.
107 Vgl. dazu oben S. 406 f.
108 Vgl. dazu C. Bell: Survey 1954, S. 161 f.
109 Text der relevanten Triest-Dokumente in: Europa-Archiv 1955, S. 7479–7482 und Archiv der Gegenwart 1954, S. 4773 f.; Text der sowjetischen Stellungnahme vom 14. Oktober 1954 in: Archiv der Gegenwart, ebenda, S. 4795. Die Triest-Frage ist Gegenstand einer umfangreichen Literatur. Vgl. dazu vor allem L. Toncic-Sorinj: Das Schicksal Triests. Vgl. dazu auch J. K. Hoensch: Osteuropa-Politik, S. 101.

söhnungsbereit, die von der jugoslawischen Presse kritisch unter die Lupe genommen wurden. Auf besonderes Interesse der Jugoslawen stieß die Rede, die Maxim Saburov, Mitglied des Präsidiums des Zentralkomitees der KPdSU, am 6. November 1954, am Vorabend des 37. Jahrestags der Machtergreifung der Bolschewisten in Rußland, gehalten und in der er ausgeführt hat, daß der sowjetisch-jugoslawische Konflikt nur den »Feinden« beider genützt habe. Die Sowjetregierung werde ihrerseits »auch weiterhin allseitig zur völligen Normalisierung der sowjetisch-jugoslawischen Beziehungen, zur Festigung der seit altersher bestehenden Freundschaft unserer Völker mit den Brudervölkern Jugoslawiens beitragen ...«[110]

Auch Saburov machte keine näheren Ausführungen darüber, auf welcher gemeinsamen Grundlage sich die Annäherung vollziehen sollte. Als die sowjetische Führung mit Chruščev, Molotov und Malenkov – damals noch Ministerpräsident – am 28. November 1954 zum Empfang aus Anlaß des jugoslawischen Nationalfeiertags in der Belgrader Botschaft in Moskau erschien und demonstrativ einen Toast auf »den Genossen Tito, die Kommunistische Partei Jugoslawiens und das jugoslawische Volk« ausbrachte, schien es auch den bis dahin sehr reservierten und mißtrauischen Jugoslawen klar, daß es den Nachfolgern Stalins um mehr als nur eine diplomatische, klimatische und psychologische Verbesserung der Beziehungen ging.

Da der Kreml wußte, daß Tito zur Aufgabe seiner unabhängigen Position nicht bereit war, schälte sich von nun an immer stärker der Eindruck heraus, daß die Sowjetführung offenbar bereit schien, ein Arrangement zu treffen, das vor allem die Partei-Beziehungen regeln und die innere Autonomie Jugoslawiens respektieren sollte.[111]

Möglicherweise spekulierte man im Kreml bereits darauf, die mit Tito angestrebte Regelung »könne als Muster für ähnlich gefestigte kommunistische Regimes anderwärts dienen. Der gemeinsame Nenner würde die auf gleichen ideologischen Voraussetzungen beruhende rigorose Parteidiktatur sein, verstärkt durch wirtschaftliche Integration. Chruschtschow

---

110 Dt. Text (Auszüge) der Rede Saburovs in: Archiv der Gegenwart 1954, S. 4841 f. (4842) und bei E. Halperin: Ketzer, S. 305.
111 Vgl. dazu R. Löwenthal: Chruschtschow, S. 17 f. Vgl. über die sowjetischen und jugoslawischen Positionen im Herbst 1954 auch die Kommentare in der »Borba« vom 26. Oktober und in der »Pravda« vom 29. November 1954; Auszüge in: Ost-Probleme 1955, S. 43–48. So hieß es in der »Pravda«: »Der Lauf der Ereignisse zeigte, daß das Weiterbestehen der sowjetisch-jugoslawischen Mißverständnisse die Interessen Jugoslawiens und er Sowjetunion schädigt ...«

sah ein, daß er Titos Nationalkommunismus nicht wegwischen konnte; so hoffte er, ihn vor seinen Karren zu spannen«.[112]
Doch auch jetzt war noch nicht geklärt, zu welchen Konzessionen Moskau bereit war, um Jugoslawien für das »sozialistische Lager« zurückzugewinnen, ohne dessen unabhängige Position in Frage stellen zu können. Daß über diese wichtige und möglicherweise folgenschwere Entscheidung im Kreml Meinungsdifferenzen bestanden haben, zeigte sich spätestens im Februar 1955, als der Rücktritt Georgij M. Malenkovs und die Berufung des bisherigen Verteidigungsministers Marschall Bulganin zum Ministerpräsidenten und Marschall Žukovs zum Verteidigungsminister zum Anlaß genommen wurden, programmatische Erklärungen über die sowjetische Politik abzugeben.
Am 8. Februar 1955 hielt Außenminister Molotov ein Referat, das vornehmlich hinsichtlich des sowjetisch-jugoslawischen Verhältnisses nicht nur in Belgrad auf starkes Interesse stieß. Bis dahin war unklar, ob in den im November 1954 eingeleiteten sowjetisch-jugoslawischen Geheimverhandlungen die sowjetische Führung bereit war, der Bedingung der Jugoslawen für einen Ausgleich zuzustimmen, daß sie an ihrer eigenen und selbständigen Position keine Abstriche vorzunehmen haben. Die kritisch-reservierte Bemerkung Molotovs vom 8. Februar 1955 verhieß für Belgrad nichts Gutes:
»Wir glauben nicht, daß in dieser Beziehung schon alles getan ist. Jedoch nehmen wir an, daß dies in nicht geringerem Maße auch von Jugoslawien abhängt. Offenbar ist Jugoslawien in den letzten Jahren in gewissem Maße von jenen Positionen abgegangen, die es in den ersten Jahren nach der Beendigung des Zweiten Weltkrieges bezogen hatte. Und das ist selbstverständlich ganz seine innere Angelegenheit.«[113]
Beim Vergleich des Wortlauts der Erklärung Molotovs mit den Darlegungen Saburovs vom 6. November 1954 wird – wie Ernst Halperin zutreffend bemerkt hat – »auch das ungetrübte Auge feststellen können, daß die Erklärung Molotovs um mehr als eine Nuance kühler ist«[114]. Es sollte sich schnell zeigen, daß sich Tito nicht auf Halbheiten einlassen würde und es ihm um ein uneingeschränktes Schuldbekenntnis und eine Zusicherung der Besserung seitens der UdSSR ging. Am 7. März 1955 entwickel-

---

112 So Z. K. Brzezinski: Sowjetblock, S. 195. Vgl. dazu auch C. Bell: Survey 1954, S. 162 f.
113 Text der Rede Molotovs in: Pravda vom 9. Februar 1955; dt. Text (Auszug) in: Ost-Probleme 1955, S. 316–324 (323) und in: Archiv der Gegenwart 1955, S. 5004–5007 (5007).
114 E. Halperin: Ketzer, S. 306.

te er vor der Nationalversammlung in Belgrad sein Konzept, in dem er einen Katalog der bedeutendsten außenpolitischen Fragen des Jahres 1954 vortrug und – pikanterweise – den Abschluß des Balkan-Pakts zwischen Griechenland, der Türkei und Jugoslawien an die erste und die Regelung der Triest-Frage an die zweite Stelle setzte.
An dritter Stelle nannte Tito den »beachtlichen Fortschritt in der Normalisierung der Beziehungen zur Sowjetunion und den übrigen europäischen Ländern«[115]. Die Ausführungen Molotovs vom 8. Februar 1955, sagte Tito, ließen ihn an der Aufrichtigkeit der Zusicherungen zweifeln, die die verantwortlichen Männer der UdSSR und der mit ihr verbündeten Länder gegeben hätten. Tito sprach von den Bemühungen Jugoslawiens, »zu allen Ländern, die bereit sind, das Prinzip der Unabhängigkeit und Gleichberechtigung zu achten, möglichst gute Beziehungen aufzubauen«; das stehe »in vollem Einklang mit unserer Auffassung von der aktiven Koexistenz und der friedlichen, gleichberechtigten und konstruktiven Zusammenarbeit unter den Völkern der Erde«[116].
Diese scharfen und unmißverständlichen Darlegungen, die in der Formel von der »aktiven Koexistenz« gipfelten, bereiteten dem Kreml einige Kopfzerbrechen, wie man aus der Antwort der »Pravda« vom 12. März 1955 erfahren konnte und in der Tito vorgeworfen wurde, daß er mit keinem Wort die direkten und vielseitigen feindlichen Äußerungen gegenüber der UdSSR in der Vergangenheit erwähnt habe. In westlichen Darstellungen des sowjetisch-jugoslawischen Ausgleichs ist dieser Grundsatzartikel, in dem sich die »Pravda« sehr ausführlich mit der Rede Titos vom 7. März befaßt hat, zu wenig insofern beachtet worden, als von nun an feststand, daß sich im Kreml jene Kräfte durchgesetzt haben mußten, die Tito weitgehend entgegenkommen wollten. So schrieb die »Pravda«: »Die Sowjetunion steht, wie es allgemein bekannt ist, fest auf dem Standpunkt, daß jeder Staat das Recht hat, einen beliebigen Kurs auf dem Gebiet der Innen- oder Außenpolitik durchzuführen. In der Sowjetunion denkt niemand daran, die erzielten Erfolge in der Normalisierung der Beziehungen zwischen der Sowjetunion und Jugoslawien damit zu ›erklären‹, daß die jugoslawischen Führer jetzt ›ihre Verirrungen eingesehen haben‹ oder ›sich zu bessern versuchen‹.«[117]

---

115 Text der Rede Titos in: Borba vom 8. März 1955, dt. Übersetzung (Auszüge) in: Ost-Probleme 1955, S. 481–485 (483).
116 Text, ebenda, S. 485.
117 Dt. Übersetzung (Auszug) in: Ost-Probleme, ebenda, S. 486 f. (487). Vgl. dazu vor allem E. Halperin: Ketzer, S. 306 f.; R. Löwenthal: Chruschtschow, S. 18 f. mit dem Hinweis in Anm. 4 auf den Bericht des früheren Funktionärs der Kommunistischen Partei

Weiterhin meinte die »Pravda«, daß die Koordinierung der Bemühungen der UdSSR und Jugoslawiens bei der Gewährleistung des Friedens und der internationalen Sicherheit große Bedeutung habe: »Darauf muß nach unserer Ansicht vor allem die ›aktive Koexistenz‹ gerichtet sein, von der Staatspräsident Tito sprach. Auf diesem Gebiet gibt es noch unendlich viel zu tun.« Damit ließ das sowjetische Parteiorgan – in geradezu raffinierter Weise – offen, ob sich in Zukunft auch die sowjetisch-jugoslawischen Beziehungen auf der Basis der »aktiven Koexistenz« gestalten sollten.

Jedenfalls hatte es die »Pravda« vermieden, die Formel von der »aktiven Koexistenz« im Sinne Titos auf die sowjetisch-jugoslawischen Beziehungen ohne Einschränkungen anzuwenden. Der Kommentar der »Pravda« ist aber noch unter einem anderen Aspekt bemerkenswert: Er wiederholte fast wörtlich die Aussage Saburovs vom 6. November 1954, daß die Äußerung von Feindseligkeiten zwischen Jugoslawien und der UdSSR »nur für die Feinde beider Staaten und Völker, für die Feinde des Friedens« vorteilhaft sei.

Damit stand fest, daß inzwischen im Kreml eine wichtige Entscheidung gefallen war: Es hatte sich die Richtung durchgesetzt, die – im Gegensatz zu Außenminister Molotov – fest entschlossen war, den alten stalinistischen Kurs gegenüber Tito aufzugeben. Für Molotov war es bereits besonders bitter, daß die »Pravda« die Rede Titos vom 7. März 1955 kommentarlos veröffentlicht hat.

So konnte das gemeinsame sowjetisch-jugoslawische Kommuniqué vom 14. Mai 1955, dem Tag, an dem auch der Beschluß über die Errichtung des Warschauer Pakts gefallen war und in dem für Ende Mai das Gipfeltreffen in Belgrad angekündigt worden war, nicht mehr überraschen.[118]

Polens, Seweryn Bialer, der in seinem Bericht »Ich wählte die Wahrheit« (S. 24) Einzelheiten über die Auseinandersetzungen zwischen Chruščev und Molotov im Politbüro in Moskau mitgeteilt hat. Molotov habe sich dem geplanten Besuch Chruščevs und Bulganins Ende Mai 1955 in Belgrad widersetzt und aus ideologischen Gründen eine Wiederherstellung der Partei-Verbindung zur Kommunistischen Partei Jugoslawiens abgelehnt. Diese Mitteilungen hätte Chruščev bei der Geheimsitzung des Juli-Plenums gemacht, ohne Molotov umstimmen zu können. Vgl. dazu auch J. K. Hoensch: Osteuropa-Politik, S. 102 f.

118 Text in: Ost-Probleme 1955, S. 880 und Archiv der Gegenwart 1955, S. 5161. Vgl. dazu auch die Kommentare in der »Pravda« vom 18. Mai und »Borba« vom 16. Mai 1955; dt. Übersetzungen in: Ost-Probleme, ebenda, S. 881–885. Der Kommentar in der »Pravda« war aus zwei Gründen aufschlußreich: Einerseits betonte er, daß die Normalisierung der Beziehungen Jugoslawiens mit der UdSSR absolut nicht eine Verschärfung der Beziehungen Belgrads mit anderen Staaten zur Folge haben könnte. Andererseits hieß es, daß man natürlich nicht das Vorhandensein eines wesentlichen Un-

Nun war endgültig geklärt, daß sich die sowjetische Führung den unmißverständlichen Forderungen Titos zuvor gebeugt haben mußte. Die einzige Überraschung bestand darin, daß Chruščev die sowjetische Delegation leitete, obwohl es sich um ein Treffen auf Regierungsebene handelte und er keine Regierungsfunktionen ausübte. Daraus geht hervor, wie sehr bei dem geplanten Treffen die Partei-Beziehungen im Vordergrund stehen sollten und eine wie starke Position in der sowjetischen Führungshierarchie Chruščev inzwischen eingenommen hatte.

Am 27. Mai 1955 traf die sowjetische Delegation mit Parteichef Chruščev und Ministerpräsident Bulganin an der Spitze zu Verhandlungen in Belgrad ein, die in zahlreichen westlichen Darstellungen ausführlich analysiert worden sind; zu den lesenswertesten Deutungen gehört auch heute noch Ernst Halperins Schilderung, da sie auch das Atmosphärische fesselnd zu beleuchten wußte.[119] Chruščev war bereit, schon in seiner ersten Rede nach der Ankunft in Belgrad das von jugoslawischer Seite geforderte klare und öffentlich ausgesprochene Reuebekenntnis abzulegen, auch wenn er die Schuld für die von seinem Land in den vergangenen Jahren gegenüber Jugoslawien begangenen Fehler und Beleidigungen vornehmlich auf die »jetzt entlarvten Feinde des Volkes Berija, Abakumov und andere«[120] abzuwälzen trachtete.

In westlichen Kommentaren sind seinerzeit die Tragweite und historische Bedeutung der Rede Chruščevs vielfach unterschätzt worden. Für die jugoslawische Führung war es außerordentlich wichtig, daß Chruščev nicht nur namhafte sowjetische Politiker für den Konflikt mit Belgrad allein verantwortlich gemacht hat, die nach dem Tode Stalins in Ungnade gefallen waren. Mit großem Interesse vermerkte die jugoslawische Führung, daß Chruščev nicht nur von Berija und dessen Mitarbeiter Abakumov, der Ende 1954 verurteilt und hingerichtet worden war, sondern auch von »anderen« Feinden gesprochen hat; die zentrale Rolle, die Stalin in der Auseinandersetzung mit Tito gespielt hat, erwähnte Chruščev mit keinem Wort.

Für Tito und seine Mitarbeiter, die sich auf die Exegese sowjetischer Texte verstanden, konnten Chruščevs ausgeklügelte Formulierungen nur be-

---

terschiedes zwischen unseren Auffassungen über eine Reihe wichtiger Probleme der gesellschaftlichen Entwicklung verneinen könne. Vgl. dazu vor allem R. Löwenthal: Chruschtschow, S. 18-20.

119 E. Halperin: Ketzer, S. 311-320; R. Löwenthal, ebenda, S. 20-22; Z. K. Brzezinski: Sowjetblock, S. 195-199; D. J. Dallin: Außenpolitik, S. 407-410.

120 Dt. Text der Rede Chruščevs in: Archiv der Gegenwart 1955, S. 5187-5189 (5187) und Ost-Probleme 1955, S. 978-980 (978).

deuten, daß er es mit dem Ausgleich – Ernst Halperin benutzt sogar das Wort »Versöhnung« – ernst gemeint und die Entlarvung »anderer Feinde des Volkes« ins Auge gefaßt hatte. Wie sehr im Westen die Rede Chruščevs vom 27. Mai 1955 auf dem Belgrader Flugplatz unterschätzt worden ist, sollte sich einige Monate später, am 25. Februar 1956, zeigen, als Chruščev auf der Geheimsitzung des XX. Parteitags der KPdSU Stalin in einer Weise »entlarvte«, wie es selbst Marschall Tito kaum vorausgesehen haben dürfte.[121]

Nachdem die jugoslawische Führung die Rede Chruščevs als ausreichende Satisfaktion werten durfte, mußte es ihr nun darauf ankommen, eine gemeinsame Deklaration zu erreichen, in der der Kreml Jugoslawien den »eigenen Weg zum Sozialismus« ausdrücklich bestätigte und mit dieser Konzession nicht den Anspruch verband, das Land dem politisch-ideologischen Führungsanspruch der UdSSR zu unterstellen. Dieses Ziel durfte Tito mit der gemeinsamen Erklärung vom 2. Juni 1955 als realisiert betrachten. In dem Dokument war von der »Anerkennung und Entwicklung der friedlichen Koexistenz zwischen den Völkern, unabhängig von ihren ideologischen Unterschieden oder Unterschieden der Gesellschaftsordnung, die die Zusammenarbeit aller Staaten auf dem Gebiet der internationalen Beziehungen im allgemeinen und auf dem Gebiet der wirtschaftlichen und kulturellen Beziehungen im besonderen voraussetzt«, die Rede.

Für die jugoslawische Position noch wesentlicher war jener Passus der Deklaration, in dem das »Prinzip der gegenseitigen Achtung und der Nichteinmischung in innere Angelegenheiten, aus beliebigen Gründen, sei es wirtschaftlichen, politischen oder ideologischen Charakters« beschworen wurde, »weil die Fragen der inneren Ordnung, des Unterschiedes der Gesellschaftssysteme und des Unterschiedes der konkreten Formen der Entwicklung des Sozialismus ausschließlich Angelegenheit der Völker der einzelnen Länder sind«[122].

In diesem wichtigen Passus lag die große ideologische Konzession der so-

---

121 Vgl. dazu unten S. 530–533.
122 Text in: Archiv der Gegenwart 1955, S. 5188 f. (5188) und Ost-Probleme 1955, S. 980–982 (981); voller Wortlaut der Deklaration auch bei E. Halperin: Ketzer, S. 387–391. Vgl. zur Gesamtproblematik E. Halperin, ebenda, S. 321–331; Z. K. Brzezinski: Sowjetblock, S. 196–199; F. Fejtö: Volksdemokratien, Bd. II, S. 69–74; R. Löwenthal: Chruschtschow, S. 20–26; R. Ahlberg: Dezentralisation, S. 453 f. Über die Entwicklung der sowjetisch-jugoslawischen Beziehungen und die bis zur »Aussöhnung« im Juni 1956 geschlossenen Abmachungen informiert der Aufsatz »Früchte der Belgrader Deklaration«.

wjetischen Führung, die auf eine volle »Rehabilitierung« Titos, der sich nun vom Makel des »Verrats« und der »Komplizenschaft mit dem Imperialismus« befreit sah, und damit – wenn auch nicht ausdrücklich – aller wegen »titoistischer Abweichungen« verurteilten Kommunistenführer hinauslief und dem Kreml später noch großes Kopfzerbrechen bereiten sollte. Die den Jugoslawen zugestandene politische und ideologische Gleichberechtigung war ein historisches Ereignis, das in der Entwicklung der kommunistischen Bewegung ohne Präzedenzfall und von Anfang an auch in der sowjetischen Führung umstritten war.
Bereits im Sommer 1955 kam es im Kreml zu einer scharfen Auseinandersetzung zwischen Chruščev und Mikojan auf der einen und Molotov auf der anderen Seite, in der sich Chruščev durchzusetzen vermochte. Obwohl bereits im Verlauf der zweiten Jahreshälfte 1955 deutlich wurde, daß auch Chruščev und Tito die Belgrader Deklaration vom 2. Juni 1955 unterschiedlich interpretierten und das wichtige Dokument auch in den mit der UdSSR verbündeten Ländern teilweise äußerst zwiespältig aufgenommen worden war, stellten erst die Nachwirkungen des XX. Parteitags der KPdSU im Januar/Februar 1956 das »sozialistische Lager« vor eine ernste Zerreißprobe.

6. *1956 – ein Jahr tiefgreifender Einschnitte: Vom XX. Kongreß der KPdSU bis zur Niederschlagung der Volkserhebung in Ungarn*

Der Verlauf des Jahres 1956 bildet für die Entwicklung des sowjetischen Machtbereichs einen tiefen Einschnitt. Auch wenn schon der von Chruščev 1955 so eifrig betriebene sowjetisch-jugoslawische Ausgleich und seine Bemühungen, nach neuen Formen der »Kooperation« mit den Volksdemokratien zu suchen, anzeigten, daß der »Stalinismus als System zwischenstaatlicher und interparteilicher Beziehungen« bereits in wichtigen Punkten modifiziert worden war, mußte der Kreml 1956 Farbe bekennen und darlegen, ob und inwieweit er bereit war, einen politischen Emanzipationsprozeß in seinem Herrschaftsbereich zuzulassen, ohne den Führungsanspruch der UdSSR und der KPdSU in Frage stellen zu lassen.
Hinzu kommt, daß die nach Stalins Tod eingeleiteten innenpolitischen Veränderungen und der damit verbundene Abbau des stalinistischen Terrors nicht nur in der UdSSR, sondern auch in den Volksdemokratien mit

einem Gefühl der Erleichterung aufgenommen worden sind. Hoffnungen setzte man darüber hinaus auf die vor allem im Laufe des Jahres 1955 deutlich gewordenen Bemühungen der Nachfolger Stalins, in gewissen Bereichen der Weltpolitik die Spannungen zu mildern. Dazu zählten einmal die seit dem Frühjahr 1955 mehrfach unterbreiteten sowjetischen Abrüstungsvorschläge, die sich nicht nur auf Atom- und Kernwaffen beschränkt, sondern auch das »Einfrieren« der konventionellen Waffen und eine Reduzierung aller Ausgaben für militärische Zwecke vorsahen. Die von der UdSSR zuerst am 13. August 1955 und dann am 15. Mai 1956 vollzogene Verringerung an Mannschaftskräften belief sich insgesamt auf über 1,8 Millionen Mann.

Das außenpolitische Klima wußte die sowjetische Führung nicht zuletzt durch mehrere Maßnahmen wesentlich zu verbessern. Dazu zählten vor allem der Rückzug der sowjetischen Truppen aus Österreich nach dem Abschluß des Staatsvertrags vom 15. Mai 1955, die am 19. September 1955 vereinbarte Rückgabe des Marine-Stützpunkts in Porkkala-Udd an Finnland und der Rückzug der sowjetischen Truppen aus Port Arthur als Folge der im September/Oktober 1954 der Volksrepublik China konzedierten Rückgabe des Militärstützpunkts. Schließlich gelang es dem Kreml, nach der Genfer Gipfelkonferenz vom Juli 1955 mit dem »Geist von Genf« ein Klima zu verbreiten, an das in der Welt zahlreiche Erwartungen geknüpft wurden.

Das Hauptergebnis der Genfer Konferenz bestand aus einer auch im Westen willkommenen Lockerung der Spannungen in der Weltpolitik. Die Tragödie der Genfer Gipfelkonferenz lag darin, daß – wie J. Mackintosh zutreffend festgestellt hat – diese Lockerung zwar die Verhandlungsmethoden beeinflußte, aber von der Sowjetunion nur selten auf die tatsächliche Lösung der Probleme selbst angewandt wurde.[123] Der »Genfer Gipfel« hat mit aller Deutlichkeit gezeigt, daß die sowjetische Politik in Europa

---

123 J. M. Mackintosh: Strategie, S. 111. Mackintosh hat die sowjetische Verteidigungsdebatte in den Jahren ab 1953 und die sowjetische Europa-Politik 1955/56 in eindringlicher Weise analysiert; vgl. ebenda, S. 88–115. Auch A. B. Ulam hat sehr eindrucksvoll die Führungsprobleme und neuen außenpolitischen Akzente des Kreml in den Jahren 1953–1956 geschildert und dabei darauf hingewiesen, wie sehr der Tod Stalins auch das innenpolitische Klima der UdSSR verändert hat: »Stalin's successors ... worked feverishly, while watching each other with suspicion and loathing, and in fear of their own people, whose capacity for suffering and endurance of tyranny could not be taken for granted now that the man who had contrived the whole fantastic system was gone.« Vgl. A. B. Ulam: Expansion, S. 539–571 (544 f.). Das ereignis- und folgenreiche Jahr 1956 umschreibt Ulam (ebenda, S. 580) so: »The year 1956 was thus truly a

vor allem den Fortbestand der Spaltung Deutschlands im Auge hatte. Darüber legte dann die Außenminister-Konferenz der vier Großmächte im Herbst 1955 in Genf eindringlich Zeugnis ab.
Die Genfer Gipfelkonferenz gab aber noch einen weiteren wichtigen Aufschluß, der die Hoffnungen aller dämpfen sollte, die an den sowjetisch-jugoslawischen Ausgleich vom 2. Juni 1955 sogleich weitreichende Folgen für die Volksdemokratien erwartet hatten. Nachdem sich Chruščev mit seiner Jugoslawien-Politik auf dem Plenum des Zentralkomitees der KPdSU vom 4. bis zum 12. Juli 1955 durchgesetzt hatte, spielte der Status der Volksdemokratien wenige Tage später auf der Genfer Gipfelkonferenz eine Rolle, auf der die UdSSR durch Ministerpräsident Bulganin, Außenminister Molotov und dessen Stellvertreter Andrej Gromyko, Verteidigungsminister Marschall Žukov und dem »Mitglied des Präsidiums des Obersten Sowjets« Nikita S. Chruščev vertreten war. In Genf hatte der amerikanische Präsident Dwight D. Eisenhower in seiner Eröffnungsansprache vom 18. Juli ein Bekenntnis zur Selbstbestimmung abgelegt und in recht massiver Form darauf hingewiesen, »daß gewisse Völker Osteuropas, viele davon mit einer langen und stolzen nationalen Geschichte, noch immer nicht in den Genuß dessen gekommen sind, wozu sich unsere Nationen in ihrer während des Krieges formulierten – und durch andere aus der Kriegszeit stammende Vereinbarungen verankerten – Deklaration gemeinsam verpflichtet haben«[124].
Ebenso unmißverständlich stellte dazu der Vorsitzende des Ministerrats der UdSSR, Bulganin, am gleichen Tage in Genf fest: »Hier wurde die Frage der Länder Osteuropas, der Länder der Volksdemokratie, angeschnitten. Diese Frage auf der gegenwärtigen Konferenz stellen, heißt uns zur Einmischung in die inneren Angelegenheiten dieser Staaten drängen. Indessen ist gut bekannt, daß das volksdemokratische Regime in diesen Ländern von den Völkern selber aufgrund ihrer freien Willensbekundung errichtet worden ist. Außerdem hat uns niemand bevollmächtigt, die Lage in diesen Ländern zu behandeln. Somit besteht kein Grund, diese Frage auf unserer Konferenz zu erörtern.«[125]

---

watershed in post-war international politics.« Sehr instruktiv zur Gesamtproblematik auch G. Barraclough and R. F. Wall: Survey 1955–1956, S. 51–56, 124–138 (speziell zur sowjetischen Finnland-Politik, ebenda, S. 126–128). Vgl. speziell zur Truppen-Reduzierung der UdSSR N. Galay: Reduction.
124 Text der Rede Eisenhowers in: Europa-Archiv 1955, S. 8098–9000 (8099).
125 Text der Rede Bulganins, ebenda, S. 8105–8109 (8109). Vgl. dazu vor allem D. J. Dallin: Außenpolitik, S. 326–339 (332–334); vgl. zum Verlauf der Genfer Gipfelkonferenz auch G. Barraclough and R. F. Wall: Survey 1955–1956, S. 150–176.

Bulganins Aussage war unzweideutig, auch wenn er es – aus verständlichen Gründen – vermied, auf der Genfer Gipfelkonferenz die Problematik des sowjetischen Führungsanspruchs anzusprechen. Auf jeden Fall waren Bulganins Darlegungen kein gutes Omen für die von Tito aus der Deklaration vom 2. Juni 1955 gezogenen Konsequenzen auch für das Verhältnis der UdSSR zu den Volksdemokratien.

In seiner Rede vor dem jugoslawischen Parlament hatte Präsident Tito diese Problematik am 27. Juli 1955, also wenige Tage nach den Auslassungen Bulganins in Genf, unmißverständlich angesprochen und die Führer der UdSSR und der Volksdemokratien aufgefordert, Konsequenzen aus der »Einsicht« zu ziehen, »daß Stalins Weg falsch war und daß er ihnen wie uns viel Schaden zugefügt hat«[126]. Tito wies darauf hin, »daß es im Osten, in einigen unserer Nachbarländer, noch Männer gibt, denen diese Normalisierung nicht gefällt«. Er nannte ausdrücklich Ungarn und die Tschechoslowakei, die Prozesse veranstaltet und Unschuldige zum Tode verurteilt hätten und in denen es Leute gäbe, »denen es schwerfällt, vor dem Volk ihren Fehler einzugestehen . . .«

Wie sehr die sowjetische Führung über die Beziehungen zwischen kommunistischen Staaten und Parteien im Sommer 1955 nachdachte, ging nicht nur aus dem Leserbrief, den Molotov im Oktober 1955 in der theoretischen Zeitschrift »Kommunist« veröffentlichte und in dem er eine »fehlerhafte Formulierung« aus seinem Bericht vom 8. Februar 1955 vor dem Obersten Sowjet widerrief[127], sondern auch aus dem Grundsatzartikel hervor, den der »Kommunist« in der selben Nummer unter dem Titel »Der Zusammenhang zwischen Theorie und Praxis und die Parteipropaganda« publiziert hat. Darin war erstmals von der »Entstehung des großen Freundschaftsbundes der sozialistischen Staaten« die Rede:

»Der Freundschaftsbund der sozialistischen Staaten, an dessen Spitze die Sowjetunion steht, ist ein mächtiger Garant der gesamten arbeitenden Menschheit in ihrem Kampfe um Frieden, Demokratie und für eine bessere Zukunft . . . mit der Entstehung des Freundschaftsbundes der sozialistischen Staaten wurde ein neuer, sozialistischer Typ internationaler Beziehungen ins Leben gerufen . . . Die Kommunisten und alle Sowjetmenschen beachten streng die Grundsätze der völligen Gleichberechtigung, der Achtung der nationalen Souveränität und der Rücksichtnahme auf

---

126 Text der Rede Titos in: Borba vom 28. Juli 1955; dt. Übersetzung (Auszug) in: Ost-Probleme 1955, S. 1381–1384 (1381).

127 Text in: Kommunist, Moskau, Nr. 14/1955; dt. Übersetzung in: Ost-Probleme 1955, S. 1700. Vgl. dazu auch F. Fejtö: Volksdemokratien. Bd. II, S. 82 f.

die nationalen Besonderheiten der im Lager des Sozialismus stehenden Länder.«[128]
Dieser Grundsatzartikel verdeutlichte mit aller Klarheit, wie sehr Tito bei der Neuformulierung der Politik der KPdSU gegenüber den Volksdemokratien indirekt mitgewirkt hat und wie sehr Chruščev bestrebt war, diese Beziehungen auf eine neue, festere Basis zu stellen, ohne auf die führende Rolle der UdSSR zu verzichten. Dabei stimmte Chruščev ganz mit Tito überein, »daß der Stalinismus – mehr als Bewußtseinsform, die mit der neuen Wirklichkeit nicht Schritt halte, denn als tatsächliche Kraft – zu einem Hindernis auf dem Weg zu den äußeren und inneren Zielen der Sowjetunion geworden sei«[129]. Von nun an führte eine konsequente Linie zum XX. Parteikongreß der KPdSU.
Der sowjetisch-jugoslawische Ausgleich, der immer selbstbewußter auftretende Tito, der immer häufiger den von der UdSSR abhängigen politischen Führungen in den Volksdemokratien Ratschläge erteilte, wie sie die Abkehr von Stalinismus vollziehen sollten, und die spätestens seit September 1955 deutlichen Anzeichen, das Abhängigkeitsverhältnis der Volksdemokratien zur UdSSR zu lockern, stießen bei den Führungen dieser Länder auf gemischte Gefühle. So konnte es nicht ausbleiben, daß in Albanien, Bulgarien, Rumänien, der Tschechoslowakei, Polen und Ungarn unterschiedliche Konsequenzen aus der »neuen Lage« gezogen wurden.
Auch wenn Chruščev zusammen mit Tito die Partei- und Regierungschefs der europäischen Volksdemokratien in der zweiten Jahreshälfte 1955 offen unter Druck setzte, hatte er nicht verhindern können, daß die Verfechter des Stalinismus ihre orthodoxen Positionen aufrechtzuerhalten wußten: »Im Gegensatz zur UdSSR, die sich weitgehender innerer Stabilität erfreute, litten fast alle osteuropäischen Regimes noch unter den Geburtswehen der erzwungenen rapiden politischen, wirtschaftlich und gesellschaftlichen Umgestaltung. Für sie war die Bewahrung einiger Formen des Stalinismus und mithin nur eine teilweise Aussöhnung mit Tito eine conditio sine qua non.«[130]
Auch wenn den Stalinisten in den politischen Führungen der Volksdemokratien Chruščevs Politik ebensowenig paßte wie den »Dogmatikern« im Kreml, so bestand Ende 1955 kein Zweifel daran, daß sich Chruščev nicht

---

128 Text in: Kommunist, ebenda; unwesentlich gekürzte deutsche Übersetzung in: Ost-Probleme, ebenda, S. 1702–1709 (1704 f.).
129 So Z. K. Brzezinski: Sowjetblock, S. 201.
130 So J. K. Hoensch: Osteuropa-Politik, S. 111–115 (115) mit zahlreichen Nachweisen.

nur durchgesetzt hatte, sondern er auch bereit war, weitere Schlüsse aus dem Ausgleich mit Tito zu ziehen: ». . . the dynamic First Secretary felt that in the renewed liaison with Tito he had found a key to the new image of Communism: a vigorous creed, not ashamed to confess its past errors, and compatible with national sovereignty and the dignity of non-Soviet members of the socialist camp.«[131]

a) *Der XX. Parteikongreß der KPdSU*

Obwohl Nikita S. Chruščev weder in seinem Rechenschaftsbericht noch in seiner berühmten und vielzitierten Geheimrede auf dem XX. Parteikongreß der KPdSU, der vom 14. bis zum 25. Februar 1956 stattfand, darauf einging, wie Stalin die Volksdemokratien behandelt hatte, lag in der nahezu totalen Absage des Generalsekretärs an den Stalinismus sowohl für die UdSSR als auch für die osteuropäischen Länder ein »Zeitzünder von ungeahnter Sprengkraft«[132].
Chruščevs Anklage gegen Stalin, die »wie ein Blitz einschlug, war dazu bestimmt, die stalinistische Orientierung vieler Parteimitglieder im In- und Ausland zu erschüttern. Es mag sein, daß sich Chruschtschow vom eigenen Redestrom hinreißen ließ; aber unzweifelhaft war die Rede darauf berechnet, den Mythos von Stalins Unfehlbarkeit zu zerstören. Gelang das, dann lag es in Chruschtschows Hand zu entscheiden, welcher Teil des Erbes bewahrt werden konnte und welcher überlebte Vergangenheit war«.[133]
In seinem Rechenschaftsbericht führte Chruščev aus, für die Entwicklung der Länder des Sozialismus sei charakteristisch, »daß sie in politischer und wirtschaftlicher Hinsicht völlig selbständig und unabhängig sind«[134].

---

131 So A. B. Ulam: Expansion, S. 563 f.
132 So J. K. Hoensch: Osteuropa-Politik, S. 117. Der XX. Parteitag der KPdSU hat mit seinen weitreichenden Auswirkungen die westliche »Sowjetologie« - verständlicherweise - in starkem Maße befaßt. Vgl. dazu vor allem A. B. Ulam: Expansion: Kapitel XI: »The Perils of Khrushchev«; F. Fejtö: Volksdemokratien. Bd. II, S. 80-121; R. Löwenthal: Chruschtschow, S. 26-39; J. K. Hoensch, ebenda, S. 116-123; J. M. Mackintosh: Strategie, S. 145-159; D. J. Dallin: Außenpolitik, S. 381-395; Z. K. Brzezinski: Sowjetblock, S. 199-203.
133 So Z. K. Brzezinski, ebenda, S. 201.
134 Text des Rechenschaftsberichts Chruščevs in: Pravda vom 15. Februar 1956; dt. Übersetzung in: XX. Parteitag der KPdSU, S. 5-120 (9) und in: Neue Zeit, Moskau, Nr. 8 vom 16. Februar 1956 (Beilage). Text auch bei B. Meissner: Das Ende des Stalin-My-

Noch wichtiger war, wie vehement er Stalins These von den »beiden Lagern« endgültig über Bord warf und betonte, daß es neben der sowjetischen Form der Umgestaltung der Gesellschaft auf sozialistischer Grundlage die Form der Volksdemokratie gebe: »Es ist durchaus wahrscheinlich, daß die Formen des Übergangs zum Sozialismus immer mannigfaltiger sein werden.« »Viele Besonderheiten« bringe in den sozialistischen Aufbau die Volksrepublik China. Ausdrücklich erkannte Chruščev auch den »eigenen Weg« Jugoslawiens an, ohne ausdrücklich Titos Innenpolitik so zu bezeichnen.

Neben Chruščev haben in ihren Diskussionsreden auch Dmitrij T. Šepilov, Michail A. Suslov und vor allem A. I. Mikojan zum ersten Mal seit Lenins Zeiten auf dem XX. Parteikongreß der KPdSU den Versuch unternommen, die Erfahrungen des Kommunismus als einer internationalen Bewegung zu systematisieren und die kommunistischen Siege in China und Jugoslawien einerseits, ihre eigenen Erfolge in Osteuropa andererseits unter dem Aspekt theoretisch zu analysieren, »daß die Kommunisten der ganzen Welt aus diesen historischen Ereignissen neue Lehren ziehen könnten«[135].

In seiner Geheimrede vom 25. Februar 1956, aus der erstmals die jugoslawische Zeitung »Borba« einen gekürzten, aber unverfälschten Teil in ihrer Ausgabe vom 20. März 1956 abgedruckt hatte, bevor das amerikanische Außenministerium am 4. Juni 1956 einen vollständigen Text veröffentlichte, ging Chruščev nur kurz auf den sowjetisch-jugoslawischen Konflikt ein. Nach seiner Ansicht wäre es durchaus möglich gewesen, den Abbruch der Beziehungen mit Belgrad zu verhindern:

»Das bedeutet jedoch nicht, daß die führenden Männer Jugoslawiens keine Fehler begangen hätten oder frei von Unzulänglichkeiten waren. Diese Fehler und Unzulänglichkeiten wurden von Stalin aber in monströser Art

---

thos, S. 95–125; die außenpolitischen Aspekte der Rede Chruščevs hat Meissner in seiner Analyse nicht behandelt. Gekürzte Fassung des Berichts Chruščevs in: Ost-Probleme 1956, S. 328–343. Die Feststellung R. Ahlbergs in: Dezentralisation, S. 455: »Was . . . weniger beachtet oder nicht ernst genommen wurde, war das in diesem Rechenschaftsbericht immer wieder betonte Gleichheitsprinzip in den Beziehungen zu allen kommunistischen Parteien«, ist insofern nicht richtig, als Chruščev nur einmal die Volksdemokratien als »völlig selbständig und unabhängig« apostrophiert hat; geschmälert wird Chruščevs Aussage auch dadurch, daß sie im Teil I, 1 zu finden ist, der »Der stetige wirtschaftliche Aufschwung in der UdSSR und in den Ländern der Volksdemokratie« überschrieben ist. Vgl. dazu auch die Entschließung des XX. Parteitags der KPdSU; Text in: XX. Parteitag der KPdSU, S. 347–364 (348, 354), in der nicht einmal die Formel »völlig selbständig und unabhängig« verwandt worden ist.
135 So R. Löwenthal: Chruschtschow, S. 26.

und Weise aufgebauscht, so daß es darüber zum Abbruch der Beziehungen zu diesem befreundeten Staat kam.«[136]
Auch wenn Chruščev und die anderen Redner auf dem XX. Kongreß der KPdSU weder die Formel vom »Nationalkommunismus« oder vom »besonderen« oder »eigenen Weg zum Sozialismus« verwandt haben, bedeutete Chruščevs ausdrückliche Anerkennung Jugoslawiens als eines wirklichen sozialistischen Staates und dessen unabhängiger Position auch das Zugeständnis der These vom »eigenen Weg zum Sozialismus«. Als Pikanterie gilt festzuhalten, daß ausgerechnet M. A. Suslov, der sich später als einer der doktrinärsten Ideologen in der sowjetischen Führung erwiesen hat, in seinem Diskussionsbeitrag auf dem Parteikongreß bemerkte, die bei der Entstehung und Entwicklung der sozialistischen Ordnung gesammelten geschichtlichen Erfahrungen hätten jetzt schon in einer ganzen Reihe von Ländern »voll und ganz die geniale Voraussicht W. I. Lenins« bestätigt, »daß trotz des im großen und ganzen einheitlichen und gemeinsamen Weges zum Sozialismus der Übergang der verschiedenen Länder zum Sozialismus sich nicht völlig gleichartig vollziehen wird, daß jede Nation der einen oder anderen Form der Demokratie, der einen oder anderen Abart der Diktatur des Proletariats, dem einen oder anderen Tempo der sozialistischen Umgestaltung auf den verschiedenen Gebieten des gesellschaftlichen Lebens besondere Eigenart verleihen wird«.[137]
Auch wenn es die sowjetische Führung sorgfältig vermied, auf dem XX. Parteitag den Spielraum genauer zu definieren, den sie den Volksdemokratien zu konzedieren bereit war, so reichten bereits der Ausgleich mit Tito, der das jugoslawische System vom Makel des »Abweichlertums« befreite, und Chruščevs Darlegungen in seinen beiden Reden auf dem Parteitag aus, das »Block«-Gefüge seiner bis dahin schwersten Belastungsprobe auszusetzen. Chruščev hatte es tunlichst vermieden, den Umfang der vom Kreml den Volksdemokratien konzedierten Spielraum zu bestimmen. Da nun die Führungen dieser Staaten den nicht näher umris-

---

136 Engl. Text der Rede Chruščevs vom 24. und 25. Februar 1956 in: B. Meissner: Das Ende des Stalin-Mythos, S. 175–198 und in: Anti-Stalin-Campaign, S. 1–89; dt. Übersetzung der vom US-Außenministerium veröffentlichten Fassung in: Ost-Probleme 1956, S. 867–899.
137 Text in: XX. Parteitag der KPdSU, S. 218. Vgl. dazu auch Z. K. Brzezinski: Sowjetblock, S. 202. Brzezinski hat (ebenda, S. 206) die Quintessenz des Rechenschaftsberichts und der »Geheimrede« Chruščevs auf eine treffende kurze Formel gebracht: »Chruschtschows öffentliche Rede widerrief das Dogma, während seine Geheimrede ... den Menschen verdammte.«

senen Spielraum nutzen konnten, war Chruščev das Risiko eingegangen, den Zusammenhalt des sowjetischen Machtbereichs zu gefährden. Chruščevs Politik lief auf den Versuch hinaus, die zwischenstaatlichen und interparteilichen Beziehungen im »sozialistischen Lager« vom stalinistischen Makel der totalen Kontrolle und Bevormundung zu befreien, den Volksdemokratien einen gewissen, nicht näher umschriebenen politischen Spielraum zu gewähren und mehr Gewicht auf den Ausbau der ökonomischen Bindungen zu legen. Es gibt keine sowjetische Äußerung aus jener Zeit, aus der man die Bereitschaft Moskaus hätte entnehmen können, mit Konzessionen an die Vielfalt die Priorität der sowjetischen Interessen und der Führungsposition der KPdSU in Frage stellen zu lassen.

Mit der Absage an Stalin und den Stalinismus bürdete Chruščev der Ideologie eine schwere Last auf: »Sie mußte jetzt nicht nur mit den vom Stalinismus hinterlassenen innenpolitischen Problemen fertig werden, sondern auch mit dem Druck, der von der unabhängigen, nun aber legitimen kommunistischen Position Jugoslawiens und von den Entwicklungen in Ungarn und Polen ausging. Es sollte sich zeigen, daß all das gewaltig auf die Beziehungen zwischen den kommunistischen Staaten einwirkte. Chruschtschows Rezept mußte seine Probe erst noch bestehen.«[138]

b) *Die Auflösung des Kominform*

Wie sehr Chruščev entschlossen war, das starre System des Stalinismus der Unterordnung und Kontrolle der Volksdemokratien zu lockern und dabei Marschall Tito ein Mitspracherecht einzuräumen, zeigt der weitere Verlauf des Jahres 1956. Nachdem Chruščev in seiner Ansprache vor dem Obersten Sowjet am 29. Dezember 1955 betont hatte, das Kominform müsse als Ausdruck der »internationalen Solidarität der Arbeiterklasse« fortbestehen[139], und Mátyás Rákosi noch im März und Antonín Zápotocký im April 1956 ebenfalls ausgeführt hatten, das Kominform nicht aufzulösen[140], stellte das Kommunistische Informationsbüro am 17. April 1956 seine Arbeit ein. In der Mitteilung hieß es dazu, das Büro entspreche sowohl seiner Zusammensetzung als auch dem Inhalt seiner Tätigkeit nach nicht mehr den »neuen Bedingungen« der internationalen Lage.

---

138 Z. K. Brzezinski, ebenda, S. 203.
139 Text in: Archiv der Gegenwart 1955, S. 5540 f. (5541); zit. auch bei G. Nollau: Die Internationale, S. 273.
140 Vgl. dazu D. J. Dallin: Außenpolitik, S. 412.

Gleichzeitig wurde auch die Herausgabe des Kominform-Organs »Für dauerhaften Frieden, für Volksdemokratie!« eingestellt.[141] Der Zeitpunkt, in dem dieser Beschluß gefaßt wurde, deutet klar darauf hin, daß zumindest Rákosi und Zápotocký – möglicherweise auch die Führer der anderen Volksdemokratien – von Chruščevs recht plötzlichem Entschluß nicht zuvor informiert worden waren. Es spricht alles dafür, daß sich die sowjetische Führung zu dieser Entscheidung auf ausdrücklichen Wunsch Titos durchgerungen hat. Dem bereits 1955 vollzogenen sowjetisch-jugoslawischen Ausgleich stand die Fortexistenz des Kominform nicht im Wege. Da jedoch Chruščev und Tito über den Ausgleich hinaus eine Art »Versöhnung« anstrebten, dürfte der immer selbstbewußter auftretende Tito dies von einer Liquidierung der zuvor von Stalin beherrschten und von ihm so gehaßten Kontrollinstanz abhängig gemacht haben. Schließlich war es Stalin, der das Kominform dazu benutzt hatte, um mit der Kommunistischen Partei Jugoslawiens auch Jugoslawien als Staat aus der kommunistischen »Völkerfamilie« zu eliminieren. Daran vermag auch die Tatsache nichts zu ändern, daß sich in diesem folgenreichen Beschluß weitgehend die Tätigkeit des Kominform zumindest nach außen erschöpfte und es später, vor allem seit 1953 zur Bedeutungslosigkeit herabgesunken war. Festzuhalten gilt, daß sich der Kreml weder 1956 noch später zur Errichtung einer Nachfolge-Organisation entschlossen hat.

---

141 Der Auflösungsbeschluß ist an zahlreichen Stellen veröffentlicht worden. Vgl. beispielsweise Archiv der Gegenwart 1956, S. 5729 f.; G. Nollau: Die Internationale, S. 274 f. Vgl. zu diesem Vorgang G. Nollau, ebenda, S. 272–276; Z. K. Brzezinski: Sowjetblock, S. 205, der die Auflösung des »schon seit Jahren zur Bedeutungslosigkeit« herabgesunkenen Kominform als eine »ziemlich leere Geste« apostrophiert, »die aber doch in Belgrad beifällig aufgenommen wurde«. R. Ahlberg: Dezentralisation, S. 454, der auf das bemerkenswerte Faktum hinweist, daß in dem Kommuniqué vom 17. April 1956 die Auflösung des Kominform – ähnlich wie bei der Liquidation der Komintern – mit dem Hinweis auf die veränderte politische Wirklichkeit gerechtfertigt wurde, die der Organisationsform der internationalen Leitung entwachsen sei: »In diesen Begründungen tritt die Ähnlichkeit des historischen Dilemmas zutage, dem beide Organisationen zum Opfer gefallen sind. Der Unterschied bestand nur darin, daß die Liquidation der Komintern mit der Forderung nach einer neuen, zeitgemäßeren Organisationszentrale verknüpft war, während mit dem Kominform auch der Gedanke an eine zentrale Administration der Weltrevolution aufgegeben wurde. Was aus diesem Zusammenbruch gerettet werden konnte, war nur noch die Idee eines internationalen Meinungsaustausches, den die kommunistischen Parteien ›nach eigenem Ermessen‹ pflegen sollten.« Vgl. dazu auch V. G. Cabaji: The End of the Cominform.

c) *Die sowjetisch-jugoslawische »Aussöhnung«*

Nach der Auflösung des Kominform und dem am 1. Juni 1956 bekanntgegebenen Rücktritt Außenminister Molotovs, in dessen Konzept Chruščevs Ausgleich mit Tito nicht paßte sowie dessen Ersetzung durch D. T. Šepilov, waren die Voraussetzungen gegeben, die sowjetisch-jugoslawische »Aussöhnung« auch auf der parteilichen und ideologischen Ebene einzuleiten.[142] Nach der triumphalen Rundreise Titos durch die UdSSR zwischen dem 1. und 23. Juni wurde diese »Aussöhnung« mit zwei wichtigen Dokumenten vom 20. Juni 1956 besiegelt: der sowjetisch-jugoslawischen politischen Erklärung und der Erklärung über die Beziehungen zwischen dem Bund der Kommunisten Jugoslawiens und der KPdSU.[143]
Die wichtigsten und folgenreichsten Darlegungen enthielt die Deklaration über die Partei-Beziehungen, in der es hieß, »daß die Wege der sozialistischen Entwicklung in den verschiedenen Ländern und Verhältnissen verschieden sind – daß der Reichtum der Formen der Entwicklung des Sozialismus zu seiner Stärkung beiträgt«. Beide »gehen von der Tatsache aus, daß sowohl der einen als auch der anderen Seite alle Tendenzen zum Aufzwingen ihrer Meinung bei der Bestimmung der Wege und Formen der sozialistischen Entwicklung fremd sind; sie sind darin einig, daß die erwähnte Zusammenarbeit auf völliger Freiwilligkeit und Gleichberechtigung, auf freundschaftlicher Kritik und auf kameradschaftlichem Charakter des Meinungsaustausches in den strittigen Fragen zwischen unseren Parteien beruhen muß«[144].
Festzuhalten gilt auch, daß Chruščev anläßlich der Kundgebung der jugoslawisch-sowjetischen Freundschaft in Moskau am 20. Juni 1956 ausführte, die Einheit unserer Parteien gründe sich darauf, »daß jede Partei einen revolutionären Standpunkt vertritt, sich von der Lehre des Marxismus-Leninismus leiten läßt und sie unter Berücksichtigung der Besonderheiten des gegebenen Landes schöpferisch anwendet«[145].

142 Vgl. Archiv der Gegenwart 1956, S. 5799 f.
143 Dt. Text der sowjetisch-jugoslawischen Abmachungen vom 20. Juni 1956 in: Archiv der Gegenwart 1956, S. 5832–5836, wo auch wichtige Erklärungen Titos und Chruščevs vom 12., 19. und 20. Juni abgedruckt sind; Texte auch in: Dokumentation der Zeit 1956, H. 122, Sp. 9926–9939. Vgl. dazu auch »Früchte der Belgrader Deklaration« in: Neue Zeit, Moskau 1956, Nr. 23; Auszug in: Dokumentation der Zeit, ebenda, Sp. 9942 f., wo die wichtigsten sowjetisch-jugoslawischen Abmachungen seit der Wiederaufnahme der Beziehungen aufgeführt sind.
144 Text in: Archiv der Gegenwart, ebenda, S. 5834.
145 Text, ebenda, S. 5835.

Marschall Tito durfte die Moskauer Beschlüsse als einen Triumph werten, da der Kreml nun klar und unmißverständlich die These von den »verschiedenen Wegen zum Sozialismus« akzeptiert hatte. Tito konnte mit Genugtuung registrieren, über den mächtigsten Diktator moderner Zeiten triumphiert und ein Instrument in Händen zu haben, um eine – wie Adam B. Ulam konstatiert hat – der einschneidensten Entwicklungen der Nachkriegsgeschichte auszulösen: die Evolution des internationalen Kommunismus, einst eine sowjetisch kontrollierte monolithische Bewegung, in Richtung des Polyzentrismus.[146]

Als Urheber der Formel vom »Polyzentrismus« gilt Palmiro Togliatti, einer der geachtetsten Komintern- und Kominform-Führer und Chef der Kommunistischen Partei Italiens, der nach der Rückkehr vom XX. Parteikongreß der KPdSU im Februar 1956 erstmals in einem im Juni 1956 erschienenen Interview davon gesprochen hatte, daß die Gesamtheit der Beziehungen in der kommunistischen Bewegung »polyzentristisch« werde und man nicht mehr von einer »einheitlichen Führung«, »wohl aber von einem Fortschritt« sprechen könne, zu dem »man häufig auf verschiedenen Wegen gelangt«[147]. Noch deutlicher äußerte sich Togliatti vor dem Zentralkomitee seiner Partei am 24. Juni 1956:

»Es bilden sich ... verschiedene Orientierungs- und Entwicklungspunkte oder -zentren. Es bildet sich ... ein polyzentristisches System ... gemäß der neuen Lage, der Strukturwandlung in der Welt und der Strukturwandlung in der Arbeiterbewegung selbst. Diesem System entsprechen auch neue Formen der Beziehungen zwischen den kommunistischen Parteien. Die Lösung, die heute dieser neuen Situation wohl am ehesten gerecht wird, kann diejenige der vollen Autonomie der einzelnen kommunistischen Bewegungen und Parteien und diejenige der bilateralen Beziehungen zueinander sein ...«[148]

Auch wenn diesen Äußerungen Togliattis über das Verhältnis der einzel-

---

146 A. B. Ulam: Expansion, S. 562–564 (564). Vgl. dazu auch Z. K. Brzezinski: Sowjetblock, S. 204–219; F. Fejtö: Volksdemokratien, Bd. II, S. 92–94; R. Ahlberg: Dezentralisation, S. 453 f.
147 Zit. bei F. Meichsner: Ursprünge, S. 259. Togliatti machte diese Aussagen in einem Interview der Zeitschrift »Nuovi argomenti« (Nr. 20, Mai/Juni 1956), das in der »l'Unità« vom 17. Juni 1956 erschienen und in Auszügen in: Ost-Probleme 1956, S. 938–943 (942) wiedergegeben worden ist. Vgl. dazu auch A. B. Ulam: Expansion, S. 578 f.; D. J. Dallin: Strategie, S. 413 f.; R. Ahlberg: Dezentralisation, S. 455; Z. K. Brzezinski, ebenda, S. 292 f. Vgl. zum Terminus »Polyzentrismus« W. Laqueur: The Schism, S. 1: »Polycentrism ... had become one of the most important realities in world affairs, though the lexicographers have not yet taken note.«
148 Zit. bei F. Meichsner, ebenda, S. 259. Vollständiger englischer Text der Rede Togliattis in: Anti-Stalin-Campaign, S. 193–267.

nen kommunistischen Parteien zueinander die letzte Klarheit fehlte, verdeutlichte der italienische Kommunisten-Führer, auf was sich Chruščev zunächst mit dem Ausgleich, dann mit der sowjetisch-jugoslawischen »Versöhnung« und mit seinen außenpolitischen Äußerungen auf dem XX. Parteitag der KPdSU eingelassen hatte. Chruščev meinte, mit der Neuformulierung der zwischenstaatlichen und interparteilichen Beziehungen im sowjetischen Machtbereich und dem damit verbundenen Zugeständnis größerer innenpolitischer Autonomie an die Volksdemokratien das »sozialistische Lager« zu stärken – auch in der Hoffnung, daß die politischen Führungen in diesen Staaten sich von nun an eines stärkeren Rückhalts im jeweiligen Volk sicher sein konnten. Chruščev, der an das verbindende Band der Ideologie besondere Erwartungen knüpfte und sich dabei der Unterstützung Titos vergewissern wollte, ging es keinesfalls darum, die Auflösung des »sozialistischen Lagers« einzuleiten.

Vor allem die innenpolitische Entwicklung in Ungarn und Polen – auf die noch zurückzukommen sein wird – veranlaßte das Zentralkomitee der KPdSU bereits zehn Tage nach Unterzeichnung der sowjetisch-jugoslawischen Dokumente, eine Grundsatzerklärung zu formulieren, damit die Volksdemokratien nicht falsche Schlüsse aus der »Versöhnung« mit Tito zogen. In der Erklärung vom 30. Juni 1956 hieß es:

»Unter den neuen historischen Bedingungen haben internationale Organisationen der Arbeiterklasse wie die Komintern und das Kominform ihre Tätigkeit eingestellt. Daraus folgt aber durchaus nicht, daß die internationale Solidarität und die Notwendigkeit von Kontakten der revolutionären Bruderparteien, die auf dem Boden des Marxismus-Leninismus stehen, ihre Bedeutung verloren haben. In der gegenwärtigen Zeit, da die Kräfte des Sozialismus in der ganzen Welt unermeßlich gewachsen sind, da sich die Eigenart der Wege zum Sozialismus in den verschiedenen Ländern erweist, müssen die marxistischen Parteien der Arbeiterklasse natürlich ihre ideologische Einheit und internationale brüderliche Solidarität im Kampf gegen die Gefahr eines neuen Krieges, im Kampf gegen die volksfeindlichen Kräfte des Monopolkapitals, die alle revolutionären und fortschrittlichen Bewegungen zu unterdrücken versuchen, bewahren und festigen. Die kommunistischen Parteien ... verbindet miteinander die Treue zur wissenschaftlichen Ideologie des Marxismus-Leninismus und zum Geist des proletarischen Internationalismus, die rückhaltlose Treue zu den Interessen der Volksmassen.«[149]

---

149 Text in: Pravda vom 2. Juli 1956; dt. Übersetzung in: Neues Deutschland vom 3. Juli 1956 und Ost-Probleme 1956, S. 955–962 (961 f.). Vgl. dazu Z. K. Brzezinski: Sowjetblock, S. 225 f.; J. K. Hoensch: Osteuropa-Politik, S. 124 f.

Noch deutlicher äußerte sich die »Pravda« in einem Grundsatzartikel vom 16. Juli 1956 über diese Problematik: »Niemandem wird es gelingen, die Einheit (der kommunistischen Bewegung, J. H.) zu zerstören ... Die notwendige Berücksichtigung nationaler Besonderheiten führt nicht nur zur Entfremdung zwischen den Ländern, die den Sozialismus aufbauen, sondern trägt – im Gegenteil – zu deren Solidarität bei.« Warnend und geradezu vorausschauend stellte die »Pravda« weiter fest: Politiker und Ideologen der »imperialistischen Reaktion« meinten, daß, weil solche internationalen Organisationen der Arbeiterklasse wie die Komintern und das Kominform ihre Tätigkeit beendet hätten, die internationale Solidarität schwächer würde und die Kontakte zwischen den revolutionären Bruderparteien, die auf den Positionen des Marxismus-Leninismus stünden, zerstört würden:
»Diese Kalkulationen der imperialistischen Reaktion werden unvermeidlich fehl gehen ... Der Marxismus-Leninismus lehrt, daß die nationalen Interessen der Arbeiterklasse – richtig verstanden – nicht im Widerspruch zu ihren internationalen sozialistischen Interessen stehen können.«[150]
Der Kreml hatte Veranlassung, schon wenige Wochen nach der Unterzeichnung der sowjetisch-jugoslawischen »Versöhnungs«-Dokumente die als Mahnung zu wertenden Stellungnahmen vom 30. Juni und 16. Juli 1956 zu publizieren. Zwar war die sowjetische Führung bereit, eine gewisse Unterschiedlichkeit in der Entwicklung der einzelnen Volksdemokra-

---

150 Vollständige englische Übersetzung des Aufsatzes bei P. E. Zinner: Communism, S. 16–30 (21, 27). Vgl. dazu C. D. Jones: Hegemony, S. 219 f. (220): »... Pravda editorial addressed to the intraparty power struggles in Hungary and Poland qualified Khrushchev's proclamation of separate roads to socialism by asserting that though the roads be separate, the goal was the same. In theory, Pravda's goal was one universal form of socialism. In practice, was preservation of Soviet control over the East European parties.« Vgl. dazu auch J. K. Hoensch, ebenda, S. 146 f. Aufschlußreich dazu auch die Analyse »Die Einheit der internationalen kommunistischen Bewegung ist unzerstörbar«, in: Kommunist, Moskau, Nr. 11/1956; dt. Übersetzung in: Ost-Probleme 1956, S. 1287–1294 (1288, 1294): »Gesetzmäßig ist ... die ständige Zusammenarbeit der kommunistischen Parteien zum Schutze der Interessen der Arbeiterklasse. Selbstverständlich können Formen dieser Zusammenarbeit nicht nach einer Schablone geschaffen werden, die für alle Zeiten und unter allen Bedingungen brauchbar wäre. Sie – diese Formen – verändern sich in Abhängigkeit von den Umständen. Die Kraft der internationalen kommunistischen Bewegung besteht jedoch immer und unveränderlich in deren monolithischer Geschlossenheit ... Der Kampf gegen den Persönlichkeitskult Stalins und die Folgen dieses Kultes stärkten die Autorität der Kommunistischen Partei der Sowjetunion. Die brüderliche Freundschaft der gleichberechtigten sozialistischen Staaten wurde noch fester. Es wird niemandem und niemals gelingen, diese mächtige Zusammenarbeit zunichte zu machen oder zu schwächen. Die internationale kommunistische Bewegung wird in zunehmendem Maße geschlossener und monolithischer.«

tien zu konzedieren, da sie die gemeinsamen politischen und auch ökonomischen Interessen und die gemeinsame Berufung auf den Marxismus-Leninismus als ausreichende Basis für den Fortbestand des sowjetischen Machtbereichs hielt. Die Entwicklung in den einzelnen Volksdemokratien sollte jedoch bald mit alarmierender Deutlichkeit zeigen, wie sehr sich Chruščev und die Anhänger seiner Politik sowohl im Hinblick auf Tito als auch auf die Fähigkeit einiger osteuropäischer Regimes, »außerhalb des stalinistischen Rahmens zu funktionieren«[151], verrechnet hatten.
Die jugoslawische Führung genoß ihren Triumph so sehr, daß sie sich immer mehr eines autoritativen Tons bediente und es als selbstverständlich erachtete, daß der Stalinismus endgültig mit dem XX. Parteikongreß der KPdSU zu Grabe getragen worden ist und die sowjetisch-jugoslawischen Dokumente vom 20. Juni 1956 nur noch eine Bestätigung dieser Tatsache bedeutet haben.

d) *Die Auswirkungen der Entstalinisierung und der sowjetisch-jugoslawischen Annäherung auf die Volksdemokratien*

Zweifellos ist der sowjetischen Führung zu bescheinigen, daß sie gewillt war, nicht nur das Verhältnis der UdSSR zu den Volksdemokratien von den stalinistischen »Fesseln« zu befreien, sondern den Führungen dieser Länder auch eine zumindest begrenzte Autonomie im Innern zu konzedieren. Dabei hat der Kreml nur ein gravierendes Faktum übersehen: Während die innere Situation und Stabilität der UdSSR den Zerfall des Stalinismus ohne große Schwierigkeiten zu überstehen vermochten, war dies bei den meisten Volksdemokratien, deren Führungen nach wie vor direkt von der Sowjetunion abhängig waren, nicht der Fall. Außerdem befanden sich die zuvor in der Stalin-Ära so streng kontrollierten und vom »großen Bruder« beherrschten Länder 1955/56 in einer kritischen ökonomischen und sozialen Entwicklungsphase, so daß sie sehr viel größere Schwierigkeiten hatten, um aus der Zertrümmerung des Stalin-Mythos die »richtigen« Konsequenzen zu ziehen.
Hinzu kommt, daß die politischen Führungen dieser Staaten nur wenig ideologische Hilfe vom Kreml erhielten, um diese Probleme zu bewältigen. Die Entwicklung in den einzelnen Volksdemokratien in der Mitte der fünfziger Jahre sollte ein weiteres Mal zeigen, ein wie wenig homogenes

---

151 So Z. K. Brzezinski: Sowjetblock, S. 217.

Gebilde die kommunistische Staatenverbindung darstellte. Bereits der sowjetisch-jugoslawische Ausgleich, wie er sich in der Erklärung vom 2. Juni 1955 manifestierte, war für die zumeist noch in stalinistischen Denkkategorien verhafteten Führer der Volksdemokratien nicht leicht zu verkraften.

Mit seiner Zertrümmerung des Stalin-Mythos auf dem XX. Parteikongreß mutete Chruščev den »Genossen« in diesen Ländern noch wesentlich mehr zu – das auch vor allem deshalb, da der Kreml kein allgemeinverbindliches Konzept und Rezept anbieten konnte oder wollte. Die vollständige Rehabilitierung Titos im Juni 1956 mußte vor allem jene »Genossen« verunsichern, die sich zuvor im Kampf gegen die »titoistischen Häretiker« besonders hervorgetan hatten und nun mit Sorge ihrem eigenen persönlichen Schicksal entgegensehen mußten. Außerdem fehlte ihnen die notwendige Flexibilität und auch Phantasie, Chruščevs Anerkennung des »Titoismus« als einer der Formen des Sozialismus ideologisch zu verkraften und für die eigene Politik nutzbar zu machen.

Doch blieb ihnen nach der Rückkehr der titoistischen »Abweichler« und der von Chruščev im Februar 1956 proklamierten Politik der »Entstalinisierung« gar nichts anderes übrig zu versuchen, die sich in den einzelnen Volksdemokratien verbreitende Unsicherheit, die noch durch innere Schwierigkeiten verstärkt wurde, in den Griff zu bekommen. Hinzu kommt, daß sich zumindest die realistisch orientierten Stalinisten in den Metropolen der Volksdemokratien über den Grad der Entfremdung der Arbeiterklasse und der Intelligenz vom jeweiligen Regime keine Illusionen gemacht haben dürften. Die Entwicklung in diesen Ländern, in denen – wie Zbigniew K. Brzezinski zutreffend bemerkt hat – eine stalinistische Bastion nach der anderen fiel und posthume Rehabilitierungen die große Mode wurden[152], bildete ein aufsehenerregendes Schauspiel, bei dem die jugoslawische Führung verbal außerordentlich mitwirkte.

---

152 Z. K. Brzezinski, ebenda, S. 219. Die »Entstalinisierung« und die sowjetisch-jugoslawische »Versöhnung« sind Gegenstand zahlreicher Analysen, die hier nicht im einzelnen aufgeführt werden können. Das Dilemma der Volksdemokratien hat F. Fejtö in: Volksdemokratien. Bd. II, S. 75 f., besonders klar umrissen: »Wenn sie den Sowjets (die dabei nichts zu verlieren hatten) auf dem Wege der Rehabilitierung Titos folgten, untergruben sie das (stalinistische, zentralistische und infolgedessen antititoistische) Fundament ihrer Macht. Wiesen sie aber die Versöhnung mit Tito zurück, distanzierten sie sich vom Kreml – was der stalinistischen Tradition ebenso widersprach – und riefen dadurch eine Opposition hervor, die sich gleichzeitig auf Tito und auf Chruschtschow berufen konnte.«

aa) *in Albanien, Bulgarien und Rumänien*

Da das albanische Regime Enver Hoxhas und Mehmet Shehus am meisten die Folgen des sowjetisch-jugoslawischen Ausgleichs füchtete, lehnte es auch nach dem XX. Parteitag der KPdSU erfolgreich die jugoslawischen und sowjetischen Pressionen ab, das prominenteste Todesopfer der antitioistischen Kampagne, Koci Xoxe, zu rehabilitieren; Hoxha und Shehu waren nur bereit, eine partielle Entstalinisierung einzuleiten.[153]

Auch die bulgarische Führung unter Parteichef Todor Živkov und Ministerpräsident Vulko Červenkov zögerten zunächst, der jugoslawischen Forderung nachzukommen, die Hintergründe des Kostov-Prozesses offenzulegen. Erst am 14. April 1956 wurde der gehängte Traičo Kostov teilweise rehabilitiert, bis er auf dem VII. Parteitag der Kommunistischen Partei Bulgariens im November 1962 in rechtlicher und politischer Hinsicht von allen früheren Beschuldigungen freigesprochen wurde. Drei Tage später, am 17. April 1956, wurde Červenkov als Ministerpräsident von dem früheren Innenminister Anton Jugov abgelöst. Červenkov wurde zwar degradiert, aber politisch nicht völlig entmachtet, da er noch bis Ende 1961 Mitglied des Politbüros der Partei blieb und bis November 1962 einen Sitz im Zentralkomitee innehatte. Die reservierte Reaktion Bulgariens auf den sowjetisch-jugoslawischen Ausgleich ist auch darauf zurückzuführen, daß damit, wie David J. Dallin hervorgehoben hat, »das alte Gespenst einer Balkan-Föderation« wieder auftauchte und bei dem nun nicht – wie zu Zeiten Stalins – sichergestellt war, Titos Ambitionen in Schranken zu halten.[154]

Ebenso wie Enver Hoxha in Albanien, Walter Ulbricht in der DDR, Antonin Novotný in der Tschechoslowakei gelang es auch Gheorghe Gheorghiu-Dej in Rumänien, die Entstalinisierung zu überstehen. Im Oktober 1955 war es ihm gelungen, das entscheidende Amt des Ersten Parteisekretärs zurückzuerobern und den Vorsitz des Ministerrats Chivu Stoica, einem seiner engsten Verbündeten aus dem Kreis seiner bewährten »nationalen« Gefolgsleute, zu übertragen.

153 Vgl. dazu J. K. Hoensch: Osteuropa-Politik, S. 111 f., 123 mit weiteren Nachweisen; P. Lendvai: Balkan, S. 208–211; N. C. Pano: Albania, S. 117–120; J. F. Brown: Albania, S. 24.
154 Vgl. dazu J. K. Hoensch, ebenda, S. 112, 123 mit den Nachweisen in den Anm. 13 und 40. Eine ausführliche Darstellung der innenpolitischen Entwicklung Bulgariens gibt J. F. Brown in: Bulgaria, S. 53–74; P. Lendvai, ebenda, S. 240–244; Z. K. Brzezinski: Sowjetblock, S. 219–222; D. J. Dallin: Außenpolitik, S. 417. Vgl. auch die Angaben in: Hinter dem Eisernen Vorhang 1956, H. 4, S. 48 f. über die Lebensdaten V. Červenkovs und A. Jugovs.

Gheorghiu-Dej, der sich am 11. August 1955 nachdrücklich für den weiteren Verbleib sowjetischer Truppen in Rumänien ausgesprochen hatte[155], leitete eine vorsichtige Politik ein und verstand es, mit dem Makel des Stalinismus vor allem die bereits 1952 ausgebootete Parteigruppe um Ana Pauker und Vasile Luca zu versehen.
Daß Gheorghiu-Dej noch 1954 seinen möglichen Konkurrenten, den »Titoisten« Patrascanu hatte hinrichten lassen, war für Tito kein Grund, erst nach einer Rehabilitierung Patrascanus den Ausgleich auch mit Rumänien zu suchen. Wie sehr die jugoslawische Führung Hoffnungen auf Gheorghiu-Dej setzte, zeigt die Tatsache, daß Tito nach seinem Besuch in Moskau vom 24. bis zum 26. Juni 1956 die Rückreise in Bukarest unterbrach und mit einer gemeinsamen, von ihm und dem rumänischen Ministerpräsidenten Stoica unterzeichneten Erklärung abschloß. Beide Seiten vereinbarten darin, in Zukunft die »Zusammenarbeit im Interesse gutnachbarlicher Beziehungen und der Freundschaft zwischen den Völkern zweier sozialistischer Länder zu sichern«[156]. Vor seiner Abreise aus Bukarest erklärte Tito, »daß die Satelliten Moskaus aufgehört hätten, es zu sein«[157].

bb) *in der Tschechoslowakei*

Nachdem in der Parteiführung der Tschechoslowakei der sowjetisch-jugoslawische Ausgleich sowie Titos Forderung, den Slánský-Prozeß zu überprüfen, einige Unruhe ausgelöst hatten, reagierte die Prager Führung auf die Ergebnisse des XX. Parteitags der KPdSU als letzte unter den Volksdemokratien nicht nur reserviert, sondern auch mißtrauisch. Parteisekretär Antonín Novotný, Staatspräsident Antonín Zápotocký und Ministerpräsident Viliam Široký ließen in ihren Reaktionen keinen Zweifel daran, daß sich der »tschechoslowakische Weg zum Sozialismus« kaum von der zuvor geführten Politik unterscheiden werde. Man gab nicht einmal den Toten Klement Gottwald zur Kritik frei – ebensowenig war man

---

155 Vgl. dazu oben S. 515.
156 Text der Vereinbarung in: Archiv der Gegenwart 1956, S. 5841. Vgl. dazu im einzelnen J. K. Hoensch: Osteuropa-Politik, S. 112–114, 122 f. mit den Nachweisen in Anm. 39. Vgl. dazu auch St. Fischer-Galati: Rumania, S. 145–147. Vgl. über die Rehabilitierungen in Rumänien auch P. Lendvai, ebenda, S. 309–314. Vgl. über die Entstalinisierung in Rumänien auch die Analyse in: Hinter dem Eisernen Vorhang 1956, H. 4, S. 46.
157 Vgl. dazu Archiv der Gegenwart, ebenda.

bereit, den Toten Rudolf Slánský zu rehabilitieren. Auch war die Führung nicht bereit, dem sowjetischen Beispiel zu folgen und den Stalin-Kult zu beseitigen oder gar gegenüber Jugoslawien eine nachgiebige Politik einzuleiten. Da die ökonomische Situation in der ČSR etwas günstiger als in den anderen Volksdemokratien war, begnügte sich die Staats- und Parteiführung mit einer begrenzten Modifizierung des stalinistischen Systems und recht bescheidenen wirtschaftlichen Konzessionen an die Arbeiterklasse.[158]

cc) *in der DDR*

Während sich die Führungen der einzelnen Volksdemokratien veranlaßt sahen, aus den Ergebnissen des XX. Parteitags der KPdSU und aus dem sowjetisch-jugoslawischen Ausgleich unterschiedliche Konsequenzen für die eigene Partei zu ziehen, brachte es Ulbricht, der von allen Spitzen-Funktionären am meisten mögliche Folgen der Zertrümmerung des Stalin-Mythos durch Chruščev fürchten mußte, fertig, verbal am schärfsten zu »entstalinisieren«, ohne in der Praxis Entstalinisierung zu treiben. Ulbricht bewies, wie sehr er aus seiner ersten schweren Kriese nach Stalins Tod im Frühjahr 1953 gelernt hatte. Diesmal entschied er sich, die »neue Linie« selbst sofort bekanntzugeben, »seinen Vorgesetzten im Kreml notwendigen Tribut zu zollen und erst danach geschickt, klug und vorsichtig eine Entstalinisierung in der DDR soweit wie möglich zu verhindern«[159]. Ulbricht benötigte nur wenige Tage, um sich in einem Grundsatzartikel »Über den XX. Parteitag der Kommunistischen Partei der Sowjetunion« schon am 4. März 1956 im »Neuen Deutschland« zu äußern. Dieser Beitrag und Ulbrichts Stellungnahme vor der Berliner Bezirksdelegierten-Konferenz der SED vom 17. März 1956 bildeten ein Meisterstück seiner Flexibilität und Anpassungsfähigkeit. Ulbricht, für den Stalin einst »der größte lebende Theoretiker des wissenschaftlichen Sozialismus« und der »größte Wissenschaftler der Gegenwart« war, dessen Lebenswerk noch »Jahrhunderte die Entwicklung des Weltgeschehens« beeinflussen wer-

---

158 Vgl. dazu die detaillierte Darstellung von H. Slapnicka: Echo mit zahlreichen interessanten Zitaten und Nachweisen; Z. K. Brzezinski: Sowjetblock, S. 222 f.; J. K. Hoensch: Osteuropa-Politik, S. 114, 121 f. mit den Nachweisen in den Anm. 36 f. Vgl. zu den Rehabilitierungen in der Tschechoslowakei auch die Analyse in: Hinter dem Eisernen Vorhang 1956, H. 4, S. 44–46.
159 So C. Stern: Ulbricht, S. 185–187 (187); dies.: Die 3. Parteikonferenz der SED, S. 106 f.

de[160], meinte nun plötzlich: »Wir haben . . . nicht bestritten, daß Stalin ein Marxist, sogar ein gebildeter Marxist war.«[161]
Ulbrichts Urteil über Stalin vom 4. März 1956 gilt es festzuhalten: »Zweifellos hat Stalin nach dem Tode Lenins bedeutende Verdienste beim Aufbau des Sozialismus und im Kampf gegen die parteifeindlichen Gruppierungen der Trotzkisten, Bucharin-Leute und bürgerlichen Nationalisten. Als sich Stalin jedoch später über die Partei stellte und den Personenkult pflegte, erwuchsen der KPdSU und dem Sowjetstaat daraus bedeutende Schäden.«[162]
Ulbrichts Äußerungen über Stalin verdeutlichten darüber hinaus, daß sein Selbstbewußtsein seine erste Krise nach Stalins Tod gut überstanden hatte. So ließ er es sich nicht nehmen, mit einer »klassischen« Formulierung Stalin einen weiteren heftigen Hieb zu versetzen: »Zu den Klassikern

---

160 Zit. bei C. Stern: Ulbricht, S. 188. Vgl. auch »Das deutsche Volk grüßt Stalin – Losungen zum 70. Geburtstag des Genossen Stalin« in: Neues Deutschland vom 14. Dezember 1949 und Ost-Probleme 1956, S. 473. Von den insgesamt 25 Thesen seien hier nur die Thesen 12 und 17 wiedergegeben: »12. Stalin ist der Lenin unserer Tage! . . . 17. Studiert Stalin – lernt von Stalin – kämpft mit Stalin!« Vgl. auch W. Ulbricht: Das Vermächtnis des großen Stalin, in: Tägliche Rundschau vom 8. März 1953; Auszug in: Hinter dem Eisernen Vorhang 1956, H. 4, S. 49: »Der größte Mensch unserer Epoche ist dahingeschieden. Sein Werk jedoch lebt und wird der fortschrittlichen Menschheit noch in Jahrhunderten wegweisend sein. Das Werk des weisen Stalin ist so umfassend, daß es allen fortschrittlichen Menschen ständig Anleitung für ihr Wirken gibt . . .«
161 Text in: Neues Deutschland vom 18. März 1956; Auszug in: SBZ-Archiv 1956, S. 93–95 (93).
162 W. Ulbricht: Über den XX. Parteitag der Kommunistischen Partei der Sowjetunion, in: Neues Deutschland vom 4. März 1956 und SBZ-Archiv, ebenda, S. 76–78 (77). Vgl. auch die Entschließung des Zentralkomitees der SED zu den Ergebnissen des XX. Parteitages der KPdSU vom 22. März 1956; Text in: Neues Deutschland vom 24. März 1956 und SBZ-Archiv, ebenda, S. 120 f. Auf der II. Parteikonferenz der SED in Berlin (Ost) setzte sich Ulbricht am 9. Juli 1952 vehement für die »Aneignung der Sowjetwissenschaft und ihre schöpferische Anwendung in der täglichen Arbeit . . .« ein. Als wichtigstes Mittel zur »schnellen Hebung des ideologischen Niveaus« empfahl er die »Verbesserung des Studiums der Geschichte der KPdSU (B)«. Ulbricht folgerte weiter: »Von besonderer Bedeutung ist das Studieren der Werke des Genossen Stalin und seiner Biographie im Selbststudium. Für die Anleitung dieses Studiums ist es notwendig, besondere Konsultationen zu veröffentlichen und mündliche Konsultationen in den Parteikabinetten zu erteilen.« Text der Rede in: Protokoll der Verhandlungen der II. Parteikonferenz der SED, S. 158. Ulbrichts Rede ist auch wiedergegeben in dem vom Institut für Marxismus-Leninismus beim ZK der SED herausgegebenen Band: Walter Ulbricht: Zur Geschichte der deutschen Arbeiterbewegung – Aus Reden und Aufsätzen (Bd. IV: 1950–1954), der 1958 erschienen ist. Darin sucht man Ulbrichts euphorisches Bekenntnis zu Stalin ebenso vergebens wie seinen Rat, das Studium der »Geschichte der KPdSU (B)« zu verbessern. Trotz seines immensen Opportunismus besaß also Ulbricht nicht die Souveränität, einen der größten seiner politischen »Irrtümer« in seinen »gesammelten Werken« festzuhalten. Daher ist es müßig, dem Herausgeber der Schriften Ulbrichts unwissenschaftliche Praxis vorzuwerfen.

des Marxismus kann man Stalin nicht rechnen.« Ulbricht verstand es, die Situation in der DDR so darzustellen und von der der UdSSR und der anderen Volksdemokraten so abzugrenzen, daß seine Beweisführung nur die »logische« Schlußfolgerung zuließ: »Wo es keinen Stalinismus gibt, kann auch nichts entstalinisiert werden.«[163]

Ulbricht wußte, daß sich zumindest kritischere Geister, die ihr Gedächtnis noch nicht völlig verloren hatten, mit einer so verkürzten zeitgeschichtlichen Betrachtung und Bewertung nicht zufriedengeben konnten. Ihnen hatte der SED-Chef bereits am 4. März 1956 im Zentralorgan seiner Partei entgegengehalten, daß es darauf ankomme, »die wichtigen Lehren, die der XX. Parteitag gegeben hat, soweit sie auf unsere Verhältnisse anwendbar sind, ... gründlich auszuwerten«.

In einem zentralen Punkt befand sich Walter Ulbricht in einer ungleich besseren Position als die meisten seiner »Genossen« in den Staats- und Parteiführungen der anderen Volksdemokratien. Obwohl die SED 1948 die »Exkommunizierung« der Kommunistischen Partei Jugoslawiens mit Vehemenz und kaum zu übertreffenden Verbalinjurien begrüßt hatte, erschien es Stalin und der SED-Führung nicht erforderlich, in den Jahren ab 1950 in der SBZ politische Gegner nach dem Muster anderer »Bruderländer« nicht nur politisch und psychisch, sondern auch physisch zu vernichten. In Ost-Berlin hatten seinerzeit keine Schauprozesse stattgefunden, und – gemessen an den Prozessen gegen Rajk, Kostov und Slánský – ließ Ulbricht gegenüber seinen politischen Gegnern eine gewisse Milde walten. Geradezu genüßlich wies das Politbüro der SED Ende April 1956 auf diesen Sachverhalt hin.[164] So fiel es nun der SED-Führung im Zuge der Entstalinisierung sehr viel leichter, mit dem Problem der Rehabilitierung der zu Unrecht Verurteilten fertig zu werden.

163 So zutreffend C. Stern: Ulbricht, S. 189.
164 Vgl. »Die leninistische Geschlossenheit unserer Partei«, in: Neues Deutschland vom 29. April 1956 und SBZ-Archiv 1956, S. 155–159 (158): »Mehr und mehr nehmen die Bruderparteien ihre eigene schöpferische Rolle in Anspruch und üben, so wie wir, eine offene Kritik an gewissen Fehlern in ihrer eigenen Entwicklung ... Es muß darauf hingewiesen werden, daß unsere Partei im Jahre 1953 begonnen hat, gewisse Tendenzen der Sicherheitsorgane, sich über die Partei- und Staatsorgane zu erheben, sich der Kontrolle zu entziehen, zu korrigieren. Wir haben keinen solchen Prozeß wie z. B. den Rajk- oder Kostoff-Prozeß bei uns gehabt und demzufolge auch nicht so tiefgreifende Korrekturen durchzuführen.« Daß die SED keinen Grund hat, sich wegen ihrer Behandlung der 1950/52 in Ungnade gefallenen »Genossen« zu rühmen, geht aus zahlreichen Zeugnissen der Betroffenen hervor. Hier sei nur auf den Bericht verwiesen, den Leo Bauer, von 1949 bis zu seiner Verhaftung am 23. August 1950 Chefredakteur des »Deutschland-Senders«, nach seiner Freilassung im Oktober 1955 verfaßt hat: »Die Partei hat immer recht.«

Auf seiner 28. Tagung beschloß das Zentralkomitee der SED Ende Juli 1956, die Parteistrafe für Franz Dahlem aufzuheben und ihn zu rehabilitieren; ebenso wurden die Parteistrafen für drei hohe SED-Funktionäre – Anton Ackermann, Hans Jendretzky und Elli Schmidt – aufgehoben. Schwerer tat sich das Zentralkomitee der Einheitspartei mit der »Prüfung der Angelegenheit Paul Merker«, indem es feststellte, »daß die ihm zur Last gelegten Anschuldigungen in der Hauptsache politischer Natur sind, die eine strafrechtliche Verfolgung nicht rechtfertigen«[165]. Zur Rehabilitierung zweier weiterer »Parteifeinde« aus dem Jahre 1953 – Rudolf Herrnstadt und Wilhelm Zaisser – hat sich Ulbricht damals nicht durchzuringen vermocht.[166]

So bleibt festzuhalten, daß sich Walter Ulbrichts bemerkenswerte Anti-Stalin-Rede vom 17. März 1956 in Ost-Berlin durch ihre Schärfe und detaillierten Angaben von den öffentlichen Stellungnahmen der Führer anderer Volksdemokratien unterschied, so daß weder die sowjetische noch die volksdemokratische Presse von ihr Notiz genommen hat. Zweifellos beabsichtigte Ulbricht, mit seinen radikalen Verdammungsthesen von vornherein die Möglichkeit zu verringern, »mit der Kritik an Stalin zugleich eine Kritik an Ulbricht zu verbinden ... Hier sollte ... durch die schnelle Verwandlung des Stalinisten Ulbricht in einen Antistalinisten allen Angriffen auf die Person des 1. Sekretärs ein Riegel vorgeschoben werden.«[167]

Ulbrichts Opportunismus und Zynismus sowie seine Art, die Stalin-Ära neu zu »interpretieren« und mit dem Versuch zu verbinden, die eigene stalinistische Vergangenheit völlig zu verdrängen, und schließlich seine mangelnde Bereitschaft, aus seiner verbalen Verdammung Stalins praktische Folgen für die Politik zu ziehen, waren nicht geeignet, die in Funktionärskreisen der SED ausgelöste Unsicherheit und Verwirrung zu besänftigen. Die in breiten Kreisen der Bevölkerung gehegten Hoffnungen auf positive Maßnahmen im Zeichen der Entstalinisierung wurden bitter enttäuscht. Dabei darf allerdings nicht übersehen werden, daß keine Volksdemokratie von der UdSSR so abhängig war wie Walter Ulbrichts »Deutsche Demokratische Republik«.

Die SED-Führung konnte sich gar keine Politik im Innern leisten, die das

---

165 Text des Kommuniqués in: Neues Deutschland vom 31. Juli 1956 und SBZ-Archiv 1956, S. 232 f. Vgl. dazu auch »Die Rehabilitierung der Gegner Ulbrichts«, in: SBZ-Archiv, ebenda, S. 225 f.
166 Vgl. dazu oben S. 482–484.
167 So C. Stern: Die 3. Parteikonferenz der SED, S. 106 f.

von sowjetischen Truppen gestützte Regime auch nur im geringsten hätte gefährden oder in Frage stellen können. So sehr Nikita S. Chruščev auch die Staats- und Parteiführung in Ost-Berlin in ein Dilemma gestürzt hat, so sehr konnte er sich darauf verlassen, daß die »Genossen« in Ost-Berlin nichts unternehmen würden, was die Bindungen an die UdSSR hätte lokkern können. Schließlich trug auch die frische Erinnerung an den fehlgeschlagenen Aufstand vom Juni 1953 entscheidend dazu bei, den Gedanken an irgendeine gewaltsame Veränderung von vornherein auszuschließen.

Ob sich Ulbricht mit einer gemäßigteren und differenzierteren Anti-Stalin-Rede weniger Probleme geschaffen hätte, braucht – auch in der Retrospektive – deshalb nicht beantwortet zu werden, da die SED-Führung im Laufe des Jahres 1956 die Problematik der Entstalinisierung gar nicht isoliert, auf ihren Machtbereich begrenzt behandeln konnte. Die Entwicklung in den anderen Volksdemokratien – vor allem in Polen und Ungarn – zwang auch die Führung in Ost-Berlin, darüber nachzudenken, ob es ausreichend war, die Entstalinisierung auf das Versprechen zu beschränken, daß man sich in Zukunft strikt an die »sozialistische Gesetzlichkeit« halten und gewisse ökonomische Maßnahmen einleiten werde.[168]

dd) *in Polen und Ungarn*

Von der Situation Albaniens, Bulgariens, Rumäniens, der Tschechoslowakei und der DDR unterschied sich die Entwicklung sowohl in Polen als auch in Ungarn insofern, als die dort 1953 eingeleitete Politik des »Neuen Kurses« frühzeitig Lockerungserscheinungen gezeigt und in denen sich seit 1955 eine gewisse Unruhe ausgebreitet hat, die 1956 in eine intellektuelle Gärung mündete. Neben dem Ausgleich und der späteren »Aussöhnung« der UdSSR mit Jugoslawien verstärkten die Auswirkungen des XX. Parteitags der KPdSU die Führungsprobleme und ermutigten die liberalen Elemente, Reformisten und Revisionisten – hier die Anhänger Gomulkas, dort jene Nagys –, die ihre Politik durch den Kurs Chruščevs gerechtfertigt glaubten: »Nur in Ungarn und Polen existierten wirkliche persönliche Alternativen zu den Parteiführern, und für diese hätte das Beschreiten eines titoistischen Weges katastrophale Folgen gehabt.«[169]

---

168 Vgl. dazu im einzelnen C. Stern, ebenda, S. 107–109; dies.: Ulbricht, S. 185–195; Z. K. Brzezinski: Sowjetblock, S. 223 f.
169 So Z. K. Brzezinski, ebenda, S. 224, der eine sehr detaillierte Analyse über die innere Entwicklung Ungarns gibt, ebenda, S. 229–240; J. K. Hoensch: Osteuropa-Politik, S. 114 f., 123 f.; F. Fejtö: Volksdemokratien. Bd. II, S. 100–102.

Auch wenn sich der Kreml im Verlauf des Jahres 1955 auf die Loyalität und Linientreue der polnischen Führung mit dem »Stalinisten« Boleslaw Bierut als Parteichef, Jozef Cyrankiewicz als Ministerpräsident und Sowjetmarschall Rokosovskij als Verteidigungsminister verlassen konnte, zeigten die Behandlung Gomulkas und andere innenpolitische Maßnahmen, daß weiterreichende Krisen zumindest in Polen nicht ausgeschlossen werden konnten. Der 1948 verhaftete, aber nicht verurteilte »Nationalkommunist« Gomulka, dem zwar »ideologische Abweichung«, aber nicht »Verrat« vorgeworfen worden war, wurde Ende 1954 im geheimen freigelassen.
Auch wenn sich die 1955 eingeleiteten innenpolitischen Maßnahmen in Grenzen hielten, konnte es die Führung nicht verhindern, daß die durch die Rehabilitierung Titos hervorgerufene Unruhe breite Kreise der Intellektuellen erfaßte. Ernsthafte Schwierigkeiten traten jedoch in Polen erst auf, als der unbestrittene stalinistische Führer Bierut kurz nach dem Abschluß des XX. Parteitags der KPdSU am 12. März 1956 verstarb und die Möglichkeit eröffnete, in Polen nach Chruščevs Zertrümmerung des Stalin-Mythos auch notwendige personelle Konsequenzen zu ziehen.
Da es der sowjetischen Führung sehr darauf ankam, sich auch in Zukunft der Loyalität der polnischen Führung sicher zu sein, reiste Chruščev selbst nach Warschau, um dort die Wahl Edward Ochabs am 20. März 1956 durchzusetzen. Chruščev durfte anfangs mit dieser Entscheidung zufrieden sein, weil sich Ochab verpflichtet hatte, nur eine gemäßigte Liberalisierung in Polen einzuleiten.
Der sowjetische Parteichef konnte schwerlich ahnen – niemand vermochte das im März 1956 zu tun –, daß Ochab zuerst unbeabsichtigt, später immer entschlossener den Weg für die Rückkehr Gomulkas bereitete.[170]
Bereits im April 1956 wurde Gomulkas Freilassung offiziell bestätigt; mit einer gleichzeitig verkündeten Amnestie für 30 000 Häftlinge, darunter 9000 politischer Gefangener und der Absetzung hoher Regierungsfunktionäre bewies Ochab, wie sehr er bestrebt war, zumindest die gröbsten Auswüchse der Stalin-Ära in Polen zu beseitigen.
Besondere Schwierigkeiten bereitete es Chruščev, die nötigen Konsequenzen aus dem sowjetisch-jugoslawischen Ausgleich und dem XX. Kongreß der KPdSU im Fall Ungarns zu ziehen. In Ungarn war es, wie François

---

170 Brzezinskis Verdienst ist es, auch die innere Entwicklung Polens sehr ausführlich dargestellt zu haben. Vgl. Z. K. Brzezinski, ebenda, S. 219, 224, 258-266; F. Fejtö, ebenda, S. 98-100; »Polen« in: Hinter dem Eisernen Vorhang 1956, H. 4, S. 39-42; J. K. Hoensch, ebenda, S. 114, 121.

Fejtö zutreffend festgestellt hat, das Problem der Rehabilitierung eines bereits Toten – László Rajk – und eines noch Lebenden – Imre Nagy.[171] In Ungarn, wo Ministerpräsident Imre Nagy 1953 am überzeugendsten die Politik des »Neuen Kurses« eingeleitet und verfochten hatte, war die Entwicklung so unglücklich gelaufen, als Mátyás Rákosi, dessen Herrschaft besonders tief im »Antititoismus« verstrickt war und der eine besonders verhängnisvolle Rolle bei der Hinrichtung Rajks 1949 gespielt hatte, am 18. April 1955 Imre Nagy aus den Regierungs- und Parteiämtern verdrängen konnte. Im November 1955 wurde Nagy sogar aus der Partei ausgeschlossen.

Rákosi, als unverbesserlicher Stalinist immer noch in den Denkkategorien des orthodoxen Kommunismus verhaftet, fiel nicht mehr ein, als die positiven Auswirkungen des »Neuen Kurses« radikal zu bremsen – beispielsweise durch die Wiederaufnahme des Terrors der Geheimpolizei, die Verschärfung der Zwangskollektivierung und die bewußte Vernachlässigung der Konsumgüter-Industrie, so daß die Kluft zwischen der Bevölkerung und dem stalinistischen Regime wieder wesentlich verbreitert wurde.[172]

So änderte die Rückkehr Rákosis an die Macht im Jahre 1955 zwar den Kurs, »konnte aber das Wissen um die Alternative nicht aus der Welt schaffen«[173]. Auch wenn Chruščev den Entstalinisierungsprozeß in Bulgarien und Albanien nicht entsprechend den Erwartungen Titos, der besonders aufmerksam die Liquidierung des Stalinismus in den einzelnen Volksdemokratien verfolgte, voranzutreiben vermochte, wußte er, daß er um die von Belgrad kompromißlos geforderte Entmachtung Rákosis nicht herumkommen konnte. Rákosi versuchte, mit allen Mitteln Moskaus treuester Statthalter zu bleiben und eine Rückkehr des von ihm so gehaßten Imre Nagy an die Macht zu verhindern.

Nachdem Rákosi zunächst am 27. März 1956 Rajk und andere frühere Opfer zu rehabilitieren begonnen hatte, indem er die Verantwortung für die Verletzung der »sozialistischen Gesetzlichkeit« der Geheimpolizei anlastete, sah er sich drei Wochen später genötigt, zumindest einen Teil der Verantwortung selbst zu übernehmen und seine Mitwisserschaft einzugestehen. Die sowjetisch-jugoslawische »Aussöhnung«, wie sie in den Doku-

---

171 F. Fejtö, ebenda, S. 100.
172 Vgl. dazu im einzelnen Z. K. Brzezinski: Sowjetblock, S. 229–240; J. K. Hoensch: Osteuropa-Politik, S. 114 f., 123 f.
173 So Z. K. Brzezinski, ebenda, S. 229. Vgl. zu den Rehabilitierungen in Ungarn auch den Artikel »Ungarn« in: Hinter dem Eisernen Vorhang 1956, H. 4, S. 43 f.

menten vom 20. Juni 1956 ihren Ausdruck fand, suchte er dadurch aufzufangen, daß er gewisse Maßnahmen des »Neuen Kurses« in begrenztem Umfang wiederaufnahm.
Seit dem 30. Juni 1956 war Rákosi jedoch auch für den Kreml nicht mehr tragbar: An jenem Tag faßte das Zentralkomitee der Kommunistischen Partei Ungarns eine Resolution, in der Imre Nagy und dessen intellektuelle Sympathisanten scharf angegriffen wurden; Nagy warf man vor, daß sich um ihn eine bestimmte Gruppe organisiert habe, die offen gegen die Partei und die Volksdemokratie auftrete.[174]
Als Rákosi dann noch am 12. Juli vor dem Zentralkomitee seiner Partei den Entschluß verkündete, die »Nagy-Verschwörung« zu liquidieren, war der Punkt erreicht, an dem sich der Kreml zu einer direkten Intervention gezwungen sah, obwohl Chrušćev in seinen Vereinbarungen mit Tito vom 20. Juni 1956 dem Prinzip der Nichteinmischung gehuldigt hatte. In Titos Augen hatte die Entmachtung des uneinsichtigen Stalinisten Mátyás Rákosi absolute Priorität, die eine Einmischung des Kreml deshalb rechtfertigte, da die ungarische Parteiführung aus eigener Kraft die Ablösung Rákosis nicht zu bewerkstelligen vermochte.
Am 17. Juli 1956 traf Anastas Mikojan, stellvertretender Ministerpräsident der UdSSR, in Budapest ein und sorgte dafür, daß Rákosi einen Tag später »aus Gesundheitsgründen« seinen Rücktritt erklärte. Ein anderer, kaum weniger verhaßte Stalinist und Vertrauensmann Rákosis und damit scharfer Gegner Nagys, Ernö Gerö, übernahm als Nachfolger Rákosis die wichtige Position des Ersten Sekretärs der Partei. Imre Nagy, dessen 1953 eingeleitete und weitreichende Politik des »Neuen Kurses« mit der Linie des im Februar 1955 abgesetzten Georgij Malenkov übereinstimmte, kehrte nicht in die neue Führung zurück.
Chruščevs halbherzige Intervention bedeutete eine halbe Maßnahme, zumal auch prominente Rákosi-Opfer – wie János Kádár und Gyula Kállai – in das Parteisekretariat und Politbüro berufen wurden. Die neue Parteispitze war so heterogen zusammengesetzt, daß sie kaum leistungsfähig werden konnte. So konnte keine politisch relevante Gruppe in Ungarn zufrieden sein: Die Stalinisten mußten sich diskreditiert fühlen, während die im Lande immer stärker werdende Opposition ebensowenig befriedigt sein konnte wie die jugoslawische Führung, die ein tiefes Mißtrauen gegen den Stalinisten Gerö hegte. Da Nagy in der kurzen Zeit von 1953 bis Anfang 1955 große Hoffnungen in der ungarischen Bevölkerung zu erwecken

---

174 Engl. Text bei P. E. Zinner: Communism, S. 328–331 (329).

vermochte, war Gerö von Anfang an in einer aussichtslosen Position, um die Auflösungstendenzen zu stoppen und zugleich ein absolut sowjettreues Regime aufrechtzuerhalten. So erfolgte in den folgenden Wochen von allen Seiten immer stärker der Ruf nach Imre Nagys Rückkehr an die Macht.[175]

e) *Die revolutionären Vorgänge im Herbst 1956 in Polen und Ungarn*

aa) *Der »polnische Oktober«*

Als das Zentralkomitee der KPdSU am 30. Juni und die »Pravda« vom 16. Juli 1956[176] die ideologischen Grundlagen des Marxismus-Leninismus und die Solidarität sowie den Grundsatz beschworen hatten, daß die nationalen Interessen den internationalen sozialistischen Interessen nicht widersprechen könnten, bezogen sich beide Dokumente bereits auf die innere Entwicklung Polens und Ungarns. Gegenüber beiden Ländern mußte der Kreml nun verdeutlichen, ob und inwieweit die am 20. Juni 1956 Tito gegenüber konzedierte These von den »verschiedenen Wegen zum Sozialismus« auch für die Volksdemokratien gelte und wieweit sie den gemeinsamen ideologischen Grundvorstellungen unterzuordnen ist. Für die Richtung im Kreml mit Nikita S. Chruščev an der Spitze, die sich die »Versöhnung« mit Belgrad so viele Konzessionen kosten ließ, lag nun das Problem darin, den Zerfall des sowjetischen Machtbereichs zu verhindern, ohne dabei das neugestaltete sowjetisch-jugoslawische Verhältnis aufs Spiel zu setzen.
Zwei Tage nach dem Abschluß der sowjetisch-jugoslawischen Deklaration waren am 22. Juni 1956 Unruhen unter der Posener Arbeiterschaft ausgebrochen, die sich am 28. Juni in einen politischen Konflikt mit stark anti-sowjetischer Tendenz ausweiteten und nur mit Hilfe der polnischen Militärmacht niedergeschlagen werden konnten. Dank des schnellen Einsatzes der Streitkräfte, der auf deren Moral katastrophale Folgen hatte, stellte sich in diesem Moment für den Kreml noch nicht die Frage einer direkten sowjetischen Intervention.[177]

---

175 Vgl. dazu im einzelnen Z. K. Brzezinski: Sowjetblock, S. 240–246; F. Fejtö: Volksdemokratien. Bd. II, S. 135–139; J. K. Hoensch: Osteuropa-Politik, S. 123–126 mit den Nachweisen in Anm. 50.
176 Vgl. dazu oben S. 537–539.
177 Vgl. dazu vor allem die ausführliche Darstellung bei Z. K. Brzezinski: Sowjetblock, S. 258–267; J. K. Hoensch: Osteuropa-Politik, S. 124 f.; F. Fejtö: Volksdemokratien.

Die Vorgänge in Posen, die vor allem durch die Unzufriedenheit der Arbeiter ausgelöst worden waren, bildeten ein Alarmsignal nicht nur für die polnische, sondern auch für die sowjetische Führung, da gerade in Polen die Verbitterung über den »großen Bruder« besonders verbreitet war und sich auch unter den Intellektuellen ein großes revolutionäres Potential angesammelt hatte. So führten die Vorgänge zu einer weiteren Polarisierung zwischen den Liberalen und den Stalinisten in der Führung, und in weiten Kreisen der Bevölkerung wurde der Ruf nach politischen Reformen immer stärker. Die sowjetische Führung schien sich dieser brisanten Situation bewußt und entsandte zum 7. Plenum des Zentralkomitees der Vereinigten Polnischen Arbeiterpartei eine Delegation unter Führung Bulganins und Žukovs am 22. Juli 1956 nach Warschau.

Inzwischen hatte die Krise ein solches Ausmaß angenommen, daß immer mehr die Überzeugung um sich griff, in der verfahrenen und zugespitzten Situation könnte nur noch der »Nationalkommunist« Gomulka die Führung des Staates übernehmen. Am 4. August wurde der inzwischen völlig rehabilitierte populäre Gomulka wieder in die Partei aufgenommen, ohne sofort seine Position genauer zu definieren. Da sich die polnische Führung zu klaren Entscheidungen nicht durchzuringen und die Diskussion über das Verhältnis Polens zur UdSSR und den »eigenen Weg zum Sozialismus« nicht zu steuern vermochte, entglitt der ohnehin gespaltenen Führung immer mehr die Kontrolle über die auf »Demokratisierung« und »Veränderung« gerichteten Forderungen der polnischen Öffentlichkeit.[178]

In einem Dilemma befand sich die sowjetische Führung auch im Fall Un-

---

Bd. II, S. 117-121. Wichtige Stellungnahmen zu den Vorgängen in Polen bei P. E. Zinner (Ed.): Communism, S. 126-142. Vgl. zum Ablauf der Ereignisse im einzelnen: Polen im Sommer 1956, in: Osteuropa 1956, S. 292-302. Vgl. dazu auch die historisch weit ausgreifende Darstellung bei G. W. Strobel: Komponente, S. 9326 f. Eine ausführliche Darstellung des »polnischen Oktober« auch bei G. Barraclough: Survey 1956-1958, S. 72-97; A. Bromke: Poland's Politics, S. 86-94; G. Rhode: Polen, S. 1054-1056, der vom »Frühling im Oktober« spricht. So auch der Titel der Monographie von K. Syrop: Spring in October. In der Zeitschrift »Polish Review« bescheinigte George Sakwa dem Autor, eine seriöse und ausgewogene Analyse geliefert zu haben. Vgl. G. Sakwa: The Polish »October«: A Reappraisal through Historiography, S. 62-78 (63). Darin vermittelt er eine instruktive Übersicht über das inner- und außerhalb Polens veröffentlichte Schrifttum zu den Vorgängen im Herbst 1956. Vgl. außerdem C. D. Jones: Influence, S. 68-72. Vgl. über die Entwicklung in Polen auch die instruktiven und detaillierten Analysen in der Monatsschrift »Hinter dem Eisernen Vorhang«.

178 Vgl. dazu vor allem Z. K. Brzezinski, ebenda, S. 266-275; J. K. Hoensch, ebenda, S. 126 f.; A. B. Ulam: Expansion, S. 578-583; D. J. Dallin: Außenpolitik, S. 423-427.

garns, wo – wie bereits ausgeführt[179] – aufgrund der sowjetischen Intervention am 18. Juli 1956 der Stalinist Rákosi als Erster Parteisekretär durch Ernö Gerö, einen Vertrauensmann Rákosis und ebenfalls scharfen Gegner Nagys, abgelöst wurde. Da diese Entscheidung die innere Lage Ungarns keineswegs beruhigen und die Auflösungstendenzen aufhalten konnte und Tito nach wie vor nicht bereit war, Gerö anzuerkennen, sah sich Chruščev veranlaßt, in der zweiten September-Hälfte 1956 nach Jugoslawien zu reisen und Tito um die Unterstützung der halbherzigen Maßnahmen in Ungarn zu gewinnen. Nach einem sich sofort anschließenden, bis zum 5. Oktober dauernden Gegenbesuch Titos auf der Krim erreichte Chruščev wenigstens insofern einen Teilerfolg, als sich Tito entschloß, seine Einwände gegen Gerö zu überwinden und ihn als Ersten Sekretär der Partei der Ungarischen Werktätigen zu tolerieren.
Da jedoch die Rákosi-Ära so viel Feindseligkeit hinterlassen hatte und Nagy von den Massen immer noch als Antithese empfunden wurde, war auch Gerö nicht in der Lage, sich mit Hilfe der Geheimpolizei, der Armee und der sowjetischen Besatzungsstreitkräfte wirkungsvoll durchzusetzen. Die Opposition verfügte zwar über keine formelle Organisation, aber über ein populäres Programm und eine treue, immer stärker anwachsende Anhängerschaft, die sich auch durch ökonomische Hilfe der UdSSR nicht beruhigen ließ. So bereitete sich in Ungarn bis Mitte Oktober 1956 die Unruhe immer mehr aus, und die Krise vertiefte sich.[180]
Ehe es jedoch in Ungarn zu den tragischen Ereignissen und der massiven sowjetischen Intervention kam, vollzog sich in Polen die Machtübernahme Gomulkas auf höchst aufregende und eigenartige Weise. In Warschau tagte vom 13. bis zum 15. Oktober 1956 das Politbüro, das dem für den 19. Oktober einzuberufenden Plenum des Zentralkomitees die Wahl Gomulkas zum Ersten Sekretär und die Entmachtung des Verteidigungsministers und Politbüro-Mitglieds, des Sowjetmarschalls K. Rokosovskij, vorschlug. Nachdem Ministerpräsident Ochab die ihm vom sowjetischen Botschafter am 17. Oktober überbrachte Aufforderung, sofort zu Verhandlungen nach Moskau zu reisen, ausgeschlagen hatte, traf am 19. Oktober eine gewichtige sowjetische Delegation, bestehend aus Chruščev, Lazar M. Kaganovič, Mikojan und Molotov, uneingeladen in Warschau ein, um dort die Verhandlung zu führen, die die polnische Führung zwei Tage zuvor abgelehnt hatte.

---

179 Vgl. dazu oben S. 550.
180 Vgl. dazu vor allem Z. K. Brzezinski: Sowjetblock, S. 243–246; F. Fejtö: Volksdemokratien. Bd. II, S. 135–138; J. K. Hoensch: Osteuropa-Politik, S. 127 f.

Wie ernst der Kreml die Situation einschätzte, geht auch daraus hervor, daß der sowjetischen Delegation der Oberkommandierende der Warschauer Pakt-Staaten, Marschall I. Konev, und der Stabschef der sowjetischen Landstreitkräfte, A. Antonov, und zehn weitere Generäle angehörten. Über den dramatischen Ablauf der sowjetisch-polnischen Verhandlungen gibt es zwar keine offiziellen Veröffentlichungen; zahlreiche wichtige Einzelheiten wurden damals jedoch unter der Hand bekannt.
Der polnischen Führung gelang es, Chruščev und Molotov, die Exponenten der beiden rivalisierenden Richtungen in der sowjetischen Führung, für den Machtwechsel in Polen zu gewinnen: Gomulka wurde Nachfolger Ochabs als Erster Sekretär und Rokosovskij seines Sitzes im Politbüro für verlustig erklärt. Die Ablösung Rokosovskijs als Verteidigungsminister war nun nur noch eine Frage der Zeit; am 29. November 1956 gab er sein Amt auf und kehrte in die UdSSR zurück. Eine vom Kreml möglicherweise in Erwägung gezogene militärische Intervention unterlief Gomulka mit dem Versprechen, bald zu weiteren Verhandlungen nach Moskau zu kommen, die Stationierung sowjetischer Truppen auf polnischem Territorium auch künftig zu tolerieren und Polen im Warschauer Pakt zu belassen.[181]
Man darf der polnischen Führung bescheinigen – gerade im Hinblick auf die Ereignisse in Ungarn wenige Tage später –, daß sie den gravierenden Machtwechsel, dem endlich auch Verteidigungsminister und Sowjetmarschall Rokosovskij zum Opfer fiel, mit großem Geschick vollzogen hat. Für die sowjetische Führung dürfte nicht nur die prekäre innere Lage Polens, sondern auch die Tatsache mitbestimmend gewesen sein, daß nur der »Nationalkommunist« Gomulka fähig schien, die komplizierte Situation zu meistern und Polen im »sozialistischen Lager« zu belassen.
Und Gomulka war, als er anschließend sein Programm verkündete, geschickt genug, dieses vornehmlich auf innenpolitische Reformen zu fixieren und mit der Zugehörigkeit Polens zum »Block« die sowjetische Führung an ihrer empfindlichsten Stelle zu schonen. Aus diesen und anderen Erwägungen, über die Zbigniew K. Brzezinski wohl am überzeugendsten und eingehendsten berichtet hat, sah der Kreml davon ab, in die inneren Angelegenheiten Polens mittels einer militärischen Intervention einzugreifen: »Vorsicht auf beiden Seiten verhinderte einen offenen Konflikt.«[182]

---

181 Vgl. dazu Z. K. Brzezinski, ebenda, S. 266–282; F. Fejtö, ebenda, S. 126–135.
182 So Z. K. Brzezinski, ebenda, S. 282.

In seiner programmatischen Rede vor dem VIII. Plenum des Zentralkomitees seiner Partei vom 20. Oktober 1956, die – wie François Fejtö zutreffend bemerkt hat – in die Geschichte der internationalen kommunistischen Bewegung eingegangen ist, sprach Gomulka in sehr abgewogenen und vorsichtigen Wendungen die Fragen der »verschiedenen Wege zum Sozialismus« an und nannte – interessanterweise – als ersten Grundsatz der Beziehungen zwischen sozialistischen Staaten die »internationale Arbeiter-Solidarität«, um dann erst die Grundsätze des gegenseitigen Vertrauens, der Gleichheit der Rechte, der gegenseitigen Unterstützung und der gegenseitigen freundschaftlichen Kritik aufzuführen. Ganz im Sinne Chruščevs rechnete auch Gomulka mit dem Personenkult Stalins ab, um daran wenigstens die aufschlußreiche Bemerkung anzufügen:

»Der Personenkult, das ist ein bestimmtes System, das in der Sowjetunion herrschte und das in nahezu alle kommunistischen Parteien, wie auch in eine Reihe von Ländern des sozialistischen Lagers, darunter auch Polen, verpflanzt wurde. Das Wesen dieses Systems bestand darin, daß eine aus Einzelpersonen bestehende, hierarchische Stufenleiter der Kulte geschaffen wurde.«

Gomulka hat sehr eindrucksvoll und plastisch das »System« und die »Hierarchie des Personenkults« im sowjetischen Machtbereich geschildert:

»Im Block der sozialistischen Staaten stand auf der Spitze dieser hierarchischen Stufenleiter der Kulte Stalin. Vor ihm neigten ihr Haupt alle, die die unteren Sprossen dieser Stufenleiter einnahmen. Ihr Haupt neigten nicht nur die Führer der KPdSU und die Leiter der Sowjetunion, sondern ebenso auch die Führer der kommunistischen und Arbeiterparteien in den Ländern des sozialistischen Lagers.

Die letzteren, das heißt, die Ersten Sekretäre der Zentralkomitees der Parteien der einzelnen Länder, saßen auf der zweiten Sprosse der Stufenleiter des Personenkults und hüllten sich wiederum in die Herrschaftsgewänder der Unfehlbarkeit und Weisheit. Ihr Kult strahlte jedoch nur im Bereich ihrer Länder, wo sie auf der obersten Sprosse der Kultleiter ihres Landes standen. Diesen Kult könnte man nur als Widerschein, als ausgeliehenes Licht bezeichnen. Es leuchtet ähnlich wie der Mond. Dessenungeachtet war er in seinem Wirkungskreis allmächtig. Und so setzte sich in jedem Land die Stufenleiter der Kulte von oben bis unten fort. Der Träger des Personenkults wußte über alles Bescheid, konnte alles, entschied alles, leitete alles und bestimmte alles in seinem Wirkungsbereich.

Er war der klügste Mann, unabhängig davon, welche Bildung, welche Fähigkeiten und welche persönlichen Vorzüge er hatte.«[183] Mit dieser anschaulichen Darstellung, für die Gomulka aufgrund seiner eigenen Erfahrungen besonders prädestiniert war und die auf eine totale Abrechnung nicht nur mit dem Stalinismus, sondern auch mit dem seitdem keinesfalls überwundenen »Unfehlbarkeitsdogma« der Parteiführungen hinauslief, hat er Chruščevs ebenfalls so plastische Verdammung des Personenkults um Stalin wesentlich ergänzt. So konnte Gomulka nur zu dem klaren Schluß gelangen, daß sich unter diesen Umständen die interparteilichen und zwischenstaatlichen Beziehungen zwischen der KPdSU und der UdSSR einerseits und den Parteien und Ländern der Volksdemokratien andererseits nicht auf der Basis der Gleichheit entwickelt haben.

Für die künftige Entwicklung Polens und des »Block«-Gefüges war ein anderer Punkt von zentraler Bedeutung: Gomulka und seinen Mitarbeitern gelang es, mit außerordentlichem taktischen Geschick und viel Energie in den letzten Tagen des Oktober 1956 die Früchte des polnischen »Frühlings« im Oktober zu retten[184] und ein Übergreifen der revolutionären Ereignisse in Ungarn auf Polen zu verhindern.[185] So entschärfte sich die immer noch höchst kritische und angespannte Situation, da die neue Führung die Partei, Armee und weite Kreise der Bevölkerung von der absoluten Notwendigkeit zu überzeugen vermochte, die sowjetischen Interessen genügend zu berücksichtigen und nicht über die Stränge zu schlagen.

---

183 Dt. Text in: Europa-Archiv 1956, S. 9369–9383 (9380). Eine vollständige deutsche Fassung hat auch die »Trybuna Ludu« als Sonderdruck veröffentlicht.
184 Vgl. dazu auch D. J. Dallin: Außenpolitik, S. 426–430; F. Fejtö: Volksdemokratien. Bd. II, S. 129–132; Z. K. Brzezinski: Sowjetblock, S. 271–282; A. B. Ulam: Expansion, S. 590–595, der die wenigen Gemeinsamkeiten und großen Unterschiede bezüglich der polnischen und ungarischen Situation klar herausgearbeitet hat.
185 Vgl. dazu F. Fejtö, ebenda, S. 132: »Revolutionäres Feuer in Ungarn *und* Polen hätte verheerende Folgen gehabt. Am Beispiel des ungarischen Aufstands erkannten die Sowjets die Chance, die ihnen die Existenz einer organisierten Opposition in Polen bot, nämlich die Möglichkeit, einen vernünftigen Kompromiß zu schließen. Der Sieg Gomulkas mußte ihnen plötzlich als das kleinere Übel erscheinen und die am 20. Oktober für die polnische Krise erzielte Lösung als vorbildhaft für die Lösung des ungarischen Problems.« Vgl. auch die Rede Gomulkas auf einer Massenversammlung in Warschau am 24. Oktober 1956; Text in: Europa-Archiv 1956, S. 9384 f. Vgl. dazu auch G. Stökl: Russische Geschichte, S. 776–781 (780). Sehr instruktiv sind auch die Berichte in: Hinter dem Eisernen Vorhang 1956, H. 3, S. 40–43; H. 4, S. 21–35, 39–42; H. 5, S. 3–6, 19–26, 38–43; H. 7, S. 3–7, 10, 41–45; H. 8, S. 34–37, 42–45 (43: Übersicht über die Spitzenfunktionäre von Partei und Staat – Stand vom August 1956); H. 10, S. 32–43.

In Polen begann nun eine Phase der Normalisierung, die durch zahlreiche liberale Maßnahmen gekennzeichnet ist. Gomulka war von Anfang an nicht so vermessen, den Abzug der in Polen stationierten sowjetischen Truppen zu fordern und damit falsche Hoffnungen in der Bevölkerung zu wecken. Der mit der sowjetischen Führung am 19./20. Oktober erreichte Kompromiß wurde aufgrund der sowjetisch-polnischen Verhandlungen vom 15. bis zum 18. November 1956 bestätigt und spezifiziert. Zwar mußte Gomulka ausdrücklich das Verbleiben sowjetischer Truppen in Polen bestätigen, doch waren die von den Sowjets konzedierten ökonomischen Vorteile nicht zu unterschätzen: So annullierte die Sowjetunion die polnischen Schulden und sagte einen neuen Kredit sowie die Lieferung von Getreide zu.

Daher konnte sich der Kreml – wie Adam B. Ulam zutreffend bemerkt hat – glücklich schätzen, in Polen einen Mann zu haben, der die öffentliche Unzufriedenheit zu zügeln und eine Revolte in der Partei zu verhindern vermochte, die in eine Revolte gegen den Kommunismus hätte umschlagen können.[186] Wahrscheinlich wäre der Kreml froh gewesen, wenn der mit Polen ausgehandelte Kompromiß auch als Lösung für die prekäre Lage Ungarns hätte dienen können. Doch nahm die Entwicklung dort einen anderen und sehr viel tragischeren Verlauf.

bb) *Die Volkserhebung in Ungarn*

Die Entwicklung in Ungarn im Oktober/November 1956 ist Gegenstand zahlreicher fundierter und minutiöser Darstellungen und auch deshalb weitgehend aufgehellt, da die Vereinten Nationen (UNO) in sehr detaillierter Form die damaligen Ereignisse analysiert haben. In jüngster Zeit sind zwei weitere höchst aufschlußreiche Studien erschienen: der Augenzeugenbericht Sandor Kopácsis »Au Nom de la Classe Ouvrière« und die Erinnerungen Veljko Mićunović', des damaligen jugoslawischen Botschafters in Moskau, der den wichtigen Nachweis liefert, wie die sowjetische Führung Jugoslawien bei der Niederwerfung des ungarischen Auf-

---

186 A. B. Ulam: Expansion, S. 594. Text der sowjetisch-polnischen Erklärung vom 18. November 1956 in: Europa-Archiv, ebenda, S. 9385–9388. Vgl. dazu beispielsweise Z. K. Brzezinski: Sowjetblock, S. 282: »Obwohl Polen nicht gewillt war, die sowjetische Politik in Ungarn zu billigen (Gomulka konnte geltend machen, daß das sein Parteiregime schwächen würde), wurde es für frühere wirtschaftliche Ungerechtigkeiten entschädigt.« Vorgeschichte, Verlauf und Auswirkungen des »polnischen Oktober« hat Jacques Lévesque unter dem besonderen Aspekt der sowjetisch-chinesischen Beziehungen bis zum Jahre 1959 untersucht. Vgl. Conflit, Teil 1.

stands 1956 zum Komplizen machen wollte. Auffällig ist, daß Veljko Mićunović wichtige Vorgänge und Enthüllungen vermittelt, die bereits erstmals – und das ist in westlichen Analysen bisher kaum beachtet worden – in den 1970 veröffentlichten »Memoiren« Chruščevs erwähnt worden sind.[187]

In Ungarn war es Ernö Gerö, der am 18. Juli 1956 Mátyás Rákosi als Erster Sekretär der Kommunistischen Partei abgelöst hatte, nicht gelungen, den seit langem schwelenden Konflikt zwischen der stalinistischen Führung, der sowjetischen Besatzungsmacht und der mit den Verhältnissen unzufriedenen Bevölkerung zu überwinden und die in Imre Nagy verkörperte Antithese überflüssig zu machen. Hinzu kommt, daß die polnischen Ereignisse den revolutionären Elan unter den Intellektuellen, Studenten und auch Arbeitern geschürt haben; die mit sowjetischer Zustimmung erfolgte Wahl Gomulkas zum Ersten Sekretär der Vereinigten Polnischen Arbeiterpartei und die Ausschaltung des bisherigen Verteidigungsministers, des sowjetischen Marschalls Rokosovskij, wertete man auch in Ungarn als weiteren Schritt zur »Demokratisierung« und Befreiung von der sowjetischen Vormundschaft.

Am Abend des 23. Oktober 1956 meldete die offizielle ungarische Nachrichtenagentur MTI den Beginn von Unruhen in der ungarischen Hauptstadt, die sich bald zu einer Volkserhebung entwickelten, auf das ganze Land übergriffen und rasch eine antisowjetische Tendenz offenbarten. Da die Parteiführung auf diese dramatische Entwicklung nicht vorbereitet war und nicht richtig zu reagieren vermochte, wurde in der Nacht vom 23.

---

187 Vgl. dazu mit jeweils weiteren Nachweisen Z. K. Brzezinski, ebenda, S. 246–257; J. K. Hoensch: Osteuropa-Politik, S. 130–134; F. Fejtö: Volksdemokratien. Bd. II, S. 132–150; J. M. Mackintosh: Strategie, S. 159–172; D. J. Dallin: Außenpolitik, S. 434–451; G. Barraclough: Survey 1956–1958, S. 72–138, wo die Ereignisse in Polen und Ungarn sehr detailliert dargestellt werden. Sehr instruktiv dazu auch A. B. Ulam: Expansion, S. 585–603, da er die Vorgänge in den internationalen Zusammenhang gestellt hat. Über den Ablauf der Ereignisse in Ungarn informiert auch der ausführliche Bericht des Sonderausschusses der UNO: Der Volksaufstand in Ungarn; Text der Schlußfolgerungen des Berichts auch in: Europa-Archiv 1957, S. 10168–10171 (Text der Resolutionen, ebenda, S. 10171 f.). Vgl. zur Gesamtproblematik auch M. J. Lasky: Die ungarische Revolution. Vgl. zur Vorgeschichte und zum Verlauf der Volkserhebung auch C. Gasteyger: Tragödie. Sehr instruktiv ist S. Kopácsis Augenzeugenbericht: Die ungarische Tragödie. V. Mićunović' Memoiren »Moskauer Jahre 1956–1958« sind 1977 auf serbokroatisch in Zagreb erschienen. Vgl. dazu die ausführlichen Rezensionen von V. Meier: Chruschtschow und S. Stankovic: Verhältnis; Chruschtschow erinnert sich, S. 417–431. In seiner 1981 erschienenen Studie »Die ungarische Revolution 1956« hat Emilio Vasari sowohl die innen- als auch außenpolitischen Faktoren untersucht, die für den »ungarischen Oktober« maßgebend waren.

auf den 24. Oktober Imre Nagy Nachfolger András Hegedüs', während Gerö noch das Amt des Ersten Parteisekretärs behielt. Am 24. Oktober gab Radio Budapest folgende Erklärung heraus: »Die Regierungsorgane haben nicht mit den blutigen, hinterhältigen Attacken gerechnet und sich daher an die in Ungarn aufgrund des Warschauer Vertrags stationierten sowejtischen Einheiten mit der Bitte um Hilfe gewandt. Die sowjetischen Einheiten haben dem Ersuchen entsprochen und nehmen an der Wiederherstellung der Ordnung teil.«[188]
Einige Stunden später verbreitete auch Radio Moskau die am folgenden Tag in der »Pravda« veröffentlichte Meldung, die jedoch in einem wichtigen Punkt von der ungarischen Version abwich: »Die Regierung der Ungarischen Volksrepublik hat sich an die Regierung der UdSSR mit der Bitte um Hilfe gewandt.«[189]
Zwischen Ost und West wurde später heftig darüber diskutiert, wer auf ungarischer Seite am 24. Oktober um den Einsatz sowjetischer Truppen vor allem in Budapest nachgesucht hatte. Während die UdSSR behauptete, dies habe der wenige Stunden zuvor zum Ministerpräsidenten ernannte Imre Nagy getan, deuten westliche Untersuchungen darauf hin, daß András Hegedüs, bis zum Vormittag des 24. Oktober Vorsitzender des Ministerrats der Ungarischen Volksrepublik, oder Ernö Gerö, der bis zum Vormittag des 25. Oktober das Amt des Ersten Parteisekretärs innehatte, diese Entscheidung gefällt hat. Eine weitere Möglichkeit liegt darin, daß Hegedüs und Gerö zusammen die UdSSR um den Einsatz ihrer in Ungarn stationierten Truppen gebeten haben. Diese Frage ist vor allem unter dem Aspekt wichtig, ob diese erste sowjetische Intervention in Ungarn insofern gerechtfertigt war, als das Einverständnis der betroffenen Regierung vorlag – ein Problem, das später noch behandelt werden wird.[190]
Nur soviel steht fest: Die von Zbigniew K. Brzezinski vertretene und von Jörg K. Hoensch übernommene These, das Mitglied des Politbüros György Marosan, ein früherer, erst vor kurzem rehabilitierter Sozialdemokrat, hätte im Namen des Politbüros die Sowjets um direkte militärische Hilfe gebeten, erscheint vor allem aufgrund des Berichts des Sonderausschusses

---

188 Engl. Text bei P. E. Zinner: Communism, S. 409; dt. Übersetzung bei D. A. Loeber: Ungarn, S. 9355 mit Anm. 6. Vgl. zur Vorgeschichte und zum Verlauf der ungarischen Volkserhebung auch P. E. Zinner: Revolution in Hungary; G. Ginsburgs: Demise and Revival of a Communist Party; D. Silagi: Ungarn, S. 912–919. Vgl. speziell zum Verlauf der sowjetischen Interventionen auch C. D. Jones: Influence, S. 72–79.
189 Vgl. »Pravda« vom 25. Oktober 1956; dt. Übersetzung bei D. A. Loeber, ebenda, und D. J. Dallin: Außenpolitik, S. 439.
190 Vgl. dazu auch D. J. Dallin, ebenda, S. 436 und unten S. 921 f.

der Vereinten Nationen zur Untersuchung des ungarischen Volksaufstands fragwürdig.[191]
Da der Kreml dem Einsatz sowjetischer Militäreinheiten sofort zugestimmt hatte, wurde die »Wiederherstellung der Ordnung« in Budapest rasch bewerkstelligt. Außerdem wurden Mikojan und Suslov am 25. Oktober in die ungarische Hauptstadt entsandt, um sich an Ort und Stelle über die verworrene Situation zu informieren. So konnte Ministerpräsident Nagy bereits am 25. Oktober ankündigen, daß die ungarische Regierung Verhandlungen mit der UdSSR über die Beziehungen zwischen beiden Staaten aufnehmen werde, in denen auch die Frage des Abzugs der in Ungarn stationierten Streitkräfte behandelt werden soll.[192]
Am selben Tag trat – um es noch einmal zu wiederholen – János Kádár, ein populäres Rákosi-Opfer und Anhänger Nagys, an die Stelle Ernö Gerös als Erster Parteisekretär, da Gerös Position inzwischen unhaltbar geworden war und ihm und einigen seiner Mitarbeiter Mikojan und Suslov nahegelegt hatten, das Land schnellstens zu verlassen.[193]
Am 27. Oktober bildete Imre Nagy seine Regierung um, in die nun auch mehrere prominente Nicht-Kommunisten eintraten. Nagy und Kádár richteten Appelle an die Bevölkerung, Ruhe und Ordnung zu bewahren. In den sowjetisch-ungarischen Verhandlungen einigte man sich darauf, daß Nagy eine Anzahl von Reformen einführen sollte. Wichtiger jedoch war, daß Nagy am 28. Oktober die Übereinkunft mit der sowjetischen Regierung bekanntgeben konnte, nach der die Sowjets sofort ihre Streitkräfte aus Budapest abziehen werden. Ebenso wichtig war Nagys Ankündigung, die verhaßte Geheimpolizei aufzulösen und nach der Wiederherstellung der Ordnung eine neue Staatspolizei zu schaffen.[194]
Die sechs Tage zwischen dem 28. Oktober und dem 3. November 1956 waren die einzige Periode, in der die Regierung Nagys über eine gewisse Unabhängigkeit verfügte. Ihrer Macht und ihrer Betätigung waren jedoch Grenzen gesetzt, nicht – wie es oft dargestellt worden ist – durch sowjetische Befehle, sondern – worauf David J. Dallin zutreffend hingewiesen

---

191 Z. K. Brzezinski: Sowjetblock, S. 247; J. K. Hoensch: Osteuropa-Politik, S. 130 f. Vgl. dazu vor allem die Schlußfolgerungen des Berichts des Sonderausschusses der UNO; Text in: Europa-Archiv 1957, S. 10169. Die Bitte um militärische Hilfe hat entweder Ernö Gerö, Erster Parteisekretär, oder András Hegedüs als Ministerpräsident ausgesprochen. Vgl. dazu auch A. B. Ulam: Expansion, S. 595.
192 Text bei P. E. Zinner: Communism, S. 416–418 (417). Vgl. dazu auch D. A. Loeber: Ungarn, S. 9355 mit dem Nachweis in Anm. 11.
193 Vgl. dazu Z. K. Brzezinski: Sowjetblock, S. 247 f.; D. J. Dallin: Außenpolitik, S. 437; G. Barraclough: Survey 1956–1958, S. 102–104.
194 Engl. Text bei P. E. Zinner: Communism, S. 428–432 (431).

hat – durch eine Unmasse von Lokalkomitees, die überall im Lande aus dem Boden schossen und nach ihren eigenen Programmen zu handeln gedachten.[195]

Der 30. Oktober war vor allem durch zwei weitreichende Ereignisse geprägt: Ministerpräsident Imre Nagy proklamierte die Wiederherstellung eines Mehr-Parteien-Systems und einer Koalitionsregierung und damit die Abschaffung des Ein-Partei-Systems auf der Basis der demokratischen Zusammenarbeit zwischen den Koalitionsparteien seit 1945; die damalige Koalition hatte aus Kommunisten, Sozialdemokraten, Angehörigen der Partei der Kleinen Landwirte und der Nationalen Bauernpartei bestanden.[196] Am gleichen Tag veröffentlichte die sowjetische Regierung ihre Erklärung über die Beziehungen der UdSSR zu den anderen sozialistischen Staaten, in der es u. a. hieß, daß die Stationierung von Truppen von Teilnehmerstaaten des Warschauer Vertrags auf dem Territorium eines anderen Teilnehmerstaates nur mit Zustimmung des letzteren vorgenommen werde.

Auf diese Deklaration – auf die noch wegen ihres grundsätzlichen Gehalts zurückzukommen sein wird[197] – bezog sich Nagy in seinem Telegramm vom 1. November an den Vorsitzenden des Präsidiums des Obersten Sowjets, K. E. Vorošilov, in dem er erneut den Wunsch aussprach, Verhandlungen über den Abzug der sowjetischen Truppen aus dem gesamten ungarischen Gebiet zu beginnen.[198]

Bis zum Abend des 31. Oktober zogen sich die sowjetischen Streitkräfte aus der ungarischen Hauptstadt zurück; sie blieben jedoch in den übrigen Teilen des Landes. Außerdem hatten starke sowjetische Verbände die ungarische Grenze überschritten und sich auf Budapest zubewegt. Am 1. November ließ Nagy den sowjetischen Botschafter in Ungarn, Jurij W. Andropov, zu sich kommen und teilte ihm mit, daß er zuverlässige Informationen über den Einmarsch neuer sowjetischer Truppen nach Ungarn erhalten habe. Nagy forderte den sofortigen Abzug dieser Einheiten und unterrichtete Andropov außerdem darüber, daß die ungarische Re-

---

195 D. J. Dallin: Außenpolitik, S. 437.
196 Engl. Text bei P. E. Zinner: Communism, S. 453 f.
197 Die Erklärung der Sowjetregierung vom 30. Oktober 1956 über die Beziehungen der UdSSR zu den anderen sozialistischen Staaten ist an zahlreichen Stellen abgedruckt worden. Dt. Text in: Neues Deutschland vom 31. Oktober 1956 und Europa-Archiv, S. 9388 f.
198 Engl. Text bei P. E. Zinner: Communism, S. 462; dt. Text bei D. A. Loeber: Ungarn, S. 9355. Vgl. dazu vor allem Z. K. Brzezinski: Sowjetblock, S. 248–250; D. J. Dallin: Außenpolitik, S. 437–441.

gierung den Warschauer Vertrag kündige und die Neutralität Ungarns erkläre.[199]
Am gleichen Tag forderte Nagy in einem Telegramm an die Vereinten Nationen den sofortigen Abzug der Sowjetstreitkräfte und erklärte gleichzeitig den Austritt Ungarns aus dem Warschauer Pakt und die Neutralität seines Landes.[200] Und am Abend des 1. November wandte er sich über den Rundfunk an das ungarische Volk, um seine Erklärung über die Neutralität der Ungarischen Volksrepublik zu wiederholen.[201]
Hatte Ministerpräsident Nagy schon mit seiner Erklärung vom 30. Oktober 1956 über die Einführung des Mehr-Parteien-Systems und der sich damit abzeichnenden grundlegenden Revision der inneren politischen Ordnung Ungarns dem Kreml einiges zugemutet, so mußte er mit der Proklamation des Austritts Ungarns aus dem »sozialistischen Lager« mit einer scharfen sowjetischen Reaktion rechnen. Daran konnte auch der Umstand nichts ändern, daß Nagy den Austritt Ungarns aus dem Warschauer Pakt mit dem Hinweis begründete, die Sowjets hätten ihr Versprechen nicht realisiert, ihre Truppen aus Ungarn zurückzuziehen.
Nach einer bisher weit verbreiteten Version ist die endgültige Entscheidung des Kreml, in Ungarn militärisch einzuschreiten – erleichtert durch den englisch-französischen Angriff auf Ägypten – am 1. oder 2. November gefallen, nachdem Mikojan und Suslov, die zuvor pausenlos in Budapest verhandelt hatten, nach Moskau zurückgekehrt waren. Am 2. November war die sowjetische Regierung, die den Ring ihrer Truppen um Budapest inzwischen immer enger gelegt hatte, bereit, sofort Verhandlungen über die Einzelheiten des Abzugs der Roten Armee aufzunehmen.
Der 2. November 1956 bildet auch insofern einen wichtigen Meilenstein in der Entwicklung der Beziehungen der UdSSR zu ihren Gefolgsstaaten, als an jenem Tag Nikita S. Chruščev und Georgij Malenkov zu ihrem, viele Jahre lang geheimnisumwitterten historischen Treffen mit der jugoslawischen Führung unter Tito, Kardelj und Ranković nach Brioni, den Feriensitz Titos, reisten. Wenn Viktor Meier in seiner instruktiven Besprechung der Memoiren »Moskauer Jahre 1956–1958« Veljko Mićunović' meint, zwar habe man bisher immer unbestimmt gewußt, daß sich

---

199 Vgl. dazu vor allem D. A. Loeber, ebenda, S. 9356; Z. K. Brzezinski, ebenda, S. 249 f.; D. J. Dallin, ebenda, S. 442.
200 Engl. Text bei P. E. Zinner: Communism, S. 462 f.
201 Engl. Text, ebenda, S. 463 f. Vgl. dazu D. A. Loeber: Ungarn, S. 3956; Z. K. Brzezinski: Sowjetblock, S. 249 f.; J. K. Hoensch: Osteuropa-Politik, S. 130–133; A. B. Ulam: Expansion, S. 594–598; D. J. Dallin: Außenpolitik, S. 440–445; G. Barraclough: Survey 1956–1958, S. 112–119.

Chruščev vor dem endgültigen Losschlagen in Budapest mit Tito besprochen hatte, aber offiziell sei das Treffen nie bestätigt worden, dann ist diese Feststellung nicht richtig.

Mićunović' »Enthüllungen« entsprechen weitgehend der Darstellung, die in dem Band »Chruschtschow erinnert sich« bereits 1970 gegeben worden ist. Den »Memoiren« Chruščevs ist zu entnehmen, daß sich die sowjetische Führung bis zum 2. November 1956 mit allen Gefolgsstaaten und auch mit der Volksrepublik China über die geplante militärische Aktion in Ungarn verständigt hatte. Pikant erscheint vor allem der Hinweis in der Analyse »Chruschtschow erinnert sich«, die Rumänen und Bulgaren hätten erklärt, daß sie bereit gewesen seien, den Sowjets beim Kampf gegen die »Konterrevolution« in Ungarn Militärhilfe zu leisten: »Wir erwiderten, daß sowjetische Truppen auf Grund des Warschauer Vertrages bereits in Ungarn stationiert seien, und daß es deshalb nicht nötig sei, andere als sowjetische Truppen zu diesem Kampfunternehmen heranzuziehen.«[202]

So waren die Jugoslawen die letzten kommunistischen Führer, zu denen sich Chruščev persönlich begab, um deren Stellungnahme zu der geplanten militärischen Aktion in Ungarn zu erfahren. Über den Verlauf dieser Gespräche hat Veljko Mićunović in seinen »Moskauer Tagebüchern 1956–1958« ausführlich und höchst instruktiv berichtet. Dazu schreibt er: »Der aggressive Druck der Briten und Franzosen auf Ägypten wirke sich für die neue Intervention der sowjetischen Truppen günstig aus und würde ihnen helfen, sagte Chruschtschow. Zwar werde es im Westen und vor der UNO Lärm und Aufregung geben, doch dürften diese sicher geringer sein, wenn Großbritannien, Frankreich und Israel zur gleichen Zeit gegen Ägypten Krieg führen. ›Sie stecken dort in der Patsche‹, sagte Chruschtschow, ›und wir in Ungarn‹.«[203]

Veljko Mićunović bestätigt die wichtige Feststellung in Chruščevs »Memoiren«, daß Chruščev, mit der Rückendeckung aller Volksdemokratien und auch der Volksrepublik China, die jugoslawische Führungsspitze am 2. November auf der Basis der geplanten Intervention vor vollendete Tatsachen gestellt hat. Damit wurden die Jugoslawen – wie Viktor Meier betont – praktisch bereits zu Komplizen. Daraus folgert er weiter: »Wenn die Veröffentlichung von Micunovics Memoiren in Belgrad den Zweck haben sollte, die jugoslawische Rolle 1956 in einem für Jugosla-

---

202 Chruschtschow erinnert sind, S. 422.
203 V. Mićunović: Moskauer Tagebücher 1956–1958, S. 167–186 (178). Vgl. dazu auch S. Stankovic: Verhältnis; V. Meier: Chruschtschow.

wiens Ansehen positiven Sinne zu enthüllen, so wäre dies zumindest mit der Passage über die Unterredung auf Brioni nicht erreicht.«[204]
In einem Punkt weicht die Darstellung Mićunović' von Chruščevs »Erinnerungen« ab: nach der Version Mićunović' hat die jugoslawische Führung der sowjetischen Intervention zugestimmt, sofern die Konterrevolution in Ungarn wirklich stattgefunden habe; zunächst habe sie aber »politische Vorbereitungen« vorgeschlagen – »eine Idee, die die Russen zurückwiesen«[205].
Folgt man der Darstellung der »Memoiren« Chruščevs, dann erwartete der Kremlchef, »daß Tito noch stärkere Einwände machen würde als jene, auf die wir bei unseren Gesprächen mit den polnischen Genossen gestoßen waren. Aber wir wurden angenehm überrascht. Tito sagte, wir seien absolut im Recht, und wir sollten unsere Soldaten so schnell wie möglich in Marsch setzen. Er sagte, wir wären verpflichtet, Ungarn bei der Niederschlagung der Konterrevolution beizustehen ... Wir hatten Schwierigkeiten erwartet und empfingen statt dessen seine ehrliche Unterstützung. Ich möchte sogar sagen, daß er weiter ging als wir, indem er uns drängte, eine schnelle und entschiedene Lösung des Problems herbeizuführen«.
Besonders pikant ist, daß nach der Version Chruščevs Tito ihn sogar gefragt hat, wann die Sowjets die Ordnung in Budapest wiederherstellen wollen. Darauf erwiderte Chruščev:
»Ich antwortete ihm, ein festes Datum hätten wir zwar noch nicht beschlossen, doch müsse es bald geschehen. Tito mußte wohl gemerkt haben, daß das nicht ganz der Wahrheit entsprach und daß der Tag, an dem wir zuschlagen wollten, bereits feststand, aber ich hatte nicht die Absicht, irgend jemandem zu erzählen, wann unsere Truppen in Budapest einrücken sollten. Die Jugoslawen waren nicht direkt beteiligt an dieser Sache und brauchten deshalb auch nicht alles zu wissen. Je weniger Leute, einschließlich unserer Freunde, eingeweiht waren, um so besser.«[206]
Das einzige Verdienst, das sich die Jugoslawen zuschreiben, liegt darin, daß sie Chruščev davon überzeugen konnten, daß nicht der von ihm favorisierte Ferenc Münich, sondern János Kádár die neue ungarische Regierung bilden sollte. Während einerseits sowjetische und ungarische Militär-Delegationen in Tököl bei Budapest in Scheinverhandlungen über den

---

204 V. Meier, ebenda.
205 So S. Stankovic: Verhältnis. Vgl. zur Reaktion der jugoslawischen Gesprächspartner und zum weiteren Verlauf der Unterredung im einzelnen V. Mićunović: Moskauer Tagebücher 1956–1958, S. 178–186.
206 Chruschtschow erinnert sich, S. 423 f.

Abzug der sowjetischen Truppen berieten, bemühte sich der formal immer noch dem Kabinett Nagy angehörende Parteichef Kádár insgeheim von Szolnok an der Theiss aus, auf sowjetisches Drängen und mit aktiver Beteiligung des Botschafters Andropov eine Gegenregierung zu bilden. Am 4. November gab Kádár die Bildung einer »revolutionären Arbeiter- und Bauern-Regierung« bekannt. Von dem insgesamt 15 Punkte umfassenden Regierungsprogramm war der Punkt 14 der wichtigste: »Die Ungarische Revolutionäre Arbeiter- und Bauern-Regierung ersuchte im Interesse unseres Volkes, der Arbeiterklasse und der Bauernschaft das Kommando der sowjetischen Armee, unserer Nation zu helfen, und die finsteren Kräfte der Reaktion zu zerschmettern und Hoffnung und Ruhe im Lande wiederherzustellen.«[207]
Nach der Wiederherstellung von Ruhe und Ordnung werde die ungarische Regierung – so verkündete sie in Punkt 15 – Verhandlungen mit der sowjetischen Regierung und anderen Teilnehmern des Warschauer Pakts über den Rückzug sowjetischer Truppen aus Ungarn aufnehmen. Zuvor war die ungarische Militärdelegation bereits verhaftet worden, und Einheiten der Roten Armee hatten gegen Budapest und Imre Nagy losgeschlagen, um dem ungarischen Volk »brüderliche Hilfe« zu gewähren.
Imre Nagy hatte sich am frühen Morgen des 4. November 1956, drei Stunden vor der Verkündung der Bildung der Regierung János Kádárs, zum letzten Mal über Radio Budapest gemeldet und von dem Angriff sowjetischer Truppen auf die Hauptstadt mit dem Auftrag berichtet, die rechtmäßige, demokratische Ungarische Regierung zu stürzen.[208] Nagy suchte mit 42 Staats- und Parteifunktionären in der jugoslawischen Botschaft in Budapest um Asyl nach, das ihm auch gewährt wurde. Nachdem Kádár und der jugoslawische Botschafter in Budapest eine Vereinbarung unterzeichnet hatten, die dem ungarischen Premierminister und seinen Freunden »freies Geleit« zusicherte, wurden sie am 22. November von den Sowjets entführt und nach einem unbekannten Ort – später stellte sich heraus nach Rumänien – gebracht. Am 17. Juni 1958 veröffentlichte dann die sowjetische Presse die Nachricht von der Hinrichtung Imre Nagys.

---

207 Engl. Text bei P. E. Zinner: Communism, S. 477 f. (478). Vgl. dazu Z. K. Brzezinski: Sowjetblock, S. 248–251; F. Fejtö: Volksdemokratien, Bd. II, S. 145–150; D. J. Dallin: Außenpolitik, S. 445–451; A. B. Ulam: Expansion, S. 598 f.; J. K. Hoensch: Osteuropa-Politik, S. 132–134.
208 Engl. Text bei P. E. Zinner, ebenda, S. 472; dt. Text bei C. Gasteyger: Tragödie, S. 9351.

Am Abend des 4. November 1956 erklärte Radio Budapest, daß sich die Regierung Nagy aufgelöst habe und nicht mehr bestehe. Gleichzeitig meldete Radio Moskau, daß die sowjetischen Truppen den Kampf auf Ersuchen der Revolutionären Arbeiter- und Bauern-Regierung begonnen hätten.[209] Der Ausgang dieses ungleichen Kampfes, der mit rücksichtsloser Entschlossenheit geführt wurde, endete mit einem schnellen Sieg der UdSSR. Am 10./11. November 1956 legten die letzten Aufständischen die Waffen nieder.
Festzuhalten gilt, daß die militärische Intervention der Sowjets im Kreml nicht unumstritten war. Auch wenn es müßig ist, darüber zu spekulieren, ob sich möglicherweise Anastas Mikojan gegen diesen folgenreichen Schritt ausgesprochen hat, rechnete Chruščev im Dezember 1959 auf dem Parteitag der Ungarischen Sozialistischen Arbeiterpartei mit den namentlich nicht genannten Gegnern der sowjetischen Intervention in Ungarn ab:
»Unter unseren Genossen waren Äußerungen des Inhalts zu vernehmen: Werden uns die ungarischen Genossen richtig verstehen, wenn wir ihnen Hilfe leisten, da doch eine Anzahl Arbeiter, von der Konterrevolution irregeleitet, auf der Seite der faschistischen Rebellen steht?«[210]
Die wesentlich wichtigere Schlußfolgerung, die sich aus dem Verlauf der tragischen Ereignisse in Ungarn ergibt, liegt vor allem in der Niederlage Titos begründet, da Imre Nagys Programm einen eindeutigen »national-

---

209 Vgl. dazu die Nachweise bei P. E. Zinner, ebenda, S. 473–478; C. Gasteyger, ebenda, S. 9351–9353; D. A. Loeber: Ungarn, S. 9356 f. Vgl. zur Gesamtproblematik auch J. M. Mackintosh: Strategie, S. 159–172. Der besondere Wert des Augenzeugenberichts S. Kopácsis, der als Polizeichef von Budapest über hervorragende »Inside«-Kenntnisse verfügt und in seinem Buch »Im Namen der Arbeiterklasse« ausgebreitet hat, liegt auch darin, daß er die Position J. Kádárs ausführlich dargestellt hat. Kopácsi schildert plastisch, wie Kádár dem sowjetischen Botschafter Andropov zwei Tage, bevor er zu den Sowjets überlief, die Feststellung entgegenschleuderte, er werde selbst mit seinen bloßen Händen gegen die sowjetischen Panzer kämpfen, wenn sich der Kreml entschließen sollte, noch einmal Truppen gegen die Volkserhebung in Ungarn einzusetzen. Vgl. zu dem von Kopácsi gezeichneten Charakterbild J. Kádárs auch A. Razumovsky: Wie Imre Nagy gehängt wurde: »Von Janos Kadar wird zwar kein besonders erfreuliches Charakterbild entworfen, es ergibt sich aber auch klar, daß dieser bis zuletzt nicht wußte, ob er nun Machthaber bleiben oder ebenfalls als ›Konterrevolutionär‹ hingerichtet würde. Kadar blieb in den ersten Jahren nach 1956 willenloses Werkzeug Chruschtschows und seiner Budapester Beauftragten Serow und Andropow.«
210 So äußerte sich Chruščev in seiner Rede vor den Arbeitern einer Budapester Maschinenfabrik am 2. Dezember 1959. Text der Rede in: Pravda vom 3. Dezember 1959; zit. bei J. K. Hoensch: Osteuropa-Politik, S. 132–134 mit Anm. 61. Vgl. dazu auch Ost-Probleme 1960, S. 75. Über diese Problematik finden sich in »Chruschtschow erinnert sich« keine Angaben.

kommunistischen« Charakter trug, das er außerhalb des »sozialistischen Lagers« zu verwirklichen trachtete. Jenen Kräften im Kreml, die sich bereits vor dem 2. November 1956 für die »Radikalkur« entschieden hatten, dürfte nicht allein der Gedanke eines außerhalb des »Blocks« stehenden Ungarns, sondern auch die mögliche Kettenreaktion in den anderen Volksdemokratien ein Alptraum gewesen sein. Die polnische Führung hatte es – im Gegensatz zu Imre Nagy – verstanden, mit dem Kreml zu einer Regelung zu gelangen, die ein militärisches Eingreifen der Sowjets nicht erforderlich gemacht hat. Zweifellos darf dabei nicht übersehen werden, daß selbst dem überzeugtesten polnischen »Nationalkommunisten« der Gedanke an einen Austritt Polens aus dem Warschauer Pakt als ein Phantasiegebilde erschienen sein mochte.

Schließlich sollte nicht übersehen werden, daß nicht nur alle zum »Lager« gehörenden volksdemokratischen Regimes, sondern auch die Volksrepublik China es nicht versäumt haben, die Notwendigkeit der sowjetischen militärischen Intervention öffentlich zu verteidigen.[211]

Da Veljko Mićunović im wesentlichen die Darstellung bestätigt hat, die bereits in Chruščevs »Memoiren« gegeben worden war, erscheint Titos Haltung gegenüber dem sowjetischen Vorgehen im Fall Ungarns mehr als zwiespältig. Es steht außer Zweifel, daß Mićunović seine detaillierten und präzisen Angaben über die Verhandlungen Chruščevs und Malenkovs mit der jugoslawischen Führung Anfang November 1956 nur mit der ausdrücklichen Zustimmung Titos gemacht und veröffentlicht hat. Mit dem 2. November 1956 durfte Tito die Hoffnungen, die er an die Abmachungen mit dem Kreml vom 20. Juni 1956 hinsichtlich eines Wandels des »sozialistischen Lagers« geknüpft hatte, endgültig zu Grabe getragen haben. Die »Enthüllungen« der »Memoiren« Chruščevs und Veljko Mićunović' lassen nur den Schluß zu, daß Tito am 2. November 1956 auf Brioni die sowjetische Intervention in Ungarn gutgeheißen hat. Diese Feststellung wird auch nicht durch die höchst bemerkenswerte und vielbeachtete Rede Titos vom 11. November 1956 in Pula entkräftet, in der der jugoslawische Staatschef die Vorgänge in Ungarn abgewogen und differenziert bewertet und in recht verklausulierter Form die zweite, wenn auch entscheidende sowjetische Intervention gerechtfertigt hat.[212]

---

211 Vgl. dazu die instruktive Darstellung bei D. J. Dallin: Außenpolitik, S. 515–520; J. K. Hoensch, ebenda, S. 134; F. Fejtö: Volksdemokratien. Bd. II, S. 145 f.
212 Dt. Text in: Europa-Archiv 1956, S. 9391–9400. Vgl. dazu vor allem Z. K. Brzezinski: Sowjetblock, S. 251–257. Sehr instruktiv dazu auch V. Meier: Widerspruchsvolle Außenpolitik Belgrads. Vgl. zur Rede Titos vom 11. November 1956 auch unten S. 577.

7. Schlußfolgerung: Chruščevs gescheitertes Konzept

Die Analyse der Jahre 1953 bis 1956, die Zbigniew K. Brzezinski sehr plastisch »Vom Tauwetter zur Sintflut«[213] apostrophiert hat, ergibt, daß sie eine außerordentlich wichtige Phase in der Entwicklung des sowjetischen Machtbereichs bilden. Man darf den Nachfolgern Stalins bescheinigen, daß sie mit Energie und auch Mut zu Risiken versucht haben, das stalinistische »System der zwischenstaatlichen und interparteilichen Beziehungen« durch »zeitgemäßere« Formen der »Kooperation« zu ersetzen. Dabei ist zu berücksichtigen, daß Stalin seine Nachfolge ungeregelt gelassen hat, wenn man davon absieht, daß er Georgij Malenkov als Ersten Parteisekretär bestimmte. Wegen der immer noch unübersichtlichen Führungskämpfe im Kreml trat die Politik der Neuformulierung der Beziehungen der UdSSR zu den Volksdemokratien in ihr entscheidendes Stadium im Verlauf des Jahres 1955, als es Chruščev nach der Ersetzung Ministerpräsident Malenkovs durch Marschall Bulganin immer mehr gelang, die Richtlinien der sowjetischen Innen- und Außenpolitik zu bestimmen.
Die für die weitere Entwicklung der »sozialistischen Staatengemeinschaft« wichtigen Vorgänge bilden der sowjetisch-jugoslawische Ausgleich, wie er in der gemeinsamen Deklaration vom 2. Juni 1955 zum Ausdruck kam, der XX. Parteikongreß der KPdSU im Februar 1956 mit Chruščevs Zertrümmerung des Stalin-Mythos, die im Juni 1956 erzielte sowjetisch-jugoslawische »Aussöhnung« sowie der »polnische Frühling« im Oktober und die Niederschlagung der Volkserhebung in Ungarn Ende Oktober/Anfang November 1956 durch sowjetische Truppen. Die von Chruščev repräsentierte Richtung im Kreml war von der Notwendigkeit der sowjetisch-jugoslawischen Annäherung und späteren »Aussöhnung« so überzeugt, daß sie sich auch positive Folgen auf die innere Entwicklung der Volksdemokratien und deren Verhältnis zur Moskauer »Zentrale« versprach. Es bleibt ein erstaunliches Phänomen, wie sehr der Kreml dem jugoslawischen Staats- und Parteichef Tito ein Mitspracherecht über die innere Entwicklung der Volksdemokratien und auch über die Politik Moskaus gegenüber diesen Ländern einzuräumen bereit war.
Welch große Bedeutung die »flexible« Richtung der sowjetischen Führung dieser Frage beimaß, geht auch und gerade aus dem Diskussionsbeitrag hervor, den Anastas Mikojan auf dem XX. Parteikongreß der

---

213 Z. K. Brzezinski überschreibt »Die dritte Phase 1953–1956: Vom Tauwetter zur Sintflut – Institutionelle und ideologische Vielfalt«.

KPdSU im Januar 1956 geliefert und in dem er zugegeben hat, daß die sowjetische »Außenpolitik in der Vergangenheit diese oder jene Fehler gemacht hat und in einigen Fällen die Beziehungen auch durch unsere Schuld verschärft wurden«[214]. Dies geschah zu einem Zeitpunkt, als Chruščev erst den Ausgleich, jedoch noch nicht die »Versöhnung« mit Tito erreicht hatte.
In der sowjetischen Publizistik ist später die Jugoslawien-Politik Chruščevs als fehlerhaft und unangemessen in ihren Methoden gebrandmarkt worden. Chruščev mußte sich den Vorwurf gefallen lassen, er habe bereits 1955, nicht erst 1956 durch seinen übereilten Versuch, den »Titoismus« zu »domestizieren« und Jugoslawien in den sowjetischen Machtbereich zurückzuführen, die Einheit und Geschlossenheit des Weltkommunismus aufs Spiel gesetzt.[215]
Den Kritikern der Jugoslawien-Politik Chruščevs ist aber entgegenzuhalten, wie Anastas Mikojan auf dem XX. Parteikongreß der KPdSU die »Lösung« der Frage der Beziehungen der UdSSR zu Jugoslawien bewertet hat:
»Natürlich sind nur wirkliche Leninisten imstande, solche Schritte zu unternehmen, wie sie das Zentralkomitee in der Zeit zwischen dem XIX. und dem XX. Parteitag in der jugoslawischen Frage getan hat. Jetzt ist es ganz deutlich sichtbar, wie richtig diese mutigen Schritte gewesen sind, wie fruchtbar sie sich auf die Sache des Friedens und des Sozialismus ausgewirkt haben.«[216]
Das Protokoll des Parteitags vermerkte hier »Beifall«. Im Februar 1956 konnte Mikojan ebensowenig wie Chruščev voraussehen, daß die Bejahung der These vom »eigenen Weg zum Sozialismus« im Herbst 1956 auf eine so harte Probe gestellt werden würde. Da Chruščev das Risiko nicht auf sich zu nehmen gewillt war, der Auflösung des »sozialistischen Lagers« vorzustehen, mußte er zu der Einsicht gelangen, daß das, was Tito an Konzessionen gefordert hatte, nicht in vollem Umfang auf die Volksdemokratien »übertragbar« war.
Während es der polnischen Führung im Herbst 1956 durch eine geschickte und aus der eigenen Interessenlage heraus in den notwendigen Grenzen gehaltene Politik gelang, den »Nationalkommunisten« Gomulka mit Zustimmung des Kreml wieder mit der politischen Führung des Landes zu betrauen, hat Ungarn in den Augen der sowjetischen Führung den »Test

---

214 Text in: XX. Parteitag der KPdSU, S. 258.
215 Vgl. dazu A. B. Ulam: Expansion, S. 417; J. K. Hoensch: Osteuropa-Politik, S. 104.
216 Text in: XX. Parteitag der KPdSU, S. 258.

des Nationalkommunismus« nicht bestanden. Der größte Fehler Imre Nagys und seiner »Genossen« bestand darin, daß er sich nicht darauf beschränkte, die von ihm 1953 eingeleitete Politik des »Neuen Kurses« wiederzubeleben und die verheerenden Auswüchse der Politik des verhaßten Stalinisten Mátyás Rákosi zu beseitigen. Imre Nagy hätte wissen müssen, daß der Kreml, der Truppen in Ungarn stationiert hielt, den von Nagy proklamierten Austritt des Landes aus dem Warschauer Pakt und die Verkündung der Neutralität Österreichs nicht hinnehmen konnte. Nach der bitteren Niederlage des Nationalkommunismus in Ungarn konnten die einzelnen Volksdemokratien – je nach Umständen, Ort und Zeit – »nur noch nach einem dosierten Nationalkommunismus streben: Und unter diesen Bedingungen war kein Zweifel möglich, daß die übermächtigen Interessen und politischen Rücksichten des Sowjetstaates bestimmend sein würden«.[217]

Trotz der tragischen Ereignisse in Ungarn wußte die von Chruščev geführte Richtung im Kreml, daß eine Rückkehr zu den stalinistischen Methoden der absoluten Kontrolle und Beherrschung der Volksdemokratien weder möglich noch opportun war. Davon legte eindringlich die wenige Tage vor der zweiten und entscheidenden militärischen Intervention in Ungarn veröffentlichte Erklärung der sowjetischen Regierung vom 30. Oktober 1956 Zeugnis ab. Die gut dreieinhalb Jahre nach Stalins Tod am 5. März 1953 waren so ereignis- und folgenreich, daß Chruščev auch in der Folgezeit um die Einheit des »sozialistischen Lagers« und die Durchsetzung des sowjetischen Führungsanspruchs kämpfen mußte. Am Ende des Jahres 1956 konnte er noch nicht ahnen, daß er sich bald neuen Herausforderungen gegenübersah.

Überblickt man die Entwicklung des »sozialistischen Lagers« in den Jahren von 1953 bis Ende 1956, dann darf ein weiterer und zentraler Aspekt nicht übersehen werden, der in der zeitgeschichtlichen Forschung zumeist zu wenig beachtet wird: Anastas Mikojan erwähnte in seinem bemerkenswerten Diskussionsbeitrag auf dem XX. Parteikongreß im Februar 1956 nicht nur das gute Beispiel, wie die Frage der Beziehungen zwischen Moskau und Belgrad befriedigend gelöst worden sei. Auch »eine Reihe anderer Maßnahmen – die Aufgabe unserer Militärstützpunkte in China und Finnland, die Auflösung der gemischten Gesellschaften in den volksdemokratischen Ländern, der Staatsvertrag mit Österreich und andere – zeugen ebenfalls von der Kühnheit unserer Politik, von ihrer Prinzipienfe-

---

217 So Z. K. Brzezinski: Sowjetblock, S. 257.

stigkeit, von der Achtung der souveränen Rechte anderer Länder, von ihrer Aktivität und damit von ihrer Fruchtbarkeit«[218].
Mikojans Katalog ist noch dahingehend zu ergänzen, daß der Kreml auch mit seinen Abrüstungsvorschlägen und dem von ihm nach der Genfer Gipfelkonferenz im Sommer 1955 propagierten »Geist von Genf« das außenpolitische Image und Prestige der UdSSR zu stärken wußte. Mikojan hat nur eines unerwähnt gelassen: Im Jahre 1955 traf die UdSSR wichtige Maßnahmen, um die westliche Flanke des »sozialistischen Lagers« in Europa wesentlich zu konsolidieren. Nachdem die DDR am 14. Mai 1955 in den Warschauer Pakt als Vollmitglied einbezogen worden war, verdeutlichte die Genfer Gipfelkonferenz endgültig, daß die UdSSR vom Fortbestand der Spaltung Deutschlands ausging und eine wie immer geartete Wiederherstellung der staatlichen Einheit des Landes nicht mehr als Ziel ihrer Politik betrachtete.
So ist es kein Zufall, daß nach der Aufnahme der diplomatischen Beziehungen zwischen der UdSSR und der Bundesrepublik Deutschland der Kreml am 20. September 1955 zum zweiten Mal, dieses Mal in einem bilateralen Vertrag, der DDR die Souveränität »bestätigte«. Daran ändert auch die Tatsache nichts, daß sich die UdSSR – ebenso wie die drei Westmächte in dem am 5. Mai 1955 in Kraft getretenen Deutschland-Vertrag – in den Abmachungen vom 20. September 1955 mit der DDR alle Rechte und Verantwortlichkeiten vorbehalten hat, die »Deutschland als Ganzes« betreffen.[219]
So läßt sich abschließend feststellen, daß zwar Chruščevs Konzept, die Tito gegenüber eingeräumten Konzessionen auf die Volksdemokratien zu übertragen, gescheitert ist. Für den Kreml war es noch ein Glück, daß er sich der Problematik des »Nationalkommunismus« nur in Polen und Ungarn gegenübergesehen hat, jenen Ländern, die in Gomulka und Nagy über personelle Alternativen verfügten, die man in der DDR, der Tschechoslowakei, Rumänien, Bulgarien und Albanien vergeblich gesucht hat. Zur Jahreswende 1956/57 hat kein noch so phantasievoller Sowjetologe oder »Kreml-Astrologe« die Prognose gewagt, daß sich die sowjetische Führung eines Tages von rumänischer und albanischer Seite herausgefordert sehen würde.
Die weitere Entwicklung des »sozialistischen Lagers« in der zweiten Hälfte der fünfziger Jahre zeigt, daß selbst so ein Gebilde, das damals und später immer wieder als »Block« apostrophiert worden ist, keinesfalls sta-

---
218 Text in: XX. Parteitag der KPdSU, S. 258.
219 Vgl. dazu im einzelnen J. Hacker: Rechtsstatus.

tisch war und keine eigene Dynamik zu entwickeln vermochte. Auch Chruščev und die Verfechter seiner »Block«-Politik dürften Ende 1956 gewußte haben, daß der Kreml mit der unblutigen Intervention in Polen und der militärischen Niederwerfung der Volkserhebung in Ungarn keinesfalls ein neues Fundament für die Einheit und Geschlossenheit des »sozialistischen Lagers« gelegt hat. Dafür legt die folgende Phase der sowjetischen »Block«-Politik bis 1960 eindringlich Zeugnis ab.

Kapitel V

Das Ringen der UdSSR um die Durchsetzung ihres Führungsanspruchs und die Einheit des »sozialistischen Lagers« (1956/57-1960)

»Das Vorbild der KPdSU und ihre brüderliche Solidarität begeistern alle kommunistischen Parteien in ihrem Kampf für Frieden und Sozialismus und bringen die Anwendung der revolutionären Prinzipien des proletarischen Internationalismus in der Praxis zum Ausdruck.«[1]

1. *Chruščevs Erfolge bei der Konsolidierung des sowjetischen Machtbereichs (1956-1957)*

Man durfte gespannt sein, welche Konsequenzen die UdSSR ab Ende 1956 aus ihrem gescheiterten Konzept, das auf der These von den »verschiedenen Wegen zum Sozialismus« beruhte, ziehen würde. Die so folgenreichen Ereignisse des Jahres 1956 haben Nikita S. Chruščev und der von ihm repräsentierten Richtung im Kreml vor Augen geführt, daß das von Stalin geschaffene sowjetische »Imperium« weder organisch gewachsen war noch durch natürliche Bindungsfaktoren zusammengehalten wurde. Dem nicht homogenen »sozialistischen Lager« ermangelte es an den »objektiven« und »historischen Gesetzmäßigkeiten«.

Für den Kreml mußte es nach den Vorgängen in Polen und vor allem in Ungarn nun vornehmlich darauf ankommen, den eigenen Machtbereich wieder zu konsolidieren. Soviel stand von vornherein fest: Dies war insofern kein leichtes Unterfangen, als nirgends klar und eindeutig die Grenzen definiert worden waren, in denen sich die Volksdemokraten bewegen durften. Da der Kreml Polen im Oktober 1956 einen »eigenen Weg zum Sozialismus« und damit eine Politik der begrenzten inneren Autonomie konzediert und auch weiterhin Jugoslawien als eine zulässige Variante des Sozialismus behandelt sowie die sowjetisch-jugoslawischen Abmachungen vom 20. Juni 1956 nicht widerrufen hat, blieb es unklar, welchen Grad politischer Vielfalt die sowjetische Führung den Volksdemokraten in Zukunft gewähren wollte.

1 So die Moskauer Erklärung des kommunistischen Weltkonzils vom November 1960. Text in: SBZ-Archiv 1961, S. 17.

Die Aufgabe wichtiger »sozialistischer Prinzipien« verbunden mit dem Wunsch, das »sozialistische Lager« zu verlassen, war – wie die militärische Intervention der UdSSR in Ungarn drastisch zeigte – für den Kreml nicht tragbar. Für die Zukunft ging es nun vor allem um den Begriff des »Sozialismus« und der damit verbundenen Frage, mit welchen Mitteln und auf welchen Wegen die Volksdemokratien ihn verwirklichen sollten. Somit waren die künftigen Konflikte bereits »vorprogrammiert«. Für alle Führungen in den Volksdemokratien stand fest, daß in Zukunft dem »Nationalkommunismus« titoistischer Prägung vor allem dann Grenzen gesetzt waren, wenn nach sowjetischer Ansicht die »Block-Disziplin« allzusehr strapaziert wurde.[2]

Das Dilemma der sowjetischen Politik hat vor allem M. A. Suslov, Sekretär und Mitglied des Präsidiums des Zentralkomitees der KPdSU, in seiner programmatischen Rede zum 39. Jahrestag der Oktober-Revolution vom 7. November 1956 verdeutlicht. Darin stellte er fest, alle Länder, die den Weg der sozialistischen Entwicklung beschritten hätten, stützten sich weitgehend auf die Grundprinzipien, »die im Verlauf der Revolution ausgearbeitet und anhand der Erfahrungen bei der Entwicklung des Sowjetlandes überprüft wurden«[3].

Höchst aufschlußreich ist, wie Suslov die vom XX. Parteitag der KPdSU im Februar 1956 aufgestellte These von verschiedenartigen Formen des Übergangs der verschiedenen Länder zum Sozialismus interpretiert hat: »Fest auf dem Boden des Marxismus-Leninismus sowie der Prinzipien des proletarischen Internationalismus stehend, analysieren die kommunistischen Parteien aufmerksam die nationalen Bedingungen ihrer Länder und entwickeln Formen und Methoden des Kampfes für den Sozialismus, die diesen Bedingungen am meisten entsprechen.«

Hier lag in der Tat das zentrale Problem für den Kreml in den kommenden Jahren: die These von den unterschiedlichen Formen des Übergangs der einzelnen Länder zum Sozialismus mit den Vorstellungen Moskaus in Einklang zu bringen, daß die UdSSR die meisten Erfahrungen auf diesem Wege aufzuweisen hat.

Man darf der sowjetischen Führung bescheinigen, daß sie in den Monaten nach den folgenreichen Ereignissen vom Herbst 1956 bemüht war, durch

---

2 Vgl. dazu aus der umfangreichen Literatur vor allem Z. K. Brzezinski: Sowjetblock, S. 282–305; J. K. Hoensch: Osteuropa-Politik, S. 134–151; J. Degras: Eastern Europe, S. 183–204; J. M. Mackintosh: Strategie, S. 184–195.
3 Dt. Text der Rede Suslovs »Der Sozialismus wird in der ganzen Welt triumphieren« in: Neues Deutschland vom 8. November 1956.

eine den einzelnen Volksdemokratien gegenüber differenzierte Politik das »Block«-Gefüge soweit wie möglich wieder zu konsolidieren. Dies ist ihr im Verlauf eines guten Jahres bis zum Herbst 1957 im politischen und auch ökonomischen Bereich weitgehend gelungen, ohne eine gemeinsame Basis im ideologischen Bereich erarbeitet zu haben. Das gelang dem Kreml vornehmlich auf der bilateralen Ebene, da er auf die Errichtung einer neuen zentralen Organisation, die bis zur Auflösung des Kommunistischen Informationsbüros im Frühjahr 1956 Theorie und Praxis koordiniert hatte, nicht mehr erpicht war.

Chruščev hielt ein zentrales Leitungsorgan für überflüssig, da für ihn die »kommunistische Bewegung ohnehin, und zwar a priori, durch den ›proletarischen Internationalismus‹ und die ›marxistisch-leninistische Ideologie‹ integriert wird ... An die Stelle der Vereinheitlichung durch Administration tritt die Idee einer Vereinheitlichung durch Indoktrination«.[4] Ab Ende 1957 suchte der Kreml die Funktion, die Lehre zu interpretieren und sie für alle Mitglieder des »sozialistischen Lagers« verbindlich zu machen, den, wie René Ahlberg bemerkte, »internationalen kommunistischen Konzilien« zu übertragen.

So wie sich in den zwei Jahren unmittelbar nach Stalins Tod am 5. März 1953 die Machtkämpfe im Kreml auch auf die Formulierung der sowjetischen Außenpolitik ausgewirkt haben, waren auch Chruščevs Politik des Ausgleichs mit Jugoslawien und die militärische Intervention in Ungarn in der sowjetischen Führungsspitze umstritten.[5] Doch auch die Politik des Kreml in den Monaten danach verdeutlicht, daß sie nicht von einmütigen Voten im Kreml getragen wurde.

Die Vorgänge, die zur Ausbootung der »Anti-Partei-Gruppe« im Juni 1957 geführt haben, legen dafür eindringlich Zeugnis ab. Damals gelang es Chruščev, nur mit Hilfe der Militärs unter Marschall Žukov an der Macht zu bleiben; zu den Ausgebooteten gehörten u. a. Malenkov, Molotov, Kaganovič, Pervuchin und Saburov.[6] Mit dem Abtritt Marschall Bulganins am 31. März 1958 und der Übernahme der Funktion des Vorsitzenden des Ministerrats war für Chruščev die Periode der kollektiven Führung beendet.

---

4 So R. Ahlberg: Dezentralisation, S. 456.
5 Vgl. dazu oben S. 535–539, 566 f.
6 Vgl. dazu vor allem die detaillierte Analyse von R. W. Pethybridge: A Key to Soviet Politics – The June Crisis of 1957; C. A. Linden: Khrushchev, S. 40–57; J. K. Hoensch: Osteuropa-Politik, S. 147 mit den Angaben in Anm. 106 f. Vgl. auch die umfangreiche Dokumentation in: Ost-Probleme 1957, S. 722–743.

Doch auch nach der Kaltstellung so prominenter und verdienter sowjetischer Spitzenfunktionäre waren für Chruščev die Probleme keinesfalls aus der Welt geschafft. Daran vermochte auch der neue sowjetische Außenminister Andrej Gromyko nichts zu ändern, da die Probleme in der Struktur des »Blocks«, des »sozialistischen Lagers« und nicht so sehr in personellen Veränderungen begründet waren.

a) *Die Ausgangslage: die sowjetische Erklärung vom 30. Oktober 1956*

Die Konsolidierungsphase in der sowjetischen »Block«-Politik dauerte von Ende 1956 bis zur Konferenz der zwölf regierenden kommunistischen Parteien im November 1957. Die sowjetische Regierung hatte in ihrer programmatischen Erklärung vom 30. Oktober 1956 über die Beziehungen der UdSSR zu den anderen »sozialistischen« Staaten einen Rahmen abzustecken versucht, in dem sich die künftigen Beziehungen bewegen sollten. Dabei sei noch einmal daran erinnert, daß dieses Dokument wenige Tage nach dem Umschwung in Polen und unmittelbar vor der zweiten und entscheidenden Intervention der UdSSR in Ungarn veröffentlicht worden ist.

Die Erklärung verdeutlichte, wie sehr sich der Kreml des Dilemmas bewußt war, einerseits den sowjetischen Führungsanspruch aufrechtzuerhalten und andererseits es den Volksdemokratien nicht zu verwehren, bei der Verwirklichung des »Sozialismus« die »historische Vergangenheit und die Besonderheiten eines jeden Landes«[7] zu berücksichtigen.

Viel zu wenig ist bisher beachtet worden, daß sich die Erklärung vom 30. Oktober 1956 nicht auf die Ankündigung der Sowjetregierung beschränkte, mit den Staaten, in denen die UdSSR bereits Truppen stationiert hielt, Verträge zu schließen, sondern daß darin die erste sowjetische Intervention in Ungarn auch mit dem Argument begründet wurde, daß der »Schutz der sozialistischen Errungenschaften des volksdemokratischen Ungarn« die »wichtigste und heilige Pflicht der Arbeiter, der Bauern, der Intelligenz des ganzen werktätigen ungarischen Volkes« sei. Die sowjetische Führung schloß daraus, »daß es die Völker der sozialistischen Länder den äußeren und inneren reaktionären Kräften nicht gestatten werden, die Grundlagen der volksdemokratischen Ordnung ins Wanken zu bringen«.

---

7 Dt. Text in: Europa-Archiv 1956, S. 9388.

Die Formel vom »Schutz der sozialistischen Errungenschaften« sollte noch gut zehn Jahre später, im Sommer 1968, eine zentrale Rolle spielen, als fünf Länder des Warschauer Pakts mit der UdSSR an der Spitze dem »Prager Frühling« ein jähes Ende bereiteten. Es blieb ausgerechnet Enver Hoxha überlassen, in der Moskauer »Pravda« vom 8. November 1956 den Verfechtern der These von den »besonderen Wegen zum Sozialismus« und damit seinem früheren Mentor und Patron und jetzigen Erbfeind Tito einen heftigen Hieb zu versetzen.[8] Präsident Tito reagierte schnell und scharf, als er seine große und vielbeachtete Rede vom 11. November 1956 in Pula zum Anlaß nahm, nicht nur Enver Hoxha in der gebührenden Form zu antworten, sondern auch darauf hinzuweisen, daß die wichtigen gemeinsamen sowjetisch-jugoslawischen Dokumente von 1955 und 1956 nach wie vor gültig seien und auch weiterhin Bedeutung für die Beziehungen zwischen allen sozialistischen Ländern hätten.[9] Dabei darf allerdings nicht übersehen werden, daß Tito die zweite sowjetische Intervention in Ungarn als »natürliches Übel« bezeichnet und sich damit selbst über die eigenen außenpolitischen Prinzipien insofern hinweggesetzt hat, als er sich bis dahin stets zur vollen Gleichberechtigung der einzelnen Staaten und Parteien auch im »sozialistischen Lager« bekannt hatte.

Wie sehr es dem Kreml zumindest noch Ende Oktober 1956 darauf ankam, den Spielraum der Volksdemokratien nicht allzu sehr zu verengen, geht aus der Tatsache hervor, daß in der Erklärung vom 30. Oktober zwar von den »Prinzipien des proletarischen Internationalismus« und von der »engen brüderlichen Zusammenarbeit und gegenseitigen Hilfe der Länder der sozialistischen Gemeinschaft« gesprochen wurde, ohne jedoch genau die Grundsätze des »proletarischen Internationalismus« zu definieren.

Auch nach den Vorgängen in Ungarn hielt die sowjetische Regierung an ihrer Erklärung vom 30. Oktober 1956 fest, die Chruščev beispielsweise in seinem Interview mit dem Chefredakteur des »Rudé Právo«, dem Organ der Kommunistischen Partei der Tschechoslowakei, am 31. Dezember 1956 als »Hauptgrundlage der Beziehungen zwischen der UdSSR und den anderen sozialistischen Ländern«[10] apostrophierte. Darin betonte Chruš-

---

8 Engl. Text bei P. E. Zinner (Ed.): Communism, S. 514. Vgl. dazu auch N. C. Pano: Albania, S. 122–125 (123): »Hoxha thus left little doubt that he considered the Titoist heresy to be at the root of the troubles that threatened to disrupt the solidarity of the world communist movement.« Vgl. dazu auch J. K. Hoensch: Osteuropa-Politik, S. 136–138.
9 Dt. Text der Rede Titos in: Europa-Archiv 1956, S. 9391–9400 (9392 f.). Vgl. dazu auch J. K. Hoensch, ebenda, S. 136 f. Sehr instruktiv dazu V. Meier: Widerspruchsvolle Außenpolitik Belgrads.
10 Dt. Text des Interviews in: Archiv der Gegenwart 1957, S. 8187 f. (8188).

čev aber auch, daß »ein einseitiges Herangehen, ein Aufbauschen der nationalen Besonderheiten, der ›besonderen Wege‹ zum Sozialismus in dem einen oder anderen Lande . . . sowohl der Sache des sozialistischen Aufbaus in dem betreffenden Lande als auch dem ganzen Freundschaftsbund der sozialistischen Länder« Schaden bereite.[11] Diesen Äußerungen war eine Sitzung des Zentralkomitees der KPdSU vom 20. bis zum 25. Dezember 1956 vorausgegangen, auf der es zu heftigen Diskussionen über die Art der »Kooperation« im »sozialistischen Lager« gekommen war.[12] Chruščev hatte allen Grund, zur Jahreswende 1956/57 den in der Deklaration vom 30. Oktober 1956 nur vage abgesteckten Grenzen der These vom »eigenen Weg zum Sozialismus« einige schärfere Konturen zu verleihen. So hatten sich Tito und Gomulka Ende 1956 geweigert, an der für den 1. bis zum 4. Januar 1957 nach Budapest einberufenen Konferenz der osteuropäischen Parteiführer teilzunehmen, auf der Chruščev und Malenkov die außenpolitischen Vorstellungen der UdSSR dargelegt haben. Seltsamerweise war auch die SED-Führung – ebensowenig wie die der Kommunistischen Partei Albaniens – in Belgrad nicht vertreten; Ost-Berlin hat die Budapester Mitteilung der Partei- und Regierungsvertreter der UdSSR, Ungarns, Bulgariens, Rumäniens und der Tschechoslowakei nachträglich »vollinhaltlich« gebilligt.[13]

Die Budapester Mitteilung, die sich auf die Deklaration der UdSSR vom 30. Oktober 1956 berief, enthielt keine neuen Gesichtspunkte und war daher mehr unter dem Aspekt interessant, daß die Führungen Polens und Jugoslawiens bei der Konferenz gefehlt haben. Über die Abwesenheit der Ost-Berliner Führung erübrigt sich jede Spekulation, da eine Regierungsdelegation unter Führung von Ministerpräsident Otto Grotewohl vom 4. bis zum 7. Januar 1957 in Moskau Verhandlungen geführt hat, die mit einer gemeinsamen Erklärung schlossen, in der von der »unzerstörbaren Einheit der Staaten des sozialistischen Lagers«[14] die Rede war.

Während der Regierungsverhandlungen fanden auch Besprechungen zwischen Delegationen der KPdSU und der SED am 6. und 7. Januar 1957

---

11 Vgl. dazu auch Z. K. Brzezinski: Sowjetblock, S. 294–300.
12 Vgl. dazu J. K. Hoensch: Osteuropa-Politik, S. 139 f.
13 Dt. Text der offiziellen Mitteilung über die Verhandlungen der Partei- und Regierungsvertreter der UdSSR, Ungarns, Bulgariens, Rumäniens und der Tschechoslowakei in: SBZ-Archiv 1957, S. 27 f. Vgl. dazu auch den ungezeichneten Kommentar »Remis im Ostblock«, ebenda, S. 17 f.; J. K. Hoensch, ebenda, S. 140. Über die komplizierten sowjetisch-polnischen Beziehungen nach dem »polnischen Oktober« informiert sehr detailliert Z. K. Brzezinski: Sowjetblock, S. 356–380; A. Bromke: Poland's Politics; weitere Nachweise bei J. K. Hoensch, ebenda, S. 140 mit Anm. 75.
14 Text in: Neues Deutschland vom 8. Januar 1957 und SBZ-Archiv 1957, S. 24–26 (26).

statt. Die darüber veröffentlichte Mitteilung enthielt einen Passus, der sehr viel aufschlußreicher als die wesentlich umfangreichere Erklärung über die Regierungsverhandlungen und auch die Budapester Verlautbarung ist. In der Mitteilung über die Besprechungen der beiden Partei-Delegationen hieß es:
»Die Einheit der Ansichten und Handlungen der kommunistischen und Arbeiterparteien der Länder des sozialistischen Lagers in den grundlegenden Fragen des sozialistischen Aufbaus ist ... von besonders großer Bedeutung. Die Vertreter der beiden Parteien sind der Meinung, daß trotz des Vorhandenseins nationaler Eigenheiten und der besonderen Formen und Methoden beim Aufbau des Sozialismus in den einzelnen Ländern die Hauptwege zum Sozialismus für alle Länder die gleichen sind.«[15]
Die Entwicklung im »sozialistischen Lager« verdient ab Ende 1956 noch unter einem weiteren Aspekt Beachtung: Immer mehr sollte sich zeigen, daß sich die Führung der Volksrepublik China allmählich immer stärker in die Beratungen über die Probleme des »Lagers« einschaltete und selbst eine rege diplomatische Tätigkeit gegenüber den einzelnen Volksdemokratien entwickelte. Vorläufig machte Peking dem Kreml noch keine Schwierigkeiten, da es bereit war, den sowjetischen Führungsanspruch hinzunehmen. Schließlich darf nicht vergessen werden, daß die Volksrepublik China zumindest verbal die zweite militärische Intervention der UdSSR in Ungarn tatkräftig unterstützt und gerechtfertigt hat.[16]
So weilte eine Pekinger Delegation unter Leitung von Außenminister Chou En-lai vom 7. bis zum 19. Januar 1957 zu Besprechungen in Moskau, Warschau und Budapest.[17] Am ausführlichsten war die gemeinsame nach den Verhandlungen in Moskau vom 7. bis zum 11. und vom 17. bis zum 19. Januar 1957 veröffentlichte Erklärung der UdSSR und der Volksrepublik China. Das Dokument bezog sich ebenso wie die nach dem

---

15 Text in: Leipziger Volkszeitung vom 9. Januar 1957 und SBZ-Archiv 1957, S. 27. Vgl. dazu auch G. Friedrich: Zwischen Dogma und Revision. Vgl. dazu auch »Doppelzüngler Ulbricht« in: Ost-Probleme 1957, S. 140 f. Dort werden Darlegungen W. Ulbrichts aus einer Geheimrede vor Spitzenfunktionären Ende 1956 wiedergegeben: »Tito und Gomulka machen jetzt eine Propaganda, die wir uns ganz energisch verbitten werden. Sie nehmen jetzt für sich in Anspruch, was sie angeblich immer bei anderen bekämpft haben: die Einmischung in die Angelegenheiten anderer Parteien und sozialistischer Staaten. Wir werden solche Einmischung in unsere Angelegenheiten nicht dulden. Aber es gibt auch führende Genossen, die auf solche Art von Propaganda hereinfallen.«
16 Vgl. dazu mit Nachweisen J. M. Mackintosh: Strategie, S. 235–238; N. C. Pano: Albania, S. 124 f.
17 Text der polnisch-chinesischen Erklärung vom 16. Januar 1957 in: Archiv der Gegenwart 1957, S. 6211 und in: Ost-Probleme 1957, S. 250 f.

Besuch der Pekinger Regierungsdelegation in Warschau veröffentlichte Verlautbarung auf die Erklärung der UdSSR vom 30. Oktober 1956. Darin wurden einerseits die »Festigung und Verstärkung der Einheit der sozialistischen Länder« beschworen, andererseits aber festgestellt, daß »die Einheit der sozialistischen Länder und die Unabhängigkeit jedes einzelnen Landes . . . sich absolut in ihren gegenseitigen Beziehungen richtig miteinander in Einklang bringen«[18] ließen.

Auffällig ist, daß Peking an keiner Stelle der gemeinsamen Erklärung den sowjetischen Führungsanspruch ausdrücklich sanktioniert hat. Eine wie starke Stellung die Volksrepublik China inzwischen erlangt hatte, zeigte folgende Feststellung: »Die Freundschaft und die Einheit der Sowjetunion und Chinas sind einer der wichtigsten Faktoren der großen Einheit der sozialistischen Staaten.« Als zu optimistisch hat sich die Formel von der noch stärkeren Entwicklung der Freundschaft und Zusammenarbeit zwischen beiden Ländern erwiesen: die Völker beider Länder haben sich »auf ewig fest zusammengeschlossen«.

Diese Erklärung stand in einem klaren Widerspruch zu jenem Grundsatzartikel, den das Redaktionskollegium der Zeitung »Jen Min Jih Pao« am 29. Dezember 1956 nach einer Diskussion auf einer erweiterten Sitzung des Politbüros des Zentralkomitees der Kommunistischen Partei Chinas veröffentlichte und in dem die chinesische Führung sowohl dem Kreml als auch Stalin huldigte und zu folgendem Ergebnis gelangte: »Nach unserer Meinung nehmen die Fehler Stalins hinter seinen Verdiensten den zweiten Platz ein.«[19] Aus dieser Feststellung ließ sich nur der eine Schluß ziehen, daß die Pekinger Führung die Zertrümmerung des Stalin-Mythos durch Chruščev nicht gebilligt hat.

Der grundsätzliche Aufsatz setzte sich ausführlich mit der beachtlichen Rede Marschall Titos vom 11. November 1956 auseinander und gipfelte in dem Satz: »Die Sowjetunion ist seit 39 Jahren unwandelbar das Zentrum der internationalen kommunistischen Bewegung. . .«[20] Andererseits verhehlte der Artikel nicht festzustellen, daß jede kommunistische Partei die nationalen Interessen und Gefühle anderer Länder achten müsse, »um die internationale Solidarität der sozialistischen Länder zu festigen: Das

---

18 Text in: Archiv der Gegenwart 1957, S. 6220–6222 (6222). Die Beziehungen zwischen den »sozialistischen Ländern« wurden darin auch als »internationale Beziehungen neuen Typs« apostrophiert. Vgl. dazu auch B. Lewytzkyj: Coexistence, S. 30 f.; J. K. Hoensch: Osteuropa-Politik, S. 140 f.
19 Dt. Text (Auszug) in: Ost-Probleme 1957, S. 130–143 (135).
20 Vgl. ebenda, S. 138. Vgl. dazu auch N. C. Pano: Albania, S. 124 f.

ist von besonderer Bedeutung für die kommunistische Partei eines größeren Landes in ihren Beziehungen zu der eines kleineren Landes«. Man darf der Führung der Volksrepublik China attestieren, daß sie sich kurz vor dem Jahreswechsel 1956/57 mit diesen wohlbedachten Darlegungen alle Optionen für die Zukunft offengehalten hat. So ist es ein Unterschied, ob man die UdSSR als »Vorbild« oder »Vorhut« oder – wie es hier geschehen ist – nur als »Zentrum« der internationalen kommunistischen Bewegung apostrophiert. Ebenso bemerkenswert und zukunftsträchtig war die Bemerkung, jede kommunistische Partei müsse »die nationalen Interessen und Gefühle« anderer Länder achten. Daran ändert auch die weitere Aussage nichts, daß die kleineren Länder »nationalistische Tendenzen« überwinden müßten und sie diese nicht zum Vorwand nehmen dürften, »sich gegen die allgemeinen Interessen zu wenden und in der Praxis die internationale proletarische Solidarität nicht ernsthaft« zu »beachten«[21].

Nachdem Mao Tse-tung bereits auf einer geschlossenen Sitzung der Obersten Staatskonferenz am 2. Mai 1956 die »100-Blumen-Politik« verkündet hatte, wiederholte er seine Thesen über »Blumen und Widersprüche« auf der erweiterten Tagung der Obersten Staatskonferenz am 27. Februar 1957, die erst Mitte Juni 1957 veröffentlicht worden sind.[22] Bei seinen »gärtnerischen Experimenten« ging es Mao Tse-tung um die »Vermittlerrolle Pekings im Bemühen um einen Ausgleich zwischen Moskau und seinen osteuropäischen Satelliten, der die außen- und wirtschaftspolitische Blocksolidarität sichert, aber die Bevormundung in innenpolitischen Fragen zumindest stark reduziert«[23].

Als Pikanterie und im Hinblick auf die weitere Entwicklung des Verhältnisses zwischen Moskau und Peking gilt des festzuhalten, daß Chruščev in einer Rede vom 29. November 1956 betonte, daß sich in China die Revolution »in eigenartigen Formen« und »in anderen Verhältnissen« als die Oktober-Revolution 1917 in Rußland entwickle. Einen der zentralen Hauptunterschiede hat Chruščev mit seinem Hinweis insofern herausgearbeitet, als in China der »nationalgesinnte patriotische Teil der Bourgeoisie zusammen mit den Arbeitern, den Bauern und den geistig Schaffenden am Aufbau der neuen Gesellschaft mitwirkt«. In Rußland hingegen, meinte Chruščev, »war die Rolle der Handels- und Industriekreise eine

---

21 Vgl. ebenda, S. 138 f.
22 Dt. Text der in Peking am 18. Juni 1957 veröffentlichten Rede in: Ost-Probleme 1957, S. 689–702.
23 So der redaktionelle Kommentar ebenda, S. 720.

andere, da sie in ihrer Mehrheit aktiv gegen die sozialistische Revolution, gegen das Volk auftraten«. Er versäumte nicht zu bemerken, daß im Laufe der chinesischen Revolution die Kommunistische Partei Chinas »die reichen Erfahrungen der Großen Sozialistischen Oktoberrevolution, die Erfahrungen der KPdSU und aller verbrüderten kommunistischen und Arbeiterparteien« nutze. Chruščev konzedierte wenigstens den chinesischen Kommunisten, daß sie diese Erfahrungen jedoch nicht mechanisch auf ihr Land übertrügen, sondern sie schöpferisch, im Einklang mit den nationalen chinesischen Gegebenheiten anwendeten.[24]

Diese bemerkenswerten Dokumente, die bereits aufschlußreiche Differenzen in der politischen Analyse Moskaus und Pekings verrieten, offenbarten zumindest, daß die auf ewig beschworene Einheit der beiden Völker keinesfalls so sicher schien.

b) *Ökonomische Konzessionen der Sowjetunion*

Die Erschütterungen im Herbst 1956 in Polen und Ungarn haben den Kreml veranlaßt, so schnell und soweit wie möglich die Beziehungen zu den einzelnen Volksdemokratien auf der bilateralen Ebene zu verbessern. Grundlage war dabei – wie bereits dargelegt – die Grundsatzerklärung der sowjetischen Regierung vom 30. Oktober 1956, in der vor allem wirtschaftliche und militärische Fragen angesprochen worden waren. Mit ökonomischen Konzessionen suchte die sowjetische Führung vornehmlich zwei Ziele zu erreichen: einmal ihr vor allem aufgrund der militärischen Intervention in Ungarn angeschlagenes Image und Prestige wieder aufzubessern und die antisowjetischen Ressentiments und Vorurteile in jenen Ländern abzubauen, in denen die UdSSR Truppen stationiert hielt und mit denen sie darüber nun – gemäß der Ankündigung vom 30. Oktober 1956 – vertragliche Abmachungen treffen wollte.

Höchst aufschlußreich ist, wie gezielt und auch differenziert der Kreml dabei vorging. Aus dem Ausmaß der wirtschaftlichen Konzessionen ergibt sich, welchen Stellenwert die einzelnen Volksdemokratien damals in der Sicht Moskaus einnahmen und in welchem Umfang die sowjetische Führung sie für zuverlässig hielt.

An der Spitze der Prioritätenliste Moskaus stand – wie so oft zuvor – wiederum Polen. So weilte bereits vom 15. bis zum 18. November 1956

---

24 Dt. Text (Auszug) der Rede Chruščevs in: Archiv der Gegenwart 1956, S. 3130 f. (3131).

eine polnische Staats- und Parteidelegation unter Leitung Gomulkas in Moskau. Wenige Tage später fanden vom 26. November bis zum 3. Dezember 1956 sowjetisch-rumänische Verhandlungen in der sowjetischen Hauptstadt statt. Sodann folgten Regierungsverhandlungen zwischen der UdSSR und der DDR vom 4. bis zum 7. Januar 1957, neben denen gleichzeitig am 6. und 7. Januar Besprechungen auf der Parteiebene geführt wurden. Am 10. Januar 1957 fand eine Zusammenkunft von Spitzenfunktionären der sowjetischen, ungarischen und chinesischen Führung in Moskau statt.
Die mit einer tschechoslowakischen Delegation unter Führung von Staatspräsident Antonín Zápotocký geführten Besprechungen wurden am 30. Januar 1957 abgeschlossen. Sehr viel weniger dringlich hielt der Kreml Verhandlungen mit Bulgarien, die erst vom 15. bis zum 21. Februar 1957 stattgefunden haben, und mit Ungarn, das erst vom 20. bis zum 28. März 1957 eine Regierungsdelegation unter Führung János Kádárs nach Moskau sandte. Ebensowenig ist es ein Zufall, daß eine albanische Partei- und Regierungsdelegation mit Parteichef Hoxha und Ministerpräsident Shehu erst Mitte April 1957 in Moskau weilte.
Die gemeinsamen Kommuniqués über die jeweils geführten Verhandlungen zeichneten sich durch die Bereitschaft der sowjetischen Führung aus, ökonomische Zugeständnisse zu machen und neue bilaterale Vereinbarungen zu treffen, mit denen sie sich große ökonomische Verpflichtungen aufbürdete und die Volksdemokratien wieder zur vorbehaltlosen Anerkennung des sowjetischen Führungsanspruchs zu gewinnen suchte.[25]
Um die ökonomischen Formeln der sowjetischen Erklärung vom 30. Oktober 1956 zu verstehen, muß man sich die von Chruščev bereits in seinem Rechenschaftsbericht auf dem XX. Parteitag der KPdSU umrissenen wirtschaftlichen Ziele und die Ergebnisse der 7. Tagung des Rats für Gegenseitige Wirtschaftshilfe vom 18. bis zum 25. Mai 1956 in Ost-Berlin vergegenwärtigen. Auf dem XX. Parteitag hatte Chruščev aufgezeigt, wie er sich die ökonomische Spezialisierung und Kooperation der RGW-Länder in Zukunft vorstellte:
»Jetzt, da es einen mächtigen Freundschaftsbund der sozialistischen Länder gibt und sich deren Verteidigungsfähigkeit und Sicherheit auf die industrielle Macht des gesamten sozialistischen Lagers stützen, kann sich jedes europäische Land der Volksdemokratie auf die Entwicklung von Industriezweigen, auf die Produktion jener Güter spezialisieren, für die es

---

25 Vgl. dazu J. K. Hoensch: Osteuropa-Politik, S. 140–156; B. Lewytzkyj: Coexistence, S. 30 f.

die günstigsten natürlichen und wirtschaftlichen Voraussetzungen besitzt. Dies schafft gleichzeitig die notwendigen Voraussetzungen, um bedeutende Mittel für die Entwicklung der Landwirtschaft und der Leichtindustrie frei zu machen und auf dieser Grundlage die materiellen und kulturellen Bedürfnisse der Völker immer besser zu befriedigen.«[26]
Damit hatte der sowjetische Parteichef unmißverständlich zwischen den einzelnen Volksdemokratien differenziert und eine künftige »Arbeitsteilung« ins Auge gefaßt. Diese Pläne der sowjetischen Führung wurden auf der 7. RGW-Tagung im Mai 1956 in Ost-Berlin weitgehend bestätigt, da dort zum ersten Mal »Fragen der Koordinierung der Entwicklung der wichtigsten Zweige der Volkswirtschaft der Teilnehmerländer für die Jahre 1956 bis 1960, und zwar des Maschinenbaues, der Feinmechanik und Optik, der Eisen- und Buntmetallurgie, der Kohlen-, Erdöl- und Gasindustrie, der chemischen Industrie, der Leichtindustrie und der Landwirtschaft beraten«[27] wurden.
Darüber hinaus erarbeitete man auf der RGW-Tagung bereits Entwicklungs-Perspektiven für den Maschinenbau, die Feinmechanik und Optik und faßte Maßnahmen ins Auge, um die Spezialisierung der Produktion zwischen den Ländern auszudehnen. Damit wurde die schon auf der 6. RGW-Tagung vom 7. bis zum 11. Dezember 1955 in Budapest beschlossene Abstimmung der Fünf-Jahre-Pläne mit der UdSSR[28] einen guten Schritt vorangebracht. Diese Vereinbarungen und Ziele offenbarten zugleich, daß ab Ende 1955 im RGW-Bereich zwischen ökonomisch entwickelten Ländern – dazu zählte neben der DDR die Tschechoslowakei – und den weniger entwickelten – wie Rumänien, Bulgarien und Albanien – unterschieden wurde; Polen und Ungarn standen mit ihren ökonomischen Gegebenheiten zwischen diesen beiden Gruppen – allerdings der letzteren dabei näher.[29]
So war es eine beachtliche Konzession, als die sowjetische Regierung in ihrer Erklärung vom 30. Oktober 1956 ausführte, die wirtschaftlichen Beziehungen zwischen den »sozialistischen Ländern« seien zu entwickeln

---

26 XX. Parteitag der KPdSU, S. 9; J. K. Hoensch, ebenda, S. 194 f. Auf der 7. RGW-Tagung wurden die konkreten Grundlagen für die Koordinierung der nationalen Volkswirtschaftspläne gelegt. Vgl. das Kommuniqué bei A. Uschakow: Comecon, S. 89 f. und dazu A. Uschakow, ebenda, S. 15 mit weiteren Nachweisen.
27 Text des Kommuniqués bei A. Uschakow: Comecon, S. 89 f. Vgl. dazu vor allem F. L. Pryor: Trade, S. 32 f.; J. M. Montias: Background, S. 129 f.
28 Vgl. dazu oben S. 503 f.
29 Vgl. dazu im einzelnen J. M. Montias: Background, S. 130 mit den Angaben in Anm. 20; ders.: Development, S. 190 f.; F. L. Pryor: Trade, S. 23–32. Vgl. zur Entwicklung des RGW auch W. Seiffert: Rechtssystem, S. 33 f.

und zu festigen, »um jedwede Möglichkeit einer Verletzung des Prinzips der nationalen Souveränität, des gegenseitigen Vorteils und der Gleichberechtigung in den Wirtschaftsbeziehungen auszuschließen«.
Eine Prüfung der von der UdSSR mit den einzelnen Volksdemokratien getroffenen ökonomischen Vereinbarungen führt zu dem Ergebnis, daß sich der Kreml am »großzügigsten« gegenüber Polen und Ungarn verhalten hat. So wurden Polen gewisse Schulden erlassen, Getreide-Lieferungen auf Kredit und ein weiterer Kredit für die Bezahlung der Waren zugesagt, die die UdSSR aufgrund einer beiderseitig vereinbarten Liste an Polen liefern wird.[30] Polens ökonomische Abhängigkeit von der Sowjetunion hatte inzwischen ein solches Ausmaß erreicht, daß an eine Lockerung der ökonomischen Bindungen gar nicht zu denken war. Außerdem darf auch der Sicherheitsfaktor nicht unterschätzt werden. So wurde das sowjetisch-polnische »Bündnis« in der Deklaration vom 18. November 1956 als »wichtigster Faktor für die Festigung der Unabhängigkeit der Polnischen Volksrepublik und der Unantastbarkeit ihrer Oder-Neiße-Grenze als Friedensgrenze« bezeichnet.
Wirtschaftliche Konzessionen ähnlicher Art machte der Kreml auch gegenüber der DDR in der gemeinsamen Erklärung vom 7. Januar 1957[31], gegenüber der Tschechoslowakei in der gemeinsamen Vereinbarung vom 30. Januar 1957[32], Bulgarien aufgrund der Deklaration vom 21. Februar 1957[33] und gegenüber Ungarn in der am 29. März 1957 veröffentlichten Erklärung.[34] Auch die »Treue« Albaniens honorierte die sowjetische Führung anläßlich des Besuchs der albanischen Partei- und Regierungsdelegation Mitte April 1957 mit dem Erlaß von Kreditschulden.[35]
Als Pikanterie gilt festzuhalten, daß es nur János Kádár gelungen ist, aufgrund der besonderen Situation Ungarns dem Kreml ein Zugeständnis abzuringen, das dieser den anderen Volksdemokratien nicht ausdrücklich zu konzedieren bereit war: Der Handel zwischen Ungarn und der UdSSR sollte in Zukunft »auf der Basis der Weltmarkt-Preise« abgewickelt werden.

30 Text der Gemeinsamen Sowjetisch-Polnischen Erklärung vom 18. November 1956 in: Archiv der Gegenwart 1956, S. 6113 f. Vgl. dazu auch J. K. Hoensch: Osteuropa-Politik, S. 138 f. mit den Angaben in Anm. 73–76. Sehr instruktiv und materialreich ist vor allem Z. K. Brzezinskis Darstellung der inneren Entwicklung Polens und der polnisch-sowjetischen Beziehungen in: Sowjetblock, 14. Kapitel.
31 Text in: Neues Deutschland vom 8. Januar 1957 und SBZ-Archiv 1957, S. 24–26.
32 Text in: Archiv der Gegenwart 1957, S. 6237 f.
33 Text, ebenda, S. 6276 f.
34 Text, ebenda, S. 6363 f.
35 Text der Erklärung vom 16. April 1957, ebenda, S. 6390 f. Vgl. dazu auch N. C. Pano: Albania, S. 126 f.; T. Zavalani: Albania, S. 1 f.

Von besonderer Bedeutung sollte sich die Herausstellung der nationalen Souveränität, des gegenseitigen Vorteils und der Gleichberechtigung in den Wirtschaftsbeziehungen zwischen der Sowjetunion und den Volksdemokratien im Fall Rumäniens erweisen. Es ist das große Verdienst John Michael Montias', im einzelnen nachgewiesen zu haben, wie sehr die rumänische Führung unter Gheorghe Gheorghiu-Dej seit Anfang 1956 sorgfältig darauf geachtet hat, daß Rumänien als eines der »unterentwickelten« Länder des RGW nicht zum Lieferanten gewisser Rohmaterialien an die »reicheren« Länder – wie die UdSSR, die DDR und die Tschechoslowakei – degradiert und in seinen Industrialisierungs-Plänen eingeschränkt wurde.

Die rumänische Führung durchkreuzte frühzeitig die Pläne Chruščevs, die aus – verständlichen – Gründen in Prag und Ost-Berlin unterstützt wurden und einen minderwertigen Status Rumäniens bedeutet hätten, insofern, als Bukarest nicht nur seit 1955 die Industrialisierung des Landes verstärkt, sondern auch die Ausweitung der bilateralen Handelsbeziehungen mit westlichen Ländern aktiv eingeleitet hatte. Wie entschlossen die rumänische Führung vorging, zeigt die Tatsache, daß das Land die Einfuhr von Maschinen und Ausrüstungen aus den »kapitalistischen Staaten« in den Jahren von 1956 bis 1958 mehr als verdoppelt hat.

So darf man Gheorghiu-Dej bescheinigen, daß er frühzeitig einer vom Kreml geplanten »Arbeitsteilung« zwischen den RGW-Ländern und dem damit verbundenen Versuch, das Land seiner ökonomischen Unabhängigkeit zu berauben, entgegengetreten ist. Hinzu kommt, daß Gheorghiu-Dej im Laufe der ersten Hälfte des Jahres 1957 erfolgreich mit seinem moskautreuen Gegner Miron Constantinescu abgerechnet und Mitarbeiter seines Vertrauens – wie J. Gh. Maurer und N. Ceaușescu – mit wichtigen Schaltstellen betraut hat und somit bis zu seinem Tod keine ernsthafte Opposition mehr zu befürchten brauchte.

Das Ausmaß der Sonderentwicklung Rumäniens, die Gheorghiu-Dej auf dem 2. Kongreß der Kommunistischen Partei seines Landes im Dezember 1955 schon mit der Formel umschrieben hatte, daß sich die »sozialistische Gemeinschaft« zu »Beziehungen eines neuen Typs« entwickeln müßte, war für den Kreml im ersten Halbjahr 1957 noch nicht zu erkennen.[36] Wie vorausschauend Gheorghiu-Dej bereits bei seinen Verhandlun-

---

36 Vgl. über die Entwicklung des rumänischen Außenhandels im einzelnen J. M. Montias: Development, S. 135–194; ders.: Background, S. 129–131; G. Ionescu: Communism, S. 284–287; St. Fischer-Galati: Rumania, S. 147–152; ders.: Conflict, S. 265–267; R. V. Burks: Deviation, S. 97–100.

gen im Kreml vom 26. November bis zum 3. Dezember 1956 handelte, zeigen auch die dort vereinbarten militärischen Abmachungen. Die ökonomischen Konzessionen der UdSSR betrafen vor allem die vom Kreml zugesagte technische Hilfe und die Stundung früher gewährter langfristiger Kredite bis in das Jahr 1959 hinein.[37]

c) *Der Abschluß der Verträge über die Stationierung sowjetischer Truppen in Polen, Rumänien, der DDR und Ungarn*

Die Erklärung der sowjetischen Regierung vom 30. Oktober 1956 war nicht nur unter ökonomischen, sondern auch und gerade unter militärischen Aspekten von großer Tragweite. Bis zu diesem Zeitpunkt hatte die UdSSR Truppen in Polen, Rumänien, der DDR und Ungarn stationiert. Am 30. Oktober 1956 versprach die sowjetische Regierung, mit diesen Ländern bilaterale Verträge über die Stationierung sowjetischer Streitkräfte zu schließen. In ihrer Erklärung hatte die sowjetische Regierung ausgeführt, da sich in Übereinstimmung mit dem Warschauer Vertrag und mit Regierungsabkommen sowjetische Einheiten in der Ungarischen und der Rumänischen Republik befänden. In der Polnischen Volksrepublik seien sowjetische Truppeneinheiten aufgrund des Potsdamer Abkommens vom 2. August 1945 und des Warschauer Vertrags vom 14. Mai 1955 stationiert: »In den anderen Ländern der Volksdemokratie befinden sich keine sowjetischen Truppenteile.« Die Sowjetregierung erklärte sich – großzügigerweise – bereit, mit den betroffenen Ländern die Frage der weiteren Stationierung ihrer Truppen zu erörtern: »Dabei geht die Sowjetregierung von dem allgemeinen Prinzip aus, daß die Stationierung von Truppen des einen oder anderen Teilnehmerstaates des Warschauer Vertrages auf dem Territorium eines anderen Teilnehmerstaates des Warschauer Vertrages nach Vereinbarung zwischen seinen Teilnehmern und nur mit Zustimmung des Staates, auf dessen Territorium seiner Bitte entsprechend diese Truppen stationiert wurden oder stationiert werden sollen, vorgenommen wird.«

Obwohl sich in der SBZ/DDR immer starke sowjetische Truppeneinheiten befunden haben, wurde sie hier seltsamerweise in das »Angebot« nicht

---

37 Vgl. das sowjetisch-rumänische Kommuniqué vom 3. Dezember 1956. Text in: Archiv der Gegenwart 1956, S. 6130. Vgl. dazu auch G. Ionescu, ebenda, S. 273–278; J. K. Hoensch: Osteuropa-Politik, S. 143 f.

mit einbezogen.[38] Das war um so erstaunlicher, als bis zum Abschluß des Warschauer Vertrags das Potsdamer Abkommen und die ihm zugrunde liegenden Vereinbarungen der Alliierten aus den Jahren 1944/45 die einzige Rechtsgrundlage für die Stationierung sowjetischer Streitkräfte in der SBZ/DDR bildeten. Der Warschauer Vertrag ist dann als weitere Rechtsgrundlage hinzugekommen.

Der Ausschluß der DDR aus dem sowjetischen »Angebot« ist auch deshalb seltsam, da in Art. 4 des Vertrags über die Beziehungen zwischen der UdSSR und der DDR vom 20. September 1955 ausdrücklich festgelegt worden war:

»Die zum gegenwärtigen Zeitpunkt in Übereinstimmung mit den bestehenden internationalen Abkommen auf dem Gebiet der DDR stationierten sowjetischen Truppen verbleiben zeitweilig in der DDR mit Zustimmung der Regierung der DDR zu Bedingungen, die durch eine zusätzliche Vereinbarung zwischen der Regierung der DDR und der Regierung der UdSSR festgelegt werden.«[39]

Nachdem die UdSSR in ihrer Erklärung vom 30. Oktober 1956 die Frage der weiteren Stationierung von Truppen in Polen, Ungarn und Rumänien angesprochen hatte, wurde über diese Frage jeweils in den bilateralen Verhandlungen mit Polen vom 15. bis zum 18. November 1956, Rumänien vom 26. November bis zum 3. Dezember 1956, der DDR vom 4. bis zum 7. Januar 1957 und Ungarn vom 20. bis zum 28. März 1957 beraten.

Eine Prüfung der in den einzelnen bilateralen Kommuniqués[40] verwandten Formeln führt zu dem Ergebnis, daß sich die mit Rumänien getroffene Vereinbarung in zentralen Punkten von den Abmachungen der UdSSR mit Polen, der DDR und Ungarn unterscheidet. Nur in der sowjetisch-rumänischen Erklärung wurde vereinbart, daß sich die Regierungen beider Länder untereinander und mit den übrigen Signataren des Warschauer Pakts in der Frage der Notwendigkeit der weiteren Anwesen-

---

38 Vgl. dazu auch P. Bender: 6x Sicherheit, S. 37. Er stellt – unter Berufung auf die sowjetische Erklärung vom 30. Oktober 1956 – die Frage, ob die DDR für Moskau damals nicht als Volksdemokratie zählte. Unter Hinweis auf den Vertrag der UdSSR mit der DDR vom 20. September 1955 folgert er, daß zweierlei noch nicht erreicht war: »die uneingeschränkte Gleichberechtigung mit den anderen Staaten des Blocks und deren volle Solidarität. Der rechtliche Befund kann hier jeweils als Indiz für den politischen Sachverhalt dienen.«
39 Vgl. dazu auch J. Hacker: Potsdamer Abkommen, S. 111.
40 Vgl. dazu B. Meissner (Hrsg.): Warschauer Pakt, S. 71 f.; J. Hacker, ebenda, S. 111–114; ders.: Rechtsstatus, S. 250–252.

heit sowjetischer Militäreinheiten auf dem Territorium der Rumänischen Volksrepublik konsultieren werden. Der Text dieser Vereinbarung ließ nicht einmal den Schluß zu, daß die geplanten Konsultationen in dem Abschluß eines Stationierungs-Vertrags gipfeln müßten; daher ist es auch verständlich, daß nichts über die Bedingungen einer solchen möglichen Stationierung sowjetischer Einheiten ausgesagt wurde.

Während in der Übereinkunft mit der DDR ausdrücklich unter Hinweis auf den Vertrag vom 20. September 1955 der Abschluß eines Abkommens über die Stationierung sowjetischer Truppen auf dem Gebiet der DDR angekündigt wurde, vereinbarten die UdSSR und Ungarn, daß in nächster Zeit Verhandlungen über den Aufenthalt sowjetischer Truppeneinheiten auf dem Territorium Ungarns, ihre zahlenmäßige Stärke, ihre Zusammensetzung und Dislozierung geführt werden.

Von allen diesen Regelungen unterschied sich die Vereinbarung mit Polen insoweit, als darin in detaillierter Form die zahlenmäßige Stärke und Zusammensetzung ausdrücklich festgelegt wurden; außerdem vereinbarte man, daß Bewegungen von Einheiten der sowjetischen Truppen außerhalb ihrer Dislozierungs-Bereiche des Einverständnisses der polnischen Regierung oder anderer zuständiger polnischer Machtorgane bedürfe. Im Gegensatz zu den anderen Regelungen wurde den offensichtlich besonders empfindlichen Polen konzediert, daß der zeitweilige Aufenthalt sowjetischer Truppen in Polen »in keiner Weise die Souveränität des Polnischen Staates berühren« und »nicht zu ihrer Einmischung in die inneren Angelegenheiten« Polens führen könne: »Die Dislozierung und zahlenmäßige Stärke der Truppen wird durch besondere Vereinbarungen der beiden Seiten bestimmt.«

Damit war bereits der Rahmen abgesteckt, in dem sich die Verträge über die zeitweilige Stationierung sowjetischer Truppen in Polen vom 17. Dezember 1956[41], mit der DDR vom 12. März 1957[42], Rumänien vom 15. April 1957[43] und mit Ungarn vom 27. Mai 1957[44] bewegen werden. Während in den Verträgen mit Polen, Rumänien und Ungarn die Bestimmungen über die zahlenmäßige Stärke, die Bewegungen und die Übungen

---

41 Text bei B. Meissner (Hrsg.), ebenda, S. 117-122.
42 Text, ebenda, S. 123-129.
43 Text, ebenda, S. 130-136.
44 Text, ebenda, S. 137-143. Vgl. dazu die vergleichende Analyse, ebenda, S. 71-85. Mit der Tschechoslowakei schloß die UdSSR erstmals am 16. Oktober 1968 einen Vertrag über die zeitweilige Stationierung sowjetischer Truppen auf dem Territorium der ČSSR. Vgl. dazu unten S. 799, 924 f.

und Manöver sowjetischer Truppen außerhalb ihrer Standorte auf dem jeweiligen Territorium nur wenig voneinander abweichen und der jeweiligen Regierung ein weitreichendes Mitspracherecht gewähren, ist dies bei der DDR nicht der Fall, da ihr kein Recht auf Mitsprache, sondern nur auf vage Beratung konzediert worden ist.
Dies zeigt, daß die UdSSR auch nach der von ihr verkündeten und am 20. September 1955 vollzogenen Liquidierung des Besatzungsregimes die DDR gesondert behandelt hat.[45]
Noch einmal sei betont, daß der Tschechoslowakei und Bulgarien diese Probleme erspart geblieben sind, weil Stalin seine Truppen – wie oben dargelegt[46] – frühzeitig aus beiden Ländern zurückgezogen hat. Es sollte die Führung der DDR nicht mit Stolz erfüllen, daß im »Bruderland« Tschechoslowakei seit dem Herbst 1968 sowjetische Truppen aufgrund eines Vertrags stationiert sind, dessen Bedingungen noch härter sind als die im Vertrag der UdSSR mit der DDR vom 12. März 1957.

d) *Das Moskauer Dokument der zwölf regierenden kommunistischen Parteien vom 16. November 1957*

Auch der weitere Verlauf des Jahres 1957 zeigte, wie sehr es der sowjetischen Führung gelang, das vor allem nach der Niederschlagung der ungarischen Volkserhebung angeschlagene Prestige der UdSSR soweit wie möglich wiederherzustellen. Zwar hat sich die Sowjetunion mit den einzelnen bilateralen Vereinbarungen große ökonomische Verpflichtungen aufgebürdet, doch war dies für sie kein zu hoher Preis, um die Einheit des »sozialistischen Lagers« zusammenzuhalten. Ein besonderer Erfolg lag für die sowjetische Regierung zweifellos darin, daß sie mit Polen, der DDR, Rumänien und Ungarn nun die Stationierung ihrer Streitkräfte vertraglich zu regeln vermochte. Der Kreml ging dabei insofern recht raffiniert vor, als die entsprechenden Abkommen zwar im Titel von der »zeitweiligen« Stationierung sowjetischer Truppen sprachen, ohne jedoch Gründe zu nennen, in welchem Zeitpunkt deren Anwesenheit nicht mehr nötig sein könnte.
Trotz dieser Erfolge waren für die sowjetische Führung die Schwierigkeiten keinesfalls überwunden. Wie sehr der Herbst 1956 einen tiefen Einschnitt in der Entwicklung des »Lagers« bedeutet, zeigt die Tatsache, daß

---

45 Vgl. dazu B. Meisser (Hrsg.), ebenda.
46 Vgl. dazu oben S. 119 f., 228, 282, 363, 461.

die Politik der sowjetischen Regierung auch weiterhin widerspruchsvoll blieb und sie kein Rezept anzubieten hatte, um den Zusammenhalt des »Lagers« auf ein sicheres politisches und auch ideologisches Fundament zu stellen.
Die Erklärung der Sowjetregierung vom 30. Oktober 1956, der wegweisende Bedeutung zukommen sollte, war der schlagendste Beweis für das Dilemma des Kreml. Mit diesem Dokument, das – um es noch einmal zu wiederholen – wenige Tage vor der zweiten und entscheidenden militärischen Intervention der Sowjets in Ungarn veröffentlicht worden war, führte Chruščev die Politik fort, die er mit dem sowjetisch-jugoslawischen Ausgleich vom 2. Juni 1955 eingeleitet und auf dem XX. Parteikongreß der KPdSU im Februar 1956 fortgeführt hatte und die in der »Versöhnung« mit Tito im Juni 1956 mündete. Die Quadratur des Kreises für den Kreml lag darin, daß er aufgrund der Erklärung vom 30. Oktober 1956 einerseits bereit war, »die historische Vergangenheit und die Besonderheiten eines jeden Landes voll und ganz zu berücksichtigen« sowie dem Prinzip der Gleichberechtigung zu huldigen, um andererseits »die gemeinsamen Ideale des Aufbaus der sozialistischen Gesellschaft und die Prinzipien des proletarischen Internationalismus« zu beschwören.[47]
Für den Kreml mußte es darauf ankommen, den Volksdemokratien klarzumachen, daß sie sich immer der Grenzen ihres Spielraums innerhalb des »Lagers« bewußt blieben. Dies war deshalb nicht einfach, da das in Jugoslawien praktizierte System in den Augen der sowjetischen Führung nach wie vor eine zulässige Variante des Sozialismus war. Ebenso mußte die sowjetische Führung darauf achten, daß die Volksdemokratien keine falschen Schlüsse aus dem in Polen nach dem »polnischen Oktober« praktizierten Sozialismus zogen.
Schließlich mußte die sowjetische Partei- und Staatsführung diese Fragen mit den Volksdemokratien auf der bilateralen Ebene erörtern, da nach der Auflösung des Kommunistischen Informationsbüros keine zentrale Instanz mehr bestand, die auf multilateraler Ebene gemeinsame Beschlüsse hätte fassen und durchsetzen können. Im Verlauf des Jahres 1957 gelang es Chruščev, aufgrund personeller Veränderungen auch den entscheidenden Einfluß auf die sowjetische Außenpolitik zu gewinnen. Andrej Gromyko, der am 16. Februar 1957 Dmitrij Šepilov abgelöst hatte, war für Chruščev nur ein Exekutivorgan seiner Anweisungen. »Gromyko sagt nur«, meinte Chruščev in Gromykos Anwesenheit, »was wir ihn zu sagen

---

47 Vgl. dazu im einzelnen oben S. 576–578.

heißen ... Wenn er das nicht tut, fliegt er, und wir holen uns jemand anders, der es tut.«[48] Bei dieser Machtkonstellation mußte Chruščev nun aber auch sehr viel stärker als zuvor mögliche Fehler in der sowjetischen Außenpolitik sich selbst zurechnen lassen.

Die Vorbereitungen zum 40. Jahrestag der russischen Oktober-Revolution Anfang November 1957 boten Chruščev Gelegenheit, den Zusammenhalt des »Lagers« zu testen. Mit Spannung fragte man sich nicht nur in den Hauptstädten der Volksdemokratien, sondern auch in den kommunistischen Parteien außerhalb des »Lagers«, ob bei dieser Gelegenheit eine neue internationale Organisation der kommunistischen Parteien aus der Taufe gehoben werden sollte. Darüber wurde vor allem auch deshalb spekuliert, da es gewisse Hinweise gab, daß Chruščev bereits seit den Ereignissen im Herbst 1956 mit dem Gedanken spielte, eine neue Organisation der kommunistischen Parteien ins Leben zu rufen.

Sieht man von einigen Stellungnahmen der SED und der Kommunistischen Partei Österreichs ab[49], so deutete vor allem ein Aufsatz in der Moskauer Zeitschrift »Internationales Leben«, der ausdrücklich als Datum der Druckgenehmigung den 31. Oktober 1956 nannte, darauf hin, daß auch im Kreml die Frage geprüft wurde, ob »neue Formen der Verbindungen und Kontakte zwischen den kommunistischen und Arbeiterparteien hergestellt« werden sollten, »die der veränderten historischen Situation entsprechen«[50].

Wenn sich auch nicht genau übersehen läßt, ob der Kreml wirklich und intensiv während des Jahres 1957 versucht hat, sowohl die Volksdemo-

---

48 Text in: Life vom 13. Juli 1959, S. 33; hier zit. bei D. J. Dallin: Außenpolitik, S. 533.
49 Vgl. den Bericht des Politbüros auf der 29. Tagung des Zentralkomitees der SED vom 12.-14. November 1956, in: Neues Deutschland vom 28. November 1956; gekürzte Fassung in: Ost-Probleme 1956, S. 1747-1751 (1750): »... die gegenwärtige Lage, der verstärkte Angriff der Reaktion ... machen es wünschenswert, neue Formen des Zusammentreffens und Konsultierens zu finden, die die Kraft und Entschlossenheit der marxistisch-leninistischen Idee und der ihr verschworenen Parteien fördern.« Text des Artikels in der »Österreichischen Volksstimme« vom 28. November 1956, ebenda, S. 1752. Vgl. dazu vor allem G. Nollau: Die Internationale, S. 312-314; D. J. Dallin, ebenda, S. 534 f.
50 Dt. Text (Auszüge) in: Ost-Probleme 1956, S. 1752-1754 (1753). Vgl. dazu auch die Rede M. A. Suslovs auf der Festsitzung des Moskauer Sowjets am 6. November 1956. Dt. Text in: Neues Deutschland vom 8. November 1956; unwesentlich gekürzte Fassung in: Ost-Probleme, ebenda, S. 1737-1747 (1746): »Besondere Bedeutung mißt unsere Partei der Entwicklung von Kontakten und Verbindungen zwischen den Parteien und Organisationen der Arbeiterklasse bei, die viele Millionen von Werktätigen vertreten. Man kann feststellen, daß der Aufruf des XX. Parteitags der KPdSU zur Zusammenarbeit zwischen den verschiedenen Abteilungen der internationalen Arbeiterbewegung in den Reihen der sozialistischen Parteien mit großem Interesse aufgenommen wurde.«

kratien als auch Jugoslawien für diesen Gedanken zu gewinnen, so läßt sich doch feststellen, daß dieses Mal vornehmlich Jugoslawien, aber auch Polen an einer irgendwie gearteten Neuauflage einer Internationale nicht interessiert waren. Die wichtige Rolle, die auch jetzt wiederum Tito spielte, zeigte sich darin, daß Chruščev am 1./2. August 1957 mit ihm in Bukarest zusammentraf; es hatte den Anschein, als habe er mit dem jugoslawischen Staats- und Parteichef eine brauchbare gemeinsame Formel für die weitere Zusammenarbeit gefunden.[51]

Mitte September 1957 traf eine polnische Delegation mit Gomulka an der Spitze in Belgrad ein, um ebenfalls über die bevorstehende Konferenz der kommunistischen und Arbeiterparteien in Moskau zu beraten. Ebenso wie Tito hatte Gomulka kein Interesse daran, die Beziehungen der kommunistischen Parteien untereinander zu institutionalisieren. Statt für die Errichtung einer neuen Organisation setzten sie sich für zwanglose zweiseitige oder mehrseitige Treffen kommunistischer Parteien ein, ohne feste Statuten, übergeordnete Organe und Leitungen sowie Disziplinarregeln zu schaffen. Polen und Jugoslawien waren sogar gegen die Gründung einer von den Parteien gemeinsam zu tragenden theoretischen Zeitschrift.[52]

So mußte sich Chruščev am Vorabend der mit den Feierlichkeiten anläßlich des 40. Jahrestags der Oktober-Revolution verknüpften Konferenzen der 64 kommunistischen und Arbeiterparteien und der 12 regierenden kommunistischen Parteien damit abfinden, ein neues Lenkungsorgan der kommunistischen Parteien nicht ins Leben rufen zu können. Chruščev erschien es zu riskant, diesen Schritt gegen den Widerstand der »Genossen« in Warschau und Belgrad sowie der nicht eindeutigen Haltung Rumäniens und Ungarns nur mit der vollen Zustimmung der dogmatisch eingestellten Parteien durchzusetzen; die letztere Gruppe wurde von den kommunistischen Parteien der Tschechoslowakei, Albaniens und Bulgariens sowie der SED gebildet.

Wie sehr sich der sowjetische Parteichef der Problematik bewußt war, zeigte seine Festrede »40 Jahre Große Sozialistische Oktober-Revolution«, die er am 6. November 1957 vor dem Obersten Sowjet der UdSSR gehalten und in der er sich ausführlich mit den Beziehungen der KPdSU zu den anderen kommunistischen Parteien und der UdSSR zu den kom-

---

51 Vgl. dazu D. J. Dallin: Außenpolitik, S. 543 f. mit dem Nachweis in Anm. 18; J. K. Hoensch: Osteuropa-Politik, S. 148 f. Sehr instruktiv dazu V. Meier: Widerspruchsvolle Außenpolitik Belgrads.
52 Vgl. dazu D. J. Dallin, ebenda, S. 535–537; A. Bromke: Poland's Politics, S. 128 f.

munistischen Ländern befaßt hat. Zwar sprach Chruščev wiederum – wie auf dem XX. Parteitag der KPdSU – in Anlehnung an Lenin davon, daß alle Völker und Länder nicht auf gleiche Art zum Sozialismus gelangen würden und ihre Eigenart berücksichtigt werden müsse. Auffällig war jedoch, daß Chruščev dieses Mal die These von den besonderen Wegen zum Sozialismus wesentlich einschränkte und die Einheit der sozialistischen Länder betonte. Wenn man von den marxistisch-leninistischen Positionen ausgehe, dürfe man nicht die einen oder anderen Besonderheiten, die jedes Land aufweise, in den Vordergrund rücken: »Es muß das wichtigste, das Gemeinsame, was dem Kampf für den Sozialismus zugrunde liegt, in den Vordergrund gestellt werden.«[53]

Chruščev hat sehr plastisch gezeigt, wie sehr er sich der Problematik der »verschiedenen Wege zum Sozialismus« bewußt war. Psychologisch war es nicht ungeschickt, daß Chruščev seine Kritik nicht direkt an bestimmte »Genossen«, sondern an die »Gegner des Sozialismus« richtete. So hätten die »Gegner des Sozialismus« vorgeschlagen, »sich einzeln zum Sozialismus zu bewegen, sozusagen verstreut, getrennt zu wandern, und dabei noch auf verschiedenen Pfaden. Wenn man einen solchen Standpunkt einnimmt, werden sich am Ende so viele ›Wege‹ finden, daß die Menschen sich wie in einem Walde verirren und nicht wissen werden, wie sie ihr großes Ziel erreichen sollen.«[54]

Mit seiner Rede verdeutlichte Chruščev unmißverständlich, wie sehr er das Treffen der kommunistischen Parteien wenige Tage später in Moskau zum Anlaß nehmen wollte, die Einheit des Kommunismus zu beschwören. So war es kein Zufall, daß sich Marschall Tito als einziger Vorsitzender einer regierenden kommunistischen Partei von seinem Chefideologen Edvard Kardelj bei den Feierlichkeiten in Moskau vertreten ließ, während Mao Tse-tung, der selten ins Ausland reiste, aktiven Anteil an der Konferenz der 64 kommunistischen und Arbeiterparteien nahm.

Für die weitere Entwicklung des »sozialistischen Lagers« war die Deklaration der zwölf regierenden kommunistischen Parteien von zentraler Bedeutung, die nach dem Treffen vom 14. bis zum 16. November 1957 veröffentlicht und in der westlichen Publizistik nicht immer korrekt interpretiert worden ist.[55] In mehreren westlichen Stellungnahmen ist vor allem

---

53 Dt. Text der Rede Chruščevs in: N. S. Chruschtschow: Frieden, S. 256–259 (262). Vgl. dazu auch B. Levitski: Coexistence, S. 31.
54 N. S. Chruščev, ebenda, S. 264.
55 Dt. Text der Moskauer Erklärung vom 16. November 1957 in: Neues Deutschland vom 22. November 1957 und Einheit 1957, H. 12. In mehreren Publikationen der Bundesre-

die Rolle der KPdSU in dem Moskauer Dokument nicht richtig eingeschätzt worden.
So ist es nicht zulässig, wenn beispielsweise Jörg K. Hoensch meint, daß die führende Rolle der KPdSU und der UdSSR trotz taktischer Zugeständnisse generell anerkannt worden sei. Hoensch schließt dies aus jener Passage der Moskauer Erklärung, in der es heißt:
»Die Erfahrungen der UdSSR und der anderen sozialistischen Länder haben vollkommen die Richtigkeit der These der marxistisch-leninistischen Theorie gezeigt, wonach die Prozesse der sozialistischen Revolution und des sozialistischen Aufbaus auf einer Reihe von grundlegenden Gesetzmäßigkeiten beruhen, die allen Ländern, welche den Weg des Sozialismus einschlagen, eigen sind.«[56]
Aus der Formulierung »die Erfahrungen der UdSSR und der anderen sozialistischen Länder« geht gerade hervor, daß hier höchstens die Führungsrolle der UdSSR verklausuliert hervorgehoben worden ist. Wichtiger ist darüber hinaus – und auch insoweit ist Hoensch zu korrigieren –, daß hier nur von den Erfahrungen der UdSSR und nicht auch der KPdSU die Rede ist. Das gilt gleichfalls für eine andere Passage der Moskauer Erklärung: »Die Sache des Friedens verteidigen starke Kräfte unserer Zeit: das unbesiegbare Lager der sozialistischen Staaten mit der Sowjetunion an der Spitze ...«
Auch in anderen westlichen Analysen ist man offensichtlich der sowjetischen Propaganda insoweit erlegen, als sie nichts unversucht ließ, aus dem Moskauer Dokument die Führungsrolle und das Vorbild sowohl der UdSSR als auch der KPdSU herauszulesen.[57] Eine besondere Pikanterie liegt auch darin, daß sich in Moskau der polnische KP-Chef Gomulka gegen eine ausdrückliche Verankerung des sowjetischen Führungsanspruchs in der gemeinsamen Erklärung gewandt hat.[58]

---

publik Deutschland ist die Erklärung nachgedruckt worden; vgl. beispielsweise Europa-Archiv 1957, S. 10 364–10 367 und SBZ-Archiv 1961, S. 18–21; Text auch bei F. Schenk: Grundsatzerklärungen, S. 15–31.
56 Zit. aus SBZ-Archiv 1961, S. 20; J. K. Hoensch: Osteuropa-Politik, S. 149–151 (151).
57 Da in vielen früheren Dokumenten neben der Führungsrolle der UdSSR auch die der KPdSU genannt worden ist, ist es kein Zufall, daß das Moskauer Dokument vom 16. November 1956 an keiner Stelle die führende Rolle der KPdSU herausstreicht. Vgl. dazu auch A. B. Ulam: Expansion, S. 600–602. Zutreffend ist auch die Analyse B. Meissners in: Partei, S. 50 f.
58 Vgl. die instruktiven Nachweise in dem redaktionellen Artikel »Gescheiterte Komintern-Renaissance« in: Ost-Probleme 1958, S. 2–4; J. K. Hoensch: Osteuropa-Politik, S. 150 f.; Z. K. Brzezinski: Sowjetblock, S. 320 f.; D. J. Dallin: Außenpolitik, S. 537–539; V. Meier: Widerspruchsvolle Außenpolitik Belgrads.

In der Retrospektive erscheint ein anderer Vorgang besonders gravierend: Es war ausgerechnet Mao Tse-tung, der in seiner Rede auf der Moskauer Konferenz insgesamt viermal die Wendung »das sozialistische Lager mit der UdSSR an der Spitze«[59] gebraucht hat. Er begründete das mit dem Hinweis, daß die kommunistische Bewegung – wie jede kleine Parteigruppe – ein Haupt haben müsse: Die Kommunistische Partei Chinas sei dieser Funktion »nicht würdig«. Den Führungsanspruch der KPdSU und UdSSR begründete Mao Tse-tung so:

»Die Vorbereitung dieser Beratung zeige im übrigen auch, daß die Kommunistische Partei der Sowjetunion aus den Erfahrungen, die sie mit ihren Fehlern machen mußte, seit dem Tode Stalins die notwendige Schlußfolgerung gezogen und ihre Arbeitsmethoden wesentlich verbessert habe. Aus alledem ergebe sich die führende Rolle der Kommunistischen Partei der Sowjetunion in der Gemeinschaft der kommunistischen und Arbeiterparteien und die führende Rolle der Sowjetunion an der Spitze der Staaten des sozialistischen Lagers.«[60]

Das waren die Worte des Vorsitzenden jener kommunistischen Partei, die als einzige der in Moskau vertretenen regierenden Parteien in der Lage gewesen wäre, die Herausstellung der UdSSR im Moskauer Dokument zu verhindern oder zumindest in einer noch abgeschwächteren Form zum Ausdruck zu bringen.

Für die weitere Entwicklung des »sozialistischen Lagers« war es von zentraler Bedeutung, daß Chruščev auch endgültig den Plan begraben mußte, ein, wie auch immer geartetes neues Lenkungsgremium der kommunistischen Parteien mit Sitz in Moskau zu schaffen. In dem Dokument vom 16. November 1957 wurde ausdrücklich festgelegt, daß es unter den gegenwärtigen Verhältnissen zweckmäßig ist, »neben Zusammenkünften führender Funktionäre und dem Austausch von Informationen auf zweiseitiger Grundlage in dem Maße, in dem es erforderlich ist, auch umfassendere Beratungen von kommunistischen und Arbeiterparteien zu veranstalten, um aktuelle internationale Probleme zu erörtern, Erfahrungen auszutauschen, die gegenseitigen Ansichten und Stellungnahmen kennen-

---

59 Vgl. die Nachweise bei Z. K. Brzezinski, ebenda, S. 320 mit den Anm. 58 f. Sehr instruktiv dazu auch die Analyse bei D. Floyd: Genossen, S. 58–72. Vgl. zur Position Pekings auch die tiefschürfenden Darlegungen bei D. S. Zagoria: Konflikt, S. 167–174 (169): »Nach Pekings Auffassung *war* die Sowjetunion nicht nur der Führer des Lagers; sie *mußte* diese Stellung einnehmen.« Hervorhebungen im Text.
60 Zit. aus dem aufschlußreichen und instruktiven Bericht, den Friedrich Ebert, Mitglied des Politbüros, an die 34. Tagung des Zentralkomitees der SED über die Moskauer Beratungen gegeben hat. Text in: Neues Deutschland vom 30. November 1957, S. 3 f. (4).

zulernen und den gemeinsamen Kampf für die gemeinsamen Ziele, für Frieden, Demokratie und Sozialismus, zu koordinieren«.
Wenn westliche Autoren – fälschlicherweise – aus der Moskauer Erklärung herauslesen, daß darin die Führungsrolle der KPdSU anerkannt worden ist, dann hätte sie gerade in diesem so wichtigen Passus verankert werden müssen, in dem die Art der Konsultation zwischen den kommunistischen Parteien angesprochen wird. Der Vollständigkeit halber sei hinzugefügt, daß in der Moskauer Erklärung nur an zwei Stellen die Beschlüsse des XX. Parteitags der KPdSU vom Februar 1956 erwähnt und als richtungweisend apostrophiert werden.
Wie sehr in westlichen Analysen das Moskauer Dokument falsch gedeutet worden ist, zeigt auch die Tatsache, daß darin den »historischen Beschlüssen« des XX. Parteitags der KPdSU eine »große Bedeutung« beigemessen wird, da sie in der internationalen kommunistischen Bewegung eine neue Etappe eingeleitet hätten. Hier hat Chruščev insoweit ein Eigentor geschossen, da ja gerade der XX. Parteitag die These von den »verschiedenen Wegen des Sozialismus« proklamiert hatte – eine These also, die Chruščev – wie dargelegt[61] – in seiner Rede vom 6. November 1957, also unmittelbar vor Beginn der Konferenz in Moskau, wesentlich eingeschränkt hatte.
So bleibt es unerklärlich, daß bekannte westliche Analytiker ohne Einschränkung die These vertreten, in der Moskauer Erklärung vom 16. November 1957 sei die sowjetische »führende Rolle« ausdrücklich bestätigt worden.[62] Die Annahme geht insofern völlig fehl, als expressis verbis von einer Anerkennung der sowjetischen Führungsrolle keine Rede sein kann. Sie ist nicht einmal daraus abzuleiten, daß in dem Moskauer Dokument sowohl die Prinzipien des sozialistischen als auch des proletarischen Internationalismus hervorgehoben werden; auch aus der Formel von der »brüderlichen gegenseitigen Hilfe« ist der sowjetische Führungsanspruch auf der interparteilichen Ebene nicht herauszulesen.
So ist es auch nicht richtig, wenn beispielsweise René Ahlberg meint, der sowjetische Führungsanspruch werde in der Moskauer Erklärung in die »unverfängliche Form« gekleidet, daß »es den Lebensinteressen der Werktätigen aller Länder« entspreche, »die Sowjetunion ... zu unterstützen«[63]. Die von Ahlberg mit Pünktchen bezeichnete Auslassung betrifft

---

61 Vgl. dazu im einzelnen oben S. 593 f.
62 Zu undifferenziert dazu auch M. Croan: Sozialistisches Lager, Sp. 1050.
63 R. Ahlberg: Dezentralisation, S. 457.

die Wörter: ».. . und alle sozialistischen Länder«. Aufgrund dieser Formel wird der Führungsanspruch der UdSSR stark relativiert. Gerade weil es sich in Moskau um eine Konferenz der zwölf regierenden kommunistischen Parteien gehandelt hat, ist es keinesfalls ein Zufall, daß zwar die Sowjetunion, nicht aber die KPdSU unzweideutig hervorgehoben wird. Diese Interpretation wird auch durch die Rede Gomulkas bestätigt, die er nach der Rückkehr aus Moskau Ende November 1957 in Warschau gehalten hat. Darin bezog er sich sowohl auf die Beschlüsse des XX. Parteitags der KPdSU als auch auf die sowjetische Regierungserklärung vom 30. Oktober 1956, um dann im Hinblick auf die Moskauer Konferenz vom 14. bis zum 16. November 1957 festzustellen, die Praxis habe erwiesen, »daß die Leitung aller kommunistischen Parteien ... von einem Zentrum aus nicht mehr nützlich ist und oft schädlich war«[64].

Daran kann auch die Bemerkung nichts ändern, die das Zentralorgan der SED, das »Neue Deutschland«, in seinem Leitartikel vom 28. November 1957 getroffen und in dem es genüßlich Mao Tse-tung zitiert hat, da er »in ganz entschiedener Weise die führende Rolle der KPdSU hervorgehoben«[65] habe. So ist es einfach unwahr, wenn in dem Beschluß der 34. Tagung des Zentralkomitees der SED vom 27. November 1957 behauptet wird, an dem Moskauer Dokument sei besonders begrüßenswert, »daß sich alle Parteien darüber einig sind, daß die ruhmreiche KPdSU an der Spitze der kommunistischen und Arbeiterparteien steht«[66].

Wie unwahr diese Behauptung ist, zeigt die Tatsache, daß sie sogar dem Bericht widerspricht, den Friedrich Ebert auf der 34. Tagung des SED-Zentralkomitees über die Moskauer Beratungen gegeben hat. Darin hat Ebert die Namen derjenigen Parteiführer aus den kommunistischen Staaten aufgezählt, die der Ansicht Mao Tse-tungs, nach der einzig und allein die KPdSU die Funktion des »Hauptes« haben könne, zugestimmt hät-

---

64 Text des Berichts Gomulkas in: Trybuna Ludu vom 29. November 1957; hier zit. aus: Ost-Probleme 1958, S. 6. Zit. auch in: Hinter dem Eisernen Vorhang 1957, H. 12, S. 45 f.: Gomulka in Moskau; ebenda, 1958, H. 1, S. 41, wo Gomulkas aufschlußreiche Aussage wiedergegeben wird: Wäre die Deklaration der zwölf Staaten über das »Commonwealth der sozialistischen Staaten« ein Jahr früher entstanden, »so wären einige politische Ideen darin nicht enthalten«. Damit dürfte Gomulka die Auswirkungen des polnischen Oktober 1956 auf das Moskauer Dokument gemeint haben.
65 G. Hansen: Einheit im Geiste des Marxismus-Leninismus, in: Neues Deutschland vom 28. November 1957: »Unter den gegenwärtigen historischen Bedingungen ist das Verhältnis einer Arbeiterpartei zur Kommunistischen Partei der Sowjetunion das entscheidende Kriterium ihrer gesamten Politik.« Vgl. dazu auch den instruktiven und materialreichen Aufsatz H. G. Glasers: Ostblock, S. 10 975 f.
66 Text in: Neues Deutschland vom 28. November 1957 und SBZ-Archiv 1957, S. 364 f. (364).

ten. Ebert nannte die Namen der in Moskau vertretenen Spitzenfunktionäre aus Albanien, Bulgarien, der Tschechoslowakei, Rumänien und der DDR (sowie aus der Mongolischen Volksrepublik und Nord-Korea). Daß in Eberts Liste die Namen der polnischen Parteiführer fehlten, war – angesichts der Haltung Gomulkas – selbstverständlich. Überraschenderweise ließ Ebert aber auch die Namen der ungarischen Parteiführer unerwähnt. Viel zu wenig wurde damals beachtet, daß das Moskauer Dokument seitens Rumäniens nicht von Parteichef Gheorghiu-Dej, sondern von Ministerpräsident und dem Politbüro-Mitglied der Kommunistischen Partei Rumäniens, Stoica, unterzeichnet worden ist. Gheorghiu-Dej war der einzige KP-Führer aus dem »sozialistischen Lager«, der der Moskauer Konferenz ferngeblieben war. Während die Gründe für Titos Abwesenheit auf der Hand lagen, wurde nie geklärt, warum auch Gheorghiu-Dej an der wichtigen Moskauer Konferenz nicht teilgenommen hat.[67]
Mit ihrer bewußt einseitigen, ja verfälschenden Interpretation des Dokuments vom 16. November 1957 wollte die SED über die Tatsache hinwegtäuschen, daß die Moskauer Beratung der zwölf regierenden kommunistischen und Arbeiterparteien in den zentralen Fragen der »Sonderweg-Theorie« und des sowjetischen Führungsanspruchs nur Kompromiß-Formeln zu erarbeiten in der Lage war.

2. *Die differenzierte Behandlung der Volksdemokratien durch die UdSSR (1957/58–1960)*

Auch wenn die sowjetische Politik und Propaganda mit Unterstützung der orthodoxen Volksdemokratien nach den Beschlüssen vom 16. November 1957 den Eindruck zu erwecken suchten, die UdSSR habe ihre Positionen in den zentralen Fragen durchgesetzt, so dürfte die Führung im Kreml gewußt haben, daß keines der strittigen Probleme gelöst worden war. Die Verweigerung der Unterschrift unter das Moskauer Doku-

---

67 Vgl. den Bericht F. Eberts in: Neues Deutschland vom 30. November 1957, S. 3 f. (4). Sehr instruktiv zur rumänischen Repräsentation in Moskau R. A. Remington: Warsaw Pact, S. 60–62. Vgl. auch den knappen Kommentar »Die SED legt die Moskauer Erklärung aus«, in: SBZ-Archiv 1957, S. 353. Sehr instruktiv zu den Reaktionen der Mitglieder des »sozialistischen Lagers« die Beiträge »Neuer ideologischer Konflikt zwischen Ostblock und Tito« in: Hinter dem Eisernen Vorhang 1958, H. 5, S. 37–40, und »Der neue Bannfluch gegen Tito«, ebenda, H. 6, S. 25–34.

ment der zwölf regierenden kommunistischen Parteien durch Jugoslawien, der entschiedene, von der ungarischen Parteiführung in gedämpfter Form unterstützte Widerstand der polnischen Parteiführer gegen eine klare Herausstellung des Führungsanspruchs der KPdSU und die schließlich erarbeiteten Kompromiß-Formeln in der zentralen Frage, inwieweit die Einheit und Geschlossenheit des »sozialistischen Lagers« in Zukunft »besondere Wege zum Sozialismus« zulassen, dokumentierten, daß die nächsten Konflikte bereits vorprogrammiert waren.

Adam B. Ulam, der Nikita S. Churščev als einen »Meister der Improvisation« und kurzfristiger Lösungen bezeichnet, hat zutreffend darauf hingewiesen, daß die zentralen Probleme ungelöst geblieben und somit akute Krisen nur aufgeschoben worden sind.[68] Chruščev mußte auch in den Jahren ab Ende 1957 große Mühe und viel Geschick anwenden, im »Lager« eine Politik zwischen den beiden Polen Revisionismus und Dogmatismus zu treiben, die im Moskauer Dokument vom 16. November 1957 so angeprangert worden waren. Wenn auch nicht klar ersichtlich war, wer zu den »Dogmatikern« zählte, so stand von vornherein fest, daß mit dem Attribut »Revisionismus« vornehmlich die Führung der Kommunistischen Partei Jugoslawiens gemeint war. Daher war es auch kein Zufall, daß diese Phase, die die Zeit von der Moskauer Konferenz von Mitte November 1957 bis zum kommunistischen »Weltkonzil« im November 1960 umfaßt, zunächst von dem neuen Konflikt mit Jugoslawien geprägt wurde.

Doch nicht genug damit für Chruščev: Auf der Moskauer Konferenz hatte sich bereits gezeigt, wie selbstbewußt und selbstverständlich die Führung der Kommunistischen Partei Chinas ein Mitspracherecht in allen wichtigen Fragen der kommunistischen »Bewegung« in Anspruch nahm; dem Kreml blieb gar nichts übrig, als auf die Pekinger »Genossen« Rücksicht zu nehmen und seine politischen und vor allem auch ideologischen Vorstellungen mit der Führung der Volksrepublik China abzusprechen. Auch wenn – um das noch einmal zu wiederholen – auf der Moskauer Konferenz Mao Tse-tung am kompromißlosesten und vorbehaltlos den sowjetischen Führungsanspruch bejaht hat, verdeutlichte die Folgezeit, daß die Führungen in Moskau und Peking in wichtigen außenpolitischen Fragen unterschiedliche Auffassungen hatten. Doch gelang es dem Kreml noch bis in das Jahr 1960 hinein, die Konfliktstoffe mit der chinesischen Führung so in Grenzen zu halten, daß der offene Ausbruch der Auseinandersetzungen noch vermieden werden konnte.

---

68 A. B. Ulam: Expansion, S. 601 f.

Die sich jedoch abzeichnenden Konflikte zwischen Moskau und Peking nahmen – wenn auch aus unterschiedlichen Motiven – zwei Volksdemokratien zum Anlaß, gewisse Emanzipations-Tendenzen zu zeigen. Das gilt einmal für das kleine Albanien, in dem nach wie vor und uneingeschränkt Enver Hoxha die Politik bestimmte und der frühzeitig aus politischen und ideologischen Gründen der Pekinger Linie zuneigte. Obwohl Albanien für die UdSSR nur von geringer Bedeutung war, ließ der Kreml nichts unversucht, Tirana bei der Stange zu halten.

Folgenreicher und schwerwiegender war für die sowjetische Führung auf lange Sicht das Bestreben Rumäniens, sich nicht allein im Schatten des sich abzeichnenden sowjetisch-chinesischen Konflikts ein wenig von der Moskauer Führung zu emanzipieren. Rumänien hatte bereits seit Anfang 1956, in einer Zeit also, in der zwischen Moskau und Peking noch völlige Harmonie herrschte, eine vorsichtige Politik eingeleitet, mit der es verhinderte, im Rat für Gegenseitige Wirtschaftshilfe zu einem Lieferanten der entwickelteren RGW-Staaten degradiert zu werden. Den Grad und Umfang seiner Industrialisierung ließ sich die rumänische Führung nicht von Chruščev und der ihm ergebenen »Genossen« in anderen RGW-Ländern vorschreiben. Angesichts der weiteren Pläne Chruščevs sah sich Bukarest jedoch genötigt, auch nach der Moskauer Konferenz im November 1956 auf der Hut zu sein.

Es war für die sowjetische Führung wohl nur ein schwacher Trost, daß sie sich in Zukunft vorbehaltlos nur noch auf die »dogmatischen« und orthodoxen Genossen in Ost-Berlin, Prag, Sofia und Budapest verlassen konnte; im Fall Ungarns gilt es allerdings zu beachten, daß es János Kádár mit einem hohen Maß an Geschick und Flexibilität nach der Niederschlagung der Volkserhebung im Herbst 1956 verstand, zumindest im Innern eine vorsichtige Reformpolitik einzuleiten, um auf diese Weise die tiefe Enttäuschung und Verbitterung der Bevölkerung soweit wie möglich abzufangen.

a) *Der neue Konflikt mit Jugoslawien*

Der neue Konflikt zwischen dem Kreml und Jugoslawien, der sich bereits im Herbst 1957 abzeichnete und im Frühjahr und Sommer 1958 seinen vorläufigen Höhepunkt erreichte, entbehrt nicht der paradoxen Züge. Es scheint, daß Chruščev, der so viel Energie und Phantasie darauf verwandt hatte, 1955/56 den Ausgleich und die »Versöhnung« mit Tito zu erreichen, in seiner Polemik gegenüber Belgrad vornehmlich von den orthodo-

xen Volksdemokratien und der Pekinger Führung getrieben worden ist. Als Tito Mitte März 1958 den endgültigen Entwurf eines neuen Programms des Bundes der Kommunisten Jugoslawiens an die Bruderparteien versandte, konnte ein objektiver Beobachter nur zu dem Schluß kommen, daß darin lediglich die alten Positionen Belgrads wiederholt wurden, die auch die Sowjets 1956 ausdrücklich gutgeheißen hatten.
Das gilt sowohl für die im Entwurf entwickelten Vorstellungen über die innere Entwicklung Jugoslawiens als auch für die Aussage, das Land möchte sowohl gute Beziehungen mit dem »sozialistischen Lager« als auch mit dem Westen unterhalten. Dennoch sahen sich nun die jugoslawischen Kommunisten heftigen Angriffen mehrerer Bruderländer ausgesetzt, als der VII. Kongreß des Bundes der Kommunisten Jugoslawiens vom 22. bis zum 26. April 1958 das neue Programm verabschiedete. Bei dieser Kritik zeichneten sich wiederum Albanien und die Volksrepublik China durch besondere Schärfe und Polemik aus. Wiederum war es kein Zufall, daß nach dem Belgrader Parteitag »Zeri i Popullit«, das albanische Parteiorgan, am 4. Mai 1958 den ersten massiven Angriff gegen die jugoslawischen »Revisionisten« startete, dem bereits ein Tag später das chinesische Parteiorgan »Jen Min Jih Pao« folgte.
Aus der Art, wie die orthodoxen Volksdemokratien nun bereits früher vertretene Positionen Belgrads einschätzten und kritisierten, ließ sich nur der Schluß ziehen, daß vor allem die Vorgänge im Oktober/November 1956 in Ungarn nicht ohne Folgen geblieben sind. Aufschlußreich ist dabei auch, wie differenziert zumindest in der ersten Phase des neuen Konflikts sich die Volksdemokratien verhalten haben. Daß die neostalinistischen Führungen in Ost-Berlin, Prag und Sofia den »jugoslawischen Revisionismus« hart attackierten, war nicht erstaunlich. Wichtiger war vor allem für Tito, daß sich nicht nur Warschau und Budapest, sondern auch Bukarest zunächst zurückhaltender zeigten. Alle drei Länder waren bemüht, die ideologischen Differenzen nicht überzustrapazieren und den Konflikt nicht eskalieren zu lassen.[69]
Auffällig war darüber hinaus, daß zwar am 9. Mai 1958 auch die Moskauer »Pravda« in die Auseinandersetzung eingriff, während sich Chruščev noch immer ausschwieg. Chruščev nahm erst die Gelegenheit auf dem

---

69 Vgl. über den Verlauf des VII. Kongresses des Bundes der Kommunisten Jugoslawiens, den Programm-Entwurf und die Reaktionen die ausführliche Darstellung bei H. Schleicher: Kongreß. Sehr instruktiv dazu auch V. Meier: Widerspruchsvolle Außenpolitik Belgrads. Vgl. über die sowjetisch-jugoslawischen Beziehungen bis zum Frühjahr 1958 S. Bialer: Moscow vs. Belgrade; P. Landy: Retreat and Reaction in Eastern Europe; D. S. Zagoria: The Spectre of Revisionism.

VII. Parteitag der Bulgarischen Kommunistischen Partei am 3. Juni 1958 in Sofia wahr, um mit Belgrad schonungslos abzurechnen. Chruščev apostrophierte Jugoslawien als »trojanisches Pferd der Kapitalisten«. Auch wenn die Frage, inwieweit Chruščevs Darlegungen eine Konzession an die stalinistischen Kräfte in Moskau und anderen Volksdemokratien waren, auch jetzt noch nicht völlig eindeutig beantwortet werden konnte, war es für Belgrad besonders bitter, die Worte von der »berechtigten Kritik« der Kominform-Resolution von dem Mann zu hören, »der diese Berechtigung noch 1955/56 geleugnet und Jugoslawien aus der Isolation gegenüber dem Ostblock durch seinen Canossa-Gang nach Belgrad herausgeholt hatte«[70].
Für Tito war es auch nicht tröstlich, daß Chruščev mit seiner ungerechten und unberechtigten Kritik eine Wirtschaftsblockade Jugoslawiens im Stil von 1948 offensichtlich nicht in Erwägung zog, da das Kommuniqué über die Tagung der Vertreter der kommunistischen und Arbeiterparteien vom 20. bis zum 23. Mai 1958 in Moskau, die auch grundlegende Bedeutung für die weitere Tätigkeit des RGW hatte, dafür keine unmittelbaren Anhaltspunkte bot.[71]
Mochte man bis zu diesem Zeitpunkt noch darüber spekulieren, ob die sowjetische Führung zu ihrer schroffen Ablehnung Jugoslawiens mehr getrieben worden als aus innerer Überzeugung gekommen war, so deuten zumindest zwei Vorgänge darauf hin, daß sie nun auch selbst von der Notwendigkeit überzeugt war, den »Revisionismus« Titos schonungslos zu bekämpfen. Während des VII. Parteitags der bulgarischen Kommunisten wurde ein so prominenter Dogmatiker wie Červenkov teilweise rehabilitiert. Um den in den Augen des Kreml unbotmäßigen Jugoslawen jede Illusion zu nehmen, daß Chruščev vielleicht doch mehr der Getriebene als der aus eigener Überzeugung Handelnde war, wurde am 17. Juni 1958 in Budapest die Hinrichtung Imre Nagys und General Pál Maléters sowie weiterer Aufstandsführer bekanntgegeben. Diese Hinrichtungen, mit de-

---

70 Zit. bei H. Schleicher, ebenda, S. 10 991. Dt. Text (Auszüge) der Rede Chruščevs in Sofia in: Neuer Weg, Bukarest, vom 5. Juni 1958, nachgedruckt in: Hinter dem Eisernen Vorhang 1958, H. 6, S. 61–64; dt. Übersetzung der scharfen Polemik der Pekinger »Volkszeitung« vom 5. Mai 1958 gegenüber Titos »Revisionismus«, ebenda, S. 59 f. Ausführlich schildert D. S. Zagoria in: Konflikt, S. 202–213 die Position Pekings gegenüber dem neuen Konflikt zwischen Moskau und Belgrad; zutreffend spricht er von der »mißglückten Aussöhnung« zwischen der UdSSR und Jugoslawien in der Zeit »von ungefähr Juni 1955 bis November 1957«, die er als »verschlungenes Durcheinander von kommunistischer Intrige, Fehlkalkulation und falscher Hoffnung« apostrophiert (vgl. ebenda, S. 202).
71 Vgl. dazu H. Schleicher, ebenda, S. 10 990 f.

nen Chruščev die gegenüber Belgrad im November 1956 und noch im Frühjahr 1958 gemachte Zusage brach, den Hauptbeteiligten an der ungarischen Volkserhebung freies Geleit zu gewähren oder doch wenigstens ihr Leben zu schonen, mußten als Vergeltungsakt des Kreml und als massive Drohung nicht nur gegenüber Tito, sondern auch und vor allem gegenüber der polnischen Führung gewertet werden, die sehr lange vorsichtig in dem neuen Konflikt zwischen Moskau und Tito laviert hatte.[72] Chruščev zerstörte die letzten Illusionen, soweit in Belgrad noch welche bestanden haben sollten, dann mit seiner Rede auf dem V. Parteitag der SED am 11. Juli 1958 in Ost-Berlin. Dort rechnete er ein weiteres Mal mit Jugoslawien, das er erneut als »trojanisches Pferd der Imperialisten« apostrophierte, hemmungslos ab. Offensichtlich hatte er die Erklärung der zwölf regierenden kommunistischen Parteien vom 16. November 1957 nicht genau gelesen, da er in Ost-Berlin behauptete, daß in dem Moskauer Dokument die »führende Rolle« der UdSSR und ihrer Kommunistischen Partei« verankert worden sei.[73]

Daß die SED ihren V. Parteitag dazu benutzte, unter Berufung auf die Moskauer Deklaration die »führende Rolle« der KPdSU besonders hervorzuheben und den »Revisionismus« Belgrads heftig zu attackieren, war nicht erstaunlich.[74] Ebensowenig konnte es überraschen, daß sich der Lei-

72 Vgl. dazu aus der neueren Literatur vor allem den »Inside«-Bericht S. Kopácsis: Au Nom de la Classe Ouvrière. Vgl. zum Protest des jugoslawischen Botschafters in Moskau, V. Mićunović, die Angaben bei S. Stankovic: Verhältnis, und V. Meier: Chruschtschow: »Es wäre interessant, zu erfahren, wie heute Kadar über die Sache denkt. Noch wird sie in Schweigen eingehüllt, aber eines Tages wird sie in Ungarn wohl zur Sprache kommen.« Chrustschow erinnert sich, S. 424 f., mit den Angaben in Anm. 3; Hinter dem Eisernen Vorhang 1958, H. 6, S. 39 f.: Imre Nagy und Pal Maleter hingerichtet. Vgl. dazu auch die instruktive Darstellung bei V. Mićunović, der damals Jugoslawien als Botschafter in Moskau vertrat, in: Moskauer Tagebücher – 1956–1958, S. 469–483.
73 Dt. Text der Rede Chruščevs in: Neues Deutschland vom 12. Juli 1958; Auszug in: SBZ-Archiv 1958, S. 223 f. (224): »Die Ergänzung über die Rolle der UdSSR und der KPdSU wurde auf der Beratung selbst nicht von der Delegation der KPdSU, sondern von den Vertretern anderer Bruderparteien vorgeschlagen und begründet.« Sehr instruktiv über die Haltung Moskaus und der Volksdemokratien gegenüber Jugoslawien die Beiträge »Die Hinrichtung Nagys und die Kampagne gegen Tito« in: Hinter dem Eisernen Vorhang 1958, H. 7, S. 33–40; Chrustschows neue Angriffe gegen Tito, ebenda, H. 8, S. 25–31; Jugoslawien weiter im Beschuß des »sozialistischen Lagers«, ebenda, H. 10, S. 33–37; Neue Runde im Konflikt Ostblock–Jugoslawien, ebenda, H. 11, S. 29–35.
74 Vgl. den Beschluß des V. Parteitags der SED vom 15. Juli 1958. Text in: Neues Deutschland vom 18. Juli 1958 und in: Protokoll der Verhandlungen des V. Parteitages der SED, Bd. 2, S. 1329–1416 (1381); Text auch in: SBZ-Archiv 1958, S. 246–264 (247). Vgl. auch den Bericht des Zentralkomitees an den V. Parteitag der SED; Text, ebenda, S. 1417–1625 (1450): »Auf den Moskauer Beratungen traten die Vertreter des Zentralkomitees unserer Partei in Übereinstimmung mit der überwiegenden Mehrheit der Bru-

ter der Delegation der Kommunistischen Partei Chinas und Mitglied des Politbüros des Zentralkomitees der KP Chinas, Dung Di-wu, ebenfalls darin gefiel, die »jugoslawischen Revisionisten« scharf anzugreifen und die Führungsposition Moskaus zu verteidigen. Nicht in Vergessenheit geraten sollte allerdings die Tatsache, daß der Pekinger Abgesandte in Ost-Berlin meinte, die ungarische Regierung habe »ein vollkommen gerechtes Urteil über Nagy und seine Komplicen gefällt«[75].
Allerdings verdeutlichte Chruščev in seiner Rede in Ost-Berlin, daß er selbst kein Interesse daran hatte, den neuen Konflikt mit Jugoslawien in der Form zu lösen, wie es Stalin 1948 für richtig gehalten hat. So meinte er am 11. Juli 1958, daß man den »jugoslawischen Revisionisten« nicht mehr Aufmerksamkeit widmen dürfe, als sie sie in Wirklichkeit verdienten: »Je mehr Aufmerksamkeit wir ihnen schenken, desto mehr werden sie glauben, sie seien irgendeine Kraft, die eine große Rolle spiele. Sie wollen, daß man ihren Preis hochschraubt, daß andere glauben, die jugoslawischen Revisionisten stellten etwas Gewichtiges dar.«[76]
So blieb Jugoslawien die nahezu totale Isolation im »sozialistischen Lager«, die es 1948/49 durchzustehen hatte, dieses Mal erspart, auch wenn

---

derparteien jenen Auffassungen entschieden entgegen, die Zweifel an der führenden Rolle der Kommunistischen Partei der Sowjetunion zum Ausdruck brachten und die sich gegen die Veröffentlichung eines vereinbarten marxistisch-leninistischen Dokuments wandten ... die Vertreter unserer Partei legten die Auffassung der SED dar, daß die KPdSU an der Spitze der Internationalen Arbeiterbewegung steht, daß es notwendig ist, nicht einseitig die nationalen Besonderheiten und Unterschiede hervorzukehren, sondern das Gemeinsame in den Auffassungen der Parteien und im Kampf gegen den Imperialismus in den Vordergrund zu stellen und eine feste Einmütigkeit auf der Grundlage des proletarischen Internationalismus zu sichern.«

75 Text in: Protokoll..., ebenda, Bd. 1, S. 420–425 (424 f.). Hier sei nochmals an W. Ulbrichts Anpassungs- und Wandlungsfähigkeit erinnert, die sich gerade in der Einstellung der SED gegenüber Jugoslawien immer wieder manifestierte. Vgl. beispielsweise W. Ulbrichts Bericht »Über die Arbeit der SED nach dem XX. Parteitag der KPdSU und die bisherige Durchführung der Beschlüsse der 3. Parteikonferenz«. Text in: Neues Deutschland vom 1. und 2. August 1956; Nachdruck (Auszug) in: Ost-Probleme 1956, S. 1156–1166 (1159): »Obwohl die SED nicht dem Informationsbüro der kommunistischen Parteien angehört hat, hat auch die SED den Beschluß des Informationsbüros (die Ächtung Titos im Jahre 1948, J. H.) durchgeführt. Wir bedauern diese Tatsache, die das freundschaftliche Verhältnis, das zwischen unseren beiden Parteien bestanden hatte, zerstörte.«
Auf seiner 28. Tagung stellte das Zentralkomitee der SED in seinem Beschluß über »Die nächsten ideologischen Aufgaben der Partei« ausdrücklich fest, daß es »die in den Beschlüssen vom 16. September 1948 und anderen Beschlüssen auf Grund von Entschließungen des Informationsbüros getroffenen falschen Anschuldigungen gegen den Bund der Kommunisten Jugoslawiens« bedauere und diese Beschlüsse »aufhebe«. Text in: Neues Deutschland vom 1. August 1956 und SBZ-Archiv 1956, S. 233.
76 Text in: SBZ-Archiv 1958, S. 224. Vgl. dazu auch H. Schleicher: Kongreß, S. 10 992 f.

zumindest die Scharfmacher unter den »Genossen« in Peking und Tirana eine solche Politik wahrscheinlich gern gesehen hätten. Daß dem Kreml an einem totalen Bruch mit Belgrad nicht gelegen war, dürfte auch auf die inzwischen weiter gestärkte Position Titos in der »Dritten Welt« zurückzuführen gewesen sein.

b) *Die Politik des Kreml gegenüber der DDR, Polen, der Tschechoslowakei, Ungarn und Bulgarien*

Die unterschiedliche Interessenlage der einzelnen Volksdemokratien verlangte von der sowjetischen Führung, daß sie ihnen gegenüber auch eine differenziertere Politik verfolgen mußte. Reibungslos verliefen in dieser Phase die Beziehungen zwischen Moskau und Ost-Berlin, wie die Reden und Beschlüsse des V. Parteitags der SED Mitte Juli 1958 verdeutlichten. Die Führung der DDR wußte Chruščev auch auf seiner Seite, als er im November 1958 mit seinem außerordentlich scharf und kompromißlos formulierten Berlin-Ultimatum den Versuch unternahm, die drei Westmächte aus Berlin zu vertreiben und aus West-Berlin eine »Freie Stadt« zu machen. Ebenso durfte sich der Kreml des vorbehaltlosen Beifalls der SED-Führung sicher sein, als er am 10. Januar 1959 den bisher letzten Entwurf eines Friedensvertrags mit Deutschland unterbreitete, da dieser auf der Teilung Deutschlands basierte und den Vorschlag wiederholte, Berlin (West) den Status einer entmilitarisierten freien Stadt zu geben.[77]

Viel Mühe und Geschick mußte die sowjetische Führung darauf verwenden, soweit wie möglich die polnische Staats- und Parteiführung auf der Moskauer Linie zu halten. Polen zeichnete sich nicht allein durch seinen

---

77 Text der Rede Chruščevs vom 10. November 1958 in: Neues Deutschland vom 11. November 1958; Auszug in: Europa-Archiv 1958, S. 11 297–11 300. Texte der Noten der Sowjetregierung an die Regierungen der drei Westmächte vom 27. November 1958 in: Sowjetunion heute, Beilage zu Nr. 34 vom 1. Dezember 1958 und Europa-Archiv, ebenda, S. 11 300–11 309. Text des sowjetischen Entwurfs vom 10. Januar 1959 für einen Friedensvertrag mit Deutschland in: Die Sowjetunion heute, Beilage zu Nr. 3 vom 20. Januar 1959 und Europa-Archiv 1959, S. D 21–33. Im »Europa-Archiv« wurden auch die Antwortnoten der drei Westmächte und der Bundesregierung zu den einzelnen sowjetischen Dokumenten veröffentlicht. Über die Ende 1958 einsetzende aggressive Phase der sowjetischen Deutschland-Politik und speziell den Entwurf eines Friedensvertrags liegt eine umfangreiche Literatur vor. Vgl. die Nachweise bei J. Hacker: Rechtsstatus, S. 380–393. Vgl. über die politischen Motive und Hintergründe der sowjetischen Außenpolitik ab Herbst 1958 die instruktive Darstellung bei A. B. Ulam: Expansion, S. 618–629.

vom Kreml akzeptierten eigenen inneren Kurs, sondern auch dadurch aus, daß es solange wie möglich versuchte, in dem neuen Konflikt mit Tito zu lavieren und vorsichtig zu taktieren.[78] Aus der richtigen Einsicht heraus, daß er sich mit Gomulka, dessen Position nahezu unangreifbar schien, arrangieren müsse, gelang es Chruščev, bis Ende 1958 die letzten Meinungsverschiedenheiten mit der polnischen Führung auszuräumen. So sehr Warschau auch darüber erfreut gewesen sein dürfte, daß der polnische Außenminister am 2. Oktober 1957 vor der Vollversammlung der UNO den nach ihm benannten Rapacki-Plan vortragen durfte, so sehr war die polnische Führung darüber betroffen, daß Chruščev im Rahmen seines Berlin-Ultimatums vom 10. November 1958 mit der Erklärung, das Potsdamer Abkommen vom 2. August 1945 sei nicht mehr gültig, der polnischen Rechtsansicht die Basis entzog, nach der die Oder-Neiße-Linie im Potsdamer Abkommen verbindlich festgelegt worden ist.[79]
Keinerlei Schwierigkeiten bereitete der sowjetischen Führung die Politik gegenüber der Tschechoslowakei. Nach dem Tod des Staatspräsidenten Antonín Zápotocký im November 1957 übernahm der Erste Sekretär der Kommunistischen Partei, Antonín Novotný, dieses Amt; auf die Loyalität Novotnýs und der übrigen führenden tschechischen und slowakischen Funktionäre konnte sich der Kreml verlassen. Hinzu kam, daß die Prager Führung den seitens der UdSSR geförderten »Integrations«-Kurs sowohl im Rahmen des RGW als auch im Warschauer Pakt guthieß, da sich die Tschechoslowakei – neben der DDR – als bereits industrialisierter Staat davon nur Vorteile versprechen konnte; bei der Entwicklung und Standar-

---

78 Vgl. dazu und über die innere Entwicklung Polens die ausführliche und materialreiche Darstellung bei Z. K. Brzezinski: Sowjetblock, S. 313–319, 356–380; G. W. Strobel: Polens »eigener Weg zum Sozialismus«; A. Bromke: Poland's Politics, S. 122–147. Vgl. speziell zur Entwicklung und zum Scheitern des polnischen Wirtschaftsmodells in den Jahren 1956–1959 J. M. Montias: The Polish »Economic Model«.
79 Vgl. dazu auch J. K. Hoensch: Osteuropa-Politik, S. 168–173 mit zahlreichen Nachweisen. Sehr instruktiv zur Gesamtproblematik A. Uschakow: Streben, S. 64–68; J. Hakker: Verwirrung und Irreführung, S. 49 f. mit den Nachweisen in Anm. 40. Der Rapakki-Plan spielte auch bei dem Treffen der Außenminister Polens, der ČSR und der DDR vom 10. bis zum 12. April 1958 in Prag eine Rolle, an dem in Vertretung des erkrankten Rapacki Marian Naszkowski, Stellvertretender Außenminister Polens, Václav David für die ČSR und Lothar Bolz für die DDR teilnahmen. Die Prager Konferenz stellte ein Novum in den Beziehungen der drei Länder des »sozialistischen Lagers« dar, da sie ein Abgehen von dem Stalinschen Prinzip bedeutete, »die Satelliten nicht zu eng aneinanderrücken zu lassen« (so der zutreffende Kommentar in: Hinter dem Eisernen Vorhang 1958, H. 5, S. 55). Vgl. das Kommuniqué über die Konferenz in: Neues Deutschland vom 13. April 1958; SBZ-Archiv 1958, S. 138. Über die mehr- und zweiseitigen Treffen von Delegationen auf der Politbüro-Ebene in der Zeit von November 1956 bis 1959 informiert umfassend Z. K. Brzezinski in: Sowjetblock, S. 491–497.

disierung der Waffensysteme spielte die tschechoslowakische Rüstungsindustrie eine beachtliche Rolle.[80]
Auch mit den Beziehungen zu Ungarn durfte der Kreml zufrieden sein. Dank der dortigen Stationierung starker sowjetischer Streitkräfte hätte es sich die ungarische Führung mit János Kádár an der Spitze auch gar nicht erlauben können, einen Kurs zu steuern, der den Interessen der UdSSR nicht entsprochen hätte. Aus den Reden, die Chruščev während seines Besuchs vom 2. bis zum 10. April 1958 in Ungarn gehalten hat, geht hervor, wie sehr ihn die militärische Niederschlagung der ungarischen Volkserhebung im Herbst 1956 immer noch beschäftigte, da er sie erneut mit dem Hinweis auf »eine abgefeimte Konterrevolution« zu begründen suchte.
Bemerkenswert ist, wie hart und kompromißlos in seiner Rede vom 8. April 1958 Chruščev betonte, die UdSSR werde auch in Zukunft »die Kräfte der Konterrevolution« im eigenen Machtbereich zerschlagen: »Wenn eine neue Provokation gegen irgendein sozialistisches Land unternommen wird, so werden es die Provokateure mit allen Ländern des sozialistischen Lagers zu tun haben, und die Sowjetunion ist stets bereit, ihren Freunden zu Hilfe zu kommen, den Feinden des Sozialismus die gebührende Abfuhr zu erteilen, wenn sie die friedliche Arbeit der Völker der sozialistischen Länder zu stören versuchen.«[81]
Dies dürfte – soweit ersichtlich – das erste Mal gewesen sein, daß Chruščev mit dem kollektiven Eingreifen »aller Länder des sozialistischen La-

---

80 Vgl. dazu J. K. Hoensch, ebenda, S. 172 f., 181 f. Mit der neuen Verfassung vom 11. Juli 1960 wurde die Tschechoslowakei als zweiter Staat nach der UdSSR zur »Sozialistischen Republik« (künftig: ČSSR) proklamiert. Dt. Text der Verfassung in: Jahrbuch des Öffentlichen Rechts der Gegenwart. Neue Folge/Bd. 12, Tübingen 1963, S. 390–405. In den Art. I und II wurde mehrfach das Verhältnis zur UdSSR angesprochen: Während in Art. I die in der Sowjetunion seit dem »Sieg der Großen Sozialistischen Oktober-Revolution« etablierte Gesellschaftsordnung als »Vorbild« herausgestellt und das Bündnis mit der »brüderlichen UdSSR« und »mit allen übrigen befreundeten Ländern des sozialistischen Weltsystems, dem unsere Republik als festes Glied angehört«, beschworen wurden, begann Art. II: »Vor 15 Jahren, im Jahre 1945, hat sich unser durch die heldenmütige Sowjetarmee von den Fesseln der faschistischen Okkupation befreites werktätiges Volk . . . entschlossen, seinen befreiten Staat als Volksdemokratie aufzubauen . . . Der letzte breit angelegte Versuch der internationalen und der inneren Reaktion, diese Entwicklung zum Scheitern zu bringen, wurde durch das entschiedene Auftreten des werktätigen Volkes im Februar 1948 vereitelt.« Bemerkenswert an dieser retrospektiven Betrachtung ist, daß hier in massiver Form auch die »internationale Reaktion« bemüht wurde, um den Prager »Coup« zu »begründen«. Vgl. dazu vor allem J. Kalvoda: Czechoslovakia's Socialist Constitution; K. Rabl: Die tschechoslowakische Verfassungsurkunde vom 11. Juli 1960 in Theorie und Praxis.
81 Dt. Text in: Archiv der Gegenwart 1958, S. 7003.

gers« für den Fall gedroht hat, daß sich in einem dieser Staaten Vorgänge wiederholen, wie sie sich im Herbst 1956 in Ungarn abgespielt haben. Chruščev ist so eine Situation während seiner Herrschaft bis zum Herbst 1964 erspart geblieben. Was er jedoch am 8. April 1958 auf ungarischem Boden drohend an die Wand gemalt hat, war die Lage, mit der seine Nachfolger gut zehn Jahre später, im Sommer 1968 ausgerechnet in der Tschechoslowakei konfrontiert wurden und was unter der Formel vom »gemeinsamen Schutz der sozialistischen Errungenschaften« in die neueste Geschichte der kommunistischen Bewegung eingegangen ist. Noch einmal sei daran erinnert, daß schon die sowjetische Regierungserklärung vom 30. Oktober 1956 die Formel vom »Schutz der sozialistischen Errungenschaften« enthielt und die daraus resultierenden Pflichten bereits auf »die Völker der sozialistischen Länder« bezog.

János Kádár wußte Chruščev für die »brüderliche Hilfe« im Herbst 1956 in einer besonders makabren Weise zu danken, als er auf dem VII. Parteitag der Ungarischen Sozialistischen Arbeiterpartei vom 30. November bis zum 5. Dezember 1959 in Anwesenheit des sowjetischen Parteichefs die Bitte aussprach, die sowjetischen Truppen in Ungarn so lange zu belassen, »wie es aufgrund der internationalen Lage notwendig ist«[82]. Immerhin fügte Kádár hinzu, die sowjetischen Streitkräfte seien jetzt nicht aus innenpolitischen Gründen in Ungarn, sondern ausschließlich mit Rücksicht auf die noch nicht erledigten internationalen Fragen stationiert.

Chruščev gelang bei dieser Gelegenheit wiederum eine sehr plastische Formulierung, als er betonte, daß nach dem XX. Parteitag der KPdSU »einige Parteien, darunter auch unsere Partei, gewisse Schwierigkeiten, eine Art Fieber, durchgemacht« hätten. Nach »diesem Fieber ist unser Organismus kräftiger geworden, und wir schreiten zuversichtlicher auf dem von Marx, Engels und Lenin gewiesenen Weg voran«[83].

Auch die Entwicklung in den übrigen Volksdemokratien verlangte von seiten der sowjetischen Führung ein differenziertes Vorgehen. Die wenig-

---

82 Dt. Text der Rede in: Archiv der Gegenwart 1959, S. 8089 f. (8090). Vgl. über die innere Entwicklung Ungarns in den Jahren 1956 bis 1959 vor allem P. Ignotus: Hungary's Craving for Normalcy.
83 Dt. Text der Rede vom 1. Dezember 1959 in: N. S. Chruschtschow: Welt, S. 546–572 (552); Auszug in: Archiv der Gegenwart 1959, S. 8090–8092 (8090). In einer Rede zuvor hat Chruščev zugegeben, daß der Entschluß zum Eingreifen in Ungarn gegen den Widerstand aus den eigenen Reihen durchgesetzt werden mußte. Vgl. dazu »Pravda« vom 3. Dezember 1959; hier zit. nach: Ost-Probleme 1960, S. 75. Vgl. dazu auch J. K. Hoensch: Osteuropa-Politik, S. 173.

sten Schwierigkeiten hatte der Kreml mit Bulgarien, dessen Außenpolitik immer die Moskauer Linie widerspiegelte, wenn man von den von Tito und Dimitrov gemeinsam erörterten Föderations-Plänen für den Balkan absieht, die Stalin zunächst unterstützt und dann später schroff zurückgewiesen hat.[84]

Bulgarien war immer der loyalste Verbündete der UdSSR. Die Bindungen Sofias an Moskau waren schon in der zweiten Hälfte der fünfziger Jahre so eng, daß die UdSSR, die keine Truppen in Bulgarien stationiert hielt, einige außenpolitische Vorstellungen der bulgarischen Führung von vornherein ausschließen konnte. Schwierigkeiten, wie sie sich für den Kreml mit Rumänien und auch Albanien Ende der fünfziger Jahre immer mehr abzeichneten, waren im Verhältnis zu Bulgarien nicht zu erwarten. Chruščev wußte dies auf dem VII. Parteitag der Kommunistischen Partei Bulgariens Anfang Juni 1958 der dortigen Führung auch zu danken, als er seine scharfe Kritik am jugoslawischen »Revisionismus« mit dem Hinweis auf die »brüderlich verbundenen kommunistischen Parteien der UdSSR, Chinas, Bulgariens und der anderen sozialistischen Länder«[85] verband. Eine betontere Herausstellung war für die bulgarische Staats- und Parteiführung kaum denkbar.

Unter einem anderen Aspekt jedoch waren die beiden Jahre von Anfang 1959 bis Ende 1960 die – wie James F. Brown zutreffend bemerkt – wohl spektakulärsten in der Geschichte der Kommunistischen Partei Bulgariens. Es war die Periode, die Sofia selbst – in Ahnlehnung an Peking – als den »großen Sprung nach vorn« apostrophiert hat.[86] In Bulgarien hatten mit der Verschärfung des sowjetisch-jugoslawischen Konflikts die neostalinistischen Kräfte um Červenkov, die sich seit der »Aussöhnung« Chruščevs mit Tito 1956 im Hintergrund halten und dem Statthalter des Kreml in Sofia, Todor Živkov, das entscheidende Wort überlassen mußten, wieder Auftrieb erlangt. Von der Entwicklung Chinas allzusehr beeindruckt, meinte die Führung Bulgariens, das als erstes Land in Osteuropa die Kollektivierung der Landwirtschaft abgeschlossen hatte, mit allzu ehrgeizigen Plänen und Maßnahmen auf dem Agrar- und Industriesektor den Rückstand zu den industriell entwickelten »Bruderländern« im RGW aufholen zu können.

Der »große Sprung« endete aufgrund der völlig unzureichenden Voraussetzungen in einem ökonomischen Fiasko, das den Kreml veranlaßte, So-

---

84 Vgl. dazu ausführlich oben S. 395–397.
85 Zit. nach Archiv der Gegenwart 1958, S. 7115.
86 J. F. Brown: Bulgaria, S. 83–95, 263–273.

fia wieder an die kurze Leine zu nehmen. Angesichts der katastrophalen wirtschaftlichen Folgen blieb Živkov gar nichts anderes übrig, als um sowjetische Kredithilfe nachzusuchen, die ihm auch gewährt wurde. Daß Živkov, dabei von der orthodoxen Gruppe in der Führung um Červenkov verständlicherweise unterstützt, die UdSSR wieder als unbestrittene Führungsmacht anerkannte, verstand sich von selbst. In Zukunft durfte die UdSSR sicher sein, daß die bulgarische Führung es nicht noch einmal versuchen wird, in einer völligen Fehleinschätzung der eigenen Kräfte und Möglichkeiten eine eigene Variante des chinesischen Kommunismus zu entwickeln.[87]

c) *Die Sonderrolle Rumäniens: der Abzug der sowjetischen Truppen*

Die zweifellos mit Abstand interessanteste Entwicklung wies unter den Volksdemokraten auch Ende der fünfziger Jahre Rumänien auf. Da in der zeitgeschichtlichen Forschung immer wieder mit Recht darauf hingewiesen wird, wie frühzeitig die rumänische Führung die sich in der zweiten Hälfte der fünfziger Jahre abzeichnenden sowjetisch-chinesischen Differenzen langfristig für die eigene Position im sowjetischen Machtbereich nutzbar machen konnte, sei nochmals wiederholt, daß Bukarest seine Linie, sich nicht vorbehaltlos dem sowjetischen Führungsanspruch unterzuordnen, im ökonomischen Bereich bereits eingeleitet hatte, als das Verhältnis der UdSSR zur Volksrepublik China von keinerlei Differenzen geprägt wurde.[88] Schließlich sollte nicht übersehen werden, daß die rumänische Führung ihre von nationalen Interessen bestimmte Politik zu treiben begann, als sich noch sowjetische Truppen im Land befanden. Vergleicht man die Entwicklung Rumäniens mit der Bulgariens, das sich frei von sowjetischen Streitkräften wußte, dann darf man der Führung in Bukarest bescheinigen, daß sie nicht den Fehler begangen hat, die eigenen Möglichkeiten zu überschätzen und eine eigene Version des chinesischen »Sprungs nach vorn« zu entwickeln.
Hinzu kommt, daß es Parteichef Gheorghe Gheorghiu-Dej mit den Säuberungen im Juni/Juli 1957 verstand, die Stalinisten aus der Staats- und Parteiführung seines Landes zu eliminieren und sich damit jeder ernsthaf-

---

87 Vgl. dazu J. F. Brown, ebenda; P. Lendvai: Balkan, S. 242–247; J. K. Hoensch: Osteuropa-Politik, S. 176 f. Sehr instruktiv dazu auch B. A. Christoff: The Bulgarian »Leap Forward«.
88 Vgl. dazu im einzelnen oben S. 586 f.

ten Opposition bis zu seinem Tode zu entledigen. Damit hatte er die Voraussetzungen geschaffen, die bereits 1955/56 im ökonomischen Bereich eingeleitete Politik, den nationalen Interessen einen angemessenen Platz im »sozialistischen Lager« zuzuweisen, auch auf andere Bereiche ausdehnen zu können. Zu den wichtigsten und ihm ergebensten Politikern gehörten der seit 1955 amtierende Ministerpräsident Chivu Stoica und Ion Gheorghe Maurer, der im Juli 1957 Außenminister wurde. In der Parteispitze spielte damals schon Nicolae Ceauşescu, seit 1955 Mitglied des Politbüros der Partei, eine wichtige Rolle.

In Übereinstimmung mit der zeithistorischen Forschung meint Stephen Fischer-Galati, daß die »Nationalisierung« der rumänischen Außenpolitik mit dem Sommer 1957 anzusetzen ist, als Ion Gheorghe Maurer das Amt des Außenministers übernahm.[89] Es war Maurer, der in enger Kooperation mit Gheorhiu-Dej mit großem Geschick und bemerkenswerter Finesse die Politik Bukarests von nun an formuliert hat, in der die nationalen Interessen im Vordergrund standen und die die Verbindungen mit Rumäniens historischen Verbündeten wieder suchen sollte. Ihren ersten Ausdruck fand diese Politik in dem im September 1957 unterbreiteten sogenannten Stoica-Plan, der der rumänischen Führung die Möglichkeit bot, ihren Ehrgeiz auf außenpolitischem Gebiet zu entfalten und an die Vorkriegspolitik mit dem Vorschlag anzuknüpfen, eine Balkan-Föderation zu schaffen.

Mit diesem Vorschlag wandte sich Rumänien an Albanien, Bulgarien, Griechenland, die Türkei und Jugoslawien, eine Konferenz der Ministerpräsidenten einzuberufen, um Differenzen zu diskutieren und den Weg für eine allgemeine »Entspannung« in dieser Region zu bereiten. Während Bulgarien und Albanien den Plan sofort akzeptierten, tat dies Jugoslawien mit dem Vorbehalt, daß alle Balkan-Länder daran teilnehmen sollten. Griechenland und die Türkei widersetzten sich dem Vorschlag, da sie ihn für den Zeitpunkt nicht als opportun ansahen. Rumänien stellte den Plan, ohne ihn endgültig aufzugeben, zunächst zurück.[90]

Für Ghita Ionescu bildet der Rückzug der sowjetischen Truppen aus Rumänien im Sommer 1958 das »dramatischste Ereignis« in den rumänisch-sowjetischen Beziehungen seit der Niederschlagung der ungarischen

---

89 St. Fischer-Galati: Rumania, S. 155 f.; J. K. Hoensch: Osteuropa-Politik, S. 174 f. Vgl. dazu auch C. D. Jones: Influence, S. 36–39. Sehr materialreich dazu auch die Darstellung bei J. Lévesque: Conflit, S. 99–177, wo die Entwicklung bis April 1964 geschildert wird.
90 Vgl. dazu vor allem G. Ionescu: Communism, S. 291–293.

Volkserhebung.[91] Es ist das große Verdienst Robin A. Remingtons, das rumänisch-chinesische Zusammenspiel in dieser wichtigen Frage klar und überzeugend harausgearbeitet zu haben. Das ist insofern so bedeutungsvoll, als der Zeitpunkt nicht leicht zu fixieren ist, in dem Bukarest die Differenzen zwischen Peking und Moskau dazu benutzt hat, die eigene außenpolitische Manövrierfähigkeit zu erweitern. Remington meint, daß die rumänische Delegation von dem Treffen der kommunistischen Parteien in Moskau im November 1957 unter dem Eindruck zurückgekehrt ist, daß zwischen den Führungen der UdSSR und der Volksrepubik China weitreichende Meinungsunterschiede bestünden.

Leider hat Remington es unterlassen, diese interessante Aussage zu belegen. Zweifel sind insofern anzumelden, als von allen in Moskau vertretenen kommunistischen Parteien die der Volksrepublik China – wie bereits dargelegt – am stärksten und intensivsten dafür eingetreten ist, den Führungsanspruch der UdSSR und der KPdSU im Moskauer Dokument vom 16. November 1957 ausdrücklich zu verankern. Das mag nicht ausschließen, daß die Pekinger Delegation in Moskau bereits Kritik an einigen Aspekten der sowjetischen Außenpolitik geübt hat; die weitere Entwicklung sollte zeigen, daß die Führung Chinas vor allem mit Chruščevs Koexistenz-Politik nicht einverstanden war.

Die Frage, ob der Rückzug der sowjetischen Streitkräfte aus Rumänien die Folge des Besuches einer Bukarester Delegation unter Leitung von Ministerpräsident Stoica Anfang April 1958 in Peking war, wird von westlichen Experten unterschiedlich beantwortet. Während R. A. Remington, der am intensivsten die vorliegenden Quellen geprüft hat, und Stephen Fischer-Galati diese »Kausalität« vorbehaltlos bejahen, meinen Jacques Lévesque und Christopher D. Jones, die rumänische Führung hätte »wahrscheinlich« den Kreml davon zu überzeugen vermocht, daß ein Rückzug sowjetischer Truppen aus Südosteuropa den dortigen kommunistischen Regimes zu größerer »Legitimität« im Innern verholfen hätte. Lévesque verweist darauf, daß die UdSSR 1958 auch aus Ungarn eine Division abgezogen habe. Hingegen bewertet Remington den »Zusammenhang« so: Im Frühjahr 1958 hat die Volksrepublik China ihre letzten noch in Nord-Korea verbliebenen Streitkräfte abgezogen. Dazu stellte Stoica am 3. April 1958 in Peking fest, es sei höchste Zeit, »daß die USA und die anderen Länder, die in Süd-Korea Truppen stationiert haben, diese ebenfalls abziehen«.[92]

---

91 G. Ionescu, ebenda, S. 288.
92 Zit. bei R. A. Remington: Warsaw Pact, S. 62 mit dem Nachweis in Anm. 20; J. Lévesque: Conflit, S. 116–118; C. D. Jones: Influence, S. 84.

Da Stoica gewußt haben dürfte, daß in jenem Zeitpunkt nur die USA Streitkräfte in Süd-Korea unterhielten, hat der rumänische Ministerpräsident möglicherweise Truppen anderer Staaten gemeint, die in anderen Ländern – außer in Korea – stationiert waren. Daß Stoica in diesem Sinne verstanden werden wollte, ging dann klar aus dem gemeinsamen chinesisch-rumänischen Kommuniqué vom 8. April 1958 hervor. Darin betonten beide Seiten, daß die militärischen Blöcke in Europa und Asien aufgelöst werden und durch ein System der kollektiven Sicherheit ersetzt werden sollten; in fremden Ländern eingerichtete militärische Basen sollten aufgegeben, bewaffnete, auf fremdem Territorium stationierte Streitkräfte zurückgezogen werden.[93]

Mit Recht weist Remington darauf hin, daß in dieser Erklärung nicht zwischen »imperialistischen« und »friedensliebenden« bewaffneten Streitkräften unterschieden wurde, so daß mit voller Absicht auch die Truppen angesprochen worden waren, die die UdSSR auf fremden Territorien stationiert hielt. Aufschlußreich ist, daß die Sowjetunion die Ostasien-Reise der prominenten Bukarester Delegation fast überhaupt nicht kommentiert hat; in der sowjetischen Presse wurde weder Stoicas Rede noch das gemeinsame Kommuniqué erwähnt. Als die Bukarester Delegation auf dem Rückweg von Peking in Moskau Mitte April 1958 Station machte, dürfte bereits die Entscheidung darüber gefallen sein, daß die UdSSR ihre Truppen aus Rumänien zurückzieht.[94]

Daß die brisante Frage des Abzugs der bis dahin in Rumänien stationierten sowjetischen Streitkräfte in den offiziellen Verlautbarungen zur Zeit des Besuchs der Bukarester Delegation in Moskau nicht angesprochen wurde, erscheint deshalb verständlich, da sich diese Frage auch im Verhältnis der UdSSR zu Polen, Ungarn und der DDR stellte, auch wenn die Führungen dieser Länder am Verbleib der sowjetischen Truppen auf ihren Territorien interessiert waren. Nur wenn man sich das rumänisch-chinesische »Zusammenspiel« vergegenwärtigt, ist das Kommuniqué über die Tagung des Politischen Beratenden Ausschusses des Warschauer Pakts vom 24. Mai 1958 verständlich, an der auch eine Pekinger Delegation als Beobachter teilgenommen hatte. In der Verlautbarung hieß es, das oberste politische Organ der östlichen Militärallianz habe ein Referat des Oberbefehlshabers der Vereinigten Streitkräfte der Partnerstaaten des Warschauer Vertrags, Marschall der Sowjetunion, I. S. Konev, »über

---

93 Zit. bei R. A. Remington, ebenda mit dem Nachweis in Anm. 21. Vgl. dazu auch St. Fischer-Galati: Rumania S. 154 f.; ders.: The New Rumania, S. 70 f.
94 Vgl. dazu R. A. Remington, ebenda, S. 62 f.

eine neue Einschränkung der Streitkräfte der Partnerländer des Warschauer Vertrages und über den Abzug sowjetischer Truppen aus dem Territorium der Rumänischen Volksrepublik«[95] entgegengenommen. Das Kommuniqué teilte im einzelnen die beschlossene Reduzierung der Streitkräfte der UdSSR, Rumäniens, Bulgariens, Polens, der Tschechoslowakei und Albaniens mit; auffällig war, daß die DDR in diesem Zusammenhang unerwähnt blieb. Der für Rumänien wichtige Passus lautete: »Der Politische Beratende Ausschuß billigte den Vorschlag der Regierung der Sowjetunion – er ist mit der Regierung der Rumänischen Volksrepublik vereinbart –, die gemäß dem Warschauer Vertrag in der Rumänischen Volksrepublik befindlichen sowjetischen Truppen in der allernächsten Zeit abzuziehen.«
Von den drei anderen Ländern, in denen die UdSSR ebenfalls Truppen stationiert hielt, ging nur Ungarn nicht ganz leer aus: Auf Vereinbarung mit der ungarischen Regierung faßte die UdSSR den Beschluß, 1958 die in Ungarn befindlichen Sowjettruppen noch um eine Division einzuschränken und diese vom ungarischen Territorium abzuziehen. Der Politische Beratende Ausschuß billigte diesen Beschluß der Sowjetregierung.
Einige wichtige Anhaltspunkte dafür, warum der Kreml bereit war, seine in Rumänien stationierten Truppen 1958 vollständig abzuziehen, gab Chruščev selbst in seiner ausführlichen Rede auf der 2. Tagung des politischen Führungsorgans des Warschauer Pakts am 24. Mai 1958. Es ging ihm vor allem darum, mit diesem Beispiel und der Reduzierung der Streitkräfte der UdSSR sowie der anderen Warschauer Pakt-Staaten – mit Ausnahme der DDR – einen politischen und auch propagandistischen Effekt zu erzielen. Chruščev wollte vornehmlich die NATO-Staaten für Maßnahmen auf dem Gebiet der Reduzierung konventioneller Streitkräfte und auch der Abrüstung gewinnen. Ausdrücklich verwies er auf den »bedeutenden Beitrag der großen Volksrepublik China zur Sicherung des Friedens«, »die unlängst den Abzug der chinesischen Freiwilligen aus Korea beschlossen hat«[96]. Chruščev forderte die USA auf, dem Beispiel Pekings zu folgen und die Truppen aus Süd-Korea abzuziehen sowie auch alle Stützpunkte auf koreanischem Territorium aufzulösen.
Wie sehr die von den Warschauer Pakt-Mächten am 24. Mai 1958 beschlossenen militärischen Maßnahmen unter einem internationalen

---

95 Text bei B. Meissner (Hrsg.): Warschauer Pakt, S. 159–161 (160).
96 Dt. Text bei N. S. Chruschtschow: Frieden, S. 419–456 (453).

Aspekt gesehen werden müssen, geht auch aus der auf derselben Tagung veröffentlichten gesonderten Deklaration hervor, in der der Abschluß eines Nichtangriffspakts zwischen der NATO und den Mitgliedstaaten des Warschauer Vertrags vorgeschlagen und der frühere, von seiten Polens unterbreitete Plan, in Mitteleuropa eine von Kern- und Raketenwaffen freie Zone zu schaffen[97], ausdrücklich unterstützt worden ist.

Doch war weder der Rede Chruščevs noch den Dokumenten vom 24. Mai 1958 zu entnehmen, warum die UdSSR in der wichtigen Frage der Stationierung ihrer Streitkräfte Rumänien so bevorzugt behandelt hat. Die einleuchtende Erklärung liegt darin, daß Rumänien von allen Mitgliedsländern der Allianz die am wenigsten verletzbare strategische Position einnahm und keine offene Grenze mit einem nicht-kommunistischen Staat aufweist. Rumänien gehört aufgrund seiner geographischen Lage nicht zu den unmittelbar von der NATO »bedrohten« Ländern. Mit Recht weist Ghita Ionescu darauf hin, daß auch in der Sicht des Kreml jede »Friedens-Offensive« Bukarests auf dem Balkan wenig glaubwürdig war, solange sich auf seinem Territorium sowjetische Streitkräfte befanden. Schließlich – und auch das sollte nicht übersehen werden – bedeutete die »Befreiung« Rumäniens von den sowjetischen Truppen weder ein Risiko für die eigene Regierung noch für die sowjetische Führung. Die einzige »offene« Grenze verbindet Rumänien mit Jugoslawien, alle anderen betreffen die »Bruderstaaten« des Warschauer Pakts.

Die Sowjets gingen auch deshalb 1958 kein Risiko ein, da sie sofort – im Bedarfsfall – eigene Truppen aus Bessarabien und der südlichen Ukraine wieder nach Rumänien werfen konnten. Schließlich verblieben sowjetische Luft- und Marine-Basen auf rumänischem Boden. Auch war der Kreml nicht bereit, von nun an Bukarest allein über die eigene Militärpolitik entscheiden zu lassen: So schleuste Moskau in wichtige Positionen der im Rahmen der seit November 1956 umstrukturierten rumänischen Armee neue sowjetische Offiziere unter falschem Namen ein.[98]

Daß man diesen Aspekt nicht unterschätzen sollte, zeigte sich Anfang Juni 1959, als die rumänische Regierung den erstmals im Septemver 1957 unterbreiteten »Stoica-Plan« erneuerte und vorschlug, eine Balkan-Konferenz einzuberufen.[99] Dieses Mal bewegte sich der Vorschlag Bukarests –

---

97 Text bei B. Meissner (Hrsg.): Warschauer Pakt, S. 162–177.
98 Vgl. dazu vor allem G. Ionescu: Communism, S. 288–290. Vgl. zur Frage, warum die Besetzung Rumäniens für die UdSSR unwichtig geworden war, auch die Hinweise in »Abzug sowjetischer Truppen«, in: Hinter dem Eisernen Vorhang 1958, H. 7, S. 54.
99 Vgl. dazu die Nachweise in: Archiv der Gegenwart 1957, S. 6648 und 1959, S. 7071.

verständlicherweise – im Rahmen der Anregungen, die Chruščev bei seinem Besuch vom 25. bis zum 30. Mai 1959 in Albanien gegeben und in denen er die Schaffung einer atomwaffenfreien Zone auf dem Balkan vorgeschlagen hatte.[100] Auch wenn die Wiederbelebung des Stoica-Plans nun wegen der durch Chruščev vorweggenommenen Vorschläge nicht mehr den Charakter einer eigenen Initiative hatte, zeigt doch der Vorgang, daß der Kreml der rumänischen Führung durchaus die Möglichkeit einzuräumen bereit war, eigene Ambitionen auf außenpolitischem Gebiet zu entwickeln, soweit sie den Intentionen und Interessen Moskaus nicht zuwiderliefen.

So sehr auch der Stoica-Plan den sowjetischen Vorstellungen von einer »Friedenszone« auf dem Balkan entsprach, so wenig konnte der Kreml mit der mit äußerster Konsequenz geführten Außenhandelspolitik Bukarests zufrieden sein. Die rumänische Führung war auch in den Jahren von 1957/58 bis 1960 bestrebt, den Außenhandel mit dem Westen weiterhin wesentlich auszubauen.[101] Auch die im November 1958 auf dem Plenum des Zentralkomitees der Kommunistischen Partei Rumäniens bekanntgegebenen Pläne zur industriellen Entwicklung des Landes dienten vornehmlich dem Ziel, ökonomischem Druck von außen trotzen zu können, und bedeuteten einen – wie John Montias bemerkt hat – Wendepunkt in den Beziehungen Rumäniens zu den »Bruderländern«.[102] Die rumänische Führung bewies damit von neuem, daß sie nicht gewillt war, sich von den entwickelteren Ländern des RGW vorschreiben zu lassen, auf welche wirtschaftliche Gebiete sie das Schwergewicht zu legen habe.

d) *Die sowjetisch-albanischen Beziehungen: Wann begannen die ersten ernsthaften Differenzen?*

Obwohl über die sowjetisch-albanischen Beziehungen in der zweiten Hälfte der fünfziger Jahre eine umfangreiche Literatur vorliegt, läßt sich bis heute noch nicht mit Genauigkeit feststellen, wann die ersten und ernsthaften Differenzen offen aufgetreten sind. Eine objektive und unvorein-

---

100 Vgl. das gemeinsame sowjetisch-albanische Kommuniqué vom 30. Mai 1959; dt. Text (Auszug) in: Archiv der Gegenwart 1959, S. 7760. Vgl. dazu auch J. K. Hoensch: Osteuropa-Politik, S. 175 f.
101 Vgl. dazu die detaillierten Angaben bei J. M. Montias: Development, S. 53–63; P. Lendvai: Balkan, S. 319.
102 J. M. Montias, ebenda, S. 193–203 (201); ders.: Background, S. 135–138. Sehr instruktiv dazu mit weiteren Nachweisen auch J. Lévesque: Conflit, S. 119–126.

genommene Klärung dieser wichtigen Frage wird dadurch erschwert, daß sowohl die UdSSR als auch Albanien später, ab Mitte 1960, als beide den Bruch für unausweichlich hielten, ihre jeweilige Position zu rechtfertigen suchten und die Ursachen der Meinungsunterschiede zeitlich sehr früh ansetzten.

Die Entwicklung des sowjetisch-albanischen Konflikts ab Juni 1960, die parallel mit der Auseinandersetzung zwischen Moskau und Peking verlief, ist anhand der vorliegenden Dokumente soweit wie möglich aufgeklärt. Es ist vor allem das Verdienst William E. Griffith', in einer sehr materialreichen und gut belegten Studie die Entwicklung des Konflikts von Mitte 1960 bis Ende 1962 analysiert zu haben.[103] Zwar hat Griffith auch den historischen Hintergrund dieser Auseinandersetzungen beleuchtet, ohne jedoch die zentrale Frage zu behandeln, welche Vorgänge in welchem Zeitpunkt das Verhältnis Moskaus zu Tirana getrübt haben.

Es geht hier nicht darum, noch einmal festzustellen, daß die albanische Führung die Zertrümmerung des Stalin-Mythos durch Chruščev auf dem XX. Parteikongreß der KPdSU im Februar 1956 nur zähneknirschend hingenommen hat; davon legte Enver Hoxhas Politik eindringlich Zeugnis ab, nur eine sehr begrenzte Entstalinisierung durchzuführen und die prominentesten Opfer nicht zu rehabilitieren, die in Albanien nach dem Bruch Stalins mit Tito ihr Leben lassen mußten. Ebenso ist klar, daß Hoxha Chruščevs Ausgleich und »Aussöhnung« mit Tito in den Jahren 1955/56 gleichfalls nur sehr ungern gesehen hat.[104]

Die albanische Führung hat die militärische Niederschlagung der ungarischen Volkserhebung durch die UdSSR im Herbst 1956 geradezu enthusiastisch begrüßt. Auch genoß sie, als Chruščev – zunächst wohl mehr von den übrigen Neostalinisten in den Volksdemokratien getrieben als aus eigener Einsicht handelnd – endgültig den VII. Parteitag der bulgarischen Kommunisten Anfang Juni 1958 in Sofia zum Anlaß nahm, erstmals schonungslos mit Belgrad abzurechnen. Schließlich ist es kein Zufall, daß die Hinrichtung Imre Nagys im Juni 1958 in keiner Volksdemokratie mit solcher Begeisterung aufgenommen worden war als in Albanien; Tirana legte besonderen Wert auf die Feststellung, daß die hingerichteten Führer des ungarischen Aufstands mit Tito »konspiriert« hätten, um die »Einheit des kommunistischen Lagers« zu zerstören.[105]

---

103 W. E. Griffith: Albania.
104 Vgl. dazu ausführlicher oben S. 541.
105 Vgl. dazu mit Nachweisen vor allem N. C. Pano: Albania, S. 129. Vgl. dazu auch oben S. 603 f.

Da die Feindschaft Tiranas gegenüber Belgrad keine Grenzen kannte, war man mit der Verschlechterung der sowjetisch-jugoslawischen Beziehungen in den Jahren 1957/58 äußerst zufrieden. Nach Auffassung Nicholas C. Panos, der eine der subtilsten Studien über die Entwicklung Albaniens verfaßt hat, wären Hoxha und Shehu jedoch erst voll zufrieden gewesen, wenn Jugoslawien ein zweites Mal und unwiderruflich aus der kommunistischen Bewegung ausgeschlossen und von ihr diplomatisch isoliert worden wäre.[106] Den Nachweis für diese Aussage muß Pano schuldig bleiben. Daran ändert auch die Tatsache nichts, daß die Pekinger Führung die Albaner in ihrer grenzenlosen Feindschaft gegenüber den »revisionistischen« Jugoslawen uneingeschränkt unterstützt hat.
Daraus, daß Tirana seit Mitte der fünfziger Jahre seine ökonomischen Beziehungen sowohl zur UdSSR als auch zur Volksrepublik China wesentlich ausgebaut hat, läßt sich ebenfalls noch nicht auf eine Verschlechterung des Verhältnisses zu Moskau schließen; Peking und Moskau wetteiferten geradezu darin, Albanien Kredite in Form von Subventionen zu gewähren.[107] Nach Auffassung Daniel Tretiaks beschränkten sich die sowjetisch-albanischen Differenzen ab Ende 1958 nicht auf die Frage, wie der jugoslawische »Revisionismus« zu behandeln sei und wie die UdSSR ihr inzwischen durch die Raketen-Entwicklung wesentlich erhöhtes militärisches Arsenal gegenüber dem Westen einsetzen sollte; Albanien trat für eine besonders aggressive und militante Außenpolitik Moskaus ein, während Chruščev, offensichtlich auch aus ökonomischen Einsichten heraus und in einer realistischeren Einschätzung des westlichen, vor allem des amerikanischen Militärpotentials, seine Politik der »Koexistenz« weiterführen wollte.
Richtig dürfte Daniel Tretiaks Ansicht sein, daß im Verhältnis zwischen Moskau und Tirana ab Ende 1958 auch Differenzen im ökonomischen Bereich aufgetreten sind. Auch wenn es sich anhand albanischer Dokumente nicht klar nachweisen läßt, scheint Chruščev Albanien im Rahmen der langfristigen RGW-Arbeitsteilung die Rolle eines Rohstoff-Lieferanten zugewiesen und Tirana empfohlen zu haben, sehr viel stärker als bisher den agrarischen Sektor seiner Wirtschaft auszubauen; das war eine Empfehlung, die Hoxhas Programm der rapiden Industrialisierung entgegenlief. Bedrohlicher für die albanische Wirtschaft war der Beschluß der 10. Tagung des Rats für Gegenseitige Wirtschaftshilfe vom 11. bis zum

---

106 N. C. Pano, ebenda, S. 129 f.
107 Vgl. dazu mit Nachweisen N. C. Pano, ebenda, S. 130 f. Vgl. dazu auch mit zahlreichen instruktiven Angaben W. E. Griffith: Albania, S. 28 f.

13. Dezember 1958 in Prag, eine Erdölfernleitung zum Transport von Erdöl aus der UdSSR nach Ungarn, die DDR und die Tschechoslowakei zu bauen.[108] Mangels einer Landverbindung mit den übrigen RGW-Staaten konnte Albanien ebensowenig an die Erdöl-Pipeline wie an das Energie-Verbundsystem angeschlossen werden, das die RGW-Länder auf ihrer 11. Tagung vom 13. bis zum 16. Mai 1959 in Tirana beschlossen haben.[109] Darüber hinaus mußte Albanien um den Absatz seiner Petrolprodukte fürchten. Als Hoxha und Shehu Mitte Dezember 1958 nach Moskau reisten, um über die Zukunft der albanischen Wirtschaft zu verhandeln, versprachen ihnen die Sowjets zusätzliche ökonomische Hilfe.[110]

Anfang Januar 1959 reisten Hoxha und Shehu nach Ost-Berlin und Prag in der Hoffnung, die orthodoxen Führungen beider Länder zu einer scharfen Verurteilung des »Titoismus« zu gewinnen. Doch weder die Führung der DDR noch der Tschechoslowakei war dazu bereit. Das in Ost-Berlin am 12. Januar 1959 veröffentlichte gemeinsame Kommuniqué war aus zwei Gründen besonders aufschlußreich: So verurteilte es das Programm des Bundes der Kommunisten Jugoslawiens nur als »revisionistisch und für die internationale Arbeiterbewegung schädlich«[111]. Über die UdSSR, deren Politik beide Seiten rückhaltlos unterstützten, hieß es, sie sei der »Befreier und treue Beschützer unserer Länder«; schließlich sprach das Kommuniqué von dem »völligen gegenseitigen Verständnis«.

Diese gegenüber der UdSSR besonders freundlichen Formulierungen deuten darauf hin, daß Anfang Januar 1959 die Beziehungen zwischen Moskau und Tirana, wenn man von den möglichen Auswirkungen der auf der 10. RGW-Tagung Mitte Dezember 1958 in Prag gefaßten Beschlüsse absieht, nicht getrübt schienen. Andernfalls wäre es nicht zu verstehen, warum sich Hoxha und Shehu in dieser beinahe unterwürfigen Form über den »großen Bruder« geäußert haben. Für diese These spricht auch die Tatsache, daß die Albaner den von Chruščev auf dem XXI. Kongreß der KPdSU am 27. Januar 1959 proklamierten außenpolitischen Vorstellun-

---

108 Text des Kommuniqués bei A. Uschakow: Comecon, S. 97 f. (98).
109 Text des Kommuniqués bei A. Uschakow, ebenda, S. 99–101 (100 f.). Vgl. dazu vor allem die instruktive Analyse von K. Wessely: Tendenzen in der Energiewirtschaft des Ostblocks, S. 815. D. Tretiak: Khrushchev and Albania, S. 58 f.; N. C. Pano: Albania, S. 131 f.
110 Vgl. dazu N. C. Pano, ebenda, S. 131; D. Tretiak, ebenda; J. K. Hoensch: Osteuropa-Politik, S. 177 f.
111 Text des Kommuniqués in: Neues Deutschland vom 13. Januar 1959. Vgl. auch SBZ-Archiv 1959, S. 45.

gen Beifall gezollt haben; Tirana war in der sowjetischen Hauptstadt durch Hoxha und Shehu vertreten.

So erscheinen die Spekulationen darüber, daß bereits bis Ende 1958 zwischen der sowjetischen und der albanischen Führung bemerkenswerte Differenzen bestanden haben sollen, als nicht gerechtfertigt. Der weitere Verlauf des Jahres 1959 sollte dann einen zusätzlichen, nicht weniger interessanten Anlaß geben, darüber zu spekulieren, ob sich die in ihren Auswirkungen noch nicht weitreichenden Meinungsunterschiede auf die unterschiedliche Einschätzung des »Titoismus« und der sowjetischen »Koexistenz«-Politik beschränkt haben.

e) *Chruščevs Bilanz auf dem XXI. Kongreß der KPdSU vom 27. Januar 1959*

Der XXI. Kongreß der KPdSU, der vom 27. Januar bis zum 5. Februar 1959 in Moskau stattfand, sollte in keiner Weise für die Entwicklung der kommunistischen Weltbewegung die Bedeutung des XX. Kongresses der KPdSU, auf dem Chruščev mit seiner berühmten Geheimrede die Periode der Entstalinisierung eingeleitet und die »Sonderweg«-These befürwortet hatte, gewinnen. Dennoch verdient Chruščevs »Zwischenbilanz« über die Entwicklung des »sozialistischen Lagers« Beachtung. Seine Darlegungen verdeutlichen ein weiteres Mal das Dilemma des Kreml, das der Quadratur eines Kreises glich: Einerseits konnte Moskau keinesfalls auf den Führungsanspruch der UdSSR und der KPdSU verzichten, wenn es die Einheit des »Lagers« nicht aufs Spiel setzen wollte. Andererseits wußte die sowjetische Führung, daß sie sich nicht mehr der von Stalin angewandten Methoden bedienen konnte, die von Über- und Unterordnung, Furcht und physischem Terror geprägt waren und die Volksdemokratien von jedem Mitspracherecht ausgeschlossen hatten.

Chruščev war bemüht, mit differenzierteren und sublimeren Mitteln die Einheit des »sozialistischen Lagers« aufrechtzuerhalten und den sowjetischen Führungsanspruch durchzusetzen. Mit der Aufrechterhaltung der notwendigen Disziplin in »Lager« war die These von den »eigenen Wegen zum Sozialismus« nur schwer zu vereinbaren. Da es Chruščev so sehr darauf ankam, nicht auf die Methoden Stalins zurückzugreifen und Jugoslawien nicht von der »sozialistischen Völkerfamilie« noch einem total zu eliminieren, blieb ihm nur der Weg übrig, mit Kompromissen und kurzfristig angelegten »Lösungen« den richtigen Mittelweg zwischen »Revisionismus« und »Dogmatismus« zu suchen. Dies war nur möglich mit ei-

ner Politik, die mit Widersprüchen leben mußte, die selbst in wichtigen multilateralen Dokumenten verankert waren.
So ist es auch kein Zufall, daß Chruščevs Referat auf dem XXI. Kongreß der KPdSU vom 27. Januar 1959 diese Politik in hervorragender Weise widerspiegelte.[112] Obwohl er noch im Sommer 1958 meinte, man sollte sich nicht zu intensiv mit dem jugoslawischen »Revisionismus« befassen, nahm seine Auseinandersetzung mit dem jugoslawischen Weg des Kommunismus in seinem Referat einen breiten Raum ein. Jeder objektive und unvoreingenommene Beobachter konnte nur zu dem Ergebnis gelangen, daß sich Chruščev mehr aus der Position der Defensive als aus der Offensive heraus mit dem »Titoismus« auseinandergesetzt hat. Besonders pikant ist dabei, daß er ausdrücklich den Vorwurf Belgrads, die KPdSU strebe über die anderen Parteien die »Hegemonie« an, unter Verwendung dieses Begriffs scharf zurückgewiesen hat.[113]
Der weitere Vorwurf Belgrads, die »Abhängigkeit« der kommunistischen Parteien der Volksdemokratien sei ausdrücklich in der Erklärung der zwölf regierenden kommunistischen Parteien vom 16. November 1957 verankert, wies Chruščev ebenfalls in recht differenzierter Weise zurück. Unter Hinweis auf die jugoslawische Argumentation bezog er sich auf jenen Satz der Moskauer Erklärung, in dem vom »unbesiegbaren Lager der sozialistischen Staaten mit der Sowjetunion an der Spitze« die Rede ist. Ausdrücklich betonte er, die UdSSR leite nicht die anderen Länder: »In der kommunistischen Bewegung gibt es keine ›übergeordneten‹ und ›untergeordneten‹ Parteien. Alle kommunistischen Arbeiterparteien sind gleich und selbständig.«[114]
Unter mehrfacher Berufung auf die Prinzipien des proletarischen Internationalismus fügte Chruščev hinzu, die KPdSU betrachte sich »bildlich gesprochen« als einen der Vortrupps der kommunistischen Weltbewegung. Zwei weitere Aspekte der Rede Chruščevs verdienen auch heute noch Beachtung. Gerade im Hinblick auf die Position Bukarests im Rahmen der von Chruščev so gern forcierten Kooperation im RGW ist dessen Aussage höchst aufschlußreich, »daß die Länder des Sozialismus«, unter erfolgrei-

---

112 Dt. Text in: Beilage zum »Neuen Deutschland« vom 29. und 30. Januar 1959 und Europa-Archiv 1959, S. D 103–141; Auszug in: Ost-Probleme 1959, S. 98–116. Vgl. auch die Auszüge aus den Diskussionsreden, ebenda, S. 116–127. Vgl. speziell zu Chruščevs Kritik am jugoslawischen »Revisionismus« C. G. Ströhm: Vor und nach dem XXI. Parteitag.
113 Zit. nach: Europa-Archiv, ebenda, S. D 122–125 (125).
114 Vgl. ebenda, S. D 126.

cher Ausnutzung der der sozialistischen Ordnung innewohnenden Möglichkeiten, mehr oder minder gleichzeitig in die höhere Phase der kommunistischen Gesellschaft übergehen werden: »Im sozialistischen Wirtschaftssystem wirkt das Gesetz der planmäßigen, proportionalen Entwicklung, wodurch die in der Vergangenheit wirtschaftlich zurückgebliebenen Länder auf die Erfahrungen der anderen sozialistischen Länder, auf die Zusammenarbeit und gegenseitige Hilfe gestützt, rasch die Zeit aufholen und ihre Wirtschaft und Kultur voranbringen.«[115]

Mehr hätte die rumänische Führung nicht erwarten können, da damit Chruščev eindeutig von früheren Positionen abgerückt ist, nach denen die im RGW zusammengeschlossenen Länder von ihren »natürlichen« Gegebenheiten ausgehen und sich gegenseitig ergänzen sollten. Die stärker agrarisch und weniger industriell entwickelten Länder sollten bei diesem Status bleiben und mehr die Funktion der »Zulieferer« an die entwickelteren RGW-Mitglieder übernehmen.

Auch räumte Chruščev ein, daß die kommunistischen Parteien die »Besonderheiten in der Entwicklung eines jeden Landes« anerkennten. So könnten beispielsweise einige Maßnahmen beim Aufbau des Sozialismus, die seinerzeit in der UdSSR angewandt worden seien, »nicht mechanisch in anderen Ländern angewandt werden. Alle sozialistischen Länder bauen den Sozialismus auf, aber das geschieht nicht nach einer Schablone«.

Damit die Volksdemokratien diese ökonomischen »Einsichten« nicht mißverstanden, bemühte Chruščev die »allgemein gültigen Gesetzmäßigkeiten«: »Bei alldem muß betont werden, daß das Wichtigste, Bestimmende in der Entwicklung aller Länder auf dem Wege zum Kommunismus die für sie alle allgemein gültigen Gesetzmäßigkeiten und nicht ihre besonderen Erscheinungsformen sind.«

Chruščev betonte, die Kommunistische Partei Chinas wende beim Aufbau des Sozialismus viele eigenständige Formen an: »Aber zwischen uns und ihr gibt es keinerlei Meinungsverschiedenheiten und kann es solche auch gar nicht geben.« Nur darauf, daß Peking in den Jahren ab Ende 1956 eine starke Position in der kommunistischen Bewegung zu erobern vermochte, ist es zurückzuführen, daß Chruščev noch hinzufügte:

---

115 Vgl. ebenda, S. D 139. Vgl. speziell zu diesem Aspekt den Kommentar in: Hinter dem Eisernen Vorhang 1959, H. 3, S. 1 f. (1) mit der pessimistischen Schlußfolgerung, daß die neue »Theorie der Gleichzeitigkeit« der »an sich schon kaum mehr wahrnehmbaren innen- oder wirtschaftspolitischen Bewegungsfreiheit der nichtsowjetischen Ostblockstaaten noch engere Grenzen zieht und jedes ›sozialistische‹ Land dazu zwingt, seine wirtschaftlichen Grundlagen . . . denen der Sowjetunion anzugleichen«.

»Wir sind in allem mit der brüderlichen Kommunistischen Partei Chinas voll einverstanden, obwohl ihre Methoden beim Aufbau des Sozialismus sich in vielem von den unsrigen unterscheiden. Wir wissen, daß China seine Besonderheiten in der historischen Entwicklung, in der Bevölkerungszahl, in dem Produktionsniveau und in der nationalen Kultur hat. Deshalb wäre es ein Fehler, diese Besonderheiten zu ignorieren und das zu kopieren, was für das eine Land gut und für das andere Land nicht geeignet ist.«[116]

Diese Feststellung ist insofern so bedeutungsvoll, als sie die Frage provoziert, warum der Kreml aus den gleichen Gründen nicht auch den Volksdemokratien den gleichen Spielraum konzediert hat. Diese Frage stellte sich auch deshalb, da nach Chruščevs Ansicht die Fragen der Methoden und der Praxis des sozialistischen Aufbaus »innere Fragen eines jeden einzelnen Landes« seien. Im Gegensatz zu Stalin verzichtete Chruščev darauf, das Slawentum als wichtige Gemeinsamkeit mit jenen Volksdemokratien zu beschwören, in denen slawische Völker leben.

In einem zentralen Punkt sollte sich Chruščev als außerordentlich schlechter Prophet erweisen: Ende Januar 1959 stand fest, daß die UdSSR mit manchen Besonderheiten der inneren Entwicklung Chinas keinesfalls einverstanden war. Vermessen war jedoch Chruščevs Aussage, daß es keinerlei Meinungsverschiedenheiten auch in der Zukunft geben könne. Er hoffte, mit seinen freundlichen Worten über die innere Entwicklung der Volksrepublik China die Pekinger Führung wenigstens auf das Mindestmaß an Solidarität zu verpflichten, das Chruščev für die Aufrechterhaltung des eigenen Machtbereichs unumgänglich schien. Dies gelang ihm auch mit der bis dahin umfassendsten Wirtschaftshilfe in Höhe von 5 Milliarden Rubel, die die UdSSR am 7. Februar 1959 der Volksrepublik China gewährte. Die Anerkennung des sowjetischen Anspruchs auf die Vormachtstellung im »sozialistischen Lager« hielt Peking jedoch nicht davon ab, die bereits früher gegen Chruščevs Entspannungs- und Koexistenz-Politik erhobenen Vorbehalte zu erneuern.[117]

---

116 Vgl. ebenda, S. D 140. Vgl. dazu auch B. Levitski: Coexistence, S. 33 f. Vgl. zu Chruščevs außenpolitischen Darlegungen und deren Einschätzung durch Peking D. S. Zagoria: Konflikt, S. 265-274.
117 Vgl. dazu J. K. Hoensch: Osteuropa-Politik, S. 179 f.

f) *Die Entwicklung des Rats für Gegenseitige Wirtschaftshilfe*

Nachdem der Rat für Gegenseitige Wirtschaftshilfe auf seiner 7. Tagung im Mai 1956[118] zum ersten Mal Fragen der Koordinierung der nationalen Volkswirtschaftspläne beraten und Entwicklungs-Perspektiven für bestimmte Produktionsbereiche ausgearbeitet hatte, haben die politischen Ereignisse des Herbstes 1956 auch im ökonomischen Bereich weitreichende Auswirkungen gehabt. Bereits in ihrer Erklärung vom 30. Oktober 1956 verdeutlichte die sowjetische Regierung, daß sie in Zukunft die Interessen der einzelnen Mitgliedsländer des RGW stärker berücksichtigen wolle. Das konnte nur darauf hinauslaufen, daß die sowjetische Regierung die auf eine stärkere »Integration« gerichtete Wirtschaftspolitik im Rahmen des RGW zurückzustellen bereit war. Nochmals sei daran erinnert, daß der Kreml auch durch den Erlaß von Schulden, die Gewährung weiterer Bar- und Waren-Kredite, die Revision bestehender und den Abschluß neuer Handels-Vereinbarungen einen hohen Preis für die politische Konsolidierung in den Volksdemokratien bezahlen mußte.[119]

So befaßte sich auch die 8. Tagung des RGW vom 18. bis zum 22. Juni 1957 in Warschau mit den ökonomischen Folgen der ungarischen Volkserhebung vom Herbst 1956, wo die auf der 7. Tagung aufeinander abgestimmten langfristigen Volkswirtschaftspläne korrigiert und darüber hinaus neue langfristige Perspektivpläne aufgestellt wurden. Das Kommuniqué über die Warschauer Tagung enthielt zum erstenmal die Formel von der »mehrseitigen wirtschaftlichen Zusammenarbeit zwischen den Ländern auf der Grundlage der Prinzipien der vollen Gleichberechtigung und der sozialistischen gegenseitigen Hilfe«[120]. Schließlich wurde auf der Tagung eine Clearing-Stelle bei der Staatsbank in Moskau gebildet; dennoch wurde der Zahlungsverkehr auch weiterhin grundsätzlich in bilateraler Abrechnung abgewickelt.

118 Vgl. dazu oben S. 583 f.
119 Vgl. dazu J. K. Hoensch: Osteuropa-Politik, S. 194 f. mit den Nachweisen in Anm. 99; Z. K. Brzezinski: Sowjetblock, S. 305–307; J. F. Triska/D. D. Finley in: Policy, S. 215, setzen mit Anfang 1957 eine neue, die 5. Phase des RGW an. Über die Entwicklung des RGW in den Jahren 1956 bis 1960 informiert ausführlich M. Kaser, in: Comecon, S. 69–91, 225–227; P. J. D. Wiles: Economics, S. 313–327; sehr instruktiv auch die Darstellung bei R. S. Jaster: Influence, der zahlreiche östliche Quellen herangezogen hat; W. Seiffert: Rechtssystem, S. 33–36.
120 Text des Kommuniqués bei A. Uschakow: Comecon, S. 91 f. (91). Vgl. über den Außenhandel innerhalb des RGW-Bereiches D. T. Cattell: Co-Operation, S. 67 f. mit den Anm. 10 f. Dort vergleicht er die Prozentzahlen des Außenhandels der UdSSR mit den übrigen RGW-Ländern aus den Jahren 1952 und 1957.

Wie konsequent und hartnäckig der Kreml an seinen Plänen festhielt, den RGW auszubauen und vor allem die ökonomische Kooperation zu verstärken, zeigte sich, als auf einer Tagung der Vertreter der kommunistischen und Arbeiterparteien vom 20. bis zum 23. Mai 1958 die Richtlinien für die Abstimmung der Volkswirtschaftspläne bis 1965 und der wichtigsten Perspektiv-Aufgaben sogar bis 1975 gegeben wurden. Das im Juni 1962 von den RGW-Staaten angenommene Dokument über die »internationale Arbeitsteilung« wurde hier bereits in groben Umrissen konzipiert.[121]

Es war das erste Mal, daß Chruščev weitreichende grundsätzliche Beschlüsse von einer multilateralen Konferenz der Ersten Partei-Sekretäre fällen ließ, um dann anschließend auf der 9. Tagung des RGW vom 26. bis zum 30. Juni 1958 in Bukarest die unmittelbar zuvor getroffenen Entscheidungen von den Ministerpräsidenten der RGW-Länder realisieren zu lassen. Die Ratstagung in Bukarest, deren Kommuniqué sich ausdrücklich auf die Beratung der Partei-Sekretäre bezog, erörterte vor allem die Möglichkeit, die Spezialisierung und Arbeitsteilung zwischen den Mitgliedsländern des RGW auszubauen, und beschloß außerdem, drei weitere Ständige Kommissionen für das Bau- und Transportwesen sowie für ökonomische Fragen einzurichten.[122]

Die Entschlossenheit der sowjetischen Führung, mit Hilfe des RGW das »sozialistische Lager« soweit wie möglich zusammenzuhalten und politische sowie ideologische Differenzen auf diese Weise zu überspielen, dürfte auch noch auf ein weiteres Motiv zurückzuführen sein. Einmal hoffte der Kreml, mit einer forcierten Kooperation und Koordinierung der Wirtschaftspläne die schwierige Wirtschaftslage der Mitgliedsländer des RGW leichter beheben zu können. Zum anderen darf nicht übersehen werden, daß am 25. März 1957 die Römischen Verträge geschlossen worden waren, auf denen die Europäische Wirtschaftsgemeinschaft (EWG) und die Europäische Atomgemeinschaft (Euratom) basieren und mit denen ab 1. Januar 1958 die ökonomische Integration Westeuropas eingeleitet wurde. Auch wenn Politik und Wissenschaft der RGW-Länder nur mit heftiger Kritik und Polemik auf die Integrations-Bestrebungen in

---

121 Text des Kommuniqués bei A. Uschakow, ebenda, S. 94 f. Vgl. dazu vor allem J. M. Montias: Development, S. 194–199; H. Glaeser: Komekon, S. 149 f.; A. Uschakow, ebenda, S. 16; ders.: Integration, S. 95.
122 Text des Kommuniqués bei A. Uschakow: Comecon, S. 95 f.

Westeuropa zu reagieren wußten, mußten sie in Zukunft zumindest diese Realitäten in ihr Kalkül einbeziehen.[123]
Nachdem die 10. Tagung des RGW vom 11. bis zum 13. Dezember 1958 in Prag über die Koordinierung der wichtigsten Produktionszweige beraten und Maßnahmen für die beschleunigte Entwicklung der chemischen Industrie und der Schwarzmetallurgie beschlossen hatte[124], verdeutlichte Chruščev in seiner Rede »Über die Kontrollziffern für die Entwicklung der Volkswirtschaft der UdSSR in den Jahren 1959 bis 1965« am 27. Januar 1959 auf dem XXI. Kongreß der KPdSU, wie sehr es ihm um die Koordinierung der Volkswirtschaftspläne sowie um die »internationale Arbeitsteilung vor allem in ihren höchsten Formen – in der Spezialisierung und Kooperierung«[125] ging.

In manchen westlichen Analysen wird behauptet, daß die bis Ende 1958 vom RGW gefaßten Beschlüsse über die Koordinierung der Volkswirtschaftspläne sowie über die Spezialisierung und Kooperation zwar den Beifall der industriell fortgeschrittenen Länder – wie der Tschechoslowakei und der DDR – gefunden hätten, da diese keine Einbußen hätten befürchten müssen. Hingegen hätten neben Polen vor allem Rumänien, in geringerem Maße auch Albanien und Ungarn Bedenken angemeldet, da eine konsequente Realisierung der Arbeitsteilung dazu führen werde, ihnen als »Entwicklungsländern« den »Status von Agrar- und Rohstofflieferanten aufzuzwingen und die Weiterentwicklung ihrer industriellen Kapazitäten zu verbauen«[126].

Diese weitreichende und interessante Feststellung wäre nur dann glaubwürdig, wenn sie sich auf verläßliche Belege stützen könnte. Das ist jedoch nicht der Fall. Es ist wiederum das Verdienst John M. Montias', anhand der einschlägigen rumänischen Literatur nachgewiesen zu haben, daß erstmals in einem der führenden rumänischen Wirtschaftsorgane im April 1958, also unmittelbar vor den Beschlüssen der Ersten Partei-Se-

---

123 Vgl. zur Einschätzung der Integration Westeuropas durch die UdSSR E. Schulz: Moskau; W. Seiffert: RGW, S. 151–155 mit zahlreichen weiteren Nachweisen; J. K. Hoensch: Osteuropa-Politik, S. 196–198. Sehr instruktiv dazu auch A. Uschakow: Integration, S. 96 f.; W. Seiffert: Rechtssystem, S. 35 mit weiteren Nachweisen.
124 Text des Kommuniqués bei A. Uschakow: Comecon, S. 97 f. Vgl. zur ökonomischen Problematik A. Zaubermann: Economic Integration, S. 26–29.
125 Vgl. Europa-Archiv 1959, S. D 109. Vgl. dazu vor allem J. M. Montias: Development, S. 197 f. Sehr instruktiv dazu und zur Entwicklung des RGW die ungezeichneten Beiträge »Intensivierung der wirtschaftlichen Zusammenarbeit im Ostblock« und »KOMEKON«.
126 So J. K. Hoensch: Osteuropa-Politik, S. 197.

kretäre und des RGW, ein Grundsatz-Artikel erschienen ist, in dem die »protektionistischen« Argumente Bukarests im einzelnen dargelegt worden sind. Aus Montias' Analyse geht klar hervor, daß die in den Jahren 1957/58 vom RGW getroffenen Entscheidungen von Rumänien mitgetragen werden konnten, da sie die forciert betriebene Industrialisierung des Landes nicht tangiert haben. Montias' Nachweis ist so wertvoll, da Bukarest nach der Formulierung seiner ökonomischen Positionen im April 1958 knapp zwei Jahre lang die Diskussion um den richtigen Weg des RGW auf sich beruhen ließ. Als wichtigsten Grund führt Montias dazu an, daß sich Rumänien die von sowjetischer Seite zugesagten Lieferungen von Rohmaterial für das Industrialisierungs-Programm in den Jahren 1961 bis 1965 nicht verscherzen wollte.[127]

Montias' Darlegungen werden auch dadurch bestätigt, daß die Kommunistische Partei Rumäniens auf ihrem Plenum Ende November 1958, also kurz vor der 10. Tagung des RGW, nicht nur das Programm der forcierten Industrialisierung, sondern auch verkündet hat, daß sich der Außenhandel Rumäniens weiter der westlichen Welt zu- und vom RGW-Bereich abwenden sollte.[128]

Angesichts der sich ab Anfang 1959 abzeichnenden ökonomischen Differenzen zwischen der UdSSR und Albanien war es seitens des Kreml nicht ungeschickt, die 11. Tagung des RGW vom 13. bis zum 16. Mai 1959 in Tirana abzuhalten. Sieht man von dem dort gefaßten Beschluß, ein Energieverbundsystem der europäischen Länder der Volksdemokratien und der westlichen Gebiete der UdSSR zu schaffen, ab, dann waren die Ergebnisse dieser Jubiläumstagung recht mager.[129] Dort wurden die von den Ständigen Kommissionen ausgearbeiteten Pläne zur Spezialisierung chemischer Ausrüstungen und bestimmter Gruppen der Maschinen-Erzeugnisse gebilligt.

Nicht nur unter völkerrechtlichen, sondern auch unter politischen und ökonomischen Aspekten gewann die 12. Tagung des RGW vom 10. bis zum 14. Dezember 1959 in Sofia jedoch besondere Bedeutung. Auch wenn die UdSSR ab Ende 1958 immer wieder beteuerte, daß das sozialistische Weltsystem die »industrielle Entwicklung ausnahmslos allen ihm

---

127 J. M. Montias: Development, S. 193–203; ders.: Background, S. 134–136.
128 Vgl. dazu J. M. Montias: Development, S. 53–55, 199–203.
129 Text des Kommuniqués bei A. Uschakow: Comecon, S. 99–102. Vgl. speziell zum Ausbau des Systems des Energieverbunds im RGW-Bereich K. Wessely: Tendenzen in der Energiewirtschaft des Ostblocks.

angehörenden Ländern«[130] gewährleiste, mußte es neben den bis dahin weniger industrialisierten RGW-Mitgliedern auch den »reicheren« Staaten darauf ankommen, daß ihnen endlich nach zehn Jahren Zugehörigkeit zum RGW konkrete Rechtsgarantien eingeräumt wurden. Dieser Wunsch ging nicht allein auf die von der UdSSR so forcierte zwischenstaatliche Spezialisierung und »Kooperierung« der Produktion durch die Koordinierung der Pläne, sondern auch auf die Tatsache zurück, daß die Sowjetunion nach wie vor als einziges Land den Anspruch erhob, ohne Ausnahme alle Industriezweige zu entwickeln.
Als besondere Pikanterie gilt es festzuhalten, daß dieser Anspruch der UdSSR selbst in Ost-Berlin, wenn auch erst 1964, als im »Widerspruch zu den im Sozialismus wirkenden objektiven Gesetzmäßigkeiten«[131] stehend zurückgewiesen worden ist. Die seit der 4. Tagung des RGW Ende März 1954 andauernden Teilreformen der Organisation wurden nun endlich in Sofia in einem Rechtsakt, im Statut des RGW und in der Konvention über die Rechtsfähigkeit, die Privilegien und Immunitäten des RGW, zusammengefaßt.[132]
Im Kommuniqué über die 12. Ratstagung wurde die Annahme des Statuts damit begründet, man habe »die früher vom Rat gefaßten Beschlüsse über Ziele, Prinzipien und organisatorische Formen seiner Tätigkeit« in einem Dokument niedergelegt.[133] Mit dem Statut des RGW wurde die bisherige Praxis der Organisation legalisiert. Die ökonomische Kooperation bekam auf diese Weise – wie Alexander Uschakow betont – eine überschaubare Rechtsgrundlage:
»Festzuhalten bleibt jedoch, daß auch dieser Rechtsakt das fehlende Gründungsabkommen nicht ersetzt hatte, obwohl das Statut von 1959 bei den Vereinten Nationen registriert worden ist. Zehn Jahre lang normier-

---

130 So beispielsweise I. Dudinski: Gemeinsam zum Kommunismus, S. 7 f. An anderer Stelle schreibt er: »In der sozialistischen Welt wird der ungleiche wirtschaftliche Entwicklungsstand aufgehoben. Früher rückständige Länder kommen in der Industrialisierung schnell vorwärts.«
131 So W. Kunz: RGW, S. 59. Vgl. dazu auch J. K. Hoensch: Osteuropa-Politik, S. 198 f. Den Anspruch der UdSSR, als einziges RGW-Land alle Industriezweige zu entwickeln, hatte Chruščev besonders eindringlich Mitte Juli 1957 gegenüber einer Gruppe ungarischer Journalisten erhoben. Vgl. den Nachweis bei J. F. Triska/D. D. Finley: Policy, S. 218 f., Anm. 31.
132 Vgl. dazu im einzelnen die Einleitungen A. Uschakows zu: Comecon und Ostmarkt; W. Gumpel: RGW, Sp. 447–450.
133 Text des Kommuniqués bei A. Uschakow: Comecon, S. 106–109. Aufschlußreich ist A. Uschakows Hinweis, daß die »Legalisierung des Rechtsprovisoriums« auf eine polnische Initiative zurückgegangen ist. Vgl. Integration, S. 97.

ten die ad hoc-Beschlüsse der Ratstagungen und das Gewohnheitsrecht die wirtschaftliche Integration im Ostblock. Nicht zuletzt die damit verbundene Rechtsunsicherheit der politisch und ökonomisch schwächeren RGW-Länder und die unbestreitbaren Erfolge der EWG waren die Ursache für die Annahme eines RGW-Statuts.«[134]

Für die weitere Entwicklung der Organisation war von zentraler Bedeutung, daß das Statut auf der souveränen Gleichheit aller Mitgliedsländer des RGW basiert und ausdrücklich feststellt, daß die Kooperation in Übereinstimmung mit den Prinzipien der vollen Gleichberechtigung, der Achtung der Souveränität und der nationalen Interessen, des gegenseitigen Vorteils und der kameradschaftlichen gegenseitigen Hilfe verwirklicht wird.[135]

Von besonderer Bedeutung sollte sich erweisen, daß die nun im Statut erstmals definierten Empfehlungen und Beschlüsse im Rat »nur mit Einverständnis der interessierten Mitgliedsländer des Rats angenommen« werden, »wobei jedes Land das Recht hat, sein Interesse an einer beliebigen im Rat zu behandelnden Frage zu erklären: Empfehlungen und Beschlüsse gelten nicht für die Länder, die erklärt haben, daß sie an der betreffenden Angelegenheit nicht interessiert sind«[136].

Doch nicht genug damit: Im RGW-Statut ist darüber hinaus sogar festgelegt, daß sich jedes dieser Länder später den von den anderen Mitgliedsländern des Rats angenommenen Empfehlungen und Beschlüssen anschließen kann. Das bedeutet: Das Prinzip der Interessiertheit impliziert, daß kein Mitgliedsland beispielsweise durch einen Beschluß der Mehrheit der übrigen Mitglieder überstimmt werden kann. Die weitere Entwicklung des RGW sollte zeigen, daß diese Regelung von außerordentlicher Tragweite war. Sie bildet die Grundlage vor allem für die Sonderposition, die Rumänien seit Anfang der sechziger Jahre im RGW eingenommen und in der Folgezeit ausgebaut hat. Dabei darf allerdings nicht übersehen werden, daß diese Regelung auch den anderen Mitgliedsländern des RGW zugute kommt, auch wenn sie nicht den Mut wie Rumänien gehabt oder nicht zu äußern gewagt haben, den sowjetischen Wünschen aus richtigen ökonomischen Einsichten heraus zuwiderzuhandeln.

---

134 A. Uschakow: Ostmarkt, S. 19.
135 Text des Statuts des RGW vom 14. Dezember 1959 bei Uschakow: Comecon, S. 73–81; Text der Konvention über die Rechtsfähigkeit, Privilegien und Immunitäten des Rats für Gegenseitige Wirtschaftshilfe, ebenda, S. 82–85. Vgl. zur rechtlichen Problematik – außer den Analysen A. Uschakows (ebenda, S. 21–62 und in: Integration) auch die detaillierte Darstellung bei G. Ginsburgs: Foundations.
136 So Art. IV des Statuts.

Daß in östlichen Selbstdarstellungen des RGW – nicht nur in der Auseinandersetzung mit der westeuropäischen Integration – immer auf das Prinzip der formellen Gleichheit der Partner im RGW verwiesen wird, ist nicht erstaunlich. Dabei wird nur die Tatsache verschwiegen, »daß sich hinter dem statutarischen Gleichheitsvorhang im RGW ein steiles Gefälle von politischen, militärischen und wirtschaftlichen Positionen der einzelnen Länder verbirgt. Deshalb ist das Hauptproblem der östlichen Integration die Form der vertikalen Verknüpfung der Länder mit der führenden sowjetischen Großmacht«.[137] So müssen bei einer unvoreingenommenen und objektiven Beurteilung der Entwicklung des RGW die völkerrechtlichen, politischen und ökonomischen Aspekte ausreichend berücksichtigt werden.[138]

Schließlich sei noch erwähnt, daß das RGW-Statut bestimmt, die Aufnahme als Mitglied des RGW stehe anderen Ländern Europas offen, »die sich den Zielen und Prinzipien des Rates anschließen und ihr Einverständnis äußern, die im vorliegenden Statut enthaltenen Pflichten zu übernehmen«. Diese Bestimmung offenbart das Interesse der UdSSR, beispielsweise den RGW auch neutralen Staaten wie Finnland zu öffnen und auch Jugoslawien den Weg zu einer Mitgliedschaft ausdrücklich offenzuhalten. Die Entwicklung des RGW sollte zeigen, daß er nicht nur europäischen Staaten offenstand.[139]

Was die institutionelle Seite der multilateralen Kooperation angeht, so hat sich die UdSSR in den Jahren von 1956 bis 1960 nicht auf die Ende März 1956 erfolgte Errichtung des Vereinigten Instituts für Kernforschung mit dem Sitz in Dubna, mit dem die Volksdemokratien an der sowjetischen Kernforschung zu friedlichen Zwecken beteiligt wurden und das der Ausbildung eigener Kader sowie der gemeinsamen Erschließung neuer Reaktoren diente und das auch kommunistisch regierte Staaten außerhalb des RGW einschloß[140], beschränkt. Ende Mai/Anfang Juni 1957 wurden nach dem Vorbild des Vereinigten Instituts für Kernforschung eine Organisation für die Kooperation bei Eisenbahnen mit Sitz in

---

137 Vgl. dazu A. Uschakow: Integration, S. 96.
138 Vgl. dazu auch unten S. 816–821, 882–887.
139 Vgl. über die rechtlichen Aspekte dieser Regelung und die Praxis des RGW in den folgenden Jahren vor allem G. Ginsburgs: Foundations, S. 182–195. Vgl. zur Ausweitung des RGW über den europäischen Raum hinaus und zur rechtlichen Problematik unten S. 824 f.
140 Vgl. dazu J. Nötzold: Nutzung; G. Ginsburgs, ebenda, S. 177; ders.: Soviet Atomic Energy Agreements; J. K. Hoensch: Osteuropa-Politik, S. 189 mit den Nachweisen in Anm. 79. Vgl. dazu auch die weiteren Nachweise oben S. 516 f., Anm. 102; J. Bethkenhagen und H. Machowski: Integration, S. 88.

Warschau beschlossen; am 16. Dezember 1957 folgte das Abkommen über die Organisation der Zusammenarbeit der sozialistischen Länder auf dem Gebiet des Post- und Fernmeldewesens. Auch in diese beiden Organisationen wurden Staaten aufgenommen, die nicht Mitglieder des RGW waren.[141]
Auch die bereits 1948 gegründete und von Stalin im Kampf gegen Tito mißbrauchte Donau-Kommission hat ihre Aufgabe, den reibungslosen Schiffsverkehr auf der Donau als einer internationalen Wasserstraße sicherzustellen, im Interesse der Anliegerstaaten wahrgenommen. Im Juni 1957 räumte die Donau-Kommission Österreich und der Bundesrepublik Deutschland den Beobachter-Status ein; im Januar 1960 wurde Österreich Vollmitglied; die Wirtschaftskommission der UNO (ECE) ist bereits seit Juni 1956 mit einem Beobachter bei der Donau-Kommission vertreten.[142]

g) *Die begrenzte militärische Kooperation*

In der zweiten Hälfte der fünfziger Jahre hat die sowjetische Führung nie verhehlt, daß für sie die ökonomische Kooperation Vorrang vor der militärischen genoß. So ist sowohl das politische als auch das militärische Gewicht des am 14. Mai 1955 in Warschau errichteten Acht-Mächte-Pakts bis 1959/60 gering zu veranschlagen. Obwohl das politische Führungsorgan der Allianz, der Politische Beratende Ausschuß, auf seiner ersten Tagung am 28. Januar 1956 in Prag beschlossen hatte, nicht weniger als zweimal im Jahr zusammenzutreten[143], fanden bis zum Frühjahr 1961 lediglich vier Treffen statt.
Ebenso wie unter Stalin behielt sich auch jetzt die UdSSR die Entwicklung und Herstellung aller Arten von Kriegsmaterial vor. Die Volksdemokratien mußten bereits in dieser ersten Entwicklungsphase des Warschauer Bündnisses eine Arbeitsteilung bei der nationalen Waffen-Produktion hinnehmen. Die militärische Integration beschränkte sich weitge-

---

141 Texte der einschlägigen Abmachungen über die Organisation der Zusammenarbeit der Eisenbahnen und auf dem Gebiet des Post- und Fernmeldewesens bei A. Uschakow: Ostmarkt. Vgl. dazu auch G. Ginsburgs, ebenda, S. 177 f.; J. Bethkenhagen und H. Machowski, ebenda, S. 89.
142 Vgl. dazu im einzelnen K. Grzybowski: Commonwealth, S. 135–143; D. T. Cattell: Danube Commission, S. 392–394; J. K. Hoensch: Osteuropa-Politik, S. 189.
143 Text bei B. Meissner (Hrsg.): Warschauer Pakt, S. 104. Vgl. dazu die nützliche Übersicht bei R. F. Staar: Regierungssysteme, S. 302 f.

hend auf die Standardisierung der Waffen und -produktion nach sowjetischem Muster und die Übernahme sowjetischer Organisationsformen und praktischer Lehren. Ein wie geringes Gewicht der Kreml bis Anfang der sechziger Jahre der Allianz beimaß, zeigt auch die Tatsache, daß er auf gemeinsame Manöver aller Pakt-Mächte ebenso wie auf eine multilaterale Koordinierung der Generalstabsarbeit für den Kriegs- und Bündnisfall verzichtete.[144]

Der weitgehende Verzicht der sowjetischen Führung, bis 1960 die im Warschauer Vertrag formulierten Möglichkeiten auszuschöpfen, ist auch auf die Ereignisse in Ungarn im Herbst 1956 zurückzuführen, die das Gefüge der östlichen Militärallianz erstmals empfindlich erschüttert haben. Die Niederschlagung der ungarischen Volkserhebung durch sowjetische Truppen hat sich auf die militärische Integrations-Bereitschaft der übrigen Pakt-Mitglieder negativ ausgewirkt. Der sowjetischen Führung ging es nach den weitreichenden Ereignissen im Herbst 1956 in Ungarn und auch in Polen – wie bereits dargelegt[145] – zunächst darum, ihre in der Deklaration vom 30. Oktober 1956 gegebene Zusage einzulösen und die Stationierung ihrer Streitkräfte mit jenen Ländern durch bilaterale Truppenverträge zu regeln, in denen sie als Folge des Zweiten Weltkriegs Truppen stationiert hielt. So schloß die UdSSR am 17. Dezember 1956 mit Polen, am 12. März 1957 mit der DDR, am 15. April 1957 mit Rumänien und am 27. Mai 1957 mit Ungarn jeweils ein Abkommen über die zeitweilige Stationierung sowjetischer Streitkräfte ab. Aus Rumänien hat die Sowjetunion 1958 – wie ausgeführt[146] – nach einem Beschluß des Konsultativausschusses des Warschauer Pakts vom 24. Mai 1958 ihre Truppen zurückgezogen. Auf der gleichen Tagung in Moskau kündigten die Signatarstaaten der Warschauer Allianz eine beachtliche Reduzierung ihrer Streitkräfte an.[147]

---

144 Vgl. über die militärische Bedeutung des Warschauer Pakts bis 1960 R. L. Garthoff: Armeen; Th. W. Wolfe: Entwicklungen; ders.: Evolution, S. 208–210; J. Hacker: Pakt, S. 115–121; J. K. Hoensch: Osteuropa-Politik, S. 191–193; E. Pruck: Die Streitkräfte der Ostpaktstaaten. Sehr instruktiv und informativ berichten die Beiträge »Militärisches aus dem Ostblock« (I und II) über die »militärische Funktion der Satelliten«.
145 Vgl. dazu oben S. 587–590.
146 Vgl. dazu oben S. 611–616.
147 Text des Kommuniqués vom 24. Mai 1958 bei B. Meissner (Hrsg.): Warschauer Pakt, S. 159–161 (160). Vgl. dazu auch J. K. Hoensch: Osteuropa-Politik, S. 192 mit den Angaben in den Anm. 88 f. Sehr instruktiv sind dazu auch die Nachweise in: Militärisches aus dem Ostblock (I), S. 11. Die »beträchtliche Reduzierung« der sowjetischen Streitkräfte hat auch auf der 3. Tagung des Konsultativausschusses des Warschauer

Auch wenn in dieser ersten Entwicklungsphase des Warschauer Pakts keine gemeinsamen Übungen aller Signatarmächte stattgefunden haben, sollte nicht übersehen werden, daß die DDR mit Stolz darauf hinzuweisen pflegt, daß bereits im Juni 1957 die erste gemeinsame taktische Übung der Baltischen Rotbanner-Flotte der UdSSR, der polnischen Seekriegsflotte und der Seestreitkräfte der DDR durchgeführt worden ist.[148] Ebenso gilt es festzuhalten, daß die erste gemeinsame Truppenübung der Nationalen Volksarmee mit Truppen und Stäben der in der DDR aufgrund des Abkommens vom 12. März 1957 stationierten sowjetischen Truppen bereits Mitte August 1957 stattfand.[149]

Westliche Beobachter, die sich auf zuverlässige östliche Quellen stützen konnten, kamen in der zweiten Hälfte der fünfziger Jahre zu dem Schluß, daß von Moskau aus gesehen wahrscheinlich die bulgarische Armee die zuverlässigste Truppe im nicht-sowjetischen »Lager« bildete. Trotz ihrer so linientreuen Regierung galten die Streitkräfte der Tschechoslowakei im sowjetischen Sinne nur wenig vertrauenswürdig. Über die »Zuverlässigkeit« der rumänischen Streitkräfte urteilte man damals sehr reserviert. Aus dem »Versagen« der ungarischen Armee während der Volkserhebung im Herbst 1956 konnte der Kreml nur schließen, daß es um ihre »Zuverlässigkeit« nicht gut bestellt sein konnte. Albanien spielte damals in militärischer Hinsicht nur eine untergeordnete Rolle.[150]

Ihr Vertrauen in die Nationale Volksarmee der DDR dokumentierte die sowjetische Führung durch die stärkste Massierung eigener Truppen außerhalb des eigenen Territoriums. Bis zu der am 6. Januar 1958 bekanntgegebenen Reduzierung um 41 000 Mann standen in der DDR 30 Divisionen mit insgesamt 425 000 Mann. Gleichfalls am 6. Januar 1958 hatte die UdSSR angekündigt, ihre in Ungarn stationierten Truppen, die nach der Niederschlagung der Volkserhebung im Herbst 1956 etwa 70 000 Mann stark waren, um 17 000 zu reduzieren.[151]

Pakts Anfang Februar 1960 in Moskau eine Rolle gespielt. Vgl. den Text des Kommuniqués bei B. Meissner, ebenda, S. 182 f. (183) und zur Position Pekings D. S. Zagoria: Konflikt, S. 321–332 (328–331).

148 Vgl. dazu W. Hanisch u. a.: Ereignisse, S. 195.
149 Vgl. dazu W. Hanisch, ebenda. Vgl. speziell über die Stellung der Nationalen Volksarmee im Warschauer Pakt bis 1960 die ausführliche Darstellung bei St. Tiedtke: Vertragsorganisation, S. 15–47 mit zahlreichen Nachweisen aus der DDR-Literatur; J. Hacker: Die Stellung der DDR im Warschauer Pakt, S. 196–201.
150 Vgl. über die militärische Stärke und Ausrüstung der Streitkräfte der Volksdemokratien die detaillierten Angaben in: Militärisches aus dem Ostblock (I), S. 10 f. und Teil II, S. 15–24.
151 Vgl. die Angaben in: Militärisches aus dem Ostblock (I), S. 11; Verringerung der sowjetischen Streitkräfte in Ungarn, ebenda, H. 4, S. 45: Rücktransporte sowjetischer

Während Anfang 1958 30 000 sowjetische Soldaten in Polen stationiert waren, belief sich diese Zahl in Rumänien auf 20 000 Mann. So ergibt sich unter Einschluß der in der DDR und Ungarn stationierten sowjetischen Streitkräfte folgendes Bild: »Die gemeldeten Verringerungen als wahr unterstellt – und in Anbetracht der wachsenden sowjetischen militärtechnischen Fortschritte sind sie ohne weiteres durchführbar und brauchen keineswegs eine Verminderung der Schlagkraft zu bedeuten –, beträgt die gegenwärtige Stärke der sowjetischen Truppen in den Satellitenländern 487 000 Mann.«[152]

Noch einmal sei betont, daß sich die Sowjetunion den am 13. Juni 1958 in Bukarest angekündigten Beginn des Abzugs ihrer Streitkräfte aus Rumänien vor allem deshalb erlauben konnte, da sie aufgrund der geographischen Lage Rumäniens sofort – im Bedarfsfall – Truppen aus Bessarabien und der südlichen Ukraine wieder nach Rumänien hätte werfen können. Schließlich grenzte Ungarn nach der Annexion der tschechoslowakischen Karpato-Ukraine direkt an die UdSSR: »Die strategisch wichtigen Straßen wurden erweitert, die Bahnlinie über die Karpaten ausgebaut, so daß Truppenverschiebungen nach Ungarn leicht möglich sind. Die Besetzung Rumäniens ist demnach unwichtig geworden.«[153]

h) *Die Kooperation auf anderen Gebieten*

Nur der Vollständigkeit halber sei erwähnt, daß die sowjetische Führung in der zweiten Hälfte der fünfziger Jahre auch bestrebt war, auf anderen als den ökonomischen und militärischen Bereichen die multilaterale Kooperation auszubauen. Auch wenn es nicht restlos geklärt ist, ob Chruščev in den Jahren von 1956 bis 1958 ernsthaft den Versuch unternommen hat, ein reguläres und institutionalisiertes Forum der kommunistischen Parteien zu schaffen, um damit leichter den Führungsanspruch der UdSSR und der KPdSU durchzusetzen, mußte er spätestens mit der Konferenz

---

Truppen erfolgten im Februar und März 1958. Vgl. zur Stationierung sowjetischer Truppen in der DDR auch die Erklärung über die Verhandlungen zwischen der UdSSR und der DDR in Moskau vom 17. Juli 1956; Text in: Neues Deutschland vom 18. Juli und SBZ-Archiv 1956, S. 218 f. (219): »Unter Berücksichtigung der Tatsache, daß die Sowjetunion in der letzten Zeit die sowjetischen Truppen in Deutschland um mehr als 50 000 Mann reduziert hat . . .«

152 So »Militärisches aus dem Ostblock (I)«, S. 11.
153 So »Abzug sowjetischer Truppen«, in: Hinter dem Eisernen Vorhang 1958, H. 7, S. 54. Vgl. dazu auch oben S. 612–616.

der zwölf regierenden kommunistischen Parteien im November 1957 solche Hoffnungen endgültig begraben. Die Entwicklung im »sozialistischen Lager« hätte es der sowjetischen Führung auch Ende der fünfziger Jahre außerordentlich schwergemacht, ein in Moskau beheimatetes kommunistisches Lenkungsorgan zu errichten.
Das seit September 1958 in Prag erscheinende Monatsmagazin »Probleme des Friedens und des Sozialismus«, dessen englischer Titel »The World Marxist Review« lautet, war vornehmlich als Plattform gedacht, um eine gemeinsame politisch-ideologische Linie für das »sozialistische Lager« zu erarbeiten. Die »Beherrschung« der Zeitschrift durch den Kreml wurde durch die Bestellung des sowjetischen Chefredakteurs von vornherein sichergestellt. Das Fehlen einer serbo-kroatischen und die Einstellung der albanischen (1962), der chinesischen und koreanischen (1963) Ausgabe konnten »als Indiz dafür gelten, daß dem Kreml nicht an einer lebendigen Auseinandersetzung, sondern nur an einem Sprachrohr zur Verkündigung einer verbindlichen ideologisch-politischen Linie gelegen war«[154].
Schließlich sei noch betont, daß die UdSSR auf dem kulturellen Sektor, der bereits in der Stalin-Ära ein ziemlich unterentwickeltes Dasein fristete, keine multilateralen Bemühungen unternommen hat. Man beschränkte sich darauf, durch den Abschluß bilateraler Abkommen eine breitere Basis zu schaffen. Auch die Kontakte auf der akademischen Ebene – vor allem durch den Austausch wissenschaftlich-technischer Errungenschaften, von Ideen und Erfindungen gepflegt – vollzogen sich weitgehend auch weiterhin auf der zweiseitigen Ebene; nur in einem sehr bescheidenen Maße war die UdSSR an einer Kooperation auf der multilateralen Ebene in Verbindung mit dem Rat für Gegenseitige Wirtschaftshilfe interessiert.[155]

---

154 So J. K. Hoensch: Osteuropa-Politik, S. 188; sehr instruktiv dazu auch die Angaben bei Z. K. Brzezinski: Unity, S. 475 f.; ders.: Sowjetblock, S. 495–498, wo er die Hauptartikel der Zeitschrift »durchgemustert« hat.
155 Vgl. dazu ausführlicher J. K. Hoensch, ebenda, S. 189–191.

3. Der Kreml vor neuen Herausforderungen (1960)

Das Jahr 1960 bildet in der Entwicklung des »sozialistischen Lagers« einen der entscheidensten und folgenreichsten Einschnitte und bedeutet zugleich das Ende der mit der Niederschlagung der ungarischen Volkserhebung im Herbst 1956 einsetzenden Phase und den Beginn einer neuen, knapp vierjährigen Periode, die sich bis zum Sturz Nikita S. Chruščevs am 14. Oktober 1964 erstreckt. Vorbereitung, Verlauf und Ergebnisse des kommunistischen »Weltkonzils« im November/Dezember 1960 markieren den Scheitelpunkt zwischen den beiden Phasen. Der Verlauf des Jahres 1960 dokumentierte dem Kreml eindringlich, daß er sich von nun an mit Herausforderungen konfrontiert sah, die alle bisherigen Anfechtungen des Führungsanspruchs der UdSSR und der KPdSU in den Schatten stellen sollten.

In der Zeit von Ende 1959 bis Mitte 1960 mußte der Kreml endgültig einsehen, daß er auf der Konferenz der zwölf regierenden kommunistischen Parteien im November 1957 nur einen Pyrrhus-Sieg errungen hatte. Die Ironie liegt vor allem darin, daß ausgerechnet die Führung jenes Landes, die im November 1957 am stärksten und intensivsten dafür eingetreten war, den Führungsanspruch sowohl der UdSSR als auch der KPdSU in dem gemeinsamen Dokument vom 16. November 1957 uneingeschränkt zu verankern, nun zusehends Moskau als einzige und zentrale Autorität des Weltkommunismus in Frage zu stellen begann.

Doch nicht genug damit für den Kreml: In Europa sah er sich ab 1960 ausgerechnet von dem kleinsten und unbedeutendsten Verbündeten – Albanien – herausgefordert, der das Zerwürfnis zwischen Stalin und Tito 1948 zum Anlaß genommen hatte, mit Jugoslawien total zu brechen und sich vorbehaltlos an die Seite des »Hegemons« zu stellen. Die Entwicklung ab 1960 zeigte, wie ernst die sowjetische Führung den Konflikt mit Albanien nahm, das in der Volksrepublik China von nun an einen neuen »Patron« hatte.

Schließlich verstand es Rumänien, das bereits seit 1955 nicht bereit gewesen war, sich den Vorstellungen des Kreml über eine ökonomische »Arbeitsteilung« im RGW-Bereich zu unterwerfen, nach dem Abzug der sowjetischen Streitkräfte 1958 und durch ein geschicktes Taktieren im sowjetisch-chinesischen Konflikt in der ersten Hälfte der sechziger Jahre seine Politik fortzuführen, die gewisse nationale Prioritäten mit der »Block«-Zugehörigkeit zu verbinden suchte. In der zweiten Hälfte der fünfziger Jahre ging es Rumänien vornehmlich darum, seine Wirtschaftspolitik im Innern und seine Außenhandels-Beziehungen – unabhängig von den Wünschen gewisser RGW-Länder – nach den eigenen Vorstellungen zu gestalten. Mit Beginn der sechziger Jahre demonstrierte die rumänische Führung, daß sie über die politische und auch militärische Position ihres Landes im »sozialistischen Lager« ihre eigenen Vorstellungen hatte.

a) *Die Anfänge und ersten Auswirkungen der sowjetisch-chinesischen Differenzen*

Über die Entstehung und Entwicklung der sowjetisch-chinesischen Differenzen, die sich in der ersten Hälfte der sechziger Jahre zu einem Konflikt ausweiteten, liegt eine kaum noch überschaubare Literatur vor, die hier nicht rekapituliert zu werden braucht. Hier interessiert nur die zentrale Frage, welche Auswirkungen die ideologische und machtpolitische Auseinandersetzung zwischen den beiden kommunistischen Großmächten auf das Gefüge des »Sowjetblocks« gehabt hat. Diese Problematik muß vor allem deshalb in die Analyse zumindest kurz einbezogen werden, da ohne sie das Ausscheren Albaniens aus dem »sozialistischen Lager« kaum denkbar gewesen wäre. Auch wenn die Politik Rumäniens, die nationalen Interessen in einem vertretbaren Maße im Rahmen des »Blocks« zur Geltung zu bringen, bereits eingeleitet worden war, als das Verhältnis zwischen Moskau und Peking noch ungetrübt war, ist die weitere Entwicklung der rumänischen Außenpolitik ab Anfang der sechziger Jahre nur verständlich, wenn man sie auch im Rahmen des sowjetisch-chinesischen Konflikts betrachtet.

Für außenstehende Beobachter war in der zweiten Hälfte der fünfziger Jahre die Entwicklung des sowjetisch-chinesischen Verhältnisses schwer zu überschauen, da der Streit zwischen Mao und Chruščev »noch in Form relativ esoterischer ideologischer Disputationen« ausgetragen wurde, die teilweise »abstrus erscheinende und doch auch wieder außerordentlich praktische Fragen betrafen, wie die nach der ›Natur der gegenwärtigen Epoche‹, der ›Bedeutung der friedlichen Koexistenz‹, dem ›Charakter der nationalen Befreiungsbewegungen‹ und ähnlichem. Die ideologischen Meinungsverschiedenheiten, die in diesem Dialog sichtbar wurden, waren untrennbar verbunden mit einem sich immer weiter zuspitzenden Konflikt handfester nationaler Interessen. Maos ideologische Herausforderung

sollte eine Warnung sein, daß China nicht gewillt wäre, sich nach den politischen Interessen der Sowjetunion zu richten«.[156]
Bis zum Herbst 1959 beschränkten sich die Chinesen darauf, ihre Kritik an bestimmten Aspekten der sowjetischen Außenpolitik intern und nicht in der Öffentlichkeit zu äußern. Erst mit dem offenen Ausbruch der Auseinandersetzungen wurde deutlich, daß ein wichtiger Streitpunkt bereits seit Ende 1957 bestand. Als Mao Tse-tung Moskau damals ausdrücklich und vehement als einzige zentrale Autorität des Weltkommunismus anerkannt hatte, verband er damit den Anspruch, ein Mitspracherecht bei den Entscheidungen des Zentrums eingeräumt zu erhalten. Darüber hinaus ging Peking davon aus, daß die sowjetische Führung die chinesischen Interessen in ihrer Politik zu berücksichtigen habe. Erst als Mao Tse-tung erkennen mußte, daß der Kreml nicht bereit war, ihm ein Mitspracherecht in dem gewünschten Umfang bei der Regelung der »Block«-Angelegenheiten zu konzedieren und auf die politischen und ökonomischen Interessen Chinas genügend Rücksicht zu nehmen, wuchsen allmählich die Zweifel Pekings an der Qualifikation der sowjetischen Führung als der einzigen internationalen Zentrale des Kommunismus.
Die chinesischen Parteiführer gingen mit ihrer Kritik am außenpolitischen Kurs Moskaus, die sie bereits seit dem XX. Parteitag der KPdSU 1956 geübt hatten, erstmals im Herbst 1959 in die Öffentlichkeit, als Nikita S. Chruščev von seiner Reise nach Amerika zurückgekehrt war und am 30. September 1959 in Peking erklärt hatte, daß schon jetzt die Kräfte

---

156 So M. Croan: Sozialistisches Lager, Sp. 1051. Zu den Standardwerken über die Entwicklung der sowjetisch-chinesischen Beziehungen gehört nach wie vor D. S. Zagorias »Der chinesisch-sowjetische Konflikt 1956–1961«, in dem in minuziöser Weise der Ursprung und der Verlauf des Konflikts von 1956 bis 1961 dargestellt werden; E. Kux hat unter dem Titel »Die feindlichen Brüder: 1962–1963« die Analyse Zagorias, die auch eine wertvolle Bibliographie enthält, fortgeschrieben. Zagoria hat auch »Die historischen Wurzeln des Konflikts« analysiert (vgl. S. 21–32). Vgl. dazu D. Floyd: Genossen, S. 41–91, wo er die sowjetisch-chinesischen Beziehungen in den Jahren 1956–1959 schildert; Z. K. Brzezinski: Sowjetblock, S. 433–453; R. Löwenthal: Schism Among the Faithful; G. Hudson: Russia and China; B. Morris: Sino-Soviet Relations. Sehr instruktiv zur Entstehung und Entwicklung des sowjetisch-chinesischen Konflikts H. Brahm: Sowjetunion, S. 373: »Von 1950 bis 1956 übte die Sowjetunion direkt oder indirekt einen erheblichen Einfluß auf das China Mao Tse-Tungs aus«; ders.: Wende, S. 97: »Von 1950 bis 1956 war die Sowjetunion für die VR China das große Vorbild«; ders.: Die Sowjetunion und die Volksrepublik China, 1949–1955; O. Ambroz: Realignment of World Power; A. D. Low: The Sino-Soviet Dispute, der die russisch/sowjetisch-chinesischen Beziehungen so periodisiert: 1917–1956: From Unequal Partnership to Friendship; 1956–1959: The Seeds of Disagreement; 1960–1962: The Development of the Dispute; 1962–1963: The Open Conflict; 1963–1964: The »Cold War« Continues. Vgl. dazu auch J. Domes/M.-L. Näth: Außenpolitik.

des Kommunismus so groß seien, »daß reale Möglichkeiten entstehen, Kriege als Mittel einer Regelung internationaler Streitigkeiten auszuschließen«[157]. Am 3. Oktober erschien in Peking eine ausführliche Analyse des Amerika-Besuchs Chruščevs, die zu dem Ergebnis gelangte, daß die USA »den Besuchsaustausch als Vehikel des Kalten Kriegs benutzt und die hochtönenden amerikanischen Bekenntnisse für den Frieden, ein Auftauen des Eises und eine Verbesserung der Atmosphäre Banalitäten und Lügen sind«[158].
Damit wurde das Wort Chruščevs, dessen Gespräche mit Präsident Eisenhower auch der Vorbereitung der geplanten Gipfelkonferenz gedient hatten, und »der Erfolg seiner Amerikareise in Frage gestellt und seinen diplomatischen Vorstößen die Forderung nach revolutionärem Kampf entgegengehalten«[159]. Mit ihrer auch in den folgenden Monaten an der Außenpolitik der USA geübten, teilweise scharfen Kritik traf die chinesische Führung auch die vom Kreml mit der »Koexistenz«-Formel begründete Politik der partiellen Entspannung mit dem Westen. Erst im Juni 1960 zeigte sich, daß es sich bei den Differenzen mit Moskau für die chinesische Führung nicht mehr nur um esoterische ideologische Streitigkeiten handelte.
Während die Entwicklung des sowjetisch-chinesischen Verhältnisses in den Jahren von 1956 bis zum Ausbruch des offenen Konflikts im Frühjahr 1960 weitgehend aufgehellt ist, liegt ein interessanter Vorgang nach wie vor im Dunkeln: der Besuch Nikita S. Chruščevs vom 25. Mai bis zum 4. Juni 1959 in Albanien. Es ist das Verdienst der amerikanischen Kommunismus-Forschung, anhand der immer noch nicht ausreichenden Quellen den Versuch unternommen zu haben, die Ergebnisse der Besprechungen Chruščevs mit der albanischen Führung richtig zu deuten.
Es ist kein Zufall und spricht für William E. Griffith, der die nach wie vor

---

157 Text in: Archiv der Gegenwart 1959, S. 7981. Vgl. dazu vor allem D. Zagoria, ebenda, S. 309-312.
158 Zit. bei E. Kux: Rußland, S. 112.
159 So E. Kux, ebenda, S. 112. Den Beginn der Meinungsdifferenzen mit Moskau verlegt Peking auf den XX. Kongreß der KPdSU im Februar 1956. Vgl. den Kommentar zum Offenen Brief des Zentralkomitees der KPdSU. Text in: Pekinger Volkszeitung vom 6. September 1963; deutsch: Die Polemik über die Generallinie der internationalen kommunistischen Bewegung, S. 67: »Der XX. Parteitag der KPdSU war der erste Schritt der Führer der KPdSU auf dem Weg zum Revisionismus.« Mit der Verkündung mehrerer ideologischer Proklamationen sei N. S. Cruščev von der gemeinsamen Linie abgewichen. Dazu gehörten die Entstalinisierung, die These von der »friedlichen Koexistenz«, der friedliche Übergang zum Sozialismus und die These von der Vermeidbarkeit von Kriegen. Vgl. dazu auch H. Brahm: Wende, S. 106 f.

gültige Studie über »Albania and the Sino-Soviet Rift« bis zum Jahre 1963 unter Hinzuziehung aller verfügbaren Quellen verfaßt hat, daß er vorsichtig argumentiert und »aus der Retrospektive« heraus meint, daß Chruščevs Besuch in Albanien damals als ein »letzter, erfolgloser Versuch« zu werten ist, um »Hoxhas Allianz mit Mao gegen ihn abzuwehren«[160].

Griffith unterläßt es nicht hinzuzufügen, daß bei jeder Deutung deshalb Vorsicht geboten sei, da man nicht mit Sicherheit nachweisen könne, daß Hoxha damals bereits die Seiten gänzlich zugunsten Pekings gegen Moskau wechseln wollte; wahrscheinlicher sei, daß er es bevorzugt habe, sich der chinesischen Hilfe sicher zu sein und gleichzeitig die Risiken einer totalen Feindschaft gegenüber der UdSSR zu vermeiden. Der Grad der Vorsicht zeigt sich bei Griffith insofern, als er das Kapitel, das mit dem Jahr 1960 beginnt, mit der Überschrift versehen hat: The Soviet-Albanian Conflict Becomes Clear.

Wie schwer es ist, Chruščevs Besuch in Tirana und die Ergebnisse richtig zu bewerten, geht daraus hervor, daß T. Zavalani, ein mit der albanischen Szenerie vertrauter und in London lebender Publizist, 1961 zu dem Ergebnis gelangte, Chruščevs Besuch markiere den »Gipfel der engen Beziehungen zwischen den Führern der Kommunisten der UdSSR und Albaniens«[161]. Zavalani hat auf den »seltsamen Zufall« hingewiesen, daß zur gleichen Zeit, als Chruščev mit seiner Delegation in Albanien weilte, dort auch der chinesische Verteidigungsminister Besprechungen geführt und

---

160 W. E. Griffith: Albania, S. 33 f. Moskau und Peking stimmen darin überein, daß das Jahr 1959 eine deutliche Wendemarke in den gegenseitigen Beziehungen bildet. Vgl. aus sowjetischer Sicht O. B. Borissow/B. T. Koloskow: Beziehungen, S. 168–180 (168): »Das Jahr 1959 war eine bestimmte Zäsur . . .« Für Peking bilden zwei Daten entscheidende Einschnitte: der 20. Juni und der 9. September 1959. Vgl. zum 20. Juni 1959 die Dokumentation »Völker aller Länder«, S. 32: »Schon am 20. Juni 1959, als von einem Abkommen über die Einstellung der Kerntests noch gar keine Rede war, zerriß die Sowjetregierung einseitig das am 15. Oktober 1957 mit China unterzeichnete Abkommen über technische Verbesserungen in der nationalen Verteidigung und weigerte sich, China das Baumuster der Atombombe und die technischen Daten zu ihrer Herstellung zur Verfügung zu stellen.« Vgl. dazu auch R. L. Garthoff: Sino-Soviet Military Relations, 1945–66, S. 89 f., 94; H. Brahm, ebenda, S. 98, 104. Sehr instruktiv dazu auch M. H. Halperin: China und die Bombe, S. 58–60 (59). Das Datum des 9. September 1959 erscheint Peking insoweit als Wendemarke, als an jenem Tag die sowjetische Regierung eine TASS-Erklärung veröffentlichte, in der der Kreml nach Ansicht Pekings nicht nur nicht Farbe bekannt hatte, sondern »in Wirklichkeit . . . Chinas gerechter Standpunkt verurteilt« worden sei. Zit. aus: Woher die Differenzen?, S. 13. Text der TASS-Erklärung in: Europa-Archiv 1960, S. D 78. Vgl. dazu vor allem die ausführliche Analyse bei A. Stein: India and the Soviet Union, S. 106–110; H. Brahm, ebenda, S. 106.
161 T. Zavalani: Albania, S. 3.

mit seinem albanischen Kollegen die »militärische Solidarität« beider Länder beschworen hat. Zavalani beruft sich auch auf die Rede, die Chruščev nach seiner Rückkehr nach Moskau gehalten und in der er betont hat, Albanien brauche solange nichts zu befürchten, wie es zum Warschauer Pakt gehöre. Chruščev machte aber eine aufschlußreiche Bemerkung, die auf gewisse Differenzen mit der albanischen Führung schließen ließ, indem er hinzufügte:
»Je häufiger sich Staatsmänner, Parteien und Regierungsmitglieder treffen und je aufrichtiger ihre Unterhaltungen sind, desto leichter erreicht man eine gegenseitige Verständigung über spezielle Probleme und desto schneller sind Meinungsdifferenzen... ausgeräumt... Unter diesem Aspekt war unsere Reise nach Albanien außerordentlich nützlich.«[162]
Seltsamerweise hat T. Zavalani diesen wichtigen Passus aus der Rede Chruščevs vom 6. Juni 1959 nicht zitiert. Wenn Chruščev – aus verständlichen Gründen – auch nicht im einzelnen die Gründe für die Meinungsunterschiede mit der albanischen Führung genannt hat, dürfte es doch übertrieben sein, wenn Zavalani die Rede des Kreml-Chefs als »Höhepunkt« der beiderseitigen Beziehungen apostrophiert. Auf der anderen Seite rechtfertigen die zugänglichen Dokumente auch nicht die Feststellung, Chruščevs Besuch in Tirana sei ein »Fehlschlag«[163] gewesen. Auf einer mittleren Linie hat Daniel Tretiak die Vorgänge bewertet, indem er meint, die Reise Chruščevs habe die »Krise« in den sowjetisch-albanischen Beziehungen dokumentiert.[164]
Tretiak macht darauf aufmerksam, daß sich Enver Hoxha zunächst der weitreichenden ökonomischen Hilfe seitens Chinas vergewissert hat. Andererseits beruft sich T. Zavalani auf die Aussage, mit der Enver Hoxha die von Chruščev auf dem XXII. Parteikongreß der KPdSU im Oktober 1961 vorgetragene Anklage gegen Tirana beantwortet und in der er ausgeführt hatte, beide Seiten sollten sich bei der Analyse der Gründe des Konflikts darauf beschränken zu sagen, »daß alles auf der Bukarester Konferenz im Juni 1960«[165] begonnen habe.
In der Tat bildet der III. Kongreß der Rumänischen Arbeiterpartei vom 20. bis zum 25. Juni 1960, in dessen Rahmen gleichzeitig ein Treffen der

---

162 Zit. bei N. C. Pano: Albania, S. 135 mit dem Nachweis in Anm. 57. Seltsamerweise ist diese Rede nicht in die Sammlung der Reden Chrušvevs aufgenommen worden. Vgl. dazu auch T. Zavalani, ebenda, S. 2.
163 So J. K. Hoensch: Osteuropa-Politik, S. 178.
164 D. Tretiak: Khrushchev and Albania, S. 58.
165 Vgl. den Hinweis, mit dem T. Zavalani auf die Kritik D. Tretiaks in: Problems of Communism 1962, No. 1, S. 59, geantwortet hat.

zwölf regierenden kommunistischen Parteien stattfand, nicht nur einen Markstein in der Entwicklung des »sozialistischen Lagers«, sondern auch im Verhältnis Moskaus zu Peking. Einen vorläufigen Höhepunkt hatten die Auseinandersetzungen bereits einige Tage früher erreicht, als die Chinesen auf einer Tagung des kommunistisch gesteuerten Weltgewerkschaftsbundes in Peking ihre Anklagen gegen die sowjetische Führung in konzentrierter Form vorbrachten und die der Kreml in scharfer Form zurückwies.

Zu den Streitpunkten gehörten einmal die unterschiedliche Einschätzung der »vom amerikanischen Imperialismus ausgehenden Gefahr« durch Chruščev und Mao Tse-tung sowie der Streit um die besten Methoden der Weltrevolution, wobei beide in der Zielsetzung nach wie vor übereinstimmten. Auf jeden Fall sah sich die sowjetische Führung in den ersten Monaten des Jahres 1960 immer stärker herausgefordert und genötigt, die von den radikalen Chinesen angegriffene Politik der »friedlichen Koexistenz« zu begründen und damit zu verteidigen.

Auf dem Bukarester Treffen der Kommunistenführer anläßlich des III. Kongresses der Rumänischen Arbeiterpartei suchte Peking erneut seinen Standpunkt durchzusetzen und unter den europäischen Kommunistenführern Verbündete zu gewinnen. Auf der anderen Seite ließ die sowjetische Führung nichts unversucht, soweit wie möglich ihre Positionen durchzusetzen und die chinesischen »Abweichungen« zu verurteilen.[166]

Die Bedeutung des »kleinen Gipfels« der Kommunisten in der rumänischen Hauptstadt liegt vor allem darin, daß von nun an der ernste Konflikt zwischen Moskau und Peking offengelegt und akzeptiert worden ist. Hinzu kommt, daß in Bukarest die Sowjets zum erstenmal während des nun bereits mehrere Jahre anhaltenden Disputs mit China zum Angriff übergegangen sind.

Für die weitere Entwicklung, in der auch Bukarest begann, seinen eigenen Part in der kommunistischen Bewegung zu spielen, war es interessant, die Reaktion der rumänischen Führung zu beobachten, die den verbalen Auseinandersetzungen zwischen Moskau und Peking mit sichtlichem Unbehagen folgte.

Ghita Ionescu hat in seinem so kenntnisreichen Buch über den Kommunismus in Rumänien dargelegt, daß im Juni 1960 an der Loyalität der Bukarester Führung gegenüber dem Kreml keinerlei Zweifel möglich gewe-

---

166 Vgl. zum Verlauf der Tagung des Weltgewerkschaftsbundes in Peking vom 5. bis 9. Juni 1960 vor allem W. E. Griffith: Albania, S. 35–41 mit zahlreichen Nachweisen; D. S. Zagoria: Konflikt, S. 354–360; P. E. Mosely: The Chinese-Soviet Rift, S. 11 f.

sen seien, wenn sie auch niemals Chruščevs Politik mit ganzem Herzen unterstützt habe. Dennoch – betont Ionescu – gibt es keinerlei Hinweise darauf, daß Gheorghe Gheorghiu-Dej selbst auf dem Bukarester Geheimtreffen in irgendeiner Form die Linie verlassen haben könnte, Moskau vorbehaltlos zu unterstützen.[167]
Nach dem Auftreten der Albaner auf dem Treffen des Weltgewerkschaftsbundes in Peking vom 5. bis zum 9. Juni 1960, wo sie sich vorbehaltlos auf die Seite der Chinesen gestellt hatten, war es nicht erstaunlich, daß die albanische Delegation in Bukarest wieder die Position Pekings vertrat. Wie sehr sich die sowjetisch-albanischen Beziehungen inzwischen verschlechtert hatten, zeigt die Tatsache, daß Albanien in Bukarest weder vom Ersten Parteisekretär Hoxha noch von Ministerpräsident Shehu, sondern von der Nummer Drei in der albanischen Führung, Hysni Kapo, vertreten wurde; alle anderen kommunistischen Parteien der übrigen Länder des »sozialistischen Lagers« hatten nach Bukarest ihre Chefs gesandt.
In Bukarest mußte die chinesische Führung klar erkennen, daß sie in Europa nur auf die Gefolgschaft Tiranas und keines bedeutenderen Verbündeten Moskaus rechnen konnte.[168] Auffällig ist, wie knapp und nichtssagend das »Kommuniqué über eine Zusammenkunft der Vertreter der kommunistischen und Arbeiterparteien der sozialistischen Länder« in Bukarest vom 24. Juni 1960 ausgefallen ist.[169] Unabhängig davon, ob in Bukarest beschlossen wurde, für November 1960 eine Zusammenkunft aller 81 kommunistischen Parteien nach Moskau einzuberufen, zeigte das Treffen, wie weit die Positionen zwischen Moskau und Peking inzwischen in zentralen Fragen voneinander abwichen. Wiederum ging es vor allem um die unterschiedliche Einschätzung außenpolitischer Positionen – wie der Gefahren durch die »Imperialisten«, der Bedeutung der Koexistenz und der Bewertung der Unvermeidbarkeit von Kriegen.[170]

---

167 G. Ionescu: Communism, S. 316. Vgl. dazu und die weitere Entwicklung der rumänischen Position auch J. Lévesque: Conflit, S. 126–140.
168 Vgl. zum Verlauf und zu den Ergebnissen der Bukarester Konferenz vor allem D. S. Zagoria: Konflikt, S. 360–362; W. E. Griffith: Albania, S. 41–45; N. C. Pano: Albania, S. 135–137; J. F. Brown: Albania, S. 24 f.; E. Kux: Rußland, S. 114 f.; P. E. Mosely: The Chinese-Soviet Rift, S. 11 f.; B. Levitski: Coexistence, S. 34 f.
169 Text in: Einheit 1960, S. 961 f. Festzuhalten gilt vor allem die Feststellung des Kommuniqués, daß nach einmütiger Auffassung aller Teilnehmer der Beratung das Moskauer Dokument vom 16. November 1957 nach wie vor gültig ist.
170 Vgl. dazu und über die weitere Entwicklung der sowjetisch-chinesischen Beziehungen bis zum Moskauer Weltkonzil im November 1960 D. S. Zagoria: Konflikt, S. 362–376; W. E. Griffith hat in: Albania, S. 45–58 die Position Albaniens in diesem

b) *Das kommunistische »Weltkonzil« im November 1960 in Moskau*

Zbigniew K. Brzezinski hat dem Epilog »Die Auswirkungen des chinesisch-sowjetischen Streits« seines Standardwerks »Der Sowjetblock« eine Aussage vorangestellt, die SED-Chef Walter Ulbricht nach der Rückkehr vom kommunistischen »Weltkonzil« in Moskau auf der 11. Tagung des Zentralkomitees der SED am 17. Dezember 1960 in Ost-Berlin gemacht hat: »Jemand hat die Frage gestellt, wer denn eigentlich bestimmt, was die Wahrheit sei, was den Prinzipien der marxistisch-leninistischen Lehre entspricht.«[171]

In Donald S. Zagorias subtiler Studie über den chinesisch-sowjetischen Konflikt erscheint das Wort Ulbrichts als »Vorspann« zu dem Kapitel über die Moskauer Konferenz von 81 kommunistischen Parteien im November 1960, das bezeichnenderweise die Überschrift »Der verschwommene Kompromiß«[172] trägt. Der ausführliche und aufschlußreiche Bericht Ulbrichts über die Moskauer Konferenz bestätigte im Hinblick auf die Frage der Autorität im kommunistischen Lager, »was eine Reihe von Analytikern im Westen bereits vermutet hatte – nämlich, daß die Chinesen den ureigenen Anspruch der Russen, die Politik verbindlich festzulegen, anfochten«[173].

Vorbereitung, Verlauf und Ergebnisse des Moskauer »Weltkonzils« verdeutlichen, daß es einen »Meilenstein« oder, wie Donald S. Zagoria feststellt, »Markstein«[174] in der Geschichte des Kommunismus bildet. Hermann Matern, Mitglied des Politbüros der SED, hat vor dem 11. Plenum des Zentralkomitees der SED zugegeben, daß die endgültige Formulierung des am 6. Dezember 1960 veröffentlichten Moskauer Dokuments, die auf einen Vorentwurf der Sowjets zurückging, zwei Monate beansprucht hat. Die Redaktion lag in den Händen einer Kommission, der Vertreter von 26 kommunistischen Parteien, einschließlich der zwölf re-

---

Zeitraum analysiert. Vgl. dazu auch N. C. Pano: Albania, S. 136–139; J. F. Brown: Albania, S. 25 f.; T. Zavalani: Albania, S. 3–5; D. Floyd: Die feindlichen Genossen, S. 92–110.

171 Text der Rede W. Ulbrichts in: Neues Deutschland vom 18. Dezember 1960; Auszüge in: SBZ-Archiv 1961, S. 22–24; 36 f. (37); Z. K. Brzezinski: Sowjetblock, S. 433; ders.: Challenge, S. 436.
172 D. S. Zagoria: Konflikt, S. 378 f.
173 So D. S. Zagoria, ebenda, S. 381 f.
174 D. S. Zagoria, ebenda, S. 379. Vgl. dazu auch die materialreiche Studie von W. E. Griffith: Moscow Meeting, S. 107–123. Der 1962 erschienene Beitrag verdeutlicht, ein wie umfangreiches Schrifttum bereits bis zu diesem Zeitpunkt über den sowjetisch-chinesischen Konflikt vorgelegen hat.

gierenden Parteien, angehört haben.[175] Daraus und aus der damit verbundenen langen Dauer des »Weltkonzils« läßt sich bereits schließen, welches Ausmaß die Kluft zwischen den Ansichten und Positionen Moskaus und Pekings inzwischen angenommen hatte.

So war es nicht erstaunlich, daß die Moskauer Deklaration, die sich auch auf die Erklärung vom 16. November 1957 bezog, von westlicher Seite als ein »Meisterwerk an Zweideutigkeit« apostrophiert worden ist: »Sie führte die Meinungsverschiedenheiten an, ohne sie irgendwie – es sei denn im oberflächlichsten Sinne – zu beheben.«[176]

Westliche Analytiker haben aus dem Moskauer Dokument übereinstimmend den Schluß gezogen, daß es auf der Konferenz nicht gelang, die Frage der Autorität innerhalb des »sozialistischen Lagers« zu lösen. Ebenso steht außer Zweifel, daß sich hinter Walter Ulbrichts »Fragesteller« die chinesische Delegation in Moskau verbarg und sie – in völliger Abkehr von ihrer Position im November 1957 – nun nicht mehr bereit war, die Führungsfunktion sowohl der UdSSR als auch der KPdSU in der kommunistischen Weltbewegung vorbehaltlos anzuerkennen.

Die »gewundene Sprache der Deklaration zu der entscheidenden Frage der Führung des Blocks und der sowjetischen Vorrangstellung deutet an, daß keine klare Regelung erzielt wurde«[177]. Die Herausstreichung Moskaus bestand vornehmlich darin, daß die KPdSU als »Vorbild« bezeichnet worden ist. Die stets wiederkehrende Berufung auf die Prinzipien des proletarischen Internationalismus und die besondere Betonung der »gegenseitigen Hilfe und Unterstützung in den Beziehungen zwischen allen marxistisch-leninistischen Bruderparteien« können nicht darüber hinwegtäuschen, daß von nun an die UdSSR und die KPdSU endgültig ihre Funktion als, um in der Pekinger Terminologie zu sprechen, »Haupt« und »Zentrum« der kommunistischen Bewegung verloren haben. Darüber kann auch die Tatsache nicht hinwegtäuschen, daß an einer Stelle des Moskauer Dokuments von den »Erfahrungen der UdSSR und der ande-

---

175 H. Matern: Die Moskauer Beschlüsse zeichnen das neue Weltbild, in: Neues Deutschland vom 23. Dezember 1960; Auszug in: SBZ-Archiv 1961, S. 37 f. (37). Vgl. dazu auch W. E. Griffith: Albania, S. 50 f.; D. S. Zagoria, ebenda, S. 380 f.; E. Kux: Rußland, S. 118–120.
176 So D. S. Zagoria, ebenda, S. 381; M. Croan: Sozialistisches Lager, Sp. 1051: »Die Erklärung war ... voller Widersprüche und löste keine der fundamentalen Fragen.« Z. K. Brzezinski: Sowjetblock, S. 450–459; A. B. Ulam: Expansion, S. 636–640; W. E. Griffith: Moscow Meeting, S. 113–126; D. Floyd: Die feindlichen Genossen, S. 126–146.
177 So D. S. Zagoria, ebenda, S. 382. Vgl. dazu auch M. Croan: Relations, S. 12–14.

ren sozialistischen Länder« die Rede ist und somit die UdSSR herausgestrichen wird. Zu unklar und verschwommen ist auch die Aussage, daß »die Sache des Sozialismus unweigerlich . . . geschädigt« werde, »wenn man die Rolle der Besonderheiten übertreibt und unter dem Vorwand der nationalen Besonderheiten von der allgemeingültigen Wahrheit des Marxismus-Leninismus über die sozialistische Revolution und den sozialistischen Aufbau abweicht«[178].

Für die sowjetische Führung dürfte es auch ein schwacher Trost gewesen sein, daß in der Moskauer Deklaration festgestellt wird, daß die »historischen Beschlüsse des XX. Parteitages der KPdSU . . . nicht nur für die KPdSU und den kommunistischen Aufbau in der UdSSR große Bedeutung«, sondern »auch in der internationalen kommunistischen Bewegung eine neue Etappe eingeleitet hätten«.

Für die weitere Entwicklung des »sozialistischen Lagers« ist es von außerordentlicher Bedeutung, daß der Führer der albanischen Kommunisten, Enver Hoxha, auf der Moskauer Konferenz der 81 Parteien am 16. November 1960 eine beachtliche Rede gehalten hat, die im vollen Wortlaut erst zehn Jahre später, im Juni 1970, veröffentlicht worden ist. Hoxhas Darlegungen bedeuteten eine bis dahin kaum gekannte Abrechnung mit dem sowjetischen Führungsanspruch. Schonungslos geißelte Hoxha zentrale Punkte der sowjetischen Außenpolitik – wie den politischen und wirtschaftlichen Druck Moskaus auf Albanien. Er betonte nicht nur die Unabhängigkeit seines Landes, sondern sprach der sowjetischen Führung sogar das Recht ab, im Jahre 1955 aus eigener Initiative eine Annäherung an Jugoslawien gesucht zu haben.[179]

So spiegelte der in Moskau im Herbst 1960 erarbeitete »Kompromiß« in seiner Verschwommenheit das Bewußtsein Moskaus und Pekings wider, »daß ein Stillhalten dem Auseinanderbrechen der Kommunistischen

---

178 Die Moskauer Deklaration ist an zahlreichen Stellen wiedergegeben worden. Text in: Neues Deutschland vom 6. Dezember 1960; Nachdruck in: SBZ-Archiv 1961, S. 7–18; F. Schenk: Grundsatzerklärungen, S. 86–130. An mehreren Stellen beruft sich das Moskauer Dokument auch auf die Grundsätze des sozialistischen Internationalismus.
179 Vgl. die ausführlichen Auszüge aus der Rede Hoxhas bei K. Devlin: Albanische Enthüllungen über die Moskauer Konferenz. Vgl. zur Gesamtproblematik neben dem instruktiven Kommentar K. Devlins vor allem die umfassende Analyse und Dokumentation bei W. E. Griffith: Albania, S. 50–59, die – verständlicherweise – weder Auszüge noch den gesamten Text der Rede Hoxhas vom 16. November 1960 bringt; N. C. Pano: Albania, S. 138–142; D. Floyd: Genossen, S. 111–146; Z. K. Brzezinski: Sowjetblock, S. 454–459. Einen engl. Auszug aus der Rede Hoxhas bei D. Floyd, ebenda, S. 289–291. In Moskau war die albanische Führung mit ihren Spitzenfunktionären vertreten: Neben Hoxha gehörten zur Delegation Mehmet Shehu und Hysni Kapo.

Weltbewegung vorzuziehen sei«[180]. Obwohl man hätte annehmen sollen, daß die sowjetische Führung mit Nikita S. Chruščev an der Spitze die Zukunft und vor allem den Zusammenhalt des »sozialistischen Lagers« von nun an mit Sorge betrachten würde, war dies keinesfalls der Fall. In einigen repräsentativen Äußerungen verdeutlichte Chruščev Ende 1960 und Anfang 1961, daß sein Vertrauen in die »internationale Geschlossenheit« der kommunistischen Bewegung unerschütterlich war und es keine »Zentrale« zur Leitung aller Parteien bedurfte. Nikita S. Chruščev schien zur Jahreswende 1960/61 noch keine Vorstellung davon zu haben, welches Ausmaß die Herausforderungen seitens Pekings, Tiranas und auch – in einer gewissen Zeitverschiebung – Rumäniens in der ersten Hälfte der sechziger Jahre annehmen wird.

---

180 So D. S. Zagoria: Konflikt, S. 411. Als Pikanterie gilt festzuhalten, daß das Zentralkomitee der SED in seiner Entschließung der 11. Tagung vom 15. bis zum 17. Dezember 1960 nicht den Fehler wiederholt hat, die Ergebnisse der Moskauer Konferenz zugunsten der Vormachtstellung der UdSSR und der KPdSU zu verfälschen, wie es nach der Moskauer Konferenz der zwölf regierenden kommunistischen Parteien vom November 1957 geschehen ist. Text der Entschließung der 11. Tagung des Zentralkomitees der SED in: Neues Deutschland vom 21. Dezember 1960; SBZ-Archiv 1961, S. 32-35. Vgl. zur Interpretation der Deklaration vom 16. November 1957 durch die SED oben S. 598 f.

# Kapitel VI

Der fortschreitende Abbau der politischen Autorität und die begrenzten »Integrations«-Erfolge der UdSSR (1960/61-1964)

»In Wirklichkeit leitet die Kommunistische Partei der Sowjetunion nicht die anderen Parteien. In der kommunistischen Bewegung gibt es keine ›übergeordneten‹ und keine ›untergeordneten‹ Parteien. Alle kommunistischen Parteien sind gleich und selbständig... Heutzutage, da es eine große Gruppe sozialistischer Länder gibt..., ist es nicht möglich, alle sozialistischen Länder und kommunistischen Parteien von irgendeiner Zentrale aus zu leiten. Das ist nicht möglich und auch nicht nötig.«

Mit diesen klaren und unmißverständlichen Sätzen umriß Nikita S. Chruščev am 6. Januar 1961 in einer programmatischen Rede in der sowjetischen Hauptstadt die Ergebnisse des Moskauer »Weltkonzils« der kommunistischen Parteien vom November 1960. Ausdrücklich hob er hervor, daß in der Moskauer Erklärung der 81 Parteien die KPdSU nur noch als »Vorhut« apostrophiert worden ist.
Chruščev ging jedoch noch einen Schritt weiter: Es sei wohlbekannt, »daß die KPdSU in Wirklichkeit keinen anderen Parteien irgendwelche Weisungen erteilt. Würde man uns als ›Spitze‹ bezeichnen, so böte das weder unserer Partei noch den anderen Parteien den geringsten Vorteil. Im Gegenteil, das schüfe nur Schwierigkeiten«.[1]
Chruščev verdeutlichte, daß er trotz der weitreichenden Differenzen mit der Volksrepublik China und Albanien seinen Glauben an die »internationale Geschlossenheit« der kommunistischen Bewegung nicht aufgegeben hatte: »Heute gibt es kein Statut, das die Beziehungen zwischen den Parteien regelte, dafür haben wir aber die gemeinsame marxistisch-leninistische Ideologie und die Treue zu ihr als die Hauptvoraussetzung für unsere Solidarität und Einheit.«
Auch wenn Chruščev die »entschlossene Verteidigung der Einheit der kommunistischen Weltbewegung auf der Grundlage der Prinzipien des

---

1 Text in: N. S. Chruschtschow: Siege, S. 25 f. und in: Kommunismus, S. 62 f.; Text des außenpolitischen Teils der Rede in: Europa-Archiv 1961, S. D 133-142. Vgl. auch den Bericht M. A. Suslovs vor dem Zentralkomitee der KPdSU vom 18. Januar 1961, ebenda, S. D 142-154 (Übersetzung aus: Pravda vom 23. Januar 1961); Entschließung des Zentralkomitees der KPdSU vom 18. Januar 1961 zum »Weltkonzil«, Text, ebenda, S. D 154-157.

Marxismus-Leninismus und des proletarischen Internationalismus« beschwor, ließ er keinen Zweifel daran, daß er mit dem Verzicht auf eine ausdrückliche Bestätigung der Vormachtstellung der UdSSR und der KPdSU in dem Moskauer Dokument durchaus einverstanden war. Chruščev schien zu hoffen, daß nur mit dieser weitreichenden Konzession gegenüber den »Bruderstaaten« und Peking der Zusammenhalt des »sozialistischen Lagers« soweit wie möglich sicherzustellen war.
Ganz bestimmt sollte Chruščevs Verzicht auf eine spezielle Hervorhebung der führenden Rolle der UdSSR nicht bedeuten, daß – wie Melvin Croan Chruščev zutreffend interpretiert hat – »die UdSSR ihren Führungsanspruch an China abtrat. Vielmehr wäre Chruščevs terminologische Konzession ganz undenkbar gewesen, wenn er nicht fest davon überzeugt gewesen wäre, die sowjetische Position in allen wesentlichen Belangen des sozialistischen Lagers und der kommunistischen Weltbewegung jederzeit gegen alle Opposition durchsetzen zu können«.[2]
Chruščevs »Glaube« an die Bindekraft der kommunistischen Ideologie und die nach seiner Ansicht daraus resultierende Solidarität der übrigen Mitglieder des »sozialistischen Lagers« war insofern erstaunlich, als der Verlauf des Jahres 1960 und vor allem das kommunistische »Weltkonzil« dem Kremlchef eigentlich eine realistischere Einschätzung der Situation hätten nahelegen müssen.
Darüber kann auch die Tatsache nicht hinwegtäuschen, daß die Volksrepublik China nie ein »Satellit« der UdSSR gewesen ist. Die Art, wie Chruščev den sich Anfang der sechziger Jahre verschärfenden Konflikt zwischen Moskau und Peking behandelt hat, ließ nur den Schluß zu, daß dem Kremlchef die Einstellung der chinesischen Führung gegenüber dem von der UdSSR geführten »Lager« keinesfalls gleichgültig war.
Auch die Mittel, deren sich Chruščev bediente, um ein Ausscheiden des von Stalin so verachteten Albanien aus dem »sozialistischen Lager« zu verhindern, machten drastisch deutlich, daß der sowjetische Partei- und Regierungschef nicht bereit war, Abstriche am sowjetischen Machtbereich in Europa hinzunehmen.
Schließlich sah sich die sowjetische Führung in der ersten Hälfte der sechziger Jahre auch durch Rumänien herausgefordert, dessen Führung die

---

2 M. Croan: Sozialistisches Lager, Sp. 1052. Vgl. auch die Entschließung des Zentralkomitees der Kommunistischen Partei Chinas über die Ergebnisse der Moskauer Beratung; Text in: Peking Review, Nr. 4 vom 27. Januar 1961; dt. Übersetzung (Auszug) in: Europa-Archiv 1961, S. D. 158–161. Vgl. speziell dazu aus sowjetischer Sicht O. E. Borissow/B. T. Koloskow: Beziehungen, S. 203–210 (210).

bereits Mitte der fünfziger Jahre eingeleitete Politik, die nationalen Interessen des Landes nicht vorbehaltlos den Interessen Moskaus unterzuordnen, nun sehr viel intensiver fortführte und sich dabei auch den Konflikt zwischen Moskau und Peking zunutze machte. Dabei ging es zwar vornehmlich, nicht jedoch ausschließlich um die unterschiedliche Einschätzung ökonomischer Fragen.
So vermochte Chruščev den fortschreitenden Abbau der politischen Autorität der UdSSR und der KPdSU nicht aufzuhalten. Chruščev sollte es nicht gelingen, bis zu seinem Sturz am 14. Oktober 1964 den Konflikt mit China beizulegen, Rumänien vorbehaltlos auf die Moskauer Linie zu bringen und Albanien davon abzuhalten, wieder einmal die Seiten zu wechseln und Peking seine volle Unterstützung gegen Moskau zu gewähren.
Überblickt man die letzten drei bis vier Jahre der Herrschaft Chruščevs, dann darf man ihm einige, wenn auch recht begrenzte »Integrations«-Erfolge im ökonomischen Bereich attestieren; angesichts der Priorität, die Chruščev der wirtschaftlichen Kooperation beimaß, gewann auch in den letzten Jahren seiner Herrschaft die Warschauer Verteidigungsallianz als politisch-militärischer Integrationsfaktor nur eine begrenzte Funktion.
Zu Chruščevs unbestreitbaren Erfolgen Anfang der sechziger Jahre gehörte die Konsolidierung der Westflanke des »sozialistischen Lagers«. Mit Nachdruck sei daran erinnert, daß die Regierungen der acht Warschauer Pakt-Mächte nach ihrer Tagung am 5. August 1961 eine Erklärung abgaben, in der sie sich an die Volkskammer, die Regierung und an alle Werktätigen der DDR mit dem Vorschlag wandten, »an der Westberliner Grenze eine solche Ordnung einzuführen, durch die der Wühltätigkeit gegen die Länder des sozialistischen Lagers zuverlässig der Weg verlegt und rings um das ganze Gebiet West-Berlins einschließlich seiner Grenze mit dem demokratischen Berlin, eine verläßliche Bewachung und eine wirksame Kontrolle gewährleistet wird«[3].
Diese Verlautbarung wurde erst am 14. August 1961, also einen Tag nach dem Beginn des Baus der Mauer quer durch Berlin, veröffentlicht. Gleichzeitig wurde die innerdeutsche Demarkationslinie in eine weitgehend unüberwindbare Grenze zwischen dem »sozialistischen Lager« und dem »imperialistischen Staatenblock« umgewandelt.[4] Mit dem Abschluß des

---

3 Dt. Text in: Neues Deutschland vom 14. August 1961 und bei B. Meissner (Hrsg.): Warschauer Pakt, S. 203 f. (204). Vgl. dazu auch E. Anderson: East Germany, S. 102 f.
4 Am 15. Juni 1961 hatte SED-Chef W. Ulbricht auf einer internationalen Pressekonferenz in Ost-Berlin noch auf eine Frage geantwortet: »Ich verstehe Ihre Frage so, daß es

Bündnispakts zwischen der UdSSR und der DDR vom 12. Juni 1964 wurde der westliche Vorposten des »sozialistischen Lagers« in das bilaterale Ostpakt-System einbezogen.

Auch wenn die Unterzeichnung des Vertrags vom 12. Juni 1964 in der DDR gefeiert worden ist, darf nicht übersehen werden, daß damit der Kreml endgültig sein offensives Deutschland-Konzept, das durch das mehrfach erneuerte Berlin-Ultimatum vom 10. November 1958 und die Drohung, mit der DDR eine separate Friedensregelung zu treffen, geprägt war, aufgegeben hatte.[5]

Angesichts der Herausforderungen, denen sich der Kreml in der ersten Hälfte der sechziger Jahre seitens der Volksrepublik China, Albaniens und Rumäniens gegenübersah, war der von Belgrad seit Ende 1960 gesuchte Ausgleich mit der UdSSR für Nikita S. Chruščev nur ein schwacher Trost, zumal er wußte, daß Tito keinesfalls die Absicht hatte, Jugoslawien irgendwelchen sowjetischen Führungsansprüchen unterzuordnen.

Sowohl über die Entwicklung des sowjetisch-chinesischen Konflikts ab 1960 als auch über das faktische Ausscheiden Albaniens aus dem »sozialistischen Lager«, ohne seine Mitgliedschaft in den beiden wichtigsten multilateralen Organisationen, dem Warschauer Pakt und dem Rat für Gegenseitige Wirtschaftshilfe, aufzukündigen, liegt eine umfangreiche Literatur vor. Für die politische und zeitgeschichtliche Forschung haben gravierende Auseinandersetzungen zwischen kommunistischen Staaten und Parteien den Vorteil, daß sich zumindest die Seite, die sich ideologisch im »Recht« fühlt, die ausgetauschten Dokumente zu veröffentlichen pflegt. So war die jugoslawische Führung gut beraten, als sie die im Frühjahr und Sommer 1948 mit Stalin geführte Korrespondenz der Öffentlichkeit vorlegte und die Skrupellosigkeit, mit der der sowjetische Diktator gegen eine seiner Ansicht nach unbotmäßige kommunistische Führung vorging, vor der Welt bloßstellte.

Über den Verlauf der sowjetisch-chinesischen und -albanischen Auseinandersetzungen liegen zahlreiche gut dokumentierte westliche Studien vor.

---

in Westdeutschland Menschen gibt, die wünschen, daß wir die Bauarbeiter der Hauptstadt der DDR dazu mobilisieren, eine Mauer aufzurichten. Mir ist nicht bekannt, daß eine solche Absicht besteht.« Text in: Neues Deutschland vom 16. Juni 1961 und SBZ-Archiv 1961, S. 196. Vgl. dazu H. Schimanski: Ulbricht riegelt Berlin ab. Schon in dem Moskauer Dokument des kommunistischen »Weltkonzils« vom November 1960 wurde die Funktion der DDR als »Vorposten des Sozialismus in Europa« stark herausgestellt. Text in: SBZ-Archiv 1961, S. 11.

5 Vgl. dazu ausführlicher mit weiteren Nachweisen J. Hacker: Vorstellungen.

Angesichts des Ausmaßes des Konflikts erleichterten beide Seiten interessierten Analytikern insofern die Arbeit, als sie beide nicht davor zurückschreckten, den Streit vor der Weltöffentlichkeit auszutragen. Der Grund liegt vor allem darin, daß sie auf diese Weise ihre jeweilige Position zu rechtfertigen und damit über den Bereich des »sozialistischen Lagers« hinaus politische Verbündete zu gewinnen suchten. Angesichts dieser Quellenlage werden im folgenden nur die Themen erörtert, die für die Entwicklung des »sozialistischen Lagers« relevant sind.

Während das Studium der Auseinandersetzung zwischen Moskau auf der einen und Peking sowie Tirana auf der anderen Seite somit aufgrund zahlreicher dokumentarisch angelegter Studien wesentlich erleichtert wird, fehlt noch immer eine fundierte, mit ausreichenden Quellen-Nachweisen versehene Gesamtanalyse über die Entwicklung Rumäniens im »sozialistischen Lager« in der ersten Hälfte der sechziger Jahre. Es ist vornehmlich das Verdienst amerikanischer Autoren, in mühsamer Kleinarbeit soweit wie möglich das Verhältnis Rumäniens gegenüber der UdSSR und die zunehmend durch Eigenwilligkeiten geprägte Position Bukarests im Rat für Gegenseitige Wirtschaftshilfe und im Warschauer Pakt aufgehellt zu haben.

1. Die Verschärfung des sowjetisch-chinesischen Konflikts

Überblickt man die Entwicklung des »sozialistischen Lagers« ab Ende 1960, dann läßt sie nur einen Schluß zu: »Mit der Moskauer Konferenz endete eine Phase der kommunistischen Geschichte, und eine neue begann, die einen dauerhaften Einfluß auf die sowjetische Politik, die chinesisch-sowjetischen Beziehungen und die zukünftige Entwicklung der Beziehungen innerhalb der Kommunistischen Bewegung haben wird.«[6]

Bis in das Jahr 1960 hinein war es für den Kreml selbstverständlich, daß nicht nur die Führungen der zum engeren Kreis des »sozialistischen Lagers« gehörenden Länder, sondern auch die kommunistischen Parteien in der übrigen Welt der Moskauer Linie folgten. Bis zu diesem Zeitpunkt konzentrierte sich die Kritik Pekings vor allem auf die sowjetische

---

6 So zutreffend D. S. Zagoria: Konflikt, S. 404. Vgl. dazu auch H. Hamms Einleitung zu »Das rote Schisma«, S. 35–40.

Außenpolitik, die der chinesischen Führung nicht offensiv und risikobereit schien sowie die Stärke des »Lagers« nicht genügend zur Geltung brachte. Westliche Beobachter stimmen darin überein, daß sich die sowjetische Führung bemüßigt fühlte, »zur eigenen moralischen Entlastung unausgesetzt weltrevolutionäre Aktivität zu demonstrieren – vom Berlin-Ultimatum am 10. November 1958 über das gesprengte Pariser Gipfeltreffen im Mai 1960 und die Errichtung der Berliner Mauer am 13. August 1961 bis zum kubanischen Abenteuer«[7] im Oktober 1962. Den Unwillen Pekings erregte Nikita S. Chruščev auch damit, daß er mehrmals und recht massiv die innere Entwicklung Chinas kritisiert hat. Bis zum Sommer 1960 hatten die Differenzen bereits ein solches Ausmaß erreicht, daß der Kreml fast alle sowjetischen Techniker abberief und die Volksrepublik China »in eine von der Sowjetunion gewollte wirtschaftliche Isolierung geriet«[8].

Auch wenn die chinesische Führung der von der Konferenz der kommunistischen und Arbeiterparteien vom 10. November bis zum 1. Dezember 1960 angenommenen Resolution ihre Unterschrift nicht versagte, nutzte sie die Gelegenheit, ihre Verbitterung über die Haltung des Kreml gegenüber den in der sowjetischen Hauptstadt vertretenen übrigen kommunistischen Parteien offen zum Ausdruck zu bringen. Bald nach der Beendigung des kommunistischen »Weltkonzils« stellte sich heraus, daß die chinesische Führung aus der Formel des Moskauer Dokuments, nach der die KPdSU die »Vorhut« der gesamten kommunistischen Weltbewegung sei und für die internationalen Beziehungen die Beschlüsse des XX. und XXI. Parteitags der KPdSU von 1956 und 1959 nach wie vor verbindlich seien, auf ihre Weise interpretierte. Die auf der Moskauer Konferenz erzielten verbalen Kompromisse legte Peking dahingehend aus, daß es weder irgendeinen Führungsanspruch Moskaus noch dessen außenpolitische Linie bestätigt hätte. Einen besonderen Erfolg vermochte die chinesische Führung dadurch zu erzielen, daß ihre auf eine Verschärfung des Konflikts mit Moskau gerichtete politische Linie von der albanischen Führung voll unterstützt wurde.[9]

---

7 So G. Stökl: Russische Geschichte, S. 781 f. Vgl. dazu auch D. S. Zagoria, ebenda, S. 404–407; G. Stern: Sowjetisch-chinesischer Konflikt, Sp. 892–994 mit weiteren wertvollen Nachweisen. Sehr instruktiv dazu auch A. B. Ulam: Expansion, S. 629–640 und die Einleitungen von H. Hamm und J. Kun zu »Das rote Schisma«, in denen die sowjetisch-chinesischen Beziehungen bis zum Sommer 1963 analysiert werden.
8 So G. Stern, ebenda, Sp. 894. Sehr instruktiv dazu W. Gumpel: Wirtschaftspolitik, S. 575–578 (577).
9 Vgl. dazu unten S. 659–666.

Nikita S. Chruščev gelang es in den letzten Jahren seiner Herrschaft nicht mehr, eine Formel zu entwickeln, um einerseits der Pekinger Herausforderung erfolgreich zu begegnen und andererseits die Führungen aller kommunistischen Parteien auf seiner Seite zu wissen. So bildete das wichtigste Ergebnis des XXII. Parteitags der KPdSU vom 17. bis zum 31. Oktober 1961 die endgültige Trennung der beiden kommunistischen Großmächte UdSSR und China.[10] Das von diesem Kongreß angenommene neue Parteiprogramm der KPdSU enthielt einen aufschlußreichen Passus »Das sozialistische Weltsystem«, der von dem Bemühen geprägt war, mit flexiblen Formeln die Einheit des »sozialistischen Lagers« soweit wie möglich aufrechtzuerhalten. In dem immer noch gültigen Programm wird die Volksrepublik China ausdrücklich zum »sozialistischen Lager« gerechnet, während die »revisionistische Politik« der jugoslawischen Führung ihr Land »in Gegensatz zum sozialistischen Lager und zur kommunistischen Weltbewegung gebracht« habe. Die wichtigsten Formeln des Programms über die »historischen und nationalen Besonderheiten der einzelnen Länder«, die »festen Bande der internationalen sozialistischen Solidarität« und der ausdrückliche Hinweis, daß es in der »Weltgemeinschaft der sozialistischen Länder« für »niemanden besondere Rechte und Privilegien« gäbe und auch nicht geben könne, verrieten den Willen Chruščevs, Peking keine neuen Argumente zu liefern, die UdSSR erhebe nach wie vor einen unberechtigten Führungsanspruch.[11]

Obwohl im neuen Programm der KPdSU ausdrücklich festgestellt wird, daß die kommunistischen Parteien unabhängig seien und ihre Politik »auf Grund der konkreten Verhältnisse ihrer Länder« gestalteten und als »Formationen des geeinten internationalen Heeres der Arbeit« ihr »Vorgehen freiwillig und bewußt« koordinierten[12], war die chinesische Führung nicht bereit, diese außenpolitischen Leitsätze als verbindliche Richtlinie

---

10 Vgl. dazu im einzelnen E. Kux: Brüder, S. 443–451.
11 Text des Parteiprogramms bei B. Meissner: Das Parteiprogramm der KPdSU, S. 155. Vgl. dazu auch die außenpolitischen Passagen des von Chruščev am 17. Oktober 1961 vor dem Parteikongreß vorgetragenen Rechenschaftsberichts. Text in: Pravda vom 18. Oktober 1961; dt. Übersetzung (Auszüge) in: Ost-Probleme 1961, S. 730 f., 744 f. Vgl. über den »Chor der Satelliten« auf dem Parteitag vor allem den instruktiven Beitrag »Die Enthüllungen des XXII. Kongresses der KPdSU«.
12 Text bei B. Meissner, ebenda, S. 172. Vgl. dazu auch die Präambel zu dem gleichfalls vom XXII. Parteikongreß der KPdSU angenommenen neuen Statut der KPdSU. Text bei G. Brunner: Das Parteistatut der KPdSU 1903–1961, S. 185. Texte des Programms und des Statuts auch bei C. W. Gasteyger: Perspektiven; Text des Statuts auch in: Ost-Probleme 1961, S. 794–802; Text des Entwurfs des Programms und der Änderungen, ebenda, S. 610–654, 802–806.

für alle kommunistischen Parteien anzuerkennen; Peking störte vor allem, daß in dem Programm die UdSSR insofern hervorgehoben wird, als darin von den »Erfahrungen der Sowjetunion und der volksdemokratischen Länder«[13] die Rede ist. Darüber hinaus erregten die im neuen Programm der KPdSU proklamierten Thesen über den inneren Entwicklungsstand der UdSSR das Mißfallen Pekings.
Nachdem die chinesische Führung bereits die Zusammenkunft Chruščevs mit dem amerikanischen Präsidenten Dwight D. Eisenhower im September 1959 in Camp David heftig kritisiert hatte, stießen auch die Annäherungsversuche des Kreml an die USA in der Folgezeit auf heftigen Widerstand in Peking; dazu gehört auch und gerade das Treffen Chruščevs mit dem neuen amerikanischen Präsidenten John F. Kennedy im Juni 1961 in Wien. Als sich Chruščev dann am 28. Oktober 1962 endgültig entschloß, sein Kuba-Abenteuer abzubrechen, die dort stationierten sowjetischen Raketenbasen ohne Kompensationen wieder abzubauen und damit den Forderungen der USA nachzugeben, »entschied er sich gegen die weltrevolutionäre kommunistische Aktionseinheit und für das Sicherheitsbedürfnis der sowjetischen Weltmacht«[14]. Als eine besondere Herausforderung empfand es Peking, als Chruščev im chinesisch-indischen Grenzkrieg, den die Chinesen am 20. Oktober 1962 vom Zaun gebrochen hatten, nicht eindeutig für Peking Partei ergriff, sondern sich »neutral« verhielt.[15]

Trotz der Verschärfung der Auseinandersetzungen zwischen Moskau und Peking wagte keine der beiden Seiten, den endgültigen Bruch zu vollziehen und damit den Makel auf sich zu nehmen, für das Schisma im Weltkommunismus verantwortlich zu sein. Eine Annäherung wurde jedoch dadurch wesentlich erschwert, da sie nur möglich schien, wenn eine der

---

13 Text bei B. Meissner, ebenda, S. 158. Vgl. dazu vor allem E. Kux: Brüder, S. 443–447; M. Croan: Dialectics, S. 133–138; ders.: Relations, S. 16–19; aus sowjetischer Sicht O. B. Borissow/B. T. Koloskow: Beziehungen, S. 211–214.
14 So G. Stökl: Russische Geschichte, S. 782. Vgl. speziell über den Verlauf der Kuba-Krise mit weiteren Nachweisen R. K. Furtak: Kuba, Sp. 1144–1148; H. Pächter: Chruschtschow, Kennedy, Castro; A. B. Ulam: Expansion, S. 644–679, wo er ausführlich auch die anderen Aspekte des sowjetisch-amerikanischen Verhältnisses analysiert; R. Löwenthal: The End of an Illusion; D. Tretiak: Rivalry; W. E. Griffith: Rift, S. 60–63. Vgl. zur Position Pekings im Kuba-Konflikt aus sowjetischer Sicht O. B. Borissow/B. T. Koloskow: Beziehungen, S. 190 f.
15 Vgl. dazu A. B. Ulam, ebenda, S. 671–674; E. Kux: Brüder, S. 451–454; W. E. Griffith, ebenda, S. 56–59. Vgl. dazu aus sowjetischer Sicht O. B. Borrissow/B. T. Koloskow, ebenda, S. 191–193. Sehr instruktiv dazu auch K. Mehnert: Peking und Moskau, S. 497–503; E. Crankshaw: Moskau-Peking, S. 123; H. Haftendorn: Indiens zweite Ernüchterung; H. Ray: Peking and the Indian CP, S. 89 f.

beiden Kontrahenten zur bedingungslosen Kapitulation bereit gewesen wäre. Daß der Kreml dazu keinerlei Bereitschaft zeigte, verdeutlichte seine Politik gegenüber den von ihm und den Chinesen zuvor immer bekämpften jugoslawischen »Revisionisten«. Im Laufe des Jahres 1962 bahnte sich der erneute Ausgleich zwischen Moskau und Belgrad an, der dann mit dem Besuch Titos in Moskau im Dezember 1962 vollzogen wurde.[16]

Da die sowjetische Führung aufgrund der Verschärfung der Auseinandersetzungen mit Peking bis zum Spätsommer 1962 zu der Einsicht gelangen mußte, daß ein Ausgleich kaum noch vorstellbar schien, war sie nun bestrebt, die sowjetische Führungsstellung im »sozialistischen Lager« zu konsolidieren und die Parteigänger der chinesischen Variante des Kommunismus soweit wie möglich zu isolieren. Dazu nutzte der Kreml vor allem die Parteitage der kommunistischen Parteien Bulgariens vom 5. bis zum 14. November, Ungarns vom 20. bis zum 24. November und der Tschechoslowakei vom 4. bis zum 8. Dezember 1962, an denen jeweils führende Repräsentanten der KPdSU teilnahmen; das gleiche galt für den X. Parteitag der Kommunistischen Partei Italiens vom 2. bis zum 8. Dezember 1962 in Rom. Da jedoch Peking auf diesen Kongressen jeweils die eigenen und abweichenden Positionen verteidigte, trug es zur weiteren Verschärfung des Konflikts bei.[17]

Nachdem beide Seiten darüber hinaus Ende 1962 und Anfang 1963 auch das publizistische Trommelfeuer noch wesentlich gesteigert hatten, wurde der VI. Parteitag der SED vom 15. bis zum 21. Januar 1963 zu einem »Meilenstein der Spaltung des kommunistischen Lagers«[18]. Während sich Chruščev auf den Parteikongressen in Sofia, Budapest, Prag und Rom von hohen Sowjetführern vertreten ließ, erschien er zur besonderen Freude der SED-Führung persönlich in Ost-Berlin, um vor dem Forum des VI. SED-Parteitags am 16. Januar eine Rede zu halten, in der er zum erstenmal die offenen Feindseligkeiten mit China (und Albanien) zugab. Chruščevs Rede war vor allem deshalb auch bemerkenswert, da er Meinungsdifferenzen in der kommunistischen Weltbewegung als durchaus zulässig bezeichnete. Er plädierte für »Duldsamkeit und sozusagen Verzicht

---

16 Vgl. dazu vor allem W. E. Griffith, ebenda, S. 85–87; J. K. Hoensch: Osteuropa-Politik, S. 220–226; E. Kux, ebenda, S. 449–451. Vgl. über die Verbesserung der Beziehungen Belgrads zu den übrigen »Ostblock«-Staaten auch: Jugoslawien und der Block; A. Kolendic: Beziehungen; W. Eggers: Wiederannäherung.
17 Vgl. dazu im einzelnen R. F. Lamberg: Kommunistische Parteikongresse im Winter 1962/63; W. E. Griffith, ebenda, S. 67–84; E. Kux, ebenda, S. 454–457.
18 So E. Kux, ebenda, S. 457.

auf Belehrungen oder gar Einmischung in die Angelegenheiten anderer Länder«[19]. Dies sollte sowohl für die Einschätzung der inneren Entwicklung der kommunistischen Länder als auch der außenpolitischen Fragen gelten. Chruščev konzedierte, daß »eine gewisse Unterschiedlichkeit der Standpunkte« möglich sei; Diskussionen sollten darauf abzielen, »eine richtige, vereinbarte Linie zu entwickeln«.
In der Auseinandersetzung mit Peking ließ Chruščev keine Kompromiß-Bereitschaft erkennen. Dabei unterstützte ihn SED-Chef Ulbricht tatkräftig, der zum erstenmal offen die chinesische Führung angriff.[20] Der Chef der chinesischen Delegation, Wu Hsiu-tschuan, der sein Land bereits auf den zuvor veranstalteten Parteikongressen vertreten hatte und der bei seiner Rede in Ost-Berlin mehrfach mit lauten Buh- und Pfui-Rufen und Pfiffen unterbrochen worden war, trug ungerührt die Pekinger Thesen vor. Als die SED-Presse am 19. Januar 1963 nur eine zensierte Kurzform der Rede Wus veröffentlichte, in der alle Passagen über die Differenzen mit Moskau fehlten, stellte die chinesische Botschaft in Ost-Berlin daraufhin den vollen Text der Rede westlichen Korrespondenten zur Verfügung.[21]
Es ist bezeichnend, daß sich dieser skandalöse Vorgang nicht in Sofia, Budapest oder Prag, sondern gerade in Ost-Berlin abgespielt hat. In den folgenden Monaten eskalierte der Konflikt zwischen Moskau und Peking noch weiter, so daß unter diesen Umständen das im Juli 1963 einberufene chinesisch-sowjetische Parteigespräch – die letzte derartige bilaterale Konferenz unter Nikita S. Chruščev – von vornherein zum Scheitern verurteilt war: »Beschämender noch als diese Entwicklung war für Chruščev die Unfähigkeit der sowjetischen Führung, eine gemeinsame Aktion gegen China zu organisieren.«[22]
Damit war das Schisma im Weltkommunismus vollendet – ein Vorgang, der einschneidende Folgen sowohl im europäischen Machtbereich der

---

19 Text der Rede Chruščevs in: Neues Deutschland vom 17. Januar 1963; Auszüge in: SBZ-Archiv 1963, S. 46–48, 61 f. und bei D. Floyd: Die feindlichen Genossen, S. 358–361.
20 Text der Rede Ulbrichts in: Neues Deutschland vom 16. Januar 1963; Auszug in: SBZ-Archiv 1963, S. 62–64.
21 Text in: SBZ-Archiv 1963, S. 64. Vgl. dazu vor allem E. Kux: Brüder, S. 457–459; W. E. Griffith: Rift, S. 67–103 mit zahlreichen weiteren Nachweisen; R. F. Lamberg: Kommunistische Parteikongresse im Winter 1962/63, S. 164 f. mit dem Hinweis, daß die Rede Wus »im gesamten Ostblock scharf zensiert« worden ist.
22 So M. Croan: Sozialistisches Lager, Sp. 1053. Vgl. dazu und über die weitere Entwicklung des sowjetisch-chinesischen Verhältnisses W. E. Griffith, ebenda, S. 104–119; H. Brahm: Pekings Griff nach der Vormacht.

UdSSR als auch im Weltkommunismus nach sich zog. Der Anspruch zweier Großmächte, jeweils unter ganz verschiedenen Vorzeichen die »wahre Lehre« zu vertreten, führte zu einem weiteren Abbau der politischen Autorität der UdSSR und vor allem der KPdSU. Moskau und Peking kämpften von nun an um die Macht und Führung in der kommunistischen Weltbewegung.[23]
Doch nicht genug damit für den Kreml: In den »europäischen Volksdemokratien begann man je nach den Umständen mehr und mehr Freude am eigenen Denken und Tun zu haben. Tendenzen, durch eine Art von innerkommunistischem Neutralismus den Spielraum der eigenen Politik zu vergrößern, waren und blieben bei aller Wahrung der äußeren Formen unverkennbar...«[24]

2. Das Ausscheren Albaniens aus dem »sozialistischen Lager«

Nach Enver Hoxhas schonungsloser Abrechnung mit Chruščev auf der Moskauer Weltkonferenz am 16. November 1960, in der er in den zentralen ideologischen, organisatorischen und politischen Themen der zwei Tage zuvor vorgetragenen Pekinger Linie gefolgt und die erst im vollen Wortlaut zehn Jahre später veröffentlicht worden war[25], war der vollstän-

---

23 Vgl. dazu die ausführlichen Darlegungen bei W. E. Griffith, ebenda, S. 104-207, wo er die Entwicklung bis November 1963 mit zahlreichen Nachweisen schildert; ders.: European Communism and the Sino-Soviet Rift; E. Kux: Brüder, S. 459-484; G. Stern: Sowjetisch-chinesischer Konflikt, Sp. 894-902. Über den sowjetisch-chinesischen Konflikt liegen zahlreiche Dokumentationen vor. A. Dallins (Ed.) »Diversity« erfaßt die Zeit vom XXII. Kongreß der KPdSU im Oktober 1961 bis März 1963; wichtige Dokumente für die Zeit vom November 1962 bis Juli 1963 bei H. Hamm und J. Kun: Das rote Schisma, deren Studie H. Brahm, ebenda, für die Zeit bis März 1965 dokumentarisch fortgeführt hat. W. E. Griffith, in: Rift erfaßt dokumentarisch den Zeitraum von März bis Mitte November 1963; fortgeführt in: Sino-Soviet Relations 1964-1965. Eine sehr nützliche und instruktive »Chronology of Documents and Significant Events« hat D. Floyd seinem Buch »Mao Against Krushchev« beigegeben, die sich über den Zeitraum von 1917 bis zum Juli 1963 erstreckt (dt. Fassung: Die feindlichen Genossen, deren Dokumentation bis April 1964 fortgeführt wurde).
24 So G. Stökl: Russische Geschichte, S. 782.
25 Pikanterweise war es W. Ulbricht, der Mitte Dezember 1960 vor dem 11. Plenum des Zentralkomitees der SED nach seiner Rückkehr aus Moskau zum erstenmal offiziell die Auseinandersetzungen mit Tirana auf dem »Weltkonzil« angesprochen hat: »Auf der Beratung der kommunistischen und Arbeiterparteien trat insbesondere der Vertreter der Albanischen Partei der Arbeit mit einer dogmatischen und sektiererischen Konzeption

dige Bruch zwischen Moskau und Tirana nur noch eine Frage der Zeit. Am 20. Dezember 1960 teilten die Sowjets den Albanern mit, daß sie nur in einer direkten Absprache mit Hoxha und Shehu die zugesagte Hilfe im Rahmen des albanischen 3. Fünf-Jahre-Plans (1961–1965) gewähren würden. Nachdem die albanische Führung am 14. Januar 1961 das Moskauer Ultimatum zurückgewiesen hatte, unterzeichneten am 2. Februar Albanien und die Volksrepublik China ein Wirtschaftsabkommen für die Periode von 1961 bis 1965, in dem sich Peking zu finanzieller und technischer Hilfe verpflichtete.[26]

Der IV. Kongreß der Albanischen Arbeiterpartei vom 13. bis zum 20. Februar 1961, zu dem 24 »Bruderparteien« Delegationen entsandt hatten, offenbarte einerseits das ganze Ausmaß des Konflikts mit Moskau und andererseits der Übereinstimmung mit Peking. Nicholas C. Pano wertet

---

auf.« Text in: Neues Deutschland vom 18. Dezember 1960 und SBZ-Archiv 1961, S. 37. Dies ist ein einmaliger Vorgang und bedeutet insofern eine Abweichung Ost-Berlins von der Moskauer Linie, als Chruščev erst am 17. Oktober 1961 auf dem XXII. Kongreß seiner Partei erstmals die Differenzen mit Albanien in die Öffentlichkeit getragen hat. Vgl. dazu dieses Kap., Anm. 30. Vgl. dazu auch J. F. Brown: Albania, S. 24–26 (26); E. Anderson: East Germany, S. 98–100 (99), die sehr sorgfältig die Position der SED im Anfangsstadium des Konflikts Moskaus mit Peking und Tirana analysiert hat; Z. K. Brzezinski: Challenge, S. 435 f. Ulbricht bereitete es erhebliche Schwierigkeiten, im Juni 1960, als der Konflikt zwischen der UdSSR und China offen ausbrach, mit den Parolen Moskaus gegen die radikalen Gesinnungsfreunde in Peking Front zu machen. Selbst die Führung der totalitär regierten DDR war nicht in der Lage, die Provinzpresse sofort auf die neue antichinesische Linie einzuschwören. Vgl. dazu C. Stern: Ulbricht zwischen zwei Feuern; H. Schimanski: Das 9. ZK-Plenum; E. Anderson, ebenda. Die Übernahme der Pekinger These, die Imperialisten seien »Papiertiger« ging der SED hingegen zu weit. Vgl. St. Heymann: Imperialisten sind Papiertiger, in: Berliner Zeitung vom 21. Juni 1961 und SBZ-Archiv 1961, S. 222. Am 5. Juli erschien in der Zeitung eine Korrektur: Krise des Imperialismus und der Kampf der Völker: Es entspräche keiner realen Einschätzung der Lage, »wenn die Imperialisten einfach als ›Papiertiger‹ bezeichnet werden«. Nachdruck des Artikels in: SBZ-Archiv, ebenda, S. 223. Die China-Euphorie hatte in der SED-Führung eine weitere nicht nur pikante, sondern geradezu peinliche Folge: Ausgerechnet den von den Sowjets frühzeitig kritisierten Volkskommunen zollte Ost-Berlin hohes Lob. Vgl. dazu den Aufsatz von P. Wandel: Der welthistorische Sieg einer großen Volksrevolution, den er als Botschafter der DDR in Peking im Herbst 1959 veröffentlicht und in dem er das zehnjährige Bestehen der Volksrepublik China völlig unkritisch gefeiert hat. Sehr instruktiv dazu J. Glaubitz: Echo.

26 Vgl. dazu mit weiteren Nachweisen N. C. Pano: Albania, S. 139–143; W. E. Griffith: Albania, S. 60–68; ders.: Rebellisches Albanien (I), S. 3–8, wo er – ebenso wie Pano – auch die sowjetisch-albanischen Auseinandersetzungen auf den anderen Ebenen schildert. Vgl. zu den chinesisch-albanischen Wirtschaftsbeziehungen auch G. Hidasi: Widerspiegelung, S. 230, 238 f.; K. Seliger: Beziehungen, S. 237 f. Über die chinesisch-albanischen Wirtschaftsbeziehungen ab 1961 informiert sehr instruktiv M. Kaser: Albaniens Wirtschaft im revolutionären Delirium.

den Verlauf und die Ergebnisse des Parteitags dahingehend, daß dort die Basis für die »chinesisch-albanische Allianz«[27] gelegt worden ist. Aus den Reden und Grußbotschaften der ausländischen Delegationen – von den regierenden kommunistischen Parteien war nur die jugoslawische nicht vertreten – ging hervor, daß die albanische Politik in ihrer schroffen Kritik am Moskauer Kurs in Europa keine Zustimmung gefunden hatte. Für die albanische Führung war jedoch entscheidend, daß sie – im Gegensatz zu Jugoslawien im Jahre 1948 – nicht total isoliert in der kommunistischen Weltbewegung dastand, sondern sich rechtzeitig in der Volksrepublik China einen neuen »Patron« gesucht hatte.

Nachdem der im November 1960 ernannte neue sowjetische Botschafter I. Šikin bereits bis zum Januar 1961 hatte erkennen müssen, daß Tirana nicht mehr auf die sowjetische Linie zurückzuholen war, zogen die Sowjets ihre Erdöl-Spezialisten nach dem Auslaufen des Vertrags von 1957 aus Albanien ab, ohne mit diesem demonstrativen Akt die dortige Führung zu beeindrucken. Als am 25. April 1961 die chinesisch-albanischen Wirtschafts-Vereinbarungen vom 2. Februar offiziell bekanntgegeben wurden, teilten die Sowjets einen Tag später Tirana mit, daß sie wegen seiner »unfreundlichen Politik« gegenüber der UdSSR und den anderen »sozialistischen Staaten« sofort ihr ökonomisches Hilfsprogramm für Albanien einstellen würden. Moskau zog nun nicht nur seine Techniker und Berater aus den anderen Industriezweigen ab, sondern annullierte auch seine Kreditzusage.

Doch gelang es dem Kreml mit dieser einschneidenden und rigorosen Maßnahme, die an die Politik Stalins gegenüber Jugoslawien 1948 erinnerte, nicht, die albanische Führung in die Knie zu zwingen. Nikita S. Chruščev beging den großen Fehler, den Willen Pekings zu unterschätzen, jede Möglichkeit zu nutzen, um die Bindung zu Tirana zu festigen. So erklärte sich die chinesische Führung sofort bereit, nicht nur ökonomische und finanzielle Hilfe im Wert von 123 Millionen Dollar zu leisten; die Summe machte ungefähr 90 Prozent der Albanien von den RGW-Staaten zugesagten Unterstützung aus.[28]

---

27 Vgl. über den Verlauf des Parteitags die ausführlichen Analysen bei W. E. Griffith: Albania, S. 68–77; ders.: Rebellisches Albanien (I), S. 8–11, Teil II, S. 13 f.; J. K. Hoensch: Osteuropa-Politik, S. 185 f.; N. C. Pano, ebenda, S. 143–145; P. Lendvai: Balkan, S. 212–214.
28 Vgl. dazu mit Nachweisen N. C. Pano, ebenda, S. 141–148; J. K. Hoensch, ebenda, S. 186; W. E. Griffith: Albania, S. 78–80. Vgl. über den Umfang der sowjetischen Hilfe für Albanien von 1945–1960 die instruktiven Angaben bei St. Skrzypek: Hilfe, S. 21–24; ders.: Handel, S. 3–5. Inwieweit Peking auch technische Hilfe geleistet hat, ist nicht rest-

Damit waren die sowjetisch-albanischen Beziehungen auf einem Tiefpunkt angelangt. Ende Mai 1961 begannen die Sowjets damit, ihre in Albanien stationierten Flotten- und Luftwaffen-Einheiten zurückzuführen und die Stützpunkte Vlorë und Sazan aufzulösen; dieses Vorhaben suchte Tirana zu verhindern. Gleichzeitig verringerten die UdSSR und die mit ihr verbündeten Staaten ihr diplomatisches Personal in Tirana, riefen die dort noch verbliebenen letzten Techniker zurück und wiesen albanische Stipendiaten aus. Die Antwort Tiranas blieb nicht aus: In den drei Monaten vor dem XXII. Parteikongreß der KPdSU im Oktober 1961 boykottierte es bereits zahlreiche multilaterale Treffen im RGW-Bereich, ohne jedoch seine dortige Mitarbeit offiziell einzustellen.[29]

Im Laufe des Sommers 1961 war der Kreml zu der Ansicht gelangt, daß jeder Versuch sinnlos sei, Albanien auf die sowjetische Linie zurückzuholen. So dürfte es selbst für die albanische Führung keine Überraschung gewesen sein, daß sie zum XXII. Parteikongreß der KPdSU im Oktober 1961 nicht eingeladen worden ist. In seinem Rechenschaftsbericht vom 17. Oktober 1961 rechnete Nikita S. Chruščev sowohl mit den albanischen Renegaten als auch mit den chinesischen Dogmatikern in ungewöhnlich scharfer Weise ab; auch in seinem Schlußwort vom 27. Oktober ließ der Kremlchef keinen Zweifel daran, daß er Albanien nicht mehr als einen Teil des »sozialistischen Lagers« betrachtete. Ebenso wie Peking beschuldigte Chruščev auch Tirana, von den Grundsätzen der Moskauer Konferenzen von 1957 und 1960 abgewichen zu sein.[30]

---

los geklart worden; das gilt gleichfalls für die Frage, ob die Unterstützung auch sinnvoll gewesen ist. Vgl. dazu den aufschlußreichen Hinweis, den Ministerpräsident M. Shehu Anfang November 1966 gegeben hat. Nachweis bei A. Logoreci: Albania, S. 25; J. S. Prybyla: Albanien; ders.: Chinas Handel mit Osteuropa.

29 Vgl. über die sowjetisch-albanischen Beziehungen bis zum XXII. Parteikongreß der KPdSU im Oktober 1961 vor allem W. E. Griffith, ebenda, S. 81–88; ders.: Rebellisches Albanien (II), S. 15–19; N. C. Pano, ebenda, S. 147–149; J. K. Hoensch, ebenda, S. 186; J. F. Brown: Albania, S. 26–28; ders.: The Balkans, S. 89–91.

30 Vgl. die außenpolitischen Passagen der Reden Chruščevs vom 17. und 27. Oktober 1961. Dt. Text in: Ost-Probleme 1961, S. 730, 734 f., 785–787. Vgl. dazu im einzelnen D. S. Zagoria: Konflikt, S. 408–421; W. E. Griffith: Albania, S. 89–111; N. C. Pano, ebenda, S. 149–155; Die Enthüllungen des XXII. Kongresses der KPdSU; J. F. Brown: Albania, S. 28–34. Aufschlußreich ist, daß Chruščev mit keinem Wort die enge Bindung Tiranas an Peking erwähnt und sarkastisch hinzugefügt hat: Wenn die chinesische Parteiführung so sehr um die »Stärkung der Einheit« des »sozialistischen Lagers« besorgt ist und den Wunsch hat, an der Normalisierung der Beziehungen zwischen der Albanischen Partei der Arbeit und den »Bruderstaaten« mitzuwirken, dann sei kaum jemand besser geeignet als sie, »zur Lösung dieser Aufgabe beizutragen«. Text in: Ost-Probleme, ebenda, S. 786. A. B. Ulam hat in: Expansion, S. 658 f. (658) die Frage gestellt, inwieweit hier eine Aufforderung zur Intervention ausgesprochen worden ist. Engl. Text der Rede Chou En-lais auf dem XXII. Kongreß der KPdSU in: Peking Review, Nr. 43/1961; dt.

In seiner anti-albanischen Tirade vom 27. Oktober 1961 gab Chruščev einerseits seinen gescheiterten Versuch zu, die albanische Führung wieder auf die »Linie« zu bringen; andererseits liefen Chruščevs Ausführungen auf einen Appell an die »Bruderparteien« hinaus, die Kommunistische Partei Albaniens aus dem »sozialistischen Lager« auszuschließen. Die albanische Führung war jedoch nicht bereit, ihre »Irrtümer« zuzugeben und sich dem sowjetischen Anspruch zu unterwerfen. Am 7. November 1961 antwortete Parteichef Enver Hoxha mit einer langen Rede, in der er die sowjetische Führung mit Chruščev an der Spitze für den Konflikt zwischen Moskau und Tirana verantwortlich machte. Hoxha ließ keinen Zweifel daran, daß nach seiner Auffassung der größte Irrtum Chruščevs in dessen Einschätzung des jugoslawischen »Revisionismus« läge. Enver Hoxhas Rede vom Vorabend des 20. Jahrestages der Gründung der Albanischen Arbeiterpartei enthielt die wohl schärfste Verurteilung der sowjetischen Partei- und Staatsführung, die bis dahin innerhalb des »sozialistischen Lagers«, ja in der kommunistischen Weltbewegung laut geworden ist.[31]

Nachdem der Kreml am 2. Dezember 1961 mit dem Ausschluß Albaniens aus dem »sozialistischen Lager« gedroht hatte[32], brach die UdSSR einen Tag später die diplomatischen Beziehungen zu Tirana ab – ein Vorgang,

---

Übersetzung (Auszüge) in: Ost-Probleme 1961, S. 769 f. Vgl. dazu auch H. Gelman: The Conflict, S. 11 f.; W. Leonhard: A World in Disarray, S. 20–22; C. D. Jones: Influence, S. 34–36.
31 Dt. Text (Auszüge) der Rede E. Hoxhas in: Hinter dem Eisernen Vorhang 1961, H. 12, S. 40–48 und Ost-Probleme 1961, S. 846–853. Engl. Text bei A. Dallin (Ed.): Diversity, S. 88–132; W. E. Griffith: Albania, Doc. 14. Vgl. auch die Erklärung des Zentralkomitees der Albanischen Partei der Arbeit vom 20. Oktober 1961, die sich bereits mit Chruščevs Rechenschaftsbericht vom 17. Oktober 1961 befaßte. Dt. Text in: Ost-Probleme, ebenda, S. 771 und engl. Text bei A. Dallin (Hrsg.), ebenda, S. 85–88, dessen Dokumentation zahlreiche albanische Verlautbarungen bis zum Frühjahr 1962 enthält; das gleiche gilt für D. Floyds Dokumentation: Die feindlichen Genossen, deren deutsche Fassung sich bis April 1964 erstreckt. Ausführliche Analysen der albanischen Position bei N. C. Pano, ebenda, S. 153–155; W. E. Griffith, ebenda, S. 99–111; J. F. Brown, ebenda, S. 34–39; R. F. Lamberg: Vorläufig Patt in Albanien, S. 755 f.; A. B. Ulam, ebenda, S. 660–662 (661) meint, daß die Kernthesen und Invektiven Hoxhas, des »Führers eines Liliput-Staates«, in Peking verfaßt worden seien. Festzuhalten gilt auch, daß Chruščev in seinem Schlußwort auf dem XXII. Kongreß der KPdSU am 27. Oktober 1961 zugegeben hat, daß die Albaner »hartnäckig« auf dem kommunistischen Weltkonzil im November 1960 Verhandlungen mit der Führung der KPdSU abgelehnt hätten. Text in: Ost-Probleme 1961, S. 785. Vgl. auch A. Mikojans Ausführungen auf dem Parteikongreß zum Streit mit Albanien, ebenda, S. 752 f.
32 Vgl. J. Andropov: Der XXII. Parteitag der KPdSU und die Entwicklung des sozialistischen Weltsystems, in: Pravda vom 2. Dezember 1961; dt. Text (Auszug) in: Ost-Probleme 1961, S. 852 f.

der in der Geschichte des Kommunismus keinen Vorläufer hatte.[33] Bemerkenswert bleibt, daß kein anderer Staat dem sowjetischen Vorbild folgte; die übrigen Länder des »sozialistischen Lagers« beschränkten sich darauf, ihre Botschafter aus Tirana abzurufen und die Beziehungen zu Albanien auf die konsularische Ebene zu beschränken. Nach Auffassung Nicholas C. Panos könnte Moskau befürchtet haben, daß eine totale diplomatische und ökonomische Isolierung Albaniens Enver Hoxha hätte zwingen können, westliche Staaten für den Fall um wirtschaftliche Hilfe nachzusuchen, daß China allein nicht in der Lage sein sollte, die Lücken in der albanischen Wirtschaft und Versorgung zu füllen. Schließlich dürfte Chruščev auch dem Vorwurf vorgebeugt haben, die UdSSR diene den Interessen des Imperialismus und spalte das »sozialistische Lager«.[34]

Der Verlauf des Jahres 1962 zeigte, welche Dimension der Konflikt zwischen Moskau und Tirana noch annehmen sollte. In allen zentralen Streitpunkten zwischen der sowjetischen und der chinesischen Führung unterstützten die Albaner die Positionen Pekings. Mit besonderem Mißtrauen verfolgte die albanische Führung die Normalisierung der sowjetisch-jugoslawischen Beziehungen, deren vorläufiger Höhepunkt der Besuch Titos im Dezember 1962 in der Sowjetunion bildete. Ebenso wie Peking attackierte auch Tirana das Nachgeben des Kreml in der Kuba-Krise und die »neutrale« Haltung der Sowjets im Grenzkonflikt Indiens mit China im Oktober 1962.[35]

Nachdem Albanien bereits auf der 15. Tagung des Rats für Gegenseitige Wirtschaftshilfe Mitte Dezember 1961 mitgeteilt hatte, daß es aus politischen Gründen nicht mehr an der Arbeit der Organisation teilnehmen werde, ist es den Ratstagungen sowie den Konferenzen der Partei- und Regierungschefs 1962 und 1963 ferngeblieben und hat auch keine Beiträge mehr gezahlt.[36] Ebenso hat sich das Verhältnis Albaniens zum Warschauer Pakt ab 1961/62 grundlegend verändert, ohne ausdrücklich – wie im Fall seiner Stellung im RGW – auf eine Mitarbeit in der östlichen Mi-

---

33 Vgl. »Im Außenministerium der UdSSR«, in: Pravda vom 12. Dezember 1961; dt. Text in: Ost-Probleme, ebenda, S. 853 f.; Text der albanischen Antwort vom 9. Dezember 1961, ebenda, S. 854 f. Vgl. dazu auch R. F. Lamberg: Vorläufig Patt in Albanien, S. 756. Selbst Stalin hatte nach dem Bruch mit Tito 1948 nicht die diplomatischen Beziehungen zu Jugoslawien abgebrochen.
34 Vgl. dazu N. C. Pano: Albania, S. 155–157; W. E. Griffith: Albania, S. 111–121.
35 Vgl. dazu N. C. Pano, ebenda, S. 157–160 mit weiteren Nachweisen; W. E. Griffith, ebenda, S. 122–167, wo die Position Tiranas gegenüber der UdSSR und im sowjetisch-chinesischen Konflikt sehr detailliert nachgezeichnet wird. Vgl. dazu auch J. K. Hoensch: Osteuropa-Politik, S. 224–226.
36 Vgl. dazu mit Nachweisen A. Uschakow: Integration, S. 126 f.

litärallianz zu verzichten. Zwar geht aus Enver Hoxhas Rede vom 16. November 1960 auf dem Moskauer »Weltkonzil« hervor, daß bereits zuvor auch über die Position Albaniens in der östlichen Allianz Differenzen bestanden haben müssen; bis heute ist jedoch ihr genauer zeitlicher und sachlicher Ausgangspunkt noch nicht geklärt.[37]
Das Ausmaß der Isolierung Albaniens trat dann im November und Dezember 1962 vollends zutage, als die Kommunistische Partei Albaniens als einzige herrschende kommunistische Partei weder zu den Kongressen der bulgarischen, ungarischen und tschechoslowakischen noch zu dem Parteitag der italienischen »Genossen« eingeladen wurde; es verstand sich von selbst, daß die Albanische Partei der Arbeit auch nicht auf dem VI. Parteitag der SED im Januar 1963 zugegen war. Auf allen Kongressen wurden die Führung und Politik Tiranas heftig attackiert, und der chinesische Delegierte war jeweils der einzige, der die albanischen Positionen verteidigte.[38]
Als sich der sowjetisch-chinesische Konflikt um die Jahreswende 1962/63 noch zuspitzte, nahm dies der Kreml zum Anlaß, auch die Auseinandersetzung mit Tirana zu verschärfen. Um jedoch Albanien für den endgültigen Bruch verantwortlich zu machen, unternahm die sowjetische Führung Anfang April 1963 einen letzten Versuch, die Beziehungen zu Tirana zu regulieren. Die Albaner gingen jedoch auf dieses Angebot nicht ein, da sie es für einen unaufrichtigen Propaganda-Trick hielten. Hinzu kommt, daß Albanien so fest an der Seite Pekings stand, daß es an gesonderten Verhandlungen mit Moskau gar nicht interessiert war. Als die am 5. Juli aufgenommenen sowjetisch-chinesischen Verhandlungen – erwartungsgemäß – am 20. Juli 1963 ergebnislos abgebrochen wurden, die UdSSR am 5. August das Atomteststopp-Abkommen mit den USA unterzeichnete und Chruščev vom 20. August bis zum 3. September 1963 Jugoslawien besuchte, erreichte der sowjetisch-chinesische Konflikt einen vorläufigen Höhepunkt – mit der natürlichen Folge, daß auch an einen Ausgleich zwischen Moskau und Tirana nicht mehr zu denken war.[39]
Am 20. Dezember 1963 kündigte die albanische Regierung ostentativ und demonstrativ den Besuch des chinesischen Ministerpräsidenten Chou En-

---

37 Vgl. dazu ausführlicher unten S. 688 f.
38 Vgl. dazu die ausführliche Darstellung bei W. E. Griffith: Rift, S. 67–84, 97–103; N. C. Pano: Albania, S. 159–161; A. Dallin (Ed.): Diversity, S. 660–667; D. Floyd: Die feindlichen Genossen, S. 180–182, 335 f., 361 f.
39 Vgl. dazu mit Nachweisen N. C. Pano, ebenda, S. 162–165; W. E. Griffith, ebenda, S. 154–174 mit den im Anhang aufgeführten sowjetischen und chinesischen Dokumenten; J. K. Hoensch: Osteuropa-Politik, S. 224–226; E. Kux: Brüder, S. 465–484.

lai mit einer gewichtigen Delegation in Albanien an. Chou En-lais Besuch vom 31. Dezember 1963 bis zum 9. Januar 1964 besiegelte die Freundschaft und das Bündnis zwischen der Volksrepublik China und Albanien und verdeutlichte, daß Tirana inzwischen aufgehört hatte, eine eigenständige Rolle im Konflikt zwischen Moskau und Peking zu spielen.[40] Vielen westlichen Beobachtern und Analytikern erschien die zur Jahreswende 1963/64 besiegelte chinesisch-albanische »Freundschaft« ebenso unzerstörbar und unverbrüchlich wie die endgültig Anfang Dezember 1961 aufgelöste sowjetisch-albanische Allianz. Zwar hat das Bündnis zwischen den so ungleichen Partnern China und Albanien unter dem zeitlichen Aspekt die 1948 zwischen Moskau und Tirana geschmiedete »Freundschaft« um wenige Monate überdauert. Am 14. Februar 1964 erteilte Michail Suslov den »feindlichen Brüdern« in Peking und Tirana eine Lektion, in der er das Verhältnis Albaniens zu China dahingehend umschrieb, »daß die albanischen Führer nach fremder Pfeife tanzen und wörtlich das wiederholen, was in Peking geschrieben und gesagt wird«[41].

Im Juli 1978 kündigte die Führung Albaniens die »Freundschaft« mit Peking, ohne sich zuvor eines neuen »Patrons« vergewissert zu haben. Nach der Bevormundung durch Belgrad, Moskau und Peking begann für den kleinen Balkan-Staat insofern eine neue Phase seiner Geschichte, als sie vom Prinzip der Selbständigkeit geprägt ist.[42] Es bleibt abzuwarten, ob und wie lange die albanische Führung diese Politik der »Nicht-Anlehnung« an eine Großmacht durchzuhalten vermag.

40 Vgl. dazu N. C. Pano, ebenda, S. 165–168; A. Logoreci: Albania, S. 25–28.
41 Text der Rede Suslovs vor dem Plenum des Zentralkomitees der KPdSU in: Pravda vom 3. April 1964; dt. Übersetzung (Auszüge) in: Ost-Probleme 1964, S. 281–314 (286). Vgl. dazu und zu den weiteren Streitpunkten zwischen Moskau und Albanien die instruktive Analyse P. R. Priftis: Albania and the Sino-Soviet Conflict, die die Zeit bis Mitte 1973 erfaßt.
42 Vgl. dazu »Der Bruch zwischen China und Albanien«, in: Neue Zürcher Zeitung, Fernausgabe vom 15. Juli 1978; Albaniens Abrechnung mit China, ebenda, Fernausgabe vom 10. August 1978; Albanischer »David« gegen chinesischen »Goliath«, ebenda, Fernausgabe vom 12. August 1978; Neue Anklagen Tiranas gegen Peking, ebenda, Fernausgabe vom 6. September 1978; Tirana bestätigt den Bruch mit Peking, in: Frankfurter Allgemeine Zeitung vom 14. Juli 1978. Dem Bruch war eine mehrmonatige Phase der »Abkühlung« vorausgegangen, die sich sowohl auf die politischen Differenzen als auch auf die Wirtschaftsbeziehungen auswirkte. Vgl. dazu im einzelnen M. Kaser: Albania's self-chosen predicament; ders.: Albaniens Wirtschaft im revolutionären Delirium. Über Albaniens künftige Position nach dem Bruch mit China äußerte sich E. Hoxha in einer Rede vom 9. November 1978: Albanien steht nicht isoliert da. Engl. und franz. Text in: ATA vom 9. November 1978; dt. Übersetzung in: Ostinformationen des Bundespresseamtes vom 10. November 1978. Einen knappen Abriß der Außenpolitik Tiranas bis Mitte 1977, als die erste Kritik an China geübt wurde, gibt P. R. Prifti in: Albania (I), S. 242–262 (253–256). R. Schwanke stellt in seiner Besprechung des Buches von P. R.

3. Rumäniens nationale Abweichung

Nikita S. Chruščev ist es bis zu seinem Sturz am 14. Oktober 1964 nicht gelungen, das Schisma im Weltkommunismus zu beenden oder wenigstens einen Modus vivendi mit der Volksrepublik China anzubahnen. Ebensowenig war an eine Rückkehr Albaniens in das von Moskau geführte »sozialistische Lager« zu denken. Doch nicht genug damit für den Kreml: Das mit Abstand interessanteste Phänomen in der Entwicklung des »Blocks« bildete die Sonderrolle, die Rumänien bereits Ende der fünfziger Jahre auf ökonomischem Gebiet gespielt und die in der ersten Hälfte der sechziger Jahre auch zentrale politische Felder der »Block-Solidarität« erfaßt hatte. Angesichts des geringen politischen und wirtschaftlichen Gewichts konnte der Kreml das Ausscheren Albaniens aus dem »Lager« und Tiranas Anlehnung an China leicht verkraften; für die UdSSR war und ist Albanien vornehmlich nur aus strategischen Erwägungen interessant, auch wenn sie die permanenten verbalen Angriffe und Injurien Tiranas, des Pekinger Sprachrohrs in Europa, als störend empfand. Der Abfall Albaniens hatte den sowjetisch-chinesischen Konflikt zur Voraussetzung.

Sehr viel schwieriger ist die Position zu umreißen, die mit Rumäniens in der zweiten Hälfte der fünfziger Jahre eingeleiteten »Politik der nationalen Positionsaufwertung«[43] zutreffend apostrophiert worden ist. Die ru-

---

Prifti, S. 259, fest: »Albanien kann ruhig darauf vertrauen, daß seine neuerliche Kehrtwendung keine internationalen Verwicklungen mit sich bringen wird. Die strategische Stellung an der Adria spielt gegenwärtig trotz des Versuchs, sie hochzuspielen (russische oder chinesische Basen), kaum eine Rolle, und so bleibt Albanien ein interessanter Zoo einer ausgestorbenen politischen Spielart, bewundert nur von den vom Establishment angeekelten, aber sonst ideologisch nicht ausgereiften marxistisch-leninistischen Splittergruppen.« Vgl. über die Entwicklung der albanischen Außenpolitik auch H.-D. Topp: Die albanische Außenpolitik; L. Zanga: Altes und Neues in Albaniens unabhängigem Kurs. Leider konnten zwei umfangreiche 1980 und 1982 erschienene Monographien nicht mehr in diese Darstellung eingearbeitet werden: Bernhard Tönnes: Sonderfall Albanien; Peter Danylow: Die außenpolitischen Beziehungen Albaniens zu Jugoslawien und zur UdSSR – 1944-1961. Festzuhalten gilt, daß Enver Hoxha in seinem 1981 in Tirana erschienenen Buch »Die Chrustschowisten (Memoiren)« mit Vehemenz jede Möglichkeit einer wie auch immer gearteten »Annäherung« Tiranas an Moskau ausgeschlossen hat. Dazu bemerkt er: »Seit 1961 hat unsere Arbeiterpartei keinerlei Verbindung oder Kontakt mit den Chrustschowisten« gehabt. Auch in Zukunft wird sie niemals Parteibeziehungen mit ihnen eingehen. Nicht einmal staatliche Beziehungen unterhalten wir mit den sowjetischen Sozialimperialisten und werden dies auch nie tun.« Zit. bei L. Zanga: »Die Chrustschowisten«, S. 991.
43 So die Überschrift zu V. Meiers Aufsatz: Rumänien.

mänische Führung hat es mit großem Geschick und einer bemerkenswerten Hartnäckigkeit verstanden, innerhalb des »sozialistischen Lagers« eine Stellung zu gewinnen, die David Floyd 1965 mit der markanten und nur schwer in deutscher Sprache wiederzugebenden Formel »Rumania – Russia's Dissident Ally«[44] gekennzeichnet hat.
John M. Montias, der mit einer Reihe höchst fundierter Beiträge über die Sonderentwicklung Rumäniens im RGW-Bereich hervorgetreten ist, hat in seiner immer wieder zitierten und wegweisenden Studie über die Hintergründe und Ursprünge der Auseinandersetzung Bukarests mit dem RGW darauf hingewiesen, daß bis zum Jahre 1963 westliche Analytiker die »nationale Abweichung« Rumäniens im »sozialistischen Lager« nicht wahrgenommen hätten, obwohl seit 1958 und dann verstärkt seit 1961/62 der Konflikt zwischen Moskau und Bukarest offenkundig geworden sei.[45]
Und R. V. Burks ergänzte John M. Montias' Feststellung mit dem aufschlußreichen Hinweis, daß das in München beheimatete »Radio Free Europe« erst im März 1963 begonnen habe, die sowjetisch-rumänischen Beziehungen und Schwierigkeiten systematisch zu beobachten und darüber zu berichten; damals erfuhr die Weltöffentlichkeit erstmals aufgrund eines Beschlusses des Zentralkomitees der Kommunistischen Partei Rumäniens von Differenzen zwischen Moskau und Bukarest.[46]
Seit Mitte der sechziger Jahre kann sich Rumänien nicht darüber beklagen, in der westlichen Kommunismus-Forschung nicht genügend beachtet zu werden, da seitdem eine Fülle von Aufsätzen und auch einige monographische Studien vornehmlich im angelsächsischen Raum erschienen sind. Wenn westliche Analytiker auch den Ausgang der sowjetisch-rumänischen Meinungsverschiedenheiten auf ökonomischem Gebiet zeitlich ziemlich genau zu verifizieren vermögen[47], betonen mehrere Autoren, daß die Wurzeln der Entfremdung zwischen Bukarest und Moskau sehr viel früher anzusetzen sind; dabei verweisen sie auch auf offizielle Dokumente und die neuere rumänische Geschichtsschreibung, die durch eine starke nationale Komponente gekennzeichnet ist.

---

44 London, Dunmow 1965.
45 J. M. Montias: Background, S. 149.
46 R. V. Burks: Deviation, S. 93 f.
47 Vgl. dazu oben S. 586 f., 611 f. F. St. Larrabee hat in seinem 1973 erschienenen materialreichen Beitrag: Challenge, S. 227 f. noch einmal verdeutlicht, wie unterschiedlich westliche Experten die Entstehung des rumänisch-sowjetischen Konflikts bewertet haben. Er unterscheidet vier Phasen: I. Latent Conflict (1955–1961); II. Emergent Conflict (1961–1964); III. Expanded Conflict (1966–1967); IV. Institutionalized Conflict (1968 onward).

Als in Rumänien die Kommunisten ab 1944 zur dominierenden Kraft wurden, rangen – ebenso wie in den anderen von der UdSSR okkupierten Ländern – die von Ana Pauker geführten »Moskoviter« und die Gruppe der »einheimischen« Kommunisten, die die Jahre des Zweiten Weltkriegs im Untergrund verbringen mußten, um den politischen Einfluß. Auch wenn über die Natur und den Umfang dieses Konflikts wenig Klarheit besteht, sind sich westliche Beobachter darin einig, daß die aus dem Moskauer Exil zurückgekehrten »Genossen« bis 1952 dank der Unterstützung durch Stalin größeres Gewicht hatten als die »nationalen« Kommunisten. Gheorghe Gheorghiu-Dej, dessen orthodoxer Stalinismus noch den Ana Paukers und – wie Stephen Fischer-Galati meint – auch den Stalins selbst übertroffen hat und der Moskaus »Befehlen« vorbehaltlos gefolgt ist, gelang es, Generalsekretär der Partei zu bleiben und 1952 die »Moskoviter« auszuschalten.[48] Nachdem Gheorghiu-Dej bis 1955 seine Position auszubauen vermochte, vollzog er von Ende 1955 bis zum Herbst 1956 eine »nationale« Wendung, die die Politik zur Folge hatte, die nicht mehr die »nationalen« Interessen Rumäniens bedingungslos den Moskauer und »Block«-Interessen unterordnete und sich zunächst im ökonomischen Bereich auswirkte.[49]

a) *Bukarests Veto gegen die Aufwertung des Rats für Gegenseitige Wirtschaftshilfe*

Voraussetzung für Rumäniens Politik der nationalen Positionsaufwertung, die bereits Mitte der fünfziger Jahre eingeleitet wurde und vor allem ab 1958 deutlichere Konturen zeigte, war nicht der sowjetisch-chinesische Konflikt, sondern das mit äußerstem Geschick und großem Einfallsreichtum von der Führungsgruppe um Gheorghe Gheorghiu-Dej verfolgte politische Konzept, das in den sechziger Jahren über den ökonomischen Bereich hinaus auch zentrale außenpolitische Fragen erfaßte. Rumäniens Politik der »nationalen Abweichung« setzte den Abzug der sowjetischen Besatzungstruppen voraus; erinnert sei noch einmal daran, daß Peking

---

48 Vgl. aus der umfangreichen Literatur vor allem St. Fischer-Galati: Rumania, S. 91–127; ders.: Conflict, S. 262–265; ders.: Foreign Policy, S. 202–209. St. Fischer-Galati bezieht sich vor allem auf die noch immer grundlegende Studie von G. Ionescu: Communism; G. Gross: Rumania, S. 16–18; D. Floyd: Rumania: G. M. Razi: Rumania, S. 18–21.
49 Vgl. dazu oben S. 586 f.

eine wertvolle Hilfestellung gegeben hat, damit die Sowjets nach einem Beschluß des Warschauer Pakts 1958 ihre Streitkräfte aus Rumänien zurückzogen. Nachdem Bukarest in der zweiten Hälfte der fünfziger Jahre erfolgreich die Versuche Moskaus und gewisser RGW-Länder abgewehrt hatte, den Ausbau der Schwerindustrie zu vernachlässigen, sich die Spezialisierung zwischen Industriezweigen vorschreiben zu lassen und den Handel innerhalb des »Lagers« unter Vernachlässigung des Westhandels auszubauen, erlangte das Land mit dem im Dezember 1959 von den RGW-Staaten angenommenen Statut die Rechtsgarantie, nach seinen Vorstellungen die eigene Wirtschaft zu entwickeln.[50] Trotz der Herausstellung der souveränen Gleichheit, der vollen Gleichberechtigung und der Achtung der nationalen Interessen war die UdSSR mit ihrer erdrückenden wirtschaftlichen Übermacht bestrebt, die Koordinierung im RGW nach ihren Vorstellungen und Interessen zu steuern. Das hielt die rumänische Führung jedoch nicht davon ab, die industriellen Ambitionen für ihr Land zu mäßigen. Dieses Programm fand in dem Sechs-Jahre-Plan für den Zeitraum von 1960–1965, den der III. Parteitag der rumänischen Kommunisten im Juni 1960 billigte, seinen unmißverständlichen Ausdruck. Der Plan sah auch weiterhin die rasche Entwicklung der rumänischen Schwerindustrie vor.[51]

Es gehört zu den Pikanterien der Entwicklung des »sozialistischen Lagers«, daß sich mit der sowjetisch-chinesischen Konfrontation auf dem III. Kongreß der Rumänischen Arbeiterpartei nunmehr der Konflikt zwischen Moskau und Peking auch auf die von Moskau gewünschte »Integration« im RGW auswirkte. Angesichts dieser Auseinandersetzung und der wachsenden Schwierigkeiten mit dem RGW-Mitglied Albanien mußte der Kreml den Eindruck zu vermeiden suchen, als benutze er die östliche multilaterale Wirtschaftsorganisation als ein Instrument, um das »Lager« zu kontrollieren oder gar zu beherrschen. In dieser Situation war die sowjetische Führung bestrebt, die vorbehaltlose Unterstützung der übrigen RGW-Staaten – ausgenommen Albanien – zu gewinnen und dabei selbst vor beachtlichen ökonomischen Konzessionen nicht zurückzuschrecken. So fielen die Ergebnisse der 13. RGW-Tagung Ende Juli 1960 in Budapest und der 14. Tagung Ende Februar bis Anfang März 1961 in

---

50 Vgl. über die zentralen Bestimmungen des RGW-Statuts oben S. 628–632.
51 Vgl. dazu im einzelnen J. F. Brown: Rumänien, S. 4 f.; J. B. Thompson: Konflikt, S. 11–15; J. M. Montias: Background, S. 141; ders.: Development, S. 203–207; R. L. Braham: Rumania, S. 15 f.; G. Ionescu: Communism, S. 321–325.

Berlin recht mager aus. Die 14. RGW-Tagung bildete insofern einen Markstein, als sich an ihr zum letzten Male albanische Delegierte beteiligt haben.[52] Über die Vorstellungen des Kreml über die weitere multilaterale Kooperation im RGW gab Parteichef Nikita S. Chruščev auf dem XXII. Kongreß der KPdSU im Oktober 1961 Auskunft.[53] Konkretere Aussagen enthält jedoch das vom Kongreß angenommene neue Programm der KPdSU, in dem es heißt: »Im Zuge der wirtschaftlichen und wissenschaftlich-technischen Zusammenarbeit der sozialistischen Länder, der gegenseitigen Abstimmung ihrer Volkswirtschaftspläne, der Spezialisierung und Kooperierung der Produktion bildet sich eine internationale Arbeitsteilung von neuem Typus heraus.«[54] An anderer Stelle heißt es, daß »der Aufbau des Kommunismus in der UdSSR« den »Interessen eines jeden Landes der sozialistischen Gemeinschaft . . .«[55] entspricht.

Die im Programm erstmals verwandte Formel »internationale Arbeitsteilung von neuem Typus« rief Bukarest sofort auf den Plan. Als Reaktion auf den XXII. Parteitag der KPdSU berief Gheorghiu-Dej Ende November/Anfang Dezember 1961 ein Plenum des Zentralkomitees seiner Partei ein, auf dem der rumänische Chefplaner Gaston-Marin heftige Kritik an der neuen Formel übte. Die Rumänen wußten, daß der Terminus »internationale Arbeitsteilung« von den wirtschaftlich am weitesten fortgeschrittenen Ländern wie der UdSSR, der DDR und der Tschechoslowakei in einer Weise interpretiert wurde, die auf eine drastische Beschneidung der umfassenden Industriepläne der weniger entwickelten RGW-Staaten hinauslief. Rumänien war nicht bereit, sich die vielseitige Entwicklung seines Plans einschränken zu lassen.[56]

Nachdem die 15. RGW-Tagung vom 12. bis zum 15. Dezember 1961 in Warschau die »Grundsätze der internationalen sozialistischen Arbeitsteilung« angenommen hatte, mit denen die Unterschiede im ökonomischen Entwicklungsstand der RGW-Mitglieder überwunden werden sollten, be-

---

52 Vgl. die Kommuniqués; Texte bei A. Uschakow: Comecon, S. 111–115. Vgl. dazu den Kommentar bei A. Uschakow, ebenda, S. 19; J. K. Hoensch: Osteuropa-Politik, S. 201 f.
53 Vgl. dazu oben S. 655 mit den Angaben in Anm. 11.
54 Text bei B. Meissner: Das Parteiprogramm der KPdSU 1903–1961, S. 157.
55 Text, ebenda, S. 237. Vgl. dazu und zu östlichen Stellungnahmen A. Uschakow: Integration, S. 97 f.
56 Text der Rede. G. Gaston-Marins in: Scinteia, Bukarest, vom 12. Dezember 1961; zit. hier nach J. F. Brown: Rumänien, S. 5, wo er die Differenzen auch kommentiert; J. M. Montias: Development, S. 206 f.

rief Chruščev für den 6. Juni 1962 eine Konferenz der Partei- und Regierungschefs nach Moskau ein, um die Beschlüsse absegnen zu lassen.[57] Die Ergebnisse der Beschlüsse der Moskauer Konferenz vom 6./7. Juni 1962 waren sowohl unter ökonomischen als auch organisatorischen Aspekten von weitreichender Bedeutung. Der RWG-Apparat wurde dahingehend reorganisiert, daß an die Stelle der Ländervertreter ein neues Vollzugsorgan, das Exekutivkomitee, mit erheblich größeren Vollmachten trat. Aus dem Kommuniqué ging hervor, daß nunmehr die Kompetenz in wirtschaftspolitischen Grundsatzfragen von der Ratstagung auf die höchste Partei- und Regierungsebene verlagert wurde.[58] Obwohl die »Grundprinzipien der internationalen sozialistischen Arbeitsteilung« jedes Kriterium dafür vermissen ließen, »worauf diese Teilung gegründet sein solle«[59], legten sie in einer bis dahin nicht praktizierten Weise die Koordinierung der Volkswirtschaftspläne, die Arbeitsteilung in den wichtigsten Produktionszweigen und die »internationale Spezialisierung der Produktion mit der komplexen Entwicklung der Wirtschaft der einzelnen sozialistischen Länder« fest. Auch wenn sich die »Grundprinzipien« ausdrücklich zur »Überwindung der historisch entstandenen Unterschiede im ökonomischen Entwicklungsniveau der sozialistischen Länder« bekannten, enthielten sie die Mahnung, daß diese »Angleichung . . . nicht die Beseitigung aller Unterschiede, die sich aus den Besonderheiten der natürlichen Ressourcen, der klimatischen Bedingungen, den nationalen Besonderheiten in der Verbrauchsstruktur und der Lebensweise der Bevölkerung ergeben«, bedeutete.[60]

Diese Passage implizierte eine Benachteiligung der weniger entwickelten Länder des RGW, zu denen auch und gerade Rumänien gehörte. Unbeha-

---

57 Dt. Text der »Grundprinzipien . . .« in: Neues Deutschland vom 17. Juni 1962 und bei A. Uschakow: Integration, S. 280–296. Vgl. zu den Auswirkungen A. Uschakow, ebenda, S. 97–107; J. F. Brown: Rumänien, S. 5–7; J. M. Montias, ebenda, S. 205–213. G. Ionescu: Rumäniens Unabhängigkeitsbestrebungen, S. 301–303; J. B. Thompson: Konflikt, S. 15–17. Vgl. zur Entwicklung des RGW von 1961 bis 1964 die ausführliche Darstellung bei M. Kaser: Comecon, S. 92–123.
58 Text des Kommuniqués bei A. Uschakow, ebenda, S. 197–201 (200).
59 So J. F. Brown: Rumänien, S. 6. Die »Grundprinzipien« ließen auch offen, nach welchen Kriterien die Spezialisierungsaufgaben »verteilt« werden sollten. Vgl. dazu auch W. Seiffert: Rechtssystem, S. 36 f. Die Moskauer Konferenz vom 6./7. Juni 1962 bildete zugleich die 16. Ratstagung des RGW, die mit der Bildung eines neuen Organs des RGW, des Exekutivkomitees, die Wirtschaftsorganisation organisatorisch stärkte. Zugleich wurde auf Drängen Chruščevs die Mongolei als Mitglied in den RGW aufgenommen. Damit verlor der RGW – wie W. Seiffert betont (ebenda, S. 37) – seinen bis dahin auf Europa begrenzten Charakter.
60 Text bei A. Uschakow: Integration, S. 294.

gen machte sich in Bukarest auch deshalb breit, da Kommentare aus den entwickelten RGW-Staaten darauf hindeuteten, daß die Moskauer Beschlüsse vom Juni 1962 als Vorstufe zur Koordinierung der nationalen Pläne durch ein zentrales übernationales Planungsorgan gedacht gewesen sind.[61]
Die berechtigten Zweifel der rumänischen Führung wußte dann Nikita S. Chruščev mit seinem im August-Heft 1962 des Moskauer »Kommunist« veröffentlichten programmatischen Aufsatz »Wesentliche Fragen der Entwicklung des sozialistischen Weltsystems« noch erheblich zu nähren. Darin setzte sich Chruščev nicht nur vehement dafür ein, wichtige volkswirtschaftliche Proportionen in gegenseitiger Koordinierung, unter Berücksichtigung der gemeinsamen Interessen auszuarbeiten, »um sozusagen eine Art freie Bilanz zu schaffen, die die Rolle des kollektiven Planes der Entwicklung der Wirtschaft aller Länder der Organisation der gegenseitigen Wirtschaftshilfe spielt«. Chruščev deutete darüber hinaus bis dahin nicht gemeinsam erarbeitete Maßnahmen an, die beispielsweise die unabhängige Entwicklung der rumänischen Schwerindustrie beeinträchtigt hätten. Den Interessen Bukarests entsprach auch nicht Chruščevs Vorschlag, die nationalen Pläne der Investitionen derart abzustimmen, »daß in ihnen nach Möglichkeit nicht nur die nationalen, sondern auch unsere gemeinsamen Interessen berücksichtigt werden«. Auch andere Passagen standen mit den im RGW-Statut verankerten Prinzipien nicht im Einklang und liefen auf eine Benachteiligung der weniger entwickelten RGW-Länder hinaus.[62]
Chruščev ging es darum, eine supranationale Behörde im RGW mit der Aufgabe zu betrauen, aufgrund von Mehrheitsbeschlüssen die »Integration« voranzutreiben, auch wenn er sich nicht so klar ausdrückte. Die Rumänen operierten von einer sicheren Position aus, da im RGW-Statut die Prinzipien der einzelstaatlichen Souveränität und der Einstimmigkeit verankert sind. So war Bukarest auch in den folgenden Monaten nicht bereit, Abstriche an seinem Konzept vorzunehmen. Hartnäckig, geschickt und einfallsreich baute die rumänische Führung bis zum Juli 1963 ihre Sonderposition im »sozialistischen Lager« noch aus, wobei sie die zumindest moralische Unterstützung Pekings gut in ihr Konzept einzubinden wußte.

---

61 Vgl. die Nachweise bei A. Uschakow: Integration, S. 104–111; J. K. Hoensch: Osteuropa-Politik, S. 236–238. Vgl. dazu auch F. St. Larrabee: Challenge, S. 228 f.
62 Dt. Text in: Einheit 1962, H. 9, S. 3–26 (12). Vgl. dazu vor allem J. B. Thompson: Konflikt, S. 16; J. M. Montias: Development, S. 211–218; R. S. Jaster: defeat, S. 516–520. Vgl. zu den Reaktionen Bukarests bis zum Sommer 1963 mit Nachweisen R. S. Jaster, ebenda, S. 520–522.

Da Rumänien nie die Absicht geäußert hat, den Rat für Gegenseitige Wirtschaftshilfe zu verlassen, und sich auf das RGW-Statut stützen konnte, mußte der Kreml vor dem Gedanken zurückschrecken, Rumänien auf gewaltsame Weise das Recht abzusprechen, auf einem begrenzten Bereich einen eigenen »nationalen« Weg zum Sozialismus zu beschreiten. Die Auseinandersetzung mit China, die im Juni und Juli 1963 einen vorläufigen Höhepunkt erreichte, hat es Rumänien wesentlich erleichtert, seine von den »nationalen« Interessen geprägte Politik weiter zu verfolgen. Zutreffend hat dazu Jörg K. Hoensch bemerkt:
»Da in Rumänien keine ideologischen Aufweichungserscheinungen zu beklagen waren, die Innenpolitik mit rigoroser Hand durchgeführt wurde, die Presse einer strikten Zensur unterlag, kein Machtverfall der KP zu bemerken war und jedes Anzeichen für die Aufkündigung der rumänischen Mitgliedschaft im RGW und in der WPO fehlte, fand Chruščev seinerseits keine Gelegenheit, eine Totalkonfrontation oder den Vorwand für eine Intervention zu provozieren. Die Gefahr, sich ein zweites Albanien direkt vor der eigenen Haustür zu schaffen, und die möglichen Auswirkungen auf den osteuropäischen Hegemonialbereich wurden in Moskau nicht unterschätzt.«[63]

b) *Die Grundsatzerklärung vom 22. April 1964*

Spätestens mit dem XXII. Kongreß der KPdSU im Oktober 1961 verdeutlichte die rumänische Führung, daß sie ihre Politik der nationalen Positionsaufwertung nicht auf den ökonomischen Bereich beschränkt wissen wollte. Da nicht nur Chruščevs auf dem Parteikongreß verkündete zweite Entstalinisierung, sondern auch seine außenpolitischen Ausführungen für die übrigen Mitglieder des »sozialistischen Lagers« verbindlich

---

63 J. K. Hoensch: Osteuropa-Politik, S. 238–242 (241). Vgl. über die Auseinandersetzungen im RGW-Bereich die ausführlichen Darstellungen bei J. B. Thompson, ebenda, S. 16–18; J. M. Montias, ebenda, S. 218–230; G. Ionescu: Rumäniens Unabhängigkeitsbestrebungen, S. 301–313; J. F. Brown: Rumänien, S. 6–12. Sehr instruktiv dazu auch W. Seiffert: Rechtssystem, S. 36–38 (37): »Der weitgehende Vorstoß Chruščevs, innerhalb des RGW eine überstaatliche Planungsbehörde zu bilden, der die gemeinsame Planung aller Volkswirtschaften der RGW-Länder mit Direktivcharakter übertragen werden sollte, löste ... heftige Meinungsverschiedenheiten zwischen den RGW-Staaten aus, die bis 1964 andauerten. Der Vorschlag wurde lediglich von Polen und von Ökonomen und Rechtswissenschaftlern der DDR unterstützt.« Seiffert verweist dabei auf seine früheren Kollegen Manfred Kemper und Johannes Kirsten.

sein sollten, durfte man mit Spannung erwarten, wie sich Gheorghe Gheorghiu-Dej dieser Aufgabe unterziehen würde.
Dies geschah auf dem von ihm vom 30. November bis zum 5. Dezember 1961 einberufenen Plenum des Zentralkomitees seiner Partei. Dort griff er zwar pflichtgemäß die albanische Führung an, wobei allerdings sein sehr gemäßigter Ton auffiel. Einer noch größeren Zurückhaltung legte er sich gegenüber China auf.[64] Bukarest verstand es auch in den folgenden Jahren, außerordentlich geschickt in dem sich verschärfenden Konflikt zwischen Moskau und Peking zu lavieren und nicht den Fehler zu begehen, sich einseitig auf die Seite Pekings zu stellen und Moskau herauszufordern.
Viktor Meier, einer der besten Kenner der politischen Szenerie Südosteuropas, hat 1965 die These vertreten, daß sich die Rumänen durch das sowjetische Drängen, das offensichtlich in manchen Phasen einem offenen Druck nahegekommen sei, in ihrer Stellung als gleichberechtigtes Mitglied im sozialistischen Lager und in ihrer nationalen Souveränität bedroht gefühlt und damit reagiert hätten, »daß sie Chruschtschow die unbedingte Gefolgschaft im Konflikt mit den Chinesen verweigerten«[65].
Die differenzierte Position Rumäniens sowohl im sowjetisch-chinesischen als auch im -albanischen Konflikt zeigte sich darin, daß Bukarest nachdrücklich dafür eintrat, die »Einheit« der kommunistischen Welt soweit wie möglich zu erhalten. Rumänien vermochte vor allem auch aus dem Autoritätsverlust Moskaus Nutzen zu ziehen, der zwangsläufig aus dem Konflikt mit Peking resultierte. Daß sich Nikita S. Chruščev nicht in der Lage gesehen hat, den Widerstand Bukarests gegen seine Integrations-Pläne im Rat für Gegenseitige Wirtschaftshilfe zu brechen, zeigt, wie sehr die sowjetische Führung in der nachstalinistischen Zeit ihre Herrschaftsmethoden im »sozialistischen Lager« modifizieren mußte.
Von dem gestiegenen Selbstbewußtsein und unerschütterlichen nationalen Selbstbehauptungswillen der rumänischen Führung legte dann die am 26. April 1964 veröffentlichte ausführliche Erklärung der Rumänischen Arbeiterpartei Zeugnis ab, nachdem sich Moskau mit dem kurze Zeit zuvor unterbreiteten »Valev-Plan« gegenüber Bukarest einen schweren Affront geleistet hatte. Der Valev-Plan sah die Schaffung einer integrierten Wirtschaftsregion an der unteren Donau vor, in die 42 Prozent des rumänischen Gebiets, ein Drittel Bulgariens und ein bescheidener Streifen der

---

64 Vgl. dazu die instruktiven Angaben in: Die Probleme der Entstalinisierung, S. 1; G. Ionescu: Communism, S. 332–335.
65 V. Meier: Rumänien, S. 492.

Ukraine einbezogen werden sollten. Nachdem Bukarest dem Plan eine vehemente Absage erteilt hatte, da er auf »die Liquidierung des rumänischen Staates und des rumänischen Volkes als Nation auf dem Wege über einfache administrative Mittel, mit ›ökonomischen‹ Rechtfertigungen und im Namen pseudo-marxistischer Argumente« hinausgelaufen wäre, zogen die Sowjets das »theoretische Projekt« zurück.⁶⁶

Als Nikita S. Chruščev am 17. April 1964 seinen 70. Geburtstag in Moskau feierte, beriet das erweiterte Plenum des Zentralkomitees der Rumänischen Arbeiterpartei in Bukarest, das mit der stark beachteten Erklärung vom 22. April endete. Wenn dieses »kuriose Konglomerat verschiedener kommunistischer Positionen«⁶⁷ im Westen damals zur »rumänischen Unabhängigkeitserklärung« hochstilisiert worden ist, dann ließ diese Einschätzung die politischen Realitäten außer acht. Die Erklärung, die die Position Rumäniens im »sozialistischen Lager« widerspiegelte, entbehrte in zentralen Punkten der Klarheit und war auch nicht frei von Widersprüchen.

Einerseits wandte sich das Dokument – im Sinne der Pekinger Position – gegen jeden Führungsanspruch Moskaus, indem es betonte, daß es »nicht eine einzige Schablone« gäbe und es ein »einziges Rezept« auch nicht geben könne: »Niemand kann entscheiden, was für andere Länder oder Parteien richtig ist oder nicht. Ausarbeitung, Wahl oder Änderung der Formen und Methoden des sozialistischen Aufbaus ist Befugnis einer jeden marxistisch-leninistischen Partei, ein souveränes Recht jedes sozialistischen Staates.«⁶⁸

---

66 Vgl. dazu »Die rumänische ›Insubordination‹ «; Archiv der Gegenwart 1964, S. 11285, 11309; V. Meier, ebenda, S. 492 f.; A. Uschakow: Integration, S. 112; J. K. Hoensch: Osteuropa-Politik, S. 243 f.; J. M. Montias: Development, S. 219–223; R. V. Burks: Deviation, S. 107; dt. Text (Auszüge) der rumänischen Antwort auf den »Valev-Plan«, die die in der Zeitschrift »Vita Economica« vom 12. Juni 1964 erschienen ist, in: Ost-Probleme 1964, S. 450–452. Sehr instruktiv dazu auch C. D. Jones: Influence, S. 36–39.
67 So M. Croan: Sozialistisches Lager, Sp. 1054. Vgl. zur Gesamtproblematik auch V. Meier, ebenda, S. 491; M. Cismarescu: Zum rumänischen Parteitag; St. Fischer-Galati: Foreign Policy, S. 216; G. Gross: Rumania, S. 20–22; R. V. Burks, Deviation, S. 101 f.; D. Floyd: Rumania, S. 112–121.
68 Dt. Text der Erklärung in: Neuer Weg (Bukarest) vom 26. April 1964 (Teil IV). Vgl. dazu auch St. Fischer-Galati: The New Rumania, S. 99–103; ders.: Rumania, S. 159–182, wo er den Weg Bukarests vom III. Parteikongreß im Juni 1960, den er als wichtige Etappe wertet, bis zur Deklaration vom 22. April 1964 im einzelnen aufgezeigt hat. Vgl. dazu auch J. Lévesque: Conflit, S. 177–190; C. D. Jones: Influence, S. 38. In seinem materialreichen Beitrag »Rumania and the Sino-Soviet Conflict«, S. 373–377 zeigt R. R. King auf, wie sehr Peking in der ersten Hälfte der sechziger Jahre auch den Widerstand Bukarests gegen eine verstärkte »Integration« im RGW unterstützt hat. Vgl. zur rumänischen Position im RGW auch R. H. Linden: Bear and Foxes, S. 177–189.

Andererseits hieß es in der Erklärung unmißverständlich: »Gleichzeitig können auch eigene Sonderinteressen nicht als allgemeine Interessen oder als objektive Forderungen der Entwicklung des sozialistischen Systems hergestellt werden.« Der besondere Wert der Erklärung lag vor allem darin, daß sie unmißverständlich noch einmal die inzwischen von sowjetischer Seite aufgegebenen Vorschläge zurückwies, die ökonomische Integration im RGW nach einem »Einheitsplan«, der von einem »gemeinsamen einheitlichen Planungsorgan« erstellt werden sollte, voranzutreiben. Etwaige Maßnahmen, Funktionen der wirtschaftlichen Leitung aus der Zuständigkeit des betreffenden Staates in die Kompetenz einiger überstaatlicher Organe oder Organismen zu überführen, entsprächen nicht den Prinzipien, die den Beziehungen zwischen den sozialistischen Ländern zugrunde lägen.
Mit aller Klarheit hieß es weiter in der Erklärung: »Der Gedanke eines allen RGW-Ländern gemeinsamen einheitlichen Planungsorgans bringt äußerst ernste wirtschaftliche und politische Verwicklungen mit sich.«[69]
Festzuhalten gilt, daß die Bukarester Erklärung vom 22. April 1964 nicht ausdrücklich die vollständige Unabhängigkeit für jeden kommunistischen Staat forderte, was auf das Ende des »sozialistischen Lagers« hinausgelaufen wäre. Die rumänische Führung besaß genügend Realitätssinn: Die von ihr proklamierten Beziehungen neuen Typs zwischen den sozialistischen Ländern sollten ausdrücklich auf den »gemeinsamen Interessen« basieren. Bukarest kam es vor allem – aus der damaligen Situation besonders verständlich – darauf an, unmißverständlich festzustellen, daß alle wichtigen politischen und ökonomischen Fragen ohne »irgendeine überstaatliche Autorität« entschieden werden müßten.
Auch wenn die Bukarester Deklaration vom 22. April 1964 wahrscheinlich aus wohlerwogenen Gründen in einigen zentralen Fragen der Klarheit entbehrte, bestand nun für den Kreml keinerlei Zweifel daran, daß die rumänische Führung gewillt war, ihre Sonderrolle im »sozialistischen Lager« weiterzuspielen. Für Nikita S. Chruščev dürfte es besonders bitter

---

69 Text ebenda; Nachdruck des IV. Abschnitts über den Rat für Gegenseitige Wirtschaftshilfe bei A. Uschakow: Integration, S. 227-235 (229 f.). Bereits 1963 wurde zwischen Wirtschaftswissenschaftlern der DDR und Rumänien eine aufschlußreiche Kontroverse über die Integration im RGW geführt, die verdeutlichte, wie sehr Chruščevs »wegweisender« Beitrag vom Sommer 1962 (vgl. den Nachweis in diesem Kap., Anm. 62) Wellen geschlagen hat. Vgl. zu der Auseinandersetzung L. Auerbach: Bukarest contra Ostberlin. Vgl. zur Entwicklung der Position Bukarests ab 1962 und Vorgeschichte der Erklärung vom 22. April 1964 auch K. Jowitt: Revolutionary Breakthroughs and National Development, S. 198-228, der in starkem Maße die innenpolitischen Aspekte Rumäniens berücksichtigt.

gewesen sein, mit welcher Vehemenz Bukarest den von ihm früher vorgetragenen Integrations-Plänen eine Abfuhr erteilt hat. Die flexible Haltung Rumäniens im sowjetisch-chinesischen Konflikt zeigte sich im Laufe des Jahres 1964 auch darin, daß es nicht bereit war, auf einer neuen Konferenz der kommunistischen Parteien die Politik der Volksrepublik China zu verdammen.
Schließlich darf nicht übersehen werden, daß die rumänische Führung bereits Ende 1961 den Prozeß der »Entrussifizierung« einleitete, der mit der Neuschreibung der jüngeren Geschichte des Landes und der Kommunistischen Partei Rumäniens begann und ab 1963 zahlreiche wichtige Bereiche des politischen und kulturellen Lebens erfaßte. Die Rumänen mußten jedoch weiterhin mit dem offenen Widerspruch zwischen dem Sonderkurs Bukarests im »sozialistischen Lager« und den tatsächlichen inneren Zuständen leben, die nach wie vor stalinistisch blieben.[70]

4. Die Beziehungen der UdSSR zu Polen, der Tschechoslowakei, der DDR, Ungarn und Bulgarien

So sehr der Kreml die »nationale Abweichung« Rumäniens und das Ausscheren Albaniens aus dem »sozialistischen Lager« zähneknirschend hinnehmen mußte, durfte er mit den Beziehungen zu den übrigen Staaten des »sozialistischen Lagers« durchaus zufrieden sein, auch wenn Nikita S. Chruščev mit seiner auf dem XXII. Parteitag 1961 verkündeten zweiten Entstalinisierung und der erstmaligen schroffen Absage an jeden Personenkult seine »Genossen« in den »Bruderstaaten« vor manche Probleme stellte. Am meisten sah sich der Führer der polnischen Kommunisten, Gomulka, dessen Verhältnis zu Chruščev von persönlicher Sympathie und gegenseitigem Vertrauen gekennzeichnet war, durch den XXII. Kongreß der KPdSU bestätigt. Gomulka war seit langem als Advokat der

---

70 Vgl. dazu vor allem G. Gross: Rumania, S. 23–27; M. Cismarescu: Zum rumänischen Parteitag; V. Meier: Rumänien, S. 496–498 (496): »Was rumänisch ist, ist heute in Rumänien a priori gut.« Vgl. über die innere Entwicklung Rumäniens die einzelnen Beiträge in K.-D. Grothusen (Hrsg.): Rumänien. Einen guten Überblick über die nationale Komponente in der rumänischen Politik vermittelt auch G. Schöpflin in: Rumanian Nationalism, S. 77–104, der folgende Bereiche erfaßt: Sprache, Geschichte und Geschichtswissenschaft, »Staat und Nation«. Zahlreiche Beiträge sind zu dieser Thematik auch in dem vom Münchener Südost-Institut herausgegebenen »Wissenschaftlicher Dienst Südosteuropa« erschienen.

»friedlichen Koexistenz« und einer »kontrollierten Entstalinisierung« bekannt. So fiel es ihm nicht schwer, in seinem Bericht nach der Rückkehr vom XXII. Kongreß der KPdSU Mitte November 1961 die Übereinstimmung mit der sowjetischen Führung zu betonen. Gomulka konnte auch im Innern jene Politik fortführen, die sich in einigen zentralen Fragen von der der »Bruderländer« unterschied:
»Seine relativ liberale Kulturpolitik, seine strikte Ablehnung einer mit Zwang arbeitenden Kollektivierungskampagne und sein – freilich ungesicherter – Waffenstillstand mit der katholischen Kirche in Polen, das alles hat ihn von den anderen Parteichefs Osteuropas unterschieden; es hat ihm von ihnen auch Kritik eingetragen. Aber Gomulka hat für das Recht, das Tempo des ›sozialistischen Aufbaus‹ in Polen selbst bestimmen zu dürfen, gekämpft und sich durchgesetzt.«[71]
In sehr wohlüberlegten und differenzierten Formulierungen sprach Gomulka auch die Probleme der zwischenstaatlichen und interparteilichen Beziehungen im »Lager« an. Wiederum betonte er, daß es keine Zentrale gäbe, »die die Tätigkeit der einzelnen kommunistischen und Arbeiterparteien lenkt«. Angesichts der Auseinandersetzung mit Albanien und der Differenzen mit China modifizierte der polnische Parteiführer seine jahrelang vorgetragene Ansicht insoweit, als er in sehr vorsichtiger Form nunmehr der UdSSR wieder einen gewissen Führungsanspruch zusprach. Auch in der ab Ende 1961 verstärkt geführten Diskussion über den Polyzentrismus vertrat Gomulka einen Standpunkt, der weitgehend den Vorstellungen Moskaus entsprach. Nach Absprache mit der sowjetischen Führung durfte Gomulka am 29. Februar 1964 eine nun nach ihm benannte und bescheidene dritte Version des Rapacki-Plans vortragen, die das »Einfrieren« von Kernwaffen jeglicher Art in Mitteleuropa vorsah. Räumlich deckte sich der Gomulka-Plan mit dem früheren Vorschlag einer kernwaffenfreien Zone in Mitteleuropa, da er wiederum die Bundesrepublik Deutschland, die DDR, die Tschechoslowakei und Polen umfaßte.[72]
Mit der von Chruščev im Oktober 1961 verordneten zweiten Entstalinisie-

---

71 So der instruktive, nicht gezeichnete Kommentar »Nach dem XXII. Kongreß der KPdSU«, in dem die Rückwirkungen der zweiten Entstalinisierung in den »Bruderstaaten« höchst aufschlußreich analysiert werden. Vgl. ebenda: Polen, S. 2–5 (2); dt. Text (Auszug) der Rede Gomulkas vor dem Zentralkomitee seiner Partei in: Ost-Probleme 1961, S. 856–859. Vgl. dazu A. Bromke: Poland: A Matter of Timing?; H. Stehle: Polish Communism, S. 125–176; K. A. Jelenski: Poland.
72 Vgl. dazu im einzelnen: A. Uschakow: Streben, S. 64–68 (67 f.); J. K. Hoensch: Osteuropa-Politik, S. 232–234 mit weiteren Nachweisen.

rung und der Beendigung jeglichen Personenkults hatte die Führung der Tschechoslowakei unter Antonín Novotný große Probleme. So sah sich Novotný in seinem Bericht vor dem Zentralkomitee seiner Partei, den er am 15. November 1961 über den XXII. Parteitag der KPdSU erstattete, bemüßigt, den toten Klement Gottwald zu kritisieren, da er es zugelassen habe, daß Rudolf Slánský – »selbst ein Opfer von Stalins Technik der Herrschaft durch Säuberung«[73] – den Personenkult praktiziert und die »sozialistische Gesetzlichkeit« gröblich verletzt habe.[74] Novotný stellte Slánský sowohl mit Berija wie mit der sowjetischen »parteifeindlichen Gruppe« auf eine Stufe.

Somit gelang es Novotný – ebenso wie nach der Verkündung der ersten Entstalinisierung auf dem XX. Kongreß der KPdSU im Februar 1956 – ein weiteres Mal, die »entscheidende« Entstalinisierung zu verschleppen. Erst nach langen internen Auseinandersetzungen in der Prager Führung sah sich Antonín Novotný genötigt, im Laufe des Jahres 1963 dem allgemeinen Drängen nachzugeben, die von ihm so lange hinausgezögerte Entstalinisierung energisch fortzusetzen und abzuschließen. Im August 1963 wurden der am 3. Dezember 1952 hingerichtete Rudolf Slánský und etliche andere Opfer der damaligen Verfahren wenigstens »gerichtlich« rehabilitiert, indem sie von den ihnen damals vorgeworfenen Verbrechen gegen staatliche Gesetze nachträglich freigesprochen wurden. Die Anklage, sie hätten Verbrechen gegen die Partei begangen, wurde nicht widerrufen. Von den 14 Angeklagten des Slánský-Prozesses wurden die drei Überlebenden voll rehabilitiert und wieder in die Partei aufgenommen. Von den elf Erschossenen kehrten posthum sechs in die Partei zurück – unter ihnen Vladimír Clementis und Bedřich Geminder. So blieb der nur »gerichtlich« rehabilitierte Rudolf Slánský aus der Partei ausgeschlossen. Daß damit die Entstalinisierung in der Tschechoslowakei noch längst nicht beendet war, zeigt die Tatsache, daß der amtliche Bericht vom 22. August 1963 nur rund 70 Namen Rehabilitierter nannte, während zwischen 1948 und 1953 allein nach offiziellen Quellen 3357 Personen wegen angeblicher politischer oder wirtschaftlicher Verbrechen verurteilt worden sind.[75]

---

73 So der Kommentar »Nach dem XXII. Kongreß der KPdSU: Tschechoslowakei«, S. 5–8 (5 f.).
74 Dt. Text (Auszüge) der Rede A. Novotnýs in: Ost-Probleme 1961, S. 861–863. Vgl. dazu I. Duchacek: Czechoslovakia: The Past Reburied; H. G. Skilling: Czechoslovakia (I).
75 Vgl. dazu die Nachweise in: Hinter dem Eisernen Vorhang 1963, H. 7/8, S. 31–35, H. 11, S. 38–40; Die Revision des Slánský-Prozesses; V. A. Velen: Czech Stalinists Die hard. Vgl. zur nationalen Problematik der Tschechoslowakei P. Korbel: Prag und die Slowaken.

Die Prager Führung sah sich in jenen Jahren mit zahlreichen weiteren schwerwiegenden Problemen konfrontiert. Weite Kreise der Bevölkerung waren nicht nur mit der unzureichenden Entstalinisierung, sondern auch mit der ökonomischen Situation des Landes höchst unzufrieden. In der Situation der innenpolitischen Instabilität und der prekären Wirtschaftslage reiste eine tschechoslowakische Partei- und Regierungsdelegation unter Führung von Partei- und Staatschef Novotný Ende November 1963 nach Moskau, um den von Eduard Beneš am 12. Dezember 1943 geschlossenen Vertrag über Freundschaft, Zusammenarbeit und gegenseitigen Beistand um weitere 20 Jahre zu verlängern.[76]
Außerdem schlossen beide Seiten ein Abkommen über die Errichtung einer Regierungskommission für die wirtschaftliche und wissenschaftlich-technische Zusammenarbeit. Westliche Beobachter schlossen daraus, »daß Moskau mit einer deutlichen Geste den in seiner Stellung erschütterten Novotný stützen wollte. Offenbar befürchtete Chruschtschew, daß eine reorganisierte Parteiführung mit einem neuen Ersten Sekretär den aus breiten Kreisen und sogar aus der Partei selbst kommenden Liberalisierungstendenzen allzu weit nachgeben würde«. Novotný habe die sowjetische Schützenhilfe bitter nötig gehabt – »ob sie ihn zu retten vermag, muß aber erst noch abgewartet werden«[77].
Antonín Novotný, seit 1953 Sekretär der Kommunistischen Partei der Tschechoslowakei und seit 1957 auch Staatspräsident, gelang es, noch genau drei Jahre sein Regime aufrechtzuerhalten und die nach vorn drängenden Reformkräfte von der Macht fernzuhalten. Anfang Januar 1968 gab ihm das Plenum des Zentralkomitees seiner Partei »auf sehr noble Weise«[78] den Abschied als Erstem Sekretär, indem man ihm gestattete, von sich aus als Parteichef zurückzutreten. Als besondere Pikanterie bleibt festzuhalten, daß Nikita S. Chruščev auf seiner letzten Auslandsreise vor seinem Sturz vom 27. August bis zum 5. September 1964 die

---

76 Dt. Text des Protokolls über die Verlängerung des Vertrags vom 27. November 1963 in: Grundsatzverträge, S. 121–123. Der Vertrag behielt damit seinen gegen Deutschland gerichteten Zweck, der nun aber auf die Bundesrepublik Deutschland reduziert wurde, da »der eine der auf dem Gebiet des ehemaligen Deutschen Reiches entstandenen zwei souveränen Staaten, und zwar die sozialistische Deutsche Demokratische Republik, den Weg des Friedens geht . . .«
77 So »Moskaus Schützenhilfe für Novotny«, in: Hinter dem Eisernen Vorhang 1964, H. 1, S. 28 f.
78 So H. Brahm in: Kreml, S. 15.

ČSSR besucht hat, um noch einmal die bereits damals angeschlagene Position Novotnýs zu stärken.[79]
Prüft man die Beziehungen der UdSSR zur DDR von Ende 1960 bis zum XXII. Kongreß der KPdSU im Oktober 1961, dann schien es, daß SED-Chef Walter Ulbricht mit der außen- und innenpolitischen Linie des Kreml weitgehend zufrieden war. In einem zentralen Punkt jedoch hat Nikita S. Chruščev die SED-Führung bitter enttäuscht, da er sein im November 1958 erstmals formuliertes Berlin-Ultimatum immer wieder verlängerte und sich auch nicht zu dem ebenfalls mehrfach angekündigten Abschluß eines separaten Friedensvertrags mit der DDR bereitfand. Schließlich konnte sich die Hoffnung Ost-Berlins darauf gründen, daß in dem im »Neuen Deutschland« vom 6. Dezember 1960 veröffentlichten Dokument des kommunistischen »Weltkonzils« ausdrücklich die Forderung enthalten war, einen Friedensvertrag mit Deutschland zu schließen und West-Berlin in eine entmilitarisierte freie Stadt zu verwandeln.[80] Chruščev schreckte jedoch nicht davor zurück, Walter Ulbricht noch einmal im Stich zu lassen: Auf dem XXII. Parteikongreß zog der sowjetische Parteichef das Ultimatum, mit der DDR noch im Jahre 1961 eine separate Friedensregelung zu treffen, zurück, ohne jedoch in der Sache zu Konzessionen bereit zu sein. Und mit der »Lösung der Westberlinfrage« hatte es Chruščev nach dem Bau der Mauer im August 1961 nicht mehr eilig.[81]
Als Ulbricht vor dem 14. Plenum des Zentralkomitees seiner Partei vom 23. bis zum 26. November 1961 über die Ergebnisse des XXII. Parteitags der KPdSU referierte, legte er wiederum einen Beweis seiner Flexibilität und Anpassungsfähigkeit ab, als er sich zum Friedensvertrag und zur »Lösung der Westberlinfrage« äußerte und Chruščevs harte Linie noch »auszuschmücken« wußte.[82]
Walter Ulbricht hatte auch deshalb keinen Grund, mit dem Verlauf des XXII. Kongresses der KPdSU zufrieden zu sein, da die von Chruščev verordnete zweite Entstalinisierung ebensowenig wie die schroffe Verurteilung des Personenkults und des Terrors in der Stalin-Ära zur Stärkung

---

79 Vgl. dazu im einzelnen die Berichte in: Hinter dem Eisernen Vorhang 1964, H. 9, S. 29 f., H. 10, S. 30 f. Vgl. dazu mit weiteren Nachweisen auch J. K. Hoensch: Osteuropa-Politik, S. 231 f.
80 Text in SBZ-Archiv 1961, S. 12.
81 Text der Rede Chruščevs in: Ost-Probleme 1961, S. 732 f. Vgl. dazu H. Schimanski: Der XXII. Parteitag; I. Spittmann: Ulbricht zwischen Stalin und Chruschtschow.
82 Text in: Neues Deutschland vom 26. November 1961 und Auszüge in: SBZ-Archiv 1961, S. 386–392 (387).

der Autorität des SED-Chefs beitragen konnten.[83] Dennoch bewies Ulbricht ein weiteres Mal, mit welch einem ungebrochenen Selbstbewußtsein er den künftigen Beziehungen zur UdSSR ins Auge sah.
In seinem Bericht vor dem 14. Plenum des Zentralkomitees der SED vom 23. bis zum 26. November 1961 verwandte Ulbricht einige Formeln, die man bis dahin noch nicht vernehmen konnte. So meinte er, daß sich »die freundschaftlichen Beziehungen zwischen der DDR und der Sowjetunion auf einer höheren Ebene« entwickelten. Auch nahm er für die DDR in Anspruch, »aktiver Bundesgenosse der Sowjetunion« zu sein, um hinzuzufügen:
»Die sowjetische Politik der Achtung der nationalen Souveränität und der nationalen Eigenarten aller Völker und Staaten ist in den Beziehungen zwischen der Deutschen Demokratischen Republik und der Sowjetunion verankert.«[84]
Dies waren erstaunliche Wendungen, wenn man bedenkt, wie sehr auch Walter Ulbricht um die Abhängigkeit der DDR von der UdSSR wußte. In westlichen Analysen sprach man damals von einem »Emanzipationsprozeß« und davon, daß Ulbricht im Gegensatz zur Stalin-Ära – »kein Vasall« mehr sei, »der sich bedingungslos den russischen Interessen unterordnet. Er ist heute offenbar in der Lage, Forderungen anzumelden und auch durchzusetzen«.[85]
Ulbrichts Politik während der letzten drei Jahre der Herrschaft Chruščevs zeigte jedoch, daß er sich auch weiterhin in den zentralen Fragen den Interessen der UdSSR untergeordnet hat. So hieß es in dem vom VI. Parteitag im Januar 1963 beschlossenen Programm der SED: »Die Deutsche Demokratische Republik steht seit dem Tage ihrer Gründung fest im Lager der sozialistischen Staaten. Die brüderliche Freundschaft mit der Sowjetunion ist ein Grundpfeiler ihrer Außenpolitik.«[86]

---

83 Vgl. dazu den programmatischen Beitrag »Wer vorwärts schreiten will, muß die Hemmnisse überwinden« in: Neues Deutschland vom 12. November 1961; Auszug in: SBZ-Archiv 1961, S. 357–360; Beschluß der 14. Tagung des ZK der SED »Über den XXII. Parteitag der KPdSU und die Aufgaben der DDR« in: Neues Deutschland vom 28. November 1961 und SBZ-Archiv, ebenda, S. 384 f. Vgl. dazu E. Anderson: East Germany, S. 100–102.
84 Text in: Neues Deutschland vom 26. November 1961 und SBZ-Archiv 1961, S. 386.
85 So I. Spittmann: Ulbricht zwischen Stalin und Chruschtschow, S. 363.
86 Text des Programms bei A. Riklin/K. Westen: Selbstzeugnisse, S. 107 f. (107). Vgl. dazu auch das Statut, Text, ebenda, S. 190, mit dem das vom IV. SED-Parteitag im April 1954 beschlossene 3. Statut abgelöst worden ist. Text des 3. Statuts in: Neues Deutschland vom 9. April 1954 und SBZ-Archiv 1954, S. 120–125 (120).

Die engen Grenzen der Emanzipation der DDR zeigten sich darin, daß Chruščev auch in den folgenden Jahren nicht bereit war, Walter Ulbrichts so sehnlichen Wunsch zu erfüllen, sich über die Interessen der drei Westmächte und der Bundesrepublik Deutschland hinwegzusetzen und mit der DDR einen separaten Friedensvertrag zu schließen. Für Ulbricht dürfte es die bitterste Enttäuschung gewesen sein, als die UdSSR mit der DDR am 12. Juni 1964 den Vertrag über Freundschaft, gegenseitigen Beistand und Zusammenarbeit schloß und damit endgültig jeden Gedanken an eine separate Friedensregelung mit dem zweiten Staat in Deutschland ausschloß.[87]

Auffällig ist darüber hinaus, wie frühzeitig sich Walter Ulbricht im Konflikt zwischen Moskau auf der einen und Peking sowie Tirana auf der anderen Seite der sowjetischen Linie unterworfen hat.[88] Dies dürfte der SED-Chef kaum in der Erwartung getan haben, um dafür vom Kreml in der »deutschen Frage« honoriert zu werden. Im Gegensatz zu Ulbricht mußte der oft unberechenbare Nikita S. Chruščev in der Deutschland-Frage auch die Interessen der anderen Weltmacht, der USA, in sein Kalkül einbeziehen.

Solche Probleme ergaben sich nicht in den Beziehungen der UdSSR zu Ungarn und Bulgarien. Chruščev und János Kádár verband ein gutes Verhältnis: »Dankbarkeit und das Gefühl schicksalhafter Verbundenheit haben, neben der starken wirtschaftlichen Abhängigkeit, Budapest einen Kurs verfolgen lassen, der sich sowohl von der Servilität Živkovs als auch von Gheorghiu-Dejs Ringen um größere Eigenständigkeit abhob.«[89]

Kádárs Politik unterschied sich auch von der der übrigen »Bruderstaaten« insofern, als er die Konfrontation mit der Bevölkerung dadurch zu vermeiden suchte, als er ihrer Forderung nach Erhöhung des Lebensstandards und größerer persönlicher Freiheit in Grenzen entgegenkam. Außerdem verstand es die ungarische Führung, den Kreml zu ökonomischen Zugeständnissen zu bewegen und gewisse Experimente in der sozialistischen Planwirtschaft des Landes zuzulassen. Das Wohlwollen der so-

---

87 Vgl. zur Funktion der inzwischen erneuerten bilateralen Bündnispakte unten S. 856–867, 897–903.
88 Vgl. dazu oben S. 659 f., Anm. 25.
89 So J. K. Hoensch: Osteuropa-Politik, S. 228. Vgl. dazu auch »Nach dem XXII. Kongreß der KPdSU: Ungarn«, S. 8–12; Die Probleme der Entstalinisierung: Ungarn, S. 7–9; F. A. Vali: Hungary (I); ders.: Hungary (II); F. Fejtö: Hungarian Communism; P. Landy: Hungary: Pressures from Above; Kadar und der Polyzentrismus; G. R. Urban: Hungary.

wjetischen Führung war auch auf die feste Einbindung Ungarns in den RGW zurückzuführen.[90]
Ungarn war darüber hinaus insofern ein zuverlässiger Verbündeter der UdSSR, als es die Positionen des Kreml sowohl im Konflikt mit Albanien und China als auch bei der Annäherung an Jugoslawien ohne Abstriche unterstützte. Nachdrücklich trat die ungarische Führung auch für die von Chruščev während der letzten Monate seiner Herrschaft geforderte Konferenz der kommunistischen Parteien ein, auf der die »spalterischen Handlungen« Pekings und Tiranas angeklagt werden sollten. Als Chruščev vom 31. März bis zum 11. April 1964 zum letzten Mal Ungarn besuchte, versicherte ihm Parteichef und Ministerpräsident János Kádár: »Das ungarische Volk begreift, daß die Sowjetunion der Hauptverteidiger des Friedens und der Sicherheit der Völker ist.«[91]
Reibungslos verliefen schließlich die Beziehungen zwischen der UdSSR und Bulgarien. Sofia blieb auch bis zum Sturz Chruščevs seiner traditionellen außenpolitischen Linie treu, in der die Interessen Moskaus absolute Priorität genossen. Im Gegensatz zu Albanien, dessen Anlehnung an Peking zum totalen Bruch mit Moskau führte, und Rumänien, das mit viel Geschick Vorteile aus seiner »neutralen« Haltung zog, war Bulgarien – ebenso wie Ungarn – ein loyaler Verbündeter an der Seite der UdSSR. Der Kreml honorierte die Treue Bulgariens insofern, als es – anders als Rumänien – sein ehrgeiziges Industrialisierungs-Programm fortführen durfte und mehr sowjetische Kredite als irgendein anderer Staat des »Lagers« erhielt.
Die Loyalität Sofias hatte noch einen weiteren Grund: Todor Živkov, seit 1954 Chef der Kommunistischen Partei Bulgariens, benötigte im permanenten Kampf gegen die nach wie vor in der Führung vertretenen Stalinisten die Unterstützung Chruščevs. Nur mit der Hilfe des Kreml gelang es ihm, seine beiden mächtigsten Rivalen nacheinander auszuschalten: zunächst Vulko Červenkov, der Ende November 1961 im Zuge der von Chruščev auf dem XXII. Kongreß der KPdSU verkündeten zweiten Entstalinisierung aus dem Politbüro ausgeschossen wurde und wenige Tage später auch das Amt als Stellvertretender Ministerpräsident verlor, und

---

90 Vgl. dazu im einzelnen W. Linder: Ungarn als Experimentierfeld der sozialistischen Planwirtschaft. Vgl. zur Haltung Ungarns gegenüber dem RGW G. Kemeny: Hungary and COMECON.
91 So das Abschluß-Kommuniqué über den Besuch N. S. Chruščevs. Dt. Text in: Archiv der Gegenwart 1964, S. 11 162. Vgl. auch die ausführlichen Auszüge aus den Reden Chruščevs in Ungarn, ebenda.

dann Anton Jugov, dessen Sturz als Ministerpräsident vom VIII. Kongreß der Bulgarischen Kommunistischen Partei im November 1962 bekanntgegeben und als Sensation empfunden wurde. Nun übernahm Parteichef Živkov auch das Amt des Regierungschefs.[92]
Nach der UdSSR und Ungarn war damit Bulgarien das dritte Land des »sozialistischen Lagers«, in dem die Führung von Partei und Staat in einer Hand vereinigt wurde, während in der Tschechoslowakei, der DDR und Rumänien der jeweilige Erste Parteisekretär gleichzeitig die Funktion des Staatspräsidenten ausübte. Diese Machtkonstellation änderte sich 1965 im Fall Rumäniens und Ungarns.
Am 19. März 1965 starb Gheorghe Gheorghiu-Dej, seit 1945 Erster Sekretär des Zentralkomitees der Rumänischen Arbeiterpartei und seit 1961 Vorsitzender des Staatsrats der Rumänischen Volksrepublik. Unter Trennung der beiden Funktionen wurden der damals 47jährige Nicolae Ceaușescu einstimmig zum Ersten Sekretär des Zentralkomitees der Partei und Chivu Stoica zum Vorsitzenden des Staatsrats gewählt; der seitherige Ministerpräsident Ion Gheorghe Maurer wurde in seinem Amt bestätigt.[93]
Auf János Kádárs eigenen Wunsch beschloß das Zentralkomitee der Ungarischen Kommunistischen Partei am 25. Juni 1965, daß Kádár das Amt des Ersten Sekretärs des Zentralkomitees behalten und der bisherige stellvertretende Ministerpräsident Gyula Kállai den Vorsitz in der Regierung übernehmen solle. Am 29. Juni wurde Kallai zum Ministerpräsidenten ernannt; das Amt des Staatspräsidenten behielt Istvan Dobi.[94] Auch in Po-

---

92 Alle wichtigen Aspekte der Innen- und Außenpolitik hat J. F. Brown in seiner höchst verdienstvollen Studie »Bulgaria Under Communist Rule« bis 1969 behandelt. Vgl. auch »Nach dem XXII. Kongreß der KPdSU: Bulgarien«, S. 12 f.; Sensationen beim Parteikongreß; B. A. Christoff: Bulgaria: The Value of Scapegoats; Die Probleme der Entstalinisierung: Bulgarien, S. 9 f.; J. K. Hoensch: Osteuropa-Politik, S. 226–228. Die ominösen Gerüchte um eine Verschwörung in Bulgarien Anfang April 1965 sind nicht restlos aufgeklärt worden. Vgl. dazu die Berichte in: Osteuropäische Rundschau 1965, H. 5, S. 35–37, H. 6, S. 38 f.
93 Vgl. dazu im einzelnen: Rundschau »Rumänien«, in: Hinter dem Eisernen Vorhang 1965, H. 4, S. 33–37 mit den kurzen Lebensläufen G. Gheorghiu-Dej', N. Ceaușescus und C. Stoicas. G. Fischer zitiert in: Rumania, S. 159, den französischen »Kremlinologist« Bernard Feron, nach dessen Ansicht N. Ceaușescu bis dahin ein Mann »ohne Biographie« gewesen sei; G. Gross: Rumania, S. 27 weist in Übereinstimmung mit anderen Beobachtern darauf hin, daß alle drei Spitzenfunktionäre eng mit Gheorghiu-Dej und dessen Politik verbunden waren.
94 Vgl. dazu Rundschau »Ungarn«, in: Hinter dem Eisernen Vorhang 1965, H. 7/8, S. 34 f.

len waren die drei Spitzenämter in Partei, Staat und Regierung auf drei Personen verteilt.[95]

Da Todor Živkov seine Rivalen nicht aus eigener Kraft, sondern nur mit der massiven Unterstützung des Kreml auszuschalten vermochte und die ökonomische Situation des Landes sehr prekär blieb, war er auch in der Folgezeit sowohl auf die politische als auch wirtschaftliche Hilfe der Sowjets angewiesen. Als Živkov im Februar 1963 und im Februar 1964 in Moskau weilte, suchte er noch stärkeren Rückhalt bei der UdSSR. Der bulgarische Parteichef, der die UdSSR immer als Vorkämpfer der internationalen Bewegung anerkannt hatte, vertrat auch vorbehaltlos die Position Moskaus gegenüber Peking. Ebenso befürwortete Sofia eine engere Wirtschaftsintegration im Rat für Gegenseitige Wirtschaftshilfe; das dankte ihm Chruščev mit langfristig eingeräumten Krediten.[96]

5. Die Aufwertung des Warschauer Pakts

Während die sowjetische Führung bis Ende der fünfziger Jahre der multilateralen ökonomischen Kooperation Priorität eingeräumt und die Möglichkeiten, die ihr der Warschauer Pakt für die militärische Zusammenarbeit bot, keinesfalls ausgeschöpft hatte, änderte sich dies ab 1960/61. Die Warschauer Allianz trat in eine neue Phase, die von westlichen Analytikern zutreffend als »Wende in der militärischen Zusammenarbeit«[97] bezeichnet worden ist; auf östlicher Seite wird geradezu euphorisch von

---

95 Erster Parteisekretär: W. Gomulka; Staatspräsident: A. Zawadzki, der am 7. August 1964 verstarb und dessen Nachfolger am 12. August Edward Ochab, zuvor Mitglied des Zentralkomitees und des Politbüros der Vereinigten Polnischen Arbeiterpartei, wurde; Ministerpräsident: J. Cyrankiewicz. Vgl. auch die Übersicht »Spitzenfunktionäre von Partei und Regierung in den osteuropäischen Volksdemokratien«, in: Ost-Probleme 1964, S. 87–95, die den Stand von Anfang 1964 wiedergibt und auch die DDR und Albanien einbezieht; Staatsrat und Regierung der DDR, in: SBZ-Archiv 1963, S. 376 f.
96 Vgl. dazu »Bulgarien und die Sowjetunion«, in: Wissenschaftlicher Dienst Südosteuropa 1964, S. 40 f.; P. Lendvai: Balkan, S. 246–253; J. K. Hoensch: Osteuropa-Politik, S. 226–228, wo er auch auf den schwelenden Mazedonien-Konflikt zwischen Sofia und Belgrad hinweist, auf den sich der erneute Ausgleich zwischen der UdSSR und Jugoslawien auswirken mußte.
97 So St. Tiedtke in seiner sorgfältigen Analyse »Vertragsorganisation«, die alle wichtigen Aspekte der verstärkten militärischen Integration ab 1960/61 erfaßt (vgl. S. 49–73 mit zahlreichen Nachweisen).

einer »neuen Qualität des Wachstums des sozialistischen Weltsystems zu Beginn der 60er Jahre«[98] gesprochen. Das »sozialistische Lager« habe nun »insgesamt bewußter in seiner Wesenseinheit und nicht nur als Summe von Staaten zu wirken«[99] begonnen. Zweifellos darf man Nikita S. Chruščev attestieren, daß ihm beim Aufbau der militärischen Integration in den letzten vier Jahren seiner Herrschaft mehr Erfolg beschieden war als bei seinen Plänen, den Rat für Gegenseitige Wirtschaftshilfe mit der Schaffung einer supranationalen Behörde so umzugestalten, daß der Kreml seinen Willen durchzusetzen vermochte.

Die Auswirkungen des sowjetisch-chinesischen Konflikts auf die Kooperation im Warschauer Pakt hielten sich bis zum Herbst 1964 deshalb in Grenzen, da Rumänien bis dahin an seiner »Block«-Solidarität im militärischen Bereich keine Zweifel ließ und darauf fixiert war, seine Sonderrolle im RGW auszubauen. Hinzu kommt, daß die vom Kreml 1961 forcierte militärische Kooperation in der Warschauer Allianz noch nicht mit den nationalen Interessen Rumäniens kollidierte. Das sollte sich erst ändern, als die Nachfolger Chruščevs den Warschauer Pakt in verstärktem Maße auch als politisches Koordinierungsorgan zu nutzen suchten.

a) *Die Position Albaniens in der Allianz*

Da sich Albanien frühzeitig in der Auseinandersetzung zwischen Moskau und Peking auf die Seite der Volksrepublik China gestellt hatte, mußte diese Politik auch die Position Tiranas in der multilateralen Militärallianz tangieren. Wenn auch Albanien im Warschauer Pakt nie eine militärische Rolle gespielt hat, ist die sukzessive Verringerung seiner Mitarbeit in den Führungsorganen der Allianz nicht ohne Pikanterie. Erst seit Enver Hoxhas Enthüllungen auf dem kommunistischen »Weltkonzil« in Moskau vom 16. November 1960, die erst knapp zehn Jahre später vollständig veröffentlicht worden sind, ist bekannt, daß die ersten Differenzen bereits im Herbst 1960 aufgetreten sind. In seiner Rede teilte der albanische Parteichef mit, daß im Oktober 1960, als die von 26 Parteien beschickte Redaktionskommission über den Entwurf eines Konferenz-Dokuments beriet, in Moskau gleichzeitig ein erweitertes Treffen der Stabschefs des Warschauer Pakts stattgefunden hat. Auf diesem Treffen »hat

---

98 H. Brünner: Internationalismus, S. 408. Weitere Nachweise bei St. Tiedtke, ebenda, S. 49 f.
99 So H. Müller: Haupttendenzen, S. 151.

der Marschall Malinowski, Mitglied des Zentralkomitees (der KPdSU) und Minister der Sowjetunion, einen offenen Angriff auf das albanische Volk, auf die Albanische Arbeiterpartei, auf die albanische Regierung und auf unsere Führung gerichtet«[100].

Hoxha führte weiter aus, daß Malinowskijs Kollege, Marschall Andrej Grečko, Oberbefehlshaber der Streitkräfte des Warschauer Pakts, noch weiter gegangen sei. Er »teilte unserer Militärdelegation nicht nur mit, daß es schwierig für ihn sei, den Bedarf unserer Armee an bestimmten Spezialgeräten zu decken, für deren Lieferung Verträge unterzeichnet worden waren, sondern sagte grob: ›Ihr seid nur derzeit im Warschauer Pakt‹ – was andeutete, daß Marschall Gretschko beschlossen habe, uns hinauszuwerfen. Glücklicherweise ist es aber nicht Sache des Genossen Marschall, eine solche Entscheidung zu treffen.«[101]

Als Nikita S. Chruščev am 23. November 1960 auf der Moskauer Konferenz der 81 kommunistischen Parteien Hoxha antwortete, ging er mit keinem Wort auf dessen Auslassungen über die Stellung Albaniens im Warschauer Pakt ein.[102] Ernstere Auswirkungen hatten die zunehmenden sowjetisch-albanischen Differenzen auf die Zusammenarbeit im Warschauer Pakt erstmals im Frühjahr 1961, als an der vierten Tagung des Politischen Beratenden Ausschusses in Moskau vom 28. bis zum 29. März 1961 albanische Spitzenfunktionäre ostentativ nicht mehr teilgenommen haben; Tirana ließ sich durch zweitrangige Funktionäre vertreten.[103]

---

100 Zit. nach K. Devlin: Enthüllungen, S. 7.
101 Zit. ebenda. Vgl. dazu auch R. A. Remington: Warsaw Pact, S. 49, der darüber spekuliert, zu welchem Zeitpunkt das von Hoxha erwähnte Treffen der Stabschefs stattgefunden haben könnte. Remington bezieht sich auf Zusammenfassungen der Rede Hoxhas vom 16. November 1960, die W. E. Griffith 1962 und 1963 benutzt hat. Erst mit der vollständigen Veröffentlichung der Ausführungen Hoxhas im Juni 1970 erübrigen sich diese Spekulationen.
102 Vgl. dazu R. A. Remington, ebenda.
103 Text des Kommuniqués vom 29. März 1961 in: Neues Deutschland vom 31. März 1961 und bei B. Meissner (Hrsg.): Warschauer Pakt, S. 197–200 (197). An der dritten Tagung des politischen Führungsorgans der Allianz am 4. Februar 1960 in Moskau hatten noch E. Hoxha, M. Shehu sowie die Minister des Auswärtigen und der Verteidigung teilgenommen. Vgl. das Kommuniqué ebenda, S. 182 f. (182). Weitere Nachweise bei J. Hacker: Integration, S. 22 mit Anm. 2. Daher ist es nicht korrekt, wenn der albanische Ministerpräsident M. Shehu in seiner Rede vom 12. September 1968 vor der Volksversammlung in Tirana ausführte, »seit Anfang des Jahres 1961« sei die Regierung der Volksrepublik Albanien weder gefragt noch eingeladen worden, »um an den vielen Beratungen, die im Rahmen des Warschauer Vertrages abgehalten wurden, teilzunehmen«. Richtig hingegen war Shehus Feststellung, daß Albanien niemals von den Teilnehmern über die in diesen Beratungen gefaßten Beschlüsse in Kenntnis gesetzt worden ist. Vgl. Mehmet Shehu: Über die Haltung der Volksrepublik Albanien zum Warschauer Vertrag. Rede, gehalten vor der 6. Session der Volksversammlung der Volksrepublik Albanien (12. September 1968). Tirana 1968, S. 21.

Als sich am 5. August 1961 die Ersten Sekretäre der Zentralkomitees der Kommunistischen und Arbeiterparteien der Warschauer-Pakt-Mächte in Moskau trafen, hatten sich die sowjetisch-albanischen Beziehungen bereits wesentlich verschlechtert. Die über die Moskauer Beratung, die sich ausschließlich mit der Deutschland-Frage befaßte, veröffentliche Mitteilung enthielt keine Liste der Teilnehmer[104]; das gilt gleichfalls für die Erklärung der Regierungen der Warschauer Pakt-Mächte, in der der DDR grünes Licht zum Bau der Mauer in Berlin gegeben und die erst einen Tag später publiziert wurde.[105] Es kann kein Zweifel darüber bestehen, daß Albanien an diesen Beratungen nicht teilgenommen hat. Am 8. August 1961 verbreitete Tirana eine separate Erklärung zur deutschen Frage – ein bis dahin einmaliger Vorgang, daß ein Mitgliedsstaat des Warschauer Bündnisses mit einer eigenen Deklaration zu einem zentralen Thema hervortritt, daß gerade Gegenstand einer mehrseitigen Diskussion war.[106] Ebenso kann man davon ausgehen, daß Albanien zu der Tagung der Verteidigungsminister der Warschauer Pakt-Mächte vom 8. bis zum 9. September 1961 nicht eingeladen worden ist. Nachdem Nikita S. Chruščev den XXII. Kongreß der KPdSU im Oktober 1961 auch dazu benutzt hatte, die albanische Führung massiv anzugreifen, stand fest, daß auch an eine Kooperation mit Tirana im Rahmen des Warschauer Pakts nicht mehr zu denken war. Da Albanien den Fehdehandschuh aufnahm und – dabei von Peking nachdrücklich unterstützt – seine »abweichenden« Positionen vehement verteidigte, konnte es nicht überraschen, daß Tirana weder zu den Beratungen der Verteidigungsminister vom 30. Januar bis zum 1. Februar 1962 in Prag[107] noch zur fünften Tagung des Politischen Beratenden Ausschusses des Warschauer Pakts vom 7. Juni 1962 in Moskau eingeladen worden ist.[108] In beiden Fällen richtete Tirana geharnischte Proteste an die Regierungen der übrigen Warschauer Pakt-Mächte.[109]

---

104 Text in: Neues Deutschland vom 6. August 1961 und bei B. Meissner (Hrsg.), ebenda, S. 201 f.
105 Text in: Neues Deutschland vom 14. August 1961 und bei B. Meissner (Hrsg.), ebenda, S. 203 f. Vgl. über den Verlauf und die Einordnung der Berlin-Krise in die internationalen Beziehungen die instruktive Analyse von W. Wagner: Das geteilte Deutschland; W. Cornides: Chruschtschows Einbruch in die Friedensstrategie Kennedys; Th. W. Wolfe: Soviet Power, S. 89–99.
106 Vgl. dazu R. A. Remington: Warsaw Pact, S. 50 mit dem Nachweis in Anm. 44.
107 TASS-Meldung vom 1. Februar 1962; wiedergegeben bei J. Hacker: Integration, S. 67.
108 Text der Deklaration in: Neues Deutschland vom 10. Juni 1962 und bei J. Hacker, ebenda, S. 68–70.
109 Vgl. ATA-Meldungen vom 8. Februar und 13. Juni 1962. Texte bei J. Hacker, ebenda, S. 68, 70–72.

Die sich in der Folgezeit zwischen Moskau und Tirana noch verschlechternden Beziehungen konnten auf die Position Albaniens im Warschauer Pakt keine Auswirkungen mehr haben, da nunmehr das kleinste Mitgliedsland von jeglicher Mitarbeit ausgeschlossen worden war. Am 18. Januar 1963 meinte Hermann Matern, einer der Spitzenfunktionäre der Einheitspartei, vor dem VI. Parteitag, die albanischen Führer seien nicht einmal davor zurückgeschreckt, »ihre Bündnispflichten in der Organisation des Warschauer Vertrages gröblichst zu verletzen . . .«[110]
So fand auch die sechste Tagung des Politischen Beratenden Ausschusses am 26. Juli 1963 in Moskau ohne Beteiligung Albaniens statt, da es auch zu dieser Konferenz nicht eingeladen worden war.[111] Das gleiche gilt für die Beratungen, die die Verteidigungsminister der Mitgliedsländer des Warschauer Pakts wenige Monate vorher, am 28. Februar 1963, in Warschau geführt hatten.
In westlichen Analysen wird häufig der Standpunkt vertreten, daß Albanien »de facto« aus dem Warschauer Pakt ausgeschlossen worden sei, ohne daß die übrigen sieben Signatarstaaten darüber einen Beschluß gefaßt hätten.[112] Da die Führungsorgane der Warschauer Allianz einstimmig entscheiden, könnten sie einen solchen Beschluß ohne die Hinzuziehung Albaniens in rechtswirksamer Weise gar nicht treffen.[113]
So lag die »albanische Frage« in der Allianz – wie Robin A. Remington zutreffend festgestellt hat – bis 1968 »auf Eis, überschattet von der Herausforderung Bukarests gegenüber der organisatorischen Kontrolle des Warschauer Pakts durch die UdSSR«[114]. Mit dieser Herausforderung Rumäniens sah sich Nikita S. Chruščev nicht mehr konfrontiert. Und im Rahmen des Konflikts mit Albanien dürfte dessen »ruhende« Mitgliedschaft in der Warschauer Allianz für Chruščev noch am leichtesten zu verkraften gewesen sein, da die permanenten Vorwürfe und Invektiven Tiranas ihn in anderen Bereichen sehr viel härter getroffen haben. Sonst wäre es nicht zu verstehen, daß der Kremlchef mit so viel Energie und Ausdauer den ständigen verbalen Angriffen der Führung des Landes begegnet ist, für das Josef Stalin nur tiefe Verachtung übrig hatte.

---

110 Text in: Protokoll der Verhandlungen des VI. Parteitages der SED. Bd. II, S. 77, und in: Neues Deutschland vom 19. Januar 1963.
111 Vgl. dazu J. Hacker: Integration, S. 23 mit Anm. 2. Vgl. dazu auch die weiteren Nachweise bei M. Shehu; Nachweis in diesen Kap., Anm. 103.
112 So beispielsweise R. A. Remington: Warsaw Pact, S. 52–54; G. Ginsburgs: Gambit, S. 201.
113 Vgl. dazu unten S. 872 f. mit Anm. 174.
114 R. A. Remington: Warsaw Pact, S. 54.

Schließlich sollte die begrenzte politische Mitwirkung der Volksrepublik China an der militärisch-politischen Willensbildung im Warschauer Pakt bis 1961 nicht vergessen werden. Am Tag der Unterzeichnung des Warschauer Vertrags hatte der Vertreter Pekings am 14. Mai 1955 eine offizielle Erklärung abgegeben, wonach sich China mit dem Warschauer Vertrag »vollkommen solidarisch erklärt und ihn unterstützt«[115]. An der ersten, zweiten, dritten und vierten Sitzung des Politischen Beratenden Ausschusses der Allianz nahmen jeweils Vertreter der Volksrepublik China als »Beobachter« teil.[116]

Eine entsprechende militärische Bindung Chinas an das Warschauer Bündnis läßt sich auch nicht für die Zeit nachweisen, als für Peking Moskau nicht nur das Vorbild und die Vorhut, sondern auch die weisungsbefugte Zentrale des Weltkommunismus war. So hatte die Volksrepublik China dem Vereinten Kommando nie Truppen unterstellt, sich auch nicht an der waffentechnischen Vereinheitlichung beteiligt und an der strategischen Planung in der Allianz nicht teilgenommen. In Übereinstimmung mit der damaligen Generallinie ihrer Außenpolitik hat die Volksrepublik China mit mehreren europäischen Staaten des »sozialistischen Lagers« – am 25. Dezember 1955 mit der DDR, am 27. März 1957 mit der Tschechoslowakei und am 6. Mai 1959 mit Ungarn – Verträge über Freundschaft und gegenseitige Zusammenarbeit geschlossen. Im Gegensatz zum inzwischen von chinesischer Seite gekündigten bilateralen Bündnispakt mit der UdSSR vom 14. Februar 1950[117] haben die bilateralen Pakte Pekings mit der DDR, der Tschechoslowakei und Ungarn keine militärische Zielsetzung.[118]

b) *Die verstärkte militärische Kooperation*

Anfang 1960 deutete vieles darauf hin, daß der Kreml keinesfalls die Absicht hegte, die militärische Kooperation im Rahmen der Warschauer Allianz zu forcieren. Am 14. Januar 1960 hatte Ministerpräsident Chruščev vor dem Obersten Sowjet detaillierte Angaben über die mehrfache Demobilisierung der sowjetischen Streitkräfte seit 1945 gemacht. Während sich

---

115 Text bei B. Meissner: Ostpakt-System, S. 207 f.
116 Vgl. dazu im einzelnen J. Hacker: Integration, S. 25–28.
117 Text des Vertrags vom 14. Februar 1950 bei B. Meissner: Ostpakt-System, S. 166 f.
118 Texte der Verträge in: Verträge der Volksrepublik China mit anderen Staaten. Teil 5: Verträge mit kommunistischen Staaten, S. 99–101, 477 f., 526 f.

im Jahre 1955 die Gesamtstärke der sowjetischen Streitkräfte auf 5 763 000 Mann belief, verringerte sich diese Zahl nach der weiteren Reduzierung bis 1958 um 2 140 000 Mann und wies damit einen Stand von 3 623 000 Mann auf. Vor dem Obersten Sowjet schlug Chruščev nun vor, die sowjetischen Streitkräfte noch einmal um 1,2 Millionen Mann auf damit 2 423 000 Mann zu reduzieren.[119]
Nachdem die UdSSR in der zweiten Hälfte der fünfziger Jahre auch ihren Mannschaftsbestand in Polen, der DDR und Ungarn verringert hatte und alle Bündnispartner – also auch die Tschechoslowakei, Ungarn und Bulgarien (sowie Albanien) – ebenfalls ihre Truppenstärken reduziert hatten[120], befaßte sich der Politische Beratende Ausschuß auf seiner dritten Tagung am 4. Februar 1960 in Moskau mit der von der UdSSR »neu durchgeführten beträchtlichen Reduzierung der Streitkräfte«[121], mit Fragen der Abrüstung sowie der Vorbereitung der geplanten Gipfelkonferenz. In der Deklaration der Teilnehmerstaaten des Warschauer Vertrags vom 5. Februar 1960 wurde mitgeteilt, daß die Allianz seit ihrer Gründung die Gesamtstärke der Streitkräfte um 2 596 500 Mann reduziert habe: »Durch die jetzige einseitige Reduzierung der Armee der UdSSR erhöht sich diese Zahl auf 3 796 500 Mann.«[122] Die Mitgliedsländer des Warschauer Pakts brachten in prononcierter Weise zum Ausdruck, daß diese Maßnahmen die sich »gegenwärtig abzeichnende Entspannung der internationalen Lage« erleichtern sollten. Mit der gleichzeitig erneut ausgesprochenen Drohung, mit der DDR einen separaten Friedensvertrag zu schließen »und auf dieser Grundlage auch die Westberlin-Frage zu lösen«, stellte die UdSSR ihr Entspannungs-Konzept selbst in Frage.
Als Nikita S. Chruščev im Mai 1960 die Pariser Gipfelkonferenz platzen ließ und seine Koexistenz-Politik wieder stärker mit klassenkämpferisch-revolutionären Zügen versah, verschlechterte sich das internationale politische Klima zusehends. Die wesentliche Verhärtung der sowjetischen Politik gegenüber dem Westen, vor allem den USA, war nicht zuletzt darauf zurückzuführen, daß Peking Moskaus Koexistenz- und »Entspannungs«-

---

119 Dt. Text der Rede in: Neues Deutschland vom 16. Januar 1960 und Auszüge in: Europa-Archiv 1960, S. D 80–88 (83). Sehr instruktiv zum »new look« der sowjetischen Strategie R. Kolkovicz: Military, S. 150–156; ders.: Warsaw Pact, S. 91 f.; Th. W. Wolfe: Entwicklungen, S. 214–217.
120 Vgl. dazu im einzelnen St. Tiedtke: Vertragsorganisation, S. 22–26 mit zahlreichen Angaben. Siehe auch oben S. 634 f.
121 Dt. Text des Kommuniqués bei B. Meissner (Hrsg.): Warschauer Pakt, S. 182 f. (183).
122 Text, ebenda, S. 188.

Politik inzwischen immer schärfer kritisiert und die Vereinigten Staaten zu »Papiertigern« degradiert hatte.[123]
Die sowjetisch-chinesischen Spannungen erreichten auf europäischem Boden ihren ersten Höhepunkt während des III. Parteitags der Kommunistischen Partei Rumäniens im Juni 1960 in Bukarest. Der Kurswechsel in der sowjetischen Politik bewirkte, daß am 25. Juli 1960 dem Ersuchen Marschall Ivan Konevs entsprochen wurde, ihn aus »Gesundheitsgründen« seines Postens als Oberkommandierender der Vereinten Streitkräfte der Warschauer Pakt-Mächte zu entbinden. Marschall Andrej Grečko wurde zum Nachfolger ernannt.[124]
Die vierte Tagung des Politischen Konsultativausschusses vom 28. bis zum 29. März 1961 in Moskau, an der Albanien nicht mehr mit seinen Spitzenfunktionären vertreten war und zu der Peking zum letzten Mal einen Beobachter gesandt hatte, nahm ausdrücklich auf die Ergebnisse der Moskauer Konferenz der 81 kommunistischen Parteien im November 1960 Bezug, auf der die Gegensätze zwischen Moskau auf der einen und Peking und Tirana auf der anderen Seite nochmals aufeinandergeprallt waren. Von den zuletzt 1960 angekündigten Maßnahmen zur Truppen-Reduzierung war nun keine Rede mehr. Vor allem ein Satz in dem Abschluß-Kommuniqué der Tagung deutete an, daß sich die Auffassung der Sowjetführung von der militärischen Rolle des Warschauer Pakts inzwischen gewandelt hatte. Darin wurde festgestellt, die Pakt-Mitglieder hätten sich auf Maßnahmen geeinigt, »die sie im Interesse einer weiteren Stärkung ihrer Verteidigungsfähigkeit und der Festigung des Weltfriedens für notwendig halten«[125].
Im sowjetischen Denken gewannen nun die Aspekte der militärischen Kooperation und der gemeinsamen Stärke der Pakt-Streitkräfte ein sehr viel größeres Gewicht als in den Jahren zuvor. Von der »Verstärkung der Verteidigungskraft der Warschauer Vertragsstaaten« ist in den Deklarationen der Pakt-Mächte auch in der Folgezeit viel die Rede. Das Interesse der Sowjets an einem verstärkten Zusammenwirken des Bündnisses wuchs im Sommer 1961 nochmals, als die Regierungs- und Parteispitzen der Vertragsstaaten Anfang August 1961 – wie bereits ausgeführt – jene

---

123 Vgl. die Nachweise bei E. Kux: Rußland.
124 Dt. Text der Mitteilung bei B. Meissner (Hrsg.): Warschauer Pakt, S. 197. Vgl. dazu vor allem M. Mackintosh: Evolution, S. 5 f.; St. Tiedtke: Vertragsorganisation, S. 51 f.
125 Text des Kommuniqués bei B. Meissner (Hrsg.), ebenda, S. 197–200 (200). Vgl. dazu auch H. Schimanski: Ostblockgipfeltreffen in Moskau; Th. W. Wolfe: Entwicklungen, S. 211 f.

drakonischen Maßnahmen empfahlen, die am 13. August vom SED-Regime zur Abschnürung Ost-Berlins ergriffen wurden. Nachdem die Westmächte den Bau der Mauer ohne jeden Widerstand hingenommen hatten, »war es unwahrscheinlicher denn je, daß sie etwa künftigen Aufständen jenseits des Eisernen Vorhangs ihre Unterstützung geben würden, und dies konnte nur eine weitere Konsolidierung der sowjetischen Hegemonie bedeuten«[126]. Nachdem Chruščev sein am 14. Januar 1960 verkündetes Programm, die sowjetischen Truppenbestände zu kürzen, nach dem 13. August 1961 gestoppt hatte, betrug der Stand der sowjetischen Streitkräfte Ende 1961 wiederum 3,80 Millionen Mann.

Die Rede Rodion Malinovskijs, des sowjetischen Verteidigungsministers, auf dem XXII. Kongreß der KPdSU am 25. Oktober 1961 ließ eine »mittlere Linie zwischen den Extremen der nuklearen Abschreckungsstrategie und der lange geübten Abwertung der Kernwaffen erkennen. Dies bedeutete, daß der Raum Mittel- und Osteuropas mit dem nach Westeuropa vorstoßenden Keil der Sowjetzone Deutschlands und den dort stationierten Land- und Luftstreitkräften seine beherrschende Stellung in der sowjetischen Strategie behielt. Die argwöhnische Abschirmung dieses Bereichs gegen alle äußeren Einflüsse blieb ein bestimmendes Element der sowjetischen Politik: Die Lockerungen im politischen und wirtschaftlichen Bereich änderten nichts an der absoluten Herrschaft der Sowjetunion in der von dichter Geheimhaltung geschützten militärischen Sphäre.«[127]

Wie sehr die sowjetische Führung von nun an mehr Wert auf die militärische Rolle der Warschauer Allianz legte, geht auch aus der Tatsache hervor, daß am 8. und 9. September 1961 die Verteidigungsminister der Pakt-Mächte in Warschau zum erstenmal zu einem öffentlich angekündigten und ausschließlich militärischen Fragen gewidmeten Treffen zusammenkamen. Sie behandelten »konkrete Fragen zur Verstärkung der Kampfbereitschaft der Truppen, die zu den vereinigten Streitkräften der Warschauer Vertragsländer gehören«[128].

Dieser Konferenz folgten vom 28. September bis zum 10. Oktober 1961 die ersten gemeinsamen Manöver, an denen Truppen der UdSSR, Polens, der Tschechoslowakei und der DDR teilgenommen haben. Nach den Plänen des Stabes der Vereinten Streitkräfte wurden seitdem zahlreiche ge-

---

126 So B. Meissner: Die strukturellen Wandlungen im Ostblock, S. 346 f.
127 So B. Meissner, ebenda, S. 347. Dt. Text (Auszüge) der Rede R. Malinovskijs in: Ost-Probleme 1961, S. 767–769.
128 Text der Mitteilung bei J. Hacker: Integration, S. 67.

meinsame Übungen unter Teilnahme der Landstreitkräfte, der Truppen der Luftverteidigung, der Luftstreitkräfte und der Flotten der verbündeten Länder abgehalten. In mehreren Fällen überließen die Sowjets die Leitung dem Verteidigungsminister des Staates, in dem die Übung abgehalten wurde. Die Mehrzahl der gemeinsamen Manöver fand in den nördlich gelegenen Ländern des Warschauer Pakt-Bereichs statt; der Raum Ostmitteleuropas und der DDR ist für die UdSSR strategisch ungleich wichtiger als die zu ihrem Machtbereich gehörenden Staaten Südosteuropas. Die Nordflanke würde der sowjetischen Führung im Fall eines Krieges als Sprungbrett für eine Offensive gegen Westeuropa dienen. Die Südflanke erscheint der sowjetischen Führung seit Mitte der sechziger Jahre vor allem wegen des Verhaltens Rumäniens problematisch.[129]

Bis zum Sturz Nikita S. Chruščevs am 14. Oktober 1964 gibt es keine verläßlichen Informationen darüber, daß Rumänien auch im Rahmen der militärischen Kooperation eine Sonderrolle zu spielen suchte. Die Rumänen durfte es mit Stolz erfüllen, daß die ersten gemeinsamen Manöver sowjetischer, rumänischer und bulgarischer Streitkräfte an der Südflanke der Allianz in der Dobrudža im Oktober 1962 unter dem Oberbefehl des rumänischen Verteidigungsministers L. Salajan gestanden haben. Die sowjetische und rumänische Berichterstattung wich darüber voneinander nur in Nuancen ab.[130]

Bis heute ist nicht geklärt, ob und inwieweit der Kreml eine Einbeziehung von Streitkräften der Warschauer Pakt-Mitglieder im Kuba-Konflikt mit den USA im Oktober 1962 in Erwägung gezogen hat. Nach dem Warschauer Vertrag wäre ein politisches und militärisches Engagement der Mitglieder im karibischen Raum nicht zulässig gewesen, da die Vertragspartner ihr Bündnis regional auf Europa begrenzt haben. Aufschlußreich ist dazu jedoch der Bericht des Sekretärs des Zentralkomitees der KPdSU, Michail Suslov, der am 14. Februar 1964 Kritik an der Haltung Pekings in der Kuba-Krise geübt hat. Die chinesische Führung habe »in keiner Weise die Verteidigungsmaßnahmen unterstützt, die die Warschauer Vertragsstaaten für den Fall einer imperialistischen Aggression

---

129 Vgl. über die gemeinsamen Manöver der Landstreitkräfte der Warschauer Pakt-Mächte bis 1970 die genaue Übersicht bei St. Tiedtke: Vertragsorganisation, S. 69, die auch darüber informiert, welche Staaten jeweils daran teilgenommen haben. Er stützt sich vor allem auf die detaillierten Angaben der mehrteiligen Übersicht bei W. Hanisch u. a.: Ereignisse. Sehr instruktiv dazu auch C. D. Jones: Influence, S. 106–116; im Anhang vermittelt er einen detaillierten Überblick über die gemeinsamen Übungen des Warschauer Pakts in den Jahren 1961–1979 (vgl. S. 301–309).
130 Sehr instruktiv dazu mit Nachweisen R. A. Remington: Warsaw Pact, S. 70 f.

trafen, und hat kein Sterbenswörtchen darüber verlauten lassen, daß China bei einem Überfall der USA auf Kuba an der Seite aller sozialistischen Länder stehen werde«[131].
Ebenso nutzlos ist es, darüber zu spekulieren, ob die Ernennung des sowjetischen Armeegenerals P. I. Batov nach dem Tod des sowjetischen Armeegenerals A. I. Antonov zum neuen Stabschef der Vereinten Streitkräfte am 29. Oktober 1962 als Zeichen einer vom Kreml gewünschten erweiterten Militärkooperation gedeutet werden konnte.[132]
Daß die UdSSR auch in der Folgezeit die militärische Kooperation in der Warschauer Allianz aktiviert hat, verdeutlichten die Kommuniqués über die Zusammenkunft der Verteidigungsminister der Pakt-Mitglieder am 28. Februar 1963 und der sechsten Tagung des Politischen Beratenden Ausschusses am 26. Juli 1963 in Moskau. So haben die Verteidigungsminister – und das war eine neue Formel – »laufende Fragen der Armeen und Maßnahmepläne zur Koordinierung der Gefechtsausbildung der Truppen im Jahre 1962 behandelt«[133]. Und der politische Konsultativausschuß befaßte sich mit Fragen, »die mit dem Stand der bewaffneten Streitkräfte des Warschauer Vertrages im Zusammenhang stehen«[134].
Der Politische Beratende Ausschuß ist 1964 zu keiner Beratung einberufen worden. Das ist deshalb so bemerkenswert, da Bukarests Politik der nationalen Positionsaufwertung, die sich bis dahin vornehmlich im ökonomischen Bereich ausgewirkt hatte, mit der Veröffentlichung der von westlicher Seite hochstilisierten »Unabhängigkeitserklärung« vom 22. April 1964 ihren vorläufigen Höhepunkt erreichte. Auch wenn in dem bemerkenswerten Dokument die militärische Kooperation in der Warschauer Allianz mit keinem Wort erwähnt wurde, offenbarte es doch auf drastische Weise, daß die rumänische Führung ihre Sonderrolle in Zukunft nicht auf den wirtschaftlichen Bereich beschränkt sehen wollte. Doch blieb Nikita S. Chruščev in den letzten Monaten seiner Herrschaft von diesen Problemen verschont.
Während westliche Militärexperten Anfang der sechziger Jahre bei der Einschätzung der Gesamtstärke der konventionellen sowjetischen Streit-

---

131 Vgl. dazu mit Nachweis J. Hacker: Integration, S. 28, Anm. 1; R. Kolkowicz: Warsaw Pact, S. 91, betont, daß die UdSSR während der Kuba-Krise Streitkräfte der Allianz nicht mobilisiert habe.
132 Text der Mitteilung bei J. Hacker, ebenda, S. 72. Spekulationen dazu hat vor allem J. K. Hoensch in: Osteuropa-Politik, S. 246 angestellt. Vgl. zum Wirken Antonovs bis dahin J. Hacker, ebenda, S. 17, Anm. 2.
133 Text bei J. Hacker, ebenda.
134 Text, ebenda.

kräfte weitgehend übereinstimmten, war es für sie nicht leicht festzustellen, inwieweit gravierende Unterschiede im Ausrüstungsstand der einzelnen Armeen der Warschauer Pakt-Mächte bestanden haben. Während sich die zahlenmäßige Stärke der sowjetischen Streitkräfte 1961 auf 3,8 Millionen Mann belief, betrug diese Zahl 1963/64 3,3 Millionen. Festzuhalten gilt, daß die UdSSR – und daran hat sich bis heute nichts geändert – die Mehrzahl ihrer in Europa stationierten Divisionen auf dem Territorium der DDR unterhält; die 10 Panzer- und 10 motorisierten Divisionen gehören zu denen mit voller Kriegsstärke. Hinzu kommen 2 Divisionen in Polen (1 Panzer- und 1 motorisierte Division) sowie 4 in Ungarn (2 Panzer- und 2 motorisierte Divisionen).[135]

Für die Verbündeten der UdSSR in der Warschauer Allianz ergab sich 1964 bezüglich der Landstreitkräfte folgendes Bild: Polen und die Tschechoslowakei je 14, Ungarn 5, die DDR 6, Rumänien 12 und Bulgarien 11 Divisionen. Nimmt man die Luft- und Seestreitkräfte der einzelnen Staaten hinzu, dann ergibt sich eine Gesamtstärke von rund 1,1 Millionen Mann.[136] Darüber hinaus verfügen die Mitgliedsländer des Warschauer

---

[135] Das entsprach folgenden Zahlenstärken: DDR 250 000, Polen 25 000 und Ungarn 55 000 Mann. Vergleicht man diese Zahlen mit den Truppenstärken von Anfang 1958 (vgl. oben S. 634 f. mit den Angaben in den Anm. 151–153), so weichen sie bezüglich Polens und Ungarns nur geringfügig voneinander ab. Die wesentlich niedrigere Zahl von nun insgesamt 330 000 ergibt sich vor allem aus der nochmaligen Reduzierung der sowjetischen Truppen in der DDR von 30 auf insgesamt 20 Divisionen; der Abzug der sowjetischen Streitkräfte aus Rumänien 1958 fällt dabei wesentlich weniger ins Gewicht. Vgl. zu den westlichen Berechnungen die detaillierten Nachweise in: The Military Balance 1964/65, S. 5, die das Londoner International Institute for Strategic Studies herausgegeben hat. Sehr instruktiv dazu auch die Angaben bei R. T. R. Gill: NATO und Warschauer Pakt, S. 17–20, wo er die voneinander abweichenden westlichen Berechnungen miteinander vergleicht und nach den Fehlerquellen sucht. Vgl. dazu auch den aufschlußreichen Briefwechsel zwischen R. T. R. Gill und maßgebenden Mitgliedern des Londoner Instituts, in: Hinter dem Eisernen Vorhang 1964, H. 12, S. 18–21. Vgl. zur militärischen Stärke des Warschauer Pakts im Jahre 1964 auch R. F. Staar: System, S. 32.

[136] »The Military Balance 1964/65« hat die Gesamtstärken der Streitkräfte – also unter Einschluß der Luft- und Seestreitkräfte – für Herbst 1964 so eingeschätzt: Polen: 272 000, Tschechoslowakei: 235 000, Ungarn: 104 000, DDR 106 000, Rumänien: 222 000 und Bulgarien: 150 000 Mann; vgl. ebenda auch die Aufschlüsselung auf die drei Waffengattungen (S. 6–8); R. T. R. Gill, ebenda; R. F. Staar, ebenda, dessen Zahlen geringfügig von denen des Londoner Instituts abweichen. Die DDR selbst hat die Gesamtstärke ihrer Streitkräfte für 1964 mit 90 000 (nach der Verringerung seit 1956, als sich diese Zahl auf 120 000 Mann belief) angegeben. Vgl. Handbuch der DDR, S. 297. Zur Personalstärke der DDR macht K. W. Fricke in: Der Verteidigungshaushalt der DDR, S. 162, wertvolle Angaben. Er weist darauf hin, wie unzureichend offizielle DDR-Quellen seit 1964 über die Gesamtstärke der Nationalen Volksarmee berichtet haben.

Pakts über teilweise starke paramilitärische Einheiten, zu denen vor allem die Grenztruppen gehören.[137]
Ein exakter Vergleich des Ausrüstungsstandes der nationalen Armeen der Warschauer Pakt-Mächte war bis Ende 1964 angesichts der unsicheren und sich teilweise widersprechenden Quellen nicht möglich. Westliche Militärexperten stimmen jedoch darin überein, daß die sowjetische Führung bis zu diesem Zeitpunkt klar zwischen den drei nördlich gelegenen Staaten Polen, der Tschechoslowakei und der DDR, die man auch als das »nördliche Dreieck« bezeichnete, und den südlichen Warschauer Pakt-Staaten Ungarn, Rumänien und Bulgarien, dem »südlichen Dreieck«, unterschieden hat. So bestand auch kein Zweifel darüber, daß die Streitkräfte Polens neben denen der Tschechoslowakei nicht nur die stärksten, sondern zugleich auch die am besten ausgebildeten und ausgerüsteten im außerrussischen »Ostblock« waren. Obwohl bereits damals die Kenntnisse über die Entwicklung der Nationalen Volksarmee der DDR bedeutend umfangreicher waren als die über die Streitkräfte der übrigen Staaten, ist bis heute nicht geklärt, ob damals der Ausrüstungsstand der NVA jenem der Streitkräfte Polens und der Tschechoslowakei entsprach. Eine realistische Einschätzung des Ausrüstungsstands der Nationalen Volksarmee wird dadurch erschwert, daß mehrere Autoren der DDR den Eindruck zu erwecken gesucht haben, als sei die NVA sehr frühzeitig von den Sowjets besonders gut behandelt worden. Auf jeden Fall war die Nationale Volksarmee bereits 1964 besser ausgestattet als die Streitkräfte Ungarns, Rumäniens und Bulgariens, ehe ihr in den militärstrategischen Überlegungen des Kreml ab 1965 eine privilegierte Stellung eingeräumt wurde.[138]
Während in den Jahren zuvor die Sowjets den Luftverteidigungskräften den Vorrang vor den Heerestruppen und der sie unterstützenden taktischen Luftwaffe eingeräumt hatten, konzentrierte sich mit Beginn der

---

137 Vgl. dazu auch »The Military Balance 1964/65«, ebenda.
138 Sehr instruktiv dazu unter Heranziehung zahlreicher Quellen St. Tiedtke: Vertragsorganisation, S. 68–73. Über den Ausrüstungsstand der NVA und der anderen nationalen Streitkräfte informiert auch »The Military Balance 1964/65«, S. 6–8. Vgl. dazu auch R. F. Pruck: Streitkräfte, S. 673–675; J. Hacker: Integration, S. 49–57 mit weiteren Nachweisen. Über die Entstehung, Entwicklung und den Stand der Armeen der Ostblockländer bis 1964/65 berichtet auch R. L. Garthoff in: Armeen; Th. W. Wolfe: Entwicklungen, S. 212–214. Vgl. zur Entwicklung der Volksarmeen Polens, der Tschechoslowakei, Ungarns, Rumäniens und Bulgariens die ausführlichen Beiträge in dem von Peter Gosztony herausgegebenen Band »Zur Geschichte der europäischen Volksarmeen«.

sechziger Jahre das Umrüstungsprogramm vornehmlich auf die Landstreitkräfte und umschloß den Ersatz der alten T-34 Panzer durch neuere vom Typ T-54 und T-55, die Lieferung von panzerbrechenden Raketen und Geschützen auf Selbstfahr-Lafetten sowie die Einführung neuerer Typen von Jagdbombern wie MIG-21 und SU-7. Besonderen Wert legte der Kreml schließlich darauf, veraltete Waffensysteme durch neue zu ersetzen und die Waffen-Standardisierung zu forcieren.[139]

Die bemerkenswerteste Neuerung lag in den frühen sechziger Jahren darin, daß die UdSSR ihren Verbündeten taktische Raketen vom Typ Frog 4 mit einer Reichweite von 50 km und des Typs Shud-A, eine operativ-taktische Rakete mit einer Reichweite von 150 km überließ; die Kernsprengsätze für diese Raketen, ohne die sie keine große Bedeutung haben, verblieben in sowjetischen Händen: »Immerhin markierte der Erwerb solcher Raketen durch osteuropäische Nationalarmeen einen beträchtlichen Schritt in Richtung auf eine mögliche nukleare Partnerschaft in der Zukunft.«[140]

Die Sowjets haben ihren Verbündeten jedoch keine strategischen Offensivwaffen gegeben – weder Mittelstrecken-Bomber noch Mittelstrecken-Raketen. Die Organisation der Luftverteidigung war in der ersten Hälfte der sechziger Jahre bereits sehr eng mit der der Sowjetunion verbunden. So ist Marschall W. Sudets, Oberbefehlshaber der sowjetischen Luftverteidigung, bereits damals als Oberbefehlshaber der Luftverteidigung des Warschauer Pakts bezeichnet worden.[141]

Daher dürfte Nikita S. Chruščev während der letzten Monate seiner Herrschaft mit der Entwicklung der östlichen Militärallianz sehr viel zufriedener sein als mit dem Stand der Integration im Rat für Gegenseitige Wirtschaftshilfe. Die forcierte militärische Umrüstung im Warschauer Pakt entlastete die sowjetische Militärmacht, auf die es dem Kremlchef zumindest Anfang 1960 so sehr ankam, als er weitreichende Truppen-Reduzierungen ankündigte und in Kreisen namhafter sowjetischer Militärs und Politiker auf Widerspruch gestoßen zu sein schien. Mit dem Wandel des Warschauer Pakts verfolgte der Kreml vornehmlich jedoch das Ziel, zentrifugalen Kräften innerhalb des »Lagers« entgegenzuwirken. Mit der militärischen Aufwertung des Bündnisses, die automatisch auch politische Folgen nach sich zog, wurden die Verbündeten nachdrücklich daran

---

139 Vgl. dazu vor allem Th. W. Wolfe, ebenda; R. L. Garthoff, ebenda, S. 11–13; St. Tiedtke, ebenda, S. 72 f.
140 So Th. W. Wolfe, ebenda, S. 213 f. (214); St. Tiedtke, ebenda, S. 70 f.
141 Vgl. dazu R. L. Garthoff: Armeen, S. 13.

erinnert, daß jeglicher Gedanke, den Warschauer Pakt verlassen zu können, sinnlos ist. Auf ein zentrales Problem hat Thomas W. Wolfe in diesem Zusammenhang aufmerksam gemacht:
»Auch wenn man die Frage beiseite läßt, wieviel Potential für Revolten in Osteuropa noch vorhanden ist, darf man wohl sagen, daß die Sowjets wahrscheinlich zu der Einsicht kamen, dieser Besatzungsaspekt ihrer militärischen Präsenz in diesen Ländern würde im Mantel gemeinsamer Pakt-Abmachungen weniger störend empfunden. Zwar stellte der Warschauer Pakt bereits eine gemeinsame Billigung der sowjetischen Militärpräsenz im Namen der Verteidigung gegen die NATO dar, aber es gab doch noch Möglichkeiten für Reibungen und Mißverständnisse, wenn es zu der Frage kam, wie weit die Ermächtigung durch diesen Pakt bei sowjetischen Polizei-Aktionen (wie 1956 in Ungarn) reichte. Die verschiedenen Abkommen über das bilaterale Kräfteverhältnis sollten zweifellos dazu dienen, solchen Fragen die Spitze zu nehmen, aber es mochte wohl scheinen, daß darüber hinaus eine Politik der engeren Zusammenarbeit den Vorteil größeren inneren Zusammenhalts und eines Gefühls der Zusammengehörigkeit bringen würde.«[142]

6. Das Ende der Ära Nikita S. Chruščev

In den letzten zwölf Monaten bis zu seinem Sturz hat Nikita S. Chruščev viel Energie darauf verwandt, eine Konferenz der kommunistischen Parteien einzuberufen, auf der die Kommunistische Partei Chinas aus der kommunistischen Weltbewegung ausgeschlossen werden sollte. Nach der Veröffentlichung der Erklärung der Kommunistischen Partei Rumäniens vom 22. April 1964 war es auch für den Kremlchef selbstverständlich, daß er mit der Zustimmung Bukarests zu dem geplanten Tribunal über Peking nicht rechnen konnte. Spätestens mit ihrem weitreichenden Dokument hatte die rumänische Führung unmißverständlich verdeutlicht, daß sie im sowjetisch-chinesischen Konflikt in Zukunft einen Kurs der Neutralität zu steuern gedachte. Dies gilt es vor allem auch deshalb festzuhal-

---

142 Th. W. Wolfe: Entwicklungen, S. 218. Wolfe hat auch geprüft, inwieweit der Konflikt zwischen Moskau und Peking bei der Neueinschätzung des Warschauer Pakts Anfang der sechziger Jahre in Moskau eine Rolle gespielt haben könnte (vgl. ebenda, S. 216 f.).

ten, da von nun an Bukarest seine Politik der nationalen Positionsaufwertung nicht mehr auf den Bereich der ökonomischen Integration beschränkt wissen wollte. Es war ein äußerst geschickter Schachzug der rumänischen Führung, sich in der ersten März-Hälfte 1964 als Vermittler anzubieten und den Eindruck zu erwecken, als ob der sowjetisch-chinesische Konflikt noch beigelegt werden könnte. An dieser Fiktion, zwischen Moskau und Peking könne und müsse ein Ausgleich gefunden werden, hielt Bukarest – den Realitäten zum Trotz – auch noch fest, als der Bruch besiegelt war. Für Chruščev war es besonders unangenehm, daß sich Gheorghiu-Dej nicht auf die Seite der Sowjets gestellt hatte.[143]

Den sowjetischen Vorschlag, im Dezember 1964 eine Vorbereitungskonferenz von 26 Parteien in Moskau einzuberufen, unterstützten vorbehaltlos nur die politischen Führungen der Tschechoslowakei, Bulgariens und der DDR.[144] Wenn die ungarische Führung auch im Konflikt zwischen Moskau und Peking stets an der Seite des Kreml gestanden hatte, mußte Chruščev erst Anfang April 1964 nach Budapest reisen, um János Kádárs Zustimmung für eine solche Konferenz zu erhalten.

Als Chruščev in der ungarischen Hauptstadt weilte, veröffentlichte die Moskauer »Pravda« am 3. April 1964 endlich die Rede, die der sowjetische Chefideologe Michail Suslov bereits am 14. Februar vor dem Zentralkomitee der KPdSU gehalten hatte und deren Publikation aufgrund rumänischer Bitten bis zum Ende der Bukarester Vermittlungsaktion aufgeschoben worden war. Suslov hatte sich nicht darauf beschränkt, noch einmal den Ausschluß der Kommunistischen Partei Chinas aus der kommunistischen Weltbewegung zu fordern, sondern verwandte auch eine neue Formel für die »Block«-Solidarität, die aufhorchen ließ:

---

143 Vgl. dazu »Vorbehalte und Einwände anderer Parteien«, in: Hinter dem Eisernen Vorhang 1964, H. 4–5, S. 26–28 (27 f.); sehr instruktiv dazu M. Tatu: Macht, S. 323–327, 370–372.

144 Vgl. die instruktiven Nachweise in: Moskau spricht den Bannfluch gegen Peking aus, in: Hinter dem Eisernen Vorhang, ebenda, S. 25 f. (26). Vgl. speziell zur Haltung Ost-Berlins die Erklärung des Zentralkomitees der SED vom 14. April 1964; Text in: Neues Deutschland vom 15. April 1964 und SBZ-Archiv 1964, S. 152–155; siehe dazu I. Spittmann: Die SED und Peking, und über die Einstellung der SED bis Mitte 1963 G. Nollau: Der Zerfall der Dritten Internationale; K. W. F. (Karl Wilhelm Fricke): Peking, Moskau und Pankow, in: SBZ-Archiv 1963, S. 257 f. mit weiteren Nachweisen. Der SED bereitete es große Schwierigkeiten, den Konflikt richtig einzuordnen. So wurde seinerzeit eine große, die der für ideologische Fragen zuständige Sekretär des ZK der SED, Kurt Hager, am 29./30. Juli 1963 auf dem 3. Plenum des ZK der SED gehalten hat, in der DDR-Presse nicht veröffentlicht. Text in: SBZ-Archiv, ebenda, S. 272–283. Vgl. zur Haltung Ost-Berlins in den Jahren ab 1960/61 oben S. 659 f. mit den Nachweisen in Anm. 25; W. Osten: Moskau-Peking und die SED; U. G. Fabritzek: Die SED zwischen Moskau und Peking.

»Ferner verwirren die chinesischen Führer eine so klare Frage wie die Notwendigkeit einer bestimmten internationalen Disziplin in den Reihen der kommunistischen Bewegung. Sie behaupten, von einer solchen Disziplin könne keine Rede sein, da es ja jetzt keine zentralisierte Organisation von der Art der Komintern gibt. Aber damit entlarven sich die chinesischen Führer selbst, offenbar ohne es zu merken. Sie begreifen nicht, daß die internationale Disziplin der Kommunisten unter den gegenwärtigen Bedingungen nicht darin besteht, irgendwelche von oben diktierte Befehle zu erfüllen, sondern in der freiwilligen, auf dem tiefen Verständnis ihrer internationalen Pflicht basierenden Übernahme bestimmter Verpflichtungen durch die kommunistischen Parteien vor der gesamten kommunistischen Weltbewegung und untereinander wie auch in der konsequenten praktischen Erfüllung dieser Verpflichtungen.«[145]

Von der »internationalen Disziplin« war weder in der Erklärung der zwölf regierenden kommunistischen Parteien vom 16. November 1957 noch in der Deklaration des kommunistischen »Weltkonzils« vom November 1960 noch in anderen multilateralen und bilateralen Dokumenten die Rede. Während jedoch Suslov, der auch die Formel von der »proletarischen Solidarität« benutzte, alles vermied, um Moskau als »Befehlsstab« erscheinen zu lassen oder gar ihm den Gedanken zu unterstellen, ein neues organisatorisches Zentrum zu errichten, zeigte Nikita S. Chruščev mit seiner Rede vom 3. April 1964 in Budapest, daß er die Realitäten im »sozialistischen Lager« nicht mehr richtig einzuschätzen wußte. Darin hielt er es für zweckmäßig, gemeinsam die Frage der »organisatorischen Formen« zu prüfen, um den ständigen Austausch von Meinungen zu verbessern und die Außenpolitik zwischen den Mitgliedern des Rats für Gegenseitige Wirtschaftshilfe, die auch dem Warschauer Pakt angehören, zu koordinieren.[146]

So wurden die Führungen der Staaten des »sozialistischen Lagers« innerhalb von 24 Stunden von Suslov darüber belehrt, daß eine »bestimmte internationale Disziplin« notwendig sei, während der Kremlchef den Weg

---

145 Dt. Text der Rede Suslovs in: Neues Deutschland vom 4. April 1964 und bei H. Brahm: Griff, S. 65–134; Auszüge in: Ost-Probleme 1964, S. 281–314 (303). Vgl. dazu »Moskau spricht den Bannfluch gegen Peking aus«, ebenda. M. Tatu beleuchtet in: Macht, S. 370–374, auch den innerparteilichen Hintergrund der Suslov-Rede. A. B. Ulam deutet die Rede Suslovs in: Expansion, S. 689 f. dahingehend, daß nun ein Faktum außer Zweifel stand: Für den Kreml war die Schaffung irgendeines Modus vivendi ausgeschlossen, solange an der Spitze Chinas Mao Tse-tung stand.
146 Text der Rede in: Népszybadság vom 4. April 1964; hier zit. nach J. F. Brown: East Europe, S. 18. Sehr instruktiv dazu unter Hinweis auf die Rede N. S. Chruščevs auch G. J. Gill: Rumania, S. 94–96.

aufzeigte, wie sie am besten zu erreichen sei. Es war völlig klar, daß die Mehrzahl der Führungen der zum »Lager« gehörenden Länder diese »Botschaften« nicht gern hörten. Seitens Chruščevs war es wenig geschickt, daß er nun seinen Versuch, möglichst alle Führungen für seinen Konferenzplan zu gewinnen, mit dem Vorschlag verband, neue »organisatorische Formen« in Erwägung zu ziehen, mit denen nur eine Institutionalisierung der Kontakte gemeint gewesen sein konnte.

Für Chruščev war es besonders enttäuschend, daß selbst die Führungen jener Länder, die die sowjetischen Positionen im Konflikt mit China vorbehaltlos unterstützten, auf den neuen Plan des Kremlchefs nicht positiv reagiert haben. Das gilt für Prag, Ost-Berlin und Sofia. Die Haltung Bukarests stand von vornherein fest. Selbst die Führung Polens war nicht einmal bereit, der Einberufung einer Konferenz der kommunistischen Parteien mit dem Ziel zuzustimmen, die Kommunistische Partei Chinas aus der kommunistischen Weltbewegung auszuschließen.[147]

Der Stimmung im »Lager« entsprach das Memorandum, das der Chef der Kommunistischen Partei Italiens während eines Aufenthalts in Jalta verfaßt und das als Testament Palmiro Togliattis in die Geschichte des Kommunismus eingegangen ist. In dem erstmals Anfang September 1964 veröffentlichten Dokument wandte sich Togliatti »gegen jeden Vorschlag, erneut eine zentralisierte internationale Organisation zu schaffen«. Er bekannte sich erneut zum »Polyzentrismus«: »Auch im sozialistischen Lager muß man sich vielleicht (ich unterstreiche dieses ›vielleicht‹, da uns viele konkrete Tatsachen unbekannt sind) vor der erzwungenen äußeren Uniformität hüten und daran denken, daß die Einheit in der Vielfalt bei voller Autonomie der einzelnen Länder hergestellt und bewahrt werden muß.«[148]

---

147 Vgl. dazu J. F. Brown, ebenda; Vorbehalte und Einwände anderer Parteien, in: Hinter dem Eisernen Vorhang 1964, H. 4–5, S. 27 f.
148 Text in: Rinascita, Rom, vom 5. September 1964; dt. Übersetzung in: Ost-Probleme 1964. S. 650–656 (654, 656). Nachdem es dem Kreml nicht gelungen war, die Nachfolger Togliattis von einer Publikation des »Testaments« abzuhalten, veröffentlichte die »Pravda« am 10. September 1964 das für die sowjetische Führung so peinliche Dokument in vollem Wortlaut. Vgl. dazu A. B. Ulam: Expansion, S. 692, wo er feststellt, daß das Memorandum Togliattis zeige, wie tief das Prestige der sowjetischen Führung in der kommunistischen Weltbewegung inzwischen gesunken war: »Nun, auf der Höhe ihrer industriellen und militärischen Macht, war die UdSSR unfähig, auch nur annähernd die absolute Kontrolle über die Bewegung auszuüben, die das schwache und rückständige Rußland in den zwanziger und dreißiger Jahren innehatte.« Vgl. dazu auch H. König: Lorbeer, S. 653 f.; M. Tatu: Macht, S. 391. Festzuhalten gilt, daß Togliatti schon nach dem XXII. Kongreß der KPdSU 1961 nachdrücklich seine »Poly-

Nikita S. Chruščev war es nicht mehr vergönnt, während der letzten Wochen seiner Herrschaft die von ihm so sehr propagierte Vorkonferenz der kommunistischen Parteien noch zu erleben. Am 10. August 1964 veröffentlichte die »Pravda« einen Leitartikel, der erstmals bestätigte, daß »in diesen Tagen« die Einladungen zur vorbereitenden Konferenz am 15. Dezember ergangen seien. An ihr sollten jene 26 Parteien teilnehmen, die schon das Moskauer Treffen des Jahres 1960 organisiert hatten, während nach den Plänen des Kreml die große Konferenz im Sommer 1965 stattfinden sollte.[149]
Obwohl die »Pravda« das Recht auf Uneinigkeit ausdrücklich anerkannte, mußte Chruščev auch dieses Mal mit dem Echo der »Bruderparteien« unzufrieden sein. Wiederum zeigte sich, welches Ausmaß der Autoritätsverfall Moskaus im »sozialistischen Lager« inzwischen angenommen hatte. Nicht nur die politischen Führungen in Bukarest und Warschau, sondern auch in den Zentralen der übrigen »Bruderstaaten« wußten, daß Chruščev mit den von ihm geplanten Konferenzen nicht zuletzt das Ziel verfolgte, die Kontrolle über die Mitglieder des »Lagers« zu stärken und damit deren politischen Manövrierraum einzuschränken. Nicht nur die Führung Rumäniens hatte inzwischen erkannt, welche Vorteile ihr der sowjetisch-chinesische Konflikt bot, um die Außenpolitik des Landes immer mehr nach den eigenen nationalen Interessen zu formulieren.

7. *Die Bilanz: das kommunistische Schisma*

Am 14. Oktober 1964 kam das Plenum des Zentralkomitees der KPdSU »der Bitte des Genossen N. S. Chruščev nach, ihn im Hinblick auf sein fortgeschrittenes Alter und die Verschlechterung seines Gesundheitszustands von den Amtspflichten des Ersten Sekretärs des ZK der KPdSU,

---

zentrismus«-Idee propagiert hatte. Vgl. Togliattis Bericht über den XXII. Parteitag der KPdSU in: l'Unita vom 11. November 1961; dt. Übersetzung (Auszug) in: Ost-Probleme 1961, S. 869 f. Vgl. dazu auch oben S. 536.
149 Vgl. dazu im einzelnen »Chruschtschew lud ein – China lehnte ab«, in: Hinter dem Eisernen Vorhang 1964, H. 9, S. 23-25; Blick durch den Vorhang, ebenda, H. 10, S. 1 f.; vgl. dazu auch »Neue Herausforderung Moskaus durch Peking«, ebenda, H. 6, S. 15-18. Sehr instruktiv dazu und über die weitere Entwicklung K. Devlin: Gipfel, S. 1 f.; M. Tatu, ebenda, S. 390 f.

des Mitglieds des Präsidiums des ZK der KPdSU und des Vorsitzenden des Ministerrats der UdSSR zu entbinden«.[150] Während das Plenum des Zentralkomitees der KPdSU Leonid I. Brežnev zum Ersten Sekretär des ZK der KPdSU wählte, ernannte das Präsidium des Obersten Sowjets der UdSSR Alexej Kosygin zum Vorsitzenden des Ministerrats.
Der Sturz Chruščevs, über dessen Hintergründe eine umfangreiche Literatur vorliegt[151], löste im kommunistischen Lager große Verwirrung aus.[152] Bemerkenswert ist zunächst, daß das einen Tag später, am 17. Oktober, in der »Pravda« veröffentlichte beachtliche Sündenregister mit keinem Wort ausdrücklich Chruščevs Außen- und »Block«-Politik erwähnt hat.[153] Westliche Beobachter stimmten darin überein, daß Chruščevs Handhabung des sowjetisch-chinesischen Konflikts und die Situation im »sozialistischen Lager« wie in der internationalen kommunistischen Bewegung eine, wenn auch nicht die entscheidende Ursache für die Ablösung des Kremlchefs waren. Angesichts des Schismas im Weltkommunismus schien von vornherein ein radikaler Kurswechsel gegenüber der Volksrepublik China ausgeschlossen, da er nur auf einen Verzicht des bis dahin notdürftig und nur noch verklausuliert aufrechterhaltenen Führungsanspruchs Moskaus hätte hinauslaufen können.
In seiner Ansprache auf der Kundgebung zum 47. Jahrestag der Oktober-Revolution nahm der neue Erste Sekretär des Zentralkomitees der KPdSU, Leonid Brežnev, erstmals zu außenpolitischen Fragen Stellung. Ausdrücklich betonte er, es sei selbstverständlich, »daß jedes sozialistische Land den Erfahrungen beim Aufbau der neuen Gesellschaft in anderen Ländern Aufmerksamkeit schenkt. Wir sind jedoch der Ansicht, daß es falsch wäre, die Erfahrungen irgendeiner Partei und eines Landes anderen Parteien und Ländern aufzuzwingen. Die Wahl dieser oder jener Me-

---

150 Vgl. »Pravda« vom 16. Oktober 1964; dt. Text in: Ost-Probleme 1964, S. 619. Die nach wie vor beste und gründlichste Darstellung der Gründe und Hintergründe des Sturzes N. S. Chruščevs bildet M. Tatus Studie »Macht und Ohnmacht im Kreml«, die von der Fachkritik zutreffend als ein Meisterwerk der »Kreml-Astrologie« bezeichnet worden ist. Vgl. beispielsweise H. Brahms Rezension »Tatus Kreml-Astrologie«, in: Die Zeit vom 24. Januar 1969.
151 Vgl. die Nachweise bei J. K. Hoensch: Osteuropa-Politik, S. 249 mit Anm. 90. Zu den detailliertesten Analysen gehört auch B. Meissners mehrteiliger Beitrag: Chruschtschowismus ohne Chruschtschow.
152 Vgl. dazu die instruktive Übersicht »Der Sturz Chruschtschews«. Vgl. zu den Reaktionen aus den Ländern des »Lagers« auch die Berichte in: Osteuropa 1965, S. 166–176, 235–240; J. F. Brown: East Europe, S. 20–23; ders.: Eastern Europe; L. Labedz: The End of an Epoch; F. Fejtö: Volksdemokratien (II), S. 229–236; J. K. Hoensch: Osteuropa-Politik, S. 260–266; Ein Jahr ohne Chruschtschew.
153 Dt. Übersetzung in: Ost-Probleme 1964, S. 620 f.

thoden und Formen des sozialistischen Aufbaus ist das souveräne Recht eines jeden Volkes.«[154]
Da bei den Feierlichkeiten in Moskau auch eine chinesische Delegation mit Außenminister Chou En-lai an der Spitze weilte, kam es Brežnev darauf an, wenigstens einen Waffenstillstand mit Peking zu erreichen: »Wir gehen davon aus, daß die Besonderheiten in den Wegen des Aufbaus des Sozialismus die Entwicklung der freundschaftlichen Beziehungen zwischen den sozialistischen Bruderländern in keiner Weise beeinträchtigen dürfen. Die Richtigkeit eines Standpunktes zu konkreten Fragen des sozialistischen Aufbaus muß sich, wie uns scheint, an den Realitäten, am Nutzeffekt der beim Aufbau der neuen Gesellschaft erzielten Ergebnisse erweisen.«[155]
Auch aus der Rede Ministerpräsident Kosygins vom 9. Dezember 1964 ging klar hervor, daß Moskau zwar im Konflikt mit Peking nicht nachzugeben bereit war, jedoch die Auseinandersetzung zu entschärfen und nach Möglichkeit einen offiziellen und endgültigen Bruch zu vermeiden suchte. Diesem Ziel diente auch die Verschiebung der von Chruščev für Dezember 1964 vorgesehenen Vorkonferenz, die die Frage eines kommunistischen Konzils prüfen sollte, auf den 1. März 1965.[156]
Doch durfte die Pekinger Führung bereits aus der ersten programmatischen Rede Leonid Brežnevs vom 6. November 1964 den Schluß ziehen, daß der Kreml auch nach dem Sturz Nikita S. Chruščevs zu keinen weitreichenden Konzessionen bereit war: »Die Weltarmee der Kommunisten hat eine präzise und klare Generallinie, die gemeinsam auf den Moskauer Beratungen von 1957 und 1960 ausgearbeitet wurde.« Brežnev zitierte aus der Erklärung des kommunistischen »Weltkonzils« vom November 1960 jenen Passus, in dem die Konsultation zwischen den kommunistischen und Arbeiterparteien vereinbart worden war. Nachdrücklich berief er sich nicht nur auf die Prinzipien des Marxismus-Leninismus, sondern auch auf die des proletarischen Internationalismus.

---

154 Dt. Text der Rede L. Brežnevs in: Neues Deutschland vom 7. November 1964, S. 4–6 (5).
155 Vgl. ebenda.
156 Vgl. dazu B. Meissner: Chruschtschowismus ohne Chruschtschow, S. 225 f.; Waffenstillstand geht zu Ende, in: Hinter dem Eisernen Vorhang 1964, H. 12, S. 25–27. Sehr instruktiv dazu M. Tatu: Macht, S. 391, wo er sich auf G. Marchais bezieht, der mit einer Delegation seiner Partei nach dem »Putsch« nach Moskau gekommen war und über seine Besprechungen im Kreml in der Parteizeitung »L'Humanité« vom 9. November 1964 berichtet hat: Suslov und andere Spitzenfunktionäre hätten versichert, daß sich in der Beziehung zu Peking nichts geändert hätte und man auch an der Abhaltung einer internationalen Konferenz zu einem späteren Zeitpunkt festhalte.

Die neue Führung im Kreml hielt es für opportun, Nikita S. Chruščev bald zur Unperson zu deklarieren und seine Bedeutung als Außenpolitiker in keiner Weise gebührend zu würdigen. Aus den unterschiedlichen Reaktionen der politischen Führungen der zum »Lager« gehörenden Länder war zu entnehmen, daß sie nicht bereit waren, die »Sprachregelung« Moskaus ohne weiteres hinzunehmen. Während Peking zunächst abwartete, war Tirana über die beruhigenden Erklärungen Moskaus erfreut, in denen die Kontinuität des sowjetischen Kurses betont wurde. Die Führung Albaniens fürchtete nichts mehr als eine mögliche Annäherung zwischen Moskau und Peking.[157]

Die für den Sturz Chruščevs sowohl in Peking als auch in Tirana ausgegebene Version war – verständlicherweise – aus der eigenen Interessen- und Machtlage heraus einseitig. Beide haben als zentrale Ursache für den Bruch mit Moskau immer wieder den Verlauf und die Ergebnisse des XX. Kongresses der KPdSU vom Februar 1956 bezeichnet, auf dem Chruščev den Stalin-Mythos zertrümmert hat. Man kann jedoch auch die von Chruščev damals eingeleitete erste Entstalinisierung, der auf dem XXII. Parteitag der KPdSU im Oktober 1961 die zweite Entstalinisierung folgte, unter einem anderen, weiteren und vor allem positiveren Aspekt betrachten. Bereits mehrere Monate vor dem Zusammentritt des XX. Kongresses hatte Chruščev hinsichtlich seiner »Block«-Politik entscheidende Weichen gestellt.

Der Persönlichkeit und Politik Chruščevs vermag man nur gerecht zu werden, wenn man sich das Erbe vergegenwärtigt, das Josef Stalin im März 1953 hinterlassen hat. Mit viel Energie, Elan und auch Phantasie ging die zunächst kollektive Führung daran, Stalins Kolonialismus und die damit verbundenen Methoden der Kontrolle, des Drucks und der permanenten Einmischung in die inneren Angelegenheiten der »Satelliten« auf den verschiedensten Bereichen abzubauen. Chruščev hoffte, den »Sowjetblock« in eine »Gemeinschaft von Staaten« zu verwandeln, die zwar auch weiterhin von der UdSSR geführt, nicht jedoch terrorisiert werden sollte: »Die marxistisch-leninistische Ideologie sollten die gemeinsamen Bande und die Quelle der Einmütigkeit sein«[158].

Chruščev war geradezu davon besessen, Stalins Fehltritt aus dem Jahre 1948, als er Jugoslawien aus der kommunistischen Staatenwelt »exkommunizierte«, wiedergutzumachen und Jugoslawien in das »Lager« zu-

---

157 Vgl. dazu die Nachweise in: Der Sturz Chruschtschews.
158 So zutreffend Z. K. Brzezinski: Challenge, S. 431.

rückzuholen. Um dieses Ziel zu erreichen, war Chruščev bereits 1955 bereit, Titos unabdingbare Forderung zu erfüllen und Jugoslawiens »eigenen Weg zum Sozialismus« anzuerkennen. Dabei übersah Chruščev, daß es Tito mit seinem »Revisionismus« ebenso ernst meinte wie er mit seiner »Orthodoxie«, ohne dabei zu bedenken, welche Gefahren und Sprengkraft dieser Schritt auf die »Block«-Solidarität ausüben mußte.[159]
Es konnte nicht ausbleiben, daß sich nach dem Ausgleich die 1956 erfolgte »Aussöhnung« zwischen Moskau und Belgrad als ein Trugschluß erwies. Es spricht jedoch für Chruščev, daß er Tito auch in der Folgezeit nie das Recht auf den »eigenen Weg« Jugoslawiens zum Sozialismus abgesprochen hat. Chruščev meinte jedoch, daß die Bindekraft der marxistisch-leninistischen Ideologie für den Zusammenhalt des »sozialistischen Lagers« ausreichend sei.
Folgt man daher der Version Pekings und auch Tiranas, nach der »die ganze Serie der grundsätzlichen Differenzen in der internationalen kommunistischen Bewegung mit dem XX. Kongreß der KPdSU im Jahre 1956 begonnen hat«, dann übersieht man den zentralen Beitrag, den Tito bereits zuvor hinsichtlich der Veränderungen im »sozialistischen Lager« geliefert hatte. Auf dem XX. Kongreß der KPdSU hat Chruščev, der sich – auch das gilt es festzuhalten – nicht zu Stalins Politik gegenüber den Mitgliedern des »Blocks« äußerte, die Positionen wiederholt, die er schon 1955 in seiner Politik gegenüber Jugoslawien zum Ausdruck gebracht hatte. Er bestätigte im Februar 1956 die These von den »verschiedenen Wegen zum Sozialismus«.
Es war nicht ohne Ironie – und auch typisch »stalinistisch« –, daß »die kommunistischen Führer Osteuropas, die im Februar 1956 zum XX. Kongreß der KPdSU nach Moskau gekommen waren, Chruschtschews antistalinistische ›Geheimrede‹ gar nicht hören konnten. Nicht ohne Ironie deshalb, weil das, was der sowjetische Parteichef zu sagen hatte, für die osteuropäischen Kommunisten unmittelbarere und gefährlichere Folgen haben sollte als für die Chruččev tatsächlich zuhörende sowjetische Parteielite. Kam es in der Sowjetunion zu ernsten Rückwirkungen, so waren die Konsequenzen in Osteuropa von großer Tragweite; was als Gnadenstoß für den Stalinismus in der UdSSR gedacht war, hätte beinahe zur Zerstörung des Kommunismus in den osteuropäischen Staaten geführt.«[160]

---

159 Sehr instruktiv dazu J. F. Brown: East Europe, S. 14 f.
160 So der zutreffende Kommentar »Zehn Jahre nach Chruschtschews Geheimrede«, in: Osteuropäische Rundschau 1966, H. 3, S. 23 f. (23).

Anders als in der UdSSR verstand man aber in Ostmittel- und Südosteuropa – und das sieht man in Peking und Tirana anders – unter der Alternative zum stalinistischen Kommunismus weithin die Rückkehr zu nichtkommunistischen Zuständen: »Verzichtete man auf den Nimbus Stalins und auf die ständige Präsenz der Geheimpolizei, so beraubte man ein Kartenhaus seiner beiden entscheidenden Stützen. Daß Osteuropa in der Zeit nach Chruščevs Rede kommunistisch geblieben ist, war nicht einer Wiederkehr der sozialistischen Gesetzlichkeit im Sinne Lenins oder einer Neubelebung revolutionären Eifers zu verdanken, sondern einfach der Drohung und, im Falle Ungarns, der Anwendung sowjetischer Waffengewalt.«[161]

Zweifellos war Chruščevs »Glaube« an die Bindekraft der gemeinsamen Ideologie im »sozialistischen Lager« naiv. Dies war nicht zuletzt deshalb bei einem Manne merkwürdig, der in der Ukraine aufgewachsen ist. Chruščevs »Weltbild« war zumindest bis zum Herbst 1956 von zwei Annahmen geprägt: von der Vorstellung, daß zwischen dem Kreml und den Führungen der »Bruderländer« eine Identität der Interessen besteht, die nationale Abweichungen von vornherein ausschloß; außerdem hing Chruščev der Fiktion an, daß sich die politischen Regimes dieser Staaten, die ihre Investitur weitgehend Stalin verdankten, von der jeweiligen Bevölkerung getragen wurden. Nur so ist es verständlich, daß Chruščev so schwer mit den nationalen Explosionen im Herbst 1956 in Polen und Ungarn fertiggeworden ist.

Die »Stärke und staatsmännische Größe Chruschtschews zeigten sich jedoch darin, daß er sich von den ungarischen und polnischen Erfahrungen nicht von seinem neuen Kurs abbringen ließ. Er wertete diese Erfahrungen sogar als Bestätigung dafür, daß er mit seiner These, der Stalinismus sei nicht länger anwendbar, recht gehabt habe... In der Nacht vom 24. auf den 25. Februar hat Chruschtschew in der Tat eine Pandorabüchse geöffnet. Viele haben das bedauert, manchmal wohl auch er selbst. Aber die Mehrheit der osteuropäischen Bevölkerung hat davon profitiert. Zwar wird die Übereinstimmung zwischen den herrschenden Parteien und den Völkern niemals erreicht werden, aber man wird jedenfalls nicht sagen, daß der Versuch die Situation verschlechtert hat.«[162]

---

161 So der Kommentar »Zehn Jahre nach Chruschtschews Geheimrede«, ebenda. Vgl. dazu auch J. F. Brown: East Europe, S. 18 f.
162 So der Kommentar »Zehn Jahre nach Chruschtschews Geheimrede«, ebenda, S. 24. Vgl. dazu auch R. Löwenthal: Das kommunistische Schisma, S. 21–23 (22): »Die Reaktion der sowjetischen Führung auf die Oktober-Ereignisse war noch immer deutlich ›chruschtschowistisch‹ und nicht stalinistisch, insofern sie erheblichen Spielraum

So war Chruščev trotz der Ernüchterung, die die Ereignisse im Herbst 1956 bei ihm ausgelöst haben dürften, auch weiterhin von der Richtigkeit seiner »Generallinie« überzeugt. Das konnte er auch deshalb, da die Konferenz der zwölf regierenden kommunistischen Parteien im November 1957 seine Vorstellungen vom »sozialistischen Lager« widerspiegelte. Es war ausgerechnet die chinesische Führung, die am intensivsten und auf geradezu penetrante Weise für die ausdrückliche Anerkennung des sowjetischen Führungsanspruchs in dem gemeinsamen Dokument eingetreten ist. Dies und die Kritik am »modernen Revisionismus« waren für Tito Grund genug, die Unterschrift Jugoslawiens unter das Dokument zu verweigern.

Auch wenn die Moskauer Konferenz vom November 1957 die Einheit des »Blocks« demonstrierte und sich Chruščev in der Hoffnung wiegen konnte, daß in Zukunft weitere multilaterale Konferenzen einen ausreichenden Ersatz für das 1956 aufgelöste Kommunistische Informationsbüro bieten würden, so mußte er schon bald feststellen, daß sich die Moskauer Erklärung vom 16. November 1957 als wenig tragfähig erwies. Während Chruščev Bukarests streng auf den ökonomischen Bereich begrenzte Politik der nationalen Positionsaufwertung hinzunehmen bereit war, hatte die Herausforderung Pekings eine ganz andere Dimension, die nicht ohne Auswirkungen auf die »Block«-Solidarität bleiben konnte. Es handelte sich um einen Konflikt der nationalen Interessen, der unter ideologischem Vorzeichen ausgefochten wurde. Diese Auseinandersetzung hatte im Laufe des Jahres 1960 ein solches Ausmaß angenommen, daß auf der Moskauer Konferenz der 81 kommunistischen Parteien nur ein unzureichender Kompromiß erzielt werden konnte. Von nun an war die KPdSU nur noch die »Vorhut« der kommunistischen Weltbewegung.

Chruščev hat dann in seiner programmatischen Rede vom 6. Januar 1961 das ganze Dilemma in seiner bildhaften Sprache verdeutlicht, als er einerseits jeglichen Gedanken von sich wies, die sozialistischen Länder und kommunistischen Parteien von irgendeiner »Zentrale« aus leiten zu wollen oder die KPdSU als »Spitze« zu bezeichnen. Der Kremlchef unterließ es aber nicht hinzuzufügen:

». . . die sozialistischen Länder, die kommunistischen Parteien, müssen die Uhrzeit vergleichen. Hat einer eine Uhr, die vor- oder nachgeht, dann

---

für verschiedenartige Lösungen in den einzelnen Satellitenstaaten ließ und nicht versuchte, die früheren Formen der detaillierten administrativen Fernsteuerung von Moskau wiederherzustellen.«

läßt er sie regulieren, damit sie richtig geht. So muß man auch in der kommunistischen Bewegung die Uhrzeit verlgeichen.«[163]
Chruščev war es nicht mehr vergönnt, in den knapp vier Jahren seiner Herrschaft Wege und Methoden zu finden, um die Uhr richtig zu stellen, da der Kreml gleichzeitig die Funktion, die Uhrzeit zu bestimmen, nur noch in verklausulierter Form wahrzunehmen bereit war. Im Laufe des Jahres 1961 mündete der sowjetisch-chinesische Konflikt in das Schisma des Weltkommunismus, das spätestens mit dem XXII. Kongreß der KPdSU für alle Welt im Oktober sichtbar wurde. Damit war der Mythos der ideologischen Unfehlbarkeit Moskaus endgültig zerstört. Der totalitäre Weltkommunismus verträgt nicht zwei Totalitarismen.
Die Analyse des sowjetisch-chinesischen Konflikts entbehrt noch aus einem anderen Grund nicht des Reizes. Kommunistische Partei- und Staatsführer haben westlichen Kommunismus-Forschern schon manchen Streich gespielt. Zu Stalins Zeiten bestand im Westen eine weit verbreitete Tendenz, »den sowjetischen Einflußbereich als eine internationale Konstellation zu betrachten, die auf irgendeine Weise gegen alle politischen Wechselfälle gefeit ist. Inzwischen weiß man, daß die Starrheit des Stalinschen Systems, die so oft für Stärke gehalten wurde, in Wirklichkeit eine Quelle der Schwäche war.«[164]
Prüft man die seriöse westliche Literatur über die sowjetisch-chinesischen Beziehungen, dann kam der Ausbruch des Konflikts zwischen Moskau und Peking für den Westen ziemlich unerwartet. So ist – Gott sei Dank – nicht die Situation eingetreten, die ein bekannter Ostexperte 1955 nach der Errichtung des Warschauer Pakts so skizziert hat:
»Im Verlauf von zehn Jahren ist es der Sowjetunion als der führenden Großmacht des Ostens gelungen, den größeren Teil Europas und Asiens im Rahmen eines vielgestaltigen Paktsystems zu einer geschlossenen politischen und wirtschaftlichen Einheit, zu einem 900 Millionen Menschen umfassenden Großraum Eurasiens zusammenzufassen.«[165]

---

163 Text in: N. S. Chruschtschow: Siege, S. 27; ders.: Kommunismus, S. 65. Vgl. dazu auch mit weiteren Nachweisen H. König: Stellung, S. 409 f.
164 So zutreffend M. Croan: Sozialistisches Lager, Sp. 1057: »Das Ergebnis der westlichen Fehldeutung war, daß die revolutionären Unruhen vom Herbst 1956, die in Polen Gomulka an die Macht zurückbrachten und in der sowjetischen Militärintervention gegen den Volksaufstand in Ungarn gipfelten, für den Westen völlig unerwartet kamen."
165 So B. Meissner: Vorwort zu Ostpakt-System, S. 3. Andere westliche Beobachter hatten bereits die Auswirkungen der sowjetisch-chinesischen Abmachungen aus dem Jahre 1950 überschätzt. Vgl. z. B. I. Birnbaum: Kleine Geschichte der Sowjetunion, S. 125 f., wo er von der »Ausweitung der Herrschaftssphäre« des »Ostblocks« auf ein

Diese Feststellung war deshalb so kühn, da 1955 von einem geschlossenen eurasischen Großraum nicht die Rede sein konnte. Hätte Nikita S. Chruščev dieses Ziel in den folgenden zehn Jahren erreicht, dann dürfte der 14. Oktober 1964 nicht das abrupte Ende seiner Herrschaft gewesen sein. Auch zahlreiche andere westliche Autoren haben die sowjetisch-chinesischen Beziehungen deshalb falsch eingeschätzt, da sie fälschlicherweise China in der Stellung eines von der UdSSR abhängigen Staates sahen.

Franz Borkenau war wohl der erste westliche Beobachter, der zumindest die Möglichkeit eines späteren Zusammenstoßes zwischen der UdSSR und China nicht ausgeschlossen hat. Er ging davon aus, daß die Einheit der kommunistischen Weltbewegung für jeden Leninisten das wichtigste Axiom sei. Daraus folge, daß der Kreml über alle kommunistischen Parteien die Kontrolle ausüben müsse. Der sowjetische Totalitarismus sei unvereinbar mit dem Wunsch der chinesischen Führung mit Mao Tse-tung an der Spitze, die nationale Unabhängigkeit Chinas zu wahren. Einschränkend fügte Borkenau jedoch hinzu, daß ein Bruch zwischen Moskau und Peking nur im Falle einer schweren weltweiten politischen Krise möglich scheine.[166]

In einem anderen, Ende 1954 erschienenen Beitrag bezeichnete Borkenau Mao Tse-tung als »die imposanteste Einzelpersönlichkeit des Weltkommunismus; er hat mehr Format als jeder einzelne der führenden Sowjetpolitiker... Mao bringt China nicht mehr in Gegensatz zur Sowjetunion; er für seine Person hat es jetzt auf die Führung der kommunisti-

---

Gebiet spricht, das jetzt rund 800 Millionen Einwohner umfasse. Als zu optimistisch erwies sich auch Birnbaums Prognose von Ende 1959, die »Achse Moskau-Peking« habe deshalb Bestand, da Mao Tse-tung die sowjetische Wirtschaftshilfe weiterhin benötige und die UdSSR die andere kommunistische Großmacht »nicht im Stiche lassen« könne (vgl. S. 153 f.). H. v. Rimscha hat in der 2. und überarbeiteten Auflage seiner »Geschichte Rußlands«, S. 641, seine Feststellung aus der 1. Auflage (vgl. S. 579), mit dem 1950 zwischen der UdSSR und China geschlossenen Bündnis sei »das Riesenreich Dschingis-Chans noch übertreffend, die größte Machtzusammenballung der Weltgeschichte von rund 800 Millionen Menschen unter kommunistischer Herrschaft« hergestellt worden, korrigiert: »Die weitere Entwicklung sollte – allerdings erst nach Stalins Tod – lehren, daß der Schein trog und das gerade in diesem Bündnis der Keim zu einer Spaltung des Weltkommunismus und damit zu einer Gefährdung der Weltstellung der Sowjetunion lag.«

166 F. Borkenau: Mao Tse-tung. B. Morris zitiert in: Sino-Soviet Relations eine zweite, ebenfalls 1952 verfaßte Studie F. Borkenaus: Sino-Soviet Relations, Department of State ERS Paper, Series 3, No. 86, 1 February 1952. Vgl. dazu auch E. Willenz: Peking Versus Moscow, S. 91.

schen Gesamtbewegung abgesehen.«[167] Vom möglichen Schisma des Weltkommunismus sprach Franz Borkenau noch nicht.
In der zweiten Hälfte der fünfziger Jahre herrschte unter westlichen Experten die Vorstellung vor, daß die »chinesisch-sowjetische Allianz« von gemeinsamen Interessen und gegenseitigem Vorteil geprägt sei; für beide Seiten sei die Beziehung nicht nur vorteilhaft, sondern auch notwendig. Während für China die politische, wirtschaftliche und militärische Hilfe der UdSSR im Vordergrund stehe, wisse Moskau den Alliierten im Fernen Osten sehr zu schätzen. Auch wenn beide Seiten unterschiedliche Ansichten über den inneren Weg zum »Sozialismus« einnähmen, sei es unwahrscheinlich, daß Peking den ernsthaften Versuch unternähme, Moskau in Gegenden – wie in Osteuropa – herauszufordern, wo China keine direkten Interessen habe.[168] Benjamin Schwartz, einer der bekanntesten amerikanischen China-Experten, meinte 1957, daß ein Bruch zwischen Moskau und Peking deshalb unwahrscheinlich sei, da die sowjetische Politik in den Jahren zuvor immer mehr die »ideologische Autonomie« Chinas anerkannt habe.[169]
Melvin Croan hat in seiner höchst instruktiven Analyse über das »Sozialistische Lager« geradezu genüßlich die Fehldeutungen selbst besonders angesehener westlicher Ostexperten aufgezeigt. Dabei vergaß Croan nur, den Namen jenes Mannes zu nennen, der nicht zur Zunft der »Kremlinologists« gehört und für sich in Anspruch nehmen durfte, bereits 1957 das »Schisma« des Weltkommunismus prophezeit zu haben. Es war der Arzt Wilhelm Starlinger, der sogar einen möglichen »Akkord« Chinas mit Amerika nicht ausgeschlossen hat.[170] Starlinger hatte sich schon mit den sowjetisch-chinesischen Beziehungen in seinem 1955 erschienenen Buch »Grenzen der Sowjetmacht« befaßt und ist wegen seiner »frohgemuten Prophezeiungen eines russisch-chinesischen Zusammenstoßes« von Franz Borkenau scharf kritisiert worden.[171]

---

167 F. Borkenau: Die Problematik der Achse Moskau-Peking, S. 365. Borkenau legte großen Wert auf die Feststellung, daß Mao Tse-tung »als einziger von allen Führern des Weltkommunismus, die heute etwas zu sagen haben, ohne die Unterstützung Stalins zur Macht gelangte« (vgl. S. 358).
168 So H. L. Boorman: The Sino-Soviet Alliance, S. 49–52.
169 B. Schwartz: Ideology and the Sino-Soviet Alliance, S. 140 f. Sehr instruktiv dazu auch B. Morris: Sino-Soviet Relations.
170 W. Starlinger: Hinter Rußland China, S. 129–131; ders.: Grenzen der Sowjetmacht.
171 Vgl. W. Starlinger, ebenda, S. 132–134. Starlingers Kernthese, China müsse sich wegen seines Bevölkerungsdrucks in Richtung auf Rußland ausdehnen, ist seinerzeit mit Recht vehement verworfen worden. Vgl. dazu K. Mehnert: Peking und Moskau, S. 346 f.

Selbst in den Jahren 1960/61, als der sowjetisch-chinesische Konflikt bereits in ein konkretes Stadium getreten war, hielt die überwiegende Mehrzahl der westlichen Analytiker an ihrer These fest, daß trotz aller Differenzen die Entwicklung mehr für Wiederherstellung der Einheit des »sozialistischen Lagers« als für eine weitere Verschärfung der Konfrontation spräche. Die Argumente dieser Richtung hat Ernst Kux dahingehend zusammengefaßt, die kommunistischen Führer seien sich bewußt, »daß ein Bruch im kommunistischen Lager der Sache des Kommunismus schweren Schaden zufügen und den Erfolg der Weltrevolution, den beide anstreben, schwer gefährden würde«. Trotz aller theoretischen und praktischen Differenzen seien sich die kommunistischen Führer darin einig, »den Westen zu besiegen und die von Lenin prophezeite Weltrevolution in unserer Gegenwart zu vollenden«[172].

Zu ähnlichen Schlußfolgerungen gelangte auch Zbigniew K. Brzezinski in seinem 1960 in den Vereinigten Staaten erschienenen Standardwerk »Der Sowjetblock«.[173] In einem anderen Beitrag hat dann Brzezinski im Sommer 1960 diese These zur »Geiseltheorie« weiterentwickelt, nach der sowohl Moskau als auch Peking die »Einheit« des »sozialistischen Lagers« als »Geisel« betrachteten, um den anderen zu erpressen. Ein Bruch, »die Tötung der Geisel«, würde beide »Partner« um dieses effektive Druckmittel bringen.[174]

Auch wenn Ernst Kux Brzezinskis zweifellos phantasievolle »Geiseltheorie« als »interessant« apostrophiert hat[175], hat sie sich – wie schon der Verlauf des Jahres 1960 anzeigte – als unrichtig erwiesen. So waren für viele westliche Experten die gemeinsame marxistisch-leninistische Ideologie und die von Moskau und Peking immer wieder beschworene Feindschaft gegenüber dem »Imperialismus« die entscheidenden Faktoren, die gegen einen möglichen Bruch zwischen der UdSSR und China sprachen.

Wenn Melvin Croan in diesem Zusammenhang auch Donald S. Zagorias

---

172 E. Kux: Rußland, S. 120.
173 Z. K. Brzezinski: Sowjetblock, S. 463. Vgl. auch K. Mehnert: Peking und Moskau, S. 557: »Peking und Moskau werden ... bemüht sein, nach außen eine gemeinsame Linie zu finden, um nicht durch einen Bruch das von beiden erstrebte Ziel zu gefährden.«
174 Z. K. Brzezinski: The Problematics of Sino-Soviet Bargaining, S. 395.
175 E. Kux in: Analysen. Auch Kurt London, ein bekannter amerikanischer Kommunismus-Forscher, hat noch 1961 den Zusammenhalt des »Lagers« viel zu optimistisch beurteilt. Vgl. »Sino-Soviet Relations in the Context of the ›World Socialist-System‹ «, S. 421: Nichts deute darauf hin, daß die Kommunisten bereit seien, ihr »größtes Unterpfand«, die Einheit des »sozialistischen Lagers«, zu opfern.

1962 erschienene und höchst verdienstvolle Studie »Der chinesisch-sowjetische Konflikt 1956-1961« nennt, dann wird er dem Autor nicht ganz gerecht. Zagoria hat die »drei Hauptschulen des Denkens« über die sowjetisch-chinesischen Beziehungen skizziert und sich zu jener Richtung bekannt, die die Möglichkeit eines offenen Schismas zwischen der Sowjetunion und China gering veranschlagt hat. Er differenzierte dabei zwischen den Staats- und Partei-Beziehungen und schloß einen späteren Bruch auf der Partei-Ebene ausdrücklich nicht aus.[176] Obwohl Zagoria geradezu minuziös den Konflikt zwischen Moskau und Peking bis zum XXII. Kongreß der KPdSU im Oktober 1961 aufgezeigt hat, glaubte auch er, feststellen zu müssen, man könne nicht stark genug betonen, daß »die Partner der chinesisch-sowjetischen Allianz ein gemeinsames Ziel haben und durch eine gemeinsame Ideologie miteinander verbunden sind«[177].

Die Fehldeutungen selbst so prominenter westlicher Experten sind vor allem darauf zurückzuführen, daß sie die Aussage- und Bindekraft der gemeinsamen Ideologie im sowjetisch-chinesischen Disput weit überschätzt und viel zu wenig beachtet haben, daß es sich in erster Linie um handfeste Interessenkonflikte handelte. Die vielbeschworene gemeinsame marxistisch-leninistische Ideologie trug nicht dazu bei, einen Kompromiß zwischen beiden Mächten herbeizuführen, sondern verschärfte den Konflikt. Mit Recht hat dazu Melvin Croan bemerkt:

»Bei dem Absolutheitsanspruch der marxistisch-leninistischen Lehre und der Unmöglichkeit, ideologische Streitigkeiten pragmatisch beizulegen, kann dies auch gar nicht anders sein. Der absolutistische Charakter der kommunistischen Ideologie verlangt ganz einfach ein Zentrum ideologischer Interpretation, das zudem jederzeit im Stande sein muß, seine Deutung als die einzig korrekte durchzusetzen ... Der chinesisch-sowjetische Konflikt hat also – und darin liegt seine hauptsächliche Bedeutung – eindeutig bewiesen, daß eine gemeinsame ideologische Überzeugung nicht unbedingt gemeinsame Interessen erzeugt und daß ideologisch verbrämte Interessenkonflikte außerordentlich schwer zu lösen sind.«[178]

---

176 D. S. Zagoria: Konflikt, S. 13-18 (16) mit Anm. 4: »Das würde der Reihenfolge beim zweiten – nicht beim ersten – sowjetisch-jugoslawischen Riß entsprechen.«
177 D. S. Zagoria, ebenda, S. 18. Selbst nach dem XXII. Kongreß der KPdSU meinte Zagoria, daß beide Seiten die Notwendigkeit erkannt hätten, die »Kluft nicht größer werden zu lassen« (vgl. D. S. Zagoria: Westen, S. 769). Völlig unverständlich ist, wie E. J. Solich noch 1963 in: Der Osten bleibt ein Block, S. 94-97 (96) meinen konnte, China sei »für unabsehbare Zeit an die Sowjetunion gebunden«.
178 M. Croan: Sozialistisches Lager, Sp. 1058. Sehr instruktiv dazu auch W. Laqueur: The Schism, S. 4 f.: »Totalitarian states have a tendency to expand, they have a messianic mission, and a monopoly of the means of grace; they find it, as a rule, more dif-

So lagen die entscheidenden Gründe für die Entstehung und den Verlauf des Konflikts zwischen Moskau und Peking darin, daß Nikita S. Chruščev Ende der fünfziger Jahre nicht bereit war, die chinesische Führung in der Weise dafür zu honorieren, daß sie vorbehaltlos den Führungsanspruch Moskaus anerkannt hat. Nach Ansicht Pekings versäumte es die UdSSR, »die gemeinsamen Interessen der kommunistischen Staaten zu vertreten, die mit den sowjetischen Sonderinteressen nicht ohne weiteres identisch waren. Das war der Grund, weshalb sie es der Sowjetunion so sehr übel nahmen, daß sie China nicht half, eine Atommacht zu werden ... nach den Ereignissen von 1959/60 konnten die chinesischen Kommunisten nicht mehr vertrauensvoll auf Rußland als den Hüter ihrer Interessen blicken; die Verfolgung einer unabhängigen Großmachtpolitik schien ihnen vielmehr den Besitz eigener Kernwaffen zu erfordern.«[179]

Der Kreml war damals gut beraten, daß er das Ansinnen Pekings, möglichst schnell durch die Lieferung sowjetischer Kernwaffen zur ostasiatischen Großmacht zu werden, abschlägig beschieden hat. Pekings permanente und vehemente Kritik an der sowjetischen Koexistenz-Politik gegenüber dem Westen und die Einschätzung der USA als »Papiertiger« hätten es geradezu als abenteuerlich erscheinen lassen, wenn die sowjetische Führung den Wünschen der Chinesen nachgekommen wäre. Aus der

---

ficult to coexist with each other than do old-fashioned big powers, which, with all their rivalries, practise a certain amount of toleration.« Sehr instruktiv dazu auch R. Löwenthal: Chruschtschow, S. 198, wo er die Frage stellt, warum die Einheit des Dogmas die Verteilung der Macht auf mehrere unabhängige Zentren nicht überdauern konnte: »Die Antwort muß darin gesucht werden, daß der moderne Totalitarismus mit seiner untrennbaren Einheit von Ideologie und Staatsmacht ›cäsaro-papistisch‹ ist; hier liegt der grundlegende Unterschied zwischen den Strukturen der kommunistischen Weltbewegung und der katholischen Kirche. Eine religiöse Bewegung, auch wenn sie noch so entschlossen ist, das Handeln der Völker und der Regierungen im Diesseits zu beeinflussen, kann ihre weltweite dogmatische Einheit solange bewahren, wie sie nicht versucht, die politische Macht *direkt* auszuüben.« Hervorhebung im Text. Vgl. zur Gesamtproblematik auch R. V. Daniels: Doctrine and Foreign Policy; ders.: Monolithic; R. V. Burks: Perspectives for Eastern Europe.

179 So G. Hudson: China und die kommunistische Bewegung, S. 21. Vgl. dazu auch K. Mehnert: Peking und Moskau, S. 530–552. Vgl. aus sowjetischer Sicht über die Beziehungen zwischen Moskau und Peking Ende der fünfziger Jahre die detaillierte Darstellung bei O. B. Borissow/B. T. Koloskow: Beziehungen, S. 136–180. In seiner materialreichen Studie »China und die Bombe« hat M. H. Halperin Pekings »atomare Strategie« und die sowjetische Haltung dazu im einzelnen dargestellt. Die Zusammenarbeit zwischen Moskau und Peking, die die Sowjets 1960 beendeten, hatte die Chinesen schon 1957/58 veranlaßt, mit der Entwicklung eines eigenen Atomwaffen-Potentials zu beginnen. Am 16. Oktober 1964, zwei Tage nach dem Sturz Chruščevs, brachte die Volksrepublik China die erste Uranatombombe zur Explosion.

Perspektive Pekings war es verständlich, daß es höchst erbittert reagierte, als die Vereinigten Staaten, Großbritannien und die UdSSR am 5. August 1963 den Vertrag über das Verbot von Kernwaffenversuchen abschlossen. Zu diesem Zeitpunkt war jedoch das kommunistische Schisma bereits eine Realität.[180]

Die von Chruščevs Nachfolgern eingeleitete begrenzte »ideologische Umrüstung«[181], die mit keinen substantiellen Vorleistungen verbunden war, reichte Peking keinesfalls aus, um eine Bereitschaft zum Kompromiß oder gar Modus vivendi ins Auge zu fassen. In der Retrospektive erscheint am merkwürdigsten, mit welcher Vehemenz Peking noch über die Jahreswende 1960/61 hinaus die Forderung erhoben hat, die UdSSR müsse »an der Spitze des sozialistischen Lagers« stehen. In der westlichen Literatur über die Entstehung und den Verlauf des sowjetisch-chinesischen Disputs ist viel zu wenig beachtet worden, daß Peking auf dem kommunistischen »Weltkonzil« in Moskau im November 1960 den Antrag gestellt hatte, ein ständiges Sekretariat zu errichten, um die Fragen des Weltkommunismus zu koordinieren. Dieser Plan scheiterte am Widerstand der Konferenz-Mehrheit.[182]

So kritisierte die Führung der Kommunistischen Partei Chinas in ihrer umfangreichen, Anfang Februar 1964 veröffentlichten Grundsatzerklärung vehement und scharf Chruščev, da er in seinen Reden auf der Tagung des Politischen Beratenden Ausschusses des Warschauer Pakts am 4. Februar 1960 und auf dem III. Parteitag der Kommunistischen Partei Rumäniens vom 24. Juni 1960 in besonders grober Form das Drängen der Chinesen zurückgewiesen habe, die Sowjetunion müsse »an der Spitze des sozialistischen Lagers« stehen.[183]

180 Vgl. dazu oben, S. 657–659. Nach der Veröffentlichung des 25-Punkte-Programms Pekings vom 14. Juni und des »Offenen Briefes« Moskaus vom 14. Juli 1963 stand fest, daß das sowjetisch-chinesische Treffen, das am 5. Juli begann, nicht positiv verlaufen konnte; es wurde am 20. Juli ergebnislos abgebrochen. Texte der 25 Pekinger Thesen vom 14. Juni und der sowjetischen Antwort vom 14. Juli bei H. Hamm/J. Kun: Das rote Schisma, S. 235–249, 251–288 und in: Ost-Probleme 1963, S. 485–503, 511–533; Text des Schlußkommuniqués über das Treffen vom 5. bis 20. Juli 1963, ebenda, S. 533. Vgl. dazu auch W. Leonhard: Der Konflikt im Weltkommunismus, S. 11.
181 So H. Brahm: Griff, S. 39, der dort im einzelnen den weiteren Verlauf des Disputs bis zum Frühjahr 1965 untersucht hat. Vgl. auch die Nachweise oben S. 659, Anm. 23. Äußerst materialreich und instruktiv ist die Analyse W. E. Griffith': Sino-Soviet Relations, 1964–1965, S. 58–66, wo er die unmittelbaren Folgen des 14. Oktober 1964 schildert.
182 Vgl. dazu D. L. M. Blackmer: Unity in Diversity, S. 178 mit den Nachweisen in den Anm. 84–88; H. König: Lorbeer, S. 645; W. Leonhard: Der Konflikt im Weltkommunismus, S. 7.
183 Text in: Peking Review, No. 6 vom 7. Februar 1964, S. 5–21 (14).

Das hielt Peking jedoch nicht davon ab, gleichzeitig die Vormachtstellung der UdSSR in der Welt zu erschüttern. Michel Tatu hat das Verhalten der chinesischen Führung zu deuten versucht. Die beste Erklärung, meint Tatu, setze ein recht machiavellistisches Kalkül voraus:
»Nach dem Grundsatz ›wer vom Haupte spricht, meint die Glieder‹ planten die Chinesen damals, der kommunistischen Bewegung eine feste organisatorische Struktur zu geben, mit ständigen Versammlungen und Sekretariaten, in der China den zweiten Platz nach der UdSSR einnehmen würde. Auf diese Weise wäre Peking besser in der Lage gewesen, auf die Moskauer Politik Einfluß zu nehmen, um eventuell auf den ersten Platz vorzurücken.«[184]

Nikita S. Chruščev scheint dieses Ansinnen durchschaut zu haben, da er nicht nur auf der Moskauer Konferenz der 81 kommunistischen Parteien, sondern auch – wie aufgeführt[185] – in seiner programmatischen Rede vom 6. Januar 1961 in Moskau jeglichen Gedanken, die KPdSU als »Spitze« zu apostrophieren, schärfstens verurteilt hat. Als sich der Konflikt zwischen Moskau und Peking verschärfte, hat die chinesische Führung ihren Plan, eine Koordinierungsstelle zu bilden, aufgegeben. Die neue Argumentation Pekings war zutreffend: Von nun an kritisierte es die sowjetische Führung, da sie einerseits zwar nicht die Position der »Spitze« einzunehmen bereit sei, andererseits aber in der Praxis das Privileg verlange, alle »Bruderparteien« zu beherrschen.[186]

Die Nachfolger Nikita S. Chruščevs konnten der Vorstellung, die Führung des Weltkommunismus auf eine neue institutionelle Basis zu stellen, gleichfalls keinen Geschmack abgewinnen und hielten am Konzept des »Konzils-Kommunismus« ihres Vorgängers fest.

---

184 M. Tatu: Macht, S. 43–45 (43, Fußnote).
185 Vgl. dazu oben S. 649 f.
186 Dieser Vorwurf wurde immer wieder erhoben. Vgl. beispielsweise die Erklärung der Führung der KP Chinas, veröffentlicht in: Peking Review, No. 6 vom 7. Februar 1964, S. 14. Vgl. dazu auch H. König: Stellung, S. 409 f.

Kapitel VII

»Block«-Politik unter L. Brežnev und A. Kosygin (1964-1968)

> »Nach Ansicht des ZK der KPdSU besteht für den Zusammenschluß der kommunistischen Reihen eine gute marxistisch-leninistische Plattform, die von den Beratungen der Bruderparteien 1957 und 1960 erarbeitete Generallinie. Das Leben selbst hat sie der strengsten Prüfung unterzogen, und sie hat diese Prüfung bestanden. Und heute kann man mit aller Bestimmtheit sagen, daß die Richtigkeit dieser Linie eine zuverlässige Garantie der Einheit und neuer Erfolge der revolutionären Bewegung ist.«
>
> L. Brežnev[1]

1. Die Ausgangslage

Als Leonid Brežnev und Alexander Kosygin im Oktober 1964 die Nachfolge Nikita S. Chruščevs antraten, war Moskaus jahrzehntelanges Führungsmonopol in der kommunistischen Welt gebrochen. Chruščevs Entmachtung, die unerwartet und vollständig war, löste keine Erschütterung aus, die sich mit den weitreichenden Folgen nach dem Tode Stalins vergleichen ließe. Die »Kritik an dem gestürzten, eben 70jährigen Machthaber hielt sich in Grenzen. Sie betraf nicht die Grundsätze, sondern den Stil seiner Machtausübung, und sofern sich dieser als eine ebenso selbstherrliche wie dilettantische Experimentierwut charakterisieren läßt, betraf die Kritik unausgesprochen allerdings eine mögliche Gefährdung der Macht selbst. Der gescheiterte Politiker Chruščev wurde zur politischen Unperson.«[2]

Bereits die ersten programmatischen Stellungnahmen verdeutlichten, wie sehr sich die neue kollektive Führung vor die gleichen Probleme gestellt sah, die zu lösen Chruščev versagt geblieben war. So war es kein Zufall, daß sich Parteichef Brežnev in seiner Rede vom 6. November 1964 und auch später immer wieder auf die grundlegenden Dokumente der Mos-

---

1 So L. Brežnev in seinem Rechenschaftsbericht auf dem XXIII. Kongreß der KPdSU am 29. März 1966. Dt. Text in: Neues Deutschland vom 30. März 1966; Auszüge in: Europa-Archiv 1966, S. D. 258-266 (260).
2 So G. Stökl in: Russische Geschichte, S. 784.

kauer Beratung der zwölf regierenden kommunistischen Parteien vom 16. November 1957 und des kommunistischen »Weltkonzils« vom November 1960 berief; das galt gleichfalls für das bis heute immer noch gültige Programm der KPdSU aus dem Jahre 1961. Die neue Führung im Kreml wußte von vornherein, daß sie mit den von Chruščev hinterlassenen zahlreichen und ungelösten Problemen leben mußte und ihr Spielraum, neue Konzepte und Rezepte für die »Block«-Politiker zu entwickeln, begrenzt war.
So ist es nicht überraschend, daß die Nachfolger Chruščevs bis heute keinen der Konflikte zu lösen vermochten, mit denen sie sich von Anfang an konfrontiert sahen: Einmal hatte der Prozeß der Pluralisierung des Kommunismus inzwischen ein solches Ausmaß erreicht, daß es dem Kreml vornehmlich darum gehen mußte, die ihm bis dahin ergebenen »Bruderstaaten« und »Bruderparteien« bei der Stange zu halten. Auch wenn sich bereits in den letzten Monaten der Herrschaft Chruščevs gezeigt hatte, wie beharrlich und geschickt Rumänien den sowjetisch-chinesischen Konflikt dazu benutzte, seine Politik der nationalen Positionsaufwertung auch auf nicht-ökonomische Bereiche auszudehnen, dürfte die neue Führung im Kreml über die Konsequenz nicht wenig überrascht gewesen sein, mit der Bukarest nun seine Politik der nationalen Abweichung immer mehr ausbaute.
Die Nachfolger Chruščevs waren realistisch genug, eine Aussöhnung mit Peking gar nicht ernsthaft ins Auge zu fassen. Ebenso war für sie das Ausscheren Albaniens, des chinesischen »Brückenkopfs« in Europa, aus dem »sozialistischen Lager« eine Tatsache. Die Fortsetzung des verbalen sowjetisch-chinesischen Disputs, den Peking mit dem Stichwort »Chruschtschowismus ohne Chruschtschow« nach einer kurzen Unterbrechung der Auseinandersetzung nach dem Sturz Chruščevs wieder aufnahm, und die permanente Kritik Tiranas an der »Block«-Politik der Nachfolger Chruščevs offenbarten, daß der Mythos der sowjetischen ideologischen Unfehlbarkeit nicht wiederherzustellen war. Die neue Führung konnte den von China geforderten Preis, die Politik der friedlichen Koexistenz mit der nicht-kommunistischen Staatenwelt aufzugeben und Stalin voll zu rehabilitieren, nicht bezahlen. So war der Personenwechsel auch »außenpolitisch kein Kurswechsel«[3].

---

3 So G. Stökl, ebenda, S. 799. Für den Kreml war es besonders unangenehm, daß Peking seit 1964 im »Lager« insofern in verstärktem Maße Unruhe stiftete, als es nicht nur die territoriale Expansion der UdSSR auf Kosten Polens, Rumäniens, Deutschlands und Finnlands, sondern auch die Integrations-Politik Moskaus im RGW anprangerte, da es

Nikita S. Chruščev hat seinen Nachfolgern auch den institutionellen Rahmen hinterlassen, in dem auch sie ihre »Block«-Politik treiben mußten. Das gilt sowohl für die multilaterale als auch die bilaterale Ebene. Für die neue Führung ging es von Anfang an darum zu prüfen, inwieweit sie vor allem den Rat für Gegenseitige Wirtschaftshilfe und den Warschauer Pakt als »Integrations«-Instrumente einsetzen konnte. Hier unterschied sich die Politik Leonid Brežnevs und Alexander Kosygins nicht nur im Stil von ihrem Vorgänger, in dessen Konzept die ökonomische Integration immer Vorrang vor der militärischen genossen hatte, auch wenn die Kooperation auf der militärischen Ebene ab 1960/61 verstärkt worden war.

Während Chruščev desintegrierenden Tendenzen im »sozialistischen Lager« nicht allein mit Appellen an die gemeinsamen militärischen und ökonomischen Interessen der einzelnen Länder, sondern auch durch den Hinweis auf ideologische Bindungen zu begegnen suchte, waren seine Nachfolger bestrebt, stärker die Warschauer Allianz auch als politischen Integrationsfaktor einzusetzen. Um die schwächeren Mitglieder des Bündnisses auf deren Abhängigkeit vom militärischen Potential der UdSSR hinzuweisen, diente dem Kreml das propagandistische Argument vom »Schutz vor den angeblich räuberischen Absichten der imperialistischen Mächte«[4].

Andererseits waren sich die politischen Führungen dieser Länder, denen die politische Legitimität nach wie vor fehlte, der Tatsache bewußt, daß die Sicherheit ihrer Staaten vom militärischen Schutz der UdSSR abhing. Die neue sowjetische Führung schreckte nicht davor zurück, in der zweiten Hälfte der sechziger Jahre immer wieder die Gefahren zu beschwören, die angeblich vom westdeutschen »Militarismus« und »Revanchismus« ausgingen. Der Kreml verstand es, die »deutsche Frage« dazu

---

die Unabhängigkeit und Souveränität der »Bruderländer« verletze. Die für Moskau besonders heikle territoriale Frage erörterte Mao Tse-tung in seinem Gespräch mit japanischen Sozialisten. Text in: Pravda vom 2. September 1964; dt. Übersetzung bei H. Brahm: Griff, S. 204 f. Vgl. zur Kritik Pekings an der RGW-Politik Moskaus den Brief des ZK der Kommunistischen Partei Chinas vom 29. Februar 1964; dt. Text bei H. Brahm, ebenda, S. 144–155 (149). Sehr instruktiv dazu auch Z. K. Brzezinski: Alternative zur Teilung, S. 33, 39–46; A. B. Ulam: Expansion, S. 692 f. (693): »What Mao said about the Soviet Union surpassed the most ambitious statements of the late Dulles about the need to ›roll back‹ the Soviet sphere.« Nicht nur für den Kreml, sondern auch für die SED-Führung war der weitere Vorwurf Pekings unangenehm, die UdSSR verrate mit ihrer Deutschland-Politik die DDR. Vgl. dazu I. Spittmann: Die SED und Peking, S. 252 f.; Zwischen Peking und Moskau, in: SBZ-Archiv 1965, S. 209 f.
4 So M. Croan: Sozialistisches Lager, Sp. 1058 f.

zu benutzen, um die Mitglieder des Warschauer Pakts auf eine gemeinsame Linie festzulegen und so auch auf deren Außenpolitik stärkeren Einfluß zu gewinnen.[5] Dazu trug auch die Anfang der sechziger Jahre von der Bundesregierung eingeleitete Politik bei, die politische Präsenz der Bundesrepublik Deutschland in mehreren Ländern des »sozialistischen Lagers« zu verstärken. Nicht nur für den Kreml, sondern auch für die DDR-Führung gewann die »Block«-Solidarität nun eine neue Dimension, da die Führungen der übrigen Mitglieder des »Lagers« die Bonner Avancen aufgrund der eigenen Interessen beantworten wollten; dies führte zu Konflikten mit Ost-Berlin, das eine erfolgreiche Ostpolitik Bonns an der DDR vorbei soweit wie möglich zu unterbinden suchte. Angesichts der fortdauernden ökonomischen Schwierigkeiten Polens, Rumäniens, Ungarns und Bulgariens und der Unfähigkeit Moskaus, die Investitions-Bedürfnisse dieser Länder zu befriedigen, räumten sie den wirtschaftlichen Interessen Vorrang vor den Warnungen Ost-Berlins ein.[6]

Um die Koordinierung der Außenpolitik der Warschauer Pakt-Mächte ging es dem Kreml ab Mitte der sechziger Jahre auch deshalb, da von nun an die Fragen der Sicherheit und Entspannung in Europa immer mehr in das Zentrum des Interesses in Ost und West rückten.

Überblickt man die »Block«-Politik der Nachfolger Chruščevs ab Herbst 1964, dann sind zwei Phasen deutlich voneinander zu unterscheiden: Die erste, die sich vom Oktober 1964 bis Anfang 1968 erstreckt, ist von dem Bemühen des Kreml geprägt, den Zusammenhalt und die Geschlossenheit des »sozialistischen Lagers« soweit wie möglich im vorgegebenen institutionellen Rahmen wiederherzustellen und zu stärken. Einen tiefen Einschnitt in der Entwicklung der kommunistischen Staatenverbindung bil-

---

5 Vgl. dazu J. Hacker: Pakt, S. 106–115.
6 Handelsverträge, deren Kernstück die Errichtung beiderseitiger amtlicher Handelsvertretungen vorsah, schloß die Bundesrepublik Deutschland am 7. März 1963 mit Polen, am 17. Oktober 1963 mit Rumänien, am 9. November 1963 mit Ungarn und am 6. März 1964 mit Bulgarien. SED-Chef W. Ulbricht war besonders erbost darüber, daß sich Warschau, Bukarest, Budapest und Sofia über die seitens der UdSSR und der DDR propagierte »Drei-Staaten-These« hinwegsetzten und nach anfänglichem Zögern der Forderung Bonns stattgaben, Berlin (West) formell in den jeweiligen Vertrag einzubeziehen. Vgl. »Die Auswärtige Politik der Bundesrepublik Deutschland«, S. 63–65, die auch die Texte der Abmachungen wiedergibt; Z. K. Brzezinski: Alternative zur Teilung, S. 48 f. Vgl. zur Haltung Ost-Berlins H. Sindermanns Bericht des Politbüros an die 5. ZK-Tagung der SED, Text in: Neues Deutschland vom 13. Februar 1964; Auszug in: SBZ-Archiv 1964, S. 78–80 (78); G. Bühring/G. Liebig: Neue Methoden – alte Ziele: Auszug in: SBZ-Archiv 1964, S. 127 f. Vgl. dazu auch I. Spittmann: Gefahr der Isolierung.

dete die militärische Intervention von fünf Warschauer Pakt-Staaten in der Tschechoslowakei am 21. August 1968. Das Ende des »Prager Frühlings« im Sommer 1968 markiert den Beginn einer neuen Phase der Entwicklung der engeren »sozialistischen Gemeinschaft«. Mit seiner Politik des »Sozialismus mit menschlichem Antlitz« hatte Alexander Dubček den Grad der inneren Autonomie überschritten, den der Kreml seinen europäischen Verbündeten zu konzedieren bereit war.

Auch wenn die sowjetische Führung die Formel vom gemeinsamen »Schutz der sozialistischen Errungenschaften« bereits am 30. Oktober 1956 verkündet hatte[7], gewann sie von nun an mit der weiteren These, daß die »Verteidigung des Sozialismus« die »internationale Pflicht der Kommunisten« sei, eine ganz andere Dimension. Daß Albanien die rechtswidrige militärische Intervention in der Tschechoslowakei zum Anlaß nahm, am 13. September 1968 aus dem Warschauer Bündnis auszutreten, dürfte den Kreml wesentlich weniger geschmerzt haben als die Tatsache, daß sich Rumänien an der gewaltsamen Beendigung des »Prager Frühlings« nicht beteiligt hat.

Zu den einschneidendsten Folgen des Vorgehens der fünf Warschauer Pakt-Mächte gegen die Tschechoslowakei gehört die Umfunktionierung der östlichen Militärallianz, die von nun an auch die Aufgabe übernahm, darüber zu wachen, daß in den Mitgliedsländern der politische und soziale Status quo von der jeweiligen politischen Führung nicht angetastet wird. Während der Kreml bereits im März 1969 die Führungsstruktur des Warschauer Pakts straffte, gelang es ihm erst 1971, mit der Verabschiedung des »Komplexprogramms« erstmals ein Konzept der ökonomischen Integration zu verkünden, das sich jedoch erst bei der Gestaltung der Fünf-Jahre-Pläne für den Zeitraum von 1976 bis 1980 entscheidend auswirken sollte.

Ein Vergleich zwischen der »Block«-Politik der neuen Führung im Kreml mit der Nikita S. Chruščevs führt zu dem weiteren Ergebnis, daß sie die Funktion des bilateralen Pakt-Systems insoweit erweitert hat, als die seit 1970 erneuerten zweiseitigen Bündnisverträge auch den Charakter von Integrationspakten angenommen haben. Schließlich fällt auf, daß der Kreml seit Mitte der sechziger Jahre sowohl den multilateralen als auch den bilateralen Konsultations-Mechanismus in der »sozialistischen Gemeinschaft« noch ausgebaut hat. Was den Stil der Machtausübung und Politik angeht, so haben die Nachfolger Nikita S. Chruščevs aus seinem

---

7 Vgl. dazu oben S. 576.

Scheitern gelernt, indem sie von Anfang an mit wesentlich mehr Realitätssinn, Pragmatismus und Nüchternheit auch ihre »Block«-Politik betrieben haben.

2. *Die unterschiedlichen Interessenlagen der Volksdemokratien*

Auch wenn die Führungen der Volksdemokratien spätestens seit Februar 1964 um die Spannungen im Kreml wußten, kam der Sturz Nikita S. Chruščevs für sie ebenso überraschend wie für die übrige Welt. Allein die Tatsache, daß keiner der Staats- und Parteiführer der »Bruderländer« vorzeitig über die Absetzung Chruščevs informiert worden ist, zeigt, wie sehr sich der »Hegemon« über die gewachsene Empfindlichkeit der osteuropäischen Regimines hinwegsetzte. János Kádár, Antonín Novotný, Todor Živkov und auch Wladyslaw Gomulka, die dem gestürzten Kremlchef persönlich verbunden waren, mußten befürchten, daß seine Absetzung ihre eigene Autorität erschüttern könnte. Kádár, Novotný, Gomulka und Ulbricht »erledigten dies nicht ohne Eleganz – eleganter jedenfalls als Chruschtschows Nachfolger –«[8], indem sie es nicht unterließen, auch die Verdienste des Gestürzten zu würdigen.

Noch einmal sei betont, daß die Nachfolger Chruščevs größten Wert darauf legten, die Führer der Volksdemokratien insoweit zu beruhigen, als sie ihnen erklärten, daß die Ausschaltung Nikita S. Chruščevs ohne Auswirkungen auf die Generallinie sein werde. Nicht nur die Unterschiede der inneren Entwicklungen, sondern auch der Interessenlagen der Volksdemokratien lassen eine differenzierende Betrachtung geboten erscheinen; dies ist auch deshalb erforderlich, da sie aus der Sicht des Kreml ein unterschiedliches Gewicht besaßen.

a) *Polen: Wissen um die Abhängigkeit von Moskau*

Die Nachfolger Chruščevs ließen keine zehn Tage nach dem Sturz Chruščevs verstreichen, um dem polnischen Parteichef Gomulka wissen zu lassen, daß auch für sie Polen eine Schlüsselposition im »Lager« und speziell

---

8 So F. Fejtö: Volksdemokratien (II), S. 230. Vgl. die Nachweise über die Reaktionen in den einzelnen Volksdemokratien auf den Sturz Chruščevs, oben S. 706, Anm. 152.

im »nördlichen Dreieck« des Warschauer Pakt-Bereichs innehat. Für Gomulka war dies insofern wichtig, als sein Prestige im Herbst 1964 in Polen aufgrund der äußerst prekären ökonomischen Situation auf einem Tiefpunkt angelangt war, während er im »Lager« hohes Ansehen genoß. Schwierigkeiten erwuchsen der Staats- und Parteiführung auch aus dem angespannten Verhältnis zur katholischen Kirche, der wachsenden Opposition der Intellektuellen, die eine von der Partei verfügte Beschneidung der kulturellen Freiheiten nicht schweigend hinzunehmen bereit waren.[9] Hinzu kamen Differenzen in der Führung zwischen den »Reformisten« und jenen Kräften um Gomulka, die eine innere Aufweichung nicht zulassen wollten und sich dabei der Rückendeckung des Kreml versicherten.
Zahlreiche zweiseitige Konsultationen zwischen Moskau und Warschau bis Anfang 1968 verdeutlichten, wie sehr die sowjetische Führung an stabilen inneren Verhältnissen Polens interessiert war – nicht zuletzt wegen der zunehmenden Schwierigkeiten, denen sich die Prager Führung gegenübersah. In einem weiteren zentralen Punkt, der nach wie vor in der polnischen Innen- und Außenpolitik eine wichtige Rolle spielte, durfte sich Warschau der vollen Unterstützung des Kreml sicher sein: Die UdSSR war der Garant für die »Unantastbarkeit der Staatsgrenze der Volksrepublik Polen an der Oder und der Lausitzer Neiße«[10]. So wurde in dem am 8. April 1965 zwischen der Sowjetunion und Polen erneuerten Bündnispakt die von den »westdeutschen Kräften des Militarismus und Revanchismus . . . ausgehende Aggressionsgefahr«[11] beschworen.
Trotz des Ausbaus der bilateralen Vertragsbeziehungen mit der Tschechoslowakei und der DDR war das Verhältnis Polens zu diesen beiden Nachbarstaaten keineswegs »brüderlich«.[12]

9 Vgl. dazu im einzelnen J. K. Hoensch: Osteuropa-Politik, S. 266–268. Ausführliche Darstellungen über die innere Entwicklung Polens bei J. R. Fiszman: Poland; V. C. Chrypinski: Poland.
10 So Art. 5 des am 8. April 1965 erneuerten Bündnispakts. Text in: Grundsatzverträge, S. 132.
11 So Art. 6, Text, ebenda, S. 133. Vgl. dazu auch »Ein Jahr ohne Chruschtschow«, S. 6: »Polens geopolitische Lage ist . . . eher ein Handicap als ein Vorteil. Die Sowjetunion ist der einzige Garant für seine Westgrenzen, und die Schwächen der polnischen Wirtschaft sind so groß, daß Gomulka immer einen Teil der Unabhängigkeit für den Gewinn zu opfern bereit war, der nach seinen Vorstellungen mit der Integration verbunden sein könnte.« Vgl. über den Stellenwert der »deutschen Frage« in der polnischen Außenpolitik A. Uschakow: Deutschland in der Außenpolitik Polens.
12 Am 1. März 1967 schlossen Polen und die Tschechoslowakei einen neuen Bündnisvertrag, am 15. März 1967 erstmals die DDR und Polen einen solchen Vertrag. Texte, ebenda, S. 143–152. Vgl. zu den Beziehungen Polens zur DDR und Tschechoslowakei die detaillierte Darstellung bei F. Sikora: Solidarität, S. 29–36, 159–168.

b) *Tschechoslowakei: A. Novotnýs vergeblicher Kampf um das politische Überleben*

Antonín Novotný, der eine außergewöhnliche Fähigkeit entwickelt hatte, mit Hilfe Chruščevs politisch zu überleben, war von dessen Sturz besonders betroffen. Die Autorität der Prager Führung war vor allem deshalb so angeschlagen, da sie nicht rechtzeitig die von ihr praktizierten stalinistischen Methoden durch adäquatere zu ersetzen wußte und sich zahlreiche Versäumnisse im Zusammenhang mit der Reform-Diskussion zuschulden kommen ließ. Wesentlich beeinträchtigt wurde das Prestige der Führung auch dadurch, daß sie dem desolaten Zustand der Wirtschaft nicht mit angemessenen Maßnahmen zu begegnen wußte. Daran konnte auch der Ausbau der ökonomischen Beziehungen zur UdSSR nichts ändern.[13]

Auch in der Folgezeit gelang es der Führung der Tschechoslowakei nicht, die wirtschaftlichen Übelstände des Systems zu überwinden. Ebenso wie in anderen Volksdemokratien gaben auch in der Tschechoslowakei in dieser Krise, deren »Ursache das Nachhinken der politischen und ideologischen Entwicklung auf die der Wirtschaft ist«[14], die Intellektuellen den Ton an. Nachdem es das Regime zugelassen hatte, daß sich die Intellektuellen immer stärker artikulieren konnten und Prag und Preßburg die »freiesten Städte in der kommunistischen Welt wurden«[15], sah es keinen anderen Ausweg, als im November 1967 eine Demonstration von Studenten, bei denen die Partei jeglichen Kredit verloren hatte, gegen die Lebensbedingungen brutal niederzuschlagen.

Bereits ab Oktober 1967 diskutierte die Staats- und Parteiführung darüber, wie sie der fortschreitenden Liberalisierung Einhalt gebieten konnte. Die Parteiführung entschied sich dafür, die »Akkumulation der Funktionen« in der Hand Novotnýs zu beenden. Da Novotný, der vergeblich auf eine Intervention Brežnevs zugunsten seiner Person gehofft hatte, nicht bereit war, freiwillig eines seiner Ämter aufzugeben, einigten sich seine Gegner nach langem Tauziehen am 5. Januar 1968 auf Alexander Dubček als Nachfolger auf dem Posten des Ersten Sekretärs des Zentralkomitees der Kommunistischen Partei der Tschechoslowakei. Auch der

---

13 Vgl. über die innere Entwicklung der ČSSR die ausführlichen Darstellungen bei J. F. Triska: Czechoslovakia; H. G. Skilling: Czechoslovakia (II), S. 43–47 mit jeweils zahlreichen weiterführenden Nachweisen; J. K. Hoensch: Osteuropa-Politik, S. 275–278.
14 So F. Fejtö: Volksdemokratien (II), S. 234.
15 So H. G. Skilling: Czechoslovakia (II), S. 45.

Kreml erwartete von dieser personellen Veränderung eine rasch einsetzende innenpolitische Konsolidierung in der ČSSR, so daß er die Wahl Dubčeks guthieß. Zu den schärfsten Kritikern Novotnýs und Verbündeten Dubčeks gehörten Ota Šik und Josef Smrkovsky.[16]

c) *DDR: wachsende Diskrepanz zwischen ökonomischer Stärke und Anlehnungsbedürfnis an den Kreml*

Auch Walter Ulbricht ließ sich zum Sturz Nikita S. Chruščevs etwas mehr einfallen als der Kreml in seiner Mitteilung vom 16. Oktober 1964. Die Stellungnahme des Politbüros der SED war ein »Meisterstück vieldeutiger Distanz, das alle Wege nach Moskau offenläßt, zugleich aber die eigenen Interessen nachdrücklich fixiert«.[17] Die Nachricht von der Entbindung Chruščevs von seinen Funktionen habe »tiefe Bewegung in unserer Partei und in unserem Volke ausgelöst. Es ist bekannt, daß auch Genosse N. S. Chruschtschow bei der Durchführung der vom Zentralkomitee der Kommunistischen Partei der Sowjetunion ausgearbeiteten marxistisch-leninistischen Politik Verdienste hat.«[18]
Das Politbüro der SED fügte hinzu, daß das Zentralkomitee der KPdSU die Beschlüsse über die Absetzung Chruščevs »offensichtlich« deshalb gefaßt habe, weil er sich »seinen Aufgaben nicht mehr gewachsen gezeigt hat«. Die Stellungnahme der SED bezog sich auf die Erklärungen der kommunistischen Parteien von 1957 und 1960 und versprach, daß der mit der UdSSR am 12. Juni 1964 geschlossene Bündnisvertrag »in Ehren erfüllt« werde. Damit hat die Führung der SED Chruščevs insofern in bemerkenswerter Weise gedacht, als der Pakt vom 12. Juni 1964 den Ersatz für den von Chruščev gegenüber Ulbricht jahrelang versprochenen separaten Friedensvertrag bildete.[19] Auch wenn Chruščev die Maximalziele der Ost-Berliner Deutschland-Politik nicht verwirklicht hat und auch die seit Ende 1958 entwickelte Drei-Staaten-These mit den zwei Staaten in Deutschland und einer eigenen »politischen Einheit West-Berlins« international nicht durchzusetzen vermochte, hatte die SED-Führung doch al-

---

16 Vgl. dazu mit Nachweisen H. G. Skilling, ebenda, S. 46 f. mit Anm. 6; J. K. Hoensch: Osteuropa-Politik, S. 278 mit Anm. 48.
17 So I. Spittmann: Warten auf Moskau, S. 321; dies.: Soviet Union and DDR, S. 171.
18 Text in: Neues Deutschland vom 18. Oktober 1964 und SBZ-Archiv 1964, S. 308 f. (309).
19 Vgl. dazu oben S. 684.

len Grund, Chruščev dafür dankbar zu sein, daß er soweit wie möglich in der »deutschen Frage« die kompromißlosen Positionen Ost-Berlins vertreten hat.

Schließlich war es Nikita S. Chruščev, der es der DDR erlaubte, mit dem 1963 eingeführten Neuen Ökonomischen System (NÖS) eine Reform-Konzeption zu vertreten, um das Wirtschaftssystem zu modernisieren und rationalisieren. Mit dieser Reform verband man das Ziel einer »gewissen Selbstregulierung« der Wirtschaft auf der Grundlage des Plans. Mit dem Neuen Ökonomischen System wurde die DDR zum Schrittmacher wirtschaftlicher Reformen im gesamten »sozialistischen Lager«.[20]

Ende 1964 und im Verlauf des Jahres 1965 deuteten noch weitere Vorgänge darauf hin, daß die SED-Führung nun selbstbewußter auftrat und eine gewisse Autonomie für ihre Entscheidungen in Anspruch nahm. Nachdem sich Ost-Berlin frühzeitig, wenn auch mit einigen Schwierigkeiten im Konflikt zwischen Moskau und Peking voll auf die Seite des Kreml gestellt hatte, modifizierte Ulbricht Anfang November 1964 die Haltung der SED gegenüber China. Nun wies er jede »Einmischung in die inneren Angelegenheiten« Chinas weit von sich und übernahm die Position Bukarests, indem er seiner Hoffnung Ausdruck gab, daß es möglich sein werde, »sich über alle Grundfragen zu verständigen«[21].

Offensichtlich hatte Ulbricht – etwas später als Gheorghe Gheorghiu-Dej und W. Gomulka – inzwischen erkannt, daß der von Chruščev propagierte Ausschluß Chinas aus der kommunistischen Weltbewegung auch Nachteile für die übrigen Mitglieder des »Lagers« mit sich bringen könnte; die »Exkommunizierung« Pekings würde es dem Kreml erleichtern, die von ihm gewünschte »Block«-Disziplin durchzusetzen.

Ende 1964 und 1965 schien es, daß die SED-Führung auch im ökonomischen Bereich mehr Bewegungsspielraum zu erreichen suchte und das beachtliche wirtschaftliche Potential der DDR im Rahmen des Rats für Gegenseitige Wirtschaftshilfe auszuspielen gedachte. Aus mehreren Stellungnahmen ging hervor, daß die DDR für vorteilhaftere Bedingungen im RGW-Handel eintrat und sich stärker um den Weltmarkt kümmern wollte. Dies konnte nicht überraschen, da die DDR nach der

---

20 Vgl. dazu im einzelnen »DDR-Handbuch«, S. 596, 629–635; E. Richert: Ulbricht and After, S. 154 f.; I. Spittmann: Soviet Union and DDR, S. 171.
21 So W. Ulbricht in seiner Rede vom 3. November 1964 in Cottbus. Vgl. »Visite bei einem Riesen«, in: Neues Deutschland vom 5. November 1964; zit. auch bei I. Spittmann: Warten auf Moskau, S. 321. Zwei Tage später fuhr der SED-Chef zur Feier des 47. Jahrestags der Oktober-Revolution nach Moskau.

UdSSR die zweitstärkste Wirtschaftsmacht im RGW bildet und für die Mehrzahl der Mitglieder der wichtigste Handelspartner nach der Sowjetunion ist.
Als jedoch die DDR und die UdSSR am 3. Dezember 1965 ein neues langfristiges Handelsabkommen für die Jahre 1966 bis 1970 und ein Protokoll über den Warenaustausch für das Jahr 1966 unterzeichneten, stand fest, daß sich in der SED-Führung die Kräfte durchgesetzt hatten, für die der Handel im RGW-Bereich und vor allem mit der Sowjetunion nach wie vor Priorität genoß.[22] Diese Entwicklung wurde bestätigt, als die UdSSR und die DDR am 16. März 1966 ein Abkommen über die Bildung einer Paritätischen Regierungskommission für wirtschaftliche und wissenschaftlich-technische Zusammenarbeit schlossen.[23] Auch in der Zeit von Ende 1964 bis Anfang Dezember 1965, als einige autoritative Äußerungen auf eine »emanzipiertere« Haltung Ost-Berlins im RGW-Bereich hindeuteten, ließen die Führung und mehrere Wirtschaftswissenschaftler keinen Zweifel daran, daß sie nach wie vor für eine einheitliche gemeinsame Wirtschaftsplanung und die Errichtung supranationaler Koordinations- und Planungsorgane eintraten. Dies rief – wie bereits 1963 – wieder Bukarest auf den Plan.[24]
Nachdem es Ost-Berlin 1963/64 nicht gelungen war, Polen, Rumänien, Ungarn und Bulgarien davon abzuhalten, Handelsverträge mit der Bundesrepublik Deutschland unter Einschluß Berlins (West) zu schließen[25], verwandte die DDR-Führung auch in der zweiten Hälfte der sechziger Jahre viel Energie darauf, die »Bruderländer« auf einen harten Kurs in der Deutschland-Politik festzulegen. Während für die SED-Führung in dieser zentralen Frage die beiden Treffen des Politischen Beratenden Aus-

---

22 Vgl. die detaillierte Übersicht über die Außenhandels-Struktur der DDR bei W. Gumpel: Wichtiger Handelspartner Moskaus; I. Spittmann: Soviet Union and DDR, S. 174–176, schildert im einzelnen die Ende 1965 wieder zurückgenommenen Versuche, den einseitig nach Osten ausgerichteten Handel der DDR »beweglicher« zu machen. Der Vorsitzende der Staatlichen Plankommission der DDR, Erich Apel, nahm sich am 3. Dezember 1965 das Leben.
23 Text in: Dokumente zur Außenpolitik der DDR 1966. Bd. XIV/2. Halbb., S. 1167 f. Text des Abkommens vom 16. März 1966 und des Statuts der Paritätischen Kommission für wirtschaftliche und wissenschaftlich-technische Zusammenarbeit zwischen der UdSSR und der DDR bei A. Uschakow: Formen, S. 523–527. Vgl. dazu auch A. Uschakows Kommentar, ebenda, S. 518–523.
24 Sehr instruktiv dazu L. Auerbach: Ost-Berlin, Bukarest und der RGW. Vgl. zum Disput zwischen Ost-Berlin und Bukarest aus dem Jahre 1963 oben S. 677 mit den Nachweisen in Anm. 69; »Rumänien«, in: Hinter dem Eisernen Vorhang 1964, H. 7/8, S. 39 f.
25 Vgl. dazu oben S. 724 mit den Nachweisen in Anm. 6.

schusses des Warschauer Pakts vom 19.-20. Januar 1965 in Warschau[26] und vom 4. bis zum 6. Juli 1966 in Bukarest[27] enttäuschend ausfielen, durfte sie die Karlsbader Konferenz von 24 kommunistischen Parteien aus Europa vom 24. bis zum 26. April 1967 als einen Erfolg verbuchen.[28] Ost-Berlin mußte von nun an besonders auf der Hut sein, da die am 1. Dezember 1966 gebildete Große Koalition mit Bundeskanzler Kurt Georg Kiesinger und Bundesaußenminister Willy Brandt die von ihren Vorgängern, Bundeskanzler Ludwig Erhard und Bundesaußenminister Gerhard Schröder, formulierte Ostpolitik übernommen, fortentwickelt und in ihr Gewaltverzichtsangebot ausdrücklich nun auch das ungelöste Problem der Teilung Deutschlands einbezogen hatte.[29]

Wie wenig Bukarest bereit war, seine nationalen Interessen der »Block«-Solidarität auch in der Deutschland-Frage unterzuordnen, zeigte sich, als die Bundesrepublik Deutschland und Rumänien am 31. Januar 1967 die Aufnahme diplomatischer Beziehungen vereinbarten. Die SED schreckte nicht vor einem öffentlichen Angriff auf die rumänische Regierung zurück[30], die mit einer energischen Zurückweisung reagierte.[31] Die Kontroverse zwischen der DDR und Rumänien war auch Gegenstand der Warschauer Konferenz der Außenminister des Warschauer Pakts vom 8. bis zum 10. Februar 1967, auf der Bukarest als einziges Land nur durch einen stellvertretenden Außenminister vertreten war. Der Text des Kommuniqués, den die SED veröffentlichte und in dieser Form ständig zitierte, wich in einem zentralen Punkt von der in Warschau verbreiteten Version ab: Während die SED im Schlußsatz von einer Atmosphäre »völligen Einvernehmens« sprach, war in den übrigen Fassungen vom »vollen gegenseitigen Verständnis«[32] die Rede.

---

26 Vgl. dazu J. Hacker: Das Warschauer Gipfeltreffen.
27 Vgl. dazu J. Hacker: Die Konferenz von Bukarest.
28 Vgl. dazu J. Hacker: Die Karlsbader Konferenz; W. Berner: Das Karlsbader Aktionsprogramm; Nach Karlsbad der »Einheit« wegen, in: Osteuropäische Rundschau 1967, H. 5, S. 21-24. Text der Karlsbader Erklärung in: Neues Deutschland vom 27. April 1967; Europa-Archiv 1967, S. D 259-266; SBZ-Archiv 1967, S. 160-162.
29 Vgl. dazu »Die Auswärtige Politik der Bundesrepublik Deutschland«, S. 63-69 (68).
30 »Europäische Sicherheit erfordert Verzicht auf Revanchepolitik«, in: Neues Deutschland vom 3. Februar 1967 und SBZ-Archiv 1967, S. 76.
31 »Ein positiver Schritt in der Entwicklung der intereuropäischen Beziehungen«, in: Neuer Weg vom 5. Februar 1967; nachgedruckt in: SBZ-Archiv, ebenda, S. 76-78.
32 Text der DDR-Fassung in: Neues Deutschland vom 11. Februar 1967 und SBZ-Archiv, ebenda, S. 74; Text der übrigen Fassungen in: Europa-Archiv 1967, S. D 123 f. (124). Vgl. zu dieser Kontroverse vor allem die instruktiven Berichte »Beginn der Ostblockkonferenz in Warschau« und »Keine Beseitigung der Differenzen in Warschau«, in: Neue Zürcher Zeitung, Fernausgaben vom 10. und 14. Februar 1967. Wie hart sich die SED-Führung seitens Bukarests getroffen gefühlt hat, geht daraus hervor, daß sogar

Nachdem Ost-Berlin nervös und undiplomatisch auf die Herstellung diplomatischer Beziehungen zwischen der Bundesrepublik Deutschland und Rumänien reagiert hatte, suchte es nun der möglichen Gefahr einer Isolierung innerhalb des »sozialistischen Lagers« zuvorzukommen. Mit der aktiven Unterstützung Moskaus bemühte sich die DDR-Führung, ein Ausscheren anderer »Bruderländer« aus der vom Kreml und Ost-Berlin gewünschten Einheitsfront gegen die Bundesrepublik Deutschland zu verhindern. Dank der sowjetischen Hilfe konnte Walter Ulbricht insofern einige beachtliche Erfolge erzielen, als die DDR, die bis dahin nur mit der UdSSR durch den bilateralen Bündnispakt vom 12. Juni 1964 verbunden war, nacheinander am 15. März mit Polen[33], am 17. März mit der Tschechoslowakei[34], am 18. Mai mit Ungarn[35] und am 7. September 1967 mit Bulgarien[36] jeweils einen Bündnisvertrag schloß.

Wesentliche Bestimmungen aller Verträge lagen auf der gleichen Linie wie der mit der UdSSR am 12. Juni 1964 geschlossene Bündnispakt. Gemeinsam ist allen das Bestreben, den Status quo, das heißt die politische Teilung Deutschlands zu legalisieren und zu zementieren.[37] Das schlechte Verhältnis zwischen Ost-Berlin und Bukarest zeigte sich auch und gerade darin, daß sich die DDR bis zum 12. Mai 1972 gedulden mußte, bis Rumänien zur Unterzeichnung eines bilateralen Bündnisvertrags bereit war.[38]

Als Pikanterie gilt festzuhalten, daß SED-Chef Ulbricht geradezu verärgert reagierte, als westliche Beobachter den Abschluß der Beistandspakte der DDR mit Polen und der Tschechoslowakei dahingehend interpretierten, daß diese drei Länder die »Nordflanke«, den harten Kern des Warschauer Pakts, bildeten. Kurz vor seiner Reise nach Warschau meinte dazu Ulbricht am 12. März 1967: »Es ist keine Rede von dem Dreieck, über das einige Politiker Westdeutschlands sprechen, es werden noch einige Ecken mehr.«[39]

---

der Staatsrat der DDR zur Warschauer Konferenz einen Beschluß gefaßt hat. Text in: Neues Deutschland vom 17. Februar 1967 und SBZ-Archiv, ebenda.
33 Text in: Gesetzblatt der DDR 1967 I, S. 49–52.
34 Text, ebenda, S. 53–56.
35 Text, ebenda, S. 119–122.
36 Text, ebenda, S. 123–126.
37 Vgl. dazu J. Hacker: Beistandspakte mit Warschau und Prag; Neue Beistandsklausel im Pakt mit Ungarn, in: SBZ-Archiv 1967, S. 153 f.; Beistandspakt mit Bulgarien, ebenda, S. 290 f. Texte der von der DDR 1967 geschlossenen Bündnispakte auch in: Grundsatzverträge.
38 Text in: Gesetzblatt der DDR 1972 I, S. 155–157.
39 Text der Rede W. Ulbrichts vor der Bezirksdelegierten-Konferenz in Ost-Berlin in: Neues Deutschland vom 13. März 1967.

Ulbrichts Optimismus sollte sich – wie die Unterzeichnung der Bündnispakte mit zwei Ländern der »Südflanke« des Warschauer Pakts zeigte – als richtig erweisen. Das hielt den SED-Chef jedoch nicht davon ab, auf dem VII. Parteitag der Einheitspartei am 17. April 1967 darzulegen, wie hierarchisch die »sozialistische Staatengemeinschaft« in seinen Vorstellungen strukturiert war:
»Für uns . . . ist das besonders enge und vertrauensvolle Zusammengehen mit der Sowjetunion und zugleich mit unseren unmittelbaren sozialistischen Nachbarstaaten, der Volksrepublik Polen und der Tschechoslowakischen Sozialistischen Republik, von erstrangiger Bedeutung.«[40]
Daran schloß Ulbricht die Feststellung, daß die »Zusammenarbeit und Arbeitsteilung mit allen sozialistischen Bruderstaaten, die im Rahmen des Rates für Gegenseitige Wirtschaftshilfe und des Warschauer Vertrages eine gute Entwicklung nimmt«, auf »allen Gebieten neue große Potenzen« freisetzten.
In den folgenden Monaten ließ die SED-Führung keine Gelegenheit aus, die Führungsrolle der UdSSR und der KPdSU sowie die Notwendigkeit zu betonen, eine allgemein verbindliche Generallinie für alle Mitgliedsländer des »Lagers« auszuarbeiten. Daß die SED-Führung 1964/65 wenigstens einige zaghafte Versuche gemacht hat, sich ein wenig von der Moskauer Vormundschaft zu emanzipieren, war ab 1966 wieder vergessen. Dazu dürften nicht nur die ost- und deutschlandpolitischen Initiativen der Bundesregierung, sondern in erster Linie die Einsicht der SED-Führung beigetragen haben, von der UdSSR nach wie vor abhängig zu sein. An diesem Faktum hat sich auch in der Folgezeit nichts geändert. So war es kein Zufall, daß Walter Ulbricht die Entwicklung der Tschechoslowakei nach der Ablösung Antonín Novotnýs durch Alexander Dubček Anfang Januar 1968 mit größtem Mißtrauen verfolgte, da er um die möglichen Auswirkungen des »Prager Frühlings« auf die DDR fürchtete. Die starke Anlehnung des zweiten Staates in Deutschland an die UdSSR resultierte vornehmlich aus dem Wunsch der SED-Führung nach Sicherheit und innerer Stabilität. Der Kreml durfte sich darüber freuen, daß in diesem zentralen Punkt die Interessen der UdSSR mit denen der DDR, des westlichen Vorpostens der »sozialistischen Gemeinschaft«, identisch waren.[41]

---

40 Text der Rede W. Ulbrichts in: Neues Deutschland vom 18. April 1967; Auszug in: SBZ-Archiv 1967, S. 123–128 (123). Vgl. über die Beziehungen der DDR zu Polen und der Tschechoslowakei die detaillierte Analyse bei F. Sikora: Solidarität, S. 89–94, 155–183.
41 Dieser Interessenlage trug Ost-Berlin auch in der neuen Verfassung der DDR vom 6. April 1968 Rechnung. Vgl. dazu im einzelnen unten S. 845–847.

d) *Ungarn: J. Kádárs neuer »Neue Kurs«*

Der unerwartete Sturz Nikita S. Chruščevs am 14. Oktober 1964 war ein Schock für das ungarische Volk und ein harter Schlag für das Prestige János Kádárs, den der Kremlchef im Oktober 1956 eingesetzt hatte. Für Kádár bestand der Wert Chruščevs darin, daß er »sein Beschützer, der Garant der Sicherheit und des Weiterbestandes für sein Regime« war: »Für Chruschtschow wiederum war Kadar dadurch wertvoll, daß er zum erfolgreichsten Vertreter eines Reformkommunismus wurde, für dessen Gelingen der sowjetische Führer seine politische Karriere aufs Spiel setzte ... Kadars Erfolge stärkten seine eigene Position.«[42]
Wenn man bedenkt, daß Kádár nach der Niederschlagung der ungarischen Volkserhebung im Herbst 1956 der meistgehaßte Mann in Ungarn war, da er die revolutionäre Bewegung verraten hatte, erscheint es wie eine Ironie, daß er nach nur acht Jahren mit dem liberaleren Typ des Kommunismus assoziiert wurde. Für Kádár galten immer drei politische Leitlinien: sich niemals den Vorstellungen der UdSSR zu widersetzen, niemals zuzulassen, die totalitäre Position der Partei zu unterminieren und schließlich dabei zu versuchen, die Zustimmung der Bevölkerung zu finden.[43]
Kádárs Politik der begrenzten inneren Liberalisierung, mit der er die für ihn und die Sowjets so schädlichen Folgen des Herbstes 1956 zu überwinden suchte, stand unter der Devise, daß das Verhältnis zur Sowjetunion der Eckpfeiler der ungarischen Außenpolitik ist, ohne sich dem Machtanspruch des Kreml sklavisch unterzuordnen. Den XXII. Kongreß der KPdSU im Oktober 1961, auf dem Chruščev die zweite Entstalinisierung verkündet hatte, nahm Kádár zum Anlaß, seine Politik, die Konfrontation mit der Bevölkerung, abzubauen, mit dem Motto »wer nicht gegen uns ist, ist für uns«[44], noch zu untermauern.
Westliche Beobachter haben zutreffend von der Politik des neuen »Neuen Kurses«[45] gesprochen. Vergleicht man die innere Entwicklung Ungarns mit der der anderen Länder des »Lagers«, dann war diese Kennzeichnung der begrenzten Konzessionen Kádárs durchaus berechtigt.[46] An diesem

---

42 So J. F. Brown: Außenpolitik, S. 542. Vgl. dazu auch I. Kovacs: Kadar.
43 So F. Vali: Hungary (II), S. 121–123 (122).
44 Text der Rede J. Kádárs in: Nepszabadsag vom 3. Dezember 1961; zit. bei G. Mueller and H. Singer: Hungary, S. 33.
45 So G. Mueller and H. Singer, ebenda. Vgl. zu Kádárs Politik bis dahin oben S. 684 f.
46 Vgl. dazu auch I. Kovacs: Kadar.

politischen Kurs änderte sich auch nichts nach dem Sturz Chruščevs und nach dem 25. Juni 1965, als Kádár die Funktion des Ministerpräsidenten an seinen Gefolgsmann G. Kállai abgab. Da Budapest in allen entscheidenden außenpolitischen Fragen – vor allem bei der Aufrechterhaltung der »Block«-Solidarität und in dem Konflikt mit Peking – den Kreml unterstützte, war dieser bereit, dies insofern zu honorieren, als Kádár seine vorsichtige Politik der Liberalisierung und ökonomischen Reformen, die nur begrenzte Erfolge aufwiesen, fortführen durfte.[47]

Die Politik der engen Kooperation zwischen der UdSSR und Ungarn fand dann in dem am 7. September 1967 erneuerten Vertrag über Freundschaft, Zusammenarbeit und gegenseitigen Beistand ihren Ausdruck. Von besonderer Bedeutung war Art. 2, der den Ausbau der ökonomischen Zusammenarbeit sowohl auf der bilateralen als auch auf der RGW-Ebene vorsah. Wesentlich größere politische Bedeutung hatte jedoch Art. 7, in dem sich beide Vertragspartner verpflichteten, sich bei allen wichtigen, sie berührenden Fragen zu konsultieren »und auf der Grundlage einer gemeinsamen, mit den beiderseitigen Interessen abgestimmten Positionen« zu »handeln«.[48]

Die von der ungarischen Führung offen propagierte enge außenpolitische Anlehnung an die UdSSR ist auch darauf zurückzuführen, daß Ungarns Position im »sozialistischen Lager« durch die zahlreichen ethnischen und territorialen Dispute sowie die jahrzehntealte Problematik der ungarischen Minderheiten in den Nachbarstaaten komplizierter war als in irgendeinem anderen »Bruderland«.[49]

---

47 Vgl. über die Entwicklung Ungarns bis Ende der sechziger Jahre die ausführliche Analyse bei B. Kovrig: Decompression in Hungary; F. A. Vali: Hungary (II); J. K. Hoensch: Osteuropa-Politik, S. 268–272. Die Entwicklung Ungarns war in jenen Jahren sehr viel vielschichtiger, als es die Formel »Entstalinisierung ohne De-Satellisierung« verrät, die C. Gasteyger im Anschluß an P. Hassner in: Osteuropa, S. 658, verwandt hat. Sehr instruktiv auch Ch. Gati: The Kádár Mystique.
48 Text in: Grundsatzverträge, S. 175–179. Vgl. dazu »Freundschaftsvertrag mit der UdSSR«, in: Osteuropäische Rundschau 1967, H. 10, S. 35 f. Über die Außenpolitik Budapests informiert bis Mitte 1967 J. F. Brown in: Außenpolitik, wo er auch Kádárs Vorstellungen über die Zusammenarbeit im Donau-Becken wiedergibt.
49 Vgl. dazu W. F. Robinson: Der Nationalismus in Ungarn; J. K. Hoensch: Osteuropa-Politik, S. 271 f.

e) *Bulgarien: totale Servilität gegenüber dem »großen Bruder«*

Nirgendwo im »sozialistischen Lager« löste der Sturz Nikita S. Chruščevs eine so große Erschütterung aus wie in Sofia. Nachdem die bulgarische Bevölkerung am 16. Oktober 1964 lediglich in der Form einer Wiedergabe der knappen sowjetischen TASS-Meldung über die Geschehnisse im Kreml informiert worden war, hüllte sich die Führung des Landes fünf Tage lang in absolutes Schweigen. Es hatte den Anschein, »als ob die Führungsgruppe um Shiwkow die Köpfe einzog, sich hinter der täglichen Routinearbeit verschanzte und jede eigene Stellungnahme peinlichst vermied, bis sich die Staubwolke vom Sturz in Moskau zerstreute«[50].
Erst am 21. Oktober veröffentlichte das Zentralkomitee der Kommunistischen Partei Bulgariens eine Resolution, in der der sowjetischen Parteiführung und ihren Entscheidungen »großer Respekt« und »Vertrauen« sowie die volle Unterstützung zugesichert wurden: »Das Idol von gestern wurde nicht einmal einer Erwähnung für wert befunden.«[51]
Kein anderer Vorgang vermochte die totale Servilität der bulgarischen Führung gegenüber dem Kreml überzeugender zum Ausdruck zu bringen, da gerade Todor Živkov allen Anlaß gehabt hätte, zumindest den Namen des Mannes zu nennen, dem er seine Karriere allein verdankte. Auch wenn westliche Beobachter die Frage unterschiedlich beantworten, ob János Kádár, der gleichfalls seinen Aufstieg ab Herbst 1956 Chruščev verdankte, oder Todor Živkov von Chruščev abhängiger war, hatte der ungarische Parteichef wenigstens den Mut, am 18. Oktober 1964 Chruščev seinen Tribut zu zollen und seinen Landsleuten zu versichern, daß sich die politische Linie Ungarns in keiner Weise ändern werde.[52]
Noch einmal sei daran erinnert, daß es Todor Živkov nur mit der massiven Hilfe Chruščevs gelungen war, im November 1961 und November 1962 seine beiden mächtigsten Rivalen, Vulko Červenkov und Anton Jugov, nacheinander auszuschalten.[53] Es paßte so gar nicht in das Bild der politischen Wirklichkeiten Bulgariens, daß im April 1965 eine Militärrevolte, die die erste in der Geschichte eines kommunistischen Staates gewesen wäre, stattgefunden haben soll. Bemerkenswert war an den Vorgängen vor allem, daß hinter der »Verschwörung« nicht die in den Jahren zu-

---

50 So N. Bornemann: Bulgarien, S. 168.
51 So P. Lendvai: Balkan, S. 252 f. (253). Dt. Text der Erklärung vom 21. Oktober 1964 bei N. Bornemann, ebenda, S. 169.
52 Zit. bei P. Detre: Ungarn, S. 171.
53 Vgl. dazu oben S. 684–686.

vor in Ungnade gefallenen alten Rivalen Červenkov und Jugov, sondern »liberale« Kräfte gestanden haben sollen, denen Živkovs unkritische Servilität gegenüber dem Kreml nicht paßte und die für eine Politik eintraten, in der auch die nationalen Interessen des Landes Berücksichtigung finden sollten.[54]

Für Živkov war es geradezu ein Geschenk des Himmels, daß der vor allem im Westen so hochgespielte Vorgang sogar mit der These verbunden wurde, daß Peking seine Hand im Spiel gehabt habe, was sich schnell als unsinnig herausstellen sollte. Auf jeden Fall verfehlte die »unverhoffte und irreführende Publizität der zur Verschwörung aufgewerteten Aktion einiger Parteileute in Richtung Liberalität... nach Moskau hin nicht ihre Wirkung: der Staatschef Todor Schiwkoff stand als treuer, tatkräftiger, siegreicher Freund Rußlands in effektvoller Beleuchtung. Und gleichzeitig galt er für den Westen als Fels gegen die Chinesen«[55].

Die »Verschwörung« entbehrte insoweit nicht der Pikanterie, als sie nicht von den bulgarischen Sicherheitskräften, sondern vom sowjetischen militärischen Abschirmdienst aufgedeckt worden sein soll. Die Nachfolger Chruščevs ließen keinen Zweifel daran, daß auch in Zukunft für sie Partei- und Regierungschef Todor Živkov der Mann ihres Vertrauens und der Garant dafür war, daß Bulgarien auch in Zukunft im totalen politischen Gleichschritt mit Moskau blieb.

Dabei darf nicht übersehen werden, daß auch die Nachfolger Chruščevs die Treue Bulgariens durch eine großzügige Wirtschafts- und Kreditpolitik nicht zuletzt mit dem Ziel honoriert haben, dadurch jede antisowjetische Stimmung sogleich im Keim zu ersticken.[56] Da Todor Živkov – ebenso wie János Kádár – auch in der zweiten Hälfte der sechziger Jahre auf die Rückendeckung der UdSSR angewiesen war, bewegten sich seine bescheidenen außenpolitischen Initiativen in dem vom Kreml abgesteckten Rahmen.[57]

---

54 Vgl. dazu N. Bornemann: Die Verschwörung in Bulgarien, S. 616–619; M. Costello: Bulgaria, S. 140; J. K. Hoensch: Osteuropa-Politik, S. 272; M. V. Pundeff: Bulgaria Under Zhivkov, S. 99; P. Lendvai: Balkan, S. 254–260. Vgl. auch die Nachweise oben S. 686, Anm. 92.
55 So W. Kraus in seinem informativen Beitrag »Bulgarien sucht Anschluß an die Zeit«, S. 5.
56 Vgl. dazu mit Nachweisen J. K. Hoensch: Osteuropa-Politik, S. 275 mit Anm. 36; P. Lendvai: Balkan, S. 271–277. Über alle wichtigen Aspekte der inneren Entwicklung Bulgariens informiert M. V. Pundeff in: Bulgaria Under Zhivkov.
57 Vgl. dazu vor allem die ausführliche Darstellung bei J. F. Brown: Bulgaria, S. 263–300; M. Costello: Bulgaria, S. 140–147.

Als die UdSSR und Bulgarien am 12. Mai 1967 einen neuen Vertrag über Freundschaft, Zusammenarbeit und gegenseitigen Beistand schlossen, ließ eine darin erstmals verwandte Formel aufhorchen: Sowohl in der Präambel als auch in Art. 1 des Bündnispakts war von der »dauerhaften und unverbrüchlichen Freundschaft« die Rede.[58] Mit dem Bündnispakt wurde der Vertrag vom 18. März 1948 abgelöst, der sich auf die Formel von der »weiteren Entwicklung und Festigung der freundschaftlichen Beziehungen zwischen der UdSSR und Bulgarien«[59] beschränkt hatte.
Als Ungarn wenige Monate später, am 7. September 1967, den – bereits erwähnten – neuen Bündnisvertrag mit der Sowjetunion schloß, verpflichteten sich beide Seiten zur »dauerhaften«, nicht jedoch auch zur »unverbrüchlichen Freundschaft«[60]. Auch dies ist ein interessantes Indiz dafür, daß sich das Verhältnis Bulgariens und Ungarns zur UdSSR mehr als nur in Nuancen unterscheidet.
Auch wenn die politischen Führungen in Budapest und Sofia der sowjetischen Rückendeckung bedürfen, ist es kein Zufall, daß in Ungarn, nicht jedoch in Bulgarien sowjetische Truppen stationiert sind: »Als einziger zuverlässiger WPO-Posten an der Südflanke der sowjetischen Machtsphäre, als Nachbar zweier instabiler NATO-Mitglieder und als Luftbrücken-Sprungbrett in den Nahen Osten und nach Nordafrika besaß Bulgarien für Moskau einen unersetzbaren politischen und strategischen Wert.«[61]
Aus dieser Situation heraus verstand es sich von selbst, daß sich der Kreml nicht nur Ende der sechziger, sondern auch während der siebziger Jahre auf die politische Führung in Sofia verlassen konnte.

f) *Rumänien: die unschätzbaren Vorteile der Geographie*

Nicht nur mit großem Wohlwollen, sondern geradezu mit Bewunderung verfolgte man in der westlichen Welt auch in der zweiten Hälfte der sechziger Jahre Rumäniens »Drahtseilakt ohne Netz«[62]. Für die Nachfolger Nikita S. Chruščevs bestand hingegen kein Grund, über die Konsequenz

---

58 Text des Vertrags in: Grundsatzverträge, S. 158–163.
59 Text, ebenda, S. 77: Präambel.
60 Text, ebenda, S. 175 f.
61 So J. K. Hoensch: Osteuropa-Politik, S. 275.
62 So hat H. König seinen Beitrag über »Rumäniens Standort in der kommunistischen Weltbewegung« überschrieben, der zu den fundiertesten und ausgewogensten Studien des vielschichtigen Themas gehört.

Freude zu empfinden, mit der Bukarest seine Politik der nationalen Positionsaufwertung auch nach dem 14. Oktober 1964 fortführte.[63] In der Tat war es faszinierend zu beobachten, wie die rumänische Führung auch in den Jahren nach der Ablösung Chruščevs ihre »Block«-Solidarität sukzessive auf nahezu allen Bereichen reduzierte, ohne dem Kreml einen spektakulären Anlaß zu bieten, mittels einer Intervention den »Gleichschritt« Bukarests mit dem »Lager« wiederherzustellen. Die rumänische Führung achtete streng daruf, daß dieser Emanzipationsprozeß, der auch als »Rumänisierung« und »Nationalisierung« der rumänischen Politik apostrophiert worden ist, keine Liberalisierung des Landes zur Folge hatte.

Westliche Beobachter haben viel Phantasie und Mühe darauf verwandt, die Prämissen der außenpolitischen Bewegungsfreiheit zu analysieren und zu fragen, woher die rumänische Führung auch in der Zeit nach der Ablösung Chruščevs ihre Selbstsicherheit genommen hat. Zweifellos bildet die Abweichung Rumäniens einen interessanten Präzedenzfall, aus dem gelegentlich jedoch im Westen falsche Schlüsse gezogen worden sind. Wenn beispielsweise Richard V. Burks meint, mit Ausnahme der DDR könnte jedes Mitgliedsland des »sozialistischen Lagers« versuchen, den Weg Rumäniens nachzuahmen[64], dann übersieht er die besondere, geopolitisch bedingte Situation Rumäniens.

Zbigniew K. Brzezinski hat zutreffend darauf hingewiesen, der Erfolg der rumänischen Politik habe bewiesen, daß »nicht nur die sowjetische Militärmacht, sondern auch die Geographie ihre Bedeutung als politischer Aktivposten zu verlieren begann. Obwohl Rumänien von prosowjetischen kommunistischen Staaten umgeben ist, trotzte es dem kommunistischen Äquivalent des ›Prinzips des geographischen Fatalismus‹, d. h., daß man, um der Sowjetunion erfolgreich Widerstand leisten zu können, wenigstens die Vorteile der Geographie für sich haben muß.«[65]

Die geographische Lage Rumäniens war und ist die Hauptvoraussetzung dafür, daß der sowjetische »Hegemon« den eigenwilligen Kurs Bukarests

---

63 Vgl. über das Echo Bukarests auf den Sturz Chruščevs die knappe und instruktive Analyse bei C. Sporea.
64 R. V. Burks: Perspectives for Eastern Europe, S. 76.
65 Z. K. Brzezinski: Alternative zur Teilung, S. 43, Fußnote: »Die Kommunisten haben lange, d. h. bis sie durch Kuba widerlegt worden sind, die Theorie vertreten, daß kommunistische Revolutionen in Gebieten, die von der kommunistischen Welt weit entfernt liegen, stets von den ›Imperialisten‹ niedergeschlagen werden. Bis zu den Ereignissen in Rumänien konnten nur solche Länder der Sowjetunion die Stirn bieten, die nicht von ihr selbst oder von prosowjetischen Staaten eingekreist waren, wie Jugoslawien, Albanien und China.«

bisher mit so großer Nachsichtigkeit hingenommen hat: »durch den Küstenanteil am sowjetisch beherrschten Schwarzen Meer und durch die wie Zangenbacken geformte Landgrenze mit der Sowjetunion, Ungarn und Bulgarien ist Rumänien zuverlässig in den sowjetischen Machtbereich eingebettet. Die Zuverlässigkeit der Bulgaren und Ungarn steht – wenn es je gegen die Rumänen ginge – außer Frage. Der einzige aus sowjetischer Sicht ungedeckte Grenzabschnitt ist jener mit Jugoslawien. Aber Jugoslawien ist kein NATO-Staat, ist, strategisch gesehen, ein nützliches Gummipolster zwischen der im Ernstfall NATO-beherrschten Adria und der Südwestflanke des sowjetischen Imperiums. Im Unterschied zum ›eisernen Dreieck‹ DDR–Tschechoslowakei–Polen, auf dessen Härte Moskaus Machtstellung in Europa beruht, im Unterschied auch zur ungarischen Grenzprovinz des sowjetischen Imperiums könnte im Fall eines militärischen Konflikts zwischen West und Ost die Gefahr einer rumänischen Desertion aus dem Warschauer Bündnis vom Moskauer Generalstab ohne Schwierigkeit binnen 48 Stunden beseitigt werden.«[66]

Dieses Faktum, das Helmut König zutreffend als die »Geborgenheit Rumäniens im Schoß des sowjetischen Machtbereichs«[67] gekennzeichnet hat, ist die entscheidende Prämisse seiner begrenzten außenpolitischen Bewegungsfreiheit. Der geopolitische Faktor hätte der rumänischen Führung jedoch nichts genützt, wenn nicht eine weitere Voraussetzung gegeben wäre: die Abwesenheit sowjetischer Truppen. Es ist schon darauf hingewiesen worden, daß die UdSSR bereits 1958 aus geographischen und strategischen Erwägungen heraus einen weiteren Verbleib ihrer Streitkräfte in Rumänien für nicht mehr erforderlich gehalten hat. In den meisten westlichen Analysen wird dabei das rumänisch-chinesische »Zusammenspiel« viel zu wenig beachtet. Hier liegt wohl der erste und entscheidende Beitrag, den Peking dazu geleistet hat, daß Bukarest seine Politik der nationalen Abweichung, die es im ökonomischen Bereich bereits seit Mitte der fünfziger Jahre eingeleitet hatte, auch auf das Gebiet der Außenpolitik ausdehnen konnte.[68]

Das Beispiel Rumäniens konnte und kann auf keinen Fall in jenen »Bruderstaaten« Schule machen, auf deren Territorium sich sowjetische Truppen befinden. Obwohl kein zwingender Zusammenhang zwischen der

---

66 So H. König: Drahtseilakt, S. 90.
67 H. König, ebenda.
68 Vgl. dazu im einzelnen oben S. 612–616. Dabei darf – wie oben dargelegt – jedoch nicht übersehen werden, daß mehrere westliche Experten den Abzug der sowjetischen Streitkräfte auf andere Motive zurückführen.

741

Treue zu Moskau und der Stationierung sowjetischer Truppen besteht – dies zeigt das Beispiel Bulgariens, dessen Loyalität auch ohne sowjetische Besatzungstruppen nie in Zweifel gezogen worden ist[69] –, so ist es doch eine Tatsache, »daß dort, wo sich sowjetische Truppen befunden haben, kein erfolgreicher Widerstand entstehen konnte und daß der Widerstand dort erfolgreich gewesen ist, wo kein sowjetisches Militär anwesend war . . .«[70] Da die Sowjetunion seit 1968 auch in der Tschechoslowakei als militärische Besatzungsmacht fungiert, ist außer Rumänien nur Bulgarien frei von sowjetischen Streitkräften. Angesichts der andersgearteten geopolitischen Bedingtheit Bulgariens und des Grades der Servilität seiner Führung gegenüber dem »großen Bruder« in Moskau erscheint der Gedanke, Sofia könnte einmal dem Beispiel seines Nachbarn in Rumänien folgen, als so theoretisch, daß sich darüber jede Überlegung erübrigt. Selbst Zbigniew K. Brzezinski war 1965 zu optimistisch, als er feststellte, das Verhalten Rumäniens könnte auch deshalb eine besondere Anziehungskraft ausüben, da es ein klassisches Beispiel abgestufter Auflehnung darstellte. Mit Recht hat er darauf hingewiesen, daß Bukarests Politik der nationalen Abweichung weder die Folge plötzlichen innenpolitischen Aufruhrs, wie 1956 in Polen, noch eines plötzlichen Ausschlusses aus dem »sozialistischen Lager«, wie der Jugoslawiens im Jahre 1948 war. Im Fall Rumäniens »handelte es sich um ein allmähliches Selbständigwerden, das kaum heftige Reaktionen rechtfertigte«[71].

Aus zwei Gründen ist Rumänien bis heute ein Einzelfall geblieben: einmal aufgrund seiner geographischen, geopolitischen und strategischen Bedingtheiten und zum anderen, da es im rechten Augenblick über politische Führerpersönlichkeiten verfügte, die den Prozeß der »abgestuften Auflehnung« mit großem Geschick vollziehen konnten.

In zahlreichen fundierten westlichen Analysen sind sowohl die außenpolitischen Abweichungen Rumäniens als auch die forcierte innere »Rumänisierung« in allen Einzelheiten dargestellt worden.[72] Festzuhalten gilt vor

---

69 Z. K. Brzezinski nennt in: Alternative zur Teilung, S. 71 als Beispiel die Tschechoslowakei, das seit 1968 nicht mehr gültig ist.
70 Z. K. Brzezinski, ebenda: Er nennt als Beispiel Jugoslawien, Albanien, China, Nord-Vietnam, Nord-Korea und Rumänien.
71 Z. K. Brzezinski, ebenda, S. 44 f.
72 Vgl. dazu beispielsweise H. König: Drahtseilakt; St. Fischer-Galati: The Socialist Republic of Rumania; ders.: Rumania, S. 159–224; ders.: Foreign Policy, S. 216–222; R. L. Farlow: Romanian Foreign Policy; J. F. Brown: Verbündeter; J. K. Hoensch: Osteuropa-Politik, S. 288–298; P. Lendvai: Balkan, Kap. VI. Rumänien; T. Gilberg: Ceausescu's Romania; J. C. Campbell: Strategy. Sehr instruktiv dazu auch R. R. King: Autonomy and Détente; ders.: Rumania; F. St. Larrabee: Challenge; G. J. Gill: Rumania; G. Schöpflin: Rumanian Nationalism; R. H. Linden: Bear and Foxes, S. 189–203.

allem, daß die Ablösung Chruščevs durch die kollektive Führung im Oktober 1964 für die rumänische Führung kein Grund war, auf ihre Politik der Eigenständigkeit zu verzichten oder sie auf irgendeinem Bereich einzuschränken. Daran änderte sich auch nichts, als am 19. März 1965 Gheorghe Gheorghiu-Dej nach fast zwanzigjähriger Herrschaft als Generalsekretär der Kommunistischen Partei Rumäniens starb und ihm der bis dahin im Ausland kaum bekannte Nicolae Ceauşescu folgte. Im Gegenteil: Ceauşescu »formalisierte und legalisierte die Legitimität, Unabhängigkeit und Souveränität Rumäniens und der Rumänischen Partei«[73].

Zu bedenken ist dabei, daß Bukarest seine außenpolitischen Alleingänge nicht auf die militärische und ökonomische Kooperation im Rahmen des Warschauer Pakts[74] und des Rats für Gegenseitige Wirtschaftshilfe[75] beschränkt, sondern die »Block«-Solidarität aus der Sicht des Kreml auch in anderen zentralen Fragen strapaziert hat. Die Fortdauer und teilweise Verschärfung des sowjetisch-chinesischen Konflikts hielt die rumänische Führung nicht davon ab, korrekte Beziehungen zu Peking aufrechtzuerhalten. Ebenso korrekt und ungetrübt gestalteten sich die Beziehungen zu Albanien; bereits im Januar 1963 hatte Bukarest als das erste und einzige Land des »Lagers« seinen Botschafter nach Tirana zurückgeschickt. Wie hoch die rumänische Führung die »Block«-Disziplin einschätzte, zeigte sich auch darin, daß es – ebenso wie Jugoslawien, Albanien und China – dem »Konsultativtreffen« kommunistischer Parteien Anfang März 1965 in Moskau ferngeblieben war.[76] Für den Kreml war es ebenfalls eine große Enttäuschung, daß er die rumänische Parteiführung auch nicht dazu bewegen konnte, an der Karlsbader Konferenz der kommunistischen Parteien West- und Osteuropas vom 24. bis zum 26. April 1967 teilzunehmen; zu den in Karlsbad abwesenden regierenden kommunistischen Parteien gehörten wiederum die Jugoslawiens und Albaniens.[77] Verärgert war die sowjetische Führung auch über das »unkooperative« Verhalten der Kommunistischen Partei Rumäniens bei der Vorbereitung der vom 26. Februar bis zum 5. März 1968 nach Budapest einberufenen Konsultativkonferenz.[78]

---

73 So St. Fischer-Galati, ebenda, S. 30. Nachfolger Gheorghiu-Dej' als Vorsitzender des Staatsrats wurde Chiu Stoica, bis 1967 Ceauşescu dieses Amt selbst übernahm.
74 Vgl. dazu im einzelnen unten S. 811–815.
75 Vgl. dazu unten S. 816–821.
76 Vgl. dazu H. Brahm: Die Moskauer Konferenz der Neunzehn vom März 1965.
77 Vgl. die Nachweise in diesem Kap., Anm. 28.
78 Vgl. dazu mit Nachweisen J. K. Hoensch: Osteuropa-Politik, S. 295–297; H. König; Stellung; N. Bornemann: Länder; H. Brahm: Das kommunistische Vorkonzil in Budapest.

Darüber hinaus ließ sich die rumänische Staats- und Parteiführung auch nicht davon abhalten, in zahlreichen anderen außenpolitischen Fragen einen eigenen und selbständigen Kurs zu steuern. Nicolae Ceauşescu vertrat das »Prinzip des Neutralismus«: Neutralismus in weltpolitischen Fragen heißt »für Rumänien Ablehnung der These, daß es kommunistische Verpflichtungen gebe, die für ein Land bindend wären, nur weil es eine kommunistische Regierung hat«[79]. So entwickelte Rumänien nicht nur eigene Vorstellungen über die »europäische Sicherheit«, sondern setzte sich auch in der Deutschland-Frage insoweit über die »Block«-Disziplin hinweg, als es – wie bereits dargelegt – gegen den besonderen Protest Ost-Berlins am 31. Januar 1967 die Aufnahme diplomatischer Beziehungen mit der Bundesrepublik Deutschland vereinbarte.[80] Schließlich baute Rumänien seine Beziehungen auch zu anderen »imperialistischen« Staaten des Westens in einem Ausmaß aus, das bei weitem das der anderen »Bruderstaaten« übertraf.

Überschaut man die Politik Bukarests des »Drahtseilakts ohne Netz« in den Jahren von 1964 bis Anfang 1968, dann darf neben den geographischen, geopolitischen und strategischen Faktoren ein weiterer nicht übersehen werden: Die rumänische Staats- und Parteiführung konnte ihre forcierte Politik der nationalen Positionsaufwertung nur deshalb durchstehen, da sie im Volk nicht unpopulär war und das Regime größten Wert darauf legte, keine antisowjetischen Emotionen zu mobilisieren.[81] Auch mit ihrer Neuinterpretation der »nationalen« Geschichte Rumäniens und der Diskussion um die heiklen territorialen Fragen mit der UdSSR mutete Bukarest dem Kreml einiges zu.[82] Und als sich die Sozialistische Republik Rumänien am 21. August 1965 eine neue Verfassung gab, wurde die Sowjetunion darin überhaupt nicht mehr erwähnt.[83]

---

79 So J. F. Brown: Rumänien, S. 877.
80 Vgl. dazu die Nachweise in diesem Kap., Anm. 30–32.
81 Darauf macht vor allem H. König in: Drahtseilakt, S. 80 f. aufmerksam.
82 Vgl. dazu vor allem »Legende und Wirklichkeit der rumänischen Kapitulation 1944« und »Bessarabien rückt ins Blickfeld«; D. Ghermani: Neue »großrumänische« Bekenntnisse.
83 Vgl. dazu J. Hacker: Prinzipien, S. 189 mit den Nachweisen in Anm. 38 f.

g) *Albanien: »Unverbrüchliche Freundschaft« mit der Volksrepublik China*

Der Sturz Nikita S. Chruščevs am 14. Oktober 1964 war für die albanische Führung - wie Peter R. Prifti bemerkt hat - ein Sieg und eine Niederlage zugleich: ein Sieg, da ihr Erzfeind, der 1956 ihr Idol, Josef Stalin, zerstört hat, dem »Mülleimer der Geschichte«[84] übergeben worden ist; eine Niederlage, da Chruščevs Ablösung zu keiner Änderung der sowjetischen Politik geführt hat. Die Hoffnung Tiranas, die Nachfolger Chruščevs würden die Innen- und Außenpolitik aus der Zeit vor 1956 wiederaufnehmen, erwies sich schnell als trügerisch. Auch die neue Führung im Kreml dürfte im Herbst 1964 kaum damit gerechnet haben, Albanien in das »sozialistische Lager« zurückzuholen, aus dem es Chruščev im Dezember 1961 ausgestoßen hatte. Die realistische Einschätzung Moskaus beruhte nicht nur auf der tiefen Feindschaft zu Tirana, sondern auch auf den inzwischen immer stärker ausgebauten Bindungen Albaniens an die Volksrepublik China. Wie konsequent Brežnev und Kosygin am Kurs ihres Vorgängers gegenüber Tirana festhielten, zeigt die Tatsache, daß sie die albanische Führung - im Gegensatz zur jugoslawischen und chinesischen - nicht zu den Revolutions-Feierlichkeiten im November 1964 nach Moskau eingeladen haben.

Während Albanien zur fünften und sechsten Tagung des Politischen Beratenden Ausschusses vom 7. Juni 1962 und 26. Juli 1963 nicht eingeladen worden war[85], lehnte es die Einladung zur siebten Tagung des höchsten politischen Organs der östlichen Allianz vom 19. bis zum 20. Januar 1965 in einer im Ton scharfen und polemischen Note vom 15. Januar 1965 ab.[86] Auch war es nicht überraschend, daß Albanien - ebenso wie Rumänien, Jugoslawien und China - nicht an dem »Konsultativtreffen« der 18 kommunistischen und Arbeiterparteien vom 1. bis zum 5. März 1965 in Moskau teilgenommen hat.[87]

---

84 P. R. Prifti: Albania (II), S. 198-200 (198). Sehr instruktiv dazu auch N. C. Pano: Albania in the Sixties, S. 268-270.
85 Vgl. dazu oben S. 690 f.
86 Vgl. dazu ausführlicher J. Hacker: Integration, S. 22 f.
87 Text des Kommuniqués in: Neues Deutschland vom 10. März 1965 und Europa-Archiv 1965, S. D 160-162. Das Dokument knüpfte an die Beratungen der kommunistischen Parteien von 1957 und 1960 an und sprach ausdrücklich von den »demokratischen Prinzipien der Selbständigkeit und Gleichberechtigung der Bruderparteien«, ohne einen wie auch immer gearteten sowjetischen Führungsanspruch anzuerkennen. Vgl. dazu auch N. C. Pano: Albania in the Sixties, S. 271. Ministerpräsident M. Shehu hat in seiner Rede vom 12. September 1968 vor der Volksversammlung in Tirana, in der er ausführ-

Tirana konnte sich seine kompromißlose Position gegenüber den Nachfolgern Chruščevs vor allem deshalb leisten, da es ab 1965 seine Beziehungen zu Peking noch ausbaute. Nach dem Besuch Chou En-lais Ende März in Albanien folgte der Abschluß eines weiteren Abkommens über ökonomische und technische Hilfe seitens Chinas für die Periode des 4. Fünf-Jahre-Plans 1966-1970; die am 8. Juni 1965 abgeschlossenen Verhandlungen sahen auch eine beachtliche Anleihe Pekings vor.[88] Auch in den folgenden Jahren zeigte sich China als ein sehr großzügiger Handelspartner, indem es im November 1968 Albanien weitere wirtschaftliche Hilfe gewährte, die es ihm ermöglichte, mit einem defizitären Haushalt auszukommen. Die wichtigste Abmachung schlossen beide Seiten am 16. Oktober 1970 in Peking: China gewährte Albanien ein langfristiges zinsfreies Darlehen für die Phase des nächsten Fünf-Jahre-Plans von 1971-1975.[89] Sowohl in der Innen- als auch Außenpolitik folgte Albanien in den Jahren von 1964 bis 1968 der Pekinger Linie. Die Imitation des chinesischen Vorbilds ging sogar so weit, daß die Albanische Arbeiterpartei auf ihrem V. Kongreß Anfang November 1966 die erste Phase der eigenen Abart der chinesischen Kulturrevolution verkündete, die – eingedenk dem Vorbild – fast zwei Jahre lang dauerte und nicht zu dem gewünschten Ergebnis führte. Paul Lendvai hat dazu bemerkt:

»Im Gegensatz zu China hat die albanische Führung einer ›Kulturrevolution von unten‹ jedoch nicht die Zügel überlassen, und kein Anzeichen deutete darauf hin, daß die vorsichtige, nur auf ausgesuchten Teilgebieten durchgeführte und von der Führung kontrollierte Bewegung gegen die Grundlagen der Macht des Regimes Amok gelaufen hätte. Auch entgeht die Partei der ›Tragödie der revisionistischen Degeneration‹ dadurch, daß sie lieber eine Elite bleibt, als eine Massenorganisation zu werden.«[90]

In der zweiten Hälfte der sechziger Jahre war Albanien von allen seinen

---

lich den Austritt seines Landes nach der militärischen Intervention von fünf Warschauer Pakt-Staaten in der Tschechoslowakei begründete, nicht nur auf die diplomatischen Noten Tiranas aus den Jahren 1962 bis 1965, sondern auch auf die Note vom 19. Juli 1966 hingewiesen, in der die albanische Regierung noch einmal betonte, die Sowjetregierung ignoriere »in grober Weise die souveränen Rechte der Mitgliedsstaaten des Warschauer Vertrags« und trete die »Grundprinzipien . . . des Vertrags . . . ohne Bedenken mit Füßen«. Vgl. die weiteren Nachweise oben S. 689-692.

88 Vgl. dazu im einzelnen J. S. Prybyla: Albanien; P. R. Prifti: Albania (II), S. 210; N. C. Pano, ebenda; H. J. Pernack: Albaniens Wirtschaftspolitik nach dem Zweiten Weltkrieg.
89 Vgl. dazu und über die weitere Entwicklung der ökonomischen Beziehungen M. Kaser: Albaniens Wirtschaft im revolutionären Delirium; N. C. Pano, ebenda, S. 278 f.
90 P. Lendvai: Balkan, S. 219 f. (220). Vgl. dazu auch N. C. Pano: The Albanian Cultural Revolution; M. Kaser, ebenda; ders.: Albania's self-chosen predicament, S. 260-262.

Nachbarn isoliert und betrachtete sich selbst als den »belagerten Außenposten des Marxismus-Leninismus auf dem Balkan, der heroisch für den Aufbau des Sozialismus kämpft . . . .«[91] Während Tirana alle sowjetischen Bemühungen um einen Ausgleich schroff zurückwies, gelang es ihm, mit Belgrad eine gewisse Entspannung zu erzielen und mehrere zwischenstaatliche Vereinbarungen zu unterzeichnen. Als im April 1967 nach einem Putsch in Athen das Militär in Griechenland die Macht übernahm, war Albanien – entgegen seiner Erwartung – überrascht, daß die Junta eine weniger aggressive Haltung als ihre monarchistischen Vorgänger einnahm, um den griechischen Anspruch auf Nord-Epirus, das südliche Albanien, aufrechtzuerhalten. So fühlte sich Albanien in der zweiten Hälfte der sechziger Jahre durch seine Nachbarn weniger bedroht als vorher.[92]
Die albanische Führung stimmte in allen zentralen außenpolitischen Fragen mit den Ansichten Pekings überein, so daß es keine Initiativen für eigenständige Aktionen entwickelte oder Einfluß auf die Außenpolitik Chinas auszuüben suchte. Dennoch meinen führende Albanien-Experten, daß Tirana nicht als Sprachrohr der Volksrepublik China aufgetreten ist, sondern in erster Linie seinen nationalen Interessen gemäß Antworten auf internationale Fragen gegeben hat.[93] Dennoch sollte nicht übersehen werden, wie enthusiastisch Tirana die totale Identität der Interessen mit Peking immer wieder betont hat. Das wurde besonders deutlich, als eine albanische Delegation mit Ministerpräsident Mehmet Shehu und Hysni Kapo, der »Nummer drei« in der albanischen Partei-Hierarchie, an der Spitze Anfang Mai 1966 in Peking weilte. Kapo erklärte, daß »das albanische und das chinesische Volk durch eine ewige Blutsbrüderschaft . . . verbunden sind . . . Wenn jemand uns fragen sollte, wieviel Menschen wir jetzt haben, lautet die Antwort: 701 Millionen!«[94]
Die Prognose von der »ewigen Blutsbrüderschaft« sollte sich als ebenso falsch erweisen wie William E. Griffith' Ansicht aus dem Jahre 1976: »Albanien wird höchstwahrscheinlich solange ein Satellit Chinas bleiben, wie Hoxha an der Macht ist und wahrscheinlich noch für einige Zeit mehr.«[95]

---

91 So P. R. Prifti: Albania's Expanding Horizons, S. 34.
92 Vgl. dazu P. R. Prifti, ebenda.
93 Vgl. beispielsweise P. R. Prifti: Albania's Expanding Horizons, S. 33: Die albanischen Führer sind zuerst Nationalisten und dann erst Kommunisten; ders.: Albania, S. 242–252.
94 Text der Ansprache Kapos und der Reden Shehus und der Pekinger Spitzenfunktionäre in: Peking Rundschau, Nr. 19 vom 10. Mai 1966 (vgl. S. 3).
95 W. E. Griffith: The Soviet Union and Eastern Europe: An Overview, S. 22. Eine vorsichtigere Prognose bei P. Lendvai: Balkan, S. 223 f.: »Das wichtigste Merkmal der albanischen Politik ist die Kontinuität eines trotzigen Nationalismus der Albaner, die sich

h) *Jugoslawien: zwischen ökonomischer Kooperation und politischer Abgrenzung*

Auch für die jugoslawische Staats- und Parteiführung kam der Sturz Nikita S. Chruščevs überraschend.[96] Es war Chruščev, der im Juni 1955 in Begleitung von Ministerpräsident Bulganin nach Belgrad fuhr – man sprach damals vom »Gang nach Canossa« –, um den Ausgleich mit Jugoslawien zu vollziehen; ein Jahr später folgte – nach der Zertrümmerung des Stalin-Mythos durch Chruščev auf dem XX. Kongreß der KPdSU – die »Aussöhnung« zwischen Moskau und Belgrad, die sich jedoch nicht als solche erweisen sollte. Der große Erfolg Titos lag darin, daß Jugoslawien nach dem Bannfluch Stalins 1948 wieder in den Kreis der »sozialistischen Länder« aufgenommen wurde und dabei ausdrücklich seinen »eigenen Weg zum Sozialismus« weiter beschreiten durfte. Chruščev unterlag dem großen Irrtum, daß diese Kompromiß-Lösung Bestand haben konnte. Das war jedoch aus dem einfachen Grund nicht möglich, da »ein geschlossenes, totalitäres Gedanken- und Machtsystem einfach keine Fremdkörper, keine Häretiker in seiner Mitte dulden kann, ohne daran zugrunde zu gehen«[97].

Da Chruščev seine Funktion nicht darin sah, das von Stalin geschaffene sowjetische Imperium in Europa in Frage zu stellen, waren Spannungen und Konflikte mit Jugoslawien vorprogrammiert. Wahrscheinlich hätte sich Chruščev manchen Ärger erspart, wenn er nicht so frühzeitig und geradezu besessen um die »Aussöhnung« mit Jugoslawien nachgesucht hätte. Dennoch spricht es für Nikita S. Chruščev, daß er bei aller Kritik am »Revisionismus« Belgrads Jugoslawien nie das Recht abgesprochen hat, ein »sozialistischer« Staat zu sein.

Trotz des permanenten Auf und Ab der sowjetisch-jugoslawischen Beziehungen bis in das Jahr 1964 hinein durfte Chruščev noch knapp vier Wochen vor seinem Sturz einen beachtlichen Erfolg verbuchen, als Jugoslawien am 17. September 1964 mit dem Rat für Gegenseitige Wirtschaftshilfe einen Vertrag über eine begrenzte Teilnahme an der Arbeit der Organisation unterzeichnete.[98] Daran vermochte auch Albanien nichts zu

---

an der Vergangenheit zu begeistern suchen und auf die unter dem Kommunismus vollbrachten Leistungen, so bescheiden sie auch sein mögen, leidenschaftlich stolz sind.« Vgl. dazu auch oben S. 666 f.
96 Vgl. dazu P. Berger: Das Echo auf Chruschtschows Sturz: Jugoslawien.
97 So zutreffend E. Halperin: Ketzer, S. 329 f.
98 Vgl. dazu A. Uschakow: Integration, S. 112. Text des Abkommens, ebenda, S. 238–242.

ändern, als es gegen diesen Schritt bei allen Mitgliedsländern des RGW protestierte und ihn als rechtswidrig bezeichnete.[99]
Die Nachfolger Nikita S. Chruščevs waren sich der Problematik des sowjetisch-jugoslawischen Verhältnisses von Anfang an bewußt und bemüht, soweit wie möglich die Politik der Annäherung fortzuführen. Der kräftigen Ausweitung der Handelskontakte wußte Tito dadurch Rechnung zu tragen, daß er die »innerjugoslawischen Kritiker nach Möglichkeit reglementierte und in außenpolitischen Fragen unter Beibehaltung gewisser taktischer Unterschiede einen der Moskauer Linie durchaus entsprechenden Kurs verfolgte«[100].
Brežnev und Kosygin wußten, daß Moskau und Belgrad am meisten in außenpolitischen Fragen, soweit sie nicht das »Lager« betrafen, übereinstimmten. Trotz der permanenten und massiven Kritik, die Peking am jugoslawischen »Revisionismus« übte, beschränkte sich Belgrad darauf, immer nur Teilaspekte der chinesischen Politik abzulehnen. Ebenso wie Rumänien und Albanien vertrat Jugoslawien auch in der zweiten Hälfte der sechziger Jahre den Standpunkt, daß es nicht opportun sei, auf einer Weltkonferenz der kommunistischen Parteien die Kommunistische Partei Chinas auszuschließen und die Spaltung der kommunistischen Bewegung zu vollenden. Dazu konnte sich Belgrad schon deshalb nicht bereitfinden, da nach Ansicht Titos die vom Kreml gewünschte Einheit der kommunistischen Parteien nie existiert hat.
Trotz des Ausbaus der bilateralen ökonomischen Beziehungen zwischen der UdSSR und Jugoslawien und der Mitarbeit Belgrads im RGW konnte sich der Kreml nicht dazu entschließen, Jugoslawien vom Makel des »Revisionismus« zu befreien, auch wenn er diesen Vorwurf längst nicht in der rüden Form erhob, wie ihn Tito immer wieder seitens Pekings hinnehmen mußte. Die ambivalente Haltung der Nachfolger Chruščevs gegenüber Jugoslawien kam besonders klar auf dem XXIII. Kongreß der KPdSU vom 29. März bis zum 8. April 1966 in Moskau zum Ausdruck. In seinem Rechenschaftsbericht führte Brežnev aus, daß die KPdSU »auch in Zukunft unversöhnlich den Revisionismus, den Dogmatismus, alle Erscheinungen des Nationalismus bekämpfen und für die schöpferische Entwicklung der marxistisch-leninistischen Lehre eintreten...«[101] werde. Obwohl er mit dem Attribut »Revisionismus« nur Jugoslawien meinen konnte, hütete er sich, es ausdrücklich beim Namen zu nennen.

---

99 Vgl. dazu A. Uschakow, ebenda. Text der Note Tiranas, ebenda, S. 242–244.
100 Vgl. dazu mit Nachweisen J. K. Hoensch: Osteuropa-Politik, S. 278–280.
101 Text in: Neues Deutschland vom 30. März 1966, S. 3 und Europa-Archiv 1966, S. D 261.

3. Der Warschauer Pakt: politische und militärische Stärkung gegen den Widerstand Rumäniens

Nachdem der Kreml ab 1960/61 das militärische Gewicht der multilateralen östlichen Militärallianz zu verstärken wußte, deutete nach dem Sturz Chruščevs zunächst nichts darauf hin, daß die neue Führung die Funktion des Bündnisses zu verändern trachtete. Während Parteichef Brežnev in seiner Rede vom 6. November 1964 die Kooperation innerhalb des Warschauer Pakts nicht direkt ansprach[102], beschränkte sich Ministerpräsident Kosygin in seiner Ansprache vor dem Obersten Sowjet vom 9. Dezember 1964 auf die Feststellung, daß es zweckmäßig wäre, »Konsultationen der Mitgliedstaaten des Warschauer Vertrags, die an der Gewährleistung der Sicherheit in Europa zutiefst interessiert sind, durchzuführen«[103]. Diese Bemerkung bezog sich aber ausschließlich auf die zuvor innerhalb der NATO erörterten Pläne, eine multilaterale Atomstreitmacht (MLF) zu errichten.
Wie sehr die Nachfolger Chruščevs betrebt waren, die von ihnen behaupteten, von der NATO ausgehenden militärischen Gefahren dazu zu benutzen, die Allianzpartner auf eine gemeinsame Linie festzulegen, zeigte das Ergebnis der siebten Tagung des Politischen Beratenden Ausschusses vom 19. bis zum 20. Januar 1965 in Warschau. Die Drohung mit Gegenmaßnahmen gegen die MLF, die zum Zeitpunkt des Warschauer Gipfeltreffens gar nicht zur Diskussion stand, hatte lediglich deklamatorischen Wert. Ebenso wandte sich das Kommuniqué der Tagung gegen den »provokatorischen Plan der Anlegung eines Atomminengürtels entlang den Ostgrenzen« der Bundesrepublik Deutschland. Auch dieser Plan war, wenn er in der NATO überhaupt jemals ernsthaft diskutiert worden ist, bereits begraben, ehe die Tagung des höchsten politischen Organs des östlichen Militärbündnisses begann. Das Gerede um westliche Aggressionspläne und Militarismus in der Bundesrepublik bildete daher nur einen Vorwand für den Versuch Moskaus, das »Lager« in seinem europäischen Teil enger zusammenzuschließen.[104]

102 Text in: Neues Deutschland vom 7. November 1964. Vgl. zur sowjetischen Militärpolitik nach Chruščevs Sturz St. Tiedtke: Vertragsorganisation, S. 76–80; Th. W. Wolfe: Soviet Power, S. 279–296, 459 f.
103 Text, ebenda, Ausgabe vom 10. November 1964, S. 5. Vgl. dazu R. A. Remington: Warsaw Pact, S. 79 f.
104 Vgl. dazu V. M(eier): Abschluß der Warschauer Konferenz, in: Neue Zürcher Zeitung, Fernausgabe vom 23. Januar 1965; R. A. Remington, ebenda, S. 80 f.

Die zehnjährige Wiederkehr der Errichtung des Warschauer Pakts am 14. Mai 1965 bot der sowjetischen Führung Gelegenheit, die militärische Bedeutung der Allianz herauszustreichen. Kennzeichnend für alle repräsentativen Stellungnahmen – das gilt sowohl für die Rede Ministerpräsident Kosygins auf einer Militärparade in Ost-Berlin am 7. Mai[105] als auch für den Jubiläumsartikel A. Grečkos, des Oberkommandieren der Vereinigten Streitkräfte des Warschauer Vertrages[106] – war, daß sie sich ausschließlich auf militärische Aspekte beschränkt und nicht Chruščevs am 3. April 1964 in Budapest unterbreiteten Vorschlag aufgegriffen haben, gemeinsam die »Frage der organisatorischen Formen« des Warschauer Pakts zu erörtern.[107]

Nachdem die verbale Auseinandersetzung zwischen Moskau auf der einen und Peking sowie Tirana auf der anderen Seite nach einer kurzen Pause nach der Ablösung Nikita S. Chruščevs wieder voll entbrannt[108] und die noch von Chruščev zum 15. Dezember 1964 einberufene und von seinen Nachfolgern auf Anfang März 1965 verschobene Moskauer Konferenz zur Vorbereitung einer kommunistischen Weltkonferenz nicht nur von Albanien, sondern auch von Rumänien boykottiert worden war[109], scheint der Kreml überlegt zu haben, wie er die Warschauer Allianz stärker zur Festigung der Einheit des »sozialistischen Lagers« einsetzen konnte. Raymond L. Garthoff, einer der besten Kenner östlicher Militärfragen, hat im Sommer 1965 die Problematik, vor die sich die sowjetische Führung gestellt sah, treffend umschrieben:

»Mit dem spürbaren Nachlassen der Disziplin in der kommunistischen Bewegung in Osteuropa – durch die relativ selbständige Politik Rumäniens evident – und mit dem Versagen des COMECON als Instrument der politischen Einigung hat die Bedeutung des Warschauer Pakts in diesem Zusammenhang erheblich zugenommen. Nach wie vor bietet der

---

105 Text der Rede in: Neues Deutschland vom 8. Mai 1965, S. 4 f. (5).
106 Dt. Übersetzung des Aufsatzes »Der Warschauer Vertrag und seine Friedensmission« in: Neues Deutschland vom 14. Mai 1965. Vgl. auch das sowjetisch-ungarische Kommuniqué über den Besuch J. Kádárs in der Sowjetunion, Auszug ebenda, Ausgabe vom 30. Mai 1965, S. 5: Beide Seiten betonen in Übereinstimmung mit der gemeinsamen Politik der Mitgliedstaaten des Warschauer Vertrages »die Notwendigkeit einer weiteren Festigung der Verteidigungskraft der sozialistischen Länder und der Entwicklung der Zusammenarbeit im Rahmen des Warschauer Vertrages«.
107 Vgl. dazu oben S. 703 f. mit dem Nachweis in Anm. 146.
108 Vgl. dazu die detaillierte und dokumentierte Darstellung bei W. E. Griffith: Sino-Soviet Relations, 1964–1965, S. 58–106.
109 Von den 26 vorgesehenen Parteien nahmen nur 19 an dem Treffen vom 1. bis zum 5. März teil. Text des Kommuniqués in: Neues Deutschland vom 10. März 1965 und SBZ-Archiv 1965, S. 126 f.

Pakt eine gemeinsame militärische Organisation, gemeinsame Planung, einheitliche Doktrin und standardisierte Ausrüstung, aber die Frage politischer Übereinstimmung oder Divergenz ist eindeutig zu einer fundamentalen und damit erstrangigen Frage geworden.«[110]

Im September 1965 nutzte dann Parteichef Brežnev mehrere Gelegenheiten, um den Bündnispartnern klarzumachen, daß Moskau mit der Warschauer Allianz über den militärischen Bereich hinausgreifende Ziele verfolge. Als sich am 10. und 11. September eine rumänische Partei- und Regierungs-Delegation mit Nicolae Ceaușescu an der Spitze erstmals seit 1961 in Moskau aufhielt, vermied es Brežnev, öffentlich die Problematik des Warschauer Pakts anzusprechen. In dem gemeinsamen sowjetisch-rumänischen Kommuniqué wurde festgestellt, »daß es die Verschärfung der aggressiven Handlungen der imperialistischen Kreise erforderlich macht, mehr Wachsamkeit zu üben, die Macht und Verteidigungsfähigkeit der Mitgliedstaaten des Warschauer Vertrages und aller sozialistischen Länder ständig zu festigen . . .«[111]

Dieser Passus war insoweit aufschlußreich, als das Warschauer Bündnis zwar zur Stärkung der Macht und Verteidigungsfähigkeit seiner Mitglieder, nicht jedoch ausdrücklich zur Festigung der Einheit des »Lagers« dienen sollte. Drei Tage später verdeutlichte dann Brežnev, daß er nicht nur eine Stärkung des Vereinten Kommandos, sondern den Plan im Auge hatte, den Chruščev erstmals am 3. April 1964 in Budapest unterbreitet und dem nicht allein Bukarest den Beifall versagt hatte. Nach dem Besuch der Rumänen traf eine Staats- und Partei-Delegation unter Leitung von Präsident Novotný zu Besprechungen in der sowjetischen Hauptstadt ein. Auf einer Freundschaftskundgebung mit der ČSSR-Delegation führte Brežnev im Kreml am 14. September 1965 aus:

»Die Verteidigung der Länder des Sozialismus gegen die imperialistischen Umtriebe erfordert eine weitere Festigung der Einheit der sozialistischen Staatengemeinschaft. Die gegenwärtige Situation rückt die Aufgabe der weiteren Vervollkommnung der Organisation des Warschauer Vertrages auf die Tagesordnung.«[112]

---

110 R. L. Garthoff: Armeen, S. 14.
111 Text des Kommuniqués in: Neues Deutschland vom 12. September 1965, S. 5. In seiner Rede auf dem IX. Parteitag der Rumänischen Kommunistischen Partei am 20. Juli 1965 hatte Brežnev den Warschauer Pakt unerwähnt gelassen. Text der Rede in: Neues Deutschland vom 21. Juli 1965.
112 Vgl. »Breshnew: Revanchismus bedroht Europa«, in: Neues Deutschland vom 15. September 1965; zit. auch bei R. A. Remington: Warsaw Pact, S. 83 und F. Ermarth: Pact, S. 1. Novotný hat in seiner Ansprache bei der gleichen Gelegenheit die neue Formel Brežnevs nicht übernommen.

An den Reaktionen mehrerer Mitgliedstaaten der Warschauer Allianz ließ sich ablesen, daß sie den neuen Vorstellungen des Kreml über die Funktion des Verteidigungsbündnisses wenig Geschmack abgewinnen konnten. So fand Brežnevs Formel keinen Eingang in das gemeinsame sowjetisch-tschechoslowakische Kommuniqué vom 15. September 1965.[113] Andere Signatarländer des Warschauer Pakts ignorierten Brežnevs Aussage. So vermied das gemeinsame rumänisch-bulgarische Kommuniqué vom 19. September 1965 jede Erwähnung der östlichen Militärallianz.[114] Selbst die Führung der DDR, auf die sich der Kreml immer ebensogut wie auf die bulgarische verlassen konnte, war nur bereit, in das gemeinsame Kommuniqué nach den Verhandlungen im Kreml vom 24. September 1965 eine einschränkende Formel aufzunehmen:
»Falls die NATO-Staaten der westdeutschen Bundesrepublik Zugang zu Kernwaffen verschaffen, werden die Deutsche Demokratische Republik und die Sowjetunion gemeinsam mit den anderen Ländern der Organisation des Warschauer Vertrages gezwungen sein, die notwendigen Schutzmaßnahmen zur Gewährleistung ihrer Sicherheit zu treffen.«[115]
In den folgenden Monaten hielt sich die sowjetische Führung in dieser delikaten Frage, mit der die Führungsrolle der UdSSR im »Lager« eng verbunden war, zurück.[116] Erst auf dem XXIII. Kongreß der KPdSU vom 29. März bis zum 8. April 1966 in Moskau, wo sich die Partei-Prominenz aus dem »sozialistischen Lager« versammelt hatte, hielt es Parteichef Leonid Brežnev für opportun, sich sehr dezidiert über die Funktion der Warschauer Allianz zu äußern. In seinem Rechenschaftsbericht vom 29. März 1966 führte er dazu aus:
»Auf dem Gebiet der militärischen Zusammenarbeit wurden angesichts der verstärkten aggressiven Maßnahmen der von den Vereinigten Staaten geführten imperialistischen Kräfte unsere Verbindungen zu den sozialistischen Ländern weiter gefestigt, wurde der Mechanismus des Warschauer Pakts gefestigt und vervollkommnet. Der Warschauer Vertrag ist ein zuverlässiger Schild für die Errungenschaften der Völker in den Ländern des Sozialismus. Die Armeen der Teilnehmerländer dieses Vertrages sind mit den vollkommensten Waffen ausgerüstet. Auf den Manöverfeldern, in der

---

113 Text in: Pravda vom 16. September 1965; zit. bei R. A. Remington, ebenda.
114 Zit. bei R. A. Remington, ebenda, S. 83 f.
115 Text in: Neues Deutschland vom 28. September 1965, S. 1 f. (1).
116 Vgl. die Rede L. Brežnevs vom 29. September 1965 auf dem Plenum des Zentralkomitees der KPdSU. Dt. Text in: Beilage zur Zeitschrift »Sowjetunion heute«, Nr. 20 vom 16. Oktober 1965, S. 21. Darin vermied er die Formel von der »Vervollkommnung der Organisation des Warschauer Vertrags«.

Luft und zur See wird das Zusammenwirken der Armeen und Waffengattungen der verbündeten Staaten geübt, wird die Macht der neuzeitlichen technischen Kampfmittel erprobt, erstarkt die Waffenbruderschaft der Streitkräfte der Organisation des Warschauer Vertrags. Nötigenfalls wird sich die eng zusammengeschlossene Familie der Teilnehmer dieses Vertrages als furchtgebietende Kraft zum Schutz der sozialistischen Ordnung, zum Schutz des freien Lebens unserer Völker erheben und jedem Aggressor einen vernichtenden Schlag versetzen.«[117]

Bemerkenswert war an den Darlegungen Brežnevs zweierlei: Als er erstmals am 14. September 1965 die Formel von der »Vervollkommnung der Organisation des Warschauer Vertrages« verwandte, gab er zu, daß das östliche Bündnis mit organisatorischen Problemen zu tun habe, die neue Lösungen erforderten.[118] Am 29. März 1966 suchte Brežnev nun den Eindruck zu erwecken, als sei dieses Ziel weitgehend erreicht, da der »Mechanismus des Warschauer Paktes gefestigt und vervollkommnet« worden sei. Betrachtet man die Entwicklung des Warschauer Bündnisses in der Zeit von Mitte September 1965 bis Ende März 1966, dann beschränkte sich die Aktivität der Allianz auf ein gemeinsames Manöver auf dem Territorium der DDR, an dem Landstreitkräfte der UdSSR, der DDR, Polens und der Tschechoslowakei vom 16. bis zum 22. Oktober 1965 teilgenommen haben.[119]

Es erscheint aber auch nicht als Zufall, daß keiner der Parteiführer aus den Ländern des »Lagers« auf dem XXIII. Kongreß der KPdSU Brežnevs neue Einschätzung des Warschauer Pakts unterstützt hat. Im Gegenteil: Die Mehrzahl von ihnen – Walter Ulbricht[120], Wladyslaw Gomulka[121], Nicolae Ceauşescu[122] und Todor Živkov[123] – befaßten sich zwar mit der Zusammenarbeit innerhalb des »Lagers« und speziell mit der UdSSR, ohne dabei jedoch den Warschauer Pakt zu erwähnen. Nur die Chefs der Ungarischen Sozialistischen Arbeiterpartei und der

---

117 Dt. Text (Auszüge) in: Europa-Archiv 1966, S. D. 259 (nach Novosti Presseagentur, Moskau); vollständiger dt. Text der Rede in: Neues Deutschland vom 30. März 1966.
118 Vgl. dazu auch Th. W. Wolfe: Entwicklungen, S. 222.
119 Vgl. dazu die instruktive Übersicht »Tagungen statuarischer und nichtstatuarischer Gremien der WVO« bei St. Tiedtke: Vertragsorganisation, S. 100 f. Am 13.-14. Dezember 1964 trafen sich in Dresden Vertreter der Vereinten Oberkommandos. Auf S. 69 vermittelt Tiedtke einen genauen Überblick über die zeitliche Folge der gemeinsamen Manöver.
120 Text der Ansprache in: Neues Deutschland vom 31. März 1966, S. 1 f.
121 Text, ebenda, Ausgabe vom 31. März 1966, S. 4 f.
122 Text, ebenda, Ausgabe vom 1. April 1966, S. 4.
123 Text, ebenda, Ausgabe vom 2. April 1966, S. 5.

Kommunistischen Partei der Tschechoslowakei, János Kádár und Antonín Novotný, sprachen zwar von der östlichen Militärallianz, allerdings nicht im Sinne Leonid Breżnevs. So beschränkte sich Kádár auf die Feststellung, daß seine Partei dafür sei, »die Wirksamkeit der internationalen Organisationen zu erhöhen, die für den Schutz des Sozialismus und des Friedens eine sehr große Rolle spielen – der Organisation des Warschauer Vertrages und des Rates für Gegenseitige Wirtschaftshilfe«[124].
Novotný trug die Auffassung vor, »daß die Einheit der sozialistischen Staaten, die weitere Stärkung der Organisation des Warschauer Vertrages und der Zusammenschluß aller revolutionären Kräfte und ihr gemeinsames Vorgehen die Offensive der Weltreaktion in Lateinamerika, Asien, Afrika und Europa zum Stehen bringen würde«[125].
Es erscheint geradezu als eine Pikanterie, daß ausgerechnet Antonín Novotný die Funktion der Warschauer Allianz noch begrenzter als János Kádár umschrieb. Auch mußte es auffallen, daß Parteichef Brežnev in seiner Schlußansprache auf dem XXIII. Kongreß der KPdSU am 8. April 1966 nur noch von der »ehernen Einheit[126] der Partei in allen Fragen der Innen- und der Außenpolitik«[127] sprach. Wenn Brežnev in der gleichen Rede meinte, die Bemühungen der KPdSU um die Festigung und Einheit der kommunistischen Reihen hätten »das volle Verständnis und die Unterstützung aller Vertreter der Bruderparteien gefunden«, so ist das für die Einschätzung der Warschauer Allianz nicht richtig.
Auf jeden Fall war der sowjetische Parteichef gut beraten, auf dem XXIII. Kongreß der KPdSU nicht die »eherne Einheit« des »sozialistischen Lagers« beschworen zu haben. Spätestens am 7. Mai 1966 verdeutlichte anläßlich des 45. Jahrestags der Gründung der Kommunistischen Partei Rumäniens Nicolae Ceauşescu, was er über die Funktion der Warschauer Pakt-Organisation dachte. Doch nicht genug damit: Der Chef der Kommunistischen Partei Rumäniens stellte wesentliche Aspekte der sowjetischen Militärpolitik gegenüber den Partnern in der Warschauer Allianz in Frage:
»Eine der Hürden der Zusammenarbeit zwischen den Völkern bilden die Militärblocks, das Bestehen von Militärstützpunkten und die Stationierung der Streitkräfte einiger Staaten auf den Territorien anderer Staaten.

---

124 Text, ebenda, Ausgabe vom 1. April 1966, S. 5.
125 Text, ebenda.
126 In westlichen Analysen wird das Wort »ehern« auch mit »monolithisch« übersetzt. Vgl. beispielsweise E. F. Pruck: Wehrpolitik, S. 535.
127 Text der Schlußansprache Brežnevs in: Neues Deutschland vom 9. April 1966. Vgl. auch die Entschließung des XXIII. Parteitages. Text, ebenda, S. 5 f.

Das Bestehen der Blocks und die Entsendung von Truppen in andere Länder sind ein Anachronismus, der mit der nationalen Unabhängigkeit und Souveränität der Völker, mit normalen zwischenstaatlichen Beziehungen unvereinbar ist. Immer breitere Kreise der öffentlichen Meinung und immer mehr Staaten bekunden die Tendenz, die Militärblocks zu beseitigen, die ausländischen Stützpunkte aufzulösen und die Truppen von den Gebieten anderer Länder abzuziehen. Diese Tendenzen gewinnen in letzter Zeit immer mehr an Boden . . .«[128]

Indem Nicolae Ceauşescu die Zweckmäßigkeit der Warschauer Pakt-Organisation in Frage stellte, setzte er den Vorstellungen des Kreml über eine Verstärkung der politischen und militärischen Kooperation in der Allianz sein Veto entgegen. Der Chef der Rumänischen Kommunistischen Partei beließ es jedoch nicht bei dieser Herausforderung: Seine niederschmetternde Anklage gegen die Einmischung der Komintern in innere Angelegenheiten der rumänischen Partei Ende der dreißiger Jahre verband er mit dem Hinweis, daß die Möglichkeit, die Tätigkeit der kommunistischen Parteien durch ein »internationales Zentrum« zu leiten, ausgeschlossen sei; Ceauşescu bekannte sich leidenschaftlich zum souveränen Recht einer jeden Partei. Darüber hinaus heizte er den seit 1964 schwelenden Bessarabien-Konflikt mit der UdSSR weiter an, indem er keinen Zweifel daran ließ, daß für ihn die Annexion dieses rumänischen Gebiets ungerecht und verwerflich war.[129]

Ceauşescus Rede, die ein weltweites Echo ausgelöst hatte, veranlaßte Par-

---

128 Dt. Text der Rede in: Neuer Weg vom 7. Mai 1966; Auszüge in: Europa-Archiv 1966, S. D 303–314 und Osteuropäische Rundschau 1966, H. 6, S. 38–40. Sehr instruktiv dazu die Kommentare in der Rubrik »Rumänien«, ebenda, S. 30–33.
129 Vgl. dazu auch J. K. Hoensch: Osteuropa-Politik, S. 288 f.; R. A. Remington: Warsaw Pact, S. 84–86; R. L. Farlow: Romanian Foreign Policy, der sehr sorgfältig und gut belegt alle wichtigen Meinungsdifferenzen zwischen Moskau und Bukarest analysiert hat. Ceauşescus Abrechnung mit der Arbeit der Komintern war auch eine Antwort auf das Prager Treffen anläßlich des 30. Jahrestags des VII. Weltkongresses der Komintern im Oktober 1965. Dort hatte B. N. Ponomarev, Sekretär der internationalen Abteilung des ZK der KPdSU, ein Referat gehalten, in dem er sich vehement für die Koordinierung der internationalen Politik der kommunistischen Parteien einsetzte und durchblicken ließ, daß er das Fehlen eines internationalen Koordinierungsorgans bedauere. Vgl. B. Ponomarjow: Die historischen Lehren des VII. Weltkongresses der Komintern und die Gegenwart. Vgl. speziell zur Bukarester Interpretation der rumänischen Geschichte auch »Wissenschaft in Rumänien« S. 11 f., 15–17; Ceauşescu zur Geschichte der RKP, in: Osteuropäische Rundschau 1966, H. 6, S. 30–32; Rubrik »Rumänien«, ebenda, H. 11, S. 36 f.; A. Suga: Bessarabien – noch immer umstritten? Die wichtigsten innen- und außenpolitischen Aspekte der Politik Bukarests analysiert J. F. Brown in: Rumänien unter Nicolae Ceausescu. Sehr instruktiv auch G. Gross (Pseudonym): Rumania.

teichef Brežnev, bereits am 10. Mai 1966 zu viertägigen Beratungen nach Bukarest zu reisen, ohne den rumänischen Parteiführer auf die von Moskau gewünschte Linie zurückzubringen.[130] Die rumänische Führung war realistisch genug, um die Argumente des Kreml zu durchschauen, mit denen er das militärische und politische Gewicht der Warschauer Allianz zu stärken hoffte. Neben der Verteufelung der Bundesrepublik Deutschland[131] diente der sowjetischen Führung die aufgrund des Vietnam-Konflikts spannungsgeladene Entwicklung in Südostasien als Vorwand. Besonders unangenehm für den Kreml war jedoch, daß Bukarest mit dem Hinweis auf die Desintegrations-Tendenzen in der NATO Brežnevs Pläne unterlaufen konnte. Aus der Sicht Bukarests bedeutete der Rückzug Frankreichs aus der militärischen Integration der NATO eine Schwächung des Bündnisses; außerdem bestünde in Europa keine Kriegsgefahr, die eine weitere Stärkung des Warschauer Pakts erforderlich mache. Brežnevs Hinweis auf die gespannte Lage in Südostasien ging insofern fehl, als gerade nach sowjetischer Ansicht die Warschauer Allianz als Antwort auf den Ausbau der NATO 1955 entstanden ist und sich ihr territorialer Geltungsbereich auf Europa beschränkt.[132]

Im Westen ist seinerzeit viel darüber spekuliert worden, in welchem Umfang Bukarest im Frühjahr 1966 Vorschläge unterbreitet hat, um die Struktur der östlichen Verteidigungsallianz zu verändern. Bis heute ist nicht geklärt, ob die rumänische Führung damals jenes »Rundschreiben« an die übrigen Allianzpartner gesandt hat, das immer wieder interpretiert worden ist. Mehrere Experten waren damals der Meinung, daß Rumä-

---

130 Vgl. dazu mit weiteren instruktiven Nachweisen R. A. Remington, ebenda, S. 85 f. Am 14. Mai 1966 hielt es die »Pravda« für angebracht, noch einmal die These vorzutragen, daß der »Mechanismus des Warschauer Pakts« verbessert und gestärkt werden müsse; J. K. Hoensch, ebenda, S. 289 f.
131 Die »Friedensnote« der Bundesregierung unter Bundeskanzler L. Erhard und Außenminister G. Schröder vom 25. März 1966 paßte dem Kreml so gar nicht in das Konzept. In der Note bot Bonn allen Staaten des »Lagers« – mit Ausnahme der DDR – den Austausch zweiseitiger Gewaltverzichts-Erklärungen an. Text der Note in: Europa-Archiv 1966, S. D 171–175. Vgl. dazu die instruktive Analyse H. Krügers: Die deutsche Friedensnote; K. Carstens: Die deutsche Friedensnote vom 25. März 1966. Texte der Antwortnoten Polens vom 28. April, der ČSSR vom 7. Mai, der UdSSR vom 17. Mai, Ungarns vom 3. Juni und Jugoslawiens vom 27. Juli 1966 in: Europa-Archiv 1966, S. D 279–284, 284–289, 290–298, 470–474, 474–477. Vgl. dazu die Erklärung der Bundesregierung vom 29. Juli 1966, ebenda, S. D 466 f.
132 Vgl. dazu die Analysen bei V. Meier: Breschnews Besuch in Bukarest, in: Neue Zürcher Zeitung, Fernausgabe vom 16. Mai 1966; ders.: Rumänien und die Umgestaltung des Warschaupaktes, ebenda, Fernausgabe vom 21. Mai 1966. Vgl. speziell zur Krise in der NATO C. Gasteyger: Ende oder Wandlung der Allianzen?; P. Hassner: Polyzentrismus in Ost und West.

nien generell die Aufhebung der Stationierung fremder Truppen in den Ländern des Pakts, einen mitbestimmenden Einfluß auf den »Mechanismus« des Bündnisses, ein Mitspracherecht beim Einsatz von Atomwaffen und bei der Bestellung des in sowjetischen Händen liegenden Oberkommandos gefordert haben soll. Das rumänische Außenministerium hat seinerzeit diese westlichen Berichte dementiert.[133]
Es gibt weitere gute Gründe, die es recht unwahrscheinlich erscheinen lassen, daß ausgerechnet Rumänien solche weitreichenden Forderungen erhoben hat. Seit 1958 sind auf rumänischem Territorium keine sowjetischen Truppen mehr stationiert. Es »leuchtet deswegen nicht ein, warum ausgerechnet Rumänien den Rückzug solcher Truppen verlangt haben soll. Der Wunsch nach einer Rotation in dem... gemeinsamen Oberkommando... ist ebenfalls angesichts der Größenverhältnisse und des unterschiedlichen Gewichts der Paktstaaten unrealistisch. In einem ähnlichen Sinne gilt dies auch für die nukleare Mitbestimmung: Rumänien spielt im sowjetischen Verteidigungsdispositiv eine viel zu kleine Rolle, als daß ausgerechnet dieses Land eine solche Einflußnahme auf die sowjetische Strategie fordern könnte.«[134]
Leonid Brežnev nahm den XIII. Kongreß der Kommunistischen Partei der Tschechoslowakei zum Anlaß, um noch einmal die sowjetischen Vorstellungen über die Funktion des Warschauer Pakts zu verdeutlichen. Am 31. Mai 1966 erklärte Brežnev in Prag: »Solange der vom USA-Imperialismus zu Aggressionszwecken gezimmerte Militärblock NATO bestehen bleibt..., müssen wir daraus praktische Schlüsse ziehen... Wir werden auch weiterhin größte Wachsamkeit walten lassen und die Verteidigungskraft unserer sozialistischen Staaten festigen.«[135]

---

133 Vgl. dazu V. Meier, ebenda; R. A. Remington: Warsaw Pact, S. 86; M. Corvinul: Politik der Unabhängigkeit, S. 517 f.
134 So C. Gasteyger: Probleme, S. 8 f. (8). Auch in neueren Darstellungen werden immer wieder an das ominöse »Rundschreiben« Bukarests Spekulationen geknüpft, die einer kritischen Prüfung nicht standhalten. Dazu zählt vor allem die verdienstvolle Studie Th. W. Wolfes: Soviet Power, S. 303-308; viel zu unkritisch auch St. Tiedtke: Vertragsorganisation, S. 80-82. Eine vorsichtige und realistische Deutung bei M. Mackintosh: Strukturprobleme, S. 805 f. Auch J. K. Hoensch wiederholt in: Osteuropa-Politik, S. 289 f. die Spekulationen, ohne sie belegen zu können. Ungeklärt blieb auch die Frage, ob und inwieweit die Frage der Kosten für die Stationierung der sowjetischen Truppen in Polen, der DDR und Ungarn eine Rolle gespielt hat. Einige rüstungswirtschaftliche Aspekte untersucht L. Auerbach in: Differenzen im östlichen Bündnis.
135 Text in: Neues Deutschland vom 1. Juni 1966, S. 3; IRuD, Jg. 1967, S. 144 f. Vgl. dazu V. M(eier): Breschnew vor dem Prager Parteikongreß, in: Neue Zürcher Zeitung, Fernausgabe vom 2. Juni 1966.

In den folgenden Wochen herrschte im »Lager« eine rege diplomatische Tätigkeit. Man hielt die Zeit für reif, eine Tagung des Politischen Beratenden Ausschusses des Warschauer Pakts einzuberufen, um die Divergenzen zwischen der UdSSR und Rumänien auszuräumen. So traten am 6. Juni 1966 die Außenminister der Mitgliedsländer des Warschauer Pakts zu einer auf drei Tage geplanten Konferenz in Moskau zusammen, die sich dann bis zum 18. Juni hinzog.[136] Am 12. Juni trafen sich die Verteidigungsminister der nördlichen Gruppe des Warschauer Pakts, also aus der UdSSR, Polens, der ČSSR und der DDR in Ost-Berlin.[137] Voller Genugtuung nahm der Kreml von einer Rede Kenntnis, die der rumänische KP-Chef Ceauşescu einen Tag zuvor, am 11. Juni 1966, vor Arbeitern in der Industriestadt Pitesi gehalten und in der er seine Ausführungen vom 7. Mai in einem wichtigen Punkt modifiziert hatte. Zwar befürwortete er wiederum die Abschaffung der NATO und des Warschauer Pakts, da Militärbündnisse ein Hindernis für die friedliche Zusammenarbeit der Völker seien. Allerdings, führte er weiter aus, werde Rumänien ebenso wie die anderen Pakt-Mitglieder »seine Wachsamkeit erhöhen und seine Verteidigungskraft stärken, solange der aggressive Atlantikpakt weiterbesteht«. Er fügte hinzu, die Zeit sei gekommen, daß sich »der aggressive NATO-Pakt auflöst und hierauf auch der Warschauer Pakt«[138]. Mit diesen Worten hat der rumänische KP-Chef eine zeitliche Reihenfolge aufgestellt, die der Konzeption der Sowjets entgegenkam. Seine Darlegungen wurden daher auch als eine zumindest begrenzte Loyalitäts-Erklärung für die östliche Militärallianz verstanden. Im gleichen Sinne äußerte sich Ceauşescu am 17. Juni 1966 auf einem Bankett, der zu Ehren einer einen Tag zuvor in Bukarest eingetroffenen chinesischen Delegation mit Ministerpräsident Chou En-lai an der Spitze gegeben wurde.[139]

---

136 Über die Tagung wurde kein Kommuniqué veröffentlicht. Vgl. die Meldung »Außenminister konferierten in Moskau«, in: Neues Deutschland vom 18. Juni 1966, S. 1. Vgl. dazu V. M(eier): Das Außenministertreffen in Moskau, in: Neue Zürcher Zeitung, Fernausgabe vom 9. Juni 1966.
137 Die dazu veröffentlichte Mitteilung beschränkte sich auf die Aufzählung der Teilnehmer. Vgl. »Verteidigungsminister bei Walter Ulbricht«, in: Neues Deutschland vom 13. Juni 1966, S. 1; IRuD, Jg. 1967, S. 145. Vgl. dazu »Militärische Besuche bei Ulbricht«, in: Neue Zürcher Zeitung, Fernausgabe vom 16. Juni 1966.
138 Vgl. dazu »Ceausescu für Auflösung der Militärbündnisse«, in: Neue Zürcher Zeitung, Fernausgabe vom 13. Juni 1966; Pzg. (Hermann Pörzgen): Die Ostblock-Außenminister müssen ihre Konferenz verlängern, in: Frankfurter Allgemeine Zeitung vom 13. Juni 1966.
139 Vgl. dazu »Rumänische und chinesische Reden in Bukarest«, in: Neue Zürcher Zeitung, Fernausgabe vom 19. Juni 1966.

Über den Verlauf der Moskauer Konferenz der Außenminister der Warschauer Pakt-Mächte vom 6. bis zum 18. Juni 1966 ist im Westen viel spekuliert worden. Es steht zumindest außer Zweifel, daß dort die sowjetisch-rumänischen Differenzen erörtert worden sind und man sich darauf geeinigt hat, den Politischen Beratenden Ausschuß des Warschauer Pakts zu seiner achten Tagung am 4. Juli 1966 nach Bukarest einzuberufen.[140] Wenige Tage nach Abschluß der Außenminister-Konferenz in Moskau veröffentlichte der sowjetische Verteidigungsminister, Marschall R. J. Malinovskij, einen Aufsatz, der nur einen Schluß zuließ: Die UdSSR war auch jetzt nicht bereit, den Vorstellungen Bukarests über die Funktion des Warschauer Pakts und die Auflösung der beiden multilateralen Militärallianzen in West und Ost zu folgen.[141] Um so mehr mußte das Ergebnis der achten Tagung des Konsultativausschusses des Warschauer Pakts vom 4. bis zum 6. Juli 1966 in der rumänischen Hauptstadt überraschen. An der Konferenz nahmen außer den Partei- und Regierungschefs die Außen- und Verteidigungsminister Bulgariens, der DDR, Polens, Rumäniens, der Sowjetunion, der Tschechoslowakei und Ungarns teil.

Um von den eigentlichen und umstrittenen Problemen innerhalb des »Lagers« abzulenken und um nach außen ein Bild innerer Geschlossenheit zu vermitteln, flüchteten sich die Warschauer Pakt-Mächte in zwei außenpolitische Deklarationen, die die Sicherheit in Europa und die Vietnam-Frage betrafen. Große Teile der Bukarester »Deklaration über die Festigung des Friedens und der Sicherheit in Europa« standen sichtlich unter dem Einfluß des Kommuniqués über Charles de Gaulles Besuch in Moskau[142], in dem das Schwergewicht auf bilaterale Kontakte gelegt worden war. Die Handschrift der Rumänen trug vor allem jene Passage der Erklärung, in der die Warschauer Pakt-Staaten »für eine allseitige Entwicklung gegenseitig vorteilhafter Beziehungen zwischen allen Staaten Europas ohne

---

140 Vgl. dazu »Bukarester Tagung im Juli«, in: Neue Zürcher Zeitung, Fernausgabe vom 19. Juni 1966; V. M(eier): Moskaus Schwierigkeiten im Ostblock, ebenda, Fernausgabe vom 22. Juni 1966.
141 Rodion Malinowski: Harte Lehren der Geschichte, in: Neues Deutschland vom 22. Juni 1966, S. 3: »Angesichts der sich verstärkenden Aggressionshandlungen der Imperialisten ... entwickelte sich unser Bündnis auf dem Gebiet der militärischen Zusammenarbeit und vervollkommnete sich der Mechanismus des Warschauer Vertrages. Der Warschauer Vertrag ist ein zuverlässiger Schutzschild für die Errungenschaften der Völker der sozialistischen Länder.«
142 Vom 30. Juni 1966. Text in: Europa-Archiv 1966, S. D 389–392.

Diskriminierung, für die völlige Unabhängigkeit ihrer Länder und die Wahrung ihrer nationalen Würde«[143] eintraten.
Die Bemühungen des Kreml, die militärische Zusammenarbeit im Bündnis zu stärken, und, wie es in seiner Terminologie hieß, den Mechanismus des Warschauer Pakts zu vervollkommnen, sind am Widerstand Bukarests gescheitert. Im Schluß-Kommuniqué hieß es lediglich dazu, daß die Tagung des Politischen Beratenden Ausschusses »zur weiteren Festigung der Einheit und der Zusammenarbeit der sozialistischen Länder beigetragen hat«.[144]
In westlichen Kommentaren ist seinerzeit jedoch viel zu wenig beachtet worden, daß die rumänische Führung für den Verzicht der UdSSR, die Struktur der Allianz zu straffen, einen hohen Preis bezahlt hat. Es verstand sich von selbst, daß die Warschauer Pakt-Mächte in Bukarest erneut »die Unantastbarkeit der zwischen den europäischen Staaten bestehenden Grenzen, einschließlich der Grenzen der souveränen DDR, Polens und der Tschechoslowakei« postuliert haben.
Der dann folgende Passus in der Bukarester Deklaration ist in westlichen Analysen zumeist übersehen worden, obwohl er es von nun an dem rumänischen Parteichef Ceaușescu verbot, den Bessarabien-Konflikt mit der UdSSR in Zukunft in der Weise zu behandeln, wie er es in seiner Rede vom 7. Mai 1966 getan hatte: »Ihrerseits erklären die Teilnehmerstaaten des Warschauer Vertrages, daß sie gegenüber keinem Staat Europas irgendwelche Gebietsforderungen haben.«[145]
Für Nicolae Ceaușescu war es ein schwacher Trost, daß sich – entgegen dem harten und kompromißlosen Beitrag Marschall Malinovskijs – die Bukarester Deklaration für eine »gleichzeitige Auflösung der bestehenden Militärbündnisse« ausgesprochen hat.[146] Auch wenn die rumänische Führung mit Erfolg die sowjetischen Pläne blockiert hat, den »Mechanismus des Warschauer Pakts zu vervollkommnen«, war dies für den Kreml kein

---

143 Text der Bukarester »Deklaration über die Festigung des Friedens und der Sicherheit in Europa«, in: Neues Deutschland vom 9. Juli 1966; SBZ-Archiv 1966, S. 219–223; IRuD, Jg. 1967, S. 147–157.
144 Text in: Neues Deutschland vom 7. Juli 1966; SBZ-Archiv, ebenda, S. 219.
145 R. A. Remington gehört zu den wenigen Experten, die diese Problematik richtig gedeutet haben. Vgl. Warsaw Pact, S. 87 f.
146 Vgl. zu den Ergebnissen der Bukarester Konferenz auch V. Meier: Das Warschaupakt- und Comecon-Treffen, in: Neue Zürcher Zeitung, Fernausgabe vom 11. Juli 1966; O. F(rei): Die Bukarester Konferenz im Spiegel Pankows, ebenda; J. Hacker: Die Konferenz von Bukarest; Th. W. Wolfe: Soviet Power, S. 308–311; Sowjetische Auslegung des Bukarester Treffens, in: Neue Zürcher Zeitung, Fernausgabe vom 15. Juli 1966.

Grund, in der Folgezeit diese Forderung zurückzustellen. So erklärte beispielsweise Ministerpräsident Kosygin am 13. Oktober 1966 in Sverdlovsk, daß »die Einheit und Geschlossenheit der sozialistischen Länder ... kein abstrakter Begriff, sondern vielmehr eine konkrete Macht« sei und dafür Sorge getragen werden müsse, um die »Verteidigungskraft« der »sozialistischen Länder« zu stärken und zu festigen.[147]

Nachdem sich Rumänien mit der Aufnahme der diplomatischen Beziehungen mit der Bundesrepublik Deutschland am 31. Januar 1967 vor allem den Zorn der DDR-Führung zugezogen hatte[148], fand vom 8. bis zum 10. Februar in Warschau eine Konferenz der Außenminister des Warschauer Pakts statt, auf der Rumänien als einziges Land nur durch einen stellvertretenden Außenminister vertreten war. Das Kommuniqué war nicht nur äußerst kurz gefaßt, sondern auch ohne jeden Aussagewert.[149]

Für die Entwicklung des Warschauer Pakts war es gravierender, daß Parteichef Leonid Brežnev auf der Karlsbader Konferenz der kommunistischen und Arbeiterparteien vom 24. bis zum 26. April 1967, zu der Bukarest gleichfalls keine Delegation entsandt hatte, mit Nachdruck betonte, daß die Warschauer Pakt-Organisation »nicht nur ein militärisches, sondern auch ein politisches Bündnis eines Teils der sozialistischen Staaten« darstelle; notwendig sei »die allseitige Festigung der Zusammenarbeit der Teilnehmer des Warschauer Vertrags«[150]. Auch wenn er seine frühere Formel von der »Vervollkommnung des Mechanismus« der Warschauer Allianz vermied, war es bemerkenswert, wie sehr der sowjetische Parteichef neben der militärischen auch die politische Funktion des Bündnisses unterstrichen hat.

---

147 Text der Rede in: Pravda vom 14. Oktober 1966; dt. Übersetzung (Auszüge) in: Archiv der Gegenwart 1966, S. 12 758. Vgl. auch A. Kosygins Rede vom 3. August 1966 vor dem Obersten Sowjet; dt. Übersetzung (Auszüge) in: Neues Deutschland vom 5. August 1966, in der er bereits von der Notwendigkeit gesprochen hatte, die »Zusammenarbeit im Rahmen des Warschauer Vertrages« zu »festigen«.
148 Vgl. dazu oben S. 732 f.; außerdem R. A. Remington: Warsaw Pact, S. 88 f. Bukarest war besonders erbost darüber, daß Ost-Berlin am 3. Februar 1967 den rumänischen Außenminister Mănescu offen und scharf angegriffen hatte. Siehe »Streit im Ostblock«, in: Neue Zürcher Zeitung, Fernausgabe vom 5. Februar 1967; Die Spannungen zwischen Pankow und Bukarest, ebenda, Fernausgabe vom 6. Februar 1967.
149 Text in: Neues Deutschland vom 11. Februar 1967; SBZ-Archiv 1967, S. 73 f. Vgl. dazu »Beginn der Ostblock-Konferenz in Warschau«, in: Neue Zürcher Zeitung, Fernausgabe vom 10. Februar 1967; Keine Beseitigung der Differenzen in Warschau, ebenda, Fernausgabe vom 14. Februar 1967.
150 Text der Rede Brežnevs in: Pravda vom 25. April 1967; dt. Übersetzung in: Neues Deutschland vom 26. April 1967, S. 3 f. (4). Vgl. zur Karlsbader Konferenz auch oben S. 732, 743.

Auch in den folgenden Monaten haben die Differenzen zwischen Moskau und Bukarest sowohl in der Einschätzung außenpolitischer als auch militärischer Fragen fortbestanden. Während die UdSSR ihre bilateralen Bündnispakte aus dem Jahre 1948 mit Bulgarien am 12. Mai und Ungarn am 7. September 1967 erneuert hat, war dies bezüglich Rumäniens nicht der Fall; erst am 7. Juli 1970 wurde zwischen beiden Ländern ein neuer Bündnisvertrag geschlossen. Schließlich war es auch kein Zufall, daß die DDR – wie dargelegt[151] – 1967 zwar nacheinander mit Polen, der Tschechoslowakei, Ungarn und Bulgarien, nicht jedoch mit Rumänien erstmals einen solchen Vertrag geschlossen hat, sondern sich bis 1972 gedulden mußte.

Wenn in Karlsbad wiederum die Forderung erhoben wurde, »ein Europa ohne militärische Blocks zu schaffen« und gleichzeitig die beiden multilateralen Militärbündnisse aufzulösen, dann ließ man völlig außer acht, daß sich der Westen darauf überhaupt nicht einlassen konnte, da sein Bündnissystem ausschließlich auf der NATO beruht; die Mitglieder der westlichen Verteidigungsorganisation sind untereinander nicht durch bilaterale Militärpakte verbunden.

Wie sehr Rumänien bestrebt war, auch und gerade im Bereich der militärischen Kooperation eine eigene Rolle im Warschauer Bündnis zu spielen[152], zeigen weitere Fakten: Die erste gemeinsame Übung bulgarischer, rumänischer und sowjetischer Streitkräfte fand im Oktober 1962 auf rumänischem Territorium statt. Bis zur militärischen Intervention von fünf Warschauer Pakt-Mächten in der Tschechoslowakei im August 1968 haben sich rumänische Truppen nur noch an gemeinsamen Übungen im September 1964 und im August 1967 in Bulgarien beteiligt.[153] Schließlich war es Rumänien, das sogar den Mut hatte, der UdSSR im Frühjahr 1967 bei der Bestellung eines neuen Oberkommandierenden des Warschauer Pakts Schwierigkeiten zu bereiten.

Nach dem Tod des sowjetischen Verteidigungsministers Rodion Mali-

---

151 Vgl. dazu oben S. 733.
152 Vgl. dazu auch unten S. 811–815.
153 Vgl. dazu die detaillierte Übersicht bei St. Tiedtke: Vertragsorganisation, S. 69 f. Bereits im November 1964 traf die rumänische Regierung die Entscheidung, den Militärdienst von 24 auf 16 Monate herabzusetzen. Damit hatte das Land die kürzeste Dienstzeit im Pakt-Bereich; der Schritt erfolgte einseitig und ohne Absprache mit dem Oberkommando des Bündnisses. Vgl. zur Beteiligung rumänischer Streitkräfte an der Übung »Rodopen« vom 20. bis zum 27. August 1967 in Bulgarien: Warschauer-Pakt-Manöver »Rodopen«, in: Osteuropäische Rundschau 1967, H. 9, S. 39. Sehr instruktiv dazu auch C. D. Jones: Influence, S. 117 f.

novski am 31. März 1967[154] wurde der Oberkommandierende der Vereinten Streitkräfte des Warschauer Pakts, Marschall A. Grečko am 12. April zum Nachfolger bestellt; zu einem der beiden Ersten Stellvertretern Grečkos wurde Ivan Jakubovskij, dem gleichzeitig der Dienstgrad eines Marschalls der UdSSR verliehen wurde, ernannt.[155] In der Zeit vom 14. April bis zum 19. Mai weilten nacheinander die Verteidigungsminister der Tschechoslowakei, Ungarns, Bulgariens und der DDR – B. Lomský, L. Czinege, D. M. Džurov, H. Hoffmann – zu Konsultationen in Moskau. Dabei fiel auf, daß ausgerechnet der rumänische Verteidigungsminister, Ion Ionita, nicht nach Moskau gereist ist.[156]

Erst am 8. Juli 1967 wurde offiziell mitgeteilt, daß »nach Abstimmung mit den Regierungen der Teilnehmerstaaten des Warschauer Vertrages ... der Marschall der Sowjetunion I. I. Jakubowski zum Oberkommandierenden der Vereinten Streitkräfte berufen«[157] worden sei. Auf je-

---

154 Vgl. dazu »Marschall Rodion Malinowski«, in: Neues Deutschland vom 1. April 1967.
155 Vgl. »Andrej Gretschko neuer Minister der Verteidigung«, in: Neues Deutschland vom 13. April 1967. Vgl. dazu vor allem Kx. (Ernst Kux): Das Revirement in der Sowjetarmee, in: Neue Zürcher Zeitung, Fernausgabe vom 18. April 1967.
156 Vgl. dazu die genauen Angaben bei R. A. Remington: Warsaw Pact, S. 91 f. Für den Kreml muß spätestens Mitte Juni die Wahl Jakubovskijs zum Oberkommandierenden des Warschauer Pakts festgestanden haben, da er vom 14. bis zum 19. Juni in Ungarn und der ČSSR eine Übung geleitet hat, die »in Übereinstimmung mit dem Plan des Kommandos der Vereinten Streitkräfte des Warschauer Vertrages stand«. Vgl. »Gemeinsame Übung der Operationsstäbe von Bruderarmeen«, in: Neues Deutschland vom 20. Juni 1967, S. 1. An der Übung beteiligten sich Einheiten der UdSSR, Ungarns und der Tschechoslowakei. Vgl. über die Entwicklung der gemeinsamen Übungen in den Jahren 1961–1968 auch Th. W. Wolfe: Soviet Power, S. 477–485 mit zahlreichen weiterführenden Nachweisen. Es ist nicht ohne Pikanterie, daß Ceauşescu gerade im Zeitpunkt der Übung unter der Leitung des neuen Oberkommandierenden des Warschauer Pakts eine Rede vor dem Parteiaktiv der Region Kronstadt gehalten hat, in der eine neue Formel über die Stellung Rumäniens in der Allianz aufhorchen ließ: »Es versteht sich ..., daß, solange der Warschauer Pakt besteht, Rumänien, als Mitglied dieses Paktes, die Zusammenarbeit und die gemeinsame Kampfausbildung unserer Armeen entwickelt und entwickeln wird, natürlich von den Prinzipien ausgehend, die die Beziehungen zwischen den sozialistischen Ländern bestimmen, nämlich von der Tatsache, daß jedes Land, jede Armee gut organisiert, in jeder Hinsicht stark sein und ihr *eigenes Oberkommando* besitzen muß, das in der Lage ist, jede wie immer geartete Aufgabe zu erfüllen.« Dt. Text der Rede in: Neuer Weg vom 20. Juni 1967. Hervorbung von Verf. Sehr instruktiv dazu die Kommentare in der Rubrik »Rumänien«, in: Osteuropäische Rundschau 1967, H. 7, S. 36 f.: »... fest steht, daß Rumänien keineswegs gewillt ist, seine Streitkräfte einem gemeinsamen Oberkommando des Warschauer Pakts zu unterstellen – dies freilich ... aus politischen Gründen.«
157 Text der Mitteilung in: Neues Deutschland vom 8. Juli 1967. Vgl. dazu auch »Der Warschauer Pakt und sein neuer Oberbefehlshaber«, in: Osteuropäische Rundschau 1967, H. 8, S. 20.

den Fall war es ein Novum in der Entwicklung des Warschauer Pakts, daß die militärisch höchste Position drei Monate lang vakant blieb. Aufmerksamen westlichen Beobachtern entging dann auch nicht, daß Jakubovskij in der Zeit vom 26. Juni bis zum 9. September 1967 mit Spitzenfunktionären der DDR, Polens und Ungarns, nicht jedoch mit Nicolae Ceauşescu konferiert hat.[158]

Ab Juli 1967 war die rumänische Führung bestrebt, an die »Block«-Solidarität in der Warschauer Allianz gewisse Konzessionen zu machen, ohne dabei von den Grundpositionen abzurücken. So fand Parteichef Ceauşescu in seiner Rede vor der Großen Nationalversammlung vom 24. Juli 1967 durchaus freundliche Worte über den Warschauer Pakt und die Bereitschaft, alles zu tun, um die Wehrfähigkeit Rumäniens zu festigen.[159] Und der Kreml reagierte darüber und über die Tatsache, daß Rumänien nach genau drei Jahren im August an einer gemeinsamen Truppenübung teilgenommen hat, betont positiv.[160] Schließlich nahm Nicolae Ceauşescu – im Gegensatz zu den Chefs der Kommunistischen Parteien Chinas und Albaniens – Anfang November 1967 an den Feierlichkeiten anläßlich des 50. Jahrestages der Oktober-Revolution in Moskau teil. Ein Vergleich zwischen dem, in der »Pravda« vom 17. Oktober 1967 erschienenen Jubiläums-Beitrag Ceauşescus[161] und der Festrede Brežnevs vom 3. November 1967 machte jedoch deutlich, daß in zentralen Fragen der »Block«-Politik und -Solidarität auch weiterhin große Differenzen bestanden. So beschwor Brežnev die »ständige Koordinierung unserer Aktionen im internationalen Maßstab«, sprach von der »Zusammenarbeit der sozialistischen Staaten bei der Stärkung der Verteidigung« und unterließ es nicht, den Warschauer Pakt als »ein mächtiges Instrument der Zusammen-

---

158 Vgl. dazu R. A. Remington: Warsaw Pact, S. 91 f.
159 Dt. Text der Rede in: Neuer Weg vom 25. Juli 1967; Auszüge in: Europa-Archiv 1967, S. D 422–434 (425). Weder Ceauşescu noch einer der anderen Redner, die sich mit der Warschauer Allianz befaßten – wie Verteidigungsminister Ionita – wiederholten Ceauşescus Wort vom »eigenen Oberkommando«, das er einen Monat zuvor (vgl. dieses Kap., Anm. 156) gebraucht hatte. Sehr instruktiv dazu die Rubrik »Rumänien«, in: Osteuropäische Rundschau 1967, H. 8, S. 31–33 (33).
160 Vgl. die Nachweise bei R. A. Remington: Warsaw Pact, S. 92 f.
161 Dt. Text der Rede »Die entscheidenden Siege des Sozialismus – ein Triumph des Marxismus-Leninismus«, in: Neuer Weg vom 18. Oktober 1967, S. 1 f. Dazu N. Bornemann: Länder, S. 416 f.; Ceauşescu zur Oktoberrevolution, in: Osteuropäische Rundschau 1967, H. 11, S. 37 f. Zutreffend hat N. Bornemann, ebenda, S. 416, festgestellt: Ceauşescus Aufsatz »ist ein wahres diplomatisches Meisterwerk. Ceauşescu versteht es, den durch die vorher erschienenen Artikel seiner osteuropäischen Kollegen angegebenen Ton beizubehalten, ohne jedoch auch einen Millimeter seiner Position der Unabhängigkeit gegenüber Moskau preiszugeben«.

arbeit der sozialistischen Länder auf politischem Gebiet und bei der Verteidigung«[162] zu kennzeichnen. Leonid Brežnev verwandte eine weitere Formulierung, mit der er sich geradezu als Prophet erwies: Das Zentralkomitee der KPdSU und die Sowjetregierung werden auch künftig alles in ihren Kräften Stehende tun, »um die Festigung, die Entwicklung und die Verteidigung der Errungenschaften des Weltsozialismus zu fördern«. Spätestens am 20./21. August 1968 zeigte die sowjetische Staats- und Parteiführung, wie ernst sie es mit der »Verteidigung der Errungenschaften des Sozialismus« gemeint hat.

Bukarest war auch in den folgenden Monaten nicht bereit, sich den sowjetischen Vorstellungen über die politische und militärische Funktion des Warschauer Pakts unterzuordnen. In einem engen Zusammenhang damit stand die Problematik des Abschlusses eines neuen bilateralen Bündnispakts; der am 4. Februar 1948 auf 20 Jahre geschlossene Vertrag verlängerte sich ab 4. Februar 1968 automatisch um weitere fünf Jahre, sofern er nicht durch einen neuen abgelöst wird. Während die UdSSR – wie dargelegt – ihre Bündnisverträge mit Ungarn und Bulgarien aus dem Jahre 1948 durch neue Pakte 1967 ersetzt hat, vermochte sie sich mit Bukarest nicht fristgemäß über einen neuen Vertrag über Freundschaft, Zusammenarbeit und gegenseitigen Beistand zu einigen. Als am 14. und 15. Dezember 1967 eine gewichtige rumänische Delegation mit Partei- und Staatschef Nicolae Ceauşescu[163] an der Spitze in Moskau weilte, war aufgrund gezielter Indiskretionen rumänischer Stellen in Bukarest und Moskau bekanntgeworden, daß entsprechende Fühlungnahmen oder gar Verhandlungen zwischen beiden Seiten ins Stocken geraten seien. Westliche Beobachter stimmten damals darin überein, daß der wichtigste Streitpunkt die Konsultationsformel bildete.[164]

In dem gemeinsamen sowjetisch-rumänischen Kommuniqué unterstrichen beide Seiten »die Bedeutung der ständigen Festigung der Warschauer Vertragsorganisation, einer zuverlässigen Schranke im Wege der impe-

---

162 Text der Rede in: Neues Deutschland vom 4. November 1967; Auszüge in: Europa-Archiv 1967, S. D 529–538 (534).
163 Nachdem das Zentralkomitee der Rumänischen Kommunistischen Partei am 8. Dezember 1967 den bisherigen Vorsitzenden des Staatsrats, Chivu Stoica, zum Sekretär des Zentralkomitees gewählt hatte, wählte die Große Nationalversammlung am 9. Dezember Parteichef N. Ceauşescu zum Staatschef. Vorsitzender des Ministerrats blieb Ion Gheorghe Maurer; auch Außenminister Corneliu Mănescu und Verteidigungsminister Ion Ioniţa behielten ihre Ämter.
164 Vgl. dazu die instruktive Analyse von F. Ermarth: Freundschaftsvertrag; Beiträge in der Rubrik »Rumänien«, in: Osteuropäische Rundschau 1968, H. 1, S. 36 f. Siehe zu den unterschiedlichen Konsultationsklauseln der zweiseitigen Bündnisverträge unten S. 897–903.

rialistischen Aggression und einer entscheidenden Kraft für die Aufrechterhaltung des Friedens in Europa«[165]. Wenn westliche Experten damals von Konzessionen Bukarests gegenüber den Sowjets sprachen[166], dann übersahen sie dabei zweierlei: Die rumänische Führung hatte zuvor mehrfach klargemacht, daß sie unter der »Festigung« in erster Linie die Erhöhung der nationalen Verteidigungskapazität verstand. Anders wäre es gewesen, wenn Bukarest der von Brežnev gern gebrauchten Formel zugestimmt hätte, daß der »Mechanismus des Warschauer Pakts« gefestigt und vervollkommnet werden müßte.

Hinzu kommt, daß die Feststellung aus dem Kommuniqué auch dadurch entschärft wurde, »daß der explizite Bezug auf den angeblichen Hauptkriegstreiber in Europa fehlt«[167] – die Bundesrepublik Deutschland. Bukarest hatte nicht nur nach der Aufnahme diplomatischer Beziehungen zu Bonn am 31. Januar 1967 allen Grund, die seitens Moskaus und vor allem der DDR immer wieder vorgetragene These von der angeblichen »deutschen Gefahr« nicht zu übernehmen. Die rumänische Führung war in diesem zentralen Punkt auch deshalb so reserviert, da inzwischen bekanntgeworden war, daß die DDR und Polen 1968 ihre Verteidigungs-Budgets beachtlich zu erhöhen beabsichtigten und dies mit der »wachsenden Gefährlichkeit der Bundesrepublik Deutschland« begründeten. Als die Mitgliedsländer des Warschauer Pakts ihre Militärausgaben für 1968 veröffentlichten, zeigte sich, daß die absolute Zunahme am größten in der DDR, Ungarn, der UdSSR und Polen, am geringsten in Bulgarien, der Tschechoslowakei und Rumänien war. Während die DDR ihren Verteidigungsetat um 62,9 Prozent erhöhte, begnügte sich Rumänien mit 3 Prozent; im Fall der UdSSR belief sich dieser Betrag auf 15,2 Prozent.[168]

---

165 Text in: Neuer Weg vom 17. Dezember 1967.
166 So ok. (A. Osadczuk-Korab): Lücken im sowjetisch-rumänischen Communiqué in: Neue Zürcher Zeitung, Fernausgabe vom 19. Dezember 1967.
167 So der instruktive Kommentar »Rumänien«, in: Osteuropäische Rundschau 1968, H. 1, S. 37.
168 Vgl. die detaillierte Übersicht »Osteuropäische Staaten erhöhen Militärausgaben«, in: Osteuropäische Rundschau 1968, H. 2, S. 21; Auffällige Steigerung der Militärausgaben des Ostblocks, in: Frankfurter Allgemeine Zeitung vom 23. März 1968. Vgl. speziell über die Entwicklung des Verteidigungshaushalts der DDR von 1956 bis 1977 die instruktive Analyse bei K. W. Fricke: Der Verteidigungshaushalt der DDR: In den Jahren ab 1969 bewegte sich die Zunahme zwischen 4, 9 und 9,7 Prozent. Dabei darf nicht übersehen werden, daß in den Haushaltsplänen der Warschauer Pakt-Staaten stets nur die offenen Aufwendungen als Militärausgaben in den Budgets erscheinen und die »verborgenen Ausgaben« in anderen Abschnitten der Etats nicht zu ermitteln sind. Zu undifferenziert die Angaben bei St. Tiedtke: Vertragsorganisation, S. 52 f., da er nur die Zeit bis 1964 erfaßt und lediglich die Ausgaben der UdSSR mit denen »anderer Warschauer Pakt-Staaten« konfrontiert hat, ohne diese einzeln auszuführen.

Als der Politische Beratende Ausschuß vom 6. bis zum 7. März 1968 in Sofia zu seiner neunten Tagung zusammentrat und sich Rumänien weigerte, die dort erarbeitete Erklärung zum Atomwaffen-Sperrvertrag zu unterzeichnen[169], war in der Tschechoslowakei nach dem Sturz Antonín Novotnýs am 5. Januar der Damm bereits gebrochen: »Von neuer Hoffnung auf Liberalisierung und Demokratisierung ausgelöst, brandeten die Rufe nach einer Reform aller Bereiche der Gesellschaft wie eine unwiderstehliche Flutwelle über das Land.«[170]

Der Warschauer Pakt trat nun nach knapp 13 Jahren seines Bestehens in eine neue Phase, die die bis dahin einschneidendsten Auswirkungen auf die »Block«-Struktur der »sozialistischen Gemeinschaft« hatte: die militärische Intervention der UdSSR, Bulgariens, der DDR, Polens und Ungarns in der Nacht vom 20. auf den 21. August 1968 in der Tschechoslowakei. Rumänien sah sich deshalb nicht vor die Alternative gestellt, zwischen der vom Kreml widerwillig geduldeten Eigenständigkeit seiner Außenpolitik und der »Block«-Solidarität wählen zu müssen, da ihm die fünf »Bruderstaaten« und späteren Interventionsmächte diese Entscheidung von Anfang an abgenommen hatten.

4. Der Rat für Gegenseitige Wirtschaftshilfe: auf der Suche nach einem neuen Modell der Kooperation

Realistisch und pragmatisch widmeten sich die Nachfolger Nikita S. Chruščevs auch der Tätigkeit des Rats für Gegenseitige Wirtschaftshilfe. Sie wußten von Anfang an, daß die rumänische Führung von gesicherten Positionen aus argumentierte, wenn sie sich allen Plänen des Kreml wi-

---

169 Texte des Kommuniqués, der Erklärung über den Atomwaffen-Sperrvertrag und der Vietnam-Deklaration in: Neues Deutschland vom 9. März 1968 und SBZ-Archiv 1968, S. 92-94. Über die weiteren Punkte der Tagesordnung herrschten nur Vermutungen. Vgl. dazu »Gipfeltreffen in Sofia«, in: Osteuropäische Rundschau 1968, H. 3, S. 21. Zuvor war es auf der Budapester »Beratungskonferenz« vom 26. Februar bis zum 5. März zu einem Eklat gekommen, da die rumänische Delegation wegen unüberbrückbarer Meinungsdifferenzen mit Moskau die Tagung vorzeitig verließ. Vgl. dazu die instruktive Analyse in: Osteuropäische Rundschau 1968, H. 3, S. 18-21. Vgl. zu beiden Konferenzen auch die in manchen Aussagen zu spekulative Analyse »Die Konferenzen von Budapest und Sofia«, in: Deutschland-Archiv 1968, S. 95-98.
170 So die Analyse »Tschechoslowakei« im März-Heft 1968 der »Osteuropäischen Rundschau«, S. 25.

dersetzte, die den nationalen Interessen Bukarests entgegengesetzt waren. Während der Herrschaft Chruščevs fand die 18. und letzte Tagung des RGW vom 25. bis zum 26. Juli 1963 in Moskau statt[171], die mit einer Konferenz der Ersten Sekretäre der kommunistischen und Arbeiterparteien und der Regierungschefs der Mitgliedstaaten des RGW verbunden war.[172] Bukarest vermochte insoweit einen beachtlichen Erfolg zu erzielen, als in dem Kommuniqué ausdrücklich festgehalten wurde, daß sich die ökonomische Kooperation auf der Grundlage der Prinzipien der Gleichberechtigung und der strengen Wahrung der Souveränität entwikkele; ebenso wichtig war für die rumänischen Kommunisten die Feststellung, daß die Überlegungen über eine mehrseitige Koordinierung der Pläne im Rahmen des RGW im Wege »zweiseitiger Konsultationen«[173] erfolgen solle.

Nachdem sich Bukarest in seiner Grundsatzerklärung vom 22. April 1964 vehement gegen alle Vorschläge ausgesprochen hatte, die ökonomische Zusammenarbeit im RGW nach einem »Einheitsplan« zu gestalten, der von einem »gemeinsamen einheitlichen Planungsorgan« erstellt werden sollte[174], wußte die neue Führung im Kreml, daß an der Errichtung des von Chruščev so sehr gewünschten supranationalen Organs im Rahmen des RGW zumindest vorläufig nicht zu denken war.[175] So war das wichtigste Ergebnis der 19. Tagung des RGW vom 28. Januar bis zum 2. Februar 1965 in Prag die Bestätigung des Abkommens zwischen dem RGW und Belgrad über die Beteiligung Jugoslawiens an der Arbeit der Ratsorgane vom 17. September 1964. Über die spezielle Funktion des RGW hieß es lakonisch: »Die Mitgliedsländer haben an der Koordinierung ihrer Wirtschaftspläne für die Jahre 1966 bis 1970 gearbeitet.«[176]

---

171 Text des Kommuniqués in: Neues Deutschland vom 29. Juli 1963 und bei A. Uschakow: Integration, S. 219.
172 Vom 24. bis zum 26. Juli 1963.
173 Text in: Neues Deutschland vom 28. Juli 1963 und bei A. Uschakow: Integration, S. 215-218 (215, 217). Vgl. dazu auch »COMECON-Integration macht nur langsame Fortschritte«, in: Hinter dem Eisernen Vorhang 1963, H. 7/8, S. 25; W. Seiffert: Rechtssystem, S. 37 f.
174 Vgl. dazu oben S. 669-678.
175 Vgl. über die weiteren sowjetisch-rumänischen Auseinandersetzungen über die Formen der ökonomischen Zusammenarbeit A. Uschakow: Integration, S. 110-113; O. von Gajzágó: Die Problematik der Integration im Rahmen des Rats für Gegenseitige Wirtschaftshilfe; Zensur streicht Fadejew-Artikel, in: Osteuropäische Rundschau 1966, H. 5, S. 35 f.
176 Text des Kommuniqués bei A. Uschakow, ebenda, S. 246 f. Vgl. dazu und zu den Integrations-Schwierigkeiten L. Auerbach: Wirtschaftsintegration – aber wie?; W. Seiffert: Rechtssystem, S. 38.

Wie sehr sich die sowjetische Führung der Problematik der Zusammenarbeit im RGW bewußt war, verdeutlichte Parteichef Brežnev in seiner Rede vom 14. September 1965 in Moskau. Aus dem Scheitern Chruščevs, sich bei der Planung im RGW-Bereich multilateraler Methoden zu bedienen, hat die neue Führung frühzeitig die richtigen Konsequenzen gezogen: »Dem Prozeß der wirtschaftlichen Zusammenarbeit darf kein Zwang auferlegt werden; es wäre inkorrekt, ja sogar unzulässig, die Belange des Wirtschaftswachstums des gesamten sozialistischen Systems den Interessen der Entwicklung des einzelnen sozialistischen Staates entgegenzustellen.«[177]

Auch wenn Leonid Brežnev in seinem Rechenschaftsbericht auf dem XXIII. Kongreß der KPdSU vom 29. März 1966 ein rosiges Bild vom Stand der ökonomischen Zusammenarbeit im Bereich des RGW malte[178], konnte das nicht darüber hinwegtäuschen, daß sowohl die Koordinierung der Wirtschaftspläne der einzelnen Länder als auch die Spezialisierung im RGW mit beachtlichen Schwierigkeiten verbunden waren.[179] Als sich der Politische Beratende Ausschuß des Warschauer Pakts zu seiner achten Tagung vom 4. bis zum 6. Juli 1966 in Bukarest traf, nutzte der Kreml die Gelegenheit, um nach einer dreijährigen Pause die Partei- und Regierungschefs der RGW-Länder kurz über die künftige Politik beraten zu lassen. Die darüber veröffentlichte Mitteilung ließ nur den Schluß zu, daß Fortschritte nicht erzielt worden waren. So hoben die Teilnehmer der Zusammenkunft hervor, daß der RGW »eine umfassende Tätigkeit zur Koordinierung der Wirtschaftspläne, zur Spezialisierung und Zusammenarbeit in der Produktion sowie zum Ausbau der ökonomischen Verbindungen zwischen den RGW-Ländern entfaltet hat«[180].

Von einer Perspektive konnte hier wahrlich nicht gesprochen werden. Aufschlußreich waren auch die Zahlen, die in der Mai-Ausgabe 1967 im »Außenhandel«, dem Organ des sowjetischen Ministeriums für den Außenhandel, über den RGW-Handel der UdSSR im Jahre 1966 veröffentlicht wurden. So war der prozentuale Anteil dieser Länder am gesam-

---

177 Text der Rede in: Pravda vom 14. September 1965; hier zit. nach Hinter dem Eisernen Vorhang 1965, H. 10, S. 1 f.; Auszüge der Rede auch in: Archiv der Gegenwart 1965, S. 12 068.
178 Text in: Neues Deutschland vom 30. März 1966, S. 3.
179 Vgl. dazu vor allem Th. Engel: Spezialisierung und Zusammenarbeit im COMECON; M. Garmanikov: Ist der COMECON veraltet?
180 Vgl. »Beratung der RGW-Länder«, in: Neues Deutschland vom 8. Juli 1966. Vgl. dazu auch J. K. Hoensch: Osteuropa-Politik, S. 291.

ten Sowjethandel fast genau so hoch wie 1950, nämlich 57,1 gegenüber 57,3 Prozent. Bulgarien war das einzige Land im »Lager«, das 1966 eine größere Steigerung seines Handels mit der Sowjetunion verzeichnete. Der Anteil der DDR betrug am sowjetischen Außenhandel 1966 16 Prozent gegenüber 17,7 Prozent für 1960.[181]
Auf seiner 20. Tagung vom 8. bis zum 10. Dezember 1966 in Sofia konnte der Rat für Gegenseitige Wirtschaftshilfe feststellen, daß die Arbeiten zur Koordinierung der Volkswirtschaftspläne der Mitgliedsländer für die Jahre 1966 bis 1970 beendet und Arbeiten zur Spezialisierung und Kooperation der Produktion auf mehreren Gebieten durchgeführt worden seien.[182] Auch die 21. Tagung des RGW vom 12. bis zum 14. Dezember 1967 verdeutlichte, daß sich – im Sinne der rumänischen Vorstellungen – das bilaterale Element der internationalen Arbeitsteilung als das dominierende Prinzip durchgesetzt hatte. Darüber hinaus lehnte Bukarest auch weiterhin den Gedanken einer zentralen Planung im RGW ab, da die nationale Wirtschaftsplanung ein unabdingbares Attribut der politischen Souveränität eines kommunistischen Staates sei.[183]
Erst mit der 23. Tagung des Rats für Gegenseitige Wirtschaftshilfe im April 1969 in Moskau, seit der auch offiziell der Begriff »sozialistische Integration« gebraucht wird, begannen ernsthafte Reformen in der östlichen Wirtschaftsgemeinschaft. In dem nicht veröffentlichten Beschluß der Tagung wurde das Exekutivkomitee aufgefordert, ein »Programm der ökonomischen Integration« in Form eines Rechtsdokuments zu erarbeiten. Erst auf seiner 25. Jubiläumstagung Ende Juli 1971 sah sich jedoch der Rat für Gegenseitige Wirtschaftshilfe in der Lage, das »Komplexprogramm für die weitere Vertiefung und Vervollkommnung der Zusammenarbeit und Entwicklung der sozialistischen ökonomischen Integration der Mitgliedsländer des RGW« zu verkünden. Das vom Umfang und von der

---

181 Vgl. »Der COMECON-Handel der UdSSR im Jahre 1966«, in: Osteuropäische Rundschau 1967, H. 9, S. 24 f.; dort werden auch die Anteile der anderen RGW-Mitglieder genannt. Ebenso wie 1965 wurden auch für 1966 keine Angaben für Albanien gemacht. Vgl. über die ökonomischen Probleme im RGW-Bereich auch B. Mieczkowski: Labilität der Wirtschaft des Sowjetblocks; H. W. Schaefer: Eine osteuropäische Zahlungsunion. Vgl. über die Handelsbeziehungen der RGW-Länder auch Ph. E. Uren: Relations; ders.: Patterns.
182 Dt. Text in: Europa-Archiv 1967, S. D 166 f.
183 Dt. Text in: Europa-Archiv 1968, S. D 105 f. Vgl. dazu mit weiteren Nachweisen auch J. K. Hoensch: Osteuropa-Politik, S. 292, 296.

Zielsetzung her bombastische Dokument, das wiederum allen supranationalen Tendenzen eine deutliche Absage erteilte, soll in den nächsten 15 bis 20 Jahren richtungweisend für die ökonomische Kooperation im RGW-Bereich sein.[184]

---

184 Vgl. dazu im einzelnen A. Uschakow: Integrationsplan; ders.: Ostmarkt, S. 22–24. Die Texte der Kommuniqués über die Sitzungen des Exekutivkomitees des RGW von Juni 1962 bis Mai 1967 (1. bis 29. Sitzung) in: IRuD, Jg. 1967; für die Zeit von Juli 1967 (30. Sitzung) bis Juli 1971 (55. Sitzung), ebenda, Jg. 1971. Vgl. dazu auch W. Seiffert: Rechtssystem, S. 40–42.

Kapitel VIII

Die militärische Intervention in der Tschechoslowakei und ihre weitreichenden Auswirkungen auf das »Block«-Gefüge (ab 1968)

»Wißt ihr denn wirklich nicht, mit wem ihr es zu tun habt?«

János Kádár[1]

»Die Verteidigung des Sozialismus ist die internationale Pflicht der Kommunisten.«[2]

1. Die Problematik einer sinnvollen Periodisierung

Eine Analyse der Entwicklung der kommunistischen Staatenverbindung seit dem Sturz Nikita S. Chruščevs am 14. Oktober 1964 führt zu dem unbestrittenen Ergebnis, daß die Nacht vom 20. auf den 21. August 1968 die bedeutsamste Wendemarke bildet. Das jähe Ende des »Prager Frühlings« hatte nicht nur einschneidende Auswirkungen auf die inneren Verhältnisse der Tschechoslowakei, sondern auch auf die »sozialistische Gemeinschaft« insgesamt. Für die Partei- und Staatsführungen der zum »Block« gehörenden Länder stand der Gedanke, die »sozialistische Gemeinschaft« zu verlassen, außerhalb jeder Diskussion; auch Rumänien hat im Rahmen seiner Politik der nationalen Positionsaufwertung an seiner fortbestehenden Mitgliedschaft im Warschauer Pakt nie einen Zweifel gelassen, auch wenn es – wie dargelegt – seine Mitarbeit in der Allianz sukzessive zu reduzieren vermochte. Weniger klar und eindeutig waren die Grenzen bestimmt, in denen die Führungen der »Bruderländer« nach den Vorstellungen des Kreml die inneren Verhältnisse ihrer Staaten gestalten durften. Das ist nicht zuletzt darauf zurückzuführen, daß die innere Entwicklung dieser Länder, auch wenn sie Unterschiede aufwies, den Vorstellungen der Nachfolger Chruščevs über den »Sozialismus« ent-

---

1 Am 17. August 1968 nach seiner letzten Begegnung mit A. Dubček auf dem Bahnsteig des Grenzstädtchens Komárno. Zit. bei Z. Mlynář: Nachtfrost, S. 200.
2 So das »Hauptdokument« des kommunistischen »Weltkonzils« vom 17. Juni 1969. Dt. Text in: Osteuropa 1969, S. A 172.

sprach. Erst als die neue Prager Führung nach der Ablösung Antonín Novotnýs den »Sozialismus mit menschlichem Antlitz« in der Tschechoslowakei etablieren wollte, sah sich der Kreml herausgefordert. Die im Anschluß an die militärische Intervention verkündete »Lehre«, die im Westen als »Brežnev«- oder »Moskauer Doktrin« apostrophiert worden ist, von der beschränkten Souveränität der kommunistischen Staaten wies nun der Warschauer Allianz »die neue Garantiestellung für den politischen und sozialen Status quo des Ostblocks zu«[3].

Angesichts der Machtverhältnisse war es die Sowjetunion, die darüber entschied, in welcher Situation die »sozialistische Ordnung« eines »Bruderstaates« gefährdet war. Mit der gewaltsamen Beendigung des »Prager Frühlings« wurde auch den Führungen der vier an dem Überfall beteiligten Staaten und Rumänien drastisch vor Augen geführt, welch engen innenpolitischen Spielraum von nun an der Kreml ihnen zu konzedieren bereit war.

An dieser Situation, die durch den wesentlich verstärkten Ausbau der sowjetischen Vormachtstellung geprägt ist, hat sich bis heute nichts geändert. Es erscheint daher zumindest problematisch, wenn Jörg K. Hoensch in seiner Darstellung über die »Sowjetische Osteuropa-Politik 1945–1975« nach der Analyse »Prag und die Folgen, 1968–1971« einen Einschnitt macht und daran das Kapitel »Osteuropa im Zeichen der ›Politik der friedlichen Koexistenz‹, 1972–1975« anschließt. Dadurch erweckt er zumindest den Eindruck, daß sich die Auswirkungen des 20./21. August 1968 nur bis zum Jahre 1971 erstreckt haben, was jedoch keineswegs der Fall ist.

Die Entwicklungsphase der »sozialistischen Gemeinschaft« in der Zeit ab 1968 ist auch von dem ständigen Versuch des Kreml geprägt, die Warschauer Allianz zum außenpolitischen Koordinierungsorgan des »Blocks« auszubauen. Daß dies ihm nicht restlos gelungen ist, lag wiederum an der Haltung Rumäniens. Einen wichtigen Markstein in der Entwicklung der »sozialistischen ökonomischen Integration« bildet die Verabschiedung des »Komplexprogramms« im Juli 1971. Auch die von der UdSSR am 6. Mai 1970 mit der Tschechoslowakei, am 7. Juli 1970 mit Rumänien und am 7. Oktober 1975 mit der DDR erneuerten bilateralen Bündnispakte enthalten jeweils weitreichende Integrations-Bestimmungen. Um so überraschender war es, daß sich die neue Verfassung der UdSSR vom 7. Oktober 1977 so bescheiden über die Perspektive der »sozialistischen Gemeinschaft« äußert.

---

3 So A. Uschakow: Warschauer Pakt, Sp. 657.

2. Der »Prager Frühling«

Die dramatischen Ereignisse in der Tschechoslowakei, deren Ursachen weit in die Novotný-Ära zurückreichen und die zu der Konfrontation mit dem Kreml führten und in der militärischen Invasion von fünf Warschauer Pakt-Mächte am 21. August 1968 gipfelten, sind Gegenstand zahlreicher westlicher Analysen. Nachdem bereits ab Ende 1968 bis in die Mitte der siebziger Jahre beachtliche monographische Untersuchungen erschienen waren[4], ist die wichtigste, gründlichste und materialreichste Studie, die auch noch über den Vorzug der zeitlichen Distanz verfügt, erst 1976 publiziert worden: H. Gordon Skillings »Czechoslovakia's Interrupted Revolution«.[5] Es ist das große Verdienst H. Gordon Skillings, in seinem umfangreichen Werk alle bis dahin verfügbaren Primär- und Sekundärquellen ausgewertet zu haben. Der besondere Wert der Analyse liegt schließlich darin, daß sie die Fragen, die bis dahin nicht geklärt waren und an die sich zahlreiche Spekulationen geknüpft hatten, abgewogen dargestellt hat.

Eine weitere und wesentliche Bereicherung der Literatur über den »Prager Frühling« bildet der 1978 erschienene und höchst aufschlußreiche Augenzeugenbericht Zdeněk Mlynářs. Mlynář war von 1964 bis 1968 Sekretär der Rechtskommission beim Zentralkomitee der Kommunistischen Partei der Tschechoslowakei und rückte 1968 zum ZK-Sekretär auf; nachdem er im November 1968 zurückgetreten war, wurde er 1970 aus der Partei ausgeschlossen und emigrierte 1977 aus der Tschechoslowakei. Mlynářs »Erfahrungen auf dem Weg vom realen zum menschlichen So-

---

4   Vgl. dazu die Bibliographien bei R. A. Remington: Winter in Prague, S. 461–463 und bei W. E. Griffith: Prague Spring, S. 606 f. mit den Angaben in Anm. 2. Zu den wichtigsten Monographien gehören: V. V. Kusin (Ed.): The Czechoslovak Reform Movement 1968; E. J. Czerwinski/J. Piekalkiewicz (Eds.): The Soviet Invasion of Czechoslovakia; Ph. Windsor und A. Roberts: Czechoslovakia 1968; R. R. James: The Czechoslovak Crisis 1968; P. Tigrid: Why Dubček Fell; I. W. Zartman (Ed.): Czechoslovakia: Intervention and Impact. Einen hervorragenden Überblick über die Anfänge und Entwicklung der Reform-Bewegung vermittelt G. Golan in: The Czechoslovak Reform Movement, der mit dem Jahr 1962 beginnt; ders.: Reform Rule in Czechoslovakia – The Dubček Era 1968–1969. Die beste und zuverlässigste, im deutschsprachigen Raum erschienene Studie bildet nach wie vor H. Brahms »Der Kreml und die ČSSR 1968–1969«; sehr verdienstvoll ist auch H. Haefs' dokumentarischer Bericht »Die Ereignisse in der Tschechoslowakei«. Die nützlichste, in englischer Sprache veröffentlichte Dokumentation ist die von R. A. Remington edierte, mit einer Einführung von W. E. Griffith versehene Arbeit »Winter in Prague«. Vgl. dazu auch C. D. Jones: Influence, S. 40–59, 101–105.
5   Leider hat Gordon Skilling seiner Studie nur eine Auswahlbibliographie beigegeben.

zialismus« vermitteln nicht nur einen tiefen Einblick in die Entwicklung der Prager Reform-Bewegung und die führenden politischen Repräsentanten, sondern enthalten auch zahlreiche neue Erkenntnisse über das Ringen des Kreml mit den Prager Reformern; schließlich war Zdeněk Mlynář in der Lage, aus eigener Anschauung neben den höchsten politischen Repräsentanten der UdSSR auch die wichtigsten Partei- und Staatsführer der »Bruderstaaten« eindrucksvoll zu skizzieren. Das Buch von Mlynář vermittelt »eine Authentizität, die auch die Personen der Zeitgeschichte nur dann gelegentlich erreichen, wenn sie politisch weder etwas erreichen, noch sich rechtfertigen wollen«[6].

a) *Die Konfrontation mit dem Kreml*

Da der Verlauf und das Ende des »Prager Frühlings« in zahlreichen Abhandlungen dargestellt worden sind, beschränkt sich die folgende Analyse auf eine Skizzierung der zentralen Fakten, um anschließend die Frage zu stellen, welche Vorgänge bis heute noch nicht restlos geklärt sind. Nachdem das Zentralkomitee der Kommunistischen Partei der Tschechoslowakei auf seiner Tagung vom 3. bis zum 5. Januar 1968 Alexander Dubček an Stelle von Staatspräsident Antonín Novotný zum 1. Sekretär des ZK der KPČ gewählt hatte, trat Novotný am 22. März auf Empfehlung des Präsidiums des ZK auch von seinem Amt als Staatspräsident zurück. In geheimer Wahl wählte die Nationalversammlung am 30. März Armeegeneral Ludvik Svoboda zum neuen Staatspräsidenten. Die neue Prager Führung leitete auf vielen Gebieten eine Reform-Bewegung ein, die auf der Vorstellung vom »Sozialismus mit menschlichem Antlitz« (Dubček) beruhte und in vielen Forderungen des Aktionsprogramms der KPČ vom 5. April 1968[7] das jugoslawische Vorbild übertraf. Damit erhielten auch alle gegen die sowjetische Vormachtstellung gerichteten zentrifugalen Kräfte einen starken Auftrieb; in der Unterstützung der Prager Reform-Bewegung durch Tito und Ceauşescu kam dies besonders zum Ausdruck. Boris Meissner hat dazu bemerkt:

---

6 So H.-P. Riese in seiner Rezension »Die Reformer im Apparat und die Bewegung im Volk« in: Frankfurter Allgemeine Zeitung vom 22. August 1978.
7 Dt. Text in: Ost-Probleme 1968, S. 218–228 (Auszüge); Auszüge auch bei H. Haefs: Ereignisse, S. 70–78 und in: Europa-Archiv 1968, S. D 296–304. Vgl. zur Vorgeschichte und Entwicklung des Umschwungs in der ČSSR neben den in Anm. 4 f. genannten Studien auch die Darstellung bei Z. Mlynář und bei D. E. Viney: Der Demokratisierungsprozeß in der Tschechoslowakei.

»Die Sowjetführung sah in dieser Entwicklung nicht nur eine Gefährdung der sowjetischen Hegemonie in Osteuropa, sondern auch der totalitären Einparteiherrschaft im Innern. Nach ihrer Auffassung war die westliche Entspannungspolitik, die im Zeichen der amerikanischen ›Politik des Brückenschlags‹ stand, darauf gerichtet, einerseits die Einheit der sozialistischen Länder zu schwächen, andererseits die sozialistischen Kräfte zu spalten, um die sozialistische Gesellschaft von innen her auszuhöhlen.«[8] Der Kreml setzte alle denkbaren Mittel ein, um die neue Prager Führung unablässig unter Druck zu halten. Dadurch sollten einmal die Progressiven unter den tschechoslowakischen Kommunisten eingeschüchtert und den Dogmatikern neue Hoffnung gegeben werden. Zum anderen sollten die Nachfolger Novotnýs ständig von ihrer eigentlichen Arbeit, den Reformen abgelenkt werden, damit ihnen der Erfolg versagt blieb. Die Vorgänge in der ČSSR standen während des Jahres 1968 im Mittelpunkt zahlreicher Konferenzen der Spitzenfunktionäre der kommunistischen Länder Europas. Dabei gilt es festzuhalten, daß die Organisation des Warschauer Pakts, wenn man von den späteren gemeinsamen militärischen Manövern absieht, in der Vorphase der politischen Auseinandersetzungen mit den Prager Reformern nur einmal tätig geworden ist. Dies geschah auch noch zu einem Zeitpunkt, als sich die Situation noch keinesfalls zugespitzt hatte. So ist es auch kein Zufall, daß das Kommuniqué über die neunte Tagung des Politischen Beratenden Ausschusses vom 6. bis zum 7. März 1968 in Sofia die Entwicklung in der ČSSR nach der Ablösung Novotnýs mit keinem Wort erwähnt hat; auf der Konferenz war Rumänien mit seinen Spitzenfunktionären vertreten.[9]
Nachdem die Partei- und Regierungschefs Bulgariens, der DDR, Polens, der UdSSR, der Tschechoslowakei und Ungarns am 23. März 1968 in Dresden beraten hatten[10], trafen sich führende Mitglieder der kommunistischen Parteien der fünf späteren Interventionsmächte – unter Ausschluß der Prager Reformer – am 8. Mai 1968 in Moskau.[11] Es verstand

---

8 B. Meissner: Die »Breshnew-Doktrin«, S. 26.
9 Text des Kommuniqués in: SBZ-Archiv 1968, S. 92 f.
10 Text der Mitteilung in: Neues Deutschland vom 24. März 1968 und Europa-Archiv 1968, S. D 187 f. Vgl. zur Haltung Bukarests »Ceausescus Antwort an Dubček«, in: Osteuropäische Rundschau 1968, H. 4, S. 43 f.
11 Text in: Neues Deutschland vom 9. Mai 1968 und Europa-Archiv, ebenda, S. D 312. Am 4. Mai weilte eine Prager Delegation mit A. Dubček an der Spitze zu Besprechungen in Moskau, über die kein Kommuniqué veröffentlicht worden ist. Vgl. dazu Z. Mlynář: Nachtfrost, S. 205 f.; Interview A. Dubčeks nach seiner Rückkehr nach Prag mit dem Parteiorgan »Rudé Právó« vom 7. Mai 1968; dt. Fassung in: Volkszeitung, Prag, vom

sich von selbst, daß die albanische Führung zu keiner dieser Konferenzen eingeladen worden ist. Sehr viel wichtiger war hingegen, daß es der Kreml nicht mehr für nötig empfand, Rumänien zu diesen multilateralen Konsultationen hinzuzuziehen.[12]
Ab Mai 1968 verschlechterte sich die Position der Prager Reformer zusehends. Vom 17. bis zum 22. Mai weilte eine sowjetische Militärdelegation unter Führung Marschall Grečkos in der Tschechoslowakei, und am 17. Mai erschien Ministerpräsident Kosygin, um sich einer zehntägigen Kur in Karlovy Vary (Karlsbad) zu unterziehen. Kosygin kehrte am 25. Mai, also früher als erwartet, nach Moskau zurück: »Die Heilwirkung war eher eingetreten als erwartet.«[13] Zdeněk Mlynář hat sehr plastisch geschildert, daß Kosygin, auch wenn er den »Prager Frühling« nicht gerade aus der Sicht der alten sowjetischen Marschälle und ihrer Bundesgenossen beurteilt haben dürfte, ihn doch auch »ganz gewiß vom Standpunkt der Großmachtinteressen der Sowjetunion« betrachtete: »Er sah, daß das System der totalitären Diktatur in der Tschechoslowakei nicht nur in eine tiefe Krise geraten war, sondern von unten wie von oben geändert wurde, sah auch, daß gewisse Mechanismen, die in den Augen der gesamten sowjetischen Bürokratie zu den unabdingbaren Garantien ihrer Herrschaft gehörten, in der Tschechoslowakei nicht mehr funktionierten.«[14]
Als die Prager Führung Ende Mai/Anfang Juni 1968 ihre Entschlossenheit bekundete, die Kontrolle über das Land zu verstärken, zeigte sich, daß der Prozeß der Demokratisierung nicht mehr aufzuhalten war. Der Kreml hatte gehofft, die Reformer auch durch die militärischen Manöver einzuschüchtern, die am 20. Juni auf dem Territorium der ČSSR begonnen hatten und am 30. Juni abgeschlossen wurden; außer russischen waren dabei auch Einheiten Polens, Ungarns und der DDR beteiligt, während die Rumänen und auch Bulgarien nur Beobachter geschickt haben dürften.[15] Doch gelang es der sowjetischen Führung weder mit dieser militärischen Demonstration noch mit ihren fortgesetzten polemischen und

---

10. Mai 1968 und Auszüge in: Europa-Archiv, ebenda, S. D 311 f. Ausführlich schildert auch H. G. Skilling in: Revolution, S. 663-667 das diplomatische Geschehen Anfang Mai.
12 Vgl. dazu vor allem Z. Mlynář, ebenda, S. 206.
13 So H. Brahm: Kreml, S. 28 f. (28).
14 Z. Mlynář: Nachtfrost, S. 208 f. (209). Er weist auch darauf hin, wie sehr einige persönliche Erlebnisse Kosygin bei seinem Besuch irritiert haben. Wichtig ist auch Mlynářs Hinweis, daß sich Kosygin unmittelbar davon überzeugen konnte, daß Dubčeks Führungsgarnitur in sich zerspalten und mit Exponenten des harten Kurses der Moskauer »Falken« durchsetzt war.
15 Vgl. dazu vor allem H. Brahm: Kreml, S. 30-33.

ungeschliffenen Angriffen von außen, die Prager Reformer in die Knie zu zwingen.
Bis Mitte Juni 1968 konnte die Prager Führung davon ausgehen, daß zu ihren schärfsten Gegnern neben der sowjetischen Führung Gomulka und Ulbricht gehörten. Als die Prager Führung am 14. Juni 1968 in Budapest einen neuen Bündnispakt mit Ungarn schloß, zeigte sich, daß János Kádárs Haltung gegenüber dem Prager Reformkurs weit weniger von Mißtrauen oder gar Feindseligkeit bestimmt war als die Einstellung Moskaus, Warschaus und Ost-Berlins.[16] Die berechtigte Freude auf Prager Seite sollte jedoch nur wenige Tage vorhalten. Das am 27. Juni 1968 veröffentlichte »Manifest der 2000 Worte«, in dem »die praktische Qualität der zukünftigen Demokratie«[17] umrissen wurde, markierte in den sowjetisch-tschechoslowakischen Beziehungen den entscheidenden Wendepunkt. Von nun an ließ der Kreml keinen Zweifel an seiner Entschlossenheit, »die unruhigen tschechoslowakischen Nachbarn an die Kandare zu nehmen«[18].
Nachdem Kádár der Prager Führung Mitte Juni 1968 die uneingeschränkte moralische Unterstützung zugesagt hatte, nahm der Kreml den Besuch Kádárs Anfang Juli zum Anlaß, die ungarische Führung in die Einheitsfront gegen die ČSSR einzugliedern. Mit seiner Rede in Moskau ließ der ungarische Parteichef keinen Zweifel daran, daß sich sein Land – zur großen Enttäuschung der Prager Reformer – auf die Seite der Sowjetunion, der DDR, Polens und Bulgariens geschlagen hatte.[19] Wie sehr sich die Haltung Moskaus inzwischen verhärtet hatte, verdeutlichte Parteichef Brežnev auf der sowjetisch-ungarischen Freundschaftskundgebung im Kreml am 3. Juli mit dem Hinweis, daß die UdSSR niemals gleichgültig sein könne »gegenüber dem Schicksal des sozialistischen Aufbaus in anderen Ländern, gegenüber der gemeinsamen Sache des Sozialismus und Kommunismus in der Welt«[20].
Brežnev scheute nicht davor zurück, an die Ereignisse in Ungarn im Herbst 1956 zu erinnern und die Art zu rühmen, wie damals »Reaktion«

---

16 Vgl. dazu die Rubrik »Ungarn« in: Osteuropäische Rundschau 1968, H. 7, S. 33 f.; H. Brahm, ebenda, S. 37 f. mit jeweils weiteren Nachweisen. Text des Bündnispakts in: Grundsatzverträge, S. 190–193.
17 Auszüge bei H. Haefs: Ereignisse, S. 89–92. Vgl. zur Kritik Moskaus und Ost-Berlins H. Haefs, ebenda, S. 114–118.
18 So H. Brahm: Kreml, S. 37.
19 Vgl. dazu die Rubrik »Ungarn« in: Osteuropäische Rundschau 1968, H. 8, S. 30 f.; H. Brahm, ebenda, S. 37 f.; H. Haefs: Ereignisse, S. 112 f.
20 Wortlaut der Rede in: Pravda vom 4. Juli 1968; hier zit. bei B. Meissner: Die »Breshnew-Doktrin«, S. 26.

und »Konterrevolution« niedergeschlagen worden seien. Bereits am 27. Juni hatte der sowjetische Außenminister Gromyko vor dem Obersten Sowjet der UdSSR betont, daß »die Stärkung der Gemeinschaft der sozialistischen Länder« von der Sowjetunion als »ihre vornehmste außenpolitische Pflicht« betrachtet würde: »Kurzsichtig und auf Sand gebaut sind ... die Kalkulationen jener Leute, die wenigstens ein Glied aus der sozialistischen Gemeinschaft herausreißen möchten. Das wird die sozialistische Gemeinschaft nicht zulassen.«[21]

Am 14. und 15. Juli 1968 traten die Partei- und Regierungschefs Bulgariens, der DDR, Polens, der UdSSR und Ungarns, also die fünf »harten« Führungen im »Block«, in Warschau zusammen. Zu der sowjetischen Delegation gehörte u. a. auch der ukrainische Parteichef Petr Šelest'. In einem Schreiben an das Zentralkomitee der KPČ, »das trotz der Konzilianz der äußeren Form eine Kampfansage an die tschechoslowakischen Reformer war«[22], stellten sie zunächst fest, daß sie sich nicht in die inneren Angelegenheiten der Tschechoslowakei einmischen möchten. Gleichzeitig bezeichneten sie jedoch die innere Entwicklung in der ČSSR als »gemeinsame Angelegenheit« der Warschauer Pakt-Staaten, da durch die Prager Reform-Bewegung die »Interessen des ganzen sozialistischen Systems bedroht« würden. Dazu hieß es im »Warschauer Brief«: »Wir können ... nicht damit einverstanden sein, daß feindliche Kräfte Ihr Land vom Weg des Sozialismus stoßen und die Gefahr einer Lostrennung der Tschechoslowakei von der sozialistischen Gemeinschaft heraufbeschwören. Das sind nicht mehr nur Ihre Angelegenheiten. Das sind die gemeinsamen Angelegenheiten aller kommunistischen und Arbeiterparteien und aller durch Bündnis, durch Zusammenarbeit und Freundschaft vereinten Staaten. Das sind die gemeinsamen Angelegenheiten unserer Staaten, die sich im Warschauer Vertrag vereinigt haben ... Wir werden niemals zulassen, daß der Imperialismus auf friedlichem oder unfriedlichem Wege, von innen oder von außen, eine Bresche in das sozialistische System schlägt und das Kräfteverhältnis in Europa zu seinen Gunsten verändert ... Deshalb meinen wir, daß die entschiedene Zurückweisung der Angriffe antikommunistischer Kräfte und die entschlossene Verteidigung der sozialistischen Ordnung in der Tschechoslowakei nicht nur Ihre, sondern auch unsere Aufgabe ist.«[23]

21 Dt. Text (Auszug), ebenda, S. 46.
22 So H. Brahm: Kreml, S. 41.
23 Dt. Text des Warschauer Schreibens in: Neues Deutschland vom 19. Juli 1968; B. Meissner: Die »Breshnew-Doktrin«, S. 47–52 (48); Europa-Archiv 1968, S. D 388–393; Deutschland-Archiv 1968, S. 625–629.

Darüber hinaus bezeichnete der »Warschauer Brief« das »Manifest der 2000 Worte« als »politisch-organisatorische Plattform der Konterrevolution« und behauptete, daß die »sozialistische Außenpolitik« der Tschechoslowakei in Gefahr sei. Mit Verwunderung stellten die Absender des Warschauer Mahnschreibens fest, daß man in der ČSSR den »üblichen gemeinsamen Stabsübungen« kein richtiges Verständnis entgegengebracht habe. Heinz Brahm hat den »Warschauer Brief« zutreffend charakterisiert:
»Es ist schwer zu sagen, was an dem Warschauer Brief abstoßender ist, die Rabulistik, die Heuchelei oder das falsche Pathos. So kläglich aber auch die sowjetischen Argumente waren: man hätte keinen Augenblick vergessen dürfen, daß hinter dem ideologischen Rauchvorhang Panzer aufgefahren waren.«[24]
Der massive Einmischungsversuch der fünf Warschauer Pakt-Mächte war so plump und unsachlich, daß nicht einmal die »doktrinären« Kräfte in Prag den Mut hatten, das Schreiben öffentlich gutzuheißen. Am 18. Juli beantwortete das Präsidium des Zentralkomitees der KPČ den »Mahnruf aus Warschau« in einer »ebenso würdigen wie männlichen Erklärung«[25].
Darin wies die Prager Führung die Vorwürfe energisch zurück und betonte die fortdauernde Verbundenheit der ČSSR mit den anderen »sozialistischen Ländern«; zwar gab man das Auftreten antisozialistischer Kräfte zu, machte dafür aber die Fehler der früheren Parteiführung unter Novotný verantwortlich.[26] Die Prager Antwort verdeutlichte unmißverständlich, wie sehr die Autoren des »Warschauer Briefes« die psychologische Wirkung ihres Einmischungsversuchs falsch abgeschätzt hatten. Selbst Alexander Dubček, der bis zu diesem Zeitpunkt ein Zerwürfnis mit dem Kreml auf jeden Fall zu verhindern gesucht hatte, schien von nun an keine Kompromiß-Möglichkeiten mehr zu sehen. Erst jetzt zeigte sich vollends der Rückhalt, den die Prager Reformer in ihrer Bevölkerung genossen. In Tausenden von Briefen, Telegrammen und Resolutionen sprachen die Tschechoslowaken ihrer Führung das uneingeschränkte Vertrauen aus und erteilten ihr das Mandat, in den bevorstehenden Verhandlungen mit dem Kreml das weitere Schicksal des Landes zu entscheiden.[27]

---

24 H. Brahm: Kreml, S. 41 f. (42). Vgl. dazu H. G. Skilling: Revolution, S. 667–671; R. Löwenthal: Sparrow in the Cage, S. 14–18; Tschechoslowakei in Bedrängnis, S. 3–6.
25 So H. Brahm, ebenda, S. 43.
26 Dt. Text in: Europa-Archiv 1968, S. D 393–400 (übernommen aus: Prager Volkszeitung vom 26. Juli 1968).
27 Sehr instruktiv dazu die Nachweise in: Tschechoslowakei in Bedrängnis, S. 7 f.

Angesichts dieser inneren Situation, die durch den sich verstärkenden Widerstand in der Partei und in der Bevölkerung gegen die Pressionen von außen gekennzeichnet war, erscheint es höchst fraglich, ob das politische Ruder im Sinne der Führungen der fünf »Bruderländer« überhaupt noch herumzureißen gewesen wäre. Die Sowjets wußten ihr »Image« in der Führung und Bevölkerung der ČSSR auch noch dadurch zu untergraben, daß sie immer neue Scheinargumente vorbrachten, um ihre Truppen in der Tschechoslowakei zu belassen, obwohl die Manöver am 30. Juni abgeschlossen worden waren.

Als sich Generalleutnant V. Prchlík, der Leiter der staatsadministrativen Abteilung des ZK der KPČ, auf einer Pressekonferenz am 15. Juli zu Fragen äußerte, die sich aus dem hinhaltenden Abzug der sowjetischen Streitkräfte ergaben, verband er dies mit einer massiven Kritik an der Arbeitsweise und Struktur der Warschauer Allianz. Sein »Freimut erreichte indes – für orthodoxe Ohren – schier atemberaubende Ausmaße, als er sich mit Bündnisfragen befaßte«[28]. Prchlík bemängelte, daß die UdSSR im Rahmen des Warschauer Pakts weitgehend allein entscheide; den anderen Signatarstaaten der Allianz sollte daher ein größeres Mitspracherecht eingeräumt werden. Prchlík vergaß nicht hinzuzufügen, daß die Tschechoslowakei mit ihrem Wunsch nach einer Reorganisation des Verteidigungssystems nicht allein stehe. Damit dürfte er auf Rumänien angespielt haben, obwohl bis dahin und auch später nie restlos geklärt worden ist, ob und in welchem Umfang Bukarest vornehmlich im Frühjahr 1966 eine Umstrukturierung des Warschauer Bündnisses angestrebt hat.[29]

Auch wenn Prchlíks Einschätzung des »Mechanismus« des Warschauer Pakts richtig war, hätte er sie zu diesem Zeitpunkt und in dieser Form nicht äußern dürfen. Bis zum 15. Juli 1968 haben die Prager Reformer dem Kreml weder einen Anlaß noch einen Vorwand für die Behauptung geboten, die Tschechoslowakei wolle die Warschauer Allianz verlassen. Der Vorwurf im »Warschauer Brief« vom 15. Juli, die »sozialistische Außenpolitik« der ČSSR sei in Gefahr, bezog sich auf die »Versuche eines Flirts« seitens der Bundesrepublik Deutschland. General Prchlík lie-

---

28 So der Kommentar, ebenda, S. 10.
29 Vgl. dazu im einzelnen ebenda, S. 10–12; H. Brahm: Kreml, S. 45 f. Sehr instruktiv äußert sich auch Z. Mlynář in: Nachtfrost, S. 188 f. zu dieser Problematik. Vgl. zur Haltung Bukarests oben S. 757 f. mit Nachweisen. Wichtige Aussagen General Prchlíks veröffentlichte die Prager »Volkszeitung« unter dem Titel »Wann ziehen die Sowjettruppen ab?« in ihrer Ausgabe vom 19. Juli 1968, S. 5. Vgl. dazu auch R. A. Remington: Warsaw Pact, S. 101–103; Th. W. Wolfe: Soviet Power, S. 391, Anm. 14; M. Mackintosh: Strukturprobleme, S. 806; C. D. Jones: Influence, S. 97 f.

ferte nun Moskau den lang ersehnten Vorwand für die Feststellung, daß es bestimmte Versuche gäbe, »einen Schlag gegen den Warschauer Vertrag zu führen und ihn zu untergraben«[30].
Nach der scharfen Rüge General Prchlíks durch den Kreml beschloß das Prager Partei-Präsidium am 25. Juli, Prchlík in die Armee zurückzuversetzen und gleichzeitig die von ihm geleitete 8. ZK-Abteilung aufzulösen. Mit dieser eleganten Lösung war Prchlík »nach außen hin bestraft. In Wirklichkeit waren jedoch auch die Sowjets überspielt worden, in deren Augen die 8. ZK-Abteilung für Armee- und Staatsverwaltung eine wichtige Stütze der ›führenden Rolle‹ der KP gewesen sein muß.«[31]
Da sowohl für die Führung in Moskau als auch in Prag ein bilaterales Treffen immer notwendiger erschien, durfte es die KPČ als einen großen Prestige-Erfolg werten, daß sich der Kreml am 22. Juli bereit erklärte, die Besprechungen auf dem Boden der Tschechoslowakei zu führen. So begann am 29. Juli in Čierna (Schwarzau an der Theiß) jene denkwürdige Konferenz, die sich bis zum 1. August 1968 hinzog und über die vor allem im Westen immer wieder spekuliert worden ist. Das darüber veröffentlichte äußerst knappe und magere Kommuniqué gab keinen Aufschluß über den Verlauf der Beratungen, die – verständlicherweise – die schroffen Meinungsdifferenzen nicht überbrücken konnten.[32]
Zdeněk Mlynář berichtet, daß über die Konferenz ein amtliches Protokoll von etwa 500 Seiten existiert, das sich als Geheimdokument auch bei den Unterlagen des Zentralkomitees der KPČ befindet und auch denjenigen Mitgliedern der Parteiführung zugänglich gemacht wurde, die an den Verhandlungen nicht teilgenommen hatten. Obwohl auch Mlynář Einsicht in das Geheimprotokoll nehmen konnte, hat er sich – bedauerlicherweise – nur auf eine kurze Kommentierung des Geschehens beschränkt. Was die Position Brežnevs angeht, so bestätigt er weitgehend den bisherigen Wissensstand. Schade ist, daß Mlynář in diesem Zusammenhang mit keinem Wort Kosygin erwähnt, dessen Haltung in Čierna in westlichen Untersuchungen besonders widerspruchsvoll dargestellt worden ist.[33]

---

30 Vgl. dazu die ausführliche Analyse »Die Verteidigung des Sozialismus ist die höchste internationalistische Pflicht« in: Pravda vom 22. August 1968; dt. unwesentlich gekürzte Übersetzung in: Ost-Probleme 1968, S. 434–446 (441 f.): »Man darf nicht zulassen, daß eine Bresche in diese Organisation geschlagen wird. Eine solche Linie widerspricht den Lebensinteressen aller Teilnehmerländer der Organisation des Warschauer Vertrages, darunter auch den Lebensinteressen der UdSSR.«
31 So H. Brahm: Kreml, S. 48 f. (49); Tschechoslowakei in Bedrängnis, S. 11 f.
32 Text in: Neues Deutschland vom 2. August 1968 und Europa-Archiv 1968, S. D 401.
33 Sehr instruktiv, wenn auch nicht frei von Spekulationen dazu H. Brahm: Kreml, S. 51–53; B. Meissner: Jubiläum, S. 751, meint, daß vor allem Brežnev und Kosygin in

Festzuhalten gilt, wie Mlynář die Einstellung Brežnevs gegenüber der Entwicklung in der Tschechoslowakei umschrieben hat:
»Nach meinem Informationsstand glaubte Dubček nach seinem Gespräch mit Breschnjew, der sowjetische Parteichef suche ernstlich nur nach einem versöhnlichen Ausweg, der es ihm ermöglichen würde, einerseits gegenüber der Gruppe der ›Falken‹ im eigenen Politbüro (zu denen ... Schelest gehörte, deren stärkster Rückhalt aber vor allem von den Marschällen der älteren Generation gebildet wurde) sowie andererseits gegenüber Ulbricht und Gomulka zu bestehen, die beide auf den offenen Konflikt und das militärische Eingreifen drängten ... Unter solchen Auspizien willigte Dubček ein, an einer neuerlichen Zusammenkunft der fünf Blockstaaten, die zwei Wochen zuvor in Warschau schon einmal zusammengetreten waren, als sechster teilzunehmen; Breschnjew sagte zu, daß die innenpolitische Situation der Tschechoslowakei dort nicht Gegenstand der Diskussion sein würde, und für diesen Preis war Dubček damals bereit, jede Art von Bestätigung der Hegemonie Moskaus und der Zugehörigkeit der Tschechoslowakei zum Sowjetblock zu unterschreiben, denn er glaubte damit den Druck der ›Falken‹ zu lockern und die Gefahr einer militärischen Intervention zu bannen ... Es wäre ihm nie eingefallen, die Tschechoslowakei aus dem Block herauslösen zu wollen. Er war zum fraglichen Zeitpunkt überzeugt, daß Breschnjew selber einen militärischen Eingriff nicht wünschte, und meinte ihn so auf seine Seite ziehen zu können. Breschnjew stand ferner dafür ein, daß bei der Zusammenkunft in Bratislava außer ihm auch sonst niemand (insbesondere nicht Ulbricht und Gomulka) an den innenpolitischen Verhältnissen in der Tschechoslowakei Kritik üben würde.«[34]
Diese Darlegungen sind vor allem deshalb höchst bemerkenswert, da aufgrund des nichtssagenden Kommuniqués über die Konferenz von Čierna damals behauptet worden ist, daß die Prager Führung konkrete Verpflichtungen eingegangen sei, die jedoch, aus welchen Gründen auch immer, nicht in die Verlautbarung aufgenommen worden seien. Nicht zufällig wurde diese Version vor allem seitens Ost-Berlins am 21. August 1968 ausgestreut, um die militärische Intervention auch mit diesem falschen Argument zu begründen.[35]

Čierna »vermittelnd in Erscheinung getreten« seien. Ob diese unbewiesene Behauptung über Kosygin zutrifft, läßt sich bis heute anhand der vorliegenden und zugänglichen Quellen nicht nachweisen. P. Tigrid nennt in: Why Dubček Fell, S. 87, darüber hinaus auch Suslov.
34 Z. Mlynář: Nachtfrost, S. 194 f.
35 Vgl. dazu mit Nachweisen H. Brahm: Kreml, S. 52 mit Anm. 123; I. Spittmann: Die SED im Konflikt mit der ČSSR.

Die Konferenz von Preßburg (Bratislava) am 3. August 1968 war die letzte gemeinsame Begegnung der späteren fünf Interventionsmächte mit der Prager Führung. Während sich fast ein Jahrzehnt lang alle westlichen Beobachter weitgehend auf die Analyse der gemeinsamen Preßburger Erklärung beschränken mußten, hat Zdeněk Mlynář als Teilnehmer an der Beratung wesentliche und bis dahin unbekannte Fakten berichtet. Mlynářs wichtigste Feststellung liegt darin, daß über den wichtigsten Satz der Preßburger Erklärung lange diskutiert worden ist:
»Es ist die gemeinsame internationale Pflicht aller sozialistischen Länder, diese Errungenschaften, die dank den heldenhaften Anstrengungen und der selbstlosen Arbeit eines jeden Volkes erkämpft wurden, zu unterstützen, zu festigen und zu verteidigen.«[36]
Mit Recht weist Mlynář darauf hin, daß später von den Vertretern des »Normalisierungskurses« in der KPČ diese Formel als Rechtfertigung der Intervention ausgelegt wurde – als eine Einlassung, durch die sich Dubček eigentlich selbst verpflichtet habe, die Intervention zu billigen. Mlynář hat nicht geglaubt, »daß irgendwer in der tschechoslowakischen Delegation sich träumen ließ«, daß dieser Satz »jemals als vorgängige Zustimmung zu einer militärischen Intervention ausgelegt werden könnte, aber er rief Mißtrauen hervor«[37].
Zweifellos war es wenig geschickt von der Prager Führung, in Preßburg die Formel vom gemeinsamen Schutz der »Errungenschaften« zu unterschreiben. Noch bedenklicher war jedoch, daß sich daran noch der folgende Satz anschloß: »Dies ist die einhellige Meinung aller Beratungsteilnehmer, die ihre unbeugsame Entschlossenheit kundtaten, die sozialistischen Errungenschaften in ihren Ländern weiterzuentwickeln und zu schützen sowie neue Erfolge beim Aufbau des Sozialismus zu erkämpfen.«
Es spricht für Zdeněk Mlynář, daß er auf der Preßburger Beratung sofort den »stillen Verdacht« hegte, es könnte ein »geheimes Interesse« daran bestehen, irgendwann auf das ausdrückliche Einverständnis der KPČ mit dieser Formulierung hinzuweisen. Es ist geradezu eine Enthüllung, daß Mlynář in Preßburg eine Ergänzung anregte, die den Wortlaut haben sollte: »unter voller Wahrung der Souveränität und nationalen Unabhängigkeit jedes einzelnen Staates«[38].

---

36 Text der Preßburger Erklärung vom 3. August 1968 in: Neues Deutschland vom 4. August 1968; Europa-Archiv 1968, S. D 401–404 (402), und Deutschland-Archiv 1968, S. 638–641 (639).
37 Z. Mlynář: Nachtfrost, S. 195 f. (196).
38 Z. Mlynář, ebenda, S. 196 f.

Leonid Brežnev erregte nun nicht nur das Mißtrauen Zdeněk Mlynářs, als er sich selbst in die Diskussion einschaltete und einen fast unglaublichen Einwand vorbrachte: »ein Gedankenstrich widerspräche in diesem Fall dem Geist der russischen Sprache . . . Über Souveränität und nationale Unabhängigkeit würde ja ausdrücklich zwei Absätze weiter gesprochen, ebenso über Gleichberechtigung, Unverletzlichkeit des Territoriums und brüderliche Zusammenarbeit. Warum also in jedem Satz über alles sprechen?«[39]

Nicht unwichtig ist auch Zdeněk Mlynářs weitere Feststellung, daß weder Ulbricht noch Gomulka noch Živkov Bedenken gegen die umstrittene Formulierung des Entwurfs hatten: »Sie alle unterstützten Breschnjews Bemühungen um Sprachreinheit ausgerechnet in einem Text, der von Anfang bis Ende der Abklatsch eines Parteijargons war, welcher sich im Russischen nicht anders anhört als etwa im Polnischen.« Nur János Kádár hat Brežnev in dieser Frage nicht ausdrücklich unterstützt. Mlynář schließt seine aufschlußreichen Ausführungen über den Verlauf und das Ergebnis der Preßburger Konferenz mit der Einsicht, daß Leonid Brežnev konkret noch nicht entschlossen gewesen sei, 17 Tage danach in der Tschechoslowakei einzumarschieren.[40]

Alexander Dubček und seinen Anhängern ging es in Preßburg vor allem darum, Zeit zu gewinnen. Angesichts der bevorstehenden Besuche Titos und Ceauşescus in Prag hatte Dubček in Preßburg vorgeschlagen, die Erklärung auch seitens Rumäniens und Jugoslawiens sowie möglicherweise sogar Albaniens mitunterzeichnen zu lassen: »Die Reaktion der Anwesenden glich derjenigen nach dem sprichwörtlichen Stich ins Wespennest, und der Erfolg dieser von vornherein zum Scheitern verurteilten Initiative war gleich Null.«[41]

Nachdem vom 9. bis zum 11. August Marschall Tito mit einer Delegation

---

39 Z. Mlynář;, ebenda, S. 197.
40 Z. Mlynář hat höchst aufschlußreiche Charakterstudien über Gomulka, Ulbricht, Živkov und Kádár entworfen. Sein Urteil über die ersten drei ist niederschmetternd, während er über Kádár feststellt: »In dieser Gesellschaft ragte János Kádár sowohl in politischer wie menschlicher Hinsicht über alle empor . . . Der persönliche Eindruck, den ich von ihm in Bratislava gewann, zeigte dies nicht nur in aller Deutlichkeit, sondern belehrte mich gleichzeitig darüber, daß Kádár auch vom rein Menschlichen her eine ausgesprochen interessante Persönlichkeit ist und daß außerdem die Erlebnisse des Jahres 1956 für ihn eine Bedeutung behalten haben, der er nicht nur in seiner Politik, sondern auch in seinem Gewissen Rechnung trägt.« Vgl. zur Haltung J. Kádárs auch H. Brahm: Kreml, S. 55 f.
41 So Z. Mlynář, ebenda, S. 199 f. (200).

seiner Partei in der ČSSR geweilt hatte[42], traf am 12. August Walter Ulbricht zu politischen Gesprächen mit den Führern der KPČ in Karlsbad ein; über den Besuch des SED-Chefs ist viel spekuliert worden.[43] Und am 15. August kam der rumänische Partei- und Staatschef Nicolae Ceauşescu zu einem Staatsbesuch nach Prag – offenbar in der Hoffnung, die dortige Führung für ein gewisses Zusammengehen innerhalb des Warschauer Pakts gewinnen zu können. Einen Tag vor dem Abflug nach Prag, am 14. August, hatte Ceauşescu vor der rumänischen Militärakademie dagegen polemisiert, daß die Befehlsgewalt über die Truppen der Länder der Warschauer Verteidigungsallianz von außen ausgeübt werde.[44]
Die rumänische Führung manifestierte wenige Tage vor der militärischen Intervention in der Tschechoslowakei ein beachtliches Selbstbewußtsein und auch Selbstvertrauen: Da der Kreml Bukarest von Anfang an aus dem »diplomatischen« Ringen mit den Prager Reformern ausgeschlossen hatte, schien sich Ceauşescu des Ernstes der Lage nicht bewußt. Für Dubček stand jede Diskussion über eine wie auch immer geartete Umstrukturierung des Warschauer Pakts außerhalb jeder Diskussion. Der Abschluß eines neuen Bündnispakts zwischen der Tschechoslowakei und Rumänien am 16. August war zwar ein pikanter Vorgang, der jedoch Prag keinen politischen Gewinn einbrachte.[45]
Am 17. August trafen sich János Kádár und Alexander Dubček noch einmal in dem Grenzstädtchen Komárno – zu einem Zeitpunkt, in dem der ungarische Parteichef die konkreten Interventionspläne des Kreml bereits kennen mußte. Kádár wollte bei dieser Gelegenheit Dubček eine letzte Warnung geben. Nach der militärischen Intervention gestand Dubček, daß einige von Kádárs Äußerungen so zu interpretieren gewesen seien.[46]
Inzwischen waren alle Vorbereitungen für die Invasion getroffen. Am 23. Juli hatten die großen sowjetischen Manöver entlang der tschechi-

---

42 Text des Kommuniqués in: Rudé Pravo vom 11. August 1968; dt. Übersetzung in: Europa-Archiv 1968, S. D 422 f. Vgl. dazu H. Brahm: Kreml, S. 57.
43 Text des Kommuniqués in: Neues Deutschland vom 13. August 1968 und Europa-Archiv, ebenda, S. D 423 f. Vgl. dazu H. Brahm, ebenda, S. 57–60 mit zahlreichen Nachweisen; I. Spittmann: Die SED im Konflikt mit der ČSSR, S. 668 f.
44 Dt. Text der Rede in: Neuer Weg vom 16. August 1968. Vgl. dazu H. Brahm, ebenda, S. 60 f.
45 Dt. Text des Vertrags in: Neuer Weg vom 20. August 1968 und Archiv der Gegenwart 1968, S. 14 123. Text des Kommuniqués über den Besuch vom 15. bis zum 17. August 1968 in: Neuer Weg vom 21. August 1968 und Europa-Archiv 1968, S. D 424–426.
46 Vgl. dazu Z. Mlynář: Nachtfrost, S. 200. Vgl. dazu das diesem Kapitel vorangestellte Zitat J. Kádárs.

schen Grenze begonnen, in die am 29. Juli Truppen Polens und der DDR einbezogen wurden. Obwohl diese Manöver am 10. August abgeschlossen sein sollten, wurden sie bis unmittelbar vor dem Einmarsch in die ČSSR ununterbrochen fortgesetzt. Nachdem am 15. August auch Manöver sowjetischer und ungarischer Nachrichtentruppen in Ungarn begonnen hatten, war die Tschechoslowakei eingekreist.[47]

b) *Die Invasion*

Nicht nur der dramatische Verlauf des »Prager Frühlings« und die permanenten und massiven Versuche des Kreml, die Reform-Bewegung zu stoppen, sondern auch die militärische Invasion in der Nacht vom 20. auf den 21. August 1968 und die daraus resultierenden Fragen haben immer wieder die westliche zeithistorische Forschung beschäftigt. Ein besonders starkes Interesse riefen dabei folgende Fragen auf: 1. Wieviele Divisionen setzte die sowjetische Führung insgesamt ein, und in welcher Weise verteilten sie sich auf die fünf Interventionsmächte?; 2. Konnte sich der Kreml auf eine Bitte seitens Prag berufen, militärisch in das innere Geschehen der ČSSR einzugreifen?; 3. Wann fiel in Moskau die Entscheidung zu intervenieren?; 4. Bestanden über diese zentrale Frage im Kreml Meinungsdifferenzen?; 5. Welche Faktoren waren für diese Entscheidung maßgebend?; 6. Wie war es um die »Block«-Solidarität in der Warschauer Allianz bestellt?

Was die zahlenmäßige Stärke der Invasions-Streitkräfte angeht, so läßt sie sich bis heute nicht exakt bestimmen. Die Schätzungen westlicher Analytiker schwanken zwischen 250 000 und 500 000 Mann.[48] In seiner

---

47 Vgl. dazu im einzelnen H. Haefs: Ereignisse, S. 149-151, 153-155; H. Brahm: Kreml, S. 65-69. Am 5. August 1968 war M. Kasakov, der Generalstabschef der Warschauer Pakt-Staaten, von S. Štemenko abgelöst worden, was zu Spekulationen geführt hat. Vgl. »Neuer Warschauer-Stabschef« in: Neues Deutschland vom 6. August 1968. Dazu H. Brahm, ebenda, S. 68; Z. Mlynář, ebenda, S. 214, der Štemenko als »eindeutigen Repräsentanten der stalinistischen Garnitur« kennzeichnet. Vgl. dazu auch H. G. Skilling: Revolution, S. 720 f.; J. H. Polk: Eine kühne Sowjetunion – ein ängstlicher Westen; R. A. Remington: Warsaw Pact, S. 98-101. Festzuhalten gilt, daß die Invasion nicht vom Oberbefehlshaber der Warschauer Pakt-Streitkräfte, Marschall Jakubowskij, sondern vom Oberbefehlshaber der sowjetischen Landstreitkräfte, General I. G. Pavlovskij, befehligt wurde. Vgl. dazu auch M. Mackintosh: Strukturprobleme, S. 810.

48 Einen umfassenden Überblick über die divergierenden Zahlen bei H. G. Skilling, ebenda, S. 713 f. mit den Nachweisen in den Anm. 2-4; Th. W. Wolfe: Soviet Power, S. 468-470; H. Haefs: Ereignisse, S. 158. Über den militärischen Aspekt, vor allem über die Truppen-Bewegungen informiert auch M. Mackintosh, ebenda, S. 808-810.

bemerkenswerten, im Sommer 1977 erschienenen Analyse »Eine kühne Sowjetunion – ein ängstlicher Westen« kam General a. D. James Polk, im Sommer 1968 Oberbefehlshaber der amerikanischen Siebten Armee, zu der Erkenntnis, daß etwa 22 bis 23 Divisionen der Roten Armee, 2 DDR-Divisionen, 2 polnische Divisionen und 1 ungarische Division an der Invasion beteiligt waren. Nach dieser NATO-Version hat also Bulgarien nicht einen eigenen Soldaten gestellt; andere westliche Analysen gelangten hingegen zu dem Ergebnis, daß die aus Ungarn einmarschierten sowjetischen Verbände zumindest von einem verstärkten bulgarischen Regiment mit ca. 5 000 Mann begleitet worden sind.[49]

Legt man die zahlenmäßige Stärke einer sowjetischen Division mit 11 000 Mann zugrunde und geht man von einer Gesamtzahl von 27 bis 28 Divisionen aus, dann haben sich knapp 300 000 Mann an der militärischen Invasion in der Tschechoslowakei beteiligt. Nach westlichen Schätzungen hat die UdSSR von ihren in der ČSSR eingesetzten insgesamt 22 Divisionen je die Hälfte aus ihren westlichen Gebieten und aus den Staaten des Warschauer Pakts, in denen sie Streitkräfte unterhielt, zusammengezogen. Nicht übersehen werden sollte, daß Zdeněk Mlynář erstmals berichtet hat, daß sich Antonín Novotný, dessen Beziehungen zu Brežnev nicht problemlos waren, erfolgreich gegen eine dauernde Stationierung sowjetischer Truppen in der ČSSR, wie sie der Kreml seit 1966 gefordert haben soll, gesperrt hat.[50]

Als eine besondere Pikanterie gilt der Hinweis James H. Polks festzuhalten, daß die NATO vom Zeitpunkt und von der Intensität der Invasion am 21. August 1968 überrascht gewesen ist: »Das ist schlicht die Wirklichkeit. Außerdem schienen unsere höheren Vorgesetzten sowohl in der amerikanischen als in der Nato-Befehlskette gleichermaßen überrascht, wenn man dies nach dem völligen Ausbleiben einer Vorwarnung und dem Fehlen von Vorsichtsmaßregeln beurteilen soll . . . Das sowjetische Oberkommando zeigte erheblichen Mut, Kühnheit und Geschicklichkeit, indem es dafür Sorge trug, daß die Unterwerfung der Tschechoslowakei in Grenzen blieb und nicht auf Westdeutschland oder Österreich übergriff.«

---

49 Vgl. die Nachweise bei H. G. Skilling, ebenda, S. 714. Die weitere Ansicht Polks, an der Invasion hätte eine kleine rumänische Brigade teilgenommen, wird in anderen westlichen Analysen nicht geteilt. J. H. Polk: Eine kühne Sowjetunion – ein ängstlicher Westen, zollt der »massiven Schau militärischer Macht« am 21. August 1968 hohes Lob: »Der Einmarsch war weitgehend sowjetisch, mit gerade genügender Satelliten-Beteiligung, um den Anschein einer geeinten Aktion des Warschauer Pakts zu wahren.«
50 Z. Mlynář: Nachtfrost, S. 204.

Als der Kreml in der Nacht des 20. August 1968 seine Truppen in die ČSSR einmarschieren ließ, konnte er dies in der beruhigenden Gewißheit tun, daß er »auf keinerlei wirksamen militärischen Widerstand stoßen würde; und mit gleicher Sicherheit stand fest, daß die Tschechoslowakei keine durchdachte politische Verteidigung auf internationaler Ebene bereit hatte«[51].
Zdeněk Mlynářs ausführlich begründete Aussage ist zwar richtig, dürfte aber außer acht lassen, daß auch der rechtzeitige Aufbau einer internationalen politischen Verteidigungslinie den Kreml von seiner gewaltsamen Aktion nicht hätte abhalten können. So bedauerlich es auch ist: Doch auch 1968 galt die Tschechoslowakei nicht nur aus der Sicht der Mehrzahl der kommunistischen Staaten, sondern auch der übrigen Welt nach wie vor als Teil des sowjetischen »Interessengebiets«.
Diese »Einsicht« in die politischen und territorialen Realitäten in Europa hatte eine fatale Folge. Als die Langstrecken-Warn-Radaranlagen der amerikanischen Luftstreitkräfte den breiten Strom von Transport-Flugzeugen in der Nacht zum 21. August 1968 von Leningrad nach Prag erfaßten und sie darüber hinaus den weitgestreuten Abwurf von Aluminium-Folien, durch die dieser Transport verschleiert werden sollte, erkannten, wurde diese Nachricht den zuständigen NATO-Stellen nicht übermittelt, »weil dies keine Bedrohung der Vereinigten Staaten oder der Nato war und sich außerhalb unseres festgelegten Interessengebiets abspielte«[52].
Die zweite zentrale Frage im Zusammenhang mit dem 21. August 1968 geht dahin, ob der Kreml seitens Prags zu seiner militärischen Aktion aufgefordert worden ist. Als die TASS-Erklärung vom 21. August 1968 die Intervention zu begründen suchte, berief sie sich auf eine von »Partei- und Staatsfunktionären der Tschechoslowakischen Sozialistischen Republik« ausgesprochene »Bitte«, »dem tschechoslowakischen Brudervolk dringend Hilfe zu erweisen, einschließlich der Hilfe durch Streitkräfte«[53]. Der Kreml vermied es damals und auch später, auch nur einen Namen der Unterzeichner der »Bitte« zu nennen, so daß immer wieder darüber spekuliert worden ist, ob das Prager Schreiben überhaupt existiert hat.[54]

---

51 So Z. Mlynář: Nachtfrost, S. 215–225 (223).
52 Zit. bei J. H. Polk: Eine kühne Sowjetunion – ein ängstlicher Westen.
53 Text in: Neues Deutschland vom 21. August 1968; Europa-Archiv 1968, S. D 427 f.; B. Meissner: Die »Breshnew-Doktrin«, S. 56 f.
54 Vgl. aus der umfangreichen Literatur dazu vor allem H. G. Skilling: Revolution, S. 716–718 mit zahlreichen Nachweisen.

Spätestens seit Zdeněk Mlynář seinen Prager Augenzeugenbericht veröffentlicht hat, steht die Existenz des Schreibens außer Zweifel. Exemplare davon wurden später im Büro des Direktors der staatlichen Presseagentur ČTK, Sulek, eines sowjetischen Agenten, gefunden, die allerdings auch nicht mit Unterschriften versehen waren: »Ich bin überzeugt, daß es zu Unterschriften überhaupt nicht kam, und also schon deshalb bis zum heutigen Tag keine veröffentlicht werden konnten.«[55]
Zdeněk Mlynář bestätigt auch westliche Analysen, daß selbst die führenden Repräsentanten des »Normalisierungskurses« es sich nicht hätten leisten können, die ominöse »Bitte« mitzuunterzeichnen; mehrere namhafte »konservative« tschechische und slowakische Politiker legten damals sogar größten Wert darauf, ausdrücklich festzustellen, daß sie den »Appell« nicht unterzeichnet hätten.[56] Nachdem der Kreml die sogenannte Prager Aufforderung, militärisch zu intervenieren, in den folgenden Monaten in den Hintergrund gerückt hatte, nahm Parteichef Brežnev immerhin den XXIV. Kongreß der KPdSU am 30. März 1971 zum Anlaß, noch einmal das Vorgehen der fünf Invasionsmächte zu begründen und sich ausdrücklich auf das »Ersuchen von Partei- und Staatsfunktionären«[57] zu berufen. Der ominöse Prager »Appell« ist vor allem deshalb so bedeutungsvoll, da er sich auf die »Bündnisverträge« bezog und vornehmlich von sowjetischer Seite zur Rechtfertigung der Intervention herangezogen worden ist. Dieser völkerrechtliche Aspekt ist in seiner Tragweite in den meisten angelsächsischen Analysen zu wenig beachtet worden.[58]
Westliche Beobachter haben immer wieder die weitere Frage gestellt, wann die Entscheidung im Kreml, in der Tschechoslowakei militärisch zu intervenieren, gefallen sein könnte. H. Gordon Skilling gelangte noch in seiner grundlegenden, 1976 erschienenen Studie »Czechoslovakia's Interrupted Revolution« zu dem klaren Ergebnis, daß es unmöglich sei, den Zeitpunkt der Entscheidung exakt zu verifizieren. Übereinstimmung besteht darüber, daß die sowjetische Führung in den sechs Monaten vor dem 21. August die Möglichkeit, den »Prager Frühling« gewaltsam zu been-

---

55 Z. Mlynář: Nachtfrost, S. 253.
56 Vgl. die detaillierten Nachweise bei H. G. Skilling: Revolution, S. 716 f.; Z. Mlynář, ebenda, S. 253 f.
57 Dt. Text der Rede in: Neues Deutschland vom 31. März und 1. April 1971; Auszüge in: Europa-Archiv 1971, S. D 237; H. G. Skilling, ebenda, S. 718 mit den Angaben in den Anm. 15–17, weist auf das interessante Faktum hin, daß das am 21. August 1968 in Moskau veröffentlichte Prager »Schreiben« überraschenderweise auf dem ZK-Plenum der KPČ im Dezember 1970 eine Rolle gespielt hat.
58 Vgl. dazu im einzelnen unten S. 922 f.

den, für den Fall nicht ausschloß, daß eine politische Lösung des Konflikts nicht zu erreichen war.⁵⁹
Mehrere westliche Autoren meinen, im Zeitpunkt der gescheiterten Konferenzen von Čierna vom 29. Juli bis zum 1. August und von Preßburg am 3. August 1968 habe der Entschluß, militärisch einzugreifen, bereits festgestanden; in diesem Fall wären die beiden Konferenzen nur ein Täuschungsmanöver gewesen.⁶⁰
Nach Ansicht anderer Analytiker bildeten die Konferenzen von Čierna und Preßburg für den Kreml eine privisorische oder bedingte Übereinkunft, die eine spätere Option für eine Intervention nicht ausschloß.⁶¹ Es ist wiederum Zdeněk Mlynář zu verdanken, daß er auch in dieser wichtigen Frage westlichen Spekulationen einen Riegel vorzuschieben vermag. So erwähnte Leonid Brežnev bei den Gesprächen im Kreml am 26. August 1968 eher beiläufig, daß die Sowjets die Möglichkeit einer militärischen Intervention im Mai 1968 in den Kreis der denkbaren »Lösungen« einbezogen hätten – »also nicht unmittelbar nach Verabschiedung des Aktionsprogramms der KPČ und den personellen Veränderungen vom 5. April 1968; aber auch nicht erst nach der Einberufung des außerordentlichen Parteitags oder der Veröffentlichung des Manifests ›2000 Worte‹, sondern noch vor diesen Ereignissen«⁶².
Mlynář folgert weiter, daß die Entscheidung, ein militärisches Eingreifen als mögliche (wenngleich nicht als einzige und bereits beschlossene) Alternative anzusehen, anscheinend noch vor der Plenarsitzung des Zentralkomitees der KPČ (vom 29. Mai bis 1. Juni 1968) gefallen sei, »denn kaum daß Breschnjew den Maitermin erwähnt hatte, fügte er hinzu: ›Dann schien es, als ob dies nicht notwendig sein würde; es erschien die erste Schwalbe, die Plenarsitzung des ZK der KPČ‹ «. Nach Auffassung Mlynářs hat der Kreml schon bald darauf die Intervention als mögliche Alternative beschlossen – irgendwann zwischen dem 5. und dem 29. Mai. Am wahrscheinlichsten sei, daß die Entscheidung der sowjetischen Führung nach der Rückkehr Marschall Grečkos am 22. Mai und Ministerpräsident Kosygins am 25. Mai aus der Tschechoslowakei nach Moskau gefallen sei.⁶³

---

59 H. G. Skilling: Revolution, S. 719. Wichtige Beiträge speziell zu dieser Frage haben geliefert: R. Löwenthal: Sparrow in the Cage; Ph. Windsor and Adam Roberts: Czechoslovakia 1968, S. 97–105; P. Trigrid: Why Dubček Fell, S. 92–98.
60 So beispielsweise H. Brahm: Kreml, S. 64 f.
61 So beispielsweise R. Löwenthal: Sparrow in the Cage, S. 18 f. Weitere Nachweise bei H. G. Skilling: Revolution, S. 719 f. mit den Angaben in den Anm. 21 f.
62 Z. Mlynář: Nachtfrost, S. 205 f.
63 Z. Mlynář, ebenda, S. 206 f. (207).

Es versteht sich von selbst, daß auch Zdeněk Mlynář die in westlichen Untersuchungen immer wieder erörterte Frage nicht zu beantworten vermag, an welchem Tag zwischen dem 6. und 20. August endgültig der Kreml beschlossen hat, in der Nacht zum 21. August den »Prager Frühling« mit militärischen Mitteln zu beenden.[64]
Westliche Beobachter haben viel Phantasie darauf verwandt, um die vierte Frage zu beantworten: Bestanden in der sowjetischen Partei- und Staatsführung Differenzen darüber, dem »Prager Frühling« mittels einer militärischen Intervention ein Ende zu bereiten, wenn andere Druckmittel nicht ausreichen sollten? Es ist das Verdienst H. Gordon Skillings, die Fragwürdigkeit westlicher Spekulationen über »Tauben« und »Falken« im Kreml nachgewiesen zu haben. Er ist 1976 zu dem klaren und überzeugenden Ergebnis gelangt, daß die vorliegenden Quellen keinesfalls ausreichen, die sowjetische Führungsspitze in drei Kategorien zu unterteilen: Aufgrund westlicher Kombinationen und Mutmaßungen standen sich 1968 im Kreml die Verfechter einer harten Linie, die frühzeitig für eine militärische Einmischung in der ČSSR eingetreten sein sollen, den Vertretern einer »weicheren« Linie gegenüber; zu der »mittleren« Richtung soll Leonid Brežnev gehört haben, während die Einordnung Kosygins westlichen »Kreml-Astrologen« besondere Schwierigkeiten bereitet hat.[65]
Immerhin überliefert Zdeněk Mlynář eine höchst aufschlußreiche Bemerkung, die Parteichef Leonid Brežnev im November 1968 gegenüber Bohumil Šimon gemacht hat, der an der Spitze einer Delegation der KPČ zu den Feiern des Jahrestags der Oktober-Revolution nach Moskau gekommen war: »Ihr habt gedacht, daß man als Besitzer der Macht tun kann, was man will. Aber das war ein grundlegender Irrtum. Auch ich kann nicht machen, was ich will – vielleicht kann ich ein Drittel von dem, was ich tun möchte, auch tatsächlich realisieren. Wenn ich damals im Politbüro nicht für das militärische Eingreifen gestimmt hätte – was wäre geschehen? Du würdest jetzt ganz gewiß nicht hier sitzen. Und vielleicht würde auch ich nicht hier sitzen!«[66]
Mlynář sieht diese Aussage als Bestätigung seiner These an, daß es den »Falken« im Kreml zum fraglichen Zeitpunkt gelungen sei, die Frage des

---

64 Vgl. dazu die abgewogene Analyse bei H. Gordon Skilling: Revolution, S. 721 f., in der die verschiedenen, zumeist spekulativen westlichen Thesen kritisch geprüft werden. Sehr instruktiv dazu außerdem R. Löwenthal: Sparrow in the Cage, S. 3; Z. Mlynář, S. 214 f.
65 H. G. Skilling, ebenda, S. 722–726. Vgl. dazu auch H. Brahm: Kreml, S. 74–78 mit zahlreichen Nachweisen auch aus der spekulativen Literatur.
66 Z. Mlynář: Nachtfrost, S. 207 f.

Vorgehens gegen die Demokratisierung in der Tschechoslowakei zum Schlüsselthema der inneren Machtkämpfe in Moskau hochzuspielen. Für Mlynář gehörten neben den Marschällen ein Teil der Bürokratie und vor allem Gomulka und Ulbricht zu den Moskauer »Falken«. Mlynář ist jedoch – im Gegensatz zu manchen westlichen Analytikern – vorsichtig genug, sein »Schema« mit weiteren Namen zu versehen. Wenn auch vornehmlich westliche Militär-Experten geneigt sind, die militärische Führung der UdSSR und damit auch des Warschauer Pakts in die Reihe der »Falken« einzuordnen, fehlt selbst für diese Behauptung der stichhaltige Beweis.[67]

Das ganze Ausmaß über die verfehlten Mutmaßungen mancher westlicher Beobachter über »Tauben« und »Falken« im Kreml in den Monaten vor dem 21. August 1968 zeigte sich darin, daß man aus der ungeklärten Position Brežnevs den Schluß zog, er habe keine überzeugende Rolle gespielt. So soll nach dem 21. August 1968 eine Reihe von Funktionären der KPdSU zu der Erkenntnis gekommen sein, »daß sich der sowjetische Parteichef die Mentalität eines Gebietssekretärs bewahrt hat«[68]. Wenn damals sogar angenommen wurde, daß die Tage Leonid Brežnevs gezählt seien, dann hat der Generalsekretär der KPdSU und mächtigste Mann der UdSSR diesen »Kreml-Astrologen« einen bösen Streich gespielt.

Auch die weitere und fünfte Frage, welche politischen Faktoren die Entscheidung im Kreml für eine militärische »Lösung« maßgebend gewesen sind, läßt sich nicht klar beantworten. Auch hier ist den Spekulationen ein breiter Raum gewährt, da die in Moskau am 21. August 1968 veröffentlichte Prager »Bitte« wohl bewußt vieldeutig formuliert war: »Diese Bitte ist auf die Gefahr zurückzuführen, die der in der Tschechoslowakei bestehenden sozialistischen Ordnung und der auf der Verfassung basierenden Staatlichkeit von seiten konterrevolutionärer Kräfte droht, die mit dem Sozialismus feindlichen äußeren Kräften ein Komplott eingegangen sind.«

---

67 Auch M. Mackintosh kam in seiner 1973 erschienenen Studie über den Einfluß des sowjetischen Militärs auf die Außenpolitik Moskaus zu dem Ergebnis, daß sich nicht exakt feststellen lasse, ob und inwieweit die militärische Führung auf die Interventions-Entscheidung und deren Zeitpunkt direkt eingewirkt habe. Vgl. M. Mackintosh: Influence on Foreign Policy, S. 7 f.; Th. W. Wolfe: Soviet Power, S. 412–414; H. G. Skilling: Revolution, S. 725 f. Ebenso ist es eine Spekulation, wenn man die militärische Führung oder einen Teil von ihr in das Lager der »Tauben« einordnet, wie es beispielsweise G. Golan in seiner Studie »The Czechoslovak Reform Movement«, S. 324–327 tut.

68 So H. Brahm in: Kreml, S. 76 unter Berufung auf P. Tigrids Kommentar in: Le Monde vom 26. März 1969.

Westliche Kommentatoren sind sich darüber einig, daß mehrere Gründe den Kreml bewogen haben, den »Prager Frühling« am 21. August 1968 auf gewaltsame Weise zu beenden. Alle diese Erwägungen, über die bereits der »Warschauer Brief« vom 15. Juli und die Preßburger Erklärung vom 3. August 1968 manchen Aufschluß vermittelten, wurden unter die Formel »Sicherheit« sowohl der UdSSR als auch des gesamten Warschauer Pakt-Bereichs subsumiert. Der sowjetischen Führung mißfielen nicht nur das Ausmaß der Prager Reform-Bewegung, durch die sie die durch die totalitäre Ein-Partei-Herrschaft geprägte »sozialistische Ordnung« gefährdet sah, sondern auch mögliche außenpolitische Entwicklungen, die nach Ansicht des Kreml auf eine Schwächung der »sozialistischen Gemeinschaft« und der Verteidigungsfähigkeit der Warschauer Allianz hinausliefen. Angesichts des möglichen »Spillover«-Effekts der Prager Ereignisse auf die DDR, Polen und Ungarn und vielleicht sogar auf die UdSSR selbst waren die innen- und außenpolitischen Faktoren miteinander unentwirrbar verknüpft.

Noch einmal sei betont, daß die Prager Führung in keinem Zeitpunkt der Entwicklung die Möglichkeit auch nur im entferntesten anvisiert hat, den Bündnis-Verpflichtungen des Landes im Warschauer Pakt nicht nachzukommen.[69] Auch wenn in zahlreichen westlichen Analysen der Versuch gemacht worden ist, die innen- und außenpolitischen Faktoren, die den Kreml zur militärischen Invasion veranlaßt haben, in eine bestimmte Rangfolge zu setzen, so vermag das nichts an dem Faktum zu ändern, daß eine solche »Gewichtung« wiederum nur auf Spekulationen basieren kann.[70]

Für die sowjetische Führung waren alle Faktoren maßgebend, um mit der Intervention den sowjetischen Machtbereich wieder zu konsolidieren und eine, wie auch immer geartete Gefährdung der »Block«-Solidarität auszuschließen.

---

69 Sehr instruktiv dazu Z. Mlynář: Nachtfrost, S. 215–225, wo er in sehr dezidierter Form die Frage nach der Schuld an der Invasion untersucht. Schwer zu beantworten ist auch die Frage, in welchem Umfang die »Gefahren« der amerikanischen »Politik des Brückenschlags« nach Osteuropa und der Politik der Bundesrepublik Deutschland, die Beziehungen zu den Staaten des Warschauer Pakts im bilateralen Wege zu verbessern, dem Kreml real erschienen oder nur als Vorwand gedient haben. Vgl. dazu vor allem Th. W. Wolfe: Soviet Power, S. 416–420.
70 Vgl. dazu mit zahlreichen Nachweisen H. G. Skilling: Revolution, S. 726–730; A. M. Scott: Intervention; V. V. Aspaturian: Soviet Union; R. Löwenthal: Sparrow in the Cage, S. 11; W. E. Griffith: Prague Spring; Th. W. Wolfe, ebenda, S. 386–392; R. R. James (Ed.): The Czechoslovak Crisis 1968, S. 110–113.

Die letzte und sechste Frage in diesem Zusammenhang ist bereits teilweise beantwortet worden: die Haltung der sowjetischen Verbündeten in der Warschauer Allianz gegenüber den Ereignissen in der Tschechoslowakei und den von den Sowjets erwogenen und dann praktizierten militärischen Maßnahmen. So sehr auch der Kreml bestrebt war, das politische und später auch militärische Vorgehen als Entscheidung des »Blocks« erscheinen zu lassen, darf das nicht über die Tatsache hinwegtäuschen, daß zumindest der Beschluß über die militärische Intervention vornehmlich ein sowjetischer gewesen ist. Noch einmal sei daran erinnert, daß alle entscheidenden mulitlateralen Beratungen in Dresden, Moskau, Warschau und sogar in Preßburg nicht als Warschauer Pakt-Treffen deklariert waren. Als der Politische Beratende Ausschuß der Warschauer Allianz am 6./7. März 1968 in Sofia auch über die Anfänge der Prager Reform-Bewegung beriet, stand die Möglichkeit einer militärischen Intervention noch nicht zur Diskussion.

Daß die sowjetische Führung nicht mit dem Instrumentarium der Warschauer Allianz gearbeitet hat, um ein koordiniertes Vorgehen gegenüber den Prager Reformern sicherzustellen, dürfte vornehmlich auf zwei Gründe zurückzuführen gewesen sein: Es ging dieses Mal – im Gegensatz zur Niederwerfung der Volkserhebung in Ungarn im Herbst 1956 – um das kollektive Vorgehen gegen ein Pakt-Mitglied; hinzu kommt, daß ein weiterer Signatarstaat der Allianz, Rumänien, zu den Beratungen innerhalb des Bündnisses von Anfang an ausgeschlossen worden war. Die »ruhende« Mitgliedschaft Albaniens in der Allianz dürfte bei den Erwägungen des Kreml keine Rolle gespielt haben.

So beschränkte sich die sowjetische Führung vom Juni bis zum August 1968 darauf, sich nur der militärischen Funktion des Warschauer Pakts zu bedienen, indem in seinem Rahmen die militärischen Manöver rund um die Tschechoslowakei stattfanden. Die militärischen Operationen am 21. August standen unter sowjetischem Kommando, und die Beteiligung von Streitkräften Polens, der DDR, Ungarns und Bulgariens trat – wie dargelegt – im Umfang weit hinter den Anteil der sowjetischen Truppen zurück.

Daß die Entwicklung in der Tschechoslowakei in den Staaten der Warschauer Allianz in den Monaten vor dem 21. August unterschiedlich eingeschätzt wurde, geht aus der publizistischen Bewertung hervor. Die Führung der DDR darf den zweifelhaften Ruhm für sich in Anspruch nehmen, nach der UdSSR die Prager Reformer am feindseligsten behandelt zu haben. SED-Chef Walter Ulbricht fehlte jegliches Verständnis für Alexander Dubčeks Versuch, den »Sozialismus mit menschlichem Antlitz«

zu etablieren; außerdem dürfte Ulbricht von allen Parteiführern der Länder des Warschauer Pakts am stärksten ein Übergreifen der Prager Reform-Bewegung auf die DDR gefürchtet haben. Schließlich operierte die SED-Führung mit dem Argument des westdeutschen Militarismus, Imperialismus und Nazismus in einer abstoßenden Weise, um die forcierte Ostpolitik der Bonner Großen Koalition soweit wie möglich zu diskreditieren.[71]

Während die Prager Reform-Bewegung in weiten Kreisen der polnischen Öffentlichkeit mit großer Sympathie begleitet wurde, meinte Parteichef Gomulka vornehmlich aus innenpolitischen Erwägungen heraus, den Kreml – wie SED-Chef Ulbricht – frühzeitig auf den offenen Konflikt und das militärische Eingreifen in der ČSSR zu drängen.[72]

Angesichts des geringen Gewichts Bulgariens innerhalb der »sozialistischen Gemeinschaft« und seiner Servilität gegenüber Moskau konnte man von Anfang an davon ausgehen, daß Sofia auch im Fall der Behandlung der Prager Reform-Bewegung kritiklos der Moskauer Linie gefolgt ist. So ist es kein Zufall, daß westliche Autoren, die sich mit der Haltung Sofias in dieser zentralen Frage befaßt haben, keine relevanten bulgarischen Stellungnahmen zu zitieren vermögen.[73] Im Gegensatz zu den Führungen in Ost-Berlin, Warschau und Budapest befürchtete man in Sofia keine unmittelbaren Auswirkungen des »Prager Frühlings« auf die innere Situation des Landes, solange er auf die Tschechoslowakei beschränkt blieb und die »Block«-Solidarität nicht in Frage stellte.

Es ist wiederum Zdeněk Mlynář, der die zeithistorische Forschung in dieser Frage wesentlich bereichert hat. In seiner Darstellung der Preßburger Konferenz vom 3. August 1968, an der er selbst teilgenommen hat, skizziert er sehr plastisch und offen die dort von Brežnev, Ulbricht, Gomulka und Kádár eingenommenen Positionen. Mlynář, der Todor Živkov

---

71 Vgl. dazu vor allem M. Croan: Czechoslovakia mit weiterführenden Nachweisen; Th. W. Wolfe, ebenda, S. 414–418; W. E. Griffith: Eastern Europe, S. 20–24; H. G. Skilling, ebenda, S. 740–742; G. Gomori: Attitudes, S. 113–119; F. Fejtö: Moscow and Its Allies, S. 36 f. Vgl. auch die Dokumentation »Die SED im Konflikt mit Prag«, in: Deutschland-Archiv 1968, S. 724–752. Sehr instruktiv dazu auch I. Spittmann: Die SED im Konflikt mit der ČSSR.
72 Vgl. dazu mit Nachweisen W. E. Griffith, ebenda, S. 25–30; H. G. Skilling, ebenda, S. 742 f.; Z. Mlynář: Nachtfrost, S. 194, 198.
73 Vgl beispielsweise W. E. Griffith, ebenda, S. 31; H. G. Skilling, ebenda, S. 745. Bezeichnend ist daher auch, daß in der von E. J. Czerwinski und J. Piekalkiewicz herausgegebenen und sehr nützlichen Studie »The Soviet Invasion of Czechoslovakia: Its Effects on Eastern Europe« Bulgarien völlig unerwähnt geblieben ist. Vgl. dazu auch M. Costello: Bulgarien: Vorsichtig und sowjettreu.

höchst negativ beurteilt, berichtet, daß der bulgarische Staats- und Parteichef in Preßburg zweimal in die Diskussion eingegriffen und auch dann noch Brežnevs harte Position vertreten habe, als dieser bereits seine Taktik geändert und ein gewisses Entgegenkommen gezeigt hatte: »Ich bemerkte, daß Breschnjew Wortmeldungen Schiwkoffs zwei- oder dreimal geflissentlich übersah und ihm bei anderer Gelegenheit mit einer versteckten Handbewegung bedeutete, er möge nicht in die Debatte eingreifen.«[74]

Der Einschätzung Bulgariens durch den Kreml entsprach es, daß sich Sofia mit höchstens 5000 Mann an der militärischen Invasion in der Tschechoslowakei beteiligen durfte – ein so geringer Beitrag, der eigentlich als diskriminierend empfunden werden mußte.

Von den Führungen der fünf Interventionsmächte nahm nur Ungarn von Anfang an eine differenzierte Position ein. Zwischen der Einstellung Kádárs zum »Prager Frühling« und der Brežnevs, Ulbrichts, Gomulkas und Živkovs bestanden prinzipielle Unterschiede. Zwei Gründe waren dafür vornehmlich maßgebend: János Kádár hat im Herbst 1956 erfahren müssen, was eine militärische Intervention der UdSSR bedeutet, und zum anderen sah er im »Prager Frühling« auch wichtige Elemente seines eigenen Reformkurses in Ungarn.[75] Zdeněk Mlynář hat eine Aussage Kádárs überliefert, die dieser nur gegenüber Dubček und ihm auf der Preßburger Konferenz gemacht hat und aus der hervorgeht, daß Kádár selbst noch am 3. August 1968 einen Erfolg der Reformen in der ČSSR gewünscht hat, da er sich davon »neue Hoffnungen für die Entwicklung in Ungarn«[76] versprach.

c) *Die Folgen*

Die weitreichenden Auswirkungen der militärischen Intervention in der Tschechoslowakei auf die innere Entwicklung des Landes, das »Block«-Gefüge und die kommunistische Weltbewegung sind Gegenstand zahlreicher Studien.[77] Was die innere Entwicklung der Tschechoslowakei an-

---

74 Z. Mlynář: Nachtfrost, S. 198 f.
75 Sehr instruktiv dazu G. Gomori: Attitudes, S. 107–113. In einer brillaten Analyse hat R. L. Tokes, in: Reaction, die differenzierten Positionen Ungarns untersucht. Vgl. dazu auch H. G. Skilling: Revolution, S. 743–745.
76 Z. Mlynář: Nachtfrost, S. 199 f. (199).
77 Vgl. die weiterführenden bibliographischen Nachweise in diesem Kap., Anm. 4 f.

geht, so wurde nach den sowjetisch-tschechoslowakischen Verhandlungen vom 23. bis zum 26. August und der Unterzeichnung eines Geheimprotokolls die »Normalisierung« eingeleitet. Auch wenn es der Prager Delegation in Moskau gelungen ist, die Forderung des Kreml nach einer Kollaborations-Regierung und die Drohung abzuwehren, nötigenfalls eine sowjetische Militärregierung in Prag einzusetzen, war das Ergebnis der Moskauer Verhandlungen kein Kompromiß, sondern ein Diktat.[78] Mit dem Abschluß des Vertrags zwischen der UdSSR und der ČSSR »über die Bedingungen für den zeitweiligen Aufenthalt sowjetischer Truppen auf dem Territorium der Tschechoslowakischen Sozialistischen Republik« vom 16. Oktober 1968 wurde die ČSSR, aus der sich die sowjetischen Truppen bereits im Dezember 1945 zurückgezogen hatten, wieder auf den Status eines okkupierten Landes reduziert.[79]

Dem Kreml hat es erhebliche Schwierigkeiten bereitet, seine Intervention zu rechtfertigen. Auffällig ist dabei – und das wird in vielen westlichen Analysen zu wenig beachtet –, daß die UdSSR keinesfalls nur mit politischen, sondern auch in starkem Maße mit rechtlichen Argumenten operiert hat. Ein Vergleich zwischen den Versuchen der Sowjets, ihre Intervention 1956 in Ungarn und den Überfall von fünf Warschauer Pakt-Mächten am 21. August 1968 auf die Tschechoslowakei auch rechtlich zu begründen oder – besser gesagt – zu bemänteln, führt zu aufschlußreichen Ergebnissen, die in der Frage nach der rechtlichen und politischen Natur der engeren »sozialistischen Gemeinschaft« oder des »Blocks« münden. Zwar spielten auch schon in der Ära Nikita S. Chruščevs die Prinzipien des proletarischen und des sozialistischen Internationalismus eine Rolle, nicht jedoch in der neuen Ausprägung, wie sie erstmals in dem »Warschauer Brief« vom 15. Juli und in der Preßburger Erklärung vom 3. August 1968 formuliert worden ist. Die Formel von der »Verteidigung der Errungenschaften des Sozialismus« schien dem Kreml jedoch nicht aus-

---

[78] Vgl. dazu mit weiteren Nachweisen H. Brahm: Kreml, S. 81–88. Sehr nützlich dazu auch die Dokumentation bei H. Haefs: Ereignisse: Teil IX; »Der Widerstand« in: Osteuropäische Rundschau 1968, H. 9–10, S. 9–36. Erstaunlich ist, wie offen und mutig die Prager Führung anschließend über die schwierigen Verhandlungen berichtet hat. Vgl. die Reden Ministerpräsident Oldrich Černíks, Staatspräsident Ludvíg Svobodas, des KPČ-Chefs A. Dubček und des Parlamentspräsidenten Josef Smrkovský, ebenda. Dt. Text des »Moskauer Protokolls« bei Z. Mlynář, S. 342–346. Er schildert ausführlich den Prozeß der »Normalisierung«.

[79] Dt. Text in: Dokumentation der Zeit 1968, H. 419, S. 25–28. Aufschlußreich ist ein Vergleich dieses Vertrags mit den entsprechenden Abkommen, die die UdSSR am 17. Dezember 1956 mit Polen, am 12. März 1957 mit der DDR und am 27. Mai 1957 mit Ungarn geschlossen hat. Vgl. dazu unten S. 924 f.

zureichen, um sein rechtswidriges Handeln gegenüber der Tschechoslowakei zu begründen, da die »Pravda« in ihrer Ausgabe vom 26. September 1968 jene Argumente veröffentlichte, die dann im Westen mit dem Namen »Brežnev- oder »Moskauer Doktrin« versehen worden sind: die These von der beschränkten Souveränität sozialistischer Staaten.[80]
Daß Albanien, das nur noch formell Mitglied der östlichen Militärallianz gewesen war, am 13. September 1968 die militärische Intervention in der ČSSR zum Anlaß nahm, aus dem Warschauer Pakt auszutreten, dürfte die sowjetische Führung kaum geschmerzt haben.[81] Wesentlich gravierender war die Tatsache, daß Rumänien, das der Kreml von Anfang an von den multilateralen Beratungen der Allianz über die Ereignisse in der Tschechoslowakei ausgeschlossen hatte, vehement das Verhalten der fünf »Bruderstaaten« verurteilt hat.[82] Der Kreml hat in der Folgezeit viel Mühe darauf verwandt, mit den Kritikern der Intervention, zu denen neben Rumänien und Albanien vor allem Jugoslawien und die Volksrepublik China gehörten, abzurechnen, ohne die Führungen dieser Länder von der Richtigkeit oder gar Notwendigkeit jener Prinzipien zu überzeugen, die einzig und allein entwickelt worden sind, um die Vormachtstellung der UdSSR in der »sozialistischen Gemeinschaft« sicherzustellen.[83]
Die Frage, welche bis in die Gegenwart reichenden Auswirkungen die Intervention in der Tschechoslowakei hat, läßt sich so beantworten: Bis zum 21. August 1968 wußte jedes Mitgliedsland des Warschauer Pakts – mit Ausnahme Albaniens –, daß der Kreml jeden Versuch, die Allianz zu verlassen, gewaltsam unterbinden würde. Daran hat sich auch nach dem Ende des »Prager Frühlings« nichts geändert. Das weiß auch und gerade

---

80 Vgl. dazu im einzelnen unten S. 906–908. Vgl. zu dem Versuch des Kreml, die Intervention unmittelbar nach dem militärischen Überfall zu rechtfertigen, G. Wagenlehner: Die sowjetische Rechtfertigung der Intervention in der ČSSR, S. 758–768. Vgl. zu den unmittelbaren Reaktionen und Auswirkungen in Polen, Ungarn, Bulgarien, Jugoslawien, Rumänien, der Volksrepublik China und Albanien die Kurzanalysen, ebenda, S. 769–788.
81 Vgl. die Stellungnahmen bei B. Meissner: Die »Breshnew-Doktrin«, S. 161–169. Siehe zur rechtlichen Problematik J. Hacker; Der Warschauer Pakt, S. 167 mit Anm. 10.
82 Vgl. die Stellungnahmen Bukarests bei B. Meissner, ebenda, S. 146–160; Osteuropäische Rundschau 1968, H. 9/10, S. 49–59. Vgl. dazu auch J. F. Brown: Rumania Today, S. 15–17.
83 Vgl. dazu aus der umfangreichen Literatur mit weiteren Nachweisen H. G. Skilling: Revolution, S. 747–753; K. Devlin: Crisis; L. Labedz: Czechoslovakia and After; Z. K. Brzezinski: Entspannungspolitik im Schatten Prags; J. K. Hoensch: Osteuropa-Politik, S. 342–362; Th. W. Wolfe: Soviet Policy, S. 386–404. Vgl. zu der vom jugoslawischen Verteidigungsministerium bereits nach der sowjetischen Intervention in Ungarn 1956 entwickelten Doktrin der »allgemeinen Volksverteidigung« und der nach dem 21. August 1968 erfolgten Modernisierung des Verteidigungssystems C. D. Jones: Influence, S. 79–83.

Rumänien, das es auch in den folgenden Jahren verstanden hat, seine militärische Mitarbeit im Bündnis soweit wie möglich reduziert zu halten, ohne die Schwelle zu überschreiten, die für den Kreml nicht zumutbar wäre. Sehr viel gravierender hingegen ist, daß sich der innenpolitische Spielraum der Führungen der Warschauer Pakt-Staaten insofern seit dem 21. August 1968 wesentlich verringert hat, als es der Kreml ist, der darüber entscheidet, was man unter den »sozialistischen« und »historischen Errungenschaften« zu verstehen hat. Daher sollte nicht übersehen werden, daß die Formel vom »Schutz der sozialistischen Errungenschaften« Eingang in die neuen, von der UdSSR mit der Tschechoslowakei am 6. Mai 1970 und der DDR am 7. Oktober 1975 geschlossenen Bündnispakte gefunden hat; Rumänien ist es hingegen gelungen, nach langwierigen Verhandlungen zu verhindern, daß diese Formel in den am 7. Juli 1970 mit der UdSSR erneuerten Bündnisvertrag aufgenommen wurde.[84] Allerdings darf die Kehrseite der rumänischen Politik der nationalen Positionsaufwertung nicht übersehen werden, die in der strikten Aufrechterhaltung der »sozialistischen Errungenschaften« ihren Ausdruck findet.
Nachdem Parteichef Leonid Brežnev bereits mit seiner Rede auf dem V. Parteitag der Polnischen Vereinigten Arbeiterpartei am 12. November 1968 verdeutlicht hatte, daß der 21. August 1968 weder ein Versehen oder ein Ausnahmefall war, sondern künftig zur Regel werden sollte, erübrigten sich alle Spekulationen, die gewaltsame Beendigung des »Prager Frühlings« als einen einmaligen Betriebsunfall darzustellen. Unmißverständlich stellte Brežnev in Warschau fest:
»Und wenn innere und äußere dem Sozialismus feindliche Kräfte die Entwicklung eines sozialistischen Landes zu wenden und auf eine Wiederherstellung der kapitalistischen Zustände zu drängen versuchen, wenn also eine ernste Gefahr für die Sache des Sozialismus in diesem Lande, eine Gefahr für die Sicherheit der ganzen sozialistischen Gemeinschaft entsteht – dann wird dies nicht nur zu einem Problem für das Volk dieses Landes, sondern auch zu einem gemeinsamen Problem, zu einem Gegenstand der Sorge aller sozialistischen Länder.«[85]
An dieser Einschätzung des »sozialistischen Lagers« und der »Block«-Solidarität hat der Kreml auch in den folgenden Jahren uneingeschränkt festgehalten. Sieht man von der Politik der nationalen Abweichung ab,

---

84 Vgl. dazu unten 906–908.
85 Russ. Text der Rede in: Pravda vom 13. November 1968; dt. Übersetzung in der Beilage zu »Sowjetunion heute« vom 16. Dezember 1968; Auszug bei B. Meissner: Die »Breshnew-Doktrin«, S. 75–82 (79).

die die rumänische Regierung auch in den folgenden Jahren treiben durfte, dann durfte der Kreml mit der Disziplin und der Konformität im »Lager« zufrieden sein. Ohne Zweifel verfolgte die sowjetische Führung mit der militärischen Intervention vom 21. August 1968 vornehmlich das Ziel, »dem schleichenden Verfall der sowjetischen Macht im europäischen Vorfeld und dem damit einhergehenden ideologischen und politischen Auflösungsprozeß Einhalt«[86] zu gebieten. Der Kreml durfte es als einen beachtlichen Erfolg verbuchen, daß in das »Hauptdokument« des kommunistischen »Weltkonzils« vom 17. Juni 1969 die Formel Eingang fand: »Die Verteidigung des Sozialismus ist die internationale Pflicht der Kommunisten.«[87]

Auch wenn es der sowjetischen Führung erhebliche Schwierigkeiten bereitete, die Beziehungen zur Tschechoslowakei wieder zu »normalisieren« und die Auswirkungen des »Prager Frühlings« zu unterbinden, vermochte sie bis zum Frühjahr 1969 in Prag die Politiker zu finden, die im Sinne der sowjetischen Vorstellungen zu handeln bereit waren. Endgültig wurde das Steuer in der ČSSR am 17. April 1969 herumgeworfen, als Alexander Dubček als Erster Sekretär des Zentralkomitees der KPČ zurücktrat und Gustáv Husák zu seinem Nachfolger gewählt wurde. Von nun an bildeten in dem neu gewählten Präsidium der Partei die »Realisten« die stärkste Gruppe, die aus verschiedenen Motiven bereit waren, den Sowjets entgegenzukommen.[88]

Problemlos verliefen auch weiterhin die Beziehungen zu Bulgarien: Todor Živkov war und blieb der Garant für die absolute »Block«-Solidarität Sofias.[89] János Kádár erlaubte die sowjetische Führung, auch nach den Prager Ereignissen seine Politik des begrenzten innenpolitischen Pluralismus fortzuführen.[90]

Daß der polnische KP-Führer Wladyslaw Gomulka – neben SED-Chef Ulbricht – den Kreml am stärksten bedrängt hatte, dem »Prager Frühling« ein gewaltsames Ende zu bereiten, hatte seine Ursache vor allem in

---

86 So J. K. Hoensch: Osteuropa-Politik, S. 330.
87 Vgl. die Nachweise in diesem Kap., Anm. 2.
88 Vgl. dazu im einzelnen: H. Brahm: Kreml, S. 96–122 (122); J. K. Hoensch: Osteuropa-Politik, S. 329–342 mit zahlreichen Nachweisen; H. G. Skilling: Revolution, S. 759–852; H. Slapnicka: Prags Außenpolitik auf Moskauer Kurs.
89 Vgl. dazu J. K. Hoensch, ebenda, S. 362–365; St. F. Larrabee: Bulgarien in der Außenpolitik – Bündnispartner oder Satellit Moskaus?; ders.: Bulgaria's Politics of Conformity; M. Costello: Bulgaria.
90 Vgl. dazu W. Linder: Reformpolitik in Ungarn; J. K. Hoensch, ebenda, S. 365–368; Ch. Gati: The Kádár Mystique.

der labilen inneren Situation Polens. Die Rückständigkeit der Wirtschaft und der zunehmende Druck auf die arbeitende Bevölkerung führten zu innenpolitischen Erschütterungen, die das Land im Dezember 1970 an den Rand eines Bürgerkrieges brachten. Die polnische Regierung meinte, nach der Euphorie über die Unterzeichnung des deutsch-polnischen Vertrags am 7. Dezember 1970 es sich leisten zu können, die Preise für Grundnahrungsmittel und Konsumgüter des täglichen Bedarfs drastisch zu erhöhen. Auf dem Höhepunkt der Krise, als die Arbeiter-Revolte immer weiter um sich griff und Ministerpräsident Cyrankiewicz sogar in verschleierter Form an die Intervention in der Tschechoslowakei erinnerte, wurden Parteichef Gomulka und seine Männer am 20. Dezember aus dem Politbüro abgewählt. Neuer KP-Chef wurde Edward Gierek. Drei Tage später, am 23. Dezember, wurde die polnische Staatsspitze umgebildet, nachdem Staatspräsident Marian Spychalski und Ministerpräsident Jozef Cyrankiewicz zurückgetreten waren. Während Cyrankiewicz an die Stelle Spychalskis trat, wurde Piotr Jaroszewicz neuer Ministerpräsident. Als Gierek eine neue Phase der ökonomischen und sozialen Konsolidierung einleitete, ließ er keinen Zweifel daran, daß für ihn – ebenso wie für seinen Vorgänger Gomulka – die UdSSR die Führungsmacht im »sozialistischen Lager« ist und bleibt.[91] An der »Block«-Solidarität Polens hat sich auch im Laufe der siebziger Jahre nichts geändert.
Westliche Beobachter stimmen darin überein, daß die Führung der SED 1968 zu den ersten und entschiedensten Befürwortern der militärischen Intervention in der ČSSR gehörte. So ist es kein Zufall, daß die von der Nachrichtenagentur TASS konstruierte Rechtfertigung für die Invasion auch die Grundlage für die SED-Propaganda nach dem 21. August 1968 bildete. Als Pikanterie gilt es jedoch festzuhalten, daß der im »Neuen Deutschland« vom 21. August abgedruckte Aufruf »an alle Bürgerinnen und Bürger der Deutschen Demokratischen Republik« des SED-Zentralkomitees, des Staatsrates und des Ministerrats der DDR in der Tonart noch über die sowjetische Verlautbarung hinausging.[92] Der »Demokratisierungsprozeß der KPČ, der Verzicht auf die Diktatur der Partei, die

---

91 Vgl. dazu im einzelnen G. W. Strobel: Vorgeschichte und Ursachen der polnischen Krise im Dezember 1970; ders.: Der neue Kurs in Polen; A. R. Johnson: Polish Perspectives, Past and Present; J. K. Hoensch, ebenda, S. 369–373. Sehr instruktiv dazu die Übersicht »Polen – Dezember 1970« in: Osteuropäische Rundschau 1971, H. 1, S. 3–18; V. C. Chrypinski: Poland; G. Rhode: Polen, S. 1053–1061; R. W. Dean: Gierek's Three Years.
92 Text auch in: Deutschland-Archiv 1968, S. 645 f. Vgl. dazu P. Probst: Nach der Invasion.

Uminterpretation ihrer führenden Rolle als einer stets neu zu erwerbenden, auf Überzeugung statt auf Zwang beruhenden Autorität bedeutete in den Augen der SED-Führung Preisgeben der Macht, Wegbereitung für die Konterrevolution, die Konterrevolution selbst.«[93]

Mit dem 21. August 1968 war SED-Chef Walter Ulbricht endgültig der Sorge um ein mögliches Übergreifen des »Prager Frühlings« auf die DDR enthoben. Ulbricht brachte das gestärkte Selbstbewußtsein und Selbstvertrauen dadurch zum Ausdruck, daß er in einer penetranten Weise die »Abirrungen« der Prager Reformer geißelte und die DDR als das Modell ökonomischer Effizienz und politischer Stabilität darstellte. Es schien, daß der SED-Chef, der das bilaterale Bündnis mit der UdSSR beschwor, gegenüber den anderen »Bruderländern« für die DDR eine herausgehobene Position im »Lager« anstrebte.[94]

Auch wenn die SED-Führung nach dem 21. August 1968 aufgrund der ökonomischen Potenzen und Leistungen der DDR ein gesteigertes Selbstbewußtsein an den Tag legte, änderte das nichts an ihrer Einsicht in die Abhängigkeit vom »großen Bruder« in Moskau. Wenn Walter Ulbricht auch in der Folgezeit nach internationaler Disziplin und Koordination im »Lager« rief, dann war das vor allem auf seinen Alptraum zurückzuführen, der von der Bonner Großen Koalition 1966 forcierten Ostpolitik könnten bei den »Bruderstaaten« Erfolge beschieden sein. Die Freude Ost-Berlins darüber, daß mit dem gewaltsamen Ende des »Prager Frühlings« auch der Bonner Ostpolitik ein schwerer Schlag versetzt worden war, ermangelte nicht der grotesken Züge.

Ulbricht trat auch nach dem 21. August 1968 für eine uneingeschränkte »Block«-Solidarität und die außenpolitische Koordinierung im Warschauer Pakt-Bereich vornehmlich deshalb ein, um die Einheitsfront gegen die Bundesrepublik Deutschland aufrechtzuerhalten und zu verhindern, daß ein Land dem Beispiel Rumäniens folgen könnte, den nationa-

---

93 So I. Spittmann: Die SED im Konflikt mit der ČSSR, S. 664, die mit Recht davor warnt, Ulbricht als Hauptschuldigen für den Überfall auf die ČSSR hinzustellen, da eine solche Interpretation die »Interessenlage der Moskauer Führung oder jedenfalls ihres orthodoxen Kerns . . .« verkenne. Sehr instruktiv dazu auch M. Croan: Czechoslovakia.

94 Vgl. dazu vor allem Ulbrichts programmatisches Referat »Die weitere Gestaltung des gesellschaftlichen Systems des Sozialismus« auf der 9. Tagung des ZK der SED. Text in: Neues Deutschland vom 25. Oktober 1968. Sehr instruktiv dazu M. Croan: East Germany (II), S. 79–81; ders., ebenda, S. 5 f. Vgl. zu den beachtlichen Wachstumsraten der DDR-Wirtschaft im Verlauf der sechziger Jahre J. Nawrocki: Auferstanden aus den Ruinen. Über die Grenzen der ökonomischen Reformen in der DDR informiert H. Lippmann in: The Limits of Reform Communism.

len Interessen Priorität vor den Interessen der DDR einzuräumen. Mit dem Antritt der SPD/FDP-Bundesregierung im Oktober 1969 wandelte sich auch die politische Szenerie für die SED-Führung insofern, als der Kreml nun bereit war, auf die neuen Bonner ostpolitischen Avancen einzugehen und mit der Bundesrepublik Deutschland Verhandlungen über den Abschluß eines bilateralen Vertrags über den konkretisierten Gewaltverzicht aufzunehmen. Nach dem Abschluß des deutsch-sowjetischen Vertrags am 12. August 1970 folgte am 7. Dezember 1970 die Unterzeichnung des deutsch-polnischen Vertrags. Obwohl die von der SPD/FDP-Koalition Ende Oktober 1969 eingeleitete »neue Deutschland-Politik«, die der DDR zum ersten Mal offiziell die Staatsqualität zusprach und eine völkerrechtliche Anerkennung der DDR nach wie vor ablehnte, die SED-Führung in einige Verlegenheit brachte, blieb ihr nichts anderes übrig, als auf die deutschlandpolitischen Initiativen der neuen Bundesregierung einzugehen. So war es die SPD/FDP-Bundesregierung, die die DDR von der Furcht befreit hat, sie könnte sich aus deutschlandpolitischen Erwägungen heraus in der »sozialistischen Gemeinschaft« isolieren.[95]

Der Kreml konnte sich auch in den folgenden Jahren auf die »Block«-Solidarität der DDR verlassen. Am 3. Mai 1971 trat Walter Ulbricht als Erster Sekretär des Zentralkomitees der SED zurück, und Erich Honecker wurde sein Nachfolger.[96] So sehr auch Ulbricht den »großen Bruder« in Moskau respektiert und die Einbindung der DDR in die »sozialistische Gemeinschaft« befürwortet hat, ging er nie so weit, die nationale deutsche Substanz des von ihm wesentlich mitgeprägten zweiten Staates in Deutschland gänzlich zu verleugnen. In Ulbrichts Bild von der Einheit der »sozialistischen Staatengemeinschaft« übersah der frühere SED-Chef nie die spezifischen Entwicklungskriterien und -bedingungen der DDR. Erich Honecker hingegen ließ keine Gelegenheit aus, die engen Bindungen der DDR zur UdSSR noch zu verstärken. Diese Politik fand vor allem ihren Ausdruck in der revidierten und ergänzten Verfassung der DDR vom 7. Oktober 1974, im erneuerten Bündnispakt der DDR mit der UdSSR vom 7. Oktober 1975 und schließlich im neuen Parteiprogramm der SED vom 22. Mai 1976. Der Grad der engen Anlehnung der DDR an die UdSSR übertrifft noch den Bulgariens.[97]

---

95 Vgl. dazu aus der umfangreichen Literatur vor allem R. A. Remington: Warsaw Pact, S. 113–164 mit zahlreichen weiterführenden Nachweisen.
96 Vgl. dazu I. Spittmann: Warum Ulbricht stürzte.
97 Vgl. dazu im einzelnen unten S. 845–847.

3. *Die Entwicklung des Warschauer Pakts*

a) *Der weitere Ausbau der Allianz zum außenpolitischen Koordinierungsorgan*

Daß die militärische Intervention von fünf Warschauer Pakt-Mächten in der Tschechoslowakei am 21. August 1968 den bisher wichtigsten Einschnitt in der Entwicklung der östlichen Militärallianz bildet, läßt sich besonders klar an den Rechenschaftsberichten ablesen, die KPdSU-Chef Leonid Brežnev auf dem XXIII. Parteitag der KPdSU am 29. März 1966 und auf dem XXIV. Kongreß am 30. März 1971 gegeben hat. Am 29. März 1966 sprach Brežnev – wie bereits dargelegt[98] – davon, daß »auf dem Gebiet der militärischen Zusammenarbeit... der Mechanismus des Warschauer Pakts gefestigt und vervollkommnet« worden sei. Am 30. März 1971 umriß der Generalsekretär der KPdSU die Funktionen des Warschauer Pakts so:
»Der Berichtszeitraum wurde durch beachtliche Erfolge bei der Koordinierung der außenpolitischen Tätigkeit der Bruderparteien und -staaten gekennzeichnet. Die bedeutendsten internationalen Probleme und Ereignisse dieser Jahre wurden von den Vertretern der sozialistischen Länder auf verschiedenen Ebenen gemeinsam behandelt. Die Organisation des Warschauer Vertrags dient nach wie vor als Hauptzentrum der Koordinierung der außenpolitischen Tätigkeit der Bruderländer... Dank der kollektiven Ausarbeitung und Verwirklichung einer Reihe von Maßnahmen wurde in den letzten Jahren die militärische Organisation des Warschauer Vertrags vervollkommnet.«[99]
Zwar sprach Brežnev auf dem XXIII. Kongreß der KPdSU davon, daß »sachliche Kontakte, politische Konsultationen zwischen den führenden Funktionären der Bruderparteien der sozialistischen Länder... zur Regel« geworden seien. Er gebrauchte jedoch noch nicht die Formel von der »Koordinierung der außenpolitischen Tätigkeit« der Mitgliedsländer. Vor allem geht aus den Stellungnahmen des Politischen Beratenden Ausschusses der Warschauer Allianz hervor, wie sehr der Kreml dieses Gremium dazu benutzte, seine Vorstellungen über »Sicherheit« und »Entspannung« in Europa und der übrigen Welt von den anderen Pakt-Mächten

---
98 Vgl. oben S. 753 f. mit dem Nachweis in Anm. 117.
99 Text der Rede in: Pravda vom 31. März 1971; deutsch in: Neues Deutschland vom 31. März und 1. April 1971; Auszüge in: Europa-Archiv 1971, S. D 233 f.

sanktionieren zu lassen. Dabei spielte das höchste politische Organ des Bündnisses seit 1966 eine zentrale Rolle, um die vom Kreml so sehr gewünschte Konferenz über Sicherheit und Zusammenarbeit in Europa (KSZE) zu propagieren.[100] Daß es der sowjetischen Führung bis in die Gegenwart nicht gelungen ist, die Warschauer Allianz uneingeschränkt zum politischen Koordinierungsorgan zu entwickeln, lag wiederum an Rumänien. Auf dem XXV. Kongreß der KPdSU betonte Leonid Brežnev am 24. Februar 1976 noch einmal, »zu den wichtigen Formen der Zusammenarbeit der führenden Repräsentanten unserer Parteien und Länder gehört der Politische Beratende Ausschuß des Warschauer Vertrages«[101]. Wenige Monate später, am 25./26. November 1976, unternahm Brežnev auf der 15. Tagung des Politischen Beratenden Ausschusses der Allianz den massiven Versuch, die übrigen Bündnispartner auf die Formel von der »koordinierten Politik« zu verpflichten. Um »den Mechanismus der politischen Zusammenarbeit im Rahmen des Warschauer Vertrages zu vervollkommnen«[102], wurde auf der Tagung in Bukarest der Beschluß gefaßt, als Organe des politischen Konsultativausschusses ein Komitee der Minister für Auswärtige Angelegenheiten und ein Vereinigtes Sekretariat zu bilden.

Unmittelbar vor der Tagung hatte Brežnev vom 22. bis zum 24. November 1976 Besprechungen mit der rumänischen Führung in Bukarest geführt.[103] Die Rumänen vermochten ihre Position auf der Tagung des Poli-

---

100 Von Ende 1968 bis Ende 1976 hielt der Politische Beratende Ausschuß sechs Sitzungen ab, nachdem dies von Anfang 1956 bis zum Frühjahr 1968 neunmal der Fall war: 10. Sitzung: 17. März 1969 in Budapest; Text des Kommuniqués in: Internationales Recht und Diplomatie 1971, S. 224 f.; 11. Sitzung: 20. August 1970 in Moskau; Text, ebenda, S. 263 f.; 12. Sitzung: 2. Dezember 1970 in Ostberlin; Text, ebenda, S. 266–268; 13. Sitzung: 25./26. Januar 1972 in Prag; Text, ebenda, Jg. 1975/76, S. 159 f.; 14. Sitzung: 17./18. April 1974 in Warschau; Text, ebenda, S. 251–256; 15. Sitzung: 25.–26. November 1976 in Bukarest; Text in: Neues Deutschland vom 27.–28. November 1976. Vgl. dazu auch die instruktive Übersicht, die die jeweils wichtigsten Vorschläge und Beschlüsse aufführt, bei R. F. Staar: Regierungssysteme, S. 302 f.; R. A. Remington: Warsaw Pact hat die Entwicklung der Warschauer Allianz bis 1970 analysiert; ders.: Politics, S. 160–172. Sehr instruktiv dazu auch L. T. Caldwell: Pact, dessen Studie sich bis zum Frühjahr 1975 erstreckt; Ch. Andras: Warschauer Pakt. Vgl. aus der Sicht der DDR A. Latzo: Der Warschauer Vertrag.

101 Dt. Text der Rede (Auszüge) in: Europa-Archiv 1976, S. D 225 (übernommen aus: Novosti, Moskau).

102 Text des Kommuniques in: Neues Deutschland vom 27./28. November 1976. Vgl. zur Führungsstruktur der Allianz im einzelnen unten S. 872–875.

103 Dt. Text des sowjetisch-rumänischen Kommuniqués vom 24. November 1976 in: Neuer Weg vom 26. November 1976. Vgl. dazu auch V. Meier: Die Breschnew-Doktrin gilt weiter, in: Frankfurter Allgemeine Zeitung vom 27. November 1976; Ch. Schmidt-Häuser: Kompromisse beim Gipfel, in: Die Zeit vom 3. Dezember 1976; J. Hacker: Die Stellung der DDR im Warschauer Pakt, S. 210.

tischen Beratenden Ausschusses insoweit durchzusetzen, als in das Kommuniqué nicht Brežnevs Formel von der »Koordinierung der außenpolitischen Tätigkeit«, sondern vom »effektiven Zusammenwirken...« aufgenommen worden ist. Man würde einen Fehler begehen, wenn man darin nur eine sprachliche Nuancierung sähe.
Malcolm Mackintosh kam in seiner instruktiven Studie Ende 1969 zu dem Ergebnis, die UdSSR habe in der verworrenen Situation der tschechoslowakischen Krise keine andere Wahl gehabt, »als um so nachdrücklicher auf ihrem traditionellen Standpunkt zu beharren, daß der Warschauer Pakt politisch nichts anderes zu sein habe als ein Transmissionsriemen für sowjetische Instruktionen und ein Instrument zur Koordinierung der Unterstützung für die sowjetische Politik... Da absolute politische und militärische Kontrolle über Osteuropa für die Sowjetunion wesentlich ist, kann sie sich eine Schwächung der traditionellen Rolle des Warschauer Pakts als Instrument für die Transmission ihrer politischen und militärischen Direktiven in die europäischen Länder und für die Koordinierung osteuropäischer Unterstützung für die sowjetische Außen- und Intra-Block-Politik noch nicht leisten.«[104]
An dieser Einschätzung des Bündnisses hat sich seitens der Sowjetunion bis heute nichts geändert. So ist es auch kein Zufall, daß sich die Umstrukturierung der Allianz nach der Invasion in der ČSSR auf den militärischen Bereich beschränkt hat. Da die Außenminister der Warschauer Allianz bereits früher regelmäßig beraten haben, bedeutet der bereits erwähnte Beschluß des politischen Konsultativausschusses vom 26. November 1976, als Organ des Politischen Beratenden Ausschusses ein Komitee der Minister für Auswärtige Angelegenheiten zu bilden, nur eine Institutionalisierung der bisherigen Praxis. So erscheint es nicht angebracht, darin auch nur ein nominell größeres Mitspracherecht der Pakt-Mitglieder zu sehen. Gerade wegen der Transmissions-Funktion des Warschauer Pakts bleiben alle Vorschläge der Allianz über die gleichzeitige Auflösung des westlichen und des östlichen Militärblocks hohle Propaganda-Phrasen, zumal das Netz der bilateralen Bündnispakte der UdSSR diese multilaterale Aufgabe der Warschauer Allianz nicht übernehmen kann.

---

104 M. Mackintosh: Strukturprobleme, S. 812 f. Vgl. dazu auch L. T. Caldwell: Pact, S. 18 f.

b) *Die weitere militärische Stärkung*

Die tschechoslowakische Krise hat zu einer Umstrukturierung der militärischen Führungsspitze der Warschauer Allianz geführt. Auf seiner 10. Sitzung beschloß der Politische Beratende Ausschuß des Bündnisses am 17. März 1969, drei neue Organe zu schaffen: das Komitee der Verteidigungsminister, den Militärrat und das Vereinte Komitee zur Koordinierung der Waffentechnik.[105] Es läßt sich schwer beurteilen, ob mit diesem Beschluß den Bündnispartnern der UdSSR wenigstens nominell eine größere Mitsprache konzediert worden ist. Da die Verteidigungsminister bereits seit 1961 regelmäßig beraten haben, bedeutet der Beschluß vom 17. März 1969 nur eine Institutionalisierung der bisherigen Übung. Die starke Position der UdSSR in dem Komitee der Verteidigungsminister ergibt sich daraus, daß ihm auch der Oberkommandierende der Vereinten Streitkräfte und der Chef des Stabes der Vereinten Streitkräfte angehören. Von Juli 1967 bis zu seinem Tode am 30. November 1976 verwaltete Sowjetmarschall I. I. Jakubovskij als Nachfolger Marschall Grečkos, der damals sowjetischer Verteidigungsminister wurde, dieses Amt; am 8. Januar 1977 wurde Armeegeneral Viktor Kulikov mit dieser Funktion betraut.[106] Auch die Schlüsselstellung beim Stab der Vereinten Streitkräfte hatte bisher immer ein sowjetischer Armeegeneral inne. Nachdem Armeegeneral Sergij Štemenko von August 1968 bis zu seinem Tode im April 1976 Chef des Stabes der Vereinten Streitkräfte war, übernahm Armeegeneral Anatoli Gribkov, der in der Zeit von 1973 bis 1976 die sowjetischen Truppen des Leningrader Militärbereichs befehligt hat, diese Funktion; seine Ernennung wurde erst am 12. Oktober 1976 bekanntgegeben.[107]

Auch nach der militärischen Invasion in der Tschechoslowakei hat die UdSSR daran festgehalten, den nördlichen Bereich der Allianz – früher als »nördliches Dreieck« apostrophiert –, zu dem Polen, die DDR und die Tschechoslowakei gehören, eine größere Bedeutung beizumessen als der

---

105 Vgl. zur militärischen Führungsstruktur des Warschauer Pakts ausführlicher unten S. 871–875, 878–881.
106 Vgl. zur Person V. Kulikovs »Neuer Oberkommandierender des Warschaupakts«, in: Neue Zürcher Zeitung, Fernausgabe vom 11. Januar 1977.
107 Einen kurzen Lebenslauf des neuen Stabschefs veröffentlichte die sowjetische Nachrichtenagentur TASS am 12. Oktober 1976; damals war er Abgeordneter des Obersten Sowjets der UdSSR und Kandidat des Zentralkomitees der KPdSU. Sehr instruktiv dazu C. D. Jones: Influence, S. 141 f.

»Südflanke« mit Ungarn, Bulgarien und Rumänien. Das fand und findet auch in der militärischen Ausrüstung der betroffenen nationalen Armeen seinen Ausdruck.[108] Nach wie vor unterhält die UdSSR in den Staaten, in denen sie Truppen stationiert hat, jeweils ein militärisches Hauptquartier: für die Nordgruppe in Polen mit Sitz in Liegnitz, die Südgruppe in Ungarn mit Sitz in Budapest, die Zentralgruppe in der ČSSR mit Sitz in Milovice in der Nähe von Prag und die Gruppe der sowjetischen Streitkräfte in Deutschland in der DDR mit Sitz in Zossen-Wünsdorf.

In östlichen Darstellungen des militärischen Gewichts des Warschauer Pakts wird immer auf die besondere Rolle hingewiesen, die die gemeinsamen Übungen von Truppen, Flotten und Stäben haben.[109] Seit 1970 ist eine wesentlich verstärkte Zusammenarbeit der Polit-Hauptverwaltungen der Streitkräfte der Warschauer Pakt-Staaten zu beobachten. Das gilt gleichfalls für den wichtigen militärisch-industriellen Bereich. Ebenso verstärkt wurde bereits seit Mitte der sechziger Jahre die Zusammenarbeit der Nationalen Volksarmee der DDR mit den Armeen der UdSSR, Polens und der Tschechoslowakei. Die DDR ist besonders stolz darauf, daß die Nationale Volksarmee im April 1965 Mitglied der »I. Strategischen Staffel« geworden ist. Die forcierte Kooperation der vier Armeen ergebe sich – wie das »Neue Deutschland« am 22. April 1965 berichtete – »vor allem aus der militärgeographischen Lage und den gemeinsamen strategischen Aufgaben gegenüber der Hauptgruppierung der NATO in Mitteleuropa«. Darüber hinaus ist auch die Zusammenarbeit speziell zwischen der Nationalen Volksarmee und der Gruppe der sowjetischen Streitkräfte in Deutschland (GSSD) in den letzten Jahren ständig ausgebaut worden.[110]

---

108 Vgl. über die militärische Stärke und Ausrüstung der »Bruderarmeen« im einzelnen »The Military Balance«. Anhand der einmal jährlich vorgelegten detaillierten Übersicht des Londoner International Institute for Strategic Studies kann man sich ein gutes Bild vom Ausrüstungsstand der Armeen der Warschauer Pakt-Staaten machen. Vgl. dazu auch L. T. Caldwell: Pact, S. 10–18; R. F. Staar gibt in: Regierungssysteme, S. 311 den Stand von 1977 wieder.
109 Vgl. über die gemeinsamen Manöver der Landstreitkräfte der Warschauer Pakt-Staaten bis Ende 1970 St. Tiedtke: Vertragsorganisation, S. 69; R. F. Staar, ebenda, S. 296–299. Über den Umfang der militärischen Kooperation in der Warschauer Allianz informiert auch ein umfangreiches östliches Schrifttum. Sehr instruktiv dazu das Stichwort »Warschauer Vertrag«, in: Militärlexikon, S. 402 f. Sehr instruktiv dazu auch die tabellarische Übersicht bei C. D. Jones: Influence, S. 301–309, der die Jahre von 1961–1979 erfaßt.
110 Vgl. dazu die Nachweise bei J. Hacker: Zwanzig Jahre Warschauer Pakt, S. 315 f. Als Oberkommandierender der GSSD fungiert Armeegeneral J. Ivanovskij; Vertreter des Oberkommandierenden der Vereinten Streitkräfte der Vertragsstaaten in der Nationalen Volksarmee ist Generaloberst Michail Tankaev.

c) *Die Sonderrolle Rumäniens*

Als der Kreml in der ersten Hälfte des Jahres 1968 überlegte, mit welchen Mitteln er am besten die Entwicklung des »Prager Frühlings« stoppen könnte, hielt er es nicht für opportun, Rumänien – ebenso wie Polen, die DDR, Ungarn und Bulgarien – zu den gemeinsamen Konsultationen hinzuzuziehen. Rumänien hatte bis dahin seine Sonderposition in der »sozialistischen Gemeinschaft« soweit auszubauen vermocht, daß die sowjetische Führung eine Beteiligung Bukarests an gemeinsamen Aktionen gegenüber der Tschechoslowakei von vornherein ausschloß. Dennoch war nicht zu erwarten, daß ausgerechnet Bukarest die Invasion so schonungslos verurteilt und die sowjetische Argumentationsweise geradezu zerfetzt hat. So hieß es in der Erklärung der Großen Nationalversammlung der Sozialistischen Republik Rumänien über die Grundprinzipien der Außenpolitik Rumäniens vom 22. August 1968, daß der Warschauer Vertrag »ausschließlich als Instrument zur Verteidigung der sozialistischen Länder gegen eine Aggression von außen, gegen einen imperialistischen Angriff geschaffen wurde. Das war, ist und bleibt seine einzige Daseinsberechtigung. Unter keinem Motiv, auf keinen Fall und in keiner Form kann die Warschauer Vertragsorganisation für militärische Aktionen gegen irgendein sozialistisches Land gebraucht oder als Grund dafür angegeben werden.«[111]

Außerdem bekundete die Große Nationalversammlung, daß gemäß den Prinzipien der Demokratie, den Verfassungsnormen und den Vertragsbestimmungen selbst das Ansuchen um militärische Hilfe oder der Beschluß, an gemeinsamen militärischen Aktionen teilzunehmen, ausschließlich in den Zuständigkeitsbereich der legalen Organe des betreffenden Staates gehörten. Sie fügte hinzu, »daß alle Verpflichtungen unseres Volkes hinsichtlich der militärischen Zusammenarbeit und Kooperation mit den anderen Ländern, jede Klausel bezüglich der Stationierung verbündeter Truppen auf seinem Territorium ausschließlich das Ergebnis eines ausdrücklichen Beschlusses des Parlaments sein müssen, des höchsten Organs der Staatsmacht unserer sozialistischen Nation«.

Für Bukarest waren auch in den folgenden Jahren drei Faktoren von zentraler Bedeutung: Einmal die unmißverständliche Feststellung, daß der Text des Warschauer Vertrags keine legale Basis für die militärische Ok-

---

111 Text der Rede N. Ceauşescus vor der Großen Nationalversammlung bei B. Meissner: Die »Breshnew-Doktrin«, S. 154 (übernommen aus: Agerpres vom 22. August 1978).

kupation eines Mitgliedslandes abgibt. Zum anderen legte Bukarest immer wieder großen Wert auf die Feststellung, daß es seine Verpflichtungen aus dem Warschauer Pakt und anderen Verträgen strikt einhalten werde. Schließlich lehnte die rumänische Führung auch weiterhin jeglichen Anspruch der Sowjets ab, militärische Manöver über Rumänien zu »verhängen«.

Nach der Invasion in der ČSSR und der dortigen Stationierung sowjetischer Truppen mußte die rumänische Führung – noch stärker als in den Jahren zuvor[112] – bestrebt sein, Manöver der Warschauer Pakt-Mächte unter Einschluß sowjetischer Streitkräfte auf rumänischem Territorium soweit wie möglich auszuschließen. Bis zum 22. August 1968 vertrat Bukarest die Auffassung, daß eine solche Entscheidung über Ort und Zeitpunkt von Manövern allein dem Politischen Beratenden Ausschuß des Bündnisses vorbehalten sei und einstimmig gefällt werden müsse. Als am 19. Februar 1969 der Oberkommandierende der Warschauer Pakt-Truppen, Marschall I. Jakubovskij, zu Besprechungen in Bukarest eintraf, um über die Beteiligung rumänischer Truppen an gemeinsamen Pakt-Manövern außerhalb des rumänischen Territoriums zu verhandeln, wies die rumänische Führung darauf hin, daß darüber der politische Konsultativausschuß der Allianz zu bestimmen habe. Doch selbst wenn er zu einem einstimmigen Beschluß gelangte, müßte dieser gemäß der Grundsatzerklärung der Großen Nationalversammlung vom 22. August 1968 vor seiner Ausführung erst noch einmal parlamentarisch gebilligt werden.[113]

Die rumänische Regierung begnügte sich jedoch nicht mit der Erklärung der Großen Nationalversammlung vom 22. August 1968, um den Entscheidungen der eigenen Staatsorgane Priorität gegenüber etwaigen kollektiven Beschlüssen des Warschauer Pakts einzuräumen. Am 12. März 1969 wurde aufgrund eines Parlaments-Beschlusses ein Verteidigungsrat unter dem Vorsitz von Nicolae Ceaușescu in seiner Eigenschaft als Generalsekretär der Rumänischen Kommunistischen Partei errichtet. Das Gesetz dazu definiert den Verteidigungsrat als »beschlußfassendes Organ, dessen Aufgabe es ist, die Hauptprobleme im Bereich der Landesverteidigung und der Gewährleistung der Sicherheit des Staates sowohl in Frie-

---

112 Vgl. über die reduzierte Beteiligung Rumäniens an gemeinsamen Warschauer Pakt-Manövern in den Jahren vor dem 21. August 1968 oben S. 763.
113 Vgl. dazu den aufschlußreichen Bericht in: Osteuropäische Rundschau 1969, H. 3, S. 34 f. Vgl. auch die Rede N. Ceaușescus auf der Landeskonferenz der Lehrkräfte vom 7. Februar 1969. Text in: Neuer Weg vom 9. Februar 1969, S. 1-3 (3).

dens- als auch in Kriegszeiten zu prüfen, zu koordinieren und zu lösen«[114].
Laut dem Gesetz ist der Verteidigungsrat zwar dem Zentralkomitee der Partei verantwortlich, daneben aber auch der Großen Nationalversammlung und in der Zeit zwischen deren Sitzungsperioden auch dem Staatsrat, dem Nicolae Ceauşescu ebenso wie dem Zentralkomitee vorsteht.
Mit dem Verteidigungsrat, in den qua Amt Ministerpräsident Maurer sowie Verteidigungsminister Ion Ionita, Außenminister Corneliu Mănescu und Innenminister Cornel Onescu berufen wurden, schuf sich Nicolae Ceauşescu ein Gremium, das – im Gegensatz zur Großen Nationalversammlung – schnell einberufen werden und über Fragen der Landesverteidigung und der Sicherheit entscheiden konnte. Als Nicolae Ceauşescu bereits im Juni 1967 erstmals davon sprach, daß die Armee eines jeden Landes ihr »eigenes Oberkommando« besitzen müsse[115], ist darüber spekuliert worden, ob Rumänien von nun an nicht mehr gewillt sei, eigene Streitkräfte einem gemeinsamen Oberkommando des Warschauer Pakts zu unterstellen. In der Folgezeit schien die »Block«-Solidarität Ceauşescu veranlaßt zu haben, diesen Gedanken nicht mehr aufzugreifen.
Am 5. Februar 1970 erklärte dann Partei- und Staatschef Ceauşescu vor der Militärakademie in Bukarest, daß der »einzige Führer unserer Streitkräfte ... die Partei, die Regierung, unser Landesoberkommando« sei: »Nur diese können unserer Armee Befehle erteilen, und nur diese Befehle können in der Sozialistischen Republik Rumänien ausgeführt werden!«[116]
Knapp zwei Jahre später, am 29. Dezember 1972, beschloß die Große Nationalversammlung Rumäniens das »Gesetz zur Organisation der Landesverteidigung«, das am 31. März 1973 in Kraft getreten ist.
Mit diesem Gesetz ergänzte Rumänien seine Verfassung vom 21. August 1965, da ihre Bestimmungen über die Landesverteidigung, die Mobilmachung und die Erklärung des Kriegszustands nicht Situationen wie den Überfall von fünf Warschauer Pakt-Mächten auf die Tschechoslowakei erfaßt.[117] So heißt es nun in der Präambel des »Gesetzes zur Organisation der Landesverteidigung«: »Das Recht, über die Fragen der Verteidigung

---

114 Dt. Text des Gesetzes in: Neuer Weg vom 16. März 1969. Vgl. dazu auch die Analyse in: Osteuropäische Rundschau 1969, H. 4, S. 35.
115 Siehe dazu oben S. 764 mit Anm. 156.
116 Text der Rede in: Neuer Weg vom 7. Februar 1970; Auszug in: Europa-Archiv 1970, S. 279–281 (280).
117 Vgl. Art. 43, Ziffer 20 bis 22 der Verfassung. Dt. Text in: Jahrbuch des öffentlichen Rechts. Neue Folge/Bd. 15, 1966, S. 463.

der Sozialistischen Republik Rumänien zu befinden, ist eine souveräne Befugnis des rumänischen Staates.«[118]

Von zentraler Bedeutung ist die Bestimmung des Art. 1, der es Rumänien verbietet, unter bestimmten Bedingungen selbst zu kapitulieren:

»Es ist verboten, jedwelche Handlung eines fremden Staates oder gleich welche Situation, unabhängig von ihrer Art, einschließlich die allgemeine Kapitulation oder die Besetzung des Landesterritoriums zu billigen oder anzuerkennen, wenn diese in der Zeit des Friedens oder des Krieges die nationale Souveränität, Unabhängigkeit und die territoriale Integrität der Sozialistischen Republik Rumäniens antasten oder ihre Verteidigungsfähigkeit in irgendeiner Weise beeinträchtigen sollten.«

Daß dieses Gesetz nur schwerlich mit der »Brežnev-Doktrin« von der beschränkten Souveränität der »sozialistischen Staaten« zu vereinbaren ist, weiß auch die rumänische Führung. Daher war sie gut beraten, daß sie von Anfang an die »Moskauer Doktrin« immer wieder strikt abgelehnt hat.[119]

Die Bedeutung des »Gesetzes zur Organisation der Landesverteidigung« liegt aber auch darin, daß es sich nicht nur gegen kollektive Aktionen des Warschauer Pakts richtet. Das gilt es vor allem deshalb festzuhalten, da die TASS-Erklärung zur militärischen Intervention in der Tschechoslowakei vom 21. August 1968 zwar von den »bestehenden Verpflichtungen« und den »Bündnisverträgen« sprach, dabei es jedoch offenließ, welche Verträge gemeint waren.[120]

Immerhin ist es Rumänien gelungen, auch nach dem 21. August 1968 zu verhindern, daß klassische Manöver mit Truppenverbänden auf seinem Territorium stattfinden. So beteiligte sich Rumänien in den folgenden Jahren nur noch an gemeinsamen Kommando- und Stabsübungen im Rahmen des Warschauer Pakts, die »auf der Landkarte, ohne Truppen« stattfanden.[121]

---

118 Zit. bei W. Kowarik: Landesverteidigung, S. 237 (Originaltext in: Buletinul Oficial al Republicii Socialiste România, Serie I, Nr. 160, 29. 12. 1972). Vgl. dazu und zu anderen Aspekten der rumänischen Militärpolitik W. M. Bacon, Jr.: Romanian Military Policy in the 1980s, S. 202–218 (204–206), dessen materialreiche Studie sich auch auf die instruktive Analyse von A. Braun: Romanian Foreign Policy Since 1965 stützt.
119 Vgl. die Nachweise bei D. Frenzke: Rumänien. Siehe zur Gesamtproblematik unten S. 866 mit Anm. 153.
120 Vgl. dazu im einzelnen unten S. 922–924.
121 Dazu zählen: Stabsmanöver unter Beteiligung der UdSSR, Bulgariens und Rumäniens vom 25. März bis zum 1. April 1969 in Bulgarien. Vgl. dazu »Stabsmanöver in Bulgarien«, in: Osteuropäische Rundschau 1969, H. 5, S. 36; Stabsübungen vom 21. bis zum 28. März 1972 unter der gleichen Beteiligung in Bulgarien. Vgl. dazu »Manöver in Bulgarien«, ebenda, 1972, H. 5, S. 36; Flottenmanöver unter Beteiligung sowje-

Rumänien hat sich selbst nach den Ereignissen im August 1968 nicht davon abhalten lassen, auch auf der internationalen Ebene über die »sozialistische Gemeinschaft« hinaus eigene Positionen zu vertreten.[122] Da sich Rumänien aufgrund der »Brežnev-Doktrin« permanent bedroht sehen mußte, war es vor allem auf der KSZE bestrebt, in der Schlußakte vom 1. August 1975 eine Formel durchzusetzen, die es der UdSSR verwehren sollte, noch einmal ein Mitgliedsland des Warschauer Pakts unter flagranter Verletzung völkerrechtlicher Prinzipien zu überfallen.[123] So ist es nicht übertrieben, wenn Stephen Fischer-Galati in seiner 1977 erschienenen und höchst instruktiven Analyse der Außenpolitik Bukarests den Überfall von fünf Warschauer Pakt-Mächten auf die Tschechoslowakei so eingeordnet hat: »August 1968 was recorded as the point of no return in Romania's independent course.«[124]

tischer und bulgarischer Seestreitkräfte und der rumänischen Marine vom 18. bis 23. April 1972 im Schwarzen Meer. Vgl. dazu »Manöver zur See«, ebenda, 1972, H. 6, S. 32; Stabsübung (»auf der Karte, ohne Truppen«) unter Beteiligung der drei Waffengattungen Rumäniens, Bulgariens und der UdSSR auf rumänischem Territorium vom 12. bis zum 21. Februar 1973. Vgl. dazu »Agerpres« vom 22. Februar 1973, zit. ebenda, 1973, H. 2, S. 41 f. Ende Februar 1974 meldete die sowjetische Presseagentur TASS, daß vom 7. bis zum 22. Februar »entsprechend dem Plan des Vereinten Oberkommandos der Streitkräfte der Länder des Warschauer Vertrags« auf dem Territorium Rumäniens Kommando- und Stabsübungen stattgefunden hätten. Die rumänische Presseagentur verschwieg dieses Mal die Übung »ohne Truppen und auf der Landkarte«. Vgl. dazu auch »Generalstabsübungen des Warschaupakts in Rumänien«, in: Neue Zürcher Zeitung, Fernausgabe vom 27. Februar 1974. Rumänien vermochte auch in den folgenden Jahren seine Position durchzuhalten. So beteiligte es sich an den Kommando- und Stabsübungen der operativen Stäbe auf Karten vom 14. bis zum 21. März 1978 auf eigenem Territorium – neben Generälen, Admirälen und Offizieren der UdSSR und Bulgariens. Vgl. Radio Moskau vom 21. März 1978; Stabsmanöver in Rumänien, in: Süddeutsche Zeitung vom 23./24. März 1978. Der Vollständigkeit halber sei noch erwähnt, daß Rumänien an dem großen Truppen-Manöver »Waffenbrüderschaft«, das unter Beteiligung aller Warschauer Pakt-Staaten vom 12. bis zum 18. Oktober 1970 in der DDR stattfand, lediglich auf der Stabsebene beteiligt war. Vgl. dazu »Manövergeschichten«, in: Osteuropäische Rundschau 1970, H. 11, S. 31. Hingegen hatten rumänische Bodentruppen an den gemeinsamen Übungen vom 14. bis zum 19. Mai 1969 in der UdSSR teilgenommen; außerdem waren daran Truppen der UdSSR, Ungarns und Bulgariens beteiligt:
122 Vgl. dazu die detaillierte Übersicht bei St. Fischer-Galati: Foreign Policy, S. 222–231, der dort die rumänische Außenpolitik in den Jahren von 1968 bis 1976 analysiert hat.
123 Bukarest ging es auf der KSZE vor allem darum, ein umfassendes Gewaltverbot durchzusetzen. Vgl. dazu die Rede des rumänischen Delegierten Mircea Balanescu vom 1. Dezember 1972 in Helsinki. Text in: Europa-Archiv 1973, S. D 360 und bei H. Volle und W. Wagner (Hrsg.): KSZE, S. 145. D. Frenzke hat in: Rumänien die rumänischen Positionen umfassend wiedergegeben und kommentiert.
124 St. Fischer-Galati: Foreign Policy, S. 222. Die UdSSR erlaubte Rumänien auch in den folgenden Jahren, auf wichtigen außenpolitischen Bereichen an dem Bukarester Prinzip der »Bewahrung der nationalen Souveränität, die voll sein muß und weder be-

4. Die Intensivierung der ökonomischen Kooperation im Rahmen des Rats für Gegenseitige Wirtschaftshilfe

Aus dem gescheiterten Versuch Nikita S. Chruščevs, die ökonomische Kooperation im Rahmen des Rats für Gegenseitige Wirtschaftshilfe auf eine Ebene zu stellen, die die Abhängigkeit der Mitgliedsländer noch erhöht hätte, hat die neue Führung – wie dargelegt[125] – die richtige Konsequenz gezogen. Für die Nachfolger Chruščevs stand von Anfang an fest, daß es auch ihnen nicht gelingen wird, den Gedanken einer zentralen Planung und der Errichtung eines supranationalen Organs gegen den Widerstand Rumäniens durchzusetzen. Schließlich konnte sich Rumänien auf die Satzung des RGW berufen und geltend machen, daß die nationale Wirtschaftsplanung ein unabdingbares Attribut der politischen Souveränität eines kommunistischen Staates ist. Leonid Brežnev war realistisch und pragmatisch genug, in seiner Rede vom 14. September 1965 sogar ausdrücklich zu betonen, daß die ökonomischen Interessen der einzelnen RGW-Mitgliedsländer Priorität gegenüber den »Belangen des Wirtschaftswachstums des gesamten sozialistischen Systems«[126] hätten. Damit gab er selbst zu, daß sowohl der Koordinierung der Wirtschaftspläne als auch der Spezialisierung und Zusammenarbeit in der Produktion immer Grenzen gesetzt sein müßten.

Ab 1967 setzten die Fachleute aus allen RGW-Ländern ihre Diskussion um ein neues Modell der »sozialistischen Integration« im Rahmen des

---

grenzt noch relativ sein kann« (so »Revista de Filosofie«, 2/1981, zit. bei A. U. Gabanyi: Die Verweigerung, S. 598) festzuhalten und sich dem sowjetischen Postulat eines koordinierten außenpolitischen Vorgehens der Warschauer Pakt-Staaten nicht unterordnen zu müssen. Auch vermochte die rumänische Führung erfolgreich die sowjetischen Versuche abzuwehren, die militärische Integration innerhalb der Warschauer Allianz voranzutreiben und rumänische Truppen zu gemeinsamen Übungen heranzuziehen. Vgl. dazu A. U. Gabanyi: Bukarest schert wieder aus; dies.: Der XII. Parteitag der Kommunistischen Partei Rumäniens, S. 420 f., 429 f.; dies.: Die Verweigerung; F. St. Larrabee: Challenge; R. R. King: The Problems of Rumanian Foreign Policy; ders.: Rumania. Hinzuweisen ist auch darauf, daß Rumänien erstmals auf der 5. Gipfelkonferenz der Blockfreien in Colombo (1976) als Gast teilgenommen hat; Bukarests Antrag auf der 6. Gipfelkonferenz in Havanna (1979), den Beobachter-Status (mit Rederecht) zuerkannt zu erhalten, scheiterte am Widerstand einiger Vollmitglieder, vor allem Kubas, Afghanistans und Indiens. Vgl. dazu B. Engel: Von Belgrad (1961) bis Havanna (1979) – Zur Entwicklung der Bewegung blockfreier Staaten, S. 41 f.

125 Vgl. dazu oben S. 768 f.
126 Vgl. ebenda, S. 770.

RGW fort, um soweit wie möglich die Ergebnisse noch rechtzeitig für die Fünfjahrespläne von 1971 bis 1975 nutzbar zu machen. Die Erörterungen auf der wissenschaftlichen und auch offiziellen Ebene zogen sich solange hin, daß sich die 22. Tagung des RGW vom 21. bis zum 23. Januar 1969, auf der eine Bilanz der zwanzigjährigen Tätigkeit der östlichen Wirtschaftsorganisation gezogen wurde, nicht in der Lage sah, eine neue Perspektive zu entwickeln.[127] Aus den bis dahin vorliegenden Diskussionsbeiträgen ging hervor, daß auch in Zukunft von der nationalen Souveränität der RGW-Länder im ökonomischen Bereich keine Abstriche gemacht werden sollten.

Nach intensiven Erörterungen der Ökonomen und Juristen über die Richtung und Methoden einer wirtschaftlichen Integration fand vom 23. bis zum 26. April 1969 in Moskau die 23. Sondertagung des RGW statt, auf der die Partei- und Regierungschefs der Mitgliedsländer beschlossen, in eine neue Phase der Integrationspolitik einzutreten und endlich mit einer langfristigen »sozialistischen Integration« zu beginnen. Dazu hieß es in dem Kommuniqué:

»Die Tagung hat beschlossen, die Ausarbeitung der Hauptrichtungen für die weitere Entwicklung der wirtschaftlichen und wissenschaftlich-technischen Zusammenarbeit der RGW-Länder und konkrete Maßnahmen zu ihrer Verwirklichung für einen längeren Perspektivzeitraum in Angriff zu nehmen. Bei der Ausarbeitung dieser Maßnahmen ist das Hauptaugenmerk insbesondere auf die Vervollkommnung und Vertiefung der Formen und Methoden zur Koordinierung der Volkswirtschaftspläne, einschließlich der Forschungs- und Entwicklungsarbeiten, der Produktion, des Absatzes und der Investitionen, die von gegenseitigem Interesse sind, sowie auf wissenschaftlich-technische und wirtschaftliche Prognosen zu richten.«[128]

Die Tagung beschloß außerdem, eine Investitionsbank des RGW zu errichten und die Tätigkeit der bereits 1963 geschaffenen Internationalen Bank für wirtschaftliche Zusammenarbeit zu verbessern. Trotz der großen Worte und des ernsthaften Versuchs, die Integration voranzutreiben,

---

127 Texte der offiziellen Verlautbarungen des RGW und des Exekutivkomitees für die Zeit von Juli 1967 bis Oktober 1971 in: IRuD, Jg. 1971; für die Zeit ab Anfang 1972, ebenda, Jg. 1975/76. Vgl. dazu auch den Nachweis oben S. 772, Anm. 184. Vgl. zur Jubiläumstagung des RGW die Analyse in: Osteuropäische Rundschau 1969, H. 2, S. 23–25, wo die unterschiedlichen Interessen der Mitgliedsländer aufgezeigt werden.
128 Text des Kommuniqués in: IRuD 1971, S. 316–320 (319). Vgl. dazu auch W. Seiffert: Rechtssystem, S. 40–42.

waren sich westliche Beobachter damals darüber einig, daß es abzuwarten bleibt, ob der Konferenz die ihr im voraus zugeschriebene historische Bedeutung zukommen wird. Die Konferenz verdeutlichte ein weiteres Mal die unterschiedlichen integrationspolitischen Auffassungen der RGW-Partner. Während die UdSSR, unterstützt von Polen, der DDR und Bulgarien, gern auf »eine zum größten Teil politisch bedingte Supranationalität der Organisation«[129] hingearbeitet hätte, befürworteten Ungarn und die Tschechoslowakei mehr einen relativen ökonomischen Liberalismus. Nicolae Ceaușescu, der die damalige RGW-Struktur für angemessen, wenngleich für ausbaufähig hielt, betonte erneut, daß sich Rumänien nicht auch nur eines Teils seiner nationalen Rechte begeben werde.[130]

Die 24. Tagung des RGW vom 12. bis zum 14. Mai 1970 in Warschau traf organisatorische Vorkehrungen, um die Beschlüsse der Partei- und Regierungschefs der 23. Tagung vom April 1969 zu verwirklichen und bestätigte die Gründung der Internationalen Investitionsbank. Aus dem Kommuniqué ging hervor, daß die Errichtung der Bank gegen den Widerspruch Rumäniens beschlossen worden ist.[131]

Nun durfte man mit Spannung abwarten, ob es Parteichef Leonid Brežnev gelingen wird, die Delegierten des XXIV. Parteitags der KPdSU Ende März 1971 mit der Nachricht zu überraschen, daß inzwischen ein für alle Seiten akzeptables Integrations-Programm im RGW erarbeitet worden sei. Das war nicht der Fall. So erklärte Brežnev am 30. März 1971:

»Die ökonomische Integration der sozialistischen Länder stellt einen neuen und komplizierten Prozeß dar. Er setzt ein neues und umfassenderes Herangehen an viele ökonomische Fragen sowie die Fähigkeit voraus, die

---

129 So der Kommentar »Keine ›historische‹ Comecon-Konferenz«, in: Osteuropäische Rundschau 1969, H. 5, S. 28.
130 Vgl. beispielsweise die »Agerpres«-Meldung vom 23. April 1969; zit. ebenda. Vgl. zur 23. Sondertagung des RGW auch A. Uschakow: Integrationsplan, S. 63–65, wo er auch das wissenschaftliche Schrifttum analysiert hat.
131 Text des Kommuniqués in: IRuD, Jg. 1971, S. 327–329 (328). Vgl. über die sowjetisch-rumänischen Differenzen M. Jansen: Integrationstendenzen, S. 4–7; »Rumänien«, in: Osteuropäische Rundschau 1970, H. 6, S. 27–29 (28 f.). Die RGW-Tagung in Warschau fand zu einem Zeitpunkt statt, als sich die sowjetisch-rumänischen Beziehungen verschärft hatten. Nach einem mehrjährigen diplomatischen Tauziehen wurde endlich am 7. Juli 1970 in Bukarest der neue Bündnispakt unterzeichnet. Text des Vertrags, ebenda, H. 8, S. 36 f. und in Europa-Archiv 1970, S. D 379–382. Vgl. dazu »Rumänien«, in: Osteuropäische Rundschau 1970, H. 8, S. 31–33. Eine Analyse des Vertrags folgt unten S. 866 f.

rationellsten Lösungen zu finden, die den Interessen nicht nur des betreffenden Landes, sondern auch aller an der Zusammenarbeit Beteiligten entsprechen. Das erfordert eine feste Orientierung auf die neuesten Errungenschaften von Wissenschaft und Technik, auf die rentabelsten und technisch fortgeschrittensten Arten der Produktion.«[132]

Es sollten noch weitere vier Monate vergehen, bis der Rat für Gegenseitige Wirtschaftshilfe auf seiner 25. Jubiläumstagung vom 25. bis zum 29. Juli 1971 in Bukarest das umfangreiche »Komplexprogramm für die weitere Vertiefung und Vervollkommnung der Zusammenarbeit und Entwicklung der sozialistischen ökonomischen Integration der Mitgliedsländer des RGW«[133] verabschieden konnte. Rumänien konnte das wortreiche Dokument deshalb unterzeichnen, da darin noch einmal allen supranationalen Tendenzen und der Konzentration der einzelnen Industriezweige in einem Land eine deutliche Absage erteilt wurde und es vornehmlich nur eine »Absichtserklärung« darstellt, die die einzelnen Länder zu nichts verpflichtet.[134]

Werner Gumpel, einer der besten Kenner der östlichen Integration, hat den Rat für Gegenseitige Wirtschaftshilfe als ein »Instrument sowjetischer Hegemonie«[135] apostrophiert. Gerade weil in den letzten Jahren von

---

132 Dt. Text des Rechenschaftsberichts in: Neues Deutschland vom 31. März und 1. April 1971; Auszüge in: Europa-Archiv 1971, S. D. 234.
133 Text in: IRuD, Jg. 1975/76, S. 295-415. Vgl. dazu A. Uschakow: Integrationsplan, S. 64 f.; ders.: Comecon, S. 22-24. Vgl. dazu aus ökonomischer Sicht P. Knirsch: Bemühungen um eine Wirtschaftsintegration in Osteuropa. Gute Überblicke über die Entwicklung der ökonomischen Integration im RGW vermittelt auch P. Marer in: Prospects for Integration in the Council for Mutual Economic Assistance (CMEA); ders.: Europe.
134 Vgl. dazu aus dem umfangreichen Schrifttum beispielsweise P. J. Bryson und E. Klinkmüller: Eastern European Integration, S. 117-120 (119): »Ceausescu of Rumania finally came around to accepting the Complex Programme for integration in the centralist world, only because it contained nothing new in the way of integrative technique that would threaten national independence, and because integration was defined (or rather left undefined) so as not to ›affect national independence and sovereignty, nor lead to common planning and superstate form of organization‹ (zit. nach H. W. Schaefer: Comecon and the Politics of Integration, S. 113).« Vgl. dazu auch T. Rakowska-Harmstone: »Socialist Internationalism« and Eastern Europe, S. 46 f.; Z. M. Fallenbuchl: Comecon Integration, der seine detaillierte und materialreiche Studie mit zahlreichen instruktiven Tabellen versehen hat. Vgl. dazu auch die ausführliche Analyse (Kap. 2: »Der Übergang zur ökonomischen Integration – das ›Komplexprogramm‹ des RGW«) bei W. Seiffert, in: Rechtssystem, S. 42-77; L. T. Caldwell und St. E. Miller: East European integration and European politics, S. 360-370; J. F. Brown: Détente and Soviet policy in Eastern Europe, S. 50 f. Vgl. dazu auch unten S. 884 mit Anm. 220.
135 W. Gumpel: Instrument; ders.: Integration.

den Befürwortern der sowjetischen Integrations-Politik in der »sozialistischen Gemeinschaft« das »Komplexprogramm« immer wieder so gefeiert und von einer »wesentlich höheren Stufe«[136] gesprochen worden ist, darf nicht übersehen werden, daß es Josef Stalin war, der dafür die Voraussetzungen geschaffen hat, daß die Volkswirtschaften der RGW-Staaten vornehmlich eine Ergänzung der sowjetischen Wirtschaft bilden.

Es würde den Rahmen dieser Untersuchung sprengen, wenn hier auch nur der Versuch gemacht würde, den gegenwärtigen Stand der »sozialistischen ökonomischen Integration« im einzelnen darzustellen. Ein genaues und kritisches Studium des im Umfang so bombastischen »Komplexprogramms«, das verheißungsvolle Perspektiven vermitteln möchte, kann nicht darüber hinwegtäuschen, daß die ökonomischen Realitäten im RGW-Bereich eine andere Sprache sprechen. Ernst Kux, einer der besten Kenner der Wirklichkeit im Sowjetblock, hat Anfang 1980 in sehr dezidierter Weise die Situation der ökonomischen »Integration« im RGW-Bereich beleuchtet. Seine wichtigsten Schlußfolgerungen lauten:

»This state of affairs reflects a variety of problems from the East European standpoint. First, despite much talk about integration of the national economies of CMEA countries and about a division of labor among them, there has been only slow progress toward coordination of their five-year plans and longterm programs and toward the development of an interrelated planning and production area and a unified socialist market ... The main obstacles to development, integration, and reforms in the CMEA system lie, in the absence of a functioning market and pricing mechanism, in the national planning and control institutions and the no less bureaucratic and cumbersome apparatus of CMEA programming and coordination ... Economic relations within the ›socialist community‹ are highly anbalanced. About half of the USSR's deliveries to East European CMEA members consist of fuel and raw materials ... The dependence of East European CMEA states on raw-material, and especially oil, deliveries from the USSR has made their economic growth rates a captive of

---

136 So beispielsweise L. Brežnev in seinem Rechenschaftsbericht auf dem XXV. Kongreß der KPdSU am 24. März 1976; dt. Text in: Europa-Archiv 1976, S. D 226.

what limitations Moscow imposes on these deliveries and what price it charges for them. That this dependence has been growing, rather than decreasing, it quite clear.«[137]

---

[137] E. Kux: Tensions, S. 28 f. mit zahlreichen Nachweisen und Tabellen. Das umfangreiche Schrifttum über die Entwicklung des RGW kann hier nicht rekapituliert werden. Vgl. über die Entwicklung des RGW in den siebziger Jahren vor allem B. Askanas/H. Askanas/F. Levčik: Wirtschaftsentwicklung im RGW-Raum 1970–1980; Z. B. Fallenbuchl: Comecon Integration; P. Hanson: Soviet Trade with Eastern Europe; A. H. Smith: Factors; A. Zauberman: The East European Economies; R. Biskup: Wirtschaftliche Zusammenarbeit im Rahmen des RGW. Vgl. speziell zur Position der DDR im RGW M. Haendcke-Hoppe: Die außenwirtschaftlichen Beziehungen der DDR; K. C. Thalheim: Die DDR im RGW. Einen guten Überblick über die Entwicklung des RGW vermittelt aus der Perspektive der DDR das 1981 erschienene »Lexikon RGW«. Hinzuweisen ist auch auf die regelmäßig in »Osteuropa-Wirtschaft« veröffentlichten Beiträge zu Spezialfragen des RGW. Sehr instruktiv dazu mit zahlreichen Nachweisen W. Seiffert: Rechtssystem, S. 43–77. Seifferts Studie über die Entwicklung des RGW und speziell die »Funktion der rechtlichen Regelung ökonomischer Integrationsprozesse im Rahmen des RGW« beruht – wie der Autor im Vorwort, S. 10, betont – auf den »in der praktischen Mitarbeit als ›wissenschaftlicher Experte‹ in der ›Rechtsberatung‹ – einem Organ des Exekutivkomitees des RGW – während der Jahre 1968–1978 gewonnenen Erfahrungen«. Er vermittelt auch einen instruktiven Überblick über wichtige Ereignisse und Entscheidungen im RGW und dessen Organen in den Jahren 1971–1981 (vgl. S. 78–81).

Kapitel IX

Die UdSSR als »Ordnungsmacht« der engeren »sozialistischen Gemeinschaft«

> »Die sozialistische Gemeinschaft ist ein freiwilliges Bündnis gleichberechtigter, souveräner und unabhängiger Staaten ... ein Bündnis völlig neuen Typs. Es basiert nicht nur auf der Gemeinsamkeit der staatlichen Interessen einer Gruppe von Ländern, sondern stellt eine brüderliche Familie von Völkern dar, die von marxistisch-leninistischen Parteien geführt werden, die durch eine gemeinsame Weltanschauung, gemeinsame hohe Ziele sowie Beziehungen der kameradschaftlichen Solidarität und gegenseitiger Hilfe fest miteinander verbunden sind.«
>
> Leonid Brežnev[1]

1. Vorbemerkung

Im folgenden soll der institutionelle Rahmen abgesteckt werden, in dem sich die Beziehungen zwischen den zur kommunistischen Staatenverbindung gehörenden Mitgliedern vollziehen. Die zeithistorische Darstellung hat bereits den hohen Stellenwert der interparteilichen Ebene neben der zwischenstaatlichen verdeutlicht. Ebenso geht aus der Entwicklungsgeschichte der kommunistischen Staatenverbindung hervor, daß zwischen den multilateralen und bilateralen Beziehungen zu differenzieren ist. Die wichtigsten multilateralen Organisationen bilden die Warschauer Militärallianz, die sich immer stärker auch zu einem außenpolitischen Koordinierungsorgan entwickelt hat, und der Rat für Gegenseitige Wirtschaftshilfe. Als weitere und wichtige Basis des sowjetischen Bündnissystems dienen die zweiseitigen politischen Verträge, deren Bedeutung sich keinesfalls in den militärischen Beistands- und politischen Konsultationsklauseln erschöpft, da in ihnen jeweils auch wichtige Integrationselemente verankert sind.

Eine Analyse der Bündnis- und »Block«-Struktur ist nur sinnvoll, wenn sie die Erörterung der Frage nach dem Status der zur »sozialistischen Ge-

---

1 So L. Brežnev in seiner Rede auf dem VII. Parteitag der Polnischen Vereinigten Arbeiterpartei am 9. Dezember 1975 in Warschau. Text bei L. I. Breshnew: Auf dem Wege Lenins. Reden und Aufsätze. Bd. 5, S. 459.

meinschaft« gehörenden Länder einbezieht. Diese vielschichtige Problematik impliziert die weitere zentrale Frage, wie die Sowjetunion ihren Führungsanspruch durchsetzt und welchen politischen Spielraum sie ihren Allianzpartnern zu konzedieren bereit ist. Die Frage, nach welchen Kriterien und Klassifikationen das Verhältnis der »Bruderländer« zur UdSSR zu beurteilen ist, geht sowohl den Politikwissenschaftler als auch den Völkerrechtler an. Das hat sich vor allem gezeigt, als die Sowjetunion im Herbst 1956 die Volkserhebung in Ungarn niederschlug und fünf Warschauer Pakt-Mächte in der Nacht vom 20. zum 21. August 1968 dem »Prager Frühling« ein jähes Ende bereiteten.

Eine Untersuchung der Entwicklung und Struktur der kommunistischen Staatenverbindung mündet in der Frage nach der Zukunfts-Perspektive. Dabei ist bemerkenswert – das sei schon vorweggenommen –, daß sich die neue Verfassung der UdSSR vom 7. Oktober 1977 zu diesem zentralen Punkt nicht geäußert hat. Hingegen hat Leonid Brežnev auf dem XXV. Parteitag der KPdSU am 24. Februar 1976 den »Annäherungsprozeß der sozialistischen Länder« so umrissen:

»Mit dem Aufblühen jeder sozialistischen Nation und dem Erstarken der Souveränität der sozialistischen Staaten werden ihre gegenseitigen Beziehungen immer enger, entstehen immer mehr gemeinsame Elemente in ihrer Politik, Wirtschaft und ihrem sozialen Leben, gleicht sich ihr Entwicklungsniveau allmählich einander an. Dieser Prozeß der allmählichen Annäherung der sozialistischen Länder tritt heute mit aller Deutlichkeit als gesetzmäßige Erscheinung zutage.«[2]

Als Brežnev auf dem XXV. Parteitag der KPdSU die Beziehungen zu den »sozialistischen Bruderstaaten« skizzierte, nannte er Bulgarien, die DDR, Jugoslawien, die Koreanische Volksdemokratische Republik, Kuba, die Mongolische Volksrepublik, Polen, Rumänien, die Tschechoslowakei, Ungarn und Vietnam.[3]

Die folgende Analyse beschränkt sich – wie bereits die zeitgeschichtliche Darstellung – auf jene Staaten, die die engere »sozialistische Gemeinschaft« bilden und Mitglieder des Warschauer Pakts sind: Bulgarien, die DDR, Polen, Rumänien, die UdSSR, die Tschechoslowakei und Ungarn.[4] Auch wenn die Mongolische Volksrepublik, Kuba und Vietnam in

---

2 Text, ebenda, S. 505.
3 Text, ebenda, S. 506.
4 Es versteht sich von selbst, daß L. Brežnev nach dem Austritt Albaniens aus dem Warschauer Pakt am 13. September 1968 dieses Land nicht mehr als zur »sozialistischen Gemeinschaft« gehörig betrachtet.

den Rat für Gegenseitige Wirtschaftshilfe aufgenommen worden sind[5], gehören sie nicht zum »Kern« der von der UdSSR geführten kommunistischen Staatenverbindung in Europa.[6] Das gilt gleichfalls für das seit 1964 mit dem Rat für Gegenseitige Wirtschaftshilfe vertraglich verbundene Jugoslawien[7], das keinesfalls gewillt war und ist, sich sowjetischen Führungsansprüchen unterzuordnen.

2. Die Bezeichnung der kommunistischen Staatenverbindung

Es gehört zu den interessantesten Phänomenen, daß in Selbstdarstellungen des früheren »sozialistischen Lagers« und der späteren »sozialistischen Gemeinschaft« nur sehr magere und unzureichende Zeugnisse darüber vorliegen, durch welche Kriterien dieses »Bündnis der ungleichen Partner« qualifiziert wird. In zahlreichen, in den betroffenen Ländern verfaßten Studien wird die begriffliche Unklarheit zugegeben. So hieß es noch in einer 1971 in der bekannten sowjetischen Zeitschrift »Weltwirtschaft und internationale Beziehungen« erschienenen Analyse, »daß sich die wissenschaftliche Gesamtkonzeption der Entwicklung des sozialistischen Weltsystems bislang noch im Stadium der Entstehung«[8] befinde. Der bekannte sowjetische Autor A. Butenko[9] kam darin zu folgendem Ergebnis: »Die objektiven gegenseitigen Abhängigkeiten und die bewußt organisierte Zusammenarbeit zwischen den sozialistischen Staaten, die sozialökonomischen und die militärisch-politischen Aspekte der Beziehungen wur-

---

5 Während die 16. (Außerordentliche) Tagung des RGW am 7. Juni 1962 in Moskau die Aufnahme der Mongolischen Volksrepublik beschloß (Text des Kommuniqués in: Neues Deutschland vom 9. Juni 1962 und bei A. Uschakow: Integration, S. 202 mit einem Kommentar dazu, ebenda, S. 103 f.), wurde Kuba aufgrund eines Beschlusses der 26. RGW-Tagung vom 10.–12. Juli 1972 in Moskau Mitglied des RGW (Text des Kommuniqués in: Neues Deutschland vom 13. Juli 1972 und IRuD, Jg. 1975/76, S. 368). Die Aufnahme Vietnams beschloß die 32. RGW-Tagung vom 27.–29. Juni 1978 in Bukarest (Text des Kommuniqués in: Neues Deutschland vom 30. Juni 1978; vgl. dazu S. Kupper: Auf der Grundlage der Interessiertheit, S. 799).
6 Vgl. über die vertraglichen Beziehungen der drei Länder zu den Mitgliedstaaten des Warschauer Pakts B. Meissner: Wandlungen. Darin sind auch die vertraglichen Beziehungen zu Nord-Korea einbezogen.
7 Vgl. dazu oben S. 748 f.
8 A. Butenko: Probleme, S. 188.
9 A. Butenko hat diese Problematik auch behandelt in: Sozialistische Integration – Wesen und Perspektiven. Berlin (Ost) 1972.

den nicht voneinander abgegrenzt und daher die wesentlichen Nuancen im Inhalt der Begriffe ›sozialistisches Lager‹, ›sozialistische Staatengemeinschaft‹ und ›sozialistisches Weltsystem‹ nicht erschlossen. Die Ereignisse der jüngsten Zeit haben deutlich werden lassen, daß eine solche vereinfachte Betrachtungsweise nicht als methodologische Grundlage für die Erklärung der Tatsache dienen kann, daß die ›Herausbildung eines neuen Typs internationaler Beziehungen, die Entwicklung des brüderlichen Bündnisses der sozialistischen Staaten . . . ein komplizierter historischer Prozeß‹[10] ist.«[11]

A. Butenko hat jedoch zur begrifflichen Klärung ebensowenig beigetragen wie die DDR-Autorin Margot Hegemann, die sich gleichfalls in starkem Maße mit der Geschichte der »sozialistischen Staatengemeinschaft« befaßt hat und noch Anfang 1974 meinte, daß es bisher »noch keine geschlossene Theorie über die historische Erscheinung der sozialistischen Staatengemeinschaft«[12] gäbe. Auch sie läßt mit ihrem Versuch, zwischen der »sozialistischen Staatengemeinschaft« und dem »sozialistischen Weltsystem« zu differenzieren, den Leser im dunkeln: »Die sozialistische Staatengemeinschaft entsteht nicht zwangsläufig mit der Herausbildung des sozialistischen Weltsystems. Beide müssen auch nicht identisch sein, und beide sind veränderlich.«[13]

Die begriffliche Unklarheit und Unsicherheit sind nicht zuletzt darauf zurückzuführen, daß sich die Autoren aus Ländern des Warschauer Pakts nicht auf offizielle und klare Abgrenzungen zwischen dem engeren und weiteren Kreis der »sozialistischen« Staaten, also zwischen der »sozialistischen Gemeinschaft« und dem »sozialistischen Weltsystem«, beziehen können. Festzuhalten gilt zunächst, daß Josef Stalin erst im Herbst 1947 erstmals die von der Roten Armee eroberten und kontrollierten Länder mit einer Formel umschrieb. Als im September 1947 das Kommunistische Informationsbüro errichtet wurde[14], sprach A. A. Ždanov in seinem Referat von dem »Entstehen von zwei Lagern, des imperialistischen und antidemokratischen Lagers einerseits und des antiimperialistischen und demokratischen andererseits«.[15] Wie wenig Wert Stalin auf eine klare Bezeichnung der nach 1945 geschaffenen Staatenverbindung legte, ging aus

---

10 Zit. aus dem Hauptdokument des kommunistischen Weltkonzils vom 17. Juni 1969. Text in: Osteuropa-Archiv 1969, S. A 173.
11 A. Butenko: Probleme, S. 198 f.
12 M. Hegemann: Probleme, S. 19.
13 M. Hegemann, ebenda, S. 20.
14 Vgl. dazu ausführlicher oben S. 351–359.
15 Text bei B. Meissner: Ostpakt-System, S. 91 f.

seinen spärlichen Äußerungen über das »Sowjetimperium« hervor.[16] So war es auch kein Zufall, daß Georgij Malenkov auf dem XIX. Parteitag der KPdSU im Oktober 1952 zwar die »gänzlich neuartigen Beziehungen zwischen den Staaten, wie sie in der Geschichte noch nie bestanden haben«[17], beschwor, ohne diese mit einer klaren Formel zu kennzeichnen.

Die Nachfolger Josef Stalins ließen sich bis zum Herbst 1955 Zeit, um das Bündnis zwischen der UdSSR und den anderen kommunistisch regierten Ländern mit dem Namen »sozialistisches Lager« zu versehen. So hieß es in einem wegweisenden Aufsatz, den der »Kommunist« im Oktober 1955 veröffentlichte:

»Die Außenpolitik der KPdSU fußt auf den leninistischen Prinzipien des Kampfes um den Frieden, der friedlichen Koexistenz und des Wettbewerbs des sozialistischen und kapitalistischen Systems. Sie trägt den tiefgreifenden Veränderungen Rechnung, die in der Folge des Zweiten Weltkrieges und der Nachkriegsentwicklung eintraten und ihren Niederschlag fanden in der weiteren Vertiefung der allgemeinen Krisis des Kapitalismus, in der Entstehung des großen Freundschaftsbundes der sozialistischen Staaten, in dem beginnenden Zerfall des imperialistischen Kolonialsystems und der machtvollen Völkerbewegung für die Konsolidierung des Friedens ... Die Entstehung eines mächtigen Freundschaftsbundes sozialistischer Staaten ist eine große welthistorische Errungenschaft dieser Länder sowie der gesamten weltweiten Befreiungsbewegung ... .«[18]

In dem Grundsatzbeitrag wurde der »Freundschaftsbund der sozialistischen Staaten« mit der UdSSR an der Spitze als ein »neuer, sozialistischer Typ internationaler Beziehungen« bezeichnet. Während in deutschen Übersetzungen das russische Wort »sodružestvo« damals mit »Freundschaftsbund« widergegeben wurde, bevorzugten angelsächsische Autoren den Terminus »Commonwealth of socialist states«[19].

---

16 Vgl. dazu oben S. 445 f.
17 Vgl. ebenda, S. 446 f.
18 Der Zusammenhang zwischen Theorie und Praxis und die Parteipropaganda, in: Kommunist, Nr. 14/1955; dt. unwesentlich gekürzte Übersetzung in: Ost-Probleme 1955, S. 1702–1709 (1703–1705). Vgl. dazu auch oben S. 528 f.
19 So beispielsweise K. London in seiner instruktiven Analyse »Commonwealth«, S. 426. Die materialreichste und umfassendste westliche Analyse über die Entstehung und Entwicklung der Termini »sozialistisches Lager«, »sozialistisches Weltsystem«, »sozialistische Gemeinschaft« und anderer verwandter Formeln hat Vernon V. Aspaturian in: The Metamorphosis of the »Socialist Commonwealth« geliefert, in der er auch die einschlägige Bestimmung (Art. 30) der sowjetischen Verfassung von 1977 einbeziehen konnte; ders.: Power.

In der Entschließung des XX. Parteitags der KPdSU vom 24. Februar 1956 wurden – soweit ersichtlich – zum erstenmal die Formeln vom »Weltsystem« des Sozialismus und vom »sozialistischen Freundschaftsbund« gebraucht; in der DDR wurde das Wort »sodružestvo« der sozialistischen Staaten mit »sozialistisches Lager«[20] übersetzt.

Nachdem die »sodružestvo«-Formel in den wichtigen Beschluß des Zentralkomitees der KPdSU vom 30. Juni 1956 aufgenommen worden war[21], wurde sie erstmals offiziell in der Erklärung der Sowjetregierung vom 30. Oktober 1956 über die Beziehungen der UdSSR zu den anderen sozialistischen Ländern definiert:

»Vereinigt durch die gemeinsamen Ideale des Aufbaus der sozialistischen Gesellschaft und durch die Prinzipien des proletarischen Internationalismus, können die Länder der großen Gemeinschaft der sozialistischen Nationen ihre gegenseitigen Beziehungen nur auf den Prinzipien der völligen Gleichberechtigung, der Achtung der territorialen Integrität, der staatlichen Unabhängigkeit und Souveränität sowie der gegenseitigen Nichteinmischung in die inneren Angelegenheiten aufbauen. Dies schließt eine enge brüderliche Zusammenarbeit und gegenseitige Hilfe der Länder der sozialistischen Gemeinschaft auf wirtschaftlichem, politischem und kulturellem Gebiet keinesfalls aus, sondern setzt sie im Gegenteil voraus.«[22]

Die Formel vom »Freundschaftsbund« wurde erstmals im November 1957 in einem multilateralen Dokument auf der Parteiebene verankert. So hieß es in der Moskauer Erklärung der zwölf regierenden kommunistischen Parteien vom 16. November 1957:

»Was die sozialistischen Staaten zu einer einträchtigen Gemeinschaft vereint, ist der gemeinsame Weg des Sozialismus, den sie eingeschlagen haben; es ist der gemeinsame Klassencharakter ihrer sozialökonomischen Ordnung und ihrer Staatsmacht, ihr Bedürfnis nach gegenseitiger Unterstützung und Hilfe, die Gemeinsamkeit ihrer Interessen und Ziele im Kampf gegen den Imperialismus, für den Sieg des Sozialismus und des

---

20 Dt. Übersetzung der Entschließung des XX. Kongresses der KPdSU in: Neues Deutschland vom 25. Februar 1956 und in: Dokumentation der Zeit 1956, H. 114, Sp. 9110–9125 (9111, 9121).
21 Russ. Text in: Pravda vom 2. Juli 1956; dt. Übersetzung in: Ost-Probleme 1956, S. 955–962 und bei B. Meissner: Rußland unter Chruschtschow, S. 271–284 (271).
22 Dt. Übersetzung in: Neues Deutschland vom 31. Oktober 1956 und Europa-Archiv 1956, S. 9388 f. (9388). Die Erklärung der sowjetischen Regierung ist bereits oben in einem anderen Zusammenhang gewürdigt worden (vgl. S. 576–578). Vgl. dazu auch S. Avramov: Staaten, S. 30.

Kommunismus, die gemeinsame Ideologie des Marxismus-Leninismus.«[23]

Festzuhalten gilt hier, daß die in der DDR veröffentlichte Übersetzung nicht vom »Freundschaftsbund«, sondern von der »Gemeinschaft« sprach. Nachdem die Formel vom »Freundschaftsbund« oder von der »Gemeinschaft« der sozialistischen Staaten im Laufe des Jahres 1958 nur selten verwandt worden war, nahm sie in der Entschließung des XXI. Parteikongresses der KPdSU vom 5. Februar 1959 eine herausragende Rolle ein:

»Der Parteitag hält die größtmögliche Stärkung der Macht des sozialistischen Lagers und die weitere Festigung der Einheit der internationalen kommunistischen Bewegung in Übereinstimmung mit den Prinzipien der Moskauer Erklärung[24] für erforderlich. Die brüderliche Zusammenarbeit der kommunistischen und Arbeiterparteien auf der Grundlage der vollen Selbständigkeit einer jeden Partei, auf der Grundlage des proletarischen Internationalismus, der freiwilligen Zusammenarbeit und der gegenseitigen Hilfe muß weiter entwickelt und erweitert werden ... Gemeinsam mit den anderen kommunistischen Parteien trägt die KPdSU die Verantwortung für die Geschicke des sozialistischen Lagers, für die Geschicke der kommunistischen Weltbewegung.«[25]

Von diesem Zeitpunkt an datieren die terminologischen Unklarheiten, da nun sowohl vom »sozialistischen Lager« (der »sozialistischen Gemeinschaft«) und der »kommunistischen Weltbewegung« gesprochen wurde, ohne beide Formeln voneinander abzugrenzen. Das gilt gleichfalls für wichtige Dokumente der folgenden Jahre. So wurden die Formeln »sozialistisches Weltsystem«, »sozialistisches Lager« und »kommunistische

---

23 Dt. Übersetzung in: Neues Deutschland vom 22. November 1957; Europa-Archiv 1957, S. 10 364–10 370 (10 367); SBZ-Archiv 1961, S. 18–21 (19). Vgl. über wichtige andere Aspekte des Moskauer Dokuments oben S. 590–599. Unterzeichner der Moskauer Erklärung waren neben den kommunistischen Parteien der acht Warschauer Pakt-Mächte die kommunistischen Parteien Chinas, Nord-Koreas, der Mongolischen Volksrepublik und Vietnams. Vgl. dazu auch S. Avramov, ebenda, S. 30 f.
24 Vom 16. November 1957.
25 Russ. Text in: Pravda vom 7. Februar 1959; dt. Übersetzung in: Neues Deutschland vom 8. Februar 1959 (Sonderbeilage) und bei B. Meissner: Rußland unter Chruschtschow, S. 648–668 (665). An anderer Stelle des Dokuments war vom »Weltsystem des Sozialismus« die Rede. Vgl. dazu und über die Entwicklung bis 1959 die instruktiven Nachweise bei K. London: Commonwealth, S. 429–442. Unverständlicherweise hat es Th. Schweisfurth in: Sozialistisches Völkerrecht?, S. 93, unterlassen, die wichtige terminologische Frage zu prüfen, von welchem Zeitpunkt an genau die Formel vom »sozialistischen Lager« benutzt worden ist.

Weltbewegung« auch mehrfach in der Moskauer Erklärung des kommunistischen Weltkonzils vom November 1960 benutzt.[26]
Das immer noch gültige, vom XXII. Kongreß der KPdSU im Oktober 1961 angenommene Programm bezeichnet die Völker Albaniens, Bulgariens, Ungarns, der DDR, der Demokratischen Republik Vietnams, Chinas, der Koreanischen Volksdemokratischen Republik, Polens, Rumäniens, der Tschechoslowakei und der Mongolischen Volksrepublik zusammen mit der Sowjetunion als »das sozialistische Lager«: »Der Zusammenschluß der sozialistischen Staaten zu einem einheitlichen Lager und dessen erstarkende Einheit und ständig wachsende Macht gewährleisten den vollen Sieg des Sozialismus und des Kommunismus im Rahmen des gesamten Systems.«[27]
Das sozialistische Weltsystem verkörpere einen »neuen Typus der wirtschaftlichen und politischen zwischenstaatlichen Beziehungen ... Die sozialökonomische und politische Gemeinschaft schafft die objektive Basis für feste und freundschaftliche zwischenstaatliche Beziehungen im sozialistischen Lager ... Volle Gleichberechtigung, gegenseitige Achtung der Unabhängigkeit und Souveränität, brüderliche gegenseitige Hilfe und Zusammenarbeit sind charakteristische Merkmale der Beziehungen zwischen den Ländern der sozialistischen Gemeinschaft. Im sozialistischen Lager oder – was dasselbe ist – in der Weltgemeinschaft der sozialistischen Länder gibt es für niemanden besondere Rechte und Privilegien, noch kann es sie für irgend jemanden geben.«[28]
Aus diesem Passus geht klar hervor, daß hier die Formeln »sozialistisches Lager«, »sozialistische Gemeinschaft« und »sozialistisches Weltsystem« als identisch betrachtet wurden. Auch in den folgenden Jahren hielten die UdSSR und die mit ihr verbündeten Staaten an dieser Terminologie fest. So benutzte beispielsweise Parteichef Brežnev in seinem Rechenschaftsbericht vom 29. März 1966 auf dem XXIII. Kongreß der KPdSU die Formeln »sozialistische Staatengemeinschaft«, »sozialistisches Weltsystem« und »sozialistische Gemeinschaft«. Dazu zählte er – mit Ausnahme Albaniens – die Mitgliedstaaten des Warschauer Pakts, die Demokrati-

---

26 Dt. Text in: Neues Deutschland vom 6. Dezember 1960 und SBZ-Archiv 1961, S. 7–18 (7–10, 16–18), wo auch von der »Gemeinschaft der sozialistischen Länder« gesprochen wurde. Vgl. zur Moskauer Erklärung der 81 kommunistischen Parteien auch oben S. 645–648.
27 Text bei B. Meissner: Das Parteiprogramm der KPdSU 1903 bis 1961, S. 156 (entnommen aus »Einheit«, Sonderheft August 1961). Vgl. zur Stellung Jugoslawiens oben S. 655. Vgl. dazu auch S. Avramov: Staaten, S. 31.
28 Text, ebenda, S. 156.

sche Republik Vietnam, die Koreanische Volksrepublik, die Mongolische Volksrepublik, die Republik Kuba und die Sozialistische Föderative Republik Jugoslawien.[29]
Der gleichen Terminologie bediente sich Brežnev in seinem Rechenschaftsbericht auf dem XXIV. Kongreß der KPdSU am 30. März 1971, in dem er besonderen Wert auf die These legte, daß die zwischenstaatlichen Beziehungen einen »neuen, sozialistischen Typ«[30] verkörperten. Vom »neuen«, jedoch noch nicht vom »neuen, sozialistischen Typ« der Beziehungen zwischen den sozialistischen Staaten war offiziell bereits erstmals unter der Herrschaft Chruščevs 1960 die Rede.[31]
Als Leonid Brežnev auf dem VII. Parteitag der Vereinigten Polnischen Arbeiterpartei am 9. Dezember 1975 die »sozialistische Gemeinschaft« als »ein Bündnis völlig neuen Typs«[32] bezeichnete, meinte er damit wiederum alle kommunistisch regierten Staaten in der Welt – mit Ausnahme der Volksrepublik China und Albaniens. Noch stärker als in den Jahren zuvor wurde in offiziellen Verlautbarungen nun von den »sozialistischen Bruderstaaten« und »Brudervölkern«[33] gesprochen. So heißt es in dem Beschluß des Zentralkomitees der KPdSU »Zum 60. Jahrestag der Großen Sozialistischen Oktoberrevolution« vom 31. Januar 1977, daß in den letzten Jahren »die Weltgemeinschaft der Brudervölker der sozialistischen Länder – ein internationales Bündnis neuen Typs – noch mehr erstarkt«[34] sei.
Am 24. Mai 1977 begründete Brežnev auf dem Plenum des Zentralkomitees der KPdSU den Entwurf der neuen Verfassung der UdSSR: »Zum erstenmal wird in der Verfassung klar gesagt, daß die Sowjetunion ein Bestandteil des Weltsystems des Sozialismus, der sozialistischen Staatenge-

---

29 Dt. Text (nach Presseagentur »Novosti«, Moskau) in: Europa-Archiv 1966, S. D 258 f.
30 Text in: Neues Deutschland vom 31. März 1971; Auszüge in: Europa-Archiv 1971, S. D 233.
31 Vgl. A. A. Gromyko, S. A. Golunskij, V. M. Chvostov (Hauptred.): Diplomatičeskij slovar' (Diplomatisches Wörterbuch). Bd. I, S. 467 f.; zit. bei N. Jamgotch, Jr.: Management, S. 408 mit weiteren Nachweisen in Anm. 1.
32 Vgl. den Nachweis in diesem Kap., Anm. 1. Vgl. dazu und zu den weiteren terminologischen Unklarheiten T. Rakowska-Harmstone: »Socialist Internationalism«, die sich zwar auf zahlreiche wichtige offizielle Dokumente bezieht, aber beispielsweise die Prinzipien des proletarischen nicht klar von jenen des sozialistischen Internationalismus unterscheidet und auch die einschlägigen Bestimmungen in den bilateralen Bündnispakten nicht berücksichtigt.
33 Vgl. z. B. L. Brežnevs Rechenschaftsbericht auf dem XXV. Kongreß der KPdSU vom 24. Februar 1976. Text in L. I. Breshnew: Auf dem Wege Lenins. Reden und Aufsätze. Bd. 5, S. 504–507.
34 Dt. Text in: Neues Deutschland vom 4. Februar 1977, S. 3–5 (4).

meinschaft ist.«[35] Diese Aussage ließ nur den Schluß zu, daß auch in der neuen Verfassung das »sozialistische Weltsystem« und die »sozialistische Gemeinschaft« als identisch betrachtet wurden.

Als der endgültige Text der am 7. Oktober 1977 in Kraft getretenen Verfassung veröffentlicht wurde, stellte sich heraus, daß die UdSSR nun erstmals zwischen dem »Weltsystem des Sozialismus« und der engeren »sozialistischen Gemeinschaft« differenzierte, ohne den Kreis der Mitgliedsländer der »sozialistischen Gemeinschaft« genau zu bestimmen.[36] Soviel steht jedenfalls fest: Zur »sozialistischen Gemeinschaft« gehören die sieben Mitgliedstaaten des Warschauer Pakts und die Mongolische Volksrepublik, mit der die UdSSR am 15. Januar 1966 einen bilateralen Bündnispakt geschlossen hat[37] und die am 7. Juni 1962 in den Rat für Gegenseitige Wirtschaftshilfe aufgenommen worden ist.[38]

Die interessante Frage, ob nach der Terminologie der neuen Verfassung der UdSSR Kuba und Vietnam zur engeren »sozialistischen Gemeinschaft« gehören, braucht hier nicht beantwortet zu werden. Entscheidend ist, daß sich die erstmals offiziell in der sowjetischen Erklärung vom 30. Oktober 1956 verwandte Formel von der »sozialistischen Gemeinschaft« nicht auf die Mitgliedstaaten des Warschauer Pakts beschränkt. Dennoch ist es notwendig, streng zwischen dem Bündnis der UdSSR mit den im Warschauer Pakt vereinten Staaten und den Beziehungen Moskaus zu den übrigen kommunistisch regierten Ländern zu differenzieren. Das Verhältnis Bulgariens, der DDR, Polens, Rumäniens, der Tschechoslowakei und Ungarns zur Sowjetunion unterscheidet sich in mehrfacher Beziehung grundlegend von dem der außerhalb Europas gelegenen kommunistischen Staaten gegenüber Moskau. Dies geht schon daraus hervor,

---

35 Vgl. »Leonid Breshnew über den Entwurf der neuen Verfassung der UdSSR«, in: Neues Deutschland vom 6. Juni 1977, S. 3 f. (3).
36 Vgl. D. Frenzkes Übersetzung des Verfassungstextes in: Osteuropa-Recht 1978, S. 161: Art. 30. Auch die im »Neuen Deutschland« vom 15./16. Oktober 1977 veröffentlichte Übersetzung bezeichnet die UdSSR als »Bestandteil des sozialistischen Weltsystems *und* der sozialistischen Gemeinschaft«. Hervorhebung vom Verf. Vgl. dazu auch A. Uschakow: Außenpolitik, S. 55 f. mit Anm. 41. Seltsamerweise gibt J. Nikolajew in: Die neue sowjetische Verfassung, S. 25, die von L. Brežnev in seiner Rede vom 24. Mai 1977 verwandte Formel wieder. B. Meissner: Bundesverfassung, S. 381 f. bemerkt, daß die beiden »Begriffe Bestandteil des sozialistischen Weltsystems« und »sozialistische Gemeinschaft« in Art. 30 der neuen Verfassung »fast gleichgesetzt« würden. Es handelt sich hier jedoch um Bezeichnungen und nicht um Begriffe.
37 Text in: Grundsatzverträge, S. 138–142. Vgl. dazu auch D. Frenzke und A. Uschakow: Ussuri-Konflikt, S. 302 f.
38 Vgl. dazu den Nachweis in diesem Kap., Anm. 5.

daß sich der Warschauer Pakt mit seinem auf Europa beschränkten Geltungsbereich als ein Regionalbündnis[39] versteht. Sehr viel wichtiger und gravierender ist jedoch festzustellen, auf welchen Grundprinzipien die zwischenstaatlichen und interparteilichen Beziehungen im Warschauer Pakt-Bereich beruhen, wie sich die Willensbildung institutionell vollzieht und schließlich wie die UdSSR ihren Anspruch als »Ordnungsmacht« in ihrer europäischen »Einflußsphäre« durchsetzt. Erst nach einer Analyse dieser Zusammenhänge kann die Frage beantwortet werden, ob diese Staatenverbindung mit den Begriffen Bündnis, Imperium, Block oder Hegemonie hinreichend gekennzeichnet ist.

Als sprachliche Pikanterie sei festgehalten, daß sich die deutsche Übersetzung »sozialistische Gemeinschaft« an die russische Formel »socialističeskoe sodružestvo« hält. Während in der Moskauer englischen Übersetzung zutreffend von der »socialist community«[40] gesprochen wird, bevorzugen namhafte angelsächsische Autoren die Formel »The Socialist Commonwealth of Nations«[41]. Die damit verbundene zwangsläufige Assoziation mit dem britischen Commonwealth erscheint mehr als unglücklich.

3. Die politisch-ideologischen Grundprinzipien der interparteilichen und zwischenstaatlichen Beziehungen: der proletarische und der sozialistische Internationalismus

Auch wenn in der zeithistorischen Darstellung dieser Arbeit bereits mehrfach von den Prinzipien des proletarischen und des sozialistischen Internationalismus die Rede war, gilt es nun, systematisch den Stellenwert beider Formeln in den Beziehungen zwischen den Staaten der engeren »sozialistischen Gemeinschaft« und den dort regierenden kommunistischen

---

39 Im Sinne des VIII. Kapitels der UN-Satzung. Vgl. dazu mit Nachweisen J. Hacker: Der Warschauer Pakt, S. 170; G. J. Morosow: Internationale Organisationen, S. 127.
40 Vgl. dazu die in Moskau erscheinende englischsprachige Monatsschrift »International Affairs«: Vol. 1965, No. 5, S. 19; No. 9, S. 23; Vol. 1966, No. 5, S. 8, 16; Vol. 1967, No. 10, S. 3; No. 11, S. 4. Weitere Nachweise für die Jahre 1962/64 bei Th. Schweisfurth: Doktrin, S. 718, Anm. 29.
41 So hat beispielsweise K. Grzybowski seine 1964 erschienene Monographie überschrieben; K. London: Commonwealth. Zutreffend bemerkt dazu Th. Schweisfurth ebenda: »Westliche englische Übersetzungen mit ›socialist Commonwealth‹ sind quasi nicht autorisiert.« Vgl. dazu auch den grundlegenden Beitrag von V. V. Aspaturian: Metamorphosis.

Parteien herauszuarbeiten. Während Karl Marx und Friedrich Engels die Ehre zuteil wird, das Prinzip des proletarischen Internationalismus im »Manifest der Kommunistischen Partei« 1848 theoretisch begründet zu haben, konnte es jedoch erst nach der Oktober-Revolution in Rußland 1917 praktische Bedeutung gewinnen.[42] Über die Frage, wie der proletarische Internationalismus auszulegen ist, ist innerhalb des Weltkommunismus, also zwischen der regierenden Kommunistischen Partei Rußlands[43] und den nichtregierenden Parteien in anderen Ländern, seit der Errichtung der Kommunistischen Internationale im Jahre 1919 ständig gerungen worden. Dazu trug auch und gerade Lenin bei, der das Prinzip des proletarischen Internationalismus auf dem II. Weltkongreß der Komintern 1920 so definiert hat:

»... der proletarische Internationalismus fordert: erstens, daß die Interessen des proletarischen Kampfes des einen Landes den Interessen des internationalen proletarischen Kampfes untergeordnet werden; zweitens, daß die Nation, die über die Bourgeoisie siegt, fähig und bereit ist, die größten nationalen Opfer für den Sturz des internationalen Kapitals zu bringen.«[44]

Der Terminus »sozialistischer Internationalismus« wurde erst nach dem Ende des Zweiten Weltkriegs aktuell, als »mit dem Sieg der sozialistischen Revolution in einer Reihe von Ländern Europas und Asiens und mit der Herausbildung des sozialistischen Weltsystems und seiner Entwicklung« der »proletarische Internationalismus eine neue Qualität« erreicht habe: »Er wurde nunmehr der Gestaltung der zwischenstaatlichen Zusammenarbeit der sozialistischen Länder zugrunde gelegt.«[45]

Dennoch sollte es bis Ende 1957 dauern, bis die Formel vom sozialistischen Internationalismus erstmals gebraucht und mit ihr das Prinzip der

---

42 Vgl. dazu die immer noch grundlegende und detaillierte Darstellung von G. Nollau: Die Internationale.
43 und der späteren KPdSU.
44 W. I. Lenin: Ausgewählte Werke. Bd. II, S. 774; zit. auch bei G. Nollau: Die Internationale, S. 16. Eine knappe Übersicht aus kommunistischer Sicht vermittelt das »Sachwörterbuch«, S. 305–307.
45 So Kleines politisches Wörterbuch. 3. Aufl., S. 728; Sachwörterbuch, ebenda, S. 306. Vgl. dazu mit weiteren Nachweisen J. Hacker: Prinzipien, S. 185 f. Vgl. dazu aus dem unübersehbaren sowjetischen Schrifttum beispielsweise E. S. Schewtschenko: Koordinierung, S. 161: »Der sozialistische Internationalismus kann als neue Qualität, als Weiterentwicklung des proletarischen Internationalismus, als dessen konkreter Ausdruck in den Beziehungen zwischen den sozialistischen Staaten charakterisiert werden. Er beruht auf der brüderlichen Freundschaft, der Zusammenarbeit und dem gegenseitigen Beistand der sozialistischen Staaten.«

brüderlichen gegenseitigen Hilfe verbunden wurde. Als dann die Prinzipien des sozialistischen Internationalismus ab 1964 in alle neu geschlossenen bilateralen Bündnispakte aufgenommen wurden, gewann er eine andere Dimension. Dabei darf nicht übersehen werden, daß die Formeln vom sozialistischen und proletarischen Internationalismus bis heute nicht immer scharf voneinander abgegrenzt gebraucht worden sind.[46]
Der hohe Stellenwert beider Formeln geht daraus hervor, daß sie nicht nur in wichtigen multilateralen kommunistischen Grundsatzerklärungen, sondern auch in einigen seit 1965 eingeführten neuen Verfassungen der Warschauer Pakt-Mächte sowie in den jeweiligen Partei-Programmen verankert worden sind. Für die zwischenstaatlichen Beziehungen am wichtigsten und gravierendsten ist, daß das bestehende bilaterale Pakt-System ausnahmslos auf den Grundsätzen des sozialistischen Internationalismus basiert.
Bei der Anwendung und Interpretation der beiden Internationalismus-Formeln verdienen drei Aspekte besondere Beachtung: auf der zwischenstaatlichen Ebene das Verhältnis der Warschauer Pakt-Mächte zur UdSSR, auf der interparteilichen Ebene das Verhältnis der in diesen Staaten regierenden kommunistischen und Arbeiterparteien zur KPdSU und schließlich die Frage nach der brüderlichen gegenseitigen Hilfe.

---

46 Beispielsweise wertet der 1973 erschienene und die Publikation abschließende Bd. VI der 1967 begonnenen Ausgabe des sowjetischen »Kurses des Völkerrechts« den sozialistischen Internationalismus nicht als gesondertes Prinzip, das aus dem Grundatz des proletarischen Internationalismus unter den Bedingungen der »sozialistischen Gemeinschaft« hervorgegangen ist. Hingegen gehen die Autoren von einem einheitlichen Prinzip aus, »das sowohl eine völkerrechtliche als auch eine moralisch-politische Seite hat. In der Zusammenfassung bezeichnen sie deshalb das Prinzip als ›Prinzip des proletarischen, sozialistischen Internationalismus‹ (Band VI, S. 39)«. So K. Becher/W. Seiffert/H. Wünsche in ihrer Rezension des »Kurses des Völkerrechts« in sechs Bänden, S. 501. Überschaut man jedoch das in den kommunistischen Staaten erschienene Schrifttum, dann bilden jene Autoren, die den proletarischen nicht vom sozialistischen Internationalismus scheiden, die Ausnahme. Die terminologischen Unklarheiten beruhen auch darauf, daß die interparteilichen Beziehungen nicht immer klar unter den proletarischen und die zwischenstaatlichen unter den sozialistischen Internationalismus subsumiert werden. Das übersehen im westlichen Schrifttum vor allem B. Meissner (vgl. von seinen zahlreichen Arbeiten über diese Problematik nur »Die ›Breshnew-Doktrin‹«) und Th. Schweisfurth in: Sozialistisches Völkerrecht, die ständig beide Prinzipien durch die Binde- oder Schrägstrich-Form miteinander verkoppeln. Beide Autoren werden dadurch ihrer Aufgabe nicht gerecht, als Ostrechts-Wissenschaftler zur Aufklärung terminologischer Unklarheiten im kommunistischen Schrifttum beizutragen.

a) *Die beiden Internationalismus-Formeln in den kommunistischen Grundsatzerklärungen von 1957, 1960 und 1969*

Auch wenn die Formel vom proletarischen Internationalismus auf eine jahrzehntelange Tradition zurückblicken kann, gewann sie in den zwischenstaatlichen Beziehungen der »sozialistischen Gemeinschaft« erst in der zweiten Hälfte der fünfziger Jahre kardinale Bedeutung. Den Anlaß dazu gaben der Oktober-Umschwung in Polen und die Volkserhebung in Ungarn im Oktober/November 1956. Am 30. Oktober 1956 trat die Regierung der UdSSR mit einer Deklaration über die Grundlagen für die Zusammenarbeit zwischen der Sowjetunion und den anderen »sozialistischen Staaten« hervor, deren Bedeutung sich keinesfalls auf die Ankündigung beschränkte, mit den Ländern, in denen sowjetische Truppen stationiert waren, nunmehr vertragliche Regelungen darüber zu treffen.[47] Die Deklaration war darüber hinaus deshalb so bedeutungsvoll, weil sie die Prinzipien der friedlichen Koexistenz und des proletarischen Internationalismus noch als gleichermaßen in den Beziehungen zwischen allen und damit auch zwischen den sozialistischen Staaten gültig bezeichnete: »Die unerschütterliche Grundlage der Auslandsbeziehungen der UdSSR war und bleibt die Politik der friedlichen Koexistenz, der Freundschaft und der Zusammenarbeit zwischen allen Staaten. Den tiefsten und konsequentesten Ausdruck findet diese Politik in den gegenseitigen Beziehungen zwischen den sozialistischen Ländern. Vereinigt durch die gemeinsamen Ideale des Aufbaus der sozialistischen Gesellschaft und durch die Prinzipien des proletarischen Internationalismus, können die Länder der großen Gemeinschaft der sozialistischen Nationen ihre gegenseitigen Beziehungen nur auf den Prinzipien der völligen Gleichberechtigung, der Achtung der territorialen Integrität, der staatlichen Unabhängigkeit und Souveränität sowie der gegenseitigen Nichteinmischung in die inneren Angelegenheiten aufbauen. Dies schließt eine enge brüderliche Zusammenarbeit und gegenseitige Hilfe der Länder der sozialistischen Gemeinschaft auf wirtschaftlichem, politischem und kulturellem Gebiet keinesfalls aus, sondern setzt sie im Gegenteil voraus.«[48]
Diese Darlegungen lassen nur den Schluß zu, daß nach damaliger Ansicht der Sowjetregierung auch zwischen kommunistischen Staaten die Koexistenz-Grundsätze anzuwenden seien – eine These, die der Kreml dann

---

47 Vgl. dazu ausführlicher oben S. 576 f., 587–590.
48 Text in: Neues Deutschland vom 31. Oktober 1956 und Europa-Archiv 1956, S. 9388.

bald insofern aufgab, als zwischen »sozialistischen« Staaten nur noch die Prinzipien des proletarischen und sozialistischen Internationalismus Geltung haben sollten.[49] Festzuhalten gilt, daß in der Erklärung vom 30. Oktober 1956 die Bezeichnung proletarischer Internationalismus für die Kennzeichnung der Beziehungen zwischen den »sozialistischen« Staaten verwandt worden ist; vom sozialistischen Internationalismus war darin noch nicht die Rede. Die in der Deklaration genannten Prinzipien gaben in abgewandelter Form jene Grundsätze wider, die in Art. 2 der UN-Charta verankert sind. Einen zentralen Platz nahmen bereits die »brüderliche Zusammenarbeit« und »gegenseitige Hilfe« in der sowjetischen Erklärung ein.

In der wichtigen, ebenfalls bereits gewürdigten Zwölf-Parteien-Erklärung der Moskauer Konferenz vom 16. November 1957 ist sowohl vom proletarischen als auch vom sozialistischen Internationalismus die Rede: »Die Grundlage der Beziehungen zwischen den Ländern des sozialistischen Weltsystems und zwischen allen kommunistischen und Arbeiterparteien sind die durch das Leben erprobten Prinzipien des Marxismus-Leninismus, die Prinzipien des proletarischen Internationalismus.«[50]

An anderer Stelle wird betont, daß unabdingbarer Bestandteil der Beziehungen zwischen den »sozialistischen« Ländern die »brüderliche gegenseitige Hilfe« sei: »In dieser gegenseitigen Hilfe kommt das Prinzip des sozialistischen Internationalismus wirksam zur Geltung.« Die Erklärung der Moskauer Konferenz, die nur von Vertretern regierender kommunistischer und Arbeiterparteien unterzeichnet worden ist, signalisierte bereits die Verschärfung der Pflichten, denen sich die politischen Führungen jener Staaten zu unterwerfen haben, die von kommunistischen und Arbeiterparteien regiert werden.

Eine wiederum andere Internationalismus-Variante enthält die Moskauer Erklärung der 81 kommunistischen und Arbeiterparteien vom November 1960: »Die gemeinsamen Interessen der Völker der sozialistischen Länder, die Interessen des Sozialismus und des Friedens erfordern in der Politik eine richtige Verbindung der Prinzipien des sozialistischen Internationalismus und des sozialistischen Patriotismus. Jede kommunistische Partei, die zur herrschenden Partei im Staate geworden ist, trägt die histori-

---

49 Vgl. dazu vor allem A. Uschakow: Paktsystem, S. 87; D. Frenzke: Völkerrechtslehre, S. 105 f.
50 Text in: Neues Deutschland vom 22. November 1957; SBZ-Archiv 1961, S. 19. Vgl. dazu auch oben S. 590–599.

sche Verantwortung für die Geschicke ihres Landes wie auch für die des gesamten sozialistischen Lagers.«[51]

An anderer Stelle heißt es: »Die kommunistischen und Arbeiterparteien erziehen die Werktätigen unermüdlich im Geiste des sozialistischen Internationalismus, der Unversöhnlichkeit gegen alle Äußerungen von Nationalismus und Chauvinismus.« Unmißverständlich werden die Aufgaben der kommunistischen Parteien umschrieben: »Die Sorge für die ständige Festigung der Einheit der kommunistischen Weltbewegung ist die höchste internationale Pflicht jeder marxistisch-leninistischen Partei.«

Dabei wird von der »entschlossenen Verteidigung der Einheit der kommunistischen Weltbewegung auf der Grundlage der Prinzipien des Marxismus-Leninismus und des proletarischen Internationalismus« gesprochen: »Die Verletzung dieser Prinzipien würde die Kräfte des Kommunismus schwächen ... Die gegenseitige Hilfe und Unterstützung in den Beziehungen zwischen allen marxistisch-leninistischen Bruderparteien stellen eine praktische Anwendung der revolutionären Prinzipien des proletarischen Internationalismus dar.«

Die unterschiedlichen Internationalismus-Formeln in den kommunistischen Grundsatzerklärungen von 1957 und 1960 sind vor allem darauf zurückzuführen, daß letztere ein Dokument regierender und nicht-regierender kommunistischer und Arbeiterparteien ist. Daher wird die »gegenseitige Hilfe« in der Erklärung von 1957 als Prinzip des sozialistischen Internationalismus, also auf der zwischenstaatlichen Ebene, gekennzeichnet, während sie in der Erklärung von 1960 als Anwendungsfall der Grundsätze des proletarischen Internationalismus, also auf der interparteilichen Ebene, apostrophiert wird.

Die Prinzipien des proletarischen Internationalismus bemühte die Sowjetunion im Sommer 1968, um die militärische Intervention mit ihren vier Bündnispartnern im Warschauer Pakt – Bulgarien, der DDR, Polen und Ungarn – in der Tschechoslowakei zu begründen. Bereits im Warschauer Brief vom 15. Juli 1968 bezogen sich die Zentralkomitees der kommunistischen und Arbeiterparteien der fünf Länder auf die Prinzipien des Marxismus-Leninismus und des proletarischen Internationalismus. Sie sprachen von der »Sorge um unsere gemeinsamen Angelegenheiten, um die Festigung der Position des Sozialismus und der Sicherheit der sozialistischen Völkergemeinschaft«; die Entwicklung in der ČSSR berge die Ge-

---

51 Text in: Neues Deutschland vom 6. Dezember 1961; SBZ-Archiv 1961, S. 10. Vgl. zum kommunistischen »Weltkonzil« auch oben S. 645–648.

fahr in sich, daß das Land »vom Wege des Sozialismus abgedrängt wird und folglich die Interessen des ganzen sozialistischen Systems bedroht werden«[52]. In der Preßburger Erklärung vom 3. August 1968, die auch von Vertretern der Kommunistischen Partei der ČSSR unterzeichnet worden ist, war ebenfalls von den Ideen des proletarischen Internationalismus die Rede, um die Prager Führung zur Änderung ihres politischen Kurses zu bewegen.[53] Wichtig ist jedoch, daß die UdSSR und die ihr hörigen Bruderstaaten die Internationalismus-Formeln nicht bemüht haben, als sie nach dem Überfall auf die Tschechoslowakei am 21. August 1968 und später ihr Handeln zu rechtfertigen gesucht haben.[54]

Das bisher letzte Weltkonzil kommunistischer und Arbeiterparteien fand vom 5. bis zum 17. Juni 1969 in Moskau statt. In dem von den Vertretern der 75 anwesenden Parteien mit überwältigender Mehrheit angenommenen »Hauptdokument« heißt es über den proletarischen Internationalismus:

»Die Herausbildung eines neuen Typs internationaler Beziehungen, die Entwicklung des brüderlichen Bündnisses der sozialistischen Staaten ist ein komplizierter historischer Prozeß ... Die erfolgreiche Entwicklung dieses Prozesses setzt die strikte Einhaltung der Prinzipien des proletarischen Internationalismus, der gegenseitigen Hilfe und Unterstützung, der Gleichberechtigung, der Souveränität und der Nichteinmischung in die inneren Angelegenheiten voraus ... Wenn zwischen sozialistischen Ländern diese oder jene Meinungsverschiedenheiten auftreten ..., so können und müssen solche Meinungsverschiedenheiten auf der Basis des proletarischen Internationalismus, auf dem Wege der kameradschaftlichen Diskussion und der freiwilligen brüderlichen Zusammenarbeit erfolgreich gelöst werden.«[55]

Wichtig ist darüber hinaus folgende Feststellung im Moskauer »Hauptdokument«: »Alle Parteien haben gleiche Rechte. Heute, da in der kommunistischen Weltbewegung kein leitendes Zentrum besteht, nimmt insbesondere die Bedeutung der freiwilligen Koordinierung ihrer Aktionen im Interesse der erfolgreichen Lösung der vor ihnen stehenden Aufgaben zu.«[56]

Da es sich hier wiederum um ein Dokument regierender und nicht-regie-

---

52 Text bei B. Meissner: Die »Breshnew-Doktrin«, S. 47.
53 Text, ebenda, S. 54.
54 Vgl. dazu im einzelnen unten S. 922–926.
55 Text in: Osteuropa-Archiv 1969, S. A 173.
56 Text, ebenda, S. A 187.

render kommunistischer Parteien handelt, wird die gegenseitige Hilfe unter die Prinzipien des proletarischen Internationalismus subsumiert. Festzuhalten gilt auch, daß hier von der »freiwilligen brüderlichen Zusammenarbeit« und »freiwilligen Koordinierung« gesprochen wird. Die Sowjetunion hielt es 1969 für opportun, zumindest formal allen kommunistischen und Arbeiterparteien die gleichen Rechte zuzumessen und den Führungsanspruch der KPdSU mit der Feststellung abzuschwächen, daß in der kommunistischen Weltbewegung kein leitendes Zentrum bestehe.
Trotz dieser »großzügigen« Geste gegenüber den »Bruderländern« auch der engeren »sozialistischen Gemeinschaft« ging die sowjetische Führung insofern kein Risiko ein, als im Moskauer »Hauptdokument« ausdrücklich festgelegt wurde, daß die »Verteidigung des Sozialismus« die »internationale Pflicht der Kommunisten«[57] sei. Spätestens mit der militärischen Intervention in der Tschechoslowakei im August 1968 wußten die Führungen der Warschauer Pakt-Staaten, welchen innenpolitischen Spielraum der Kreml ihnen zu konzedieren bereit war. Dennoch mußte die sowjetische Führung in den folgenden Jahren viel Mühe darauf verwenden, auf der internationalen Ebene vor allem den Terminus vom proletarischen Internationalismus zu verteidigen. Es verstand sich von selbst, daß der Kreml dabei keine substantiellen Konzessionen gemacht hat.
Als mit einjähriger Verspätung die Vertreter von 29 kommunistischen Parteien Europas auf ihrem bisher letzten Treffen am 29. und 30. Juni 1976 in Ost-Berlin zur KSZE-Konferenz Stellung bezogen und ihre Interpretation der Schlußakte von Helsinki vom 1. August 1975 bekanntgaben, sah sich Parteichef Leonid Breżnev immerhin zu einer aufschlußreichen Bemerkung veranlaßt: »Allerdings wird manchmal gefragt: Ist der proletarische Internationalismus nach wie vor aktuell, ist er nicht veraltet? Und manch einer äußert die Befürchtung: Bedeuten nicht die Appelle zur Festigung der internationalistischen Verbindungen, die die Kommunisten miteinander vereinen, daß irgendein organisatorisches Zentrum wiederhergestellt werden soll? Das sind sonderbare Befürchtungen. Bekanntermaßen äußert nirgendwo jemand die Idee, ein solches Zentrum zu schaffen. Was aber den proletarischen Internationalismus betrifft . . ., so sind wir der Meinung: Diese kameradschaftliche Solidarität . . . behält ihre ganze große Bedeutung auch heute restlos bei. Sie war und bleibt eine

---

57 Text, ebenda, S. A 172.

mächtige und bewährte Waffe der kommunistischen Parteien und der Arbeiterbewegung überhaupt.«[58]
In das Dokument »Für Frieden, Sicherheit, Zusammenarbeit und sozialen Fortschritt in Europa« wurde die Formel vom proletarischen Internationalismus durch die These von der »internationalistischen, kameradschaftlichen, freiwilligen Zusammenarbeit und Solidarität auf der Grundlage der großen Ideen von Marx, Engels und Lenin«[59] ersetzt.
Nachdem Leonid Brežnev auf dem XXV. Kongreß der KPdSU am 24. Februar 1976 die »Verteidigung des proletarischen Internationalismus als heilige Pflicht jedes Marxisten-Leninisten«[60] bezeichnet hatte,

---

58 Text der Rede in: Neues Deutschland vom 30. Juni 1976, wo auch die Ansprachen der anderen KP-Führer wiedergegeben sind. Text der Rede Breznevs auch in: Sowjetunion heute, H. 14/15 vom 1. August 1976. Von den Reden der KP-Führer der Warschauer Pakt-Staaten fiel – verständlicherweise – nur die N. Ceauşescus insoweit aus dem Rahmen, als er für die Gleichberechtigung aller Parteien eintrat und in gewohnter Weise die Rolle der Nation herausstrich: »In keiner Weise kann das Bemühen einer Partei, die Interessen der eigenen Arbeiterklasse und des eigenen Volkes zu verteidigen, als nationale Engstirnigkeit betrachtet werden, als eine Haltung, die zur Schwächung der internationalen Solidarität führt.« Sehr instruktiv zum Verlauf und zu den Ergebnissen der Ost-Berliner Gipfelkonferenz Kx. (E. Kux): Kommunistisches Programm für die »Umgestaltung Europas«, in: Neue Zürcher Zeitung, Fernausgabe Nr. 159 vom 11./12. Juli 1976, S. 5 f.; R. St.: Osteuropa nach der Ostberliner Gipfelkonferenz, ebenda, Fernausgabe Nr. 161 vom 14. Juli 1976; V. Meier: Ceausescu in der Igel-Stellung, in: Frankfurter Allgemeine Zeitung vom 17. Juli 1976.
59 Text in: Neues Deutschland vom 1. Juli 1976, S. 3–4. Zu den bemerkenswertesten, gleichfalls im »Neuen Deutschland« vom 30. Juni 1976 abgedruckten Reden gehörte die des Generalsekretärs der Kommunistischen Partei Spaniens, Santiago Carrillo, der jegliche sowjetische Führungsansprüche sehr plastisch zurückwies: »Jahrelang war Moskau, wo unsere Träume begannen, Wirklichkeit zu werden, unser Rom. Wir sprachen von der Großen Sozialistischen Oktoberrevolution, als wäre sie unsere Weihnacht. Das war unsere Kinderzeit. Heute sind wir erwachsen. Wir verlieren immer mehr den Charakter einer Kirche ... Es besteht ... kein Zweifel daran, daß wir Kommunisten heute kein Führungszentrum haben, an keine internationale Disziplin gebunden sind.«
60 Text der Rede in: Neues Deutschland vom 25. Februar 1976; Europa-Archiv 1976, S. 237. Vgl. vor allem auch den programmatischen Beitrag W. Sagladins, des stellvertretenden Leiters der Internationalen Abteilung im Sekretariat des Zentralkomitees der KPdSU: Der Internationalismus, das Banner der kommunistischen Bewegung in: Sowjetunion heute, Nr. 10 vom 16. Mai 1976 (dt. Übersetzung des zunächst in der »Pravda« erschienenen Aufsatzes). Vgl. dazu Pzg. (H. Pörzgen): Moskau bekräftigt noch einmal die These vom proletarischen Internationalismus als einer heiligen Pflicht, in: Frankfurter Allgemeine Zeitung vom 21. April 1976. Auf die Rede Breznevs vom 24. Februar 1976 bezog sich der sowjetische Chefideologe M. Suslov in seiner Ansprache vom 17. März 1976 vor der Sowjetischen Akademie der Wissenschaften: » ... Breshnew erteilte den Angriffen der Antikommunisten und Opportunisten auf das Allerheiligste des Marxismus-Leninismus – den proletarischen Internationalismus – ... eine gebührende Abfuhr ... .« Dt. Text in: Neues Deutschland vom 22. März 1976. Vgl. dazu V. M. (Viktor Meier): Prag demonstriert den proletarischen Internationalismus, in: Frankfurter Allgemeine Zeitung vom 22. März 1976; ders.: Moskau geht auf Konfrontationskurs, ebenda, Ausgabe vom 20. März 1976.

stand von vornherein fest, daß die sowjetische Führung auch nach der Ost-Berliner Gipfelkonferenz an den Internationalismus-Formeln festhalten würde.[61] Die verbale Konzession, die der Kreml auf der Ost-Berliner Gipfelkonferenz Ende Juni 1976 vornehmlich gegenüber den nicht-regierenden kommunistischen Parteien Westeuropas gemacht hat, tangierte keinesfalls den faktisch bestehenden Führungsanspruch der UdSSR gegenüber den Ländern der engeren »sozialistischen Gemeinschaft«. Nach wie vor war und ist die im August 1968 praktizierte und in das Moskauer »Hauptdokument« vom 17. Juni 1969 aufgenommene These, nach der die »Verteidigung des Sozialismus« die »internationale Pflicht der Kommunisten« sei, voll gültig. Die politischen Führungen der Warschauer Pakt-Staaten wissen nur zu gut, daß es der Kreml ist, der darüber entscheidet, was »Sozialismus« sowie die »historischen und sozialistischen Errungenschaften« sind.

b) *Außenpolitische Leitsätze in den Verfassungen der Warschauer Pakt-Staaten*

Die Ansichten der zur engeren »sozialistischen Gemeinschaft« gehörenden Staaten über die Gestaltung ihrer gegenseitigen Beziehungen haben sich auch in ihren neueren Verfassungen niedergeschlagen. Auch wenn nicht in den Verfassungsurkunden aller betroffenen Länder die Prinzipien des sozialistischen Internationalismus verankert sind, enthalten sie wichtige außenpolitische Grundsätze, die sich auch und gerade auf das Verhältnis zu den »Bruderstaaten« beziehen. Eng verknüpft ist damit die Frage, ob und inwieweit der UdSSR eine bevorzugte Position eingeräumt wird.[62] Legt man neben den politischen auch völkerrechtliche Maßstäbe an, dann ist noch viel gravierender, daß die Prinzipien des sozialistischen Internationalismus in allen seit 1964 geschlossenen bilateralen Bündnispakten, also nicht nur in den von der UdSSR unterzeichneten, aufgeführt werden.

Da sich die Warschauer Pakt-Staaten zu unterschiedlichen Zeitpunkten zwischen 1960 und 1977 neue Verfassungen gegeben haben, spiegeln sich darin auch unterschiedliche Formulierungen über die Zugehörigkeit des

---

61 Vgl. beispielsweise W. Sagladin: Internationalismus unter heutigen Bedingungen, in: Sowjetunion heute, Nr. 15/16 vom 1. August 1977.
62 Auch in den Programmen der herrschenden kommunistischen Parteien dieser Länder werden die Beziehungen zu den »Bruderparteien« angesprochen.

jeweiligen Staates zur »sozialistischen Gemeinschaft« wider. Dabei ist es keinesfalls überraschend, daß bei einem Vergleich Rumänien wiederum am stärksten aus dem Rahmen fällt.
In der noch gültigen Verfassung der Tschechoslowakischen Sozialistischen Republik vom 11. Juli 1960 ist die Formel vom sozialistischen Internationalismus nicht verankert. Wichtiger ist jedoch, daß darin der Führungsanspruch der UdSSR anerkannt ist. In der Präambel heißt es: »... werden wir Hand in Hand vorwärts schreiten mit unserem großen Verbündeten, der brüderlichen Union der Sozialistischen Sowjetrepubliken, und mit allen übrigen befreundeten Ländern des sozialistischen Weltsystems, dem unsere Republik als festes Glied angehört«[63]. In Kommentaren der ČSSR wird diese Bestimmung als Erklärung dafür angeführt, daß sich die ČSSR in den Beziehungen zu den »Bruderstaaten« vom Prinzip des sozialistischen Internationalismus leiten lasse. Dabei verweist man auf die Art. 1 Ziffer 3 und Art. 14 Ziffer 2 der Verfassung, in denen festgelegt ist, daß die Tschechoslowakei zum »sozialistischen Weltsystem« gehöre und die »auf der gegenseitigen kameradschaftlichen Hilfe und auf der internationalen sozialistischen Arbeitsteilung beruhende Zusammenarbeit entwickelt und systematisch festigt«[64].
In der tschechoslowakischen Verfassung gelten die hineininterpretierten Prinzipien des sozialistischen Internationalismus und die in ihr verankerten Grundsätze der friedlichen Koexistenz voneinander getrennt, je nachdem ob es sich um die Beziehungen zu einem Staat innerhalb oder außerhalb des »sozialistischen Weltsystems« handelt. Gemäß der Präambel ihrer Verfassung will die ČSSR »zur friedlichen Koexistenz« sowie »zu guten Beziehungen zwischen den Staaten mit verschiedener Gesellschaftsordnung beitragen«; hingegen beziehen sich die in Art. 14 Ziffer 2 der Verfassung genannten Prinzipien ausschließlich auf die Beziehungen zur UdSSR und den anderen Ländern des »sozialistischen Weltsystems«.

---

63 Text in: Jahrbuch für Ostrecht 1960, 2. Halbjahresheft, S. 193–211 (193). Zit. auch bei S. Lammich/K. Schmid: Die Staatsordnung der Tschechoslowakei, S. 2.
64 Vgl. dazu D. Frenzke: Koexistenz, S. 387, Anm. 2. Interessant ist, daß der tschechoslowakische Völkerrechtler Gejza Mencer in Art. 76 der ČSSR-Verfassung die Anerkennung des Prinzips des sozialistischen Internationalismus erblickt. Darin ist ausgeführt, daß die Regierung die Festigung der Sicherheit des Landes und die Entfaltung einer friedlichen Außenpolitik organisiert und sichert. Vgl. dazu auch die ausführliche Darstellung bei K. Schmid: Prinzip. Erwähnenswert ist, daß das Verfassungsgesetz über die tschechoslowakische Föderation vom 27. Oktober 1968 den »Geist humanitärer Ideale des proletarischen Internationalismus« bemüht, obwohl es sich um ein Gesetz für den ausschließlich innerstaatlichen Bereich handelt. Text in: Jahrbuch für Ostrecht 1968. 2. Halbjahresheft, S. 219–261 (219 f.) und bei S. Lammich/K. Schmid, ebenda, S. 100.

Als sich die Sozialistische Republik Rumänien am 21. August 1965 eine neue Verfassung gab, erwartete man inner- und außerhalb des Landes mit Spannung, wie sich der neue außenpolitische Standort Rumäniens darin widerspiegeln würde. Erinnert sei daran, daß die bis dahin gültige Verfassung vom 24. September 1952 einen noch höheren Sowjetisierungsgrad aufwies als die vorherige Verfassung vom 13. April 1948. Während in der Verfassung von 1952 die Rolle der UdSSR bei der Entstehung der Volksrepublik Rumänien und die enge Verbundenheit zwischen beiden Staaten groß herausgestellt wurden[65], wird die Sowjetunion in der Verfassung vom 21. August 1965 mit keinem Wort mehr ausdrücklich erwähnt. Art. 14 umreißt die außenpolitischen Maximen Rumäniens wie folgt: »Die Sozialistische Republik Rumänien unterhält und entwickelt Beziehungen der Freundschaft und brüderlichen Zusammenarbeit zu den sozialistischen Ländern im Geiste des sozialistischen Internationalismus, sie fördert Beziehungen der Zusammenarbeit mit den Ländern anderer sozialpolitischer Ordnung und nimmt an der Tätigkeit internationaler Organisationen teil, zur Sicherung des Friedens und der Völkerverständigung.

Die Auslandsbeziehungen der Sozialistischen Republik Rumänien gründen sich auf den Prinzipien der Achtung der Souveränität und der nationalen Unabhängigkeit, der Gleichberechtigung und des gegenseitigen Vorteils sowie der Nichteinmischung in die inneren Angelegenheiten.«[66]

In Art. 1 der Verfassung bezeichnet sich Rumänien als »souveräner, unabhängiger . . . Staat«; diese Bestimmung wird noch dadurch bestärkt, daß das rumänische Volk »frei und Herr seines Schicksals« sei. Festzuhalten gilt vor allem, daß in Art. 14 der Verfassung nicht von den Prinzipien, sondern vom Geist des sozialistischen Internationalismus die Rede ist, ohne daß er näher definiert wird. Diese Bestimmung läßt sich nur so interpretieren, daß sich die Prinzipien der Achtung der Souveränität und der nationalen Unabhängigkeit, der Gleichberechtigung und des gegenseitigen Vorteils sowie der Nichteinmischung in die inneren Angelegenheiten auf die Beziehungen sowohl zu nicht-kommunistischen als auch zu den

---

65 Vgl. dazu vor allem D. Frenzke: Rumänien, S. 23 f. mit weiteren Nachweisen.
66 Text der Verfassung bei H. Roggemann (Hrsg.): Die Verfassungen der sozialistischen Staaten, S. 370 und in: Jahrbuch des öffentlichen Rechts der Gegenwart. Neue Folge, Bd. 15/1966, S. 460. Vgl. dazu vor allem L. Schultz: Die verfassungsrechtliche Entwicklung der Sozialistischen Republik Rumäniens, S. 449; D. Frenzke, ebenda, S. 55 f.

kommunistischen Staaten beziehen sollen. Kein Land – vor allem nicht die UdSSR – wird besonders herausgestellt. Damit hat die in den Jahren zuvor eingeleitete rumänische Politik der nationalen Positionsaufwertung auch ihren umfassenden Ausdruck in der neuen Verfassung gefunden.
Von diesen außenpolitischen Aussagen weichen die in die Verfassung der DDR vom 6. April 1968 aufgenommenen Prinzipien in mehrfacher Beziehung ab. Die verfassungsrechtliche Verankerung außenpolitischer Maximen war der deutschen Verfassungsgeschichte bis 1968 unbekannt. Art. 5 Abs. 2 der Verfassung der DDR vom 7. Oktober 1949 hatte sich auf die Feststellung beschränkt, die Aufrechterhaltung und Wahrung freundschaftlicher Beziehungen zu allen Völkern sei die Pflicht der Staatsgewalt.[67] In Art. 6 Abs. 2 der zweiten DDR-Verfassung hieß es nun unmißverständlich: »Die Deutsche Demokratische Republik pflegt und entwickelt entsprechend den Prinzipien des sozialistischen Internationalismus die allseitige Zusammenarbeit und Freundschaft mit der Union der Sozialistischen Sowjetrepubliken und den anderen sozialistischen Staaten.«
Im Schrifttum der DDR wird in diesem Zusammenhang darauf hingewiesen, daß die auf dem sozialistischen Internationalismus beruhenden Grundsätze für die Entwicklung der Beziehungen zwischen den sozialistischen Staaten vor allem die ständige Festigung der Freundschaft, die gegenseitige Hilfe und allseitige enge Zusammenarbeit und die gemeinsame Verteidigung der sozialistischen Errungenschaften, Interessen und Ziele umfaßten.[68] Man verweist dabei auch auf Art. 7 Abs. 2 Satz 3 der DDR-Verfassung, in dem festgestellt wird, daß die Nationale Volksarmee »im Interesse der Wahrung des Friedens und der Sicherheit des sozialistischen Staates enge Waffenbrüderschaft mit den Armeen der Sowjetunion und anderer sozialistischer Staaten« pflegt. Diese Feststellung beruhe auf der in Art. 6 verankerten allseitigen Zusammenarbeit und Freundschaft mit der UdSSR und den anderen sozialistischen Staaten entsprechend den Prinzipien des sozialistischen Internationalismus.[69]
Als sich die DDR 1968 ihre zweite Verfassung gab, meinten westliche Beobachter, daß die »Ostorientierung der Außenpolitik«[70] der DDR, in der die Führungsrolle der UdSSR uneingeschränkt anerkannt wird, nicht klarer zum Ausdruck gebracht werden konnte. Dies war eine Fehleinschät-

---

67 Vgl. dazu ausführlicher S. Mampel: Verfassung, S. 201.
68 Vgl. dazu mit Nachweisen: J. Hacker: Prinzipien, S. 188 mit Anm. 26.
69 Vgl. die Nachweise bei J. Hacker, ebenda, Anm. 27.
70 So zutreffend S. Mampel: Verfassung, S. 203; J. Hacker: Bündnisvertrag, S. 12 f.

zung insofern, als die revidierte Verfassung der DDR vom 7. Oktober 1974 die Stellung der DDR in der »sozialistischen Gemeinschaft« und das Verhältnis zur UdSSR neu umreißt. Art. 6 Abs. 2 lautet nun: »Die Deutsche Demokratische Republik ist für immer und unwiderruflich mit der Union der Sozialistischen Sowjetrepubliken verbündet. Das enge und brüderliche Bündnis mit ihr garantiert dem Volk der Deutschen Demokratischen Republik das weitere Voranschreiten auf dem Wege des Sozialismus und des Friedens.«

Während in Art. 6 Abs. 2 der Verfassung vom 6. April 1968 das Verhältnis der DDR zur UdSSR und den anderen »Bruderländern« auf eine qualitativ gleiche Stufe gestellt war und die Sowjetunion als einziger Staat nur namentlich herausgehoben wurde, differenziert die veränderte Fassung des Art. 6 Abs. 3 der Verfassung vom 7. Oktober 1974 klar zwischen der UdSSR und den übrigen Mitgliedern der »sozialistischen Gemeinschaft«. So heißt es nun in Art. 6 Abs. 3:

»Die Deutsche Demokratische Republik ist untrennbarer Bestandteil der sozialistischen Staatengemeinschaft. Sie trägt getreu den Prinzipien des sozialistischen Internationalismus zu ihrer Stärkung bei, pflegt und entwickelt die Freundschaft, die allseitige Zusammenarbeit und den gegenseitigen Beistand mit allen Staaten der sozialistischen Gemeinschaft.«

Damit ist in der revidierten Fassung der zweiten DDR-Verfassung der UdSSR in einem Ausmaß eine Priorität eingeräumt worden[71], das noch die verfassungsrechtlichen Bindungen Bulgariens an die Sowjetunion übertrifft. In der Präambel der bulgarischen Verfassung vom 18. Mai 1971 heißt es, daß sich die Bürger der Volksrepublik Bulgarien »auf die Zusammenarbeit und gegenseitige Hilfeleistung mit der UdSSR und den anderen Ländern der sozialistischen Gemeinschaft« stützten; an anderer Stelle ist davon die Rede, daß »das unzerrüttbare Bündnis, die Freundschaft und die allseitige Zusammenarbeit mit der UdSSR und den anderen sozialistischen Bruderländern gefestigt und erweitert werden«. Die Formeln »sozialistischer Internationalismus« und »sozialistische Weltgemeinschaft« sind in Kapitel I mit dem Titel »Der gesellschaftliche Aufbau« verankert. Gemäß Art. 5 gehört der sozialistische Internationalismus zu den Grundprinzipien, »auf denen das politische System der Ge-

---

71 Die Verfassungsrevision muß auch unter dem Aspekt der verschärften Abgrenzungspolitik unter SED-Chef Erich Honecker, der nach dem Rücktritt Walter Ulbrichts als Erster Sekretär des Zentralkomitees der SED am 3. Mai 1971 dieses Amt übernahm, gegenüber der Bundesrepublik Deutschland gesehen werden. Vgl. dazu J. Hacker: Deutsche unter sich, S. 142–151 mit weiteren Nachweisen. Vgl. zur Verfassungsrevision selbst S. Mampel: Zum Vergleich – Die Verfassungsreform in der DDR.

sellschaft beruht und funktioniert«. Art. 12 bestimmt, daß die Volksrepublik Bulgarien zur »sozialistischen Weltgemeinschaft« gehört, »die eine der Hauptbedingungen für ihre Unabhängigkeit und allseitige Entwicklung ist«[72].

Der entscheidende Unterschied zwischen den Verfassungen Bulgariens und der DDR liegt darin, daß Bulgarien »unzerrüttbar« mit der UdSSR und den anderen Mitgliedern der »sozialistischen Gemeinschaft« verbündet ist, während die DDR »für immer und unwiderruflich« mit der UdSSR verbündet ist und sich darüber hinaus als »untrennbarer Bestandteil der sozialistischen Staatengemeinschaft« empfindet.

Sowohl von der revidierten Verfassung der DDR als auch der Bulgariens weicht die Verfassung der Volksrepublik Ungarn in der Fassung vom 19. April 1972 wesentlich ab, da darin der UdSSR nur noch ein Platz im Rahmen einer zeithistorischen Rückschau zugewiesen worden ist. Durch die durch die Sowjetunion erkämpften Siege im Zweiten Weltkrieg sei das Land – wie es in der Präambel heißt – vom »faschistischen Joch« befreit und dem ungarischen Volk der »Weg zur demokratischen Entwicklung geöffnet« worden: ». . . gestützt auf die Gemeinschaft sozialistischer Länder, legte unser Volk die Grundlagen des Sozialismus . . .«; und Art. 5 Abs. 2 bestimmt: »Die Ungarische Volksrepublik, als Teil des sozialistischen Weltsystems, entwickelt und festigt die Freundschaft mit den sozialistischen Ländern, strebt nach Zusammenarbeit mit den Völkern und Ländern der Welt . . .«[73]

Bemerkenswert ist nicht so sehr, daß in der ungarischen Verfassung – das gilt gleichfalls für die ČSSR-Verfassung – die Formel vom sozialistischen Internationalismus nicht ausdrücklich genannt wird; wichtiger ist, daß die UdSSR in diesem Zusammenhang mit keinem Wort ausdrücklich erwähnt wird und die Prinzipien des sozialistischen Internationalismus nur sehr vage angesprochen werden.[74]

Von allen bisher erörterten Verfassungstexten weicht wiederum die polnische Verfassung vom 22. Juli 1952 in der Fassung vom 16. Februar 1976

---

72 Text bei H. Roggemann (Hrsg.): Die Verfassungen der sozialistischen Staaten, S. 56–58. Vgl. dazu L. Schultz: Die Verfassung der Volksrepublik Bulgarien vom 18. Mai 1971, S. 204 f. (205); ders.: Bulgariens neue Verfassung, S. 282. Auch in Art. 3 der Verfassung wird die UdSSR erwähnt: »Der Staat dient dem Volke, indem er die Freundschaft, Zusammenarbeit und den gegenseitigen Beistand mit der UdSSR und mit anderen sozialistischen Ländern ausbaut und festigt.«
73 Text in: Jahrbuch für Ostrecht 1971, 1. Halbjahresheft, S. 241 f. und bei H. Roggemann, ebenda, S. 547, 549.
74 Vgl. dazu auch D. Frenzke: Völkerrechtslehre, S. 136 f.

wesentlich ab. In Art. 6 wird ausgeführt: »Die Volksrepublik Polen in ihrer Politik . . . knüpft an die erhabenen Traditionen der Solidarität mit den Kräften des Friedens und des Fortschritts an, stärkt die Freundschaft und Zusammenarbeit mit der UdSSR und mit anderen sozialistischen Staaten.«[75]

Bemerkenswert ist vor allem, daß hier das Wort »Solidarität« verwandt wird, das – wie oben dargelegt[76] – Ende Juni 1976 die Formel vom proletarischen Internationalismus in dem Dokument ersetzt hat, mit dem die Konferenz der 29 kommunistischen und Arbeiterparteien in Ost-Berlin an die Öffentlichkeit getreten ist. Unverändert blieb die Präambel der Verfassung der Volksrepublik Polen vom 22. Juli 1952, in der festgestellt wird, daß der historische Sieg der UdSSR über den Faschismus das polnische Land befreit, dem polnischen werktätigen Volk die Eroberung der Macht ermöglicht und die Bedingungen für die nationale Wiedergeburt Polens innerhalb neuer, gerechter Grenzen geschaffen habe.[77]

Als letzte der zum engeren Kreis der »sozialistischen Gemeinschaft« gehörenden Staaten gab sich die Union der Sozialistischen Sowjetrepubliken am 7. Oktober 1977 eine neue Verfassung, mit der die bis dahin noch gültige, weitgehend überholte Verfassung aus dem Jahre 1936, also aus der Stalin-Ära, abgelöst worden ist. Nachdem bereits 1959 Nikita S. Chruščev eine Verfassungsreform angekündigt hatte, wurde 1962 eine Verfassungskommission mit dem Auftrag eingesetzt, eine neue Bundesverfassung der UdSSR auszuarbeiten. Nach dem Sturz Chruščevs am 14. Oktober 1964 übernahm Leonid Brežnev selbst den Vorsitz der Verfassungskommission, über deren Arbeit wenig bekannt geworden ist. Nach der Veröffentlichung des Entwurfs am 4. Juni 1977 und der sich anschließenden »Volksaussprache« billigte das Zentralkomitee der KPdSU am 3. Oktober 1977 den Entwurf, den Brežnev einen Tag später vor dem Obersten Sowjet der UdSSR ausführlich begründet hat.[78]

In seinem Bericht, in dem Brežnev auch ausführlich die internationale Diskussion über die neue Bundesverfassung der UdSSR schilderte, machte er den Führungen der »Bruderstaaten« ein Kompliment. Er betonte,

---

75 Text in: Jahrbuch für Ostrecht 1975, 2. Halbjahresheft, S. 161 und bei H. Roggemann (Hrsg.): Die Verfassungen der sozialistischen Staaten, S. 336.
76 Vgl. dazu oben S. 840 f.
77 Text in: H. Roggemann: Die Verfassungen der sozialistischen Staaten, S. 336.
78 Dt. Text der Rede in: Neues Deutschland vom 6. Oktober 1977. Vgl. über die Entstehung der neuen Sowjetverfassung B. Meissner: Die neue Bundesverfassung der UdSSR mit zahlreichen weiterführenden Hinweisen.

daß »unsere Freunde in den sozialistischen Bruderländern« den Entwurf »umfassend erörtert und lebhaft unterstützt« hätten: »Sie zeigten kameradschaftliche und sachliche Anteilnahme, analysierten ihn gründlich und vermittelten ihre eigenen Erfahrungen.« Brežnev wies darauf hin, »daß im Wortlaut des Entwurfs der neuen Verfassung der UdSSR in dieser oder jener Form auch Momente, die den Verfassungen der Bruderstaaten eigen sind, ihren Niederschlag gefunden haben . . . .«[79]
Die neue Verfassung der UdSSR, der »Modellcharakter« beigemessen wird, ist für die übrigen Warschauer Pakt-Mächte von zentraler Bedeutung. Die Verfassung der UdSSR vom 7. Oktober 1977 enthält in Kapitel 4 – im Gegensatz zu ihrer Vorgängerin – auch außenpolitische Leitsätze. Während sich die UdSSR in Art. 29 klar zum universellen Völkerrecht auch im regionalen Rahmen bekannt hat[80], ist in dem bereits erwähnten Art. 30 die Position der Sowjetunion im »sozialistischen Weltsystem« und in der »sozialistischen Gemeinschaft« umschrieben. Art. 30 lautet:
»Die UdSSR als Bestandteil des Weltsystems des Sozialismus und der sozialistischen Gemeinschaft entwickelt und festigt die Freundschaft und Zusammenarbeit sowie die kameradschaftliche gegenseitige Hilfe mit den Ländern des Sozialismus auf der Grundlage des Prinzips des sozialistischen Internationalismus und beteiligt sich aktiv an der ökonomischen Integration und an der sozialistischen internationalen Arbeitsteilung.«[81]
Von den Verfassungen der anderen Warschauer Pakt-Staaten unterscheidet sich dieser Passus der neuen Verfassung der UdSSR vor allem dadurch, daß das Prinzip des sozialistischen Internationalismus als Basis für die Entwicklung und Festigung der Freundschaft und Zusammenarbeit sowie der kameradschaftlichen gegenseitigen Hilfe mit den »Bruderländern« bezeichnet wird. Da die drei Elemente der Freundschaft, Zusammenarbeit und kameradschaftlichen gegenseitigen Hilfe nicht näher definiert werden, sei an die zentrale Rolle erinnert, die das Prinzip der gegenseitigen Hilfe gespielt hat, als die UdSSR die Niederschlagung der ungarischen Volkserhebung im Herbst 1956 und die militärische Intervention in der Tschechoslowakei im August 1968 mit ihren vier Verbün-

---

79 Text in: Neues Deutschland vom 6. Oktober 1977, S. 3.
80 Vgl. dazu A. Uschakow: Außenpolitik, S. 46–55 (55).
81 Zit. nach D. Frenzkes Übersetzung in: Osteuropa-Recht 1978, S. 161. Vgl. dazu auch dieses Kap., Anm. 36.

deten zu rechtfertigen[82] und eine Ausnahme vom allgemeinen Gewaltverbot im modernen Völkerrecht zu konstruieren suchte.[83]
Noch in einem anderen Zusammenhang gewinnt Art. 30 der sowjetischen Verfassung vom 7. Oktober 1977 eine weitreichende Bedeutung: In den vergangenen Jahren haben prominente Autoren vor allem in der UdSSR[84] und der DDR[85] immer wieder die Frage gestellt, ob in den Beziehungen zwischen den kommunistisch regierten Staaten nicht nur ein besonderes völkerrechtliches Prinzip namens »sozialistischer Internationalismus«, sondern überhaupt ein anderes, das »sozialistische Völkerrecht« gelte oder zumindest im Entstehen sei. Nach dieser »Theorie« hätten die Grundsätze des allgemeinen Völkerrechts vor allem gegenüber den Prinzipien des »sozialistischen Internationalismus«, dessen wesentlichstes Element die »brüderliche, gegenseitige Hilfe« sei, zurückzutreten. Während dieser jahrelangen Diskussion fiel auf, daß vor allem Rumänien[86] und Polen[87] dem Gedanken eines auf die »sozialistische Gemeinschaft« beschränkten Völkerrechts keinen Geschmack abgewinnen konnten. Die Haltung der ungarischen Doktrin zum Problem des »sozialistischen Völkerrechts« war immer sehr reserviert.[88] Auf jeden Fall war es recht voreilig, als der angesehene Prager Völkerrechtler Gejza Mencer 1970 meinte, das »sozialistische Völkerrecht« sei »heute eine Realität und kein Postulat mehr«[89].
Ein »sozialistisches Völkerrecht« hätte überhaupt nur entstehen können, wenn darüber alle beteiligten Staaten der engeren »sozialistischen Gemeinschaft« übereingestimmt hätten. Daran fehlte es ebenso wie an der erforderlichen dauernden Übung. Nach Ansicht Alexander Uschakows hat Art. 30 der neuen Verfassung der UdSSR die Diskussion über die Existenz eines »sozialistischen Völkerrechts« beendet: »Weder die kameradschaftliche gegenseitige Hilfe noch der sozialistische Internationalismus sind Rechtsnormen.«[90]

---

82 Vgl. dazu unten S. 922–926.
83 Das Gewaltverbot ist in Art. 29 der neuen Verfassung der UdSSR verankert.
84 Vgl. dazu vor allem Th. Schweisfurths umfangreiche Monographie: Sozialistisches Völkerrecht?
85 Vgl. dazu J. Hacker: Prinzipien, S. 194–200.
86 Vgl. dazu die materialreiche und detaillierte Studie von D. Frenzke: Rumänien, S. 208–219.
87 Vgl. dazu die wichtigen Nachweise bei A. Uschakow: Außenpolitik, S. 57, Anm. 42.
88 Vgl. dazu neuerdings die instruktive Studie D. Frenzkes: Völkerrechtslehre, S. 146–159.
89 G. Mencer: Vertrag, S. 37.
90 A. Uschakow: Außenpolitik, S. 57.

Höchst bedauerlich ist, daß Theodor Schweisfurth, der mit einem immensen Arbeitsaufwand die Frage nach der Existenz eines »sozialistischen Völkerrechts« geprüft hat, den Leser ziemlich im dunkeln läßt. Er gelangt zu dem Schluß, »daß ›sozialistisches‹ Völkerrecht in dem von der sowjetmarxistischen Theorie beschriebenen Umfang und mit den von ihr behaupteten Inhalten nicht existiert«[91]. Schweisfurths Schlußfolgerungen verraten Unsicherheit und Unklarheit. Es ist nicht ohne Pikanterie, daß fast gleichzeitig mit Theodor Schweisfurths Studie eine wesentlich weniger umfangreiche, von einem Autoren-Kollektiv verfaßte repräsentative Arbeit über »Sozialistische Staatengemeinschaft und Völkerrecht« in der DDR erschienen ist, in der gleichfalls versucht wird, von der früheren These eines besonderen »sozialistischen Völkerrechts« soviel wie möglich zu retten. Über die Bedeutung der Völkerrechtsprinzipien des sozialistischen Internationalismus bemerkt Herbert Kröger:
»Es dürfte ... den realen Bedingungen unserer Zeit entsprechen, von der Existenz sozialistischer Völkerrechtsprinzipien und -normen zu sprechen, die die Grundlage, den Kern und bestimmte Elemente einer in der Entwicklung begriffenen sozialistischen Völkerrechtsordnung bilden.«[92]
Auch dieser Aussage ist zu attestieren, daß sie nicht gerade von Klarheit bestimmt ist. Daß es Herbert Kröger versäumt hat, darauf hinzuweisen, daß die »Theorie« eines entstehenden »sozialistischen Völkerrechts« nur Anhänger in der UdSSR, der DDR und in sehr viel geringerem Maße in der Tschechoslowakei hat, entspricht seiner unwissenschaftlichen Arbeitsweise. Kröger hat ausschließlich sowjetische Kollegen zitiert und sich polemisch mit jenen Autoren aus der Bundesrepublik Deutschland auseinandergesetzt, die sich in den letzten Jahren mit dieser Problematik befaßt haben.
Theodor Schweisfurth wäre gut beraten gewesen, wenn er seine mit einem Fragezeichen versehene Untersuchung »Sozialistisches Völkerrecht« nicht auf ein Studium der sowjetischen Literatur beschränkt, sondern zumindest repräsentative Aussagen aus den anderen Ländern der »sozialistischen Gemeinschaft« herangezogen und wichtige Vorarbeiten der Ostrechtsforschung in der Bundesrepublik Deutschland dabei benutzt hätte.[93]

91 Th. Schweisfurth: Sozialistisches Völkerrecht?, S. 537–541 (539).
92 H. Kröger: Herausbildung, S. 62. Vgl. dazu auch den Beitrag von W. Seiffert, in dem er die Monographien von Th. Schweißfurth: Sozialistisches Völkerrecht? und D. Frenzke: Rechtsnatur sowie die in der DDR erschienenen Studien »Sozialistische Staatengemeinschaft und Völkerrecht« und von H. Kröger/F. Seidel: Freundschaftsverträge – Verträge des Sozialismus rezensiert hat; J. Hacker: Die Völkerrechtswissenschaft in der DDR.
93 An anderer Stelle hat Th. Schweisfurth diesen wichtigen vergleichenden Aspekt berücksichtigt: Doktrin; ders.: Norm.

Die interessante und für die Gestaltung der zwischenstaatlichen Beziehungen der Warschauer Pakt-Staaten entscheidende Frage stellt sich erst dort, wo Schweisfurth seine Analyse beendet hat: Nach seiner Ansicht schrumpft das »neue sozialistische Völkerrecht« bei »genauerem Hinsehen auf den Grundsatz des sozialistischen Internationalismus mit seinen Subprinzipien der Zusammenarbeit und der gegenseitigen Hilfe und den, seinem rechtlichen Inhalt nach weniger bedeutungsvollen, Grundsatz der ›Einheit und Geschlossenheit‹ zusammen«[94].

Von allen genannten Elementen des sozialistischen Internationalismus ist das der »gegenseitigen Hilfe« das mit Abstand wichtigste und – wie die Vorgänge im Herbst 1956 in Ungarn und im August 1968 in der Tschechoslowakei gezeigt haben – problematischste. Verwirrend ist es, daß Schweisfurth vom »rechtlichen Inhalt des Grundsatzes der ›gegenseitigen Hilfe‹« spricht und feststellen muß, daß dazu die Aussagen einiger sowjetischer Autoren höchst spärlich und knapp gehalten sind.[95] Völlig irreführend ist, wenn in der bereits genannten, in der DDR erschienenen Studie – noch über den von Schweisfurth behaupteten rechtlichen Inhalt des Grundsatzes der »gegenseitigen Hilfe« hinaus – sogar eine »Pflicht zur gegenseitigen brüderlichen Hilfe« konstruiert wird.[96]

Noch einmal sei betont, daß der Versuch einzelner Autoren in der UdSSR, der DDR und der ČSSR, das Prinzip des sozialistischen Internationalismus und einzelner daraus fließender »Subprinzipien« zu »juridifizieren«, seitens Rumäniens und Polens strikt abgelehnt und auch in Ungarn mit großer Zurückhaltung betrachtet worden ist. Es wäre zuviel verlangt, von dem mit der UdSSR »unzerrüttbar« verbündeten Bulgarien eine eigenständige Auffassung zu erwarten.[97]

Es entbehrt nicht des Reizes und der Pikanterie, abschließend die außenpolitischen Prinzipien der Verfassungen dreier »sozialistischer« Staaten zu prüfen, die nicht mehr zum engeren Kreis der »sozialistischen Gemeinschaft« gehören und die alle in einem unterschiedlichen Verhältnis zur UdSSR und dem »Sowjetblock« stehen: die Sozialistische Föderative Republik Jugoslawien, die Volksrepublik China und die Sozialistische Volksrepublik Albanien. Die Verfassungen Jugoslawiens vom 21. Februar

---

94 Th. Schweisfurth: Sozialistisches Völkerrecht?, S. 539.
95 Th. Schweisfurth, ebenda, S. 281–283.
96 K. Becher: Weiterentwicklung, S. 94–97.
97 Vgl. den Nachweis in diesem Kap., Anm. 72.

1974[98] und Chinas vom 5. März 1978[99] gehen beide davon aus, daß die Prinzipien der friedlichen Koexistenz für die Beziehungen zu allen Staaten, ungeachtet der Unterschiede in ihrer Gesellschaftsordnung, gelten. Auch wenn in der jugoslawischen Verfassung vom sozialistischen Internationalismus die Rede ist, werden darunter nicht besondere Grundsätze für die Gestaltung der Beziehungen zu den anderen »sozialistischen« Ländern subsumiert. Das gleiche gilt für die Verfassungen Chinas und auch Albaniens[100], in denen – seltsamerweise – jeweils vom proletarischen Internationalismus die Rede ist. Sowohl die chinesische als auch die albanische Verfassung wenden sich vehement gegen jede Hegemonie und gegen jeden »Hegemonismus«. Im Gegensatz zu den Verfassungen Chinas und Albaniens legt die Verfassung Jugoslawiens größten Wert auf die Feststellung, daß Jugoslawien die Grundsätze der Charta der Vereinten Nationen erfüllt und für die »Beachtung der allgemein anerkannten Normen des Völkerrechts« eintritt. Die starke Herausstellung der allgemein anerkannten Normen des Völkerrechts ist vor allem darauf zurückzuführen, daß die nach der militärischen Intervention von fünf Warschauer Pakt-Staaten im September 1968 verkündete sowjetische These von der begrenzten Souveränität der »sozialistischen Staaten« auch Jugoslawien erfaßte und dort beachtliche Unruhe ausgelöst hatte.[101]

So ergibt eine vergleichende Analyse der außenpolitischen Bestimmungen, die in den Verfassungen der zum Warschauer Pakt gehörenden Staaten verankert sind, daß sie sehr unterschiedliche Positionen zu der Gestaltung ihrer gegenseitigen Beziehungen, vor allem zu den Prinzipien des sozialistischen Internationalismus und dem sowjetischen Führungsanspruch einnehmen. Dabei ist zu berücksichtigen, daß in der Tschechoslowakei noch immer die Verfassung vom 11. Juli 1960 gilt, in der sich noch nicht

---

98 Text bei H. Roggemann (Hrsg.): Die Verfassungen der sozialistischen Staaten, S. 159: Einführungsteil – Grundsätze: Kap. VII; Verfassung der Sozialistischen Föderativen Republik Jugoslawien. Beograd 1974, S. 82 f. Vgl. zu den außenpolitischen Aussagen der vorhergehenden Verfassung vom 7. April 1963 J. Hacker: Prinzipien, S. 189 f.
99 Dt. Text in: Peking Rundschau, Nr. 11 vom 21. März 1978, S. 6 (Präambel). Vgl. auch die Losungen des ZK der Kommunistischen Partei Chinas zum 30. Jahrestag der Volksrepublik China am 1. Oktober 1979. Radio Peking/deutsch vom 14. September 1979. Wiedergegeben in: Bundespresseamt/Ostinformationen vom 19. September 1979, S. 13. Texte der Verfassungen Albaniens, Chinas und Jugoslawiens auch bei G. Brunner/B. Meissner (Hrsg.): Verfassungen.
100 Text bei H. Roggemann: Die Verfassungen der sozialistischen Staaten, S. 24 (Art. 15) und in: Verfassung der Sozialistischen Volksrepublik Albanien. Tirana 1977, S. 14.
101 Vgl. die scharfen Stellungnahmen Belgrads zu dem Vorgehen der fünf Warschauer Pakt-Länder gegenüber der ČSSR und der »Brežnev-Doktrin« bei B. Meissner: Die »Breshnew-Doktrin«, S. 122–145.

die wesentlich engere, nach dem Ende des »Prager Frühlings« geschaffene Bindung an die UdSSR widerspiegelt. Das Verhältnis der ČSSR gegenüber der UdSSR läßt sich nur umreißen, wenn man den am 16. Oktober 1968 geschlossenen Vertrag über die Stationierung sowjetischer Truppen auf dem Territorium der Tschechoslowakei und den am 6. Mai 1970 erneuerten bilateralen Bündnisvertrag in die Untersuchung einbezieht.[102] Es ist nicht verwunderlich, daß Rumänien das einzige Land der engeren »sozialistischen Gemeinschaft« ist, dessen Verfassung vom 21. August 1965 die UdSSR mit keinem Wort mehr erwähnt. Ebenso ist es kein Zufall, daß die Verfassung, in der auch an anderen Stellen die Bukarester Politik der nationalen Positionsaufwertung zum Ausdruck kommt, nicht von den Prinzipien, sondern nur vom »Geist des sozialistischen Internationalismus« spricht[103]; schließlich sollen nach rumänischer Ansicht die in der UN-Charta verankerten Prinzipien der zwischenstaatlichen Beziehungen auch im Verhältnis zu »sozialistischen Staaten« uneingeschränkt gelten.
Während sich in der Verfassung der Volksrepublik Ungarn in der Fassung vom 19. April 1972 die sehr reservierte Haltung der ungarischen Doktrin zum Problem des »sozialistischen Völkerrechts« widerspiegelt, blieb es der Führung in Ost-Berlin überlassen, in der geänderten Verfassung der DDR vom 7. Oktober 1974 zu proklamieren, daß die DDR »für immer und unwiderruflich mit der UdSSR verbündet« ist.[104] Der außen-

---

102 Vgl. dazu unten S. 864 f., 924 f.
103 Das bereits vom Umfang her aus dem Rahmen fallende, vom XI. Kongreß der Kommunistischen Partei Rumäniens vom 25. bis 28. November 1974 verabschiedete neue Programm liest sich wie eine Fortschreibung der Grundsatzerklärung vom 22. April 1964 (vgl. dazu oben S. 674–678). So umschreibt das Programm beispielsweise die Position Rumäniens im RGW, indem es die »strenge Einhaltung der nationalen Souveränität und Unabhängigkeit, des freien Einverständnisses der Staaten« auch bei der Zusammenarbeit im Rahmen des »Komplexprogramms« postuliert. Ebenso bemerkenswert ist die Feststellung, daß die Rumänische Kommunistische Partei »mit aller Entschlossenheit für die Überwindung der Meinungsverschiedenheiten zwischen den sozialistischen Ländern wirken« werde. Dt. Text in: Programm der Rumänischen Kommunistischen Partei. Bukarest 1975, S. 186–188 (188), 212–214 (213). Vgl. dazu auch M. Cismarescu: Die verfassungsrechtliche Entwicklung der Sozialistischen Republik Rumänien 1965–1975, S. 275–284.
104 Vgl. dazu auch das Programm der SED vom 22. Mai 1976: »In ihrer gesamten außenpolitischen Tätigkeit läßt sich die SED von der historischen Wahrheit leiten, daß die Lebensinteressen der DDR . . . mit den Interessen der Sowjetunion und der sozialistischen . . . Staatengemeinschaft übereinstimmen.« Text in: Programm und Statut der SED vom 22. Mai 1976, S. 92 f. Und im Statut der SED vom 22. Mai 1976 heißt es: »Die SED vertieft unablässig die unverbrüchliche Freundschaft und das brüderliche Bündnis mit der KPdSU, der Vorhut der kommunistischen Weltbewegung.« Text, ebenda, S. 109.

politischen Linie Sofias entspricht es, daß die bulgarische Verfassung vom 18. Mai 1971 das »unzerrüttbare Bündnis« mit der UdSSR postuliert.[105]
Schließlich ergibt der Vergleich der außenpolitischen Aussagen der Verfassungen der Warschauer Pakt-Staaten, daß die Verfassung Polens in der Fassung vom 16. Februar 1976 insofern aus dem Rahmen fällt, daß darin weder von den Prinzipien noch vom Geist des sozialistischen Internationalismus die Rede ist, sondern von der »Solidarität« – ein Terminus, auf den sich wenige Monate später 29 kommunistische Parteien auf ihrer Konferenz Ende Juni 1976 in Ost-Berlin als Ersatz für die Internationalismus-Formeln geeinigt haben. Die UdSSR wird in der Bestimmung über die Außenbeziehungen Polens nur insoweit herausgestellt, als sie mit dem Namen genannt wird, während sich die anderen sozialistischen Staaten mit einer pauschalen Erwähnung begnügen müssen.
Es blieb der UdSSR vorbehalten, den Mitgliedern der engeren »sozialistischen Gemeinschaft« bei der Schaffung neuer Verfassungen den Vortritt zu lassen und als »Ordnungsmacht« mit der überholten Verfassung aus dem Jahre 1936 bis zum 7. Oktober 1977 zu leben. Die Verfassungsurkunde unterscheidet sich von denen der anderen Warschauer Pakt-Staaten vor allem dadurch, daß sie die »kameradschaftliche gegenseitige Hilfe mit den Ländern des Sozialismus auf der Grundlage des Prinzips des sozialistischen Internationalismus« postuliert. Die »gegenseitige Hilfe« ist jenes Element der Zusammenarbeit der in der Warschauer Allianz zusammengeschlossenen Staaten, das – darauf wird noch zurückzukommen sein – nicht nur eine zentrale Rolle in der Gestaltung der bilateralen Bündnispakte spielt, sondern auch der »Ordnungsmacht« den Gleichschritt der »Bruderstaaten« garantiert.

---

105 Im Parteiprogramm der Bulgarischen Kommunistischen Partei, das vom X. Parteitag am 24. April 1971 angenommen worden ist, werden die UdSSR und die KPdSU in kaum überbietbarer Weise herausgestellt, indem dem »sowjetischen Beispiel« eine »welthistorische Bedeutung« beigemessen wird. An anderer Stelle ist von der »tief eingewurzelten Liebe des Volkes zum russischen Volk und zur Sowjetunion« die Rede. In diesem Punkt unterscheidet sich das Programm von jenem der SED, da die stark ausgeprägte prorussische Einstellung Bulgariens auf historische Gründe zurückgeht, die im Fall Deutschlands nicht gegeben sind. Vgl. dazu L. Schultz: Die Verfassung der Volksrepublik Bulgarien vom 18. Mai 1971, S. 205. Die dem Programm entnommenen Zitate entstammen der deutschsprachigen Broschüre »Programm der Bulgarischen Kommunistischen Partei«. Sofia 1971, S. 9, 34. Vgl. zum russisch-bulgarischen Verhältnis auch oben S. 737–739.

c) *Die Prinzipien des sozialistischen Internationalismus in den bilateralen Bündnispakten*

In den Beziehungen zwischen den zum Warschauer Pakt gehörenden Ländern nehmen die bilateralen Verträge über Freundschaft, Zusammenarbeit und gegenseitigen Beistand einen zentralen Platz ein, da in ihnen neben politischen und völkerrechtlichen auch ökonomische und kulturelle Materien geregelt sind. Es ist das Verdienst der Ostrechtsforschung in der Bundesrepublik Deutschland, sich immer wieder und intensiv mit dieser umfangreichen und vielschichtigen Problematik, bei der sich Politik und Recht in besonders starkem Maße »im Raume treffen«, auseinandergesetzt zu haben.[106] Um die Bedeutung des bilateralen Ostpakt-Systems, dessen Wandlungen und nicht immer einheitliche Einschätzung durch die betroffenen Staaten richtig zu verstehen, bedarf es zunächst einer exakten Analyse der Vertragstexte. Darüber hinaus gilt es zu berücksichtigen, ob und inwieweit solche Text-Exegesen mit der offiziellen, zumeist auch wissenschaftlich untermauerten Linie übereinstimmen.

Die Entwicklung des bilateralen Ostpakt-Systems ist durch mehrere Generationen oder Vertragsrunden gekennzeichnet. Autoren in der Bundesrepublik Deutschland unterscheiden zumeist drei Generationen zweiseitiger Bündnisverträge im Warschauer Pakt-Bereich: Die erste erfaßt die Verträge, die in der Stalin-Ära in der Zeit vom 12. Dezember 1943 bis zum 16. April 1949 geschlossen worden sind[107]; hinzu genommen wird noch das Protokoll vom 27. November 1963 über die Verlängerung des Vertrags über Freundschaft, gegenseitige Hilfe und Zusammenarbeit in der Nachkriegszeit zwischen der UdSSR und der Tschechoslowakei vom 12. Dezember 1943.[108] Noch einmal sei daran erinnert, daß von den insgesamt 23, in den Jahren von 1943 bis 1949 auf 20 Jahre geschlossenen Verträgen 16 nach dem Ausschluß Jugoslawiens aus dem »Ostblock« ihre Gültigkeit behalten haben.[109]

In der DDR haben mehrere Autoren viel Mühe darauf verwandt, anhand der »jeweils unterschiedlichen konkret-historischen Umstände im Prozeß

---

106 Wegen des zu dieser vielschichtigen Problematik vorliegenden umfanreichen Schrifttums kann im folgenden keine umfassende Übersicht vermittelt werden.
107 Dt. Texte in: Grundsatzverträge und bei B. Meissner: Ostpakt-System. Vgl. auch die chronologische Übersicht bei H. Fiedler: Paktsystem, S. 140 f. Vgl. dazu auch oben S. 439–445 mit weiteren Nachweisen.
108 Dt. Text in: Grundsatzverträge, S. 121–123.
109 Vgl. dazu B. Meissner: Bündnisverträge, S. 581 f.

der Herausbildung der sozialistischen Gemeinschaft von 1945 bis 1949«[110] zwischen drei oder gar fünf »Vertrags- oder Bündnisrunden«[111] zu differenzieren. Das ändert nichts an der Tatsache, daß für Stalin die informellen Kontrollinstanzen für die Beherrschung der von der UdSSR kontrollierten Länder Ostmittel- und Südosteuropas sehr viel wichtiger waren als die formellen Bindungen. Die zwischen der UdSSR, Polen, Rumänien, Ungarn und Bulgarien sowie die zwischen diesen Ländern geschlossenen bilateralen Bündnispakte erfüllten in erster Linie Sicherheitsfunktionen aufgrund der Gegnerschaft gegenüber Deutschland.
Noch einmal sei daran erinnert, daß für Stalin eine Einbeziehung Albaniens in das bilaterale Ostpakt-System in der Zeit vor dem Bruch mit Tito außerhalb jeder Diskussion stand. Der Kremlchef wußte das kleine Land gut in den Händen Jugoslawiens aufgehoben, das seit dem 9. Juli 1946 mit Belgrad und seit dem 16. Dezember 1947 mit Bulgarien durch einen bilateralen Bündnispakt verbunden war. Auch nach dem Bruch zwischen Moskau und Belgrad und der damit verbundenen Hinwendung Albaniens zur UdSSR sah sich Stalin nicht veranlaßt, Albanien über dessen Vertrag mit Bulgarien hinaus in das bilaterale Ostpakt-System einzubeziehen.[112] Tirana mußte sich bis zur Errichtung der multilateralen Warschauer Pakt-Organisation am 14. Mai 1955 gedulden, um ein Partner des sowjetischen Militärbündnisses zu werden.
Anders lag die Situation bei der SBZ/DDR, die von Anfang an eine Sonderstellung im Ostpakt-System eingenommen hat. Als die DDR am 7. Oktober 1949 errichtet wurde, behielt die UdSSR ihr Besatzungsregime aufrecht, das 1953 gelockert und 1954/55 weiter abgebaut wurde. Als die sowjetische Regierung in ihrer Erklärung vom 25. März 1954 einseitig die »Herstellung der vollen Souveränität der DDR« proklamierte, behielt sie sich ihre Rechte in der Sicherheitsfrage und aus den Vier-Mächte-Abkommen über Deutschland vor. In diesem Zeitpunkt herrschte noch formell der Kriegszustand mit Deutschland, den die UdSSR erst am 25. Januar 1955 für beendet erklärt hat.[113] Als die DDR am 14. Mai 1955 den Warschauer Vertrag unterzeichnete[114], konnte sich ihre Teilnahme an der

---

110 So B. Hähner: Herausbildung, S. 178. Von »drei Vertragsrunden« spricht M. Hegemann in: Probleme, S. 28 f.
111 Vgl. dazu im einzelnen oben S. 439–445.
112 Vgl. dazu oben S. 290–293, 407–409, 441, 513.
113 Vgl. dazu ausführlicher J. Hacker: Rechtsstatus, S. 228–249 (243–245).
114 Die DDR ist nicht, wie H. H. Mahnke in: Problem, S. 176, behauptet, erst Anfang 1956 dem Militärbündnis beigetreten. Vgl. dazu auch S. Mampel: Die Stellung der DDR im sowjetischen Paktsystem, S. 100–102.

Allianz nur in den Grenzen der von der UdSSR in ihrer Erklärung vom 25. März 1954 genannten Vorbehaltsrechte halten. So stand die DDR in Übereinstimmung mit dem Beschluß über die Bildung des Vereinten Kommandos des Warschauer Pakts unter dem Schutz der Sowjetunion: »Auf dem Hauptgebiet einer Allianz, nämlich in der Frage der Entscheidung über ihre Sicherheit war die DDR im Zeitpunkt der Gründung der Militärorganisation nicht vollsouverän.«[115]

Nicht nur aus rechtlichen, sondern auch aus politischen Erwägungen stand in den Jahren von 1949 bis 1955 eine Einbeziehung der DDR in das bilaterale Ostpakt-System außerhalb jeder Diskussion, da sie eine Lösung der »deutschen Frage« im Einvernehmen mit den drei Westmächten ausgeschlossen hätte. Nach der Unterzeichnung des Warschauer Vertrags durch die DDR am 14. Mai 1955 und dem Abschluß des »Souveränitäts-Vertrags« mit der DDR vom 20. September 1955[116], mit dem eine weitere Rechtsgrundlage für die Stationierung sowjetischer Truppen in der DDR geschaffen wurde[117], war für den Kreml eine Einbeziehung der DDR in das bilaterale Pakt-System nicht dringlich. Hinzu kommt, daß der Abschluß eines bilateralen Bündnispakts nicht in das von den Nachfolgern Stalins in der zweiten Hälfte der fünfziger Jahre angestrebte europäische Sicherheitssystem gepaßt hätte. Ende der fünfziger und auch Anfang der sechziger Jahre stand im Vordergrund der deutschlandpolitischen Überlegungen des Kreml die Frage, in welcher Form ein Friedensvertrag mit Deutschland abgeschlossen werden sollte. Die sowjetische Führung war gut beraten, als sie aus rechtlichen und politischen Erwägungen heraus ihre ab 1959 immer wieder ultimativ vorgebrachte Forderung fallenließ, mit der DDR eine separate Friedensregelung zu treffen, wenn die drei Westmächte nicht zum Abschluß eines Friedensvertrags auf der Basis der mehrfachen Teilung Deutschlands bereit sein sollten.[118]

Mit dem am 12. Juni 1964 zwischen der UdSSR und der DDR geschlossenen Vertrag über Freundschaft, gegenseitigen Beistand und Zusammenarbeit wurde die DDR in das bilaterale Ostpakt-System einbezogen. Der Vertrag bildete den Auftakt der zweiten Generation der bilateralen Bündnispakte; in dieser Phase, die sich bis zum 10. Juli 1969 erstreckt, erneuerte die UdSSR ihre Verträge mit Polen am 8. April 1965, Bulgarien am

---

115 Vgl. dazu A. Uschakow: Sonderstellung, S. 40 f. Vgl. dazu auch oben S. 514 f.
116 Vgl. dazu J. Hacker: Rechtsstatus, S. 241–252.
117 Vgl. dazu oben S. 587–590.
118 Vgl. dazu oben S. 606 mit den Nachweisen in Anm. 77 und S. 682–684.

12. Mai 1967 und mit Ungarn am 7. September 1967.[119] Hinzu kommen die Bündnisverträge Polens mit der Tschechoslowakei vom 1. März 1967, mit Bulgarien vom 6. April 1967 und mit Ungarn vom 16. Mai 1968 sowie der Tschechoslowakei mit Bulgarien vom 26. April, mit Ungarn vom 14. Juni und mit Rumänien vom 16. August 1968. Schließlich erneuerten Ungarn und Bulgarien am 10. Juli 1969 ihren Bündnisvertrag.[120]
In dieser Übersicht spiegelt sich auch die Sonderrolle Rumäniens in der engeren »sozialistischen Gemeinschaft« insoweit wider, als es in dieser Phase seine gleichfalls auf 20 Jahre geschlossenen Bündnispakte mit Bulgarien, Ungarn und der UdSSR aus dem Jahre 1948 sowie mit Polen vom 26. Januar 1949 nicht erneuert hat. Die einzige Ausnahme bildet die Tschechoslowakei, mit der Rumänien am 21. Juli 1948 einen Bündnisvertrag geschlossen hatte und der - wie bereits dargelegt[121] - wenige Tage vor der militärischen Intervention der fünf »Bruderstaaten« am 16. August 1968 erneuert wurde.
Als am 7. Juli 1970 nach einem mehrjährigen diplomatischen Tauziehen in Bukarest ein neuer Vertrag über Freundschaft, Zusammenarbeit und gegenseitigen Beistand zwischen der UdSSR und Rumänien geschlossen wurde[122], stellte sich heraus, daß es Bukarest weitgehend gelungen war, keine Konzessionen zu machen, die seine Sonderposition im Warschauer Pakt-Bereich in Frage gestellt hätten. Das ergibt ein Vergleich des Vertrags mit dem zwischen der UdSSR und der Tschechoslowakei zwei Monate zuvor, am 6. Mai 1970, erneuerten Bündnispakt.[123]
Nach dem Abschluß des Bündnisvertrags zwischen der UdSSR und der DDR vom 12. Juni 1964 sollte es noch knapp drei Jahre dauern, bis die DDR auch mit anderen »Bruderländern« solche Verträge schloß. Das geschah am 15. März mit Polen, am 17. März mit der Tschechoslowakei, am 18. Mai mit Ungarn und am 7. September 1967 mit Bulgarien. Seit

---

119 Dt. Texte der bis zum 14. Juni 1968 geschlossenen Bündnispakte in: Grundsatzverträge. Eigenartigerweise ist in der Sammlung der am 6. April 1967 zwischen Polen und Bulgarien geschlossene Vertrag nicht enthalten; Text in: Dokumentation der Zeit 1967, H. 382, S. 35 f. Vgl. auch die chronologische Übersicht für die Zeit bis zum Frühjahr 1972 bei H. Fiedler: Pakt-System, der auch Quellen-Hinweise gibt.
120 Text in: Dokumentation der Zeit 1969, H. 19, S. 43 f.
121 Vgl. dazu oben S. 787.
122 Text in: Europa-Archiv 1970, S. D 379-382. Vgl. dazu »Freundschaft mit der Sowjetunion«, in: Osteuropäische Rundschau 1970, H. 8, S. 31-33; Th. Schweisfurth: Freundschaftsvertrag.
123 Text, ebenda, S. D 285-288. Vgl. dazu D. Frenzke: Bündnisvertrag. Vgl. dazu auch unten S. 864-867.

die DDR und Rumänien am 12. Mai 1972 einen Vertrag über Freundschaft, Zusammenarbeit und gegenseitigen Beistand unterzeichneten, ist das bilaterale Vertragssystem der engeren »sozialistischen Gemeinschaft« komplett.[124]
Nach Auffassung Boris Meissners bildet der neue Bündnisvertrag zwischen der UdSSR und der DDR vom 7. Oktober 1975[125] den Ausgangspunkt der dritten Generation der bilateralen Pakte.[126] Nach seiner Ansicht erfaßt die zweite Generation die in den Jahren von 1964 bis 1972 geschlossenen Verträge. Meissner muß jedoch zugeben, daß diese Periodisierung durch den erneuerten Bündnisvertrag zwischen der UdSSR und der Tschechoslowakei vom 6. Mai 1970 »einen anderen Charakter« aufweise. Auf jeden Fall erscheint jede Schematisierung von nun an unangebracht, da sich die Verträge der UdSSR mit der ČSSR vom 6. Mai 1970 und mit der DDR vom 7. Oktober 1975 in wesentlichen Punkten vom sowjetisch-rumänischen Pakt vom 7. Juli 1970 unterscheiden.
Inzwischen hat die DDR ihre zweiseitigen Bündnisverträge im Laufe des Jahres 1977 mit vier »Bruderstaaten« erneuert: am 24. März mit Ungarn[127], am 28. Mai mit Polen[128], am 14. September mit Bulgarien[129] und am 3. Oktober mit der Tschechoslowakei.[130] Rumänien war hingegen bisher nicht bereit, den am 12. Mai 1972 mit der DDR geschlossenen Bündnispakt bereits durch einen neuen zu ersetzen. Die Führung der DDR mußte sich zunächst mit der »Deklaration über die Vertiefung der Freundschaft und Entwicklung der brüderlichen Zusammenarbeit zwischen der Sozialistischen Einheitspartei Deutschlands und der Rumänischen Kommunistischen Partei, zwischen der Deutschen Demokratischen

---

124 Texte der Verträge in: Gesetzblatt der DDR, Teil I: 1964, S. 131–134 (UdSSR); 1967, S. 49-52 (Polen); 1967, S. 53-56 (ČSSR); 1967, S. 119-122 (Ungarn); 1967, S. 123-126 (Bulgarien); 1972, S. 155-157 (Rumänien). Die DDR ist mit der Mongolischen Volksrepublik durch einen Vertrag über Freundschaft und Zusammenarbeit – nicht jedoch gegenseitigen Beistand – verbunden, der hier außer Betracht bleibt. Text des Vertrags vom 12. September 1968, ebenda, 1968 I, S. 347-349. Vgl. zum politischen Hintergrund der 1967 geschlossenen Bündnispakte oben S. 732-734. Sehr instruktiv informiert A. Uschakow in: Sonderstellung über die Stellung der DDR im bilateralen Ostpakt-System.
125 B. Meissner: Wandlungen, S. 284.
126 Text in: Gesetzesblatt der DDR 1975 II, S. 237-240.
127 Text, ebenda, 1977 II, S. 189-191.
128 Text, ebenda, S. 198-201.
129 Text, ebenda, 1978 II, S. 1-3.
130 Text, ebenda, S. 5-7.

Republik und der Sozialistischen Republik Rumänien« vom 10. Juni 1977 begnügen.[131]
Was die Bezeichnung dieser bilateralen Pakte angeht, so sind vor allem die Verträge über Freundschaft, Zusammenarbeit und gegenseitigen Beistand der DDR im westlichen Schrifttum, in der Presse und sogar in der Staatenpraxis als »Freundschaftsverträge« apostrophiert worden.[132] Dies ist nicht allein deshalb verfehlt, weil die DDR mit Vorliebe die Kurzformel »Freundschaftsvertrag« zur »Verschleierung des wahren Charakters der Militärabsprachen . . . verwendet«[133]. Die Formel »Freundschaftsvertrag« ist deshalb unangebracht, weil man damit auf jenes der drei im Titel dieser Verträge genannten Elemente abstellt, dem am wenigsten Bedeutung beizumessen ist. Mit Recht hat Alexander Uschakow darauf hingewiesen, daß Staatenverträge, die nur eine Deklaration und Bezeugung der freundschaftlichen Beziehungen zwischen den Kontrahenten – sog. traités d'amitié – zum Inhalt haben, ohne konkrete und wirkliche Bündnisklauseln zu enthalten, keine Allianzverträge sind; umgekehrt sind Vereinbarungen über kriegerische Maßnahmen keine »Freundschaftsverträge«.[134]
Hier interessiert vor allem, welche Bedeutung den in den Bündnispakten verankerten Prinzipien des sozialistischen Internationalismus zukommt; später werden noch zwei weitere Aspekte behandelt: die in den neueren Bündnisverträgen immer stärker zum Ausdruck gebrachten »Integrations«-Elemente und die Konsultationsklauseln.
In der DDR weist man gern und mit Stolz darauf hin, daß die Formel vom sozialistischen Internationalismus im Rahmen des bilateralen Bünd-

---

131 Text in: Neues Deutschland vom 11./12. Juni 1977. Der mit der Mongolischen Volksrepublik am 12. September 1968 geschlossene Vertrag über Freundschaft und Zusammenarbeit wurde bereits durch einen Vertrag vom 6. Mai 1977 erneuert. Text in: Gesetzblatt der DDR 1977 II, S. 194–196.
132 So benutzte Th. Schweisfurth in seinen Analysen der bilateralen Pakte bis 1975 immer wieder diese Formel. Vgl. beispielsweise: Freundschaftsvertrag; ders.: Bindung. Erst 1978 hat er – ohne Begründung – seine Terminologie durch die Formel »Freundschafts- und Beistandsverträge« geändert. Vgl. seinen Beitrag »DDR« und seine 1979 erschienene Studie »Sozialistisches Völkerrecht?« Den Terminus »Freundschaftsvertrag« verwandte die Bundesregierung in ihrer Antwort vom 1. Juli 1976 auf die Moskauer Erklärung vom 22. Mai 1976; Text in Bulletin des Presse- und Informationsamtes der Bundesregierung, Nr. 78 vom 1. Juli 1976, S. 737–741; Bericht der Bundesregierung und Materialien zur Lage der Nation 1971, S. 45. Die Kennzeichnung der Bündnispakte als »Freundschaftsverträge« ist auch deshalb unangebracht, da das Element der »Freundschaft« vor der Verpflichtung zum »Beistand« konsumiert wird.
133 So A. Uschakow: Bündnisvertrag, S. 79. Vgl. zur DDR-Terminologie aus der jüngsten Zeit nur die Studie »Staatengemeinschaft und Völkerrecht«; H. Kröger/F. Seidel: Freundschaftsverträge.
134 A. Uschakow, ebenda, S. 79 mit Anm. 4.

nissystems zum erstenmal in dem Vertrag über Freundschaft, Zusammenarbeit und gegenseitigen Beistand zwischen der UdSSR und der DDR vom 12. Juni 1964 verankert worden ist. Alle seitdem erneuerten zweiseitigen Bündnispakte innerhalb des Warschauer Pakt-Bereichs – noch sei einmal betont, daß dieses bilaterale Vertragsnetz lückenlos ist, das heißt jeder Staat ist mit jedem durch einen solchen Vertrag verbunden – enthalten die Formel vom sozialistischen Internationalismus. Die Analyse der außenpolitischen Leitsätze in den Verfassungen der Warschauer Pakt-Mächte hat bereits drastisch vor Augen geführt, daß eine sich ausschließlich an völkerrechtlichen Kriterien orientierende Betrachtung der Sachlage nicht gerecht zu werden vermag.

Der hohe Rang, den die Führungen der Warschauer Pakt-Mächte den Prinzipien des sozialistischen Internationalismus beimessen, zeigt sich darin, daß sie jeweils in Art. 1 aller seit 1964 geschlossenen oder erneuerten bilateralen Bündnispakte verankert sind. Ein Textvergleich der einschlägigen Bestimmungen ergibt, daß nur in dem Vertrag zwischen der UdSSR und der DDR vom 12. Juni 1964 die Prinzipien des allgemeinen Völkerrechts gleichberechtigt neben denen des sozialistischen Internationalismus aufgeführt wurden.[135] In den in der Folgezeit erneuerten Bündnisverträgen stehen die Prinzipien des allgemeinen Völkerrechts nicht mehr gleichberechtigt neben denen des sozialistischen Internationalismus, sondern sind diesen nachgeordnet.

Dabei macht es keinen Unterschied, ob sich die Vertragspartner verpflichtet haben, »gemäß« oder »im Einklang« oder »in Übereinstimmung mit den Prinzipien des sozialistischen Internationalismus« ihre Beziehungen zu gestalten. Theodor Schweisfurths Versuch, mit sprachlichen Finessen »nachzuweisen«, daß »nach sämtlichen intersozialistischen Bündnisverträgen« die Grundsätze des universellen Völkerrechts denen des sozialistischen Internationalismus »gleichgeordnet«[136] seien, kann in keiner Weise überzeugen. Solange nach Auffassung nur einiger Völkerrechtler in der UdSSR, der DDR und der Tschechoslowakei ein »sozialistisches Völkerrecht« existiert oder zumindest im Entstehen sei und solange ein Konsens aller Mitgliedsstaaten der engeren »sozialistischen Gemeinschaft« und damit eine dauernde Übung fehlen, bleiben alle Erörterungen über das »sozialistische Völkerrecht« theoretischer Natur.

Auch die Diskussion über die Prinzipien des sozialistischen Internationa-

---

135 Vgl. dazu J. Hacker: Bündnisvertrag, S. 11 f.
136 Th. Schweisfurth: Sozialistisches Völkerrecht?, S. 438–443 (443).

lismus bewegt sich im theoretischen Rahmen, da bis heute ungeklärt ist, welche Rechte und Pflichten sich aus diesen immer wieder beschworenen Grundsätzen ergeben sollen. In völkerrechtlichen Untersuchungen wird zumeist behauptet, daß sich die Prinzipien des sozialistischen Internationalismus in drei weiteren »Grundsätzen« niederschlügen: in der brüderlichen Freundschaft, in der Zusammenarbeit und in der brüderlichen gegenseitigen Hilfe. Mit Recht betont Alexander Uschakow, man könne gegenüber dieser Argumentation einwenden, daß der sozialistische Internationalismus rechtlich nicht »tragfähig« sei, da er weitere Grundsätze voraussetze, die überdies unklar seien. Uschakow folgert daraus:
»Prüft man im einzelnen die drei Teile des Begriffs, so bleibt im Grunde nur die ›brüderliche Hilfe‹ übrig, weil sich die brüderliche Freundschaft in keine Rechtspflicht zur ›Freundschaft‹ verwandeln läßt. Die brüderliche Zusammenarbeit wiederum ist ein Sammelbegriff, der das umfaßt, was gerade der sozialistische Internationalismus zur Rechtspflicht machen will. Es bleibt die ›brüderliche, freundschaftliche oder gegenseitige Hilfe‹ als Problem.«[137]
Die Bedeutung der Formel von der »brüderlichen gegenseitigen Hilfe« reicht weit über die bilateralen Bündnispakte hinaus, da sie im Herbst 1956 und 1968 als Rechtfertigung dienen mußte, um die ungarische Volkserhebung niederzuschlagen und den »Prager Frühling« gewaltsam zu beenden.[138] Hinzu kommt, daß die Formel von der »brüderlichen gegenseitigen Hilfe« als Prinzip des sozialistischen Internationalismus auch in den ökonomischen Beziehungen zwischen den Mitgliedsländern des Rats für Gegenseitige Wirtschaftshilfe stark herausgestellt wird.
So beruhen die im Juni 1962 von den Vertretern der Mitgliedsländer des RGW angenommenen »Grundprinzipien der internationalen sozialistischen Arbeitsteilung« auch auf dem Prinzip der »brüderlichen gegenseitigen Hilfe«[139]. Und in dem Ende Juli 1971 vom RGW angenommenen »Komplexprogramm für die weitere Vertiefung und Vervollkommnung der Zusammenarbeit und Entwicklung der sozialistischen ökonomischen Integration der Mitgliedsländer des RGW« heißt es dazu:
»Die weitere Vertiefung und Vervollkommnung der Zusammenarbeit und Entwicklung der sozialistischen ökonomischen Integration der Mitgliedsländer des RGW werden auch in Zukunft entsprechend den Prinzipien des sozialistischen Internationalismus auf der Grundlage der Achtung der

---

137 A. Uschakow: Bündnisverträge, S. 797.
138 Vgl. dazu unten S. 922–924.
139 Text bei A. Uschakow: Ostmarkt, S. 465 f.

staatlichen Souveränität, der Unabhängigkeit und der nationalen Interessen, der Nichteinmischung in die inneren Angelegenheiten der Länder, der völligen Gleichberechtigung, des gegenseitigen Vorteils und der kameradschaftlichen gegenseitigen Hilfe erfolgen.«[140]
Diese Umschreibung der »Grundprinzipien« der Kooperation innerhalb des RGW wurde auch in die geänderte Fassung des Statuts der Organisation vom 21. Juni 1974 aufgenommen.[141] Unter Hinweis darauf, daß das Prinzip der gegenseitigen Hilfe in den Moskauer Erklärungen der kommunistischen Parteien vom 16. November 1957[142], vom November 1960[143] und vom 17. Juni 1969[144] sowie in den bilateralen Bündnispakten verankert ist, verweisen die Verfechter der These vom »sozialistischen Völkerrecht« in der UdSSR und der DDR darauf, daß es »jedem sozialistischen Staat das juristische Recht, von den anderen sozialistischen Staaten Hilfe zu erhalten« und die »juristische Verpflichtung« bedeute, »den anderen sozialistischen Staaten Hilfe zu erweisen«[145].
Die Kollision zwischen Recht und Pflicht besteht darin, »daß jeder Staat Hilfe gewähren muß, andererseits aber auch ›Hilfe‹ gegen seinen Willen von anderen in Kauf nehmen muß«[146]. Die zentrale Frage lautet, auf welches Objekt sich die »Hilfe« bezieht. Auch wenn in den einschlägigen multilateralen Dokumenten[147] und in den bilateralen Bündnispakten der

---

140 Text in: Internationales Recht und Diplomatie, Jg. 1975/76, S. 296.
141 Text ebenda, S. 417.
142 Text in: Neues Deutschland vom 22. November 1957 und SBZ-Archiv 1961, S. 19. Auch in der Erklärung der Sowjetregierung vom 30. Oktober 1956 wurden die »brüderliche Einheit und gegenseitige Hilfe« beschworen. Text in: Neues Deutschland vom 31. Oktober 1956 und Europa-Archiv 1956, S. 9388 f.
143 Text in: Neues Deutschland vom 6. Dezember 1960 und SBZ-Archiv, ebenda, S. 17.
144 Text in: Osteuropa-Archiv 1969, S. A 173.
145 So beispielsweise E. T. Usenko: Arbeitsteilung, S. 105; K. Becher: Weiterentwicklung, S. 94–97 (96); H. Kröger/F. Seidel: Freundschaftsverträge, S. 51–53.
146 So A. Uschakow: Bündnisverträge, S. 796.
147 Vgl. vor allem die sowjetische Erklärung vom 30. Oktober 1956, in der – soweit ersichtlich – zum erstenmal die Formel vom »Schutz der sozialistischen Errungenschaften« verankert worden ist. Da 1956 noch nicht die Formel »sozialistischer Internationalismus« zur Kennzeichnung der zwischenstaatlichen Beziehungen verwandt worden ist, ist darin vom »proletarischen Internationalismus« die Rede; das ändert jedoch nichts am Sachverhalt. Text in: Neues Deutschland vom 31. Oktober 1956 und Europa-Archiv 1956, S. 9388 f. In der Moskauer Erklärung der zwölf regierenden kommunistischen Parteien vom 16. November 1957 wird – soweit ersichtlich – erstmals die Formel von den »historischen, politischen und sozialen Errungenschaften« gebraucht. Text in: Neues Deutschland vom 22. November 1957 und SBZ-Archiv 1961, S. 19. In der Moskauer Erklärung des kommunistischen Weltkonzils vom November 1960 ist die Formel vom »Schutz der Errungenschaften« des Sozialismus zwar nicht wörtlich enthalten, aber doch umschrieben. Text in: Neues Deutschland vom 6. Dezember 1960

UdSSR mit der Tschechoslowakei vom 6. Mai 1970[148] und mit der DDR vom 7. Oktober 1975[149] die Prinzipien des sozialistischen Internationalismus und die Formel vom Schutz der »sozialistischen Errungenschaften« getrennt aufgeführt werden, besteht zwischen ihnen ein enger Zusammenhang.[150] Das hat sich vor allem gezeigt, als die UdSSR sowie Bulgarien, die DDR, Polen und Ungarn mit ihrem Warschauer Brief vom 15. Juli und der Preßburger Erklärung vom 3. August 1968 die Prager Reformer von ihrem Kurs abzubringen versuchten.[151]
So hat beispielsweise Karl Becher keine Skrupel, die »Pflicht zum gemeinsamen Schutz der Errungenschaften« unter dem Aspekt der »Weiterentwicklung der Völkerrechtsprinzipien des sozialistischen Internationalismus« zu behandeln. Dazu bemerkt er:

und SBZ-Archiv 1961, S. 10 f., 17. Im Moskauer »Hauptdokument« vom 17. Juni 1969 ist von der »Verteidigung des Sozialismus« die Rede. Text in: Osteuropa-Archiv 1969, S. A 172. In der Erklärung der Konferenz der 29 kommunistischen und Arbeiterparteien vom 29. und 30. Juni 1976 in Ost-Berlin, auf der es vornehmlich um die Interpretation der KSZE-Schlußakte vom 1. August 1975 ging, ist die Formel vom »Schutz der Errungenschaften« nicht aufgeführt. Text in: Neues Deutschland vom 1. Juli 1976.
148 Vgl. die Präambel und Art. 5. Text in: Dokumentation der Zeit, H. 14/1970,.S. 42 und Europa-Archiv 1970, S. D 285 f. Vgl. dazu auch D. Frenzke: Bündnisvertrag, S. 409 f.; A. Uschakow: Bündnisverträge, S. 796 f.
149 Text in: Gesetzblatt der DDR 1975 II, S. 238 f. Während in der Präambel von den »sozialistischen Errungenschaften« die Rede ist, enthält Art. 4 die Formel von den »historischen Errungenschaften des Sozialismus«. Vgl. dazu auch H. H. Mahnke: Beistandspakt, S. 1160–1163; J. Hacker: Bündnisvertrag, S. 10–12.
150 Den Schutz der »sozialistischen« und »historischen Errungenschaften« haben sich auch – mit Ausnahme Rumäniens – die Bündnispartner der UdSSR in ihren erneuerten bilateralen Pakten mit der DDR verbrieft. Vgl. die Verträge der DDR mit Ungarn vom 24. März, Polen vom 28. Mai, Bulgarien vom 14. September und mit der ČSSR vom 3. Oktober 1977. Quellen-Nachweise in diesem Kap., Anm. 127–130. Vgl. dazu Th. Schweisfurth: DDR, S. 603 f.; H. H. Mahnke: Beistandsverträge, S. 1161–1165. Eine etwas abweichende und zurückhaltende Formel enthält Art. 7 des Vertrags der DDR mit Polen insofern, als darin vom »Schutz« der »historischen Errungenschaften beim Aufbau des Sozialismus« gesprochen wird.
151 Texte des Warschauer Briefes und der Preßburger Erklärung (Auszug) bei B. Meissner: Die »Breshnew-Doktrin«, S. 48, 53. Als die UdSSR mit der TASS-Erklärung vom 21. August und die fünf Interventionsmächte in ihrem Aufruf an die Bürger der ČSSR vom 23. August ihre Intervention zu rechtfertigen suchten, beriefen sie sich gleichfalls auf die Formel von der »Verteidigung der sozialistischen Errungenschaften«. Texte beider Dokumente bei B. Meissner, ebenda, S. 56 f. Vgl. das sowjetisch-tschechoslowakische Partei- und Regierungskommuniqué vom 7. Mai 1970, das anläßlich der Unterzeichnung des sowjetisch-tschechoslowakischen Bündnispakts veröffentlicht worden ist; Text in: Internationales Recht und Diplomatie 1971, S. 255–257 (257). Dazu Th. Schweisfurth: Bedeutung, S. 605–608. Vgl. dazu auch oben S. 780 f., 785–786, 922–926.

»... bezieht sich die Beistandspflicht der sozialistischen Bruderländer nicht allein auf die Abwehr bewaffneter äußerer Angriffe. Wie besonders die jüngsten bilateralen Freundschaftsverträge deutlich gemacht haben, erstreckt sie sich vielmehr in umfassendem Sinne auf den gemeinsamen Schutz der sozialistischen Errungenschaften aller Partnerstaaten gegen jegliche Angriffe und Anschläge, beispielsweise auch im Fall konterrevolutionärer Aktionen.«[152]

Karl Becher vergaß jedoch hinzuzufügen, daß es Rumänien gelungen ist, sich in dem am 7. Juli 1970 mit der Sowjetunion erneuerten Bündnispakt den Schutz seiner »sozialistischen Errungenschaften« nicht von Moskau verbriefen zu lassen.[153] So muß mit Nachdruck Karl Becher dahingehend korrigiert werden, daß bisher nur in den bilateralen Bündnispakten der UdSSR mit der Tschechoslowakei vom 6. Mai 1970 und der DDR vom 7. Oktober 1975 sowie in den von der DDR mit Ungarn am 24. März, Polen am 28. Mai, Bulgarien am 14. September und der Tschechoslowakei am 3. Oktober 1977 erneuerten Bündnisverträgen der Schutz der »sozialistischen Errungenschaften« vereinbart worden ist. So kann keine Rede davon sein, daß sich alle Mitgliedstaaten des Warschauer Pakts zur »Pflicht zum gemeinsamen Schutz der Errungenschaften« bekannt haben.

---

152 K. Becher: Weiterentwicklung, S. 99.
153 Text des Vertrags in: Dokumentation der Zeit, H. 21/1970, S. 40 f. und Europa-Archiv 1970, S. D 379–382. Vgl. dazu vor allem A. Uschakow: Bündnisverträge, S. 796 f. Auch in dem am 12. Mai 1972 zwischen Rumänien und der DDR erneuerten Bündnispakt fehlt die Formel vom »Schutz der Errungenschaften« des Sozialismus. Text in: Gesetzblatt der DDR 1972 I, S. 155–157. Vgl. dazu Th. Schweisfurth: Freundschaftsvertrag. Da Rumänien bis 1977 nicht bereit war, mit der DDR einen neuen Bündnisvertrag zu schließen, mußte sich Ost-Berlin mit der zweiseitigen Deklaration vom 10. Juni 1977 zufriedengeben, in der gleichfalls nicht von den »Errungenschaften« gesprochen wird. Text in: Neues Deutschland vom 11./12. Juni 1977. Daß die im sowjetisch-rumänischen Vertrag vom 7. Juli 1970 enthaltenen Formeln »Gemeinsamkeit der Gesellschaftsordnung« und »Einheit und Geschlossenheit der sozialistischen Staaten« nicht im Sinne der »Errungenschaften«-These zu interpretieren sind, hat die rumänische Führung seit dem 21. August 1968 immer wieder verdeutlicht. Nach wie vor gilt die Erklärung der Großen Nationalversammlung Rumäniens vom 22. August 1968. Text (Auszug) bei B. Meissner: Die »Breshnew-Doktrin«, S. 154 f. Siehe dazu auch oben S. 811–814. Vgl. auch die Erklärungen Bukarests beim Abschluß des neuen Pakts mit der UdSSR; wiedergegeben in: Freundschaft mit der Sowjetunion, in: Osteuropäische Rundschau 1970, H. 8, S. 31–33. Dazu Th. Schweisfurth, ebenda, S. 470–474; D. Frenzke: Rumänien, S. 217–219; M. Jansen: Nachlese, S. 19 f.; dies.: X. Parteitag der RKP, S. 4 f. Unmißverständlich sprach sich Parteichef N. Ceaușescu in seiner Ansprache auf dem XXIV. Kongreß der KPdSU am 2. April 1971 gegen »jede wie immer geartete Einmischung in die inneren Angelegenheiten anderer Parteien ...« aus. Text in: Neuer Weg, Nr. 6813 vom 3. April 1971, S. 1.

Es erübrigt sich festzustellen, daß es der Kreml ist, der darüber befindet zu entscheiden, wann die »sozialistischen« und »historischen Errungenschaften« gefährdet sind und damit der »Sozialismus« in der engeren »sozialistischen Gemeinschaft« bedroht ist. Karl Becher und seine Kollegen in der UdSSR, der Tschechoslowakei und der DDR, die eine »Pflicht zum gemeinsamen Schutz der Errungenschaften« zu konstruieren suchen, gilt es daran zu erinnern, daß die Formel vom »Schutz der Errungenschaften« eine »völkerrechtliche Garantie innerstaatlicher Rechtszustände« bedeutet. Dazu hat Alexander Uschakow bemerkt:
»Auch wenn die Abgrenzung zwischen einer Garantie und einem Protektorat nicht einfach ist, so gilt nach allgemeinem Völkerrecht der Grundsatz, daß ein Staat nur allein über seine Staatsform entscheiden kann. Eine rechtliche Verpflichtung einer ausländischen Macht, bei inneren Unruhen einzugreifen, widerspricht dem Grundsatz eines Staates auf Unabhängigkeit und ist deshalb rechtswidrig. Diesen universellen Rechtsgrundsatz erhält die UN-Charta in Artikel 2 (7)[154].«[155]
Die Formel vom »Schutz der sozialistischen und historischen Errungenschaften des Sozialismus« wird im Westen allgemein als Verkörperung der »Brežnev-Doktrin« oder »Moskauer Doktrin« angesehen, nach der der UdSSR ein Interventionsrecht bezüglich solcher kommunistisch regierter Staaten zustehen soll, »die nach sowjetischem Urteil innen- oder außenpolitisch vom Pfad der Tugend eines ›sozialistischen‹ Staates abweichen«[156]. Unabhängig von der Frage, ob solche Bestimmungen in völkerrechtlichen Verträgen nichtig sind[157], zeigt sich hier besonders eklatant, wie sich die UdSSR als »Ordnungsmacht« der engeren »sozialistischen Gemeinschaft« empfindet.[158]

154 Diese Bestimmung verbietet es der Weltorganisation, in Angelegenheiten einzugreifen, »die ihrem Wesen nach zur inneren Zuständigkeit eines Staates gehören«. Vgl. dazu aus der vorliegenden umfangreichen Literatur den instruktiven Beitrag von Th. Oppermann: Nichteinmischung in innere Angelegenheiten; G. Hafner: Intervention.
155 A. Uschakow: Bündnisverträge, S. 796; ders.: Wandlungen, S. 377 f. (377): »Der Grundsatz der Gleichheit und Gegenseitigkeit scheidet hier aus machtpolitischen Gründen von vornherein aus. Prag könnte nicht mit gleicher Intensität die sowjetische Verfassung garantieren.«
156 So D. Frenzke: Rechtsverhältnis (I), S. 153.
157 Vgl. dazu mit Nachweisen D. Frenzke, ebenda, mit den Anm. 13 f.; V. Dimitrijević: Intervention und Aggression; S. Avramov: Staaten, S. 34–37; Lj. Radovanović: Einheitlichkeit oder Pluralismus im internationalen Recht; V. Benko: Internationalismus heute.
158 Vgl. dazu auch unten S. 925 f.

4. Die institutionellen Formen der Zusammenarbeit

Auch wenn in der obigen zeithistorischen Analyse Fragen der institutionellen Formen der Zusammenarbeit innerhalb der engeren »sozialistischen Gemeinschaft« bereits behandelt worden sind, erscheint es notwendig, diese Problematik systematisch anzusprechen. Dabei geht es nicht nur darum, den institutionellen Rahmen abzustecken, in dem sich die interparteilichen und zwischenstaatlichen Beziehungen vollziehen, sondern auch darzulegen, wie die Verpflichtungen zur multi- und bilateralen Konsultation ausgestaltet sind und wie die Frage nach der Koordinierung der Außen- und vor allem Intra-Block-Politik beantwortet wird. Erst wenn die zentrale Frage geklärt ist, mit welchem Instrumentarium der Kreml arbeitet, um seine Vorstellungen von der »Einheit und Geschlossenheit« und damit der Block-Solidarität durchzusetzen, kann die Problematik angesprochen werden, in welchem Verhältnis die Bündnispartner der UdSSR im Warschauer Pakt zur »Ordnungsmacht« stehen.

Überschaut man die Entwicklung des sowjetischen Machtbereichs seit 1945, dann haben sich die Methoden der sowjetischen Führung, diesen Staatengürtel Europas wirksam zu kontrollieren, in mannigfacher Weise geändert. Richard Löwenthal hat Stalins Konzept so umrissen:
»Der kommunistische Block hat in Stalins Zeiten mit einer völlig zentralistischen Konzeption begonnen. Stalin wollte keine gemeinsamen Institutionen des Blocks; das einzige Recht zur Interessenvertretung, das er anderen kommunistischen Staaten zugestand, war das Recht, bei der Führungsmacht direkt für ihre Interessen zu plädieren. Jede gemeinsame Institution hätte die totale Abhängigkeit, die totale Unterordnung der Einzelmächte unter die Führungsmacht verringert. Jede gemeinsame Institution war daher unter Stalin zur Atrophie verurteilt. Weder das Kominform noch das sogenannte Comecon, der Rat für gegenseitige Wirtschaftshilfe, haben unter Stalin reale Funktionen ausgeübt. Es gab noch nicht den Warschauer Pakt; die militärische Unterordnung unter die Sowjetunion wurde für jeden Satellitenstaat direkt gesichert. Es gab keine Form der Repräsentation innerhalb des Blocks.«[159]
In der Tat schloß der Stalinismus als System zwischenstaatlicher und interparteilicher Beziehungen, das von Weisung, Befehl und Subordination geprägt war, jeden institutionellen Konsultations-Mechanismus aus. So

---

159 R. Löwenthal: Bündnissysteme, S. 102 f.

erschöpfte sich die Bedeutung des Kommunistischen Informationsbüros weitgehend darin, Stalins Bruch mit Tito zu »sanktionieren«.[160] Und der im Januar 1949 errichtete Rat für Gegenseitige Wirtschaftshilfe diente Stalin – um eine zutreffende Bemerkung Adam B. Ulams zu wiederholen – nur als ein weiteres Instrument dazu, die Satelliten zu schröpfen.[161] In Stalins System des totalen Zentralismus spielten die formellen Bindungen gegenüber den informellen Kontrollinstanzen eine untergeordnete Rolle. Auch wenn die im Februar und März 1948 zwischen der UdSSR und Rumänien, Ungarn und Bulgarien geschlossenen Verträge über Freundschaft, Zusammenarbeit und gegenseitigen Beistand – im Gegensatz zu den bilateralen Bündnispakten der Sowjetunion mit der Tschechoslowakei vom 12. Dezember 1943 und Polen vom 21. April 1945 – jeweils eine Konsultationsklausel mit der Verpflichtung enthielten, sich in allen wichtigen internationalen Fragen, die die Interessen der betroffenen Länder berührten, bedurfte sie Stalin nicht, um seine Weisungen und Befehle durchzusetzen.[162]

Für die Nachfolger des am 5. März 1953 verstorbenen Josef Stalin stand von vornherein fest, daß sie nach neuen Wegen der »Kooperation« auch im institutionellen Bereich suchen mußten, da Stalins auf Weisung, Befehl und Unterordnung basierendes Konzept nicht mehr aufrechtzuerhalten war. Die neue sowjetische Führung beschränkte sich nicht darauf, die Formen und Methoden der ökonomischen »Zusammenarbeit« im Rahmen des RGW zu verändern, sondern schuf mit der Errichtung des Warschauer Pakts im Mai 1955 auch eine neue multilaterale Organisation, deren Bedeutung sich nicht auf die militärische Kooperation beschränken sollte. Hinzu kamen nun bilaterale und multilaterale Parteikonferenzen, von denen Dokumente verabschiedet wurden, in denen man programmatische Aussagen und Prinzipien fixierte, die für die Politik der jeweils beteiligten Parteien maßgeblich sein sollten. Zu den wichtigsten multilateralen Dokumenten gehören die Moskauer Erklärungen der zwölf regierenden kommunistischen Parteien vom 16. November 1957[163] und des kommunistischen »Weltkonzils« der 81 Parteien vom November 1960.[164]

Den Ausgangspunkt der neuen Entwicklung der zwischenstaatlichen Beziehungen bildete bereits die Erklärung der Sowjetregierung vom 30. Ok-

---

160 Vgl. dazu ausführlicher oben S. 349–359, 392–412.
161 Vgl. dazu mit Nachweis oben S. 439, Anm. 292.
162 Vgl. dazu oben S. 444.
163 Vgl. dazu oben S. 590–599.
164 Vgl. dazu oben S. 645–648.

tober 1956 über die Beziehungen der UdSSR zu den anderen sozialistischen Staaten.[165] In den folgenden Monaten suchte der Kreml auf bilateralen Partei- und Regierungskonferenzen die Führungen der anderen zum »sozialistischen Lager« gehörenden Staaten um die Zustimmung zu den in der Oktober-Deklaration verkündeten Prinzipien zu gewinnen.[166]
Dennoch sollte es Nikita S. Chruščev Ende der fünfziger und Anfang der sechziger Jahre nicht gelingen, mittels neuer »Kooperations«- und »Integrations«-Machanismen die Einheit und Geschlossenheit des »sozialistischen Lagers« im Sinne der sowjetischen Vorstellungen aufrechtzuerhalten. Die ausdrückliche Anerkennung des eigenen jugoslawischen Weges zum Sozialismus, die Verschärfung des sowjetisch-chinesischen Konflikts, der zum Schisma im Weltkommunismus führte, Rumäniens erfolgreiche Politik der nationalen Positionsaufwertung und das Ausscheren Albaniens aus der »sozialistischen Gemeinschaft« waren die Bilanz der Ära Nikita S. Chruščevs.
Die Nachfolger des am 14. Oktober 1964 gestürzten Chruščev ließen von Anfang an keinen Zweifel daran, daß sie im Rahmen der gegebenen institutionellen Möglichkeiten »Block«-Politik zu führen und weitere Abweichungen der Allianzpartner zu unterbinden gedachten. Dazu diente Parteichef Leonid Brežnev und Ministerpräsident A. Kosygin vornehmlich der Warschauer Pakt, der in der Zwischenzeit immer stärker zum außenpolitischen Koordinierungsorgan der engeren »sozialistischen Gemeinschaft« ausgebaut worden ist. Hinzu kommen die Intensivierung der ökonomischen Kooperation im Rat für Gegenseitige Wirtschaftshilfe sowie die Erneuerung des bilateralen Bündnispakt-Systems. Diese Maßnahmen und die wesentliche Verstärkung der bilateralen Beziehungen sowohl auf der zwischenstaatlichen als auch auf der interparteilichen Ebene waren sehr viel gravierender als die Konferenzen der 75 kommunistischen Parteien vom Juni 1969 und der 29 kommunistischen Parteien von Ende Juni 1976 in Ost-Berlin.
Nikita S. Chruščev hatte sich auf »eine kommunistische Form des aus der Entwicklung des westlichen außenpolitischen Denkens sattsam bekannten naiven Harmoniedogmas« verlassen: »Er glaubte, unter kommunistischen Staaten, unter Staaten, die von kapitalistischen Ausbeutern frei

---

165 Vgl. dazu oben S. 576–582.
166 Dies hat Th. Schweisfurth in: Bedeutung, S. 588 f. mit den Nachweisen in Anm. 7 gut herausgearbeitet. Vgl. zu den bilateralen Abmachungen, die der Kreml in den Monaten zwischen November 1956 und April 1957 mit den Mitgliedsstaaten des Warschauer Paktes traf, oben S. 576–582.

sind, könnte es keine ernsten Interessenkonflikte geben, und etwa auftretende Teilkonflikte müßten sich auf Grund der gemeinsamen Ideologie relativ leicht überbrücken lassen.«[167]
Die Nachfolger Chruščevs handelten von Anfang an nüchterner, pragmatischer und realistischer insofern, als sie nicht dessen naivem »Harmonie-Dogma« huldigten. Die zentrale Rolle, die die Block-Politik und -Solidarität im Kreml spielen, verdeutlichte Parteichef Brežnev auf dem XXV. Kongreß der KPdSU am 24. Februar 1976 unmißverständlich: »Es gab wohl keine Tagung des Politbüros, in der wir uns nicht mit diesen oder jenen Fragen befaßt hätten, die mit der Stärkung der Einheit und der Entwicklung der Zusammenarbeit mit den Bruderländern, mit dem Ausbau unserer gemeinsamen internationalen Positionen zusammenhängen.«[168]

a) *Die Struktur des Warschauer Pakts*

Obwohl das militärische und politische Gewicht des am 14. Mai 1955 errichteten Acht-Mächte-Pakts seit Anfang der sechziger Jahre, wesentlich verstärkt jedoch erst unter den Nachfolgern Nikita S. Chruščevs zugenommen hat[169], ist über den Aufbau, die Funktionen und die Arbeitsweise der Organe des Warschauer Pakts[170] bis heute immer noch wenig bekannt. Der Warschauer Vertrag selbst umreißt die institutionellen Formen der multilateralen militärischen Kooperation und außenpolitischen Koordinierung nur unzureichend. Zur Realisierung der Ziele und Aufgaben der östlichen Allianz sehen die Art. 6 und 5 des Vertrags die Bildung zweier Hauptorgane vor; es sind dies: der Politische Beratende Ausschuß und das Vereinte Kommando. Wichtige strukturelle Veränderungen des Bündnisses beschloß der Politische Beratende Ausschuß auf seiner Sitzung am 17. März 1969 in Budapest. In dem Kommuniqué heißt es dazu:
»Die Teilnehmerstaaten ... prüften eingehend und bestätigten einmütig die Grundsätze für das Komitee der Verteidigungsminister der Mitgliedsstaaten des Warschauer Vertrages, neue Grundsätze über die Vereinten

---

167 So R. Löwenthal: Bündnissysteme, S. 103.
168 Text bei L. I. Breshnew: Auf dem Wege Lenins. Bd. 5, S. 504 und Europa-Archiv 1976, S. D 224.
169 Vgl. über die Entstehung und erste Entwicklungsphase der Allianz bis 1960 oben S. 508–517.
170 Der bekannte polnische Völkerrechtler K. Skubiszewski meinte 1967 in: L'Organisation, S. 83, daß die Struktur der Organisation einfach und wenig entwickelt sei.

Streitkräfte und das Vereinte Kommando und andere Dokumente, die
das Ziel haben, die Struktur und die Führungsorgane der Verteidigungsorganisation des Warschauer Vertrages weiter zu vervollkommnen.«[171]
Der Oberkommandierende der Vereinten Streitkräfte wurde beauftragt,
die Verwirklichung der gefaßten Beschlüsse in der festgelegten Form zu
gewährleisten. Daß in Budapest die Schaffung zweier weiterer Organe beschlossen worden ist, war erst späteren offiziellen Stellungnahmen zu entnehmen. In östlichen Publikationen werden die in Budapest gefällten Entscheidungen zwar erwähnt; über die neuen militärischen Strukturen, den
Aufbau und die Arbeitsweise der Organe des Warschauer Pakts machen
sie jedoch keine oder nur unzureichende Angaben. Auf seiner 15. Tagung
beschloß der politische Konsultativausschuß am 25. und 26. November
1976 in Bukarest, als Organ des Politischen Beratenden Ausschusses ein
Komitee der Minister für Auswärtige Angelegenheiten zu bilden.[172] Da
die Außenminister der Allianz bereits zuvor regelmäßig beraten haben,
bedeutet der Beschluß nur eine Institutionalisierung der bisherigen Praxis.

aa) *die politischen Führungsorgane*

Als politisch höchstes Organ im Warschauer Pakt fungiert der Politische
Beratende Ausschuß, »in den jeder Teilnehmerstaat des Vertrages ein Regierungsmitglied oder einen anderen besonders ernannten Vertreter delegiert« (Art. 6 Abs. 1 Warschauer Vertrag). Obwohl nach dem Text des
Vertrags jedes Land nur durch einen Vertreter repräsentiert werden
darf[173] und im Ausschuß, der seine Beschlüsse einstimmig faßt[174], über

---

171 Text in: IRuD, Jg. 1971, S. 224 f. (225); übernommen aus: Neues Deutschland vom
18. März 1969. Vgl. dazu auch die instruktive Analyse bei L. T. Caldwell und St. E.
Miller: East European integration and European politics, S. 370–384. Sie legen besonderen Wert auf die Feststellung, daß die verstärkte ökonomische und militärische »Integration« im Frühjahr 1969 auf zwei Motive des Kreml zurückzuführen sei: einmal
um die negativen Auswirkungen der militärischen Intervention in der ČSSR im August 1968 zu mindern und zum anderen, um die Unterstützung der Pakt-Partner gegen
die Volksrepublik China nach dem Ausbruch des Grenzkonflikts mit der UdSSR zu
mobilisieren.
172 Text des Kommuniqués in: Neues Deutschland vom 27./28. November 1976. Außerdem faßte man den Beschluß, ein Vereinigtes Sekretariat zu errichten, über dessen Tätigkeit bisher keine Angaben vorliegen. Vgl. zur »institutionellen Reorganisation«
auch L. T. Caldwell: Pact, S. 2–7.
173 Vgl. dazu A. Latzo: Vertrag, S. 33.
174 K. Skubiszewski: L'Organisation, S. 80. Diese Problematik war vor allem aktuell in
den Jahren ab 1962, als Albanien zu den Beratungen des höchsten politischen Organs

eine Stimme verfügt, ist diese Vorschrift bereits auf der 1. Tagung des politischen Hauptorgans im Januar 1956 nicht eingehalten worden, indem dort aus jedem Signatarstaat zwei Vertreter teilgenommen hatten.[175] Die zentrale Rolle, die die Chefs der kommunistischen Parteien der Mitgliedstaaten der Allianz spielen, zeigt sich darin, daß sie regelmäßig an den Beratungen des politischen Hauptorgans teilgenommen haben, wobei sie seit der 3. Tagung am 4. Februar 1960 immer an erster Stelle genannt werden – vor den Ministerpräsidenten und sonstigen Tagungsteilnehmern.[176] Häufig werden die Außen- und Verteidigungsminister zu den Sitzungen des Konsultativausschusses herangezogen.

Der Politische Beratende Ausschuß, in dem die gesamte Leitung der östlichen Militärallianz koordiniert wird, hat nicht nur politische, sondern auch weitreichende militärische Funktionen. Art. 8 des Warschauer Vertrags weist dem höchsten politischen Organ Aufgaben auch im Bereich der ökonomischen und kulturellen Beziehungen zwischen den Vertragspartnern zu.[177]

Das völkerrechtliche Schrifttum der zum Warschauer Pakt gehörenden Staaten hat sich nur sehr wenig mit der wichtigen Frage befaßt, welchen rechtlichen Gehalt die gemeinsamen Verlautbarungen des Konsultativausschusses haben. In den wenigen dazu in der DDR vorliegenden Stellungnahmen wird davon ausgegangen, daß diese Verlautbarungen ihrem Charakter nach als völkerrechtliche Vereinbarungen zwischen den Mitgliedstaaten des Warschauer Vertrags zu betrachten seien, »aus denen sich völkerrechtliche Rechte und Pflichten für die Mitgliedstaaten ergeben« und die mit dem Tag ihrer Unterzeichnung in Kraft treten. Dazu bemerkt Harry Wünsche in dem 1973 in Ost-Berlin erschienenen »Völkerrecht«:

---

nicht mehr eingeladen worden ist und den Beratungen fernblieb. Aufgrund des Prinzips der Einstimmigkeit bei der Willensbildung einigte man sich auf ein Verfahren, nach dem die fehlende Stimme eines nicht erschienenen Mitglieds nicht als ein Veto zu betrachten ist. Vgl. dazu A. Uschakow: Wandlungen, S. 381. Sehr instruktiv dazu auch D. Frenzke: KP-Chefs, S. 185. Vgl. ausführlicher über die Position Albaniens im Warschauer Pakt in den Jahren von 1960 bis 1963 oben S. 688–691.
175 Text des Schlußkommuniqués vom 28. Januar 1968 bei B. Meissner (Hrsg.): Warschauer Pakt, S. 103.
176 Vgl. dazu mit Nachweisen D. Frenzke: KP-Chefs, S. 183–187, wo er auch die Frage untersucht, wie die Konferenzen einzuordnen sind, auf denen ausschließlich die Parteichefs – oder ein Teil von ihnen – beraten und Beschlüsse fassen. Dabei geht es um die Frage, ob unter bestimmten Voraussetzungen solche Tagungen dem Warschauer Bündnis zuzurechnen sind. Vgl. dazu auch A. Uschakow: Wandlungen, S. 380 f.
177 Vgl. zu den koordinierenden Funktionen des höchsten politischen Organs der Allianz unten S. 894–897.

»Zwar erwachsen die allgemeinen Verpflichtungen der Mitgliedstaaten aus dem Vertrag selbst, aber die jeweiligen konkreten völkerrechtlichen Verpflichtungen und Berechtigungen müssen aus den Erklärungen des Politischen Beratenden Ausschusses abgeleitet werden.«[178]
Eine andere Auffassung hat hingegen J. Tyranowski in seiner aus einer juristischen Dissertation bei dem polnischen Völkerrechtler Alfons Klafkowski hervorgegangenen und 1972 in Warschau erschienenen Studie vertreten: »Die Deklarationen und Dokumente, die auf den Sitzungen des Politischen Beratenden Ausschusses angenommen werden, sind Ausdruck eines durch die Warschauer Vertragsstaaten abgestimmten politischen Standpunkts; sie sind Richtlinien, von denen sie sich in der Außenpolitik leiten lassen sollen. Diese Deklarationen haben nicht den Charakter von völkerrechtlichen Akten, sondern sind politische Dokumente und konstituieren für die Vertragspartner keine Verpflichtungen im Rechtssinne.«[179]
Von der in Art. 6 Abs. 2 des Warschauer Vertrags enthaltenen Ermächtigung, Hilfsorgane zu schaffen, machte der Politische Beratende Ausschuß bereits auf seiner 1. Tagung in Prag im Januar 1956 Gebrauch. Er beschloß, zwei Hilfsorgane mit Sitz in Moskau zu bilden: die Ständige Kommission und das Vereinte Sekretariat. Die Bildung der beiden Hilfsorgane war notwendig, da der Politische Beratende Ausschuß nicht den Charakter eines permanent tagenden Organs besitzt. Die Ständige Kommission hat die Aufgabe, Empfehlungen für außenpolitische Fragen auszuarbeiten. Über die juristische Kraft dieser Empfehlungen läßt sich nichts sagen, da über die Beratungen der Ständigen Kommission keine Verlautbarungen veröffentlicht werden und Angaben in der Literatur bisher nicht gemacht worden sind.
Über die Arbeitsweise und Befugnisse des Vereinten Sekretariats ist ebenfalls kaum etwas bekannt. Ihm obliegt die Verwaltung derjenigen Sachbereiche, die der Realisierung der Ziele des Warschauer Pakts dienen.[180]
Sehr viel wichtiger erscheint ein anderes Faktum: Im »Verlaufe der Jahre hat sich neben den Tagungen des Politischen Beratenden Ausschusses eine Reihe anderer organisatorischer Formen bei der multilateralen

---

178 H. Wünsche: Organisationen, S. 133; W. Spröte/H. Wünsche: Sozialistische internationale Organisationen, S. 38.
179 J. Tyranowski: Traktaty, S. 178 f. Vgl. dazu auch A. Uschakow: Wandlungen, S. 380 f.
180 Unklar ist bis heute, in welchem Verhältnis das auf der 15. Tagung des Konsultativausschusses Ende November 1976 gegründete Vereinte Sekretariat (vgl. dieses Kap., Anm. 172) zu dem seit 1956 existierenden Vereinten Sekretariats steht.

außenpolitischen Koordinierung der sozialistischen Länder, die Mitglied des Warschauer Vertrages sind, herausgebildet«[181]. Auch wenn solche Konsultationen im Text des Warschauer Vertrags nicht vorgesehen sind, spielen sie eine zentrale Rolle im Rahmen der außenpolitischen Zusammenarbeit der Bündnispartner. Dazu zählen vor allem die regelmäßigen Beratungen der Außenminister, die - wie bereits ausgeführt - seit den Bukarester Beschlüssen vom 25./26. November 1976 ein Organ des Bündnisses bilden, sowie der Stellvertretenden Außenminister der Warschauer Pakt-Staaten.[182]

bb) *die militärischen Führungsorgane*

Über die militärische Führungsstruktur sagt der Text des Warschauer Vertrags ebenfalls nur sehr wenig aus. Bis zur Umstrukturierung der Allianz im März 1969 bildeten das Vereinte Kommando und der Stab der Vereinten Streitkräfte die beiden einzigen militärischen Organe der östlichen Allianz. Das Vereinte Kommando umfaßt - gemäß Art. 5 - diejenigen Streitkräfte der Mitgliedstaaten, die nach Vereinbarung zwischen den Parteien diesem auf Grund gemeinsam festgelegter Grundsätze handelnden Kommando zur Verfügung gestellt werden«.
In welchem Umfang die einzelnen Staaten dem Vereinten Kommando Truppen-Kontingente unterstellt haben, ist - mit Ausnahme der DDR - nicht bekannt.[183] Unter westlichen Militärexperten wird vornehmlich die Ansicht vertreten, daß Truppenteile der Vereinten Streitkräfte nur im Fall eines allgemeinen Krieges dem Oberkommando der Vereinten Streitkräfte unterstellt werden, während sie in Friedenszeiten dem jeweiligen

---

181 So A. Latzo: Vertrag, S. 34 f. (34), der dazu auch die KP-Treffen zählt. Vgl. dazu D. Frenzke: KP-Chefs, S. 186 f.; L. T. Caldwell: Pact, S. 4-9. Von der Existenz eines Generalsekretärs war in den Kommuniqués des Warschauer Pakts bisher - soweit ersichtlich - nur einmal die Rede. In dem Kommuniqué über die 13. Tagung des Politischen Beratenden Ausschusses vom 25./26. November 1972 hieß es, daß an der Tagung »der Generalsekretär des Politischen Beratenden Ausschusses der Teilnehmerstaaten des Warschauer Vertrages, N. P. Firjubin«, teilgenommen habe. Text des Kommuniqués in: Internationales Recht und Diplomatie, Jg. 1975/76, S. 159 f. (160).
182 Soweit über diese Konsultationen Kommuniqués veröffentlicht worden sind, sind sie in den Dokumentationen der Zeitschrift »Internationales Recht und Diplomatie« bis Mitte 1975 (Jg. 1975/76) enthalten. Das gilt gleichfalls für die Verlautbarungen der militärischen Organe der Allianz.
183 Vgl. zur Sonderrolle Rumäniens in der Warschauer Allianz, die auch diese Problematik betrifft, oben S. 811-815 (813).

nationalen Oberkommando unterstehen.[184] Im Unterschied zu den anderen Vertragspartnern hat sich die DDR im Zeitpunkt der militärischen Eingliederung der Nationalen Volksarmee in den Warschauer Pakt im Januar 1956 verpflichtet, ihre gesamten bewaffneten Kontingente dem Bündnis zur Verfügung zu stellen. Den im Westen gelegentlich geäußerten Zweifeln an der Unterstellung der gesamten Nationalen Volksarmee unter das Vereinte Kommando hat der Verteidigungsminister der DDR, Heinz Hoffmann, spätestens mit seiner Rede vom 24. Juni 1968 den Boden entzogen. Westliche Spekulationen gingen auch auf mißverständliche Äußerungen der DDR selbst zurück, da dort gelegentlich von der Unterstellung der Kontingente der Nationalen Volksarmee unter das Vereinte Kommando die Rede war. Daraus konnte man den Schluß ziehen, daß nicht die Nationale Volksarmee insgesamt in das Vereinte Kommando integriert ist.

Am 24. Juni 1968 führte Hoffmann aus, daß sich der Struktur nach »unser System der Landesverteidigung aus mehreren Hauptbereichen« zusammensetze: »... aus den mobilen militärischen Kräften, bestehend aus a) den in die Vereinten Streitkräfte eingegliederten Verbänden und Truppenteilen der Nationalen Volksarmee und b) den Grenztruppen«[185].

Aus der klaren Differenzierung zwischen den Streitkräften der Nationalen Volksarmee und den Grenztruppen der DDR ergibt sich der eindeutige Schluß, daß die Nationale Volksarmee nach wie vor – also auch in Friedenszeiten – als Ganzes dem Vereinten Kommando der Warschauer Allianz unterstellt ist. Solange die klare Aussage des Verteidigungsministers der DDR nicht von offizieller Seite korrigiert wird, kann kein Zweifel an der Unterstellung der gesamten Nationalen Volksarmee unter das Vereinte Kommando des Warschauer Pakts bestehen.[186] Wenn Stephan

---

184 Vgl. vor allem D. Holloway: Haltung, S. 19 f.; St. Tiedtke: Vertragsorganisation, S. 34. Vgl. dazu auch A. Latzo: Vertrag, S. 83: Die dem Vereinten Kommando unterstellten »Vereinten Streitkräfte sind nach Vereinbarung zwischen den Teilnehmerstaaten festgelegt«; ders.: Vertragsorganisation, S. 29.
185 Text der Rede in: H. Hoffmann: Sozialistische Landesverteidigung – Aus Reden und Aufsätzen. Teil II, S. 715. Vgl. dazu auch J. Nawrocki: Das Regiment von nebenan, in: Die Zeit vom 3. März 1978; ders.: Organe, S. 17: »Das heißt, daß die Nationale Volksarmee als einzige nationale Streitmacht auch in Friedenszeiten praktisch unter sowjetischem Oberbefehl steht. Vermutlich deswegen gibt es in der NVA auch keinen Generalstab, sondern nur einen Hauptstab als zentrale Kommandostelle des Ministeriums für Nationale Verteidigung und zugleich oberste Befehlsstelle der Landstreitkräfte.«
186 Obwohl St. Tiedtke in: Vertragsorganisation, S. 32–35 zahlreiche Quellen verwertet hat, bleibt er in seinen Aussagen seltsam unklar. Das ist deshalb verwunderlich, da er ebenfalls das entscheidende Zitat H. Hoffmanns herangezogen hat.

Tiedtke meint, in neuerer Zeit gälten für Polen die gleichen Bedingungen wie für die DDR, so ist das nicht richtig. Er beruft sich dabei auf einen Aufsatz des polnischen Autors Stanislaw Gać, der 1972 festgestellt hat: »Entsprechend den neuen strategischen Grundsätzen erfolgte die Einteilung der Streitkräfte der Volksrepublik Polen in operative Truppen und in territoriale Verteidigungskräfte. Während erstere als operativ-strategische Kräfte für den äußeren Einsatz zur Erfüllung von Aufgaben im Rahmen der Vereinten Streitkräfte des Warschauer Vertrages bereitstehen, haben die territorialen Verteidigungskräfte Aufgaben in der Heimat, an der inneren Front, zu erfüllen.«[187]
Aus dieser Feststellung läßt sich nicht zwingend schließen, daß die operativen polnischen Streitkräfte insgesamt dem Oberkommando des Warschauer Pakts unterstehen. »Aufgaben im Rahmen der Vereinten Streitkräfte« können die operativen polnischen Truppen auch erfüllen, wenn sie erst im Ernstfall dazu herangezogen werden.
Die Leitung des Vereinten Kommandos fiel gemäß der in Warschau 1955 festgesetzten militärischen Spitzengliederung dem Oberkommandierenden der Vereinten Streitkräfte zu, dem neben seinen Stellvertretern ein aus Vertretern der einzelnen Generalstäbe gebildeter Stab der Vereinten Streitkräfte zur Verfügung gestellt wurde. Bei der Gründung des Warschauer Bündnisses einigten sich die Signatare darauf, daß der Oberkommandierende der aus nationalen Einheiten gebildeten Vereinten Streitkräfte stets ein sowjetischer Offizier sein soll. Er übt zugleich die Funktion als ein Erster stellvertretender Verteidigungsminister der UdSSR aus.
Zum ersten Oberkommandierenden der Vereinten Streitkräfte wurde der Sowjetmarschall I. S. Konev ernannt, der im Juli 1960 zurücktrat. Darauf übernahm Marschall A. A. Grečko das Amt des Oberkommandierenden, das er bis Anfang April 1967 innehatte. Am 12. April 1967 wurde Grečko Nachfolger des am 31. März verstorbenen sowjetischen Verteidigungsministers Rodion Malinovski. Erst am 8. Juli 1967 wurde offiziell mitgeteilt, daß der Marschall der Sowjetunion I. I. Jakubowskij zum Oberkommandierenden der Vereinten Streitkräfte berufen worden sei.[188] Nach dem Tode Jakubowskijs am 30. November 1976 wurde Armeegeneral Viktor Kulikov am 8. Januar 1977 die militärische Spitzenposition in der Warschauer Allianz übertragen.[189]

---

187 St. Gać: Die Entwicklung der Polnischen Armee zu einer modernen Koalitionsarmee (1949-1970), S. 657.
188 Vgl. dazu die genaueren Angaben oben S. 514, 763-765.
189 Vgl. dazu oben S. 809.

Auch die Schlüsselstellung beim Stab der Vereinten Streitkräfte hatte bisher immer ein sowjetischer Armeegeneral inne. Bis zu seinem Tode im Oktober 1962 übte Armeegeneral A. I. Antonov die Funktion des Stabschefs der Vereinten Streitkräfte aus, dem Armeegeneral Batov folgte. Am 23. November 1965 wurde Batov von den Pflichten des Stabschefs entbunden und Armeegeneral M. I. Kasakov zu seinem Nachfolger ernannt. Am 5. August übernahm S. M. Štemenko die Funktion des Stabschefs der Vereinten Streitkräfte, die er bis zu seinem Tode im April 1976 wahrnahm; seitdem übt Armeegeneral Anatoli Gribkov die Funktion des Stabschefs der Vereinten Streitkräfte in der Allianz aus.[190]

Aufgrund der Budapester Beschlüsse des Politischen Beratenden Ausschusses vom 17. März 1969 wurde die militärische Führungsspitze der Warschauer Allianz durch die Schaffung dreier neuer Organe umstrukturiert und differenzierter ausgestaltet. Das wichtigste militärische Führungsorgan ist seitdem das Komitee der Verteidigungsminister der Mitgliedstaaten des Warschauer Vertrags, das in seiner Arbeit vom neu gebildeten Militärrat der Vereinten Streitkräfte unterstützt wird. In Budapest wurde darüber hinaus beschlossen, als weiteres neues Gremium innerhalb des Oberkommandos das Vereinte Komitee zur Koordinierung der Waffentechnik zu bilden. Die Neu- und Umstrukturierung der militärischen Führungsspitze der Warschauer Allianz wurde vorgenommen, ohne dabei den Text des Warschauer Vertrags zu ändern.

Dem Komitee der Verteidigungsminister gehören außer den Verteidigungsministern der sieben Mitgliedsstaaten[191] der Oberkommandierende der Vereinten Streitkräfte und der Chef des Stabes der Vereinten Streitkräfte an. Die Verteidigungsminister des Bündnisses haben bereits seit 1961 regelmäßig beraten, so daß der Beschluß vom 17. März 1969 nur eine Institutionalisierung der bisherigen Übung bedeutet. Im Gegensatz zu früher jedoch sind nun die Verteidigungsminister ein ordentliches Organ des Bündnisses; ihre Beschlüsse können der Allianz als solcher zugerechnet werden.[192]

---

190 Vgl. dazu nähere Angaben oben S. 514, 697, 788, Anm. 47, 809.
191 Noch einmal sei daran erinnert, daß Albanien am 13. September 1968 nach der militärischen Intervention von fünf Warschauer Pakt-Staaten aus der Allianz ausgetreten ist. Vgl. dazu J. Hacker: Warschauer Pakt, S. 167 mit Anm. 10. Wichtige Stellungnahmen Tiranas zur Intervention in der ČSSR bei B. Meissner: Die »Breshnew-Doktrin«, S. 161–169.
192 Vgl. dazu auch L. T. Caldwell: Pact, S. 2–9; L. Latzo: Vertrag, S. 83–85; M. Mackintosh: Pact, S. 123 f.; D. Holloway: Pact, S. 277 f.; C. D. Jones: Influence, S. 137 f. mit dem Hinweis auf die »Sowjetische Militär-Enzyklopädie«, in deren Band 5,

Das Komitee der Verteidigungsminister erarbeitet »koordinierte Empfehlungen und Vorschläge zur Festigung der kollektiven Verteidigungsmacht der Teilnehmerstaaten und zur Erhöhung der Gefechtsbereitschaft ihrer Armeen«[193]. Dem Komitee der Verteidigungsminister obliegt die Koordinierung aller militärischen Fragen. Da der Politische Beratende Ausschuß der Warschauer Allianz nur selten zusammentritt, kommt dem Komitee der Verteidigungsminister bei der Koordinierung aller militärischen Fragen eine zentrale Rolle zu.

Bis zu den Beschlüssen von Budapest vom 17. März 1969 fungierten im Vereinten Kommando als Stellvertreter des Oberkommandierenden der Vereinten Streitkräfte die Verteidigungsminister der Mitgliedsländer in ihrer Eigenschaft als Oberbefehlshaber der jeweiligen nationalen Armee. Diese Doppelfunktion bedingte eine starke Verzahnung der nationalen Armeen mit den dem Bündnis unterstellten Streitkräften.

Die Verteidigungsminister der Vertragsstaaten sind nicht mehr – wie vor den Budapester Beschlüssen – dem sowjetischen Oberkommandierenden der Vereinten Streitkräfte unterstellt, sondern bilden nun mit ihrem sowjetischen Kollegen das höchste militärische Organ des Warschauer Pakts.[194]

Dem Vereinten Kommando der Warschauer Allianz gehören neben dem Oberbefehlshaber und dem Chef des Stabes die stellvertretenden Verteidigungsminister der Mitgliedsländer der Allianz an.[195] Während das Vereinte Kommando vor allem die Aufgabe hat, die Verteidigungsfähigkeit des Warschauer Pakts zu erhalten und zu stärken, für den Kriegsfall militärische Operationspläne auszuarbeiten, sie zu koordinieren und über die Verteilung der Truppen zu entscheiden, behandelt der Stab der Vereinten

---

S. 682, ausdrücklich festgestellt wird, daß dem Komitee neben den Verteidigungsministern der Mitgliedsländer der Oberbefehlshaber und der Chef des Stabes angehören. Das Komitee trifft einmal im Jahr zu einer zweitägigen Sitzung zusammen.

193 So die Darstellung »20 Jahre Warschauer Vertrag«, in: Horizont, Nr. 20/1975, S. 19. Vgl. dazu auch C. D. Jones, ebenda.

194 Vgl. dazu auch D. Holloway: Pact, S. 278; L. T. Caldwell: Pact, S. 3 f.; Military Balance 1978–1979, S. 12.

195 So auch L. T. Caldwell: Pact, S. 3 f., 8. Nicht richtig erscheint daher die Darstellung in »Horizont«, Nr. 20/1975, S. 19, nach der die Verteidigungsminister dem Vereinten Kommando zugerechnet werden. Unrichtig auch A. Latzo: Vertragsorganisation, S. 30: »Das Vereinte Kommando führt regelmäßig Beratungen der Verteidigungsminister der Warschauer Vertragsstaaten durch.« Das Londoner Institute for Strategic Studies läßt offen, wer dem Vereinten Kommando angehört. Vgl. Military Balance 1978–1979, ebenda. Da in den betroffenen Staaten die Verteidigungsminister jeweils mehrere Stellvertreter haben, gehört dem Vereinten Kommando nur ein Stellvertreter an.

Streitkräfte, dem neben dem Chef und dessen sowjetischer Stellvertreter jeweils ein hoher Militär der Mitgliedsländer angehört, »Fragen des militärischen Aufbaus, der Ausbildung, Bewaffnung und Ausrüstung der Vereinten Streitkräfte, der Organisation der Truppen und der Erhöhung ihrer Kampfkraft und Gefechtsbereitschaft. Er leitet die Vorbereitung und Durchführung gemeinsamer Maßnahmen, insbesondere gemeinsame Übungen und Manöver der Bruderarmeen«[196].

Westliche Militärexperten haben viel darüber spekuliert, welche Funktionen der im März 1969 beschlossene Militärrat der Vereinten Streitkräfte übernehmen würde, da sich das Kommuniqué über die Budapester Tagung des Politischen Beratenden Ausschusses vom 17. März 1969 darüber ausschwieg.[197] Auch den Mitteilungen über die Tagungen des Militärrats im Dezember 1969 in Moskau, im April 1970 in Budapest und im Oktober 1970 in Warschau war nicht zu entnehmen, wie sich dieses Gremium zusammensetzt. In der jeweiligen Verlautbarung heißt es dazu nur, daß der Militärrat unter dem Vorsitz des Oberkommandierenden der Vereinten Streitkräfte der Vertragsstaaten getagt habe.[198]

Als der Militärrat im Mai 1971 in Ost-Berlin zusammentrat, war dort nebem dem Oberkommandierenden und dem Chef des Stabes der Vereinten Streitkräfte jeweils ein stellvertretender Verteidigungsminister der Pakt-

---

196 Zit. aus »Horizont«, Nr. 20/1975, ebenda.
Sehr instruktiv auch C. D. Jones: Influence, S. 139-142 (139, 141): »The real locus of authority in the Warsaw Tready Organization (WTO) administrative structure is in the commander in chief and the administrative agencies directly subordinate to him ... The ›administrative organ‹ of the commander in chief is the WTO Staff. This organ is without question the most important agency in the WTO. Soviet sources report that the Chief of Staff is chosen by the ›mutual agreement‹ of unspecified selectors rather than by the Political Consultive Committee or the Council of Defense Ministers ... As the working organ of both the Committee of Defense Ministers and the Military Council, the WTO Staff has within its purview all the joint activities of the WTO.« Jones weist zutreffend darauf hin, daß die von den Außenministern des Warschauer Pakts am 24. April 1973 unterzeichnete Konvention über die Rechtsfähigkeit, die Privilegien und Immunitäten des Stabes und der anderen Führungsorgane der Vereinten Streitkräfte der Teilnehmerstaaten des Warschauer Vertrags den sowjetischen Mitarbeitern des Stabes in den Mitgliedsländern weitreichende Rechte verleiht. Ob Rumänien die Konvention, die nur in russischer Sprache verfaßt ist, ratifiziert hat, ist unklar. Vgl. C. D. Jones, ebenda, S. 133-137, 141. Deutscher Text der Konvention in: Gesetzblatt der DDR 1973, Teil II, S. 61.
197 Vgl. dazu vor allem L. T. Caldwell: Pact, S. 4-8. M. Mackintosh meint in: Pact, S. 123, daß die Partnerländer der UdSSR nun einen größeren Einfluß als je zuvor hätten, um die Politik der Allianz zu diskutieren und an den Entscheidungen mitzuwirken.
198 Text der Mitteilungen in: IRuD 1971, S. 246 f., 253, 266.

Mächte anwesend.[199] Aus den spärlichen Mitteilungen über die weiteren Treffen des Militärrats ging hervor, daß nur der Oberbefehlshaber und der Chef des Stabes zu den ständigen Mitgliedern gehören. Da sich der Militärrat mit der »weiteren Vervollkommnung der Ausbildung der Truppen und Stäbe sowie mit Fragen des Standes der Gefechtsbereitschaft der Streitkräfte«[200] befaßt, dürfte er kaum die Bedeutung haben, die ihm Lawrence T. Caldwell, Malcolm Mackintosh[201] und das Londoner International Institute for Strategic Studies[202] beimessen. Die wichtigste Funktion des Militärrats als eines Organs des Vereinten Kommandos scheint darin zu liegen, diesem Entscheidungshilfe zu leisten.[203]

Über die Funktion und Arbeitsweise des im März 1969 geschaffenen Technischen Komitees der Vereinten Streitkräfte beim Oberkommandierenden, das in westlichen Publikationen auch als »Komitee zur Koordinierung der Waffentechnik« bezeichnet wird, ist bisher kaum etwas bekannt geworden.[204]

Festzuhalten gilt es vor allem, daß die militärische Führungsstruktur des Warschauer Pakts nach wie vor nicht supranational ausgestaltet ist. [205] Die starke Stellung der UdSSR ergibt sich daraus, daß sie die beiden Schlüsselpositionen des Oberbefehlshabers und des Chefs des Stabes der Vereinten Streitkräfte innehat[206]; die beiden hohen sowjetischen Militärs gehören auch dem Komitee der Verteidigungsminister und dem Militärrat an.

199 Text ebenda, S. 282. Auch die Kommuniqués über die Tagungen des Militärrats aus den folgenden Jahren gaben keine weiteren Aufschlüsse. Text der Kommuniqués bis Mitte 1975, ebenda, Jg. 1975/76.
200 Zit. aus: Horizont, Nr. 20/1975, S. 19; C. D. Jones: Influence, S. 138: »Because the recommendations of the Military Council (MC) are only ›consultative‹, the MC can accommodate Romania's refusal to accept its recommendations without disrupting the work of the Military Council. Like the Committee of Defense Ministers, the MC relies on the Warsaw Treaty Organization Staff to prepare its sessions and carry out its decisions.«
201 Vgl. die Nachweise in diesem Kap., Anm. 197.
202 Vgl. The Military Balance 1978/1979, S. 12.
203 Zurückhaltend beurteilen auch D. Holloway in: Pact, S. 278 und A. Uschakow in: Wandlungen, S. 380 die Bedeutung des Militärrats. Völlig nichtssagend sind hier wiederum die Aussagen A. Latzos in: Vertragsorganisation, S. 29. In seiner 1972 erschienenen Studie »Der Warschauer Vertrag« hat Latzo den Militärrat überhaupt nicht erwähnt (vgl. S. 83–85). Völlig unzureichend sind auch die Angaben im Ost-Berliner »Militärlexikon« (2. Aufl. 1973), bei G. J. Morosow: Internationale Organisationen, S. 126–135 und bei H. Wünsche: Organisationen, S. 128–133.
204 Vgl. dazu auch M. Mackintosh: Pact, S. 124; D. Holloway, ebenda; C. D. Jones: Influence, S. 142–150.
205 Vgl. dazu auch R. A. Remington: Warsaw Pact, S. 128–131 (130) unter Berufung auf eine Äußerung des ungarischen Verteidigungsministers L. Szinege.
206 Erinnert sei daran, daß in Friedenszeiten dem Vereinten Kommando sämtliche außerhalb der UdSSR stationierten sowjetischen Streitkräfte angehören: die Gruppe Nord

b) *Der Rat für Gegenseitige Wirtschaftshilfe*

Als der Rat für Gegenseitige Wirtschaftshilfe am 8. Januar 1949 errichtet wurde[207], vermied man es, nicht nur den Umfang der Kompetenzen und die Art der Befugnisse, sondern auch die Organisationsform im einzelnen näher zu definieren.[208] Auf seiner 4. Tagung beschloß der RGW Ende März 1954, das »Ratsbüro« durch die »Konferenz der Stellvertreter der Ländervertreter« als ständiges Exekutivorgan des RGW zu ersetzen. Außerdem wurden als weiteres Organ das Sekretariat des RGW errichtet und der Beschluß gefaßt, künftig die Ratstagung zweimal im Jahr einzuberufen.[209] Doch sollten fast elf Jahre nach der Gründung des RGW vergehen, bis sich die 12. Ratstagung Mitte Dezember 1959 in der Lage sah, ein Statut des RGW zu verabschieden und die bisherige Praxis der Organisation zu legalisieren.[210]
Die Tagung schuf keine neue Organisation, vielmehr setzte das Statut diese Organisation voraus. Selbst der bekannte sowjetische Autor G. J. Morosov meint dazu, daß »die Annahme des Statuts einer internationalen Organisation nach verhältnismäßig langer Zeit ihrer Tätigkeit ... ein seltener und ungewöhnlicher Fall in der internationalen Praxis«[211] sei.
Nach der Annahme des RGW-Statuts wurden in den folgenden Jahren zahlreiche Dokumente angenommen, um die Struktur des RGW und seiner Organe effektiver zu gestalten. Auf ihrer Konferenz vom 6. Juni 1962, der einen Tag später die 16. Ratstagung folgte, beschlossen die Partei- und Regierungschefs der RGW-Staaten, das RGW-Statut zu ändern und die Organe zu stärken.[212] An die Stelle der Ländervertreter trat nun ein neues Vollzugsorgan, das Exekutivkomitee, mit erheblich größeren Vollmachten.
Gemäß Art. 5 hat der RGW folgende Hauptorgane: die Ratstagung, das

---

in Polen mit Sitz in Liegnitz, die Südgruppe mit Sitz in Budapest, die Zentralgruppe in der ČSSR mit Sitz in Milovice in der Nähe von Prag und die Gruppe der sowjetischen Streitkräfte in Deutschland mit Sitz in Zossen-Wünschdorf.
207 Gründungsmitglieder waren: Bulgarien, Polen, Rumänien, die Tschechoslowakei und Ungarn. Während Albanien am 23. Februar 1949 Vollmitglied wurde, mußte sich die DDR bis zum 28. September 1950 gedulden.
208 Vgl. dazu mit Nachweisen oben S. 433–435.
209 Vgl. dazu mit Nachweisen oben S. 503.
210 Vgl. dazu mit Nachweisen oben S. 628–631.
211 G. J. Morosov: Internationale Organisationen, S. 136; W. Seiffert: RGW, S. 149 f. mit den Nachweisen in Anm. 1.
212 Vgl. über die Entwicklung der Zusammenarbeit im RGW bis 1962 oben S. 631 f., 669–674 mit Nachweisen.

Exekutivkomitee, die Ständigen Kommissionen und das Sekretariat.[213]
Die Ratstagung ist – gemäß Art. 6 des Statuts – das »höchste Organ« des RGW und kann »alle in die Zuständigkeit des Rates fallenden Fragen beraten«. Die Ratstagung besteht aus den Delegationen aller Mitgliedsländer, deren Zusammensetzung von der Regierung des betreffenden Landes bestimmt wird. Ordentliche Tagungen des Rates finden nur noch mindestens einmal im Jahr statt.
Mit der Errichtung des Exekutivkomitees, das mindestens einmal in zwei Monaten zusammentritt, erhielt der RGW ein wirksames Vollzugsorgan, in dem die bisherigen ständigen Vertreter der RGW-Länder in Moskau im Range der Stellvertreter der Regierungschefs vertreten sind. Das Exekutivkomitee leitet die Arbeiten auf dem Gebiet der Koordinierung der Volkswirtschaftspläne, der Spezialisierung und Kooperation der Produktion der Mitgliedsländer.[214]
In den Jahren ab 1962 wurde der Rat für Gegenseitige Wirtschaftshilfe durch die Schaffung weiterer Nebenorgane und selbständiger Organisationen quantitativ weiter ausgebaut. Dazu gehören vor allem die Ständigen Kommissionen, zahlreiche Beratungen der Ländervertreter, internationale Organisationen hoheitlichen Charakters, gemeinsame Betriebe und wissenschaftliche Zentren. Die Organisation des RGW basiert auf dem funktionellen Prinzip, da Art. 5 des Statuts bestimmt, daß andere Organe, die sich als notwendig erweisen, in Übereinstimmung mit dem Statut gebildet werden können.[215]
Es ist bereits darauf hingewiesen worden, daß das Statut auf der souveränen Gleichheit aller Mitgliedsländer des RGW und auf dem Prinzip der sog. Interessiertheit basiert: Jedes Mitglied kooperiert freiwillig und kann nicht durch Mehrheitsbeschlüsse überstimmt werden; es ist ihm sogar gestattet, sich später den von den anderen Mitgliedsländern des Rats angenommenen Empfehlungen und Beschlüssen anzuschließen.[216]
Nachdem Rumänien in den folgenden Jahren jede von den Sowjets angestrebte supranationale Lösung mit dem Hinweis abgelehnt hatte, daß die

---

213 Text des Statuts vom 14. Dezember 1959 mit den in den von der 16. und 17. Ratstagung 1962 gebilligten Änderungen in: IRuD, Jg. 1963, S. 159–166 (161). Vgl. dazu auch D. Frenzke: KP-Chefs, S. 187 f.; W. Gumpel: RGW, Sp. 447–449.
214 Die Kompetenzen sind eingehend im Art. VII des Statuts umrissen. Einen instruktiven und detaillierten Überblick über die Struktur, Organe und Organisationen des RGW vermittelt W. Seiffert in: Rechtssystem, S. 191–200.
215 Vgl. dazu W. Seiffert, ebenda.
216 Vgl. dazu oben S. 630 f.

nationale Autonomie der Wirtschaftsplanung ein unabdingbares Attribut der Souveränität eines kommunistischen Staates sei[217], wurde das gerade von den RGW-Ländern so hoch gehaltene Prinzip der souveränen Gleichheit aller Mitglieder revidiert. Mit der Annahme der sog. Interessiertenformel darf ein interessierter Staat im Laufe der Beratungen über ein Problem nicht die ganze Arbeit dadurch lähmen, daß er einer Entscheidung widerspricht. Seit 1969 wird er so behandelt, als ob er sich von vornherein für nicht interessiert erklärt hätte. Auf diese Weise wird die Einstimmigkeit als Hindernis bei der Kooperation ausgeräumt.[218]
Diese Fragen erscheinen den Mitgliedsländern des RGW so heikel, daß sie die neuen Regelungen über die Prinzipien der »Interessiertheit« nicht in die geänderte Fassung des Statuts vom 21. Juni 1974 aufgenommen haben; Art. IV »Empfehlungen und Beschlüsse« blieb unverändert.[219]
So ist es auch kein Zufall, daß es in dem von der 25. Tagung des Rats für Gegenseitige Wirtschaftshilfe vom 27. bis zum 29. Juli 1971 angenommenen »Komplexprogramm für die weitere Vertiefung und Vervollkommnung der Zusammenarbeit und Entwicklung der sozialistischen ökonomischen Integration der Mitgliedsländer des RGW« heißt: »Die sozialistische ökonomische Integration erfolgt auf der Grundlage der vollen Freiwilligkeit und ist nicht mit der Schaffung übernationaler Organe verbunden, sie berührt nicht Fragen der inneren Planung, der finanziellen und der auf der wirtschaftlichen Rechnungsführung beruhenden Tätigkeit der Organisationen.«[220]
Westliche Beobachter haben im Zusammenhang mit der 32. Tagung des Rats für Gegenseitige Wirtschaftshilfe, die vom 27. bis zum 29. Juni 1978 in Bukarest stattfand, viel darüber spekuliert, ob die sowjetische Führung massiv versuchen wird, »das im Comecon geheiligte Einstimmigkeitsprinzip durch ein Mehrheitsprinzip«[221] zu ersetzen. Dem Kommuniqué der Tagung[222] war nicht zu entnehmen, inwieweit die UdSSR zuvor wirklich den Versuch gemacht hatte, die Entscheidungsregeln im RGW zu ändern. Darin war zwar von der »weiteren Vervollkommnung des Mechanismus,

---

217 Vgl. dazu oben S. 674–678, 768–772.
218 Vgl. dazu W. Seiffert: RGW, S. 154 f.; ders.: Rechtssystem, S. 210–219.
219 Text in: IRuD, Jg. 1975/76, S. 418.
220 Text, ebenda, S. 296. Vgl. zum »Komplexprogramm« A. Uschakow: Probleme. Weitere Nachweise oben S. 819 f.; J. Bethkenhagen und H. Machowski: Integration.
221 So M. Kaser: Rumäniens unabhängige Haltung im Comecon, in: Neue Zürcher Zeitung, Fernausgabe Nr. 181 vom 9. August 1978.
222 Text des Kommuniqués in: Neues Deutschland vom 30. Juni 1978.

der Formen und Methoden der Tätigkeit des RGW« und davon die Rede, daß die Tagung »einen Komplex von Maßnahmen zur weiteren Vervollkommnung der Organisation der Zusammenarbeit der Mitgliedsländer und der Tätigkeit des Rates« gebilligt habe, ohne jedoch zu präzisieren, ob damit auch der Entscheidungsmodus im RGW betroffen war. Auf jeden Fall haben sich die Verfechter einer Revision der Abstimmungsregeln im RGW nicht durchzusetzen vermocht.[223]

Spätestens mit seiner Grußadresse an die 33. Tagung des RGW, die anläßlich des 30jährigen Bestehens der Organisation vom 26. bis zum 28. Juni 1979 in Moskau stattfand, dürfte Leonid Brežnev allen weiteren Spekulationen den Boden entzogen haben:

»Im Rahmen unserer Gemeinschaft wurde erstmals in der Geschichte eine wahre Demokratisierung der internationalen Wirtschaftsbeziehungen verwirklicht. Gleichberechtigung, Freiwilligkeit, Souveränität, Nichteinmischung in innere Angelegenheiten, gegenseitiger Vorteil und gegenseitige Hilfe – das sind nicht nur Schlagworte, sondern lebendige Praxis der Tätigkeit des Rates. Jedes Land, ungeachtet seiner Größe und seines Entwicklungsstandes, ist in den RGW-Organen gleichberechtigt vertreten

---

[223] Die Rede, die der rumänische Ministerpräsident, Mănea Mănescu, auf der 32. RGW-Tagung gehalten hat, deutet darauf hin, daß eine Statuten-Revision zumindest diskutiert worden sein muß. Mănescu führte dazu aus: ». . . sind wir der Ansicht, daß es nicht notwendig ist, das RGW-Statut und die anderen grundlegenden Normativakte abzuändern, und erachten, daß wir in der Frage der Vervollkommnung der Organisation der vielseitigen Zusammenarbeit und der Tätigkeit der Organisation des Rats für Gegenseitige Wirtschaftshilfe ständig die dringliche Forderung berücksichtigen müssen, unseren Formen und Methoden der Zusammenarbeit den Charakter von neuen, vorbildlichen Beziehungen der gleichberechtigten Zusammenarbeit aufzuprägen . . .« Text in: Neuer Weg vom 1. Juli 1978, S. 5. Vgl. dazu auch V. M(eier): Die Statuten des Comecon werden nicht geändert, in: Frankfurter Allgemeine Zeitung vom 1. Juli 1978.
W. Seiffert meint in: RGW, S. 154 f., daß sich die Kritik Bukarests nicht auf die Frage des Abstimmungsmodus in den RGW-Gremien, sondern auf die neben den RGW-»Empfehlungen« neuerdings praktizierten »abgestimmten Vorschläge« und »Übereinkünfte« bezogen hat, die in den in letzter Zeit angenommenen Statuten der Ständigen Kommissionen, des Komitees für die Zusammenarbeit auf dem Gebiet der Planungstätigkeit sowie des Büros dieses Komitees verankert worden sind. Seiffert folgert weiter, daß sich Rumänien auf der 32. RGW-Tagung offensichtlich gegen die generelle Einführung dieser Rechtsform in die Praxis der Ratsorgane des RGW gewandt habe. Diese Version ist deshalb nicht ausgeschlossen, da sich Mănescu speziell mit der »Empfehlungs«-Praxis des RGW in seiner Rede befaßt hat, ehe er eine Änderung des RGW-Statuts verwarf. Vgl. dazu auch S. Kupper: Auf der Grundlage der Interessiertheit, S. 796 f. mit einem instruktiven Hinweis auf einen Beitrag in der »Neuen Zeit« (Ost-Berlin) vom 5. Juli 1978, in dem Berichte über eine Änderung des RGW-Statuts als »Gerücht« bezeichnet worden sind.

und hat gleichberechtigtes Stimmrecht. In unserem Rat kommandiert niemand.«[224]
Westliche Beobachter, die der UdSSR die Absicht unterstellen, den Abstimmungsmodus in den RGW-Gremien zugunsten von Mehrheitsentscheidungen zu ändern, übersehen eine für den Kreml mögliche und höchst negative Auswirkung: die Gefahr, unter bestimmten Umständen von einer Mehrheit der anderen Mitglieder überstimmt zu werden. Angesichts ihrer starken und unanfechtbaren Position im RGW, die eine ökonomische Abhängigkeit der meisten Mitgliedsstaaten bedingt, erscheint es plausibler, daß es die sowjetische Führung beim Einstimmigkeitsprinzip belassen und nur die Vorschrift über den Grundsatz der »Interessiertheit« noch stärker modifizieren möchte; doch auch dabei steht die Satzung im Wege. Die Einführung von Mehrheitsentscheidungen und damit die Abschaffung des Vetorechts kämen einem »revolutionären Akt« insofern gleich, da sie die Aufhebung der beiden Grundprinzipien der östlichen ökonomischen Integration, der einzelstaatlichen Souveränität und Freiwilligkeit, implizierten.
Die »Erklärung zum 30jährigen Bestehen des Rates für Gegenseitige Wirtschaftshilfe« hat in einem pikanten Punkt Klarheit gebracht: Als das Gesetzblatt der DDR in seiner Ausgabe vom 14. Juni 1976 das geänderte RGW-Statut in der Fassung vom 21. Juni 1974 veröffentlichte, wurde Albanien, das seit Dezember 1961 in den RGW-Organen nicht mehr mitarbeitet[225], aufgeführt.[226] Nach dem RGW-Statut könnte Albanien aus dem RGW nur ausscheiden, wenn es dazu seine Zustimmung gäbe. Auch eine

---

224 Text in: Archiv der Gegenwart 1979, S. 22683. Allerdings haben die RGW-Staaten aufgrund eines Beschlusses der 32. Ratstagung im Juni 1978 die Praxis mit den »Empfehlungen« ein wenig verändert, ohne gleichzeitig das Statut des RGW zu revidieren. Vgl. dazu im einzelnen A. Uschakow: Wandlungen, S. 381–385; W. Seiffert, ebenda. So ist die Feststellung S. Kuppers in: Alte Programme für schwierige Aufgaben, S. 796, die »Diskussion über die Veränderung des Abstimmungsmodus im Rat – das Prinzip der Einstimmigkeit sollte auf der 32. RWG-Tagung durch Mehrheitsbeschlüsse abgelöst werden – ist offenbar in diesem Jahr nicht fortgesetzt« worden, insoweit verfehlt, als auch die Jubiläums-Tagung des RGW keine Klarheit darüber gebracht hat, auf welche speziellen Fragen sich die frühere Diskussion über die »Vervollkommnung des Mechanismus . . .« bezogen hat. Vgl. zu den Rechtsformen der Willensbildung und Entscheidung, zum Einstimmigkeitsprinzip der interessierten Mitgliedsländer und den Entscheidungsformen im RGW die jüngste Studie von W. Seiffert: Rechtssystem, S. 208–235.
225 Vgl. dazu im einzelnen A. Uschakow: Integration, S. 126 f.
226 Gesetzblatt der DDR 1976 II, S. 142. Vgl. dazu auch W. Seiffert: Rechtssystem, S. 179 f.

Änderung des Statuts setzt die Billigung Tiranas voraus. Die übrigen Mitglieder des RGW haben nun das 30jährige Bestehen der Organisation zum Anlaß genommen, auf recht pikante – und eine rechtlich nicht zulässige – Weise Albanien aus dem RGW »auszuschließen«. In der Erklärung vom 28. Juni 1979 heißt es dazu lakonisch:
»Der Rat für Gegenseitige Wirtschaftshilfe, entstanden als regionale Organisation von sechs europäischen Ländern, ist im 30. Jahr seiner Existenz eine Organisation der Zusammenarbeit von zehn sozialistischen Staaten Europas, Asiens und Lateinamerikas.«[227]
Die zehn gegenwärtigen Mitglieder des RGW sind: Bulgarien, die DDR, Polen, Rumänien, die Sowjetunion, die Tschechoslowakei und Ungarn sowie die Mongolei, Vietnam und Kuba.
Überblickt man die institutionelle Entwicklung des Rats für Gegenseitige Wirtschaftshilfe, dann darf nicht übersehen werden, wie sehr bei der Willensbildung in der Organisation die Spitzenfunktionäre der kommunistischen Parteien der Mitgliedsländer inner- und außerhalb des höchsten RGW-Organs, der Ratstagung, mitwirken.[228] Dies sei auch an dem Kommuniqué der 32. Ratstagung von Ende Juni 1978 verdeutlicht, in dem es heißt:
»Wie von den Führern der Bruderparteien auf der Krim im Jahre 1977 und bei anderen Treffen vereinbart, wird im Rahmen des RGW die Koordinierung der mehr- und zweiseitigen Zusammenarbeit zur Realisierung der Maßnahmen der langfristigen Zielprogramme verstärkt.«[229]

---

227 Text in: Neues Deutschland vom 30. Juni/1. Juli 1979. Vgl. zur rechtlichen Problematik W. Seiffert, ebenda. Tirana hat in einem geharnischten Kommentar »RGW – Werkzeug der sowjetischen Sozialimperialisten zur Ausbeutung und Plünderung« zwar die Jubiläums-Tagung des RGW kommentiert, ohne jedoch auf den »Ausschluß« zu reagieren. Vgl. ATA/engl., wiedergegeben in dt. Übersetzung in: BPA/Ostinformationen vom 3. Juli 1979, S. 8.
228 Vgl. dazu die instruktive und detaillierte Darstellung bei D. Frenzke: KP-Chefs, S. 187–192 (192): »Die Beratungen der KP-Vertreter bzw. KP-Chefs der RGW-Staaten sind ... nicht als Organe des RGW anzusehen.«
229 Text in: Neues Deutschland vom 30. Juni 1978. Vgl. zur Rechtsentwicklung im RGW W. Seiffert: RGW; ders.: Rechtsformen; A. Uschakow: Rechtsformen; ders.: Der Rat für Gegenseitige Wirtschaftshilfe, S. 266–275; Th. Schweisfurth: Rechtsformen; L. Valki: Beschlußfassung; A. Korbonski: Theory and Practice of Regional Integration; A. Wasilkowski: Bedeutung.

5. *Konsultations-Mechanismen und die Problematik der Koordinierung der Außenpolitik*

In den Beziehungen zwischen den Staaten der engeren »sozialistischen Gemeinschaft« spielen verschiedene Formen der Konsultation eine zentrale Rolle. Dabei gilt es, einmal die zwischenstaatliche von der interparteilichen Ebene zu unterscheiden. Zum anderen vollzieht sich die Konsultation inner- und außerhalb institutioneller Formen. Hier darf nicht übersehen werden, daß in zahlreichen Fällen die Chefs der jeweiligen kommunistischen Parteien ein Staatsamt – das des Vorsitzenden des Staatsrats oder des Ministerrats – in Personalunion innehaben.[230] Schließlich haben auf die Willensbildung in der engeren »sozialistischen Gemeinschaft« auch jene Konferenzen Rückwirkungen, deren Teilnehmerkreis weit über den der regierenden kommunistischen Parteien im Warschauer Pakt- (und RGW-)Bereich hinausgeht.

Grundlage der zwischenstaatlichen Konsultationen sind die entsprechenden Klauseln im Warschauer Vertrag vom 14. Mai 1955 und in den bilateralen Bündnispakten. Im Mittelpunkt der Konsultationen auch auf der interparteilichen Ebene, der kein organisatorischer Rahmen zugrunde liegt, stehen die Intra-Block-Politik sowie die Problematik der Koordinierung der Außenpolitik der Warschauer Pakt-Staaten.

a) *auf der interparteilichen Ebene*

Seit sich die Nachfolger Josef Stalins entschlossen, das Kommunistische Informationsbüro am 17. April 1956 aufzulösen, ist die kommunistische Weltbewegung und damit auch die engere »sozialistische Gemeinschaft« ohne ein organisatorisches Zentrum. Obwohl alles dafür spricht, daß Marschall Tito nach dem 1955 vollzogenen sowjetisch-jugoslawischen

---

230 Vgl. dazu die materialreiche Studie von D. Frenzke: KP-Chefs, in der er die Stellung und Funktion der KP-Führer in den vertraglichen Beziehungen der Staaten des Warschauer Pakts und des RGW, den Organ-Charakter der KP-Beratungen und den Rechtscharakter der Beschlüsse der KP-Beratungen analysiert. Die Untersuchung verdeutlicht auch, wie sich die in zahlreichen Fällen vorliegende Personalunion von Staats- und Parteiamt auf die zwischenstaatlichen Beziehungen auswirkt (s. dazu auch die Tabelle auf S. 181). R. F. Staar vermittelt in: Regierungssysteme, S. 353 die wichtigsten Daten über die Parteiführer mit dem jeweiligen Vermerk, wenn sie auch ein Staatsamt innehaben. Siehe zur Gesamtproblematik auch Th. Schweisfurth: Bedeutung.

Ausgleich auf eine Liquidierung des verhaßten Kominform gedrängt haben dürfte[231], werden in östlichen Publikationen andere Begründungen gegeben. So heißt es in einer 1974 in der DDR erschienenen Analyse: »Angesichts der Differenzierung der Aufgaben der Bruderparteien und der zunehmenden Kompliziertheit des Klassenkampfes erwies sich ein koordiniertes Zentrum nicht mehr als die angemessene Form für die Kooperation der Bruderparteien. Die Führungen der marxistisch-leninistischen Parteien kamen überein, ihre Politik künftig durch die verschiedensten Formen der gegenseitigen Konsultation abzustimmen.«[232]

In der Tat sind die Formen, in denen sich die Zusammenarbeit auf der interparteilichen Ebene vollzieht, vielfältig. Obwohl für die Entwicklung der engeren »sozialistischen Gemeinschaft« die multi- und bilateralen Partei-Beratungen sehr viel bedeutsamer sind als die Konferenzen der kommunistischen Parteien von 1957, 1960 und 1969, fällt auf, daß in östlichen Analysen über das Zusammenwirken der regierenden kommunistischen Parteien viel über die »drei weltumspannenden Konferenzen«[233] ausgesagt, nicht jedoch versucht wird, die interparteilichen Entscheidungsprozesse auf den anderen Ebenen systematisch zu analysieren. Das gilt gleichfalls für die Zusammenarbeit der Parteispitzen im Rahmen der beiden multilateralen Organisationen des Warschauer Pakts und des Rats für Gegenseitige Wirtschaftshilfe.[234]

Die zentrale Rolle, die die Führungen der kommunistischen Parteien in der engeren »sozialistischen Gemeinschaft« spielen, sei noch an zwei gravierenden Vorgängen verdeutlicht: Als die sowjetische Regierung am 30. Oktober 1956, wenige Tage vor dem zweiten und entscheidenden militärischen Eingreifen der UdSSR in Ungarn, mit ihrer Erklärung über die Beziehungen der Sowjetunion zu den anderen sozialistischen Staaten hervortrat[235], traten hohe Repräsentanten der Parteien und Regierungen Bulgariens, Ungarns, Rumäniens, der UdSSR und der Tschechoslowakei vom 1. bis zum 4. Januar 1957 in Budapest zusammen. In ihrer gemeinsamen Erklärung bezogen sie zu der Moskauer Deklaration vom 30. Oktober 1956 Stellung und billigten die Niederwerfung der ungarischen Volkserhebung durch sowjetische Streitkräfte.[236]

231 Vgl. dazu oben S. 533 f.
232 So M. Hegemann: Probleme, S. 25.
233 So M. Hegemann, ebenda.
234 Vgl. dazu mit Beispielen D. Frenzke: KP-Chefs, S. 183–190.
235 Vgl. dazu oben S. 576–582.
236 Text in: Europa-Archiv 1957, S. 9607–9609. Die polnische Staats- und Parteiführung war der Konferenz ferngeblieben. Vgl. zur völkerrechtlichen Problematik der Budapester Fünfer-Erklärung vom 4. Januar 1957 Th. Schweisfurth: Bedeutung, S. 599 f.

Und als die Führungen Bulgariens, der DDR, Polens, der Sowjetunion und Ungarns die Prager Führung im Sommer 1968 von ihrem Reformkurs abzubringen suchten, wurden die entscheidenden Dokumente auf der interparteilichen und nicht auf der zwischenstaatlichen Ebene verfaßt: der »Warschauer Brief« der Zentralkomitees der kommunistischen und Arbeiterparteien der fünf späteren Interventionsmächte vom 15. Juli[237], das Kommuniqué über Besprechungen zwischen dem Politbüro des Zentralkomitees der KPdSU und dem Präsidium des Zentralkomitees der KPČ in Čierna an der Theiß vom 1. August[238] und die Preßburger Erklärung der kommunistischen und Arbeiterparteien Bulgariens, Ungarns, der DDR, Polens, der UdSSR und der Tschechoslowakei vom 3. August 1968.[239] Am Preßburger Dokument ist zweierlei besonders bemerkenswert: Es ist ausschließlich eine Erklärung von Parteiorganen, die »jedoch Aussagen über die Pflicht von Staaten macht, in denen diese Parteien die regierenden sind«[240]. Hinzu kommt, daß sich sowohl der Vertrag über die zeitweilige Stationierung sowjetischer Truppen in der Tschechoslowakei vom 16. Oktober 1968[241] als auch das Kommuniqué, das anläßlich des Abschlusses des am 6. Mai 1970 erneuerten sowjetisch-tschechoslowakischen Bündnisvertrags unterzeichnet wurde[242], also zwei wichtige zwischenstaatliche Dokumente, auf die Preßburger Erklärung beziehen. Noch einmal sei daran erinnert, daß die zentrale Aussage der Preßburger Erklärung dahinging, daß es die »gemeinsame internationale Pflicht aller sozialistischen Länder« sei, die »Errungenschaften . . . zu unterstützen, zu festigen und zu verteidigen«[243].

Auch wenn die Niederschlagung der ungarischen Volkserhebung durch sowjetische Truppen im Herbst 1956 einen wichtigen Einschnitt in der Entwicklung des Warschauer Pakt-Bereichs bildete, sind die Folgen, die die gewaltsame Beendigung des »Prager Frühlings« aufgrund der Intervention von fünf Warschauer Pakt-Mächten am 21. August 1968 nach

---

237 Vgl. dazu oben S. 780 f.
238 Vgl. ebenda, S. 783 f.
239 Vgl. ebenda, S. 785 f.
240 So zutreffend Th. Schweisfurth: Bedeutung, S. 603–608 (604).
241 Text in: Europa-Archiv 1968, S. D 589: Präambel. (Übernommen aus Neues Deutschland vom 19. Oktober 1968.)
242 Text (Auszug) des Kommuniqués in: IRuD, Jg. 1971, S. 255–257 (257). Vgl. zur völkerrechtlichen Einordnung dieser Vorgänge Th. Schweisfurth: Bedeutung, S. 605–608. Auf die Preßburger Erklärung bezog sich auch das gemeinsame sowjetisch-tschechoslowakische Partei- und Regierungs-Kommuniqué vom 28. Oktober 1969. Text in: IRuD, ebenda, S. 235–238 (237).
243 Vgl. zur Begründung der Intervention unten S. 922–926.

sich zog, wesentlich gravierender. Gerade deshalb gilt es festzuhalten, daß sich die Konsultationen zwischen den Interventionsmächten und der betroffenen Tschechoslowakei ausschließlich auf der interparteilichen Ebene vollzogen haben.

Prüft man die multi- und bilateralen Partei-Beziehungen in der engeren »sozialistischen Gemeinschaft«, dann sollte nicht der unterschiedliche Stil übersehen werden, mit dem Josef Stalin den sowjetischen Machtbereich in Europa beherrscht und Nikita S. Chruščev das »sozialistische Lager« geleitet haben und mit dem Leonid Brežnev die Führungsrolle der UdSSR durchzusetzen bestrebt war. Unter Stalin gab es »entweder geheime Befehlsempfänge oder offizielle Begegnungen anläßlich der Unterzeichnung von neuen Verträgen; Chruschtschew wiederum als redseliger Volkstribun verband Visiten der befreundeten Parteiführer mit großen öffentlichen Kundgebungen; Breschnew dagegen begründete für seine vornehmlich restaurative Politik ein höfisches Ritual, das ähnlich demjenigen der russsichen Zaren ist, die im Sommer die Gouverneure aus den verschiedenen Provinzen ihres Reiches zur Rechenschaft und zu prunkvoller Geselligkeit empfingen«.[244]

Obwohl die führenden Repräsentanten der regierenden kommunistischen Parteien der Warschauer Pakt-Staaten Gelegenheit haben, regelmäßig – wie auf Parteitagen, Konferenzen im Rahmen des Warschauer Pakts und des RGW sowie anläßlich wichtiger Jubiläen – zusammenzukommen, hat Leonid Brežnev Anfang der siebziger Jahre ein besonderes »Ritual mit variablen Akzenten«[245] entwickelt. So fand am 2. August 1971[246], am 31. Juli 1972[247] und am 30. und 31. Juli 1973[248] jeweils ein Freundschaftstreffen führender Persönlichkeiten der »Bruderländer« auf der Krim

---

244 So A. Osadczuk-Korab: Breschnews Krim-Begegnungen mit den Ostblockführern, in: Neue Zürcher Zeitung, Fernausgabe Nr. 191 vom 18. August 1977.
245 So A. Osadczuk-Korab, ebenda.
246 Vgl. »Freundschaftliches Treffen führender Persönlichkeiten der Bruderländer«, in: Neues Deutschland vom 3. August 1971.
247 Vgl. »Freundschaftstreffen der führenden Persönlichkeiten von kommunistischen und Arbeiterparteien«, in: Neues Deutschland vom 1. August 1972 und Deutschland-Archiv 1972, S. 1003. Dazu Stellungnahme des Politbüros der SED in: Neues Deutschland vom 3. August 1972 und Deutschland-Archiv, ebenda, S. 1003 f., und Erklärung des Politbüros der KPdSU, in: Neues Deutschland vom 6. August 1972 und Deutschland-Archiv, ebenda, S. 1004–1006.
248 Vgl. »Freundschaftstreffen auf der Krim«, in: Neues Deutschland vom 1. August 1973. Im Sommer 1975 bot die KSZE-Gipfelkonferenz, die am 1. August mit der Unterzeichnung der Schlußakte beendet wurde, dem Kreml Gelegenheit, mit den Führungsspitzen der übrigen Warschauer Pakt-Staaten in Helsinki zusammenzutreffen.

statt. Der Chef der Rumänischen Kommunistischen Partei war nur der ersten multilateralen Begegnung ferngeblieben.

Nach einer dreijährigen Pause wurde ab 1976 das »Ritual zugunsten einer bilateralen Prozedur korrigiert, doch der Zweck blieb der gleiche, nämlich durch Absprachen, Communiqués und Fotos sowohl die Führungsrolle der Sowjetunion als auch die überragende Stellung Breschnews nach innen und nach außen zu betonen«[249]. Ob Alexander Osadczuk-Korabs Spekulation zutrifft, der eigenwillige rumänische Parteichef Ceauşescu habe die Reduzierung der kollektiven Aussprachen auf bilaterale Gespräche erzwungen, da er der Gefahr einer Institutionalisierung begegnen wollte, erscheint nicht ausgeschlossen.[250]

Daß man auch die bilateralen Beratungen seit 1976 auf der Krim nicht unterschätzen sollte, zeigt die Tatsache, daß sich das Kommuniqué der 32. RGW-Tagung vom 27. bis zum 29. Juni 1978 ausdrücklich auf Absprachen der »Führer der Bruderparteien auf der Krim im Jahre 1977...«[251] bezog.

So ist es auch kein Zufall, daß in der Zeit von Anfang Februar 1971 bis Mitte 1973 die Zentralkomitees der regierenden kommunistischen Parteien Bulgariens, der DDR, Polens, der Tschechoslowakei und Ungarns bilaterale Vereinbarungen über die Zusammenarbeit auf den Gebieten der Ideologie, Agitation und Propaganda getroffen haben.[252] Auch wenn die

---

249 So A. Osadczuk-Korab: Breschnews Krim-Begegnungen mit den Ostblockführern, in: Neue Zürcher Zeitung, Fernausgabe Nr. 191 vom 18. August 1977. Die Krim-Treffen weiß L. Brežnev auch dadurch aufzuwerten, daß das Politbüro des ZK der KPdSU sie später »absegnet«. Vgl. beispielsweise die Stellungnahme aus dem Jahre 1977; Text in: Neues Deutschland vom 22. August 1977.
250 A. Osadczuk-Korab, ebenda.
251 Vgl. den Nachweis in diesem Kap., Anm. 229. Vgl. dazu auch die Mitteilung über das Treffen L. Brežnevs mit E. Honecker auf der Krim am 19. Juli 1977; Text in: Neues Deutschland vom 20. Juli 1977.
252 In der zeitlichen Reihenfolge: 12. Februar 1971: Bulgarien-DDR in Sofia (vgl. Neues Deutschland vom 13. Februar 1971: Weiterentwicklung der ideologischen Zusammenarbeit); 1972: 28. Juni: Bulgarien-Ungarn in Sofia (vgl. Rabotnichesko Delo vom 29. Juni); 20. Oktober: Tschechoslowakei-DDR in Prag (vgl. Neues Deutschland vom 21. Oktober: Dr. Gustáv Husák empfing Delegation unserer Partei); 9.–11. November: Bulgarien-Polen in Sofia (vgl. Rabotnichesko Delo vom 12. November); 19. Dezember: Bulgarien-Tschechoslowakei in Prag (vgl. Rabotnichesko Delo vom 20. Dezember); 1973: 13. Januar: Polen-DDR in Warschau (vgl. Neues Deutschland vom 14. Januar: Vereinbarung über ideologische Zusammenarbeit unterzeichnet); 28. Januar: Tschechoslowakei-Polen in Prag (vgl. Trybuna Ludu vom 29. Januar); 26. März: DDR-Ungarn in Ost-Berlin (vgl. Neues Deutschland vom 27. März: SED und USAP vertiefen weitere Zusammenarbeit); 31. Mai: Polen-Ungarn in Warschau (vgl. PAP vom 31. Mai und Nepszabadsag vom 1. Juni); 7. Juni: Tschechoslowakei-Ungarn in Prag (vgl. Rude Pravo vom 8. und Nepszabadsag vom 9. Juni). Die Quel-

Texte dieser Abmachungen nicht veröffentlicht worden sind, hätte die Berichterstattung in den betroffenen Ländern westliche Beobachter nicht zu völlig unhaltbaren Spekulationen verleiten dürfen. So meinte der Wiener Korrespondent der »Neuen Zürcher Zeitung« Anfang August 1973, zum Geflecht der bilateralen Bündnispakte sei in den letzten Jahren ein »eigenartiges, inhaltlich nur wenig bekanntes System von Verträgen über ideologische Zusammenarbeit hinzugekommen«[253].
Nachdem das »Archiv der Gegenwart« vom 30. August 1973 den Artikel aus der »Neuen Zürcher Zeitung« in Auszügen nachgedruckt hatte[254], sprach Gottfried Zieger in seiner 1974 erschienenen Studie »Der Warschauer Pakt« bereits von einem »System von Ideologie-Pakten«[255].
Zweifellos waren diese Abmachungen vor allem dazu gedacht, in der Vorphase der KSZE westliche Einflüsse einzudämmen und, wie es in der Verlautbarung über das multilaterale Krim-Treffen vom 30. und 31. Juli 1973 hieß, die Versuche jener Kräfte abzuwehren, die »die Entspannung für die Untergrabung der Positionen des Sozialismus ... benutzen«.[256]
Wenn westliche Beobachter meinten, mit diesen interparteilichen Abmachungen habe Moskau die fünf »Bruderstaaten« stärker an sich und aneinander binden wollen, dann stellt sich die Frage, warum die KPdSU nicht selbst solche Vereinbarungen getroffen hat. Schließlich ist es bemerkenswert, daß es Rumänien vermochte, sich nicht in das Netz dieser bilateralen Abmachungen über ideologische Zusammenarbeit einbeziehen zu lassen. Die Nichtbeteiligung der UdSSR und Rumäniens zeigt an, daß der Kreml diesen bilateralen Partei-Abmachungen nur einen begrenzten Wert beigemessen hat. Bis heute ist nicht bekannt geworden, welche Rolle diese Abmachungen in den Beziehungen zwischen den fünf betroffenen Staaten gespielt haben und möglicherweise noch spielen.
Zusammenfassend läßt sich feststellen, daß der Kreml vielfältige Möglichkeiten besitzt, auch ohne ein koordinierendes Zentrum in Moskau auf der interparteilichen Ebene die Politik mit den Bündnispartnern abzu-

---

len-Angaben sind, soweit sie nicht die Abmachungen der SED betreffen, entnommen aus: Radio Free Europe Research – East Europe. Eastern Europe/11 vom 17. Juli 1973: Bilateral Ideological Agreements Multiply in Eastern Europe. Für die SED hat jeweils Werner Lamberz, im SED-Sekretariat für Agitation verantwortlich, die Abmachungen unterzeichnet.
253 Vgl. »Verstärkte ideologische Zusammenarbeit im Ostblock«, in: Neue Zürcher Zeitung, Fernausgabe vom 11. August 1973.
254 Archiv der Gegenwart 1973, S. 18 146 f.
255 G. Zieger: Warschauer Pakt, S. 112. Zu spekulativ auch Th. Schweisfurth in: Bedeutung, S. 590 mit den Anm. 11–13.
256 Vgl. den Nachweis in diesem Kap., Anm. 248.

stimmen. Für die begrenzte Sonderrolle, die Rumänien in der engeren »sozialistischen Gemeinschaft« spielt, dürfte es besonders vorteilhaft sein, daß sich die multi- und bilateralen Partei-Beziehungen im »Block« außerhalb eines institutionellen Rahmens vollziehen. Dabei sollte nicht übersehen werden, daß gerade die seit 1976 nur noch auf der bilateralen Ebene und mit einigem propagandistischem Aufwand veranstalteten Krim-Treffen dem Generalsekretär des Zentralkomitees der KPdSU, Leonid Brežnev, einmal dazu dienten, die »Block«- und Außenpolitik der »Bruderstaaten« zu koordinieren; zum anderen benutzte der Kreml diese Zusammenkünfte, um den Führungen der »Bruderparteien« klarzumachen, daß es dem »Imperialismus und der Reaktion« nicht gelingen werde, diese Länder »gegeneinander auszuspielen« und deren »soziale und politische Errungenschaften . . . zu untergraben«[257]. Leonid Brežnev mochte auch die Führungen der »Bruderstaaten«, deren bilaterale Bündnispakte mit der UdSSR nicht die Formel vom »Schutz der historischen und sozialistischen Errungenschaften« enthalten, nicht im Zweifel darüber lassen, daß sich die sog. Brežnev- oder Moskauer Doktrin auf alle »sozialistische« Länder des Warschauer Pakts bezieht.[258]

b) *auf der zwischenstaatlichen Ebene*

Prüft man die verschiedenen Formen der Konsultation in den zwischenstaatlichen Beziehungen der Warschauer Pakt-Mächte, dann ist gleichfalls die multi- von der bilateralen Ebene zu unterscheiden. Die rechtliche Basis für die multilateralen Beratungen der engeren »sozialistischen Gemeinschaft« bildet Art. 3 Abs. 1 des Warschauer Vertrags vom 14. Mai 1955:
»Die Vertragschließenden Parteien werden sich in allen wichtigen internationalen Fragen, die ihre gemeinsamen Interessen berühren, beraten und

---

257 So die Stellungnahme des Politbüros des ZK der KPdSU zu den bilateralen Krim-Treffen L. Brežnevs mit den anderen Parteiführern im Juli/August 1977. Text in: Neues Deutschland vom 22. August 1977.
258 Bisher haben sich nur die Tschechoslowakei in ihrem Bündnispakt vom 6. Mai 1970 und die DDR im Pakt vom 7. Oktober 1975 ihre »historischen und sozialistischen Errungenschaften« von der UdSSR verbriefen lassen – nicht jedoch Rumänien in seinem Bündnispakt mit der Sowjetunion vom 7. Juli 1970. Vgl. dazu J. Hacker: Bündnisvertrag, S. 10 f.; A. Uschakow: Bündnisverträge, S. 795-797; D. Frenzke: Bündnisvertrag, S. 409-411. Vgl. dazu ausführlicher oben S. 864-867.

sich dabei von den Interessen der Festigung des Weltfriedens und der Sicherheit leiten lassen.«[259]

Auch wenn es sich hier nur um eine sog. einfache Konsultationsklausel handelt, da sie die Signatare nur zu Beratungen, nicht aber zu einem jeweils gemeinsamen Handeln verpflichtet[260], ergibt sich aus der Formel »alle wichtigen internationalen Fragen«, daß innerhalb der Warschauer Allianz nicht nur militärische, sondern auch gemeinsame außenpolitische Fragen beraten werden können.[261] Hingegen läßt sich aus Art. 3 Abs. 1 nicht zwingend schließen, daß die Warschauer Allianz auch ein Forum dafür bildet, die Außenpolitik der Signatarstaaten gemeinsam zu koordinieren.

Es ist bereits darauf hingewiesen worden, da die Nachfolger Nikita S. Chruščevs seit Mitte der sechziger Jahre das Warschauer Bündnis ständig als Forum benutzt haben, um die außenpolitischen Vorstellungen des Kreml von den »Bruderstaaten« sanktionieren zu lassen. Auf dem XXIV. Kongreß der KPdSU sprach Leonid Brežnev am 30. März 1971 zum ersten Mal davon, daß die Organisation des Warschauer Vertrags »nach wie vor als Hauptzentrum der Koordinierung der außenpolitischen Tätigkeit der Bruderländer...«[262] diene.

Nachdem sich Brežnev am 24. Februar 1976 auf dem XXV. Kongreß der KPdSU in ähnlicher Weise geäußert hatte, unternahm er wenige Monate später, Ende November 1976, auf der 15. Tagung des höchsten Organs der Warschauer Allianz den massiven Versuch, die übrigen sechs Bündnispartner auf die Formel von der »koordinierten Politik« zu verpflichten. Auf diese Formel ließ sich – wie dargelegt – die rumänische Führung nicht ein. So wurde in das Kommuniqué über die Tagung des Konsulta-

---

259 Text bei B. Meissner (Hrsg.): Warschauer Pakt, S. 98.
260 Art. 3 Abs. 2 des Warschauer Vertrags, der die Konsultation im Fall der Gefahr eines Angriffs behandelt, kann hier außer Betracht bleiben.
261 Vgl. dazu auch A. Uschakow: Bündnisvertrag, S. 87 f.
262 Vgl. dazu oben S. 806 mit dem Nachweis in Anm. 99. Noch einmal sei betont, daß der KPdSU-Chef die Formel »Koordinierung« zuvor nicht benutzt hat. Vgl. beispielsweise L. Brežnevs Rede auf dem XXIII. Kongreß der KPdSU; Nachweis oben, S. 806 mit Anm. 98. Programmatische Aussagen machte L. Brežnev auch in seiner Rede auf der Festsitzung des ZK der KPdSU anläßlich des 50. Jahrstags der Oktober-Revolution am 3. November 1967 in Moskau, in der er den Warschauer Pakt als »ein mächtiges Instrument der Zusammenarbeit der sozialistischen Länder auf politischem Gebiet und bei der Verteidigung« bezeichnete. In jener Rede sprach er auch von der »Festigung, der Entwicklung und Verteidigung der Errungenschaften des Weltsozialismus«. Text in: Neues Deutschland vom 4. November 1967 und Auszüge in: Europa-Archiv 1967, S. D 529–538 (534).

tivausschusses vom 25./26. November 1976 nicht Brežnevs Formel von der »Koordinierung der außenpolitischen Tätigkeit«, sondern vom »effektiven Zusammenwirken...«²⁶³ aufgenommen.

Bukarest argumentiert von einer rechtlich und politisch gesicherten Position aus, da in der Konsultationsklausel des Warschauer Vertrags von einer Pflicht zur Koordinierung der Außenpolitik nicht die Rede ist. Die »Koordinierung« ist ein vager und mehrdeutiger Begriff, der von der einfachen Konsultation, wie sie Art. 3 Abs. 1 des Warschauer Vertrags festlegt, zu unterscheiden ist. Während bei der einfachen Konsultation nur Informationen ausgetauscht werden, die noch nicht zu einem bestimmten Verhalten führen und verpflichten, bedeutet die Koordinierung, daß die Politik auf ein bestimmtes Ziel ausgerichtet wird und entsprechende Mittel zu seiner Verwirklichung zur Verfügung stehen: »Gemeinsame Koordination ist keine einfache Summe der einzelnen Maßnahmen, sondern eine höhere Einheit.«²⁶⁴

Wenn beispielsweise in einem programmatischen Sammelwerk polnischer und deutscher Autoren behauptet wird, die »sorgfältige Abstimmung einer einheitlichen außenpolitischen Linie und die Koordinierung der entsprechenden Aktionen«²⁶⁵ seien im Warschauer Vertrag vom 14. Mai 1955 verankert, so ergibt sich diese Schlußfolgerung nicht aus Art. 3 des Warschauer Vertrags. Die Autoren berufen sich dabei auf einen wegweisenden Beitrag Konstantin Katuševs, der im Sekretariat des Zentralkomitees der KPdSU für die Beziehungen zu den »Bruderparteien« verantwortlich zeichnet. Katušev meinte 1973, daß die »Länder des Sozialismus« von der »Koordinierung einzelner Aktionen in der internationalen Arena« allmählich zur »Ausarbeitung gemeinsamer außenpolitischer Programme« übergegangen seien, die auf den Tagungen des Politischen Beratenden Ausschusses des Warschauer Pakts »gemeinsam ausgearbeitet würden: »Heute kann man im Grunde von einer einheitlichen außenpolitischen Strategie der sozialistischen Staatengemeinschaft sprechen...«²⁶⁶

Völlig verfehlt ist es, wenn neuerdings aus Art. 3 des Warschauer Vertrags sogar eine »rechtliche Verpflichtung der sozialistischen Bruderlän-

---

263 Vgl. dazu mit Nachweisen oben S. 807 f.
264 So A. Uschakow: Wandlungen, S. 379; ders.: Bündnisvertrag, S. 87 f. (88); ders.: Sonderstellung, S. 44.
265 So DDR-VRP – Bündnis und Zusammenarbeit, S. 238.
266 K. Katuschew: Hauptrichtung, S. 1012; Internationale Beratung der kommunistischen und Arbeiterparteien, S. 365; auch zit. bei A. Latzo: Bedeutung, S. 184 f. (185).

der zur Koordinierung ihrer Außenpolitik«[267] hergeleitet wird. Es erübrigt sich festzustellen, daß diese Fehlinterpretation aus der DDR stammt. Noch einmal sei daran erinnert, daß Leonid Brežnev die Formel, daß die Organisation des Warschauer Vertrags das »Hauptzentrum der Koordinierung der außenpolitischen Tätigkeit der Bruderländer« sei, zum ersten Mal in seinem Rechenschaftsbericht auf dem XXIV. Kongreß der KPdSU am 30. März 1971 benutzt hat. In den Jahren zuvor begnügte sich die sowjetische Führung damit, den Begriff »Konsultation« zu benutzen.

Auch wenn die in Art. 3 Abs. 1 des Warschauer Vertrags verankerte einfache Konsultationsklausel keine Angaben über die gemeinsame Koordinierung der Außenpolitik der Pakt-Staaten macht und damit auch keine Pflicht postuliert, die Außenpolitik der Signatare aufeinander abzustimmen, ist es der sowjetischen Führung seit der zweiten Hälfte der sechziger Jahre gelungen, die Warschauer Allianz – wie dargelegt – immer stärker zum außenpolitischen Koordinierungsorgan auszubauen. Immerhin vermochte Rumänien bis heute zu verhindern, daß die »Koordinierungs«-Formel in die vom Politischen Beratenden Ausschuß gemeinsam erarbeiteten Dokumente aufgenommen worden ist.

Die unterschiedliche Haltung der UdSSR, Polens, der DDR, der Tschechoslowakei, Ungarns und Bulgariens auf der einen und Rumäniens auf der anderen Seite zur Frage der gemeinsamen Koordinierung der Außenpolitik spiegelt sich auch im bilateralen Ostpakt-System wider, das zwei Arten von Konsultationsklauseln kennt: solche, die nur zu Beratungen (einfache Konsultationsklauseln)[268] und solche, die darüber hinaus auch zu einem gemeinsamen außenpolitischen Handeln, entsprechend den konsultierten, abgestimmten Positionen verpflichten (qualifizierte Konsultationsklauseln).[269] Von zentraler Bedeutung ist dabei, daß in den Bündnispakten der UdSSR mit allen Staaten des Warschauer Vertrags – Rumänien ausgenommen – qualifizierte Konsultationsklauseln enthalten sind.

---

267 So K. Becher: Weiterentwicklung, S. 91–94 (91). H. Kröger und F. Seidel vertreten in: Freundschaftsverträge, S. 55 f. die gleiche Auffassung. Bemerkenswert ist, daß E. S. Schewtschenko (UdSSR) in seinem programmatischen Aufsatz »Koordinierung«, S. 163 f. keineswegs von einer »Verpflichtung zur außenpolitischen Koordinierung« spricht. Im Gegenteil: »Diese Koordinierung schließt natürlich keineswegs außenpolitische Initiativen seitens einzelner Staaten der sozialistischen Gemeinschaft aus. Das Auftreten auf einheitlicher, abgestimmter Plattform verleiht jedoch außenpolitischen Aktionen der sozialistischen Länder größeres Gewicht und erhöht ihre Wirkung.«
268 wie sie auch in Art. 3 Abs. 1 des Warschauer Vertrags enthalten ist.
269 Vgl. dazu Th. Schweisfurth: Bindung, S. 760 f.

Das gilt für die Verträge der Sowjetunion mit Polen vom 8. April 1965[270], mit Bulgarien vom 12. Mai 1967[271], mit Ungarn vom 7. September 1967[272] und mit der Tschechoslowakei vom 6. Mai 1970.[273] Während der erste bilaterale Bündnispakt der UdSSR mit der DDR vom 12. Juni 1964 keine Konsultationsklausel enthielt[274], ist in den am 7. Oktober 1975 geschlossenen Vertrag über Freundschaft, Zusammenarbeit und gegenseitigen Beistand eine qualifizierte Konsultationsklausel aufgenommen worden, die fast wörtlich mit der aus dem sowjetisch-tschechoslowakischen Vertrag vom 6. Mai 1970 übereinstimmt. Auch die Sowjetunion und die DDR haben sich verpflichtet, in allen wichtigen internationalen Fragen einander zu informieren, sich zu konsultieren und »ausgehend von der gemeinsamen Position, die entsprechend den Interessen beider Staaten abgestimmt wurde«[275], zu handeln.

Während die von der DDR am 15.März mit Polen, 17. März mit der Tschechoslowakei und am 18. Mai 1967 mit Ungarn geschlossenen bilateralen Bündnispakte nur jeweils eine einfache Konsultationsklausel enthielten, legte der Vertrag mit Bulgarien vom 7. September 1967 fest, daß sich beide Seiten in allen, ihre Interessen berührenden wichtigen Fragen konsultieren »und ihre Haltung dazu abstimmen«[276]. In die von der DDR im Laufe des Jahres 1977 erneuerten bilateralen Bündnispakte mit Ungarn, Polen, Bulgarien und der Tschechoslowakei wurde jeweils eine qualifizierte Konsultationsklausel aufgenommen.

---

270 Art. 8: Beide Seiten werden sich »bei allen wichtigeren sie betreffenden internationalen Fragen verständigen und konsultieren«. Text in: Grundsatzverträge, S. 133. Die nicht in allen Punkten zutreffende Übersetzung wurde hier von Dr. A. Uschakow richtiggestellt.
271 Art. 8: Beide Seiten werden sich »bei allen wichtigen internationalen Fragen, die die Interessen beider Länder berühren, konsultieren und ihre Haltung aufeinander abstimmen«. Text, ebenda, S. 162.
272 Art. 7: Beide Seiten werden sich »bei allen wichtigen internationalen Fragen, die die Interessen beider Länder berühren, konsultieren und von einer allgemeinen Grundposition, die sie in Übereinstimmung mit ihren gegenseitigen Interessen abstimmen, handeln«. Text, ebenda, S. 178.
273 Art. 11: Beide Seiten werden »einander in bezug auf alle wichtigen, ihre Interessen berührenden internationalen Fragen informieren und konsultieren und von einer gemeinsamen, entsprechend den Interessen beider Staaten vereinbarten Position ausgehend handeln«. Text in: Dokumentation der Zeit 1970, H. 14, S. 43; Europa-Archiv 1970, S. D 287 (aus: Neue Zeit, Moskau, Nr. 20 vom 19. Mai 1970).
274 Text in: Grundsatzverträge, S. 124–129.
275 Art. 9. Quellen-Nachweis in diesem Kap., Anm. 126.
276 Vgl. die Nachweise in diesem Kap., Anm. 124. Bei der Bestimmung des Vertrags der DDR mit Bulgarien handelt es sich um Art. 9. Vgl. dazu J. Hacker: Bündnisvertrag, S. 16 mit den Angaben in Anm. 40.

Während die Verträge der DDR vom 24. März mit Ungarn und 14. September 1977 mit Bulgarien wörtlich die qualifizierte Konsultationsklausel des Art. 9 des Bündnisvertrags der UdSSR mit der DDR vom 7. Oktober 1975 übernommen haben[277], weicht die Fassung des am 28. Mai 1977 zwischen der DDR und Polen geschlossenen Pakts davon insoweit ab, als sich beide Seiten über »wichtige internationale Probleme« – nicht also über »alle wichtigen internationalen Fragen« – informieren »und Konsultationen durchführen, um ein abgestimmtes Handeln zu gewährleisten, das die Interessen beider Staaten berücksichtigt«[278]. Eine wiederum andere Konsultationsklausel enthält Art. 10 des am 3. Oktober 1977 zwischen der DDR und der Tschechoslowakei erneuerten Bündnisvertrags: Auch darin ist die Pflicht zur Information und Konsultation enthalten und festgelegt, daß beide Seiten »bei ihrem Handeln von der vereinbarten Position ausgehen«[279]. Im Gegensatz zu den anderen Konsultationsklauseln braucht die gemeinsame Position nicht entsprechend den Interessen beider Seiten abgestimmt zu werden.

Theodor Schweisfurth meinte 1970, daß sich Polen, Ungarn, Bulgarien und die Tschechoslowakei aufgrund der qualifizierten Konsultationsklauseln in den Bündnispakten mit der UdSSR »einen Verzicht auf eine eigenständige Außenpolitik geleistet« hätten, »die sich als partielle Souveränitätsbeschränkung darstellt. In diesem Punkt hat sich die ›breshnewisierte‹ Moskauer Doktrin verrechtlicht.«[280]

Dieser Interpretation muß insofern widersprochen werden, als die qualifizierten Konsultationsklauseln in den Bündnispakten der UdSSR keinesfalls die Unterordnung der Außenpolitik der betroffenen Länder unter die Vorstellungen des Kreml implizieren. Schweisfurth vermengt hier auf eine unzulässige Weise völkerrechtliche Aspekte mit politischen. Auch wenn die UdSSR eine Vormachtstellung in der engeren »sozialistischen Gemeinschaft« einnimmt und ihre Position gegenüber ihren Bündnispartnern – mit Ausnahme Rumäniens – auch uneingeschränkt durchzusetzen

---

277 Jeweils im Art. 9. Vgl. die Nachweise in diesem Kap., Anm. 127 und 129.
278 Art. 12. Vgl. den Nachweis ebenda, Anm. 128. Vgl. dazu auch H. H. Mahnke: Beistandsverträge, S. 1183; Th. Schweisfurth: Beistandsverträge, S. 604, der zutreffend darauf hinweist, daß diese Klausel der entsprechenden Bestimmung im sowjetisch-rumänischen Pakt vom 7. Juli 1970 ähnlich ist. Vgl. den Nachweis in diesem Kap., Anm. 288.
279 Vgl. den Nachweis in diesem Kap., Anm. 130. Eine ähnliche Konsultationsklausel ist in Art. 9 des Vertrags über Freundschaft und Zusammenarbeit zwischen der DDR und der Mongolischen Volksrepublik vom 6. Mai 1977 enthalten. Nachweis in diesem Kap., Anm. 131.
280 Th. Schweisfurth: Norm, S. 533.

vermag, dann geschieht das, ohne daß die betroffenen Länder ausdrücklich auf eine eigenständige Außenpolitik verzichtet haben. Ebenso verfehlt ist es, daraus den weiteren Schluß zu ziehen, daß sich insofern die sog. Brežnev- oder Moskauer Doktrin verrechtlicht habe.
Auf der anderen Seite kann aber auch der Deutung Hans Heinrich Mahnkes nicht beigepflichtet werden, daß Art. 9 des Bündnisvertrags der UdSSR mit der DDR vom 7. Oktober 1975 »auch die gestiegene politische Bedeutung der DDR innerhalb des Warschauer Paktes und die Anerkennung einer gewissen Eigenständigkeit gegenüber der UdSSR«[281] reflektiere. Im Gegenteil: Bis heute gibt es in der DDR keine Stellungnahme, die unter Hinweis auf die qualifizierte Konsultationsklausel im Bündnispakt mit der UdSSR die außenpolitische »Vormundschaft« des »großen Bruders« irgendwie in Zweifel gezogen hätte. Daher ist es auch mehr als geschmeichelt, wenn Mahnke die Konsultationsklausel als eine »wesentliche Aufwertung der Position der DDR« gegenüber der UdSSR wertet.[282]
Daß die Frage, ob sich zwei vertraglich verbündete Staaten in internationalen Fragen aufgrund einer einfachen oder qualifizierten Konsultationsklausel beraten, nicht theoretischer, sondern höchst praktischer Natur ist, zeigt die Sonderrolle Rumäniens in der engeren »sozialistischen Gemeinschaft«. Die von Rumänien am 16. August 1968 mit der Tschechoslowakei[283], am 12. November 1970 mit Polen[284], am 19. November 1970 mit Bulgarien[285], am 24. Februar 1972 mit Ungarn[286] und am 12. Mai 1972 mit der DDR geschlossenen Bündnisverträge[287] enthalten alle nur eine einfache Konsultationsklausel. Wesentlich gravierender ist jedoch, daß dies auch in dem am 7. Juli 1970 mit der UdSSR erneuerten Vertrag über Freundschaft, Zusammenarbeit und gegenseitigen Beistand der Fall ist. Art. 9 bestimmt, daß sich beide Seiten »über alle bedeutenden internationalen Fragen, die die Interessen beider Länder angehen, gegenseitig beraten, um ihre Standpunkte in Einklang zu bringen«.[288]

281 H. H. Mahnke: Beistandspakt, S. 1175.
282 So auch Th. Schweisfurth: Bindung, S. 761.
283 Text in: Neuer Weg vom 20. August 1968 und Dokumentation der Zeit 1968, H. 418, S. 18: Art. 9.
284 Text in: Neuer Weg vom 14. November 1970: Art. 8.
285 Text, ebenda, Ausgabe vom 21. November 1970.
286 Text, ebenda, Ausgabe vom 26. November 1972, S. 3.
287 Vgl. den Nachweis in diesem Kap., Anm. 124.
288 Text in: Neuer Weg vom 9. Juli 1970; wiedergegeben in: Europa-Archiv 1970, S. D 382; Dokumentation der Zeit 1970, H. 21, S. 41.

Von den qualifizierten Konsultationsklauseln, die – wie dargelegt – in den zweiseitigen Bündnispakten der UdSSR und der DDR[289] sowie im Vertrag Bulgariens mit Ungarn vom 10. Juli 1969[290], nicht jedoch in den Verträgen der übrigen Pakt-Staaten verankert sind, unterscheidet sich die im sowjetisch-rumänischen Pakt getroffene Regelung aus mehreren Gründen: Einmal beraten sich beide Seiten nur über »alle wichtigen internationalen Fragen«, die für beide von Interesse sind, gegenseitig. Art. 9 des Pakts sagt nichts darüber aus, was geschieht, wenn es beiden Seiten nicht gelingt, »ihre Standpunkte in Einklang zu bringen«. So ist eine Pflicht zu gemeinsamem außenpolitischem Handeln konkret nicht festgelegt: »Insoweit kann der Vertrag durchaus als ein Erfolg des rumänischen Verhandlungspartners angesehen werden.«[291]

Ein Vergleich zwischen der Konsultationsklausel aus dem sowjetisch-rumänischen Vertrag mit denen der anderen Bündnisverträge Bukarests führt zu aufschlußreichen Ergebnissen. Die gegenseitige Information und Konsultation über »wichtige« – und damit nicht über »alle wichtigen« – internationale Probleme postulieren die Verträge Rumäniens mit Polen und der DDR, während der Bündnispakt mit Ungarn nicht einmal das Attribut »wichtige« enthält. Diese Verträge sagen – ebenso wie die Bündnispakte Rumäniens mit Bulgarien und der Tschechoslowakei – nichts darüber aus, aufgrund der Konsultationen zu gemeinsamen Positionen zu gelangen. Von diesen Konsultationsklauseln weicht die des rumänisch-tschechoslowakischen Bündnispakts insoweit ab, als sie beide Seiten verpflichtet, »einander über alle ihre Interessen berührenden wichtigen Probleme« zu unterrichten und sich miteinander zu beraten.

So erfaßt die Konsultationsklausel des Bündnispakts Rumäniens mit der Tschechoslowakei sowohl internationale als auch innerstaatliche Fragen. Sehr viel deutlicher wird diese Problematik im sowjetisch-rumänischen Bündnisvertrag angesprochen, dessen Art. 1 Abs. 2 lautet: »Die Seiten werden den Erfahrungsaustausch auf verschiedenen Gebieten des Aufbaus des Sozialismus und des Kommunismus verstärken.« Diese Formel ist in einer variierten Weise in die Konsultationsklausel des rumänisch-bulgarischen Bündnispakts aufgenommen worden; Art. 8 bestimmt, daß beide Seiten »einander über den sozialistischen Aufbau in den beiden

---

289 Mit Ausnahme des zwischen der DDR und Rumänien am 12. Mai 1972 unterzeichneten Bündnisvertrags.
290 Text in: Dokumentation der Zeit 1969, H. 19, S. 43 f. (44).
291 So Th. Schweisfurth: Norm, S. 533; ders.: DDR, S. 604 f.; L. Schultz: Der neue Vertrag zwischen Rumänien und der Sowjetunion, S. 836.

Staaten« unterrichten ... werden. Theodor Schweisfurth hat dazu zutreffend bemerkt:
»Von der Sowjetunion, Bulgarien und von der wieder zur Moskauer Orthodoxie zurückgekehrten ČSSR kann Rumänien mithin aufgrund seiner Freundschaftsverträge in Modelldiskussionen über den Aufbau des Sozialismus-Kommunismus hineingezogen werden, gegen die Rumänien durch die gegenüber der DDR, Polen und Ungarn insoweit bestehende Bindungsfreiheit nicht abgesichert ist.«[292]
Bis heute hat der innenpolitische Kurs der rumänischen Führung mit Nicolae Ceauşescu an der Spitze dem Kreml keinerlei Anlaß gegeben, am richtigen »Aufbau des Sozialismus und des Kommunismus« in Rumänien Zweifel zu hegen. Die in Art. 1 des sowjetisch-rumänischen Bündnispakts verankerte Konsultationsklausel in Fragen der Innenpolitik verdeutlicht die Sonderrolle Bukarests im Warschauer Pakt-Bereich. Während die von der sowjetischen Propaganda nach dem Gewaltakt vom 21. August 1968 immer wieder betonte These, daß die Festigung und Verteidigung der »sozialistischen Errungenschaften« die »gemeinsame internationalistische Pflicht der sozialistischen Länder« seien, Eingang in die erneuerten Bündnispakte der UdSSR mit der Tschechoslowakei vom 6. Mai 1970 und der DDR vom 7. Oktober 1975 gefunden hat[293], ist es Rumänien gelungen, die Aufnahme der sog. Brežnev- oder Moskauer Doktrin in die erneuerten Bündnispakte mit der UdSSR vom 7. Juli 1970, Polen vom 12. November 1970, Bulgarien vom 19. November 1970, Ungarn vom 24. Februar 1972 und der DDR vom 12. Mai 1972 zu verhindern.

---

292 Th. Schweisfurth: Freundschaftsvertrag, S. 475. Daß die Kennzeichnung der Bündnispakte als »Freundschaftsverträge« unstatthaft ist, ist bereits oben bemerkt worden. Vgl. S. 861. Unverständlich ist, daß auch L. Schultz, der zahlreiche Analysen über die Bündnispakte verfaßt hat, selbst noch den zwischen Moskau und Bukarest am 7. Juli 1970 unterzeichneten bilateralen Vertrag als »Freundschaftsvertrag« apostrophiert. Vgl. L. Schultz, ebenda. Sehr instruktiv dazu L. Cavaré: Considérations sur les traités d'alliance, wo er auch die bilateralen Ostpakte der ersten Generation erfaßt und zutreffend von »Allianzverträgen« spricht. Zur begrifflichen Klärung vermag auch die Schrift von A. v. Freytagh-Loringhoven: Die Regionalverträge hervorragend beizutragen.

293 jeweils in der Präambel. Vgl. dazu und zur Entwicklung der »Errungenschaften«-Formel ausführlicher unten S. 864–867. Als die UdSSR am 16. Oktober 1968 mit der ČSSR den »Vertrag über die Bedingungen für den zeitweiligen Aufenthalt sowjetischer Truppen auf dem Territorium der ČSSR« schloß, diente die These vom »Schutz der Errungenschaften des Sozialismus« (vgl. die Präambel) bereits als Rechtfertigung. Text in: Dokumentation der Zeit 1968, H. 419, S. 25. Sehr instruktiv dazu W. G. Grewe: Spiel, S. 587.

Zusammenfassend läßt sich feststellen, daß die in Art. 3 Abs. 1 des Warschauer Vertrags vom 14. Mai 1955 verankerte einfache Konsultationsklausel nicht die Koordinierung oder gar die Pflicht zur Koordinierung der gesamten Außenpolitik postuliert. Daß einzelne Bestimmungen des Warschauer Vertrags die Zusammenarbeit der Bündnispartner auf bestimmten Gebieten ansprechen, liegt in der Natur eines Bündnisses.
Im Gegensatz zur einfachen Konsultationsklausel des Warschauer Vertrags impliziert die qualifizierte Form in den Bündnispakten der UdSSR mit Polen, Bulgarien, Ungarn, der Tschechoslowakei und der DDR, daß man sich in internationalen Fragen nicht nur konsultiert, sondern auch verpflichtet hat, »entsprechend vereinbarten Positionen« zu »handeln«. Mit Nachdruck sei noch einmal der von Theodor Schweisfurth aufgestellten These, der sich Heinz Fiedler angeschlossen hat[294], widersprochen, daß damit die genannten fünf »Bruderstaaten« gegenüber der UdSSR vertraglich auf eine eigenständige Außenpolitik verzichtet hätten. Auch wenn vor allem die DDR und Bulgarien dem »großen Bruder« bei der Koordinierung der Außenpolitik der »sozialistischen Staatengemeinschaft« stets das erste und entscheidende Wort eingeräumt haben, haben beide dies nicht im Sinne eines Totalverzichts auf jede eigenständige Außenpolitik verstanden. Theodor Schweisfurths Interpretation der qualifizierten Konsultationsklauseln wird nicht einmal von jenen DDR-Autoren gutgeheißen, die ihre Treue gegenüber dem Kreml auch dadurch zum Ausdruck bringen, daß sie eine Pflicht zur Koordinierung der Außenpolitik behaupten.[295]
Hinzu kommt: Soweit die Führungen der Warschauer Pakt-Staaten die Führungsrolle der KPdSU und der UdSSR vorbehaltlos anerkennen – das gilt wiederum in besonderer Weise für die DDR und Bulgarien[296] –, geschieht dies nicht mit einem Hinweis auf die Konsultationsklauseln in den bilateralen Bündnispakten.

---

294 H. Fiedler: Paktsystem, S. 148.
295 Vgl. z. B. H. Kröger/F. Seidel: Freundschaftsverträge, S. 55–57; K. Becher: Weiterentwicklung, S. 91–94.
296 Vgl. dazu vor allem die einschlägigen Bestimmungen aus den Verfassungen beider Staaten. Nachweise oben S. 845–847. Bezeichnend sind dazu auch die Aussagen in den jeweiligen Parteiprogrammen. Vgl. die Nachweise oben S. 854 f. mit den Anm. 104 f. Wichtige Aufschlüsse für die Beziehungen der KPdSU zur SED vermitteln auch die Vorworte zu den »Dokumenten und Materialien der Zusammenarbeit zwischen der SED und der KPdSU« 1971–1974 und 1975 und 1976. Vgl. dazu auch K. W. Fricke: Zusammenwirken SED/KPdSU immer enger.

6. *Die engere »sozialistische Gemeinschaft« - ein »Bündnis neuen Typs«*

a) *Methodologische und begriffliche Vorfragen*

Die abschließende zentrale Frage, wie das Verhältnis der UdSSR zu ihren Bündnispartnern im Warschauer Pakt zu klassifizieren ist, impliziert zunächst ein methodologisches Problem. Die Beziehungen der UdSSR zu den übrigen Mitgliedern der engeren »sozialistischen Gemeinschaft« lassen sich unter völkerrechtlichen und politikwissenschaftlichen Aspekten betrachten und bewerten. So sehr es angebracht und notwendig ist, die beiden Bereiche des Rechts und der Politik, als der Normsphäre und der Seinssphäre, voneinander zu unterscheiden, gibt es spezifische Fragestellungen, Begriffe und Termini, die sowohl Gegenstand des Völkerrechts als einer Normwissenschaft als auch der Politologie als einer Wirklichkeitswissenschaft sind.[297]

In kaum einem anderen Bereich dürfte diese Problematik eine so bedeutsame Rolle spielen wie bei der Darstellung und Bewertung des Verhältnisses der UdSSR zu den übrigen Warschauer Pakt-Mächten. Als Waldemar Besson 1966 seine Analyse »Der weltpolitische Horizont der Gegenwart« veröffentlichte, apostrophierte er den sowjetischen Herrschaftsbereich in Europa als »Imperium«, »Einflußsphäre«, »Sowjetblock« und »Ostblock«[298].

Dietrich Frenzke hat in einer umfangreichen Untersuchung das Rechtsverhältnis zwischen der DDR und der UdSSR analysiert und neben den von Besson benutzten Termini noch weitere verwandt, die alle sowohl im völkerrechtlichen als auch politikwissenschaftlichen Schrifttum eine Rolle spielen. Pikant ist dabei, daß Frenzke bei der Darstellung des »Satelliten«-Verhältnisses zu dem Schluß gelangt, daß der Begriff »am ehesten ... noch geeignet für die Verwendung innerhalb der Wissenschaften von den internationalen Beziehungen oder für die Politikwissenschaft«[299] sei.

---

297 Vgl. dazu vor allem die grundsätzlichen, mit zahlreichen weiterführenden Literatur-Hinweisen versehenen Überlegungen bei H. Rumpf: Die Theorie der Internationalen Beziehungen.
298 W. Besson: Die großen Mächte. Strukturfragen der gegenwärtigen Weltpolitik, S. 53, 55–58.
299 D. Frenzke: Rechtsverhältnis (I), S. 156 f. mit Anm. 43, wo er auf R. Schusters Monographie »Deutschlands staatliche Existenz im Widerstreit politischer und rechtlicher Gesichtspunkte« hinweist, in der die DDR und vergleichbare Staaten als Satelliten eingestuft werden (vgl. S. 58–64).

Nach einer Prüfung des Rechtsverhältnisses zwischen der DDR und der UdSSR anhand der in Betracht kommenden völker- und auch staatsrechtlichen Klassifikationen gelangt Frenzke zu dem dann recht überraschenden Ergebnis, daß es am besten als »Quasi-Protektorat« oder als »Satellit«[300] zu bezeichnen sei. Frenzkes Verdienst liegt darin, daß er die umfangreiche, zu dieser vielschichtigen Problematik vorliegende juristische Literatur zusammengetragen hat.
Neben den bereits genannten Kennzeichnungen und Begriffen – Imperium und Einflußsphäre der UdSSR, Sowjetblock und Ostblock – werden zur Kennzeichnung des sowjetischen Herrschaftsbereichs sowohl in politikwissenschaftlichen als auch völkerrechtlichen Arbeiten die Termini Bündnis (Allianz), Integration und Hegemonie gebraucht. Das Abhängigkeitsverhältnis der im Warschauer Pakt vereinten »Bruderstaaten« gegenüber der UdSSR wird mit den Begriffen Satellit, Protektorat und Vasallität umschrieben. Der Vollständigkeit halber sei noch erwähnt, daß neben dem Terminus der Einflußsphäre auch der der Interessensphäre benutzt wird.[301]
Noch einmal sei darauf hingewiesen, daß Leonid Brežnevs Kennzeichnung der »sozialistischen Gemeinschaft« als eines »Bündnisses völlig neuen Typs«[302] nicht weiterführen kann, da sie regional über den Warschauer Pakt-Bereich hinausgreift. Bis heute gibt es keine autoritative Definition der engeren »sozialistischen Gemeinschaft«, in der die entscheidenden Kriterien beim Namen genannt werden: der Anspruch der UdSSR, als »Ordnungsmacht« zu wirken und über die Aufrechterhaltung der »sozialistischen und historischen Errungenschaften« zu wachen sowie die mit der »Brežnev-Doktrin« etablierte kollektive Regionalintervention. Vadim Sagladin gebührt das Verdienst, in seinem in der »Pravda« vom 20. April 1976 erschienenen Artikel »Der Internationalismus, das Banner der kommunistischen Bewegung« zumindest einige Aspekte des »Bündnisses völlig neuen Typs« behandelt und dabei von außen geäußerte Kritik an der sowjetischen Vorherrschaft einbezogen zu haben:
»So wird beispielsweise die These aufgestellt, der Internationalismus sei ein Werkzeug der Einmischung der einen Parteien in die Angelegenheiten

---

300 D. Frenzke, ebenda, Teil II, S. 209. Dezidierter und differenzierter hat Frenzke die Problematik des Abhängigkeits-Verhältnisses nicht nur der DDR, sondern auch der übrigen zum Warschauer Pakt gehörenden Staaten gegenüber der UdSSR in seiner Monographie »Die Rechtsnatur des Sowjetblocks« untersucht.
301 Hinzu kommt der Terminus Interventionszone.
302 Vgl. oben S. 823 mit dem Nachweis in Anm. 1 und S. 825–833. Vgl. auch L. Brežnevs Rede vom 3. November 1967 in Moskau; Text in: Europa-Archiv 1967, S. 530.

der anderen, ja nahezu ein Deckmantel für die Hegemonie großer Parteien gegenüber den weniger mitgliederstarken Parteien. Die Realität widerlegt jedoch überzeugend solche Behauptungen. Der proletarische Internationalismus vereinigt organisch die Solidarität und die gegenseitige Hilfe der Bruderparteien mit ihrer Unabhängigkeit, Souveränität, Gleichberechtigung und Nichteinmischung in die inneren Angelegenheiten sowohl der Nationen als auch der kommunistischen Parteien. Eine einseitige Anerkennung nur der Unabhängigkeit, Souveränität, Gleichberechtigung und Nichteinmischung ohne die Solidarität und gegenseitige Unterstützung würde faktisch zur Zerstörung des proletarischen Internationalismus und damit auch zur Untergrabung der Möglichkeiten und der Stärke einer jeden Bruderpartei führen.«[303]

Man muß Vadim Sagladin bescheinigen, daß er auf eine zumindest geschickte Art den Vormachtanspruch der UdSSR in der engeren »sozialistischen Gemeinschaft« umschrieben hat. Bis dahin war es nicht üblich, die interparteilichen Beziehungen mit dem Attribut »organisch« zu versehen. Sagladin vergaß nur, den Urheber dieser Formel zu nennen: Helmut Sonnenfeldt, Berater des früheren amerikanischen Außenministers Henry Kissinger. Sonnenfeldt, der als Experte für europäische Angelegenheiten und speziell die »Ostpolitik« gilt, hatte Mitte Dezember 1975 in London vor den dort versammelten amerikanischen Botschaftern in Europa einen Vortrag gehalten und von der »unnatürlichen, unorganischen Beziehung« zwischen der UdSSR und ihren engeren Bündnispartnern gesprochen. Daher müsse es die Politik Washingtons sein, »für eine Entwicklung einzutreten, welche die Beziehungen zwischen den Osteuropäern und der Sowjetunion zu einer organischen Beziehung macht«[304].

Als Pikanterie gilt festzuhalten, daß auch Parteichef Leonid Brežnev in seiner Rede auf der Ost-Berliner Konferenz der kommunistischen und Arbeiterparteien Europas Ende Juni 1976 von den »engen organischen

---

303 Dt. Übersetzung in: Sowjetunion heute, Nr. 10 vom 16. Mai 1976, S. 22–24. Vgl. dazu auch den instruktiven Beitrag R. J. Mitchells: Doctrine mit zahlreichen weiteren Nachweisen.
304 Auszüge aus dem »offiziellen Geheimdokument« brachte die »Neue Zürcher Zeitung« unter dem Titel »Kontroverse um die amerikanische ›Ostpolitik‹« in ihrer Fernausgabe Nr. 75 vom 31. Mai 1976. Einige Tage später hat Sonnenfeldt vor der Kommission des Repräsentantenhauses seine Osteuropa-Erklärung erläutert und bedauert, daß er das Wort »organisch« gebraucht habe; in Wirklichkeit habe er eher »historisch« gemeint. Vgl. dazu »Erläuterung Sonnenfeldts zu seiner Osteuropa-Erklärung«, ebenda, Fernausgabe Nr. 89 vom 16./17. April 1976. Vgl. dazu auch T. Rakowska-Harmstone: »Socialist Internationalism«: Part II, S. 85 f.

und ununterbrochen wachsenden freundschaftlichen Beziehungen zwischen den Partei- und Staatsorganen«[305] der betroffenen Länder gesprochen hat.

Vadim Sagladins interessante Definition des proletarischen Internationalismus und der nicht mit Namen genannten »Brežnev-Doktrin« sowie sein Versuch, die UdSSR vor dem Vorwurf, sie treibe eine hegemoniale Politik, zu schützen, dürfen nicht darüber hinwegtäuschen, wie der Kreml seine Herrschaftssphäre in Europa wertet. Nach wie vor gilt, was der sowjetische Außenminister Andrej Gromyko am 3. Oktober 1968, also wenige Wochen nach der militärischen Intervention von fünf Warschauer Pakt-Mächten in der Tschechoslowakei, vor der Vollversammlung der Vereinten Nationen ausgeführt hat:

»Die Länder der sozialistischen Gemeinschaft haben ihre eigenen Lebensinteressen, ihre eigenen Verpflichtungen, unter anderem zur Gewährleistung der gegenseitigen Sicherheit, ihre eigenen sozialistischen Prinzipien der gegenseitigen Beziehungen, denen brüderliche Hilfe, Solidarität und Internationalismus zugrunde liegen. Diese Gemeinschaft ist ein untrennbares Ganzes, das durch unzerstörbare Bande zusammengeschweißt ist, wie sie die Geschichte bisher nicht kannte.«[306]

Nach wie vor gelten die in einem programmatischen Artikel der »Pravda« vom 26. September 1968 entwickelten und in der Zwischenzeit wiederholten Thesen von der beschränkten Souveränität und der Eliminierung des Selbstbestimmungsrechts, wenn dessen Realisierung darauf hinausläuft, ein Land aus der »sozialistischen Gemeinschaft« herauszulösen.[307] Parteichef Leonid Brežnev ließ es sich nicht nehmen, bereits am 12. November 1968 auf dem V. Parteitag der Vereinigten Polnischen Arbeiterpartei die Thesen von der begrenzten Souveränität und vom Schutz der Errungenschaften zu verteidigen und darüber hinaus militärische Interventionen auch für die Zukunft nicht auszuschließen:

»Begreiflicherweise stellt militärische Hilfe für ein Bruderland zur Unterbindung einer für die sozialistische Ordnung entstandenen Gefahr eine erzwungene, außerordentliche Maßnahme dar. Sie kann nur durch direkte

---

305 Text in: Sowjetunion heute vom 1. August 1976.
306 Text in: Neues Deutschland vom 5. Oktober 1968; Auszüge in: Europa-Archiv 1968, S. 555–560 (556).
307 Dt. Text in: Die Presse der Sowjetunion, Berlin (Ost), Nr. 120 vom 16. Oktober 1968; Europa-Archiv 1968, S. D 580–584; Auszüge bei B. Meissner: Die »Breshnew-Doktrin«, S. 64–69 (66–68): »Die Gesetze und Normen des Rechts sind den Gesetzen des Klassenkampfes, den Gesetzen der gesellschaftlichen Entwicklung untergeordnet.«

Aktionen der Feinde des Sozialismus im Landesinnern und außerhalb seiner Grenzen ausgelöst werden, durch Handlungen, die eine Gefahr für die gemeinsamen Interessen des sozialistischen Lagers darstellen.«[308]

b) *Westliche Klassifikationen*

Die programmatischen und autoritativen Aussagen verdeutlichen unmißverständlich, daß die Kennzeichnung auch der engeren »sozialistischen Gemeinschaft« als eines »Bündnisses neuen Typs« keinesfalls dessen Wesensmerkmale erfaßt. Auch Analysen, die nach Leonid Brežnevs Rede vom 9. Dezember 1975 in Warschau erschienen sind, zeigen, wie wenig differenziert zumindest in den Ländern argumentiert wird, die den Vormachtanspruch der UdSSR anerkennen. So hieß es in einer Ende 1978 in der offiziösen Ost-Berliner »Deutschen Außenpolitik« erschienenen Studie: »Das Bündnis vom Typ der UdSSR und das Bündnis der sozialistischen Weltgemeinschaft souveräner Länder, darunter die beiden Grundpfeiler – der RGW und die Organisation des Warschauer Vertrages –, sind zwei verschiedene Stufen der zwischenstaatlichen Vereinigung.«[309]
Auch diese Definition ist deshalb unzureichend, da sich der auf Europa beschränkte Warschauer Pakt-Bereich keinen »Grundpfeiler« der »sozialistischen Weltgemeinschaft« bildet und vom über Europa hinausgreifenden Rat für Gegenseitige Wirtschaftshilfe abzugrenzen ist. Daß man das Attribut »Bündnis neuen Typs« für die engere »sozialistische Gemeinschaft« auch anders als der Kreml interpretieren kann, zeigte die scharfe Reaktion Bukarests auf Helmut Sonnenfeldts These, die USA sollten dabei mitwirken, daß sich zwischen der UdSSR und ihren Partnern im Warschauer Pakt ein »mehr organisches Verhältnis« entwickle.
Am 13. April 1976 veröffentlichte das Organ der Rumänischen Kommunistischen Partei einen Grundsatzartikel des führenden Funktionärs Cornel Burtica: »Anachronistische Auffassungen, die zu den neuen Prinzipien der zwischenstaatlichen Beziehungen im Gegensatz stehen«[310].
Burtica betonte, daß sich die Beziehungen zwischen den »sozialistischen

---

308 Vgl. den Nachweis oben S. 801 mit Anm. 85; Auszüge der Rede L. Brežnevs auch in: Europa-Archiv 1969, S. D 256–259 (258 f.). Die völkerrechtliche und politische Problematik der »Brežnev-Doktrin« hat auf besonders instruktive Weise B. T. Halajczuk in: Regionalordnung behandelt.
309 So M. Senin: Die sozialistische Gemeinschaft, S. 30–32 (32). Vgl. dazu auch das SED-Programm vom 22. Mai 1976. Text in: Deutschland-Archiv 1976, S. 747 und in: Programm und Statut der SED vom 22. Mai 1976, S. 49 f.; Kalbe: Bedeutung, S. 40.
310 Dt. Übersetzung in: Neuer Weg vom 23. April 1976, S. 1 f.

Ländern« nicht auf die »sogenannte ›organische Einheit‹, sondern auf die Einheit neuen Typs gründen, die die strenge Achtung der Prinzipien der nationalen Unabhängigkeit und Souveränität, der Gleichberechtigung, der Nichteinmischung in die inneren Angelegenheiten, der gegenseitigen Achtung und Wertschätzung voraussetzt«.
Mit diesen Aussagen hat Burtica auch die »Brežnev-Doktrin« noch einmal zurückgewiesen, wie es Parteichef Ceaușescu zuvor schon mehrfach gemacht hatte.[311] Noch unter einem weiteren Aspekt verdient die Analyse Cornel Burticas Beachtung:
»Bis zu welchem Grad des Mißverstehens und der Entstellung der Beziehungen zwischen den sozialistischen Ländern Herr Sonnenfeldt gelangt, ist aus der Tatsache ersichtlich, daß er, indem er zur Formel der ›organischen Einheit‹ greift, die Hypothese glaubhaft zu machen versucht, daß es eine Aufteilung der Welt zwischen den Großmächten gäbe, eine ›natürliche Abgrenzung‹ in ›Einflußsphären‹, ›Interessensphären‹, ›geopolitische Zonen‹ usw.«
In diesem Zusammenhang benutzte Burtica auch die Begriffe »Herrschaft« und »Hegemonie«[312].
Aus den Reaktionen Rumäniens und dem Schweigen der meisten »Bruderstaaten«[313] ging hervor, daß Helmut Sonnenfeldt zumindest einen

---

311 Vgl. vor allem N. Ceaușescus Rede auf dem XXIV. Kongreß der KPdSU. Text, ebenda, Ausgabe vom 3. April 1971, S. 1. Vgl. auch N. Ceaușescus Rede vom 27. April 1976 auf dem Kongreß der rumänischen Gewerkschaften, in der er – wohl nicht zufällig – die Begriffe »Nation«, »nationale Souveränität« und »nationale Unabhängigkeit« in besonders prononcierter Weise herausstrich und sich scharf gegen »übernationale Organismen« wandte, »die in Wirklichkeit eine neue Form der Politik der Beherrschung und Unterdrückung repräsentieren«. Text in: AGERPRES vom 26. April 1976; dt. Übersetzung in: BPA/Ostinformationen vom 27. April 1976. Vgl. dazu auch V. Meier: Zwischen Suslow und Sonnenfeldt, in: Frankfurter Allgemeine Zeitung vom 4. Mai 1976.

312 Besonders empfindlich reagierte auch Jugoslawien auf die Thesen H. Sonnenfeldts. Vgl. vor allem J. Brezarić: Die sogenannte Sonnenfeldt-Doktrin, S. 10: »Wichtig und positiv ist, daß der sogenannten Sonnenfeldt-Doktrin überall eine entschiedene Abfuhr erteilt wurde und daß sie keinen einzigen Fürsprecher und Anhänger gefunden hat.« Vgl. dazu auch A. Razumovsky: Warum Jugoslawien so zornig auf Sonnenfeldt ist, in: Frankfurter Allgemeine Zeitung vom 28. April 1976. Sonnenfeldt hat später seine Aussagen noch weiter abgeschwächt. Vgl. »Die Sonnenfeldt-Doktrin gibt es nicht«. Ein Gespräch des Beraters im State Department mit Adelbert Weinstein und Jan Reifenberg, in: Frankfurter Allgemeine Zeitung vom 29. Oktober 1976: »Wir erkennen die Oberhoheit der Sowjetunion über Osteuropa nicht an.«

313 Daß von den osteuropäischen Parteiführern der Bulgare Todor Živkov als einziger die Notwendigkeit einer »organischen Beziehung« enthusiastisch begrüßt hat, ist nicht verwunderlich. Hingegen ging L. Brežnev – wie dargelegt – von der Existenz »organischer Beziehungen« in seiner Ost-Berliner Rede Ende Juni 1976 aus. Vgl. dazu J. M. Mitchell: Doctrine, S. 375 f.; Nachweis oben Anm. 305.

empfindlichen Nerv getroffen hatte: die Problematik der Abhängigkeit der Warschauer Pakt-Staaten von der UdSSR und des von sowjetischer Seite erhobenen Anspruchs, in der »Interessensphäre« des Warschauer Pakt-Bereichs als »Ordnungsmacht« zu fungieren.

aa) *das Bündnis (die Allianz) und der Block*

Westliche Beobachter sind sich darüber einig, daß die im Warschauer Pakt zusammengeschlossenen Staaten ein Bündnis bilden. Unter einem Bündnis (Allianz) versteht die Völkerrechtslehre »eine Verbindung zweier oder mehrerer Staaten zu gemeinsamem Verhalten nach außen. Sie werden geschlossen zur Wahrung bestimmter gemeinsamer Interessen gegenüber dritten Staaten.«[314]

Folgt man den völkerrechtlichen Maßstäben, so ist zunächst die Hauptbedingung eines Bündnisses insoweit erfüllt, als sowohl der Warschauer Vertrag vom 14. Mai 1955 als auch die zwischen seinen Mitgliedern bestehenden bilateralen Bündnisverträge die gegenseitige Verteidigung bei einem Angriff von außen vorsehen. Überschaut man jedoch die Entwicklung des Warschauer Pakts, dann zeigt sich, daß die »innere Funktion« der Warschauer Pakt-Organisation als »wirksames Integrationsmittel auf militärischem, politischem und ökonomischem Gebiet an Bedeutung«[315] gewann. Alexander Uschakow spricht zutreffend davon, daß die modernen Allianzen »Gesellschaftsverträge« seien, die besonders enge Beziehungen zwischen den Partnern herstellten: »Außenpolitik ist daher ein Handeln innerhalb von Gemeinschaften geworden.«[316]

---

314 So A. Uschakow: Wandlungen, S. 22 mit weiteren Nachweisen in Anm. 1 f.; J. Gross: Materialien mit dem aufschlußreichen Hinweis, daß die in der 6. Auflage von »Meyers Lexikon« (Leipzig und Wien 1905), S. 348 gegebene Definition der »Allianz« bis heute für das Völkerrecht und die politische Theorie gültig ist; Gross hat auch wichtige ausländische Literatur verwertet. Dazu gehören: L. Cavaré: Considérations sur les traités d'alliance; B. Boutros-Ghali: Contribution a une Théorie Générale des Alliances; H. S. Dinerstein: The Transformation of Alliance Systems; alle haben in ihre Betrachtungen auch die Ostpakte einbezogen. Vgl. außerdem B. Boutros-Ghali/H. S. Dinerstein: Bündnissysteme; W. G. Grewe: Spiel, S. 103-108. Die neuere völkerrechtliche Literatur hat vor allem D. Frenzke in: Rechtsverhältnis (I), S. 159 f. ausgewertet. Fraglich ist allerdings, ob – wie es Frenzke versucht – zwischen dem rechtlichen und politischen Bündnisbegriff so klar zu differenzieren ist. Einen umfassenden Überblick über alle rechtlichen Qualifikationen von Staaten-Verbindungen gibt Frenzke in: Rechtsnatur. Vgl. speziell zu den Begriffen »Block« und »Bündnis« ebenda, S. 99-109, 117-125 mit zahlreichen weiterführenden Nachweisen.
315 A. Uschakow, ebenda, S. 371.
316 A. Uschakow, ebenda. Hier wird deutlich, wie sehr der »Bündnis«-Begriff eine politische Dimension angenommen hat; er ist vom »Integrations«-Begriff nicht mehr zu

Überblickt man die umfangreiche westliche Literatur über Bündnisse (Allianzen sowie Pakte) und Blöcke, dann fällt auf, daß in der angelsächsischen Literatur strukturelle Fragen des Ostpakt-Systems nur selten in die Betrachtung einbezogen worden sind; das gilt auch dann, wenn die Buchtitel keine regionale Begrenzung des behandelten Gegenstands verraten lassen.[317] Um so mehr fallen die Beiträge ins Gewicht, die von ostrechtlicher und völkerrechtlicher Seite in der Bundesrepublik Deutschland zu strukturellen Fragen des sowjetischen Herrschaftsbereichs in Europa verfaßt worden sind.[318]

So kann gar kein Zweifel daran bestehen, daß der Warschauer Pakt ein Bündnis (eine Allianz) darstellt, dessen Funktionen äußerer und in zuneh-

---

trennen. Das gilt auch und gerade für die bilateralen Bündnispakte. Vgl. zur Entwicklung des Integrations-Begriffs im Ostblock neuerdings A. Uschakow: Betriebe. Wichtige Aspekte des Themas behandelt C. Gasteyger in: Integration; D. Frenzke: Rechtsverhältnis (I), S. 164. In seiner umfassenden Analyse »Die Rechtsnatur des Sowjetblocks« kommt D. Frenzke in Übereinstimmung mit dem westlichen völkerrechtlichen Schrifttum zu dem Schluß, daß der Begriff »Integration« inhaltlich unbestimmt ist und in verschiedenem Sinne gebraucht wird. Frenzkes Studium der kommunistischen Doktrin führt gleichfalls zu dem klaren Schluß, »daß von dorther kein allgemeingültiger und auch für uns eventuell brauchbarer Integrationsbegriff zur Verfügung gestellt wird«. Frenzkes Fazit: »Der Begriff der Integration ist daher, wegen seiner mangelnden dogmatischen Konsolidierung sowohl bei uns wie auch in den kommunistischen Staaten, kein taugliches Instrument für die Klassifizierung der kommunistischen Staatenverbindungen.« Vgl. D. Frenzke: Rechtsnatur, S. 130–140 (139). Auch hier vermag die politikwissenschaftliche Forschung keine Hilfestellung zu geben.

317 Vgl. dazu die detaillierte Literatur-Übersicht bei K. Krakau: Literatur; D. Schröder: Großmächte. Zu den großen Ausnahmen zählt auch heute noch Z. K. Brzezinskis Standardwerk »Der Sowjetblock«; doch selbst darin hätten strukturelle Fragen eine stärkere Berücksichtigung verdient. Über die Darstellung ausschließlich politisch relevanter Vorgänge hinaus führt auch die instruktive Analyse von J. F. Triska/D. D. Finley: Policy; das gilt gleichfalls für H. G. Skillings Buch »Communism National and International«.

318 Hier sei an zwei ältere, aber immer noch zitierte Beiträge erinnert: R. Maurach: Zur Rechtsnatur des Ostblocks; E. Kordt: Zur rechtlichen Struktur des Ostblocks. Die übrige Literatur hat Frenzke in: Rechtsnatur nahezu vollständig erfaßt. Bemerkenswert ist auch, daß sich eine ganze Reihe juristischer Dissertationen mit der Problematik des Ostblocks befaßt hat. Vgl. vor allem H. J. Heil: Satellitenverhältnis und Souveränität; H.-G. Stürmann: Der Zusammenhalt im kommunistischen Lager; H. W. Möller: Gehalt; H.-J. Neschke: Volksdemokratien. Die umfangreiche Habilitationsschrift Th. Schweisfurths: Sozialistisches Völkerrecht? ist bereits mehrfach erwähnt worden. D. Richter hat in seiner juristischen Dissertation »Die völkerrechtlichen Staatenverbindungen zu gleichem Recht der Gegenwart« den sowjetischen Herrschaftsbereich in geringem Maße berücksichtigt. In seinem materialreichen Aufsatz »Regionalordnung«, S. 175, schreibt der in Buenos Aires lebende, aus der Ukraine stammende Völkerrechtler B. T. Halajczuk, daß der »›sozialistische Internationalismus‹ ... weitgehend von deutschen Ostrechtlern behandelt« worden sei.

mendem Maße auch innerer Natur sind.[319] Eng verknüpft mit dem Begriff
»Bündnis« ist der Terminus »Block« mit seinen Abwandlungen »Ostblock« und »Sowjetblock«. Als Axel von Freytagh-Loringhoven im August 1936 »fünf Vorlesungen an der Haager Akademie für Völkerrecht«
hielt, konnte er nicht ahnen, daß seine Ausführungen über »Die Blocks«
auch noch 40 Jahre später von höchster Aktualität sein sollten. Für Freytagh-Loringhoven war Kennzeichen eines solchen Blocks die »Schaffung
eines gemeinsamen ständigen Organs . . ., durch das die Vereinheitlichung der Politik dieser Staaten gewährleistet werden soll«. Freytagh-Loringhoven folgerte daraus:
»In diesem Vorhandensein eines besonderen Organs liegt juristisch wie
politisch der Unterschied des Blocks vom bloßen Bündnis. Es gelangt damit eine Staatenverbindung sui generis zur Entstehung, die freilich in keine der bekannten Kategorien ohne weiteres eingeordnet werden kann. Es
scheint deshalb auch angebracht, dafür als terminus technicus die Bezeichnung ›Block‹ zu verwenden. Zugleich allerdings darf gesagt werden,
daß begrifflich der Block dem Staatenbunde sehr nahe kommt. Das trifft
insbesondere dann zu, wenn er sich neben der Vereinheitlichung der
Außenpolitik auch innenpolitische Ziele setzt.«[320]
Folgt man der Terminologie Leonid Brežnevs, dann könnte man den Politischen Beratenden Ausschuß der Warschauer Allianz und daneben bestimmte Konferenzen von Partei- und Regierungschefs als Organe des
Ostblocks ansehen. Wenn Freytagh-Loringhoven von einer »Staatenverbindung sui generis« spricht, dann ist der Unterschied gar nicht so groß,
wenn der Kreml die engere »sozialistische Gemeinschaft« als ein »Bündnis neuen Typs« apostrophiert. Frappierend ist auch, daß Freytagh-Loringhoven bereits den Block im Auge hat, in dem die Außenpolitik vereinheitlicht wird und der sich darüber hinaus innenpolitische Ziele setzt.
Auch diese beiden Voraussetzungen erfüllt der Sowjetblock, da die Koordinierung der Außenpolitik der Mitgliedsländer und die Aufrechterhal-

---

319 Ein spezieller »Bündnis«-Aspekt ergibt sich aus den Verfassungen der DDR und Bulgariens, in denen ausdrücklich das »Bündnis« mit der UdSSR verankert ist. Vgl. dazu oben S. 845–847; D. Frenzke: Rechtsverhältnis (I), S. 160 behandelt dort mit weiteren Nachweisen die verfassungsrechtliche Problematik im Fall der DDR; ders.: Rechtsnatur, S. 16–20.
320 A. v. Freytagh-Loringhoven: Die Regionalverträge, S. 80. Sehr instruktiv zur Problematik des Regionalismus K. Krakau: Regionalismus; D. Schröder: Großmächte; E. Fraenkel: Regionalpakte und Weltfriedensordnung. Sehr instruktiv speziell zur Frage »Regionale Organisationen innerhalb der Zusammenschlüsse sozialistischer Staaten« R. Pernice: Sicherung, S. 63–75; B. T. Halajczuk: Regionalordnung. Vgl. dazu auch D. Frenzke: Rechtsnatur, S. 128–130.

tung des politischen und sozialen Status quo aus der Sicht des Kreml und der ihm folgenden »Bruderstaaten« zu den wichtigsten politischen Zielen der Allianz gehören. Freytagh-Loringhoven hat auch die Frage aufgeworfen, ob die zu einem Block zusammengeschlossenen Staaten im Falle einer Kollision ihrer Pflichten aus dem Blockvertrag mit denen der Satzung des Völkerbunds »wirklich diesen den Vorzug geben werden«[321]. Die Parallele ergibt sich heute aus dem Problem der Kollision zwischen den Prinzipien des sozialistischen Internationalismus und denen des allgemeinen Völkerrechts.[322] Axel von Freytagh-Loringhoven gelangte bei der Darstellung der Blocks 1936 zu folgendem Ergebnis:
»In den Blockverträgen vollendet sich die Entwicklung der Regionalpakte. Darüber hinaus ist logisch nur noch ein Zusammenschluß vorstellbar, der bereits die Grenzen des Völkerrechts überschreitet und auf staatsrechtliches Gebiet übergreift. Innerhalb des Völkerrechts aber ist eine Fortentwicklung in qualitativer Richtung nicht mehr möglich.«[323]
Hier dürfte ihm ein Interpret der Moskauer Vorstellungen über die Kohäsion und Solidarität im Sowjetblock insofern widersprechen, als er die bisherigen Versuche, neben das allgemein anerkannte Völkerrecht Normen des »sozialistischen Völkerrechts« zu stellen, verteidigen würde. Schließlich sei darauf hingewiesen, daß es westliche Analytiker gibt, die meinen, daß sich ein Teil der Beziehungen der UdSSR zu ihren Allianzpartnern im Warschauer Pakt nach Völkerrecht, ein anderer Teil nach Staatsrecht regele.[324] Wenn der Block begrifflich dem Staatenbund sehr nahe kommt, dann ist darauf hinzuweisen, daß in der gesamten östlichen Terminologie von der »sozialistischen Gemeinschaft« als einem »Bündnis neuen Typs«, nicht jedoch von einem Staatenbund (sui generis) oder gar davon die Rede ist, daß Teilbereiche der Beziehungen bereits staatsrechtlicher Natur seien.
Auch wenn es anhand der genannten Kriterien durchaus richtig ist, auch weiterhin die Warschauer Allianz mit dem Attribut »Block« zu versehen, dann ist damit über ein weiteres, wenn nicht das entscheidende Kriterium noch nichts gesagt: die Vormachtstellung, die Vorherrschaft der UdSSR im Sowjetblock. Daher gilt es nun zu prüfen, ob die wiederum sowohl in

---

321 A. v. Freytagh-Loringhoven, ebenda, S. 82.
322 Darauf weist auch D. Frenzke in: Rechtsverhältnis (I), S. 162 hin. Vgl. mit weiterführender Literatur zum »Block«-Begriff auch A. Uschakow: Pakte; ders.: Wandlungen.
323 A. v. Freytagh-Loringhoven: Die Regionalverträge, S. 90.
324 Vgl. dazu ausführlich D. Frenzke: Rechtsverhältnis (II); ders.: Rechtsnatur, Kap. 5 und Zusammenfassung.

der völkerrechtlichen Literatur als auch in der politischen Theorie verwandten Begriffe »Interessensphäre« und »Hegemonie« zur Kennzeichnung des sowjetischen Herrschaftsbereichs zutreffend sind. Daran schließt sich die weitere Frage an, ob es sich beim Sowjetblock um ein geschlossenes Territorium, einen »Großraum« mit »Interventionsverbot für raumfremde Mächte«[325] und einem von der »Ordnungsmacht« behaupteten kollektiven Interventionsrecht handelt.

bb) *die Interessensphäre und die Hegemonie*

Mit dem Begriff Interessen- oder Einflußsphäre hat es eine eigenartige Bewandtnis. Während eine Prüfung der völkerrechtlichen Literatur zu dem Ergebnis führt, daß die Kategorie der Interessen- oder Einflußzone eine zu schwache Position innehabe, als daß sie zur Klassifikation des Verhältnisses zwischen der UdSSR und den kleineren kommunistischen Staaten Osteuropas beitragen könnte[326], ergibt ein Studium grundlegender Werke über die internationalen Beziehungen, daß dieser Begriff nur selten analysiert und in den systematischen Abhandlungen oder Nachschlagewerken der internationalen Politik kaum erwähnt wird.[327] Diese Schlußfolgerungen sind deshalb erstaunlich, da spätestens seit dem Ende des »Prager Frühlings« und der Etablierung der »Brežnev-Doktrin« diese Problematik höchst aktuell geworden und bis heute geblieben ist.
Nach der Aktion vom 21. August 1968 wurde in Westeuropa wieder die Behauptung aufgestellt, die beiden Supermächte seien sich seit langem darüber einig gewesen, die beiderseitigen »Einfluß«- oder »Interessensphären« zu respektieren. Während manche Stimmen behaupten, dies sei den Sowjets schon vor ihrem Gewaltakt zu verstehen gegeben worden, vertraten andere – besonders französische – Stimmen die Ansicht, »Roosevelt und Stalin hätten schon 1945 in Jalta die Welt in Einflußsphären aufgeteilt, und daran halte man sich«[328]. Mit Recht betont Wilhelm G. Grewe, daß offizielle amerikanische Sprecher, zuletzt auch Außenmi-

---

325 So der Untertitel zu C. Schmitts Schrift »Völkerrechtliche Großraumordnung«.
326 Vgl. D. Frenzke: Rechtsverhältnis (I), S. 164 mit zahlreichen Nachweisen.
327 Vgl. mit Nachweisen M. S. Vázquez: Theorie der Einflußreiche, S. 537 mit Anm. 1; ders.: Zones of Influence; J. P. Vloyantes: Spheres of Influence; B. Kovrig: Spheres of Influence; E. Kaufman: The Superpowers and their Spheres of Influence. Vgl. dazu die umfassende Übersicht bei D. Frenzke: Rechtsnatur, S. 83-117; M. Schweitzer: Gewaltverbot; G. Schwarzenberger: Machtpolitik, S. 26-33; ders.: Hegemonial Intervention.
328 So W. G. Grewe: Spiel, S. 588.

nister Dean Rusk, diese Unterstellung aus guten Gründen entrüstet zurückgewiesen hätten, da es ohne jeden Zweifel in Jalta im Februar 1945 solche Abmachungen nicht gegeben habe (»wenn, dann nur zwischen Stalin und Churchill in bezug auf den Balkan«)[329].

Noch einmal sei mit Nachdruck darauf hingewiesen, daß Winston Churchill und Josef Stalin ihren »Prozenthandel« über Rumänien, Ungarn, Bulgarien, Jugoslawien und Griechenland nicht erst in Jalta, sondern bereits im Oktober 1944 in Moskau vereinbart haben. Festzuhalten gilt dabei auch, daß sich die USA damals und später nie mit diesem, wie es Isaac Deutscher zutreffend formuliert hat, »zynischen Tauschhandel« einverstanden erklärt haben.[330]

Das alles schließt jedoch nicht aus, »daß es heute faktisch Einflußzonen der beiden Supermächte gibt, die sie beide stillschweigend respektieren ... Höchst zweifelhaft ist jedoch die sachliche und geographische Abgrenzung dieser Einflußsphären.«[331]

Die Richtigkeit der Feststellung Wilhelm G. Grewes wurde eindrucksvoll bestätigt, als sich die Führungen Rumäniens[332] und auch Jugoslawiens[333] im Frühjahr 1976 vehement gegen die »Sonnenfeldt-Doktrin« wandten, da die Formel von der »organischen Einheit« die Existenz einer sowjetischen Einfluß- oder Interessensphäre voraussetzt. Zweifellos ist die Art, wie die Sowjets den von ihnen kontrollierten Teil Europas behandeln, nur unzureichend mit dem Begriff Einfluß- oder Interessensphäre gekennzeichnet. Es ist daher richtig, wenn James Reston über die militärische Intervention von fünf Warschauer Pakt-Mächten am 21. August 1968 in der ČSSR bemerkt hat, daß darin nicht nur das Konzept einer sowjetischen Einflußsphäre, sondern das einer »sphere of domination«[334], einer Herrschaftssphäre, zum Ausdruck gekommen sei.

---

329 W. G. Grewe, ebenda.
330 Vgl. dazu ausführlich oben Kap. I, Ziffer 6. Eine weitgehend zutreffende Darstellung bei V. Benko: Die Interessensphären. Die Position Washingtons wird sehr detailliert – um es noch einmal zu wiederholen – bei L. E. Davis: The Cold War Begins, S. 140–171 dargestellt. Es darf nicht übersehen werden, daß die amerikanische Administration nichts unternommen hat, um den »Prozenthandel« aus der Welt zu schaffen. Unverständlich ist die Feststellung M. S. Vázquez' in: Theorie, S. 542: »Die letzte große Aufteilung der Einflußbereiche durch Abkommen wurde in Jalta und Potsdam vorgenommen.«
331 So zutreffend W. G. Grewe: Spiel, S. 588.
332 Vgl. vor allem den bereits zitierten Aufsatz von C. Burtica: Anachronistische Auffassungen ..., in: Neuer Weg vom 23. April 1976 (siehe dieses Kap., Anm. 310).
333 J. Brezarić: Die sogenannte Sonnenfeldt-Doktrin, S. 10 f.
334 J. Reston in: New York Times vom 14./15. September 1968; hier zit. nach W. G. Grewe: Spiel, S. 589 mit Anm. 13.

Der Begriff Herrschaftssphäre ist deshalb so zutreffend, da bei der gewaltsamen Beendigung des »Prager Frühlings« nicht Sicherheitsinteressen der UdSSR, sondern der Reformkurs der Prager Führung das entscheidende Motiv waren. Das Handeln der UdSSR impliziert die Frage, ob der sowjetische Herrschaftsbereich noch mit dem Begriff »Hegemonie« erfaßt werden kann. Obwohl der Begriff der Hegemonie in den letzten Jahren weit über den Warschauer Pakt-Bereich hinaus große Aktualität gewonnen hat und jede Großmacht dieser Welt bestrebt ist, nur nicht mit dem Makel eines Hegemons belastet zu werden, fällt auf, daß in den meisten Dokumenten und auch zahlreichen wissenschaftlichen Abhandlungen der Begriff »Hegemonie« immer vorausgesetzt wird.[335]
Heinrich Triepel hat in seiner erstmals 1938 erschienenen umfangreichen Monographie »Die Hegemonie – Ein Buch von führenden Staaten« dargestellt, daß staatliche Hegemonie wie jede Führung »in der Mitte zwischen bloßem Einfluß und Herrschaft« stehe. Die Hegemonie stütze sich immer auf eine »Anerkennung des geführten Staates« und neige »sich ihrem Ende zu, wenn die Anerkennung ins Schwanken« gerate: »Hegemonie ist gebändigte Macht, und wenn sich der Starke vermöge eigenen Entschlusses, obwohl er Herrscher werden könnte, dazu entschließt, nicht zu herrschen, sondern zu führen, so haben wir es mit jener Selbstbändigung der Macht zu tun, die der echten Hegemonie mit jedem echten Führertum gemein ist.«[336]
Folgt man der Darstellung Triepels, dann handelt es sich beim östlichen Bündnissystem nicht um eine Hegemonie, sondern um Herrschaft: »Hier liegt zugleich der fundamentale Unterschied zwischen westlichem und östlichem Bündnissystem: die Prager Intervention vom August 1968 hat deutlich gemacht, daß der Warschauer Pakt in Wahrheit kein hegemoniales, sondern ein nur dürftig getarntes imperiales Herrschaftsinstrument ist, das nicht auf der freiwilligen Anerkennung der Bündnispartner, sondern auf Zwang gründet und dem eigennützigen Machtinteresse Moskaus dient.«[337]

---

335 Vor allem hat sich die Volksrepublik China des Hegemonie-Begriffs bemächtigt. Vgl. dazu J. Glaubitz: Anti-Hegemonie-Formeln als Elemente chinesischer Außenpolitik; ders.: Der chinesisch-japanische Friedens- und Freundschaftsvertrag.
336 H. Triepel: Die Hegemonie, S. 140 f., 148 f.
337 So zutreffend W. G. Grewe in: Spiel, S. 116 f. (117). Vgl. dazu auch H. Mosler: Die Großmachtstellung im Völkerrecht, S. 30 f. Einen sehr instruktiven Überblick über die Entwicklung des Begriffs »Hegemonie« vermittelt D. Frenzke in: Rechtsnatur, S. 62–76 (72): »Die vieldeutige Verwendung des Terminus ›Hegemonie‹ nicht nur im allgemeinen Sprachgebrauch, sondern auch im völkerrechtlichen Schrifttum, läßt ... nicht die Aussage zu, daß die Hegemonie sich bisher auf dem Wege zur Herausbildung

Zumindest ist es nicht richtig, wenn Knud Krakau das Verhalten der UdSSR im Sommer 1968 gegenüber der Tschechoslowakei so deutet: »Wenn die Sowjetunion die in der Region herrschende Ideologie im wesentlichen selbst definiert, gewaltsam durchsetzt oder am Leben erhält und sie gegen Einflüsse von außen abschirmt, indem sie die ČSSR der Handlungsfreiheit jedenfalls nach Westen beraubt, dann entspricht das dem klassischen Begriff der Hegemonie.«[338]
Indem die UdSSR zur Aufrechterhaltung ihrer Herrschaftssphäre in Europa den »Prager Frühling« gewaltsam beendet hat, hat sie sich nicht mehr wie ein Hegemon benommen. Das Verlangen der UdSSR von der gesamten übrigen Staatenwelt, »daß dieses ihr besonderes Herrschaftsrecht über die Glieder ihrer Einflußsphäre respektiert werde«[339], ist streng genommen mit dem Begriff Hegemonie nicht vereinbar und geht über Carl Schmitts These vom Großraum »mit Interventionsverbot für raumfremde Mächte« noch hinaus. Der Hinweis, daß die Art, wie die UdSSR den Ostblock zu beherrschen pflegt, nicht mehr unter Heinrich Triepels Begriff der »Hegemonie« zu subsumieren ist, dürfte nichts daran ändern, daß auch in Zukunft dieser Begriff auf die Warschauer Allianz angewandt wird. Allerdings sollte nicht übersehen werden, daß der Hegemonie-Begriff inzwischen viel von seiner Bedeutung und Aussagekraft verloren hat, seit selbst die sowjetische Führung ihn als propagandistische Waffe gegen Peking verwendet, das geradezu darauf versessen ist, in wichtige völkerrechtliche Verträge Anti-Hegemonie-Klauseln aufzunehmen.[340]

als völkerrechtliche Kategorie befand oder eine solche Entwicklung für die nähere Zukunft mit Sicherheit zu erwarten ist.« Leider hat die »Theorie der Internationalen Politik« hier dem Völkerrecht bisher keine Hilfestellung gegeben. Vgl. auch D. Frenzke: Rechtsverhältnis (I), S. 160 f., wo er bereits – ebenso wie H. Mosler – starke Bedenken über die Verwendung des »Terminus« Hegemonie im Völkerrecht geäußert hat. Ergänzend sei noch vermerkt, daß auch E. R. Huber in: Deutsche Verfassungsgeschichte seit 1789, Bd. I, S. 670 Triepel dahingehend deutet, daß Hegemonie »ein System von grundsätzlicher Rechtsgleichheit« voraussetze. Zur Problematik der politischen Abhängigkeit von Staaten sei instruktiv auch die gleichlautende Schrift von H. Gmelin.

338 K. Krakau: Regionalismus, S. 32.
339 So W. G. Grewe: Spiel, S. 589. Vgl. dazu auch die »rechtsvergleichenden Betrachtungen zur Breshnew-Doktrin« bei D. Schröder: Regionalintervention. Vgl. dazu auch E. Kux: Tensions, der darin einen hervorragenden Überblick über die Entwicklung des Ostblocks vermittelt und die Brežnev-Ära bis Anfang 1980 so umschreibt: »Thus, the relationship of the East European countries with the Soviet Union has become more cohesive during the last 15 years, but through *subordination* and *domination* rather than through the development of harmonious solidarity« (vgl. S. 23). Hervorhebung vom Verf.
340 Vgl. die Nachweise in diesem Kap., Anm. 335; D. Ahrens-Thiele: Moskau und der chinesisch-japanische Friedens- und Freundschaftsvertrag. Wie sehr dem Kreml und

Hinzu kommt, daß weder von völkerrechtlicher noch von politikwissenschaftlicher Seite bis heute ein Begriff entwickelt worden ist, der den »Zusammenhalt« der engeren »sozialistischen Gemeinschaft« unter den beiden entscheidenden Aspekten erfaßt: dem »Interventionsverbot für raumfremde Mächte« und dem Anspruch der »Ordnungsmacht«, über die Einhaltung des politischen und sozialen Status quo in den zum Warschauer Pakt gehörenden Ländern zu wachen. Gerade weil das Element der Herrschaft und der Kontrolle so sehr im Vordergrund steht, führt die Kennzeichnung »Hegemonie« nicht weiter[341].

Die Tatsache, daß die engere »sozialistische Gemeinschaft« nicht nur eine Allianz im herkömmlichen Sinne darstellt, da sich die UdSSR die direkte Einmischung in die inneren Angelegenheiten ihrer Bündnispartner vorbehält, fällt es so schwer, das Abhängigkeitsverhältnis der kleineren Partner des Warschauer Pakts gegenüber der Sowjetunion unter völkerrechtlichen und auch politikwissenschaftlichen Aspekten zu kennzeichnen. Auf jeden Fall reicht das herkömmliche terminologische Arsenal des Völkerrechts nicht aus, die Problematik in den Griff zu bekommen.[342] Der Wert zahlreicher in der Bundesrepublik Deutschland verfaßter Arbeiten ist dadurch geschmälert, daß sie nicht sauber die benutzten Termini definieren und die Bedeutungsunterschiede herausarbeiten. Formeln wie »diktatori-

---

den ihm folgenden Führungen im Warschauer Pakt-Bereich der Gebrauch der Hegemonie-Klauseln durch die chinesische Führung ein Dorn im Auge ist, zeigt auch der Beitrag des DDR-Autors G. Paul in: Gefährliche Annäherung.

341 Vgl. dazu die Nachweise bei D. Frenzke: Rechtsverhältnis (I), S. 161 f.; ders.: Rechtsnatur, S. 62–76. Auch im angelsächsischen Schrifttum wird der Terminus »Hegemonie« gebraucht und nur selten versucht, ihn klar zu definieren. Eine zumindest interessante Definition gab Georg Schwarzenberger in seinem 1959 erschienenen Aufsatz »Hegemonial Intervention«, S. 250 f.: »In a provisional way, we have defined hegemony as the mildest form of imperialism in which indirect domination is reduced to its bare minimum of remote control ... Yet, in a number of significant ways, hegemony differs from other forms of imperialistic domination. The hegemonial Power exercises more self-restraint. It pays more attention to the display of good manners.« Einen beachtlichen Schritt weiter geht Hedley Bull in seiner Studie »The Anarchical Society«, S. 213–219, wo er die Termini »dominance«, »primacy« und »hegemony« voneinander abgrenzt. Während »dominance« die Anwendung von Gewalt begrifflich einschließe, bedeute »primacy« genau das Gegenteil, indem in den Beziehungen zwischen einer »Großmacht« gegenüber einer Gruppe von »Kleinstaaten« jeglicher Gebrauch von Gewalt eliminiert sei. Eine Mittelposition zwischen »dominance« und »primacy« ordnet Bull der »Hegemonie« zu. Obwohl er sich auf Schwarzenbergers Formel, »Hegemonie« sei »imperialism with good manners«, bezieht, kennzeichnet er das Verhältnis der UdSSR gegenüber den Warschauer Pakt-Staaten mit dem Terminus »Hegemonie«. Obwohl Bull die militärischen Interventionen der Sowjetunion von 1956 und 1968 erwähnt und die »Moskauer Doktrin« nicht außer acht läßt, erscheint es nicht logisch, daß Bull hier nicht mit dem Wort »dominance« argumentiert.
342 Vgl. dazu D. Frenzke, ebenda; ders.: Rechtsverhältnis (II); ders.: Rechtsnatur.

sche Hegemonie«[343] oder »hegemonial-polyzentristische Organisationsform«[344] führen ebensowenig weiter wie jene vom »De-facto-Imperium«[345] und »hegemonial-imperialen Gebilde«[346].

Noch einmal sei betont, daß die Verwendung des Begriffs »Hegemonie« auf die engere »sozialistische Gemeinschaft« fragwürdig ist, da die UdSSR als »Ordnungsmacht« nicht nur »herrscht«, sondern ihre Macht ausschließlich zu eigennützigen Zwecken einsetzt und damit mißbraucht.

c) *Der sowjetische Interventionsanspruch*

Die Frage, ob eine Großmacht oder »Ordnungsmacht«[347] darauf bestehen darf, daß innerhalb ihrer stillschweigend respektierten Interessen- oder besser Herrschaftssphäre keine andere Großmacht einen feindseligen militärischen oder auch nur politischen Einfluß ausübt, wird in der Völkerrechts-Wissenschaft und politischen Literatur seit langem diskutiert. Gerade in diesem Bereich spielen neben rechtlichen auch politische Aspekte eine zentrale Rolle. Dabei sollte nicht übersehen werden, daß namhafte westliche Wissenschaftler zumindest in den fünfziger Jahren aus unterschiedlichen Gründen heraus ein Interventionsrecht bejaht haben.

So meinte Gerhard Leibholz, die Staaten könnten »in einem primär ideo-

---

343 So C. Gasteyger: Sozialistischer Internationalismus und Integration, S. 123.
344 C. Gasteyger, ebenda, S. 129.
345 So B. Meissner: Die »Breshnew-Doktrin«, S. 38.
346 B. Meissner: Hegemonie, S. 300. Der Grad terminologischer und begrifflicher Unklarheit sei hier noch an einem besonders eklatanten Beispiel verdeutlicht. Boris Meissner umschrieb 1979 das Verhältnis zwischen der DDR und der UdSSR dahingehend, aus dem Satelliten – der DDR – sei ein »selbstbewußter Vasall geworden, über den sich die Hegemonialmacht nicht ohne weiteres hinwegsetzen« könne. Diese Feststellung ist sowohl unter völkerrechtlichen aus auch politikwissenschaften Aspekten wenig hilfreich, da sie jeden Versuch einer Klärung der Begriffe »Satellit«, »Vasall« und »Hegemonie« vermissen läßt. Hinzu kommt, daß in der Völkerrechtslehre der aus dem Lehnwesen stammende Terminus »Vasallität« zur Klassifizierung staats- und nicht völkerrechtlicher Beziehungen benutzt wird. Solange die Beziehungen zwischen der Sowjetunion und der DDR dem Völkerrecht zugeordnet werden, können sie nicht mit dem Begriff »Vasallität« gekennzeichnet werden. Doch selbst wenn man – was Meissner im Gegensatz zu D. Frenzke jedoch offenläßt – meint, zumindest ein Teil der Beziehungen zwischen der UdSSR und der DDR regelten sich bereits nach Staatsrecht, fragt es sich, ob es begrifflich überhaupt einen »selbstbewußten Vasall« geben kann, da die »Vasallität« vom Prinzip der Subordination bestimmt wird. Vgl. B. Meissner: DDR, S. 24. Weitere Nachweise für terminologische und begriffliche Unklarheiten bei D. Frenzke: Rechtsnatur, S. 62–72.
347 Darüber hinaus wird auch von den »führenden Mächten« gesprochen. Vgl. dazu vor allem die jur. Diss. von M. Giesder: Die Rolle der führenden Mächte in der Staatengemeinschaft.

logischen Zeitalter nicht mehr an der ›internen‹ verfassungsrechtlichen Struktur eines Landes desinteressiert« sein: »Tatsächlich ist in einem primär ideologischen Zeitalter die Intervention nicht verboten. Sie ist legitim und berechtigt zur Kontrolle der internen Landesangelegenheiten insoweit, als die einzelnen Staaten sich nicht in Widerspruch zu den fundamentalen Prinzipien der jeweils herrschenden Ideologie setzen dürfen.«[348]

Noch weiter geht Friedrich August von der Heydte, der eine Einmischung in die innere Ordnung eines anderen Staates für erlaubt hält, »falls es sich um die Intervention einer Großmacht in die innere Ordnung eines Staates handelt, der in einer vom Völkerrecht anerkannten Einflußsphäre dieser Großmacht liegt, falls durch diese Intervention keine vom Völkerrecht als höherrangig anerkannte Rechtsgüter verletzt werden und falls dabei das Ziel der Intervention ist, den Status quo zu erhalten und eine Veränderung der inneren Ordnung dieses Staates zu verhindern, die den völkerrechtlich geschützten Interessen der Großmacht widerspricht«[349].

An anderer Stelle meint von der Heydte, der den »Staatenblock« als »das wesentlichste Bauelement der heutigen internationalen Ordnung« bezeichnet hat, daß der »sowjetische Machtblock in Osteuropa ... für uns im Denken zu einer Einheit verschmolzen worden« sei. Innerhalb der einzelnen großen Staatenblocks sei »weitgehend der Grundsatz der Nichtintervention, der die natürliche Folge der souveränen Gleichheit war, aufgehoben worden«[350].

Diese Thesen, die Interessen- und Interventionssphären miteinander koppeln und fatale politische Folgen haben, haben sich weder im Völkerrecht noch in der politischen Theorie durchgesetzt. Dennoch darf nicht übersehen werden, daß selbst in neueren einschlägigen Untersuchungen der Versuch gemacht worden ist, den Führungsanspruch der UdSSR im Rahmen des Sowjetblocks zu legitimieren. So ist es unverständlich, wie man den Zusammenhalt des Warschauer Pakt-Bereichs als »sozialistische Homogenität«[351] qualifizieren und unter diesem Gesichtspunkt die militärische

---

348 G. Leibholz: Organisation, S. 176 f.
349 F. A. v. d. Heydte: Völkerrecht, Bd. I, S. 208; vgl. dazu auch G. Schwarzenberger: Machtpolitik, S. 70.
350 F. A. v. d. Heydte: Die politische Ausgangslage eines modernen Völkerrechts, S. 6 f. Kritisch zur These vom »Staatenblock« als »Bauelement der heutigen internationalen Ordnung« auch H. Wehberg in einem Brief an F. A. v. d. Heydte, Text, ebenda, S. 56–61.
351 So H. H. Mahnke: Problem, S. 196 f. Bedenklich ist, daß D. Frenzke in: Rechtsverhältnis (I), S. 165 mit Anm. 174 diese besonders zweifelhafte These unwidersprochen referiert hat. Vgl. dazu auch J. Hacker: Die Intervention in Theorie und Praxis, S. 174–177.

Intervention der UdSSR 1956 in Ungarn rechtfertigen kann. Ebenso ist es gefährlich, wenn man in der Intervention der fünf Warschauer Pakt-Mächte in der Tschechoslowakei im August 1968 die Entwicklung des Warschauer Pakts zu einem »sozialistischen Großraum« bestätigt sieht, der im Innern durch die sozialistische Homogenität der gesellschaftlichen Organisation und Staatsform gekennzeichnet sei und nach außen als ein geschlossener Staatenblock auftreten soll.[352]
Kennzeichnend für den Sowjetblock ist gerade, daß sich seine Mitglieder nicht durch einen »besonders hohen Grad politischer Homogenität oder ideologischer Übereinstimmung«[353] auszeichnen. Dafür legen nicht nur die Vorgänge im Herbst 1956 in Ungarn und Polen, der Verlauf des »Prager Frühlings« 1968 und die Politik der nationalen Positionsaufwertung Rumäniens, sondern auch zahlreiche andere und weniger spektakuläre Ereignisse und Entwicklungen Zeugnis ab.
Zumindest pikant ist es, daß die UdSSR die Niederwerfung der ungarischen Volkserhebung im Herbst 1956 und die gewaltsame Beendigung des »Prager Frühlings« im August 1968 mit dem Argument zu rechtfertigen gesucht hat, eine einschneidende Veränderung der inneren Verhältnisse Ungarns und der Tschechoslowakei widerspräche den Interessen der »Ordnungsmacht« UdSSR.
Bemerkenswert war sowohl 1956 als auch 1968, in welch starkem Maße der Kreml seine politischen Intentionen völkerrechtlich zu bemänteln suchte. Nach übereinstimmender völkerrechtlicher Auffassung liegt eine verbotene Intervention dann nicht vor, wenn dem diktatorialen Eingriff ein Rechtfertigungsgrund zur Seite steht. Als Rechtfertigungsgründe kommen vor allem das Einverständnis der legitimen Regierung des betroffenen Staates und vertragliche Eingriffsrechte in Betracht.[354]
In zahlreichen westlichen Analysen ist dargelegt worden, daß die Niederschlagung der ungarischen Volkserhebung durch sowjetische Truppen Anfang November 1956[355] rechtswidrig war, da es sowohl am Einverständnis der legitimen Regierung fehlte als auch der in Art. 4 des War-

---

352 So H. H. Mahnke: Konsequenzen, S. 55 f.
353 So J. Gross: Materialien, S. 15. Vgl. dazu auch B. T. Halajczuk: Regionalordnung. Vgl. zum Begriff der Homogenität W. Pleines: Homogenität; H. Kruse: Strukturelle Kongruenz und Homogenität; C. Gasteyger: Die politische Homogenität als Faktor der Föderation.
354 Vgl. aus dem umfangreichen Schrifttum zur Intervention vor allem A. Gerlach: Die Intervention; Th. Oppermann: Nichteinmischung in innere Angelegenheiten; D. Frenzke/Ch. Royen: Intervention – Gewalt – Aggression in der sowjetischen Völkerrechtslehre; J. Hacker: Die Intervention in Theorie und Praxis.
355 Vgl. über den Ablauf der Ereignisse oben S. 557–567.

schauer Vertrags geregelte Bündnisfall nicht vorlag. Um dennoch einen Angriff von außen und damit den casus foederis zu konstruieren, wurde die These entwickelt, in Ungarn sei die Konterrevolution von »außen her, von den Atlantikpaktstaaten – oder einigen von ihnen – veranstaltet«[356] worden. Die Haltlosigkeit dieser Argumente braucht nicht noch einmal im einzelnen dargelegt zu werden.[357]

Als sich die sowjetische Führung entschloß, dem »Prager Frühling« in der Nacht vom 20. auf den 21. August 1968 ein jähes Ende zu bereiten, war sie – ebenso wie die anderen vier Interventionsmächte – wiederum bestrebt, den Eindruck zu erwecken, als habe es sich um eine völkerrechtlich zulässige Aktion gehandelt. Doch auch dieses Mal stand dem gewaltsamen Eingriff kein Rechtfertigungsgrund zur Seite. So fehlte das Einverständnis der betroffenen Regierung, da es sich bei den »Partei- und Staatsfunktionären« der ČSSR, auf die sich die TASS-Erklärung vom 21. August 1968 berief[358], nicht um die legitime Vertretung des tschechoslowakischen Staates gehandelt hat. Die in der TASS-Erklärung nicht namentlich genannten Partei- und Staatsfunktionäre waren nicht berufen, den Staat ČSSR zu vertreten. Entscheidend ist, daß die rechtmäßige Regierung in Prag am 21. August 1968 energisch gegen die »gewaltsame Besetzung« protestiert und den sofortigen Abzug der Interventionstruppen gefordert hat.[359]

Die Intervention in der Tschechoslowakei könnte dann nicht rechtswidrig gewesen sein, wenn geltende Staatsverträge den Intervenienten Eingriffsrechte gewährt haben. Dabei haben die fünf Interventionsmächte 1968 im Fall der ČSSR vorsichtiger argumentiert als die UdSSR 1956 im Fall Ungarns. Da die fünf Interventionsmächte um die Fragwürdigkeit ihrer juristischen Argumente wußten, ließ die TASS-Erklärung vom 21. August 1968 die entscheidende Frage bewußt offen, welche Bündnisverträge

---

356 So A. Baumgarten: Zu den Ereignissen in Ungarn und Ägypten, S. 959 f.; Hintergründe, Niederlage und Lehren des NATO-Putsches in Ungarn.
357 Vgl. dazu L. Blesinger: Die sogenannte vereinbarte und erbetene Intervention, S. 292-297; J. A. Szikszoy: The Legal Aspects of the Hungarian Question; J. Hacker: Intervention im Donauraum; ders.: Warschauer Pakt, S. 172-175. Sehr instruktiv und detailliert dazu auch die Darstellung bei G. Ginsburgs: Gambit. Einen instruktiven Vergleich zwischen den Interventionen der UdSSR in Ungarn 1956 und der USA in Kuba 1961 bringen Z. K. Brzezinski und S. P. Huntington in: Politische Macht USA/ UdSSR, S. 394-416; I. W. Zartman: The Norms of Intervention.
358 Vgl. dazu oben S. 790 f.; Text der TASS-Erklärung bei B. Meissner: Die »Breshnew-Doktrin«, S. 56 f. und Europa-Archiv 1968, S. D 427 f.
359 Texte der Protestnote der Prager Regierung an die sowjetische Regierung und der Erklärung der Prager Regierung vom 21. August 1968 in: Europa-Archiv 1968, S. D 431-433.

– der Warschauer Vertrag oder die bilateralen Pakte – die Basis für das militärische Eingreifen bilden sollten. Es spricht jedoch vieles dafür, daß die UdSSR und ihre vier Verbündeten ihr Vorgehen gehen die ČSSR nicht als einen Bündnisfall des Art. 4 des Warschauer Vertrags gewertet haben. Noch einmal sei betont, daß auch nach östlicher Rechtsauffassung die Gefahr eines Angriffs nicht genügt, um präventiv gegen einen potentiellen Gegner aufgrund des Warschauer Vertrags vorzugehen.[360] Ebenso kann Art. 4 des Warschauer Vertrags in Verbindung mit Art. 51 der UN-Charta, in dem das Recht auf Selbstverteidigung verankert ist, nicht mit dem Bestehen einer inneren Gefahr begründet werden. Nicht nur Aktionen des Warschauer Pakts, sondern auch solche in Erfüllung der bilateralen Bündnisverträge sind grundsätzlich nur gegen bewaffnete Angriffe von außen zulässig. Auf diese Eigenschaft der Warschauer Allianz verweist neben der östlichen Völkerrechtslehre auch das 1966 vom sowjetischen Verteidigungsministerium herausgegebene Handbuch.[361]

Während die TASS-Erklärung vom 21. August den Warschauer Pakt nicht ausdrücklich nannte, hieß es in dem Grundsatzartikel der Moskauer »Pravda« vom 22. August 1968, die Prager Führung habe ihre Pflicht zur Verteidigungsbereitschaft gröblichst verletzt, eine Revision der Struktur des Warschauer Vertrags angestrebt und sich über die »Bündnisverpflichtungen« im Rahmen der Allianz hinweggesetzt. Schließlich mußte wiederum das Argument von der Konterrevolution herhalten, um die rechtswidrige Intervention zu begründen.[362]

Es gibt keine offizielle Stellungnahme der Prager Reformer vor dem 21. August 1968, in der die Absicht zum Ausdruck gebracht worden ist, den Warschauer Vertrag zu kündigen.[363]

Ebenso verfehlt war der Vorwurf, die Prager Führung habe ihre Pflicht zur Verteidigungsbereitschaft gröblichst verletzt und den Schutz der Grenzen vernachlässigt. In dem nach der Intervention in Moskau unterzeichneten Kommuniqué vom 27. August 1968, das den Charakter eines Diktats hat, mußte die Prager Führung ihre Entschlossenheit bekräftigen,

---

360 Vgl. dazu im einzelnen A. Uschakow: Intervention, S. 774–778.
361 Nachweis ebenda, S. 778 mit den Anm. 15 f.
362 Dt. Text: Presseabteilung der Botschaft der UdSSR, Köln; Nachdruck (Auszüge) in: Europa-Archiv 1968, S. D 440–446.
363 Das wollte auch Generalleutnant V. Prchlík nicht, als er am 15. Juli 1968 die Arbeitsweise und Struktur der Warschauer Allianz massiv angriff. Vgl. dazu oben S. 782 f. Im »Pravda«-Artikel vom 22. August 1968 wird Prchlík namentlich erwähnt und scharf attackiert.

»alle aus den mehr- und zweiseitigen Verträgen zwischen den sozialistischen Staaten übernommenen Verpflichtungen strikt einzuhalten, die Verteidigungskraft der sozialistischen Gemeinschaft zu stärken und die Wirksamkeit des Warschauer Verteidigungsvertrags zu erhöhen«[364].
In dem gleichen Dokument wurde festgelegt, daß die Truppen der verbündeten Länder, »die vorübergehend das Territorium der ČSSR betreten haben..., sich nicht in die inneren Angelegenheiten der Tschechoslowakischen Sozialistischen Republik« einmischen werden: »Es wurden die Bedingungen für den Abzug dieser Truppen vom tschechoslowakischen Territorium, in dem Maße, wie sich die Lage in der ČSSR normalisiert, vereinbart«.
Daß mit dem Abzug der »Truppen der verbündeten Länder« nur die wenigen Einheiten der DDR, Polens und Ungarns gemeint waren[365] und zu den angekündigten Maßnahmen, die Verteidigungsbereitschaft zu stärken, die Stationierung sowjetischer Truppen auf tschechoslowakischem Gebiet gehörte, verdeutlichte der am 16. Oktober 1968 geschlossene Vertrag über die zeitweilige Stationierung sowjetischer Truppen in der Tschechoslowakei.[366] Es ist bereits darauf hingewiesen worden, daß dieser Vertrag die Formel vom »Schutz der Errungenschaften des Sozialismus« enthält und sich auf die Preßburger Erklärung vom 3. August 1968 beruft.[367]
Der Vertrag enthält noch weitere Besonderheiten und unterscheidet sich damit von den entsprechenden Verträgen über die zeitweilige Stationierung sowjetischer Truppen in Polen vom 17. Dezember 1956, in der DDR vom 12. März 1957 und in Ungarn vom 27. Mai 1957.[368]

---

364 Text in: Neues Deutschland vom 28. August 1968 und Europa-Archiv 1968, S. D 451 f. Vgl. dazu auch oben S. 798–800.
365 Ob sich eine kleine bulgarische Einheit an der Invasion am 20. August 1968 beteiligt hat, ist bis heute nicht restlos geklärt. Vgl. dazu oben S. 788 f.
366 Zum »Moskauer Abkommen« vom 27. August 1968 bemerkt A. Uschakow in: Intervention, S. 778: »Es erhebt sich die Frage, ob solche unter Druck zustande gekommen Vereinbarungen nach dem Warschauer Vertrag und dem allgemeinen Völkerrecht zulässig sind. Gerade die sowjetische Völkerrechtslehre hat unermüdlich die Praxis der ›ungleichen Verträge‹ scharf verurteilt. Sie betont, daß jede Anwendung von direkter oder indirekter Gewalt gegen die Kontrahenten verboten und in auf diese Weise entstandener Vertrag nichtig sei.« Vgl. zur Problematik der »ungleichen Verträge« die ausführliche Darstellung bei D. Frenzke: Der Begriff der ungleichen Verträge im sowjetisch-chinesischen Grenzkonflikt. Vgl. zur Gesamtproblematik auch K. Ginther: Der Satellitenstaat.
367 Text des Vertrags in: Neues Deutschland vom 19. Oktober 1968; Dokumentation der Zeit 1968, H. 419, S. 25–28; Europa-Archiv 1968, S. D 589–594.
368 Vgl. zu den Verträgen von 1956/57 oben S. 587–590. Der Vertrag enthält keine Angaben über die Zahl und die Dislozierung der Truppen, erläutert das Wort »zeitweilig« nicht und räumt der Prager Regierung keine Kontrolle über Truppen-Bewegungen im

So bestimmt Art. 1, daß die Regierung der UdSSR mit Zustimmung der Regierungen Bulgariens, Ungarns, der DDR und Polens handele. Ein Teil der in der Tschechoslowakei befindlichen sowjetischen Truppen verbleibe zeitweilig dort, »um die Sicherheit der sozialistischen Staatengemeinschaft angesichts der sich verstärkenden revanchistischen Bestrebungen der westdeutschen militaristischen Kräfte zu gewährleisten«.
Mit Recht wies die tschechoslowakische Bürgerrechts-Bewegung »Charta 77« anläßlich der Wiederkehr des 10. Jahrestags der militärischen Intervention am 21. August 1968 nicht nur darauf hin, daß mit dem Abschluß des Vertrags vom 16. Oktober 1968 »das Eindringen der Truppen nicht legalisiert wurde«[369]. Die Autoren warfen auch die pikante Frage auf, ob die Begründung des Aufenthalts der Truppen in der ČSSR noch weiterhin gelte, nachdem die Beziehungen zwischen den Staaten des Warschauer Vertrags und der Bundesrepublik Deutschland durch deren Verträge mit der UdSSR vom 12. August und Polen vom 7. Dezember 1970, den Grundvertrag mit der DDR vom 21. Dezember 1972 und den Vertrag über die gegenseitigen Beziehungen mit der Tschechoslowakei vom 11. Dezember 1973 normalisiert worden seien. Das Dokument wies zutreffend darauf hin, daß die zeitweilige Anwesenheit sowjetischer Streitkräfte auf dem Territorium der ČSSR jeder Basis entbehre.
So ergibt eine Analyse der Interventionen aus den Jahren 1956 und 1968, daß sich die Sowjets in beiden Fällen auf keine vom Völkerrecht anerkannten Rechtfertigungsgründe berufen konnten.[370] Da der Kreml dies vor dem 21. August 1968 wußte, verließ er frühzeitig die juristische Argumentationsebene, um die »Verteidigung der Errungenschaften des Sozialismus« zur »gemeinsamen internationalen Pflicht aller sozialistischen Länder« zu postulieren. Mit der »Preßburger Formel« vom 3. August 1968, die auch die Unterschriften der Parteiführungen Bulgariens, der DDR, Polens, der Tschechoslowakei und Ungarns enthält, besitzt der

---

Lande oder über die Grenze hinweg ein. Das gilt auch für sog. Dienstpersonal. Vgl. dazu W. G. Grewe: Spiel, S. 587; Th. Schweisfurth: Der sowjetisch-tschechoslowakische Truppenstationierungsvertrag vom 16. Oktober 1968, der den Vertrag mit den entsprechenden Abmachungen aus den Jahren 1956/57 verglichen und die Unterschiede gut herausgearbeitet hat.

369 Text in: Frankfurter Allgemeine Zeitung vom 16. August 1978. W. G. Grewe, ebenda, meint, daß die Prager Regierung mit ihrer Zustimmung zum »zeitweiligen« Verbleib sowjetischer Truppen den »Schein einer Legalisierung« gegeben habe: »Was den rechtlichen Wert dieses Vertrages anlangt, so entspricht er etwa dem des Münchener Abkommens von 1938.«

370 Neben den erwähnten Gründen kommen noch weitere, vor allem von A. Uschakow geprüfte in Betracht. Vgl. A. Uschakow: Intervention.

Kreml ein Mittel, um auf die Erhaltung des politischen und sozialen Status quo in den »Bruderländern« zu achten. Nimmt man die nach der Kollektivintervention in der Tschechoslowakei seit September 1968 entwikkelten Thesen von der beschränkten Souveränität und dem beschränkten Selbstbestimmungsrecht der zum sowjetischen Herrschaftsbereich gehörenden Staaten und von der Unterordnung der Normen des Rechts unter die Gesetze des Klassenkampfes hinzu[371], dann fragt man sich, was den Kreml bewogen hat, die gewaltsame Beendigung des »Prager Frühlings« und die Besetzung der Tschechoslowakei mit untauglichen völkerrechtlichen Argumenten zu bemänteln.[372]

7. Fazit

Wilhelm G. Grewe hat in seiner 1970 erschienenen »Theorie und Praxis der internationalen Beziehungen« nach einer Darstellung über die Fälle, in denen die UdSSR über Intervention oder Nichtintervention entscheiden mußte, plastisch die wichtigsten Elemente des Sowjetblocks verdeutlicht:
»... präsentiert sich der Ostblock heute als ein Gebilde, das eine verzweifelte Ähnlichkeit mit der ›Heiligen Allianz‹ der Restaurationszeit nach 1815 aufweist: ein Zusammenschluß von totalitären, damals absolutistisch regierten Staaten, die angesichts des wachsenden Freiheitsdranges ihrer Bevölkerungen um den Bestand ihres Regimes und die Privilegien seiner herrschenden Klasse bangen und entschlossen sind, sich gegenseitig bei der Unterdrückung aller Bewegungen beizustehen, die man vor 150 Jahren ›revolutionär‹ nannte, heute aber ›konterrevolutionär‹ nennt – weil man längst alle Scheu davor verloren hat, Begriffe auf den Kopf zu stellen und schwarz zu nennen, was in Wirklichkeit weiß ist.
Tatsächlich haben wir in der 2. Hälfte des Jahres 1968 erlebt, daß fünf Mitgliedstaaten des Warschauer Paktes unter Führung der Sowjetunion nicht nur zum Zwecke der Erhaltung des kommunistischen Regimes im Sinne eines orthodoxen Marxismus-Leninismus in der ČSSR intervenier-

---

371 Vgl. dazu oben S. 906 f.
372 Z. K. Brzezinski apostrophiert in: Entspannungspolitik im Schatten Prags, S. 4, die anderen, vor allem politischen Rechtfertigungsversuche des Kreml als »ungeschickt und ominös«; ders.: Eastern Europe After Prague.

ten, sondern auch das Recht zu einer solchen Intervention ausdrücklich beansprucht en - so wie Österreich 1820 auf dem Kongreß von Troppau auf Grund einer legitimistischen Interventionsdoktrin von der Heiligen Allianz ermächtigt wurde, im Königreich Neapel zu intervenieren und die dort durch Revolution gestürzte Monarchie wieder einzusetzen, oder wie Frankreich 1822 zu einer ähnlichen Intervention in Spanien autorisiert wurde.«[373]

Wenn auch in den Jahren vor dem Ende des »Prager Frühlings« kein Zweifel darüber bestehen konnte, daß der Kreml das Verlassen eines Mitglieds der engeren »sozialistischen Gemeinschaft« - mit Ausnahme Albaniens - nicht zulassen würde, besteht der tiefe Einschnitt der Entwicklung des Sowjetblocks seit dem 21. August 1968 darin, daß die Sowjetunion sehr viel prononcierter als zuvor die Funktion einer »regionalen Ordnungsmacht und das Recht zur Intervention im Namen des Kollektivs«[374] beansprucht und durchzusetzen gewillt ist. Daran ändert auch die berechtigte Frage nichts, ob eine Politik der Einfluß- und Herrschaftssphären heutzutage noch den weltpolitischen Gegebenheiten entspricht. Mit Recht weist Zbigniew Brzezinski darauf hin, daß man realistischerweise anerkennen müsse, daß einige Weltmächte heute in bestimmten Gebieten »eine physische und politische Herrschaft ausüben. Dies gilt für die Sowjetunion in ihrem Verhältnis zu Osteuropa.«[375] Die Formel »physische und politische Vorherrschaft« gilt es insofern festzuhalten, als die

---

373 W. G. Grewe: Spiel, S. 585 f. Text des Vertrags über die Heilige Allianz vom 26. September 1815 in: Vertrags-Ploetz. Teil II, 3. Bd., S. 261-263; vgl. zum Kongreß und zur Zirkularnote von Troppau vom 8. Dezember 1820, ebenda, S. 270 f.
374 So die zutreffende Formulierung bei D. Schröder: Regionalintervention, S. 205 mit dem Hinweis auf den »Pravda«-Artikel über »Souveränität und internationale Pflichten« vom 26. September 1968, in dem der UdSSR unverblümt eine Sonderstellung unter den »sozialistischen Bruderländern« eingeräumt worden ist: »Man muß unterstreichen, daß, selbst, wenn ein sozialistisches Land danach strebt, eine ›nichtblockgebundene‹ Position einzunehmen, allein dank der Stärke der sozialistischen Gemeinschaft und vor allem seiner Hauptkraft, der Sowjetunion, dank der Macht ihrer bewaffneten Kräfte, tatsächlich seine nationale Unabhängigkeit bewahren kann.« Text bei B. Meissner: Die »Breshnew-Doktrin«, S. 66. Erinnert sei daran, daß Art. 17 der sowjetischen Verfassung von 1936 - »Jeder Unionsrepublik bleibt das Recht auf freien Austritt aus der UdSSR gewahrt« - unverändert als Art. 72 in die neue Verfassung vom 7. Oktober 1977 aufgenommen worden ist. Vgl. dazu B. T. Halajczuk: Das Sezessionsrecht - Art. 17 der Verfassung der UdSSR; H. G. Belz: Das Prinzip des Föderalismus in der Sowjetunion, S. 279 f.; J. Arnold: Zur staatsrechtlichen Stellung der nationalen Gebietseinheiten der Sowjetunion, S. 78, Anm. 57: »Noch weniger bedarf es eines Eingehens auf die politische Realisierbarkeit des Austrittsrechts.«
375 Z. K. Brezezinski: Entspannungspolitik im Schatten Prags, S. 46. J. H. Herz nennt in: Weltpolitik im Atomzeitalter, S. 74, den Sowjetblock eine »integrale Gebietseinheit«.

Art, mit der die sowjetische Führung den Warschauer Pakt-Bereich »beherrscht«, nicht mehr – wie dargelegt – von dem auch von Brzezinski benutzten Begriff der Hegemonie erfaßt wird. Noch einmal sei betont, daß die herkömmlichen Termini und Begriffe der Völkerrechtslehre und politischen Theorie nicht geeignet scheinen, zur Kennzeichnung der engeren »sozialistischen Gemeinschaft« beizutragen, da das Abhängigkeitsverhältnis der »Bruderstaaten« gegenüber der UdSSR spezifische Züge trägt.

So ist beispielsweise wenig gewonnen, wenn Adam B. Ulam in seinem 1968 erschienenen Standardwerk »Expansion and Coexistence« gemeint hat, nach 1964 sei es angebracht, nicht mehr von »Satelliten«, sondern von »Juniorpartnern« der UdSSR zu sprechen.[376] Doch selbst seit der Kreml spätestens im Laufe des Jahres 1968 mit sehr viel härterer Hand »Block«-Politik treibt, erscheint es zweifelhaft, die »Bruderländer« wieder als »Satelliten« zu apostrophieren; das Wort »Satellit« wird sowohl in der völkerrechtlichen als auch politikwissenschaftlichen Literatur sehr unterschiedlich definiert.[377]

Verfehlt sind auch die Versuche einiger Völkerrechtler in der UdSSR, der DDR und der Tschechoslowakei, ein regional begrenztes Völkerrecht zu entwickeln. Die bekannte, an der Universität Belgrad wirkende Völker-

---

376 A. B. Ulam: Expansion, S. 714.
377 Vgl. dazu die instruktive Analyse bei K. Ginther: Der Satellitenstaat; W. Abendroth: Satellitenstaaten; D. Frenzke: Rechtsverhältnis (I), S. 155–157. Wenig hilfreich ist ebenfalls Boris Meissners Versuch, das Verhältnis der DDR zur UdSSR unter Verwendung der Termini »Satellit«, »Vasall« und »Hegemonialmacht« zu umschreiben, ohne sie zu definieren. Vgl. dazu oben S. 919 mit Anm. 346. Vgl. zu den begrifflichen Abgrenzungen vor allem D. Frenzke, ebenda, S. 158 f.; ders.: Rechtsnatur, S. 76–83, 154, 160, wo er die Termini »Satellit« und »Vasallität« analysiert. Im Sinne der herkömmlichen Völkerrechtslehre untersucht Frenzke den Terminus »Satellit« im Kapitel über die völkerrechtlichen, jenen der »Vasallität« im Kapitel über die staatsrechtlichen Qualifikationen. Vgl. dazu aus der Sicht der DDR B. Lemche: Zusammenarbeit, S. 355–359 (355 f.), die sich gegen mehrere westdeutsche Autoren wendet, die der Sowjetunion im Sowjetblock einen »Hegemonialanspruch« konzedieren oder von der »Ungleichheit der materiellen Rechtslage« zugunsten der Sowjetunion sprechen: »Die Behauptung eines Hegemonialanspruchs der Sowjetunion innerhalb der sozialistischen Gemeinschaft und einer darauf beruhenden rechtlich abgesicherten Sonderstellung der UdSSR ist eine wichtige Säule im antikommunistischen Bauwerk der bürgerlichen Ideologen ... Überdies bleibt völlig unbeachtet, daß die Sowjetunion ... als das in vieler Hinsicht mächtigste sozialistische Land tatsächlich eine echte ›Sonderstellung‹ in der sozialistischen Gemeinschaft einnimmt.« Die Autorin polemisiert vor allem gegen A. Lebahns jur. Diss. »Sozialistische Wirtschaftsintegration und Ost-West-Handel im sowjetischen internationalen Recht«. Leider hat B. Lemche versäumt, selbst den Versuch zu machen, die engere »sozialistische Gemeinschaft« völkerrechtlich zu qualifizieren. Doch befindet sie sich insoweit in guter Gesellschaft, als auch ihre Kollegen dazu bisher keine konstruktiven Beiträge beizusteuern vermochten.

rechtlerin Smilja Avramov hat dazu zutreffend bemerkt: »Das gesamte Konzept des sozialistischen Völkerrechts geht von der politisch überholten Grundlage aus, daß die Welt in zwei antagonistische Lager aufgeteilt sei. Diese Konzeption ist ein Rechtfertigungsargument. Die heutige Realität ist allerdings sehr viel komplizierter als das vereinfachte Bild der zwei Lager . . . Der Rahmen des Blockes oder des Lagers ist viel zu eng. Die heutigen Probleme in der Welt sind universal. Auch die rechtlichen Regelungen müssen dementsprechend global sein.«[378]
Diese Feststellungen sind nicht nur unter völkerrechtlichen, sondern auch und gerade unter politischen und politikwissenschaftlichen Aspekten von zentraler Bedeutung. Bisher haben alle Konstruktionen eines bereits existierenden oder im Entstehen begriffenen »sozialistischen Völkerrechts« den einzigen Zweck gehabt, den Anspruch der UdSSR auf Vorherrschaft in der engeren »sozialistischen Gemeinschaft« rechtlich und auch politisch zu bemänteln. Dazu dienen vor allem die »Internationalismus«-Formeln, deren wichtigstes »Subprinzip« die »gegenseitige« und »kameradschaftliche Hilfe« ist.
Überschaut man abschließend die Entwicklung des sowjetischen Herr-

---

[378] S. Avramov: Staaten, S. 38, 42. Die völkerrechtliche Problematik braucht hier nicht weiter vertieft zu werden. Vgl. zu Frenzkes These vom »völkerrechtlich-staatsrechtlichen Mischcharakter der Blockbeziehungen« auch die Rezension seines Buches von H. H. Mahnke: Überlegungen zur Rechtsnatur des Ostblocks. Mit Recht wendet er sich gegen Frenzkes Ansicht, der Sowjetblock werde auch unter völkerrechtlichen Aspekten von der »Ungleichheit von Groß- und Kleinstaat« bestimmt. Dies ist – wie Mahnke zutreffend bemerkt (S. 137) – »keine völkerrechtliche Kategorie, sondern ein machtpolitisch-staatensoziologisches Problem. Die rechtliche Gleichheit der Staaten ist nicht nur in der Satzung der Vereinten Nationen niedergelegt und in zahlreichen, zum größeren Teil zugegebenermaßen eher absurden Resolutionen der Generalversammlung der Vereinten Nationen dokumentiert, sondern auch die konstitutive Grundlage vieler multilateraler Rechtsakte. Die Einführung einer solchen Unterscheidung von Großstaat und Kleinstaat in die völkerrechtliche Argumentation . . . muß letztlich daran scheitern, daß das gegenwärtige Völkerrecht auf der prinzipiellen Gleichordnung und Gleichberechtigung aller ihrer Mitglieder beruht«. Höchst bedenklich ist auch die These, die Michael Schweitzer in: Gewaltverbot, S. 234 f. vorgetragen hat. Er meint unter Hinweis auf die »Moskauer Doktrin«, in der »russischen Einflußzone in Osteuropa« bestehe »ein Ansatz eines das Gewaltverbot modifizierenden regionalen Völkergewohnheitsrechts«. Schweitzer läßt außer acht, daß die »Moskauer Doktrin« keinesfalls von allen Mitgliedstaaten des Sowjetblocks gutgeheißen wird. Der Vorwurf, zu sehr auf die sowjetische Auslegung der »Moskauer Doktrin« fixiert zu sein, ist auch Th. Schweisfurth in: Sozialistisches Völkerrecht? zu machen. Westdeutsche Völkerrechtler und Ostrechtler sollten nicht dazu beitragen, mit zweifelhaften »Konstruktionen« oder einer Außerachtlassung der im Sowjetblock gegenüber der »Moskauer Doktrin« vertretenen divergierenden Meinungen der UdSSR auch noch rechtliche Handhaben zu liefern, um ihren angemaßten Interventionsanspruch vom Makel der Völkerrechtswidrigkeit zu befreien.

schaftsbereichs seit Beendigung des Zweiten Weltkriegs, dann ist die Frage, daß die UdSSR die von ihr kontrollierten Länder und Gebiete Europas auch hätte anders behandeln können, vornehmlich theoretischer Natur. Festzuhalten gilt jedoch, daß sich Stalin nicht dazu entschlossen hat, die von der Roten Armee eroberten Länder der UdSSR als Sowjetrepubliken einzugliedern. Während nach Ansicht Lenins die Sowjetföderation dazu berufen war, alle übrigen Staaten nach einer revolutionären Umwälzung ihrer inneren Struktur schrittweise in sich aufzunehmen[379], hat sich Stalin in einem bemerkenswerten Brief vom 12. Juni 1920 gegen den »Sowjettypus der Föderation« als einen »Weg zur internationalen Einheit« für Nationalitäten, die nicht zum alten Rußland gehört, als selbständige Staaten existiert und einen eigenen Staat entwickelt haben, gewandt. In seinem bis heute im Ostblock nicht veröffentlichten Schreiben nannte Stalin als Beispiele solcher künftiger Sowjetstaaten in Europa »Sowjet-Deutschland, -Polen, -Ungarn, -Finnland«[380]. Stalin folgerte daraus: »Diese Völker, die ihr eigenes Staatswesen, ihre eigene Armee, ihre eigenen Finanzen haben, werden, sobald sie Sowjetstaaten geworden sind, wohl kaum damit einverstanden sein, eine föderative Verbindung mit Sowjetrußland einzugehen . . .: denn eine Föderation vom Sowjettypus würden sie als eine Form betrachten, die ihre staatliche Selbständigkeit verringert, als ein Attentat auf ihre Selbständigkeit.«[381]
Mit Nachdruck setzte Stalin der Föderations-These Lenins seine Auffassung entgegen, daß für die Nationalitäten außerhalb des russischen Bereichs die »annehmbarste Form der Annäherung eine Konföderation wäre (ein Bund selbständiger Staaten)«. Damit verdeutlichte Stalin, daß für ihn ein um nicht-russische Nationalitäten territorial erweiterter Sowjetstaat nur als Staatenbund und nicht als Bundesstaat denkbar war.[382]
Als Stalin in den Jahren ab 1945 daran ging, die von der Roten Armee besetzten Länder und Gebiete gleichzuschalten, war ihm dafür weder Lenins Konzept der Föderation noch sein eigenes der Konföderation adäquat.

379 Vgl. vor allem »Ursprünglicher Entwurf der Thesen zur nationalen und kolonialen Frage«, in: W. I. Lenin: Ausgewählte Werke. Bd. II, S. 770-776.
380 Stalins Brief ist als Anm. 138 der Ziffer 7 in Lenins »Ursprünglichen Entwurf...«, ebenda, angefügt. Text in: W. I. Lenin: Das Jahr 1920. Strategie und Taktik der proletarischen Revolution, S. 352, 738.
381 Text, ebenda, S. 738. Vgl. dazu auch B. Meissner: Entstehung, S. 892 f. Erinnert sei hier allerdings daran, daß sich Stalin Anfang 1948 mit dem Gedanken getragen haben soll, die zum sowjetischen Machtbereich gehörenden Länder Osteuropas – unter Einschluß der SBZ – und unter Einbeziehung Jugoslawiens als Unionsrepubliken in die UdSSR einzugliedern. Vgl. dazu oben S. 397 mit Anm. 196.
382 Vgl. zur Haltung der sowjetischen Völkerrechtslehre zum Begriff »Konföderation« J. Hacker: Die »deutsche Konföderation«, S. 4-7.

Bis heute hat es die sowjetische Führung für opportun gehalten, weder Lenins noch Stalins im Jahre 1920 entwickeltes Konzept zu befolgen. Und so ist es auch kein Zufall, daß Leonid Brežnev bisher die »sozialistische Gemeinschaft«[383] nur als ein »Bündnis neuen Typs« zu kennzeichnen wußte und daß auch die neue Verfassung der UdSSR vom 7. Oktober 1977 darauf verzichtet hat, der »sozialistischen Gemeinschaft« eine verheißungsvolle Perspektive zu weisen.[384]

Wenn in DDR-Publikationen permanent die »Annäherung der sozialistischen Länder als Entwicklungsgesetzmäßigkeit«[385] beschworen wird und dabei vor allem sowjetische und bulgarische Äußerungen herangezogen werden, dann darf das nicht darüber hinwegtäuschen, daß dieser »gesetzmäßige Prozeß« der »Annäherung« und »Angleichung« mit zahlreichen Schwierigkeiten verbunden ist. Für die UdSSR und die ihr folgenden Staaten – das gilt wiederum vor allem für Bulgarien und die DDR – vollzieht sich im Sowjetblock eine »umfassende Integration sozialistischer Nationen, Staaten und Volkswirtschaften«[386].

Zunächst gilt es festzuhalten, daß Rumänien bis heute die These von der »Annäherung der sozialistischen Nationen« ebenso verworfen hat wie deren Koppelung mit der ökonomischen oder gar umfassenden Integration im Sowjetblock. Das Nations-Verständnis und die Politik der nationalen Positionsaufwertung Bukarests lassen es nicht zu, die vor allem von Moskau und Ost-Berlin propagierten nationalen Thesen zu übernehmen. Nicht übersehen werden sollte aber auch, daß sich Politik und Wissenschaft in Polen und auch Ungarn reserviert verhalten, soweit sich dies beide Füh-

---

383 Festzuhalten gilt auch, daß das Attribut »sozialistische« nach wie vor klein geschrieben wird. Das gilt selbst für die DDR. Daher ist es unverständlich, daß Ch. Meier und F. Oldenburg in: Der Vertrag DDR/UdSSR als Modell für den integrativen Bilateralismus in der Sozialistischen Staatengemeinschaft« ständig das Wort »sozialistische« groß schreiben.
384 Vgl. vor allem Art. 30.
385 So die Überschrift zu J. Krügers Beitrag in: Deutsche Außenpolitik 1976, S. 1774–1785; S. Quilitzsch: Annäherung und Angleichung – Gesetzmäßigkeit und Gemeinsamkeiten in der sozialistischen Staatengemeinschaft; W. Morgenstern/W. Preller: Nationales und Internationales im Annäherungsprozeß der sozialistischen Staaten. Vgl. dazu auch die Beiträge in den in Ost-Berlin erschienenen Sammelbänden »Sozialistische Staatengemeinschaft« und »Zusammenarbeit und Annäherung in der sozialistischen Gemeinschaft«.
386 So G. Kohlmey: Vergesellschaftung und Integration im Sozialismus, S. 149. Weitere Nachweise bei E. Schneider: Annäherung, S. 399 f.; B. Meissner: Nationsbegriff; ders.: DDR, S. 20 f.; J. Hacker: Das nationale Dilemma der DDR, S. 60–68. Vor allem die DDR sieht in der Entstehung und Entwicklung der UdSSR das historische Vorbild für die Entwicklung der »sozialistischen Gemeinschaft«. Vgl. J. Hacker, ebenda, S. 67 mit den Nachweisen in Anm. 62.

rungen gegenüber Moskau erlauben können. Daran vermag auch die Tatsache nichts zu ändern, daß sich die DDR und Ungarn in dem erneuerten Bündnisvertrag vom 24. März 1977 verpflichtet haben, den »gesetzmäßigen Prozeß der weiteren Annäherung der sozialistischen Länder und Nationen zu fördern«; im Bündnisvertrag der DDR mit Polen vom 28. Mai 1977 ist nur von der »weiteren Annäherung der sozialistischen Nationen« die Rede.
Der Vollständigkeit halber sei darauf hingewiesen, daß die These von der »weiteren Annäherung der sozialistischen Nationen« auch in dem Bündnispakt der DDR mit der UdSSR vom 7. Oktober 1975 verankert ist. Während im Vertrag der DDR mit Bulgarien vom 14. September 1977 die »weitere Annäherung der sozialistischen Länder und Nationen« beschworen wird, geht der erneuerte Vertrag der DDR mit der Tschechoslowakei vom 3. Oktober 1977 insofern darüber hinaus, als er die gleiche Formel wie der Pakt zwischen der DDR und Ungarn enthält.
Während es der UdSSR aufgrund ihrer starken militärischen und ökonomischen Position im Sowjetblock gelingen dürfte, die militärische und wirtschaftliche Integration in Zukunft voranzutreiben, ist und bleibt die These von der »Annäherung der sozialistischen Nationen« auf lange Sicht ein theoretisches Postulat. Es ist kein Zufall, daß gerade die Führung der DDR die Formel von der »Annäherung der sozialistischen Nationen« propagiert, da sie damit das nationale Vakuum im ersten »Arbeiter- und Bauern-Staat auf deutschem Boden« zu kompensieren hofft. Die DDR ist in der engeren »sozialistischen Gemeinschaft« der einzige Staat, dessen Führung permanent auf der Suche nach dem richtigen »nationalen Selbstverständnis« ist. Da die Staats- und Parteiführung der DDR bisher den Beweis schuldig bleiben mußte, daß in der DDR eine »sozialistische Nation« existiert, ist die Verankerung der These von der »Annäherung der sozialistischen Nationen« in den bilateralen Bündnispakten der DDR irreal.
Nicht nur unlogisch, sondern auch unsinnig ist die darüber hinausgehende, in die Bündnisverträge der DDR mit Ungarn und der Tschechoslowakei aufgenommene These vom »gesetzmäßigen Prozeß der weiteren Annäherung der sozialistischen Länder und Nationen«, da die gewünschte Entwicklung nicht nach bestimmten Gesetzen verläuft oder gar erzwungen werden kann.[387] Während die Staats- und Parteiführung Rumäniens

---

387 Unsinnig ist auch die im SED-Programm vom 22. Mai 1976 formulierte These: »Die SED leitet planmäßig den Prozeß der weiteren Entwicklung der sozialistischen Nation in der DDR, ihres Aufblühens auf den gesellschaftlichen Grundlagen des Sozialismus und ihrer Annäherung an die anderen sozialistischen Nationen.«

aufgrund des eigenen nationalen Selbstverständnisses jegliche Formel von der »Annäherung der sozialistischen Nationen« strikt ablehnt, werden in der UdSSR über die nationale Perspektive der »sozialistischen Gemeinschaft« durchaus unterschiedliche Positionen vertreten. Festzuhalten gilt vor allem, daß die derzeitige Führung bisher nicht der von Lenin mehrfach vorgetragenen These von der »Annäherung und Verschmelzung aller Nationen in der sozialistischen Gesellschaft«[388] gefolgt ist. Während Parteichef Leonid Brežnev in seiner Rede »Über den fünfzigsten Jahrestag der UdSSR« vom 21. Dezember 1972 die »weitere Annäherung der Nationen und Völkerschaften unseres Landes« als einen »objektiven Prozeß«[389] bezeichnet hatte, wandte er sich am 15. August 1973 ausdrücklich gegen die Formel »Verschmelzung der Nationen«:
»Wenn wir von einer neuen historischen Gemeinschaft von Menschen sprechen, meinen wir keineswegs, daß bei uns bereits die nationalen Unterschiede verschwinden oder sogar eine Verschmelzung der Nationen erfolgt ist. Alle Nationen und Völkerschaften, die in der Sowjetunion leben, bewahren ihre Besonderheiten, ihre nationalen Charakterzüge, ihre Sprache, ihre besten Traditionen.«[390]
Wie sehr sich die sowjetische Staats- und Parteiführung der nationalen Problematik der UdSSR bewußt ist, verdeutlichte Brežnev auch in seiner Rede vom 4. Oktober 1977, in der er die neue Verfassung der Sowjetunion begründete: »Die sozialpolitische Einheit des Sowjetvolkes bedeutet keinesfalls, daß die nationalen Unterschiede verschwunden sind... Wir würden... einen gefährlichen Weg einschlagen, wollten wir diesen objektiven Prozeß der Annäherung der Nationen künstlich forcieren.«[391]

---

388 Vgl. die Nachweise bei J. Hacker: Das nationale Dilemma der DDR, S. 65–67.
389 Text bei L. I. Breshnew: Auf dem Wege Lenins. Reden und Aufsätze. Bd. 4, S. 71: »Die Partei ist dagegen, daß dieser Prozeß künstlich beschleunigt wird.«
390 Text, ebenda, S. 256.
391 Vgl. »Das Sowjetvolk – Schöpfer seiner neuen Verfassung«, in: Neues Deutschland vom 6. Oktober 1977, S. 3 f. (3). Auch in den folgenden Jahren hat sich Brežnev sehr reserviert zur »nationalen« Problematik geäußert und sich gehütet, die früher gern benutzte Formel, die »nationale Frage« innerhalb der UdSSR sei »endgültig gelöst«, zu wiederholen. So führte der Generalsekretär des Zentralkomitees der KPdSU in seinem Rechenschaftsbericht auf dem XXVI. Parteikongreß der KPdSU am 23. Februar 1981 dazu in Moskau aus: »Die Einheit der Sowjetnationen ist heute so festgefügt wie nie zuvor. Das heißt natürlich nicht, daß alle Fragen auf dem Gebiet der nationalen Beziehungen bereits gelöst sind. Die Dynamik der Entwicklung eines so großen multinationalen Staates wie des unseren wirft manche Probleme auf, denen unsere Partei Feingefühl und Aufmerksamkeit entgegenbringen muß.« Dt. Text der Rede in: Neues Deutschland vom 24. Februar 1981, S. 3–10 (8). Vgl. weitere sowjetische Stellung-

Höchst bemerkenswert ist, daß Brežnev in den letzten Jahren seine Hoffnungen auf die »weitere Annäherung der Nationen und Völkerschaften« der UdSSR noch zurückgeschraubt hat, da sich für ihn nun die künstliche Beschleunigung dieses Prozesses sogar als ein »gefährlicher Weg« darstellt. Wenn diese Feststellung für die »neue historische Gemeinschaft von Menschen« in der UdSSR zutrifft, dann muß sie auch und erst recht für die »Annäherung der sozialistischen Nationen« innerhalb der engeren »sozialistischen Gemeinschaft« gelten.

Ludwig Dehio hat in seinen Ende der vierziger und Anfang der fünfziger Jahre verfaßten Betrachtungen über Grundprobleme der neueren Staatengeschichte überzeugend herausgearbeitet, daß die »Abwehr der Hegemonie« das wichtigste Kennzeichen des »sterbenden Staatensystems« sei und daß Deutschland 1939 den »letzten europäischen Hegemonialkampf« ausgelöst habe.[392] Damit ist der zeitliche Bogen dieser Arbeit am Schluß noch einmal markiert und gleichzeitig eine Antwort auf die Frage gegeben, wie sich der Sowjetblock in die neuere und neueste Geschichte einordnet.

Der Verlauf und der Ausgang des Zweiten Weltkriegs waren die Voraussetzung dafür, daß sich die UdSSR in Europa als neuer »Hegemon« etablieren und über mehrere Staaten und das Gebiet der SBZ und späteren DDR eine Vorherrschaft errichten konnte, von der heute noch niemand weiß, wann sie durch dem ausgehenden Jahrhundert adäquate Formen der zwischenstaatlichen Zusammenarbeit abgelöst werden wird.

Interessen- und Einflußsphären, die in den achtziger Jahren des vergangenen und Anfang dieses Jahrhunderts den Kolonialmächten dazu dienten, vor allem einzelne Gebiete Afrikas aufzuteilen und dadurch Konflikte soweit wie möglich auszuschalten[393], erscheinen heute besonders unzeitge-

---

nahmen bei B. Meissner: Die neue Bundesverfassung der UdSSR; ders.: DDR, S. 20 f. Leider verdeutlicht Meissner nicht ausreichend, daß zwischen Brežnevs zurückhaltenden Aussagen zur »nationalen Frage« und einigen sowjetischen Autoren sowie Verfechtern der »Verschmelzungs«-These eine beachtliche Diskrepanz besteht. Gerade bei der Bearbeitung dieses komplizierten Fragenkomplexes hätte sich Meissner einer strengen Quellen-Hierarchie bedienen müssen.

392 L. Dehio: Gleichgewicht oder Hegemonie; ders.: Das sterbende Staatensystem.
393 Darüber hinaus haben europäische Staaten ihre Interessensphären in Persien und China abgegrenzt. Vgl. dazu mit Nachweisen P. Heilborn: Interessensphäre; E. von Ullmann: Völkerrecht, S. 302 f.; Liszt-Fleischmann: Völkerrecht, S. 137 f.

mäß, wenn sie der »Hegemon« als seine Herrschaftssphäre betrachtet und sie mit Methoden zu dominieren pflegt, die dem Imperialismus zu einer neuen und zweifelhaften Blüte verhelfen.[394]

---

[394] Besonders instruktiv dazu Th. Schieder: Imperialismus, S. 7 f.: »Die Anwendung des Begriffs Imperialismus auf die sowjetische Politik liegt vor allem für die Zeit seit dem zweiten Weltkrieg nahe, also seitdem die Sowjetunion expansive Politik betreibt und damit imperialistische Methoden alten Stils wie militärische Besetzung ... und wirtschaftliche Beeinflussung anwendet. Neuartig ist die Schaffung eines ideologisch und sozial-verfassungsrechtlich gleichgeschalteten Staatenblocks als Grundlage einer imperialen Reichsbildung ... Imperialistisch ist an dieser Ordnung, daß sie mit Zwang und Gewalt aufrechterhalten wird und daß in ihr ein revolutionärer Weltherrschaftsanspruch enthalten ist.«

Literaturverzeichnis*

I. Monographien und Zeitschriften-Aufsätze

Abelshauser, Werner: Die Rekonstruktion der westdeutschen Wirtschaft und die Rolle der Besatzungspolitik. In: Claus Scharf und Hans-Jürgen Schröder (Hrsg.): Politische und ökonomische Stabilisierung Westdeutschlands 1945-1949. Fünf Beiträge zur Deutschlandpolitik der westlichen Alliierten. Wiesbaden 1977, S. 1-17 (Rekonstruktion)
Abendroth, Wolfgang: Satellitenstaaten. In: Strupp-Schlochauer: Wörterbuch des Völkerrechts. Berlin 1962, Bd. 3, S. 162-163
Abrassimow, Pjotr: Die Leninschen Ideale des Oktober erleuchten den Weg der Völker der UdSSR und der DDR. In: Deutsche Außenpolitik 1977, H. 10, S. 5-30
Acheson, Dean: Present at the Creation. My Years in the State Department. New York 1969 (Present)
Ackermann, Anton: Gibt es einen besonderen deutschen Weg zum Sozialismus? In: Einheit 1946, Nr. 1, S. 22-32 (Weg)
Ackermann, Anton: Über den einzig möglichen Weg zum Sozialismus. In: Neues Deutschland vom 24. September 1948
Adomeit, Hannes/Robert Boardmann (Eds.): Foreign policy making in Communist Countries. A comparative approach. Farnborough, Hants., England 1979
Ahlberg, René: Die zweite Entstalinisierung. In: Osteuropa 1962, S. 247-256
Ahlberg, René: Die Dezentralisierung der Weltrevolution. In: Osteuropa 1962, S. 449-458 (Dezentralisation)
Ahrens-Thiele, Dagmar: Moskau und der chinesisch-japanische Friedens- und Freundschaftsvertrag. In: Osteuropa 1979, S. 579-587
Albrecht, Ulrich: Die NVA in Zahlen. In: Die Nationale Volksarmee. Ein Anti-Weißbuch zum Militär in der DDR. Reinbek bei Hamburg 1976, S. 56-72
Alperovitz, Gar: Cold War Essays. New York 1970
Ambrose, Stephen E.: Eisenhower and Berlin, 1945. The Decision to Halt at the Elbe. New York 1967
Ambroz, Oton: Realignment of World Power. The Russo-Chinese Schism Under the Impact of Mao Tse-Tung's Last Revolution. Vol. I, II, New York 1972
Anderson, Evelyn: East Germany. In: Survey 1962, No. 42, S. 96-106
Andras, Charles: Der Warschauer Pakt und die europäische Sicherheit. In: Osteuropäische Rundschau 1972, H. 5, S. 1-7 (Warschauer Pakt)
Anonymus: The Party and Political Organizations. In: Ernst C. Helmreich (Ed.): Hungary. New York 1957, S. 104-131 (Party)
Armitage, John A.: The View from Czechoslovakia. In: Thomas T. Hammond (Ed.): Witnesses to the Origins of the Cold War. Seattle and London 1982, S. 210-230 (View)
Armstrong, Anne: Bedingungslose Kapitulation. Die teuerste Fehlentscheidung der Neuzeit. Wien/München 1961 (Übersetzung der amerikanischen Originalausgabe: Unconditional Surrender. New Brunswick, N. J. 1961)
Armstrong, Hamilton Fish: Tito und Goliath. Erweiterte deutsche Ausgabe. Wels 1954 (Titel der amerikanischen Originalausgabe: Tito and Goliath. New York 1951)

---

* Bei mehrfach zitierten Titeln desselben Autors werden die einzelnen Arbeiten in einer Kurzfassung wiedergegeben, die im Literaturverzeichnis in Klammern enthalten ist.

Arnold, Jürgen: Zur staatsrechtlichen Stellung der nationalen Gebietseinheiten der Sowjetunion. In: Friedrich-Christian Schroeder und Boris Meissner (Hrsg.): Bundesstaat und Nationalitätenrecht in der Sowjetunion, Berlin 1974, S. 69-95

Aron, Raymond: Der permanente Krieg. Frankfurt M. 1953

Askanas, Benedykt/Halina Askanas/Friedrich Levčík: Wirtschaftsentwicklung im RGW-Raum 1970-1980 – eine vergleichende Bilanz. In: Hans-Hermann Höhmann (Hrsg.): Die Wirtschaft Osteuropas und der VR China 1970-1980. Bilanz und Perspektiven. Berlin/Köln/Mainz 1978, S. 307-347

Aspaturian, Vernon V.: Foreign Policy Perspectives in the Sixties. In: Dallin, Alexander/Thomas B. Larson (Eds.): Soviet Politics since Khrushchev, Englewood Cliffs, N. J. 1968, S. 129-161

Aspaturian, Vernon V.: East European Relations with the USSR. In: Peter A. Toma (Ed.): The Changing Face of Communism. Tucson/Arizona 1970, S. 283-309

Aspaturian, Vernon V.: The Soviet Union and Eastern Europe: The Aftermath of the Czechoslovak Invasion. In: J. William Zartmann (Ed.): Czechoslovakia. Intervention and Impact. New York/London 1970, S. 15-46 (Soviet-Union)

Aspaturian, Vernon V.: Process and Power in Soviet Foreign Policy. Boston 1971

Aspaturian, Vernon V.: The Challenge of Soviet Foreign Policy: Revolution or Expansion. In: Vernon V. Aspaturian: Process and Power in Soviet Foreign Policy, Boston 1971, S. 187-212

Aspaturian, Vernon V.: Ideology and National Interest in Soviet Foreign Policy. In: Vernon V. Aspaturian: Process and Power in Soviet Foreign Policy. Boston 1971, S. 327-349

Aspaturian, Vernon V.: The Soviet Union and Eastern Europe, In: Vernon V. Aspaturian: Process and Power in Soviet Foreign Policy. Boston 1971, S. 819-848

Aspaturian, Vernon V.: Moscow's Options in a Changing World. In: Problems of Communism, Vol. 21/1972, No. 4, S. 1-20

Aspaturian, Vernon V.: Has Eastern Europe Become a Liability to the Soviet Union? (I) – The Political-Ideological Aspects. In: Charles Gati (Ed.): The International Politics of Eastern Europe, New York 1976, S. 17-36 (Europe)

Aspaturian, Vernon V.: The Metamorphosis of the »Socialist Commonwealth«. In: Sozialismus in Theorie und Praxis. Festschrift für Richard Löwenthal zum 70. Geburtstag am 15. April 1978. Hrsg. von Hannelore Horn, Alexander Schwan und Thomas Weingartner. Berlin/New York 1978, S. 247-320 (Metamorphosis)

Aspaturian, Vernon V.: Soviet Global Power and the Correlation of Forces: In: Problems of Communism, Vol. 29/1980, No. 3, S. 1-18 (Power)

Assmann, Kurt: The Battle for Moscow – Turning Point of the War. In: Foreign Affairs, Vol. 28, 1949/50, S. 309-326

Auerbach, Ludwig: Bukarest contra Ostberlin. Eine wirtschaftspolitische Kontroverse. In: SBZ-Archiv 1963, S. 371-373

Auerbach, Ludwig: Ost-Berlin, Bukarest und der RGW. In: SBZ-Archiv 1965, S. 9-15

Auerbach, Ludwig: Wirtschaftsintegration – aber wie? In: SBZ-Archiv 1965, S. 152-156

Auerbach, Ludwig: Differenzen im östlichen Bündnis. Integrationsbedürfnis und rüstungswirtschaftliche Verflechtung der SBZ. In: SBZ-Archiv 1966, S. 183-185

Auty, Phyllis: Yugoslavia's International Relations (1945-1965). In: Wayne S. Vucinich (Ed.): Contemporary Yugoslavia. Twenty Years of Socialist Experiment. Berkeley and Los Angeles 1969, S. 154-202

Avakumovic, Ivan: History of the Communist Party of Yugoslavia. Vol. I, Aberdeen 1964

Avramov, Smilja: Die sozialistischen Staaten und das Völkerrecht. In: Osteuropa-Recht 1972, S. 28-42 (Staaten)

Baar, Stefan: Der Platz des sozialistischen Weltsystems im revolutionären Weltprozeß – Entstehung und Entwicklungsetappen des sozialistischen Weltsystems. In: Sozialistische Staatengemeinschaft. Die Entwicklung der Zusammenarbeit und der Friedenspolitik der sozialistischen Staaten. Berlin (Ost) 1972, S. 19-66

Bachov, A. S.: Organizacija Varsavskogo Dogovora (Die Organisation des Warschauer Vertrags). Moskau 1971
Backer, John H.: Die Entscheidung zur Teilung Deutschlands. Die amerikanische Deutschlandpolitik – 1943–1948. München 1981 (Titel der amerikanischen Originalausgabe: The Decision to Divide Germany. American Foreign Policy in Transition. Durham, N. C. 1978) (Decision)
Bacon, Jr., Walter M.: Romanian Military Policy in the 1980s. In: Daniel N. Nelson (Ed.): Romania in the 1980s. Boulder, Colorado 1981, S. 202–218
Bailey, Thomas A.: The Marshall Plan Summer. An Eyewitness Report on Europe and the Russians in 1947. Stanford, California 1977
Balfour, Michael: Vier-Mächte-Kontrolle in Deutschland 1945–1946. Düsseldorf 1959 (Titel der englischen Originalausgabe: Four-Power-Control in Germany 1945–1946. London 1956)
Barandon, Paul: Das System der politischen Staatsverträge seit 1918. Stuttgart 1937
Barandon, Paul: Locarno-Verträge von 1925. In: Strupp-Schlochauer: Wörterbuch des Völkerrechts. 2. Band. Berlin 1961, S. 421–423
Barghoorn, Frederick, C.: The Varga Discussion and its Significance. In: The American Slavic and East European Review, Vol. VII/1948, S. 214–236 (Varga)
Baring, Arnulf: Der 17. Juni 1953. Mit einem Vorwort von Richard Löwenthal. Köln/Berlin 1965
Barker, Elisabeth: British Policy in South-East Europe in the Second World War. London 1976 (South-East)
Barker, Elisabeth: British Policy towards Romania, Bulgaria and Hungary 1944–1946. In: Martin McCauley (Ed.): Communist Power in Europe 1944–1949. London 1977, S. 201–219 (Policy)
Barraclough, Geoffrey: Survey of International Affairs 1956–1958. London, New York, Toronto 1962 (Survey 1956–1958)
Barraclough, Geoffrey: Survey of International Affairs 1959–1960. London, New York, Toronto 1964 (Survey 1959–1960)
Barraclough and Rachel F. Wall: Survey of International Affairs 1955–1956. London, New York, Toronto 1960 (Survey)
Bartos, Milan: Jugoslavia's Struggle for Equality. In: Foreign Affairs, Vol. 28, 1949/50, S. 427–440 (Struggle)
Batowski, Henryk: Neue Grenzen in Ostmitteleuropa nach dem Zweiten Weltkrieg. In: Österreichische Osthefte, Jg. 19/1977, S. 1–11 (Neue Grenzen)
Bauer, Leo: »Die Partei hat immer recht«. Bemerkungen zum geplanten deutschen Rajkprozeß (1950). In: Aus Politik und Zeitgeschichte. Beilage zur Wochenzeitung »Das Parlament«, B XXVII vom 4. Juli 1956
Baumgarten, Arthur: Zu den Ereignissen in Ungarn und Ägypten. In: Staat und Recht 1956, S. 957–963
Becher, Karl: Die Zusammenarbeit der Mitgliedstaaten des RGW und das Kölner Institut für Ostrecht. In: Deutsche Außenpolitik 1975, S. 755–762
Becher, Karl: Vertragsbeziehungen der DDR im Geiste des sozialistischen Internationalismus. In: Deutsche Außenpolitik 1978, H. 10, S. 22–31 (Vertragsbeziehungen)
Becher, Karl: Die Weiterentwicklung der Völkerrechtsprinzipien des sozialistischen Internationalismus in den Beziehungen zwischen den Staaten der sozialistischen Gemeinschaft. In: Sozialistische Staatengemeinschaft und Völkerrecht. Berlin (Ost) 1979, S. 79–120 (Weiterentwicklung)
Becher, Karl/Johannes Kirsten/Klaus Ullmann: Gegenseitige Hilfe und brüderliche Zusammenarbeit – Grundprinzipien des sozialistischen Internationalismus. In: Staat und Recht 1973, S. 1116–1122
Becher, Karl/Wolfgang Seiffert/Harry Wünsche: Rezension des von 1967 bis 1973 in Moskau erschienenen »Kurses des Völkerrechts in sechs Bänden«. In: Staat und Recht 1975, H. 3, S. 497–504

Beck, Carl: Leadership Attributes in Eastern Europe: The Effect of Country and Time. In: Carl Beck, Frederic J. Fleron Jr., Milton Lodge, Derek J. Waller, William A. Welsh, M. George Zaninovich: Comparative Communist Political Leadership. New York 1973, S. 86-153

Beck, Carl/Frederic J. Fleron, Jr./Milton Lodge/Derek J. Waller/William A. Welsh/ M. George Zaninovich: Comparative Communist Political Leadership. New York 1973 (C. Beck u. a.: Leadership)

Beck, Curt: Politics and Political Organizations. In: Vratislav Busek und Nicolas Spulber (Eds.): Czechoslovakia. New York/London 1957, S. 60-79 (Politics)

Belezki, V. N.: Die Politik der Sowjetunion in den deutschen Angelegenheiten in der Nachkriegszeit 1945-1976. Berlin (Ost) 1977 (Politik)

Bell, Carol: Survey of International Affairs 1954. London, New York, Toronto 1957 (Survey 1954)

Belz, Hans Georg: Das Prinzip des Föderalismus in der Sowjetunion. In: Gerhard Leibholz (Hrsg.): Jahrbuch des öffentlichen Rechts der Gegenwart. Neue Folge/Bd. 12. Tübingen 1963, S. 249-293

Bender, Peter: 6 x Sicherheit. Befürchtungen in Osteuropa. Köln/Berlin 1970

Beneš, Eduard: The Organization of Postwar Europe. In: Foreign Affairs, Vol. 20, 1942, Nr. 2 (Jan.), S. 226-242 (Organization)

Memoirs of Dr. Eduard Beneš. From Munich to New War and New Victory. New York 1972. (Beneš: Memoirs)

Beneš, Vaclav: Besprechung des Buches von Josef Korbel: The Communist Subversion of Czechoslovakia, 1938-1948. In: Journal of Central European Affairs, Vol. 20, 1960/61, S. 334-335

Benko, Vlado: Internationalismus heute. In: Internationale Politik, Belgrad, H. 445 vom 20. Oktober 1968, S. 1-3

Benko, Vlado: Die Interessensphären - Mythos oder Tatsache. In: Internationale Politik, Belgrad, H. 495 vom 20. November 1970, S. 26-29

Benz, Wolfgang: Wirtschaftspolitik zwischen Demontage und Währungsreform. In: Westdeutschlands Weg zur Bundesrepublik - 1945-1949. Beiträge von Mitarbeitern des Instituts für Zeitgeschichte. München 1976, S. 69-89

Berber, Friedrich: Lehrbuch des Völkerrechts. Bd. I· Allgemeines Friedensrecht. 2., neubearb. Aufl. München 1975

Berger, Peter: Das Echo auf Chruschtschows Sturz: Jugoslawien. In: Osteuropa 1965, S. 173-176

Bernard, Vilém: Der ungleiche Lebenskampf (Die pluralistische »Volksdemokratie« 1945-1948). In: Jaroslav Krejčí (Hrsg.): Sozialdemokratie und Systemwandel. Hundert Jahre tschechoslowakische Erfahrung. Berlin, Bonn 1978, S. 51-61

Berner, Wolfgang: Das Karlsbader Aktionsprogramm. Eine Bilanz der Konferenz der kommunistischen Parteien Europas über Fragen der europäischen Sicherheit. In: Europa-Archiv 1967, S. 393-400

Berthold, Lothar: Für ein neues Deutschland. In: Beiträge zur Geschichte der deutschen Arbeiterbewegung 1964, S. 387-409

Berthold, Lothar: Der Kampf gegen das Hitlerregime - der Kampf für ein neues demokratisches Deutschland. In: Beiträge zur Geschichte der deutschen Arbeiterbewegung 1964, S. 1007-1022 (Kampf)

Besson, Waldemar: Die großen Mächte. Strukturfragen der gegenwärtigen Weltpolitik. Freiburg 1966

Besson, Waldemar: Die Außenpolitik der Bundesrepublik. München 1970 (Außenpolitik)

Besymenski, Lew: Am Vorabend des Zweiten Weltkrieges: Geheimes und Erkanntes. In: Neue Zeit (Moskau) 1979, Nr. 28, 29, 30, 31, 32 und 33, S. 24-27

Bethkenhagen, Jochen: Rat für gegenseitige Wirtschaftshilfe (RGW, COMECON). In: Wichard Woyke (Hrsg.): Handwörterbuch Internationale Politik. Opladen 1977, S. 267-271 (RGW)

Bethkenhagen, Jochen: Entwicklung der Wirtschaftsbeziehungen zur Sowjetunion. In: Hans-Adolf Jacobsen, Gert Leptin, Ulrich Scheuner, Eberhard Schulz (Hrsg.): Drei Jahrzehnte Außenpolitik der DDR. München/Wien 1979, S. 381–402

Bethkenhagen, Jochen/Horst Lambrecht: Wachtumsfördernde und wachstumshemmende Effekte der Integration der DDR in den RGW. In: 30 Jahre DDR. Deutschland-Archiv 1979, Sonderheft, S. 189–203

Bethkenhagen, Jochen und Heinrich Machowski: Integration im Rat für gegenseitige Wirtschaftshilfe – Entwicklung, Organisation, Erfolge und Grenzen. Berlin 1976 (Integration)

Bettati, Mario: »Souveraineté limitée« ou »internationalisme prolétarien«? Les liens fondamentaux de la Communauté des Etats socialistes. In: Revue Belge de Droit International, Jg. 8/1972, S. 455–481

Bialer, Seweryn: Ich wählte die Wahrheit. In: Hinter dem Eisernen Vorhang 1956, H. 10, S. 17–29 (Wahrheit)

Bialer, Seweryn: Moscow vs. Belgrade: A Key to Soviet Policy. In: Problems of Communism, Vol. VII/1958, No. 4, S. 1–8

Bidwell, Percy W. and William Diebold, Jr.: New Aid for New Europe. In: Foreign Affairs, Vol. 26, 1947/48, S. 169–186

Bierut, Boleslaw: Die Aufgaben der Partei im Kampf um die revolutionäre Wachsamkeit angesichts der jetzigen Situation. Referat vor dem II. Plenum des Zentralkomitees der Vereinigten Polnischen Arbeiterpartei (PZPR) vom 11. bis 13. November 1949. Berlin (Ost) 1950 (Aufgaben)

Birke, Ernst und Rudolf Neumann (Hrsg.): Die Sowjetisierung Ost-Mitteleuropas. Untersuchungen zu ihrem Ablauf in den einzelnen Ländern. Frankfurt M./Berlin 1959

Birnbaum, Immanuel: Polen unter Rokossowski. In: Außenpolitik, 1950, S. 219–224

Birnbaum, Immanuel: Destalinization: Motives and Consequences (= Besprechung des Buches von Boris Meissner: Das Ende des Stalin-Mythos, Frankfurt M. 1956). In: Problems of Communism, Vol. VI/1957, No. 1, S. 41–42

Birnbaum, Immanuel: Kleine Geschichte der Sowjetunion. Frankfurt M. 1960

Birnbaum, Immanuel: Achtzig Jahre dabeigewesen. Erinnerungen eines Journalisten. München 1974

Biskup, Reinhold: Wirtschaftliche Zusammenarbeit im Rahmen des Rats für Gegenseitige Wirtschaftshilfe (RGW). In: ORDO – Jahrbuch für die Ordnung von Wirtschaft und Gesellschaft. Bd. 28/1977, S. 108–134

Black, Cyril E.: The Establishment of Constitutional Government in Bulgaria. Princeton/New Jersey, London, Oxford 1943

Black, Cyril E.: Soviet Policy in Eastern Europe. In: The Annals of The American Academy of Political and Social Science. Vol. 263, May 1949, S. 152–164 (Policy)

Black, Cyril E. (Ed.): Challenge in Eastern Europe – 12 Essays. New Brunswick/New Jersey 1954

Black, Cyril E.: Eastern Europe and the Postwar Balance of Power. In: Cyril E. Black (Ed.): Challenge in Eastern Europe – 12 Essays. New Brunswick/New Jersey 1954, S. 245–266

Black, Cyril E.: Bulgaria in Historical Perspektive. In: L. A. D. Dellin (Ed.): Bulgaria. New York 1957, S. 1–25 (Bulgaria)

Black, Cyril E.: The Start of the Cold War in Bulgaria: A Personal View. In: Review of Politics, Vol. 41/1979, S. 163–202

Black, Cyril E.: The View from Bulgaria. In: Thomas T. Hammond (Ed.): Witnesses to the Origins of the Cold War. Seattle and London 1982, S. 60–97 (View)

Blackmer, Donald L. M.: Unity in Diversity – Italian Communism and the Communist World. Cambridge/Mass. and London 1968

Blesinger, Ludwig: Die sogenannte vereinbarte und erbetene Intervention. Jur. Diss. Univ. Bonn 1966

Bleyer, Wolfgang/Roswitha Czollek: Die Vereitelung der Aggressionspläne des faschistischen deutschen Imperialismus gegenüber den baltischen Staaten durch die Sowjetunion im Sommer/Herbst 1939. In: Militärgeschichte 1980, H. 4, S. 422–433

Bodensiek, Heinrich: Provozierte Teilung Europas? Die britisch-nordamerikanische Regionalismus-Diskussion und die Vorgeschichte des Kalten Krieges 1939-1945. Opladen 1970 (Teilung)
Boettcher, Erik: Erkenntnis und Dogma in der sowjetischen Krisentheorie – Zur Wirtschaftstheorie Vargas. In: Osteuropa 1955, S. 100-111
Bohlen, Charles E.: Witness to History – 1929-1969. New York 1973
Boldirev, Zyrill: Polen und der Polyzentrismus. In: Osteuropa 1962, S. 549-562
Bollinger, Klaus: Historische Lehren. Zum 40. Jahrestag der Entfesselung des zweiten Weltkrieges. In: Deutsche Außenpolitik 1979, H. 9, S. 31-40
Booms, Hans: Der Ursprung des 2..Weltkrieges – Revision oder Expansion? In: Geschichte in Wissenschaft und Unterricht 1965, S. 329-353 (Ursprung)
Boorman, Howard Lee u. a.: Moscow-Peking Axis: Strengths and Strains (Publications of the Council on Foreign Relations). New York 1957
Boorman, Howard L.: The Sino-Soviet Alliance: The Political Impact, in: Howard L. Boorman u. a.: Moscow-Peking Axis: Strengths and Strains (Publications of the Council on Foreign Relations). New York 1957, S. 1-53
Borissow, Oleg B./Boris T. Koloskow: Sowjetisch-chinesische Beziehungen 1945-1970. Berlin (Ost) 1973 (Übersetzung der in Moskau 1971 in 1. und 1972 in 2. Aufl. erschienenen Studie) (Beziehungen)
Borkenau, Franz: Stalin im Schafspelz. In: Der Monat 1949, H. 14 (Sonderdruck)
Borkenau, Franz: Der europäische Kommunismus. Seine Geschichte von 1917 bis zur Gegenwart. Bern 1952
Borkenau, Franz: Mao Tse-Tung. In: The Twentieth Century, Vol. 152/1952, S. 138-147
Borkenau, Franz: Die Problematik der Achse Moskau-Peking. In: Ost-Probleme 1955, S. 357-365
Bornemann, Norbert: Die Kommunistische Partei Bulgariens und der Polyzentrismus im Ostblocksystem. In: Osteuropa 1962, S. 395-402
Bornemann, Norbert: Der Parteitag in Sofia: Cliquenkampf getarnt als »Entstalinisierung«. In: Osteuropa 1963, S. 236-248
Bornemann, Norbert: Das Echo auf Chruschtschows Sturz: Bulgarien. In: Osteuropa 1965, S. 168-170
Bornemann, Norbert: Die Verschwörung in Bulgarien. In: Osteuropa 1965, S. 616-619
Bornemann, Norbert: Die osteuropäischen Länder und der 50. Jahrestag der Oktoberrevolution. In: Osteuropa 1968, S. 414-420 (Länder)
Boutros-Ghali, Boutros: Contribution à une théorie générale des alliances. Paris 1963
Boutros-Ghali, Boutros/Herbert S. Dinerstein: Bündnissysteme. In: Sowjetsystem und Demokratische Gesellschaft. Eine vergleichende Enzyklopädie. Bd. I. Freiburg, Basel, Wien 1966, Sp. 909-933
Bozinow, Woin: Der Kampf des bulgarischen Volkes gegen den Eintritt Bulgariens in den Dreimächtepakt und die verräterische Politik der bulgarischen Bourgeoisie in der Zeit des Zweiten Weltkrieges. In: Der deutsche Imperialismus und der Zweite Weltkrieg. Berlin (Ost) 1962, S. 407-413 (Kampf)
Brabant, Jozef M. van: Theoretische und praktische Probleme des Bilateralismus im Intra-RGW-Handel. In: Osteuropa-Wirtschaft 1973, S. 3-22 (Bilateralismus)
Brabant, Jozef M. van: On the Origins and Tasks of the Council for Mutual Economic Assistance. In: Osteuropa-Wirtschaft 1974, S. 182-209 (Origins)
Brabant, Jozef M. van: Another Look at the Origins of East European Economic Cooperation. In: Osteuropa-Wirtschaft 1979, S. 243-263
Bracher, Karl Dietrich: Die Krise Europas 1917-1975. Propyläen Geschichte Europas, Bd. 6. Berlin 1976
Bradter, Wolfgang: Zur Entwicklung des politischen Kampfbündnisses der DDR und der ČSSR gegen den westdeutschen Imperialismus (1949-1961). In: Jahrbuch für Geschichte der UdSSR und der volksdemokratischen Länder Europas. Berlin (Ost), Bd. 10/1967, S. 9-34

Braga, Sevold: Rumänien 1944–1954. Skizze der verfassungsrechtlichen Entwicklung. In: Osteuropa-Recht 1957, S. 100–109
Braham, Randolph L.: The Rumanian Constitution of 1952: A Critical Analysis. In: Journal of Central European Affairs, Vol. XVIII, 1958/59, S. 156–178 (Constitution)
Braham, Randolph L.: Romania: Onto the Separate Path. In: Problems of Communism, Vol. 13/1964, No. 3, S. 14–19, 22–24
Brahm, Heinz: Pekings Griff nach der Vormacht. Der chinesisch-sowjetische Konflikt von Juli 1963 bis März 1965. Köln 1966 (Griff)
Brahm, Heinz: Das kommunistische Vorkonzil in Budapest. In: Europa-Archiv 1968, S. 357–366
Brahm, Heinz: Das Echo im Weltkommunismus auf die Okkupation der Tschechoslowakei. In: Europa-Archiv 1968, S. 744–752
Brahm, Heinz: Die Chinapolitik Rußlands und der Sowjetunion. In: Boris Meissner/Gotthold Rhode (Hrsg.): Grundfragen sowjetischer Außenpolitik. Stuttgart/Berlin/Köln/Mainz 1970, S. 95–116 (Chinapolitik)
Brahm, Heinz: Der Kreml und die ČSSR 1968–1969. Stuttgart u. a. 1970 (Kreml)
Brahm, Heinz: Die Sowjetunion und die Volksrepublik China, 1949–1955. In: Osteuropa-Handbuch: Sowjetunion. Bd. I: Außenpolitik 1917–1955. Hrsg. von Dietrich Geyer. Köln/Wien 1972, S. 593–603
Brahm, Heinz: »Chruščev erinnert sich«. Die sogenannten Memoiren des sowjetischen Staats- und Parteiführers. In: Österreichische Osthefte, Jg. 15/1973, S. 378–391
Brahm, Heinz: Der sowjetisch-chinesische Konflikt. In: Dietrich Geyer (Hrsg.): Osteuropa-Handbuch. Sowjetunion. Außenpolitik 1955–1973. Köln/Wien 1976, S. 469–536
Brahm, Heinz: Die Sowjetunion und die Volksrepublik China, 1949–1957. Allianz und Divergenz. In: Österreichische Osthefte, Jg. 20/1978, S. 371–382 (Sowjetunion)
Brahm, Heinz: Die Wende in den sowjetisch-chinesischen Beziehungen 1958/59. Von der Allianz zum Konflikt. In: Zeitschrift für Politik 1980, H. 1, S. 97–107 (Wende)
Brandes, Detlef: Die Politik des Dritten Reiches gegenüber der Tschechoslowakei. In: Manfred Funke (Hrsg.): Hitler, Deutschland und die Mächte. Materialien zur Außenpolitik des Dritten Reiches. Kronberg/Ts., Düsseldorf 1978, S. 508–523
Brandt, Heinz: Die sowjetische Deutschlandpolitik im Frühsommer 1953 aus der Sicht fortschrittlicher Kräfte in der SED. In: Osteuropa 1965, S. 369–377 (Deutschlandpolitik)
Brandt, Heinz: Ein Traum, der nicht entführbar ist. Mein Weg zwischen Ost und West. Mit einem Vorwort von Erich Fromm. München 1967
Brannen, Barry: The Soviet Conquest of Rumania. In: Foreign Affairs, Vol. 30, 1951/52, S. 466–487
Brauch, Hans-Günter: Amerikanisch-sowjetische Beziehungen: Vom Kalten Krieg zur Entspannung? In: Neue Politische Literatur 1979, S. 513–548
Braun, Aurel: Romanian Foreign Policy since 1965. The Political and Military Limits of Autonomy. New York, London, Sydney, Toronto 1978 (Policy)
Braunthal, Julius: Geschichte der Internationale. Band 1–3. Berlin, Bonn 1978
Bregman, Alexander: Die sowjetische Version vom 2. Weltkrieg. In: Hinter dem Eisernen Vorhang 1963, H. 9, S. 3–8
Bregman, Alexander: The Polish Question. In: Survey 1966, No. 58, S. 159–167
Breshnew, L. I.: Auf dem Wege Lenins. Reden und Aufsätze. Berlin (Ost). Bd. 1/1971; Bd. 2/1971; Bd. 3/1973; Bd. 4/1975; Bd. 5/1977; Bd. 6/1979. (Übersetzung der russischen Originalausgabe. Moskau)
Brezarić, J.: Die sogenannte Sonnenfeldt-Doktrin. In: Internationale Politik, H. 62 vom 20. Mai 1976, S. 9–11
Brezinski, Horst: Integrationskonzeptionen der Mitgliedsländer des Rates für gegenseitige Wirtschaftshilfe (RGW). In: Osteuropa-Wirtschaft 1975, S. 293–307
Brezinski, Horst Dieter: Internationale Wirtschaftsplanung im RGW. Paderborn 1978
Bromke, Adam: Poland: A Matter of Timing. In: Problems of Communism, Vol. 11/1962, No. 3, S. 33–40

Bromke, Adam (Ed.): The Communist States at the Crossroads: Between Moscow and Peking. New York, Washington, London 1965
Bromke, Adam: Poland's Role in the Loosening of the Communist Bloc. In: Kurt London (Ed.): Eastern Europe in Transition. Baltimore 1966, S. 67-92
Bromke, Adam: Poland's Politics: Idealism vs. Realism. Cambridge, Mass. 1967
Bromke, Adam and Teresa Rakowska-Harmstone (Eds.): The Communist States in Disarray 1965-1971. Minneapolis, Minnesota/USA 1972
Broszat, Martin: Nationalsozialistische Polenpolitik 1939-1945. Suttgart 1961
Broszat, Martin: Deutschland-Ungarn-Rumänien. In: Historische Zeitschrift, Bd. 206/ 1968, S. 45-96. Nachdruck in: Manfred Funke (Hrsg.): Hitler, Deutschland und die Mächte. Kronberg/Ts., Düsseldorf 1978, S. 524-564 (Deutschland)
Brown, Alan A. und Egon Neuberger (Eds.): International Trade and Central Planning. An Analysis of Economic Interactions. Berkeley und Los Angeles 1968
Brown, J. F.: Albania, Mirror of Conflict. In: Survey 1962, No. 40, S. 24-41 (Albania)
Brown, J. F.: The Balkans. In: Survey 1962, No. 42, S. 81-95
Brown, J. F.: Moskaus Sorgen mit Rumänien, In: Hinter dem Eisernen Vorhang 1963, H. 10, S. 3-12 (Übersetzung von: Rumania Steps Out of Line. In: Survey 1963, No. 49, S. 19-34) (Rumänien)
Brown, J. F.: Romania and Bulgaria. In: Adam Bromke (Ed.): The Communist States at the Crossroads: Between Moscow and Peking. New York, Washington, London 1965, S. 106-125
Brown, J. F.: Eastern Europe. In: Survey 1965, No. 54, S. 65-88
Brown, J. F.: East Europe: The Soviet Grip Loosens. In: Survey 1965, No. 57, S. 14-25
Brown, J. F.: Das neue Osteuropa. Köln 1967 (Übersetzung der englischen Originalausgabe: The New Eastern Europe – The Khrushchev Era and After. New York 1966)
Brown, James F.: Rumänien unter Nicolae Ceausescu. In: Osteuropäische Rundschau 1967, H. 7, S. 5-12
Brown, J. F.: Die ungarische Außenpolitik im Schatten des Bündnisses. In: Europa-Archiv 1967, S. 541-550 (Außenpolitik)
Brown, J. F.: Rumänien – der unbotmäßige Verbündete. Die rumänische Außenpolitik im Jahre 1967. In: Europa-Archiv 1967, S. 875-885 (Verbündeter)
Brown, J. F.: Rumania Today. I: Towards »Integration«. In: Problems of Communism, Vol. 18/1969, No. 1, S. 8-17
Brown, J. F.: Bulgaria under Communist Rule. New York/Washington/London 1970 (Bulgaria)
Brown, J. F.: Détente and Soviet Policy in Eastern Europe. In: Survey, Vol. 20/1974, No. 91/92 (2-3), S. 46-58
Brown, J. F.: Relations Between the Soviet Union and Its Eastern European Allies: A Survey. Rand Corporation R-1742-PR. Santa Monica, November 1975 (Relations)
Brügel, J. W.: Der Fall Karpathorußland. Ein Beitrag zur Entstehungsgeschichte des Kalten Krieges. In: Europa-Archiv 1953, S. 6021-6028
Brügel, J. W.: Neues zur Entstehungsgeschichte der Curzon-Linie. In: Osteuropa 1960, S. 181-184
Brügel, J. W.: Das sowjetische Ultimatum an Rumänien im Juni 1940. In: Vierteljahreshefte für Zeitgeschichte 1963, S. 404-417 (Ultimatum)
Brügel, Johann W.: Zum Streit um Eduard Beneš. In: Osteuropa 1964, S. 729-735
Brügel, J. W.: Die Tschechoslowakei gestern und heute (II). in: Neue Politische Literatur 1967, S. 392-396
Brügel, J. W.: (Hrsg.): Stalin und Hitler – Pakt gegen Europa. Wien 1973
Brünner, Horst: Der proletarische Internationalismus – Grundzug der Erziehung der Armeeangehörigen zur sozialistischen Waffenbrüderschaft. In: Militärgeschichte 1974, S. 400-413 (Internationalismus)
Brunner, Georg: Das Parteistatut der KPdSU 1903-1961. Köln 1965
Bryson, Phillip J./Erich Klinkmüller: Eastern European Integration: Constraints and Prospects. In: Survey, Vol. 21/1975, No. 94/95 (1/2), S. 101-127

Brzezinski, Zbigniew K.: Ideology and Power: Crisis in the Soviet Bloc. In: Problems of Communism, Vol. 6/1957, No. 1, S. 12-17
Brzezinski, Zbigniew K.: Pattern and Limits of the Sino-Soviet Dispute. In: Problems of Communism, Vol. 9/1960, No. 5, S. 1-7 (Pattern)
Brzezinski, Zbigniew K.: The Challenge of Change in the Soviet Bloc. In: Foreign Affairs, Vol. 39, 1960/61, S. 430-443 (Challenge)
Brzezinski, Zbigniew K.: The Organization of the Communist Camp. In: World Politics, Vol. 13, 1960/61, S. 175-209 (Camp)
Brzezinski, Zbigniew K.: Der Sowjetblock – Einheit und Konflikt. Köln/Berlin 1962 (Übersetzung der Originalausgabe »The Soviet Bloc – Unity and Conflict«. Cambridge/Mass. 1960) (Sowjetblock)
Brzezinski, Zbigniew K.: The Problematics of Sino-Soviet Bargaining. In: Kurt London (Ed.): Unity and Contradiction. Major Aspects of Sino-Soviet-Relations. New York 1962, S. 392-405
Brzezinski, Zbigniew K.: Threat of Opportunity in the Communist Schism. In: Foreign Affairs, Vol. 41, 1962/63, S. 513-525
Brzezinski, Zbigniew K.: Alternative zur Teilung. Neue Möglichkeiten für eine gesamteuropäische Politik. Köln/Berlin 1966 (Titel der amerikanischen Originalausgabe: Alternative to Partition. Washington 1965)
Brzezinski, Zbigniew K.: The Soviet Bloc – Unity and Conflict. Revised and Enlarged Edition. Cambridge/Mass. 1967 (Unity)
Brzezinski, Zbigniew K.: Entspannungspolitik im Schatten Prags. In: Das 198. Jahrzehnt. Eine Team-Prognose für 1970 bis 1980. Hamburg 1969, S. 37-55
Brzezinski, Zbigniew K.: Eastern Europe After Prague: Tendencies and Prospects. In: Jerzy Lukaszewski (Ed.): The People's Democracies after Prague: Soviet Hegemony, Nationalism, Regional Integration? Bruges 1970, S. 301-315
Brzezinski, Zbigniew K.: The Competitive Relationship. In: Charles Gati (Ed.): Caging the Bear: Containment and the Cold War. Indianapolis, New York 1974, S. 157-199
Brzezinski, Zbigniew K./William E. Griffith: Peaceful Engagement in Eastern Europe. In: Foreign Affairs, Vol. 39, 1960/61, S. 642-654
Brzezinski, Zbigniew K./Samuel P. Huntington: Politische Macht USA/UdSSR. Ein Vergleich. Köln/Berlin 1966 (Übersetzung der amerikanischen Ausgabe: Political Power: USA/UdSSR)
Buchta, Bruno: Die ökonomische Hilfe der UdSSR für die volksdemokratischen Länder Europas 1944-1950. In: Jahrbuch für Geschichte der sozialistischen Länder Europas. Berlin (Ost) 1974, Bd. 18/1, S. 115-138
Budurowycz, Bohdan B.: Polish-Soviet Relations – 1932-1939. New York/London 1963
Bühring, Günther/Gerhard Liebig: Neue Methoden – alte Ziele. Das Doppelgesicht westdeutscher »Ostpolitik«. In: Einheit 1964, H. 3, S. 72-84
Bünger, Karl: Die Abmachungen zwischen der Sowjetunion und der Volksrepublik China vom 14. Februar 1950. In: Zeitschrift für ausländisches öffentliches Recht und Völkerrecht, Bd. 13/1950/51, S. 410-422 (Abmachungen)
Bull, Hedley: The Anarchical Society. A Study of Order in World Politics. London 1977
Bull, Hedley: Von der Verantwortung der Weltmächte. Die Vereinigten Staaten, die Sowjetunion und die Weltordnung. In: Europa-Archiv 1980, S. 547-556
Bundy, McGeorge: The Test of Yalta. In: Foreign Affairs, Vol. 27, 1948/49, S. 618-629
Burens, Peter-Claus: Die DDR und der »Prager Frühling«. Bedeutung und Auswirkungen der tschechoslowakischen Erneuerungsbewegung für die Innenpolitik der DDR im Jahr 1968. Berlin 1981
Burks, Richard V.: Perspectives for Eastern Europe. In: Problems of Communism, Vol. 13/1964, No. 2, S. 73-81
Burks, Richard V.: The Rumanian National Deviation: An Accounting. In: Kurt London (Ed.): Eastern Europe in Transition. Baltimore 1966, S. 93-113 (dt. Übersetzung in: Osteuropa 1966, S. 314-328) (Deviation)

Busek, Vratislav und Nicolas Spulber (Eds.): Czechoslovakia. New York/London 1957
Busse, Hartwig/Klaus Lingner: Mit starken Freunden fest verbunden: Friedensfaktor DDR. Berlin (Ost) 1974
Butenko, A.: Sozialistische Integration – Wesen und Perspektiven. Berlin (Ost) 1972
Butenko, A.: Einige theoretische Probleme der Entwicklung des sozialistischen Weltsystems. In: Sowjetwissenschaft – Gesellschaftswissenschaftliche Beiträge 1972, S. 196–211 (Probleme)
Butenko, A. P.: Zur Dialektik von Einheit und Interessen im sozialistischen Weltsystem. Berlin (Ost) 1974
Butler, W. E.: Legal Configurations of Integration in Eastern Europe. In: International Affairs, London, Vol. 51/1975, No. 4, S. 518–530
Bykow, D. W.: Die Abkommen über den Rechtsstatus der sowjetischen Truppen im Ausland. In: Gegenwartsprobleme des Völkerrechts. Berlin (Ost) 1962, S. 325–332
Byrnes, James F.: Speaking Frankly. New York and London 1947 (deutsche Ausgabe: In aller Offenheit. Frankfurt M. o. J.)
Byrnes, Robert F. (Ed.): Yugoslavia. New York 1957

Cabagi, C. G.: The End of the Cominform. In: Bulletin of the Institute for the Study of the USSR 1956, No. 6, S. 24–28
Čakste, Mintauts: Lativa and the Soviet Union. In: Journal of Central European Affairs, Vol. IX/1949/50, S. 32–60 (= Part I), S. 173–211 (= Part II)
Caldwell, Lawrence T.: The Warsaw Pact: Directions of Change. In: Problems of Communism, Vol. 24/1975, No. 5, S. 1–19 (Pact)
Caldwell, Lawrence T./Steven E. Miller: East European integration and European politics. In: International Journal (Toronto), Vol. 32/1977, S. 352–385
Calvocoressi, Peter: Survey of International Affairs 1947–1948. London/New York/Toronto 1952 (Survey 1947/48)
Calvocoressi, Peter: Survey of International Affairs 1949–1950. London, New York, Toronto 1953
Calvocoressi, Peter: Survey of International Affairs 1951. London, New York, Toronto 1954
Calvocoressi, Peter: Survey of International Affairs 1952. London, New York, Toronto 1955
Calvocoressi, Peter: Survey of International Affairs 1953. London, New York, Toronto 1956
Calvocoressi, Peter: World Order and New States. London 1962
Campbell, John C.: The European Territorial Settlement. In: Foreign Affairs, Vol. 26, 1947/48, S. 196–218
Campbell, John C.: Tito's Separate Road. America and Yugoslavia in World-Politics. New York and Evanston 1967
Campbell, John C.: Yugoslavia. In: Adam Bromke/Teresa Rakowska-Harmstone (Eds.): The Communist States in Disarray 1965–1971. Minneapolis 1972, S. 180–197
Campbell, John C.: Soviet Strategy in the Balkans. In: Problems of Communism, Vol. 23/1974, No. 4, S. 1–16 (Strategy)
Carstens, Karl: Die deutsche Friedensnote vom 25. März 1966. In: Ludwig Erhard. Beiträge zu seiner politischen Biographie. Festschrift zum 75. Geburtstag. Frankfurt a. M./Wien 1972, S. 383–392
Cattell, David T.: Multilateral Co-Operation and Integration in Eastern Europe. In: The Western Political Quarterly, Vol. XIII/1960, S. 64–69 (Co-Operation)
Cattell, David T.: The Politics of the Danube Commission under Soviet Control. In: American Slavic and East European Review, Vol. 19/1960, S. 380–394
Cavaré, Louis: Considérations sur les traités d'alliance. In: Mélanges en l'honeur de Gilbert Gidel. Paris o. J. (1961), S. 127–142
Cecil, Robert: Hitlers Griff nach Rußland. Graz/Wien/Köln 1977 (Titel der englischen Originalausgabe: Hitler's Decision to Invade Russia 1941. London 1975)

Charvin, Robert: Souveraineté et Integration dans la Communauté des États Socialistes. In: Revue belge de droit international. 1973, S. 411–428
Chase, John L.: Unconditional Surrender Reconsidered. In: Political Science Quarterly, Vol. 70/1955, S. 258–279
Christoff, Boris A.: The Bulgarian »Leap Forward«. In: Problems of Communism, Vol. 8/ 1959, No. 5, S. 15–20
Christoff, Boris: Bulgaria: The Value of Scapegoats. In: Problems of Communism. Vol. 11/ 1962, No. 3, S. 13–18
Chruschtschow, Nikita S.: Für dauerhaften Frieden und friedliche Koexistenz. Berlin (Ost) 1959 (Frieden)
Chruschtschow, Nikita S.: Welt ohne Waffen – Welt ohne Krieg. Berlin (Ost) 1961 (Welt)
Chruschtschow, Nikita S.: Für neue Siege der kommunistischen Weltbewegung. In: Probleme des Friedens und des Sozialismus 1961, Nr. 1, S. 1–28 (Siege)
Chruschtschow, Nikita S.: Wesentliche Fragen der Entwicklung des sozialistischen Weltsystems. In: Probleme des Friedens und des Sozialismus 1962, H. 9; Nachdruck in: Einheit 1962, Nr. 9, S. 3–26
Chruschtschow, N. S.: Kommunismus – Frieden und Glück der Völker. Berlin (Ost) 1963 (Kommunismus)
Chruschtschow erinnert sich. Hrsg. von Strobe Talbott. Eingeleitet und kommentiert von Edward Crankshaw. Reinbek bei Hamburg 1971
Chrypinski, V. C.: Poland. In: Adam Bromke/Teresa Rakowska-Harmstone (Eds.): The Communist States in Disarray 1965–1971. Minneapolis 1972, S. 95–120
Churchill, Winston S.: Der Zweite Weltkrieg. I. Band: Der Sturm zieht auf: 1. Buch: Von Krieg zu Krieg 1919–1939. 1949; II. Band: Englands größte Stunde: 2. Buch: Allein. 1950. Hamburg. V. Band: Der Ring schließt sich: 1. Buch: Italien kapituliert; 2. Buch: Von Teheran bis Rom. 1953. VI. Band: Triumph und Tragödie: 1. Buch: Dem Sieg entgegen; 2. Buch: Der Eiserne Vorhang. 1954. Stuttgart
Ciechanowski, Jan: Vergeblicher Sieg. Zürich 1948 (Titel des Originals: Defeat in Victory. New York 1947)
Cismarescu, Mihail: Zum rumänischen Parteitag. In: Ost-Probleme 1965, S. 501–505
Cismarescu, Michael: Die verfassungsrechtliche Entwicklung der Sozialistischen Republik Rumänien 1965–1975. In: Jahrbuch des öffentlichen Rechts der Gegenwart. Neue Folge. Bd. 24. Tübingen 1975, S. 231–285
Ciorănescu, George: Zum 100. Jahrestag der Unabhängigkeit Rumäniens. In: Osteuropa 1977, S. 1048–1056
Ciurea, Emile C.: Le Traité de Paix avec la Roumanie du 10. Février 1947. Paris 1954 (Traité)
Ciurea, Emile: The Background. In: Alexander Cretzianu (Ed.): Captive Rumania – a decade of soviet rule. New York 1956, S. 3–42
Claude, Henri: Der Marshallplan. Berlin (Ost) 1949 (Frz. Ausgabe: Le Plan Marshall. Paris 1948)
Clay, Lucius D.: Entscheidung in Deutschland. Frankfurt M. o. J. (Amerikanische Originalausgabe: Decision in Germany. New York 1950)
Clementis, Wladimir: The Slovac »State«. How It was Born and How It will Die. In: Journal of Central European Affairs, Vol. 4, 1944/45, S. 341–349
Clissold, Stephen: Whirlwind. An Account of Marshal Tito's Rise to Power. London 1949
Clissold, Stephen: Yugoslavia and the Soviet Union 1939–1973. London, New York, Toronto 1975
Clogg, Richard: Greece. In: Martin McCauley (Ed.): Communist Power in Europe 1944–1949, London 1977, S. 184–198
Cohen, Barry Mendel: Moscow at Munich: Did the Soviet Union offer unilateral aid to Czechoslovakia? In: East European Quarterly, Vol. XII/1978, S. 341–348
Compton, James V. (Ed.): America and the Origins of the Cold War. Boston, o. J.

Condoide, M. V.: Economic Implications of Revaluation of the Ruble. In: Problems of Communism, Vol. 1/1952, No. 3; dt. Übersetzung in: Ost-Probleme 1953, S. 1058–1062 (Implications)

Conrad, G. J.: Die Wirtschaft Jugoslawiens. Hrsg. vom Deutschen Institut für Wirtschaftsforschung (Institut für Konjunkturforschung). Berlin o. J. (1952)

Constantopoulos, Dimitri S.: Die Pariser Friedenskonferenz 1946 und die griechisch-bulgarischen Beziehungen. In: Gegenwartsprobleme des Internationalen Rechts und der Rechtsphilosophie. Festschrift für Rudolf Laun zu seinem siebzigsten Geburtstag. Hrsg. von Dimitri S. Constantopoulos und Hans Wehberg. Hamburg 1953, S. 287–326 (Friedenskonferenz)

Constantopoulos, Dimitri S.: Die Balkan-Allianz und das internationale Recht. In: Rechtsfragen der internationalen Organisation. Festschrift für Hans Wehberg. Hrsg. von Walter Schätzel und Hans-Jürgen Schlochauer. Frankfurt M. 1956, S. 109–129

Conte, Arthur: Die Teilung der Welt – Jalta 1945. Düsseldorf 1965 (Titel der französischen Originalausgabe: Yalta ou le Partage du Monde. Paris 1964)

Conze, Werner: Jakob Kaiser – Politiker zwischen Ost und West 1945–1949. Stuttgart u. a. 1969

Cornides, Wilhelm: Die Weltmächte und Deutschland. Geschichte der jüngsten Vergangenheit 1945–1955. Tübingen 1957 (Weltmächte)

Cornides, Wilhelm: Chruschtschows Einbruch in die Friedensstrategie Kennedys. In: Die Internationale Politik 1961. Hrsg. von Wilhelm Cornides und Dietrich Mende. München/Wien 1964, S. 54–76

Cornides, Wilhelm/Sophie von Ungern/Gert Ziegler: Die osteuropäische Wirtschaftsrevolution – Der Wandel der Agrarstruktur. In: Europa-Archiv 1948, S. 1603–1618

Corvinul, Matei: Politik der Unabhängigkeit. In: Ost-Probleme 1966, S. 514–521

Costello, Michael: Bulgarien: Vorsichtig und sowjettreu. In: Osteuropäische Rundschau 1968, H. 11, S. 27–30

Costello, Michael: Bulgaria. In: Adam Bromke and Teresa Rakowska-Harmstone (Eds.): The Communist States in Disarray 1965–1971. Minneapolis, Minnesota/USA 1972, S. 135–157

Crankshaw, Edward: Moskau – Peking oder Der neue Kalte Krieg. Reinbek bei Hamburg 1963 (Übersetzung der amerikanischen Originalausgabe: The New Cold War: Moscow v. Peking. Baltimore, Md. 1963) (Moskau-Peking)

Cretzianu, Alexander: The Soviet Ultimatum to Roumania (26 June, 1940). In: Journal of Central European Affairs, Vol. IX/1949/50, S. 396–403 (Ultimatum)

Cretzianu, Alexander: The Rumanian Armistice Negotiations: Cairo, 1944. In: Journal of Central European Affairs, Vol. XI/1951/52, S. 243–258 (Negotiations)

Cretzianu, Alexander (Ed.): Captive Rumania – a decade of soviet rule. New York 1956

Croan, Melvin: East Germany: Lesson in Survival. In: Problems of Communism, Vol. 11/1962, No. 3, S. 7–12

Croan, Melvin: Communist International Relations. In: Survey 1962, No. 42, S. 9–19 (Relations)

Croan, Melvin: The Dialectics of Polycentrism. In: Survey 1963, No. 48, S. 130–144 (Dialectics)

Croan, Melvin: East Germany. In: Adam Bromke (Ed.): The Communist States at the Crossroads: Between Moscow and Peking. New York, Washington, London 1965, S. 126–139 (East Germany I)

Croan, Melvin: Czechoslovakia, Ulbricht, and the German Problem. In: Problems of Communism, Vol. 18/1969, No. 1, S. 1–7 (Czechoslovakia)

Croan, Melvin: Sozialistisches Lager. In: Sowjetsystem und Demokratische Gesellschaft. Eine vergleichende Enzyklopädie. Freiburg/Basel/Wien 1972. Bd. V, Sp. 1945–1960

Croan, Melvin: East Germany. In: Adam Bromke/Teresa Rakowska-Harmstone (Eds.): The Communist States in Disarray 1965–1971. Minneapolis 1972, S. 73–94 (East Germany II)

Croan, Melvin: Entwicklung der politischen Beziehungen zur Sowjetunion seit 1955. In: Hans-Adolf Jacobsen, Gert Leptin, Ulrich Scheuner, Eberhard Schulz (Hrsg.): Drei Jahrzehnte Außenpolitik der DDR. München/Wien 1979, S. 347-379
Csizmas, Michael: Der Warschauer Pakt. Bern 1972
Czerwinski, Edward Joseph/Jaroslaw Piekalkiewicz (Eds.): The Soviet Invasion of Czechoslovakia - Its Effects on Eastern Europe. New York, Washington, London 1972

Dalgleish, Donald D.: Walter Ulbricht's German Democratic Republic. In: Peter A. Toma (Ed.): The Changing of Communism. Tucson/Arizona 1970, S. 123-162
Dallek, Robert: Franklin D. Roosevelt and American Foreign Policy, 1932-1945. New York, N. Y. 1979
Dallin, Alexander: The Use of International Movements. In: Ivo J. Lederer (Ed.): Russian Foreign Policy. Essays in Historical Perspective. New Haven and London 1962, S. 311-349 (Use)
Dallin, Alexander: Das ungelöste Problem der Einheit in Vielfalt. In: Ost-Probleme 1962, S. 386-393 (= Übersetzung: Long Divisions and Fine Fractions, in: Problems of Communism, Vol. 11/1962, No. 2, S. 7-16) (Problem)
Dallin, Alexander (Ed.): The Twenty-Fifth Congress of the CPSU: Assessment and Context. Stanford/Cal. 1977
Dallin, Alexander/Thomas B. Larson (Eds.): Soviet Politics since Khrushchev. Englewood Cliffs, N. J. 1968
Dallin, David J.: Russia's New Empire. In: Yale Review, New Haven, September 1950. Dt. Übersetzung: Rußlands neuer Imperialismus. In: Ost-Probleme 1950, S. 1499-1507
Dallin, David J.: Stalin, Renner und Tito. Österreich zwischen drohender Sowjetisierung und den jugoslawischen Gebietsansprüchen im Frühjahr 1945. In: Europa-Archiv 1958, S. 11 030-11 034
Dallin, David J.: Sowjetische Außenpolitik nach Stalins Tod. Köln/Berlin 1961 (Übersetzung der amerikanischen Originalausgabe: Soviet Foreign Policy After Stalin. New York 1961) (Außenpolitik)
Damus, Renate: RGW - Wirtschaftliche Zusammenarbeit in Osteuropa. Opladen 1979
Daniels, Robert V.: How Monolith was the Monolith? In: Problems of Communism, Vol. 13/1964, No. 2, S. 40-47 (Monolith)
Daniels, Robert V.: Doctrine and Foreign Policy. In: Erik P. Hoffmann und Frederic J. Fleron, Jr. (Eds.): The Conduct of Soviet Foreign Policy. London 1971, S. 154-164
Danylow, Peter: Die außenpolitischen Beziehungen Albaniens zu Jugoslawien und zur UdSSR - 1944-1961. München/Wien 1982
Davies, Norman: Poland, in: Martin McCauley (Ed.): Communist Power in Europe 1944-1949. London 1977, S. 39-57
Davies, Richard T.: The View from Poland. In: Thomas T. Hammond (Ed.): Witnesses to the Origins of the Cold War. Seattle and London 1982, S. 249-277 (View)
Davis, Lynn E.: The Cold War Begins. Soviet-American Conflict over Eastern Europe. Princeton, N. J. 1974
Dawisha, Karen/Philip Hanson (Eds.): Soviet - East European Dilemmas: Coercion, Competition, and Consent. London 1981
DDR-Handbuch. Wissenschaftliche Leitung: Peter Christian Ludz unter Mitwirkung von Johannes Kuppe. Hrsg. vom Bundesministerium für innerdeutsche Beziehungen. Köln 1975. 2., völlig überarbeitete und erweiterte Auflage, Köln 1979
Dean, Robert W.: Gierek's Three Years: Retrenchment and Reform. In: Survey, Vol. 20/1974, No. 91/92 (2-3), S. 59-75
Dean, Robert W.: Moscow and Eastern Europe: A New Look. In: Problems of Communism, Vol. 26/1977, No. 4, S. 83-88
Dedijer, Vladimir: Albania: Soviet Pawn. In: Foreign Affairs, Vol. 30, 1951/52, S. 103-111
Dedijer, Vladimir: Tito. Autorisierte Biographie. Berlin 1953 (Autorisierte Übersetzung aus dem Amerikanischen: Tito Speaks. His Self Portrait and Struggle with Stalin. London 1953)

Dedijer, Vladimir: Stalins verlorene Schlacht. Wien/Frankfurt M./Zürich 1970
Degras, J.: Eastern Europe. In: G. Barraclough: Survey of International Affairs 1956–1958. London, New York, Toronto 1962, S. 183–204
Dehio, Ludwig: Gleichgewicht oder Hegemonie. Betrachtungen über ein Grundproblem der neueren Staatengeschichte. Krefeld 1948
Dehio, Ludwig: Das sterbene Staatensystem. In: Außenpolitik 1953, S. 345–354
Dellin, L. A. D. (Ed.): Bulgaria. New York 1957
Dellin, L. A. D.: Politics and Political Organizations. In: L. A. D. Dellin (Ed.): Bulgaria. New York 1957, S. 102–131 (Politics)
Dellin, L. A. D.: Bulgaria. In: Stephen D. Kertesz (Ed.): East Central Europe and the World: Developments in the Post-Stalin Era. Notre Dame, Indiana 1962, S. 169–196
Dernberger, Robert F.: The International Trade of Communist China. In: C. F. Remer (Ed.): Three Essays on the International Economics of Communist China. Ann Arbor/ Michigan 1959, S. 121–221 (Trade)
Detre, Paul: Der neue innenpolitische Kurs in Ungarn vor und nach dem VIII. Parteikongreß. In: Osteuropa 1963, S. 175–183
Detre, Paul: Das Echo auf Chruschtschows Sturz: Ungarn. In: Osteuropa 1965, S. 171–173
Deuerlein, Ernst: Die Einheit Deutschlands. Bd. I: Die Erörterungen und Entscheidungen der Kriegs- und Nachkriegskonferenzen 1941–1949. 2., durchges. und erw. Aufl., Frankfurt/M./Berlin 1961 (Einheit)
Deuerlein, Ernst: Das Problem der »Behandlung Deutschlands«. In: Aus Politik und Zeitgeschichte. Beilage zur Wochenzeitung »Das Parlament«, B 18 vom 5. Mai 1965, S. 26–46 (Behandlung Deutschlands)
Deuerlein, Ernst (Hrsg.): DDR – Geschichte und Bestandsaufnahme. München 1966
Deuerlein, Ernst: Ursprünge der alliierten Deutschlandpolitik. US-Akten vermitteln neue Aufschlüsse. In: Die politische Meinung 1967, H. 121, S. 23–32
Deuerlein, Ernst: Deklamation oder Ersatzfrieden? Die Konferenz von Potsdam 1945. Stuttgart u. a. 1970
Deutscher, Isaac: Stalin. Eine politische Biographie. Stuttgart 1962
Devlin, Kevin: Schism and Secession. In: Survey 1965, No. 54, S. 29–49
Devlin, Kevin: Which Side Are You On? In: Problems of Communism. Vol. 16/1967, No. 1, S. 52–59
Devlin, Kevin: The New Crisis in European Communism. In: Problems of Communism. Vol. 17/1968, No. 6, S. 57–68 (Crisis)
Devlin, Kevin: Von Chruschtschews Gipfel zu Breschnews Hügel. In: Osteuropäische Rundschau 1969, H. 6, S. 1–9 (Gipfel)
Devlin, Kevin: Albanische Enthüllungen über die Moskauer Konferenz von 1960. In: Osteuropäische Rundschau 1970, H. 12, S. 3–10 (Enthüllungen)
Devlin, Kevin: Interparty Relations: Limits of »Normalization«. In: Problems of Communism. Vol. 20/1971, No. 4, S. 22–35
Devlin, Kevin: The Interparty Drama. In: Problems of Communism. Vol. 24/1975, No. 4, S. 18–34
Devlin, Kevin and Iz (Louis Zanga): New Light on the 1960 Conference: Albaniens Break »Secrecy Pact«. Radio Free Europe, Research, CAA Report No. 0698, Aug. 13, 1970, München
Dewar, Margaret: Soviet Trade with Eastern Europe – 1945–1949. London and New York 1951 (Trade)
Die Verfassung der Volksrepublik Polen. Eingeleitet von Herwig Roggemann unter Mitarbeit von Siegfried Lammich. Berlin 1979
Diepenthal, Wolfgang: Drei Volksdemokratien. Ein Konzept kommunistischer Machtstabilisierung und seine Verwirklichung in Polen, der Tschechoslowakei und der Sowjetischen Besatzungszone Deutschlands – 1944–1948. Köln 1974
Diktierte Option. Die Umsiedlung der Deutsch-Balten aus Estland und Lettland 1939–1941. Dokumentation zusammengestellt und eingeleitet von Dietrich A. Loeber. Neumünster 1972

Dimitrijević, Vojin: Intervention und Aggression. In: Internationale Politik 1968, H. 448, S. 25-28
Dimitroff, Georgi: Ausgewählte Schriften. Bd. 3: 1935-1948. Berlin (Ost) 1958
Dinerstein, Herbert S.: Der Krieg und die Sowjetunion. Die Atomwaffen und der Wandel im militärischen und politischen Denken der Sowjets. Köln/Berlin 1960
Dinerstein, Herbert S.: The Transformation of Alliance Systems. In: The American Political Science Review, Vol. LIX/1965, S. 589-601
Djilas, Milovan: Lenin über die Beziehungen zwischen sozialistischen Staaten. Belgrad 1950 (Lenin)
Djilas, Milovan: Zeitgenössische Themen. In: Edward Kardelj: Über die prinzipiellen Grundlagen der Außenpolitik Jugoslawiens. Frankfurt/M. 1950
Djilas, Milovan: Die neue Klasse – Eine Analyse des kommunistischen Systems. München 1957 (= Übersetzung des serbischen Originalmanuskripts; Titel der amerikanischen Ausgabe: The New Class – An Analysis of the Communist System. New York)
Djilas, Milovan: Gespräche mit Stalin. Frankfurt M. 1962 (Gespräche)
Djilas, Milovan: Der Krieg der Partisanen. Memoiren 1941-1945. Wien u. a. 1978 (Krieg)
Domes, Jürgen/Marie-Luise Näth: Die Außenpolitik der Volksrepublik China. Eine Einführung. Düsseldorf 1972 (Außenpolitik)
Drachkovitch, Milorad M.: Tito's Yugoslavia in Khrushchev's Era. In: Stephen D. Kertesz (Ed.): East Central Europe and the World: Developments in the Post-Stalin Era. Notre Dame, Indiana 1962, S. 281-313
Drachkovitch, Milorad M.: Yugoslavia. In: Adam Bromke (Ed.): The Communist States at the Crossroads: Between Moscow and Peking. New York, Washington, London 1965, S. 179-198
Drei Jahrzehnte Außenpolitik der DDR. Hrsg.: Hans-Adolf Jacobsen. Gert Leptin, Ulrich Scheuner, Eberhard Schulz. München/Wien 1979
Drobnig, Ulrich: Soviet Corporations in Eastern Germany. In: Journal of Central European Affairs, Vol. 17, 1957/58, S. 150-165 (Corporations)
Duchacek, Ivo: The Strategy of Communist Infiltration: Czechoslovakia 1944-48. In: World Politics, Vol. II, 1949/50, S. 345-372 (Strategy)
Duchacek, Ivo: The February Coup in Czechoslowakia. In: World Politics, Vol. II, 1949/50, S. 511-532 (Coup)
Duchacek, Ivo: Czechoslovakia. In: Stephen D. Kertesz (Ed.): The Fate of East Central Europe. Hopes and Failures of American Foreign Policy. Notre Dame, Indiana 1956, S. 179-218
Duchacek, Ivo: Czechoslovakia. In: Stephen D. Kertesz (Ed.): East Central Europe and the World: Developments in the Post-Stalin Era. Notre Dame, Indiana 1962, S. 95-119
Duchacek, Ivo: Czechoslovakia: The Past Reburied. In: Problems of Communism, Vol. 11/1962, No. 3, S. 22-26
Dudinski, I.: Gemeinsam zum Kommunismus. In: Neue Zeit 1958, Nr. 50, S. 6-8
Dudinskij, Ilja: Die Annäherung als Gesetzmäßigkeit der Entwicklung der sozialistischen Länder. In: Deutsche Außenpolitik 1980, H. 12, S. 15-30
Düchs, Wilfried: Die Organisation der Warschauer-Pakt-Staaten als »partieller Bundesstaat«? Jur. Diss. an der Universität Würzburg. Würzburg 1976
Duff, Katharine: Liberated Italy: From September 1943 to February 1947. In: Arnold Toynbee and Veronica M. Toynbee (Eds.): Survey of International Affairs 1939-1946: The Realignment of Europe. London/New York 1955, S. 409-452
Duhnke, Horst: Stalinismus in Deutschland. Die Geschichte der sowjetischen Besatzungszone. Köln o. J. (1955)
Dziewanowski, M. K.: Gomulka and Polish National Communism: A Brief Historical Sketch. In: Problems of Communism, Vol. VI/1957, No. 1, S. 43-46
Dziewanowski, M. K.: Poland. In: Adam Bromke (Ed.): The Communist States at the Crossroads: Between Moscow and Peking. New York, Washington, London 1965, S. 56-70

Eckstein, Alexander: Moscow-Peking Axis: The Economic Pattern. In: Howard L. Boorman u. a.: Moscow–Peking Axis: Strenghts and Strains (Publications of the Council on Foreign Relations.) New York 1957, S. 54–111
The Eden Memoirs: The Reckoning. London 1965 (Eden: Memoirs)
Eggers, Wolfgang: Jugoslawiens Wiederannäherung an den Ostblock während der letzten Jahre. In: Osteuropa 1965, S. 594–602 (Wiederannäherung)
Eliaš, Zdeněk/Jaromír Netík: Czechoslovakia. In: William E. Griffith (Ed.): Communism in Europe. Continuity, Change, and the Sino-Soviet Dispute. Oxford u. a. 1966, S. 157–276
Eljaschoff, Michael: Die Grundzüge der Sowjetverfassung. Heidelberg 1925
Embree, G. D.: The Soviet Union between the 19th and 20th Party Congress 1952–1956. The Hague 1959 (Soviet Union)
Engel, Bruno: Von Belgrad (1961) bis Havanna (1979). Zur Entwicklung der Bewegung blockfreier Staaten. Berichte des Bundesinstituts für ostwissenschaftliche und internationale Studien. Köln, Nr. 45/1980
Engel, Thomas: Spezialisierung und Zusammenarbeit im COMECON. In: Osteuropäische Rundschau 1966, H. 11, S. 16–21
Erdmann, Karl Dietrich: Die asiatische Welt im Denken von Karl Marx und Friedrich Engels. In: Karl Dietrich Erdmann: Geschichte, Politik und Pädagogik. Aufsätze und Reden. Zum 60. Geburtstag herausgegeben von Schülern und Mitarbeitern. Stuttgart 1970, S. 149–182
Erdmann, Karl Dietrich: Die Zeit der Weltkriege. In: Gebhardt: Handbuch der deutschen Geschichte. Bd. 4/2. Teilband: Deutschland unter der Herrschaft des Nationalsozialismus 1933–1939. 9., neubearb. Aufl. Stuttgart 1976
Erdmann, K. D.: Fragen an die sowjetische Geschichtswissenschaft. In: Geschichte in Wissenschaft und Unterricht. 1978, S. 451–455
Erickson, Edgar L.: The Zoning of Austria. In: The Annals of the American Academy of Political and Social Science, Vol. 267/1950, S. 106–113
Ermacora, Felix: Österreichs Staatsvertrag und Neutralität. Sammlung der wichtigsten, die Rechtsstellung der Republik Österreich und ihre Entwicklung betreffenden Rechtsakte und politischen Noten mit Einführung und Erläuterungen. Frankfurt/M./Berlin 1957
Ermarth, Fritz: The Warsaw Pact on the Bloc Agenda. Radio Free Europe – Research: Communist Area vom 16. September 1965 (Pact)
Ermarth, Fritz: Zum Freundschaftsvertrag Moskau-Bukarest. In: Osteuropäische Rundschau 1968, H. 1, S. 6–8 (Freundschaftsvertrag)
Ermarth, Fritz: Internationalism, Security, and Legitimacy: The Challenge of Soviet Interests in East Europe, 1964–1968. The Rand Corporation, Santa Monica/Cal., March 1969, RM-5909-PR
Eschenburg, Theodor: Das Problem der deutschen Einheit nach den beiden Weltkriegen. In: Vierteljahrshefte für Zeitgeschichte 1957, S. 107–133; Nachdruck in: Aus Politik und Zeitgeschichte. Beilage zur Wochenzeitung »Das Parlament«, B 23 vom 12. Juni 1957 (Problem)
Esmer, Ahmed Sükrü: The Straits: Crux of World Politics. In: Foreign Affairs, Vol. 25, 1946/47, S. 290–302
Ezergailis, Andrew: »Monolithic« vs. »Crumbling« Communism. In: Problems of Communism, Vol. 19/1970, No. 1, S. 1–7

Fabre, Michel-Henry: Rayons et ombres sur le statut international des démocraties populaires. In: Mélanges en l'honneur de Gilbert Gidel. Paris o. J. (1961), S. 229–255
Fabritzek, Uwe G.: Die SED zwischen Moskau und Peking. In: Osteuropa 1973, S. 185–192
Fabry, Philipp W.: Die Sowjetunion und das Dritte Reich. Eine dokumentierte Geschichte der deutsch-sowjetischen Beziehungen von 1933 bis 1941. Stuttgart 1971 (Sowjetunion)
Faddejew, N. W.: Der Rat für Gegenseitige Wirtschaftshilfe. Berlin (Ost) 1975 (Übersetzung der russischen Originalausgabe. Moskau 1974)

Fallenbuchl, Z. M.: Comecon Integration. In: Problems of Communism, Vol. 22/1973, No. 2, S. 25-39
Farlow, Robert L.: Romanian Foreign Policy: A Case of Partial Alignment. In: Problems of Communism, Vol. 20/1971, No. 6, S. 54-63
Farrell, R. Barry: Jugoslavia and the Soviet Union 1948-1956. An Analysis with Documents. Hamden, Connecticut/USA 1956
Faude, Eugen/Ingrid Hoell/Peter Krüger: Antisowjetische Entstellungen zu internationalen ökonomischen Beziehungen. In: Deutsche Außenpolitik 1978, H. 7, S. 26-38
Faust, Fritz: Das Potsdamer Abkommen und seine völkerrechtliche Bedeutung. Vierte, neubearbeitete Auflage. Frankfurt/M./Berlin 1969 (Potsdamer Abkommen)
Feierabend, Ladislav: The Gottwald Era in Czechoslovakia. In: Journal of Central European Affairs, Vol. XIII, 1953/54, S. 246-256 (Era)
Feis, Herbert: Churchill, Roosevelt, Stalin: The War They Waged and the Peace They Sought. Princeton N. J., London 1957
Feis, Herbert: Zwischen Krieg und Frieden. Das Potsdamer Abkommen. Frankfurt M./ Bonn 1962 (Titel der amerikanischen Originalausgabe: Between War and Peace. The Potsdam Conference. Princeton, N. J. 1960) (Krieg)
Fejtö, François: Hungarian Communism. In: William E. Griffith (Ed.): Communism in Europe - Continuity, Change, and the Sino-Soviet Dispute. Vol. I. Cambridge/Mass. 1964, S. 177-297
Fejtö, François: Moscow and Its Allies. In: Problems of Communism, Vol. 17/1968, No. 6, S. 29-37
Fejtö, François: Die Geschichte der Volksdemokratien. Bd. I: Die Ära Stalin 1945-1953; Bd. II: Nach Stalin 1953-1972. Graz, Wien, Köln 1972 (Titel der französischen Originalausgabe: Histoire des democraties populaires. Paris 1969) (Volksdemokratien)
Fejtö, François: Le Coup de Prague 1948. Paris 1976 (Coup)
Fenyo, Mario D.: Hitler, Horthy, and Hungary. German-Hungarian Relations, 1941-1944. New Haven/London 1972 (Hitler)
Fiedler, Heinz: Der sowjetische Neutralitätsbegriff in Theorie und Praxis. Ein Beitrag zum Problem des Disengagement. Köln 1959 (Neutralitätsbegriff)
Fiedler, Heinz: Das bilaterale Paktsystem. In: Dietrich Geyer und Boris Meissner (Hrsg.): Osteuropa-Handbuch: Sowjetunion - Völkerrechtstheorie und Vertragspolitik. Köln/ Wien 1972, S. 139-162 (Paktsystem)
Finley, David D.: Integration among the Communist Party-States: Comparative Case Studies. In: Jan F. Triska (Ed.): Communist Party-States. Comparative and International Studies. Indianapolis/New York, N. Y. 1969, S. 57-80
Teheran, Jalta, Potsdam. Die sowjetischen Protokolle von den Kriegskonferenzen der »Großen Drei«. Herausgegeben und eingeleitet von *Alexander Fischer.* Köln 1968 (A. Fischer: Teheran)
Fischer, Alexander: Antifaschismus und Demokratie - Zur Deutschlandplanung der UdSSR in den Jahren 1943-1945. In: Potsdam und die deutsche Frage. Köln 1970, S. 5-33 (Antifaschismus)
Fischer, Alexander: Sowjetische Deutschlandpolitik im Zweiten Weltkrieg - 1941-1945. Stuttgart 1975 (Deutschlandpolitik)
Fischer, Alexander: Außenpolitische Aktivitäten bei ungewisser sowjetischer Deutschland-Politik (bis 1955). In: Hans-Adolf Jacobsen, Gert Leptin, Ulrich Scheuner, Eberhard Schulz (Hrsg.): Drei Jahrzehnte Außenpolitik der DDR. München/Wien 1979, S. 51-84
Fischer, Gabriel: Rumania. In: Adam Bromke/Teresa Rakowska-Harmstone (Eds.): The Communist States in Disarray 1965-1971. Minneapolis 1972, S. 158-179
Fischer-Galati, Stephen (Ed.): Romania (East-Central Europe under the Communists). New York/London 1957
Fischer-Galati, Stephen: The Party and Political Organizations. In: Stephen Fischer-Galati (Ed.): Romania. New York 1957, S. 60-83 (Party)
Fischer-Galati, Stephen: Rumania. In: Stephen D. Kertesz (Ed.): East Central Europe and the World: Developments in the Post-Stalin Era. Notre Dame, Indiana 1962, S. 156-168

Fischer-Galati, Stephen: Rumania and the Sino-Soviet Conflict. In: Kurt London (Ed.): Eastern Europe in Transition. Baltimore 1966, S. 261-275 (Conflict)
Fischer-Galati, Stephen; The New Rumania. From People's Democracy to Socialist Republic. Cambridge/Mass. und London 1967
Fischer-Galati, Stephen: Twentieth Century Rumania. New York und London 1970 (Rumania)
Fischer-Galati, Stephen: The Socialist Republic of Rumania. In: Peter A. Toma (Ed.): The Changing Face of Communism. Tucson/Arizona 1970, S. 15-37
Fischer-Galati, Stephen: The Communist Takeover in Rumania: A Function of Soviet Power. In: Thomas Hammond (Ed.): The Anatomy of Communist Takeovers. New Haven and London 1975, S. 310-320 (Takeover)
Fischer-Galati, Stephen: The Moldavian Soviet Republic in Soviet Domestic and Foreign Policy. In: Roman Szporluk (Ed.): The Influence of East Europe and the Soviet West on the USSR. New York, Washington, London 1976, S. 229-250
Fischer-Galati, Stephen: Foreign Policy. In: Südosteuropa-Handbuch. Bd. II: Rumänien. Hrsg. von Klaus Detlef Grothusen. Göttingen 1977, S. 198-231
Fisher, Thomas: Allied Military Government in Italy. In: The Annals of The American Academy of Political and Social Science, Vol. 267/1950, S. 114-122
Fiszman, Joseph R.: Poland – Continuity and Change. In: Peter A. Toma (Ed.): The Changing Face of Communism. Tucson/Arizona 1970, S. 41-88
Floyd, David: Die feindlichen Genossen. Der russisch-chinesische Konflikt. München/Zürich 1964 (Übersetzung der amerikanischen Originalausgabe: Mao Against Khrushchev: A Short History of the Sino-Soviet Conflict. New York/London 1964) (Genossen)
Floyd, David: Rumania – Russia's Dissident Ally. London/Dunmow 1965
Fontaine, André: Histoire de la Guerre Froide. T. 1: De la Révolution d'Octobre à Guerre de Corée 1917-1950. Paris 1965
Fraenkel, Ernst: Regionalpakte und Weltfriedensordnung. Zur völkerrechtlichen Entwicklung der Nachkriegszeit. In: Vierteljahrshefte für Zeitgeschichte 1954, S. 34-54
Franke, Reiner: Beneš und die Sowjetunion. Die Beziehungen seit dem Jahre 1935. In: Bohemia, Bd. 21/1980, S. 288-302
Freeland, Richard M.: The Truman Doctrine and the Origins of McCarthyism. Foreign Policy, Domestic Politics, and Internal Security 1946-1948. New York 1972
Frei, Otto: Die Beziehungen zwischen Pankow und Peking. In: Osteuropa 1961, S. 541-544
Freiberg, Kurt Walther: Die permanente Krise der SED. Zerfallserscheinungen in der Partei neuen Typus. In: SBZ-Archiv 1954, S. 6-7
Frenzke, Dietrich: Koexistenz und sozialistischer Internationalismus in der jugoslawischen Verfassung und Völkerrechtslehre. In: Moderne Welt 1964, S. 386-408 (Koexistenz)
Frenzke, Dietrich: Der Begriff des ungleichen Vertrages im sowjetisch-chinesischen Grenzkonflikt. In: Osteuropa-Recht 1965, S. 69-105
Frenzke, Dietrich: Die Rechtsstellung der »DDR« nach dem Warschauer Pakt. In: Recht in Ost und West 1968, S. 145-150
Frenzke, Dietrich: Der neue Bündnisvertrag ČSSR–UdSSR. In: Außenpolitik 1970, S. 406-415 (Bündnisvertrag)
Frenzke, Dietrich: Die Entwicklung der rumänischen Völkerrechts-Doktrin seit dem Zweiten Weltkrieg. In: Osteuropa-Recht 1973, S. 125-164 (Doktrin)
Frenzke, Dietrich: Das Prinzip des Internationalismus aus der Sicht der rumänischen Völkerrechtsdoktrin. In: Recht in Ost und West 1974, S. 145-159
Frenzke, Dietrich: Rumänien, der Sowjetblock und die europäische Sicherheit. Die völkerrechtlichen Grundlagen der rumänischen Außenpolitik. Berlin 1975 (Rumänien)
Frenzke, Dietrich: Die Rechtsstellung der kommunistischen Parteien als Testfall der Ostrechtsmethodik. In: Recht in Ost und West 1975, S. 189-203 (Rechtsstellung)
Frenzke, Dietrich: Die KP-Chefs in den zwischenstaatlichen Verträgen und Organisationen als methodologisches Problem. In: Osteuropa-Recht 1975, S. 178-203 (KP-Chefs)

Frenzke, Dietrich: Die Entwicklung der ungarischen Völkerrechtslehre nach dem Zweiten Weltkrieg. In: Die Friedenswarte - Blätter für internationale Verständigung und zwischenstaatliche Organisation. Bd. 59/1976, S. 315-337 (Entwicklung)
Frenzke, Dietrich: Intervention, Gewalt und Aggression. In: Dietrich Geyer und Boris Meissner (Hrsg.): Osteuropa-Handbuch: Sowjetunion: Völkerrechtstheorie und Vertragspolitik. Köln/Wien 1976, S. 114-121
Frenzke, Dietrich: Das Prinzip des sozialistischen Internationalismus in der ungarischen Völkerrechtsdoktrin. In: Recht in Ost und West 1977, S. 245-259
Frenzke, Dietrich: Die Völkerrechtslehre in der Ungarischen Volksrepublik. Die völkerrechtlichen Grundlagen der ungarischen Außenpolitik. Berlin 1979 (Völkerrechtslehre)
Frenzke, Dietrich: Das Rechtsverhältnis zwischen der DDR und der UdSSR. Teil I: Völkerrechtliche Klassifikationen. In: Recht in Ost und West 1979, S. 151-167; Teil II: Staatsrechtliche Klassifikationen, ebenda, S. 193-209 (Rechtsverhältnis I und II)
Frenzke, Dietrich: Die Rechtsnatur des Sowjetblocks. Eine juristische Entschleierung. Berlin 1981 (Rechtsnatur)
Frenzke, Dietrich: Zur Frage der Rechtsnatur von Freundschafts- und Kooperationsklauseln in internationalen Verträgen. In: Recht in Ost und West, 1982, S. 145-160
Frenzke, Dietrich/Jens Hacker/Alexander Uschakow: Die Feindstaatenartikel und das Problem des Gewaltverzichts der Sowjetunion im Vertrag vom 12. 8. 1970. Berlin 1971
Frenzke, Dietrich/Christoph Royen: Intervention - Gewalt - Aggression in der sowjetischen Völkerrechtslehre. System und Interpretation. Stiftung Wissenschaft und Politik - Eggenberg. SWP - AZ 1084, Juli 1972
Frenzke, Dietrich/Alexander Uschakow: Der Ussuri-Konflikt und das kommunistische Paktsystem. In: Außenpolitik 1969, S. 300-309 (Ussuri-Konflikt)
Freund, Michael (Hrsg.): Geschichte des Zweiten Weltkrieges in Dokumenten. Bd. III: Der Ausbruch des Krieges 1939. Freiburg/München 1956
Freund, Michael: Die Oder-Neiße-Linie. In: Geschichte in Wissenschaft und Unterricht 1957, S. 393-404
Freund, Michael: Der Teufelspakt. Zum deutsch-sowjetischen Vertrag vom 23. August 1939. In: Frankfurter Allgemeine Zeitung vom 22. August 1959
Freytagh-Loringhoven, Axel von: Die Regionalverträge. Fünf Vorlesungen an der Haager Akademie für Völkerrecht. Deutsche Ausgabe. München und Leipzig 1937
Fricke, Karl Wilhelm: Opposition in der SED-Führung. Ein Rückblick. In: Deutschland-Archiv 1971, S. 598-604
Fricke, Karl Wilhelm: Warten auf Gerechtigkeit. Kommunistische Säuberungen und Rehabilitierungen. Köln 1971
Fricke, Karl Wilhelm: Zusammenwirken SED/KPdSU immer enger. In: Deutschland-Archiv 1975, S. 1315-1317
Fricke, Karl Wilhelm: Der Verteidigungshaushalt der DDR. In: Deutschland-Archiv 1977, S. 160-168
Fricke, Karl Wilhelm: Juni-Aufstand und Justiz. In: Deutschland-Archiv 1978, S. 617-631
Fricke, Karl Wilhelm: Okkupanten oder Waffenbrüder? Die Gruppe der Sowjetischen Streitkräfte in Deutschland. In: Deutschland-Archiv, 1982, S. 269-276
Friedrich, Gerd: Zwischen Dogma und Revision. »Aufgeklärter Stalinismus« als politische Krücke für SED-Führung. In: SBZ-Archiv 1957, S. 18-22 (Dogma)
Funke, Manfred (Hrsg.): Hitler, Deutschland und die Mächte. Materialien zur Außenpolitik des Dritten Reiches. Kronberg/Ts., Düsseldorf 1978
Funke, Manfred: Die deutsch-italienischen Beziehungen. In: Manfred Funke (Hrsg.): Hitler, Deutschland und die Mächte, Kronberg/Ts., Düsseldorf 1978, S. 823-846
Furtak, Robert K.: Kuba. In: Sowjetsystem und Demokratische Gesellschaft. Eine vergleichende Enzyklopädie. Freiburg/Basel/Wien 1969. Bd. III, Sp. 1134-1148

Gabanyi, Anneli Ute: Bukarest schert wieder aus. Rumänien und das Moskauer Gipfeltreffen des Warschauer Pakts. In: Osteuropa 1979, S. 197-202

Gabanyi, Anneli Ute: Der XII. Parteitag der Kommunistischen Partei Rumäniens. Autonomiepolitik im Zeichen der Energiekrise. In: Osteuropa 1980, S. 419–433
Gabanyi, Anneli Ute: Die Verweigerung. Zur Krise in Rumänien. In: Osteuropa 1982, S. 588–600
Gać, Stanislaw: Die Entwicklung der Polnischen Armee zu einer modernen Koalitionsarmee (1949–1970). In: Zeitschrift für Militärgeschichte 1972, S. 651–661
Gaddis, John Lewis: The United States and the Origins of the Cold War 1941–1947. New York and London 1972 (Origins)
Gaddis, John Lewis: Was the Truman Doctrine a Real Turning Point? In: Foreign Affairs, Vol. 52, 1973/74, S. 386–402
Gaddis, John Lewis: Containment: A Reassessment. In: Foreign Affairs, Vol. 55, 1976/77, S. 873–887
Gajzágó, Olivér von: Die Problematik der Integration im Rahmen des Rats für Gegenseitige Wirtschaftshilfe. In: Osteuropa 1964, S. 617–624, 712–723
Galay, N.: The New Reduction in the Soviet Armed Forces. In: Bulletin of the Institute for the Study of the USSR 1956, No. 7, S. 47–52 (Reduction)
Gallagher, Matthew P.: The Soviet History of World War II: Myths, Memories and Realities. New York 1963
Gardner, Lloyd C./Arthur Schlesinger, Jr./Hans J. Morgenthau: The Origins of the Cold War. Waltham/Mass., Toronto, London 1970
Garmanikow, Michael: Die Zukunft des COMECON. In: Hinter dem Eisernen Vorhang 1962, H. 7/8, S. 3–9
Garmanikow, Michael: Comecon heute. In: Hinter dem Eisernen Vorhang 1964, H. 6, S. 3–8
Garmanikow, Michael: Poland: Political Pluralism in a One-Party State. In: Problems of Communism, Vol. 16/1967, No. 4, S. 1–14
Garmanikow, Michael: Ist der COMECON veraltet? In: Osteuropäische Rundschau 1968, H. 7, S. 3–8
Garson, Robert: The Atlantic Alliance, Eastern Europe and the Origins of the Cold War: From Pearl Harbor to Yalta. In: H. C. Allen/Roger Thompson (Eds.): Contrast and Connection: Bicentennial Essays in Anglo-American History, London 1976, S. 296–320
Garthoff, Raymond L.: The Tragedy of Hungary. In: Problems of Communism, Vol. 6/1957, No. 1, S. 4–11
Garthoff, Raymond L.: Die Organisation der sowjetischen Streitkräfte. In: Wehrwissenschaftliche Rundschau 1958, S. 46–56
Garthoff, Raymond L.: Military Influences and Instruments. In: Ivo J. Lederer (Ed.): Russian Foreign Policy. Essays in Historical Perspective. New Haven and London 1962, S. 243–277 (Influences)
Garthoff, Raymond L.: Die Armeen der Ostblockstaaten. In: Osteuropäische Rundschau 1965, H. 10, S. 3–14 (Armeen)
Garthoff, Raymond L. (Ed.): Sino-Soviet Military Relations. New York/Washington/London 1966
Garthoff, Raymond L.: Sino-Soviet Military Relations, 1945–66. In: Raymond L. Garthoff (Ed.): Sino-Soviet Military Relations. New York/Washington/London 1966, S. 82–99
Gascard, Johannes R.: Der Warschauer Pakt. In: Abschreckung und Entspannung. Fünfundzwanzig Jahre Sicherheitspolitik zwischen bipolarer Konfrontation und begrenzter Kooperation. Berlin 1977, S. 403–431
Gasteyger, Curt: Die politische Homogenität als Faktor der Föderation. Jur. Diss. Zürich 1954
Gasteyger, Curt: Gegenseitige Staatsbesuche als Teil des neuen Kurses in der sowjetischen Außenpolitik. In: Europa-Archiv 1956, S. 8897–8914 und 8949–8960
Gasteyger, Curt: Die Tragödie des ungarischen Volksaufstandes. In: Europa-Archiv 1956, S. 9337–9353 (Tragödie)

Gasteyger, Curt: Die Sowjetunion und die Volksdemokratien. In: Die Internationale Politik 1955. Eine Einführung in das Geschehen der Gegenwart. Hrsg. von Arnold Bergstraesser und Wilhelm Cornides unter Mitwirkung von Walter Hofer und Hans Rothfels. München 1958, S. 399–409 (Sowjetunion)
Gasteyger, Curt: Konsolidierung des Ostblocks. In: Die Internationale Politik 1955. Hrsg. von Arnold Bergstraesser und Wilhelm Cornides unter Mitwirkung von Walter Hofer und Hans Rothfels. München 1958, S. 409–420
Gasteyger, Curt: Die feindlichen Brüder. Jugoslawiens neuer Konflikt mit dem Ostblock 1958. Bern 1960 (Brüder)
Gasteyger, Curt W.: Perspektiven der sowjetischen Politik. Der XXII. Parteitag und das neue Parteiprogramm. Eine Dokumentation. Köln, Berlin 1962
Gasteyger, Curt: Das neue Schisma im Ostblock: Der sowjetisch-albanische Konflikt. In: Europa-Archiv 1962, S. 213–224
Gasteyger, Curt: Sozialistischer Internationalismus und Integration – Völkerrechtliche Strukturprobleme des Ostblocks. In: Jahrbuch für Ostrecht, Bd. IV/1963, 1. Halbjahresheft, S. 117–140 (Internationalismus)
Gasteyger, Curt: Der sowjetisch-albanische Konflikt. In: Die Internationale Politik 1961. Hrsg. von Wilhelm Cornides und Dietrich Mende. München/Wien 1964, S. 329–341
Gasteyger, Curt (Hrsg.): Einigung und Spaltung Europas 1942–1965. Eine Darstellung und Dokumentation über die Zweiteilung Europas. Frankfurt/M. 1966 (Einigung)
Gasteyger, Curt: Ende oder Wandlung der Allianzen? Gedanken zur Krise des atlantischen Bündnissystems. In: Europa-Archiv 1966, S. 427–432
Gasteyger, Curt: Probleme und Reformen des Warschauer Pakts. In: Europa-Archiv 1967, S. 1–10 (Probleme)
Gasteyger, Curt: Integration. In: Sowjetsystem und Demokratische Gesellschaft. Eine vergleichende Enzyklopädie. Bd. III. Freiburg, Basel, Wien 1969, Sp. 164–176
Gasteyger, Curt: Osteuropa zwischen Reform und Reaktion. In: Osteuropa 1969, S. 656–663 (Osteuropa)
Gati, Charles (Ed.): Caging the Bear: Containment and the Cold War. Indianapolis and New York 1974
Gati, Charles: The Kádár Mystique. In: Problems of Communism, Vol. 23/1974, No. 3, S. 23–35
Gati, Charles: From Cold War Origins to Detente: Introduction to the International Politics of Eastern Europe. In: Charles Gati (Ed.): The International Politics of Eastern Europe. New York 1976, S. 3–14 (Origins)
Gaulle, Charles de: Memoiren 1942–46. Die Einheit – Das Heil. Düsseldorf 1961 (Übersetzung der französischen Originalausgabe: Mémoires de Guerre: L'Unité 1942–44. 1956; Le Salut 1944–46. 1959. Paris)
Gelberg, Ludwik: Uklad Warszawski (Der Warschauer Pakt). Warschau 1957
Gelberg, Ludwik: Die Entstehung der Volksrepublik Polen. Die völkerrechtlichen Probleme. Frankfurt/M. 1972
Gelman, Harry: The Conflict: A Survey. In: Problems of Communism, Vol. 13/1964, No. 2, S. 3–15
Gente, H. P. (Hrsg.): J. Stalin: Marxismus und Fragen der Sprachwissenschaft und N. Marr: Über die Entstehung der Sprache. München 1968
Gerlach, Axel: Die Intervention. Versuch einer Definition. Hamburg 1967
Gerschenkron, Alexander: Russia's Trade in the Postwar Years. In: The Annals of The American Academy of Political and Social Science. Vol. 263, May 1949, S. 85–100 (Trade)
Geyer, Dietrich: Kommunistische Internationale. In: Sowjetsystem und Demokratische Gesellschaft. Eine vergleichende Enzyklopädie. Bd. III. Freiburg, Basel, Wien 1969, Sp. 771–791
Geyer, Dietrich: Von der Kriegskoalition zum Kalten Krieg. In: Osteuropa-Handbuch: Sowjetunion – Außenpolitik 1917–1955. Hrsg. von Dietrich Geyer. Köln/Wien 1972, S. 343–381 (Kriegskoalition)

Geyer, Dietrich und Boris Meissner (Hrsg.): Sowjetunion – Völkerrechtstheorie und Vertragspolitik. Osteuropa-Handbuch. Begr. von Werner Markert. Bd. III: Außenpolitik. Köln/Wien 1976
Ghermani, Dionisie: Die Rumänische Kommunistische Partei. In: Klaus-Detlef Grothusen (Hrsg.): Südosteuropa-Handbuch, Bd. II: Rumänien, Göttingen 1977, S. 11–41
Ghermani, Dionisie: Neue »großrumänische« Bekenntnisse. In: Wissenschaftlicher Dienst Südosteuropa 1978, S. 217–220
Ghermani, Dionisie: Rumänien und der RGW. In: Wissenschaftlicher Dienst Südosteuropa 1978, S. 189–191
Ghermani, Dionisie: Rumänien und der Warschauer Pakt. In: Wissenschaftlicher Dienst Südosteuropa 1978, S. 299–304
Ghermani, Dionisie: Die nationale Souveränitätspolitik der SR Rumänien. 1. Teil: Im Rahmen des sowjetischen Bündnissystems. München 1981
Giesder, Manfred: Die Rolle der führenden Mächte in der Staatengemeinschaft. Jur. Diss. Bonn 1961
Gilberg, Trond: Ceausescu's Romania. In: Problems of Communism, Vol. 23/1974, No. 4, S. 29–43
Gilberg, Trond: Yugoslavia, Albania, and Eastern Europe. In: Charles Gati (Ed.): The International Politics of Eastern Europe. New York 1976, S. 103–127
Gill, Graeme J.: Rumania: Background to Autonomy. In: Survey, Vol. 21/1975, No. 96 (3), S. 94–113 (Rumania)
Gill, R. T. R.: NATO und Warschauer Pakt: Militärisches Gleichgewicht? In: Hinter dem Eisernen Vorhang 1964, H. 11, S. 17–22
Gillis, Edwin J.: Soviet Bilateral Treaties of Friendship. In: Revue de Droit de Sciences Diplomatiques et Politiques. 50. Band 1972, S. 132–148
Gimbel, John: The Origins of the Marshall Plan. Stanford, California 1976 (Origins)
Ginsburgs, George: Demise and Revival of a Communist Party: An Autopsy of the Hungarian Revolution. In: The Western Political Quarterly, Vol. XIII/1960, S. 780–802 (Demise)
Ginsburgs, George: Soviet Atomic Energy Agreements. In: International Organization, Vol. XI/1961, S. 49–61
Ginsburgs, George: Moscow's Legal Gambit in the Hungarian Revolution: Notes on a Curious Incident of the October Events. In: Osteuropa-Recht 1965, S. 182–204 (Gambit)
Ginsburgs, George: Socialist Internationalism and State Sovereignty. In: The Year Book of World Affairs, Vol. 25/1971, S. 39–55
Ginsburgs, George: The Constitutional Foundations of the »Socialist Commonwealth«: Some Theoretical and Organisatorial Principles. In: The Year Book of World Affairs, Vol. 27/1973, S. 173–210 (Foundations)
Ginther, Konrad: Der Satellitenstaat. In: Österreichische Zeitschrift für Außenpolitik, Jg. 9/1969, S. 3–14
Glaser, Arnold: Die Reparationen der Sowjetzone. Die Sowjetunion kassierte 79 Milliarden. In: SBZ-Archiv 1961, S. 63–70
Glaser, Günther, Karl Greese, Toni Nelles, Kurt Schützle: Zur Geschichte der Nationalen Volksarmee der DDR – Thesen. In: Zeitschrift für Militärgeschichte 1973, Beilage, H. 4, S. 1–30
Glaser, Hans Georg: Der sowjetische Hegemonieanspruch im Ostblock und die Auseinandersetzung um den »eigenen Weg zum Sozialismus«. In: Europa-Archiv 1958, S. 10 968–10 978 (Ostblock)
Glaser, Hans-Georg: Das Komekon und die langfristigen Ziele der kommunistischen Großraumwirtschaft. In: Europa-Archiv 1959, S. 149–158 (Komekon)
Glaubitz, Joachim: China im Ostblock. In: Osteuropa 1960, S. 257–265
Glaubitz, Joachim: Das Echo der chinesischen Volkskommunen im Ostblock. In: Osteuropa 1961, S. 823–828
Glaubitz, Joachim: Anti-Hegemonie-Formeln als Elemente chinesischer Außenpolitik. Stiftung Wissenschaft und Politik, Eggenberg. SWP – AP 2087, September 1975, 21 S.

Glaubitz, Joachim: Der chinesisch-japanische Friedens- und Freundschaftsvertrag. In: Europa-Archiv 1978, S. 649–658
Glondajewski, Gertrud/Gerhard Rossmann: Ein bedeutendes politisches Dokument des illegalen antifaschistischen Kampfes der Kommunistischen Partei Deutschlands. In: Beiträge zur Geschichte der deutschen Arbeiterbewegung 1966, S. 644–652 (mit einer umfangreichen Dokumentation, S. 652–675)
Gmelin, Hans: Politische Abhängigkeit von Staaten. Leipzig 1932
Gniffke, Erich W.: Jahre mit Ulbricht. Mit einem Vorwort von Herbert Wehner. Köln 1966 (Ulbricht)
Goehrke, Carsten: Prag vor dreißig Jahren: die Auflösung der Demokratie. In: Neue Zürcher Zeitung, Fernausgabe Nr. 26 vom 2. Februar 1978
Göttner, Klaus-Ulrich/Dieter Vogl: Die Deutsche Demokratische Republik und die Volksrepublik Polen – fest vereint im Bündnis der sozialistischen Staaten. In: Deutsche Außenpolitik 1973, S. 40–61
Golan, Galia: The Czechoslovak Reform Movement. Communism in Crisis 1962–1968. Cambridge 1971
Golan, Galia: The Road to Reform. In: Problems of Communism, Vol. 20/1971, No. 3, S. 11–21
Golan, Galia: Reform Rule in Czechoslovakia. The Dubček Era 1968–1969. Cambridge 1973
Golczewski, Frank: Deutschland und Litauen. In: Manfred Funke (Hrsg.): Hitler, Deutschland und die Mächte, Kronberg/Ts., Düsseldorf 1978, S. 577–583
Gold, Jack: Bessarabia: The Thorny »Non-Existent« Problem. In: East European Quarterly, Vol. XIII/1979, S. 47–74
Goldenberg, Boris: 50 Jahre Komintern – ein Rückblick im Zorn. In: Merkur 1969, S. 458–473
Gollwitzer, Heinz (Hrsg.): Europäische Bauernparteien im 20. Jahrhundert. Stuttgart/New York 1977
Gomori, George: Hungarian and Polish Attitudes on Czechoslovakia, 1968. In: E. J. Czerwinski und J. Piekalkiewicz (Eds.): The Soviet Invasion of Czechoslovakia – Its Effects on Eastern Europe. New York, Washington, London 1972, S. 107–119 (Attitudes)
Gomulka, Wladyslaw: Reden. Warschau 1960 (poln.)
Goodman, Elliot R.: Die apokalyptische Vision des staatenlosen Weltkommunismus. In: Osteuropa 1961, S. 796–813
Goodman, Elliot R.: Die künftige Verschmelzung der Völker. In: Osteuropa 1961, S. 738–745
Goodman, Elliot R.: Von der Völkerverschmelzung zur Assimilierung in Nationalstaaten und Hegemonialmächten. In: Osteuropa 1964, S. 830–836
Gosztony, Peter I.: General Maleter: A Memoir. In: Problems of Communism, Vol. 15/1966, No. 2, S. 54–61
Gosztony, Peter (Hrsg.): Zur Geschichte der europäischen Volksarmeen. Bonn-Bad Godesberg 1976
Gottwald, Klement: Bericht auf der Tagung des Zentralkomitees der Kommunistischen Partei der Tschechoslowakei am 22. Februar 1951. Berlin (Ost) 1951 (Bericht)
Gräbig, Gertrud: Internationale Arbeitsteilung und Außenhandel im sozialistischen Weltsystem. Berlin (Ost) 1960
Graebner, Norman A.: Cold War Origins and the Continuing Debate: A Review of the Literature. In: Erik P. Hoffmann und Frederic J. Fleron, Jr. (Eds.): The Conduct of Soviet Foreign Policy. London 1971, S. 217–227
Graml, Hermann: Nationalstaat oder westdeutscher Teilstaat. Die sowjetischen Noten vom Jahre 1952 und die öffentliche Meinung in der Bundesrepublik Deutschland. In: Vierteljahrshefte für Zeitgeschichte 1977, S. 821–864
Graml, Hermann: Die Legende von der verpaßten Gelegenheit. Zur sowjetischen Notenkampagne des Jahres 1952. In: Vierteljahrshefte für Zeitgeschichte 1981, S. 307–341

Grewe, Wilhelm G.: Die völkerrechtspolitische Entwicklung im Jahre 1943. In: Jahrbuch der Weltpolitik 1944. Hrsg. von Franz Alfred Six. Berlin 1944, S. 104–126
Grewe, Wilhelm G.: Spiel der Kräfte der Weltpolitik. Theorie und Praxis der internationalen Beziehungen. Düsseldorf/Wien 1970 (Spiel)
Grewe, Wilhelm G.: Rückblenden 1976–1951. Frankfurt/M., Berlin, Wien 1979
Griffith, William E.: What Happened to Revisionism? In: Problems of Communism, Vol. 9/1960, No. 2, S. 1–9
Griffith, William E.: Strukturwandlung des Weltkommunismus? Peking, Tirana und Moskau: Der Polyzentrismus in der Praxis. In: Hinter dem Eisernen Vorhang 1961, H. 7/8, S. 3–16 (Strukturwandlung)
Griffith, William E.: Albania: An Outcast's Defiance. In: Problems of Communism, Vol. 11/1962, No. 3, S. 1–6
Griffith, William E.: Albania: The November 1960 Moscow Meeting: A Preliminary Reconstruction. In: Survey 1962, No. 42, S. 107–126 (Moscow Meeting)
Griffith, William E.: Rebellisches Albanien. Anmerkungen zu einem Konflikt. Teil I. In: Hinter dem Eisernen Vorhang 1962, H. 10, S. 3–11; Teil II, ebenda, H. 11, S. 13–19
Griffith, William E.: Albania and the Sino-Soviet Rift. Cambridge/Mass. 1963 (Albania)
Griffith, William E.: The Sino-Soviet Rift. Cambridge/Mass. 1964 (Rift)
Griffith, William E. (Ed.): Communism in Europe – Continuity, Change, and the Sino-Soviet Dispute. Vol. I. Cambridge/Mass. 1964; Vol. II. Oxford u. a. 1966
Griffith, William E.: European Communism and the Sino-Soviet Rift. In: W. E. Griffith (Ed.): Communism in Europe – Continuity, Change, and the Sino-Soviet Dispute. Vol. I. Cambridge/Mass. 1964, S. 1–18
Griffith, William E.: Eduard Beneš im Urteil der Geschichte. In: Osteuropa 1964, S. 357–360
Griffith, William E.: The Sino-Soviet Split: A Reconstructed History, 1956–64. In: Adam Bromke (Ed.): The Communist States at the Crossroads: Between Moscow and Peking. New York, Washington, London 1965, S. 43–55
Griffith, William E.: Niedergang und Fall des Revisionismus in Europa. In: Leopold Labedz (Ed.): Der Revisionismus. Köln-Berlin 1965, S. 335–356
Griffith, William E.: European Communism, 1965. In: William F. Griffith (Ed.): Communism in Europe. Continuity, Change, and the Sino-Soviet Dispute. Vol. II. Oxford u. a. 1966, S. 1–38
Griffith, William E.: Sino-Soviet Relations, 1964–1965. Cambridge/Mass., and London 1967
Griffith, William E.: Eastern Europe after the Soviet Invasion of Czechoslovakia. The Rand Corporation, P-3983. October 9, 1968. Santa Monica (Eastern Europe)
Griffith, William E.: Ideological Cobwebs. In: Problems of Communism, Vol. 19/1970, No. 2, S. 1–3
Griffith, William E.: The Prague Spring and the Soviet Intervention in Czechoslovakia. In: Thomas Hammond (Ed.): The Anatomy of Communist Takeovers. New Haven and London 1975, S. 606–619 (Prague Spring)
Griffith, William E. (Ed.): The Soviet Empire: Expansion & Détente. Critical Choices for Americans: Vol. IX. Lexington/Mass., Toronto 1976
Griffith, William E.: The Soviet Union and Eastern Europe: An Overview. In: William E. Griffith (Ed.): The Soviet Empire: Expansion & Détente. Critical Choices for Americans. Vol. IX. Lexington/Mass., Toronto 1976, S. 1–23
Gripp, Richard C.: Eastern Europe Ten Years of National Communism: 1948–1958. In: The Western Political Quarterly, Vol. XIII/1960, S. 934–949 (Eastern Europe)
Gross, Feliks: Crossroads of Two Continents. A Democratic Federation of East-Central Europe. New York 1945
Gross, George: Rumania: The Fruits of Autonomy. In: Problems of Communism, Vol. 15/1966, No. 1, S. 16–27
Gross, Johannes: Materialien zu einer Beschreibung der Bündnisse. In: Moderne Welt 1967, S. 9–17 (Materialien)

Grosser, Alfred: Das Bündnis. Die westeuropäischen Länder und die USA seit dem Krieg. München 1978 (Titel der Originalausgabe: Les Occidentaux. Les pays d'Europe et les Etats-Unis depuis la guerre. Paris 1978)

Grothusen, Klaus-Detlef (Hrsg.): Rumänien. In Verbindung mit dem Südosteuropa-Arbeitskreis der Deutschen Forschungsgemeinschaft. Göttingen 1977

Grouse-Fontana, Dorothy: Recent Sino-Albanian Relations. In: Survey Jg. 21/1975, No. 97, S. 121–144

Gruchmann, Lothar: Das Kora-Problem. In: Teilung und Wiedervereinigung – Eine weltgeschichtliche Übersicht. Hrsg. von Günther Franz. Göttingen u. a. 1963, S. 243–263

Gruner, Gert/Manfred Wilke (Hrsg.): Sozialdemokraten im Kampf um die Freiheit. Die Auseinandersetzungen zwischen SPD und KPD in Berlin 1945/46. Stenographische Niederschrift der Sechziger-Konferenz am 20./21. Dezember 1945. München 1981 (Sozialdemokraten)

Grzybowski, Kazimierz: The Soviet Doctrine of Mare Clausum and Policies in Black and Baltic Seas. In: Journal of Central European Affairs. Vol. 14, 1954/55, S. 339–353 (Mare Clausum)

Grzybowski, Kazimierz: The Socialist Commonwealth of Nations – Organizations and Institutions. New Haven and London 1964; Nachdruck 1967 (Commonwealth)

Günzel, Karl: Planwirtschaft und Außenhandelspolitik der FVRJ. In: Osteuropa-Handbuch: Jugoslawien. Hrsg. von Werner Markert. Köln/Graz 1954, S. 228–243

Gumpel, Werner: Wichtiger Handelspartner Moskaus. Rolle und Rang der SBZ im Außenhandel der Ostblockstaaten. In: SBZ-Archiv 1966, S. 14–19

Gumpel, Werner: Integration und Integrationskriterien im Rat für Gegenseitige Wirtschaftshilfe. In: Osteuropa 1971, S. 909–915 (Integration)

Gumpel, Werner: Rat für Gegenseitige Wirtschaftshilfe. In: Sowjetsystem und Demokratische Gesellschaft – Eine vergleichende Enzyklopädie. Bd. V. Freiburg/Basel/Wien 1972, Sp. 445–455 (RGW)

Gumpel, Werner: Die Wirtschaftspolitik der UdSSR im Spannungsfeld zwischen China und USA. In: Osteuropa 1973, S. 572–584 (Wirtschaftspolitik)

Gumpel, Werner: Der Rat für Gegenseitige Wirtschaftshilfe als Instrument sowjetischer Hegemonie. In: Osteuropa 1976, S. 997–1006 (Instrument)

Gumpel, Werner/Jens Hacker: Comecon und Warschauer Pakt. Schriftenreihe der Bundeszentrale für politische Bildung. H. 73. Bonn 1966

Gyorgy, Andrew: External Forces in Eastern Europe: In: Adam Bromke/Teresa Rakowska-Harmstone (Eds.): The Communist States in Disarray 1965–1971. Minneapolis 1972, S. 221–235

Gyorgy, Andrew: The Hungarian Revolution of 1956. In: Thomas Hammond (Ed.): The Anatomy of Communist Takeovers. New Haven and London 1975, S. 596–605

Haberl, Othmar Nikola: Die Emanzipation der KP Jugoslawiens von der Kontrolle der Komintern/KPdSU – 1941–1945. München 1974 (Emanzipation)

Hacker, Jens: Das Warschauer Gipfeltreffen. Enttäuschung für Ulbricht. In: SBZ-Archiv 1965, S. 37–39

Hacker, Jens: Die militärische Integration Osteuropas – Der Warschauer Pakt 1961 bis 1965. In: Jens Hacker und Alexander Uschakow: Die Integration Osteuropas 1961 bis 1965. Köln 1966 (Integration)

Hacker, Jens: Der Warschauer Pakt. In: Werner Gumpel/Jens Hacker: Comecon und Warschauer Pakt. Heft 73 der Schriftenreihe der Bundeszentrale für politische Bildung. Bonn 1966, S. 55–126 (Pakt)

Hacker, Jens: Die »DDR« im Warschauer Pakt. Ihre Stellung im Vergleich zu den anderen Mitgliedern. In: SBZ-Archiv 1966, S. 179–182

Hacker, Jens: Die Konferenz von Bukarest. In: SBZ-Archiv 1966, S. 209–210

Hacker, Jens: Die Karlsbader Konferenz. In: SBZ-Archiv 1967, S. 137–139

Hacker, Jens: Die Intervention in Theorie und Praxis. In: Reinhart Maurach und Boris Meissner (Hrsg.): Völkerrecht in Ost und West. Stuttgart u. a. 1967, S. 154–177

Hacker, Jens: Beistandspakte mit Warschau und Prag. In: SBZ-Archiv 1967, S. 81–82
Hacker, Jens: Neue Beistandsklausel im Pakt mit Ungarn. In: SBZ-Archiv 1967, S. 153–154
Hacker, Jens: Die »deutsche Konföderation«. Ein untaugliches Mittel für die Wiederherstellung eines freien und demokratischen Gesamtdeutschlands. In: Aus Politik und Zeitgeschichte. Beilage zur Wochenzeitung »Das Parlament«. B 42 vom 19. Oktober 1968, S. 3–30
Hacker, Jens: Sowjetunion und DDR zum Potsdamer Abkommen. 2. Aufl. Köln 1969 (Potsdamer Abkommen)
Hacker, Jens: Intervention im Donauraum – völkerrechtliche Aspekte. In: Der Donauraum 1969, S. 201–213
Hacker, Jens: Die SED und die Breshnew-Doktrin. In: Deutschland-Archiv 1970, S. 198–203
Hacker, Jens: Die deutsche Frage im Sicherheitskonzept des Warschauer Paktes. In: Deutschland-Archiv 1970, S. 897–918
Hacker, Jens: Verwirrung und Irreführung. Dokumentarisches zur »europäischen Sicherheit«. In: Die politische Meinung 1970, H. 130, S. 41–56
Hacker, Jens: Zur Situation der Völkerrechtswissenschaft in der DDR. In: Probleme des DDR-Rechts. Hrsg. von Richard Lange, Boris Meissner, Klemens Pleyer. Köln 1973, S. 165–183
Hacker, Jens: Die Prinzipien des proletarischen und sozialistischen Internationalismus in der Sicht der DDR. In: Recht in Ost und West 1973, S. 185–201 (Prinzipien)
Hacker, Jens: Die Vorstellungen der DDR über eine friedensvertragliche Regelung mit Deutschland. In: Jahrbuch der Albertus-Universität zu Königsberg/Pr. Bd. XXIII/1973. Berlin 1973, S. 139–164 (Vorstellungen)
Hacker, Jens: Der Rechtsstatus Deutschlands aus der Sicht der DDR. Köln 1974 (Rechtsstatus)
Hacker, Jens: Zwanzig Jahre Warschauer Pakt. In: Osteuropa 1975, S. 299–318
Hacker, Jens: Der neue Bündnisvertrag der Sowjetunion mit der DDR. In: Königsteiner Kreis 1975, Nr. 1–12, S. 7–19 (Bündnisvertrag)
Hacker, Jens: Der Warschauer Pakt. In: Dietrich Geyer und Boris Meissner (Hrsg.): Osteuropa-Handbuch Sowjetunion – Volkerrechtstheorie und Vertragspolitik. Köln/Wien 1976, S. 163–181
Hacker, Jens: Deutsche unter sich. Politik mit dem Grundvertrag. Stuttgart 1977
Hacker, Jens: Das nationale Dilemma der DDR. In: Boris Meissner und Jens Hacker: Die Nation in östlicher Sicht. Berlin 1977, S. 40–68
Hacker, Jens: Die Völkerrechtswissenschaft in der DDR. In: Die Friedens-Warte. Bd. 62/1979, H. 1–4, S. 54–114
Hacker, Jens: Die Vertragsorganisation des Warschauer Pakts und die Rolle der DDR. In: Die Nationale Volksarmee der DDR im Rahmen des Warschauer Paktes. Hrsg. vom Arbeitskreis für Wehrforschung. München 1980, S. 9–49
Hacker, Jens: Die Stellung der DDR im Warschauer Pakt. In: Die Außenbeziehungen der DDR. Hrsg. von Gernot Gutmann und Maria Haendcke-Hoppe. Jahrbuch 1980 der Gesellschaft für Deutschlandforschung. Heidelberg 1981, S. 187–218
Hacker, Jens: Die politischen Beziehungen zwischen der DDR und der UdSSR. In: Die außenpolitische Lage Deutschlands am Beginn der achtziger Jahre. Studien zur Deutschlandfrage. Hrsg. vom Göttinger Arbeitskreis. Berlin 1982, S. 137–190
Haefs, Hanswilhelm: Die Ereignisse in der Tschechoslowakei vom 27. 6. 1967 bis 18. 10. 1968. Ein dokumentarischer Bericht. Bonn, Wien, Zürich 1969 (Ereignisse)
Hähner, Brigitte: Zur Herausbildung des bilateralen Bündnissystems in der entstehenden sozialistischen Staatengemeinschaft (1945–1949). In: Jahrbuch für Geschichte der sozialistischen Länder Europas. Bd. 22/1, Berlin (Ost) 1978, S. 175–184 (Herausbildung)
Haendcke-Hoppe, Maria: Die außenwirtschaftlichen Beziehungen der DDR. In: Gernot Gutmann und Maria Haendcke-Hoppe (Hrsg.): Die Außenbeziehungen der DDR. Jahrbuch 1980 der Gesellschaft für Deutschlandforschung. Heidelberg 1981, S. 61–119

Hänisch, Werner: Außenpolitik und internationale Beziehungen der DDR. Bd. 1: 1949 bis 1955 Berlin (Ost) 1972

Hänisch, Werner und Gerhard Herder: Der proletarische Internationalismus – Grundprinzip der Beziehungen zwischen den Staaten des sozialistischen Weltsystems – unter Berücksichtigung der Herausbildung und der historischen Entwicklung des proletarischen Internationalismus im Klassenkampf des internationalen Proletariats. Deutsche Akademie für Staats- und Rechtswissenschaft »Walter Ulbricht« in Potsdam-Babelsberg. Jur. Diss. November 1960 (maschinenschriftl. Manuskript) (Internationalismus)

Hänisch, Werner/Walter Müller/Siegmar Quilitzsch: Sozialistische Freundschafts- und Beistandsverträge. Berlin (Ost) 1968

Hafner, Gerhard: Intervention und kollektive Sicherheit. In: Österreichische Militärische Zeitschrift 1973, S. 376–384 (Intervention)

Haftendorn, Helga: Indiens zweite Ernüchterung. Weltpolitische Aspekte des indisch-chinesischen Grenzkonflikts. In: Europa-Archiv 1962, S. 759–764

Halajczuk, Bohdan T.: Das Sezessionsrecht. Art. 17 der Verfassung der UdSSR. In: Jahrbuch für Ostrecht, Bd. IX/1968, 1. Halbjahresheft, S. 123–153

Halajczuk, Bohdan T.: Osteuropäische Regionalordnung nach der Brežnev-Doktrin. In: Jahrbuch für Ostrecht, Bd. XI/1970, 1. Halbjahresheft, S. 173–193 (Regionalordnung)

Halecki, Oscar: Federalism as an Answer. In: The Annals of The American Academy of Political and Social Science, Vol. 258/1948, S. 66–69

Halecki, Oscar (Ed.): Poland. New York 1957

Halecki, Oscar: Politics and Political Organizations. In: Oscar Halecki (Ed.): Poland. New York 1957, S. 97–126 (Politics)

Halecki, Oscar: Poland. In: Stephen D. Kertesz (Ed.): East Central Europe and the World: Developments in the Post-Stalin Era. Notre Dame, Indiana 1962, S. 45–63

Halle, Louis J.: Der Kalte Krieg. Frankfurt/M. 1969

Halperin, Ernst: Der siegreiche Ketzer. Titos Kampf gegen Stalin. Köln 1957. (Englische Ausgabe: The Triumphant Heretic: Tito's Struggle against Stalin. London 1958) (Ketzer)

Halperin, Ernst: Revisionism and Yugoslavia. In: Survey 1962, No. 42, S. 48–58

Halperin, Morton H.: China und die Bombe. Köln 1966

Hamm, Harry und Joseph Kun: Das rote Schisma. Köln 1963

Hammet, Hugh B.: America's Non-Policy in Eastern Europe and the Origins of the Cold War. In: Survey, Vol. 19/1973, No. 89, S. 144–162

Hammond, Thomas T.: Foreign Relations Since 1945. In: Robert F. Byrnes (Ed.): Yugoslavia. New York 1957, S. 18–41

Hammond, Thomas T. (Ed.): The Anatomy of Communist Takeovers. New Haven and London 1975

Hammond, Thomas T.: Moscow and Communist Takeovers. In: Problems of Communism, Vol. 25/1976, No. 1, S. 48–67

Hammond, Thomas T. (Ed.): Witnesses to the Origins of the Cold War. Seattle/London 1982 (Witnesses)

Hanč, Josef: Czechs and Slovacs Since Munich. In: Foreign Affairs, Vol. 18, 1939/40, S. 102–115

Hanisch, Wilfried/Werner Schönfeldt/Günter Schulz: Militärpolitische und militärische Ereignisse aus der Geschichte des Warschauer Vertrages 1955–1974 (Teil 1: 29. 11. 1954 bis 31. 10. 1961). In: Zeitschrift für Militärgeschichte 1975, S. 193–199; Teil 2: 30. 1. 1962 bis 22. 10. 1965, ebenda, S. 435–439 (W. Hanisch u. a.: Ereignisse)

Hanrieder, Wolfram F.: International organizations and international systems. In: Journal of Conflict Resolution 1966, S. 297–327

Hansen, Reimer: Das Ende des Dritten Reiches. Die deutsche Kapitulation 1945. Stuttgart 1966 (Ende)

Hanson, Philip: Soviet Trade with Eastern Europe. In: Karen Dawisha/Philip Hanson (Eds.): Soviet-East European Dilemmas: Coercion, Competition, and Consent. London 1981, S. 90–107

Harriman, W. Averell und Elie Abel: In geheimer Mission. Als Sonderbeauftragter Roosevelts bei Churchill und Stalin 1941-1946. Stuttgart 1979. (Titel der amerikanischen Originalausgabe: Special Envoy to Churchill and Stalin 1941-1946. New York 1975)
Harris, C. R. S.: Allied Military Administration in Italy 1943-1945. London 1957 (Italy)
Hartl, Hans: Der »einige« und »unabhängige« Balkan. Zur Geschichte einer politischen Vision. München 1977 (Balkan)
Hartlieb, Wilhelm Walter: Das politische Vertragssystem der Sowjetunion. 1920-1935. Leipzig 1936
Hass, Gerhart: Der »seltsame« Krieg vom September 1939 bis zum Frühjahr 1940. In: Militärgeschichte 1979, S. 271-280
Hassner, Pierre: Polyzentrismus in Ost und West. In: Europa-Archiv 1966, S. 495-508
Hatschikjan, Magarditsch: Die wechselvolle Kontinuität. Zu den jugoslawisch-sowjetischen Beziehungen nach 1945. In: Aus Politik und Zeitgeschichte, Beilage zur Wochenzeitung »Das Parlament«, B 13 vom 28. März 1981, S. 3-17
Hauth, Ulrich: Die Politik von KPD und SED gegenüber der westdeutschen Sozialdemokratie (1945-1948). Frankfurt/M. u. a. 1978 (Politik)
Hayward, Jack/ R. N. Berki (Eds.): State and Society in Contemporary Europe. Oxford 1979
Hecker, Hans: Stalin, Stalinismus. Probleme, Tendenzen und Begriffe in der neueren Literatur. In: Osteuropa 1979, S. 965-980
Hecker, Hellmuth: Die Aufteilung des Balkans zwischen Großbritannien und der Sowjetunion im Jahre 1944. In: Osteuropa 1955, S. 251-253 (Aufteilung)
Hegemann, Margot: Die Anfänge der multilateralen Zusammenarbeit der europäischen sozialistischen Staaten (1948-1954). In: Jahrbuch für Geschichte der sozialistischen Länder Europas. Band 16/2. Berlin (Ost) 1972, S. 91-112 (Anfänge)
Hegemann, Margot: Gemeinsame Interessen und gemeinsame Aktionen der Sowjetunion und der Volksdemokratien als Faktoren für die Entstehung der sozialistischen Staatengemeinschaft. In: Jahrbuch für Geschichte der sozialistischen Länder Europas. Berlin (Ost) 1974, Bd. 18/1, S. 57-84
Hegemann, Margot: Probleme der Geschichte der sozialistischen Staatengemeinschaft. In: Geschichtsunterricht und Staatsbürgerkunde. Berlin (Ost) 1974, H. 1, S. 19-30 (Probleme)
Hegemann, Margot: Die sozialistische Koalition - ein prinzipiell neuer Faktor im internationalen Leben. In: Deutsche Außenpolitik, 1975, S. 1136-1142
Hegemann, Margot/Sibylle Schröder: Von der Einheitsfront zur Vereinigung. In: Horizont, Nr. 43/1978, S. 28 (Einheitsfront)
Heil, Helmut J.: Satellitenverhältnis und Souveränität. Jur. Diss. Würzburg 1967
Heilborn, Paul: Interessensphäre. In: Wörterbuch des Völkerrechts und der Diplomatie. 1. Bd. Berlin und Leipzig 1924, S. 550-552
Hellmann, Manfred: Stellungnahme zu dem Aufsatz »Zeitgeschichte Sowjetunion-Forschung. Probleme und Aufgaben« von Gerhard Simon. In: Jahrbücher für Geschichte Osteuropas, Bd. 27/1979, S. 349-352 (Stellungnahme)
Helmreich, Ernst C. (Ed.): Hungary. New York 1957
Henderson, Gregory: Divided Nations: Korea. In: Gregory Henderson, Richard Ned Lebow, John G. Stoessinger: Divided Nations in a Divided World. New York 1974, S. 43-96
Hering, Gunnar: Griechenland vom Lausanner Frieden bis zum Ende der Obersten-Diktatur 1923-1974. In: Theodor Schieder (Hrsg.): Handbuch der europäischen Geschichte, Bd. 7, Teilband I, Stuttgart 1979, S. 1313-1338
Hernández, Jesús: La Grande Trahison. Paris 1953
Herspring, Dale R.: The Warsaw Pact at 25. In: Problems of Communism, Vol. 29/1980, No. 5, S. 1-15
Herwarth, Hans von: Zwischen Hitler und Stalin. Erlebte Zeitgeschichte 1931-1945. Frankfurt M./Berlin, Wien 1982
Herz, John H.: Weltpolitik im Atomzeitalter. Stuttgart 1961

Herz, Martin F.: The View from Austria. In: Thomas T. Hammond (Ed.): Witnesses to the Origins of the Cold War. Seattle and London 1982, S. 161-185
Heydte, Friedrich August von der: Die politische Ausgangslage des modernen Völkerrechts. In: Internationales Jahrbuch für Politik 1956/57, S. 2-15
Heydte, Friedrich August von der: Völkerrecht. Ein Lehrbuch. Band I und II. Köln 1958 und 1960
Heydte, Friedrich August von der: Die Feindstaatenklausel in der Satzung der UNO. In: Wilfried Schaumann (Hrsg.): Völkerrechtliches Gewaltverbot und Friedenssicherung. Baden-Baden 1971, S. 247-256
Hidasi, G.: Die Widerspiegelung der außenpolitischen Bestrebungen der chinesischen Führung in der Wirtschaftshilfepolitik der VR China. In: Die antisozialistische, entspannungsfeindliche Außenpolitik der Pekinger Führer. Berlin (Ost) 1974, S. 226-274 (Widerspiegelung)
Hildebrandt, Walter: Die innenpolitische Abwendung vom Stalinismus nach dem Kominformkonflikt 1948-1953. In: Osteuropa-Handbuch: Jugoslawien. Hrsg. von Werner Markert. Köln/Graz 1954, S. 137-156 (Abwendung)
Hildebrandt, Walter: Die außenpolitischen Beziehungen der FVRJ. In: Osteuropa-Handbuch: Jugoslawien. Hrsg. von Werner Markert. Köln/Graz 1954, S. 157-172 (Beziehungen)
Hilger, Gustav: Wir und der Kreml. Deutsch-sowjetische Beziehungen 1918-1941. Erinnerungen eines deutschen Diplomaten. Frankfurt M./Berlin 1955
Hilger, Gustav: Stalin. Aufstieg der UdSSR zur Weltmacht. Göttingen, Berlin, Frankfurt M. 1959
Hillgruber, Andreas: Hitler, König Carol und Marschall Antonescu. Die deutsch-rumänischen Beziehungen 1938-1944. 2. Aufl. Wiesbaden 1965 (Hitler)
Hillgruber, Andreas: Der Zenit des Zweiten Weltkrieges: Juli 1941. Wiesbaden 1971
Hillgruber, Andreas: Der Zweite Weltkrieg, 1939-1945. In: Osteuropa-Handbuch: Sowjetunion – Außenpolitik 1917-1955. Hrsg. von Dietrich Geyer. Köln/Wien 1972, S. 270-342
Hillgruber, Andreas: Der Beginn des Zweiten Weltkrieges 1939 aus der Sicht der sowjetischen Geschichtsschreibung. In: ders.: Deutsche Großmacht- und Weltpolitik im 19. und 20. Jahrhundert. Düsseldorf 1977, S. 168-180 (Erstveröffentlichung in: Aus Politik und Zeitgeschichte. Beilage zur Wochenzeitung »Das Parlament«, B 35/1964, S. 32-38) (Beginn)
Hillgruber, Andreas: Die »Hitler-Koalition«. Eine Skizze zur Geschichte und Struktur des »Weltpolitischen Dreiecks« Berlin-Rom-Tokio 1933-1945. In: Vom Staat des Ancien Regime zum Modernen Parteienstaat. Festschrift für Theodor Schieder zu seinem 70. Geburtstag. München-Wien 1978, S. 467-483
Hillgruber, Andreas: Der Hitler-Stalin-Pakt und die Entfesselung des Zweiten Weltkrieges – Situationsanalyse und Machtkalkül der beiden Pakt-Partner. In: Historische Zeitschrift, Bd. 230/1980, S. 339-361 (Hitler-Stalin-Pakt)
Hillgruber, Andreas: Zur Entstehung des Zweiten Weltkrieges. Forschungsstand und Literatur. Düsseldorf 1980 (Entstehung)
Hillgruber, Andreas/Klaus Hildebrand: Kalkül zwischen Macht und Ideologie. Der Hitler-Stalin-Pakt: Parallelen bis heute? Zürich 1980 (Kalkül)
Hodnett, Grey: What's in a Nation? In: Problems of Communism, Vol. 16/1967, No. 5, S. 2-15
Hodža, Milan: Federalism in Central Europe. Reflections and Reminiscences. London, New York, Melbourne 1942
Hoensch, Jörg K.: Geschichte der Tschechoslowakischen Republik 1918-1945. Stuttgart u. a. 1966 (Geschichte)
Hoensch, Jörg K.: Sowjetische Osteuropapolitik 1945-1955. In: Osteuropa-Handbuch: Sowjetunion – Außenpolitik 1917-1955. Hrsg. von Dietrich Geyer. Köln/Wien 1972, S. 382-447

Hoensch, Jörg K.: Österreich: Der Weg zum Staatsvertrag, 1945-1955. In: Osteuropa-Handbuch: Sowjetunion - Außenpolitik 1917-1955. Hrsg. von Dietrich Geyer. Köln/Wien 1972, S. 501-509
Hoensch, Jörg K.: Die sowjetische Osteuropapolitik. In: Dietrich Geyer (Hrsg.): Osteuropa-Handbuch: Sowjetunion - Außenpolitik 1955-1973. Köln/Wien 1976, S. 294-468
Hoensch, Jörg K.: Sowjetische Osteuropa-Politik 1945-1975. Kronberg/Ts., Düsseldorf 1977 (Osteuropa-Politik)
Hoffmann, Erik P.und Fleron, Frederic J. (Eds.): The Conduct of Soviet Foreign Policy. London 1971. Sec. Edition 1980
Hoffmann, George W./Fred Warner Neal: Yugoslavia and the New Communism. New York 1962 (Yugoslavia)
Hoffmann, Heinz: Sozialistische Landesverteidigung. Aus Reden und Aufsätzen - 1963 bis Februar 1970. Teil I und II. Berlin (Ost) 1971
Holloway, David: The Warsaw Pact in the Era of Negotiation. In: Survival, Vol. 14/1972, S. 275-279 (Pact)
Holloway, David: Die sowjetische Haltung zur Truppenverminderung in Europa. In: Beiträge zur Konfliktforschung 1973, H. 4, S. 5-31 (Haltung)
Holzman, Franklyn D.: International Trade under Communism - Politics and Economics. New York 1976 (Trade)
Hoppe, Hans-Joachim: Deutschland und Bulgarien 1918-1945. In: Manfred Funke (Hrsg.): Hitler, Deutschland und die Mächte. Kronberg/Ts., Düsseldorf 1978, S. 604-611 (Deutschland)
Hoppe, Hans-Joachim: Todor Shiwkow. Eine politische Biographie, In: Osteuropa 1978, S. 399-408
Hoppe, Hans-Joachim: Bulgarien - Hitlers eigenwilliger Verbündeter. Eine Fallstudie zur nationalsozialistischen Südosteuropapolitik. Stuttgart 1979
Hoptner, Jacob B.: The Structure of the Soviet Orbit. In: C. E. Black (Ed.): Challenge in Eastern Europe - 12 Essays. New Brunswick, New Jersey 1954, S. 196-218
Horowitz, David: Kalter Krieg. Hintergründe der US-Außenpolitik von Jalta bis Vietnam. Berlin 1969 (Titel der amerikanischen Originalausgabe: From Yalta to Vietnam. American Foreign Policy in the Cold War, o. O., o. J.)
Houston, Douglas W.: Karl Renner and Austria in 1945. In: Austrian History Yearbock, Vol. I/1965, S. 122-149
Hoxha, Enver: Betrachtungen über China. Aus dem politischen Tagebuch. Bd. I: 1962-1972; Bd. II: 1973-1977. Tirana 1979
Huber, Ernst Rudolf: Deutsche Verfassungsgeschichte seit 1789. Bd. I: Reform und Restauration 1789 bis 1830. Stuttgart 1957 (Nachdruck 1961)
Hudson, Geoffrey: Russia and China. In: Survey 1962, No. 42, S. 39-47
Hudson, Geoffrey: China und die kommunistische Bewegung. In: Aus Politik und Zeitgeschichte. Beilage zur Wochenzeitung »Das Parlament«, B. 15 vom 13. April 1966, S. 17-23
The Memoirs of Cordell Hull. 2 Vol. New York 1948

Iatrides, John O.: Revolt in Athens. The Greek Communist »Second Round«, 1944-1945. Princeton, N. J. 1972
Ignotus, Paul: Hungary's Craving for Normalcy. In: Problems of Communism, Vol. 9/1960, No. 2, S. 24-30
Ignotus, Paul: The First Two Communist Takeovers of Hungary: 1919 and 1948. In: Thomas Hammond (Ed.): The Anatomy of Communist Takeovers. New Haven and London 1975, S. 385-398 (Takeovers)
Ihlau, Olaf: »Wir hatten unsere eigenen revolutionären Uhren.« Mit dem Bruch zwischen Tito und Stalin begann vor 30 Jahren das große Schisma im Weltkommunismus. In: Süddeutsche Zeitung vom 8./9. April 1978 (Bruch)
Ionescu, Ghita: The Economic Field. In: Alexander Cretzianu (Ed.): Captive Rumania - a decade of soviet rule. New York 1956, S. 43-101

Ionescu, Ghita: Communism in Rumania – 1944–1962. London/New York/Toronto 1964 (Communism)
Ionescu, Ghita: The Break-up of the Soviet Empire in Eastern Europe. London 1965
Ionescu, Ghita: Rumäniens Unabhängigkeitsbestrebungen. In: Osteuropa 1966, S. 300–313
Ionescu, Ghita: Le Nationalisme en Europe de l'Est. In: Jerzy Lukaszewski (Ed.): The People's Democracies after Prague: Soviet Hegemony, Nationalism, Regional Integration? Bruges 1970, S. 221–234
Issraelian, Viktor: Die Antihitler-Koalition. Die diplomatische Zusammenarbeit zwischen der UdSSR, den USA und England während des Zweiten Weltkrieges 1941–1945. Frankfurt M. 1975 (Nachdruck der deutschen Übersetzung, die gleichzeitig mit der russischen Originalausgabe erschienen ist; Moskau 1975)
Ivashin, I.: The Periodization of the History of Soviet Foreign Policy. In: International Affairs (Moskau) 1958, H. 7, S. 59–63

Jacobsen, C. G.: Sino-Soviet Relations Since Mao. The Chairman's Legacy. New York 1981
Jacobsen, Hans-Adolf: Zur Schlacht von Stalingrad. In: Von der Strategie der Gewalt zur Politik der Friedenssicherung. Beiträge zur deutschen Geschichte im 20. Jahrhundert. Düsseldorf 1977
Jacobsen, Hans-Adolf: Der Weg zur Teilung der Welt. Politik und Strategie 1939–1945. Koblenz/Bonn 1977
Jacobsen, Hanns-Dieter: Strategie und Schwerpunkte der Außenwirtschaftsbeziehungen. In: Hans-Adolf Jacobsen, Gert Leptin, Ulrich Scheuner, Eberhard Schulz (Hrsg.): Drei Jahrzehnte Außenpolitik der DDR. München/Wien 1979, S. 293–311
Jacobson, Max: Finnish Neutrality. A Study of Finnish Foreign Policy Since the Second World War. New York und Washington, D.C. 1969
Jaffe, Philip J.: The Cold War Revisionists and What They Omit. In: Survey, Vol. 19/1973, No. 89, S. 123–143
Jänicke, Martin: Der Dritte Weg. Die antistalinistische Opposition gegen Ulbricht seit 1953. Köln 1964
James, Robert Rhodes (Ed.): The Czechoslovak Crisis 1968. London 1969
Jamgotch, Nish: Alliance Management in Eastern Europe. (The New Type of International Relations.) In: World Politics, Vol. 27, 1974/75, S. 405–429 (Management)
Jansen, Marlies: Osteuropäische Nachlese zur Weltkonferenz. In: Osteuropäische Rundschau 1969, H. 8, S. 15–21 (Nachlese)
Jansen, Marlies: X. Parteitag der RKP: Bestätigung und Konfrontation. In: Osteuropäische Rundschau 1969, H. 9, S. 2–8
Jansen, Marlies: Neueste Integrationstendenzen im Ostblock. In: Osteuropäische Rundschau 1970, H. 6, S. 1–7 (Integrationstendenzen)
Jascheck, Stephan: Zwei oder drei Welten? Der ideologische Konflikt Albanien-China. In: Osteuropa 1978, S. 141–149
Jaster, Robert S.: Cema's Influence on Soviet Policies in Eastern Europe. In: World Politics, Vol. 14, 1961/62, S. 505–518 (Influence)
Jaster, Robert S.: The defeat of Khrushchev's plan to integrate Eastern Europe. In: The World Today, Vol. 19/1963, S. 514–522 (defeat)
Jelenski, K. A.: Poland. In: Survey 1962, No. 42, S. 58–71
Jemeljanenko, G. G.: Die Union der Sozialistischen Sowjetrepubliken – ein entscheidender Faktor für die Entwicklung und Annäherung der Völker. In: Beiträge zum proletarischen und sozialistischen Internationalismus. Leipzig 1973, S. 57–72
Johnson, A. Ross: Polish Perspectives, Past and Present. In: Problems of Communism, Vol. 20/1971, No. 4, S. 59–72
Johnson, A. Ross: Has Eastern Europe Become a Liability to the Soviet Union? (II) – The Military Aspect. In: Charles Gati (Ed.): The International Politics of Eastern Europe. New York 1976, S. 37–58 (Europe)

Jones, Christopher D.: Autonomy and Intervention: The CPSU and the Struggle for the Czechoslovak Communist Party, 1968. In: Orbis, Vol. XIX/1975, S. 591-625 (Autonomy)

Jones, Christopher D.: Soviet Hegemony in Eastern Europe: The Dynamics of Political Autonomy and Military Intervention. In: World Politics, Vol. 29, 1976/77, S. 216-241 (Hegemony)

Jones, Christopher D.: Soviet Influence in Eastern Europe. Political Autonomy and the Warsaw Pact. New York 1981 (Influence)

Jones, F. C.: The Far East. In: P. Calvocoressi: Survey of International Affairs 1953. London, New York, Toronto 1956, S. 188-230

Jones, Joseph M.: The Fifteen Weeks (February 21-June 5, 1947). New York 1955 (Weeks)

Jowitt, Kenneth: Revolutionary Breakthroughs and National Development: The Case of Rumania, 1944-1965. Berkeley und Los Angeles 1971

Just, Artur W.: Das sowjetisch-chinesische Vertragswerk von Peking. In: Außenpolitik 1955, S. 148-158

Jutikkala, Eino: Finnland von der Erringung der Selbständigkeit bis zur Neuorientierung nach dem II. Weltkrieg 1918-1966. In: Theodor Schieder (Hrsg.): Handbuch der europäischen Geschichte. Band 7, Teilband 2, Stuttgart 1979, S. 1080-1106 (Finnland)

Kalbe, Ernstgert: Die Bedeutung der Großen Sozialistischen Oktoberrevolution für die Herausbildung der sozialistischen Gemeinschaft. In: Deutsche Außenpolitik 1977, H. 12, S. 27-42 (Bedeutung)

Kalbe, Ernstgert: Methodologische Probleme des Revolutionsvergleichs von Oktoberrevolution und volksdemokratischer Revolution. In: Jahrbuch für Geschichte der sozialistischen Länder Europas. Bd. 22/1. Berlin (Ost), 1978, S. 25-38

Kalvoda, Josef: Czechoslovakia's Socialist Constitution. In: The American Slavic and East European Review. Vol. 20/1961, S. 220-236

Kanet, Roger E.: Czechosolovakia and the Future of Soviet Foreign Policy. In: E. J. Czerwinski und J. Piekalkiewicz (Eds.): The Soviet Invasion of Czechoslovakia - Its Effects on Eastern Europe. New York, Washington, London 1972, S. 91-106

Kanet, Roger E.: Hungarian Views of CMEA Integration. In: Problems of Communism, Vol. 26/1977, No. 1, S. 67-69

Kaplan, Karel: Der kurze Marsch. Kommunistische Machtübernahme in der Tschechoslowakei 1945-1948. München/Wien 1981 (Marsch)

Kardelj, Edward: Über die prinzipiellen Grundlagen der Außenpolitik Jugoslawiens. S. 5-35; Milovan Djilas: Zeitgenössische Themen. S. 37-108. Frankfurt M. 1950

Kaser, Michael: Comecon - Integration Problems of the Planned Economies. 2. Aufl. London, New York, Toronto 1967

Kaser, Michael: Die osteuropäischen Wirtschaftspläne für 1976 bis 1980. In: Europa-Archiv 1976, S. 559-570

Kaser, Michael: Albaniens Wirtschaft im revolutionären Delirium. In: Neue Zürcher Zeitung, Fernausgaben Nr. 93 und 97 vom 23./24. und 28. April 1978

Kaser, Michael: Albania's self-chosen predicament. In: The World Today, Vol. 35/1979, S. 259-268

Katuschew, Konstantin: Die Hauptrichtung. Über den Prozeß und die objektive Notwendigkeit des weiteren Zusammenschlusses der sozialistischen Länder. In: Probleme des Friedens und des Sozialismus, Bd. 16/1973, S. 1011-1023

Katzarov, Constantin: Die Entwicklung des öffentlichen Rechtes in Bulgarien seit dem 2. Weltkrieg, In: Jahrbuch des öffentlichen Rechts der Gegenwart. Neue Folge/Bd. 2, Tübingen 1953, S. 283-300 (Bulgarien)

Kaufman, Edy: The Superpowers and their Spheres of Influence. The United States and the Soviet Union in Eastern Europe and Latin American. London 1976

Kecskemeti, Paul: Diversity and Uniformity in Communist Bloc Politics. In: World Politics, Vol. XIII, 1960/61, S. 313-322 (Diversity)

Keep, John: Soviet Foreign Policy: Doctrine and Reality. In: Survey 1962, No. 40, S. 11–23
Kemeny, George: Hungary and COMECON. In: Survey 1962, No. 40, S. 166–177
Kennan, George F. (›X‹): The Sources of Soviet Conduct. In: Foreign Affairs, Vol. 25, 1946/47, S. 566–582
Kennan, George F.: American and the Russian Future. In: Foreign Affairs, Vol. 29, 1950/51, S. 351–370
Kennan, George F.: Sowjetische Außenpolitik unter Lenin und Stalin. Stuttgart 1961 (Am. Originalausgabe: Russia and the West under Lenin and Stalin. Boston 1961) (Außenpolitik)
Kennan, George F.: Polycentrism and Western Policy. In: Foreign Affairs, Vol. 42, 1963/64, S. 171–183
Kennan, George F.: Memoiren eines Diplomaten. Memoirs 1925–1950. Mit einem Vorwort von Klaus Mehnert. 2. Auflage. Stuttgart 1968 (Titel der am. Originalausgabe: Memoirs 1925–1950. Boston 1967)
Kennan, George F.: The United States and the Soviet Union, 1917–1976. In: Foreign Affairs, Vol. 54, 1975/76, S. 670–690
George Kennan on Containment Reconsidered. In: Foreign Affairs, Vol. 56, 1977/78, S. 643–645
Kennan, George F.: The View of Russia. In: Thomas T. Hammond (Ed.): Witnesses to the Origins of the Cold War. Seattle and London 1982, S. 27–33
Kertesz, Stephen D.: The Methods of Communist Conquest: Hungary 1944–1947. In: World Politics, Vol. III, 1950/51, S. 20–54 (Methods)
Kertesz, Stephen D.: Diplomacy in a Whirpool. Hungary between Nazi Germany and Soviet Russia. Notre Dame, Indiana 1953 (Diplomacy)
Kertesz, Stephen D. (Ed.): The Fate of East Central Europe. Hopes and Failures of American Foreign Policy. Notre Dame, Indiana, 1956
Kertesz, Stephen D.: Hungary in International Affairs Since 1945. In: Ernst C. Helmreich (Ed.): Hungary. New York 1957, S. 17–31 (Hungary)
Kertesz, Stephen D. (Ed.): East Central Europe and the World: Developments in the Post-Stalin Era. Notre Dame, Indiana 1962
Kertesz, Stephen D.: Hungary. In: Stephen D. Kertesz (Ed.): East Central Europe and the World: Developments in the Post-Stalin Era. Notre Dame, Indiana 1962, S. 120–155
Khlestov, O.: New Soviet – Czechoslovak Treaty. In: International Affairs, Moskau 1970, H. 7, S. 9–14
Khrushchev Remembers. The Last Testament. London 1974
Khvostov, V.: A Summing Up of the Discussion Concerning the Periodization of the History of Soviet Foreign Policy. In: International Affairs (Moskau) 1958, H. 8, S. 61–71
Kiesewetter, Bruno: Der Ostblock. Außenhandel des östlichen Wirtschaftsblockes einschließlich China. Berlin 1960
King, Robert R.: Rumania and the Sino-Soviet Conflict. In: Studies in Comparative Communism, Vol. V/1972, S. 373–393
King, Robert R.: Autonomy and Détente: The Problems of Rumanian Foreign Policy. In: Survey, Vol. 20/1974, No. 91/92 (2–3), S. 105–120
King, Robert R.: Rumania: The Difficulty of Maintaining an Autonomous Foreign Policy. In: Robert R. King and Robert W. Dean (Eds.): East European Perspectives on European Security and Cooperation. New York, N.Y. 1974, S. 168–190
King, Robert R.: Romania's struggle for an autonomous foreign policy. In: The World Today, Vol. 35/1979, S. 340–348
King, Robert R. and Robert W. Dean (Eds.): East European Perspectives on European Security and Cooperation. New York, N. Y. 1974
Király, Bela: Honveds unter Sowjetbefehl. Persönliche Erlebnisse eines hohen ungarischen Offiziers. In: Hinter dem Eisernen Vorhang 1958, H. 5, S. 1–12
Kiraly, Bela K.: Budapest 1956 – Prague 1968: Parallels and Contrasts. In: Problems of Communism, Vol. 18/1969, No. 4–5, S. 52–60

Király, Bela K.: Democratic Peasant Movements in Hungary in the Twentieth Century. In: Heinz Gollwitzer (Hrsg.): Europäische Bauernparteien im 20. Jahrhundert. Stuttgart/ New York 1977, S. 403-436
Kirby, David: The Baltic States 1940/50. In: Martin McCauley: Communist Power in Europe 1944-1949. London 1977, S. 22-35
Kirby, Stephen: Great-Power Involment in European Systems. In: Hayward, Jack/R. N. Berki (Eds.): State and Society in Contemparary Europe. Oxford 1979, S. 181-217
Kirchenheim, von: Allianzen (Bündnisverträge): In: Wörterbuch des Völkerrechts und der Diplomatie. Bd. 1. Berlin und Leipzig 1924, S. 32-35
Kirkendall, Richard S. (Ed.): The Truman Period as a Research Field. Columbia/Missouri, 1967, 4. Nachdruck 1975
Klaiber, Wolfgang: Security Priorities in Eastern Europe. In: Problems of Communism, Vol. 19/1970, No. 3, S. 32-44
Klein, George: Czechoslovakia: View of the Bridge. In: Problems of Communism. Vol. 26/ 1977, No. 6, S. 60-64
Kleßmann, Christoph: Vorgeschichte der SED. In: Neue politische Literatur 1978, S. 113-114 (= Bespr. des Buches von Henry Krisch: German Politics under Soviet Occupation. New York/London 1974)
Klinkmüller, Erich/Maria Elisabeth Ruban: Die wirtschaftliche Zusammenarbeit der Ostblockstaaten. Berlin 1960 (Zusammenarbeit)
Knapp, Manfred: Deutschland und der Marshallplan: Zum Verhältnis zwischen politischer und ökonomischer Stabilisierung in der amerikanischen Deutschlandpolitik nach 1945. In: Claus Scharf und Hans-Jürgen Schröder (Hrsg.): Politische und ökonomische Stabilisierung Westdeutschlands 1945-1949. Fünf Beiträge zur Deutschlandpolitik der westlichen Alliierten. Wiesbaden 1977, S. 19-43 (Marshallplan)
Knapp, Wilfried: Cold War Origins. In: Survey 1966, No. 58, S. 153-158
Knirsch, Peter: Bemühungen um eine Wirtschaftsintegration in Osteuropa. In: Europa-Archiv 1972, S. 21-32
Kobosil, Wernfried: Westdeutsche Geschichtsklitterungen zu den Verhandlungen der Antihitlerkoalition über die Nachkriegspolitik in Deutschland (1941 bis Mai 1945). In: Der deutsche Imperialismus und der Zweite Weltkrieg. Berlin (Ost) 1962, S. 115-130 (Geschichtsklitterungen)
Koch, Manfred/Werner Müller: Transformationsprozeß des Parteiensystems der SBZ/ DDR zum »sozialistischen Mehrparteiensystem« 1945-1950. In: 30 Jahre DDR. Deutschland-Archiv 1979, Sonderheft, S. 27-44
Kohlmey, Gunther: Vergesellschaftung und Integration im Sozialismus. Berlin (Ost) 1973
Köhler, Heinz: Economic Integration in the Soviet Bloc – With an East German Case Study. New York, Washington, London 1965 (Integration)
König, Helmut: Die Stellung Moskaus in der kommunistischen Weltbewegung. In: Osteuropa 1968, S. 404-413 (Stellung)
König, Helmut: Bitterer Lorbeer für Moskau. Eine vorläufige Bilanz der kommunistischen Weltkonferenz. In: Osteuropa 1969, S. 642-655 (Lorbeer)
König, Helmut: Drahtseilakt ohne Netz. Rumäniens Standort in der kommunistischen Weltbewegung. In: Osteuropa 1970, S. 77-94 (Drahtseilakt)
Kohler, Foy D.: Khrushchev Remembers – But Also Forgets. In: Problems of Communism, Vol. 23/1974, No. 5, S. 52-56 (= Bespr. von N. S. Khrushchev: Khrushchev Remembers. The Last Testament. Boston 1974)
Kolendic, Anton: Die Beziehungen Jugoslawiens zu den sozialistischen Ländern Osteuropas. Eine Komponente der jugoslawischen Außenpolitik. In: Europa-Archiv 1964, S. 319-328 (Beziehungen)
Kolko, Gabriel: The Politics of War. Allied Diplomacy and the World Crisis of 1943-1945. London 1968 (Politics)
Kolko, Joyce and Gabriel: The Limits of Power: The World and United States Foreign Policy, 1945-1954. New York, N. Y. 1972

Kolkovicz, Roman: The Soviet Military and the Communist Party. Princeton, N. J. 1967 (Military)
Kolkovicz, Roman: The Warsaw Pact: Entangling Alliance. In: Survey 1969, No. 70/71, S. 86–101
Komarnicki, Titus: Satellite State – A Modern Case of Intervention. In: Studies of the Association of Polish Lawyers in Exile in the United States. Ed. by Zygmunt Nagorski, Sr. Vol. I: Legal Problems under Soviet Domination. New York 1956, S. 13–26
Kopácsi, Sándor: Au Nom de la Classe Ouvrière. Les mémoires du préfect de police de Budapest en 1956. Paris 1979 (dt. Übersetzung: Die ungarische Tragödie. Wie der Aufstand von 1956 liquidiert wurde. Erinnerungen des Polizeipräsidenten von Budapest – unter Mitarbeit von Tybor. Stuttgart 1979)
Korab, Alexander: Die Entwicklung der kommunistischen Parteien in Ost-Mitteleuropa. I. Teil, Polen – Ungarn – Tschechoslowakei, Hamburg 1962
Korbel, Josef: Tito's Communism. Denver/USA o. J. (1951)
Korbel, Josef: The Communist Subversion of Czechoslovakia – 1938–1948. The Failure of Coexistence. Pricenton/New Jersey 1959 (Subversion)
Korbel, Pavel: Prag und die Slowaken. In: Hinter dem Eisernen Vorhang 1963, H. 5, S. 14–20
Korbonski, Andrzej: Theory and Practice of Regional Integration: The Case of Comecon. In: Lindberg, Leon N./Stuart A. Scheingold (Eds.): Regional Integration. Theory and Research. Cambridge/Mass. 1971, S. 338–373
Kordt, Erich: Zur rechtlichen Struktur des Ostblocks. In: Juristenzeitung 1960, S. 553–557
Korey, William: The Comintern and the Geneology of the »Brezhnev-Doctrine«. In: Problems of Communism, Vol. 18/1969, No. 3, S. 52–58
Korhonen, Keijo: Treaty of Friendship, Cooperation and Mutual Assistance between the Soviet Union and Finland: Some Aspects of International Politics. In: Cooperation and Conflict. Oslo. Vo. 8/1973, Nr. 3–4, S. 183–188
Korkisch, Friedrich: Die rumänischen Gebietsabtretungen an Ungarn und Bulgarien und die Regelung damit zusammenhängender Volkstumsfragen. In: Zeitschrift für ausländisches öffentliches Recht und Völkerrecht, Bd. 10, 1940/41, S. 707–745
Kousoulas, D. George: The Greek Communists Tried Three Times – and Failed. In: Thomas Hammond (Ed.): The Anatomy of Communist Takeovers. New Haven and London 1975, S. 293–309 (Greek Communists)
Kovacs, Imre: Kadar und das System in Ungarn. In: Osteuropäische Rundschau 1965, H. 6, S. 15–18 (Kadar)
Kovrig, Bennett: Spheres of Influence: A Reassessment. In: Survey 1969, No. 70/71, S. 102–120
Kovrig, Bennett: The Hungarian People's Republic. Baltimore and London 1970
Kovrig, Bennett: Decompression in Hungary – Phase Two. In: Peter A. Toma (Ed.): The Changing Face of Communism. Tucson/Arizona 1970, S. 193–213
Kovrig, Bennett: The Myth of Liberation. East-Central Europe in U.S. Diplomacy and Politics since 1941. Baltimore and London 1973 (Myth)
Kovrig, Bennett: Communism in Hungary. From Kun to Kádár. Stanford, Cal. USA 1979
Kowalski, Hans-Günter: Die »European Advisory Commission« als Instrument alliierter Deutschlandplanung 1943–1945. In: Vierteljahrshefte für Zeitgeschichte 1971, S. 261–293 (European Advisory Commission)
Kowarik, Werner: Landesverteidigung. In: Klaus-Detlef Grothusen (Hrsg.): Südosteuropa-Handbuch. Bd. II: Rumänien, Göttingen 1977, S. 232–239
Koževnikov, F. I.: Učebnoe posobie po meždunarodnomu publičnomu pravu (Očerki). Moskva 1947 (Lehrbuch des Völkerrechts [Studien] Moskau 1947)
Koziolek, Helmut: Zusammenarbeit im Bruderbund DDR–UdSSR. In: Einheit 1980, H. 2, S. 144–150
Krakau, Knud: Der Regionalismus im Spannungsfeld hegemonialer Interessen. In: Moderne Welt 1959 S. 22–34 (Regionalismus)

Krakau, Knud: Literatur über Pakte, Allianzen etc. In: Moderne Welt 1967, S. 77-94 (Literatur)
Král, Václav: Bedeutung und Lehren des Februar 1948 in der Tschechoslowakei. In: Deutsche Außenpolitik 1978, H. 2, S. 57-74
Kraus, Wolfgang H.: Crisis and Revolt in a Satellite: The East German Case in Retrospect. In: Kurt London (Ed.): Eastern Europe in Transition. Baltimore 1966, S. 41-65
Kraus, Wolfgang: Bulgarien sucht Anschluß an die Zeit. In: Osteuropäische Rundschau 1966, H. 5, S. 3-11
Krausnick, Helmut/Hermann Graml: Der deutsche Widerstand und die Alliierten. In: Vollmacht des Gewissens. Hrsg. von der Europäischen Publikation e. V. Frankfurt/M./Berlin 1965. Bd. II, S. 475-521
Krejčí, Jaroslav (Hrsg.): Sozialdemokratie und Systemwandel. Hundert Jahre tschechoslowakische Erfahrung. Berlin, Bonn 1978
Krisch, Henry: German Politics under Soviet Occupation. New York/London 1974
Krosby, Peter H.: Finland, Germany, and the Soviet Union, 1940-1941: The Petsamo Dispute. Madison/USA und London 1968
Krosby, Peter H.: Friede für Europas Norden. Die sowjetisch-finnischen Beziehungen von 1944 bis zur Gegenwart. Wien/Düsseldorf 1981 (Titel des Originals: Finland and the Soviet Union 1944-1978. From Defeat to Peaceful Coexistence. Helsinki 1978)
Kröger, Herbert: Der Freundschaftsvertrag mit der UdSSR - ein Vertrag von historischer Bedeutung. In: Deutsche Außenpolitik 1976, H. 1, S. 23-32
Kröger, Herbert: Die Herausbildung sozialistischer Völkerrechtsprinzipien und -normen in den internationalen Beziehungen neuen Typs zwischen sozialistischen Staaten. In: Sozialistische Staatengemeinschaft und Völkerrecht. Berlin (Ost) 1979, S. 13-78 (Herausbildung)
Kröger, Herbert/Frank Seidel: Freundschaftsverträge - Verträge des Sozialismus. Berlin (Ost) 1979
Krüger, Herbert: Die deutsche Friedensnote. Würdigung - Widerhall - Einordnung in die weltpolitische Großlage. In: Moderne Welt 1966, S. 349-367
Krüger, Joachim: Die Annäherung der sozialistischen Länder als Entwicklungsgesetzmäßigkeit. In: Deutsche Außenpolitik 1976, S. 1774-1785 (Annäherung)
Krüger, Joachim: Proletarischer Internationalismus und allgemeindemokratische Prinzipien. In: Deutsche Außenpolitik 1977, H. 6, S. 20-30
Krüger, Joachim: Neue Freundschaftsverträge der DDR mit Staaten der sozialistischen Gemeinschaft. In: Deutsche Außenpolitik 1978, H. 1, S. 5-15
Krüger, Joachim: Einheit von sozialistischem Patriotismus und proletarischem Internationalismus - Kennzeichen der sozialistischen Gemeinschaft. In: Deutsche Außenpolitik 1979, H. 7, S. 17-25 (Einheit)
Krüger, Joachim: Ein wichtiger Entwicklungsabschnitt der internationalen Beziehungen neuen Typs. In: Deutsche Außenpolitik 1979, H. 8, S. 30-38
Krüger, Joachim/Siegmar Quilitzsch: Sozialistische Gemeinschaft. Entwicklungstendenzen in den 70er Jahren. Berlin (Ost) 1978
Kruse, Hans: Strukturelle Kongruenz und Homogenität. In: Mensch und Staat in Recht und Geschichte. Festschrift für Herbert Kraus. Kitzingen/Main 1954, S. 112-127
Kubat, Daniel: Communist Use of the Czechoslovak Parliament since World War II. In: The American Slavic and East European Review, Vol. 20/1961, S. 695-700 (Use)
Kühl, Joachim: Föderationspläne im Donauraum und in Ostmitteleuropa. München 1958
Kuhn, Axel: Das nationalsozialistische Deutschland und die Sowjetunion. In: Manfred Funke (Hrsg.): Hitler, Deutschland und die Mächte. Kronberg/Ts., Düsseldorf 1978, S. 639-653 (Deutschland)
Kuhn, Heinrich: Der Kommunismus in der Tschechoslowakei. I. Organisationsstatuten und Satzungen. Köln 1965 (Kommunismus)
Kuhn, Heinrich: Von der Massenpartei zur Staatspartei. Teil I-III. Berichte des Bundesinstituts für ostwissenschaftliche und internationale Studien. Köln, Nr. 10-12/1978

Kuklick, Bruce: The Genesis of the European Advisory Commission. In: Journal of Contemporary History, Vol. 4/1969, No. 4, S. 189–201 (Genesis)
Kuklick, Bruce: American Policy and the Division of Germany. The Clash with Russia over Reparations. Ithaca and London 1972
Kulikov, V. G. (Redaktionsführung): Varšavskij dogovor – sojuz vo imja mira i socializma (Der Warschauer Vertrag – ein Bündnis im Namen des Friedens und des Sozialismus). Moskau 1980
Kulski, W. W.: The Lost Opportunity for Russian-Polish Friendship. In: Foreign Affairs, Vol. 25, 1946/47, S. 667–684 (Opportunity)
Kulski, W. W.: The Soviet System of Collective Security Compared with the Western System. In: The American Journal of International Law, Vol. 44/1950, S. 453–476
Kulski, W. W.: Germany and Poland. From War to Peaceful Relations. Syracuse/New York 1976
Kunz, Willi: Grundfragen der internationalen Wirtschaftszusammenarbeit der Länder des Rates für Gegenseitige Wirtschaftshilfe (RGW). Berlin (Ost) 1964 (RGW)
Kupper, Siegfried: Integration stockt auch im Osten. Zur 30. Tagung des Rates für Gegenseitige Wirtschaftshilfe. In: Deutschland-Archiv 1976, S. 785–790
Kupper, Siegfried: Auf der Grundlage der Interessiertheit. Zur 32. Tagung des Rates für Gegenseitige Wirtschaftshilfe. In: Deutschland-Archiv 1978, S. 796–800
Kupper, Siegfried: Alte Programme für schwierige Aufgaben. Zur 33. Tagung des RGW. In: Deutschland-Archiv 1979, S. 794–797
Kusin, Vladimir V. (Ed.): The Czechoslovak Reform Movement 1968. Proceedings of the Seminar held at the University of Reading on 12–17 July 1971. London 1973
Kusin, Vladimir V.: Czechoslovakia. In: Martin McCauley (Ed.): Communist Power in Europe 1944–1949. London 1977, S. 73–94
Kutt, Aleksander: Ausbeutung im Handel des Ostblocks. In: Hinter dem Eisernen Vorhang 1962, H. 7/8, S. 9–15
Kux, Ernst: Rußland, China und die Weltrevolution. In: Schweizer Monatshefte, Jg. 40, 1961/62, S. 109–120 (Rußland)
Kux, Ernst: Westliche Analysen des sowjetisch-chinesischen Konflikts. In: Neue Zürcher Zeitung vom 23. und 28. Oktober 1962 (Analysen)
Kux, Ernst: Die feindlichen Brüder 1962–1963. Nachtrag zu Donald S. Zagoria: Der chinesisch-sowjetische Konflikt 1956–1961. München 1964, S. 443–486 (Brüder)
Kux, Ernst: Growing Tensions in Eastern Europe. In: Problems of Communism, Vol. 29/ 1980, No. 2, S. 21–37 (Tensions)

Labedz, Leopold (Hrsg.): Der Revisionismus. Köln/Berlin 1965 (Titel der englischen Originalausgabe: Revisionism. London 1962)
Labedz, Leopold: The End of an Epoch. In: Survey 1965, No. 54, S. 3–28
Labedz, Leopold: Czechoslovakia and After. In: Survey 1968, No. 69, S. 7–21
Lamberg, Robert F.: Albanien zwischen Moskau und Peking. In: Osteuropa 1962, S. 66–72
Lamberg, Robert F.: Vorläufig Patt in Albanien. In: Osteuropa 1962, S. 754–762
Lamberg, Robert F.: Kommunistische Parteikongresse im Winter 1962/63. In: Osteuropa 1963, S. 158–171
Lammich, Siegfried/Karin Schmid: Die Staatsordnung der Tschechoslowakei. Berlin 1979
Landy, Paul: Retreat and Reaction in Eastern Europe. In: Problems of Communism, Vol. 7/1958, No. 4, S. 8–15
Landy, Paul: Hungary: Pressures from Above. In: Problems of Communism, Vol. 11/1962, No. 3, S. 27–32
Lange, Peer: Konfrontation mit dem westlichen Bündnis in Europa. In: Osteuropa-Handbuch. Begr. von Werner Markert. Sowjetunion: Außenpolitik 1917–1955. Hrsg. von Dietrich Geyer. Köln/Wien 1972, S. 510–557 (Konfrontation)
Lange, Peer H.: Der Warschauer Pakt im Prozeß der europäischen Entspannungspolitik. Stiftung Wissenschaft und Politik – Eggenberg. SWP – S 2041. Juli 1974

Langhans-Ratzeburg, Manfred: Die großen Mächte – geojuristisch betrachtet. München und Berlin 1931
Lapenna, Ivo: The Soviet Concept of »Socialist« International Law. In: The Year Book of World Affairs, Vol. 29/1975, S. 242–264
Laqueur, Walter Z.: The End of the Monolith – World Communism in 1962. In: Foreign Affairs, Vol. 40, 1961/62, S. 360–373
Laqueur, Walter: The Schism. In: Survey 1962, No. 42, S. 1–8
Laqueur, Walter: Deutschland und Rußland. Berlin 1965
Laqueur, Walter and Leopold Labedz (Eds.): Polycentrism. The New Factor in International Communism. New York, N. Y. 1962 (Nachdruck der Beiträge aus dem Spezialheft »Polycentrism« des Londoner »Survey« 1962, No. 42)
Larrabee, F. Stephen: Bulgarien in der Außenpolitik – Bündnispartner oder Satellit Moskaus? In: Osteuropa 1972, S. 608–617
Larrabee, F. Stephen: Neue Entwicklungstendenzen auf dem Balkan. In: Europa-Archiv 1972, S. 179–188
Larrabee, F. Stephen: Bulgaria's Politics of Conformity. In: Problems of Communism, Vol. 21/1972, No. 4, S. 42–52
Larrabee, F. Stephen: The Rumanian Challenge to Soviet Hegemony. In: Orbis, Vol. 17/1973, S. 227–246 (Challenge)
Lasch, Christopher: The Cold War, Revisited and Revisioned. In: Erik P. Hoffmann und Frederic J. Fleron, Jr. (Eds.): The Conduct of Soviet Foreign Policy. London 1971, S. 262–274
Laschitza, Horst: Kämpferische Demokratie gegen Faschismus. Die programmatische Vorbereitung auf die antifaschistisch-demokratische Umwälzung in Deutschland durch die Parteiführung der KPD. Berlin (Ost) 1969 (Demokratie)
Lasky, Melvin J.: Die ungarische Revolution. Die Geschichte des Oktober-Aufstandes nach Dokumenten, Meldungen, Augenzeugenberichten und dem Echo der Weltöffentlichkeit. Ein Weißbuch. Berlin 1958
Latour, Conrad F.: Amerikas Weg nach Potsdam. Wie die Vereinigten Staaten sich die Gestalt Deutschlands nach dem Kriege vorstellten. In: Frankfurter Allgemeine Zeitung vom 4. August 1965, S. 11–12
Latzo, A.: Der Warschauer Vertrag – Instrument zur Sicherung des Friedens. Berlin (Ost) 1972 (Vertrag)
Latzo, Anton: Die Bedeutung des Warschauer Vertrages und der bilateralen Freundschafts- und Beistandsverträge für die Festigung der Einheit und Geschlossenheit der sozialistischen Staatengemeinschaft in Europa. In: Sozialistische Staatengemeinschaft. Die Entwicklung der Zusammenarbeit und der Friedenspolitik der sozialistischen Staaten. Von einem Autorenkollektiv unter Leitung von Siegmar Quilitzsch und Joachim Krüger. Berlin (Ost) 1972, S. 167–216 (Bedeutung)
Latzo, Anton: Der Warschauer Vertrag – sozialistische Bündnisorganisation des Friedens. In: Staat und Recht 1973, S. 752–763
Latzo, A.: Die Warschauer Vertragsorganisation auf Friedenswacht, Berlin (Ost) 1975 (Vertragsorganisation)
Leach, Barry A.: German Strategy against Russia 1939–1941. Oxford 1973
Lebahn, Axel: Sozialistische Wirtschaftsintegration und Ost-West-Handel im sowjetischen internationalen Recht. Berlin 1976
Leblang, Stanislawa: Polnische Bauernparteien. In: Heinz Gollwitzer (Hrsg.): Europäische Bauernparteien im 20. Jahrhundert. Stuttgart/New York 1977, S. 271–322
Lederer, Ivo J. (Ed.): Russian Foreign Policy. Essays in Historical Perspektive. New Haven and London 1962
Lederer, Ivo J.: Russia and the Balkans. In: Ivo J. Lederer (Ed.): Russian Foreign Policy. Essays in Historical Perspective. New Haven and London 1962, S. 417–451 (Russia)
Lee, Arthur Gould: Crown against Sickle. The Story of King Michael of Rumania. London 1950, Nachdruck 1953

Leibholz, Gerhard: Die Organisation der »Vereinten Nationen« und die Strukturprinzipien des modernen Völkerrechts. In: Festschrift für Julius von Gierke. Berlin 1950, S. 163–180 (Organisation)
Lemche, Brunhilde: Die Zusammenarbeit sozialistischer Länder im RGW und ihre antikommunistischen Verfälscher. In: Staat und Recht 1980, S. 354–361 (Zusammenarbeit)
Lendvai, Paul: Hungary: Change vs. Immobilism. In: Problems of Communism, Vol. 16/1967, No. 2, S. 11–17
Lendvai, Paul: Der Rote Balkan. Zwischen Nationalismus und Kommunismus. Frankfurt a. M. 1969 (Balkan)
Lenin, W. I.: Das Jahr 1920. Strategie und Taktik der proletarischen Revolution. Wien/Berlin
Lenin, W. I.: Der »linke Radikalismus«, die Kinderkrankheit im Kommunismus. In: Ausgewählte Werke. Bd. II. Berlin (Ost) 1955, S. 669–757
Lenin, W. I.: Über eine Karikatur auf den Marxismus und über den »imperialistischen Ökonomismus«. In: Werke, Bd. 23. Berlin (Ost) 1960, S. 18–71
Leonhard, Wolfgang: Die Revolution entläßt ihre Kinder. Köln/Berlin 1955 (Revolution)
Leonhard, Wolfgang: Kreml ohne Stalin. Köln 1959
Leonhard, Wolfgang: A World in Disarray. In: Problems of Communism, Vol. 13/1964, No. 2, S. 16–26
Leonhard, Wolfgang: Der Konflikt im Weltkommunismus. In: Aus Politik und Zeitgeschichte. Beilage zur Wochenzeitung »Das Parlament«, B 21 vom 20. Mai 1964, S. 3–15
Leschkowitz, Gerhard: Zu einigen Fragen des Nationalkomitees »Freies Deutschland«. In: Zeitschrift für Geschichtswissenschaft, Jg. X/1962, Sonderheft, S. 182–198
Lévesque, Jacques: Le conflit sino-soviétique et l'Europe de l'Est. Ses incidences sur les conflits soviéto-polonais et soviéto-roumain. Montreal 1970 (Conflit)
Levitski, Boris: Coexistence within the Bloc. In: Survey 1962, No. 42, S. 28–38 (Coexistence)
Librach, Jan: The Rise of the Soviet Empire. A Study of Soviet Foreign Policy. New York/Washington 1964
Licklider, Roy E.: Soviet Control of Eastern Europe: Morality versus American National Interest. In: Political Science Quarterly, Vol. 91, 1976/77, No. 4, S. 619–624
Ließ, Rudolf Otto: Rumänische Bauernparteien. In: Heinz Gollwitzer (Hrsg.): Europäische Bauernparteien im 20. Jahrhundert. Stuttgart/New York 1977, S. 437–465
Linden, Carl A.: Khrushchev and the Soviet Leadership. Baltimore, Maryland 1966 (Khrushchev)
Linden, Carl A.: Stalinist Turned Reformer. In: Problems of Communism, Vol. 20/1971, No. 5, S. 48–51 (= Bespr. von: Khrushchev Remembers. Boston 1970)
Linden, Ronald Haly: Bear and Foxes. The International Relations of the East European States, 1965–1969. New York 1979
Linder, Willy: Ungarn als Experimentierfeld der sozialistischen Planwirtschaft. In: Europa-Archiv 1964, S. 441–448
Linder, Willy: Reformpolitik in Ungarn. Zur Problematik von Wirtschaftsreformen im Sozialismus. In: Europa-Archiv 1970, S. 387–396
Link, Werner: Die amerikanische Außenpolitik aus revisionistischer Sicht. In: Neue Politische Literatur, 1971, S. 205–220 (Außenpolitik)
Link, Werner: Der Marshall-Plan und Deutschland. In: Aus Politik und Zeitgeschichte. Beilage zur Wochenzeitung »Das Parlament«, B 50 vom 13. Dezember 1980, S. 3–18
Lipgens, Walter: Jugoslawien, Griechenland und der Balkanpakt. In: Die Internationale Politik 1955. Hrsg. von Arnold Bergstraesser und Wilhelm Cornides unter Mitwirkung von Walter Hofer und Hans Rothfels. München 1958, S. 269–281
Lippmann, Heinz: The Limits of Reform Communism. In: Problems of Communism, Vol. 19/1970, No. 3, S. 15–23
Liszt, Franz/Max Fleischmann: Das Völkerrecht. 12. Aufl., Berlin 1925
Lockhart, Robert Bruce: The Czechoslovak Revolution. In: Foreign Affairs, Vol. 26, 1947/48, S. 632–644 (Revolution)

Lockhart, Robert Bruce: My Europe. London 1952
Loeber, Dietrich A.: Die Ereignisse in Ungarn und die sowjetische Definition der Aggression. In: Europa-Archiv 1956, S. 9355–9359 (Ungarn)
Loeber, Dietrich A.: Die Rechtsstruktur des Ostblocks. In: Osteuropa-Recht 1960, S. 196–211
Loeber, Dietrich A.: Diktierte Option. Die Umsiedlung der Deutsch-Balten aus Estland und Lettland 1939–1941. Neumünster 1971
Loeber, Dietrich A.: Deutsche Politik gegenüber Estland und Lettland. In: Manfred Funke (Hrsg.): Hitler, Deutschland und die Mächte, Kronberg/Ts., Düsseldorf 1978, S. 675–683 (Politik)
Loewenthal, Richard: Shifts and Rifts in the Russo-Chinese Alliance. In: Problems of Communism, Vol. 8/1959, No. 1, S. 14–24
Löwenthal, Richard: Chruschtschëws Schritt in die Weltpolitik. In: Ost-Probleme 1961, S. 90–95 (Nachdruck aus: Der Monat 1961, Jan.-H.)
Loewenthal, Richard: Schism Among the Faithul. In: Problems of Communism, Vol. 11/1962, No. 1, S. 1–14
Löwenthal, Richard: Chruschtschow und der Weltkommunismus. Stuttgart 1963 (Chruschtschow)
Löwenthal, Richard: Das kommunistische Schisma. In: Johannes Gaitanides (Hrsg.): Die Zukunft des Kommunismus. München 1963, S. 16–48
Loewenthal, Richard: Der sowjetisch-chinesische Konflikt und seine Bedeutung für Europa. In: Europa-Archiv 1963, S. 507–520
Löwenthal, Richard: The End of an Illusion. In: Problems of Communism, Vol. 12/1963, No. 1, S. 1–10
Löwenthal, Richard: The Rise and Decline of International Communism. In: Problems of Communism, Vol. 12/1963, No. 2, S. 19–31 (Rise)
Löwenthal, Richard: Bündnissysteme und nationale Interessen. In: Politische Vierteljahresschrift 1964, S. 95–108 (Bündnissysteme)
Löwenthal, Richard (Hrsg.): Ist der Osten noch ein Block? Stuttgart u. a. 1967
Löwenthal, Richard: The Sparrow in the Cage. In: Problems of Communism, Vol. 17/1968, No. 6, S. 2–28
Logoreci, Anton: Albania: The Anabaptists of European Communism. In: Problems of Communism, Vol. 16/1967, No. 3, S. 22–28
Logoreci, Anton: The Albaniens: Europe's Forgotten Survivors. London 1977 (Albanians)
London, Kurt L.: The »Socialist Commonwealth of Nations«: Pattern for Communist World Organization. In: Orbis, Vol. III, 1959/60, S. 424–442 (Commonwealth)
London, Kurt (Ed.): Unity and Contradiction. Major Aspects of Sino-Soviet Relations. New York 1962
London, Kurt: Sino-Soviet Relations in the Context of the »World Socialist System«. In: Kurt London (Ed.): Unity and Contradiction. Major Aspects of Sino-Soviet Relations. New York 1962, S. 409–421
London, Kurt (Ed.): Eastern Europe in Transition. Baltimore 1966
London, Kurt: Communism in Eastern Europe: Polycentrism, Splittism – and After. In: Kurt London (Ed.): Eastern Europe in Transition. Baltimore 1966, S. 19–37
Lotarski, Susanne S.: The Communist Takeover in Poland. In: Thomas Hammond (Ed.): The Anatomy of Communist Takeovers. New Haven and London 1975, S. 339–367 (Poland)
Loth, Wilfried: Frankreichs Kommunisten und der Beginn des Kalten Krieges. In: Vierteljahrshefte für Zeitgeschichte, Bd. 26/1978, S. 7–65
Loth, Wilfried: Die Teilung der Welt – Geschichte des Kalten Krieges 1941–1944. München 1980 (Teilung)
Low, Alfred D.: The Sino-Soviet Dispute. An Analysis of the Polemics. New Jersey/London 1976

Lowery, Sidney: Poland. In: Arnold Toynbee and Veronica M. Toynbee (Eds.): Survey of International Affairs 1939-1946: The Realignment of Europe. London/New York/Toronto 1955, S. 126-245

Lowery, Sidney: The Baltic States. In: Arnold Toynbee and Veronica M. Toynbee (Eds.): Survey of International Affairs 1939-1946: The Realignment of Europe. London/New York/Toronto 1955, S. 245-260

Lowery, Sidney: Finland. In: Arnold Toynbee and Veronica M. Toynbee (Eds.): Survey of International Affairs 1939-1946: The Realignment of Europe. London/New York/Toronto 1955, S. 261-285

Lowery, Sidney: Rumania. In: Arnold Toynbee and Veronica M. Toynbee (Eds.): Survey of International Affairs 1939-1946: The Realignment of Europe. London/New York/Toronto 1955, S. 285-301

Lowery, Sidney: Bulgaria. In: Arnold Toynbee and Veronica M. Toynbee (Eds.): Survey of International Affairs 1939-1946: The Realignment of Europe. London/New York/Toronto 1955, S. 301-317

Lowery, Sidney: Hungary. In: Arnold Toynbee and Veronica M. Toynbee (Eds.): Survey of International Affairs 1939-1946: The Realignment of Europe. London/New York/Toronto 1955, S. 317-332

Ludz, Peter C.: Deutschlands doppelte Zukunft. Bundesrepublik und DDR in der Welt von morgen. Ein politischer Essay. München 1974

Lukacs, John A.: The Night Stalin and Churchill Divided Europe. In: New York Times Magazine vom 5. October 1969, S. 36-50

Lukaszewski, Jerzy (Ed.): The People's Democracies after Prague: Soviet Hegemony, Nationalism, Regional Integration? Bruges 1970

Lukats, Stefan G.: Die Organisation der Streitkräfte des Warschauer Paktes. In: Wehrwissenschaftliche Rundschau 1956, S. 155-166

Lundestad, Geir: The American Non-Policy Towards Eastern Europe 1943-1947. Universalism in an Aera not of Essential Interest to the United States. Tromsö/Oslo/Bergen 1978

Macartney, C. A.: October Fifteenth. A History of Modern Hungary, 1929-1945. 2 Vol. Edinburgh 1957; 2. Edition 1961

Macartney, C. A.: Ungarns Weg aus dem Zweiten Weltkrieg. In: Vierteljahrshefte für Zeitgeschichte 1966, S. 79-103

Mackintosh, J. Malcolm: Strategie und Taktik der sowjetischen Außenpolitik. Stuttgart 1963 (Engl. Ausgabe: Strategies and Tactics of Soviet Foreign Policy. London 1963) (Strategie)

Mackintosh, Malcolm: Strukturprobleme des Warschauer Pakts im Spiegel der tschechoslowakischen Krise. In: Europa-Archiv 1969, S. 805-814 (Strukturprobleme)

Mackintosh, Malcolm: The Evolution of the Warsaw Pact. Adelphi Papers, No. 58, June 1969 (Evolution)

Mackintosh, Malcolm: Influence on Foreign Policy. In: Problems of Communism, Vol. 22/ 1973, No. 5, S. 1-12

Mackintosh, Malcolm: The Warsaw Pact Today. In: Survival, Vol. 16/1974, S. 122-126 (Pact)

Mackintosh, Malcolm: Stalin's Policies toward Eastern Europe, 1939-1948: The General Picture. In: Thomas Hammond (Ed.): The Anatomy of Communist Takeovers. New Haven and London 1975, S. 229-243 (Policies)

Maclean, Fitzroy: Tito: A Study. In: Foreign Affairs, Vol. 28, 1949/50, S. 231-246

Macmillan, Harold: The Blast of War - 1939-1945. London, Melbourne, Toronto 1967

Macridis, Roy: Stalinism and the Meaning of Titoism. In: World Politics, Vol. IV, 1951/52, S. 219-238 (Stalinism)

Mahnke, Hans Heinrich: Das Problem der Einheit der Völkerrechtsgemeinschaft und die Organisation der internationalen Sicherheit. Berlin 1965 (Problem)

Mahnke, Hans Heinrich: Die politischen und völkerrechtlichen Konsequenzen der sowjetischen Interventionsdoktrin. In: Recht und Politik 1969, H. 2, S. 53–59 (Konsequenzen)
Mahnke, Hans Heinrich: Der neue Freundschafts- und Beistandspakt zwischen Sowjetunion und DDR. In: Deutschland-Archiv 1975, S. 1160–1175 (Beistandspakt)
Mahnke, Hans-Heinrich: Die neuen Freundschafts- und Beistandsverträge der DDR. In: Deutschland-Archiv 1977, S. 1160–1184 (Beistandsverträge)
Mahnke, Hans-Heinrich: Überlegungen zur Rechtsnatur des Ostblocks. In: Osteuropa-Recht 1982, S. 132–137 (= Rezension des Buches von Dietrich Frenzke: Die Rechtsnatur des Sowjetblocks. Eine juristische Entschleierung. Berlin 1981)
Mahnke, Hans-Heinrich (Hrsg.): Beistands- und Kooperationsverträge der DDR. Mit einer Einleitung. Köln 1982
Mair, John: Austria. In: Michael Balfour/John Mair: Four-Power Control in Germany and Austria – 1945–1946. Survey of International Affairs – 1939–1946. London/New York/Toronto 1956, S. 269–376
Maiski, I. M.: Memoiren eines sowjetischen Botschafters. Berlin (Ost) 1967
Makarov, Alexander N.: Der sowjetrussisch-finnische Konflikt. In: Zeitschrift für ausländisches öffentliches Recht und Völkerrecht, Bd. 10, 1940/41, S. 294–331
Makarov, Alexander N.: Die Eingliederung Bessarabiens und der Nordbukowina in die Sowjetunion. In: Zeitschrift für ausländisches öffentliches Recht und Völkerrecht, Bd. 10, 1940/41, S. 336–359
Makarov, Alexander N.: Die Eingliederung der baltischen Staaten in die Sowjetunion. In: Zeitschrift für ausländisches öffentliches Recht und Völkerrecht, Bd. 10, 1940/41, S. 682–707
Malenkow, Grigorij M.: Rechenschaftsbericht des Zentralkommitees der KPdSU (B) an den XIX. Parteitag. Bericht des Sekretärs des ZK der KPdSU (B). Berlin (Ost) 1952 (Rechenschaftsbericht)
Mampel, Siegfried: Die Stellung der »DDR« im sowjetischen Paktsystem. In: Recht in Ost und West 1966, S. 93–104
Mampel, Siegfried: Die sozialistische Verfassung der Deutschen Demokratischen Republik. Text und Kommentar. Frankfurt/M. 1972 (Verfassung). 2., völlig neubearb. Aufl. 1982
Mampel, Siegfried: Zur Ergänzung und Änderung der DDR-Verfassung vom 6. 4. 1968. In: Recht in Ost und West 19/5, S. 137–150
Mampel, Siegfried: Zum Vergleich – Die Verfassungsreform in der DDR. In: Friedrich-Christian Schroeder und Boris Meissner (Hrsg.): Verfassungs- und Verwaltungsreformen in den sozialistischen Staaten. Berlin 1978, S. 353–380
Marcou, Lilly: Le Kominform – le communisme de guerre froide. Paris 1977
Marer, Paul: Has Eastern Europe Become a Liability to the Soviet Union? (III) – The Economic Aspect. In: Charles Gati (Ed.): The International Politics of Eastern Europe. New York 1976, S. 59–81 (Europe)
Marer, Paul: Prospects for Integration in the Council for Mutual Economic Assistance (CMEA). In: International Organization, Vol. 30/1976, S. 631–648 (Prospects)
Mark, Eduard: The Question of Containment: A Reply to John Lewis Gaddis. In: Foreign Affairs, Vol. 56, 1977/78, S. 430–441
Mark, Jr., Louis: The View from Hungary. In: Thomas T. Hammond (Ed.): Witnesses to the Origins of the Cold War. Seattle and London 1982, S. 186–209 (View)
Markert, Werner (Hrsg.): Deutsch-russische Beziehungen von Bismarck bis zur Gegenwart. Stuttgart 1964
Martin, Bernd: Deutschland und Japan im Zweiten Weltkrieg. Vom Angriff auf Pearl Harbor bis zur deutschen Kapitulation. Göttingen, Zürich, Frankfurt 1969
Martin, Bernd: Die deutsch-japanischen Beziehungen während des Dritten Reiches. In: Manfred Funke (Hrsg.): Hitler, Deutschland und die Mächte. Kronberg/Ts., Düsseldorf 1978, S. 454–470 (Beziehungen)
Martius, Georg: Die Entwicklung des zwischenstaatlichen Donauschiffahrtsrechts. In: Archiv des Völkerrechts 1948, S. 233–245

Mastny, Vojtech: Stalin and the Prospects of a Separate Peace in World War II. In: The American Historical Review, Vol. 77/1972, S. 1365-1388 (Stalin)
Mastny, Vojtech: The Beneš-Stalin-Molotow Conversations in December 1943: New Documents. In: Jahrbücher für Geschichte Osteuropas, Bd. 20, Neue Folge, 1972, S. 367-402 (Conversations)
Mastny, Vojtech: Spheres of Influence and Soviet War Aims in 1943. In: Sylva Sinanian/ Istvan Deak/Peter C. Ludz (Eds.): Eastern Europe in the 1970s. New York/Washington/ London 1972, S. 87-107 (Spheres)
Mastny, Vojtech: The Cassandra in the Foreign Commissariat: Maxim Litvinov and the Cold War. In: Foreign Affairs, Vol. 54, 1975/76, S. 366-376
Mastny, Vojtech: The Czechoslovak Government-in-Exile During World War II. In: Jahrbücher für Geschichte Osteuropas, Neue Folge/Band 27/1979, S. 548-563
Mastny, Vojtech: Moskaus Weg zum Kalten Krieg. Von der Kriegsallianz zur sowjetischen Vormachtstellung in Osteuropa. München/Wien 1980 (deutsche Übersetzung der Originalausgabe: Russia's Road to the Cold War. Diplomacy, Warfare, and the Politics of Communism, 1941-1945. New York 1979) (Weg)
Matl, Josef: Jugoslawien im Zweiten Weltkrieg. In: Osteuropa-Handbuch: Jugoslawien. Hrsg. von Werner Markert. Köln/Graz 1954, S. 99-119 (Jugoslawien)
Maurach, Reinhart: Zur Rechtsnatur des Ostblocks. In: Zeitschrift für Ostforschung, Jg. I/ 1952, S. 44-75
Mayer, Peter: Cohesion and Conflict in International Communism. A Study of Marxist-Leninist Concepts and their Application. The Hague 1968 (Cohesion)
McCauley, Martin (Ed.): Communist Power in Europe 1944-1949. London 1977
McCauley, Martin: East Germany. In: Martin McCauley (Ed.): Communist Power in Europe 1944-1949. London 1977, S. 58-72
McCauley, Martin: Marxism-Leninism in the German Democratic Republic. The Socialist Unity Party (SED). London 1979
McKenzie, Kermit E.: Comintern and World Revolution, 1928-1943. London/New York 1964
McLellan, David S./John W. Reuss: Foreign and Military Policies. In: Richard S. Kirkendall (Ed.): The Truman Period as a Research Field. Columbia/Missouri 1967, S. 15-85
McNeill, William Hardy: America, Britain, and Russia. Their Co-Operation and Conflict 1941-1946 (= Survey of International Affairs 1939-1946). London/New York/Toronto 1953 (America)
McNeill, William Hardy: Greece, 1944-1946. In: Arnold Toynbee and Veronica M. Toynbee (Eds.): Survey of International Affairs 1939-1946: The Realignment of Europe. London/New York/Toronto 1955, S. 389-408
McNeill, William Hardy: The View from Greece. In: Thomas T. Hammond (Ed.): Witnesses to the Origins of the Cold War. Seattle and London 1982, S. 98-122
McSherry, James E.: Stalin, Hitler, and Europe. Vol. Two: The Imbalance of Power 1939-1941. Cleveland and New York 1970 (Stalin)
McWhinney, Edward (Ed.): Law, Foreign Policy, and the East-West Détente. Toronto 1964
Mee, Charles L. jun.: Die Teilung der Beute. Die Potsdamer Konferenz 1945. Wien u. a. 1977 (Titel der amerikanischen Originalausgabe: Meeting at Potsdam. 1975)
Mehnert, Klaus: Peking und Moskau. Stuttgart 1962
Meichsner, Friedrich: Die Ursprünge des Polyzentrismus in der italienischen Volksfrontkrise. In: Osteuropa 1962, S. 257-261 (Ursprünge)
Meier, Christian/Fred Oldenburg: Der Vertrag DDR/UdSSR als Modell für den integrativen Bilateralismus in der Sozialistischen Staatengemeinschaft. In: Beiträge zur Konfliktforschung 1976, H. 2, S. 103-137
Meier, Viktor: Widerspruchsvolle Außenpolitik Belgrads. In: Neue Zürcher Zeitung, Fernausgabe Nr. 120 vom 3. Mai 1959

Meier, Viktor: Rumänien auf dem Wege der Emanzipation. Die Politik der nationalen Positionsaufwertung innerhalb des »sozialistischen Lagers«. In: Europa-Archiv 1965, S. 491-498 (Rumänien)
Meier, Viktor: Changing Realities in Eastern Europe. In: Problems of Communism, Vol. 16/1967, No. 4, S. 58-61
Meier, Viktor: Die sowjetische Blockpolitik. In: Richard Löwenthal/Heinrich Vogel (Hrsg.): Sowjetpolitik der 70er Jahre. Stuttgart/Berlin/Köln/Mainz 1972, S. 41-54
Meier, Viktor: »Es war klar, daß Chruschtschow auch uns drohte.« Wie Moskau die Jugoslawen bei der Niederwerfung des ungarischen Aufstands 1956 zu Komplizen machen wollte. In: Frankfurter Allgemeine Zeitung vom 13. Januar 1978 (Chruschtschow)
Meier, Viktor: Der Krieg der Jugoslawen. In: Frankfurter Allgemeine Zeitung vom 20. Oktober 1978 (= Bespr. von M. Djilas: Der Krieg der Partisanen. Memoiren 1941-1945. Wien u. a. 1978)
Meier, Viktor: Am Ende wurde es einsam um Josip Broz Tito. Der machtvolle Rebell war mehr als ein Parteiführer. In: Frankfurter Allgemeine Zeitung vom 6. Mai 1980, S. 3
Meissner, Boris: Stalin und die Oder-Neiße-Linie. In: Osteuropa 1951, S. 2-11
Meissner, Boris: Rußland, die Westmächte und Deutschland. Die sowjetische Deutschlandpolitik 1943-1953. Hamburg 1953; 2. unveränderte Aufl. 1954 (Rußland)
Meissner, Boris: Das Ostpakt-System. Dokumentensammlung. Frankfurt M./Berlin 1955
Meissner, Boris: Das Ende des Stalin-Mythos. Die Ergebnisse des 20. Parteikongresses der Kommunistischen Partei der Sowjetunion. Parteiführung – Parteiorganisation – Parteiideologie. Frankfurt/M. 1956
Meissner, Boris: Sowjetrußland zwischen Revolution und Restauration. Köln 1956 (Revolution)
Meissner, Boris: Die Sowjetunion, die baltischen Staaten und das Völkerrecht. Köln 1956 (Sowjetunion)
Meissner, Boris: Rußland unter Chruschtschow. München 1960
Meissner, Boris: Zur Auseinandersetzung Moskau-Peking. In: Ost-Probleme 1961, S. 87-89
Meissner, Boris: Die interparteilichen Beziehungen im Ostblock und das Prinzip des »Proletarisch-Sozialistischen Internationalismus«. In: Internationales Recht und Diplomatie 1961, S. 147-164
Meissner, Boris: Die Sowjetunion vor dem XXII. Parteikongreß. Teil II. In: Osteuropa 1961, S. 601-619
Meissner, Boris: Das Verhältnis von Partei und Staat im Ostblock. In: Die Sowjetunion in Europa. Verträge. Wiesbaden 1962, S. 33-85 (Partei)
Meissner, Boris: Sowjetrußland und der Ostblock: Hegemonie oder Imperium? In: Europa-Archiv 1962, S. 285-306 (Hegemonie)
Meissner, Boris (Hrsg.): Der Warschauer Pakt. Dokumentensammlung. Köln 1962
Meissner, Boris: Die strukturellen Wandlungen im Ostblock. In: Die Internationale Politik 1961. Hrsg. von Wilhelm Cornides und Dietrich Mende. München/Wien 1964, S. 341-364
Meissner, Boris: Chruschtschowismus ohne Chruschtschow. In: Osteuropa 1965, S. 1-15, 138-165, 217-227
Meissner, Boris: Sowjetische Hegemonie und osteuropäische Föderation. In: Gilbert Ziebura (Hrsg.): Nationale Souveränität oder übernationale Integration? Berlin 1966, S. 57-85 (Föderation)
Meissner, Boris: Die bilateralen Bündnisverträge der osteuropäischen Länder. In: Außenpolitik 1967, S. 581-591 (Bündnisverträge)
Meissner, Boris: Die deutsch-sowjetischen Beziehungen von 1941-1967. In: Georg von Rauch/Boris Meissner: Die deutsch-sowjetischen Beziehungen von 1917-1967. Würzburg 1967, S. 17-44 (Beziehungen)
Meissner, Boris: Die Sowjetunion vor und nach dem 50-Jahr-Jubiläum. In: Osteuropa 1968, S. 709-757 (Jubiläum)

Meissner, Boris: Die UdSSR zwischen Koexistenz- und Blockpolitik. In: Außenpolitik 1969, S. 521-529
Meissner, Boris: Die »Breshnew-Doktrin«. Das Prinzip des »proletarisch-sozialistischen Internationalismus« und die Theorie von den »verschiedenen Wegen zum Sozialismus«. Dokumentation. Köln 1969
Meissner, Boris: Die Vereinbarungen der Europäischen Beratenden Kommission über Deutschland von 1944/45. In: Internationales Recht und Diplomatie 1970, 1. Halbb., S. 9-21 (auch in: Aus Politik und Zeitgeschichte. Beilage zur Wochenzeitung »Das Parlament«, B 46 vom 14. November 1970, S. 3-14) (Vereinbarungen)
Meissner, Boris: Die sowjetische Deutschlandpolitik, 1945-1949. In: D. Geyer (Hrsg.): Osteuropa-Handbuch: Sowjetunion – Außenpolitik 1917-1955. Köln/Wien 1972, S. 448-473 (Deutschlandpolitik)
Meissner, Boris: Die Sowjetunion und die deutsche Frage, 1949-1955. In: Dietrich Geyer (Hrsg.): Osteuropa-Handbuch: Sowjetunion – Außenpolitik 1917-1955. Köln/Wien 1972, S. 473-501 (Deutsche Frage)
Meissner, Boris: Entstehung, Fortentwicklung und ideologische Grundlagen des sowjetischen Bundesstaates. In: Osteuropa 1972, S. 869-907
Meissner, Boris: Entstehung, Fortentwicklung und ideologische Grundlagen des sowjetischen Bundesstaates. In: Friedrich-Christian Schroeder und Boris Meissner (Hrsg.): Bundesstaat und Nationalitätenrecht in der Sowjetunion. Berlin 1974, S. 9-68
Meissner, Boris: Die sowjetische Konzeption des »proletarisch-sozialistischen Internationalismus« und das »sozialistische Völkerrecht«. In: Recht in Ost und West. 1975, S. 1-8
Meissner, Boris: Außenpolitik auf dem XXV. Parteitag der KPdSU. In: Außenpolitik 1976, S. 133-153
Meissner, Boris: Die Ergebnisse des XXV. Parteikongresses der Kommunistischen Partei der Sowjetunion. In: Europa-Archiv 1976, S. 291-302
Meissner, Boris: Der sowjetische Nationsbegriff und seine politische und rechtliche Bedeutung. In: Boris Meissner und Jens Hacker: Die Nation in östlicher Sicht. Berlin 1977, S. 7-39 (Nationsbegriff)
Meissner, Boris: Die neue Bundesverfassung der UdSSR. In: Jahrbuch des öffentlichen Rechts der Gegenwart. Neue Folge/Bd. 27. Hrsg. von G. Leibholz. Tübingen 1978, S. 321-430
Meissner, Boris: Der Bündnisvertrag der Sowjetunion mit der DDR und die neue Verfassung der UdSSR. In: Königsteiner Kreis 1978, S. 2-10
Meissner, Boris: Breshnjew-Verfassung und Moskauer Außenpolitik. In: Außenpolitik 1978, S. 256-272
Meissner, Boris: Spezifische Wandlungen im Ostpakt-System. In: Außenpolitik 1979, S. 279-300 (Wandlungen)
Meissner, Boris: Die Bündnisverträge zwischen der DDR und der Sowjetunion. In: Aus Politik und Zeitgeschichte. Beilage zur Wochenzeitung »Das Parlament«, B 43 vom 27. Oktober 1979, S. 11-25 (DDR)
Meissner, Boris: Entwicklung und Stand der deutschen Ostrechtsforschung und ihre Stellung in der internationalen Ostwissenschaft. In: Boris Meissner, Herwig Roggemann, Klaus Westen (Hrsg.): Grundsatzfragen der Ostrechtsforschung. Tübingen 1980, S. 7-38
Meissner, Boris und Jens Hacker: Die Nation in östlicher Sicht. Berlin 1977
Meister, Ulrich: Zur deutschen Kapitulation. In: Zeitschrift für ausländisches öffentliches Recht und Völkerrecht Bd. 13, 1950/51, S. 393-410
Mencer, Gejza: Der Tschechoslowakisch-Sowjetische Vertrag, eine Magna Charta der internationalen Beziehungen zwischen sozialistischen Staaten. In: Pravnik, Juli 1970; dt. Übersetzung in: Osteuropäische Rundschau 1970, H. 9, S. 36-37 (Vertrag)
Mendel, Franz: Die Zukunft des Warschauer Paktes. In: Europäische Wehrkunde 1978, S. 235-238
Menzel, Eberhard: Die Friedensverträge von 1947 mit Italien, Ungarn, Bulgarien, Rumänien und Finnland. Oberursel (Taunus) 1948 (Friedensverträge)

Mergl, Georg: Rumänien: Festigung der Bindung an Moskau. In: Osteuropa 1957, S. 284-292
Mićunović, Veljko: Moskauer Tagebücher - 1956-1958. Hrsg. von Wolfgang Höpken. Stuttgart 1982
Miesczkowski, Bogdan: Labilität der Wirtschaft des Sowjetblocks. In: Osteuropäische Rundschau 1967, H. 11, S. 8-12
Mikolajczyk, Stanislaw: The Pattern of Soviet Domination. London 1948 = The Rape of Poland. Pattern of Soviet Aggression. Westport, Connecticut/USA 1948
Mikolajczyk, Stanislaw: »People's Democracy« in Theory and Practice. In: C. E. Black (Ed.): Challenge in Eastern Europe - 12 Essays. New Brunswick, New Jersey 1954, S. 65-89
Miller, Lynn H. and Ronald W. Pruessen (Eds.): Reflections on the Cold War. A Quarter Century of American Foreign Policy. Philadelphia 1974
Miller, Marshall Lee: Bulgaria During the Second World War. Stanford, California 1975 (Bulgaria)
Mineo, Nakajima: The Sino-Soviet Confrontation in Historical Perspective. In: Nagai, Yonosuke/Akira Iriye (Eds.): The Origins of the Cold War in Asia. New York 1977, S. 203-223
Mitchell, R. Judson: A New Brezhnew Doctrine: The Restructuring of International Relations. In: World Politics, Vol. 30/1978, S. 366-390 (Doctrine)
Miyake, Masaki: Japans Beweggrund für den Abschluß des Dreimächtepakts Berlin-Rom-Tokio. Zum Forschungsstand in Japan. In: Geschichte in Wissenschaft und Unterricht 1978, S. 681-692
Mlynář, Zdeněk: Nachtfrost, Erfahrungen auf dem Weg vom realen zum menschlichen Sozialismus. Köln/Frankfurt a. M. 1978
Modelski, George A.: Atomic Energy in the Communist Bloc. New York 1959
Möller, Hans Walter: Der völkerrechtliche Gehalt des Prinzips des sozialistischen Internationalismus. Jur. Diss. Universität Würzburg 1970 (Gehalt)
Mohr, Heinrich: Der 17. Juni als Thema der Literatur in der DDR. In: Deutschland-Archiv 1978, S. 591-616
Molnár, Miklós: Internationalismus. In: Sowjetsystem und Demokratische Gesellschaft. Eine vergleichende Enzyklopädie. Bd. III, Freiburg, Basel, Wien 1969, Sp. 265-292
Molnár, Miklós: A Short History of the Hungarian Communist Party. Boulder/Colorado 1978 (History)
Molotow, W. M.: Fragen der Außenpolitik. Reden und Erklärungen - April 1945-Juni 1948. Moskau 1949
Moltmann, Günter: Die frühe amerikanische Deutschlandplanung im Zweiten Weltkrieg. In: Vierteljahrshefte für Zeitgeschichte 1957, S. 241-264
Moltmann, Günter: Amerikas Deutschlandpolitik im Zweiten Weltkrieg. Kriegs- und Friedensziele 1941-1945. Heidelberg 1958
Moltmann, Günter: Die amerikanisch-sowjetische Partnerschaft im Zweiten Weltkrieg. In: Geschichte in Wissenschaft und Unterricht 1964, S. 164-179 (Partnerschaft)
Moltmann, Günter: Ursprünge des Kalten Krieges. In: Neue Politische Literatur 1971, S. 134-139
Montias, John M.: The Polish »Economic Modell«. In: Problems of Communism, Vol. 9/ 1960, No. 2, S. 16-24
Montias, John Michael: Background and Origins of the Rumanian Dispute with Comecon. In: Soviet Studies. Vol. XVI/1964, S. 125-151 (Background)
Montias, John Michael: Communist Rule in Eastern Europe. In: Foreign Affairs, Vol. 43, 1964/65, S. 331-348
Montias, John M.: Problems of Integration. Besprechung des Buches von Michael Kaser: Comecon. Integration Problems of the Planned Economies. London 1965. In: World Politics, Vol. 18, 1965/66, S. 718-726

Montias, John Michael: Economic Nationalism in Eastern Europe: Forty Years of Continuity and Change. In: Kurt London (Ed.): Eastern Europe in Transition. Baltimore 1966, S. 173-203 (Nationalism)
Montias, John M.: Economic Development in Communist Rumania. Cambridge/Mass., London 1967 (Development)
Montias, John M.: Obstacles to the Economic Integration of Eastern Europe. In: Jerzey Lukaszewski (Ed.): The People's Democracies after Prague: Soviet Hegemony, Nationalism, Regional Integration? Bruges 1970, S. 185-211 (Obstacles)
Morača, Pero: Der Bund der Kommunisten Jugoslawiens. Belgrad 1966 (Bund)
Moraw, Frank: Die Parole der »Einheit« und die Sozialdemokratie. Zur parteiorganisatorischen und gesellschaftspolitischen Orientierung der SPD in der Periode der Illegalität und in der ersten Phase der Nachkriegszeit 1933-1948. Bonn-Bad Godesberg 1973 (Parole)
Moreton, N. Edwina: East Germany and the Warsaw Alliance: The Politics of Détente. Boulder/Colorado 1978
Morgenstern, Winfried/Marianne Pomp: Die Kraft der revolutionären Einheit. Zur Schaffung geeigneter Arbeiterparteien vor 30 Jahren in sozialistischen Ländern. In: Deutsche Außenpolitik 1978, H. 6, S. 5-18 (Kraft)
Morgenstern, Winfried/Wolfgang Preller: Nationales und Internationales im Annäherungsprozeß der sozialistischen Staaten. In: Deutsche Außenpolitik 1978, H. 4, S. 68-83
Morosow, G. J.: Internationale Organisationen. Berlin (Ost) 1971 (Übersetzung der russischen Originalausgabe. Moskau 1969)
Morris, Bernard S.: The Cominform: A Five-Year-Perspective. In: World Politics, Vol. V, 1952/53, S. 368-376
Morris, Bernard: Soviet Policy Toward National Communism: The Limits of Diversity. In: The American Political Science Review, Vol. 53/1959, S. 128-137 (Policy)
Morris, Bernard: Sino-Soviet Relations - A Summing-up. In: Survey 1961, No. 39, S. 41-48
Mosely, Philip E.: Is Bessarabia Next? In: Foreign Affairs, Vol. 18, 1939/40, S. 557-562
Mosely, Philip E.: Transylvania Partitioned. In: Foreign Affairs, Vol. 19, 1940/41, S. 237-244
Mosely, Philip E.: Aspects of Russian Expansion. In: The American Slavic and East European Review, Vol. VII/1948, S. 197-213
Mosely, Philip E.: Die Friedenspläne der Alliierten und die Aufteilung Deutschlands - Die alliierten Verhandlungen von Jalta bis Potsdam. In: Europa-Archiv 1950, S. 3032-3043 (Friedenspläne)
Mosely, Philip E.: The Kremlin and World Politics. Studies in Soviet Policy and Action. New York 1960
Mosely, Philip E.: Soviet Myths and Realities. In: Foreign Affairs, Vol. 39, 1960/61, S. 341-354
Mosely, Philip E.: The Chinese-Soviet Rift: Origins and Portents. In: Foreign Affairs, Vol. 42, 1963/64, S. 11-24
Mosler, Hermann: Die Großmachtstellung im Völkerrecht. Heidelberg 1949
Müller, Adolf: Die Tschechoslowakei auf der Suche nach Sicherheit. Berlin 1977 (Tschechoslowakei)
Müller, Hermann: Einige Haupttendenzen der Entwicklung der Militärorganisation des Warschauer Vertrages. In: Militärgeschichte 1975, S. 147-158 (Haupttendenzen)
Mueller, George and Hermann Singer: Hungary: Can the New Course Survive? In: Problems of Communism, Vol. 14/1965, No. 1, S. 32-38
Müller, Reinhart/Gerhard Reintanz: Zum 30. Jubiläum der Donaukonvention. In: Deutsche Außenpolitik 1978, H. 8, S. 85-91
Münch, Ingo von: Internationale und nationale Zuständigkeit im Völkerrecht der Gegenwart. Verhandlungen der 9. Tagung der Deutschen Gesellschaft für Völkerrecht in Heidelberg vom 26. bis 28. April 1965. Berichte der Deutschen Gesellschaft für Völkerrecht. H. 7, Karlsruhe 1967, S. 27-60

Murphy, Robert: Diplomat unter Kriegern. Zwei Jahrzehnte Weltpolitik in besonderer Mission. Berlin o. J. (1965). (Amerikanische Ausgabe: Diplomat among Warriors. Garden City, N. Y. 1964) (Diplomat)
Myllyniemi, Seppo: Die baltische Krise 1938-1941. Stuttgart 1979

Nagai, Yonosuke/Akira Iriye (Eds.): The Origins of the Cold War in Asia. New York 1977
Nagy, Ferenc: The Struggle Behind the Iron Curtain. New York 1948 (Struggle)
Nagy, Imre: Politisches Testament. Mit einem Vorwort von Hugh Seton-Watson. München 1959 (Titel der amerikanischen Originalausgabe: On Communism. New York 1957; eine englische Ausgabe erschien unter dem gleichen Titel. London 1957)
Nano, F. C.: The First Soviet Double Cross. A Chapter in the Secret History of World War II. In: Journal of Central European Affairs, Vol. 12, 1952/53, S. 236-258
Nawrocki, Joachim: Auferstanden aus Ruinen. Zwanzig Jahre DDR-Wirtschaft. In: Deutschland-Archiv 1969, S. 941-952
Nawrocki, Joachim: Bewaffnete Organe in der DDR. Nationale Volksarmee und andere militärische sowie paramilitärische Verbände. Aufbau, Bewaffnung, Aufgaben. Berichte aus dem Alltag. Berlin 1979 (Organe)
Nelles, Toni: Waffenbrüderschaft DDR-UdSSR: Gemeinsame Verteidigung von Sozialismus und Frieden. In: Deutsche Außenpolitik 1976, S. 1143-1155
Nelson, Daniel N. (Ed.): Romania in the 1980s. Boulder/Colorado 1981
Neschke, Hans-Joachim: Die staats- und völkerrechtliche Natur der europäischen Volksdemokratien. Jur. Diss. Universität Köln. 1954 (Volksdemokratien)
Nicolson, Harold: Peacemaking at Paris: Success, Failure or Farce? In: Foreign Affairs, Vol. 25, 1946/47, S. 190-203
Nikolajew, J.: Die neue sowjetische Verfassung: Kontinuität der Leninschen Friedenspolitik. In: Deutsche Außenpolitik 1978, H. 1, S. 16-25
Nötzold, Jürgen: Die friedliche Nutzung der Kernenergie in den osteuropäischen Staaten. In: Europa-Archiv 1967, S. 775-782 (Nutzung)
Nollau, Günther: Die Internationale. Wurzeln und Erscheinungsformen des proletarischen Internationalismus. Köln-Berlin 1959
Nollau, Günther: Zerfall des Weltkommunismus - Einheit oder Polyzentrismus. Köln/Berlin 1963 (Zerfall)
Nollau, Günther: Der Zerfall der Dritten Internationale. Der sowjetisch-chinesische Konflikt und seine Auswirkungen auf die Sowjetzone. In: SBZ-Archiv 1963, S. 216-218
Nollau, Günther: Kominform. In: Sowjetsystem und Demokratische Gesellschaft. Eine vergleichende Enzyklopädie. Bd. III. Freiburg, Basel, Wien 1969, Sp. 709-714
Nolte, Ernst: Deutschland und der Kalte Krieg. München/Zürich 1974 (Deutschland)
Nolte, Ernst: Kalter Krieg und deutsche Ostpolitik (I). In: Neue politische Literatur 1975, S. 308-338
Nove, Alec: An Economic History of the U.S.S.R. London 1969 (History)
Nübel, Otto: Die amerikanische Reparationspolitik gegenüber Deutschland 1941-1945. Frankfurt/M. 1980

Oldenburg, Fred: Konsens und Dissens in den jugoslawisch-sowjetischen Beziehungen. In: Beiträge zur Konfliktforschung 1977, S. 77-128 (Konsens)
Olshausen, Klaus: Die deutsche Balkan-Politik 1940-1941. In: Manfred Funke (Hrsg.): Hitler, Deutschland und die Mächte. Kronberg/Ts., Düsseldorf 1978, S. 707-727
Oppermann, Thomas: Nichteinmischung in innere Angelegenheiten. Zur Abgrenzung der Nichteinmischung gegenüber Intervention. In: Archiv des Völkerrechts, Bd. 14/1970, S. 321-342
Oren, Nissan: Bulgarian Communism. The Road to Power - 1934-1944. New York, London 1971
Oren, Nissan: A Revolution Administered: The Sovietization of Bulgaria. In: Thomas Hammond (Ed.): The Anatomy of Communist Takeovers. New Haven and London 1975, S. 321-338 (Revolution)

Osadczuk-Korab, Bogdan Alexander: Jahrestag der kommunistischen Machtergreifung in Polen. In: Neue Zürcher Zeitung vom 25. Juli 1959
Oschlies, Wolf: 30 Jahre »Gruppe sowjetischer Streitkräfte in Deutschland«. In: Deutschland-Archiv 1975, S. 1019-1021
Osgood, Robert E.: Alliances and American Foreign Policy. Baltimore 1971
Osten, Walter: Die Deutschlandpolitik der Sowjetunion in den Jahren 1952/53. In: Osteuropa 1964, S. 1-13 (Deutschlandpolitik)
Osten, Walter: Moskau-Peking und die SED. In: Osteuropa 1964, S. 447-456
Osvald, Frank: Cross-Currents in Prague. In: Survey 1963, No. 49, S. 35-53
Ott, Erich: Die Bedeutung des Marshall-Plans für die Nachkriegsentwicklung in Westdeutschland. In: Aus Politik und Zeitgeschichte, Beilage zur Wochenzeitung »Das Parlament«, B 4 vom 26. Januar 1980, S. 19-37 (Bedeutung)

Pabst, Joachim: Internationale Beziehungen neuen Typs. Erfahrungen, Entwicklungsetappen, Probleme. Berlin (Ost) 1981
Padev, M.: Deviationism in Bulgaria. The Indictment of Kostov. In: The World Today 1950, S. 157-164
Pächter, Heinz: Chruschtschow, Kennedy, Castro. Die Oktoberkrise und ihre Folgen. Köln, Berlin 1963
Pächter, Heinz: Weltmacht Rußland – Außenpolitische Strategie in drei Jahrhunderten. Oldenburg und Hamburg 1968
Pano, Nicholas C.: The People's Republic of Albania. Baltimore, Maryland 1968
Pano, Nicholas C.: Albania in the Sixties. In: Peter A. Toma (Ed.): The Changing Face of Communism. Tucson/Arizona 1970, S. 245-280
Pano, Nicholas C.: The Albanian Cultural Revolution. In: Problems of Communism, Vol. 23/1974, No. 4, S. 44-57
Pano, Nicholas C.: Albania in the 1970's. In: Problems of Communism, Vol. 26/1977, No. 6, S. 33-43
Paschta, Thadaues: Das System der sowjetischen Militärberater in den Satellitenstaaten. In: Wehrkunde 1962, S. 496-500 (System)
Paterson, Thomas G.: Soviet-American Confrontation. Postwar Reconstruction and the Origins of the Cold War. Baltimore/London 1973
Paul, David W.: The Repluralization of Czechoslovak Politics in the 1960s. In: Slavic Review, Vol. 33/1974, S. 721-740
Paul, David W.: Soviet Foreign Policy and the Invasion of Czechoslovakia. In: International Studies Quarterly, Vol. 15/1971, No. 2, S. 159-202
Paul, Günter: Gefährliche Annäherung – Vertrag zwischen der VR China und Japan. In: Deutsche Außenpolitik 1978, H. 11, S. 89-101
Pavel, Pavel: Certain Aspects of the Armistice with Rumania. In: Journal of Central European Affairs, Vol. IV, 1944/45, S. 367-372
Pernack, Hans-Joachim: Albanische Wirtschaftspolitik nach dem Zweiten Weltkrieg. In: Osteuropäische Rundschau 1970, H. 11, S. 12-17
Pernice, Rüdiger: Die Sicherung des Weltfriedens durch Regionale Organisationen und die Vereinten Nationen. Eine Untersuchung zur Kompetenzverteilung nach Kapitel VIII der UN-Charta. Hamburg 1972 (Sicherung)
Peters, Stephen: Ingredients of the Communist Takeover in Albania. In: Thomas Hammond (Ed.): The Anatomy of Communist Takeovers. New Haven and London 1975, S. 273-292 (Albania)
Pethybridge, Roger William: A Key to Soviet Politics – The June Crisis of 1957. Genf 1961
Pethybridge, Roger W. (Ed.): The Development of the Communist Bloc. Boston 1965
Petrov, Vladimir: The Nazi-Soviet Pact: A Missing Page in Soviet Historiography. In: Problems of Communism, Vol. 17/1968, No. 1, S. 42-50
Petrovich, Michael: The View from Yugoslavia. In: Thomas T. Hammond (Ed.): Witnesses to the Origins of the Cold War. Seattle and London 1982, S. 34-59

Pfaff, Ivan: Die Demokraten haben den Kommunisten die Macht preisgegeben. In: Frankfurter Allgemeine Zeitung vom 17. Februar 1978 (Demokraten)
Pfeiler, Wolfgang: Das Deutschlandbild und die Deutschlandpolitik Josef Stalins. In: Deutschland-Archiv 1979, S. 1258-1282
Pick, Otto: Czechoslovakia – »Stable« Satellite. In: Problems of Communism, Vol. VII/1958, No. 5, S. 32-39
Pick, Otto: Who Pulled the Trigger? Soviet Historians and the Origins of World War II. In: Problems of Communism, Vol. 9/1960, No. 5, S. 64-68
Pieck, Wilhelm: Reden und Aufsätze. Bd. II. Berlin (Ost) 1951
Pijade, Moshe: Das Märchen von der sowjetischen Hilfe für den Volksaufstand in Jugoslawien. Belgrad 1950 (Märchen)
Pinder, John: EEC and COMECON. In: Survey 1966, No. 58, S. 101-117
Pinder, John: Comecon and East European Common Market? In: Jerzy Lukaszewski (Ed.): The People's Democracies after Prague: Soviet Hegemony, Nationalism, Regional Integration. Bruges 1970, S. 133-183 (Comecon)
Pleines, Wolfgang: Homogenität in einer europäischen bundesstaatlichen Verfassung auf Grund der Erfahrungen mit der Homogenität in deutschen Bundesstaaten. Jur. Diss. Kiel 1973 (Homogenität)
Pörzgen, Hermann: Das deutsch-russische Verhältnis. Dokumentationen aus Ost und West über die Beziehungen der »mißtrauischen Nachbarn«. In: Frankfurter Allgemeine Zeitung vom 17. September 1971
Pogue, Forrest C.: Why Eisenhower's Forces Stopped at the Elbe. In: World Politics, Vol. IV, 1951/52, S. 356-368. Nachdruck unter dem Titel »The Decision to Halt at the Elbe (1945)«. In: Command Decisions. London 1960, S. 374-387 (Eisenhower)
Pogue, Forrest C.: Germany and the Origins of the Cold War. In: Problems of Communism, Vol. 28/1979, No. 2, S. 55-60
Polk, James H.: Reflections on the Czechoslovakian Invasion 1968. In: Strategic Review, Vol. 5/1977, S. 30-37
Polk, James H.: Eine kühne Sowjetunion – ein ängstlicher Westen. Wie die Nato 1968 auf den Einmarsch der Russen in die Tschechoslowakei reagierte. In: Frankfurter Allgemeine Zeitung vom 19. August 1977, S. 5-6
Polonsky, Antony/Bolesław Drukier: The Beginnings of Communist Rule in Poland (December 1943 – June 1945). London, Boston and Henley 1980
Ponomarev, Boris N.: Die historischen Lehren des VII. Weltkongresses der Komintern und die Gegenwart. In: Probleme des Friedens und des Sozialismus, Jg. 8/1965, S. 959-966
Possony, Stefan T.: Jahrhundert des Aufruhrs. Die kommunistische Technik der Weltrevolution. München 1956
Powik, Gerhard/Johannes Zelt: Aktuelle Probleme des proletarischen Internationalismus. In: Deutsche Außenpolitik 1978, H. 2, S. 37-47
Prifti, Peter R.: Albania. In: Adam Bromke/Teresa Rakowska-Harmstone (Eds.): The Communist States in Disarray 1965-1971. Minneapolis 1972, S. 198-220 (Albania II)
Prifti, Peter R.: Albania's Expanding Horizons. In: Problems of Communism, Vol. 21/1972, No. 1, S. 30-39
Prifti, Peter R.: Albania and the Sino-Soviet Conflict. In: Studies in Comparative Communism, Los Angeles, Bd. VI/1973, S. 241-266
Prifti, Peter R.: Socialist Albania since 1944. Domestic and Foreign Developments. Cambridge/Mass. und London 1978 (Albania I)
Pritzel, Konstantin: Die Wirtschaftsintegration Mitteldeutschlands. Köln 1969 (Wirtschaftsintegration)
Pritzel, Konstantin: Möglichkeiten und Grenzen gesamteuropäischer Zusammenarbeit. Politische und wirtschaftliche Aspekte der Verhandlungen EG/RGW. In: Deutschland-Archiv 1978, S. 829-848
Probst, Peter: Nach der Invasion. In: Deutschland-Archiv 1968, S. 669-671
Pruck, Erich F.: Die Streitkräfte der Ostpaktstaaten. In: Osteuropa 1959, S. 415-423

Pruck, Erich F.: Die Streitkräfte der Sowjetunion und ihrer Verbündeten. In: Osteuropa 1964, S. 668-678 (Streitkräfte)
Pruck, Erich F.: Der XXIII. Parteitag der KPdSU: Wehrpolitik. In: Osteuropa 1966, S. 533-537 (Wehrpolitik)
Pruck, Erich F.: Aus dem Militärbereich: Sowjetunion – Warschauer Pakt. In: Osteuropa 1972, S. 298-303
Prybyla, Jan S.: Chinas Handel mit Osteuropa. In: Osteuropäische Rundschau 1967, H. 4, S. 15-19
Prybyla, Jan S.: Albanien: Wirtschaftsvasall Chinas. In: Osteuropäische Rundschau 1967, H. 5, S. 17-20
Pryor, Frederic L.: The Communist Foreign Trade System. London 1963 (Trade)
Pundeff, Marin: The Balkan Entente Treaties. In: American Journal of International Law, Vol. 48/1954, S. 635-640
Pundeff, Marin: Two Documents on Soviet-Bulgarian Relations in November 1940. In: Journal of Central European Affairs. Jg. 15, 1955/56, S. 367-378
Pundeff, Marin V.: Bulgaria Under Zhivkov. In: Peter A. Toma (Ed.): The Changing Face of Communism. Tucson/Arizona 1970, S. 91-119

Quester, George H.: Origins of the cold war: some clues from public opinion. In: Political Science Quarterly, Vol. 93/1978, S. 647-663
Quilitzsch, Siegmar: Die Sowjetunion – entscheidende Kraft im Ringen um die Festigung der Einheit und Geschlossenheit der sozialistischen Staatengemeinschaft. In: Sozialistische Staatengemeinschaft. Die Entwicklung der Zusammenarbeit und der Friedenspolitik der sozialistischen Staaten. Von einem Autorenkollektiv unter Leitung von Siegmar Quilitzsch u. Joachim Krüger. Berlin (Ost) 1972, S. 67-133
Quilitzsch, Siegmar: Annäherung und Angleichung – Gesetzmäßigkeiten und Gemeinsamkeiten in der sozialistischen Staatengemeinschaft. In: Deutsche Außenpolitik 1976, S. 659-672
Quilitzsch, Siegmar: Bruderbund DDR-UdSSR. Berlin (Ost) 1977
Quilitzsch, Siegmar: Die Krim-Treffen 1978: Vertiefung des gemeinsamen Wirkens der Bruderländer des Sozialismus. In Deutsche Außenpolitik, 1978, H. 11, S. 5-16
Quilitzsch, Siegmar: Die weitere Festigung der Einheit und Geschlossenheit der sozialistischen Länder im Jahre 1979. In: Deutsche Außenpolitik, 1980, H. 2, S. 5-16

Rabl, Kurt: Die tschechoslowakische Verfassungsurkunde vom 11. Juli 1960 in Theorie und Praxis. In: Jahrbuch des Öffentlichen Rechts der Gegenwart. Neue Folge/Bd. 12. Tübingen 1963, S. 353-378
Radice, E. A.: Economic Developments in Eastern Europe under German Hegemony. In: Martin McCauley: Communist Power in Europe 1944-1949. London 1977, S. 3-21 (Developments)
Radovanović, Lj.: Einheitlichkeit und Pluralismus im internationalen Recht. In: Internationale Politik, H. 444/1968, S. 7-9
Raina, Peter: Gomulka. Politische Biographie. Köln 1970
Rakowska-Harmstone, Teresa: »Socialist Internationalism« and Eastern Europe – A New Stage. In: Survey, Vol. 22/1976, No. 98 (1), S. 38-54; Part II, ebenda, No. 99 (2), S. 81-86
Ránki, György: Ungarns Eintritt in den Zweiten Weltkrieg. In: Der deutsche Imperialismus und der Zweite Weltkrieg. Berlin (Ost) 1962, S. 415-437
Rankoff, Iwan: Bauerndemokratie in Bulgarien. In: Heinz Gollwitzer (Hrsg.): Europäische Bauernparteien im 20. Jahrhundert. Stuttgart/New York 1977, S. 466-506
Rapacki, Adam: Die Probleme der Rüstungsbeschränkung und -kontrolle nach der Kuba-Krise. Der polnische Plan für eine kernwaffenfreie Zone in Mitteleuropa. In: Europa-Archiv 1963, S. 145-156
Rauch, Georg von: Die baltischen Staaten und Sowjetrußland 1919-1939. In: Europa-Archiv 1954, S. 6859-6868, 6965-6971, 7087-7094

Rauch, Georg von: Die Geschichte der Sowjetunion. In: Hans Kohn (Hrsg.): Russen – Weißrussen – Ukrainer. Frankfurt M. 1962, S. 137–206

Rauch, Georg von: Stalin und die Machtergreifung Hitlers. In: Aus Politik und Zeitgeschichte. Beilage zur Wochenzeitung »Das Parlament«, B 10 vom 4. März 1964, S. 14–25. Auch in: Deutsch-russische Beziehungen von Bismarck bis zur Gegenwart. Hrsg. von W. Markert, Stuttgart 1964, S. 117–140

Rauch, Georg von: Geschichte des bolschewistischen Rußland. 3., erg. und verb. Auflage. Wiesbaden 1965

Rauch, Georg von: Der deutsch-sowjetische Nichtangriffspakt vom August 1939 und die sowjetische Geschichtsforschung. In: Geschichte in Wissenschaft und Unterricht 1966, S. 472–482

Rauch, Georg von: Geschichte der baltischen Staaten. Stuttgart u. a. 1970

Rauch, Georg von: Sowjetrußland von der Oktoberrevolution bis zum Sturz Chruschtschows 1917–1964. In: Theodor Schieder (Hrsg.): Handbuch der europäischen Geschichte, Band 7, Teilband 1, Stuttgart 1979, S. 481–521 (Sowjetrußland)

Ray, Hemen: Peking und Pankow – Anziehung der Gegensätze. Chinas Engagement in Osteuropa und das Verhältnis zur DDR. In: Europa-Archiv 1963, S. 621–628

Ray, Hemen: Peking and the Indian CP. In: Problems of Communism, Vol. 15/1966, No. 6, S. 87–92

Razi, G. M.: Rumania: Don't Rock the Boat! In: Problems of Communism, Vol. 11/1962, No. 3, S. 18–21

Razumovsky, Andreas: Wie Imre Nagy gehenkt wurde. In: Frankfurter Allgemeine Zeitung vom 10. Februar 1979

Redslob, Robert: Abhängige Länder. Eine Analyse des Begriffs von der ursprünglichen Herrschergewalt. Leipzig 1914

Remer, C. F. (Ed.): Three Essays on the International Economics of Communist China. Ann Arbor/Michigan 1959

Remington, Robin A.: The Changing Soviet Perception of the Warsaw Pact. Center for International Studies Massachusetts Institute of Technology. Cambridge/Mass., C/67-24, November 1967

Remington, Robin Alison: The Warsaw Pact. Case Studies in Communist Conflict Resolution. Cambridge/Mass., London 1971

Remington, Robin Alison: The Warsaw Pact – Communist Coalition Politics in Action. In: The Year Book of World Affairs 1973, S. 153–172 (Politics)

Remington, Robin: China's Emerging Role in Eastern Europe. In: Charles Gati (Ed.): The International Politics of Eastern Europe. New York 1976, S. 82–102 (Role)

Resis, Albert: The Churchill-Stalin Secret »Percentages« Agreement on the Balkans, Moscow, October 1944. In: The American Historical Review, Vol. 83/1978, S. 368–387 (Agreement)

Reuter-Hendrichs, Irena: Außenpolitische Grundsätze und internationale Ordnungsvorstellungen der kommunistischen Partei Jugoslawiens in den Jahren 1948–1968. Untersuchung anhand der überregionalen Tageszeitungen POLITIKA und BORBA. Köln u. a. 1976 (Grundsätze)

Reuter-Hendrichs, Irena: Jugoslawiens Ringen um die Blockfreiheit. In: Außenpolitik, 1980, S. 70–83

Reymann, Karl und Herman Singer: Ursprung und Bedeutung des osteuropäischen Revisionismus. In: Leopold Labedz (Hrsg.): Der Revisionismus. Köln/Berlin 1965, S. 323–334

Rhode, Gotthold: Die Entstehung der Curzon-Linie. In: Osteuropa 1955, S. 81–92

Rhode, Gotthold: Die politische Entwicklung Polens im Zweiten Weltkrieg. In: Osteuropa-Handbuch: Polen. Hrsg. von Werner Markert. Köln/Graz 1959, S. 194–220 (Entwicklung Polens)

Rhode, Gotthold: Polen als »Volksdemokratie«. In: Osteuropa-Handbuch: Polen. Hrsg. von Werner Markert. Köln/Graz 1959, S. 223–267

Rhode, Gotthold: Die Tschechoslowakei von 1918 bis 1939. In Aus Politik und Zeitgeschichte, B 48 und 49 zur Wochenzeitung »Das Parlament« vom 28. November und 5. Dezember 1962, S. 605–619 und 621–639
Rhode, Gotthold: Das Protektorat Böhmen und Mähren. In: Aus Politik und Zeitgeschichte. Beilage zur Wochenzeitung »Das Parlament«. B 11 vom 11. März 1964, S. 3–15 (Protektorat)
Rhode, Gotthold: Russische Politik gegenüber Polen von Peter dem Großen bis Chruščev. Konstanten und Varianten. In: Boris Meissner/Gotthold Rhode (Hrsg.): Grundfragen sowjetischer Außenpolitik. Stuttgart/Berlin/Köln/Mainz 1970, S. 41–63
Rhode, Gotthold: Die Tschechoslowakei von der Unabhängigkeitserklärung bis zum »Prager Frühling« 1918–1968. In: Theodor Schieder (Hrsg.): Handbuch der europäischen Geschichte. Band 7, Teilband 2, Stuttgart 1979, S. 920–977 (Tschechoslowakei)
Rhode, Gotthold: Polen von der Wiederherstellung der Unabhängigkeit bis zur Ära der Volksrepublik 1918–1970. In: Theodor Schieder (Hrsg.): Handbuch der europäischen Geschichte. Band 7, Teilband 2, Stuttgart 1979, S. 978–1061 (Polen)
Rhode, Gotthold: Litauen vom Kampf um seine Unabhängigkeit bis zur Gründung der Sowjetrepublik 1917–1944. In: Theodor Schieder (Hrsg.): Handbuch der europäischen Geschichte. Band 7, Teilband 2, Stuttgart 1979, S. 1062–1079 (Litauen)
Rhode, Gotthold: Die südosteuropäischen Staaten von der Neuordnung nach dem I. Weltkrieg bis zur Ära der Volksdemokratien. In: Theodor Schieder (Hrsg.): Handbuch der europäischen Geschichte. Band 7, Teilband 2, Stuttgart 1979, S. 1134–1312 (Staaten)
Ribi, Rolf C.: Das Comecon. Eine Untersuchung über die Problematik der wirtschaftlichen Integration sozialistischer Länder. Zürich und St. Gallen 1970
Richardson, J. L.: Cold-War Revisionism: A Critique. In: World Politics, Vol. XXIV, 1971/72, S. 579–612
Richert, Ernst: Ulbricht and After. In: Survey 1966, No. 61, S. 153–164
Richter, Dietrich: Die völkerrechtlichen Staatenverbindungen zu gleichem Recht der Gegenwart. Jur. Diss. Universität Köln 1968 (Staatenverbindungen)
Riklin, Alois/Klaus Westen: Selbstzeugnisse des SED-Regimes. Das Nationale Dokument, Das Erste Programm der SED, das Vierte Statut der SED. Köln 1963 (Selbstzeugnisse)
Rimscha, Hans von: Geschichte Rußlands. Wiesbaden o. J. (1960); zweite, überarb. und erw. Auflage. Darmstadt 1970
Ripka, Hubert: Le Coup de Prague. Paris 1949
Ripka, Hubert: Czechoslovakia Enslaved: The Story of the Communist Coup d'État. London 1950
Ripka, Hubert: Eastern Europe in the Post-War-World. With an Introduction by Hugh Seton-Watson. London 1961
Roberts, Henry L.: Maxim Litvinov: Soviet Diplomacy, 1930–1939. In: Vernon V. Aspaturian: Process and Power in Soviet Foreign Policy. Boston 1971, S. 154–183
Roberts, Walter R.: Tito, Mihailović and the Allies, 1941–1945. New Brunswick, New Jersey 1973 (Tito)
Robinson, William F.: Der Nationalismus in Ungarn. In: Osteuropäische Rundschau 1967, H. 8, S. 5–13
Roos, Hans: Polen zwischen den Weltkriegen. In: Osteuropa-Handbuch: Polen. Hrsg. von Werner Markert. Köln/Graz 1959, S. 18–68
Roos, Hans: Polen in der Besatzungszeit. In: Osteuropa-Handbuch: Polen. Hrsg. von Werner Markert. Köln/Graz 1959, S. 167–193
Roos, Hans: Geschichte der polnischen Nation 1916–1960. Von der Staatsgründung im Ersten Weltkrieg bis zur Gegenwart. Stuttgart 1961
Roos, Hans: Polen und Europa. Studien zur polnischen Außenpolitik. 2., unv. Auflage. Tübingen 1965
Rosa, Ruth A.: The Soviet Theory of People's Democracy. In: World Politics, Vol. I, 1948/49, S. 489–510

Rosecrance, R. N.: Bipolarity, multipolarity, and the future. In: Journal of Conflict Resolution 1966, S. 314-327
Rossi, A.: Die Mediatisierung der Satellitenstaaten. In: Ost-Probleme 1953, S. 1387-1395 (Übersetzung aus: Preuves, Paris, Mai 1953: Théorie des démocraties populaires)
Rostow, Walt W.: Russia and China Under Communism. In: World Politics, Vol. VII, 1954/55, S. 513-531
Rostow, Walt W.: The United States in the World Arena. An Essay in Recent History. New York 1960 (United States)
Rostow, Walt W.: The Third Round. In: Foreign Affairs, Vol. 42, 1963/64, S. 1-10
Rothfels, Hans: The Baltic Provinces – Some Historic Aspects and Perspectives. In: Journal of Central European Affairs, Vol. IV, 1944/45, S. 118-146
Rothschild, Joseph: The Communist Party of Bulgaria. Origins and Development 1883-1936. New York 1959
Rothschild, Joseph: Communist Eastern Europe. New York 1964
Roucek, Joseph S.: The Bulgarian, Rumanian, and Hungarian Peace Treaties. In: The Annals of the American Academy of Politican and Social Science, Vol. 257/May 1948, S. 97-105 (Treaties)
Roucek, Joseph S.: One World Versus an Iron Curtain World. In: The Annals of The American Academy of Political and Social Science, Vol. 258/July 1948, S. 59-65
Royen, Christoph: Osteuropäische Staaten. Grundlegende Merkmale. Generelle Divergenzen und Übereinstimmungen. In: Hans-Adolf Jacobsen, Gert Leptin, Ulrich Scheuner, Eberhard Schulz (Hrsg.): Drei Jahrzehnte Außenpolitik der DDR. München/Wien 1979, S. 599-619
Rozek, Edward J.: Allied Wartime Diplomacy. A Pattern in Poland. New York 1958 (Diplomacy)
Rubinstein, Alvin Z.: Die Sowjetunion als Donauuferstaat. Zur sowjetischen Nachkriegspolitik im ECOSOC und ECE. In: Osteuropa 1956, S. 387-393
Rubinstein, Alvin Z. (Ed.): The Foreign Policy of the Soviet Union. New York 1960
Rudzinski, Alexander: Politics and Political Organizations. In: Robert F. Byrnes (Ed.): Yugoslavia. New York 1957, S. 112-130 (Politics)
Ruffmann, Karl Heinz: Sowjetrußland – Struktur und Entfaltung einer Weltmacht. München 1967
Ruffmann, Karl-Heinz: Das Gewicht Deutschlands in der sowjetischen Außenpolitik bis zum Ende des Zweiten Weltkrieges. In: Aus Politik und Zeitgeschichte, Beilage zur Wochenzeitung »Das Parlament«, B 2 vom 10. Januar 1970, S. 3-18 (Gewicht)
Rumpf, Helmut: Die Theorie der Internationalen Beziehungen. In: Außenpolitik 1967, S. 16-23
Rumpf, Helmut: Die deutsche Frage und die Reparationen. In: Zeitschrift für ausländisches öffentliches Recht und Völkerrecht, Bd. 33/1973, S. 344-369

Sakwa, George: The Polish ›October‹: A Re-Appraisal through Historiography. In: Polish Review, Jg. 23/1978, H. 3, S. 62-78
Savarius, Vincent: Janos Kadar – der Mensch und der Politiker. In: Osteuropäische Rundschau 1966, H. 11, S. 11-15
Schaefer, Henry W.: Eine osteuropäische Zahlungsunion. In: Osteuropäische Rundschau 1966, H. 4, S. 3-9
Schaefer, Henry Wilcox: Comecon and the Politics of Integration. New York, Washington, London 1972
Schaerf, Jacques: Im Hintergrund: Das KOMECON. In: Ost-Probleme 1954, S. 1769-1770
Schapiro, L. B.: The Post-War-Treaties of the Soviet Union. In: The Yearbook of World Affairs, Vol. 4/1950, S. 130-149
Scharf, Claus und Hans-Jürgen Schröder (Hrsg.): Politische und ökonomische Stabilisierung Westdeutschlands 1945-1949. Fünf Beiträge zur Deutschlandpolitik der westlichen Alliierten. Wiesbaden 1977

Scheibert, Peter: Weißrussen und Ukrainer. In: Hans Kohn (Hrsg.): Russen – Weißrussen – Ukrainer. Frankfurt M. 1962, S. 209–265
Scheurig, Bodo: Freies Deutschland. Das Nationalkomitee und der Bund Deutscher Offiziere in der Sowjetunion 1943–1945. München 1960
Scheurig, Bodo (Hrsg.): Verrat hinter Stacheldraht? Das Nationalkomitee »Freies Deutschland« und der Bund Deutscher Offiziere in der Sowjetunion 1943–1945. München 1965
Schewljagin, D.: Für die allseitige Entwicklung freundschaftlicher Beziehungen zwischen der Sowjetunion und Jugoslawien. In: Einheit 1955, S. 1003–1011
Schewtschenko, E. S.: Koordinierung der außenpolitischen Tätigkeit. In: DDR – UdSSR. Zusammenarbeit und Annäherung (Zum 30. Jahrestag der DDR). Berlin (Ost) 1979/ Moskau 1979, S. 154–167 (Koordinierung)
Schieder, Theodor: Imperialismus. In: Strupp-Schlochauer: Wörterbuch des Völkerrechts. 2. Band. Berlin 1961, S. 5–10
Schieder, Theodor: Europa im Zeitalter der Weltmächte. In: Theodor Schieder (Hrsg.): Handbuch der europäischen Geschichte. Band 7, Teilband 1, Stuttgart 1979, S. 1–352 (Europa)
Schimanski, Hans: Das 9. ZK-Plenum. In: SBZ-Archiv 1960, S. 225–226
Schimanski, Hans: Ostblockgipfeltreffen in Moskau. In: SBZ-Archiv 1961, S. 121–122
Schimanski, Hans: Ulbricht riegelt Berlin ab. In: SBZ-Archiv 1961, S. 249–251
Schimanski, Hans: Der XXII. Parteitag. In: SBZ-Archiv 1961, S. 345–347
Schlegel, Dietrich: Rumänische Positionen gegenüber Moskau. In: Außenpolitik 1971, S. 541–552
Schlegel, Dietrich: Spannungen zwischen China und Albanien. In: Außenpolitik 1972, S. 365–377
Schleicher, Harry: Der VII. Kongreß des Bundes der Kommunisten Jugoslawiens und seine Nachwirkungen. In: Europa-Archiv 1958, S. 10 979–10 994 (Kongreß)
Schlesinger, Jr., Arthur M.: Origins of the Cold War. In: Foreign Affairs, Vol. 46, 1967/68, S. 22–52; Nachdruck in: Erik P. Hoffmann und Frederic J. Fleron, Jr. (Eds.): The Conduct of Soviet Foreign Policy, London 1971, S. 228–254 und in: Vernon V. Aspaturian: Process and Power in Soviet Foreign Policy, Boston 1971, S. 228–254
Schlesinger, Jr., Arthur M.: The Cold War Revisited. In: The New York Review of Books, October 25, 1979, S. 46–52
Schlesinger, Rudolf: Federalism in Central and Eastern Europe. London 1945 (Federalism)
Schmid, Karin: Das Prinzip des proletarisch-sozialistischen Internationalismus. Dargestellt am sowjetisch-tschechoslowakischen Bündnisvertrag vom 6. 5. 1970 und an den früheren bilateralen Bündnisverträgen der Sowjetunion und der Tschechoslowakischen Republik in Osteuropa. Berichte des Bundesinstituts für ostwissenschaftliche und internationale Studien. Köln. Nr. 7/1971, 42 S. (Prinzip)
Schmidt, Paul: Statist auf diplomatischer Bühne 1923–1945. Erlebnisse des Chefdolmetschers im Auswärtigen Amt mit den Staatsmännern Europas. 2. Aufl. Bonn 1950
Schmitt, Carl: Führung und Hegemonie. In: Schmollers Jahrbuch, Bd. 63/1939, S. 513–520
Schmitt, Carl: Raum und Großraum im Völkerrecht. In: Zeitschrift für Völkerrecht, Bd. 24, 1940/41, S. 145–179
Schmitt, Carl: Völkerrechtliche Großraumordnung. Mit Interventionsverbot für raumfremde Mächte. Ein Beitrag zum Reichsbegriff im Völkerrecht. Vierte, erweiterte Aufl., Berlin, Leipzig, Wien 1941
Schneider, Eberhard: Die »Annäherung der sozialistischen Nationen« im neuen Parteiprogramm der SED. In: Deutschland-Archiv 1976, S. 398–402 (Annäherung)
Schoenberg, Hans W.: The Partition of Germany and the Neutralization of Austria. In: Thomas T. Hammond (Ed.): The Anatomy of Communist Takeovers. New Haven and London 1975, S. 368–384 (Partition)
Schöpflin, George: Rumanian Nationalism. In: Survey, Vol. 20/1974, No. 91/92 (2–3), S. 77–104
Schöpflin, George: Hungary. In: Martin McCauley (Ed.): Communist Power in Europe 1944–1949. London 1977, S. 95–110

Schröder, Dieter: Großmächte, Interessensphären, kleine Staaten. In: Moderne Welt 1969, S. 54-65 (Großmächte)
Schröder, Dieter: Die Idee der kollektiven Regionalintervention – Rechtsvergleichende Betrachtungen zur Breshnew-Doktrin. In: Recht in Ost und West 1969, S. 203-210 (Regionalintervention)
Schröder, Dieter: Supremacy of the Communist Party of the Soviet Union Recognized in International Law? In: American Journal of International Law, Vol. 70/1976, S. 322-328 (Supremacy)
Schroeder, Friedrich-Christian/Boris Meissner (Hrsg.): Bundesstaat und Nationalitätenrecht in der Sowjetunion. Berlin 1974
Schröder, Hans-Jürgen: Zur Genesis des Kalten Krieges. In: Neue politische Literatur 1976, S. 488-506
Schröder, Hans-Jürgen: Der Aufbau der deutschen Hegemonialstellung in Südosteuropa 1933-1936. In: Manfred Funke (Hrsg.): Hitler, Deutschland und die Mächte. Kronberg/Ts., Düsseldorf 1978, S. 757-773
Schücking, Walter und Hans Wehberg: Die Satzung des Völkerbundes. 2., neubearb. Auflage. Berlin 1924
Schultz, Lothar: Die neue Verfassung Rumäniens, eine Entwicklungsstufe zum »Vollsozialismus«. Zur Problematik der Volksdemokratien. In: Europa-Archiv 1953, S. 5585-5590
Schultz, Lothar: Die Verfassungsentwicklung Polens seit 1944. In: Jahrbuch des öffentlichen Rechts der Gegenwart. Neue Folge/Bd. 3. Tübingen 1954, S. 367-387
Schultz, Lothar: Die Verfassungsentwicklung der Föderativen Volksrepublik Jugoslawien seit 1945. In: Jahrbuch des öffentlichen Rechts der Gegenwart. Neue Folge/Bd. 7. Tübingen 1958, S. 289-321
Schultz, Lothar: Ostblockpakte von 1945-1950. In: Strupp-Schlochauer: Wörterbuch des Völkerrechts. Band 2. Berlin 1961, S. 695-699
Schultz, Lothar: Die neue Verfassung der Tschechoslowakischen Sozialistischen Republik. In: Europa-Archiv 1962, S. 49-58
Schultz, Lothar: Die Entwicklung des Verfassungsrechts in den baltischen Staaten Estland, Lettland, Litauen seit 1940. In: Jahrbuch des öffentlichen Rechts der Gegenwart. Neue Folge/Bd. 12. Tübingen 1963, S. 295-341
Schultz, Lothar: Jugoslawien zwischen Ost und West. Die neue Verfassung der Sozialistischen Föderativen Republik Jugoslawien (SFRJ). In: Europa-Archiv 1963, S. 763-770
Schultz, Lothar: Die verfassungsrechtliche Entwicklung der Sozialistischen Republik Rumäniens seit dem Zweiten Weltkrieg. In: Jahrbuch des öffentlichen Rechts der Gegenwart. Neue Folge/Bd. 15. Tübingen 1966, S. 407-458
Schultz, Lothar: Rumänien im Lichte des X. Parteitages der RKP. In: Osteuropa 1970, S. 95-103
Schultz, Lothar: Der neue Vertrag zwischen Rumänien und der Sowjetunion. In: Osteuropa 1970, S. 831-838
Schultz, Lothar: Bulgariens neue Verfassung. In: Osteuropa 1972, S. 280-286
Schultz, Lothar: Die Verfassung der Volksrepublik Bulgarien vom 18. Mai 1971. In: Jahrbuch des öffentlichen Rechts der Gegenwart. Neue Folge/Bd. 22. Tübingen 1973, S. 203-232
Schultz, Lothar: Die Verfassungsentwicklung der baltischen Unionsrepubliken. In: Friedrich-Christian Schroeder und Boris Meissner (Hrsg.): Bundesstaat und Nationalitätenrecht in der Sowjetunion. Berlin 1974, S. 97-111
Schultz, Lothar: Die neue Phase im Bereich der Vereinheitlichung der Gemeinschaft der sozialistischen Staaten. In: Recht in Ost und West, 1979, S. 241-248
Schulz, Eberhard: Moskau und die europäische Integration. München/Wien 1975 (Moskau)
Schulz, Hans-Dieter: Osteuropas »Goldener Westen«. Weitere Festigung der Position der DDR im Rat für Gegenseitige Wirtschaftshilfe. In: Europa-Archiv 1970, S. 237-246
Schulz, Klaus-Peter: Auftakt zum Kalten Krieg. Der Freiheitskampf der SPD in Berlin 1945/46. Berlin 1965

Schuschnigg, Kurt von: The Austrian Peace. In: The Annals of The American Academy for Political and Social Science. Vol. 257, May 1948, S. 106–118

Schuster, Rudolf: Deutschlands staatliche Existenz im Widerstreit politischer und rechtlicher Gesichtspunkte 1945–1963. München 1963

Schuyler, Cortlandt V. R.: The View from Rumania. In: Th. T. Hammond (Ed.): Witnesses to the Origins of the Cold War. Seattle and London 1982, S. 123–160 (View)

Schwanke, Robert: Besprechung des Buches von Peter R. Prifti: Socialist Albania since 1944. Domestic and Foreign Developments. Cambridge/Mass. and London 1978. In: Österreichische Zeitschrift für Außenpolitik, Jg. 18/1978, S. 257–259

Schwartz, Benjamin: Ideology and the Sino-Soviet Alliance. In: Howard L. Boorman u. a.: Moscow-Peking Axis: Strengths and Strains (Publications of the Council on Foreign Relations). New York 1957, S. 112–141

Schwartz, Morton: Czechoslovakia: Toward One-Party Pluralism? In: Problems of Communism, Vol. 16/1967, No. 1, S. 21–27

Schwartz, Morton: The Foreign Policy of the USSR: Domestic Factors. Encino/Cal. 1975

Schwarz, Hans-Peter: Vom Reich zur Bundesrepublik. Deutschland im Widerstreit der außenpolitischen Konzeptionen in den Jahren der Besatzungsherrschaft 1945–1949. Neuwied und Berlin 1966 (Reich)

Schwarz, Hans-Peter: Der kalte Krieg als Epochenproblem und Weltanschauungskonflikt. In: Frankfurter Allgemeine Zeitung vom 13. Dezember 1974 (= Rezension des Buches von Ernst Nolte: Deutschland und der Kalte Krieg)

Schwarz, Hans-Peter: Die Ost-West-Spannungen als Orientierungsrahmen westdeutscher Außenpolitik. In: Hans-Peter Schwarz (Hrsg.): Handbuch der deutschen Außenpolitik. München/Zürich 1975, S. 465–479 (Ost-West-Spannungen)

Schwarz, Hans-Peter und Boris Meissner (Hrsg.): Entspannungspolitik in Ost und West. Köln 1979

Schwarzenberger, Georg: Machtpolitik. Eine Studie über die internationale Gesellschaft. Tübingen 1955 (Gekürzte Übersetzung der englischen Originalausgabe: Power Politics. 2. Aufl. London 1951)

Schwarzenberger, Georg: Hegemonial Intervention. In: Year Book of World Affairs, Vol. 13/1959, S. 236–265

Schweisfurth, Theodor: Moskauer Doktrin und sozialistischer Internationalismus. In: Außenpolitik 1968, S. 710–719 (Doktrin)

Schweisfurth, Theodor: Der sowjetisch-tschechoslowakische Truppenstationierungsvertrag vom 16. Oktober 1968. Berichte des Bundesinstituts für ostwissenschaftliche und internationale Studien, Köln, B 13/1969, 40 S.

Schweisfurth, Theodor: Breschnjew-Doktrin als Norm des Völkerrechts? In: Außenpolitik 1970, S. 523–538 (Norm)

Schweisfurth, Theodor: Der Freundschaftsvertrag DDR–Rumänien vom 12. Mai 1972. In: Außenpolitik 1972, S. 469–479 (Freundschaftsvertrag)

Schweisfurth, Theodor: Die neue vertragliche Bindung der DDR an die Sowjetunion. Zum »Vertrag über Freundschaft, Zusammenarbeit und gegenseitigen Beistand« vom 7. Oktober 1975. In: Europa-Archiv 1975, S. 753–764 (Bindung)

Schweisfurth, Theodor: Zur völkerrechtlichen Bedeutung internationaler Vereinbarungen regierender politischer (kommunistischer) Parteien. In: Zeitschrift für ausländisches öffentliches Recht und Völkerrecht, Bd. 36/1976, S. 586–615 (Bedeutung)

Schweisfurth, Theodor: Rechtsformen und besondere Wesenszüge der Integration in Osteuropa. Korreferat. In: Otto Wolff von Amerongen (Hrsg.): Rechtsfragen der Integration und Kooperation in Ost und West. Berlin 1976, S. 91–101 (Rechtsformen)

Schweisfurth, Theodor: Die Freundschafts- und Beistandsverträge der DDR aus dem Jahre 1977. In: Europa-Archiv 1978, S. 599–608 (DDR)

Schweisfurth, Theodor: Sozialistisches Völkerrecht? Darstellung – Analyse – Wertung der sowjetmarxistischen Theorie vom Völkerrecht »neuen Typs«. Berlin, Heidelberg, New York 1979

Schweisfurth, Theodor: Völkerrecht als Instrument der Außenpolitik. In: Hans-Adolf Jacobsen, Gert Leptin, Ulrich Scheuner, Eberhard Schulz (Hrsg.): Drei Jahrzehnte Außenpolitik der DDR. München/Wien 1979, S. 275–292

Schweitzer, Michael: Erleidet das Gewaltverbot Modifikationen im Bereich von Einflußzonen? In: Wilfried Schaumann (Hrsg.): Völkerrechtliches Gewaltverbot und Friedenssicherung. Baden-Baden 1971, S. 219–244 (Gewaltverbot)

Scott, Andrew M.: Military Intervention by the Great Powers: The Rules of the Game. In: I. William Zartmann (Ed.): Czechoslovakia. Intervention and Impact. New York/London 1970, S. 85–104

Sedgwick, A. C.: The Plot Against Greece. In: Foreign Affairs, Vol. 26, 1947/48, S. 486–496

Seeber, Eva: Die volksdemokratischen Staaten Mittel- und Südosteuropas in der internationalen Klassenauseinandersetzung zwischen Imperialismus und Sozialismus (1944–1947). In: Jahrbuch für Geschichte der sozialistischen Länder Europas. Bd. 16/2, Berlin (Ost) 1972, S. 39–90

Seeber, Eva: Die volksdemokratische Revolution in Mittel- und Südosteuropa als kontinuierlicher revolutionärer Prozeß und ihr Einfluß auf die Herausbildung des sozialistischen Weltsystems. In: Jahrbuch für Geschichte der sozialistischen Länder Europas. Bd. 18/1, Berlin (Ost) 1974, S. 21–55

Seewann, Gerhard/Kathrin Sitzler: Ungarn 1956: Volksaufstand – Konterrevolution – nationale Tragödie. Offizielle Retrospektive nach 25 Jahren. In: Südosteuropa, Jg. 31/1982, S. 1–18

Seidl-Hohenveldern, Ignaz: Donau. In: Strupp-Schlochauer: Wörterbuch des Völkerrechts. Erster Band. Berlin 1960, S. 393–396

Seiffert, Wolfgang: Rechtsformen und besondere Wesenszüge der sozialistischen ökonomischen Integration der Mitgliedsländer des RGW. In: Otto Wolff von Amerongen (Hrsg.): Rechtsfragen der Integration und Kooperation in Ost und West. Berlin 1976, S. 61–78 (Rechtsformen)

Seiffert, Wolfgang: Die Rechtsentwicklung im RGW. 30 Jahre Comecon. Anmerkungen zu den »Grunddokumenten des RGW«. In: Deutschland-Archiv 1979, S. 149–159 (RGW)

Seiffert, Wolfgang: Die Entstehung komplexer Rechtsformen der sozialistischen ökonomischen Integration im RGW. In: Jahrbuch für Ostrecht, Bd. 21/1980, S. 67–79

Seiffert, Wolfgang: Rezension zu D. Frenzke: Die Rechtsnatur des Ostblocks. In: German Yearbook of International Law, Vol. 23/1980, S. 580–582

Seiffert, Wolfgang: Die Theorie vom »sozialistischen Völkerrecht« und einige Positionen der Völkerrechtswissenschaft der DDR. In: Deutschland-Archiv 1982, S. 631–636 (Theorie)

Seiffert, Wolfgang: Das Rechtssystem des RGW. Eine Einführung in das Integrationsrecht des Comecon. Baden-Baden 1982 (Rechtssystem)

Seliger, Kurt: Albaniens Beziehungen zu China. In: Osteuropa 1975, S. 235–245 (Beziehungen)

Seliger, Kurt: Breshnews Zwiegespräche am Schwarzen Meer. In: Osteuropa 1980, S. 589–598

Senin, M. V.: Sozialistische ökonomische Integration. Berlin (Ost) 1972

Senin, M. V.: Die sozialistische Gemeinschaft – ein internationales Bündnis neuen Typs. In: Deutsche Außenpolitik 1978, H. 12, S. 30–42

Sethe, Paul: Als Hitler mit Stalin brach. Im November vor zwanzig Jahren verhandelte Molotov in Berlin mit Hitler und Ribbentrop. In: Die Zeit vom 11. November 1960, S. 3

Seton-Watson, Hugh: Yugoslavia. In: Arnold Toynbee and Veronica M. Toynbee (Eds.): Survey of International Affairs 1939–1946: The Realignment of Europe. London/New York/Toronto 1955, S. 352–371

Seton-Watson, Hugh: Albania. In: Arnold and Veronica M. Toynbee (Eds.): Survey of International Affairs 1939–1946: The Realignment of Europe. London/New York/Toronto 1955, S. 371–388

Seton-Watson, Hugh: Die osteuropäische Revolution. München 1956 (Englische Ausgabe: The East European Revolution. London 1952) (Revolution)
Seton-Watson, Hugh: Nationalism and Communism. Essays, 1946-1963. London 1964
Sharp, Tony: The Wartime Alliance and the Zonal Division of Germany. Oxford 1975 (Wartime Alliance)
Sherwin, Martin J.: A World Destroyed. The Atomic Bomb and the Great Alliance. New York 1975
Sherwood, Robert E.: Roosevelt und Hopkins. Hamburg 1948 (Übersetzung von: Roosevelt and Hopkins - An intimate History. New York 1948)
Shih, Hu: China in Stalin's Grand Strategy. In: Foreign Affairs, Vol. 29, 1950/51, S. 11-40
Shoup, Paul: Communism and the Yugoslav National Question. New York and London 1968 (Communism)
Shoup, Paul: The Yugoslav Revolution: The First of a New Type. In: Thomas Hammond (Ed.): The Anatomy of Communist Takeovers. New Haven and London 1975, S. 244-272 (Revolution)
Shulman, Marshall D.: Some Implications of Changes in Soviet Policy toward the West: 1949-1952. In: American Slavic and East European Review, Vol. 19/1960, S. 630-640
Shulman, Marshall D.: Stalin's Foreign Policy Reappraised. Cambridge/Mass. 1963
Shulman, Marshall D.: Recent Soviet Foreign Policy: Some Patterns in Retrospect. In: Erik P. Hoffmann und Frederic J. Fleron, Jr. (Eds.): The Conduct of Soviet Foreign Policy. London 1971, S. 451-470
Shulman, Marshall D.: Beyond Containment. In: Charles Gati (Ed.): Caging the Bear: Containment and the Cold War. Indianapolis, New York 1974, S. 200-210
Sik, Ota: Economic Impact of Stalinism. In: Problems of Communism. Vol. 20/1971, No. 1, S. 1-10
Sikora, Franz: Sozialistische Solidarität und nationale Interessen. Köln 1977 (Solidarität)
Silagi, Denis: Ungarn seit 1918: Vom Ende des I. Weltkriegs bis zur Ära Kádár. In: Theodor Schieder (Hrsg.): Handbuch der europäischen Geschichte. Band 7, Teilband 2, Stuttgart 1979, S. 883-919 (Ungarn)
Sinanian, Sylva/Istvan Deak/Peter C. Ludz (Eds.): Eastern Europe in the 1970s. New York, Washington, London 1972
Siracusa, Joseph M.: The Meaning of Tolstoy: Churchill, Stalin, and the Balkans, Moscow, October 1944. In: Diplomatic History, Vol. 3/1979, S. 443-463
Siracusa, Joseph M.: The Night Stalin and Churchill Divided Europe: The View from Washington. In: The Review of Politics, Vol. 43/1981, S. 381-409 (Night)
Skendi, Stavro: The Political Evolution of Albania, 1912-1944. Mid-European Studies Center. Free Europe Committee, Inc. Mimeographed Series. Nr. 19 vom 8. März 1954 (Evolution)
Skendi, Stavro (Ed.): Albania. New York 1956
Skendi, Stavro: Albania. In: Stephen D. Kertesz (Ed.): The Fate of East Central Europe. Hopes and Failures of American Foreign Policy. Notre Dame/USA 1956, S. 298-318
Skendi, Stavro: Albania and the Sino-Soviet Conflict. In: Foreign Affairs, Vol. 40, 1961/62, S. 471-478
Skendi, Stavro: Albania. In: Stephen D. Kertesz (Ed.): East Central Europe and the World: Developments in the Post-Stalin Era. Notre Dame, Indiana 1962, S. 197-228
Skilling, H. Gordon: The Formation of a Communist Party in Czechoslovakia. In: The American Slavic and East European Review, Vol. XIV/1955, S. 346-358
Skilling, H. Gordon: The Prague Overturn in 1948. In: Canadian Slavonic Papers, Vol. IV/1959, S. 88-114
Skilling, H. Gordon: Besprechung des Buches von Josef Korbel: The Communist Subversion of Czechoslovakia, 1938-1948. In: The American Slavic and East European Review, Vol. 19/1960, S. 453-454
Skilling, H. Gordon: The Break-Up of the Czechoslovak Coalition, 1947-48. In: The Canadian Journal of Economics and Political Science, Vol. 26/1960, S. 396-412 (Break-Up)

Skilling, H. Gordon: Revolution and Continuity in Czechoslovakia. In: Journal of Central European Affairs, Vol. XX, 1960/61, S. 357-376 (Revolution)
Skilling, H. Gordon: Gottwald and the Bolshevization of the Communist Party of Czechoslovakia (1929-1939). In: The American Slavic and East European Review, Vol. 20/1961, S. 641-655
Skilling, H. Gordon: Canadian Attitudes to Change and Conflict in the Soviet Bloc. In: Edward McWhinney (Ed.): Law, Foreign Policy, and the East-West-Détente. Toronto 1964, S. 83-100
Skilling, H. Gordon: Communism National and International. Eastern Europe after Stalin. Toronto 1964
Skilling, H. Gordon: Czechoslovakia. In: Adam Bromke (Ed.): The Communist States at the Crossroads: Between Moscow and Peking. New York, Washington, London 1965, S. 87-105 (Czechoslovakia I)
Skilling, H. Gordon: The Governments of Communist East Europe. New York 1966 (Governments)
Skilling, H. Gordon: Czechoslovakia. In: Adam Bromke and Teresa Rakowska-Harmstone (Eds.): The Communist States in Disarray 1965-1971. Minneapolis 1972, S. 43-72 (Czechoslovakia II)
Skilling, H. Gordon: Czechoslovakia's Interrupted Revolution. Princeton, New Jersey 1976 (Revolution)
Skrzypek, Stanislaw: Über den Handel im Ostblock. In: Hinter dem Eisernen Vorhang 1962, H. 4, S. 3-7 (Handel)
Skrzypek, Stanislaw: Die sowjetische Hilfe für die Satellitenstaaten – Versuch einer Bilanz. In: Hinter dem Eisernen Vorhang 1962, H. 11, S. 20-27 (Hilfe)
Skubiszewski, Krzysztof: The Postwar Alliances of Poland and the United Nations Charter. In: The American Journal of International Law, Vol. 53/1959, S. 613-634
Skubiszewski, Krzysztof: L'Organisation du Traité de Varsovie. In: Revue Belge de Droit International 1967, No. 1, S. 69-83 (L'Organisation)
Skubiszewski, Krzysztof: The Great Powers and the Settlement in Central Europe. In: Jahrbuch für Internationales Recht, Bd. 18/1975, S. 92-126
Slapnicka, Harry: Prager Parteikongreß: Die Entstalinisierung fand nicht statt. In: Osteuropa 1963, S. 171-175
Slapnicka, Harry: Der Fall Rudolf Slánský. Ein aktueller Rückblick auf Gottwalds Schauprozesse. In: Osteuropa 1963, S. 768-771
Slapnicka, Harry: Prags Außenpolitik auf Moskauer Kurs. In: Osteuropa 1971, S. 517-524
Slapnicka, Helmut: Das Echo des 20. Kongresses der KPdSU in der Tschechoslowakei. Der Kampf der Kommunistischen Partei um die Behauptung ihrer Position. In: Europa-Archiv 1956, S. 9129-9141 (Echo)
Slusser, Robert M.: Soviet Far Eastern Policy, 1945-50. Stalin's Goals in Korea. In: Nagai, Yonosuke, Akira Iriye (Eds.): The Origins of the Cold War in Asia. New York 1977, S. 123-146
Slusser, Robert M.: The Opening Phase of the Struggle for Germany. In: Slavic Review, Vol. 38/1979, S. 473-480 (Phase)
Smith, Alan H.: Economic Factors Affecting Soviet-East European Relations in the 1980s. In: Karen Dawisha/Philip Hanson (Eds.): Soviet-East European Dilemmas: Coercion, Competition, and Consent. London 1981, S. 108-133 (Factors)
Smith, Gaddis: American Diplomacy during the Second World War – 1941-1945. New York, London, Sydney 1965
Smith, Jean Edward: The Defense of Berlin. Baltimore, Maryland 1963
Smith, Jean Edward (Ed.): The Papers of General Lucius D. Clay. Germany 1945-1949. 2 Bände. Bloomington, Indiana 1974
Smith, W. Bedell: My three Years at Moscow. Philadelphia 1950 (deutsche Ausgabe: Meine drei Jahre in Moskau. Hamburg 1950)

Snell, John L.: Illusionen und Realpolitik. Die diplomatische Geschichte des Zweiten Weltkrieges, München 1966. (Titel der Originalausgabe: Illusion and Necessity. The Diplomacy of Global War 1939-1945. Boston 1963)
Solich, Eduard J.: Der Osten bleibt ein Block. In: Johannes Gaitanides (Hrsg.): Die Zukunft des Kommunismus. München 1963, S. 85-97
Sommer, Theo: Deutschland und Japan zwischen den Mächten 1935-1940 - Vom Antikominternpakt zum Dreimächtepakt. Eine Studie zur diplomatischen Vorgeschichte des Zweiten Weltkriegs. Tübingen 1962
Sontag, Raymond J.: Reflections on the Yalta Paper. In: Foreign Affairs, Vol. 33, 1954/55, S. 615-623
Spiropoulos, Jean: Die Unionsbestrebungen auf dem Balkan. In: Niemeyers Zeitschrift für Internationales Recht. Bd. 46/1932, S. 193-209
Spittmann, Ilse: Ulbricht zwischen Stalin und Chruschtschow. In: SBZ-Archiv 1961, S. 361-364
Spittmann, Ilse: Gefahr der Isolierung. In: SBZ-Archiv 1964, S. 82-83
Spittmann, Ilse: Die SED und Peking. Entwicklung und Stand der Beziehungen im sowjetisch-chinesischen Konflikt. In: SBZ-Archiv 1964, S. 248-254
Spittmann, Ilse: Warten auf Moskau. In: SBZ-Archiv 1964, S. 321-322
Spittmann, Ilse: Soviet Union and DDR. In: Survey 1966, No. 61, S. 165-176
Spittmann, Ilse: Die SED im Konflikt mit der ČSSR. In: Deutschland-Archiv 1968, S. 663-669
Spittmann, Ilse: Warum Ulbricht stürzte. In: Deutschland-Archiv 1971, S. 568-569
Sporea, Constantin: Rumänien - Stockende Entstalinisierung ohne Polyzentrismus. In: Osteuropa 1962, S. 747-753
Sporea, Constantin: Das Echo auf Chruschtschows Sturz: Rumänien. In: Osteuropa 1965, S. 238-240
Spröte, Wolfgang/Harry Wünsche: Sozialistische internationale Organisationen. Berlin (Ost) 1972
Spulber, Nicolas: Soviet Undertakings and Soviet Mixed Companies in Eastern Europe. In: Journal of Central European Affairs, Vol. 14, 1954/55, S. 154-173 (Undertakings)
Spulber, Nicolas: The Economics of Communist Eastern Europe. New York 1957 (Economics)
Staar, Richard F.: Poland 1944-1962. The Sovietization of a Captive People. New Orleans 1962
Staar, Richard F.: The East European Alliance System. In: Proceedings, Vol. 90/1964, No. 9, S. 26-39 (Ed.: United States Naval Institute) (System)
Staar, Richard F.: Osteuropa im Wandel - eine Bestandsaufnahme. In: Moderne Welt 1967, S. 258-278 (Osteuropa)
Staar, Richard F. (Ed.): Aspects of Modern Communism. Columbia, South Carolina 1968
Staar, Richard F.: Die kommunistischen Regierungssysteme in Osteuropa. Stuttgart-Degerloch 1977 (Dt. Übersetzung der 3. Aufl. der am. Ausgabe: Communist Regimes in Eastern Europe. Stanford, Cal. 1977) (Regierungssysteme)
Staar, Richard F.: Weltkommunismus 1978/79. Ein Überblick. In: Osteuropa 1979, S. 389-414
Stadler, Karl Rudolf: Österreich 1945. Neue Dokumente zur Politik der Alliierten. In: Österreichische Zeitschrift für Außenpolitik, Jg. 9/1969, H. 1, S. 88-110
Stadtmüller, Georg: Bulgariens Entwicklung nach dem Weltkriege. In: Monatshefte für Auswärtige Politik, Jg. 8/1941, S. 185-193
Stalin, Josef: Über den Großen Vaterländischen Krieg der Sowjetunion. 1. Ausgabe Berlin 1945; 3. Ausgabe Moskau 1946 (Krieg)
Stalin, Josef: Ökonomische Probleme des Sozialismus in der UdSSR. Moskau o. J. (1952)
Stalin, Josef W.: Werke. Bd. 7, Bd. 12, Berlin (Ost) 1952, 1954
Stalin, Josef: Fragen des Leninismus. Berlin (Ost) 1955
Stalin, Josef: Der Marxismus und die Fragen der Sprachwissenschaft. Berlin (Ost) 1955

Stanicki, Zygmunt: Einige Probleme des Feldzuges 1939 in Polen. In: Der deutsche Imperialismus und der Zweite Weltkrieg. Berlin (Ost) 1962, S. 249-254

Stankovic, Slobodan: Titos wechselhaftes Verhältnis zu Moskau. Botschaftermemoiren aus der Chruschtschew-Zeit. In: Neue Zürcher Zeitung, Fernausgabe Nr. 214 vom 16. September 1978 (Verhältnis)

Staritz, Dietrich: Ein »besonderer deutscher Weg« zum Sozialismus? In: Aus Politik und Zeitgeschichte. Beilage zur Wochenzeitung »Das Parlament«, B 51-52 vom 25. Dezember 1982, S. 15-31

Starlinger, Wilhelm: Grenzen der Sowjetmacht. Würzburg 1955

Starlinger, Wilhelm: Hinter Rußland China. Würzburg 1957

Starobin, Joseph: 1956 - A Memoir. In: Problems of Communism, Vol. 15/1966, No. 6, S. 1, 64-70

Starobin, Joseph R.: Origins of the Cold War. In: Erik P. Hoffmann und Frederic J. Fleron, Jr. (Eds.): The Conduct of Soviet Foreign Policy. London 1971, S. 275-288

Starr, Harvey: A Collective Goods Analysis of the Warsaw Pact after Czechoslovakia. In: International Organization, Vol. 28/1974, No. 3, S. 521-532

Stavrianos, L. S.: Balkan Federation. A History of the Movement Toward Balkan Unity in Modern Times. Hamden, Connecticut 1964

Štědrý, Vladimir: Die Tschechoslowakei - eine verschenkte Republik. In: Osteuropa 1964, S. 352-356

Stehle, Hansjakob: Polish Communism. In: William E. Griffith (Ed.): Communism in Europe - Continuity, Change, and the Sino-Soviet Dispute. Vol. I, Cambridge/Mass. 1964, S. 85-176

Stein, Arthur: India and the Soviet Union. The Nehru Era. Chicago and London 1969

Steiner, Otto: Interessensphären. In: Strupp-Schlochauer: Wörterbuch des Völkerrechts. 2. Bd., Berlin 1961, S. 32-34

Steltner, Günter: Die Beziehungen zwischen den Ländern der sozialistischen Staatengemeinschaft seit dem XXIV. Parteitag der KPdSU. In: Deutsche Außenpolitik 1973, H. 1, S. 18-39

Stenzel, Ernst: Das Verteidigungsbündnis der Staaten des Warschauer Vertrages. Zu seiner Funktion bei der Erhaltung des Friedens in Europa. In: Jahrbuch für Geschichte der sozialistischen Länder Europas. Berlin (Ost) 1974, Bd. 18/1, S. 85-114

Steppat, Fritz: Die Entwicklung des Dardanellenstatuts. In: Europa-Archiv 1947, S. 961-974 (Dardanellenstatut)

Stern, Carola: Die 3. Parteikonferenz der SED. In: SBZ-Archiv 1956, S. 106-109

Stern, Carola: Porträt einer bolschewistischen Partei. Entwicklung, Funktion und Situation der SED. Köln 1957 (Porträt)

Stern, Carola: Ulbricht zwischen zwei Feuern. In: SBZ-Archiv 1960, S. 193-194

Stern, Carola: Ulbricht - Eine politische Biographie. Köln/Berlin 1963

Stern, Carola: East Germany. In: William E. Griffith (Ed.): Communism in Europe. Continuity, Change, and the Sino-Soviet Dispute. Vol. II, Oxford u. a. 1966, S. 43-61

Stern, Geoffrey: Sowjetisch-chinesischer Konflikt. In: Sowjetsystem und Demokratische Gesellschaft. Eine vergleichende Enzyklopädie. Bd. V. Freiburg/Basel/Wien 1972, Sp. 887-905

Stoecker, Helmuth: Zur Politik der Westmächte zu Beginn des Zweiten Weltkrieges. In: Der deutsche Imperialismus und der Zweite Weltkrieg. Berlin (Ost) 1962, S. 7-15

Stökl, Günther: Sowjetrußland unter Lenin und Stalin (1917-1953). München 1963 (Sowjetrußland)

Stökl, Günther: Osteuropa und die Deutschen. Geschichte und Gegenwart einer spannungsreichen Nachbarschaft. Oldenburg und Hamburg 1967 (Osteuropa)

Stökl, Günther: Russische Geschichte - Von den Anfängen bis zur Gegenwart. 3., erw. Aufl. Stuttgart 1973

Stowe, Leland: Hungary's Agrarian Revolution. In: Foreign Affairs. Vol. 25, 1946/47, S. 490-502

Strang, Lord William: Germany Between East and West. In: Foreign Affairs. Vol. 33, 1954/55, S. 387–401
Strang, Lord William: Home and Abroad. London 1956
Strobel, Georg W.: Die nationale Komponente in der kommunistischen Entwicklung Polens. In: Europa-Archiv 1956, S. 9317–9336 (Komponente)
Strobel, Georg W.: Polens »eigener Weg zum Sozialismus«. In: Europa-Archiv 1958, S. 10 995–11 020
Strobel, Georg W.: Die Warschau-Pakt-Organisation. In: Zeitschrift für Politik 1962, S. 33–49
Strobel, Georg W.: Der Ausbau der polnischen Beziehungen zu Pankow. Gomulkas Besuche in der DDR in den Jahren 1957–1963. In: Europa-Archiv 1963, S. 135–144
Strobel, Georg W.: Vorgeschichte und Ursachen der polnischen Krise vom Dezember 1970. In: Europa-Archiv 1971, S. 293–302
Strobel, Georg W.: Der neue Kurs in Polen. Giereks Bemühungen um die Überwindung der Dezemberkrise von 1970. In: Europa-Archiv 1972, S. 407–420
Ströhm, Carl Gustaf: Vor und nach dem XXI. Parteitag: Das Verhältnis zu Jugoslawien. In: Osteuropa 1959, S. 293–296
Ströhm, Carl Gustaf: Die Partisanen kämpften mit offenem Visier. Vladimir Dedijer legt die Geschichte des Scheiterns von Stalins Jugoslawien-Politik vor. In: Christ und Welt vom 19. September 1969
Ströhm, Carl Gustaf: Ohne Tito. Kann Jugoslawien überleben? Graz, Wien, Köln 1976
Strong, John W.: The Sino-Soviet Dispute. In: Adam Bromke/Teresa Rakowska-Harmstone (Eds.): The Communist States in Disarray 1965–1971. Minneapolis 1972, S. 21–42
Stürmann, Hans-Günter: Der Zusammenhalt im kommunistischen Lager. Versuch einer politischen und rechtlichen Einordnung des proletarischen und des sozialistischen Internationalismus. Jur. Diss. Universität Köln 1965
Suda, Zdenek: The Czechoslovak Socialist Republic. Baltimore, Maryland 1969
Suga, Alexander: Bessarabien – noch immer umstritten? In: Osteuropa 1971, S. 316–323
Suh, Dae-Sook: A Preconceived Formula for Sovietization: The Communist Takeover of North Korea. In: Thomas Hammond (Ed.): The Anatomy of Communist Takeovers. New Haven and London 1975, S. 475–489
Sukiennicki, Wiktor: The Establishment of the Soviet Regime in Eastern Poland in 1939. In: Journal of Central European Affairs, Vol. 23, 1963/64, S. 191–218
Suslin, P.: Die Konsolidierung des demokratischen Weltmarktes. In: Neue Zeit (Moskau) 1953, Nr. 3; Nachdruck (Auszug) in: Ost-Probleme 1953, S. 295–297
Sutton, Joseph L.: China: A New Power in Europe. In: Stephen D. Kertesz (Ed.): East Central Europe and the World: Developments in the Post-Stalin Era. Notre Dame, Indiana 1962, S. 264–277
Swiatlo, Jozef: Hinter den Kulissen des polnischen Regimes. In: Hinter dem Eisernen Vorhang 1955, H. 4, Sonderbeilage (Kulissen)
Syrop, Konrad: Spring in October: The Polish Revolution of 1956. London 1957
Sywottek, Arnold: Deutsche Volksdemokratie. Studien zur politischen Konzeption der KPD 1935–1946. Düsseldorf 1971
Szawlowski, Richard: The System of the International Organizations of the Communist Countries. Leyden 1976
Szikszoy, Joseph Alexander: The Legal Aspects of the Hungarian Question. Jur. Diss. Universität Genf 1963
Szporluk, Roman (Ed.): The Influence of East Europe and the Soviet West on the USSR. New York, Washington, London 1976
Szuluc, Tad: Czechoslowakia Since World War II. New York 1971

Táborský, Edward: Beneš and the Soviets. In: Foreign Affairs, Vol. 27, 1948/49, S. 302–314
Táborský, Eduard: A Polish-Czechoslovak Confederation. A Story of the First Soviet Veto. In: Journal of Central European Affairs, Vol. 9, 1949/50, S. 379–395 (Confederation)

Táborský, Eduard: Beneš and Stalin – Moscow, 1943 and 1945. In: Journal of Central European Affairs, Vol. 12, 1952/53, S. 154–181

Táborský, Eduard: Slovakia under Communist Rule. In: Journal of Central European Affairs, Vol. 14, 1954/55, S. 255–263

Táborský, Eduard: The Triumph and Disaster of Eduard Beneš. In: Foreign Affairs, Vol. 36, 1957/58, S. 669–684

Táborský, Eduard: The »Old« and the »New« Course in Satellite Economy. In: Journal of Central European Affairs, Vol. 17, 1957/58, S. 378–404 (Economy)

Taborsky, Edward: Besprechung von Ernst Birke und Rudolf Neumann (Hrsg.): Die Sowjetisierung Ost-Mitteleuropas. Frankfurt M./Berlin 1959. In: The American Slavic and East European Review, Vol. 19/1960, S. 455–456

Taborsky, Edward: Communism in Czechoslovakia 1948–1960. Princeton, N. J. 1961 (Communism)

Taborsky, Edward: Czechoslovakia: The Return to »Normalcy«. In: Problems of Communism, Vol. 19/1970, H. 6, S. 31–41

Tadashi, Aruga: The United States and the Cold War. The Cold War Era in American History. In: Nagai, Yonosuke/Akira Iriye (Eds.): The Origins of the Cold War in Asia. New York 1977, S. 66–88

Takayuki, Ito: The Genesis of the Cold War. Confrontation over Poland, 1941–44. In: Nagai, Yonosuke/Akira Iriye (Eds.): The Origins of the Cold War in Asia. New York 1977, S. 147–202

Tatu, Michel: Macht und Ohnmacht im Kreml. Von Chruschtschow zur kollektiven Führung. Berlin, Frankfurt M., Wien 1968 (Titel der französischen Originalausgabe: Le Pouvoir en URSS. Paris 1967) (Macht)

Taube, Arved: Estland und Lettland als selbständige Republiken und als Unionsrepubliken der UdSSR 1918–1970. In: Theodor Schieder (Hrsg.): Handbuch der europäischen Geschichte. Band 7, Teilband 2, Stuttgart 1979, S. 1107–1133 (Estland und Lettland)

Taubinger, László M. von: Die sowjetisch-rumänischen Gesellschaften. In: Osteuropa 1956, S. 145–149 (Gesellschaften)

Taubman, William: Stalin's American Policy. From Entente to Détente to Cold War. New York, N. Y./London 1982

Telpuchowski, Boris Semjonowitsch: Die sowjetische Geschichte des Großen Vaterländischen Krieges 1941–1945. Hrsg. und kritisch erläutert von Andreas Hillgruber und Hans-Adolf Jacobsen. Frankfurt/M. 1961 (Geschichte)

Terry, Sarah Meiklejohn: The Oder-Neisse line revisited: Sikorski's program for Poland's postwar western boundary, 1934–42. In: East Central Europe, Vol. 5/1978, No. 1, S. 39–68

Thalheim, Karl C.: East Germany. In: Stephen D. Kertesz (Ed.): East Central Europe and the World: Developments in the Post-Stalin Era. Notre Dame, Indiana 1962, S. 64–94

Thalheim, Karl C.: The Development of the East German Economy in the Framework of the Soviet Bloc. In: Kurt London (Ed.): Eastern Europe in Transition. Baltimore 1966, S. 145–171

Thalheim, Karl C.: Die DDR im RGW – wirtschaftliche Fragen. In: Gernot Gutmann und Maria Haendcke-Hoppe (Hrsg.): Die Außenbeziehungen der DDR. Jahrbuch 1980 der Gesellschaft für Deutschlandforschung. Heidelberg 1981, S. 121–142

Thompson, J. B.: Rumäniens Konflikt mit COMECON. In: Hinter dem Eisernen Vorhang 1964, H. 7/8, S. 11–18 (Konflikt)

Tiedtke, Stephan: Die Stellung der DDR in der Warschauer Vertrags-Organisation. In: Die Nationale Volksarmee. Ein Anti-Weißbuch zum Militär in der DDR. Reinbek bei Hamburg 1976, S. 42–55

Tiedtke, Stephan: Die Warschauer Vertragsorganisation. Zum Verhältnis von Militär- und Entspannungspolitik in Osteuropa. Mit einem Vorwort von Egbert Jahn. München–Wien 1978 (Vertragsorganisation)

Tigrid, Pavel: Why Dubcek Fell. London 1969

Tigrid, Pavel: The Prague Coup of 1948: The Elegant Takeover. In: Thomas Hammond (Ed.): The Anatomy of Communist Takeovers. New Haven and London 1975, S. 399–432 (Coup)
Tigrid, Pavel: Révoltes ouvrière a l'Est. Bruxelles 1981
Tikos, Laszlo M.: Eugene Varga: A Reluctant Comformist. In: Problems of Communism, Vol. 14/1965, No. 1, S. 71–74
Tjulpanov, Sergej Ivanovic: Die Rolle der SMAD bei der Demokratisierung Deutschlands. In: Zeitschrift für Geschichtswissenschaft 1967, S. 240–252 (Rolle)
Tönnes, Bernhard: Einige Grundzüge der albanischen Politik. Aus Anlaß des VI. Parteitags in Tirana. In: Osteuropa 1972, S. 287–297
Tönnes, Bernhard: Sonderfall Albanien. Enver Hoxhas »eigener Weg« und die historischen Ursprünge seiner Ideologie. München 1980
Tokes, Rudolf L.: Hungarian Intellectuals' Reaction to the Invasion of Czechoslovakia. In: E. J. Czerwinski und Jaroslaw Piekalkiewicz (Eds.): The Soviet Invasion of Czechoslovakia: Its Effects on Eastern Europe. New York, Washington, London 1972, S. 139–158 (Reaction)
Toma, Peter A. (Ed.): The Changing Face of Communism. Tucson, Arizona 1970
Toma, Valentin: Rumänien zwischen Rebellion und Integration. In: Europa-Archiv 1963, S. 811–818
Tomasevich, Jozo: Yugoslavia During the Second World War. In: Wayne S. Vucinich (Ed.): Contemporary Yugoslavia. Twenty Years of Socialist Experiment. Berkeley and Los Angeles 1969, S. 59–118
Toncic-Sorinj, Lujo: Das Schicksal Triests. Seine Bedeutung und Stellung in Vergangenheit und Gegenwart. In: Europa-Archiv 1955, S. 7461–7482
Topp, Horst-Dieter: Die albanische Außenpolitik: Ziele, Determinanten und Entwicklung. In: Europa-Archiv 1978, S. 75–82
Topp, Horst-Dieter: Tiranas Loslösung von Peking. In: Osteuropa 1978, S. 137–140
Toynbee, Arnold and Veronica M. Toynbee (Eds.): Survey of International Affairs 1939–1946: The Realignment of Europe. London/New York/Toronto 1955
Treadgold, Donald W. (Ed.): Soviet and Chinese Communism. Similarities and Differences. Seattle/London 1967
Tretiak, Daniel: Khrushchev and Albania. In: Problems of Communism, Vol. 11/1962, No. 1, S. 58–59
Tretiak, Daniel: Sino-Soviet Rivalry in Latin America. In: Problems of Communism, Vol. 12/1963, No. 1, S. 26–32 (Rivalry)
Triepel, Heinrich: Die Hegemonie. Ein Buch von führenden Staaten. 2. Neudruck der Ausgabe Stuttgart 1943. Mit einem Vorwort von Gerhard Leibholz aus dem Jahr 1961. Aalen 1974
Triska, Jan F. (Ed.): Communist Party-States. Comparative and International Studies. Indianapolis/New York, N. Y. 1969
Triska, Jan F.: Czechoslovakia – A Case Study of Social and Political Development. In: Peter A. Toma (Ed.): The Changing Face of Communism. Tucson, Arizona 1970, S. 165–190
Triska, Jan F./David D. Finley: Soviet Foreign Policy. New York 1968 (Policy)
Trister, Toby: Traditionalists, Revisionists, and the Cold War: A Bibliographical Sketch. In: Charles Gati (Ed.): Caging the Bear: Containment and the Cold War. Indianapolis, New York 1974, S. 211–222
Truchanowski, W. G.: Neueste Geschichte Englands 1917–1951. Berlin (Ost) 1962
Truchanowski, W. G. (Hrsg.): Geschichte der internationalen Beziehungen 1939–1945. Berlin (Ost) 1965 (Übersetzung der russischen Originalausgabe; Moskau 1962 (Geschichte)
Truchanowski, W. G.: Churchill – Eine politische Biographie. 5. Aufl. Berlin (Ost) 1976 (Titel der russischen Originalausgabe: Uinston Čerčill. Političeskaja biografija. Moskva 1968)
Truchanovskij, V.: British Foreign Policy during World War II – 1939–1945. Moskau 1970

Truman, Harry S.: Memoiren. Bd. I: Das Jahr der Entscheidungen (1945). 1955; Bd. II: Jahre der Bewährung und des Hoffens (1946-1953). 1956. Stuttgart (Titel der amerikanischen Originalausgabe: Memoirs. Vol. I: Year of Decisions [1945]; Vol. II: Years of Trial and Hope [1946-1953])
Tyranowski, J.: Traktaty sojusznicze Polski Ludowej. (Die Bündnisverträge Volkspolens). Warszawa 1972 (Traktaty)

Ulam, Adam B.: The Yugoslav-Russian Dispute and its Implications. In: World Politics, Vol. I, 1948/49, S. 414-425
Ulam, Adam B.: The Cominform and the People's Democracies. In: World Politics, Vol. III, 1950/51, S. 200-217 (Cominform)
Ulam, Adam B.: Titoism and the Cominform. Cambridge, Mass. 1952 (Titoism)
Ulam, Adam B.: Expansion and Coexistence: Counterpoint in Soviet Foreign Policy. In: Problems of Communism Vol. 8/1959, No. 5, S. 1-6
Ulam, Adam B.: Nationalism, Panslavism, Communism. In: Ivo J. Lederer (Ed.): Russian Foreign Policy. Essays in Historical Perspective. New Haven and London 1962, S. 39-67
Ulam, Adam B.: Expansion and Coexistence. The History of Soviet Foreign Policy, 1917-1967. New York/Washington 1968 (Expansion)
Ulam, Adam B.: Soviet Ideology and Soviet Foreign Policy. In: Erik P. Hoffmann und Frederic J. Fleron, Jr. (Eds.): The Conduct of Soviet Foreign Policy. London 1971, S. 136-153
Ulbricht, Walter: Lehrbuch für den demokratischen Staats- und Wirtschaftsaufbau. Berlin (Ost) 1949 (Lehrbuch)
Ulbricht, Walter: Über den XX. Parteitag der Kommunistischen Partei der Sowjetunion. In: Neues Deutschland vom 4. März 1956
Ulbricht, Walter: Zur Geschichte der deutschen Arbeiterbewegung. Aus Reden und Aufsätzen. Bd. II: 1933-1946. 1963; Bd. IV: 1950-1954. 1958. Berlin (Ost)
Ulbricht, Walter: Wie kam es zur Vereinigung von KPD und SPD? Zum 20. Jahrestag der Vereinigung von KPD und SPD. In: Neues Deutschland vom 12. März 1966
Ulbricht, Walter: Zum neuen ökonomischen System der Planung und Leitung. Berlin (Ost) 1967
Ullmann, E. von: Völkerrecht. Tübingen 1908
Urban, G. R.: Hungary. In: Survey 1962, No. 42, S. 72-80
Uren, Philip E.: Economic Relations Among the Communist States. In: Adam Bromke (Ed.): The Communist States at the Crossroads. New York, Washington, London 1965, S. 199-218 (Relations)
Uren, Philip E.: Patterns of Economic Relations. In: Adam Bromke/Teresa Rakowska-Harmstone (Eds.): The Communist States in Disarray 1965-1971. Minneapolis 1972, S. 307-322 (Patterns)
Uschakow, Alexander: Der Rat für gegenseitige Wirtschaftshilfe (COMECON). Köln 1962 (Comecon)
Uschakow, Alexander: Das System der Volksräte in Polen. In: Osteuropa-Recht 1962, S. 265-291
Uschakow, Alexander: Das bilaterale Paktsystem der europäischen Ostblockstaaten, die Satzung der Vereinten Nationen und das »sozialistische Völkerrecht«. In: Internationales Recht und Diplomatie 1963, S. 70-91 (Paktsystem)
Uschakow, Alexander: Der erneuerte Bündnisvertrag zwischen der Sowjetunion und Polen vom 8. April 1965 im Lichte des Völkerrechts. In: Osteuropa-Recht 1966, S. 281-304 (Sowjetunion)
Uschakow, Alexander: Die Rechtsbeziehungen der Sowjetunion zu den Ostblockländern. In: Erik Boettcher, Hans-Joachim Lieber, Boris Meissner (Hrsg.): Bilanz der Ära Chruschtschow. Stuttgart u. a. 1966, S. 210-222
Uschakow, Alexander: Die wirtschaftliche Integration Osteuropas – Der Rat für gegenseitige Wirtschaftshilfe (Comecon) 1961 bis 1965. In: Jens Hacker und Alexander Uschakow: Die Integration Osteuropas 1961 bis 1965. Köln 1966, S. 95-155 (Integration)

Uschakow, Alexander: Die neuen bilateralen Pakte in Osteuropa. In: Recht in Ost und West 1967, S. 221-233 (Pakte)
Uschakow, Alexander: Das Münchner Abkommen in den Beziehungen zwischen Polen und der Tschechoslowakei. In: Europa-Archiv 1968, S. 517-526 (Münchner Abkommen)
Uschakow, Alexander: Die militärische Intervention in der Tschechoslowakei und das Völkerrecht. In: Europa-Archiv 1968, S. 773-782 (Intervention)
Uschakow, Alexander: Die neuen Bündnisverträge der Sowjetunion mit der Tschechoslowakei und Rumänien. In: Europa-Archiv 1970, S. 791-800 (Bündnisverträge)
Uschakow, Alexander: Das Erbe Stalins in den deutsch-polnischen Beziehungen. In: Internationales Recht und Diplomatie 1970, 2. Halbband, S. 9-28 (Erbe)
Uschakow, Alexander: Warschauer Pakt. In: Staatslexikon. Hrsg. von der Görres-Gesellschaft. 6., völlig neu bearb. und erw. Aufl. Bd. 11/3. Erg.-Bd. Freiburg/Br. 1970, Sp. 655-660
Uschakow, Alexander: Deutschland in der Außenpolitik Polens. In: Außenpolitik 1970, S. 470-481
Uschakow, Alexander: Der neue Integrationsplan im Rat für gegenseitige Wirtschaftshilfe. In: Internationales Recht und Diplomatie, Jg. 1971, S. 61-72 (Integrationsplan)
Uschakow, Alexander: Zur Entstehung der Feindstaatenklauseln der VN-Satzung. In: Dietrich Frenzke, Jens Hacker, Alexander Uschakow: Die Feindstaatenartikel und das Problem des Gewaltverzichts der Sowjetunion im Vertrag vom 12. 8. 1970. Berlin 1971 (Entstehung)
Uschakow, Alexander: Probleme der Wirtschaftsintegration im RGW. In: Außenpolitik 1972, S. 148-158 (Probleme)
Uschakow, Alexander: Der Ostmarkt im Comecon. Baden-Baden 1972 (Ostmarkt)
Uschakow, Alexander: Gebietsveränderungen und die Staatsangehörigkeit der Volksrepublik Polen nach dem Zweiten Weltkrieg. In: Recht in Ost und West 1972, S. 113-122 (Gebietsveränderungen)
Uschakow, Alexander: Friedliche Koexistenz und kollektive Sicherheit. In: Der Donauraum, H. 1/1973, Sonderdruck
Uschakow, Alexander: Die Sonderstellung der DDR im osteuropäischen Bündnissystem. In: Die Rolle der DDR in Osteuropa. Hrsg. von Gert Leptin im Auftrag der Deutschen Gesellschaft für Osteuropakunde, Berlin. Berlin 1974, S. 35-54 (Sonderstellung)
Uschakow, Alexander: Wandlungen im östlichen Bündnissystem. In: Moderne Welt – Jahrbuch für Ost-West-Fragen 1976. Köln 1976, S. 370-387 (Wandlungen)
Uschakow, Alexander: Der Rat für Gegenseitige Wirtschaftshilfe. In: Dietrich Geyer und Boris Meissner (Hrsg.): Osteuropa-Handbuch: Sowjetunion – Völkerrechtstheorie und Vertragspolitik. Köln/Wien 1976, S. 182-193 (RGW)
Uschakow, Alexander: Vereinheitlichung des Kaufrechts im Ost-West-Verhältnis. Kölner Studien zur Rechtsvereinheitlichung. Bd. 5. Köln u. a. 1978
Uschakow, Alexander: Außenpolitik – Außenwirtschaft – Verteidigung. In: Osteuropa-Recht 1978, S. 41-62 (Außenpolitik)
Uschakow, Alexander: Der neue Bündnisvertrag zwischen Polen und der DDR. In: Polen heute. Berlin 1979, S. 77-91 (Bündnisvertrag)
Uschakow, Alexander: Integration und gemeinsame Betriebe im RGW. In: Recht in Ost und West 1979, S. 49-56 (Betriebe)
Uschakow, Alexander: Comecon: Inter-State Economic Co-operation in Eastern Europe. In: Jack Hayward/R. N. Berki (Eds.): State and Society in Contemporary Europe. Oxford 1979, S. 218-236
Uschakow, Alexander: Behutsames Streben nach eigenem Entspannungsprofil: Der Fall Polen. In: Hans-Peter Schwarz und Boris Meissner (Hrsg.): Entspannungspolitik in Ost und West, Köln 1979, S. 55-75 (Streben)
Uschakow, Alexander: Spezialisierung und Kooperation im RGW. In: Osteuropa-Recht, 1979, S. 191-206
Uschakow, Alexander: Institutionelle Formen der Wirtschaftsbeziehungen zwischen der DDR und der UdSSR. In: Deutschland-Archiv 1980, S. 518-523 (Formen)

Uschakow, Alexander: Gibt es eine sowjetmarxistische Theorie vom Völkerrecht »neuen Typs«? In: Osteuropa-Recht 1980, S. 119–128 (Theorie)
Uschakow, Alexander: Rat für Gegenseitige Wirtschaftshilfe (RGW). In: Politisches Lexikon Europa. Bd. 2: Malta bis Zypern. Hrsg. von Robert K. Furtak. München 1981, S. 266–275
Uschakow, Alexander: Die zwischenstaatlichen Rechtsformen der Integration im RGW. In: Erika Lieser-Triebnigg/Alexander Uschakow: Die DDR in der osteuropäischen Wirtschaftsintegration – Eine juristische Analyse. Köln 1982, S. 9–74
Uschakow, Alexander (Hrsg.): Polen – Das Ende der Erneuerung? Gesellschaft, Wirtschaft und Kultur im Wandel. München 1982
Usenko, E. T.: Die völkerrechtlichen Grundprinzipien der Zusammenarbeit der sozialistischen Staaten. In: Sowjetwissenschaft – Gesellschaftswissenschaftliche Beiträge, 1961, H. 7, S. 749–765 (dt. Übersetzung des in »Sowjetstaat und Sowjetrecht« 1961, H. 3 erschienenen Aufsatzes)
Usenko, E. T.: Sozialistische internationale Arbeitsteilung und ihre rechtliche Regelung. Berlin (Ost) 1966 (Übersetzung der 1965 in Moskau erschienenen Originalausgabe) (Arbeitsteilung)

Vago, Bela: Romania. In: Martin McCauley (Ed.): Communist Power in Europe 1944–1949. London 1977, S. 111–130
Vagts, Alfred: Unconditional Surrender – vor und nach 1945. In: Vierteljahrshefte für Zeitgeschichte 1959, S. 280–309
Valeanu, Traian: The Question of Bukovina – Then and Now. In: Journal of Central European Affairs, Vol. IV, 1944/45, S. 372–399
Valenta, Jiri: Soviet Intervention in Czechoslovakia, 1968: Anatomy of a Decision. Baltimore/London 1979
Vali, Ferenc A.: Hungary. In: Adam Bromke (Ed.): The Communist States at the Crossroads: Between Moscow and Peking. New York, Washington, London 1965, S. 71–86 (Hungary I)
Vali, Ferenc A.: Hungary. In: Adam Bromke and Teresa Rakowska-Harmstone (Eds.): The Communist States in Disarray 1965–1971. Minneapolis 1972 (Hungary II)
Valkenier, Elizabeth K.: Eastern European Federation. A. Study in the Conflicting National Aims and Plans of the Exile Groups. In: Journal of Central European Affairs, Vol. 14, 1954/55, S. 354–370
Valki, László: Beschlußfassung und Mechanismus der Zusammenarbeit im RGW. In: Otto Wolff von Amerongen (Hrsg.): Rechtsfragen der Integration und Kooperation in Ost und West. Berlin 1976, S. 79–89 (Beschlußfassung)
Varga, Eugen: Der Marshallplan und die bevorstehende Wirtschaftskrise in den USA. In: Neue Zeit 1947, Nr. 39, S. 4–7
Varga, Eugen: Der Marshallplan und die Wirtschaftskrise in England. In: Neue Zeit 1947, Nr. 42, S. 3–7
Varga, Eugen: Die von den Amerikanern geplante Knechtung Europas. In: Neue Zeit 1947, Nr. 48, S. 4–9
Vasari, Emilio: Die ungarische Revolution 1956. Stuttgart 1981
Vázquez, Modesto Seara: Theorie der Einflußbereiche. In: Multitudo Legum Ius Unum. Festschrift für Wilhelm Wengler zu seinem 65. Geburtstag. Bd. I. Berlin 1973, S. 537–554
Vázquez, Modesto Seara: Zones of Influence. In: The Year Book of World Affairs 1973. London, Vol. 27/1973, S. 301–315
Velen, Victor A.: Czech Stalinists Die Hard. In: Foreign Affairs, Vol. 42, 1963/64, S. 320–328
Viebig, Gerhard: Beziehungen der unverbrüchlichen Freundschaft zwischen der DDR und der VRP. In: Deutsche Außenpolitik 1979, H. 7, S. 5–16
Vierheller, Viktoria: Polen und die Deutschland-Frage 1939–1949. Köln 1970 (Polen)

Vigrabs, Georg: Die Stellungnahme der Westmächte und Deutschlands zu den Baltischen Staaten im Frühling und Sommer 1939. In: Vierteljahrshefte für Zeitgeschichte 1959, S. 261-279
Viney, Deryck E.: Der Demokratisierungsprozeß in der Tschechoslowakei. In: Europa-Archiv 1968, S. 423-438
Vloyantes, John P.: Spheres of Influence: A Framework for Analysis. Institute of Government Research. University of Arizona. Tucson, Arizona, November 1970
Vloyantes, John P.: Silk Glove Hegemony. Finnish-Soviet Relations, 1944-1974. A Case Study of the Theory of the Soft Sphere of Influence. Kent, Ohio 1975
Voerster, Alfred: Zur Militärpolitik des Politischen Beratenden Ausschusses der Teilnehmerstaaten des Warschauer Verteidigungsvertrages 1955-1961. In: Zeitschrift für Militärgeschichte 1961, H. 1, S. 5-27
Vogelsang, Thilo: Das geteilte Deutschland. 11. Aufl., München 1982
Vogt, Walter: Die Bereicherung des Inhalts der staatlichen Souveränität im Prozeß der sozialistischen ökonomischen Integration. In: Deutsche Außenpolitik 1977, H. 11, S. 61-75
Vogt, Walter: Das Verhältnis von gemeinsamen und spezifischen Interessen im Prozeß der sozialistischen ökonomischen Integration. In: Deutsche Außenpolitk 1978, H. 10, S. 32-45
Volgyes, Ivan: The Hungarian and Czechoslovak Revolutions: A Comparative Study of Revolutions in Communist Countries. In: E. J. Czerwinski und J. Piekalkiewicz (Eds.): The Soviet Invasion of Czechoslovakia: Its Effects on Eastern Europe. New York, Washington, London 1972, S. 121-138
Volle, Hermann: Die Friedensverträge mit den ehemaligen europäischen Verbündeten Deutschlands. In: Europa-Archiv 1947, S. 483-490
Volle, Hermann: Die Moskauer Außenministerkonferenz der vier Großmächte, 10. März bis 24. April 1947. In: Europa-Archiv 1947, S. 671-737
Volle, Hermann: Die Belgrader Donaukonferenz von 1948. In: Europa-Archiv 1948, S. 1641-1648 (1. Teil) und S. 1705-1708 (2. Teil)
Vucinich, Wayne S. (Ed.): Contemporary Yugoslavia. Twenty Years of Socialist Experiment. Berkeley and Los Angeles 1969
Vucinich, Wayne S.: Nationalism and Communism. In: Wayne S. Vucinich (Ed.): Contemporary Yugoslavia. Twenty Years of Socialist Experiment. Berkeley and Los Angeles 1969, S. 236-284
Vukmanović-Tempo, Svetozar: Mein Weg mit Tito. Ein Revolutionär erinnert sich. München/Zürich 1972 (Titel der englischen Ausgabe: The Ongoing Revolution. London 1972) (Tito)

Wache, Walter: System der Pakte. Die politischen Verträge der Nachkriegszeit. Berlin 1938
Wagenlehner, Günther: Die Bedeutung des Warschauer Paktes. In: Soldat und Technik. Sonderdruck aus den Heften 3, 4 und 5/1965, S. 2-3, 6-13
Wagenlehner, Günther: Die sowjetische Rechtfertigung der Intervention in der ČSSR. In: Osteuropa 1968, S. 758-768
Wagner, Ulrich H. E.: Finnlands Neutralität. Eine Neutralitätspolitik mit Defensivallianz. Hamburg 1974
Wagner, Wolfgang: Die Spaltung Deutschlands war anders. Falsche Ansätze in unserer Zeitgeschichte. In: Die politische Meinung 1958, H. 23, S. 13-23
Wagner, Wolfgang: Die Teilung Europas. Geschichte der sowjetischen Expansion bis zur Spaltung Deutschlands 1918-1945. Stuttgart 1959 (Teilung)
Wagner, Wolfgang: Die Entstehung der Oder-Neiße-Linie in den diplomatischen Verhandlungen während des Zweiten Weltkrieges. 3., durchgesehene und erweiterte Auflage. Stuttgart 1964
Wagner, Wolfgang: Das geteilte Deutschland. In: Die Internationale Politik 1961. Hrsg. von Wilhelm Cornides und Dietrich Mende. München/Wien 1964, S. 126-188

Wandel, Paul: Der welthistorische Sieg einer großen Volksrevolution (Zum zehnjährigen Bestehen der Volksrepublik China). In: Einheit 1959, S. 1423-1438

Wandruszka, Adam: Österreich von der Begründung der ersten Republik bis zur sozialistischen Alleinregierung 1918-1970. In: Theodor Schieder (Hrsg.): Handbuch der europäischen Geschichte. Band 7, Teilband 2, Stuttgart 1979, S. 823-882 (Österreich)

Wandycz, Piotr S.: Czechoslovak-Polish Confederation and the Great Powers 1940-1943. Indiana University Publications: Slavic And East European Series, Vol. 3, Bloomington, Indiana/USA 1956 (Confederation)

Wandycz, Piotr S.: The Soviet System of Alliances in East Central Europe. In: Journal of Central European Affairs, Vol. 16, 1956/57, S. 177-184 (System)

Wandycz, Piotr S.: Recent Traditions of the Quest for Unity: Attempted Polish-Czechoslovak and Yugoslav-Bulgarian Confederations 1940-1948. In: Jerzy Lukaszewski (Ed.): The People's Democracies after Prague: Soviet Hegemony, Nationalism, Regional Integration? Bruges 1970, S. 35-93 (Traditions)

Warnstrom, E. Bennett: Romania and the Invasion of Chechoslovakia. In: E. J. Czerwinski und J. Piekalkiewicz (Eds.): The Soviet Invasion of Czechoslovakia - Its Effects on Eastern Europe. New York, Washington, London 1972, S. 159-168

Warth, Robert D.: Soviet Russia in World Politics. New York 1963

Washburn, John N.: The Current Legal Status of Warsaw Pact Membership. In: International Lawyer, Vol. 5, No. 1, January 1971, S. 129-134 (Status)

Wasilkowski, Andrzej: Die Bedeutung der Beschlüsse internationaler Organisationen im Prozeß der sozialistischen ökonomischen Integration. Korreferat. In: Otto Wolff von Amerongen (Hrsg.): Rechtsfragen der Integration und Kooperation in Ost und West. Berlin 1976, S. 127-141 (Bedeutung)

Watt, Donald C.: The Initiation of the Negotiations Leading to the Nazi-Soviet Pact: A Historical Problem. In: Abramsky, C. and Beryl J. Williams (Eds.): Essays in Honour of E. H. Carr. London 1974, S. 152-170

Weber, Hermann: Die Bukowina im Zweiten Weltkrieg. Völkerrechtliche Aspekte der Lage der Bukowina im Spannungsfeld zwischen Rumänien, der Sowjetunion und Deutschland. Unter Mitwirkung von Hellmuth Hecker. Hamburg 1972

Weber, Hermann: Die Wandlungen Walter Ulbrichts - Porträt eines Opportunisten. In: SBZ-Archiv 1958, S. 210-214

Weber, Reinhold W.: Die Entstehungsgeschichte des Hitler-Stalin-Paktes 1939. Frankfurt/M. 1980

Wegener, Wilhelm: Die internationale Donau. Völkerrechtliche Bemerkungen zum Belgrader Donau-Schiffahrtsabkommen von 1948. Göttingen 1951

Wegerer, Alfred von: The Origins of this War: A German View. In: Foreign Affairs, Vol. 18, 1939/40, S. 700-718

Weghorn, Erwin: Der Staatshandel in Osteuropa. In: Europa-Archiv 1951, S. 4193-4208

Weinberg, Gerhard L.: Germany and the Soviet Union 1939-1941. Leiden 1954

Weinberg, Gerhard L.: Deutsch-sowjetischer Nichtangriffspakt. In: Sowjetsystem und Demokratische Gesellschaft. Eine vergleichende Enzyklopädie. Bd. 1. Freiburg/Basel/Wien 1966, Sp. 1177-1187

Welles, Sumner: Where Are We Heading. New York and London 1946

Welles, Sumner: Intervention and Interventions. In: Foreign Affairs, Vol. 26, 1947/48, S. 116-133

Welles, Sumner: Two Roosevelt Decisions: One Debit, One Credit. In: Foreign Affairs, Vol. 29, 1950/51, S. 182-204

Wendt, Bernd-Jürgen: Danzig - Ein Bauer auf dem Schachbrett nationalsozialistischer Außenpolitik. In: Manfred Funke (Hrsg.): Hitler, Deutschland und die Mächte. Materialien zur Außenpolitik des Dritten Reiches. Kronberg/Ts., Düsseldorf 1978, S. 774-794

Werth, Alexander: Rußland im Krieg 1941-1945. München/Zürich 1965

Wessely, Kurt: Die wirtschaftliche Zusammenarbeit im Ostblock. In: Osteuropa 1968, S. 239-244

Wessely, Kurt: Tendenzen in der Energiewirtschaft des Ostblocks. Teil I: Sowjetunion. In: Osteuropa 1962, S. 578–584; Teil II: Das Verhältnis der Ostblockstaaten untereinander, ebenda, S. 813–818 (Energiewirtschaft)
Wettig, Gerhard: Entmilitarisierung und Wiederbewaffnung in Deutschland 1943–1955. Internationale Auseinandersetzungen um die Rolle der Deutschen in Europa. München 1967 (Entmilitarisierung)
Wettig, Gerhard: Geschlossenheit und Spannung in der »Sozialistischen Staatengemeinschaft«. In: Kaiser, Karl und Karl Markus Kreis (Hrsg.): Sicherheitspolitik vor neuen Aufgaben. Frankfurt a. M. 1977, S. 50–76
Wheeler-Bennett, John/Anthony Nicholls: The Semblance of Peace. The Political Settlement after the Second World War. London 1972
Wiatr, Jerzy: Die Krise des Internationalismus. In: Hinter dem Eisernen Vorhang 1957, H. 6 S. 53–57 (Übersetzung aus: Nowe Drogi. Warschau, November-Dezember-Heft 1956)
Wiles, Peter J. D.: Communist International Economics. Oxford 1968 (Economics)
Willenz, Erik: Peking Versus Moscow. In: Problems of Communism, Vol. 13/1964, No. 2, S. 91–94
Williams, William A.: The Tragedy of American Diplomacy. Revised edition. New York 1962
Wilmot, Chester: Der Kampf um Europa. Frankfurt/M./Berlin 1954 (Titel der englischen Ausgabe: The Struggle for Europe)
Windsor, Philip and Adam Roberts: Czechoslovakia 1968 – Reform, Repression and Resistance. London 1969
Winkler, Heinrich A. (Hrsg.): Politische Weichenstellung im Nachkriegsdeutschland 1945–1953. Göttingen 1979
Winston, Victor: The Soviet Satellites – Economic Liability? In: Problems of Communism, Vol. 7/1958, No. 1, S. 14–20
Wiskeman, Elizabeth: Czechoslovakia: Spring 1945 to the Signing of the Peace Treaties, February 1947. In: Arnold Toynbee and Veronica M. Toynbee (Eds.): Survey of International Affairs 1939–1946: The Realignment of Europe. London/New York/Toronto 1955, S. 376–388
Wolfe, Thomas W.: The Warsaw Pact in Evolution. In: Kurt London (Ed).: Eastern Europe in Transition. Baltimore 1966, S. 208–235 (Evolution)
Wolfe, Thomas W.: Die Entwicklung im System des Warschauer Paktes. In: Osteuropa 1966, S. 209–226 (Entwicklungen)
Wolfe, Thomas W.: Sowjetische Militärstrategie. Köln und Opladen 1967 (Übersetzung der amerikanischen Originalausgabe: Soviet Strategy at the Crossroads. Cambridge, Mass. 1964)
Wolfe, Thomas W.: Soviet Power and Europe – 1945–1970. Baltimore and London 1970 (Soviet Power)
Wolfe, Thomas W.: Moskaus strategisches Interesse an der DDR. In: Europa-Archiv 1971, S. 533–544
Wolff, Robert Lee: Rumania, In: Stephen D. Kertesz (Ed.): The Fate of East Central Europe. Hopes and Failures of American Foreign Policy. Notre Dame, Indiana 1956, S. 249–271
Wolff, Robert Lee: Bulgaria. In: Stephen D. Kertesz (Ed.): The Fate of East Central Europe. Hopes and Failures of American Foreign Policy. Notre Dame, Indiana 1956, S. 274–296
Wolff, Robert Lee: The Balkans in Our Time. Cambridge, Mass. 1974 (Balkans)
Wollenberg, Erich: Der europäische Kommunismus. In: Ost-Probleme 1953, S. 801–804 (= Besprechung des gleichnamigen Buches von Franz Borkenau)
Wollstein, Günter: Die Politik des nationalsozialistischen Deutschlands gegenüber Polen 1933–1939/45. In: Manfred Funke (Hrsg.): Hitler, Deutschland und die Mächte. Kronberg/Ts., Düsseldorf 1978, S. 795–810
Woodward, Llewellyn: British Foreign Policy in the Second World War. London 1962

Woodward, Sir Llewellyn: British Foreign Policy in The Second World War. Vol. I/1970; Vol. II/1971; Vol. III/1971; Vol. IV/1975. London (Policy)
Wright, C. Ben: Mr. »X« and Containment. In: Slavic Review, Vol. 35/1976, S. 1-31; George F. Kennan Replies, ebenda, S. 32-36
Wszelaki, Jan: The Rise of Industrial Middle Europe. In: Foreign Affairs, Vol. 30, 1951/52, S. 123-134
Wszelaki, Jan H.: Industrial and Social Policies of the Communist Regimes. In: Cyril E. Black (Ed.): Challenge in Eastern Europe – 12 Essays. New Brunswick, New Jersey 1954, S. 150-175 (Policies)
Wszelaki, Jan H.: Communist Economic Strategy. The Role of East-Central Europe. Washington 1959 (Strategy)
Wszelaki, Jan: Economic Developments in East Central Europe, 1954-1961. In: Stephen D. Kertesz (Ed.): East Central Europe and the World: Developments in the Post-Stalin Era. Notre Dame, Indiana 1962, S. 229-263
Wünsche, Harry: Die sozialistischen zwischenstaatlichen Organisationen. In: Völkerrecht. Teil 2. Hrsg. von der Arbeitsgemeinschaft für Völkerrecht beim Institut für Internationale Beziehungen an der Akademie für Staats- und Rechtswissenschaft der DDR. Köln 1973, S. 121-172 (Organisationen)
Wurl, Ernst: Zur Geschichte des deutsch-sowjetischen Nichtangriffspaktes vom 23. August 1939. In: Deutsche Außenpolitik 1959, S. 882-895

Xydis, Stephen G.: The Secret Anglo-Soviet Agreement on the Balkans of October 9, 1944. In: Journal of Central European Affairs, Vol. XV, 1955/56, S. 248-271 (Anglo-Soviet Agreement)
Xydis, Stephen G.: Greece and the Yalta Declaration. In: The American Slavic and East European Review, Vol. 20/1961, S. 6-24

Yakemtchouk, Romain: Sowjetunion und regionale Sicherheitsabkommen. Zur Vorgeschichte von Art. 51-54 der Charta der Vereinten Nationen. In: Osteuropa-Recht 1956, S. 188-193 (Sowjetunion)
Yalem, Ronald Joseph: Regionalism and World Order. Washington 1965
Yergin, Daniel: Shattered Peace. The Origins of the Cold War and the National Security State. Boston 1977 (Dt. Ausgabe: Der zerbrochene Frieden. Der Ursprung des Kalten Krieges und die Teilung Europas. Frankfurt M. 1979)
Yeshin, S.: Periodization Should be Soundly Based. In: International Affairs (Moskau) 1958, H. 7, S. 64

Zagoria, Donald S.: The Spectre of Revisionism. In: Problems of Communism, Vol. 7/1958, No. 4, S. 15-21
Zagoria, Donald S.: Strains in the Sino-Soviet Alliance. In: Problems of Communism, Vol. 9/1960, No. 3, S. 1-11
Zagoria, Donald S.: Der chinesisch-sowjetische Konflikt und der Westen. In: Europa-Archiv 1962, S. 765-782 (Übersetzung von: The Sino-Soviet Conflict and the West. In: Foreign Affairs, Vol. 41, 1962/63) (Westen)
Zagoria, Donald S.: Der chinesisch-sowjetische Konflikt 1956-1961. München 1964 (Titel der amerikanischen Originalausgabe: The Sino-Soviet Conflict 1956-1961. Princeton, N. J. 1962). Die deutsche Ausgabe ist fortgeführt von Ernst Kux: Die feindlichen Brüder 1962-1963 (Konflikt)
Zanga, Louis: Altes und Neues in Albaniens unabhängigem Kurs. In: Europa-Archiv 1979, S. 623-632
Zanga, Louis: »Die Chruschtschowisten«. Zu den Memoiren von Enver Hoxha. In: Osteuropa 1981, S. 990-996
Zartman, I. William (Ed.): Czechoslovakia. Intervention and Impact. New York/London 1970

Zartman, I. William: The Norms of Intervention. In: I. William Zartman (Ed.): Czechoslovakia. Intervention and Impact. New York/London 1970, S. 105-119
Zaubermann, Alfred: Aus der Geschichte der KP Polens. In: Ost-Probleme 1955, S. 1222-1225
Zaubermann, Alfred: Economic Integration: Problems and Prospects. In: Problems of Communism, Vol. 8/1959, No. 4, S. 23-29
Zauberman, Alfred: The East European Economies. In: Problems of Communism, Vol. 27/ 1978, No. 2, S. 55-70
Zavalani, T.: The Importance of Being Albania. In: Problems of Communism, Vol. 10/ 1961, No. 4, S. 1-8 (Albania)
Zellweger, Eduard: Staatsaufbau und Gesetzgebung der Föderativen Volksrepublik Jugoslawien 1945-1948. In: Osteuropa-Handbuch: Jugoslawien. Hrsg. von Werner Markert. Köln/Graz 1954, S. 122-136 (Staatsaufbau)
Zemskov, I.: The »Partition« of Yugoslavia Into »Spheres of Influence«. In: International Affairs (Moskau) 1958, No. 8, S. 56-64 (Partition)
Zieger, Gottfried: Der Warschauer Pakt. Hrsg. von der Niedersächsischen Landeszentrale für politische Bildung. Hannover 1974
Zinner, Paul E.: Marxism in Action. The Seizure of Power in Czechoslovakia. In: Foreign Affairs, Vol. 28, 1949/50, S. 644-658 (Marxism)
Zinner, Paul E.: Problems of Communist Rule in Czechoslovakia. In: World Politics, Vol. IV, 1951/52, S. 112-129 (Problems)
Zinner, Paul E.: The Ideological Bases of Soviet Foreign Policy. In: World Politics, Vol. IV, 1951/52, S. 219-238 (Bases)
Zinner, Paul E.: Revolution in Hungary: Reflections on the Vicissitudes of a Totalitarian System. In: Journal of Politics. Gainesville (Florida), Vol. XXI, 1959, S. 3-36
Zinner, Paul E.: Communist Strategy and Tactics in Czechoslovakia, 1918-48. New York/ London 1963 (Strategy)

II. Bücher und Artikel ohne Verfasserangabe und Kollektiv-Arbeiten

Bessarabien rückt ins Blickfeld. In: Wissenschaftlicher Dienst Südosteuropa 1966, S. 15-19
Das rote Konzil in Moskau. In: Hinter dem Eisernen Vorhang 1957, H. 12, S. 39-42
DDR-ČSSR. Brüderlich vereint. Gesamtred.: Horst Köpstein. Berlin (Ost) 1967
DDR-UdSSR, Zusammenarbeit und Annäherung. Zum 30. Jahrestag der DDR. Berlin (Ost)/Moskau 1979
DDR-VRB. Freundschaft und Zusammenarbeit. Berlin (Ost)/Sofia 1979
DDR-VRP. Bündnis und Zusammenarbeit. 25. Jahrestag der DDR, 30. Jahrestag der VRP. Berlin (Ost)/Warschau 1974
DDR-Wirtschaft. Eine Bestandsaufnahme. Hrsg. vom Deutschen Institut für Wirtschaftsforschung. Frankfurt/M. 1974
Der Außenhandel der sowjetischen Besatzungszone Deutschlands 1945 bis zur Gegenwart. In: Europa-Archiv 1949, S. 2235-2240
Der Außenhandel der sowjetischen Zone Deutschlands auf dem Wege zur vollen Verstaatlichung. In: Europa-Archiv 1949, S. 1917-1922
Der deutsche Imperialismus und der Zweite Weltkrieg. Band 3. Beiträge zum Thema: »Der deutsche Imperialismus während des Zweiten Weltkrieges und seine militärische, wirtschaftliche und moralisch-politische Niederlage.« Berlin (Ost) 1962
Der »Frühling im Oktober«. Polens unblutige Revolution vom Herbst 1956. In: Hinter dem Eisernen Vorhang 1957, H. 3, S. 3-31
Der Leninismus und die nationale Frage in der Gegenwart. Hrsg. vom Institut für Marxismus-Leninismus beim Zentralkomitee der KPdSU. Moskau 1974

Der Mechanismus der osteuropäischen Säuberungen. In: Ost-Probleme 1952, S. 827–830 (Übersetzung des Aufsatzes »East European Trial«, in: The Times, London, vom 3./4. Juni 1952)
Der Sowjetblock als Wirtschaftsunion – Bahn frei für die Integration. In: Ost-Probleme 1955, S. 2–9
Der Sturz Chruschtschews: Verwirrung im kommunistischen Lager. In: Hinter dem Eisernen Vorhang 1964, H. 11, S. 23–29
Der sozialistische Internationalismus. Theorie und Praxis der internationalen Beziehungen neuen Typs. Berlin (Ost) 1981 (Titel der russischen Originalausgabe:Socialističeskij internacionalizm. Teorija i praktika meždunarodnych otnošenij novogo tipa. Moskva 1979)
Der Volksaufstand in Ungarn. Bericht des Sonderausschusses der Vereinten Nationen. Untersuchungen, Dokumente, Schlußfolgerungen. Deutsche Gesellschaft für die Vereinten Nationen. Verbindungs- und Informationsstelle Bonn. Frankfurt M. 1957
Der Weg nach Pankow. Zur Gründungsgeschichte der DDR. Kolloquien des Instituts für Zeitgeschichte. München/Wien 1980
Die Enthüllungen des XXII. Kongresses der KPdSU. In: Hinter dem Eisernen Vorhang 1961, H. 11, S. 21–29
Die Entwicklung der Kominform von 1947–1950. In: Ost-Probleme 1950, S. 827–833 (Übersetzung aus: The World Today, London, Mai 1950: The Evolution of the Cominform 1947–1950)
Die Ideologie der Agitation. Eine Analyse der Propagandataktik des Neuen Kurses, 1953–1954. In: Hinter dem Eisernen Vorhang 1955, H. 9, S. 3–22
Die Industriestruktur in der sowjetischen Besatzungszone Deutschlands. In: Europa-Archiv 1948, S. 1421–1436
Die Nationale Volksarmee. Ein Anti-Weißbuch zum Militär in der DDR. Studiengruppe Militärpolitik. Reinbek bei Hamburg 1976
Die osteuropäische Wirtschaftsrevolution. Der Strukturwandel der tschechoslowakischen Wirtschaft nach den Zielen des Fünfjahresplanes 1949–1953. In: Europa-Archiv 1949, S. 2059–2065
Die Polemik über die Generallinie der internationalen kommunistischen Bewegung. Peking 1965
Die Probleme der Entstalinisierung. In: Hinter dem Eisernen Vorhang 1962, H. 1, S. 1–10
Die Revision des Slansky-Prozesses. In: Osteuropäische Rundschau 1967, H. 9, S. 21–23
Die rumänische »Insubordination«. In: Wissenschaftlicher Dienst Südosteuropa 1964, S. 97–98
Die Rumänische KP und ihr Kongreß. In: Hinter dem Eisernen Vorhang 1956, H. 2, S. 2–19
Die Technik der Macht. Hrsg. von Helmut Dahm und Frits Kool. Olten und Freiburg im Br. 1974
Die ungarische Lage und die Rechtsstaatlichkeit. Hrsg. von der Internationalen Juristen-Kommission. Den Haag 1957
Die Verfassung der UdSSR – Manifest des kommunistischen Aufbaus. Erläuterungen zur Verfassung der UdSSR. Autorenkollektiv unter Leitung von Wladimir Nikolajewitsch Kudrjawzew. Berlin (Ost) 1980 (Russische Originalausgabe: Konstitucija razvitogo socializma. Moskau 1978)
Die Verstaatlichungen in der Tschechoslowakei 1945–1948. In: Europa-Archiv 1949, S. 2035–2039
Die wirtschaftliche Entwicklung in der sowjetischen Zone Deutschlands seit Potsdam. In: Europa-Archiv 1947, S. 1027–1040
Diplomatičeskij slovar' (Diplomatisches Wörterbuch). Hauptred.: A. A. Gromyko, S. A. Golunskij, V. M. Chvostov. Bd. I und II. Moskau 1960
Ein historisches Datum. Zum 30. Jahrestag der Februar-Ereignisse in der Tschechoslowakei. In: Neues Deutschland vom 25./26. Februar 1978, S. 4
Ein Jahr ohne Chruschtschew. In: Osteuropäische Rundschau 1965, H. 11, S. 3–6

Ein Rückblick über die Entwicklung des sowjetisch-chinesischen Konflikts. In: Hinter dem Eisernen Vorhang 1963, H. 7/8, S. 15-21
Freundschaftsvertrag Rumänien - DDR. In: Osteuropäische Rundschau 1972, H. 6, S. 9-11, 14
Früchte der Belgrader Deklaration. In: Neue Zeit, Moskau 1956, Nr. 23, S. 1-2; gekürzter Nachdruck in: Dokumentation der Zeit 1956, H. 122, Sp. 9942-9943
Geschichte der deutschen Arbeiterbewegung. Bd. 6: Von Mai 1945 bis 1949; Bd. 7: Von 1949 bis 1955. Hrsg. vom Institut für Marxismus-Leninismus beim Zentralkomitee der SED. Berlin (Ost) 1966
Geschichte der sowjetischen Außenpolitik in zwei Teilen. Redaktion: B. N. Ponomarev, A. A. Gromyko, V. M. Chvostov. 1. Teil: 1917 bis 1945. Berlin (Ost) 1969; 2. Teil: 1945 bis 1970. Frankfurt M. 1971 (Titel der russischen Originalausgabe: Istorija vnešnej politiki SSSR. Moskau 1966 und 1971) (Geschichte, 1. Teil; Geschichte, 2. Teil)
Geschichte der Sozialistischen Einheitspartei Deutschlands. Abriß. Berlin (Ost) 1978; westdeutsche Ausgabe: Frankfurt/M. 1978
Geschichte des Großen Vaterländischen Krieges der Sowjetunion. Bd. 1: Die Vorbereitung und Entfesselung des Zweiten Weltkrieges durch die imperialistischen Mächte. Berlin (Ost) 1962 (Deutsche Ausgabe der vom Institut für Marxismus-Leninismus beim Zentralkomitee der Kommunistischen Partei der Sowjetunion herausgegebenen »Geschichte des Großen Vaterländischen Krieges der Sowjetunion« in 6 Bänden)
Grundlagen des Marxismus-Leninismus. Lehrbuch. 7. Aufl. Berlin (Ost) 1963
Handbuch: DDR-Wirtschaft. Reinbek bei Hamburg 1977
Handbuch der Deutschen Demokratischen Republik. Hrsg. vom Deutschen Institut für Zeitgeschichte in Verbindung mit dem Staatsverlag der Deutschen Demokratischen Republik. Berlin (Ost) 1964
Hintergründe, Niederlage und Lehren des NATO-Putsches in Ungarn. In: Militärwesen, H. 2/1957, S. 100-129
History of the Party of Labor of Albania. The Institute of Marxist-Leninist Studies at the Central Committee of the Party of Labor of Albania. Tirana 1971
Instrument des Friedens: 20 Jahre Warschauer Vertrag. In: Horizont, Nr. 20/1975, Sonderteil. Berlin (Ost)
Intensivierung der wirtschaftlichen Zusammenarbeit im Ostblock. In: Hinter dem Eisernen Vorhang 1959, H. 4, S. 30-31, 34-35
Jugoslawien und der Block. In: Hinter dem Eisernen Vorhang 1962, H. 5, S. 26-27, 29
Kadar und der Polyzentrismus. In: Wissenschaftlicher Dienst Südosteuropa 1964, S. 149-153
Kleines politisches Wörterbuch. Berlin (Ost); 2., überarb. Aufl. 1973; 3., überarb. Aufl. 1978
KOMEKON - Das Instrument der wirtschaftlichen Integration Osteuropas. In: Hinter dem Eisernen Vorhang 1959, H. 12, S. 3-11 (KOMEKON I)
KOMEKON - Arbeitsweise und Aufgabenverteilung an die Partner. In: Hinter dem Eisernen Vorhang 1960, H. 5, S. 3-10 (KOMEKON II)
Kurs meždunarodnogo prava w 6 tomach (Kurs des Völkerrechts in sechs Bänden). Moskau 1967 bis 1973
Legende und Wirklichkeit der rumänischen Kapitulation 1944. In Wissenschaftlicher Dienst Südosteuropa 1966, S. 34-35
Lexikon RGW. Hrsg. von Manfred Engert und Heinz Stephan. Leipzig 1981
Marx und die Rumänen. Ein aufsehenerregender Handschriftenfund. In: Wissenschaftlicher Dienst Südosteuropa 1965, S. 16-21
Militärisches aus dem Ostblock. Teil I. In: Hinter dem Eisernen Vorhang 1958, H. 7, S. 3-11; Teil II, ebenda, H. 8, S. 15-24
Militärlexikon. 2. Aufl. Berlin (Ost) 1973
Militärstrategie. Hrsg. unter der Redaktion von Marschall der Sowjetunion W. D. Sokolowski. Deutsche Übersetzung aus dem Russischen der dritten, verbesserten und ergänz-

ten Auflage. Deutsche Einleitung von Johannes Gerber. Köln 1969 (Russische Ausgabe: Moskau 1969)
Nach dem XXII. Kongreß der KPdSU. In: Hinter dem Eisernen Vorhang 1961, H. 12, S. 1–13
Osteuropa-Handbuch. Jugoslawien. 1954; Polen. 1959; Hrsg. von Werner Markert. Köln/Graz
Osteuropa-Handbuch: Sowjetunion. Verträge und Abkommen. Verzeichnis der Quellen und Nachweise 1917–1962. Unter Mitwirkung von Jörg K. Hoensch und Helmut König. Hrsg. von Werner Markert und Dietrich Geyer. Köln/Graz 1967
Osteuropa-Handbuch. Begr. von Werner Markert. Köln/Wien. Sowjetunion: Außenpolitik 1917–1955. 1972; Außenpolitik 1955–1973. 1976. Hrsg. von Dietrich Geyer; Völkerrechtstheorie und Vertragspolitik. 1976. Hrsg. von Dietrich Geyer und Boris Meissner
IX. Parteitag der SED. Berlin, 18. bis 22. Mai 1976. Statut der Sozialistischen Einheitspartei Deutschlands. Berlin (Ost) 1976
XX. Parteitag der Kommunistischen Partei der Sowjetunion. Rechenschaftsbericht, Referat über die Richtlinien zum 6. Fünfjahrplan, Auszüge aus der Diskussion und Begrüßungen. Düsseldorf 1956
Politische Ökonomie – Lehrbuch. 3. Aufl., Berlin (Ost) 1961 (Übersetzung der russ. Originalausgabe. Moskau 1959)
Sachwörterbuch der Geschichte Deutschlands und der deutschen Arbeiterbewegung. 2 Bände. Berlin (Ost) 1969 und 1970 (Sachwörterbuch)
SBZ-Biographie. Ein biographisches Nachschlagebuch über die Sowjetische Besatzungszone Deutschlands. Zusammengestellt vom Untersuchungsausschuß Freiheitlicher Juristen Berlin. Hrsg. vom Bundesministerium für gesamtdeutsche Fragen, Bonn/Berlin. 3. Aufl. 1964
SBZ von 1945 bis 1954. Die sowjetische Besatzungszone Deutschlands in den Jahren 1945–1954. Hrsg. vom Bundesministerium für gesamtdeutsche Fragen. Bonn 1956; Nachdruck 1964
SBZ von 1955 bis 1956. Die sowjetische Besatzungszone Deutschlands in den Jahren 1955–1956. Ergänzungsband zu »SBZ von 1945 bis 1954«. Hrsg. vom Bundesministerium für gesamtdeutsche Fragen. Bonn 1958
Sensationen beim Parteikongreß. In: Hinter dem Eisernen Vorhang 1962, H. 12, S. 38–40
Sovetskaja voennaja enciklopedija (Sowjetische Militär-Enzyklopädie). Hrsg. vom Verteidigungsministerium der UdSSR. Bd. 5, Moskau 1978
Sozialistische Staatengemeinschaft. Die Entwicklung der Zusammenarbeit und der Friedenspolitik der sozialistischen Staaten. Von einem Autorenkollektiv unter Leitung von Siegmar Quilitzsch und Joachim Krüger. Berlin (Ost) 1972
Sozialistische Staatengemeinschaft und Völkerrecht. Autorenkollektiv. Leitung: Herbert Kröger. Berlin (Ost) 1979
Südosteuropa-Handbuch. Göttingen. Bd. I: Jugoslawien. 1975; Bd. II: Rumänien. 1977. Hrsg. von Klaus-Detlef Grothusen
The Military Balance 1961–1962 ff. The International Institute for Strategic Studies. London 1961 ff.
The Warsaw Pact: Its Role in Soviet Bloc Affairs. In: Vernon V. Aspaturian: Process and Power in Soviet Foreign Policy. Boston 1971, S. 747–768
Tschechoslowakei in Bedrängnis. In: Osteuropäische Rundschau 1968, H. 8, S. 3–14
Verstaatlichung und Wirtschaftslenkung in Rumänien. In: Europa-Archiv 1949, S. 2040
Verteidigungsausgaben des Ostblocks steigen. In: Hinter dem Eisernen Vorhang 1964, H. 5, 7–9
Völkerrecht. Lehrbuch. Gesamtred.: D. B. Lewin und G. P. Kaljusnaja. Berlin (Ost) 1967. Dt. Übersetzung des 1964 in Moskau erschienenen Buches: Meždunarodnoe pravo (Völkerrecht)

Völkerrecht. Lehrbuch. Teil 1 und Teil 2. Hrsg. von der Arbeitsgemeinschaft für Völkerrecht beim Institut für Internationale Beziehungen an der Akademie für Staats- und Rechtswissenschaft der DDR. Gesamtredaktion: Herbert Kröger. 2., überarb. und erg. Aufl. Berlin (Ost) 1981 und 1982 (1. Aufl. 1973)
Wissenschaft in Rumänien. In: Osteuropäische Rundschau 1966, H. 2, S. 11–17
Wissenschaftlicher Kommunismus. Lehrbuch für das marxistisch-leninistische Grundstudium. 2., unveränderte Aufl. Berlin (Ost) 1977
Zu den Ergebnissen des VII. Parteitages des Bundes der Kommunisten Jugoslawiens. In: Einheit 1958, S. 592–626
Zusammenarbeit und Annäherung in der sozialistischen Gemeinschaft. Hrsg. vom Institut für Internationale Beziehungen an der Akademie für Staats- und Rechtswissenschaft der DDR. Potsdam–Babelsberg. Berlin (Ost) 1977

III. Dokumentationen

A Decade of American Foreign Policy. Basic Documents, 1941–49. Washington 1950
Akten zur deutschen auswärtigen Politik. 1918–1945. Serie D (1937–1945). Bd. VII. Göttingen 1956
The Anti-Stalin Campaign and International Communism. A Selection of Documents. Edited by the Russian Institute – Columbia University. New York 1956 (Anti-Stalin Campaign)
Berber, Friedrich (Hrsg.): Völkerrecht. Dokumentensammlung. Bd. I: Friedensrecht; Bd. II: Konfliktsrecht. München und Berlin 1967
Bericht des Parteivorstandes der Sozialistischen Einheitspartei Deutschlands an den 2. Parteitag. Berlin (Ost) 1947
Beziehungen DDR–UdSSR 1949 bis 1955. Dokumentensammlung. 2 Halbbände. Berlin (Ost) 1975
Brunner, Georg/Boris Meissner (Hrsg.): Verfassungen der kommunistischen Staaten. Paderborn u. a. 1980 (Verfassungen)
Carroll, Eber Malcolm und Fritz Th. Epstein: Das nationalsozialistische Deutschland und die Sowjetunion – 1939–1941. Akten aus dem Archiv des Deutschen Auswärtigen Amtes. Deutsche Ausgabe. Department of State. Berlin 1948 (Deutschland)
Cornides, Wilhelm und Hermann Volle: Um den Frieden mit Deutschland. Dokumente zum Problem der deutschen Friedensordnung 1941–1948 mit einem Bericht über die Londoner Außenministerkonferenz vom 25. November bis 15. Dezember 1947. Oberursel 1948
Dallin, Alexander (Ed.): Diversity in International Communism. A Documentary Record, 1961–1963. New York und London 1963 (Diversity)
Das Bündnis der Rivalen. Der Pakt Berlin–Tokio. Neue Dokumente zur Ost- und Südostasienpolitik des faschistischen deutschen Imperialismus im Zweiten Weltkrieg. Hrsg. und eing. von Karl Drechsler. Berlin (Ost) 1978
Der Sowjetkommunismus. Dokumente. Band 1: Die politisch-ideologischen Konzeptionen; Band 2: Die Ideologie in Aktion. Hrsg. von Hans.Joachim Lieber und Karl-Heinz Ruffmann. Köln/Berlin 1963 und 1964
Die Auswärtige Politik der Bundesrepublik Deutschland. Hrsg. vom Auswärtigen Amt unter Mitwirkung eines wissenschaftlichen Beirats. Köln 1972
Die Bemühungen der Bundesrepublik um Wiederherstellung der Einheit Deutschlands durch gesamtdeutsche Wahlen. Dokumente und Akten. Teil I: Oktober 1949 – Oktober 1953; Teil II: November 1953 – Dezember 1955. Hrsg. vom Bundesministerium für gesamtdeutsche Fragen. Bonn 1959 (Bemühungen)

Die feindlichen Brüder. Jugoslawiens neuer Konflikt mit dem Ostblock 1958. Ein Dokumentenband redigiert und eingeleitet von Curt Gasteyger. Bern 1960
Die Gesamtverfassung Deutschlands. Nationale und internationale Texte zur Rechtslage Deutschlands. Bearbeitet von Dietrich Rauschning. Mit einer einleitenden Darstellung der Rechtslage Deutschlands von Herbert Krüger. Frankfurt M./Berlin 1962 (D. Rauschning: Gesamtverfassung)
Die Konferenzen von Malta und Jalta. Department of State USA: Dokumente vom 17. Juli 1944 bis 3. Juni 1945. Düsseldorf o. J. (= Übersetzung der amerikanischen Originalausgabe: The Conferences at Malta and Yalta 1945. Washington 1956)
Die neuen Parteistatuten in den Ostblockstaaten. In: Osteuropa 1955, S. 52–63
Die Organisation des Warschauer Vertrages 1955-1975. Dokumente und Materialien. Berlin (Ost) 1975 (Organisation)
Die Staatsordnung der Volksrepublik Polen. Zusammengestellt und bearbeitet von Herwig Roggemann. Berlin 1974
Die unheilige Allianz. Stalins Briefwechsel mit Churchill 1941-1945. Mit einer Einleitung und Erläuterungen zum Text von Manfred Rexin. Reinbek bei Hamburg 1964
Die Vereinigung von KPD und SPD zur Sozialistischen Einheitspartei Deutschlands in Bildern und Dokumenten. Berlin (Ost) 1976 (Die Vereinigung)
Die Verfassungen der Erde in deutscher Sprache nach dem jeweils neuesten Stande. Übersetzt und herausgegeben von W. Brorsen. 1. und 2. Lieferung. Tübingen 1950 und 1951
Die Verfassungen der europäischen Länder der Volksdemokratie. Mehrsprachige Ausgabe. Hrsg.: Deutsches Institut für Rechtswissenschaft. Berlin (Ost) 1954
Die Verträge der Volksrepublik China mit anderen Staaten. Band I der Schriften des Instituts für Asienkunde in Hamburg: Frankfurt a. M./Berlin 1957
Documents on Polish-Soviet Relations 1939-1945. Vol. I: 1939-1943; Vol. II: 1943-1945. Ed.: General Sikorski Historical Institute. London, Melbourne, Toronto 1961 und 1967
Dokumente der Sozialistischen Einheitspartei Deutschlands. Bd. I ff. Berlin (Ost) 1952 ff.
Dokumente und Materialien der Zusammenarbeit zwischen der Sozialistischen Einheitspartei Deutschlands und der Kommunistischen Partei der Sowjetunion. 1971 bis 1974. Hrsg.: Institut für Marxismus-Leninismus beim ZK der SED. Berlin (Ost) 1975
Dokumente und Materialien der Zusammenarbeit zwischen der Sozialistischen Einheitspartei Deutschlands und der Kommunistischen Partei der Sowjetunion. 1975 und 1976. Hrsg.: Institut für Marxismus-Leninismus beim ZK der SED. Berlin (Ost) 1977
Dokumente und Materialien der Zusammenarbeit zwischen der Sozialistischen Einheitspartei Deutschlands und der Rumänischen Kommunistischen Partei – 1972 bis 1977. Hrsg.: Institut für Marxismus-Leninismus beim ZK der SED. Berlin (Ost) 1979
Dokumente und Materialien der Zusammenarbeit zwischen der SED und der KPTsch 1971 bis 1976. Berlin (Ost) 1977
Dokumente zum Warschauer Vertrag (1954-1961). Zweite ergänzte Aufl. Berlin (Ost) 1962
Dokumente zur Außenpolitik der Regierung der Deutschen Demokratischen Republik. Bd. I: Von der Gründung der Deutschen Demokratischen Republik am 7. Oktober 1949 bis zur Souveränitätserklärung am 25. März 1954. Berlin (Ost) 1954
Dokumente zur Außenpolitik der Deutschen Demokratischen Republik 1966. Bd. XIV/2. Halbb. Berlin (Ost) 1970
Dokumente zur deutschen Geschichte 1936-1939. Hrsg. von Wolfgang Ruge und Wolfgang Schumann. Berlin (Ost) 1977
Dokumente zur deutschen Geschichte 1939-1942. Hrsg. von Wolfgang Ruge und Wolfgang Schumann. Berlin (Ost) 1977
Dokumente zur Deutschlandpolitik der Sowjetunion. Berlin (Ost). Bd. I. 1957; Bd. II. 1963; Bd. III. 1968
Europa-Föderationspläne der Widerstandsbewegung 1940-1945. Eine Dokumentation. Gesammelt und eingeleitet von Walter Lipgens. München 1968
Foreign Relations of the United States. Diplomatic Papers. Washington (zit. FRUS mit Jahres- und Bandangabe)

1939, Vol. I: General. 1956
1941, Vol. I: General, The Soviet Union. 1958; Vol. II: Europe. 1959
1943, Vol. I: General. 1963; Vol. II: Europe. 1964; Vol. III: The British Commonwealth, Eastern Europe, The Far East. 1963
1944, Vol. III: The British Commonwealth and Europe. 1965; Vol. IV: Europe. 1966
1945, Vol. II: General: Political and Economic Matters. 1967; Vol. III: European Advisory Commission; Austria; Germany. 1968
1946, Vol. II: Council of Foreign Ministers. 1970
The Conferences at Cairo and Tehran 1943. 1961
The Conference of Berlin (The Potsdam Conference). Vol. I and II. 1960
The Conferences at Malta and Yalta 1945. 1955
Freundschaft – Zusammenarbeit – Beistand. Grundsatzverträge zwischen den sozialistischen Staaten. Berlin (Ost) 1958 (Grundsatzverträge)
Gittings, John: Survey of the Sino-Soviet Dispute. A Commentary and Extracts from the Recent Polemics – 1963–1967. London, New York, Toronto 1968
Grunddokumente des RGW. Zusammengestellt und bearbeitet von Lothar Rüster. Berlin (Ost) 1978
Handbuch der Verträge 1871–1964. Verträge und andere Dokumente aus der Gescichte der internationalen Beziehungen. Hrsg. von Helmuth Stoecker unter Mitarbeit von Adolf Rüger. Berlin (Ost) 1968
International Legislation. A Collection of the Texts of Multipartite International Instruments of General Interest. Vol. IX/1942–1945. Numbers 611–670. New York 1970
Internationale Beratung der kommunistischen und Arbeiterparteien in Moskau – 1969. Prag 1969
Internationale Beratung der kommunistischen und Arbeiterparteien in Moskau – 1969. Dokumente. Berlin (Ost) 1974
László Rajk und Complizen vor dem Volksgericht. Berlin (Ost) 1949 (2. Aufl. 1950)
Mangoldt, Hermann von (Hrsg.): Kriegsdokumente über Bündnisgrundlagen, Kriegsziele und Friedenspolitik der Vereinten Nationen. Hamburg 1946
Martin, Helmut (Hrsg.): Mao intern. Unveröffentlichte Schriften, Reden und Gespräche Mao Tse-tungs. 2., durchgesehene und ergänzte Aufl. München 1977
McNeil, Robert H. (Ed.): International Relations Among Communists. Englewood Cliffs, N. J./USA 1967 (Relations)
Niemeyer, Theodor (Hrsg.): Jahrbuch des Völkerrechts. IX. Bd. (Sonderband): Friedensverträge, Völkerbunddokumente, Vergleichs-, Schieds- und Sicherheitsverträge, Allianzverträge 1919–1926. Kiel 1926
Ostverträge I: Deutsch-sowjetische Verträge. Zusammengestellt von Ingo von Münch. Berlin/New York 1971
Peasle, Amos J.: Constitutions of Nations. Vol. III: Europe, The Hague 1968
Pirker, Theo (Hrsg.): Utopie und Mythos der Weltrevolution. Zur Geschichte der Komintern 1920–1940. München 1964
Politische Verträge – Eine Sammlung von Urkunden. Herausg. von Viktor Bruns. Bd. III, 2. Halbb.: Garantiepakte, Bündnisse, Abkommen über politische Zusammenarbeit, Nichtangriffs-, Neutralitäts- und Abrüstungsverträge der Nachkriegszeit (1938–1940). Bearbeitet von Georg von Gretschaninow. Berlin 1942 (Bruns-Gretschaninow: Politische Verträge)
Polonsky, Antony (Ed.): The Great Powers and the Polish Question 1941–1945. A. Documentary Study in Cold War Origins. London 1976
Programm der Bulgarischen Kommunistischen Partei – einmütig angenommen auf dem X. Parteitag der BKP am 24. April 1971. Sofia 1971
Programm der Rumänischen Kommunistischen Partei zum Aufbau der vielseitig entwickelten sozialistischen Gesellschaft und dem Voranschreiten Rumäniens zum Kommunismus. Bukarest 1975

Programm und Statut der SED vom 22. Mai 1976. Mit einem einleitenden Kommentar von Karl Wilhelm Fricke. Köln 1976
Protokoll der Verhandlungen des III. Parteitages der Sozialistischen Einheitspartei Deutschlands - 20. bis 24. Juli 1950 in der Werner-Seelenbinder-Halle zu Berlin. 2 Bände. Berlin (Ost) 1951
Protokoll der Verhandlungen der II. Parteikonferenz der Sozialistischen Einheitspartei Deutschlands. 9. bis 12. Juli 1952 in der Werner-Seelenbinder-Halle zu Berlin. Berlin (Ost) 1952
Protokoll der Verhandlungen des V. Parteitages der Sozialistischen Einheitspartei Deutschlands - 10. bis 16. Juli 1958 in der Werner-Seelenbinder-Halle zu Berlin. 2 Bände. Berlin (Ost) 1959
Protokoll der Verhandlungen des VI. Parteitages der Sozialistischen Einheitspartei Deutschlands - 15. bis 21. Januar 1963 in der Werner-Seelenbinder-Halle zu Berlin. Bd. II. Berlin (Ost) 1963
Quellen zur Entstehung der Oder-Neiße-Linie in den diplomatischen Verhandlungen während des Zweiten Weltkrieges. Gesammelt und herausgegeben von Gotthold Rhode und Wolfgang Wagner. Zweite erweiterte Auflage. Stuttgart 1959 (G. Rhode/W. Wagner: Quellen)
Remington, Robin Alison (Ed.): Winter in Prague. Documents on Czechoslovak Communism in Crisis. With an introduction by William E. Griffith. Cambridge, Mass. and London 1969
Roggemann, Herwig (Hrsg.): Die Verfassungen der sozialistischen Staaten. Berlin 1980
Schenk, Fritz (Hrsg.): Kommunistische Grundsatzerklärungen 1957-1971. Köln 1972 (Grundsatzerklärungen)
Shehu, Mehmet: Über die Haltung der Volksrepublik Albanien zum Warschauer Vertrag. Rede, gehalten vor der 6. Session der Volksversammlung der Volksrepublik Albanien (12. September 1968). Tirana 1968, 42 S.
Seidl, Alfred (Hrsg.): Die Beziehungen zwischen Deutschland und der Sowjetunion 1939-1941. Dokumente des Auswärtigen Amtes. Tübingen 1949 (A. Seidl: Beziehungen)
Slusser, Robert M./Jan F. Triska: A Calendar of Soviet Treaties 1917-1957. With the Assistance of George Ginsburgs and Wilfried O. Reiners. Stanford, Cal. 1959 (Calendar)
Teheran–Jalta–Potsdam. Dokumentensammlung. Frankfurt M. 1978 (Originaltitel der russischen Ausgabe: Teheran, Jalta, Potsdam. Sbornik dokumentov. Moskva 1967; 2. Aufl. 1970)
The Communist International, 1919-1943. Documents. Selected and Edited by Jane Degras. London, New York, Toronto. Vol. I: 1919-1922. 1956; Vol. II: 1923-1928. 1966; Vol. III: 1929-1943. 1965
Tito contra Stalin. Der Streit der Diktatoren in ihrem Briefwechsel. Hamburg 1949 (Englischer Text: The Soviet-Yugoslav Dispute. Text of the Published Correspondence. London und New York 1948)
Triska, Jan F. (Ed.): Constitutions of the Communist Party-States. Hong Kong 1968; Stanford 1969 (Constitutions)
Verfassung der Sozialistischen Föderativen Republik Jugoslawien. Belgrad 1974
Verfassung der Sozialistischen Volksrepublik Albanien. Tirana 1977
Verfassungen ausländischer sozialistischer Staaten (Mitgliedsländer des RGW). Berlin (Ost) 1982
Verträge der Volksrepublik China mit anderen Staaten. Teil 5: Verträge mit kommunistischen Staaten. Bearbeitet im Institut für Asienkunde, Hamburg, von O. Weggel und W. Mohr. Wiesbaden 1971
Vertrags-Ploetz: Konferenzen und Verträge. Ein Handbuch geschichtlich bedeutsamer Zusammenkünfte und Vereinbarungen. Teil II. Bd. 3: Neuere Zeit 1492-1914; Bd. 4 A: Neueste Zeit 1914-1959. 2. erw. und veränd. Auflage. Würzburg 1958 und 1959 (Vertrags-Ploetz)
Volle, Hermann und Wolfgang Wagner: KSZE. Konferenz über Sicherheit und Zusammenarbeit in Europa in Beiträgen und Dokumenten aus dem EUROPA-ARCHIV. Bonn 1976

Völker aller Länder, vereinigt euch zum allseitigen, gründlichen, restlosen und entscheidenden Verbot der Kernwaffen und ihrer Vernichtung! Peking 1963
Weber, Hermann: Die Kommunistische Internationale. Eine Dokumentation. Hannover 1966
White Book on Aggressive Activities by the Governments of the USSR, Poland, Czechoslovakia, Hungary, Rumania, Bulgaria and Albania towards Yugoslavia. Ministry of Foreign Affairs of the Federal People's Republic of Yugoslavia. Beograd (Belgrad) 1951 (White Book)
Woher die Differenzen? Antwort an Maurice Thorez und andere Genossen. Peking 1963
Zinner, Paul E. (Ed.): National Communism and Popular Revolt in Eastern Europe. A Selection of Documents on Events in Poland and Hungary – February–November, 1956. New York 1956 (Communism)

Sachregister

Albanien 4, 61, 127, 162, 177
- völkerrechtlicher Status 178
- innere Entwicklung 178-181, 183-185, 390-392
- ökonomische Entwicklung 272, 619, 620
- personelle Säuberungen 415, 416, 494
- Neuer Kurs 487, 488, 493, 494
- und China 602, 618, 619, 637, 641, 644, 660-662, 664-667, 745-747
- und DDR 684
- und Deutschland 180, 181, 183
- und Großbritannien 180, 183-185
- und Italien 178-180
- und Jugoslawien 179, 180, 182-184, 206, 290-293, 302, 405, 407-409, 414, 441, 602, 618, 619, 637
- und Rumänien 675
- und USA 183, 185
- und UdSSR 292, 293, 302, 415, 441, 478, 740, 831
- Anfänge der Differenzen mit der UdSSR 610, 617-621, 628, 637, 640-642, 644, 647-654, 657, 688, 689, 694
- Ausscheren aus dem Ostblock 638, 659-667, 674, 675, 678, 688-692, 722, 745-747, 751, 870
siehe auch Balkan-Pakt; Griechenland; Tschechoslowakei; Ungarn
Anti-Hitler-Koalition 45, 48, 51, 53, 56, 65, 76, 90, 104, 123, 128, 156, 185, 201, 212, 221, 230, 233, 249, 258, 273, 295, 302, 321, 326, 440, 499
siehe auch: Konferenzen der Anti-Hitler-Koalition
Atlantik-Charta (1941) 48, 49, 52, 53, 57, 63, 99, 147
Atomwaffen (und Kernwaffen) 526
- Atomteststopp-Abkommen (1963) 665, 718
- Atomwaffen-Sperrvertrag (1968) 768
- Bundesrepublik Deutschland und 753
- und Warschauer Pakt 758
siehe auch: Kernforschung
Außenhandel (der Ostblockstaaten) 429-434, 436, 437, 625, 770, 771

Balkan-Pakt 411, 412, 513, 518, 521
- und Albanien 412
Baltische Staaten 8, 10, 11, 14-16, 19, 20, 23, 35, 36, 193, 198, 317, 341
- Beistandspakte mit der UdSSR (1939) 16, 17
- Eingliederung in die UdSSR 19, 20, 23, 41, 52, 53, 73, 74, 207, 211, 294
Berlin 682, 693, 724, 729, 731
- Blockade 389, 390, 432
- Drei-Staaten-These 724, 729
- Mauer-Bau (1961) 651, 654, 682, 690, 695
- Ultimatum (1958) 608, 609, 652, 682
siehe auch: Deutschland, Abmachungen der Alliierten (1944/45)
Bilaterale Bündnispakte
siehe: Ostpakte, bilaterale
Bilateralismus (der UdSSR) 271, 433, 438, 443, 447, 448, 451, 502, 506, 508
Brežnev-Doktrin (Moskauer Doktrin)
siehe: Völkerrecht
Bulgarien 28, 30, 128-131
- militärische Besetzung durch die UdSSR 120, 127, 147, 201, 202, 211, 212
- politische Gleichschaltung 160, 234-239, 299, 300, 376-378
- als Volksrepublik 377
- Industrialisierung 610, 611, 685
- Kollektivierung 610
- gemischte Gesellschaften 281, 282, 497-499, 502
- Reparationen 270-273, 275, 280, 283, 284, 302, 430, 496, 499, 500, 502
- personelle Säuberungen 414, 416, 418
- Neuer Kurs 487-489
- Armee 634
- Neutralität 143
- Abschaffung des Königreichs 236
- Fusion der Arbeiterparteien (1948) 264, 378
- und China 610, 611, 687, 738
- und Griechenland 273, 283, 320
- und Jugoslawien 172, 273, 283, 449
Bundesrepublik Deutschland
- Deutschland-Vertrag 571

1019

- und Gewaltverzicht 732, 757
- Friedensnote (vom 25. 3. 1966) 757
- und Ostpolitik 724, 731, 732, 744, 804, 805
- Vertrag mit der UdSSR (vom 12. 8. 1970) 805, 925
- Vertrag mit Polen (vom 7. 12. 1970) 803, 805, 925
- innerdeutscher Grundvertrag (vom 21. 12. 1972) 925
- Vertrag mit der Tschechoslowakei (vom 11. 12. 1973) 925
- und Rumänien 724, 731–733, 744, 762
siehe auch: Deutschland

Cadogan-Brief (vom 2. 11. 1944) 101
Casablanca-Konferenz (1943)
siehe: Deutschland, Kapitulation
China 196, 467, 468
- Kooperationsverträge mit Ostblockstaaten 467, 692
- und Kernwaffen 718, 719
- und UdSSR 466–468, 506, 507, 579–582, 712–714, 740, 830, 831
- - gemischte Gesellschaften 500, 501, 507
- - Anfänge des Konflikts 600, 601, 610, 611, 613, 618, 638–652, 715, 716, 894
- - Konflikt 653–670, 674, 675, 678, 688, 701–708, 711–713, 719, 722, 730, 736, 751, 870
- - ökonomische Beziehungen 624, 713
- - und sowjetischer Führungsanspruch 580, 581, 596, 598, 599, 624, 646
- und DDR 659, 660, 684, 702, 723, 730
- und Jugoslawien 602–606, 613, 614, 749
- und Rumänien 613, 637, 673–675, 722, 741, 743, 759
- und Indien 656, 664
- und Port Arthur 507, 526, 570
siehe auch: Albanien; Bulgarien; Tschechoslowakei
Churchill-Stalin-Abreden
- vom Juni 1944 128–133, 142–144, 146, 152, 160, 172, 318
- - und die USA 129–134, 146, 152–154, 162
- vom Oktober 1944 3, 99–101, 145–156, 160–162, 172–174, 177, 182, 201, 202, 210, 231, 242, 244, 249, 298, 299, 301, 318, 378, 400, 915
- - und die USA 146, 147, 150–155, 162, 244, 245, 298, 299, 915

Containment-Konzept (der USA) 348
Crajowa-Vertrag (vom 7. 9. 1940) 24
Curzon-Linie 10, 15, 52, 72, 73, 87–92, 96, 98–103, 109
siehe auch: Polen: Grenzen, Ostgrenze

Danzig 5, 97
Deutsche Demokratische Republik (DDR)/Sowjetische Besatzungszone Deutschlands (1945–1949)
- politische Parteien 261–265, 270, 296, 388
- - Fusion von KPD und SPD zur SED (1946) 263–267, 269, 296, 386
- Bodenreform 263, 269
- ökonomische Umgestaltung 263, 267, 269, 270, 280
- Außenhandel 731
- Reparationen 259, 276, 277, 279, 280, 284, 430, 431, 496, 499, 502
- besonderer deutscher Weg zum Sozialismus 268–270, 388, 389
- personelle Säuberungen 415, 421, 422, 545
- Volksaufstand (1953) 422, 480–484
- Neuer Kurs 479, 480, 482, 483, 487, 488
- Militarisierung 462
- Nationale Volksarmee 634
- Demokratisierung 267, 268
- und UdSSR
- - Souveränität 440, 571, 857, 858
- - Vertrag vom 20. 9. 1955 440, 571, 588, 589, 858
- - sowjetisches Kontrollsystem 435
- - separate Friedensregelung 440, 652, 682, 684, 693, 729, 858
- - ökonomische Ausbeutung 259, 270, 279, 280, 282, 296
- - gemischte Gesellschaften 280, 282, 497
- - Sowjetische Aktiengesellschaften 263, 282, 431, 496, 497, 500
siehe auch: China; Deutschland; Oder-Neiße-Linie; Rumänien
Deutschland
- Angriff auf die UdSSR 29, 50, 51, 162, 185, 232
- militärische Niederringung 166, 189, 199, 201, 220, 227
- Nationalkomitee Freies Deutschland 188
- Bund Deutscher Offiziere 188
- Kapitulation der deutschen Wehrmacht 186, 187, 190, 192, 193, 258, 260

- Teilungspläne 126, 190–194, 202, 258
- Abmachungen der Alliierten (1944/45) 191, 258
- Deutschland als Ganzes 191, 194, 259, 571
- Kontrollrat für Deutschland 191, 194, 258, 259, 263, 268, 279, 296, 389, 390
- Vier-Mächte-Verwaltung 296, 389
- Reparationen 272, 276, 277, 279, 280
- und Friedensvertrag 440, 606, 682, 858
- und Spaltung 389, 440, 526, 571, 732, 733
- Besatzungszonen, Einteilung in 189–191, 202, 258, 295, 296
siehe auch: Konferenzen der Anti-Hitler-Koalition; Oder-Neiße-Linie; Polen, Grenzen
Dogmatismus 621, 749
Donau
- Kommission 404, 517, 518, 632
- Statut (1921) 403
- Konvention (1948) 403, 404, 518
Drei-Mächte-Pakt (vom 27. 9. 1940) 25–30, 143, 162, 230

Einflußsphären in Europa 87, 146, 152, 153, 209, 210
- und UdSSR 66–68, 80, 82, 83, 85, 141, 143, 159, 196, 197, 201, 213, 219–221, 258, 387, 400, 469, 790, 833
- und USA 66–68, 85, 141, 154, 201, 202, 209, 210, 244, 245, 299, 387, 469
- und Großbritannien 66–68, 85, 92, 146, 201, 202, 220, 221
- der UdSSR in Südosteuropa 100, 127, 129–133, 142, 148, 152–156, 159, 160, 173, 174, 182, 201, 210, 231, 244, 245, 298, 299, 317, 318, 354
siehe auch: Churchill-Stalin-Abreden
Eiserner Vorhang 304, 305, 309, 327
Entstalinisierung
- erste 539, 540, 708
- – in Albanien 541, 549, 618
- – in Bulgarien 541, 549
- – und China 640
- – in der DDR 541, 543–547
- – in Rumänien 541, 542
- – in der Tschechoslowakei 541–543
- – in Ungarn 548–551
- zweite 674, 678, 685, 708, 735
- – in Bulgarien 685, 686
- – in der DDR 682
- – in Polen 678, 679
- – in der Tschechoslowakei 679–681

- – in Ungarn 735
Errungenschaften, sozialistische (und historische) 397, 576, 577, 609, 725, 753, 766, 785, 799, 801, 843, 845, 864–867, 890, 894, 895, 902, 905, 924, 925
Ethridge-Mission 245, 246
Europäische Beratende Kommission (EAC) 189–192, 258
siehe auch: Deutschland: Abmachungen der Alliierten, Deutschland als Ganzes, Kontrollrat für Deutschland

Finnland 8, 18, 26–29, 40, 52, 198
- und UdSSR 526, 527
- – Friedensvertrag (vom 12. 3. 1940) 18
- – Reparationen 430
- – Karelien 18
- – Petsamo 18
- – Porkkala-Udd 526, 570
siehe auch: RGW
Föderations-Pläne 355, 397, 930, 931
- in Ostmitteleuropa 60, 61, 68, 76, 200
- in Südosteuropa 61, 68, 126, 127, 168, 177, 200, 304, 355–357, 382, 395–397, 418, 441, 442, 541, 610, 612
siehe auch: Konföderations-Plan (Polens und der Tschechoslowakei)
Frankreich 4–6, 31, 36, 40, 41, 44, 66, 108, 126, 258
- und Kontrolle Deutschlands 326
- und Marshall-Plan 333, 339
Friede von San Stefano (1878) 230
Friedensverträge (vom 10. 2. 1947) 283, 325
- mit Bulgarien 238, 239, 257, 272, 282, 283, 303, 308, 377, 379, 387, 404, 440, 460, 499, 500
- mit Finnland 239
- mit Italien 239, 274, 275
- mit Rumänien 142, 143, 160, 238, 239, 248, 257, 272, 283, 303, 308, 378, 379, 387, 404, 440, 460, 499, 500, 512
- mit Ungarn 142, 157, 238, 239, 248, 252, 256, 257, 272, 278, 283, 303, 308, 387, 404, 440, 460, 499, 500, 512
Führungsanspruch, der UdSSR
siehe: Kommunistische Parteien, der UdSSR

Geheimpolizei 449, 458–461, 710
- in der SBZ 459
- in Polen 459
- in der UdSSR (NKWD) 399, 458, 459, 473, 476

– in Ungarn 484
Genfer Konferenzen (1955)
– Gipfelkonferenz 526–528, 571
– der Außenminister 527
Gesellschaften, gemischte 280–284, 302, 496, 502, 579
siehe auch: Bulgarien; DDR; Jugoslawien; Rumänien; Tschechoslowakei; Ungarn
Gesetzlichkeit (sozialistische) 476, 484, 488, 710
– in Albanien 494
– in der DDR 547
– in Ungarn 549
Gomulka-Plan 679
Griechenland 28, 61, 128–132, 146–149, 151, 153–156, 160, 161, 164, 174, 182, 183, 201, 205, 219, 230, 309
– Bürgerkrieg 317–320, 322, 397, 407, 410
– und Albanien 178, 320, 407, 408, 412, 747
– und Jugoslawien 54, 320–322, 397, 410
– und UdSSR 128–132, 145–151, 318–321, 397, 478
– und UNO 320, 321, 324
siehe auch: Balkan-Pakt; Bulgarien
Großbritannien 5, 6, 26, 36, 40, 44–46, 48, 54, 66, 67, 108, 111, 188
– Bündnispakt mit Polen (1939) 47, 77, 86
– Bündnispakt mit der UdSSR (1942) 57, 76
– und Bulgarien 143
– und Jugoslawien 169, 170, 391, 408
– und Grenzen Polens 97, 99, 101, 104, 109, 110
– und Rumänien 144, 145
– und die militärische Besetzung der Tschechoslowakei 111, 112, 118–120, 124, 125, 370
siehe auch: Anti-Hitler-Koalition; Bundesrepublik Deutschland; Churchill-Stalin-Abreden; Deutschland; Eiserner Vorhang; Einflußsphären in Europa; Friedensverträge; Italien; Konferenzen der Anti-Hitler-Koalition; Waffenstillstands-Abkommen

Heilige Allianz 926, 927
Hilfe, brüderliche (gegenseitige) 609, 829, 830, 834–840, 849, 852, 855, 863, 864, 907, 929
– und bilaterale Pakte 855, 863, 864
– und RGW 863, 864
siehe auch: Internationalismus
Hitler-Stalin-Pakt
siehe: Nichtangriffspakt

Indien 656, 664, 816
siehe auch: China
Industrialisierung 284, 426–428, 432, 436, 474, 487, 488, 495, 504–506, 586, 629
Integration
– ökonomische 519, 651
– – sozialistische ökonomische 771, 774, 816–820, 863
– – im RGW 625, 631, 670–677, 723, 725, 816–820, 823, 910
– – und bilaterale Bündnispakte 774
siehe auch: RGW
– militärische 823, 910
siehe auch: Warschauer Pakt
– Westeuropas 626, 628–631
Interessensphären
siehe: Einflußsphären in Europa
Internationalismus 842, 905, 907, 929
– proletarischer 463, 537, 573–575, 577, 591, 597, 622, 648, 650, 707, 799, 828, 829, 831, 833–841, 843, 848, 864, 906, 907
– sozialistischer 597, 647, 799, 831, 833–835, 837, 838, 842–847, 849–855, 861–865, 911
– – und bilaterale Bündnispakte 831, 835, 842, 861–865
– – und RGW 863
siehe auch: Hilfe, brüderliche; Solidarität; Völkerrecht
Intervention
siehe: Polen, »polnischer Oktober«; Ungarn, Volkserhebung; Völkerrecht
Italien 25–28, 30, 126, 128, 178, 230
– Kapitulation 136–138, 180, 183
– Alliierte Kontrollkommission 135–137, 139–142, 210, 299

Japan 25–28, 30, 31, 119
Jugoslawien 28, 61, 113, 128–132, 148–150, 153, 155, 156, 205
– militärische Kapitulation 163
– innere Entwicklung 163–171, 176, 284, 285, 390–392
– Bodenreform 286
– ökonomische Entwicklung 272, 286–288, 290
– Außenhandel 406
– Titoismus 176, 358, 413, 416, 525, 540, 547, 569, 621, 622
– eigener Weg zum Sozialismus 290, 400, 709
siehe auch: Sozialismus, Wege zum
– Kroatien 30
– Serbien 172, 177

- Beziehungen zur UdSSR 478, 657, 740, 830, 831
- - militärische Hilfe 172, 173, 175-177, 202, 301, 394
- - gemischte Gesellschaften 287-289, 394, 406
- - Konflikt und Bruch 165, 172, 211, 212, 293, 304, 334, 392-409, 413, 415, 423, 447, 448, 452, 454, 466, 468, 469, 523, 531, 534, 603, 618, 637, 652, 661, 708, 709, 742, 748, 856, 857
- - Ausgleich (1955/56) 487, 489, 506, 513, 517-529, 527-529, 532, 533, 535-540, 547, 549-551, 568-570, 575, 591, 618, 709, 748, 888, 889
- - neuer Konflikt (ab 1957) 600-607, 610, 619
- - neuer Ausgleich 664, 665
siehe: Albanien; Balkan-Pakt; Bulgarien; China; Churchill-Stalin-Abreden; Donau; Einflußsphären in Europa; Griechenland; Kominform; Komintern; Kommunistische Parteien; Konferenzen der Anti-Hitler-Koalition; Marshall-Plan; Nationalkommunismus; Ostpakte, bilaterale; RGW; Säuberungen; Sozialismus; Vereinigte Staaten von Amerika; Verfassungen

Karpatho-Ukraine
siehe: Tschechoslowakei
Katyn 64, 76, 93
Kernforschung 516
- Vereinigtes Institut für 516, 517, 631
- und China 516, 517
- und Jugoslawien 516, 517
Koexistenz 613, 621, 624, 640, 644, 693
- aktive 521, 522
- friedliche 524, 638, 640, 643, 723, 836, 843, 853
Kollektive Führung 487
- in Albanien 493, 494
- in Bulgarien 490
- in der DDR 484
- in Polen 493
- in Rumänien 489, 743
- in der Tschechoslowakei 490, 492
- in der UdSSR 474-478, 505, 575, 708, 721, 722, 743
Kollektivierung (Agrarpolitik) 427, 428, 432, 474, 487, 488, 495, 506, 584
siehe auch: Bulgarien; DDR; Rumänien; Tschechoslowakei

Kominform (Kommunistisches Informationsbüro) 359, 367, 392, 396, 399, 402, 407, 408, 417, 426, 433, 468, 868
- Gründung (1947) 304, 305, 351-354, 358-360, 364, 380, 388, 392, 397, 426, 432, 448, 826, 869
- Auflösung (1956) 533-535, 537, 538, 575, 591, 711, 888, 889
- Ausschluß Jugoslawiens (1948) 169, 293, 304, 305, 333, 382, 390, 399, 402-405, 409, 410, 413, 415, 448, 449, 517, 534, 603, 869
Komintern (Kommunistische oder III. Internationale) 165, 187, 354, 358, 402, 457, 458, 473, 537, 834
- Auflösung (1943) 167, 170, 187, 188, 304, 349-351, 359, 457, 537, 538
- und Albanien 179, 182
- und Bulgarien 231
- und Jugoslawien 165, 167, 182
- und Polen 361
- und Rumänien 756
Kommunistische Parteien
- Mitglieder 213-215, 218, 219, 414
- Fusion mit sozialistischen (sozialdemokratischen) Parteien 413
siehe auch: Bulgarien; DDR/SBZ; Polen; Rumänien; Tschechoslowakei; Ungarn
- Albanien (Albanische Partei der Arbeit) 179, 180, 183-184
- - Mitglieder 216, 290
- Bulgarien
- - Mitglieder 217, 231
- - Programm (1971) 855, 903
- China 467, 650, 829
- SBZ/DDR (Sozialistische Einheitspartei Deutschlands)
- - Entstehung 215, 263-267, 269
- - Mitglieder 265
- - Programm (1963) 683; (1976) 805, 854, 855, 903, 932
- Jugoslawien (Bund der Kommunisten Jugoslawiens) 163, 164, 285, 286, 301
- - Mitglieder 215, 216, 460
- - Programm (1958) 602
- Polen (Vereinigte Polnische Arbeiterpartei)
- - Mitglieder 217
- Rumänien (Rumänische Arbeiterpartei)
- - Gründung 231
- - Mitglieder 216, 218, 232
- - Programm (1974) 854
- Sowjetunion

1023

- - Führungsanspruch 595–598, 600, 604, 605, 611, 613, 621, 635–637, 649, 650, 655, 676, 711, 712, 718, 719, 734, 753, 824, 825, 830, 839, 840, 842, 903, 913, 914, 927
- - XVI. Parteikongreß (1930) 1, 11, 196, 197
- - XVII. Parteikongreß (1934) 197
- - XVIII. Parteikongreß (1939) 6
- - XIX. Parteikongreß (1952) 446–448, 451, 462, 464, 465, 569, 827
- - XX. Parteikongreß (1956) 398, 524, 525, 529–533, 536, 537, 539–543, 545, 547, 548, 568–570, 574, 583, 591, 592, 594, 597, 598, 609, 618, 621, 639, 640, 647, 654, 680, 708, 709, 748, 828
- - XXI. Parteikongreß (1959) 620–622, 627, 642, 654, 829
- - XXII. Parteikongreß (1961) 655, 660, 662, 663, 671, 674, 678, 680, 682, 683, 685, 690, 695, 704, 708, 712, 716, 735
- - XXIII. Parteikongreß (1966) 749, 753–755, 770, 806, 830, 895
- - XXIV. Parteikongreß (1971) 791, 806, 807, 818, 831, 895, 909
- - XXV. Parteikongreß (1976) 824, 831, 841, 871, 895
- - XXVI. Parteikongreß (1981) 933
- - Programm (1961) 655, 656, 671, 722, 830
- - Statut (1961) 655
- Tschechoslowakei
- - Gründung 225
- - Mitglieder 217, 218, 225, 226, 228, 229
- Ungarn (Ungarische Sozialistische Arbeiterpartei; von 1948 bis 1956: Ungarische Partei der Werktätigen)
- - Gründung 232
- - Mitglieder 216, 217, 248, 250, 251
Konferenzen der Anti-Hitler-Koalition
- in Moskau (1943) 66–69, 77–79, 92, 125, 126, 132, 137, 138
- in Teheran (1943) 69–74, 79, 86, 87, 90, 92, 126, 168, 201
- - und Albanien 182
- - und Bulgarien 126, 127
- - und Deutschland 126, 189, 190
- - und Jugoslawien 168, 169, 175
- - und Polen 190
- - und Rumänien 126, 127

- - und Türkei 310
- - und Ungarn 126, 127
- von Jalta (1945) 102–105, 107–109, 113, 117, 118, 151, 153, 160, 175, 279, 914, 915
- - Erklärung über das befreite Europa 117, 158, 159, 161, 208, 234, 235, 241–244, 300, 324
- - und Albanien 182, 183
- - und Deutschland 191, 192, 258, 272, 295
- - und Griechenland 319
- - und Jugoslawien 113, 117, 168, 169, 175, 285
- - und Polen 113, 117, 221, 223, 360
- - und Rumänien 239, 241–244
- - und Tschechoslowakei 122
- - und Türkei 310
- - Wiedergutmachung Deutschlands 272
- von Potsdam (1945) 108–110, 153, 174, 201, 207–210, 235, 242–245, 272, 279, 280, 309, 915
- - und Deutschland 194, 259, 261, 267, 272, 276, 460
- - Friedensregelung für Deutschland 259, 296
- - Reparationen siehe: Deutschland, Reparationen
- - und Friedensverträge mit den Verbündeten Deutschlands 208, 235, 238, 243
- - und Bulgarien 242, 243, 309
- - und Griechenland 319
- - und Polen 276, 277 siehe: Polen, Grenzen, Ostgrenze; Oder-Neiße-Linie
- - und Rumänien 242–245, 274
- - und Türkei 311–315
- - und Ungarn 242, 243, 276 siehe: Rat der Außenminister
Konföderations-Plan (Polens und der Tschechoslowakei) 42–44, 48, 49, 52–62, 75, 199, 200, 355
- und UdSSR 48, 49, 54–59, 75, 199
Konsultations-Mechanismen siehe: Ostblock
Korea
- Nord- 599, 613, 615, 742, 825, 830, 831
- Süd- 614, 615
- Krieg in 438, 467, 468, 477, 478
- Waffenstillstand 477, 494
Krieg, Kalter 296, 304, 306, 307, 342, 343, 432, 640

1024

Kuba 816, 831, 832
- Krise 654, 656, 664, 696, 697, 740, 922
siehe: RGW

Locarno, Vertrag von (1925) 195

Marshall-Plan 307, 308, 322, 326-348, 354, 387, 431, 435
- und die von der UdSSR kontrollierten Länder 328, 329, 332, 334, 335, 339-341, 343-346, 429, 430, 435, 439
- und Albanien 332, 333, 409
- und Bulgarien 336, 339
- und die Bundesrepublik Deutschland 348
- und Finnland 332, 338
- und Jugoslawien 332-334, 338, 343-346, 429, 430, 435, 439
- und Polen 336-339, 341, 343, 346, 347, 350, 353
- und Rumänien 335, 336, 338, 339, 341
- und die SBZ 340, 387, 388
- und die Sowjetunion 328-344, 387, 432, 435, 464, 502
- und die Tschechoslowakei 333, 334, 336-339, 341, 343, 346, 347, 350, 353, 363, 367

Marxismus-Leninismus 537-539, 574, 575, 647, 649, 650, 707, 708, 829, 837, 841, 926
- Basis-Überbau-These 445, 446
siehe: Internationalismus
Mazedonien-Frage 687
Militärberater, sowjetische 460-462
Mongolei 472, 478, 599, 830, 831
siehe: RGW
Montreux, Meerengen-Abkommen von (1936) 133, 310-313, 315-317
siehe: Türkei, Dardanellen
Moskauer Doktrin
siehe: Völkerrecht
Münchener Abkommen (1938) 4-7, 41, 44, 45, 56, 59, 82, 110, 113, 121, 178, 225, 226, 367, 372, 925

Nation
- sozialistische Nation(en) 824, 828, 836, 931-934
- - These von der Annäherung der 931-934
- - These von der Verschmelzung der 933, 934
- - und DDR 931, 932
- - und Rumänien 841, 909, 931-933

Nationalismus 462, 469
Nationalkommunismus 415, 520, 569, 570, 574
- in Jugoslawien 574
- in Polen 567, 571
- in Ungarn 566, 567, 569, 571
siehe: Sozialismus, Wege zum
Neuer Kurs 478, 479, 487, 488, 495, 496, 504, 505, 508
siehe: Albanien; Bulgarien; DDR/SBZ; Polen; Rumänien; Sowjetunion; Tschechoslowakei; Ungarn
Nichtangriffspakt, deutsch-sowjetischer (vom 23. 8. 1939) 2, 4, 8-10, 14, 25, 26, 30-33, 39-41, 185, 198, 232
- Geheimprotokoll 8-12, 17, 20, 21, 23, 27, 32, 34-36, 38, 39, 41, 46, 47, 50, 52, 62, 88, 107, 109, 209
- Interessensphären 8, 9, 12, 15, 17, 19, 20, 23, 41, 46, 47
- Grenz- und Freundschaftsvertrag sowie Geheimprotokoll (vom 28. 9. 1939) 2, 4, 14-17, 30, 32-36, 38-41, 46, 47, 50, 62, 198, 201
- deutsch-sowjetisches Protokoll (vom 21. 9. 1939) 13, 35
Nordatlantik-Pakt-Organisation (NATO) 410, 511, 615, 701, 739, 741, 750, 757-759, 810
- Aufnahme der Bundesrepublik Deutschland in die - (1955) 509-512
- und Frankreich 757
- und Griechenland 410, 411
- und Jugoslawien 410, 411, 518
- und die Türkei 410, 411
Norwegen 26

Oder-Neiße-Linie 101, 103, 110, 727
- Neiße-Linie 98, 103
- Oder-Linie 70, 72, 86, 89, 97-99
siehe: Polen: Grenzen, Westgrenze
Österreich 126, 177, 207, 233, 248, 296, 632
- Staatsvertrag mit - (1955) 509, 512, 515, 526, 570
- - Rückzug der sowjetischen Truppen 526
- und Ungarn 486
Olsa-Gebiet 44, 45, 49, 55, 56, 59, 122
Operationszonen
siehe: Churchill-Stalin-Abreden
Ostblock
- Konferenzen der Außenminister bis 1954/55

1025

- - 1. Konferenz (1948) 403, 456
- - 2. Konferenz (1950) 457
- - 3. Konferenz (1954) 509
- Partei-Konferenzen
- - von zwölf Parteien in Moskau (1957) 576, 590–601, 604, 605, 613, 635–637, 646, 662, 703, 707, 711, 721, 722, 745, 828, 829, 837, 864, 869, 889
- - von 81 Parteien in Moskau (1960) 600, 637, 644, 645, 649, 650, 652–654, 662, 663, 682, 688, 689, 694, 703, 711, 718, 719, 721, 722, 749, 830, 864, 869, 837, 838, 870, 889
- - von 24 Parteien in Karlsbad (1967) 732, 743, 762, 763
- - von 75 Parteien in Moskau (1969) 773, 802, 839, 842, 864, 865, 870, 889
- - von 29 Parteien in Ost-Berlin (1976) 840–842, 848, 855, 865, 870, 906, 907
- Konsultations-Mechanismen 888–903, 912, 913
- - auf der interparteilichen Ebene 888–894
- - auf der zwischenstaatlichen Ebene 888, 894–903
  siehe: Warschauer Pakt, Konsultationsklausel
- - und bilaterale Bündnispakte 888, 897–903
  siehe: Ostpakte, bilaterale: Konsultationsklauseln
- - und RGW 888, 889, 891, 892
- als Allianz (Bündnis) 833, 904, 905, 910–913
- als Block 833, 910–913, 929
- und Hegemonie 833, 905, 906, 909, 914, 916–919, 928
- und Homogenität 920, 921
- als Imperium 833, 904, 905, 919, 935
- und Integration 905, 910, 911
- und Protektorats-Verhältnis 905
- und Vasallität 905, 919, 928
- als Einflußsphäre der UdSSR 904, 905, 909, 910, 914, 915, 919, 920, 927, 929, 934
- als Herrschaftssphäre der UdSSR 907, 909, 915, 916, 918, 927, 935
- und Sonnenfeldt-Doktrin 909, 915
Ostpakte, bilaterale 439–445, 447, 508, 725, 791, 808, 823, 831, 855–867, 870, 894, 910, 911, 922, 923

- Konsultationsklauseln 766, 869, 897–903
- der UdSSR 308, 447, 508
- - mit Bulgarien von 1948: 440, 443–445, 451, 739, 763, 766, 869; von 1967: 739, 763, 766, 858, 859, 898, 903
- - mit der DDR von 1964: 440, 651, 652, 684, 729, 733, 858, 859, 862, 898; von 1975: 774, 801, 805, 860, 865, 866, 894, 898–903, 932
- - mit Polen von 1945: 106, 107, 176, 211, 221, 289, 357, 440, 443, 444, 869; von 1965: 729, 858, 898, 901, 903
- - mit Rumänien von 1948: 440, 443–445, 451, 766, 869; von 1970: 763, 774, 801, 859, 860, 866, 894, 899–902
- - mit der Tschechoslowakei von 1935: 80, 81; von 1943: 77–88, 106, 110, 113, 114, 120, 122, 176, 211, 226, 289, 338, 339, 357, 439, 443, 644, 681, 856, 860, 902, 903; Protokoll über Verlängerung von 1963: 681, 856; von 1970: 774, 801, 854, 859, 860, 865, 866, 890, 894, 898, 901
- - mit Ungarn von 1948: 440, 443–445, 451, 766, 869; von 1967: 736, 739, 763, 766, 859, 898, 901, 903
- - mit der Mongolischen Volksrepublik von 1966: 832
- - mit der Volksrepublik China von 1950 (1980 ausgelaufen): 467, 692
- - mit Jugoslawien von 1945: 105, 106, 176, 211, 284, 289, 357, 404, 438, 440, 442, 443
- Albaniens
- - mit Bulgarien von 1947: 441, 857
- - mit Jugoslawien von 1946: 442, 857
- Bulgariens
- - mit der DDR von 1967: 733, 734, 763, 859, 898; von 1977: 860, 865, 866, 898, 899, 901, 932
- - mit Polen von 1948: 442, 443; von 1967: 859
- - mit Rumänien von 1948: 440, 442–444; von 1970: 900–902
- - mit der Tschechoslowakei von 1948: 440, 442–444; von 1968: 859
- - mit Ungarn von 1948: 440, 442–444; von 1969: 859, 901
- - mit Jugoslawien von 1947: 442
- der DDR

– – mit Polen von 1967: 727, 733, 763, 859, 898; von 1977: 760, 865, 866, 898, 899, 901, 932
– – mit Rumänien von 1972: 733, 763, 859, 860, 866, 901, 902
– – mit der Tschechoslowakei von 1967: 733, 763, 859, 898; von 1977: 860, 865, 866, 898, 899, 901, 932
– – mit Ungarn von 1967: 733, 734, 763, 859, 898; von 1977: 860, 865, 866, 898, 901, 932
– Polens
– – mit Rumänien von 1949: 440, 442–444; von 1970: 900–902
– – mit der Tschechoslowakei von 1947: 440, 442–444; von 1967: 727, 859
– – mit Ungarn von 1948: 440, 442–444; von 1968: 859
– – mit Jugoslawien von 1946: 442–444
– Rumäniens
– – mit der Tschechowslowakei von 1948: 440, 442–444; von 1968: 787, 859, 900, 901
– – mit Ungarn von 1948: 440, 442–444; von 1972: 901, 902
– – mit Jugoslawien von 1947: 442–444
– der Tschechoslowakei
– – mit Ungarn von 1949: 442–444; von 1968: 779, 859
– – mit Jugoslawien von 1946: 442, 444
– Ungarns
– – mit Jugoslawien von 1947: 442
Ostpreußen (und Königsberg) 73, 96, 97, 99, 110

Polen 5, 7, 11–13, 32, 113
– deutsch-sowjetische Teilung 8–10, 14–16, 28, 34, 35, 38
– Besetzung 11, 12, 34, 36–38, 41, 47, 201, 211
– Grenzen 86–89, 93, 96, 98–103, 109, 295
– – Ostgrenze 9, 39, 46, 52, 53, 62, 69–71, 74, 88–92, 103, 190, 198, 201
– – Grenz-Abkommen mit der UdSSR (vom 27. 7. 1944) 96–98, 103, 109, 110
siehe: Curzon-Linie
– – Westgrenze 5, 69–71, 73, 85, 90, 92, 94, 97, 98, 103, 104, 110, 190
siehe: Oder-Neiße-Linie
– Lubliner Komitee (Regierung) 95, 96, 98, 100–102, 221
– politische Gleichschaltung 220–225, 326, 360–362

– Bauernpartei 222–224, 266, 326, 360, 361
– Sozialistische Partei 222, 223, 360, 361
– Fusion der Arbeiterparteien (1948) 264, 361, 362
– Landwirtschaft 224, 493, 679
– Industrialisierung 224, 225
– gemischte Gesellschaften 281, 287
– personelle Säuberungen 415, 421
– Neuer Kurs 487, 488, 492, 493, 547
– »polnischer Oktober« (1956) 551–558, 568, 569, 572, 573, 576, 578, 582, 591, 598, 633, 710–712, 742, 836
siehe: Gomulka-Plan; Rapacki-Plan
Polyzentrismus 536, 679, 704, 705
– Ursprung 536

Quebec, Konferenz von (1943) 65

Rapacki-Plan 607, 616, 679
Rat der Außenminister
– Konferenzen (ab 1945)
– – in London (1945) 235, 245
– – in Moskau (1945) 235, 236, 245–247, 309
– – in Paris (1946) 238, 266
– – in New York (1946) 238
– – in Moskau (1947) 326, 327, 387
Rat für Gegenseitige Wirtschaftshilfe (RGW)
– Gründung (1949) 397, 406, 433, 439, 447
– Struktur 437, 438, 503, 629–631, 635, 672, 673, 677, 688, 769–771, 882–889
– – Statut 629–631, 670, 673, 674, 816, 864, 882–885
– Entwicklung 433–439, 447, 448, 496, 502–504, 583, 584, 603, 607, 619, 620, 622, 623, 625–632, 636, 671–674, 700, 703, 723, 751, 755, 768–772, 816–822, 868–870, 882–887, 906
– Prinzipien
– – der Souveränität 630, 673, 816, 817, 882, 886
– – der Gleichheit 631, 883
– – der Einstimmigkeit 673, 884–886
– – der Interessiertheit 630, 883, 886
– Koordinierung der Volkswirtschaftspläne 502, 504, 584, 625–627, 670–674, 769–771, 816, 817, 820
– Arbeitsteilung 584, 586, 619, 626, 627, 671, 672, 771, 820, 843, 863
– Spezialisierung 626, 627, 670, 770, 771, 816
– Komplexprogramm 725, 771, 772, 819, 820, 854, 863, 884

1027

- Gleichzeitigkeit, These von der 622, 623
- und Albanien 619, 620, 628, 661–664, 670, 748, 749, 882, 886, 887
- und Bulgarien 687
- und China 676, 722, 723
- und DDR 730, 731, 734, 821, 882
- und Finnland 631
- und Jugoslawien 406, 438, 439, 447, 448, 502, 631
- – Abkommen vom 17. 9. 1964 748, 749, 769, 825
- und Kuba 824, 825, 887
- und Mongolei 672, 824, 825, 832, 887
- und Rumänien 586, 587, 601, 611, 612, 617, 622, 623, 627, 628, 630, 637, 653, 667–674, 676–678, 688, 741, 743, 768, 769, 816, 818, 819, 854, 883, 884
- und Ungarn 684, 685, 736
- und Vietnam 824, 825, 887
Reparationen
siehe: Bulgarien; DDR/SBZ; Deutschland; Finnland; Rumänien; Ungarn
Revisionismus 602–605, 610, 619, 621, 622, 640, 655, 657, 663, 748, 749
Revisionistische Schule 202, 307, 329, 345
Rumänien 30, 61, 128–131
- Bessarabien 8, 11, 20–24, 27, 28, 41, 52, 128, 142, 198, 211, 240, 454, 616, 635, 756, 761
- Bukowina 21–23, 41, 128, 142, 198, 211, 240
- militärische Besetzung durch die UdSSR 120, 127, 128, 147, 201, 211
- politische Gleichschaltung 239–248, 300, 378–382
- ökonomische Ausbeutung durch die UdSSR 274–276
- Reparationen 270–275, 280, 283, 284, 302, 430, 496, 499, 500, 502
- gemischte Gesellschaften 274, 281, 282, 497, 498, 502
- Fusion der Arbeiterparteien (1948) 264, 380
- Industrialisierung 586, 601, 617, 628, 670
- Landwirtschaft 240, 415
- Außenhandel 617, 628, 638, 670
- als Volksrepublik 380, 381
- personelle Säuberungen 414, 415, 420, 421, 611, 612
- Landesverteidigung 812–814
- – Verteidigungsrat 812, 813
- – Armee 634
- Neuer Kurs 487, 488

- Sonderrolle im Ostblock 610–617, 637, 638, 643, 644, 650, 651, 653, 667, 678, 722, 739–744, 751, 763, 768, 870, 899, 900, 921
- und DDR 667, 731–733, 762, 763
- – Grundsatzerklärung vom 10. 6. 1977 860, 861, 866
siehe: Bundesrepublik Deutschland; China

Säuberungen (und Prozesse) 414, 415, 420–422, 465, 466, 528
- und Jugoslawien 528
siehe: Albanien; Bulgarien; DDR/SBZ; Rumänien; Tschechoslowakei; Ungarn
Schweden 28
Sicherheit (in Europa) 79, 80, 86, 750, 760, 807, 858
- KSZE 807, 815, 840, 865, 891, 893
Siebenbürgen 24, 142, 240
Solidarität 823, 840, 841, 848, 855, 906, 907
siehe: Internationalismus
Sonnenfeldt-Doktrin
siehe: Ostblock
Sowjetunion
- Politik der ökonomischen Ausbeutung 270–273, 280–284, 287, 302, 350, 425, 429, 474, 496, 502–504
- Handelsbeziehungen mit den Ostblockländern 429–434, 436, 437, 496, 502
- Botschafter der 454–456
- und Sicherheit 203
- und Neuer Kurs 421, 478, 479, 505, 506
- Geheimpolizei (NKWD)
siehe: Geheimpolizei
- Bündnispakt mit Frankreich (1935) 80, 81
- Führungsanspruch
siehe: Kommunistische Parteien
siehe auch: Albanien; Baltische Staaten; Bundesrepublik Deutschland; Churchill-Stalin-Abreden; Einflußsphären in Europa; Finnland; Jugoslawien; Griechenland; Türkei
Sozialismus, Wege zum 466, 472, 531, 532, 535–538, 551, 569, 573, 574, 576–579, 594, 597, 599, 600, 621, 623, 655, 674, 710, 711
- und China 531, 581, 582, 623, 624
- jugoslawischer 524, 531, 573, 591, 599, 709, 748, 870
- polnischer 551, 552, 555, 573
Stalingrad, Schlacht bei 65, 185, 200

Stalinismus 437, 468, 469, 529, 530, 539, 549, 556, 709, 710
- als System zwischenstaatlicher und interparteilicher Beziehungen 445–463, 465–467, 471, 478, 505–507, 525, 533, 669, 709, 868
Stettin 97
Stoica-Plan 612, 616, 617
Süddobruscha 24

Trianon, Friede von (1920) 24
Triest 518, 521
Truman-Doktrin 307, 309, 310, 317, 322–326, 328, 342, 343, 354, 387
- und SBZ 326
Truppen-Stationierung, sowjetische 282, 460, 461, 561, 576, 582, 587–590, 614, 634, 635, 741, 742, 755, 756, 758, 836, 924, 925
- in Bulgarien 610, 611, 739, 742
- - Abzug der Truppen (1947) 282, 461, 590
- in der SBZ/DDR 282, 283, 460, 461, 515, 587–589, 634, 635, 758, 858
- - Vertrag vom 12. 3. 1957 589, 590, 609, 614, 633, 634, 799, 924, 925
- in Polen 282, 283, 460, 461, 515, 554, 557, 587, 588
- - Vertrag vom 17. 12. 1956 589, 590, 614, 633, 758, 799, 924, 925
- in Rumänien 282, 283, 460, 461, 512, 515, 541, 542, 588, 811
- - Vertrag vom 15. 4. 1957 589, 590, 611–616, 633
- - Abzug der sowjetischen Truppen (1958) 515, 611–616, 633, 635, 637, 669, 670, 741, 758
- in der Tschechoslowakei 742, 789
- - Abzug der sowjetischen Truppen (1945) 119, 120, 228, 282, 296, 363, 461, 590
- - Vertrag vom 16. 10. 1968 589, 590, 799, 812, 854, 890, 902, 924, 925
Tschechoslowakei 4, 5, 23, 51
- Münchener Abkommen (1938) siehe: Münchener Abkommen (1938)
- Slowakei 30, 121, 122
- Besetzung durch die UdSSR 111, 112, 116–120, 201, 202, 370
- - Abkommen mit der UdSSR vom 8. 5. 1945 118
- Besetzung durch die USA 117–120, 370, 372
- Nationalaufstand in der Slowakei 112, 124

- politische Gleichschaltung 225–230, 301, 367–376
- Sozialdemokratische Partei 228, 364, 366, 367, 369
- Fusion der Arbeiterparteien (1948) 264, 375, 376
- Kaschauer Programm 116
- gemischte Gesellschaften 281, 282
- Agrarreform 229, 491, 492
- Neuer Kurs 487, 488, 491
- Außenhandel 230
- Armee 634
- Prager »Coup« (1948) 296, 298, 303, 362, 366–374, 387, 419, 468, 608
- personelle Säuberungen 414, 416, 418–420, 528
- Karpatho-Ukraine 112, 113, 116, 120–122
- - Vertrag mit der UdSSR (vom 29. 6. 1945) 122, 124, 278
- Prager Frühling 371, 492, 577, 725, 734, 773, 775–805, 920–922
- - Aktionsprogramm der KPČ (vom 5. 4. 1968) 776, 792
- - Manifest der Zweitausend Worte (vom 27. 6. 1968) 779, 781, 792
- - und Albanien 777, 778, 786, 796, 800, 878
- - und Bulgarien 797, 798, 800
- - und China 800
- - und DDR 784, 787, 795–798, 800–804
- - und Jugoslawien 786, 787, 800
- - und Polen 784, 795, 797, 798, 800, 802
- - und Rumänien 768, 774, 777, 778, 786, 787, 796, 800, 801, 812
- - und Ungarn 773, 779, 786, 787, 795, 797, 798
- - und Intervention 724, 725, 763, 766, 768, 773, 774, 784, 787–806, 812, 814, 815, 824, 838–840, 849, 850, 852, 854, 863, 878, 890, 891, 907, 915–918, 921–927
- - und Brežnev-Doktrin (Moskauer Doktrin)
siehe: Völkerrecht
Türkei 28, 61, 205, 310–317
- und Dardanellen 309, 310, 313, 314, 318
siehe: Montreux, Meerengen-Abkommen (1936)
- und UdSSR 309–311, 477
siehe: Balkan-Pakt

1029

Ungarn 28, 30, 61, 128, 145
- Besetzung durch die UdSSR 120, 127, 201, 202
- politische Gleichschaltung 248-257, 300, 301, 382-384
- ökonomische Ausbeutung durch die UdSSR 275, 276
- Reparationen 270-273, 275, 276, 280, 283, 284, 302, 430, 496, 499, 500, 502
- gemischte Gesellschaften 281, 282, 497-499, 502
- als Volksdemokratie 385
- Fusion der Kommunistischen Partei und Sozialdemokratischen Partei (1948 zur Ungarischen Partei der Werktätigen) 264, 384, 385
- Sozialdemokratische Partei 249, 252-256, 384, 561
- Partei der Kleinlandwirte 249, 252-257, 326, 362, 382-384, 561
- Agrarreform 253, 254, 417, 484, 549
- Industrialisierung 417, 484, 485
- Außenhandel 256, 257
- personelle Säuberungen (und Prozesse) 407, 414, 416-418, 528
- Neuer Kurs 480, 484-488, 547, 549, 550, 570, 735, 736
- Geheimpolizei 549, 553, 560
- Armee 462, 634
- als Räterepublik 232, 249
- Volkserhebung (1956) 371, 556, 567, 570, 582, 608, 625, 633, 637, 710-712, 735, 786, 798, 836
- - Intervention der UdSSR 570, 572, 574-576, 579, 582, 590, 591, 608, 609, 612, 613, 618, 701, 712, 779, 780, 796, 800, 824, 849, 850, 852, 863, 889, 890, 918, 920-922
- - und Albanien 618, 685
- - und China 563, 567-569, 573, 685, 736
- - und Jugoslawien 562-564, 567, 685

Valev-Plan 675, 676
Vereinigte Staaten von Amerika (USA) 9, 10, 45, 46, 48, 66, 67, 99, 108, 188
- und Grenzen Polens 97, 99, 102, 104, 109
- und die militärische Besetzung der Tschechoslowakei 111, 112, 118-120, 124, 125, 370
- und Jugoslawien 169, 170, 391, 408-411
- und Rumänien 144, 145

siehe: Anti-Hitler-Koalition; Bundesrepublik Deutschland; Churchill-Stalin-Abreden; Deutschland; Einflußsphären in Europa; Friedensverträge; Italien; Konferenzen der Anti-Hitler-Koalition; Waffenstillstands-Abkommen
Vereinte Nationen (UNO) 133, 929
- Charta der 324, 836, 867, 923
- und Polen 105, 106, 145, 208, 315, 467
- und Ungarn 558, 563
Verfassungen 413, 422-424, 453, 454
- Albaniens
- - von 1946: 291; vom 28. 12. 1976: 852, 853
- Bulgariens
- - von 1879: 377; von 1947: 377, 378, 454; von 1971: 835, 846, 847, 855, 903, 912
- der DDR
- - von 1949: 424, 425, 484, 845; von 1968: 734, 835, 845, 846; von 1974 (Revision): 805, 835, 846, 854, 903, 912
- Jugoslawiens
- - von 1947: 285, 286, 291; Revision von 1953: 291; von 1963: 854; von 1974: 853, 854
- Polens
- - von 1947: 361; von 1952: 361, 453, 454; Fassung von 1976: 847, 848, 855
- Rumäniens
- - von 1948: 381, 382, 453, 454, 844; von 1952: 381, 453, 844; von 1965: 744, 813, 835, 844, 845, 854
- der Sowjetunion
- - von 1936: 286, 291, 374, 377, 422, 423, 848, 927; von 1977: 774, 824, 827, 831, 832, 848-850, 855, 927, 931, 933
- der Tschechoslowakei
- - von 1948: 374-376, 454; von 1960: 608, 843
- Ungarns
- - von 1949: 385, 386, 454; von 1972: 847, 854
Versailler Vertrag (1919) 37
- System von Versailles 194, 195
Verträge, ungleiche 924
Vietnam 757, 760, 768, 830-832
- Nord-Vietnam 742
siehe: RGW
Völkerbund 17, 18, 278
Völkerrecht

- sozialistisches 850–852, 854, 862–865, 913, 928, 929
- – und Gewaltverbot 815, 849, 850, 924, 929
- – und Souveränität 907, 909, 926
- – und Recht auf Selbstbestimmung 907, 926
- und Interventionsanspruch 867, 914, 918–927, 929
- – und Brežnev-Doktrin (Moskauer Doktrin) 774, 800, 814, 815, 853, 867, 900, 902, 905, 907–909, 914, 917, 918, 929
siehe: Internationalismus; Hilfe, brüderliche (gegenseitige); Ostblock
Volksdemokratie 303, 305, 377, 425
- Begriff 306, 423–425, 531

Waffenstillstands-Abkommen
- mit Rumänien (12. 9. 1944) 135, 140–143, 155, 206, 230, 233, 240, 271–274, 283, 460, 500
- – Alliierte Kontrollkommission 135, 140–143, 155, 157, 206, 209, 210, 233, 241, 242, 299, 378
- mit Bulgarien (28. 10. 1944) 140, 144, 156, 157, 206, 230, 233, 271–273, 283, 460
- – Alliierte Kontrollkommission 135, 140, 155–157, 206, 209–210, 233, 299, 378
- mit Ungarn (20. 1. 1945) 140, 155, 156, 206, 230, 233, 249, 251, 254, 256, 271–273, 275, 283, 460, 500
- – Alliierte Kontrollkommission 135, 140, 156–158, 206, 209, 210, 233, 249, 250, 252, 257, 299, 378
Warschauer Pakt 373, 587, 588, 770, 824, 825, 832, 833, 868, 906, 910, 911, 921, 922, 924
- Errichtung (1955) 508–517, 522, 632, 692, 712, 857, 858, 868, 869
- Entwicklung 516, 517, 607, 615, 616, 632–635, 651, 687–701, 723, 731, 732, 734, 750–768, 796, 807–815

- Konsultationsklausel 512, 513, 894–897
- – Konsultations-Mechanismus 725, 888, 889, 891–897, 903
siehe: Ostblock; Ostpakte, bilaterale
- als außenpolitisches Koordinierungsorgan 688, 703, 724, 765, 766, 774, 804, 806, 808, 815, 816, 823, 868, 870, 871, 888, 894–897, 903, 910, 912, 913
- Übungen, gemeinsame 633, 634, 695, 696, 753, 754, 763–765, 810, 812, 814, 815
- Struktur 871, 872, 888, 889, 923
- – politische 513, 514, 725, 757, 761, 762, 782, 783, 806–808, 872, 875
- – militärische 514, 725, 752, 753, 757, 758, 761, 763, 764, 782, 783, 806–809, 875–881
- und Albanien 510, 511, 634, 642, 664, 665, 668, 693, 745, 746
- – Austritt Albaniens (1968) 725, 745, 746, 800, 857, 872, 873, 878, 927
- und China 509, 614, 692, 696
- und DDR 514, 515, 571, 731–734, 857, 858, 876, 877
- – und GSSD 810
- und Sonderrolle Rumäniens 638, 653, 674, 688, 691, 696, 697, 743, 755–768, 773, 774, 800–802, 807, 808, 813–816, 859, 875, 880, 897, 902
siehe: Truppen-Stationierung
- und Ungarn 561, 562
- – Austritt Ungarns (1956) 562, 570
- und Kuba-Krise 696, 697
- Vorschläge über die Auflösung der NATO und des Warschauer Pakts 755–761, 763, 808
Wiener Schiedsspruch (30. 8. 1940) 24, 25, 27, 142, 240
Wirtschaft
siehe: Außenhandel; Bulgarien; DDR/SBZ; Polen; RGW; Rumänien; Tschechoslowakei; Ungarn

Zwei-Lager-These 306, 307, 347, 354, 393, 403, 472, 473, 531, 826, 929

Personenregister

Abakumov, V. S.   523
Abel, Elie   146, 151
Abelshauser, Werner   348
Abendroth, Wolfgang   928
Acheson, Dean   152, 311, 313, 315, 320–325, 332, 346
Ackermann, Anton   261, 268, 269, 303, 388, 389, 546
Ahlberg, René   358, 400–402, 524, 531, 534, 536, 575, 597
Ahrens-Thiele, Dagmar   917
Ambrose, Stephen E.   119
Ambroz, Oton   639
Anderson, Evelyn   651, 660, 683
Andras, Charles   807
Andropov, Jurij V.   561, 565, 566, 663
Antonescu, Ion   134, 231, 232
Antonov, Aleksej I.   514, 554, 697, 878
Apel, Erich   731
Apostol, Gheorghe   489, 490
Arciszewski, Tomasz   102
Armitage, John A.   119, 120, 338
Armstrong, Anne   187
Arnold, Jürgen   927
Aron, Raymond   197, 198
Askanas, Benedykt   821
Askanas, Halina   821
Aspaturian, Vernon V.   469, 795, 827, 833
Assmann, Kurt   47
Attlee, Clement   208
Auerbach, Ludwig   677, 731, 758, 769
Avakumovic, Ivan   216
Avramov, Smilja   828–830, 867, 929

Bacon, Walter M. Jr.   814
Badoglio, Pietro   136
Bailey, Thomas A.   341, 345, 387
Bakarić, Vladimir   321, 396
Balanescu, Mircea   815
Balfour, Michael   268
Barandon, Paul   195
Baring, Arnulf   479, 480, 482
Barker, Elisabeth   128, 129, 133, 134, 136–138, 140, 143, 144, 154, 319
Barraclough, Geoffrey   512, 527, 552, 558, 560, 562
Bartos, Milan   392, 395, 398, 401, 406

Batov, Pavel I.   697, 878
Batowski, Henryk A.   101, 103, 104, 122
Bauer, Leo   421, 545
Baumgarten, Arthur   922
Bebler, Aleš   333, 334
Becher, Karl   835, 852, 864–867, 897, 903
Beck, Carl   115, 215, 217, 225, 228, 375
Bell, Carol   411, 518, 520
Belz, Hans Georg   927
Bender, Peter   588
Beneš, Edvard   14, 41–46, 48, 49, 55, 57–62, 74–85, 110–117, 120–124, 199, 200, 226–228, 297, 298, 336–338, 357, 362, 366, 368, 369, 371–376, 443
Beneš, Václav   297
Benko, Vlado   867, 915
Benz, Wolfgang   348
Berber, Friedrich   48, 178
Berger, Peter   748
Berija, Lavrentij P.   459, 474–483, 485, 494, 523, 680
Berner, Wolfgang   732
Berthold, Lothar   261
Besson, Waldemar   481, 904
Besymenski, Lew   36
Bethkenhagen, Jochen   439, 631, 632, 884
Bevin, Ernest   307, 308, 329, 331, 332, 339
Bialer, Seweryn   455, 482, 522, 602
Bidault, George   307, 329, 331, 332, 338, 339
Bidwell, Percy W.   324, 328, 348
Bierut, Boleslaw   94, 95, 100, 101, 360, 415, 463, 488, 492, 493, 548
Birke, Ernst   294
Birnbaum, Immanuel   414, 461, 712, 713
Biskup, Reinhold   821
Black, Cyril E.   137, 141, 143, 144, 147, 156, 160, 231, 235, 246, 377
Blackmer, Donald L. M.   718
Blasius, Rainer A.   9, 10
Blesinger, Ludwig   922
Bleyer, Wolfgang   40
Bodnăras, Emil   212, 380
Bodrov   336

1033

Bogomolov, Alexandr 55, 56, 58, 61, 62, 76
Bohlen, Charles E. 10, 73
Bolz, Lothar 607
Booms, Hans 4, 5
Boorman, Howard Lee 714
Borisov, Oleg B. 641, 650, 656, 717
Borkenau, Franz 180, 183, 219, 350, 713, 714
Bornemann, Norbert 737, 738, 743, 765
Boutros-Ghali, Boutros 910
Bozinow, Woin 143
Brabant, Josef M. von 281, 329, 429, 430, 432, 433, 435, 502
Bracher, Karl Dietrich 9, 10, 16
Braga, Sevold 298, 381, 497
Braham, Randolph L. 381, 670
Brahm, Heinz 639–641, 658, 659, 681, 703, 706, 718, 723, 743, 778–784, 786–788, 792–794, 799, 802
Brandes, Detlev 4
Brandt, Heinz 481
Brandt, Willy 732
Brannen, Barry 159
Bratianu, Constantine 335, 341
Bratianu, Dinu 379
Bratianu, Ionel C. 246
Braun, Aurel 814
Bregman, Alexander 203
Brezarić, J. 909, 915
Brežnev, Leonid I. XXVII, 706, 707, 721, 723, 728, 745, 749, 750, 752–755, 757, 758, 762, 765–767, 770, 779, 783, 784, 786, 789, 791–793, 795, 797, 798, 801, 806–808, 816, 818, 820, 823, 824, 830–832, 840, 841, 848, 849, 870, 891, 892, 894–897, 905–909, 912, 931, 933, 934
Bromke, Adam 552, 578, 593, 607, 679
Broszat, Martin 5, 11, 12, 15, 22, 23, 30
Brown, James F. 143, 144, 160, 178, 179, 212, 217, 231, 235, 236, 239, 377, 416, 490, 541, 610, 611, 644, 645, 660, 662, 663, 670–672, 674, 686, 703, 704, 706, 709, 710, 735, 738, 742, 744, 756, 800, 819
Brügel, Johann Wolfgang 9, 10, 13, 23, 31, 113, 121–124, 297, 369
Brünner, Horst 688
Brunner, Georg 655, 853
Bruns, Viktor 16, 24, 25, 30, 80, 195, 311, 316
Bryson, Philipp J. 819

Brzezinski, Zbigniew K. XXI, XXIV, XXV, XXVI, XXVIII, 2, 203, 207, 213–217, 223–226, 228, 237, 240, 241, 249, 253, 271, 275, 276, 282, 284, 286, 305–307, 347, 352, 358, 375, 377, 386, 414–418, 420–428, 431, 433, 437, 440, 442–446, 449–452, 455–459, 461–464, 467, 468, 474, 476, 484, 487, 490–495, 503, 504, 506, 507, 518, 520, 523, 524, 529, 530, 532–534, 536, 537, 539–541, 543, 547–549, 551–554, 556–562, 565, 567, 568, 570, 574, 578, 585, 595, 596, 607, 625, 636, 639, 645–647, 660, 708, 715, 723, 724, 740, 742, 800, 911, 922, 926–928
Budurowycz, Bohdan B. 10, 14
Bühring, Günther 724
Bünger, Karl 467
Bulganin, Nikolaj A. 474, 476, 504, 510, 513, 520, 522, 523, 527, 528, 568, 575, 748
Bull, Hedley 918
Bundy, McGeorge 159
Burks, Richard V. 586, 668, 676, 717, 740
Burtica, Cornel 908, 909, 915
Butenko, A. P. 825, 826
Byrnes, James F. 29, 152, 241, 243, 245, 308, 314, 324, 325

Cabagi, V. G. 534
Cadogan, Alexander 86, 101
Čakste, Mintauts 17, 23
Caldwell, Lawrence T. 807, 808, 810, 819, 872, 875, 878–881
Calvocoressi, Peter 217, 223, 257, 307, 319, 320, 324–328, 330, 332, 338, 339, 354, 357, 358, 360, 361, 365, 366, 372, 374, 375, 377, 379–386, 391, 392, 395, 396, 400, 402, 404, 406, 409, 410, 414–418, 420, 421, 438, 446, 460, 462, 478, 484, 487
Campbell, John C. 409, 742
Carillo, Santiago 841
Carroll, Eber Malcolm 8, 11, 12, 14–16, 21, 25–28, 30, 143
Carstens, Karl 757
Castro, Fidel 656
Cattell, David T. 433, 625, 632
Cavaré, Louis 902, 910
Ceauşescu, Nicolae 489, 586, 612, 686, 743, 744, 752, 754–756, 759, 761, 765, 766, 776, 786, 787, 811–813, 818, 819, 841, 866, 892, 902, 909

Černík, Oldrich   799
Červenkov, Vulko   418, 488–490, 494, 541, 603, 610, 611, 685, 737, 738
Chase, John L.   187
Chou En-lai   579, 662, 665, 666, 707, 746, 759
Christoff, Boris A.   611, 686
Chruščev, Nikita S.   XXI, XXIV, XXVI, XXVII, 31, 293, 398, 400, 440, 441, 452, 475–477, 479, 481–483, 485, 488, 490–492, 495, 501, 504–509, 513, 519, 521–525, 527, 529–535, 537–540, 543, 547–551, 553–556, 558, 562–564, 566–573, 575–578, 580–583, 586, 591–594, 596, 597, 600–609, 613, 615–624, 626, 627, 629, 635, 637–644, 648–652, 654–665, 667, 671–679, 681–685, 687–693, 695–697, 700–713, 717–719, 721–730, 735–740, 743, 745, 746, 748–752, 768–770, 773, 799, 816, 829, 831, 848, 870, 871, 891, 895
Chrypinski, V. C.   727, 803
Churchill, Randolph   172
Churchill, Winston S.   XXII, 3, 6, 7, 29, 48, 52–54, 56, 65, 69–74, 76, 82, 86, 87, 89–92, 95, 97–101, 104, 108, 117–120, 122, 124–133, 136, 137, 140, 143–156, 158, 160–162, 168, 172–175, 177, 182, 183, 185–187, 191, 197, 201, 208, 210, 220, 231, 241, 242, 244, 245, 249, 298, 299, 304, 305, 310, 312, 318, 319, 370, 378, 400, 481, 915
Chvostov, V. M.   831
Ciano, Galeazzo   178
Ciechanowski, Jan   45, 57, 60, 61, 64, 90, 102
Cismarescu, Michail   676, 678, 854
Ciurea, Emile C.   142, 216, 239, 240, 244, 245, 247, 248, 274, 283, 380
Clark-Kerr, Archibald   246
Claude, Henri   340
Clayton, Will L.   346
Clementis, Vladimír   4, 116, 122, 338, 419, 420, 680
Clissold, Stephen   165
Cohen, Barry Mendel   44
Cohen, Benjamin V.   346
Condoide, M. V.   433
Conrad, G. J.   286, 292, 406, 432
Constantinescu, Miron   586
Constantopoulos, Dimitri S.   411
Conze, Werner   340, 388
Cornides, Wilhelm   5, 7, 15, 185, 279, 428, 690

Corvinul, Matei   758
Costello, Michael   738, 797, 802
Crankshaw, Edward   656
Cretzianu, Alexander   23, 126, 128, 131–133, 135, 141, 154, 381
Cripps, Sir Stafford   132, 133
Croan, Melvin   481, 506, 597, 639, 646, 650, 656, 658, 676, 712, 714–716, 732, 797, 804
Čujkov, V. J.   479
Cyrankiewicz, Józef   223, 224, 337, 341, 360, 362, 493, 548, 687, 803
Czerwinski, Edward Joseph   775, 797
Czinege, Lajos   764
Czollek, Roswitha   40

Dahlem, Franz   546
Dallin, Alexander   659, 663, 665
Dallin, David J.   500, 501, 517, 518, 523, 527, 530, 533, 536, 541, 552, 556, 558–562, 565, 567, 592, 593, 595
Damjanov, Georgi P.   236
Daniels, Robert V.   717
Danylow, Peter   667
David, Vačlav   607
Davies, Norman   94, 102, 232
Davis, Lynn E.   119, 120, 130, 132, 147, 152, 299, 363, 915
Deak, Istvan   188
Dean, Robert W.   803
Dedijer, Vladimir   2, 170, 172, 173, 175, 178, 286–290, 292, 293, 350–353, 356, 357, 392, 396–400, 450, 452, 459
Degras, J.   574
Dehio, Ludwig   934
Dellin, L. A. D.   30, 143, 144, 155, 156, 160, 217, 231, 234–237, 239, 377, 378
Dernberger, Robert F.   501
Detre, Paul   737
Deuerlein, Ernst   51, 104, 109, 158, 175, 186, 189–193, 259, 261–264, 268, 272, 279, 310
Deutscher, Isaac   6, 9–12, 15, 17, 18, 20, 26, 31, 57, 64, 67, 68, 74, 87, 99, 128, 129, 133, 147, 159, 195, 196, 219, 915
Devlin, Kevin   647, 689, 705, 800
Dewar, Margaret   272, 429
Diebold, W. Jr.   324, 328, 348
Dimitrijević, Vojin   867
Dimitrov, Georgi   170–172, 212, 231, 235, 236, 304, 349, 351, 355–357, 376–378, 382, 395–397, 400, 418, 423, 424, 428, 441, 449, 457, 458, 610
Dinerstein, Herbert S.   910

1035

Djilas, Milovan 1, 163, 164, 166–172, 175, 176, 205, 207, 211, 212, 260, 292, 293, 321, 332–334, 343, 349–354, 389, 392, 393, 396–398, 401, 402, 415, 416, 452, 458
Dobi, Istvan 686
Domes, Jürgen 639
Drobnig, Ulrich 263, 282, 497, 500
Drtina, Prokop 337, 374
Dschingis-Chan 713
Dubček, Alexander 492, 725, 728, 729, 734, 773, 775–778, 781, 784–787, 792, 796, 798, 799, 802
Duchacek, Ivo 111, 112, 228, 337, 363, 368, 680
Dudinskij, Ilja 629
Duff, Katharine 136, 138
Duhnke, Horst 269, 389
Dulles, John Foster 723
Dung Di-wu 605
Džurov, D. M. 764

Ebert, Friedrich 596, 598, 599
Eckstein, Alexander 501
Eden, Anthony 47, 51–54, 59, 66–68, 70, 72, 73, 76–79, 86, 87, 89, 90, 92, 99, 100, 118, 123, 125, 126, 128, 129, 145, 147, 149, 150, 155, 160, 174, 189, 192, 235, 241, 243, 311
Eggers, Wolfgang 657
Eisenhower, Dwight D. 118–120, 136–138, 370, 527, 640, 656
Ende, Lex 421
Engel, Bruno 816
Engel, Thomas 770
Engels, Friedrich 267, 403, 609, 834, 841
Erdmann, Karl-Dietrich 5–7, 10, 14, 24, 26, 27, 31
Erhard, Ludwig 732, 757
Ermarth, Fritz 752, 766
Epstein, Fritz T. 8, 11, 12, 14–16, 21, 25–28, 30, 143
Eschenburg, Theodor 207
Esmer, Sükrü A. 310, 311, 314
Ethridge, Mark 245, 246

Fabritzek, Uwe G. 702
Fabry, Philipp W. 9, 29, 30
Fallenbuchl, Z. M. 819, 821
Farish, Linn M. 168
Farkas, Mihály 417
Farlow, Robert L. 742, 756
Faust, Fritz 272, 279
Fechner, Max 340, 483

Feierabend, Ladislav 375
Feis, Herbert 110, 310, 312, 319
Fejtö, François 272, 322, 328, 329, 345, 348, 352, 353, 355–357, 360, 365, 366, 368, 369, 374–376, 424–426, 428, 431, 483, 484, 487, 488, 490–492, 501, 524, 528, 530, 536, 540, 547–549, 551, 553, 554, 556, 558, 565, 567, 684, 706, 726, 728, 797
Fenyo, Mario D. 157
Feron, Bernard 686
Fiedler, Heinz 80, 81, 407, 440, 442, 856, 859, 903
Field, Noel H. 421, 422
Fierlinger, Zdeněk K. 48, 55, 75, 80, 113, 115, 117, 122, 226, 228, 364, 374
Finder, Pawel 94
Finley, David D. 433, 501, 503, 509, 512, 516, 625, 629, 911
Firjubin, N. P. 875
Fischer, Alexander 66, 67, 71–73, 104, 109, 126, 127, 158, 175, 185–189, 242, 260, 261, 305, 312, 319, 481
Fischer, Gabriel 686
Fischer-Galati, Stephen 23, 134, 135, 141, 142, 159, 160, 216, 232, 239, 240, 244, 245, 247, 248, 380, 415, 421, 543, 586, 612–614, 669, 676, 742, 743, 815
Fiszman, Joseph R. 727
Fleischmann, Max 934
Floyd, David 211, 213, 216, 596, 639, 645–647, 658, 659, 663, 665, 668, 669, 676
Fontaine, André 344
Fraenkel, Ernst 912
Freeland, Richard M. 323, 328, 343
Frei, Otto 761
Freiberg, Kurt Walther 218
Frenzke, Dietrich 381, 453, 454, 814, 815, 832, 837, 843, 844, 847, 849–851, 859, 865–867, 873, 875, 883, 887–889, 894, 904, 905, 910–914, 916–921, 924, 928, 929
Freund, Michael 10, 33, 47, 52, 53
Freytagh-Loringhoven, Axel von 80, 902, 912, 913
Fricke, Karl Wilhelm 698, 702, 767, 903
Friedrich, Gerd 579
Furtak, Robert K. 656

Gabanyi, Anneli Ute 816
Gać, Stanislaw 877
Gaddis, John Lewis XXIII, 237, 305, 323, 325, 343, 348
Gajzágó, Oliver von 769

Galay, N. 527
Garmanikov, Michael 770
Garthoff, Raymond L. 195, 516, 633, 641, 699, 700, 751, 752
Gasteyger, Curt W. 440, 441, 512, 558, 565, 566, 655, 736, 757, 758, 911, 919, 921
Gaston-Marin, Gheorghe 671
Gati, Charles 299, 307, 736, 802
Gaulle, Charles de 221, 760
Gelberg, Ludwik 38, 39
Gelman, Harry 663
Geminder, Bedrich 393, 680
Gente, H. P. 446
Georgiev, Kimon 144, 160, 236
Gerlach, Axel 921
Gerö, Ernö 417, 550, 551, 553, 558–560
Gerschenkron, Alexander 272, 431, 433
Geyer, Dietrich 187, 203, 307, 345, 349, 478
Gheorghescu, Teohari 159, 212, 420
Gheorghiu-Dej, Gheorghe 159, 380, 381, 417, 420, 421, 488–490, 494, 515, 541, 542, 586, 599, 611, 612, 644, 669, 671, 675, 684, 686, 702, 730, 743
Ghermani, Dionisie 744
Gierek, Edward 803
Giesder, Manfred 919
Gilberg, Trond 742
Gill, Graeme J. 703, 742
Gill, R. T. R. 698
Gimbel, John 327, 346, 348
Ginsburgs, George 559, 630–632, 691, 922
Ginther, Konrad 924, 928
Glaser, Arnold 279
Glaser, Hans-Georg 598, 626
Glaubitz, Joachim 660, 916
Glondajewski, Gertrud 261
Gmelin, Hans 917
Gniffke, Erich W. 264, 332, 340, 352, 388–390, 459
Goehrke, Carsten 369, 371
Golan, Galia 775, 794
Golczewski, Frank 15
Goldhammer, Bruno 421
Golunskij, Sergej A. 831
Gomori, George 797, 798
Gomulka, Wladyslaw 38, 64, 93–95, 98, 106, 108, 282, 361, 400, 415, 424, 492, 493, 547, 548, 552–558, 569, 571, 578, 579, 583, 593, 595, 598, 599, 607, 678, 679, 687, 712, 726, 727, 730, 754, 779, 784, 786, 794, 797, 798, 802, 803

Gosztony, Peter 699
Gottwald, Klement 75, 114–117, 226–228, 336–338, 341, 364–368, 371–376, 419, 420, 490, 542, 680
Graml, Hermann 186, 188
Grečko, Andrej M. 479, 689, 694, 751, 764, 778, 792, 809, 877
Gretschaninow, Georg von 16, 24, 25, 30, 80, 195, 311, 316
Grewe, Wilhelm G. 83, 902, 910, 914–917, 925–927
Gribkov, Anatoli I. 809, 878
Griffith, William E. 178, 179, 297, 373, 416, 618, 619, 640, 641, 643–647, 656–665, 689, 718, 747, 751, 775, 795, 797
Gripp, Richard C. 484
Gromyko, Andrej A. 527, 576, 591, 780, 831, 907
Gross, Feliks 44, 54
Gross, George 669, 676, 678, 686, 756
Gross, Johannes 910, 921
Grosser, Alfred 319, 327, 340, 342, 352
Grotewohl, Otto 264, 340, 341, 484, 497, 578
Grothusen, Klaus-Detlef 678
Groza, Petru 159, 239, 240–242, 244–247, 300, 379, 380
Gruchmann, Lothar 477
Gruner, Gert 264
Grzybowski, Kazimierz 310, 477, 516, 632, 833
Günzel, Karl 406
Gumpel, Werner 629, 654, 731, 819, 883
Gusev, Fedor T. 129, 189, 192

Habel, Fritz Peter 9
Haberl, Othmar Nikola 166, 170, 172–174
Hacker, Jens 272, 389, 435, 440, 460, 481, 497, 514, 515, 571, 588, 606, 607, 633, 634, 652, 689–692, 695, 697, 699, 724, 732, 733, 744, 745, 761, 800, 807, 810, 833, 834, 845, 846, 850, 851, 853, 857, 858, 862, 865, 878, 894, 898, 920–922, 930, 931, 933
Haefs, Hanswilhelm 775, 776, 779, 788, 799
Hähner, Brigitte 857
Haendcke-Hoppe, Maria 821
Hänisch, Werner 430, 481
Hafner, Gerhard 867
Haftendorn, Helga 656
Hager, Kurt 407, 702

1037

Halajczuk, Bohdan T. 908, 911, 912, 921, 927
Halecki, Oscar 94, 102, 104, 108, 200, 217, 222, 223, 355, 361
Halifax, Lord Edward 130
Halperin, Ernst 163, 205, 321, 333, 349, 351, 352, 392, 394–399, 401–404, 410–412, 415–418, 420, 421, 519–521, 523, 524, 641, 717, 748
Hamm, Harry 653, 654, 659, 718
Hammond, Thomas T. 19, 198
Hanć, Josef 4
Hanisch, Wilfried 634, 696
Hansen, G. 598
Hansen, Reimer 187
Hanson, Philip 821
Harriman, Averell 99, 102, 135, 140, 141, 145, 146, 150–152, 246
Harris, C. R. S. 136, 138, 139
Hartl, Hans 513
Hartlieb, Wilhelm Walter 77, 80, 195
Hassner, Pierre 736, 757
Hastings, Ismay 154
Haţieganu, Emil 246, 247
Hatschikjan, Magarditsch 392
Hauth, Ulrich 264
Hecker, Hans 469
Hecker, Hellmuth 128, 129, 131–133, 147, 153
Hegedüs, András 559, 560
Hegemann, Margot 215, 335, 390, 430, 457, 826, 857, 889
Heil, Helmut J. 911
Heilborn, Paul 934
Hellmann, Manfred 40
Helmreich, Ernst C. 217, 233, 249, 253, 383–385
Henderson, Gregory 467, 477
Herder, Gerhard 430
Hernández, Jesús 188
Herrnstadt, Rudolf 481–483, 546
Herwarth, Hans von 7, 10, 30, 33
Herz, John H. 927
Heydte, Friedrich August von der 920
Heymann, St. 660
Hidasi, G. 660
Hildebrand, Klaus 31
Hildebrandt, Walter 357, 403, 406
Hilger, Gustav 6, 7, 9, 14, 28
Hillgruber, Andreas 5, 7, 9, 11, 14, 15, 18, 23–27, 31, 33, 47, 48, 57, 64, 67, 74, 87, 95, 100–102, 104, 105, 112, 115, 122, 125, 126, 128–130, 133, 134, 140, 143–145, 153, 156, 157, 172, 175, 176, 187–190

Hitler, Adolf XXII, 2–7, 9–11, 13, 15, 16, 19, 20, 22–39, 41, 45–47, 50–53, 62, 63, 123, 126, 129, 130, 134, 143, 156, 157, 162–164, 170, 171, 178, 180, 186–188, 193, 197, 198, 200, 201, 213, 225, 232, 310, 318
Hodža, Milan 355
Hoensch, Jörg K. XXI, XXIV, 2, 3, 111, 123, 124, 146, 206–208, 211, 213, 215, 225, 226, 235, 237, 278, 306, 307, 333, 357, 373, 381, 383, 399, 404, 414, 416, 418, 421, 426–428, 430, 432, 436, 459, 460, 489–493, 495, 507, 510, 515, 517, 518, 522, 529, 530, 537, 538, 541–543, 547–549, 551–553, 558–560, 562, 565–567, 569, 574, 575, 577, 578, 580, 583–585, 587, 593, 595, 607–609, 611, 612, 617, 620, 624, 625, 627, 629, 631–633, 636, 642, 657, 661, 664, 665, 671, 673, 674, 676, 679, 682, 684, 686, 687, 697, 706, 727–729, 736, 738, 739, 742, 743, 749, 756–758, 770, 771, 774, 800, 802, 803
Hoffmann, George W. 163, 392, 400, 405
Hoffmann, Heinz 764, 876
Holloway, David 876, 878, 879, 881
Holzman, Franklin D. 272, 431
Honecker, Erich 805, 846, 892
Hopkins, Harry 65, 70, 145, 154, 189
Hoppe, Hans-Joachim 24, 30, 143, 490
Horowitz, David 345
Horthy, Nikolaus von 156, 157, 249
Houston, Douglas W. 207
Hoxha, Enver 179–181, 183, 184, 290–293, 390–392, 405, 408, 415, 416, 493, 494, 541, 577, 583, 601, 618, 620, 621, 641, 642, 644, 647, 659, 660, 663–667, 688, 689, 747
Huber, Ernst Rudolf 917
Hudson, Geoffrey 717
Hull, Cordell 10, 57, 67, 68, 78, 79, 129–132, 136, 139, 140, 150, 152, 153, 189
Huntington, Samuel P. 922
Husák, Gustáv 419, 802, 892
Hu Shih 507

Iatrides, John O. 319
Ignotus, Paul 233, 249, 254, 257, 383, 385, 386, 609
Ihlau, Olaf 393, 400, 401
Ionescu, Ghita 134, 141, 154, 159, 209, 211, 213, 232, 239, 240, 244–248, 335, 379–382, 415, 427, 428, 469, 488, 489,

586, 587, 612, 613, 616, 643, 644, 669, 670, 672, 674, 675
Ionita, Jon 764-766, 813
Issraelian, Viktor 36
Ivanovskij, J. 810
Ivashin, I. XXIV

Jacobsen, Hans-Adolf 33, 65, 185
Jänicke, Martin 482, 483
Jakobson, Max 338
Jakubovskij, Ivan I. 764, 765, 788, 809, 812, 877
James, Robert Rhodes 775, 795
Jamgotch, Nish Jr. 831
Jansen, Marlies 818, 866
Jaroszewicz, Piotr 803
Jaster, Robert S. 625, 673
Javanović, Dragoljub 391
Jelenski, K. A. 679
Jendretzky, Hans 546
Jeshin, S. XXIV
Johnson, A. Ross 462, 803
Jones, Christopher D. 538, 552, 559, 612, 613, 663, 676, 696, 763, 775, 782, 800, 809, 810, 878-881
Jones, F. C. 477
Jones, Joseph M. 323, 327, 328, 343
Jowitt, Kenneth 677
Judin, Pavel F. 353, 423, 424, 479
Jugov, Anton 490, 541, 686, 737, 738
Jutikkala, Eino 19

Kádár, János 550, 560, 564-566, 583, 585, 601, 604, 608, 609, 684-686, 702, 726, 735-738, 751, 755, 773, 779, 786, 787, 797, 798, 802
Kagnaovič, Lazar M. 474, 553, 575
Kaiser, Jakob 340, 388
Kalbe, Ernstgert XXIV, 908
Kállai, Gyula 233, 550, 686, 736
Kalvoda, Josef 608
Kaplan, Karel 116, 230, 365, 368
Kapo, Hysni 644, 647, 747
Kardelj, Edvard 289, 321, 333, 334, 395-397, 402, 403, 418, 455, 562, 594
Kasakov, Michail I. 788, 878
Kaser, Michael 433, 437, 502, 625, 660, 666, 672, 746, 884
Katharina II., Kaiserin 12
Katušev, Konstantin 896
Katzarov, Constantin 160, 377
Kaufman, Edy 914
Kemeny, George 685
Kemper, Manfred 674

Kennan, George F. 47, 322, 328, 346-348
Kennedy, John F. 656
Kertesz, Stephen D. 157, 158, 178, 181, 184, 208, 209, 233, 249, 254, 257, 384-386
Khvostov, V. XXIV
Kiesewetter, Bruno 275, 276, 278, 281, 282, 428, 431
Kiesinger, Kurt Georg 732
King, Robert R. 676, 742, 816
Király, Bela K. 254, 462
Kirby, David 17, 19
Kirsten, Johannes 674
Kissinger, Henry A. 906
Klafkowski, Alfons 874
Kleßmann, Christoph 264-266
Klinkmüller, Erich 272, 275, 276, 284, 819
Kliszko, Zenon 415
Knapp, Manfred 327, 345, 348
Knapp, Wilfried 203
Knirsch, Peter 819
Köhler, Heinz 502
König, Helmut 704, 712, 718, 719, 739, 740, 742-744
Kohlmey, Gunther 931
Kolendic, Anton 657
Kolko, Gabriel 119, 128, 129, 132, 134, 139-141, 144, 146, 147, 152, 172-174, 177, 307, 310, 312
Kolkovicz, Roman 512, 693, 697
Koloskov, Boris T. 641, 650, 656, 717
Konev, Ivan S. 514, 554, 614, 694, 877
Kopácsi, Sandor 557, 558, 566, 604
Korbel, Josef 111-116, 119, 120, 225, 228-230, 297, 324, 333, 334, 338, 339, 344, 357, 363, 364, 366, 368, 395, 398, 680
Korbonski, Andrzej 887
Kordt, Erich 911
Kostov, Traičo 393, 418, 421, 541, 545
Kosygin, Alexej N. XXVII, 706, 707, 721, 723, 745, 749-751, 762, 778, 783, 792, 793, 870
Kousoulas, George 161
Kovács, Béla 256, 257, 383
Kovács, Imre 735
Kovrig, Bennett 372, 736, 914
Kowalski, Hans-Günter 189
Kowarik, Werner 814
Koževnikov, F. J. 81
Krakau, Knud 911, 912, 917
Kraus, Wolfgang 738
Krausnick, Helmut 186, 188
Kreikemeyer, Willi 421
Krisch, Henry 246, 266

Kröger, Herbert 851, 861, 864, 897, 903
Krosby, Peter H. 19, 338
Krüger, Herbert 757
Krüger, Joachim 931
Kruse, Hans 921
Kubat, Daniel 375
Kühl, Joachim 199, 355
Külz, Wilhelm 340
Kuhn, Axel 6
Kuhn, Heinrich 115, 116, 218, 225, 228, 374, 375
Kuklick, Bruce 189
Kulikov, Viktor G. 809, 877
Kulski, W. W. 5, 7
Kun, Bela 232, 249, 250
Kun, Joseph 654, 659, 718
Kunz, Willi 629
Kupper, Siegfried 825, 885, 886
Kusin, Vladimir V. 226, 228, 775
Kux, Ernst 507, 639, 640, 644, 646, 655–659, 665, 694, 715, 764, 820, 821, 841, 917

Labedz, Leopold 706, 800
Lamberg, Robert F. 657, 658, 663, 664
Lamberz, Werner 893
Lammich, Siegfried 843
Lampe, Alfred 93
Landy, Paul 602, 684
Lange, Oskar 224
Lange, Peer 309–311, 313, 319–321, 324, 328, 340
Laqueur, Walter 6, 9, 31, 197, 199, 536, 716
Larrabee, F. Stephen 668, 673, 742, 802, 816
Laschitza, Horst 260
Lasky, Melvin 558
Latour, Conrad F. 186
Latzo, Anton 511, 807, 872, 875, 876, 878, 879, 881, 896
Lauşman, Bohumil 278, 364, 374
Laval, Pierre 80
Lavrentev 454
Lebahn, Axel 928
Lebedev, V. Z. 455, 456
Leblang, Stanislawa 222
Lederer, Ivo J. 166, 174, 249, 355, 399, 431
Leibholz, Gerhard 919, 920
Lemche, Brunhilde 928
Lendvai, Paul 178–180, 416, 541, 542, 611, 617, 661, 687, 737, 738, 742, 746, 747

Lenin, Vladimir I. 114, 205, 249, 267, 303, 464, 531, 532, 544, 594, 609, 710, 831, 834, 841, 871, 930, 931, 933
Leonhard, Wolfgang 260, 261, 264, 265, 269, 326, 389, 390, 397, 423, 476, 481, 663, 718
Levčik, Friedrich 821
Lévesque, Jacques 557, 612, 613, 617, 644, 676
Lewytzkij, Boris 580, 583, 594, 624, 644
Liebig G. 724
Ließ, Rudolf Otto 134
Linden, Carl A. 575
Linden, Ronald Haly 676, 742
Linder, Willy 685, 802
Lipgens, Walter 513
Lippmann, Heinz 804
Lippmann, Walter 325
Liszt, Franz von 934
Litvinov, Maxim 6, 7, 316
Lockhart, Robert Bruce 114, 228, 338, 366–368, 371, 372
Loeber, Dietrich A. 9, 11, 559–562, 566
Löwenthal, Richard 188, 400, 465, 482, 519, 521, 523, 524, 530, 531, 639, 656, 710, 717, 781, 792, 793, 795, 868, 871
Logoreci, Anton 178, 184, 662, 666
Lomský, Bohumir 764
London, Kurt 715, 827, 829, 833
Lotarski, Susanne S. 94, 97, 102, 217, 222
Loth, Wilfried 323, 332, 339
Low, Alfred D. 639
Lowery, Sidney 144, 159, 222, 234–236, 239, 240, 245, 247–249, 254, 257, 361
Luca, Vasile 159, 212, 380, 420, 542
Luczak-Wild, A. 64
Ludz, Peter C. 188
Lukacs, John A. 147
Lukats, Stefan G. 516
Lulšev, Kosta 236

MacArthur, Douglas 120
Macartney, C. A. 157
Macchiavelli, Niccolo 33
Machowski, Heinrich 631, 632, 884
Mackintosh, Malcolm J. 196, 198, 202, 475–478, 483, 510, 513, 526, 530, 558, 566, 574, 579, 694, 758, 782, 788, 794, 808, 878, 880, 881
Maclean, Fitzroy 176
Macmillan, Harold 139, 140
Macridis, Roy 392
MacVeagh, Lincoln 320

Maetzke, Ernst-Otto 10
Mahnke, Hans Heinrich 857, 865, 899, 900, 920, 921, 929
Maiskij, Ivan M. 46, 55, 65-67, 78
Makarov, Alexander N. 17-19, 23
Malenkov, Georgij M. XXVI, 359, 419, 421, 446, 447, 452-454, 462, 474-478, 481-483, 485, 487, 488, 491, 503-505, 510, 519, 520, 550, 562, 567, 568, 575, 578, 827
Maléter, Pál 603, 604
Malinovskij, Rodion J. 135, 689, 695, 760, 761, 763, 764, 877
Mampel, Siegfried 845, 846, 857
Mănescu, Corneliu 762, 766, 813
Mănescu, Mănea 885
Mangoldt, Hermann von 126
Maniu, Juliu 335, 341, 379
Manuilski, Dimitrij Z. 170, 457, 458
Mao Tse-tung 468, 501, 507, 581, 594, 596, 598, 600, 638, 639, 641, 643, 659, 703, 713, 714, 723
Marchais, Georges 707
Marcou, Lilly 344, 352, 354, 392, 415, 417, 418, 420, 421, 448
Marer, Paul 819
Mark, Eduard 348
Mark, Louis Jr. 157, 257
Marosan, György 559
Marshall, George 119, 307, 308, 322, 324, 326-329, 335, 340, 342, 344-346, 348, 387, 429
Martin, Bernd 25
Martius, Georg 404
Marx, Karl 267, 453, 454, 609, 834, 841
Masaryk, Jan 58-60, 114, 116, 336-338, 365, 368, 372, 374
Massigli, René 189
Mastny, Vojtech XXII, XXIII, XXX, 7, 50, 52, 64, 65, 69, 74, 82-84, 114, 128, 133, 134, 137, 144, 147, 149-151, 187, 188, 207
Matern, Hermann 645, 646, 691
Matl, Josef 163, 166, 170, 172, 173, 175, 176
Maurach, Reinhart 911
Maurer, Ion Gheorghe 586, 612, 686, 766, 813
McCauley, Martin 260, 264
McKenzie, Kermit E. 187
McNeill, William Hardy 136, 138-140, 147, 154, 155, 308, 319, 320
McSherry, James E. 29, 30, 143
Mehnert, Klaus 656, 714, 715, 717

Meichsner, Friedrich 536
Meier, Christian 931
Meier, Viktor 164, 165, 558, 562-564, 567, 577, 593, 595, 602, 604, 667, 675-678, 750, 757-761, 807, 841, 885, 909
Meissner, Boris XXI, 9, 16, 17, 19, 23, 50, 70, 80, 81, 96, 106, 122, 176, 187-190, 259, 260, 262-264, 266, 268, 277, 278, 291, 292, 332, 340, 349, 352, 354, 356, 357, 359, 386-390, 396, 403, 407, 409, 436, 438, 440-442, 457, 459, 464, 480-482, 498, 499, 509-512, 514, 530-532, 588-590, 595, 615, 616, 632-634, 651, 655, 656, 671, 689, 690, 692-695, 706, 707, 712, 776, 777, 779, 780, 783, 800, 801, 811, 825, 826, 828-830, 832, 835, 839, 848, 853, 856, 860, 865, 866, 873, 878, 895, 907, 919, 922, 927, 928, 930, 931, 934
Meister, Ulrich 187
Mencer, Gejza 843, 850
Menzel, Eberhard 142, 238, 239, 275, 278, 282, 283, 404, 460, 500, 512
Mercader, Ramon 399
Merker, Paul 422, 546
Michael I. (Mihai), König von Rumänien 134, 159, 239, 240, 244, 246, 300, 379, 380
Mićunović, Veljko 557, 558, 562-564, 567, 604
Mieczkowski, Bogdan 771
Mihailović, Draža 165-169
Mihalace, Ion 246, 379
Miklos, Bela 249
Mikojan, Anastas I. 260, 485, 525, 531, 550, 553, 560, 562, 566, 568-571, 663
Mikolajczyk, Stanislaw 64, 65, 83, 84, 87, 89, 90, 98-103, 105, 108, 222-224, 360, 361
Miller, Marshall Lee 30, 143, 144, 160, 235
Miller, Steven E. 819, 872
Mitchell, R. Judson 906, 909
Miyake, Masaki 25
Mlynář, Zdeněk 773, 775-778, 782, 795, 797-799
Modelski, George A. 516
Möller, Hans Walter 911
Mohr, Heinrich 480
Mohr, W. 467
Molnár, Miklos 233
Molotov, Vjačeslav M. XXV, 3, 6, 7, 11, 14, 16, 17, 19-22, 26-30, 36, 37,

1041

57–59, 67–69, 72, 78–80, 82, 88, 100, 105, 109, 110, 113, 122, 128, 135, 137, 138, 140, 141, 145, 147, 149, 150, 170, 174, 189, 192, 235, 236, 241, 243, 245, 287, 293, 307, 308, 310–312, 321, 329–333, 339, 340, 343, 344, 346, 358, 396, 398, 452, 474, 483, 510, 519–522, 525, 527, 528, 535, 553, 554, 575
Moltmann, Günter 186, 187, 189
Montias, John Michael 488, 498, 502, 584, 586, 607, 617, 626–628, 668, 670–674, 676
Morača, Pero 164–166, 168, 175, 177, 216, 285, 286
Moraw, Frank 261, 264
Morawski, Kajetan 55
Morgenstern, Winfried 215, 264, 931
Morosow, G. J. 833, 881, 882
Morris, Bernard S. 352, 392, 448, 639, 713, 714
Mosely, Philip E. 23, 24, 189, 192, 193, 208, 643, 644
Mosler, Hermann 916, 917
Müller, Adolf 4, 44, 74–76, 79, 80, 82–85
Mueller, George 735
Müller, Hermann 688
Münch, Ingo von 15, 16
Münich, Ferenc 564
Muraviev, Konstantin 144
Murphy, Robert 323, 325, 327, 344
Mussolini, Benito 163, 178
Myllyniemi, Seppo 19, 40

Näth, Marie-Louise 639
Nagy, Ferenc 255–257, 326, 383
Nagy, Imre 253, 256, 436, 437, 452, 456, 463, 464, 484–488, 490, 491, 547, 549–551, 553, 558–562, 565–567, 570, 571, 603, 604, 618
Nano, F. C. 128
Naszkowski, Marian 607
Nawrocki, Joachim 804, 876
Neal, F. Warner 163, 392, 400, 405
Nemetz, F. 112, 113
Neschke, Hans-Joachim 911
Neumann, Rudolf 294
Nicholls, Anthony 187
Niemeyer, Theodor 89, 317
Nikolajew, J. 832
Nötzold, Jürgen 517, 631
Nollau, Günther 187, 264, 339, 349, 350, 352, 354, 458, 533, 534, 592, 702, 834

Nolte, Ernst 305, 321, 322, 325, 327, 342–344, 387, 389, 481
Nosek, Václav 337, 365
Nove, Alec 272, 504
Novotný, Antonín 491, 492, 541, 542, 607, 680–682, 726, 728, 729, 734, 752, 755, 768, 774, 776, 777, 789

Ochab, Edward 548, 553, 554, 687
Oldenburg, Fred 400, 517, 931
Olshausen, Klaus 23, 30, 163
Onescu, Cornel 813
Oppermann, Thomas 867, 921
Oren, Nissan 143, 144, 154, 160, 161, 231, 234, 377
Osadczuk-Korab, Bogdan Alexander 38, 95, 108, 767, 891, 892
Osóbka-Morawski, Edward 95, 97, 108, 222
Osten, Walter 702
Otetea, Andrei 453
Ott, Erich 348

Pachmann, Ludek 369
Pächter, Heinz 4, 6, 7, 12, 16, 392, 401, 656
Pano, Nicholas C. 178, 179, 290, 405, 416, 494, 513, 541, 577, 579, 580, 585, 618–620, 642, 644, 645, 647, 660–666, 745, 746
Parhon, I. T. 380
Paschta, Thadaues 462
Paterson, Thomas 343
Pătrăşcanu, Lucreţiu 134, 159, 206, 382, '415, 421, 542
Pauker, Ana 159, 212, 216, 379, 420, 542, 669
Paul, Günter 918
Paulus, Friedrich 185
Pavel, Pavel 142
Pavlovskij, Ivan G. 788
Peaslee, Amos J. 285, 291, 377, 386
Pernack, Hans-Joachim 746
Pernice, Rüdiger 912
Pervuchin, Michail G. 575
Peter II., König von Jugoslawien 163, 165, 167, 169, 173, 175, 285
Peters, Stephen 178–185
Pethybridge, Roger William 575
Petkov, Nikola 236, 376, 378
Petrescu, Constantin Titel 335, 341, 379, 380
Petrov, Vladimir 9, 30
Petrovich, Michael 163, 177, 322, 395

1042

Pfaff, Ivan 115, 228, 229, 336, 338, 362, 364–369, 371, 374
Pick, Otto 32
Pieck, Wilhelm 261, 262, 264, 265, 296, 340
Piekalkiewicz, J. 775, 797
Pijade, Moša 166, 170, 171, 174, 177
Pinder, John 435
Pirker, Theo 187
Pleines, Wolfgang 921
Pörzgen, Hermann 759, 841
Pogue, Forrest C. 118–120
Polk, James H. 788–790
Pomp, Marianne 215, 264
Ponomarev, Boris N. 756
Popov, G. M. 455
Possony, Stefan T. 187, 197
Prchlík, Václav 782, 783, 923
Preller, Wolfgang 931
Prifti, Peter R. 666, 667, 745–747
Pritzel, Konstantin 280, 284, 433, 435
Probst, Peter 803
Pruck, Erich 633, 699, 755
Prybyla, Jan S. 662, 746
Pryor, Frederic L. 433, 584
Pundeff, Marin 411, 738
Purič, Bozidar 175

Quilitzsch, Siegmar 931

Rabl, Kurt 608
Raczyński, Edward 86
Radaceanu, Lotar 380
Radesku, Nicolae 159, 241, 242
Radice, E. A. 281, 429
Radovanović, Lj. 867
Raina, Peter 64, 65, 93–95
Rajk, László 233, 256, 384, 385, 407, 417, 418, 421, 545, 549
Rákosi, Mátyás 250–252, 254–257, 259, 301, 383, 385, 417, 452, 453, 480, 484–488, 533, 534, 549, 550, 553, 558, 560, 570
Rakowska-Harmstone, Teresa 819, 831, 906
Ránki, György 30
Rankoff, Iwan 143, 144
Ranković, Alexander 407, 418, 459, 562
Rapacki, Adam 607
Raskiewicz, Ladislaus 14
Rauch, Georg von 9, 13, 15, 18, 23, 32, 197
Rauschning, Dietrich 109, 110, 191, 194, 208, 272, 279, 312

Ray, Hemen 656
Razi, G. M. 669
Razumovsky, Andreas 566, 909
Reifenberg, Jan 909
Remington, Robin A. 511, 512, 514, 516, 599, 613, 614, 689–691, 696, 750, 752, 753, 756–758, 761, 762, 764, 765, 775, 782, 788, 805, 807, 881
Renner, Karl 207
Resis, Albert 149, 150, 152
Reston, James 915
Reuter-Hendrichs, Irena 402–407, 409–411, 432
Rexin, Manfred 132, 136, 137
Rhode, Gotthold 4, 15, 19, 46, 47, 50, 51, 64, 65, 67, 72, 74, 77, 89, 93–95, 100–102, 104–106, 108, 116, 163, 178, 222, 223, 493, 552, 803
Ribbentrop, Joachim von 8, 9, 12, 14, 21, 25, 26, 28, 29, 72, 88
Ribi, Rolf C. 275, 276, 435
Richardson, J. L. 307, 308, 327, 345
Richert, Ernst 730
Richter, Dietrich 911
Riese, Hans-Peter 776
Riklin, Alois 683
Rimscha, Hans von 713
Ripka, Hubert 84, 336–338, 350, 369
Roberts, Adam 775, 792
Roberts, Henry R. 7, 163
Roberts, Walter R. 30, 129, 165, 168, 170, 172–175
Robinson, William F. 736
Roggemann, Herwig 844, 847, 848, 853
Rokosovskij, Konstantin K. 461, 548, 553, 554, 558
Romniceanu, Mihai 246, 247
Roos, Hans 5, 13, 14
Roosevelt, Franklin D. 9, 10, 48, 52, 60, 65, 69, 70, 73, 74, 91, 95, 97–99, 102, 104, 105, 122, 124, 127, 130, 131, 136, 139, 140, 145, 146, 150–152, 158, 168, 172, 174, 175, 186, 187, 189, 191, 197, 208, 279, 299, 310, 914
Rossmann, Gerhard 261
Rostow, Walt W. 10, 101, 153, 154, 324, 327, 346
Rothfels, Hans 17
Rothschild, Joseph 223, 233, 236, 239, 355, 377
Roucek, Joseph S. 200
Royen, Christoph 921
Rozek, Edward J. 64, 69, 72, 74, 87–90, 92, 95, 102

Ruban, Maria Elisabeth 272, 275, 276, 284
Rubinstein, Alvin Z. 404
Rudzinski, Alexander 216
Ruffmann, Karl-Heinz 11, 33, 65, 197
Rumpf, Helmut XXVIII, 272, 904
Rusk, Dean 915

Saburov, Maksim Z. 519, 520, 522, 575
Sagladin, Vadim 841, 842, 905-907
Saka, Hassan 311
Sakwa, George 552
Salajan, Leontin 696
Sanatescu, Konstantin 134
Schaefer, Henry W. 771, 819
Schaerf, Jacques 497, 498
Scharf, Claus 348
Scheibert, Peter 13
Schenk, Fritz 595, 647
Scheurig, Bodo 188
Schewtschenko, E. S. 834, 897
Schickel, Alfred 9, 10
Schieder, Theodor 935
Schimanski, Hans 652, 660, 682, 694
Schleicher, Harry 602, 603, 605
Schlesinger, Arthur 203, 307
Schlesinger, Rudolf 44, 54, 355
Schmid, Karin 843
Schmidt, Elli 546
Schmidt, Paul 27-29
Schmidt-Häuser, Christian 807
Schmitt, Carl 914, 917
Schneider, Eberhard 931
Schoenberg, Hans W. 207
Schöpflin, George 249, 254, 257, 383, 384, 678
Schröder, Dieter 911, 912, 917, 927
Schröder, Gerhard 732, 757
Schröder, Hans-Jürgen 343, 348
Schröder, Sibylle 215
Schücking, Walter 178
Schulenburg, Friedrich Werner Graf von der 11, 12, 14, 21, 22, 30, 143
Schultz, Lothar 17, 231, 286, 381, 844, 847, 855, 901, 902
Schulz, Eberhard 627
Schulz, Klaus-Peter 264
Schuschnigg, Kurt von 207
Schuster, Rudolf 904
Schuyler, Cortlandt V. R. 141, 143, 209, 246
Schwanke, Robert 666
Schwartz, Benjamin 714
Schwarz, Hans-Peter 203, 259, 327, 342, 386, 388, 389, 423

Schwarzenberger, Georg 914, 918, 920
Schweisfurth, Theodor 372, 829, 833, 835, 850-852, 859, 861, 862, 865, 866, 870, 887-890, 893, 897, 899-903, 911, 925, 929
Schweitzer, Michael 914, 929
Scott, Andrew M. 795
Sedgwick, A. C. 320
Seidel, Frank 851, 861, 864, 897, 903
Seidl, Alfred 9, 11, 14-16, 25-28, 30, 143
Seidl-Hohenveldern, Ignaz 404
Seiffert, Wolfgang 397, 433, 435, 436, 503, 584, 625, 627, 672, 674, 769, 772, 817, 819, 821, 835, 851, 882-887
Šelest', Petr E. 780, 784
Seliger, Kurt 660
Semenov, Vladimir S. 479-481
Senin, M. V. 397, 908
Šepilov, Dmitrij T. 531, 535, 591
Serov, Ivan A. 566
Sethe, Paul 27
Seton-Watson, Hugh 163, 176, 180, 223, 228, 234, 236, 239, 286, 291, 292, 311, 313, 317, 319, 357, 377, 391, 428, 431
Sharp, Tony 189, 190
Shehu, Mehmet 416, 494, 541, 583, 619-621, 644, 647, 660, 662, 689, 691, 745, 747
Sherwood, Robert E. 65, 70, 145, 146, 154, 189
Shoup, Paul 163, 165, 166, 168, 175, 286
Shulman, Marshall D. XXIV
Šik, Ota 729
Šikin, Iosif V. 661
Sikora, Franz 727, 734
Sikorski, Wladislaw 14, 41, 43-47, 49, 51, 53, 54, 56, 58-61, 65, 102, 200
Silagi, Denis 559
Simić, Stanoje 334
Šimon, Bohumil 793
Sinanian, Sylva 188
Sindermann, Horst 724
Singer, Hermann 735
Siracusa, Joseph M. 152
Široký, Viliam 115, 463, 488, 491, 492, 542
Skendi, Stavro 178, 180, 181, 184, 216, 290-293, 412, 416, 494
Skilling, H. Gordon 215, 297, 306, 368, 369, 372, 374, 375, 680, 728, 729, 775, 778, 781, 788-795, 797, 798, 800, 802, 911
Skrzypek, Stanislaw 432, 433, 661

Skubiszewski, Krzysztof 871, 872
Slánský, Rudolf 114, 115, 226, 393, 419–421, 543, 545, 680
Slapnicka, Harry 802
Slapnicka, Helmut 543
Slusser, Robert M. 189, 516, 517
Smith, Alan H. 821
Smith, Jean Edward 119
Smith, W. Bedell 331, 332
Smrkovský, Josef 729, 799
Smutný, Jaromír 82, 83
Sobottka, Gustav 261
Sokolovskij, Vasilij D. 390
Solich, Eduard J. 716
Sommer, Theo 25–29
Sonnenfeldt, Helmut 906, 908, 909
Spittmann, Ilse 682, 683, 702, 723, 724, 729–731, 784, 787, 797, 804, 805
Sporea, Constantin 740
Spröte, Wolfgang 874
Spulber, Nicolas 272, 274–277, 282, 289, 426–428, 431, 433, 437, 498, 499, 503
Spychalski, Marian 415, 803
Staar, Richard F. 216–218, 632, 698, 807, 810, 888
Stadler, Karl Rudolf 207
Stadtmüller, Georg 231
Stalin, Josef W. XXII, XXIII, XXIV, XXV, XXVI, XXX, XXXI, 1–20, 22–24, 26, 27, 29, 30–38, 40–42, 46, 47, 50–54, 57, 59, 62–65, 67–74, 77, 79, 82–87, 90–101, 103, 104, 107–115, 117, 120–129, 131–134, 136–139, 143–156, 158–162, 164–177, 181–188, 190–198, 200–203, 205–215, 218–223, 225–227, 231, 233, 234, 237, 238, 240–242, 244–246, 248, 249, 258–260, 265, 266, 268, 270–272, 276, 278, 280, 282, 284, 286–290, 292–295, 298–322, 324, 325, 327, 332, 334, 336–339, 343–347, 349–360, 362–364, 368, 370–374, 376, 382, 386, 388, 389, 392–407, 409, 410, 412–417, 419–423, 425, 428–434, 436–469, 471–479, 481, 482, 490–492, 494–496, 498, 500, 502–508, 513, 517–519, 523, 525, 526, 528, 530, 531, 533, 534, 538, 541, 543–546, 555, 556, 568, 570, 573, 575, 580, 596, 605, 610, 618, 621, 624, 632, 637, 650, 652, 661, 664, 669, 680, 682, 683, 708–710, 712, 713, 721, 722, 745, 748, 820, 826, 827, 857, 868, 869, 888, 891, 914, 915, 930, 931
Stanicki, Zygmunt 13

Stankovic, Slobodan 558, 563, 564, 604
Staritz, Dietrich 269, 389
Starlinger, Wilhelm 714
Stavrianos, L. S. 44, 54, 355
Štědrý, Vladimir 121, 123, 297, 368
Stehle, Hansjakob 679
Stein, Arthur 641
Steinhardt, Laurence A. 10
Štemenko, Sergej M. 788, 809, 878
Steppat, Fritz 310, 311, 316, 317
Stern, Carola 218, 260, 261, 264, 265, 269, 484, 543–547, 660
Stern, Geoffrey 654, 659
Stettinius, Edward R. 192
Stoecker, Helmut 40
Stökl, Günther 4, 5, 9, 14, 15, 18, 19, 23, 24, 27, 63, 64, 74, 448, 464, 473, 482, 507, 508, 556, 654, 656, 659, 721, 722
Stoica, Chivu 489, 541, 542, 599, 612–614, 686, 766
Stowe, Leland 253
Strang, William 156, 189, 191, 192, 195
Strobel, Georg W. 513, 552, 607, 803
Ströhm, Carl Gustaf 622
Štroký, V. 368
Stürmann, Hans-Günter 911
Šubašić, Ivan 172, 175, 176, 285
Sudets, V. A. 700
Suga, Alexander 756
Sukiennicki, Wiktor 14
Sulek, Miroslav 791
Suslin, P. 433
Suslov, Michail A. 531, 532, 560, 562, 574, 592, 649, 666, 696, 702, 703, 707, 784, 841
Svoboda, Ludvík 115, 228, 419, 776, 799
Swiatlo, Józef 459, 493
Syrop, Konrad 552
Sywottek, Arnold 261
Szakasits, Árpád 385
Szikszoy, Joseph Alexander 922
Szinege, L. 881
Szýlasi, Franz 157

Táborský, Eduard 42–44, 48, 54, 55, 58, 61, 76, 79, 82–84, 111–115, 117, 121, 218, 225, 227, 294, 339, 375, 376, 479, 484, 504
Takayuki, Ito 50
Tankaev, Michail 810
Tatarescu, Gheorghe 379
Tatu, Michel 702–707, 719
Taube, Arved 19

Taubinger, László M. von 274, 282
Taubman, William XXX
Telpuchovskij, Boris S. 33-36
Thalheim, Karl C. 821
Thape, Ernst 264
Thompson, J. B. 670, 672-674
Thorez, Maurice 339
Tiedtke, Stephan 516, 634, 687, 688, 693, 694, 696, 699, 700, 750, 754, 758, 763, 767, 810, 876, 877
Tigrid, Pavel 337, 354, 364-369, 371, 775, 784, 792, 794
Tildy, Zoltan 253, 255, 385
Tito, Josip Broz XXX, XXXI, 2, 4, 30, 129, 151, 162-177, 179-184, 206, 212, 215, 284-293, 301, 304, 321, 322, 324, 333, 334, 343, 344, 351, 354-358, 382, 390-411, 413-415, 418, 421, 423, 441, 448-450, 452, 454, 455, 460, 466, 468, 469, 494, 517-525, 528, 529, 533-537, 539-542, 548-551, 553, 562-564, 566-569, 577-580, 591, 593, 594, 599, 601-607, 610, 618, 632, 637, 652, 657, 664, 709, 711, 748, 749, 776, 786, 888
Tönnes, Bernhard 667
Togliatti, Palmiro 536, 704, 705
Tokes, Rudolf L. 798
Tomasevich, Jozo 165
Toncic-Sorinj, Lujo 518
Topp, Horst-Dieter 178, 291, 667
Toynbee, Arnold 64, 87, 92, 95, 99, 100, 102, 106, 108
Toynbee, Veronica M. 64, 87, 92, 95, 99, 100, 102, 106, 108
Tretiak, Daniel 619, 620, 642, 656
Triepel, Heinrich 916, 917
Triska, Jan F. 285, 291, 375, 377, 381, 386, 433, 501, 503, 509, 512, 516, 517, 625, 629, 728, 911
Trotzkij, Leo 399
Truchanovskij, V. G. 34, 36, 149
Truman, Harry S. 105, 109, 118-120, 208-210, 242, 305, 312, 313, 320-327, 330, 331, 339, 342, 344, 363, 370
Tulpanov, Sergej I. 267, 268, 326, 388, 389, 423
Tyranowski, J. 874

Ulam, Adam B. XXVI, 152, 153, 163, 210, 213, 328, 331-333, 352, 353, 372, 392, 396, 399, 415, 417, 418, 439, 475, 478, 482, 501, 526, 530, 536, 552, 556-558, 560, 562, 565, 569, 595, 600, 606, 646, 654, 656, 662, 663, 703, 704, 723, 869, 928

Ulbricht, Walter 261, 262, 264, 332, 340, 352, 388, 390, 422, 430, 431, 481-484, 541, 543-547, 579, 605, 645, 646, 651, 652, 658-660, 682-684, 724, 726, 729, 730, 733, 734, 754, 759, 779, 784, 786, 787, 794, 796-798, 802, 804, 805, 846
Ullmann, E. von 934
Ungern, Sophie von 428
Urban, G. R. 684
Uren, Philip E. 771
Uschakow, Alexander 44-52, 57, 62, 64, 70, 77-80, 83, 87, 88, 90, 92-98, 103, 106, 110, 121, 187, 361, 433, 435, 437, 438, 440, 503, 517, 584, 607, 620, 625-632, 664, 671-673, 676, 677, 679, 727, 731, 748, 749, 769, 772, 774, 818, 819, 825, 832, 837, 849, 850, 858, 860, 861, 863-867, 873, 874, 881, 884, 886, 887, 894-896, 898, 910, 911, 913, 923-925
Usenko, E. T. 864

Vago, Bela 239, 245, 247, 248, 379, 380
Vagts, Alfred 187
Valeanu, Traian 23
Vali, Ferenc A. 684, 735, 736
Vandenberg, Arthur 325
Varga, Eugen 340, 347
Vasari, Emilio 558
Vázquez, Modesto Seara 914, 915
Velen, Victor A. 680
Vierheller, Viktoria 96-98, 102, 105, 108
Vigrabs, Georg 17
Viney, Deryck E. 776
Vloyantes, John P. 914
Volle, Hermann 238, 279, 283, 327, 404, 815
Vorošilov, Drax 12
Vorošilov, Kliment E. 13, 157, 252-256, 383, 561
Vucinich, Wayne S. 165
Vukmanović-Tempo, Svetozar 163, 164, 396
Vyšinskij, Andrej J. 19, 96, 139, 159, 239, 240, 243, 246

Wache, Walter 195
Wagenlehner, Günther 800
Wagner, Wolfgang 6, 10, 12, 17-19, 23, 46, 47, 51, 77, 101, 126-128, 195-198, 690, 815
Wall, Rachel F. 512, 527
Wandel, Paul 660
Wandruszka, Adam 207

Alexander Uschakow

Integration im RGW (COMECON)

Dokumente

Die zweite Auflage der Dokumente zum COMECON gibt den aktuellen Stand der wirtschaftlichen und wissenschaftlich-technischen Kooperation der osteuropäischen Länder wieder, die nach der Annahme des Komplexprogramms zur industriellen Arbeitsteilung von 1971 zu einem rapiden Ausbau der institutionellen Formen der Organisation auf allen Gebieten geführt hat. Der auf über tausend Seiten angewachsene Band enthält alle grundlegenden Rechtsakte und Verfahrensvorschriften über die Gründung, Entwicklung und Tätigkeit dieses östlichen Gegenstücks zur EG; sie sind zum Teil überhaupt zum erstenmal in deutscher Sprache veröffentlicht. In den Band wurden das bisher völlig unbekannte »Protokoll« vom 18. 1. 1949 über die Errichtung des COMECON, die Verfahrensregeln der Hauptorgane des COMECON, das unveröffentlichte Grunddokument von der Bukarester Tagung des COMECON von 1978 über eine Stärkung der Organisation des COMECON, die Verfahrensordnung zwischen Jugoslawien und COMECON, die wichtigsten Abkommen und Statute der internationalen Wirtschaftsorganisationen, einschlägige Vorschriften zum Patentrecht im RGW und zum erstenmal in deutscher Sprache Generalabkommen über Rohstoffe und Energie in der Sowjetunion unter Beteiligung der übrigen RGW-Länder aufgenommen.

Da es für den COMECON kein offizielles Amtsblatt gibt, wurden zahlreiche Dokumente aus verschiedenen osteuropäischen Quellen übersetzt. Die Dokumentation erscheint zusammen mit einer Monographie von Wolfgang Seiffert über »Das Rechtssystem des RGW. Eine Einführung in das Integrationsrecht des COMECON«.

1983, 1127 S., 15,3 x 22,7 cm, geb., 187,– DM
ISBN 3–7890–0761–7

Nomos Verlagsgesellschaft
Postfach 610 · 7570 Baden-Baden

Wandycz, Piotr S. 42, 44–49, 51–62, 334, 355, 395, 396
Warth, Robert D. 153, 208
Wasilewska, Wanda 93
Wasilkowski, Andrzej 887
Weber, Hermann 23
Weber, Hermann 187
Wegener, Wilhelm 404
Wegerer, Alfred von 5
Weggel, Oskar 467
Wehberg, Hans 178, 920
Weinberg, Gerhard 9
Weinstein, Adelbert 909
Weiterer, Maria 421
Welles, Sumner 43, 45, 60, 61, 124, 299, 341
Wendt, Bernd-Jürgen 5
Werth, Alexander 50
Wessely, Kurt 620, 628
Westen, Klaus 683
Wettig, Gerhard 460, 462
Wheeler-Bennett, John 187
Wiles, Peter J. D. 433, 436, 437, 502–504, 625
Wilke, Manfred 264
Willenz, Erik 713
Wilmot, Chester 129
Winant, John G. 189, 192
Windsor, Philip 775, 792
Winston, Victor 275, 276
Wiskeman, Elizabeth 115, 116, 228–230
Wolfe, Thomas W. 203, 462, 516, 633, 690, 693, 694, 699–701, 750, 754, 758, 761, 764, 782, 788, 794, 795, 797, 800
Wolff, Robert Lee 22, 24, 25, 28, 134, 135, 141, 143, 144, 152, 153, 156, 159, 160, 163, 169–171, 175, 178, 180–182, 239, 241, 242, 244, 245, 248, 272, 274, 285–287, 290–293, 319, 377–382, 404, 406–411, 415–418, 421, 432, 438, 488, 490, 494
Wollenberg, Erich 350, 353
Wollstein, Günter 5
Woodward, Llewellyn 129, 133, 136–138, 145, 147, 154

Wszelaki, Ian H. 272, 427, 431, 433
Wu, Hsiu-tschuan 658
Wünsche, Harry 835, 873, 874, 881
Wurl, Ernst 41
Wyszynski, Stefan 421

Xoxe, Koci 179, 416, 541
Xydis, Stephen G. 129, 147, 153, 172

Yakemtchouk, Romain 299
Yergin, Daniel XXIII, 154, 305, 310, 315, 321, 322, 324, 325, 327, 334, 338, 344–346

Zagoria, Donald S. 507, 596, 602, 603, 624, 634, 639, 640, 643–646, 648, 653, 654, 662, 715, 716
Zaisser, Wilhelm 481–483, 546
Zane, G. 453
Zanga, Louis 667
Zápotocký, Antonín 375, 491, 492, 533, 534, 542, 583, 607
Zartman, I. William 775, 922
Zaubermann, Alfred 504, 627, 821
Zavalani, T. 585, 641, 642, 645
Zawadzki, Aleksander 95, 493, 687
Ždanov, Andrej A. 19, 237, 238, 304, 347, 349, 354, 359, 393, 419, 457, 826
Zellweger, Eduard 175, 285, 286
Zemskov, I. 148, 149
Ziegcr, Gottfried 893
Ziegler, Gert 428
Zilliacus, Conny 358
Zinner, Paul E. 114, 115, 195, 203, 228, 297, 337, 365, 368, 371, 487, 538, 550, 552, 559–562, 565, 566, 577
Živkov, Todor 490, 541, 610, 611, 684–687, 726, 737, 738, 754, 786, 797, 798, 802, 909
Zogu, Achmed 178, 179, 181
Zorin, Valerian A. 366–368, 371
Žujović, Sreten 450
Žukov, Georgij K. 476, 510, 520, 527, 575